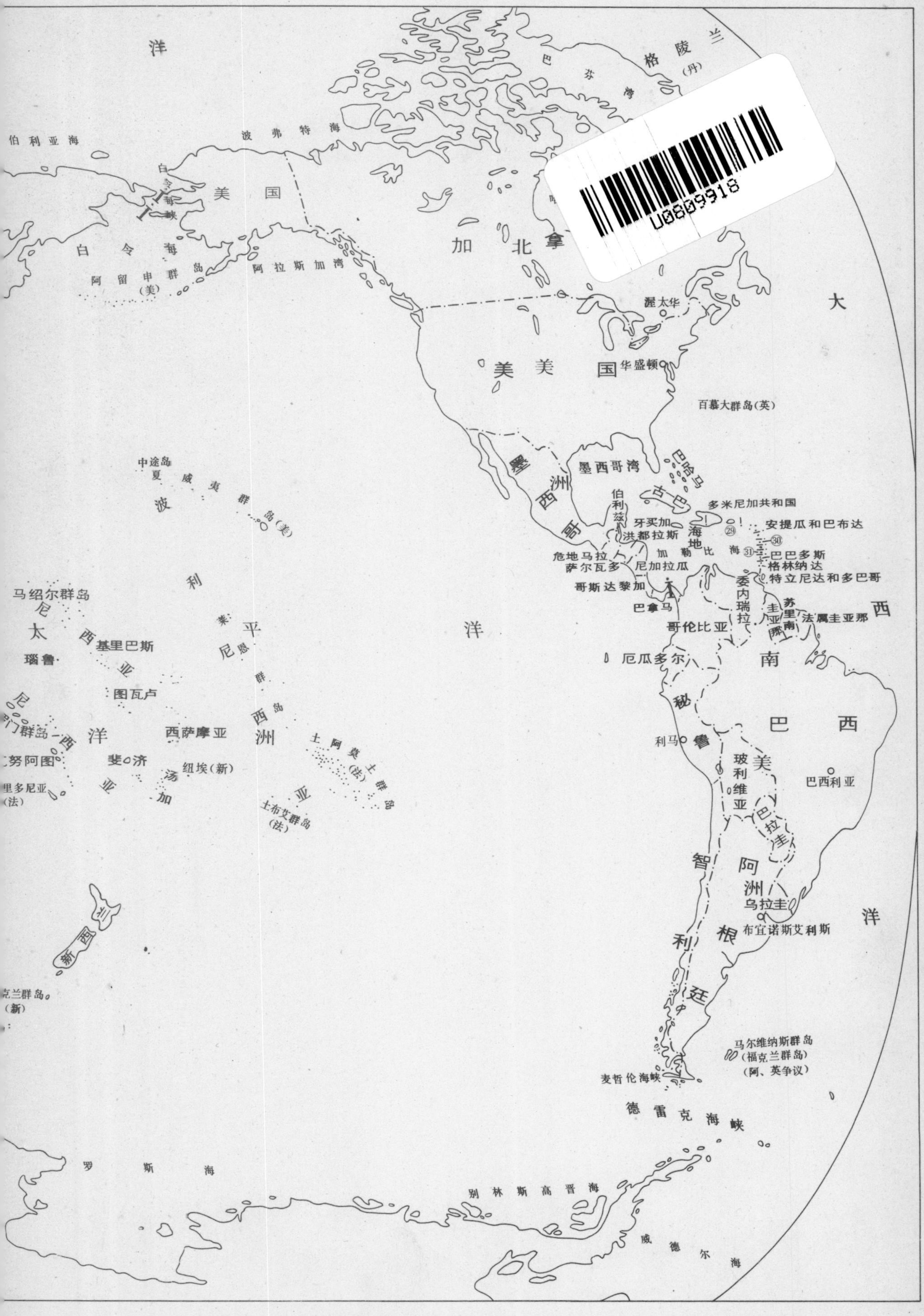

洋
伯利亚海
白令海峡
美国
波弗特海
巴芬湾
格陵兰
(丹)
白令海
阿留申群岛
(美)
阿拉斯加湾
加
北
拿
大
渥太华
美
美
国
华盛顿
百慕大群岛(英)
中途岛
夏威夷群岛(美)
波
利
尼
西
亚
墨西哥湾
巴哈马
古巴
多米尼加共和国
安提瓜和巴布达
巴巴多斯
格林纳达
特立尼达和多巴哥
墨西哥
伯利兹
牙买加
洪都拉斯
海地
加勒比海
危地马拉
萨尔瓦多
尼加拉瓜
哥斯达黎加
巴拿马
委内瑞拉
圭亚那
苏里南
法属圭亚那
哥伦比亚
厄瓜多尔
秘鲁
利马
马绍尔群岛
太
平
洋
基里巴斯
瑙鲁
图瓦卢
莱恩群岛
所罗门群岛
西萨摩亚
斐济
汤加
纽埃(新)
土阿莫土群岛
(法)
土布艾群岛
(法)
努阿图
里多尼亚
(法)
新西兰
克兰群岛
(新)
南
美
洲
巴西
巴西利亚
玻利维亚
巴拉圭
智利
阿根廷
乌拉圭
布宜诺斯艾利斯
西
洋
马尔维纳斯群岛
(福克兰群岛)
(阿、英争议)
麦哲伦海峡
德雷克海峡
罗斯海
别林斯高晋海
威德尔海

世界军事年鉴2003

WORLD MILITARY YEARBOOK

军事科学院《世界军事年鉴》编辑部

解 放 军 出 版 社

图书在版编目(CIP)数据

世界军事年鉴. 2003/《世界军事年鉴》编委会编
北京：解放军出版社，2003.10
ISBN 7-5065-4532-2

Ⅰ.世…　Ⅱ.世…　Ⅲ.军事-世界-2003-年鉴
Ⅳ.E1-54

中国版本图书馆 CIP 数据核字（2003）第 098068 号

版式设计　杜超英
封面设计　张禹宾

世界军事年鉴

2003

军事科学院《世界军事年鉴》编辑部

解放军出版社出版发行
(北京地安门西大街 40 号)
(邮政编码 100035)
新华书店经销
一二〇一工厂印刷

787×1092 毫米　1/16　45.25 印张　4 插页　1480 千字
2003 年 12 月第 1 版　2003 年 12 月(北京)第 1 次印刷
ISBN7-5065-4532-2/E·2008
定　价：150 元

《世界军事年鉴2002》主要撰稿人名单

（以姓氏笔划为序）

丁武将	于　庭	王　晗	王凤才	王书勤	王世华	王世银	王全永
王丽娅	王明志	王连奎	王宜胜	王珍捍	王通信	王殿强	木　工
毛子成	方　宁	方涵江	孔国生	巨文新	石　慧	史君健	白　雁
丛　彦	乐凯华	宁　青	任　平	任　杰	全寿文	刘万军	刘世刚
刘克俭	刘建宇	刘映国	刘效兰	刘锋贤	刘温国	闫立伟	孙小叶
来　斌	李　杰	李　锐	李荣怀	李效东	李强洲	杨立明	杨全民
杨学明	杨学青	肖为君	肖石忠	吴　刚	吴　炯	吴　鹏	吴志豪
吴良全	吴新安	吴德斌	何在涛	邱剑敏	闵振范	宋　荣	宋鲁成
张　冬	张　宁	张　柯	张　南	张力群	张世斌	张连国	张宏光
张国斌	张建设	张洲军	张景恩	陈有荣	陈培军	陈献其	陈燕雯
林水成	武建伟	林海霞	金鑫鑫	周长鹏	周亦冰	周璞芬	房一丁
郑德春	孟　华	孟　丽	荒　林	赵小卓	赵文平	赵严芳	赵福春
钟学良	钟海林	姜　川	姜　蓓	姜永伟	姜桂颖	洪锦珠	桐　生
耿　直	耿文正	袁右军	贾咏梅	夏　娟	夏礼伯	柴训天	晓　军
徐亚磊	高　峰	高代伟	继　光	符成礼	麻光武	清　风	梁　杰
韩长生	韩生民	彭训厚	董鹏杰	鄂　新	嵇绍园	程新华	湘　溪
温味儿	曾文勇	谢　钢	隗延伟	虞　越	詹玉才	窦晓兵	蔡香敏
管元璋	谭凤旭	谭汝坤	熊万奎	翟玉成	滕建群	潘新毛	薛　丰
薛　军	薛武学	冀文华	戴增刚	魏守正			

中共十六届一中全会决定新一届军委组成人员

①2002年11月举行的中共十六届一中全会决定了以江泽民为主席，胡锦涛、郭伯雄、曹刚川为副主席，徐才厚、梁光烈、廖锡龙、李继耐为委员的新一届军委组成人员。图为新一届军委领导接见参加军委扩大会议的同志们。

中国成功发射“神舟”三号和四号飞船

②3月25日成功发射的“神舟”三号飞船在太空遨游。

③4月1日，“神舟”三号飞船在内蒙中部地区成功着陆。图为着陆场工作人员欢庆飞船回收成功。

④12月30日，中国成功发射“神舟”四号飞船。

2002年中国军事新闻剪影

①5月15日至9月23日，由“青岛”号导弹驱逐舰和“太仓”号远洋综合补给舰组成的中国海军舰艇编队进行了中国海军史上首次环球航行。图为青岛港官兵欢送舰艇编队离港远航。

②舰艇编队在海上航行途中实施横向补给。

③中国军舰所到之处受到热烈欢迎。

④5月8日，由“嘉兴”号和“连云港”号导弹护卫舰组成的中国海军舰艇编队对韩国仁川进行首次友好访问。

⑤2002年10月10日至11日，中国和吉尔吉斯斯坦联合反恐军事演习在两国边境地区成功举行。这是中国首次与外国军队联合举行军事演习。

⑥中方装甲车队运载两国士兵前往事发地点。

⑦吉军士兵向恐怖分子目标开火。

⑧中方特种分队搭载直升机进行山地滑降

⑨中吉两国军队在阵地上欢呼演习成功。

①

②

④

③

⑤

⑦

⑥

⑧

⑨

2002年世界军事要事剪影

①5月24日，俄美两国总统在莫斯科签署《削减进攻性战略力量条约》。

②5月28日，俄罗斯总统普京与北约19国领导人签署《罗马声明》，宣布建立“北约－俄罗斯理事会”，实现了所谓“19+1”向“20国合作机制”的过渡。（右为北约秘书长罗伯逊）。

③6月1日，美国总统布什在西点军校毕业典礼上，要求美军做好向全球任何地方发动“先发制人”打击的准备。

④6月13日，布什宣布美国从即日起退出《美苏关于限制反弹道导弹系统条约》，使核军控和裁军进程以及核不扩散机制遭到严重破坏。

⑤8月15日，美国国防部长拉姆斯菲尔德在其提出的首份年度《国防报告》中，提出大力强化美国军事优势的军队改革构想。

⑥11月25日，布什正式签署《国土安全法案》，使创建国土安全部的计划得以实现。

⑦3月21~27日，美国和韩国举行代号为“秃鹫”的50年来最大规模联合军事演习。

⑧6月29日，朝鲜和韩国的海军舰艇在黄海西侧延坪岛附近海域爆发军事冲突，韩国一艘巡逻艇被击沉.

⑨2002年10月起，美朝围绕朝鲜核问题发生激烈争端。在此期间，朝鲜劳动党中央委员会总书记金正日多次视察人民军部队。

①9月17日，小泉纯一郎飞赴朝鲜，成为首位访朝的日本首相。

②4月12日，委内瑞拉发生军事政变。2天后，被政变军队扣押的总统查韦斯获救，并在支持者的簇拥下返回总统府。

③3月下旬，斯里兰卡政府同泰米尔猛虎组织经谈判，结束长达19年的内战。实现停火。图为双方谈判代表在谈判时握手。

④6月以来，哥伦比亚政府军与反政府游击队之间的战斗愈加激烈。图为政府军士兵在游击队员尸体前警戒。

⑤2月22日，随着“安盟”领导人萨文比在莫希科省与政府军交战中被打死，安哥拉长达27年的内战开始结束。

⑥7月17日，西班牙军队将占领佩雷希尔岛的摩洛哥士兵驱逐出岛，并在岛上插上国旗。7月20日两国就恢复该岛无人占领原貌达成一致。

⑦年内，尼泊尔反政府武装多次袭击军警驻地、机场和政府机关，已控制全国三分之一以上的地区。

⑧12月10日，两艘西班牙军舰在阿拉伯海拦截了向也门运送导弹的朝鲜“瑞山”号货船。该船交美军检查后于次日放行。

⑨12月1日，澳大利亚总理霍华德针对巴厘岛恐怖袭击事件，提出要对邻国采取“先发制人”战略，遭到东南亚国家的强烈反对。

①6月14日，巴基斯坦卡拉奇市发生一起针对美国领事馆的汽车炸弹袭击事件，造成至少8人死亡，40多人受伤。

②10月6日，也门港口发生一起针对法国超级油轮“兰堡”号的炸弹袭击事件。

③10月12日晚，印度尼西亚巴厘岛旅游区发生一起针对西方人的汽车炸弹袭击事件，造成190 人死亡，320多人受伤，93人下落不明。

④11月23日，巴基斯坦伊斯兰极端主义者制造了绑架美国记者珀尔的事件，后将其杀害。

⑤11月28日，肯尼亚蒙巴萨市发生了以肩扛导弹攻击以色列民航机的恐怖袭击事件。

⑥11月28日，肯尼亚蒙巴萨市又发生了以汽车炸弹袭击以色列人经营的“天堂”饭店的恐怖袭击事件。图为当地群众哭诉事件经过。

⑦10月17日，菲律宾三宝颜市两家商场发生炸弹爆炸事件，造成5人死亡，144人受伤。

⑧11月4日，美国中央情报局在也门以汽车炸弹炸死了6名“基地”组织成员，其中包括“基地”组织重要成员阿布·阿里。

⑨面对塔利班和“基地”组织残余势力不断开展的恐怖袭击活动，驻阿美军先后举行“蟒蛇”和“鱼叉”等军事行动，对其进行清剿。

巴以冲突愈演愈烈

①3月下旬，随着巴以冲突愈演愈烈，大批以色列坦克开进巴勒斯坦自治城市。

②3月29日，以军轰炸位于拉马拉的阿拉法特官邸。

③以军向有巴勒斯坦人抵抗的住宅发起攻击。

④以军以抓捕巴勒斯坦武装分子为由，包围了伯利恒大教堂。

⑤以军的暴行加剧了巴勒斯坦人的抵抗。

⑥对于以军肆无忌惮的侵略行径，阿拉法特予以强烈谴责。

⑦4月5日，哈马斯重要成员、炸弹制造专家奥德万在抗击以军的战斗中战死。

⑧针对以色列人的自杀性爆炸事件持续不断。

⑨一批批的巴勒斯坦年轻人投身“阿克萨烈士旅”和哈马斯抵抗组织，选择以自杀性爆炸抗击以军的暴行。

①

②

③

④

⑤

⑥

⑦

⑧

⑨

伊拉克战争一触即发

①11月8日，联合国安理会通过第1441号决议，使尘封4年的对伊武器核查于11月27日重新启动，并可能由此引发新的战争。

②美国积极向海湾地区增兵。企图一举推翻萨达姆政权。

③布什赴海湾地区视察美军部队，强调要赢得对伊战争的胜利。

④部署在科威特境内的美军装甲部队加紧进行夜战演练，为可能发动的对伊战争作准备。

⑤伊拉克总萨达姆主持高级领导人会议，研究应对武器核查及可能发生的战争。

⑥萨达姆发誓与美国周旋到底。

⑦面对在海湾地区大量集结的美军，伊拉克军队加紧备战，准备抗击任何侵略战争。

⑧伊拉克军队的“飞毛腿”导弹。。

⑨部署在巴格达附近的伊军SA-3防空导弹阵地。

俄罗斯反恐战争加剧

①俄军在车臣地区加紧对非法武装进行清剿。

②俄军在车臣首府格罗兹尼市进行巡逻。

③4月26日，俄军在清剿车臣非法武装的行动中，将非法武装重要头目哈塔卜击毙。

④1月，一架载有政府多名高官的直升机被车臣非法武装击落。图为被击毁直升机现场。

⑤8月19日，俄军一架米-26直升机被车臣非法武装击落，造成118人死亡，29人受伤。

⑥10月23日晚，50名全副武装的车臣绑匪闯入莫斯科轴承厂文化宫，将800多名观众和演员扣为人质，制造了震惊世界的莫斯科人质事件。

⑦10月26日凌晨，俄军特种部队在施放一种催眠气体后，向剧场内的车臣绑匪发起攻击，将其全部击毙。

⑧7时许，解救人质行动结束，700多名人质获救，129名人质当场或抢救无效死亡。图为解救人质现场。

⑨9月11日，俄总统普京称，为消灭藏匿在潘基西谷地的车臣恐怖分子，俄军将进入格鲁吉亚境内，从而使两国关系一度趋于紧张。

②

①

③

④

⑥

⑤

⑦

⑧

⑨

编辑说明

（一）《世界军事年鉴》是一部逐年编纂出版、以记述每年度内世界各国军事新情况、新进展为主要内容的信息密集型学术性、资料性工具书。其任务是，以马列主义、毛泽东思想、邓小平理论和“三个代表”重要思想为指导，坚持四项基本原则，面向现代化、面向世界、面向未来，较全面、较系统地介绍年度内世界各国的军事基本情况和动态。主要服务对象是军队各级机关、军事科研单位、院校和部队的官兵，同时也顾及对世界军事发展变化感兴趣的军外广大读者。

（二）本卷《年鉴》设 10 个栏目：专题综述；军事要事；各国军事概况；军事理论研究；军事技术；军事建设；国际条约；世界军事大事记；特辑；彩色图片。

（三）本卷《年鉴》所收资料的时限：一般是从 2002 年 1 月至 12 月；少数截至 2003 年上半年；某些专题资料和某些首次设立的类（项、条）目，为了给读者以较系统、较全面的信息，收载了 2002 年以前的少量背景资料。

（四）“各国军事概况”栏共收入 170 多个有军队或军事组织的国家和地区。各个国家和地区分洲排列，次序是亚洲、非洲、欧洲、美洲、大洋洲；洲内各个国家和地区一般按其名称的汉语拼音字母顺序排列。本栏选用的资料和数据，主要是作者对该国情况进行研究的成果，有些引自各国官方公布的 2002 年度的材料，其中主要参考了下述资料：中国《世界知识年鉴 2002/2003》，英国伦敦国际战略研究所《军事力量对比 2002～2003》，美国《不列颠年鉴 2003》等。

（五）本卷《年鉴》所用资料来源不尽相同，一些专业术语也因国家不同而异，某些译名亦不尽统一，在编辑过程中虽注意订正和统一，但前后不一致之处尚未能完全避免。为便于读者进行对比研究，有个别条目特地收录了不同来源的资料。为增强条目内容的可信度，并便于读者进一步检索查考，编纂者尽量注明资料来源；“综述”条目的“主要资料来源”附在文后，而信息条目的资料出处则见于文内。

（六）本卷《年鉴》在编辑过程中，曾得到总参谋部、总政治部、总后勤部、总装备部有关单位和各军区、各军兵种、军事院校以及地方有关科研单位的支持和帮助；全书完稿后还约请朱也璇教授、汪庆荣研究员、李效东研究员、都国平副研究员、钟学良副研究员、高洪山副研究员等专家学者审阅了本书。在此谨表谢意。

（七）本《年鉴》涉及各国军事的方方面面：由于我们掌握的资料有限，编纂水平有限，缺点、疏漏和失误难免存在，欢迎广大读者批评指正。

军事科学院外国军事研究部

《世界军事年鉴》编辑部

2003 年 6 月

《世界军事年鉴 2003》目录

专 题 综 述

世界新军事变革综述

国际安全和军事形势综述

国际关系综述

军 事 要 事

亚洲军事要事

非洲军事要事

欧洲军事要事

美洲和大洋洲军事要事

各 国 军 事 概 况

亚洲国家军事概况

非洲国家军事概况

欧洲国家军事概况

美洲和大洋洲国家军事概况

军事理论研究

军事思想与军事论著研究

战争和战略问题研究

其他军事学科问题研究

简　讯

军　事　技　术

轻　武　器

装甲兵武器装备

炮兵武器装备

工程兵技术装备

航空武器装备

战 略 导 弹

弹道导弹防御武器系统

军用航天技术

核 武 器

核、生、化装备

指挥控制通信计算机和情报系统

电子战装备

后勤装备

其他军事技术问题

军　事　建　设

建军计划与措施

军队体制编制

军事训练

军 事 后 勤

军事法制

其他军事建设问题

国　际　条　约

2002 年世界军事大事记

特 辑

军控与裁军

2002－2003 年 部分新上任军界要人简介

其 他 信 息

附　　表

世界新军事变革综述

关于世界新军事革命的几个问题 《中国军事科学》2002年第1期以此为题，发表了总参谋长傅全有的文章，主要内容如下：

一、世界新军事革命的发展历程和历史动因

从概念上考察，新军事革命最早是由前苏军总参谋长奥加尔科夫元帅于1979年提出的，他当时将其称之为“新军事技术革命”。到了1993年，时任美国国防部基本评估办公室主任的马歇尔认为，技术革命不足以全面反映这场革命的内涵，提出用“新军事革命”取代“新军事技术革命”。从此，世界新军事革命的提法不仅为美国所接受，也逐渐为各国军界所关注。实际上，这场新军事革命的孕育时间可以追溯得更早一些。综观这场新军事革命的演进过程，大致可以分为三个阶段：

第一阶段，从越战后期“灵巧炸弹”的出现到20世纪70年代末，可以看作是新军事革命的孕育阶段。20世纪70年代初，美军深陷越战泥潭，企图用轰炸截断被称为“胡志明小道”的交通运输线。位于河内附近的清化大桥，是美军轰炸的重点目标。美军出动飞机600余架次，投弹5000余吨，损失飞机18架，却始终未能将其摧毁。1972年5月，美军首次使用“宝石路”激光炸弹，一次攻击即达目的。此后，美国等发达国家军队都越来越重视研制和生产这类精确制导武器。在这个时期，信息技术迅猛发展，并广泛应用于军事领域，美苏等军事强国在20世纪70年代基本上实现了指挥自动化。精确制导武器与指挥自动化系统的发展，为军事革命的孕育和形成提供了最基本的物质技术前提。

第二阶段，从“奥加尔科夫预言”提出到20世纪80年代末，可以看作是新军事革命的奠基阶段。1979年，前苏军总参谋长奥加尔科夫元帅敏锐地看到了军事领域悄然发生的新变化，预言：以电子计算机为核心的信息技术迅速发展，精确制导武器大量涌现，必将从根本上打破军队旧的发展模式，引起一场“新的军事技术革命”。“奥加尔科夫预言”在世界军事领域引起了高度重视和极大反响，研究新技术对军事发展的影响逐渐形成热潮，特别是美国组成专门班子，研究和评估奥加尔科夫提出的新军事技术革命问题。马歇尔等人对美国进行新军事革命的必要性和可能性进行了较为系统的研究。在新观点的影响下，美军研究提出了“空地一体”作战的新理论，积极发展“爱国者”导弹、“阿帕奇”直升机、联合监视与目标攻击系统等多种信息化武器系统，并积极改革部队的编制。这一时期，世界范围的新军事变革初露端倪。

第三个阶段，从海湾战争爆发至今，可以看作是新军事革命的发展阶段。1991年初爆发的海湾战争，全面反映了作战方式和战争形态的根本性变化，被人们称为第一场信息化战争，是硅片对钢铁的战争，具有划时代的意义。海湾战争之后，新军事革命不仅在美国迅速发展，而且很快波及其他国家。研究新军事革命，应对新军事革命挑战，成为一种不可抗拒的时代潮流。

世界新军事革命的发生和发展不是偶然的，而是人类社会由工业化时代向信息化时代转变的必然产物。既有技术发展的物质条件，也有战略调整的实际需求；既有理论创新的有力牵引，也有实践探索的直接催生。其历史动因主要有四个方面：

技术进步的强劲推动。人类战争史充分证明，技术决定战术，生产力决定战斗力。在技术革命与军事革命相联系的历史链条上，每次划时代的技术革命发生后，随之而来的就是军事革命；与重大军事革命相伴随的，必然是战争形态的历史性飞跃。20世纪后半叶，人类社会掀起了一场波澜壮阔的高新技术革命浪潮，以微电子技术、电子计算机技术、人工智能技术、通信技术为基础的信息技术，以遗传工程为代表的生物技术，以复合材料、耐高温材料为代表的新材料技术，以及新能源技术和空间技术等高新技术蓬勃兴起。高科技广泛渗透到人们生产和生活的方方面面，使当今社会 3 年内发生的变化相当于 20 世纪初 30 年的变化、牛顿时代 300 年的变化和石器时代 3000 年的变化。军事领域是吸纳和运用高新科技成果最快、最多的领域，军队的指挥控制能力、远程攻击能力、快速机动能力、精确打击能力和超常毁伤能力都得到了空前提高。飞速发展的高新技术，是推动新军事革命发生和发展最有力的杠杆。

战略需求的内在驱动。军事革命是物质和精神相结合的产物。在一定的技术基础上，战略需求的驱动和战略主体的选择成为决定军事革命进程和结局的主要因素。在这个问题上，可以分为三个层次。第一个层次是美国，其战略目的是保持和扩大美国军事力量的绝对优势，巩固其在世界格局中的“一超”地位，通过抢占军事制高点实现称霸世界的目标。美国是这场新军事革命的积极鼓吹者和先行者。第二个层次是其他发达国家，他们的战略目的是跟上世界军事发展的潮流，维护本国的国际地位，争取在国际事务中拥有更大的发言权。第三个层次是发展中国家，这些国家的战略目的是尽可能缩小与发达国家在军事上的差距，防止陷入“只是被动挨打，没有还手之力”的困境。

理论创新的有力牵引。军事理论的创新，是世界新军事革命的先导和灵魂。从 20 世纪 70 年代末开始，世界军事领域各种新思想、新观点竞相出台，传统理论与新兴学说激烈碰撞，军事科学与自然科学、社会科学相互交融，各国之间相互借鉴和交流，呈现出异常活跃的局面。军事理论的创新与繁荣，引导了新军事革命的方向，丰富了新军事革命的内容，加速了新军事革命的进程。一是战略理论的创新促进了军事战略的调整。近 30 年来，世界范围内大的军事战略调整主要有两次，这两次战略调整都是在新的战略理论引导下进行的。第一次是冷战格局下的战略调整，由核大战战略逐步调整为高技术常规战争战略。第二次是冷战结束后的战略调整，由机械化战争形态下的军事战略向信息化战争形态下的军事战略转变。二是军队建设理论的创新引导了军队的改革和发展。新的军队建设理论，主要有三种：一种是“质量建军论”，强调军队的生命在于质量，军队战斗力的增长主要取决于知识和技术的含量。再一种是“适度规模论”，强调按照作战需要确定军队规模，按照适度合理的要求提出军队建设的数质量指标。还有一种是“协调发展论”，强调军队建设要与国家经济建设协调发展，军队内部各军兵种建设也要协调发展。在这些新的理论引导下，世界各国军队普遍裁减了数量，进行了不同程度的改革，军队建设的质量特别是高科技含量在不断提高。三是作战理论的创新推动了作战方式的变革。20 世纪 80 年代之后，美军提出了信息作战理论、空间作战理论和新联合作战理论，并把这些理论成果吸收到新颁布的作战条令之中，运用于战争实践，出现了超视距远程打击、精确打击、非对称作战等新的作战方式，极大地改变了现代战争的面貌。

战争实践的直接催生。20 世纪 70 年代以来，世界共发生了几百场局部战争和武装冲突。这些战争实践既有成功的经验，也有失败的教训。人们从实战的经验教训中更加清楚地认识到新军事革命到来的必然性，进一步增强了推进新军事革命的主动性。以美国为例，20 世纪 70 年代越战的失败，使美军的声誉降到了最低点，也使美军方领导人深刻地意识到必须进行新的军事变革。其后，他们在作战思想、武器装备、军事训练和作战编成等方面进行了一系列改革和创新，使军队的作战能力得到了恢复和提高。从 20 世纪 80 年代初至 90 年代末，美军的军事行动频频得手。每一次军事行动，既实际检验了以往军事变革的成果，也有力地促进了下一步的军事改革。美军在战争中使用的精确制导弹药，海湾战争时只占 9%，“沙漠之狐”行动中提高到 70%，而在科索沃战争中达到了 90% 以上，发展速度惊人。新的战争实践，不仅直接推动了美国的新军事革命，而且引起了世界各国的高度关注。研究高技术战争，进行军事改革，提高军队建设质量和效益，成为世界军事发展的一大趋势。

二、世界新军事革命的本质特征和深刻影响

研究并搞清楚这场军事革命在哪些方面发生了变化，与以往军事革命相比有什么不同，对世界和平与地区安全将会产生什么样的影响，有利于从更深层次上认清本质，把握趋势。

（一）世界新军事革命的基本内容。这场新军事革命涉及到军事领域的方方面面，是一场内涵十分丰富的全面变革。按照美国人的说法，概括起来就是“三新两变”，即通过研究新的作战思想，发展新的武器装备，建立新的体制编制，从根本上改变战争形态，改变作战方式。具体地讲，主要在七个方面出现

了新的变化：

一是军队人员知识化。在知识经济的新时代，知识将成为真正的资本和首要的财富。同样，在军事领域，知识将是军队战斗力的核心要素。海湾战争中，美军高级指挥官大都具有硕士学位，中下级军官中大学生的比例高达98%，操纵“爱国者”导弹系统的军人有三分之一是技术专家，战场上使用了3000多台与美国本土联网的电脑。而伊拉克军队科技水平低，官兵素质差，有相当一部分是文盲。交战双方这种知识层次上的差距，是决定战争结局的重要因素。在新的军事革命进程中，世界各国军队都积极采取多种措施，吸引优秀人才入伍，保留和培养高素质人才，使军队成为人才密集型群体。

二是武器装备智能化。所谓智能化，是指武器系统在信息化的基础上，具有类似人脑的部分功能，能自动侦探和识别目标，掌握最佳攻击时机，精确打击目标。随着信息技术等高新技术群的迅猛发展和在军事领域的广泛应用，武器装备信息化、智能化程度越来越高。现在，美国陆军的装备半数以上实现了信息化，海空军的信息化装备程度更高。目前重点发展的智能化武器装备，主要有智能化弹药、智能化作战平台、智能化机器人和智能化指挥系统几大类。

三是作战编成一体化。为了使军队能综合运用各种作战力量和作战手段，提高应付不同强度战争以及非战争军事行动的能力，军队作战编成逐步向模块化、一体化方向演变。这种作战编成，内部结合更紧，编组方式更活，作战能力更强。美军将组建由装甲兵、炮兵、机步兵、导弹兵、攻击与运输直升机分队组成的一体化地面部队，由多机种组成的空军远征部队，编有“飞行坦克”的“陆空机械化部队”，以及由陆军旅特遣队、空军战斗机中队、海军舰艇部队和陆战队远征分队编成的陆海空“联合特遣部队”。

四是战场要素数字化。就是用数字化技术将各种作战部队和各类武器装备联为一体，形成一个完全网络化的战场环境。其中，数字化技术装备是数字化战场的客观基础，数字化部队是数字化战场的主体。目前，美军已启动战场数字化建设，计划到2010年使陆军现役师实现数字化。英、法、德也都组建了数字化部队，大力开发战场管理系统和战场指挥控制系统。数字化战场透明程度高，信息传输快，兵力密度小，生存能力强。各级指挥员和士兵能通过计算机显示器，看到战场的“同一幅画面”，实时了解战场情况。

五是作战方式精确化。从情报侦察、目标定位、指挥控制到效果评估，都可以做到非常精确。全方位、全天候、全频谱的高技术侦察系统，能够为指挥员全面、实时地掌握战场情况提供可靠依据。先进的全球导航定位系统可以自动显示目标的三维坐标、运动速度和准确时间，提供精确度很高的定位信息。在C^4ISR系统的支持下，精确制导武器可以做到指哪打哪，发现即摧毁。

六是作战空间多维化。由于军队远程机动、侦察监视、精确打击能力的不断提高，作战空间不再局限于直接交战地区，而向陆、海、空、天、电多维领域扩展，呈现出全球探测、全球到达、全维作战的发展趋势。特别是随着航天兵器的发展，外层空间不仅是对陆地、海洋、空中战场实施侦察、预警、导航、定位等作战保障的场所，而且将成为敌对双方实施天战的重要领域。目前，美俄等国都在竞相发展军事航天力量。

七是后勤保障集约化。美军认为：“数字化部队作战时，各种保障车辆和器材物资可能位于100英里以外，需要通过数字化信息系统来报告和传送信息，并做到准时保障。”美军在《2010年联合构想》中，提出了建设“聚焦式后勤”的新思路，各军种也相继提出了本军种的后勤理论。如陆军的“即时后勤”、空军的“灵敏后勤”、海军的“灵巧后勤”和海军陆战队的“精确后勤”，其实质都是将信息、后勤和运输技术融为一体，从根本上改变投送和保障方式，实现精确、高效的集约化保障。

（二）世界新军事革命的主要特征。在人类军事史上，军事革命曾发生过多次。与以往的军事革命相比，新军事革命有以下四个显著特征：

一是发起的主动性。以往的军事革命，大多是被动应对军事技术和武器装备的发展变化，作战思想和作战方法滞后于军事变革的实践。当前的这次新军事革命，是在初露端倪的时候，人们就敏锐地洞察到发生这场革命的必然性，进行超前研究和规划，积极主动地加以推进。世界主要国家不仅筹划当前的军队如何建设，而且研究明天的军队如何发展，后天的军队和战争将是什么样子，并以理论为先导创新军事技术，发展武器装备，改革组织体制，力求掌握和保持军事竞争中的主动。

二是范围的广泛性。主要体现在两个方面：一方面，这次新军事革命是一场全面的军事变革，从军事理论、作战思想、武器装备、组织体制到军事训练、后勤保障等各个方面，都在积极地进行改革和创新。另一方面，这次新军事革命是一场全球性的军事变

革，各大国加快了军事革命的步伐，一些中小国家也积极创造条件启动和实施军事变革。比如韩国 1999 年初颁布了《2010 年信息化军队构想》，提出 2002 年建设 150 个信息化教育场所，争取到 2015 年将韩军建成信息化军队。

三是变革的根本性。这次新军事革命，既不同于一般的军事改革，也不同于军事领域某个方面的局部变革，而是彻底改变工业时代的军事形态，创造信息时代崭新的军事形态，是由旧质向新质的一次突变。正如美国军事革命的积极推行者、原陆军参谋长沙利文所说："信息时代的出现将从根本上改变战争进行的方式"。

四是发展的长期性。这场新军事革命从孕育到发展虽然有了二三十年时间，但目前仍处在初级阶段，走向成熟和最终完成还需要一个相当长的历史过程。这是因为由工业社会向信息社会转型的渐进性决定了军事革命的长期性；进行新的军事革命，需要大量经费投入和物资保障，即使是发达国家也只能从长计议，分批投入，逐步推进；新军事革命的发展有其自身规律，人们对它的认识不是一次就可以完成的，需要经过实践、认识、再实践、再认识的循环往复过程。据推测，基本完成这场新军事革命，发达国家需要再用 30 年左右的时间，其他国家则需要 50 到 70 年甚至更长的时间。

（三）世界新军事革命的深刻影响。这场新军事革命无论是对军事领域本身，还是对国际战略格局和安全环境，都有着重大而深刻的影响。目前看得比较清楚的有以下四点：

一是世界各国战略调整的力度进一步加大。新军事革命极大地冲击了传统战争理念，改变了现代战争面貌，促使各国重新审视安全环境和战略策略，依据客观环境和主观需求积极主动地进行战略调整。20 世纪 90 年代以来，美国出于维护其霸权的需要，已进行过三次军事战略调整。俄、英、法、德、日等国不甘落后，为谋求在国际舞台上的有利地位，积极顺应世界新军事革命发展的潮流，纷纷进行战略调整。一些发展中国家基于维护自身安全的考虑，在战略上也作出了必要调整。可以预见，随着新军事革命的深入发展，各国还会进行新的战略调整，并促进国际战略格局进行新的整合。

二是战略力量对比的不平衡性进一步加剧。新军事革命不仅促使武器装备发生根本性的变化，还使国际战略力量对比发生明显的倾斜，造成一种强者愈强的不平衡态势。美国拥有当今世界最雄厚的经济实力、最先进的科学技术和最强大的军事力量，在这样一个高起点上推行新军事革命，其"能量"的积累将更加惊人，与其他国家的相对优势将更加明显。

三是军事手段的地位和作用进一步上升。新军事革命催生了大量高新技术兵器，为运用军事手段达成政治目的，提供了低风险、高效能、多样化的可能选择。如一枚导弹携带 228 枚精确制导反坦克子弹，攻击敌坦克群的能力与 1000 吨当量的核弹相当。现在，高新技术使战争的可控性显著增强，也使军事手段的运用空间进一步拓展。特别是海湾战争和科索沃战争，显示出军事手段在解决争端中有"泛化"的趋势。以美国为首的西方发达国家认为，拥有绝对军事优势是处理国际危机的前提。可见，新军事革命不仅使军事手段的地位和作用明显上升，而且会刺激新干涉主义进一步抬头，给世界和平与地区安全带来新的威胁。

四是发展中国家战略选择的难度进一步增大。世界军事发展的强劲势头，使发展中国家在战略选择上面临两难困境：如果不顺应世界潮流，积极推进本国的军事革命，大力提高国防实力，与发达国家军队存在的差距就会越来越大，国家安全就没有保障；如果把主要力量用在军事发展上，就会影响国家经济建设，从根本上削弱国家的综合竞争能力。面对世界新军事革命的挑战，发展中国家何去何从，怎样决断，是一个关系重大、非常复杂的战略难题。

三、积极迎接世界新军事革命的挑战

研究世界新军事革命，根本目的在于适应时代要求，积极迎接挑战，加快自身发展，谋求新世纪的战略主动。十多年来，在江泽民主席、中央军委的领导下，我军确立了新时期军事战略方针，提出要把军事斗争准备的基点放在打赢现代技术特别是高技术条件下的局部战争上；贯彻科技强军战略，积极推进军队建设由数量规模型向质量效能型、由人力密集型向科技密集型的转变；制定了国防和军队现代化建设"三步走"的发展战略，全面规划了军队跨世纪发展的宏伟蓝图；提出要完成机械化和信息化建设的双重历史任务，着力提高我军高技术条件下的整体作战能力。所有这些，都是迎接世界新军事革命挑战，加速推进军队以现代化为中心的质量建设而作出的重大战略部署。特别是江泽民主席提出的"三个代表"的重要思想，为我们认识和把握世界军事发展趋势，探讨并采取正确的应对之策，提供了强大的理论武器。中国共产党作为先进生产力的代表，体现在军事领域就是要努力提高军队战斗力，把军队的革命化现代化正规化建设不断推向前进。

更新思想观念，以积极的姿态迎接世界新军事革命的挑战。为此，一是要强化跨越发展的观念。我军机械化建设的任务还没有完成，又面临信息化的严峻挑战。如果采取跟进式发展，在别人后面亦步亦趋，就不可能缩小与世界先进水平的差距。实行跨越式发展，是我军摆脱落后、争取主动的必由之路。我们应当牢固确立跨越式发展的建设思想，大胆超越机械化和信息化建设中一些可以跳越的阶段，在一些关键性的项目和环节上实行重点突破，以局部跃升推动和促进军队的全面建设。二是要强化科技主导的观念。当今世界，科学技术飞速发展，广泛地渗透到军队建设的各个领域，对战斗力的形成与发展产生越来越重要的影响。我们要切实增强科技意识，认真贯彻科技强军战略，深入开展学科技、用科技活动，加大科技创新力度，努力增大军队建设的高科技含量。三是要强化信息制胜的观念。在知识军事时代，军队的各种资源都依赖信息发挥作用，"信息成了整个军队的心脏"。谋求信息优势、争夺制信息权是未来作战的重心。谁获取信息快，占有信息多，处理信息好，谁就拥有行动的主动和自由。现在，世界各国军队都在加快信息化建设，发展信息化武器装备，提高信息作战能力。我们应当有很强的信息制胜意识，加强信息战力量和手段的建设，不断增强信息防护的可靠性和信息进攻的有效性。四是要强化改革创新的观念。创新是军队发展的不竭动力。在新的世纪，我军建设的任务非常繁重，面临的矛盾和困难也不少，没有改革创新的精神是不行的。要积极适应打赢高技术局部战争和发展社会主义市场经济的客观要求，紧紧抓住军队建设中存在的突出问题，找准症结，拿出对策，在改革中找出路，在创新中求发展。五是要强化不懈奋斗的观念。迎接世界新军事革命的挑战，加速推进国防和军队现代化建设，是伟大而艰巨的事业，特别需要强大的精神力量。我们要坚决响应江泽民主席的号召，用不懈奋斗的精神凝聚军心，激励斗志，不断创造新的业绩。

大力培养人才，为争取和保持军事竞争主动提供强有力的人才支持。进入新的世纪，军队日益成为人才密集、技术密集的武装集团，对军人特别是对各级指挥员的素质提出了新的更高要求。我军与发达国家军队的差距，不只表现在武器装备的现代化水平上，也表现在官兵的科学文化素质上。我们要切实把人才培养作为一项紧迫的战略任务，采取得力措施和有效办法，加紧培养适应军队现代化建设和未来战争需要的高素质新型军事人才。首先是要加大干部培训的力度。要培养一批专业学科带头人和作战部队主干专业、主战装备的技术尖子，要使全军干部的学历层次和综合素质有一个大的提高。二是要科学使用人才。各级党委要认真贯彻干部"四化"方针和德才兼备、任人唯贤的原则，不拘一格选拔人才，大胆放手使用人才，让他们在实践中经受锻炼、、增长才干。尤其要重视选拔优秀年轻干部进入各级领导班子，确保我军建设事业后继有人。三是要完善人才成长机制。进一步改革和完善干部培养、使用、交流、安置和福利等方面的政策制度，创造有利于吸引人才、保留人才、发挥人才作用的良好机制，增强干部队伍的生机与活力。

创新军事理论，发展现代人民战争的战略战术。理论是实践的先导。研究和应对世界新军事革命，必须在理论创新上下功夫。创新军事理论，重点是发展现代人民战争的战略战术。人民战争思想是毛泽东军事思想的核心，是我军克敌制胜的法宝。在新的历史条件下，无论作战对象如何变化，正义战争必胜的规律没有变；无论武器装备如何变化，人是战争胜负的决定因素没有变；无论作战方式如何变化，保存自己、消灭敌人的根本原则没有变，人民战争仍然具有强大的生命力。必须指出，人民战争思想为我们提供的是认识世界军事发展趋势，研究高技术局部战争规律，探索有效制胜之策的立场、观点和方法，而不是具体结论。我们要着眼新的特点和新的发展，进一步深化理论研究，创新和发展现代人民战争的战略战术。还要加速成果转化，把成熟管用的研究成果运用于战略指导，运用于作战准备，运用于部队建设，充分发挥理论研究的先导作用。

当然，发展武器装备，奠定打赢高技术局部战争的物质基础，改革体制编制，进一步优化军队组织结构和运行机制，也是十分重要的。

关注世界军事变革新走向 《中国国防报》2003 年 3 月 10 日发表了李庆功的文章，主要内容如下：

一、军事变革兴起的原因

当今世界正在进行的军事变革，是 20 世纪 90 年代冷战结束后正式出现的，是以安全态势演变为动因、以高新技术特别是信息技术发展为动力、以军事观念转变为牵引、以军事体系调整为核心的全方位、全领域、全系统的军事变革。

国际安全形势的演变，是启动这次军事变革的两个主要原因之一。冷战的结束给两极对抗画了句号，持续了近50年的传统安全态势的质变，促使国际安全形势发生新的演变。随着爆发世界大战的可能性不断消退，争取较长时期的和平国际环境成为可能。与此同时，那些积淀了近50年的地区性矛盾、危机、冲突、战乱则相继爆发，连绵不断，使全球安全态势出现了“大战不打、小战不断”的新局面。而传统的以应付大战为重心的军事体系，不得不顺应冷战后的新形势和新趋势，进行历史性的重大调整。

以信息技术为核心的高新技术的迅猛发展，特别是诸多成熟的高新技术在军事领域的广泛应用，是催动这次军事变革的另一个主要原因，也是加速军事变革进程的主动力。上个世纪80年代前半期，美国的一系列军事科技创新与突破，为未来军事发展带来了新的启迪、新的思路。从那时起，科学技术的发展进入了一个新的空间，以高新技术为主体的众多技术群成为世界各主要国家研发的主要项目，而且这些高新技术群在军事领域的应用，也成为世界各主要国家追逐的主要目标。信息技术就是在这个时候应运而生，脱颖而出，成为诸多高新技术群的龙头，也成为当今世界军事变革的主动因和主动力之一。

安全态势的演变和高新技术的发展，相辅相成，相互作用，共同将人类社会推进到军事变革的大潮中，也正是这对双动因、双动力，促使当今世界军事变革具有了脱胎换骨的性质，而且无论在广度上还是在深度上，都超过了以往历史上任何一次军事变革。

二、世界军事变革的演进过程

透过当今世界军事变革的演进脉络，其进程大致可以分为三个阶段，即：观念转变阶段，战略更新阶段，体系调整阶段。目前正处于体系调整阶段。冷战结束至20世纪90年代中期为观念转变阶段，即从传统的冷战思维转向冷战后思维，其中包括对新安全环境的认知、对新安全威胁的判断、对新安全需求的思考等。20世纪90年代中期至20世纪末为战略更新阶段，期间，世界各主要国家纷纷针对新的安全态势，根据高新技术在军事领域所产生的效用，竞相对各自的军事战略、军事理论、建军方略、军备方针进行了跨世纪的全面调整更新，至新世纪初年，此次重大战略更新暂告结束，但某些小的调整仍在继续。

从新世纪初年开始，世界军事变革开始进入第三阶段，即体系调整阶段。与第二阶段相比，世界军事变革的重心开始出现三个转化。一是从军事战略的更新转向军制体系的调整。军事战略全面更新基本完成后，首先需要对军制体系进行重大调整，军队的编制体制，军队的结构编成，军队的建设重心，必须与新时期新军事战略的需求相适应、相配套。二是从高新技术的研发应用转向军备体系的调整。从1983年美国启动“星球大战”计划开始，世界各主要国家经过近20年的倾力研发，许多高新技术已基本成熟，开始逐渐走进武器装备领域，使武器装备的更新开始出现新的飞跃，同时也推动着军备体系进行重大调整。三是从军事理论研究转向实战体系的调整。冷战结束后，世界各主要国家顺势展开了广泛而深入的军事理论研究，经过10多年的研究，相继出现了大量的研究成果，经过几场高技术局部战争的实践，目前，这些理论研究成果开始对战法产生重大而深远的影响，战法的修订，实战体系的调整已势在必行。这三个转化，这三大体系的调整，是世界军事变革的必然发展趋势，展示出世界军事变革正在不断走向深化、细化、精化，预示着世界军事变革将掀起又一个高潮。

三、世界军事变革的五大特点

世界军事变革发展至今，展现出诸多新特点，而其中五个方面的变革尤为引人注目。

第一，军备体系的变革是当今世界军事变革的基础。高新技术的突飞猛进，首先推动了武器装备的一系列变革，使军备发展出现了质的飞跃。这次以信息技术为核心的高新技术群的出现和发展，也毫无例外地首先进入军事领域，相继催生出了一系列高新技术武器装备。如：空间技术的新发展，使反导武器系统走上军事斗争的舞台，同时也使通讯、监测等系统有了全天候、全时段、全方位的高平台。微电子技术的新发展，使军队真正合成为一个相互密切关联的大系统，作为部队最基本的单元，即士兵，也开始成为“信息士兵”或“智能士兵”。隐形技术的新发展，使部队和武器的生存能力大幅提高，同时也使部队和武器的突防能力成倍增强。精确制导技术的新发展，使远程精确打击成为可能，同时也使战斗的零伤亡成为可能。需要指出的是，武器装备的高技术化是一种综合的、复合的变革，是由信息技术为纽带使各种兵器有机地连为一体，成为一个系统化的整体。因此可以说，信息技术是武器装备战斗力的倍增器，也是军队战斗力的倍增器。

第二，军队体系的变革是当今世界军事变革的核心。安全态势的演变和高新技术的发展，不仅推动了军备体系的变革，进而也带动了军制体系的变革，提出了数量少、质量精的军队建设总需求，出现了陆军的比例在缩小、高技术兵种的比例在增大、新的高技术兵种相继出现的新态势。武器装备的高技术化，首先冲出了军队的编制体制，带动了部队结构、部队组成、部队员额等方方面面的变革。过去多个士兵、多个兵种才能实施的职能，现在一个士兵运用高新技术装备就可能完成。特别值得注意的是，高新技术武器装备的出现，推出了一些新军种和兵种。如：天基反导武器、反卫星武器等空间武器的出现，促使了“天军”的建立。计算机网络在军事领域的广泛应用，促使“网络攻击部队”和“网络防御部队”出现等。

第三，指挥体系的变革是当今世界军事变革的重点。武器装备的变革和体制编制的改革，驱动着指挥体制的变革，提出了诸军兵种一体、全系统一体的联合指挥的需求，联合指挥或合成指挥已经成为提升军队战斗力的关键。有了高技术武器装备，有了配备高新技术武器装备的士兵，如何使其发挥最大的战斗力，正成为各国军队指挥体制必须解决的关键问题。因此，军队指挥体制的高新技术化已经势在必行。但更深层的变革则是在体制上。军兵种各自为政的传统观念、传统模式将被打破，诸军兵种联合指挥体制正应运而生。从发展看，今后的司令部会是一个集成的司令部，今后的指挥员是一个合成的指挥员，今后的指挥体制是一种联合的指挥体制。

第四，战争体系的变革是当今世界军事变革的关键。武器装备的高新技术化，使战争形态发生了巨大变化，同时也促进着战法的更新。远程高新技术精确打击兵器的发展，使传统的战场概念发生了根本转变，前方与后方的界线越来越模糊，前沿与纵深的界线也越来越模糊，传统的战略屏障已经不再是屏障。高新技术海空武器装备的发展，导致传统的战争胜负观发生了变化，攻城掠地、占据敌方领土已经不再是战争胜负基本标志，而运用海空打击力量重创敌军，迫使敌方俯首，则是现代战争胜利的基本标志。特别是信息技术在军事领域的广泛应用，一种全新的战争形态开始出现，即“信息战”、“网络战”，这完全是一种全新概念的战争，也是一种新形态的“非接触战争”，遂行这种战争不是靠传统火力，而是靠现代智力，靠高新技术力。人类战争模式正在从机械化向信息化方向转化。

第五，理论体系的变革是当今世界军事变革的灵魂。新的安全态势，新的武器装备，新的战争形态，新的体制编制，势必进一步推动军事理论不断走向新化、深化、细化、精化，传统的战争观已经落后于时代，需求要更新；传统的战略已难以指导军队建设，需要更新；传统的战役战术原则已不再适用，需要更新……因此，军事理论的全面更新已经成为与时俱进的大课题。由于军事理论体系的变革源于实践、归于实践，其变革的进程始终贯穿于军事变革的全过程，故而是当今世界军事变革的活的灵魂。

信息化是世界新军事变革的本质和核心

《解放军报》2003 年 4 月 7 日发表了章沁生就此问题的专题谈话，主要内容如下：

一、信息化战争的产生和发展是这次军事变革的最主要标志

战争形态是人类社会经济形态的产物。人们从事战争的工具和手段，是由特定时代的社会经济形态所提供和决定的。工业时代机器大工业生产方式的出现，使人们能够大量运用火炮、坦克、飞机和舰船等机械化武器装备从事战争，这一时代的战争被称为机械化战争。上个世纪五六十年代以来，世界上陆续出现了一大批高新技术群，如信息技术、精确制导技术、航天技术、新能源技术、生物技术以及隐形技术，等等。其中，信息技术在高技术群中起主导作用，人类开始进入信息时代。随着信息技术在军事领域的广泛运用，大量信息化武器装备投入战场，使人类进行战争的工具发生了“飞跃”，即由机械化武器装备阶段进入了信息化武器装备阶段，这也就必然引起交战方式、作战理论和军队编制体制的根本性变革。可见，信息化是当代科技革命、社会变革最重要的推动因素，也是新军事变革的本质和核心。

海湾战争是工业时代向信息时代过渡时期发生的一场战争，尽管还称不上完整意义上的信息化战争，但是它所显示的信息化战争的特征，在以后的“沙漠之狐”行动、科索沃战争以及阿富汗战争中，已经表现得十分清楚。因此，有理由这样说，信息化战争是人类社会进入信息时代的必然产物，是运用信息、信息系统和信息化武器装备进行的战争，是信息时代战争的基本形态。

二、远程精确制导武器的大量使用是战争形态发生变革的重要因素

信息化的武器装备系统，是以计算机技术为核心、以信息技术为基础的一体化的武器装备系统，其构成主要包括信息攻防武器系统、单兵数字化装备和指挥控制（C^4ISR）系统。信息化武器装备系统运用的显著特征，就是战场的精确打击。海湾战争中，多国部队发射的精确制导弹药，虽然只占发射弹药总量的 7%，却摧毁了约 80% 的重要目标。据有关研究表明，现在摧毁一个目标只需要 12 枚精确制导炸弹，1 枚重磅精确制导炸弹能够产生二战时数百架飞机投掷

数千枚炸弹才能达到的效能。远程精确制导武器的大量使用，是战争形态发生变革的重要因素。

三、信息化战争作战空间具有超大多维的特点

由于飞机的问世和航空技术的发展，作战空间发生了第一次革命性变化，由陆海平面战场发展为陆海空三维一体的立体战场；20 世纪 80 年代以来，随着航天技术特别是以计算机技术为核心的信息技术在战争中的应用，战场空间随之又发生了新的变化，不仅从陆、海、空三维物理空间扩展到了外层空间，而且一种新的作战空间——信息空间正在悄然形成。

第二次世界大战中，决定战争胜负的维斯瓦河—奥得河战役、柏林战役、诺曼底战役，战场范围不过数万或数十万平方千米。而海湾战争，战场空间急剧扩展，东起波斯湾，西至地中海，南到红海，北达土耳其，总面积达 1400 万平方千米。人类进入 21 世纪后的首场战争——阿富汗战争，虽然战争的主战场限制在 65 万平方千米的阿富汗境内，但战争的相关空间延伸到美国本土，遍及全球。美军从距阿富汗 5000 千米外的印度洋上的迪戈加西亚基地，使用 B－52 和 B－1B 轰炸机进行远程奔袭，B－2 隐形战略轰炸机甚至从本土起飞实施作战；在空中部署有各种侦察预警飞机，全方位、全时段监视对方的所有行动；在外层空间利用多颗卫星组成太空侦测网，全面监视、搜寻塔利班和本·拉登的动向及位置。

除了物理空间异常超大外，信息空间也多维广阔。信息空间作为一个全新的概念，它包括电磁空间、网络空间和心理空间三个方面。电磁战场被称作继陆、海、空、天之后的“第五维战场”，是信息化战争的重要作战空间。目前国际互联网络已经形成，全世界已有 170 多个国家和地区的计算机网络连为一体。网络空间的出现，使地理上的距离概念和国家之间的地理分界线将失去意义，凡是与网络空间相联接的目标都可能遭到攻击。心理空间，特别是决策者的思维空间，是信息化战争的重要作战空间。在现代高技术战争中，心理空间的对抗备受各国军队的重视。美军在近期三场局部战争中都采取了军事打击与攻心并重的方针，伊拉克战争的交战双方更是大打心理战。

四、非线式非接触作战时间将会迅疾而短促

时间是战争的基本要素。信息化战争的作战时间迅疾而短促。过去的战争持续时间通常为数年或数月，而近年来几场局部战争持续时间急剧缩短。如美军空袭利比亚仅用了 12 分钟；以色列偷袭伊拉克核反应堆，实际作战时间只有两分钟；“沙漠之狐”行动只有 52 小时；即使是规模较大的海湾战争和科索沃战争，也分别只有 42 天和 78 天。

同时，非线式、非接触作战，将是信息化战争的基本作战样式，“零伤亡”的战争已经成为一些国家追求的目标。科索沃战争中，以美国为首的北约部队充分利用高技术武器优势，远离实际战区，从其本土、同盟国或海上出动飞机或发射导弹，同时对南联盟的战略、战役目标实施精确的防区外打击，真正与对手展开了一场不见面的“非接触作战”，实现了“我方可以火力有效打击敌方，而敌方却不能有效还击”的目的。

国际安全和军事形势综述

2002 年世界军事形势综述 《外国军事学术》2003 年第 1 期发表了李效东的文章，主要内容如下：

一、国际反恐战争取得重大进展，但恐怖主义对国际社会的威胁依然严重

从 2001 年 10 月开始的阿富汗战争，以美军胜利而结束，塔利班与“基地”组织在阿富汗的恐怖网络被基本摧毁。但国际反恐形势仍趋复杂化。

继续扩大反恐战果。2002 年 3 月 11 日，美国正式宣布反恐战争进入第二阶段。一是继续在阿富汗围剿“基地”及其他恐怖组织。1 月 20 日，由英、德、土耳其等 22 国的 4800 名士兵组成的国际维和部队进驻阿富汗。6 月 24 日，美国支持下的阿富汗卡尔扎伊过渡政府正式成立。7 月 31 日，美国中央司令部

司令弗兰克斯表示，反恐战争已摧毁了"基地"组织在阿富汗的所有重要据点。二是扩大反恐空间，开辟新的反恐战线。2月份，布什宣布把东南亚作为美国反恐战争的重要战场；美军与菲律宾军队进行了长达9个多月的反恐联合军事演习，目前仍有1000多名美军驻扎在菲律宾；在中东和高加索地区，美国向也门和格鲁吉亚派遣了军事、情报人员协助反恐，还为也门海军和海岸卫队提供反恐培训，使用无人机击毙了"基地"组织的重要头目；在非洲，1月份，美德两国宣布增兵1000名到索马里反恐；9月份，在美国的倡议下，非洲联盟通过了全非洲反恐行动计划。12月份，美国向吉布提派驻了由1300名士兵组成的"非洲之角"联合反恐特混部队。目前，美国有6万多名军人部署在世界各地执行反恐使命，其他31个国家部署了1.4万多军人参与反恐；在100多个国家逮捕了3000多名恐怖分子；冻结了500多个账户的1.135亿美元恐怖主义资金。三是扩展反恐外延，将所谓的"邪恶轴心"国和大规模杀伤性武器（以下简称WMD）的扩散纳入反恐范畴。1月29日，布什总统在国情咨文中把伊拉克、北朝鲜和伊朗称为"邪恶轴心"，把它们列为反恐战争的对象。布什6月1日在西点军校的演讲中指出，要把防止大规模杀伤性武器的扩散，放在与反恐战争同等重要的位置。在美国主导下，八国集团已同意筹资200亿美元建立反扩散全球伙伴关系。

国际恐怖主义活动仍然猖獗。美国主导下的国际反恐努力未能遏制恐怖主义活动在全球的加速蔓延。据不完全统计，2002年世界各地共发生较大规模的恐怖事件199起，造成725人丧生，3000多人受伤。其中仅9月至12月就发生95起，造成2300余人伤亡。国际恐怖主义活动的主要特点是：（1）在同一时间制造多起恐怖事件，扩大"轰动效应"。11月28日，在肯尼亚蒙巴萨市发生汽车爆炸案，16人被炸死的同时，从蒙巴萨市起飞的一架班机也遭到两枚导弹袭击；（2）选择人群密集的地点，扩大伤亡人数。10月12日，印度尼西亚旅游胜地巴厘岛的恐怖爆炸案造成至少216人死亡，300多人受伤；车臣恐怖分子在10月23日制造的莫斯科剧院绑架案，造成129人死亡；（3）大多以无辜平民为对象。仅在2002年前10个月，"人体炸弹"爆炸案导致300多名巴以平民丧生；菲律宾在4月份和5月份、也门在10月份的一系列恐怖事件，也造成上百名平民伤亡。

二、热点地区的紧张局势并未得到缓解，某些地区的危机愈演愈烈

2002年，国际热点地区的局势并未得到缓解，部分地区已经陷于混乱无序状态或战争边缘。据不完全统计，2002年世界各地发生的局部战争和武装冲突共计35起，其中新发生的10起。（另据德国海德堡国际冲突研究所12月份公布的一项研究报告，2002年全世界共发生暴力冲突42起，其中战争13起，武装冲突29起）

巴以冲突持续升级，国际社会多方调解但无成效。以色列以遭受自杀爆炸为由，继续对巴勒斯坦推行强硬政策。年初以来，先后三次出动装甲部队围困阿拉法特官邸，断水断电，其中最长一次时间长达三个多月；3月29日，以军开始对约旦河西岸和加沙地带巴勒斯坦自治地区发动代号为"防卫墙"的大规模军事行动；6月份，以军重新占领了约旦河西岸除杰里科之外的各巴勒斯坦主要城市；8月，巴以达成加沙-伯利恒撤军协议。但到目前为止，以军只撤出了约旦河西岸城市伯利恒。11月份，以军再次侵入巴控区，进行轰炸和围剿。巴"哈马斯"等激进组织不断对以色列实施"人体炸弹"式报复行动。据初步统计，两年多来，以色列的经济损失达102亿美元，巴勒斯坦损失了33亿美元；截止今年9月份，以巴双方共伤亡26493人，其中巴方死亡1726人，以方死亡621人；平均每377名以巴民众中就有一人在冲突中伤亡。以暴易暴，巴以流血冲突陷于恶性循环。

国际社会对巴以冲突进行积极的调解工作。欧盟、俄、中、沙特、埃及等国提出一系列解决巴以冲突的方案。3月13日，联合国安理会提出支持巴勒斯坦建国的1397号决议；6月24日，美国公布新的中东和平计划，明确支持巴在3年内建国，但提出更换巴最高领导人等苛刻条件。11月29日，沙龙再次当选利库德集团领导人，并极有可能在2003年1月的大选中再次当选总理，这可能会导致巴以冲突的进一步激化。

印巴紧张关系仍未得到缓解，两国触发战争的可能性依然很大。在国际反恐大势下，印巴冲突持续不断。5月14日，印控克什米尔军营遭到伊斯兰好战分子袭击，造成34人死亡。印度在边境地区部署了70万军队，巴基斯坦部署了30万军队。印巴战争大有一触即发之势，甚至发出了动用核武器的警告。在美国和国际社会的压力下，印巴才未兵戎相见。直到10月，双方才宣布部分撤军。11月2日，印控克什米尔成立了新的地方政府，但恐怖袭击事件至今仍未停息。

朝鲜半岛局势一波三折，年末更趋恶化。3月

份，美国派前驻韩大使访问了朝鲜，美朝恢复了接触；4月份，朝、韩宣布全面恢复一度中断的北南关系；但在6月29日，朝、韩海军在黄海水域发生军事冲突，朝鲜半岛局势重现紧张；7月份朝鲜宣布进行经济改革；9月17日，日本首相访问朝鲜，讨论日朝建立外交关系等问题；10月初，朝鲜在与美总统特使凯利的谈话中承认其“正在开发核武器”；10月17日，朝鲜平壤电台宣布“我们已经开始拥有核武器和其他威力强大的武器”；12月10日，朝鲜一艘装载15枚“飞毛腿”导弹的商船在前往也门途中被西方截获，美国防部长指责朝鲜是全球“最大的武器扩散国”；12月12日，朝鲜宣布重新启动已停止运转8年的核反应堆，1994年的核框架协议受到严重冲击。在这种情况下，美、日对朝鲜的态度急转直下。美日韩决定从12月起中止向朝鲜输送燃料重油，要求朝鲜立即通过可核查的方式废除其核武器发展计划；朝鲜则针锋相对地表示将重新考虑导弹试射问题，并要求美日答应签订互不侵犯条约、放弃制裁、推进关系正常化等条件，才能放弃核计划。这一切都表明，“朝美关系感冒，朝韩关系和朝日关系就打喷嚏”的局面在短期内不会改变，因而朝鲜半岛局势仍将长期处于动荡之中。

美国对伊拉克动武迫在眉睫。美国自2002年初就着手在舆论和军事上为进行攻打伊拉克做准备。美国指责萨达姆是“支持恐怖主义”和“研发大规模杀伤性武器”的恶魔。10月10日，美国国会通过了对伊拉克采取军事行动的授权法案，为布什发动伊拉克战争扫清了国内立法方面的障碍；11月8日，联合国安理会一致通过安理会第1441号决议，重新启动了对伊拉克的武器核查。12月7日，伊拉克向联合国安理会递交了有关大规模杀伤性武器的报告，但美国明确表示不满意这份报告。与此同时，美国出巨资武装伊拉克反政府力量，并四处进行“倒萨”游说，争取有关国家的支持，积极向海湾地区调集军队，进行军事演习。这意味着美国随时都能够以伊拉克违反联合国安理会的武器核查决议而对伊拉克动武。

三、各国从自身利益出发，积极调整对外政策和军事战略

美国出台新的国家安全战略，谋求巩固其超级大国的地位。（1）实施新的核战略和抗击大规模杀伤性武器战略，企图在反恐战争中使用战术核武器。1月份，美国出台新的《核态势审查报告》，明确将中、俄、朝等七国列为核攻击对象，不再承诺“不对无核国家使用核武器”，降低使用核武器的门槛，并且准备恢复核试验。12月11日，美国公布《抗击大规模杀伤性武器国家战略》，首次明确提出在抗击大规模杀伤性武器的攻击时将使用核武器。（2）高度重视本土安全。7月16日，美国公布《国土安全战略报告》，提出确保美国国土安全的四大主要任务：边界与交通安全，国内反恐怖活动，预防生物、化学和核武器的恐怖袭击，应对和处理紧急情况。11月25日，布什签署了成立国土安全部的法令，该部的雇员达17万人，年预算约400亿美元。（3）出台“先发制人”国家安全战略。9月20日，布什政府公布了新的《国家安全战略报告》，正式把“先发制人”战略作为美国在21世纪的三项大战略之一（其他两项是遏制和威慑），并明确提出美国在反恐新时期的三大战略性任务：以各种手段防范和阻止恐怖主义的威胁，巩固军事同盟并与大国维持良好关系，在全球范围内推广美国的价值观、促进美国经济的发展。

俄罗斯对外政策和战略发生重大变化。俄罗斯继续推行务实外交，调整其对外政策和战略。其主要内容包括：（1）寻求与美国建立“稳定和可预见的”新型伙伴关系。5月24日，俄美签署了《削减进攻性战略力量条约》和《俄美新型战略关系宣言》。（2）与北约建立“20国机制”。5月28日，俄与北约签署《罗马宣言》，双方建立北约－俄罗斯理事会，以“20国机制”代替“19＋1机制”，使俄可在军控、反恐和地区安全等领域部分参与北约的决策程序。（3）谋求与欧盟进一步强化合作。5月29日，俄与欧盟在莫斯科召开峰会，通过建立“欧洲统一空间”的文件，签署《俄与欧盟能源和安全合作协议》。（4）强化独联体内部的团结。5月14日，俄牵头将“独联体集体安全条约”改组为“独联体集体安全组织”，并决定共同组建快速反应部队，加强军事技术与反恐合作。另外，俄还顶住美国的压力，进一步拓展与朝鲜、古巴、伊朗、伊拉克等的军事、经济合作，谋求本国利益最大化。

欧盟推行自主和务实外交，美欧分歧逐渐扩大。2002年，欧盟在美国退出《反导条约》、对伊拉克动武、建立国际刑事法庭等问题上一直与美国争吵不断。德、法坚持反对美国对伊拉克动武。欧盟除英国外，基本上对美发展国家导弹防御系统持消极态度，认为这会打破全球战略平衡，引起世界新一轮军备竞赛。目前，欧盟成员国正在讨论制定一部适用于整个欧洲的宪法，组建一支可独立于美军执行任务的快反部队。12月13日，欧盟哥本哈根首脑峰会决定接纳

波兰、匈牙利、捷克、爱沙尼亚、拉脱维亚、立陶宛、斯洛伐克、斯洛文尼亚、塞浦路斯、马耳他等10国，并于2004年5月正式加入欧盟，从而实现了欧盟的第五次扩大。欧盟的执行机构欧盟委员会主席普罗迪指出，欧盟的一个主要目标是建立“一个和美国平起平坐的欧洲大陆上的超级大国”。

日本加速向军事大国迈进，并扬言有权拥有核武器。2002年4月，日本政府通过了《武力攻击事态法》、《安全保障会议设置法修正案》和《自卫队法修正案》，并提交议会审议。这些法案突破了日本“和平宪法”对日本向海外派遣作战部队的限制，为使日本自卫队走出国门扫清了法律上的障碍。5月份，日本内阁官房长官福田康夫表示“……‘无核三原则’的政策可以改变。”这意味着日本在决心修改宪法的同时，可能放弃“无核三原则”。8月2日，日本出台新《防卫白皮书》，要求调整防卫部署，将主要防卫方向由北部转向西南，增强九州和冲绳地区的兵力；健全防卫立法，推动相关“有事立法”法案的通过；继续强化美日军事合作，达到“依托同盟，牵制中国”的目的。

印度加强与美俄的军事合作，巩固其在南亚的主导地位。2002年，印美军事合作急剧升温。2月份和6月份，美军参联会主席和国防部长先后访问印度。5月份，印美举行了联合军事演习；12月份，印军将赴美国参加联合军事演习。美国已决定向印度出售1亿多美元的先进雷达系统，并考虑向印度出售飞机引擎、潜艇作战系统和直升机零部件。目前，美国和印度海军共同负责在马六甲海峡巡逻。12月4日，印俄签署《德里宣言》，俄罗斯正式向印度出售“戈尔什科夫上将”号航母和“阿库拉II”型攻击型核动力潜艇，大大加强了印军“三位一体”打击能力。

四、大国进一步增加军费投入，加快军队转型和现代化建设

2002年，各主要国家在增加军费支出的同时，注重军队信息化建设，加快军队的转型，以应对新挑战。

加快军队转型的步伐。美军确立了以“基于能力”取代“基于威胁”的新的建军方针，明确了六大作战目标和联合作战能力的六大重点。8月15日，美国防部出台《2003财年国防报告》，明确提出美军将以“基于能力”的新防务计划取代“基于威胁”的旧计划。该报告提出了美军必须能够决定性地击败任何敌人等四大防务政策目标；美军转型所要达到的摧毁大规模杀伤性武器及其运载工具，确保美军能够投送到全球各个角落，摧毁一切威胁，开发具备联合作战能力的C4ISR系统以能够实施行之有效的信息战，加强空间系统及其支援设施的作战能力与生存能力等六大作战目标，以及联合作战能力的六大重点，即网络中心战能力，强行进入敌人以种种手段抗拒进入地区的远程投送和作战能力，精确打击固定和机动目标的能力，信息战能力，前沿威慑能力，掌握制海、制空权，尤其是控制太空的能力。该报告还提出“新三位一体战略力量”（即常规能力和进攻性战略核能力、主动和被动的防御能力、以及反应能力较强的国防基础设施）的核战略。可以预见，在21世纪，美军将继续强化其“零伤亡”和“精确指导打击”的指导原则，依靠网络和信息优势制胜。

俄国防部长伊万诺夫在2002年初强调俄将集中力量发展太空兵，把它作为实现俄军现代化的基础。俄目前重点研发精确化、数字化、智能化、通用化的武器装备。日本政府在新版《防卫白皮书》明确提出，要推进自卫队重组，全面提高重点防御方向派驻部队的快速反应能力。目前，日本防卫厅正在组建5000人规模的信息战部队，计划在2003年成立一支反恐怖部队，并把网络武器的开发作为今后防卫计划的重点。

大幅度增加军费投入。美国2002年军费预算为3430亿美元，实际开支为3630亿美元。11月13日，美国参议院通过了总额为3930亿美元的2003财年军费开支法案，比上年增加500亿美元，增长了14.5%。日本2002年的军费为4.99万亿日元，计划今后5年内共投入25万亿日元军费。俄罗斯2002年的军费预算为2841亿卢布（约合95亿美元），比上年增加37%。印度2002~03财年的军费为8100亿卢比（约合173亿美元），比上一财年剧增30%。

调整编制体制。为了从军事上确保本土安全，美军于10月份成立了专门负责本土安全的北方司令部。该司令部将负责指挥北美防空司令部，以及所有应对大规模杀伤性武器袭击和自然灾害事件的军事力量。为加速研发和部署国家导弹防御系统及研发太空武器，美国防部将原来的战略司令部和航天司令部合二为一，成立了新的战略司令部，负责全球打击、信息战、导弹防御和C^4ISR（指挥、控制、通信、计算机、情报、监视和侦察）。俄罗斯加快裁军步伐，实行军队向合同制转变。1月份，普京宣布将在本年度裁军20万，使俄军降至100万人以下。9月1日，俄国防部开始在第76空降师实施合同制试点，计划在2003

年底对所有俄军实施合同制。日本在新版《防卫白皮书》中提出，在未来5年内，陆上自卫队将由目前的18万人减为16万，由13个师改编为8个师，提高部队的灵活性；海上自卫队的10个护卫舰队将减为7个，并以新购"宙斯盾"舰为核心，将"八·八舰队"过渡为"九·九舰队"，从而具备更强大的反潜、反舰、防空和电子战能力；航空自卫队由目前的10个飞行队减为8个，扩大其警戒巡逻范围。

加速实现武器装备的更新换代。根据美国防部今年公布的总额为6000亿美元的武器采购和更新计划，美军在未来10年内将下列8项武器作为装备和采购重点：F－35联合攻击机、"弗吉尼亚"级攻击核潜艇、F－22"猛禽"战斗机、F/A－18E/F"超级大黄蜂"战斗机、C－17运输机、"三叉戟II"导弹、两栖登陆舰和国家弹道导弹系统相关装备。在太空武器方面，美空军正在研发激光反卫星武器，并计划在2003年部署首架带激光武器的飞机，2009年前将有9架这样的飞机投入使用；美国还计划在2005年发射第二代GPS（全球定位系统），并着手研制第三代GPS。2003年，美国将拨款1500万美元研制"强力穿地核弹"。俄罗斯也在加强激光、高功率微波和反卫星武器的研制。俄在2002年投入约316亿卢布用于太空专项研究；54亿卢布用于Glonass全球导航系统的研发，并将在未来10内再对该项目投入54亿卢布。6月6日，俄成功试射了"白杨－M"型战略导弹。继C－300防空导弹系统装备部队之后，目前已研制完成C－400第4代改进型"凯旋"防空导弹系统，将于2003年初装备部队。日本进行了了无人驾驶航天飞机的飞行试验，并计划在2003年采购F－2战斗机、空中加油机和"宙斯盾"战舰，将在2003年2月发射4颗分辨率为1米的侦察卫星。2002年1月25日，印度成功试射一枚射程为2000千米的"烈火－II"型导弹。印度国防部11月份已决定投资20亿美元，建造6艘新型潜艇，第一艘潜艇将于2010年服役。

五、国际军控与裁军进程既有进展也有挫折

2002年，国际军控与裁军取得了一些进展，但其总体趋势不容乐观。5月24日，俄美签署了《削减进攻性战略武器条约》，双方承诺在2012年底之前，将各自的核弹头削减到1700～2200枚。9月27日，中亚5国完成长达5年的艰苦谈判，就建立中亚无核区问题达成一致。11月14日，生物武器条约缔约国在日内瓦通过了旨在加强生物武器条约（BWC）的三年工作计划。11月25日，70多个国家在荷兰海牙签署了有关阻止弹道导弹扩散的国际行动守则，旨在禁止发展弹道导弹，增加各国弹道导弹发展计划的透明度。但是，国际军控与裁军进程也严重受挫：

美国正式退出《反导条约》，并加紧研发和部署国家导弹防御系统。2003财年的国防预算为研发国家导弹防御系统拨款76亿美元。6月13日，正式退出《反导条约》，并在阿拉斯加州动工兴建陆基反导发射井；3月和10月成功进行了两次陆基弹道导弹拦截试验；12月又进行了第8次陆基拦截试验，但告失败。与此同时，在1月、6月和10月，分别成功进行了三次海基弹道导弹拦截试验。12月17日，美国总统布什正式命令美军开始部署国家导弹防御系统，计划于2004年前在阿拉斯加部署10枚拦截导弹。美国竭力拉日本、部分欧洲盟国加入导弹防御系统，目前日本和英国已明确表示将参与导弹防御系统的研发和部署。

《不扩散核武器条约》作为核军控和核不扩散的基石的地位受到进一步冲击。10月份，朝鲜不但承认未放弃核武器开发计划，甚至宣布"已经拥有核武器"；日本多位高官也在2002年多次宣称要放弃"无核三原则"和研发核武器；印、巴、以色列至今仍拒绝签署《不扩散核武器条约》；美国还指责伊拉克"正在研发核武器"。根据美国卡内基国际和平基金会的统计，目前已有15个国家拥有或正在研发WMD，而在受到美国"关注"的国家，如伊拉克、伊朗、朝鲜、叙利亚、利比亚和苏丹当中，大多数已拥有或正在研究开发WMD,。根据美国中央情报局的评估，在未来15年里，拥有WMD的国家将达到20个以上，WMD的扩散已呈现难以遏制的趋势。

《全面禁止核试验条约》生效无望，美国可能恢复核试验。布什政府明确表示，不会寻求把该条约再次提交美国参议院进行表决。美国在1月份的《核态势审查报告》中指出，美国需要"对现有的核力量进行改进、升级"，"发展下一代核武器"，"设计、研制、生产新型核弹头……为必要时恢复地下核试验作好准备。"这样看来，美国恢复核试验已成定局，而其他核国家有可能效仿美国，《全面禁止核试验条约》可能会变为一张废纸。

回顾2002年的国际安全形势，可以得出如下结论：国际恐怖主义肆虐全球；俄罗斯大步向西方靠近，欧盟与美国矛盾逐步加深；美国企图通过反恐谋霸，追求绝对霸权、绝对领导、绝对安全和绝对军事

优势；部分热点地区的局势依然危机四伏。在未来数年内，反霸、反恐、反扩散仍将是国际军事斗争的主要内容。

世界地缘政治形势的变化 中国《国际战略与安全形势评估 2002/2003》一书以此为题发表专论，主要内容如下：

2002年国际地缘政治领域发生的变化较之国际政治其他领域，更深刻地打上了恐怖与反恐怖斗争的印记，其中，不少变化反映了地缘政治演变的长期趋势，具有转折意义。传统地缘政治受到严峻挑战，人们不得不以新的视野重新思考与地缘政治有关的各种问题。但是，大国争夺国际权力优势的地缘政治本质未因反恐而根本弱化。

一、恐怖与反恐怖斗争严重冲击传统地缘政治观

传统地缘政治观，有五个突出特点：第一，它主要是大国战略游戏。第二，它具有强烈的争霸意识、对抗性和军事斗争色彩。第三，它强调结盟关系，敌、我、友阵线分明。第四，夸大地缘战略关系及地理因素对国际政治的影响，以致庸俗化。第五，注重争夺、控制战略资源和地理枢纽。

冷战结束未能改变地缘政治本质，美国仍坚持传统地缘政治观，这在冷战后美国官方历年颁布的《国家安全战略》、《国防报告》、《四年防务评估》及官方智库的各种研究报告中有集中体现。冷战后美国的地缘政治观依然坚持维护、扩大美国的世界霸权，包括扩大、加强北约和美日同盟，增强军事力量和海外“前沿部署”，控制两洋和欧亚大陆，防范俄、中等大国的复兴、崛起，压制“无赖国家”，确保中东、中亚的能源供应及全球战略运输通道安全等。受美国地缘政治及地缘战略影响，各国竞起效尤，冷战后的世界仍然充斥传统地缘政治思维，地缘政治争夺依然是国际政治权力游戏的基本内容。

“9·11”恐怖袭击及随之而来的恐怖与反恐怖斗争，促使国际社会、尤其是美国不得不深刻反思、调整传统地缘政治思维，转换战略视野，传统地缘政治观遭遇到全面而深刻的冲击。

大国对抗色彩有所淡化。传统地缘政治观注重一国人口、幅员、资源、区位等有形实力要素，大国因在这些方面享有优势而成为地缘政治主角，大国对抗是地缘政治的主要内容。但在“9·11”事件中，一个非国家行为体以极微小的力量重创美国，牵动国际地缘政治形势剧变，说明在全球化和信息化时代，国际政治不对称现象突出，地缘政治角色增多，更加复杂，已不仅仅是大国之间的游戏。尤其重要的是，新增的角色通常缺乏“责任感”，使世界地缘政治形势更加动荡，更充满不确定性，大国均衡、合作对维护国际稳定更加紧迫，更必不可少。对此感同身受的美国不得不反思：在全球化、信息化加速发展的21世纪，坚持传统地缘政治思维，继续在大国中刻意寻找对手、敌国是否明智，是否符合时代潮流及美国的安全利益？2002年6月1日，美国总统布什在西点军校发表讲话，宣称美国面临的“最严重”威胁是“激进主义与技术的危险结合”，他未提大国对抗是主要安全威胁，相反强调“通过在大国中间建立友好关系来维护和平”，“帮助处理危机”。此后，主张大国合作的思想在美国战略界明显占据上风。9月出台的2002年版美国《国家安全战略》报告进一步提出要建立“大国和平竞争而非持续备战的世界”，与欧、日、俄、中、印等世界主要力量中心合作，共同与恐怖主义作斗争。各大国竞相与美国开展反恐怖合作，大国间地缘政治对抗意识明显弱化。

地缘因素对国家安全的屏护作用下降。全球化、信息化和高新技术的发展把世界联为一体，极大地削弱了海洋、江河、山脉与其他复杂地形对国家安全的屏护作用，但人们对其意义仍然估计不足。美国自恃两洋保护，把国家安全线划在本土以外，对外不断用兵，本土基本处于不设防状态。“9·11”袭击及2002年以来接二连三、遍及世界各大洲的恐怖袭击，促使国际社会普遍认识到，敌国大规模入侵已不是国家安全的头号现实威胁，凭借地障及大规模常备军难以阻挡恐怖袭击、“御敌于国门之外”。国家安全的内向性、不确定性、普遍性和共同性特点更加突出，各国从国家安全利益的普遍性、共同性而不是从一国地缘利益的狭隘视角思考国家安全战略，更积极地寻求普遍安全和共同安全，这有利于促进国际合作，包括邻国合作，而不是对抗。不少国家竞相加强快速反应部队建设，以对付飘忽不定的恐怖袭击和解决其他非传统安全问题。

敌、友划分和国家结盟的规则发生变化。在传统地缘政治观影响下，国家间划分敌、友是常态，划分标准主要依据地缘利益、民族种族、意识形态和文化关系等因素。一般说来，相邻的国家及民族种族、意识形态和文化不同的国家容易走向对抗，不易结盟，美欧结盟和美苏对抗尤其遵循这些规则。“9·11”以来，恐怖主义成为人类公敌，各国积极合作反恐，借反恐平台推动国际合作，减少对抗。某些传统地缘对

抗因素在一定程度上被超越，国际地缘政治关系因之出现不少积极变化。

尽管受反恐怖斗争的影响，传统地缘政治观中的对抗性特点、尤其是促使大国对抗不断升级的消极因素受到抑制、削弱，这有利于促进世界和平、安全、稳定以及大国合作。但也必须认清变化的有限性，地缘政治的本质并未发生根本变化，现在就断定传统地缘政治观式微或从国际政治学领域完全撤退更是为时尚早。美国2002年版《国家安全战略》报告一方面发誓要建立“大国友好合作关系”，一方面仍强调要准备“抵抗其他大国的侵略”，并表示要继续扩充军备，使美国的军事实力强大到“足以防止潜在的对手为赶超美国而扩充军备”。这种矛盾现象很值得世人深思。

二、大国普遍调整地缘战略

传统地缘政治观的变化，在大国地缘战略调整中得到了集中表现。2002年，各大国适应恐怖与反恐怖斗争新形势，不同程度调整了各自的地缘战略。

其中，美国的地缘战略调整幅度最大、涉及面最广，对世界地缘政治格局变化的作用也最大。首先，美国调整了公开以中、俄为对手的挑战性地缘战略，积极推动大国合作反恐及在其他领域的大国合作，尤其采取积极措施，主动改善与中、俄等传统地缘战略对手的关系。其次，美国地缘战略的内向性明显增大。“9·11”后，美国针对本土长期基本不设防，易受恐怖袭击的弱点，采取一系列措施加强本土防卫，尤其是成立了建制庞大、权限也很大的国土安全部。再次，控制欧亚大陆依然是美国全球地缘战略的重中之重，但其现实目标已转变为消弥恐怖主义祸源，借控制欧亚大陆防范中、俄的意图也相对置后。反映在地缘战略部署上，就是其前沿军事部署的重点转向包括中东、中亚、南亚和东南亚在内的“弧形地带”以及印度洋。

此外，美国的能源战略也作了相应调整。冷战时期及冷战后，美为确保对中东石油的控制，不惜放弃其一向标榜的所谓“理想主义”和“民主”标准，与中东一些在美国看来是“非民主”的伊斯兰政权合作。“9·11”后，美国按自己的“民主”标准衡量，不但公开批评这些伊斯兰政权是“非民主”政权，而且认定它们与国际恐怖主义颇有渊源。美国媒体不时含沙射影地指控沙特阿拉伯、埃及等伊斯兰核心国家是国际恐怖主义的幕后黑手，使国际上不少人推测美国正在谋划改造伊斯兰世界。但美国从伊斯兰国家的石油进口约占其进口总量的30%，触动伊斯兰世界的政治、文化基础有可能危及美国能源进口安全，美国因而加紧寻找进口能源替代，以降低对中东石油的依赖，分散风险。具体措施包括增大对西非的石油开发投资和进口，积极开发阿拉斯加的石油，增加从南北美进口石油，尤其是与俄达成长期能源合作协议。

俄罗斯2002年地缘战略调整的基本特点是借反恐全面收缩，拉近与美、欧距离，并有限反击，使收缩引起的震荡降至最低程度，也为徐图再起保留基地。在中亚，俄实际上认可了美国军事力量的长期存在。在西线，俄加强了与北约合作，接受了波罗的海三国加入北约，俄从此将与北约有一条直接边界。此外，俄主动撤退在古巴、越南的基地，使俄军二战后半个多世纪以来第一次不再驻扎海外。这一系列活动，再加上放弃一流核大国地位，默认美退出反导条约，与美达成新的核裁军协议，认可美核优势，并与美达成能源合作协议，改善了俄美关系，促使美国不再公开称俄为潜在战略对手，俄基本实现了从美俄长期对抗中解套的战略意图。

但是，俄罗斯的战略收缩有明确的底线，这就是保障俄对独联体主要国家的影响力，防止战略收缩演变为全线溃败。俄在车臣问题上毫不退缩，对在高加索、里海的利益范围也志在必保。为确保底线，俄不时有限反击。2002年年初，当布什提出“邪恶轴心”说时，普京及时提出欧亚“稳定弧”理论。年中，当美国表示要以武“倒萨”时，俄立即与伊拉克签署总额达数百亿美元的商业合同，并乘机加大对朝鲜半岛事务的介入。年末，北约大举东扩，普京大张旗鼓地出访中、印等亚洲国家，为俄寻找地缘战略缓冲区。在这三次有限反击中，最能系统体现俄地缘战略新思路的是“稳定弧”理论。

普京的“稳定弧”包括三条线，西线是俄与北约合作，其直接成果是与北约达成把俄与北约“19+1”机制升级为“20国”机制的协议，年末又达成允许波罗的海国家加入北约的默契。中线是加强与独联体国家合作。乌克兰因售伊雷达问题与美关系紧张，俄乌重新靠拢。莫斯科人质事件使俄获得加强车臣行动的新依据。里海大规模军事演习进一步宣示了俄力保里海和高加索利益的决心。俄与吉尔吉斯斯坦达成新协议，派军进驻吉尔吉斯斯坦，证明俄决心维护在中亚的战略优势，尤其要以独联体为其地缘战略安全底线。俄加强与独联体合作的最直接成果，则是把独联体集体安全条约升级为独联体集体安全条约组织。在东线，俄大力加强上海合作组织，积极推进与中、印等国的合作，伺机扩大在朝鲜半岛的影响，也谋求与东盟扩大关系。普京提出的“稳定弧”西、中、东三条线相互连接，横跨欧亚，与布什划定的“邪恶轴心”犬牙交错，俄是三条线中都居核心地位的唯一大国。“稳定弧”理论集中反映了俄罗斯既想从美俄对抗中彻底解套，又不甘放弃基本利益范围的双重地缘战略要求。

欧盟2002年的地缘战略调整显示欧盟真正找到了自己的战略定位。2002年1月1日，欧元投入流通，这使拥有共同货币的欧洲越来越像是一个统一的大国，自主意识更强。反映在地缘战略上，欧盟一是对美更敢说“不”，欧美分歧增多，大西洋两岸距离拉大，以至有人怀疑是不是还有一个完整意义上的“西方”？二是积极改善欧俄关系。欧俄关系改善的主要基础不是联合反恐，而是立足于双方更广泛的经济、政治和安全合作，这一基础更坚实，更带长期性。欧盟对俄善意增大是俄接受北约东扩至俄边界的一个重要原因。三是决心以欧盟为核心，打造成一个和平的“大欧洲”，接纳10个新成员是实现这一计划的重要步骤。四是更专注于“管内”事务，对防区外事务的介入大幅减少。在“倒萨”问题上，美欧尤其尖锐对立。

日本2002年地缘战略适应其实力长期下滑的现实，明显向亚太及其能源供应线沿线回缩。一是加强东北亚外交，积极谋求与朝鲜改善关系，小泉首相为此专程出访朝鲜。二是加强东南亚外交，通过首相出访，推进与东盟自贸区谈判及加强双方安全合作，与中、美争夺对东南亚的影响。三是借反恐、反海盗派海军舰艇远巡马六甲海峡和印度洋，扩大军事、政治影响，加强对其主要能源供应线的保护能力。但日本在能源供应上高度依赖中东各国，因而对美“倒萨”、改造中东等活动保持低调，刻意避免直接表态。

三、国际地缘政治态势的新变化

大国地缘政治观及地缘战略的调整，以及恐怖与反恐怖斗争形势的发展，导致2002年国际地缘政治格局发生了若干重大变化。

因主要大国收敛锋芒，地缘政治对抗意识大幅下降，世界总体稳定性进一步增大。美国宣示要与所有大国建立合作关系，俄罗斯实施战略收缩，欧盟专注于欧洲事务，主张全球“共治”，以及日本向亚太回缩，大大削弱了因无序和野心勃勃的竞争导致大国地缘政治对抗的风险，改善了大国关系的总体氛围。反恐及推动世界经济回升也为大国合作提供了新主题和平台。美俄及欧俄关系的改善，使欧洲地缘政治格局进入相对稳定时期。在亚太，美俄、中美、中俄三对双边关系同时改善，中美俄三角相对均衡，中美关系的大幅改善尤其有助于推进亚太地缘政治格局的总体稳定，从而使大国地缘政治关系中的对抗成份，降至历史上从未有过的低点。目前形成的大国地缘政治格局是：“一超”继续在全球部署力量，承担义务，其在全球的地缘战略优势有所扩大。“多强”经过收缩，各守一片天，分别与“一超”形成既相互牵制，又相互协调，有合作、有竞争的明确关系。这是多极化在反恐条件下继续发展的地缘政治表现，符合当前大国地缘利益要求和力量对比的现实。

从中东经中亚、南亚、东南亚至东北亚的亚洲濒海带动荡加剧，正在经历前所未有的地缘政治大调整，并成为世界地缘政治活动重心。恐怖与反恐怖斗争、扩散与反扩散较量、西方文明与伊斯兰文明对峙以及油市震荡，都以亚洲濒海带为主要舞台，重叠展开，这里因而又成为世界矛盾的焦点。

在诸多矛盾中，恐怖与反恐怖及扩散与反扩散斗争是关键，围绕这两组矛盾展开的斗争，对亚洲濒海带及欧亚地缘政治格局产生了深刻影响。美国以反恐为旗号，在中东、南亚、中亚、东南亚等地开辟新基地、增派军事力量以及增加军事、财政援助，在该地区的战略优势增大，取得了对亚洲濒海带的战略控制权。阿富汗战争结束后，美国挟新胜余威，反恐与反扩散双管齐下，相继提出《核态势评估报告》、“邪恶轴心”论、“先发制人”论，废除反导条约，决定正式部署NMD，部署“倒萨”，加紧对伊朗、朝鲜及沙特、埃及、叙利亚等伊斯兰“核心国家”施压。反恐不仅与反扩散相混淆，且打上了“文明冲突”印记，因而引起强烈反弹。国际恐怖主义乘势反击，在中东、中亚、南亚、东南亚广泛开展新一轮恐怖袭击。被划入“邪恶轴心”及美国核打击对象行列的国家不甘坐以待毙，或规避、或反击，千方百计与美国周旋。朝鲜宣布废除1994年美朝《核框架协议》，不放弃其核计划，伊朗核研究活动曝光，伊拉克以低姿态与美软缠巧拖，使亚洲濒海带的局势不仅更动荡，也更复杂、更混乱。

美国虽然在该区域取得了战略优势，但战略难题层出不穷，有进易退难之虞。在阿富汗，针对美军、带游击战特点的恐怖活动此伏彼起，卡尔扎伊政权的权威局限于喀布尔一隅之地，美国难以脱身。美军长驻中亚已师出无名，引起俄罗斯警惕。俄军进驻吉尔吉斯显然是对美军长驻中亚的战略反应。在中东，美以武“倒萨”及改造伊斯兰计划受到各方制约，被迫暂缓。沙特、埃及等国也对美中东政策不满，双方矛盾明显上升。美在中东的军事优势增大，但政治上较以往更孤立、更不确定。美国借反恐增大了在东南亚的存在和影响，但日本、澳大利亚、印度等国从经济利益和地缘战略利益出发，也竞相增大对东南亚的介入。东南亚成为大国地缘竞争的新热点。因爆发朝鲜核危机，东北亚正在形成美、俄、日、韩合作，压朝放弃核计划的局面。

印度崛起突然加快，国际影响大增，挤进大国俱乐部的步伐也在加快，印度洋的地缘战略重要性相应增大，受到更多的战略关注。印度加快崛起的主要原因得力于其经济快速增长。过去10年，印度经济持续保持年均约5%的较高增长率，落后面貌大为改观。印国内生产总值超过5000亿美元，约为中国的一半，高于俄罗斯。印度加快崛起的另一个原因在于有利的国际环境以及特定的地缘战略地位。一是印度次大陆向南俯瞰印度洋航道，遥制波斯湾和马六甲海峡，印度因而在争夺印度洋的地缘政治竞争中得天独厚。二是印度东北与中国接壤，并与中国有领土争端，而中国的崛起已引起美、日、俄及东盟等战略力量的忧虑，他们不同程度地谋求借印制华，从而使印度在大国地缘政治游戏中可保持较为有利的地位。三是印度位当亚洲濒海弧形战略带的中央，西、北、东三面皆是伊斯兰国家，美国为进行阿富汗战争、反恐、倒萨、控制波斯湾石油、贯彻其改造伊斯兰世界的宏大战略，积极谋求印度支持。印度也抓住这一机遇，乘机提升大国地位。2002年，印与美、俄、日、东盟等战略中心的关系都得到不同程度的改善、加强。美印改善关系、加强战略合作是2002年大国外交中最引人注目的事件。美印高层互访频繁，美国全面解除印度核试验以来的对印制裁，与印开展军事合作，向印提供军事、技术援助。美国新版《国家安全战略》报告把印与中、俄并列，定位为大国和主要合作对象，并表示要与印进行长期战略合作。俄罗斯首脑、政要也频频访印，俄尤其增加售印军备的数量、等级。俄、美等实际上承认了印度的有核国地位。

印度经济的增长、军事实力的增强、外交地位的提高，不但改变了南亚战略平衡，也对欧亚地缘政治格局及大国关系产生了影响。大国格局已凸显从美、俄、欧、日、中五极向六极转换的趋势，印度上升为世界第六极的步伐加快。

世界能源布局酝酿调整。美国减少对中东油气市场依赖的战略着手落实，开始牵动世界油气生产、运输、销售的地理分布变化。2002年下半年，俄罗斯的石油日产量与沙特阿拉伯难分伯仲，俄罗斯、中亚境内几条新的跨国油气运输管线或投入施工，或加快酝酿，西非石油产量急剧上升，南、北美新油田的开发也在加快。这一系列变化虽然难以根本撼动中东油气的国际垄断地位，但中东油气的垄断地位无疑在削弱。谋求能源供应渠道多元化已成为国际潮流，并对世界地缘政治格局产生影响。

四、对中国地缘战略环境变化的基本评估

2002年，中国的地缘战略环境出现了四大积极变化，地缘战略压力明显朝缓解的方向演变。

在亚太乃至全球的建设性大国地位进一步显现，在亚太及大国格局中的重要性进一步增大。2002年，中国国内生产总值突破10万亿人民币、外贸总额超过6200亿美元，外汇储备达3000亿美元，并取代美国，第一次成为世界上接受直接投资最多的国家。中国在美、日、韩、东盟、欧盟等世界主要经济体贸易伙伴排行榜上的名次普遍前移。中国实力的增长是亚太在全球地缘政治布局中地位上的主要牵动因素，增大了中国的地缘政治影响和战略活动能力，有利于中国更积极、主动地参与国际事务。

中美关系大幅改善，中国的战略回旋余地增大。冷战后，美国一直是影响中国地缘政治环境的主要外部因素，中美战略竞争持续增大是冷战后一个重要地缘政治现象。美国视中国为主要地缘战略对手，对华防范、遏制意图不减，也一直是冷战后中国地缘战略压力的主要来源。但"9·11"事件及恐怖与反恐怖斗争深入展开，促使美国认识到中国是亚太以至全球的主要稳定力量，美国在反恐、反扩散、战略平衡、地区稳定、推动经济复苏等多种领域需要与中国开展全面、长期和积极合作。美国因而把中国视为"反恐盟友"和重要合作伙伴，谋求加强中美合作关系，并以之为其推行大国合作战略的基本内容。中美首脑一年四晤，两国军事交流全面恢复，在反恐、解决地区热点等领域，两国加强合作，经贸投资关系继续发展，两国贸易额近千亿美元，中国在经贸领域对美国的重要程度有超过日本之势。

中国与周边各主要战略力量关系普遍进入良性互动。中国经济增速高于周边各大国，经济总量是俄罗斯的三倍多、印度的两倍多、东盟的一倍多，外贸总额高于俄、印、东盟，紧咬日本。对周边主要战略力量的发展比较优势，增大了中国的战略主动权。周边各主要国家普遍谋求与中国改善关系，并取得进展。中俄贸易突破120亿美元，两国首脑互访、新的能源合作项目进一步加强了中俄战略协作伙伴关系。中国与东盟国家通过签署有关南海问题和合作开发湄公河流域的协定及开展自贸区谈判，加强了双方互信、互利合作关系。中印关系改善步伐加快，两国贸易、投资关系明显加强，人员交流增多，边界谈判也取得进展，印度改善中印关系明显转趋积极。中日关系虽然遇到不少麻烦，但未酿成破坏性后果。两国经贸、投资关系继续深化，2002 年中日双边贸易额约达千亿美元，创历史新记录。中日双方都希望消除歧见，发展面向 21 世纪的长期合作关系。

亚太区域化进程呈现新的发展势头。在东盟 + 1、东盟 + 3、东北亚的中日韩合作、湄公河流域开发合作、上海合作组织等次区域合作不断发展的新形势下，中国凭借位于亚太中心的有利地理条件和较之周边国家都有一定优势的经济实力，使自己在推动亚太区域合作方面处于有利地位，也使中国有条件通过积极参与、推动亚太合作，进一步扩大影响，改善周边地缘战略环境，营造有利于中国崛起的战略依托带。

但也要看到，中国的地缘战略环境在总体趋好的同时，仍有堪忧之处。

一是中美关系虽然明显改善，但美国并未完全放弃对华防范。美国加强在中亚、南亚、东南亚的军事影响和军事存在虽然以反恐为主要目的，但因其与美国传统的对华遏制线基本一致，中国难以完全视若无睹。而美国加强在关岛的军事实力，尤其对中国的军事安全有直接影响。美国部署 NMD 对中国的战略安全也不是好消息。

二是周边主要战略力量对中国的崛起仍有疑虑。俄罗斯不时有人从地缘政治角度宣传中国崛起威胁其远东安全，主张对中俄战略合作、包括军工合作和能源合作打埋伏，留一手。日本、东盟有不少人宣称中国的快速发展抢走了他们的市场、资金，导致其产业“空心化”。印度主要抱怨中巴合作影响印度的安全利益。

三是周边热点未见降温，动荡频发，恐怖主义威胁有增无减。东北亚因朝鲜“核危机”出现复杂局面。朝鲜推进核计划符合其建立“强盛大国”的立国要求。美国以反对核扩散为其安全政策基石，阻止朝鲜获得核能力是其必然选择。美朝围绕“核危机”的妥协难度很大，双方矛盾激化的可能性严重存在。东南亚恐怖分子颇有社会根基，新的恐怖袭击随时可能发生。克什米尔仍然是恐怖袭击频发地区，印巴因克什米尔问题再度剑拔弩张的危险性依然存在。阿富汗局势迄今仍未稳定，要实现持久和平需要一个漫长的过程。

四是受恐怖与反恐怖斗争刺激，中国周边出现新一轮军备竞赛浪潮。日本 2002 年军费开支高达 500 亿美元左右。东南亚各国已动用数十亿美元巨资更新海、空军装备。印度计划依托美、俄、法，继续提高军备水平，扩大在印度洋的军事优势。澳大利亚因巴厘岛事件刺激，已大幅增加 2003 年国防预算。朝鲜半岛南、北双方也加紧推进军备现代化。亚太这一轮军备竞赛以高科技军备建设为主，呈现三大特点：其一，美国背影加重。在反恐名义遮掩下，美国特别加强以关岛为主要支撑点、向日韩和东南亚延伸的亚太军事警戒机制，增加对东南亚国家军援及对台军售，刺激了亚太军备竞争。其二，核竞赛阴云不散。因朝鲜宣布重新启动其核计划，围绕东北亚无核化的斗争趋于激烈，日本主张突破“核门槛”的势力获得了新的口实。其三，水下竞争愈演愈烈。美国正在改装多艘战略核潜艇，以巡航导弹替代核弹，用于“先发制人”打击。预定部署的 3 艘洛杉矶级核潜艇于 2002 年 10 月下旬开始进驻关岛。日、印、巴、澳、韩、新、马、泰等国及台湾争相购置各类先进潜艇，总数达数十艘，价值数百亿美元。

五是世界能源格局出现对中国不利的消极变化。中国 2002 年原油、成品油及液化石油气及其他烃类气进口总量近 1 亿吨，其中三分之二源自中东。但中东形势复杂多变，空前不稳定，将直接影响中东石油供应的稳定性及国际油价。同时，中东通往中国的石油运输线所经之地，如波斯湾、印度洋、东南亚，皆是恐怖与反恐怖斗争的主战场，也使中国的能源供应面临重大变数。

亚太地区形势变化及走向 《现代国际关系》2002 年第 1 期以此为题发表了杨伯江、席来旺、尚前宏的文章，主要内容如下：

“9·11”事件和美国“反恐战争”，触动各国调整对外战略与安全政策，大国合作与地区热点出现新动向，亚太形势出现重大变化，国际关系格局酝酿着又一轮调整。

一、“9·11”事件后亚太形势发生的重大变化

一是美国战略关注聚焦欧亚结合部，在东亚、西太平洋地区的战略调整进程被迫迟滞。“9·11”强烈冲击了美国的国家安全战略，迫使其重新审视自身安全状况及其在国际事务中的作用，把本土防卫提升到一个空前的高度。面对恐怖主义这一明确的对手，美

国明确调整对外战略的优先顺序，将“反恐”置于首位，作为急务应对，“崛起中的大国”不再是其唯一的关注点。美国更注重地缘战略与“反恐”战略的结合，尽量调和对付“现实威胁”与对付“潜在敌手”间的矛盾，战略重点向亚太倾斜的进程虽不会终止，但短期内无暇顾及远离阿富汗战区的东亚、西太平洋地区的战略调整问题。美国原本打算借 2001 年 9 月美日同盟条约、美澳新同盟条约签署 50 周年之机，把本地区现有的互不关联的三个双边同盟整合为一个四国多边同盟，为国内“鹰派”鼓噪的战略重心东移铺路。亚太“小北约”计划原本就“先天不足”，而“9·11”事件又宣告了该设想的“后天不良”。美国在推进亚太战略的某些方面出现间歇，固然是为集中精力和资源于“反恐”，但这在客观上确为地区稳定与深化合作提供了机遇。

在亚洲大陆西、南、东三线，美国根据自身利益的轻重缓急，采取了不同的应对手法。美国亚太战略目前是以中亚、南亚为调整重点，旨在突入中亚，拓展影响；摆平南亚，谋求于己有利的地缘政治重组。在东南亚，则谋求以援助“反恐”换取新的双边军事安排，为既定的“战略重返”寻求立足点。布什上台后大大提高了对东南亚的重视程度，并将为加强对亚洲腹地的战略投送能力而竭力进取，以经援、军援为主要手段拉东南亚合作“反恐”。在东北亚，美国谋求以稳定现状为原则、以间接施力为手段维持战略优势，近期直接采取大幅战略动作的可能性降低。美国抓住日本急于“借船出海”的心理，促其进一步提升国际政治、安全地位，强化美日同盟体制的地区掌控力、平衡大国关系。与此同时，美国对朝鲜提高要价，虽继续呼吁谈判但虚多实少，东北亚政策的消极面上升，重拾“朝鲜威胁论”以维持“适度紧张”的战略意图相当明显。“9·11”后，美国对台湾政策以维持现有框架为基调，同时继续谋求发展“实质性合作”关系。

二是次区域形势和热点问题日趋复杂，形势更加扑朔迷离。首先，在东北亚，朝美、朝日关系的改善持续延宕，半岛和平进程步入调整期。“9·11”后朝鲜迅速表明立场，“反对任何形式的恐怖暴力行为，也反对对其支持和包庇”，并承诺加入国际反恐条约。美国称“9·11”事件不会对美朝关系造成不良影响，而是给朝鲜“提供了一个参与国际社会根绝恐怖主义的机会”，国务卿鲍威尔也“充分肯定”朝韩恢复部长级会谈，重申将为修复美朝关系而努力。但同时，布什总统又点名指责朝鲜有开发大规模杀伤性武器的嫌疑，朝方对此予以严厉驳斥，指出布什试图把朝美关系停滞不前的责任推卸给朝方。由于各方面因素的制约，预计美朝之间不大可能重演 1993 年时的危机事态。但是，美国对朝鲜半岛的关注目前虽因“9·11”事件而暂时转移，一旦抽身，不排除“反恐”与“反扩散”并举、重新加大对朝压力的可能。

其次，东南亚一些国家政经局势飘忽不定，潜伏复合型危机。东南亚是全球穆斯林集中地之一，穆斯林占人口的一半约 2.5 亿，其中在印尼、马来西亚和文莱占多数。1997 年亚洲金融危机后，一些国家伊斯兰双股势力（体制内的政党与体制外的组织）并行发展，政治与社会影响上升，极端势力混杂其间。美国的“反恐战争激起了本地区伊斯兰势力的”宗教情绪与政治意识，波及一些国家的政经局势和社会稳定，今后若与国内民族、宗教矛盾互相交织，有可能导致政治动荡和社会骚乱，危及地区稳定。此外，少数国家从大国平衡战略出发，担心“9·11”后美国的关注点西移而“不再关心东亚安全问题”，希望能继续吸引住美国的视线，最终可能与美联手“反恐”，为美打开方便之门。果如此，本地区形势将更趋复杂化。

三是地区经济形势雪上加霜，能否顺利回升尚在未定之天。“9·11”对美国以及环亚太主要经济体构成沉重打击。东亚各国经济依赖美国市场，“9·11”导致其外部环境进一步恶化，设备投资、生产活动萎缩，IT 相关产品高度依赖美国市场的韩国、马来西亚、新加坡、菲律宾及台湾地区等所受打击尤其沉重。据国际货币基金组织统计，韩国、新加坡及香港、台湾地区 2001 年 GDP 平均增长率只有 0.4%（2000 年是 8.2%）；印尼、马来西亚、泰国和菲律宾也只有 2.3%（2000 年是 5%）。而日本 2001 财政年度的 GDP 增长为 -1.3%。

2002 年，日本经济可望缓慢回升，但仍将持续通货紧缩的基调，整体失业率不会有明显降低。随着对美国经济恢复增速的预期从年初推迟到年中之后，东亚各国对美出口形势持续趋紧，势必进一步拖累本地区经济复苏。尽管韩国等相继出台了景气对策，但只要出口得不到恢复，经济就很难全面回升。而且，在东南亚个别国家，经济形势恶化与政情不稳相互影响，极易形成恶性循环。

二、亚太地区各国合作出现契机

尽管存在以上变数，但其中也使亚太合作孕育着新的契机。

在政治与安全领域，“反恐”、求稳成为各国共同需求。“9·11”使亚太各国对恐怖主义的威胁感同身受，威胁的“不确定性”特点决定了各国只有通过国际合作才能有效应对。同时，美国将“9·11”定性为“战争行为”，“鹰派”人物鼓噪实施“无区别的”军事报复，也令各国忧心忡忡，担心以暴易暴导致冤冤相报，使亚太地区永无宁日。各国在更新安全观念、更多关注非传统因素的同时，开始思索新形势下地区合作的新方式、新内容，多边对话势头可望得到促进，“合作安全观”可望获得更广泛的认同，地区多边机制可望注入新活力。东盟地区论坛近年触及“预防性外交”议题以来，各方分歧迭出，其发展方向与进展速度引起不少争议。而非传统安全领域的合作较少涉及战略层面，较易达成共识，并可有效增强该论坛的凝聚力。“9·11”后，美出于眼前需要和长远战略考虑，也可能支持这一发展趋势。同样，亚太经合组织上海会议也超越经济合作议题，注入政治、安全合作内容，并通过了“反恐宣言”。由于一些因素的阻碍，东亚地区合作在形成组织框架方面迄今一直进展迟缓，然而，在“9·11”后的国际环境下，这些因素似乎在发生变化，其结果可能是经济条件得到改善而安全也得到加强。

大国互动趋于活跃，相互关系中的协调面上升。冷战后，美国一直在寻找潜在对手，但它所发现的“对手”如日、中、俄等，全都似是而非。“9·11”后，美国不得不集中精力对付恐怖主义，为此，需要世界各国尤其是欧亚大陆有关国家的认可，需要联合国多数会员国特别是安理会常任理事国的配合，中、俄两国成为美国重点争取支持的对象。美国在亚太寻找“潜在对手”、鼓噪“中国威胁论”的气势因之有所收敛，美中、美俄关系中的合作因素进一步凸显，对抗因素在一定程度上得到抑制，甚至在美国单方面宣布退出“反导条约”后，美俄双方继续发展双边关系的意愿也基本未受影响。

中、美、俄、日等大国在反恐方面的广泛共识，对大国关系的改善起到了积极的促进作用。“9·11”为中美关系的进一步改善提供一个特殊的机遇。布什在“反恐”战争打响后仍坚持参加 APEC 年会，中美两国元首会晤上海，就双边关系、APEC 合作、国际“反恐”等问题交换意见，达成广泛共识，为两国在新世纪发展建设性合作关系奠定了良好基础。中国“入世”后，布什正式签署公告，给予中国“永久正常贸易关系”地位，美国 1974 年制定的“杰克逊—瓦尼克法案”不再适用于中国。“9·11”后，“中国尽管有所保留，但还是迅速地和美国站在一起，而北京和东京的紧张关系也得到了相当程度的缓解”。“小泉10月访华期间为日本在二战期间侵略中国而表示道歉，中国接受了他的道歉。很明显，中国领导人暂时将历史问题搁在了一边。”这“为亚洲携手努力朝一体化方向发展并保持地区稳定提供了一次良机。”中、日两国就恢复安全对话达成协议，并把对话级别从原来的局长级升格为副部长级，于 2002 年 1 月下旬在东京举行首次会议。

在经济领域，东亚次区域合作进程明显加快。“9·11”后，“在全球衰退更为严重的背景下，进行经济结构改革、恢复经济活力对于亚洲国家变得迫在眉睫。为了保证地区和全球经济的稳定，东亚必须减少它对向本地区外出口的依赖，而应将经济发展的基础更牢固地建立在国内和本地区的需求上”。在 2001 年 11 上旬的“东盟 + 3”首脑会议上，中国与东盟决定在 10 年内建成“中国与东盟自由贸易区”。这说明东盟在不能继续依赖美国市场的情况下，不再“舍近求远”，而是转变思路，把目光收回到自己的身边，在东亚区域内部“寻找新的发展机遇”。“中国与东盟自由贸易区”协议是东亚区域合作的一个里程碑，无疑将对地区合作产生巨大的推动作用。协议签署后，韩国立即表示“要迎头赶上”，金大中总统倡议尽快将该设想扩大为“东亚自由贸易区”，让韩、日也加入其中。受此触动，日本对东亚区域经济合作的态度也逐渐从消极被动转向积极进取。新年伊始，小泉打算借出访东南亚之机，与新加坡签署“双边自由贸易区协议”，并打算推出“日本与东盟自由贸易区”计划，争取在 2002 年秋举行的日本与东盟首脑会议上获正式承认。可见，东亚国家联合自强意愿的上升，将进一步加快建设自由贸易区的步伐，激活“东盟 + 3”等现有合作机制，也将使区内金融自由化的探索更趋活跃、更具现实性，最终提升地区整体实力。

三、亚太各国仍将面临的挑战

安全形势仍有极大隐忧。美国防部 2001 年 10 月 1 日发表的《四年防务评估报告》仍把亚洲看作最有可能成为引发“大规模军备竞赛”的地区：“从中东到东北亚已形成一个不稳定的大弧形地带，充满了地区力量兴衰的较量，争端一触即发”；本地区“有可能出现一个拥有强大资源后盾的军事竞争对手，从孟加拉湾到日本海是一个特别具有挑战性的地区”；“地区性大国有可能获取足够强大的国力，威胁对美国利益至关重要的地区安全”；要在亚洲维持稳定的平衡关系，任务相当艰巨复杂。值得关注的是，该“报告”称，为适应美国亚太军事战略的调整，国防部已决定增加在西太平洋的航母战斗群，研究海军陆战队在西太沿海的作战训练。可见，美国在“反恐”的同时，仍把“潜在地区大国的挑战”列为重要威胁。这表明美国对“9·11”的反思，还仅仅局限于“今后要加强机场等重要设施的安保”这类“技术性”问题，而非如何调整霸权心态这样的“战略性反思”。

“反恐”是一把“双刃剑”，既有加强各方合作的一面，亦有其“分化”国家间相互关系的一面。从长期看，美国的重大战略并没有发生本质变化，而只是调整了轻重缓急的步骤，“反恐”合作并未导致亚太地区大国关系的根本性变化。美国内死守冷战思维的保守势力和右翼反华势力仍在鼓吹“中国威胁论”，继续干扰美对华决策方向。美国一些学者认为，“反恐”不足以奠定中美关系新的战略基础，因为这类“低级安全”领域的合作，不可能化解中美“高级安全”领域的结构性矛盾，“双方在人权、台湾问题、经贸、武器扩散和导弹防御等领域，仍存在很大的分歧。”

今后，在东亚、西太平洋地区，美国有可能继续提升对其“最可靠的伙伴”的政治期许，进一步要求日、澳分担防务责任，也将继续研发 MD。“9·11”后，美国会迅速通过 2002 年度防务授权案，恢复 MD 相关预算中一度被削减掉的 13 亿美元。作为美国在亚太地区的头号盟国，日本对美原来分头进行的“战区导弹防御系统”（TMD）和“国家导弹防御系统”（NMD）持不同态度，对前者参与共同研发，对后者仅表示“理解”。布什政府 2001 年 5 月将 TMD 与 NMD 合并为 MD 后，由于美国将强化中短程导弹项目的研发，日本可能会对 MD 问题重新考虑，参与热情和投资兴趣可能增大。

各国致力建立“信任”关系的努力可能受到冲击，为地区稳定增添新困扰。冷战后，日本抓住修改法制这一关键，自我松绑，加紧向国际政治、安全领域渗透。“9·11”被日本视为其谋求更加辉煌角色的“天赐良机”，以及重新解释甚至修改战后宪法的历史机遇。小泉政府迅速打出“盟国责任”的旗号，明确表示要做出“看得见的贡献。”2001 年 10 月 29 日，日本国会通过“反恐三法案”，实现了军事、安全政策的进一步突破：首次实现了自卫队海外派兵的“无地域限制”；放宽了海外派兵时使用武器的限制；扩大了日本政府海外派兵的权限。对此，美国迅速表态，称赞该法将“为日本军队参与反恐行动铺平道路”，“不仅对反恐有重要意义，而且进一步增强了美日联盟”，使之“进入了近年来最稳定、最坚实的阶段”。但日本国内也有舆论对此忧心忡忡，担心“反恐”法案将日本推上“只有加速器而无制动闸”、无安全运转保障的险途：“海湾战争爆发时，自卫队只有在日本遭到侵略时才能向美国提供支援，《周边事态法》又把自卫队的活动范围由日本领域扩大到周边地区，而新法案则要将自卫队的活动范围扩大到全世界。”这不能不引起对日本存有“疑虑”的许多亚洲国家的担忧。

美国“重返东南亚”及其对亚太安全的影响 《现代国际关系》2002 年第 8 期以此为题，发表了夏立平的文章，主要内容如下：

一、美国重返东南亚及其主要方式

上世纪 90 年代初，随着冷战的结束和美国撤出在菲律宾的驻军，美军在东南亚已没有常驻作战部队。但自上世纪 90 年代中期以来，特别是“9·11”事件和反恐战争开始以来，美国逐渐加强在东南亚的军事存在和军事活动。美国防部 2001 年 9 月 20 日向国会提交的《四年防务评估报告》首次将东亚沿岸地区作为美国有关键利益的地区。

与以往相比，美国此次行动具有一些不同的表现，即扩大军事存在、加深军事合作，特别是将加大反恐力度作为美实现“重返东南亚”战略目标的重要方式。

在亚太地区，美军有一个东西横跨太平洋和印度洋、南北从南极洲直至北极的基地网。该地区的基地“点线结合”，大体上呈“三线配置”。其中，东南亚处在由配置在日本、韩国直至印度洋的迪戈加西亚岛上的基地组成的一条“前沿基地”带的中间，这条“岛屿锁链”式的第一线控制着战略地位十分重要的航道、海峡和海域，成为由以关岛为中心的诸岛屿及在澳大利亚和新西兰的基地组成的第二线，以及由设在以夏威夷为中心的诸群岛至中途岛及阿拉斯加、阿留申群岛的基地组成的第三线的“前沿屏障”。

在东亚和西太平洋地区，美军有三个基地群，包括东南亚基地群、以日本横须贺海军基地为中心的东北亚基地群和以关岛为中心的群岛基地群，这三个基地群遥相呼应，担负着控制战略要点，扼守海上咽喉要道的任务，并为西太平洋地区美军的部署和活动提供依托和支援。冷战结束以来，美国在继续保持在亚太地区的主要军事基地的同时，为美军能增加使用东南亚国家的基地做出了安排，努力使美军能够进入该地区更多的地方。

东南亚基地群原来以菲律宾苏比克海军基地和克拉克空军基地为中心，现在已转为以新加坡的樟宜海军基地为中心。1992 年 11 月，苏比克海军基地和克拉克空军基地被正式移交给菲律宾后，美国为寻找新的基地以恢复西太平洋地区军事基地体系的平衡，将目光瞄准了新加坡。作为国际海运交通中心之一的新加坡战略地位极其重要。它位于马来半岛最南端，扼控马六甲海峡。美军在新加坡的存在和部署将使其能够监控南海，西进印度洋。由于地理位置较为适中，及其在航运、造船、通讯和交通方面的现代化程度符合美军舰艇补充燃料、维修以及人员休整的条件，现在美军第 7 舰队的后勤司令部驻扎在新加坡。美新 2000 年 4 月签署协议，在新加坡的樟宜为美军建设一个大型深水码头。预期 2003 年 6 月建成后的基地可容纳包括航母、巡洋舰等在内的大型舰艇编队进泊。

近年来美国军舰和飞机经常访问新加坡和文莱。美国军舰访问马来西亚的次数在增加。“9·11”事件后，泰国向美军提供军事设施，并允许美军机飞越领空。菲律宾国会 1999 年 5 月批准了《菲美来访部队协议》，规定美军可以临时使用菲律宾的基地，包括允许美国舰船在菲 22 个海港停留。“9·11”后，菲律宾同意让美国军用飞机飞越菲的领空，并允许美军使用过去在菲的克拉克空军基地和苏比克海军基地。美军特种部队现已在菲棉兰老岛三宝颜市的埃德温·安德鲁斯空军基地修建了“奇努克”式直升机起落场和军营。

为了在一旦需要时能迅速与其盟国和“友好国家”军队联合采取军事行动，驻亚太美军近年来大大增加了与该地区国家军队联合进行的军事演习。仅 2001 年，美国就在亚太地区进行了 60 多次联合军事演习和与盟国的大演习，不仅在数量和频率方面，而且在规模上都创下了冷战结束以来的最高纪录，其中许多演习是在东南亚举行的。美海军与新加坡、马来西亚、泰国、文莱和菲律宾等国海军经常举行“海上战备与训练合作”系列双边演习。2001 年美国与菲律宾 、澳大利亚、泰国和新加坡军队一起举行“协同挑战”军事演习。2002 年 4～5 月，美、菲等国在菲律宾举行扩大范围的“协同挑战”演习。美国要求菲同意日本和韩国派出 C－130 运输机参加该演习，“以便为美国军队和后勤提供空运支援”。美国还邀请新、澳、文莱、印、印尼、日、韩、马、蒙、泰等 10 国派遣观察员参加该演习。

加大反恐力度，协助东南亚国家进行反恐作战，是美国重返东南亚的重要方式。在阿富汗的反恐战争取得决定性胜利后，美国总统布什于 2002 年 3 月 15 日宣布，美国已经完成全球反恐战争的第一阶段，并开始第二阶段的反恐战争。布什说，东南亚成为“打击恐怖主义战争的第二前线”。2002 年 1 月下旬，美国派遣 660 名海军陆战队和特种部队官兵进驻菲南部的棉兰老岛，与菲律宾政府军联合进行“肩并肩 02-1”反恐行动，协助其打击菲律宾南部的阿布沙耶夫恐怖主义团伙。美军并以“演习、训练、装备、情报、维修支援和军事顾问”等方式向菲提供“军事支援和其他方面的支援”。美国 2001 年 11 月向菲提供了 46 亿美元的一揽子军事和经济援助，其中包括 1 亿美元的对菲武装部队的训练援助、军事装备及其保养援助。美军太平洋司令部还在美驻菲律宾、印尼、马来西亚的大使馆部署军事人员，以便使驻亚太美军的行动“更好地与美跨部门国别（反恐）小组相互配合”。

2002 年 7 月底至 8 月初，美国国务卿鲍威尔访问了新加坡、泰国、马来西亚、文莱、印尼、菲律宾等东盟国家。在东盟地区论坛会议上，鲍威尔与东盟 10 国外长签署了合作打击国际恐怖主义的联合宣言，决定加强在反恐领域的合作，具体措施包括各国情报机构实现信息共享，制止恐怖分子洗钱和转移资金，改变移民管理方面的松懈状况等。在访问东盟国家期间，鲍威尔向菲律宾政府表示，除 2002 年已提供的 1 亿美元扶贫款项，美国还将向菲提供 5500 万美元援助，支持菲打击国内恐怖活动。鲍威尔对印尼也表明了提供 5000 万美元的反恐资金援助和重开军事合作的意向，并向马来西亚外长提出在吉隆坡设立“反恐中心”的建议。这一切均表明，反恐已成为美与东南亚国家关系中的最优先事项，亦成为美“重返东南亚”的最大借口与重要表现方式。

二、重返东南亚的战略意图

重返东南亚，是冷战后美国实现其全球战略的重要步骤。其战略意图在于加强美国在亚太地区的主导地位、扩大反恐战果、防范中国崛起。

美国对东南亚在其亚太战略中的重要性有一个重新认识的过程，在冷战时期，东南亚曾一度是美苏争夺的重要地区之一。越战结束后，该地区在美国亚太战略中的地位逐渐下降。冷战结束后初期，这种下降达到最低点。1993 年克林顿政府上台后提出建立“新太平洋共同体”，对东南亚的重视程度逐渐增加，开始推动恢复 1992 年终止的与菲律宾的军事关系，包括军事演习、美舰访菲和军事训练等。2002 年以来，美国开始考虑将军事战略和重点由欧洲向亚太地区转移。美国为维护和保持其在亚太地区的主导地位，将其在亚太地区驻军作为实现这一目标的主要支撑力量。在这种情况下，亚太地区美军基地体系的作用对美国愈加重要。美国防部 2001 年 9 月 30 日向国会提交的《四年防务评估报告》首次将东亚沿岸地区作为美国有关键利益的地区，认为从孟加拉湾到日本海的东亚沿岸是“特别难以把握的地区”。以此为由，布什政府将增强在西太平洋，包括在东南亚的海空军力量，作为应对这种局面的主要手段之一。

“9·11”后，美国在阿富汗展开行动的同时，越来越重视在东南亚开展反恐战争的必要性。美国务院确定在 45 个国家中有“基地”等恐怖组织的分支机构，其中包括在菲律宾南部的阿布沙耶夫恐怖主义团伙以及在马来西亚的恐怖主义团伙。美国政府还怀疑有些“基地”组织成员从阿富汗逃到了印度尼西亚。新加坡政府 2002 年 1 月 11 日发表声明，透露伊斯兰组织在新加坡、马来西亚和印尼有许多秘密行动小组，其中 3 个秘密行动小组曾企图袭击美国海军人员在新使用的车辆及经过新加坡海域的美国海军舰艇。该组织有 8 名成员在阿富汗的“基地”组织营地里接受过训练。

美军太平洋司令部总司令布莱尔认为，自“9·11”事件以来，“在美国本土和在整个亚太地区”打击恐怖主义已经成为美军太平洋司令部的“首要任务”。

最后，接触、防范和制约中国是美重返东南亚的重要战略目标。近年来，中国经济持续增长，综合国力迅速发展。这使一些美国人担心中国将来可能成为美国的对手或潜在对手，美国少数政客头脑中的“冷战思维”进一步助长了这种担心。但另一方面，美国许多人，包括两党主流派和商界人士认识到中国是一个正在开发中的潜在大市场，美中保持稳定与合作的关系，有利于美国在中国由潜在大市场向现实大市场转变过程中获得巨大经济利益。同时，美国两党主流派认识到，美中两国关系在保持地区稳定、防止大规模杀伤性武器扩散和解决许多跨国界问题方面也有许多共同利益，需要进行合作。“9·11”事件后，中美两国再一次有了一个共同敌人，反对恐怖主义成为两国新的共同战略利益所在。

总的来说，美国对中国的心态是复杂的，也是矛盾的。因此，美国对华政策也是两手政策。一方面，与中国进行交往和接触，企图将中国纳入以美国为主导的国际秩序之中，另一方面，又对中国进行防范和制约，甚至准备在必要时对中国进行遏制，以及准备军事干预台湾海峡冲突。美国将军事战略重点逐渐由欧洲向亚太地区转移、企图在亚太地区编织一张多边安全关系网、加强美军在亚太地区的前沿部署和力量投送能力、进一步加强美日安全联盟、重返东南亚等，在一定程度上是针对中国的。

三、对亚太安全的影响

“重返东南亚”是美国全球战略和亚太安全战略的重要组成部分。由于东南亚重要的战略地位，“重返东南亚”使美国在亚太地区处于更有利的战略态势。美国将日本和澳大利亚分别作为其亚太安全战略的“北锚”和“南锚”，东南亚则成为这两大锚之间的码头通道。美国在东南亚重建军事存在，还将使美日军事同盟的影响扩大到东南亚。“9·11”事件后，美日进一步将“周边事态”范围扩大到东南亚直至中东地区，日本海上自卫队舰船在东南亚的活动增加，日本航空自卫队的军用运输机参加了美在东南亚的军事演习。

美国的重返使东南亚地区的政治形势更加错综复杂。全世界 10 亿穆斯林中大约有 20% 生活在东南亚地区，其中印尼就有 1.7 亿穆斯林，是世界上穆斯林人口最多的国家。印尼、马来西亚和文莱人口中的大多数是穆斯林，相当多的穆斯林在菲律宾、新加坡和泰国定居。美国务卿鲍威尔宣称：“一些拥有较多穆斯林人口的亚洲国家，由于存在国内的关注，往往不情愿与恐怖主义发生对抗。他们担心，对恐怖主义分子采取行动将导致出现殉道者。”

新加坡有关国际问题专家认为：“尽管这个地区的穆斯林大多数信奉的是伊斯兰教中宽容的主张，反对恐怖主义，但是这个地区的激进的伊斯兰组织同‘基地’网络之间的联系是显而易见的。”美国将用军事手段打击恐怖主义作为当前的“首要任务”，有可能激起该地区伊斯兰势力的宗教情绪与政治意识，从而冲击一些国家的政经局势和社会稳定。

美国重返东南亚虽然有助于打击恐怖主义，但增加了美国军事干预其他亚太事务的可能性。2002 年初美军进驻菲南部的棉兰老岛后，菲军在打击阿布沙耶夫恐怖主义团伙方面取得一定的进展。但由于美国重返东南亚还着眼于增强军事联盟、建立以其为主导的多边军事安全机制、加强对南中国海的军事控制、制约中国等目标，这些将给地区安全增加负面因素。美国还有可能利用其在东南亚的军事存在对台湾海峡局势和南中国海局势进行军事干预，这将对亚太安全构成威胁，不利于亚太地区的和平与稳定。

一些东南亚国家从反恐和使大国之间力量保持平衡的意图出发，在一定程度上希望美国增加在东南亚的军事存在。随着美在东南亚军事存在的增长，美国对某些地区安全机制或安全对话机制，如“东盟地区论坛”的影响可能有所增加。某些东南亚国家倚恃美国的军事存在或军事上的撑腰，也可能在与第三国的领土、海洋权益争端中采取较为强硬的立场，甚至更加愿意采取军事行动。

美国的重返将促进美与东南亚国家的经济合作。1997 年亚洲金融危机发生后，东亚国家经济增长放慢，加强区域内经济合作的要求上升。“9·11”事件发生后，东亚区域经济一体化趋势继续发展。为了与这种趋势进行竞争，美国在军事上重返东南亚的同时，也在加强与东南亚国家的经济合作。如与新加坡谈判建立两国自由贸易区，与其他东南亚国家的经贸合作也在发展。

2002 年局部战争和武装冲突综述　隗延伟就此撰文指出，2002 年，国际安全形势的基本趋势并未改变，和平与发展仍是当今时代的主题，世界多极化在曲折中继续向前发展，经济全球化正逐步深入。但在和平、缓和、稳定的总体态势下，局部战乱、紧张、动荡不已，局部战争和地区性武装冲突依然频发，连绵不断，并出现一些新情况和新特点。

一、战争数量有所减少，但一些地区热点重新趋热

据统计，2002 年全球局部战争和武装冲突共发生 35 起，其中新发生 10 起，上年或多年来持续进行的为 25 起：

1、美国在阿富汗的反恐怖战争；2、巴以冲突；3、印巴冲突；4、印尼亚齐省冲突；5、哥伦比亚内战；6、阿富汗国内武装冲突；7、美英空袭伊拉克禁飞区；8、以色列和黎巴嫩武装冲突；9、安哥拉内战；10、尼泊尔国内武装冲突；11、克什米尔武装冲突；12、俄罗斯车臣战争；13、菲律宾国内武装冲突；14、利比里亚内战；15、阿尔及利亚内战；16、斯里兰卡内战；17、索马里国内武装冲突；18、马其顿国内武装冲突；19、乌干达边界武装冲突（3 月 1 日）；20、印孟边境武装冲突；21、刚果（金）内战；22、刚果（布）国内冲突（3 月 29 日）；23、缅泰边界武装冲突；24、苏丹内战；25、布隆迪内战；26、朝韩海上武装冲突（6 月 29 日）；27、马达加斯加国内武装冲突（6 月 30 日）；28、尼日尔国内武装冲突（7 月 30 日、8 月 5 日）；29、北约维和部队与阿族武装分子冲突；30、科特迪瓦国内武装冲突（9 月 19 日）；31、苏丹—厄立特里亚边界武装冲突（10 月 3 日）；32、乍得国内武装冲突（10 月 12－14 日）；33、中非国内武装冲突；34、约旦国内武装冲突（11 月 10 日）；35、秘鲁国内武装冲突（11 月 15 日）

从数量上看，与近年相比（见附表），2002 年局部战争和武装冲突及新发生冲突有所减少，分别比 2001 年少 11 起和 4 起，战争和冲突还基本处于 2001 年这个高峰之后的下落阶段。在上述 35 起武装冲突和局部战争中，大部分是多年久拖不决的，如：哥伦比亚内战已持续了 40 年，印尼亚齐省冲突双方敌对状态已有 25 年（1976 年），苏丹内战进行了 20 年（1983 年），索马里国内武装冲突和阿尔及利亚内战已进行 10 余年（1991 年和 1992 年）；一小部分是前一年遗留下来的：如印孟边境武装冲突（2001 年）；有的是当年新发生的：如缅泰边界武装冲突；有的在年内已经结束：如非洲的安哥拉结束了长达 27 年的内战；有相当一部分冲突则还在继续进行。有的热点如斯里兰卡内战、布隆迪内战等出现明显缓和的迹象。但一些地区热点问题重新趋热。如印巴关系继续恶化，两国在边界部署重兵，在克什米尔地区频繁交火，地区局势一度紧张；巴以冲突愈演愈烈，已陷入以暴制暴的恶性循环；美国一直在为对伊拉克动武做军事和外交上的准备；朝鲜半岛南北军事摩擦时有发生，朝鲜核问题再度突出。这一切均表明，世界和平之路依然漫长而艰巨。

二、冲突地域范围广阔，但亚非两洲居高不下

从地域分布上看，2002 年局部战争和武装冲突继续呈不平衡状态发展，亚洲和非洲一直保持冷战结束以来居高不下的状态，各自发生 15 起。此外，欧洲 3 起，南美洲 2 起，大洋洲了无战事。

从上个世纪武装冲突和局部战争历史的发展轨迹也可以看出，亚洲及中东地区一直是世界上的两大冲突和战争多发区。冷战时期不仅曾发生过朝鲜战争、越南战争、三次印巴战争以及两伊战争、五次中东战争等较大规模的局部战争，而且小规模的武装冲突和军事摩擦也频繁发生。冷战结束后，三次较大规模的局部战争（海湾战争、科索沃战争和阿富汗战争）中有两场发生在亚洲和中东地区，特别是近年来亚洲地区在数量上也已逐渐接近或超过传统的战争和冲突多发地域非洲地区。除亚洲地区外，非洲地区第三世界国家间或内部的战争和武装冲突虽然强度和规模有限，但始终兵燹连年，从未停息，数量一直保持居高不下的势头，除冷战时期遗留下来的以外，许多冲突为冷战结束后又相继发生的，且战争和冲突发生的范

围非常广阔。2002年的战争和冲突除发生在非洲地区的15个国家以外，还波及许多国家，如刚果（金）内战就导致非洲其他6个国家的卷入，严重影响整个非洲大陆的和平稳定和经济发展。

三、强度规模总体有限，但久拖不决损失巨大

由于受战争目的、地缘政治以及综合实力等因素的影响和制约，除1999年科索沃战争和2001年阿富汗战争外，冷战后发生的冲突和战争基本上都是较小规模、较低强度的冲突或战争。2002年全球范围内的局部战争和武装冲突在总体上强度和规模同样有限，都限于一定的地域范围内，所造成的影响也相对有限。除美国在阿富汗发动的反恐战争对国际战略形势产生重大影响以外，一般战争和冲突的交战双方往往只投入一定数量的军事力量，进行一定程度的战争动员，实施一定规模的战争行动，如俄罗斯近年来进行的车臣战争等。在某些投入了全部军事力量的战争中，由于交战方国度小或实力弱，也只能在有限的范围内进行有限的战争，造成的影响不大。

由于这些冲突或战争的目标、规模、强度和地域的有限性，因此，这些冲突或战争同时也往往具有多发性和反复性的特点，不仅此起彼伏、连绵不断，而且打打停停、谈谈打打，呈现“高温不高、低烧不退”的局面。特别是在第三世界国家发生的战乱和冲突，有些或是接连不断，或是断断续续，始终难以了结。如印度和巴基斯坦之间的克什米尔之争，从1947年开始已持续近55年，至今仍未完结。大部分非洲国家内部的战乱一般都有较长的历史，如乌干达、索马里、苏丹、刚果（布）、阿尔及利亚等国的内战均持续了10年以上，而且都难得到根本的解决。由于连年战乱，虽然每年的战争和冲突规模有限，但规模和强度与伤亡和损失有时并不成正比，伤亡数字累计起来仍令人震惊。如持续4年的刚果（金）内战就导致上百万人丧生和伤残，40万难民流亡到邻国，也影响到其邻国和中非地区的安定和发展。据不完全统计，2002全年全球局部战争和武装冲突造成约12493人死亡，7655人受伤，而且消耗了大量的财力和物力，严重阻碍了这些国家及相关地区的经济发展。

四、战争动因复杂多样，且相互交织积怨难解

冷战结束后，世界上各种新旧矛盾不断暴露，并相互交织，使局部战争和武装冲突的动因出现多样化、复杂化趋向。从冷战后至近年来的战乱发展进程可以看出，诱发冲突或战争的动因主要有强权政治、历史积怨、格局转换、民族矛盾、宗教对立、领土争端、权力争夺、外部插手、资源纠纷、经济衰退、武器扩散等等因素。同时，有些因素相互交织在一起，使处理和解决这些战争和冲突的难度增大。2002年，在诱发冲突和战乱的诸种因素中，民族矛盾、宗教对立、领土争端、权力争夺等因素尤为突出。从统计数字上看，因内部权力争夺以及民族矛盾导致的内战达24起，约占总数的68%，如阿富汗国内武装冲突（普什图族和塔吉克族）、斯里兰卡内战（僧伽罗族和泰米尔族）、马其顿国内武装冲突（马其顿和阿尔巴尼亚族）、布隆迪内战（布图西族和胡图族）、刚果（金）内战（伦杜族与赫马族）等，这些第三世界国家的内战既有内部权力争夺的因素，又具有民族矛盾对立的背景；因领土争端引起的冲突6起，多是小国之间进行的小规模冲突，如巴以冲突、印巴冲突、以黎冲突、印（度）孟（加拉）边境武装冲突、苏（丹）厄（立特里亚）边界武装冲突等，这些冲突也往往交织着民族宗教矛盾（如巴以之间的冲突），特别是伊斯兰教与其他宗教的矛盾与对抗，以及伊斯兰教内部教派的分歧与冲突，同时，有些战争和冲突往往诱发于多种因素，形成了复杂的战争局面。

五、高技术战争为数不多，但牵动全局影响巨大

冷战结束以来，世界各地共发生数百场各种规模的局部战争和武装冲突，但真正可称为高技术局部战争和武装冲突的并不多。进入新世纪以来，除美国在阿富汗进行的反恐战争外，大部分局部战争和武装冲突均属于小规模、低技术冲突。但这些为数不多的高技术局部战争和武装冲突往往都发生在军事大国和强国与第三世界国家之间，交战双方力量对比悬殊，都是拥有高技术武器装备的国家赢得战争的胜利，展现出现代战争形态变化的大趋势。2002年，全球高技术局部战争或具有高技术特征的战争和冲突主要是美国在阿富汗的反恐怖战争和美英空袭伊拉克禁飞区行动，虽然数量占全部战争和冲突的比例较少，但对国际战略形势及地区安全形势特别是对世界军事领域的深刻变革都产生重大而深远的影响，成为世界各国战争和战略研究的重要课题，对各国加强军队建设、发展战争理论，进行战法研究、研制武器装备、完善国防体制等具有重大而深远的战略意义，引起世界各国的高度关注。

附表：　冷战后武装冲突统计表

年　份	冲突总数	新发生数
1990 年	28	3
1991 年	29	5
1992 年	30	9
1993 年	34	16
1994 年	38	13
1995 年	46	9
1996 年	30	6
1997 年	38	8
1998 年	38	14
1999 年	40	9
2000 年	45	21
2001 年	46	14
2002 年	35	10

2002 年国际恐怖主义与反恐活动综述　吴鹏就此撰文指出，2002 年是“9·11”恐怖事件后的第二年。世界各地仍不断发生恶性恐怖袭击事件，恐怖主义仍是国际社会面临的主要威胁。这一年中，国际社会进一步加大反恐斗争力度，反恐合作也不断取得进展，在国际社会的合力打击下，一些恐怖主义组织受到重创，恐怖活动受到遏制，但反恐仍然是国际社会长期、艰巨和复杂的战略任务。

一、国际恐怖主义发展情况

自从 2001 年 9 月 11 日恐怖分子选择了作为美国经济权力象征的世界贸易大厦和美国政治权力象征的五角大楼作为攻击目标，已预示着恐怖主义活动开始进入更加追求血腥、刺激和规模效应的阶段，恐怖分子将在较长时间、较大范围和较高程度上制造更大的恐慌。

一是以劫持人质作为向政府挑战的重要手段。劫持人质是多数恐怖分子惯常采取的手法之一，他们以人质的生命为要挟条件，力图达到向政府施压和满足其非法要求的目的。2002 年 10 月 23 日，车臣恐怖分子为了达到迫使俄罗斯政府结束车臣战争、放弃对其围剿的计划，在经过两个多月精心准备后，出动 50 余名恐怖分子持枪闯入莫斯科轴承厂文化宫，将里面的 800 多人扣为人质。10 月 26 日晨，俄特种部队向楼内施放催眠气体后，击毙了全部恐怖分子，解决了人质危机。尽管如此，此次事件仍引起了国际社会的广泛关注。被劫持的人质在恐怖分子的胁迫下发出了要求政府“结束车臣战争”的呼吁信，使俄政府受到极大压力。普京总统被迫取消原定参加墨西哥 APEC 会议的日程。在解救人质过程中因有 128 名人质吸入过量麻醉剂而死亡，使俄政府在使用特种部队解救人质的方法上也受到一定非议。对人质的劫持与拯救已是现代恐怖活动与反恐怖斗争的重要内容，但如何处理“最大限度地保障人质生命安全”，同时又“不接受恐怖分子的非法要求”这种两难选择已成为解决这类恐怖事件的棘手问题。

二是以平民为目标，肆无忌惮袭击旅游胜地。随着各国政府在反恐斗争中对重要机构、大型建筑及驻外使馆等各种防护措施的加强，恐怖主义势力及时调整策略，把袭击目标转向国际社会防恐的“软肋”部位——旅游胜地。2002 年 10 月 12 日晚，在印尼巴厘岛发生了系列爆炸事件。当地时间 11 时左右，巴厘岛库塔沿海旅游区的一家夜总会发生汽车炸弹袭击事件，几分钟后，巴厘岛首府登巴萨市美国领馆附近也发生爆炸。爆炸事件共造成近 190 多人死亡，320 多人受伤，93 人下落不明，其中绝大多数是澳、英、法、德、美、日等西方国家游客。这是印尼有史以来最为严重的恐怖袭击事件。事件发生后，不仅各国在该岛的游客匆匆离去，准备去该岛的人数也急剧下降。这种对平民的袭击，一方面导致了国家或地区的心理恐怖，另一方面也极大地冲击了地区经济，并使得反恐斗争全线告急，防不胜防。在事件发生的第二天，印尼股市的综合指数骤降 10%，对当地的社会稳定与经济发展都造成极大冲击，对印尼政局也产生深远的消极影响。

三是范围扩大到产油基地与油轮，直接危及能源与海上通道安全。由于世界经济一体化的深入，海上运输占全球贸易的比重逐年上升，已成为当前世界上发达国家的生命线。但是，由于海上恐怖活动的升温，使世界上一些主要海峡包括霍尔木兹海峡、马六甲海峡、曼德海峡等主要海上战略通道的安全问题成为倍受瞩目的热点之一。这些海峡是传统海上运输与现代经济能源发展的咽喉部位，对这些通道的恐怖攻击将对全世界经济产生严重冲击。据国际海事局统计，2002 年前 9 个月，全球有报道的海上恐怖攻击已从 2001 年同期的 253 起上升到 271 起。2002 年夏，沙特曾挫败一起试图攻击沙特位于海湾沿岸港口与输油设施的恐怖活动。此次恐怖袭击的目标正是炼油厂和输油装载站以及相关管道系统。10 月 6 日，正航行在也门海域附近的法国超级油轮“兰堡号”，受到一艘装满炸药的小艇袭击后，爆炸起火，造成 1 名船员死亡，10 多人受伤。此次事件不仅使大量原油泄漏，附近海域受到大面积严重污染，而且预示着恐怖主义对能源设施与海上通道袭击的加剧。

四是恐怖活动样式变化，手段翻新。由于恐怖活动的基本意图是不择手段地制造流血，通过向人们施加恐怖的心理压力及造成强烈的社会效应，迫使政府当局就范。因而，它往往无视人类的任何道德规范，不受任何国际法的约束，追求最具轰动、血腥与影响的各种恐怖活动方式。为此，恐怖分子想方设法地研究新装备，并不断推出新的恐怖袭击手段与战法。随着信息技术的加速发展，利用计算机和网络进行恐怖活动已成为一种新途径。他们不仅利用互联网编织成成跨地区、跨国界的恐怖网络，从事各种网络犯罪活动，而且也把这种支撑现代化社会的系统本身作为攻击的目标。他们训练黑客，制造病毒、瘫痪网络甚至发展到干扰和攻击民用通信卫星等。2002 年 7 月已出现一些恐怖分子干扰中国鑫诺卫星，攻击信息转发器致使电视信号无法正常播出的案件。这种计算机黑客式的攻击手段已成为现代信息社会所赖以生存的网络环境的最大威胁。另外，由于现代军事装备流入民间，以往仅在战场使用的便携式防空导弹也成了恐怖分子用于攻击民航客机制造恐怖事件的又一手段。2002 年 11 月 28 日，在肯尼亚蒙巴萨同时发生了 2 起恐怖袭击事件，其中之一是从蒙巴萨机场起飞的以色列民航客机遭到 2 枚肩扛式导弹攻击。虽未击中，但这种攻击手段开创了恐怖分子用防空导弹攻击民航客机的先河。

五是使用大规模杀伤性武器的可能性增大。大规模杀伤性武器包括核武器、生物武器和化学武器等。虽然这类武器已被世界大多数国家共同签订的多项条约所约束，成为禁止使用的武器，但恐怖主义分子却把它们作为制造恐怖惊天大案的“撒手锏”而孜孜以求。这种追求大规模杀伤武器的过程本身不仅使恐怖威胁实际增大，而且大大加剧了现代社会对恐怖主义的心理压力。为减少恐怖分子一旦采用生物武器造成的损害，2002 年 12 月 13 日，在停止天花疫苗常规接种的 30 年后，美国总统布什正式宣布在美国恢复接种天花疫苗。首批接种的是 50 万军人，其次是 1000 万反恐怖第一线人员和医护人员。美国政府已号召一般公众自愿接种天花疫苗。化学武器由于具有合成简单，便于制造和布放的特点，一向为恐怖分子所青睐。2002 年 12 月 16 日，法国警方在巴黎市郊拘捕了 3 名恐怖分子，并在他们的寓所内搜出怀疑用来制造化学武器的化学前体。随着国际社会的日益开放，科技发展的日新月异，恐怖分子得到核、生、化等大规模杀伤性武器技术、材料的途径与方式已越来越多，不能不引起国际社会的高度重视与警惕。

六是实行恐怖主义的“超限战”。恐怖主义不同于普通刑事犯罪，也不同于常规战争，它已逐步从“以小搏大”的极端不对称暴力活动逐步发展到冲破一切人性良知与道德约束的“超限战”状态。即超越一切传统的道德限制，超越一切人类良知的限制，超越一切手段上的限制，超越一切时间上的限制，超越传统恐怖活动空间地域的限制，不仅体现在制造恐怖的力量和样式上的不对称，而是体现在恐怖组织有预谋地发动攻击与被攻击平民目标预先无所准备的不对称；恐怖分子数量与造成的损害后果不对称，恐怖分子采用的残酷暴力与受害者的毫无防御能力的不对称。2002 年 12 月 27 日，车臣非法武装就进行了这种“以小搏大”极端“不对称”的恐怖活动。当天下午 2 时左右，3 辆挂有军队车牌、装有 1 吨多 TNT 炸药的大卡车和小轿车，在通过两个检查站后，冲进车臣首府格罗兹尼政府大院爆炸。这起爆炸事件造成政府公务人员 80 多人死亡，其中大多数为车臣政府精英。车臣安全会议秘书兼车臣政府办公厅主任杜达耶夫和 4 名副总理被炸伤，其中 1 人伤势严重。可见，恐怖组织、恐怖分子与各国政府的专政力量相比是“弱者”，但与它们袭击的对象相比则是“强者”，通过超越一切限度的行动以求得超常的效果。

七是美国等西方国家的境外机构与设施成为恐怖主义攻击的主要目标。恐怖主义在一定程度上是由于没有能力与强大势力做正面抗衡而采用的“以弱胜强”的手段。特别是在国际社会中少数激进势力与激进分子感到美国霸权无处不在，自身正当权益长期得不到保障，但又没有足够的力量与美国进行军事、政治与经济的对抗时，不得不祭起恐怖主义的武器。他们力图通过对美国的军事目标、外交目标、商业目标以及其他平民目标（如绑架美国留学生、驻外新闻记者、西方游客）的秘密恐怖主义攻击活动来打击美国霸权主义政策。据统计，全世界平均每年有 1/3 以上的国际恐怖主义活动是针对美国目标的。10 月 6 日，在也门港口发生的法国油轮爆炸案中，恐怖分子原准备攻击的是一艘美国护卫舰，但由于美舰防卫严密，才临时把目标转向法国油轮。10 月 8 日，在科威特发生的枪击事件中，目标直接针对的也是美军人员。而在巴厘岛爆炸案中，恐怖分子的攻击明显是针对位于海滩附近的美国领事馆，以及有与众多西方游客聚集的游乐场所。与此相仿，日本在阿拉伯海的后勤补给舰曾发现的试图发动恐怖袭击的快艇、肯尼亚发生的袭击有以色列人入住的饭店及以色列民航客机事件，都具有针对特定对象国的非特定目标的特征。事实表明，当美国及一些西方国家加强各种反恐怖措施后，恐怖分子已越来越多地把攻击目标由政府机构、使领馆等硬目标转向海上运输工具、旅游娱乐场所、商场、剧院、民用航空器等不具防卫能力的“软目标”。鉴于美国军事、外交、商业等各类目标都已成为国际恐怖主义活动打击的目标，美国不得不一再动用军队与情报机构的力量，每年耗费大量的反恐安全支出，以预防与打击各类反美国际激进组织与恐怖分子的活动。2002 年，美国军方和政府其他相关机构为开发反恐怖的新技术及与装备所耗费的资金已接近 12 亿美元。

八是曾策划“9·11”事件的基地组织已成为多数恐怖活动的策源地。“9·11 ”事件后，美国证实“本·拉登”是这次事件的罪魁祸首，而他所领导的“基地”组织是实施这次恐怖袭击的直接力量。对此，美国在全世界范围内发动了抓捕“本·拉登”的行动和在阿富汗围剿“基地”组织的作战。然而，阿富汗战争后，大批“基地”组织成员潜逃至其他穆斯林聚居地区，或分散到格鲁吉亚潘基西谷地、巴基斯坦、中亚、东南亚、伊拉克北部、伊朗、也门、沙特、埃及和非洲等地。“9·11”周年不久，曾多次报道“基地”组织情况的半岛电视台再次播放了两盘“基地”组织的录音带，随即发生一连串恐怖袭击事件。而本·拉登也随即发表声明，对恐怖袭击事件表示“赞扬”。11 月 28 日肯尼亚发生 2 起重大恐怖事件后，“基地”组织再次声称，他们策划了这些事件。不难看出，“基地”已成为遍及全球“恐怖网络”的核心，一些“基地”骨干成员也成为“恐怖酵母”：他们分散到世界各地，有的潜伏起来，有的则重新组织发展，筹划新的恐怖活动。他们还与其他一些具有相同背景与思想理念的极端主义组织相勾结，相互呼应，继续扩大影响，兴风作浪。一些外逃“基地”组织成员则利用当前阿富汗政权尚未巩固之机，相继潜回国内，暗中集结，伺机活动。

二、国际社会加强反恐怖斗争

猖獗一时的恐怖活动严重影响和阻碍了国际社会的和谐发展，并对世界各国人民生命财产均造成了严重损害。因此，反对和制止一切形式的恐怖主义，并对恐怖主义活动进行坚决打击已日益成为国际社会的共识。

世界多数国家已将反恐怖作为国家安全战略的重要内容。美国继上年成立“国土安全部”以后，2002 年 9 月通过了新的《美国国家安全战略报告》，明确提出新的全球战略，并将“反对并制止恐怖主义分子和为非作歹政权的暴力行动以维护和平”放在新安全战略三大支柱的首位，随即在军事、金融、外交情报多条战线全面开展了“反恐”运动。包括进兵阿富汗推翻塔利班政权和消灭“基地”组织；派遣特种部队进军也门、索马里和苏丹等国；促使欧盟通过新银行法切断恐怖主义资金来源；与东盟、亚太经合组织成员国联合发表反恐宣言；驻军中亚取得地缘政治新支点；配合菲律宾和马来西亚反恐，进而恢复和加强对东盟军事合作关系等。为防止恐怖主义在本国的蔓延，许多国家从加强预警机制入手，由国家安全、情报、侦察、及警察部门共同组成反恐怖情报发布与处置体系，全力提高反恐怖行动运行效率。近年来受恐怖分子困扰的菲律宾政府制定了 10 项具体反恐怖对策，印度尼西亚也颁布了有针对性地打击恐怖活动的“反恐怖条例”，俄罗斯针对近年来车臣恐怖活动的屡禁不止，已着手修改国家安全构想，把反恐怖列为国家安全必须高度关注的重点之一。

各国间加强了反恐合作，建立和完善反恐怖机制。由于国际恐怖主义是一种跨国暴力行为，早已被联合国列入全球性问题之一，已超越了任何一国单独防御和打击的能力。因此，打击恐怖主义必须依靠有效的国际合作。因此，反恐怖已成为各国间特别是大国间加强合作的新基础。世界主要国家在联合反恐加强安全问题上达成了更为广泛的共识，各国间的双边、多边和区域性反恐合作得到加强。作为打击地区恐怖活动重要力量的“上海合作组织”6 个成员国在 2001 年签署《打击恐怖主义、分裂主义和极端主义上海公约》的基础上，2002 年进一步签署了《关于建立地区反恐怖机构的协定》，决定在吉尔吉斯斯坦首都比什凯克建立常设地区反恐怖机构，加强各国间安全领域的合作；亚太经合组织第十次领导人非正式会议发表了《领导人反恐声明》，并承诺打击恐怖主义的融资活动；由俄罗斯牵头的独联体首脑会议也开始商讨联合打击各种形式的恐怖主义举措；2002 年下半年召开的东盟首脑会议也将反恐列入了重要议程，并决定在吉隆坡建立反恐中心。这些举措对遏制恐怖主义在全球的发展起到明显的作用。

以反恐怖为目的的联合军事演习频繁举行。今年以来，美国与菲律宾、泰国、新加坡等东南亚国家频繁举行联合反恐军事演习，俄罗斯与独联体集体安全组织成员国也多次举行反恐军事演习。中国和吉尔吉斯斯坦举行了首次上海合作组织框架内的联合军事演习。美俄在反恐问题上也走到一起。宣布两国“彼此视为敌人或战略威胁的时代已经结束”，两国已成为“伙伴和朋友”、全球反恐运动中的“盟友”。12月17日，在葡萄牙北部城市波尔图召开的欧洲安全和合作组织的第10次部长理事会通过了《预防和打击恐怖主义宪章》，成为欧安组织55个成员国与恐怖主义作斗争的行动准则。欧安组织各成员国在反恐宪章中承诺，不允许恐怖主义分子进入本国领土和在本国领土活动，也不向在他国活动的恐怖主义分子提供支持；任何资助、庇护和实施恐怖主义活动的人将被送上法庭，为此，各国将提供一切与调查和引渡有关的便利和情报。宪章强调，坚决反对把恐怖主义视为一个国家或一个宗教行为，因此有必要采取协调性和全球性的应对措施，同时有必要在反恐行动中采取措施保障人权，尤其是人的生存权。为了反对恐怖主义，中亚国家非常重视利用独联体集体安全条约组织，来打击恐怖主义。4月13～19日，独联体反恐中心和中亚集体快速反应部队司令部在吉尔吉斯和塔吉克斯坦两国举行了独联体“南方－2002”战役战术演习，目的是实际演练在该地区反恐战争中准备和实施协同作战的能力，并将假想敌设为国际恐怖组织。针对哥伦比亚10月发生的爆炸事件，美国决定协助哥伦比亚政府打击反政府武装和贩毒集团，并决定帮助该国训练一支用于专门缉毒和反恐的突击部队。

中国一贯坚持反对恐怖主义的原则立场。中国是恐怖主义的受害者，“东突厥斯坦”恐怖势力严重危害中国各族人民群众的生命财产安全和社会稳定。2002年9月11日，联合国安理会根据中国、美国、阿富汗、吉尔吉斯斯坦的共同要求，正式将“东突厥斯坦伊斯兰运动”列入其颁布的恐怖组织名单。中国政府历来坚决反对并谴责一切形式的恐怖主义，并积极采取有效措施打击恐怖主义活动，并坚持认为，国际社会应加强对话和磋商，开展合作，共同防范和打击国际恐怖活动，努力消除产生恐怖主义的根源。打击恐怖主义要证据确凿，目标明确，符合《联合国宪章》的宗旨和原则及公认的国际法准则，充分发挥联合国和安理会的主导作用，一切行动应有利于维护地区及世界和平的长远利益。不能将恐怖主义与特定的民族或宗教混为一谈。不能对打击恐怖主义采取双重标准。无论恐怖主义发生在何时何地、针对何人、以何种方式出现，国际社会都应共同努力，坚决予以谴责和打击。反对恐怖主义要标本兼治，采取综合措施，其中解决发展问题、缩小南北差距、解决地区冲突十分重要。为加大反恐怖的力度，中国加入了《制止恐怖主义爆炸的国际公约》，签署了《制止向恐怖主义提供资助的国际公约》。在12项国际反恐怖主义公约中，中国已加入10项，签署了1项。2002年中国与美国、俄罗斯、英国、法国、巴基斯坦、印度等国分别进行了反恐磋商，并积极参加了安理会反恐委员会的工作。中国积极推动亚太经济合作组织领导人上海会议发表反恐声明，推动上海合作组织成员国政府首脑、国防部长、执法安全部门领导人和外长发表共同声明，并积极支持该组织建立地区反恐常设机构。2002年10月，中国还与吉尔吉斯斯坦举行了联合反恐军事演习。

三、国际反恐斗争依然任重道远

反恐是一项长期而复杂的斗争。为此，一方面要形成对恐怖主义围剿与打击的氛围，使恐怖主义无从藏身；另一方面要逐步铲除滋生恐怖主义的土壤，剥夺其产生与发展的条件。“9·11”后，恐怖主义虽经国际社会的严厉打击，但并未销声绝迹，其主要原因不外乎两个方面：一方面，从内部看，恐怖主义产生具有深刻、复杂的历史和社会根源，不可能在短时间内铲除干净；另一方面，从外部看，国际社会对恐怖主义的认识尚未完全统一，特别是对恐怖主义的界定还存在不同标准，同时，在国际关系中还存在反恐怖机制不健全、评价不公正等问题，这些都在很大程度上制约了反恐斗争的深入，有待于国际社会共同努力加以解决。

一是以反恐怖为名，任意将反恐打击扩大化问题。恐怖主义组织和恐怖分子属于非国家行为体。按照联合国国际法有关规定：“非代表国家的个人或一群人的行为，依国际法不应视为国家的行为。”在“9·11”事件以后，国际上出现了以反恐划线，借反恐之机打击被怀疑与未定性的国家。如美国宣布，“一个国家不是与我们站在一起，就是与恐怖主义分子站在一起。任何国家继续庇护或支持恐怖主义就将被认为是美国的敌对国家”。美国把“9·11”恐怖袭击事件的责任从本·拉登的“基地”组织扩大到阿富汗塔利班政府，并对阿富汗发动了“反恐战争”，推翻和摧毁了塔利班政权。并以伊拉克“支持恐怖主义”为名，处心积虑企图对伊开战。这表明，一些国家正试图造就这样一种“惯例”，即只要打着打击恐怖主义的旗号就可以对任何一个被认为是庇护或支持恐怖主义的国家发动战争，这不仅将严重侵犯他国的主权，而且对战后建立起来的国际秩序与国际道德模式都将造成极其严重的破坏与影响。

二是反恐中存在双重标准问题。一些国家在恐怖主义问题上实行“双重标准”，只打击对本国利益构成威胁的恐怖主义，而对他国构成威胁的恐怖活动采取默许甚至纵容的态度。这种做法，违背了处理国际问题的公正性，并将掩盖真正的恐怖主义本质，使恐怖主义与反恐怖行动的矛盾片面化，不利于从根本上认识与真正解决在不同地区存在的恐怖主义问题。

三是反恐怖斗争与联合国作用的发挥问题。联合国是世界各国公认的最大国际组织，也是处理与解决世界上所有国际事务最有权威的机构。“9·11”事件后，由于反恐已从部分国家部分团体的事务上升为全球性、关系全人类未来前途的事务，理应由联合国在反恐中发挥主导作用，并使打击恐怖主义处于联合国的框架内，按照《联合国宪章》与国际法行事。但是，一些国家以深受恐怖主义之害为名，无视广大联合国成员国的主张和呼声，坚持认为国际反恐联盟只能由其一个国家来领导，联合国只能起支持和帮助的作用。这种强权政治在反恐问题上的体现，不仅将人为地在反恐怖斗争中制造新的矛盾，而且将使反恐怖斗争难以真正在公正的机制下运行。

四是反恐怖是否要遵循国际法的问题。国际法是国际社会共同约定的解决国际事务的准则。打击国际恐怖主义势力是当前重要的国际事务，也应在国际法的基础上进行，以保证反恐怖斗争的合法性与权威性。然而，在2002年的反恐实践中还存在许多与国际法相悖的做法，这将对反恐斗争的深入与发展造成障碍。其一是在反恐斗争中是否应对平民提供保护、避免伤及无辜的问题。在阿富汗进行的打击基地组织与推翻塔利班行动中，发生了美国军机多次轰炸平民区，造成许多无辜平民伤亡。二是如何依法对待反恐战争中的战俘问题。按照日内瓦国际公约，“所有交战国家的士兵被对方俘虏后都应被视为战俘”，其中包括“未经拘留国承认之政府或当局之正规武装部队人员”，而且所有战俘都享有自行选定合格辩护人或律师为之辩护、召唤证人、要求出示证据等权利。而美国借口塔利班士兵是非战斗人员，因而不给予战俘待遇是没有法理依据的。国际社会认为，对国际恐怖主义分子的审判由联合国专门设立的国际犯罪法庭来进行，以保证审判公正。而用一国的军事法庭审判外国战俘是不公正的，也难以体现审判的合理性和国际社会反恐怖的团结一致。

2002年联合国维和行动综述 吴鹏就此撰文指出，2002年联合国维持和平行动进展顺利，联合国维和部队与观察员采用非武力方式帮助所在国在调解冲突，隔离交火并保持局势稳定方面作了大量工作，起到积极作用。但是，由于“9·11”恐怖袭击对国际社会的冲击，世界局势动荡加剧，非传统安全威胁愈益突出，维和行动也遇到一些新的困难，可以说维和行动任重而道远，未来还有更长的路要走。

一、联合国维和行动概况

2002年联合国维和行动仍是联合国对世界局部地区冲突与热点地区进行干预降温的主要手段，它的实施体现了国际社会对安全稳定的关注与追求。由于联合国维和行动是落实《联合国宪章》条六章关于调解冲突条款和第七章强制行动条款的实际措施，是一种力图以非暴力手段消除暴力，以和平方法维持和平的行动，因而在实践中维和行动必须遵循一定的原则、规范和决策程序。2002年维和行动仍采取一般项目由安理会、个别情况下由联合国大会决定建立的方式实施，并在维持和平行动中遵循“赞同、中立、不使用武力或以武力相威胁”的原则。针对2002年国际恐怖主义与反恐活动已成为整个国际社会关注的焦点，经费趋紧，地区冲突居高不下的情况，联合国坚定地支持与主导着维和行动的有序展开。截止2002年底，联合国实施的维和行动已达55起，相当于联合国自诞生后每年新增1起。到年底，仍在进行的维和行动有13起，其中欧洲2起，亚洲4起，非洲5起，海湾地区2起。参加联合国维和行动的国家也已由最初的十几个国家发展到维和人员来自89个国家，共派出39636名军事人员和民事警察，并有3644名国际文职人员和7285名当地文职人员正在参加联合国维和行动。随着反恐斗争的深入，联合国维和行动在很大程度上已成为反恐斗争的重要支持力量。

二、联合国维和行动的几个特点

一是维和行动的内容已逐步发生变化。在冷战时期联合国维和行动，通常主要运行于苏美争夺范围之外，基本严格遵循中立不干涉内政等国际法准则。随着冷战以后世界经济全球化及政治多极化趋势的加快，联合国维和行动的内容也开始不断有所创新，已朝着任务多元化方向发展。除继续承担传统的对冲突双方实行隔离与安全监督等职责外，还开始担负起监督选举、维护法律秩序、安置难民、为人道主义救援行动创造安全环境、解除各派武装、清除地雷、甚至重建国家等。如2002年对非洲地区尼日利亚等国的维和及在亚洲阿富汗等地进行的维和等，均不仅设法缓解冲突地区武装对峙的程度，而且积极帮助和参与地区新的政权体系的重建工作。事实证明，维和部队任务的扩展和变化受到国际社会的肯定和驻在国人民的欢迎，也为联合国维和行动积累了新的经验。

二是联合国维和行动中采用多国部队的比重增大。通常，联合国维和行动分为两种形式：一种是由秘书长直接领导的联合国维和行动，包括军事观察团和维持和平部队。军事观察团一般由少数军事人员和文职人员组成，不得装备武器，其职能是观察并向联合国秘书长报告维持停火的状况，调查破坏停火行为并尽其所能改善局势；维和部队一般由装备轻武器的步兵、轻装甲部队及其后勤人员组成，其职能是帮助防止再次发生战斗，恢复并维持法律的秩序。另一种是由安理会批准、秘书长授权、在西方大国直接参与指挥下的维和行动（一般称为多国部队）。它一般具有大国主导的特征。如 2002 年初开始的阿富汗维和与政权重建等。为彻底打击恐怖主义，2001 年底，美国对阿富汗发动了清剿“基地”恐怖主义组织的反恐行动，阿富汗塔利班权利机构被推翻。为保证阿富汗不致因权力真空而出现大的动荡与破坏，根据联合国有关决议，在美国的推动下，联合国维和部队年初已进驻阿富汗执行维和任务。这支部队共有 5000 多名士兵，于 1 月开始在喀布尔进行安全警卫，并协助阿富汗临时政府在首都及附近地区维护和平与安全。其基本特点是：直接目的不是监督或维持停火，而是制止冲突、遏制危机；不是调停劝解而是排除障碍；使用武器不是自卫，而是压倒不听劝阻的当事方；其部队多是训练有素、装备精良的作战部队。由此可见，联合国维和行动的功能已大大扩展，由上个世纪 60 年代的单纯“维持和平”发展到上世纪 80 年代的“建立和平”乃至今天的“缔造和平”。

三是欧洲地区性维和机制发展迅速。90 年代以来，许多区域性组织借鉴联合国维和思想，建立起自己的区域维和部队，并与联合国合作承担维持区域和平与安全的职能，或“接管”联合国维和的部分权限，有望形成联合国授权，地区组织主导，并由地区国家参与的维和机制。欧洲是世界较发达的地区，这一地区有北约与欧安会两大组织。欧安组织不具备军事力量，其在维和与危机处理中只能从事早期预警、谈判协调、冲突后的恢复与重建等民事方面的工作。而北约在冷战后不断进行军事战略调整，并大力发展与中东欧国家、独联体和远至高加索、中亚地区国家的政治与安全合作，与这些国家建立了密切的和平伙伴关系和各种军事联系，并通过计划、训练、演习等方式发展与伙伴国的协调作战能力，同时在指挥和控制系统方面进行了一系列的改革。这些国家参与北约的训练和演习，熟悉和接受北约的指挥和程序，并参与北约主导的危机处理和维持和平行动。为使北约具备处理维和与新形势下发生危机和反恐的能力，北约已突破域外行动的限制，并在指挥系统和军事部署方面进行大幅度的调整。2002 年 9 月，美国国家安全战略报告提出，北约能否“重新像冷战时期一样成为大西洋联盟成员集体防御中心保障“，还要看欧洲盟国是否愿意并具备反恐能力。2002 年的布拉格峰会上北约不仅解决了将反恐作为北约“新使命的问题，而且决定建立一支 2.1 万人的、可在一周到一个月内完成部署的北约快速反应部队，以承担危机处理和地区维和的任务。

四是非洲的维和行动仍然面临较大挑战。冷战后，非洲地区冲突不断，西方出于自身利益需要改变对非政策，避免直接卷入非洲内部事务，对解决非洲冲突持冷漠态度。而持久的战乱与动荡又严重制约了非洲经济的发展。几个区域组织以及非洲国家资深领导人与安理会等国际组织一同，不断探讨地区维和问题，谋求增大解决地区冲突的力度，使解决持续战乱出现了新的曙光：结束刚果（金）战乱以及塞拉利昂和平进程均取得显著进展，津巴布韦、安哥拉等国已明确表示将从刚撤军；刚政府与反对派正在酝酿举行有关国内和解的全国会议。收缴塞拉利昂反政府武装武器的工作在联合国维和部队的监督下正有条不紊地进行，政府军已经占领部分重要钻石产地。另外，埃塞俄比亚与厄立特里亚在联合国维和部队的监督下，正在进行更深入的谈判，以期解决两国领土纠纷及战俘遣返问题。然而，由于长期战乱和历史遗留问题过多，非洲无论哪一个热点的解决仍困难重重。尤其是布隆迪、安哥拉等原有的冲突热点在 2002 年又再次复发，有的甚至相当激烈。小国中非这个多事之地，6 月再次发生军事政变。动荡的局势已对当地的地区性维和提出更高的需求。非洲国家目前在进行地区性维和行动的目标、力量派遣及维和具体进程等方面还存有异议，特别是在诸如维和领导权的掌握、维和力量分配、冲突干预程度等问题上想法不一。因此，非洲能否真正顺利地建立地区性维和机制还取决于各国尤其是有影响的非洲大国间的协调合作。

五是中国积极为联合国维和行动作出贡献。中国作为联合国安理会常任理事国，一贯重视并支持联合国在《联合国宪章》宗旨和原则指导下，为维护世界和平与安全发挥积极作用。同时，中国始终不渝地同世界各国一道，努力营造长期稳定、安全可靠的国际和平环境。为此中国积极支持和参与联合国的维和行动。并在 2002 年 2 月宣布加入联合国维和待命安排机制。参加待命安排的部队平时在国内待命，一旦有维和任务，即在规定的时间内抵达任务区执行维和任务。目前，联合国维和待命安排机制分为三级：一级待命安排机制要求维和部队和装备必须在 90 天内部署到位，二级为 60 天，三级为 30 天。目前，已有 73 个国家参加了待命安排机制。其中，23 个国家加入第一级待命安排，12 个国家加入第二级，38 个国家加入第三级。中国已决定加入联合国第一级维和行动待命安排机制，准备在适当时机向联合国维和行动派遣一个工兵营（525 人）、一个医疗分队（35 人）和两个运输连（各 80 人）。自 1990 年首次参加联合国维和行动至 2002 年底，中国已参加了 12 项维和行动，至今仍在进行的有 8 项。中国军队先后向联合国 10 个维和任务区派出 1450 人参与维和行动，其中包括 650 名军事观察员、军事联络员、军事顾问、参谋军官和 800 多名工程维和官兵。目前，中国仍有 53 名军事观察员分别在 6 个任务区执行任务，有 2 名参谋军官在联合国维和总部工作。继 2000 年 1 月中国首次派遣 15 名民事警察执行联合国维和任务后，中国政府先后向“联合国东帝汶过渡行政当局”和“联合国驻波斯尼亚和黑塞哥维那特派团”派遣了 198 名民事警察，其中包括女警察参与维和任务。

六是人员伤亡和经费问题仍然对联合国维和行动形成掣肘。维和行动是联合国为制止地区冲突采取的最直接和最实际有效的措施。而由于维和人员通常是在发生武装冲突的地区执行任务，本身带有一定的危险性。到 2002 年底，已有 1803 人在执行维和任务时牺牲。其中 760 人死于事故，583 人死于敌对行动。在执行维和任务中，中国军队先后有 4 人在联合国维和行动中牺牲，数十人负伤。特别是近年来不断增加的对维和人员直升机袭击事件使维和人员伤亡率提高，为维和行动进一步蒙上了阴影。另外，维和行动的经费问题仍是联合国维和行动面临的难题之一。至 2003 年 3 月 31 日，由于一些成员国长期拖欠维和经费，使维和行动累计欠款已达 14.2 亿美元，而在本年度中，联合国为其维和行动所作的年度预算总额为 27.7 亿美元，拖欠的款项已占年度预算的一半以上，致使联合国的维和行动不得不负债经营。

三、联合国维和行动任重而道远

联合国维和行动经过 54 年的发展，在机制上已日趋成熟，在维和行动的方式和程序上也在不断完善。但随着时代的变化，一些国家和地区内部的民族、宗教、社会矛盾激化，导致一些内战和武装冲突频繁发生，联合国维和行动不仅面临着更加复杂和艰巨的任务，同时还面临着新的挑战。虽然联合国维和行动在组建、运作管理等方面均已走向成熟，但对于如何解决各种类型的武装冲突还没有形成一种规范的国际机制，特别是苏联解体以来，新干涉主义甚嚣尘上，借联合国维和之名干涉内政的事时有发生。维和行动与《联合国宪章》出现冲突，有的联合国干预行动背离了《联合国宪章》的宗旨与原则，使联合国维和机制面临着诸多困境。

由于联合国维和行动是以集体安全理论为基础的，而这种集体安全又是建构在国际社会是一个有机整体的基本假设之上，即要求整个国际共同体的力量远胜于任何大国或几个国家的力量；要求各国不仅维护自身的利益，而且还要支持利他性的国际主义。但在实际维和行动的实践中却存在着意见不统一，力量不协调，措施不得力的问题。参与国际体系的每个国家，尽管受到国际机制的约束，但总的来说还仍然像台球桌上的台球，它们的运动在很大程度上还是任意的和不受控制的。

作为最具广泛代表性的政府间国际组织，联合国在国际事务中的作用，特别是在国际维和事务中的作用是其他国际组织无法替代的。实践证明，维和行动已成为联合国履行国际和平与安全责任的重要和有效手段，对防止冲突扩大、促进冲突的政治解决发挥了积极作用，产生了良好的效果。特别是近年来，联合国维和行动受到国际社会的普遍重视，在维护世界和平与安全方面发挥了重要作用。事实证明，联合国维和行动要取得成功，应遵守以下原则：第一，切实遵守《联合国宪章》的宗旨和原则，遵循已被实践证明行之有效的各项维和基本原则。第二，必须加强安理会的主导作用，安理会对其授权的多国部队也要加强指导。第三，应将有限的维和资源优先投到最需要的地方，不要在条件不成熟时部署维和行动。第四，在规划和部署维和行动时，不能采取双重标准。第五，维和行动是联合国维护和平与安全的重要手段，但不是唯一手段。要注重消除产生冲突的根源，加强综合治理。第六，维和行动应事先征得当事国同意，严守中立以及除自卫外不得使用武力，应坚持以斡旋、调解、谈判等和平手段解决争端，不应动辄采取强制行动，不能借联合国之名进行军事干涉。

中国周边安全环境刍议　《现代国际关系》2002 年第 1 期以此为题，发表了刀书林的文章，主要内容如下：

美国遭遇“9·11”恐怖袭击后，借反恐将军事触角伸入中亚，并顺势扩张，其推进“管理”欧亚大陆的战略图谋日渐显露。美国一系列举动引发了中国周边地区形势的变化，对中国长期构筑的和平稳定、睦邻友好、合作发展的周边环境带来较多消极影响。但从总体情势看，中国周边战略力量格局并未发生根本性的变化，安全环境仍保持良好态势。

一、当前中国周边形势特点

中国周边地区大致可从地理上分为北（主要是俄罗斯和蒙古两国）东（包括东北亚和东南亚）西（包括中亚和南亚）三个部分。长期以来，因地域不同，国家制度各异，中国面临的区域安全环境不一。近年来，这种差异性日显突出。因而，“9·11”事件及美发动对阿富汗的军事打击，对这三大区域 产生的效应也各不相同，形势的发展亦呈现出不同的特点。

北部相对平稳，总体形势良好。普京 2000 年接任俄罗斯总统后，重视“政治的安定性和经济发展的稳定性”，“努力建立一个强大而有效的政权体制，遏制分裂倾向、加强法律和秩序、统一社会思想，以确保国家的长治久安和实现民富国强的总体发展战略”使俄呈现良好的发展势头。政治上，其以强有力的措施，对叶利钦时期遗留的政权体制缺陷、联邦体制困境、政治腐败（寡头问题）以及黑社会犯罪等进行大力整治，维护了社会安定。同时在国际“反恐”大气候下，抓住与美反恐合作的时机，进一步打击车臣分裂势力，遏制了分裂活动。经济上，他“提出了符合民意和国情的经济振兴战略”，使俄经济呈现持续增长势头。外交上，从国家利益出发，积极调整战略，向美倾靠，以“反恐”作为契机，全面推进双方关系，建立两国“全新的长远伙伴关系”；同时，加强与欧盟关系，构建与北约合作新框架，加强在独联体的主导地位，深化对印度的关系，促进与亚太国家关系的发展，极大地改善了俄的安全环境，拓展了战略空间，争得了良好的发展机遇。在对华关系上，普京积极维护和发展两国的战略协作伙伴关系。2001 年 7 月，两国签署睦邻友好条约，并在推动“上海合作组织”问题上积极合作，双方关系进一步充实。

蒙古政经形势较稳定。2001 年，蒙古人民革命党继续保持在国家大呼拉尔（议会）中的稳固地位，该党政府基本实现了保持宏观经济稳定、扩大投资、整顿金融财政秩序和提高人民生活水平的目标。中蒙两国长期友好，近年来双方互信进一步增强，各个领域的合作不断发展，特别是两国在资源开发、基础设施建设、风沙治理和疫情防治等方面的合作进一步加强。

东南亚形势波动不定，隐忧重重。政治上仍处于金融危机后的整体性变动期，多国出现政局动荡、政权更替或面临政治变革。经济上，该地区自 2001 年初以来已受美国经济放缓的“经济寒风”侵袭，经济大幅下滑。“9·11”事件后形势更为严峻。其经济要渡过严酷的“经济寒冬”尚需时日。与此同时，伊斯兰势力近年来迅速膨胀，特别是“9·11”后影响进一步上升，已对东南亚的政治和社会稳定造成冲击。印尼伊斯兰政党已崛起为与新旧民族主义势力、军方三足鼎立的政治力量，直接左右政局，马来西亚泛伊斯兰党已对马哈蒂尔领导的执政党“巫统”构成威胁，其建立“政教合一”国家的政策主张在马掀起“政教国”与“世俗国”之争。而一些伊斯兰极端组织进行的分离和恐怖活动，对社会稳定和地区安全构成了较大威胁。如菲律宾的“阿布沙耶夫”伊斯兰极端组织大搞爆炸、绑架，印尼一些“圣战”组织不断发起针对基督徒的“圣战”，引发严重的宗教冲突。

东北亚地区暗藏危机，形势堪忧。日本经济步入衰退，工矿业生产下降，企业收益减少，破产增加，失业率创历史记录；个人消费持续低迷，经济恢复基础脆弱。经济不景气也使日右翼势力影响上升，日本发展的右倾度增强，使其走向的不确定性增大。“9·11”后，日很快通过并颁布了《反恐怖特别措施法》。为其军事力量向海外扩展提供了法律依据。日借“协美反恐”之机试图突破和平宪法，积极向海外派兵，已成为东亚地区的潜在威胁。朝鲜半岛局势持续反复，加之美对朝政策摇摆不定，也使半岛形势存在较大的不确定性，这增大了我国东北面的安全压力。

西部危机不断，乱局呈长期化趋势。一是中亚地区地缘战略格局出现重组之势。美对阿富汗的军事行动和美欧迅速扩大的军事存在使中亚各国的处境发生了变化，围绕中亚的地缘争夺呈现加剧态势。以乌兹别克斯坦和美国签署军事合作协议、乌向美军开放汗纳巴德军用机场为标志，美国在中亚实现了“军事进入”的历史性突破，俄罗斯在中亚的主导地位因此受到严重挑战；面对俄美影响力的消长，中亚各国不同程度地调整了自己的对外政策：乌兹别克斯坦成为美在中亚的主要军事伙伴，塔吉克斯坦继乌之后正式与美签订提供军事基地协定，吉尔吉斯斯坦在观望犹豫之后，也决定向美军提供机场，哈萨克斯坦表示时刻准备开放领空和陆地。虽然塔、吉、哈三国亲俄的基本方针尚不致改变，但均显示了向美倾斜的趋势；随着中亚的外部威胁下降，其内部挑战上升，特别是美国和西方全面渗透加强，在该地区推行西方价值观，势将冲击中亚的传统政治，造成地区不稳。二是印巴对抗烈度有所增强。印巴两国因克什米尔争端长期对立。由于牵涉到两国的领土争端、民族纠纷和宗教矛盾，而且也是极为敏感的国内政治问题，使双方的回旋余地十分有限。三是阿富汗前景仍难确定。虽然美国的军事打击使塔利班瓦解，但 2001 年 12 月成立的临时政权却未能完全统一阿富汗，阿又现军阀割据局面。在阿富汗北部地区，过去的军阀们纷纷夺回自己的领地，使中央政权难以实行有效控制。若国际社会重建阿富汗的方案不能被各派接受，而阿又不能建立一个强势中央政权，那么很可能再陷动荡甚至内战之中。

二、影响中国周边安全环境的主要因素

从地缘意义上看，中国的条件并不优越，有约 2 万多千米的陆地边界，与 15 个国家接壤；还有 1.8 万多千米的海岸线，与 11 个国家相邻。这些国家“经济发展水平不一，民族宗教问题复杂，意识形态各异，历史上的恩恩怨怨较多”，“当今世界上一些引人瞩目的地区性冲突、宗教极端主义事件、国家分裂主义活动、大宗毒品走私、国际恐怖主义活动等也频频发生在中国的周边地区”，这使中国周边环境面临的消极因素较多。

尽管经过长期不懈的努力经营，中国周边环境已大为改善，特别是随着国力的上升，中国在周边的影响继续走强，但由于美国并未放弃旧的冷战思维，遏制中国的政策依然不变，加之周边一些国家走向尚不明朗，以及地区热点变化尚存不确定性，中国周边环境仍面临诸多变数。主要有以下几个方面：

美国对中国的战略压力增大。近年来，美国亚太战略中“遏制中国”因素日益突出。美有人提出，美国在亚洲的目标包括“阻止地区霸权的崛起、保持稳定及控制亚洲的转型，”认为这是确保其全球优势地位的重要组成部分。为此，美应深化和扩大其在亚太地区的双边安全同盟、推行大国平衡战略（以制约中、俄、印等国)、阻止“中国在台湾和南海地区用武”以及促进多边安全对话。布什政府上台后，强化了牵制中国的意识，对华防范色彩不断增强，进一步强调中美的“竞争”面。美在“9·11”事件后出台的《四年防务评估报告》仍明确提出要加大对亚太地区的关注，特别是防止“敌对势力”主导“关键区域”，虽未点名，但其针对中国的意图十分明显。从目前看，美对华政策虽因“反恐”问题而进行了一些策略性调整，但并未放弃对中国的战略压制政策，反而加快了其在中国周边投棋布子的步伐：一是通过对阿战争强化了在中亚和南亚的战略影响，实现了印巴的政策平衡、在阿富汗立足及在中亚的存在，使该地区出现了有利于美的地缘政治重组；二是借“反恐”拉紧了同东南亚国家的关系，如通过向印尼提供 4 亿美元经援和 1.3 亿美元司法改革援助，意在使印尼成为参与“反恐”的最大的伊斯兰国家，并为美未来在东南亚的战略介入确立支点；通过向菲提供至少 46 亿美元援助，承诺在军事与经济上“全力支持”菲，以换取美菲新的军事安排。三是继续编织美主导的强化军事同盟网。美仍视双边军事同盟为其亚太安全战略支柱。如支持日在“反恐”中发挥军事作用，提出美在实施其安全目的时利用澳、日、菲等“友好国家”的设施等。四是进一步强化美在东北亚地区的军事存在。除了加强对朝“遏阻”的目的外，针对台湾问题的意图十分明显。布什上台不久即提出“协防台湾”，“9·11”后，布什、鲍威尔等人反复表示不会因中美反恐合作而牺牲台湾利益，继续加强对台军售，助长了台独势力的气焰，对两岸关系带来严重的负面影响，使台湾问题的解决难度增大。

周边一些国家的政策调整和走向增加了中国周边环境的复杂性。一是印度急于挤入“亚太大国”行列，有可能使地区力量结构出现变化。近年来，随着印度综合国力迅速提高，其军费开支也大幅提高(2000－2001 财政年度国防预算为 136.2 亿美元，比上一财政年度增加 28.2%，占其国内生产总值的 3.32%)，并在 1998 年核爆后继续加强核武及导弹的研发。印以此为本钱，加快推进其“大国战略”。印度外长贾斯旺特·辛格宣称，“印度关注的安全环境以及潜在安全考虑包括从海湾到马六甲海峡的印度西边、南边和东边地区，西北边的中亚，东北亚的中国和东南亚”。其首要目标即摆脱南亚羁绊，“东进”亚太大国舞台。但因其“在亚太地缘政治和经济中”“是一个被边缘化了的大国”，因此，努力在美、日、中、俄等主要力量中搞平衡，已成为其重要的战略思路。近年来，印进一步加强与美、日及东盟一些国家的关系，并与日本及一些东盟国家在南海地区进行军事演习，企图将军事势力从印度洋扩展到东亚。二是日本安全政策的变动增加了其未来走向的不确定性，成为影响东亚安全的最大变数。近年来，由于日本经济长期低迷，使其国内极端民族主义情绪迅速上升，一些右翼势力竭力鼓吹“修宪”。小泉上台后，不断迎合这种思潮，公开主张要重新审视日的防卫和安全战略，并于“9·11”前不久解除了自卫队参加联合国维和部队主体业务的冻结，放宽其参加维和的五项原

则。日还在近年的《防卫白皮书中》不断渲染中国的“军事威胁”。“9·11”后，日很快通过“反恐”法案，准许自卫队在“反恐”战争中提供协助，赋予日派兵海外的法理依据。此后，日又动用战机、战舰将领海外的一艘“可疑”船只击沉，引起了日本国内外的担忧。种种迹象表明其走向军国主义的危险增大，也将对地区安全产生重大影响。

一些地区热点暗藏危机，是中国周边安全的主要隐忧。一是在美强硬政策的影响下，朝鲜半岛局势反复多变，南北和解与统一进程漫长曲折。一旦引发新的危机，将会影响东北亚地区的稳定。二是南海问题仍是影响中国与东盟有关国家的重要障碍。近年来，在中国和东盟有关国家的不断努力下，南海地区局势渐趋平稳，各方都在积极寻求解决争端的新途径。然而，由于该地区涉及多方，问题较复杂，解决的难度也较大。加之，外部势力不断插手，更增加了南海问题的变数。而一些国家仍不断在南沙群岛进行侵占及开采活动，同时极力推动南海问题扩大化，企图使非法占领成为既成事实，这将进一步损害中国在南海的利益，并危及整个地区的稳定。

三、中国周边环境总体仍将保持稳定

虽然“9·11”事件以来中国周边地区出现了一些消极变化，但影响地区稳定的主要力量格局并未发生重大变化，这使中国周边安全环境整体保持着相对稳定，总体上有利于中国的发展。主要表现在以下几个方面：

周边地区力量结构仍保持相对稳定。中、美、日、俄、印度和东盟六大力量继续消长，但无一能取得支配地位，总体均势不至失衡：东盟内部仍处于整合期，凝聚力短期内尚难恢复，在地区中的地位继续下降，但其在亚太地区力量间仍能发挥特殊“平衡器”的作用；印度综合国力稳步提升，在南亚地区仍居主导地位，但其实力有限，并因受印巴对抗的牵制，难以从南亚地区脱身和全面“东进”亚太；俄综合力量步入恢复期，在中亚和东北亚的影响不断增强，但长期内不可能在中国周边地区发挥主导作用；日本凭借其雄厚的经济实力，在亚太地区经济中具有举足轻重的作用。日近来借美扶持、自我松绑的步子加快，不断扩大自卫队用武权限，但其掣肘因素较多，发挥政治大国的作用尚需时日。至于右翼势力极力推动的军国主义，仍受到国内外多重力量的制约，2002 年 1 月，日本首相小泉在出访东南亚国家期间便明确声明“决不重走军国主义道路”；美国虽受恐怖主义打击，其优势地位仍无人能敌，但由于力量分散于全球，且为反恐战争所缠，难以在中国周边为所欲为。区域战略态势仍将保持平衡，和平与发展的大势不致逆转。

各方对华战略需求有所上升。由于“9·11”事件未根本改变我周边主要力量间的实力对比，各力量在地区战略格局中的地位、角色和影响不会出现急剧变化，其总体对华政策也难有重大转变。相反，一些国家的政策出于现实需要还有可能向增进对华合作的方向微调。中日虽存在较多争执，最近两国发生了严重的贸易摩擦，但从自身地缘政治及长远战略利益考虑，日本不会把中国树为单纯对手，对两国的贸易纠纷也力求妥善处理，更多地谋求与中国在竞争中共存。俄罗斯近年来在中国周边地区推行积极进取政策，加强与中亚、东南亚、东北亚、南亚国家关系，但其战略立足点和外交重点仍在西方，加强中俄关系仍将是俄对外政策的重要考虑，以及借以与西方打交道的重要手段。印将继续积极实施大国战略，对中国的发展成就心态复杂，对中国的崛起也持猜疑和戒备态度，主要是担忧中国涉足其在南亚的“势力范围”。但中印并无根本战略冲突，改善和发展对华关系仍将是其外交重点之一。东盟仍将奉行大国平衡战略，其靠美倾向将有所增强，但对华关系会总体保持平稳。随着中国的入世，东盟加强对华经贸关系的愿望进一步增强，对中国的利益需求也将增大，特别是双方已确定共建东盟—中国自由贸易区，将进一步推进双方的睦邻互信合作伙伴关系趋向实质化。美国在中国周边战略格局中仍扮演重要的角色。“9·11”后，美对华合作倾向有所增强，布什上台初期的强硬做法也有所收敛。虽然美反华势力仍将推动对华遏制政策，但基于长期政经利益考虑，美仍将重视和加强与中国在经济领域的伙伴关系，中美不会走向全面对抗。

加强地区经济合作的要求进一步增大。一是周边国家区域经济合作呈扩大势头。为应对全球化冲击，增强抗危机能力，各国加强多边经济合作的热情持续高涨。除区域内经济合作（如东盟自贸区，已于 2002 年 1 月 1 日正式启动）继续稳步发展外，新的跨区合作（如环孟加拉湾合作区、湄公河—恒河开发合作、中印缅孟经济合作、“东盟 + 3”等）将趋于活跃。二是东亚经济合作将进一步发展。随着东亚国家经济日益密切，地区加强全面合作势头进一步上升。继中国与东盟同意筹建自贸区后，日本也加快了与东盟研讨双边自贸区的步伐。这将有利于东盟 + 3 合作的开展，并有可能最终促成“东亚经济共同体”的建立，这无疑将为加深东亚各国经济的依存度、深化各个领

域的合作奠定坚实的基础。

周边安全形势较长时期内仍会保持总体稳定，还因为：一是影响地区稳定的一些热点仍具可控性。印、巴因克什米尔问题“死结”的对峙僵局虽难以化解，但双方各持核武，冲突升级为全面战争可能性不太大；阿富汗大局已定，虽处于军阀割据状态，但国际社会今后将会进一步推动阿的重建，重开战端的可能性较小；中亚、南亚、东南亚及俄罗斯的三股势力（民族分裂、国际恐怖和宗教极端势力）仍会不时兴风作浪，但在相当长时期内难成规模。二是地区内的多边安全合作将日趋实质化。随着地区力量均衡化的发展，各方共同的安全战略利益将不断增多，以多边安全对话合作机制协调处理安全问题将成为潮流。以“反恐”为题的地区安全合作将进一步推进，多边安全对话与合作将日趋机制化。上海合作组织、东盟地区论坛等多边机制在较长时期内仍将在地区安全合作中发挥重要作用，并在新的形势下注入更多内容，如非传统领域的安全合作内容，包括信息安全、生态安全、打击有组织跨境犯罪和国际恐怖活动等。这都将进一步促进中国周边地区的和平、稳定与发展，使中国的周边安全环境不断改善。

国际关系综述

大国战略和相互关系调整 中国《国际战略与安全形势评估2002/2003》一书以此为题发表专论，主要内容如下：

2002年是世界各大国围绕“9·11”后国际舞台上出现的新局面进行战略调整的一年，也是美国谋求统合各大国、大国关系相互协调的一年。虽然各大国相互间的关系有疏密，矛盾有大小，但由于反恐怖与维护和平的总体目标相近，一种以美国为主导、兼顾各大国利益的新的大国关系格局已具雏形。

一、美国：新的帝国战略

美国借反恐，正在推行一种新的帝国战略，即建立以美国为中心的国际关系秩序，保证不会出现一个与美实力相当的竞争对手，减少美国对合作伙伴们的义务，减少全球准则对美国的约束，以单边行动和先发制人为原则，用强大的军事实力将任何可能对美国安全构成威胁的力量消灭在萌芽状态，并将依靠武力、经济实力、信息优势、体制规范等综合手段维持世界秩序。美国这一新战略思想在布什总统2002年的各种讲话中阐述得越来越清晰，在美国这一年相继出台的《核态势评估报告》、《国家安全战略》报告等文件中也得到了充分体现。一年来，布什政府正是按实现这一战略目标的要求来“规范”它与其他大国的关系。

美国迎合原华约国家急于摆脱俄罗斯影响的心理，积极推动北约东扩，11月北约布拉格峰会决定在2004年接纳包括波罗的海3国在内的7个新成员国。实际上，美国是要借此达到三重目的：

其一，延续北约生命力，保持美国在欧洲防务中的影响力。北约若不继续发展，就将失去存在理由，美军也就无由继续呆在欧洲。

其二，使北约行动迟缓，借机摆脱北约掣肘。北约成员国增多势必导致该组织反应迟钝，不符合美“先发制人”要求，美也就有理由在北约之外单独采取军事行动。另外，美国建议在北约内部成立2.1万人的快速反应部队，并强迫各国接受“先发制人”理论，就是要建立一支可由美国随时调用的军队，给欧盟组建快速反应部队设置障碍。

其三，继续挤压俄罗斯的战略空间。波罗的海3国加入北约后，北约东部边界将直抵俄罗斯。但北约并未宣布停止东扩，乌克兰和格鲁吉亚已正式提出入约申请，下一步北约将吞并独联体国家，俄将失去在国际舞台上赖以支撑的平台之一。

2002年，美国对非盟国中的中、俄这两个大国采取“刚柔兼施，以柔为主”的方针，一方面是对两国支持美反恐的回报和鼓励；另一方面，因其主要精力已从阿富汗转向伊拉克，希望得到两国支持，至少不制造麻烦。美国的这种怀柔政策是以中、俄两国的积极合作、不妨碍美国的“领导地位”为前提的。

美国对俄罗斯的怀柔政策表现得较为突出。布什总统在 2002 年 5 月和 11 月两次访俄。一个美国总统一年内两次访问同一个国家，这在美国历史上是罕见的。布什多次在公开场合把俄罗斯这个过去的主要对手称作“伙伴”、“朋友”、“反恐盟友”，更把普京称作“最亲近的朋友”。美在单方面退出《反导条约》后，接受俄要求，签署了新的裁减进攻性战略武器条约，还许诺给俄 200 亿美元的裁减专款。在把波罗的海 3 国纳入北约后，布什专程赶往俄作短暂访问，安抚俄民心，减轻对普京的压力。在莫斯科人质事件处理过程中，美对俄政府的处置方案予以支持。当然，除了美俄能源合作给俄带来数额不大的实惠外，美国的“怀柔”迄今基本停留在口头上。

美国对中国的积极政策也是显而易见的。2002 年 2 月，布什对北京进行首次工作访问，其开辟美中关系新局面的用意是积极的。接着，应切尼副总统的邀请，胡锦涛副主席于 4 月访美，使中美关系继续升温。11 月，布什又邀请江泽民主席对美进行国事访问，并把江主席请到得克萨斯家中做客，实现两国最高领导人年内 4 次会晤的最高记录。

这一年，中美关系在不少领域都取得了新进展：美方不再对中国的新疆政策横加指责，相反，把“东突”列入国际恐怖组织名单；布什总统首次公开承诺“反对台湾独立”；自 2001 年撞机事件后中断的两国军事交流得以恢复；按美方预计，2002 年双边贸易额将突破 1200 亿美元，增长近 20%。当然，美国以邀请汤耀明访美以及增加对台军售等方式，继续在台湾问题上对中方施压；在防扩散问题上仍对中国指指点点；对中国的政治体制也经常说三道四。但总体上中美关系在这一年中是顺畅的。

二、俄罗斯：积极的“降级外交”

2002 年，俄罗斯对美关系的两重性相对突出，一方面继续努力改善与美关系，在上一年积极配合阿富汗反恐战争、撤出古巴和越南军事基地、允美军进驻中亚之后，又签署了削减进攻性战略武器的《莫斯科条约》，并着力开展能源合作；邀请金正日再次访俄、继续帮助伊朗修建核电站、与伊拉克签署长期经贸合作协定等等，似故意与美作对。媒体和学术界对普京的外交究竟是“亲美”还是“反美”也争论不休。其实，并非普京的外交政策发生变化，而是人们对普京的外交政策缺乏真正深入的认识。普京对美政策的核心是：放弃在全球范围与美争高低，但在周边地区维护俄利益。

普京上台后，把俄定位为“二流国家”，其核心任务是“强国富民”，而不是“恢复大国地位”，因此开始放弃与国力不相称的外交负担。在对美关系上，俄放下过去“超级大国”的架子，不再追求与美平起平坐的地位，且寻求与美更多的利益结合点。普京推行这一政策的资本是他在民众中具有较高的支持率。由于近两年俄经济形势好转，政局较前稳定，普京的爱国形象已基本确立，因此对美某些让步并未降低他的威信。正是基于这样的基础，普京默认了美单方面退出《反导条约》、部署导弹防御系统、北约东扩至俄边界等现实，同时还在反恐、防扩散、能源、经贸等领域寻求与美合作。

但是，俄对其周边地区，尤其对南部穆斯林国家的政策并未对美“一边倒”。俄境内生活着 2200 万穆斯林，北高加索地区局势长期不稳，车臣问题久拖不决，如果失去与穆斯林国家的良好关系，会造成俄社会严重动荡，更何况这些国家都是俄技术产品出口的重要市场，与俄有长期经贸合作关系。因此，虽然在以色列生活着 100 多万前苏联公民，但在以巴冲突中，俄基本政策是支持巴勒斯坦，而不是以色列，与美明显不同。在处理与伊朗和伊拉克关系问题上，也是以合作为主。尽管 12 月初，伊拉克撕毁与俄共同开发石油的协议，但俄仍反对美国对伊动武，坚持政治解决。

俄罗斯对朝鲜的特别关注也有其内在逻辑，如果朝鲜出现动荡，对本身具有分立主义倾向的俄远东地区可能造成连带效应，至少大量朝鲜难民会给困境中的俄远东经济带来更多麻烦。而与朝鲜搞好关系，不仅政治上可扩大俄在半岛事务中的影响，而且经济上可参与朝鲜经济建设，在运输、能源供应、技术出口等领域获利。因此，在朝鲜宣布解冻核计划后，俄仍坚持认为朝鲜的核设施不会对美构成威胁。

舆论普遍认为，俄与北约合作机制加深是 2002 年俄与西方外交的一大进展。尽管俄－北双方对“20 国机制”都给予了很高评价，但“20 国”与过去的“19＋1”并没有本质差别。从组织机制看，俄与其他北约成员国在这个机制中似乎地位平等，但事实上北约任何一个成员国都有权一票否决与俄讨论问题。从合作内容看，在反恐、防扩散、反毒品走私和其他跨国犯罪等领域，即使没有“20 国机制”，俄与北约也在开展合作。在涉及俄重大安全利益的问题上，俄并无否决权。双方关系中最主要的变化是恢复了 1999 年因科索沃战争爆发而停顿的合作机制。然而，俄对北约东扩仍然十分担忧，普京未赴布拉格出席北约—俄罗斯理事会，显然是一种无声的抗议。俄之所以积极参与合作，首先是可以有一个了解对方的渠道，也有一个表达俄意见的窗口；其次是力图通过合作，不断施加影响，推动北约由纯军事集团向军事、政治组织转化，从根本上消除来自北约的威胁。

俄领导人十分清楚，仅从俄中在国际舞台上的作用而言，单枪匹马都不足以形成足够的影响，难以切实维护本国利益。而中俄两国合作越密切，各自对美外交回旋余地就越大，与美合作的空间也越大。一年来，中俄高层密集交往，最高领导人实现了互访。两国从最高领导人到相关部门，经常就国际上的重大问题交换看法，协调立场。双方在各种声明和言论中虽然淡化了“反霸”色彩，但在地区热点问题上的协调更加密切。阿富汗问题、伊拉克问题、朝鲜半岛问题、印巴问题都是双方共同关注的重点。两国在积极推动上海合作组织机制建设方面配合最为密切。上海合作组织越来越引起国际社会、尤其是周边国家的兴趣。中俄双方在经贸等领域的合作也不断加强，双边贸易额在2001年达到106亿美元的基础上，2002年有望突破120亿美元，继续保持两位数增幅。

三、欧盟：不断壮大的一极

2002年，欧盟在经济、政治、军事方面的内聚力明显增强，完成与10国的入盟谈判，为其历史上最大一次扩大做好了准备；外交上，欧盟在与俄罗斯、拉美及包括中国在内的亚洲国家多方结好的同时，与美国在经贸、安全等领域的矛盾和争吵表面化，其作为世界一极的独特性愈显突出。

欧元现钞于2002年正式进入欧盟12国流通领域，标志着大欧洲建设进入了一个重要阶段。政治上，欧盟为改变国家众多、政策不一的局面，以及为扩大后的整合做准备，加紧推动从主权国家联盟向“国家实体”的转变。军事上，欧盟于2001年启动组建快速反应部队计划，准备对现有军事力量和经费进行有效调配，争取在2003年底组建成6万人的快速反应部队。2002年5月，欧盟进行了旨在测试快速反应时各国政治协调和军事反应能力的演习。

2002年是欧盟扩大历史上最为重要的一年。10月，欧盟委员会通过扩大报告，对大多数候选国的入盟努力作了积极评价。12月在哥本哈根首脑会议上，欧盟结束了与塞浦路斯、捷克、爱沙尼亚、匈牙利、拉脱维亚、立陶宛、马耳他、波兰、斯洛文尼亚、斯洛伐克等10个候选国的入盟谈判。该10国将于2004年成为欧盟正式成员，并参加同年6月的欧洲议会选举。

欧盟的最终目标是“建立从大西洋到乌拉尔的大欧洲”。预计在2007年吸收罗马尼亚和保加利亚入盟后，下一步扩大目标将瞄准前南地区。欧盟扩大的经济意义不仅在于其总体实力得到加强，而且由于候选国与欧盟的经济差异较大，互补性强，扩大了欧盟内部投资市场，有利于其经济的进一步发展。在政治方面，欧盟本次扩大吸收的大多是前社会主义国家，是一次西方价值观的扩张，它从根本上改变了欧洲政治版图，对欧盟实现建立大欧洲、成为世界一极的战略目标具有重大意义，并将给国际政治新秩序的形成带来重大影响。

“9·11”后美俄关系升温使欧盟发展对俄关系的紧迫感增强。同时，与俄罗斯的关系是欧盟实现“欧洲统一”必须首先解决的问题。在俄继续反对北约东扩的情况下，欧盟试图通过加强欧俄合作，促俄尽快融入欧洲。2002年，欧盟率先承认俄的“市场经济国家”地位，表示支持俄尽快入世，并通过与俄协商，基本解决了加里宁格勒居民过境立陶宛问题，从为深化双方合作迈出了一大步。欧俄能源对话进展顺利，欧盟已得到俄“长期、稳定地向欧盟市场提供能源”的承诺。今后10年，其能源进口中从俄进口的比重将由目前的40%增至60%。在外交和安全领域，欧俄在对待“无赖国家”及打伊问题上的协调明显增多，双方建立了关于国际安全的定期磋商机制。欧盟还推动俄与北约成立“北约—俄罗斯理事会”。鉴于美单边主义日趋严重，欧美矛盾加深，欧盟出于战略考虑，今后还将进一步通过政治对话、扩大安全和经济合作，与俄建立长期、全面、实质性伙伴关系，以期最终将俄融入“大欧洲”。欧盟明显加强对亚洲的外交。9月的亚欧首脑会议提出要深化欧亚关系。在加强双边经贸关系的同时，欧盟将加强与亚洲国家的安全合作，此外还提出扩大对亚洲国家的援助，帮助亚洲消除贫困与文盲，促进发展，以根治恐怖主义根源。对华关系仍是欧盟对亚洲政策的重点，欧盟年初出台的对中国《国别报告》，在原来对华政策的基础上，提出了发展欧中关系新的5年计划。

2002年，欧盟外交中最引人注目的表现就是在国际舞台上公开与美“唱反调”，使大西洋两岸的裂痕明显扩大。欧盟虽支持美国反恐，但又多次表明，单靠军事力量不能解决问题，要求美国摒弃单边主义，发挥多边机制作用，加强与各国合作。欧盟对美国拒绝《京都议定书》、不参加国际刑事法庭等“超级大国的傲慢与自私”极为不满。布什提出“邪恶轴心”论后，欧盟公开称之为“荒谬的逻辑”，并继续坚持对朝“建设性接触”政策；声明支持伊朗的改革进程，并与伊朗讨论签署“经贸合作协定”。在伊拉克问题上，法、德等国政府公开反对美国的战争政策。布什提出中东和平新计划后，连美国的“铁杆盟友”英国也表示异议。可以说，欧洲对美国在布什上台后的几乎所有重大外交政策，都发表不同意见。

欧美矛盾实质上是控制与反控制的斗争。鉴于美国不会放弃对欧洲的控制，而欧洲的独立性随着自身实力的增强也会继续增强，欧美矛盾还会增多。但由于双方仍存在着许多共同利益，维持欧美战略协调纽带的大西洋联盟不会解散。

四、日本：在摇摆中反思

从2002年日本对外战略中可以看出明显的反思迹象，即对自身在国际关系中的地位、日美同盟未来、如何在外交中体现日本国家利益等方面的反思。其背景是日本认为自身所处的国际环境已发生了新变化：一是“9·11”恐怖事件后，国际关系围绕反恐和美国军事打击伊拉克开始了新一轮变动，日本认为有必要在“后后冷战”时代国际政治秩序中争取更为有利的地位；二是美国我行我素的单边主义外交和“新帝国主义”倾向，迫使日本对自身整体外交的利益与日美同盟之间的关系进行新的反思；三是全球化的发展和中国的迅速崛起给日本外交战略选择带来巨大冲击。

在整体安全保障政策上，具有明显民族主义倾向的小泉政府对美国要求日本修改宪法、行使集体自卫权、制定有事立法的“阿米蒂奇报告”采取了积极配合的态度。继2001年以护卫为美、英军舰加油的油船为名向印度洋派出军舰后，小泉政府又向2002年通常国会提交包括“武力攻击事态法案”在内的“有事法制相关三法案”，试图进一步扩大战时对美军实施后勤支援的范围。

另外，日本为修正安保过度依赖日美同盟的状况，以补充美国作用为名，对建立多边安全合作机制表现得更为积极。防卫厅长官中谷元提出“必须为整个亚洲建立一个中国、韩国、朝鲜、俄罗斯和美国都可以参加的安全机制”，并建议亚太地区国防部长定期举行会议。为提高自身国际地位、扩大对阿富汗及整个中亚地区的影响，2002年1月，日本出面主办“支援阿富汗重建会议”，并表示将在两年半内向阿提供5亿美元援助，从而成为阿重建的最大援助国。

对美关系是2002年日本外交的重头戏。布什先后提出“邪恶轴心”论和“先发制人”战略，使日本颇为困惑，而美国军事打击伊拉克时日本做出何种选择，更是一年来困扰日本政府的难题。美国屡次私下要求日本支持其军事行动，主要是想以此拉紧美日同盟。日本清楚，打伊不同于海湾战争及阿富汗战争，欧盟、俄罗斯、中国及阿拉伯国家均表示异议，支持美国会使自己陷入孤立。同时日本也担心打伊会使油价上扬，影响国内经济恢复。但日本更害怕不跟随美国会危及日美同盟。11月19日，小泉在美国再三要求下，不顾舆论和执政党内的反对，决定向印度洋派遣可与美军共同搜集和享用情报的“宙斯盾”护卫舰。一旦美伊开战，日本将与阿富汗战争时一样，对美军实施后勤支援。

小泉9月17日突访朝鲜，试图突破对朝关系，是日本追求自主外交的突出表现。日本认为，美国对朝政策与日本的利益并不完全一致，表示“日本从未说过朝鲜是邪恶轴心国”，与美保持距离。美国公布朝鲜承认核计划一事，迫使日朝关系停顿，也使日本的自主外交努力半途而废。日美在朝鲜问题上的分歧，表明双方在东亚战略方面存在矛盾。

2002年的中日关系也非常引人注目。一方面，“中国经济机遇论”在日逐渐取代“中国威胁论”，日本政府和企业对华经济合作转向积极。但另一方面，小泉在4月份再次参拜靖国神社。5月，日本驻沈阳领事馆发生“闯馆”事件，日方小题大做，使两国关系变僵。冷战后，由于支撑中日关系的共同战略利益发生变化，同时日本经济低迷、中国崛起使中日国际地位也发生变化，加上日本国内民族主义情绪抬头，使中日关系面临邦交正常化以来最严峻的考验。在中国领导人换届之际，日本表现出一定克制（如拒绝李登辉访日），意在与新领导人建立良好关系。

在对俄关系上，日本开始进行战略性调整。日方预料普京在实现总统连任前不会在领土问题上让步，于是提出包括经济合作等内容的“日俄行动计划”，开始“从长计议”，为解决领土问题铺路。小泉决定2003年1月访俄，领土问题虽然仍是主题，但双方可能就建立日俄“战略伙伴关系”达成共识。

日本在地区经济合作方面的转变也很明显。2002年1月，小泉访问东南亚，提出包括投资、信息技术、人才交流等领域的全面经济合作构想，提倡在东亚建立新的共同体，并与新加坡签订了以双边自由贸易协定为主的经济合作协定（这是日本与外国签署的第一个自由贸易协定），旨在与中国争夺对该地区的主导权。11月，日本又与东盟发表关于一揽子经济合作构想的联合宣言，加快了与东盟合作步伐。

近年来，尽管日本的经济实力并未明显下降，但长期的经济低迷却使日本人自信心大幅下降，心理承受力面临考验。在外交中，政治领导层的作用降低，外交往往被日益不冷静的舆论和情绪所左右，即所谓外交的“情绪化”，这在2002年的中日关系和日朝关系中均有充分表现。

五、2002年大国关系特点

进入2002年以来，美、欧、俄、日、中等世界主要力量因“反恐”及美全球战略调整出现深度分化组合，“一超多强”格局的内涵发生了冷战结束以来最深刻的变化。

（一）美国的主导地位更加突出。本年度，大国关系舞台上真正唱主角的只有美国一家。美国不顾各大国阻挠，谋得战略核力量的绝对优势，凸显其主导地位。美国执意退出《反导条约》，建立国家导弹防御系统，不仅遭到俄罗斯、中国的坚决反对，甚至连它的欧洲盟国也呼吁维护《反导条约》的战略平衡作用。但美国还是单方面退出了《反导条约》。

5月下旬，布什访俄期间，与普京签署了未来核裁军的《莫斯科条约》。美国虽然同意到2012年将核弹头控制在1700～2200枚之间，却获得了将裁减下来的核弹头存放在仓库里的权力，而且裁减进程不受监督。实际结果是，美国不仅保持了进攻性战略武器的绝对优势，而且还将拥有绝无仅有的战略防御系统，“相互确保摧毁”理论被彻底打破。12月17日，布什不顾俄、中等国反对，宣布部署国家导弹防御系统。正是这种绝对战略优势，为美国确立对大国的“领导地位”奠定了基础。3月份，美国媒体“透露”了国防部按总统指示和国会要求撰写的《核态势评估报告》，把中、俄两个核大国都列为可能实施核打击的对象，摆出一副不可一世的架势。布什自6月1日在西点军校提出“先发制人”的主张后，多次强调要对伊拉克等拥有大规模杀伤性武器的国家实施有效核打击，但杀鸡吓猴的意图昭然若揭。

进入2002年后，美国把反恐重点转移到“倒萨”，尽管它并不能提供伊拉克政府与国际恐怖主义组织之间有联系和制造大规模杀伤性武器的证据，但美国不顾大多数国家关于政治解决伊拉克问题的呼声，仍在加紧进行对伊军事准备，并企图强迫联合国安理会通过一项对伊动武的议案。

美国的“主导地位”还突出地表现为：根据自身需要，对各大力量“恩威并用”。美国需要俄罗斯参与反恐合作，就把它称作反恐“盟友”，支持俄在莫斯科人质事件中的解救措施，不像过去那样指责俄对车臣政策；同时却不顾俄的反对，积极主张北约大规模扩张，把波罗的海沿岸三个前苏联共和国纳入北约，进一步挤压俄战略空间；对俄与伊朗、伊拉克等国开展能源、经贸合作大加指责，并拖延取消“杰克逊—瓦尼克法案，对俄继续实行贸易歧视和制裁。

美国在阿富汗的军事行动，需要中国对巴基斯坦施加影响，便改善对华关系，并把“东突”划入国际恐怖组织名单。但在人权、台海等问题上继续对华施压，甚至做出“武力保卫台湾”的承诺。美国与欧洲盟国的关系要密切得多，但这一年围绕伊拉克问题、京都议定书、国际刑事法院等问题，双方龃龉增多，欧洲的独立性增强。于是，美国在11月北约布拉格峰会上提议建立一支2.1万人的快速反应部队，致使2001年开始筹建的欧盟快速反应部队难产。

（二）多强合作进一步增强。虽然包括美国盟友在内的各大力量并不甘心接受美国的“领导”，但无奈现实的实力差距，不得不一方面努力改善与美关系，加强与美合作，争取宽松环境，另一方面又赋予相互合作新的战略意义，最大限度地拓展外交回旋空间。

俄罗斯从过去美国的主要对手之一，转变成今天美国的反恐“盟友”和能源合作“伙伴”，双方关系出现重大突破。一方面，这种关系是俄以一系列重大让步换来的，为推进这种关系要再作让步的余地不大；另一方面，美方的许多承诺并未兑现，戈尔巴乔夫时期与叶利钦初期对美“一边倒”而未获实惠的历史教训还历历在目。因此，普京并未完全追随美国，“对美一边倒”。俄除了下大力经营独联体外，努力发展与其他大国的关系成为其不可或缺的外交重点。俄积极发展与欧洲国家的关系，其对伊拉克问题的立场，得到了德、法等国的支持。同时，俄继续发展与中国的关系，在中亚、伊拉克、朝鲜半岛等问题上发表共同看法，以牵制美单边主义政策。

欧盟一方面维持和发展与美军事同盟，支持北约继续东扩，并同意参与组建北约快速反应部队。

但同时努力加强与俄、中关系，以平衡美国影响。

作为美国外交政策的追随者，日本在这一年中也开始显露“独立外交”倾向。小泉在未与美事先协商的背景下，勇敢地跨入了朝鲜国门。小泉明知近期无望与俄就北方四岛达成共识，但仍摆出与俄改善关系的积极姿态。虽然日对华抱有诸多疑虑和不信任，但仍借中日邦交正常化 30 周年之际，作了不少友善表示。

（三）反恐、能源外交、与次大国关系及区域合作等四大平台对大国关系的影响更加突出。尽管各大国面对恐怖威胁的程度不同，对国际恐怖主义的判定也千差万别，但反恐确实成为各大国面临的共同课题，为大国合作提供了新的平台。美国看到，如果没有各大国在防扩散、堵截恐怖活动资金来源等方面积极配合，它将面临更为严峻的恐怖威胁。事实上，俄、欧、中、日对美在阿富汗的军事行动都给予不同方式和不同程度的支持。美国也给予各大国相应回报，尤其在改善对俄、对华关系方面做出不少积极姿态。其他大国也围绕反恐积极合作：俄与北约建立“20 国机制”的首要任务是反恐；中俄加强上海合作组织建设的一项重要举措是在比什凯克建立反恐中心。

能源外交成为大国关系中的另一个突出亮点。俄凭借其在世界上数一数二的能源产量，趁着中东局势险情加剧的时机，异常活跃地在大国间开展能源外交。俄与美签署《能源对话联合声明》，把能源当作进一步巩固对美关系的一个重要资源；为落实俄欧长期能源合作计划，从俄罗斯经乌克兰到德国的输油管道工程正式启动；中俄长期能源合作项目也在运作之中。同时，俄美在里海地区的能源争夺战也拉开序幕。两项由美主导的能源外运计划刚刚启动，2002 年 2 月，俄即与哈、土、乌组建天然气生产同盟，此后，又与哈签署“具有特别战略意义”的石油输出协定，与阿塞拜疆就里海划分达成协议，与乌克兰签订未来 10 年天然气过境运输协议，力图通过对独联体国家能源生产和运输的控制，增强自身能源竞争力。

分布在欧亚边缘地带的印度、巴基斯坦、哈萨克斯坦、乌兹别克斯坦、韩国、印尼等次大国，或是美全球战略的“地缘战略支轴”，或是世界能源的重要产地与运输通道，或是局部冲突和恐怖活动的频发区域，其特殊地位越来越受到各大国重视。美国从第二阶段扩大“反恐”范围、控制更多能源和制衡大国的目的出发，正加紧拉拢这些次大国；各大国为开辟新的能源渠道、扩大地区影响及与美周旋，也需借重次大国，加强与它们的合作；各次大国更想借助自身的特殊地位，从与大国合作中谋取自身利益。因此，次大国在大国关系中的作用和地位进一步上升。在中亚，美在承认俄为“市场经济国家”之前，先将这一“地位”赋予哈萨克斯坦，意在中亚建立新的“反恐基地”并开发新的油气田；俄则将哈拉入“天然气同盟”，给予其扩大石油输出的“特殊待遇”，支持其在中亚的主导地位。在南亚，美恢复对印度军售，既有与俄罗斯争夺军火市场之意，又有控制能源南下通道之心；俄则把军事技术合作提高到共同研发水平，并插手解决印巴冲突，增大其在南亚安全中的作用；日本鼓噪“美日印战略三角”，派舰随美军进入印度洋，与印联合举行海上军演，意在监控能源运输通道。

区域组织日益成为多极化和全球化进程中各大国相互竞争的重要依托。美在巩固美洲各区域组织的同时，正努力通过改造北约，控制欧洲和拉拢俄罗斯，并借用亚太经合组织，与中、日、韩争夺东盟，甚至欲跻身上海合作组织，成为观察员；欧洲利用欧盟和北约的“双扩”来拓展其影响，通过亚欧会议机制将触角伸向亚太；俄罗斯西与北约合作，东在上海合作组织中发挥核心作用，南建独联体集体安全条约组织，以此构建“世界稳定弧”。

“9·11”之后的美俄对外政策及其对中国的影响　《2003 年：全球政治与安全报告》一书以此为题发表了李少军的文章，主要内容如下：

一、美国的对外政策特点与帝国论

“9·11”之后美国对外政策行为的主要特点。“9·11”以来美国与世界的关系，有三个突出特点，这就是**实力政治、强调对抗与单边主义。**

自小布什上台以来，美国政府凸显的鹰派倾向和对实力政治的追求，使得美国与世界上其他国家的关系，发生了很大的改变。在“9·11”事件之后，这一特征更加明显，其主要表现就是大幅度加强美国的军事力量，利用美国的超强地位实现对国家利益的追求，并且力图改变美国的核政策。

2002 年 1 月 26 日，小布什在每周例行的广播讲话中说，他的政府将不惜花费一切代价来打击恐怖主义，以消除国内民众对恐怖主义袭击的担忧。为此，在 2003 财政年度中，美国军费开支将增加 480 亿美元，这是 20 年来军费开支增幅最大的一次。

2002 年 2 月 5 日，美国国防部长拉姆斯菲尔德表示，:“9·11”事件粉碎了美国一些人认为冷战结束将带来持久和平，美国军费可以相应削减的幻想。这次事件使他们意识到，美国军队面临的挑战不仅是要弥补过去军费投入不足所造成的困难，而且要同时实现几个重要而艰难的目标：赢得全球反恐怖战争胜利；恢复军队的战斗力与士气；加速军队改造使其能够迎接21世纪的新型挑战。

据美国防务信息中心提供的数字，美国2001年度的防务预算是3054亿美元，2002年度是3432亿美元，2003年度是3961亿美元。据此计算，美国2002年的防务预算比2001年度增长12.4%，而2003年的预算又比2002年增长15.4%。据报道，在未来的5年（2003~2007年），布什政府提出的军事预算要求是20600亿美元，其中2007年度将达到4510亿美元。那么，美国2001年度的军费大体上相当于排在其后的12个国家和地区（台湾）的军费总和。2003年度美国的防务预算，相当于排在其后的27个国家与地区军费的总和，并且相当于美国7个所谓“无赖国家”军费的39倍。

美国大幅度增加军事预算，除了要用于反恐战争之外，一个重要的理由就是要建立国家导弹防御系统。在布什政府2002年度和2003年度的军事预算中，分别有78亿美元和76亿美元是用于发展导弹防御系统。

以追求实力为基础，布什政府对外政策的第二个显著特点就是强调对抗。其主要表现是力图以军事手段解决对外关系问题。在“9·11”之后，布什政府动用军事力量首先在阿富汗开展了一场以美国为主角、有多国参加的反恐战争。在推翻阿富汗塔利班政权之后，布什政府就开始扩大打击面。2002年1月，布什提出了“邪恶轴心”说，将伊拉克、伊朗和朝鲜称为“邪恶轴心”国家，并随后把利比亚、叙利亚、古巴和苏丹等列为“支持恐怖主义的国家”。在美国政府的反恐计划中，所包括的范围是非常广泛的。美国的政府宣称，必须使用各种手段来揭露在“60个或者更多国家”的恐怖主义秘密活动小组，必须同其盟友一道根据不同情况来对付支持恐怖主义的政权。

美国在扩大打击面的同时，其核战略也在悄悄的调整。2001年12月30日，国防部递交国会的《核态势评估报告》提出了美国新的核战略。该报告提出了美国发动核攻击的三种情况：第一，打击能够经受非核攻击的军事目标；第二，对核、生物和化学武器攻击进行报复性还击；第三，出现“令人吃惊的军事发展”的情况。这一新战略大大降低了核武器使用的门槛，特别是放弃了不对无核武器国家使用核武器的原则。报告提出在必要的情况下，美国应准备对至少7个国家，即俄罗斯、伊拉克、朝鲜、伊朗、利比亚、叙利亚和中国，采取核攻击。

为了对付美国的敌人，布什政府还提出了一个非常重要的新的军事原则，即进行“先发制人的军事打击”2002年5月，布什在访德时首次提到这一概念。2002年9月，美国政府在新公布的《美国国家安全战略》中明确阐述了“先发制人”的国家战略，即“我们不能让我们的敌人先动手”。该报告认为，由于建立在报复基础之上的“威慑”战略对“无赖国家”和恐怖主义不起作用，由于国际法承认国家可以采取行动消除近在眼前的遭受攻击的危险，由于“无赖国家”和恐怖主义准备以大杀伤性武器对美国进行攻击，因此，美国必须采取先发制人的行动。联系美国坚持建立国家导弹防御系统的立场，人们有理由认为，美国实际上已经把冷战时期的“相互确保摧毁”变为“单方面确保摧毁”。布什政府的这种政策，反映了美国政界鹰派的强烈的好战感觉与情绪。

布什政府对外政策的第三个特点，即单边主义。主要表现为退出一系列国际条约，使得多年来许多项国际合作的重大成果面临失败的前景。在“9·11”以前，布什政府已退出了减少温室气体排放的《京都议定书》，并继续拒签《全面禁止核武器试验条约》。“9·11”之后，布什政府又采取退出《反导条约》，不支持禁止生物武器公约，拒签地雷公约等行动。这些单边主义行动，不但遭到世界各国的普遍反对，而且也受到其盟国的强烈批评。由于美国作为超级大国在国际关系中居于举足轻重的地位，因此美国的这种利己的单边主义，为今后成功地进行国际合作和在安全领域建立国际合作机制设置了重重障碍。

美国的超强地位与“新帝国论”。美国霸权态势的强化，从根本上来说，是冷战结束以来国际力量对比进一步失衡的结果。美国作为唯一的超级大国，尽管近年来遇到了一系列经济问题，但它的超强地位仍然是不可动摇的。

2000年美国的GDP占全球GDP的31%，比20世纪80年代的水平几乎增加了10个百分点。现在，46%的互联网交易来自于美国。在过去的几十年里，在硬科学和经济领域，几乎有2/3的诺贝尔奖得主是美国公民。美国的一支航母特混舰队的价值等于意大利 2/3 的年度军事预算，而美国共有 7 支这样的舰队游弋于世界各地。更值得注意的是，美国这样的军事预算只不过占其 GDP 的 3%。美国的这种超强实力与地位，是布什政府执行咄咄逼人的对外政策的基础。

对于美国凭借自己的顶级地位推行实力政治和单边主义，世界舆论，包括美国的盟国，是持强烈批评态度的。事实上，在美国国内也出现了日益增多的反对声音。然而，在“9·11”之后，许多主流的声音却把“美利坚帝国主义”作为某种可以加以捍卫的东西。

客观地讲，在美国出现帝国论，并非只是学者或某些政治家的心血来潮。它实际上是与美国的对外政策相关联的。2002 年 6 月布什总统在西点军校的讲话就表明了这样的意图：“美国拥有也愿意保持超越挑战的军事力量，这样，就会使其他地区破坏稳定的军备竞赛毫无意义，而且这也会把竞争者局限于贸易和其他对和平的追求上。”言外之意，美国决不允许出现一个对等的竞争者，不能再次处于“超级大国的竞争”处境，更不要说处于一种多边权力均衡的局面了。这很类似于 1992 年沃尔福威茨等人为老布什政府所制定的放心战略，那种战略的内涵就是由美国的军事力量填补世界上的一切权力真空，安抚潜在的“对等竞争者”——欧洲、俄罗斯、中国、日本和印度，告诉它们不必建立自己的军事力量和追求独立的对外政策，美国将在它们的地区照料它们的安全利益，它们只要专心做纯粹的商业大国就行了。这实际上就是让这些国家都做美利坚帝国的臣属。

对于帝国论的鼓吹者来说，建立世界帝国的最根本的措施就是干涉主义。美国国务院政策计划办公室主任理查德·哈斯认为，如果某个政府不能遵循某些原则，比方说支持恐怖主义，那么其他国家就有权进行干涉。就恐怖主义的案例而言，这一学说甚至可以导致一种预防性权利，或者说导致一种专横的强制性自卫。只要你有理由认为，当你将要（而不是如果）遭受攻击的时候，你完全可以根据预期采取行动。这是近来在美国有关先发制人攻击的讨论中的一种有代表性的观点。

二、俄罗斯的“西进”与欧亚并重

俄罗斯一年来奉行了明显的向西方国家靠拢的政策。为了改善与西方国家的关系，普京总统以“9·11”为契机，适时采取果断措施，全力支持美国进行反恐战争，使得俄美关系迅速升温。此后，普京又通过一系列外交措施，与美国和北约建立了新型战略关系，从形式上结束了与西方的地缘对立。在普京“西进”的同时，他并没有忘记俄罗斯的东方和南方。俄罗斯与高加索、中亚几个国家共同建立新的“集体安全条约机构”，参与“亚洲相互协作与信任措施会议”并主持上海合作组织圣彼得堡峰会，就是其对外关系的另一面。与“西进”几乎同时发生的这一连串外交活动，也许只是时间上的巧合，但确实凸显了普京政府兼顾东西方、进行全方位交往的外交特点。

俄罗斯的“西进”。“9·11”以来，俄罗斯在大国关系中的最突出表现，就是与美国以及北约建立了新型的战略合作关系。普京总统为了推动这种合作，对西方国家特别是美国做了较大妥协和让步，加快了融入西方体系的过程。这中间有三个重要事例：一是与美国开展了密切的反恐合作，同意美国的军事力量进驻中亚国家和高加索；二是与北约建立了体现平等伙伴关系的“20 国”体制；三是通过布什访俄，与美国签订了削减进攻性战略力量条约，并确定了双方的新型战略关系。

2002 年 5 月 13～14 日，北约与俄罗斯在冰岛首都雷克雅未克举行外长会议。经过磋商，俄罗斯和北约达成协议，决定建立正式伙伴关系。5 月 28 日，北约 19 个成员国和俄罗斯的领导人正式签署了《罗马声明》，宣布建立“北约—俄罗斯理事会”。根据协议，俄罗斯今后可以参与北约的决策程序，在一些问题上拥有与北约成员国对等的发言权。舆论认为，“北约—俄罗斯理事会”所构成的新机制，标志着俄罗斯与北约这两个长期对手终于走出冷战阴影，结束了在欧洲的地缘政治对抗。通过这个组织，俄罗斯和美国也有了一种新的制度化合作机制。

然而，从“19 + 1”到“20 国”体制的这种形式上的发展，并没有达到俄罗斯可以和北约成员国平起平坐的程度。分析有关文件可以看出，俄与北约的合作只是一种有限的伙伴关系。“俄罗斯—北约理事会”所要讨论的题目仅限于反恐、核扩散、国际维和等一般性问题，在处理北约的预算、防务等重要内部事务的问题上，俄罗斯没有参与的权利。对北约东扩这类与俄罗斯利益相关的问题，俄罗斯也肯定无权参与讨论。所以，双方的关系还只是一种高层次的紧密合作制度而不是结盟。俄并没有开始加入北约的过程。在这种合作机制中，双方都不能干涉对方的内部事务。

在此同时，俄美关系也取得显著成果。2002 年 5

月 23～26 日，美国总统布什对俄进行了 4 天正式访问，其间，与俄罗斯总统普京签署了《美俄削减进攻性战略力量条约》和《俄美新型战略关系联合宣言》。两位总统宣称，这次会晤“彻底埋葬了冷战遗物”，开创了两国建立新战略伙伴关系的“新纪元”。然而，一些观察家认为，俄美从对手转变为伙伴的进程只能说刚刚开始。

《俄美削减进攻性战略力量条约》共有 5 款。条约规定：2012 年 12 月 31 日前，每一方的战略核弹头的总数量不超过 1700～2200 枚，每一方在规定的数量内自行决定本国进攻性战略武器的构成；为了实施该条约，双方每年至少召开两次双边委员会；条约的有效期限为 2012 年 12 月 31 日，可以根据双方协议延长，或者在条约期满前由随后的协议代替；每一方都可退出本条约，但需提前 3 个月书面通知对方。

《俄美新型战略关系联合宣言》指出，俄美两国正式建立新型战略关系，相互视为敌人和战略威胁的时代已经结束。俄美将为促进世界稳定、安全、经济一体化、共同对付全球性威胁和解决地区冲突而合作。两国商定将采取措施扩大反导弹领域的透明度，研究进行合作的可能性，包括扩大反导弹联合演习和共同研究反导弹技术。俄美将在防止大杀伤性武器扩散和国际反恐怖斗争中进行合作。

这两个文件的签署，对两国关系的发展无疑有重要的推动作用。然而，正如人们所看到的，双方的合作是不对等的，而且还有重大的分歧没有解决。俄罗斯认为最理想的结果是将部分削减的核弹头销毁，而美国则主张将削减的核弹头储存起来。显然，俄目前的国力使之别无选择，只能接受这样的不平等安排。用普京的话来说，将核弹头储存起来，总比让核弹头处于战斗值勤状态安全，因此削减进攻性战略力量条约的签署是在维护国际安全方面迈出的重要步伐。有文章联系 10 年前两国领导人签署俄美《美俄伙伴和友好关系宪章》的历史评论说，10 年过去了，美俄之间并没有建立起真正的信任关系，彼此间的敌对与摩擦依然存在。10 年后两国领导人再次宣布建立了“全新的关系”，再次宣称两国“漫长的对抗篇章”已经结束，这次是否真能变成现实，现在显然还不是下结论的时候。

兼顾东西方的外交。在俄罗斯大力开展“西进”的同时，它对其他国家的外交也在积极进行。2002 年 5 月 22 日，普京表示，俄准备同所有利益相关的国家合作，以捍卫俄罗斯的国家利益。普京这样说，是表示俄罗斯虽然在努力同欧洲和美国发展关系，但没有忘记其他方向的外交，没有忘记东方与俄有密切合作关系的其他国家。保持和发展与这些国家的关系，对俄的经济发展和建立安全体系都有利。这表明俄所追求的是兼顾东西方、并兼顾经济与安全的外交。

2002 年 5 月 14 日，俄罗斯与亚美尼亚、白俄罗斯、哈萨克斯坦、吉尔吉斯坦和塔吉克斯坦正式决定成立新的地区安全保障机构——“集体安全条约机构”。对俄罗斯来说，成立这样的机构无疑与北约东扩有关。普京表示，我们建立这样的组织不是为了同谁对抗，而是为对抗威胁而建立友好关系。从这个组织的构成中可以看到，它的涉及面包括东欧（俄罗斯与白俄罗斯）、高加索（亚美尼亚、俄罗斯）和中亚（俄罗斯、哈萨克斯坦、吉尔吉斯斯坦）。针对美国“9·11”之后在中亚和格鲁吉亚的军事存在，这六国所组成的集体安全组织肯定是有地缘政治含义的。

如果再加上 6 月 3～5 日在阿拉木图召开的有俄罗斯、中国、巴基斯坦、阿富汗、印度等 16 国参与的首届“亚洲相互协作与信任措施会议”，以及 6 月 7 日在圣彼得堡召开的上海合作组织峰会，俄罗斯同时开展东西方外交的做法是十分清楚的。用普京总统的话来说，要形成由中国、俄罗斯和欧美国家构成的“稳定之弧”，建立起多极结构的世界。

从俄罗斯的这种外交态势中可以看到，它以吸取以往向西方“一边倒”的经验教训，执行了越来越具实用性的对外政策。这种政策的基本点就是在世界各地寻找伙伴和盟友，以便最大限度地维护俄罗斯的国家利益。

三、美俄对外政策的内在逻辑及其对中国的影响

对此要从以下 3 个方面进行探讨。

怎样理解布什政府的对外政策行为。分析美国的对外政策行为，就要解读布什上台执政以来所持的鹰派观点和单边主义的对外政策。事实上，正是这样的对外政策，曾使中美关系和俄美关系处于紧张状态。这种反映领导个人情感和政治观点的东西，是否能成为美国政府的长期政策，是否会在长时间内决定中美俄三边关系，从根本来说，取决于它是否是一种理性的决策。

从布什上台以来美国政府的对外政策行为来看，确实有很多东西是非理性的。一些反映右翼集团和

鹰派意愿的言论或文件，由于是不理性的，因此未必能成为稳定的实际操作的政策。

判断哪些政策是美国的操作性政策，最根本的是要看美国怎样界定它的利益。美国一些公开发表的报告在界定其国家利益时，通常都根据利益的不同重要性进行层次划分。进行层次划分的意义在于确定指导国家行动的原则，即涉及利益不同，国家就会采取不同的行动，特别是强制性行动。例如，美国国家利益委员会 2000 年发布的《美国的国家利益》报告，就提出了美国对于不同利益采取不同的军事反应的原则：①对于生死攸关的国家利益，即使在没有盟友参与的情况下采取单边行动，美国也要准备投入战斗；②对于极端重要的利益，美国只有在生死攸关的利益受到威胁的盟国的共同参与下才应准备动用武装力量；③对于重要的利益，美国应个案处理，并且只有在低代价和其他国家分担最大费用的情况下才应参与军事行动。

在国家利益的划分中，最重要的是第一档次利益的确定。在美国，多数人认同的生死攸关的利益就是“保卫美国的领土完整，包括防止对美国本土使用武力”。在“9·11”之后，我们看到，美国所捍卫的“生死攸关的利益”，就是反恐和防止大杀伤性武器扩散。美国政府最担心的就是恐怖分子利用大杀伤性武器对美国的目标发动攻击。可以说，只有在这一点上美国人是一致的。对于除此之外的其他目标，诸如打击伊拉克，建立 NMD，在台湾问题上与中国对抗等，实际上都存在很多争议。对于美国来说，实行理性决策，就应该以维护其“生死攸关利益”为政策的基本出发点。与这一点不相符的政策，即使能得以推动，也是不可能持久的。

正是以这样的逻辑进行推论，我们发现，布什政府“9·11”之后的对外政策与“9·11”之前相比，有了一些变化，增加了一些理性的东西。在这里，起作用的主要是国家利益。比较突出的是调整了对俄罗斯和中国的态度，即向接触政策转变。对中国调整得少一些，对俄罗斯调整得多一些。也许从布什的内心倾向来说是不愿意这样做的，但美国的国家利益使得他不得不转变。于是，他通过与普京和中国领导人的会面，建构了双方的新的关系。

正如美国有学者所指出的，一位总统在竞选期间抨击其前任的对外政策，而后又开始实施其前任的做法，是常见的现象。随着时间的推移，人们会看到推动美国政府对外决策的总是那样一些基本的逻辑。与中国接触和使中国融入国际社会，这是符合美国的国家利益的。布什的前任——尼克松、福特、卡特、里根、老布什和克林顿，最终都回到了这样的逻辑，即与中国合作而不是遏制或与之对抗。现在布什也把他的政策置于了这样的路线之上。

关于与世界上其他国家的关系，尽管美国政府的单边主义仍然是主要倾向，但为了反恐，布什也不得不注意与别国合作。在 2002 年 9 月公布的《美国国家安全战略》里，有很多文字强调了与世界其他国家特别是其盟国的合作，这在某种程度上也反映了其政策观念的调整。

怎样看待俄罗斯的全方位外交。自 2001 年以来，特别是“9·11”之后，俄罗斯政府大幅度调整对西方国家的外交政策，对美国国家导弹防御系统、北约东扩以及美国在中亚驻军等问题所采取的态度，使国内外许多人感到意外。对于普京的这种外交调整，应从多角度进行分析。

就俄方而言，向西方国家的大幅度靠拢是心甘情愿地开始了融入西方的过程，还是仅仅出于现实利害的考虑？是放弃了大国心态，甘心做西方的小伙伴，还是仅仅出于经济目的而采取的多边外交举措？就西方国家来说，与俄建立起新的伙伴关系，是表明已消除对俄的戒心，准备接纳俄加入西方社会，还是仅仅为稳定东西方关系和追求国际安全而做出的一种现实选择？

为此，首先应弄清楚“西进”作为一项政策对俄罗斯而言所具有的复杂内涵。

在俄罗斯，“西进”首先是个地缘政治问题。俄罗斯作为一个地域辽阔、横跨欧亚两洲的大国，是属于西方文明还是东方文明？从历史上就一直存在着认同与文明归属的两难。

主张西方化的人认为，对俄来说，没有其他可行的选择。因为它决不会被接受为一个亚洲国家。俄罗斯与它的东方邻居之间在文化、种族和心理上的不相容性，远大于俄与欧洲之间的任何差别。俄罗斯应属于欧洲。

然而，亲斯拉夫观点则认为，俄不是而且从来不是一个完全的欧洲国家。它是被挤压于欧亚之间的一种独立文明。它的认同是分裂的，统治者是欧洲精英，而大部分人口却是亚洲人。因此，俄国的历史就是持续地寻求在西方与东方、在欧洲与亚洲、在基督教与伊斯兰教之间寻求平衡。前苏联的解体并没有解决俄认同的两难问题。疆域已缩小的俄罗斯，在种族与文化上仍然是横跨欧亚的一个独特国家，是世界上一个真正意义上的欧亚国家。这种特定的种族与文化多样性，正是俄的完整性与生存能力的至关重要的来源。

有关俄罗斯认同的不同观点，在对外政策上的反映就是大西洋主义者与欧亚主义者的争论。按照大西洋主义者的观点，俄“真正的”国家利益就是重归欧洲大家庭，其他事情都须服从于这个利益，任何妨碍俄实现这一利益的东西都可以牺牲。例如，如果与独联体国家关系转移了它加入欧洲的注意力与资源，那么俄就应当重新评估这种关系。同样，莫斯科也应当极其小心地发展与中国的关系，而且在任何情况下都不应把中国（或日本、韩国、印度）视为可替代西欧和美国的国家。为了俄的利益，俄必须缩减与激进的第三世界国家的军事、经济联系，并保持与共产主义世界其余国家的距离。在联合国和其他国际组织中，俄需要采取更亲西方的立场，全力支持西方的军事战略和防扩散立场。执行这种政策，俄所得到的回报，应当是快速地实现与西方的一体化。

与之相反，欧亚主义者则反对俄罗斯努力接近欧洲，认为俄不是一个欧洲国家，不完全属于欧洲文明，欧洲决不会接受俄作为一个平等和合法的伙伴。因此，俄罗斯的国家利益在于最大限度地利用其独一无二的跨洲地位。

从表面上看，争论所涉及的只是政策取向的分歧，在内里，实际上却涉及是否放弃大国心态和大国目标追求的问题。以现有的实力融入西方，只能是做西方体系的小伙伴；而坚持欧亚主义，则意味着坚持自己的独立性，或者说坚持自己的大国传统。

就今天的俄罗斯而言，尽管还存留着许多大国要素，但人们都清楚，俄的实力已今非昔比，它已不再具备推行大国战略的本钱。因此，俄只能推行符合自己实力的对外政策。普京作为俄罗斯的总统，尽管上任后曾多次表示，俄要成为强大和有竞争力的国家。但是，作为理性的决策者，他必须适当地处理大国目标与现实追求的关系。他知道，在当前的国力情况下，追求大国目标是不符合俄的国家利益的。在当前，俄罗斯最急迫的国家利益就是发展经济。而要解决经济问题，俄就必须发展与西方国家的关系。理顺了与西方国家特别是与美国的关系，俄才有可能促使美国取消贸易歧视政策，才能得到欧美的投资和援助，并尽快加入世界贸易组织。正是基于现实的国家利益，俄罗斯现在不再强调恢复大国地位，而强调其目标是实现与欧洲的经济一体化。从这种实力出发，俄不再追求与美国的权力均衡，而第一次同意做美国的不对等伙伴。俄在一系列问题上对美国的让步，实际上就是采取现实态度的结果。

执行现实的政策，以自己的国家利益为政策出发点，这意味着俄的对外政策行为很可能会与西方国家发生抵触甚至对抗。事实上，在北约东扩、打击伊拉克、俄罗斯和伊朗的核能合作、美军事力量在中亚及外高加索长期存在以及独联体一体化等问题上，俄美都存在严重分歧。尽管美国不断施压，但俄与“邪恶轴心”国家的合作仍在加强。俄坚持与伊朗的核合作项目，邀请朝鲜领导人再次到访，并准备与伊拉克签订多达400亿美元的经济合作协议，这些都表明俄的对外政策并不受西方左右。这种利益上和对外政策行为上的重大分歧，有可能导致俄美关系出现新的危机。

尽管普京不会让大部分俄罗斯人特别是精英人物的反美情绪发展到极端，但他会保持大国主义和反美情绪的活力。普京会以自己的务实行动表明俄在世界舞台上的重要作用。在对外关系中，俄仍将与中国发展友好关系，并将联合欧洲瓦解美国的霸主地位。

很多事情表明，俄美伙伴关系距离真正的信任关系还相去甚远。尽管俄已建立了西方式政治制度，但在很多时候它仍然被看做是异类国家。从未来的发展看，俄罗斯与美国和北约所建立的伙伴关系，在双方利益的驱动下，可能会有进一步的发展，但近期不可能形成一种真正融洽的关系。在战略上，俄可能继续支持美国的一些重大的对外政策行为，诸如反恐，但俄决不会把自己的利益完全置于美国利益的支配之下，不会完全接受美国主导的国际秩序。所以，俄的对外政策不可能是向西方一边倒的政策。俄为维护自己的利益，将会继续开展全方位的外交。

美俄的对外政策行为与中国。美国与俄罗斯在大国关系中的战略互动，特别是“9·11”以后俄罗斯的“西进”和俄美关系的历史性发展，对于与其分别存在互动关系的中国来说，不可能不产生影响。

要认识俄美关系对中国的影响，首先应当认识中美俄三方关系的特质。

首先，在当今的国际大环境下，大国关系的总体走势是和平与合作，而不是冲突与对抗。在中美俄之间，存在权力政治的因素。任何两方发展关系，虽然都包含发展自己权力的考虑，但主旨并不是以第三方为竞争和对抗目标，而是为了实现更广泛的利益。

其次，在全球化日益发展、全球问题的挑战日益严峻的情况下，中美俄三方面对许多共同的问题，有着日益增多的共同利益。例如，反对恐怖主义、防止大杀伤性武器扩散和开展经济合作，就是各方共有的利益。基于这些利益而发生的三边互动，是不能用权力政治来解释的。

当然，也必须看到，在大国关系中，权力政治的因素并未消失。不时出现的“中国威胁论”，就是一种权力政治观念的产物。在美国，总是有一些人用权力政治的逻辑来看待中国的经济发展，认为中国崛起之后必然成为美国的竞争对手，殊不知当今的国家关系早就不能用简单的权力政治来分析了。所以，当今的中美俄三边关系，从总体上来讲，有权力互动的一面，也有相互依赖的一面，同时也有观念建构的一面。

在当今的时代，实际上每个国家都处于复杂的全球互动的网络之中，中美俄这样的大国也不例外。作为网络中的节点，它们相互联结，但同时又都有复杂的其他联系。这种情况与国家进行多边外交是吻合的。即使像美国那样喜欢搞单边主义的超级大国，也不能回避必须与各方打交道的事实。任何国家都必须正视这样一个现实，即在全球互动的时代，每个国家要获得适宜的国际环境，都必须尽可能广泛地发展对外关系。这种对外关系，可能含有对抗的意味，如北约东扩就有这样的含义，但多数情况则是以合作为主旨。就中美俄三国关系来说，美俄、中美和中俄的互动，在总体上都属于合作。这些关系的同时存在和发展，在当前是正常的国际关系的表现。

就中俄美三边关系而言，俄罗斯与西方国家关系的进展，并没有使之改变对中国的态度。5 月 26 日，美国总统布什访俄刚结束，普京便在记者招待会上表示，俄罗斯的巨大利益还集中在东方，中国是俄罗斯的关键伙伴之一。5 月 30 日，普京再次明确表示，我们非常重视俄中合作关系，并且把发展这种合作关系定为首要任务，特别是一年前我们签署了《中俄睦邻友好合作条约》，这标志俄中合作的性质在各个方面都是高于俄美关系的。普京表示，俄重视与欧盟及美国的关系，但这并不意味着要忽视俄中关系。普京说，俄罗斯对外政策优先考虑的是国家利益，因此俄不仅与美国合作，而且与西方和东方合作。与中国的关系是俄罗斯联邦政策的一个独立自主的重要方向，并将长期保持不变。

从《中俄睦邻友好合作条约》签署一年来两国关系的发展来看，双方在维持全球战略稳定，解决地区热点问题，维护安理会权威等方面都进行了富有成效的合作。“9·11”事件后，双方都主张反对和打击一切形式的恐怖主义，在打击“东突”和车臣恐怖势力方面相互支持。在这中间，双方在经贸合作方面也取得了显著的进展。

俄罗斯成功地开展的全方位外交，使得俄中关系与俄美关系构成了其外交活动的两个并行不悖的环节。

从美国方面来讲，它在“9·11”之后所奉行的最高国家利益原则就是反恐和防止大杀伤性武器扩散。这一战略原则不但主导着它对俄罗斯的关系，而且也主导着它对中国的关系。从这个意义来讲，美俄关系的发展，不会对美中关系产生重大消极影响。当然，在美国的国家利益中，还有一条“不允许出现实力相当的竞争对手”的内容。就这一点而言，在冷战结束之初，美国曾担心过日本与德国，现在则主要担心中国，也许还包括俄罗斯，因为俄罗斯仍然拥有彻底毁灭美国的军事能力。然而，与反恐和防扩散相比，这个问题并不是个迫切问题。由于中国的经济实力与美国相比还有很大差距，俄虽有毁灭美国的军事力量，但经济力量已相当弱小，再加上这两国都无意向美国挑战，因此美国所要处理的头等大事还是反恐。在反恐的问题上，美国所受到挑战是空前的。美国最担心的就是恐怖分子用大杀伤性武器对美国发动攻击。在这个问题上，俄罗斯的角色是关键性的。为了利用俄在欧亚广大地区的特殊影响力，并且确保其核材料乃至核武器不落入恐怖分子之手，美国特别需要把俄纳入其战略构架之中。

当然，对于俄罗斯，美国的戒心始终存在。这里面的因素是复杂的，其中有意识形态和文化的因素，有地缘政治的因素，而最主要可能还是实力政治的因素。俄罗斯作为前超级大国的继承者，其重新崛起不可避免。现在俄的潜力仍在，而且在军事上仍然是第二强国，因此，尽管俄美的合作取得很大进展，宣布结束对抗，建立了朋友关系，但双方的很多旧的矛盾依然存在。从核评估报告把俄列为打击对象，到俄美签署削减战略武器条约，时间并不长。这一方面说明了美国对俄政策在向常态转变；另一方面表明美国不可能完全放弃敌视俄的立场。因此，在可以预见到的未来，俄不可能完全融入欧洲，与美国的关系也不可能达到美欧关系的水平。

俄对美合作所换取的回报是不对称的，俄国内的反美情绪仍然很大。

关于中美关系，尽管“9·11”之后美国对华政策在很大程度上在向常态回归，但这种常态仍然是一种伴随遏制的接触。美国在反恐和防扩散问题上需要与中国合作，发展经济和维持地区稳定也需要同中国合作。然而，即使在合作是两国关系主流的时候，美国对中国的防范之心也依然存在。2002年美国国防部提出的《中国军力报告》和美国国会的一个研究小组提出的《美中安全报告》，反映的就是这种状况。这两个报告都阐述了中国的发展可能导致威胁的问题。

当然，在美国政界也有不少人对中国的发展持较客观的态度。国务卿鲍威尔认为，中国在取得经济高速增长之后，把部分资源用于改进防务质量，是自然的事情，中国扩大军备不足为虑。对于与中国的关系，鲍威尔的定位是：中国既非战略伙伴，也非竞争对手，美国期待与中国建立正面的互动模式。这种定位与中美关系的现状是相合的。

由于在美国政界存在不同声音，因此美国的对华政策常常会出现相矛盾的东西。一方面，基于国家利益，美国会与中国保持合作；另一方面，基于其国内政治的考虑，美国政府也会不时制造一些麻烦，诸如邀请台湾“国防部长”汤曜明访美，支持台湾加入世界卫生组织，批准售台大批武器等。有麻烦，双方关系就会出现波动。然而，无论双方关系怎样波动，在现阶段大概都不会破坏已持续多年的总体框架。布什政府在台湾问题上回到一个中国的模糊立场，就反映了这样一种趋势。毫无疑问，中国固然不愿看到两国出现对抗，而美国也没有理由接受使两国合作破裂的代价。正是在这样的框架之内，美国会继续执行接触与遏制并重的政策，而中国也会在合作中继续反对美国的强权与霸权。

2002年中国军事外交综述 王世银、曾文勇就此撰文指出，2002年，中国军事外交继续贯彻独立自主的和平外交政策，始终坚持服从和服务于国家总体外交大局，服从和服务于国防和军队现代化建设，进一步加强与世界各国军队的相互了解与信任，发展友谊与合作，为维护世界和平与稳定，促进共同发展做出了新的贡献。中国人民解放军积极开展对外军事交流与合作，对外交往的领域不断扩大，内容日趋丰富，形式更加灵活多样。全年共计完成重要交往项目120多项，其中军委、总部及大单位领导出访近30批，访问了五大洲50个国家；接待了50多个国家军队重要领导人来访80多批，全方位、多层次、宽领域的军事外交格局更加巩固。

一、中国军队本着与邻为善、以邻为伴的原则，继续加强与周边国家军队的友好关系，努力把同周边国家军队的交流与合作推向新水平

中国与俄罗斯的军事关系进一步巩固和发展。俄罗斯是中国最大的邻国，中俄两军关系在《中俄睦邻友好合作条约》的指导下不断加强和发展，两军高层往来保持良好势头，促进了两国战略协作伙伴关系的进一步深化。2002年5月，俄罗斯国防部长伊万诺夫访华，江泽民主席、朱镕基总理等国家和军队领导人会见，双方就国际战略形势和加强在军事领域的信任与合作等问题深入地交换了意见。4月，俄罗斯联邦政府前总理、杜马议员普里马科夫应中国国际战略学会邀请来华访问，中央军委主席江泽民和副主席张万年上将分别与之亲切会见。5月，中央军委委员、总参谋长傅全有上将出访欧洲途中过境俄罗斯，与俄罗斯军队总长克瓦什宁大将进行会谈。7月，中央军委副主席、国务委员兼国防部长迟浩田上将在北京会见俄罗斯联邦安全会议秘书弗拉基米尔·鲁沙伊洛。2002年6月，兰州军区政委刘冬冬中将率友好参观团出访俄罗斯。7月，俄罗斯联邦武装力量总参军事学院院长切切瓦托夫上将一行访华，中央军委委员、总参谋长傅全有上将在北京会见来访代表团。11月，国防部长迟浩田上将和新任中央军委委员、总参谋长梁光烈上将会见来访的俄罗斯军队第一副总长巴鲁耶夫上将。

中国注重开展与朝鲜、韩国、蒙古和日本等东北亚国家的军事交往。中朝两军的传统友好合作关系继续保持和发展，对增进中朝两党、两国和两国人民之间的友谊具有重要意义，两军友好参观团年内互访，其他交流顺利进行。中国与韩国军队开展了一系列互访和专业技术交流。中央军委委员、总参谋长傅全有上将和中国海军舰艇编队等应邀访问韩国，韩国国防部次官权永孝、空军参谋总长李亿秀等访问中国。中蒙两军保持了高层交往，以济南军区政委张文台中将为团长的解放军友好代表团、新疆军区边防代表团访问蒙古，蒙古国防部国务秘书巴桑呼率军事代表团访问中国。中日双方在军事教育和安全理论研究等领域进行了交流，中国国防大学代表团出访日本，日本军队院校研修代表团访问中国。

中国继续加强与东南亚地区有关国家军队之间的友好关系。近年来，中国通过加强地区对话与合作，全面推进了与东南亚国家的睦邻互信伙伴关系。中国与有关国家的军事关系也在不断发展，军方高级领导人沟通往来增多，理解信任加深，合作日益深化。2002 年 9 月，中央军委副主席、国务委员兼国防部长迟浩田上将对印度尼西亚、菲律宾等国进行正式友好访问，菲律宾国防部长安吉洛·雷耶斯、空军司令本哈明·迪凡索及印度尼西亚海军参谋长因德洛戈·萨斯特上将等年内访问中国。6 月，由“胡马邦国王”号驱逐舰和“里萨尔”号扫雷护卫舰组成的菲律宾海军舰艇编队对中国上海进行访问，这是菲律宾海军军舰首次访问中国。中越两军关系在两国关系日益发展的基础上不断加强。4 月，中国人民解放军边境军区代表团应越南国防部的邀请对越南进行友好访问。年内，越共中央书记处书记、人民军总政治局主任黎文勇及越南国防部国防工业总局局长等先后访问中国。中国与老挝军队之间的友好关系有了新的发展。12 月，老挝国防部长隆再·皮吉少将访问中国，中老两国国防部长就加强两军合作深入交换了意见。7 月 18 日，中央军委副主席、国务委员兼国防部长迟浩田上将会见来访的老挝中央国防治安委员会办公厅主任兼国防部办公厅主任沙威·塞亚谢纳率领的老挝人民军高级军官考察团一行。中泰两军交往不断，双边关系保持了良好的发展势头。6 月，中央军委副主席、国务委员兼国防部长迟浩田上将在北京会见来访的泰王国武装部队最高司令纳隆·育他翁一行。6 月 4～13 日，泰国国防学院高官班代表团 203 人来访。9 月 26～30 日，泰国海军军舰访问上海。中国与柬埔寨、缅甸、文莱、马来西亚、新加坡等国的军事交往也有新的发展。2002 年 9 月，应柬埔寨皇家军队总司令盖金延上将邀请，中央军委委员、总参谋长傅全有上将对柬埔寨进行正式友好访问。年内，缅甸海军司令基敏、文莱武装部队司令贾法尔少将、东帝汶国防军司令陶尔·马坦·鲁阿克等先后访华。8 月和 9 月，马来西亚皇家海军“因德拉普拉”号登陆舰和新加坡海军“刚毅”号登陆舰分别对中国上海进行友好访问。

中国十分重视发展与南亚国家军队的关系。中国与巴基斯坦两国军队的传统友谊得到巩固和加强，继续加强在军事领域的交流与合作。2002 年 3 月，首届“中巴防务与安全磋商”在伊斯兰堡举行，巴总统穆沙拉夫会见赴巴磋商的副总参谋长熊光楷上将一行。同月，人民解放军空军派代表团访问巴基斯坦并参加巴基斯坦空军歼六飞机退役仪式。年初，巴基斯坦参联会主席阿齐兹·汗上将一行来访，受到江泽民主席的亲切接见。中国积极开展与印度、尼泊尔、孟加拉国和斯里兰卡等国军队的友好往来，努力促进南亚地区的和平、安全与稳定。2002 年，先后安排国防大学代表团访问孟加拉国、兰州军区代表团访问印度、尼泊尔。南亚有关国家军队的代表团也先后访问中国，其中有斯里兰卡国防部长蒂拉克·马拉蓬，尼泊尔军队常务参谋部长皮亚尔·忠格·塔帕中将，孟加拉国陆军参谋长哈伦·拉希德、空军参谋长法赫尔·阿扎姆，以及印度中部军区司令乔汉中将等。

中国加强与独联体有关国家军队的友好往来。2002 年，中国与中亚有关国家继续坚持以互信求安全、以互利求合作，在“上海合作组织”框架内积极开展军事交往与合作，在维护和促进地区安全方面达成许多共识。3 月，哈萨克斯坦总统纳扎尔巴耶夫和吉尔吉斯斯坦总统阿卡耶夫会见前来参加中哈、中吉两国防务安全磋商会议的副总参谋长熊光楷上将。8 月，中国军事代表团访问塔吉克斯坦和吉尔吉斯斯坦、哈萨克斯坦。9 月，中国边防军代表团访问吉尔吉斯斯坦和塔吉克斯坦。中亚各国国防部门和军队领导人也纷纷访华。1 月，哈萨克斯坦边防陆军第一副司令兼参谋长侯赛因·别尔卡耶夫率领边防军代表团来访。

2002 年 4 月，白俄罗斯国防部长列热洛·雷耶斯访华。7 月，土库曼斯坦国防部第一副部长、武装力量总参谋长兼空军防空军司令谢尔达尔·恰里亚罗夫应傅全有总长的邀请，对中国进行正式友好访问。8 月，中央军委副主席、国务委员兼国防部长迟浩田上将在北戴河会见来访的阿塞拜疆国防部副部长马梅德·别伊杜拉耶夫一行。9 月，亚美尼亚国防部第一副部长兼武装力量总参谋长阿鲁秋尼扬对中国进行正式友好访问，中央军委副主席张万年上将会见。12 月，格鲁吉亚国防部副部长别茹阿什维利一行应中国国防部的邀请来华访问。此外，中央军委副主席、国务委员兼国防部长迟浩田上将分别会见随总统访问中国的哈萨克斯坦国防部长阿尔腾巴耶夫、乌克兰国防部长什基德琴科。

二、继续改善和发展同发达国家军队的关系，在和平共处五项原则基础上，加强沟通，增进了解，扩大共识，积极开展交流与合作

中国与美国的军事关系逐步恢复与改善。2002年10月25日，中美两国元首在得克萨斯州克劳福德牧场会晤，双方商定同意恢复两军交往。年底，中国人民解放军副总参谋长熊光楷上将在华盛顿与美国国防部副部长费思举行中美第五次国防部副部长级防务磋商，标志着两军关系经历种种波折后，开始朝着正常化的方向迈出重要一步。年内，中美两军为落实两国元首关于加强两军交往的共识，开展了一些往来与交流。4月10～12日，中美海上军事安全磋商机制2002年年度会晤在上海举行。8月上旬，中美海上军事安全磋商机制海空军事安全工作小组会议在夏威夷举行。6月25～27日，美国助理国防部长彼得·罗德曼一行来华进行工作访问，这是自2001年中美发生“撞机事件”以来，美国国防部来访的第一个高级代表团。11月，美国海军“福斯特”号驱逐舰抵达青岛进行为期5天的访问，这是美国军舰1986年以来第十次访问中国。12月，美军太平洋总部司令法戈访华。总参谋长梁光烈上将、副总参谋长熊光楷上将和外交部副部长李肇星分别会见法戈。访问期间，法戈还赴成都、南京、宁波和上海，参观了中国人民解放军的空军、陆军预备役和海军部队。11月29日，国防大学国防研究班代表团启程前往美国进行访问。12月上旬，中美海上军事安全磋商机制海空军事安全工作小组第二次会议在青岛举行。此外由前大西洋北约盟军最高司令兼美国大西洋总部司令莱昂·埃德尼海军上将（退役）率领的美国国防大学2002年度第一期将官班代表团于2月来访。3月4～13日，美国空军战争学院代表团来访。5月，由辛西娅·沃森博士率领的美国国防大学战争学院校官班代表团对中国进行访问。6月，美国前总统国家安全事务助理莱克应中国国防大学的邀请来华参加“面向21世界的中美关系”国际研讨会。7月1日，中央军委副主席、国务委员兼国防部长迟浩田上将在北京会见美国前总统国家安全事务助理斯考克罗夫特。7月31日至8月3日，美国国防大学将官班代表团再次来访。10月，美国国防大学校长保罗·加夫尼海军中将一行访华。同月，美国国防大学第三期将官班代表团来访。

中国与加拿大、澳大利亚、新西兰等国的军事关系保持平稳发展。中国同上述国家军队的高层互访和接触增多，各层次、各领域交流稳中有进。9月，中央军委副主席、国务委员兼国防部长迟浩田上将对加拿大进行正式友好访问。这是中国国防部长时隔18年后访加，表明两军关系重新呈现良好发展势头。3月20日至4月8日，副总参谋长钱树根上将率军事代表团对澳大利亚、新西兰等国进行正式友好访问。10月20～26日，副总参谋长熊光楷上将赴澳大利亚进行中澳第6次防务战略磋商。1月29日至2月9日，广州军区政委刘书田上将率团出访澳大利亚、新西兰。2002年1月，加拿大陆军魁北克军区冬季作战训练代表团来访，两军就军事训练合作及其他共同感兴趣的问题交换了意见。7月，加拿大海军“渥太华”号导弹护卫舰对上海进行友好访问。9月，澳大利亚海军“悉尼”号导弹护卫舰对青岛进行友好访问。9月27日～30日，新西兰海军军舰访问上海。10月，澳大利亚国防学院代表团来访。

中国与欧洲诸国的军事关系进入顺利发展阶段。2002年，中央军委、总部和军区领导人先后出访欧洲有关国家。3月18日至4月9日，中央军委副主席、国务委员兼国防部长迟浩田上将对德国、希腊、克罗地亚、挪威4国进行正式友好访问，并顺访罗马尼亚。5月17日至6月6日，中央军委委员、总参谋长傅全有上将对斯洛伐克、白俄罗斯和乌克兰3国进行正式友好访问。6月8～26日，中央军委委员、总装备部部长曹刚川上将前往意大利、法国和南非3国进行正式友好访问。8月14～26日，总后勤部政委周坤仁上将对斯洛伐克、希腊两国进行正式友好访问。9月2～20日，总参谋长助理李玉中将出访奥地利、瑞士、匈牙利。10月9～25日，军事科学院政委温宗仁上将出访南斯拉夫、德国。4月2～19日，以沈阳军区司令员钱国梁上将为团长的军事友好代表团应邀对芬兰、俄罗斯和摩尔多瓦进行访问。6月14～19日，兰州军区政治委员刘冬冬中将率友好参观团对罗马尼亚进行友好访问。8月5～17日，南京军区政委雷鸣球中将率友好参观团对波兰和捷克两国进行友好访问。

年内，欧洲有关国家军方代表团也先后到访中国。3月，法国空军参谋长让－皮埃尔·若布一行来访。6月，法国三军防务学院代表团来访。6月3～8日，法国海军“葡月”号轻型护卫舰对中国青岛进行友好访问。10月30日至1月4日，法国军舰访问上海。6月，英国陆军参谋长迈克尔·沃克一行访华。4月2～6日，英国国防助理参谋长来访。10月9～19日，英国皇家国防研究学院代表团来访。3月25～30日，爱尔兰海军“尼亚姆”号近海巡逻舰对上海进行友好访问，这是爱尔兰海军首次访问上海。4月，意大利海军参谋长马尔切洛·德唐诺来访。4月，丹麦王国国防大臣斯文·奥格·延斯比访华。5月，希腊共和国陆军参谋长帕纳约访华。6月10～16日，德国海军“梅克伦堡—福尔波门”号护卫舰和“莱茵兰—普法尔茨”号护卫舰也访问青岛。这是德国军舰首次访问青岛。6月，德国海军监察长卢索到访。6月23～28日，摩尔多瓦共和国国防部长维克托·加伊丘克对中国进行正式友好访问。6月，瑞典武装力量总司令约翰·赫德斯泰特上将访华。8月，波兰军队总参谋长切斯瓦夫·皮昂塔斯一行来访。9月，匈牙利国防军总参谋长福多尔·拉约什访华。10月，由罗马尼亚军队总监尼夸拉埃·帕斯蒂尼卡中将率领的罗马尼亚军队国际关系代表团来访。6月10～14日，芬兰国防学院院长来访。10月27日至11月1日，比利时国防大臣来访。

三、进一步加强同发展中国家军队的友好关系，增进相互交流与合作

多年来，中国不断加强同发展中国家的军事关系，积极开展形式多样、内容丰富的交往活动，本着相互尊重、平等互利、不干涉内政的原则，向有关国家提供了力所能及的援助，扩大人员交流，加强了在国际事务中的磋商与合作，取得了积极成效。

中国十分重视发展与西亚和非洲国家军队的关系，与有关国家军队高层交往频繁。2002年，西亚地区有关国家军队高级领导人陆续来访。1月，塞浦路斯国防部长哈西科斯来访。4月，土耳其综合军事学院院长富特纳上将一行访华。11月24日至12月2日，黎巴嫩国防部长赫拉维来访。12月17～22日，科威特武装部队总参谋长穆明访华。

2002年，中国派出多批高级代表团访问非洲。4月1～19日，副总参谋长隗福临上将出访纳米比亚、莱索托、莫桑比克。5月11～28日，副总参谋长吴铨叙上将率友好参观团前往埃及和叙利亚两国进行正式友好访问。5月30日至6月18日，北京军区政委杜铁环上将率军事代表团对苏丹、吉布提和赞比亚进行友好访问。6月18日至7月6日，军事科学院院长葛振峰中将出访埃及、土耳其。6月18日至7月8日，济南军区司令员陈炳德上将出访几内亚、马里、毛里塔尼亚。9月9～23日，沈阳军区政委姜福堂上将率军事代表团对加蓬、贝宁和喀麦隆3国进行正式友好访问。9月17日至10月7日，总政治部副主任唐天标上将出访津巴布韦、莫桑比克。2002年，有关非洲国家军队领导人也先后访华。2月，科特迪瓦国防和国民保护国务部长利达来访。3月，苏丹军队总参谋长阿巴斯访华。5月28日，国家副主席、中央军委副主席胡锦涛在北京会见莫桑比克国防部长托比亚斯·戴一行。6月，赤道几内亚国防部长级代表埃本登一行访华。6月，肯尼亚军队总参谋长基卜瓦纳对中国进行访问。7月，中央军委副主席、国务委员兼国防部长迟浩田上将在北京与来访的贝宁国防国务部长奥绍进行会谈。8月，赞比亚陆军司令奇苏济访华。同月，坦桑尼亚国防军司令瓦伊塔拉来访。10月28日至11月3日，津巴布韦国防部长塞克拉马伊来访。11月17～23日，南非海军司令雷蒂夫来访。11月20～28日，埃塞俄比亚国防部长阿巴杜拉来访。11月25日至12月3日，布隆迪国防部长尼雍盖科来访。11月26日至12月1日，纳米比亚国防军参谋长纳邦邓加来访。12月24～31日，厄立特里亚国防部长塞伯哈特访华。12月25日至2003年1月2日，尼日尔国防部长苏莱访华。

中国与拉美和大洋洲有关国家的军事关系取得进展，友好互访不断，专业技术交流领域拓宽。2002年，中国军事代表团访问巴西、智利、古巴、玻利维亚、秘鲁、厄瓜多尔、委内瑞拉等国家，并接待了巴西、智利、阿根廷、厄瓜多尔、哥伦比亚、玻利维亚、古巴、安提瓜和巴布达、牙买加等国家的军事代表团。4月18～30日，总装备部政委李继耐上将率团出访古巴。2月26日至3月7日，海军司令员石云生上将率领海军代表团访问巴西、智利。4月，空军代表团访问智利，并参加第12届智利国际航空航天博览会。11月，副总参谋长张黎中将率军事代表团访问厄瓜多尔、秘鲁、玻利维亚、牙买加。

4月，厄瓜多尔国防部长阿尔米兰特·乌戈·温达·阿吉雷访华。6月，安提瓜和巴布达国防军司令托马斯一行访华。6月，巴西陆军参谋长马尔塞洛·鲁菲诺·多斯桑托斯上将一行来访。同月，玻利维亚陆军司令胡安·乌尔塔多·罗萨拉斯上将和海军司令豪尔赫·巴达尼·伦斯海军上将一行访华。6月23日，中央军委副主席、国务委员兼国防部长迟浩田在北京会见来访的哥伦比亚武装力量总司令费尔南多·塔皮亚斯，宾主进行了诚挚友好的交谈，塔皮亚斯代表哥伦比亚总统帕斯特拉纳授予迟浩田哥武装力量最高勋章“安东尼奥·纳里尼奥大十字勋章”。7月，古巴武装部队总政治部主任西斯托·巴蒂斯塔·桑塔纳一行来访。同月，委内瑞拉国防高等研究院院长冈萨雷斯一行访华。8月，墨西哥海军“夸特莫克”号训练舰对上海进行友好访问。9月，阿根廷陆军参谋长里卡多·吉列尔莫·布林索尼一行访华。同月，中央军委副主席、国务委员兼国防部长迟浩田在北

京会见来访的智利国防部副部长兼航天局主席内尔松·阿达德·埃雷西一行。10月31日至11月7日，墨西哥军事院校代表团来访。

四、积极推动多边军事外交，主动宣传中国外交、国防政策，与有关国家开展安全和防务磋商，完成了海军首次环球远航，加强了与外军的人员培训交流

中国与“上海合作组织”成员国军队的关系不断加强”。从中国与俄罗斯、哈萨克斯坦、吉尔吉斯斯坦、塔吉克斯坦四国加强边境地区的信任与裁军开始，到“上海合作组织”的正式成立，以“互信、互利、平等、协作，尊重多样文明，谋求共同发展”为基本内容的“上海精神”不仅受到本地区各国和人民的欢迎，也受到世界其他地区和国家的高度重视。年初，在北京召开“上海合作组织”成员国国防部国际军事合作部门负责人会议，中央军委副主席、国务委员兼国防部长迟浩田上将会见与会代表。2002年5月13~18日期间，中央军委副主席、国务委员兼国防部长迟浩田上将赴俄罗斯参加上海合作组织成员国国防部长会晤。在2002年举行的“上海合作组织”国防部长会议上，与会国防部长就打击恐怖主义、分裂主义和极端主义以及进一步加强军事领域合作、维护地区安全等问题充分交换意见，达成广泛共识。为加强在反恐领域的国际合作，2002年10月中旬，中国与吉尔吉斯在两国边境成功举行了联合反恐军事演习。这次演习，是人民解放军与外军在军事合作领域的新尝试，也是“上海合作组织”框架内首次双边联合反恐军事演习。

发表《2002年中国的国防》白皮书。2002年12月9日中国发表《2002年中国的国防》白皮书，介绍了中国的国防政策和近两年来国防建设情况。这是中国政府自1995年发表《中国的军备控制与裁军》白皮书以来，第4次发表有关国防问题的白皮书。(详见《军事要事》栏有关条目)

积极开展战略防务与安全磋商。中国军队根据平等参与、协商一致、求同存异、循序渐进的原则，开展了多形式、多层次、多渠道的地区安全对话与合作。2002年，人民解放军多次派员参加亚太地区多边安全会议，东北亚合作对话会、东盟地区论坛会议、西太平洋地区海军论坛以及各类多边安全研讨会等活动。人民解放军还与澳大利亚、法国、德国、印度、日本、哈萨克斯坦、吉尔吉斯斯坦、巴基斯坦、俄罗斯、泰国、英国、美国等国国防部和军队有关部门进行了不同形式的战略安全磋商和会晤，增进了彼此的了解和信任。

海军完成首次环球远航。2002年5月15日至9月23日，由“青岛”号导弹驱逐舰、“太仓”号综合补给舰组成的中国海军环球航行舰艇编队进行首次环球航行。(详见《军事要事》栏有关条目)

加强与外军人员培训的交流。2002年中国继续向俄罗斯、白俄罗斯、乌克兰、英国、法国、德国、意大利等23国派出军事留学生近300名，与此同时，中国接受了来自90多个国家的数百名军事留学生。2002年10月，在国防大学举办2002年国际问题研讨班，来自32个国家的35名军官参加了研讨班。

(本栏责任编辑　肖　东)

军事要事

亚洲军事要事

中共十六届一中全会决定新一届中央军委组成人员 据新华社 2002 年 11 月 15 日报道，2002 年 11 月 15 日在北京举行的中国共产党第十六届中央委员会第一次全体会议，决定了新一届中央军事委员会组成人员，名单如下：

主　席

江泽民

副主席

胡锦涛　郭伯雄　曹刚川

委　员

徐才厚　梁光烈　廖锡龙　李继耐

同日，新华社还报道了新一届军委领导同志的简历。

中央军事委员会主席江泽民 生于 1926 年 8 月 17 日，江苏省扬州市人。中国共产党中央军事委员会主席，中华人民共和国主席，中华人民共和国中央军事委员会主席。1943 年起参加地下党领导的学生运动，1946 年 4 月加入中国共产党，1947 年毕业于上海交通大学电机系，上海解放后历任上海益民食品一厂副工程师、工务科科长兼动力车间主任、厂党支部书记、第一副厂长，上海制皂厂第一副厂长，一机部上海第二设计分局电器专业科科长。1955 年赴苏联莫斯科斯大林汽车厂实习。1956 年回国后，任长春第一汽车制造厂动力处副处长、副总动力师、动力分厂厂长。1962 年后任一机部上海电器科学研究所副所长，一机部武汉热工机械研究所所长、代理党委书记，一机部外事局副局长、局长。1980 年后，任国家进出口管理委员会、国家外国投资管理委员会副 主任兼秘书长、党组成员。1982 年后，任电子工业部第一副部长、党组副书记，部长、党组书记。1985 年后，任上海市市长，中共上海市委副书记、书记。1982 年 9 月在中共第十二次全国代表大会上当选为中共中央委员。1987 年 11 月在中共十三届一中全会上当选为中共中央政治局委员。1989 年 6 月在中共十三届四中全会上当选为中共中央政治局常委，中共中央委员会总书记。1989 年 11 月在中共十三届五中全会上任中共中央军事委员会主席。1990 年 3 月在第七届全国人大第三次会议上当选为中华人民共和国中央军事委员会主席。1992 年 10 月在中共十四届一中会会上当选为中央政治局委员、常委、中央委员会总书记，出任中央军事委员会主席。1993 年 3 月在第八届全国人民代表大会第一次会议上当选为中华人民共和国主席、中华人民共和国中央军事委员会主席。1997 年 9 月在中共十五届一中会会上当选为中央政治局委员、常委、中央委员会总书记，出任中央军事委员会主席。1998 年 3 月在第九届全国人民代表大会第一次会议上当选为中华人民共和国主席、中华人民共和国中央军事委员会主席。2002 年 11 月在中共十六届一中全会上出任中央军事委员会主席。

中央军事委员会副主席胡锦涛 1942 年 12 月生，安徽绩溪人，1964 年 4 月入党，1965 年 7 月参加工作，清华大学水利工程系河川枢纽电站专业毕业，大学学历，工程师。

现任中央委员会总书记，中央军事委员会副主席，中华人民共和国副主席，中华人民共和国中央军事委员会副主席，中央党校校长。

1959 ~ 1964 年　清华大学水利工程系学习

1964 ~ 1965 年　清华大学水利工程系学习，并任政治辅导员

1965 ~ 1968 年　清华大学水利工程系参加科研工作，并任政治辅导员（“文化大革命”开始后终止）

1968 ~ 1969 年　水电部刘家峡工程局房建队劳动

1969 ~ 1974 年　水电部第四工程局八一三分局技术员、秘书、机关党总支副书记

1974 ~ 1975 年　甘肃省建委秘书

1975 ~ 1980 年　甘肃省建委设计管理处副处长

1980～1982年 甘肃省建委副主任，共青团甘肃省委书记（1982.09～1982.12）

1982～1984年 共青团中央书记处书记，全国青联主席

1984～1985年 共青团中央书记处第一书记

1985～1988年 贵州省委书记

1988～1992年 西藏自治区党委书记

1992～1993年 中央政治局常委、中央书记处书记

1993～1998年 中央政治局常委、中央书记处书记，中央党校校长

1998～1999年 中央政治局常委、中央书记处书记，中华人民共和国副主席，中央党校校长

1999～2002年 中央政治局常委、中央书记处书记、中央军事委员会副主席，中华人民共和国副主席，中华人民共和国中央军事委员会副主席，中央党校校长

2002～ 中央委员会总书记、中央军事委员会副主席，中华人民共和国副主席，中华人民共和国中央军事委员会副主席，中央党校校长

第十二届中央候补委员、委员，十三届、十四届、十五届、十六届中央委员，十四届、十五届中央政治局委员、常委、中央书记处书记，十六届中央政治局委员、常委、中央委员会总书记。十五届四中全会增补为中共中央军事委员会副主席。第六届全国政协常务委员。

中央军事委员会副主席郭伯雄 1942年7月生，陕西礼泉人，1963年3月入党，1958年8月参加工作，1961年8月入伍，解放军军事学院毕业，大专学历，上将军衔。

现任中央政治局委员，中央军事委员会副主席，解放军常务副总参谋长，总参谋部党委副书记。

1958.08～1961.08 陕西兴平县四〇八厂工人

1961.08～1964.09 陆军第十九军五十五师一六四团八连战士、副班长、班长

1964.09～1965.06 陆军第十九军五十五师一六四团八连排长

1965.06～1966.02 陆军第十九军五十五师一六四团政治处宣传股干事

1966.02～1970.06 陆军第十九军五十五师一六四团司令部作训股参谋

1970.06～1971.03 陆军第十九军五十五师司令部作训股股长

1971.03～1981.03 陆军第十九军司令部作训处参谋、副处长、处长

1981.03～1982.10 陆军第十九军五十五师参谋长（其间：1981.09～1983.07在解放军军事学院学习）

1982.10～1983.05 兰州军区司令部作战部副部长

1983.05～1985.08 陆军第十九军参谋长

1985.08～1990.06 兰州军区副参谋长

1990.06～1993.12 陆军第四十七集团军军长

1993.12～1997.11 北京军区副司令员

1997.11～1999.09 兰州军区司令员

1999.09～2002.11 中央军委委员、解放军常务副总参谋长、总参谋部党委副书记

2002.11～ 中央政治局委员、中央军委副主席，解放军常务副总参谋长，总参谋部党委副书记

第十五届、十六届中央委员，十六届中央政治局委员。

中央军事委员会副主席曹刚川 1935年12月生，河南舞钢人，1956年7月入党，1954年7月入伍，苏联炮兵军事工程学院毕业，大学学历，上将军衔。

现任中央政治局委员，中央军事委员会副主席，解放军总装备部部长、党委书记。

1954.07～1956.11 解放军南京第三炮兵军械技术学校、第一军械技术学校学员，1956年任第一军械学校教员

1956.11～1957.09 解放军大连俄语专科学校学员

1957.09～1963.10 苏联炮兵军事工程学院学员

1963.10～1969.10 解放军总后勤部军械部弹药处助理员

1969.10～1975.10 解放军总后勤部装备部兵工处助理员

1975.10～1982.08 解放军总参谋部装备部综合计划处参谋、副处长

1982.08～1989.07 解放军总参谋部装备部副部长

1989.07～1990.08 解放军总参谋部军务部部长

1990.08～1992.11 中央军委军品贸易办公室主任

1992.11～1996.11 解放军副总参谋长

1996.11～1998.04 国防科学技术工业委员会主任

1998.04～1998.10 解放军总装备部部长

1998.10～2002.11 中央军委委员，解放军总装

备部部长、党委书记

2002.11～　中央政治局委员，中央军委副主席，解放军总装备部部长、党委书记

第十五届、十六届中央委员，十六届中央政治局委员

中国海军舰艇编队进行首次环球航行

2002 年 5 月 15 日至 9 月 23 日，由“青岛”号导弹驱逐舰和“太仓”号远洋综合补给舰组成的中国海军舰艇编队从青岛港启航，进行中国人民海军历史上首次环球远航。这支海军编队横跨太平洋、印度洋、大西洋，访问了新加坡、埃及、土耳其、乌克兰、希腊、葡萄牙、巴西、厄瓜多尔、秘鲁等国家，历时 4 个多月，总航程 33000 多海里，与上述被访国进行了友好交流。这是中国人民海军史上出访国家最多、时间最长、航程最远、影响最大的一次军事外交活动。

5 月 23 日，海军舰艇编队到达此次环球航行的首站新加坡樟宜军港，对新加坡进行了 4 天友好访问。访问期间，编队指挥员、中国海军北海舰队司令员丁一平中将先后拜会了新加坡海军总长吕德耀少将、国防部常务秘书何学渊和武装部队总长林泉宝中将。中新海军还开展了交流活动。中国海军编队官兵参观了新加坡海军的登陆舰和大士基地，新加坡海君领导人和官兵也参观了编队的两艘军舰。

5 月 26 日，中国海军舰艇编队圆满结束对新加坡的友好访问后，经过 19 天的乘风破浪，穿越印度洋、亚丁湾、红海，驶过苏伊士运河，于 6 月 14 日到达埃及亚历山大港。埃及海军亚历山大基地司令莫哈布·马米什少将等在码头欢迎中国舰艇编队。

中国海军舰艇编队在埃及进行了 4 天友好访问后向北行驶，于 6 月 20 日抵达土耳其阿克萨斯军港，并进行了 3 天友好访问。

此后，海军舰艇编队越过爱琴海、达达尼尔—博斯普鲁斯海峡和黑海，于当地时间 6 月 25 日上午 9 时 30 分，驶抵克里米亚半岛南端的塞瓦斯托波尔港，开始对乌克兰进行友好访问。乌克兰海军副司令斯乔夫少将等数百人在码头举行了隆重的欢迎仪式。6 月 26 日晚，随舰出访的中国海军军乐队与乌海军军乐队在码头广场举行联合演出，上千名当地市民到场观看。舰艇开放参观日也盛况空前，数千当地市民顶着烈日排队参观。6 月 28 日，海军舰艇编队结束了对乌克兰的首次访问继续向西航行。乌克兰海军司令叶热列上将等在码头举行了隆重的欢送仪式。

当地时间 7 月 1 日 9 时 30 分，中国海军舰艇编队驶进希腊比雷埃夫斯港，受到希腊海军爱琴海指挥部司令帕帕伊奥塔科普洛斯准将等的热烈欢迎。

7 月 4 日，中国海军舰艇编队结束对希腊为期 4 天友好访问后，向西穿过爱琴海、突尼斯海峡、地中海，进入大西洋。当地时间 7 月 10 日上午 10 时，中国海军舰艇编队驶入里斯本港，开始对葡萄牙进行为期 4 天的友好访问。葡萄牙海军参谋部情报处长佩雷拉上校等在码头举行了隆重的欢迎仪式。

7 月 14 日，中国海军舰艇编队离开里斯本，横跨大西洋后，于当地时间 7 月 23 日上午抵达巴西东北部福塔莱萨市的姆里库皮港。巴西海军官兵在海军港口管理局局长费雷拉率领下列队向中国海军官兵致意。通过参观、慰问、联欢加深了中巴两国人民、两国海军的友谊。先后有 3 万余名巴西群众冒着高温酷热排队参观中国舰艇，创下舰艇编队出访以来的记录。访问期间，编队指挥员、北海舰队司令员丁一平中将先后拜会了巴西海军第 3 军区司令萨伯亚中将、陆军第 10 军区司令拉尼斯中将以及福塔莱萨市市长及塞阿拉州州长等巴西军政官员。

7 月 26 日，中国海军舰艇编队离开福塔莱萨，沿着南美大陆海岸线北上，横穿加勒比海，首次通过巴拿马运河，进入太平洋。当地时间 8 月 7 日上午 8 时，舰艇编队驶入瓜亚基尔港，受到厄瓜多尔海军第 1 海区参谋长托瓦尔上校等数百人的欢迎。中国舰艇编队在厄瓜多尔进行了为期 3 天的友好访问后，于当地时间 8 月 13 日上午 10 时驶入卡亚俄港受到当地群众和华人华侨的热烈欢迎。访问期间，编队司令丁一平会见了秘鲁国防部长奥雷利奥·洛雷特等军政官员，编队官兵向秘鲁民族英雄纪念碑献了花圈，参观了海军工业设施和陆军博物馆，参加了在秘鲁海军技术中心举行的体育比赛；编队军乐团为秘鲁公众举行了中国乐曲演奏会。8 月 17 日，中国海军舰艇编队离开卡亚俄港时，秘鲁军方代表阿图罗·彼德拉将军等近千人到码头送行。

9 月 1 日，首次访问法属波利尼西亚帕皮提港的中国海军舰艇编队，受到当地政府和军方的热情接待。官兵们参观了驻波的法国海军护卫舰，游览了美丽的帕皮提港，随舰军乐队和业余文艺演出队为当地人民举行了专场演出，与法国海军太平洋舰队官兵进行了足球友谊赛。当地时间 9 月 3 日上午 10 时，中国海军舰艇编队圆满结束为期两天的友好访问，踏上归国的航程。

9 月 23 日上午 9 时，中国海军舰艇编队经过 33000 余海里的环球航行，返回祖国怀抱。人民解放军总部和海军在青岛军港举行仪式，热烈欢迎远航出

访官兵载誉归来。副总参谋长熊光楷，海军司令员石云生、政委杨怀庆，济南军区、青岛市党政领导及各界群众出席了欢迎仪式。欢迎仪式结束后，外交部在青岛军港码头举行了中外记者招待会。出访编队总指挥、海军北海舰队司令员丁一平在谈到这次出访的意义时说，这次出访增进了与被访问国家之间的相互了解、相互信任和友谊；宣传了中国维护世界和平的立场和决心；发展了中国与被访国的人民和军队之间的友好关系。他介绍说，“青岛”号导弹驱逐舰是中国自行设计研制的新一代导弹驱逐舰，这次远航经受了复杂水文气象和低纬度高温、高盐、高湿等恶劣环境的考验，全面展示了国产战舰的良好性能。迄今为止，人民海军成功出访30多个国家的各型舰船，均为中国自行设计制造。

中国成功发射“神舟”三号和四号飞船

2002年3月25日22时15分（北京时间），中国研制的“神舟”三号飞船在酒泉卫星发射中心发射升空并成功进入预定轨道。中共中央总书记、国家主席、中央军委主席江泽民在载人航天发射场观看飞船发射，并发表重要讲话。他指出，“神舟”三号飞船的发射成功，是中国航天事业发展史上一座新的里程碑，充分体现了中华民族自强不息的精神，充分反映了社会主义制度集中力量办大事的优越性，充分证明了中国人民有志气、有能力屹立于世界民族之林。中共中央政治局委员、国务院副总理吴邦国，中共中央政治局候补委员、书记处书记曾庆红以及中央军委委员、总政治部主任于永波，中央军委委员、总装备部部长、载人航天工程总指挥曹刚川陪同观看发射。

“神舟”三号是一艘正样无人飞船，飞船技术状态与载人状态完全一致。飞船上装有人体代谢模拟装置、拟人生理信号设备以及形体假人，能够定量模拟航天员在太空中的重要生理活动参数。这次发射，逃逸救生系统也进行了工作。这个系统是在应急情况下确保航天员安全的主要措施。

“神舟”三号飞船由轨道舱、返回舱，推进舱和附加段组成。飞船进行一系列项目的科学试验之后，返回舱返回地面，轨道舱继续留在太空飞行，直至完成预定的后续科学试验任务。

飞船在轨运行期间，在北京航天飞行控制中心的统一计划和调度下，西安卫星测控中心及有关测控站和“远望”一号等4艘远洋航天测量船，对“神舟”三号飞船进行了持续跟踪、测量和控制。在此之前，为“神舟”三号担负测控接力任务的“远望”一号等4艘测量船于2月16日起相继远涉重洋，穿过宫古海峡、巴士海峡、马六甲海峡、好望角等复杂海区，及时安全抵达不同测量海域。

3月25日22时24分，游弋在西太平洋测量海域的“远望”一号船牢牢地“锁”住目标并稳定跟踪，成功地对飞船注入指令，准时预报飞船相关参数，完成对飞船的第一圈跟踪，顺利地把“接力棒”传递给南太平洋上的“远望”二号船，旋即又急速奔赴下一个测量点。“远望”二号船在22时45分捕获目标，此后又把测控“接力棒”引向位于南印度洋的“远望”四号船。26日10时46分，当飞船围绕地球运行8圈之后，“远望”三号船对飞临南大西洋上空的“神舟”三号开始跟踪测量。至此，同时布阵三大洋的4艘测量船取得了发现捕获目标，并稳定跟踪的初步胜利，而后持续对飞船进行跟踪测控。

3月29日15时，已在轨道上运行了60圈的“神舟”三号飞船受大气阻力和地球引力的影响，飞船飞行轨道逐渐下降，慢慢偏离设计轨道。为确保正常运行，15时30分，北京航天指挥控制中心通过相关地面测控站启动了飞船轨道维持工作程序。18时18分，当“神舟”三号环绕地球第61圈飞行时，飞船上装载的小动量发动机按程序成功启动，随即加速飞行。约8秒钟后，飞船又进入平稳的飞行状态。据“远望”三号测量船向北京航天指挥控制中心传递的数据表明，这次轨道维持取得圆满成功。

4月1日16时51分，“神舟”三号无人飞船返回舱在圆满完成预定空间科学和实验任务后，在内蒙古中部地区成功着陆。至此，飞船按预定轨道在太空中飞行36天零18个小时，环绕地球108圈 。

当回收现场科技人员打开“神舟”三号的返回舱门时，发现舱中所有科学实验装置均工作正常。备受人们关注的“模拟宇航员”——具有人体代谢功能和生理信号的模拟形体假人安然无恙。“呼吸”、“血压”、“体温”等各种生理信号和代谢指标均正常。实验表明，“神舟”三号座舱内的环境控制和生命保障系统，完全满足载人的医学要求。

飞船在运行期间，北京航天指挥控制中心统一组织、调度、指挥有关测控网站，对飞船进行了持续跟踪、测量与控制，向飞船发出了一系列遥控指令，确保飞船成功地实施太阳能帆板展开、轨道机动、姿态确定等数百个动作。与前两次飞船试验相比，“神舟”三号还增加了逃逸救生系统、天地语音传输等方面的试验。飞船在轨期间，各分系统性能稳定，运行良好，取得了大量宝贵的科学实验数据。

4月1日“神舟”三号飞船的轨道舱在太空按计

划与返回舱正常分离后，轨道舱在北京航天指挥控制中心的管理下，继续在太空正常运行了 180 多天，共环绕地球飞行 2821 圈，顺利完成了空间环境监测、大气成分监测、红外探测等一系列科学实验，从中获取了一大批有价值的科研数据。

继 2002 年 3、4 月间成功发射并回收“神舟”三号飞船之后，2002 年 12 月 30 日 0 时 40 分，中国自行研制的“神舟”四号无人飞船又在酒泉卫星发射中心发射升空并成功进入预定轨道。

按照先发射若干艘无人飞船，然后再实施载人飞行的研制计划，这次发射的“神舟”四号飞船是整个研制计划中一次重要的飞行试验。载人航天应用系统全系统参加试验，飞船在太空自主飞行和留轨飞行期间按计划进行多模态微波遥感器对地探测、综合精密定轨试验、生物大分子和细胞的空间分离纯化实验、微重力流体物理实验等空间科学技术研究项目。航天员系统和飞船环境控制与生命保障分系统也全面参加试验。这次试验还按照正式载人飞行的要求，设立了若干陆上和海上应急救生区，救护人员到位并进行了有关演练，飞船在轨飞行期间，在北京航天指挥控制中心的统一调度下，有关测控站和“远望”号远洋航天测量船，对飞船进行了持续跟踪、测量和控制。

中国国家主席、中央军委主席江泽民于当日致电总装备部并载人航天工程指挥部，祝贺“神舟”四号飞船发射成功。

2002 年 1 月 5 日晚上，当“神舟”四号飞船环绕地球运行 107 圈飞临南大西洋海域上空时，在那里待命的“远望”三号航天测量船向其发出返回命令。飞船随即建立了返回姿态，返回舱与轨道舱分离，制动发动机点火，开始从太空向地球表面返回。当晚 19 时 16 分，“神舟”四号飞船返回舱按预定计划在太空飞行 6 天零 18 小时、环绕地球 108 圈之后，平稳地在内蒙古中部飞船着陆场内着陆。搜救人员随即对飞船返回舱进行了回收。

“神舟”四号是中国载人航天工程第三艘正样无人飞船，除没有载人外，技术状态与载人飞船完全一致。在这次飞行中，载人航天应用系统、航天员系统、飞船环境控制与生命保障分系统全面参加了试验，先后在太空进行了对地观测、材料科学、生命科学试验及空间天文和空间环境探测等研究项目；飞船在太空成功地实施了太阳能帆板展开、轨道机动、姿态确定等数百个动作，成功实施了变轨，并进行了两次轨道维持；预备航天员在发射前也进入飞船进行了实际体验。飞船在轨飞行期间，飞船上各种仪器设备性能稳定，工作正常，取得了大量宝贵的飞行试验数据和科学资料。1 月 10 日，北京航天医学工程研究中心通过对“神舟”四号飞船“模拟宇航员”及相关实验数据研究分析后宣布，飞船舱内生命环境完全符合载人飞行要求。

“神舟”三号和四号飞船成功发射，标志着中国载人航天技术日臻成熟。

中国发表《2002 年中国的国防》白皮书

中华人民共和国国务院新闻办公室 2002 年 12 月 9 日发表《2002 年中国的国防》白皮书。白皮书全文如下：

前　言

世界要和平，人民要合作，国家要发展，社会要进步，是不可阻挡的时代潮流。中国人民和各国人民，都不愿看到世界上任何地区再发生新的热战、冷战和动乱，都渴望世界持久和平和稳定安宁，渴望世界共同发展和普遍繁荣。

中国已进入全面建设小康社会、加快推进社会主义现代化的新的发展阶段。推进现代化建设、完成祖国统一、维护世界和平与促进共同发展，是中国人民在新世纪的三大历史任务。举世瞩目的中国共产党第十六次全国代表大会，描绘了新世纪中国发展的宏伟蓝图。发展中的中国需要一个和平的国际环境和良好的周边环境，中国的发展将对世界和平和人类进步事业做出更大贡献。中国始终不渝地走和平发展的道路，奉行独立自主的和平外交政策，实行防御性的国防政策。

为进一步介绍中国的国防政策和近两年国防建设情况，现发表《2002 年中国的国防》白皮书。

一、安全形势

进入新世纪，国际局势正在发生深刻变化。世界多极化和经济全球化的趋势在曲折中发展，科技进步日新月异，综合国力竞争日趋激烈。人类面临着新的发展机遇和挑战。

和平与发展仍是当今时代的主题。各国经济相互依存加深，全球和区域经济合作组织的作用增强，经济安全更加受到重视。发展经济和科技，增强综合国力，是各国的主要战略趋向。大国之间既相互借重、合作，又相互制约、竞争。2001 年 9 月 11 日美国发生恐怖袭击事件之后，大国关系协调与合作的一面上升。广大发展中国家积极推动建立公正合理的国际新秩序，为促进世界的和平与发展发挥着重要作用。新的世界大战在可预见的时期内打不起来。维护和平，促进发展，是各国人民的共同愿望。

亚太地区总体保持和平稳定，依然是世界上最具经济活力和发展潜力的地区。加强对话合作，维护地区稳定，促进共同发展，已成为亚洲各国政策的主流。亚太经济合作组织（APEC）向更加紧密的合作迈进。以东盟与中国、日本、韩国（10+3）为主渠道的东亚合作更加务实。中国与东盟就十年内建立自由贸易区达成共识，启动了在非传统安全领域的全面合作。湄公河流域开发合作即将全面展开。东盟地区论坛从建立信任措施向预防性外交阶段的过渡取得实质性成果。上海合作组织在建立互信、发展结伴而不结盟的国家关系和反恐怖主义合作方面取得明显进展。阿富汗重建进程启动。朝鲜半岛总体缓和的趋势得到保持。南海地区形势基本稳定，有关各方签署了《南海各方行为宣言》。

但是，影响和平与发展的不确定因素也在增加，世界还很不安宁。不公正不合理的国际政治经济旧秩序没有根本改变。世界经济发展很不平衡，南北差距进一步扩大，发展中国家在经济全球化进程中获益较少，有的面临被边缘化的危险。国际关系民主化远未实现，霸权主义和强权政治有新的表现。一些地区因民族、宗教、领土、资源等问题引发的争端时起时伏，武装冲突和局部战争不断发生。恐怖主义、跨国犯罪、环境恶化、毒品等非传统安全问题日趋突出，尤其是恐怖主义已对国际和地区安全构成现实威胁。

世界军事变革迅猛发展，军事力量对比出现新的严重失衡。以信息技术为核心的高新技术在军事领域广泛应用，战场向陆、海、空、天、电多维空间扩展，中、远程精确打击成为重要作战样式，战争形态正在向信息化方向发展。世界主要国家普遍进行军事战略调整，加快以高技术为基础的军队现代化建设。发展中国家与发达国家的军事技术差距进一步拉大。发展中国家维护国家主权和安全的斗争面临严峻挑战。

亚太地区仍存在不稳定的因素。历史遗留的传统安全问题尚未消失并出现新的情况，非传统安全问题在一些国家日趋突出。恐怖主义、分裂主义、极端主义势力对地区安全的危害短期内难以根除。南亚紧张局势没有根本改变。阿富汗局势尚未完全稳定。朝鲜半岛和解进程依然曲折。某些国家在亚太地区继续加强军事部署，强化军事同盟，有的国家还不断扩大武装力量的职能和活动范围。

台湾海峡两岸关系的基本格局和发展趋势没有改变。台湾同胞求和平、求安定、求发展的意愿日益增强，两岸经贸、文化等领域的交流和人员往来日益密切，两岸直接通邮、通航、通商是民心所向、大势所趋。但是，两岸关系紧张的根源没有消除。台湾当局领导人拒不接受一个中国原则，顽固坚持“台湾独立”立场，甚至抛出海峡两岸“一边一国”的分裂主张，并以渐进的手法进行各种分裂活动。台湾分裂势力是对台海地区和平与稳定的最大威胁。极少数国家在台湾问题上干涉中国内政，继续售台武器装备，提升与台关系，助长了台湾分裂势力的气焰，损害了中国的和平统一进程。

当今世界安全威胁呈现多元化、全球化的趋势，各国在安全上的共同利益增多。通过对话增进相互信任，通过合作促进共同安全，树立互信、互利、平等和协作的新安全观，是当今时代发展的要求。中国永远是维护世界和平、促进共同发展的坚定力量。中国将坚持不懈地实践新安全观，反对各种形式的霸权主义和强权政治，反对一切形式的恐怖主义。中国将同世界各国一道，努力营造长期稳定、安全可靠的国际和平环境。

二、国防政策

建立巩固的国防是中国现代化建设战略任务，是维护国家安全统一和全面建设小康社会的重要保障。中国始终奉行防御性的国防政策。

中国制定国防政策的根本依据，是中国的国家利益。它主要包括：维护国家主权、统一、领土完整和安全；坚持以经济建设为中心，不断提高综合国力；坚持和完善社会主义制度；保持和促进社会的安定团结；争取一个长期和平的国际环境和良好的周边环境。中国采取一切必要手段维护国家利益，同时也尊重别国的利益，主张通过协商和平解决国与国之间的纠纷和争端。

中国国防的目标和任务，主要有以下内容：

——巩固国防，防备和抵抗侵略。中国的领陆、内水、领海、领空神圣不可侵犯。中国根据新形势下国家防卫的需要，坚持对国防活动的统一领导，坚持独立自主和全民自卫原则，实行积极防御军事战略，加强武装力量建设和边防、海防、空防建设，采取有效的防卫和管理措施，保卫国家安全，维护海洋权益。一旦国家遭受侵略，中国将依照宪法和法律，坚决进行抵抗。

——制止分裂，实现祖国完全统一。中国是全国各族人民共同缔造的统一的多民族国家。中国政府禁止对任何民族的歧视和压迫，也禁止任何破坏民族团结和制造国家分裂的行为。台湾是中国不可分割的一部分。中国政府按照“和平统一、一国两制”的基本方针和现阶段发展两岸关系、推进祖国和平统一进程的八项主张，以最大的诚意、尽最大的努力争取和平统一的前景，但决不承诺放弃使用武力。中国坚决反对任何国家向台湾出售武器或与台湾进行任何形式的军事结盟。中国武装力量坚决捍卫国家主权和统一，有决心、有能力制止任何分裂行径。

——制止武装颠覆，维护社会稳定。中国宪法和法律禁止任何组织或个人组织、策划、实施武装叛乱或武装暴乱，颠覆国家政权，推翻社会主义制度。中国坚决反对一切形式的恐怖主义、分裂主义和极端主义。中国武装力量把依法维护社会秩序和社会稳定作为重要职责，严厉打击各种恐怖活动，打击敌对势力的渗透和破坏活动，打击危害社会稳定的各种犯罪活动，促进社会的安定团结。

——加强国防建设，实现国防和军队现代化。中国坚持国防建设与经济建设协调发展的方针，坚持走一条经费投入比较少而效益比较高的道路，在经济发展的基础上推进国防和军队现代化。中国军队坚持以毛泽东军事思想、邓小平新时期军队建设思想为指导，全面贯彻“三个代表”重要思想，坚定不移地走中国特色的精兵之路，积极推进各项改革，适应世界军事变革的趋势，努力完成机械化和信息化建设的双重历史任务，实现军队现代化的跨越式发展。

——维护世界和平，反对侵略扩张。中国不称霸，不参加军事集团，不谋求势力范围，反对战争政策、侵略政策和扩张政策，反对军备竞赛。中国支持国际社会为公正合理地解决国际争端所做的努力，支持一切有利于维持全球战略平衡和稳定的活动，积极参与国际反恐怖主义合作。

中国实行积极防御军事战略，在战略上坚持防御、自卫和后发制人的原则。为适应世界军事领域的深刻变革和国家发展战略的要求，中国制定了新时期积极防御的军事战略方针。

这一方针立足于打赢现代技术特别是高技术条件下的局部战争。中国综合考虑威胁国家安全的各种因素，着眼于最困难、最复杂的情况做好防卫作战准备。人民解放军实施科技强军战略，加快国防科研和武器装备发展，培养高素质新型军事人才，建立科学的体制编制，发展具有中国特色的作战理论，增强联合作战、机动作战和执行多种任务的能力。

这一方针注重遏制战争的爆发。根据国家发展战略的需要，人民解放军灵活运用各种军事手段，同政治、经济、外交等斗争密切配合，改善中国的战略环境，减少不安全、不稳定因素，努力遏制局部战争和武装冲突的爆发，使国家建设免遭战争的冲击。中国始终奉行不首先使用核武器政策，对发展核武器采取极为克制的态度。中国从不参加核军备竞赛，也从不在国外部署核武器。中国保持有限的核反击力量，是为了遏制他国对中国可能的核攻击。

这一方针坚持和发展人民战争思想。面对现代战争的新变化，中国坚持依靠人民群众加强国防建设，增强全民国防观念，实行精干的常备军与强大的后备力量相结合的武装力量体制；坚持平战结合、军民结合、寓兵于民的方针，完善动员体制和机制，拓宽动员领域和范围，建立适应现代战争要求的国防动员体系；坚持灵活机动的战略战术，创造现代条件下适合人民群众参战的新战法，发挥人民战争的整体威力。

三、武装力量

中华人民共和国武装力量，由中国人民解放军、中国人民武装警察部队、民兵组成。中华人民共和国中央军事委员会领导并统一指挥全国武装力量。

中国人民解放军

中国人民解放军是中国共产党缔造和领导的人民军队，是中国武装力量的主体。人民解放军由现役部队和预备役部队组成，总员额保持在 250 万以内。现役部队是国家的常备军，由陆军、海军、空军和第二炮兵组成，主要担负防卫作战任务，必要时可以依照法律规定协助维护社会秩序。中央军委通过总参谋部、总政治部、总后勤部、总装备部对全军实施作战指挥和建设领导。

人民解放军建立于 1927 年 8 月 1 日，建立之初仅由陆军组成。陆军主要担负陆地作战任务，目前没有设置独立的领导机关，领导机关职能由四总部代行，沈阳、北京、兰州、济南、南京、广州、成都七个军区直接领导所属陆军部队。陆军由步兵、装甲兵、炮兵、防空兵、陆军航空兵、工程兵、防化兵、通信兵等兵种及电子对抗兵、侦察兵、测绘兵等专业兵组成。步兵徒步或乘装甲输送车、步兵战车实施机动和作战，由山地步兵、摩托化步兵、机械化步兵（装甲步兵）组成。装甲兵（坦克兵）以坦克及其他装甲车、保障车辆为基本装备，遂行地面突击任务。炮兵以各种压制火炮、反坦克火炮、反坦克导弹和战役战术导弹为基本装备，遂行地面火力突击任务。防空兵以高射炮、地空导弹武器系统为基本装备，遂行对空作战任务。陆军航空兵装备攻击直升机、运输直升机和其他专用直升机及轻型固定翼飞机，遂行空中机动和支援地面作战任务。工程兵担负工程保障任务，由工兵、舟桥、建筑、伪装、野战给水工程、工程维护等专业部（分）队组成。防化兵担负防化保障任务，由防化、喷火、发烟等部（分）队组成。通信兵担负军事通信任务，由通信、通信工程、通信技术保障、航空兵导航和军邮勤务等专业部（分）队组成。陆军按其担负的任务还划分为野战机动部队、海防部队、边防部队、警卫警备部队等。野战机动部队的编制序列一般是：集团军、师（旅）、团、营、连、排、班。海防部队、边防部队和警卫警备部队，根据担负的作战任务和地理条件，确定编组方式。

人民解放军海军成立于 1949 年 4 月 23 日，主要任务是独立或协同陆军、空军防御敌人从海上的入侵，保卫领海主权，维护海洋权益。海军由潜艇部队、水面舰艇部队、航空兵、岸防兵和陆战队等兵种及专业部（分）队组成。海军下辖北海、东海、南海三个舰队和海军航空兵部。舰队下辖基地、水警区、舰艇支队、舰艇大队等。潜艇部队编有常规动力潜艇部队和核动力潜艇部队，具有水下攻击和一定的核反击能力。担负战略核反击任务的核动力潜艇部队，直接由中央军委指挥。水面舰艇部队编有战斗舰艇部队和勤务舰船部队，具有在海上进行反舰、反潜、防空、水雷战和对岸攻击等作战能力。海军航空兵编有轰炸航空兵、歼击轰炸航空兵、强击航空兵、歼击航空兵、反潜航空兵、侦察航空兵部队和警戒、电子对抗、运输、救护、空中加油等保障部（分）队，具有侦察、警戒、反舰、反潜、防空等作战能力，其编制序列为：航空兵部，舰队航空兵，航空兵师、团。海军岸防兵编有岸舰导弹部队和海岸炮兵部队，具有海岸防御作战能力。海军陆战队编有陆战步兵、炮兵、装甲兵、工程兵及侦察、防化、通信等部（分）队，是实施两栖作战的快速突击力量。

人民解放军空军成立于 1949 年 11 月 11 日，主要任务是组织国土防空，保卫国家领空和重要目标的空中安全；组织相对独立的空中进攻作战；在联合战役中，独立或协同陆军、海军和第二炮兵作战，抗击敌人从空中入侵，或从空中对敌实施打击。空军实行空防合一的体制，由航空兵、地空导弹兵、高射炮兵、空降兵以及通信、雷达、电子对抗、防化、技术侦察等专业部（分）队组成。空军下辖沈阳、北京、兰州、济南、南京、广州、成都七个军区空军，在重要方向和重要目标区设有军或相当于军的基地。航空兵由歼击、强击、轰炸、侦察、运输航空兵及保障部（分）队组成，通常按师、团、大队、中队体制编成。航空兵师一般下辖 2 个至 3 个航空兵团和驻地场站，航空兵团是基本战术单位。由于武器装备和担负的任务不同，各类航空兵团编制飞机数量，通常在 20 架至 40 架之间不等；飞机和飞行员（机组）之比，通常是 1：1．2。地空导弹兵、高射炮兵通常按师（旅）、团、营、连体制编成。空降兵按军、师、团、营、连体制编成。

人民解放军第二炮兵组建于 1966 年 7 月 1 日，由地地战略核导弹部队、战役战术常规导弹部队及相应保障部（分）队组成。战略核导弹部队是一支具有一定规模和实战能力的主要核反击作战力量，直接由中央军委指挥。战略核导弹部队装备地地战略核导弹武器系统，主要任务是遏制敌人对中国使用核武器，并在敌人对中国发动核袭击时，遵照统帅部命令，独立或联合其他军种的战略核部队对敌人实施有效自卫反击。战役战术常规导弹部队装备常规战役战术导弹武器系统，遂行常规导弹火力突击任务。

人民解放军预备役部队组建于 1983 年，是以现役军人为骨干、预备役人员为基础，按规定的体制编组成的部队。预备役部队实行统一编制，师、旅、团授予番号、军旗，执行人民解放军的条令、条例，列入人民解放军序列，平时归省军区（卫戍区、警备区）建制领导，战时动员后归指定的现役部队指挥或单独遂行作战任务；平时按照规定进行训练，必要时可以依照法律规定协助维护社会秩序，战时根据国家发布的动员令转为现役部队。

人民解放军驻香港、澳门部队隶属于中央军委。驻香港部队由陆军、海军和空军等部队组成。驻澳门部队主要由陆军部队组成，在机关编有少量的海、空军人员。

中国人民武装警察部队

中国人民武装警察部队组建于 1982 年 6 月 19 日，由内卫部队和黄金、森林、水电、交通部队组成，列入武警序列的还有公安边防、消防警卫部队。内卫部队由各总队和机动师组成。武警部队根据人民解放军的建军思想、宗旨、原则，按照其条令、条例和有关规章制度，结合武警部队特点进行建设，执行《中华人民共和国兵役法》，享受人民解放军和同等待遇。武警部队的基本任务是：维护国家安全和社会稳定，保卫国家重要目标，保卫人民生命财产安全，战时协助人民解放军进行防卫作战。

武警部队属于国务院编制序列，由国务院、中央军委双重领导，实行统一领导管理与分级指挥相结合的体制。武警部队设总部、总队（师）、支队（团）三级领导机关。武警总部是武警部队的领导指挥机关，领导管理武警内卫部队和黄金、森林、水电、交通部队。在中国各级行政区划内，省级设武警总队，地区级设武警支队，县级设武警中队。在执行公安任务和相关业务建设方面，武警部队接受同级公安部门的领导和指挥。

和平时期，武警部队主要担负固定目标执勤、处置突发事件、反恐怖任务，并支援国家经济建设。固定目标执勤，主要是担负警卫、守卫、守护、看押、看守和巡逻等勤务。具体负责国家列名警卫对象和来访重要外宾，省级以上党政领导机关和各国驻华使、领馆，国际性、全国性重要会议和大型文体活动现场的安全警卫；对监狱和看守所实施外围武装警戒；对重要机场、电台和国家经济、国防建设等重要部门的机密要害单位或要害部位实施武装防守保卫；对铁路主要干线上的重要桥梁、隧道和特定的大型公路桥梁实施武装防守保护；对国家规定的大中城市或特定地区实施武装巡查警戒。处置突发事件，主要是对突然发生的危害国家安全或者社会秩序的违法事件依法实施处置，包括处置叛乱事件、骚乱及暴乱事件、群体性治安、械斗事件等。反恐怖，主要是反袭击、反劫持、反爆炸。支援国家经济建设，主要有黄金地质勘察、森林防火灭火，参加国家能源、交通重点项目建设，遇有严重灾害时，参加抢险救灾。

民　兵

民兵是不脱离生产的群众武装组织，是人民解放军的后备力量，是进行现代条件下人民战争的基础。民兵工作在国务院、中央军委领导下，由总参谋部主管。民兵在军事机关的指挥下，战时担负配合常备军作战、独立作战、为常备军作战提供战斗勤务保障以及补充兵员等任务，平时担负战备执勤、抢险救灾和维护社会秩序等任务。

按照《中华人民共和国兵役法》的规定，凡年满18岁至35岁符合服兵役条件的男性公民，除征集服现役者外，编入民兵组织服预备役。民兵分为基干民兵和普通民兵。28岁以下退出现役的士兵和经过军事训练的人员，以及选定参加军事训练的人员，编为基干民兵。其余18岁至35岁符合服预备役条件的男性公民，编为普通民兵。根据需要，也可吸收女性公民参加基干民兵。农村的乡镇、行政村，城市街道和具有一定规模的企业事业单位，是民兵的基本组建单位。基干民兵单独编组，在县级行政区内的民兵军事训练基地集中进行军事训练，目前编有应急分队和高炮、高机、便携式防空导弹、地炮、通信、防化、工兵、侦察等专业技术分队。

为使民兵在遇有情况时能够召之即来，中国政府建立了民兵战备制度，定期在民兵中开展以增强国防观念为目的的战备教育，有针对性地按战备预案进行演练，提高遂行任务的能力。

四、国防建设

中国的国防建设，是国家现代化建设的重要组成部分。为适应保障国家安全的需要，中国坚持从自己的国情出发，建设现代化国防。

国防法制

近两年来，中国国防法制建设取得积极进展。2000年3月全国人大通过的《中华人民共和国立法法》，首次以国家基本法律的形式，对中央军委以及各总部、军兵种、军区的立法权限做出明确规定：中央军委根据宪法和法律，制定军事法规；各总部、军兵种、军区，可以根据法律和中央军委的军事法规、决定、命令，在其权限范围内，制定军事规章；军事法规、军事规章在武装力量内部实施；军事法规、军事规章的制定、修改和废止办法，由中央军委依照该法规定的原则规定。这一规定，确立了军事立法在国家立法体制中的重要地位。

2000年以来，中国制定了国防和武装力量建设方面的法律以及有关法律问题的决定3件、法规56件、规章420件。全国人大常委会制定的《中华人民共和国国防教育法》，为开展国防教育提供了法律依据。新修订的《中华人民共和国现役军官法》，进一步完善了人民解放军的军官服役制度。国务院、中央军委联合制定的《中华人民共和国军事设施保护法实施办法》，明确规定了军事设施保护工作的领导组织体系以及具体的保护措施和处罚办法。新修订的《中国人民解放军内务条令》、《中国人民解放军纪律条令》，对新形势下加强依法治军提供了有力的法规保障。

为维护改革开放中的国防利益和军人合法权益，中国对军事司法制度进行了改革。根据中华人民共和国最高人民法院授权，军事法院开始审理军队内部包括合同、婚姻家庭、房地产、知识产权、医疗事故损害赔偿纠纷及申请军人失踪或死亡等在内的民事案件，履行军队内部民事审判职能。地方各级政府和军队有关部门正在努力建立和完善维护军人及其家属合法权益的工作机制，为国防和军队建设创造良好的法制环境。

根据国家的统一部署，中国武装力量从2001年开始进行第四个五年普法教育活动，主要内容包括学习宪法和国家的基本法律，以及与国防和武装力量建设、履行军队职能、发展社会主义市场经济、官兵切身利益相联系的法律法规等。军事法、战争与武装冲突法等内容已经编入军事院校的法律课程，并列入部队的训练大纲。人民解放军每两年举办一次有陆、海、空军校级军官参加的武装冲突法讲习班，每年为国防大学在校军、师职以上学员举办武装冲突法专题讲座。

国防动员

中国国家和地方县级以上人民政府设有国防动员委员会。各级国防动员委员会下设有人民武装动员、国民经济动员、人民防空、交通战备、国防教育等办公室和综合协调机构，负责承办相关工作。国家国防动员委员会主任由国务院总理担任，副主任由国务院、中央军委的副职领导担任，委员由国家有关部委和解放军各总部的领导及所属办公室的领导担任。地方各级国防动员委员会主任由本级政府的主要领导担任，副主任由本级政府的副职领导和同级军事机关的主要领导担任。

国家在和平时期进行动员准备，将武装力量动员和国民经济动员、人民防空动员、交通动员以及国防教育纳入国家总体发展规划和计划。武装力量动员包括人民解放军现役部队和预备役部队、武警部队、民兵和预备役人员，以及相应的武器装备和后勤物资动员等，主要任务是平时做好兵员动员准备，在需要时征召预备役人员和适龄公民入伍，保障军队迅速扩编、改编和扩充其他武装组织，并组织参战支前，配合部队作战。国民经济动员包括工业动员、农业动员、科技动员、物资动员、商业贸易动员、财政金融动员等，主要任务是平时结合经济建设有组织、有计划地进行动员准备，战时根据需要调整经济资源配置，集中控制和调动国家的财力、物力，增加武器装备和其他军用物资的生产，保障战争需要。人民防空动员包括群众防护动员、人防专业队伍动员、人防工程物资技术保障动员、人防预警保障动员等，主要任务是动员社会力量进行防空设施建设，组建和训练防空专业队伍，开展人民防空宣传教育，组织人员疏散隐蔽，配合防空作战，消除空袭后果。交通动员包括交通运输和邮电通信动员，主要任务是平时组织交通、通信行业的专业保障队伍建设、国防基本设施建设、装备建设、战备物资储备、民用运力动员准备，战时组织交通、通信设施的抢修、抢建，组织部队机动、物资补给等方面的交通运输保障。

近年来，军队和地方政府有关部门根据相关法规，联合组织实施了交通运输、联合防空袭等国防动员演练。中国正进一步健全国防动员法规，完善国防动员体制，积极推动国防动员建设不断向现代化方向发展。

国防教育

中国重视普及和加强以爱国主义为核心的国防教育，努力增强全民国防观念，使公民自觉履行国防义务。

全国的国防教育工作由国务院领导，中央军委协同国务院开展全民国防教育。国家国防教育办公室负责规划、组织、指导和协调全国的国防教育工作。地方各级人民政府领导本行政区域内的国防教育工作。各有关部门结合业务工作，各尽其责，相互配合，确保国防教育活动的顺利开展。2001 年 4 月 28 日《中华人民共和国国防教育法》正式颁布实施，标志着中国国防教育事业走上了法制化轨道。

中国在高等学校、高级中学和相当于高级中学的学校施行军事训练制度。自 1985 年以来，军队先后派出 20 余万名官兵协助学校组织学生的军事训练，训练在校学生 3000 多万人。近年来每年受训的大学生占入校新生的 60% 左右。自 2002 年起，全国所有普通高等学校和高级中学的学生都将按照有关规定和计划参加军事训练。

2001 年 8 月 31 日，全国人大常委会决定，每年 9 月的第三个星期六为全民国防教育日。全民国防教育日为全民参与国防教育活动提供了一个大众化、社会化的载体，是推动全民国防教育深入持久开展的有效形式。

国 防 费

中国政府对国防费始终坚持严格控制、严格管理、严格监督的原则，建立了完善的管理体制和法规制度。中国政府依据《中华人民共和国国防法》，保障国防事业的必要经费，将国防费全部纳入国家财政预算安排，对国防费实行财政拨款制度，并按《中华人民共和国预算法》实施管理。国防费预算、决算由全国人大审查批准。国家和军队的审计机关对预算的执行过程实施严格审计监督。

近几年来，按政府财政预算改革的统一要求，对国防费管理进行了一系列改革：改革国防费预算编制办法；对武器装备采购资金实行集中统一支付；对国防物资、工程、服务实行招投标采购制度。国防费管理更加公开、公平、公正。

在国家经济不断增长的基础上，中国的国防费有所增加。中国年度国防费占国内生产总值（GDP）的比例，1995 年为 1.09%，2001 年为 1.50%（见图表 1）。

但是，中国国防费的增长一直保持较低的幅度，主要是补偿性增长。1979 年至 2001 年，国防费占同期国家财政支出的比例总体呈下降趋势（见图表 2），1979 年为 17.37%，2001 年为 7.65%，2001 年与 1979 年相比，下降近十个百分点。

图表 1

1995－2001 年中国年度国防费占国内生产总值比例

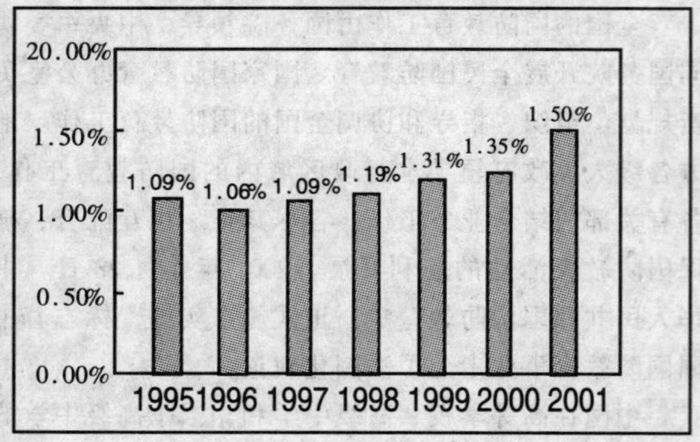

图表 2

1979－2001 年中国国防费占同期国家财政支出比例

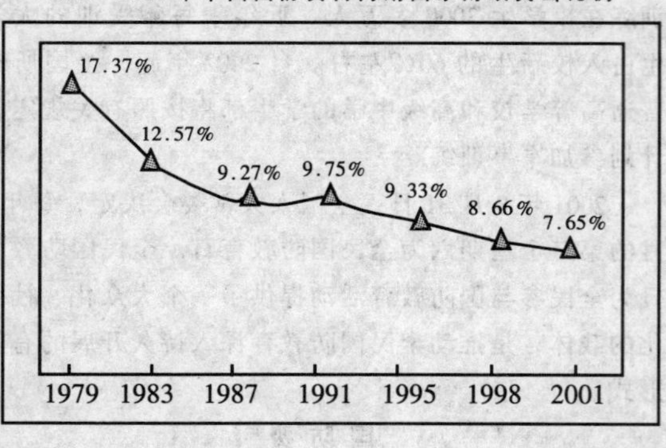

2000 年、2001 年中国年度国防费分别为 1207.54 亿元人民币、1442.04 亿元人民币，2002 年中国年度国防费预算数为 1694.44 亿元人民币（见图表 3），占同期国家财政支出比重分别为 7.60%、7.65% 和 8.03%。

图表 3

2000－2002 年中国年度国防费构成

项目 / 年度	人员生活费	活动维持费	装备费	合计
2000 年	405.50	412.74	389.30	1207.54
2001 年	461.63	485.81	494.60	1442.04
2002 年	540.43	581.23	572.78	1694.44

（经费单位：亿元人民币）

近几年增加的国防费主要用于：（一）增加军队人员生活支出。在社会经济发展和城乡居民人均收入提高的情况下，保证军队人员生活水平能够同步提高，官兵的生活条件得到改善。十年来，五次提高部队伙食费标准，干部工资和战士津贴分别增长 84% 和92%。（二）建立和逐步完善军人社会保障制度。按照市场经济的要求，自 1998 年以来，中国先后建立了军人伤亡保险、军人退役医疗保险、军人住房补贴等制度，并调整和完善了军队离退休人员生活费标准。（三）增加军队维持性支出。自 1998 年军队停止经商后，为确保部队军事训练需要，逐年增加军事训练经费。随着部队生活设施的逐步改善和办公自动化的发展，军队的维持性支出增大。（四）为配合国际社会打击恐怖主义增加支出。（五）为提高现代技术特别是高技术条件下的防卫作战能力，适度增加了部分装备建设经费。

2002 年中国国防支出的总体水平在世界上仍然相对较低（见图表 4）。

图表 4

2002 年度部分国家国防费比较

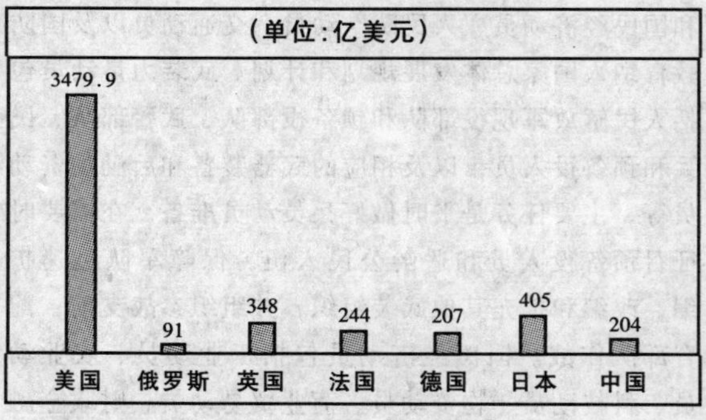

与美国、俄罗斯、英国、法国等国家相比，中国国防费占国内生产总值和国家财政支出的比重也是较低的（见图表 5）。

图表 5

2001年度中国与部分国家国防费占 GDP 和财政支出比例的比较

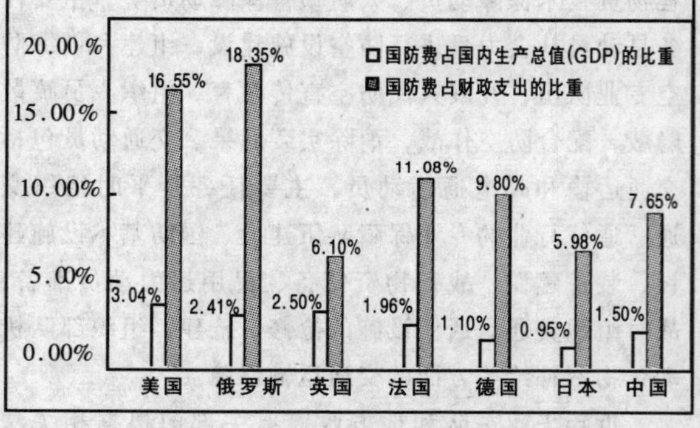

国防科技工业

中国国防科技工业是国家战略性产业，是国防现代化的重要工业和技术基础，是国民经济和科学技术发展的重要推动力量。中国独立自主地建设和发展国防科技工业，提高国防科技工业的整体水平和经济效益，促进国防建设与经济建设协调发展。

中华人民共和国国防科学技术工业委员会是主管国防科技工业的国务院组成部门，负责研究拟制国防科技工业发展的方针、政策和法律、法规、规章；研究国防科技工业发展规划，做好国防科研、生产、建设的统筹和衔接；组织军品科研生产的资格审查和许可；审核科研生产单位与军方签订的科研生产合同，协调、监督、检查订货合同的执行，保障军事装备的生产供应；对核、航天、航空、船舶、兵器工业等行业实施行业管理，指导军工电子行业管理；组织研究和实施国防科技工业体制改革，组织国防科技工业能力、结构和布局调整；负责编制国防科技工业固定资产投资、军转民技术改造及技术开发的规划、计划并组织实施；负责国防科技工业的对外交流与国际合作。

经过几十年的发展，中国已形成了专业门类基本齐全、科研生产手段基本配套的国防科技工业体系，培养造就了一支具有较高技术水平和优良作风的国防科技工业人才队伍，为中国自主研制生产武器装备奠定了重要的物质和技术基础。中国目前共有 11 个军工集团公司，即中国核工业集团公司、中国核工业建设集团公司、中国航天科技集团公司、中国航天科工集团公司、中国航空工业第一集团公司、中国航空工业第二集团公司、中国船舶工业集团公司、中国船舶重工集团公司、中国兵器工业集团公司、中国兵器装备集团公司和中国电子科技集团公司。各军工集团公司负责本集团内军品科研生产任务的组织和管理工作，同时作为国家授权的投资机构，对所属企业的国有资产行使出资人权利。

中国国防科技工业优先发展高新技术武器装备，努力提高现代化水平。加快能力、结构和布局调整，加强高新技术武器装备科研生产能力，精干军工队伍，优化产业布局，逐步建立国防科技工业新体系。进一步加强国防科技建设，促进科技进步，集中力量突破一批关键技术，提高国防科技工业自主创新能力和持续发展能力，努力实现技术发展的跨越。加强人才培养，造就一支适应国防科技工业发展需要的专业配套、结构合理、素质精良的人才队伍。目前中国国防科技工业共有 141 名中国科学院院士和中国工程院院士，其中中国科学院院士 52 名，中国工程院院士 95 名，双院士 6 名。

中国政府一贯重视和平利用军工技术，鼓励并支持国防科技工业发挥技术、人才等方面的优势，发展军民两用技术和高新技术产业，促进了国民经济建设。民用核电向产业化方向发展。民用航天在应用卫星、运载火箭技术、载人航天等方面取得长足进步。中国长征系列运载火箭成功发射 27 颗国外制造的卫星，在国际商业卫星发射服务市场中占有一席之地。1999 年、2001 年和 2002 年中国成功发射三艘无人试验飞船，标志着中国已突破载人飞船的基本技术，为实现中国载人航天飞行奠定了坚实基础。民用飞机工业在加强技术研究、扩大转包生产、改进现有机型的同时，在通用飞机、“新舟 60”飞机生产上取得重要进展，并开始研制新型支线飞机。民用船舶工业已成为全国机电行业中具有较强国际竞争力的出口支柱型产业。近年来，造船产量持续增长，连续七年位居世界第三位。2001 年造船完工量占世界份额的 6%。

中国国防科技工业努力建立和完善适应国防建设和社会主义市场经济要求的体制和运行机制。推进专业化分工协作，逐步建立由武器装备主承包商、分包商和零部件供应商组成的分层次的新型社会协作体系。推进军工企事业单位战略性重组，优化资源配置，发展核心产业，逐步形成一批具有国际竞争力的大型企业集团。深化军工企业改革，建立现代企业制度，推进企业投资主体多元化和经营机制转换，促进军工企业成为自主经营、自负盈亏的市场竞争主体。推进国防科技工业科技体制改革，加强产、学、研有机结合，促进国防科技成果转化为现实生产力。坚持对外开放，按照优势互补、互惠互利、共同发展的原则，积极参与国际交流与合作。

边防海防

中国奉行睦邻友好政策，严格按照与相邻国家签订的条约、协定、协议和联合国海洋法公约，对陆地边界和管辖海域实施防卫、管辖，维护国家领土主权和海洋权益，保卫边防海防安全。

中国主张通过谈判解决边界和海域划界问题，按照公平原则划定与海岸相向相邻国家的海域界限，反对使用武力或采取激化事态的行动。目前，中国已与大多数邻国解决或基本解决了历史遗留的边界问题。2000 年 12 月，中国与越南签订了北部湾划界协定。2002 年 5 月，中国与塔吉克斯坦签订了《中华人民共和国和塔吉克斯坦共和国关于中塔国界的补充协定》。

中国注重发展与相邻国家的边防交往与合作，共同维护边界秩序。中国分别与蒙古、俄罗斯、缅甸、越南、老挝、印度等国签订了有关边界管理和处理边境事务，以及在边境地区建立信任措施、预防危险军事活动等方面的条约、协定和协议。1995 年以来，中国国防部相继与俄罗斯联邦边防总局、蒙古国边防军管理局签署了边防合作协议。2002 年 1 月，中国国防部与哈萨克斯坦民族安全委员会签署了《中哈边防合作协议》。2002 年 4 月，中国派出代表团参加了在阿拉木图举行的上海合作组织成员国边防部门领导人会晤。中、俄、哈、吉、塔五国边防部门领导人商定：五国边防部门将在上海合作组织有关文件规定的框架内，根据成员国共同国界地区的形势，加强边防信息交流，进一步深化相应的双边和多边合作，采取有效措施共同打击恐怖主义、分裂主义、极端主义和预防各种形式的跨界犯罪活动，维护成员国共同边界地区的良好秩序，为发展成员国之间的睦邻友好、经贸和文化关系提供有力的保障。中国边防部门和边防部队忠实履行有关条约、协定和协议，积极与邻国相应边防管理机构建立健全磋商和边防会谈会晤机制，开展各个层次的边防交往与合作，妥善处理各种边境事务，增进了相互了解、信任与友谊，形成了和平友好的边界氛围。

中国政府重视边疆地区建设，大力发展边境地区的交通、通信、文教卫生和广播电视事业。1996 年以来，国家边防委员会在九个陆地边境省区组织了大规模的边防基础设施建设，有效改善了边境管理条件，带动和促进了边疆地区的经济和社会发展。边防和海防部队在认真履行职责、不断加强自身建设的同时，积极参与和支援地方的经济建设和精神文明建设，进一步密切了军政军民关系，维护了边疆地区的政治、社会稳定和民族团结。

人民防空

中国人民防空贯彻人民战争思想，从战时需要出发，根据国家经济能力，依靠广大人民群众，发挥中央和地方的积极性，充分准备，严密防护。人民防空的基本任务包括：对人民群众进行防空知识教育；修建各种类型的防护工程；建立人民防空通信和警报系统；制定人员和物资疏散计划；组织和训练防空专业队伍；对国民经济的重要目标进行防护；战时组织指挥人民群众进行防空袭斗争。中国根据战备需要，确定开展人民防空工作的城市和地区，把城市人民防空作为人民防空的重点。

人民防空实行人民政府和军事机关共同领导体制。国务院、中央军委领导全国的人民防空工作；军区根据国务院、中央军委的授权领导本区域的人民防空工作；县级以上地方各级人民政府和同级军事机关领导本行政区域的人民防空工作。国家、军区人民防空主管部门分别设在总参谋部、军区司令部，县级以上地方人民防空主管部门设在同级人民政府。县级以上人民政府的计划、规划、建设等有关部门在各自的职责范围内负责有关的人民防空工作。

人民防空坚持长期准备、重点建设、平战结合的方针，贯彻与经济建设协调发展、与城市建设相结合的原则。国家在和平时期进行人民防空建设，对城市实行分类防护，将人民防空建设纳入国民经济和社会发展计划，将人民防空工程建设规划纳入城市总体规划，保障人民防空通信、警报的畅通。国家保护人民防空设施不受侵害，对人民防空设施建设采取优惠政策，鼓励、支持企业事业组织、社会团体和个人投资进行人民防空工程建设。国家鼓励平时利用人民防空工程为经济建设和人民生活服务，鼓励利用人民防空通信、警报设施为抢险救灾提供服务，鼓励人民防空主管部门和防空专业队伍承担人民政府赋予的抢险救灾任务。根据形势发展的需要，人民防空将逐步实行防空防灾一体化，努力提高快速反应能力、整体抗毁能力、应急救援能力和自我发展能力，以便能够应付现代战争和重大灾害事故，有效保护公民的生命和财产安全。

中国已经颁布实施《中华人民共和国人民防空法》，制定了与之配套的一系列人民防空法规。中国重视与世界各国进行民防合作与交流，并于 1992 年加入“国际民防组织”。

参加和支援西部大开发

开发中国西部地区，具有重要的经济、政治和国防意义。根据国家西部大开发的战略决策，中央军委成立了专门领导小组及其办公室，做出统一部署。人民解放军和武警部队先后出动兵力 150 多万人次，动用机械车辆 45 万台次，积极参加和支援西部大开发。

集中力量援建基础设施重点工程。各部队把参加交通、能源、水利、通信等工程建设作为支援西部大开发的重点，先后参与 8 个机场和 3 条国道、4 条高速公路的改扩建，参加输油管道、天然气开发、油气田基地等 9 项能源设施的施工，承担 7 座水电站、19 条引水干渠的建设，完成 8 条通信光缆共 2 万多公里的敷设任务。

参加生态环境保护和建设。驻西部地区部队为改善驻地生态环境，积极参加植树造林、防沙治沙、封山育林、退耕还林还草等工作，共植树 300 余万亩，种草 180 余万亩，退耕 150 余万亩。测绘、气象、给水、航空等技术部队为西部地区提供了大地勘测、气象预报、水源探测、飞播造林、人工降水服务。

提供人才、智力和技术支援。各部队从院校、医院、科研院所选调专业技术人才支援西部开发，有计划地安排干部转业到西部地区工作，鼓励和动员人口稠密地区的退役士兵到西部地区安家落户，扩大西部地区兵员到经济发达地区服役数量，加速西部地区人才培养和观念更新。一些院校、医院和科研院所还通过开展联合办学、短期培训、防病治病、转让科技成果等途径，积极为西部地区开发建设提供服务。

开放、开发军事设施。在确保军事安全的前提下，军队先后向地方开放了 5 个军用机场、200 多条铁路专用线、30 条输油管线、70 条通信线路和 100 多所后方仓库。将部分农场、房地产、保障性企业、军马场转让和移交地方使用。加强空中交通管制和边防公路等战备设施建设，支持民用交通运输业的发展。

开展扶贫帮困活动。驻西部地区部队派出官兵帮助驻地修道路、架电线、打水井，传授实用技术，发展多种经营，使 20 多万贫困群众走上致富道路。各部队还帮助新建和扩建中小学 300 多所，帮助 5 万余名失学儿童重返校园。军队 100 所医院对西部贫困地区 105 所县医院进行了对口支援。

五、军队建设

人民解放军按照政治合格、军事过硬、作风优良、纪律严明、保障有力的总要求，紧紧围绕打得赢、不变质两个历史性课题，加强全面建设，努力建成一支革命化、现代化、正规化的人民军队。

军事训练

人民解放军适应现代战争特点，以提高高技术条件下防卫作战能力为主要目标，不断加强和改进军事训练。

近两年来，人民解放军加快实现由传统练兵方式向科技练兵的转变，充分运用现代科学技术组织实施军事训练。2000 年 10 月，总参谋部在北京附近地区组织了一次高科技军事大演兵，应用计算机网络技术、侦察传感技术、电子对抗技术、仿真模拟技术等高新技术手段，演练和检验新的作战思想、武器装备和训练方法，交流了全军部队科技练兵的最新成果。

根据新一代作战条令，人民解放军突出了对联合作战问题的研究和演练。各军区、军兵种组织的年度例行性演习均把联合作战作为重要课题。2001 年春夏季节，南京、广州军区部队分别组织了以联合登陆作战为背景的实兵演习，演练了诸军兵种联合登陆作战的协同方法，总结了联合训练、陆军部队两栖训练、国防后备力量快速动员训练等方面的一整套训练、保障和管理经验。总部机关还相继组织了联合战役通讯指挥研练、登陆和山地作战训练以及联合突防战法研讨，并探索了网电一体战的特点和作战样式。

人民解放军施行新一代军事训练法规，加强正规化训练。在广泛吸取全军训练改革成果和科技练兵经验的基础上，总参谋部修改和调整了全军军事训练内容体系，于 2001 年 7 月颁布了《军事训练与考核大纲》，并于 2001 年 9 月在华北某集团军组织了全军新训练大纲集训。2002 年 9 月，中央军委颁布了新的《中国人民解放军军事训练条例》，更为全面系统地规范了军事训练的组织领导与管理。

人民解放军继续深化院校改革。根据“规模化办校、现代化教学、正规化管理、社会化保障”的总体思路，进一步完善了新型院校体系，并建立起与军事、科技、教育发展相适应的教学体系。近年来，在完成对 18 所院校、60 个学科和 31 个实验室重点建设任务的基础上，启动了“军队院校重点建设工程”，对 67 个学科专业领域、178 个学科专业领域点实施重点建设，58 个学科专业已进入国家级重点学科。总部颁发了全军院校第一部专业目录，初步构建起新的学科专业体系。全军院校以教学内容为重点深化教学改革，制定新一代教学大纲，实施重点教材建设工程，完善教学工作评价制度。同时，加强教学的信息化、网络化建设，初步建成全军教学科研信息网络化平台，形成了拥有近 10 万个信息站点的全军院校军事训练信息网络。

政治工作

人民解放军的政治工作是中国共产党在军队中的思想工作和组织工作，是实现党对军队的绝对领导、巩固和提高部队战斗力的根本保证，是人民解放军的生命线。

人民解放军的政治工作，贯彻全心全意为人民服务的宗旨，保证党对军队的绝对领导，以思想政治教育为中心环节，实行官兵一致、军民一致、瓦解敌军的原则，实行政治民主、经济民主、军事民主的制度，执行三大纪律八项注意。军队政治工作实行党委（支部）制度、政治首长制度和政治机关制度。党委（支部）制度规定，军队团级以上部队和单位设立党的委员会，营和相当于营的单位设立党的基层委员会，连和相当于连的单位设立党的支部。党的各级委员会（支部）是各该单位统一领导和团结的核心。党委（支部）统一的集体领导下的首长分工负责制，是党对军队领导的根本制度。政治首长制度规定，军队团级以上部队和单位设立政治委员，营设立政治教导员，连设立政治指导员；政治委员、政治教导员、政治指导员与同级军事主官同为所在单位的首长，在同级党委（支部）的领导下，对所属单位的各项工作共同负责；政治委员、政治教导员、政治指导员是党委、支部日常工作的组织者，是政治工作的领导者。政治机关制度规定，军队团级以上部队和单位设立政治部（处），全军设总政治部；政治机关是所属部队和单位政治工作的领导机关，负责管理党的工作，组织进行政治工作。

人民解放军的政治工作坚持与时俱进、开拓创新，适应国际局势和军事领域的深刻变化，适应社会主义市场经济的迅速发展，努力为打赢未来高技术战争提供强大的精神动力，为保持人民军队的性质、本色和作风提供可靠的政治保证。近些年来，中共中央颁布了新的《中国人民解放军政治工作条例》，中央军委颁布了《军队基层建设纲要》，总政治部制定了《关于改革开放和发展社会主义市场经济条件下军队思想政治建设若干问题的决定》和《关于加强和改进新形势下军队思想政治教育的意见》。人民解放军积极学习和贯彻"三个代表"重要思想，组织官兵学习党的基本理论、国家宪法法律和科学文化知识，开展爱国主义、集体主义和革命英雄主义教育，团以上单位设立军史馆，连队设立荣誉室。颁发军人道德规范，组织创作军人道德组歌，建设全军宣传文化信息网，完善军营文化设施，连队建立俱乐部，驻地集中的团以上单位建立文化活动中心。开展心理教育和法律咨询工作，建立以旅团政治机关和基层政治干部为主、政治工作系统和相关专业系统相结合的心理教育、法律咨询工作机制。

后勤保障

人民解放军积极改革后勤体制和制度，构建现代后勤保障体系，不断提高后勤保障能力。

实行联勤保障，是军队后勤保障体制的一次重大改革。联勤保障体制以军区为基础，采取区域保障与建制保障相结合、通用保障与专用保障相结合的方式。通用物资供应和通用勤务保障由军区统一组织，专用物资供应和专用勤务保障由军兵种按建制系统组织实施。总后勤部主管全军的联勤工作，军区联勤部主管战区内的联勤工作，联勤分部主要负责组织实施保障区域内诸军兵种部队的通用保障。经过两年多的改革实践，联勤保障逐步规范，保障效益明显提高，开始向三军一体、军民兼容、平战结合的方向发展。

为精干后勤保障机构和提高国防费的使用效益，人民解放军在非作战部队的军以上机关和驻大中城市的军队院校、医院等单位，推行了后勤保障社会化改革。经过近三年的努力，后勤保障社会化改革在饮食保障、商业服务、营房保障和职工管理制度改革等方面取得实质性进展，并在生活用车、油料保障、服装货币化供应等方面进行了尝试。目前，全军已有 1500 多个食堂交给地方服务保障机构承办，1000 多个军人服务社纳入社会商业体系，1800 多个营院不同程度实行了物业管理，近 300 个保障性企业和农场移交国家和地方，共减少企事业单位职工 30 多万人。为推进军队后勤保障社会化改革和确保改革健康发展，2002 年 9 月，国务院、中央军委发出《关于推进军队后勤保障社会化有关问题的通知》；10 月，中央军委批转了《总后勤部关于实行军队后勤保障社会化若干问题的意见》。

2001 年 3 月，军队开始对预算编制制度进行改革。借鉴国际上通行的预算方法，全面改革军队预算编制形式、方法和内容，重点推行零基预算等方法，以充分发挥预算的宏观调控作用，逐步建立起财权财力集中、军费分配科学、项目具体透明、监督制约严密的预算新模式。

2002 年 1 月，军队全面推行采购制度改革，实行以集中采购和招标采购为主，建立分工协作、相互制约的分段管理运行机制。对批量大、价值高、通用性强的物资，主要依托物资采购机构进行集中采购。对一次性采购金额达到 50 万元以上的大宗物资和投资在 200 万元以上的新建、扩建或装修改造工程，实行招标采购。

人民解放军军官住房保障制度，目前采取军队保障与社会保障相结合、公寓住房与自有住房相结合、实物供应与货币分配相结合的办法。不同职级、不同类别的军官，实行相应的住房保障。在职军官主要住用公寓房。离退休军官主要是购买现有住房或经济适用住房。转业复员干部和士官住房主要是采取领取住房补贴，纳入社会保障系统加以解决。

人民解放军不断加强后勤装备建设，提高后勤保障手段的现代化水平。2001 年，军队进行了后勤装备成建制、成系统形成综合保障能力的配套试验，发展了海上伤员快速救治、岸滩保障、野战机场保障、导弹部队机动保障、空投物资保障、单兵保障和野战后勤指挥等七个方面的后勤装备，完成了 86 种新装备的论证、研制和试验。为实时、准确、透明地获取和处理后勤保障资源、保障需求、保障状态等信息，军队正在组织可视后勤系统研究。2002 年 7 月，中央军委颁布施行《中国人民解放军后勤装备条例》，促进了后勤装备的正规化建设。

武器装备

人民解放军适应军事高科技发展和防卫作战需要，认真贯彻科技强军、质量建军方针，加快武器装备发展，努力提高武器装备现代化水平。

武器装备管理体制和机制进一步完善。1998 年 4 月总装备部成立以后，各军兵种、军区直至军、师、团级作战部队均成立了装备部（处），进一步加强了武器装备建设的集中统一领导和武器装备全系统、全寿命管理，有效提高了武器装备建设的整体效益。2000 年 12 月，中央军委颁布了第一部《中国人民解放军装备条例》，规范了军队装备工作的组织领导、职责分工和管理程序。2002 年 6 月、10 月，中央军委先后颁布了《中国人民解放军装备维修工作条例》和《中国人民解放军战役装备保障纲要》。装备工作的一系列法规制度，促进了武器装备工作向科学化、正规化、法制化方向发展。

武器装备现代化水平不断提高。人民解放军坚持以自力更生、自主创新为主，并积极借鉴国外先进技术发展武器装备。根据未来高技术条件下防卫作战需要，人民解放军重点发展高新技术武器装备，有选择地对现役武器装备进行现代化改装，努力实现武器装备机械化、信息化双重历史使命，初步形成了种类比较齐全、结构比较合理的具有中国特色的武器装备基本体系。

武器装备管理能力明显增强。人民解放军认真管好用好现有武器装备，不断提高新型武器装备的管理能力。军以下部队普遍建立健全武器装备管理规章制度，实行装备财务规范化管理，开展武器装备管理科学化、制度化、经常化的考评活动。同时，组织新型装备使用和管理集训，培养装备管理和技术保障人才，完善管理配套设施，做好武器装备成建制、成系统形成作战能力和保障能力的工作。

武器装备采购制度改革逐步深化。人民解放军积极适应社会主义市场经济和武器装备发展的需要，大力推进武器装备采购制度改革。军队装备部门行使装备订货甲方责任主体职能，武器装备科研、订购和维修按照国家和军队有关法规实行合同制管理。近年来，军队在武器装备采购工作中，坚持以竞争为核心，逐步实行招投标制度，建立和完善竞争、评价、监督和激励机制，进一步加强驻厂军事代表队伍建设，完善质量认证体系，提高了武器装备经费使用效益和武器装备科研生产质量。

干部培养

人民解放军坚持把培养高素质新型军事人才，作为推进军队现代化建设跨越式发展的根本性措施。

人民解放军的干部包括军官和文职干部。近年来，军队不断提高生长干部的培训层次，调整生长干部的来源结构，建立了科学合理的生长干部培训体制，军事人才培训层次、质量和效益得到明显提高。目前，全军干部中大专以上文化程度的已超过 80%。3 万多名军队干部获得博士、硕士学位，其中不少已走上师、团职领导岗位。与此同时，为借鉴世界各国特别是发达国家军队建设的有益经验，1996 年至今，人民解放军先后向 20 多个国家派出军事留学人员近千名，其中相当一部分是师、团职军事指挥干部和专业技术干部。

2000 年 12 月全国人大常委会通过的《中华人民共和国现役军官法》和 1999 年 6 月中央军委颁布的《中国人民解放军文职干部条例》明确规定，指挥军官和非专业技术文职干部每晋升一级职务、专业技术军官和专业技术文职干部每晋升一级专业技术职务，应当经过相应的院校或者其他训练机构培训；在机关任职的干部应当经过相应的院校培训。军队在职干部的培训正在逐步实现由学历教育向全面的继续教育转变。除少量干部进行学历教育外，绝大多数干部的知识更新主要通过短期培训解决。

2000 年 5 月，国务院、中央军委颁布了《关于建立依托普通高等教育培养军队干部制度的决定》，明确要充分发挥普通高等教育在国防和军队现代化建设中的作用，拓宽选拔培养高素质军队建设人才的途径。目前，北京大学、清华大学等 50 余所高等学校承担了为军队培养干部的任务，每年向军队输送大批优秀人才。

为适应科技强军的要求，军队高度重视对高层次人才的培养工作。近两年来，全军博士后流动站和博士、硕士学位授权点有了大幅度增加，学位授权体系逐步完善，培养规模有了较大增长。2002 年 5 月，国务院学位委员会审议通过了《军事学硕士专业学位设置方案》，决定设置和试办军事学硕士专业学位，标志着军队高层次应用型专门人才的培养迈上一个新的台阶。

人民解放军把干部交流作为培养锻炼干部、提高干部素质的重要途径。《中华人民共和国现役军官法》对军官的交流做了进一步明确和规范。2002 年 1 月中央军委颁布的《中国人民解放军现役军官职务任免条例》，对军官交流的条件、范围以及组织实施等做出了具体规定。根据 1998 年 12 月颁发的《中国人民解放军驻香港部队干部轮换暂行规定》，驻香港部队干部实行全员定期轮换制度，目前已轮换三批。参照驻香港部队的做法，驻澳门部队也已开始实行干部全员轮换。

六、国际安全合作

国际安全合作在维护世界与地区和平稳定中发挥着越来越重要的作用。中国政府高度重视并积极参与国际安全合作，主张在《联合国宪章》、和平共处五项原则以及其他公认的国际关系准则的基础上，开展国际安全合作。

地区安全合作

同亚太各国开展对话与合作是中国亚太安全政策的重要内容，是中国睦邻友好政策的组成部分。中国坚持与邻为善、以邻为伴，不断加强区域合作。两年来，中国努力推动上海合作组织的形成与发展，继续支持和参加东盟地区论坛（ARF）、亚洲相互协作与信任措施会议（CICA）、亚太安全合作理事会（CSCAP）、东北亚合作对话会（NEACD）等多边安全对话与合作进程，为深化具有亚洲特色的区域安全合作发挥了积极作用。

2001 年 6 月，中国、俄罗斯、哈萨克斯坦、吉尔吉斯斯坦、塔吉克斯坦、乌兹别克斯坦六国成立了上海合作组织。这一组织是在“上海五国”机制基础上成立的区域性多边合作组织。它成立以来，先后签署发表了《打击恐怖主义、分裂主义和极端主义上海公约》、国防部长联合公报、总理声明、执法安全部门领导人声明和外交部长联合声明。在 2002 年 6 月召开的上海合作组织圣彼得堡峰会上，六国元首签署了《上海合作组织宪章》、《关于地区反恐怖机构的协定》和《上海合作组织成员国元首宣言》三份重要法律、政治文件。上海合作组织倡导新型安全观、新型区域合作模式和新型国家关系，加强了军事领域的信任与合作，强化了在打击恐怖主义、分裂主义和极端主义方面的实质性协作，达成了在防止与和平解决国际冲突中相互协助的共识。上海合作组织弘扬互信、互利、平等、协商、尊重多样文明、谋求共同发展的上海精神，积极推动建立公正合理的国际政治经济新秩序，促进了地区安全与稳定。

中国赞同亚洲相互协作与信任措施会议（简称“亚信”）关于加强信任合作、维护地区安全的宗旨和原则，与各成员国开展建设性的友好合作。2002 年 6 月，“亚信”首次元首峰会通过了《阿拉木图文件》和《关于消除恐怖主义和促进文明对话的宣言》。“亚信”进程取得了重要成果。

中国支持东盟地区论坛朝着既定目标不断前进。中国一直积极参加东盟地区论坛外长会议、高官会议及非官方会议。中国承办了论坛海洋信息网站项目并正式开通，参加了论坛建立信任措施的跨国犯罪专家小组会议，提交了跨国犯罪问题的国别报告，并定期向论坛提交年度安全展望报告。在 2001 年举行的第八届论坛外长会议上，中国提出支持论坛逐步开展非传统安全领域的对话与合作，并再次重申关于通报和派员观察多边联合军事演习的建议。2002 年 5 月，中国向论坛高官会议提交了“关于加强非传统安全领域合作的中方立场文件”。在 2002 年 7 月举行的第九届论坛外长会议上，中国提交了“中国关于新安全观的立场文件”，强调应共同培育一种新型的安全观念，通过对话增进信任，通过合作促进安全。2002 年 11 月，中国与东盟发表《关于非传统安全领域合作联合宣言》，启动了中国与东盟在非传统安全领域的全面合作。中国还于 2002 年 9 月在北京举办了东盟地区论坛军队后勤保障社会化研讨会。

东盟与中、日、韩（10 + 3）合作是东亚领导人加强本地区合作交换意见的重要渠道，有利于增进东亚国家的相互了解、信任与互利合作。中国重视并积极参与这一合作，主张在现有基础上将其拓展为全方位合作，在侧重经济合作的同时，本着协商一致、稳步推进的原则，逐步开展政治和安全领域的对话与合作，并从非传统安全领域的合作开始。经过四年多的发展，这一合作已取得明显进展。

中国军队参与了亚太地区安全对话与合作。中国于 2002 年 1 月派员观摩了新加坡主办的西太平洋地区海军扫雷演习，2002 年 4 月派员观摩了日本主办的西太平洋地区潜艇搜救演习，2002 年 5 月派员观摩了美国、泰国、新加坡“金色眼镜蛇”联合军事演习。今后，中国还将有选择地逐步参与非传统安全领域的多边联合军事演习。

反恐怖主义合作

近年来，恐怖主义活动明显上升，对世界和平与发展构成了现实威胁。“9·11”事件造成重大生命和财产损失，引起国际社会普遍关注。中国是恐怖主义的受害者，“东突厥斯坦”恐怖势力严重危害中国各族人民群众的生命财产安全和社会稳定。2002 年 9 月 11 日，联合国安理会根据中国、美国、阿富汗、吉尔吉斯斯坦的共同要求，正式将“东突厥斯坦伊斯兰运动”列入其颁布的恐怖组织名单。中国政府历来坚决反对并谴责一切形式的恐怖主义，并积极采取有效措施打击恐怖主义活动。

中国政府主张，国际社会应加强对话和磋商，开展合作，共同防范和打击国际恐怖活动，努力消除产生恐怖主义的根源。打击恐怖主义要证据确凿，目标明确，符合《联合国宪章》的宗旨和原则及公认的国际法准则，充分发挥联合国和安理会的主导作用，一切行动应有利于维护地区及世界和平的长远利益。不能将恐怖主义与特定的民族或宗教混为一谈。不能对打击恐怖主义采取双重标准。无论恐怖主义发生在何时何地、针对何人、以何种方式出现，国际社会都应共同努力，坚决予以谴责和打击。反对恐怖主义要标本兼治，采取综合措施，其中解决发展问题、缩小南北差距、解决地区冲突十分重要。

中国支持并认真执行联合国及安理会通过的一系列关于反对恐怖主义问题的决议，并已向安理会反恐委员会提交了执行安理会第 1373 号决议情况的报告。中国加入了《制止恐怖主义爆炸的国际公约》，签署了《制止向恐怖主义提供资助的国际公约》。在 12 项国际反恐怖主义公约中，中国已加入 10 项，签署了 1 项。中国还与美国、俄罗斯、英国、法国、巴基斯坦、印度等国分别进行了反恐磋商，并积极参加了安理会反恐委员会的工作。中国积极推动亚太经济合作组织领导人上海会议发表反恐声明，推动上海合作组织成员国政府首脑、国防部长、执法安全部门领导人和外长发表共同声明，并积极支持该组织建立地区反恐常设机构。2002 年 10 月，中国还与吉尔吉斯斯坦举行了联合反恐军事演习。中国高度重视金融领域的国际反恐合作。中国虽不是反洗钱金融行动特别工作组成员，但一贯支持该工作组的工作，并已向该工作组全面介绍了中国在金融反恐领域的措施。

参与联合国维持和平行动

中国作为联合国安理会常任理事国，一贯重视并支持联合国在《联合国宪章》宗旨和原则指导下，为维护国际和平与安全发挥积极作用。中国对改革维和行动持积极态度，希望进一步加强联合国维和行动的作用并提高其效能，支持联合国秘书处就此采取的各项积极措施，对联大、安理会审议“关于改革联合国维和行动的普拉希米报告”取得的进展表示欢迎。

自 1990 年首次向联合国维和行动派遣军事观察员以来，中国军队已先后参加了 10 项联合国维和行动，共派出军事观察员、军事联络官、军事顾问和参谋军官 650 多人次，派出工程兵部队两批 800 人次。目前，中国仍有 53 名军事观察员分别在 6 个任务区执行任务，有 2 名参谋军官在联合国维和部工作。中国军队先后有 4 人在联合国维和行动中牺牲，数十人负伤。

继 2000 年 1 月首次派遣 15 名民事警察执行联合国维和任务后，中国政府先后向“联合国东帝汶过渡行政当局”和“联合国驻波斯尼亚和黑塞哥维那特派团”派遣了 198 名民事警察。

1997 年 5 月，中国政府决定原则上参加联合国维和待命安排。2002 年 1 月，中国正式参加联合国维和行动第一级待命安排机制，并准备在适当时候向联合国维和行动提供工程、医疗、运输等后勤保障分队，可向联合国维和行动提供 1 个联合国标准工程营、1 个联合国标准医疗分队、2 个联合国标准运输连。

军事交流与合作

中国人民解放军积极开展对外军事交流与合作，对外交往的领域逐步扩大，内容日趋丰富，形式更加灵活多样。

中国已与 100 多个国家建立了军事关系，在 100 多个驻外使馆开设武官处，有 70 多个国家在中国设立了武官处。近两年来，人民解放军共进行 130 多项重要交往项目，高级军事代表团出访 60 多个国家，并接待了 60 多个国家 90 余批军队重要领导人来访。2002 年 5 月至 9 月，中国海军舰艇编队首次进行环球航行访问，航行 3 万余海里，访问了 10 个国家。人民解放军对外军事学术交流与专业技术合作也不断向深度和广度发展，同数十个国家进行了上百次专业技术团组交流活动，与外军互派军事留学生的规模逐步扩大。2001 年 10 月至 11 月，中国在国防大学举办了第三期国际问题研讨班，有来自 18 个国家的军官参加。2002 年 10 月，中国在国防大学举办第四期国际问题研讨班，有来自 31 个国家的军官参加。

中国积极发展与世界各国的军事关系。中俄两军关系在《中俄睦邻友好合作条约》的指导下不断加强和发展，两军高层往来保持良好势头。2001 年 9 月，中美海上军事安全磋商机制专门会议在关岛举行，一度中断的中美军事关系开始恢复。2002 年 10 月，中美两国元首会晤时同意恢复两军交往。中日军事关系于 2001 年底得到恢复。中国与欧盟的军事关系发展顺利。中国各级军事代表团应邀对东北亚、东南亚、南亚、中亚地区多个国家的军队进行了成功访问。中国沿边军区与相邻国家的边防部队开展了互访和交流。中国继续向一些发展中国家提供人员培训、装备器材、后勤物资、医疗卫生等方面的援助，并积极拓展新的交往领域。与西亚和非洲国家交往的力度加大，与拉美国家的军事交往继续发展。

人民解放军多次派员参加亚太地区多边安全会议、亚太地区防卫当局官员论坛、东北亚合作对话会、东盟地区论坛会议、西太平洋地区海军论坛以及各类多边安全研讨会等活动。人民解放军还与澳大利亚、法国、德国、印度、日本、哈萨克斯坦、吉尔吉斯斯坦、巴基斯坦、俄罗斯、泰国、英国、美国等国的国防和军队有关部门进行了安全磋商和会晤，增进了彼此的信任与了解。

七、军备控制与裁军

冷战结束后，国际军控、裁军与防扩散领域取得了一系列成果，但近年来的一系列消极事态却使这一良好势头受挫。在当前形势下，维护全球战略平衡与稳定和国际军控与裁军法律体系至关重要。现有国际军控与裁军法律体系，是以联合国为中心的全球集体安全框架的重要组成部分。中国政府愿与国际社会一道，为维护国际军控与裁军法律体系，推进军控、裁军与防扩散进程做出贡献。

核裁军问题

中国一贯倡导全面禁止和彻底销毁核武器。中国自拥有核武器之日起就郑重声明，在任何时候、任何情况下都不首先使用核武器，此后又承诺无条件地不对无核武器国家和无核武器区使用或威胁使用核武器，并一直推动所有核国家以法律形式确定上述承诺。中国对发展核武器始终采取极为克制的态度，中国核武库的规模仅保持在自卫所需的最低水平。中国认为，拥有最大核武库的国家对核裁军负有特殊、优先责任，应率先大幅度削减其核武库，并对削减下来的核武器予以销毁。中国欢迎美俄签署新的削减进攻性战略武器条约，希望美俄采取切实措施，确保核裁军的“可核查”和“不可逆”，并继续推进核裁军进程，真正促进世界的和平与稳定。

《全面禁止核试验条约》是核裁军进程中的重要一步。作为条约首批签约国，中国一直积极参与条约组织筹委会的工作，认真落实国内各项履约准备。中国政府已将条约提交全国人大常委会审议批准。中国愿与国际社会共同努力，推动条约早日生效。谈判缔结“禁止生产核武器用裂变材料条约”（简称“禁产条约”）有助于推动核裁军进程和防止核武器扩散，中国支持在裁军谈判会议达成全面、平衡的工作计划的基础上，尽早启动条约谈判。

化学和生物武器裁军问题

中国一贯主张全面禁止和彻底销毁化学武器。作为原始缔约国，中国积极支持《禁止化学武器公约》的宗旨和目标，认真、严格履行公约规定的各项义务。中国设立了专门的国家履约机构，按时、完整地提交了初始宣布和各类年度宣布，接待了禁止化学武器组织的55次核查，并与该组织联合举办了视察员培训班、研讨会。

中国领土上至今还有日本遗弃的大量化学武器。中方敦促日方按照中日两国政府签署的《关于销毁中国境内日本遗弃化学武器的备忘录》有关精神，切实履行《禁止化学武器公约》的销毁义务，加快相关工作进程，尽早启动日本遗弃在华化学武器的实质性销毁工作。

中国一贯主张全面禁止和彻底销毁生物武器。中国于1984年加入《禁止生物武器公约》，认真、全面履行了自己所承担的义务。1987年以来，中国一直按照公约审议会议的决定，逐年向联合国报告与公约有关的建立信任措施方面的资料和情况。

中国支持全面加强公约有效性的工作，积极参加了公约缔约国特设工作组谈判制定公约议定书的工作，对议定书未能按期达成、公约五审会被迫休会感到遗憾。中国认为，通过多边谈判，制定一项内容平衡、措施有效的议定书，仍是加强《禁止生物武器公约》有效性的最佳途径。中国愿与各方一道，继续探讨在各国普遍参与及多边框架内加强公约有效性的措施。

导弹防御和防止外空军备竞赛问题

中国在导弹防御问题上的立场是一贯的和明确的。中国理解有关国家在大规模杀伤性武器及其运载工具扩散问题上的安全关切，但同许多国家一样，认为这一问题应在国际社会共同努力下，通过政治和外交手段加以解决。

中国对《反弹道导弹条约》失效感到遗憾。中国始终认为，维护全球战略稳定及国际军控、裁军和防扩散体系至关重要，符合各国的根本利益，希望有关国家认真听取国际社会的意见，在反导问题上慎重行事。同时，中国也愿意与各方展开建设性对话，为维护国际和平与安全共同努力。

中国对有关国家在东北亚地区联合研发并着眼于部署战区导弹防御系统感到关切。这将导致先进导弹技术的扩散，也不利于亚太地区的和平与稳定。中国坚决反对任何国家向台湾提供任何形式的战区导弹防御援助或保护。

外层空间属于全人类，和平利用外空是全人类的共同愿望。当前外空面临武器化的危险，防止外空武器化和外空军备竞赛，已成为十分紧迫的现实问题。

国际社会应尽早谈判缔结必要的法律文书，禁止在外空部署武器和对空间物体使用或威胁使用武力，确保外空的和平与安宁。中国认为日内瓦裁军谈判会议是进行此项谈判的合适场所。中国曾多次向裁谈会提交有关工作文件，就未来的国际法律文书要点提出建议。2002年6月，中国又和俄罗斯等国一道，联合向裁谈会提交了题为“防止在外空部署武器、对外空物体使用或威胁使用武力国际条约（草案）”的工作文件，就未来外空法律文书的总体结构和具体内容提出了设想。上述工作文件得到了许多国家的支持和响应。中国希望，裁谈会能早日就此开展实质性工作，谈判缔结相关国际法律文书，为防止外空武器化和外空军备竞赛做出积极努力。

防止大规模杀伤性武器及其运载工具扩散问题

中国一贯反对扩散大规模杀伤性武器及其运载工具，支持国际社会在防扩散领域的积极努力，并以实际行动为防扩散事业做出了贡献。中国认为，防扩散努力不应仅限于防止大规模杀伤性武器扩散本身，而需寻找和解决其根源。建立公正、合理的国际新秩序，实现国际关系的普遍改善，才是消除威胁的根本途径。防止恐怖组织等非国家实体获取大规模杀伤性武器，是国际社会面临的共同任务。中国愿与国际社会一道，为建立各国普遍参与的公平、合理、有效的多边防扩散机制而共同努力。

中国是《不扩散核武器条约》缔约国，一向恪守条约义务，奉行不主张、不鼓励、不从事核武器扩散和不帮助别国发展核武器的政策。中国还制定了核出口三原则：保证用于和平目的；接受国际原子能机构的保障监督；未经中方许可，不得转让第三国。为加强核出口控制机制，中国于1997年加入了桑戈委员会，并逐步建立和完善了相应的国内法律体系。1997年9月和1998年6月，中国颁布了《核出口管制条例》和《核两用品及相关技术出口管制条例》，对桑戈委员会清单和国际现行核两用品清单包括的物项和技术的出口进行管理。上述条例规定，中国的核出口项目由政府指定的专门公司经营，对核出口实行许可证制度，不向未接受国际原子能机构保障监督的核设施提供任何帮助。为加强保障监督制度的有效性和履行防扩散义务，中国于2002年3月28日正式通知国际原子能机构，中国已完成保障监督附加议定书生效的国内法律程序，该附加议定书同日起对中国生效。中国是核武器国家中第一个完成上述程序的国家。

中国支持国际原子能机构根据规约宗旨和原则为防范潜在的核恐怖活动做出贡献，将适时为机构反核恐怖活动提供适当帮助。加强对核设施和核材料的实物保护，有利于防止核扩散和防范核恐怖活动。中国积极参加了《核材料实物保护公约》的修约工作，愿为顺利完成修约工作做出努力。

中国严格履行《禁止化学武器公约》和《禁止生物武器公约》规定的义务，不以任何方式协助、鼓励任何国家获得化学武器和生物武器。中国一贯对化学品、生物剂及有关生产设备和技术的出口持慎重、负责的态度。为确保中国出口的上述物项不被用于制造化学武器和生物武器的目的，中国政府颁布实施了《中华人民共和国监控化学品管理条例》及其实施细则等法律法规，严格管理相关物项的出口。2001年12月颁布的《中华人民共和国刑法修正案》，将投放、非法制造、买卖、运输及储存放射性、毒害性和传染病病原体等物质，危害公共安全的行为定为刑事犯罪，并规定了相应的惩罚措施。为进一步加强对化学品和生物两用品及其相关技术和设备出口的管理，中国政府又于2002年10月颁布了《有关化学品及相关设备和技术出口管制办法》（含出口控制清单）、《中华人民共和国生物两用品及相关设备和技术出口管制条例》（含出口控制清单）和新修改的《中华人民共和国军品出口管理条例》。

近年来，导弹扩散问题引起国际社会的广泛关注。中国对此同样十分重视。国际社会应在确保各国安全不受减损、非歧视性的原则基础上通过对话与合作寻求解决办法，包括探讨建立新的多边机制的可能性。中国支持联合国在该领域发挥重要作用，积极参加了联合国导弹问题政府专家组的工作。中国对有关国家提出的新建议持开放态度，以建设性的姿态参加了关于“防止弹道导弹扩散国际行为准则”草案和“全球导弹监控机制”倡议的国际讨论。在导弹防扩散方面，中国政府一向采取严肃、认真、负责任的态度，不以任何方式帮助任何国家发展可被用于运载核武器的弹道导弹，对导弹及其相关物项和技术的出口实行严格控制。2002年8月，中国政府正式颁布了《中华人民共和国导弹及相关物项和技术出口管制条例》及《管制清单》。这是中国政府贯彻本国的导弹防扩散政策，进一步加强导弹及相关物项和技术出口控制，推进出口管理法制化的一项重大举措。今后，中国将根据自己的出口控制实践，继续推进完善出口监管法制化进程，也愿与各方加强交流与合作，积极参加有关国际防扩散机制的讨论进程，为最终建立公正、合理、有效的国际防扩散机制而努力。

小武器和杀伤人员地雷问题

中国一向认真对待小武器非法贸易及其过度积累造成的各种问题，对小武器的生产、转让一贯持负责任的态度，并积极参与国际社会的各种努力。中国于2001年7月以建设性态度参加了联合国小武器非法贸易各方面问题大会，现正以实际行动落实会议通过的《行动纲领》。中国积极参加了《联合国打击跨国有组织犯罪公约》所附“枪支议定书”的谈判，为达成议定书做出了贡献，目前正积极研究签署该议定书的问题。《中华人民共和国枪支管理法》和《中华人民共和国军品出口管理条例》对枪支和弹药的生产、运输、销售、配备及进出境管理做了详细规定，建立了对小武器等军品出口的严格管理制度，并明确了严厉的违法处罚措施。2001年，中国还在全国开展了打击非法枪支专项治理活动，收缴并销毁了大量非法枪支。

自1998年批准《特定常规武器公约》新修订的“地雷议定书”以来，中国继续履行不出口不符合议定书规定的杀伤人员地雷的承诺，并在履约的其他方面取得较大进展。中国人民解放军举办了一系列普及议定书相关知识的地雷业务培训班。有关部门正根据议定书制定一系列规章和标准，其中包括杀伤人员地雷技术性能和雷场标示等方面的国家军用标准。

中国继续推动国内和国际扫雷努力。中国国内的雷患已基本清除。2001年，中国向柬埔寨、埃塞俄比亚、厄立特里亚、莫桑比克、卢旺达、纳米比亚、安哥拉等七国捐献了一大批扫雷设备和器材。2002年，中国用于国际扫雷合作的资金达300多万美元，主要用于向厄立特里亚和黎巴嫩两国提供扫雷援助。除向两国提供扫雷器材外，中国还向厄立特里亚派出了专家小组，现场指导扫雷。

（木 工）

中国提出关于新安全观的立场文件 2002年7月31日，在文莱斯里巴加湾市举行的东盟地区论坛外长会议期间，中国代表团向大会提交了中方关于新安全观的立场文件，全面系统地阐述了中方在新形势下的安全观念和政策主张。文件全文如下：

一、引 言

人类曾经历无数次战争，最近100年更是经历两次世界大战和40年冷战对峙的磨难。历史证明，武力不能从根本上解决争端与矛盾，以行使武力或以武力相威胁为基础的安全观念和体制难以营造持久和平。人们普遍要求摒弃旧的观念，以新的方式谋求和维护安全。在此形势下，以对话与合作为主要特征的新安全观逐渐成为当今时代的潮流之一。

二、背 景

新安全观实质是超越单方面安全范畴，以互利合作寻求共同安全。新安全观建立在共同利益基础之上，符合人类社会进步的要求。

冷战结束后，国际关系的缓和、世界经济的发展成为国际形势的基本特征。在新的历史条件下，安全的涵义已演变为一个综合概念，其内容由军事和政治扩展到经济、科技、环境、文化等诸多领域。寻求安全的手段趋向多元化，加强对话与合作成为寻求共同安全的重要途径。“9·11”事件突出表明，当今世界安全威胁呈现多元化、全球化的趋势，各国在安全上的共同利益增多，相互依存加深。

越来越多的国家希望基于以下的原则构筑自身和国际安全：

——在《联合国宪章》、和平共处五项原则及其它公认国际关系准则的基础上开展合作，充分发挥联合国的主导作用；

——通过谈判和平解决领土、边界争端和其他有争议的问题；

——本着互惠互利、共同发展的原则，改革和完善现有国际经济与金融组织，寻求共同繁荣；

——除防止外敌入侵、维护领土主权完整等传统安全领域外，重点对打击恐怖主义、跨国犯罪等非传统安全领域予以关注；

——根据公正、全面、合理、均衡的原则，在各国普遍参与的基础上，实行有效的裁军和军控，防止大规模杀伤性武器扩散，维护现有国际军控与裁军体系，不搞军备竞赛。

上述安全意识的形成与发展，是人类文明的进步，也构成了新安全观的基础。

三、政 策

中国是新安全观的积极倡导者。1996年，中国就曾根据时代潮流和亚太地区特点，提出应共同培育一种新型的安全观念，重在通过对话增进信任，通过合作促进安全。近年来，中国领导人在多边、双边场合多次呼吁树立新安全观。新安全观已成为中国对外政策的重要组成部分。

中国认为，新安全观的核心应是互信、互利、平等、协作。

互信，是指超越意识形态和社会制度异同，摒弃冷战思维和强权政治心态，互不猜疑，互不敌视。各国应经常就各自安全防务政策以及重大行动展开对话与相互通报。

互利，是指顺应全球化时代社会发展的客观要求，互相尊重对方的安全利益，在实现自身安全利益的同时，为对方安全创造条件，实现共同安全。

平等，是指国家无论大小强弱，都是国际社会的一员，应相互尊重平等相待，不干涉别国内政，推动国际关系的民主化。

协作，是指以和平谈判的方式解决争端，并就共同关心的安全问题进行广泛深入的合作，消除隐患，防止战争和冲突的发生。

中国认为，新安全观的合作模式应是灵活多样的，包括具有较强约束力的多边安全机制、具有论坛性质的多边安全对话、旨在增进信任的双边安全磋商，以及具有学术性质的非官方安全对话等。促进经济利益的融合，也是维护安全的有效手段之一。

中国认为，世界是丰富多彩的，亚太地区更是如此。兼容并蓄，增进合作，才有利于共同进步和发展。为此，安全合作不仅是指发展模式和观点一致国家之间的合作，也包括发展模式和观点不一致国家之间的合作。

四、实　践

中国是新安全观的积极实践者，通过自身经验证明了新安全观的可行性。

中国积极寻求通过和平谈判解决与邻国的争议问题。中国目前已同绝大多数周边国家解决了陆地边界问题，同越南签署了北部湾划界协定，与东盟就制订“南海地区行为准则”保持磋商。在未决争议问题上，中国与有关各方就在争议地区保持和平稳定、通过和平手段解决问题达成共识。领土、领海争议已不再是中国与周边国家开展正常合作、发展睦邻关系、共筑地区安全的障碍。

中国把加强经济交流与合作作为营造周边持久安全的重要途径。中国积极参与各种形式的地区经济合作，与本地区各国共同努力推动形成多渠道、多层次、多形式经济合作新局面。以东亚10+3合作为代表的各种地区经济合作机制的发展，不仅给有关国家带来了现实经济利益，也增进了各参与方的相互交流、信任与合作，进而促进了本地区的安全与稳定。

中国努力推动地区安全对话合作机制的建设。中方相信，一个对话而非对抗的地区安全框架，是亚太安全的重要保障。为此，中国高度重视并积极参与上海合作组织和东盟地区论坛。

上海合作组织是对新安全观的成功实践。从1996年“上海五国”进程启动以来，中、俄、哈、吉、塔五国先后签署《关于在边境地区加强军事领域信任的协定》和《关于在边境地区相互裁减军事力量的协定》，通过友好协商妥善解决了历史遗留的边界问题，并率先提出打击恐怖主义、分裂主义和极端主义的鲜明主张。上海合作组织成立后，六个成员国相继签署《打击恐怖主义、分裂主义和极端主义上海公约》和《上海合作组织成员国关于地区反恐怖机构的协定》，积极参与国际和地区的反恐斗争，稳步推进区域经济合作，大力倡导不结盟、不对抗、不针对其他国家和地区的安全合作模式。

东盟地区论坛在开展建立信任措施、推动预防性外交方面取得了积极进展。论坛通过平等对话促进安全的思路符合新安全观的主张。在“9·11”事件后的新形势下，论坛更加重视非传统安全领域的问题，开展了实质性的探讨与合作，增强了论坛的活力，促进了互信合作。

国务院新闻办发表文章揭露“东突”恐怖势力本质　2002年1月21日，国务院新闻办公室发表题为《“东突”恐怖势力难脱罪责》的文章，揭露“东突”恐怖势力近年来在境内外从事的恐怖活动，并重申了中国政府的反恐立场。

文章指出，长期以来，尤其是20世纪90年代以来，在中国境内外的“东突”势力为了实现建立所谓“东突厥斯坦国”的目的，策划、组织了发生在中国新疆和有关国家的一系列爆炸、暗杀、纵火、投毒、袭击等恐怖暴力事件，严重危害了中国各族人民群众的生命财产安全和社会稳定，并对有关国家地区的安全与稳定构成了威胁。

文章说，突厥最初是一古代游牧民族的专称，曾活跃在阿尔泰山、中国北方草原等地带。公元552年，突厥建立汗国，后分裂为东、西两部，为争夺汗权争斗不休。8世纪中叶，东、西突厥汗国相继灭亡，其后裔逐渐融入其他民族。而11世纪以后在国外有的史籍中使用的“突厥”，已经不限定于原先的突厥人，而是对一切操阿尔泰语系突厥语诸 民族的共称。在历史上，一些人声称的由所有突厥人组成的统一国家不曾存在过。

为了达到分裂和控制新疆的目的，某些老殖民主义者进而把新疆称为“东突厥斯坦”（与之相对应，今天的中亚诸国被称之为“西突厥斯坦”），编造所谓新疆是“东突厥”人的家园的谬论。

文章指出，从公元前60年汉朝设置西域都护府起，新疆就是中国疆土的一部分。此后中央政权对新疆的管辖没有间断。但在 20 世纪初以后，一小撮狂热的新疆分裂分子与宗教极端分子，根据老殖民主义者的歪理邪说，编造了一套所谓的“东突”理论：鼓吹“东突厥斯坦自古以来就是一个独立的国家”，其民族有近万年历史；鼓噪所有操突厥语和信奉伊斯兰教的民族联合起来，组成一个“政教合一”的国家；否认中国各民族共同缔造伟大祖国的历史，叫嚣“要反对突厥民族以外的一切民族”，消灭“异教徒”。

“东突”理论形成后，形形色争的分裂分子都打着“东突”的旗号进行活动，企图实现其建立“东突厥斯坦国”的妄想。

从 20 世纪初至 40 年代末，“东突”势力在外国势力的怂恿、支持下，多次制造动乱。1933 年 11 月，沙比提大毛拉等在喀什建立了所谓“东突厥斯坦伊斯兰国”，这是分裂主义分子把其理论变成现实的一次尝试，但在新疆各族人民的反对下，不到三个月便瓦解了。

新疆和平解放以后，各族人民团结奋斗，共同建设美好的家园。新疆社会稳定，经济不断发展，人民生活迅速改善。但是“东突”势力并不甘心失败，他们违背各族人民的根本愿望，在国际反华势力的支持下伺机从事分裂破坏活动。

进入 20 世纪 90 年代，在极端主义、分裂主义和国际恐怖主义的影响下，境内外部分“东突”势力转向以恐怖暴力为主要手段的分裂破坏活动。一些“东突”组织公开宣扬要通过恐怖暴力手段达到分裂目的。在警方查获的“东突伊斯兰党”、“东突反对党”等组织的纲领中明确提出，要“走武装斗争道路”、“在人口集中的地区制造各种恐怖活动”。他们编印的小册子《我们的独立是否有希望》毫不掩饰地宣称要不惜代价在幼儿园、医院、学校等场所制造恐怖气氛。

文章说，据不完全统计，自 1990 年至 2001 年，境内外“东突”恐怖势力在中国新疆境内制造了至少 200 余起恐怖暴力事件，造成各民族群众、基层干部、宗教人士等 162 人丧生、440 多人受伤。

文章指出，近几年，“东突”恐怖组织先后在新疆的集贸市场、公共汽车、饭店、商场等人员集中处制造针对无辜平民的爆炸案。为了破坏民族团结，“东突”恐怖势力不但把矛头对准汉族群众，也对准维吾尔族干部群众和爱国宗教人士，把他们当作“异教徒”杀害。“东突”恐怖分子还猖狂地袭击警察和政府机关，并在一些城市制造了一系列投毒、纵火案。

“东突”恐怖势力为了培训骨干、扩大恐怖组织，在新疆境内，尤其是在偏僻地区秘密建立训练基地，训练内容主要有：宗教极端主义和恐怖主义理论，爆炸、暗杀等恐怖活动的技能，体能训练等。一些训练点同时也是武器、弹药和爆炸装置的制造窝点。

文章指出，“东突”恐怖势力不但在中国境内策划、组织骚乱、暴乱事件，引发打、砸、抢、烧、杀等恐怖活动，对社会稳定和人民生命财产安全造成严重危害，还在国外制造恐怖暴力事件，开枪或用炸弹袭击中国驻有关国家的使领馆，杀害中国商人、政府工作人员和外国警察。

文章指出，大量证据表明，在新疆境内发生的大多数恐怖暴力事件是由境外“东突”组织直接策划、指挥，境内一小撮人呼应，共同制造的。“东突“恐怖势力与国际恐怖势力有着密切的联系。

文章说，在南亚活动的“东突”恐怖组织不但得到了本·拉登的大力支持，同时又是本·拉登恐怖势力的重要力量。本·拉登曾与中亚、西亚的恐怖组织头目多次密谋，要帮助“东突”恐怖势力在新疆进行“圣战”，要把中国新疆建成一个标准的“伊斯兰”政教合一的国家。本·拉登恐怖势力不仅为“东突”恐怖势力提供大量的活动经费和物资援助，还直接为“东突”恐怖势力培训人员。受训后，一些“东突”恐怖势力骨干分子被秘密派遣回中国境内发展恐怖组织，策划与从事恐怖活动；有的加入阿富汗塔利班武装，有的参与俄罗斯车臣恐怖势力的活动，有的则参加中亚的恐怖活动。

近年来在新疆发生的一系列的爆炸暗杀恐怖事件，大多与这些组织有关。目前，中国警方已抓获 100 多名在阿富汗及其他国家恐怖训练营地受训后秘密潜入新疆的恐怖分子。有关国家警方也向中方引渡、移交了 10 多名被抓获的“东突”恐怖分子。

文章说，美国“9·11”恐怖事件发生后，国际反恐怖合作的呼声日趋强烈，带有明显恐怖主义印记的“东突”势力处境十分尴尬。一方面，他们从内心对本·拉登恐怖势力和塔利班恐怖主义训练营地被美国导弹击毁“痛心不已”；另一方面，又不得不“主动”表示对美国军事打击的支持，试图拉开其与本·拉登恐怖势力的距离。在南亚的恐怖组织则暗中抓紧进行战略转移，将其在阿富汗的成员转移到周边的南亚、中亚或中东地区，以保存、积聚实力。与此同时，“东突”恐怖势力还以攻为守，又一次打着所谓维护“人权”、“宗教自由”和“少数民族利益”的旗号，编造所谓“中国政府借机打击少数民族”的谎言，企图混淆视听，欺骗国际舆论，逃脱国际反恐怖主义的打击。

为了保护各民族人民的生命财产安全和共同利益，为了维护中国新疆及其周边地区的稳定，为了维护国家统一、社会稳定和现代化建设的顺利进行，中国对“东突”恐怖势力所从事的暴力恐怖活动坚决依法予以打击。

文章说，新疆各民族素有热爱民族团结、维护国家统一的光荣传统，伊斯兰教是热爱和平的宗教。中国政府打击“东突”恐怖势力不是针对哪个民族、哪个宗教，而是针对暴力恐怖的违法犯罪活动，是为了更好的地维护各民族的共同利益，保证正常的宗教活动的进行。中国政府的政策受到了全国人民，包括新疆各族人民的衷心拥护和支持。这些年来，新疆局势稳定，人民安居乐业，各族人民和平的生活和工作环境得到了有效地保障。

文章指出，中国政府反对任何形式的恐怖主义，反对在反恐怖问题上实行双重标准。对“东突”恐怖势力的任何姑息纵容，受到伤害的将不仅仅是中国和中国人民。文章呼吁全世界一切爱好和平的人民，不分民族与宗教，不分地域与国别，不分政治和社会制度的差异，充分认识“东突”恐怖势力的本质及其所造成的严重危害，识破“东突”恐怖势力各种假面具，共同打击其恐怖暴力活动，不给“东突”恐怖势力以任何可乘之机。

2002 年 8 月 26 日，美国国务院常务副国务卿阿米蒂奇宣布，美国政府已将“东突伊斯兰运动”列入恐怖组织名单。

8 月 27 日，中国外交部发言人在答记者问时说，中方对此表示赞赏。他说，中美两国在反恐怖领域具有广泛的共同利益。我们愿同美方共同努力，加强相互磋商，深化双方合作。

同年 9 月 11 日，联合国安理会正式将“东突厥斯坦伊斯兰运动”列入安理会颁布的恐怖主义组织名单。9 月 12 日，中国外交部发言人在答记者问时指出，这是国际反恐合作的积极成果。中方将与国际社会继续加强合作，共同打击包括“东突”恐怖组织在内的一切形式的恐怖主义活动。

总政发出通知要求全军和武警部队深入学习贯彻十六大精神 《解放军报》2002 年 11 月 28 日转载了日前总政治部发出的关于贯彻《中共中央关于认真学习贯彻党的十六大精神的通知》的通知，要求全军和武警部队按照中央《通知》的要求，围绕主题，把握灵魂，狠抓落实，扎扎实实做好学习贯彻十六大精神的各项工作。

通知要求，把学习贯彻十六大精神作为当前和今后一个时期的首要政治任务。党的十六大是我们党在新世纪新阶段召开的十分重要的代表大会，在党和国家的发展进程中具有重大的历史意义。江泽民同志在大会上所作的报告深刻回答了我们在新世纪坚持什么旗、走什么路、实现什么奋斗目标等重大问题，对我国改革开放和社会主义现代化建设做出了全面部署，是我们党团结和带领全国各族人民继续奋勇前进的政治宣言和行动纲领。大会把“三个代表”重要思想和马克思列宁主义、毛泽东思想、邓小平理论一道确立为党的指导思想并写入党章，体现了全党的意志，人民的心愿。大会选举产生了新一届中央委员会，党中央领导集体顺利实现新老交替，为我们的宏伟事业继往开来、与时俱进提供了坚强的组织保证。通知指出学习贯彻十六大精神，对于动员激励全军官兵团结一心，为实现党在新世纪的宏伟目标和战略任务而奋斗，具有十分重大的意义。各级党委和政治机关要以高度的政治热情和责任感，统筹安排，精心组织，认真抓好十六大精神的学习贯彻，努力走在前列，要按照中央和军委的要求，迅速把大会精神传达到全体官兵、离退休干部和职工家属，并按规定组织好有关重要文件的传达学习。在普遍传达的基础上，抓好专题学习教育。院校要把十六大精神贯穿到政治理论课教学中去。加强理论研究和理论指导，及时回答学习教育中提出的思想理论问题。总政将组织学习十六大精神宣讲团到部队宣讲。各单位要抓紧培训学习骨干，为深入学习教育做好充分的准备。军队新闻单位要加强学习贯彻十六大精神的宣传，营造良好的舆论氛围。

通知强调，重点学习贯彻江泽民同志的十六大报告。把学习贯彻十六大精神同学习党的基本理论、基本路线、基本纲领和基本经验结合起来，同学习马克思主义发展史结合起来，在全军兴起学习贯彻“三个代表”重要思想的新高潮。

通知要求，领导干部要做学习贯彻十六大精神的模范。学习贯彻十六大精神，完成十六大确定的各项任务，关键在各级领导干部。要坚持以团以上领导干部和机关为重点，以此带动部队学习贯彻的深入。

通知强调，要紧密结合军队实际创造性地抓好十六大精神贯彻落实。全军要高举邓小平理论伟大旗帜，全面贯彻“三个代表”重要思想，紧密团结在党中央周围，坚决听从党中央、中央军委和江主席指挥，与时俱进，开拓创新，奋发图强，为圆满完成党的十六大赋予我军的各项任务而努力奋斗。

国务院、中央军委公布修订后的《中华人民共和国军品出口管理条例》　国务院总理朱镕基，中央军委主席江泽民于 2002 年 10 月 15 日签署中华人民共和国国务院、中华人民共和国中央军事委员会第 366 号令，公布了修订后的《中华人民共和国军品出口管理条例》。该条例自 2002 年 11 月 15 日起施行，全文如下：

第一章　总则

第一条　为了加强对军品出口的统一管理，维护正常的军品出口秩序，制定本条例。

第二条　本条例所称军品出口，是指用于军事目的的装备、专用生产设备及其他物资、技术和有关服务的贸易性出口。

前款所称军品出口，纳入军品出口管理清单。军品出口管理清单由国家军品出口主管部门制定、调整并公布。

第三条　国家军品出口主管部门在国务院、中央军事委员会的领导下，主管全国的军品出口工作，对全国的军品出口实施监督管理。

第四条　国家实行统一的军品出口管理制度，禁止任何损害国家的利益和安全的军品出口行为，依法保障正常的军品出口秩序。

第五条　军品出口应当遵循下列原则：

（一）有助于接受国的正当自卫能力；

（二）不损害有关地区和世界的和平、安全与稳定；

（三）不干涉接受国的内政。

第六条　中华人民共和国缔结或者参加的国际条约同本条例有不同规定的，适用国际条约的规定；但是，中华人民共和国声明保留的条款除外。

第二章　军品贸易公司

第七条　本条例所称军品贸易公司，是指依法取得军品出口经营权，并在核定的经营范围内从事军品出口经营活动的企业法人。

第八条　军品出口经营权由国家军品出口主管部门审查批准。具体办法由国家军品出口主管部门规定。

第九条　军品贸易公司依法自主经营、自负盈亏。

第十条　军品贸易公司应当信守合同，保证商品质量，完善售后服务。

第十一条　军品贸易公司应当按照国家军品出口主管部门的规定，如实提交与其军品出口主管部门经营活动有关的文件及资料。国家军品出口主管部门应当为军品贸易公司保守商业秘密，维护军品贸易公司的合法权益。

第十二条　军品贸易公司可以委托批准的军品运输企业，办理军品出口运输及相关业务。具体办法由国家军品出口主管部门规定。

第三章　军品出口管理

第十三条　国家对军品出口实行许可制度。

军品出口项目、合同，应当依照本条例的规定申请审查批准。军品出口，应当凭军品出口许可证。

第十四条　军品出口项目，由国家军品出口主管部门或者由国家军品出口主管部门会同国务院、中央军事委员会的有关部门审查批准。

第十五条　军品出口项目批准后，军品贸易公司可以对外签订军品出口合同。军品出口合同签订后，应当向国家军品出口主管部门申请审查批准；国家军品出口主管部门应当自收到申请之日起 20 日内做出决定。军品出口合同获得批准，方可生效。军品贸易公司向国家军品出口主管部门申请批准军品出口合同时，应当附送接受国的有效证明文件。

第十六条　重大的军品出口项目、合同、应当经国家军品出口主管部门会同国务院、中央军事委员会的有关部门审查，报国务院和中央军事委员会批准。

第十七条　军品贸易公司在军品出口前，应当凭军品出口合同批准文件，向国家军品出口主管部门申请领取军品出口许可证；符合军品出口合同规定的，国家军品出口主管部门应当自收到申请之日起 10 日内签发军品出口许可证。海关凭军品出口许可证接受申报，并按照国家有关规定验收。

第十八条　军品出口项目、合同的审查批准办法和军品出口许可证的签发办法，由国家军品出口主管部门制定。

第十九条　军品出口，由国家军品出口主管部门会同有关部门下达军品出口通知。有关部门和地方人民政府收到军品出口通知后，应当按照国家有关规定认真履行职责，保证军品出口安全、迅速、准确。

第四章　军品出口秩序

第二十条　未取得军品出口经营权的任何单位或者组织，不得从事军品出口经营活动。国家禁止个人从事军品出口经营活动。

第二十一条　军品贸易公司在军品出口经营活动中，应当遵守法律和行政法规的规定，维护正常的军品出口秩序。

第二十二条　军品贸易公司在军品出口经营活动中，不得有下列行为：

（一）危害国家安全或者社会公共利益；

（二）以不正当竞争手段排挤竞争对手；

（三）侵害中华人民共和国法律保护的知识产权；

（四）伪造、变造、骗取或者转让军品出口项目批准文件、合同批准文件，许可证和接受国的有效证明文件等单证；

（五）超越核定的经营范围经营；

（六）违反法律和行政法规规定的其他行为。

第二十三条　国家军品出口主管部门认为必要时或者根据军品出口贸易公司的请求，可以对妨碍正常的军品出口秩序的行为进行处理。

第五章　法律责任

第二十四条　军品贸易公司违反本条例第十一条规定的，由国家军品出口主管部门责令限期改正，予以警告，逾期不改正的，处 2 万元以上 10 万元以下的罚款，暂停直至撤销其军品出口经营权。

第二十五条　军品贸易公司违反本条例第二十二条第（四）项、第（五）项规定，触犯刑律的，依照刑法关于非法经营罪，伪造、买卖国家机关公文、证件、印章罪或者其他罪的规定，依法追究刑事责任；尚不够刑事处罚的，由国家军品出口主管部门予以警告，没收违法所得，并处违法所得 1 倍以上 3 倍以下的罚款，没有违法所得或者违法所得不足 10 万元的，处 10 万元以上 30 万元以下的罚款，暂停直至撤销其军品出口经营权。

军品贸易公司违反本条例第二十二条第（一）项、第（二）项、第（三）项规定或者其他法律，行政法规规定的，由国家有关主管部门依照有关法律和行政法规的规定予以处罚，国家军品出口主管部门并可以暂停直至撤销其军品出口经营权；触犯刑律的，依照刑法有关规定，依法追究刑事责任。

第二十六条　违反本条例第二十条规定的，由国家军品出口主管部门取缔非法活动；触犯刑律的，依照非法经营罪或者其他罪的规定，依法追究刑事责任；尚不够刑事处罚的，由国家军品出口主管部门予以警告，没收违法所得，并处违法所得 1 倍以上 5 倍以下的罚款，没有违法所得或者违法所得不足 10 万元的，处 10 万元以上 50 万元以下的罚款。

第二十七条　军品贸易公司对国家军品出口主管部门做出的具体行政行为不服的，应当先依法申请行政复议；对行政复议决定仍不服的，可以依法向人民法院提起行政诉讼。

第二十八条　国家军品出口管理工作人员滥用职权、玩忽职守或者利用职务上的便利收受、索取他人财物，触犯刑律的，依照刑法关于滥用职权罪、玩忽职守罪、受贿罪或者其他罪的规定，依法追究刑事责任；尚不够刑事处罚的，依法给予行政处分。

第六章　附　则

第二十九条　警用装备的出口适用本条例。

第三十条　本条例自 1998 年 1 月 1 日起施行

中国政府颁布《导弹及相关物项和技术出口管制条例》　国务院总理朱镕基于 2002 年 8 月 22 日发布国务院第 361 号令，决定自 22 日起施行《中华人民共和国导弹及相关物项和技术出口管制条例》。该条例全文如下：

第一条　为了加强对导弹及相关物项和技术出口的管理，维护国家安全和社会公共利益，制定本条例。

第二条　本条例所称导弹及相关物项和技术出口，是指本条例附件《导弹及相关物项和技术出口管制清单》（以下简称《管制清单》）所列的导弹及相关设备、材料、技术的贸易性出口以及对外赠送、展览、科技合作、援助、服务和以其他方式进行的技术转移。

第三条　国家对导弹及相关物项和技术出口实行严格管制，防止《管制清单》所列的可被用于运载大规模杀伤性武器的导弹及其他运载系统的扩散。

第四条　国家对导弹及相关物项和技术出口实行许可证件管理制度。未经许可，任何单位或者个人不得出口导弹及相关物项和技术。

第五条　出口《管制清单》第一部分所列的物项和技术，依照《中华人民共和国军品出口管理条例》及其他有关规定办理。

出口《管制清单》第二部分所列的物项和技术（以下简称导弹相关物项和技术），应当依照本条例第七条至第十三条的规定履行审批手续；但是，出口用于军事目的的导弹相关物项和技术，应当依照前款规定办理。

第六条　导弹相关物项和技术出口的接受方应当保证，未经中国政府允许，不将中国供应的导弹相关物项和技术用于申明的最终用途以外的其他用途，不将中国供应的导弹相关物项和技术向申请的最终用户以外的第三方转让。

第七条　从事导弹相关物项和技术出口的经营者，须经国务院对外经济贸易主管部门（以下简称国务院外经贸主管部门）登记。未经登记，任何单位或者个人不得经营导弹相关物项和技术出口。具体登记办法由国务院外经贸主管部门规定。

第八条　出口导弹相关物项和技术，应当向国务院外经贸主管部门提出申请，填写导弹相关物项和技术出口申请表（以下简称出口申请表），并提交下列文件：

（一）申请人的法定代表人、主要经营管理人以及经办人的身份证明；

（二）合同或者协议的副本；

（三）导弹相关物项和技术的技术说明；

（四）最终用户证明和最终用途证明；

（五）本条例第六条规定的保证文书；

（六）国务院外经贸主管部门规定提交的其他文件。

第九条　申请人应当如实填写出口申请表。出口申请表由国务院外经贸主管部门统一印制。

第十条　国务院外经贸主管部门应当自收到出口申请表和本条例第八条规定的文件之日起进行审查，或者会同国务院有关部门、中央军事委员会有关部门进行审查，并在45个工作日内作出许可或者不许可的决定。

第十一条　对国家安全、社会公共利益有重大影响的导弹相关物项和技术出口，国务院外经贸主管部门应当会同有关部门报国务院、中央军事委员会批准。

导弹相关物项和技术出口报国务院 、中央军事委员会批准的，不受本条例第十条规定时限的限制。

第十二条　导弹相关物项和技术出口申请经审查许可的，由国务院外经贸主管部门颁发导弹相关物项和技术出口许可证件（以下简称出口许可证件），并书面通知海关。

第十三条　出口许可证件持有人改变原申请的导弹相关物项和技术出口的，应当交回原出口许可证件，并依照本条例的有关规定，重新申请、领取出口许可证件。

第十四条　导弹相关物项和技术出口时，出口经营者应当向海关出具出口许可证件，依照海关法的规定办理海关手续，并接受海关监管。

第十五条　接受方违反其依照本条例第六条规定作出的保证，或者出现《管制清单》所列的可被用于运载大规模杀伤性武器的导弹及其他运载系统扩散的危险时，国务院 外经贸主管部门应当对已经颁发的出口许可证件予以中止或者撤销，并书面通知海关。

第十六条　出口经营者知道或者应当知道所出口的导弹相关物项和技术将被接受方直接用于《管制清单》所列的可被用于运载大规模杀伤性武器的导弹及其他运载系统的发展计划的，即使该物项和技术未列入《管制清单》，也应当依照本条例的规定执行。

第十七条　经国务院、中央军事委员会批准，国务院外经贸主管部门会同有关部门，可以临时决定对《管制清单》以外的特定物项和技术的出口依照本条例实施管制。

第十八条　未经许可擅自出口导弹相关物项和技术的，或者擅自超出许可的范围出口导弹相关物项和技术的，依照刑法关于走私罪、非法经营罪、泄露国家秘密罪或者其他罪的规定，依法追究刑事责任；尚不够刑事处罚的，区别不同情况，依照海关法的有关规定处罚，或者由国务院外经贸主管部门给予警告，没收违法所得，处违法所得1倍以上5倍以下的罚款；国务院外经贸主管部门并可以暂停直至撤销其对外贸易经营许可。

第十九条　伪造、变造或者买卖导弹相关物项和技术出口许可证件的，依照刑法关于非法经营罪或者伪造、变造、买卖国家机关公文、证件、印章罪的规定，依法追究刑事责任；尚不够刑事处罚的，依照海关法的有关规定处罚；国务院外经贸主管部门并可以撤销其对外贸易经营许可。

第二十条　以欺骗或者其他不正当手段获取导弹相关物项和技术出口许可证件的，由国务院外经贸主管部门收缴其出口许可证件，没收违法所得，处违法所得等值以下的罚款，暂停直至撤销其对外贸易经营许可。

第二十一条　违反本条例第七条规定，未经登记擅自经营导弹相关物项和技术出口的，由国务院 外经贸主管部门依法取缔其非法活动，并由国家有关主管部门依照有关法律和行政法规的规定给予处罚。

第二十二条　对导弹相关物项和技术出口实施管制的国家工作人员滥用职权、玩忽职守或者利用职务上的便利索取、收受他人财物的，依照刑法关于滥用职权罪、玩忽职守罪、受贿罪或者其他罪的规定，依法追究刑事责任；尚不够刑事处罚的，依法给予行政处分。

第二十三条　国务院外经贸主管部门会同有关部门，可以根据实际情况对《管制清单》进行调整，报国务院、中央军事委员会批准后执行。

第二十四条　本条例自公布之日起施行。

同年8月25日，中国外交部发言人就中国政府颁布《导弹及相关物项和技术出口管制条例》发表谈话指出，中国高度重视防扩散问题，反对扩散大规模杀伤性武器及其运载工具。作为一系列防扩散国际条约的缔约国，中国政府严格履行有关国际义务，在导弹及相关用途物项和技术的出口方面，一贯采取慎重和负责的态度，严格按照本国防扩散政策和有关国际承诺行事。此次导弹出口管制条例和清单的颁布，标志着中国出口管理制度法制建设迈出了新的一步。中国愿与各方一道共同努力，推动在普遍参与和非歧视性的基础上巩固和加强国际防扩散机制。

中美举行第五次国防部副部长级防务磋商 2002 年 12 月 9 日至 10 日，中国人民解放军副总参谋长熊光楷上将与美国国防部副部长费思，在美国华盛顿五角大楼进行了第五次中美国防部副部长级防务磋商。双方就国际和地区安全形势、中美两国两军关系以及其他共同关心的问题，坦诚、深入地交换了意见。双方在讨论中还涉及了 2003 年两军交往问题，同意就此问题今后继续保持接触和协商，适时进行安排。

熊光楷在磋商中表示，2001 年上半年，中美关系曾遇到一些麻烦与挫折。近一年多来，由于双方的共同努力，特别是江泽民主席与布什总统一年内三度会晤，就中美发展建设性合作关系达成重要共识，大大促进了中美关系的改善和发展。两国关系的不断改善，为两军关系的恢复和改善创造了有利的气氛。江泽民主席 2002 年 10 月访美期间，中美双方同意恢复两军交往，近期举行中美国防部副部长级防务磋商及其他交流项目。此次中美双方在华盛顿举行磋商，正是为了落实两国元首的上述共识，也是中美两国关系走上正常发展轨道的重要一步。

熊光楷指出，中国对发展中美两军关系一向持积极态度，将继续按照“相互尊重、互惠互利、增进了解、服从和服务于两国关系”的对外军事交往原则，开展与美军方的交流。他表示，中方愿与美方共同努力，排除两军关系发展中的各种干扰和障碍，推动两军关系的改善和发展，为两国建设性合作关系的进一步深化做出贡献。

费思表示，自从中美于 2000 年 12 月举行第四次防务磋商以来，国际形势发生了重大变化。美方将本次磋商视为就国际和地区问题交换看法和加深对对方战略和政策理解的重要渠道。双方就共同关心的国际和地区问题进行讨论，了解对方的立场，具有重要的意义。美中通过磋商可减少两军之间的误判和误解，促进两军关系的发展。

双方对两国国防部副部长级防务磋商恢复举行给予积极评价，一致认为磋商的气氛是友好的，对促进两国建设性合作关系的发展是有益的，今后将继续保持这个重要的沟通渠道。增进了解，扩大共识，缩小分歧。

磋商期间，熊光楷还分别会见了美国总统国家安全事务助理赖斯、国防部代理部长沃尔福威茨，并与有关学者进行了座谈。

中吉两国举行联合反恐军事演习 2002 年 10 月 10 日至 11 日，中华人民共和国与吉尔吉斯共和国联合反恐军事演习在两国边境地区成功举行。这是上海合作组织框架内的中吉两国首次举行的双边联合军事演习，也是中国军队第一次与外国军队联合举行实兵演习。

演习以某“恐怖组织”在国际恐怖势力的支持下，企图制造暴力恐怖事件为背景而展开。两国边防部队共派出数百人及 10 余辆装甲战斗车和多架直升机参加，演习中双方互通情报，共同指挥，密切协同，联合实施边境封控，全力围堵歼灭“恐怖分子”。

据介绍，为加强中吉两国防务部门在打击恐怖主义、分裂主义和极端主义领域中的相互信任与合作，2002 年 5 月中旬，上海合作组织成员国国防部长在莫斯科举行例行性会晤期间，中吉两国国防部长就举行联合反恐演习事宜达成共识，并于 6 月上旬在俄罗斯圣彼得堡签署了举行联合演习的备忘录。随后，两国国防部分别成立了军事专家组，就联合演习问题进行了两轮磋商并达成一致意见，签署了《会晤纪要》。这次联合演习，就是两国边防部队根据《会晤纪要》内容具体组织实施的。

演习的成功举行，对于显示中吉两国维护国家安全和统一的决心，震慑、遏制和打击恐怖主义、分裂主义和极端主义“三股势力”，维护地区的安全与稳定，推动上海合作组织军事合作向深层次发展具有重要意义，也为今后中国与上海合作组织成员国军队举行联合军事演习积累了经验。

（王丽娅）

上海合作组织圣彼得堡峰会取得显著成果 2002 年 6 月 7 日，上海合作组织成员国的哈萨克斯坦、中国、吉尔吉斯斯坦、俄罗斯、塔吉克斯坦和乌兹别克斯坦元首第二次峰会在俄罗斯圣彼得堡举行。经过与会各方一天高效有序的工作，会议在顺利完成各项议程，签署了《上海合作组织宪章》、《关于地区反恐怖机构的协定》和《上海合作组织成员国元首宣言》3个重要法律、政治文件后结束。在会后举行的记者见面会上，6国元首对本次会议显著的成果给予了积极的评价。

这次峰会签署的《上海合作组织宪章》，为该组织未来的发展奠定了稳固的法律基础。其主要内容如下：

6国一致同意以各国人民历史形成的联系为基础，力求进一步深化全面合作，并表示希望在政治多极化、经济及信息全球化进程发展的背景下，共同努力为维护和平，保障地区安全与稳定做出贡献。

6国坚信上海合作组织的成立可以更有效地共同把握机遇，应对新的挑战和威胁。同时认为，上海合作组织框架内的协作有助于各国和各国人民发掘睦邻、团结、合作的巨大潜力。6国元首指出，各成员国遵守1996年4月26日签署的《中华人民共和国和俄罗斯联邦、哈萨克斯坦共和国、吉尔吉斯共和国、塔吉克斯坦共和国关于在边境地区加强军事领域信任的协定》和1997年4月24日签署的《中华人民共和国和俄罗斯联邦、哈萨克斯坦共和国、吉尔吉斯共和国、塔吉克斯坦共和国关于在边境地区相互裁减军事力量的协定》，以及哈萨克斯坦共和国、中华人民共和国、吉尔吉斯共和国、俄罗斯联邦、塔吉克斯坦共和国和乌兹别克斯坦共和国元首1998年至2001年峰会期间签署文件的原则，为维护地区及世界的和平、安全与稳定做出了重大贡献。

6国还重申将恪守《联合国宪章》的宗旨和原则，以及其他有关维护国际和平、安全及发展国家间睦邻友好关系与合作的公认的国际法原则和准则，同时，遵循2001年6月15日《上海合作组织成立宣言》的各项规定。

上海合作组织的基本宗旨和任务包括：加强成员国间的相互信任和睦邻友好；发展多领域合作，维护和加强地区和平、安全与稳定，推动建立民主、公正、合理的国际政治经济新秩序；共同打击一切形式的恐怖主义、分裂主义和极端主义，打击非法贩卖毒品、武器和其他跨国犯罪活动，以及非法移民；鼓励开展政治、经贸、国防、执法、环保、文化、科技、教育、能源、交通、金融信贷及其他共同感兴趣领域的有效区域合作；根据成员国的国际义务及国内法，促进保障人权及基本自由；保持和发展与其他国家和国际组织的关系；在防止和和平解决国际冲突中相互协助；以及共同寻求21世纪出现的问题的解决办法等。

上海合作组织成员国须坚持以下原则：相互尊重国家主权、独立、领土完整及国家边界不可破坏，互不侵犯，不干涉内政，在国际关系中不使用武力或以武力相威胁，不谋求在毗邻地区的单方面军事优势；所有成员国一律平等，在相互理解及尊重每一个成员国意见的基础上寻求共识；在利益一致的领域逐步采取联合行动；和平解决成员国间的分歧；上海合作组织不针对其他国家和国际组织；不采取有悖该组织利益的任何违法行为；认真履行在宪章及该组织框架内通过的其他文件中所承担的义务。

上海合作组织框架内合作的基本方向是：维护地区和平，加强地区安全与信任；就共同关心的国际问题，包括在国际组织和国际论坛上寻求共识；研究并采取措施，共同打击恐怖主义、分裂主义和极端主义，打击非法贩卖毒品、武器和其他跨国犯罪活动，以及非法移民；就裁军和军控问题进行协调；支持和鼓励各种形式的区域经济合作，推动贸易和投资便利化，以逐步实现商品、资本、服务和技术的自由流通。

为落实宪章宗旨和任务，上海合作组织框架内的机构包括：国家元首会议、政府首脑（总理）会议、外交部长会议、各部门领导人会议、国家协调员理事会、地区反恐怖机构和秘书处。秘书处是上海合作组织的常设行政机构，承担该组织框架内开展活动的组织技术保障工作，上海合作组织秘书处设在北京市。

这次峰会签署的该组织成员国《关于地区反恐怖机构的协定》，决定建立常设地区反恐怖机构，加强在安全领域的合作。协定规定，地区反恐怖机构总部设在吉尔吉斯共和国比什凯克市，必要时可在各方境内设立地区反恐怖机构的分部。地区反恐怖机构是上海合作组织的常设机构，其目的是促进成员国各方主管机关 在打击公约确定的恐怖主义、分裂主义和极端主义行为中进行协调与相互协作。

这次峰会签署的《上海合作组织成员国元首宣言》，内容主要有以下5点：

一、本组织是“上海五国”事业的继承者。“上海五国”是在亚洲大陆关于军事领域信任和裁减武装力量这两个开拓性协定的基础上诞生的。

建立本组织的目的是加强成员国间的相互信任和睦邻友好，加强多领域协作，以维护和巩固地区的和平、安全与稳定，共同应对新的挑战和威胁，鼓励不同领域开展有效的互利合作，促进组织成员国的经济、社会和文化发展。

本组织建立于下列原则基础上，即：相互尊重主权、独立、领土完整及边界不可破坏，不干涉内政，不使用武力或以武力相威胁，所有成员国一律平等。

二、尽快完成本组织宪章和本组织地区反恐怖机构协定的批准程序，授权本组织国家协调员，在为本组织宪章生效所需的所有国内程序完成之前，开始进行确定本组织各机构工作方式及其他方面的一整套条约文件的准备工作。在本组织框架内将采取切实步骤，落实《打击恐怖主义、分裂主义和极端主义上海公约》，制定关于多边合作打击非法贩卖毒品、武器和其他形式的跨国犯罪活动、以及非法移民等相关文件。高度评价 2001 年 9 月 14 日本组织各国政府首脑阿拉木图首次会晤和 2002 年 1 月 7 日外长北京会议及 4 月 26 日外长莫斯科会议的成果，支持国防、外交、边防、执法安全“比什凯克小组”、文化、紧急救灾部门和其他政府机构间开展交流，并商定继续不断拓展本组织成员国间在其他领域的合作。

三、本组织成员国在逐步形成国际关系多极化体系框架内建立起彼此关系，认为 21 世纪的国际秩序应以重大问题集体解决机制为依托，视法律至高无上，使国际关系不断民主化。

本组织成员国将恪守《联合国宪章》和国际法准则，努力防止并和平调解因族际、不同信仰、领土、政治和其他矛盾而引发的国际冲突。

本组织成员国希望加强内部及同别国的合作，探索驾驭全球化进程，化解全球化进程中的负面因素和可能的风险，保持经济、社会、文化领域发展的多样化形式。全球化和各国的国家利益不是相互排斥，而是正在发展的世界格局中的相互补充的因素。国际社会需建立以互信、互利、平等和相互协作为基础的新型安全观。这有利于彻底消除破坏因素和新威胁的根源。

本组织成员国决心积极合作，打击恐怖主义、分裂主义、极端主义、有组织犯罪、非法走私毒品、麻醉品和贩卖武器，视其为跨国危害，国际社会只有共同努力，才能有效应对。

本组织成员国坚决反对一切恐怖主义行为、方法和活动。打击恐怖主义应在国际法准则和原则基础上进行，不能混同于反对某种宗教、个别国家和民族，不能有倾向性，不能搞“双重标准”。

本组织成员国认为有必要在联合国和安理会核心协调作用下建立应对新威胁和挑战的全球体系，包括建立早期预报、防止可能的威胁并对其做出坚决一致反应的有关多边协作机制，为就此采取行动，在联合国框架内制定反恐原则，奠定明确的、各方都必须遵守的国际法律基础尤为重要，以免产生双重解释，并被用作干涉他国内政和侵犯别国主权的借口。

2001 年 6 月 15 日签署的《打击恐怖主义、分裂主义和极端主义上海公约》和 2002 年 6 月 7 日签署的《上海合作组织成员国关于地区反恐怖机构的协定》为上述努力做出了重大贡献，同时也为我们打击恐怖主义、分裂主义和极端主义务实合作制定了明确的法律框架。

本组织成员国坚信，消除滋生恐怖主义的社会基础，包括消除贫困、失业、愚昧和种族、民族、宗教歧视是全球反恐斗争的一个重要方向。

本组织成员国支持彼此为肃清恐怖主义、分裂主义和极端主义所作的努力，以及国际社会切断恐怖活动融资渠道的努力，并将加大自己本国的打击力度，不允许在本国境内培训恐怖分子，给恐怖活动提供资助，拒绝向恐怖分子提供庇护所。

本组织成员国重申愿全力支持加强联合国在国际事务中的作用，进一步提高在维护国际和平与安全方面负主要使命的联合国安理会的权威和效能。

本组织成员国认为，遵守国际核不扩散制度是保障亚洲及全球和平与安全的最重要因素之一。让所有尚未加入《不扩散核武器条约》或签署与批准《全面禁止核试验条约》的国家尽快履行上述程序，将有利于加强各层次的战略稳定。

本组织成员国支持建立无核武器区，包括支持乌兹别克斯坦共和国关于在中亚建立无核武器区的倡议。

本组织成员国强调尊重和支持蒙古的无核地位。

本组织成员国欢迎俄美就进一步大幅度削减进攻性战略武器签署的新条约，认为这是对核裁军做出的一个积极贡献。

本组织成员国呼吁尽早开始多边谈判，以制定关于不在外空部署武器，不针对外空使用武力或以武力相威胁的全面协议。

本组织成员国本着遵循《联合国宪章》宗旨和原则之义务，确认所有人权的普遍性、不可分割性、相互依存性和相互关联性，重申本国均有义务尊重人权和人的基本自由。本组织成员国认为，和平与发展是促进和保障人权的基本保证，反对在人权问题上采取双重标准和以人权为由干涉他国内政。

四、本组织成员国在自主选择保障本国安全的方式和方法，包括与其他国家进行合作方面有不可剥夺的权利，避免给地区稳定与安全带来消极后果。

本组织成员国认为，中亚安全与阿富汗和平进程的前景紧密相联。为此将加强相互合作，促进阿富汗战后政治经济的重建。

本组织成员国欢迎建立一个没有恐怖、战争、毒品和贫穷的新的、稳定的阿富汗，尊重阿各族人民的文化和传统，愿促进建立一个具有广泛代表性、符合阿全体人民利益的政府。

本组织成员国希望亚太地区成为一个和平、稳定和共同繁荣的地区，愿与所有国家及本地区组织开展建设性合作，以在亚太地区建立一个在《联合国宪章》和国际法框架内运作、平等兼顾各参与国利益和立场的全地区集体安全体系。加强东盟地区论坛及其他业已形成的多边合作机制将有助于建立这样一个体系。

本组织成员国认为，中华人民共和国政府是代表全中国唯一合法政府，台湾是中国领土不可分割的一部分。

本组织成员国支持朝韩两国本着 2000 年 6 月南北首脑会晤精神，努力发展和扩大对话合作，并认为朝鲜民主主义人民共和国与美国等西方国家为实现朝鲜半岛牢固的和平与稳定而开展对话与建设性合作是有益的。

本组织成员国呼吁印度和巴基斯坦恢复政治对话，以消除紧张，发展两国合作。

本组织成员国对中东持续冲突局势深表忧虑，认为这一局势给地区和世界安全与稳定带来消极影响。本组织成员国呼吁以色列和巴勒斯坦尽快执行联合国安理会有关决议，积极响应国际社会促和努力，回到寻求以和平方式解决争端上来。

本组织成员国愿与国际社会一道，为保证全面执行联合国安理会关于伊拉克问题的所有相关决议，继续进行政治外交努力。

本组织成员国高度评价哈萨克斯坦共和国关于“亚洲相互协作与信任措施会议”的倡议，认为该论坛与亚洲现有机构和机制一起，在提高亚洲国家相互信任水平和发展多边合作方面发挥重要作用。

五、我们重申，本组织并非集团或封闭性联盟，不针对个别国家或国家集团，基于彼此利益，从解决地区和世界性问题的共同立场出发，将根据《联合国宪章》的宗旨与原则及国际法准则，与其他国家和国际组织开展广泛合作。

（夏礼伯）

中国台湾发表 2002 年度“国防报告书”

2002 年 7 月 23 日，台湾“国防部”发表 2002 年度“国防报告书”（简称报告书）。该报告书比较全面地反映了陈水扁及民进党的“国防政策”。

一、渲染大陆军事威胁，为其整军备战寻找借口

台在新版“国防报告书”中用大量篇幅渲染大陆军事威胁。报告书称：“近年来中共经济发展快速，综合国力不断提升，复以其积极扩建军力，对台湾安全威胁与日俱增。”

报告书说：“中共致力于军事现代化，逐年增加军费，并不断引进新型武器装备，其对台湾军事威胁除保有量的优势外，质的提升更不容忽视。2002 年中共国防预算编到 1660 亿元人民币，较 2001 年 1411.56 亿元人民币增长 17.6%，仍维持两位数增长。近年中共配合军事战略的转变，除全面提升其海空军和二炮能力、组建快速反应部队，使共军成为具有近海作战能力的进攻型军力外，更不断在周边海域进行军事演习，扩张军备……中共军力不断扩张，除不断更新传统战力所需先进武器装备之外，还积极发展所谓的不对称作战能力，包括太空战、电子战、资讯战、点穴战能力。”报告书还说：“中共超限战能力值得关注。”

报告书强调：“由于中共对解决‘台湾问题’的迫切性，其作战方向已将东南沿海列为首要优先，对台湾人民造成莫大的心理威胁，严重影响心防建设。再者，共军积极开发资讯、不对称等战具、战法，其武力犯台模式将更具进攻性与多样性，对台湾安全威胁亦将日益严重。”

如上所述，台湾当局借“国防报告书”大肆宣扬“中共威胁论”，其目的在于迷惑台湾人民，为其穷兵黩武、“以武拒统”和整军备战寻找借口。同时也是为了扰乱国际视听，寻求靠山，争取美国等继续提供军事援助，长期与我抗衡，阻挠祖国和平统一大业的实现。

报告书在大力渲染我军事威胁的同时，鼓吹建立所谓“两岸互信机制”，而且辟出专门章节加以论述。报告书声称，“愿划定两岸非军事区，建立军事缓冲地带”，在“表达善意、不拘形式、不预设立场、相互尊重”的原则下展开接触，并按近程、中程和远程三阶段建立两岸军事互信机制。报告书鼓吹建立互信机制的目的是想仿效东西德和朝韩模式，绕开一个中国原则，以“主权国家”身份长期与我周旋。其实质是暗中推销陈水扁和民进党的“台独”主张，造成事实上的“一边一国”。不管是渲染“大陆军事威胁”，还是鼓吹建立“互信机制”，目的都是一个，就是要分裂、要独立，不要统一。

二、调整“国防体制”，加强陈水扁对军队的控制

从2002年3月1日起，台湾开始正式实施“国防法”和“国防部组织法”（简称“国防二法”）。“国防二法”是陈水扁上台后对台湾军队体制编制进行重大调整的基本设想。陈水扁以“军政军令一元化”和“文人领军”为名，将军政军令双轨制（即“总统”通过“国防部长”行使对军队的统帅权，通过参谋总长行使对军队的指挥权）调整为军政军令合一的单轨制，即“总统”通过责成“国防部长”命令参谋总长的渠道行使对军队的统帅与指挥。报告书不折不扣地贯彻了“国防二法”的精神并对其进行了大肆的吹捧。报告书称“国防二法是台湾国防组织重大的变革”，它“不但宣示了国军贯彻法制化的决心，更确立了‘全民国防’、‘军队国家化’的理念，影响甚为深远”。报告书在阐述“国防体制”调整的设想时特别突出了“总统”的地位，声称“总统统帅全国陆海空三军，为三军统帅，行使统帅权指挥军队，直接责成国防部长，由国防部长命令参谋总长指挥执行之”。报告书还明确指出，随着“国防二法”的施行，台军目前已逐渐实现“贯彻军队国家化、确立军政军令一元化、致力文人领军理念、发挥专业分工与整合效能、建立精实之国防组织、精进国军部队坚强战力、配合政府提升行政效能”。

台湾当局之所以要在颁布实施“国防二法”后再通过“国防报告书”对“国防”指挥体制进行特别强调，目的就是为了改造台军，掌控军权，进而巩固陈水扁执政基础。陈水扁上台后，一直把台军视为其推进“台独”路线的障碍，想方设法对台军加以改造。其改造的主要手法包括：强力推行军队“国家化、中立化”；对军队进行“洗脑”，将其所编撰的“台独”书籍发放到官兵人手一册；对军队高层进行整肃，大搞顺我者昌，逆我者亡，用其亲近或出生台湾的高级指挥官取代“不听指挥的危险分子”。陈水扁改造军队的目的是，从根本上削弱国民党对军队的影响和动摇台军的反“台独”理念，加快陈水扁及民进党对军队的掌控速度。据反映，台湾当局自落实“国防二法”以来，对台军进行的“国家化、中立化、本土化”改造已“初见成效”，军队的立场正在开始由反“台独”向着“中立化、模糊化”的方向发展。此外，在“国防体制”调整中，报告书还强调了“建立专业化、技能提升的现代化国防组织”，“建立平战一体、指挥迅捷的作战指挥机构”，“整合并运用总体国力，落实全民国防观念”等内容。

三、调整作战构想，以“地面防卫”取代“反登陆”

报告书虽然没有将陈水扁的“决战境外”构想直接写入其中，但贯彻了“决战境外”的思想，将“防卫构想”由“制空、制海、反登陆”调整为“制空、制海、地面防卫”。由“反登陆”到“地面防卫”的转变，淡化了反登陆作战，显示台军将以“拒敌境外”、防止本岛发生陆战和避免战火烧至本岛为作战目标。作战构想的变化，完全是出于政治的需要。陈水扁上台后，一直要求台军积极宣导和贯彻其“决战境外”思想。经过两年的灌输和“磨合”，台军对“决战境外”的思想已有了相当程度的接受和采纳。

为了适应作战构想的变化，报告书确定以“资电先导，扼制超限，联合制空、制海，确保地面安全”为“建军指导原则”。同时强调，为了对付“同共军的不对称作战”，要“强化全方位安全理念”，“设想敌不对称作战模式，预拟应变腹案，并积极整备生化防护能力，以发挥有备无患的效能”。

针对台湾作战构想的上述变化，台湾舆论指出，从现有的情况看，台湾的“地面防卫”构想一时还难以变成现实，因为大陆的攻击目标贯穿整个台岛纵深，具有面广点多的特点。目前台湾当局拿不出“地面防卫”作战的具体对策。同时，“地面防卫”构想要求台陆军进行纵深配置，这与现有的“前进部署”、“前推战场”的构成相矛盾。

四、适应形势发展，提升“资电作战”地位

台在过去的“国防报告书”中，都只把“资讯、电子战”列为防御作战的手段之一。而在新版的“国防报告书”中，第一次将“资电先导、扼制超限、联合制空制海，确保地面安全”作为整军备战的指导原则，直接将资讯、电子作战纳入台海作战的构想，强调“作战全程配合资讯、电子作战”。在新版“国防报告书”中还首次披露了一向被台视为高度机密的资电部队的编制情况。台湾舆论认为，提升“资电作战”能力从此将成为台军整军备战的首要目标。新版“国防报告书”对提升资电作战的具体构想是：在作战构想方面，电子战以“建立台海电磁屏障，掌握电磁优势”为目标，以“整合情资、防护为先、快速反制”为指导，运用“联合监侦、早期预警、攻势防御”等手段，“吓敌、阻敌、歼敌”，夺取电磁制高点，从而达成作战优势。资讯战则通过“主动监侦、积极防护”实现“早期预警、应变制变”，确保资讯优势。在部队编制方面，新版报告书称，电子战部队由陆、海、空三军分别编设电子营、电子中队和电子

大队；资讯部队由“国防部”通资指挥部“负责监控资讯安全防护和发展反制作战能量”，各总（司令）部依各自特性负责资安监控和研拟资讯战法，“中科院”负责资电作战的装备研制与技术保障。在提升资电作战地位方面，新版报告书把资电作战列为防御作战之首，提出“争取电子资讯战优势，强化先制与反制作为瓦解敌夺取制电磁权企图”。在资电作战战备建设方面，新版报告书称，电子战重点目标是建立“电子侦测网”、“电子反制防护网”和“电子对抗模拟测评与演训系统”，资讯战研究重点则是与网络监控、网络安全、资讯防护和通讯安全有关的软、硬件开发。

五、提出“三军兵力整建”和兵役制改革的设想

在“三军兵力整建”方面，报告书提出，台陆军将以指挥管理自动化、作战立体化和装备机械化为主要整建目标；海军将以指挥管理自动化、反潜立体化、武器导弹化为整建目标；空军将以指挥管理自动化、防空系统化、打击精确化为整建目标。“三军紧密配合，达成地面防卫作战目标”。在兵役制度改革方面，报告书提出了“募征并举”的人才招募制度，旨在招募更多素质较高、役期长的志愿役人员，并辅以少量短期的义务兵，从而建立一支“小、精、强的现代化军队”。募兵制度拟从 2003 年 1 月开始在部分部队试点，然后逐步推开。台湾舆论认为，由于面临着资金和兵源等问题，三军兵力整建和兵役制改革能否顺利推行还是个未知数。

（张　宁　赵文平）

朝美围绕朝鲜核问题发生激烈争端　美国于 2002 年 10 月 17 日宣称，“在总统特使凯利 10 月初访朝期间，朝鲜向美承认有秘密发展核武器计划”。消息公布后，即在朝鲜半岛及国际社会引起轩然大波，美朝双方围绕核问题的斗争再次激化，并重新成为国际社会关注的焦点。

一、朝核争端的产生根源在美国

首先，冷战时期美在韩国部署核武器是诱发朝鲜进行核开发的最初根源。冷战时期，美在朝鲜半岛储存和部署了 1000 多件战术核武器。其中主要类型有核地雷、核炮弹，陆基战术核武器和海空军战术核武器。其分布遍及韩国各地。在朝鲜战争期间，美国总统杜鲁门就曾考虑过对中朝军队使用原子弹。1975 年 2 月，福特总统也表示，必要时将运用部署在韩国的核武器。1981 年 8 月，美国防部长温伯格在宣布美国中子弹的使用地区时，朝鲜半岛也列入其中。面对美国的核威胁，朝鲜一方面积极主张在朝鲜半岛实现无核化，要求同美韩签署朝鲜半岛无核化宣言，一方面也开始建立自己的核研究设施，目前朝鲜已有包括 2 个核反应堆在内的 16 处核设施。上述情况说明，美驻韩核武器问题是诱发朝鲜进行核武开发的最初根源。

第二，美未能认真履行核框架协议是此次危机发生的主要原因。1994 年 10 月 21 日，美朝在日内瓦就核问题达成了一揽子协议，即所谓核框架协议。核框架协议的主要内容有：（一）以轻水堆取代石墨堆，美国在 10 年内（后双方商定为 2003 年前）向朝鲜提供价值约 40 亿美元的 2 座轻水反应堆。在第一座反应堆建成之前，每年向朝鲜供应 50 万吨重油作为能源补偿，以此换取朝鲜同意冻结现有的核计划，包括不再对一座 5 兆瓦的核反应堆添加核燃料，停止 2 座石墨减速反应堆的建设，封闭其燃料处理厂，对从一个 5 兆瓦反应堆中取出的 8000 根核燃料棒进行暂时安全贮存。（二）朝美双边关系正常化。在专家会谈解决领事和其他技术问题后，双方将在对方首都开设联络处，随着在双方关心的问题上取得进展，将把双边关系升格至大使级。（三）加强国际核不扩散体制。朝鲜将作为防止核扩散条约的缔约国，保证将履行条约规定的各项义务以及根据条约缔结的全面安全保障协定，接受国际原子能机构的特别和例行检查。（四）促进朝鲜半岛的和平与安全。美国将保证不对朝鲜进行核威胁或使用核武器，朝鲜将采取措施实施北南双方关于朝鲜半岛无核化的联合声明。朝鲜将进行北南对话，解决北南双边问题。然而，在这次核争端出现前，美已在多方面违反了“核框架协议”：一是美未按协议规定于 2003 年前帮助朝鲜建成 2 座轻水反应堆；二是美没有按协议要求，同朝互设联络处；三是美没有履行协议中不对朝进行核威胁的承诺，并将朝鲜定为潜在的核打击对象国。朝鲜深知没有朝美关系的改善，朝韩、朝日关系难以取得实质进展，而在布什政府的强硬政策面前，朝方一时又找不出打破朝美关系僵局的突破口。于是便将核问题做为逼美妥协的一张“王牌”，采取一系列对抗措施，企图通过核冒险实现迫美直接对话，同美建交的战略目标。

第三，美国推行单边主义是此次争端和平解决的主要障碍。近年来朝鲜半岛局势的发展出乎美国的意料，朝韩关系沿双方首脑会谈确定的原则不断发展，东海线、京义线铁路和公路联接工程进展顺利，双边贸易额 2002 年历史性地突破 5 亿美元。朝日关系也

通过小泉访朝，在历史问题、绑架日本人等问题上达成谅解而得到改善。韩日在对朝政策上的“脱美”倾向越来越明显，如任其发展将对美战略利益构成重大冲击。为加强对日韩的控制，保持对半岛事务的主导权，同时为在履行核框架协议的最后期限到来前摆脱违约责任，美国政府挑起此次核争端，并在对待争端的立场上表现出较强的单边主义倾向，不顾中俄甚至韩日等盟国的反对，先是单方面中断对朝重油供应，继而又中断了对朝人道主义援助，并多次扬言不惜以军事手段解决争端，并着手加强其在亚太地区的军事力量。而朝鲜在美国的压力面前也不肯轻易让步，执意通过“超强硬对强硬”的手段迫美让步。

二、危机和平解决的可能性大于战争

从目前情况看，朝核危机的解决方式有三种，一是通过军事手段解决，二是通过国际机制解决，三是美朝双边对话解决。综合各种因素分析，尽管美对朝政策一直强硬，但战争（包括对朝核设施实施“外科手术”式的打击）的可能性较小。主要根据是：

首先，争端失控不符合美国利益。近年来，韩日国内的反美情绪不断高涨，尤其是韩国，民众不满美韩“驻军协定”，学者们不满美对朝政策，各政党领导人均反对美军永远驻留韩国。如果美采取战争手段将导致半岛局势失控，韩国内的反美情绪将会更加强烈，并可能危及美韩同盟的存续和发展。

第二，韩日两国对朝形势的认识将促使美更多地考虑以和平手段化解危机。韩国一直主张以和平手段解决朝美核争端。韩国认为，朝鲜业已开始的改革进程符合韩国的民族利益。韩国的对朝政策目标是诱导并积极支持朝改革开放，使朝经济水平不断提高，逐步缩小南北经济差距，同时不断扩大南北交流与合作规模，在交流与合作的过程中逐步化解民族矛盾，推进统一进程。大部分韩国民众不认为朝鲜对韩国构成威胁。日本从自身的利益考虑，也不希望朝鲜半岛爆发战事而危及自身安全或半岛出现一个统一的国家。韩日两个盟国的牵制将促使美国更多地考虑以和平手段处理朝鲜核问题。

第三，中俄的立场有利于争端在可控的范围内解决。中俄作为两个在朝鲜半岛拥有重要影响力的联合国常任理事国，同时又是朝鲜半岛仅有的两个陆上邻国，均主张朝鲜半岛无核化，并表示朝鲜核问题必须以和平方式解决。中俄的立场对争端双方均有牵制和制约作用，有利于核危机的和平解决。

如上所述，美朝核争端最终通过对话解决的可能性大于战争解决的可能性。

三、美朝核争端的产生、发展及最终结局将对亚太地区的安全形势产生深刻影响

首先，将使朝美之间的不信任进一步加剧。布什政府认为朝鲜是不可信的“无赖国家”，严重威胁美国及其东亚盟国的安全。“9·11”事件发生后，布什又认为朝是美全球反恐战争所要打击的目标，并将其列为“邪恶轴心”和“潜在的核打击目标国”。与此同时，朝鲜也始终认为，美国是朝鲜的头号敌人，一直在图谋扼杀共和国政权。而双方在此次核争端中所采取的一系列对抗措施又进一步强化了彼此间的敌视。

其次，将对美日韩对朝协调机制产生微妙影响。尽管目前美同韩日在朝核危机上的分歧尚未发展到在伊拉克问题上美同德法那么激烈，但美同韩日尤其是同韩国在对朝政策上的差异，也是美韩同盟建立 50 多年来最严重的一次。朝核危机的产生和发展已使美日韩对朝协调机制内部产生了严重分歧，并在一定程度上进一步激化了韩日的反美、离美情绪。

第三，可能使日本加强军事力量的步伐进一步加快。冷战结束后，日本不断调整军事战略，走向军事大国化的步伐不断加快。在日本历次军事战略调整中所谓朝鲜威胁均是其主要借口之一。朝核危机的发生不可避免地成为日本政坛右翼势力扩张的新借口，并使日本加强军事力量的步伐进一步加快。2003 年 2 月 13 日，日本政府甚至表示，如果朝核危机危及了日本的安全，不排除日本对朝鲜实施先发制人的攻击之可能性。日本右翼势力的迅速崛起和走向军事大国步伐的加快，将成为影响地区安全与稳定的新的不利因素。

目前，伊拉克战争爆发在即，朝核危机也在不断发展。尽管美朝围绕核问题的斗争还可能持续一段时间，但无论矛盾如何发展，朝核问题都不会长期拖下去，伊拉克危机结束后，朝核问题可能迅速成为新的焦点。总体上说，伊拉克战争的爆发可能为朝核问题的和平解决带来新的机遇，同时也可能在美朝之间促发更大的危机。

（王宜胜）

朝韩海军发生交火事件 继 1999 年“6·15”交火事件后，2002 年 6 月 29 日上午，朝韩海军又在朝鲜半岛西海争议海域发生交火事件，并造成韩方 4 人死亡、1 人失踪、20 人受伤，1 艘高速艇沉没，朝方 1 艘警备艇被击中起火（人员伤亡情况不明）的严重后果。

一、交火事件起因于美韩单独划定“北方限界线”

朝鲜战争时，“联合国军”依仗绝对的海上优势，控制了西海北方相当纵深的海域。停战谈判时，“联合国军”不愿从朝后方的沿海岛屿撤退，甚至提出中朝以陆上土地抵偿其撤出岛屿的无理要求。而中朝坚持以军事分界线西端临津江口沿汉江中心和黄海道、京畿道分界线的海上延伸线为双方在西海的海上分界线。经过艰苦的谈判，双方最后在《停战协定》中做出两项重要规定：一是“双方司令官在《停战协定》生效后10天内自对方后方与沿海岛屿及海面撤出其一切军事力量、供应与装备”；二是“黄海道与京畿道道界以北及以西的一切岛屿，除白翎岛、大青岛、小青岛、延坪岛及隅岛诸岛群留置联合国军总司令的军事控制下以外，均置于朝鲜人民军最高司令官与中国人民志愿军司令员的军事控制下”。韩军据此开始在西海五岛及其周边海域配置巡逻舰艇，执行日常巡逻警戒任务。1953年8月，“联合国军”又单方面将距西海五岛北3海里，西海五岛与朝鲜领土间划定一条海上分界线，即所谓“北方限界线”，称此线以北为朝鲜辖区，以南则为韩国海域。

二、朝韩双方在西海划界问题上立场尖锐对立且冲突不断

“联合国军”单方面划定“北方限界线”使朝韩双方在《停战协定》中就西海划界问题达成的“含糊”的一致难以为继，同时也为日后的不断冲突埋下了伏笔。

（一）韩国的立场。韩国认为，根据《停战协定》规定，韩国对西海五岛及周边水域拥有管辖权，而且早在朝鲜战争之前，西海五岛就由韩国管辖，停战时也有许多韩国国民在岛上居住，因此西海五岛周边水域及其南部水域理所当然皆归韩国所属。并称，“北方限界线”虽为“联合国军”单方设定，但从国际法的角度讲，一个协议或协定由一方当事者提议后，若其他当事者无异议，一般就会成立。“联合国军”在1953年设定了“北方限界线”后曾向朝鲜通报过，当时朝鲜没有提出任何异议，而且在此后的20年里，朝鲜一直予以默认，韩国也一直根据“北方限界线”部署军事力量，执行海上警戒与巡逻任务。因此，韩国认为，“北方限界线”已成为限定韩朝双方“行使管辖权的具有法律效力的海上分界线”。

（二）朝鲜的立场。朝鲜一直坚持以军事分界线的海上延长线为朝韩间的海上分界线，从未承认韩国单方面设定的所谓“北方限界线”。1967年1月，朝鲜以韩国侵犯其领海为由，在军事分界线延长线以北地区击沉了一艘韩国海军的中型警备艇。1973年12月1日，朝鲜在停战委员会第364次会议上提出，根据《停战协定》规定，朝鲜西海应以黄海道与京畿道道界（北纬37度30分）为双方海上分界线，以北为朝鲜管辖，联合国军只管辖西海五岛，其周边水域是朝方的水域，如韩国船只未经朝批准而进入该海域，朝将对其采取必要措施。1974年9月12日，在第354次军事停战委员会正式会议上，朝鲜重申对西海五岛周边水域拥有管辖权，指责韩国违反《停战协定》侵犯了朝鲜领海。另外，根据1982年联合国《海洋法公约》领海范围为12海里之规定，西海五岛几乎均在朝领海内，朝鲜据此进一步强化了其对西海五岛附近海域拥有管辖权的立场。2000年3月23日，朝鲜人民军海军司令部宣布“西海五岛”《通航秩序》，在朝方主张的“海上军事分界线”以北海域为美韩进出“西海五岛”划出了三个海上通航区和两条海上航道。第一通航区为北起北纬38度线，东、南、西至距白翎岛、大青岛、小青岛领海基线2公里的平行线内；第二通航区为北起北纬37度41分24秒，东、南、西至距延坪岛领海基线2公里的平行线内；第三通航区为隅岛领海基线起相距2公里的平等线内。第一海上航道，从朝主张的“海上军事分界线”至小青岛最近点连线为主轴左右宽1海里的水面；第二海上航道，从朝主张的“海上军事分界线”至延坪岛最近点连线为轴，左右宽1海里的水面。《通航秩序》还对美韩在上述海区活动制定了严格的限制措施，要求美韩船只及飞机必须严格遵守国际公认的航行准则和朝制定的通航秩序，尊重朝“海上军事分界线”，不得对朝有敌对行为，不得阻碍朝舰艇和民用船只通行。强调美韩船只及飞机如超出朝规定的通航区或航道，将被视为是对朝鲜领海、领空的侵犯；美如对朝有诚意的努力进行挑战，朝军将不事先警告即采取行动予以回答。

（三）争议海域事态回顾。《停战协定》签署近50年来，朝韩在西海划界问题上的斗争大致经历了三个阶段，1953年《停战协定》签订至1973年朝首次在停战委员会会议上提出以北纬37度30分划界为止，该海域基本平静，除1962年曾发生小规模交火事件外，通常朝舰艇越线受到韩方警告后都能退回北方。1973年朝在停战委员会会议上提出新划界提议至1999年“6·15”交火事件发生，双方态度均比较强硬，在该海域磨擦增多，零星冲突不断，并终于酿

成了1999年的交火事件。此后，尽管每年依然有朝舰艇越“线”事件发生，但双方比较克制，该海域局势相对比较稳定。

三、此次交火事件将给半岛缓和进程带来不利影响，但进一步升级的可能性不大

此次事件作为双方在这一海域近50年纷争的延续，同时也作为两国近年来发生的最大规模冲突，将对朝鲜半岛形势的缓和带来不利影响，但进一步升级的可能性不大。

（一）将给半岛形势的缓和带来不利影响。事件发生后，朝方称“此次事件完全是韩国军方有计划的挑衅行为”，“韩国军方决不能逃避在此次武装冲突事件中的责任。”韩军方则指责“此事件完全是朝方一手造成的，朝必须为此事件负完全责任”。可以肯定，此次冲突将进一步加深朝韩之间的不信任，并为韩、美、日等国内部主张对朝强硬的势力提供新的论据，使有关各方为重新启动朝韩、朝美对话，缓和半岛局势的努力变得更加困难。同时，对冲突的处理在一定时间内将取代南北交流与合作而成为朝韩间的主要议题。

（二）冲突进一步升级的可能性不大。首先，朝韩军方均比较克制。朝方舰艇的越线行为每年都有发生，尽管此次酿成了比较严重的武装冲突，但事件发生后双方在军事上都比较克制，未再发生后续攻击性行动。一般舆论也认为此次冲突将和以前一样，是暂时的，进一步升级的可能性不大。其次，朝韩均主张和解。金大中政府一直坚持对朝和解政策，韩国内反对党的对朝政策也以对朝和解为基调，不主张在处理南北关系中使用武力。朝鲜近年也不断淡化南北关系中敌对的一面，在一定程度上以“我们民族第一”主义取代了过去对南方的指责。特别是朝韩峰会以来，朝不再突出南北在意识形态方面的对立，而更多地谋求通过南北合作获取“实利”。第三，美日希望双方对话解决。尽管冲突事件发生后美对朝进行了指责，并威胁将重新检讨美官员的访朝计划，但美国内大部分人承认“北方限界线”并不是《停战协定》中的内容，不是获得双方认可的法定军事分界线。因此，美对朝韩发生在这一海域的历次冲突事件，一般均主张通过停战机制中的对话渠道解决。日本虽然在冲突发生后加强了空中警戒，但已明确表示，希望半岛保持稳定，希望通过对话解决。

（王宜胜）

美西海军拦截运送“飞毛腿”导弹的朝鲜货船　2002年12月10日，支援美军在阿富汗进行反恐军事行动的西班牙海军2艘军舰在阿拉伯海北部海域拦截了朝鲜“瑞山”号货船，并在登船检查时发现了15枚“飞毛腿”导弹以及导弹零部件和其他武器装备。随后，西海军将该船扣押并交由美国处理。在也门确认这些武器是也门向朝鲜购买的用于国防目的的装备，并承诺不会将这些武器转卖给其他国家后，美政府于12月11日宣布对该船放行。

一、事件的经过

2002年12月10日凌晨，根据美方事先提供的情报，在印度洋支援美军在阿富汗进行反恐行动的2艘西班牙海军军舰，在距非洲之角约950千米的阿拉伯海北部海域对一艘未悬挂旗帜的货船进行拦截，并要求其停船接受检查。但是，该船未接受命令停船，西军舰遂向该船进行警告性射击，并派出特种部队乘直升机实施强行空降，逮捕了船上的21名船员。据西方媒体报道，在西军对该船进行检查时，该船没有证明其是朝鲜籍和“瑞山”号船名，拒绝回答最终目的地。检查发现该船的载货登记为4万袋水泥，但在水泥下面有20个装有导弹零部件的集装箱。西海军遂请求美海军爆炸物处理小组提供支援。经美军小组检查搜索，在船上发现了导弹弹体、弹头、火箭推进器等多种武器装备，并确认导弹型号为“飞毛腿”。鉴此，美西海军将该船拖往迪戈加西亚岛美军基地进行进一步检查。

12月11日，西班牙国防部长特里欧在记者招待会上证实，美西海军在检查中共发现了15枚“飞毛腿”导弹、15发普通弹头和85桶化学物质。美方还指出，此船装载有“飞毛腿”导弹，但其提供的载货单并无显示，“与事实明显不符”，而且船员又拒绝回答船只的最终目的地，因此美西两国“有充足的理由”扣押该船，以防止这些武器流向伊拉克及恐怖主义组织。与此同时，美方还指责朝出口导弹的做法违反了其在不扩散方面的承诺，朝方则针锋相对地指责美西海军拦截朝船只的行为是强盗行径。当日，也门外长称，这批导弹是也门从朝进口用于国防的武器装备，美西两国海军无权扣押该船。同时，也门就此向美西两国提出了抗议，并要求迅速将这批导弹归还也门。随后，美也双方就此进行了磋商，也门承诺不会将这批武器转卖给第三国，美国则宣布对此船放行。12月11日，白宫发言人弗莱舍称，在经过全面考虑后，美方认为“没有任何法律理由”扣留这批武器，也没有国际法条款禁止也门获得导弹，因此该船可以

继续驶往也门。此事至此暂告一段落。

据称，美间谍卫星和海军舰艇在瑞山号货船 11 月中旬从朝鲜南浦港一出发就开始进行严密监视。此事还曾于 12 月初被美国内媒体报道过，但美国政府当时未予评论。事后，美政府一名高级官员也表示，此次拦截行动得到了布什政府最高决策层的批准。

二、事件发生的背景

朝鲜研制开发导弹的工作始于 20 世纪 60 年代，经过长期的发展和技术积累，目前已拥有较完整的导弹研制和生产体系，能独立生产并出口“蛙”、“火星”、“劳动”、“大浦洞”等型号的中、短程导弹。为了换取急需的外汇，朝鲜于 20 世纪 80 年代后半期开始向伊朗、埃及、叙利亚、利比亚和苏丹等国出口导弹及其零部件。

20 世纪 90 年代初，美国将朝鲜列为最可能在洲际导弹方面给美国带来威胁的国家之一。1996 年以后，美国一直想通过“导弹会谈”，促使朝鲜改变继续研制远程导弹的计划，停止向伊朗等中东地区国家出口导弹和导弹技术，并于 1996 年至 1997 年期间先后与朝鲜举行了两次导弹谈判。美国在会谈中要求“朝加入并遵守导弹技术控制协议（MTCR），承诺不再生产、出口、试验、部署射程在 300 千米以上的导弹”；朝鲜则一直坚持认为，导弹的开发及出口是一个国家的“固有权利”，如果美放松对朝经济制裁，提供粮食援助和一定的经济补偿，朝可以与美讨论限制导弹出口问题，但不会讨论加入有关导弹及其技术控制的国际协议。1998 年 8 月，朝鲜试射了所谓“大浦洞”导弹后，美朝关系再度紧张。美国意识到，必须设法尽快阻止朝鲜再次试射“大浦洞”导弹，并以朝试射“大浦洞”导弹为借口，与日本合作，加速研发战区导弹防御系统（TMD）。为改善朝美关系，朝鲜于 1999 年 6 月同美国举行了第三次导弹谈判，并在美宣布放松对朝经济制裁后同意暂停“大浦洞”导弹试射。此后，朝又多次承诺在 2003 年前不再试射导弹，但一直坚持不加入导弹及其技术控制协议，也未停止导弹出口，并于 1999 年与也门签署了出售导弹协议。

布什政府执政后，美国对朝政策趋于强硬，朝美关系再度紧张。2002 年 8 月，美以朝向巴基斯坦出口“飞毛腿”导弹为由宣布对朝实施经济制裁；10 月 16 日，美又公开宣称，朝于 10 月初向与访朝的美助理国务卿凯利承认朝拥有秘密核开发计划。朝美在核问题上的争端迅速升温。美在不断指责朝秘密发展核技术违反《美朝核框架协议》的同时，还决定自 12 月起停止向朝提供重油，以迫使朝放弃核开发计划。朝则针锋相对地指责美对朝推行遏制政策。舆论认为，此次朝鲜向也门出口导弹及零部件，是针对布什政府的强硬对朝政策而采取的措施。

三、事件的影响

此次拦截行动发生在美积极准备军事打击伊拉克和朝美核争端日益升级之际，对有关各方乃至地区形势产生了较为深刻的影响。

（一）为美今后对朝采取强硬政策提供了借口。此次朝鲜导弹船事件，使美首次掌握了朝不遵守不扩散协议的确凿证据，为美今后对朝采取强硬政策提供了借口。布什政府执政以来，美国不仅一再要求朝鲜销毁导弹、生化武器等大规模杀伤性武器，还提出了裁减常规军备的要求。虽然美国因为准备对伊战争，暂时没有对朝采取极端措施，但却不能排除今后以大规模杀伤性武器，甚至常规军备问题向朝发难的可能。

（二）使朝鲜的国际形象受损。2000 年以来，朝鲜通过推行多边外交战略，在一定程度上改善了与欧盟以及加拿大、澳大利亚等西方国家的关系，并从国际社会获得了更多的援助。导弹船事件后，西方一些媒体开始关注朝导弹出口问题，甚至称“朝鲜已是世界上最大的短程导弹出口国，并可能在两三年内生产出远程导弹”，大力渲染朝鲜对全球的威胁。朝鲜可能因此背上不遵守国际承诺的名声。

（三）将对非法武器交易活动起到震慑作用。美国强大的全球监控能力和拦截导弹船的强硬做法将在一定程度上对其他国家和组织的非法武器交易行为起到“敲山震虎”的作用。今后，向恐怖主义分子和组织提供武器的组织和国家将不得不有所顾忌，恐怖分子和组织获得武器将更加困难。

（武建伟）

日本加速向军事大国迈进　2002 年，日本采取一系列措施，加速向军事大国的方向迈进，主要情况如下：

一、制定为走向军事大国廓清障碍的新法律

继 2001 年 10 月日本国会通过《反恐怖特别措施法》、《自卫队法修正案》和《海上保安厅法修正案》等“反恐三法案”后，2002 年 4 月 16 日，日本内阁又通过了《武力攻击事态法案》、《安全保障会议设置法修正案》和《自卫队法修正案》等“有事法制相关三法案”，并提交国会审议。法案规定，日本首相拥有“在紧急事态下”，不经过由外相、防卫厅长官等阁僚组成的安全保障会议和内阁会议而直接下令调动自卫队的权力，从而扩大了首相的军队指挥权限。按照“有事”的定义，日本不仅在受到实际攻击的情况下，而且在“有被攻击之危险”的情况下均可出动军队进行作战，从而放宽了对军队作战行动的限制。10月24日，日本执政的自民、公明、保守三党完成了对“有事法制相关三法案”修正案的审定；12月5日，在众议院武力攻击事态特别委员会理事会上正式向在野党提出。修正案将“有事”定义为“武力攻击事态”，并将“武力攻击事态”分为“武力攻击预测事态”和“武力攻击事态”两个阶段。修正案还明确了应对大规模恐怖事件及朝鲜“武装工作船”的对策。从目前情况看，“有事法制相关三法案”不久将会被国会通过。届时，日本首相将获得战时的“独断”权。同时，日本还将效法美国，把“先发制人”的思想列为安全战略的重要内容，从而进一步扫清走向军事大国的障碍，日本的安全政策将发生“历史性转变”。

日本政府提出“有事法制相关三法案”后不久，日本防卫厅于8月2日发表了2002年度《防卫白皮书》。该白皮书强调，防卫事务在国家政治中的地位越来越重要，把一个承担国防任务的行政机构升为部级单位，是国家实施安全保障和进行危机管理不可缺少的，因此，防卫厅要求尽早制定《防卫省设置法案》。这是日本首次明确提出要把防卫厅升格为防卫省，其目的就是要扩大防卫厅和自卫队的权限，为日本未来的军事发展“注入新的活力”，从而扫除日本走向军事大国的一个重要障碍。

二、促进自卫队职能由“内向型”向“外向型”转变

2002年，日本采取多种措施促进自卫队由“内向型”向“外向型”的转变。

第一，建立针对朝鲜半岛和台湾海峡的“紧急展开部队”。2002年3月，日本陆上自卫队建立了一支由660人组成的“紧急展开部队”。据称，该部队隶属驻九州地区的西部军，主要任务是应对朝鲜半岛和台湾海峡“有事”时的局势，“驱除入侵离岛之敌”。

第二，派遣舰船赴海外进行反恐训练。5月，日本海上保安厅所属巡视船艇、直升机、反恐专业特攻队与韩国海警在釜山外海共同实施韩日协同反恐训练；7月，日美海军舰艇在夏威夷群岛海域举行了以应付地区冲突和恐怖袭击为主要内容的“环太平洋·2002”演习；10月，日本海上自卫队同多国海军舰艇在相模滩及野岛崎东南至野岛崎西南海域实施了多边搜索救难训练。

第三，继续向东帝汶派维和部队。据报道，2002年，日本共向东帝汶派出自卫队员约580名，创1992年以来日本派遣自卫队员参加联合国维和任务的历史最高纪录。其中3月派出约350名，主要执行桥梁、道路等基础设施的维修与建设任务。4月，又派出230名。在4月派出的维和部队中，包括7名女自卫队员。日本防卫厅官员称，这是女性首次参加日本地区以外的军事行动，她们负责物资运输和通信联络等任务。

三、继续加大军费投入

目前实施的2001年度至2005年度《中期防卫力量整备计划》决定投入25.16万亿日元发展军事力量，与上个中期防卫计划相比，增加了9300亿日元。日本2002年度军费预算额为49560亿日元，占国民生产总值的0.995%，占国家总预算的6.1%，比上年度增加约7亿日元，军费开支仅次于美国，居世界第二位。

四、发展高新技术武器装备

第一，继续更新自卫队的武器装备。2002年，陆上自卫队增加的装备包括99式155mm自动榴弹炮、多联装火箭炮、90式战车、AH－64D型武装直升机和CH－47JA型运输直升机。海上自卫队增加的装备主要有搭载宙斯盾系统的护卫舰、多功能直升机（SH－60J、K型）等。同时，将P－3C型反潜巡逻机改装成图像情报收集机（OP－3C型机），更换EP－3型改良型电子战数据收集机使用的地上分析装置。航空自卫队重点配备了F－2型支援战斗机、CH－47J型运输直升机、大型运输机、AH－64D型武装直升机和UH－60J型搜救直升机等。另外，航空自卫队还计划在本年度预算内开标购买4架波音767空中加油机，预期可在2006年3月交机。

第二，发展侦察与预警装备。“9·11”事件后，日本高度重视提高远程侦察与预警能力，已投入巨资研发卫星侦察系统，以逐步摆脱对美国侦察卫星的依赖。2002年11月，日本侦察卫星指挥中心开始运作，并计划于2003年发射4颗侦察卫星。年内，航空自卫队从美国购买的4架新型空中预警机（E—767）开始服役；海上自卫队将P－3C型反潜巡逻机改装成图像情报收集机。

第三，加快战区导弹防御系统的研发进程。2002

年，日本用于发展战区导弹防御系统的费用为 80 亿日元，比上一年度（37 亿日元）增加 43 亿日元。8 月 14 日，日防卫厅决定将战区导弹防御系统由“技术研究阶段”，转入“开发阶段”。据称，这一决定意味着战区导弹防御系统将“很快进入事实上的部署”阶段。

（薛 丰）

印尼巴厘岛发生严重恐怖爆炸事件 2002 年 10 月 12 日晚，印尼巴厘岛连续发生爆炸事件，造成大量人员伤亡。这是印尼历史上最为严重的“恐怖主义行动”，也是自 2001 年 9 月 11 日美国纽约发生恐怖袭击事件以来最为惨重的一起流血爆炸，震惊全球，影响深广。

一、巴厘岛爆炸事件的经过

10 月 12 日深夜，印尼著名旅游胜地巴厘岛连续发生两起恶性爆炸事件。第一起发生在当晚 11 时 30 分，1 辆停放在巴厘岛库塔旅游区“萨里夜总会”门前、装有炸弹的白色三菱微型客货两用车突然发生爆炸，造成 189 人死亡、320 多人受伤，其中 90 余人伤势严重。在爆炸中死伤的大部分人是外国游客，主要来自澳大利亚、日本、美国、法国、瑞典、英国、德国和新西兰等国家。巴厘岛警方发言人说，澳大利亚人的伤亡最为严重，死亡 33 人、受伤 196 人。美国宣布，有 2 名美国人被炸。联合国和中国外交部发言人称，有 7 名联合国工作人员和 1 名中国大陆人在爆炸中受伤。第二起爆炸是 11 时 35 分在巴厘岛登巴萨市雷能小区发生的，距美国驻巴厘岛总领事馆仅 100 多米，造成小区电力供应中断，但没有人员伤亡。两起爆炸声震醒了一直不承认本国存在恐怖活动的印尼政府，当地媒体惊呼，旅游“天堂”一夜间变成了“人间地狱”。

印尼报纸针对爆炸事件造成澳大利亚人死伤惨重报道称，巴厘岛多年来以治安良好、风光秀丽、热情好客和最具东南亚风情的旅游胜地而著称。印尼是澳大利亚的近邻，巴厘岛更是澳大利亚人经济、实惠、便利的旅游场所。10 月份正值澳全国学校春假，父母陪孩子、子女伴父母，同学也三五成群，结伴出游。再加上其他方面的旅游者，2 万多澳大利亚人一下子涌向印尼，大多前往巴厘岛，因此伤亡才如此之大。

二、巴厘岛爆炸事件的性质和重要嫌疑犯

（一）巴厘岛爆炸事件是有组织、有计划、有预谋的恐怖袭击事件。10 月 13 日，印尼政府官员称，巴厘岛爆炸案是恐怖分子所为。美国驻印尼大使馆发表声明，强调巴厘岛爆炸事件是“卑劣的恐怖行为”。澳大利亚总理霍华德说，澳政府获得的所有证据表明，巴厘岛爆炸事件是恐怖袭击事件。10 月 14 日，美国中央情报局官员说，巴厘岛爆炸案的策划和实施者十分“老练”，组织严密，计划周全，配合默契。11 月 1 日，参与巴厘岛爆炸案调查的澳大利亚警方称：“巴厘岛爆炸案的策划和实施者技术高超，组织周密。从汽车停放在夜总会门前这一点来看，这起爆炸案的策划、实施是有计划的，而且是由专业技术人员制造的。”

（二）巴厘岛爆炸事件是“基地”组织和“伊斯兰祈祷团”（又称“伊斯兰组织”）共同所为。10 月 14 日，美国中央情报局称，这次爆炸案是“基地”组织和“伊斯兰祈祷团”组织共同制造的。英国《泰晤士报》报道，印尼境内同“基地”组织有关联的“伊斯兰祈祷团”是巴厘岛爆炸事件的最大嫌疑犯。15 日，澳大利亚总理霍华德宣布，根据澳获得的情报显示，“伊斯兰祈祷团”是巴厘岛爆炸事件的罪魁祸首，“基地”组织也参与了此次恐怖活动。印尼国防部长马图里·贾利勒表示，“基地”组织曾计划暗杀印尼总统梅加瓦蒂，巴厘岛事件可能同“基地”组织有关，印尼希望有关国家提供情报合作。据美国有线新闻电视公司报道，本·拉登领导的“基地”恐怖组织 11 月 8 日公开发表讲话，正式承认是他们制造了巴厘岛爆炸案。

据日本媒体报道，“伊斯兰祈祷团”由巴希尔和汉巴利于 1990 年创建，其成员分布在印尼、马来西亚、泰国、新加坡、菲律宾和文莱等 6 国，并与菲律宾的摩洛伊斯兰解放阵线、泰国南部的穆斯林分裂组织和马来西亚的“大马圣战者组织”等反政府恐怖组织互相勾结，企图在横跨这 6 个国家的伊斯兰地区建立原教旨主义的伊斯兰国家。“伊斯兰祈祷团”与“基地”组织关系密切，不仅得到“基地”组织的经费、武器资助和人员培训，而且其部分成员同时也是“基地”组织成员。2002 年初拉登将 13 万美元给“伊斯兰祈祷团”，用于在东南亚制造一系列恐怖案件，包括从印尼军方购买 C4 炸药实施巴厘岛爆炸案。

（三）巴厘岛恐怖爆炸事件主要是针对西方的。印尼媒体认为，巴厘岛恐怖爆炸事件主要针对西方游客，显然是为了报复美国国会授权布什总统攻打伊拉克。新加坡大学东南亚研究所称，巴厘岛爆炸事件可能与印尼政府 10 月上旬加速制定反恐怖主义法令有关，意在警告梅加瓦蒂政府不要太亲近美国。澳大利亚不少人认为，巴厘岛恐怖爆炸事件的主要目标是澳大利亚人，这是霍华德政府与布什政府亦步亦趋所付出的代价。霍华德称："巴厘岛恐怖爆炸事件是针对整个西方人的。这一可怕的恐怖事件提醒人们，恐怖主义可能在任何时间、任何地点袭击任何人。世界上任何地方的人都躲避不开恐怖主义。

（四）参与策划和实施巴厘岛恐怖爆炸事件的嫌疑犯有多人，其中重要嫌疑犯有6人。据印尼、美国、英国和澳大利亚等国媒体报道，参与策划和实施巴厘岛恐怖爆炸事件的嫌疑犯至少有9人（包括印尼人7名、马来西亚人1名、也门人1名），其中重要嫌疑犯有以下6人。

1、哈利法。全名穆罕默德·哈利法，是本·拉登的内弟，是"基地"组织在印尼、新加坡、马来西亚及东南亚其他国家开展恐怖活动的总指挥。有报道称，这次巴厘岛恐怖爆炸事件就是哈利法亲自策划和指挥的。

2、巴希尔。全名阿布·巴卡尔·巴希尔（又译为阿布·巴卡尔·贝希尔），现年64岁，在中爪哇苏考哈尔左县经营一所伊斯兰寄宿学校。巴希尔一生中的大部分时间都从事极端主义活动，是恐怖组织"伊斯兰祈祷团"的创始人和领导人，该组织的根据地就是巴希尔的那所学校。2002年6月，印尼抓获的一名叫乌马尔的也门籍"基地"组织成员供称，巴希尔与"基地"组织的关系密切。

3、汉巴利。其真名叫里杜安·伊萨姆丁，现年38岁，是巴希尔的副手和"伊斯兰祈祷团"的第二号人物，"基地"组织成员，被认为是远东地区的本·拉登，多次参与策划制造恐怖主义活动，被称为"冷血杀手"。巴厘岛发生爆炸事件之前，汉巴利曾同参与袭击美国"科尔"号军舰和"9·11"事件的"基地"骨干分子在马来西亚进行了秘密会面。印尼国家情报局称，汉巴利是此次巴厘岛惨案的重要策划者。本·拉登曾亲自派自己的妹夫和汉巴利取得联系。

4、萨穆德拉。真名叫阿卜杜勒·阿齐兹，是策划和实施巴厘岛爆炸案的主要嫌疑犯，现年35岁，是"伊斯兰祈祷团"的主要成员之一，曾在阿富汗学习炸弹制造技术，参与了2000年印尼境内发生的一系列教堂爆炸案，此次是奉汉巴利的命令执行巴厘岛爆炸任务的。

5、阿姆罗齐。现年35岁，是一名汽车修理工，20世纪90年代曾从印尼前往马来西亚寻找工作。重返印尼后，他经常参加"伊斯兰祈祷团"的活动。在巴厘岛爆炸事件中的主要任务是准备汽车和爆炸物，并负责把它们运送到巴厘岛。

6、一名前印尼空军军官。此人是被用于巴厘岛爆炸事件的C4炸弹的制造者。这种炸弹是一种威力巨大的炸弹。他是在印尼空军服役时学会制造C4炸弹的。

三、印尼政府针对巴厘岛恐怖爆炸案采取的措施

巴厘岛恐怖爆炸事件发生后，印尼政府极为重视，迅速采取了以下措施：

（一）召开内阁紧急会议研究对策，加强安全防范。10月13日，印尼总统梅加瓦蒂主持召开内阁紧急会议，重点讨论巴厘岛爆炸事件和如何应对恐怖主义的威胁。会议认为恐怖主义已威胁到印尼国家安全，决定对巴厘岛爆炸案进行彻底调查，并采取切实有效措施加强对恐怖主义的防范和打击。会议要求民众保持冷静，提高警觉。会后，梅加瓦蒂代表政府发表声明强烈谴责巴厘岛恐怖袭击事件，并在多名高层官员陪同下赴巴厘岛爆炸现场巡视。当日，印尼国民军总司令部和警察总部分别命令巴厘岛驻军和警察部队加强对重要目标特别是娱乐场所的警戒巡逻，严密封锁巴厘岛的空中和海上通道，对进出巴厘岛的人员进行彻底检查。国家安全部门相继对分布在全国各地的外国使领馆加强保卫，对美国、英国等重点外国使馆和大使官邸增加警力，加强戒备。印尼政府还对一些同美国合资的公司、企业和具有战略性的石油、天然气、电力等相关企业加强保卫。

（二）颁布紧急反恐法令。10月18日，印尼颁布了由总统梅加瓦蒂签署的两项紧急反恐法令。该法令的主要内容是：成立一个由警方、军方、情报机构以及安全部有关人员组成的特别反恐小组，统管全国反恐工作；允许调查人员在没有搜查令的情况下搜查嫌疑犯的家或其它场所；印尼政府可以监听私人电话，嫌疑犯可以被拘留360天听候审讯。

（三）调查、逮捕巴厘岛恐怖爆炸事件的嫌疑犯。巴厘岛恐怖爆炸事件发生后，印尼在美国、澳大利亚等国的协助下，迅速展开调查取证工作，对现场采集的数据进行了细致分析，讯问了上百名现场目击者，用先进的电脑技术模拟重现了爆炸发生前后爆炸地点及周边的情况，陆续掌握了巴希尔、汉巴利、萨穆德拉、阿姆罗齐等人参与策划和实施此次爆炸事件的证据，并对他们进行逮捕和通缉。

四、国际社会对巴厘岛恐怖爆炸事件的

反应

巴厘岛恐怖爆炸事件震惊世界，引起国际社会的极大关注和强烈反应。

（一）强烈谴责巴厘岛恐怖爆炸事件。联合国秘书长安南10月13日针对巴厘岛爆炸事件造成严重人员伤亡，重申对所有攻击平民的恐怖行动表示强烈谴责。联合国安理会14日一致通过决议，强烈谴责发生在巴厘岛的爆炸事件，呼吁所有国家和国际机构同印尼政府通力合作，将凶手捉拿归案。欧盟轮值主席国丹麦、欧盟委员会主席普罗迪先后于10月13日、14日发表声明，强烈谴责巴厘岛恐怖爆炸事件，呼吁国际社会共同努力制止恐怖活动。中国驻印尼大使卢树民10月13日发表讲话说，巴厘岛发生震惊世界的爆炸案，是“9·11”事件以来恐怖分子对人类犯下的又一罪行。中国政府和人民强烈谴责这一罪行，同时也十分关注这一事件对印尼造成的影响。美国总统布什10月13日发表声明，强烈谴责巴厘岛爆炸事件，并许诺美将协助调查这一事件。俄罗斯总统普京致电印尼总统梅加瓦蒂，对爆炸事件进行谴责，并对遇难人员表示哀悼。澳大利亚总理霍华德指责爆炸事件是“滥杀无辜和野蛮卑劣行为”。法国总统希拉克写信给印尼总统梅加瓦蒂，对“毫无理由的、懦夫般的野蛮袭击”进行谴责。德国外交部长菲舍尔谴责这次爆炸行动是“可恶的罪行”。新加坡政府发表文告，强烈谴责肇事者，对事件造成大量无辜人员伤亡表示悲痛。英国首相布莱尔、意大利总统钱皮、瑞典外交大臣安娜·林德和挪威外交大臣彼得森等也分别发表声明，对爆炸事件表示强烈谴责。

（二）撤回伤员、部分游客、侨民和外交人员。澳大利亚迅速派出医疗队和专机赶赴巴厘岛将本国伤员和游客撤运回国。至10月17日，所有受伤的澳大利亚人都已被运送到达尔文、珀斯、墨尔本、悉尼、堪培拉等地医院救治。澳政府还要求国民取消前往印尼的旅行。美国驻雅加达大使馆为防止遭到恐怖袭击，从10月18日开始撤离350名非应急工作人员及其家属。德国、英国和丹麦政府纷纷劝其侨民离开印尼，英国还将其不担任要职的外交官撤离印尼，并要求本国公民近期不要到印尼旅游。日本政府也向国民发出了暂时不要到印尼旅游的警告。

（三）向印尼提供帮助。中国驻印尼大使卢树民10月31日向印尼政府转交了中国政府提供的10万美元紧急援助，用以帮助救治巴厘岛爆炸案的受害者。美国、澳大利亚、日本、德国、英国、新西兰等6国与印尼签署了关于联合调查巴厘岛爆炸事件的协定，并派出特警从10月15日开始在印尼协助追捕制造巴厘岛爆炸事件的恐怖分子。10月16日，澳大利亚政府和印尼政府达成协议，同意澳派特种部队赴印尼帮助印尼特种部队进行反恐培训。

（四）加强反恐措施。针对印尼可能还会发生针对西方人的恐怖活动，文莱、缅甸、柬埔寨、东帝汶、老挝、马来西亚、菲律宾、新加坡和泰国也存在发生恐怖袭击事件的可能性，有关国家大力加强反恐措施。马来西亚逮捕了4名“伊斯兰祈祷团”成员，并通缉1名掌握炸弹制造技术、被怀疑是“伊斯兰祈祷团”成员和参与了巴厘岛爆炸案的马来西亚人；有关部门进入戒备状态，加强对夜景区尤其是那些外国游客经常光顾地区的巡逻；制定新法规，要求到马来西亚找工作的外国人必须持有本国政府开具的说明他们没有参加任何恐怖组织的证明信。泰国增派警察加强对曼谷夜生活最丰富地区的巡逻，并计划开设一条电话热线，希望公众在发现国际恐怖主义行为的任何蛛丝马迹时及时通知当局。泰副总理差瓦立·永猜裕命令情报部门每周开两次会，以评估从国内外搜集到的情报和国家面临的安全威胁。泰还表示要加速制定反恐法规。泰国和马来西亚计划建立一个联合反恐机构，以便有效对付跨国界恐怖主义活动。菲律宾政府派出军官到马尼拉公交车上执勤，以挫败恐怖分子在公共交通工具上安放炸弹的阴谋。澳大利亚进一步修改了《反恐怖法案》，并增加拨款1.865亿澳元（合1.03亿美元），用于加强对机场、国际航班和驻外使领馆的安全保卫工作，提高情报搜集能力，防止遭到恐怖袭击。

五、巴厘岛爆炸案给印尼带来的影响

（一）爆炸事件对印尼经济造成严重冲击。一是搅乱金融市场。巴厘岛恐怖事件对印尼股市和汇市造成严重影响。在股市方面，受巴厘岛爆炸事件的影响，10月下旬印尼股市急挫，JSX综合指数大幅下滑，由年初的500多点跌到337.475点，创1998年4月以来的最低点。在汇市方面，印尼盾近年来一直表现平稳，基本保持在1美元兑换8700至9000印尼盾的范围内。巴厘岛爆炸事件后，投资者大量购买美元，印尼盾对美元的汇率一度跌到9360比1。二是严重影响投资。从1997年亚洲金融危机以来，印尼投资下滑，无论是国内投资还是外国投资一直处于萎靡状态。这次意外发生的巴厘岛恐怖事件又进一步打击了投资者的信心，仅2002年第4季度外商就从印尼撤走投资3亿美元。三是沉重打击旅游业。旅游是印尼的第二大赚汇来源，每年大约可给印尼带来50亿美元的外汇收益，约占印尼 GDP 的 4%。同时，旅游业可以提供 1200 万人的就业机会。在印尼旅游业中，巴厘岛举足轻重，每年可以吸引来印尼的三分之一的游客。巴厘岛爆炸事件后，原来已经到达印尼的许多游客纷纷改变行程，不再前往巴厘岛；世界各地的旅行社也纷纷宣布改变计划，撤消了未来几个月前往巴厘岛的旅游线路安排。由于旅游业受到严重冲击，已造成 100 万印尼人失业。巴厘岛爆炸案还致使印尼保险费提升。由全球保险公司组成的战争风险委员会 10 月下旬召开会议，决定把印尼列为不保区域。这是印尼第一次被列入该委员会的不保区域名单。印尼被列为不保区域后，将会进一步打击疲软的印尼经济。鉴于以上情况，美国《时代》周刊认为："巴厘岛爆炸事件是对还没有完全从 1997 年亚洲金融危机中恢复过来的印尼混乱经济的严重打击。而且情况可能还会加速恶化，使这个国家陷入血腥的宗派暴力冲突之中，使印尼经济更加脱离国际社会发展的轨道，并使其广为延伸的诸岛屿日益成为恐怖主义滋生的土壤。"印尼大学社会经济研究所认为，受巴厘岛爆炸事件的影响，2003 年印尼经济增长率将由原计划的 5%下降为 3.7%。

（二）爆炸可能使印尼与美国在反恐问题上的角力加大。近年来，美国与印尼之间一直围绕反恐问题进行角力。2001 年 10 月美对阿富汗实施军事打击后，部分"基地"组织成员已从阿逃到了印尼。2002 年 3 月美国曾派联邦调查局局长米勒赴印尼商讨反恐合作问题，并表示希望派部队进入印尼追剿恐怖分子，但遭到印尼政府的拒绝。9 月 23 日，美国驻印尼外交官寓所附近发生手榴弹爆炸事件。美国认为，该爆炸案是由"伊斯兰祈祷团"策划的，是针对美国的恐怖行动。为此，美国指责印尼反恐不力，甚至有人庇护极端组织领导人。美驻印尼大使博伊斯多次约见印尼高层政要，要求印尼彻底调查手榴弹爆炸案，确保美国公民及设施的安全，甚至声称要撤走部分外交官和资金。美还将"伊斯兰祈祷团"领导人巴希尔列入恐怖主义名单，并要求印尼采取抓捕行动。但印尼军警表示"查不出具体证据"，不承认巴希尔是恐怖行动的幕后人物。美国中央情报局官员还通知印尼，恐怖分子有谋杀梅加瓦蒂总统的阴谋，印尼方面仍然不为所动。10 月 12 日巴厘岛爆炸案发生后，美国认为，爆炸案是"基地"组织和与其有联系的"伊斯兰祈祷团"所为，主要针对美澳等西方国家，是印尼对美三番五次提出的反恐要求置若罔闻、迟迟不采取行动所造成的。因此，美国对印尼的态度更加强硬、批评更加严厉，指责印尼已成为新的世界恐怖中心，要求印尼政府尽快采取切实有效措施打击恐怖主义。美国总统布什通过电话同印尼总统梅加瓦蒂讨论了打击恐怖主义的必要性，要求印尼加大反恐力度。美国防部副部长沃尔福威茨还要求印尼与美国合作，尽快派军队参加全球反恐战争。迫于美国的压力，印尼政府表示将与国际社会合作打击恐怖主义。然而，分析人士认为，印尼政府不可能采取实际措施加强与美国在反恐问题上的合作，理由是：美国在打击恐怖主义的借口下准备入侵伊拉克。印尼政府担心，美国是否会在同一借口下对印尼采取行动或以别的借口干涉印尼的国内事务，助长分离主义势力。印尼总统梅加瓦蒂为了争取穆斯林团体的支持，在反恐问题上仍将说得多做得少，不会轻易迈出与美合作反恐的实际步伐。两国围绕反恐问题的争执和较量可能进一步发展。

（三）爆炸导致印尼与澳大利亚关系紧张。巴厘岛爆炸事件发生后，澳大利亚为了确保本国安全，加紧在国内搜查与"伊斯兰祈祷团"有关的人员。对此，印尼外交部强烈不满，迅速向澳驻印尼大使馆提出抗议。印尼强调："澳在采取该项行动之前，应按照国际惯例事先通知印尼政府。"但澳总理霍华德称，对于印尼的抱怨不必给予太多的回应。12 月 1 日，霍华德又就巴厘岛恐怖爆炸事件发表讲话，声称要对周边国家采取"先发制人"战略，以制止可能对澳发动的常规和恐怖形式的攻击，确保国家安全。印尼对霍华德的言论极为不快，迅速做出强烈反应。印尼外交部发言人谴责霍华德的论调是"危险的"，并指出："澳不能无视国际法准则，根本无权在它国采取军事行动。"

（钟学良）

菲律宾在美军帮助下进一步围剿恐怖主义武装 2002 年，菲律宾在美军帮助下继续围剿恐怖主义武装，并取得了较大战果。菲美联合反恐，既有共同目的，又各有所图。菲律宾阿罗约政府企图借助美国力量消灭国内反政府恐怖组织，巩固执政地位，维护政局和社会稳定；美国则以助菲反恐为借口，加强在菲的军事存在，试图将菲建成美在东南亚的前沿基地，从而实现控制整个东南亚的战略目标。

一、美向菲提供有关反恐帮助情况

2002 年，美国积极帮助菲律宾打击国内反政府恐怖主义武装。除向菲提供反恐资金和武器装备外，还采取了以下相关措施：

（一）认定菲两个反政府武装为恐怖组织。菲律宾国内有 3 支较大规模的反政府武装：一是摩洛伊斯兰解放阵线，其规模最大，主要分布在菲南部地区；二是菲共新人民军，其规模仅次于摩洛伊斯兰解放阵线，拥有 1.1 万名成员，分布在菲全国各地；三是阿布沙耶夫武装，拥有近 1000 名成员，主要盘踞在菲霍洛岛和苏禄省等地。2001 年 12 月，美国政府正式确认并宣布阿布沙耶夫武装为恐怖组织。2002 年 8 月，美政府为了使美军在菲长期驻扎正当化，又将菲共新人民军列为恐怖组织，并要求菲政府冻结菲共的银行存款，将新人民军作为美菲联合反恐的目标。目前，美尚未将摩洛伊斯兰解放阵线列入恐怖组织名单，原因是：菲政府虽认为该组织与阿布沙耶夫武装和“基地”组织有联系，但仍坚持通过对话解决问题的立场。

（二）与菲共商反恐对策。2002 年 3 月至 12 月，美参谋长联席会议主席迈尔斯、国防部长拉姆斯菲尔德、国防部副部长沃尔福威茨、联邦调查局局长米勒、太平洋总部司令等先后访菲，与菲总统阿罗约、国防部长雷耶斯、总参谋长西马图等举行会谈。同时，邀请菲国防部长、总参谋长等访美，与美总统布什、国防部长拉姆斯菲尔德等进行会晤。在会谈中，双方重点讨论了联合打击菲国内恐怖主义武装和加强两国军事、安全合作等问题，并达成协议，决定从 8 月 12 日开始设立“美菲国防政策委员会”，以便共同商讨国防政策和反恐对策等，进一步加强双方在军事领域的合作和协调。

（三）在菲修建保障设施，与菲签署相关协议。为满足联合反恐的需要，美在菲修建了一些保障设施，并与菲签署了相关协议。2002 年上半年，美军派出 340 人，耗资 400 万美元，在菲巴西兰岛上修建了用于打击恐怖主义等军事目的的直升机停机坪、飞机跑道、码头、公路和供水系统等基础设施。11 月 21 日，美菲正式签署了《后勤互助协议》。菲国防部长雷耶斯表示，“菲美签署这项协议是加强反恐合作的需要，旨在提高两国军队在反恐战争中的效力”。美国防部宣称，该协议非常重要，根据该协议，美军不仅在反恐时可以使用菲律宾的港口、机场及其他各种后勤设施，而且还可以在菲建立和保持后勤设施，储存军需品，为过往美军人员、飞机、舰艇提供后勤补给和服务等支援。这既有利于美军实施反恐行动，又可节省永久性驻军所需的费用。菲律宾则可以得到美国的军事援助。

（四）派大批美军赴菲举行联合反恐演习。从 2002 年 1 月开始，美军和菲军先后 3 次在菲律宾举行以打击阿布沙耶夫武装为目的的联合反恐演习。第一次演习，1 月 31 日至 7 月 31 日在菲南部巴西兰岛（菲军围剿阿布沙耶夫武装的传统战场）和三宝颜市举行，为期 6 个月，代号“肩并肩 02－1”。主要演练了反恐情报搜集、两栖登陆、丛林作战、心理战、平民保护及救助等科目。第二次演习，4 月 22 日至 7 月 31 日在菲北部吕宋岛举行，为期 3 个多月，代号“肩并肩 02－2”，美军 2700 人和菲军 2900 人参加了演习。第三次演习，从 10 月 14 日开始，预计 2003 年 7 月中旬结束，持续 9 个月，主要在北部吕宋岛和南部苏禄省（阿布沙耶夫武装的另一老巢）举行，已知参加演习的有美军 1100 人。菲国防部长雷耶斯称，菲美联合反恐军事演习实际上是菲军在美军支援下进行围剿阿布沙耶夫武装的作战。美国防部长拉姆斯菲尔德也表示，美向菲派遣部队，与菲军进行联合军事演习，旨在帮助菲政府消灭阿布沙耶夫武装。

与以往美菲联合军事演习相比，赴菲参加 2002 年联合反恐演习的美军有如下特点：一是人数众多。赴菲参加 3 次联合反恐演习的美军人员共 4460 人，加上在巴西兰岛施工的 340 人，2002 年赴菲美军总人数多达 4800 人，创历史最高纪录，前美军基地苏比克和克拉克再次成为美军登陆、着陆和驻扎的场所。二是部署分散。参加“肩并肩 02－1”演习的美军人员中有 100 余人部署在三宝颜市马拉古特埃地区，110 人驻扎在三宝颜市菲陆军南部军区总部，450 人部署在巴西兰岛；参加“肩并肩 02－2”演习的美军人员中有 2060 人分布在吕宋岛，640 人分布在宿务麦丹岛；参加 10 月中旬开始举行的演习的美军人员中有 600 人部署在吕宋岛，500 人分布在苏禄省。三是任务多样，但“不直接参战”。驻菲美军除参加演习、对菲军进行反恐训练外，还担负多项其他任务：搜集情报，侦察监视阿布沙耶夫武装动向；在战斗现场指导菲军实施清剿阿布沙耶夫武装的作战行动；对菲参战地面部队提供空中支援、通信和后勤保障，运送武器弹药和伤员。但根据美菲达成的协议规定，美军“不能直接参与”围剿阿布沙耶夫武装的战斗。四是演习指挥权争夺激烈。菲律宾宪法规定，禁止外国军队在菲国内进行战斗活动，因此菲政府制定的最初演习纲领草案写入了“美军将被置于菲律宾军队的指挥下”等内容。但由于美国宪法规定禁止把美军置于外国军队的指挥下，因而美方将草案改写为“美菲两军的指挥官分别向本国军队参加演习的人员发布作战指示”。鉴此，菲政府对演习纲领草案进行了多次修改，于 2 月 7 日正式公布的最终案虽同意在制定作战计划时平等对待美军，但强调在演习中菲律宾军队始终要掌握指挥权。美国对菲律宾军队拥有指挥监督权表示不满。

美菲联合演习引起了阿布沙耶夫武装、菲共新人民军和摩洛伊斯兰解放阵线等反政府武装更大的敌意。他们纷纷恫吓说，如果美国“侵略者”胆敢跨进它们的领地一步，必将付出沉重代价。7月18日，阿布沙耶夫武装公开威胁说，他们将继续袭击在菲律宾的美国人和美国机构，以报复美军支持菲政府军对他们的清剿。

二、菲军在美军帮助下围剿阿布沙耶夫武装情况

在2002年里，菲律宾在美军帮助下先后5次对阿布沙耶夫武装实施较大规模的围剿和追捕行动。据统计，在这5次行动中，打死匪徒25人、俘获8人，其中包括3名阿布沙耶夫武装头目（2人被击毙、1人被抓获）；菲军有17人死亡，至少34人受伤；救出被绑架人质3人。

第一次行动是在巴西兰岛围剿阿布沙耶夫武装。3月中旬，菲政府军在巴西兰岛对阿布沙耶夫武装实施围剿作战。双方连续交战数天后，阿布沙耶夫武装分子最终冲破政府军包围圈，逃往棉兰老岛和霍洛岛。在此次作战中，有4名菲军士兵死亡、多人受伤，美军出动直升机进行营救。

第二次行动是在北三宝颜省围剿阿布沙耶夫主力部队和解救人质。阿布沙耶夫武装2001年5月27日在菲律宾巴拉望绑架了20名人质，并用船将他们押往巴西兰岛。在这些人质中，有美国传教士马丁·伯翰姆及其妻子格拉西娅等3名美国人。当时，阿布沙耶夫武装要求美国释放数名被关押在美国监狱的恐怖分子，以作为释放美国人质的条件，但遭到美国的拒绝。于是，阿布沙耶夫武装于2001年6月12日将1名美国人质的头砍下来，并将其送给阿罗约政府作为菲独立节的“礼物”。2002年3月中旬，美国政府曾私下拿出300万美元赎金，企图赎回马丁夫妇，但送钱人被阿布沙耶夫武装杀害，赎金被吞，人质也没有救成。美国政府立即悬赏500万美元捉拿阿布沙耶夫武装的5大头目。5月中旬，菲律宾军方得到情报，阿布沙耶夫主力部队已经劫持马丁夫妇从巴西兰岛逃到北三宝颜省的西拉威一带。美国也发现从巴西兰岛到北三宝颜的船只来往反常。菲军立即封锁海面，并同美国军事顾问制定了代号为“黎明行动”的营救方案。5月27日，菲军同阿布沙耶夫武装在北三宝颜省发生遭遇战，3名政府军士兵被打死。6月6日晚上，菲军得到发现目标的情报后，马上执行“黎明行动”营救方案，出动数千人连夜跟踪追击阿布沙耶夫武装，绑匪押着人质四处逃窜。6月7日下午2时30分，美军P－3型侦察机和无人驾驶侦察机在巴西兰岛和北三宝颜省上空侦察，发现50多名阿布沙耶夫武装分子押着马丁夫妇等人质躲藏在北三宝颜省西拉威镇和西布科镇交界的西帕瓦村山区，菲军数百名特种部队立即向绑匪发起进攻。为了避免发生伤及美国人质的混战，指挥官根据事先制定的方案，命令狙击手使用配有消音器的武器向绑匪放冷枪点射。阿布沙耶夫绑匪兵分两路，边还击边撤退。追击战持续了两个多小时，4名绑匪被打死（其中包括阿布沙耶夫武装头目之一、发言人阿布·萨巴亚），7名菲军受伤；马丁和另1名菲律宾女人质在交火中死亡，格拉西娅获救。负责指挥这次行动的菲军准将特奥多西奥说，“这次行动效果很好，特别是美军提供的先进侦察设备对确定阿布沙耶夫武装位置发挥了关键作用”。为了防止阿布沙耶夫武装分子逃往国外，菲政府要求马来西亚和印尼政府予以密切合作，共同围歼阿布沙耶夫武装。

第三次行动是在霍洛岛和甲米地省营救人质。8月19日，阿布沙耶夫武装所属一团伙在马尼拉以南65公里的甲米地省哲伦镇绑架了2名菲律宾人质，并向其家属索要190万美元赎金。20日，阿布沙耶夫武装又在霍洛岛一个小镇上绑架了8名菲律宾人质，其中2名穆斯林人质21日获释，另有2名人质惨遭杀害。为营救人质，菲军22日出动飞机轰炸了在霍洛岛上的阿布沙耶夫武装，并向该岛增派1000名士兵围剿绑匪。25日，菲军警向甲米地省哲伦镇的绑匪发动进攻。经过数小时激战，菲军警成功救出2名人质，打死绑匪头目迈鲁胡姆卜塞尔，俘获2名绑匪，菲军有1人受伤。

第四次行动是在霍洛岛和南拉瑙省清剿阿布沙耶夫武装。10月12日，菲政府军在霍洛岛突袭阿布沙耶夫武装，遭到顽强抵抗，有11名菲军死亡、26人受伤。13日，菲军又对南拉瑙省萨尔坦—古曼德丛林中一个阿布沙耶夫武装训练营地实施了大规模的地面和空中攻击，至少有20名阿布沙耶夫武装分子被击毙。该营地驻扎有数百名阿布沙耶夫武装分子，其中有1名该组织领导人是美国通缉的恐怖分子。

第五次行动是在三宝颜市追捕制造爆炸事件的阿布沙耶夫武装分子。10月17日至20日，阿布沙耶夫武装分子在菲南部三宝颜市连续制造了3起炸弹爆炸

事件，造成8人死亡（其中包括1名美国军人）、170人受伤。菲总统阿罗约对此极为重视，于10月19日召开国家安全会议，研究制定10项反恐对策，要求民众保持镇静，提高警惕，与政府合作，共同对付恐怖主义。同时，阿罗约在总统府设立了一个作战室，以加强对打击阿布沙耶夫武装的作战指挥。20日，菲军警在三宝颜展开大规模搜捕阿布沙耶夫武装分子行动，22日在一所公寓抓获6名嫌疑犯，当时他们正在准备进行新的恐怖袭击。经审讯，6名嫌疑犯承认他们是阿布沙耶夫武装成员，并承认制造了上述爆炸事件。其中1名叫阿布·普拉的匪徒是阿布沙耶夫武装的重要头目之一。据称，此人是军火专家，涉嫌制造多起恐怖事件。

三、菲美合作反恐在菲国内引起的反应和造成的影响

菲美联合反恐虽得到菲军警和部分民众的支持，但也遭到不少人的反对，加剧了菲政府内部矛盾。

（一）菲美联合反恐遭到菲一些议员、政治家、激进人士和多数民众的反对。前总统马科斯的女儿、现任国会议员艾米·马科斯反对菲美联手围剿阿布沙耶夫武装，特别是坚决反对菲美签订《后勤互助协议》。她认为该协议将使菲的海陆空全部对美军开放，把整个菲律宾变成美军基地。有的众议员指出，菲律宾是当今世界上唯一的要求一个超级大国介入内政、帮忙解决一伙绑匪的国家，如果阿罗约总统在反恐问题上果真是严肃的，她就应该着力于改善棉兰老人民的经济社会地位，不可以通过杀死全部恐怖分子而达到反恐的目的，恐怖主义的根源还是在社会和经济层面，而总统府和军方正在菲律宾玩一个危险的游戏。一些资深议员也对美军参与菲国内反恐行动的合法性提出异议，并担心这可能会成为美军再次在菲建立基地的第一步。部分反对派政治家强烈抨击阿罗约政府的对美政策，批评阿罗约绕过国会两院，用总统的职权，以行政手段促成和认可了美军的到来。一些激进组织经常在美国大使馆门前举行示威活动，抗议菲美举行联合反恐演习和签订《后勤互助协议》，强调菲美签订该协议意味着美将在菲恢复已关闭的军事基地。据一次民意调查显示，有53%的人反对美军参与围剿阿布沙耶夫武装，40%的人持赞成态度。

（二）菲美联合反恐导致菲政府内部矛盾加剧。7月2日，总统阿罗约批准副总统金戈纳自当月15日起辞去兼任的外长一职。其主要原因是两人对菲美联合反恐的态度存在着不可调解的重大分歧。阿罗约希望借助美国的力量尽快消灭包括阿布沙耶夫武装在内的叛乱组织，恢复菲国内的和平与秩序。而金戈纳则坚决反对将美军"重新请回来"，认为美国的军事介入是对菲国家主权的侵犯，菲国内事务完全应该由菲律宾人自己来处理。他还担心菲美联合打击阿布沙耶夫武装将会激化南部社会矛盾，不利于民族和解。金戈纳辞去外长职务，使菲政府内部在菲美联合反恐问题上的矛盾彻底公开化。阿罗约总统在批准金戈纳辞去外长职务时表示要和美国发展更紧密的反恐同盟关系，她的态度在国内外引起强烈反响。阿罗约12月30日突然宣布放弃竞选下届总统。媒体认为，阿罗约做出此决定有多方面的原因，其中她同意美军赴菲反恐致使菲政府内部分歧加大、支持率下降是重要原因。

四、菲美合作反恐的意图

菲美联合反恐既有共同目的，也各有打算。从表面上看，菲美是为了消灭反政府恐怖组织。但从深层次看，菲美各自都还有其它战略意图。

（一）菲律宾的意图。菲律宾为美军赴菲反恐开绿灯，主要有三个目的。

第一，借助美国的力量消灭阿布沙耶夫武装。阿布沙耶夫武装建立于20世纪90年代初，其最初宗旨是在菲南部建立独立的穆斯林国家。该组织以绑架人质勒索赎金为生，并用巨额赎金招兵买马，采购军火，发展壮大。自2000年4月该组织在马来西亚旅游胜地西巴丹岛绑架21名外国游客以来，在菲南部就形成了一个人质怪圈：接连不断地绑架，没完没了地索要赎金。这些绑架活动是菲政府面临的一个很大的难题。政府如态度软弱，则绑架事件会不断发生；采取强硬措施，则无疑要了人质的命。一旦牵涉到外国人质，则国际压力更重。在菲政府左右为难之时，阿布沙耶夫武装却越发猖獗。他们在绑架人质的同时，还不断制造爆炸、暗杀事件，不仅造成大量人员伤亡和财产损失，影响社会稳定和国家安全，而且还损害菲律宾的国际形象，使海外投资者望而却步。对此，菲政府十分头痛，近几年来不断派重兵实施围剿作战，企图消灭阿布沙耶夫武装，但由于实力有限未能如愿。因此，菲政府不得不借助美国的力量，实施联合作战，以彻底消灭阿布沙耶夫武装，消除隐患，确保社会稳定和国家安全。

第二，得到美国更多的经济和军事援助。菲经济发展缓慢，军事力量薄弱，菲政府希望通过积极与美合作反恐来获得更多的经济和军事援助，以加速经济发展和军队现代化建设。由于菲积极配合美反恐，美

政府近年来先后批准向菲提供 1.85 亿美元的援助。其中，1 亿美元用于扶贫，0.3 亿美元用于武装力量现代化建设，0.55 亿美元用于打击恐怖主义。美还向菲提供了包括 1 架 C－130 型运输机和 8 架休伊直升机在内的一批武器装备。美国商界许诺向菲提供 46 亿美元的投资。

第三，争取美对非政府的支持。自阿罗约上台以来，菲国内政治斗争不息，政局不稳。而美对菲政局有着巨大影响。因此，阿罗约上台后很快就制定了与美发展传统友好关系和战略同盟关系的政策，强调同美的军事同盟关系是菲律宾的“战略资产”。“9·11”事件为阿罗约政府进一步靠近美国提供了契机，阿罗约不仅坚决支持美国的反恐斗争，而且同意美军赴菲开辟“反恐第二战场”。阿罗约这样做的主要目的是争取美国的支持，增强执政地位，维护政局稳定。

（二）美国的意图。美国积极帮助菲律宾围剿恐怖主义武装主要有以下两方面意图。

第一，开辟新的反恐战场，将菲国内反恐行动纳入美全球反恐范围。美国认为，美军在阿富汗取得反恐战争胜利以后，拉登领导的“基地”组织部分成员已从阿富汗秘密潜入到菲律宾等东南亚地区，菲律宾阿布沙耶夫武装与拉登及其“基地”组织有千丝万缕的联系，威胁着美国的安全。菲律宾军队实力弱，武器装备落后，战斗力低，多年来虽持续不断地对阿布沙耶夫武装实施清剿作战，但战果不佳，未能给予阿布沙耶夫武装以致命打击。美国作为菲律宾的盟友，“不能袖手旁观”。然而，舆论认为，这些只不过是美出兵菲律宾的借口。美打着反恐演习旗号，派大批军队进驻菲律宾，意在把反恐战争扩大到阿富汗以外的地区，开辟新的反恐战场，将菲打击阿布沙耶夫武装的行动纳入美国的全球反恐范围，消灭恐怖组织，维护美国的安全和利益。对此，分析人士指出，虽然恐怖主义的猖獗应当引起各国的警惕和合作，但地区恐怖主义国际化、打恐无国界、打恐双重标准、打恐一言堂等“新规则”对传统意义上的国家安全观念形成全面冲击，这不能不令人担忧。

第二，在菲建立前沿战略基地。冷战时期，美国一直把菲律宾当作维护其在东南亚地区利益的战略要地，长期派驻美军。1992 年，因菲律宾反对，驻菲美军全部撤出，这对美国是一个“战略上的损失”。近几年来，随着国际形势的发展，美菲之间逐步建立了一种新的军事合作模式。在这种模式下，美军可以来去自如，而双方都不必被固定基地“套牢”。美菲签订的《部队互访协议》、《后勤互助协议》和 2002 年美菲举行的联合反恐演习，即是这种新合作模式的体现。这种模式对美国具有重要战略意义。美国战略预测公司等认为，美之所以有兴趣加强同菲的军事关系，是因为菲是东南亚的重要国家，控制太平洋与印度洋连结的重要通道，其战略位置极为重要。该公司还指出，美军赴菲帮助反恐并在巴西兰岛修建基础设施具有深层的战略意图：抢占战略要地，把菲变成美在东南亚的重要前沿基地，防范拥有众多穆斯林的印尼和马来西亚，从而实现控制整个东南亚的战略目标。

（钟学良）

印巴关系时紧时缓 2002 年，印度和巴基斯坦关系跌宕起伏，时紧时缓，大体经历了 4 个阶段：

第一阶段（2001 年 12 月中旬至 2002 年 1 月上旬）：印议会大厦遭恐怖袭击，印巴两国关系处于剑拔弩张态势

2001 年 12 月 13 日，印度议会大厦遭恐怖袭击，6 名印度警官和 5 名恐怖分子在交火中丧生。事件发生后，印坚持认为系巴国内的恐怖组织所为，由此导致印巴关系骤然紧张，主要表现在两个方面：一是“外交战”不断升级。印政府于次日向巴政府递交了抗议照会，称印掌握的确凿证据表明，此次袭击事件是受巴支持的拉什卡尔·泰巴和穆罕默德军两个恐怖组织所为，要求巴方立即对该两个组织采取措施，包括逮捕有关人员、查封其驻地、冻结其财政来源等。巴基斯坦政府对印方的指责予以否认，要求印度提供通过公正调查获得的证据，并希望参与联合调查。印不仅拒绝巴参与调查，而且拒绝向巴提供有关证据。巴则对此予以反击，称印议会大厦遭恐怖袭击是印政府“自导自演”的丑剧，意在以打击恐怖活动为名向巴施加压力。12 月 21 日，印单方面召回其驻巴高级专员，驱逐 1 名巴驻印外交官，并决定自 2002 年 1 月 1 日起中断两国之间的铁路和公路交通。12 月 24 日，印外交部以“涉嫌参与窃取敏感文件”为由，勒令巴驻印副高级专员限期离境。12 月 27 日，印内阁委员会决定：在 48 小时之内将印驻巴高级专员署的外交人员减半；将巴驻印高级专员署外交人员及其家人的活动范围限制在新德里市区；从 2002 年 1 月 1 日起禁止巴基斯坦民航飞机飞越印度领空。面对印度的外交压力，巴基斯坦一直主张通过和平方式解决两国争端，并建议在即将举行的南亚区域合作联盟首脑会议上与印总理瓦杰帕伊会晤，以缓解两国间日趋紧张的关系，但遭到印方拒绝。在此形势下，巴对印采

取了对应措施，将印驻巴高级专员署人员削减一半；将其他外交官员的活动范围限制在伊斯兰堡地区；自2002年1月1日起禁止印飞机飞越巴基斯坦领空。二是军事上严重对峙。在印巴“外交战”不断升级的同时，两国在边境地区增加兵力，加强戒备，形成严重对峙局面。印陆军取消所有人员休假，并在印巴边境地区增调了大量部队，其中部分部队进入临战状态。印空军在印巴边境地区部署了200多架作战飞机，防空部队处于高等级戒备状态。印海军舰艇在靠近巴基斯坦的阿拉伯海游弋，巡逻飞机在巴沿海地区进行挑衅性飞行。印总理瓦杰帕伊、国防部长费尔南德斯、内政部长阿德瓦尼等军政要员相继发表讲话，宣称打击恐怖主义的战争已到了决定性阶段，印度人民决心团结一致，铲除恐怖主义。为防止印军进攻，巴基斯坦取消全军官兵休假，向印巴边境地区增调部队，并警告印度不要采取任何威胁巴领土安全的行动，否则巴将以武力予以坚决反击。“外交战”升级，军事上对峙，导致印巴在克什米尔地区实际控制线两侧的冲突不断发生。

第二阶段（2002年1月中旬至5月上旬）在双方努力和国际社会调解下，印巴关系有所缓和

在印巴关系恶化的同时，双方都没有放弃通过外交途径缓和紧张局势的努力。1月中旬，巴基斯坦总统穆沙拉夫和印度总理瓦杰帕伊以及印巴两国外长在加德满都召开的南亚区域联盟会议期间多次进行非正式秘密会晤，探讨消除两国紧张关系的途径。据穆沙拉夫称，他和瓦杰帕伊以及两国外长的会晤在消除双方紧张关系的道路上迈开了步伐，是打破双方僵局的一个重要突破。1月中旬，巴基斯坦总统穆沙拉夫向全国发表电视讲话称，巴不支持也不允许利用其领土从事任何形式恐怖活动，任何组织都不许打着克什米尔的旗号从事恐怖活动，巴将采取严厉的措施禁止任何巴基斯坦人在国内外从事恐怖活动。随后，巴开始在国内对恐怖主义组织进行大规模搜捕行动，先后取缔了5个煽动恐怖主义和宗教极端主义的组织，抓捕极端宗教分子近2000人。对巴方的上述做法，印政府立即表示欢迎，对巴的态度明显缓和，表示愿意给巴基斯坦政府“更多的”时间，以采取打击恐怖主义的切实行动。印度总理瓦杰帕伊表示，只要巴基斯坦停止支持越界恐怖主义，印度准备同巴基斯坦就包括克什米尔在内的所有问题进行谈判。

国际社会对印巴两国关系恶化普遍表示严重关注，并积极开展斡旋活动。中国外长唐家璇2001年12月31日分别与巴基斯坦外长萨塔尔和印度外长辛格通电话，重点就巴印关系和南亚形势交换意见。唐家璇表示，中国政府对印巴关系的紧张十分忧虑和关注，印巴关系直接影响到整个南亚的和平与稳定，希望印巴双方保持最大限度的克制，尽快缓和紧张关系。这样既有利于巴印两国的根本利益，也是国际社会的普遍期望。美国总统布什分别同印巴两国领导人进行电话联系，敦促双方努力消除两国之间的紧张关系。美国国务卿鲍威尔和英国首相布莱尔分别在南亚开展穿梭外交，敦促印巴通过对话解决包括克什米尔在内的所有问题，避免任何形式的冲突。法国总统希拉克2001年12月29日与巴基斯坦总统穆沙拉夫通电话，呼吁巴基斯坦与印度共同制止冲突升级，通过对话的方式来寻求和平解决这一危机的途径。联合国秘书长安南2001年12月26日致函印巴两国领导人，呼吁两国保持克制，通过和平谈判解决双方在克什米尔问题上的争端。欧盟轮值主席国比利时2001年12月28日发表声明称，欧盟对印度和巴基斯坦关系恶化感到“严重不安”，双方应“立即冷静地做出一切必要努力，避免两国关系进一步恶化”。八国集团外长2001年12月28日在莫斯科发表联合声明，呼吁印度和巴基斯坦共同努力打击国际恐怖主义，避免关系恶化。

在印巴双方的努力和国际社会的斡旋下，印巴关系出现缓和迹象，两国之间爆发战争的危险基本消除，但双方因印度议会大厦遭恐怖袭击而引发的危机仍未结束，主要表现在三个方面：一是在撤军、和谈问题上各执己见。巴基斯坦建议巴印双方分阶段从克什米尔实际控制线和边境地区撤军，将双方在边境地区的军力恢复到和平状态，然后开始和谈。对此，印度表示，只有在巴基斯坦采取实际行动制止针对印度的“越界恐怖主义”后和谈才能开始。印度国防部长费尔南德斯明确宣布，印度军队在印巴边境的军事集结已经完成。如果巴基斯坦不能有效地制止越界恐怖主义活动，印度就不会减少在边境地区部署的军事力量。二是两国在引渡恐怖分子问题上互不让步。印作为要求巴采取的“实际行动”之一，还向巴提交了一份列有20名恐怖分子的名单中，称他们参与了1993年孟买爆炸事件和1999年12月印度民航客机被劫持事件，要求巴将他们引渡给印度。巴对此断然拒绝，并向印提出了一个对等的、要求印方引渡的人员名单。巴甚至表示，如印继续坚持上述要求，巴将进一步要求印度向巴引渡现任内政部长阿德瓦尼，原因是

他策划暗杀巴基斯坦的缔造者穆罕默德·阿里·真纳。三是两国军队在克什米尔实际控制线地区交火不断。双方频繁动用轻武器或火炮、导弹等重型武器交火，造成大量人员伤亡和军事、民用设施被毁。

第三阶段（5月中旬至6月上旬）印控克什米尔地区印军营地遭恐怖袭击，印巴再次处于战争边缘

5月14日，印控克什米尔地区印军卡鲁恰克军营遭到3名武装暴徒袭击，造成了34名士兵和家属死亡。印度坚持认为是巴基斯坦支持的“越境恐怖分子”所为，并在政治、外交和军事上对巴采取一系列高压政策。5月17日，印度议会一致通过了“谴责巴基斯坦鼓励恐怖主义”的议案，决定支持印政府采取任何措施对付在印控克什米尔发生的恐怖活动。同日，印内政部长阿德瓦尼在人民院发表讲话，表示将同反对党同仇敌忾，共同制定具体报复措施。5月20日，印度内阁安全委员会召开会议决定，将靠近巴基斯坦北部与西部边境和在印控克什米尔边界负责保安的准军事部队全部划归陆军指挥，并将印度西海岸的海岸警卫队划归印度海军指挥，以便印度部队能直接对突然袭击做出快速反应。5月21日，印总理瓦杰帕伊和国防部长费尔南德斯分别视察印控克什米尔地区，对当地驻军进行战争动员，宣称“同巴基斯坦决战的时候到了，印将打一场漂亮的战争”。同时，印度再次向边境地区增兵，使在印巴边境地区的印陆空军总兵力达到80余万人。印海军也将在孟加拉湾的5艘军舰部署在靠近巴基斯坦的阿拉伯海。印政府除采取上述措施外，还积极开展宣传攻势，谴责巴基斯坦支持恐怖主义，希望得到国际社会对印采取报复行动的支持与理解。

面对卡鲁恰克军营事件和印度的高压政策，巴基斯坦采取了以下措施：第一，在强烈谴责发生在印控克什米尔地区的暴力袭击事件的同时，坚决否认与此事有关，并呼吁国际社会进行干预，阻止印挑起战争。第二，向印巴边境地区增调兵力，使总兵力达到25万人，并准备将派往塞拉利昂的4000名维和部队调回国内。为显示巴的国防实力，巴于5月25日进行了“高里-5”型地对地中程弹道导弹试验。第三，呼吁和平解决两国争端。巴基斯坦总统穆沙拉夫5月22日表示，巴基斯坦将继续为和平而努力，但也时刻准备进行战斗，如果印度把战争强加给巴基斯坦，巴将有能力应付任何挑战。

印巴两国军队在严重对峙的同时，在克什米尔实控线两侧的炮战不断升级，导致大量边民被迫逃离家园。据印度官方称，2001年12月13日以后，仅印控克什米尔边境地区就有14.3万人撤离。

第四阶段（6月上旬至12月）：在国际社会的压力下，印巴局势逐步好转

印巴两国关系再度恶化引起国际社会广泛关注。中国国家主席江泽民6月4日在“亚信”会议期间分别会见了巴基斯坦总统穆沙拉夫和印度总理瓦杰帕伊，呼吁双方从各自国家和民族利益出发，保持克制，缓和关系。江主席称，印巴之间的争端是历史遗留问题，只有坐下来，通过谈判，才能寻求公正合理的解决办法。美国国务卿鲍威尔5月18日发表讲话，称印度和巴基斯坦紧张关系的升级使该地区局势面临“爆炸的危险”，表示将采取措施防止印度与巴基斯坦的冲突继续扩大。美国副国务卿阿米蒂奇和国防部长拉姆斯菲尔德6月份先后访问印巴两国，敦促双方立即采取措施缓和紧张关系。英国国防大臣胡恩6月7日表示，英国愿采取任何行动阻止印度和巴基斯坦向对方发动进攻，并正在考虑派军队去克什米尔地区监督停火。联合国秘书长安南6月4日分别同印度和巴基斯坦领导人进行电话交谈，敦促他们保持克制，避免战争，尤其是防止爆发核战争。

在国际社会斡旋的同时，印巴两国也采取了一系列缓和两国关系的措施。印度采取的措施包括：从6月10日开始，取消对巴基斯坦民航飞机飞越巴基斯坦领空的禁令；从6月11日起逐步撤回部署在靠近巴基斯坦海域的部分战舰；从6月中旬起从印巴边境召回印度主要军事院校派出的教官，恢复前线部队的休假制度；从10月16日起分阶段撤离部署在印巴边境地区的约80万陆空军部队，并进行重新部署。巴基斯坦先后采取的措施包括：穆沙拉夫总统公开承诺“巴将长期坚持打击针对印度的恐怖主义活动”；取消对印度民航飞机飞越巴基斯坦领空的禁令；恢复部队休假制度；10月17日，巴基斯坦外交部发表声明表示，作为对印度决定从巴印边境分阶段撤离其军队的回应，巴已决定，把驻扎在巴印边境的部队撤回到两国和平时期驻扎的位置。

但是，印巴双方仍在以下问题上存在严重分歧：一是在边界管理问题上，印度总理瓦杰帕伊提出，可以考虑让印巴两国军队在克什米尔实际控制线附近进行“联合巡视”，共同防范宗教武装分子的“渗透”。但巴方表示：如果进行所谓的“联合巡视”，则无疑变相承认克什米尔实际控制线为印巴两国的实际边

界。对此，巴绝对不能接受。二是在谈判问题上，巴多次呼吁印度立即与巴进行认真的和有目标的对话，而不要只做些没有实质内容的姿态。印度则坚持，只有巴阻止越境恐怖主义的活动，并解散巴控克什米尔地区的恐怖训练营地，印度才准备就包括克什米尔在内的所有问题与巴进行谈判。三是在克什米尔问题解决方式上，巴主张国际社会出面干预。印对此表示坚决反对，坚持克什米尔问题在印巴之间解决，反对将克什米尔问题国际化。

印巴局势反复紧张的原因及发展趋势

2002年，印巴两国关系反复出现紧张局面的主要原因是：第一，印连续遭受恐怖袭击是导致印巴关系紧张的直接原因。自2001年底以来，印度遭受了一系列的恐怖袭击。2001年12月13日，印议会遭受恐怖袭击；2002年5月14日，印控克什米尔地区印军卡鲁恰克军营遭恐怖袭击；7月13日，印控克什米尔地区印度教徒遭恐怖分子武装袭击；8月7日，印控克什米尔地区朝圣者遭恐怖袭击；9月24日，印古吉拉特邦首府的印度教寺庙遭恐怖袭击。印坚持认为巴是上述恐怖事件的幕后指使者，因而不断向印巴边境地区增兵，以对巴保持强大军事压力。第二，克什米尔问题是导致印巴关系紧张的根本原因。印巴两国在克什米尔问题上的立场都非常强硬。巴坚持在联合国协议框架内解决克什米尔问题，不同意以《西姆拉协议》取代联合国有关决议的做法，并声称将继续给予克什米尔人民政治、外交和道义上的支持，并敦促印度为解决此问题恢复对话。印度则坚持印控克什米尔地区是印度领土不可分割的一部分，要求巴停止支持武装分子在印控克什米尔地区的恐怖活动，并试图将印巴克什米尔实控线变为两国的边界线。第三，印借反恐之机谋取自身利益是两国关系紧张的重要原因。印度为了谋求在南亚地区的统治地位，借反恐之名极力诋毁巴，并对巴施加强大的军事压力，以实现以下意图：一是将巴定位为恐怖主义国家，限制巴与美国等西方国家改善关系，削弱巴的国际地位；二是迫使巴在克什米尔问题上做出有利于印度的政策调整，切实减少武装分子的越境渗透活动，挫败巴对印实施的“代理人”战争；三是为顺利举行印控克什米尔地方议会选举、巩固印对克什米尔地区的统治创造有利条件；四是迎合国内强硬派政治势力，转移国内民族、宗教和派系矛盾，巩固印度人民党的执政地位。

尽管印巴之间的分歧难以消除，但是从根本上讲，印巴两国都意识到，发生战争对双方利益和国际局势都将造成严重的危害。因此，印巴两国都不会放弃通过外交途径和平解决双方分歧的努力，国际社会也非常关注印巴之间的冲突，并不断调解双方关系。受以上种种原因的制约，2002年印巴关系呈现时紧时缓的态势。紧张并没有爆发战争，缓和也难以消除分歧。今后，如无重大意外事件发生，这种状况还将继续持续下去。

（刘温国）

印度加强与美俄的军事合作 “9·11”事件后，印度加强了同美国和俄罗斯的军事合作，并取得重要进展。

一、加强同美国的军事合作情况

（一）就战略合作问题达成共识。“9·11”事件后，美印双方军政要员频繁往来，就两国的战略合作问题进行交流和磋商。其中，美国国务卿鲍威尔、国防部长拉姆斯菲尔德、财政部长奥尼尔以及其他美国高级官员先后访问印度。印度国防部长费尔南德斯、外交部长辛格、内政部长阿德瓦尼和陆军参谋长帕德马拉班等先后访问美国。通过这些访问，双方达成以下共识：美印都是民主国家，在亚洲有着共同的利益和战略合作的基础，双方都面临着维护亚洲稳定、打击国际恐怖主义以及遏制大规模杀伤性武器进一步扩散等方面的挑战。因此，两国应做出相应的努力以实现美印关系转型。

（二）恢复陆海空三军的军事交流制度。2002年2月，美印之间的陆、海、空军指导小组相继恢复了自1998年印度进行核试验后中断的定期会晤制度。其中，美印“陆军指导小组”就两国陆军合作问题在新德里举行为期三天的事务性磋商。“海军指导小组”在印度南方城市金奈（原马德拉斯）举行会议，两国海军高级官员就联合确保海上通道安全、打击海盗和海上安全等问题进行了深入讨论，决定恢复自1998年中断的“马拉巴尔”系列海上联合军事演习。“空军指导小组”在夏威夷海域举行会议，双方就举行空军联合演习等问题进行了磋商。

（三）向美购买大量武器装备。“9·11”事件以后，印度从自身安全考虑，除继续从俄罗斯购进大量武器装备外，决定从美国购进“其他国家无法在短期内生产和交付的尖端武器”。印国防部长费尔南德斯1月份访问美国时，同美国国防部长拉姆斯菲尔德签署了《印美军事情报和安全合作协议》及《印美武器销售与军事技术合作协议》。根据上述协议，美同意印度向美国及其盟友购买武器装备，并进一步拓展同印度的军事技术合作领域。美承诺为印提供军事技术援助，加强美印武器联合研制工作，在严格保密和不扩散的前提下共同研制和发展高新武器装备。美国参谋长联席会议主席迈尔斯2月份访印期间向印度明确表示，美国将恢复自1998年印度核试验后停止的对印军售活动。当月，美国政府批准向印度出口20种武器系统，其中包括P-3型海上巡逻机、C-130型"大力神"运输机、GE-404轻型战斗机引擎、直升机、雷达和海上救生设备等。4月17日，美印两国正式签署了一项军售协议，根据协议美国将向印度出售8套价值为1.46亿美元的AN/TPQ型"寻火者"反雷达系统。同日，印度还与美国就《防务采购与维修协议》草案达成一致。该协议不仅为印度今后从美国购买军火铺平道路，而且有助于提高美印两国的军事协同能力，使两国国防研究实验室之间建立起更加密切的关系。5月21日至24日，印度国防秘书纳拉扬率国防工业采购团赴美访问并与美达成协议，美国将向印度出售夜视仪、热成像仪、个人保护装备以及包括无人驾驶飞行器和地面传感器在内的特种部队装备。9月，美国防部向国会递交了一份价值高达1亿美元的对印军售计划。10月24日，美国会通过决议，1400万美元以下的美对印军售合同可不需国会批准而直接实施，为美加强对印军售铺平了道路。

（四）频繁举行联合军事演习。2002年，美印双方进行了一系列的联合军事演习，其中规模较大的有4次。5月11日至23日，美印特种部队在印度北方邦阿格拉市郊举行代号为"平衡易洛魁"的联合军事演习。此次演习是美印自1963年以来两国地面部队首次进行的联合军事演习。9月28日至10月2日，美印海军在印度科钦附近的阿拉伯海域举行代号为"马拉巴尔-4"的海上联合演习。在为期4天的演习中，两国海军进行了舰载直升机着舰、编队航行、反潜作战和协同射击等众多科目的演练。10月2日演习结束后，印度海军的战舰还首次访问了美海军在印度洋迪戈加西亚岛的海军基地。9月29日至10月11日，美印特种作战部队和空降部队在美国阿拉斯加州的埃尔门多夫空军基地举行代号为"杰罗米诺突击"的联合空降演习。印度国防部发言人称，此次演习的目的是为了加强两国陆军和空军部队的联合作战能力。这是美印军队首次在美国举行的联合演习。10月20日至25日，美印空军在印度阿格拉空军基地举行的"对抗印度-02"联合演习。美空军驻日本横田的第5航空队和夏威夷空军国民警卫队派C-130型运输机参加了空投和短程着陆演练，并与印度俄制"安-32"型及"伊尔-76"型运输机进行了协同演练。

（五）加强反恐合作。2002年，印继续与美国加强反恐合作。1月，双方就如何更为有效地打击国际恐怖主义举行了首次专家交流研讨会；4月初，印度内阁安全委员会通过决议，同意与美国共同防卫马六甲海峡航道的安全，防止海盗侵扰过往商船。从4月中旬起，印度海军同美国海军第7舰队开始在马六甲海峡为过往商船进行联合护航。这是印度海军首次在联合国框架之外同其他国家海军进行合作。6月11日至12日，美印反恐联合工作小组在华盛顿举行第5次会议，会后发表了关于反恐的联合声明。声明称，美印将在反恐方面进行以下合作：1、加强情报合作，定期交流有关国际与地区恐怖主义的情报信息；2、美将为印军警人员提供高质量的反恐训练课程；3、建立双边法律援助体制和网络安全论坛；4、通过在反恐方面进行军事合作来完善印美防务政策小组在该领域提出的动议；5、就针对恐怖主义的多边动议进行密切合作，包括实施联合国安理会第1373号决议；6、在本土与内部安全、冻结恐怖主义财产及事关运输安全与边境管理的司法方面展开对话与合作；7、采取具体行动，制止与打击涉及两国的恐怖分子及组织。7月，美印反恐专家在华盛顿举行高级会谈，双方均表示将加强合作共同打击国际恐怖组织。美国负责南亚事务的副国务卿罗卡称，美印在反恐领域的合作对美印防务合作"具有开拓性意义"。

二、加强同俄罗斯的军事合作情况

（一）巩固战略伙伴关系。2002年，俄总统普京、副总理克列巴诺夫、外长伊万诺夫和国家安全会议秘书鲁沙伊等政要相继访问印度，印国防部长费尔南德斯和国家安全顾问米什拉也先后访俄。通过高层互访，进一步巩固和发展两国已建立起的战略伙伴关系。特别是俄总统普京12月4日至5日访问印度期间，发表了《印俄关于巩固和发展战略伙伴关系的德里宣言》，决定将双边关系提升至更高水平，在两国之间和国际社会上展现一种更加亲密、更富活力的关系。宣言称：印俄将以实现共同安全和繁荣发展为两国关系的核心目标；两国将继续举行年度首脑峰会，定期就各种问题进行深层次磋商；在议会、司法交流的基础上增加内阁部长级会议和工作会议，促进双方在联合国及其他国际和地区论坛上的合作，支持对方加入包括世贸组织在内的国际性组织。宣言还称：印俄将通过与相关国家的对话和磋商来实现以新的安全合作秩序为基础的多极化世界，坚持核不扩散，实现裁军目标，促进全球和平与稳定；双方将建立良好的军事技术合作关系，通过联合研究、共同开发项目来加强双边的合作关系。访问期间，俄印双方领导人强调，印俄战略伙伴关系构筑了两国关系长期发展的坚实框架，为此，俄印两国决心将战略伙伴关系提升到一个更高的高度。

（二）拓展军事合作领域。2002 年，印度进一步拓展同俄罗斯的军事合作领域。在向俄购买武器方面，俄印双方 2 月在新德里召开第二届军事技术合作委员会会议，除签署了扩大俄向印出售武器装备的协议外，俄答应尽快落实先前与印签署的有关军售协议，包括可发射导弹的"T－90"型坦克、"苏－30MKI"型战斗机、"卡－31"型舰载直升机、"阿穆尔"级柴油动力潜艇、"基洛"级潜艇、"图－22"型远程轰炸机、"米－17"型直升机、S－300 型防空导弹系统以及"通古斯卡－M1"型防空系统等。5 月中旬至 7 月，随着印巴局势日益紧张，印要求俄加快武器装备交货进度，并紧急增购了部分武器装备。其中陆军购买的武器装备包括：140 辆 T－90 型坦克及瞄准器；1000 枚"短号"重型反坦克导弹；1050 枚"针式－S"地对空导弹及 400 具配套单兵发射架；"旋风"多管火箭炮系统以及各型冲锋枪和狙击步枪。海军购买的武器装备包括："基洛"级潜艇 3 艘；"卡－31"型电子直升机 4 架；"天王星"反舰导弹 72 枚；"牛虻"式舰对空导弹 100 枚；"针式－S"防空导弹 150 枚和配套导弹发射架 30 具；PK－2 诱饵发射器 1260 件、PK－10 诱饵发射器 1440 件；潜射鱼雷 60 枚；"俱乐部"超音速反舰导弹弹药 3.4 吨。空军购买的武器装备包括："苏－30MKI"型战斗机 10 架，"伊尔－76"型运输机 1 架，"米－17"型要人专用直升机 8 架，空对空导弹 100 枚，航空炸弹 1000 枚。在联合研制武器方面，印俄两国就此前已签订的包括《2010 年前军事技术合作计划》在内的 350 份协议、合同进行了反复磋商。俄方同意加快履约进程，向印转让武器生产许可证、协助印军工企业生产部分军工产品，帮助印军提高武器装备现代化水平。在这些协议和合同中，重点内容有：俄邀印参与俄第 5 代喷气式战斗机研发计划；授权印制造 140 架"苏－30MKI"型战斗机；俄印联合生产"勃拉姆斯－PJ－10"型反舰巡航导弹、"伊尔－214/MTA"多用途运输机；俄在印建立"综合后勤支援区域中心"等，寻求与印在国际市场上合作，以拓宽俄制战机在亚洲的销售市场。据称，在俄罗斯向印度提供的武器中，包括俄罗斯军队还未装备的最新类型。这不仅会扩大俄印战略合作关系的物质基础，而且也会巩固俄印在 21 世纪国际同等领域的战略地位。

（三）加强反恐合作。普京 12 月上旬访问印度期间，印俄两国发表的《印俄关于巩固和发展战略伙伴关系的德里宣言》明确提出，印俄双方都肩负着打击极端主义、恐怖主义和分裂主义势力的特殊责任。宣言还称，双方将勇敢面对来自国际恐怖主义、大规模杀伤性武器扩散等各方面的新挑战，呼吁国际社会在国际法的基础上坚决反对任何国家、团体和私人支持、庇护、教唆、培训恐怖分子，以及为恐怖活动提供经济支援、宣扬恐怖主义等。普京访问期间，印俄还签署了进行反恐怖主义合作的备忘录。该备忘录称，俄印将依照两国的法律进行反恐合作。具体包括：定期交流工作经验以及有关国际恐怖行动与贩毒行动的情报信息；当双方受到恐怖威胁时，将联合采取措施打击恐怖行动；在与防止可能利用核、化学和生物武器的恐怖行动相关的问题上保持联系；采取措施防止和扼制非法贩毒和军火走私；为防止和扼制扣压人质、劫机等特别恐怖行动，双方共享有关的知识和经验，并采取相应的联合行动；在互利的基础上，组织和培训两国的反恐怖部队；为提高合作效率，双方将任命相应的联络官员。备忘录还提出，俄印反恐合作由印度外交部和俄罗斯联邦外交部成立的反恐怖主义工作小组具体实施。该工作小组每年将在合适的时候至少召开两次会议。会议将在新德里和莫斯科交替进行。

（刘温国）

印度发生激烈教派冲突　2002 年，印度国内的印度教徒与穆斯林之间不断发生激烈冲突，导致印治安形势严重恶化。

一、冲突情况

2 月下旬，印度古吉拉特邦的一些印度教徒在印度"世界印度教大会"的鼓动下，乘火车前往北方邦的阿约迪亚举行集会，要求政府允许在该地巴布里清真寺遗址修建印度教罗摩庙，并在阿约迪亚举行了象征性的奠基仪式。2 月 27 日，上述印度教徒乘火车由阿约迪亚返回，当火车驶至古吉拉特邦的古德拉镇时，车上的印度教徒因高喊口号支持修建罗摩庙而激怒当地穆斯林。约 2000 名穆斯林强行拦住火车，先是向车上扔石头，进而又将其中 4 节车厢烧毁，造成 67 名印度教徒死亡。随即，当地的印度教徒开始对穆斯林进行报复袭击，引发了印度国内近 10 年来最大的教派冲突。在持续 4 天的冲突中，近 400 人丧生。

事件发生后，印度政府采取紧急措施。3 月 1 日，印总理瓦杰帕伊召开内阁会议，评估古吉拉特邦形势。会后以联合政府各党派的名义发表声明，呼吁印度教徒和穆斯林结束暴力，恢复和平。3 月 2 日，印总理瓦杰帕伊发表全国电视讲话，称这场冲突是“国家的耻辱”，呼吁民众保持冷静，并警告称，政府将坚决打击“暴民”。同时，印政府在古吉拉特及其邻近各邦的主要城市实行戒严，逮捕了 1000 余名宗教激进分子。印国防部长费尔南德斯亲往阿默达巴德等地视察。印陆军和准军事部队陆续派出近万名部队前往古吉拉特邦和北方邦平息骚乱。

由于印政府迅速采取了各种措施，此次宗教冲突暂时平息，局势略有缓和。但是，印度教徒同穆斯林之间的矛盾并未彻底解决。“世界印度教大会”3 月 1 日宣布，印度教徒同意“暂缓建庙”，但要求政府必须书面保证，准许其在未来适当的时候建庙。自 3 月中旬起，印度教徒同穆斯林之间的宗教冲突依然接连不断，冲突地区除波及整个古吉拉特邦以及邻近的拉贾斯坦邦和北方邦外，还蔓延到“克什米尔邦”和孟买、加尔各答等城市。据不完全统计，继 2 月 27 日以后，印度共发生宗教冲突 100 余次，其中在以下 3 个地区发生的冲突规模和伤亡较大：一是古吉拉特邦艾哈迈达巴德市。3 月 13 日至 4 月 5 日，约 2000 名印度教徒携带弓箭接连冲进该市一穆斯林聚居区，抢劫商店，焚烧房屋，与穆斯林发生暴力冲突，造成 26 人死亡，近百人受伤。二是古吉拉特邦首府甘地纳加尔市。9 月 24 日，2 名穆斯林乘坐一辆小轿车冲进阿克萨达姆神庙，用自动步枪和手榴弹对正在庙内进行祈祷的数百名印度教徒进行袭击，并与警方形成紧张对峙。25 日凌晨，印度国民警卫队特种部队攻入神庙，结束了长达 7 个小时的对峙僵局。交战中，两名穆斯林恐怖分子被全部击毙。此次袭击事件共造成 32 人死亡，77 人受伤。三是印控克什米尔地区。7 月 13 日，该地区发生了针对印度教徒的袭击事件，造成 27 人死亡，30 余人受伤；11 月 24 日，该地区穆斯林袭击印度教神庙，造成至少 12 人死亡。

二、冲突背景与原因

2002 年印度国内发生的印度教徒与穆斯林之间冲突是由阿约迪亚争端引起的，有着深刻的历史背景与现实原因。

从历史上看，印度教徒与穆斯林之间的寺庙之争由来已久。阿约迪亚是印度七大宗教圣地之一，位于印度北方邦法扎巴德县境内，古代曾是科萨拉王国的首都。该地原建有印度教的罗摩庙，1528 年被莫卧尔帝国的穆斯林统治者拆毁。1584 年，穆斯林在罗摩庙原址修建了巴布里清真寺。英国殖民统治时期，印度教徒要求拆除巴布里靖真寺，重建罗摩庙，并为此多次同穆斯林发生冲突。印度独立初，印政府为避免冲突下令关闭了巴布里清真寺，规定双方都不得入内，双方冲突一度平息，但争端依然存在。20 世纪 80 年代后，随着印度世俗主义的迅速膨胀，印度教徒于 1984 年成立了“罗摩神诞生地解放牺牲委员会”。穆斯林也成立了“巴布里清真寺行动委员会”。由此，印度教徒同穆斯林之间的矛盾随之升温。1990 年 10 月，在代表印度教徒利益的印度人民党的煽动下，印度教徒在国内举行大规模抗议示威，要求政府允许他们推倒清真寺，重建罗摩庙，并引发了同穆斯林之间的大规模冲突。印政府不得不下令镇压，平息了骚乱。1992 年 12 月 6 日，20 多万印度教徒聚集到阿约迪亚，强行拆毁了巴布里清真寺，由此引发了一场自 1947 年独立以来最大的教派冲突，全国各地罢工、罢市、焚烧寺庙和残杀事件接连不断，约 2000 人在这次冲突中丧生。巴布里清真寺被拆毁后，印度教徒一直要求政府允许其在该地重建罗摩庙，而穆斯林则要求政府允许其重新建寺。印政府为防止国内再次发生宗教冲突，采取拖延政策，强行要求双方维持现状。

从现实看，印度人民党政府偏袒印度教徒是冲突的重要原因。1998 年印度人民党上台执政以后，推行强硬的民族主义政策，在阿约迪亚争端问题上明显偏袒印度教徒。印度总理瓦杰帕伊 2000 年 12 月 6 日向全国公开宣布：“重建罗摩庙是爱国主义的表现，这项工作应继续下去。”印度人民党政府这一政策引起了穆斯林的强烈不满。2002 年初，印度“世界印度教大会”宣布将于 2 月至 6 月份在阿约迪亚正式修建罗摩庙后，印度人民党政府予以默认，并由此引发了 2002 年 2 月 27 日的冲突。3 月 13 日，印最高法院做出“禁止在阿约迪亚进行任何形式的宗教仪式，并维持阿约迪亚现状”的裁决后，印检察总监代表政府在国会提出，允许印度教徒如期在阿约迪亚建庙，从而导致印度教徒与穆斯林之间的冲突持续不断。

三、冲突的影响

2002 年印度国内发生的印度教徒与穆斯林之间冲突是近 10 年来最严重的宗教冲突，对印度造成了重大影响。

（一）印度人民党的执政地位受到冲击。印度人民党自 1998 年执政以来，推行偏袒印度教的政策，早已引起印度少数民族的不满。2002 年连续发生的印度教徒同穆斯林之间的冲突，使印少数民族的不满情绪进一步加大。在2002年上半年举行的邦议会选举中，印度人民党失去了在北方邦、旁遮普邦和曼尼普尔邦的领导地位。至此，在全国28个邦中，印度人民党仅控制着4个，要求印度人民党下台的呼声此起彼伏。印度国大党、印共（马）、社会主义党、前进同盟等反对党多次召开联合会议，指责印度人民党政府无能，要求采取坚决有效的措施制止暴乱。并称，若政府不能平息教派骚乱就应下台。

（二）印度的国际形象受到损害。印政府由于处理此次宗教冲突措施不力，遭到了国际社会的普遍批评。美国、英国、德国、荷兰、芬兰、加拿大、俄罗斯等国相继发表声明，批评印度政府处理不力导致国内教派冲突持续不断，敦促印政府尽快采取果断措施平息国内骚乱。伊朗外交部发言人针对印国内教派冲突多次发表讲话，谴责印度教徒迫害穆斯林的行为，希望印度政府以宽容的胸怀对待国内穆斯林，合理解决教派矛盾。孟加拉国总理卡莉达·齐亚于3月10日发表声明，对印度教徒进行严厉谴责，并指责印度政府对教派冲突处置不当，造成事态进一步恶化。其他伊斯兰国家均希望印度政府采取果断措施，平息宗教冲突。

（三）导致印巴关系进一步紧张。2001年12月13日印度议会大厦遭恐怖袭击后，印巴两国关系即处于高度紧张状态。双方在边境地区屯集重兵，形成近年来最严重的军事对峙。此次宗教冲突发生后，印国防部长费尔南德斯2月28日指责巴与这起事件有关，并称印度将进行“充分的调查”。印度新闻媒体也纷纷指控这次宗教冲突是巴基斯坦情报机构在背后操纵的结果。巴基斯坦总统穆沙拉夫对此予以坚决反驳，称在印度的穆斯林现在是印度教极端主义和恐怖主义袭击的目标，这场大屠杀必须停止。巴基斯坦各大城市还相继暴发了大规模的穆斯林示威活动，抗议印度教徒屠杀穆斯林。

（刘温国）

尼泊尔反政府武装活动加剧　2002年，尼泊尔共产党（毛派）武装（以下简称尼反政府武装）加强了反政府活动，政府采取措施加强清剿但收效不大，尼国内局势进一步动荡。

一、尼泊尔反政府武装活动情况

2001年11月21日，尼泊尔反政府武装单方面撕毁2001年7月同政府签署的停火协议，采取各种手段强化反政府活动：

（一）袭击军警驻地。2002年，尼泊尔反政府武装不断袭击尼军警驻地，造成军警人员大量伤亡。其中规模较大的有5次：2月中旬，尼泊尔反政府武装为纪念其成立7周年，对尼军警发动了自1996年成立以来规模最大的一次进攻，共打死皇家陆军士兵57人，警察72人，政府官员4人。5月中旬，尼反政府武装1000余人在尼中西部地区袭击了4个军营和2个警察哨所，打死尼军警140余人。9月上旬，尼反政府武装出动5000余人在尼首都附近地区袭击3个警察哨所和1座军营，共打死尼军警158人，打伤30余人。10月27日，数千名尼反政府武装人员对加德满都以东的拉姆贾塔尔机场发动突袭，并同尼政府军展开激战，打死政府军90余人。11月16日，约5000名尼反政府武装人员袭击了加德满都西北的久木拉县政府机关、机场、银行、警察局和军营，打死37名军警人员。

（二）进行恐怖活动。尼反政府武装不断以政府机构、政府官员和基础设施为目标进行各种恐怖活动，造成严重的后果。据尼政府称，尼反政府武装的恐怖袭击对国内基础设施造成毁灭性打击。邮政系统遭到的破坏尤为严重，迄2002年11月，全国共有34个县的443个邮局遭到毁坏，造成经济损失达1720多万卢比。

（三）开展罢工活动。2002年，尼反政府武装还先后于2月2日至3日和11月11日至13日两次组织全国性罢工活动，致使尼全国大部分地区停水、停电，不少政府机关和外国驻尼外交机构停止工作。

尼泊尔反政府武装的活动对尼泊尔造成了巨大影响，主要表现在两个方面：一是导致尼政府内部矛盾激化。尼政府内部在如何对待尼反政府武装问题上，向来有矛盾。执政的尼大会党内以德乌帕首相为首的派别主张采取强硬措施镇压反政府武装，而以柯伊拉腊为首的反对派认为军事行动并不能解决问题，主张以和平方式解决。5月上旬，当德乌帕提出延长全国紧急状态期限时，遭到柯伊拉腊一派的反对。为此，德乌帕首相建议贾南德拉国王解散了议会下议院，并定于11月13日举行全国大选，由德乌帕继续担任首相领导看守政府。然而，在柯伊拉腊等人的操纵下，贾南德拉国王10月4日突然宣布，以“不称职”为由罢免了德乌帕的首相职务，同时解散内阁。10月11日，贾南德拉国王任命前首相巴哈杜尔·昌德为临时政府首相，并亲自挑选了内阁成员。二是导致尼国内经济严重恶化。为打击反政府武装，尼政府在2002年大量增加军队和警察系统的预算，先后拨款达133

亿卢比，导致尼财政赤字加大。同时，反政府武装的活动也严重破坏了尼泊尔的经济发展。其中，反政府武装仅在电信方面给尼泊尔造成的经济损失就多达5亿卢比。由于尼局势不稳，2002年到尼泊尔旅游的外国游客减少了21.8%，是近50年来最少的一年，尼国内旅游收入减少了70%，由过去的年均1.6亿美元减至0.4亿美元。据尼泊尔统计局公布，2001—2002年度，尼经济增长率不足2%，为历史上最低的一年。

二、尼政府采取措施打击反政府武装

（一）实行紧急状态并颁布《反恐怖主义法》。尼反政府武装2001年11月21日单方面撕毁停火协议后，尼政府于11月26日即宣布在全国实施为期3个月的紧急状态，并颁布了《反恐怖主义法》，将反政府组织以及参与该组织活动或向其提供援助的组织和团体宣布为“恐怖组织”，为打击反政府武装确立了法律依据。2月22日和5月25日，尼政府根据形势的需要，两度延长实施紧急状态。8月28日，尼政府名义上宣布解除紧急状态，但仍命令军警系统对反政府武装保持高度戒备。

（二）扩充军队，展开全面清剿。自2001年11月下旬起，尼政府动用军队在全国范围内对反政府武装主要据点开展全面清剿，以期彻底消灭反政府武装。为确保兵力充足，尼政府不断扩充兵力，将总兵力由原来的45000人增加到60000人。尼皇家陆军还以合同形式，将15000名未满50周岁的退役军人重新招回服役。年内，尼政府军对反政府武装活动频繁的近百个重要地区进行了大规模军事清剿，取得了一定战果，共击毙反政府武装成员约600人，逮捕反政府武装及其支持者3000多人，摧毁其大量营地，缴获大量武器弹药。尼国家安全委员会11月26日召开会议，决定从11月27日起，在全国范围内对尼反政府武装实施为期一年的军事打击。同时还决定加强对新闻媒体的管制，禁止任何媒体报道有关皇家军队打击反政府武装情况。

（三）寻求美英印等国家的支持。年内，尼首相德乌帕、国王贾兰德拉和外交秘书阿卡尔亚等分别访问了印度、美国、英国。通过访问，尼得到了上述国家的积极支持。印度政府向尼泊尔皇家陆军提供了20辆防雷车、2架直升机和一批武器。为防止尼反政府武装向尼境内走私武器，印度在印、尼边境线上部署了7万多军队。美国在2002财政年度向尼泊尔提供了2750万美元经济援助和1200万美元的军事援助。英国除向尼提供650万英镑用于购买武器装备外，还将向尼政府军提供反恐训练。俄罗斯除在道义上支持尼政府外，还向尼提供了2架米——17型直升机和部分轻武器。

尽管尼政府为打击反政府武装采取了以上措施，但并未取得明显效果。迄2002年底，尼反政府武装依然保持近2万人的实力，控制着全国三分之一以上的地区，其活动范围遍及全国75个县中的68个。

（刘温国）

斯里兰卡出现结束内战的希望 2002年，斯里兰卡政府同泰米尔猛虎组织的和解进程在挪威的积极斡旋下，先后两次取得重大突破。一是3月23日双方实现停火，二是9月16日开始举行“和平谈判”。这两次突破使斯里兰卡出现了结束长达19年内战的希望。

一、斯政府同泰米尔猛虎组织实现停火

2001年12月，在挪威的积极斡旋下，斯政府和泰米尔猛虎组织的关系开始缓和。猛虎组织于2001年12月19日宣布停火1个月，斯政府于12月21日发表了停火声明，并决定自2002年1月15日起解除对猛虎组织控制区的经济封锁，以改善当地居民的生活条件。1月20日，猛虎组织向斯政府建议将停火期限延长1个月，同时宣布释放10名政府人员。1月22日，斯政府与猛虎组织正式就延长停火时间达成协议。2月22日，斯政府与猛虎组织签署了永久性停火协议，主要内容包括：双方停止一切军事进攻行动和部队调动；恢复斯里兰卡所有居民的正常生活秩序，包括所有居民都可以自由获得一切民用商品和恢复公路与铁路交通；建立一个由挪威领导的国际监督机制；协议自2月23日零时起开始生效。当日，斯里兰卡政府和猛虎组织都向挪威驻斯里兰卡大使提交了一份保证遵守停火协议的文件。挪威外交大臣彼得森在奥斯陆宣布，挪威将组织一个由挪威和北欧其他国家人员组成的国际监督团前往斯里兰卡监督停火，一旦协议生效，双方将在8周之后举行“有关谈判的谈判”。斯里兰卡总理维克勒马哈表示，斯政府将在3个月内与泰米尔伊拉姆猛虎组织举行“和平谈判”。2月23日，斯里兰卡政府批准了与泰米尔猛虎组织无限期停火的协议。

二、斯政府与泰米尔猛虎组织举行“和平谈判”

停火协议生效后，挪威就斯政府与泰米尔猛虎组织举行“和平谈判”问题进行斡旋。由于双方在取消对泰米尔猛虎组织的禁令问题上存在严重分歧，“和平谈判”未能按双方承诺如期举行。泰米尔猛虎组织一直将此作为同意恢复“和平谈判”的先决条件，声称在政府取消禁令之前不会坐到谈判桌前。斯总统库马拉通加夫人则表示，政府必须在“和平谈判”开始后才能取消这项禁令，否则就意味着政府对泰米尔猛虎组织让步太多。斯反对党也对取消该禁令表示强烈反对。由于双方互不让步，并指责对方违反停火协议，原定于5月下旬举行的“和平谈判”一再被推迟。8月14日，在挪威政府的调停下，斯政府同泰米尔猛虎组织代表在挪威首都奥斯陆举行会谈，决定9月16日在泰国举行正式“和平谈判”。9月4日，斯政府内阁会议决定，从当日午夜起取消对泰米尔猛虎组织实行4年的禁令，为9月16日开始的“和平谈判”铺平了道路。

自9月16日起，斯里兰卡政府与泰米尔猛虎组织开始举行“和平谈判”。斯里兰卡政府的首席谈判代表为宪法事务部长佩里斯，泰米尔猛虎组织的首席谈判代表为该组织的第二号人物巴拉辛哈姆，挪威外交部国务秘书黑尔盖森担任和谈调停者。至年底，共举行了三轮谈判。由于双方的态度积极，和谈取得重大突破。

第一轮谈判于9月16日至18日在泰国东南部的梭桃邑海军基地举行。经过3天封闭式谈判，双方一致认为，解决冲突的关键是发展经济、帮助斯东北部泰米尔人聚居区摆脱贫困。斯政府首席代表佩里斯表示，除独立要求外，其他一切问题都可以谈。只要双方以正确的态度处理问题，猛虎组织的要求是可以达到的。猛虎组织首席代表巴拉辛哈姆表示，猛虎组织并不是谋求从斯里兰卡分离出去独立建国，只希望在泰米尔人聚居区实行自治。该组织对继续政治解决进程、实现持久和平抱有信心，并准备作为平等伙伴加入政府，共同进行国家经济的重建。双方同意成立一个委员会，共同处理难民返回家园问题。

第二轮谈判于10月31日至11月3日在泰国佛统府举行。双方同意成立一个以斯政府宪法事务部长佩里斯和猛虎组织首席谈判代表巴拉辛哈姆为首的4人政治事务小组委员会，研究如何政治解决困扰斯里兰卡长达19年的内战问题。与此同时，双方还就建立“联合特遣队”，负责在斯战乱地区进行人道主义救援和重建工作的具体问题达成了共识。双方重申，将继续遵守2月22日达成的停火协议，有步骤地拆除战乱地区的军事设施，加强双方军事部门之间的沟通，并积极促进僧伽罗、泰米尔和穆斯林三大民族间的和睦。

第三轮谈判于12月2日至5日在挪威首都奥斯陆举行。双方一致同意，通过在斯里兰卡建立联邦制国家、泰米尔地区实行高度自治来结束长达19年的内战。双方还商定，2003年1月举行第四轮谈判。

三、斯政府同泰米尔猛虎组织实现停火和进行谈判的原因

（一）斯政府急欲寻求和平。长达19年的内战导致64000多人丧生，160余万人流离失所，国家经济遭受了前所未有的打击，社会长期动荡不安。为稳定政局，发展经济，斯政府在长期进行军事打击未果的情况下，转而寻求与泰米尔猛虎组织进行和谈。斯总理维克勒马辛哈自2001年12月上台后即做出承诺，将把同泰米尔猛虎组织和谈、建立一个基础广泛的政府以及挽救衰退的国内经济作为其任期内的三大任务来抓。为此，维克勒马辛哈总理一方面正式要求挪威政府恢复担任调解人的角色，一方面在国内采取了多项有利于缓解冲突的人道主义措施，包括重新开放通往贾夫纳半岛猛虎组织控制区的主要公路。2月22日双方签订永久性停火协议时，维克勒马辛哈总理为表示诚意，将签字地点安排在离泰米尔猛虎组织控制区最近的北方小镇瓦武尼亚，并乘坐直升机亲临该地参加签字仪式。

（二）泰米尔猛虎组织内外交困。在国内，泰米尔猛虎组织经过19年的活动不仅未能实现建立独立的“泰米尔国”的目标，相反在政府强大的军事压力下损失惨重，在国内十分不得人心。在国际上，随着“9·11”事件后全球反恐联盟的形成，以恐怖暴力起家的泰米尔猛虎组织在国际上的活动空间受到极大的挤压。美国、加拿大、英国、澳大利亚和印度等国先后将其定性为恐怖组织，并冻结其海外资产。相反，斯政府则因积极反恐获得了更多的国际支持和援助。在内外交困的情况下，猛虎组织只能顺应潮流，与政府和谈。

（三）国际社会的调解起到了重要促进作用。挪威自1999年起开始在斯里兰卡政府和泰米尔猛虎组织之间进行调解，为促使双方实现停火和谈判发挥了重要作用。特别是2002年，挪威政府不仅担任调解人，而且为双方会谈提供地点、出面组织国际监督团前往斯里兰卡监督停火。泰国为配合双方谈判，两次提供谈判地点。泰总理他信表示，泰国将从各方面积极配合谈判的进行，愿为斯里兰卡政治解决国内冲突做出贡献。中国外交部发言人刘建超11月28日表示，中国政府支持斯里兰卡和平进程，对有关各方及

国际社会为此所作的积极努力表示赞赏。作为斯里兰卡的朋友，中国政府衷心希望斯里兰卡国内和平进程能继续下去并不断取得进展。美国、英国、加拿大等国也积极促进双方实现和解。9月16日斯政府同泰米尔猛虎组织开始会谈后，美、英、加等国政府均发表声明表示支持。联合国秘书长安南在9月16日发表声明称，斯冲突双方在认真执行停火协议的基础上，进入了举行和谈的实质性阶段，国际社会对此表示欢迎。

四、斯和平进程的前景

2002年，斯政府同泰米尔猛虎组织谈判取得了重大突破，为结束战乱、实现和平带来了曙光。但是，和平进程仍面临一些难题。双方之间仍然存在着阻碍和平进程的因素。第一，斯政府和猛虎组织之间长期形成的积怨和戒心并非一朝一夕可以改变。目前，双方在泰米尔猛虎组织解除武装问题上仍然互不相让。斯政府要求泰米尔猛虎组织放下武器，以换取政府军放松对北部贾夫纳半岛区的控制。而泰米尔猛虎组织则认为，解除武装则意味着将来会束手就擒，失去同政府讨价还价的条件。为此，拒绝了斯政府的要求。随着谈判的深入，双方将逐步涉及联邦政府与自治地区政府的管辖权力、区域划分、财政分配以及管理机制等实质性问题，处理不好，可能引发新的矛盾和冲突。第二，斯总理与总统间在“和平谈判”问题上有分歧。自斯政府与猛虎组织年初达成永久性停火协议后，总统库马拉通加夫人频频向维克勒马辛哈总理发难，指责其在停火问题上过于软弱和讨好猛虎组织。第三，根据斯宪法规定，政府要想赋予泰米尔人自治权力，必须获得议会三分之二以上多数的支持。从斯当前国内政治形势看，斯政府与泰米尔猛虎组织达成的协议能否获得议会通过，还是未知数。

（刘温国）

阿富汗战后重建取得进展但局势仍不稳定 在美、英等国军队和北方联盟的军事打击下，阿富汗塔利班及本·拉登的“基地”组织迅速崩溃，塔利班政府于2001年11月24日宣布投降。此后，在国际社会的支持下，阿富汗转入战后重建工作。经过1年多的努力，阿战后重建工作取得了较大进展，但仍存在不稳定因素。

一、阿富汗战后重建情况

（一）顺利实现由“临时政府”向“过渡政府”的转换。塔利班政权投降后，阿富汗的北方联盟、罗马集团、塞浦路斯集团和白沙瓦集团四方代表在联合国主持下，于2001年11月27日至12月5日在德国波恩举行阿富汗问题会议，联合国安理会5个常任理事国及巴基斯坦、印度、伊朗、日本、加拿大、土耳其等19个国家的代表列席会议。会议签署了“波恩协议”。协议的主要内容是：在阿富汗建立一个临时政府负责处理国家日常事务，临时政府将由1位主席，5位副主席和23名其他成员组成；在临时政府成立半年内召开大国民议会紧急会议，成立一个基础广泛的过渡政府领导阿富汗，直到在大国民议会紧急会议召开后的两年内经大选选出一个有真正代表性的政府；在联合国帮助下成立一个司法委员会，帮助阿富汗根据伊斯兰原则、国际准则、法律原则以及阿富汗司法传统重建司法制度；解除部分圣战者组织和武装集团的武装。

在波恩协议的指导下，经过各方磋商，阿富汗临时政府于2001年12月22日成立，并举行了就职仪式，由普什图族领导人哈米德·卡尔扎伊任临时政府主席，阿卜杜拉任外交部长，尤尼斯·哈努伊任内政部长，穆哈穆德·法希姆任国防部长。2001年12月23日，阿富汗临时政府主席卡尔扎伊召开第一次内阁会议，确定了临时政府的13项施政方针。2002年3月10日，阿临时政府首次召开全国省长会议，为地方政府制定了工作重点。6月11日至19日，阿富汗根据“波恩协议”召开大国民会议，卡尔扎伊当选为过渡政府总统，并于6月19日宣誓就职。卡尔扎伊还向大国民会议提交了新政府的部分内阁成员名单，出席大会的1650名代表以举手表决的方式通过了卡尔扎伊的组阁方案。阿富汗过渡政府的成立在一定程度上实现了“达成民族和解，建立稳固的政权体系和稳定的政治制度”的目标，是战后阿富汗重建工作取得进展的一个重要标志。根据波恩协议，阿富汗过渡政府于6月22日正式开始行使职能，任期18个月，直至2004年大选。

（二）阿过渡政府积极采取措施稳定局势，恢复经济。年内，阿临时政府和过渡政府积极采取措施维护阿国内局势稳定。一是缓和国内矛盾。针对阿富汗国内种族派别林立且矛盾尖锐，卡尔扎伊上台后极力平衡各派势力，除吸收各不同派别组成了基础广泛的政府外，还加强同各民族部落间的联系，以缓和国内各派之间因权力分配等原因产生的矛盾。二是树立政府形象。卡尔扎伊上台后多次承诺，他将竭尽全力维护阿富汗的和平与稳定；促进经济发展与社会繁荣；建立一个强大、廉洁的中央政府。三是整合各派武装。“波恩协议”规定，阿国内所有圣战者组织和武装集团都必须服从临时政府的指挥和控制。根据该协议，阿临时政府上台后陆续解除了国内部分圣战者组织和武装集团的武装，并对其人员进行了妥善安置。四是筹建国家军队。3月6日至7日，阿临时政府召集阿各派武装的300多名领导人在喀布尔举行会议，讨论建立国家军队问题。各派领导人一致同意，建立一支由各个部落派别组成的国家军队，以保卫阿富汗的和平和安全。阿临时政府4月份制定了国家军队建设方案。根据该方案，阿新的国家军队总兵力为8万人，其中陆军6万人，空军0.8万人，边防军1.2万人。此外，还计划建立7万人的准军事部队。新的国家军队主要任务是确保国家安全，保障公民的生命和财产安全，平息国内民族纠纷，维持边界的安定，执行反毒反恐任务，帮助重建以及分发人道主义援助，抢险救灾等。五是恢复国内经济。卡尔扎伊上台后明确宣布，阿新政府实行自由市场经济和私有经济，确保阿富汗经济得到尽快的恢复与发展。同时，阿临时政府还加强同国际社会的联系，争取各国政府和国际金融机构对阿经济建设和国家重建提供经济援助。经过1年多的努力，阿国内交通运输、水利设施等方面的基础建设发展迅速，部分重工业、轻工业和手工业恢复生产，农业方面取缔毒品种植，恢复了粮食生产，国民经济正在逐步恢复。

（三）美英等国军队继续围剿塔利班和“基地”组织残余势力。塔利班垮台后，美、英等国军队在阿富汗的主要任务是继续清剿塔利班和“基地”组织残余势力，帮助阿临时政府控制局势，稳定政权。年内，美、英等国部队一直在阿富汗开展清剿行动，其中规模最大的行动是3月份开展的“蟒蛇行动”和“鱼叉行动”。2月下旬，驻阿美军获悉大约有200名“基地”组织成员在向阿富汗东部城市加德兹附近的沙尔科山谷集结后，立即调集部队，于3月1日发起了代号为“蟒蛇行动”的清剿作战。参战部队包括：美军第101空降师、第10山地师和海军“海豹”突击队共约2000人，澳大利亚、加拿大、丹麦、法国、德国和挪威驻阿部队约200人，阿富汗地方武装数千人。至3月13日，“蟒蛇行动”结束。在为期12天的清剿行动中，共打死800名塔利班和“基地”组织武装分子。美军9名士兵阵亡、40多人受伤。“蟒蛇行动”结束后，由500名加拿大士兵和一个美军步兵小分队在沙尔科山谷地区展开了代号为“鱼叉行动”的搜剿活动，追击漏网的“基地”组织成员和塔利班士兵。

（四）国际安全援助部队协助阿临时政府维持治安。根据联合国安理会授权，驻阿富汗国际安全援助部队于2001年12月正式组建。该部队总兵力4500人，由英国、奥地利、比利时、丹麦、芬兰、法国、德国、希腊、意大利、荷兰、挪威、葡萄牙、罗马尼亚、西班牙、瑞典、土耳其和新西兰等国部队组成，英国担任首任领导，驻扎期限为6个月。1月4日，阿临时政府内政部长穆罕默德·尤努斯·加努尼和驻阿国际安全援助部队司令约翰·麦科尔签署了“关于驻阿国际安全援助部队的任务和权力”的协议。根据该协议，国际安全援助部队的首要使命是维护阿富汗的和平与稳定，确保喀布尔等城市的社会治安；其次是训练阿富汗军事和安全人员，并给予阿富汗以军事技术援助。1月9日，阿临时政府内政部要求驻扎在首都喀布尔城内的北方联盟军队在3天内撤到城外的军营，以便国际安全援助部队顺利进驻该市。自1月10日起，国际安全援助部队与阿富汗安全警察联合在街头步行巡逻。6月中旬，联合国安理会一致通过了第1413号决议，决定自6月20日起将驻扎在喀布尔的国际安全援助部队的任期延长半年。同时决定由土耳其接替英国领导国际安全援助部队。2002年底，国际安全援助部队宣布，鉴于阿富汗战后重建工作尚未完成，局势仍不稳定，该部队将继续在阿富汗担负维持喀布尔及其周围地区安全的任务，必要时将任务范围扩大至阿其它城市和地区，直至完成其使命。

二、国际社会积极支援阿富汗重建

阿富汗战后重建得到了国际社会的积极支持和援助，主要情况如下：

中国　中国国家主席江泽民和国务院总理朱镕基1月下旬在会见到访的阿富汗临时政府主席卡尔扎伊时说，中国真诚希望阿富汗能尽快启动经济恢复和重建工作，中国将积极参加阿富汗的重建进程，并为此提供力所能及的支持和帮助。卡尔扎伊访问期间，中国政府决定向阿富汗临时政府提供3000万元人民币的紧急物资援助和100万美元的财政援助。

美国　美国国务卿鲍威尔1月17日在喀布尔与阿临时政府主席卡尔扎伊会晤时表示，美国将全力支持阿富汗的重建工作，帮助阿富汗当局建立一个“和平与安定”的国家。1月28日，美国总统布什在同阿富汗临时政府主席卡尔扎伊举行会谈时表示，美国政府致力于与阿富汗建立一种持久的伙伴关系，并将帮助阿新政府实现和平所需要的安全。

英国　英国首相布莱尔1月上旬在访问阿富汗期间表示，英国将致力于阿富汗的战后重建和长期发展，以使其成为国际社会的一员。国际社会应该致力于阿富汗的重建，维持阿富汗的稳定。

巴基斯坦 巴基斯坦总统穆沙拉夫 2 月 8 日在会见到访的阿富汗临时政府主席卡尔扎伊时表示，巴基斯坦将尽全力支持阿富汗重建，希望看到一个和平、稳定、团结和繁荣的兄弟邻国。在实现这一目标的过程中，巴基斯坦将始终和阿富汗站在一起。

伊朗 伊朗总统哈塔米 2 月 24 日在会见到访的阿富汗临时政府主席卡尔扎伊时表示，伊朗一向与阿富汗人民站在一起，反对他们的压迫者，伊朗将继续奉行这一政策。伊朗愿意帮助阿富汗建立一个稳定、发展的国家。

联合国 联合国开发计划署 1 月 7 日在伊朗德黑兰召开了主题为“重建第一年：从救援到恢复”的阿富汗重建会议。与会代表围绕阿富汗基础设施的重建、卫生与教育、社会发展等主题进行了研讨。联合国开发计划署驻伊总代表巴斯塔格利说，联合国将尽力为阿富汗的恢复和重建提供各种援助，同时呼吁国际社会不要在阿富汗战争结束后遗弃阿富汗。1 月 21 日至 22 日，联合国在日本东京组织召开了援助阿富汗重建国际会议，来自 66 个国家和 22 个国际组织的代表参加了会议。有关国家和国际组织承诺向阿富汗重建提供 45 亿美元的资金，其中至少 18 亿美元将在 2002 年到位。会议发表的主席总结报告指出，国际援助是有条件的，阿富汗各派必须为波恩协议确定的目标做出积极贡献，以建立和平、有代表性的政府和稳定的阿富汗，铲除恐怖主义、毒品和走私。1 月 25 日，正在阿富汗访问的联合国秘书长安南呼吁国际社会在阿富汗重建问题上发挥作用，给阿富汗政府以长期的支持。2 月 20 日，联合国难民署发言人宣布，联合国难民署和阿富汗临时政府难民遣返部自 3 月 1 日起正式开始帮助难民返回家乡。

三、阿国内仍存在不稳定因素

2002 年，尽管阿战后重建工作取得进展，但由于长期以来宗教、种族、派别斗争以及外部势力干涉等诸多因素的影响，阿国内局势依然存在着不稳定因素，主要表现在以下几个方面：

（一）政府内部权力斗争激烈。在阿临时政府执政时期，阿各派武装为争夺权力斗争激烈。北方联盟中的伊斯兰促进会领导人拉巴尼因被卡尔扎伊取代极为不满，公开向其发难。北方民族运动领导人杜斯塔姆因对在临时政府中任国防部副部长不满而拒绝到任，试图在阿北部地区建立独立王国。6 月上旬阿大国民会议召开前，阿临时政府内部又围绕老国王查希尔的地位问题引起争议。一些支持查希尔的势力要求将其确定为国家的领导人，而不是仅保持一个象征性的地位。而北方联盟中的塔吉克族势力和其他政治势力则坚决反对查希尔继续“参政”，双方一度僵持不下，致使会议被迫推迟。大国民会议召开期间，参加会议的代表又在过渡政府组阁和组建国民议会问题上出现分歧，致使会议推迟 1 天闭幕。阿组成过渡政府后，虽然卡尔扎伊在任命内阁成员时竭力平衡各民族利益，但由于国防、内政、外交等重要部门的领导权都交给了塔吉克族人，引起了阿最大民族普什图族的强烈不满。特别是被誉为普什图族与塔吉克族之间联系纽带的副总统卡迪尔被暗杀，进一步激化了这两个民族的对立。至 2002 年底，阿过渡政府许多职能机构尚不健全，政府要员在重大问题上存在分歧，严重影响阿政权的稳定。

（二）军阀武装冲突不断。阿富汗经过 20 多年战乱，形成了军阀割据的局面。阿临时政府执政后，这种状况并未得到彻底改变。2 月上旬，坎大哈的地方武装以塔利班最高领导人奥马尔正藏在南部赫尔曼德省的山区为由，向该省的地方武装发起进攻。赫尔曼德省的地方武装在进行反击的同时公开宣称，奥马尔根本就不在这一地区，坎大哈的地方武装只不过是以此为借口扩大地盘而已。由于双方武装冲突不断，当地的百姓只好离家出走。4 月上旬，由希克马蒂亚尔领导的阿富汗伊斯兰党在喀布尔制造爆炸事件，企图炸死阿临时政府主席卡尔扎伊和即将回国定居的前国王查希尔，颠覆临时政府，阻挠阿召开大国民议会。6 月下旬，阿北部地区杜斯塔姆的北方民族运动同拥护塔利班的武装之间爆发较大规模冲突，造成大量的人员和财产损失。7 月份，阿西部赫拉特省的塔吉克族武装与普什图族武装之间连续发生多起武装冲突，造成数百人伤亡。帕克蒂亚省的军阀扎德兰因其家族成员未被任命为该省省长，多次威胁新任省长，并在该省首府加德兹近郊集结兵力。卡尔扎伊虽已宣布解散不归中央管辖的武装组织，并解除了部分组织的武装，但由于各派地方武装群雄割据，阿过渡政府只控制着首都喀布尔及其附近地区，其他地区则由拥兵自重的军阀控制。

（三）恐怖暴力活动频繁。阿富汗塔利班和“基地”组织的残余势力依然活跃，不断开展恐怖活动，袭击阿临时政府要员、驻阿美英部队和联合国工作人员。据不完全统计，2002 年内，塔利班和“基地”组织共开展各类恐怖活动近百次，其中影响较大的有以下事件：一是袭击阿临时政府国防部长穆罕默德·法希姆。4 月 8 日晨，塔利班人员在楠格哈尔省首府贾拉拉巴德市中心安置炸弹，袭击炸毁阿临时政府国防部长穆罕默德·法希姆的车队，共造成6人死亡，大约70余人受伤，法希姆幸免于难。二是刺杀阿过渡政府副总统阿卜杜勒·卡迪尔。7月6日，阿过渡政府副总统阿卜杜勒·卡迪尔在离开其在喀布尔的办公室时遭到塔利班和“基地”组织人员袭击，卡迪尔及其女婿和为他开车的司机当场死亡。三是喀布尔市连续发生爆炸。8月15日至16日，喀布尔市接连发生两起爆炸事件，致使喀布尔市中心的电信大楼和一个木材市场燃起大火。阿政府16日宣布，鉴于目前喀布尔市的安全和财政状况，政府决定取消原定于8月19日国家独立日举行的传统的大型阅兵式。四是袭击阿过渡政府总统卡尔扎伊。9月5日，阿富汗过渡政府总统卡尔扎伊在坎大哈参加其弟婚礼途中遭遇两名武装分子的袭击，陪同的坎大哈省省长古尔·阿迦受伤。卡尔扎伊的美国保镖与武装分子交火并将其击毙。同日，阿富汗首都喀布尔市中心发生汽车炸弹爆炸，造成30余人死亡，150人受伤。五是袭击驻阿富汗国际援助部队营地。12月19日，塔利班和“基地”组织人员试图闯入驻阿国际援助部队在喀布尔的一个军营，在遭到卫兵阻拦后，向军营内投掷了5枚手榴弹，造成2人死亡，3人受伤。

（四）经济建设举步维艰。多年战乱使阿富汗经济处于崩溃边缘，数百万阿富汗人在贫困和饥饿中挣扎。阿过渡政府虽然希望尽快振兴经济，提高民众的生活水平，但却面临严重的财政危机。国际社会援阿资金除世界银行和中国、荷兰、德国等国的部分资金到位外，许多捐助国和国际援助机构出于政治和安全考虑，并未实现向阿提供援助的承诺。阿过渡政府重建工作部部长称，“虽然有60多个国家和国际组织在东京大会上承诺为阿重建提供总额达45亿美元的援助，但迄今阿并未收到任何有意义的款项”。联合国援助阿富汗小组曾警告称，阿富汗急需7亿多美元资金，如果阿不能立即得到大量财政援助，其民主改革和经济建设将有夭折的危险。此外，阿富汗大量难民回国也使阿经济雪上加霜。年内，从巴基斯坦、伊朗和中亚国家返回阿富汗的难民已达200万人，由于安置工作面临巨大困难，引发了严重的社会问题，危及着过渡政府的稳定。

（刘温国　赵文平）

联合国恢复对伊拉克武器核查　2002年11月27日至2003年3月18日，由联合国监核会和国际原子能机构领导的武器核查小组在伊拉克进行了3个多月的核查。此次核查是依据世界大多数国家彻底搞清伊拉克究竟有没有大规模杀伤武器的意愿，遵照联合国第1441号决议，在对伊武器核查工作中断4年后进行的，也是在美英两国以“伊拉克拥有大规模杀伤性武器，对世界安全构成威胁”为借口在海湾地区进行大规模军事部署，积极进行“倒萨”准备的情况下开展的，并最终被美英发动的伊拉克战争强行中断。此次核查与1998年底被中断的核查紧密相连，可以说是那次核查的继续。

一、对伊武器核查的缘起和中断

（一）核查缘起海湾战争。1990年8月2日伊拉克出兵占领科威特，严重违反了国际法准则，因而导致联合国安理会先后通过决议，对伊拉克进行全面制裁，并授权对伊拉克使用武力。与此同时，以美国为首的多国部队进入海湾，1991年1月海湾战争爆发。

战后，安理会于1991年4月3日通过第687号决议，要求伊拉克销毁所有大规模杀伤武器及射程超过150千米的导弹，并成立联合国销毁伊拉克化学、生物和核武器特别委员会（特委会）负责监督该协议的执行。当月，由瑞典人埃克乌斯担任主席的特委会和由布利克斯担任总干事的国际原子能机构核查人员进驻巴格达开始核查工作。伊拉克一方面提供配合，销毁了大量的生、化、核原料和设备以及导弹，希望核查早日结束，对伊经济制裁早日取消；另一方面又想方设法隐藏一些武器及原料，并为核查人员设置障碍，企图让核查尽早收场。例如，1991年9月21日，刚开始核查不久的核查人员在巴格达一栋大厦里发现大量有关伊核武器计划的机密文件。当核查人员带着文件准备离开时，曾声称会“完全合作”的伊官员强行没收了部分文件，伊军方则出动武装士兵将拒绝交出文件的核查人员拦在一处停车场。这场对峙持续了4天。直到此后安理会通过主席声明，宣布如果伊拒绝合作，安理会成员国将采取“进一步行动”之后，伊拉克才解除了对核查人员的围困。

到1994年，经过3年核查，联合国工作人员已经控制住了伊拉克的核及导弹计划，但对萨达姆的生化武器计划仍然一无所获。1995年初，生化武器核查取得了突破。当年2月，联合国生物专家在巴格达市郊的阿尔·哈克姆工厂内发现了大量名叫“生长酶”的桶装粉末，这种生物制剂可以被用来制造蛋白质，但也可以用于制造生物武器。如果用于制造蛋白质，整个伊拉克每年只需要最多1吨生长酶，而当时伊拉克一次就进口了34吨生长酶。核查人员最后得出结论，这家工厂很可能从事大规模的炭疽病毒生产。

1995年8月，萨达姆的女婿侯赛因·卡迈勒·哈桑叛逃出境，在约旦向联合国核查人员证实了有关阿尔·哈克姆工厂状况的所有证据，另外还提供了伊拉克生、化武器以及导弹的新情报。在证据面前，伊拉克终于承认制造了超过8000升的炭疽孢子和1.9万升的肉毒杆菌毒素，但未将其加载到任何弹头上。

（二）特委会与伊拉克冲突不断。从1995年下半年开始，伊拉克多次公开拒绝联合国核查人员进入一些场所。安理会多次谴责伊拉克违反联合国决议。1997年7月，持亲美立场的澳大利亚人巴特勒接替埃克乌斯出任特委会主席一职。

如果说埃克乌斯在任期内尚能与伊方正常相处，使核查得以正常进行的话，巴特勒上任之后，特委会与伊拉克的紧张关系则不断加剧，最终巴特勒拂袖而去，核查不得不暂停。其主要原因：一是伊方认为巴特勒只知道挑刺，根本不想让伊方通过核查这一关；二是伊方认为巴特勒领导下的特委会成了美、英间谍的工具，对伊"国家安全"构成了严重威胁。

1995年4月，特委会主席埃克乌斯向联合国提交的报告结论是："对伊武器核查和销毁工作已经基本完成，伊拉克已不再拥有制造大规模杀伤性武器的能力。"到1996年末，伊政府认为，核查工作可能宣告结束，联合国对伊制裁取消在望了。然而，1997年10月中旬，巴特勒向联合国安理会提交了一份报告，不仅未提海湾战争后伊在执行安理会决议方面所做的努力，反而指责伊在销毁生化及核武器方面仍有隐瞒，且多次阻挠武器核查小组的正常工作，甚至威胁小组工作人员的安全。

此后，在美英的敦促下，联合国安理会通过了第1134号决议，要求伊拉克严格遵守联合国各项决议，尽快交出有关大规模杀伤武器的"最后的、完整的"资料，否则将对伊实施新的制裁。这项决议犹如当头一棒，沉重打击了满怀希望的伊拉克。伊拉克指责这项决议是在美国压力下做出的，伊拉克拒绝接受这项决议，并采取对抗核查的措施。

（三）核查中断。1998年初，联合国秘书长安南亲赴伊拉克斡旋并与伊方达成了谅解，但伊拉克与巴特勒领导下的特委会的冲突仍持续升级。1998年8月，伊拉克宣布中断与联合国核查人员的合作，除国际原子能机构继续执行监测任务外，其他武器核查工作全部停止。在此情况下，巴特勒于11月中旬命令所有核查人员及其他人道主义救援人员共300多人撤离巴格达。12月17日，美英以伊拉克阻挠核查、违反联合国决议为由，发动代号为"沙漠之狐"的对伊空袭行动。12月19日，伊拉克宣布联合国特委会从此不得返回伊拉克。

据统计，从1991年至1998年底，联合国共派出200多个武器核查小组对伊拉克2500多个地点进行了400多次调查。销毁的大规模杀伤性武器包括：4万多件化学军需品、近50万升化学制剂、180万升用于制造这些化学制剂的化学品和包括弹道导弹弹头在内的7种运载系统。专家估计，长达7年的武器核查行动解除了伊拉克95%的大规模杀伤性武器。与此同时，伊拉克按联合国要求共向安理会递交了约10份武器报告，每份报告的结论都是"充分、安全、彻底地公开销毁了所有大规模杀伤性武器"，但这些报告无一得到安理会的通过。

1999年12月17日，安理会通过第1284号决议，决定建立联合国监测、核查和视察委员会（监核会），继续联合国特委会对伊拉克的核查使命。2002年1月，曾任国际原子能机构总干事的瑞典人布利克斯被任命为监核会主席。此后，联合国与伊拉克就恢复对伊武器核查问题进行了多次会谈，但没有取得进展。双方争议的焦点是，联合国要求首先解决武器核查人员重返巴格达的问题，而伊拉克则坚持联合国应首先取消对伊制裁。

二、对伊武器核查的恢复和被强行中断

（一）核查的恢复和进展情况。2002年8月1日，伊拉克外长萨布里致信联合国秘书长安南，邀请联合国监核会主席布利克斯访问伊拉克，并希望联合国武器核查小组能"在双方同意的最早时间内"抵达巴格达。9月16日，伊拉克宣布无条件接受联合国恢复武器核查。对伊拉克的武器核查在中断了4年之后出现重大转机。

2002年11月8日，联合国安理会一致通过了由美英提交的对伊进行武器核查的第1441号决议，要求伊拉克在7天内确认遵守决议，在30天内向核查人员提供有关大规模杀伤性武器研制、生产和储存的详细报告。新决议要求伊拉克"无条件、无限制地"允许联合国武器核查人员进入所有可疑地点，包括萨达姆的8处总统官邸。11月13日，伊拉克宣布无条件接受安理会第1441号决议。11月27日，联合国武器核查小组在伊拉克国家监督委员会官员的陪同下对位于首都巴格达西部和东部的两个地点进行了突击检查，标志着对伊武器检查工作正式开始。

12月7日，伊拉克向联合国递交了长达12000页的有关大规模杀伤性武器的报告。19日，监核会主席布利克斯和国际原子能机构总干事巴拉迪向联合国安理会提交了对这一报告的初步评估结果，认为这份

报告“缺乏新的实质性内容”，并有诸多遗漏和有待回答的问题。美国认为，伊拉克完全未能满足联合国安理会第 1441 号决议提出的要求，其做法构成了对安理会决议的“实质性违反”。

从 2002 年 11 月 27 日至 2003 年 3 月 18 日 3 个多月的时间里，联合国两机构对伊拉克境内的 720 多个地点进行了 900 多次突击检查，其中包括萨达姆的多处官邸和其他政府机构和设施。核查重点主要是伊拉克生产大规模杀伤性武器的厂房、实验室、储藏地点、设备、原材料、相关研制数据和计划，以及对部分地点的土壤、空气和水源进行取样分析等。核查人员约谈了 28 位伊拉克武器专家。伊拉克应核查人员的要求销毁了 46 枚“萨默德 - 2”型导弹。

（二）伊拉克对核查给予了配合。此次核查中，伊拉克多次做出让步，给予了配合。按照监核会主席布利克斯的话说，伊方提供了“实质性的主动合作”。例如，2002 年 12 月 27 日，伊拉克向核查小组递交了一份曾参与制定伊武器研制计划的科学家名单，名单上列出了伊拉克化、生、核和导弹等领域的 500 多名科学家的姓名。2003 年 1 月 20 日，伊拉克与联合国签署了一份 10 点内容的协议，主要精神是积极配合核查人员进行武器核查。1 月 29 日，伊拉克“为了表示与核查人员合作和履行安理会决议的诚意”，放弃了此前对联合国监核会租用美国 U - 2 侦察机设置的条件，称只要在飞机进入美英两国在伊南部和北部设立的“禁飞区”时通知伊拉克有关方面即可。2 月 9 日，伊拉克向正在巴格拉进行访问的布利克斯和巴拉迪提供了 24 份“新”文件，其中包括炭疽病菌研究情况、VX 神经毒气和弹道导弹的说明等。从 3 月 1 日开始，伊拉克应监核会要求，开始销毁射程超过 150 千米限制范围的“萨默德 - 2”型导弹。3 月 14 日，伊政府向监核会递交了一份包括曾参与伊拉克化学武器计划的 183 名科学家的新名单。

当然，对伊核查也并非没有波折。伊拉克领导人数次对核查工作进行指责。伊总统萨达姆在 1 月 6 日建军节的讲话中，指责核查人员在伊“从事间谍活动”。副总理阿齐兹称核查是骗局，不是寻找大规模杀伤性武器，而是搜集伊的科技和工业情报。

（三）核查报告未提出伊拉克拥有大规模杀伤性武器的证据。在三个多月对伊武器核查中，联合国监核会主席布利克斯和国际原子能机构总干事巴拉迪向安理会做过三次报告。在这三次报告中，并未提出伊拉克拥有大规模杀伤性武器的证据。

2003 年 1 月 27 日，布利克斯和巴拉迪就对伊武器核查工作向安理会做了第一次报告。报告对伊拉克的武器报告进行了评估，并就两个月来的核查工作进行了汇报，但没有对核查人员的发现做出任何判断，也没有要求安理会给予核查人员更多的时间。报告认为，两个月来伊拉克总的来说给予了合作，如帮助监核会在巴格达和伊北部建立了办事处，开放了所有的可疑地点，但指出仍有一些实质性的问题有待澄清。

2 月 14 日，布利克斯和巴拉迪向安理会做了第二次报告。主要内容是：在总体判断上，至今没有发现伊生产或拥有大规模杀伤性武器的确凿证据，但核查人员尚不能就诸多悬而未决的问题下结论。对伊武器核查已经从确定核查目标阶段发展到研判有无存在违禁武器的实质性阶段。在伊拉克合作问题上，给予了比上次报告更为积极的评价。

3 月 7 日，布利克斯向安理会汇报了伊拉克武器核查的最新进展。他表示，在过去的一个月里，伊拉克加大了合作力度，但其所作的一切还有待冷静地进行评估。他认为核查已到了实质性的关键阶段，还需要几个月的时间，希望继续核查，而不是半途而废。

（四）核查被伊拉克战争强行中断。此次武器核查是在国际社会为和平解决伊拉克危机做出重大努力，也是在美英在海湾地区部署重兵、不断威胁对伊动武的情况下进行的。然而，联合国武器核查小组经过 3 个多月的核查，并未发现伊拉克生产或储藏大规模杀伤性武器的证据。3 月 18 日，在美国政府的要求下，最后一批联合国武器核查人员离开巴格达，核查被迫中断。3 月 20 日，伊拉克战争爆发。

（赵小卓）

巴以之间不断爆发激烈冲突　2002 年，巴以之间不断爆发激烈冲突，国际社会的多方斡旋未见成效，中东和平进程陷于全面停顿状态。

一、巴以冲突情况

2002 年，以军以巴勒斯坦对以色列进行“恐怖袭击”为由，不断对巴发动大规模军事进攻，造成双方大量人员和财产损失。综观全年巴以武装冲突情况，大体可分为以下几个阶段：

第一阶段（1 月至 3 月中旬）：以军以巴激进武装袭击以军哨所为由，对巴实施“有限军事行动”。巴勒斯坦民族权力机构主席阿拉法特 2001 年 12 月 16 日宣布全面停火后，巴以之间一度相对平静。但是，这种平静很快被打破。2002 年 1 月 10 日至 14 日，以色列军队以巴勒斯坦激进武装 1 月 9 日袭击以色列军队在加沙南部的哨所为由，连续采取大规模进攻行动，先后摧毁了加沙南部拉法难民营中的 73 座巴勒斯坦民宅，切断了连接加沙地带中部和南部的主要道路，暗杀了巴勒斯坦法塔赫运动领导人拉伊德·卡尔米。1 月 17 日，以色列安全内阁决定，以军对约旦河西岸地区的巴勒斯坦目标实施“有限的军事行动”。根据该决定，以色列军队自 1 月 18 日起连续对巴勒斯坦实施军事打击。以军对巴激进武装的营地和军事设施、巴勒斯坦民族权力机构大楼、警察总部、广播电视局办公楼、难民营等进行狂轰滥炸，先后攻占了约旦河西岸巴勒斯坦控制的图勒凯尔姆、纳布卢斯、罕尤尼斯、伯利恒、希伯伦等巴方城镇，摧毁巴难民营地 100 余处，造成巴勒斯坦大量人员伤亡和财产损失，逮捕了数千名巴勒斯坦人。在以军实施军事打击的同时，以安全部门加强了对约旦河西岸巴控区的封锁，以防止巴勒斯坦激进组织成员潜入以境内进行袭击活动。

针对以军的“有限军事行动”，巴勒斯坦法塔赫运动所属“阿克萨烈士旅”、伊斯兰抵抗运动（哈马斯）、伊斯兰圣战组织等激进组织相继发表声明，表示将拒绝遵守阿拉法特 2001 年 12 月 16 日下达的停火命令，并迅速对以色列展开报复行动，在所有地方采用一切可能的方式对以色列发动全面战争。随后，上述组织连续在约旦河西岸和耶路撒冷等地不断开展针对以色列的袭击活动，其主要方式：一是在约旦河西岸地区不断袭击以军的哨所、营地。自 1 月中旬至 3 月中旬，巴勒斯坦武装人员共在约旦河西岸地区袭击以军 20 余次，打死打伤以军数百人。二是在耶路撒冷、特拉维夫等城市袭击以色列平民。仅 1 月 27 日和 3 月 2 日两次在耶路撒冷实施的自杀性爆炸袭击行动，就造成以色列平民 11 人死亡，150 余人受伤。

为缓和巴以紧张局势，巴勒斯坦民族权力机构采取了以下措施：一是整顿内部。1 月 15 日，巴安全部门以涉嫌 2001 年组织、参与和实施刺杀以色列旅游部长泽维为由，逮捕了“人阵”总书记艾哈迈德·萨达特及该阵线“穆斯塔法旅”领导人伊亚德·乌尔马。阿拉法特多次呼吁，要求所有武装派别停止在以色列境内进行以平民为目标的袭击行动。二是呼吁国际社会干预。阿拉法特多次发表声明，并致函中国、美国、俄罗斯等有关国家领导人，呼吁国际社会尽快采取行动，制止以色列对约旦河西岸巴勒斯坦难民营的大规模军事行动。同时重申，巴勒斯坦不会屈服于以色列的淫威，全体人民将战斗到底。

在国际社会的压力下，自 2 月下旬起，以色列对巴勒斯坦的进攻有所收敛，巴以局势有所缓和。2 月 23 日，以国防部长本·埃利泽命令军队在 7 天内停止对巴勒斯坦目标采取主动的军事行动，但保留对巴袭击活动做出反应的自卫权。2 月 24 日，以色列安全内阁召开特别会议，决定允许自 2001 年 12 月被以“软禁”的阿拉法特可以离开总统府在拉马拉市内活动，但不许其离开拉马拉。3 月 11 日，以色列总理沙龙宣布解除对阿拉法特行动自由的限制，其可以离开拉马拉总统府前往巴勒斯坦其他地区活动。3 月 15 日，以色列宣布将从约旦河西岸巴勒斯坦城镇拉马拉、盖勒吉利耶、图勒凯尔姆和伯利恒以及加沙地带撤军，但仍将继续对这些城镇实行封锁。3 月 18 日，在美国中东特使津尼的主持下，以色列与巴勒斯坦高级安全官员举行会谈，就以军从当时控制的加沙地带和约旦河西岸巴控区撤军问题达成一致。以色列自 3 月 19 日晨开始从加沙部分地区和约旦河西岸城市伯利恒周围地带撤军。

第二阶段（3 月下旬至 5 月上旬）：以色列借口“逾越节”自杀性爆炸事件对巴采取“防卫墙”军事行动。3 月 27 日，1 名巴勒斯坦青年利用犹太人“逾越节”在以色列北部海滨城市内坦亚市中心一饭店制造一起自杀性爆炸事件，造成以色列平民 15 人死亡、100 余人受伤。事件发生后，以色列召开内阁特别会议，决定立即采取大规模军事行动，对巴勒斯坦进行“全面、无限制”的军事打击。3 月 29 日，以色列军队对约旦河西岸地区的巴勒斯坦武装发动了代号为“防卫墙”的大规模军事行动。在这次军事行动期间，以军对巴实施了野蛮、残暴的军事打击。其中重点行动情况如下：第一，围困阿拉法特。以军 3 月 29 日攻占阿拉法特的官邸后，打死打伤数十名阿拉法特的保卫人员，将阿拉法特围困在大楼一间没有窗户的房间内。3 月 30 日夜，以特种部队到达阿拉法特办公室的门口，并向其发出最后通牒，要求交出刺杀以色列旅游部长泽维的嫌疑犯。在遭拒绝后，以军中断了阿拉法特官邸的通讯和水、电供应，使阿拉法特处于与外界完全隔绝的状态。由于许多国家的领导人关注阿拉法特的境况，以色列总理沙龙 4 月 2 日表示，可以允许阿拉法特离开拉马拉，但前提条件是他不能再返回巴勒斯坦地区。5 月 1 日，以色列总理沙龙宣布解除对阿拉法特的围困，但如果阿拉法特出国，以不保证一定让其回到巴勒斯坦。5 月 2 日，以军从拉马拉阿拉法特的官邸撤军。第二，围困伯利恒圣诞教堂。以军 4 月 1 日攻占约旦河西岸巴控城市伯利恒后，大约 200 名巴勒斯坦武装人员、平民以及宗教人士为躲避以军追剿进入伯利恒圣诞教堂，随后被以军围困在教堂内。4月3日，以军炸开教堂后门，试图冲进教堂，同教堂内的巴武装人员激烈交火。4月16日，以色列总理沙龙宣布，躲在圣诞教堂内的巴武装分子有两种选择：要么投降接受以方审判，要么终身流放海外。4月18日，巴以就以军对圣诞教堂的围困开始举行谈判。5月9日，在美国和英国代表的协调下，巴以双方就伯利恒圣诞教堂问题达成协议。根据该协议，除13名被以方通缉的巴武装人员外，以色列允许其余被围困的巴勒斯坦人员离开教堂。5月10日，以色列将13名巴武装人员直接引渡到海外。第三，袭击杰宁难民营。杰宁是巴勒斯坦的难民聚居地，被以称为“恐怖主义中心”，是以军“防卫墙”军事行动的重点打击目标。4月2日，以军动用坦克和武装直升机攻占杰宁地区，在遭巴勒斯坦武装顽强抵抗的情况下，以打击围剿恐怖分子为由对难民营地发动了大规模军事进攻，先后打死500名巴勒斯坦难民，俘虏近400名巴武装人员，并摧毁了数十个武器生产加工作坊。巴方指责以军在军事行动中滥杀无辜，要求联合国派出调查组进行调查。4月19日，联合国安理会通过第1045号决议，同意联合国秘书长安南提出的向杰宁难民营派遣调查团的建议。但是，由于以色列无理阻挠，调查活动未能进行。

面对以色列的“防卫墙”军事行动，巴勒斯坦民族权力机构没有屈服，坚持与以色列抗争。4月3日，巴民族权力机构发表声明，呼吁全体巴勒斯坦人行动起来，准备进行长期反抗以色列占领的斗争。声明说，以色列沙龙政府最近采取大规模军事行动的目的，并非他所宣称的“打击恐怖主义”，而是旨在彻底摧毁巴民族权力机构和巴勒斯坦社会的根基，以阿拉法特为首的巴民族权力机构绝不会在以色列坦克面前屈服，也绝不会在目前条件下接受以方提出的任何非分要求。声明还呼吁美国停止为以色列的侵略行为开脱，制止以军对中东和平及地区安全稳定造成根本破坏的侵略。巴勒斯坦领导人阿拉法特声称，“他本人宁可成为烈士，也绝对不向以色列投降”。与此同时，巴还积极呼吁国际社会采取行动，制止以色列对巴勒斯坦人民的侵害。巴激进武装除在约旦河西岸地区抗击以军进攻外，还连续在耶路撒冷、海法等地进行自杀性袭击，造成以色列平民大量伤亡，其中4月12日在耶路撒冷发生的自杀性爆炸事件中，导致中国工人1人死亡，2人受伤。

在国际社会的压力下，以色列自4月9日起开始从约旦河西岸地区陆续撤军。4月21日，以色列政府宣布，以军自3月29日以来对巴勒斯坦控制区发动的“防卫墙”军事行动结束。4月28日，以色列内阁以17票赞成、8票反对的投票结果，同意接受美国总统布什提出的结束对巴勒斯坦领导人阿拉法特围困的新建议。5月1日，以色列总理沙龙宣布解除对阿拉法特的围困。在整个“防卫墙”军事行动期间，以军滥杀无辜，给巴勒斯坦造成了严重破坏。共打死巴勒斯坦人近千人，打伤1447人，摧毁巴勒斯坦民宅3600余处，造成1.7万巴勒斯坦人无家可归。

第三阶段（5月上旬至9月中旬）以对巴实施“坚定之路”军事行动，并开始在巴以之间修建“安全隔离墙”。6月5日，以色列安全内阁会议决定，对巴境内目标进行报复性军事行动。6月6日，以军突然袭击拉马拉，摧毁了阿拉法特的总统府内部分建筑。6月10日，以色列军队的坦克和装甲车在两架“阿帕奇”直升机的掩护下，再次开进拉马拉市，围困巴民族权力机构主席阿拉法特的官邸和巴勒斯坦警察总部，同时颁布命令，宣布约旦河西岸巴勒斯坦控制区拉马拉为军事禁区。6月19日，以色列总理办公室发表声明，宣布以色列将可能重新较长时期地占领部分巴勒斯坦领土，以惩戒巴方的“恐怖攻击行为”。“只要恐怖活动还在继续，以色列就将保持对这些土地的占领”。当日，以军开始对约旦河西岸地区巴武装实施代号为“坚定行动”的军事打击。以军出动上百辆坦克和装甲车在“阿帕奇”武装直升机的掩护下，先后占领了杰宁、纳布卢斯和盖勒吉利耶市。6月21日，以内阁决定正式授权以军，在对约旦河西岸巴勒斯坦“恐怖主义势力”进行军事打击过程中，可视情况需要重新占领在“防卫墙军事行动”中占领过的巴控城市。6月24日，以军出动坦克和装甲车在“阿帕奇”武装直升机的掩护下，再次进占拉马拉，包围了阿拉法特的总统官邸，将所有出口严密封锁。6月24日，以军宣布被以方占领的6座约旦河西岸巴勒斯坦主要自治城市拉马拉、杰宁、伯利恒、图勒凯尔姆、盖勒吉利耶和纳布卢斯为军事禁区，实施24小时宵禁。

在对巴进行军事打击的同时，以色列政府6月11日决定修建总长360千米的“安全隔离墙”。根据“安全隔离墙”计划，将大致沿着1967年以巴战争边界线（即“绿线”），从南到北修建一道360千米长，下部为隔离墙、上部是铁丝网的安全屏障，将约旦河西岸巴控区与以色列隔离开，以阻止巴自杀性袭击者渗透到以色列境内发动袭击，并且方便以军警巡逻和缉拿“恐怖分子”。隔离墙将安装电子监视设备。预计每千米的造价100万美元，全部隔离墙工程完工将耗资近4亿美元。6月16日，以开始建造隔离墙工程，国防部长本·埃利泽参加了开工典礼。

针对以色列的上述做法，巴勒斯坦民族权力机构多次发表声明，谴责以色列对巴军事进攻不断升级和实施隔离墙计划，呼吁国际社会继续采取行动，迫使以色列立即从巴控地区撤军和停止实施隔离墙计划。同时呼吁全体巴勒斯坦人民全面停止针对以色列平民的暴力活动。但巴各激进武装则拒绝响应巴民族权力机构的号召，坚持抗击以军的侵略，并在以境内各城市继续不断地开展暴力活动。

至7月下旬，巴以双方在国际社会的压力下多次举行会谈，局势逐步缓和。7月29日，以色列总理沙龙下令军队放松对巴勒斯坦人的限制。根据该命令，以国防军将缩短在约旦河西岸的宵禁时间、撤除一些路障，放宽在加沙地带的打鱼限制，允许1.2万名巴勒斯坦人回到以色列工作，并为国际救援机构进入巴被占领土提供便利。8月18日，以色列国防部长本·埃利泽和巴勒斯坦负责安全事务的内政部长叶海亚在特拉维夫就以色列逐步撤军和实现停火达成协议。同日，以国防部发表声明称，以将从19日开始撤军，但条件是巴方应承担起加沙地带和伯利恒的安全责任，减少这些地区的恐怖和暴力活动。在巴民族权力机构的呼吁下，巴激进组织也宣布停止针对以色列人的自杀性袭击。

第四阶段（9月中旬至9月下旬）：以色列对巴实施“迟早之事”军事行动，并再次围困阿拉法特。9月18日、19日，巴勒斯坦激进武装在短暂停止恐怖袭击活动后，又在以色列连续制造了两起自杀性事件，造成以色列平民6人死亡、50多人受伤。9月19日晚，以色列军队出动数十辆坦克、装甲车和推土机，在武装直升机掩护下入侵加沙地带。9月20日，以军又摧毁了阿拉法特在拉马拉官邸内的大部分建筑，将阿拉法特围困在办公室内，并在办公楼四周架设了3米高的铁丝网，切断了水电供应和与外界的电话联系，要求阿拉法特交出20名身边的工作人员。9月22日，上万名巴勒斯坦人冲破以军封锁走上街头，抗议以军围困阿拉法特，并与以军发生冲突，造成巴方5人死亡、25人受伤。阿拉法特领导的法塔赫下属的武装派别“阿克萨烈士旅”发出警告，如果阿拉法特遭到伤害，下一场战争就将在以色列境内爆发。9月23日，以色列内阁秘书长萨阿尔表示，以军将继续对阿拉法特官邸实施严密围困，直至其按照要求交出以方重点通缉的20名巴勒斯坦人为止。9月29日，以色列在国际社会的压力下宣布放松对阿拉法特的围困。但以军坦克和装甲车仍部署在官邸外周围地区。

第五阶段（10月至12月）：巴以之间未发生大规模冲突，但零星的武装冲突依然不断。

二、国际社会提出的各种解决巴以冲突的方案

愈演愈烈的巴以冲突引起国际社会的普遍关注。有关方面提出了一系列解决巴以冲突的方案，主要包括：

（一）阿拉伯和平倡议。该方案由沙特阿拉伯王储阿卜杜拉于3月初提出，主要内容包括：以色列同阿盟所有成员国建立全面关系；以联合国安理会第242号、338号和425号决议的原则、条款和序言为基础进行和平谈判；恪守联合国安理会第194号决议，特别是该决议中有关1948年以后的巴勒斯坦难民回归权的部分；美国必须为这个方案的成功提供书面担保，以色列一旦接受这个方案就必须予以恪守；确定东耶路撒冷作为1967年6月5日被以色列占领的阿拉伯领土的地位；落实1991年马德里和平会议所确定的以“土地换和平”的原则。3月27日至28日，第14次阿拉伯国家首脑会议通过了该建议，并定名为“阿拉伯和平倡议”。

（二）沙特的“八点建议”。4月25日，沙特阿拉伯王储阿卜杜拉在与美国总统布什会谈时向美方递交了一份有关解决中东问题的8点建议，主要内容是：1、以色列撤出最近侵占的巴勒斯坦控制区；2、以色列结束对拉马拉的围困；3、向中东地区派驻多国维持和平部队；4、向被以军破坏的巴勒斯坦地区的重建提供国际援助；5、放弃暴力；6、以色列和巴勒斯坦民族权力机构立即进行政治谈判；7、以色列停止在巴勒斯坦领土建立犹太人定居点；8、实施联合国安理会1967年通过的第242号决议，以色列从阿拉伯被占领土上撤军，以换取阿拉伯国家承认以色列的生存权。

（三）美国的“中东和平新计划”。6月24日，美国总统布什在白宫宣布了一项“中东和平新计划”，主要内容包括：1、支持巴勒斯坦首先建立一个临时性国家，在通过谈判解决边界和其他有关主权问题后，再建立一个与以色列共处的正式国家。但条件是巴勒斯坦选出“一个新的、与以往不同的领导层”，并建立基于“宽容和自由”的民主制度。美国将与欧盟和其他阿拉伯国家一道，帮助巴勒斯坦建立新的宪法框架和民主制度，协助组织和监督年底举行的巴勒

斯坦地方选举和随后举行的总统选举。2、以色列军队应完全撤回到 2000 年 9 月 28 日流血冲突爆发以前的位置，并停止在被占领土修建犹太人定居点，支持建立一个可以有效运作和可以信赖的巴勒斯坦国。同时，为巴勒斯坦发展经济提供必要的条件。3、美国准备与其他援助国以及世界银行和国际货币基金组织等国际组织一道，共同实施一项大规模的巴勒斯坦经济改革和发展计划，支持巴勒斯坦对其金融和审计制度进行改革，同时增加对巴勒斯坦的人道主义援助。

（四）美国、俄罗斯、联合国和欧盟的中东和平“路线图”计划。7 月 16 日、9 月 17 日和 12 月 20 日，美国、俄罗斯、联合国和欧盟代表先后 3 次在纽约和华盛顿举行关于解决巴以冲突的国际会议，形成了中东和平“路线图”计划的基本框架。中东“路线图”计划分三阶段实现以色列和巴勒斯坦“两个永久独立国并立”，以长远解决以巴冲突。第一阶段停止恐怖行动和暴力冲突，巴勒斯坦建立制度法规。为此，要求巴勒斯坦领导层发表明确声明，重申以色列享有在和平与安全环境下的生存权。同时，以色列政府也必须明确声明，一个独立且享有主权的巴勒斯坦国在和平与安全环境下与以色列毗邻共存。以色列必须停止“危及相互信任”的行动。双方必须恢复“安全合作”。第二阶段为“过渡期”，从巴勒斯坦选举结束后，到 2003 年底巴勒斯坦人按临时边界线建国为止。届时协调中东问题和平解决的四方将召开国际会议，援助巴勒斯坦经济复苏。第三阶段“建立巴勒斯坦国”。中东“路线图”原定于 12 月 20 日公布，但由于各方仍存有分歧而推迟。

（五）丹麦的“中东和平新计划”。8 月 29 日，丹麦外交大臣佩尔·斯蒂·默勒宣布，丹麦以美国布什政府 7 月提出的中东和平计划为基础，拟订了一份“中东和平新计划”。该计划分三个阶段实施：第一阶段，2002 年秋天巴以双方进行谈判，并在 2003 年 1 月巴大选前达成一项安全协议，使以军从其占领的部分巴自治区撤出；第二阶段，巴方举行大选，起草宪法，进行政治体制改革；第三阶段，就耶路撒冷地位等问题进行最后阶段谈判，到 2005 年成立正式的巴勒斯坦国。计划建议，在巴以谈判的同时，以色列同约旦、黎巴嫩之间的有关谈判也应同时启动。

从上述各种方案的提案方的影响力和有关方面对方案的反应看，中东和平“路线图”计划比其他方案给解决巴以冲突带来了更多的希望。

三、巴以之间不断爆发激烈冲突的原因

（一）沙龙政府执行强硬的高压政策。2000 年 9 月沙龙强行参观伊斯兰圣地阿克萨清真寺是巴以冲突的导火索，其 2001 年上台后，不愿意承接以色列前任政府的谈判成果，转而对巴勒斯坦实行强硬的高压政策和“定点清除”政策，以迫使巴方在领土和建国问题上作更多让步。在这一形势下，巴方以各种形式进行的反占领斗争再度高涨，特别是哈马斯等激进派的袭击活动也乘机卷土重来。以色列当局以打击恐怖活动为由，变本加厉地推行“定点清除”政策，企图从肉体上消灭巴激进组织的活跃分子和领导人。这一政策的结果是导致双方以暴易暴，不断爆发激烈冲突。

（二）阿拉法特的地位日益削弱。自 2000 年巴以冲突以来，阿拉法特的权威受到来自内外的严重挑战。从巴内部看，2002 年阿拉法特曾多次发布命令，要求停止对以色列平民发动恐怖袭击，但巴各派激进武装对此置若罔闻，自行其事，使得阿拉法特难以对他们进行控制。同时，由于在冲突中遭受了大量人员伤亡和财产损失，经济已濒临崩溃，巴勒斯坦人民的反以情绪高涨，内部强硬派日渐得势。从外部看，以色列和美国持续对阿拉法特保持高压政策。以色列先后 3 次围困阿拉法特官邸，迫其做出让步；美国以巴政府须进行改革为由，试图让阿拉法特下台，从而将阿拉法特置于左右为难的境地。

（三）美国的中东政策偏袒以色列。美国是中东和谈最有影响的国家，尤其对以色列拥有无可替代的影响。但是，美对以采取怂恿政策，巴以谈判一遇挫折，美国总是偏袒以色列，将责任推到阿拉法特和巴勒斯坦人的头上。“9·11”事件前后，美国先是疏于对中东和平的斡旋，对以色列的所作所为听之任之；继而又公然对阿拉法特施加压力，令其剪除巴激进派势力，并以延缓巴建国和美巴断交两大要害问题相要挟。同时，美国对巴以采取双重标准政策，对巴激进武装的自杀式爆炸行动严厉谴责，而对以色列的暗杀等恐怖行动则采取纵容态度。美国的上述立场助长了以色列对巴采取的强硬和野蛮政策。

（刘温国　赵文平）

以色列构建全国导弹防御系统　继 2000 年在特拉维夫附近部署第一个“箭”式反导弹导弹连之后，以色列又于 2002 年 10 月在北部哈代拉地区部署了第二个“箭”式反导弹导弹连，并计划在 2004 年底前部署第三个“箭”式反导弹导弹连。届时，以色列将建成覆盖全境的导弹防御系统。

一、“箭”式导弹防御系统研发情况

“箭”式导弹防御系统是在美国总统里根提出“战略防御计划”之后，美国和以色列于1986年开始联合研制的。然而，由于当时受到以色列国内的质疑，研制工作进展缓慢。在海湾战争中，伊拉克向以色列发射了39枚“飞毛腿”导弹，而美国在以色列紧急部署的“爱国者”导弹表现不佳，拦截率还不到30%。海湾战争结束后，以色列政府遂决定建立自己的导弹防御系统，而且性能要优于美国生产的“爱国者”导弹系统。这样，“箭”式导弹防御系统进入到快速发展阶段。迄今，美以两国为“箭”式导弹防御系统的研发已投入约22亿美元，其中大多数由美国负担。在导弹预警方面，以色列还要依靠美国的人造卫星提供情报。

为了检验“箭”式导弹系统的防御能力，以色列自2000年9月份以来不断进行实弹发射试验。2003年1月5日下午，以色列国防军在特拉维夫南部的帕尔马奇姆空军基地举行了一次具有重要意义的试验，4枚“箭”式导弹同时击中4个不同目标。以军发言人在试验结束后兴奋地宣布，“箭”式导弹首次完成了同时发射，试验结果“令人非常满意”。但以军方也坦言，真正的试验是在战争中。当美国再次对伊拉克以进行军事打击时，如伊拉克再度对以色列进行导弹袭击，“箭”式导弹系统将成为反导弹技术的一块重要“试金石”。

二、“箭”式导弹防御系统构成概况及作战理念

“箭”式导弹防御系统主要由“绿松树”预警雷达、“香橼树”火控中心及6联装“箭－2”导弹发射架等组成。“箭－2”导弹长10米左右，弹径1.73米，最远拦截距离100千米，最大速度10倍音速，拦截高度50千米，雷达预警范围500千米，可同时跟踪拦截14个目标，采用二级固体火箭发动机和高能炸药，杀伤半径50米，杀伤率为90%，其控制系统有较强抗干扰能力。

以色列军方官员称，“箭”式导弹防御系统已正式融入以色列的国家军事计划当中。如果伊拉克再次使用“飞毛腿”导弹向以色列目标发动袭击，美国的卫星将马上捕捉到导弹推进器发出的热量，并在第一时间将情报转发给以色列。此后，以军配备的“绿松树”雷达开始对“飞毛腿”导弹进行跟踪，确定这些导弹的可能发射点，并指挥以色列空军对伊拉克的“飞毛腿”导弹发射架进行空袭。由于“飞毛腿”导弹发射架可以自由移动，因此，以军将力争在它转移阵地或再次发射之前将其摧毁。同时，“箭”式导弹防御系统将采取行动，向袭来的“飞毛腿”发射“箭”式导弹，在“绿松树”系统的指引下飞向目标，并用传感器侦测“飞毛腿”发散的热量，确定飞行路线。当进入有效杀伤范围之后，“箭”式导弹自行引爆，将“飞毛腿”弹头摧毁。整个战斗过程将在10分钟之内完成。以色列在境内部署“箭”式导弹连之后，其反导防御系统便采用了“双保险”，外层为“箭－2”导弹、内层为“爱国者”导弹。由于“爱国者”导弹只能在低空摧毁目标，加上伊拉克改进的“飞毛腿”弹头具有在“最后关头分裂以迷惑敌人”的能力，因此往往无法正确击中目标。而“箭”式导弹将有效防止这种局面的再次发生，可确保目标在以色列本土外被摧毁，并赢得反应、还击时间。如果第一次拦截失败，还有时间进行第二次拦截。

三、“箭”式导弹防御系统的部署情况

“箭”式导弹防御系统的设计要求是拦截中短程导弹。为构筑全国性的导弹防御系统，以色列计划在境内部署3个“箭”式反导弹导弹连。目前，已部署了两个连。第一个连于2000年在特拉维夫附近的帕尔马奇姆空军基地部署，用于保护以色列中部地区，第二个“箭”式导弹连于2002年10月在哈代拉地区部署，用于保护以色列北部地区。根据计划，以色列还准备于2004年底前在内盖夫沙漠地区部署第三个“箭”式反导弹导弹连，届时，以色列将建成覆盖其全境的导弹防御系统，成为世界上第一个拥有全国性导弹防御系统的国家。

（林海霞）

第九届东盟地区论坛外长会议在文莱举行 2002年7月31日，第九届东盟地区论坛外长会议在文莱斯里巴加湾市举行，文莱、柬埔寨、印尼、老挝、马来西亚、缅甸、菲律宾、新加坡、泰国、越南等东盟10国和澳大利亚、加拿大、中国、欧盟、印度、日本、新西兰、俄罗斯、韩国、美国等10个对话伙伴的外长或代表，以及朝鲜外务相与会。会议取得了积极成果。

一、与会代表就地区和国际热点问题交换看法、表明立场，并发表主席声明

本次论坛主要讨论了亚太地区的安全、反恐及朝鲜半岛和南亚局势，进一步发挥东盟地区论坛作用及加强区域和国际合作等问题。关于反恐问题，与会代表就联合打击国际恐怖主义问题提出了许多对策建议。关于南海局势，与会代表认为东盟与中国间就南

海地区行为准则正在进行的磋商对本地区和平与安全是非常重要的。关于南亚局势、阿富汗问题、核不扩散和制止大规模杀伤性武器扩散等问题，与会代表表明了各自的立场。关于经济问题，与会代表赞赏本地区为经济改革、一体化与合作所做的种种努力，欢迎东盟和中日韩领导人对建立更紧密的东亚伙伴关系，促进地区和平、稳定与繁荣所作的承诺。关于东盟地区论坛未来发展方向，与会代表重申将致力于进一步加强这一论坛职能，使之成为亚太地区政治和安全对话与合作的有效论坛。

会议结束后，发表了一份主席声明，阐述了与会代表在地区安全、反恐等问题上的立场。声明说，与会代表首先对东盟地区论坛继续在处理地区安全问题等方面取得重要进展感到满意，并支持东盟在地区论坛中继续发挥主要推动作用，认为论坛将继续向前发展；声明对地区和国际安全形势进行了评估，认为“9·11”事件对整个安全环境产生了巨大影响，强调东盟地区论坛有必要想方设法在反恐斗争中进一步合作；声明对2002年上半年在黄海发生使朝鲜半岛紧张局势加剧的事件表示关注，鼓励朝鲜北南双方根据2000年6月15日《北南宣言》精神恢复对话，增进双方间的和解与合作。

二、中国向论坛提交新安全观立场文件

在第九届东盟地区论坛外长会议举行期间，中国代表团向大会提交了《中国关于新安全观的立场文件》，全面系统地阐述了中方在新形势下的安全观念和政策主张。文件的主要内容如下：

历史证明，武力不能从根本上解决争端与矛盾，以行使武力或以武力相威胁为基础的安全观念和体制难以营造持久和平。人们普遍要求摒弃旧的观念，以新的方式谋求和维护安全。在此形势下，以对话与合作为主要特征的新安全观逐渐成为当今时代的潮流之一。新安全观实质是超越单方面安全范畴，以互利合作寻求共同安全。新安全观建立在共同利益基础之上，符合人类社会进步的要求。由于国际关系的缓和、世界经济的发展成为国际形势的基本特征，安全的涵义已演变为一个综合概念，其内容由军事和政治扩展到经济、科技、环境、文化等诸多领域。寻求安全的手段趋向多元化，加强对话与合作成为寻求共同安全的重要途径。中国是新安全观的积极倡导者，新安全观已成为中国对外政策的重要组成部分。中国认为，新安全观的核心应是互信、互利、平等、协作；新安全观的合作模式应是灵活多样的，包括具有较强约束力的多边安全机制、具有论坛性质的多边安全对话、旨在增进信任的双边安全磋商，以及具有学术性质的非官方安全对话等。安全合作不仅是指发展模式和观点一致国家之间的合作，也包括发展模式和观点不一致国家之间的合作。中国是新安全观的积极实践者。中国积极寻求通过和平谈判解决与邻国有争议的问题，把加强经济交流与合作作为营造周边持久安全的重要途径，努力推动地区安全对话合作机制的建设。上海合作组织是对新安全观的成功实践。东盟地区论坛通过平等对话促进安全的思路符合新安全观的主张。在“9·11”事件后的新形势下，论坛更加重视非传统安全领域的问题，开展了实质性的探讨与合作，增强了论坛的活力，促进了互信合作。

中国外交部长唐家璇在会上发表重要讲话，对该文件作了进一步说明。唐家璇说，国际形势面临传统安全因素和非传统安全因素相互交织、非传统安全因素更加上升的新态势，特别是恐怖主义等非传统安全问题已对国际和地区安全构成现实威胁。在新的形势下，各国安全联系更为密切，国际关系的合作面明显扩大。各国妥善应对全球化、争取共存共赢的意识进一步高涨。亚太是变化最活跃的地区之一。一是非传统安全问题在地区安全事务中更加突出，各国谋求共同应对的意愿增强；二是传统热点问题的起伏，多数热点朝解决的方向发展，但印巴关系、巴以冲突再度突出；三是多边安全对话与合作更趋活跃；四是发展问题更加突出，绝大多数国家将恢复和发展经济作为首要课题，经济因素日益成为维系亚太安全的重要因素。东盟地区论坛已发展成为本地区最主要的安全对话场所，在维护地区和平与稳定进程中发挥了重要作用。首先，东盟地区论坛在增进各方相互了解与信任、推动地区安全对话与合作方面进行了有益探索，实施建立信任措施项目近80个。第二，第八届东盟地区论坛外长会议通过了预防性外交等3个文件，为今后的发展提供了新的动力。第三，东盟地区论坛在反恐、打击跨国犯罪等方面开展富有成效的对话合作，有利于各国共同应对跨国犯罪等非传统安全问题。第四，东盟地区论坛在探索过程中形成了一套行之有效的模式和原则，如协商一致、循序渐进、照顾各方、互不干涉内政等，不仅将指导东盟地区论坛今后的进程，对其它地区组织也可供借鉴。中国政府一贯重视东盟地区论坛在维护地区和平与稳定方面所发挥的积极作用，一贯支持东盟地区论坛保持发展势头，不断取得新的进展。中国支持东盟地区论坛进一步探索和开展反恐等非传统安全领域的对话合作；支持东盟地区论坛逐步扩大国防官员对东盟地区论坛的

参与；支持东盟地区论坛继续坚持业已存在并行之有效的模式和原则，并继续以建立信任为核心；支持东盟继续在东盟地区论坛中发挥主导作用。同时，中国希望非传统安全问题成为东盟开展对话与合作的重点，主张以互信、互利、平等、协作为核心的新安全观，推进地区安全对话与合作。中国提出树立新的安全观念，重在通过对话建立互信，通过谈判解决争端，通过合作寻求安全。

三、东盟与美国签署反恐联合宣言

在会议召开期间，东盟与美国签署并发表了加强反恐合作的联合宣言。根据该宣言，东盟成员国共享情报、增加警方行动、阻止资金流向恐怖组织并且严厉打击普遍存在的伪造旅行和身份证件的行为。作为回报，美国将向这些国家提供后勤、技术和财政帮助。

（钟学良）

"亚信"召开首届领导人会议 2002年6月3日至4日，"亚洲相互协作与信任措施会议"（以下简称"亚信"）首届领导人会议在哈萨克斯坦的阿拉木图举行。"亚信"16个成员国均派出了代表团参加会议。会议就地区冲突、建立亚洲无核区、打击恐怖主义等三股势力及其他国际犯罪等问题进行了广泛的讨论并达成许多共识，最后一致通过了《阿拉木图文件》和《关于消除恐怖主义与促进文明对话的宣言》。《阿拉木图文件》确定了"亚信"的发展方向和目标。这次会议的召开标志着一个新的亚洲地区安全与合作论坛在经过10年的曲折发展后终于正式宣告成立。

一、"亚信"的基本情况

建立"亚信"的倡议是由哈萨克斯坦总统纳扎尔巴耶夫于1992年在第47届联合国大会上提出的。纳扎尔巴耶夫建议，"亚信"采用论坛的形式，使亚洲各国都能参加进来，并在"亚信"框架内讨论有关亚洲大陆安全与合作领域中出现的各种问题。纳扎尔巴耶夫还希望"亚信"逐步成为处理亚洲安全与合作的一个有效机制。但由于当时哈萨克斯坦刚刚成立，其国际地位和号召力有限，因此他的倡议并没有在国际上产生重要影响。尽管如此，中国还是很快给予了有力的支持。在中国的影响下，支持和表示愿意参与的国家逐步增多，1999年终于在阿拉木图召开了"亚信"外长级会议。会议确定了"亚信"关于确保国际安全和成员国相互关系等方面的原则，为首届领导人会议的召开奠定了基础。

"亚信"具有三个显著的特点：一是规模大。到这次领导人会议召开时，其成员国已发展到16个，包括中国、俄罗斯、印度、巴基斯坦、土耳其、阿富汗、以色列、巴勒斯坦、伊朗、埃及、蒙古、乌兹别克斯坦、阿塞拜疆、吉尔吉斯斯坦、塔吉克斯坦和哈萨克斯坦。此外，还有美国、日本、澳大利亚、乌克兰等10个观察员国家。与其他国际组织和国际论坛相比，"亚信"的成员不算最多，但其所覆盖的地域和拥有的人口却是超常的多。据统计，"亚信"成员国的领土总面积为3880万平方千米，约等于亚洲总面积的90%，相当于欧亚大陆总面积的70%。各成员国人口总数近30亿，占世界总人口的近一半。二是发展潜力大。"亚信"成员国及观察员国家包括了世界上最发达的国家（如美国、日本）和最大的发展中国家（如中国），而且其中有3个联合国安理会常任理事国（即中国、俄罗斯和美国），其在国际舞台上的地位和处理国际及地区问题的能力可想而知。而且"亚信"是开放式的论坛，所有的亚洲国家随时都可以参加进来，非亚洲国家也可以以观察员身份列席其活动，这表明其发展潜力是不可限量的。三是讨论的问题广泛。既讨论地区性问题，也讨论世界性问题；既讨论政治问题，也讨论经济和军事问题。在所讨论的具体问题中，地区冲突、国际反恐、军备控制、环境保护，几乎是无所不包。但其根本的任务还是化解地区矛盾和维护地区安全。

二、促成"亚信"建立的主要因素

促成"亚信"建立及首次领导人会议成功召开的因素主要有以下三个：

（一）哈萨克斯坦的积极倡导和全力推动。建立"亚信"是哈萨克斯坦总统纳扎尔巴耶夫首先提出的。倡议之初，亚洲各国反应颇为冷淡，响应者寥寥。但哈并未灰心和放弃，而是执着地追求，耐心地说服。功夫不负有心人，在哈的反复游说下，表示对"亚信"感兴趣的国家逐渐增多，历经10年的努力，终于迎来了"亚信"首届领导人会议的胜利召开和"亚信"的正式成立。因此，哈媒体不无自豪地说，"亚信"的成功"使哈萨克斯坦共和国已处于顶峰"。国际社会也对哈总统首创"亚信"并经多年奔波成功组建"亚信"给予了很高的评价。

（二）"亚信"各成员国的共同努力和支持。除东道国哈萨克斯坦所发挥的作用外，"亚信"各成员国的共同努力和支持为"亚信"的成功建立奠定了基础。中国是"亚信"的主要支持和参与国。哈一提出建立"亚信"的倡议就得到了中国的积极响应。在"亚信"推进过程中遇到困难和挫折时，中国更是坚定不移地同哈站在一起，积极帮助哈做工作。中国认为，成立“亚信”确有必要。正如江主席在“亚信”首届领导人会议上所指出的那样：“新世纪之初的亚洲，总体上保持和平与稳定，并日益显示出巨大的发展潜力和优势。但亚洲也有不少地区的形势不容乐观，特别是在安全领域，反恐怖主义的任务依然艰巨，一些局部冲突还在激化，极端势力活动尚未得到有效遏制。办好亚洲的事情，要靠亚洲人自己，靠亚洲各国人民的团结与合作。”俄罗斯在“亚信”领导人会议召开前后围绕印巴冲突等问题开展了大量的外交活动，并收到了较好的成效。中俄的表现受到了哈总统的高度赞扬，称中俄的努力是“亚信”成功的基础。在“亚信”领导人会议上，最引人注目的是印度、巴基斯坦、以色列和巴勒斯坦的领导人或代表，他们的参与增加了“亚信”的成功率和影响力，因为这次会议的中心议题是地区安全与地区冲突。如果没有他们的参与，会议的意义就会大打折扣。这些国家的领导人或代表在会上的表现也颇让人满意，彼此虽然没有直接进行会谈和握手言和，但各自都充分表达了渴求和平和愿与对方和解的愿望。

（三）形势的发展是“亚信”成功的催化剂。国际社会普遍认为，“9·11”事件加速了“亚信”成功。“9·11”事件后，美国借在阿富汗进行反恐战争之机，积极向中亚和南亚渗透，进一步插手亚洲事务，引起了有关国家的警惕和“亚信”的重视，使原来不太热心的国家改变了态度，积极参与到“亚信”中来。“亚信”首届领导人会议明确向世界宣示，“有着悠久历史和灿烂文明的亚洲人民有智慧、有能力把亚洲的事越办越好，努力建设一个持久和平和普遍繁荣的新亚洲”，亚洲的事务不需要也不允许外来势力插手。

三、有关方面对“亚信”的反应

参加“亚信”首届领导人会议的国家及国际社会都对“亚信”论坛及首届领导人会议给予了积极的评价。中国国家主席江泽民指出：首次领导人会议的举行标志着“亚信”进程取得了重要成果；“亚信”的出现和发展，从一个侧面反映了冷战结束后亚洲地区各国人民渴望保持和平与维护安全的共同愿望；会议通过的文件体现了“亚信”成员国坚定不移地倡导和实践以互信求安全的新型安全观。俄罗斯总统普京表示，研究和解决地区冲突是“亚信”的重要责任，“亚信”会议讨论举世关注的印巴等冲突非常有意义。他还说“亚信”作为一个论坛而不是作为一个组织对一些存在严重对立立场的国家通过对话解决争端非常有利。哈萨克斯坦总统纳扎尔巴耶夫表示，“亚信”论坛的作用十分广泛而重大，尤其是各成员国之间平等地、不带偏见地讨论各种问题对促进地区安全非常有益。巴基斯坦总统穆沙拉夫表示，“亚信”的发展具有广阔的前景，“亚信”建立亚洲安全机制是联合国宪章的体现和补充。印度总理瓦杰帕伊表示，“亚信”对话机制不仅在亚洲范围内，而且对世界安全形势都将产生影响。“亚信”成员国之外的其他国家特别是西方国家的各界人士和媒体也对“亚信”给予了充分的肯定。普遍认为，“亚信”论坛的对话机制很有创意，它可以把各种不同类型的国家甚至是相互对立的国家聚集到一起讨论国际社会共同关心的问题。联合国秘书长安南及欧安组织、阿拉伯国家联盟等国际组织亦对“亚信”领导人会议给予了高度评价，并以发贺电和发表声明等形式对会议的成功表示祝贺。

（张　宁　赵文平）

非洲军事要事

安哥拉政府与安盟签署和平协议结束27年内战 2002年4月4日，安哥拉政府和“争取安哥拉彻底独立全国联盟”（简称“安盟”）正式签署《罗安达和平协议》，这标志着安哥拉结束了自1975年以来长达27年的内战，初步实现国内和平。

一、安政府加紧追剿安盟并击毙其领导人萨文比等人，屡受挫折的安哥拉国内和平进程出现转机

安哥拉1975年独立以后，执政的民族解放组织“安哥拉人民解放运动”（简称“安人运”）与另一个民族解放组织安盟因政见严重分歧，导致兵戎相见，双方进行了旷日持久的内战。在国际社会的斡旋下，安政府曾与安盟先后达成《巴多利特协议》、《比塞斯和平协议》和《卢萨卡和平协议》3个和平协议，由于安盟一直不承认安人运的执政地位，拒绝放下武器，这些和平协议都未能付诸实施。从1999年开始，安政府军加大了对安盟武装的军事打击力度，基本控制了全国局势，并成功地在国际社会中孤立了安盟。到2001年底，安盟占据的地盘已不足全国面积的10%，仅剩下安哥拉东部几个省的一些据点。但安盟仍拥有近9万名武装人员，在主席萨文比的领导下坚持武装斗争。2002年初，安政府军在东部地区实行“焦土政策”，加紧了对安盟的追剿行动。2月中旬，安哥拉政府军向安盟武装在东部莫希科省的一些基地发动进攻，打死安盟全国政治专员加里亚诺·席尔瓦，俘虏了安盟武装的3名旅长，并将包括萨文比在内的安盟高级领导人围困在安哥拉与赞比亚的边界一带。2月21日，安政府军在莫希科省卢武区卢库塞镇郊区的河岸边搜寻到安盟主席萨文比的一个秘密躲藏处，经过激烈战斗后，将正在该处休息的萨文比、安盟武装多名高级军官以及萨文比的30名贴身保镖全部击毙。22日，在莫希科省另一个地点的战斗中，安盟副主席、安盟武装临时领导人安东尼奥·登博受重伤。3月初，登博伤重不治身亡。安盟主席与副主席死后，安盟领导力量削弱，士气严重受挫，已找不出能像萨文比那样的权威人物继续领导安盟在政治和军事上同安政府抗衡，处于“群龙无首”的混乱状态。2月底，安盟成立了以温和派代表人物、总书记加托为首的安盟管理委员会，开始寻求与安政府和谈的途径，安哥拉国内和平进程出现了转机。

二、安政府与安盟经过和平谈判正式签署《罗安达和平协议》，安哥拉国内和平进程取得突破性进展

在击毙萨文比等人后，安政府采取“剿抚并用”的方针，一方面乘胜追击，继续清剿安盟残余武装，施以强大军事压力；另一方面加强了政治攻势与和平攻势，在多种场合敦促安盟放下武器、与政府进行和谈。面对安政府软硬两手策略，安盟被迫与政府举行和谈。3月15日至3月30日，以安武装部队副总参谋长杰拉尔多·萨希彭戈为首的安政府军代表团和以安盟武装参谋长阿博雷乌·穆恩戈为首的安盟代表团在莫希科省卡萨巴地区举行了两轮和谈，签订了关于执行《卢萨卡和平协议》和停止敌对行动的谅解备忘录，明确了安盟武装驻扎地区、遣散武装和安盟武装加入政府军的时间表等事项。

4月2日，安哥拉国民议会一致通过了政府提交的大赦法案。法案规定，在大赦法生效之日起的45天之内，一切向政府投诚的犯有战争罪和损害国家安全罪的人都将获得赦免。4月4日，安政府和安盟在首都罗安达正式签署《罗安达和平协议》，宣布恢复执行1994年签署的《卢萨卡和平协议》结束长达27年的国内战争。《罗安达和平协议》实质上是继续执行《卢萨卡和平协议》的协议，它的签署标志着安哥拉国内和平进程的重大突破。

三、安政府与安盟正式启动和平协议，安哥拉国内和平进程得到巩固

《罗安达和平协议》签署后，在国际社会的建议与督促下，成立了“安哥拉和平监督委员会”，其成员由安武装部队副总参谋长热拉尔多·萨希彭戈，安盟武装参谋长阿博雷乌·穆恩戈，联合国秘书长非洲问题特别顾问易卜拉欣·甘巴里，以及安哥拉和平进程观察员成员国俄罗斯、美国和葡萄牙驻安哥拉的大

使组成，阿博雷乌·穆恩戈任委员会主席。4月10日，“安哥拉和平监督委员会”举行第一次会议，决定正式启动和平协议。

和平协议的实施分为两个阶段，第一阶段从4月11日起至8月2日止，重点是落实和平协议中的军事条款，遣返、安置安盟武装人员。按照和平协议的规定，安盟8.5万名武装人员除5000人将加入安政府军和武装警察部队外，其余都将复员、遣返。为妥善安置遣返的8万名安盟武装人员，安政府成立了跨部门的专门委员会，全力协调安置工作和后勤供应，成立由政府军和安盟高级军官及军事专家组成“联合军事委员会”具体负责安置事宜，并先后在安哥拉全国各地设立35个驻扎区，计划逐步将安盟武装人员安置在这些驻扎区，解除其武装，让其从事生产劳动。从4月11日开始，安置工作按既定步骤逐次展开，进展十分顺利。到6月11日，安盟8万名武装人员及其23万名家属已全部进入35个驻扎区并交出了武器。安盟履行了在罗安达和平协议中承担的义务。从7月15日起，安盟30名将军、200名高级军官和4000多名下级军官及士兵逐步加入政府军，3名将军、500名军官及士兵加入武装警察部队。8月2日，安国防部举行这些人员正式加入政府军和武装警察部队的仪式。安盟领导人加托在仪式上发表讲话，宣布安盟已彻底非军事化。至此，和平协议中的军事条款全部得到落实。

第二阶段从8月15日起至11月21日止，重点是落实罗安达和平协议中的政治条款。8月15日，联合国安理会决定成立“安哥拉执行《卢萨卡和平协议》联合委员会”，主席由联合国秘书长非洲问题特别顾问易卜拉欣·甘巴里担任，成员包括安政府军、安盟武装以及安和平进程观察员成员国俄罗斯、美国和葡萄牙的代表。8月26日，联合委员会在罗安达举行了首次会议，会上，安政府和安盟正式签署一份落实和平协议的文件，承诺将进一步落实《罗安达和平协议》和《卢萨卡和平协议》规定的政治条款，包括安政府任命安盟成员担任省长、市长、区长和大使等职务。11月初，安哥拉总统多斯桑托斯分别任命6名安盟成员担任省长和副省长，完成了和平协议中规定的部分政治条款。在此情况下，联合国领导的“安哥拉执行《卢萨卡和平协议》联合委员会”于11月21日宣布结束使命，正式解散，剩余下任务将由安哥拉政府和安盟在民族和解进程中完成。

12月5日，安哥拉总统多斯桑托斯在同国内各派政治势力进行广泛协商后，决定重新设立总理职位，并于同日任命内政部长费尔南多·多斯桑托斯为总理。12月6日，新一届安哥拉民族团结政府宣誓就职，新总理费尔南多·多斯桑托斯在就职仪式上表示，新政府的首要任务是“抑制通货膨胀和改善社会福利”。新的民族团结政府的成立标志着安哥拉和平进程进一步得到巩固，在结束旷日持久的内战后有望真正实现持久和平。

（桐　生）

布隆迪和平进程取得实质性进展　2002年，布隆迪临时过渡政府与主要的胡图族反政府武装经过反复谈判和较量，先后于10月7日和12月3日签署了停火协议，和平进程取得了实质性进展。

一、布隆迪和平进程取得实质性进展

（一）胡图族反政府武装组织继续进行武装斗争，布隆迪和平进程陷入新的危机。2001年11月，布隆迪临时过渡政府宣告成立，布隆迪和平进程迈出重要一步。但胡图族两个主要政党“保卫民主全国委员会”和“胡图人民解放党”以“没有达成停火协议”和“安全没有保障”等为理由，拒不签署阿鲁沙和平协议，也没有出席过渡政府的成立仪式。“保卫民主全国委员会”的下属武装组织“保卫民主力量”和“胡图人民解放党”的下属武装组织“民族解放阵线”仍然继续进行武装斗争。2002年初，布隆迪境内战火愈演愈烈，首都布琼布拉经常遭到炮击，全国各地不时发生政府军与反政府武装的战争，和平进程陷入新的危机。

（二）临时过渡政府与反政府武装组织边谈边打，三轮谈判均未取得成果。1月25日，在布隆迪和谈主要调解人、南非副总统祖马的调解与斡旋下，布隆迪临时过渡政府总统布约亚和胡图族主要反政府武装组织的领导人在南非行政首都比勒陀利亚开始举行2002年第一轮和谈，就落实阿鲁沙和平协议、流亡在外的各派领导人回到布隆迪参加临时过渡政府和议会、各派力量解除武装，以及建立新的安全机构等问题进行了讨论。由于主要反政府武装提出推倒和平协议“重起炉灶”等要求，谈判终因双方立场差距过大而破裂。

2月17日至22日，在祖马和加蓬外长让·平的调解主持下，反政府武装组织中态度相对温和的“保卫民主力量”与布临时过渡政府在比勒陀利亚进行了第二轮谈判，但双方仍未达成任何一致。这轮谈判破裂后，反政府武装不断开展袭扰活动。其中，4月17日晚，“民主保卫力量”的士兵突然乘船渡过坦噶尼喀湖，对首都布琼布拉以南 130 千米处一座难民营进行部族清洗，至少杀死 60 人，重伤约 50 人。

第二轮谈判失败后，由乌干达总统穆塞韦尼任主席，南非、加蓬、坦桑尼亚、肯尼亚和刚果（金）等国领导人组成的布隆迪问题 6 国调解小组加强了调解与斡旋工作。在调解小组的努力下，7 月 24 日，布隆迪临时过渡政府与反政府武装组织就再次举行谈判的时间等问题达成一致。双方同意，7 月 28 日至 8 月 2 日期间进行为期 6 天的内部磋商，从 8 月 6 日起举行为期 3 周的停火谈判。然而，就在新的和平谈判举行前夕，反政府武装发动了一系列攻击行动。其中，“保卫民主力量”和其他一些较小的反政府派别联合，于 8 月 8 日出动大约 1000 名反政府武装人员，对首都布琼布拉东部 170 千米的地方发动大规模袭击，严重加剧了布隆迪的紧张局势。尽管如此，布隆迪临时过渡政府仍于 8 月 12 日在坦桑尼亚首都达累斯萨拉姆与“保卫民主力量”的代表开始举行临时过渡政府与反政府武装的第三轮谈判。8 月 21 日，“民族解放阵线”也加入谈判。由于两个反政府武装组织表示只愿和布隆迪政府中图西族高级官员谈判，这次谈判还是未取得成果，最终不欢而散。反政府武装随即于 8 月 25 日在首都布琼布拉市郊对政府军发起突然袭击，在遭到政府军火力的猛烈反击后撤离。

（三）临时过渡政府分别与 3 个反政府武装派别签署停火协议，和平进程取得实质性进展。第三轮和谈破裂后，布隆迪问题调解小组继续寻求推动布隆迪和平进程的途径。在坦桑尼亚政府和南非政府的共同倡议下，“大湖地区布隆迪问题首脑会议”于 10 月 7 日在达累斯萨拉姆召开。坦桑尼亚总统姆卡帕、南非总统姆贝基、布隆迪总统布约亚、乌干达总统穆塞韦尼和刚果（金）总统卡比拉等 5 国元首出席了会议。南非前总统曼德拉和现任副总统祖马作为布隆迪谈判的调解人参加了会议。来自欧洲联盟、非洲联盟等国际组织和非洲其他国家的代表也参加了会议。在这轮谈判中，“保卫民主力量”的由让·巴斯科·恩达依肯古鲁奇耶领导的组织和“民族解放阵线”的由阿兰·穆加巴拉博纳领导的武装与布隆迪临时过渡政府签署了停火协议。但“保卫民主力量”中的皮埃尔·恩库伦齐扎领导的武装和“民族解放阵线”的由鲁瓦萨领导的武装出于“对自身今后安全的担心”，仍然拒绝签署停火协议。他们表示，只有由图西族控制的军队才是这个国家真正有实力的力量。因此，他们只同布隆迪军方进行谈判，拒绝同临时过渡政府进行谈判。

“大湖地区布隆迪问题首脑会议”结束后，布隆迪临时过渡政府和布隆迪问题调解小组决定，给没有签署停火协议的两个武装派别 30 天的考虑时间，促使他们签署停火协议。乌干达总统穆塞韦尼、坦桑尼亚总统姆卡帕、南非副总统祖马等非洲国家领导人频繁互访，商讨如何推动布隆迪和平进程的下一步行动。10 月 15 日，穆塞韦尼和来访的坦桑尼亚总统姆卡帕一致表示，非洲国家将向两个未签署协议的武装派别施加更大的压力，促使其签署停火协议。在布隆迪临时过渡政府军事及国际社会外交压力下，“保卫民主力量”中由皮埃尔·恩库伦齐扎领导的派别于 12 月 3 日与布隆迪临时过渡政府在坦桑尼亚北部城市阿鲁沙签署停火协议。12 月 30 日，停火协议正式生效，标志着布隆迪和平进程迈出又一实质性步伐。

二、和平进程取得进展的主要原因

（一）布隆迪内战给国家与民众带来巨大灾难，人心思定。布隆迪自 1962 年独立以来流血冲突不断，先后发生 5 次军事政变。特别是自 1993 年 10 月爆发大规模部族流血冲突以来，已造成 25 万人丧生，近百万人沦为难民。内战使布隆迪国民经济濒于崩溃，社会出现倒退，民众生活贫困。饱经战乱磨难的布隆迪人民渴望和平、要求发展，期望布隆迪有关各方实现民族和解。

（二）以布约亚为首的布隆迪临时过渡政府执行了部族和解政策，并在和谈中采取了原则性与灵活性相结合的做法。布隆迪临时过渡政府自成立后始终执行部族和解政策，特别是在政权机构的人员组成问题上十分注意照顾胡图、图西两大部族各个派别的利益。胡图族最大政党“布隆迪民主阵线”总书记恩达伊泽耶出任临时过渡政府副总统，极具部族和解象征意义。在 2002 年 1 月和 2 月相继成立的布隆迪议会中，众议院（即国民议会）议长由“布隆迪民主阵线”议员担任，第一副议长由图西族最大政党“争取民族进步统一党”议员担任，180 名众议员除 1993 年当选的原议员外，均由十几个政党指定的代表组成。参议院 53 席中，胡图族和图西族人各占 24 席，特瓦族占 3 席。“争取民族进步统一党”议员担任议长，“布隆迪民主阵线”议员担任副议长。参议员来自全国各省，体现了地区平衡。出于部族平衡的考虑，布约亚总统还对部分省长和驻外大使进行了对调，使参与过渡政府的十几个政党的利益均得到照顾。这些措施保证了过渡期权力机构的平衡运行，从而保证了全国政局的基本稳定。与此同时，布约亚政府始终把与反政府武装签署停火协议和恢复国内和平列为首要任务，在坚持硬的一手，对反政府武装组织发动多次大规模围剿、打击的同时，也注意在和平谈判中做出必要的让步。

（三）国际社会的调解与斡旋对布隆迪和平进程起到了推动作用。2002 年，6 国调解小组从维护大湖地区长期安全与稳定出发，加大了促使布隆迪临时过渡政府和反政府武装进行和谈的政治压力。调解小组倡议召开的“大湖地区布隆迪问题首脑会议”直接推动了布隆迪国内和平进程取得进展。停火协议签署后，调解小组主席穆塞韦尼又警告说，大湖地区各国政府将对仍拒绝停火的武装派别采取制裁措施。为消除流亡海外的布隆迪各党派领导人对回国参加临时过渡政府人身安全得不到保障的担忧，南非派遣了 640 人组成的维和部队，保卫 27 位反对党领导人的人身安全。除非洲国家外，联合国、欧盟等国际组织也在道义和资金上支持布隆迪临时过渡政府，对反政府武装组织施加压力。

三、布隆迪最终实现真正和平任重道远

停火协议的签署标志着布隆迪和平进程取得了实质性进展，但和平进程还面临着一些不稳定因素。首先，“民族解放阵线”的由鲁瓦萨领导的派别并未签署协议，并扬言将继续进行武装斗争。其次，军队改革问题落实难度很大。长期的部族矛盾使胡图和图西两族互不信任，占人口绝大多数的胡图族人认为，手中没有军队是该部族长期处于受压制状态的根源，而图西族人则认为，作为人口占少数的部族，惟有掌握军权才能有安全感。第三，布隆迪内战有着深刻的部族仇杀背景，停火协议虽使部族间的对立、仇杀得到一定抑制，但难以完全消除。部族间根深蒂固的矛盾也绝非一纸停火协议就能彻底解决。尤其是，反政府武装派系林立且相对独立，在部族和解问题上各有打算，为和平进程增添了复杂因素。由于以上原因，布隆迪实现真正和平将是任重而道远的。

（桐　生）

刚果（金）和平进程迈入崭新阶段　2002 年，刚果（金）先后与卢旺达、乌干达等国签署和平协议，卷入刚果（金）内战的外国军队逐步撤离。小卡比拉（以下称卡比拉）政府又与反对政府武装就结束内战、建立临时联合政府签署协议。刚果（金）和平进程迈入崭新阶段。

一、刚果（金）和平进程迈入崭新阶段

刚果（金）武装冲突已持续 4 年，一度陷入卢旺达、乌干达、安哥拉、纳米比亚、津巴布韦 5 国军队与刚果（金）国内 4 派武装力量混战的复杂局面。2002 年，刚果（金）冲突各派实现政治和解，外国军队撤离，和平进程取得了突破性进展。

（一）卢旺达等国从刚果（金）全部撤军，并恢复与刚果（金）的正常关系。2001 年 5 月，5 个卷入刚果（金）内战的国家迫于国际社会的强大压力，都表示将在一年内完全撤军。到 2002 年初，纳米比亚完全撤军，安哥拉和乌干达撤出大部分军队，但卢旺达和津巴布韦仍按兵不动。卡比拉总统和刚果（金）政府不断呼吁有关国家执行联合国安理会有关决议，从刚果（金）撤出军队。在刚果（金）政府的外交努力和国际社会的关注下，有关国家逐步撤军，刚果（金）与卢旺达、乌干达的政治关系也逐步实现正常化。

第一，卢旺达与刚果（金）签署和平协议，就撤军问题作出具体安排。卢旺达扶植和支持刚果（金）最大的反政府武装“刚果民主联盟”（简称刚民盟），并一直以卢旺达胡图族反政府武装在刚果（金）东部建立基地，威胁卢安全稳定为由，拒不撤出在刚果（金）的 2 万多名士兵。这已成为刚果（金）和平进程的重大障碍。7 月 9 日，联合国秘书长安南与南非总统姆贝基、卢旺达总统卡加梅、刚果（金）总统卡比拉在南非举行四方会晤，提出了刚果（金）和卢旺达建立两国安全边界线的设想。在国际社会的努力调停下，刚（金）卢两国经过一周的谈判，于 7 月 22 日达成和平协议，7 月 30 日正式签署。协议规定：卢旺达在 3 个月内撤离其在刚果（金）境内的 2 万多名士兵；刚果（金）将在同期内负责解除在其境内的 1 万余名卢旺达胡图族反政府分子的武装，并将他们遣送回国；两国共同建立一条安全边界线，以保证今后的和平与安全；联合国驻刚果（金）观察团和南非作为第三方负责监督协议的执行情况，每 30 天召开一次会议，检查协议的执行情况；为确保协议顺利实施，南非向刚果（金）派遣 1500 名维和部队。和平协议签署后，卢旺达基本履行了在协议中所作的承诺，到 10 月 5 日全部撤走了在刚果（金）的军队。

第二，乌干达撤走驻刚果（金）军队，两国关系实现正常化。8 月 14 日至 15 日，刚果（金）和乌干达两国代表在安哥拉首都罗安达就两国关系正常化举行谈判，签署双边关系全面正常化的谅解备忘录，并就乌干达军队撤出刚果（金）达成了协议。8 月 27 日起，乌干达军队无条件撤离刚果（金）。9 月 6 日，刚果（金）总统卡比拉和乌干达总统穆塞维尼在安哥拉首都罗安达签署了正式宣告双边关系正常化的“罗安达政治协议”。

第三，津巴布韦和安哥拉军队全部撤离。津巴布韦和安哥拉军队是应刚果（金）政府之邀参战的，其撤离问题相对简单。2月19日至10月30日，津巴布韦驻刚果（金）的8000名驻军全部撤出。9月19日，安哥拉也全部撤出其驻刚果（金）的部队，并关闭了设在刚果（金）的盟军指挥部。

（二）刚果（金）国内政治对话取得重大进展，冲突各方签署了“比勒陀利亚和平协议”。2001年10月15日，刚果（金）冲突各派在亚的斯亚贝巴举行了第一次国内政治对话会议，为实现国内和平营造了良好气氛。在国际社会的大力推动下，2002年2月25日，刚果（金）第二次国内政治对话会议在南非太阳城举行，来自刚果（金）政府，两个主要反政府武装“刚果民主联盟”、“刚果解放阵线”（包括“刚果解放运动”和“刚果民主联盟—解放运动”两个派别），各非政府反对派政党和民间团体等四个方面的代表300余人参加了会议。经过长达7周的反复谈判，四个方面代表于4月19日签署了“刚果（金）政府和解运关于国家过渡时期政治体制和机构的协议”。协议确认现任总统卡比拉为过渡时期的总统和国家元首，确定刚解运领导人让·皮埃尔·奔巴为过渡政府总理和政府首脑，刚民盟和非武装反对派的领导人分别领导众议院和参议院。

下半年，随着卡比拉政府与卢旺达、乌干达等原先支持反政府武装的邻国陆续就撤军与关系正常化问题达成协议，刚果（金）国内政治对话形势出现转机。在联合国和刚果（金）问题南非调解人姆贝基的斡旋下，10月4日起，刚果（金）政府与反政府各方代表50多人在南非比勒陀利亚举行第三次国内政治对话会议预备会议。会上，各方代表接受了姆贝基提出的“1+4”方案，于10月29日就建立联合政府的过渡性安排达成原则协议。12月9日，第三次国内政治对话会议正式举行，各方围绕联合过渡政府及议会的权力分配、改组军队和反对派人员人身安全等问题进行了谈判。谈判中，卡比拉政府在力争抓住关键部门的部长职位的同时提出与反对派在内阁和议会中分享权力，反对派则提出不仅要在内阁与议会，而且要在各区政府、甚至乡村一级地方政府中分享权力。在保证反对派人员在联合过渡政府工作期间人身安全及问题上，反对派提出要在首都金沙萨实行非军事化，由南非派2000名军人维持和平。经过激烈的讨价还价，各方最后于12月17日就结束4年内战、建立联合过渡政府、实现和平等问题签署了协议。根据协议，刚果（金）现政府与各反对派将组成联合过渡政府，卡比拉继续担任总统，另设4个副总统职位，分别由刚果（金）现政府、刚民盟、刚解运，以及国内其他党派或民间组织的代表担任。总统将负责领导整个联合过渡政府，而4位副总统将分别领导一个委员会。联合过渡政府执政30个月后举行全国大选，产生新的合法政府。

二、刚果（金）和平进程取得进展的主要原因

（一）卡比拉政府采取的一系列积极务实的政策有力推动了国内和平进程。卡比拉执政后，审时度势，顺应民意，采取了包括重新启动卢萨卡和平协议、解除党禁、与国内各政治派别进行对话等在内的一系列积极务实的政策，缓和了国内局势。同时，卡比拉政府展开了积极的外交活动，进一步争取国际社会对刚果（金）和平进程的支持。特别是卡比拉政府通过外交活动成功地与卢旺达和乌干达就撤军问题达成协议，对国内反政府武装造成巨大压力，有力地推动了和平进程的发展。

（二）卷入刚果（金）内部冲突的有关国家改变政策，为和平进程创造了良好的外部环境。卢旺达等国卷入刚果（金）内部冲突，是为了政治、经济利益。但持续4年的战争使这些国家政治形象受损、经济发展深受影响。为此各国改变了政策，转而希望通过和谈和相互妥协，寻求问题的最终解决，以便全身心投入各自的经济建设。

（三）美对大湖地区政策做出重大调整，客观上对推动和平进程产生了积极作用。“9·11”事件后，美国认为，刚果（金）战乱不断，武装派别林立，边境无法控制，而且靠近苏丹等国家，容易成为恐怖组织的聚居地。为消除恐怖主义根源，确保美战略利益，控制刚果（金）的资源，美对大湖地区政策由明显偏袒卢旺达和乌干达逐步转变为向各方施压，积极推动签署各项和平协议。

（四）联合国和有关国家加大促和力度和压力。联合国安理会2002年多次召开刚果（金）问题会议，敦促有关各方切实履行已签署的和平协议，呼吁国际社会协助落实。南非、安哥拉等非洲国家加大促和力度，作用明显。南非先后资助两次刚果（金）国内政治对话会议在该国召开。安哥拉推动刚果（金）和乌干达在其主持下签署“罗安达政治协议”，并在促成乌迅速撤军方面发挥了积极作用。法国外长9月底访问刚果（金），签置了向其提供700万欧元的援助协定，用于支持其实施遣返在刚果（金）的卢旺达胡图

族反政府武装的计划。

三、刚果（金）和平进程仍面临诸多困难和挑战

首先，在卢旺达和乌干达撤军后，刚果（金）东部地区各武装派别为抢占地盘、填补真空，不断发生武装冲突，严重威胁和平进程。12 月 22 日，该国东部的南基伍省和东方省就再次爆发了激烈的武装冲突。其次，从以往的情况看，刚果（金）政府曾与反政府武装签署过包括“卢萨卡和平协议”在内的多项和平协议，但往往得不到真正实施。“比勒陀利亚和平协议”的执行情况如何，还有待进一步观察。

（桐　生）

科特迪瓦武装冲突加剧　2002 年 9 月 19 日，科特迪瓦经济首都阿比让、第二大城市布瓦凯和北方重镇戈霍科同时爆发军人叛乱（简称“9·19”兵变）。此后直至 2002 年底，政府与反政府武装之间的冲突愈演愈烈，反政府武装逐步占领全国近一半领土，形成南北对峙的局面。

一、大规模武装冲突的经过

自 9 月 19 日爆发军人叛乱到年底，科特迪瓦国内武装冲突大致经历了 4 个阶段：

第一阶段（9 月 19 日至 9 月底）：科特迪瓦政府坚持“武力平叛”，但反政府武装在军事上占了上风，逐步占领北方大片国土，形成“南北分治”局面。9 月 19 日凌晨，科特迪瓦 775 名即将于年底退役的军人乘科总统巴博在意大利访问以及许多政府高官正在休假的机会，在科经济首都阿比让、第二大城市布瓦凯和北部重镇戈霍科 3 地同时发动兵变。在阿比让，兵变军人攻占了阿戈班宪兵营和国家宪兵学校，袭击一些政府高级官员的住宅，企图推翻巴博政府。在交战中，科内政部长博加·杜杜重伤身亡，前军政府领导人盖伊也被乱枪打死。政府军同兵变军人经过 4 个多小时激烈交火后，控制了阿比让的局势，挫败了兵变军人推翻政府的企图。但在布瓦凯和戈霍科，兵变军人迅速攻占了布瓦凯兵营、区政府和驻军司令官邸，牢牢控制了这两个城市，并将正在布瓦凯观看西非国家足球赛的科政府体育部长劫为人质。9 月 20 日，巴博总统中断了对意大利的访问，赶回国内召开紧急会议，确定了“武力平叛”的方针。20 日下午，科国防部长夸西发表电视讲话，宣称科政府拒绝同占据布瓦凯和戈霍科的兵变军人进行谈判，要求兵变军人立即放下武器投降，否则政府军将开始向布瓦凯发动进攻。与此同时，科政府军开往布瓦凯南部 350 千米处待命，准备随时向叛军发起攻击。但兵变军人自恃武器精良和北部穆斯林民众的支持，态度也十分强硬。他们宣布成立“科特迪瓦爱国运动”反政府武装，一方面表示愿与政府就停火展开谈判，另一方面又称“不会在政府威胁派兵进攻的时刻放下武器，已做好了一切战斗准备”。反政府武装打开布瓦凯的政府军武器库，武装了大量民众，并从科霍戈派遣大量部队南下增援布瓦凯。

从 9 月 23 日起，科政府军与反政府武装在布瓦凯、中部城市铁比苏及其周围地区连续展开激战。政府军在战斗中连连失利，反政府武装不仅守住了布瓦凯，而且陆续攻占了奥迭内、卡迪奥拉、塞盖拉等许多重要城市和区首府，扩大了对科北部地区的控制范围。9 月 30 日深夜，反政府武装攻占了布瓦凯西南 40 多千米的重镇萨卡苏，直接威胁到科政治首都亚穆苏克罗。10 月 2 日，反政府武装又占领了北部的孔市和东北部的布纳市。至此，反政府武装完全控制了科北部地区，面积占国土总面积的 40% 以上，初步形成“南北分治”的局面。

第二阶段（9 月底至 10 月 17 日）：西非国家经济共同体（简称“西共体”）首次停火调解失败，科政府军与叛军展开拉锯战，双方在科中部战线呈胶着状态。科武装冲突发生后，西共体迅速做出反应。9 月 26 日，西共体决定尽快向科派遣西非维和部队。29 日，西共体在加纳首都阿克拉召开特别首脑会议，决定对科政府与反政府武装的冲突进行调解，并决定成立以多哥总统埃亚德马为主席，由尼日利亚、多哥和加纳 3 国外长和军队参谋长组成的“西共体科特迪瓦调解小组”执行调解任务。9 月 30 日，调解小组赴阿比让与科政府进行接触，并提出一项停火协议文本，主要内容是科反政府武装放下武器、“恢复科政府在全部领土上的权威”。10 月 3 日，调解小组又赴布瓦凯同“科特迪瓦爱国运动”领导人接触，劝说他们放下武器同科政府进行对话解决问题。反政府武装表示，接受停火协议的前提是，科政府停止对北方穆斯林的歧视，放弃让 700 多名士兵退伍的计划，允许在过去 3 年中逃亡的士兵重新归队，并释放因参与暴力活动被判刑的士兵。

在西共体的努力调解下，科政府与“科特迪瓦爱国运动”的冲突有所缓和，双方定于 10 月 5 日在铁比苏签署停火协议。但在举行签字仪式前夕，科政府突然指责调解小组“偏离了西共体阿克拉特别首脑会议精神”，偏向叛军一边；强调巴博政府是科特迪瓦的合法政府，不可能与叛军平起平坐签署协议；提出

叛军必须先缴械，才能签停火协议。

科政府的临时变卦导致停火协议流产，大规模的武装冲突再度升级。从5日开始，政府军与“科特迪瓦爱国运动”都向布瓦凯周围地区增添兵力与武器装备，10月6日，双方重新开始在布瓦凯及萨卡苏、塞盖拉等多个北方市镇激烈交火。10月7日，科政府军收复布瓦凯，但反政府武装也占领了科中西部重要的可可生产基地瓦武瓦。此后数日，双方在科中部布瓦凯至瓦武瓦一线展开了激烈的拉锯战，互有胜负，战线呈胶着状态。10月14日，反政府武装发动猛烈进攻，不但重新夺回布瓦凯，而且还占领了瓦武瓦以南的另一个重要的可可生产基地达洛亚，战局明显对科政府军不利。

第三阶段（10月17日至11月28日）：科政府军与反政府武装在西共体的斡旋下实施停火并举行两轮和谈，但未取得任何成果。为了争取国内民心和国际舆论支持，科政府军和叛军在激烈交火的同时都声称希望通过谈判解决危机。巴博总统在政府军收复布瓦凯后向全国发表电视讲话，感谢西共体为解决科危机所作的努力，称科政府正进行新一轮外交努力，以解决国内危机，并表示只要叛军放下武器，政府就准备同他们谈判。叛军则于10月9日发表声明，拒绝把放下武器作为开始停火谈判的条件，而要求“在平等基础上”与政府进行和谈。

与此同时，西共体继续在科冲突双方之间努力斡旋。10月12日，西共体决定派遣该组织执行主席、塞内加尔总统瓦德，执行秘书钱巴斯，以及塞内加尔外交部长加迪奥作为调解特使，再赴科特迪瓦进行调解。调解中，瓦德总统提出了新的停火建议，即“先停火，再通过谈判解决分歧”。在分别与科政府和“科特迪瓦爱国运动”进行了多次艰难的接触与会谈后，3位调解特使终于促成双方于10月17日在布瓦凯签署停火协定，并在当日午夜起实施停火。法国同意在西非维和部队执行维和使命前，对停火协议的实施进行临时监督。从10月20日起，法国在科特迪瓦中部被反政府武装控制的布瓦凯、邦杜库、达洛亚和瓦武阿周围部署了1000多人的部队，并建立缓冲区，以监督停火协议的实施。10月26日，西共体外交部长在阿比让举行“科特迪瓦局势调解和安全会议”，决定向科特迪瓦派遣一支2000人组成的西非监督停火部队，接替法国的监督停火部队，并在科政府和反政府武装之间营造一种有利于对话的氛围。

布瓦凯停火协定签署后，在“西共体科特迪瓦调解小组”的调解下，科政府和叛军同意从10月30日起在多哥首都洛美举行和平谈判。10月30日至11月1日，双方代表团进行了第一轮和平谈判。谈判中，双方的立场相去甚远。科政府谈判代表团提出，只有反政府武装放下武器、恢复科政府在全国行使职权，谈判才能全面展开。“科特迪瓦爱国运动”谈判代表团则提出3项要求：第一，反政府武装解除武装的前提条件是巴博总统立即辞职，并在未来6个月内举行公正、透明的大选；第二，科政府承诺改善军人服役条件；第三，成立专门委员会，调查前军政府领导人盖伊和内政部长博加·杜杜在“9·19”兵变中被枪杀，以及盖伊领导的科民主与和平联盟总书记凯伊塔在布基纳法索被暗杀事件。在西共体的斡旋下，双方都绕开了“反政府武装放下武器”这一关键性分歧，使第一轮谈判取得了一些进展。11月1日，双方达成协议，主要内容是：“立即释放包括平民和军人在内的所有在冲突中被关押的战俘”；科政府保证将采取措施，使这些被释放的叛乱军人重回其所在部队；科政府将向科国民议会提交有关特赦的法律草案，对参与“9·19”兵变的军人免于起诉；科政府将根据“科特迪瓦爱国运动”谈判代表的要求，改善军人的服役条件。

11月4日至11日，双方举行了第二轮谈判。由于“科特迪瓦爱国运动”不顾第一轮谈判期间签署的公报和协议，仍然在北方占领区招收未成年的青少年入伍，并在布瓦凯第3步兵营驻地等地区加强军事训练，积极备战，给第二轮谈判蒙上阴影。谈判伊始，双方就相互指责。“科特迪瓦爱国运动”谈判代表表示，科现任总统巴博必须辞职，尽快举行新的大选并修改宪法。只有这些问题都得到解决，他们才会放下武器。而科政府代表指责反政府武装没有实现和平的诚意，认为要求巴博总统辞职“是不能容忍的挑衅”。双方在重新举行大选及反政府武装放下武器问题上各不相让，使谈判陷入僵局。11月8日，站在叛军一方的科执政党人民阵线原二号人物达库利的弟弟在阿比让被暗杀，“科特迪瓦爱国运动”谈判代表团以此为借口，于11月11日单方面宣布中止同科政府的谈判，第二轮谈判破裂。

第二轮谈判破裂后，“科特迪瓦爱国运动”谈判代表团并未离开洛美，并表示“不打算完全关闭谈判的大门”。鉴此，西共体科特迪瓦调解小组主席埃亚德马继续在双方谈判代表团之间进行调解，并先后提出了3项和平协议草案，但均为“科特迪瓦爱国运动”谈判代表团所拒绝。11月19日，“科特迪瓦爱国运动”谈判代表团提出一项和平新建议，表示不再要求巴博总统辞职，但要求成立由中立派人士出任总理的过渡政府。对此，科政府做出积极反应，对反政府武装提出的有关修改宪法要求做出让步。巴博总统19日发表电视讲话，宣布将于2003年底到2004年初举行有关修改宪法问题的全民公决，并提交国民议会讨论通过。但反政府武装对此并不满足，宣称，如果巴博总统有全面解决科危机的具体建议，那就应该通过在洛美的政府代表团提出，而不是在国内提出，政府此举是“有意转移公众注意力”，迫使反政府武装重回在洛美的和谈。

第四阶段（11月28日至年底）：科西部出现两支新的反政府武装并与政府军和驻科法军发生武装冲突，科武装冲突进一步升级且趋于复杂化。在洛美和谈陷入僵局后，科政府与“科特迪瓦爱国运动”都在积极征召兵员、储备武器弹药，加紧备战。部署在冲突中间地带的法国部队虽然严格执行停火协议，但仍然无法阻止双方时而发生的违约行动。11月28日，大规模的武装冲突再次爆发。当日，科政府军利用直升机、装甲车猛攻中部城市瓦武阿附近的“科特迪瓦爱国运动”阵地，双方发生猛烈交火。同日，科特迪瓦西部突然出现了“科特迪瓦大西部人民运动”和“科特迪瓦正义与和平运动”两支新的反政府武装，其中前一支反政府武装的领导人是盖伊的儿子。他们都打出了亲盖伊的旗号，声称“要为盖伊复仇而战斗，直至推翻现政权”。11月29日，“科特迪瓦大西部人民运动”和“科特迪瓦正义与和平运动”联合，对科西部第一重镇马恩及重要城市达纳内发起攻击，并很快占领了这两个城市。由于马恩是盖伊的老家，马恩至达纳内一线及其周围地区历来都是盖伊的势力范围，这两支反政府武装在占领马恩和达纳内后势力不断膨胀。

尽管北部叛军“科特迪瓦爱国运动”否认同“科特迪瓦大西部人民运动”和“科特迪瓦正义与和平运动”有任何联系，但两支西部反政府武装的出现使科特迪瓦政府在北部和西部两面受敌，处境十分不利。从12月初至年底，科政府在西、北两条战线与3支反政府武装进行反复较量，科武装冲突进一步升级。在北线，“科特迪瓦爱国运动”自12月8日起对政府军在邦杜库和布纳之间的阵地发动猛烈进攻，政府军进行了反击，并击退了反政府武装的进攻。在西线，“科特迪瓦大西部人民运动”和“科特迪瓦正义与和平运动”12月1日击败政府军，占领了马恩以北100多千米的巴芬地区首府图巴。但政府军则于同日晚向马恩发动猛烈攻击，经激烈战斗后收复了马恩。此后，双方的军事行动持续不断，互有胜负。12月11日起，政府军在直升机与坦克掩护下向科西部的两支反政府武装发动进攻，在军事上取得一些优势，不但夺回布洛莱金，而且继续向西推进，逐渐靠近科特迪瓦与利比里亚边界。12月15日至16日，“科特迪瓦大西部人民运动”对马恩和布洛莱金发动了试探性的袭击，被政府军击退。但自12月18日起，科西部的两支反政府武装发动了强大的反攻，不仅再次夺取了马恩，而且继续向南进攻，于20日攻克马恩以南50千米的邦戈洛，并于21日相继夺取了布罗迪和迪埃奎两市，对科西南部的可可出口港口圣佩德罗构成重大威胁。

在科特迪瓦反政府武装步步进逼的情况下，法国从11月下旬起调整了对科特迪瓦内战的政策，明确宣布支持巴博政府，准备召集科冲突各方在巴黎举行和谈，并于12月11日决定向科增派更多的军人，以监督冲突各方遵守停火协议。此举客观上阻止了西部两支反政府武装继续南下，使双方的矛盾迅速激化。12月21日、28日和29日，“科特迪瓦大西部人民运动”和“科特迪瓦正义与和平运动”3次与驻科法军发生武装冲突。这使科冲突局势变得更加错综复杂。

二、科武装冲突愈演愈烈的主要原因

科自1999年以来曾发生过6次政变或兵变，但均是不流血的闪电政变或兵变。而2002年的兵变事件却演变成为科国内大规模、长时间的武装冲突，且愈演愈烈、难以平息，究其原因主要有4点。

（一）政治上，科国内各种矛盾不断激化是引发武装冲突的主要原因。科武装冲突从表面上看是因老兵退役问题引起的，实际上是2000年盖伊军政府垮台、巴博政府执政以来科国内各种矛盾激化到一定程度的总爆发。这些矛盾主要表现在3个方面：一是巴博政府与军队的矛盾。巴博总统是通过大选取代盖伊军政府执政的，对军队的影响力不大。为消除盖伊对科军队的影响，巴博上台后加强了对军队的控制，除了通过提衔授勋笼络高级将领外，不断提高来自自己部落军人的待遇，并通过强制退役的办法来清除亲盖伊的基层军官和士兵，这引发了军队下层对政府的强烈不满情绪。2002年8月，科国防部又准备在年底让一大批士兵退伍，这成为“9·19”兵变的直接导火索。二是执政的人民阵线与两个反对党的矛盾。在2000年大选中，代表穆斯林利益的共和人士联盟主席瓦塔拉因拥有布基纳法索国籍而被剥夺参选资格，此后共和人士联盟不断提出修改科宪法中限制北部穆斯林参政条款的要求，与人民阵线的矛盾趋于激化。

"9·19"兵变发生后，瓦塔拉流亡海外，但与"科特迪瓦爱国运动"保持密切联系，实际上成为这个反政府组织的领袖。盖伊领导的民主与和平联盟一度与人民阵线结成政治联盟，但2002年起双方在内阁职位分配、盖伊享受"前国家元首"地位等问题上矛盾激化，政治联盟破裂。盖伊死后，其支持者成为西部两支反政府武装的主力，导致内战局面进一步复杂化。三是科北部穆斯林与南部基督徒的矛盾。科穆斯林人口约有400万，占全国总人口的25%，主要生活在该国北部，与布基纳法索关系密切。长期以来南方基督徒掌握国家政权，穆斯林在政治上受压制，双方矛盾较大。"科特迪瓦爱国运动"声称代表穆斯林的利益，因而得到北方穆斯林的大力支持，这是科南北对峙、内战久拖不决的重要原因之一。

（二）军事上，政府军战斗力低下、战争指导失误，而反政府武装得到外来援助，战斗力不断提高。科特迪瓦自1960年独立以来，长期处于和平环境，历届政府对于国防建设不很重视，加上法国反对科特迪瓦政府增加军备，致使科特迪瓦武装力量战斗力低下，政府军在战斗中发挥不出"正规军"的优势。武装冲突爆发以来，科政府军战线过长、兵员无法及时得到补充，同时在战略战术上出现失误，因此不仅没有收复中北部地区的城市，而且还在西部地区丢失了一些城市，处于两线作战的不利境地。而反政府武装却在大规模武装冲突中不断提高战斗力，并且从布基纳法索、塞拉利昂和利比里亚等国得到大量人员、武器、军用物资和资金援助。外部势力的支持、军事上的得手使反政府武装在谈判桌上要价越来越高，这是科武装冲突迟迟无法平息的重要因素。

（三）经济上，科经济近年来大幅下滑使民众对政府的不满情绪日益增长。科依靠发展农业推动经济发展，可可、咖啡生产是国民经济的支柱。近年来，可可、咖啡国际市场价格持续下跌，对科经济打击很大。1999年，世界银行、国际货币基金组织以科政府执行结构调整方案不符合要求为由，中断了对科承诺的贷款。同年12月科发生政变后，主要援助国全部或部分中止了援助，使科经济雪上加霜。再加上非洲法郎不断贬值，物价上涨，普通百姓的日子越来越艰难，政府官员的工资和军队士兵的军饷经常被拖欠。以上原因引起的民众对巴博政府的不满情绪，是导致"9·19"兵变的重要因素。

（四）外交上，法国对科武装冲突采取模棱两可的政策对反政府武装起到纵容作用。作为科特迪瓦的前殖民宗主国，法国在科有着很大的政治、经济和军事影响。尤其是，法国长期在科驻扎着650多名海军陆战队，是保持科特迪瓦政局稳定的一支重要威慑力量。9月19日科发生军人叛乱后，法国虽陆续向科增派了1200名军人，号称监督停火和保护侨民，但实际上由于巴博政府带有社会党性质，且日益显露出对法离心倾向，法政府在武装冲突爆发之初采取模棱两可的政策：口头上谴责叛军"军事政变和以武力推翻合法政府的做法"，同时又强调法国"不直接军事介入"和"不干涉"。这在客观上助长了反政府武装的气焰，使其在谈判中有恃无恐，在战场上得寸进尺。直到11月下旬开始，法政府鉴于科内战久拖未决威胁到法在西非利益，才公开强调"支持巴博合法政府、维护科领土完整"，但已无法控制局面。法军虽自12月21日以来同西部叛军进行3次交火，但仍无意直接站到科政府军一边，协调行动，向反政府武装进攻。

三、科武装冲突的后果与影响

持续3个多月的大规模武装冲突使科特迪瓦的经济、社会发展严重受创。仅9月19日的兵变就造成270人死亡，300多人受伤。截止2002年底，战乱已造成500多人死亡，数千人受伤，110多万人逃离家园沦为难民。内战使科特迪瓦南北间主要交通干线或受阻或中断，农业生产减少45%。在反政府武装占领的北部区域，经济活动几乎完全停止，直接经济损失就达2000亿非洲法郎。受内战影响，2002年科特迪瓦国内生产总值大幅下降。

科特迪瓦武装冲突还给西非地区的社会稳定和经济发展造成不利影响。武装冲突使科与布基纳法索、马里和几内亚等国边境关闭，移民受阻，无法履行西共体人员与货物自由流通的义务，直接影响了西共体其他国家2002年的经济增长率。此外，科特迪瓦是世界最大的可可生产和出口国，可可产量占世界总产量的43%。大规模武装冲突使可可的季节性收获遭到破坏，产量减少了10万吨左右，引起伦敦等国际市场的可可价格剧烈波动。

（桐　生）

摩洛哥与西班牙在佩雷希尔岛问题上发生争端　2002年7月11日，摩洛哥士兵登上在归属问题上与西班牙有争议的佩雷希尔岛（摩洛哥称为雷拉岛），在国际社会中引起轩然大波。7月17日凌晨，西班牙军队将占领该岛的6名摩洛哥士兵驱逐出岛，并在岛上插上了西班牙国旗。随后，双方在佩雷希尔岛的领土主权争端问题上发生一系列争执，最后在国际社会的广泛干预下，经过艰苦谈判后，双方于7月20日就佩雷希尔岛问题达成一致意见。

一、事件发生的背景

佩雷希尔岛位于距摩洛哥北部海岸仅为180米的地方，面积只有13.5公顷，岛上最高点海拔74米，岛屿四周水深20到30米。该岛虽然面积很小，但是由于其地处扼守大西洋和地中海要道的直布罗陀海峡而显得战略地位非常重要，因此历史上各国对该岛的主权归属问题一直争论不休。16世纪末以前，该岛一直属于葡萄牙，1581年以后，这个小岛归属了西班牙，葡萄牙与西班牙政府于1668年就该岛主权归属问题正式签订了协议。1808年，英国为控制法国船队通过直布罗陀海峡，在岛上构筑了防御工事。当时的西班牙国王费尔南多七世坚决要求英国撤出军事设施和军队，在西班牙政府的强烈要求下，英国军队于1813年撤出了佩雷希尔岛。在整个19世纪，佩雷希尔岛的主权归属一直在西班牙、英国和摩洛哥之间进行着激烈的争夺。1912年，英国最终彻底放弃了对该岛的主权要求。但西班牙和摩洛哥仍对此岛的主权有争议。为表示对该岛拥有主权，西班牙从1912年开始就一直在岛上派驻了4名士兵和1名士官。但到20世纪70年代，西班牙将这5名官兵从岛上撤走。从此，这个岛上除偶尔有贩毒分子和渔民活动之外，一直无人居住。此后，西班牙和摩洛哥两国一直想把该岛主权归属自己名下，但都没有成功。最后，双方无奈之下达成协议，承诺都不占领该岛。

二、摩洛哥“军事占领”佩雷希尔岛

（一）事件经过及双方立场。2002年7月11日，在摩洛哥国王穆罕默德六世举行大婚仪式的前一天，摩洛哥以反恐为由派6名士兵“占领”了佩雷希尔岛，在岛上建立了一个军事观察哨，并竖起了两面摩洛哥国旗。当晚，西班牙外交部就发表声明，强烈抗议摩洛哥军事“占领”佩雷希尔岛的行为，并要求摩洛哥遵守两国1991年签订的《双边友好合作协定》，立即撤军，维持佩雷希尔岛无驻军的原貌。与此同时，西班牙还从附近的罗塔海军基地派出两艘巡逻艇前往佩雷希尔岛附近，驻扎在直布罗陀海峡附近的7000名西班牙军队也进入戒备状态。摩洛哥文化与新闻大臣兼政府发言人穆罕默德·阿沙里7月13日就西班牙的这一举措发表讲话称，西班牙政府对于这一事件的反应“过于夸张”。他希望西班牙政府不要在该问题上小题大做，从而恶化两国之间的睦邻友好关系。阿沙里还强调说，佩雷希尔岛自古就是摩洛哥领土，虽然历史上曾被西班牙殖民者统治，但在1956年西班牙对摩洛哥北部的“保护期”结束后，该岛就已经归属了摩洛哥。摩洛哥最近在岛上建立哨所是为了打击恐怖主义和非法移民活动。7月15日，摩洛哥外交与合作大臣穆罕默德·本·伊萨再次重申了摩洛哥政府的立场，即佩雷希尔岛是摩洛哥领土不可分割的一部分，摩洛哥不会从岛上撤军。针对摩洛哥政府这一立场，西班牙首相阿斯纳尔立即发表措辞强硬声明，表示西班牙政府决不允许和承认摩洛哥在佩雷希尔岛上造成的“既成事实”。

（二）国际社会的反应。欧盟委员会主席普罗迪7月13日通过新闻媒体发表声明，表示欧盟反对摩洛哥“军事占领”佩雷希尔岛的行为，并代表欧盟要求摩洛哥军队“立即撤出”佩雷希尔岛。同时，还警告摩洛哥政府说，如果摩洛哥不把军队从岛上撤走，欧盟将对摩洛哥实行“涉及到整个社会所有领域”的制裁。对于欧盟表现出来的强硬立场，阿拉伯国家联盟也不示弱，于当日发表声明鼓励摩洛哥不要向欧盟的强大压力妥协，并称整个阿盟将尽一切可能支持摩洛哥对佩雷希尔岛拥有主权。

三、西班牙占领佩雷希尔岛并带走岛上的摩洛哥士兵

（一）事件经过及双方立场。7月17日凌晨，西班牙政府将其驻摩洛哥大使召回并采取了军事行动。当日凌晨4点，一支由28名西班牙特种兵组成的小分队乘坐3架直升机，在2艘军舰的支援下，登上了佩雷希尔岛，并强行带走了登上该岛的摩洛哥士兵。随后，西班牙军方通过休达海关遣返了摩洛哥士兵。整个事件过程中，双方没有发生武力对抗和交火现象，也没有造成人员伤亡。摩洛哥外交部当即发表声明，强烈谴责了西班牙派兵占领佩雷希尔岛的行为，并称这一行为是违反国际法准则、侵犯摩洛哥国家主权的“暴力行为”。声明还说，自从摩洛哥派兵进驻佩雷希尔岛事件发生后，摩洛哥政府在国际社会的调停下，已经同意与西班牙进行谈判，并有可能在17日晚就解决佩雷希尔岛问题达成协议。然而，就在谈判正在进行，国际社会为此问题的和平解决做出努力的时候，西班牙当局不顾国际社会的劝阻，强行占领佩雷希尔岛。摩洛哥呼吁国际社会要求西班牙立即无条件地从摩洛哥领土上撤军。西班牙认为，摩洛哥派兵占领佩雷希尔岛的真正目的是想引起国际社会的注意，并借机收回休达和梅利利亚等地的主权。鉴于此，在占领佩雷希尔岛后，新上任的西班牙外交大臣

帕拉西奥态度坚决地表示，西班牙愿意在平等的基础上与摩洛哥就包括佩雷希尔岛在内的双边问题进行谈判，并表示在摩洛哥承诺不再占领该岛的前提下撤走军队，恢复该岛无人占领的原貌。但西班牙在摩洛哥北部的两块“飞地”休达和梅利利亚及其附近几个岛屿的主权问题不容谈判。

（二）国际社会的反应。针对7月17日西班牙军队武装占领佩雷希尔岛，并带走该岛上的摩洛哥军人，联合国、阿拉伯国家联盟、非洲联盟、海湾阿拉伯国家合作委员会等国际组织及美法等国家纷纷表态，希望西班牙和摩洛哥能通过和平谈判的方式解决两国之间的领土纠纷问题。联合国秘书长安南7月17日通过其发言人发表声明，希望西摩双方能够通过有效的方式和平解决领土争端问题，并愿意为双方提供帮助。阿盟秘书长穆萨当日发表声明，敦促西班牙从佩雷希尔岛撤军，并立即同摩洛哥政府就领土争端问题举行谈判。非盟的一位高级官员也指出，“动用军队解决问题是不利于世界的和平和稳定的”，他呼吁西摩双方采用和平的方式解决问题。美国国务院透露，美副国务卿阿米蒂奇在事发当晚就通过电话向西班牙和摩洛哥外交部长阐明了美国的调解立场，敦促双方寻求外交努力、以和平的方式解决问题。法国外交部发言人在新闻发布会上说，法国强烈希望西班牙和摩洛哥采取相应措施，本着睦邻友好的精神制止局势的进一步恶化。海合会也就此事发表声明。在声明中，海合会对西班牙在争端中动用军队的行为表示遗憾，并表示将支持摩洛哥对佩雷希尔岛拥有主权，希望西班牙从岛上撤军。同时，海合会还呼吁摩西双方通过对话形式解决两国间的领土争端问题，以维护西班牙同阿拉伯国家特别是同摩洛哥之间的友好关系和共同利益。

在国际社会的斡旋下，西班牙和摩洛哥两国政府于7月20日晚就解决佩雷希尔岛的领土争端问题达成协议，同意恢复该岛无驻军状态，并表示双方都不在岛上设立旗帜或主权标志，也不修筑永久性建筑。至此，持续了10余天的佩雷希尔岛事件终于告一段落。

（张　柯）

苏丹政府与反政府武装和平谈判取得重要进展　2002年，苏丹政府与反政府武装经过3轮谈判，使苏丹和平进程在曲折中取得重要进展。

一、苏丹政府与反政府武装在国际社会斡旋下举行第一轮和谈并签署和平意向协议

迄2002年，苏丹第二次内战已持续19年。自1997年以来，在东非政府间发展组织（简称“伊加特”组织）的斡旋下，苏丹政府先后与南方反政府武装中的8个派别签署和平协议，并与其中最大的派别“苏丹人民解放军”（即“加朗集团”）举行了6轮谈判。但由于美国克林顿政府公开支持加朗集团推翻苏丹政府，加朗集团有恃无恐，力图通过武力夺取国家政权，谈判没有取得什么成果。“9·11”事件后，布什政府认为苏丹内战持续下去对反恐大局不利，部分调整了对苏丹政策，不再支持苏丹分裂，给加朗集团施加了不少压力。在美国和瑞士的斡旋下，苏丹政府与加朗集团于1月19日在瑞士比根斯托克签署了在努巴山区实行有限停火协议。但是，由于苏丹政府与加朗集团等南方反政府武装在南方划界、政教关系、石油资源分配、南方未来政体等诸多问题上存在着重大分歧，有限停火协议并未得到认真实施。因此，2002年上半年，苏丹政府军与反政府武装时有交火，双方一直处于打打谈谈的局面。

在美国、“伊加特”组织、英国和阿拉伯国家的斡旋下，6月17日苏丹政府与加朗集团的代表在肯尼亚马查斯科举行2002年的第一轮和平谈判。经过一个多月的谈判，双方在南方实行民族自决、政教分离及维护国家统一等3个重要问题上达成一致。7月20日，双方签署了和平意向协议，协议主要内容有3项：第一，维护苏丹国家统一，南方民族自决在苏丹联邦的框架内实施；第二，将伊斯兰教教法作为苏丹联邦法的立法基础，但伊斯兰教教法的实施限制在北方穆斯林地区；第三，以信奉非洲传统宗教和基督教的居民为主的苏丹南方地区先实行6年自治，然后举行南方地区全民投票决定该地区与北方地区的关系。国际舆论认为，和平意向协议的达成标志着苏丹和平谈判出现重要转机，为结束长达19年的内战、实现和平、统一与发展奠定了基础。

二、加朗集团在和谈期间攻占南方重镇托里特导致第二轮和谈破裂

和平意向协议签署后，在乌干达总统穆塞韦尼的安排下，苏丹总统巴希尔和加朗集团领导人加朗于7月27日在乌干达首都坎帕拉举行了历史性的首次直接会晤。两人当众握手，表示和解，并承诺在即将举行的第二轮和谈中全力以赴，解决彼此的分歧，加速苏丹国内和平进程。

8月12日，苏丹政府与加朗集团在马查斯科举行第二轮和平谈判。这轮和谈主要讨论停火问题，同

时也讨论未来国家权力和石油资源分配问题，以及与南方自决、政教分离、国家统一相关的一些细节问题。由于停火、国家权力及石油资源分配等问题牵涉双方重大切身利益，苏丹政府和加朗集团立场十分强硬，都不愿做出让步，谈判进行得十分艰难。加朗集团代表明确表示，除非双方在所有问题上达成一致，否则决不会放下武器。谈判陷入僵局。

为了迫使政府在谈判桌上让步，8月30日加朗集团反政府武装部队向政府军控制的东赤道省重镇托里特发动了猛烈进攻，经过3天激烈战斗，政府军被迫于9月1日撤出该城。苏丹政府对于加朗集团动用武力破坏和谈的做法作出强烈反应。9月2日，参加和谈的苏丹政府代表团发表声明，抗议加朗集团缺少和谈诚意，宣布立即退出第二轮和平谈判返回国内。同日，苏丹政府宣布进行全国总动员，命令政府军“发动不受限制的战争”，“动用所有武器”进行反击，直至收复托里特为止。至此，第二轮和谈破裂。此后，苏丹政府军与加朗集团反政府武装不断在托里特等地区发生激烈交火。经过1个多月的激战，苏丹政府军10月8日夺回被加朗集团占据的托里特城。

三、苏丹政府与加朗集团在国际压力下举行第三轮和谈并签署谅解备忘录

第二轮和谈破裂后，“伊加特”组织国家及美国、英国和挪威等国积极在苏丹政府与加朗集团之间进行斡旋，要求他们尽早恢复和谈。苏丹政府在国际社会的压力下，同意恢复与加朗集团的和谈。10月14日，双方在马查科斯开始第三轮和谈，并签署一项临时停战协议，规定在第三轮和谈期间，双方在所有地区停止敌对行动。17日，临时停战协议生效。11月11日，双方签署了一份谅解备忘录。签署后，苏丹政府代表团成员、对外关系国务部长纳吉布·阿卜杜勒—瓦哈布宣布，经过近1个月的谈判，双方已在未来国家权力和石油资源分配等分歧较大的问题上取得基本一致，就民族联合政府和地方政府关系、在和平协议框架内制定苏丹宪法以及加朗集团参加行政、立法和司法权力机构等问题初步达成协议，并为解决诸如6年过渡期的安全和军事安排、加朗集团在苏丹南部边界以外的军事存在以及国际社会和地区对苏丹和平提供保障等问题确定了时间表。

四、苏丹政府代表应邀赴华盛顿与加朗集团代表举行会晤，为第四轮谈判做准备

第三轮和谈结束前后，美国进一步加大了对苏丹冲突双方的促和力度。11月25日，美政府邀请苏丹政府派4名代表到华盛顿同加朗集团代表举行会晤，以听取冲突双方对刚签署的谅解备忘录的意见，缩小立场分歧，使定于2003年1月举行的第四轮和谈能顺利进行。12月18日至26日，苏丹政府与加朗集团代表在华盛顿举行会晤。会晤中，加朗集团代表南方15个反政府武装派别提出在第四轮和谈前必须解决的5个问题：把自然资源丰富的努巴山区、青尼罗河州南部和阿比伊地区划归南方；确定未来统一国家的首都；在过渡时期建立南北两支军队；确定总统人选；合理分配石油等资源。加朗集团声称，“只有这些问题解决了，和谈才能取得成功，苏丹才能实现和平”。苏丹政府代表团同意讨论上述5个问题。12月26日，双方就这5个问题基本达成一致。其中，在最为关键的石油资源分配问题上，双方同意以各自控制的人口比例为基础分配石油收入，成立一个中立的国际委员会对双方控制的人口数量进行调查登记。双方还商定，将在2003年1月举行的第四轮和谈中重点讨论组建包括各派政治力量在内的民族联合政府问题。

（桐　生）

乍得政府清剿反政府武装取得重大战果

2002年1月7日，乍得政府与反政府武装“争取民主正义运动”签订和平协议、由于“争取民主正义运动”继续进行武装斗争，协议没有得到落实。乍得政府随即加大了对反政府武装的清剿力度，并取得了重大战果。

自1998年以来，由乍得前国防部长优素福·托戈伊米领导的反政府武装“争取民主正义运动”武装力量占据了乍得北方与利比亚交界的恩内迪高原地区，与政府军展开游击战，对乍得及周边地区的安全与稳定构成严重威胁。在利比亚总统卡扎菲的斡旋下，乍得政府与“争取民主正义运动”曾于2000年9月举行会谈，但未取得具体成果，乍得内战一直持续。此后，乍得政府军多次围剿“争取民主正义运动”，一度将其赶入利比亚境内，但始终无法完全消灭这支反政府武装。

2002年初，在利比亚总统卡扎菲的再次调解与斡旋下，乍得冲突双方在利比亚首都的黎波里进行的和平谈判取得了重要进展。1月7日，乍得政府与“争取民主正义运动”签署了一项和平协议，宣布结束双方长达4年的武装冲突。根据和平协议，乍得政府军与反对派武装力量立即停火，双方将致力于国家的和平、安全、稳定和社会经济发展。“争取民主正义运动”将参与政府执政，其武装力量编入政府军。

然而，的黎波里和平协议签署后不久，托戈伊米提高了要价，坚持要求担任乍得新政府总理职务。在这一要求遭到乍得政府拒绝后，“争取民主正义运动”不愿执行和平协议，拒不解除武装，与乍得政府的矛盾越来越尖锐。5月31日，乍得政府军与“争取民主正义运动”在恩内迪高原地区发生自签署和平协议宣布停火以来的首次激烈交火。在战斗中，政府军有60人死亡，反对派武装有4人死亡。事发后，双方互相指责对方首先发动攻击，破坏和平协议。

在“争取民主正义运动”拒绝放下武器、和平协议无法执行的情况下，乍得总统代比6月13日单方面宣布成立新一届政府，任命执政党爱国拯救运动第一副总书记卡巴迪出任政府总理。此举进一步激化了乍得政府与“争取民主正义运动”的矛盾。乍得政府开始大规模清剿反政府武装，双方在乍得北部地区不断交火。

6月中旬以后，情况发生了有利于乍得政府的变化。“争取民主正义运动”内部在是否继续执行的黎波里和平协议及与政府和解问题上发生重大分歧，并导致该组织分裂成“强硬派”与“和解派”两部分。6月16日，“争取民主正义运动”中“和解派”的近200名武装人员决定脱离反政府武装。他们从反政府武装耶比布营地出发，经过长途行军后于6月30日抵达卡莱特镇，向政府军投诚，受到乍得民族和解委员会主席霍基·达加切将军的热烈欢迎。9月，“争取民主正义运动”领导人托戈伊米因病在利比亚去世，反政府武装群龙无首，处境更加不利。

乍得政府抓住反政府武装分裂和托戈伊米去世的机会，一方面加强了和平攻势，多次呼吁“争取民主正义运动”中的“强硬派”恢复与政府对话，执行的黎波里和平协议；另一方面在法国军队的支持下，进一步加大对北部恩内迪高原地区反政府武装的清剿力度。到2002年底，政府军已将反政府武装残余势力压缩到乍得与利比亚边境很小的地区。乍得总统代比发表广播讲话声称，反政府武装“已无藏身之地”。不过，由于乍得北部与利比亚接壤地区多为沙漠和无人区，反政府武装可以轻松越过边境逃入利比亚境内，并可随时回国进行游击战和袭扰活动。乍得政府要彻底肃清反政府武装、完全夺回北部地区并非易事。

（桐　生）

乍得与中非发生边境武装冲突　2002年8月6日和10日，乍得与中非两次发生边境武装冲突，造成人员伤亡和重大财产损失。在中部非洲经济与货币共同体（简称“中非经货共同体”）等国际组织的调解和斡旋下，乍得与中非两国都表示愿通过和平谈判解决边境问题。

一、中非与乍得边境武装冲突的背景与经过

乍得与中非都曾经是法国的殖民地，两国有着近1000千米的共同边界线，历史上存在着边境领土争议。中非认为目前为乍得所有的一块约50多平方千米的领土应属中非所有。由于两国争议地区近年来发现蕴藏有丰富的石油资源，两国在领土归属问题上各不相让，双方的矛盾逐渐尖锐化。2001年11月，中非武装部队前总参谋长博齐泽在因涉嫌参与未遂政变而被解除职务后，带领一些支持者逃到乍得境内。中非政府向乍得提出引渡博齐泽的要求，但被乍得政府拒绝。此后，尽管博齐泽离开乍得逃往法国，但中非与乍得两国矛盾进一步激化，关系更加紧张。

2002年8月6日，乍得与中非两国边防部队在有争议的边境领土上发生了猛烈交火，8月10日，双方再次猛烈交火。在两次交火中，乍得和中非边防部队都有不少人员伤亡，并遭受了重大财产损失。

10月25日，博齐泽再次策动其在中非的支持者在中非首都班吉发动武装政变，他本人也于10月27日从法国回到乍得领导、指挥这次武装政变。这使中非和乍得的关系更趋紧张。中非政府声称，在被中非政府军击毙的参与政变武装人员中，大部分都是乍得人，指责乍得支持并介入了这次政变。乍得政府则指称中非政府军在与政变武装人员交战中“屠杀了80至120名”在中非的乍得人。双方还互相指责对方在两国边境地区制造紧张局势。

二、中非经货共同体等国际组织对中非与乍得边境冲突的调解

乍得与中非发生边境武装冲突后，在中非经货共同体的提议下，成立了乍得与中非边境冲突考察团。考察团由中非经货共同体成员国和马里官员，联合国秘书长驻中非特别代表西塞将军，以及非洲联盟代表组成，加蓬外长让·平任团长。考察团于8月22日至24日先后赴中非首都班吉、乍得首都恩贾梅纳以及两国的边境地区进行了为期3天的考察，旨在实地考察局势，提出解决冲突的建议。期间，考察团分别与中非总统帕塔塞和乍得总统代比就解决双方冲突问题进行了会谈，中非与乍得双方都表示愿意和解。

10月2日，中非经货共同体在加蓬首都利伯维尔召开特别首脑会议，决定在一个月的期限内在中非

部署一支 300 至 350 人的多国维和部队，以协助保障中非与乍得边境地区的安全。10 月 23 日至 25 日，中非经货共同体成员国武装部队参谋长在利伯维尔举行会议，决定多国维和部队的人数为 331 人，由来自加蓬、刚果（布）、赤道几内亚和马里的军人组成，由加蓬统一指挥。多国维和部队任期 6 个月，期满后可以每 6 个月延长一次。此外，乍得 550 名军人和中非的 330 名军人在两国边境共同巡逻，以确保两国共同边境地区的安全，并由中非经货共同体观察员负责对此进行监督。11 月 7 日，多国维和部队第一批维和军人抵达中非，正式开始执行维和使命。12 月 4 日，第二批 104 名维和军人抵达中非。

经过中非经货共同体等国际组织的斡旋、调解与介入，中非和乍得边境紧张局势有所缓和，两国关系逐步得到恢复。2003 年 2 月 15 日，乍得总统代比对中非进行访问。两国总统 16 日发表联合公报称：两国将摒弃前嫌，进一步改善和发展双边睦邻友好关系，努力实现两国关系的正常化；重新启动两国混合委员会，以尽快解决两国间存在的问题和消除双方的误解。

（桐　生）

中非武装部队前总参谋长发动武装政变被挫败　2002 年 10 月 25 日，中非首都班吉发生由该国武装部队前总参谋长博齐泽策动的武装政变。经过 6 天激烈战斗，中非政府军夺回被政变武装人员占据的班吉北部城区，政变失败。参与政变的武装人员逃往中非北部地区。

一、武装政变的背景及经过

中非自 1991 年实行多党民主制以来，政治局势一直动荡不安，先后发生过 5 次未遂政变。2001 年 5 月 28 日中非部分军人发动政变被政府挫败后，帕塔塞总统以中非武装部队总参谋长博齐泽与政变有牵连为由，于同年 10 月 25 日解除了博齐泽的职务，中非负责调查“5·28”政变的司法委员会决定逮捕博齐泽。博齐泽及其支持者以驻守的营地为据点，武力拒捕，在遭到政府军武力攻击后逃往乍得。2002 年，由于中非政府多次要求乍得政府引渡博齐泽，博齐泽又流亡到法国巴黎，暗中联络其在中非的支持者准备发动政变推翻帕塔塞政府。2002 年 10 月 25 日下午 2 时许，支持博齐泽的武装人员在首都班吉市区发动武装政变，并与中非政府军发生猛烈交火。战斗一直持续到 26 日下午，双方在班吉市区北部和西南部激烈交火。政变军人在战斗中占了上风，控制了班吉市区北部。武装冲突导致市内商店全部关门，部分居民逃往附近农村及其它安全地带。

10 月 27 日，博齐泽从法国巴黎飞抵乍得首都恩贾梅纳，公开宣称是他策划并领导着武装政变。博齐泽要求帕塔塞总统与所有的反对派进行对话，否则就要推翻中非现政府。同日，中非政府军在利比亚和刚果（金）军队的支持下，对政变武装人员进行了猛烈反攻，夺回了两天来被政变武装人员占领的一些城区；帕塔塞政府在国家电台发表声明，称政府军已包围了叛军，并打死了一些叛军人员，要求其余叛军人员“要么投降要么准备被制服”。

10 月 28 日，政变武装人员重新向政府军进行反攻，经过激烈战斗后不仅再次占领政府军夺回的城区，而且继续向市中心推进，直接威胁到议会大厦等重要建筑。29 日，政变武装人员用迫击炮和火箭弹攻击了两架前来轰炸的政府军轰炸机，并继续向南推进，逼近总统官邸。10 月 30 日，战局突然发生有利于中非政府军的变化。政府军在利比亚和刚果（金）新增援部队的支持下，击溃了围攻总统官邸和议会大厦的政变武装人员，一举收复了前 5 天被政变武装人员占领的班吉市北部城区。政变武装人员仅控制班吉城郊的一些据点。

10 月 31 日，中非政府军乘胜追击，完全收复被政变武装人员占领的有所班吉城区和郊区，班吉局势平静、交通恢复，大部分商店重新开门，部分逃离的居民开始陆续返回。至此，博齐泽发动的武装政变以失败告终，部分政变武装人员逃往中非北部地区

政变失败后，参与政变人员继续在中非北部地区进行袭扰活动。中非政府在进行追捕行动的同时加强了和平攻势。11 月 7 日，帕塔塞总统发表声明，号召参与武装政变的人员立即放下武器，就近向当地政府机关自首，上交所有的武器弹药，结束暴力行动，并各自回家。中非政府保证这些放下武器人员的人身安全。11 月 25 日，帕塔塞总统又发表广播电视讲话宣布，中非政府将与发动政变的武装人员进行“和解谈判”，并“保证放下武器的军事政变者的人身安全”。他还表示，他将尽快与中非各政党领导人和社会各界人士会谈，重点讨论国家的稳定问题。

二、国际社会对政变的反应

中非武装政变发生后，一些国际组织及有关国家纷纷表态，支持中非合法政府，谴责发动政变的武装人员。联合国秘书长安南 10 月 28 日发表声明，对中非共和国爆发的武装冲突表示严重关注，谴责任何通过暴力手段夺取政权的企图，呼吁发动政变的武装分

子放下武器，立即结束暴力行动。欧盟10月30日发表主席国声明，表示坚决反对在中非出现任何政变企图和任何借助武力寻求政治变化的做法，呼吁中非各派政治领导人恢复政治对话，走民族和解之路。呼吁中部非洲地区各国尊重中非共和国的主权和领土完整，中非的邻国应为维护中非的稳定发挥监督作用。中非原殖民宗主国法国10月27日发表声明，谴责“任何推翻中非合法政府的企图”，特别是对博齐泽发动政变表示谴责。

（桐　生）

欧洲军事要事

俄罗斯军事改革不断深入　2002年，在俄罗斯总统普京的亲自领导下，以建立一支规模适当、装备精良、指挥灵活、能适应21世纪战争的全新军队为目标，俄军事改革继续向深度和广度发展。

一、加速推进改革步伐，大幅增加军费投入

作为俄罗斯总统，普京深知“富国必须强军”的理念。因此，从其就任总统一职起，就高度重视军队改革工作。针对俄军事改革多年徘徊不前的状况，普京多次召集专门会议研究治军大纲，在针砭时弊，对军队中存在的种种问题提出严厉批评的同时，制定一系列积极措施，以确保军事改革的深入实施。2002年7月31日，普京主持召开了国防部、联邦内务部、紧急状态部、司法部、安全局、边防局等部门高级官员参加的军事改革会议。会上，普京指出，优化武装力量和增强军队战斗力是俄军建设优先考虑的方向。“当前俄军应当解决的最重要、最现实的问题是建立一支装备精良、训练到位、管理有效的日常战备部队，并以此为基础全面实现武装力量的现代化”。11月21日，俄政府总理主持召开政府工作会议，也与俄国防部长等人讨论了军事改革问题。俄国防部长伊万诺夫在会上表示，今后一段时间俄将分阶段、有重点地加快军事改革步伐，以全面提高俄军战斗力和现代化水平。

俄军建军以来，受国家经济困境所制，军费投入长期在低水平徘徊。为确保军事改革的贯彻落实，2002年度俄大幅增加了军费开支，将军费预算增至2841亿卢布（约合95亿美元，比2001年增加37%），其中，国防预算中用于军事改革的资金由2001年的45亿卢布增加到160亿卢布。新增军费主要用于购买装备、对现有装备进行现代化改造和提高军人待遇。其中，用于购买武器装备的资金增加40%，达到790亿卢布。2002年初，俄国防部长强调，2002年俄将集中力量发展航天部队，把它作为实现俄军现代化的基础，提出应在2004年，最迟2005年完成恢复太空领域的军事能力，否则“我们将变得又瞎又聋，将不会有现代化的信息系统，不会有情报，无法对太空实施监督”。年内，俄投入约316亿卢布用于太空专项研究，54亿卢布用于“格鲁纳斯”全球卫星导航系统的研发，并将在未来10年内再对该项目投入54亿卢布。

二、适应安全形势变化，强化俄军反恐作战使命

“9·11”事件后，国际恐怖主义对各国安全的威胁上升。俄认为，国际恐怖主义、民族和宗教极端主义和分裂主义等新的、非传统的安全威胁已成为国家安全稳定的首要隐患。2002年，车臣非法武装频繁制造恐怖袭击事件，特别是10月24日的“莫斯科人质事件”，进一步强化了俄罗斯对恐怖主义危害的认识。针对国家安全领域出现的新变化，俄重新修订国家安全构想和军事法规。2002年初，俄陆军总司令部制订了新的《陆军战斗条令》，新条令体现了俄军建军以来局部军事冲突和车臣反恐作战的经验。10月底，普京主持召开俄联邦安全委员会会议，责成有关部门重新修订国家安全构想和反恐法，增设反恐怖条令。据俄国防部长伊万诺夫称，修改后的俄“国家安全构想”将使俄军在反恐斗争中发挥更大作用，使俄军在面临恐怖威胁时有权采取先发制人的行动。普京还授权总参谋部制定相应措施，调整武装力量使用方针，改变现行军事法规中对军队参与反恐作战定义模糊的问题，以扩大军队反恐作战的权限。

三、继续优化军队结构，加强常备部队建设

为顺应世界新军事革命潮流和新的安全形势，2002年俄继续优化军队结构，加强常备部队建设，组建适应未来作战需要的多用途复合型军兵种部队。

（一）继续优化军队结构。通过10年军事改革，俄军结构较组建初期发生了重大变化，由过去的5个军种2个独立兵种合并调整为陆军、海军、空军3个军种和战略火箭兵、航天兵及空降兵3个独立兵种，实现了与世界各国军队通行的陆、海、空三军体制的接轨。2002年，俄军继续进行军队结构调整工作。鉴于空军在未来作战中将发挥越来越重要的作用，为提高其综合打击能力，继1998年将防空军并入空军后，2002年11月俄军总参谋部又决定，将陆军航空兵所属30个团级单位、1个训练中心和1所军事学院共计2000余架各型直升机及2万余名官兵全部转隶空军，并将陆军总司令部所属航空兵局缩编后纳入空军司令部编制，各军区陆航局缩编后编入各空防集团军。俄军并计划于2006年将战略火箭兵和航天兵的导弹空间力量也并入空军，将空军建成一支攻防兼备、航空和航天一体化的强大空中作战力量。据俄陆军总司令科尔米利采夫上将透露，为适应反恐作战的需要，俄正考虑在陆军建立新的合成作战旅（团），采用模块化结构，以摩步营为基本战术单位，使其既可在合成兵团（军团）编成内遂行任务，也可以作为奔袭、强击等支队独立遂行作战任务。

（二）加强常备部队建设。为使军队能够在数量减少的情况下胜任多种作战任务，近年俄军根据战备程度的不同，分常备部队、简编和基干部队、战略预备队三类进行了改编。其中常备部队是军队的骨干，人员和装备编配率达到100%，战时不需进行动员补充就可直接担负作战任务；常备兵团或部队同时也是各军兵种快速反应部队的组成部分，他们既可担负普通作战任务，也可实施反恐作战、维和等多种作战任务。简编部队人员满编率约为30%至60%，但结构框架齐全，武器存储充分，战时随时进行扩充；战略预备队平时人员只有编制的15%左右，战时扩充作为作战支援力量。为“应付突发的来自内部和外部破坏国家领土主权完整和人民生命财产安全的现实威胁”，2002年，俄军将加强常备部队建设作为军队建设的首要任务。俄总统普京7月底在为俄军一批高级将领授衔时强调，加强各军兵种常备部队的建设，是当前俄联邦武装力量的一项最重要的任务。国防部长伊万诺夫也多次强调，要重点发展常备部队，确保其齐装满员，以能够应付来自各方面的威胁。为贯彻上述要求，年内，俄军各部队采取措施增加常备部队数量，努力保障常备部队满编，优先对其武器装备进行更新换代，加强军事训练，以使其保持良好战备状态。俄军计划到2003年使常备兵团和部队的数量达到15万人，约占陆军总兵力的1/2。其他军兵种常备部队也在建设中，其中包括空军航空兵团、数个空降兵师、海军主要作战舰船和陆战部队等。

四、压缩军队规模，减少部队员额

压缩军队规模，裁减军队员额是俄军实现由数量规模型向质量效能型转变的重要举措之一。2002年1月，普京宣布，将在本年度裁军20万，使俄军降至100万人以下。根据这一要求，年内俄军继续加紧进行部队精简整编工作。

（一）裁减军队员额。俄军组建初期，接收了75%的苏联军队，总兵力约282万。经过10年精简整编，截止2001年底，俄武装力量总兵力已裁减至127万人（另有文职人员86万人），裁减幅度达60%。2002年，俄武装力量继续进行精简工作，又裁减了15万人，至当年底已减至112万人。2002年前，俄军计划将正规军人数裁减至80万人左右，但2002年10月莫斯科人质事件后，俄军在保留军队规模的数量上发生变化。2002年11月俄国防部长伊万诺夫明确提出“将保留一支百万规模的军队”，认为“要想对付来自各个方面的威胁和挑战，强大的军队对俄罗斯来说是必要的”。

（二）精简指挥机构。10年来，俄军指挥机构数量削减了30%至40%，其中重点裁减职能重复的行政管理和后勤部门。俄国防部和总参谋部等机关裁员超过50%，其人员数量被限定在武装力量总员额的1%以内。总参谋部机关精简了15%，各军兵种指挥机构也做了相应的精简。按照普京总统提出的削减行政机构并减少支出的要求，2002年6月1日开始实行的新的编制，对机构进行了进一步精简，国防部和总参谋部等机关的大部分将军职位降低一至二级，由大校或上校担任。

五、加速推进军队职业化步伐

2002年3月，普京正式批准了《俄罗斯联邦武装力量职业化改革方案》，决定加速推行军队职业化进程。俄罗斯建军后，基本沿袭了苏联后期推行的义务兵役制加合同兵役制的混合兵役制。1996年，叶利钦总统曾提出建设职业化军队的改革方案，计划至2000年实现全军职业化。但由于社会、经济等方面原因，职业化进程受阻，改革方案未能如期实现。为加强质量建军，加速军队改革步伐，普京总统上台后决定重新启动军队职业化改革进程，2002 年 7 月 1 日前，俄国防部制定了合同制改革构想。11 月，国防部正式向联邦政府提交了新的兵役制度改革方案，建议分三阶段进行：第一阶段（2002 年至 2003 年）进行成建制转合同兵役制试点；第二阶段（2004 年至 2010 年）将合同兵人数提高到总兵力的 50%至 60%，将义务兵服役期缩短为 1.5 年；第三阶段（2011 年后）全面实现职业化。

根据此计划，俄军组成以总参谋长克瓦什宁为首的军事改革试点指导委员会，统一领导军队职业化试点工作。为取得军队职业化改革的经验，俄军选择了空降兵驻普斯科夫第 76 空降师作为实施师级合同兵役制的试点。8 月 1 日，俄空降兵司令奥尔基·什帕巴卡在第 76 空降师主持召开俄空降兵军事委员会会议，重点研究了第 76 空降师的职业化建设问题。俄驻普斯科夫第 76 空降师的职业化改革将分两个阶段进行，2002 年拨款 7 亿卢布专门用于该师职业化改革，预计于 2003 年底完成改革工作，总耗资达 26 亿卢布。届时，该师 91%的人员将转为合同兵役制。

六、加速新式武器装备研发，提高装备现代化水平

2002 年 1 月，普京总统批准了《俄联邦 2010 年前武器装备发展规划》，决定斥资 21000 亿卢布（约合 700 亿美元），加紧研制和生产新型武器装备，提高装备现代化水平。俄国防部长伊万诺夫 2002 年 3 月 27 日视察莫斯科郊外导弹基地时强调，俄一直在“技术和科学”方面着力准备，以应付美导弹防御系统对俄国家安全构成的新威胁。他还说，俄将于最近几年恢复导弹袭击早期预警系统，并全面组建自己的反导系统。根据上述规划和要求，2002 年俄用于研制新的防空系统、导弹袭击早期预警系统、远程雷达警戒飞机以及高精度武器的拨款增加了 25%。年内俄军加快了现代化武器装备的研制开发工作，取得的主要进展是：S-400 第四代改进型“凯旋”防空导弹系统已研制完成，将于 2003 年开始装备部队；“金刚石”科研生产联合公司已开始研制第五代导弹防空系统；“苏霍伊”航空科学工业联合体加快了第五代作战飞机的研发，计划于 2006 年至 2007 年进行试飞；北方机器制造厂已完成第五代战略核潜艇的生产，并开始陆续装备部队。6 月，海军列装 1 艘第四代核动力“鲨鱼”级战略核潜艇。6 月 6 日，战略火箭兵成功试射了“白杨-M”型战略导弹。7 月，航天部队在塔吉克斯坦境内部署了一个新型光电子太空观测系统。

（刘效兰）

俄罗斯接连发生重大恐怖事件 2002 年，俄罗斯接连发生了多起恐怖事件，其中最为引人注目的是 10 月下旬的莫斯科人质事件和 12 月份的车臣首府爆炸事件。

一、莫斯科人质事件震惊世界

2002 年 10 月 23 日晚 9 时许，约 50 名头戴面具、手持冲锋枪和爆炸装置的车臣绑匪闯入莫斯科市东南区梅尔尼科夫大街上的莫斯科轴承厂文化宫，将在那里观看音乐剧的 700 多名观众以及 100 多名演员和文化宫的工作人员扣为人质，其中有 75 名外国人。劫匪中有三分之一是女性，她们都是死亡的车臣分裂分子的遗孀或亲属，甘愿“为车臣的独立事业而牺牲”。劫匪的头目是已故车臣叛匪重要头目阿尔比·巴拉耶夫的侄子穆夫沙·巴拉耶夫，他劫持人质后，要求俄政府立即停止车臣战争，俄军在一周内撤出车臣。他声称，如果上述要求得不到满足，他们将引爆莫斯科轴承厂文化宫大楼，与人质同归于尽。劫匪们还警告，警方每打死他们一人，他们就杀死 10 名人质。事件发生后，担负反恐任务的俄联邦安全局最精锐的特种部队“阿尔法”行动小组立即遵照俄政府紧急出动的命令，赶赴事发现场，并与稍后赶到的莫斯科防暴警察和紧急情况部的人员封锁了通往现场的路口，包围了轴承厂大楼。随后，在文化宫北面的一栋大楼里成立了以俄联邦安全局副局长普罗尼切夫和莫斯科内务总局局长普罗宁为首的解救人质现场指挥部，“阿尔法”行动小组和内务部特警的军官们开始分析形势，勘察地形，制定应急作战方案。

事发当晚，俄罗斯领导人及各界人士纷纷发表声明，谴责恐怖分子伤害无辜平民的犯罪行为。俄总统普京宣布取消次日出访德国和葡萄牙的行程，并决定由卡西亚诺夫总理代他赴墨西哥出席亚太经合组织领导人非正式会议，以坐镇克里姆林宫，直接指挥解救人质的行动。24 日，俄罗斯国家杜马和内务部举行紧急会议讨论解救人质问题，与会者一致认为，保住人质的生命和健康是最重要的，国家权力机关、整个社会和媒体都应该竭尽全力保护人质；国家杜马呼吁劫匪要有理智，释放无辜者，首先是儿童和妇女；国际红十字会的代表同绑匪进行了接触。同日下午 2 时，普京发表公开讲话说，莫斯科劫持人质事件是由国外恐怖中心策划的，俄罗斯“绝不会屈从挑衅性事件”。他还说，已命令俄特种部队“准备解救人质，同时最

大限度地保障人质的安全”。普京发表讲话后，俄政府对至关重要的敏感设施加强了警戒，在机场、铁路、公路和水路交通线对过往车辆和人员进行严格盘查。红场也被关闭，只有因工作需要持有特别通行证的人才可进入。

25 日晚，普京召开强力部门负责人会议，表示愿意与车臣绑匪谈判，并授权总统驻南部联邦区全权代表卡赞采夫担负这一重任。在事件发生后两天时间内，俄政府和各界代表以及国际红十字会代表同劫匪进行了多次谈判，但均未取得实质性成果。

26 日凌晨 3 时 30 分左右，恐怖分子开始枪杀人质。由于情况十分危急，5 时 30 分，俄政府解救人质指挥部被迫做出强攻决定。为了阻止恐怖分子引爆炸弹，俄特种部队首先通过空调口向剧场内释放了一种用来麻痹神经的催眠气体。在这种气体开始发挥功效后，6 时 30 分，俄“阿尔法”行动小组冲进剧院，并立即同绑匪展开激烈交火。经过近半个小时的激战，特种部队击毙了 50 名恐怖分子，其中男性 32 人，女性 18 人，巴拉耶夫被当场击毙，另有 3 名恐怖分子被活捉。俄特种部队官兵在行动中数人受伤，但无人牺牲。7 时左右，解救行动基本结束，至此持续了 3 天的人质危机宣告结束。俄军方宣布，人质营救行动获得成功，在此次行动中，750 多名人质获救，90 人丧生。随后，将被解救人质紧急送往 22 家医院治疗和接受健康检查。后经俄政府证实，特种部队使用的催眠气体是一种属于鸦片衍生物的强力镇痛药芬太奴。据俄官方统计，由于吸入了过量的这种气体，人质当场死亡和事后经抢救无效死亡的人数为 129 人。

解救行动结束后，普京总统于 26 日发表了电视讲话。讲话的主要内容是：对全国人民表现出的克制和团结表示感谢，高度评价了冒着生命危险解救人质的特种部队官兵和各界人士的献身精神；感谢世界各国在与“共同的敌人”斗争中给予俄罗斯的道义和实际支持；俄将采取一切必要措施坚决打击车臣恐怖主义势力，决不向恐怖势力低头；就特种部队无法解救所有人质，请求俄罗斯人民“原谅”；宣布 28 日为全国哀悼日，要求全国各地降半旗致哀，当天广播电视台及文化机构取消娱乐性节目和活动；责成俄罗斯联邦政府和莫斯科市政权机构向遇难人质的家属和受伤人质提供帮助。同日，俄罗斯武装部队北高加索联合集群司令部宣布，俄军已开始在车臣全境展开大规模清剿非法武装分子的行动。

10 月 29 日，普京向俄军方下达了新任务。他说：“由于国际恐怖主义威胁的日益增长，俄将修改国家安全战略，对那些针对俄罗斯使用大规模杀伤性武器的恐怖威胁予以还击。”普京还说，恐怖分子及其支持者出现在哪里，俄军就打到哪里。舆论指出，这意味着，俄将动用大规模杀伤性武器打击威胁国家安全的恐怖主义，而且不排除把攻击的矛头指向国外、进行越境作战的可能。他签署的总统令要求俄所有强力部门共同参与对国家安全战略的修改。俄联邦安全会议秘书鲁沙伊洛也明确表示，俄军将对威胁国家安全的恐怖活动实施“先发制人”的打击。事实证明，莫斯科人质事件后，俄罗斯已把反恐斗争提升到了事关国家安全和民族生存的中心位置，反恐将成为修改国家安全战略的出发点。

11 月 1 日，俄总统助理兼新闻发言人亚斯特任布斯基向数百名来自各国记者说，俄情报机构在人质事件期间监听到恐怖分子头目巴拉耶夫同当时在车臣境外的车臣非法武装领导人之间的电话联系。通话内容显示，车臣非法武装领导人马斯哈多夫和巴萨耶夫两人直接策划和指挥了莫斯科劫持人质的恐怖事件。

劫持人质事件发生后，国际社会立即给予强烈的谴责。联合国安理会要求恐怖分子“立即无条件释放”被劫持的人质。安南秘书长对俄罗斯政府和人民表示由衷的同情，呼吁恐怖分子立即无条件地释放所有人质。亚太经合组织外长和贸易部长会议发表了坚决谴责莫斯科、印度尼西亚巴厘岛和菲律宾发生的恐怖事件的宣言，强调恐怖事件是对和平与安全，对地区和全球经济稳定的威胁。中国国家主席江泽民致电普京总统说，中国政府一贯坚决反对并谴责任何形式的恐怖主义，相信俄罗斯政府一定有能力顺利解决这一事件。美总统布什与普京总统通电话时称，愿意为俄解决人质危机提供支持。欧盟强烈谴责车臣叛军挟持数百名无辜平民的行径，并赞扬俄当局处理这一危机的谨慎做法，要求劫匪立即释放所有被挟持的人质。英国外长斯特劳说，英国政府全力支持俄罗斯为结束莫斯科人质危机采取的“所有必要步骤”。意大利总理贝卢斯科尼与普京通话时称，挟持人质的行为是“令人痛恨的恐怖主义行径”。欧洲安全与合作组织主席、葡萄牙外长克鲁兹说：“我们谴责这起恐怖主义行径及其野蛮本质。任何政治动机都无法为对平民使用武力的行为辩护。”印度谴责莫斯科人质事件，并希望尽快解决危机。朝鲜也严厉谴责了车臣叛军绑架人质的行为。在俄特种部队 26 日采取果断行动，迅速解救出被困人质后，世界许多国家纷纷表示，对持续了三天的人质危机终于结束感到欣慰，并向俄政府表示祝贺。

人质危机结束后，全俄社会舆论研究中心在俄公民中进行了一次调查，大多数人支持俄罗斯再度对车臣发动攻势。约 54% 的受访者说，他们认为俄罗斯联邦当局应当对车臣的激进分子采取坚决的行动，正如“9·11”事件之后美国对阿富汗采取行动那样。

二、车臣首府恐怖爆炸酿成惨案

12 月 27 日 14 时 30 分左右，多名恐怖分子驾驶两辆满载炸药的汽车冲入位于首府格罗兹尼的俄联邦车臣共和国政府大楼，实施了自杀性爆炸。事后据专家估计，这两辆车共装载了至少相当于 1 吨梯恩梯当量的爆炸物。在政府大楼前炸开的弹坑直径有 15 米，深度达 10 米，四层高的车臣政府大楼被炸得只剩下钢筋水泥浇筑的骨架，屋顶和墙壁坍塌，门窗和破碎的建筑材料飞向四面八方。同政府大楼相连的食堂彻底成了废墟，相邻的俄联邦安全局驻车臣机构及检察院大楼也严重受损。爆炸发生时正值午餐时间，政府大楼内共有 150 至 200 人，他们大部分是政府工作人员，也有一些是前来办事的平民百姓。据俄官方最终的统计结果，此次爆炸共造成 81 人死亡，152 人受伤，死伤者中绝大多数为车臣族人，车臣政府主要领导人在此次爆炸事件中幸免于难。爆炸事件发生后，俄总统普京当即责成联邦安全总局和紧急情况部采取一切措施救助伤员。俄紧急情况部当晚向车臣空运了药品和医疗器械，印古什和北奥塞梯等相邻共和国也提供了紧急援助。车臣共和国行政当局首脑卡德罗夫宣布该地区居民将为死者哀悼三天，取消庆祝新年等一切娱乐活动。

12 月 28 日，俄罗斯驻北高加索地区反恐部队发言人伊利亚·沙巴尔金在接受塔斯社采访时说，自杀性爆炸事件是由反政府的车臣共和国前总统马斯哈多夫和一支阿拉伯雇佣军策划的。俄反恐部队几天前收到的情报称，由一名叫阿布塔里克的阿拉伯人领导的外籍雇佣军部队将在格罗兹尼市发动大规模恐怖行动。反恐部队随即在该组织总部——位于格罗兹尼以南 20 千米处的旧阿塔吉村展开军事行动，打死了阿布塔里克，但还是没能阻止恐怖袭击发生。据塔斯社报道，俄反恐部队还曾收到过有关车臣反政府武装力量领导人沙米利·巴萨耶夫与一个名为阿布·瓦利德的阿拉伯人会面的情报。这是继莫斯科人质事件后，车臣恐怖分子犯下的又一重大罪行，其直接动机是破坏业已启动的车臣政权建设和趋于稳定的车臣社会政治形势。30 日，俄总统普京在同联邦政府主要成员会晤时强调，俄将继续努力恢复车臣共和国的正常生活，恐怖分子制造的爆炸事件不会中断解决车臣问题的政治进程。事件发生后，俄国内舆论普遍认为，由于事前俄罗斯政府截获线索，恐怖分子声称将在新年采取行动。然而，恐怖分子仍然能突破层层检查站，将预藏一吨炸药的汽车驶向政府大楼引爆，说明整个安全系统有严重问题。尤为引人注目的是，这次爆炸伤亡人员几乎都是车臣人，他们是车臣战乱 10 余年来仅存的政府管理人才，是车臣少数有能力治理城市、管理地方，并愿意回乡服务的精英。由于车臣百废待举，他们的严重伤亡对俄罗斯与车臣都是重大损失。

俄罗斯接连发生的车臣分裂分子制造的恐怖事件，给俄罗斯国家和人民带来的心理创伤是巨大的，进一步加深了俄罗斯人同车臣极端民族主义分裂势力的矛盾，这是是俄罗斯面临的重大国内问题。

（周亦冰）

俄军继续清剿车臣恐怖分子　2002 年，车臣恐怖分子活动频繁，接连在境内外制造了多起严重恐怖事件，给俄军及当地政府和人民造成重大损害。俄罗斯联邦当局继续开展清剿活动，加大反恐力度，取得一些重要成果。与此同时，车臣局势牵动邻国，导致俄罗斯与格鲁吉亚关系紧张，但经过几番严重争执之后，双方达成妥协，关系暂趋缓和。

一、车臣恐怖分子活动频繁，不断制造严重破坏袭击事件

经过 2001 年底俄军的重拳打击和政治攻势之后，2002 年第一季度车臣恐怖分子的活动有所减少，但从 4 月中旬开始，袭击破坏活动陡然加强。他们频繁袭击俄军警，杀害当地政府官员，仅 4 月份即向俄军发动袭击上百次，造成大量人员伤亡。如 4 月 17 日，恐怖分子在车臣首府格罗兹尼附近三次袭击俄军，造成 10 余名官兵死伤；4 月 18 日，设伏炸毁 1 辆军车，造成 21 名军警丧生。杀害当地政府官员的恐怖活动也不断发生。4 月 12 日车臣副行政长官杰尼耶夫在格罗兹尼电视台制作关于当前车臣形势的谈话节目时，当场被炸身亡。4 月 16 日，车臣阿列尔地区行政长官巴伊拉姆德夫住宅遭袭击，巴受重伤。特别是 5 月份以后，恐怖分子接连制造的几起重大破坏事件，触目惊心，震动全俄，震惊世界。

卡斯皮斯克市地雷爆炸事件。5 月 9 日，靠近车臣的俄达吉斯坦共和国港口城市卡斯皮斯克市举行庆祝卫国战争胜利 57 周年活动。游行队伍在前往烈士墓敬献花圈的途中，恐怖分子在路边埋设的地雷突然

引爆，造成 41 人死亡，数十人受伤。伤亡人员主要是一支军乐队的队员、参加过卫国战争的老兵以及街上的儿童。事件发生后，俄总统普京紧急召开强力部门领导人会议，要求尽快查清事件真相，捉拿和严惩肇事的恐怖分子。达吉斯坦共和国宣布次日为哀悼日。5 月 10 日，俄警方在圣彼得堡抓获与此案有关的 3 名恐怖分子。他们是战地指挥官哈利洛夫领导的恐怖破坏小组的成员。哈利洛夫是达吉斯坦人，多年来藏身在车臣从事恐怖破坏活动。

同一天，俄驻军和车臣群众在格罗兹尼狄纳莫体育场举行庆祝“二战”胜利纪念活动，恐怖分子从体育场附近的一座公寓内向会场发射枪榴弹，造成 1 名警官受伤。袭击事件发生时，车臣临时政府领导人卡德罗夫在场。这次袭击虽未造成更大人员伤亡，但是破坏了庆祝活动。

米－26 军事运输直升机被击落事件。俄 1 架米－26 军事运输直升机 8 月 19 日在格罗兹尼附近坠毁。机上 147 人，118 人遇难。死难人员中，有 3 名妇女和 1 名儿童，21 名军官，其中包括 4 名中校。机上人员多来自北高加索军队集团各部队，还有新调进的军人。事件发生后，俄联邦政府立即组成事故调查委员会，查明造成这起空难的原因。普京总统签署命令，宣布 8 月 22 日为全国哀悼日。这一事件在俄罗斯引起巨大震动。普京总统称之为“第二个库尔斯克潜艇事件”。美报评论称，车臣问题是“俄罗斯的一个裸露的伤口”，这件事是给这个伤口上撒盐。

俄国防部长伊万诺夫 8 月 30 日宣布，空难调查结果认定，米－26 直升机是被恐怖分子用便携式地对空导弹（初步估计是“伊格拉”导弹）击落的。他透露，导弹击中了直升机的右发动机，左发动机同时出现故障，结果机舱内燃起大火，包括操控系统在内的所有系统全部失灵。燃油泻入机舱，舱内人员纷纷被烧伤烫伤。

直升机是俄军在车臣战场作战和运输的主要工具之一，因此，也是恐怖分子袭击的主要目标。俄军获悉，根据马斯哈多夫的命令，恐怖分子已组成若干小组，进行特殊训练，专门负责袭击俄直升机。2002 年，在车臣境内不断发生直升机被袭击事件。这次米－26 直升机被击落是车臣战争中至今发生的最惨重的直升机被击毁事件。这次事件后不久，8 月 31 日，又有 1 架米－24 战斗直升机在车臣境内被击落，机上两名飞行员遇难。其后，9 月 29 日、11 月 3 日，先后又有两架米－8 直升机被击落，分别有 4 人和 9 人（包括俄第 58 军副军长马尔佐耶夫）遇难。这几架直升机都是被车臣叛匪用便携式地对空导弹击落的。据俄报报道，第一次车臣战争中，俄损失了约 20 架直升机。第二次车臣战争开始以来，俄军已损失直升机 39 架。

车臣地方警察屡遭袭击。10 月 10 日晚，格罗兹尼市札沃茨克区警察局大楼发生爆炸，造成至少 32 人死亡，数人受伤。车臣检察长尼·科奇秋琴科称，这起恐怖活动是针对托沃茨克警察局的，旨在威胁维护治安的车臣人，使他们不敢支持俄联邦政府。另有消息说，这一爆炸事件前后，车臣某地发生了恐怖分子与内奸勾结杀害一地区警察局全体干警的恶性事件，说明恐怖分子采用了更多阴险的手段。

莫斯科发生大规模劫持人质事件。10 月 23 日晚，约 50 多名恐怖分子持枪闯进莫斯科市东南部的轴承厂文化宫，将正在那里观看演出的观众和演出人员共 800 多人劫为人质，企图迫使俄军撤出车臣。这一严重的恐怖事件，使世界为之震惊。经过 58 个小时的周旋，俄特种部队采取突然行动，解救出 700 多名人质，歼灭劫匪 50 人（详见《军事要事》栏有关条目）。

车臣政府大楼被炸毁事件。12 月 27 日中午，恐怖分子驾驶两辆装有大量炸药的汽车冲入格罗兹尼车臣临时政府大楼院内，实施自杀性爆炸，造成 81 人丧生，152 人受伤（详见《军事要事》栏有关条目）。

第二次车臣战争已持续三年多。截止 2002 年，俄联邦军队已歼灭非法武装分子 1.4 万余人，击伤近 3 万人，取得了决定性胜利。为了赢得喘息时间，以马斯哈多夫为首的非法武装急切希望与俄当局谈判。但是，由于他们拒绝接受俄中央提出的条件，2001 年 11 月俄总统特使与马斯哈多夫的代表在莫斯科机场举行的谈判以失败告终。分析家认为，在这种情况下，非法武装竭力反扑，一是为了显示他们的“实力”，杀伤俄军有生力量；二是为了制造恐怖气氛，破坏车臣重建进程，以此向俄联邦当局施压，迫使政府与其进行对等谈判，做出重大妥协。然而，他们手段险恶，不得人心，他们的图谋将无法得逞。

二、俄当局继续清剿恐怖分子，全面加大反恐怖力度

面对恐怖分子频繁的袭击破坏，一年来，俄军继续在车臣开展清剿活动。莫斯科人质事件后，普京总统责成俄军方制订打击恐怖活动的作战计划，用以“压制恐怖分子”越来越冒险、越来越残忍的袭击。俄有关当局进一步采取措施，从多方面加大对恐怖分

子的打击力度，取得一些重要成果。

（一）有计划、有针对性地开展清剿行动，重点是追剿股匪、搜捕匪首。2002年4月下旬至5月初，俄军开展了几次较大规模的清剿作战行动，消灭非法武装数百人。其中，由俄各武装力量组成的一个联合特遣分队在一次围剿行动中，摧毁恐怖分子的营地7个，消灭了几股匪徒。臭名昭著的匪首、约旦人哈塔卜在这次行动中被击毙。车臣匪首之一、马斯哈多夫当权时的车臣安全部长阿巴拉耶夫则在俄军5月1日的一次清剿活动中被击毙。

8月中旬，俄直升机被击落事件后，俄军开展了代号为“特别行动”的追捕作战。根据匪徒的活动区域和特点，制订了不同的作战方案：对隐藏在格罗兹尼等城市的残匪，分别派出小分队分区分片进行搜剿；对隐藏在山区的残匪，按区域划分为6个区，派出不同规模的兵力，开展围剿活动。9月2日，俄军在诺扎伊—尤尔特地区包围了一股约300人的非法武装，歼灭匪徒50多人，缴获了大批武器装备。9月7日，俄军在车臣山区进行的一次追剿活动中，消灭残匪25人，其中包括匪首马·扬达尔耶夫及其副手，缴获包括可用于袭击坦克和飞机的先进装备在内的大量武器。这股匪徒曾于8月31日击落俄军1架米－24直升机，造成两名飞行员遇难。9月26日凌晨，俄军对潜伏在邻近车臣的印古什共和国山区加拉斯基镇附近的非法武装分子进行围剿，击毙匪徒58人，俄军也有10人死亡，17人受伤，1架直升机被击落。在加强军事打击的同时，俄军大力开展心理攻势，利用各种宣传工具进行劝降活动。5月4日，一支37人的非法武装向俄军缴械投降。其后又有几支非法武装表示愿意放下武器。

在开展清剿活动的过程中，俄军采取了一些果断措施，以提高部队的战斗力。

一是充实作战力量，调整部队分工，暂停从车臣撤军。国防部所属42师，是驻车臣的主要作战部队，打击恐怖活动的主要力量。2002年初，国防部即要求加强对该师人员、装备和给养的补充。5月初，国防部又从各大军区抽调部分兵力加强驻车臣俄军的作战力量，还派出多名将领前往车臣督导反恐作战。与此同时，俄军重新调整了驻车臣各武装力量的具体分工。国防部所属部队主要担负反恐作战任务；安全局所属部队主要负责侦察情报任务；内务部和警察部队主要负责维护车臣社会秩序。各部队在相对分工、各有侧重的基础上，加强在执行清剿任务中的协调与协作，以取得最大的战斗效果。俄当局原计划到2002年底，将驻车臣的正规部队和准军事部队从8万人逐步减少到2.2万人。11月3日，俄国防部长伊万诺夫宣布，暂停从车臣撤出俄联邦部队，以准备打击恐怖分子更多更大的破坏袭击活动。

二是根据反恐怖作战中暴露出的问题，整顿军事纪律，调整指挥关系，提高人员素质。“8·19”米－26直升机被击落事件后，普京总统下令撤销陆军航空兵司令帕甫洛夫的职务。俄国防部长伊万诺夫指出，在这一事件中，国防部官员严重违反有关命令和规定，存在明显的“玩忽职守、目无章法和不负责任的现象”，强调追究这些官员的刑事和行政责任。车臣政府大楼爆炸事件发生后，俄副总检察长指出，该大楼的保卫工作和防御设施违反了法律要求。他宣布，将起诉与此次爆炸事件有关的责任人，并要求北高加索联合集群司令解除格罗兹尼市卫戍司令和政府大楼警备司令的职务。俄军还对新进入车臣执行作战任务的人员提出了新的要求，设立了由军事司法、心理专家组成的考核中心，对派往车臣的军人进行全面的考核，以确保车臣战场军人的良好素质。

三是注意灵活运用战术，采用新科技手段。在清剿作战中，俄军采用“驱赶围剿”的战术，即发现敌人后，使用飞机和火炮混合轰击，把残匪赶到较狭小的范围内，然后再派出特种部队突施近距离围剿。对罪大恶极的匪首则通过特工或派出特种部队采取突袭手段予以清除。据披露，匪首哈塔卜就是通过内线消灭的。10月底，俄联邦安全局根据普京总统的命令，组成一个几十人的特种部队小分队，前往车臣南部山区搜捕、追杀声称对莫斯科人质事件负责的巴萨耶夫。针对残匪的恐怖活动更加隐蔽并采用了某些科技手段，俄军在清剿行动中，也日益重视使用新科技方法和设备。如运用干扰技术对付或引爆无线电遥控地雷。8月30日，正在格罗兹尼市郊某地埋设地雷的3名恐怖分子被俄军使用新研制的“反遥控设备”当场炸死。

（二）加强边防力量和武器控制，阻止恐怖分子从周边地区获得庇护和支援。2002年4月，印古什共和国大选后，贾济科夫担任总统；暗中支持和资助车臣非法武装的原总统奥舍夫。此后，滞留在印古什的数万难民被迅速遣返回国，俄有关当局在难民营内查出非法武装头目多人。10月，俄增加了驻守印古什共和国与格鲁吉亚接壤的边境地区的边防军兵力，在叛匪可能采取行动的地段增设了新的边防哨所，防止叛匪渗透。

车臣恐怖分子使用便携式导弹连续击落几架俄直

升机的事件引起俄方的极大关注。俄方怀疑一些原苏联加盟共和国的防空导弹已经落入恐怖分子的手中，极力设法查清这些导弹的来源。11 月 20 日，俄国防部长伊万诺夫在独联体集体安全条约缔约国国防部长会议上说，俄外交部已向所有原苏联加盟共和国发出照会，要求这些国家进行一次前苏联制造的防空导弹的库存检查，重点检查肩扛式导弹发射器。伊万诺夫说，苏联解体前，在波罗的海国家、高加索和中亚地区都存有原苏联制造的导弹。苏联解体后，这些导弹都留在这些新独立的国家。当时，对这些导弹进行了仔细的编号。根据这些记录，可以判断车臣非法武装分子是从什么地方弄到这些导弹的。他表示，"我们必须尽一切努力，不能让这种危险武器落入恐怖分子手中。"

（三）继续推进车臣的政治进程，决不与分裂主义分子谈判。莫斯科人质事件后，普京总统多次表示，将继续推进车臣的政治进程，但决不与车臣分裂主义分子谈判，决不与其头目马斯哈多夫谈判。他说，凡是支持马斯哈多夫的人，无论是在国内还是在国外，俄罗斯都把他们看作是恐怖分子的"帮凶"。他赞赏车臣社会活动家提出的有关加强立宪进程的倡议，认为不应当拖延立宪进程，必须为车臣的政治稳定创造条件。他还说，车臣人应当自己承担起与犯罪作斗争的责任，车臣应成立自己的内务部。

12 月 19 日，普京总统在电视节目"国民对话"中谈到车臣问题时说，俄联邦军队在车臣已完成自己的任务。现阶段应推动政治进程，制定并通过车臣共和国宪法，在此基础上选举车臣人民信任的权力机构，将一切权力交给车臣人民。车臣政府大楼爆炸事件后，在俄联邦政府举行的紧急会议上，普京表示，俄将继续努力恢复车臣共和国的正常生活。恐怖分子制造的爆炸事件不会中断解决车臣问题的政治进程。

车臣行政长官卡德罗夫 11 月 10 日曾向媒体透露，计划 2003 年 3 月至 4 月，在车臣举行全民公决通过共和国宪法，然后进行共和国总统选举。

（四）开展外交斗争，打击车臣分裂主义分子在国际上的活动。在国内清剿车臣恐怖分子的同时，俄当局利用有利的国际反恐怖形势，积极开展外交斗争与交涉，打击车臣分裂主义分子在国外的活动，并揭露某些西方国家对他们的纵容和支持。5 月 5 日，俄国防部长就土耳其政府允许被国际通缉的车臣非法武装头目乌杜戈夫进入土耳其，指责土当局在反恐问题上实行双重标准。丹麦是车臣流亡分子在欧洲的一个重要活动据点。5 月 25 日，丹麦、瑞典、挪威等国的"支持车臣委员会"在丹麦首都哥本哈根开会，谴责俄在车臣的军事行动"严重侵犯人权和国际准则"，引起俄方强烈不满。俄指责丹麦援助恐怖分子，宣布禁止丹麦难民委员会在北高加索地区活动。

莫斯科人质事件后，俄进一步开展外交攻势。10 月 28 日至 29 日，"世界车臣大会"在哥本哈根召开。俄外交部指出，该会是车臣分裂主义分子及其国外帮凶组织的，旨在协调和扩大对车臣分裂活动的财政支持；丹麦政府允许该会在丹召开，表明丹麦当局支持车臣恐怖分子，对俄采取了敌视政策。俄方决定抵制 11 月份在丹召开的欧盟与俄罗斯峰会，取消同时举行的丹俄首脑会晤，迫使欧俄峰会改在布鲁塞尔举行。俄方还要求丹方引渡前往参加"世界车臣大会"的前车臣政府副总理、现任车臣流亡政府"副总统"的扎卡耶夫。后扎卡耶夫转赴英国，俄继续要求英方将其引渡给俄方。10 月 29 日，俄外交部照会美国务院，要求美方将车臣叛匪势力列入美国提出的恐怖主义组织名单。2003 年 2 月美国务院宣布车臣"里亚杜斯—萨斯欣烈士旅"、"伊斯兰特种团"、"伊斯兰国际旅"等 3 个组织为恐怖主义组织。此前，美方表示，"不再把马斯哈多夫及其同伙作为可以对话的一方。" 2002 年 10 月 31 日，俄外交部照会土耳其，要求土当局关闭车臣分裂主义分子在该国的"代表处"。据悉，车臣分裂分子在 17 个国家（主要在欧洲和中东）设有"代表处"。俄媒体认为，这一行动表明俄正"开展一场强大的外交攻势，目的是停止马斯哈多夫及其同谋在国外的活动"。11 月 1 日，俄检察机关宣布，车臣共和国"总统"马斯哈多夫、他的前任扬达尔比耶夫、车臣前内务部长马哈舍夫和前副部长阿·马·努哈耶夫为国际通缉对象。

分析认为，一年来，俄在车臣的反恐斗争取得一些重要成果，消灭了数百名残匪，击毙或抓获多名匪首，打击了恐怖分子的气焰，车臣分裂主义势力在国内外更加孤立。但是，马斯哈多夫、巴萨耶夫等主要匪首仍在逃匿，他们还有 1000 人左右的追随者；车臣的地形、民族等条件利于恐怖分子藏身并与俄军进行周旋；恐怖分子拥有相当数量的武器装备包括一些先进武器，活动更加狡猾隐蔽，更具冒险性。因此，彻底消灭恐怖分子，推进车臣的政治进程，实现车臣的和平、稳定与重建依然是俄面临的一项长期而艰巨的任务。

三、车臣局势牵动邻国，俄罗斯与格鲁吉亚的关系紧张

2002 年，随着车臣恐怖分子破坏活动的反弹和俄方反恐行动深入，一向紧张的俄罗斯与格鲁吉亚的关系风波迭起，纠纷不断，夏秋之际，一度出现严重危机。

（一）俄推测本·拉登可能已潜入格鲁吉亚境内。2002 年初，正当美国在世界各地搜捕“基地”组织成员、本·拉登生死去向不明之际，2 月 18 日，俄罗斯国防部长和外交部长几乎同时发表谈话称，本·拉登也许潜藏在格鲁吉亚的潘基西峡谷。俄国防部长还说，必须“在格鲁吉亚这一地区进行必要的反恐行动，以便将匪徒从那里赶出去”。他认为，如果不采取措施，这一地区会变成“小车臣或小阿富汗”。此事引起格鲁吉亚领导人的严重不满。其后几天，俄、格两国高级领导人“使用外交上不能使用的侮辱性言辞”相互责骂。为了平息这场争吵，俄联邦安全局长帕特鲁舍夫于 2 月 21 日访问格鲁吉亚并与格领导人会谈。他透露，会谈中双方讨论了国际恐怖主义问题，双方指出，“在车臣和潘基西峡谷有与本·拉登有牵连的人”。但他同时表示，俄联邦安全局没有掌握本·拉登在格鲁吉亚潘基西峡谷的情报。

（二）科多里峡谷事件。4 月 12 日，78 名俄军以协助维和人员巡逻的名义，乘 8 架直升机突然进入位于阿布哈兹边缘的科多里峡谷，引起格鲁吉亚的强烈不满。格国防部长声称，如俄国拒绝从那里撤出，格有权动用武力。当天，格总统谢瓦尔德纳泽前往科多里峡谷会见维和部队司令叶甫杰耶夫。当晚，该地俄维和部队遭到不明身份人员的袭击。阿布哈兹于 1992 年单方面宣布独立，其后两年不断与格政府军爆发武装冲突。为此，俄罗斯和联合国一直在阿布哈兹地区部署有维和部队和观察员。科多里峡谷是格鲁吉亚与阿布哈兹有争议的地区。俄军进入该地区引起格方的严重关切。

事发之际，正值美军事人员准备进入格鲁吉亚帮助格训练特种部队。格方认为，俄军此举旨在阻挠格美两国在反恐方面的合作。

4 月 13 日，谢瓦尔德纳泽总统表示，科多里峡谷事件“不应引起格俄关系激化”，格领导人“希望同俄罗斯也同美国发展友好关系。”同日，俄、格两国总统通过电话讨论了科多里峡谷的形势以及阿布哈兹的维和问题，双方认为，稳定科多里峡谷地区的形势有利于维和部队按照联合国有关决定，继续在该地区执行巡逻任务。双方表示，两国将协调立场，寻找解决问题的途径。4 月 13 日、14 日，进入科多里峡谷的俄军分两批撤出。

（三）车臣非法武装多次从潘基西峡谷潜入俄境。7 月 27 日，近百名车臣非法武装从格境内的潘基西峡谷出发，潜入车臣的伊图姆—卡林斯基区。俄边防军、空降兵和空军对这股非法武装展开清剿。经过几天激烈战斗，28 名武装分子被击毙，其余的冲出包围进入车臣腹地。俄边防军 7 人牺牲，5 人受伤。7 月 29 日，又有一批车臣非法武装从潘基西峡谷向格俄边境移动，并与俄边防部队交战。上述武装冲突加剧了俄格之间的紧张关系。7 月 30 日，格外交部发表声明，谴责俄空军飞机飞越边界线，轰炸格边境地区，声明称，这是对格鲁吉亚的公然侵略，有可能导致两国关系的彻底中断。

俄方否认对格边境地区进行轰炸，并指责格纵容恐怖分子向俄境内渗透。俄第一副外长洛希宁 7 月 31 日发表声明，强调格对车臣非法武装越境负有全部责任。俄国防部长伊万诺夫称，只有在俄罗斯的帮助下，格才有可能剿灭潘基西峡谷的恐怖分子。俄媒体透露，俄当局正在考虑派兵过境作战的方案。

（四）“8·23”空袭事件。据格鲁吉亚外交部发表的声明，8 月 23 日，格边境地区的两个村庄和潘基西峡谷无人地带遭到空袭，当地 3 名平民被炸死，7 人受伤。格方认定此事是俄罗斯所为，并强烈谴责俄侵犯格主权和领土完整。格驻联合国代表散发了格外交部声明，指责俄对格“搞国家恐怖主义”，要求安理会和国际社会关注俄侵格事件。8 月 26 日，格议会通过决议，要求中断同俄罗斯的外交关系并退出独联体。格总统谢瓦尔德纳德虽然阻止了议会的激进做法，但是，他的态度也十分强硬。在致俄总统普京的信中，他甚至威胁要采取军事手段来惩治“侵略行径”。同时，格军加强了战备，并于 8 月 25 日开始在边境地区举行三周的大规模军事演习。格当局还决定增加军费，并允许美国扩大在格鲁吉亚的军事存在。俄方坚决否认同“空袭事件”有任何联系，同时要求格打击躲藏在潘基西峡谷的包括车臣非法武装在内的国际恐怖主义分子，并与俄联合进行清剿活动。俄报还载文称，这起空袭事件是格鲁吉亚自己所为。格方将本国飞机的机身标识及标号作了涂改，制造出一起假俄机空袭事件，意欲嫁祸于俄。对此，格方予以驳斥，并拒绝俄方提出的联手反恐的要求，拒绝向俄方交出抓获的车臣武装分子。

为了争取主动，避免俄格紧张关系达到爆炸点，俄方除派出国防部调查组赴格进行调查外，还同意欧安组织参与“空袭事件”的调查与处理。9 月 4 日，普京总统致信谢瓦尔德纳泽总统，表示俄将“一如既往地与格鲁吉亚发展睦邻友好关系，并将致力与格建立战略伙伴关系”。在表达了格必须采取“果断性的实际措施”打击潘基西峡谷的车臣非法武装的立场后，普京强调，保证格国内稳定是格政府的事，但只要格领导人提出请求，俄方愿意帮助其稳定潘基西峡谷的局势。

（五）普京“9·11”讲话。在美国“9·11”事件一周年的当天，俄总统普京在靠近格鲁吉亚的俄南部城市索契发表讲话。普京说，如果格鲁吉亚不能制止隐藏在其境内的车臣非法武装分子继续潜入俄罗斯，俄将保留使用联合国安理会第1373号决议赋予的自卫权。第二天，普京致函联合国秘书长、安理会常任理事国以及欧安组织成员国国家元首和政府首脑，阐明俄方对俄格边境地区局势的立场。据报道，普京还要求俄军总参谋长提交对潘基西峡谷内恐怖分子基地进行精确打击的可行性报告。

普京措词强硬的讲话使本来就十分紧张的俄格关系乌云笼罩。格总统谢瓦尔德纳泽称，普京的讲话是“仓促而缺乏根据的”，“没有客观地反映实际情况”。格议长布尔加纳泽称，普京此举几乎是等于向格鲁吉亚“宣战”。格安全委员会和议会9月12日分别召开紧急会议研究对策。

普京讲话在国际社会也引起强烈反应。美国务院发言人说，美国强烈反对普京总统的声明，“坚决支持格鲁吉亚的领土完整，反对任何针对格的单边军事行动”。布什总统呼吁俄方保持克制，给格鲁吉亚时间让它自已清除境内的恐怖分子。欧盟轮值国主席丹麦外交大臣斯蒂·默勒强调，格应该采取行动制止恐怖主义，但俄罗斯的单方面行动是无法接受的。

为了缓和极度紧张的俄格关系，9月14日，格总统谢瓦尔德纳泽致信普京总统，表示愿意“讨论阻碍俄格建立密切合作关系的所有问题”。普京则表示，下月初，在摩尔多瓦举行的独联体国家首脑会议期间，他将与谢瓦尔德纳泽讨论共同打击潘基西峡谷的恐怖分子问题。

舆论认为，俄格关系达到如此紧张程度，是多年来两国间存在的各种矛盾发展的必然结果。潘基西峡谷的车臣非法武装问题是矛盾的焦点。潘基西峡谷与俄车臣共和国南部接壤。第二次车臣战争爆发以来，大量车臣难民逃往那里。俄方认为，除难民外，潘基西峡谷还有车臣非法武装分子。他们负伤后在那里养伤；车臣非法武装的财政支持、军需和弹药补给以及外国雇佣军人也多从那里进入车臣。潘基西峡谷已成为车臣非法武装分子的基地，并不时从那里潜入车臣进行恐怖活动。“9·11”事件后，俄坚持称车臣非法武装同国际恐怖分子有牵连，潘基西峡谷藏匿有本·拉登“基地”组织的人员。近年来，俄多次要求格鲁吉亚采取清剿行动或与俄方联合清剿。但格方认为自己是俄车臣战争的受害者，正是俄在车臣开战，导致车臣难民和非法武装人员进入格境，是俄方无力控制本国边境才造成目前这样的局面。格除了接受这些人员外，别无选择，甚至认为车臣武装人员采取“任何方式”返回家园都不足为奇。格担心俄借口打击车臣非法武装向格境内派兵，从而将车臣战争引入格境，严重损害格领土完整、安全与局势稳定，因此，一直拒绝同俄在潘基西峡谷采取联合反恐行动。此外，两国在阿布哈兹、南北奥塞梯、俄在格的军事基地、黑海石油天然气管道走向等问题上的矛盾和积怨以及格奉行的亲西方政策，尤其是2002年5月美军事人员进入格鲁吉亚帮助格训练特种部队，都增加了两国关系的复杂性和解决问题的难度。

但是，由于多种因素的制约，双方仍然互有需要，不愿使两国关系完全破裂。10月初，两国总统在基西讷乌会晤后，达成某些谅解与妥协，两国关系暂时有所缓和，主要表现在以下方面：

（一）格方正式承认潘基西峡谷有车臣武装分子。曾有一段时间，格方不承认潘基西峡谷存在车臣非法武装，只承认有犯罪分子。后来才承认那里确实有一些车臣非法武装分子，这些武装分子同国际恐怖组织有联系。8月31日，格总统谢瓦尔德纳泽承认，目前，“在潘基西峡谷活动的几十名武装分子中，既有车臣人，也有阿拉伯人”。

（二）格开始在潘基西峡谷开展反恐行动，但强调反恐将依靠本国力量。8月25日，格内务部所属部队开始在潘基西峡谷开展反恐怖行动。谢瓦尔德纳泽总统8月31日称，格在潘基西峡谷进行的反恐行动进展顺利，格将依靠本国强力部门的力量把这次反恐行动进行到底。他说，目前躲藏在潘基西峡谷的车臣武装分子大部分已撤走，但估计还有数十人仍然滞留在那里。格强力部门将在近期内对他们采取相应的行动。他强调，格在潘基西峡谷的反恐行动不需要外国的帮助。无论是俄罗斯的还是美国的军队都将不参加这次反恐行动。如果俄方向潘基西峡谷派出自已的部队，那将被格鲁吉亚视为侵略行动。

9月16日，谢瓦尔德纳泽总统发布命令，要求格内务部、安全部等强力部门再次在潘基西峡谷开展反恐行动，逮捕盘踞在那里的武装分子、犯罪分子和贩毒分子。据称，参加这次反恐行动的格武装力量达

1000余人。谢瓦尔德纳泽还宣布，格准备将2002年8月初在格边境逮捕的13名车臣武装分子交给俄罗斯。此举受到俄方的欢迎，认为"这是格当局证明它在打击格境内恐怖分子的第一个实际步骤"，也是格方对普京"9·11"讲话做出的"第一个积极反应"。

(三) 双方达成反恐协议。10月6日，俄总统普京与格总统谢瓦尔德纳泽，借参加独联体国家首脑会议之际，在摩尔多瓦首都基希讷乌举行会谈，就反恐问题达成一项协议。根据协议，格将向俄引渡被其拘捕的13名车臣非法武装分子，而俄方则保证不对潘基西峡谷进行轰炸。双方还商定，两国情报机构将加强联系，双方将任命特别代表，以便经常讨论反恐问题并协调工作。俄格边防局也将相互协作，直至共同在边境设防。普京对会谈结果表示满意，并希望协议能得到履行。谢瓦尔德纳泽表示，他打算解决格俄关系中存在的矛盾和问题，"不排除使用个人权利达到这一目的的可能性"。此后，12月7日，格方还将其逮捕的被称为车臣恐怖分子"军师"的克雷姆沙姆哈洛夫移交给俄方。此人是1999年秋莫斯科和伏尔加顿斯克居民楼爆炸案的策划者和执行者之一。12月底，俄格两国边防局制订了2003年边防合作计划。根据此项计划，俄联邦边防局北高加索地区局和格边防局将于2003年举行联合司令部演习，并就最危险地段的形势交流信息，以防非法武装人员偷越国境；双方边防哨所将保持通讯联系，对越境人员进行跟踪。

舆论认为，俄格之间的紧张关系虽然暂时得到缓和，但是，两国之间存在纠缠不清的恩怨和长期积累的矛盾，这些问题又与俄罗斯和美国在高加索以及整个独联体的战略和安全利益密切相关，要从根本上解决并非易事，随着局势的发展变化，今后可能会出现某些反复。

(张立群)

俄罗斯与北约建立新的关系 2002年5月28日，北约19国和俄罗斯在罗马举行首脑会议，通过了《北约与俄罗斯关系：新质量》宣言（简称《罗马宣言》），并正式签署了建立"北约—俄罗斯理事会"协议，以"20国"机制取代了"19+1"机制。这标志着俄与北约建立了新的关系。

一、俄罗斯与北约确立"20国"机制

(一)"20国"机制的建立过程。2001年11月17日，英国首相布莱尔向北约建议，建立北约—俄罗斯理事会（即"20国"机制）取代现有的北约—俄罗斯常设联合委员会（即"19+1"机制）。俄方对此建议表示欢迎。2002年2月，北约成员国使节会议就布莱尔的建议达成一致。此后，俄与北约就建立"20国"机制进行了多轮磋商。5月6日，北约副秘书长与俄副外长在莫斯科就建立新合作机制问题进行最后阶段的秘密磋商，取得积极成果。5月14日，北约19个成员国外长和俄罗斯外长在冰岛首都雷克雅未克举行俄罗斯—北约常设联合委员会会议，通过了关于建立北约—俄罗斯理事会的相互关系文件。5月28日，北约与俄罗斯首脑在罗马举行会议，正式签署了关于建立"20国"机制的《罗马宣言》和建立北约—俄罗斯理事会的协议。这意味着俄罗斯同北约关系进入一个新的发展阶段。

(二)"20国"机制的主要合作领域。根据《罗马宣言》的文本，在"20国"机制中，俄罗斯与北约将"在共同关心的领域以平等伙伴身份"开始合作。具体包括以下方面：一是建立政治和安全磋商机制；二是加强双方军事部门之间信息交换与人员交流；三是组建联合部队，增加联合军事演习次数，共同制定联合军事演习计划；四是研讨建立欧洲机动战区导弹防御系统；五是加强军备部门及军工企业之间合作，探讨联合研发军备项目的可能性，双向采购武器装备；六是进行军控、裁军及扫雷方面的合作，共同预防核电站事故和进行抢险救灾；七是打击有组织跨国犯罪、武器走私、洗钱、贩毒、贩卖人口和非法移民；八是共同开展人道主义援助及重建行动；九是进行防治传染病和动、植物疾病的合作。在上述方面，俄与北约成员国具有"均等"的参与权和决策权。

(三)"20国"机制的主要特点。与"19+1"机制相比，"20国"机制有以下三个特点：第一，俄享有相对"平等"的地位。在"19+1"机制中，北约19国往往先就某一议题协调立场，达成一致后，再以集体的身份与俄罗斯进行磋商。俄在很大程度上只是以"谈判对手"和"局外人"的身份参加北约有关会议，对北约的决策无权过问。而在"20国"机制中，俄可在特定的非北约内部事务方面的"共同利益领域"以"平等身份"和"同等权利"与北约19个成员国共同讨论、协商与决策，并对落实情况进行监督。按照俄外长伊万诺夫的解释，新的理事会不再是一种磋商机制，而是一个执行机构。第二，合作的领域更为广泛。新机制的合作范围从原来的维和、演习等个别领域扩展到包括建立磋商机制、反恐、危机处理在内的政治、军事和安全等多种领域，合作关系将更密切，合作内容更为深入、广泛，合作方式也更为多样化。第三，组织上的联系更加紧密。根据《罗马宣言》，北约将在莫斯科设办事处，俄也将在北约总部设立独立的办公室，并向北约派驻大使及高级军官。北约—俄罗斯理事会将每月召开一次大使级会议，每年召开4次部长级会议。

（四）确立“20国”机制的意义。《罗马宣言》称，宣言的签署标志着“冷战思维的真正结束”，为双边关系的进一步改善奠定了基础。北约秘书长罗伯逊认为，北约与俄的关系将出现“革命性的局面”。英国外相斯特劳认为俄已变成北约的“朋友和盟友”。俄外长伊万诺夫则表示，“20国”机制可能改变欧洲安全格局，标志着俄与北约关系发生了实质性的改变。

二、建立“20国”机制的主要原因

（一）北约中的欧洲国家积极推动。北约中的欧洲国家在对俄关系上除与美有共同利益和考虑外，还有着自己特殊的利益考虑。首先是需要淡化因北约东扩刺激俄造成的负面影响，以减少欧洲安全中的“不测因素”，防止在欧洲出现新的对峙。欧洲国家认为，俄虽然国力衰弱，但仍然是个军事大国。俄战略威慑力量依然强大，任何西欧国家都无法与其相比。如对俄一味遏制而不安抚，可能引发俄与北约的潜在敌意与对抗，这将使欧洲国家首当其冲，承担无法预测的严重后果。为防止出现这一局面，欧洲国家力主北约与俄建立新型关系。其次是最大限度地加大欧洲的安全系数。在欧洲国家看来，把俄排除在北约机制之外，不利于与俄建立真正的互信与合作，始终是欧洲安全中的一个漏洞和隐患。而将俄纳入北约安全体系，有利于与俄增信释疑，推动俄的改革和西化进程，加大欧洲的安全系数。再次是借重俄罗斯制衡美国。美强化单极霸权战略，与欧盟崛起成为独立一极和增强自主地位的战略目标相抵触。把俄纳入北约体制，可以借重俄的力量，加强欧洲与美讨价还价的地位。

（二）俄罗斯急于和北约建立新型关系。俄在阻挠北约东扩无效的情况下，希望通过调整与北约关系来最大限度地减少战略上的损失。借助“20国”机制的共同协商和决策原则，俄可以达到从内部对北约决策过程施加影响，维护自身安全利益的目的。同时，俄也希望通过营造与西方“化敌为友”的气氛，谋求深化与西方国家的经济合作，捞取更大的经济实惠，其中包括：北约国家增加对俄贷款和投资；劝说“伦敦俱乐部”和“巴黎俱乐部”等债权机构减免俄债务；在俄加入世贸组织问题上采取较积极的态度等。出于上述考虑，俄急于同北约建立新的关系。俄与北约改善关系，是付出了重大代价的，在北约东扩、美发展弹道导弹防御系统和把军事力量扩大到俄传统势力范围等重大问题上都做出了妥协，因此，在国内遇到了阻力。针对上述情况，普京曾说，“执行与西方合作的政策虽然不可能得到所有人的赞成，但完全符合俄罗斯的国家利益”。

（三）美国也有需要。建立“20国”机制是英国首相布莱尔首先提出的，美国经过反复权衡，同意了布的建议，并积极加以推动。美国这样做的原因主要有四个：第一，加强与俄罗斯的接触与合作是美国在新形势下的既定战略。美认为，北约进一步发展与俄关系不但是扩大西方与俄在安全方面的合作所必需，也是促进俄民主改革、使俄尽快融入美主导的西方体系的必要步骤。第二，反恐战争使美国认识到加强与俄合作的紧迫性。第三，美国担心，如果对俄一味强硬，俄可能会在大规模杀伤性武器扩散、南亚及中东等问题上发难，损害美及盟国利益。第四，美既不允许俄在欧安事务中与自己平起平坐，又十分警惕俄欧在某些问题上联手，“20国”机制是满足美国这个方面意愿的理想合作模式。

三、俄罗斯与北约关系仍存在许多不确定因素

“20国”新机制的建立、双方关系的发展与变化并不意味着俄与北约的固有矛盾已经完全消除。从深层次看，俄与北约关系的进展象征意义大于实际意义，形式多于内涵，气氛上的改善多于实质性的进展，双方关系还存在一系列不确定因素。

（一）新机制并未使俄与北约成员国建立真正平等的伙伴关系，双方合作的基础仍然薄弱。新机制实际上是将俄作为北约“外围成员”的地位固定下来，在该机制中，俄与北约之间的“平等合作”是有选择的和有限的。首先，在新机制中，俄与北约的合作只锁定在打击恐怖主义、防止大规模杀伤性武器的扩散、处理地区危机等安全领域。这些领域固然重要，但仅是北约处理的外围性安全问题。在涉及北约扩大、军事决策和对外军事行动等核心问题上，俄仍无发言权，更无决策权和否决权。其次，从北约权力结构的整体看，北约组织真正的决策机构是北约理事会，而北约—俄罗斯理事会是为安抚俄而设立的。根据北约—俄罗斯理事会的规定，任何一个北约成员国都可以在必要时行使否决权，使某一议题不在该理事

会协商。这意味着一旦出现意见分歧，北约 19 国可以不受任何约束地撇开俄罗斯单独讨论并做出决定。如果今后再遇到类似科索沃危机的情况，新机制会跟旧机制一样形同虚设。正如舆论所指出的，俄在新的理事会中的地位，实际上连北约内部的小国都不如。俄在西方屋檐下仍将矮人一头，这种不平等地位决定了双方合作的脆弱性。

（二）北约并未真正将俄视为战略盟友，双方战略目标相左。一方面，北约只是将俄当作一个在某些问题上需要合作的对话者，不仅没有完全放弃防俄、制俄战略，而且继续通过东扩等步骤进一步蚕食俄的国际战略空间，削弱俄的战略力量，以此剥夺俄重新成为超级大国的条件。对于俄多次提出的希望加入北约的提议，北约给予语气委婉但态度坚决的拒绝。另一方面，俄坚持复兴大国地位的既定目标，积极发展国力。俄之所以在一些重大问题上做出让步，是为了以空间换时间，以妥协换实惠，作为一个大国，俄希望在解决全球和地区问题上占有一席之地，而以美国为首的北约却把俄谋求大国地位看作是对其全球利益的挑战。双方战略目标存在本质差异，决定了遏制与反遏制的斗争将继续下去。

（三）双方在众多问题上仍存在严重分歧。在北约东扩问题上，北约坚持扩大到波罗的海及独联体国家，从根本上损害了俄的国家安全和战略利益，遭到俄的反对。俄外长伊万诺夫 5 月 14 日明确表示，尽管俄同北约建立了新型关系，但仍反对北约东扩。这一问题将使俄与北约的关系存在变数。在北约的性质问题上，俄希望将北约"欧安会化"，即由军事集团变成一个政治化的组织。但科索沃和阿富汗战争后包括美国和欧盟在内的北约成员国都认为，军事措施可以有效地制止危机，北约不应改变其军事职能。美国副国务卿格罗斯曼就强调，北约是一个军事组织，应该增加军费，加强现有的装备能力，以便未来更多的成员国军队能快速投入到作战第一线。在北约是否有权在其防区外采取军事行动的问题上，以美国为首的一些北约成员国鼓吹新干涉主义，认为必要时北约可以不经联合国授权，自行在其防区外采取军事行动。俄却强调北约这样做首先必须得到联合国授权，否则不得任意行事。在建立欧洲安全新体系上，俄与北约也存在根本分歧，北约主张这一体系的核心应该是北约，而俄却坚持让欧安组织起主导作用。此外，俄与北约在车臣问题、核不扩散和导弹防御等问题上也存在严重分歧。

总的来看，北约与俄新机制的不平等及局限性，决定了双方合作关系的脆弱性。双方建立真正信任的伙伴关系要有一个比较长的过程。在中短期内，欧洲将在不影响美欧团结的框架中继续积极推进北约与俄关系的深入发展；美国将在维护其领导地位的基础上进一步改善北约与俄关系；俄则将更多参与欧洲安全事务，但难以取得真正的平等地位和决策权。俄与北约仍存在根本矛盾与分歧，难以完全消除龃龉与争吵，也不排除彼此关系再度降温的可能性。

（吴　炯）

北爱和平进程受挫　2002 年，北爱和平进程曾出现一些"令人乐观"的迹象，使人们看到和平解决北爱问题的希望，但由于北爱冲突各方受到彼此间仇根和不信任等因素的影响，北爱和平进程受挫，呈现出"进一步、退两步"的特点。

一、"令人乐观"的开局

2002 年，北爱和平进程呈现出"令人乐观"的开局，主要表现在三个方面：

（一）爱尔兰共和军宣布封存部分武器。北爱天主教派最大的准军事组织爱尔兰共和军 4 月 8 日宣布，为推动北爱和平进程，该组织再次封存部分武器。负责监督解除北爱准军事组织武装的国际监督小组也证实了这一点。英国首相布莱尔、爱尔兰总理埃亨和英国北爱尔兰事务大臣约翰·里德对此表示欢迎。爱尔兰共和军的政治组织新芬党领导人亚当斯称，这表明爱尔兰共和军仍遵守对北爱和平进程的承诺。新教派最大政党统一党领导人特林布尔认为这是一个很有意义的行动。

（二）爱尔兰共和军发表道歉声明。在"血色星期五"恐怖袭击 30 周年的前夕，爱尔兰共和军 7 月 16 日发表声明，对该组织过去 30 年间因暴力行动所伤害的平民及其家属表示道歉。该声明还说，爱尔兰共和军将致力于北爱和平进程，并解决面临的困难。

（三）爱尔兰共和军制造的恐怖事件逐渐减少。"9·11"事件后，恐怖主义成为国际公害，以针对平民为特征的恐怖活动遭到了世界各国人民的谴责。美国国会众议院国际关系委员会 4 月 23 日发表报告称，爱尔兰共和军曾帮助培训哥伦比亚反政府的"哥伦比亚革命武装力量"，并指责爱尔兰共和军这种做法已成为"国际恐怖主义的一部分"。作为制造北爱尔兰奥马爆炸案元凶的"真正的爱尔兰共和军"，已经被美国和欧盟宣布为恐怖组织，其财产也被冻结。在此大背景下，爱尔兰共和军若继续坚持恐怖活动，必将失去民心和受到国际社会的更大压力，因此它就必须调整其斗争策略，树立新形象，并努力与恐怖组织划清界限。因此，爱尔兰共和军在2002年并未制造大的恐怖活动。

二“文件失窃”和“情报活动”两次事件使北爱和平进程受挫

（一）两次事件经过。关于“文件失窃”事件。3月30日，北爱警方以爱尔兰共和军与一起警察局机密文件“失窃”有关为由，在北爱首府贝尔法斯特和第二大城市伦敦德里对爱尔兰共和军成员住所等地方进行大规模搜查，并至少逮捕了4名新芬党成员。爱尔兰共和军发表声明，警告北爱警方必须对逮捕行动对北爱和平进程造成的不良后果负责。

关于“情报活动”事件。10月4日，英国警方以爱尔兰共和军涉嫌从事情报活动为由，突然搜查新芬党在北爱尔兰地方议会内的办公室等场所，查获大量有关政界要人、军情特工和高级警官的个人资料。警方认为，名单上的人很可能是爱尔兰共和军恐怖袭击的目标，怀疑爱尔兰共和军有间谍潜伏在北爱政府内，并把搜集的情报转给了新芬党。英国警方在此次行动中拘捕了4名新芬党成员，并于10月6日对其中一名新芬党成员正式提出指控。新芬党对此表示强烈抗议，指责警方此次行动“政治意味浓厚”，目的是要“诋毁”新芬党，以迎合北爱地方联合政府第一部长特林布尔不久前发表的应取缔新芬党机构的言论。

“文件失窃”和“情报活动”事件使北爱和平进程受到很大冲击。“情报活动”事件后，新教派最大政党统一党提出，把新芬党驱逐出北爱尔兰地方联合政府，否则就将在10月14日退出联合政府。新教派中较激进的民主统一党则当即宣布退出联合政府。面临北爱尔兰地方联合政府解体的危险，英国首相布莱尔和爱尔兰总理埃亨都积极调解双方的矛盾，但都无果而终。为挽救北爱和平进程，英国政府10月14日宣布，从当天午夜开始暂停北爱地方政府的自治，恢复由中央政府对北爱尔兰的直接管辖。这是英国政府在3年多的时间内第4次中止北爱尔兰地方联合政府的自治权，北爱尔兰和平进程再次遭到挫折。鉴于新教派的态度和英国政府中止北爱尔兰地方联合政府的自治权的决定，爱尔兰共和军10月31日宣布暂停解除武装。

（二）事件发生的原因。“文件失窃”和“情报活动”事件的发生并不是偶然的，而是有其深刻的现实和历史等原因。

第一，爱尔兰共和军在缴械问题上并未做出实质性让步。缴械问题是北爱尔兰冲突各方斗争的焦点。只有真正解决爱尔兰共和军的缴械问题，才能真正实现北爱和平。爱尔兰共和军虽在缴械等问题上曾做出一些积极的举动，但这只不过是为了争取议会选举而做出的暂时性让步。爱尔兰共和军4月8日宣布再次封存部分武器，但深究其原因，这与爱尔兰将于5月举行的大选有关，爱尔兰共和军此举可赢得爱尔兰天主教派的支持。在此次爱尔兰大选中，新芬党获得5个席位，比上届大选增加4个。

第二，北爱冲突各方彼此间缺乏基本信任。虽然1998年北爱和平协议使长期相互敌对的新教徒和天主教徒共同组建了北爱尔兰地方联合政府，但双方长期的历史积怨并不是一纸协议所能化解的。从民族构成看，54%的北爱尔兰人是信奉新教的英格兰和苏格兰人的后裔，43%的北爱尔兰人是信仰天主教的爱尔兰人的后裔。长期的对立冲突使得新教徒和天主教徒之间互相敌对，产生难以化解的不信任感。从政党派别看，代表北爱尔兰天主教派利益的社会民主工党和新芬党坚持北爱尔兰属于爱尔兰，而代表新教派利益的统一党则主张北爱尔兰不能脱离英国独立，再加上北爱尔兰冲突各方就爱尔兰共和军缴械、改组北爱尔兰警察部队和削减英国驻军等关键问题存在严重分歧，这样就很容易使北爱和平进程陷入僵局。例如，针对爱尔兰共和军7月16日发表的道歉声明，新芬党认为该声明是天主教派对北爱和平进程做出的有力贡献。但作为北爱新教派最大政党的统一党则对该声明持怀疑态度，认为道歉对象没有包括军人或警察的亲属，没有提及共和军最近参与的一系列冲突事件，因此该声明缺乏诚意。

第三，政党斗争是导致“情报事件”的直接原因。2003年5月，北爱议会将举行换届选举。由于人们对北爱和平进程在过去几年中总是徘徊不前表示不满，因此在北爱议会中占主导地位的统一党和社会民主工党就构成很大威胁。作为其竞争对手，爱尔兰共和军不但主动声明封存部分武器，而且还发表道歉声明，以赢得北爱地区和爱尔兰天主教派信徒和国际社会的谅解。面对这种形势，统一党加强了对爱尔兰共和军及其政治组织新芬党的攻势。北爱地方联合政府第一部长特林布尔利用“情报事件”，要求年内解散爱尔兰共和军，企图推迟选举日期，影响选举结果。

第四，持续不断的宗教派别之间的仇恨对早日和平解决北爱问题增添了难度。北爱宗教派别之间的仇恨已经成为人们心中难以解开的心结，不仅上一代冲突不断，而且它还在下一代心中扎了根。北爱大学的专家对北爱44所小学和幼儿园的调查表明：北爱两大教派的儿童从3岁起就彼此仇视，5岁则完全吸收了成年人的偏见。因此，如果不阻止双方的孩子从小就对立的势头，那么北爱冲突就会没完没了。

三、北爱和平进程将在曲折中发展

虽然北爱和平进程受到挫折，但无论是英国政府还是爱尔兰政府，无论是新教派还是天主教派，都没有否认1998年的北爱和平协议是解决北爱问题的基础，因此北爱问题仍有和平解决的希望。今后，北爱和平进程将会在曲折中发展。

（李强洲）

北约东扩迈出新步伐 2002年11月21日至22日，北大西洋公约组织首脑会议在捷克首都布拉格举行，决定邀请拉脱维亚、爱沙尼亚、立陶宛、斯洛伐克、保加利亚、罗马尼亚和斯洛文尼亚等7国加入北约，这是继1999年3月波兰、捷克和匈牙利入盟以来，北约再次接纳新成员，也是北约历史上规模最大的一次扩大。7国将于2004年完成所有入盟手续，正式加入北约。届时，北约成员将增至26个。

一、北约新一轮东扩进程

（一）有关背景情况。冷战结束后，北约进入了新的发展阶段。1990年7月6日，北约伦敦首脑会议正式提出要调整北约战略，并首次提出同原华沙条约组织国家建立合作关系。1991年11月7日至9日，北约罗马首脑会议通过了《北约战略新概念》，明确北约今后的主要任务是“预防冲突和处理危机”，并正式将北约与原华约的“合作与对话”写入了该文件中。1994年1月10日至11日，北约布鲁塞尔首脑会议通过了美国提出的“和平伙伴关系计划”，以加强与原华约成员国以及其他欧洲国家的政治和军事合作关系。1997年7月8日，北约马德里首脑会议正式决定接纳原华约成员波兰、捷克和匈牙利三国。1999年3月12日，上述三国正式加入北约。2002年5月14日，北约成员国和俄罗斯的外长在冰岛会晤，通过了“北约—俄罗斯理事会”文件；5月28日北约—俄罗斯首脑会议在罗马举行，双方正式签署了双边“新型关系”的《罗马宣言》，决定建立北约—俄罗斯理事会，以取代已有的北约—俄罗斯联合常任理事会，使“19+1”机制让位于“20国”机制，为北约再次东扩扫清了障碍。

（二）新一轮东扩的准备过程。1998年7月，美国—波罗的海三国伙伴关系委员会在拉脱维亚首都里加举行首次会议。会议的成果是美国承诺将帮助波罗的海三国向“欧盟、北约和世贸组织的标准靠拢”，而波罗的海三国为了维护独立，摆脱俄罗斯的控制，力图完全“融入欧洲”，积极要求加入北约。1999年3月12日，美国国务卿奥尔布赖特在主持波兰、捷克和匈牙利三国加入北约的仪式上明确表示，“它们（指上述三国）不是最后一批，因为北约东扩不是一个事件，而是一个进程”。1999年4月27日，在为庆祝北约成立50周年而举行的北约华盛顿首脑会议上，北约发表了《华盛顿宣言》。该宣言声称，北约“向欧洲所有国家继续敞开大门”。随后，北约将波罗的海三国、斯洛文尼亚、斯洛伐克、保加利亚和罗马尼亚等列为新一轮东扩的候选国。2001年6月15日，美国总统布什访问波兰期间在华沙大学发表演讲时强调，北约“将向欧洲所有民主国家扩大”，并称所有准备接受北约成员国义务的欧洲国家都有资格成为北约成员国。为顺利实现新一轮东扩，北约先后于2001年5月10日和10月5日举行两次北约候选国首脑会议，与候选国就东扩问题进行磋商。美国总统布什先后向上述会议发去电报，对北约东扩予以支持，并称北约准备在2002年11月举行的布拉格首脑会议上就东扩问题做出“历史性的决定”。

在北约进一步推行东扩政策的同时，克罗地亚、斯洛文尼亚、阿尔巴尼亚、保加利亚、爱沙尼亚、拉脱维亚、立陶宛、马其顿、罗马尼亚和斯洛伐克等中东欧国家多次发表声明，积极要求加入北约。2001年“9·11”事件后，为争取美国支持，波罗的海三国积极参加了美国领导的反恐行动，其中，立陶宛承诺开放空中走廊，并参加反对恐怖主义的行动计划；三国还应北约的要求，各派出部分职业军人参加阿富汗国际维和部队。2002年3月，波罗的海三国国防部长前往美国，会晤美国国防部长，并出席美国参议院举行的关于波罗的海三国加入北约的听证会。为增进与北约的联系，波罗的海三国还多次参加北约国家举行的军事演习。

二、北约进一步东扩的影响

北约再次扩大将对欧洲的地缘政治、北约的职能以及北约同俄罗斯的关系产生深远影响。

（一）将对欧洲的地缘政治产生重大影响。经过这次扩大，北约势力将扩展到几乎所有的原华约成员国，不仅填补了冷战结束以来由于苏联解体所导致的东欧的政治和军事真空，并将首次与俄罗斯为邻，这无疑将对整个欧洲的地缘政治产生深远影响。在北面，波罗的海三国是欧洲东西方交往的天然通道，具有重要的军事战略地位，一直为俄罗斯的传统势力范围，也是冷战期间美苏两个超级大国争夺的焦点之一。冷战结束后，波罗的海三国为谋求自身的安全和摆脱俄罗斯的影响，积极寻求加入北约。上述三国的加入将使北约在陆上首次与俄罗斯接壤，这将使俄罗斯失去对付北约的缓冲区，俄罗斯西部地区的一些重要战略城市都将置于北约常规武器的打击范围，这是对俄罗斯国家安全的一种新挑战。在南面，保加利亚和罗马尼亚两国加入北约，与同样是北约成员的土耳其一起，将使北约在黑海地区对俄罗斯构成弧形合围。而在中部，由于斯洛伐克的加入，将“一举加强从波罗的海到巴尔干的稳定局势”。东扩后，北约的战略防御纵深得到进一步扩大，尤其对西欧而言，随着北约边界的进一步东移，在中亚和高加索地区蔓延的伊斯兰原教旨主义及恐怖主义将与欧洲更远地隔离开来，同时在罗马尼亚、保加利亚及斯洛文尼亚等国入盟后，北约南翼的战略地位也进一步巩固，届时整个欧洲大陆将基本处于北约控制之下。从发展的角度来看，北约在未来仍有进一步扩大的可能性。北约通过 1994 年提出的“和平伙伴关系计划”，大力邀请前苏联各成员国和东欧国家加入，并加强了与这些国家在包括军事演习等在内的双边和多边合作，此次东扩的 7 名新成员都曾参加该计划，预计其他参加该计划的中东欧国家今后可能会成为北约继续扩大的对象。

（二）北约将进一步转变职能。冷战结束后，北约失去了昔日的对手，其任务也将发生重大变化。1991 年 11 月北约罗马首脑会议曾确定了北约的新任务：一是将军事战略重点由“前沿防御”转向注视“多方向”的危机；二是在保留集体防御的同时，将处理和防范地区性危机和冲突列入北约新职能；三是成立北大西洋合作委员会，加强与原苏联及东欧国家的军事交流与合作。北约此次东扩后，将采取进一步措施，推动上述转变，并增加新的职能。第一，有效打击恐怖主义。反恐怖主义被列为北约 2002 年 11 月布拉格首脑会议的重要议题，会议决定“坚持不懈地打击这一祸害”。可以认为这是北约为适应国际形势的变化而赋予其自身的新职能。第二，建立北约反应部队。此次北约布拉格首脑会议发表的声明称：“决定建立一支技术先进、行动灵活、部署迅速、协作能力强、后勤供给有保障的北约反应部队（NRF），由海、陆、空各军种组成，可以按照北大西洋理事会的决定迅速奔赴任何地方。”声明还称，“北约反应部队将尽快、不迟于 2004 年 10 月具备初步作战能力，不迟于 2006 年 10 月具备全面作战能力”，同时还要求各成员在防生化作战、辐射与核防御、精确制导、海空运输、空中加油等 8 个领域强化军事能力。这一决定对北约实现职能转变具有不可低估的重大影响。第三，改革北约决策机制。为适应北约职能转变，保证北约从 19 国扩大到 26 国后的决策和运作效率不受影响，北约将对其现行机制进行大幅度的改革：一是改革决策机制。在坚持原有一致同意的决策原则的同时，采取一种更为有效的决策，使北约高层在紧急情况下能够迅速做出决定。二是机构精简，提高工作效率。成立财政部长委员会，从经济上支持北约现代化计划。

（三）北约同俄罗斯的关系将进入新的阶段。北约此次顺利东扩，也得益于俄罗斯所做出的重大让步。俄罗斯一改坚决反对北约东扩的立场，并做出重大让步，原因主要可以归纳以下三个方面：首先，普京对国家实力有了清醒的认识。他坦言，俄正处于“最困难的时期”，面临下降为“二等国家”、甚至是“三等国家”的危险；其次，俄集中精力发展经济的愿望更加迫切，认为依靠自身力量很难摆脱落后局面，融入世界经济一体化是唯一出路；第三，内政重于外交。外交必须有“经济效果”，在国际事务中“经济务实主义”要压倒“意识形态行为”。美国驻俄罗斯大使弗什鲍曾撰文指出，“9·11”事件前普京就做出了同欧洲和美国建立更加密切关系的“战略选择”，放弃了原苏联“以竞争和对抗为主的”做法。俄罗斯总统普京 2002 年 5 月 26 日在与来访的芬兰总统哈洛宁会谈后举行的记者招待会上表示，“俄罗斯的对外政策将是审慎和保持平衡的”，并“优先考虑国家利益，因此俄罗斯不仅与美国合作，而且与西方和东方合作”。5 月 28 日北约—俄罗斯首脑会议在罗马举行，正式签署了发展双方“新型关系”的《罗马宣言》。宣言称，建立北约—俄罗斯理事会，以取代已有的北约—俄罗斯联合常任理事会。俄罗斯在新的理事会中，具有同北约国家同等的地位，在非北约内部的重大事务上有表决权。因此舆论认为，该宣言的签署标志着北约同俄罗斯的关系进入冷战后一个新的阶段。北约秘书长罗伯逊说，“这是一个显而易见且不可逆转的冷战结束的信号”。英国外交大臣斯特劳更为形象地说“这是冷战的最后葬礼，俄罗斯已成为朋友，不再是敌人”。鉴于以上情况，北约同俄罗斯的关系将进入一个新的阶段。

（赵富春）

北约开始在马其顿执行代号为“联盟协调”的维和行动　为加快马其顿加入北约的进程，

帮助马恢复稳定和进行政治军事改革，并保持北约的军事存在，北约部队于 2002 年 12 月 15 日开始在马其顿执行代号为“联盟协调”的维和行动，以代替于 14 日结束的“红狐”维和行动。

一、北约执行“联盟协调”行动的背景

2001 年 2 月，阿尔巴尼亚族非法武装向马其顿警察部队武装挑衅，从而引发了马其顿自独立以来最严重的安全危机。持续多半年之久的安全危机造成了数百人伤亡，8 万多人流离失所。当年 8 月 13 日，在国际组织的调停下，马其顿的马阿两族主要政党签署了和平框架协议。北约部队随之进驻马其顿，开始执行以收缴阿族非法武装的武器为主要任务的代号为“收获”的维和行动。“收获”行动结束后，北约部队于当年 10 月又开始执行“红狐”维和行动，目的是保护在马其顿的欧盟和欧安组织国际观察员，并协助马政府维持治安。北约共派出约 700 名士兵参加此次行动。“红狐”行动于 2002 年 12 月 14 日结束。“联盟协调”行动是继“收获”和“红狐”行动后，北约在马其顿执行的又一维和行动。

二、“联盟协调”行动的任务

执行“联盟协调”行动的北约部队共 450 名军人，其主要任务是协助马政府恢复“前危机地区”局势的稳定，为马其顿政府提供咨询，帮助马政府改组本国武装力量和按照北约标准进行军事改革，确保驻马国际观察员的安全。该行动是北约总部根据马其顿总统特拉伊科夫斯基的请求和北约与马政府于 2002 年 12 月 13 日签署的有关协议进行的，执行期限为 6 个月。

三、欧盟将接替北约执行在马其顿的维和行动

2003 年 1 月 15 日，马总统特拉伊科夫斯基向欧盟负责外交和安全政策的高级代表索拉纳表示，马同意欧盟接替北约在马实施“联盟协调”行动。他称，欧盟接替北约在马执行“联盟协调”行动，有助于加速马其顿同欧洲一体化的进程。他要求欧盟在于 2003 年 6 月举行的萨洛尼卡欧盟首脑会议上，为马其顿和其它巴尔干国家加入欧盟确定“清晰的前景”，并呼吁欧盟国家增加对马其顿的投资。18 日，特拉伊科夫斯基致信索拉纳，正式要求欧盟接替北约在马执行“联盟协调”行动。他在信中希望欧盟能尽快讨论在马行动的细节，如行动持续的时间等。他还表示相信，欧盟在马开展行动将会有助于促进马其顿的稳定和经济发展及马加入欧盟的进程。29 日，索拉纳致信特拉伊科夫斯基，希望马其顿当局配合欧盟在马展开的“联盟协调”维和行动。索拉纳还称，欧盟的行动将不仅限于保护国际观察员的安全和协助马进行军事改革等，还将帮助马其顿保护边界安全，打击有组织犯罪活动。同日，欧盟驻马其顿代表透露，欧盟于 2003 年 3 月中旬至 4 月初接替北约在马的维和行动。这将是欧盟快速反应部队成立后执行的第一个维和任务。

（周亦冰）

欧盟防务一体化取得新进展　2002 年，随着欧盟一体化的深入发展，欧盟防务一体化建设也取得了新进展。

一、2002 年欧盟在防务一体化方面取得的主要进展

（一）防务一体化的决策机制建设有了新突破。年内，欧盟在安全与防务决策机制建设方面实现了多项突破。5 月，欧盟首次单独召开了国防部长会议，从而为各国更充分地参与制订共同安全与防务政策提供了新的场合。同月，欧盟军事委员会初步完成关于安全与防务政策运作程序的研究，确定了欧盟采取干预措施的前提条件和具体步骤。6 月，欧盟塞维利亚首脑会议明确提出，共同安全防务政策应与当前的反恐斗争挂钩。同时，成员国就参加共同行动的出资问题达成一致，为今后欧盟顺利实施共同的安全与防务政策奠定了财政基础。

（二）防务一体化的建设有建树。一是决定加速组建欧洲快速反应部队。10 月 4 至 5 日，欧盟在希腊克里特岛雷西姆农市举行国防部长非正式会议。会议确认，欧盟将推进组建快速反应部队的进程，在 2003 年使欧洲快速反应部队准备就绪。主持会议的希腊国防部长扬诺斯·帕潘托尼乌在会议结束时举行的记者会上说，筹备小组将在 2003 年 3 月 1 日之前就有关欧洲快速反应部队的武器装备等具体问题提出报告，以便使欧洲快速反应部队能在 2003 年准备就绪。二是继续致力于提高欧盟成员国的军事能力。欧盟认为，目前欧盟与美国在军事技术、防务预算等方面都存在着差距，欧洲国家必须提高军事能力。为此，欧盟于 2 月份制定了“提高军事能力行动计划”。此后，欧盟军事委员会的 19 个专门工作小组就如何落实“提高军事能力行动计划”积极开展调查研究工作，提出了提高军事能力的 42 个具体项目。欧盟成员国还就继续在军备领域开展合作达成一致，准备制定欧盟统一的军备政策和组建欧洲军备局。三是作为欧盟

安全与防务建设的组成部分，欧盟的民事能力建设也有了新突破。11月，欧盟宣布，年底前欧盟将完成2000年确定的目标，即拥有派出5000名警察、282名司法专家和由2000多人组成的若干公民保护小组的能力。至此，欧盟已具备执行警察维和使命和开展与危机处理相关的民事工作能力。

（三）防务一体化的实施迈出了实质性步伐。一是首次向波黑和马其顿地区派出欧洲快速反应部队。欧盟一直希望以欧洲快速反应部队取代联合国在波斯尼亚及北约在马其顿的维和任务，使欧盟防务一体化政策得以真正落实，并减少对美国的依赖。这一设想在2002年得到了实现。2月，经波黑同意和联合国授权，欧盟决定向波黑派出维和警察部队，从2003年1月起接替联合国的警察维和使命，标志着欧盟在共同安全与防务政策的实施方面迈出了实质性步伐。12月16日，欧盟在与北约协商后，又宣布将在马其顿部署自己的维和部队，接管北约在该地区的维和任务。二是举行了历史上首次安全与防务框架内的军事演习。该演习于5月举行，目的是显示危机处理在欧盟共同安全与防务政策中的重要位置，证明欧盟现有决策机制运转良好。三是首次就非欧盟成员国的北约盟国参与欧盟防务一体化问题做出明确安排。10月，欧盟首次就挪威、冰岛、土耳其、波兰、匈牙利、捷克等6个非欧盟成员国的北约盟国参与欧盟安全与防务建设做出明确安排，规定了6国与欧盟建立安全磋商机制、参加欧盟军事演习和由欧盟指挥的军事行动的方式等事宜。

二、欧盟防务一体化进程仍面临一系列困难

尽管欧盟的防务一体化进程在2002年又取得了新的进展，但是仍然有许多问题悬而未决，也面临着一系列困难与障碍。概括起来主要有4个方面。

（一）美国的掣肘与阻碍是欧盟实现防务一体化的主要外部制约因素。美国对欧盟独立防务一直持矛盾心态：既想让欧盟更多地承担防务责任，又担心欧盟实现防务一体化后“翅膀变硬”，将使美军失去留驻欧洲的理由。布什政府自2001年执政以来，一直对欧洲建立独立军事力量的做法表示不快。美国虽然口头上表示支持“欧洲独立防务”，但实际上却将欧洲快速反应部队看成是“小北约”，骨子里并不希望欧盟走得太远。9月，在波兰首都华沙召开的北约国防部长会议上，美国利用国际反恐得到广泛支持的时机，提出了建立一支2.1万人的北约快速反应部队的建议，以使北约具备在传统防区以外开展军事行动的能力。11月22日，北约布拉格首脑会议通过了美国的建议。国际舆论普遍认为，美国此举意在冲击欧盟建立快速反应部队的决定，避免欧洲走向完全的防务独立。

（二）欧盟各国军费不足制约着防务一体化能力的进一步提高。目前，欧盟各成员国防务开支加在一起还不到美国的60%，且防务开支持续下降。由于军费不足，主要军事装备严重短缺。据西方军事专家估计，鉴于新型武器装备至少要到2006年才能逐步交付使用，欧盟快速反应部队在今后几年内难以采取较大规模的军事行动，只能有限地执行一些人道主义援助与维持和平任务。

（三）欧盟内部在防务一体化问题上缺乏统一步调。在建立独立的安全防务体系问题上，欧盟各国出于不同的利益，对欧洲安全和防务的理解有分歧，难以形成共同的防务政策。例如：在建立欧洲快速反应部队问题上，英、法两国认为应加强欧洲快速反应部队的职能，使它既能采取较小规模的军事干预行动，又具有参与类似科索沃战争那样大规模军事行动的能力，并且进一步主张快速反应部队的活动范围应该超出欧洲，对世界其他地方发生的冲突也应当有干预的责任和能力。以德国为代表的欧盟大部分成员国认为，该部队的行动范围应仅局限在欧洲大西洋地区范围之内。爱尔兰、芬兰、瑞典、奥地利等中小国家更多顾及维护本国主权与安全利益，认为倚靠以美国为首的北约更为可靠，因此对欧盟防务一体化态度较为冷淡。

（四）欧盟扩大为欧洲防务一体化增添了新的复杂因素。12月13日，欧盟15个成员国和13个申请加入欧盟国家的领导人在欧盟哥本哈根首脑会议上就欧盟扩大问题经过艰苦谈判和反复磋商后，达成一系列协议。波兰、匈牙利、捷克、斯洛伐克、斯洛文尼亚、爱沙尼亚、拉脱维亚、立陶宛、塞浦路斯和马耳他等10国将于2003年4月在希腊雅典签署入盟协议，并于2004年5月正式加入欧盟。届时，欧盟将由15国扩大到25国。众多经济发展水平参差不齐的国家加入欧盟，不但会拖欧盟经济的后腿，弱化欧盟委员会的权威和行动能力，而且也将给欧洲防务一体化进程带来新的复杂因素。

（湘　溪）

美洲和大洋洲军事要事

布什颁布执政以来第一个《美国国家安全战略》报告 美国总统布什于2002年9月20日颁布了他执政以来第一个《美国国家安全战略》报告(以下简称新国家安全战略报告)。新安全战略虽然在反对恐怖主义、防止大规模杀伤性武器扩散以及与"全球其它力量中心"的关系等方面提出了一些有积极作用的政策,但是,在新安全战略中占主导地位的是一系列霸权主义的政策主张和强权政治。因此,新安全战略将给世界形势增加新的不安定因素。由于各种因素制约,布什政府称霸世界的战略企图难以实现。

一、新安全战略报告的主要变化

与克林顿政府时期的国家安全战略报告相比,布什政府的新国家安全战略报告在威胁判断、战略目标、战略指导思想、军队建设和对外关系等方面都发生了重大变化,更具进攻性、扩张性和干涉性。

(一)在威胁判断方面。新国家安全战略报告认为,"9·11"事件后,国际形势"经历了深刻的变化",国际形势的"不确定"和"不稳定"因素增加,美国面临的威胁和敌人已经改变。因此,报告中用了较多篇幅,在不同的章节,从不同的角度反复论述了美国面临的现实和潜在威胁。其中,现实威胁概括起来有以下5个方面:

第一,恐怖主义。新安全战略报告称:美国的"敌人是恐怖主义,即有预谋的、出于政治动机的针对无辜者的暴力"。"9·11"事件说明,像阿富汗这样的弱国可以像强国一样给美国的国家利益造成巨大的威胁。过去,敌人需要庞大的军队和巨大的工业能力才能威胁美国。现在,由个人组成的隐蔽网络只需不到一辆坦克价钱的代价,就可以给美国的国土造成巨大的混乱和苦难。因此,美国面临的"最严重的危险在于极端主义和技术的结合"。

第二,"一小撮无赖国家"。新安全战略报告说:20世纪90年代出现的"无赖国家",对国际法毫不尊重,威胁邻国,违反本国参与缔结的国际条约,支持全球各地的恐怖主义,拒绝基本的人道价值观,仇恨美国以及美国所支持的一切。报告强调说,"无赖国家"使用大规模杀伤性武器打击美国的可能性增大。"一小撮无赖国家"对大规模杀伤性武器的寻求以及此类武器的全球交易,已经对所有国家构成了迫在眉睫的威胁。关于"一小撮无赖国家"是指哪些国家,报告点了伊拉克和朝鲜的名。不过,2002年1月布什总统在《国情咨文》中曾说,朝鲜、伊朗和伊拉克等3国与"恐怖主义同伙"共同构成"邪恶轴心";5月美国务院发表的全球恐怖主义形势报告将古巴、伊朗、伊拉克、利比亚、朝鲜、叙利亚和苏丹等7国列为"支持恐怖主义的国家"。新安全战略报告给"一小撮无赖国家"列举的罪状,与"邪恶轴心"国家和"支持恐怖主义国家"的罪状是一致的,因此,"一小撮无赖国家"除伊拉克和朝鲜外,估计还包括古巴、伊朗、利比亚、叙利亚和苏丹。

第三,大规模杀伤性武器扩散。新安全战略报告将大规模杀伤性武器扩散与恐怖主义挂钩,视其为同恐怖主义一样严重的威胁。并认为"无赖国家"把大规模杀伤性武器看作是首选的武器,它们将这些武器用于对邻国进行胁迫和军事侵略,对美国和盟国进行讹诈。

第四,地区危机。新安全战略报告称,在互相联系日益紧密的世界上,地区危机会损害美国的联盟,重新燃起大国间的敌对,给人类尊严造成极其严重的侵犯。

第五,其他威胁。包括:失败的国家、环境日益恶化、腐败和软弱的制度、贫穷、暴力、毒品走私和情报泄露等。

以上说明,目前布什政府将恐怖主义和大规模杀伤性武器扩散视为主要现实威胁。大规模杀伤性武器扩散的主要危险来自伊拉克等"一小撮无赖国家"。

新国家安全战略报告认为,美国面临的潜在威胁是同大国(最为突出的是俄罗斯、印度和中国)之间的竞争和分歧。美国与俄罗斯之间仍然存在的分歧是:俄罗斯主要精英人物长期对美国的用意和政策采取不信任态度;俄罗斯对自由市场和民主的基本价值观采取与美国不一致态度;俄罗斯在遏制大规模杀伤性武器扩散问题上的暧昧态度。美国和印度之间的分歧"存在于"印度研制核武器和导弹的计划,以及经济改革的速度等方面。美国和中国之间的分歧表现在台湾问题、人权问题、不扩散武器和“由共产党实行的一党统治”等方面。美国将“坚决抵抗其他大国的侵略，尽管美国欢迎它们和平地追求繁荣、贸易和文化进步”。从新报告所列美国与俄、印、中的分歧的情况和性质看，美国更重视中国对美国的潜在威胁。

克林顿政府1998年发表的《国防报告》和1999年发表的《新世纪国家安全战略》报告认为美国面临的现实威胁是：地区性威胁或以国家为中心的威胁、跨国界威胁、危险技术的扩散、失败的国家、外国情报搜集、环境和健康威胁等。克林顿政府还认为，美国面临的潜在威胁是中国和俄罗斯。

比较上述布什政府新国家安全战略报告和克林顿政府的安全战略关于威胁的判断，可以看出，在现实威胁方面，布什政府和克林顿政府列出的美国面临威胁的基本方面是大体一致的。主要变化是对主要现实威胁的看法有很大不同。克林顿政府时期，认为美国面临的主要现实威胁是“地区性威胁或以国家为中心的威胁”。从克林顿政府历年的《国防报告》等文件看，“地区性威胁或以国家为中心的威胁”是指伊拉克、朝鲜等敌视美国的“地区性强国”（亦称“无赖国家”）对美国构成的挑战。布什政府则认为，美国面临的主要现实威胁是恐怖主义、“无赖国家”和“无赖国家”进行“大规模杀伤性武器扩散”。在潜在威胁方面，克林顿政府认为中国和俄罗斯对美国构成潜在威胁；布什政府认为，美国同俄罗斯、印度和中国之间的竞争和分歧，是对美国的潜在威胁，其中更重视中国的潜在威胁。

（二）在战略目标方面。新安全战略报告认为，美国安全战略的目标是“政治和经济自由、与别国的和平关系以及尊重人类的尊严”。为了实现这些目标，美国将：“支持对人类尊严的渴望”；加强联盟，挫败全球恐怖主义，防范针对美国及友邦的袭击；与别国合作缓和地区冲突；防止敌人利用大规模杀伤性武器威胁美国、盟国和友邦；通过自由市场和自由贸易启动全球经济成长的新时代；推动开放和民主；制订与全球其他力量中心采取合作行动的议程；整改美国的国家安全机构，迎接21世纪的挑战和机遇。

克林顿政府1999年发表的《新世纪国家安全战略》报告认为，美国家安全战略的目标是，增强美国的安全，促进美国经济繁荣，促进国外的民主与人权。为实现这些目标，在外交方面采取的主要措施是：通过联合国和联盟发挥美国的影响和能力；围绕某项特定目标成立特别联盟；在联合国和其他国际组织发挥领导作用；巩固同盟国和友好国家的持久关系；巩固同世界各地主要国家的正式关系并对这种关系进行调整。在国内采取的主要措施是：有效地挫败恐怖行动，打击国际犯罪，阻止外国情报搜集，保护重要的国家基础设施。

以上说明，布什政府的安全战略目标同克林顿政府时期相比，基本内容是一致的。概括地说，都是3项目标，即：确保美国的安全、实现美国经济繁荣，推行美国的价值观。其实质都是企图长期保持美国的唯一超级大国地位，建立美国主宰的世界秩序。布什政府为实现安全战略目标而采取的措施与克林顿时期相比也基本一致。但是，比较布什和克林顿的安全战略报告的内容和实际做法，两届政府的国家安全战略目标和为实现目标而采取的措施，也有重要的不同之处。一是侧重点不同。对于3项战略目标，布什政府更强调确保美国的安全，用军事手段为经济扩张开路，因此，军事色彩更浓。二是关于反恐问题。克林顿政府提出，美国必须有效地挫败国内恐怖行动；布什政府则提出“挫败全球恐怖主义”。显然，布什政府反恐的范围更广，目标更高、更彻底。三是关于本土防御问题。克林顿政府虽然已经注意到美国本土面临的威胁，但只是一般地提出“打击国际犯罪和外国情报搜集以及保护重要的国家基础设施”。布什政府则提出，为了保卫美国本土，要“整改美国的国家安全机构”。为此，美国拟定了自杜鲁门政府设立国家安全委员会和国防部以来最大规模的政府改组计划。该计划的主要内容包括：设立国土安全部和新的统一的军事指挥部，对联邦调查局进行彻底重组。整改安全机构的原因是，有关美国国家安全的“主要机构成立于跟现在不同的时期，为适应现在的新情况必须进行整改”。

（三）在战略指导思想方面。新国家安全战略报告的核心指导思想是单边主义和“先发制人”。因此，报告反复强调，美国推行单边主义政策的决心。称美国在世界“发挥领导作用的过程中”，尽管会“不懈地争取获得国际社会的支持”，但是，当美国的利益和“独一无二的责任”需要时，美将“毫不犹豫地单独行动”。新安全战略报告对“先发制人”的政策也做了反复阐述，并声称“美国在必要时将先发制人”。布什政府在强调单边主义和“先发制人”的同时，并没有放弃威慑思想。美国总统国家安全事务助理赖斯10月1日应曼哈顿研究所的年度“里斯顿论坛”邀请发表演讲时说，新国家安全战略并不放弃遏制或威慑，而将继续适当地采用这两种手段，但是，对于视自杀为光荣的极端主义分子来说，威慑根本不可能起多大作用。

克林顿政府 1999 年发表的《新世纪国家安全战略》报告称，美国安全战略的指导思想是“营造、反应、准备”，即：“营造国际安全环境、对威胁和危机做出反应以及准备应付将来的不测事件”。为贯彻这一战略指导思想，克林顿政府虽然也准备单独采取单边行动和先发制人，但是，认为最好是通过多边行动，并且更重视威慑的作用。克林顿政府 1998 年发表的《美国国家安全战略》报告在论述单独行动和多边行动的关系时说：“我们必须随时准备单独采取行动，如果那样做对我们非常有利的话。不过，我们的许多安全目标最好（而且只能）是通过我们的联盟和其他正式的安全架构或者作为围绕着一个特定目标而设立的一个特别联盟的领导人等方式来达到。”该报告在论述威慑和实战的关系时更强调威慑，称慑止“侵略和强迫行为”是十分重要的，美国已通过公开宣布的政策和可靠的作战能力获得了“有能力威慑对手的声誉”。这将使那些要研制核武器或以其他方式获得核武器的人，以及恐怖主义组织和犯罪分子组织不敢妄动。

比较布什政府单边主义和先发制人的国家安全战略指导思想与克林顿政府时期“营造、反应、准备”的国家安全战略指导思想，可以看出，两者都是单边主义、多边主义、先发制人、进行威慑等重要战略思想并用，其主要区别在于：在单边主义与多边主义、先发制人与进行威慑等思想的运用方面，强调的侧重点不同。布什政府比克林顿时期更强调运用单边主义和先发制人的思想。

（四）在国防建设方面。布什政府强调发挥军事力量的作用和加强国防建设。新国家安全战略报告强调，美国拥有“无与伦比”的军事实力，“美国军事力量该再次发挥重要作用了”。报告提出的美国军队的任务是：首先是保卫美国，同时让盟国和友邦感到放心，防止将来出现军事竞争者，以威慑力量防止美国的利益、盟国和友邦遭遇威胁，威慑不成则打垮对手。为了适应上述任务的要求，新安全战略报告提出了一系列加强军队和国防建设的措施。

第一，“转移重点”。新国家安全战略报告称，美国军队是在冷战时期为威慑庞大的敌军而组建的，现在美国面对的威胁和敌人已经改变，因此，军队也必须改变，“必须转移重点”，更多地思考对手会如何作战而不是战争会在何时何地发生。

第二，“保障充足的兵力”。新国家安全战略报告称，美国必须保障有能力粉碎敌人（无论是一个国家还是某种非国家势力）把它的意志强加给美国或盟国和友邦的企图。因此，美国将“保障充足的兵力”，以便履行义务、“捍卫自由”，并能同时打赢两场“地区战争”。

第三，做好各种作战准备。新国家安全战略报告说：“阿富汗战争以前，那片地区在应急规划中毫不引人注目。然而短短的时间内，我们不得不动用武装部队的各个军种，在那个遥远国度的每个角落展开斗争。我们必须做好再次采取这种行动的准备。研制先进的遥感装置、提高远距离精确打击的能力、改进机动部队和远征军。此外，军队还必须有能力保卫祖国、开展情报活动、保障美国把触角伸向远方的战区、保护美国在外层空间的设施和资产。”新安全战略报告还强调，美国将建立抵御弹道导弹和其他运送手段的防御系统。

第四，“尝试新的作战方法”。新国家安全战略报告称：“武装部队的革新要靠尝试新的作战方法、加强联合作战、利用美国的情报优势和充分利用科学技术。”

第五，“改进情报能力”。新国家安全战略报告说：“情报以及我们使用情报的方法是防范恐怖分子和敌对国家构成的威胁的第一道防线……因此我们必须改进情报能力，保持我国在情报领域的优势地位。”

第六，在海外确保“有利于自由的力量对比”。新安全战略报告称：“驻外美军是美国致力于保护盟国和友邦的一个重要标志……我们坚决捍卫有利于自由的力量对比。为应付不测事件和安全方面的诸多挑战，美国将在西欧和东北亚及其以外地区设立军事基地，并为美军远征签订短期借用他国军事设施的协议。”

克林顿政府 1999 年发表的《新世纪国家安全战略》报告认为，“要想得到安全”，就“必须有一支强大的军队”。这支军队的主要使命是起威慑作用，必要时进行战斗并且取胜；其能力是能够打赢“几乎同时发生的两场大规模战区战争”。为完成这样的使命，具备上述能力，该报告提出了一系列加强军队和国防建设的措施：保持海外驻军；加强战略机动能力；保持空间优势；保持信息优势；维持反导条约等。

比较两届政府加强军队和国防建设的措施，可以看出，布什政府和克林顿政府在军队和国防建设方面有很大不同。第一，布什政府比克林顿政府更加突出军事手段在国家安全中的作用。第二，新《美国国家安全战略》报告战争准备的着眼点有两个重大变化。一是强调“如今必须转移重点”，更多地思考对手会如何作战而不是战争会在何时何地发生。这与美国在二战以后预设作战对象和战场的传统做法相比，是美国安全战略和军事战略的一个重大变化。二是准备同时打赢两场“地区战争”，而克林顿政府时期准备打赢“几乎同时发生的两场大规模战区战争”。第三，美国安全战略的进攻性、扩张性增强。新安全战略报告提出做好在“每个角落展开斗争”的准备。这不仅与克林顿政府时期不同，而且与布什竞选时提出的减少海外介入的主张相比，也发生了很大变化。第四，深化军事革命。布什政府在新报告中提出美军要“尝试新的作战方法”，表明美国要进一步推动军事革命，在作战方法上可能出现新的变化。第五，在建立国家导弹防御系统问题上，布什政府比克林顿政府态度坚决，步子更快。

（五）在外交政策方面。为了适应“9·11”事件后国内外形势的新变化，布什政府在新的国家安全战略报告中提出了加强外交工作的6项政策。

第一，加强反恐联盟，挫败全球恐怖主义，致力于防范针对美国及友邦的袭击。贯彻这一政策的主要措施是：利用“国家和国际力量的所有元素”，采取直接和连续的行动，赶在威胁到达美国边界之前将其查明和摧毁；必要时“毫不犹豫地单独行动”，对恐怖分子进行先发制人的打击；通过说服或迫使各国承担自己的主权义务，使恐怖分子得不到进一步的赞助、支持和庇护；发动思想战，利用有效的公开外交“促进信息和思想的自由流动”。

第二，与别国合作缓和地区冲突。新安全战略报告称，在联系日益紧密的世界上，地区危机会损害美国的联盟、重新燃起大国间的敌对。有关国家必须继续积极参与解决严重的地区争端，以避免爆炸性的升级。当发生暴力和国家衰落的情况时，美国将与朋友和伙伴一起致力于减轻苦难，恢复稳定。

第三，防止敌人利用大规模杀伤性武器威胁美国、盟国和友邦。为达到这一目的，新安全战略报告提出了以下措施：积极进行反扩散，防止“无赖国家”和恐怖分子获得制造大规模杀伤性武器所需的材料、技术和专门知识；准备应对敌人动用大规模杀伤性武器打击美国的海外部队；在美国的友邦和盟国受到攻击时提供帮助。

第四，通过自由市场和自由贸易启动全球经济成长的新时代。新安全战略报告称，美国为此“已经制订了全面的战略”：把握全球性倡议；推动区域倡议和自由贸易协议；促进贸易与发展的联系；执行贸易协议和惩罚不公平行为；促进美国经济增长；扩大能源供应的来源和类型，加强美国的“能源保障”。

第五，调整对外援助政策，使世界最贫困国家的经济在10年内翻一番。为实现这一目标，新安全战略报告称，美国将“向敢于进行改革的国家提供援助”，使世界银行和其他多边开发银行在提高世界贫困人口生活水平方面发挥更有效的作用。

第六，与“全球其他力量中心”合作。新国家安全战略报告称：“9·11”事件“已经从根本上改变了美国与全球其他主要力量中心之间的关系，并创造了许多新的机遇”。美国在加强与欧洲和亚洲盟国的关系、扩大北约成员国的同时，还希望发展与俄、印、中的关系。对俄罗斯，谋求利用俄罗斯思维方式出现的变化，将美俄关系集中在新的和潜在的利益和挑战上，包括：在全球反恐战争中扩大业已广泛存在的合作；在不降低标准的情况下帮助俄罗斯加入世界贸易组织；促进双边贸易和投资关系；加强俄罗斯、美国的欧洲盟国和美国之间在安全方面的合作；继续促进前苏联国家的独立和稳定；促使俄罗斯不断致力于融入欧洲—大西洋社会的进程。对印度，建立美印之间强有力的关系；保护印度政治自由；使印度朝着更大程度的经济自由的方向努力；保持印度洋上重要的海上通道；共同打击恐怖主义和建立一个在战略上稳定的亚洲。对中国，美国寻求与中国建立一种建设性的关系，在利益一致的领域进行很好的合作，其中包括：目前的反恐战争；促进朝鲜半岛的稳定；就阿富汗的未来问题进行协调；在有关打击恐怖主义和类似的跨国问题上进行全面对话；在健康和环保方面共同促进公民的安康等。此外，还对中国提出以下要求：对信息采取更加开放的态度；促进文明、人权、开放和法治；履行不扩散武器的承诺；中美在台湾、人权等方面努力缩小现存的分歧，并且不让分歧阻碍在已经达成一致的领域进行的合作。

布什政府在新安全战略报告中提出的上述政策，与克林顿政府历年的国家安全战略报告相比，在多数方面保持了继承性。但是，也有重大不同：第一，布什政府将加强反恐联盟，挫败全球恐怖主义，放在当前美国对外政策的首位。而克林顿政府在1998年发表的《新世纪国家安全战略》报告中，将恐怖主义与贩毒、洗钱和国际犯罪等方面的活动一起，列为跨国威胁。第二，对外援助附加更为明确的政治条件。美对外援助一向附带政治条件，但在国家安全战略报告中明确提出“向敢于进行改革的国家提供援助”，还是第一次。第三，新安全战略报告引入了“全球力量中心”的概念。美国总统国家安全事务助理赖斯10

月2日在曼哈顿研究所就美国新安全战略发表演讲时将“全球力量中心”与“大国”等同。并称，美新安全战略建立在三个前提之下：反对并制止恐怖主义分子和为非作歹政权的暴力行动以维护和平；支持世界各大国间建立良好关系；努力在全世界推广自由和繁荣的成果。看来，美国与大国的关系将有新的调整。

二、变化的原因

以上变化说明，布什政府采取了一种比克林顿政府时期更具进攻性、扩张性和干涉性的国家安全战略。形成这样一种强硬战略的原因，除了前面讲到的布什政府对威胁的判断发生重大变化外，还有以下3个主要原因。

（一）美国与其他大国的力量对比严重失衡。在经济方面，美国经济经过上个世纪90年代的持续扩张，其国内生产总值在世界上所占的百分比在2000年已上升到31·54%。在军事上，美国军队是一支拥有世界最先进的武器装备，保持高度战备，既能保护和促进美国近期利益又能应付长远挑战的世界“无与伦比”的军队。美国军费居世界第一位，占世界军费总额的1/3以上，超过排在它后面的20个国家的总和。有人估计，到2005年，美国的军费将超过世界其余国家军费的总和。在科学技术方面，美国占有明显优势，特别是在信息技术、生物工程、新材料、宇航技术等关键性的高科技领域处于遥遥领先水平。由于大国之间的力量对比严重失衡，中俄欧日对美国的制约和牵制作用受到局限。

新国家安全战略报告明显流露出美国利用上述优势称霸世界的企图。报告称，今天，美国“拥有无与伦比的军事实力和巨大的经济政治影响”，愿意承担对世界的领导责任。美国的这种优势、影响和企图，已经引起国际舆论、学术界和政界的高度注视。美国专栏作家克劳萨默说：“事实上，自罗马帝国以来，在人类历史上从未有哪一个国家像美国这样无论在经济、军事还是在文化和技术上都处于主宰的地位。”英国记者乔纳森·弗里德兰认为美国从罗马帝国吸取的一个经验是炫耀实力，让世界其余国家知道并害怕这种实力。俄罗斯政治军事分析研究所副所长谢尔盖·奥尔洛夫说：“显然，现在美国极力加强其优势，以决定其他各国人民的命运，‘9·11’事件在很大程度上帮了美国的忙。美国领导了国际反恐斗争，同时压住了世界各国。”

美国的超强实力，是布什政府执行进攻性、扩张性和干涉性的国家安全战略的基本原因。

（二）美国的新保守势力抬头。布什执政后，美国的新保守势力抬头。他们崇尚实力，热衷单边主义，鼓吹先发制人，美化殖民主义和帝国主义，鄙视、欺压发展中国家，主张依靠美国的力量改造世界，使世界各国都遵从美国的价值观和理念。美国副总统切尼、国防部长拉姆斯菲尔德和国防部副部长沃尔福威茨等人是新保守势力在布什政府中的典型代表人物。他们之间私交很深，被称为“危险和傲慢的干涉主义者”，是布什政府中的“鹰派核心”。“9·11”事件后，他们的关系更加密切，在反导条约、国际刑事法院、中东问题、伊拉克问题等重要的美国外交问题上的强硬主张，虽然与国务卿鲍威尔“较为谨慎阵营”的主张有矛盾，但通常会在决策中占上风，加大了对布什的影响力。

美国的新保守势力抬头和鹰派人物在政府中得势，是布什政府执行进攻性、扩张性和干涉性国家安全战略的思想和组织上的原因。

（三）军事装备、战争实践和军事理论的快速发展。冷战结束以后，美国的军事装备快速发展，信息化装备、空间设施、遥感装置、武器平台、精确打击兵器和部队机动能力等方面都有了大幅度的增强和提高，使美军的武器装备与世界其他国家的差距进一步拉大。同时，美国进行了海湾战争、科索沃战争和阿富汗战争。在武器装备发展和战争实践推动下，美国的战争理论也有很大的发展。提出了关于信息战、“非接触战争”、“非对称战争”等方面的新战争理论，以及联合作战、全面优势、大规模空袭、脱离接触、间接打击、控制机动、精确作战、全维防护、集中后勤、“五维空间”等新的作战概念。战争实践还使美国感到，由于先进武器装备的使用和军事理论的发展，美国不仅在战争中的伤亡和风险越来越小，甚至达到了“零伤亡”，而且每次战争都使美国获得新的重大战略利益。战争实践还进一步展示了美国的超强实力，助长了美国在国际事务中的轻蔑傲慢态度，刺激了美国称霸世界的野心。

军事装备、战争实践和军事理论的快速发展，对布什政府采取进攻性、扩张性和干涉性国家安全战略起到了很大的促进作用。

三、布什政府推行新安全战略的影响和面临的难题

从新国家安全战略报告的主要变化看，虽然该战略在反对恐怖主义、防止大规模杀伤性武器扩散以及与“全球其它力量中心”合作等方面提出了一些在客观上有一定积极作用的政策。但是，在新安全战略报

告中占主导地位的是，该战略提出的一系列霸权主义的政策主张，如：在威胁判断方面，继布什政府已经提出“邪恶轴心”、“支持恐怖主义国家”对美国的威胁之后，新安全战略又提出了“失败国家”和“无赖国家”对美国的威胁；在国际事务方面，推行强权政治、单边主义和双重标准；在防务政策方面，崇尚武力、追求绝对军事优势、实施先发制人。这些霸权主义的新表现，将对国际事务产生严重的负面影响，给世界形势带来新的不安定因素。

布什政府推行进攻性、扩张性和干涉性的安全战略的根本目的是，建立美国称霸的单极世界。在这个世界上，美国可以凭借其综合国力的优势，特别是绝对的军事优势，有效地抑制其他任何国家的抵制、反抗和挑战，从而不断强化美国的绝对霸权地位和对全球事务的绝对领导，确保美国的绝对安全。但是，由于新战略面临一系列难题，这样的目的是难以达到的。

（一）国际社会不可能顺从美国的霸权野心。新安全战略报告提出的一系列霸权主义的政策主张，在国际社会遇到了强烈的抵制。特别是作为新安全战略报告核心思想的单边主义和先发制人政策，更使国际社会反感。原因是：

第一，违背了世界广大国家的利益和愿望。美国退出《反弹道导弹条约》和《全面禁止核试验条约》，拒绝批准《京都议定书》，不签署关于成立国际刑事法庭的《国际刑事法院规约》，扬言即使得不到联合国的授权和国际社会的支持美国也要对伊拉克进行先发制人的军事打击等做法，遭到国际社会的普遍抵制和反对，就是美国的霸权野心必然遭到国际社会强烈反对的明确的信号。同时也说明，不管美国多么希望实现单极化，也不管美国为此采取什么样的措施，多极化的历史潮流也是不可能改变的。

第二，违背了公认的国际法准则。新安全战略报告敌视国际约束，轻视国际条约，无视其他国家的利益，主张采取单边行动和先发制人政策。这种使美国具有至高无上权利的霸权主义的政策，是与国际社会普遍要求通过政治途径解决国家之间的分歧和纠纷、建立公正合理的世界新秩序的愿望背道而驰的。同时，也违犯了国际法准则。国际法规定，只有遭到军事进攻或面临“迫在眉睫的威胁”时，才可以发动先发制人的进攻。为了给先发制人制造根据，新国家安全战略报告提出了“限制国家绝对权力”论，企图以此扼杀国家主权神圣不可侵犯这一国际社会公认的国际准则。新国家安全战略报告还提出，要对“迫在眉睫的威胁”一词的“观念”进行“调整”。言外之意是，美国将对“迫在眉睫的威胁”作新的解释，以便突破国际法对先发制人的约束。这种由美国制定国际标准、确定谁是威胁、裁定别国主权、决定使用武力的做法将严重影响世界的和平与稳定。由于先发制人战略将给国际社会带来严重不利影响，因此遭到了中国、俄罗斯、德国、法国、阿拉伯各国等世界绝大多数国家的抵制和反对。在美国国内，也受到了越来越多的质疑和批评。美前国务卿基辛格指出：“树立这种原则——赋予每个国家先发制人的自由权利，来对付自己定义的安全威胁——既不符合美国的国家利益，也不符合世界的利益。”

（二）战略目标和实现目标的手段不平衡。美国为了实现称霸世界的战略目标，在安全问题上的战线本来已经拉得过长了。据报道，美国在大约 40 个国家建有军事基地或者享有建立军事基地的权利，美国军事存的触角已经伸到了 132 个国家。“9·11”事件后，美国的战线进一步拉长，向中亚等地区派驻大量军队。据美国防部透露，截止 2002 年 10 月，驻阿富汗美军大约 9000 人，在阿富汗周边地区支援美在阿军事行动的美军约 6 万人。但是，面对“基地”组织死灰复燃的可能性，以及在阿富汗和世界其他地区不断出现的恐怖事件，美国似乎拿不出有效办法。阿富汗战争表明，赢得和平比赢得战争更为困难。在阿富汗前途未卜的情况下，美国还在不断开辟新的反恐战场。在参加菲律宾和非洲之角等地的反恐作战的同时，还一浪高过一浪地进行着“倒萨”战争准备。正在美国为“倒萨”战争奔忙的时候，朝鲜暴出了“核计划”。俗话说，一心不能二用，美国在一心几用的情况下，面对势在必行的因核问题而引起的与朝鲜的交锋，显得迟疑和力不从心。美国在朝鲜承认了“核计划”之后 12 天才公开发表消息，目的是为了有足够时间分析形势，研究对策。目前，美国处理朝鲜核问题的基本原则是：先集中力量解决伊拉克问题；对朝鲜主要是运用政治、外交和经济手段施加压力；积极寻求中国、俄罗斯、日本和韩国的支持。从这些原则看，美国似乎暂时放了朝鲜一码。在美国看来，朝鲜是有前科的“邪恶轴心”和“支持恐怖主义的国家”，在暴出“核计划”之后，美国之所以这么做，主要是因为美国战线拉得过长，战略目标和实现目标的手段不平衡。

（三）财政上的制约。推行进攻性、扩张性和干涉性的安全战略离不开财政支持。以美国推行这一战略的典型行动“倒萨”为例，美众议院预算委员会民主党议员说：美国如果能在 30 到 60 天内速战速决，打完这场仗，光是军费可能就需要 310 亿到 600 亿美元之间，如果加计利息，将提高到 480 亿到 930 亿美元。加上战争结束后的后续支出（包括援助难民和重建等）及战争对于美国甚至全球经济的负面影响，花费 2000 亿美元应该是相当保守估算。目前，美国在阿富汗的军事行动每月大约 20 亿美元，在菲律宾、非洲之角等地参加反恐作战也需要大量美元。这些对于处于疲软状态且出现大量赤字的美国经济，将是一个沉重负担。当年老布什打赢了海湾战争，但却因经济不景气而在大选中输给克林顿的教训，布什不能忽视。当然，战争对美国经济有某些刺激作用。但是，冷战时期美苏因推行扩张主义政策和大搞军备竞赛而导致“一死一伤”的历史教训证明，从根本上说，施行穷兵黩武政策是会严重伤害甚至毁掉国家经济的。

（四）国内的反对意见。尽管共和党在中期选举中获胜后，布什的支持率有所提高，但在美国国内，甚至在布什政府内部，对美国的新安全战略提出的单边主义、先发制人政策仍存在强烈的反对意见，这对布什政府推行新国家安全战略将起到很大的制约作用。

（高　峰）

美国防部向国会提交 2003 财政年度《国防报告》　2002 年 8 月 15 日，美国防部长拉姆斯菲尔德向国会提交了 2003 财政年度《国防报告》（下文简称《报告》）。这份报告是布什政府的首份年度国防报告。《报告》强调防务战略的进攻性，大力推进旨在强化美军事优势的军队转型，加大对亚洲的军事关注，决心将当前的反恐战争继续向前推进。

一、《报告》的主要内容

《报告》主要内容包括以下方面：

（一）安全形势、防务政策目标和防务原则。《报告》认为，21 世纪的美国面临的威胁与冷战时期及冷战结束后的 20 世纪 90 年代相比，更加具有“广泛性”、“不确定性”和“突然性”的特点。在地缘政治方面美国面临的威胁有五个方面：一是由于导弹射程的增大及经济全球化进程的加快，地理位置优势为美国提供的保护正日渐消失；二是地区安全形势正在出现新的变化，一些地区性力量正在谋求威胁美国重大利益的能力，“从中东到东北亚存在一个广阔的弧形不稳定地带”；三是亚非拉一些弱国和政府统治薄弱的地区正成为滋生恐怖主义和大规模杀伤性武器扩散的土壤，对美国的威胁和挑战不断增大；四是恐怖组织和跨国犯罪集团等非国家行为体的军事能力与威胁不断增强；五是地区性冲突动因日益多样，冲突地点日趋难测。在军事技术方面美国面临的威胁有三个方面：传感、信息处理和精确制导等高新技术的迅猛发展将增强对手与美抗衡的能力；大规模杀伤性武器技术扩散将增加美遭受灾难性袭击的可能性；航天和信息领域新近出现的军事竞争将威胁美太空和信息安全。

《报告》指出，美国新的防务战略框架将建立在四大防务政策目标基础上：保障美盟国与友邦的安全；阻止未来的军事竞争；遏制对美利益构成的威胁或胁迫；如果威慑失败，则决定性地击败任何敌人。美国的防务原则有以下七个方面：一是运用包括管理风险、作战风险、未来挑战风险和机构风险等四大内容的风险管理模式建设部队；二是以“基于能力”的防御概念规划美军的发展；三是保卫美国本土并积极投送美国军事力量以遏制各种威胁；四是加强联盟及伙伴关系，并发展更灵活适用的安全合作形式；五是根据新的战略环境重新定位美全球军事态势；六是利用美军现有优势发展广泛的军事能力组合；七是大力进行防务转型。

（二）反恐战争的经验教训。《报告》在阐述美防务政策目标和防务原则的基础上，总结了在阿富汗等地区进行的反恐战争的初步经验教训：第一，21 世纪的战争需要运用军事、经济、外交、金融、执法、情报等各方面国力。第二，战场上无缝隙的通信和各组成部分的联合作战能力，对打赢未来战争至关重要。第三，由自愿组建的多国联盟来进行战争是最佳方式，“使命决定联盟，而不是联盟决定使命”。第四，保卫美国需要防御，也需要先发制人，因为“进攻就是最好的防御”。第五，必须让敌人知道，为打赢战争，美国不排除使用包括地面作战在内的任何手段，并准备付出任何代价。第六，反恐战争的胜利要求对敌人施加不间断的压力，使其无任何躲藏与战略喘息之机。第七，高技术武器与新战法的运用并不能否定常规武器和传统战法的作用，实践证明，二者的结合往往能取得明显战果。第八，必须将作战行动和其他人道主义行动结合起来，争取当事国民众的支持。第九，必须将可不必保密的任何战争信息如实告诉国内民众，国内民众对政府的支持与相互信任是战争胜利的关键。鉴于以上经验教训，《报告》强调：恐怖主义不是 21 世纪对美国的唯一威胁，下一个威胁可能是导弹或网络攻击；除非对称威胁外，可能还有地区强国的常规挑战。

（三）军队结构与战备情况。《报告》重申，为应对不确定的、范围广泛的威胁和挑战，美必须保持全面的军事能力，美军规模将保持不变。这是由美军担负的四项任务决定的：第一，保卫美本土；第二，在关键地区前沿威慑入侵和胁迫；第三，在两个同时发生的大规模冲突中迅速取胜，并为总统保留在其中一场冲突中获得"决定性胜利"的选择，包括颠覆对方政府或实施占领；第四，实施有限数量的小规模应急行动。《报告》对美军的构成、各军种职能、战备等情况作了较详细的介绍，并确定了美军部队建设的重点：陆军将继续组建"过渡旅战斗队"和"过渡部队"，采用新的作战方式与编制模式，配备高素质军官，使其具有快速反应能力、高杀伤力和强生存能力；陆战队将进一步提高远征机动作战能力，即利用陆战队在机动作战中的力量为联合作战和多国联军作战提供远征和兵力投送能力，将建造先进两栖攻击舰，并加快 MV－22 偏转翼飞机的研制；航空部队将提高向全球进行兵力投送和夺取制空权的能力，做好飞机隐形和作战武器智能化工作，提高精确制导武器的采购量，并使其进一步小型化；海军将派遣 3 艘核攻击潜艇进驻关岛，增加航母在西太平洋的存在率，采购战术"战斧"巡航导弹、增程制导弹药等兵器，进一步增强海军部队的前沿部署、危机反应、水雷对抗及监视、跟踪、区域防御能力；特种部队在阿富汗战争中已充分展示其重要作用，将进一步减少对战略空运的依赖，提高其快速反应能力。

（四）美军转型。《报告》指出，美军转型是美"为应对未来挑战的努力的核心"，其结果"有可能导致作战样式的根本性变化"。转型的方向是达成下面六项核心目标：一是保护美本土和盟友的重要设施免于敌大规模杀伤性武器的威胁；二是突破各种障碍和阻力，实施"强行进入"；三是具有在任何环境下打击敌重要移动和固定目标的能力；四是充分利用信息优势，建立联合作战需要的 C4ISR 体系；五是确保信息系统的安全并进行有效的信息战；六是提高空间系统及其支援设施的作战和生存能力。

《报告》提出了转型工作的三个重大方向：一是在编制体制上进行规模灵活的模块化编组，提高联合作战能力，增强联合部队的灵活性、机动性、杀伤力和生存力；二是加大多军种联合和多国联军作战的指挥和控制系统建设，在各级作战部队中建立联合指挥控制体系，并提高联合指挥和控制系统的安全性；三是在各地区总部中设立常设联合特遣部队司令部，并准备建立常设联合特遣部队，使之成为未来转型军队的模型。美国防部已成立部队转型工作办公室，对军队转型进行总体规划和指导。联合部队司令部在联合部队一级和军种一级不断进行多样性的转型演习与试验，参与转型试验的部队人数最多可达到驻本土部队的 5%。2002 年举行的"千年挑战·2002"演习就是一次大规模的军队转型演习，演习应用了许多阿富汗战争中新的作战经验。积极开发和验证新的作战概念，并加强对转型工作的测试与评估。作为军队转型的一部分，将加大对军事科研的投入，大力研发导弹防御系统、无人武器系统、精确制导武器等装备。

《报告》还重点强调了空间、信息和情报能力的发展，发展重点将集中在四个方面：一是增强空间系统的能力、可用性和生存能力；二是提供安全、高容量、可靠的全球网络；三是通过网络传输高质量信息和情报，实现全球态势感知；四是使空间、信息和情报系统更加强大和安全，并阻止对手获得同样能力。

（五）核力量调整。《报告》秉承了 2002 年 1 月发表的《核态势评估报告》的观点，认为，未来威胁的"突然性"和"不可预测性"，必然"要求采取新的威慑手段"。因此，核力量建设将由冷战时期包括洲际弹道导弹、潜射弹道导弹和战略轰炸机的"三位一体"，调整为攻防兼备的新"三位一体"，即：核与非核的进攻性力量、主动和被动系统构成的防御力量、可灵活应变的国防基础结构。

《报告》指出，新"三位一体"包括六个基本要素：1、打击力量。包括核与非核的进攻性力量，非核力量包括先进常规武器系统、进攻性信息战和特种作战部队。2、防御力量。主动防御包括弹道导弹防御和空中防御，被动防御包括机动、疏散、欺骗、隐蔽、预警等等。3、基础设施。包括研究设施、生产能力以及相关的技术人员。4、计划。指整合和平衡新"三位一体"中三个组成部分的发展，协调应对多项作战目标、各种对手和作战环境。5、指挥和控制。可靠的、生存力强、健全的指挥与控制系统是新"三位一体"发挥作用的关键。6、情报。准确及时地知悉对手的意图和能力对于发挥威慑效能非常重要。

《报告》提出，美新的"三位一体"力量的建设必须适应三种突发事件的需要：第一，"直接突发事件"。主要指中东和亚洲地区发生用大规模杀伤性武器攻击美军或主要盟友的事件。第二，"潜在的突发事件"。主要指出现拥有大规模杀伤性武器及投掷手段的敌对性联盟或与美实力相当的敌对国家。第三，"意想不到的突发事件"。主要指某国政权突然更迭，使核武器落入对美怀有敌意的政府手中，或者美对手突然获得大规模杀伤性武器。为此，《报告》重申，美计划在今后10年内将作战部署的核弹头数量裁减至1700至2200枚，并将部分裁减下来的核弹头储存起来以防不测，同时对现有核武库进行更新。

（六）国防部建设与改革。《报告》认为，美国防部现在的经营方式、管理程序和保障结构存在不少问题，如设施过多、财务系统无法互联互通、有关制度不利于创新等，必须对其进行改革。改革要达成以下七个目标：缩短武器研制和后勤保障的决策周期；缩短预算编制时间并使预算更为合理；吸引人才；确保国防技术优势；确保国防基础设施保持适当规模并实现现代化；制定跟踪和评估国防部运作情况的标准。为达到以上目标，将做四个方面的工作：第一，实现国防部经营过程的现代化。包括精简高级机构、将国防部的资源集中用于核心职能、重组国防部直属局、使财务与非财务业务和系统一体化等。第二，提高采购、技术与后勤的管理水平。包括采购和技术最优化、制定新采购方针、后勤最优化等。第三，使国防基础设施和机构保持适当规模并实现现代化。包括重新调整军事基地、加强设施的维护和现代化、提高军队住房质量等。第四，推动国防工业基地和军工企业不断创新。

此外，《报告》还阐述了国防部对美军的各项管理工作，主要对人力与人事、战备与训练、军队医疗等三个方面建设的有关措施和计划作了说明。

二、从《报告》看美防务政策新动向

（一）突出“先发制人”思想，防务战略更具进攻性。通观《报告》全文，“先发制人”的思想贯彻始终，并被作为美军转型、前沿部署和研发武器装备的指针。例如，《报告》强调通过“积极的海外行动”来保卫美本土，要把战争引向对方国土，“进攻是最好的防御”。再如，《报告》在论述核力量调整时声称“核威慑不应仅限于报复威胁”，暗示必要时美国不惜使用战略武器对敌人发动“先发制人”的攻击。可以说，《报告》以政府文件的形式正式确立了“先发制人”的战略思想。这是布什政府对二次大战以来美历届政府一贯奉行的威慑和遏制战略思想的重大调整。这一新的战略思想崇尚进攻，更富侵略性和冒险性，是美军事霸权主义思想的集中体现。

（二）大力推进军队转型，强化军事优势。布什政府提出要推进美军转型，对美军实施自里根政府“重整军备”以来最大规模的改革。改革内容涉及武器装备、作战理论和组织机构等美军建设的各个层面。《报告》声称，美军转型是21世纪初美国防政策的核心内容。《报告》还就转型的目标、发展方向、主要内容、相关措施等进行了详细论述，凸显美政府实施军队转型的决心。《报告》特别强调占领太空技术和信息技术的制高点，并计划在与太空项目相关的信息技术上花费23亿美元。《报告》暴露了美谋求军事上绝对优势的企图。美国2003财年的国防预算超过3900亿美元，占全球军费总支出的36.3%，超过位于其后的20个最大的国防支出国的军费总和。美用于军事研发的支出3倍于仅次于它的六大军事强国的军事研发支出总和。美国这样做的目的是谋求美在21世纪的绝对军事优势。

（三）加大对亚洲的关注，美全球军事战略重心向亚洲转移。《报告》认为，亚洲形势极为复杂，该地区部分国家可能会被国内激进和极端政治力量或运动推翻，许多国家拥有庞大军队，伊朗、伊拉克和朝鲜正在获取导弹和大规模杀伤性武器，“东亚濒海地区最具挑战性，存在出现一个资源丰富的军事对手的可能”，足以威胁美国的战略利益。近年来，美已着手强化在亚太地区的军事存在，在大量裁减驻欧美军的同时保持驻西太地区的军队规模，还计划在关岛部署3艘核攻击潜艇和B－2型轰炸机，并对美军在亚太地区的部署态势重新进行调整。而在谈到欧洲时，《报告》认为将基本处于和平状态，俄罗斯已不对北约构成大规模常规军事威胁，美俄核冲突的可能性也不大。美俄有共同的安全忧患，存在战略合作的机遇。以上说明，美对全球战略环境的判断正在发生变化，对欧洲的担忧减弱，对亚洲的关注已加大，美全球军事战略重心正向亚洲转移。

（四）重视国土安全，继续推进反恐战争。“9·11”事件打破了美本土“绝对安全”的神话，使美对威胁来源和敌人性质有了新的认识。美国提高了对国土安全的重视，在政府中成立了国土安全部，美军也成立了专司国土防御的北方总部。《报告》将国土安全列为国家利益的首位，在为美军确定的四大任务中，第一条就是保卫国土安全。美提出“先发制人”的战略思想也与重视本土安全密切相关。为保卫国土安全，美国更加重视阻止大规模杀伤性武器的扩散，在发动阿富汗战争并取得阶段性胜利后，继续在全球其它地区推进反恐战争。《报告》的一大特点就是在全文九章中将反恐战争单列一章，并总结了反恐战争的经验教训，表明了布什政府把反恐战争进行到底的意志。《报告》坚持在国际社会中以反恐区分敌我，并明确提出反恐战争有两大目标：一是摧毁一切恐怖组织，另一个是制服“企图以核生化武器威胁美国和世界的国家”。布什政府加紧进行推翻伊拉克萨达姆政权的战争准备，就是实现反恐战争两大目标的重要步骤。美对保护国土安全的重视表明未来美将为实施国土防御和进行全球反恐战争投入更多的人力和物力。

2003 财政年度《国防报告》的出台有其深刻的国内和国际背景，与美国内新保守主义势力的兴起、军工利益集团的大力推动以及美军事科技与军事能力对其它国家的巨大优势等因素密切相关。《报告》出台后，无疑将对美防务战略走向、美国和世界其它国家军队建设及全球军事革命产生重要影响。

（刘锋贤　虞　越）

美国防部公布《核态势回顾》报告节选

2002 年 1 月 8 日，美国国防部向国会提交了一份称为《核态势回顾》报告的秘密文件，系统地说明了布什政府新的核战略。3 月 18 日，美国国防部公布了《核态势回顾》报告的节选（以下简称节选）。有关情况如下：

一、新的核战略主要内容

节选的内容可以归纳为七个方面。尽管这七个方面不包括《核态势回顾》报告中的一些机密事项，但从这七个方面的具体内容看，还是比较系统地反映了美国新的核战略的概况。

（一）关于战略力量规划的方针。节选称，在苏联垮台以来的 10 年里，对美国核力量的规划仅作了有限的修正。今后，美国在计划和设计核力量时，将抛弃冷战时期战略力量规划中的做法，不再假设俄罗斯所构成的威胁仅仅是前苏联威胁的一个较小的版本，而是把美国战略力量的规划从冷战时期的基于威胁的做法转变到一项基于能力的方针。这一新的方针将在今后几十年里提供一种可信的威慑，使核武器的状况处于与美国及其盟国的安全相符合的最低水平上。

（二）关于核武器的作用。节选称：核武器在美国及其盟国和友邦的防务能力方面扮演至关重要角色。它们提供可信的军事选择，以吓阻范围广泛的威胁，包括大规模杀伤性武器和大规模的常规军事力量。核能力具有独特的性质，能使美国获得选择办法，避免遭受打击。然而，仅仅美国的核力量并不适于应付美国所准备应付的大多数紧急情况。美国及其盟国的利益可能并不要求进行核打击。核、非核与防御能力的新结合，对于应付美国在今后几十年里可能会遭遇的形形色色的潜在敌手和意外的威胁来说是必要的。

（三）新的安全环境要求核力量有更大的灵活性。节选称：同冷战期间的情况相比，核力量要有更大的灵活性。新的安全环境中的各种潜在敌手所最珍视的资产可能是多样的。而且在一些情况下，美国对于一个对手所珍视的是什么，在认识上也可能会演变。因此，虽然使对手的这些资产处在风险之中所需要的武器数量已经下降，但是，美国的核力量仍然要有能力使对手的范围广泛的目标保持在风险之中。美国的这种核能力对于有效地威慑形形色色的潜在对手来说，具有关键性的作用。按照规模、范围和目的等方面的情况，选择不相同的核打击，将为美国的其他军事能力提供补充。这样，就能够提供对敌手构成可信的威慑所需的各种选择。

（四）建立新的三位一体。节选称，为了达到 21 世纪的防务目标，美国将建立新的三位一体。新的三位一体包括进攻性打击系统、防御力量和重振的国防结构，并用强化的指挥和控制以及情报系统将它们连接起来。

第一，进攻性打击系统（核与非核两种）。节选称，这是新的三位一体的第一根支柱，即进攻性打击分支。进攻性打击分支由两部分组成。一是冷战时期的三位一体。由洲际弹道导弹、潜射弹道导弹和远程核武装轰炸机组成。今后将继续扮演至关重要的角色。二是新的非核战略能力。新的核与非核战略能力相结合，提高了进攻性威慑的可信度。拟议中的《2003 至 2007 财政年度国防计划》对进攻性打击系统提出了以下倡议：

——对付移动的和可重新确定方位的目标。国防部建议制订一项系统的对策，在各军种运用，以便使敌方重要的移动目标处在风险之中。

——击败硬的和深埋的目标。国防部将实施一项计划，大大改善各项手段，以便对敌方坚硬的和深埋的目标进行识别，确定方位和特征，并对其瞄准。

——进行远程打击。国防部将寻求制订一项系统的对策，以击败在各个射程上的、所有地形与天气条件下的，以及被封锁地区中的重要的固定和移动目标。

——改造核动力导弹潜艇。国防部已经建议把 4 艘从战略核军种中抽调的核动力舰队弹道导弹潜艇改造成核动力导弹潜艇。

——建立精确打击系统。其成分包括：一个多功能信息分配系统，以提供一个抗干扰的、安全的数字网络，来交换有关打击能力的重要情报；一个联合空对地远距离导弹系统；小直径炸弹；无人驾驶空中作战运载工具。

——新的打击系统。国防部将于 2003 财政年度开始探索各种构想，以便为改造后的核动力导弹潜艇提供新的打击系统。对这一新的打击武器的要求包括：及时抵达目标；命中精度高；能迅速对所瞄准的目标进行调整。

第二，防御力量（主动和被动兼备）。节选称，这是新三位一体的第二根支柱。单单进攻性能力可能不会对 21 世纪的新的安全环境中的侵略产生威慑，因此，要发展和部署主动和被动的两种防御力量。2001 年 9 月 11 日的事件突出显示了这样做的必要性。主动和被动的防御力量不会是完美的。然而，通过消除或缩减有限攻击的有效性，防御力量能够阻止攻击，提供管理危机的新能力，并在传统威慑失败后提供保险。

第三，重振的国防结构。节选称，这是新的三位一体的第三根支柱。重振的国防结构是一个反应敏锐的防御基础结构。它将及时地提供新的能力，以应付正在出现的威胁。冷战结束以来，美国的防务基础结构已经收缩，核基础结构退化了。因此，美国正在制订开发和获取新能力的新对策。

节选称，布什总统 2001 年 11 月 13 日曾宣布，部署的战略核弹头将减少到 1700～2200 枚。美国将引导其核力量降到这个数量，把冷战时代的进攻性核三位一体改造成一个为今后几十年而设计的新的三位一体。为了满足新的三位一体的要求，需要大幅度调整现有的能力。其中包括：改进工具，用来制订和实施打击计划，以便国家领导层能够在危机情况中采取事先计划的选择或者制订新的选择方案；国防部必须实现现代化，以便美国能够适应迅速变化着的情况；对现有的核力量的一些部分进行调整、升级或更新；开发较好地适合国家需要的后续核武器。

节选称，上述新的三位一体的有效性取决于指挥和控制、情报以及适应情况的计划。因此，新的三位一体将由强化的指挥和控制以及情报系统连接起来。为了确保三位一体力量的有效性，指挥和控制变得更加关键，更加复杂，它的支持系统和平台必须加强，并实现更新换代。

（五）新的三位一体对国防政策目标的贡献。节选称，新的三位一体对实现国防政策目标能够起到保证、劝阻、威慑和击败的作用。

第一，保证作用。节选称，美国的核力量将继续为安全合作伙伴提供保证。这种保证能够减少友好国家获取自己的核武器的动机。核能力还向美国公众保证，美国不会遭受基于潜在的敌手当中认为美国软弱可欺的错误看法而施加的胁迫。

第二，劝阻作用。节选称，能够打击敌手全部领土上广泛目标的进攻力量，可能会劝阻潜在的敌手不去寻求威胁能力。防御力量能够使一个敌手与美国进行军事竞争或者进行战争变得更加劳民伤财。基础设施能够提供以下能力：给现有武器系统升级；大幅度提高武器产量或开发新的武器；部署全新的三位一体系统。这种能力能够劝阻别国在军事上与美国竞争。

第三，威慑作用。节选称，导弹防卫和美国在国外的驻军与美国做出还击的能力相结合，能够在一场地区对抗中给美国的利益和风险带来更好的平衡，因而能增强美国威慑和担保的可信度，防止对美国的盟国和友邦发动袭击。基础设施必须带来人们对核武库的可靠性以及指挥和控制结构经受袭击能力的信心。

第四，击败作用。节选称，新的三位一体的打击成分由非核系统与核武器两项组成，它能够为设计和指挥战役，以便决定性地击败对手提供更大灵活性。非核打击能力对限制附带性的破坏和冲突升级尤其有用。可以使用核武器来对付能够经受非核袭击的目标（例如深层地下堡垒或生物武器设施）。导弹防御力量能够击败旨在胁迫美国抛弃一个遭到打击的盟国或友邦的小规模导弹袭击。为新的三位一体的打击能力和其他兵力提供保护的防御力量，将提高美国及其盟国和友邦反击敌人的能力。同时，还可能向总统提供一项可供选择的办法，以应付一场涉及一两个用导弹和大规模杀伤性武器武装起来的对手的危机。

此外，节选还称，建立新的三位一体，将减少美国所部署的核武器，以及增强美国在战略姿态方面的灵活性。新的三位一体还能够在大规模杀伤性武器的扩散面前，以两种方式提高美国的吓阻和攻击的能力：一是在三位一体中增添防御力量（连同强化的指挥控制与情报系统），这意味着美国将不再像冷战期间那样严重依赖进攻性核打击力量来加强威慑。二是在三位一体中增添非核打击力量（包括常规打击和情报活动），这意味着美国将不再像以往那样依赖核力量来提供进攻性威慑能力。

（六）准备应付各种紧急情况。节选称，在不断变化的安全环境中，未来所需要的确切的核力量水平是不能有把握地预测的。因此，在设计核力量的规模、对核打击能力提出要求方面，要区分美国必须准备应付的各种紧急情况。这些紧急情况可以分为即刻的、潜在的和意外的。即刻的紧急情况涉及得到充分认识的当前危险。目前，可能出现的即刻的紧急情况的实例包括：伊拉克袭击以色列或者其邻国，朝鲜袭击韩国，在台湾地位问题上发生一场军事对抗。潜在的紧急情况似乎是实际的，但并不是即刻的危险。例如，出现一个反对美国或者其盟国的新的、敌对的军事联盟，其中一个或更多的成员拥有大规模杀伤性武器和投掷手段，这种潜在的紧急情况可能会给美国的国防计划，包括有关核力量的计划造成重大后果。意外的紧急情况就是突然和没有预料到的安全挑战。比如古巴导弹危机。目前的诠释也许包括：由于政权突然更迭，现有的核武库落入一个新的敌对领导集团之手；大规模杀伤性武器能力的惊人披露。

节选称，北朝鲜、伊拉克、伊朗、叙利亚和利比亚属于可能会卷入即刻的、潜在的或者意外的紧急情况的国家。长期以来，它们都敌视美国及其安全合作伙伴。尤其朝鲜和伊拉克一直是美国军事上的心腹大患。中国是一个可能会卷入一种即刻的或者潜在的紧急情况的国家。根据是：中国的仍在制订中的战略目标；持续不断的核与非核力量现代化。俄罗斯保持着最令人畏惧的核力量，仅次于美国，并且维持着巨大的、即使给人印象不那么深刻的常规能力。然而现在与莫斯科之间并没有像冷战期间那样的任何意识形态上的冲突根源。美国寻求与俄罗斯建立一种比较合作性的关系，摆脱恐怖平衡的政策框架。尽管如此，俄罗斯的核力量与计划仍然是一个忧患。俄罗斯面临着围绕其周边地区的许多战略问题，它的未来航向不能有把握地确定。美国的计划必须把这一点考虑在内。一旦美国与俄罗斯的关系在未来严重恶化，美国就可能需要修改其核力量水平和姿态。

节选称，为了应付各种紧急情况，美国保持两种核力量：部署的核力量；反应敏锐的核力量。部署的核力量是应对即刻的和意外的紧急情况所必需的核能力。也就是说，必须招之即来地提供充分数量的兵力，以对抗已知的威胁，同时在出现意外时保持少量的额外兵力。关于部署的核力量的规模，根据目前的推测，到 2012 年建立一支由 1700 ~ 2200 个战略核弹头组成的部署部队。其中包括：14 艘“三叉戟”核动力舰队弹道导弹潜艇，这 14 艘当中任何时候都有两艘在大修；500 枚“民兵 – 3”洲际弹道导弹；76 架 B – 52H 轰炸机和 21 架 B – 2 轰炸机。这支部队将支持美国的威慑政策，以便使对手所珍视的东西处在风险之中，包括他们实施政治控制和发挥军事威力的工具，并使对手的战争目标无法实现。被置于风险之中目标类型包括领导和军事能力，尤其是大规模杀伤性武器、军事指挥设施和其它控制中心，以及支持军事力量的基础结构。反应敏锐的部队是为了提供一种能力，用以增援部署的力量，来应付潜在的紧急情况。这支反应敏锐的部队能增加部署的部队的规模，这种增加将与一场演变中的危机的严重程度成比例。反应敏锐部队还提供一支后备力量，从中可以提供更新力量，用于替换在可靠性上出现问题的部署武器。

节选称，为了应付各种紧急情况，美国还将修改核战争计划。目前，美国的核战争计划系统包括目标识别、武器系统分配和核指挥控制系统方面的要求，用于大规模的“有意计划”的核打击。今后，具有较大灵活性的“适应性计划”将起到更大的作用。“有意计划”是事先准备好的，为的是应付预料中的紧急情况。“适应性计划”被用来在关键时刻迅速做出反应。美国必须制订具有充分适应性的计划。目前，制订一项计划来袭击一个单独的新目标就需要 12 ~ 48 个小时，因此，需要建立一个比较灵活的体系，来满足适应性计划的要求。为了满足适应性计划工作的要求，需要使现有的核指挥控制结构升级。

（七）提高核战能力的措施。节选称，为了提高核战能力，将采取以下几项措施：

第一，进行必要时恢复核试验的准备。节选称，为了应对意外的情况和广泛的威胁，解决核武器可能出现的缺陷，以及发展全新的核武器，美国将从人员、试验设施和技术等方面做好准备，以便必要时恢复核试验。

第二，延长轰炸机和加油机的使用年限。节选称，空军计划把目前的 B – 2 和 B – 52 轰炸机和 KC – 135 加油机的使用时间再保持 35 至 40 年。因此，将对这些飞机进行大规模的改进，特别是将它们的通信、航空电子设备、处理器、雷达系统、显示器和导航等方面的设备升级。

第三，发展新的轰炸机、加油机和巡航导弹。节选称，大约到 2040 年，一种新的轰炸机必须投入使用，同时发展新加油机和巡航导弹。

第四，延长一些战斗机的使用年限。节选称，延长 F – 16C/D 和 F – 15E 战斗机的寿命，并提高联合打击战斗机（JSF）的设计要求。

第五，开发摧毁坚硬和深埋目标的新的核弹头。节选称，目前有 70 多个国家把地下设施用于军事目的。1998 年 6 月，国防科学委员会地下设施特别小组估计，全世界有一万多处地下设施。其中大约 1100 处地下设施是已知的或被怀疑的战略（大规模杀伤性武器、弹道导弹基地、领导或高层指挥及控制）场所。根据新估计，这一数字现在已经增加到 1400 处以上。多数战略设施是地下深处的设施。这些设施一般最难以摧毁，因为其深度和其确切方位的捉摸不定。目前美国缺乏充分的手段来对付这些战略设施。为了对付坚硬和深埋的设施，美国必须获取十分准确的情报，发展命中精度很高且有效穿透地面的核弹头。有了比较有效的地面穿透装置，对许多埋在地下的目标，便能够使用当量比对地表爆破武器所要求的低得多的武器进行打击。这种较低的当量既能实现同样的破坏，又能使产生的放射性尘埃比当量本来会高得多的地表爆破要少 10 至 20 倍。

第六，发展对付机动和可移动目标的武器。节选称，今天美国面临的最大挑战之一是，打击方位不确的机动和可移动目标。因此，必须开发摧毁这些目标的系统和技术。传感器必须能够辨别伪装和隐蔽。

第七，发展摧毁化学和生物战剂的武器。节选称，国防部和能源部正在研究对付化学和生物武器的非对称使用（称为战剂摧毁）。为此，正在评估战剂摧毁武器（ADW）概念，以对付化学或生物武器。办法是阻止其使用，加以封锁，使之中性化，或将其摧毁。在摧毁时，为提高命中精度和减少附带破坏，打击计划应是灵活的和可调整的，核武器系统的能力应是当量可变的、高命中精度的、可供及时使用的。这些能力将有助于威慑敌人使用大规模杀伤性武器的，或限制附带性破坏。

二、新的核战略主要变化

从上述《核态势回顾》报告主要内容看，美国核战略的指导思想、核武器的使用方针、战略力量建设等方面都作了重大调整，其中最突出的变化有四个方面。

（一）在核战略的指导思想上由“互相确保摧毁”，转向“应付各种紧急情况”。在冷战时期，美国核战略的基本指导思想是“互相确保摧毁”。这一战略指导思想，使美苏之间由于害怕核战争的灾难性后果，而避免了双方发生核战争。但是，也导致了美苏之间长期的建立在“恐怖平衡”基础上的严重核对抗。节选则提出，美国的核力量要准备“应付各种紧急情况”。所谓各种紧急情况包括即刻的、潜在的和意外的三种。

为了“应付各种紧急情况”，在《核态势回顾》秘密报告中提出，美国需要准备对中国、俄罗斯、伊拉克、朝鲜、伊朗、利比亚和叙利亚等 7 国使用核武器。

（二）战略力量的规划从冷战时期的“基于威胁”转变为“基于能力”。节选称：“把美国战略力量的规划从冷战时期的基于威胁的做法转变到一项基于能力的方针。这一新的方针将在今后几十年里提供一种可信的威慑，使核武器的状况处于与美国及其盟国的安全相符合的低水平上。”这种从“基于威胁”到“基于能力”的转变，必然导致美国在规划战略力量时，要千方百计地使美国的战略力量远远超过所有可能对美国形成威胁的潜在对手的战略力量。这与冷战时期基于以苏联为主要威胁而规划战略力量的做法相比，要求更高，投入更大。其实质是为美国追求绝对安全和绝对军事优势，而放手扩军备战制造借口。因此，普遍认为，这一转变是布什政府对美国核战略所作的重大调整。

（三）战略力量的涵义扩大。二战以后，美国战略力量一直包括战略进攻力量和战略防御力量两个方面。战略进攻力量由“三位一体”战略核力量（洲际弹道导弹、潜射弹道导 弹和远程核武装轰炸机）组成；战略防御力量由国家导弹防御系统组成。而节选将战略力量的涵义扩大为“新的三位一体”。“新的三位一体”包括“进攻性打击系统、防御力量和重振的国防结构”，并由强化的指挥和控制以及情报系统连接起来。“进攻性打击系统”包括核与非核力量；“防御力量”包括主动和被动的两种，主动防御力量不仅包括国家导弹防御系统，而且还包括战区导弹防御系统；“重振的国防结构”是“一个反应敏锐的防御基础结构，它将及时地提供新的能力，以应付正在出现的威胁”。以上变化说明，布什政府将战略力量的涵义大大扩充了。

（四）战略灵活性加强。一是战略手段更多样。“新的三位一体”的战略力量体系与冷战时期相比，包括能够适应各种威胁、技术更先进、种类更多的武器装备和设施，因此，在应对威胁时，可以有核和非核、进攻和防御等更多的战略手段供决策者选择。二是对抗方式更灵活。冷战时期战略力量主要用于美苏之间“相互确保摧毁”，缺乏战略灵活性，因而形成了美苏之间僵硬而严重的长期核对抗。新的核战略将改变这种状况，因此，节选称，今后，美国将针对伊拉克、朝鲜、伊朗、利比亚和叙利亚以及中国和俄罗斯对美国构成的不同威胁，采取不同的对抗方式。三是指挥更顺畅。节选特别强调“强化指挥和控制以及情报系统”，因此，新的核战略在指挥控制上将更顺畅、更灵活。

三、美国调整核战略的原因

（一）美国面临的主要现实威胁发生了很大变化。

冷战时期美国面临的主要现实威胁是明确的，那就是苏联。美国核战略的核心是建立在恐怖核平衡基础之上的美苏之间"相互确保摧毁"。布什政府认为，冷战后国际形势"复杂多变"，因此美国面临的威胁具有"不确定性"和"突然性"。恐怖主义、"邪恶轴心"和"无赖国家"成为美国的主要现实威胁。而冷战时期的主要现实威胁俄罗斯，与美国建立了"比较合作"的关系，已不是主要现实威胁。但是，俄罗斯仍保持着"最令人畏惧的核力量"，且美国"不能把握"其发展方向。同时，美国认为，中国"是一个可能会卷入一种即刻的或者潜在的紧急情况的国家"。为了适应威胁的变化和多元性，美国加强了核战略的灵活性，以及战略决策和战略手段的选择余地。

（二）强化和长久保持美国唯一超级大国的地位。冷战后，由于苏联解体，俄罗斯国力衰落，美国成为世界唯一的超级大国，在经济上和常规军事力量上具有其他国家无法相比的绝对优势。但是，在战略核进攻力量上，美俄之间仍然保持着大体平衡，且美国没有防御俄罗斯战略核力量的有效手段。这是美国一直放心不下的。美国想通过调整核战略，建立"新的三位一体"的战略武器系统，打破核平衡，取得全面的绝对军事优势，从而强化和长久保持美国唯一超级大国的地位。《纽约时报》曾就新的核战略发表评论说，这是一个从"确保同归于尽"到"确保一方被摧毁"的战略。

（三）军事技术的发展。随着科学技术的发展，美国在反导技术、精确制导技术、对硬目标和深埋目标的穿透技术和信息技术等方面，有了很大的发展，许多原来达不到作战要求的技术，可以或有望实现了。这些，对美国核战略的调整起到了促进作用。

四、新的核战略的影响

从上述美国新的核战略的主要内容、变化和变化的原因看，美国新的核战略进攻性、冒险性更强，因而将给国际形势带来新的不稳定因素。

（一）新的核战略对美国是一把双刃剑，对美国的安全有利也有弊。有利的方面是，由于新的核战略的战略手段多样化，反应更加灵活，因而，更能适应当前"复杂多变"的国际环境。同时，有利于美国保持和强化绝对军事优势和唯一超级大国地位。不利的方面是，由于新的核战略针对的国家更多，会使美国面对更加敌对的国际环境，受到的牵制更多，在国际社会有被孤立的危险。同时，会使美国战线拉得更长，陷入战略目标与战略手段不平衡的窘境。

（二）将给国际形势带来新的不稳定因素。尽管新的核战略在反恐、防止大规模杀伤武器扩散等问题上有一定积极作用，但是，由于新的核战略单边主义和先发制人的倾向明显，威胁对其他国家使用核武器，再次使核威胁的沉渣泛起。因此，在实施过程中将损害其他国家利益，破坏国际法准则，从而引发新的矛盾和冲突，给国际社会带来新的不稳定因素。

（三）将使国际军备控制和裁军面临严峻的形势。新的核战略发展导弹防御系统和其他先进武器系统，将进一步拉大与其他国家在军事力量上的差距，从而引发新的军备竞赛，导致外层空间军事化，使国际军备控制和裁军面临严峻的形势。

（梁　杰）

布什颁布第一个《国土安全国家战略》

2002 年 7 月 16 日美国总统布什颁布了由白宫新闻秘书办公室起草的美国建国以来的第一个《国土安全国家战略》（以下简称国土安全战略）。

一、国土安全战略的主要内容

该战略的内容可归纳为以下 8 个方面：

（一）制定国土安全战略的目的。国土安全战略称，制定这一战略的目的在于动员和组织国家力量以确保美国国土不受恐怖袭击。这是一项极其复杂的任务，要求美国整个社会，包括联邦政府、州和地方政府、私营行业和全体美国人民，齐心协力。为此国土安全战略提出了国家和州政府、私营企业和组织以及美国个人可采取的增强国家安全的措施，向国会提出了一些可行的方案。这些将有助于做好保卫国土安全的准备，并为在维护国土安全中起重要作用的联邦政府各部门和各机构提供指导。

该战略还称，国土安全战略是确保国土安全的框架性纲领，奠定了为保卫国土而进行的各种努力的基础，并为今后工作提供指导，但这只是保护国家不受恐怖主义袭击长期战斗的开始。随着时间的推移，美国将随时调整和修订国土安全战略；随着敌人袭击手段的变化，美国必须做好准备，适应变化。

（二）国土安全战略的战略目标。国土安全战略称，按轻重缓急秩序，国土安全战略的 3 个目标是：防止在美国境内进行恐怖主义袭击；减少美国易受恐怖主义袭击的脆弱性；将遭受袭击后的损失降到最小，并尽快恢复正常。

（三）美国国土面临的威胁和薄弱环节。国土安全战略称，假如不采取防患于未然的行动，新一轮恐怖主义威胁（很可能涉及全球破坏性最大的武器）将对美国的未来造成威胁。这是美国迄今为止面临的最严峻挑战。但是，美国有决心有能力击败敌人，保卫美国国土免遭恐怖主义威胁。美国国土安全面临的主要威胁是：恐怖分子将通过各种不同手段和方法对美国国土发动袭击，他们正试图获取化学武器、生物武器、放射性武器和核武器，以便对美国造成前所未有的严重破坏。恐怖分子将继续采用常规方式发起袭击，同时也采取非常规方式的袭击，如电脑网络袭击等。恐怖分子将针对美国防御和准备工作中的弱点，经过深思熟虑，选定目标。而在美国的社会中，恐怖分子能够通过各种不同的手段发动袭击的潜在目标数不胜数。

该战略还称，美国的敌人试图隐藏起来，潜伏在暗处，因此美国要积极采取行动，使他们无处可藏。虽然美国在阿富汗和其他地区成功地瓦解了“基地”组织的恐怖主义网络，但它仍然是美国当前最直接、最严重的威胁。其他国际恐怖主义组织和国内恐怖主义集团也有袭击美国的意图和能力。

（四）组织国土安全防御。国土安全战略称，针对美国国土面临的安全挑战，布什总统提出了 50 年来涉及面最广的联邦政府改组计划。建立一个新的国土安全部将为国土安全提供更多保障，促使所有负有国土安全任务的机构为了国土安全这个共同目标团结一致。

该战略称，联邦、州和当地政府管理职能互相重叠的结构（美国有超过 87000 个不同的司法机构）为美国的国土安全提供了独特的机会和挑战。机会来自涉及国土安全的机构和组织提供的专门知识及努力。挑战在于，为确保国土安全的基本要求得到满足，发展互相联系和配套的、日益增强而不是一味重复的国土安全体系。州和当地政府在国土安全领域内发挥着重要作用。一旦面临恐怖主义袭击，州政府和当地政府在准备和采取紧急应对措施、提供相关经费方面承担着主要责任。当地政府是第一个做出反应、最后一个离开现场的机构。私营部门（国家货物和服务的主要供给者，拥有 85% 的基础设施）是保卫国土安全的重要伙伴。私营部门拥有对保护美国免遭恐怖主义袭击至关重要的信息资源。私营部门的创造能力，将用于发展信息系统、疫苗、探测仪器及其他技术。消息灵通、占据情报优势的公民都是国家的无价之宝。无论在全国范围内还是在当地，志愿者促进了社会整体的协调和行动。事实证明，国家在建立探测、防止和应付恐怖主义袭击必不可少的通讯和交通系统的过程中，这样的协调和行动至关重要。

（五）关键的任务。国土安全战略称，保卫国土安全的 6 项关键任务是：情报和警报、边境和运输安全、国内反恐怖主义、保护重要基础设施、防御灾难性恐怖主义活动、对紧急事件的预防和应对。前三个任务主要强调防止恐怖分子袭击；接下来的两个任务强调减少国家的薄弱点；最后一个任务强调把恐怖主义袭击带来的损害减少到最小，尽快恢复正常。

第一，情报和警报。国土安全战略称，恐怖主义依靠出其不意。在出其不意的情况下，恐怖主义袭击可能对毫不知情、毫无准备的目标造成巨大破坏。一旦失去这个法宝，恐怖分子的行动很可能被当局采取的先发制人行动扼杀于萌芽中。即便没有完全扼杀，恐怖分子袭击造成的损害也可能大大减小。必须建立一个在恐怖分子发起袭击前探测到他们活动的情报和警报系统，以便能采取恰当的先发制人行动、防范行动和保护行动。在这方面，国土安全战略提出了 5 项重要要求：加强联邦调查局的分析能力；赋予国土安全部信息分析和基础设施保护司新的职能；实施国土安全咨询系统；加强分析，防止恐怖主义袭击；采用“红队”技术。

第二，边境和运输安全。国土安全战略称，从历史上看，美国一直倚重两大洋和两个友好邻国来保障边境安全。同时，依靠私营部门来保障大部分国内运输安全。现代恐怖主义日益增强的流动性和潜在的破坏性要求美国从根本上重新考虑和革新它的边境及运输安全系统。从现在开始，必须把边境安全和运输安全视为国土安全整体要求的一部分，原因是美国的国内运输系统与全球运输基础设施密不可分。因此，必须进一步提高人、货物和服务等方面跨境流动的效率及可靠性。在这方面，国土安全战略提出了 6 个重要要求：确保边境和交通运输安全；创建“智能边境”；加强国际货运集装箱的安全；执行 2001 年《航空和交通运输安全法》；调整美国海岸警卫队的结构；改革移民服务。

该战略还称，布什总统向国会提议，把负责边境和交通运输安全的主要机构移民和归化局、美国海关总署、美国海岸警卫队、动植物卫生检验局和运输安全管理局转移到新成立的国土安全部。

第三，国内反恐怖主义。国土安全战略称，“9·11”恐怖主义袭击和这场灾难所导致的生命和财产损失，重新定义了联邦、州和当地执法部门的任务。虽然执法部门将继续调查和起诉犯罪活动，但现在它们首先应该承担起防止和阻止美国境内的恐怖主义活动的任务。国家将采取一切司法手段来识别、终止和起诉美国境内的恐怖分子。不仅要追查直接参与恐怖主义活动的个人，而且还要找出他们的幕后支持者——有意为恐怖分子提供资金、向他们提供后勤援助的个人和组织。

该战略还称，为有效调整执法部门的结构，把主要精力集中在反恐怖主义目标上，要求在一系列领域内采取果断行动：加强政府执法；协调一致；为逮捕潜在恐怖分子提供方便；继续目前正在进行的调查和起诉；对联邦调查局进行重组，把重点放在防止恐怖主义袭击上；密切关注和严厉打击恐怖分子的融资活动；追踪国外恐怖分子，将他们绳之以法。

第四，保护重要基础设施和主要资产。国土安全战略称，美国社会和现代生活方式依靠基础设施网络(无论是能源和交通运输系统这样的有形网络，还是因特网这样的虚拟网络)。假如恐怖分子袭击美国重大基础设施中的一项或多项，他们可能破坏整个系统，对国家造成重大损害。因此，必须加强对组成重大基础设施的单个系统及相互联系的体系的保护。保护美国的重要基础设施和主要资产不仅能减小遭遇恐怖分子袭击的可能性，而且能进一步增强对自然灾害、有组织的犯罪活动和电脑黑客入侵的防御能力。在这方面，该战略提出了 8 项要求：由国土安全部统率美国的基础设施保护行动；对美国的重要基础设施及主要资产建立和维持全面准确的评估；促使州政府、当地政府和私营部门进行有效合作；制订国家基础设施保护计划；确保电脑网络的安全；研究制订有效的保护方案；保护美国重要基础设施和主要资产免遭“内部”威胁；与国际社会通力合作，保护美国的跨国基础设施。

第五，防御灾难性威胁。国土安全战略称，制造人类迄今为止威力最大的武器（包括化学武器、生物武器、放射性武器和核武器）所需要的专门知识、技术和材料正在无情地扩散。如果美国的敌人获得这些武器，他们很可能试图使用它们。这样的袭击所导致的后果远比“9·11”恐怖主义袭击破坏性更大。虽然事实证明，当前的安排足以应付各种不同自然灾害，甚至“9·11”恐怖主义袭击，但恐怖分子利用化学、生物、放射性和核武器发起袭击的威胁要求美国采取新方法，制订明确的战略和建立新的组织机构。在这方面，国土安全战略提出了 6 项重要要求：防止恐怖分子通过更先进的传感器和程序使用核武器；探测化学、生物袭击；改进化学传感器和消除污染技术；研制各种疫苗、抗菌剂和解毒剂；利用科学知识和工具反击恐怖主义；执行特工计划。

第六，防备和应对紧急事件。国土安全战略称，在尽力做好防范措施的同时，美国必须随时准备使可能发生的恐怖主义袭击造成的损害减少到最小，并尽快从恐怖主义袭击的阴影中恢复过来。因此，需要一个全面综合的国家系统来迅速有效地集中和协调一切必要的应变资源。

该战略还称，上述国家紧急应变系统的很多方面已经到位。在遭到任何恐怖主义袭击后，美国的第一条防线是它的首先应变人员——警察、消防员、紧急医疗服务人员、公共工程人员和处理紧急事件的官员。在美国各州和当地，将近 300 万的首先应变人员随时准备保卫其他人的生命和国家安全。在这方面，国土安全战略提出 12 项重要要求：综合联邦政府分散独立的反应计划，制订一个包罗万象的事件管理计划；创建国家事件管理系统；提高战术性反恐怖主义能力；实现所有应变人员之间天衣无缝的通讯；做好遭到灾难性恐怖主义袭击后，提供医疗服务人员和机构的准备；增加美国的药品和疫苗库存；为消除化学、生物、放射性和核污染做好准备；制订计划，为文职部门提供军事支持；建立公民警卫队；执行《2003 财政年度首先应变人员计划预算》；建立国家训练和评估系统；加强对受害者的支援系统。

（六）国土安全的基础。国土安全战略称，法律、科技、信息共享和信息系统、国际合作是美国国土安全的四大基础。这些基础为评估联邦政府的国土安全投资提供了有效框架。

第一，法律。国土安全战略称，美国一直依靠法律来促进和保卫国家的安全和自由。法律不仅为政府行动提供机制，而且规定适当的行动限制。在这方面，国土安全战略提出了 12 项重要要求：实现重大基础设施信息共享；提高情报部门和执法机构之间的信息共享效率；扩大现有的引渡权；回顾国内安全领域的军事援助权；恢复总统的重组权；为国土安全部的管理提供灵活性；州政府协调拟议中的州驾驶执照最低标准；扩大反恐怖主义保险的市场容量；加强训练，防止电脑网络袭击；镇压洗钱活动；确保司法系统的连贯性；审查检疫制度。

第二，科学和技术。国土安全战略称，美国在科学和技术方面的优势是保卫国土安全的关键。分析、信息共享、探测袭击，以及反化学、生物、放射性和核武器等方面的新技术，将有助于防止恐怖主义袭击，把恐怖主义袭击造成的损害减少到最小。联邦政府正发起一场全国运动，提倡利用科技支持国土安全。将建立一个足以减少现代恐怖主义危险的国家研究和发展机构。联邦政府将授权国土安全部合并大多数由联邦政府提供资金的国土安全研究和发展活动，确保战略方向，避免重复劳动。联邦政府将寻求利用私营部门的资源和独创性，研制保卫国土安全所需要的仪器和系统。在这方面，国土安全战略提出了11项重要要求：发展对抗化学、生物、放射性和核武器的措施；发展探测敌对意图的系统；将生物测定学应用在识别设备上；提高首先应变人员的技术能力；协调国土安全设备的研究和开发活动；建立一个国家国土安全实验室；对科技研究进行独立的秘密分析；建立迅速制造原型的机制；进行示范和飞行员部署；为国土安全技术制订标准；建立高风险、高回报的国土安全研究系统。

第三，信息共享和信息系统。国土安全战略称，信息共享和信息系统在国土安全的每一个方面都发挥着重要作用。虽然美国的信息技术在全球处于领先地位，但国家的信息系统对国土安全任务的支持仍然不够充分。为了更好地保卫国土安全，必须把每个政府机构内部的信息有效连接起来，同时保证充分的保密性。在这方面，国土安全战略提出了5项重要要求：在联邦政府内部实现信息共享一体化；在州政府、当地政府、私营工业和市民之间实现信息共享一体化；对涉及国土安全的电子信息采取通用的“元数据”标准；改善公共安全紧急事件通讯；确保可靠的公共卫生信息。

第四，国际合作。国土安全战略称，在当前恐怖主义威胁完全不顾传统国境线的世界中，美国的国土安全战略不能仅仅局限在本国境内。美国必须寻求持续、坚定和系统性的国际议事日程，反击全球恐怖威胁，加强美国的国土安全。在这方面国土安全战略提出了9项要求：创建“智能边境”；打击欺诈性旅行文件；加强国际货运集装箱的安全；加强国际执法合作；帮助外国打击恐怖主义；加强重大跨国基础设施的保护；在国土安全科技领域内加强国际合作；加强应付恐怖主义袭击的合作；回顾国际条约和国际法的职责。

（七）加强国土安全的好处和费用。国土安全战略称，加强国土安全所作的努力将带来很大好处，包括减少恐怖主义袭击的风险和它们的潜在后果。同时，国土安全战略也要求国家承担大量财政和其他费用。这些费用包括对国土安全投入的人力物力，以及因商务和旅行受到耽搁而导致的关于成本的问题。美国每年在国土安全上的投入大约为1000亿美元。这个数字包括联邦、州和当地政府的执法及紧急服务费，但不包括武装部队的大部分经费。

该报告还称，保卫国土安全的职责由联邦政府、州政府、当地政府和私营部门共同承担。在很多情况下，私营市场有充分动机为国土安全提供保护。政府只应该资助那些市场尚未提供保护或保护不够充分的国土安全活动。如情报收集和边境安全等，可以由联邦政府完成。在其他情况下，如涉及首先应变人员能力等方面的活动，州政府和当地政府更适合承担这些责任。

（八）各种任务的轻重缓急。国土安全战略称，该战略为美国制订了一套广泛复杂的议事日程，详细说明了要完成的很多不同目标、需要执行的计划和承担的责任，并确定了各项工作的轻重缓急秩序。

该战略称，根据各项工作的轻重缓急秩序，布什在2003财政年度预算中提出了四个需要投入额外资源和注意力的领域：支持首先应变人员；防御生物恐怖主义；确保美国的边境安全；用21世纪的技术来保卫国土安全。假如国会批准总统创建国土安全部的提议，2004财政年度预算将全面反映改革后的国土安全执行机构的状况。

二、几点看法

（一）布什提出国土安全战略的深层目的是加强其政治地位。国土安全战略称，制定国土安全战略的目的在于动员和组织国家力量以确保美国本土不受恐怖袭击。美国，作为世界上最强大的国家，却被一小撮恐怖分子折腾得提心吊胆，这不能不说是辩证法的现实写照。恐怖主义最可怕之处就在于它的持续威胁，冷战也有缓和的时候，但同恐怖分子作战，美国就别想有一刻放松，因为任何疏忽都可能导致灾难发生。确保美国本土不受恐怖袭击，这只部分地说明了布什政府提出国土安全战略的目的。舆论认为，布什提出国土安全战略还有两个深层次的目的。一是扩大总统的权利。该战略提出加强美国本土安全的一系列涉及面很广的措施，将使总统拥有更大的权利。二是为2004年竞选连任总统做准备。

（二）实施国土安全战略将加重美国的财政负担。国土安全战略称，对加强国土安全所作的努力将带来很大好处，包括减少恐怖主义袭击的风险和后果。同时，国土安全战略也要求国家承担大量财政和其他费用。这些费用包括为国土安全投入的人力物力，以及因商务和旅行受到耽搁而导致的关于成本的问题。美国每年在国土安全上的投入大约为1000亿美元，而且这个数字还不包括武装部队在国土安全上花费的大部分经费。目前美国经济疲软，财政赤字迅速增加。据报道，由于军费等开支居高不下，加之经济不景气导致政府收入锐减，2003年度联邦财政赤字可能突破3000亿美元大关。在这种情况下，每年高达1000亿美元国土安全开支将是一项沉重的财政负担。

（三）一些安全措施引起了国内外的不满。为了贯彻国土安全战略，美国在机场安全检查、出入境签证、调查有关人员等方面采取了一系列严格措施，甚至允许采取暗杀手段。据报道，美国防部长拉姆斯菲尔德已批准给予"美国特别行动司令部"前所未有的权力，包括暗杀恐怖分子，以便于在全球开展打击"基地"组织及其他恐怖主义的战争。因有的措施有悖于美国的自由、民主、人权等价值观，已经引起了国内外的不满。

（四）国土安全部的运作面临很大的困难。国土安全战略提出的一项最为重要的措施是成立国土安全部。美国总统布什已于2002年11月25日正式宣布成立该部。据报道，成立国土安全部是自1947年成立国防部以来，美国政府机构进行的最大规模的一次机构重组，涉及100多个不同的政府机构，将拥有17万名雇员，全部改组工作将于2003年9月30日前完成。美国舆论认为，由于国土安全部在职能和任务方面与其他机构难以划分，以及来自不同部门的人员在作风和文化上的差异等方面的原因，国土安全部的运作面临很大的困难。

（高 峰）

美国国务院发表全球恐怖主义形势报告

2002年5月21日，美国国务院发表了2001年全球恐怖主义形势报告（以下简称报告）。

一、报告的主要内容

这份报告的主要内容可以归纳为以下五方面：

（一）全球反恐形势。报告称，2001年，恐怖主义在全球投下了死亡的阴影。然而，全世界战胜恐怖主义的决心从未如此坚强。恐怖主义分子9月11日袭击的目标不仅仅是美国，而且是美国人民和全世界所有珍爱自由的人民所共有的价值观。在那次袭击事件中被杀害的有来自约80个国家的公民。在"9·11"事件发生后的几个月里，美国同联盟伙伴一起采取了有计划的步骤，斩断恐怖主义伸向全球各地的魔爪。美国加强执法行动和同其他国家的情报合作，加强边境管制，使恐怖主义分子难以到处乱窜、难以相互联系、难以进行策划，切断了恐怖主义组织一条又一条财务生命线。

报告称，由于反恐怖主义联盟在阿富汗的合作，"基地"组织和塔利班头目现在不是被捉，就是被杀，要不就是在狼狈逃窜。他们可逃之处越来越少，等待他们的只有正义的天罗地网。但是，打击国际恐怖主义的行动不只是与阿富汗相关，不只是要追究"9·11"事件的行凶者、策划者和唆使者的责任，而且还须把国际社会的力量联合起来，共同铲除全世界各种形式的恐怖主义毒瘤。

报告称，恐怖主义威胁是全球性的、多方面的。全世界的反应也要针锋相对，应该是广泛的、全方位的、坚定不移的。美国和美国的联盟伙伴必须做好进行长期艰苦斗争的准备，要利用一切可以利用的手段（政治的、外交的、法律的、经济的、金融的、情报的），必要时还须要采取军事手段。在这场全球反恐怖主义行动中，没有任何国家能置身事外。恐怖主义分子是不分界线的，无论是地理的界线还是道义的界线。处处都是斗争的前线。恐怖主义不仅杀人，而且还威胁民主制度、破坏经济和各地区的稳定。

（二）全球恐怖主义活动概况。报告称，2001年尽管发生了9月11日的重大恐怖事件，但是国际恐怖主义分子的攻击活动数量从前一年的426起下降到348起。其中178起是针对哥伦比亚境内跨国输油管道的爆炸攻击，占全年攻击事件总数的51%。2001年共有3547人在国际恐怖主义攻击中丧生，是有史以来恐怖主义造成的年度死亡人数最多的一年。其中90%的死亡发生在9月11日的攻击事件中。2000年，有409人在恐怖主义攻击事件中丧生。2001年在恐怖主义攻击事件中受伤的人数从前一年的796人上升到1080人。中东和南亚地区的暴力也是造成2001年伤亡人数增加的原因。除在9月11日伤亡的美国公民外，另有8名美国公民在去年的恐怖主义行动中丧生，15人受伤。

（三）全球反恐怖主义概况。报告叙述了2001年全球反恐怖主义的情况。在多个东亚国家发生了恐怖主义暴力事件，其中多数与国内政治争端有关。菲律宾的阿布沙耶夫组织再次发起了绑架活动。在印尼、中国和泰国也都发生了数起爆炸事件。当局认为，很多起爆炸事件是其国内的伊斯兰极端分子所为。

关于中国的反恐怖主义情况，报告称：中国作为同受恐怖主义之害的国家，在联合国及中亚南亚地区对美国的反恐努力提供了宝贵的外交支援，包括向阿富汗临时权力机构提供财务和物质支援。中国同意了美国所有的援助要求，双方还在高层和实际运作层次上建立了反恐对话。但是，截至年底时，仍有大量工作有待完成。中国官员强烈谴责"9·11"袭击事件，宣布中国将本着联合国宪章和国际法，在打击恐怖主义的斗争中加强同国际社会的合作。中国在袭击事件发生后，投票支持联合国安理会的两项决议。中国对南亚和中亚的恐怖主义问题也采取了建设性的态度，公开支持在阿富汗的联盟反恐之战，并运用它对巴基斯坦的影响敦促其支持打击塔利班和“基地”组织的多国努力。美中两国从9月下旬起开始反恐对话，并在12月泰勒大使访问北京时进一步展开了这一对话。中国政府同意联邦调查局在北京设置法律专员，并同意设立关于金融和执法问题的美中反恐工作组。“9·11”事件发生后，中国当局采取了一系列措施加强中国的反恐态势和国内安全。措施之一是在中国西部维吾尔族分离主义组织近年来发动暴力袭击的新疆提高反恐警觉，包括在新疆地区提高军警部队的戒备状态。中国还在接近阿富汗和巴基斯坦的边界地区加强了中国正规军军力，阻止逃离阿富汗的恐怖主义分子入境。应美国的要求，中国在银行领域内展开一次寻找证据调查，以打击为恐怖主义融资的机制。2001年中国发生了多起炸弹袭击事件，其中有些袭击事件可能与分离主义活动有关。中国担心，在新疆及其附近地区活动的伊斯兰极端分子从“基地”组织、塔利班和阿富汗等地的其他极端分子那里接受训练、设备和精神力量。一些新闻报道说，维吾尔族人同包括车臣在内的前苏联境内的穆斯林组织共同训练和作战。两个尤其引起关注的组织是：东土耳其斯坦伊斯兰党（ETIP）和东土耳其斯坦解放组织（SHAT）。东土耳其斯坦伊斯兰党成立于20世纪80年代初期，宗旨是要建立一个独立的东土耳其斯坦国，并主张武装斗争。东土耳其斯坦解放组织的成员参与策划了多项炸弹袭击和枪战。其成员被发现在阿富汗同“基地”组织共同作战，一些曾接受“基地”组织训练的成员返回到中国。

（四）开列“支持恐怖主义的国家”名单，重申以反恐划线的政策。报告将古巴、伊朗、伊拉克、利比亚、朝鲜、叙利亚和苏丹等7个国家列为“支持恐怖主义的国家”。报告称：“虽然其中的某些国家似乎在重新考虑目前自己的行动方向，但尚未有任何一个国家采取一切必要的步骤彻底改弦易辙，切断与恐怖主义的联系……在所有支持或纵容恐怖主义的国家停止支持恐怖主义之前，无论是因为自己做出选择还是迫于压力，这些国家仍然是恐怖主义组织及其活动的重要基础。

报告称，“支持恐怖主义的国家”将受到美国政府的四类主要制裁：禁止同武器有关的出口和销售；管制两用品出口，对可能极大地加强支持恐怖主义的国家的军事能力或支持恐怖主义的能力的商品或服务的出口，必须提前30天通知国会；禁止提供经济援助；施加各种金融和其它限制。

报告重申以反恐划线的政策，并引述布什总统2001年9月20日在国会两院联席会议上讲话时对世界每个国家提出的警告：“每个地区的每个国家现在都要做出抉择。你们不是站在我们这一边，就是站在恐怖主义分子那一边。”

（五）化学、生物、放射性和核恐怖主义。报告称，2001年9月11日攻击世界贸易中心和五角大楼的事件证明了恐怖主义分子怀有策划、组织并实施造成大规模伤亡的攻击的居心并具备这方面的能力。在这些前所未闻的攻击事件发生后，恐怖主义分子可能会加紧寻求使用能造成重大伤亡的化学、生物、放射性或核材料来发动规模可能超过“9·11”事件的攻击。关于制造这些材料所需的技术的信息以及关于如何运载这些材料的信息仍可通过各种渠道获得。

报告称，迄今为止，使用化学、生物、放射性和核材料的恐怖主义事件所用的大都是粗糙的、自制的运载手段，虽然有效但效力极为有限。尽管使用这种材料和自制运载系统的恐怖主义事件可能是致命的，并可能造成重大损失和破坏，但这远远无法和恐怖主义分子一旦获得军事化的大规模杀伤性武器及其运载系统可能造成的伤亡人数和破坏程度相比。防止扩散大规模杀伤性武器、有关材料和有关技术，长期以来一直是美国国家安全的一个支柱。报告称，美国正在有关的多边不扩散机制和其它国际机制中进行努力，并鼓励世界各国采纳更严格的不扩散政策和计划，以确保恐怖主义分子或支持并帮助他们的国家得不到大规模杀伤性武器、有关材料或相关技术。

二、在反恐问题上存在的值得重视的问题

“9·11”事件以来，尽管联合国等国际组织和世界各国相继采取综合反恐措施，不断加强协调与合作，国际反恐斗争取得了重大进展。但是，从美国国务院发表全球恐怖主义形势报告和美国的反恐实践看，在反恐问题上仍存在着以下值得重视的问题。

（一）反恐战争扩大化。“9·11”事件后，美国将恐怖主义列为迫在眉睫的危险和主要打击对象，并在阿富汗开展了反恐战争。对此，国际社会给予积极支持。但是，随着阿富汗战争的“顺利”进展，美国不断扬言扩大打击对象。2002年1月布什总统在《国情咨文》中称，朝鲜、伊朗和伊拉克与恐怖主义同伙共

同构成“邪恶的轴心”；5 月，美国务院发表的全球恐怖主义形势报告将古巴、伊朗、伊拉克、利比亚、朝鲜、叙利亚和苏丹等列为“支持恐怖主义的国家”；9 月，布什政府发表的《美国国家安全战略》报告称，数以千计受过训练的恐怖分子仍然逍遥法外，北美、南美、欧洲、非洲、中东以及亚洲各地仍有他们的窝点，因此，阿富汗并不是美国与恐怖分子交战的唯一战场。美国已经锁定伊拉克为下一个打击对象，并正紧锣密鼓地进行军事、政治、外交和舆论等方面的准备。美国还有人扬言，伊拉克之后，下一个打击对象将是朝鲜。

为了使反恐战争扩大化有理论依据，美国对恐怖主义的涵义作了适合自己需要的说明。美国务院全球恐怖主义形势报告将大规模杀伤性武器扩散视为恐怖主义行为，并称防止大规模杀伤性武器扩散是比反对恐怖主义“更为紧迫的首要任务”。一般认为，恐怖主义是国际社会中某些组织或个人采取绑架、暗杀、爆炸、空中劫持、扣押人质等恐怖手段，企求实现政治目标或某项具体要求的主张和行动。美国将大规模杀伤性武器扩散视为恐怖主义，并对“制造”这种武器的国家实施军事打击，显然是把恐怖主义的涵义扩大了。

美国把反恐战争扩大化的倾向，将使世界局势更加动荡，因此遭到了国际社会的强烈反对。联合国秘书长安南强调：“联合国和安理会并没有把在阿富汗进行的反恐怖主义斗争扩大到其他特定国家的决定，我们应集中力量落实安理会已通过的有关决议。”

（二）推行单边主义。反恐斗争是事关世界和平与安全的重大问题，必须按照联合国宪章的宗旨和原则，加强国际协调与合作，并充分发挥联合国和安理会在反恐问题上的重要作用。而美国却极力推行严重背离这些原则的单边主义政策。“9·11”事件后，布什提出的“以反恐划线”的政策，暴露出美国在反恐问题上的单边主义倾向。美国在伊拉克问题上的做法，是单边主义政策的突出体现。布什政府的军政要员反复强调联合国的作用有限，无论联合国和世界各国是否支持，美国都要推翻萨达姆政权，必要时美国将单独动武。

美国的单边政策和做法，在国内外受到了强烈反对和批评。俄罗斯外长伊万诺夫指出，在反恐斗争中，最重要的是建立广泛的国际反恐联合阵线。安南指出，联合国是所有多边机制中具有独特地位的全球性组织。当一些国家用武力处理国际和平与安全的威胁时，只有联合国能够提供唯一的合法性。国际安全体系的有效性有赖于安理会的权威。安南还强调，所有的国家都应遵守国际法，都有责任维护国际秩序。即使是最强大的国家，也需要与别人合作，通过多边机制，才能达到目标。美国媒体指出，安南给布什“上了一课”。美前国务卿基辛格说：“作为世界上最强大的国家，美国拥有将其信念付诸实施的单边能力。但是它也有责任不凭借国家力量优势证明其行动的正确性。”

（三）采取双重标准。美国对危害本国的恐怖活动进行严厉打击，而对针对另外一些国家的恐怖活动则采取则宽容甚至支持和怂恿态度。例如，美国以维护人权为借口，对俄罗斯在车臣打击恐怖主义的行动，横加指责。“9·11”事件后，虽然默认了俄罗斯打击车臣恐怖主义的行动，但至今对车臣的恐怖主义分子的态度仍很暧昧。以色列给阿拉法特贴上恐怖主义的标签，将巴勒斯坦最高权力机构说成是“支持恐怖主义活动的实体”，以反恐为借口，置国际社会的强烈谴责于不顾，不断加强对巴的军事打击，反复大规模侵占巴控区，肆意进行暗杀和抓捕活动，大量摧毁巴设施，长时间“软禁”阿拉法特，使巴以冲突深深陷入了以暴制暴的恶性循环，严重破坏了巴以和平进程。对于以色列采取的这些恐怖主义的做法，美国却听之任之。

（四）实施“先发制人的军事打击”。美国务院全球恐怖主义形势报告提出的反恐措施，明显体现了实施“先发制人的军事打击”的政策。此后出台的《美国国家安全战略》报告进一步强调：“必要时我们会毫不犹豫地通过先发制人打击恐怖分子。”为了给先发制人制造法律上的根据，《美国国家安全战略》报告提出了“限制国家绝对权力”论，企图以此扼杀国家主权神圣不可侵犯这一国际社会公认的国际关系准则。由于国际法规定，只有遭到军事进攻或面临“迫在眉睫的威胁”时，才可以发动先发制人的进攻，因此该报告还提出，要对“迫在眉睫的威胁”一词的“观念”进行“调整”，言外之意是，美国将对“迫在眉睫的威胁”作任意的解释，以便突破国际法对先发制人的限制，对别国实施先发制人的进攻。

美国实施先发制人打击的对象，当前是恐怖主义、“邪恶轴心”和“支持恐怖主义的国家”；从长远看则是针对美国利益构成“严重挑战”的国家。

从美国的说法和实际做法看，先发制人意味着美国可以在没有遭到攻击、没有面临迫在眉睫的威胁、提供不出任何有力证据的情况下，对他国发动攻击。这是严重违背联合国宪章的宗旨和原则以及国际关系准则的，将引起其他国家人人自危。为了自身安全，这些国家必将采取措施，加强军事力量，新的军备竞赛将难以避免。因此，先发制人严重影响世界的和平与稳定。

由于先发制人战略将给国际社会带来严重不利影响，因此遭到了阿拉伯各国、中国、俄罗斯、德国、法国等世界绝大多数国家的抵制和反对。在美国国内，也受到了越来越多的质疑和批评。基辛格最近指出："树立这种原则——赋予每个国家先发制人的自由权利，来对付自己定义的安全威胁——既不符合美国的国家利益，也不符合世界的利益。"美国乔治敦大学教授约翰·伊肯伯里也指出，先发制人战略"是充满危险和很可能失败的方法。它不仅在政治方面是不能持续的，而且在外交方面是有害无利的。如果从历史的角度来看，它将引起对抗和对立，那会使美国陷入遭人痛恨和备受孤立的世界。"

三、中国政府在国际反恐问题上的立场和做法

就当前国际反恐形势而言，反恐斗争呈现以下主要特点：国际恐怖主义活动受到沉重打击后又有回升的新迹象；国际反恐斗争已成为影响世界战略格局演变及大国关系调整的新因素；国际恐怖主义威胁上升使传统安全观受到新冲击；国际反恐合作进一步加强并取得新成果。这些特点表明，国际反恐形势已发展到新的阶段。在这种新形势下，中国政府制定反恐政策、开展国际反恐合作的指导原则是，以"互信、互利、平等、协作"为核心的新安全观。以新安全观为基础，中国确立了反恐的基本政策，即：谴责并反对一切形式的恐怖主义，打击恐怖主义要标本兼治，反恐斗争要注重综合治理，应充分发挥联合国在国际反恐斗争中的主导作用。作为恐怖主义的受害者之一，中国积极支持和参与国际反恐合作。在 12 项国际反恐怖主义公约中，中国已加入了 10 项，签署了 1 项。中国还与美国、俄罗斯、英国、法国、巴基斯坦、印度等国分别进行了反恐磋商，并在去年与吉尔吉斯斯坦举行了联合反恐军事演习。与此同时，中国国内各部门也加大了对恐怖主义的打击，在立法、航空、金融、海关等领域采取了一系列措施，防范恐怖事件的发生。中国作为国际社会负责任的一员，愿为保持世界的持久和平和普遍繁荣做出积极的努力。为此，中国政府主张：

（一）维护人类和平与安全是反恐的核心。制造全球或地区动荡是恐怖分子的目标，也是其赖以生存的条件。中东、伊拉克、阿富汗等热点问题的长期存在，对国际反恐合作势必产生影响。国际社会对此应予特别关注。反恐是为了消除对人类和平与安全的威胁。国际社会采取的措施、手段和方法，都应有助于缓解和解决国际和地区紧张局势，而不是相反。国际社会要建立互信、互利、平等、协作的新安全观，为反恐斗争营造良好的大环境。

（二）普遍发展与共同繁荣是反恐的基础。哪里有落后、贫穷，哪里就会有冲突、动荡。一些发展中国家长期处于战乱和贫困状态，极易为恐怖分子所利用。在促进发展和加强反恐方面，不应顾此失彼，而应标本兼治。只有在经济上相互促进，共同发展，才能铲除恐怖主义滋生的根源。只有缩小贫富差距，推动社会公正与公平，才能使恐怖活动变为无源之水，无本之木。只有真正实现共赢、共享、共存的全球发展战略，才能让恐怖主义失去藏身之地。

（三）加强文明之间的沟通与融合是反恐的保障。恐怖主义是不同文明、民族和宗教面临的共同敌人。所有国家和民族、不同文明和宗教，都拥有各自的历史、习俗及信仰。应倡导相互尊重，和睦共处，求同存异，兼容并蓄。文明的多样性是人类进步的源泉之一。反恐绝不可加剧民族矛盾、宗教仇恨、文明冲突和人民隔阂，而应成为不同文明相互交流和借鉴的新契机，对话与融合的新起点，共同进步和繁荣的新动力。

（四）推动和深化国际合作是反恐的关键。恐怖主义是全球性的挑战，必须由各国携手合作，共同应对。过去一年多的事实表明，任何一方都无法，也不应置身事外。国际反恐斗争的胜利有赖于国家间的团结与协作，有赖于明确及共同的行动，有赖于切实以《联合国宪章》的宗旨和原则及公认的国际法准则为指导。安理会是国际集体安全机制的核心，在打击恐怖主义方面责无旁贷，应为各个国家、全球和区域组织的反恐活动提供指导，推动开展有效的反恐合作。

（梁　杰）

美国积极准备进行"倒萨"战争　2002 年初，美国在阿富汗的反恐战争取得决定性胜利后，即把矛盾转向伊拉克，以伊支持国际恐怖主义和拥有大规模杀伤性武器为由，扬言要对伊实施军事打击，彻底推翻萨达姆政权和解除伊武装，并为此积极进行战争准备。

一、美国积极进行"倒萨"战争准备情况

美国为使“倒萨”战争师出有名和确保达成推翻萨达姆政权的战争目的，主要进行了以下四个方面的准备：

（一）大造“倒萨”舆论，极力寻找动武“证据”。美总统布什、国务卿鲍威尔、国防部长拉姆斯菲尔德等要员利用各种机会反复强调反恐战争不仅要摧毁国际恐怖组织，而且要严厉打击拥有大规模杀伤性武器和支持国际恐怖组织的国家，并认为伊拉克是这样的国家中的首要者。2002 年 1 月 29 日，布什发表上任以来的首次国情咨文声称，反恐战争还远未结束，特别是伊拉克、伊朗和朝鲜拥有大规模杀伤性武器，“严重地威胁着世界和平”，构成了“邪恶轴心”。2 月 6 日，鲍威尔在美众院国际关系委员会作证时进一步明确表示，伊拉克必须进行政权更替，必要时美国可能不得不独自完成这个任务。2 月中旬，拉姆斯菲尔德宣称，由于伊拉克 3 年来逃避联合国的武器核查，可能在加速开发大规模杀伤性武器，因此对美国构成的威胁越来越大。6 月 1 日，布什在西点军校毕业典礼上发表讲话称，美将采取“先发制人”的行动有效地打击恐怖主义和支持恐怖主义的国家。7 月 8 日，布什说，“使伊拉克政权变更是美国的一项国策”，美“要用一切方法实现这个目标”。9 月 12 日，白宫公布一份文件，列举伊拉克总统萨达姆“藐视联合国”的 16 大“罪状”。同日，布什在第 57 届联大发言时说，美国将对伊动武。

在制造“倒萨”舆论的同时，美还极力利用恢复对伊武器核查寻找对伊动武的“证据”。联合国安理会 11 月 8 日通过对伊进行武器核查的第 1441 号决议后，布什及其助手一再声称，只要发现伊不认真执行联合国安理会的决议，美将自行决定对伊动武，而不需要安理会再次协商，或者通过新的决议。伊拉克 12 月 7 日按时向安理会提交 1.2 万页的武器报告后，鲍威尔指责称，伊在继续欺骗国际社会，它未满足安理会决议的要求，“在推动避免战争最后机会的路上已经走得很远”。如果伊在今后几个星期继续这样走下去，“将不会找到和平解决这个问题的办法”。12 月 20 日，布什也称，伊拉克的武器报告表明，萨达姆在销毁大规模杀伤性武器问题上“不认真”。同时美国还抛出了两个“杀手锏”，一是将它掌握的伊发展和隐藏大规模杀伤性武器的“证据”提供给武器核查专家，二是要求核查人员约谈伊有关科学家。美是想借此两招压核查人员提供“有内容”的核查评估报告，同时从伊科学家口中挖出对伊动武“证据”。

（二）开展外交攻势，组织“倒萨”联盟。3 月中旬，美副总统切尼访问中东拉开了美“倒萨”外交攻势的序幕。3 月 11 日至 20 日，切尼先后访问了伊拉克周边的 10 个中东国家，试图说服这些国家支持美进行“倒萨”战争，进而组建“倒萨”国际联盟。但切尼中东之行无功而返。被访国领导人明确表示，“中东地区不能同时承受两场战争”，并告诫美国，中东地区最急迫的问题是巴以冲突，而不是伊拉克问题。美国并未就此罢休。切尼回国后，布什亲自分别致信埃及、约旦、科威特、沙特、摩洛哥和其他阿拉伯国家领导人阐明美“倒萨”的理由和决心，劝这些国家回心转意与美合作。7 月 14 日，布什派美国防部第二号人物沃尔福威茨率国务院负责政治事务的副国务卿格罗斯曼和美驻欧总部司令罗尔斯顿访问土耳其，说服土支持“倒萨”行动。据土《国民报》报道，美为拉土入伙，甚至答应在“倒萨”成功之后把伊北部重镇摩苏尔和基尔库克油田割让给土，此外还在经济和军事援助方面给了土许多承诺。布什 9 月在联合国发表“倒萨”演说后，美的外交攻势更加强劲，试图结成广泛的“倒萨”联盟。在欧洲，布什 11 月下旬出席布拉格北约峰会时，极力说服北约盟国支持美对伊动武，并顺道前往圣彼得堡，动员俄罗斯支持“倒萨”。在伊拉克周边地区，重点突破土耳其和沙特。先后派参谋长联席会议主席迈尔斯访问沙特，派中央情报局副局长麦克劳克林访问土耳其，就使用土、沙军事基地问题反复与两国磋商。布什还通过大力支持土加入欧盟来换取其对“倒萨”的支持。在亚太地区，派副国务卿阿米蒂奇出访日本、韩国和澳大利亚等亚太国家，争取这些国家理解和支持美国的对伊政策。在非洲，派国防部长拉姆斯菲尔德访问非洲之角的埃塞俄比亚、厄立特里亚和吉布提，就借用三国军事基地作为美军前往海湾的中转站问题向三国领导人做工作。此外，美国还通过外交使节或致信，向 50 多个国家做工作，寻求对“倒萨”战争的支持。

（三）加紧军事准备，不断向海湾地区调兵遣将。在军事准备方面，美主要作了三项工作：一是制定作战方案。据反映，美军已为“倒萨”战争制定了严密的作战方案。方案的核心是，以大规模空袭为主，以地面作战和特种作战为辅，速战速决。具体分两个阶段实施：第一阶段，以绝对优势的空中打击力量彻底摧毁伊拉克的指挥、通信、情报及预警中心，消灭伊军指挥及战管系统，并对伊主要工业基地、战略物资储存基地、交通要冲、主要军事设施及伊军精锐部队进行毁灭性打击，以获取全面的制海、制空、制电磁和制信息权，彻底瘫痪伊整个国民经济体系，耗尽伊战争潜力，割裂伊军整体联系，大大削弱伊军实力，为第二阶段的地面作战打下坚实基础。第二阶段，以绝对优势的地面力量分割包围已趋于瓦解的伊军部队并予以歼灭，彻底消除萨达姆政权存在的基础，推翻萨达姆政权。地面进攻将从南、北两个方向同时展开。此外，在方案中，美还考虑通过暗杀萨达姆，迫使萨达姆流亡，或以压促变等快捷方式达成战争目的。二是进行兵力部署。从 2002 年年中开始至年底，美军在海湾及附近地区集结兵力约 6 万多，其中海军 2 万多、陆军和空军各约 2 万；各型舰只约 90 艘，包括“星座”号和“杜鲁门”号航母战斗群，飞机 400 多架。同时，美军在科威特、卡塔尔和印度洋迪戈加西亚岛（以下简称迪岛）部署了 5 个重型旅的全套作战装备及大量弹药和作战支援物资，其中包括坦克及装甲车 1000 辆。美中央总部前指、陆军第五军前指和第 1 陆战队远征部队前指均已抵达战区。美国中央总部设在卡塔尔的指挥中心已正式启用。12 月 24 日，美国防部下达进一步加速向海湾及其附近地区增兵的命令。命令要求在 2003 年 1 月底之前将在海湾及其附近地区的总兵力增至 11 万人。美还计划到开战时将总兵力增至 20 万至 25 万人，其中包括 4～6 个航母战斗群。为此，美海军“华盛顿”号、“林肯”号、“罗斯福”号、“小鹰”号航母战斗群已受命进入高度戒备状态（96 小时待命）。美空军大批战斗机和轰炸机（包括 B－52、B－1B、B－2 隐形轰炸机）是正在向战区集结。在加速军事部署的同时，美军还加强了对伊动武其他方面的战争准备，一是通过对伊机场、防空阵地、雷达和指挥通信设施实施空袭削弱伊防空能力，为对伊实施空中打击扫除障碍；二是通过航空和卫星侦察等手段大量获取伊方情报。三是进行实战演练。2002 年下半年，美军举行了一系列针对伊拉克的军事演习，内容包括纵深作战、登陆作战、渡河作战、城市巷战、空中打击和导弹防御等。其中，美空军 10 月底举行的“巨浪”演习，共出动 50 架次 B－2 型机进行模拟空袭和远程部署演练。美中央总部及英国和澳大利亚军队的指挥机构于 12 月 9 日至 17 日在卡塔尔中央总部指挥中心举行的代号为“内部观察”的指挥所演习，由美国防部长拉姆斯菲尔德亲自督导，美中央总部司令弗兰克斯直接指挥，演练了三国军队对伊联合军事打击的全套作战程序。美陆军 12 月 15 日至 17 日在科威特举行的“沙漠之春”演习，演习地区距伊拉克只有几千米，是近年来美军在该地区进行的最大规模的实弹射击演习，出动了主战坦克和装甲运兵车。演习意在检验美对伊动武时美英联军作战的协调及快速反应能力，同时也是为了对伊施压和向国际社会表明对伊动武的决心。

（四）大力扶植伊反对派，寻求建立“反萨联盟”。美借鉴阿富汗反恐战争时利用北方联盟打击塔利班的经验，在决定“倒萨”后，加大了扶植伊拉克反对派的力度。3 月份，美派负责中东事务的助理国务卿克罗克前往伊拉克北部库尔德人居住区，同反对萨达姆的库尔德领导人举行秘密会谈，寻求建立“反萨联盟”的可能性。同时，美还同以伊朗为基地的“伊拉克伊斯兰革命最高委员会”领导人进行了秘密接触，试图说服其加入“反萨联盟”。在美的撮合下，伊库尔德民主党和库尔德斯坦联盟领导人 8 月初联合草拟了“伊拉克联邦宪法草案”，把盛产石油和天然气的基尔库克作为未来“库尔德行政区”的“首府”。8 月 9 日，美国务院和国防部高级官员再次与伊 6 个反对派组织领导人会商“倒萨大计”，切尼、鲍威尔和拉姆斯菲尔德相继会见了这些反对派领导人。这是布什政府迄今为止扶植伊反对派最引人注目的举措。10 月 3 日，布什命令国防部向伊反对派提供 9200 万美元的援助，并决定为 6 个组织提供军事训练。训练从 11 月开始，首批 5000 人。在美英的支持下，伊 6 个反对派组织领导人于 12 月 13 日至 15 日在伦敦举行联席会议，就“倒萨”进行部署并磋商选举统一的领导人以及为各反对派在新政府中的权力分配做出安排。会议决定成立一个 65 人委员会，其中库尔德人占 32 席，什叶派代表占 33 席。会议还决定 2003 年 1 月在伊北部开始研究建立“过渡政府”问题。参加会议的反对派领导人称，一旦萨达姆政权被推翻，它将被反对派成立的“过渡政府”取代。“过渡政府”将统治伊拉克两年时间。与此同时将起草一部民主宪法。在此期间，统治伊的是一个三人“全权委员会”，而不是一位国家元首。然后将举行全民公决，以决定伊是实行君主立宪制还是建立一个民主联邦共和国。美派出的特使称此次会议是“朝着正确的方向迈出了积极的一步”。

二、伊为应对美军事打击所采取的措施

面对美强大压力，伊主要采取了三项应对措施：

（一）改变强硬立场，积极配合联合国恢复武器核查。1998 年，伊拉克以联合国武器核查人员从事间谍活动和干涉伊主权为由中断了核查，以后一直坚持只要不取消对伊经济制裁，就绝不允许联合国武器核查人员返伊。2002 年 2 月 13 日伊副总统拉马丹重申，伊已销毁了全部大规模杀伤性武器，也无意拥有或制造此类武器，因此决不同意核查人员再返伊。3 月 7

日伊外长与联合国秘书长安南会晤时再次拒绝恢复对伊武器核查。但是，美国决定武力“倒萨”并向海湾地区大举增兵后，伊态度逐步软化。9月16日，伊宣布无条件接受联合国恢复对伊武器核查。9月24日，萨达姆的顾问萨阿迪称，伊将允许联合国武器核查人员不受限制地核查任何地点。10月1日，联合国武器核查人员与伊武器专家在维也纳就恢复核查问题达成协议。10月12日，伊副总统拉马丹表示，伊将允许联合国武器核查人员检查萨达姆的8处官邸。在联合国安理会11月8日通过第1441号决议后，伊更是对恢复武器核查给予配合。11月13日，萨达姆宣布无条件接受第1441号决议。12月7日，伊按时向联合国安理会递交了长达1.2万页的伊发展武器装备的报告。在联合国武器核查人员11月27日正式开始恢复核查后，伊给予了“满意的合作”。核查人员及国际社会对此都给予了积极的评价。针对美对其报告的指责，伊12月22日正式邀请美中央情报局官员赴伊“指导”核查；23日同意向核查人员提供一份核能专家名单。伊副总理阿齐兹称，伊就是不给美动武提供借口。

（二）开展外交攻势，争取国际社会的同情和支持。在政治和外交上，伊开展积极主动的多元外交攻势，争取国际社会特别是周边国家的同情和支持。1月中旬，伊副总理阿齐兹访问俄罗斯，向俄领导人通报伊国内的困难处境，说明伊无意拥有大规模杀伤性武器，希望俄能从道义上给予有力的支持。1月下旬，伊交通部长穆尔塔达和外长艾哈迈德先后访问伊朗，就改善两国关系和加强经济合作与伊朗进行深入讨论，并取得积极成果，初步实现了两国关系的正常化。3月中旬，萨达姆派伊政权二号人物革命指挥委员会副主席易卜拉欣对约旦、叙利亚、黎巴嫩、埃及、卡塔尔、巴林、阿联酋和也门等周边阿拉伯国家进行访问。之后，萨达姆又派副总统拉马丹和副总理阿齐兹出访也门、苏丹、利比亚、突尼斯、阿尔及利亚、摩洛哥、叙利亚和黎巴嫩等西亚、北非地区的阿拉伯和伊斯兰国家，这些国家均表示反对武力解决伊拉克问题。此外，伊还派特使遍访阿拉伯和伊斯兰国家。在访问过程中，伊除以经济利益作诱饵来改善和加强与这些国家的政治经济联系外，还利用日益加剧的巴以冲突鼓动反美情绪。通过上述活动，伊拉克同被访国的关系有不同程度的改善，并同卡塔尔、阿尔及利亚、也门、苏丹、阿曼、黎巴嫩、埃及、叙利亚、突尼斯、阿联酋、巴林等阿拉伯国家签署了自由贸易协议。萨达姆表示，伊拉克“与阿拉伯兄弟国家的贸易将处于优先地位”。

（三）稳定内部，号召举国上下一致抗美。首先，通过全民公决测试民心，巩固政权。10月份，伊进行了第二次全民公决，公决结果，萨达姆赢得100%的支持率，再次获得7年总统任期。美对此很恼火，称此次公决“全无可信度”。其次，通过恩威并施纯洁队伍，打破美在伊政权内部寻找代理人的企图。为此，萨达姆一面不断提高政府和军队官员的待遇，号召举国上下一致抗美，另一方面严格清理队伍中的异己分子，处决、关押和流放了一些人。第三，通过大赦争取民心，扩大政权基础。10月20日，萨达姆签署大赦令，宣布对除美国和以色列间谍之外的所有在押犯人实行大赦，以寻求国内更多支持。第四，通过与反对派和解化解内部矛盾，争取避免美动武时遭到内外夹击。萨达姆多次表示愿意与库尔德组织谈判，并允诺如其肯放弃敌视政府的立场，政府可考虑吸收其成员参政、入阁。萨达姆还在议会大选中为库尔德人留出了30个席位。

（四）进行应战准备，决心同美决一死战。伊已经意识到，美鼓动联合国安理会通过第1441号决议恢复对伊武器核查，只是在为其对伊动武寻求借口，美推翻萨达姆政权的决心不会改变，因此战争再所难免，伊唯一出路就是以牙还牙，充分做好应战准备。为此，萨达姆多次召开军事会议，专门研究如何应对美军进攻的措施及如何快速提高伊军作战能力问题。伊副总理阿齐兹表示，伊对美准备对伊动武“丝毫不感到惊讶”，伊将坚决反击美发动的军事行动，捍卫国家的主权和尊严。伊拥有比阿富汗强大得多的兵力。据报道，伊现有总兵力45万，其中陆军35万，装备有2200辆主战坦克、4200辆装甲车，数千门火炮和数百枚近程地对地导弹，编成7个军事司令部、3个装甲师、3个机械师、1个步兵师、6个共和国卫队师以及13个特种作战旅；空军3.5万人，装备有米格－29、幻影－2000等各式战斗机300多架。防空部队约1.7万人，装备有6000门高射炮和数百枚“萨姆”防空导弹。但是，与美国相比，军事实力有天壤之别。因此，伊从实际出发，主要作了如下三项应战准备：一是“坚壁清野”，保存实力。据报道，伊军已将导弹、雷达设施、战斗机和多种重要装备分散转移和隐蔽起来，以防美空袭；粮食、卫生等部门制定了“战略储备计划”，将大量食品和药品向巴格达等大城市的秘密仓库转移；石油部和工业部把炼油设备及大型机械等重要设施拆卸加以保存。二是调整部署，重点防卫。由于伊南部和北部及首都巴格达被认为是美对伊动武的主攻目标。萨达姆将精锐之师和最得力的指挥官都派驻到了这些地方。在巴格达地区，精锐的共和国卫队分南北两个集团驻扎，其中包括 3 个装备精良的装甲师。在巴格达市中心驻扎了共和国特别卫队，形成对萨达姆政权的“最后防卫圈”。特别卫队装备和人员也“特别精良”，人员大多来自萨达姆所钟爱的提克里特部族，这个部族的成员对萨达姆“绝对忠心”。三是加强军训，全民皆兵。根据萨达姆的命令，所有党政军机关人员（包括内阁部长等高级官员）和 12 岁以上的学生都必须参加军事训练，通过训练学会使用各种轻型武器。训练的主要科目是城市巷战。萨达姆准备与入侵的美军展开巷战，使美军的先进武器“有劲使不上”。

三、国际社会对美执意进行“倒萨”战争的反应

国际社会对美执意进行“倒萨”战争反应不一。截止 2002 年底，除少数国家表示支持外，绝大多数国家和国际组织均表示反对。

（一）英国、意大利等少数国家明确表示支持。英国是美“倒萨”战争“最坚定的”支持者和同盟军。9 月 24 日，英政府积极配合美的“倒萨”攻势公布了其所掌握的“倒萨证据”，即由布莱尔亲自主持撰写的《伊拉克大规模杀伤性武器威胁世界安全的罪证报告》。为了配合美“倒萨”战争行动，布莱尔及英国防大臣胡恩 9 月上、中旬先后应召赴美共谋“倒萨”大计。经过磋商，布莱尔决定派遣由“皇家方舟”号航母为首的一支由 16 艘军舰组成的特混舰队和 3 万至 4 万人的部队开赴海湾配合美军行动。意大利国防部长马蒂诺表示，意将支持并参与对伊采取的军事行动，而且已做好出兵的准备。西班牙首相阿斯纳尔表示，西无条件支持美对伊动武，并称动武不需要联合国认可。罗马尼亚总统伊利埃斯库表示，如果美对伊动武，罗可以提供后勤支援，包括为美军提供空中加油及空运兵员和装备。美军还可使用罗的空中走廊、机场和港口。保加利亚国防部长斯维纳罗夫表示，保准备为美军打击伊开放领空并提供空军基地。丹麦首相拉斯穆森称，无需联合国再通过决议，就凭现有的决议就足以发动一场以美为主的对伊战争。澳大利亚总理霍华德表示，澳全力支持美对伊问题的政策。以色列国防军总参谋长摩西表示，以已做好了美对伊动武的准备。在美动武之前，以将为美提供军事基地囤积军事装备。

（二）沙特、科威特等国有限度地表示支持。沙特外交大臣费萨尔表示，一旦联合国授权，沙特将为美对伊动武提供军事基地，但不会参与美军行动。科威特国防部高级官员表示，科军正在同美军合作部署，防范伊的侵犯，目前已在多处部署“爱国者”防空导弹。科外交大臣萨巴赫表示，即使没有联合国授权，美对伊实施军事打击已成定局，但科不参与打击行动，只求保卫自身安全。卡塔尔外交大臣哈马德表示，如果美提出利用卡军事基地对伊实施军事打击的要求，卡将予以认真研究，因卡与美之间存在非常特殊的关系，卡是小国，需要借助美的力量，因此卡总会考虑“朋友提出的要求”。据反映卡已同意美军大批军事指挥人员进驻其阿迪德空军基地，并把该基地作为美中央司令部对伊作战的指挥中心。约旦外交大臣穆阿谢尔表示，如果战争不可避免，约旦将会站在美一边，因为约和美有着密切的经济和政治联系，约不能破坏它，约首先会考虑自己国家的利益。阿曼、阿联酋、巴林、土耳其等国都已默认美军使用其军事基地或领空。

（三）中俄德法等绝大多数国家表示反对。中国作为联合国安理会的常任理事国，在维护世界和平与安全方面负有重要责任。中国历来主张维护联合国和安理会在解决伊拉克问题上的权威和作用，强调通过联合国机制和平解决伊拉克问题，并采取一切措施尽可能避免战争。中国认为应给予武器核查工作更多的时间，赞成关于进一步增加核查人力资源和技术能力的设想，并愿意为核查工作提供人员和必要的技术帮助。为争取政治解决伊拉克问题，避免诉诸武力的极端手段，中国一贯支持并积极参与国际社会的促和努力，认为只要尚存和平解决的一线希望，就应付出百分之百的努力。11 月份安理会审议伊拉克问题时，中国以安理会轮值主席国的身份，在多方斡旋的基础上，推动安理会通过了第 1441 号决议，要求伊拉克全面配合武器核查，旨在为和平争取新的机会。此后中国一直同联合国和有关国家保持密切联系和磋商，就伊拉克问题的发展和解决方案交换意见和看法，以争取达到一个国际社会希望看到的和平结局。中国作为爱好和平、主持正义和负责任的国家，一直在竭尽全力地争取伊拉克问题和平解决。俄罗斯总统普京及外长伊万诺夫都明确表示，美对伊动武不仅违反国际法，而且将对海湾和中东地区带来严重后果，不利于维护反恐联盟的团结，甚至可能造成国际形势大动荡。因此，俄反对任何有关伊拉克问题的武力解决方案。法国是最早表示反对美扩大反恐战争的西方大国。法领导人多次表示，在拿不出伊支持、怂恿“基

地”组织证据的情况下，法不会支持对伊的打击行动。法总统希拉克在与布什通电话时指出，在伊问题上可以考虑强化联合国武器核查人员的权力，但法国反对未经联合国安理会讨论就对伊实施军事打击。德国是欧盟国家中唯一明确表示即使有联合国授权也不赞成美军事打击伊的国家。德总理施罗德表示，德决不会跟着美国走，德反对对伊动武的立场不会改变。比利时和瑞典外交大臣都表示，反对美更替萨达姆政权，认为联合国决议的目的是销毁伊可能存在的大规模杀伤性武器而不是政权更迭。芬兰外长图奥米奥亚强调，芬不参加美针对伊的军事行动，也不会对此做出任何象征性表示。挪威首相邦德维克表示，关于伊拉克的未来行动将取决于联合国。埃及总统穆巴拉克表示，强烈反对美打击伊的计划，任何给本地区带来新的紧张的举动，都将会造成更大的灾难。伊朗司法总监沙赫鲁迪重申，伊朗反对美对伊拉克可能实施的任何军事打击。叙利亚总统阿萨德表示，美对伊动武毫无道理，而且将导致大量人员伤亡，使整个中东地区陷入不可预测的深渊。叙坚决反对美打算推翻萨达姆政权的计划。黎巴嫩总统拉胡德表示，中东局势十分危急，尽管伊已同意恢复武器核查，但美仍不放弃动武威胁，这不得不让人怀疑美的真正用意。黎坚决主张伊问题在联合国范围内谈判解决。突尼斯总统本·阿里强烈呼吁国际社会继续努力，争取用和平方式解决伊问题。也门总统萨利赫表示，也门反对美对伊进行军事打击，应积极评价伊同意恢复核查的决定。

（四）一些国际组织均主张伊拉克问题应在联合国框架内解决。联合国秘书长安南9月12日在第57届联大会议上表示，对伊拉克问题应该采取多边的而不是单边的行动，并强调伊问题应该由联合国安理会讨论解决。不结盟运动130个成员国10月11日联合要求联合国安理会专门召开会议研究和平解决伊拉克问题。不结盟国家外长在第57届联大上一致表示坚决反对对任何联合国会员国采取任何形式的单方面行动，如果安理会在伊表示愿意接受核查后仍授权对其动武，那是不符合联合国宪章精神的。亚欧首脑会议第4届会议9月24日通过轮值主席发表声明称，对伊采取军事行动必须得到联合国的认可和支持，由美主导的军事进攻必须遵照联合国宪章和国际法。任何反恐行动都应以联合国的主导作用及联合国宪章的原则为基础。欧盟负责外交和安全政策的高级代表索拉纳9月25日通过发言人表示，欧盟仍然坚持在多边框架内解决伊拉克问题的主张，反对任何针对伊的单边军事行动。只有联合国才有权对伊违反安理会决议的行为制订相关惩罚措施，希望伊问题能够在联合国框架内得到解决。阿盟轮值主席、黎巴嫩外长哈穆德9月14日表示，阿盟国家外长一致反对武力解决伊拉克问题，认为美对伊动武将给中东地区带来一场新的浩劫。该地区的任何武装冲突都与全体阿拉伯国家的根本利益不相符合，阿拉伯世界将团结一致，避免这种情况的发生。海湾合作委员会秘书长阿提亚9月13日表示，海湾合作委员会各成员国的立场是明确的，反对对任何一个穆斯林国家和阿拉伯国家实施军事打击。

此外，西方国家民众反战情绪高涨。自9月以来，在美、英、法、德、意等国不断爆发大规模的示威活动，强烈抗议美执意进行“倒萨”战争。

（张　宁　赵文平）

美国宣布正式退出《反导条约》 2002年6月13日，美国总统布什发表书面声明，宣布正式退出1972年与前苏联签署的《美苏关于限制反弹道导弹系统条约》（简称《反导条约》）。布什在声明中声称，“9·11”事件后，美国已不再生活在冷战时代，当前美国面临的新威胁是恐怖分子和拥有大规模杀伤性武器和远程导弹的“无赖国家”。因此，美国需要尽快部署导弹防御系统。布什呼吁国会尽快予以批准，并在2003财政年度国防预算中拨款76亿美元用于发展反导系统。当晚，美军在太平洋成功地进行了《反导条约》所禁止的首次海基反弹道导弹试验。美国退出《反导条约》破坏国际战略平衡，阻碍军控与裁军进程，给国际安全形势造成了严重危害。

一、《反导条约》主要的内容及意义

1972年5月26日，苏联领导人勃列日涅夫同美国总统尼克松在莫斯科签署了《反导条约》。该条约的主要内容是：反弹道导弹系统包括反弹道导弹截击导弹、反弹道导弹发射器和反弹道导弹雷达，用以拦截飞行轨道上的战略性弹道导弹或其组成部分；只允许双方按规定在各自的首都周围和一个洲际弹道导弹地下发射井周围建立有限度的反弹道导弹系统；双方保证不研制、试验或部署以海基、空基、天基以及陆基机动反弹道导弹系统及其组成部分，不把条约所限制的反弹道导弹系统或其组成部分移交给他国或在国外进行部署；条约无限期有效，双方都拥有退出条约的权利。1974年7月，勃列日涅夫和尼克松又在莫斯科签署了《美苏关于限制反弹道导弹防御系统条约议定书》，进一步严格了条约对研制和部署导弹防御系统的限制，规定双方只能在其国内部署一个反弹道导弹发射场，而且配备的拦截导弹不得超过 100 枚，发射场的半径不得超过 150 千米。苏联解体后，《反导条约》法定的缔约国还包括乌克兰、白俄罗斯和哈萨克斯坦。美苏签署《反导条约》的目的是冻结导弹防御技术的研制和发展，抑制进攻性战略武器的发展，进而达到美苏战略力量的平衡和全球战略格局的稳定。尽管双方特别是美国从未放弃过对反导技术的研究，但在部署上均没突破条约规定。在《反导条约》的限制下，不仅两个核大国之间在确保相互摧毁的情况下大量削减核武器，一些中小核国家也在减缓或停止核武器的发展，将核能力保持在自卫的水平上，大大地减少了爆发核战争的可能性。因此，《反导条约》在过去 30 年中不仅有利于美苏（俄）等国家的安全，也有利于全世界所有国家的安全，成为世界战略稳定的基石。

二、美退出《反导条约》对国际安全的影响

美国退出《反导条约》对国际安全的影响主要表现在以下两个方面：

首先，它将破坏国际战略稳定。《反导条约》签署 30 年来，一直被国际社会公认是全球战略稳定的基石。美国退出反导条约后，美国可以放手研发并部署反导系统，这将从根本上破坏业已存在的国际战略平衡并危及其他国家的安全利益。目前业已存在的国际协调机制将受到严重威胁，世界大多数国家所主张和倡导的多极世界格局也将面临严峻挑战。

其次，它将进一步恶化国际军控与裁军形势。《反导条约》不仅是维护国际战略稳定的基石，也是国际军控体系的基石。在国际军控与裁军领域有 32 个条约都是建立在《反导条约》基础上的，如果《反导条约》被废止，这 32 个条约也将面临失效的危险。特别是《全面禁止核试验条约》、《不扩散核武器条约》及美苏（俄）间签署的削减核武器条约等，如果这些条约失效，其后果将不堪设想。因为目前世界上除了 5 个核国家及印度、巴基斯坦外，有能力发展核武器的国家不下 10 个，其中一些国家正在研制、发展核武器。此外，还有 44 个具有核能力的国家。舆论指出，一旦这些国家仿效起美国来，国际核军控与裁军机制将面临被瓦解的危险。舆论还指出，为了应对美国的反导系统，俄罗斯将大力发展突防能力更强的弹道导弹，同时，研发反导和太空技术，美俄之间可能再次展开军备竞赛。

三、有关各方对美退出《反导条约》的反应

美国退出《反导条约》在美国内和国际社会引起了强烈反响。在美国内，许多有识之士在对美退约举动提出批评的同时，还明确表示反对美发展反导系统。美武器控制协会执行主席金博尔说，美“退出《反导条约》既不谨慎，也无必要。从对付目前被认为可能性很低的威胁来说，导弹防御显得既昂贵又不可靠。”美国一些专家指出，美国应该防御真正的威胁，而弹道导弹对美国国家安全来说并非燃眉之急。美防务分析家希尔德莱斯指出，按美原计划只发展陆基反导系统就需花费 700 多亿美元，而照布什政府的陆、海、空、天多层拦截计划将耗资 2000 多亿美元，比当年发展原子弹的资金还高出约 8 倍。这是一场没有结尾的游戏。一些国会议员表示，撕毁《反导条约》是美国国防和外交上真正的失败，如同给了数年来甚至数十年来一直致力于军控的人一记耳光。废除该条约、发展导弹防御系统并不能带来“绝对安全”，片面追求单方面安全只会带来更大的不安全。有 31 名民主党众议员以布什无权在未征得国会同意的情况下宣布退出《反导条约》为由起诉布什。在国际社会，很多国家和国际组织对美退出《反导条约》给予了抨击。俄罗斯国家杜马发表声明指出，美单方面退出《反导条约》是一个严重的政治错误，将给国际安全造成巨大损失。为了对付美的威胁，俄将改进自己的战略核力量。法国总统希拉克指出，《反导条约》是保持国际战略平衡的支柱，美国退出《反导条约》可能会引发一场新的核军备竞赛。德国外交部表示，美国退出《反导条约》使国际军控与裁军任务更加艰巨。白俄罗斯外交部发言人拉图什科指出，美国退出《反导条约》将破坏世界稳定和国际安全。联合国秘书长安南表示，他对美国退出《反导条约》感到遗憾，并指出，美退出《反导条约》将会进一步破坏国际军控与裁军进程和核不扩散机制，导致新的军备竞赛。欧盟官员指出：“美国退出《反导条约》使我们看到的是美国单边主义的又一次登峰造极。人们对美国在经历了‘9·11’事件之后可能会重返多边主义的希望正在破灭。”

（张　宁　赵文平）

布什发表部署导弹防御系统的声明　美国总统布什于 2002 年 12 月 17 日发表了令美军部署“初始的”导弹防御系统的声明。

一、声明的内容

据报道，布什 12 月 17 日发表的部署“初始的”

导弹防御系统的声明全文如下：

上任时，我曾承诺美国将调整国家安全战略和防御能力，以应对21世纪的威胁。今天我很高兴地宣布，我们将采取另一项重大措施来对付这些威胁，即部署导弹防御系统以保护美国和我们的盟友。这些初始的防御系统源于我们的研发项目，将在建设中的实验场上建立起来。虽然能力并不大，但将加强美国的安全，并可作为将来改进和提高防御能力的起点。美国将根据威胁的变化，进一步发展导弹防御技术。

冷战后，世界局势发生了重大变化，“9·11”事件更说明我们的国家面临着空前的威胁。为了更好地保护我们的国家，抵御今天和明天的威胁，美国政府已经制定了新的国家安全战略，出台了新的辅助性战略，以使我们的国土更加安全和对抗大规模毁灭性武器。执政以来，我已经清楚地表明，美国将采取一切必要的措施保护民众免遭拥有大规模毁灭性武器和运载工具的敌对国家或恐怖组织所带来的灾难性破坏，这是各种威胁中最严重的威胁。

建立导弹防御系统在这种努力中将起到至关重要的作用。美国已经抛弃了1992年的《反导条约》所反映出的冷战威慑理论。同时美国还同俄罗斯建立了积极的双边关系，包括在反恐和其他双方共同关心的领域的合作。美国采取了新的威慑概念，导弹防御系统将增强美国对试图用导弹袭击美国的敌手的威慑能力。退出《反导条约》，使美国能够开发和试验各种导弹防御技术，部署能够保护美国的国土和城市的导弹防御系统。

我已经要求国防部长开始部署初始的导弹防御系统。美国计划在2004年和2005年开始使用这种初始的能力，它们将包括陆基和海基拦截导弹、PAC－3型“爱国者”系统以及部署在陆地、海洋和太空的传感器。

21世纪的威胁还危及美国在世界各地的盟友，因此美国和盟友共同合作来抵御威胁是十分必要的。国防部开发和部署导弹防御系统，将不仅能够保护美国和美国部署的军队，还将保护美国的盟友。美国还将鼓励其他国家积极参与实施导弹防御计划。做为构建初步导弹防御能力的一部分，美国将邀请盟国发挥重要作用，美国为此将寻求英国和丹麦改善其领土上的早期预警雷达。

21世纪新的战略挑战要求改变思考方式，美国必须行动起来。部署导弹防御系统是美国调整防御和威慑政策，增强应对新威胁能力等众多努力中的一项措施。保护美国人民免遭新的威胁是我最优先考虑的问题，也是我的政府最优先考虑的问题。

二、美国部署“初始的”导弹防御系统的意义

从布什的声明和有关报道的情况看，布什所说的“初始的”导弹防御系统部署计划分为本土和海外两个部分。在本土的部署计划是，到2004年部署10枚陆基拦截导弹，其中，阿拉斯加州格里利堡6枚，加利福尼亚州范登堡空军基地4枚；到2005年再在格里利堡部署10枚。这些拦截导弹，用于拦截洲际导弹，保卫美国本土。在海外的部署计划是，争取与欧洲和日本等盟国合作，在欧洲和亚太地区部署陆基“爱国者”和海基“标准”导弹系统。这些系统，用于拦截中短程导弹，保卫驻海外美军和盟国。与这些拦截导弹配套的还有部署在陆地、海洋和太空的传感器和早期预警雷达。此外，美国还计划帮助以色列部署3套“箭”式导弹防御系统，其中两套已经部署，另一套2004年底部署完毕。上述计划完成后，将搭起一个由美国指挥和操控的保卫美国本土和美国三大海外重点战略地区（欧洲、亚太和中东）的全球导弹防御体系的初步框架。这是美建立和保持绝对军事优势的重大战略措施。

回顾美国发展导弹防御系统的历史，最早的导弹防御系统是1967年约翰逊总统下令部署的“哨兵”（SENTINEL）系统，主要用于保护美国本土的人口密集地区。1968年该系统改称“卫兵”（SAFEGUARD）系统，保护的目标由人口密集地区改为美国的战略核力量。1976年，由于“技术原因”，该系统被关闭。但是，美国对导弹防御系统的研究和发展并没有停止。1983年3月里根总统提出了“星球大战”（SDI）计划。克林顿就任美国总统后，对“星球大战”计划进行全面审查后，于1993年5月宣布停止执行“星球大战”计划，转而执行“新的导弹防御计划”。该计划由“有限的国家导弹防御系统”和战区导弹防御系统两部分组成。布什执政后，加快了导弹防御系统的发展。现在，布什决定部署导弹防御系统，是美国1976年关闭最初的导弹防御系统后，几十年来第一次部署，从而使美国的导弹防御系统进入了一个新的发展阶段。

三、布什下令部署“初始的导弹防御系统”的目的

众所周知，目前美国的反导技术尚不成熟，存在许多难题。例如：预警时间短；难以拦截多弹头导弹、有伪装的导弹、低空高速远程巡航导弹和技术上

落后的导弹等。因此，在已经进行的8次拦截洲际导弹的试验中，只有5次“成功”。布什在反导技术上还不成熟的情况下，急于部署“初始的导弹防御系统”主要有以下目的：

第一，竞选连任总统需要。“9·11”事件后，布什所以能一直保持着较高的支持率，并带领共和党取得了中期选举胜利　主要原因是他顺应美国民众的普遍要求，高举反恐和保卫美国安全这两面旗帜。但是，布什在政治上也有“软肋”，那就是他执政后，美国经济状况一直不好。美国经济经过2001年的衰退后，一直处于疲软状态，而且前景难测。布什要想在2004年的大选中获胜，连任总统，必须处理好两个方面的问题。一是尽量避短，采取有力措施，扭转经济形势。从当前情况看，做到这一点是比较困难的。二是进一步扬长，把反恐和安全这两面旗帜举得更高。因此，布什抓住“倒萨”和导弹防御系统不放。

第二，取得攻防兼备的绝对军事优势。冷战后，由于俄罗斯的衰退和美国军事力量的进一步发展，美国已经打破了双方军事力量对比的大体均衡状况，取得了很大的军事优势。但还不能说已经达到了布什政府追求的绝对军事优势的目标。其中最为关键的原因是，美国目前没有有效防御俄罗斯大规模的洲际导弹攻击的办法。正因如此，俄有时以其大规模核战略进攻力量为筹码，在国际事务中同美国叫板。美国在2001年初发表的《核态势回顾》报告中也称：“俄罗斯保持着最令人畏惧的核力量。”据报道，在没有公开发表的该报告的秘密部分中，美国将中国和俄罗斯分别排在七个核打击对象国的第一和第二位。从历史上看，顾此而言他是美国的一贯手法。在上个世纪60年代，美国开始建立导弹防御系统时，明明主要是针对苏联的，却说是为了防御中国。现在又说，建立“初始的导弹防御系统”，是为了对付恐怖主义和“邪恶轴心”这样的“现实威胁”。当然，不能排除美国部署导弹防御系统有这样的目的，但是，许多人对此已经提出疑问。因为在可以预见的时期内，“邪恶轴心”国家不可能用导弹攻击美国。据此，美国、俄罗斯和日本的专家指出，美国建立导弹防御系统的真实目的和长远考虑是，取得攻防兼备的绝对军事优势，准备应对中国和俄罗斯对美国的“潜在威胁”，确保美国“绝对安全”。

第三，长久保持军事技术的领先地位。尽管目前反导技术还不成熟，但是，美国可以通过建立“初始的导弹防御系统”，搭起全球导弹防御系统的框架，并以此为基础，逐步发展、改进和完善，建立起有效的导弹防御系统。技术的成熟和不成熟，是相对的。从世界军事史看，任何武器系统的发展，都是要经过一个从不成熟到成熟的过程。一步到位当然好，但很少做到。美国国防部长拉姆斯菲尔德说，现在的部署计划“好像微不足道”，但是，对于建立全球导弹防御系统来说，“这是万里长征的第一步”。这样的态度，恐怕不无道理。美国还可以通过导弹防御系统这样一种世界最先进、最复杂的武器系统，带动军事技术的全面发展，特别是抢先控制外层空间，从而长久保持军事技术的领先地位。

第四，刺激疲软的美国经济。通过发展导弹防御系统，可以带动美国军事工业发展，从而刺激美国经济发展。这是美国特别是共和党政府的一贯做法。

目前国际社会正面临着大规模杀伤性武器扩散、军费增加、外空武器竞赛等威胁以及持续发展新型武器系统等多方面的挑战。美国部署导弹防御系统，使这种形势更加严峻。

（耿　植）

美俄签署《削减进攻性战略力量条约》

2002年5月24日，美国总统布什和俄罗斯总统普京在莫斯科签署《削减进攻性战略力量条约》。亦称《莫斯科条约》。该条约虽然对日益严峻的国际军控与裁军形势具有一定的积极意义，但从条约的实质内容看，其对军备竞赛抑制作用并不大。

一、条约的内容

《削减进攻性战略力量条约》的主要内容是：（一）2012年12月31日前，双方实际部署的战略核弹头总数不得超过1700～2200枚，在此限额内双方可自主决定本国进攻性战略武器的组成和结构。（二）美俄以前签署的削减与限制进攻性战略武器条约仍然有效。（三）美俄成立双边执行委员会，每年至少举行两次会议。（四）本条约将按照各缔约国的宪法程序获得批准并将于交换批准书之日起生效；条约有效期至2012年12月31日，如双方同意可延期，在此之前也可以由其他协议取代；各方可以退约，但需提前3个月通知对方。

二、促使美俄签署条约的主要原因

美俄签署《关于削减进攻性战略力量条约》是出于其各自战略利益和现实需要。

就美国而言，主要是出于三点考虑：（一）维护绝对战略优势和绝对安全。冷战结束后，美国凭借其雄厚的经济、军事实力成了世界上唯一的超级大国，但它对俄罗斯所拥有的核力量很不放心，认为俄的核力量仍是威胁其安全和影响其一超独霸地位的主要因素。俄罗斯作为前苏联的继承国，在 1992 年建军时接收了原苏军约 80%的战略核力量。近年来，俄一直视其战略核力量为武装力量的主要支柱，对战略核力量的体制编制进行多次调整优化，对陈旧装备进行现代化改造并不断研制和装备新的洲际弹道导弹，其核弹头保持在 6000 枚左右。与前苏联相比，俄战略核力量虽然在运载工具和核弹头数量上有所减少，但在质量上却有提高。因此，美认定在可以预见的将来，俄罗斯仍然是世界上唯一一个可以对美进行毁灭性核打击的国家。美同意与俄签署大规模削减战略核力量条约，是企图进一步削弱俄的核力量。而自己则以“假削减真保存”来取得核优势，从而确保自身的绝对安全和战略优势。（二）适应新的核战略需要。冷战时期以来，美国一直奉行以核打击为后盾的“互相确保摧毁”战略。这一战略主要依赖洲际弹道导弹、潜射弹道导弹和战略轰炸机组成的“三位一体”的战略核力量。2002 年 1 月 8 日，美国防部向国会提交的《核态势评估报告》放弃了“互相确保摧毁”战略，而采用能“应付各种紧急情况”和“有更大灵活性”的新战略。新战略主要依靠由进攻性打击系统、防御力量和重振的国防结构组成的新“三位一体”。美大规模削减核武器就是为了适应这种新的核战略需要。（三）进一步对俄进行拉拢。长期以来，美国对俄罗斯一直采取拉拢利用和“矮化”、“弱化”相结合的政策，企图使俄以“二流国家”的地位，融入美国主导的国际体系，为其称霸世界扫除障碍。“9·11”事件后，俄对美国主导的国际反恐战争给予了全力支持，美俄关系迅速拉近，为美同俄签署削减进攻性战略力量条约扫除了政治障碍。同时美也想以签约满足俄罗斯的要求，取得俄在反恐问题上的支持。

就俄罗斯而言，其考虑也有三点：（一）顺势“卸包袱”。俄罗斯这次以做出重大让步换取条约的签署很大程度上是出于无奈。俄建国以来，国力衰弱，国内生产总值不到 3000 亿美元，仅相当于美国的 3%；军费开支不到 90 亿美元，不及美国 3289 亿美元（2002 年）军费的零头。无论在经济上还是在军事上，俄罗斯都根本无法与美国争高低。俄唯一能对美构成威胁的就是核武器。但就是这些核武器，也有 60%处于超期服役状态，21 艘核潜艇有半数以上出不了海。就是不同美国签约，俄罗斯的一些核武器也会逐渐自行淘汰。因此，在当前俄经济状况不佳的情况下，同意大规模削减核武器确属无奈之举，在一定程度上可以起到“卸包袱”的作用，而且节省下来的资金又可用来发展经济和研发其他高技术装备。（二）为发展经济争取外援。俄罗斯总统普京上台后，反复强调俄“最大的课题是重建经济和提高人民生活水平”，为此，俄外交政策确定的目标是保障世界的战略稳定，参与建立新的安全体系，与美国等大国保持经常性对话，积极融入国际社会，争取创造一个有利于经济发展的稳定的国际安全环境。俄发展经济需要美国等西方国家的资金和技术援助。俄官员明确表示，为了发展经济，俄“只能同富国和强国结盟”，“离开西方投资，离开同西方经济一体化，国家无法振兴”，“在世界经济政治决策全球化的今天，俄只能投靠美欧新政治中心”。（三）支撑大国门面。俄罗斯虽然在经济和军事实力上衰弱，但其大国情结和重振大国雄风的决心依然不减。这次同美签约，可向世人表明，俄罗斯仍然是唯一可以同美国进行战略谈判的对手，俄仍然保持着核大国地位。

三、条约的签署对国际军控形势的影响

总的看来，签署条约比不签要好。近几年来，国际军控与裁军形势一直处于停止不前的状态。特别是布什上台后，采取了一系列否定或退出裁军条约的做法，如否定《生物武器公约》核查议定书草案，退出《反导条约》等，严重地阻碍了国际军控与裁军进程。在这种情况下，美俄达成大规模削减核武器条约，无疑是给国际军控形势带来了一线曙光。

但是，人们可以清楚地看到，协议的内容相当含混，削减后双方保留下来的核武器仍足以将对方摧毁多次。条约虽然规定双方将成立执行委员会进行相互核查，但削减期限长达 10 年，并无具体削减指标，即使到期之前再削减也不算是违约，因此这一规定毫无意义。条约还规定双方可根据安全需要灵活掌握削减幅度，这实际上使削减数量大打折扣。据反映，美国准备把削减下来的 2400 枚战略核弹头储备起来。一旦需要，这些核弹头随时都可恢复使用。美国这种名减实不减的做法给国际军控与裁军领域开了一个不好的先例。

（张　宁　赵文平）

美俄军事关系进一步拉近　2002 年，俄罗斯继续把发展“正常的、可预见的俄美关系”摆在外交工作的突出位置。美也较为重视对俄外交，坚持“诱压并举”、以“诱”为主的对俄政策。因此，美俄军事关系在“9·11”事件后迅速升温的基础上进一步拉近。

一、美俄军事关系进一步升温，总体呈持续改善与发展的势头

（一）高层交往日益密切。2002 年，美俄首脑继续进行频繁的接触与会晤。布什与普京 3 度会晤，13 次通电话，就双边关系以及反恐、裁军、印巴冲突、中东和伊拉克局势等重大国际问题交换意见。5 月 23 日至 26 日，美国总统布什对俄罗斯进行了为期 4 天的正式访问。访问期间，布什与普京在克里姆林宫举行了正式会谈，并签署了《关于削减进攻性战略力量条约》、《俄美新型战略关系联合宣言》、《关于中东局势的联合声明》、《关于反恐怖合作的联合声明》、《关于新的能源对话的联合声明》、《关于两国人员往来的联合声明》和《关于两国公民签证制度的联合声明》等文件。6 月 27 日，布什与普京参加在加拿大卡里加里举行的八国集团峰会后举行 2002 年第 2 次会晤。11 月 22 日，布什在参加北约布拉格首脑会议后对俄罗斯进行工作访问，美俄首脑在圣彼得堡举行 2002 年第 3 次会晤。会晤中，双方着重讨论了北约东扩、伊拉克等问题，就某些问题达成了默契，并发表联合声明，敦促伊拉克遵守联合国安理会有关决议，否则将面临严重后果。除首脑会晤外，美俄高层官员也频繁交往。俄国家杜马主席、政府总理、外交部长、国防部长、经济发展与贸易部长、财政部长和总统战略顾问等要员纷纷应邀访美；美国国防部长和能源部长等也应邀访俄。双方还按计划启动了由两国外交、国防部长主持的战略磋商机制。

（二）确立了未来战略关系的新框架。美俄于 2002 年 5 月 24 日签署的《俄美新型战略关系联合宣言》称：俄美“相互视为敌人和战略威胁的时代已经结束”，传统意义上的东西方关系实际上已经退出历史舞台；两国已成为“伙伴和朋友”，正在建立新型战略关系；俄美将为促进世界稳定、安全、经济一体化、共同对付全球性威胁和解决地区冲突而合作。舆论指出，该宣言确定了美俄关系未来发展的基本框架，为两国建立新型战略关系奠定了法律基础，也使两国迈出了从对手转变为“伙伴”的重要一步。

（三）核裁军领域的合作取得重大进展。2001 年 11 月，美俄首脑分别宣布，在 10 年内分别将本国的核弹头减少到 1500 ~ 2200 枚之间和 2000 枚以内。在此基础上，2002 年，美俄又围绕“是否就削减核弹头签署有关法律文件”、“如何处理裁减下来的核弹头”等问题反复磋商。起初，俄坚持签署削减战略武器条约，以使双方削减核弹头的口头承诺条约化，美反对签署削减战略武器条约，并提出将削减的核弹头储存起来。1 月 15 日至 16 日，双方副国防部长在华盛顿举行的会谈中，美方立场有所松动，表示愿意考虑签署削减战略武器条约问题。2 月 5 日，美国务卿鲍威尔进一步表示，美不再坚持原先的立场，“愿意同俄罗斯签署新的战略武器控制条约”。5 月 13 日，美俄首脑分别宣布，双方已就削减核武器问题达成协议。5 月 24 日，美俄正式签署《关于削减进攻性战略力量条约》（条约内容详见《国际条约》栏目的有关条目）。这一条约填补了美国退出反导条约后美俄战略力量领域出现的法律真空，对维系今后 10 年内美俄间的战略稳定具有积极意义。此后，以美国为首的西方国家进一步承诺向俄提供销毁核武器、生物武器和化学武器的资金。6 月 27 日，美、英、法等国首脑在八国首脑会议上经磋商后，同意提供 200 亿美元帮助俄罗斯销毁原苏联遗留下来的核武器、生物武器和化学武器。8 月，美又承诺对俄销毁化学武器提供财政援助。舆论认为，以美国为首的西方国家的举动表明，美国在防止包括核武器在内的尖端武器流入恐怖分子手中的问题上特别需要俄方的通力合作。

（四）俄愿在反导领域与美合作。2001 年 12 月美国宣布退出反导条约后，俄罗斯反应较为低调，仅表示美退出反导条约的做法是错误的。此后，双方就反导领域的合作问题进行了磋商。5 月 24 日，俄武装部队副总参谋长巴卢耶夫斯基表示，在不损害国家安全利益的前提下，俄愿在研制导弹防御系统方面和美国合作。舆论认为，俄与美合作研制反导系统的好处是：为俄军工企业获得定单，减少这些企业对中国的过分依赖；通过参与研制工作，能适时掌握和监督美国研制反导系统的情况。

（五）进行密切的反恐合作。2002 年，美俄双方加强了在反恐问题上的磋商。年初，美俄副国防部长在华盛顿会谈中重点讨论了反恐合作问题。2 月 2 日，俄国防部长伊万诺夫同美国防部副部长沃尔福威茨在德国慕尼黑就反恐等问题举行了双边会谈。伊万诺夫表示，莫斯科与美国一样关注大规模杀伤性武器扩散的问题。在 5 月美俄首脑会晤中，普京与布什签署了双边反恐合作联合声明，决定将俄美阿富汗问题工作小组改为反恐工作小组，负责协调两国在全球范围内的反恐合作。11 月 22 日，美俄首脑就反恐发表了联合声明。在加强磋商的同时，在反恐问题上，俄继续向美国提供实质性的支持与配合。“9·11”事件周年纪念日，普京打电话给布什，代表俄罗斯人民向美国人民表示“同情与支持”，成为当日向美表示慰

问的第一位外国元首。俄要员还一再表示愿与美国“制定全球反恐战略，通过长期的联合行动应对当前的威胁与挑战”。美对此也做出积极反应。美总统布什在5月访俄时表示，美俄两国将继续在反恐领域进行全方位合作，这种合作具有重要意义，两国只有合作才能打赢21世纪的第一场战争——反恐战争。布什还多次强调，美在反恐方面对俄的依赖大大超过除英国外的其他国家，俄已成为美反恐战略的重要伙伴。莫斯科人质危机发生后，布什立即打电话给普京，对普京总统将缺席亚太经合组织领导人非正式会议表示理解，并建议迅速安排临时会晤，以确定美可对俄提供何种帮助。白宫发言人弗莱舍称这一事件“明显是恐怖活动”，强烈谴责恐怖分子的行为。

（六）进一步加强能源安全领域的合作。“9·11”事件后，俄罗斯把能源合作视为稳定对美关系的重要手段，主动推进与美国的能源合作。美为在全球反恐战争中确保自身能源安全，也试图将俄作为新的能源供应国。因此，双方在能源领域的合作迅速发展。美国总统布什5月访俄期间，俄美签署了《能源对话声明》，声明说，一旦美国以及其他西方国家的石油供应出现危机，俄将提供石油供给保证，作为交换，美将帮助俄开发中亚地区的石油资源。7月4日，俄首批200万桶石油运抵美国休斯敦港，完成了双方首笔大宗石油交易。8月初，美国能源部长访俄，与俄能源部长讨论了发展能源合作的具体途径。10月初，美俄又在美国休斯敦举行了美俄能源最高级会议，商讨加强进一步合作事宜。11月，俄最大的4家石油公司签署谅解备忘录，计划在2004年至2005年前铺设西伯利亚至摩尔曼斯克的输油管道，同时扩建摩尔曼斯克输油码头，以提高向美出口石油的能力。俄方希望，到2003年对美石油出口达到每日100万桶，相当于美石油进口总量的10%。

二、美俄关系进一步拉近是双方相互妥协的结果

美俄军事关系的进一步拉近是“9·11”事件后美俄在安全领域关系改善的继续，反映出美俄两国的主要意图和共同利益，它虽是双方利益互动、相互妥协的产物，但俄方面做出让步较大。

（一）俄基于国家利益大幅调整对美关系，在一系列问题上做出重大让步。主要表现在削减战略核武器、美国退出反导条约、默认美在中亚和高加索地区军事存在和北约东扩等问题上。俄罗斯致力于改善美俄关系的考虑主要有三：一是营造有利的国际环境。目前俄国力衰退，国内生产总值仅为3000多亿美元，占世界的1%，相当于美国的约3%。军事力量和威慑力大为下降。因此，俄与美对抗只会越拼越弱。鉴此，普京执政以来，一再强调俄外交政策的基本原则是“为内政服务”和“量力而行”。俄大幅调整对美政策的实质是通过战略收缩、有限让步和亲西方姿态，增大与美周旋余地，为俄营造相对有利的国际环境。二是融入西方社会。普京意识到，北约东扩是不可阻止的，与其一味对抗，不如接受现实，融入西方，从内部制衡美国，从而维持俄罗斯的大国地位。为此，普京在不同场合反复强调俄罗斯是“欧洲的一员”，同时“努力使俄同北约的关系发生质变”。俄在贸易冲突上也坚定地站在欧洲一边，以此利用美国与欧盟在反恐、贸易、中东等诸多问题上的分歧，借欧盟抵制美国的霸权。三是换取美和西方在政治、经济等方面的支持。目前俄经济虽有所好转，外汇储备有所增加，但经济转型、销毁核武器需要巨额资金。而改善与美关系可以使俄更充分地与西方经济接轨，学习更多的西方先进技术，吸引越来越多投资者，加快经济恢复，为重新崛起积聚力量。

（二）美出于安全战略和反恐的需要，主动改善美俄关系。“9·11”事件后，美国意识到，在全球战略稳定、国际反恐战争、地区安全等诸多领域，缺少俄罗斯是不可能也是不现实的，必须将俄纳入西方的战略轨道，并置于美国的支配之下。因此，美推动改善美俄关系。美国这样做的目的是：第一，延缓和限制俄罗斯的崛起。对美国来说，俄是当今唯一在核力量上可与其匹敌的国家，尽管目前俄国力大大削弱，但美一直未放松对俄重新崛起的警惕。利用俄急于融入西方的心理，加强与俄接触，改善与俄关系，既可将俄纳入西方轨道，又可通过政治、经济等多种手段限制俄的发展，使之永远处于“二流国家”的境地。第二，美在处理反恐等重大国际事务时需要俄罗斯的合作。目前俄罗斯仍是政治、军事大国和联合国安理会常任理事国，地缘上横跨欧亚大陆，在国际社会中有着很大的影响。美在反对恐怖主义势力、对伊拉克动武、防止大规模杀伤性武器扩散、军控与裁军、国际维和行动、打击国际犯罪等方面，都需要俄的支持与配合。第三，为取得核优势，发展导弹防御系统铺平道路。

三、美俄在重大问题上的矛盾、磨擦难以消除

美俄在拉近军事关系的同时，仍然互存戒心，都

将对方视为战略竞争对手，在一些重大的国际、地区与双边问题上的矛盾难以消除。

（一）战略上的矛盾难以弥合。美国的全球军事战略目标十分明显，就是确保绝对军事优势，打击反美势力，建立美国利益至上的单极世界。在美看来，普京政府“强国富民”的战略目标和俄罗斯的强大并不符合美国的利益，因此美不希望俄罗斯东山再起，对美构成重大威胁。调整对俄政策只是美出于反恐的现实需要而采取的权宜之计，美视俄为潜在威胁的基本判断没有改变，既定的“遏俄弱俄”政策也没有改变。美虽允俄一定的好处，但多采取“口惠而实不至”的做法。俄罗斯的对外战略目标是建立多极化的国际政治新秩序并在多极世界格局中发挥大国作用，反对美推行单边主义和霸权主义，俄不愿做美国的“小伙伴”和配角，坐视美恣意妄为。美俄在对外战略目标上的根本性差异使双方在国际问题上勾心斗角难以避免：布什将朝鲜、伊朗、伊拉克等国列为“邪恶轴心”，俄则采取了一系列举措抵制“邪恶轴心”论；布什在伊拉克问题上推行“先发制人”和单边主义政策，俄则倡导对伊动武须有联合国授权。

（二）核裁军与反导领域的竞争与矛盾仍然存在。尽管美俄已签署《关于削减进攻性战略力量条约》，但俄对条约的内容仍存有异议。俄方认为，由于条约未对如何处理削减下来的核弹头做出规定，美国计划将2400枚削减下来的核弹头储存起来，而俄罗斯迫于财力有限，只能将削减的核弹头全部销毁。这样，2012年后美国仍将拥有4000枚核弹头，从而将打破俄美几十年来维持的核均势。美国加快发展导弹防御系统和准备必要时恢复核试验的做法也引起了俄的担心与不满。鉴此，俄并没有放弃在战略核力量与导弹防御问题上与美国的竞争。在美于6月正式退出“反导条约”后，俄立即宣布“单方面废止《第二阶段削减战略进攻性武器条约》，放手发展战略核力量，尤其是加快了过去受限制的分弹头战略导弹的研制和部署。6月26日，俄新一代改进型“台风”级战略核潜艇下水。该艇可携带20枚PCM－52型弹道导弹，每枚导弹可携带10个核弹头，最大射程为1万千米，能够从俄海域打击美国任何地方的目标，并能从北冰洋下进行攻击，可同时摧毁10个像纽约那样的城市。此后，俄又成功试射了可携带10个分弹头的新一代“白杨－M”导弹，该导弹被认为是美国家导弹防御系统的“克星”。美也没有放松对俄的防范，美国防部《核态势审查报告》继续将俄列为美可能进行核打击的7个国家之一。

（三）美继续挤压俄战略空间。美一直没有放慢北约东扩和借“反恐”之名向俄势力范围渗透的步伐。11月下旬北约邀请立陶宛、拉脱维亚、爱沙尼亚、保加利亚、罗马尼亚、斯洛伐克和斯洛文尼亚等7国加入该组织，使俄西北边境失去所有缓冲地带，给俄安全造成巨大压力。在中亚，美以反恐为名建立了军事基地，蚕食俄势力范围。在高加索地区，美利用反恐与格鲁吉亚达成协议，派遣200多名军事专家帮格培训反恐特种部队。而俄不甘心将“后院”拱手相让，与美展开了渗透与反渗透的斗争。一是在重申反对北约东扩立场的同时，重点加大对独联体国家的工作力度。5月14日宣布将以俄为核心的独联体集体安全条约改组为“独联体集体安全条约组织”，加强成员国的军事合作。二是力争保持在中亚的军事存在，经与塔吉克斯坦协商，将驻军201摩托步兵师驻地改为军事基地，每年交纳2亿美元费用。三是着眼中亚新一轮能源争夺，酝酿建立“中亚欧佩克”，从经济上拢住中亚各国。四是以反恐为由对亲美的格鲁吉亚全力打压，甚至声称准备对格境内的恐怖分子实行“先发制人”的打击。

（四）车臣问题上的分歧与磨擦继续存在。俄支持美国打击国际恐怖主义势力，目的之一是希望得到美国和西方国家在车臣问题上更多的理解和支持。但美在车臣问题上的一系列行动引起了俄方的关注和不满。美继续与车臣非法武装官员进行接触，抨击俄在车臣侵犯人权。1月23日，美国务院的代表会见了车臣“外长”伊·阿赫马多夫。俄外交部认为，美国在车臣问题上的行动是对俄不友好的表现，“有悖俄美打击恐怖主义斗争的合作和伙伴精神”。

（五）在部分地区热点问题上进行明争暗斗。在伊拉克问题上，美不顾一些中东国家和盟国的反对，执意将反恐战争扩大到伊拉克，决心推翻萨达姆政权。而俄在中东有着传统的战略利益和经济利益，因此反对美国对伊拉克动武。在朝鲜问题上，针对美阻挠朝鲜半岛和平进程的做法，普京先派外长于7月下旬出访朝、韩，又于8月下旬邀请金正日再度访俄，俄罗斯还表示不会在朝开发核武器问题上“和任何人联手施加外交压力”。

（吴　炯）

美国与中国台湾军事关系进一步发展

2002年，美国与中国台湾的军事关系进一步发展。主要情况如下：

一、频繁就军事和安全问题进行磋商

2002年3月7日，在佛罗里达举行美售台武器研讨会。这次会议由美台商业协会主办，台湾“国防部长”汤曜明出席会议。7月17日，美国和台湾在美国加利福尼亚州蒙特利尔举行第八次安全战略对话。台湾方面出席会议的有“外交部政务次长”高英茂、“副总参谋长”朱凯生、“国防部常务次长”李海东等；美国方面出席会议有国防部副部长沃尔福威茨、负责亚太事务的助理国务卿凯利、负责国际安全事务的助理国防部长罗德曼等。这是自1979年美台“断交”以来首次大规模和高规格的“双边会晤”。2002年6月下旬，台湾“国防部战略规划局司长”王立申赴美，就军事采购问题与美方进行了接触。这是美政府2001年决定终止美台军售年度会议后，台湾高层官员首次赴美磋商军事采购事宜。2002年12月20日，台湾“副总参谋长”朱凯生赴美出席美台年度“国防检讨会谈”，美方出席会议的有国防部副部长费思、助理国防部长罗德曼等，双方就台湾备战方案和美台军事情报交换等问题进行了磋商。2003年2月12日至14日，美台双方在得克萨斯州的圣安东尼奥举行“台湾国防工业会议”，会议对台湾未来防御的武器需求、台湾“国防工业”的预算方式、台湾的指挥、通信系统和导弹防御计划进行了评估和审查。舆论指出，这是自2002年3月佛罗里达会晤以来，美台双方第二次就军事问题进行磋商，表明美台企图将双方关于军事问题的磋商定期化。此外，2002年8月19日，美国、日本、台湾还在台北举行了三边战略对话会议。这次会议的主题是台湾海峡及亚太地区的安全与和平，与会的有美国、日本和台湾的军事和外交专家，其中包括美国前国防部日本科科长萨科特以及台湾前“国防部副部长”陈必照等，这是日美台在安全方面的新合作关系的开始，引起国际社会的普遍关注。

二、美提前交付售台武器

2001年4月25日，美国总统布什批准向台湾出售包括4艘“基德”级驱逐舰、8艘柴油动力潜艇、12架PC-3“猎户座”反潜机及“海龙”扫雷直升机等在内的一系列先进武器，总金额超过40亿美元。其中，拟对台出售的4艘“基德”级驱逐舰原计划4至6年内交货，但为让台湾尽快执行“远洋作战计划”，美决定在2004年提前交付2艘“基德”级驱逐舰，而拟对台出售的8艘柴油动力潜艇也将于2003年4月正式公开招标。美还决定于2003年春季向台交付120枚AIM-120C中程空对空导弹，并同时交付用于发射该导弹的相关软件。2002年5月，美同意向台湾出售30架价值约12.9亿美元的AH-64D长弓式阿帕奇攻击直升机，计划2005年底交货。

三、提升美台接触级别

2002年3月7日，美国向台湾“国防部长”汤曜明发放赴美“公务签证”，以参加由美台商业协会在佛罗里达召开的关于美售台武器的研讨会，因此汤曜明成为美台“断交”20多年来第一个正式访美的台湾“国防部长”。因持有“公务签证”，汤曜明在美可以公开演讲、参加各项活动，并与美国官员共同出席研讨会。2002年3月11日，美国国防部副部长沃尔福威茨会见了汤曜明，这是自美台“断交”后，美台军方高层首次接触。2002年9月，台湾“国防部副部长”康宁祥访美。在美期间，康宁祥会晤了美国防部副部长沃尔福威茨、助理国务卿凯利等美政府高级官员。此外，2002年4月，隶属美军太平洋司令部的“亚太安全研究中心”还邀请台湾现役军官赴美接受培训。2002年5月10日，美国国会众议院通过《2003财年国防授权法》，该法案包括美台进行联合军事训练和加强美台高层军事人员往来等内容。根据法案规定，美国国防部长将在此法生效180天内执行美台军方联合作战训练以及高级官员交流的计划，并公然声称，这是为了提高台湾的“防御能力”和美台军队“联合作战的能力”。

四、美高层重申对台湾的承诺

2002年3月12日，美国国务院负责亚太事务的助理国务卿凯利在佛罗里达州举行的“美台防御高峰会”闭幕式上发展讲话时说，美政府将遵守对台湾的“六项保证”，即：不设定终止对台军售期限，不同意就对台军售问题事先与中国大陆磋商，不在中国大陆和台湾之间担任调停人，不强迫台湾与大陆谈判，不变更《与台湾关系法》中的承诺，不改变对台湾主权的承认。这是继2001年3月8日美国国务卿鲍威尔在国会作证后，近年来美国高层官员再次公开重申1982年里根政府在中美《八·一七公报》签署后对台湾所作的保证。美国国会中的反华派还积极活动，试图从法律上提升美台军事合作的层次。为此，他们促使美国国会在一些法案上做文章。2002年7月，美国总统布什签署的美国会通过的含有涉台内容的《2002财年补充拨款法》就是一例。该法案的“美军人员保护法”条款居然将台湾与美国的北约及非北约盟国相提并论，将台湾军政人员视为美的盟国人员，并要求保护台湾人员不受国际刑事法院管辖。

美对台军事关系进一步发展违背了中美三个联合

公报的原则和美国的有关承诺，严重损害了中美关系，因此，中国方面多次提出严正交涉和批评，反复阐明中国的立场。

2002 年 3 月 7 日，外交部部长助理周文重奉命召见美国驻华大使雷德，就台湾“国防部长”汤曜明获赴美签证一事向美国政府提出严正交涉。周文重表示，美方不顾中方多次交涉，执意允许汤曜明访美，是对一个中国政府和中美三个联合公报的公然违反，必将进一步助长“台独”势力的嚣张气焰，损害中美关系和两岸关系。3 月 16 日，外交部副部长李肇星召见美国驻华大使雷德，就美国政府允许台湾“国防部长”汤曜明赴美提出严正交涉。2002 年 3 月 12 日，中国驻美大使杨洁篪奉命约见美国国务院负责政治事务的副国务卿格罗斯曼，就美国防部副部长沃尔福威茨和助理国务卿凯利先后会见台湾所谓“国防部长”汤曜明一事向美方提出严正交涉。杨洁篪大使表示，美方不顾中方反对，执意允许汤曜明访美并安排会见美政府高级官员，严重违反了一个中国原则和中美三个联合公报，中国政府对此表示强烈不满和愤慨。美方此举必将助长“台独”势力的嚣张气焰，损害中美关系和海峡两岸关系。2002 年 8 月 3 日，中国外交部美大司司长何亚非约见美国驻华使馆公使马林，就美方签署含有涉台条款的《2002 财年补充拨款法》向美方提出严正交涉。何亚非称，美少数议员在《2002 财年补充拨款法》中塞入了干涉中国内政的涉台条款，企图提升美台关系，而且美方不顾中方的多次严正交涉，近日仍签署了上述法案。这严重违反了中美三个联合公报的原则，也违背了美国政府多次重申的一个中国政策，是对中国内政的粗暴干涉。中方对此表示愤慨和坚决反对。

对于美发展对台关系的做法，美国政界也有不同的看法。2002 年 5 月 10 日，美国国会众议院通过《2003 财年国防授权法》后，美国国防部明确表态，反对该法案中有关美台进行联合军事训练和加强美台高层军事人员往来等条文。随后在美国参议院的相关法案中，没再列入上述条款。

（赵富春）

哥伦比亚和平进程陷入停顿 2002 年，哥政府同国内两个最大的反政府武装“哥伦比亚革命武装力量”（简称革命武装力量）和“民族解放军”的和平谈判未能取得实质性进展。同时，由于反政府武装在国内制造的暴力和恐怖活动不断升级，哥伦比亚和平进程已经停顿。

一、反政府武装频频施暴，和谈进程陷入停顿

2002 年哥伦比亚政府与反政府武装进行了多轮谈判。1 月 3 日和 4 日，哥伦比亚政府和游击队代表进行了两轮谈判，但因双方在军事核查问题上的严重分歧而未能取得任何成果。1 月 8 日，哥伦比亚政府和游击队在南部的非军事区举行了新一轮和谈，但双方仍未能就结束在非军事区周围进行的军事核查行动以及停止相互敌对行动等问题达成任何协议。随后，游击队领导人曼努埃尔·马鲁兰达致信哥总统帕斯特拉纳，提出打破双方和谈僵局的数项建议，并表示期待总统在 1 月 20 日非军事区期限结束前给予正式答复。1 月 20 日，在联合国特使勒莫因和援助哥和平进程集团 10 个成员国代表的帮助下，哥政府和游击队在南部非军事区举行的谈判中签署了“和平进程未来时间表协议”，为双方继续进行旨在实现停火和结束敌对状态的和谈铺平了道路。双方在和谈中一致认为，只有政治谈判才是结束国内武装冲突的唯一途径。该协议规定，双方必须在 4 月 7 日前通过谈判达成停火和结束双方敌对状态的协议。协议还就停止绑架人质、打击右翼准军事组织犯罪活动、国际组织继续斡旋以及邀请参加今年 5 月大选的总统候选人参与和谈等议题做出了相关规定。双方还决定成立一个国际核查委员会，负责保证和谈的顺利进行并对双方达成协议的具体实施情况进行核查。哥总统帕斯特拉纳在协议签署后宣布，目前由“哥伦比亚革命武装力量”管辖的非军事区的有效期由 1 月 20 日延长至 4 月 10 日。根据协议所规定的具体和谈时间表，政府和该游击队组织的各专题谈判小组 21 日继续就具体问题进行了谈判。

在与政府进行和谈的同时，反政府武装并没有放弃暴力和恐怖活动。为迫使政府在和谈中做出让步，从年初起，“革命武装力量”频频袭击政府军事目标和民用设施，致使一些高压输电塔、公路桥梁、输油管道、水库水闸等设施遭到破坏，造成巨大经济损失。1 月 26 日晚，在哥伦比亚首都圣菲波哥大，一名身份不明的男子向南城区警察局旁边的烟酒商店内投掷了一枚手榴弹，致使商店被炸毁，附近一些建筑物的门窗玻璃也遭到不同程度的破坏，并造成多人受伤。事件发生后，援助哥伦比亚和平进程 10 国集团对哥局势表示了担忧，呼吁哥反政府武装组织放弃暴力，重新回到和平谈判的轨道上来。法国驻哥大使帕尔费代表 10 国集团发表声明，谴责在哥伦比亚首都圣菲波哥大以及其他城市发生的武装暴力事件。他强调，国际社会和哥伦比亚人民都不希望看到哥和平进

程因暴力冲突增加而前功尽弃。2月18日夜至19日晨，大约150名“革命武装力量”游击队员对位于考卡省蒙奇克山的一处政府军重要通信中心发动突然袭击。但驻守该中心100名政府军士兵在数架武装直升机的火力支援下，最终挫败了游击队的进攻。19日上午，哥空军还轰炸了正在袭击梅塔省丘萨水库的“革命武装力量”游击队员，使得这座供应该省数个城市饮用水的水库免遭破坏。据哥军方统计，至少20名游击队成员在战斗中被打死。20日，“革命武装力量”游击队不顾30多名乘客和机组人员的生命安全，劫持了一架从乌伊拉省省会内瓦飞往首都圣菲波哥大的小型螺旋桨客机，并迫使飞行员将飞机降落在距圣菲波哥大西南270千米的高速公路上。随后，游击队绑架了3名机上乘客，其中包括1名参议员。该游击队组织当天还在安蒂奥基亚省炸毁了一座公路桥，致使一辆救护车和一辆出租车因刹车不及栽入河内，造成3人不幸溺毙。这些事件的发生震惊了全国，哥政府迅速发表公报，指出这是极其严重的恐怖主义事件。帕斯特拉纳总统立即把正与“革命武装力量”谈判的政府和谈代表召回圣菲波哥大。哥伦比亚社会、政府、企业和社会名流纷纷谴责游击队制造的恐怖暴力行为。在昆迪纳马卡省政府的倡议下，哥全国600多个城市的住户单位和汽车于当日晚19时同时关灯3分钟，以抗议“革命武装力量”游击队炸毁公共设施以及伤害无辜平民等一系列恐怖行动。随后，帕斯特拉纳总统向全国发表电视讲话，宣布从当天午夜起由“革命武装力量”游击队控制的非军事区失效，将由政府军收回，并由此中断和该游击队组织共同参与的国内和平进程。同时，政府军开始向“革命武装力量”占据的非军事区进攻，并在全国范围内同一切非法武装作战。帕斯特拉纳还发布政令，宣布重新通缉“革命武装力量”游击队领导人，取消以往为了推动和谈而赋予该游击队组织的政治地位。帕斯特拉纳强调，是游击队的恐怖活动迫使他做出上述决定的。这些措施的宣布，标志着哥政府同“革命武装力量”从1999年初开始的和谈的破裂，双方进入交战状态。

在向“革命武装力量”宣战后的第二天，帕斯特拉纳对媒体表示，非军事区虽然不复存在，但和平进程并没有终结。如果游击队方面确有诚意，今后与“革命武装力量”的和谈可以参照政府同哥第二大游击队组织“民族解放军”的谈判模式，即谈判在第三国进行。此后，“革命武装力量”游击队方面也曾数度表示愿意恢复与政府的谈判，但由于前车之鉴，该游击队组织始终未能重新获得哥政府方面的信任。

二、暴力活动不断升级，国际社会纷纷予以谴责

帕斯特拉纳总统宣布中止和谈后，“革命武装力量”一方面将谈判破裂归咎于政府，另一方面在转入丛林后继续制造恐怖案件。2月23日，哥伦比亚“绿色氧气”运动组织总统候选人、前总统贝坦库尔的女儿英格丽德·贝坦库尔在前往原非军事区的卡关市的途中被“革命武装力量”游击队绑架，扣为人质。这一事件再次引起国内外的震惊。24日，国际社会、哥政府和社会各界人士强烈谴责了“革命武装力量”绑架总统候选人的非法行径。联合国秘书长安南和联合国驻哥伦比亚办事处分别发表讲话强烈谴责游击队的行为，指出这起绑架使哥国内严峻的形势更加恶化。法国总统希拉克致电哥总统帕斯特拉纳对贝坦库尔女士的处境表示担忧。哥内政部长埃斯特拉达要求非法武装组织尽早释放贝坦库尔女士，使其能够继续参与总统竞选。其他将于5月参加哥伦比亚大选的总统候选人均对游击队绑架贝坦库尔表示强烈愤怒。反对党自由党总统候选人塞尔帕要求游击队立即释放人质，并要求政府采取相应的行动保证大选能够顺利进行。但是，游击队仍继续在各地袭击政府军和警察，破坏公路和桥梁等民用设施，并与极右的准军事组织进行激战。对此，哥政府军进行了有力的还击。2月24日，哥政府军收复了原由游击队控制的非军事区中的梅塞塔斯和比斯塔埃尔莫萨两座城市，并进行了细致的排雷工作。至此，政府军已经收复原非军事区5座城市中的3座。

从4月起，“革命武装力量”又开始了新一轮的恐怖活动。4月11日，20名“革命武装力量”游击队成员装扮成反爆炸警察于当日上午以拆除炸弹为名，进入位于哥西南卡利市市中心的考卡山谷省议会大厦，绑架了12名省议员和5名议会工作人员。他们声称保护议员安全，用汽车将17人带入卡利市市郊的山林，其中5名议会工作人员随即被释放。同一天，卡利市中心有3颗小型炸弹爆炸，造成一名警察死亡。14日，哥反对派总统候选人阿尔瓦罗·乌里韦在乘车前往北方城市巴兰基亚参加竞选活动途中遭到“革命武装力量”的袭击。乌里韦乘坐的装甲汽车受到严重损坏，但他本人逃过劫难。在这次袭击中，有2名警察当场丧生，另外20多人受伤。随后，哥安全部门加强了对哥主要党派总统候选人的安全保卫措施。在此之前，乌里韦因在竞选演讲中多次指责反政

府游击队破坏国内和平并挑起内战，引起了游击队方面强烈不满，乌里韦也为此10多次遭到反政府武装的暗杀和袭击。

三、新总统任重道远，哥和平进程前途未卜

5月26日，作为独立候选人的乌里韦在哥大选中以接近53%的选票当选新一任总统。8月7日，乌里韦在发表就职演说时强调，实现哥伦比亚和平与民族和解是当务之急，保持社会稳定是保证经济发展的前提。他希望全国人民团结起来，为尽早结束内战和恐怖暴力而共同努力。而在举行总统就职仪式前后，"革命武装力量"又发动了一轮恐怖袭击。尽管首都圣菲波哥大采取了近乎军事管制般的严密安全措施，但还是发生了多起爆炸案，其中有三起发生在就职仪式举行的过程中，地点距总统府仅三、四条街，造成17名军警和平民死亡，31人受伤，使得当天的就职仪式蒙上一层阴影。

为遏制不断加剧的国内战乱和反政府武装组织的恐怖暴力活动，8月11日晚，乌里韦总统主持召开了内阁紧急会议，讨论如何控制目前不断升级的国内武装冲突和暴力活动，并最终决定实行全国紧急状态。12日凌晨，哥政府宣布，自即日起哥全国进入为期90天的紧急状态，以遏制不断加剧的国内战乱和反政府武装组织的恐怖暴力活动。哥国防部长拉米雷斯还宣布，鉴于国内局势恶化并根据国家宪法规定，政府将征收总额2万亿比索（约合7.8亿美元）的特别战争税，用于扩大政府军兵力和购买军事装备，打击反政府游击队和右翼准军事组织。

为寻求重启国内和平进程，8月底，哥政府开始同国内第二大反政府游击队组织"民族解放军"展开对话。对此，哥伦比亚各界表示了热烈欢迎，认为国内武装冲突只能通过政治方式解决，希望乌里韦总统吸取前总统帕斯特拉纳在和谈方面的教训，在与游击队谈判的问题上采取明确立场。

10月27日，哥政府军与反政府武装在多处发生激战，造成29名游击队员、3名政府军和5名平民丧生。这是自乌里韦8月就职以来，政府军与反政府游击队间进行的最激烈交火。政府军在首都圣菲波哥大以北600千米处的一座村庄击毙了19名反政府武装"民族解放军"成员。此外，在包括工业城市麦德林在内的其他几个地区，政府军还击毙了"革命武装力量"的10名武装分子。与此同时，在麦德林市南部的乌伊拉省阿尔赫西拉斯镇，政府军遭到了"革命武装力量"伏击，3名政府军丧生，6名政府军受伤。当天，还有5个农民在圣菲波哥大西北40千米处被一伙不名身份的武装分子杀害。

哥伦比亚国内战乱是南美洲规模最大、历史最长的武装冲突，游击队、准军事组织的实力不可小视。乌里韦领导的新政府期望通过加强军事打击和寻求和谈相结合的方式，尽早实现停火和结束国内武装冲突，但和谈前提是停火和结束敌对状态，这一点是其前任帕斯特拉纳失败的和平进程中始终未能达成的目标。因此，主张"铁腕"的乌里韦也不可能在短期内解决反政府武装问题。一些分析家悲观地认为，随着哥伦比亚政权更替以及反政府武装暴力活动的不断升级，国内武装冲突在未来一段时间内有可能加剧并趋于更加公开化。

（周亦冰）

委内瑞拉发生军事政变 2002年4月12日，委内瑞拉军队部分高层官员和反对派联合发动政变，非法扣押了号称"拉美政治强人"的乌戈·查韦斯总统。但仅在48小时后，查韦斯就成功获救，东山再起，重掌总统权力。这次事件的发生，既是委国内政治、经济和社会矛盾激化的反映，也是外国插手和干预的结果，对委内瑞拉乃至整个拉美地区政局走向以及世界石油市场都产生了很大深远影响。

一、形势突变，委总统被迫下台

委内瑞拉是世界第四大石油出口国，其石油及其制成品主要出口到美国和中、南美洲一些国家。乌戈·查韦斯1999年就任委总统后，严守石油生产配额，加强了对石油公司的控制，但此举遭到了委内瑞拉石油公司和工会组织的强烈反对。2002年4月9日，他们组织石油生产和加工行业进行大罢工和示威游行，结果严重影响了委石油生产和出口，导致部分地区能源供应紧张、石油出口合同无法履行。在查韦斯撤换了委石油公司数名高级管理人员后，以委内瑞拉工人联合会、全国企业家商会联合会为代表的反对派组织了全国石油工人无限期大罢工、抗议政府将石油等产业"政治化"，很快使全国商业、交通、学校、医院等部门陷入瘫痪，首都加拉加斯局势骤然紧张。

4月11日，罢工进入第三天，参加游行示威的人数已近50万。反对派原来宣布游行的目的地是委内瑞拉石油公司总部，以示对被政府罢免的公司领导层的支持。但当游行队伍抵达目的地后，游行组织者突然改变计划，号召人们前往总统府示威。而政府方面也组织了军警和查韦斯总统的支持者聚集在总统府周围，准备保卫总统。之后，双方发生了激烈的流血冲突，造成10多人死亡、近100人受伤，局势几乎无法控制。同日，以委陆军司令巴斯克斯中将、海军参谋长拉米雷斯中将、国民警卫队总监马丁内斯中将、内政部副部长卡马乔等为首的数十名“反查”军人和委反对派组织趁机发动军事政变，逼迫查韦斯下台。当日晚，巴斯克斯在环球电视台发表声明，宣布放弃支持查韦斯政府，要求军队控制全国局势，呼吁委内瑞拉人民保持镇静，同时还要求委武装部队最高指挥官、武装力量总监卢卡斯·林孔等人下令解除驻守总统府和首都最重要的战略据点委军总指挥部第乌纳军营的武装。

12日凌晨，政变者通过委内瑞拉媒体宣布，查韦斯已签署辞职书，同意辞去总统职务，并解除了副总统迪奥斯达多·卡韦略的职务，国防部长兰赫尔也已向智利驻委使馆寻求避难。但查韦斯的女儿玛丽亚·查韦斯和一位政府的高级官员随后发表声明说，查韦斯并没有辞职，他没有在军方给他的辞职书上签字。在接下来的两天中，查韦斯被先后押解到第乌纳军营和加勒比海的奥奇拉岛等地软禁。同日，61岁的全国大罢工直接发起人、时任委内瑞拉企业家商会联合会主席的佩德罗·卡莫纳·埃斯坦加宣布，根据委社会各界和军方达成的协议，他将出任委临时总统，过渡政府内阁也将于13日成立。作为过渡政府的第一项举措，卡莫纳宣布罢工立即结束，一切活动恢复正常。随后，“反查”分子开始以查韦斯政府屠杀平民百姓的罪名开始大规模逮捕“亲查”官员和议员，并扣押了几名不承认卡莫纳为临时总统的中央和地方政府官员。当日下午，卡莫纳宣誓就任临时政府总统，并公布了临时政府的部分内阁成员名单，其中，陆军司令巴斯克斯在过渡政府中担任全国武装力量的代表。同时，卡莫纳还宣布了过渡政府的几项重要施政措施，主要包括：把国名从“委内瑞拉玻利瓦尔共和国”改回“委内瑞拉共和国”；废止宪法，解散国民议会，中止所有议员的职权；在一年内举行大选；任命由35名成员组成的国家咨询委员会；重新组织和分配公共部门的权力。在讲话中，卡莫纳呼吁全体委内瑞拉人民在过渡时期予以“支持和援助”，并要求国际社会对导致查韦斯政府倒台的军事政变给予“理解”。临时政府更改国名、解散国会和废除宪法的做法受到了国际社会的普遍谴责，拉美国家几乎一致拒绝承认委临时政府。正在哥斯达黎加召开的里约集团首脑会议对终止委宪法的行为进行了谴责，要求委尽快举行透明和公开的总统大选，并请求美洲国家组织常任理事会召开特别会议，分析和研究委内瑞拉当前的局势。

13日上午，加拉加斯人口密集地区出现了反对卡莫纳过渡政府的示威游行。一些忠于查韦斯的平民在大街上焚烧垃圾和汽油，另有一些查韦斯的支持者在法院开展反对过渡政府的和平示威活动。警方向示威人群投放了催泪弹和霰弹，冲突中，至少9人死亡，另有48人受伤。下午，成千上万名查韦斯的支持者将总统府团团围住，抗议过渡政府的违宪行为，卡莫纳只得离开那里，前往第乌纳军营寻求保护。

二、峰回路转，查韦斯戏剧性重掌政权

就在委过渡政府尚未正式运作的时候，形势发生了逆转。13日下午，亲查韦斯的委军高级将领加西亚·卡内和何塞·阿基莱斯将军率领部队发起粉碎政变的行动，控制了第乌纳军营。当晚，副总统迪奥斯达多·卡韦略在“拥查”军人的护送下回到总统府，宣誓就任临时总统，代行总统职务，直至查韦斯返回。过渡政府总统卡莫纳在第乌纳军营通过广播电台发表讲话，宣布辞去过渡总统的职务。14日，忠于查韦斯的委军伞兵部队派出由36人组成小分队乘直升机从马拉凯基地飞往位于加勒比海的奥奇拉岛，将查韦斯从关押地点营救了出来。查韦斯于当日下午3点整返回总统府观花宫，并在支持者的欢呼声中再次宣誓就任委内瑞拉玻利瓦尔共和国总统。他在向全国发表电视讲话中，感谢委内瑞拉人民对的信任和支持，感谢美洲国家组织、里约集团、77国集团等国际组织维护民主、谴责政变的行动，并呼吁委全国各界采取和解行动。至此，一场由反对派和部分“反查”军人导演的旨在推翻查韦斯政权的政变，最后以查韦斯政府失而复得收场。同日，委内瑞拉国营石油公司的一些主要港口的原油和石油产品出口恢复正常。

查韦斯复出后，从巩固政权的需要出发，陆续采取一系列措施，使国内局势得到了有效控制，主要做法有：（一）采取宽容和解姿态，缓和国内矛盾。查韦斯公开承认了自己在决策上的失误，表示要总结此次事件的经验教训。他还呼吁开展政府和“倒查”势力之间的对话，尊重分歧和言论自由，消除国内紧张气氛，促进全国和解。成立中央与地方政府联合商讨国是的“联邦政府委员会”，对有关政治和经济方面的施政计划进行认真讨论，并注意缓解政府与掌握委经济命脉的国营石油公司高层管理人员的矛盾。（二）惩治策动政变的少数首要分子。委政府逮捕了20多名参与政变的将领，并对卡莫纳和包括巴斯克斯在内的参与政变的主要军官进行了司法调查和惩处。（三）

对军队领导层和内阁进行调整。查韦斯在恢复总统职务的第二天即宣布了几项军队的重要任免事项，新任命的指挥官都是在流产政变中受到考验的军官。其中包括任命内尔松·贝尔德将军担任武装部队联合指挥部司令，取代曼努埃尔·罗森多将军；任命加西亚·蒙托亚为新任陆军司令，取代巴斯克斯。5月初，查韦斯又对政府内阁进行了自他重新掌权后首次大改组。其中包括任命原国防部长兰赫尔为副总统，原武装力量总监卢卡斯·林孔为国防部长，前副总统卡韦略被任命为内政和司法部长。

三、委军事政变发生背景及查政权失而复得原因

分析家认为，导致委内瑞拉发生4月政变主要基于以下几个原因：（一）委政府政策和策略上的失误造成了其与反对派矛盾不断激化。查韦斯1999年上台执政后，实施了较为激进的改革措施。政治上致力于修宪改制，不断扩大总统的权力，一味对反对派进行打压，加剧了国内政治纷争，导致社会分化成“拥查”与“反查”两大严重对立的阵营。同时，在经济上采取的一系列带有激进色彩的改革措施触动并损害了国内大企业财团的既得利益，使其同政府的矛盾加剧，并成为反查韦斯政府的先锋。特别是2001年11月查韦斯政府通过49项旨在进行深层改革的措施后，朝野对立已经不可调和，反对派遂下决心，不搞垮查韦斯誓不罢休。（二）查韦斯处理社会问题的手法过于简单，不善妥协，打击面过宽。查韦斯生性率直，行事张扬，盲目相信民众和军队的支持，不重视联合中产阶级，建立广泛的统一战线。在遇到危机时，政策措施失当，不善审时度势、避其锋芒，仅凭军人生硬的理念与作风，单打蛮干，造成不少社会精英和知识分子与其分道扬镳，致使委内瑞拉分裂成两个水火不相容的社会阵营，也使自己失掉了一些支持者，导致国家陷入混乱局面。（三）政府和总统缺乏管理经验、能力有限，政绩欠佳。1998年竞选总统时，查韦斯提出以消除腐败、增加就业机会和改善人民生活为主要内容的竞选纲领，符合了人民要求变革的愿望，因而得以高票当选。在其执政的几年中，有近两年的时间国际原油价格维持在较高的水平，委内瑞拉石油出口收入增加。然而查韦斯没有充分利用这一有利时机将经济搞上去，许多深层次的经济问题没有得到解决，致使失业率增高，人民的生活水平没有明显改善。特别是2002年实行美元自由浮动以来，物价上涨，通胀加剧，而政府没有相应增加国家工作人员的工资，造成部分人的生活水平下降。查韦斯在竞选时提出的消除腐败和整顿石油工业的承诺也没能取得较大进展。（四）美积极在幕后操纵和干预，推波助澜，乐见查韦斯垮台。委政局动荡除了有国内原因外，还有着深刻的国际背景。近年来，美国更深卷入拉美国家的内部事务，对其发展道路指手划脚，并试图通过美洲自由贸易协定巩固双方业已失衡的经贸关系，美拉关系中不平等的色彩越来越浓。委是美第三大石油供应国，对美具有重要战略意义。查韦斯推行的“和平民主革命”对美国在其“后院”的霸权地位构成了直接威胁，且查的意识形态色彩浓厚，锋芒太露，敢于挑战美国的霸权主义和强权政治，尤其是与古巴关系密切，使美担心在拉美出现“第二个古巴”，一向被美视为“不安全因素”。在此次政变前后，美国在幕后插手的因素显而易见。而查韦斯当政后，对于来自美国的直接现实威胁始终未予足够的重视，丧失了应有的警惕，使国内反对派能够迅速与美国“反查”势力勾结，伺机起事。

“倒查”闹剧最终以流产告终以及查韦斯戏剧性地东山再起这一结果并非政变者的偶然失误造成的，而是有其深刻的必然性。首先，民主宪制在委已有相当基础，政变行径不得人心。查韦斯尽管是军人出身，但他是民选总统，“倒查”势力发动军事政变将其推翻，违反民主宪制，委各界人士对这种做法普遍表示反对。政变发起者在短暂得势期内，大肆逮捕和迫害政府官员和议员，委的法制和人权被践踏，这些行径不仅普通民众不支持，就连许多查韦斯的反对者也不能接受。其次，广大民众和军人的支持，是查韦斯得以重新执政的根本原因。虽然查韦斯上台后推行激进的改革措施及委国内经济状况欠佳使得查政府的支持率有所下降，但其进行的改革仍有着较为广泛和稳固的群众基础，他本人也拥有一大批坚定的支持者。4月政变发生后，大批民众走上街头游行示威，广大军队官兵倒戈，从而使“倒查”势力迅速土崩瓦解，查得以在被推翻3天后就重返政坛。此外，国际社会的压力发挥了举足轻重的作用。政变发生特别是卡莫纳宣誓就任临时总统后，委内瑞拉的过渡政府受到了来自国际社会的强大压力。里约集团第十六次首脑会议对委过渡政府中断宪法秩序的行为给予了抨击，一致表示不承认委过渡政府。美洲国家组织和77国集团等国际组织谴责委内瑞拉的政变，要求恢复民主。在国际社会的压力下，卡莫纳也不得不宣布恢复一度解散了的国会和总检察院等公共权力机构，而这正是宪法政府得以恢复的基础和转折点。

（周亦冰）

澳大利亚声称要采取“先发制人”战略

2002年12月1日，澳大利亚总理约翰·霍华德针对造成澳大利亚人很大伤亡的印尼巴厘岛恐怖爆炸事件发表讲话时声称，要对邻国采取“先发制人”战略，以制止可能对澳发动的常规和恐怖形式的攻击，确保国家安全。澳这一讨好美国、挑衅东南亚国家的言论一出炉，立即引起国际社会的广泛关注，特别是遭到东南亚国家的强烈抨击和坚决反对。

一、霍华德提出“先发制人”战略的主要内容

霍华德2002年12月1日在接受澳大利亚9号电视台《星期天》节目主持人采访时表示，一旦澳政府得到有关恐怖分子将袭击本国的可靠情报，将对其采取“先发制人”的战略，并且不惜在周边国家实施军事行动。霍华德还建议将“先发制人”战略写入联合国宪章，以对付恐怖主义。他强调：“为对付恐怖主义，有必要更新用以处理重大常规战争的国际法，而一个经过修改的联合国宪章应该将‘先发制人’战略合法化。联合国有关自卫的宪章是在过去的时代制定的，当时的主要危险来自一个主权国家的攻击，而不是无赖恐怖分子的袭击，显而易见，为应付爆发类似第二次世界大战那样的冲突而制定的国际法典缺乏灵活性，已经不适应目前形势的需要。”

澳大利亚国防部长希尔也帮腔称，有必要更新联合国有关自卫的定义，将“先发制人”战略包括进新的定义中，因为恐怖分子使用大规模杀伤性武器进行攻击，这使一个国家很难在感受到攻击之前有时间做出反应。他还表示，世界冲突现在主要发生在国家内部，而不是像在第二次世界大战时期那样发生在国家与国家之间，新的发展趋势对传统的主权概念提出了挑战，联合国宪章第51条允许“在受到罪恶攻击后”可以自卫，但要打击一个非国家的对象，一个国家以自卫的名义可以合法地做些什么呢？美国在“9·11”事件后的观点很明确，那就是选择“先发制人”战略去对付国家安全所面临的威胁。

二、霍华德“先发制人”战略遭到东南亚国家的坚决反对和国内的强烈批评

马来西亚一向对澳大利亚的亲美政策不满，此次对霍华德“先发制人”论调的反应也最为激烈。总理马哈蒂尔12月3日发表讲话，对霍华德进行激烈批评，指责霍华德“先发制人”的主张完全是美国的论调，纯属“傲慢之举”，十分“不合时宜”，是不受本区域欢迎的。马哈蒂尔警告说，任何未经马来西亚政府许可，在马领土内针对恐怖分子采取的军事行动都将被看作是“战争行为”，是对马领土主权的干涉。马哈蒂尔还表示，如果霍华德继续自以为是地主张越界实施反恐行动，马将终止与澳签署的所有反恐协定。马外长阿尔巴称，霍华德有关“先发制人”的讲话是“危险的趋势”，不仅对世界和平与稳定没有帮助，而且还可能破坏在反恐问题上的国际合作。他敦促霍华德收回有关讲话并尊重国际准则。

菲律宾政府负责外交事务的高级官员奥普莱称，澳欲采取“先发制人”战略是不明智的，将会使其他国家的主权受到威胁。菲政府反对澳采取“先发制人”战略，更不会允许澳在菲境内打击穆斯林极端分子。菲总统国家安全顾问戈莱斯表示，霍华德的言论是难以接受的。他已建议菲政府在与澳协商签订双边反恐协议时“放慢步伐”，因为他担心澳会利用该协议来推进其“先发制人”战略的有关计划。菲外交部12月3日发表声明说，霍华德的言论显示了澳“地区称霸”的野心。

印尼外交部发言人谴责霍华德的言论是“危险的”，并指出：澳根本无权在它国采取军事行动。历来对霍华德的信口开河表示不齿的印尼副总统哈兹则警告说：“不要随意表态，让别的国家感到不舒服！”

泰国政府发言人明确表示反对澳采取“先发制人”战略，并强调每个国家的主权都“必须受到尊重和维护”。

新加坡《联合早报》12月10日发表文章指出，霍华德有关要在周边国家对恐怖主义采取“先发制人”战略的主张，是针对印尼巴厘岛恐怖爆炸事件导致澳大利亚人死伤惨重这一情况提出来的，但他出现了“悲痛过度失语症”。以澳大利亚目前与东南亚国家的关系以及其军事实力，“先发制人”的行动将只能使它逞一时之快，而无法根除恐怖主义，相反，却会使它与东南亚国家的关系难以修补。面对东南亚国家的抨击和指责，澳极力为其“先发制人”战略辩解。霍华德在澳议会中表示，他的有关讲话并不是针对本地区的国家或政府的。只有在掌握确凿的恐怖袭击证据，并且在其他方式都无法奏效的情况下，才会考虑“先发制人”。澳外长唐纳12月4日专门会见10个亚洲国家驻澳大使时，就“先发制人”战略解释称，霍华德总理从来没有说过也未暗示过澳要向亚洲邻国派遣军队，而是始终谋求东南亚邻国的支持，以防止恐怖袭击。澳将继续与有关国家合作共同打击恐怖主义，不准备在东南亚地区采取单边行动。

霍华德的“先发制人”战略在国内也受到了强烈的批评。一些民众指责霍华德的讲话是“一场外交政策的灾难”，将对澳在亚洲的利益造成非常大的损害。甚至有人在澳大利亚广播公司网站上号召公众对霍华德采取“先发制人”，让他立刻下台。反对党工党领导人索德表示，霍华德的“先发制人”将把澳引向战争边缘。其他反对派也谴责霍华德的言论损害了与邻国的政治关系，从而危及澳大利亚的地区安全。

三、霍华德提出“先发制人”战略的意图

霍华德提出“先发制人”战略，从表面上看，是为了对付恐怖主义。但从实质上看，他还另有所图。

（一）紧跟美国。1996 年 3 月霍华德担任澳总理后，其外交政策和防务战略的核心是紧跟美国。2001 年 1 月布什上台后，由于美国共和党和澳大利亚自由党同属保守党，与布什“志同道合”的霍华德几乎是唯布什马首是瞻。近年来，霍华德追随美国比世界上任何其他政治家都积极，甚至超过了英国首相布莱尔。布什采取的一系列单边主义行动，澳大利亚几乎次次都支持。印尼巴厘岛发生恐怖爆炸事件，造成大量人员伤亡，其中既有不少澳大利亚人，也有一些美国人。霍华德认为，此次事件为澳亲近美国提供了难得的机遇。于是，霍华德紧步布什的后尘，与布什一唱一和，也炮制了澳大利亚的“先发制人”战略。分析家认为，“澳紧跟美国，是企图在美国坐稳了世界霸主交椅之后分得一杯羹”。

（二）争取选民支持。澳将在 2003 年举行大选。霍华德非常懂得选民的心理，知道“沉默的大多数”的力量。这个大多数要的是宁静的生活，不希望外人来干扰他们的生活，需要一个强硬的领导人把恐怖主义关在大门之外。为了迎合选民的心理，霍华德在对付恐怖主义的问题上总是以强硬的面目出现。

（钟学良）

（本栏责任编辑　赵刚箴）

各国军事概况

亚洲国家军事概况

中　国

国　　名　中华人民共和国。

主要统计　面积约960万平方千米。人口12.8453亿人（2002年统计，香港、澳门特别行政区，台湾省，金门、马祖等岛屿人口未计入内）、国内生产总值102398亿元（2002年）。国防费1707.68亿元（2002年国防开支），1870.78亿元（2003年国防预算）。钢18273万吨（2002年）。原煤13.8亿吨（2002年）。原油1.67亿吨（2002年）。发电量16540亿度（2002年）。粮食4.5711亿吨（2002年）。货物运输周转量49387亿吨千米（其中，铁路15477亿吨千米、公路6704亿吨千米、水运26481亿吨千米、民航51.5亿吨千米）（2002年）。旅客运输周转量13966亿人千米（其中，铁路4969亿人千米、公路7643亿人千米、水运85亿人千米、民航1269亿人千米）（2002年）。固定及移动电话用户总数达42104万户（2002年）。

国防政策　中华人民共和国是发展中的社会主义国家。中国始终不渝地奉行独立自主的和平外交政策，主张在和平共处五项原则和其他公认的国际关系准则的基础上，同所有国家建立和发展友好合作关系，为维护世界和平促进人类进步事业而努力。中国坚定不移地奉行防御性的国防政策，坚持永远不称霸、不做超级大国、不侵略别国。中国国防政策的基础是中国政府积极倡导的新安全观，其核心是各国在国际关系上应坚持互信、互利、平等、协作的原则。互信，是指超越意识形态和社会制度异同，摒弃冷战思维和强权政治心态，互不猜疑，互不敌视。互利，是指顺应全球化时代社会发展的客观要求，互相尊重对方的安全利益，在实现自身安全利益的同时，为对方安全创造条件，实现共同安全。平等，是指国家无论大小强弱，都是国际社会的一员，应相互尊重，平等相待，不干涉别国内政，推动国际关系的民主化。协作，是指以和平谈判的方式解决争端，并就共同关心的安全问题进行广泛深入的合作，消除隐患，防止战争和冲突的发生。中国的国防政策，主要包括以下内容：巩固国防，抵御侵略，制止武装颠覆，捍卫国家的领土、领空、领海主权和海洋权益，维护国家的统一和安全；国防建设服从和服务于国家经济建设，实现国防建设与经济建设的协调发展，不断提高军队的防卫作战能力；在战略上实行防御、自卫和后发制人的原则，坚持“人不犯我，我不犯人，人若犯我，我必犯人”；依靠科技强军，加强质量建设，实现军队由数量规模型向质量效能型、由人力密集型向科技密集型的转变，走有中国特色的精兵之路；坚持平战结合、军民结合的方针，在独立自主、自力更生的原则下，有重点有选择地引进国外一些先进技术，大力发展国防科学技术，加强军队现代化建设，加强后备力量建设，逐步增强国防实力和潜力；反对任何形式的恐怖主义，积极参加国际反恐合作，共同防范和打击国际恐怖活动；努力发展与各国军队的友好关系，积极开展军事交流与合作，反对军备竞赛，主张通过公正、合理、全面、均衡的原则，实行有效的军备控制和裁军，防止大规模杀伤性武器的扩散，维护世界和平。

军事战略　中华人民共和国为抵御外敌侵略，保卫国家独立和安全，维护世界和平，始终奉行积极防御的战略。其基本点是坚持自卫立场，坚持后发制人，坚持人民战争。为适应世界军事领域的深刻变革和国家发展战略的要求，中国制定了新时期积极防御的军事战略方针。这一方针立足于打赢现代技术特别是高技术条件下的局部战争，注重遏制战争爆发，坚持和发展人民战争思想。中国人民解放军实施科技强军战略，加快国防科研和武器装备发展，培养高素质新型军事人才，建立科学的体制编制，发展具有中国特色的军事理论，提高部队的防卫作战能力。

核政策 中国作为核武器国家，积极支持和参与防止核扩散的国际努力，推动核裁军进程，致力于在全球范围内最终实现全面禁止和彻底销毁核武器的目标。中国是《不扩散核武器条约》缔约国，一向恪守条约义务，奉行不主张、不鼓励、不扩散核武器的政策。中国组建战略核部队，完全是出于防御目的，是为了反对核讹诈，遏制核战争。核反击是被迫的，最终目的是消灭核武器和核战争，维护中国的独立和安全。中国政府一再郑重声明，中国在任何时候、任何情况下，都不会首先使用核武器，不对无核武器国家和无核武器地区使用核武器。但是，如果遭到核袭击，将毫不犹豫地实施核反击，进行有限而有效的核报复。

国防体制 领导机关 中央军事委员会是中国共产党中央委员会的军事机关，又是中华人民共和国国家机构的组成部分。

中国共产党中央军事委员会 是中国武装力量的最高统率机构，负责党和国家的最高军事决策和军事指挥，根据党的路线、方针、政策和国家的安全与发展的需要，确定军事战略，领导军事建设。《中国共产党章程》规定，党的中央军事委员会组成人员由中央委员会决定。2002 年 11 月召开的中国共产党第 16 届中央委员会第 1 次全体会议决定，中共中央军事委员会组成如下：中共中央军事委员会主席江泽民，中共中央军事委员会副主席胡锦涛，郭伯雄上将、曹刚川上将，中共中央军事委员会委员徐才厚上将、梁光烈上将、廖锡龙上将、李继耐上将。

中华人民共和国中央军事委员会 中华人民共和国中央军事委员会领导全国武装力量。其职权是：统一指挥全国武装力量；决定军事战略和武装力量的作战方针；领导和管理中国人民解放军的建设，制定规划、计划并组织实施；向全国人民代表大会或者全国人民代表大会常务委员会提出议案；根据宪法和法律，制定军事法规，发布决定和命令；决定中国人民解放军的体制和编制，规定总部以及军区、军兵种和其他军区级单位的任务和职责；依照法律、军事法规的规定，任免、培训、考核和奖惩武装力量成员；批准武装力量的武器装备体制和武器装备发展规划、计划，协同国务院领导管理国防科研生产；会同国务院管理国防经费和国防资产。《中华人民共和国宪法》规定，中央军事委员会由主席、副主席若干人、委员若干人组成，实行主席负责制。主席由全国人民代表大会选举产生，对全国人民代表大会及其常务委员会负责。其他组成人员由全国人民代表大会或其常务委员会根据中央军委主席的提名决定。任期与每届全国人民代表大会任期相同。新一届中华人民共和国中央军事委员会的主席、副主席及委员已于 2003 年 3 月召开的第 10 届全国人民代表大会上选举产生，其组成与在中国共产党第 16 次全国代表大会第 1 次全会上选举产生的新一届中共中央军事委员会的组成相同。

人民武装委员会 从中央到县各级建立的群众武装建设的专门机构。主要任务是：研究贯彻党中央、国务院、中央军委有关民兵建设的各项方针、政策和指示；根据上级地方党委和军事机关的有关指示，结合本地区情况，研究解决民兵工作中的重大问题；研究贯彻有关兵员动员和转业、复员、退伍战士安置工作的方针、政策。中央军委人民武装委员会由中央军委、国家机关有关部门、人民解放军各总部和有关人民团体的负责人组成。办事机构设在中国人民解放军总参谋部动员部。省（直辖市、自治区）、地、县（市）党委人民武装委员会，由各级党委吸收有关部门的负责同志组成，主任由同级党委指定一名书记担任。办事机关分别为省军区、军分区、县（市）人民武装部。

中华人民共和国国防部 中华人民共和国国务院的军事部门。根据中华人民共和国宪法规定，国务院领导和管理国防建设事业。国务院设立国防部，一切需要由政府负责的军事工作，经国务院做出相应决定，通过国防部或以国防部的名义组织实施。国防部在接受国务院领导的同时也接受中央军事委员会的领导。需要国防部办理的事宜，由总参谋部、总政治部、总后勤部、总装备部分别办理。2003 年 3 月，第 10 届全国人民代表大会第 1 次会议决定，曹刚川上将为国务院国务委员兼国防部长，任期五年。

中国人民解放军总参谋部 中央军委领导下负责组织武装力量建设和作战指挥的军事领导机关。设有办公厅和作战、情报、通信、训练、军务、动员、兵种、电子对抗、政治、陆航、外事、管理等部门。现任总参谋长梁光烈上将（2002 年 11 月上任），副总参谋长葛振峰中将（2002 年 11 月上任）、隗福临上将

(1995 年 7 月上任)、吴铨叙上将（1995 年 7 月上任)、钱树根上将（1995 年 7 月上任)、熊光楷上将（1996 年 1 月上任)、张黎中将（2000 年 6 月上任)，总参谋长助理李玉中将（2000 年 12 月上任)。

中国人民解放军总政治部　中央军委领导下负责全军政治工作的领导机关。设有办公厅和组织、干部、宣传、保卫、纪律检查、联络等部门。现任总政治部主任徐才厚上将（2002 年 11 月上任)，副主任唐天标上将（1995 年 7 月上任)、袁守芳上将（1996 年 11 月上任)、张树田上将（1998 年 12 月上任)，总政治部主任助理孙忠同少将（2001 年 7 月上任)。

中国人民解放军总后勤部　中央军委领导下负责全军后勤工作的领导机关。设有司令部、政治部和财务、军需、卫生、军事交通、油料物资、基建营房、审计等部门。现任总后勤部部长廖锡龙上将（2002 年 11 月上任)，政治委员张文台上将（2002 年 11 月上任)，副部长周友良中将（1993 年 12 月上任)、温光春中将（1996 年 7 月上任)、孙志强中将（1999 年 12 月上任)、苏书岩中将（1999 年 12 月上任)、王谦中将（2002 年 1 月上任)，副政治委员董宜胜中将（1999 年 5 月上任)。

中国人民解放军总装备部　中央军委领导下负责全军武器装备工作的领导机关。1998 年 4 月 3 日组建，设有司令部、政治部和综合计划、军兵种、陆军装备科研订购、通用装备保障、电子信息等部门。现任总装备部部长李继耐上将（2002 年 11 月上任)、政治委员迟万春中将（2002 年 11 月上任)，副部长胡世祥中将（1998 年 8 月上任)、李安东中将（2000 年 8 月上任)、楚鸿彦中将（2001 年 10 月上任)、张诗明中将（2001 年 10 月上任)、朱发忠少将（2001 年 10 月上任)，副政治委员朱增泉中将（1998 年 8 月上任)。

中国人民解放军军区领导机关　是根据国家的行政区域、地理位置和战略战役方向、作战任务等设置的一级军队组织，是战略区域内合成部队的军事领导指挥机关；直属中央军委领导。其主要任务是贯彻执行中共中央、国务院和中央军委确定的建军原则、作战方针，领导辖区部队的革命化、正规化、现代化建设，负责辖区内诸军兵种部队合同作战的统一指挥，领导管理辖区内的民兵预备役、动员工作和战场建设。军区机关设有司令部、政治部、联勤部、装备部等机构。现有 7 个军区。

沈阳军区　司令员钱国梁上将（1999 年 12 月上任)，政治委员姜福堂上将（1995 年 9 月上任)。

北京军区　司令员朱启中将（2001 年 11 月上任)，政治委员杜铁环上将（1996 年 11 月上任)。

兰州军区　司令员李乾元中将（1999 年 9 月上任)，政治委员刘永志中将（2002 年 11 月上任)。

济南军区　司令员陈炳德上将（1999 年 12 月上任)，政治委员刘冬冬中将（2002 年 11 月上任)。

南京军区　司令员朱文泉中将（2002 年 11 月上任)，政治委员雷鸣球中将（2001 年 11 月上任)。

广州军区　司令员刘镇武中将（2001 年 11 月上任)，政治委员刘书田中将（1998 年 8 月上任)。

成都军区　司令员王建民中将（2002 年 11 月上任)，政治委员杨德清中将（1999 年 5 月上任)。

中国人民解放军海军领导机关　设有司令部、政治部、后勤部、装备部。现任海军司令员石云生海军上将（1996 年 11 月上任)，政治委员杨怀庆海军上将（1995 年 7 月上任)。

中国人民解放军空军领导机关　设有司令部、政治部、后勤部、装备部。现任空军司令员乔清晨空军上将（2002 年 11 月上任)，政治委员邓昌友空军中将（2002 年 11 月上任)。

中国人民解放军第二炮兵领导机关　设有司令部、政治部、后勤部、装备部。现任第二炮兵司令员靖志远中将（2002 年 11 月上任)，政治委员隋明太上将（1997 年 11 月上任)。

最高军事学术研究机关和学府

中国人民解放军军事科学院　中央军委领导下的军事学术研究机关，是全军军事科学的研究中心，是中央军委和总部从军事理论高度指导军队建设的助手。基本任务是进行军事基础理论和国防建设、军队建设重大问题的研究；为军委和总部决策提供战略性建议和咨询，提供军事学术研究方面的信息；组织协调全军的军事学术研究工作等。设有战略、战役战术、军制、军事历史、外国军事、军事百科全书、毛泽东军事思想研究、军事运筹分析、军队政治工作等研究部门。拥有一支具有相应水平和实践经验的研究队伍。编写出版了大量军事研究论著和各种条令、条例、教范，译注了大量中外军事名著、军事工具书，并编辑出版《中国军事科学》、《军事学术》、《外国军事学术》等多种学术刊物。军事科学院被国务院学位委员会批准在军事学领域开展硕士和博士研究生教育。军事科学院注重同国内外学术界的交流。现任军事科学院院长张定发中将（2002 年 11 月上任)，政治委员温宗仁中将（2000 年 6 月上任)。

中国人民解放军国防大学　中央军委领导下的最

高军事学府，是一所具有综合性、研究性、开放性特点的合成指挥大学。基本任务是招收经过中级指挥院校培训的优秀师、旅职军官，实施高层次的综合教育，同时培训高级参谋、高级理论研究人员和国家有关部门的领导干部，并从事有关战略和国防现代化建设问题的研究，为军委和总部决策起咨询作用。教学指导思想是以培养政治上合格的适应国防现代化建设和未来战争要求的高级人才为目标；坚持培养“通才”；坚持“高、新、宽、深”的教学内容；坚持自学为主，实行研究式、启发式的教学方法。设有国防研究系、进修系、基本系、留学生系、师资培训班和研究生院，还设有科学研究部和下属的战略研究所、马克思主义研究所、军队建设研究所等科研机构。国防大学已被国务院学位委员会批准在军事学领域开展博士生教育。国防大学坚持对国内外开放，积极开展学术交流，力求用世界最新科技和军事信息、成果，充实和丰富教学内容。现任国防大学校长裴怀亮中将（2002 年 11 月上任），政治委员赵可铭中将（2001 年 7 月上任）。

国防科学技术大学 中央军委直接领导的军事院校。是目前我军科学和工程技术院校中唯一经国务院、中央军委批准成立研究生院的院校，是首批进入国家“211 工程”建设并获中央专项经费支持的重点院校之一。基本任务是：培养军队高级科学和工程技术人才与指挥人才，培训军队高级领导干部，从事先进武器装备和国防关键技术研究。学校按照“理工结合，以工为主，文、管、军、经、哲多学科相互渗透，口径宽、适应性强、军队和国防特色明显”的思路，长期不懈地致力于学科专业建设，形成了以工学为主体，具有鲜明的国防科技优势和军事高技术特色的学科体系。大学下设基础部、航天与材料工程学院、理学院、机电工程与自动化学院、电子科学与工程学院、人文与管理学院、计算机学院、炮兵学院、工程兵学院、政治学院、全军高级干部高科技知识培训班。学校拥有比较先进的教学、科研实验设备和公共服务体系。现任国防科学技术大学校长温熙森中将（1999 年 6 月上任），政治委员黄献忠少将（2002 年 11 月上任）。

作战指挥系统 中央军委通过中国人民解放军总参谋部对各军区、海军、空军、第二炮兵实施作战指挥。驻各军区的陆军集团军和兵种部队归所在军区建制领导和指挥。部署在各军区的海军、空军部队，建制归海、空军，受军区和军委海、空军的双层领导。军区内三军联合作战行动由军区统一指挥。第二炮兵在军委集中领导下，实施垂直指挥。省军区、军分区、县（市）人民武装部隶属军队系统，归所在军区建制领导，同时又是所在省、地、县（市）党委的军事工作部门和政府的兵役机关。

武装力量 中华人民共和国武装力量属于人民，受中国共产党领导，武装力量中的中国共产党组织依照中国共产党章程进行活动。中华人民共和国武装力量的任务是巩固国防，抵抗侵略，保卫祖国，保卫人民的和平劳动，参加国家建设事业，全心全意为人民服务。中华人民共和国武装力量由中国人民解放军现役部队和预备役部队、中国人民武装警察部队及民兵组成。中国人民解放军现役部队是国家的常备军，主要担负防卫作战任务，必要时可以依照法律规定协助维护社会秩序；预备役部队平时按照规定进行训练，必要时可以依照法律规定协助维护社会秩序，战时根据国家发布的动员令转为现役部队。中国人民武装警察部队在国务院、中央军事委员会的领导指挥下，担负国家赋予的安全保卫任务，维护社会秩序。民兵在军事机关的指挥下，担负战备勤务、防卫作战任务，协助维护社会秩序。中华人民共和国武装力量以毛泽东军事思想和邓小平新时期军队建设思想为指导，按照江泽民主席提出的“政治合格、军事过硬、作风优良、纪律严明、保障有力”的总要求，正向革命化、现代化、正规化目标迈进。

在 2001 年 3 月 15 日第 9 届全国人民代表大会第 4 次会议批准的《中华人民共和国国民经济和社会发展第十个五年计划纲要》中指出，强大的国防是国家安全和现代化建设的基本保证。“十五”期间，要在集中力量发展国民经济的同时，积极推进国防建设，增强国防实力。要加强军队党的建设，确保党对军队的绝对领导。加强人民解放军的革命化、现代化、正规化建设。贯彻积极防御的军事战略方针，坚持质量建军，科技强军，勤俭建军，依法治军，积极改革创新。加快军队向质量效能型和科技密集型转变，走有中国特色的精兵之路，提高现代技术特别是高技术条件下的防卫作战的能力，做好应付各种复杂情况的准备。加强国防动员体系建设，增强国防后备力量，提高平战转换能力。深化后勤保障改革，提高保障能力。要坚持军民结合，寓军于民，大力协同，自主创新，建立适应国防建设和市场经济要求的新型国防科技工业体系，发展高新武器装备，努力提高现代化水平。要坚持“和平统一、一国两制”的基本方针，坚决打击“台独”分裂势力，早日完成祖国统一大业。

在 2002 年 11 月 8 日召开的中国共产党第 16 次全

国代表大会上，中共中央总书记、国家主席江泽民代表党中央所做的报告中强调指出，建立巩固的国防是我国现代化建设的战略任务，是维护国家安全统一和全面建设小康社会的重要保障。坚持国防建设与经济建设协调发展的方针，在经济发展的基础上推进国防和军队现代化。坚持以毛泽东军事思想、邓小平新时期军队建设思想为指导，全面贯彻“三个代表”重要思想，按照政治合格、军事过硬、作风优良、纪律严明、保障有力的总要求，紧紧围绕“打得赢、不变质”两个历史性课题，坚定不移地走中国特色的精兵之路，加强军队的革命化现代化正规化建设。始终把思想政治建设摆在军队各项建设的首位，永葆人民军队的性质、本色和作风。贯彻积极防御的军事战略方针，提高高技术条件下的防卫作战能力。适应世界军事变革的趋势，努力完成机械化和信息化建设的双重历史任务，实现我军现代化建设的跨越式发展。探索新的历史条件下治军的特点和规律，推进国防和军队建设的各项改革。这些重要论述将成为今后一个时期中国国防和军队建设的基本指导思想。

中国人民解放军　由陆军、海军、空军、第二炮兵部队组成。

陆军　中国人民解放军陆军经过70多年的建设，现已发展成为一支具有强大火力、突击力和高度机动能力的诸兵种合成军种。编有步兵、炮兵、装甲兵、工程兵、通信兵、防化兵等专业兵种，还编有电子对抗、测绘和航空兵部队。步兵有山地步兵、摩托化步兵、机械化步兵，炮兵包括地面炮兵、高射炮兵和地空导弹部队；装甲兵部队在编制上以坦克部队和装甲步兵部队为主体，还编有炮兵、反坦克导弹、防空、防化学、工程及其他勤务保障部（分）队，装备除主战坦克外，还有水陆坦克、轻型坦克、扫雷坦克、反坦克导弹发射车等；防空兵以高射炮、地空导弹武器系统为基本装备，遂行对空作战任务；陆军航空兵装备攻击直升机、运输直升机和其他专用直升机及轻型固定翼飞机，遂行空中机动和支援地面作战任务；工程兵由工兵、舟桥、建筑、工程维护、伪装、野战给水工程等专业部（分）队组成；通信兵由野战通信、固定台站通信、通信工程和军邮勤务等专业部（分）队组成；防化兵由防化、喷火、发烟等部（分）队组成。陆军按其担负的任务划分为野战机动部队、海防部队、边防部队、警卫警备部队等。野战机动部队的编制序列一般是：集团军、师（旅）、团、营、连、排、班。海防部队、边防部队、警卫警备部队，根据担负任务的需要，确定编组方式。

海军　中国人民解放军海军是1949年4月23日正式成立的。主要任务是独立地或协同陆军、空军防御敌人从海上入侵，保卫领海主权，维护海洋权益。主要由水面舰艇部队、潜艇部队、航空兵、岸防兵和陆战队等兵种以及各种保障部队组成，编有北海、东海、南海三个舰队和海军航空兵部，以及各类院校、科研、试验机构、预备役部队和军民联防单位。编制序列是：海军，舰队，航空兵部，基地，水警区，舰艇支队，舰艇大队，舰艇中队。人民解放军海军部队现已成为一支兵种齐全、常规和尖端武器兼备，具有立体攻防能力，能有效地保卫国家领海的战斗力量。

空军　中国人民解放军空军是1949年11月11日正式成立的。主要任务是担负国土防空，支援陆、海军作战，对敌后方实施空袭，进行空运和航空侦察。空军实行空防合一的体制，由航空兵、地空导弹兵、高射炮兵、雷达兵、空降兵以及通信、雷达、电子对抗、防化、技术侦察等专业部（分）队组成。空军下辖沈阳、北京、兰州、济南、南京、广州、成都七个军区空军，在重要方向和重要目标区设有军或相当于军的基地。航空兵由歼击、强击、轰炸、运输航空兵组成，通常按师、团、飞行大队（营）、飞行中队（连）编成。航空兵师一般下辖2个至3个航空兵团和驻地场站，航空兵团是基本战术单位。由于武器装备和担负任务不同，各类航空兵团编制飞机数量通常在20架至40架之间不等；飞机和飞行员（组）的比例通常为1：1．2。

第二炮兵　中国人民解放军装备地地战略导弹武器系统，遂行战略核反击任务的部队，组建于1966的7月1日。主要任务是遏制敌人对中国使用核武器，在敌人对中国发动核袭击时，遵照统帅部的命令，独立地或联合其他军种的战略核部队对敌人实施有限而有效的自卫反击，打击敌人的重要战略目标。第二炮兵部队由近程、中程、远程和洲际导弹部队，工程部队，作战保障、装备技术保障和后勤保障部队组成，是一支具有一定规模和实战能力的主要核威慑和战略核反击力量。目前，建成了一批不同型号和不同发射方式的作战阵地，初步形成了多种型号导弹武器装备系统，快速机动作战能力和准确打击目标能力进一步提高，在保卫社会安全、维护世界和平中发挥着重要作用。

驻香港部队　1997年7月1日，中华人民共和国恢复了对香港行使主权。根据《中华人民共和国宪法》赋予中国人民解放军的使命和《中华人民共和国香港特别行政区基本法》关于中央人民政府负责管理香港特别行政区的防务的规定，为维护国家的主权、统一和领土完整，保持香港特别行政区的繁荣和稳定，驻香港特别行政区部队于 1997 年 7 月 1 日正式进驻香港执行防务任务。香港驻军由陆、海、空军部队组成，是一支合成部队，下辖 1 个陆军步兵旅、1 个海军舰艇大队、1 个空军航空兵团。驻香港特别行政区部队隶属中华人民共和国中央军事委员会，费用由中央人民政府负担，驻军的防务职责是防备和抵抗侵略，保护香港特别行政区的安全；担负防卫勤务；管理军事设施；承办有关的涉外军事事宜。香港特别行政区政府在必要时，可向中央人民政府请求驻军协助维护社会治安和救助灾害。驻军法规定香港驻军人员的义务是：（一）忠于祖国，履行职责，维护祖国的安全、荣誉和利益，维护香港的安全；（二）遵守全国性的法律，遵守军队的纪律；（三）尊重香港特别行政区政权机构，尊重香港特别行政区的社会制度和生活方式；（四）爱护香港特别行政区的公共财产和香港居民的私有财产；（五）遵守社会公德，讲究文明礼貌。同时明确规定禁止驻军干预特区的地方事务，禁止军人参加香港的政治组织、宗教组织和社会团体，禁止驻军和军人从事营利性的经营活动和其他与驻军职责不相称的活动。这支部队按照中央军委的要求，进驻香港后展现出了中国人民解放军“威武之师、文明之师”的风貌。

驻澳门部队　1999 年 12 月 20 日，中华人民共和国恢复了对澳门行使主权。根据《中华人民共和国宪法》赋予中国人民解放军的使命，依照《中华人民共和国澳门特别行政区基本法》关于中央人民政府负责管理澳门特别行政区的防务的规定和《中华人民共和国澳门特别行政区驻军法》的有关规定，为维护国家的主权、统一和领土完整，保持澳门特别行政区的稳定和发展，中华人民共和国中央人民政府派驻澳门特别行政区的部队于 1999 年 12 月 20 日进驻澳门正式担负防务。这支部队集摩托化步兵、装甲步兵、通信兵、侦察兵等多兵种于一体，主要由陆军组成，官兵人数近千名。指挥机关编有海、空军人员，并设有专门的训练和保障机构。武器装备如轻武器、通信设备、装甲车等，都是 90 年代的最新装备。机关人手一部电脑，实现了指挥、办公、管理等自动化。中国人民解放军驻澳门部队隶属于中华人民共和国中央军事委员会领导，驻军费用由中央人民政府担负。驻澳门部队不干预澳门的特别行政区的地方事务。澳门特别行政区政府在必要时，可以向中央人民政府请求驻澳门部队协助维持社会治安和救助灾害。驻军人员除须遵守全国性的法律外，还须遵守澳门特别行政区的法律。

预备役部队　是中国人民解放军的组成部分，是建设祖国保卫祖国的一支重要力量。预备役部队以少数现役军人为骨干，以预备役军官和士兵为基础，按照中国人民解放军的统一编制组建，属于人民解放军序列。平时按照总参谋部的计划进行军事训练，努力提高军事素质和快速动员能力，必要时可按照法律规定协助维护社会秩序，战时根据国家发布的动员令转为现役部队。从 1983 年开始，各军区及军兵种普遍组建预备役部队。经过 16 年的建设，现已成为一支具有数十个师兵力的，包括步兵、炮兵、工程兵、通信兵、防化兵和舟桥部队以及海、空军等专业技术兵种在内的诸军兵种合成的新型预备部队。各预备役师、团在加强基本建设的同时，建立健全了一整套教育、训练、管理生活制度，狠抓军事训练，不断增强了在现代高技术条件下的快速动员能力和遂行作战任务能力。《中华人民共和国预备役军官法》规定，预备役军官授予预备役军官军衔，军衔等级基本与现役军官相同，最高编制军衔为预备役少将。从 1997 年 1 月 1 日起，预备役军官在参加军事训练、执行军事勤务期间和参加国庆节、建军节或者重大庆典活动时，着预备役军官制式服装，佩带军衔肩章、符号标志，平时不得佩带。

中国人民武装警察部队　是中华人民共和国武装力量的组成部分，担负国内安全保卫任务。其职能是捍卫中国共产党的领导，捍卫社会主义制度。基本使命是维护国家主权和尊严，维护社会稳定，保卫重要目标和人民生命财产安全。1982 年 6 月，党中央决定组建中国人民武装警察部队。1983 年 4 月，中国人民武装警察部队总部在北京成立，属于国务院编制序列，由国务院、中央军委双重领导，实行统一领导管理与分级指挥相结合的体制。武警部队执行中华人民共和国兵役法和中国人民解放军的条令、条例和有关规章制度，享受中国人民解放军的同等待遇。军衔等级同中国人民解放军军衔等级，军衔前冠以“武警”名称。

中国人民武装警察部队设有总部，各省、自治区、直辖市设有武装警察部队总队（副军或师级）；各地、市、州、盟设有支队（团级）或大队（营级）；县（市、旗）设有中队（连级）。中国人民武装警察部队以内卫部队为主体，包括列入武装警察部队序列的公安边防部队、公安消防部队、公安警卫部队；担负生产建设任务的水电部队、交通部队、黄金部队；

担负护林防火、灭火任务的森林警察部队。内卫部队的基本任务是：警卫党政机关和外国使（领）馆，守卫重要机场、电台、电视台、通信枢纽、工厂、仓库、科研机构等重要目标；守护重要桥梁、隧道；担负看守所、监狱、劳改场所的外围武装看押任务和押解罪犯；对大城市和特定地区实施治安巡查警戒；参与处置各种突发事件。边防部队的主要任务是：担负边境地区的治安管理；在对外开放的港口、机场、国境车站和孔道以及特许的口岸，对出入境人员和交通工具实施边防检查；对国际国内航班乘客及携带物品实施安全检查；在领海线内实施巡逻。消防部队的主要任务是：向人民群众宣传安全防火常识，协助有关单位建立防火措施，搞好消防监督和检查，扑救火灾，保卫国家经济建设和人民生命财产的安全。武警部队经过十几年的建设已进入了新的发展阶段。目前，部队正在建设成为一支政治可靠、训练有素、装备改善、出色履行维护国家安全和稳定的神圣职责的部队。现任武警部队司令员吴双战武警上将（1999 年 12 月上任），政治委员徐永清武警上将（1996 年 2 月上任）。

民兵 是中国共产党领导下的不脱离生产的群众武装，是中华人民共和国武装力量的组成部分，是中国人民解放军的助手和后备力量。民兵的任务是：（一）积极参加社会主义现代化建设，带头完成生产和各项任务；（二）担负战备勤务，保卫边疆，维护社会治安；（三）随时准备参军参战、抵抗侵略，保卫祖国。《民兵工作条例》规定，民兵工作的任务是：（一）建立和巩固民兵组织，提高民兵军政素质，配备和管理民兵武器装备，储备战时所需的后备兵员；（二）发动民兵参加社会主义现代化建设，组织民兵担负战备执勤，维护社会治安；（三）组织民兵参战，支援前线，抵抗侵略，保卫祖国。民兵工作应当贯彻人民战争的思想，坚持劳武结合，坚持民兵制度与预备役制度、民兵工作与战时兵员动员准备工作相结合。全国的民兵工作在国务院、中央军委领导下，由中国人民解放军总参谋部主管。军区按照上级赋予的任务，负责本区域的民兵工作。省军区（卫戍区、警备区）、军分区、县（市）人民武装部负责本区域的民兵工作。《中华人民共和国兵役法》规定，乡、民族乡、镇和企业事业单位建立民兵组织，凡 18 至 35 岁符合服兵役条件的男性公民，除应征服现役以外，均应编入民兵组织服预备役。民兵分基干民兵和普通民兵。28 岁以下的退出现役的士兵和经过军事训练的人员，以及选定参加军事训练的人员编为基干民兵；其余 18 至 35 岁符合服兵役条件的男性公民编为普通民兵。根据需要吸收女性公民参加基干民兵。陆海边疆、少数民族地区和城市有特殊情况的单位，基干民兵的年龄可适当放宽。随着国防现代化建设的发展，民兵组织已由单一的步兵发展成为包括高炮、地炮、通信、工兵、防化、侦察以及海军、空军等专业技术分队在内的基干民兵队伍。民兵的武器装备实现了国产制式化。为加强国防后备力量建设，1987 年全国边海防民兵工作会议之后，开始组建民兵应急分队。民兵应急分队是一支应付突发事件、维护社会稳定的“拳头”力量。经过 10 多年的建设，在大中城市和边海防等重点地区组建的民兵应急分队已步入正规化建设轨道，基本实现了武器装备现代化、通信工具现代化，成为一支素质优良、动员快速、战斗力强的队伍。在加强民兵应急部队建设的同时，加强了民兵专业技术分队的建设。目前，全国共组建对口专业分队近万个，编组民兵数万人，在平时的生产建设、抢险救灾和军事活动中充分发挥了后备军的作用。

兵役制度 中华人民共和国宪法规定：“保卫祖国、抵抗侵略是中华人民共和国每一个公民的神圣职责。依照法律服兵役和参加民兵组织是中华人民共和国公民的光荣义务。”凡中华人民共和国公民，不分民族、种族、职业、家庭出身、宗教信仰和教育程度，都有依法服兵役的义务。参加中国人民解放军的服现役，没有服现役的公民进行兵役登记服预备役或者编入预备役部队、参加民兵组织，以及学生接受军事训练等都是履行兵役义务。1998 年 12 月 29 日第 9 届全国人民代表大会常务委员会第 6 次会议通过了关于修改《中华人民共和国兵役法》的决定，修改后的兵役法规定：“中华人民共和国实行义务兵与志愿兵相结合、民兵与预备役相结合的兵役制度。”

士兵服役制度 根据 1998 年 12 月 29 日新颁发的《中华人民共和国兵役法》和 1999 年 6 月 30 日国务院、中央军委修订发布的《中国人民解放军现役士兵服役条例》，现役士兵按兵役性质分为义务兵役制士兵和志愿兵役制士兵。义务兵役制士兵称义务兵，义务兵服现役的期限为 2 年。志愿兵役制士兵称士官。士官从服现役期满的义务兵中选取，根据军队需要，也可以从非军事部门具有专业技能的公民中招收。士官实行分期服现役制度。士官服役的年限为：第一期、第二期各 3 年，第三期、第四期各 4 年，第五期 5 年，第六期 9 年以上。士官服现役的期限，从改为士官之日算起，至少 3 年，一般不超过三十年，年龄不超过 55 岁。

军官服役制度　中国人民解放军现役军官是被任命为排级以上职务或者初级以上专业技术职务，并被授予相应军衔的现役军人。军官按职务性质分为军事军官、政治军官、后勤军官、装备军官和专业技术军官。军官的选拔和使用，坚持任人唯贤、德才兼备、注重实绩、适时交流的原则，实行民主监督。坚持院校培训提拔军官的制度。优秀士兵经过院校培训也可以提拔为军官。经军队院校培训提拔军官不能满足需要时，平时可以挑选优秀士兵经过总部指定的其他训练机构培训合格后提拔为军官，也可以接收普通高等学校毕业生和专业技术人员入伍，任命为军官；战时可以从士兵、征召的预备役军官和非军事部门的人员中直接任命军官。军官服役最高年龄：排级30岁、连级35岁、营级40岁、团级45岁、师级50岁、军级55岁，大军区副职63岁，大军区正职65岁。作战部队的少数师、军职军官因工作需要可以适当延长，但师、正军职最多不得超过5岁，副军职最多不得超过3岁；在舰艇上服役的营、团级军官，任职的最高年龄分别为45岁和50岁；总部机关，大军区机关，省军区（卫戍区、警备区）系统、后勤基地和分部、院校、科研单位的师职军官任职的最高年龄为55岁，副军职军官任职最高年龄为58岁，正军职军官最高任职年龄为60岁；专业技术军官平时任职的最高年龄，担任初级专业技术职务的43岁、中级专业技术职务的50岁、高级专业技术职务的60岁，少数中、高级专业技术职务的军官，因工作需要按任免权限批准可放宽5岁。军官达到服现役的最高年龄的、因伤病残不能坚持正常工作或因受军队编制员额限制不能调整使用的，应当退出现役作转业、退休、离休安置。军官服现役（或参加工作）满30年以上或者年龄满50周岁以上，本人提出申请，组织批准，可作退休安置。

现役军人及其家属的优待　中国人民解放军军官实行职务军衔等级工资制度和定期增资制度，并按照国家和军队的有关规定享受津贴和补贴。军官享受公费医疗待遇，每年休假一次。军官具备家属随军条件的经师以上单位政治机关批准，其配偶和未成年子女、无独立生活能力的子女可以随军，是农村户口的转为城镇户口。部队移防或者军官工作调动，随军家属可以随调。军官退出现役后由国家妥善安置。士官实行工资制和定期增资制度，工资由基础工资、军衔等级工资、军龄工资组成，并按照国家和军队的有关规定享受津贴和补贴。高级士官经师（旅）级以上单位的政治机关批准，其配偶和未成年的子女、无独立生活能力的子女可以随军，是农村户口的转为城镇户口。士官每年均有探亲假期。义务兵服现役期间享受供给制生活待遇，并按军衔和服现役年限发给津贴，享受国家和军队规定的保险待遇，享受公费医疗待遇。兵役法规定，现役军人，革命残废军人，退出现役的军人，革命烈士家属，牺牲、病故军人家属，现役军人家属，应当受到社会的尊重，受到国家和人民群众的优待。革命伤残军人乘坐火车、轮船、飞机、长途公共汽车，凭《革命伤残军人证》准予优先购票和享受减价优待。现役军人牺牲、病故，由国家发给其家属一次性抚恤金和定期抚恤金。

退伍军人的安置　义务兵服现役期满未被选取为士官的，以及士官服役满本期规定年限未被批准进入下一期继续服现役的和符合退休条件的一律退出现役。退出现役的义务兵，按照国家有关规定妥善安置。家居农村的义务兵退出现役后，由乡、民族乡、镇的人民政府妥善安排他们的生产和生活。招收员工时，在同等条件下，应当优先录用。家居城镇的义务兵退出现役后，由县、自治县、市、市辖区的人民政府安排工作，也可以由上一级或者省、自治区、直辖市的人民政府在本地区内统筹安排。机关、团体、企业事业单位，不分所有制性质和组织形式，都有按国家有关规定安置退伍军人的义务。入伍前是机关、团体、企业事业单位职工的允许复工、复职。城镇退伍军人待安置期间，由当地人民政府按照不低于当地最低生活水平的原则发给生活补助费。城镇退伍军人自谋职业的，由当地人民政府给予一次性经济补助，并给予政策上的优惠。士官退出现役后，初级士官按复员安置，满10年的中级士官、高级士官作转业安置，本人要求复员的经批准也可以作复员安置。入伍前是农村户口的，可以转为城镇户口；服现役满30年或者满55岁的高级士官作退休安置，根据地方需要和本人自愿也可以作转业安置。丧失工作能力的士官作退休安置。退出现役的特等、一等革命残废军人，由国家供养终身，其余的由政府安排力所能及的工作，或转业地方工作，或作退休处理。军官退出现役后，由国家妥善安置。担任师级以上职务和高级专业技术职务的军官，退出现役后主要作退休安置；担任团级以下职务和初、中级专业技术职务的军官退出现役后主要作转业安置，不宜作转业或其他安置的团职军官可以由组织批准作退休安置。自愿复员的干部，可回原籍县（市、区）或入伍时户口所在地，也可到配偶所在地。国家机关和企业事业单位在招聘工作人员时，应对具备条件的复员干部优先聘任和录用。复员干部从事个体经营或开办私营企业的，应依法优先发给营业执照，在有限期内给予低息贷款，经税务部门批准可适当减免营业税和所得税。复员干部就业后的待遇按照“享受所在单位同工龄、同工种、同岗位人员待遇”的原则确定。

军衔 中国人民解放军军官军衔分为3等10级，即将官3级（上将、中将、少将）、校官4级（大校、上校、中校、少校）、尉官3级（上尉、中尉、少尉）。根据军官所属军种和技术特点，在海军、空军和专业技术军官军衔前分别冠以“海军”、“空军”、“专业技术”名称。现行军官职务等级编制军衔：中央军事委员会主席不授予军衔，中央军事委员会副主席和委员为上将，总参谋长、总政治部主任为上将，正大军区职为上将、中将，副大军区职为中将、少将，正军职为少将、中将，副军职为少将、大校，正师职为大校、少将，副师职为上校、大校，正团职为上校、中校，副团职为中校、少校，正营职为少校、中校，副营职为上尉、少校，正连职为上尉、中尉，副连职为中尉、上尉，排职为少尉、中尉。专业技术军官，高级专业技术职务为中将至少校，中级专业技术职务为大校至上尉，初级专业技术职务为中校至少尉。志愿兵役制士兵按军衔等级分为；高级士官（六级士官、五级士官）；中级士官（四级士官、三级士官）；初级士官（二级士官、一级士官）。义务兵役制士兵分为上等兵、列兵。士兵军衔中，列兵为最低军衔，六级士官为最高军衔。海军、空军士兵在军衔前分别冠以“海军”、“空军”二字。

文职制度 中国人民解放军中的文职干部是被任命为初级以上专业技术职务或者办事员级以上职务，不授予军衔的现役军人，是国家干部队伍的组成部分。文职干部按照工作性质分为专业技术文职干部和非专业技术文职干部。文职干部编制范围：军队中科学研究、工程技术、医疗卫生、教学、新闻、出版、图书、档案、文化艺术、体育等单位的部分专业技术干部职务，以及机关、院校、医院等单位部分从事行政事务、服务保障的干部职务。文职干部的职务等级：专业技术文职干部的专业技术职务分为高级、中级、初级，专业技术等级分为1级至14级，1级为最高级；非专业技术文职干部的职务分为正局级、副局级、正处级、副处级、正科级、副科级、一级科员、二级科员、办事员。文职干部的级别设置为特级、1级至9级，特级为最高级。文职干部的待遇基本与现役军官的待遇相同。文职干部着制式服装，佩带帽徽、肩章、军种符号、领花。根据工作需要，文职干部可以改任军官，并按照有关规定评定授予军衔。

（张景恩 吴德斌）

附：中国台湾省

主要统计 面积3.6006万平方千米，由台湾本岛、周围属岛和澎湖列岛等80余个岛屿组成。其中台湾本岛面积3.5798万平方千米，是中国第一大岛。人口2224万人（其中，14岁以下人口482万人，15～64岁劳动适龄人口男约为776.2万人，女约782.5万人，20～39岁男390.1万人，65岁以上人口197万人）。国民生产总值2775.5亿美元（2002年），“国防”预算77.8亿美元。石油自产3.8万公升，天然气7.4万立方米，发电量129.77亿度，粮食180.1万吨(1998)。铁路总长2400千米，客运量11.6亿人，货运量3.3亿吨。海运能力，台籍船舶登记数（不含100吨以下及渔船等）255艘，总载重量551万吨。空运能力，台籍航空公司飞机189架，客运量2748万人，货运量81万吨。

简况 台湾自古以来就是中国领土不可分割的一部分。1949年10月1日，中华人民共和国成立，蒋介石和部分国民党军政人员退据台湾，依靠美国的庇护和支持，偏安一隅，使台湾与祖国大陆陷入分离局面。1995年6月，李登辉公开进行分裂祖国的活动，抛出所谓“七块论”和“两国论”，将两岸关系推向十分危险的境地。对此，中国政府、中国人民和中国人民解放军开展了坚决的反分裂、反“台独”斗争。陈水扁2000年5月上台后，对台所谓安全政策进行了一些调整。其现行安全政策的要点是：在对外政策方面，抛出所谓“人权外交”，加大“参与联合国”和其他国际组织的力度。2001年底民进党在立法院选举获胜后，在两岸关系上，继续坚持回避、拒绝“一个中国的原则”，推出一些实质性的“台独”措施，鼓吹“一边一国”。在军事上，大力加强台军的建设，主张“境外决战”，力图达到“以武拒统”的目的。

军事战略 提出“境外决战”的新战略构想，“不希望将战争带入本土”。调整军事战略方针，将李登辉时期的“防卫固守、有效吓阻”改变为“有效吓阻、防卫固守”。台2000年“国防报告书”认为，台军“自精实案实施，新一代兵力编成及武器装备更新后，已具备主动战略条件，有能力遂行反制作战，且可获致一定程度之吓阻效果”。在作战对象上，继续视大陆为其最大威胁，认为大陆军队现代化建设对台的威胁“已从单纯数量优势转变为质量的竞争”，对台的“安全威胁已较以往更加紧迫、更为严重，武力犯台模式也更加多样化。”在作战指导上，继续强调“先制反制”作战，提出“止战而不惧战，备战而不求战”的原则，一旦战争爆发，将依据“战略持久、战术速决”的作战指导思想，实施总体作战。

军事体制 基本架构由“总统”、“国家安全会议”、“行政院”、“国防部”组成。“总统”为三军统帅，直接通过“国防部长”统帅三军。“国家安全会议”为安全的最高咨询机关。“行政院”负责制定“国防政策”，统合整体“国力”，督导所属各机关办理“国防”有关事务。“国防部”隶属于“行政院”，对台军政、军令、军备三大系统有领导与指挥权。武装力量由正规军和后备力量及准军事力量组成。正规军分为陆、海、空三个军种及宪兵等。

领导人物 “总统”兼武装力量统帅陈水扁(2000 年 5 月 20 日上台)，“行政院”院长游锡堃，“国防部”部长汤耀明，参谋总长李杰，陆军总司令霍守业，海军总司令苗永庆，空军总司令李天羽。

武装力量 兵力 现役总兵力 38 万人。

陆军 24 万人。编有 3 个军团部，4 个防卫部，在“精实案”计划实施过程中，陆军师已全部改编为“联兵旅”。“联兵旅”分为守备旅，共计 40 个。此外，还编有 4 个防卫部直属营、2 个防空导弹群、1 个通信电子战群等。

各型坦克：1000 余辆，其中主战坦克 740 辆。步战车 225 辆，装甲输送车等装甲车辆 950 辆；105 毫米以上火炮 1375 门，反坦克导弹 1000 具，高炮 400 余门，各种直升机 234 架，地空导弹 241 部。

海军 6.2 万人（含海军陆战队）。编为 7 个舰队(2 个驱逐舰队、2 个巡防舰队及水雷、两栖、勤务舰队各 1 个)、1 个潜水艇战队、若干快艇队、1 个海军航空指挥部、1 个观察系统指挥部；海军陆战队师已改编为 3 个陆战“联兵旅”（守备旅、打击旅、基地警卫旅)。

潜艇：4 艘。水面舰船：520 余艘，其中主要水面舰艇 32 艘，两栖舰船 18 艘。作战飞机：31 架。武装直升机：20 架。

空军 6.8 万人。编有 1 个作战司令部，1 个后勤司令部，1 个教育暨准则发展司令部，2 个基地指挥部，7 个飞行联队及其他战斗和战斗支援部队。

作战飞机：479 架，其中 IDF（“经国”号）型战机 130 架，F－16 型战机约 146 架，幻影－2000 型战机 58 架；高炮：400 余门。

后备军人 348.2 万人。其中，陆军 272.4 万人；海军 42.5 万人；空军 33.4 万人。精壮及专业技术后备军人纳入“年度动员计划”，每年实施教育召集、点阅召集训练，以符合战备要求。

部署 由于台军兵力裁减，武器装备更新，因此，兵力部署也作出相应的调整。陆军设有 5 个战区及金门、马祖 2 个防卫部，作战部队均部署在其防区内。第 1 战区为澎湖列岛及周边海区，部署两个联兵旅；第二战区为中央山脉以东大浊水溪以南、大竹蒿溪以北地区，主要部署 2 个守备旅；第 3 战区为后龙溪与大浊水溪以北地区，主要部署有 10 个联兵旅；第 4 战区为八掌溪与大竹蒿溪以南地区，主要部署有 8 个联兵旅；第 5 战区为中央山脉以西、后龙溪以南、八掌溪以北地区，主要部署有 8 个联兵旅；金门防卫部防区的部署有 4 个联兵旅；马祖防卫部防区部署有 3 个联兵旅。另有 5 个机动打击旅作为战略预备队，分别部署于各个战区。海军作战部队依固定的基地部署，左营部署有 3 个舰队，在高雄、基隆、苏澳、马公各部署有 1 个舰队。空军作战部队依机场部署。台南、清泉岗、嘉义、花莲、台东、桃园、屏东、新竹各部署有 1 个飞行大队。海空雷达部队部署在外岛及本岛适宜阵位。

兵役制度 实施义务兵与志愿兵役制相结合的兵役制度。军官、士官和志愿兵为志愿制，兵为义务制。

军衔 分为 5 等 19 级，即将官 4 级（一级上将、上将、中将、少将)、校官 3 级（上校、中校、少校)、尉官 3 级（上尉、中尉、少尉)、士官 6 级（一等士官、二等士官、三等士官、上士、中士、下士)、兵 3 级（上等兵、一等兵、二等兵)。

（张世斌）

阿富汗

国　　名　阿富汗伊斯兰国。

主要统计　面积 65.23 万平方千米。人口 2256.7 万人（其中，13～17 岁男 149.9 万人，女 144.2 万人；18～22 岁男 119.4 万人，女 113.4 万人；23～32 岁男 205．3 万人，女 193 万人）。

领导人物　过渡政府总统兼武装部队总司令卡尔扎伊（2002 年 6 月 19 日）。国防部长法希姆（2002 年 6 月）。

武装力量　阿富汗原有国家正式军队，1989 年苏联侵阿战争结束后消亡，阿各派游击队围绕权力分配问题互不相让，并展开了一场旷日持久的权力争夺战，形成多股非正规武装。其中主要的派别包括：伊斯兰促进会、伊斯兰党（希克马蒂亚尔派）、伊斯兰党（哈里斯派）、伊斯兰革命运动、阿富汉民族解放阵线、伊斯兰统一党、伊斯兰民族运动等。1994 年 8 月，阿富汗宗教学生运动“塔利班”异军突起，迅速发展壮大。1996 年 8 月，“塔利班”攻占首都喀布尔，接管中央政府，颁布新的政策和法规，开始行使政府职责。在此形势下，阿原来各派游击队联合组成了反塔利班的北方联盟。由此，阿国内形成了两大武装集团对立抗衡的局面。其中，塔利班控制全国 95% 的地区，总实力约 8 万人。北方联盟总实力约 10 万人。仅控制阿北方近 5% 的地区。2001 年“9·11”事件后，美国对阿富汗发动反恐怖战争，推翻了塔利班政府。2001 年 12 月 22 日，阿成立了以卡尔扎伊为首的临时政府，开始重新组建国家军队。为此，阿临时政府成立了以国防部长为首的专门委员会，负责国家武装部队的筹建工作。2002 年 4 月，阿临时政府制定了国家军队建设方案，并规定新的国家军队主要任务是确保国家安全，保障公民的生命和财产安全，平息国内民族纠纷，维持边界的安定，执行反毒反恐行动，帮助重建以及分发人道主义援助，在国家发生紧急情况时及时提供保障，抢险救灾等。根据该方案，阿新的国家军队总兵力为 8 万人，其中：

陆军　6 万人，编成 4 个地区司令部，9 个军部，32 个师。主要武器装备有：T－54、T－55、T－62 型坦克若干辆；PT－76 型装甲车若干辆；BRDM－1、BRDM－2 型步兵战车若干辆；各型火炮若干门；萨姆型导弹若干部。

空军 8000 万人。主要装备有：米格－21 型战斗机约 5 架；安－24 型运输机若干架；米－24、米－8、米－17 型直升机约 5 架；L－39 型教练机 2 架。

边防军　1.2 万人。

准军事部队　7 万人。

外国驻军　“持久自由行动”：美国约 7500 人；丹麦约 100 人；法国、澳大利亚约 150 人；德国 100 人；香港三军联合跳伞中心、新西兰约 50 人；挪威 70 人；波兰 87 人；俄罗斯 475 人。联合国国际安全援助部队：土耳其约 1400 人；德国 1200 人；法国 450 人；意大利 360 人；英国约 400 人；新爱尔兰 220 人；阿尔巴尼亚 30 人；比利时 20 人；丹麦 50 人；葡萄牙 8 人；日本 45 人；瑞典 40 人；俄罗斯 48 人；挪威 20 人；希腊 120 人；新西兰 7 人；捷克 5 人；保加利亚 30 人。

（刘温国）

巴基斯坦

国　　名　巴基斯坦伊斯兰共和国。

主要统计　面积 79.6095 平方千米。人口 1.4050 亿人（其中，13～17 岁男 898.9 万人，女 862.3 万人；18～22 岁男 768.4 万人，女 700.8 万人；

23~32岁男1241万人，女1098.5万人)。国内生产总值3.3万亿卢比，合628亿美元(2000年)。国防费1576亿卢比，合26亿美元(2001年国防预算)。原煤363.8万吨(1996年)。原油2100万桶(1996)。天然气178.94亿立方米(1996年)。发电量569.46亿度(1996年)。粮食2666.1万吨(1999年)。海运能力，商船(载重100吨以上)73艘，总载重量51.38万吨(1999年)。民航能力，固定航班机场35处，客运量109.72亿人千米、货运量4.02亿千吨米(1999年)。

国防政策 巴基斯坦国防政策的基本点是：维护国家独立、主权和领土完整；反对印度称霸南亚，争取同南亚小国加强军事合作，共同抗衡印度；主张建立“南亚无核区”，同印度签定互不侵犯条约；适当增加军费，努力建设一支与巴的“安全环境”相适应的武装力量，重点提高武器装备现代化水平；武器来源贯彻多方引进与自产相结合的方针，强调发展国防工业，努力提高自力更生能力；面对印度的核威慑，积极发展核武器；在加强正规军建设的同时，积极发展准军事部队，保持充足的预备役兵源。

军事战略 冷战结束后，巴基斯坦对其军事战略作了相应调整。巴将80年代形成的东抗印度、西堵苏联通过阿富汗南下扩张的战略调整为集中主要力量对付印度。巴将80%的兵力部署在东部边境，将20%的兵力部署在西部边境。在作战指导思想上，巴鉴于本身国土狭长、纵深浅的特点，强调“先发制人”、“速战速决”，避免久拖不决的消耗战。在武斗力量建设上，实行稳步扩军的方针，并力争实现武器装备现代化，要求在兵力数量上与当面对手保持均势，在武器装备上力争胜对手一筹。在发展核武器问题上，采取“以牙还牙”的政策，积极发展核武器，谋求对印进行核威慑。

国防体制 总统为武装部队统帅。内阁防务委员会为最高决策机关，主席由总统兼任，成员包括国防、外资、财政、内政等部长，参谋长联席会议主席、三军参谋长、国防部秘书长一般均出席内阁防务委员会会议。国防部是贯彻执行内阁防务委员会决议的最高军事行政领导机构，主要负责三军的财务管理、武器生产与采购。国防部首脑为国防部长，国防部秘书长负责主持日常工作。国防部下设防务局、生产局和国防情报局。参谋长联席会议在行政上受国防部领导，但在军事指挥上直属总统，主要负责拟定三军联合战略计划、研究武装力量的兵力与编成、向内阁防务委员会提供国防咨询，其成员有三军参谋长和国防部秘书长，主席由三军参谋长轮流担任，任期3年，武装力量由正规军、准军事部队和预备役部队组成。正规军分为陆、海、空三个军种。总统通过国防部和参谋长联席会议领导和指挥全军。

领导人物 总统兼武装部队统帅佩尔韦兹·穆沙拉夫(2002年7月上任)。国防部长希坎达尔·伊克巴尔(2003年3月上任)。陆军参谋长佩尔韦兹·穆沙拉夫上将(1998年10月7日上任)。海军参谋长沙希德·卡里穆拉上将(2003年3月上任)。空军参谋长卡里姆·萨达特上将(2003年3月上任)。

武装力量 **兵力** 现役部队62万人。

陆军 55万人。编成9个军部、2个装甲师、9个军炮旅、19个步兵师、7个独立装甲旅、9个独立步兵旅、6个机械化旅、1个防空司令部(下辖8个旅)、7个工程兵旅、1个地区司令部(师级)、3个装甲侦察团、1个特种部队群(3个营)、17个航空兵中队。

主战坦克：2357辆，其中M-47型34辆、M-48A5型232辆、T-54/55型51辆、T-59型1200辆、T-69型250辆、T-85型250辆、T-80UD型约320辆，其它约20辆。装甲输送车：M-113型1150辆、UR-416型31辆。牵引炮：1467门，其中85毫米200门、105毫米350门、122毫米450门、130毫米227门、155毫米214门、203毫米26门。自行炮：240门，其中105毫米50门、155毫米150门、203毫米40门。火箭炮：122毫米45门。迫击炮：约1200门，其中，81毫米500门、120毫米225门。地地导弹：“哈塔夫-1”型80枚、“哈塔夫-3”型和“沙辛-1”型50枚、“高里”型12枚。反坦克导弹：“眼镜蛇”、“陶”式等800具。火箭筒：73、89毫米若干具。无坐力炮：75、106毫米若干门。高炮(高射机枪)：2000余门(挺)，其中14.5毫米和35毫米200门(挺)，37、40和57毫米若干门。地空导弹：1400部，其中，“毒刺”、“红眼睛”和RBS-70型350部、“安扎”500部。飞机：航测机1架、联络机56架、观测机75架。直升机：攻击直升机20架、运输直升机117架。

海军 25万人(含海军航空兵、海军陆战队和海上保安部队)。基地设在卡拉奇(舰队司令部)。正在修建的基地为瓜达尔和奥马拉。

潜艇：10艘，其中“卡林级”1艘、“初日”级2艘、“汉格尔”级4艘、小型潜艇3艘。驱逐舰：“征服者”级2艘。护卫舰：8艘，其中导弹护卫舰6艘、常规护卫舰 2 艘。导弹快艇：5 艘。巡逻艇：3 艘。扫雷艇：3 艘。支援舰：9 艘。

海军航空兵　装备作战飞机 6 架、武装直升机 9 架。

海军陆战队　约 1200 人。

空军　4.5 万人。编成 6 个攻击战斗机中队、12 个战斗机中队、1 个侦察机中队、1 个海上反潜侦察机中队、2 个运输机中队、7 个搜索与救援直升机中队、1 个运输直升机中队、7 个地空导弹连。装备作战飞机 410 架。

攻击战斗机："幻影"68 架、Q－5 型 42 架。战斗机："幻影"43 架、F－16 型 32 架、其他型 110 架。侦察机："幻影"3RP 型 11 架。反潜巡逻机："大西洋"4 架、P－3C 型 3 架（均具有作战能力）。运输机：C－130 型 12 架、波音－707 型 2 架、波音－737 型 1 架、其他型号 5 架。救援直升机：SA－319 型 6 架。运输直升机：SA－316/319 型 15 架、SA－321 型 4 架、　SA－315B 型 12 架。教练机：170 架，其中 40 架 MFI－17B 型具有作战能力。地空导弹："响尾蛇"144 部、SA－2 型 6 部。空地导弹："飞鱼"、"小牛"若干枚。空空导弹："麻雀"、"响尾蛇"等若干枚。

预备役部队　51.3 万人，其中陆军 50 万人、海军 5000 人、空军 8000 人。

准军事部队　国民警卫队 18.5 万人。边防部队 6.5 万人，装备装甲输送车 45 辆。巴基斯坦别动队（属内务部）2.5～3 万人。海上保安厅约 1000 人，装备驱逐舰 1 艘、快艇 8 艘。海岸警卫队，装备快艇 23 艘。

军衔　分 3 等 11 级：将官 4 级（上将、中将、少将、准将），校官 3 级（上校、中校、少校），尉官 4 级（上尉、中尉、少尉、准尉）。

兵役制度　实行志愿兵役制。新兵招募的年龄，陆军 17～21 岁，海军 15～20 岁，空军 16～28 岁。士兵服役年限，陆军 7 年，海、空军 7～8 年。士兵服役期满后转为预备役。预备役服役年限，陆军 8 年，海、空军 5 年。军官最高服役年龄，将官 59 岁，校官 52 岁，尉官 48 岁。

驻外兵力　2002 年巴基斯坦共有 4488 人在克罗地亚、多哥、东帝汶、格鲁吉亚、伊拉克和科威特、西撒哈拉等国和地区参加联合国维和行动。

军队节日　国防节 9 月 6 日。

（刘温国）

巴勒斯坦

国　　名　巴勒斯坦国。

主要统计　根据 1947 年 11 月联合国关于巴勒斯坦分治的第 181 号决议规定，在巴勒斯坦地区建立的阿拉伯国家，面积为 1.15 万平方千米。但由于当时阿拉伯国家反对该决议，而未在决议规定的地区建立阿拉伯国。1948 年 5 月，第一次中东战争爆发，以色列占领了第 181 号决议规定的大部分阿拉伯国领土；1967 年第三次中东战争中，以色列占领了该决议规定的全部阿国领土。1988 年 11 月，巴勒斯坦全国委员会第 19 次特别会议宣告成立巴勒斯坦国，但未确定其疆界。自马德里和会至今，巴通过与以和谈，陆续收回了约 2500 平方千米的土地。人口 879.7333 万人（2000 年，加沙地带和约旦河西岸 315 万人，其中，13～17 岁男 16.3 万人，女 15.8 万人；18～22 岁男 14 万人，女 13.4 万人；23～32 岁男 23.3 万人，女 22.2 万人。）国内生产总值 45.79 亿美元（2002 年）。

领导人物　巴勒斯坦国总统、巴勒斯坦解放组织执行委员会主席、巴勒斯坦民族权力机构主席亚西尔·阿拉法特。巴勒斯坦自治政府总理马哈茂德·阿巴斯（2003 年 3 月 19 日上任）。巴勒斯坦约旦河西岸预警部队司令贾布里勒·拉朱卜。

武装力量　准军事部队（警察部队）3.5 万人。根据巴以双方 1993 年达成的《奥斯陆协议》即《加沙－杰里科先行自治协议》），巴方可以拥有一支用于保障约旦河西岸和加沙地带巴勒斯坦人的社会秩序和内部安全的警察部队，以色列继续担负防御外部威胁以及维护以色列人安全的责任。因此，虽然巴勒斯坦拥有自己的武装力量，但并不是一个国家的军队，而只是一个政治实体的军队。这支部队的规模完全不是由巴勒斯坦人自己决定的，其性质也不同于任何独立国家的军队，更不具备与以色列国防军相抗衡的实力。巴勒斯坦警察部队的主要组成部分包括：

国家安全部队　1.4 万人，其中加沙地带 6000 人，约旦河西岸 8000 人，主要装备 AK－47 突击步枪。国家安全部队是巴勒斯坦民族权力机构履行军队职能的警察部队，是巴权力机构最主要的部队。其主要职责是维护巴勒斯坦控制的加沙和约旦河西岸城市地区的安全，并为联合地区协调办公室以及与以色列进行的联合机动巡逻提供人员。赛义卜·阿耶兹目前指挥着国家安全部队。

总统安全部队　（亦称第 17 旅或 17 部队）约 1000 余人。总统安全部队是一支保卫以阿拉法特为首的巴勒斯坦民族权力机构重要成员和官员机构的精锐部队。17 部队下设内勤、安保、通讯、特种驾驶、特种作战、后勤等部门，均由经过严格的政治审查且绝对忠于阿拉法特和巴解组织的志愿者组成。

军事情报警察　约 500 人。主要负责收集有关以色列的情报，处理内部安全事务。预防安全警察（安全预警部队）约 3000 人，其中加沙地带 1200 人，约旦河西岸 1800 人。安全预警部队是巴民族权力机构区域内规模最大的情报和内务部队。西岸司令是贾布里勒·拉朱卜。

民事警察部队　约 1 万余人，其中加沙 4000 人，约旦河西岸 6000 人。民事警察部队的职责是维持法律和秩序，目前由加齐·阿·贾巴里领导。另外还设有情报局、海岸警卫队、空军小分队、民防联队以及代替边防部队的海关人员等。

巴勒斯坦警察部队　主要装备有一些轻武器、45 辆 APC 型装甲输送车、1 架飞机以及 4 架直升机（2 架米－8 型，2 架米－17 型）。

除警察部队外，巴方还拥有一些准军事组织。主要包括坦齐姆、阿克萨烈士旅以及哈马斯等。坦齐姆是巴勒斯坦解放组织主流派别法塔赫的准军事部队，预备成员在 2000～3000 人之间，成立于 1995 年。该组织在约旦河西岸的负责人是马尔万·巴尔古提（2002 年 4 月被以色列逮捕）、加沙地带的负责人是马希尔·埃利。阿克萨烈士旅是沙龙 2000 年 9 月强行“参观”阿克萨清真寺导致巴以大规模流血冲突之后成立的。该组织是一个地下民兵组织，主要由城区和村庄中的主战分子组成，其许多成员曾在阿拉法特领导的巴勒斯坦民族权力机构的各种安全部队中任职。在此次巴以冲突中，制造了多起针对以色列人的自杀性袭击事件。哈马斯的全称是伊斯兰抵抗运动，由巴勒斯坦人谢赫·艾哈迈德·亚辛于 1987 年建立。1989 年，以色列当局宣布哈马斯为非法组织，并取缔其一切活动。哈马斯正式成员约 2 万多人，多是年轻人，其中不少是大学生。它组织严密、纪律严明、制度严格，既有分开活动，又有秘密活动和军事组织。其下设的军事分支控制着受过特殊训练的突击部队。哈马斯坚决反对中东和平进程。1994 年 5 月，巴勒斯坦在加沙和杰里科实行自治之后，哈马斯制造了多起严重的自杀性炸弹爆炸事件。2000 年 9 月巴以爆发大规模流血冲突后，又制造了数起针对以色列人的袭击事件。

（林海霞）

朝　鲜

国　　名　朝鲜民主主义人民共和国。

主要统计　面积 12.2762 万平方千米。人口约 2450 万人（其中，13～17 岁男 107.4 万人，女 111.7 万人；18～22 岁男 90.8 万人，女 100.4 万人；23～32 岁男 250.4 万人，女 204.8 万人）。国民生产总值约 150 亿美元（2000 年）。国防费约 2.96 亿美元（2000 年国防预算）。粗钢 810 万吨（1998 年）。原煤产量 7150 万吨（1998 年）。原油 283.5 万桶（1998 年）。天然气 860 亿立方米（1998 年）。发电量 3700 亿度（1998 年）。粮食 395.7 万吨（1999 年）。铁路总长度 8533 千米，公路 23377 千米。海运能力，商船（载重 100 吨以上）100 艘、总载重量 95.12 万吨（1998 年）。民航能力，国际航班机场 1 处、客运量 2.86 亿人千米、货运量 300 万吨千米（2001 年）。

国防体制　朝鲜劳动党中央委员会总书记、党中央军事委员会委员长兼国防委员会委员长为武装力量最高统帅。朝鲜新宪法赋予国防委员会宣布战争和发布动员令、负责国家武装力量和国防建设、设立或取消国防部门所属中央机关、对重要军事干部的任命罢免、颁布军事称号等权力。劳动党中央设有军事部。共和国政府设有人民武装力量省。常备武装力量为朝鲜人民军，分陆、海、空三个军种，常设领导机关为总参谋部和总政治局。

领导人物 现任国防委员会委员长（1998 年 9 月）、人民军最高司令官金正日元帅（1993 年就任）。国防委员会副委员长由赵明录、金一哲、李勇武担任，国防委员由金永南、延亨默、李乙雪、白鹤林、全炳浩、金铁万担任。国防委员会副委员长金一哲兼任人民武力相（1998 年 9 月）。总参谋长金永春次帅（1995 年 10 月上任）。总政治局长赵明禄次帅（1995 年 10 上任）。

武装力量 **兵力** 现役部队 108.2 万人。

陆军 95 万人。编有 20 个军（其中 1 个装甲军、4 个机械化军、12 个步兵军、2 个炮兵军、1 个首都防御军）、27 个机械化步兵师、15 个装甲旅、14 个机械化步兵旅、21 个炮兵旅、9 个火箭发射旅；1 个特种作战军 8.8 万人，10 个狙击旅（包括 2 个两栖旅、2 个空降旅）、12 个步兵旅（包括 3 个空降旅）、17 个侦察团、1 个炮兵空降营、8 个特种任务营；6 个直属炮兵旅、1 个“飞毛腿”地对地导弹旅、1 个“蛙”式地对地导弹旅；14 个特种炮弹火箭炮旅。

主战坦克：大约 3500 辆，主要型号有 T－34 型、T－54/55 型、T－62 型、Type－59 型。轻型坦克：560 辆，主要有 PT－76 型、M－1985 型。装甲输送车：2500 辆，主要型号有 BTR－40/50/60/152 型、Type－531 型、VTT－323（M－1973）型、BTR－80A 型。牵引火炮：3500 门，主要有 122 毫米、130 毫米、152 毫米等。自行火炮：4400 门，主要有 122 毫米、130 毫米、152 毫米、170 毫米等。火箭炮：2500 门，主要有 107 毫米、122 毫米、240 毫米等。迫击炮：7500 门，主要有 82 毫米、120 毫米、160 毫米等。地对地导弹：“蛙”式－3/－5/－7 型 24 部、“飞毛腿”C 型约 30 部以及劳动型约 10 部。地对空导弹：SA－7/－16 型 10000 余部。反坦克导弹：AT－1 型、AT－3 型、AT－4 型、AT－5 型若干部。无后坐力炮：1700 门，主要为 82 毫米 B－10 型。防空高炮：11000 门，主要有 14.5 毫米、23 毫米、37 毫米、57 毫米、85 毫米、100 毫米等。

海军 约 4.6 万人，编有 2 个舰队司令部。

潜艇：苏制 R 级潜艇 22 艘、W 级潜艇 4 艘、小型潜艇 45 艘、海岸潜艇 21 艘。护卫舰：3 艘，其中“罗津”级 2 艘、“苏湖”级 1 艘。轻型护卫舰：6 艘，其中“沙里院”级 4 艘、“串儿”级 2 艘。导弹快艇：43 艘，其中“西州”级 15 艘、“奥萨”级 8 艘、“黄蜂”级 4 艘、“蚊子”级 10 艘、“瑞兴”级 6 艘。鱼雷艇：103 艘，其中“新兴”级 3 艘、“沪松”级大约 60 艘、“新浦”级 40 艘。巡逻艇：158 艘，其中“海南”级大型巡逻艇 4 艘、“大青”级大型巡逻艇 13 艘、“索曼”级大型巡逻艇 6 艘、“索 1”级近海巡逻艇 18 艘、“上海Ⅱ”级高速攻击艇 12 艘、“椒岛”级高速攻击炮艇 3 艘、渔船改装巡逻艇大约 100 多艘。扫雷艇：“陆岛”系列 23 艘。水陆两栖登陆艇：10 艘。水面支援船：共有 7 艘，其中海上拖船 2 艘、侦察船 1 艘、气象测量船 1 艘、潜艇救护船 3 艘。

岸防部队地对舰导弹团 2 个，“蚕”式导弹发射架 6 套，122 毫米、130 毫米、152 毫米岸炮若干门。

空军 8．6 万人。编为 6 个航空师，作战飞机 621 架。战斗机：米格－17 型机 107 架、米格－19 型机 159 架、米格－21 型机 130 架、米格－23 型机 46 架、米格－29 型机 16 架、苏－7 型机 18 架、苏－25 型机 35 架、米格－29/AS 型机 25 架、米格—29/US 型机 5 架。轰炸机：H－5（伊尔－28）型机 80 架。运输机：安－2/雅－5 型机 300 架、安－24 型机 6 架、伊尔－18 型 2 架、伊尔－62M 型 4 架、图－134 型 2 架、图－154 型 4 架。直升机：米－24 型 24 架、“休斯”500D 型 80 架、米－2 型 139 架、米－8/－17 型 15 架、佐－5 型 48 架。教练机：米格－21 型 6 架、CJ－5 型机 10 架、CJ－6 型机 7 架、雅克－18 型 170 架、FT－2 型 35 架。空对空导弹：AA－2 型、AA－7 型、AA－8 型、AA－10 型、AA－11 型、PL－5 型和 PL－7 型若干部。地对空导弹：SA－2 型约 15 部、SA－3 型 7 部、SA－5 型 2 部，SA－7/14/16 型数千枚。

准军事部队 18.9 万人。工农赤卫队 350 万人，最高服役年龄为 60 岁，其中陆军 60 万人、海军 6.5 万人，其指挥序列为旅、营、边、排，装备有轻武器、迫击炮和高炮。

兵役制度 实行义务兵役制。服役期：陆军 5～8 年、海军 5～10 年、空军为 3～4 年。义务兵可服役至 40 岁。工农赤卫队服役至 60 岁。

军衔 共分 5 等 21 级，即将官以上 7 级（大元帅、元帅、次帅、大将、上将、中将、少将），校官 4 级（大校、上校、中校、少校），尉官 4 级（大尉、上尉、中尉、少尉），士兵 4 级（特务上士、上士、中士、下士），兵 2 级（上等兵、下等兵）。

驻外兵力 在 12 个非洲国家派有军事顾问。

军队节日 建军节 4 月 25 日。

（武建伟）

菲　律　宾

国　　名　菲律宾共和国。

主要统计　面积 30 万平方千米。人口 7731.8 万人（其中，13～17 岁男 436.6 万人，女 421.9 万人；18～22 岁男 387.3 万人，女 373.7 万人；23～32 岁男 642.4 万人，女 620 万人）。国内生产总值 777 亿美元（2001 年）。国防费 12.2 亿美元（2002 年国防预算）。原煤 115.7 万吨（1998 年）。原油 40 万桶（1998 年）。发电量 398.16 亿度（1997 年）。粮食 1603.1 万吨（1999 年）。海运能力，商船（载重 100 吨以上）1499 艘，总载重量 1380.71 万吨（2001 年）。民航能力，固定航班机场 21 处，客运量 102.92 亿人千米、货运量 2.41 亿吨千米（2001 年）。

国防政策　菲律宾在 1998 年 6 月首次发表的《国防战略》白皮书中指出，菲国防战略目标是保护国家安全利益，维护国家政治稳定和促进经济发展，确保菲在地区和国际上发挥更加积极的作用。为此，菲奉行以下国防政策：（一）大力加强海空军建设，着重提高快速反应能力、海上作战能力和三军协同作战能力。（二）密切与亚太地区各国尤其是东盟国家在防务方面的合作，支持把东南亚建成一个“和平、自由和中立区”，全面推进东南亚无核化进程。（三）维系菲美军事同盟，拓宽防务合作范围，向美提供军队部署、给养和武器装备维修方面的支持，争取美向菲提供物资、技术援助并帮助菲训练部队。（四）积极参与联合国维持和平行动，为全球及地区安全作出贡献。（五）坚持对所占南沙岛礁拥有“主权”的立场。

军事战略　菲实行总体积极防御战略。所谓总体防御，即在面临重大威胁时，将动员包括军事力量在内的一切国家力量进行防御；积极防御，即指尽可能早地发现各种现实和潜在的威胁，并作出及时反应。首先争取通过政治或外交途径解决，若不能奏效，随时准备诉诸武力。在作战指导思想上奉行“纵深防御”，重点加强菲西、北、南 3 个方向的防御部署。具体方法包括：（一）外围侦察监视。利用飞机、水面舰和固定侦察系统实施不间断的侦察监视。平时，侦察监视对象为各种渔船、贩毒、走私和海盗船，商业货轮以及各种飞机；战时，扩大至敌机、舰艇，并与盟国及时交换情报。（二）海上防御。平时，舰艇在侦察机的支援下对捕鱼作业区和专属经济区进行巡逻；战时，海空力量进行有效协调，快速在各防区对敌海空目标实施打击。（三）空中防御。军、民用机场监视系统密切配合，加强预警，有效控制和指挥防空力量，保护国家重要战略中心和设施。（四）本土防御。在联合作战思想的指导下，组织各地区的地面部队和海、空军部队，实施三军协同作战。

国防体制　总统为武装力量统帅。国家安全委员会是国防安全最高决策机构，由总统担任主席，主要职责是研究有关国防的重大问题，协助总统作出国防安全的重大决策。国防部是最高军事行政机关，负责制定和实施国防计划和政策。武装部队司令部为最高军事指挥机构，总参谋长是总统之下的最高指挥官。总统通过国防部和武装部队司令部对全国武装力量实施领导和指挥。武装力量由正规军和准军事部队组成。正规军分陆、海、空三个军种。准军事部队由警察部队、国民防卫军组成。

领导人物　总统兼武装力量统帅格洛丽亚·马卡帕加尔·阿罗约（2001 年 1 月 20 日就任）。国防部长安基洛·雷耶斯上将（2001 年 3 月上任）。武装部队总参谋长纳西索·L·阿巴亚（2003 年 4 月上任）。

武装力量　**兵力**　现役部队 10.6 万人。陆军 6.6 万人。编有 5 个军区，8 个步兵师（各辖 3 个步兵旅、1 个炮兵营），1 个轻装甲旅（团），1 个骑兵侦察团，1 个特战团，5 个工程兵营，1 个炮兵团，1 个总统卫队。

轻型坦克：“蝎子”40 辆。步兵战车：YPR－765PRI 型 85 辆。装甲输送车：M－113 型 100 辆，“突击队员”20 辆，V－150 型 100 辆，“狮子”150 辆。牵引炮：共 242 门，其中 105 毫米 230 门、155 毫米 12 门。迫击炮：81 毫米若干门，107 毫米 40 门。无坐力炮：75 毫米、90 毫米、106 毫米各若干门。飞机：色斯纳 3 架。

海军　约 2.4 万余人（含陆战队）。编有 6 个海军区。

护卫舰：“拉贾·胡马邦“级1艘。巡逻舰艇：58艘（其中近海巡逻舰艇13艘、近岸巡逻舰艇45艘）。两栖舰艇：7艘。后勤支援舰船：11艘。

陆战队 7500人。编有3个旅共10个营（将减为2个旅6个营）。装甲输送车109辆，105毫米牵引炮150门，107毫米迫击炮若干门。

海军航空兵 装备飞机8架，其中4架为直升机。

空军 约1.6万人。编有1个战斗机中队，3个武装直升机中队，1个搜索救援机中队，3个运输机中队，2个直升机中队，3个教练机中队。作战飞机49架，武装直升机约67架。

战斗机：F－5A/B型14架。武装直升机：贝尔UH－1H/M型55架，AUH－76型12架。海上侦察机：F－27M型1架。侦察机：RT－33A型4架，OA－10型20架（具有作战能力）。搜索救援机：UH－1H型等若干架。总统专机：F－27型1架，F－28型1架，贝尔212型直升机2架，贝尔412型直升机4架，S－70A型直升机2架，SA－330型直升机2架。运输机：C－130B型2架，C－130H型3架，C－130K型4架，L－100－20型3架，F－27型7架，BN－2型2架，N－22B型14架。直升机：贝尔212型1架，贝尔214型1架，贝尔412型6架，MD－520型22架。联络机：色斯纳8架，DHC－2型5架，U－17A/B型12架。教练机：T－41D型14架，SF－260TP型28架，S－211型15架（具有作战能力）。无人侦察机：2架。空空导弹：“响尾蛇”若干枚。

预备役部队 13.1万人。其中陆军10万人，海军1.5万人，空军1.6万人。

准军事部队 菲律宾国民警察4.05万人，编有15个地区司令部、73个省级司令部。海岸警卫队3500人，装备有巡逻艇43艘、轻型飞机3架。国民防卫军4万人，编有56个营。

部署 重点加强首都及西部南沙海区的防卫。有半数以上的舰艇和陆战队部署在西部海区。全国海空军基地主要有5处，其中空军基地3处（克拉克、库比岬、马尼拉）、海军3处（三格莱/卡维特、三宝颜、宿务）。

兵役制度 实行志愿兵役制，服役年限最少不得低于3年，最多30年。

军衔 分5等17级：将军4级（上将、中将、少将、准将），校官3级（上校、中校、少校），尉官3级（上尉、中尉、少尉），军士4级（军士长、上士、中士、下士），兵3级（上等兵、一等兵、二等兵）。

驻外兵力 66人（包括8名军事观察员）参加联合国在东帝汶的维和行动。

军队节日 武装部队节12月22日。

（孟 丽）

哈萨克斯坦

国　　名 哈萨克斯坦共和国。

主要统计 面积272.49万平方千米。人口1482.09万（2002年1月。其中，13～17岁男90.5万人，女88.3万人；18～22岁男81.3万人，女80万人；23～32岁男135.9万人，女133.3万人）。国内生产总值220亿美元（2001年）。国防费2.31亿美元（2001年国防预算）。原煤7631万吨（2001年）。原油3567万吨（2001年）。钢469万吨（2001年）。发电量553亿度（2001年）。粮食1589.6万吨（2001年）。铁路总长1.35万千米，货运量1.8亿吨（2001年）。公路总长14.3万千米，货运量11.1亿吨（2001年）。航空货运量9万吨（2001年）。

国防体制 宪法规定，总统为武装力量统帅。国家安全会议负责制定国家防务及安全政策。国防部为武装力量最高行政机关。总参谋部为最高军事指挥机构。总统通过国防部和总参谋部对武装力量实施领导和指挥。准军事力量包括内务部队、内卫军及若干民防部队。

领导人物 总统兼武装力量统帅努比苏丹·阿比舍维奇·纳扎尔巴耶夫（1999年1月连任）。国防部长卡巴舍维奇·穆赫塔尔·阿尔腾巴耶夫大将。总参谋长萨帕罗夫·马利克·穆哈麦特扎诺维奇中将。

武装力量 **兵力** 现役兵力约6万人。

陆军 约4.1万人。编4个军区，2个军（将组建第 3 个）。其中，1 个军编配 1 个机械化师、2 个摩步旅、1 个炮兵旅；另一个军编配 1 个机械化师、1 摩步旅、1 个炮兵旅、1 个训练中心、1 个空降旅、1 个地地导弹旅。

作战坦克：930 辆（其中 T－72 型 650 辆，T－62 型 280 辆）。装甲战车：1343 辆（另库存 1000 辆）其中 BMP－1/2 型 508 辆，BRM 型 65 辆，BTR－70/－80 型 84 辆，MT－LB 型 686 辆。牵引炮：122、152 毫米 505 门。自行炮：122、152 毫米 163 门。火箭炮：122、220 毫米 147 门。迫击炮：120 毫米 145 门。地地导弹：SS－21 型 12 部。反坦克炮：100 毫米 68 门。

空军　1.9 万人（包括防空军）。编有 1 个空军师、1 个战斗机团、3 个攻击战斗机团、1 个侦察机团、1 个防空战斗机团。作战飞机 131 架（另库存 75 架）

作战飞机：苏－24 型 37 架，苏－25 型 14 架，苏－27 型 14 架，米格－29 型 40 架，米格－31 型 43 架，米格－25 型 16 架，L－39 型、雅克－18 型教练机 16 架。地空导弹：SA－2/ SA－3 型 100 部，SA－4/SA－5 型 27 部，SA－6/S－300 型 20 部。

准军事部队　3.45 万人。其中边防军 1.2 万人，内务部队 2 万人，近卫军 2500 万人。

（杨全民）

韩　国

国　　名　大韩民国。

主要统计　面积 9.927 万平方千米。人口 4729.5 万人（其中，13～17 岁男 178 万人，女 167. 2 万人；18～22 岁男 191.6 万人，女 178.4 万人；23～32 岁男 435.9 万人，女 408.8 万人）。国内生产总值 4704 亿美元（2002 年）。国防费 128 亿美元（2002 年国防预算）。粗钢 2234.4 万吨（1998 年）。原煤 743.8 万吨（1998 年）。原油 54463.9 万桶（1998 年）。天然气 386400 亿立方米（1998 年）。发电量 1632.7 亿度（1998 年）。粮食 948.4 万吨。海运能力，现有港口 50 个，商船（载重 100 吨以上）2138 艘，总载重量 1198.1 万吨（1998 年）。民航能力，固定航班机场 14 处、客运量 485.04 亿人千米、货运量 57.29 亿万吨千米（1997 年）。

国防政策　1998 年 2 月 25 日，金大中就任韩国新一届总统，同时就任韩国家武装力量最高统帅，并对韩国防政策进行了一定的调整，积极主张自主防御的国防政策，将提高独立防卫能力作为韩国的基本国策。在军事防务上，努力贯彻“民主主义综合安保主义”的国防观念，强调国家安全要领先于军队和人民；在战争准备上随时准备应付并处置各种危机和突发事件；在作战指导思想上坚持“对敌威慑”的同时，强调“全方位防御”，积极扩大军事行动范围；在军队建设上，通过精简军队员额、理顺编制体制、改革兵役制度等途径，以达到建设一支人员精干、装备精良、训练有素及机动力强的现代化军队的目的。与此同时，韩国还继续巩固并加强韩美联合防御体系，密切韩美军事合作，以维护韩美在该地区的共同利益。此外，韩还积极与中、俄、日等国发展多边军事合作和交往，努力寻求通过多边安全合作构筑地区联合防务机制。

国防体制　总统为全国武装力量统帅，通过国防部对军队实施领导和指挥。国家安全保障会议为最高国防决策机构，由总统任主席，其成员包括总理、国防部长官、国家情报院院长、参谋长联席会议主席等。国防部是总统统率武装力量的最高行政机构，主要负责制定国防政策和军队建设计划。国防部下辖参谋长联席会议，国防部长官的军令权通过参谋长联席会议主席实施。参谋长联席会议统帅三军本部（陆军本部、海军本部和空军本部），是全军的作战最高指挥机构。参谋长联席会议主席在国防部长官的直接领导下指挥三军作战部队。但同时，参谋长联席会议主席不仅在战时或遇有紧急情况时有权直接下达作战指令，参与国家安全保障会议，向总统汇报情况和提出决策性意见，而且还能决定三军种参谋总长推荐的军级以上指挥官人选。目前，韩国参谋长联席会议设 1 名上将级主席和 1 名中将级副主席。

领导人物　总统兼国家安全保障会议主席卢武铉（2003 年 2 月 25 日上任），国防部长官李俊（2002 年 7 月 11 日上任），参谋长联席会议主席李南信上将

(2001 年 10 月 8 日上任)，陆军参谋总长金判圭上将(2001 年 10 月 8 日上任)，海军参谋总长张正吉上将(2001 年 3 月 30 日上任)，空军参谋总长金大旭上将(2002 年 3 月 1 日上任)。

武装力量　**兵力**　现役部队 68.6 万人。

陆军 56 万人。编有 3 个集团军、11 个军、50 个师、21 个旅。主战坦克：总共 2130 辆，其中 T88 型 1000 辆、T－80U 型 80 辆、M－47 型 400 辆、M－48 型 850 辆。装甲步兵战车：BMP－3 型 40 辆。装甲输送车：总共 3500 辆，其中 KIFV 型 1700 辆、M－113 型 420 辆、M－577 型 140 辆、FIAT6614/KM－900/－901 型 200 辆、BTR－80 型 20 辆。牵引火炮：105 毫米、155 毫米、203 毫米共 3500 门。自行火炮：155 毫米、175 毫米、203 毫米共有 1040 辆。无坐力炮：57毫米、75 毫米、90 毫米、106 毫米若干门。迫击炮：81 毫米、107 毫米共有 6000 门。反坦克火炮：76 毫米、90 毫米总共 58 门。地对地导弹：奈克 1/2 型 12 部。反坦克导弹："陶"式导弹若干部。高射炮：20 毫米、30 毫米、35 毫米、40 毫米总共 600 门。空对空导弹：约 1090 部，其中，"轻标枪" 350 部、"红眼睛" 60 部、"毒刺"约 200 部、"西北风" 170 部、"霍克" 110 部、"奈基" 200 部。另外还有"天马"导弹若干部。

陆军航空兵　装备有 O－1A 型飞机 5 架，攻击直升机 AH－1F/－J 型 60 架、休斯 500MD 型 45 架、BO－105 型 12 架，运输直升机 CH－47D 型 18 架，直升机休斯 500 型 130 架、UH－1H 型 20 架、UH－60P 型 130 架、AS－332L 型 3 架。

海军　6 万人（含陆战队 2.5 万人，雇佣兵 1.9 万人)。编有 3 个舰队司令部。

潜艇："张保皋"级 9 艘、小型潜艇 11 艘。驱逐舰："广开土大王"级 3 艘、"光州"级 3 艘。护卫舰："蔚山"级 9 艘、"浦项"级 24 艘。轻型护卫舰："东海"级 4 艘。导弹护卫舰：5 艘。导弹快艇："白鸥" 52 型 5 艘、"野猫"型 2 艘。近海巡逻艇："海豚"型 75 艘。扫雷舰："海鹰"型 1 艘。扫雷艇：14 艘，其中"江津"级猎雷艇 6 艘，"金山"级扫雷艇 8 艘。登陆舰艇：12 艘，其中"短吻鳄"级大型坦克登陆舰 4 艘、美制 LST－511 型坦克登陆舰 6 艘、美制 LSM－1 型中型登陆舰 2 艘。海上支援舰船：14 艘。

海军航空兵　编有 3 个反潜中队，装备有 16 架作战飞机、43 架直升机。其中，S－2E 型反潜侦察机 8 架，P－3C 型反潜巡逻机 8 架，SA－316 型直升机 10架，"大山猫"和"超级大山猫"型直升机 11 架，22 架 MD500 型直升机。

海军陆战队　2.5 万人，编有 2 个师、1 个旅。主战坦克：M－47 型 60 辆。装甲突击车：LVTP－7 型 60 辆、AAV－7A1 型 42 辆。牵引火炮：105 毫米、155 毫米若干门。地对舰导弹："鱼叉"式若干枚。

空军：6.3 万人。编有飞行团 10 个、战术飞行团 1 个、防空管制团 1 个、侦察飞行团 1 个、训练飞行团 1 个、防空司令部 1 个。作战飞机 538 架。

战斗机：F－16C/D 型机 153 架，F－5E/F 型机 185 架，F－4D/E 型机 130 架。轰炸机：A－37B 型机 22 架。空中预警机：O－1A 型机 20 架、O－2A 型机 10 架。侦察机：RF－4C 型 18 架、RF－5A 型 5 架，霍克 800RA 型 3 架，霍克 800XP 型 7 架。救难搜索机：UH－1H 型机 5 架、贝尔－212 型机 4 架。运输机：BAE748 型机（要员专机）2 架、波音 737－300 型机（要员专机）1 架，C－118 型机 1 架，C－130H 型机 10 架，CN－235M 型直升机 20 架，CH－47 型机 6 架，AS－332 型机 3 架，VH－60 型机 3 架。改装训练机：F－5B 型机 25 架，T－37 型机 50 架，T－38 型机 30 架，T－41B 型机 25 架，"隼"式 MK－67 型机 18 架。空对地导弹："小牛"式空对地导弹、"哈姆"高速反雷达导弹，AGM－130 战术空对地导弹、"恰夫纳普"空对地导弹。空对空导弹："麻雀"系列导弹、"阿姆拉姆"系列导弹等。地对空导弹：奈基、霍克等系列导弹。

准军事部队　民防部队 350 万人（50 岁以下)。海岸警卫队约 4500 人，装备有大型巡逻艇 10 艘、海岸巡逻艇 33 艘、近海巡逻艇 38 艘、直升机 9 架。

兵役制度　实行普遍征兵法和招募志愿兵。陆军服役期 26 个月，空军和海军为 30 个月。

军衔　共分 5 等 15 级，即将官 4 级（上将、中将、少将、准将)，校官 3 级（上校、中校、少校)，尉官 4 级（上尉、中尉、少尉、准尉)，军士 3 级（上士、中士、下士)，兵 1 级。

驻外兵力　塞浦路斯 1 人、东帝汶 440 人，印巴 8 人，西撒哈拉 20 人。

外国驻军　美国驻军 36520 人。其中陆军 27200 人，编有 1 个陆军司令部和 1 个步兵师。海军 300 人。空军 8920 人，1 个空军司令部（第 7 航空队)，2 个战斗联队，配备有 90 架战斗机。其中，3 个战斗飞行中队，装备有 F－16 型飞机 72 架；1 个侦察飞行中队，装备有 6 架 A－10 型侦察机、12 架 OA－TO 型侦机；1 个特殊控制中队装备有 5 架 MH－53J

重型直升机和 USMC－130 型运输机。

军队节日 建军节 10 月 1 日。

（武建伟）

吉尔吉斯斯坦

国　　名 吉尔吉斯共和国。

主要统计 面积 19.85 万平方千米。人口 494.6 万人（2002 年 1 月）。国内生产总值 15.48 亿美元（2001 年）。国防费 4080 万美元（2000 年国防预算）。原煤 47.7 万吨（2001 年），原油 7.5 万吨（2001），天然气 3270 万立方米（2001 年），发电量 136.40 亿度（2001 年）。粮食 182.4 万吨（2001 年）。铁路总长 431 千米，货运量 5.6 万吨，客运量 64 万人次（2001 年）。公路总长 3.4 万千米，货运量 2500 万吨，客运量 4.2 亿人次（2001 年）。航空货运量 2400 万吨（2001 年）。

国防体制 宪法规定，总统为武装力量总司令阿斯卡尔·阿卡耶夫（1990 年 10 月就职，1991 年 10 月再度当选，1995 年 12 月及 2000 年 10 月蝉连）。国防部长埃·托波耶夫上将。国防部第一副部长兼总参谋长特纳利耶夫。

武装力量 兵力 现役部队 1.09 万人。

陆军 8500 人，编 1 个摩步师、2 个摩步旅、2 个独立摩步团。

坦克：T－72 型 233 辆。装甲战车：BMP－1/2 型等 387 辆。牵引炮：100、122、152 毫米 141 门。自行炮：122 毫米 40 门。火箭炮：122 毫米 65 门。迫击炮：82、120 毫米 97 门。反坦克炮：100 毫米 18 门。

空军 2400 人（包括防空军），编有 1 个空军基地、1 所航校、1 个防空火箭旅、4 个雷达营。

战斗机：米格－21 型 48 架，L－39 型 4 架，安－12、安－26 型各 2 架。直升机：米－24 型 9 架，米－8 型 23 架。

准军事部队： 5000 人，其中边防部队 3000 人（编有 6 个边防总队）、2 个内卫旅，1 个内卫特警团；国民卫队约 800 人。

（杨全民）

老　挝

国　　名 老挝人民民主共和国。

主要统计 面积 23.68 万平方千米。人口 556.4 万人（其中，13～17 岁男 32.5 万人，女 31.9 万人；18～22 岁男 25.3 万人，女 24.9 万人；23～32 岁男 38.9 万人，女 38.8 万人）。国内生产总值 17 亿美元（2000 年）。国防费 1580 万美元（2001 年）。原油 90 万吨（1994 年）。发电量 36.73 亿度（2000 年）。粮食 231 万吨（2001 年）。民航能力，固定航班机场 11 处，客运量 4800 万人千米，货运量 500 万吨千米（2000 年）。水运能力，客运量 458.1 万人次，货运量 10 万吨（2000 年）。

国防体制 老挝人民军最高决策机构是人民革命党中央国防安保委员会。中央国防安保委员会由老党主席、政府总理、国防部长、内务部长和老军各总部最高长官组成，党的主席兼任中央国防安保委员会主席。国防部既是中央国防安保委员会的办事机构，又是军队的最高行政管理机构，下辖总参谋局、总政治局、总后勤局 3 大机关。3 大机关分别负责全军的作战训练、政治思想教育、后勤技术保障。国防部直属单位有外事局、监察局、军法局、保卫局和开发总公司等。武装力量由正规军、地方部队、预备役部队和民兵自卫队组成，正规军又称主力部队，分陆军和空军两个军种。中央国防安保委员会主席通过国防部对全国武装力量实施领导和指挥。

领导人物 人民革命党主席兼中央国防安保委员会主席坎代·西潘敦上将（1992年11月上任），国防部长多昂斋·比芝中将（2001年3月上任），总参谋局总参谋长根坎·盛阿吞准将（2001年3月上任），总政治局主任占沙门·占雅拉少将，总后勤局局长苏培·派维西准将，空军局局长占通中校，内河艇队指挥部指挥长坎丰·蓬帕迪。

武装力量 **兵力** 现役部队2.97万人。

陆军 2.56万人，划分为4个军区，编有5个步兵师、7个独立步兵团、3个工程兵团（其中2个建筑团）、5个炮兵营、9个高炮营、65个独立步兵连、1个轻型联络飞机小队。

坦克：T-54/-55型30辆，T-34/-85型若干辆，PT-76型10辆。装甲输送车：BTR-40/-60型30辆，BTR-152型20辆。牵引火炮：75毫米20门，105毫米20门，122毫米20门，130毫米10门，155毫米12门。迫击炮：81毫米、82毫米、107毫米、120毫米若干门。火箭筒：73毫米若干门。无后座力炮：57毫米、75毫米、106毫米、107毫米若干门。高炮：14.5毫米、23毫米、37毫米、57毫米若干门。地空导弹：SA-7型若干部。

内河水兵部队 约600人，以连为单位编成，每连辖若干艇队；配属陆军指挥。装备有江河巡逻艇12艘、登陆艇4艘、小艇（船）约40艘。

空军 3500人。编有2个攻击战斗机大队、1个运输机大队、1个直升机大队、10余个机场地勤部队、1支女子伞兵部队。

攻击战斗机：米格-21型22架。运输机：共15架，即安-2型4架、安-26型3架、安-74型1架、雅克-40型1架、运-7型5架、运-12型1架。直升机：共27架，即米-6型1架、米-8型9架、米-17型12架、SA-360型3架、卡-32T型1架、米-26型1架。教练机：雅克-18型8架。空空导弹：AA-2“环礁”型若干枚。

地方部队 近2万人，由省、市、县军事指挥部指挥，每省编有1至5个独立营和若干个独立连，有的省还编有防空连、通信连和侦察排等。

预备役部队 约1万人，每个县编有1个预备役连，每个连70~170人。

民兵自卫队 共8万余人，分普通、机动和防空民兵3种。普通民兵每村编有1~2个班，每班7~9人；机动民兵编成排或连，每连75~85人，辖2~3个排，每排23~29人；防空民兵每个县城编有1个连，由县军事指挥部直接指挥。民兵自卫队的任务是：平时协同当地驻军维护国防治安，惩治犯罪和参与社会经济建设；战时参加战地运输或直接投入战斗。

兵役制度 实行义务兵役制，战士服役期至少18个月；民兵服役年龄男14~45岁，女16~35岁。

军衔 军官军衔分3等11级，即将官4级（上将、中将、少将、准将），校官3级（上校、中校、少校），尉官4级（上尉、中尉、少尉、准尉）。士兵军衔分2等5级，即军士（上士、中士、下士），兵（一等兵、二等兵）。

军队节日 建军节，1月20日（1949年）；空军节，4月4日（1970年）；水兵节，8月23日（1975年）。

（钟学良）

黎 巴 嫩

国　　名 黎巴嫩共和国。

主要统计 面积1.0452万平方千米。人口313.7万人（其中13~17岁男21.6万人，女22万人；18~22岁男19.4万人，女20万人；23~32岁男39.7万，女40.6万人）。国内生产总值160亿美元（2000年）。国防费5.94亿美元（2001年国防预算）。发电量70.82亿度（1997年）。粮食9.3万吨（1999年）。海运能力，商船（载重100吨以上）163艘，总载重量43.82万吨（2000年）。民航能力，固定航班机场1处（1996年），客运量21.16亿人千米、货运量3.19亿吨千米（2001年）。

国防体制 宪法规定，总统为武装力量统帅。

最高国防决策机构为最高国防委员会，其成员有总统、内阁部长、军队司令、参谋长等，由总统任主席。国防部为最高军事行政机关，负责军队与地方部门的协调，提供防务咨询和建议，进行国际军事交往等工作。武装力量由正规军和准军事部队组成。正规军分陆、海、空三个军种。最高军事指挥机构为军队司令部。总统通过国防部和军队司令部对全国武装力量实施领导和指挥。

领导人物 总统兼武装力量统帅埃米勒·拉胡德（1998 年 10 月上任）。国防部长哈利勒·赫拉维。军队司令米歇尔·苏莱曼中将（1998 年 12 月上任）。参谋长拉姆兹·艾布·哈姆扎少将（2002 年上任）。

武装力量 兵力 现役部队约 7.183 万人。

陆军 约 7 万人。编有 5 个军区、11 个机兵旅、1 个总统警卫旅、1 个武装警察旅、1 个突击团、5 个特种兵团、2 个炮兵团、1 个空中突击团。

坦克：M－48A1/A5 型 115 辆、T－54/－55 型 212 辆、AMX－13 轻型坦克 36 辆。装甲侦察车：“萨拉丁”22 辆、AML 型 67 辆。装甲输送车：M－113A1/A2 型 1164 辆、VAB－VCI 型 81 辆、AMX－VCI 型 81 辆、“庞阿尔”M3/VTT 型 12 辆。牵引炮：105 毫米 13 门、122 毫米 62 门、130 毫米 11 门、155 毫米 65 门。火箭炮：122 毫米 23 门。迫击炮：81 毫米 158 门、82 毫米 111 门、120 毫米 108 门。反坦克导弹：“安塔克”和“米兰”式若干具，“陶”式 20 具。火箭筒：85 毫米和 89 毫米若干具。无坐力炮：106 毫米若干门。高炮：20 毫米、23 毫米若干门、40 毫米 10 门。

海军 830 人。

主要基地：朱尼耶、贝鲁特。巡逻艇：14 艘，另有武装小艇 27 艘。两栖登陆艇：2 艘。

空军 1000 人。

直升机：UH－1H 型 16 架、SA－318 型 1 架、SA－316 型 3 架、贝尔－212 型 5 架、SA－330 型 3 架、SA－342 型 2 架。教练机：“大斗犬”式 3 架。

准军事部队 内部治安部队：约 1．3 万人，装备有“突击队”式装甲输送车 30 辆。海关：装备有巡逻艇 7 艘。

教派民兵武装 除“真主党”外，大多数民兵实际上已经解散，并把重武器移交给了政府军。

“真主党”穆斯林什叶派原教旨主义组织，亲伊朗。约有现役武装 300～500 人，另有支援力量约 2000 人。装备有火炮、火箭炮、火箭筒、无坐力炮、反坦克导弹和高炮等。

兵役制度 实行义务兵役制，并招募部分志愿兵，士兵服役期 1 年。

军衔 军官分 3 等 9 级：将官 3 级（中将、少将、准将），校官 3 级（上校、中校、少校），尉官 3 级（上尉、中尉、少尉）。

外国驻军 联合国驻黎巴嫩临时部队约 3683 人，编成 5 个步兵营，由斐济、加纳、印度、爱尔兰、尼泊尔和乌克兰等国组成；此外，还有由法国、意大利、波兰、瑞典等国组成的支援部队。伊朗驻有约 150 人的革命卫队。叙利亚驻有 1.8 万人，在贝鲁特驻有 1 个机械化步兵旅、5 个特种兵团；在迈特恩驻有 1 个机械化步兵旅；在贝卡驻有 1 个机械化步兵师部、2 个机械化步兵旅和 1 个装甲旅；在特里波利驻有 1 个特种兵团；在拜特龙驻有 1 个特种兵团；在克帕尔·法卢斯驻有 3 个特种兵团。

军队节日 建军节 8 月 1 日。

（周长鹏）

马来西亚

国　　名 马来西亚。

主要统计 面积 32.9735 万平方千米。人口 2209.2 万人（其中，13～17 岁男 129.3 万人，女 123 万人；18～22 岁男 105.6 万人，女 100.7 万人；23～32 岁男 179.1 万人，女 173 万人）。国内生产总值 875.4 亿美元（2001 年）。国防费 19 亿美元（2002 年国防预算）。原煤 10 万吨（1997 年）。天然气 399.02 亿立方米（1997 年）。原油 2.53 亿桶（1997 年）。发

电量 586.75 亿度（1997 年）。粮食 198.4 万吨（1999 年）。海运能力，商船（载重 100 吨以上）552 艘，总载重量 291.63 万吨（2001 年）。民航能力，固定航班机场 39 处，客运量 337.08 亿人千米、货运量 14.25 亿吨千米（2001 年）。

国防体制　国家元首为武装力量统帅，最高国防决策机构为国家安全委员会，总理兼任主席。内阁设国防部，为最高军事行政机关。武装力量由正规军和准军事部队两部分组成。正规军分陆、海、空三个军种，各军种均设参谋部。最高军事指挥机构为武装力量司令部。

领导人物　国家元首兼武装力量统帅端古·赛义德·西拉杰丁（2002 年 4 月 25 日登基）。总理兼国家安全委员会主席达图·斯里·马哈蒂尔（1999 年 12 月第 5 次连任）。国防部长纳吉布·敦·拉扎克（1999 年 12 月上任）。武装部队总司令达图·斯里·穆罕默德·扎希迪·扎伊努丁上将（1999 年 1 月上任）。陆军司令达图·哈辛·侯赛因上将（1999 年 1 月上任）。海军司令达图·穆罕默德·拉姆里·宾·阿布·巴卡尔上将（2002 年 8 月上任）。空军司令达图·阿卜杜拉·本·阿玛德中将（2002 年 8 月上任）。

武装力量　**兵力**　现役部队 10 万人。

陆军　8 万人。编有 2 个军区，1 个军，4 个师，1 个机步旅，11 个步兵旅，1 个空降旅（包括 3 个空降营、1 个轻型炮兵团、1 个轻型坦克中队），1 个特战团（3 个营），1 个陆航直升机中队。

轻型坦克："蝎子"26 辆。装甲侦察车："西布迈斯"式 162 辆，AML－60/－90 型 140 辆，"白鼬"92 辆。装甲输送车：KIFV 式 111 辆，"突击队员"184 辆，"攻击者"25 辆，"神鹰"459 辆，M－3 型 37 辆。牵引炮：105 毫米 170 门，155 毫米 34 门。迫击炮：81 毫米 300 门。反坦克导弹：SS－11 型若干具。火箭炮：89 和 92 毫米若干门。无坐力炮：84 毫米若干门，106 毫米 150 门。高炮：35 毫米 24 门，40 毫米 36 门。地空导弹："标枪"和"星光"共 48 部。直升机：SA－316B 型 9 架。

海军　1.2 万人（含海军航空兵）。编有 1 个海上司令部和关丹、拉布安 2 个海军区。

导弹护卫舰："莱库"级 2 艘。护卫舰："汉都亚"级 1 艘，"拉玛"级 1 艘，"阿萨德"级 4 艘，"卡斯图里"级 2 艘。导弹快艇："汉达兰"级 4 艘，"柏达那"级 4 艘。巡逻艇：27 艘。扫雷艇：4 艘。两栖舰艇：1 艘。后勤支援舰船：4 艘。

海军航空兵　160 人，装备有"黄蜂"式直升机 6 架。

空军 8000 人。编有 5 个攻击战斗机中队，2 个战斗机中队，1 个攻击战斗机兼侦察机中队，1 个海上侦察机中队，4 个运输机中队，1 个地空导弹中队。作战飞机 95 架。

攻击战斗机："鹰"式 25 架，MB－339 型 9 架，F/A－18D 型 8 架，F－5E/F 型 13 架，RF－5E 型 2 架。战斗机：米格－29 型 17 架。武装侦察机：B－200T 型 4 架。运输机：38 架。运输直升机：48 架。无人驾驶飞机：3 架。教练机：共 91 架，其中 8 架为直升机、12 架 PC－7 型具有作战能力。空空导弹：若干枚。

预备役部队　4.16 万人。其中陆军 4 万人，海军 1000 人，空军 600 人。

准军事部队　约 26 万人。其中警察 1.8 万人（编成 5 个旅），海上警察约 2100 人，地区治安警察 3500 人，边境侦察部队 1200 人，人民志愿团 24 万人。

部署　马来西亚以东经 109 度线为界把其本土和所属海域分为东、西两部分，划成两个海军区。全国主要海、空军基地 7 处，其中海军基地 4 处（关丹、拉布安/山打根、卢木、双溪安图）、空军基地 3 处（吉隆坡、亚罗士打、吉打）。

兵役制度　实行志愿兵役制，服役期 10 年。

军衔　军官分 3 等 9 级，即将官 3 级（上将、中将、少将），校官 3 级（上校、中校、少校），尉官 3 级（上尉、中尉、少尉）。

驻外兵力　2002 年共有 96 人在国外参加联合国维和行动。

外国驻军　澳大利亚 148 人，其中陆军 115 人、空军 33 人，装备有 2 架 P－3C 型飞机。

军队节日　建军节 9 月 16 日，陆军节 3 月 1 日，海军节 7 月 2 日，空军节 6 月 1 日。

（孟　丽）

蒙　古

国　　名　蒙古国。

主要统计　面积 156.65 万平方千米。人口 244.6 万人（其中，13～17 岁男 15.8 万人，女 15.2 万人；18～22 岁男 14 万人，女 13.4 万人；23～32 岁男 23.1 万人，女 22.3 万人）。国内生产总值 14.9 亿美元（2002 年），国防费约 2470 万美元（2002 年）。原煤 495.12 万吨（1997 年）。发电量 26.29 亿度（1998 年）。粮食 19.4 万吨（1998 年）。牲畜 3200 万头（2001 年）。民航能力：固定航班国际机场 2 处，客运量 4.91 亿人次，货运量 4500 万吨千米（2001 年）。

国防体制　宪法规定，总统为国家武装力量总司令，总统通过国防部长会议对军队实施指挥。国防部长会议为国防部最高决策机构，由国防部长任主席。成员包括：国防部国务秘书、武装力量总参谋长、边防军管理局局长兼边防军司令、国家民防局局长、国防部战略指导与计划局局长、国防部国家行政管理局局长、国防部政策实施协调局局长、国防部信息与评估局局长等。国防部长会议负责制定并组织实施国防政策，完善军队体制编制，管理国防经费，任命团以上、副总长以下各级干部，并负责对外军事合作。国防部为负责国防事务的最高行政机关。总参谋部为负责武装力量作战训练和全面建设的最高指挥机关，负责制订军事战略计划，统一指挥各军兵种部队。武装力量由现役部队和预备役部队组成。

领导人物　总统兼武装力量总司令查·巴·巴嘎班迪（2001 年 5 月连任）。国防部长珠·古尔拉格恰（2000 年 7 月任命）。武装力量总参谋长策·陶高少将（2002 年 10 月任命）。

武装力量　**兵力**　现役部队约 2.8 万人（含边防军和内卫军等），高等军事院校 3 所。

陆军　约 1.4 万人。编有 5～6 个摩步旅（团）、1 个炮兵团、6 个独立团、2 个独立特种营及若干后勤保障部（分）队或武器装备储存基地等，另有 1 个全军综合训练中心。

坦克：T－54/55/62/80 型等 650 辆。装甲车和步兵战车：770 辆。牵引榴弹炮和加农炮：122 毫米、130 毫米和 152 毫米等 300 门。多管火箭炮：122 毫米 130 门。迫击炮：82/120/160 毫米等 140 门。反坦克炮：85/100 毫米等 200 门。

国土防空军　约 2000 人。编有 1 个航空基地、1 个防空火箭－高炮团、1 个混合防空团、1 个高炮团、1 个雷达团和若干直属部（分）队等。

作战飞机：米格－21 型 24 架，米格－24 型 20 架。战斗直升机：米－8 型 7 架、米－24 型 12 架。地空导弹系统：SA－2（C－75）/7/14 型 250 部。高炮：23/30/37/57 毫米 150 门。

其他部队　边防军近 1 万人，内卫军 1600 人，建筑部队 1300 人，民防部队 500 人。

预备役部队　约 17 万人。

兵役制度　实行以义务兵役制、合同兵役制为主，等同兵役、税代兵役等多种服役形式为辅的混合兵役制。

军衔　分 7 等 20 级，即除蒙古国元帅不分级外，将官分 3 级（少将、中将、上将），校官 3 级（少校、中校、上校），尉官 3 级（中尉、上尉、大尉），准尉 3 级（三级、二级、一级、训导、特级准尉），军士 3 级（中士、上士、大士），士兵两级（列兵、上等兵）。

军队节日　国庆节：7 月 11 日，建军节：3 月 18 日，国土防空军节：8 月 10 日，边防军节：9 月 17 日。

（徐亚磊）

缅　　甸

国　　名　缅甸联邦。

主要统计　面积 67.6581 万平方千米。人口 4538.1 万人（其中，13～17 岁男 276 万人，女 268.5 万人；18～22 岁男 242.6 万人，女 238.6 万人；23～32 岁男 441.4 万人，女 434.3 万人）。国内生产总值 370 亿美元（2000 年）。国防费约 21 亿美元（2001 年国防预算）。原煤 5.9 万吨（1997 年）。原油 348 万桶（1999 年）。天然气 17.03 亿立方米（1997 年）。发电量 42.11 亿度（1997 年）。粮食 1763.2 万吨（1999 年）。海运能力，商船（载重 100 吨以上）144 艘，总载重量 135.4 万吨（2001 年）。民航能力，固定航班机场 19 处，客运量 4.38 亿人千米、货运量 320 万吨千米（2001 年）。

国防体制　“国家和平与发展委员会”主席（相当于总统）为国防军总司令。国防部为国防军最高统帅机关，统管作战、训练和军工等工作。武装力量由正规军和准军事部队组成。正规军分陆、海、空三个军种。最高军事指挥机构为总参谋部。“国家和平与发展委员会”通过国防部和总参谋部对全国武装力量实施领导和指挥。

领导人物　“国家和平与发展委员会”主席兼政府总理、国防部长和三军总司令丹瑞大将（1997 年 11 月上任）。“国家和平与发展委员会”副主席、三军副总司令兼陆军司令貌埃二级大将（1997 年 11 月上任）。“国家和平与发展委员会”第一秘书长、国防部军情局局长兼军事战略研究署署长钦纽上将（1997 年 11 月上任）。海军司令季敏中将（2000 年 8 月上任）。空军司令妙亨少将（2002 年 3 月上任）。

武装力量　**兵力**　现役部队约 44.4 万人。

陆军　32.5 万人。编有 10 个轻装步兵师师部，12 个军区司令部，32 个战术指挥部，245 个步兵营，7 个炮兵营，4 个装甲营和 4 个高炮营。

主战坦克：69 型 100 辆。轻型坦克：63 型 105 辆。装甲侦察车：“白鼬”45 辆，“亨伯”40 辆，“马自达”30 辆。装甲输送车：“日野”20 辆，85 型 250 辆。牵引炮：76 毫米 100 门，88 毫米 50 门，105 毫米 96 门，130 毫米和 155 毫米各 16 门，122 毫米和 140 毫米若干门。火箭炮：107 毫米 30 门。迫击炮：120 毫米 80 门，81 毫米和 82 毫米若干门。无坐力炮：84 毫米约 1000 门，106 毫米若干门。反坦克炮：57 毫米和 76．2 毫米 60 门。高炮：37 毫米 24 门，40 毫米 10 门，57 毫米 12 门。

海军　1 万余人（含陆战队）。设有 6 个海军基地。

轻型护卫舰：“羊岱昂”号和“羊基昂”号各 1 艘。导弹艇：6 艘。巡逻艇：60 艘。两栖船只：11 艘。支援船只：9 艘。

海军陆战队　800 人（1 个营）。

空军　9000 人。编有 3 个战斗机中队，2 个攻击战斗机中队，2 个防暴机中队、1 个运输机中队和 4 个直升机中队。作战飞机 113 架，武装直升机 29 架。

战斗机：F－7 型 50 架，FT－7 型 10 架。攻击/战斗机：A－5M 型 22 架。防暴机：PC－7 型 12 架，PC－9 型 9 架，“超海鸥”10 架。运输机：F－27 型 3 架，FH－227 型 4 架，PC－6A/B 型 5 架，Y－8D 型 2 架。联络机：“色斯纳”5 架，K－8 型 12 架。直升机：共 66 架，其中米－2 型 18 架和米－17 型 11 架为武装直升机。

准军事部队　10.025 万人，其中人民警察 6.5 万人、民兵 3.5 万人、渔业部门约 250 人及 11 艘船只。

兵役制度　实行志愿兵役制。

军衔　军官分 3 等 11 级：将官 5 级（大将、上将、中将、少将、准将），校官 3 级（上校、中校、少校），尉官 3 级（上尉、中尉、少尉）。

军队节日　建军节 3 月 27 日。

（孟　丽）

尼　泊　尔

国　　名　尼泊尔王国。

主要统计　面积 14.7181 万平方千米。人口 2305.3 万人（其中，13 岁～17 岁男 138.7 万人，女 130.7 万人；18 岁～22 岁男 114.4 万人，女 106.3 万人；23 岁～32 岁男 173.4 万人，女 159 万人）。国内生产总值 4080 亿尼泊尔卢比，合 54 亿美元（2002 年）。国防费约 54 亿尼泊尔卢比，合 7 亿美元（1998 年）。发电量 12.32 亿度（1997 年）。粮食 646.5 万吨（1996 年）。民航能力，固定航班机场 24 处，客运量 7.9 亿人千米，货运量 9310 万吨千米（1997 年）。

国防体制　国王为武装力量统帅。国王通过王宫军事秘书、皇家军队司令部和国防部指挥和管理军队。王宫秘书处是国王的军事参谋机构。皇家军事司令部是国王统帅军队的指挥机构，由参谋长领导。国防部由文官组成，对军队无指挥权，主要负责军事预算、武器装备和军需物资的供应，办理外国的军事援助，确定兵员补充，对军官的提升、任免提出建议。武装力量主要由现役部队和准军事部队组成，现役部队只有陆军。

领导人物　武装力量统帅贾兰德拉国王（2001 年 6 月 4 日即位）。首相兼国防大臣巴哈杜尔·昌德（2002 年 10 月 11 日）。陆军参谋长达玛帕尔·巴尔·辛格·塔帕上将。

武装力量　**兵力**　现役部队 5.1 万人。

陆军　5.1 万人。编有 1 个师司令部、1 个皇家警卫旅（含 1 个宪兵营）、7 个步兵旅（16 个营）、44 个独立步兵连、1 个特种作战旅（1 个空降营、2 个独立特遣连、1 个骑兵中队）、1 个炮兵旅（1 个炮兵团、1 个防空团）、1 个工程兵旅（4 个营）。

装甲侦察车："白鼬" 40 辆。装甲人员输送车：BTR－70 型 130 辆。牵引炮：75 毫米 6 门，94 毫米 5 门，105 毫米 14 门。迫击炮：81 毫米若干门；120 毫米 70 门。高射机枪：14．5 毫米 30 挺。高炮：40 毫米 2 门。运输机：2 架。直升机：12 架。

准军事部队　警察部队 4 万人。

部署　尼泊尔陆军主要部署在加德满都和尼泊尔与印度边境一带。

兵役制度　实行志愿兵役制。士兵服役期一般为 15 年。各级军官最高服役年龄：将官 60 岁，校官 55 岁，尉官 52 岁。

军衔　军官分为 3 等 10 级，即将官 4 级（上将、中将、少将、准将），校官 3 级（上校、中校、少校），尉官 3 级（上尉、中尉、少尉）。

驻外兵力　2002 年，尼泊尔共有 998 人分别在克罗地亚、刚果、东帝汶、中东、埃塞俄比亚/厄立特里亚、塞拉利昂等国参加联合国维和行动。

军队节日　建军节 5 月 9 日。

（刘温国）

日　本

国　　名　日本国。

主要统计　面积 37.78 万平方千米。人口 1.2684 亿人（其中 13～17 岁男 367.8 万人，女 350.4 万人；18～22 岁男 412.9 万人，女 393.0 万人；23～32 岁男 955.3 万人，女 912.1 万人）。国民生产总值 504 万亿日元，合 4.1 亿美元（2001 年）。国防费 4.955 万亿日元（2001 年国防预算），占国民生产总值的 0.956%，占政府财政支出的 6.0%。粗钢 10644.4

万吨（2000 年）。原煤 312.6 万吨（2000 年）。原油 740 万千公升（2000 年）。天然气 24.53 万亿立方米（2000 年）。发电量 1040.08 亿度（2000 年）。主要农作物总产量（米、小麦）1202 万吨（2001 年）。海运能力，商船（载重 100 吨以上）5880 艘，总吨位 1487.4 万吨（2000 年）。民航能力，固定航班机场 91 处；客运量，国内航线 797 亿人千米、国际航线 978.73 亿人千米；货运量，国内航线 92.996 万吨、国际航线 116.082 万吨（2000 年度）。

国防政策　日本的国防政策主要是以日美安保体制为基础，有计划地发展高效的防卫力量，加紧建立“临战态势”，谋求实现政治军事大国的战略目标。其基本点是：

（一）将日美军事同盟作为日本国防政策的支柱。日本认为，日美军事同盟不仅是对日本的安全保障，而且对日本周边地区的和平与稳定都是必不可少的。为此，日本通过《日美安全保障联合宣言》、新的《日美防卫合作指针》、与“新指针”相配套的“相关法案”、《反恐怖特别措施法》、以及“有事法制”相关法案等步骤，大大拓展了与美国在军事领域合作的深度和广度，采取了一系列措施以提高日美军事同盟的有效性和可靠性。如：加强政策协商和情报交换；加强日美联合演习和训练；正式决定参加美国战区导弹防御系统的研究开发计划；加强日美双方装备技术上的交流；采取有效措施，确保美军顺利驻扎等。未来，日美的军事合作将向大范围、深层次的方向发展，日美安保体制将机制化、规范化、合法化，将成为“涵盖亚太、多维渗透、攻防兼备、平战结合”的全方位安全保障体制。

（二）完全摒弃专守防卫方针。日本早在 20 世纪 80 年代初期实际上就已经突破了专守防卫的方针，进入 20 世纪 90 年代中期以来，日本更强调要由立足于“本土防卫”转向“御敌于国门之外”、“歼敌于海上”。2003 年 5 月 15 日和 6 月 5 日，日本国会众参两院分别以压倒多数通过了“有事法制”的三个相关法案，即：《武力攻击事态法案》、《安全保障会议设置法部分修订案》和《自卫队法及防卫厅职员薪金法的部分修订案》。这一“战争法”的相关法案的正式出台，意味着日本早已空洞化的专守防卫的防卫政策正式寿终正寝。目前，日本已经拥有了自己的军事侦察卫星，而在“有事法制”相关法案正式施行后，首相可不经过国会批准直接命令自卫队出兵海外，遂行以“保卫日本安全”为目的的作战行动。日本自卫队以“有事法制”相关法案作为依据，可以堂而皇之地以保卫国家安全的名义独立遂行“自卫”作战或与美军实施联合作战便成为可能。这也意味着“和平宪法”被进一步架空，日本的军事发展已全面走上了“快车道”。

（三）加强军事转型的立法准备。自 1992 年 6 月日本国会通过《海外派兵法》以来，日本自卫队便获得了出兵海外的法律依据，借参加维和行动，使其出兵海外经常化、制度化。日美新的“防卫合作指针”把两国军事合作的重点从针对“日本有事”变为针对“周边有事”，其内容涉及国际军控与裁军、地区安全对话、国际维和及人道主义救援等方方面面。而“新指针”及其“相关法案”的制定，使日本的军事活动地区由“远东”扩大到范围模糊的“周边地区”；日本武装力量的职能由“专守防卫”作战扩大到发生“周边事态”时，可以支援美军作战；而且，日美在武力应付“周边事态”时，可不必经过联合国授权，只由日美两国确定即可。“9·11”事件发生后，日本抓住时机，一举通过了《反恐怖特别措施法》等三项法案，首次实现了战时向海外派兵。而“有事法制”相关三法案的正式出笼，为日本自卫队直接参加海外作战行动洞开了法理之门，自卫队将向“海外参与型”的“国防军”过渡，日本的军事转型已在立法上铺平了道路。

军事战略　日本军事战略的目标是谋求军事大国的地位。近年来，为适应军事革命的迅猛发展和实现“政治大国”的国家目标，日本不断对其军事战略进行了一系列的重大调整，努力推进军事力量的两个“转型”。即，自卫队的防卫体制由“国土防卫型”向“海外参与型”的战略转变；军事力量由机械化向信息化的转变。

（一）防御重点全面转向西南方向。为应付冷战后的“多元威胁”，日本已将防御的重点由“固守北方”转变为“防御西南”，并据此对自卫队的部署和编制体制作出重大调整。除将最先进的武器系统配置在西南方向外，还将增强九州和冲绳的兵力部署，强化在西南方向上自卫队的合成训练和与美军的协同训练，以提高自卫队的快速反应与实战水平。

（二）确立“积极主动、攻防兼备、预先前置、灵活敏捷”的战略方针。其具体措施包括：①强调“先发制人”。日本以往“专守防卫”战略方针侧重“有事”后的反应，而现行方针则强调在面临导弹袭击或军事入侵之前，要对外国施行“先发制人”的打击。日本早在 1999 年国会通过的《周边事态法》中，就首次提出“准有事”的概念。而在 2003 年通过的

"有事法制"相关法案中，更提出"推断有事"的概念，即，"预测日本可能遭受的武力攻击事态"，明确了首相在"推断有事"时的绝对权限下的战争动员体制。②在防卫力量的基本职能上，强调军事力量的职能范围由内向型向"海外参与型"过渡；防卫任务以周边为重点，逐步向全球发展。日本军事力量在已经由过去单一的"对付有限的小规模侵略事态"扩大为"保卫日本安全"、"应付大规模自然灾害等各种事态"、"为建立更稳定的安全保障环境作贡献"等3大职能。③在防卫力量的基本任务上，通过对《自卫队法》几次大的修改，自卫队增加了以下任务：运送海外侨民；在治安出动前搜集情报，应对核生化武器攻击；在发生周边事态时出动自卫队；根据《反恐怖特别措施法》出动自卫队；战时向美军提供物资和劳务；向美军提供后方支援，为美军基地提供保护；等等。

（三）加紧建立自卫队的"临战态势"。在制定新的"日美防卫合作指针"和大幅修改《自卫队法》后，日本自卫队不断加强各部队的高机动性和快速反应能力，以及在此基础上的独立作战能力和自我生存能力，加紧建立自卫队的"临战态势"。(1) 进行较为彻底的体制编制改革。根据新《防卫计划大纲》的要求，陆上自卫队正在从过去的13个师、2个混成旅的18万人体制向9个师、6个旅的16万人（含"快速反应预备役"1.5万人）体制转变。此外，防卫厅还决定建立多支特种部队，如已经成立的"陆上自卫队研究本部"、"网络部队"等。同时，海上自卫队正在组建直属联合舰队的"特别警备队"以专门对付外国"可疑船只"，负责海上特别行动。海上自卫队还将组建一支直升机部队，以提升海上快速反应能力。(2) 重建指挥系统。2001年，日本对防卫厅进行了精简整编，将过去的"五局一官房"调整合并为"四局一官房"，提高决策和办事效率。为加强三自卫队的协同作战能力，提高情报、指挥、通信以及运输等后勤保障能力，日本已准备建立联合参谋部，以理顺自卫队联合作战的指挥关系。另外，研究在陆上自卫队建立统辖四个军区的"最高司令部"，以便统一指挥陆上自卫队的作战行动。计划在2005年重新制定《防卫计划大纲》，将防卫厅升格为"国防部"。(3) 在武器装备的发展上，向大型化、远程化、大威力化、高技术化的方向发展。根据新"中期防卫力量发展计划"，在未来5年里，日本自卫队将积极研制、开发多种高技术武器装备，继续推进与美国进行的战区导弹防御系统的技术研究工作、引进空中加油机以及装备2艘1.35万吨、可搭载3架多用途直升机的驱逐舰，从而大大超出了"自卫所需最小限度"。(4) 加大经费的保障力度。按照新"中期防卫力量发展计划"，在未来5年中，日本的军费开支将达4.96万亿日元（约合439亿美元），高居世界第二位。巨额的军费开支，将为日本自卫队的发展建设提供雄厚的物质保障。

（四）密切与美军的协同作战能力。随着日美军事同盟的加强以及日本在同盟中自主地位的提高，在必要时同美军实施联合作战，密切双方在作战中的协调和协同，已成为日本军事战略的重要组成部分。日本在制定了一系列与新的"日美防卫合作指针"相配套的"战争法"的同时，加紧与美国组建战时体制。在2000年成立了联合作战司令部——"日美联合协调所"。与此同时，日本将以参加研制战区导弹防御系统为中心，深化与美国的军事合作力度，继续提高日美安全保障体制的可靠性。除研究在发生对日武装攻击时的日美联合作战计划外，还需加大对发生"周边事态"时日美相互合作计划的研究力度，以努力构筑有效的合作态势，不断提高日美联合演习和训练的协同水平。

国防体制 统帅机构 日本国防组织的最高领导人、自卫队的最高统帅是内阁总理大臣，他代表内阁对自卫队行使最高指挥监督权。内阁会议是国防问题的最高决策机构，负责对提交国会审议的有关国防问题的法律草案、预算草案作出决定，制定有关政令，决定有关国防的重大方针和计划。安全保障会议是国防问题的最高审议机构，它由以下人员组成：根据《内阁法》第9条的规定预先指定的国务大臣、外务大臣、财务大臣、内阁官房长官、国家公安委员会委员长、防卫厅长官，由内阁总理大臣任主席。当主席认为必要时，可让有关国务大臣、参谋长联席会议主席及其他有关人员列席会议，陈述意见。安全保障会议的职责是：审议有关国防的重要事项，处置重大紧急事态的重要问题。防卫厅是在内阁总理大臣领导下处理国防事务的行政机关，其任务是"管理、指挥陆上、海上、航空自卫队，处理与此有关的事务。"防卫厅直属内阁府，防卫厅长官由内阁总理大臣任命的国务大臣担任，在内阁总理大臣的指挥与监督下领导防卫厅的工作，统管防卫厅的业务，并通过陆海空自卫队参谋长指挥自卫队。参谋长联席会议是辅佐防卫厅长官的合议体参谋机构，主要任务是统一和协调陆海空自卫队的运用。职责是：制定合同作战计划、合同后勤计划和合同训练计划，统一、协调自卫队军事行动的指挥命令，协助防卫厅长官指挥两个以上军种的合成部队的作战行动，搜集情报、调查研究，以及防卫厅长官交办的其他事项。参谋长联席会议由自卫队现役军人中资历最深、军衔最高者任主席，主持和领导参谋长联席会议的工作。

日本的武装力量由现役部队，在军事部门服务的文职人员和预备役部队组成。正规部队分为陆上自卫队、海上自卫队、航空自卫队。

作战指挥系统　内阁总理大臣是陆、海、空自卫队的最高指挥官。防卫厅是内阁总理大臣对陆、海、空自卫队实施指挥的职能机关。防卫厅长官在内阁总理大臣的指导监督下，统一领导和指挥陆、海、空自卫队。陆海空自卫队分别设有参谋部，作为防卫厅长官的参谋机构和各自卫队的指挥管理机构，负责制定各自的作战计划、教育训练计划及编制、装备、后勤保障、情报收集、卫生保健、人事等计划。它既是防卫厅长官的参谋机构，又是管理和运用各自卫队的执行机构。防卫厅长官通过各自卫队参谋长对陆、海、空自卫队实施领导和指挥。参谋长联席会议主席协助防卫厅长官对自卫队的运用进行统一和协调。

领导人物　内阁总理大臣兼自卫队最高统帅小泉纯一郎（2001 年 4 月 26 日当选）。国务大臣、防卫厅长官石破茂（2002 年 9 月 30 日上任）。参谋长联席会议主席石川亨上将（2003 年 1 月 21 日上任）。陆上自卫队参谋长先崎一上将（2002 年 11 月 26 日上任）。海上自卫队参谋长古庄幸一上将（2003 年 1 月 21 日上任）。航空自卫队参谋长津曲义光上将（2003 年 3 月 18 日上任）。

武装力量　**兵力**　现役部队编制定员 26.2073 万人（含参谋长联席会议 1612 人），实有兵员 23.6315 万人（含参谋长联席会议 1437 人，统计数截至 2000 年 3 月底）。

陆上自卫队　编制定员 16.7383 万人，实有兵员 14.678 万人。编成 5 个军区、11 个步兵师、1 个装甲师、1 个步兵旅、2 个混成旅、1 个空降旅、1 个炮兵旅、5 个工兵旅、8 个防空导弹群。共装备坦克 1070 辆（90 型、74 型），装甲车 690 辆，自行火炮 620 辆，其他各型火炮 5950 门，各型飞机 499 架。

海上自卫队　编制定员 4.5812 万人，实有兵员 4.3323 万人。编有 1 个联合舰队，下辖 1 个护卫舰队、1 个航空集团、1 个潜艇舰队，另有 5 个地方队。截至 2000 年 9 月底，共装备各型作战舰艇 141 艘，总吨位约 36.9 万吨，其中驱逐舰、护卫舰 53 艘 18.8 万吨，潜艇 16 艘 3.9 万吨，扫/布雷舰艇 32 艘 2.7 万吨；各型飞机 215 架。

航空自卫队　编制定员 4.7266 万人，实有兵员 4.4775 万人。编有 1 个航空总队，下辖 3 个航空方面队（各辖 2 个战斗航空团）、1 个航空混成团、6 个防空导弹群；1 个航空支援集团；1 个航空教育集团（下辖 2 个训练航空团、3 个飞行教育团）；1 个航空开发实验集团。截至 2000 年 3 月底，共装备各型作战飞机 495 架，其中歼击机 353 架、侦察机 27 架、预警机 13 架、运输机 59 架。

文职人员　2.1229 万人（截至 2000 年 3 月底）。

预备役部队　一般预备役编制定员 4.79 万人，实有人员 4.5997 万人。快速反应预备役 4889 人（陆上自卫队）。截至 2000 年 3 月底，一般预备役陆上自卫队编制定员 4.6 万人，实有人员 4.4097 万人；海上自卫队编制定员 1100 人，实有人员 1100 人；航空自卫队编制定员 800 人，实有人员 800 人。

部署　陆上自卫队参谋部驻东京都。北部军区所辖防区为北海道地区，司令部驻札幌市，辖 3 个步兵师、1 个装甲师、1 个炮兵旅、1 个防空导弹旅、1 个工兵旅。

东北部军区所辖防区在本州地区东北部，司令部驻仙台市，辖 2 个步兵师、1 个炮兵群、1 个防空导弹群、1 个工兵旅。

东部军区所辖防区在本州地区中部，司令部驻东京都，辖 2 个步兵师、1 个空降旅、1 个防空导弹群、1 个工兵旅。

中部军区所辖防区在本州地区西南部，司令部驻伊丹市，辖 2 个步兵师、1 个步兵旅、1 个混成旅、1 个防空导弹群、1 个工兵旅。

西部军区所辖防区在九州和冲绳地区，司令部驻熊本市，辖 2 个步兵师、1 个混成旅、1 个防空导弹旅、1 个炮兵旅、1 个工兵旅。

防卫厅长官直辖的第 1 直升机旅驻目更津。补给控制本部和通信旅驻东京都。

海上自卫队参谋部驻东京都，分为横须贺、吴、佐世保、舞鹤、大凑 5 个警备区。在横须贺警备区的横须贺基地部署有自卫舰队、防卫舰队、潜艇舰队的司令部、第 1 护卫队群、第 2 潜艇队群、扫雷队群、开发指导队群、情报业务队群、海洋业务队群及横须贺地方队。航空集团司令部驻绫濑市。教育航空集团司令部驻千叶县东葛饰郡沼南町。在吴警备区的吴基地驻有第 4 护卫队群、第 1 潜艇队群、练习舰队司令部及吴地方队。在佐世保警备区的佐世保基地驻有第

2护卫队群和佐世保地方队。在舞鹤警备区的舞鹤基地驻有第3护卫队群和舞鹤地方队。在大凑警备区的大凑基地驻有大凑地方队。补给本部和中央通信队群驻东京都。

航空自卫队参谋部驻东京都。北部防空区：千岁部署有第2航空团、第3航空团、第3防空导弹群；三泽部署有北部航空方面队司令部、北部航空警戒管制团、第6防空导弹群。中部防空区：小松、茨城县东茨城郡小川町分别部署有第6和第7航空团；各务原市部署有第4防空导弹群；狭山市部署有第1防空导弹群、中部航空警戒管制团、中部航空方面队司令部。西部防空区：第5、第8航空团分别部署在宫崎县儿汤郡新富町和福岛县筑上郡椎田町；春日市部署有第2防空导弹群、西部航空警戒管制团以及西部航空方面队司令部。西南防空区：冲绳岛那霸市设有西南航空混成团司令部，并部署有第83航空队、第5防空导弹群、西南航空警戒管制队。

航空总队、航空支援集团司令部设在府中市。航空教育集团、航空开发实验集团司令部分别设在浜松市和狭山市。补给本部设在东京都。

兵役制度 日本实行志愿兵役制，又称募兵制。上等兵（含）以下实行任期制：陆上自卫队为2年（专业技术兵为3年），海上和航空自卫队为3年。任期届满后，根据本人志愿并经审查合格后可继续延长2年任期；军士和军官为职业军人，实行退休制。各级退休年龄分别为：将官60岁（参谋长联席会议主席62岁），上校56岁，中校、少校55岁，上尉至上士54岁，中士以下53岁。对从事医务和音乐等职业的上校以下军人，其退休年龄适当延长，最长可到60岁。

军衔 日本自卫队军衔共分6等18级：将官3级（上将、中将、少将），校官3级（上校、中校、少校），尉官3级（上尉、中尉、少尉），准尉1级、军士4级（军士长、上士、中士、下士），兵4级（上等兵、一等兵、二等兵、三等兵）。

外国驻军 截至2000年3月底，美国在日本的驻军为4.1208万人，其中陆军1821人、海军5840人、陆战队1.9811万人、空军1.3736万人。

军队节日 自卫队纪念日10月20日。

（于　庭）

斯里兰卡

国　　名 斯里兰卡民主社会主义共和国。

主要统计 面积6.561万平方千米。人口1897.6万人（其中，13～17岁男92.7万人，女89万人；18～22岁男93万人，女89.3万人；23～32岁男160.1万人，女156.3万人）。国内生产总值12550亿卢比，合167亿美元（2000年）。国防费520亿卢比，合7亿美元（2000年国防预算）。发电量48亿度（1995年）。粮食273.1万吨（1999年）。海运能力，商船（载重100吨以上）66艘、总载重量47.26万吨（1999年）。民航能力，固定航班机场1处，客运量42.48亿人千米、货运量1.825亿吨千米（1999年）。

国防体制 宪法规定，总统为武装部队总司令。最高国防决策机构为国家安全委员会，成员有国防部长、国家安全部长、陆、海、空三军司令，警察总监等，主席由总统兼任。国防部为最高军事行政机构。武装力量由正规军、预备役部队和警察组成。正规军分陆、海、空三个军种。总统通过国家安全委员会、国防部和陆、海、空三军司令部对全军实施领导和指挥。

领导人物 总统兼武装部队总司令钱德里卡·班达拉奈克·库马拉通加（2000年10月上任）。陆军司令达鲁瓦特中将。海军司令蒂塞拉中将。空军司令拉纳辛哈少将。

武装力量 **兵力** 现役部队约15.79万人（含应召再服现役者）。

陆军　11.8万人（含3.99万名应召再服现役者）。编有9个师部、3个机械化步兵旅、1个空中机动旅、33个步兵旅、1个独立特遣旅（1个突击队、1个独立特遣团）、1个突击旅、3个装甲团、3个装甲侦察团、3个野战炮兵团（含1个后备团）、3个野战工程兵团（含1个后备团）。

主战坦克：T－55型62辆。装甲侦察车：“萨拉丁”15 辆。装甲步兵战斗车：BMP-1 型 13 辆、BMP-2 型 49 辆。装甲输送车：T-85 型 35 辆、BTR-80/80A 型 25 辆、其他型号 157 辆。牵引炮：85 毫米 8 门、88 毫米 325 门、122 毫米 74 门、130 毫米 40 门、152 毫米 40 门。火箭炮：122 毫米 22 门。迫击炮：81 毫米 520 门、82 毫米 209 门。无坐力炮：105 毫米 10 门、106 毫米约 30 门。高炮：40 毫米 24 门、94 毫米 33 门。

海军　2.06 万人（含 2400 名应召再服现役者）。基地设在科伦坡（司令部）、亭可马里（主要基地）、卡赖纳加、唐加拉、卡南皮提亚、加勒。

海岸巡逻作战舰艇：61 艘（其中导弹艇 2 艘、海上巡逻艇 3 艘、近海巡逻艇 46 艘、海岸巡逻艇 10 艘）。登陆艇：10 艘。

空军：　1.93 万人。作战飞机 22 架、武装直升机 24 架。

对地攻击战斗机：F-7M 型 3 架、FT-7 型 1 架、FT-5 型 2 架、米格-27M 型 4 架、米格-23UB 型 1 架、C-2 型 8 架、TC-2 型 1 架、C-7 型 2 架。攻击直升机：“贝尔”212 型 10 架、米-24V 型 1 架、米-35P 型 13 架。运输机：各型飞机 26 架。直升机：“贝尔”206 型 6 架，米-17 型 3 架。教练机：24 架（其中直升机 6 架）。无人驾驶飞机：3 架。

预备役部队　约 4200 人。其中陆军 1100 人，海军 1100 人，空军 2000 人。

准军事部队　8.86 万人。其中警察部队 6.06 万人，国民志愿军 1.5 万人，国民卫队 1.3 万人。

兵役制度　实行志愿兵役制。

（刘温国）

塔吉克斯坦

国　　名　塔吉克斯坦共和国。

主要统计　面积 14.31 万平方千米。人口 625 万人（2002 年 1 月）。国内生产总值 10.588 亿美元（2001 年）。国防费 1900 万美元（2000 年国防预算）。铁路总长 918 公里，货运量 1287.68 万吨，客运量 37 万人次（2001 年）。公路总长 1.325 万公里，货运量 255.4 万吨，客运量 9278 万人次（2001 年）。航空货运量 2396 万吨（2001 年）。

国防体制　宪法规定，塔总统为军队最高统帅，国防部为最高军事行政机关，总参谋部为最高军事作战指挥机构。

领导人物　总统兼武装力量统帅埃莫马利·沙里波维奇·拉赫莫诺夫（1994 年 11 月就职，1999 年 11 月 6 日连任）。国防部长舍·海鲁洛耶夫。

武装力量　兵力　现役兵力 8000 人。

陆军　约 6000 人，编 5 个旅、2 个营。

坦克：T-72 型 35 辆。装甲车：BMP-1/2 型等 63 辆。牵引炮：122 毫米 12 门。火箭炮：122 毫米 10 门。迫击炮：120 毫米 9 门。地空导弹：SA-2/3/7 型 20 部。

空军　800 人。无战斗机，4~5 架武装直升机。

运输机：图-134 型飞机 1 架，直升机：米-24 型 4~5 架，米-8/17 型 12~14 架。

准军事部队　1200 人，包括边防军（2 个边防总队）、内卫军（2 个内卫团、1 个民警团、2 个独立教导营、1 个摩托化步兵营）、总统卫队（1 个快速反应旅）。

塔积极发展与俄罗斯及独联体的军事合作，目前塔边界由俄罗斯边防军驻塔集群和塔边防军共同守卫，在塔驻有以独联体维和部队第 201 摩步师为主体的俄罗斯军队。

（杨全民）

泰　国

国　　名　泰王国。

主要统计　面积 51.3115 万平方千米。人口 6158.6 万人（其中，13～17 岁男 313.5 万人，女 320.7 万人；18～22 岁男 318.4 万人，女 309.2 万人；23～32 岁男 620.3 万人，女 603.6 万人）。国内生产总值 1146 亿美元（2001 年）。国防费 17.9 亿美元（2002 年）。原煤 2339.3 万吨（1997 年）。发电量 975.53 亿度（1997 年）。原油 93 万桶（1997 年）。天然气 150.46 亿立方米（1997 年）。粮食 2810.5 万吨（1999 年）。海运能力，商船（载重 100 吨以上）351 艘，总载重量 119.45 万吨（2001 年）。民航能力，固定航班机场 25 处，客运量 383.45 亿人千米、货运量 16.71 亿吨千米（2001 年）。

国防政策　为适应冷战后安全环境的变化和现代战争的需要，泰对其国防政策作了新的调整，主要包括以下内容：加强军队建设，保持一支规模适当、有进攻能力和机动性的、有高效率指挥系统的武装力量，以应付来自国内外的威胁；建立一个高水准的、现代化的军事训练和教育体系，提高军人素质；发展国防工业，依靠自身的力量促进国防生产，使之接近于国际水平；调整后备兵员系统，朝着面向公众的方向发展，获得人民的合作与支援；保卫国家经济利益和自然资源，维护边境地区安全；加强福利保障，提高军人及其家属的生活水平；开展与友好国家的军事合作，积极支援联合国维持和平行动。

军事战略　泰国武装部队实行“总体防御战略”。冷战结束后，泰军适时地对其军事战略进行了调整。在战略目标上，完成由本土防御向海洋和本土综合防御转变，将保卫经济建设和维护海洋权益作为重要目标；在防御重点上，从东北部泰柬、泰老边境地区向东南部沿海新兴工业区和能源基地转变，将防御纵深从陆地向海洋扩展，由沿海向近海延伸；在作战对象上，将“来自陆地的对手”改为“来自海上的潜在对手”；在防御体制上，由依赖美国保护逐渐向增强本国防御力量与加强联盟军事合作相结合的“总体防御”转变。

国防体制　国王为武装力量统帅。最高国防决策机构为国家安全委员会，隶属于国务院，总理兼任主席。最高咨询机构为国防委员会，隶属于国防部。国防部是最高军事行政机关，负责制定、实施国防政策和计划。武装力量由正规军和准军事部队两部分组成。正规军分陆、海、空三个军种。最高军事指挥机构为最高司令部。国王名义上是三军统帅，实际上是国务院通过国防部和最高司令部对全国武装力量实施领导和指挥。

领导人物　国王兼武装力量统帅普密蓬·阿杜德（1946 年继位）。总理兼国家安全委员会主席他信·西那瓦（2001 年 2 月上任）。国防部长探玛拉·伊萨朗功·纳·阿育他亚上将（2002 年 10 月上任）。最高司令素拉育·朱拉暖上将（2002 年 10 月上任）。陆军司令颂他·阿达南上将（2002 年 10 月上任）。海军司令威萨·索玛帕上将（2002 年 10 月上任）。空军司令特萨·沙乍叻上将（2002 年 10 月上任）。

武装力量　**兵力**　现役部队约 30.6 万人。

陆军　19 万人。编有 4 个部域军，2 个小军，2 个骑兵师，3 个装甲师，2 个机械化师，1 个轻型步兵师，2 个特种作战师，1 个炮兵师，1 个高炮师（6 个高炮营），1 个工程兵师，4 个经济开发师，1 个独立骑兵团，8 个独立步兵营，4 个侦察连，3 个空中机动连和 1 支正在组建的快速反应部队。

主战坦克：69 型 50 辆，M－48A5 型 105 辆，M－60 型 178 辆。轻型坦克：“蝎子”154 辆，M－41 型 200 辆，“黄貂鱼”106 辆。装甲侦察车：“肖兰”MK－3 型 32 辆。装甲输送车：M－113 型 340 辆，“突击队员”138 辆，“秃鹰”18 辆，85 型 450 辆。牵引炮：105 毫米 353 门，130 毫米 15 门，155 毫米 192 门。自行火炮：155 毫米 20 门。迫击炮：81 毫米、107 毫米 1900 门，120 毫米 12 门。反坦克导弹：“龙”式 300 具。无坐力炮：75 毫米 30 门，106 毫米 150 门。高炮：20 毫米 48 门，37 毫米 122 门，40 毫米 128 门，57 毫米 24 门。地空导弹：“红眼睛”等若干部。运输机：10 架。联络机：20 架。教练机：30 架。直升机：203 架，其中 AH－1F 型武装直升机 3 架。

海军　6.8万人（含陆战队、海军航空兵和岸防部队）。编有3个作战舰队和1个海军航空兵联队。

直升机航母："差克里·纳吕贝特"号1艘。导弹护卫舰：8艘，其中"纳黎萱"级、"昭帕耶"级、"格腊武里"级、"佛陀约华"级各2艘。护卫舰：4艘，其中"玛古·拉差古曼"级1艘、"达比"级2艘、"宾格老"级1艘。小型护卫舰："拉坦纳凯辛"级2艘、"哈姆罗辛"级3艘。导弹快艇："拉差立"级3艘，"布拉巴拉巴"级3艘。巡逻艇：77艘。扫雷舰艇：7艘。两栖舰艇：9艘。后勤支援舰船：16艘。

海军航空兵　1700人，装备作战飞机44架、武装直升机8架。

海军陆战队 1.8万人。编有1个师，2个步兵团，1个炮兵团，1个两栖攻击营，1个侦察营。

装甲输送车：57辆。牵引炮：105毫米36门、155毫米12门。高炮：12.7毫米14门及"龙"式反坦克导弹若干具。

空军　约4.8万人。编有4个攻击战斗机中队，3个战斗机中队，3个武装侦察机中队，1个电子侦察机中队，3个运输机中队，2个直升机中队，1个高炮连。作战飞机194架。

攻击战斗机：F-5A/B型13架，F-16型50架。战斗机：F-5型36架。武装侦察机：AU-23A型22架，OV-10C型18架，"阿尔法"20架，RF-5A型3架。电子侦察机：IAI-201型3架。航测机：8架。运输机：C-130H型等共44架。教练机：共87架，其中L-39ZA/MP型34架具有作战能力。联络机：21架。直升机：34架。空空导弹："响尾蛇"、"大蟒"若干枚。地空导弹："吹管"、"蝮蛇"若干枚。

准军事部队　约16.3万人。其中，"猎勇"部队约2万人，保卫国土志愿队约5万人，海上警察2500人，航空警察500人，边境巡逻警察4万人，地方警察5万人。

预备役部队　20万人，编有4个陆军预备役师。

部署　陆军按4个部域军部署，重点部署在中部和东南部地区。海军部署在各海军基地，陆战队驻梭桃邑海军基地。空军各飞行大队分别驻各空军基地。主要军事基地18处，其中海军基地5处（曼谷、宋卡、攀牙、梭桃邑、达叻）、空军基地13处（廊曼、柯叻、打卡里、华富里等）。

兵役制度　实行义务兵役制，服役期2年。

军衔　军官分4等10级：元帅，将官3级（上将、中将、少将），校官3级（上校、中校、少校），尉官3级（上尉、中尉、少尉）。

驻外兵力　2002年共派出372人参加联合国东帝汶维和部队，另有17名军事观察员参加联合国在东帝汶、塞拉利昂、伊拉克和科威特的维和行动。

外国驻军　新加坡驻有1个训练营地。美国108人（陆军40人、空军30人、海军10人、陆战队28人）。

军队节日　建军节4月8日。

（孟　丽）

土　耳　其

国　　名　土耳其共和国。

主要统计　面积77.945万平方千米。人口6765.2万人（其中，13～17岁男392.4万人，女383.9万人；18～22岁男325.1万人，女309.7万人；23～32岁男624.2万人，女588.6万人）。国内生产总值1993亿美元（2001年）。国防费72.19亿美元（2001年国防预算）。原煤5992.9万吨（1997年）。钢铁1425.7万吨（2000年）。原油2500万桶（1997年）。天然气2.6亿立方米（1997年）。发电量1051.91亿度（1997年）。粮食3028.2万吨（1999年）。海运能力，商船（载重100吨以上）880艘、总载重量711.43万吨（1999年）。民航能力，固定航班机场26处、客运量164.92亿人千米、货运量3.8亿吨千米（1999年）。

国防体制　总统为武装力量统帅。最高国防决策机构为国家安全委员会，成员有总统、总理、总参谋长、国防部长、内政部长、外交部长和宪兵司令，由总统任主席，基本任务是制订战争动员计划、议决国家军事政策和其他有关国家安全的重大问题。武装力量的最高决策机构为最高军事委员会，由总理、总参谋长和陆、海、空军司令以及宪兵司令组成，任务是讨论和决定武装部队各级军官任免和调动、晋升和退休、国防费用的计划和分配、军队编制和军法军纪等问题。国防部为政府中一个部，是最高军事行政机构，设部长、副部长等，部长由总理任命的文职官员担任，任务是负责武装部队的征兵、武器装备、后勤补给、军工生产等工作。武装力量由正规军和准军事部队组成。正规军分陆、海、空三个军种。最高军事指挥机构为总参谋部，总参谋长由总统根据总理提名在担任过陆、海、空军司令的上将中任命，任期4年。总统通过国防部和总参谋部对全国武装力量实施领导和指挥。

领导人物 总统兼武装力量统帅阿赫迈特·内季代特·塞泽尔（2000年5月上任）。国防部长韦直迪·戈努尔（2002年8月上任）。总参谋长黑尔米·厄兹科克上将（2002年8月上任）。陆军司令塔希尔·阿依塔迟·雅尔曼（2002年8月上任）。海军司令比伦特·阿尔普卡亚上将（2001年8月上任）。空军司令朱姆胡尔·阿斯帕鲁克上将（2001年8月上任）。

武装力量 **兵力** 现役部队51.485万人。

陆军 约40.2万人。编有4个集团军司令部，9个军司令部，1个机械化师，1个步兵师，14个装甲旅，17个机械化旅，9个步兵旅，4个突击旅，1个步兵团，4个航空团，1个攻击直升机营，3个航空营，1个总统警卫团，5个边防团，26个边防营。

主战坦克：4205辆，其中M-48A5T1型和M-48A5T2型2876辆，M-60A3型658辆，M-60A1型274辆，“豹”式1A1型170辆，“豹”式1A3型227辆。装甲侦察车：约250辆。步兵战车：650辆。装甲输送车：3643辆（AAPC型830辆，M-113型2813辆）。牵引炮：105毫米若干门，155毫米517门，203毫米162门。自行炮：105毫米391门，155毫米222门，175毫米36门，203毫米219门）。火箭炮：70毫米24门，107毫米48门，122毫米若干门，227毫米12门。迫击炮：2021门（107毫米1264门，120毫米757门），另有81毫米3792门。反坦克导弹：1283具（“眼镜蛇”186具，“陶”式365具，“米兰”392具，“红沙蛇”340具）。无坐力炮：57毫米923门，75毫米617门，106毫米2329门。高炮：1664门（20毫米439门，35毫米120门，40毫米1105门）。地空导弹：”毒刺”108部，“红眼睛”789部。此外，还装备有各型飞机168架，武装直升机37架，运输直升机292架。

海军 5.275万人（含海军陆战队3100人，海岸警卫部队1050人）。

常规潜艇：13艘。护卫舰：19艘。导弹快艇：21艘。巡逻艇：28艘。布雷舰艇：1艘。反水雷舰艇：23艘。登陆舰：8艘。登陆艇：59艘。辅助舰船：27艘。

海军航空兵 装备有用于反潜作战的武装直升机16架（AB-204AS型3架，AB-212型13架），教练机7架。

海军陆战队 1个团，3100人。

空军 6.01万人。编有2个战术空军司令部，1个运输司令部，1个训练司令部，1个后勤司令部，11个攻击战斗机中队，7个战斗机中队，2个侦察机中队，5个运输机中队，3个教练机中队，6个地空导弹中队。作战飞机485架。

战斗机和攻击战斗机：F-16C型194架，F-16D型30架，F/NF-5A和F/NF-5B型87架，F-4E型137架。侦察机：RF-4E型37架。空中加油机：KC-135R型7架。运输机：C-130B和C-130E型13架，C-160D型19架，CN-235型46架（其中部分可用于电子战）。要员专机：2架。教练机：SF-260D型40架，T-37型60架，T-38型70架，T-41型28架。直升机：UH-1H型20架，AS-532型20架。地空导弹：“奈基”92部，“轻剑”86部。

预备役部队 37.87万人（41岁以下），其中陆军25.87万人、海军5.5万人、空军6.5万人。

准军事部队 15.22万人。宪兵和国民警卫队15万人（其中预备役5万人），装备装甲输送车560辆、飞机2~3架、直升机56架。海岸警卫队0.22万人，装备近岸巡逻艇64艘、运输机2架。

兵役制度 实行义务兵役制，士兵服役期18个月。

军衔 军官分3等11级，即将官4级（上将、中将、少将、准将），校官3级（上校、中校、少校），尉官4级（上尉、中尉、少尉、准尉）。

驻外兵力 驻塞浦路斯1个军部，2个机械化师，约3.6万人。装备坦克441辆、装甲输送车627辆、牵引炮102门、自行炮90门、火箭炮6门、迫击炮450门、高炮48门、飞机3架、直升机4架、近岸巡逻艇1艘。参加联合国维持和平行动的兵力：驻阿富汗约1400人，驻波斯尼亚1200人，驻东帝汶2人（军事观察员），驻格鲁吉亚5人（军事观察员），驻伊拉克和科威特边境5人（军事观察员），驻意大利4架F-16C型战斗机，驻南斯拉夫科索沃维和部队约940人。

外国驻军　驻有北约盟军东南联合司令部和第6战术空军司令部。英国军人160人，飞机6架（“美洲虎”GR－3A和GR－3B型4架、VC－10型2架）。美国3860人，其中海军20人，空军3800人（编成1个飞行联队，装备飞机包括F－16、F－15C、KC－135、E－3B和E－3C、C－12、HC－130和HH－60），陆战队40人。

军队节日　建军节8月30日。

（张连国）

叙 利 亚

国　　名　阿拉伯叙利亚共和国。

主要统计　面积18.518万平方千米（包括仍被以色列占领的戈兰高地约1200平方千米）。人口1839.2万人（2001年，其中，13～17岁男107.6万人，女103.6万人；18～22岁男88.3万人，女85.7万人；23～32岁男127.4万人，女124.7万人）。国内生产总值8000亿叙镑，合168亿美元（2000年）。国防费440亿叙镑，合83.8亿美元（2001年国防预算）。原油1.92亿桶（1997年）。粮食324.7万吨（1999年）。发电量182.59亿度（1997年）。天然气产量35.88亿立方米（1997年）。海运能力，商船（载重100吨以上）94艘，总载重量21.04万吨（2000年）。民航能力，固定航班机场5处，客运量12.05亿人千米，货运量0.156亿吨千米（2000年）。

国防体制　宪法规定，总统为武装力量总司令。最高军事统帅机关是武装力量总司令部，下辖国防部和总参谋部。国防部是政府中的一个部，是最高军事行政机关，主管军队的行政、训练和军工生产等项工作。武装力量由正规军和准军事部队组成。正规军分陆、海、空三个军种。总参谋部在总司令部和国防部领导下，平时主要负责陆军工作，临战或战时则根据总司令的命令协调陆、海、空三军的作战行动。叙军政治局负责全军政治宣传工作，受总司令部和叙复兴党总部领导。总统通过国防部、总参谋部和三军司令部对全军实施领导和指挥。

领导人物　总统兼武装力量总司令巴沙尔·阿萨德中将（2000年7月上任）。副总理兼国防部长和武装力量副总司令穆斯塔法·塔拉斯上将（1972年3月上任，2001年继任副总理兼国防部长）。总参谋长阿里·阿斯兰中将（1998年7月上任）。

武装力量　**兵力**　现役部队31.9万人。

陆军　21.5万人。编有3个军司令部，7个装甲师（每师编3个装甲旅、1个机械化旅、1个炮兵团），3个机械化师（每师编2个装甲旅、2个机械化旅、1个炮兵团），1个共和国卫队师（包括3个装甲旅、1个机械化旅、1个炮兵团），1个特种部队师（3个特种部队团），4个独立步兵旅，1个边防旅，2个独立火炮旅，2个独立炮兵旅，1个独立反坦克旅，10个独立特种部队团，3个地地导弹旅（每旅3个营，分别装备“蛙”式、“飞毛腿”－B/－C式、SS－21型导弹），1个岸防导弹旅（装备SS－C－1B“萼片”式和SS－C－3“冥河”式反舰导弹）。

主战坦克：4700辆（其中1200辆储备或设于固定防御阵地）。T－55/MV型2000辆，T－62M/K型1000辆，T－72/－72M型1700辆。装甲侦察车：BRDM－2型850辆，BRDM－2Rkh型85辆。装甲步兵战车：BMP－1型2250辆，BMP－2型100辆，BMP－3型若干辆。装甲输送车：BTR－50/－60/－70/－152型1600辆。牵引炮：约1630门（122毫米750门，130毫米800门，152毫米70门，180毫米10门）。自行炮：450辆（122毫米400辆，152毫米50辆）。火箭炮：480门（107毫米200门，122毫米280门）。迫击炮：658门（82毫米200门，120毫米350门，160毫米100门，240毫米8门）。地地导弹：“蛙”－7型18部，SS－21型18部，“飞毛腿”－B/－C型26部，SS－C－1B型4部和SS－C－3型6部。反坦克导弹：AT－3“耐火箱”式3500具，AT－4“塞子”式150具，AT－5“拱肩”式200具，AT－7“萨克斯号”式若干，AT－10型2000具，AT－14“慧星”式若干，“米兰”式200具。高炮：2060门（23毫米1050门，37毫米300门，57毫米685门，100毫米25门）。地空导弹；“萨姆”－7型4000部，“萨姆”－9型20部，“萨姆”－13型35部。

海军　约 4000 人。

潜艇：苏制“罗密欧”级常规动力鱼雷攻击潜艇 3 艘（均无作战能力）。护卫舰：“别佳”3 级 2 艘。海岸巡逻艇：18 艘。扫雷舰：5 艘。两栖舰艇：3 艘中型登陆舰。后勤支援舰：4 艘，其中 1 艘支援舰，1 艘训练舰，1 艘水文测量船，1 艘海洋调查船。

海军航空兵：反潜直升机 16 架（其中米－14 型 12 架，卡－28 型 4 架）。

空军　约 4 万人。编有 26/27 个攻击/战斗机中队。作战飞机 589 架，武装直升机 87 架（部分可能为储备）。

攻击/战斗机：154 架，其中苏－22 型 90 架，米格－23BN 型 44 架，苏－24 型 20 架。战斗机：310 架，其中米格－21 型 170 架，米格－23 型 90 架，米格－25 型 30 架，米格－29 型 20 架。侦察机：14 架，米格－25R 型 6 架，米格－21H/J 型 8 架。运输机：安－26 型 5 架，“隼”20 型 2 架，“伊尔”－76 型 4 架，雅克－40 型 7 架，“隼”900 型 1 架，图－134 型 6 架，米－2 型直升机 10 架，米－8/－17 型 100 架。武装直升机：87 架，其中米－25 型 48 架，SA－342L 型 39 架。教练机：137 架，其中 L－39 型 80 架，MBB－223 型 20 架，米格－21U 型 20 架，米格－23UM 型 6 架，米格－25U 型 5 架，“马沙克”式 6 架。空地导弹：AS－7、AS－12 型及“霍特”式导弹若干枚。反舰导弹：AT－2 型导弹若干枚。空空导弹，AA－2“环礁”式、AA－6“辛辣”式、AA－7“顶点”式、AA－8“蚜虫”式、AA－10“阿拉莫”式各若干枚。

防空部队　约 6 万人。编有 25 个防空旅（约 150 个地空导弹火力单元，包括 600 部 SA－2/－3 型、200 部 SA－6 型地空导弹，4000 门高炮），2 个地空导弹团（每团 2 个营，每营 2 个导弹火力单元，共 48 部 SA－5 型、60 部 SA－8 型地空导弹，S－300 型地空导弹已定购尚未交货）。

预备役部队　35.4 万人，其中陆军 28 万人，海军 0.4 万人，空军 7 万人。

准军事部队　内务部队 0.8 万人；工人民兵（人民军）10 万。

海军基地：拉塔基亚、塔尔图斯等 3 处。

兵役制度　实行义务兵役制，服役期 30 个月。预备役服役期限为 45 岁。

驻外兵力　驻黎部队 1.8 万人。设 1 个机械化师师部，包括 1 个装甲旅，4 个机械化步兵旅（10 个特种部队团，2 个炮兵团）。

外国驻军　联合国维持和平部队 1040 人；约 150 名俄罗斯顾问，主要在防空部队。

军队节日　建军节 8 月 1 日。

（林海霞）

伊　拉　克

国　　名　伊拉克共和国。

主要统计　面积 44.1839 万平方千米（包括 924 平方千米水域和伊拉克、沙特中立区伊拉克部分 3522 平方千米）。人口 2230 万人（其中，13～17 岁男 153.8 万人，女 147.2 万人；18～22 岁男 132.4 万人，女 127 万人；23～32 岁男 196 万人，女 189.9 万人）。国内生产总值 297 亿美元（2000 年）。国防开支 14 亿美元（2001 年）。原油 2.69 亿桶（1996 年）。天然气 32.4 亿立方米（1996 年）。发电量 296.6 亿度（1996 年）。粮食 164.4 万吨（1999 年）。海运能力，商船（载重 100 吨以上）131 艘，总载重量 157.88 万吨（2000 年）。民航能力，自 1992 年 6 月起没有固定航班，客运量 15.7 亿人千米、货运量 5460 万吨千米（2000 年）。

国防体制　伊拉克革命指挥委员会主席为共和国总统和武装力量总司令。伊拉克复兴社会党地区领导机构军事局是国家最高军事决策机关，它在武装力量总司令的领导下工作，负责制定国防政策、战略方针等重大事宜。国防部是最高军事行政机关。总参谋部是最高军事指挥机构。国防部和总参谋部在武装力量总司令和军事局的领导下各负其责。武装力量由正规军、预备役部队和准军事部队组成。正规军分陆、海、空三个军种。全国分 3 个军区：第 1、第 2、第 3 军区，也称北部、中部、南部军区。2003 年 3 月，萨达姆下令将全国分为四个战区，即中央战区、中幼发拉底河战区、南方战区和北方战区，总司令分别为萨达姆次子库赛、卡迪尔·哈迪、阿里·哈桑·马吉德和伊扎特·易卜拉欣，库赛统领四大战区。

领导人物 革命指挥委员会主席、总统兼武装力量总司令萨达姆·侯赛因（1979 年 7 月上任，1995 年 10 月连任）。国防部长苏丹·哈希姆·艾哈迈德上将（1995 年 7 月上任，2001 年连任）。武装部队总参谋长阿卜杜勒·瓦希德·尚南·拉巴特上将（1995 年 7 月上任）。

武装力量 **兵力** 现役部队 42.4 万人。

陆军 总兵力 37.5 万人。编有 7 个军司令部、3 个装甲师、3 个机械化师、11 个步兵师、6 个共和国卫队师（3 个装甲师、1 个机械化师、2 个步兵师）、4 个特种共和国卫队旅、5 个突击旅、2 个特种部队旅（除共和国卫队外，所有部队只有其正常实力的一半，且 50%的装备缺乏零备件）。

主战坦克：约 2200 辆。其中，T－55/－62 型和 PRC59 式共约 1500 辆，T－72 型 700 辆。装甲侦察车：共约 400 辆，其中 BRDM－2 型、AML－60/－90 型、EE－9“响尾蛇”式、EE－3“蛙蛇”式各若干辆。装甲步兵战车：BMP－1/－2 型约 900 辆。装甲输送车：约 2400 辆，包括 BTR－50/－60/－152 型，OT－62/－64 型、MTLB 型、YW－701 型、M－113A1/A2 型、EE－11“褐斑洞蛇”式各若干辆。牵引炮：约 1900 门，包括 105 毫米、122 毫米、130 毫米、155 毫米炮各若干门。自行火炮：约 150 辆，包括 122 毫米 2S1 型、152 毫米 2S3 型、155 毫米 M－109A1/A2 型和 AUF－1 型各若干辆。火箭炮：约 200 门，包括 107 毫米、122 毫米、127 毫米、132 毫米、262 毫米炮各若干门。迫击炮：81 毫米、120 毫米、160 毫米、240 毫米炮各若干门。地地导弹：“蛙”式 50 部、“飞毛腿”式 6 部，共约 27 枚导弹。反坦克导弹：AT－3“耐火箱”式、AT－4“塞子”式、SS－11 式、“米兰”式、“霍特”式各若干具。无坐力炮：73 毫米、82 毫米、107 毫米炮各若干门。反坦克炮：85、100 毫米炮各若干门。直升机：约 375 架，其中武装直升机 BO－105 型约 100 架、米－24“母鹿”式、SA－316 型、SA－321 型和 SA－342 型各若干架；运输直升机米－6 型、“贝尔”214ST 型、米－4 型、米－8/－17 型、“休斯”300C 型、“休斯”500D 型、“休斯”500F 型等各若干架。监视雷达：车辆、炮兵监视雷达和“辛贝林”式迫击炮监视雷达。

海军 约 2000 人。导弹护卫舰：1 艘。近海巡逻/战斗舰艇：6 艘。巡逻舰：5 艘。扫雷舰：3 艘。后勤支援舰：2 艘。

空军 约 3 万人。作战飞机约 316 架，没有武装直升机。

轰炸机：6 架，其中轰－6D 型、图－22 型各若干架。战斗/对地攻击机：约 130 架，包括米格－23BN 型、“幻影”F1EQ5 型、苏－20 型各若干架，苏－22M 型 40 架，苏－24MK 型 2 架，苏－25 型 2 架。战斗机：约 180 架，包括歼－7 型若干架，米格－21 型 40 架，米格－23 型 50 架，米格－25 型 12 架，“幻影”F－1EQ 型 50 架，米格－29 型 10 架。侦察机：米格－25 型 5 架。预警机：伊尔－76 型 2 架。运输机：安－2/－24 和伊尔－76 型各若干架，安－12 型 3 架，安－26 型 6 架。教练机：AS－202 型 20 架，EMB－312 型 50 架，L－39 型 50 架，PC－7 型 25 架，PC－9 型 12 架，“幻影”F－1BQ 型若干架。空地导弹：AM－39 型、AS－4/－5/－9/－11/－12/－30L 型各若干枚。反舰导弹：C－601 型若干枚。空空导弹：AA－2/－6/－7/－8/－10 型、R－530/－550 型各若干枚。

防空部队：约 1.7 万人。高炮：约 6000 门，包括 23 毫米、37 毫米、57 毫米、85 毫米、100 毫米、130 毫米各若干门。地空导弹：SA－2/－3/－6/－7/－8/－9/－13/－14/－16 型、“罗兰”式和“阿斯派德”式各若干部。

预备役部队 约 65 万人。

准军事部队 约 4.2～4.5 万人，包括安全部队 1.5 万人，边境警卫队 2 万人，“萨达姆敢死队”1.8～2 万人。

军事基地 海军基地 3 处：巴士拉、祖拜尔、乌姆盖斯尔。

兵役制度 实行义务兵役制，服役期为 18～24 个月。

外国驻军 英国驻军 904 人，另有来自 32 个国家的 195 名军事观察员。

（林海霞）

伊 朗

国　　名　伊朗伊斯兰共和国。

主要统计　面积164.5万平方千米。人口6828.1万人（其中，13～17岁男473.5万人，女453.1万人；18～22岁男396万人，女383.5万人；23～32岁男595.9万人，女561.3万人）。国内生产总值约540万亿里亚尔，约合990亿美元（2000年）。国防费约15.9万亿里亚尔，约合91亿美元（2001年国防预算）。原煤121万吨（1997年）。原油13.44亿桶（1997年）。天然气450.12亿立方米（1997年）。发电量977.44亿度（1996年）。粮食1385.1万吨（1999年）。海运能力，商船（载重100吨以上）403艘，总载重量834.53万吨（2000年）。民航能力，固定航班机场19处，客运量60.93亿人千米，货运量9770万吨千米（2000年）。

国防体制　伊朗宪法规定政教统一，宗教领袖为武装部队总司令。最高国防委员会是领袖领导下的军事决策机构，成员有总统、国防部长、武装部队总参谋长、伊斯兰革命卫队总司令以及领袖指定的两名顾问。武装力量由正规军、革命卫队和准军事部队组成。正规军分陆、海、空三个军种。革命卫队由地面部队、海上部队、陆战队和航空部队组成。1989年7月正规军和革命卫队合并，组成松散的联合。

领导人物　宗教领袖、武装部队总司令兼最高国防委员会主席阿亚图拉·赛义德·阿里·哈梅内伊（1989年6月上任）。武装部队司令穆罕默德·萨利米少将（2000年5月上任）。国防部长阿里·沙姆哈尼（1997年8月上任，后任国防和勤务部长，2001年8月起任国防部长）。武装部队总参谋长阿卜杜勒－阿里·普尔沙斯卜准将（2001年2月上任）。陆军司令纳塞尔·穆罕默迪·法尔（2001年2月上任）。海军司令阿巴斯·莫赫塔杰（1997年10月上任）。空军司令哈比卜·巴加伊（1996年4月上任）。伊斯兰革命卫队总司令叶海亚·拉希姆·萨法维少将（1997年9月上任）。

武装力量　**兵力**　现役部队51.3万人。

陆军　约32.5万人。编有4个军司令部、4个装甲师（每师辖3个装甲旅、1个机械化旅、4～5个炮兵营）、6个步兵师（每师辖4个步兵旅，4～5个炮兵营）、2个突击师、1个空降旅、5个炮兵群、若干独立装甲、步兵、突击旅。

主战坦克：约1565辆，其中T－54/－55型和PRC－59型共约500辆，T－62型75辆，T－72型480辆，“酋长”MK－3/－5型200辆，M－47/－48型150辆，M－60A1型150辆，“佐勒菲卡尔”式约10辆。轻型坦克：“蝎”式80辆，Towsan式若干辆。装甲侦察车：EE－9“响尾蛇”式35辆。装甲步兵战车：共约750辆，其中BMP－1型350辆，BMP－2型400辆。装甲输送车：共约590辆，其中BTR－50/－60型300辆，M－113型250辆，Boragh式约40辆。牵引炮：2085门，其中105毫米M－101A1型130门，122毫米D－30型500门、PRC54式100门，130毫米M－46/59式1100门，152毫米D－20型30门，155毫米WAC－21型15门、M－114型70门、GHN－45型120门，203毫米M－115型20门。自行炮：共310门，其中122毫米2S1型和“雷电”1型共60门，155毫米M－109型和“雷电”2型共180门，170毫米M－1978型10门，175毫米M－107型30门，203毫米M－110型30门。火箭炮：约889门，其中107毫米PRC63等型700门，122毫米170门，240毫米19门，另外还有333毫米若干门。迫击炮：共5000门，其中60、81、82、107、120毫米各若干门。地地导弹：“飞毛腿”B/C式17部，约300部导弹；CSS－8型30部，约175枚导弹；“谢哈布”－3型若干部，约20枚导弹；“沙辛”－1/－2型等若干枚。反坦克导弹：共约75具，“陶”式、AT－3“耐火箱”式若干具、AT－4“塞子”式以及AT－5“拱肩”式若干具。火箭发射器：73毫米RPG－7型若干具。无坐力炮：75毫米M－20型、82毫米B－10型、107毫米B－11型各若干门，106毫米M－40型约200门。高炮：约1700门（挺），14.5毫米、23毫米、35毫米、37毫米、57毫米各若干。地空导弹：SA－7/－14/－16型若干部。无人驾驶飞行器：若干架。飞机：共约77架，其中“色斯纳”150/180/185/310型约50架、F－27型19架、“隼”20型8架。直升机：AH－1J型武装直升机 85 架，CH－47C 型重型运输直升机 40 架，“贝尔”214A 型 180 架，AB－205A 型 50 架，AB－206 型 130 架，“贝尔”204 型 30 架，“休斯”300C 型 5 架，RH－53D 型 8 架，SH－53D 型 17 架，UH－1H 型 45 架，米－8/－17 型若干架。

海军　约 1.8 万人，包括海军航空兵和 2600 名海军陆战队。

潜艇：6 艘，其中“基洛”级 3 艘。护卫舰：3 艘。轻型护卫舰：2 艘。导弹攻击快艇：10 艘。巡逻艇：41 艘。水雷战舰艇：14 艘。两栖舰艇：9 艘。后勤支援舰艇：22 艘。

海军航空兵　2000 人。装备战斗机 5 架，武装直升机 19 架，海上侦察机共 10 架（其中 P－3F 型 5 架，DO－228 型 5 架），反潜机 1 个中队共 16 架（其中 SH－3D 型 10 架，AB－212 型 6 架），水雷战直升机 1 个中队（RH－53D 型 3 架），运输机 1 个中队（“司令官”式 4 架、F－27 型 4 架、“隼”20 型 3 架、AB－205A 型 5 架、米－171 型 9 架，AB－206 型 2 架）。

海军陆战队　2 个旅，共 2600 人。

空军　约 4.5 万人（其中包括 1.5 万名防空部队）。编有 16 个攻击/战斗机中队、1 个侦察机中队、1 个加油/运输机中队、5 个运输机中队、5 个地空导弹中队和 16 个地空导弹营。

战斗/对地攻击机：F－4D/E 型 66 架、F－5E/F 型 60 架、苏－24MK 型 30 架、苏－25K 型 7 架、“幻影”F－1 型若干架。战斗机：F－14 型 25 架、F－7M 型 24 架、米格－29A/UB 型 25 架。海上侦察机：C－130H－MP 型 5 架。侦察机：RF－4E 型 6 架。加油机/运输机：波音 707 型 3 架，波音 747 型 1 架。运输机：波音 747F 型 4 架、波音 727 型 1 架、C－130E/H 型 18 架、“司令官”690 型 3 架、F－27 型 10 架、“隼”20 型 4 架、“喷气星”式 2 架、PC－6B 型 10 架、Y－7 型 2 架、“伊尔”－76 型若干架、Y－12 型 9 架。直升机：AB－206A 型 2 架、“贝尔”214C 型 30 架、“沙巴维兹”2061 型若干架、CH－47 型 2 架。教练机：“比奇”F－33A/C 型 20 架、EMB－312 型 15 架、PC－7 型 40 架、T－33 型 7 架，FT－7 型 15 架，F－5B 型 20 架，TB－21 型 8 架，TB－200 型 4 架，MFI－17“穆沙克”式 20 架。空地导弹：AGM－65A“小牛”式 3000 枚，AS－10/－11/－14 型各若干枚。反舰导弹：C－801 型若干枚。空空导弹：AIM－7“麻雀”式、AIM－9“响尾蛇”式、AIM－54“不死鸟”式各若干枚，另可能拥有 PL－2A/7 型、AA－8/－10/－11 型若干枚。地空导弹：“霍克”式 150 部，“轻剑”式 30 部、“虎猫”式 15 部、“红旗”－2J 型 45 部，SA－5 型 10 部，另有 SA－7 型、FM－80 型和“毒刺”式若干部。

革命卫队　约 12.5 万人。

地面卫队　约 10 万人。编有 16～20 个师，包括 2 个装甲师、5 个机械化师、10 个步兵师、1 个特种部队师和 15～20 个独立旅。配备 470 辆坦克、620 辆装甲输送车、360 门火炮、40 门无坐力炮和 140 门高射炮。革命卫队独立作战或与陆军协同作战，如国内发生暴乱则与“民众动员军”配合行动。

海上卫队　约 2 万人。有阿巴斯港等 6 个基地。拥有约 40 艘快艇，配备反坦克导弹、无坐力炮、机枪；“沪东”级导弹快艇 10 艘，配备 C－802 型舰舰导弹；岸防炮及 CSSC－3（HY2）型舰舰导弹。

航空卫队　1 个旅（约 5000 人）。

准军事部队　“民众动员军”约 22 万人，多为青年志愿者，仅装备轻武器。宪兵 4 万人（包括边境警察），配备“色斯纳”185/310 型飞机若干架、AB－205/206 型直升机 24 架，另有约 90 艘巡逻艇、40 艘其它小型船只。

军事基地　海军基地 7 处：阿巴斯港（海军司令部所在地）、布什尔、哈尔克、恩泽利港、霍梅尼港、玛沙赫尔港、恰赫巴哈尔。

兵役制度　实行义务兵役制，士兵服役期 2 年。

驻外兵力　革命卫队驻黎巴嫩约 150 人；在苏丹派有军事顾问。

军队节日　军队节 3 月 15 日。

（林海霞）

以　色　列

国　　名　以色列国。

主要统计　面积 2.5 万平方千米（至 2000 年以

色列实际控制面积)，人口 645.8 万人（2001 年以色列中央统计局数据包括约旦河西岸、加沙地带和东耶路撒冷居民，其中，13～17 岁男 28.4 万人，女 26.8 万人；18～22 岁男 27.2 万人，女 25.8 万人；23～32 岁男 52.5 万人，女 52.8 万人）。国内生产总值 4639 亿新谢克尔，约合 1104 亿美元（2001 年）。国防费 374 亿新谢克尔，约合 90 亿美元（2001 年国防预算）。原油 3 万桶（1996 年）。天然气 0.13 亿立方米（1996 年）。发电量 324.66 亿度（1996 年）。粮食 9 万吨（1999）年。海运能力，商船（载重 100 吨以上）56 艘，总载重量 72.34 万吨（2002 年）。民航能力，固定航班机场 7 处，客运量 141.25 亿人千米、货运量 12.88 亿吨千米（2002 年）。

国防体制 总理为武装力量统帅。最高军事决策机构为国防委员会，成员有总统、总理以及国防、外交、内政、财政、交通、邮电部部长和总参谋长等，由总理兼任主席。战时，则成立以总理为首的战时内阁，成员有国防、外交、财政、交通和邮电等部部长。国防部为政府中的一个部，是最高军事行政机关，部长由文官担任，平时负责兵力的动员、国防预算、国防科研与军工生产、军队规章制度的颁布等军事行政和技术业务；战时可行使总司令职权。武装力量由正规部队、预备役部队和准军事部队组成。正规部队分陆、海、空三个军种。最高军事指挥机构为总参谋部，总参谋长为最高军事指挥官，在总理领导下通过 3 个军区司令部、2 个军种司令部及其所属的 14 个兵种司令部对全军实施指挥。

领导人物 总理兼国防委员会主席、武装力量统帅阿里埃勒·沙龙（2001 年 3 月上任）。国防部长沙乌勒·莫法兹中将（2002 年 11 月上任，2003 年 2 月续任）。军队总参谋长摩西·达扬中将（2002 年 7 月 9 日上任）。副总参谋长乌齐·达扬少将（1998 年 5 月 17 日上任）。陆军司令摩西·伊夫里－苏凯尼克少将（1998 年 5 月 17 日上任）。海军司令耶迪迪亚·亚阿里少将（1999 年 10 月 10 日上任）。空军司令达恩·哈卢茨少将（2000 年 4 月 4 日上任）。

武装力量 **兵力** 现役部队 16.15 万人。

陆军 12 万人（动员后可达 53 万人）。编有 3 个地区司令部，1 个后方司令部，3 个特种兵司令部，3 个装甲师，2 个师部，3 个地区师部，4 个机械化步兵师（包括 1 个伞兵训练旅），3 个炮兵营。主战坦克：3750 辆，其中“百人队长”式 300 辆，M－48A5 型 250 辆，M－60A1 型 300 辆，M－60A3 型 600 辆，“马加奇”7 型 400 辆，Ti－67（T－54/－55）型 200 辆，T－62 型 100 辆，“梅卡瓦”Ⅰ/Ⅱ/Ⅲ型 1600 辆。装甲侦察车：约 400 辆，其中 RAMTA RBY 型、BRDM－2 型等各若干辆。装甲输送车：M－113A1/A2 型 6100 辆，“纳格马肖特”式约 400 辆，“阿奇扎里特”式约 200 辆，“美洲狮”和 BTR－50P 式若干辆，M－2/－3 半履带式约 3500 辆（大部分在储备中）。牵引炮：550 门，其中 105 毫米 70 门，122 毫米 100 门，130 毫米 100 门，155 毫米 280 门。自行炮：905 门，其中 155 毫米 730 门，175 毫米 140 门，203 毫米 35 门。火箭炮：198 门，其中 122 毫米 50 门，160 毫米 50 门，227 毫米 48 门，240 毫米 30 门，290 毫米 20 门。迫击炮：6470 门，其中 60 毫米约 5000 门，81 毫米 700 门，120 毫米 530 门，160 毫米 240 门。地地导弹：“长矛”式 20 枚（在储备中），“杰里科”1/2 型若干枚。反坦克导弹：“陶”－2A/－B 型 300 具，“龙”式 1000 具，AT－3“耐火箱”式若干具，“马帕茨”式 25 具，“吉尔/钉”系列若干具。火箭筒：82 毫米若干门。无坐力炮：106 毫米 250 门。高炮：20 毫米 850 门，23 毫米 210 门，37 毫米若干门，40 毫米 150 门。地空导弹：“毒刺”式 250 部，“红眼”式 1000 部，“小槲树”式 48 部。监视雷达：EL/M－2140 型飞行器监视雷达若干部，AN/TPQ－37 型、AN－PPS－15 型火炮监视雷达若干部。

海军 约 6500 人（动员后可达 1.15 万人）。

潜艇：“海豚”级 3 艘。轻型护卫舰：“埃拉特”级 3 艘。导弹攻击快艇：11 艘，其中“阿利亚”级 2 艘，“海兹”级 7 艘，“雷谢夫”级 2 艘。巡逻艇：“超级德沃拉”级等 34 艘。两栖舰艇：2 艘。

海军陆战队 海军突击队 300 人。

空军 3.7 万人（动员后可达 5.7 万人）。编有 11 个空军基地，57 个飞行中队，20 个防空营。作战飞机 454 架（另储存 250 架），武装直升机 135 架。

战斗/对地攻击机：F－4E－2000 型 50 架，F－4E 型 20 架，F－15A 型 27 架，F－15B 型 7 架，F－15C 型 16 架，F－15D 型 11 架，F－15I 型 25 架，F－16A 型 92 架，F－16B 型 18 架，F－16C 型 75 架，F－16D 型 49 架。战斗/轰炸机：A－4N 型 26 架。侦察机：RF－4E 型 13 架。预警机：“波音”707 型 6 架。电子战机：“波音”707 型 3 架，RC－12D 型电子战/巡逻机 6 架，IAI－200 型 3 架，“道”－28 型 15 架，“空中大王”2000 型 10 架。海上侦察机：IAI－1124“海上扫描”式 3 架。加油机：KC－130H 型 3 架。运输机：“波音”707 型 5 架，C－47 型 11 架，C－130H 型

5架。联络机：30架。教练机：103架。武装直升机：AH-1E型16架，AH-1F型39架，“休斯”500MD型33架，AH-64A型42架。反潜机：AS-565A型5架。运输直升机：160架，其中CH-53D型41架，UH-60型10架，UH-60L型7架，S-70A“黑鹰”式15架，“贝尔”-212型54架，“贝尔”-206型43架。无人驾驶飞行器：“侦察兵”、“先锋”、“搜索者”、“火蜂”、“壮士”“迪莱拉”、“猎人”式、“银”式、“箭”式若干架。空地导弹：AGM-45“百舌鸟”式、AGM-62A“白星眼”式、AGM-65“小牛”式、AGM-78D“标准”式、AGM-114“海尔法”式、“陶”式和“瞪眼”式若干枚，GBU-31型“联合直接攻击弹药”（JDAM）已订购尚未交货。空空导弹：AIM-7“麻雀”式、AIM-9“响尾蛇”式、AIM-120B型、高级中程空对空导弹（AMRAAM）、R-530型、“晴蜓”式、“大蟒”3、4型若干枚。地空导弹：MIM-23“霍克”改进型17个连，“爱国者”3个连，“箭”-2型2个连，“小槲树”8个连，“毒刺”导弹若干枚。

预备役部队　42.5万人。其中：陆军40万人，编有8个装甲师、1个空运机动/机械化步兵师、10个边防步兵旅；海军5000人；空军2万人。

准军事部队　边防警察8050人，装备“瓦利德”1型装甲输送车若干辆，BTR-152APC式装甲输送车600辆；海岸警卫队约50人，装备巡逻艇3艘。

军事基地　海军基地3处：海法、阿什杜德、埃拉特。

兵役制度　实行义务兵役制，军官服役期4年；士兵服役期男性3年，女性21个月。此后作为预备役人员每年进行训练，男性直至41岁（一些专业人员至54岁），女性至24岁（或结婚）。

军衔　军官分3等9级：将官3级（中将、少将、准将），校官3级（上校、中校、少校），尉官3级（上尉、中尉、少尉）。

驻外兵力　定期向土耳其空军基地派遣空军F-16型飞机分遣队。

外国驻军　来自23个国家的联合国军事观察员139人。

（林海霞）

印　度

国　名　印度共和国。

主要统计　面积297.47万平方千米。人口10.29548亿人（其中13～17岁男5463.8万人，女5129.2万人；18～22岁男4992.2万人，女4641.5万人；23～32岁男8847.8万人，女8093.7万人。）国内生产总值20.9万亿卢比，合4710亿美元（2000年）。外汇储备448亿美元（2001年）。国防预算7320亿卢比，合156.2亿美元（2001年）。原煤3.23亿吨（2001年）。原油4.728亿桶（2001年）。天然气307亿立方米（2001年）。发电量4807亿度（2000年）。钢铁3110万吨（2001年）。粮食2.03亿吨（2000年）。海运能力，商船（载重100吨以上）888艘，总载物量1036.5万吨（2000年）。民航能力，固定航班机场92处，货运量4.8亿吨千米（2000年），客运量233.6亿人千米（2000年）。铁路总长6.28万千米（其中电气化铁路1.46万千米），货运量2841亿吨千米，客运量3705亿人千米（2000年）。

国防政策　印度国防政策的基本目标是保障实现印度“称霸南亚，控制印度洋，争当世界政治大国和‘一流军事强国’”。其主要内容为：

一、全力推行“大国外交”，为其争当地区军事大国创造条件。印度抓住冷战结束、世界和亚太战略格局向多极化发展这一契机，积极开展大国外交，以求更多地参与亚太安全事务。2000年印度与俄罗斯建立战略伙伴关系，并在发展核力量和争取联合国安理会常任理事国席位问题上得到俄罗斯的支持。2000年3月美国总统克林顿访问印度，两国签署了指导21世纪印美关系的框架性文件《印美关系：21世纪展望》，确立了“持久的、政治上有建设性、经济上有成果”的新型伙伴关系。同年9月，印度总理瓦杰帕伊访问美国。印度在坚持不许第三国介入印巴克什米尔争端的原则的同时积极同美国协调关系，在诸如反恐怖主义、联合国维持和平行动等方面与美国合作。“9·11”事件后，美国解除了对印度的经济制裁，同时恢复对印武器装备零部件供应，全面加强同印度的军事交流与合作关系。印度在同日本进行政治、经济和军事方面全方位对话的基础上，建立了全球伙伴关系。印度同中国和欧盟的关系得到了恢复性发展。近年来，中印两国高层领导人实现了互访，印度同意两国共同加快两国边界划定工作。印度加紧推行“向东看”政策，加强同东盟的政治对话、经济交往和军事合作关系。此外，印度近年每年不定期地同美国、俄罗斯、法国、澳大利亚、新西兰、马来西亚、越南、日本、印尼等国举行联合军事演习。

二、实行最低限度可靠核威慑政策，加快发展核武器步伐。印度发展核武器除了谋求大国地位的政治目标外，还旨在对中国形成所谓“核对称”，与中国进行军事抗衡；保持对巴基斯坦的核威慑优势，以加强和巩固对南亚次大陆的控制权；将核打击范围扩大到印度洋领域，制约外部势力特别是美国海军在印度洋的军事存在，从而达到向印度洋扩张的战略目的。继1998年5月成为事实上的核国家之后，印度政府于1999年8月通过印度核政策构想草案，提出最低限度可靠核威慑政策。其核心：一是不首先使用核武器，即在“只进行报复”的原则下，对存有向印度及其武装力量使用核武器企图的任何国家或地区进行核威慑，并使其相信，对印度及其武装力量发动任何核进攻都将导致印度使用核武器进行惩罚性报复，并使其遭受无法承受的损失；二是不对无核国家使用核武器，即在保持足够的核力量的基础上，对无核国家形成战略核威慑，使其不敢对印动武。印度将建立“三位一体”的核打击力量和统一的指挥与控制系统。2001年，印度试射成功射程为2500千米的“烈火”－2型中程导弹，并于2002年开始装备部队。印度还在研制射程为5000千米的“烈火”－3型导弹。与此同时，印度正在加紧核武器小型化、战术核武器实战运用理论的研究，积极为组建战略核部队、建立核力量指挥与控制体制做准备。

三、继续坚持国防建设与国民经济发展并重，逐步提高国防建设投资的方针。印度以经济建设为中心，在全面提高综合国力的基础上，不断增加军费开支（逐步提高到占国民生产总值的3%以上），确保国防建设目标的实现。经济建设中重视军民两用企业和技术的发展，特别是信息技术、核能技术和航空、航天领域的基础设施的建设。印度同时赋予军队担负“维护国家安全、反对民族分裂”的任务，其职能由单一的“对付外侵”转变为“御外安内”的双重职能，维护了社会秩序的安定，保证经济能够顺利发展。

四、以发展高技术武器装备为核心，建设一支技术密集型的军队。2002年3月，印度政府宣布将2002－2003财年国防经费增加至8100亿卢比，占国民总产值2.7%。同时采取了以下措施：（1）保持现有兵员数量，提高官兵素质。印军推迟了在2005年前裁减5万人的计划，提高新兵入伍文化程度标准，加强对官兵信息技术培训。（2）军费分配向技术密集型的海、空军倾斜，加大三军对信息技术装备的研制与投入。国防科研经费投入比例不断提高。（3）继续执行军队建设的“自主防卫十年规划”，到2005年将国产武器装备的比例由1994年的30%提高到70%。引进装备最终目的是使印度具备生产该装备的能力。（4）加大进口高技术武器装备的力度，弥补国产装备暂时难以装备部队造成的战斗力下降。陆军采购了310辆俄制T－90型坦克，俄制红外或激光制导的“智能炮弹”和攻击直升机；空军引进10架“幻影”2000N/D型和140架苏－30型战斗机、空中预警飞机，同时继续对现役的各种米格型飞机进行现代化改装，装备电子战飞机、空中加油机等；海军将拥有具有导弹攻击能力和电子战能力的大型驱逐舰、核动力潜艇和先进轻型舰载直升机，从以色列购买先进的预警机。印度已自行建造一艘航空母舰，同时从俄罗斯购买“戈尔什科夫”号航空母舰及60架米格－29舰载飞机、1艘877型柴油动力潜艇和3艘护卫舰。（5）全面拓展对外军事合作，从多国获得军事技术、引进先进装备和进行人员培训。印俄军事合作关系进一步提升，两国加强了联合研制高技术装备的合作力度。印度同美国的军事合作发展迅速，在装备采购和训练方面大大加强。印美军事合作带动了印度同英、法、澳、德、以等西方国家发展军事合作关系，使武器技术来源实现多样化。

五、确保印度在印巴、中印边境地区的军事优势。印度以打击恐怖主义为名，加大有效“遏制”巴基斯坦支持的民兵对印占克什米尔地区的渗透和进攻，将50%的陆军、54%的空军和60%的海军兵力长期部署在印巴边境一线和毗连巴的海域，形成对巴的绝对军事优势。印在中印边境地区仍保持着较大规模兵力部署，形成对中国的局部军事优势。

六、扩大海上边界，在逐步实现对印度洋控制的同时，将其势力扩大到南中国海。印度提出将其专属经济区扩大到200海里以外，加紧在马德拉斯、卡尔瓦尔等地修建海军基地，在安达曼群岛修建机场，并组建海上特种部队。2000年4月，印度国防部长称，

"从阿拉伯海到南中国海都有印度的利益"。为此，10月间印度海军与日本、韩国、越南进行了海上联合军事演习。2001年10月，印度成立了第一个联合司令部－远东司令部，将印度触角前伸了1000多千米，加强了对印度洋地区的管控。印度还大力发展航空母舰、潜艇和海军航空兵力量，试图建立一支专事远海作战的远洋海军。

军事战略 印度近年来确立了以有限的可靠的核威慑为后盾、以强大的常规军事力量为手段的"地区威慑"的军事战略。其主要内容如下：

战略目标：在称霸南亚的同时，遏制中国，控制印度洋，争当世界军事大国。利用美国在中亚、南亚地区反恐战争的需要，积极发展与美、俄、日等国的战略伙伴关系，加强核军备和军队现代化建设，加快争当军事强国和世界"一流"大国的步伐。2、战略方针：(1) 在战争威胁判断上，突出核威慑条件下的高技术局部战争（低强度战争）的威胁，战争准备从打一场全面战争转向打多场核条件下的局部战争；(2) 以使用常规力量的"有限战争"作为主要作战手段，即通过给对手以以必要的惩罚，达到相对有限的战争目的；(3) 巴、中同为主要对手。对巴拥有进行一场全面战争的能力，迫使其撤出所占领土；对潜在对手中国不放弃"既得利益"，相机进行新的扩张和蚕食；(4) 对南亚诸国通过军事以及外交和经济手段，特别是核威慑，加强对其全面控制；(5) 控制从阿拉伯海到南中国海之间的海域，坚持不允许外国干涉南亚和印度洋事务的政策，特别是阻止中国同印度邻国发展军事关系；(6) 加强与美、俄以及东盟等建立包括军事关系在内的全面的战略与合作关系。作战思想：当前印军认为，战争的基本目的是消灭敌人的武装力量，主张在进攻和防御时都应具有主动进攻意识，并立足于打核威慑条件下的高技术局部战争。(1) 强调攻势作战，先发制人，必要时越境作战，力求把战火引向敌方领土；(2) 在进攻和防御中实施全纵深立体作战；(3) 注重机动作战，力求掌握战场主动权；(4) 强调诸军兵种联合作战，突出空军的作用，重视陆空军协同作战；(5) 强调在主要方向上集中绝对优势兵力，达成速战速决的效果；(6) 重视发挥电子战的作用，实施电子欺骗，压制电子干扰，隐蔽作战意图，电子杀伤与火力杀伤相结合；(7) 确保可靠、迅速和高效的作战指挥。

国防体制 宪法规定总统为武装力量最高统帅，总统通过内阁总理对全国武装部队实施领导。现行最高国防决策为内阁政治事务委员会，成员有国防、外交、内政和财政等主要内阁部长，由总理任主席。国防咨询机构有国家安全委员会、国防生产与供应委员会、国防研究与发展委员会、国防计划委员会和最高情报委员会等。国家安全委员的职能是为政府制定长期军事战略和国家安全战略以及处理有关国家安全事务提供咨询。内阁总理任国家安全委员会主席，成员包括内政部长 、国防部长、财政部长、外交部长和计划委员会副主席。该委员会通过1名国家安全顾问对下辖的战略政策小组、最高情报委员会和国家安全顾问处进行协调与领导。国家安全顾问由总理首席秘书担任。除国防计划委员会由内阁秘书任主席、最高情报委员会由内阁秘书处安全顾问任主席外，其它委员会均由国防部长任主席，吸收国防国务部长、三军参谋长、国防秘书、国防财政顾问和有关单位负责人参加，分别负责提出和制定有关三军建设和民防、空防、边防和海防方面的有关政策，提出有关作战、情报和国家安全等方面的咨询意见。国防部长委员会下设国防电子、首席人事官、首席供应军官和三军参谋长等4个委员会。其下属委员会的职责是在负责范围内就国防政策、国防生产和其它有关军事问题向国防部长委员会提出建议，并通过它就需要由内阁研究决定的重大问题向内阁政治事务委员会提出建议。三军参谋长委员会下设10个分委员会，由三军参谋军官组成，轮流担任主席，分别处理有关三军联合作战、计划训练、通信、情报、电子战、装备政策和国防计划等方面的统一与协调事务。国防部长是最高军事行政长官，直接向内阁总理负责，并由两名国防国务部长协助工作。国防部为国防职能机构，主要由文职人员组成，下设国防局、国防生产与供应局和国防科研局等3个常设办事机构（均由国防秘书任局长），以及财政顾问处（由财政部派出的国防财政顾问任领导）和国防计划协调执行委员会（由国防秘书任主席）。2001年12月，印国防部成立联合参谋部，其职能为参与军队建设计划和联合作战事宜，成员来自各军种、国防部和外交部。联合参谋部主任向参谋长委员会主席负责。

印度的武装力量由现役正规部队、准军事部队和后备力量组成。现役正规部队设陆、海、空三个军种。三军平时无统一的作战指挥机构，由内阁总理通过内阁秘书处协同国防部对三军实行统一指挥；战时通常授权主要军种参谋长实施统一指挥。军种司令部为各军种最高作战指挥与行政管理机构，最高领导人为军种参谋长。陆军参谋长配有3名副参谋长协助工作。海、空军除参谋长外设 2 名副参谋长。军种参谋长通过所属地区（军区）司令部对部队实施作战指挥与控制。各军种除地区（军区）司令部外，陆军还设有训练司令部，空军设有训练和保养两个专业司令部，海军的南海司令部履行海军训练司令部的职能，主管海军人员的基础训练与专业训练工作，并负责全部海军水面舰艇和潜艇部队的训练。驻果阿的海军航空兵司令部主管海军航空兵的训练。驻维沙卡帕特南的海军潜艇司令部专门负责海军潜艇部队的训练。

领导人物　总统兼武装力量最高统帅卡拉姆（2002 年 7 月上任）。总理阿塔尔·比哈尔·瓦杰帕伊（1999 年 10 月上任）。国防部长乔治·费尔南德斯（2001 年 5 月 27 日上任）。陆军参谋长维吉上将（2003 年 1 月 1 日上任）。海军参谋长马德文德拉·辛格上将（2001 年 12 月 29 日上任）。空军参谋长 K·克里什纳斯瓦米上将（2001 年 12 月 31 日上任）。

武装力量　兵力　现役部队 129.8 万人。

陆军　110 万人。编有 5 个军区、12 个军部、36 个师（3 个装甲师、4 个平原整编师、18 个步兵师、9 个山地师和 1 个炮兵师）以及 15 个独立旅（7 个装甲旅、5 个步兵旅、2 个山地旅和 1 个空降旅/突击旅）、1 个“普里特维”地地导弹团、4 个防空旅和 3 个工兵旅。上述部队包括 58 个坦克团（营）、355 个步兵营（其中包括 25 个机械化步兵营、8 个空降营、3 个突击营）、190 个炮兵团（营）（其中包括 1 个地对地导弹团、2 个火箭炮团、50 个中型炮团 <内含 11 个自行炮团>、69 个野战炮团 <内含 3 个自行炮团>、39 个山地炮团、29 个高炮团）、2 个地空导弹大队（每个大队含 3－5 个导弹连）、15 个地空导弹团。陆军航空兵编有 22 个直升机中队（其中 5 个反坦克中队）。

主战坦克：3898 辆（估计有 1100 辆库存），其中 T－55 型约 700 辆（450 辆在服役中），T－72 型约 1900 辆，常胜者 1200 辆，“阿琼”式约 14 辆，T－90S 型 84 辆（含 26 辆待交货），PT－76 型 900 辆。装甲侦察车：BRDM 型约 100 辆。步兵战车：BMP－1/2 型 1500 辆。装甲输送车：OT－62/64 型 157 辆、卡斯帕型约 160 辆。牵引式火炮：4175 门（估计有 600 门库存），其中 75 毫米 1115 门、105 毫米约 1350 门、122 毫米约 550 门、130 毫米 750 门、155 毫米 410 门。自行火炮：105 毫米 80 门、130 毫米 100 门（估计 70 门库存）、152 毫米 S19 型 2 门。多管火箭炮：122 毫米 100 门、214 毫米“皮纳卡”约 12 门。迫击炮：81 毫米约 5000 门、120 毫米约 1500 门、160 毫米 500 门。地地导弹：“普里特维”地对地导弹发射架 3－5 部。无坐力炮：57 毫米 500 门、106 毫米 3000 门。高炮：23 毫米 300 门、30 毫米 24 门、40 毫米 1200 门。地空导弹：萨姆－6 型 180 部、萨姆－7 型 620 部、萨姆－8B 型 50 部、萨姆－9 型 400 部、萨姆－11 型约 50 部、萨姆－13 型 250 部、萨姆－16 型 500 部。直升机：162 架。车辆人员登陆艇：2 艘。无人驾驶飞机：“搜索者”和“尼尚特”若干架。反坦克导弹：“米兰”等若干具。

海军　5.3 万人（含海军航空兵、海军陆战队）。编有东部、西部、南部和远东 4 个地区司令部，东部舰队、西部舰队 2 支舰队。另编有潜艇司令部（驻维沙卡帕特南）和海军航空兵司令部（驻果阿）。装备各种舰艇 127 艘。

航空母舰：1 艘、潜艇 16 艘。驱逐舰：8 艘。护卫舰：18 艘。巡逻与海岸舰艇：39 艘。扫雷艇：18 艘。导弹快艇：6 艘。两栖登陆舰艇：7 艘。各种支援舰船：32 艘。

海军航空兵　5000 余人（含舰载海军航空兵 2000 人），装备 105 架作战飞机，53 架武装直升机、空空导弹和空地导弹若干枚。编有 1 个战斗机中队、6 个反潜直升机中队、3 个海上侦察机中队、1 个通信机中队、1 个搜索与救援直升机中队和 2 个训练机中队。

海军陆战队　编有 1 个团（包括 3 个大队），约 1000 人。

空军　14.5 万人。编有 30 个攻击机中队，9 个战斗机中队，2 个攻击直升机中队，2 个侦察机中队，12 个运输机中队，19 个运输直升机中队，1 个要员专机中队和 1 个海上攻击中队。装备各型飞机的 1400 架（其中作战飞机 738 架）、直升机 170 余架（其中武装直升机 22 架）。

攻击战斗机：苏－30K，米格－23BN 型 52 架，“美洲虎”35 架，米格－27 型 135 架，米格－21MF 型 55 架，米格－21BIS 型 165 架，“幻影”2000 型 40 架。战斗机：米格－21FL 型 66 架，米格－23MF 型 26 架，米格－29 型 63 架。攻击直升机：米－25 型 20 架。侦察机：“堪培拉”12 架，米格－25R 型 135 架，米格－25N 型 2 架。运输机：安－32 型 105 架，DO－228 型 45 架，BAE－748 型 28 架，伊尔－76 型 25 架。运输直升机：米－8 型 73 架，米－17 型 50 架，米－26 型 10 架，印度“猎豹”和“印度豹”40 架。要员专机：波音－737 型 2 架，BAE－748 型 6 架，米－8 型

6架。海上攻击机："美洲虎"型6架，电子战飞机：米格－21M型6架。电子侦察机：波音－707型2架，波音－737型2架。空中加油机：伊尔－78型6架。侦察与测量机：4架。另外，还有359架各型训练机和24架教练直升机。地空导弹：萨姆－2、萨姆－3、萨姆－5、萨姆－10导弹共280余部。

准军事部队　印度的准军事部队种类繁多，驻地分散，并隶属不同的部门。准军事部队是正规部队的辅助力量，平时执行边防、海防巡逻，情报搜集和内卫治安任务；战时配属正规部队执行作战任务。其编制单位通常为部队、营、中队（连）、排、班（哨）5级。部队最高领导为总监，一般为现役中将级军官，以下各级军官为现役或退役军官。营或中队（连）为基本作战单位，各营根据辖区的范围下辖数目不等的中队（连），中队（连）以下为三三制，编组到班。印度准军事部队装备轻便，编制精干，可担负快速突击和独立机动作战任务。目前，印度准军事部队兵力约108.97万人，其中：海岸警卫队8000人，隶属国防部，装备有34艘各类舰艇29架飞机，平时负责近海防卫与治安，战时归海军指挥，协助海军作战；国家安全卫队7400人，隶属内阁秘书处，负责反恐怖行动，成员来自印度三军、中央后备警察部队和边境保安部队；特种保安部队3000人，负责要员安全；国家步枪队4万人，隶属国防部，担负反暴乱任务，编为36个营，主要成员来自陆军退役人员和预备役部队；中央后备警察部队约16万人装备各型飞机约1400架（其中作战飞机738架）、直升机170余架（其中武装直升机22架）。编有30个攻击战斗机中队（28架苏－30K/MK型、52架米格－23BN型、35架"美洲虎"、135架米格－27M型、55架米格－21MF/PFMA型、165架米格－21BIS/U型、40架"幻影"2000H/TH），9个战斗机中队（66架米格－21FL/U型、26架米格－23MF/UM型、63架米格－29型），2个攻击直升机中队（20架米－25/35型），2个侦察机中队（12架"堪培拉"、5架米格－25R型和2架米格－25U型战斗侦察机），12个运输机中队（105架安－32型、45架DO－228型、28架BAE－748型、25架伊尔－76型），19个运输直升机中队（73架米－8型、50架米－17型、10架米－26型，40架印度"猎豹"和"印度豹"直升机），1个要员专机中队（2架波音－737－200型、7架BAE－748型、6架米－8型），1个海上攻击中队（6架"美洲虎"海上攻击机），1个电子战中队（6架米格－21M型），电子侦察机（2架波音－707型、2架波音737型），空中加油机（6架伊尔－78型），另有4架海上侦察与测量机、359架各型训练机和24架教练直升机。此外，空军还编有38个地空导弹中队，装备萨姆－2、萨姆－3、萨姆－5、和萨姆－10型导弹280余部。空军飞机装备有"普里特维"－250型、AS－7型、AS－11B型、AS－12型、AS－17型、AS－30型、"鱼叉"AM－39型和"海鹰"空地导弹及AA－7型、AA－8型、AA－10型、AA－11型、"魔术"R－550型和"超级魔术"R－530D型等空对空导弹。74万人，137个营，隶属内政部；邦武装警察40万人（包括24个营的印度后备特种警察），主要负责本邦的治安任务，但也可调往其它邦执行任务；边境保安部队17.4万人，编有157个营；阿萨姆步枪队5.25万人，隶属内政部，编有7个地区司令部，31个营，主要负责东北地区各邦的治安任务，各级军官均为陆军军官，训练较好；特种边境部队9000人，隶属内阁秘书处；中印边境警察3.24万人，29个营，隶属内政部；中央工业保安部队9.5万人，隶属内政部；国防安全警卫队3.1万人，隶属国防部，主要负责国防部驻地的安全和警卫工作；铁路保安部队7万人。

后备力量　印度的后备力量指不脱产的民间武装，分为第一线预备役和第二线防务力量，共240余万人。组织较为松散，每年只须参加短期的军事集训。这支后备力量平时协助警察维持社会治安和参加抢险救灾，战时担负民防任务，补充正规军。其经费开支一般由中央邦政府和邦（中央直辖区）按比例分摊。

第1线预备役由印度陆海空三军退役军官组成。服预备役的最高年限为50岁。第一线预备役现有兵力99.5万人，包括陆军和空军预备役以及海军志愿预备役。空军预备役又分为防空预备役和辅助空军预备役两种。陆军预备役人员现有80万人，海军预备役人员现有5.5万人，空军预备役人员14万人。

第2线防务力量主要是民间军事组织，成员志愿参加。现有实力约206万人，包括地方军4万人、国民学兵团100余万人，家乡卫队57.4万人，民防组织45.3万人。

部署　陆军分5个军区：北部军区司令部设在印占克什米尔的乌达姆普尔，辖3个军（含8个步兵师、2个山地师），负责克什米尔地区印巴边境北段和中印边境西段的防务；西部军区司令部驻昌迪加尔，辖3个军（含1个装甲师、3个平原整编师、5个步兵师和4个独立防空旅），负责印巴边境中段平原地区防务；东部军区司令部设在加尔各答，辖3个军（含1个步兵师、7个山地师），负责印孟边境地区、印缅边境地区和中印边境东段（含中锡边境）地区的防务；中部军区司令部设在勒克瑙，辖1个军（含1个步兵师、1个装甲师、1个平原整编师和3个独立旅），负责中央各邦和中部喜马拉雅山边境地区的防务，并担任东、西两个战区的预备队；南部军区司令部设在浦那，辖2个军（含1个装甲师、3个步兵师），负责印巴边境南段的防务。

海军按印度半岛东、西、南部和安达曼·尼科巴群岛及附近海域分别划分为东部、西部、南部和远东4个地区海军司令部。西部海军司令部设在孟买，下辖西部舰队，编有印度半数以上的驱逐舰、护卫舰和潜艇，负责阿拉伯海的防御，其基地有孟买、马哈拉施特拉、卡蒂亚瓦尔、瓦杰拉巴胡。东部海军司令部设在维沙卡帕特南，下辖东部舰队，其基地有加尔各答、维沙卡帕特南及马德拉斯海军站和维尔巴胡潜艇基地，辖区为为东部沿海及孟加拉湾。南部海军司令部设在科钦，下设海军航空兵司令部，并同时负责海军院校训练。远东海军司令部设在安达曼群岛的布莱尔港，隶属东部海军司令部。

空军划分为西部、西南部、中部、东部、南部5个地区司令部。西部司令部设在新德里，辖5个战术空军中心，9个米格－21战斗机中队、1个米格－29战斗机中队和1个米格－23战斗机中队以及部分对地攻击部队；负责佐德普尔以北（含首都新德里）以及印占克什米尔地区防务。西南空军司令部设在甘地纳加尔，下辖1个战术空军中心，负责拉贾斯坦以南至古吉拉特和索拉什特及库奇地区防务。中部空军司令部设在阿拉哈巴德，下辖2个战术空军中心，8个运输机中队、3个战斗机中队，负责整个印度中部的防空作战和军事空运。东部空军司令部设在西隆，下辖3个战术空军中心，负责印中、印孟和印缅边境地区防务。南部空军司令部设在特里凡德琅，下辖1个战术空军中心，负责印度半岛南端及安达曼·尼科巴群岛和拉克沙德韦群岛的防务。

兵役制度 实行募兵制。服役年限：兵17年，军士21～28年，低级委任军官（海空军准尉）26～33年。各级军官的最高服役年龄：将官60岁，校官55岁，尉官50岁，低级委任军官（海、空军准尉）50岁。

军衔 分7等19级：元帅1级（只在战时授于有特殊功勋的军种参谋长）；将官4级（上将、中将、少将和准将），校官3级（上校、中校和少校），尉官2级（上尉、中尉），低级委任军官（海、空军准尉）3级（一级、二级、三级），军士3级（上士、中士、下士），兵3级（一等兵、二等兵、三等兵）。

驻外兵力 多年来，印度积极参加联合国的维持和平行动。2001－2002年度，印度在民主刚果派驻20名军人，其中包括18名军事观察员；在厄里特里亚派驻1328名军人，其中包括5名军事观察员；在伊拉克与科威特边境派驻6名军事观察员；在黎巴嫩派驻792名军事观察员。

军工生产 印度国防工业主要包括约39家兵工厂、8个大型国防公营企业及航空与航天工业。兵工企业主要从事军用飞机、舰船、坦克、装甲车、各种轻武器及弹药、火炮、服装以及后勤装备等的研制和生产。2001年，印度军方允许经选择的私营企业参与核潜艇及潜射巡航导弹的研制和试射工作。1998－1999年度，印度国防公营企业产值为720.55亿卢比，直接出口额为13.7亿卢比（约合3260亿美元）。2001年1月，印度政府宣布将投资302.7亿卢比用于军工厂的科技改造。在今后的10年中，印计划投入270亿卢比用于39个军工生产企业的设备更新和技术改造，并加大对国防公营企业的改革，以提高国防工业的活力和出口竞争能力。

军队节日 武装部队节12月7日，陆军节1月15日，海军节12月4日，空军节10月8日。

（刘温国）

印度尼西亚

国　　名 印度尼西亚共和国。

主要统计 面积190.4443万平方千米（陆地面积）。人口2.16213亿人（其中，13～17岁男

1103.7万人，女 1055.6 万人；18～22 岁男 1120.8 万人，女 1071.2 万人；23～32 岁男 1827.8 万人，女 1827.5 万人)。国内生产总值 1454 亿美元（2001 年)。国防费 12.68 亿美元（2001 年国防预算)。原煤 6460 万吨（1999 年)。天然气 764.47 亿立方米（1997 年)。原油 5.46 亿桶（1999 年)。发电量 840.96 亿度（1997 年)。粮食 5866.8 万吨（1999 年)。海运能力，商船(载重 100 吨以上）2014 艘，总载重量 313.02 万吨(2001 年)。民航能力，固定航班机场 81 处，客运量 123.89 亿人千米、货运量 3.41 亿吨千米（2001 年)。

国防政策　印尼国民军的职能是保卫国家的主权和领土完整，保卫国家的海岸线和连接各岛屿的领空。其建军方针是：建设一支兵力精干，机构合理，具有高度机动和威慑力，拥有先进武器装备和专业人员的现代化军队。同时，印尼不断加强同东盟国家及美、澳等国的军事合作，提高整体防御能力，共同维护地区安全。

军事战略　印尼实行积极的“逐岛防御”战略，即建立以大岛为核心、以群岛为基地、内外兼顾、独立防卫与机动作战相结合的防御体系，独立保卫本岛领土、领海和维护社会治安。鉴于未来国防安全的主要威胁将来自海上，印尼重点加强濒临马六甲海峡、南海及印度洋等具有战略意义的前沿、边境、重要海峡及偏远地区的防卫力量，形成以爪哇岛为中心、东西兼顾的战略布局。

国防体制　总统为武装力量统帅。实行国防与内卫合一的武装体制。国防部负责制定国防政策，国民军总司令部负责作战指挥。武装力量由正规军和准军事部队两部分组成。正规军分陆、海、空三个军种。总统通过国防部和国民军总司令部对全国武装力量实施领导和指挥。

领导人物　总统兼武装力量统帅梅加瓦蒂·苏加诺·普特丽（2001 年 7 月 23 日上任)。国防部长马托利·阿卜杜尔·贾利尔（2001 年 7 月上任)。国民军总司令恩德里亚托诺·苏塔尔托上将（2002 年 6 月上任)。陆军参谋长里雅米扎德·里亚库杜中将（2002 年 6 月上任)。海军参谋长伯纳德·肯特·松达上将（2002 年 4 月上任)。空军参谋长查比·哈基姆中将（2002 年 4 月上任)。

武装力量　**兵力**　现役部队 29.7 万人。

陆军　约 23 万人。编有 1 个战略后备部队司令部，11 个军区司令部和 1 支特种部队。战略后备部队编有 2 个步兵师，3 个步兵旅，3 个空降旅，2 个野战炮兵团，1 个高炮团，2 个装甲营，2 个工程兵营。11 个军区共编有 2 个步兵旅，65 个步兵营，8 个骑兵营，11 个野战炮兵营，10 个高炮营，8 个工程兵营，1 个混合航空兵中队，1 个直升机中队。特种部队编有 3 个特种大队。

轻型坦克：AMX－13 型约 275 辆，PT－76 型 30 辆，“蝎子”50 辆。装甲侦察车：“萨拉丁”69 辆，“白鼬”55 辆，VBL 式 18 辆。步兵战车：BMP－2 型 11 辆。装甲输送车：AMX－VCI 型、“萨拉逊”、“突击队员”等共 481 辆。牵引炮：76 毫米 100 门，105 毫米 180 门，155 毫米 5 门。迫击炮：81 毫米 800 门，120 毫米 75 门。无坐力炮：90 毫米 90 门，106 毫米 45 门。火箭炮：89 毫米 700 门。高炮：20 毫米 125 门，40 毫米 90 门，57 毫米 200 门。地空导弹：“轻剑”51 部，RBS－70 型 42 部。飞机：NC－212 型 6 架，“指挥官”680 型 2 架，DHC－5 型 3 架。直升机：“贝尔”205 型 12 架，Bo－105 型 13 架，NB－412 型 26 架，“休斯”300C 型 12 架。

海军　4 万人（含陆战队和航空兵)。编有东、西 2 个舰队司令部，1 个训练司令部和 1 个军事海运司令部。

潜艇：“卡克赖”级 2 艘。护卫舰：“艾哈迈德雅尼”级 6 艘，“法塔希拉”级 3 艘，“提亚哈胡”级 3 艘，“哈加尔达温塔拉”级 1 艘，“沙玛迪昆”级 4 艘。巡逻舰艇：共 36 艘，其中导弹艇 4 艘、鱼雷艇 4 艘。扫雷舰艇：12 艘。两栖舰艇：26 艘。后勤支援舰船：15 艘。

海军航空兵　约 1000 人。装备飞机 112 架（其中武装直升机 17 架)，主要用于海上侦察和反潜。

陆战队　1.2 万人。编有 2 个步兵旅，1 个特种作战营，1 个战斗支援团。装备有轻型坦克 100 辆，装甲侦察车 14 辆，步兵战车 10 辆，装甲输送车 84 辆，牵引炮 48 门，火箭炮 15 门，高炮 50 余门。

空军　2.7 万人。编有东、西 2 个作战司令部，1 个训练司令部，1 个装备与维修司令部，1 个特种部队司令部，4 个攻击战斗机中队，1 个战斗机中队，1 个海上侦察机中队，1 个侦察机中队，5 个运输机中队，3 个直升机中队，3 个教练机中队。作战飞机 90 架。

攻击战斗机：A－4 型 14 架，F－16 型 10 架，“霍克”MK－109 型 7 架，“霍克”MK－209 型 28 架。战斗机：F－5 型 12 架。武装侦察机：OV－10F 型 12 架。海上侦察机：3 架。空中加油机：2 架。运输机：C－130 型等 63 架。直升机：S－58T 型等共 48 架。教练机：AS-202 型等共 93 架。

预备役部队　40 万人。

准军事部队　国家警察约 19.5 万人。海上警察 1.2 万人。

部署　印尼海军东部舰队司令部驻泗水，西部舰队司令部驻雅加达。空军 2 个作战司令部分别负责东、西部空防任务。全国共有军事基地 42 处，其中空军基地 26 处（主要有雅加达、朱安达、乌绒潘当等），海军基地 16 处（主要有雅加达、丹绒槟榔、腊太港、乌绒潘当、勿老湾等）。

兵役制度　实行义务兵和志愿兵相结合的兵役制。义务兵服役期 2 年。军官最高服役年龄 55 岁。

军衔　分 5 等 23 级：将官 4 级（上将、中将、少将、准将），校官 3 级（上校、中校、少校），尉官 3 级（上尉、中尉、少尉），士官 10 级（预备军官、一级准尉、二级准尉、军士长、中士长、一级中士、二级中士、下士长、一级下士、二级下士），士兵 3 级（特等兵、一等兵、二等兵）。

驻外兵力　驻克罗地亚、格鲁地亚、伊拉克和科威特、塞拉利昂联合国军事观察员共 25 人。

军队节日　武装部队节 9 月 5 日。

（孟　丽）

越　南

国　名　越南社会主义共和国。

主要统计　面积 32.9566 万平方千米。人口 8097.6 万人（其中 13~17 岁男 455.7 万人，女 440.3 万人；18~22 岁男 413.2 万人，女 399.3 万人；23~32 岁男 714.9 万人，女 695 万人）。国内生产总值 350 亿美元（2002 年）。国防费 18 亿美元（2001 年）。粗钢 171 万吨（2001 年）。原油 600 万桶（2001 年）。原煤 1500 万吨（2002 年）。天然气 20 亿立方米（2002 年）。发电量 282 亿度（2002 年）。粮食 3630 万吨（2002 年）。海运能力，商船（载重 100 吨以上）230 艘，总载重量 872.8 万吨（2000 年）。民航能力，固定航班机场 15 处，客运量为 2.38 亿人千米，货运量 9800 万吨千米（2000 年）。

国防政策　2002 年，越南继续贯彻越共九大制定的国防政策：保卫社会主义祖国，保卫主权独立、国家统一、领土完整，保卫国家安全、社会安定，保卫党、国家、人民和社会主义制度，保卫革新事业和国家、民族利益。保卫祖国的力量就是民族大团结、党领导下的政治体系、民族力量与时代力量、武装力量和全民国防体制、武装力量和人民安全体制相结合的综合实力的具体体现；要把经济与国防安全，国防安全与社会经济战略、规划、计划紧密结合起来，国防安全与对外活动配合行动。巩固国防、保卫国家安全和领土完整，是党、国家和人民重大和经常性的任务，其中，人民军队和人民公安是主力军。必须圆满完成下列任务：（一）建设一支“革命化、正规化、精锐化和逐步现代化”的人民军队和人民公安，使其具有过硬的政治本领，有文化、有知识，尊重人民群众，绝对忠于祖国，忠于党和人民，有良好的道德品质和健康、朴素的生活方式，有指挥和战胜一切困难的能力，有随时准备战斗和日益强大的战斗力；继承和发扬光荣传统，及时粉碎一切阴谋和侵略行径，捍卫祖国的独立、主权、领土完整和国家安全；扫除各种犯罪和社会丑恶现象，维护好社会治安。（二）建立社会-政治基础、全民国防和人民安全体系，注重抓好各重要战略地带的体系建设和民兵自卫队力量建设。（三）完善有关保卫祖国、捍卫社会主义制度方面的法律和法规。加强国家对全国和各地、各基层的国防与安全管理，将其纳入干部、公务员培训的必修课程。使党关于建设全民国防和人民安全体系的各项方针体制化。（四）广泛利用民用技术力量为国防服务，适当投资国防工业建设。逐步改善各种武装力量的物质和精神生活，切实贯彻落实后方对人民军队和人民公安的优抚政策。（五）加强党对人民军队、人民公安和巩固国防安全事业的经常性领导。

军事战略　2002 年第 2 期越南《全民国防》杂志刊登了一篇题为《新时期越南军事战略》的文章，主要内容是：为适应社会主义过渡时期建设和保卫祖国的需要，为完成越共确定的社会经济发展战略、国防安全战略任务，越南迫切需要建立和完善与新形势相适应的军事战略。当前世界形势已发生巨大变化，越南正面临很大的机遇、危机和挑战，在政治、经济、文化、社会安全受到威胁的同时，军事上的严重威胁从未减弱。越南必须清醒地认识到，在集中力量抵御帝国主义和敌对势力的“和平演变”、颠覆暴乱战略的同时，还必须随时准备在高技术条件下打败敌人各种规模的军事进攻。在新形势下，必须分清敌人和朋友、同盟和对手，弄清建立和使用军事力量保卫祖国方式的新发展。在这样的背景下，越南军事战略必须体现出现代战争的一般规律，体现出人民战争的特殊规律；必须反映出现代战争和现代条件下武装斗争的一般规律。未来几年越南军事战略的任务是研究解决国家和武装力量战争准备的理论和实践问题，为防止和推迟战争、消除暴乱做贡献，为国家发展保持稳定的和平环境，保证国家拥有足够的必要的国防军事力量，有能力防止战争威胁，有效对付包括武装冲突和侵略战争在内的各种突发情况。越南为建立和完善军事战略，必须着重解决好以下四个战略问题：

一是正确评估形势。为制订正确的军事战略，必须正确评估地区和国际背景，特别是亚太地区形势。认清 21 世纪初由于现代工业和科学的飞跃发展，世界和地区形势所发生的深刻变化；认清经济文化对生产力发展和战争方式的影响；认清战争发展的规律，特别是战争胜利依赖于经济技术条件，依赖于武装力量的质量和人民的意志；认清世界的基本矛盾、民族斗争和阶级斗争及其它问题依然存在并继续发展，有些方面还在逐步深化和尖锐起来。在国防军事领域，未来几个世纪发生世界大战的可能性很小，但局部战争，武装冲突，民族、种族、宗教矛盾，军备竞赛，干涉颠覆等还在许多地方日益增加，性质复杂。在这些复杂变化的背景下，军事战略必须深入研究战争的本质和性质，特别是当反对民族独立和反对社会主义的势力打着“保卫自由、民主、人权”、“人道主义”、“窝藏或支持恐怖主义”的幌子发动战争时，要分清当今战争的正义和非正义、革命和反革命，预测针对越南的军事威胁和可能的作战对象，预测可能应付的战争。在人民战争基础上，结合使用主力兵团和省市防御区域内地方部队进行作战的两种方式，研究在敌人高科技武器装备条件下新的作战方式，研究战争准备、进行战争和战略作战的理论基础，特别是要研究新形势下越南防御的重要方向，在此基础上确定战略目标、重点和措施。

二是研究制订并展开实施国家战略防御计划。在形势评估的基础上，军事战略必须研究制订并展开实施国家防御战略计划，包括制订国防与经济相结合的战略计划，在全国各地建立全民国防体系和人民战争阵势，进行战场划分，建立整个战争和各个战场的防御战线和防御区域、战略后方和根据地；制订建立人民武装力量计划，建设包括常备军和预备役在内的革命化、正规化、精锐化和逐步现代化的军队，在提高军队质量、训练和战备水平的同时，加强组织编制、技术装备和后勤保障等工作，为三军作战，特别是为机动主力兵团作战提供条件；制订民事防御计划，制订国家从平时向战时转变的准备计划、战争初期计划，这些计划必须同时制订并经常进行修改，以适应形势的发展变化。制订战略计划要在国防部主持下进行，中央和地方各部门共同参加。

三是随时准备组织发动以人民武装力量为主的全国全民抗敌战争。实施全民全面战争要在展开强大军事斗争的同时，积极开展政治和外交斗争，三者紧密配合。全国抗敌并不是在全国范围内打击敌人，必须将全国和地方力量集中到重要战略方向的前线。将来，特别是在敌人偏重空中打击时，卫国战争的前线和后方区分是相对的，因此要坚持正确的指导思想，把加强战备与促进生产结合起来，在人力、物力和精神上积极支援前线，注意建设日益强大的适应战争要求的人民武装力量。实现军事战略，不仅是国防部和军队的责任，也是全党、全国人民的责任和党领导下的所有政治系统的责任。

四是在战争初期和发展过程中，进行各种战略作战研究、安排和组织准备。战争初期和战略阶段的战略决心，必须与战略形势和具体战争相符，以战争的战略方针和思想指导军事艺术，运用各种战略作战行动达到在战争全局和各个阶段的战略目标。战略决心体现在军事战略的战略作战计划中，战略作战行动和协调必须体现全民全面战争的战略思想：三军结合，主力兵团作战与各省（市）区域防御内的武装力量相结合；防守和进攻相结合，灵活运用，或以进攻为主，或以防守为重，以达到军事战略目的，消灭敌人或挫败敌人的战略企图，同时保全自身力量，保卫人民，保卫国家主权和领土完整。

越南军事战略的实质是保卫国家、保卫社会主义。为此，必须依靠整个国家政治、经济、文化、社会、治安、外交、军事的综合实力，其中要以军事力量为核心。新形势下越南军事战略的基本目标是维护国家的和平稳定环境，挫败敌人“和平演变”和颠覆暴乱的战略阴谋，阻止和击退敌人发动的战争和武装冲突。特别是要以国家全面准备随时战胜武装侵略为主要目标。

国防体制 越南宪法规定：国家主席统帅各人

民武装力量，并兼任国防与安宁会议主席。但实际上越共中央军事党委是最高军事决策机构，越共中央总书记兼任军委书记，通过国防部对全国武装力量实行统一领导和指挥。国会设有国防与安宁委员会负责审查和监督国防安全政策的执行；国家机关设有国防与安宁会议协助国家主席统帅武装力量。国防部既是越共中央军事党委的办事机构，又是越军的最高军事行政机关，下辖总参谋部、总政治局、总后勤局、总技术局、国防工业总局和情报总局。六大总部（局）分别负责全军的军事指挥、政治思想教育、后勤供应、技术保障、军工及生产经营、情报搜集与服务。国防部机关设有办公厅、政策局、物资局、财政局、外事局、刑事调查局、科技与环境管理局、经济局、计划投资局、车辆局、武器弹药局、计量局、科学工艺环境通讯中心、监察委员会、越俄热带合作委员会，直属单位有军事战略院、军事历史研究院等。武装力量由正规军、地方部队、预备役部队和民兵自卫队组成。正规军又称主力部队，分陆军、海军、防空-空军三个军种。

领导人物 越共中央总书记兼中央军事党委书记农德孟（2001年4月上任），国防部长范文茶上将（1997年7月29日上任），总参谋长冯光清中将（2001年5月上任），总政治局主任黎文勇中将（2001年5月上任），总后勤局主任阮文沱少将（1998年1月3日上任），总技术局主任阮花盛少将（1998年1月3日上任），国防工业总局主任陈德越少将，情报总局主任武政中将；海军司令杜春公准都督（少将，2000年2月上任），防空-空军司令阮文申中将（2002年3月上任）。

武装力量 **兵力** 现役部队48.4万人。

陆军 41.2万人。划分为8个军区（含首都军区），编有14个军部、58个步兵师、3个机械化步兵师、10个装甲旅、15个独立步兵团、若干个特种作战部队（含空降旅和爆破工兵团）、约10个野战炮兵旅、8个工程兵师、10~16个经济建设师、20个独立工程兵旅。

主战坦克：共1315辆，其中：T-34型45辆、T-54/-55型850辆、T-62型70辆、PT-59型350辆。轻型坦克：共620辆PT-76型300辆，PT-62/-63型320辆。侦察车：BRDM-1/-2型100辆。步兵战车：BMP-1/-2型300辆。装甲输送车：BTR-40/-50/-60/-152型1100辆，YW-531型80辆，M-113型200辆。牵引火炮：76毫米、85毫米、100毫米、105毫米、122毫米、130毫米、152毫米、155毫米共2300门。自行火炮：152毫米30门，120毫米、122毫米、175毫米若干门。火箭炮：107毫米360门，122毫米350门，140毫米若干门。迫击炮：82毫米、120毫米和160毫米若干门。反坦克导弹：AT-3“耐火箱”式若干具。无后坐力炮：75毫米、82毫米、87毫米若干门。高炮：14.5毫米、23毫米、30毫米、37毫米、57毫米、85毫米、100毫米共12000门。地空导弹：SA-7/-16/-18型若干部。

海军 4.2万人（含海军陆战队2.7万人），划分为4个沿海区。

潜艇：朝鲜制小型潜艇2艘。护卫舰：共7艘，即前苏联制“别佳”Ⅱ级3艘，前苏联制“别佳”Ⅲ级2艘，“巴奈加特”（美制“卡特尔”）1艘，124A型1艘。巡逻艇和导弹、鱼雷快艇：共41艘，其中前苏联制“黄蜂”Ⅱ级导弹快艇8艘，前苏联制“蝗虫”级导弹快艇4艘，前苏联制“图利亚”级水翼鱼雷快艇5艘，“大胡蜂”级鱼雷快艇5艘，前苏联制SO-1级巡逻艇4艘，美制PGM-59/-71级3艘，小于100吨的近海巡逻艇10艘，前苏联制“图利亚”级巡逻艇2艘。扫雷舰艇：共15艘，即“尤尔卡”级2艘，“索尼亚”级沿海扫雷舰3艘，“连云”级扫雷舰2艘，“瓦尼亚”级扫雷艇1艘，“叶夫根尼亚”级近海猎雷艇2艘，小扫雷艇5艘。登陆舰：共6艘，即美制LST-510/-511坦克登陆舰3艘，前苏联制“北方”级中型登陆舰3艘。小型登陆艇：共30艘，包括机械化登陆艇12艘、通用登陆艇18艘。

防空-空军 3万人，编成3个航空师，2个攻击机团，6个歼击机团，3个运输机团，3个教练机团，4个高炮旅，6个雷达旅；有雷达阵地100处，地对空导弹发射阵地66处，作战飞机共189架，武装直升机26架。

攻击战斗机：共65架，其中苏-22型53架、苏-27型12架。战斗机：米格-21比斯124架。武装直升机：米-24型26架。海上侦察机：贝-12型4架。反潜直升机：共15架，即卡-25型3架、卡-28型10架、卡-32型2架。航测机：安-30型2架。运输机：共28架，包括安-2型12架，安-26型12架，雅克-40型4架。直升机：米-6型4架，米-8、米-17型共30架。教练机：L-39型18架，米格-21U型若干架，雅克-18型10架，BT-6型10架。空对空导弹：AA-2、AA-8、AA-10型若干枚。空对地导弹：AS-9型若干枚。地对空导弹：SA-2/-3/-6/-7/-16型地对空导弹若干部。高炮：

37毫米、57毫米、85毫米、100毫米、130毫米高炮若干门。对空警戒雷达：约1000部。

地方部队　编有省、市、县军事指挥部；每个省、市军指下辖若干个独立团，每个县军指下辖若干个独立营。省军指、中央直辖市军指由所在军区指挥，省辖市、县军指由省军指指挥。

预备役部队　越南《军事义务条例》规定，男18～45岁、女18～40岁的退伍军人和依照法律应服兵役而未入伍的公民，都要编入预备役部队。预备役军官一般由军队转业军官、士官和具有大专以上学历并受过专门培训的地方人员担任。预备役军人根据其服役经历和受训程度分为两类。凡服满现役1年以上或打过仗的士官和士兵，以及预备役期间参加集训累计达1年者，均为第一类预备役，其余为第二类。两类预备役军人又根据年龄分为两等：A等为35岁以内，B等为36岁～45岁。预备役士官和士兵在服满预备役年限后或身体不宜继续服预备役，可由省辖市、镇、县军事指挥长决定解除预备役。迄2002年底，越全国预备役人员50万人。

民兵自卫队　一般编成连、排、营（战时可扩充到团、师），沿海、岛屿编制为海团、海队、分队；由步兵、工兵、防化兵、通信兵和侦察兵等诸兵种组成。迄2002年底，越民兵自卫队98万人。民兵自卫队平时不脱产，定期参加军事训练，受当地驻军统一指挥；战时担负警戒、侦察、巡逻、运输、救护、防空、消防和组织疏散等项任务，也可配合军队行动，增强军队的作战力量，开展敌后游击战。

部署　越陆军采取区域部署和机动部署相结合方式，全国由北向南划分为8个区域，每个区域部署1个军区；担负战略机动作战任务的野战部队部署是北部、南部地区各占一半；总兵力的50%部署在北部地区、40%部署在西南部地区、10%部署在中部地区。海军由北向南沿海岸线划分为4个区域，每个区域部署1个沿海区；主要作战舰艇部署在岘港、金兰湾和胡志明市等中南沿海地区。防空－空军将全国划分为北、中、南3个防空作战区，重点保卫主要城市和地域；总兵力的45%部署在北部作战区、32%部署在南部作战区、27%部署在中部作战区。越拥有海军基地11处（万华、锦普、鸿基、河修、海防、岘港、芽庄、头顿、金兰湾、胡志明市和归仁等）；空军基地15处（内排、安沛、克夫、和乐、建安、寿春、岘港、富吉、藩朗、边和、新山一、波莱古、绥和、金兰湾、朱莱等）。

兵役制度　越南《义务兵役法》规定，实行义务兵役制度。服役年龄18～27岁。服役年限，士官和士兵2年，士官指挥员、军队培训的专业技术士官和士兵、海军舰艇士官和士兵均为3年，需要时可延长半年。军官服役年限，尉官38岁、少校43岁、中校48岁、上校52岁、大校55岁、少将60岁，中将以上军官不规定服役年限。

军衔　根据越南《人民军军官法》规定，越南军官军衔分为3等12级，即将官4级（大将、上将、中将、少将）、校官4级（大校、上校、中校、少校）、尉官4级（大尉、上尉、中尉、少尉）。军官晋衔年限：少尉升中尉2年，中尉升上尉3年，上尉升大尉3年，大尉升少校4年，少校升中校4年，中校升上校4年，上校升大校4年，将官晋升不规定时限。士官分3级：上士、中士、下士。士兵分2级：上等兵、列兵。士兵晋升年限：列兵升上等兵9个月，上等兵升下士1年，下士升中士1年半，中士升上士1年半。

外国驻军　2002年5月初，俄罗斯从越南金兰湾基地撤走所有军事人员，从而结束了其在东南亚地区驻军的历史。据俄罗斯媒体报道，根据俄越原来达成的协议，俄将在2002年底前撤离金兰湾基地，但后来越突然变卦，坚持要求在2002年上半年就完成撤军，俄只得提前开始撤离工作。

军队节日　建军节12月22日（1944年）；海军节5月7日（1955年）；防空－空军节7月14日（1999年）。

（钟学良）

非洲国家军事概况

埃　及

国　名　阿拉伯埃及共和国。

主要统计　面积 100.2 万平方千米。人口 7061 万人（其中，13~17 岁男 370.7 万人，女 351 万人；18~22 岁男 331.3 万人，女 312.8 万人；23~32 岁男 515 万人，女 485.3 万人）。国内生产总值 3120 亿埃镑，合 900 亿美元（2000 年）。国防费 79 亿埃镑，合 21 亿美元（2001 年国防预算）。原煤 115.5 万吨（1992 年）。原油 3.02 亿桶（1997 年）。天然气 148.97 亿立方米（1997 年）。发电量 549.24 亿度（1997 年）。粮食 1959 万吨（1999 年）。海运能力，商船（载重 100 吨以上）444 艘，总载重量 168.52 万吨（2001 年）。民航能力，固定航班机场 11 处，客运量 90.74 亿人千米、货运量 2.7 亿吨千米（2001 年）。

国防体制　总统为武装部队统帅，最高军事决策机构为国防委员会，由总统任主席。总统下设武装部队总司令，由国防部长兼任。武装部队由正规军和准军事部队组成。正规军分陆、海、空和防空军四个军种。最高军事指挥机构为总参谋部，统辖各军种、军团和军区。最高统帅和总司令通过总参谋部指挥全军。

领导人物　总统兼武装部队统帅穆罕默德·胡斯尼·穆巴拉克（1993 年 10 月连任）。武装部队总司令兼国防和军工生产部长穆罕默德·侯赛因·坦塔维元帅（1993 年 10 月 14 日连任）。武装部队参谋长哈姆迪·瓦赫巴中将（2001 年 10 月上任）。海军司令塔米尔·阿卜杜勒·阿利姆·穆罕默德中将（2001 年上任）。空军司令艾哈迈德·穆罕默德·沙菲格·扎基少将（1996 年 4 月上任）。防空军司令萨米·哈菲兹·艾哈迈德·阿南中将（2001 年上任）。

武装力量　**兵力**　现役部队 44.3 万人。

陆军　32 万人。编有 4 个军区、2 个军团司令部、4 个装甲旅、8 个机械化步兵师、1 个共和国警卫装甲旅、4 个独立装甲旅、1 个空中机动旅、2 个独立步兵旅、1 个伞兵旅、4 个独立机械化旅、15 个独立炮兵旅、2 个地地导弹旅、6 个突击大队。

坦克：T-54/-55 型 895 辆、“朗塞”2 型 260 辆、T-62 型 550 辆、M-60A1 型 400 辆、M-60A3 型 1200 辆、M-1A1“艾布拉姆斯”555 辆。装甲侦察车：BRDM-2 型 300 辆、“突击侦察”112 辆。步兵战车：BMD-1 型 220 辆、BMR-600P 型 265 辆、YPR-765 型 310 辆。装甲输送车：“瓦利德”600 辆、“法赫德”30 型 192 辆、BTR-50/OT-62 型 1075 辆、M-113A2 型 2320 辆、YPR-765 型 100 辆。牵引炮：122 毫米 551 门、130 毫米 420 门。自行炮：122 毫米 76 门、155 毫米 175 门。无坐力炮：122 毫米 156 门。迫击炮：82 毫米 540 门、120 毫米 1800 门、160 毫米 60 门。地地导弹：“蛙”7 型 9 部、“天鹰”80 型若干部、“飞毛腿”B 型 9 部。反坦克导弹：AT-3“耐火箱”式 1400 具、“米兰”式 220 具、“旋火”式 200 具、“陶”式 530 具。火箭筒：107 毫米若干具。高炮（高射机枪）：14.5 毫米 200 挺、23 毫米 434 门、37 毫米 200 门、57 毫米若干门。地空导弹：SA-7 型 600 部、SA-9 型 20 部、M-54“小檞树”26 部。监视雷达：AN/TPQ-37 型炮位测定雷达若干部，“拉西特”式飞行器、火炮监视雷达若干部，“辛伯林”炮位侦察雷达若干部。无人驾驶飞机：R4E-50“天眼”若干架。

海军　1.9 万人（包括 2000 名海岸警卫队）。

潜艇：“R”级 4 艘。驱逐舰：“法塔赫”级 1 艘。护卫舰：“穆巴拉克”级 4 艘、“苏伊士”级 2 艘、“胜利者”级 2 艘、“达米亚特”（美式“诺克斯”级）2 艘。导弹艇：“拉马丹”级 6 艘、“黄蜂”I 级 5 艘、“十月”级 6 艘、“蚊子”级 3 艘、其他 5 艘。巡逻艇：14 艘。反水雷舰：12 艘。两栖舰：3 艘。支援与勤务船：20 艘。

海军航空兵　装备有武装直升机 24 架，其中“海王”式反潜直升机 5 架、SA－342 型反潜直升机 9 架、SH－2G 型 10 架。

岸防部队　装备有 130 毫米火炮若干门，“奥托马特”式岸舰导弹若干具。

空军　2.9 万人。编有 34 个飞行中队。作战飞机 608 架，武装直升机 128 架。

攻击战斗机：“阿尔法”式 41 架、F－4E 型 28 架、“幻影”5E2 型 20 架、其他 44 架。战斗机：F－16A 型 25 架、F－16C 型 135 架、F－16B 型 10 架、米格－21 型 40 架、“幻影”5D/E 型 53 架、“幻影”2000C 型 18 架、PRC J－7 型 53 架。侦察机：“幻影”5SDR 型 6 架、米格－21R 型 14 架。电子战机：C－130H 型 2 架、“山毛榉”1900 型 2 架。“突击队员”2E 型（直升机）4 架。空中预警机：E－2C 型 5 架。反潜机：SA－342L 型 9 架、“海王”47 型 5 架、SH－2G 型 10 架。海上侦察机：“山毛榉”1900C 型 2 架。教练机：DHC－5 型 4 架、EMB－312 型 54 架、F－16B 型 10 架、F－16D 型 29 架、“共和国”式 36 架、JJ－6 型 16 架、L－29 型 40 架、L－39 型 48 架、L－59E 型 30 架、米格－21U 型 10 架、“幻影”5SDD 型 5 架、“幻影”2000B 型 3 架、其他 36 架。运输机：C－130H 型 19 架、DHC－5D 型 5 架、“超级空中大王”式 1 架、“湾流”3 型 3 架、“湾流”4 型 1 架、“猎鹰”20 型 3 架。攻击直升机：SA－342K 型 65 架、AH－64A 型 36 架。直升机：CH－47C 型 15 架、CH－47D 型 14 架、米－8 型 66 架、“突击队员”25 架、S－70 型 2 架、米－4 型 12 架、UH－12E 型 17 架、UH－60A 型 2 架、UH－60L 型 2 架、AS－61 型 3 架。无人驾驶飞机：“塔拉丁－瑞安”29 架、“圣甲虫”324 架。空地导弹：AGM－65“小牛”式、“飞鱼”AM－39 型、AS－12 型、AS－30 型、AS－30L“霍特”若干枚。反雷达导弹：“阿玛特”若干枚。空空导弹：AA－2“环礁”、AIM－7E/F/M“麻雀”、AIM－9F/L/P“响尾蛇”、“玛特拉”R－530、“玛特拉”R－550 若干枚。

防空军　7.5 万人。编有 4 个师、100 个高炮营、107 个导弹营、38 个导弹连。

高炮：20 毫米、23 毫米、37 毫米、57 毫米、85 毫米、100 毫米等共 2000 余门。地空导弹：SA－2 型 300 部、SA－3 型 212 部、“霍克”改进型 78 部、“响尾蛇”式 30 部。防空系统：“太阳神”式约 18 套、“西奈”23 型（短程）若干套。

预备役部队　7.5 万人。

准军事部队　33 万人：其中海岸警卫队约 2000 人，装备有巡逻艇 40 艘，另有小艇 60 艘；中央公安部队 25 万人，装备有“霍斯普尔·胡萨”式装甲输送车 110 辆，“瓦利德”装甲输送车若干辆；国民警卫队 6 万人，编有 8 个旅；边防警卫队 2 万人，编有 19 个边防警卫团。

军事基地　海军基地 6 处：亚历山大、塞得港、马特鲁赫港、萨法卡、陶菲克港和胡尔加答。

兵役制度　实行义务兵和志愿兵相结合的兵役制度。义务兵服役期 3 年。

军衔　军官分 4 等 11 级：元帅 1 级，将官 4 级（上将、中将、少将、准将），校官 3 级（上校、中校、少校），尉官 3 级（上尉、中尉、少尉）。

驻外兵力　向刚果（金）派驻观察员 24 人；驻东帝汶维持和平部队 4 人；观察员 2 人；驻格鲁吉亚观察员 3 人；驻塞拉利昂观察员 10 名；驻西撒哈拉全民投票特派团观察员 19 人；驻克罗地亚观察员 1 人。

外国驻军　联合国多国部队与观察员约 1896 人。

（周长鹏）

安 哥 拉

国　　名　安哥拉共和国。

主要统计　面积 124.67 万平方千米。人口 1350 万（其中，13～17 岁男 68.9 万人，女 69.1 万人；18～22 岁男 58.3 万人，女 58.7 万人；23－32 岁男 88.8 万人，女 90.6 万人）。国内生产总值 88 亿美元（2001 年）。国防费 2.5 亿美元（2002 年国防预算）。原油 2.56 亿桶（1997 年）。天然气 1.87 亿立方米（1997 年）。发电量 18.95 亿度（1997 年）。粮食

55 万吨（1999 年）。海运能力，商船（载重 100 吨以上）123 艘、总载重量 73.9 万吨（2001 年）。民航能力，固定航班机场 17 处（2001 年）、客运量 6.2 亿人千米、货运量 0.97 亿吨千米（2001 年）。

国防体制 总统为武装力量最高统帅。最高国防决策机构为政治和军事协调委员会，由总统任主席。国防部是最高军事行政机关，负责部队的人事、军费、武器采购等事务。总参谋部为最高军事机构，负责军队的作战和训练等事宜。总统通过国防部和总参谋部对全国武装力量实施领导和指挥。安哥拉武装力量由正规军和准军事部队组成。正规军分陆、海、空三个军种。

领导人物 总统兼武装力量最高统帅若泽·爱德华多·多斯桑托斯、国防部长昆迪·帕亚马、总参谋长阿曼多·内图。

武装力量 **兵力** 正规军约 10 万人。

陆军 约 9 万人，编有 35 个团。

主战坦克：T－54/－55 型 400 辆、T－62 型约 230 辆、T－72 型约 30 辆。装甲步兵战车：BMP－1/－2 型约 400 辆。装甲侦察车：BRDM－2 型 40 余辆。装甲输送车：BTR－60/－80/－152 型约 170 辆。牵引炮：76 毫米、85 毫米、122 毫米、130 毫米、152 毫米共约 400 门。自行炮：152 毫米 4 门。突击炮：100 毫米若干。火箭炮：122 毫米 90 门、240 毫米若干门。迫击炮：82 毫米 250 门，120 毫米 40 余门。反坦克武器：AT－3“耐火箱”式若干具。火箭发射器：RPG－7 型若干具。无坐力炮：82 毫米、107 毫米共 500 门。高炮：14. 5 毫米、23 毫米、37 毫米和 57 毫米共 450 余门。地空导弹：SA－7、SA－14 型共约 575 部。

海军 4000 人。基地设在罗安达。

巡逻艇：约 7 艘。两栖舰艇：两栖支援舰 1 艘。

空军及防空部队 6000 人。作战飞机 104 架，武装直升机 40 架。

攻击战斗机：米格－23 型 30 架、苏－22 型 21 架、苏－25 型 22 架、苏－27 型 2 架。战斗机：米格－21 型 20 架。防暴兼侦察机：PC－7/－9 型 9 架。海上侦察机：EMB－111 型 2 架、F－27MPA 型 1 架、“空中之王”B－200B 型 1 架。攻击直升机：米－25/－35 型 15 架、SA－365M 型 5 架、SA－342 型 6 架、米－24B 型 14 架。运输机：安－2 型 2 架、安－26 型 9 架、BN－2 型 6 架、C－212 型 2 架、L－100－20 型 2 架、PC－6B 型 4 架、C－130 型 2 架、安－12 等型共 8 架。直升机：AS－565 型 8 架、IAR－316 型 30 架、米－8/－17 型 25 架。教练机：“塞斯纳”172 型 3 架、雅克－11 型 6 架、Emb－312 型 6 架。防空部队有 5 个地空导弹营、10 个导弹连，装备地空导弹：SA－2 型 40 部、SA－3 型 12 部、SA－6 型 25 部、SA－8 型 15 部、SA－9 型 20 部、SA－13 型 10 部。空地导弹：“霍特”、“蝇拍”式导弹各若干枚。空空导弹：AA－2“环礁”式导弹若干枚。

准军事部队 快速反应警察 1 万人。

兵役制度 实行征兵制，服役期 2 年。

驻外兵力 驻刚果民主共和国约 2000 人；驻刚果共和国约 2000 人。

反对派武装 卡宾达解放阵线：声称有 5000 人，实有约 600 人，仅装备一些轻武器。

（董鹏杰）

布 隆 迪

国　　名 布隆迪共和国。

主要统计 面积 2.7834 万平方千米。人口 650 万（其中，13～17 岁男 45.5 万人，女 41.4 万人；18～22 岁男 36.4 万人，女 33.4 万人；23～32 岁男 54.1 万人，女 50.2 万人）。国内生产总值 6.6 亿美元（2001 年）。国防费 3300 万美元（2002 年国防预算）。发电量 1.22 亿度（1997 年）。粮食 26.5 万吨（1999 年）。海运能力，商船（载重 100 吨以上）1 艘、总载重量 0.4 万吨（2001 年）。民航能力，固定航班机场 1 处（2001 年）、客运量 200 万人千米（2001 年）。

国防体制 总统为武装部队最高统帅．国防委员会是最高军事决策机构。国防部为最高军事行政领导机关，武装部队总参谋部是最高军事指挥机构。

领导人物 总统兼武装力量最高统帅皮埃尔·布约亚、国防部长西里尔·恩达伊鲁基耶、总参谋长万桑·尼荣热科少将。

武装力量 总兵力约4.55万人。

陆军 约4万人，编有7个步兵营、1个轻武器营、1个高炮营、1个工兵营、1个防空营及部分独立步兵连。

装甲侦察车：BRDM－2、AML和“肖兰”各型共85辆。装甲输送车：BTR－40型20辆、“庞阿尔”M－3型9辆、瓦利德型6辆、RG－31型12辆。牵引炮：D－30型18门。多管火箭筒：122毫米12具。迫击炮：82毫米、120毫米共约90门。反坦克武器：“米兰”式若干具。火箭发射器：83毫米“盲杀”型若干具。无坐力炮：75毫米60门。高炮：14.5毫米、23毫米、37毫米共150余门。地空导弹：SA－7型约30枚。

空军 200人。作战飞机4架，武装直升机1架。

教练机：SF－260W/TP型4架。运输机：DC－3型2架。直升机：米－24型1架、SA－316B型3架、米－8型2架。

准军事部队 宪兵约5500人。

驻外兵力 驻刚果民主共和国约1000人。

反对派武装

1. 保卫民主力量（FDD）约16000人。

2. 民主解放阵线（FNL）约1000人。

（董鹏杰）

刚 果（金）

国 名 刚果民主共和国（原名“扎伊尔共和国”，1997年5月17日改为现名）。

主要统计 面积234.4885万平方千米。人口约5250万（其中，13～17岁男315万人，女311.2万人；18～22岁男251.1万人，女250.2万人；23～32岁男362万人，女365.2万人）。国内生产总值45亿美元（2001年）。国防费约4亿美元（2001年预算）。原煤9.5万吨（1997年）。原油84万桶（1997年）。发电量54.21亿度（1997年）。粮食155万吨（1999年）。海运能力，商船（载重100吨以上）27艘、总载重量30.7万吨（2001年）。民航能力，固定航班机场22处、客运量2.79亿人千米、货运量4200万吨千米（2001年）。

国防体制 根据卡比拉总统颁布的总统令（具有宪法性质），共和国总统为武装力量最高统帅。国防部直属总统府，由总统兼任国防部长。总参谋长等军队高级领导人由总统任命，重大军事问题均由总统一人决定。国家安全委员会是国家安全的最高决策机构。目前刚果国防体制尚不完善。

领导人物 总统、国民军最高统帅兼国防部长约瑟夫·卡比拉。三军参谋长利旺加·马塔少将。参谋总部参谋长菲利希安·亚纳准将。陆军参谋长卡贝亚·孔戈洛上校。海军司令马尔斯兰·卢卡马少将。空军司令约翰·南比·邦扎·唐博少将。

武装力量 **兵力** 约8.14万人。

陆军 约7.9万人。编成10个步兵旅、1个总统警卫旅、1个机械化步兵旅、1个突击旅。

主战坦克：T－59/－62型共约60辆。装甲侦察车：AML－60/－90型约140辆。装甲输送车：M－113型、YW－531型、M－3型、卡斯皮尔等型若干辆。牵引炮：75毫米、85毫米、122毫米、130毫米共100余门。火箭炮：107毫米、122毫米共约30门。迫击炮：81毫米、107毫米、120毫米若干门。无坐力炮：57毫米、75毫米、106毫米各若干门。高炮（高射机枪）：14.5毫米、37毫米、40毫米共约50门。地空导弹：SA－7型若干部。

海军 约900人。

基地设在博马、马塔迪、金沙萨和坦噶尼喀湖。

海岸巡逻艇：2艘。其他小型武装船只：6艘。

空军 约1500人。苏－25式战斗机4架、米－24武装直升机6架。

反对派武装：

“刚果民主联盟”：约 2.3 万人，分为两派。

“刚果民主联盟”戈马派：约 2 万人。“刚果民主联盟”基桑加尼派：约 3000 人。

“刚果解放运动”：约 1.8 万人。

兵役制度 尚未建立，目前对新兵的征召基本采取直接招募的方式。

军衔 分 5 等 18 级：将官 6 级（五星上将、四星上将、三星上将、中将、少将、准将），校官 3 级（上校、中校、少校），尉官 3 级（上尉、中尉、少尉），士官 4 级（上士、中士长、中士、下士），士兵 2 级（上等兵、列兵）。

外国驻军 支援政府军一方：安哥拉约 2000 人，津巴布韦约 8500 人。支援反政府武装一方：布隆迪约 1000 人，卢旺达 1.5～2 万人，乌干达约 3000 人。联合国军事观察员 449 名。

（董鹏杰）

科特迪瓦

国　　名 科特迪瓦共和国。

主要统计 面积 32.2463 万平方千米。人口 1630 万（其中，13～17 岁男 106.8 万人，女 106.3 万人；18～22 岁男 84.2 万人，女 84.5 万人；23～32 岁男 121.2 万人，女 120.8 万人）。国内生产总值 92 亿美元（2001 年）。国防费 9000 万美元（2002 年国防预算）。原油 0.93 亿桶（1997 年）。发电量 27.6 亿度（1997 年）。粮食 183.2 万吨（1999 年）。海运能力，商船（载重 100 吨以上）51 艘、总载重量 78.6 万吨（2001 年）。民航能力，固定航班机场 5 处（2001 年）、客运量 3.07 亿人千米（2001 年）、货运量 0.44 亿吨千米（2001 年）。

国防体制 总统为武装力量总司令，国防委员会为最高军事决策机构，国防部长具体负责武装力量的管理。全国武装力量由武装部队、宪兵和共和国卫队组成。

领导人物 总统兼武装力量总司令洛朗·巴博、国防和国民保护国务部长夸西·莫伊兹·利达、总参谋长马蒂亚斯·杜埃准将。

武装力量 总兵力约 1.705 万人。

陆军　约 6500 人，编成 4 大军区，有 1 个装甲营、3 个步兵营、1 个高炮营、1 个两栖连、1 个防空炮兵连、1 个工兵连。

主战坦克：AMX－13 轻型坦克 5 辆。装甲侦察车：ERC－90 型 6 辆、AML－60/90 型 15 辆、“马姆巴”型 10 辆。装甲输送车：M－3 型 12 辆、VAB 型 13 辆。牵引炮：105 毫米 4 门。迫击炮：81 毫米、120 毫米共 16 门。火箭发射器：89 毫米 LRAC 型若干具。无坐力炮：106 毫米约 12 门。高炮：20 毫米、40 毫米共 21 门。

海军　约 900 人。基地设在阿比让。

海岸巡逻艇：“热心”型 2 艘。两栖登陆艇：“大象”型 1 艘。

空军　700 人。作战飞机 5 架。

攻击战斗机：“阿尔法”型 5 架。运输直升机：SA－318 型 1 架、SA－319 型 1 架、SA－330 型 1 架、SA－365C 型 4 架。教练机：F－33C 型 4 架、“瑞姆斯－塞斯纳”150H 型 2 架。联络机：“塞斯纳”421 型 1 架、“空中之王”200 型 1 架。

准军事部队　宪兵约 7600 人，装备巡逻艇 4 艘。总统卫队 1350 人。民兵 1500 人。

兵役制度 实行义务兵役制，服役期 6 个月。

外国驻军 法国军队约 550 人。

（董鹏杰）

摩洛哥

国　　名　摩洛哥王国。

主要统计　面积 45.9 万平方千米（未包括西撒哈拉 26.6 万平方千米）。人口 2847.6 万人（其中，13～17 岁男 178 万人，女 172.2 万人；18～22 岁男 161.2 万人，女 155.9 万人；23～32 岁男 272.6 万人，女 262.8 万人）。国内生产总值 330 亿美元（2000 年）。国防费 17 亿美元（2000 年国防预算）。原煤 37.6 万吨（1997 年）。天然气 3000 万立方米（1997 年）。发电量 130.92 亿度（1997 年）。粮食 386 万吨（1999 年）。海运能力，商船（载重 100 吨以上）492 艘、总载重量 58.62 万吨（2000 年）。民航能力，固定航班机场 11 处、客运量 44.89 亿人千米、货运量 3.8 亿吨千米（2000 年）。

国防体制　宪法规定，国王为武装力量最高统帅。不设国防部，只设一个国防行政机构，负责军队的行政管理事务。武装力量由正规军和准军事部队组成。正规军分陆、海、空三个军种。国王在军队总协调员（由王储兼任）和国防行政机构秘书长的协助下，直接领导和指挥全国武装力量。

领导人物　国王兼武装力量最高统帅西迪·穆罕默德六世（1999 年 7 月 23 日即位）。

武装力量　兵力　现役部队 19.63 万人。

陆军　17.5 万人。编有 2 个军区（南部军区、北部军区）、3 个机械化步兵旅、1 个轻型警卫旅、2 个伞兵旅、8 个机械化步兵团、9 个独立炮兵营、1 个独立高炮群、3 个独立骆驼营、2 个独立骑兵营、11 个独立装甲营、1 个独立山地营、39 个独立步兵营、7 个独立工程兵营、4 个突击队、2 个空降营、7 个突击分队。另皇家卫队有 1500 人，编成 1 个营、1 个骑兵中队。

主战坦克：M－48A5 型 224 辆、M－60A1 型 300 辆、M－60A3 型 120 辆。轻型坦克：SK－105 型 100 辆。装甲侦察车：EBR－75 型 16 辆、AMX－10RC 型 80 辆、AML－90 型 190 辆、AML－60－7 型 38 辆、M－113 型 20 辆。步兵战车："非洲獾" 60 辆、VAB－VCI 型 45 辆、AMX－10P 型 10 辆。装甲输送车：M－113 型 420 辆、VAB－VTT 型 320 辆、OT－62/－64 型约 45 辆。牵引炮：105 毫米 86 门、130 毫米 18 门、155 毫米 81 门。自行炮：105 毫米 5 门、155 毫米 162 门、203 毫米 60 门。迫击炮：81 毫米 850 门、120 毫米 600 门。火箭炮：122 毫米 26 门。火箭筒：89 毫米 150 门。反坦克导弹："米兰"式 80 具、"龙"式 440 具、"陶"式 150 具、"耐火箱"式 50 具。无坐力炮：106 毫米 350 门。反坦克炮：90 毫米 28 门、100 毫米 8 门。高炮（高射机枪）：14．5 毫米 220 挺、20 毫米 100 门、23 毫米 90 门、100 毫米 15 门。地空导弹："小 槲树" 37 部、SA－7 型 70 部。

海军　7800 人（含陆战队 1500 人）。

基地：卡萨布兰卡、阿加迪尔、达喀拉、坦齐尔、奥霍西玛。

护卫舰："侦察"级 2 艘。导弹快艇："拉萨加"级 4 艘。巡逻艇：23 艘。两栖登陆艇：4 艘。支援船：4 艘。

陆战队　1500 人。编有 2 个陆战营。

空军　1.35 万人。作战飞机 95 架、武装直升机 24 架。

攻击战斗机："幻影"F－1EH 型 14 架、F－5A 型 8 架、F－5B 型 3 架、F－5E 型 24 架、F－5F 型 4 架。战斗机："幻影"F－1CH 型 15 架。侦察机：C－130H 型 2 架、OV－10 型 4 架。电子战机：C－130 型 2 架、"猎鹰" 20 型 1 架。运输机：C－130H 型 12 架、"猎鹰" 4 架、"湾流" 2 架、"空中大王" 7 架、CN－235 型 7 架、Do－28 型 2 架。加油机：波音 707 型 1 架、KC－130H 型 2 架。攻击直升机：SA－342 型 24 架。运输直升机：CH－47 型 7 架、SA－330 型 29 架、AB－205A 型 30 架、AB－206 型 20 架、AB－212 型 3 架。教练机：AS－202 型 8 架、CAP－10 型 2 架、CAP－230 型 4 架、T－34C 型 10 架、"阿尔法"式 23 架。联络机："空中大王" 200 型 2 架、"黑鹰" UH－60 型 2 架。空空导弹："响尾蛇"和"魔术"若干枚。空地导弹："小牛"和"霍特"若干枚。

准军事部队　4.8 万人，其中宪兵 1.8 万人、辅助部队 3 万人。

兵役制度 实行义务兵和志愿兵相结合的兵役制度，服役期为18个月，入伍者多为志愿兵。

军衔 军官军衔分4等13级，即将官4级（上将、中将、少将、准将）、校官4级（大校、上校、中校、少校）、尉官3级（上尉、中尉、少尉）、准尉2级（一级准尉、二级准尉）。

驻外兵力 驻波黑维和部队约800人，驻刚果（金）维和部队观察员1人，驻南联盟维和部队279人。

外国驻军 联合国驻西撒哈拉军事观察员204人，分别来自27个国家。

（周长鹏）

苏 丹

国 名 苏丹共和国。

主要统计 面积250.5813万平方千米。人口约2963.2万人（其中，13～17岁男199万人，女190.4万人；18～22岁男169.3万人，女162万人；23～32岁男254.2万人，女244.1万人）。国内生产总值95亿美元（2000年）。国防费5.81亿美元（2001年国防预算）。原油563万桶（1998年）。发电量13.4亿度（1997年）。粮食377.9万吨（1999年）。海运能力，商船（载重100吨以上）16艘，总载重量6.22万吨（2001年）。民航能力，固定航班机场3处，客运量5.31亿人千米、货运量2000万吨千米（2001年）。

国防体制 总统为武装部队总司令。国防部为政府的一个部。武装部队由正规军和准军事部队组成。正规军分陆、海、空三个军种。全国划分为6个军区。最高军事指挥机构为武装部队总司令部。参谋长负责军队日常工作。

领导人物 总统兼武装部队总司令奥马尔·哈桑·艾哈迈德·巴希尔中将。国防部长巴克里·哈桑·萨利赫少将（2000年7月上任）。总参谋长阿巴斯·阿拉比·阿卜杜拉中将。

武装力量 **兵力** 现役部队11.7万人。

陆军 11.25万人，编有1个装甲师、1个机械化步兵师、6个步兵师、1个空降师、1个工程兵师、1个边防警卫师、8个独立步兵旅、5个特种部队连。

坦克：T－54/－55型200辆。轻型坦克：T－62型100辆。装甲侦察车：AML－90型6辆、“萨拉丁”式30辆、“白鼬”式80辆、BRDM－1/－2型60辆、HMMWV型42辆。步兵战车：BMP－1/－2型30辆。装甲人员输送车：BTP－50/－152型90辆、OT－62/－64型42辆、M－113型42辆、V－100/－150型19辆、“瓦利德”式120辆。牵引炮：85毫米、105毫米、122毫米、130毫米共450门。自行火炮：155毫米若干门。火箭炮：107毫米、122毫米共600门。迫击炮：81毫米、82毫米、120毫米各若干门。反坦克导弹：“旋火”式发射器4具。无后坐力炮：106毫米40门。反坦克炮：76毫米和100毫米共40门。高射机枪和高炮：14.5毫米、20毫米、23毫米、37毫米、57毫米和85毫米共1000余门（挺）。地空导弹：SA－7型54部。监视雷达：“拉西特”型飞行器/火炮监视雷达若干部。

海军 约1500人。基地设在苏丹港（司令部）、弗莱明哥湾（红海）和喀土穆（尼罗河）。

巡逻艇：6艘。两栖登陆艇若干艘。

空军 3000人（包括防空部队）。作战飞机35架，武装直升机10架。

攻击战斗机：F－5E型7架、F－5F型2架、其他型19架。战斗机：米格－23型4架。教练机：PT－6A型12架。运输机：C－130H型4架、DHC－5D型4架、F－27型2架、“猎鹰”20/50型2架。直升机：AB－212型8架、IAR/SA－330型8架、米－8型11架、米－24V型10架。地空导弹：SA－2型（发射架）18部。

准军事部队 7000人。另有预备役8.5万人。伊斯兰民族阵线军事联队若干人。

抵抗组织 国家民主联盟，其主要成员有：

苏丹人民解放军约2～3万人，分成4派，各以营为基本单位，主要在苏丹南方作战。主要装备小型武器包括60毫米和120毫米迫击炮，14.5毫米高射机枪，SA－7型地空导弹，另缴获有T－54/－55型坦克、BM－21型火箭炮和火炮等。

苏丹联盟部队约500人，基地在厄立特里亚，主要在边境地区作战。

贝加部队约500人（其中有250至300名“白狮战士”），在厄立特里亚边境作战。

新苏丹旅约2000人，在厄立特里亚边境作战。

兵役制度　实行志愿兵役制，服役期3年。

军衔　军官分4等11级：元帅1级、将官4级（上将、中将、少将、准将），校官3级（上校、中校、少校），尉官3级（上尉、中尉、少尉）。

（周长鹏）

索　马　里

国　　名　索马里民主共和国。

主要统计　面积63.766万平方千米。人口约1031.7万（其中，13～17岁男62.6万人，女62.5万人；18～22岁男51.1万人，女50.8万人；23～32岁男72.6万人，女72.7万人）。国内生产总值9亿美元（2000年）。国防费1500万美元（2001年国防预算）。发电量2.76亿度（1997年）。粮食20.7万吨（1999年）。海运能力，商船（载重100吨以上）28艘，总载重量1.85万吨（2001年）。民航能力，固定航班机场1处，客运量1.31亿人千米、货运量500万吨千米（2001年）。

自1991年索马里爆发内战至今，索马里没有正式的国家武装力量。目前，“索马里民族运动”宣布索马里北部为独立的“索马里兰共和国”，同时，其它各派武装在索马里南部争夺地区霸权。这些武装派别手中的重武器装备大多缺乏维修，有的已不能使用。

各武装派别情况

“索马里兰”　（占据索马里北部）总兵力为1.29万人。主要由以下几个武装组织组成：

“索马里联合阵线”　实力不详，伊萨族人，领导人为阿卜杜拉曼·杜阿勒·阿里；

“索马里民主联盟”　实力不详，盖达布尔希族人；

“索马里民族运动”　有5000～6000人，伊萨克族人；

“索马里联合党”　实力不详，领导人为艾哈迈德·古尔·阿登。**“邦特兰”**（占据索马里东北部）建有海上安全部队。

“索马里救国民主阵线”　3000人，达罗德族人，领导人为阿卜杜拉·尤素福·艾哈迈德；

“索马里联合大会”　实力不详，哈维耶族人，领导人为侯赛因·穆罕默德·艾迪德/奥斯曼·阿托；

“阿里·马赫迪派”　1万人，领导人为穆罕默德·阿里·马赫迪；

“索马里民族阵线”　2000～3000人，达罗德族马雷汉人，领导人为奥马尔·哈吉·穆罕默德·赫斯；

“索马里民族运动”　实力不详，拉汉文族人；

“索马里爱国运动”　2000～3000人，达罗德族人，领导人是艾哈迈德·奥马尔·杰斯。

（周长鹏）

乍　　得

国　　名　乍得共和国。

主要统计　面积128.4万平方千米。人口810万（其中，13～17岁男40.8万人，女40.8人；18～22岁男33.2万人，女33.3万人；23～32岁男51.8万人，女52.7万人）。国内生产总值17亿美元（2001年）。国防费1400万美元（2002年国防预算）。发电量0.9亿度（1997年）。粮食140万吨（1999年）。民航能力，固定航班机场1处（2001年）、客运量2.3亿人千米、货运量0.37亿吨千米（2001年）。

国防体制 总统为武装力量最高统帅。全国划分为8个军区。

领导人物 总统兼武装力量最高统帅伊德里斯·代比中将、国防部长马哈马特·努里、三军总参谋长莫尔纳吉·姆白萨那贝·卡鲁巴准将。

武装力量 总兵力约3.035万人。

陆军 约2.5万人。

主战坦克：T－55型60辆。装甲侦察车：BRDM－2型、ERC－90型、AML－60/－90型、V－150型共约100辆。装甲输送车：BTR－60型约20辆、EE9“响尾蛇”型20辆。牵引炮：105毫米5门。迫击炮：81毫米、120毫米若干门。反坦克武器：“米兰”型、Eryx型若干具。火箭发射器：73毫米、89毫米若干具。无坐力炮：106毫米、112毫米若干门。高炮：14.5毫米、23毫米若干门。

空军 350人。作战飞机2架，武装直升机2架。

武装直升机：米－25型2架。运输机：C－130型2架、安－26型1架。运输直升机：SA－316型2架、米－17型2架。联络机：PC－6B型2架、“瑞姆斯－塞斯纳”FTB 337型5架。教练机：PC－7型2架。

共和国卫队 5000人。

准军事部队 4500人。

兵役制度 实行义务兵役制，服役期1年半。

外国驻军 法国军队950人。

反对派武装 西部武装力量。乍得民主与正义运动

（董鹏杰）

中 非

国　　名 中非共和国。

主要统计 面积62.2984万平方千米。人口380万（其中，13～17岁男21.6万人，女21.4万人；18～22岁男17万人，女17.7万人；23～32岁男30.4万人，女30.2万人）。国内生产总值10亿美元（2001年）。国防费2100万美元（2002年国防预算）。发电量1.04亿度（1997年）。粮食15.7万吨（1999年）。民航能力，固定航班机场1处（2001年）、客运量2.247亿人千米（2001年）、货运量0.164亿吨千米（2001年）。

国防体制 总统为军队统帅。国防部负责制定国防预算、征兵、后勤装备等计划和行政事务。总参谋部为武装力量作战、训练的指挥机构。

领导人物 总统兼武装力量最高统帅昂热－菲利克斯·帕塔塞、国防部长皮埃尔·安戈伊、总参谋长埃内斯特·贝蒂－班吉准将。

武装力量 总兵力约2550人。

陆军 约1400人，编成1个国土防卫团（营建制）、1个联合武装团（包括1个机械化营、1个步兵营）、1个指挥支援团。

主战坦克：T－55型3辆。装甲侦察车：“费雷”型8辆。装甲输送车：BTR－152型4辆、VAB型10辆、ACMAT型25辆。迫击炮：81毫米、122毫米共12门。火箭发射器：73毫米、89毫米若干具。无坐力炮：106毫米约14门。河岸巡逻艇：约9艘。

空军 150人。

运输机：“塞斯纳”337型1架、“神秘－隼”型1架、“快帆”型1架。联络机：AL－60型6架、MH－1521型6架。直升机：AS－350型1架、SE－3130型1架。

准军事部队 宪兵约1000人。

兵役制度 实行义务兵役制，服役期2年。

外国驻军 利比亚军队约300人，另有部分苏丹军队。

（董鹏杰）

欧洲国家军事概况

白俄罗斯

国　　名　白俄罗斯共和国。

主要统计　面积 20.26 万平方千米。人口 1020.8 万人（其中，13～17 岁男 40.7 万人，女 39.3 万人；18～22 岁男 39.8 万人，女 38.7 万人；23～32 岁男 71.5 万人，女 71.1 万人）。国内生产总值 900 亿美元（2001 年）。国防费 1.18 亿美元（2002 年）。原煤 8 万吨（2000 年）。原油 130 万桶（2000 年）。天然气 2.71 亿立方米（1998 年）。民航能力，固定航班机场 1 处，客运量 13.9 亿人千米，货运量 110 万吨千米（2001 年）。

国防体制　宪法规定，总统为武装力量最高统帅。最高国防决策机构为最高国防委员会，总统任主席，总理任副主席，其它成员有主管工业和贸易的国务部长、国防部长、内务部长、外交部长、情报局局长、国务秘书兼总参谋长等。国防部为政府最高军事行政机构。武装力量由正规军和准军事部队组成。正规军分为陆、空军二个军种。总参谋部为最高军事指挥机构，总统通过国防部和总参谋部对全国武装力量实施领导和指挥。

领导人物　总统兼武装力量总司令亚·格·卢卡申科（1994 年 7 月上任）。国防部长列昂尼德·马里采夫上将。总参谋长米·费·科兹洛夫中将。

武装力量　**兵力**　现役部队 7.98 万人（包括国防部及其直属部队 2.85 万人）。

陆军　2.93 万人。国防部直属部队编有 1 个摩步师（训练）、3 个独立机动旅、1 个炮兵师、1 个炮兵团、2 个战役战术导弹旅、1 个反坦克团。编有 3 个陆军军：1 个军下辖 3 个独立机械化旅、1 个防空导弹旅、1 个炮兵团、1 个火箭炮团、1 个反坦克团；1 个军下辖 1 个防空导弹旅、1 个炮兵团、1 个火箭炮团；1 个军下辖 1 个防空导弹旅、1 个炮兵团、1 个反坦克团、1 个火箭炮团。

主战坦克：1608 辆（另储存 241 辆），其中，T－55 型 29 辆、T－72 型 1484 辆、T－80 型 95 辆。步兵战车：1588 辆（另储存 76 辆），其中，BMP－1 型 109 辆、BMP－2 型 1164 辆、BRM 型 161 辆、BMD－1 型 154 辆。装甲输送车：919 辆（另储存 261 辆），其中，BTR－60 型 188 辆、BTR－70 型 445 辆、BTR－80 型 194 辆、BTR－D 型 22 辆、MT－LB 型 70 辆。各型火炮：1471 辆，其中牵引火炮 428 门（122 毫米 D－30 型 178 门，152 毫米 M－1943 型 6 门、D－20 型 58 门、2A65 型 136 门、2A36 型 50 门），自行火炮 568 门（122 毫米 2S1 型 236 门、152 毫米 2S3 型 163 门、2S19 型 13 门、2S19 型 13 门，203 毫米 2S7 型 36 门）。曲射直射两用炮 2S9 型 54 门。火箭炮 144 门（BM－21 型 208 门、9P138 型 11 门、BM－13 型 1 门、9P140 型 84 门、9A52 型 40 门）。迫击炮 2S12 型 77 门。反坦克导弹发射架：AT－4、AT－5、AT－6、AT－7 型共 480 部。防空导弹发射架：SA－8/－11/－12/－13/型 350 部。

空军　2.2 万人。作战飞机 212 架、作战直升机 58 架。

歼击轰炸机：111 架，其中，苏－24MK 型 35 架、苏－25/UB 型 76 架。歼击机米格－23 型 35 架、米格－29 型 43 架、苏－27 型 23 架。米－24 型战斗直升机 58 架。攻击运输直升机：米－6 型 29 架、米－8 型 125 架、米－24 型 12 架。运输机：15 架。运输直升机：米－26 型 14 架。空空导弹：AA－7、AA－8、AA－10、AA－11 型若干。空地导弹：AS－10、AS－11、AS－14 型若干。地空导弹发射架：SA－3/－5/－10 型 175 部。

准军事部队　11 万人。其中，边防部队 1.2 万人，内卫部队 1.1 万人，民兵 8.7 万人。

兵役制度 实行义务兵役制，士兵服役期 18 个月。

军队节日 1994 年白俄罗斯最高苏维埃确定每年 2 月 23 日（原苏军建军节）为白俄罗斯祖国保卫和武装力量日。

（闵振范）

德　国

国　　名 德意志联邦共和国（1990 年 10 月 3 日两德统一后用此名）。

主要统计 面积 35.702 万平方千米。人口 8237 万人（其中，13～17 岁男 239.4 万人，女 226.6 万人；18～22 岁男 223.2 万人，女 212.3 万人；23～32 岁男 516.8 万人，女 501.9 万人）。国内生产总值 20630 亿欧元，约合 18000 亿美元（2001 年）。国防费 244 亿欧元，约合 249 亿美元（2002 年国防预算）。粗钢 4404.6 万吨（1998 年）。原煤 2.1134 亿吨（1998 年）。原油 380 万桶（2002 年）。天然气 204 亿立方米（1998 年）。发电量 5439.72 亿度（1998 年）。粮食 4419 万吨（1999 年）。海运能力，商船（载重 100 吨以上）1375 艘、总载重量 683.2 万吨（1998 年）。民航能力，固定航班机场 35 处、客运量 888.67 亿人千米、货运量 65.99 亿吨千米（1998 年）。

国防政策 冷战结束和德国统一后，德国的安全环境发生根本性变化，已从原来欧洲两大军事集团对峙的“前线国家”变成了安全系数大为增加的“欧洲的中心”。由于波兰、捷克和匈牙利加入北约，德国的邻国除了友邻就是盟国，德国已不再面临直接的外来威胁。从内部环境看，德国的统一使其综合国力剧增，人口在欧洲仅次于俄国，经济实力首屈一指。但德国认为，目前国际形势依然动荡不定，不确定因素仍然很多。在欧洲及其边缘地区，由于存在政治、经济、社会、民族和宗教矛盾及领土纠纷，发生地区性危机和冲突的可能性增加，局部冲突呈上升势头；原苏联地区的动乱以及俄罗斯的军事实力仍对德国构成“不可忽视的潜在威胁”；核、生、化等大规模杀伤性武器及其远程运载工具在世界范围内的扩散对德国的安全构成了新的威胁；一些第三世界国家和地区爆发局部冲突的可能性以及国际恐怖主义的威胁有增无减，使德国面临着难以预测的“危险”。面对新的形势，德国对国防政策进行了全面调整，从过去的谋求生存并为最终实现德国统一创造条件，转为着眼于承担未来欧洲和世界和平与安全的责任。总的看来，德国国防政策主要是为实现世界政治大国的总目标服务。其战略是：(1) 继续依靠北约集体防御，并借助北约东扩维护自身安全。(2) 积极推进欧盟一体化进程，并借助在地缘政治和历史渊源上的优势，扩大在东欧和独联体国家的影响，最终实现东西欧融合，建立以欧盟为核心的全欧安全秩序。(3) 谋求联合国安理会常任理事国席位，跻身世界政治大国行列，力图在维护欧洲和世界的安全与稳定方面发挥重要作用。

军事战略 德国统一后，根据欧洲战略形势的变化，对军事战略进行了重大调整，从原来主要依赖北约核威慑来对付欧洲的大规模战争，转变为同盟国一起“处理”国际危机，并积极参与联合国在世界范围内的维和行动。其要点是：(1) 在军事战略思想方面，从过去主要针对苏联、华约集团的“前沿防御”转为准备以应付各种国际危机为主的“多方位防御”，逐步实现由本土防御向“防区外”作战的转变。(2) 在军事部署方面，由过去的“前沿部署体系”，改为“均衡兵力部署”。即在平时将部队较为均衡地分散部署在德国全境，在发生危机时“将部队集中遂行作战任务”。(3) 在作战方针上，要求在无需进行动员扩编的情况下，能投入最多达 5 万人的兵力参与不同规模的境外军事行动，包括持续一年的大规模军事行动，或持续较长时间的两个同时发生的中等规模的军事行动，或若干个小规模的军事行动。

国防体制 德国《基本法》规定，联邦总理为战时军队的最高统帅。最高国防决策机构为联邦安全委员会，联邦总理任主席、成员有联邦外交、内政、财政、国防、司法、经济与技术、经济合作与发展部长。国防部为最高军事行政机关。国防部长在和平时期是军队的最高首长，根据联邦总理提出的政策方针，负责领导和管理陆、海、空三军，并通过军种监察长对部队实施指挥。武装力量由正规军和准军事部队组成。正规军分陆、海、空三个军种及卫勤和武装力量基础部队。联邦国防军总监察长是全军第一军人和国防部长的军事顾问，主要负责制定国防总体方案、建军规划等工作。武装力量指挥参谋部为总监察长的办事机构，总监察长通过武装力量指挥参谋部对全军实施业务领导。陆、海、空军军种监察长是本军种的最高指挥官，负责本军种部队的战备训练和行政管理，参与制定和实施国防总体方案。

领导人物 联邦总理兼武装力量最高统帅格哈德·施罗德（1998 年 10 月上任）。联邦国防部长彼得·施特鲁克（2002 年 7 月上任）。联邦国防军总监察长沃尔夫冈·施耐德汉上将（2002 年 7 月上任）。陆军监察长格尔特·古德拉中将（2001 年 4 月上任）。海军监察长汉斯·吕索夫海军中将（1998 年 9 月上任）。空军监察长格哈尔德·巴克中将（2001 年 4 月上任）。卫勤监察长卡尔·威廉·德默中将军医（1997 年 10 月上任）。武装力量基础监察长伯尔尼德·海瑟海军中将（2000 年 10 月上任）。

武装力量 **兵力** 现役部队 29.6 万人。

陆军 20.32 万人。编有 5 个机械化师、1 个特种作战师、1 个空中机动作战师和陆军部队司令部等 8 个师级单位。

主战坦克："豹"1 型 707 辆、"豹"2 型 1783 辆。步兵战车："黄鼠狼"A2/A3 型 2110 辆、"小鼬鼠"型 133 辆。装甲侦察车："山猫"SPz－2 型 409 辆、"狐"TPz－1 型 114 辆。装甲输送车："狐"TPz－1 型 807 辆、M－113 型 1803 辆。牵引炮：105 毫米 155 门、155 毫米 195 门。自行炮：155 毫米 605 门。火箭炮：110 毫米 78 门、227 毫米 151 门。迫击炮：120 毫米 889 门。反坦克导弹发射装置："米兰"型 1606 具、"陶"型 210 具、"霍特"型 157 具。高炮：20 毫米 1145 门、35 毫米"猎豹"型自行高炮 380 门。地空导弹发射架："罗兰"SP 型 143 部。反坦克直升机：PAH－1 型 204 架。运输直升机：UH－1D 型 126 架、CH－53G 型 107 架。联络直升机：BO－105M 型 95 架、"云雀"II 型 35 架。

海军 2.55 万人。编有 1 个舰队司令部、5 个分舰队和 1 个海军航空兵师。

潜艇：206/206A 级 12 艘、205 级 2 艘。驱逐舰："吕特晏斯"级 2 艘。护卫舰："不来梅"级 8 艘、"布兰登堡"级 4 艘。导弹攻击快艇："信天翁"（143）级 10 艘、"猎豹"（143A）级 10 艘、"虎"（148）级 8 艘。水雷舰艇："哈默尔恩"（343）级 10 艘、"三驾马车"（351）级 4 艘、"林道"改装（331）级 3 艘、"弗兰肯塔尔"（332）级 12 艘、"弗劳恩洛布"394 级 5 艘、无人反水雷艇 1 艘。通用机械化登陆艇：5 艘。各级供应补给舰 43 艘。

海军航空兵 3700 人，装备作战飞机 67 架，其中"狂风"型战斗机 50 架，"大西洋"型海上侦察反潜机 17 架；直升机 39 架，其中"海王"型救援直升机 22 架，"海山猫"型舰载直升机 17 架。

空军 67300 人。编有 9 个战斗机联队、6 个防空导弹联队、3 个空中运输联队、2 个通信团、2 个雷达指挥团和 6 个供应团。作战飞机 457 架。

攻击/战斗机：F－4F 型 131 架、"狂风"型 267 架、米格－29 型 23 架。运输机：C－160 型 84 架、A－310 型 7 架、图－154 型 1 架、CL－601 型 7 架、L－410 型 4 架、T－37B 型 35 架、T－38A 型 40 架。运输直升机：UH－1D 型 101 架、AS－532 U2 型 3 架。地空导弹发射架："毒刺"型 4000 部、"霍克"型 72 部、"罗兰"型 89 部、"爱国者"型 36 部。

文职人员 13.7 万人。

预备役部队 39.03 万人，其中陆军 31.70 万人、海军 12 万人、空军 6．12 万人。

准军事部队 2.465 万人，其中联邦边防警察 2.41 万人、海岸警卫队 550 人。

部署 陆军主要部署在北德平原和中部地区。海军部署在北海和波罗的海沿岸区域。空军重点部署在中部和南部地区。全国共有军事基地 734 处。

兵役制度 实行全民义务兵役制，义务兵服役期为 9 个月，服役方式有多种选择：可以一次性服役满 9 个月；或先服役 6 个月，尔后再参加总共 3 个月的复训和演习；或自愿将服役期延长最多至 23 个月，并承担参加"防区外"军事行动的义务。德军还从 2001 年 1 月起征召自愿服役的女军人，并允许女军人担负作战任务。各级军官最高服役年限，将官为 60 岁，上校为 58 岁，中校为 56 岁，少校为 54 岁，尉官为 52 岁。

军衔 分 5 等 24 级，即将官 4 级（上将、中将、少将、准将），校官 3 级（上校、中校、少校），尉官 4 级（大尉、上尉、中尉、少尉），军士 7 级（一级军士长、二级军士长、三级军士长、上士、中士、一级下士、二级下士），兵 6 级（一级上等兵、二级上等兵、一等兵、二等兵、三等兵、列兵）。

驻外兵力 驻波黑北约稳定部队 1700 人，参加北约在马其顿的"红狐行动"594 人、驻科索沃北约维和部队 4600 人、驻格鲁吉亚联合国观察团军事观察员10人，驻伊拉克/科威特联合国观察团14人，驻科威特三防部队240人，驻巴林3名联络军官、驻非洲之角地区海军1250人、驻吉布提空降兵50人，驻阿富汗喀布尔和平保护部队1120人、驻乌兹别克斯坦空军运输部队128人，参加美军在阿富汗“持久自由”军事行动特种部队92人。另驻美国俄克拉何马基地50名空军人员，驻佛罗里达12名联络军官。

外国驻军 比利时驻军2000人，法国驻军3000人，荷兰驻军2600人，英国驻军1.71万人，美国驻军6.895万人。

军队节日 德国的建军节为11月12日，但一般不举行大型的庆祝活动。各军种均无自己单独的节日。

军工生产能力 德国拥有现代化的富有竞争能力的军事工业，具有自行研制和生产各种常规兵器的能力，其生产的主战坦克、常规潜艇等兵器在世界上属领先地位。今后德国在总体上仍将继续保持较高的军事技术水平和生产潜力，在个别项目上将维持世界一流水平。德国军事工业的研发重点已放在了系统技术和尖端技术上，特别是在指挥系统和武器使用系统方面强调应用传感技术和电子技术。德国统一后，军事工业订货日趋减少，从事军工生产的人数下降，整个军事工业处于新的调整之中。目前，从事军工生产的从业人员从原20万人减少到现在的9万人。军工生产总值约占国民生产总值的0.6%，在工业总产值中所占的比例不到1%，在加工工业总产值中平均约占3.4%，在车辆工业产值中占1-2%，在造船工业中占10%，但在航天工业中却占了50%以上，而在其他大多数工业部门产值中所占比例均不到1%。

军火贸易 由于历史和外交政策等方面的原因，德国对军火输出历来持比较审慎的态度。军工产品的80%以上销于国内市场，即主要为本国国防建设服务。军工产口的出口在德国出口总额中仅占1%。德国历届政府均坚持“不向局势紧张地区输出军火”这一原则规定。2000年1月，德政府通过了新的军品出口准则。今后在决定出口军品时必须考虑军品接收国的人权状况。同时将所有国家分为两类，对第一类国家，包括北约、欧盟国家以及澳大利亚、新西兰、日本和瑞士等国不作军售限制，对其他所有国家将采取比较严格的军品出口政策。德国军工生产较发达，技术比较先进，军火贸易额也属世界各国前列。据德国联邦统计局数字，1999年德国武器出口总值达28.44亿马克，占外贸出口总额的0.3%，其中向北约成员国出口武器总价值为15.7亿马克，向北约以外的国家出口总价值为12.7亿马克。据美国国会2001年公布的年度报告称，2000年德国军火出口约10亿美元，位于美国、俄罗斯和法国之后，列世界第四位。

（王珍捍）

俄罗斯

国　　名 俄罗斯联邦。

主要统计 面积1707.54万平方公千米。人口1.4672亿人（其中，13～17岁男596.7万人、女573.5万人；18～22岁男568.4万人，女553.8万人；23～32岁男1003.4万人，女985.2万人）。国内生产总值1.52万亿美元（2001年）。国防费83亿美元。粗钢5150万吨（2000年）。原煤2.58亿吨（2000年）。天然气5050亿立方米（2000年）。发电量8760亿度（2000年）。粮食6408.8万吨（2000年）。海运能力，商船（载重100吨以上）4543艘，总载重量1659.23万吨（2001年）。空运能力，固定航班机场75处，客运量565亿人千米，货运量20亿吨千米。

国防政策 “9·11”事件后，特别是阿富汗战争和伊拉克战争之后，世界军事政治形势发生了重大变化，直接导致俄对世界的看法、俄内外政策、俄国防政策和军事战略的变化。

一、俄罗斯对当今世界的看法趋于务实

1、在可预见的未来，世界任何一个大国都无法与美国竞争，但世界多极化已是大势所趋

俄罗斯认为，阿富汗战争和伊拉克战争后，美国

的超级大国地位得到了进一步巩固，无论从总的实力看，还是从准备使用这种实力的决心看都是如此。2015年前，世界任何一个大国都无法与美国竞争。与此同时，俄也认为，当今世界传统安全威胁和非传统安全威胁的因素相互交织，国际恐怖主义已成为全球性威胁和公害。要解决这个问题，应对共同挑战，必须依靠各国和各国人民的共同努力，加强国际合作。目前，已完全具备发展多极世界，形成全新的国际安全体系的现实可能性，世界多极化已是大势所趋。俄罗斯主张建立多极世界秩序，并认为新的世界秩序应该是多极、稳定和可预见的，并应以国际法为基础。

2、人类可能要进入一个超级大国称霸、没有和平、稳定和法制时期

俄罗斯认为，美国凭借其强大的经济和军事实力，肆无忌惮地推行单边主义和先发制人战略，越来越崇尚武力，越来越热衷于用枪炮和收买政策来确立由美国主导的世界新秩序，它使世界进入了重新分割时期，使人类进入一个很可能是以一个超级大国称霸、没有和平、稳定和法制时期。它使人们得出结论，确立普遍和平的良好愿望同使用武力的现实政策之间的距离不仅没有缩小，反而日益扩大。一些国家加强军备的愿望更加明显，国际生活军事化的危险越来越严重。

3、当今世界建立同盟的目的是解决具体问题，而不是进行对抗

俄罗斯认为，冷战后的重大国际事件表明，传统意义上的战略集团时代已经一去不复返了。今天世界上不存在一些国家或集团之间的对抗。与此同时，在国际关系中出现一种新的联合因素，即必须共同对付全球性的威胁和挑战，因为它涉及整个国际社会的利益，这正是当今世界建立同盟的前提。当前，建立世界同盟的目的是解决具体问题，而不是建立一种平衡或者与其他国家抗衡，“9. 11”事件后形成的全球反恐同盟就是典型的例证。

4、联合国及其安理会仍然是解决当今世界重大问题的最重要的决策机制，应当加以珍惜

俄罗斯认为，联合国是第二次世界大战的产物，正是在它的主导下形成了世人认可的国际秩序和国际法。联合国的作用是有目共睹的，如果因为目前的一些危险就改变整个世界秩序那就太轻率了。到目前为止，联合国及其安理会仍然是解决当今世界重大问题的最重要的决策机制，国际社会还没有其他的、更加广泛的机制可以代替它，因此，应该珍惜这一机制。

5、世界经济和整个社会生活的全球化日益加深，高度的竞争力成为当今世界的一种标准

俄罗斯认为，国际形势越来越复杂，世界经济和整个社会生活的全球化已成为当今世界的重大问题。现在，任何一个国家，无论其幅员如何，无论其富有程度如何，如果它与其他世界隔绝，它就不可能顺利发展，恰恰相反，成功属于那些自觉地，内行地和充满激情地融入世界经济的国家。而参与全球化的重要条件是具有高度的竞争力。当前，激烈的竞争已成为世界的一种标准。使国家具有高度的竞争力应当成为俄罗斯最重要的目标之一。

二、俄罗斯越来越重视内部威胁

从俄罗斯政府和军队领导人的公开讲话和官方文件可以看出，俄罗斯目前既面临内部威胁，也面临外部威胁。

内部威胁主要是：经济基础十分脆弱，大多数经济部门没有竞争力；政治体制问题很多，国家机关软弱低效；军费严重不足，军队没有战斗力；恐怖主义、分裂主义、极端民族主义没有根除，车臣问题没有解决；生活贫困，有1/4的俄罗斯公民生活在贫困线以下；人口数量持续下降，出生率降低，死亡率上升，人口平均寿命只有64岁。

外部威胁包括现实威胁和潜在威胁。主要现实威胁是：某些大国奉行遏俄弱俄政策，政治上千方百计矮化俄的大国形象，经济上竭力将俄挤出世界市场，军事上不断挤压俄军事战略空间；国际恐怖主义；大规模毁灭性武器的扩散；宗教和领土冲突；毒品泛滥；跨国犯罪。主要潜在威胁是：北约不断东扩；美国驻西欧部队逐步移防东欧，特别是前苏联国家；美军不断增加在中东和中亚的军事存在，以及在高加索的军事活动；美国退出反导条约并加速部署导弹防御系统；美国奉行黩武主义和“先发制人”战略；美国为保持绝对军事优势而挑起的军备意图。

俄罗斯对威胁判断的基本结论是：无论是内部威胁还是外部威胁都比较严峻，对哪一种威胁都不能轻视，但俄应把主要力量放在应付内部威胁上，因为在可预见的将来，世界大战的可能性将变小，对俄罗斯发动大规模侵略的危险性在减少。目前以及今后一段时间，俄罗斯遭受直接军事侵略的可能性不大。当前，俄罗斯安全的主要威胁不是来自西方，来自美国和北约，而是来自南方，来自活动在北高加索和中亚的恐怖组织。

三、俄罗斯强调运用综合手段应对各种威胁

俄应对内部威胁的基本国策是：加快经济发展，10年内使国内生产总值翻一番，克服贫困，实现卢

布的自由兑换，实行新的长期税收政策，建设有竞争力的市场经济国家；进行国家行政改革，削减国家机关职能，改善行政程序和司法机制，建设 发达的公民社会和稳定的民主国家；大力推进军事改革，完善军队结构，加快军队职业化进程和新型武器的换装速度，建设拥有现代化武装力量的军事强国。

俄应对外部威胁的基本国策是：充分发挥俄有效的外交和可靠的国防的巨大作用，确保俄的国家利益；放弃帝国奢望，不再与美国对抗，把改善俄美关系放在首位，加强与美国的全面合作，珍惜同美国建立的反恐同盟；发挥俄罗斯－北约理事会的作用，加强俄与北约的相互理解与合作；广泛接近并切实融入欧洲，发展与欧盟的战略伙伴关系，尽快实现俄与欧洲的一体化；把独联体空间视为俄的战略利益范围，把加强同独联体国家关系作为俄对外政策的优先方向，尽快把独联体集体安全条约组织变成真正的政治军事同盟组织；深化俄中睦邻友好、互利合作和战略伙伴关系，重视发挥上海合作组织的作用；将俄战略核力量维持在高度战备水平上，以便有保障地遏制对俄及其盟国的侵略，将俄常备部队保持在必要的战备水平上，以便对出现的军事威胁及时作出相应的反应；为了对付国际恐怖主义威胁，应调整国防政策，将重点放在预防和阻止上，将反恐作为当前武装力量的首要任务。

鉴于内外威胁范畴的扩大，必须从国防安全的角度而不是军事安全的角度来看待对付威胁的问题。国防安全应当由整个国家来保障。其途径是：用经济、信息和其他非军事手段防止政治、外交威胁，将其局限在一定范围内并努力加以消除；在用政治外交手段不能防止冲突或战争，必须采取军事行动时，要为动用武装力量创造良好的外交条件，要为完成军事任务创造相应的经济和军事技术基础；国家还要对使用武装力量加强战略领导，在道义上进行支持，并对武装力量的作战行动进行全面保障。

军事战略　当前，虽然国际战略形势和俄对内对外政策有些变化，但俄奉行的仍然是以核遏制为主的现实遏制军事战略，其性质仍属积极防御战略范畴，俄罗斯军事战略的基本观点是：

1、领土争端、原料争夺、族际对抗和社会政治对抗仍然是现代战争的主要原因

俄罗斯军事理论认为，当今条件下，国家和人民之间的对抗，冲突和战争的根源原则上没有变化。领土争端、原料争夺、族际对抗和社会政治对抗仍然是战争的主要原因。美国发动伊拉克战争的一个主要原因就是控制伊拉克的石油产区，世界将来的主要矛盾将是争夺能源，首先是石油，因为按目前的消费量来看，石油资源正日益减少。美国未来一个主要战略目标是力争控制世界上所有的重要石油产区。

2、世界大战之所以打不起来，是因为客观上已没有发动这种战争的必要

俄罗斯军事理论认为，当前和今后一段时期世界大战打不起来有以下几条基本原因：一是战略核武器可以遏制核战争，因为使用战略核武器会造成人们无法接受的灾难性后果；二是通过发动局部战争和冲突、通过实施政治、经济和信息压力，以及进行颠覆活动等方式就可达到政治和战略目标；三是在世界全球化进程加快，大国特别是超级大国经济优势越来越明显，很多中小国家对大国的经济和金融依赖越来越大的情况下，大国在客观上已没有必要发动世界大战，即可一个一个地征服那些“不听话”的国家。

3、现代战争中，夺取空中、太空和信息优势具有特殊意义

俄罗斯军事理论认为，现代战争开始阶段的重要性在增长，它不只意味着进入战争，而且可能成为战争的决定性阶段。在该阶段，夺取空中、太空和信息空间优势，对抗敌方远距离高精度打击将具有特殊意义。挫败来自空中和太空的进攻对防御一方具有决定性意义。防空任务不仅要依靠防空部队，还要依靠各军兵种协调一致的积极行动来完成。未来战争将具有立体、空地结合、海陆空同时联合作战的性质。

4、核武器依然是防止侵略，保障国防安全的最重要、最可靠的手段

俄罗斯军事理论认为，未来战争在通常情况下将使用常规武器，主要是高精度远射程武器，但使用核武器的威胁依然存在。在俄目前无力打大规模常规战争，当俄各战略方向上力量对比出现对俄极其不利的情况下，核武器依然是在战略上抵御侵略，保障国防安全的最重要、最可靠的手段。那种认为核武器几乎无用，必须单方面放弃的主张是极其错误的。必须继续把保持低水平的核均势和发展高精度常规战略武器作为俄军事战略的重点。

5、对抗非接触性作战的有效办法是发动接触性作战

俄罗斯军事理论认为，近几场局部战争中出现的网络战、不对称作战、非接触性作战、信息战等，反映了现代军事对抗的某些特点，但其中任何一种都不能单独体现战争的全貌，高精度远射程武器的出现和使用，从根本上改变了军事斗争的性质，但它并没有

使接触性作战失去意义。伊拉克战争中美军在实施远距离精确打击的同时，也出动地面部队实施了接触性作战。为对抗非接触性作战，俄罗斯一方面要采取紧急措施制造自己的高精度远射程武器，另一方面，如战争无法避免，则不能受制于人，应对侵略者发动它最想避免的接触性作战，除此之外，别无他法。为此，没有陆军是不行的。那种认为陆军时代已经彻底结束的说法是极其不严肃的。对俄罗斯而言，陆军所起的作用更为重要，它不仅要同边防部队一起担负保卫俄领土不受侵犯的职责，还要保障形势稳定和其他军种的行动，以及内地交通线的安全。

6、间接军事行动的作用明显提高

俄军事理论认为，现代战争的作战方法出现了新的变化，战争中直接军事行动与间接军事行动的对比出现了的变化。对敌人施加政治、经济和道德心理影响，通过迷惑性的新闻报道和在敌人内部制造内讧等间接军事行动的作用越来越大。在间接军事行动中，心理攻势、破坏行动、使用特种部队实施特殊作战占有十分重要的地位。信息战渗透于各种作战行动之中。

7、战时军队战略部署的调整将在空中行动的掩护下进行

俄军事理论认为，当国家受到战争威胁或战争开始后，军队将重新进行战略部署，重新部署的规模将取决于军事冲突的性质。由于科技的发展，海上和空中输送军队手段的改进，军队重新部署的方式出现了重大变化，从海上和空中输送军队的做法越来越普遍。为了使军事部署具有突然性，往往在空中行动的掩护下进行重新战略部署。

8、军队应做好应付各种战争的准备

俄军事理论认为，鉴于恐怖主义是主要现实威胁，军队首先要做好在局部战争，武装冲突和反恐行动中的作战准备。考虑到在一定条件下，可能发生大规模地区战争，虽然目前还没有爆发这种冲突的直接威胁，但也不能完全排除这种战争的可能性，因此，俄军也必须作好应付大规模地区战争的动员准备。必须改变那种平时只让军队适应小冲突，情况紧急时才急急忙忙让其去适应大战的做法。美国陆、海、空军集团的战备活动不只是为了反恐，主要是为了打赢大规模地区战争。

9、恐怖主义是俄军的主要现实敌人，而美国和北约其他国家军队则是潜在作战对手

俄罗斯军事理论认为，当前恐怖主义、分裂主义和极端民族主义对俄安全威胁最大，反恐和打击跨国犯罪已成为俄国家的工作重点。2002 年俄国内发生的恐怖事件表明，俄还不能完全控制其南部边境发生的一切，还制止不了大批移民和武器的转移，也制止不了毒品走私和恐怖分子的活动。严峻的安全形势迫切要求俄国家领导和各强力部门把恐怖主义作为主要现实敌人。俄总统普京明确要求，俄罗斯武装力量首先应针对反恐，俄军总参谋部已根据总统这一指示修改国家安全构想，俄议会和总统还批准 2003 年增加反恐预算，并要求在执行反恐任务部队加速进行合同兵役改革。

俄罗斯目前虽然不把美国和北约军队作为主要现实作战对象，但仍视其为主要潜在对手，俄军高层领导人认为，美国和北约的核武器仍在瞄准俄罗斯，对俄使用核武器的可能性不能完全排除。因此，俄军以美军和北约军队为主要假想敌的战略性演习从未间断过，特别是伊拉克战争期间和战后俄军举行多次针对美军的战略性演习，演习中突出演练了攻击美军航母战斗群和天基侦察通信系统等科目。这说明，俄美军实质上的对立并没有消除，俄仍把美军作为潜在的重要作战对手。

10、军队人员职业化、装备现代化和不断完善军队结构是军事改革的关键

叶利钦执政时期，俄军所谓的军事改革主要体现在大规模撤军和裁军上，但这并不是真正意义上的军事改革。普京执政后开始把军事改革列为国家议事日程，并首先把俄武装力量从 5 个军种结构调整为 3 个军种、3 个独立兵种结构，军事改革迈出了实质步伐。2003 年 5 月 16 日，普京总统在其《国情咨文》中提出了俄军事改革的进一步设想和实施办法。普京认为，武装力量实现现代化是俄罗斯国家最重要的三大任务之一，而军队进行切实的换装，实现职业化和不断完善自身结构则是军事改革的关键问题。军事改革的目标是：建立起一支人员职业化、装备现代化、高度机动灵活的强大军队，一支能有效保卫俄罗斯及其盟国，能在应对共同威胁框架内与其他国家军队有效协作的军队。人员职业化首先是指在陆军、空降兵、海军陆战队、内卫和边防部队中组建以职业化为基础的常备部队，这种常备部队应拥有高智力军官队伍、高度职业化的初级指挥人员（指准尉和士官）和志愿为祖国服务的士兵队伍。这项改革将于 2007 年完成，届时，将有 10 万合同兵在军队服役。2008 年初将减少应征入伍的人数，其服役期减少到一年。考虑到财政上的困难，这项改革将“谨慎”进行，为此，必须大幅度增加国防开支。普京总统已允诺国防

费从目前占国内生产总值的2．45%提高到3%。装备现代化是指加强和改进现有核遏制力量，研制新型武器，包括列入战略范畴的武器，加快换装速度，切实提高武器装备的现代化水平，以保障俄罗斯及其盟国未来长远的国防能力。

国防体制 根据1993年12月12日正式通过的《俄罗斯联邦宪法》、1996年5月31日正式生效的俄联邦《国防法》，以及俄联邦有关法律，俄罗斯联邦总统、俄罗斯联邦安全会议、俄罗斯联邦议会、俄罗斯联邦政府对保障国家安全、国防能力状况，对俄罗斯武装力量和其他军队的战斗准备程度、动员准备程度和战斗力负全部责任。

俄罗斯联邦总统是国家元首和俄罗斯联邦武装力量的最高统帅。他在国防领域的主要职责是：组成并领导俄罗斯联邦安全会议；确定俄联邦军事政策的基本方针；批准俄联邦军事学说；领导俄联邦武装力量和其他军队；宣布总动员或局部动员，宣布全国或局部地区进入战时状态，宣布实施战斗行动的命令；批准武装力量及其他军队发展构想与计划、本土战场建设计划、国民经济转入战时计划、武器装备和国防工业综合体发展计划；授予高级军衔，任免高级军官；批准武装力量及其军队的结构、编成及军人编制人数；决定武装力量及其他军队的部署；批准国防部和总参谋部工作条例；举行谈判和签署俄联邦国防领域的国际条约；颁布征召俄联邦公民服役和参加军事集训的命令等。

俄罗斯联邦安全会议是立法机构，也是保障俄罗斯国家安全的最高决策机构。安全会议的主要任务是：确定社会和国家的重要利益，发现安全目标受到的内部和外部威胁；制订保障俄罗斯联邦安全的主要战略方针，起草保障安全的联邦专项计划；为总统起草有关国家安全的各种建议、决定和命令。俄联邦总统任安全会议主席，政府总理任副主席，安全会议秘书、安全局长、外交部长、国防部长为安全会议常委，政府第一副总理、总统办公厅主任、国家杜马主席、联邦委员会主席、科学院院长、司法部长、警卫局长、内务部长、原子能部长、经济部长、财政部长、对外情报局长、紧急情况部长、总参谋长为安全会议委员。

俄罗斯联邦议会是俄罗斯联邦最高代表机关和立法机关，它由联邦委员会（上院）和国家杜马（下院）组成。联邦委员会在国防领域的职能是：审核国家杜马通过的根据联邦宪法确定的国防开支；审核俄联邦总统关于在俄全境或部分地区实施战时状态和紧急状态的命令，以及俄联邦武装力量、其他军队使用武器装备不按其使命执行任务的命令；决定关于可在俄联邦境外使用俄联邦武装力量的问题。国家杜马在国防领域的职能是：审核联邦预算法规定的国防开支；通过国防领域的联邦法律。

俄罗斯联邦政府是俄联邦最高执行权力机关，它在国防领域内的职能是：落实国防保障措施并在其权限范围内对俄联邦武装力量及其他军队的状况与保障负责；拟定和向国家杜马提出联邦预算中有关国防开支的建议；根据武装力量及其他军队的订货，组织对其武器、军事技术装备、物资设备的提供与保障；制订国家武器装备及国防工业综合体的发展规划；确定国家动员任务，确定国家动员计划、物资储备计划；负责军队院校、军事系、军事教研室的建立和撤销工作；制定俄联邦国土战场建设计划；负责俄联邦的兵役工作等。

俄罗斯武装力量由管理机关、军团、兵团、部队、军事院校以及后勤部门组成。在组织结构上划分为陆军、空军和海军3个军种和战略火箭兵、空降兵、太空兵3个独立兵种。没有编入武装力量的其他军队有边防军、内卫部队、俄联邦安全部的部队、政府通信部队、联邦保卫总局、俄罗斯联邦铁道兵、民防部队、国家消防局等。

俄罗斯武装力量的领导与指挥体制是：俄罗斯联邦总统兼俄联邦武装力量最高统帅，对联邦武装力量和其他军队实施全面领导，并通过国防部长和总参谋长对武装力量实施作战指挥。国防部长通过国防部对联邦武装力量实施直接领导。俄联邦武装力量总参谋部对武装力量进行作战指挥，对武装力量各军种的指挥通过各军种总司令部进行。

国防部的基本职能是：参与制定联邦军事政策和军事学说；制定联邦武装力量建设构想，协调武装力量和军事技术发展的联邦国家计划，提出国家国防订货建议；提出国防开支预算草案及其使用办法；组织国防科研和试验设计工作；为武装力量及其他军队订购、生产和采购武器、军事技术装备、食品、被服和其他物资；负责武装力量的动员准备；向总统提交共同条令、有关国防部和总参谋部、军事委员会、后备役委员会的条例草案等。

武装力量总参谋部的基本职能是：拟定联邦军事学说建议；制定联邦武装力量建设计划，协调武装力量与其他军队建设和发展计划的制定工作；协调拟定武装力量和其他军队员额的建议；拟定应征服役和参加军事集训的公民人数；实施情报活动；组织武装力量与其他军队的协同；参与制定民防计划；组织武装力量和其他军队的动员与战略展开等。

领导人物 总统兼武装力量最高统帅普京(1999 年 12 月 31 日代任，2000 年 5 月 7 日正式就任)。国防部长谢·鲍·伊万诺夫（2001 年 3 月 28 日上任)。总参谋长兼国防部第一副部长阿·瓦·克瓦什宁大将（1997 年 6 月 19 日上任)。陆军司令兼国防部副部长尼·维·卡尔米利采夫大将（2001 年 5 月上任)。海军司令弗·伊·库罗多耶夫海军大将（1997 年 11 月 7 日上任)。空军司令弗·谢·米哈伊洛夫空军上将(2002 年 1 月 21 日上任)。战略火箭兵司令尼·叶·索洛夫采夫上将（2001 年 4 月 26 日上任)。太空兵司令尼·彼·阿纳托利上将（2001 年 3 月 28 日上任)。空降兵司令哥·伊·斯帕克上将（1996 年 12 月上任)。

武装力量 **兵力** 现役部队编制人数为 110 万人，实有 98．81 万人（含 20 万国防部人员及直属部队)。

战略火箭兵 约 10 万人，编有 4 个火箭集团军。

洲际导弹：735 枚，其中 SS－18（PC－20）型 150 枚、SS－19（PC－18）型 150 枚、SS－24（PC－22）型 36 枚、SS－25（PC－12M）型 360 枚、SS－27（白杨－M2）型 39 枚。反弹道导弹（目前编制在太空兵)：100 枚，其中 SH－11 型 36 枚、SH－08 型 64 枚。S－400 型导弹数目不详。

陆军 约 32.1 万人。编有 6 个军区，1 个战役战略集群、8 个集团军司令部、2 个军司令部、39 个师(5 个坦克师、19 个摩步师、4 个空降师、6 个机枪/火炮师、5 个炮兵师)，7 个地区训练中心、13 个独立旅、7 个特种部队旅、18 个独立炮兵旅、15 个战役战术导弹旅、5 个反坦克旅、3 个反坦克团、19 个防空导弹旅、20 个直升机团、以及其他部队。

主战坦克：4948 辆，其中 T－34 型 1 辆、T－55 型 15 辆、T－62 型 258 辆、T－64A/－B 型 69 辆、T－72L/－M 型 1780 辆、T－80/－U/UD/UM 型 2818 辆、T－90 型 7 辆，另外在乌拉尔以东还储存坦克约 8000 辆。装甲侦察车：2000 辆。PT－76 型轻型坦克 1 辆。装甲输送车和步兵战车：共 9175 辆，步兵战车 6306 辆（其中 BMP－1 型 1543 辆、BMP－2 型 3055 辆、BMP－3 型 22 辆、BMD－3 型 103 辆、BRM－K 型 479 辆、BTR－80A 型 28 辆)，装甲输送车 2868 辆（其中 BTR－60 型 17 辆、BTR－70 型 726 辆、BTR－80 型 942 辆、BTR－D 型 514 辆、MT－LB 型 669 辆，另储存装甲输送车 1150 辆)。各型火炮：5695 门，另储存 213 门，其中牵引火炮 1717 门（122 毫米 M－30 型 13 门、D－30 型 731 门、130 毫米 M－46 型 1 门，152 毫米 ML－20 型 1 门、D－20 型 150 门、2A36 型 401 门、2A65 型 420 门)，自行火炮 2348 门（122 毫米 2S1 型 379 门、152 毫米 2S3 型 1028 门、2S5 型 489 门、2S19 型 422 门，203 毫米 2S7 型 30 门，曲射直射两用炮 346 门)，120 毫米 2S9 型自行迫击炮 332 门、2B16 型 4 门、2S23 型 10 门，火箭炮 885 门（122 毫米 BM－13/－14/－16 型 6 门、BM－21 型 367 门、9P138 型 7 门、220 毫米 9P140 型 412 门、300 毫米 9A52 型 93 门)，迫击炮 399 门（120 毫米 2S12 型 143 门、PM－38 型 222 门、240 毫米 2S4 型 34 门)，战役战术导弹发射架：SS－21 型约 200 部。反坦克导弹发射装置：AT－2、AT－3、AT－4、AT－5、AT－6、AT－7、AT－9、AT－10 型若干具。火箭筒：RPG－18、RPG－7/－16/－22/－26、RPG－27/－29 型若干部。高炮：23、30、37、57、85、100、130 毫米若干门。防空导弹发射架：约 2670 部，其中，SA－4 型 300 部、SA－6 型 350 部、SA－8 型 550 部、SA－9 型 800 部、SA－11 型 350 部、SA－15 型 120 部、SA－12A/B 型 200 部，SA－19、SA－7、SA－14、SA－16、SA－18 型若干部。各型直升机：约 1700 架（另储存 600 架)，其中米－24 型战斗直升机 517 架、卡－50 型战斗直升机 6 架，米－24 型侦察直升机 140 架，米－6、米－8、米－17、米－26 型运输直升机若干架。

海军 17.51 万人（含海军战略核力量、海军航空兵、海军陆战队及海岸防御部队)，编有 4 个舰队和 1 个分舰队。

海军 战略核力量 约 1.1 万人，装备战略导弹核潜艇 13 艘，携载弹道导弹 216 枚，其中，D4 级 6 艘，携载弹道导弹 96 枚；“台风”级 2 艘，携载弹道导弹 40 枚；D3 级 5 艘，携载弹道导弹 80 枚。

攻击潜艇：35 艘，其中，“奥斯卡”级 6 艘、“阿库拉”级 9 艘、S 级 1 艘、Y 级 1 艘、V3 级 5 艘、K 级 9 艘、T 级 3 艘、F 级 1 艘。其他潜艇 5 艘。航空母舰：“库兹涅佐夫”级 1 艘。巡洋舰：7 艘，其中，“基洛夫”级 2 艘、“光荣”级 3 艘，“卡拉”级 1 艘、“肯达”级 1 艘。驱逐舰：14 艘，其中，“现代”级 4 艘、“卡辛”级 2 艘、“勇敢”级 8 艘。护卫舰：10 艘，其中，“克里瓦克”级 9 艘，N 级 1 艘。巡逻舰艇：23 艘。导弹快艇：42 艘。水雷战舰艇：60 艘。登陆舰艇：22 艘。支援辅助舰艇：436 艘。

海军航空兵 约 3.5 万人，编有 4 支舰队航空兵，217 架作战飞机、102 架作战直升机。轰炸机：

图－22M 型 45 架。歼击轰炸机：苏－24 型 52 架、苏－25 型 10 架、苏－27 型 52 架。反潜机：图－142 型 10 架、伊尔－38 型 26 架、贝－12 型 4 架。侦察/电子战飞机：安－12 型 18 架。运输机：安－12/－24/－26 型共 37 架。直升机：米－14 型 3 架、卡－27 型 72 架、米－8 型 8 架、卡－29 型 12 架、米－24 型 15 架。

海军陆战队　约 7500 人。编 1 个独立师（2500 人）、3 个独立旅、3 个舰队特种部队旅。装备 T－55M、T－72、T－80 型主战坦克 160 辆，BRDM－2 型装甲侦察车 60 辆，BMP－2、BMP－3 型步兵战车 150 辆，BTR－60/－70/－80 型装甲输送车 750 辆。各型火炮 321 门，其中，D－30 型牵引火炮 10 门、2S1 型自行火炮 102 门、2S3 型 18 门、9P138 型 96 门，曲射直射两用炮：2S9SP 型 70 门、2B16 型 14 门、2S23SP 型 11 门。AT－3/－5 型反坦克导弹 72 部。MT－12 型反坦克炮若干门。ZSU－23－4SP 型高炮 60 门。防空导弹发射架 SA－7 型 250 部、SA－8 型 20 部、SA－9/－B 型 50 部。

海岸防御部队　约 2000 人。编有 1 个岸防师、1 个岸防旅、1 个炮兵团、2 个防空导弹团。装备 T－64 型坦克 350 辆、BMP 型步战车 450 辆、BTR－60/－70/－80 型装甲输送车 280 辆、MT－LB 型装甲输送车 400 辆。各型火炮 364 门，其中牵引火炮 280 门、自行火炮 48 门、火箭炮 36 门。

空军　约 18.46 万人。编有远程航空兵指挥部、战术航空兵、军事运输航空兵指挥部和空军航空训练学校。

远程航空兵指挥部（空军第 37 集团军）下辖 8 个远程轰炸团和 1 个轰炸训练中心，装备图－95 型轰炸机 63 架、图－160 型轰炸机 15 架、图－22M 型轰炸机 117 架，伊尔－78、伊尔－78M 型加油机 20 架。训练飞机图－22M 型 8 架、图－134 型 30 架。

战术航空兵装备歼击轰炸机：约 606 架，其中苏－24 型 371 架，苏－25 型 235 架。歼击机：约 908 架，其中米格－25 型 5 架、米格－29 型 255 架、苏－27型 392 架、米格－31 型 256 架。侦察机：约 214 架，其中米格－25 型 70 架、苏－24 型 144 架；A－50/A－50U 型指挥与控制飞机 20 架；米－8 型电子战直升机 60 架。训练飞机：约 143 架，其中米格－29 型机 36 架；苏－24 型 51 架、苏－25 型 25 架、苏－27 型 11 架。空空导弹：AA－8、AA－10、AA－11 型若干枚。空地导弹：AS－4、AS－7、AS－10、AS－11、AS－12、AS－13、AS－14、AS－15、AS－16、AS－17、AS－18 型若干枚。37 个防空导弹团，装备 SA－10/S－300 型防空导弹发射架 1900 部，SA－20/S－400 型防空导弹数量不详。

军事运输航空兵指挥部（空军第 61 集团军）编 2 个师共 19 个团，4 个独立团，装备运输机约 318 架，其型号有伊尔－76M/MD/MF 型、安－12 型、安－124 型、安－22 型。

空军航空训练学校 5 所，装备拉－39、图－134、米格－23、米格－29、苏－25、苏－27 型训练飞机约 980 架。

预备役部队　近 5 年来服过现役者约 240 万人。

准军事部队　约 40.91 万人，其中，边防军 14 万人，装备步兵战车和装甲输送车 1000 辆，火炮 90 门、各型飞机约 70 架、各型直升机约 200 架；内卫部队 15.11 万人，装备主战坦克 69 辆、步兵战车和装甲输送车 1700 辆、火炮 65 门、米－24 型直升机 4 架；联邦安全部队约 4000 人；联邦警卫部队 1 万至 3 万人；联邦通信和情报部队 5.4 万人；铁道兵约 5 万人。

部署　俄罗斯武装力量划分为 1 个战役战略集群、6 个军区和 4 个舰队。

加里宁格勒战役战略集群　归波罗的海舰队指挥，由地面部队、海军陆战队和海岸防御部队组成。地面部队 1.05 万人，下辖 1 个摩步师、1 个摩步旅、1 个战役战术导弹旅、1 个防空导弹团、1 个独立摩步团、1 个战斗直升机团；装备主战坦克 811 辆、步兵战车和装甲输送车 865 辆、各型火炮 345 门、SS－21 型战役战术导弹发射架 18 部、战斗直升机 16 架。海军陆战队 1 个团（1100 人），装备主战坦克 26 辆、步兵战车和装甲输送车 220 辆、各型火炮 52 门。海岸防御部队编 2 个炮兵团，装备火炮 133 门；1 个岸对舰导弹团，装备岸舰导弹发射架 8 架；1 个航空兵团，装备苏－27 型飞机 28 架，地空导弹发射架 50 部。

列宁格勒军区 司令部驻圣彼得堡。地面部队约 3.44 万人，下辖 1 个空降师、2 个独立摩步旅、2 个炮兵旅、1 个战役战术导弹旅、1 个特种部队旅、4 个防空导弹旅、1 个反坦克团、1 个火箭炮团、1 个直升机团。装备主战坦克 320 辆、步战车和装甲输送车 103 辆、各型火炮 690 门、SS－21 型战役战术导弹发射架 18 部、战斗直升机 52 架。海军陆战队 1 个团，装备主战坦克 74 辆，步战车和装甲输送车 209 辆、各型火炮 44 门。1 个岸防团，装备装甲输送车 360 辆、火炮 134 门。1 个防空导弹团。空军部队编有2个空防军、1个轰炸师（装备苏－24型歼轰机58架）、1个侦察团（装备米格－25型飞机28架、苏－24型飞机18架）、1个歼击机师（装备苏－27型飞机116架、米格－31型飞机85架）、1个电子战直升机大队（装备米－8型直升机35架）、防空导弹发射架525部。

莫斯科军区　司令部驻莫斯科。地面部队8.24万人，编2个集团军司令部，2个坦克师、2个摩步师、2个空降师、1个炮兵师、4个炮兵旅、3个独立炮兵旅、3个战役战术导弹旅、1个独立摩步旅、1个特种部队旅、4个防空导弹旅、2个战斗直升机团。装备主战坦克2190辆、步战车和装甲输送车1490辆、各型火炮1600门、SS－21型战役战术导弹发射架48部、战斗直升机75架。空军部队编有第32空防军和第16空军集团军，装备米格－25型飞机41架、米格－29型飞机106架、米格－31型飞机62架、苏－24型飞机34架、苏－24MR型飞机16架、苏－25型飞机46架、苏－27型飞机90架、2个电子战大队（装备米－8型电子战直升机46架）、防空导弹发射架600部。

伏尔加－乌拉尔军区　司令部驻叶卡捷琳堡。地面部队3.17万人，编有1个集团军司令部、1个坦克师、2个摩步师、1个独立摩步旅、1个空降旅、3个炮兵旅/团、2个战役战术导弹旅、1个特种部队旅、1个防空导弹旅、1个火箭炮团、1个独立直升机团。装备主战坦克530辆、步兵战车和装甲输送车855辆、各型火炮440门、SS－21型战役战术导弹发射架36部、战斗直升机14架。空军航空学校装备383架拉－39、米－2型教练机。

北高加索军区　司令部驻罗斯托夫。地面部队10．28万人。编有1个集团军司令部、3个摩步师、1个空降师、2个独立摩步旅、1个特种部队旅、3个防空导弹旅、2个炮兵旅、1个独立火箭炮团、2个直升机团、1个攻击运输直升机团。装备主战坦克628辆、步兵战车和装甲输送车2100辆、各型火炮855门、SS－21型战役战术导弹发射架18部、战斗直升机98架。海军陆战队约1400人，编1个团，装备步战车和装甲输送车59辆、火炮14门。空军部队编有第4空防集团军，1个轰炸机师（装备99架苏－25型歼轰机）、1个侦察团（装备30架苏－24型飞机）、1个空中强击机师（装备苏－25型强击机99架）、1个歼击机军（下辆4个团，装备米格－29型歼击机103架、苏－27型歼击机75架）、1个直升机电子战大队（装备米－8型电子战直升机52架），防空导弹发射架125部。

西伯利亚军区　司令部驻赤塔。地面部队编2个集团军、1个军司令部、2个坦克师、2个摩步师、1个炮兵师、2个机枪/火炮师、4个摩步旅、1个空降旅、10个炮兵旅/团、2个战役战术导弹旅、2个防空导弹旅、2个特种部队旅、4个反坦克团、1个战斗直升机团。装备主战坦克4468辆、步战车和装甲输送车6000辆、各型火炮4300门、SS－21型战役战术导弹发射架36部、战斗直升机35架。空军部队编有14空防集团军（司令部驻新西伯利亚），装备歼击轰炸机苏－24型56架、苏－25型30架，歼击机米格－29型46架、米格－31型39架、苏－24MR型侦察机29架。

远东军区　司令部驻哈巴罗夫斯克。地面部队编2个集团军、1个军司令部、10个摩步师、3个机枪/火炮师、1个炮兵师、9个炮兵旅/团、1个摩步旅、3个战役战术导弹旅、5个防空导弹旅、1个特种部队旅、1个反坦克旅、2个战斗直升机团、2个攻击运输直升机团，装备主战坦克3900辆、步战车和装甲输送车6400辆、各型火炮3000门、SS－21型战役战术导弹发射架54部、战斗直升机85架。海军陆战队2500人，编1个师司令部、3个陆战营、1个坦克营、1个炮兵营。海岸防御部队编1个师。空军部队编有第11空防集团（司令部驻哈巴罗夫斯克），装备歼轰机苏－24M型97架、苏－25型60架，歼击机苏－27型111架、米格－31型26架、侦察机苏－24MR型51架。

北方舰队　司令部驻北莫尔斯克。装备潜艇32艘，其中战略潜艇10艘，攻击潜艇22艘。主要水面作战舰艇11艘，其他水面作战舰艇26艘。海军航空兵装备作战飞机72架，战斗直升机30架，其中，图－22M型轰炸机25架、苏－25型歼轰机10架、苏－27型歼击机24架，伊尔－38型反潜机11架、侦察/电子战飞机安－12型2架、运输机安－12/－24/－26型25架。卡－27型反潜直升机25架、卡－29运输攻击直升机5架。

波罗的海舰队　司令部驻加里宁格勒。装备潜艇2艘、主要水面作战舰艇6艘、其他水面作战舰艇26艘。海军航空兵装备作战飞机55架、作战直升机41架，其中歼轰机苏－24型25架、苏－27型28架，侦察/电子战飞机安－12型2架，运输机安－12/－24/－26型12架。卡－27反潜直升机22架，攻击运输直升机卡－29型4架、米－24型15架。

黑海舰队　司令部驻塞瓦斯托波尔。装备潜艇

10艘，主要水面作战舰艇7艘，其他水面作战舰艇约15艘。海军航空兵装备作战飞机35架、作战直升机13架，其中苏-24型歼轰机27架、贝-12反潜飞机4架、侦察/电子战飞机安-12型4架，卡-27型反潜直升机5架、米-8型侦察/电子战直升机8架。

太平洋舰队 司令部驻符拉迪沃斯托克（海参葳）。装备潜艇8艘，其中战略潜艇3艘，攻击潜艇5艘。主要水面作战舰艇8艘，其他水面舰艇约30艘。海军航空兵装备作战飞机55架，作战直升机26架，其中，图-22M型轰炸机20架，图-142型反潜飞机10架、伊尔-38型反潜飞机15架，安-12型侦察/电子战飞机10架。卡-27型反潜直升机20架、米-14型反潜直升机3架、卡-29攻击运输直升机3架。

军衔 分7等20级：俄罗斯联邦元帅，将官4级（大将、上将、中将、少将），校官3级（上校、中校、少校），尉官4级（大尉、上尉、中尉、少尉），准尉2级（高级准尉、准尉），军士4级（大士、上士、中士、下士），兵2级（上等兵、列兵）。

驻外兵力 约2.043万人。驻亚美尼亚地面部队2900人，1个军事基地，装备主战坦克74辆、步战车和装甲输送车146辆、各型火炮84门，1个空军大队，装备米格-29型歼击机18架、SA-12（S-300）型地空导弹发射架2部。驻格鲁吉亚地面部队4000人，3个军事基地，装备T-72主战坦克65辆、步战车和装甲输送车200辆、各型火炮139门，战斗直升机5架。驻摩尔多瓦地面部队约1000人，编1个作战群，下辖1个摩步旅、1个防空导弹团，装备主战坦克108辆、步战车和装甲输送车214辆、各型火炮125门、直升机7架。驻塔吉克斯坦地面部队7800人，1个摩步师，装备主战坦克128辆、步战车和装甲输送车314辆、各型火炮180门、苏-25型强击机5架。驻乌克兰海军陆战队1个团1100人，装备步战车和装甲输送车102辆、火炮24门。驻非洲100人。驻叙利亚150人。参加维和行动：驻波黑300人；驻格鲁吉亚/阿布哈兹1600人；驻格鲁吉亚/南奥塞梯530人；驻摩尔多瓦/德涅斯特500人；驻南斯拉夫约600人。

（阎振范）

法　国

国　名 法兰西共和国

主要统计 面积55.1602万平方千米（包括科西嘉及其他岛屿）。人口6264.7万人（2000年12月，包括360.7万外籍侨民，其中286.5万出生在法国本土之外，74.2万出生在法国本土，其中，13～17岁男196.3万人，女187.9万人；18～22岁男198.9万人，女192.7万人；23～32岁男403.4万人，女402.5万人）。国内生产总值约1.46万亿欧元（约合1.31万亿美元，2001年）。国防费310.7亿欧元（2003年国防预算）。粗钢2096万吨（1997年）。原煤317万吨（1997年）。原油1300万桶（1997年）。天然气20.47亿立方米（1997年）。发电量5170亿度（2000年）。粮食6476.1万吨（1999年）。海运能力，商船（载重100吨以上）729艘、总载重量498.1万吨（2002年）。民航能力，固定航班机场61处、客运量553亿人千米、货运量327亿吨千米（2002年）。

国防政策 法国是西欧大国和联合国安理会常任理事国之一，维护大国地位是其国家战略的核心。为确保这一目标的实现，法国奉行独立的防务和安全政策。与此同时，法国也十分注重与北约盟国的协商与合作。当前法国奉行的国防政策是：（一）强调核威慑的重要作用，继续依靠独立、有限的核力量，维护国家的根本利益。法国十分重视核武器的战略威慑作用，强调必须保持一支“独立”、“足够”和“有效”的现代化核威慑力量，并将其作为最后的军事手段，以捍卫法的大国地位，维护国家根本利益。（二）重视欧洲防务建设，谋求在欧洲安全事务中发挥主导作用。法国反对建立单极世界，认为世界的多极化趋势虽然出现曲折，但仍然是不可避免的。欧盟必须加强独立的防务建设，以建立新的欧洲安全机制，并在未来国际格局中发挥重要作用。因此，法国将推动欧洲加强共同防务建设作为其国防政策的主要内容之一，谋求法在未来新的欧洲安全机制中发挥主导作用。（三）继续参与北约的集体防御，力促北约进行内部改革，积极扩大法的影响和作用。法认为，北约仍是欧洲集体防御的核心，但欧洲不能把确保自身安全的责任永久地交给美国承担，主张通过建立“欧洲独立防务”和“真正平等”的欧美伙伴关系，使欧洲承担更多的防务责任和发挥更大的作用，从中扩大法的影响和作用，并力图削弱美国在北约的主导地位。(四) 维护法在亚洲、非洲和中东的战略利益，谋求打破美国独霸世界的野心。法国在亚洲、非洲和中东地区有自己的传统利益，发展与加强同这些地区国家的友好合作关系，有利于扩大法的影响力和发挥法的大国作用，从而打破由美国一手独揽地区事务和中东和平进程的局面，确保法的战略利益。

军事战略 法国是北约成员国，其军事战略基本上是执行北约各个时期制定的军事战略原则，但同时又保持着自己的独立性。在冷战时期的一个较长时期内，法国奉行“逐步反应”的军事战略，冷战结束后，法国根据国际和欧洲安全形势的变化，对军事战略进行调整，奉行全方位防御战略。该军事战略的主要内容是：(一) 强调威慑作用。法国公开宣布，对任何敢于冒犯、威胁其根本利益的潜在敌人，法将可能首先使用核武器。法这样做的目的是使其不敢轻举妄动。但与此同时，法国也更加强调常规力量在核威慑战略中的作用，重视核与常规力量、威慑与干预行动之间的平衡与互补作用。(二) 强调预防危机。主张动用政治、经济、外交、军事等多种手段，预防各种危机的发生，并将其控制在最低限度，以确保国家的安全。(三) 强调兵力投送与机动作战。认为未来法军将主要在远离国门的欧洲及世界其他地区遂行军事行动。为此，法军应具有兵力投送能力和机动作战能力，并把加强部队快速反应能力及远距离投放手段作为军队建设的重要内容。(四) 强调维护国内安全。法军的任务是维护国家主权、领土完整和社会稳定。维护国家治安主要由宪兵和警察承担，但需要时，法军现役及预备役部队也将参与，进行“国内投放”行动，以配合宪兵和警察及时、有效地消除国内各种不安定因素和潜在威胁。

国防体制 宪法规定，法国总统为武装力量最高统帅。总统下设内阁会议、国防委员会、限制性国防委员会和高级国防会议。内阁会议负责制定全面的防务政策，其成员有总理和所有内阁成员，由总统任主席。国防委员会负责具体防务问题的决策，其成员有总理、外交、国防、内政和财经部长等，由总统任主席。限制性国防委员会负责军事问题的决策，由总理或总理指定的人员组成，总统任主席。高级国防会议为咨询机构。总理负责贯彻既定防务政策。国防部为内阁中的一个部，是军队的最高行政领导机关。国防部长在总理领导下负责防务工作，下设三军参谋部和陆、海、空军军种参谋部、国家宪兵总局以及武器装备部等单位。武装力量由陆、海、空三军和宪兵组成。最高军事指挥机构为三军参谋部。总统通过国防部和三军参谋部对全国武装力量实施领导和指挥。

领导人物 总统兼武装力量最高统帅雅克·希拉克（1995 年 5 月首任，2002 年 5 月连任）。总理让·皮埃尔·拉法兰（2002 年 6 月上任）。国防部长米歇尔·阿利奥·玛丽（女、文职，2002 年 6 月上任）。三军参谋长亨利·邦德雅上将（2002 年 10 月上任）。陆军参谋长贝尔纳·托雷特上将（2002 年 9 月上任）。海军参谋长让·路易·巴戴海军上将（2001 年 7 月上任）。空军参谋长里夏尔·沃尔津斯基空军上将。

武装力量 **兵力** 法国武装力量由陆、海、空和宪兵组成，截止 2001 年底，现役部队 45.46 万人（包括文职人员 9.96 万人）。

陆军 13.7 万人（不含 3 万文职人员）。编有 1 个地面作战司令部、1 个后勤司令部、5 个军区、4 个作战参谋部，2 个装甲旅、2 个机步旅、2 个轻装甲旅、1 个山地步兵旅、1 个空中机动旅、1 个空降旅、1 个炮兵旅、1 个通信旅、1 个工兵旅、1 个情报旅、2 个后勤旅。

外籍军团 8000 人。编有 1 个装甲团、1 个空降团、6 个步兵团、2 个机械化团。

海军陆战部队 14700 人。编有 21 个团，其中 11 个驻本土、10 个驻海外领地。

特种部队 编有 1 个空降团、1 个直升机团、3 个训练中心。

预备役部队 编有 75 个连、14 个支援连。

陆军装备：主战坦克：“勒克莱尔”式 315 辆、AMX－30B2 型 471 辆。装甲侦察车：AMX－10RC 型 317 辆、ERC－90F4“萨盖”型 187 辆、AML－60/90 型 155 辆、VBLM－11 型 1176 辆。步兵战车：AMX－10P/PC 型 384 辆。装甲输送车：VAB 式 3700 辆。牵引炮：155 毫米 TRF－1 式 97 门。自行炮：155 毫米 273 门。火箭炮：227 毫米 61 门。迫击炮：120 毫米 363 门。反坦克导弹：“爱利克斯”700 具、“米兰”1348 具、“霍特”135 具。反坦克火箭筒：89 毫米 9850 具、112 毫米“阿皮拉斯”9690 具。高炮：20 毫米 328 门。地空导弹：“霍克”26 部、“罗兰”98 部、“西北风”331 部。雷达：“拉西特”监视雷达若干部、“拉塔克”侦察雷达若干部。飞机：“锡斯纳”

“大蓬车”II型2架，PC－6型5架，TBM－700型8架。直升机：418架，其中攻击直升机292架。侦察直升机4架、支援直升机122架。无人机：CL－289型8架、“红隼”型2架。

海军 4.56万人（包括海军航空兵和海军陆战队，不含1.02万文职人员）。编有1个战略海军司令部、1个水面作战司令部、1个反潜作战司令部、1个扫雷作战司令部、1个潜艇作战司令部、1个海军航空兵司令部、1个海军陆战队司令部。

海军装备：潜艇10艘，其中战略弹道导弹核潜艇4艘（“可畏”级2艘、“凯旋”级2艘），战术潜艇6艘（“红宝石”级）。水面舰艇：航母：“戴高乐”号核动力航母1艘。直升机航母：“圣女贞德”级1艘。导弹驱逐舰：2艘：其中“卡萨尔”级2艘、“絮弗伦”级1艘。护卫舰：30艘，其中“弗罗雷亚尔”级6艘、“乔治·莱格”级7艘、“图尔维尔”级2艘、“德斯蒂安纳·多尔韦”级10艘、“拉法耶特”级5艘。巡逻舰艇：35艘，其中“信天翁”级1艘、“大胆女人”级10艘、“豹”级8艘、“红鹤”级3艘、“斯特尔纳”级1艘、“格雷勃”级1艘、“阿妥斯”级2艘、“帕特拉”级2艘、“斯特利斯”级6艘、近岸巡逻艇5艘。扫雷舰：21艘，其中“卢瓦尔河”扫雷/指挥支援舰1艘、“波江座”级13艘、“火神”级4艘、“大火星”级3艘。两栖舰艇：9艘，其中“闪电”级2艘、“暴风”级2艘、“尚普兰”级5艘。支援舰船：26艘。

海军航空兵 装备：作战飞机58架、武装直升机30架。

海军陆战队 1700人。编有5个突击群、14个海军基地防卫队。

空军 6.4万人（不含0.6万文职人员）。编有1个防空司令部，下辖“斯特里达”II防空系统、6个雷达站、1个E－3F预警机中队、11个地空导弹连、若干个高炮连；1个空中作战司令部，下辖6个攻击战斗机中队、6个战斗机中队、2个侦察机中队、3个教练机中队、1个电子战中队；1个空中机动支援司令部，下辖14个运输机中队、1个电子战中队、5个直升机中队、1个教练机中队；1个空中训练司令部。

空军装备：攻击机：“幻影”－2000N型60架、“幻影”F－1CT型42架、“幻影”－2000D型43架、“美洲虎”A型118架。战斗机：“幻影”F－1B型11架、“幻影”F－1C型26架、“幻影”－2000B型26架、“幻影”－2000C型95架。空中预警机：E－3F型4架。侦察机：“幻影”F－1CR型43架、“幻影”IVP型5架。空中加油机：C－135FR型11架、KC－135型3架、C－160AG型14架、C－160NG型14架。运输机131架，其中A－310－300型2架、A－319型2架、DC－8型2架、C－160型63架。教练机：291架，其中“阿尔法喷气”90架。直升机：89架。空地导弹：ASMP型、AS－30/30L型若干。空空导弹：“超”530F/D型、“魔术”R－550I/II型、“麻雀”AIM－9型、“迈卡”型若干。

战略核力量 7000人（其中海军3300人，空军3100人，宪兵600人）。

主要装备：战略导弹核潜艇：“可畏”级2艘、“凯旋”级2艘、潜射导弹64枚。“超级军旗”攻击机28架、“幻影”2000N－ASMP型轰炸机60架、“幻影”ⅣP型侦察机5架、C－135FR型空中加油机11架、KC－135型空中加油机3架。C－160H运输机4架、“神秘”20型6架、“美洲豹”E型6架。

文职人员 9.96万人。

预备役部队 10万人。其中陆军2.8万人，海军0.6万人，空军0.8万人，宪兵5万人，卫生兵0.7万人。

部署 陆军主要部署在法国与德国边境和北部地区，海军重点部署在地中海和大西洋沿岸一带，空军主要部署在东北部和中部地区。共有军事基地74处，其中陆军基地16处，海军基地8处，空军基地50处。

兵役制度 法政府从1997年8月起进行军队职业化改革，取消义务国民役，实行志愿国民役制度。志愿国民役分为防务与安全、社会服务、国际合作与人道援助三种类型，服役期为12～24个月不等。其中选择防务与安全类志愿国民役到军队服役的志愿者服满12个月法定服役期后，如个人要求延长服役并转为志愿军人，可与军方续签服役合同，但一次不超过5年。各级军官最高服役年限：将官为61岁（上将61岁、中、少将60岁、准将58岁），校官为57岁（上校57岁、中校56岁、少校54岁），尉官为52岁。

军衔 分5等20级，即将官4级（上将、中将、少将、准将），校官3级（上校、中校、少校），尉官4级（上尉、中尉、少尉、准尉），军士6级（总军士长、军士长、准军士长、上士、中士、下士），兵3级（上等兵、下等兵、列兵）。

驻外兵力 驻德国部队3000人；安的列斯地区4000人；新喀里多里亚2600人；乍得950人；吉布提3200人；加蓬750人；塞内加尔1170人。参加联合国维持和平行动：驻阿富汗维和部队 400 人；驻波黑维和部队（SFORII）2200 人；驻克罗地亚 6 人（北约空军一体化部队）；驻埃及军事观察员 15 人；驻埃塞俄比亚里特里亚维和部队 180 人；驻格鲁吉亚军事观察员 3 人；驻伊拉克/科威特边境军事观察员 11 人；驻黎巴嫩维和部队 235 人；驻中东军事观察员 3 人；驻沙特阿拉伯南方军事观察员（部队 170 人。驻塞拉里昂军事观察员 1 人；驻西撒哈拉军事观察员（宪兵）25 个；驻南斯拉夫科索沃维和部队 5200 人。

外国驻军 德国：参加欧洲军团 254 人。新加坡：空军 200 人。

军火贸易 自 20 世纪 80 年代以来，法国的军火出口一直居世界前三位，并占据世界出口 10% 左右的份额。法军火出口的主要地区是中东、亚洲、拉美和欧洲。1997 年军火出口额为 74.19 亿美元。1998 年军火出口额为 98.04 亿美元。1999 年军火出口为 43.7 亿美元。2000 军火出口额为 41 亿美元。2001 年为 29 亿美元。

（程新华）

塞尔维亚和黑山

国　　名 塞尔维亚和黑山共和国（原国名南斯拉夫，2003 年 2 月 4 日改现名）。

主要统计 面积 10.22 万平方千米。人口 1060 万人（其中 13～17 岁男 41.2 万人，女 38.8 万人；18～22 岁男 42.5 万人，女 40.2 万人；22～32 岁男 83.7 万人，女 79.5 万人）。国内生产总值 2210 亿第纳尔，约合 183 亿美元（2000 年）。国防费 18 亿美元（2000 年）。原煤 4065.6 万吨（1997 年）。原油 730 万桶（1997 年）。天然气 7.29 亿立方米（1997 年）。发电量 403.12 亿度（1997 年）。粮食 870.4 万吨（1999 年）。海运能力，商船（载重 100 吨以上）462 艘，总载重量 517.3 万吨。民航能力，固定航班机场 5 处、客运 8.87 亿人千米、货运量 60.03 亿吨千米。

国防体制 宪法规定，总统为武装力量最高统帅。最高国防决策机构为最高国防委员会，成员有塞黑总统、塞尔维亚共和国总统和黑山共和国总统，由塞黑总统任主席。国防部为政府中的一个部，是最高军事行政机关。国防部负责制订总动员计划，组织国防战备工作，完成国防计划所确定的任务，提供武装力量所需物质保障，组织、管理军事教育，执行有关国防的法规，对共和国总统、最高国防会议和塞黑政府决定的实施情况进行监督等。正规军分为陆、海、空军防空军三个军种。武装力量由常备军和预备役部队组成。最高军事指挥机构为总参谋部。总统通过国防部和总参谋部对全国武装力量实施领导和指挥。

领导人物 总统兼武装力量最高统帅斯韦托扎尔·马罗维奇（2003 年 3 月上任）。国防部长博利斯·塔迪奇（2003 年 3 月上任）。总参谋长布朗科·克尔加上将（2002 年 12 月上任）。

武装力量 **兵力** 现役部队 7.45 万人。

陆军　约 6 万人。编有 6 个军司令部、6 个装甲旅、9 个摩托化步兵旅、1 个警卫旅、1 个机械化旅、1 个空降旅、1 个特种旅、5 个混合炮兵旅。

坦克：T－55 型 721 辆、T－72 型 65 辆、M－84 型 230 辆。步战车：M－80 型 557 辆。装甲输送车：M－60P 型 147 辆、BOV－VP M－86 型 57 辆。牵引炮：105 毫米 M－56 型 243 门、122 毫米 M－38/D－30 型 358 门、130 毫米 M－46 型 238 门、152 毫米 D－20/M－84 型 77 门、155 毫米 M－1/M－65 型 118 门。自行炮：122 毫米 2S－1 型 82 门。火箭炮：128 毫米 M－63/M－77 型 87 门。迫击炮：82、120 毫米 3185 门。反坦克导弹发射装置：AT－3“耐火箱”型 142 具。无坐力炮：57 毫米 1550 门，82 毫米 1500 门，105 毫米 650 门。反坦克炮：725 门。高炮：20、30、57 毫米 2000 门。地空导弹：SA－6、SA－7、SA－9、SA－13、SA－14、SA－16、SA－18 型共 960 部。

海军　约 3500 人（含陆战队 900 人）。

潜艇：“萨瓦”级 1 艘，“乌纳”级 3 艘。护卫舰：“科托尔”级 2 艘，“斯普利特”级 1 艘。导弹攻击快艇：“拉德·康查尔”级 5 艘，“米塔尔·阿采夫”级（“黄蜂”级）4 艘。巡逻艇：22 艘。猎雷艇：“武可夫·克拉纳茨”级 2 艘。扫雷艇：英国“汉”级 1 艘，“奈斯廷”级 7 艘。登陆艇：19 艘。支援和勤务舰船：9艘。

陆战队：编有2个陆战旅（各辖2个营）。

空军防空军　1.1万人，编有1个空军军，1个防空军军。作战飞机103架、武装直升机44架。

攻击战斗机：“鹰”2型21架、“超级海鸥”G－4型30架。歼击机：米格－21bis型28架、米格－21UM型6架、米格－29A型4架、米格－29U型1架。侦察机：“鹰”型约10架、米格－21R型约3架。运输机：安－26型11架、“猎鹰”50（VIP）型2架、雅克－40型2架、道尼尔－28D“空中仆人”型2架。武装直升机：“小羚羊”型17架、H－42M型27架。直升机：米－8型33架、HI－42型3架。教练机：乌特瓦－75型9架。空空、空地导弹若干枚。

预备役部队　40万人，编有1个机械化旅、5个摩托化步兵旅、16个步兵旅、4个炮兵旅、1个防空导弹旅。

准军事部队　5.31万人，其中内务部队4万人，特种警察部队7100人，黑山内务部队6000人。

兵役制度　实行义务兵与职业军人相结合的制度，义务兵服役期为9个月。将官最高服役年限为60岁，校官为57岁，尉官为55岁，士官为52岁。

军衔　军人军衔分5等20级，即将官4级（大将、上将、中将、少将），校官3级（上校、中校、少校），尉官4级（大尉、上尉、中尉、少尉），军士6级（一级准尉、准尉、一级上士、上士、中士、下士），兵3级（一等兵、二等兵、列兵）。

军队节日　6月16日为建军节。

（刘建宇）

乌　克　兰

国　　名　乌克兰

主要统计　面积60.37万平方千米。人口5038.7万人（其中13～17岁男190.1万人，女187.7万人；18～22岁男187.7万人，女183万人；23～32岁男359.5万人，女357.3万人）。国内生产总值2260亿美元（2001年）。国防费6.31亿美元（2002年）。粗钢3180万吨（2000年）。原煤6240万吨（2000年）。原油368.7万吨（2000年）。天然气179亿立方米（2000年）。粮食2440万吨（1999年）。海运能力，商船（载重100吨以上）2艘，总载重量8600吨（2001年）。民航能力，固定航班机场1处，客运量5210万人千米，货运量500万吨千米（2000年）。

领导人物　总统兼武装力量最高统帅列昂尼德·达尼洛维·库奇马（1999年11月14日当选连任）。国防部长马尔丘克，总参谋长舒利亚克上将。

武装力量　**兵力**　现役兵力约30.23万人。

地面部队　15.07万人。划分为国防部直属部队和3个作战指挥部。国防部直属部队下辖1个空中机动旅、1个战役战术导弹旅、1个炮兵旅、1个工兵旅。

西部作战指挥部下辖：指挥部直属部队有1个炮兵师、3个战役战术导弹旅、1个空中机动团、1个工兵旅、1个陆航团；2个军，其中1个军下辖2个机械化师、2个机械化旅、1个炮兵旅、1个火箭炮团。另一个军下辖1个机械化师、1个机械化旅、1个炮兵团、1个火箭炮团。

南部作战指挥部下辖：指挥部直属部队1个空中机动师、1个炮兵师、1个空中机动旅、1个战役战术导弹旅、1个航空旅；2个军，其中，1个军下辖1个坦克师、1个机械化师、1个机械化旅、1个炮兵旅、1个火箭炮团、1个工兵团。另一个军下辖2个机械化旅、1个炮兵旅、1个火箭炮团、1个工兵团。

北部作战指挥部下辖：指挥部直属部队有2个机械化师、1个坦克训练中心、1个坦克旅、2个战役战术导弹旅、1个航空旅、1个工兵团。1个军下辖1个坦克师、1个机械化师、1个空中机动旅、1个炮兵旅、1个火箭炮团、1个工兵团。

主战坦克：3905辆，其中，T－55型149辆、T－64型2279辆、T－72型1196辆、T－80型271辆、T－84型10辆。BRDM－2型装甲侦察车约600辆。步兵战车：3043辆，其中，BMP－1型1008辆、BRM－1K型458辆、BMP－2型1434辆、BMP－3型4辆、BMD－1型61辆、BMD－2型78辆。装甲输送车：

1682 辆，其中，BTR－60 型 176 辆、BTR－70 型 1026 辆、BTR－80 型 436 辆、BTR－D 型 44 辆，另有 MT－LB 型 2090 辆、LOOK－a－likes 型 4700 辆。各型火炮：3705 辆：其中，牵引火炮 1143 辆（D－30 型 122 毫米 443 门、M－30 型 122 毫米 3 门、152 毫米 D－20 型 216 门、2A65 型 185 门、2A36 型 289 门、M－1937 型 7 门），自行火炮 1298 门（122 毫米 2S1 型 638 门、152 毫米 2S3 型 496 门、2S5 型 24 门、2S19 型 40 门，203 毫米 2S7 型 100 门），曲射直射两用炮 76 门（120 毫米 2S9 型 74 门、2B16 型 2 门），火箭炮 588 门（BM－21 型 332 门、9P138 型 20 门、BM－13 型 3 门、9P140 型 139 门、9A52 型 94 门），迫击炮 600 门（2S12 型 342 门、PM－38 型 257 门、M－160 型 1 门）。战役战术导弹发射架：212 部（"飞毛腿" B 型 72 部、"蛙" 式 50 部、SS－21 型 90 部）。反坦克导弹：AT－4、AT－5、AT－6 型若干枚。100 毫米反坦克炮 T－12/MT－12 型约 500 门。2S6 型 30 毫米自行高炮 70 门、S－60 型 57 毫米高炮约 400 门。防空导弹发射架：SA－4 型 100 部、SA－8 型 125 部、SA－11 型 60 部、SA－B 型约 150 部。米－24 型战斗直升机 205 架。运输直升机米－6 型 42 架、米－8 型 315 架。

海军　1.35 万人（包括海军航空兵 2500 人、海军陆战队 3000 人、海岸防御部队 2000 人）。

潜艇　1 艘。主要水面作战舰艇：3 艘，其中 "光荣" 级 1 艘、"克里瓦克" 级 2 艘。巡逻艇 9 艘。其他舰艇：21 艘。

海军航空兵　2500 人。装备战斗直升机 13 架、运输直升机 16 架、贝－12 型反潜机 11 架、卡－27E 型反潜直升机 2 架。米－6 型直升机 6 架、卡－25 型直升机 28 架、米－24 型直升机 42 架。

海军陆战队　3000 人。

空军　4.91 万人。编 2 个空军军，1 个轰炸团，装备图－22M 型轰炸机 32 架；3 个歼击轰炸团，装备苏－24 型歼轰机 71 架；2 个强击机团，装备苏－25 型强击机 63 架；7 个歼击机团，装备米格－29 型歼击机 217 架、苏－27 型歼击机 60 架；2 个侦察团，装备苏－24 型机 29 架、苏－17 型机 20 架；3 个运输机团：装备伊尔－76 型机 60 架、安－12/－24/－26/图－134 伊尔－78 型运输机 45 架；5 个教练机团，装备拉－39 型教练机 345 架；1 个直升机教练团，装备米－8 直升机 16 架。运输直升机：米－2 型 111 架、米－6 型 23 架、米－8 型 170 架。空空导弹 AA－7、AA－8、AA－9、AA－10、AA－11 型若干枚。空地导弹 AS－7、AS－9、AS－10、AS－11、AS－12、AS－13、AS－14、AS－15 型若干枚。地空导弹发射架 SA－2/－3/－5/－10/－12A 型发射架约 825 部。

预备役部队　近 5 年服过现役者约 100 万人。

准军事部队　约 11.25 万人，其中内卫部队 4.4 万人、边防部队 4.5 万人、海岸守备队 1.4 万人、国民卫队 0.95 万人。

（闵振范）

意　大　利

国　　名　意大利共和国。

主要统计　面积 30.1277 万平方千米。人口 5718.4 万人，（其中，13～17 岁男 148.3 万人，女 140.9 万人；18～22 岁 男 168 万人，女 160.1 万人；23～32 岁 男 439.7 万人，女 424.2 万人）。国内生产总值 2356 万亿里拉，约合 1.1 万亿美元（2001 年）。国防费 34.2 万亿里拉，约合 155 亿美元（2001 年）。原油 4100 万桶（1997 年）。粗钢产量 2670 万吨（2001 年）。天然气 192.71 亿立方米（1997 年）。发电量 2507.75 亿度（1997 年）。粮食 2100.5 万吨（1999 年）。海运能力，商船（载重 100 吨以上）1966 艘，总载重量 714.95 万吨。民航能力，固定航班机场 34 处，客运量 294.71 亿人千米，货运量 12.19 亿吨千米。

国防体制　国防体制是以国防部长（文官）为首，国防参谋长和国防秘书长分别主管军事和后勤管理的双轨制。武装力量由正规军和准军事部队组成，正规军分陆军、空军、海军 3 个军种，准军事部队由宪兵、公安警察和财政警察等构成 。总统为武装部队最高统师，他通过总理、国防部和国防参谋部对全国武装力量实施领导和指挥。总理对国防政策及军队建设负有全部责任。最高国防机构是最高国防委员会，成员包括总统、总理和国防、外交、内政、国库、预算、工业、农业部长和国防参谋长，由总统任主席，总理任副主席。最高国防咨询机构是武装力量高级委员会，下设陆、海、空三个小组，该委员会主席由三名组长中军衔最高、资历最深者担任。参谋长委员会为国防部最高军事咨询机构，由国防参谋长任主席。国防部是最高行政机构，国防部长负责具体实施各项国防政策。国防参谋部是最高军事指挥机构，下辖陆、海、空军参谋部和宪兵总部。国防参谋长是全军最高军事首长，他通过国防参谋部、国防秘书厅和军种参谋部对三军进行行政管理，通过三军作战司令部、舰队司令部、空军作战司令部指挥部队的作战和演习。国防秘书长又兼任国防军备主任，并接受国防部长和国防参谋长的双重领导，负责国防部的行政事务和军队装备、人事管理等。

领导人物 总统卡洛·阿泽利奥·钱皮（1999年5月上任）。总理西尔维奥·贝卢斯科尼（2001年6月）。国防部长安东尼奥·马蒂诺（2001年6月上任）。国防参谋长罗兰多·莫斯卡·莫斯基尼中将（2001年4月上任）。陆军参谋长詹弗兰科·奥托加利中将。海军参谋长马尔切诺·德唐诺中将（2001年2月上任）。空军参谋长桑德罗·费拉库蒂中将（2001年8月上任）。

武装力量 **兵力** 现役部队21.68万人（包括义务兵7.02万人）。

陆军 12.8万人（包括5.7万名义务兵）。编有1个作战司令部，3个军区司令部，1支快速反应部队，1支山地部队（辖3个山地旅、1个工兵团、1个航空兵团、1个高山空降营）；2支防御力量部队；1个支援部队司令部，下辖1个防空师（其中2个“霍克”地空导弹团、2个高炮团）、1个炮兵旅（其中1个重型炮兵团、2个炮兵团、1个防化团）、1个工兵旅（辖3个团）；1个航空兵师（辖3个航空兵团，1个航空兵营）。

主战坦克：1018辆，其中，“豹Ⅰ”式440辆，“半人马座”B－1型378辆，“阿雷耶特”式200辆。装甲步兵战车：VCC－80型26辆。装甲运输车：M－113型920辆，VCC－1型545辆，VCC－2型1228辆，菲亚特6614型157辆，BV－206型87辆。装甲突击车：LVTP－7型14辆。牵引炮：325门，其中105毫米56型驮载式157门，155毫米FH－70型164门，M－114型4门（储备）。自行火炮。包括155毫米M－109G/L型260门，203毫米M－110型1门。多管火箭炮：227毫米“姆拉斯”22门。迫击炮：81毫米1200门，120毫米746门。反坦克导弹：“陶－2B”式426具，“陶Ⅰ”式432具，“米兰”式752具。火箭炮：“铁拳”3型1860具。无座力炮：80毫米“霹雳”式434门。高射炮：25毫米SIDAM自行式120门。地空导弹：“霍克”式66部，“毒刺”式80部，“防空卫士”/“蝮蛇”式46部。翼飞机：12架，包括SM－1019型6架，DO－228型3架，P－180型3架。直升机：359架，其中攻击直升机45架；无人飞机：“奎宿九星”20型5架。

海军 3.8万人（包括0.25万名海军航空兵，0.15万名海军陆战队，0.5万名义务兵）。编有1个舰队司令部（兼北约地中海常设舰队司令部），5个战区司令部，4个海军基地。

潜艇：6艘，其中“佩洛吉”级4艘，“萨乌罗”级2艘。主战水面舰艇：20艘。轻型航母：“加里波第”级1艘，可搭载AV－8B型攻击机6架或SH－3型“海王”式直升机4架。巡洋舰：“维托里奥·维纳托”级1艘，装备双联装SM－1ER型舰空导弹发射装置1座，AB－212型反潜直升机6架等。驱逐舰：4艘，其中“勇敢”级2艘，“大胆”级2艘。护卫舰：14艘，其中“西北风”级8艘，“狼”级2艘，“阿蒂格利尔”级4艘。巡逻和海岸作战舰艇：16艘。水雷战舰艇：13艘，其中海岸猎雷艇1艘，“莱里齐”级4艘，“加埃塔”级8艘。两栖战舰艇：3艘，其中“圣乔治奥”级2艘，“圣鞠斯托”级1艘，另有33艘小艇。支援辅助舰船：28艘。

特种部队（特种部队司令部）：4个大队，1个水下作战小队，1个海军特种作战小队，1所学校和1个研究所。

海军陆战队（“圣马可”大队）：共1500人。编有1个营级大队，1个训练大队和1个后勤大队。装备有VCC－1型装甲人员输送车30辆，VCC－2型装甲人员输送车20辆，LTVP－7型装甲车18辆；81毫米迫击炮16门，106毫米无座力炮8门，“米兰”式反坦克导弹6具。

空军 5.08万人（包括0.82万名义务兵）。编有8个攻击机中队，5个战斗机中队，2个侦察机中队，1个电子战中队，1个空中加油机中队，2个联络机中队，1个搜索救援机中队，3个“奈基”地空导弹中队和9个“斯巴达”地空导弹中队，

攻击/战斗机：“旋风”式100架，F－104 ASA型49架，TF－104G型12架，AMX型74架，MB－339型69架，MB－339CD型14架，“大西洋”式海上反潜机10架，“波音－707－320”型2架（空中加油/运

输)，C－130H/J 型 16 架（运输/空中加油)，G－222 型 22 架（运输、搜索和校正)，A319CJ“空中客车” 1架，“猎鹰”50 型 4 架，“猎鹰”900 型 2 架，P－166－DL3 型 6 架（联络/训练)，P－180 型 4 架（联络)，PD－808 型 4 架（电子战、校正、专机、运输)，SF－260M 型 34 架（训练)，SIAI－208 型 32 架(联络)。无人机：“捕食者”4 架。直升机：HH－3F 型 23 架，SH－3D 型 1 架，AB－212 型 27 架，NH－500D型 48 架。此外，还装备有 AIM－9L 型“响尾蛇”、“蝮蛇”型空空导弹；AGM－88 型“哈姆”、“鸬鹚”型空地导弹；“奈基”、“蝮蛇”型地空导弹若干。

准军事部队　25.43 万人。

宪兵　1.18 万人（属内政部)。包括本土宪兵、训练部队、机动防御部队等。装备有菲亚特 6616 型装甲运输车 48 辆，VCC－1 型装甲人员输送车 10 辆，VCC－2 型装甲人员输送车 20 辆；直升机 92 架，其中 A－109 型 24 架、AB－206 型 38 架、AB－412 型 30 架；舰艇 174 艘，其中海岸巡逻艇 72 艘，近岸巡逻艇 74 艘，近海巡逻艇 28 艘。

公安警察　7.9 万人（属内政部)。编有 11 个机动部队，装备菲亚特 6614 型装甲运输车 40 辆，P－68 型飞机 5 架，直升机 41 架，其中有 A－109 型 12 架，AB－206 型 20 架，AB－212 型 9 架。财政警察　6.35 万人（属财政部)。编有个 14 个大区，20 个地区，128 个大队。装备有 P－166－DL3 型飞机 5 架，直升机 80 架，近岸巡逻艇 3 艘，还有约 300 艘小艇。

港口控制部队在紧急情况下受海军领导。装备有近岸巡逻艇 12 艘，小艇 130 余艘，AB－412 型搜索救援机 4 架。

预备役部队　6.52 万人，其中陆军 1.19 万人，海军 2.3 万人，空军 3.03 万人。

兵役制度　目前实行义务兵和志愿兵相结合的兵役制度。义务兵服役期从 1997 年起缩短为 10 个月。意军已决定于 2006 年实现军队职业化和从 2000 年起开始征召女兵，并将兵役制度改为志愿兵役制，计划到 2007 年前废除义务兵役制，但在发生“特别重大危机”的情况下，仍保留实施义务兵役制的可能。根据意议会 2000 年通过的法律，意将从 2004 年起开始实行军队职业化，同时将义务兵役改为志愿兵役。服役年龄为 18 岁，陆、海、空义务兵服役期均为 10 个月，而志愿兵的服役期限根据所签合同分为 3 至 5 年不等。各级军官最高服役期限：将官 65 岁、校官 57 岁、尉官 50 岁。

军衔　分 5 等 19 级：将官 4 级（四星中将、三星中将、少将、准将)，校官 3 级（上校、中校、少校)，尉官 3 级（上尉、中尉、少尉)，军士 6 级（军士长、一级上士、二级上士、三级上士、中士、下士)，兵 3 级（一等兵、二等兵、列兵)。

驻外兵力　驻德国：93 人。驻马其顿：16 人。驻美国：40 人。驻加拿大：12 人。参加联合国维和部队：驻阿富汗（国际安全援助部队）350 人。驻阿尔巴尼亚 1160 人。驻波斯尼亚（第二期多国稳定部队）1600 人。驻刚果 4 人，包括 1 名军事观察员。驻埃及（多国部队监督团）75 人。驻埃塞俄比亚/厄立特里亚 210 人，包括 4 名军事观察员。驻印度/巴基斯坦：8 名军事观察员。驻伊拉克/科威特边境 4 名军事观察员。驻黎巴嫩（联合国驻黎临时部队）51 人。驻中东（联合国停战监督机构）7 名军事观察员。驻西撒哈拉（联合国西撒哈拉公民投票特派团）5 名军事观察员。驻南斯拉夫（稳定部队）4200 人。

外国驻军　北约：南欧盟军司令部（司令部设在那不勒斯)，南欧空军盟军司令部，南欧海军盟军司令部，南欧联合指挥司令部，第五盟军战术空军司令部。美国：1.079 万人，其中陆军 0.26 万人，海军 0.44 万人，空军 0.362 万人，海军陆战队 170 人。美国第六舰队基地在那不勒斯附近的加埃塔，那不勒斯、西西里的西戈耐拉和撒丁岛附近的马达莱纳岛设有基地。

军队节日　建军节 11 月 4 日。

（李强洲）

英　国

国　　名　大不列颠及北爱尔兰联合王国

主要统计　面积 24.41 万平方千米（包括内陆

水域)。人口 5893.8 万人(其中 13~17 岁男 192.6 万人,女 183.9 万人;18~22 岁男 177.2 万人,女 169 万人;23~32 岁男 399.7 万人,女 382.6 万人)。国内生产总值 1.4292 万亿美元,人均 23820 美元(2001 年)。国防费 246 亿英镑(2002 年国防预算)。天然气 992.16 亿立方米(1997 年)。原煤 4849.5 万吨(1997 年)。原油 8.93 亿桶(1997 年)。发电量 3449.55 亿度(1997 年)。粮食 2204.5 万吨(1999 年)。海运能力,商船(载重 100 吨以上)1631 艘,总载重量 435.5 万吨。民航能力,固定航班机场 57 处,客运量 1603.36 亿人千米,货运量 49.25 亿吨千米。

国防政策 积极参与世界事务,维护英国的国际地位;积极参与北约行动,密切同美国的合作,并依靠和借助北约的集体防务力量来保卫欧洲和英国本土安全,努力增加英国在欧洲的影响;积极加强与英联邦国家的联系,保护其广泛的海外利益;保持核威慑力量;保持强大的常规部队;突出强调质量建军和联合快速反应部队的建设,重点提高英军处理各种危机、应付突发事件的快速反应能力,努力维护英国在欧洲及海外传统势力范围的战略利益,积极参加联合国的维和行动,维护英国的战略利益。

军事战略 英国在冷战后对其军事战略进行调整,确定"应变抉择"的军事战略。其核心是:以北约集体防务为支柱,以有限的核威慑为后盾,重点提高部队应付突发事件的能力,以加强军队的质量。具体情况如下:陆军近年的规模虽然在缩小,但更加重视改善军队的装备,着重提高部队的机动性和灵活性;海军的军事战略由"前沿防御"向"机动防御"转变,并着重提高海军处理各种危机和应付突发事件"机动、应变"能力,其作战作战任务转向独立自主或盟国联合对付涉及国家利益的地区可能发生的危机,能够在远离本土地区迅速调遣、展开部队。空军的主要任务是在多个危机发生地区调遣和机动作战。在指导思想上,强调依靠北约确保欧洲和英国的安全。在防务安排上,积极参与北约集体防务和欧洲的维和行动。在军事部署上,减少驻德国部队。在军队建设上,强调走"少而精"的质量建军的道路。

国防体制 女王伊丽莎白二世是英军名义上的最高统帅。最高军事决策机构是"国防与海外政策委员会",首相任主席,成员有国防大臣、外交大臣、内政大臣、财政大臣等;必要时,国防参谋长和三军参谋长列席会议。国防部为国防执行机构,既是政府行政部门,又是军事最高司令部,负责具体贯彻和执行首相和"国防与海外政策委员会"的指示和决议,并负责制定政策、预算和三军的作战指挥。国防参谋部负责三军的作战指挥,由第一国防副参谋长主持日常工作。武装力量由正规军与预备役部队组成。正规军分陆、海、空三个军种。首相通过国防部和国防参谋部对全国武装力量实施领导和指挥。战时则组成战时内阁,指挥作战。

领导人物 女王伊丽莎白二世(1952 年即位,1953 年加冕)是英国武装力量名义上的最高统帅。国防大臣杰弗里·胡恩(2001 年 6 月上任)。英国国防参谋长迈克尔·博伊斯海军上将(2001 年 2 月)。陆军参谋长麦克尔·沃克上将(2000 年 4 月上任)。海军参谋长奈杰尔·艾森海上将。空军参谋长彼得·斯夸尔上将(2000 年 4 月上任)。

武装力量 **兵力** 现役部队 210.45 万人。

陆军 11.48 万人。编有 1 个地面部队司令部;3 个师部(由前军区改编而成),1 个驻德英国支援司令部;1 个装甲师(辖 3 个装甲旅、3 个炮兵团、4 个工兵团、1 个航空团、1 个防空团);1 个机械化师(辖 3 个机械化旅、3 个炮兵团、4 个工兵团、1 个防空团);陆军预备军团(辖 3 个装甲侦察团、2 个多管火箭炮团、2 个防空团、1 个工兵团);1 个联合直升机司令部并 1 个空中突击旅;1 个炮兵旅部,1 个防空旅部,1 个侦察旅部;2 个后勤旅;14 个步兵旅部。1 个联合核生化团。

坦克:594 辆,其中"挑战者"Ⅱ型 386 辆,"挑战者"式 205 辆,"酋长"式 3 辆。装甲侦察车:"大弯刀"式 327 辆,"佩刀"式 137 辆,"狐"式 11 辆。装甲步兵战车:"勇士"式 575 辆,AFV432 型 10 辆。装甲运输车:AFV432 型 1117 辆,"斯巴达人"585 辆,"萨克森"式 649 辆,"萨拉逊"式 2 辆,"猛攻者"式 10 辆。牵引炮:214 门,105 毫米 L-118/-119 型 166 门,155 毫米 FH-70 型 48 门。自行炮:155 毫米 179 门。迫击炮:81 毫米 470 门(包括 110 门自行式)。反坦克导弹:"米兰"式 787 具,"旋火"式 60 具,"陶"式若干具。火箭筒:94 毫米 LAW-80 型若干具。地空导弹:"HVM"式 135 套(自行式),"星光"式 147 部,"标枪"式 335 部,"轻剑"式 98 部。警戒雷达:"辛白林"式 19 部。飞机:6 架。直升机:270 架。无人驾驶飞机:"不死鸟"8 架。登陆艇:14 艘。

海军 4.235 万人。编有 2 个司令部,8 个基地(设在英国本土诺斯伍德、德文波特、法斯兰、朴茨茅斯、卡德罗斯、普雷斯蒂克、约维尔顿和本国以外的直布罗陀)。

潜艇：16 艘。战术潜艇：其中，“特拉法尔加”级 7 艘（有 2 艘装备“战斧”式巡航导弹），“快速级”5 艘（有 4 艘装备“战斧”式巡航导弹）。主战水面舰艇：35 艘。航空母舰：“常胜”级 3 艘。导弹驱逐舰：“伯明翰”级 11 艘。导弹护卫舰：共 21 艘，其中“康沃尔”级 4 艘，“大刀”级 1 艘，“诺福克”级 16 艘。巡逻艇：20 艘，包括近海巡逻艇 4 艘，沿海巡逻艇 16 艘。扫雷舰艇：23 艘。两栖登陆艇：5 艘。支援辅助舰船：20 艘。

海军航空兵　6200 人。装备作战飞机 34 架（另储备 21 架），武装直升机 180 架。

海军陆战队　7000 人。共 1 个突击旅，装备有 81 毫米迫击炮，“米兰”式反坦克导弹，“轻标枪”式地空导弹，SA－341 型“小羚羊”式直升机 9 架，“大山猫”AH－7 型攻击直升机 6 架，两栖舰艇 28 艘。空军 5．33 万人。编有 5 个战斗攻击机/轰炸机中队、5 个战斗攻击机中队、5 个战斗机中队、4 个侦察机中队、3 个海上巡逻机中队、2 个预警机中队、1 个电子情报搜集中队、3 个运输机/加油机中队、1 个跟踪设备/校正中队、5 个改装训练分队、7 个战术直升机中队，2 个搜索与救援直升机中队。作战飞机 332 架。

战斗机：“旋风”式 206 架，“旋风”F－3 型 94 架，“美洲虎”式 46 架，“鹞”式 60 架，“隼”T－1/1－A－W 型 101 架，“堪培拉”式 5 架，“猎人”式 23 架，“哨兵”E－3D 型 6 架，C－17A 型 4 架，“三星”式 9 架，VC－10 型 19 架，“大力士”C－130 型 50 架，BAe－125cc－3 型 5 架，BAe－146 型 2 架，“巨嘴鸟”式 76 架，“喷气流”式 9 架，“牧师”式 9 架，“导师”式 99 架，“萤火虫”160 式 45 架。直升机 163 架。

战略核力量　1000 人。弹道导弹核潜艇：4 艘“前卫级”弹道导弹核潜艇，每艘可载有“三叉戟”D5 型 16 枚，各艇上部署的核弹头不超过 48 枚，但每枚核弹头最多可带 12 个分弹头。预警系统：弹道导弹预警系统（法伊林达累斯控制站）

预备役部队　25.675 万人，其中陆军 20.115 万人，海军/海军陆战队 1.43 万人，空军 4.13 万人。

部署　陆军主要部署在英国和德国境内。海军重点部署在英吉利海峡沿岸一线及直布罗陀海峡。空军集中在德国境内和英格兰地区。

兵役制度　实行志愿兵役制，服役期 3、6、9、12、15 年不等，一般最长为 22 年。各级军官最高服役年限：元帅和上将为 60 岁、中将 59 岁、少将 57 岁、准将至少校 55 岁；尉官从授予军衔起，16 内不能晋升至少校军衔的就必须退役。此外，英军的预备役分为两种：一种为正规预备役；另一种为志愿与辅助预备役。军衔 分 8 等 19 级：元帅 1 级（只在战时授予），将官 3 级（上将、中将、少将），准将 1 级，校官 3 级（上校、中校、少校），尉官 3 级（上尉、中尉、少尉），准尉 2 级（一级准尉、二级准尉），军士 3 级（上士、中士、下士），兵 3 级（一等兵、二等兵、新兵）

驻外兵力　驻阿富汗：3 架 CH－47 直升机。驻南极洲：1 艘破冰巡逻艇。驻阿森松岛：空军 37 人。驻比利时：空军 196 人。驻伯利兹：陆军 30 人。驻文莱：陆军约 1100 人。驻加拿大：陆军 500 人，空军 143 人。驻塞浦路斯：3190 人。驻福克兰群岛：1300 人。驻德国：陆军 1．71 万人，1 个军部，1 个装甲师。驻直布罗陀海峡：575 人。驻尼泊尔：陆军约 63 人。驻肯尼亚：陆军 20 人。驻荷兰：空军 137 人。驻阿曼/马斯喀特阿：空军 33 人。驻美国：空军 162 人。参加联合国维和行动：驻阿富汗国际安全援助部队：400 人。驻巴林（参加“南部守望”行动）：空军 50 人。驻波斯尼亚（第二期多国稳定部队）：1700 人。驻塞浦路斯：416 人。驻刚果：6 人。驻格鲁吉亚：7 名军事观察员。驻伊拉克/科威特（参加“南部守望”行动）：空军 300 人；联合国伊科观察团：11 名军事观察员。驻意大利：350 人。驻沙特：空军 825 人。驻塞拉里昂：21 人，包括 15 名军事观察员。驻土耳其：空军 190 人。驻南斯拉夫：2200 人。军事顾问：458 人，分布在 26 个国家。

外国驻军　美国：9400 人，其中陆军 440 人，海军 1220 人，空军 7600 人，海军陆战队 140 人。北约：北部区域盟军海军司令部；东大西洋地区盟军司令部；混编空军作战中心等。

（李强洲）

美洲和大洋洲国家军事概况

哥 伦 比 亚

国　　名　哥伦比亚共和国。

主要统计　面积 114.1748 万平方千米。人口 4376.5 万人（其中，13～17 岁男 196.5 万人，女 187.3 万人；18～22 岁男 191.6 万人，女 184.0 万人；23～32 岁男 332.5 万人，女 326.3 万人）。国内生产总值 813.4 亿美元（2001 年）。国防费 21 亿美元（2001 年国防预算）。原煤 3300 万吨（1999 年）。原油 2.5 亿桶（2000 年）。发电量 420 亿度（1999 年）粮食 382.6 万吨（1999 年）。海运能力，商船（载重 100 吨以上）101 艘，总载重量 40.3 万吨（200 年）。民航能力，固定航班机场 43 处，客运量 59.91 亿人千米，货运量 8.36 亿吨千米（2001 年）。

国防体制　哥宪法规定，总统为武装力量最高统帅，是国家安全、防务事务的最高决策人。国家安全委员会为最高安全咨询机构，成员有内政、国防、司法、交通部长、武装力量总司令、国家安全局长、警察总局局长。最高国防委员会为最高军事咨询机构，成员有国防部长、武装力量总司令、陆军司令、海军司令、空军司令和警察总局局长。国防部为政府中一个部，是最高军事行政机关。武装力量总司令部是最高军事指挥机构，直接对三军行使军事指挥权。武装力量联合参谋部为武装力量总司令部的执行机构，由三军参谋长组成。陆、海、空三军司令是本军种最高军事长官，直接对本军种负责。总统通过国防部和武装力量总司令部对全国武装力量实施领导和指挥。

领导人物　总统兼武装力量最高统帅阿尔瓦罗·乌里维·韦莱斯（2002 年 8 月 7 日上任）。国防部长（女）玛尔塔·卢西亚·拉米雷斯（2002 年 8 月上任）。武装部队总司令豪尔赫·恩里克·莫拉·兰赫尔上将（2002 年 8 月上任）。武装部队联合参谋长埃乌克里德斯·桑切斯·巴尔加斯中将（2002 年 8 月上任）。陆军司令卡洛斯·阿尔伯托·奥斯皮纳·奥瓦列中将（2002 年 8 月上任）。海军司令马乌里西奥·索托·戈麦斯中将（2002 年 8 月上任）。空军司令埃克托尔·法维奥·贝拉斯科·查维斯上将（2002 年 8 月上任）。

武装力量　**兵力**　现役部队 15.8 万人。

陆军　13.6 万人。编有 5 个师部、17 个旅，其中 6 个机械化旅（3 个步兵旅、1 个机械化骑兵旅、1 个炮兵旅、1 个工程兵营）、2 个工兵旅、9 个步兵旅。

坦克：M－3A1 型 12 辆。装甲侦察车：M－8 型 5 辆、EE－9“响尾蛇”130 辆。装甲输送车：M－113 型 100 多辆、EE－11“蝰蛇”100 多辆、RG－31“尼亚拉”4 辆。牵引炮：75 毫米 M－116 型 70 门、105 毫米 M－101 型 86 门。迫击炮：81 毫米、107 毫米、120 毫米共 396 门。反坦克导弹：“陶”式 20 具。无座力炮：106 毫米 M－40A1 型 50 门。高炮：40 毫米 30 门。直升机大约 100 架。

海军　1.5 万人。编有 2 个舰队、1 个内河舰队。

潜艇：“皮豪”级 2 艘、“侏儒”级 2 艘。小型导弹护卫舰：“帕迪亚海军上将”级 4 艘。海岸巡逻艇：27 艘。

陆战队　1 万人。编有 2 个陆战旅。将装备 EE－9“响尾蛇”装甲侦察车和 EE－11“蝰蛇”装甲输送车。

海军航空兵 100 人。装备各型飞机 6 架、直升机 4 架。

空军　0.7 万人。编有 4 个司令部。作战飞机 58 架、武装直升机 23 架。

攻击战斗机：“幻影”5 型 7 架、“幼狮”C－7 型 10 架、“幼狮”TC－7 型 1 架。战斗机：AC－47T 型 4 架、IA－58A 型 3 架、A－37B 型 20 架、OV－10 型 13 架。运输机：波音 707 型 1 架、波音 727 型 2 架、C－

130B 型 7 架、C-130H 型 2 架、C-117 型 1 架、C-47 型 2 架、“卡萨”212 型 2 架。“先锋”型 2 架、F-28 型 1 架、CN-235 型 3 架。运输直升机：UH-1H 型 17 架，Mi-17 型 6 架。武装直升机：贝尔 205 型 5 架、贝尔 212 型 13 架、贝尔 412 型 2 架、UH-60A 型 10 架、UH-60L 型 11 架、MD-500ME 型 11 架、MD-500D 型 2 架、MD-530F 型 3 架。侦察机：SA2-37A/B 型 5 架、C-26 型 3 架。教练机 59 架，其中直升机 18 架。空空导弹：R-530 式和“大蟒”III 若干枚。

预备役　6.07 万人，其中陆军 5.47 万人，海军 4800 人，空军 1200 人。

准军事部队　即国民警察 10.46 万人。

军事基地　共有军事基地 18 处，其中海军基地 9 处（卡塔赫纳、布韦那文图拉、马拉加等），空军基地 9 处（巴兰基利亚、圣菲波哥大、梅加尔等）。

兵役制度　实行高中生义务兵、普通义务兵和志愿兵役制三结合的兵役制度。高中生义务兵服役期为 1 年，普通义务兵服役期为 2 年。陆、海军还征召部分志愿兵。

军衔　军官和士官军衔共分 4 等 15 级，即将官 3 级（上将、中将、少将）、校官 3 级（上校、中校、少校）、尉官 3 级（上尉、中尉、少尉）、士官 6 级（军士长、一等上士、二等上士、中士、一等下士、二等下士）。

军队节日　8 月 7 日为陆军节，7 月 24 日为海军节，11 月 8 日为空军节。

军工生产能力　军工部隶属国防部领导，下辖 3 个军工厂，只能加工和组装一些轻武器。但每年仍需从国外进口各种武器装备和弹药。

（戴增刚）

加　拿　大

国　　名　加拿大。

主要统计　面积 998.467 万平方千米。人口 3108.19 万人（其中，13～17 岁男 100.8 万人，女 96.3 万人；18～22 岁男 98.3 万人，女 94.9 万人；23～23 男 202.2 万人，女 197.6 万人）。国内生产总值 10841.2 亿加元，合 6998.8 亿美元（2001 年）。国防费 117 亿加元，合 75.5 亿美元（2001/2002 财年国防预算）。原油 1.28 亿立米（2000 年）。天然气 1729 亿立方米（2000 年）。粗钢 2696.1 万吨（2001 年）。原煤 7046.9 万吨（2001 年）。发电量 5420 亿度（2001 年）。粮食 5377.6 万顿（1999 年）。海运能力，商船（载重 100 吨以上）1885 艘，总载重量 289.68 万吨（1998 年）。民航能力，固定航班机场 886 个，客运量 670.19 亿人千米、货运量 17.25 亿吨千米（2001 年）。

国防体制　总督代表英国女王，为形式上武装力量统帅。最高国防决策机构为内阁，总理是事实上的最高军事领导人。国防部为内阁中的一个部，由文官和军人组成，是最高军事行政和指挥机构，负责人事管理、经费分配、武器装备采购、武装力量建设等工作。国防参谋长由军人担任，是国防部长的最高军事顾问。在内阁决策下，国防部长通过国防参谋长领导和指挥全军。武装力量由正规军和准军事部队组成。实行三军统一体制，国防参谋部内设有地面部队（相当于陆军）、海上部队（相当于海军）和空中部队（相当于空军）三个军种司令部及通信保障、征兵与训练、预备役等部门。

领导人物　总督兼形式上的加拿大武装力量统帅阿德里安娜·克拉克森夫人（1999 年 10 月上任）。实际上的统帅加拿大总理让·克雷蒂安（1993 年 11 月上任）。国防部长约翰·麦卡勒姆（2002 年 5 月上任），国防部副部长玛格丽特·布拉德沃斯（2002 年 5 月上任）。国防参谋长雷蒙德·赫洛特上将（2001 年 8 月上任）。地面部队司令麦克·杰弗里中将（2000 年 8 月上任）。海上部队司令荣·巴克中将（2001 年 6 月上任）。空中部队司令劳埃德·坎贝尔中将（2000 年 7 月上任）。

武装力量　**兵力**　现役部队 5.23 万人，其中女兵 6100 人。

地面部队　1.93 万人，其中女兵 1600 人。编有 1 个师部，下辖 3 个机械化步兵旅群（各辖 1 个装甲团、3 个机械化步兵营、1 个炮团、1 个工程兵团、1 个侦察中队、1 个防空连）、1 个独立防空团、1 个独立工兵保障团和1个突击队（“联合特遣部队－2”）。

坦克：“豹”I型114辆。装甲侦察车：“小狼”203辆，“美洲狮”195辆。轻型装甲车：“科迪亚克熊”150辆，“灰熊”269辆，“野牛”199辆。装甲输运车：M－113型1214辆，M－557型61辆。牵引炮：105毫米213门。自行炮：155毫米58门。迫击炮：81毫米167门。反坦克导弹：“陶”式150具，“红沙蛇”425具。无坐力炮：84毫米1040门，106毫米111门。高炮：35毫米34门，40毫米57门。地空导弹：“阿达茨”22部，“轻标枪”96部。

海上部队　9000人，其中女兵2800人。编有2个舰队（5个中队），1个海上航空大队（10个中队）。装备各种主要舰艇38艘，其中潜艇2艘，作战舰艇16艘。

潜艇：“维多利亚”级2艘。驱逐舰：“易洛魁人”级4艘。护卫舰：“哈尼法克斯”级12艘。巡逻艇：14艘。支援与勤务舰艇：6艘。

空中部队　1.35万人，其中女兵1700人。编有1个飞行师，辖13个飞行中队。作战飞机140架，没有武装直升机。

战斗机：CF－18型122架，CP－140型18架，CP－140A型3架。运输机：CC－130E/H型32架，KCC－130型5架，CC－150型5架，波音CC－137型5架，CC－144B型8架，CC－138型4架，CC－115型7架。教练机：CT－114型136架，CT－142型4架。直升机：“海王”CH－124型29架、“贝尔”CH－146型75架、“拉布拉多”CH－113型12架（即将被15架CH－149型代替）、CH－139型9架。

预备役部队　3.54万人，其中基础预备役部队2.07万人（地面部队1.4万人，海上部队4000人，空中部队2100人，其他600人），候补预备役部队1.47万人。

准军事部队　9350人。其中，海岸警卫队4700人，装备小型舰艇96艘、直升机27架；渔业海洋部4650人，装备有90艘各型舰艇。

部署　地面部队主要部署在魁北克和阿尔博塔省；海上部队重点部署在大西洋和太平洋沿岸水域；空中部队主要部署在中部和东部地区。地面部队主要基地有卡尔加里、瓦尔卡提尔等；海上部队主要基地有渥太华、哈尼法克斯、埃斯基莫尔等；空中部队主要基地有北湾、波戈特维尔、冷湖等。

兵役制度　实行志愿兵役制。士兵基本服役期3年。各级军官最高服役年限一律为55岁。

军衔　分6等17级；将官4级（上将、中将、少将、准将），校官3级（上校、中校、少校），尉官3级（上尉、中尉、少尉），准尉3级（一级准尉、二级准尉、三级准尉）、军士3级（上士、中士、下士），兵1级（列兵）。

驻外兵力　参加联合国维持和平行动，其中：波黑1600人、塞浦路斯1人、刚果共和国6人、埃及29人、埃塞俄比亚/厄立特里亚6人、中东6人、塞拉里昂5人、叙利亚/以色列189人、南联盟800人。

外国驻军　英国643人：陆军500人，空军143人。

（李　锐）

美　国

国　　名　美利坚合众国。

主要统计　面积952.9202万平方千米（其中本土937.2614万平方千米）。人口2.859亿万人（其中13～17岁男970.2万人，女925.2万人；18～22岁男931.1万人，女889.4万人；23～32岁男1920.6万人，女1831.0万人）。国内生产总值10.2万亿美元（2001年）。国防预算3479亿美元（2002财年），3790亿美元（2003财年）。钢1.05亿吨（1996年）。原煤9.91亿吨（1997年）。原油23.34亿桶（1997年）。天然气5606.35亿立方米（1997年）。发电量35716.5亿度（1997年）。粮食3.36亿吨（1999年）。海运能力，（载重100吨以上）商船509艘，总载重量1858.5万吨（1998年）。民航能力，固定航班机场834座，客运量9970亿人千米，货运量264.5亿吨千米（1998年）。铁路总长22.2万千米（1998年）。公路总长628.61万千米（1998年）。

国防政策　2002年8月15日，布什政府向国会提交了它的第一份《国防报告》（以下简称《报告》)。《报告》综合体现了2001年9月的《四年防务审查报告》和2002年1月的《核态势审查报告》等已发表文件提出的思想、观点，并出现了一些新的提法。该《报告》反映了今后几年美国安全政策、军事战略、军队建设和军备发展的思路和基本走向。

一、对国家利益作新的概括。《报告》指出，“美国武装力量的目的是保卫和促进美国国家利益，并在威慑失败的情况下，挫败针对这些利益的威胁”。该《报告》将美国的国家利益表述为：

第一，“确保美国的安全与行动自由”，包括捍卫美国的主权、领土完整与自由，保护国内外美国公民的安全，以及保护美国的关键基础设施的安全。

第二，“信守和履行国际义务”，包括保护盟友的安全与繁荣；防止敌对势力主宰关键地区，特别是欧洲、东北亚、亚洲沿岸地区、中东和西南亚等地；促进西半球的繁荣。

第三，“经济利益”，包括保持全球经济活力和效率，保障国际海域、空域、空间交通的安全和信息通道的安全，拥有进入主要市场与战略资源丰富地区的权利。

可以看出，这里把美国的国家利益明确划分为“对内安全利益”、“对外安全利益”和“经济安全利益”三个方面，每个方面又有三条。美国防部1997年发表的《四年防务审查报告》在谈到美国的生死攸关利益时，有具体内容大体相似的表述。《报告》的表述有以下两个特点：第一，把“对内安全利益”和“对外安全利益”、“经济安全利益”并列，且列为首要国家利益；第二，突出强调“保护美国的关键基础设施的安全”、确保美国对“欧洲、东北亚、亚洲沿海地区、中东和西南亚”的控制和确保“信息通道的安全”，这是过去所没有的。这两个特点反映了布什政府对美国国家安全利益的新考虑和新重点。

二、对安全威胁作新的判断。《报告》认为，21世纪的安全环境比20世纪的“更加复杂和危险”，有“更大的不确定性、不可预见性和遭受突袭的可能性”。具体表现为：

第一，“地理距离所提供的保护正在消失”。美国过去享有的地理上“东西有大洋，南北无强敌”的安全优势已无意义了，导弹技术扩散和经济全球化造就了美国本土易受攻击的“新弱点”。

第二，“地区性强国正在发展威胁美国利益攸关地区的稳定的能力”。亚洲正成为“受大规模军事竞赛影响的地区”；从中东到东北亚是“一个广阔的弧形不稳定地带”；“一个有丰富资源基础的军事竞争者将有可能在该地区出现”；伊拉克、伊朗和北朝鲜正在发展弹道导弹和核生化武器，并可能支持国际恐怖活动。欧洲的俄罗斯对美国和北约“不再构成大规模常规军事威胁”，然而，俄罗斯还“公开或隐蔽地追求一些与美国利益相悖的政策目标”。西半球的危机和突发事件可能越过边界，引起邻国动荡和“影响美国的经济和政治利益”。第三，“源于弱小国家和政府统治薄弱地区的挑战和威胁不断增加”。这些存在于亚非拉的国家和地区，为国际恐怖主义活动、核生化武器扩散和毒品走私提供了沃土。

第四，“力量和军事能力向非国家行为体扩散造成的严重威胁”。基地组织和恐怖主义网络利用全球化获得了实施袭击行动的资源和能力，如果他们获得核生化武器，将十分危险。

第五，“冲突根源的多样性和地点的不可预见性越来越严重”。这对美国制定打击对手的计划、发展对付危机的能力和实施危机干预行动，构成了严峻挑战。

第六，关键性军事技术发展构成的挑战。关键性军事技术的迅速发展，不但加大了美国进行军事革命的难度，而且加速导弹和核生化技术扩散的速度，加剧在空间和计算机领域进行的竞争，使发生误判和遭受突然袭击的可能性增大。

从以上分析可以看出，美国极其重视以下几个方面的威胁：第一，恐怖主义势力对美国全球安全特别是本土安全的威胁。第二，来自亚洲、特别是所谓的“不稳定弧形地区”的威胁。第三，来自大国的威胁。实际上仍坚持认为中国和俄罗斯是潜在的“具有同等力量的全球性对手”，只不过是不明说罢了。所谓的亚洲将出现的“一个有丰富资源的军事对手”，实际是指中国。对俄罗斯，一方面说它不构成“常规威胁”，另一方面又说它的许多政策目标“与美国的利益相悖”。第四，军事技术扩散使对手对抗美国的能力增强所造成的威胁。

三、阐明反恐战争的战略指导思想。《报告》以一章的篇幅阐述反恐战争，其中关于反恐战争的战略指导思想，可归纳为五点：①战争是长期的，在摧毁所有“有全球活动能力的恐怖组织”之前不会结束；②必须把战争引向敌人的领土，“任何继续庇护或支持恐怖主义的国家将被美国视为敌对的政体”；③战争不只是军队的事情，执法、金融、情报和后备役部队等国家部门都要参与；④将与愿意以不同方式参与反恐战争的国家建立不同形式的联盟；⑤战争要达到两大目标，一是摧毁一切恐怖组织，二是粉碎恐怖分子或集团获得核生化武器的企图；⑥要采取预防行动来防止未来的攻击，“不能静候”危险的扩大和到来。

《报告》还总结了阿富汗战争的经验教训，共九点：①21 世纪的战争越来越要求运用国力的各个要素——经济、外交、财政、执法和情报要素，以及公开或隐蔽的军事行动。②部队在战场上进行无缝隙通信和联合作战的能力，是未来战争胜利的关键。阿富汗战争的胜利是由在地面的美军特种作战部队人员和在空中的海、空军和陆战队飞行员组成的“合成小组”赢得的。③战争最好由愿意参战的国家组成的多国联军进行，但他们不应由“委员会”来打仗。必须由作战任务来决定联军的组成，而不是相反。④保卫美国需要采取预防措施，有时还需要发动先发制人的打击。惟一的防范是将战争引向敌人；最好的防御是有力的进攻。⑤必须使敌人懂得，为赢得胜利，美国将投入一切可用的力量打败他们，以及准备作出任何必要的牺牲来赢得胜利。⑥反恐战争的胜利要求对敌人施加持续的压力，不给敌人任何喘息的机会和使之无处藏身。⑦新的和高新技术的手段并不能完全取代老的常规的手段。没有地面士兵为轰炸机指示目标，空投的精确制导炸弹不会取得满意的效果。⑧美国必须将作战行动和人道主义救援、无线广播、奖赏及其他努力结合起来，以吸引当地人民帮助美国实现作战目标。⑨美国的领导人必须对美国人民坦诚，能说和不能说的事情都要让人民理解。公众对战争的巨大支援，来源于人民对领导的信任，这是战争取得胜利的关键。

从美国反恐战争的战略指导思想和对阿富汗战争的经验教训的总结，可以看出，反恐战争已经成为美国重塑世界和实现美国单极世界梦想的重要战争形式；反恐战争将在发挥美国军事优势的基础上，重视发挥外交、执法、情报、金融等方面的作用，重视临时联盟的作用，并以先发制人的进攻性作战为基本作战类型。

四、对军队建设提出新的要求。《报告》认为，“美国作为全球大国，所面临的重大挑战是未来的突发事件难以预测，美国必须为此做好准备。”因此，要求军队建设必须以完成以下四项重大作战任务为目标：第一，“保卫美国”；第二，“在关键地区前沿慑止侵略和胁迫行为”；第三，“在同时发生的两场大规模冲突中迅速击败侵略，使总统可作出这样的选择：在其中一场冲突中取得决定性胜利——包括改变敌国政权或占领敌国”；第四，“实施数量有限的小规模应急作战”。

《报告》指出，为使军队能够完成上述任务，军队的员额将不再缩减，现役部队将保持以下规模：陆军 10 个现役师和 2 个骑兵团（重型和轻型各 1）；海军 12 艘航母、10 个舰载机联队、12 个两栖戒备大队、55 艘攻击潜艇和 108 艘水面作战舰只；空军 46 个战斗机中队，112 架轰炸机；陆战队 3 个陆战师、3 个飞行联队和 3 个勤务支援大队。

为使军队能够完成上述任务，必须加快军队的转型性改革。“从根本上说，转型就是通过正在进行的军事革命，以我们的术语来重新定义战争”。转型要达到以下“六大作战能力指标”：①保护美国本土和盟友的重要基础设施不受核生化武器的袭击；②向难以进入或抗拒进入的地区投送作战力量；③具有发现和打击敌各种固定和机动目标的能力，使敌无处藏身；④充分利用信息优势和创新的观念，建立符合联合作战需要的 C^4ISR 体系；⑤信息系统有可靠的攻防能力；⑥天基系统及其地面支援设施的作战能力和生存能力强。

各军种的转型性改革，在 10 年内要实现下述目标：地面部队——更加轻便、更具杀伤力和机动力，可投送到远离港口和机场的地方作战，并与远程打击武器系统联网；海军和两栖部队——能克服抗拒进入和地区拒止（指对手在某一地区使用核生化武器——笔者注）威胁，在靠近敌海岸的地方作战，并能向敌纵深投送力量；空天部队——能够在广阔的地区发现和打击敌机动目标，能够与陆、海军部队配合，出其不意地迅速对敌实施远距突击；联合部队——将网络化，能跨越遥远的距离和广阔的空间实施极其复杂的分散作战。

转型性改革的主要活动，一是使部队在作战和组织上实现联合。联合部队必须是模块化的，便于指挥官根据任务组合为规模足以遏止或击败敌人以及部署速度、投入战斗速度和勤务支援速度都非常快的部队。二是建立联合的和多国联军作战的指挥控制机制，核心是建立灵活、可靠、有效的信息共享网络。三是建立常备的联合特遣部队司令部和相应的部队。准备在每个战区总部建立一个常备联合特遣部队司令部；常备联合特遣部队将为转型后的未来部队雏形。为加快改革，将经常举行检验改革方案的联合军事演习。2002 年夏天举行的“千年挑战—2002”演习，就是检验“快速决胜作战”概念的大规模演习。

《报告》还指出，“吸收新技术是转型的关键部分”，强调加大武器装备的更新和发展力度。《报告》提出的七个重点武器装备发展项目是：①导弹防御系统；②无人驾驶武器系统（包括无人机和海军无人水下舰艇）；③4 艘战略核潜艇改造为常规潜艇；④先进通信网络；⑤先进情报系统；⑥远程投射系统；⑦精确打击武器系统。

可以预见，美军转型性改革将进入全面加速的新时期，美国的国防投入也将进入一个大比例增长的新阶段，军事力量在国家安全战略和综合实力中的地位和比重也将大幅提高。2003 财年美国的国防预算已达 3822 亿美元，2003 年 2 月提出的 2004 财年及其后 5 个财年的国防预算分别为：2004 财年 3991 亿美元，2005 财年将突破 4000 亿大关达到 4196 亿美元，2006 财年 4397 亿美元，2007 财年 4600 亿美元，2008 财年 4804 亿美元，2009 财年将破天荒地达到 5027 亿美元。

五、特别强调增强太空、信息和情报（SII）能力。《报告》强调，建立攻防兼备的 SII 体系，是美军掌握对付各种紧急情况的灵活性和主动权、减少未来作战风险的关键所在，也是美军有效进行威慑和反恐作战的重要基础。国防部发展 SII 能力的目标为四点：第一，提升太空系统的性能、易使用性和生存能力；第二，提供安全、高容量和可靠的全球网络；第三，使网络充满高质量的信息和情报，以便掌握全球形势和支持网络中心战；第四，使太空、信息和情报系统更牢固、更安全，同时剥夺敌人在这方面的能力。

为实现上述目标，《报告》提出一系列加强 SII 能力的措施。例如，在太空能力方面，将研制可跟踪地面机动目标的天基雷达；将在 2005 年发射第二代 GPS（全球定位系统），并着手研制第三代 GPS；将研制跟踪他国卫星及太空残骸的天基监视系统。在信息方面，将建立全球性网络系统，例如建立全球信息栅，向为国家安全而工作（战斗）的人员和部门提供安全、可靠、有效和互通的信息服务。在情报方面，2003 财年计划拨款 33 亿美元提高图像情报和信号情报搜集能力及“情报、监视与侦察”的一体化水平。还计划拨款 20 亿美元提高 SII 系统的抗毁和保密性能，以增强信息基础设施的“防御纵深”。

特别强调攻防兼备 SII 系统的建设，是美国企图建立不可逾越的军事优势的思想的反映，也是美国企图占据国际军事技术竞争的最高点的战略谋划的反映，它必将在世界引起新的军事技术和军备竞赛。

六、提出国防部改革的目标。《报告》强调，为提高国防部的效能，“使支出的每一美元都有助于赢得未来战争”，在军队转型行性改革的同时，必须加快国防部的改革。指出美国防部存在机构设施超实际需要、财政系统老化及运营程序、规章不利于创新等问题，国防部的经营活动、管理程序和支援机构都须进行改革。改革的目标为：①缩短武器研制和后勤支援的决策周期；②使项目预算的过程缩短和更符合实际；③减少无效投资和使最优先项目也有节省；④吸引更多人才；⑤保持防务技术优势；⑥保证防务基础设施的规模和现代化水平能满足部队需要；⑦建立衡量国防部履行职能质量的测评方法。

为实现上述目标，国防部的改革活动将集中于以下四个方面：一是使国防部的经营活动现代化；二是提高物资采购、技术保障和后勤管理的效能；三是调整国防部的机构和设施并使之现代化；四是在国防工业企业中鼓励创新。消除机构臃肿将是首先解决的问题。国防部机关、军种部机关和联合司令部机关的重叠机构将被精简或撤销，高级机关的参谋人员在 2003 年底前将精简 15%。

为确保实现上述改革目标，国防部成立了“高级执行委员会”，负责对国防部的改革进行总体设计和指导。国防部长为该委员会主席，各军种部长和负责采购、技术和后勤的副国防部长为委员。成立了“防务运营倡议委员会”，负责研究节约开支、提高效率问题。还成立了由企业界的高级执行官和专家组成的“防务运营实施委员会”，帮助国防部学习地方的管理经验，提高防务运营的效率。

把新军事革命的成果和地方商业革命的成果运用于国防部的转型性改革，在美国已经提出多年，但具体措施不多、成果甚微。可以看出，布什政府将在这方面加大力度，以使国防部的改革能够和军队的改革同步发展。

七、强调对国防和军队建设进行风险管理。《报告》认为，过去 10 年，国防和军队建设只顾眼前不顾长远，在人员、现代化和基础设施等领域留下很大决口，造成国防和军队建设失衡。为改变这种倾向，必须重视风险管理。这是美军历史上首次提出风险管理的思想。《报告》提出，要对以下四个方面的风险进行管理：

第一，部队管理风险。指存在于招募、超期服役、训练、配备足够数量的合格人员和在完成多项作战任务的同时保持部队的战备水平等方面的风险。为降低这方面的风险，美国防部将采取增加军人的薪水、提高执行任务补贴、改善医疗和住房条件、控制执行任务频率、以及对训练进行现代改进和转型等措施。

第二，作战风险。来自那些决定美军能否在近期冲突或其他突发事件中达成军事目标的因素。为降低这方面的风险，美国防部将十分重视处理好以下三者之间的关系：武装力量的任务、常规武装力量的规模和美军的全球部署态势。

第三，未来挑战风险。来源于对中远期作战所需的新军事能力和新作战理论的发展进行投资方面。为降低这方面的风险，美国防部将采取以下三方面措施：加快军队的转型性改革；对战略力量的三位一体结构进行调整（详见“军事战略”部分）；加强空间、信息和情报能力的建设。

第四，制度性风险。来源于国防部的组织形式、管理方法和经营模式对国防部机构的效能和资源使用的效率的影响。为降低这方面的风险，美国防部将采取有力改革措施解决组织机构层次太多、基础设施过剩、办事程序落后、系统（如财务系统）老化、审计效率低下、工作方法陈旧等问题。

提出对国防和军队建设进行风险管理，这在美国的历史上尚属首次。这表明了布什政府以 21 世纪的安全战略需求为依据，全面加强国防和军队建设的决心，也反映了美国国防和军队建设中存在着的许多与其过快增长的战略需求不相适应的矛盾。

军事战略 布什政府上台至今，美军参谋长联席会议尚未发表军事战略报告。但是在美国，军事战略一般和防务战略一致，因此可以根据美国防部 2001 年 9 月 30 日发表的《四年防务审查报告》、2002 年 8 月 15 日发表的《国防报告》和美国总统同年 9 月 17 日签发的《美国国家安全战略》报告，对其军事战略做大体的描述。另外，威慑战略是美国军事战略的重要组成部分，也可根据 2002 年 1 月 9 日提交国会的《核态势审查报告》，将其概括于后。

一、“本土防卫”和“对外干涉”并重的军事战略。《四年防务审查报告》和《国防报告》对防务战略做了详述，据此可以将布什政府的军事战略大致概括为：

战略的着眼点在于对付各种不确定情况和各种突发事件。

战略的核心思想是“确保美国本土的安全”和“在国外采取有效的行动”，而且前者以后者为前提，后者以前者为基础。因此，可以认为，布什政府的新军事战略有两个战略重点，一个重点是在本土战线作战，制止类似“9·11”事件的灾难再度发生，确保美国本土的安全；另一个重点是在海外作战，消除对美国利益的任何威胁，确保美国本土的安全和全球战略目标的实现。

战略要达成的四个目标是：“确保”、“阻止”、“慑止”和“击败”，即“确保盟友安全；阻止未来的军事竞争；慑止针对美国利益的威胁与胁迫行为；如果威慑失败，决定性地击败任何敌人”。

达成战略目标的七大原则是：

第一，“风险管理”。即处理好诸多矛盾：为未来所作准备和当前需要之间的矛盾，军队改革的要求高与资源有限的矛盾，对付熟悉的威胁和陌生的新威胁（如恐怖主义袭击、网络战和核生化武器攻击等）的矛盾，等等。

第二，“‘基于能力’的模式”。由于“美国无法确知在未来几十年内什么国家、国家联合体或非国家行为体会对美国及其盟友的重大利益构成威胁”，美国必须将制定国防建设规划的模式，由过去的“基于威胁”转变为“基于能力”。换言之，国防建设的着眼点不再是谁可能是敌人，而是敌人可能具有何种能力；强调的重点不再是在何地与何敌人作战，而是敌人会以何种手段、何种方式作战。

第三，“保卫美国与投送美国军事力量”。保卫美国本土不受攻击是战略的“第一重点”，因为美国的敌人“已注意到美国本土的相对脆弱性”，企图以直接袭击美国本土来抵消美国的作战优势和达成其战略目标。因此，需要从陆地、海洋、空中和空间来保卫美国的安全。远距离投送军事力量至关重要，既可用于“慑止对美国的威胁”，也可用于“在必要时对敌对实体实施远程破坏、拒止或摧毁”。

第四，“巩固联盟与伙伴关系”。巩固这些关系，不只是使美国的盟友更安全，而且使美国更安全。美国必须根据变化了的形势建立新的安全合作方式，“安全合作必须更加灵活和更具适应性”，不仅能进行持久的、多边的国际反恐作战，而且能使美国和盟友对突发事件做出有效的反应。

第五，“增强美国全球军事态势”。首先是“强化前沿威慑态势”。具体措施包括前沿部署部队一体化、提供全球作战和指挥可以使用的资源、提高信息作战能力、以及组建可快速部署和有持续作战能力的战区外增援部队。其次是“在关键地区保持有利的军事力量对比”。目的是使潜在敌人不敢和美国开展军事竞赛，不敢采取危害美国及其盟友利益的行动。

第六，“发展全面的军事能力”。在保持美国的常规力量优势的基础上，重点发展信息作战能力、进入遥远战区作战的能力、保卫美国及盟友领土免遭攻击的能力和保护美国空间资源的能力，目的是“战胜当前的挑战并应对未来的威胁”。

第七，“进行国防改革”。改革不只是技术上的，而且包括国防机构和重要领域办公模式的改革。陈旧的预算、采购、人事和管理体系必须改变，否则，不能适应新军事战略的需要，在国防和军队建设上将付出更大的代价，并将错过可资利用的机遇。

二、提出新的威慑战略。2002 年 1 月 9 日提交国会的《核态势审查报告》，是冷战后美国第二次提出的这类报告。如果说第一次提出的审查报告（1994 年）是为了适应美苏（俄）已达成两个削减战略武器条约、核扩散危险增大的形势，那么这次审查报告则是为了适应美俄战略合作进一步发展、对美国本土和国家利益的威胁难以预料的新形势。所以，这次核态势审查，不限于核态势，而是整个威慑态势，反映了美国威慑战略的新观念。这个审查报告是绝密的，全文公布的只是其“序言”部分，但其要点在 2002 年 8 月发表的《国防报告》中有了比较明确的阐述。据此，可以看出，美国核态势调整的要点为：

第一，以“应对可能发生的意外情况和普遍存在的不确定性”为战略着眼点。布什政府上台后，就从确保美国 21 世纪的绝对安全出发审视美国的安全环境，认为未来对美国的威胁“既较为陌生，也难以预料”；恐怖分子和无赖国家企图获得核生化武器和在使用这些武器上不受制度和条约的约束，对美国构成了极大挑战。因此美国必须转变威慑观念和发展全面的威慑能力，才能使威慑“对敌人而言是可信的，对美国而言是可靠的，对美国而言的适当的”。

第二，以综合运用核与非核的进攻与防御力量为思路，构筑新的“三位一体”力量。从冷战时期开始，美国威慑战略的支柱力量就是洲际弹道导弹、战略核潜艇和战略轰炸机，被称为“三位一体”的核力量。布什政府的新威慑战略认为，这个“三位一体”已不能满足对未来威胁实施威慑的需求，因而提出新的“三位一体”力量结构。新“三位一体”力量包括“核与非核的进攻力量”、“主动与被动的防御力量”和“充满活力的国防基础设施”。“核与非核的进攻力量”中的非核进攻力量包括先进常规武器系统、进攻性信息战和特种作战部队；进攻性核力量包括以“三位一体”的战略核力量和部署在战区的具有核打击能力的双重用途飞机。“主动与被动的防御力量”中的主动防御力量包括弹道导弹防御体系和防空系统；被动防御力量包括通过机动、隐蔽、加固等措施降低被保护的目标易受攻击的措施。“充满活力的国防基础设施”包括可充分保障和发展前两种力量的军工体系，以及将三种力量紧密联系在一起的先进指挥、控制和情报体系。

第三，以减少战略核武器和研制实用核武器为重点，调整核力量的结构。布什政府自上台以来就认为，美国的战略核武库过于庞大，用处不大而耗资巨大，必须予以削减。《国防报告》中指出，调整后的核力量规模，要足以对付三种紧急情况。第一种紧急情况为“迫在眉睫的”，例如“中东和东亚地区发生用大规模杀伤武器袭击美国或盟友部队的事件”；第二种为“潜在的”，例如“出现新的敌对美国的军事集团，其成员有一个或多个拥有大规模杀伤武器及其投掷工具，或者再出现一个具有同等力量的敌对竞争对手”；第三种为“意想不到的”，指近期或将来突然发生的、未预测到的安全挑战，例如“某国政权突然更迭，使核武器落到敌对美国的领导集团手中，或者某个对手突然获得大规模杀伤武器”。因此，2001 年 5 月美国与俄罗斯达成了将战略导弹由 6000 枚削减到 1700～2200 枚的协议。但是，条约规定削减下来的弹头不一定都销毁，给美国保留了两个“自由”，一是根据需要对储存的核弹头进行升级性改造的自由，二是在需要时再次启用这些弹头来增强美国战略进攻能力的自由。这显然是考虑到中国和俄罗斯在 2015 年后成为“具有同等力量的全球性竞争对手”的可能性。另外，《核态势审查报告》还提出，为了增加美国对各种对手实施核威慑的灵活性和有效性，准备研制可实战使用的小型核武器和钻地核武器。《国防报告》中也指出：“除需要对储存中的老旧武器进行技术改造外，还应改进、升级或更换部分现有核力量，或者为更好地适应美国的需要而进行下一代核武器的概念研究。美国 2012 年以后所需的核力量不可能是冷战时期核武库的减缩版。”

第四，以向总统提供更多的可选择方案为方针，调整核武器使用原则。据报道，《核态势审查报告》还包括以下内容：要制定对中国、俄罗斯、伊拉克、朝鲜、伊朗、利比亚和叙利亚等七国使用核武器的应急计划，原因是这些国家是美国的主要潜在对手、无赖国家或支持恐怖主义的国家；使用核武器的时机有三种：“阻止非核进攻”，“对使用大规模杀伤武器进行报复”和“在军事局势发生剧变之时”；使用核武器的可能场合有“阿以冲突”、“中国同台湾的战争”、“北朝鲜对韩国的攻击”和“伊拉克对以色列或其他邻国的进攻”等。对这些报道，布什政府没有直截了当否认，其国务卿鲍威尔甚至说，这是“合理的、军事概念上的计划”；“任何潜在对手在计算时最好都应考虑到不确定性”。《国防报告》则宣称：“核武器在下列几方面仍将起着至关重要的作用：慑止大规模毁伤性武器的威胁，确保对美国盟国安全的承诺，在危机时压制通过非核手段无法对付的敌方资产和力量，以及阻止潜在敌手发展核生化武器或常规武器。”这表明，布什政府修改了过去相当长时间内美国奉行的核力量使用原则，打算将核武器从威慑手段变为实战手段，将使用核武器的对象扩大到无核国家，将使用核武器的目的从报复使用核武器和其他大规模杀伤武器的对手扩大到在常规战争中扭转战局，将使用核武器的时机从报复性使用扩大为先发制人使用。

三、提出先发制人的对外用兵指导方针。布什政府中最早提出先发制人方针者，是国防部长拉姆斯菲尔德。2002 年 1 月 31 日，他在美国防大学发表讲演时就曾对阿富汗战争的经验教训做过总结。其中，他提到“保卫美国需要预防和自卫，有时还需要先发制人的袭击。”布什总统显然接受了拉姆斯菲尔德的观点。6 月 1 日在西点军校学员毕业典礼上发表讲话时，他宣布：“我们的安全将需要所有美国人有远见和决心，做好必要时采取先发制人行动捍卫我们的自由和保护我们的生命的准备。”这样，“先发制人”作为使用军事力量的一条基本方针正式出台。2002 年 8 月发表的《国防报告》重申了这一方针。一个月之后发表的美总统布什的《美国国家安全战略》报告（简称“《安全战略》报告”），则更加强调要奉行先发制人方针，并将其理论化。

《安全战略》报告在“序言”中就强调，“美国面临的最危险的敌人，是极端主义和技术的结合”，他们仇恨美国，并且企图掌握大规模杀伤武器等最危险的武器；“美国必须在这种正出现的威胁完全成型之前，就对其采取行动”，及采取先发制人打击。

《安全战略》报告将“先发制人打击”描绘为“行使自卫权”。认为“为了保卫美国、美国人民和我们海内外的利益，要在威胁进入美国边界之前识别和摧毁它们。…… 在必要之时，可以通过对恐怖份子采取先发制人行动行使自卫权，以防止它们危害我们的国家和人民。”

《安全战略》报告以整整 1 页的篇幅，从过去的经验教训、威胁的新特点、国际法、历史传统等角度，阐述了美国奉行先发制人军事方针的必要性和合理性。可归纳为以下 7 点：①认为过去 10 多年、特别是“9. 11 事件”的经验教训是，“不能处于被动反应态势”，“不能让敌人先行打击”；②冷战时，敌人是不愿冒风险的，威慑战略有效；而现在，以报复性打击为基础的威慑战略对无赖国家和恐怖主义分子不起作用；③冷战时期的敌人视使用大规模杀伤武器为自取灭亡，而现在的敌人视拥有和使用大规模杀伤武器为胁迫和侵略邻国、讹诈美国及克服美国常规军事优势的一种手段；④传统的国际法只允许在威胁迫在眉睫时实施先发制人打击，这种国际法观念已经过时，因为现在的敌人使用的是非常规手段，在发动袭击时毫无征候；⑤现在的敌人打击的目标是军队和居民，直接违反战争法的主要准则；⑥现在是文明的敌人极力谋取世界上最有破坏力的技术和手段的时代，美国不能在威胁增长面前无所作为；⑦以先发制人打击对付国家安全面临的严重威胁，长期以来就是美国的政策选择；威胁越大，不采取先发制人行动所带来的危险就越大。《安全战略》报告还提出，为使先发制人打击取得预期结果，必须拥有有效及时的情报，与盟国密切协调和提高军队以迅速、准确的打击取得决定性胜利的能力。

显然，先发制人的对外用兵指导方针，是美国企图独霸全球的国家战略目标和绝对安全思想的集中体现，具有咄咄逼人的侵略性、进攻性和冒险性。伊拉克已成为美国推行这一方针的第一个对象，今后，美国还将会视情对被认为“威胁美国国家和人民安全”的国家或非国家行为体实施先发制人打击，将使世界不得安宁。

国防体制 美国宪法规定，总统是武装部队总司令，全军最高统帅。总统通过国防部领导和指挥全军，紧急情况下可越级指挥。战略核力量不论何时都由总统指挥控制。

国家安全委员会是最高防务决策咨询机构。其法定成员包括总统、副总统、国务卿和国防部长。参谋长联席会议主席是其法定军事顾问，中央情报局局长是其法定情报顾问。该委员会日常工作由总统国家安全事务助理（顾问）负责。

国防部是总统领导与指挥美国武装力量的最高军事机关，负责防务政策、计划的制定和实施，以及全般国防事务管理，并通过参谋长联席会议对全军实施作战指挥。它由国防部本部系统、军事部系统和作战指挥系统三部分组成。

国防部本部系统主要负责政策、财政、军务等全军性事务，以及各军事部间的协调。下设政策、采购与技术、人事与战备、审计与财务、指挥通信控制与情报、立法、后勤事务、情报监督、行政管理、公共事务、监察、作战试验与评估等部门，分别由副国防部长、助理国防部长、主任、局长或部门长等主管。

军事部系统包括陆军部、空军部和海军部 3 个军事部（军种部）。各军事部负责本军种的行政管理、教育训练、武器装备研制和采购及后勤保障等事务，并有责任在战时向各作战司令部提供作战部队及相应的勤务和后勤支援，但无作战指挥权。军事部长为文官，在其下设军种参谋长（海军为作战部长）。军种参谋长（海军作战部长）是本军种最高军事长官。

作战指挥系统指参谋长联席会议（以下简称“参联会”）及隶属于它的各联合司令部、特种司令部。参联会既是总统、国防部长、国家安全委员会的军事咨询机构，也是总统和国防部长向联合司令部和特种司令部发布作战命令的军事指挥机关。从某种意义上讲，国防部是总统的军政部门，而参联会是总统的军令部门。参联会成员包括主席和三大军种参谋长（海军为作战部长）。参联会主席是美军最高军事长官，是总统和国防部长的首席军事顾问。参联会下设联合参谋部和国家军事指挥中心，负责处理日常事务和作战指挥业务。美军设九大联合司令部，它们是直属国防部的美军高级作战指挥机构。美三军部队除实行特别勤务者外，均编入某一联合司令部。一旦发生重大紧急情况，各联合司令部即可对编入本司令部的部队实施作战指挥。必要时，也可根据总统指示将任何联合司令部的部队临时划归处于紧急情况的联合司令部指挥。目前美军编九大联合司令部，其中六个为地区司令部，即欧洲总部、太平洋总部、南方总部、中央总部、北方总部（2002 年 10 月 1 日成立，负责保卫美国本土和北美地区的安全）和联合部队司令部（1999 年 10 月由大西洋总部改组而成，负责联合作战理论的试验论证，并为各地区总部提供经训练的联合部队）；三个为职能司令部，即战略司令部、特种作战司令部和运输司令部。

美国武装力量由现役部队、后备役部队和军内文职人员三部分组成。现役部队分陆军、空军、海军和海军陆战队四个军种，分属陆军部、空军部和海军部三大军事部领导。美军后备役部队按组织系统分国民警卫队和联邦后备队两部分。国民警卫队含陆军国民警卫队、空军国民警卫队和海岸警卫队，其中海岸警卫队平时由美政府运输部管辖。后备队含陆军后备队、海军后备队、空军后备队和陆战队后备队。后备役人员按动员程度分为三类：第一类为待命后备役人员，即编入后备役部队的精选后备役人员，可立即用于增援正规部队；第二类为待编后备役人员，即动员时可征召的参训个人；第三类为退役后备役人员，必要时可应召增补负责作战支援和训练的部队。文职人员是美国联邦政府雇员的一部分，本国雇佣的称直接雇员，由住在国政府雇佣的称间接雇员。从事的工作种类有科学家与工程师、行政管理人员、技术员、秘书和办事员、服务员、勤杂工等。

领导人物 总统兼武装部队总司令乔治·W·布什（2001 年 1 月上任）。国防部长唐纳德·H·拉姆斯菲尔德（2001 年 1 月上任）。国家安全事务助理康多莉扎·赖斯（2001 年 1 月上任）。参谋长联席会议主席里查德·B·迈尔斯空军上将（2001 年 10 月上任）。参联会副主席珀特·佩斯陆战队上将（2001 年 10 年上任）。陆军部长托杰姆斯·罗奇（2003 年 5 月提名）。陆军参谋长埃立克·欣塞基（新关）上将（1999 年 6 月上任）。空军部长（暂缺）。空军参谋长约翰·P·江珀上将（2001 年 9 月上任）。海军部长科林·麦克米伦（2003 年 5 提名）。海军作战部长维恩·克拉克上将（2000 年 7 月上任）。海军陆战队司令迈克尔·W·哈吉上将（2002 年 7 月上任）。欧洲总部司令杰姆斯·L·琼斯陆战队上将（2003 年 4 月上任）。太平洋总部司令托梅斯·B·法戈海军上将（2003 年 2 月上任）。联合部队司令部司令 E·P·詹巴斯提亚尼海军上将。南方总部司令杰姆斯·T·希尔空军上将。中央总部司令托米·R·弗兰克斯陆战队上将（2000 年 5 月上任）。北方总部司令拉尔夫·E·埃伯哈特空军上将（2002 年 10 月上任）。特种作战司令部司令查尔斯·R·霍兰德空军上将。运输司令部司令约翰·W·汉迪空军上将。战略司令部司令杰姆斯·O·埃利斯海军上将（2002 年 10 月上任）。

武装力量 **兵力** 2001 财年，现役部队总人数 141.00 万人。

陆军 48.55 万人。编有 3 个集团军司令部、4 个军部（1 个为空降军）、10 个作战师（2 个装甲师、4 个机械化师、2 个轻步兵师、1 个空中突击师、1 个空降师）、5 个航空旅、3 个装甲骑兵团、6 个炮兵旅、10 个“爱国者”防空导弹营、1 个独立步兵营和 1 支空降特种部队、以及一支特种部队。另有 2 个一体化师司令部，各编有 3 个加强陆军国民警卫队旅，作平时的一体化作战训练之用。

主战坦克：M－1A1 和 M－1A2 等型，共约 7620 辆。装甲步兵战斗车：M－2 和 M－3 型，共 6710 辆。装甲人员输送车：M－113A2、A3 型 15910 辆。装甲侦察车：Tpz－1 型 96 辆。各类火炮 5696 门，其中 227 毫米多管火箭炮 830 门，自行火炮 2087 门，牵引式火炮 1547 门，迫击炮 1556 门：反坦克导弹约 28700 部，其中“陶”式 8715 部、“龙”式 19000 部、“轻标枪”式 950 部。防空导弹：“复仇者”式 703 部，“中后卫”式（4 枚“毒刺”导弹和 25 炮联装）95 部，“爱国者”式 483 部，还有不少 FIM－92A“毒刺”导弹。两栖舰船。51 艘。各种用途飞机：282 架。直升机：约 4813 架，其中武装直升机 1294 架（含“阿帕奇”式 694 架、“眼镜蛇”式 370 架）。无人驾驶飞机：“猎人”式 7 架。

海军　38.54 万人。编有太平洋舰队司令部和大西洋舰队司令部；5 个作战舰队，即第 2 舰队（大西洋）、第 3 舰队（太平洋）、第 5 舰队（印度洋、波斯湾、红海）、第 6 舰队（地中海）、第 7 舰队（西太平洋）。还设海军运输司令部和海军特种作战司令部。

潜艇：72 艘，其中战略潜艇 18 艘，战术潜艇 54 艘（核动力导弹攻击潜艇 33 艘、核动力攻击潜艇 21 艘）；航空母舰 12 艘，包括 8 艘“尼米兹”级和 1 艘“企业”级核动力航母，2 艘“小鹰”级常规动力航母，另有 1 艘“肯尼迪”级常规动力航母编入海军后备队；11 个航母舰载机联队（含 1 个后备队联队），每个联队一般编 9 个中队，包括 3 个 F/A－18 型战斗攻击机中队、1 个 F－14 中队、1 个 S－3B 型和 EP－3 型反潜战飞机中队、1 个 SH－60 型反潜直升机中队、1 个 EA－6B 型电子战飞机中队、1 个 E－2C 型空中预警机中队和 1 个 C－2 型支援飞机中队；导弹巡洋舰 27 艘（均为“提康德罗加”级）；导弹驱逐舰 55 艘（“阿利·伯克”级“宙斯盾”舰 32 艘，“斯普鲁恩思”级 20 艘）；导弹护卫舰 35 艘（均为“佩里”级）。另有扫雷舰 27 艘、两栖舰 41 艘。军事运输司令部辖船只约 110 艘，可调用商船 315 艘。海军（含陆战队）共装备作战飞机 1705 架，武装直升机 693 架。

海军陆战队　17.34 万人。编为 3 支陆战远征部队和 2 个陆战远征旅。编制部队有 3 个陆战队师、3 个部队勤务支援大队和特种作战部队。每个陆战远征旅编有 1 个陆战队安全部队（营级）、1 个陆战队安全警卫营、1 支生化事故处理部队和 1 个反恐怖营。

主战坦克：403 辆、轻装甲车 734 辆、两栖攻击装甲车 1321 辆、牵引火炮 927 门、反坦克导弹 2299 部、无后座力炮 1650 门、迫击炮 586 门、反坦克火箭筒 1300 具。航空兵 3.57 万人，编 3 个现役飞行联队，每一联队装备固定翼机 118 架，直升机 156 架。

空　军　35.97 万人。编有空中作战司令部和空中机动司令部两大司令部。空中作战司令部辖 4 个航空队、23 个飞行联队；空中机动司令部辖 2 个航空队，12 个飞行联队。共编 55 个战术飞机中队，8 个（2 个在空军国民警卫队）B－b 中队，11 个 F－15 中队，6 个 F－15E 中队，21 个 F－16C/D 中队，6 个 A－10/OA－10 中队，2 个 F－117 中队和 1 个“侵略者”F－16C/D 中队。

美空军 1999 年 10 月开始进行体制改革，将其现役、后备役和国民警卫队部队统一编组成 10 支“空天远征队”。每支“空天远征队”在 15 个月中有 90 天处于戒备状态，任何时候至少有两支处于戒备状态。每支“空天远征队”约编 1～1.5 万人，90 架战斗机和轰炸机、31 架跨战区加油机和 13 架情报、监视、侦查和预警机。

远程轰炸机：208 架，其中 B－52H 型 94 架、B－2A 型 21 架、B－1B 型 93 架；侦察机 245 架，其中 U－2S 型 32 架、TU－2R/S 型 4 架、E－8C“联合星”15 架、RC－135 型 21 架、RF－4C 型 162 架（封存）；指挥机 40 架，其中 E－3B/C 型 33 架、EC－135 型 26 架，E－4B 型 4 架；战术飞机 2928 架（包括空军国民警卫队和后备队），其中 F－15 各型 952 架、F－16 各型 1769 架、F－22A 型 16 架、F－117 型 51 架、A－10A 型 226 架、OA－10A 型 109 架、AC－130H/U 特种作战飞机 21 架、EC－130E/H 特种作战飞机 29 架、MC－130E/H/P 特种作战飞机 66 架；运输机约 1100 架，其中 C－5 式 126 架、C－17A 型 87 架、C－130 式 539 架、C－141B 型 116 架；加油机 659 架，其中 KC－135 各型 600 架；教练机约 1670 架；直升机约 216 架；另有 6 架“全球鹰”和 10 架“食肉动物”无人驾驶侦察机。

战略力量　由美国战略司令部管辖，实力计在海、空军内。主要装备有：432 枚潜射弹道导弹，配置于 18 艘战略导弹核潜艇中，其中“俄亥俄”级 SSBN－734 型核潜艇 10 艘，每艘携 24 枚“三叉戟”II 型（D－5）导弹，SSBN－726 型核潜艇 8 艘，每艘携 24 枚“三叉戟”I 型（C－4）导弹；洲际弹道导弹，共 550 枚，其中“民兵”III 型 500 枚，“和平卫士”50 枚；战略轰炸机 115 架，其中 B－52H 型 94 架、B－2A 型 21 架。

海岸警卫队　3.45 万人，另文职人员 0.58 万人。根据法律，是武装力量的一个组成部分，平时由运输部维持和使用，兵力不计入三军后备役部队内。预算申请 2001 财年 51 亿美元，2002 财年 57 亿美元。主要武器装备：各类舰船 190 艘，其中近海巡逻舰 42 艘（可携直升机），近岸巡逻艇 95 艘，内河管理船 37 艘，支援船 24 艘；各种用途的飞机和直升机 154 架。

特种作战部队　2.85 万人，实力计在各军种。

陆军特种作战部队 1.53 万人，编 5 个特种作战大队（每个含3个营），1个别动队步兵团（含3个营），1个特种作战航空团（含3个营），1个心理作战大队（含5个营），1个民事营（含5个连），1个通信营和1个支援营。

海军特种作战部队0.4万人，编有1个海军特种作战指挥部，1个海军特种作战中心，3个大队，2个中队，8支“海豹队”，2支“海豹”输送车队，2支特种舟艇中队。

空军特种作战部队0.93万人，编有1个司令部、1个飞行联队、14个飞行中队。

文职人员　据2000财年统计，共69.83万人。按雇佣部门计算，陆军雇佣22.19万人，海军（含陆战队）雇佣19.66万人，空军雇佣16.27万人，国防部雇佣11.72万人。

后备役人员　125.93万人，其中待命后备役人员123.59万人，待编后备役人员2.34万人。待命后备役人员包括精选后备役人员和单个待命后备役人员，其中陆军后备队35.81万人，海军后备队17.41万人，陆战队后备队9.99万人，空军后备队13.95万人；陆军国民警卫队35.59万人，空军国民警卫队10.84万人。待编后备役人员，陆军700人，海军5600人，陆战队600人，空军1650人。

部　署　2002年，美军驻美国大陆93.17万人，其中陆军32.80万人、海军18.62万人、空军27.62万人、陆战队14.13万人。欧洲总部（司令部在德国斯图加特）约11.2万人，其中驻德国6.88万人、比利时0.12万人、意大利1.08万人、英国0.94万人，西班牙0.22万人、土耳其0.39万人，另在地中海部署1.4万人。太平洋总部（司令部在夏威夷）约26.6万人，其中驻阿拉斯加1.44万人、夏威夷3.25万人、日本3.75万人、韩国3.70万人、关岛0.35万人、迪戈加西亚670人、新加坡124人、泰国108人、澳大利亚约200人、太平洋舰队14.04万人（不含后备队1.35万人、文职人员2.96万人）。中央总部（司令部在佛罗里达州的麦克迪尔空军基地）驻中东地区约1.96万人，其中驻科威特0.85万人、沙特阿拉伯0.44万人、巴林0.42万人、安曼260人、阿拉伯联合酋长国390人，另有第五舰队的约14艘舰艇。南方总部（司令部在佛罗里达州的迈阿密）约0.13万人，驻洪都拉斯356人、哥伦比亚15人。北方总部（司令部在科罗拉多州的彼得森空军基地）驻东海岸1.91万人，百慕大800人、关塔那摩（古）0.29万人、冰岛0.15万人、亚速尔群岛（葡）730人、英国0.12万人、大西洋舰队10.8万人（另有文职人员1.7万人）。

军事基地　截至2002年，美军在国内外拥有军事基地和设施共6425个，其中在美国内5612个，在美国的领地88个，在外国725个。陆军共拥有基地设施4313个，其中在美国内3866个，在美国领地53个，在外国394个。海军共有478个，其中在国内421个，在领地11个，在外国46个。海军陆战队共有52个，其中在国内49个，在领地1个，在外国2个。空军共有1572个，其中在国内1266个，在领地23个，在外国283个。在外国军事基地和设施共725个，遍布世界38个国家或地区。

兵役制度　从1973年起实行志愿兵役制度。

军　衔　分6等25级，即士兵3级（一等兵、二等兵、三等兵），军士6级（一级军士长、二级军士长、三级军士长、上士、中士、下士），准尉5级（一、二、三、四、五级准尉），尉官3级（上尉、中尉、少尉），校官3级（上校、中校、少校），将官5级（五星上将、上将、中将、少将、准将）。

军队节日　武装力量节，5月第三个星期六。美国陆军节，4月6日。美国海军节，10月27日。美国空军节，9月第二个星期六。

对外军援　2003财年美国对外军事援助41.07亿美元。对非洲援助1850万美元，其中援助较多的是：尼日利亚600万美元，南非600万美元。对东亚和太平洋国家援助2500万美元，其中援助较多的是：菲律宾2000万美元，泰国和东帝汶各200万美元，蒙古100万美元。对欧洲和欧亚大陆国家援助1.68亿美元，其中援助较多的是：土耳其1750万美元，波兰1300万美元，捷克、匈牙利和马其顿各1100万美元，罗马尼亚1000万美元。对近东国家援助36.3亿美元，其中援助较多的是：以色列21亿美元，埃及13亿美元，约旦1.98亿美元，摩洛哥和突尼斯各500万美元。对南亚国家援助1.03亿美元，印度和巴基斯坦各得5000万美元，尼泊尔3000万美元。对西半球国家援助1.15亿美元，其中援助较多的是哥伦比亚9800万美元，萨尔瓦多250万美元，阿根廷和玻利维亚各200万美元，智利、厄瓜多尔、巴拿马和秘鲁各100万美元。

（符成礼）

委内瑞拉

国　　名　委内瑞拉玻利瓦尔共和国。

主要统计　面积 91.67 万平方千米。人口 2423.8 万人（其中，13～17 岁 124.3 万人，女 119.7 万人；18～22 岁男 117.9 万人，女 113.8 万人；23～32 岁男 203.2 万人，女 197.7 万人）。国内生产总值 1207.9 亿美元（2001 年）。国防费 14.04 亿美元（2000 年国防预算）。原煤 800 万吨（2001 年）。原油 10.23 亿桶（2000 年）。天然气 341.7 亿立方英尺（2000 年）。发电量 875 亿度（2000 年）。粮食 209.7 万吨（1999 年）海运能力，商船（载重 100 吨以上 271 艘，总载重量 135.54 万吨（2001 年）。民航能力，固定航班机场 20 处，客运量 58 亿人千米，货运量 6.39 亿吨千米（2001 年）。

国防体制　委宪法规定，总统为武装力量最高统帅。国家安全与防务委员会为最高国防决策机构，成员有总统、国防、内政、外交和财政部长、武装力量总监、武装力量联合参谋长等，由总统任主席。国防部为政府中一个部，国防部长是总统在军事问题上的主要助手，根据总统的旨意，有权管理、指挥和调动军队。全国武装力量最高委员会是总统和国家安全与防务委员会在军事问题上的主要参谋机构，负责处理军队重大事务，成员有国防部长、武装力量总监、武装力量联合参谋长及陆、海、空军和国民警卫队司令，由国防部长主持日常工作。武装力量联合参谋部协助国防部长贯彻国防政策，并协调各军种间的作战、情报、训练和后勤等工作。武装力量总监部负责审定各项军事法令，检查和监督部队的组织纪律、军种间的合作及完成任务的情况。各军种司令部为本军种最高军事指挥机构。各军种司令直接对国防部长负责，有权处理本军种重大事务。总统通过国防部对全国武装力量实施领导和指挥。

领导人物　总统兼武装力量最高统帅乌戈·查韦斯（1999 年 2 月 2 日上任，2000 年 8 月 19 日连任）。国防部长何塞·路易斯·普列托陆军少将（2002 年 7 月上任）。武装力量总监胡里奥·加西亚·蒙托亚（2003 年 1 月）。陆军司令豪尔赫·路易斯·加西亚卡内伊罗（2003 年 1 月上任）。海军司令费尔南多·卡梅霍·阿雷纳斯（2002 年 4 月）。空军司令安赫尔·巴莱西斯略·里奥斯（2002 年 4 月）。国民警卫队司令欧亨尼奥·古铁雷斯·拉莫斯（2002 年 6 月）。

武装力量　**兵力**　现役部队 8.23 万人。

陆军　3.4 万人。编有 6 个步兵师、1 个装甲旅、1 个骑兵旅、7 个步兵旅、1 个空降旅、2 个突击旅、1 个航空团。

主战坦克：AMX－30 型 81 辆。轻型坦克：M－18 型 75 辆、AMX－13 型 36 辆、“蝎子”90 型 80 辆。装甲侦察车：M－8 型 30 辆。装甲输送车：AMX－VCI 型 25 辆、V－100 型 100 辆、V－150 型 30 辆、“龙”式 100 辆、“蝰蛇”EE－11 型 35 辆。牵引炮：105 毫米 80 门、155 毫米 12 门。自行炮：155 毫米 10 门。火箭炮：160 毫米 20 门。迫击炮：81 毫米 165 门、120 毫米 60 门。无座力炮：84 毫米若干门、106 毫米 175 门。反坦克导弹：“马帕兹”24 具、AT－4 型和 AS－11 型若干具。飞机：IAI－202 型 5 架、“色斯纳”182 型 2 架、C－206 型 2 架、C－207 型 1 架、“空中卡车”M－28 型 2 架。攻击直升机：A－109 型 7 架。运输直升机：AS－61A 型 4 架、“贝尔”205 型 3 架、“贝尔”412 型 2 架、UH－1H 型 4 架。联络机：“贝尔”206 型 2 架，AS－61D 型 4 架。

海军　1.83 万人（含海军陆战队、海军航空兵和海岸警备队）。编有舰队司令部、陆战队司令部、海军航空兵司令部、海岸警备队司令部和内河警备司令部。

潜艇：“虱目鱼”级 2 艘。护卫舰：“狼”级 6 艘。导弹攻击快艇：“宪法”级 6 艘。两栖登陆艇：4 艘。

陆战队　7800 人。编有 1 个步兵师、5 个陆战营、1 个炮兵营、1 个两栖营、4 个机械师。装备有装甲突击车 LVTP－7 型 11 辆。装甲输送车：“蝰蛇”EE－11 型 25 辆、“狐狸”1 型 10 辆。牵引炮：105 毫米 18 门。高炮：40 毫米 6 门。

海军航空兵　500 人。编有 2 个航空兵中队。装备有侦察机：C－212－200MPA 型 3 架。运输机：C－

212 型 3 架、DHC－7 型 1 架。教练机："色斯纳" 402 型 2 架、"色斯纳" 210 型 1 架、"色斯纳" 310Q 型 2 架、反潜直升机：AB－212 型 8 架，"贝尔" 212 型 1 架。运输直升机："贝尔" 412－EP 型 4 架。教练直升机："贝尔" 206B 型 1 架。

海岸警备队　1000 人。装备有护卫舰 2 艘。巡逻艇：44 艘。

空军　0.7 万人。编有 6 个战斗机大队、1 个直升机大队、1 个教练机大队。作战飞机 125 架、武装直升机 31 架。

战斗机：CF－5A 型 12 架、CF－5B 型 4 架、NF－5A/B 型 7 架、"幻影" 50EV/DV 型 16 架、F－16A 型 18 架、F－16B 型 4 架、EMB－312 型 20 架。侦察机：OV－10A 型 15 架。电子战飞机："猎鹰" 20DC 型 3 架。武装直升机：SA－316 型 10 架、UH－1D 型 12 架、UH－1H 型 5 架、AS－532 型 4 架。运输机：C－123 型 7 架、C－130H 型 5 架、G－222 型 8 架、HS－748 型 2 架、B－707 型 2 架、"波音" 737 型 1 架、"空中客车" A319CJ 型 1 架、"湾流" III 型 1 架、"湾流" IV 型 1 架、"利尔杰特" 24D 型 1 架。运输直升机："贝尔" 214 型 2 架、"贝尔" 412 型 4 架、AS－332B 型 7 架、UH－1N 型 2 架、米－8/17 型 18 架。联络机："色斯纳" 182 型 9 架、"嘉奖" I 型 1 架、"嘉奖" II 型 1 架、"空中皇后" 65 型 2 架、"空中皇后" 80 型 5 架、"超级空中霸王" 200 型 5 架、"云雀" SA－316 B III 型 9 架。教练机：EMB－312 型 12 架、T－34 型 20 架、T－2D 型 17 架、SF－260F 型 12 架。空空导弹："魔术" R－530 型、"响尾蛇" AIM－9L/9P 型若干枚。空地导弹："飞鱼" 若干枚。地空导弹："罗兰" 式 10 部、RBS－70 型若干部。高炮：20 毫米、35 毫米若干门、40 毫米 114 门。

国民警卫队　2.3 万人。编有 8 个地区司令部。装备有步兵战车：UR－416 型 20 辆。装甲输送车："菲亚特" －6614 型 24 辆。迫击炮：60 毫米 100 门、81 毫米 50 门。飞机："男爵" 1 架、BN－2A 型 1 架、"色斯纳" 185 型 2 架、U206 型 5 架、IAI－201 型 4 架、"空中霸王" 90 型 1 架、"空中霸王" 200C 型 1 架、"空中皇后" 80 型 2 架、"空中卡车" M－28 型 6 架。直升机：A－109 型 4 架、"贝尔" 206 型 20 架、"贝尔" 212 型 2 架。巡逻艇：52 艘。

预备役　0.8 万人（陆军）。

部署　共有海空军基地 15 处。其中海军基地 10 处（加拉加斯、马拉开波、拉瓜伊拉等）。空军基地 5 处（马拉开波、巴基西梅托、加拉加斯等）。

兵役制度　实行义务兵役制。陆军、空军和国民警卫队义务兵服役期为 1 年，海军义务兵服役期为 1 年半。

军衔　分为 5 等 20 级，即将官 3 级（上将、中将、少将）、校官 3 级（上校、中校、少校）、尉官 3 级（上尉、中尉、少尉）、军士 7 级（军士长、副军士长、一级上士、二级上士、三级上士、中士、下士）、兵 4 级（一级上等兵、二级上等兵、上等兵、列兵）。

驻外兵力　联合国驻伊拉克和科威特军事观察员 3 名。

军队节日　6 月 24 日为陆军节，7 月 24 日为海军节，12 月 10 日为空军节，8 月 4 日为国民警卫队节。

（戴增刚）

澳大利亚

国　　名　澳大利亚联邦。

主要统计　面积 769.2 万平方千米。人口 1901.5 万人（其中，13～17 岁男 69.7 万人，女 66 万人；18～22 岁男 68 万人，女 64.6 万人；23～32 岁男 149.7 万人，女 145.2 万人）。国内生产总值 3800 亿美元（2000 年）。国防费 74 亿美元（2002 年国防预算）。粗钢 835.6 万吨（1998 年）。原煤 2.65 亿吨（1997 年）。原油 1.53 亿桶（1997 年）。天然气 310 亿立方米（1998 年）。发电量 1830.69 亿度（1997 年）。粮食 3111.7 万吨（1999 年）。海运能力，商船（载重 100 吨以上）659 艘，总载重量 385.73 万吨（2001 年）。民航能力，固定航班机场 400 处，客运量 750.71 亿人千米、货运量 16.88 亿吨千米（2001 年）。

国防体制　总督为武装力量总司令。国防委员会是最高军事决策机构，由国防部长担任主席。国防部为武装力量最高统帅机构。国防军司令为军队最高领导人，是国防部长的首席军事顾问。武装力量由现役部队和预备役部队组成，分陆、海、空三个军种。

领导人物 总督兼武装力量总司令彼得·霍林沃思（2001年6月上任，任期5年）。总理约翰·温斯顿·霍华德（2001年11月第3次连任）。国防部长罗伯特·希尔（2001年11月上任）。国防军司令彼得·科斯格罗夫上将（2002年5月上任）。陆军参谋长彼得·里思中将（2002年5月上任）。海军参谋长克里斯·里奇中将（2002年5月上任）。空军参谋长安古斯·休斯顿中将（2001年6月上任）。

武装力量 **兵力** 现役部队5.092万人。

陆军 2.515万人。编有1个地面部队司令部，1个联合部队司令部，1个特遣部队司令部，1个后勤部队司令部，1个装甲团，2个侦察团，1个特战团，6个步兵营，1个突击营，2个装甲输送车中队，3个炮兵团，1个高炮团，3个工程兵团和2个航空团。

主战坦克："豹"1A3型71辆。装甲输送车：M-113型364辆，ASLAV-25型111辆。牵引炮：105毫米349门，155毫米36门。迫击炮：81毫米296门。无坐力炮：84毫米577门，106毫米74门。地空导弹："轻剑"18部，RBS-70型17部。飞机："空中大王"200型3架，"空中大王"350型1架，DHC-6型2架。直升机：共104架，其中UH-1H型25架为武装直升机。两栖舰艇：15艘。

海军 1.257万人（含航空兵）。编有1个作战司令部，1个支援司令部，1个训练司令部和7个海军基地。

潜艇："科林斯"级6艘。导弹护卫舰："阿德莱德"级6艘。护卫舰："安扎克"级3艘。巡逻艇：15艘。扫雷艇：5艘。两栖舰艇：3艘。支援及勤务船：13艘。

航空兵990人，编有1个反潜直升机中队，1个运输/救援中队。装备武装直升机16架，运输/救援机7架。

空军 1.32万人。编有1个空战司令部，1个训练司令部，2个攻击战斗机兼侦察机中队，3个战斗机兼攻击机中队，2个战术训练机中队，2个海上侦察机中队，7个运输机中队。作战飞机156架。

攻击战斗机/侦察机：F-111型35架，EP-3C型2架，EC-130H型1架。战斗机/攻击战斗机：F/A-18型71架。海上侦察机：P-3C型17架，TAP-3B型3架。运输机：C-130型24架，波音707型5架，DHC-4型14架，波音737型2架，"挑战者"604型3架，HS-748型10架，B-200型4架。前方指挥引导机：PC-9A型3架。教练机：92架。空地和空空导弹若干枚。

预备役部队 2.03万人，其中陆军1.62万人、海军2100人、空军2000人。

准军事部队 海关总局装备有海上侦察机13架、直升机1架、小船6艘。

兵役制度 实行志愿兵役制。

驻外兵力 驻马来西亚（"五国联防"组织）约115人，包括1个步兵连及1个空军分遣队。驻巴布亚新几内亚38人。此外，2002年参加联合国驻东帝汶维和部队1315人，约有88名军事观察员和停战监督小组人员在东帝汶、埃及、埃塞俄比亚和厄立特里亚两国边境地区、中东及巴布亚新几内亚执行联合国维和任务。

外国驻军 美国海军40人、空军70人。新西兰空军9人。新加坡驻军230人（建有1所飞行训练学校，配有S-211型飞机27架）。

（孟 丽）

（栏目责任编辑 夏 娟）

其他国家

国名	现役部队					主要武				
	总兵力（人）	陆军（人）	海军（人）	空军（人）	其他（人）	（坦克）装甲车辆（辆）	火炮（门）			
							牵引炮（门）	迫击炮（门）	无坐力炮（门）	高炮（门）
阿联酋	41500	35000	2500	4000		(457)/1726	90	155	262	62
阿曼	41700	25000	4200	4100	6400	(154)/391	96	101	若干	26
阿塞拜疆	72100	62000	2200	7900		(320)/835	141	47	53	
巴林	10700	8500	1000	1200		(140)/446	95	21	31	27
不丹	约10000	10000								步枪、冲
格鲁吉亚	17500	8620	1830	1250		(90)/275	若干	17	16	
柬埔寨	125000	75000	3000	2000	地方部队45000	(170)/360	400	若干	若干	若干
卡塔尔	12400	8500	1800	2100		(35)/337	12	45	4	
科威特	15500	11000	2000	2500		(368)/969		78	200	
孟加拉国	137000	120000	10500	6500		(240)/390	140	50	30	16
佛得角	1100	1000		100		10	24	18		30
冈比亚	800	800								
刚果（布）	10000	8000	800	1200		(53)/121	25余	28	若干	28
吉布提	9850	8000	200	250		31	6	45	16	15
几内亚	9700	8500	400	800		(53)/120	26	20	若干	24

军 事 概 况

器 装 备						(预备役) 准军事部队 (人)	外国驻军 (人)	参加联合国维和人数	备 注
导 弹		飞机(其中作战飞机)(架)	直升机(其中武装直升机)(架)	舰艇(艘)	其他				
反坦克(具)	地一空(部)								
305	40	132(101)	102(49)	25	自行火炮116门火箭炮72门		美军390	380	
48	48	109(40)	29	18	自行火炮24门	4400	美军260		
250	140	91(48)	35(15)	14	自行火炮12门,联装炮26门	(300000) 15000	南斯拉夫军34		
15	93	41(34)	106(40)	16	自行火炮62门,火箭筒31具,空军防空部队装备地空、空空和反坦克导弹各若干	10160	美军1050,英军40		

锋枪、机枪、迫击炮等若干。

10	若干	33(7)	15(3)	11	自行火炮3门反坦克炮40门,空军装备地空导弹75部	(250000) 11700	俄军4000	2130	反对派武装约7000人
		38(24)	16	4	火箭炮28门,无坐力炮若干	67000			
	75	24(18)	19(19)	7	自行火炮28门,火箭筒4具,无坐力炮40门,空军装备空空导弹若干		美军100		
		85(81)	28(20)	26	火箭筒27具,反坦克炮184门	(23700) 6600	联合国观察员193 美军7388,德军50		
68	若干	128(83)	27	45	空军装备空空导弹若干	63200	联合国维和部队5310		
	50	1		2		海岸警卫队约50			
				3			联合国维和部队19		
		24(12)	7	3		2000	安哥拉军2000		
		3	3	14		2500	法军3200,德军若干		
若干	若干	151(8)	5	2		2600			

国　名	现　役　部　队					主　要　武				
							火炮(门)			
	总兵力(人)	陆军(人)	海军(人)	空军(人)	其他(人)	(坦克)装甲车辆(辆)	牵引炮(门)	迫击炮(门)	无坐力炮(门)	高炮(门)
几内亚比绍	9250	6800	350	100		(25)/90	26	8	若干	34
加　纳	7000	5000	1000	1000		53	6	78	50	8
加　蓬	4700	3200	500	1000		103	4	39	若干	41
喀麦隆	23100	12500	1300	300		83	44	16	43	54
科摩罗	科国防军总兵力约600人。科与法签有防御协定,法在科设有海军基地,科海、空、防务完全依靠法国。									
肯尼亚	24400	20000	1400	3000		(78)/232	40	62	80	94
莱索托	2000	2000				22	2	10	6	
利比里亚	11000～15000	4000	1000	300	反政府军数千人					
利比亚	76000	45000	8000	23000		(985)/2268	647	500	220	600
卢旺达	60000～75000	49000～64000		1000		(12)/168	41	250		150
马达加斯加	13500	12500	500	500		(12)/115	29	8	若干	70
马拉维	5300	5300				41	9	8		40
马　里	7350	7350	50	400		(51)/121	20	30		12
毛里求斯						18		2		
毛里塔尼亚	15750	15000	500	250		(35)/110	75	140	60	44
摩洛哥	196300	175000	7800	13500		(844)/2023	185	1470	350	415
莫桑比克	10000～11150	9000～10000	150	1000		(80)/385	116	12	若干	若干
也　门	66500	60000	1500	5000		(790)/1830	310	502	若干	530
约　旦	100240	84700	540	15000		(1188)/2714	113	800		416

器装备									
导弹		飞机(其中作战飞机)(架)	直升机(其中武装直升机)(架)	舰艇(艘)	其他	(预备役)/准军事部队(人)	外国驻军(人)	参加联合国维和人数	备注
反坦克(具)	地一空(部)								
	若干	3(3)	3	3		2000			
	若干	31(19)	10	12				2189	
4		18(10)	13(5)	3		2000	法军 750		
25		31(15)	17(4)	3		9000		1	
54	若干	59(29)	49(34)	5		5000	德军 150		
		4	6						
3000	24	568(400)	147(41)	29		(40000)/海关/海岸警卫队若干			
	若干	10(5)	15			12000			
		29(12)	6	1	火箭炮若干门,火箭筒若干具	8100			
	15	6	5	3		1500		17	
若干	12	32(16)	4	3	火箭炮 2 门,火箭筒若干具	4800		32	
					8	火箭筒 4 具	2000		
50	30	16(8)		7	火箭筒若干具	5000			
720	107	179(95)	113(24)	37	火箭炮 40 门,火箭筒 150 具,空军装备空空导弹、空地导弹各若干	(150000)/50000	联合国观察员 204	1698	
若干	若干	19	9(4)		火箭炮 12			4	
81	800	137(76)	25(8)	20	自行火炮 25 门,火箭炮 294 门,火箭筒若干具,空军装备地空、空空导弹各若干	(40000)/70000			
640	940	295(101)	85(22)	3	自行火炮 418 门,火箭筒 4800 门,空军装备空地、空空导弹各若干	(35000)/10000		1239	

国名	现役部队					主要武				
	总兵力(人)	陆军(人)	海军(人)	空军(人)	其他(人)	(坦克)/装甲车辆(辆)	火炮(门)			
							牵引炮(门)	迫击炮(门)	无坐力炮(门)	高炮(门)
阿尔及利亚	136700	120000	6700	10000		(1089)/3053	418	330	178	980
埃塞俄比亚	252500		2500			(300)/1000	300	若干	若干	若干
安哥拉	100000	90000	4000	6000		(660)/1270	400	290	500	450 余
贝宁	4550	4300	100	150		(18)/49	16	若干		
博茨瓦纳	9000	8500		500		(86)/142	18	18		6
布基纳法索	10200	5800		200		92	14	若干	若干	42
布隆迪	45500	40000				132	18	90	60	150
赤道几内亚	1320	1100	120	100		16				
多哥	9450	9000	200	250		(11)/122	4	20	27	43
厄立特里亚	172200	170000	1400	800		(100)/180	100	100		若干
塞浦路斯	10000	国民卫队 10000				(154)/628	144	376	184	80
沙特阿拉伯	124500	75000	15500	18000	空防部队 1600,国民警卫队 7500	(1055)/4265	238	400	450	

器装备									
导弹		飞机（其中作战飞机）（架）	直升机（其中武装直升机）（架）	舰艇（艘）	其他	（预备役）准军事部队（人）	外国驻军（人）	参加联合国维和人数	备注
反坦克（具）	地—空（部）								
若干	若干	274(222)	88(63)	28	自行火炮185门，火箭炮126门，空军装备空空、空地导弹各若干，高炮725门，地空导弹100部	(150000) 181200		14	
若干	370	101(55)	55(30)		自行火炮10门，火箭炮50门		联合国观察员214		
若干	575	108(104)	103(40)	7	自行炮4门，火箭炮90门，火箭筒若干具，空军装备空地、空空导弹各若干	10000			
		10	3	1	火箭筒若干具	2500		24	
6	28	43(30)	28		火箭炮30，火箭筒若干具	1500			
	若干	19(5)			火箭炮4门，火箭筒若干具	49450		11	
若干	30				火箭炮60门，火箭筒若干具	5500	南非650		
		5	2	2					
		18(16)	5	2	自行火炮6门	750			
200	若干	27(17)	3	10	自行火炮25门，火箭炮30门，火箭筒若干具	(120000)	联合国观察员214，维和部队3940人		
67	90	3	16(6)		自行火炮24门，火箭炮22门，火箭筒1850具	(60000)武装警察等的750	希腊军1250，英军3190，联合国维和部队1206		
1950	1000	360(294)	102	48	自行火炮170门，火箭炮60门，火箭筒200具。地空导弹、空空导弹各若干	15500	法军170，英军200，美军4408		

国名	现役部队					主要武				
	总兵力（人）	陆军（人）	海军（人）	空军（人）	其他（人）	（坦克）装甲车辆（辆）	火炮（门）			
							牵引炮（门）	迫击炮（门）	无坐力炮（门）	高炮（门）
土库曼斯坦	17500	14500		3000		(702)/2631	269	97	65	70
文莱	5000	3900	700	400		(16)/52		24		
乌兹别克斯坦	50000~55000	4000		1000~5000		(340)/1067	200	43		
新加坡	60500	50000	4500	6000		(1350)/2924	206	62	290	30
亚美尼亚	44610	38900		3160		(110)/356	121	19		
纳米比亚	9000	9000				(若干)/72	24	若干	若干	65
南非	60000	40250		5000	9250		(168)/2039	147	1226	100
尼日尔	5300	5200		100		154		40	14	39
尼日利亚	78500	62000	7000	9500		(300)/1012	431	330	若干	90
塞拉利昂	13000~14000		约 200					31		7
塞内加尔	9400	8000	600	800		99	18	16		31
塞舌尔	450	200				12		6		若干
圣多美和普林西比	约 1000 人	2 个营	1 个排							
斯威士兰	约 3000 人									
苏丹	117000	112500	1500	3000		(300)/861	450	若干	40	1000
坦桑尼亚	27000	23000	1000	3000		(100)/145	245	150	若干	
突尼斯	35000	27000	4500	3500		(138)/475	117	191	210	115

器装备									
导弹		飞机(其中作战飞机)(架)	直升机(其中武装直升机)(架)	舰艇(艘)	其他	(预备役)/准军事部队(人)	外国驻军(人)	参加联合国维和人数	备注
反坦克(具)	地一空(部)								
100	53	213(89)			自行火炮40门,联装炮17门,火箭炮65门,火箭筒若干具				
	12	9	29(26)	14		(700)/4050	英军900,新加坡500		
若干		189(135)	129(42)		自行炮83门,联装炮54门,火箭炮108门,空空、空地导弹若干部,地空导弹45部	180000－200000	美军1000		
	75	233(126)	89(28)	38	火箭炮290门,火箭筒若干,空空、空地导弹若干部	(312500)/96300	美军124,新西兰军11		
22	87	28(8)	29(13)		自行火炮38门,火箭炮51门,反坦克炮35门	(210000)/1000	俄军2900		
	50	26	2			6000		6	
52		206(58)	91(8)	51	自行火炮43门,火箭炮51门,火箭筒若干具	(73438)		152	驻布隆迪650
		7				5400			
若干	164	191(86)	22(16)	17	自行火炮27门,火箭炮25门	82000		3387	
				5			英军100,联合国维和部队17017,观察员258		
4		21(8)	5	10		5800	法军1150		
	10	3		5					
4	54	58(42)	37(10)	8	自行火炮10门,火箭炮600门,火箭筒若干具	7000			
		46(19)	10	8	火箭炮58门,火箭筒若干具	(80000)/1400		23	
600	73	62(29)	58(15)	21	火箭筒600具,空空导弹若干	12000		282	

国名	现役部队					主要武				
	总兵力(人)	陆军(人)	海军(人)	空军(人)	其他(人)	(坦克)装甲车辆(辆)	火炮(门)			
							牵引炮(门)	迫击炮(门)	无坐力炮(门)	高炮(门)
乌干达	50000–60000	50000–60000				(160)/264	225	60		20
赞比亚	21600	20000		1600		(60)/143	96	91	12	136
乍得	30350	25000		350		(60)/253	5	若干	若干	若干
津巴布韦	36000	32000		4000		(40)/200	30	516		215
阿尔巴尼亚	27000	20000	2500	4500		(435)/553	823	908	若干	125
爱沙尼亚	3510	3350	160	(250)属陆军		39		57	30	100
爱尔兰	10460	8500	1100	860		(14)/86	66	471	444	26
奥地利	34600	34600		6850		(411)/904	104	871	2462	145
保加利亚	68450	31050	4370	17780		(1475)/3476	461	359		若干
比利时	39260	26400	2400	8600		(132)/801	14	268		51
冰岛	无正规部队，仅有海岸警卫队120人，装备舰艇4艘，飞机1架，直升机3架。另有美军1478人，									
波兰	163000	104050	14300	36450		(1144)/3586	362	219		644
丹麦	22700	12800	4000	4500		(230)/582	169	615		1131
芬兰	31850	24550	4600	2700		(268)/1643	1007	2316	832	1175
荷兰	49580	23150	12130	8850		(328)/996	112	155	若干	137

器装备						(预备役) 准军事部队 (人)	外国驻军 (人)	参加联合国维和人数	备注
导弹		飞机(其中作战飞机)(架)	直升机(其中武装直升机)(架)	舰艇(艘)	其他				
反坦克(具)	地一空(部)								
	200	34	18			1800			
若干	若干	103(63)	33		火箭炮50门,火箭筒若干具,空军装备空地、地空导弹各若干	(3000) 1400		861	
若干		12(2)	6(2)			共和国卫队5000	法军950		
	17	77(54)	40(32)			21800			
		146(98)	25	24	火箭炮若干门		北约部队1200	101	
5		3	7	15		(14000) 2800		66	
21	7	17	13	16		(14800)		451	
465		86(52)	76(11)		自行火炮162门,火箭炮16门	(72000)		938	
200	67	290(232)	89(43)	63	自行火炮692门,空军装备空地、空空地空导弹各若干	(303000) 34000		7	
420	118	227(90)	5	25	自行火炮108门,火箭筒及空军装备空空、空地、地空导弹各若干	(100500)	美军1290	1474	
荷兰军队16人。									
258	952	391(201)	98	76	自行火炮652门,火箭炮249门,空军装备空空、地空导弹各若干	(234000) 21400	德军65	1640	
	若干	102(68)	8	54	自行火炮76门,火箭炮12门,火箭筒10600具,空地、空空、地空导弹各若干	(64900)	北约和联合国部队各若干	1035	
若干	39	172		69	自行火炮90门,火箭炮60门,火箭筒及空军装备空空导弹若干	(485000) 3100		999	
753	312	167(143)	82(30)	37	自行火炮121门,火箭炮22门,火箭筒及空军装备空空、空地导弹各若干,地空导弹153,高炮100门	32200 3300	北约部队若干,美军550	3095	

国名	现役部队						主要武			
	总兵力（人）	陆军（人）	海军（人）	空军（人）	其他（人）	（坦克）装甲车辆（辆）	火炮（门）			
							牵引炮（门）	迫击炮（门）	无坐力炮（门）	高炮（门）
捷克	49450	36370		11300		(622)/2035	109	93		若干
克罗地亚	51000	45000	3000	3000		(280)/440	412	812	232	142
拉脱维亚	5500	4300	930	270		(3)/18	26	37		30
立陶宛	13510	8100	650	1000		107	62	56		
卢森堡	900	900				6				
罗马尼亚	99200	66000	6200	17000		(1258)/3426	790	369		703
马耳他	总兵力 2140 人，编成 3 个团。第 1 团：1 个步兵营；第 2 团（合成团）：1 个飞行中队，1 个海军陆战队，									
马其顿	12300	11300				(125)/403	271	450	若干	
摩尔多瓦	7210	5560		1400		358	69	113	若干	42
挪威	26600	14700	6100	5000		(170)/516	46	450	2517	252
葡萄牙	43600	25400	10800	7400		(187)/580	134	178	402	95
瑞典	33900	19100	7100	7700		(280)/1607	154	759	若干	600
瑞士	3500					(556)/2567		1758		
斯洛伐克	26200	13000		10200		(272)/1090	374			200
斯洛文尼亚	9000	9000	(100)属陆军	(250)属陆军		(103)/202	36	88		
波斯尼亚和墨塞哥维那	穆克联邦武装				150000	(211)/364	386	356	99	19
	塞族共和国武装				6600	(137)/238	270	70	89	975

器装备									
导弹		飞机(其中作战飞机)(架)	直升机(其中武装直升机)(架)	舰艇(艘)	其他	(预备役) 准军事部队(人)	外国驻军(人)	参加联合国维和人数	备注
反坦克(具)	地—空(部)								
721	140	193(44)	135(34)		自行火炮 298 门,火箭炮 85 门,空军装备空空、地空导弹各若干	5600		423	
	若干	62(24)	28(22)	24	自行火炮 8 门,火箭筒及空空、地空导弹各若干	10000	联合国观察员 27	15	
		19	5	10		(14050) 3200		112	
		33	13	15		(309200) 13850		124	
6		19				612		23	
227	64	390(202)	152(21)	76	自行火炮 48 门,火箭炮 177 门,空空、空地导弹若干	(130000) 79900		430	
1 个高炮连;第 3 团(补给团)。装备飞机 6 架,直升机,舰艇 11 艘,高炮 90 门。另驻有意大利空军 47 人。									
12	若干	10(4)	21(12)	5		(60000) 7600	联合国部队 4000,北约 700		
116	若干	6	10		火箭炮 11 门,反坦克炮 36 门,联装炮 9 门	(66000) 3400	俄军 1000		
320	300	92(61)	36	64	自行火炮 126 门,反坦克炮 252 门,火箭炮 12 门,空空、地空导弹若干	(219000)	美军 53	1166	
214	52	116(50)	28	50	自行火炮 6 门,空地、空空导弹若干	(210930) 46400	美军 770	1401	
		323(203)	104	217	自行火炮 26 门,火箭筒及空空、空地导弹各若干	(262000) 600		870	
3063	若干	170(138)	75			(351000) 280000		185	
476	48	72(60)	49(19)		自行火炮 209 门,火箭炮 90 门,反坦克炮 200 门	(20000) 4500		86	
若干	若干	28(8)	10	1	自行火炮 8 门,火箭炮 52 门	(20000) 4500		86	
27	若干	3	25				北约均 18000	9	
150	若干	19	37			80000			

国名	现役部队					主要武				
	总兵力(人)	陆军(人)	海军(人)	空军(人)	其他(人)	(坦克)/装甲车辆(辆)	火炮(门)			
							牵引炮(门)	迫击炮(门)	无坐力炮(门)	高炮(门)
西班牙	177950	118800	26950	22750		(682)/3100	414	1728	507	735
希腊	177600	114000	19000	33000		(1735)/5154	729	3420	4605	506
匈牙利	33400	23600	270	7700		(743)/2325	528	99		186
阿根廷	69900	41400	16000	12500		(350)/979	200	1460	1105	97
安提瓜和巴布达	170	125	45							
巴巴多斯	610	500	110							
巴哈马	860		860							
巴拿马	无现役部队,仅有一支 11800 人的准军事部队。由 3 部分组成:①国民警察 1.1 万人,									
巴西	287600	189000	48600	50000		(464)/1676	489	1010	290	134
秘鲁	110000	70000	25000	15000		(385)/817	264	700	若干	245
玻利维亚	31500	25000	3500	3000		(36)/132	128	50		
伯利兹	1050	1050					6		8	
多米尼加	24500	15000	4000	5500		(24)/52	22	24		
厄瓜多尔	59500	50000	5500	4000		(138)/334	128	12 余	404	260
哥斯达尼加	无现役部队,仅有 8400 人的准军事部队。由 3 部分组成:①国民警卫队,4400 人;②政府卫队,2000 人;									
格林纳达	无正规军,有警察约 600 人。									
古巴	46000	35000	3000	8000		(900)/1600	500	1000		400

器装备						（预备役）/准军事部队（人）	外国驻军（人）	参加联合国维和（人）数	备注
导弹		飞机(其中作战飞机)(架)	直升机(其中武装直升机)(架)	舰艇（艘）	其他				
反坦克(具)	地一空(部)								
	163	547(198)	40	103	自行火炮6门,火箭筒若干具,空军装备空空、空地、地空导弹各若干	(238500)/73360	美军 2190	2856	
	1083	570(418)	35	91	自行火炮400门,火箭炮142门,火箭筒29220具	(291000)/4000	美军 290	1991	
364	348	135(37)	109(49)	50	自行火炮151门,火箭炮56门,反坦克炮268门	(90300)/14000		509	
若干	80	232(130)	37(29)	44	自行火炮35门,火箭炮10门,反坦克炮87门,空军装备空地、空空导弹各若干	31240		502	
					3				
					10		430		
					14				

仅装备轻武器,②海上服务队400人,装备舰艇14艘;③航空服务队400人,装备飞机12架,直升机21架。

22	44	691(264)	58(29)	152	自行火炮112门,火箭炮16门,反坦克炮134门	(1340000)/385600		15	
400	450	306(19)	106(19)	33	自行火炮24门,火箭炮14门,空军装备空地、空空导弹各若干	(188000)/77000		5	
		125(37)	24(16)	78		37100		212	
		3		14		(700)	英军 30		
		39(16)	10	19		15000			
	165	141(79)	15	23	自行炮10门,火箭炮6门,反坦克炮260门				

③边防安全警察2000人,其中海上小队300人,装备巡逻艇8艘,空中小队装备飞机8架,直升机3架

若干	300	231(130)	85(45)	12		(39000)/26500	美军 2039		

国 名	现役部队					主要武				
	总兵力（人）	陆军（人）	海军（人）	空军（人）	其他（人）	（坦克）装甲车辆（辆）	火炮（门）牵引炮（门）	迫击炮（门）	无坐力炮（门）	高炮（门）
圭亚那	1600	1400	100	100		15	6	48		
海地	1994 军政府垮台后，所有武装部队都已解散，目前已建立起一支 5300									
洪都拉斯	8300	5500	1000	1800		(12)/79	28	90	80	48
墨西哥	192770	144000	37000	11770		1101	194	1575		80
尼加拉瓜	14000	12000	800	1200		(137)/323	42	607	若干	
萨尔瓦多	16800	15000	700	1100		58	78	560	420	40
苏里南	1840	1400	240	200		21		6	若干	
特立尼达和多巴哥	2700	2000	700					46	24 余	
危地马拉	31400	29200	1500	700		63	76	85	120 余	32
乌拉圭	23900	15200	5700	3000		(83)/263	66	136	100	23
牙买加	2830	2500	海岸警卫队 150	航空队 140		13		12		
智利	80500	45000	23000	12500		(290)/1375	172	440	150	60
巴布亚新几内亚	4300	3800	400	100				若干		
斐济	3600	3300	300				4	12		
新西兰	8710	4530	1980	2200		41	24	50	42	

器装备：导弹：反坦克(具)	器装备：导弹：地一空(部)	飞机(其中作战飞机)(架)	直升机(其中武装直升机)(架)	舰艇(艘)	其他	(预备役)准军事部队(人)	外国驻军(人)	参加联合国维和人数	备注
				1			(1500) 1500		

人的国家警察部队。

器装备：导弹：反坦克(具)	器装备：导弹：地一空(部)	飞机(其中作战飞机)(架)	直升机(其中武装直升机)(架)	舰艇(艘)	其他	(预备役)准军事部队(人)	外国驻军(人)	参加联合国维和人数	备注
		79(49)	16	11		(60000) 6000	美军 365	12	
	若干	280(107)	114(71)	142		(300000) 11000			反对派武装若干人
	200	3	16(15)	9					
		64(31)	28(17)	27		12000			
		8(7)	3	6					
		7		12					
		36(10)	21(12)	9		(35000) 19000			
5	若干	76(28)	12	26		920			
		3	11	5		(953)			
		171(76)	27	51		(50000) 36800		10	
		5	4	6					
				10	(6000)		893		
24	若干	36(6)	19	12				753	

军事理论研究

军事思想与军事论著研究

中国关于毛泽东军事思想研究 2002年，中国军事理论界结合军事斗争准备的需要和时代要求，进一步探讨毛泽东军事思想的内涵及作用，对毛泽东积极防御战略思想和早期治军思想的运用、内容、意义以及毛泽东军事思想与时俱进的理论品格等方面，都有较深入的研究。

在新的历史条件下运用毛泽东积极防御战略思想应处理好几个关系 毛泽东积极防御战略思想，是指导中国革命战争全局与国家军事斗争全局的根本战略思想。在新的历史条件下运用这一战略思想，必须坚持继承和发展的统一，把运用积极防御战略思想克敌制胜的历史经验与对未来战争新特点的把握紧密结合起来，紧紧围绕防御性与积极性的统一这个永恒的主题，在战略指导上处理好这样几个关系：

*正确处理遏制与打赢的关系，力争遏制、立足打赢。*要从军事战略与大战略相统一的角度，把遏制战争放在战略指导优先考虑的位置上，力求“不战而屈人之兵”，这是由和平时期军事战略的基本功能和中国战略的防御性质所决定的。而从军事斗争准备的角度，则必须把立足点放在战争可能发生和必须打赢战争上。只有立足打赢，根据打赢高技术局部战争的需要积极主动地进行军事斗争准备，发展和提高打赢战争的实力，才能更有效地遏制战争的发生。如果离开了打赢这个立足点，也就偏离了积极防御的“积极性”这一本质，不仅不能遏制战争，而且一旦战争到来，就会陷于被动。

*正确处理先发与后发的关系，在作战时机上要力求先机制敌。*中国是防御性国家，坚持自卫立场和后发制人，是由中国的战略文化传统、社会制度和战略利益所决定的。但是，必须清醒地看到高技术条件下局部战争具有“时间越打越短”的特点，战机难得且稍纵即逝。抢占先机者胜，失去先机者败。一旦敌方侵犯了我主权和领土完整，就意味着撕开了战争序幕，我就具备了防卫作战行动的自由，就要力争在战役、战斗包括战略性战役、战斗上抢占先机，以争取战略主动权。

*正确处理防御与进攻的关系，着眼于进攻为主。*高技术条件下战争的攻与防的转换，与过去常规战争条件下的攻防转换已不可同日而语。处于防御的一方，如果在战争初期一味坚守防御，就难以阻止具有很强机动能力和打击能力之敌的高机动、高强度的迂回、超越式的进攻。所以，在战略思维上我们必须从抗敌入侵的防御战转向维护统一和领土完整的进攻战。在坚持自卫立场的前提下，必须以攻为守，强化进攻行动，准备战争一开始就进行有限规模的战略攻势作战。

*正确处理外线与内线的关系，以积极的战略外线反击作战达成战略防御的目的。*高技术战争所具有的非对称性、非接触性和非线式的特点，决定了在战略内线态势下发起战役战斗上的外线反击的不大可行性，而将积极的战略外线的反击作战提到了前所未有的重要地位。这就要求战略指导者必须在坚持战略上的防御性质的前提下，从战争一开始就将积极的战略层次上的外线作战提上日程，以达成战略防御的目的。

*正确处理持久与速决的关系，力求速决、准备持久。*速战速决已成为高技术局部战争的一个重要特点，往往一次战役行动就可能决定一场战争的胜负。在未来高技术局部战争中，必须确立力求速决制胜的战略指导原则。同时也应充分估计到当强敌介入导致我在客观力量对比上处于明显劣势时速决取胜的不可能性，作好相对持久作战的准备。在这种情况下，决不为求速决而与敌作狭路相逢之战，而要以高度灵活机动的作战指导，避敌锐锋，反客为主，另辟有利于将战事控制和引导到相对持久状态的战场和作战方式，以争取主动和最后战胜敌人。

*正确处理歼灭战与瘫痪战的关系，注重打好以破坏敌系统结构为重点的瘫痪战。*未来高技术战争，将是结构完整运行有序的整体对整体、系统对系统的对抗。在高技术战争条件下贯彻歼灭战思想，应坚决摆脱过去那种追求攻城掠地、谋求人员杀伤的传统的思维定势，更多地注重对敌作战体系结构的瘫痪性打击。要运用"硬"、"软"手段，以积极主动的攻势行动，猛击敌人作战体系的要害、节点和弱点。还要根据战争的需要，注意打击作为敌方作战体系支撑的生存体系的关节点，通过破坏敌生存体系来瘫痪其作战体系。要把这种击节破网、锤击要害、破坏系统的瘫痪战作为基本的作战形式，并把瘫痪战和局部歼灭战有机结合起来，歼瘫并举、歼耗并施，从而达到保存自己、战胜敌人的目的。

*正确处理时间与空间的关系，坚决实行在空间上积极前出的作战行动。*过去那种以全面战争为背景和以全部国土为战场在广阔战略空间和旷日持久的时间与敌周旋的客观条件，很难在高技术局部战争中再现。在这样的情况下，不可再照搬过去那种战略上诱敌深入的以空间换时间的作战方式，不能只守着自己的"坛坛罐罐"打，而要树立前伸攻击的新观念，把"手"伸出去打，以这种在空间上积极前出的作战行动，赢得时间和战略上的主动。

应当说，你打你的，我打我的，以我为主，灵活机动，是毛泽东积极防御战略思想的真谛和活的灵魂。今天，回顾和总结运用毛泽东积极防御战略思想的历史经验，研究未来高技术局部战争的战略指导，最紧要的是把握住这个战略思想的灵魂，在新的历史条件下坚持和创造性地运用好"你打你的，我打我的"的战略指导原则，始终保持战略指导的自主地位和作战行动的自由，最大限度地扬我之长克敌之短，以确保赢得未来战争的胜利。（李德义《毛泽东积极防御战略思想的历史发展及思考》，《军事历史》2002年第4期）

毛泽东早期治军思想　毛泽东治军思想有一个发展、成熟、完善的过程，其中早期的治军思想有着极为重要、极为特殊的地位和作用。这是因为，毛泽东早期的治军思想为人民军队建设，特别是为具有人民军队特色的管理教育工作奠定了基础，指明了方向，规定了性质，是源头所在。

*毛泽东早期治军思想具有丰富内容。*所谓早期，大体可以从1927年8月南昌起义起到1933年9月第五次反"围剿"前止，共6年时间。在这一时期，毛泽东关于治军的论述比此后任何时期都要丰富得多。一是制定统一的纪律。毛泽东非常重视红军的纪律建设，把纪律建设作为治军的核心内容。在井冈山斗争时期，他提出了"三大纪律六项注意"，后又几经修改，不断完善为现在的"三大纪律八项注意"。1929年6月，毛泽东在《给林彪的信》中提出："军纪问题是红军一个很大的政治问题"。1929年12月底，毛泽东主持起草的《古田会议决议》提出了一系列治军的方针原则，强调要严格执行三大纪律八项注意，指出：要"严格地执行纪律，废止对纪律的敷衍现象"。二是适时进行精简整编。三湾改编是人民军队历史上第一次精简整编，也是毛泽东早期治军思想的集中体现。改编的主要内容包括从组织上进行改编，在部队中建立中国共产党的各级组织，确定"支部建在连上"的制度，同时，连以上设立士兵委员会。三是建立民主管理机制。毛泽东把怎样带兵问题作为治军的一项重要内容，把民主管理作为带兵的根本方法。三湾改编时在连以上设立士兵委员会，实质上是建立了一种民主管理的机制。毛泽东指出："中国不但人民需要民主主义，军队也需要民主主义。军队内的民主主义制度，将是破坏封建雇佣军队的一个重要的武器。"民主管理机制的建立与施行，对于人民军队的发展壮大、最后夺取战争胜利，无疑起着非常重要的作用。四是理顺军队内部关系。毛泽东非常重视红军内部关系问题，他强调处理好军官与士兵的关系，提出了官兵一致的原则。强调处理好军事与政治的关系，阐明了"军事只是完成政治任务的工具之一"的观点。强调处理好我军与友军的关系。对于当时在井冈山地区的两支农民武装，毛泽东提出了"团结、改造"的方针，壮大了人民军队的力量。五是确立治军的基本原则。毛泽东针对旧的一套治军方法破掉之后，新的方法还没有完全建立起来的实际，于1930年5月提出了7条治军原则：干部要深入群众，要群众化；干部要时刻关心战士，体贴战士；干部要处处以身作则，作战士的表率；干部要学会发动战士自己教育自己、自己管理自己，走群众路线，相信群众的力量；说服教育重于惩罚；宣传鼓动重于指派命令，反对命令主义；赏罚要分明，应赏必赏，该罚则罚。这些基本原则是毛泽东早期治军思想的重要部分，至今仍有重大的指导意义。

*毛泽东早期治军思想具有重要特征。*一是背景的复杂性。毛泽东早期治军思想的产生有着深刻的历史原因和复杂的社会背景。1927年4月12日蒋介石在上海发动反革命政变，大革命遭到失败。反革命势力大大超过了共产党所领导的有组织的革命势力，全国

革命由此转入低潮。8月7日，中共中央在湖北汉口召开紧急会议，毛泽东在会上提出“枪杆子里面出政权”的思想。9月，组成以毛泽东为书记的中共湖南省委秋收起义前敌委员会，并组织和领导了秋收起义。至此，毛泽东开始了他的军事生涯，毛泽东治军思想也由此产生。这个时期的关键问题是要不要搞武装斗争。毛泽东力排众议，坚决主张搞武装斗争，提出“枪杆子里面出政权”的著名论断。毛泽东早期治军思想产生的社会背景的复杂性，又恰恰证明了这个思想的可贵之处和来之不易。二是形成的曲折性。毛泽东早期治军思想的产生除了复杂的社会背景外，还受到了来自中国共产党内和红军内的各种压力和排斥，即使如此，毛泽东对红军的建设仍然倾注了全部心血。同时，这一现象也验证了一条规律，即正确的东西总是在曲折中产生的。三是坚定的战斗性。由于毛泽东早期治军思想产生的背景复杂和曲折，决定了这个治军思想的战斗性。那个时期毛泽东提出的治军方针、原则以及具体的规定和方法，无一不是为了壮大自己的队伍，提高部队战斗力，战胜强大的敌人。而且也只有这种战斗性，才能把当时的红军队伍组织起来，统一起来，经过无数的艰难困苦，经历多次的惨重失败，仍然能站起来，打下去。这种战斗性的根本点是中国共产党的领导，是共产党战斗性的具体体现，也是马克思主义与中国革命实际相结合的必然产物。四是彻底的求实性。求实是贯穿于毛泽东全部治军思想的一条红线，这条红线在早期显得尤为突出和重要。复杂的社会大环境，中国共产党内“左”倾思想的干扰和影响，红军成份的多样化和复杂性，红军内部的多种思想反映，生活条件的极端艰苦，战斗的频繁发生等，这是当时红军所面临的基本现状。毛泽东对这些情况都进行了详尽的调查研究，搞得非常透彻，在此基础上，提出了一系列的治军思想。这些思想没有高深的理论，没有空洞的口号，追求的是实事求是，实在管用，简单明了，易懂易做。五是鲜明的阶级性。毛泽东早期治军思想，特别注意区别旧军队与新型军队。红军中的一部分是旧军队过来的，当时的旧军队代表的是大资产阶级、大地主的利益，治军的基本方法是惩罚加肉刑。红军是一支新型的军队，代表的是广大人民群众的利益，红军官兵在政治上都是平等的。红军的这种性质决定了治军的基本方法是实行民主、进行思想教育、提高思想觉悟、启发自觉。这种鲜明的阶级性，使得红军知道为谁当兵，为谁打仗。毛泽东在《井冈山的斗争》一文中说：“尤其是新来的俘虏兵，他们感觉国民党军队和我们军队是两个世界。”六是不断的发展性。毛泽东早期治军思想的形成是一个不断发展的过程。三大纪律八项注意的提出和完善，经过了几年的时间。人员变了，地点变了，时间变了，环境变了，就要对原来的提法和内容进行调整，或修改、或补充，使之更加完善。《古田会议决议》可以说是对红军创建以来治军经验教训的全面总结；1933年红军第一部纪律条令，是对红军创建以来各项纪律的全面规范。正是这种不断的发展性，才使得毛泽东早期治军思想不断完善成熟，不断系统科学，成为建设革命军队的重要组成部分。

毛泽东早期治军思想具有重要的指导意义。毛泽东早期治军思想，不仅对当时人民军队的建设和革命的胜利起着重大的指导和推动作用，而且对今天人民军队的革命化、现代化和正规化建设仍然起着重大作用，是治军的法宝。学习、研究毛泽东早期治军思想，要重点把握和解决好以下几个问题：一是必须把纪律建设作为治军的核心内容。军队是执行政治任务的武装集团，是抵御侵略、保卫人民和平劳动的基本力量，完成这两个使命，必须有铁的纪律作保证。人民军队能由小到大逐步发展壮大，成为共和国的坚强柱石，一个重要原因是有一套符合国情、军情的纪律。毛泽东一生都非常重视人民军队的纪律建设，把纪律看得高于一切，重于生命。二是必须及时调整编制体制，以适应作战的需要。战争年代人民军队经常对编制体制进行调整，其目的就是不断提高指挥效能，不断提高部队战斗力。“编制就是法规”不能成为教条，不能束缚了手脚，应当随着形势的变化、作战对象的变化、武器装备的变化、训练手段的变化，及时果断地调整编制体制。三是必须把民主管理作为治军的根本方法。红军初创时推行民主管理，这是一支新型军队区别于旧军队的根本标志，是战斗力的源泉，是官兵保持旺盛斗志的动力。民主管理既是管理的根本方法（其他各种管理方法都是第二层次以下的方法），又是一种机制，而这种机制是任何东西都无法取代的。（龚运长《毛泽东早期治军思想研究》，《军事历史》2002年第3期）

毛泽东军事思想与时俱进的理论品格　毛泽东军事思想作为马克思主义军事科学与中国革命战争具体实践相结合的理论结晶，是中国化的马克思主义军事理论，它既是与时俱进的产物，又具有与时俱进的理论品格。

鲜明的实践性决定毛泽东军事思想与时俱进的理论品格。与时俱进，从根本上说就是理论随着实践的发展而不断创新和发展。毛泽东军事思想之所以具有与时俱进的理论品格，首先就在于它具有鲜明的实践性。毛泽东历来重视实践，强调一切要从中国的实际出发。毛泽东把马克思主义军事理论同中国革命战争实践相结合，也正是以中国革命战争的实践为基础的。毛泽东军事思想不是在书斋中靠逻辑演绎而推究出来的空洞理论，更不是纸上谈兵的东西，而是中国革命战争实践经验的理论总结，并随着中国革命战争实践的发展而不断发展的科学理论。

毛泽东军事思想是对中国革命战争实践经验的理论总结。中国革命战争在迄今为止的无产阶级革命战争史上，所经历的时间最长，积累的战争经验极其丰富，为毛泽东军事思想的产生和形成提供了取之不尽、用之不竭的源泉。在中国共产党领导下，中国人民先后经历了土地革命战争、抗日战争、解放战争以及后来的抗美援朝战争，不同时期的革命战争都有不同的特点。通过这些战争的实践，中国共产党积累了丰富的战争经验. 毛泽东军事思想正是这些战争经验的理论概括。同时，毛泽东并没有把它看成是僵死不变的东西，而是把这一理论不断地运用到新的革命战争实践中，不断研究新情况，解决新问题，总结新经验，随着中国革命战争实践的发展而不断加以发展。正如毛泽东所说："一切战争指导规律，依照历史的发展而发展，依照战争的发展而发展；一成不变的东西是没有的。"(《毛泽东军事文集》，第1卷，693页，北京，军事科学出版社、中央文献出版社，1993。)不断创新和发展，正是毛泽东军事思想与时俱进，始终保持强大生命力的一种内在要求。由此可见，毛泽东军事思想作为自觉地根植于中国革命战争实践，并随着中国革命战争实践的发展而不断发展的理论，并没有穷尽真理，更不是一成不变的，而是始终处在不断发展的过程之中。它不仅要随着中国革命战争实践的发展而不断发展，而且又为后人进一步发展这种思想理论提供了条件。这正是毛泽东军事思想之所以具有与时俱进的理论品格，永葆理论青春的根本原因所在。

广泛的人民性决定毛泽东军事思想与时俱进的理论品格。1942年延安整风时，毛泽东在谈到毛泽东思想时说，这不是我一个人的思想，是千百万先烈用鲜血写出来的，是党和人民的集体智慧。这并不是毛泽东的过谦之辞，而是历史的事实。毛泽东军事思想作为毛泽东思想的一个重要组成部分，是毛泽东集中全党全军和广大人民群众的集体智慧的结晶。毛泽东军事思想所具有的这种广泛的人民性，也决定了它具有与时俱进的理论品格。毛泽东极为尊重人民群众在革命战争实践中的首创精神，并善于总结人民群众从革命战争实践中创造出来的新经验，汲取人民群众的智慧和营养，不断地用人民群众实践的新经验、新知识来补充自己的理论，从而使毛泽东军事思想不断地得到充实和发展。毛泽东还善于通过总结和汲取各战略区创造的战争实践经验，不断充实和发展自己的军事思想。从毛泽东著名的"十大军事原则"的提出，就可以清楚地看到这一点。毛泽东还善于汲取下属指挥员的聪明智慧和战争实践经验，不断充实和发展自己的军事思想。他从不把自己提出的军事原则、作战方针，作为限制人民群众和广大指战员进行革命战争实践的框框。恰恰相反，他总是热情地鼓励和支持人民群众以及广大指战员在革命战争实践中的创造，善于汲取他们的聪明智慧和成功经验，不断充实和发展自己的军事思想。广大人民群众和广大指战员们在革命战争实践中的成功经验，正是毛泽东不断充实和发展自己军事思想，不断与时俱进的一个重要的实践依据。

科学的批判性决定毛泽东军事思想与时俱进的理论品格。毛泽东军事思想充满了科学的批判精神。在指导中国革命战争实践的过程中，毛泽东决不盲从和迷信既有的理论和成功的经验，而是对以往的一切理论、经验都毫无例外地加以实事求是的审视和批判。他不仅对中国传统军事思想和国外资产阶级军事思想进行了批判性的吸收，而且对马克思主义军事理论和他自己提出过的一些军事思想观点也敢于采取科学的批判精神。毛泽东作为马克思主义军事理论中国化的首创者，并没有以静止的观点来对待马克思主义军事理论中国化的成果，而是注意根据历史条件的变化和发展来重新审视自己做出的结论，不断抛弃自己曾经提出过的某些不符合实际的、已经过时的观点，用新的结论来取代它，为自己的理论增添新的内容。例如，在人民军队建设上，红军时期毛泽东强调要"老老实实地承认红军的游击性"，这是符合当时革命战争实践和红军实际情况的，但是，到了解放战争后期，情况发生了变化，毛泽东则提出了"必须使各野战军进一步地正规化"的要求。到了新中国建立初期，他又提出必须克服"那种不集中、不统一、纪律不严、简单化现象和游击习气"，确定了"建设正规化、现代化的国防部队"的任务。在作战问题上，红军时期，毛泽东提出，阵地战对于我们是基本上无用的，不但防御时基本不能用，就是进攻时也同样不能用。到抗日战争时，毛泽东则指出，"第三阶段的阵地攻击，由于条件的改变和任务的需要，将变为颇为重要的”，“阵地战将提到重要地位”。到解放战争时，他则要求“必须极大的注重学习阵地攻击战术”。抗美援朝战争中，他更进一步提出了“采取坚强的阵地作战”的任务，不但要对现代化敌人实行阵地进攻，而且要实行坚强的阵地防御作战。可见，毛泽东总是随着革命战争实践的变化和结合发展变化着的实际，不断地修正和完善自己的理论，从不把自己的理论停留在一个水平上。正是毛泽东军事思想具有的这种科学的批判精神，能够随着中国革命战争实践的发展，不断丰富发展已有的理论成果，从而使毛泽东军事思想能够不断超越自我，始终与时俱进，保持旺盛的生命力。

大胆的创造性决定毛泽东军事思想与时俱进的理论品格。这种大胆的创造性不仅表现在毛泽东从理论和实践的结合上创造性地回答、解决中国革命战争中的一些新问题，而且还表现在毛泽东那种敢于大胆理论探索的勇气和创造性的思维方式上。为了探索马克思主义军事理论同中国革命战争实践的结合，毛泽东曾被党内“左”倾教条主义者说成是“狭隘经验主义”、“山沟里没有马克思主义”。面对党内“左”倾教条主义的多次排挤和打击，毛泽东并没有停止对马克思主义军事理论中国化的理论探索，并靠这种勇气实现了马克思主义军事理论同中国革命战争实践的结合，产生了中国化的马克思主义军事理论——毛泽东军事思想。毛泽东所具有的这种创造性思维方式，为毛泽东军事思想之所以具有与时俱进的理论品质提供了主体性条件。毛泽东在军事理论活动过程中，遵循的是一种求异思维与求同思维相统一的创造性思维方式。他尊重传统的战争经验和军事理论，但又不受其束缚，强调求异性思维，主张要从中国革命战争的实践出发，从自己经验中考证过去的军事理论，吸收那些用得着的东西，拒绝那些用不着的东西，增加那些自己所特有的东西。他注重对战争一般规律的研究，但更注重对中国革命战争的特殊规律的研究。毛泽东的思维并不满足于一般的“求同”上，而是追求一种“求异”的境界，这既是他的人格魅力所在，也是他创造性思维方式的充分体现。（袁德金《毛泽东军事思想与时俱进的理论品格》，《中国军事科学》2002 年第 5 期）

（谭汝坤　荒　林）

中国关于邓小平军事理论研究　2002 年，中国关于邓小平军事理论的研究开辟了一些新的领域，对邓小平军事理论与时俱进的理论特征和邓小平的军事调查研究艺术、邓小平对中国军事文化的创造与贡献等，都有较深入的研究。

邓小平怎样在军事实践中发展“本本”　邓小平作为中国人民解放军的统帅，之所以能够在开辟建设有中国特色社会主义道路的历史进程中，开创有中国特色的精兵之路，创造性地总结和提出新时期军队建设思想，是因为他不是在书本里寻求现成答案，而是在实践中发展“本本”。从实际出发，坚持解放思想，进行新的探索，是邓小平新时期军队建设思想的支撑点，是在新的历史条件下继承和发展毛泽东军事思想的关键。

解放思想、实事求是，正确分析和解决新的历史条件下国防和军队建设面临的新情况新问题。邓小平对党的思想路线的概括，除继续用实事求是外，又增加了解放思想这一新的概念。用解放思想，实事求是概括党的思想路线，是邓小平的一个新的理论创造。应该说，毛泽东提出的实事求是就内在地包含着解放思想的因素。提出实事求是思想路线，其初始的本质，就是从中国的实际出发，开拓中国革命的道路。为此，首先必须从“左”倾教条主义的束缚下解放出来。而这个教条主义是与苏联和第三国际的一些错误指导紧密相连的，虽然它们曾给予中国革命很大帮助。因此，毛泽东在确立党的思想路线时，只提针对党内的教条主义要坚持实事求是，而不提针对苏联和第三国际的要解放思想。这不失为一种高明的策略。邓小平重新恢复和确立党的实事求是思想路线，是要纠正“文化大革命”的消极影响，从“两个凡是”中解放出来，从中国的实际出发，开拓建设有中国特色的社会主义道路。这就非常需要把解放思想问题提到首位。没有思想的解放，就没有实事求是，解放思想的目的在于实事求是。因此，必须把二者统一起来，而不能对立起来。基于这样一条思想路线，邓小平打破习惯势力和主观偏见的束缚，研究解决国防和军队建设遇到的新情况、新问题。他冲破战争不可避免的传统观点，提出军队建设指导思想实行战略性转变；冲破“以阶级斗争为纲”的传统观点，坚定不移地把党的工作重心转到以经济建设为中心的轨道上来，提出军队“要服从经济建设大局”、“要在大局下面行动”。正是由于解放思想、实事求是这一思想路线的确立，使中国人民解放军的优良传统得以在新的历史条件下继承、创新和发展，从而开辟了建设有中国特色的精兵之路。

把继承和发展统一起来，在实践中继承和发展毛泽东军事思想。首先，邓小平在新的历史条件下坚决捍卫毛泽东军事思想的历史地位。在军事工作中，他

始终坚持以毛泽东军事思想作为军队建设的根本指导思想，要求完整地准确地理解毛泽东思想，反对把毛泽东的论述当教条，而强调用毛泽东军事思想体系，特别是其立场、观点、方法去分析研究新情况，回答和解决各种实际问题。其次，邓小平把在坚持中发展、在发展中坚持，作为对待毛泽东军事思想的惟一正确指导思想。他对毛泽东军事思想的历史性贡献，就在于把毛泽东军事思想的基本原理同新时期军队建设的实践相结合，针对新情况、新问题，用新的思想、观点丰富和发展了毛泽东军事思想，使毛泽东军事思想随着实践的发展而发展，始终不落后于时代而保持勃勃生机。再次，邓小平运用马克思主义的立场、观点、方法，科学回答和解决当代军事实践所提出的历史性课题。他关于军队建设指导思想实行战略性转变的观点；关于军队要在大局下积极行动的观点；关于军队要把维护国家主权和安全放在第一位的观点；关于坚持现代条件下的人民战争的观点；关于军队要坚持自己的性质，保持老红军政治本色的观点；关于军队要听党的话，维护现在这个制度、这条道路和这些政策的观点；关于军队建设要以现代化为中心的观点；关于没有现代科学技术就不可能建设现代国防的观点；关于改革编制体制，把军队搞精干的观点；关于依法治军、从严治军的观点；关于要把教育训练提高到战略地位的观点；关于培养接班人直接关系到军队建设和未来反侵略战争大局的观点；关于军队就是要提高战斗力的观点；关于注重质量建设的观点；关于坚持平战结合，军民兼容，依靠人民建设和巩固国防的观点；关于坚持改革，走有中国特色的精兵之路的观点，等等，都是对马克思主义军事理论和毛泽东军事思想在新的历史条件下创造性的运用和发展，是新时期军事斗争和军队建设的科学指南。

不断创新，对新时期国防和军队建设基本规律大胆实践和探索。邓小平不惟本本，不守教条，不拘泥于原有的具体结论和模式，敢于探索，勇于创新，紧紧抓住“新的历史条件”来研究军队建设的各种新情况、新问题。在新的历史条件下，建设有中国特色的现代化国防和现代化、正规化革命军队，在马列主义的“本本”里找不到现成的答案，在世界上也没有现成的模式，照搬过去的经验也难以解决问题。军队建设的主要矛盾，决定了军队建设必须以现代化为中心。总的说来，这一根本问题，以往并没有真正解决，没有形成一套相应的科学理论，是邓小平运用毛泽东军事思想系统地回答了在当代中国如何建设一支现代化、正规化的革命军队的问题，从理论和实践两个方面很好地探索和回答了毛泽东军事思想在现时代富有挑战性的历史新课题。他根据现代战争对军队的新要求和中国人民解放军建设面临的许多重大理论和实践问题，对时代观、战争观、建军观等问题做出了新的科学论断，提出了新时期军队建设中一系列重大方针和原则，形成了他关于新时期军队建设的思想，继承和发展了毛泽东军事思想。（洪保秀《邓小平怎样在实践中发展“本本”》，《中国军事科学》2002 年第 5 期）

邓小平对中国军事文化的创造与贡献　邓小平作为党的第二代领导集体的核心，在新的历史条件下，以马克思主义的立场、观点和方法研究军队和国防建设的新情况，提出并初步解决了新时期军事文化建设的新问题，把当代中国先进军事文化发展到一个新的阶段。

恢复和发扬党和军队注重军事文化建设的优良传统，拨正了新时期军事文化的前进方向。粉碎“四人帮”以后，邓小平深刻论述继承和发扬军队优良传统的重要意义，把整顿军队、恢复优良传统作为一项大事来抓。他要求全军按照毛泽东同志制定的军事路线、建军原则，做好清理整顿工作，恢复和发扬军队的优良传统和作风。他指明了在新时期继承和发扬我军优良传统的途径，拓宽了军事文化的发展道路。邓小平认为，继承和发扬我军的优良传统，必须同新的历史条件结合起来。要结合部队教育训练实践的发展，兵役制度、体制编制的调整改革，军队与地方的联系日益密切等实际情况，从更广阔的范围探寻新的对策和办法，拓宽发扬优良传统的路子。要积极吸收现代科技发展的成果，运用社会学、教育学、心理学、管理学等多种学科的最新成果，丰富和发扬军队的优良传统。

提出并初步解决新时期军事文化建设的新问题，把当代中国先进军事文化发展到一个新的阶段。一是准确分析时代主题，实现军队建设指导思想的战略性转移，开创了军事文化与社会文化协调发展的新局面。邓小平强调军队建设要服从、服务和推进国家建设大局。全军官兵要发扬爱国奉献精神和艰苦奋斗作风，在维护国家安全的同时，积极支持和参加国家经济建设。部队的文化建设，必须与社会文化建设相呼应。要培养大批又红又专的军地两用人才，为祖国的现代化建设贡献力量。二是加强部队正规化建设，促进军事制度文化的完善。为建设一支强大的现代化、正规化的革命军队，邓小平从制度文化建设入手，针对军队存在的问题，根据部队正规化、现代化建设的要求，指示全军在体制编制、军事训练、院校教育、干部工作、后勤建设、国防科技等所有领域及各个方面，都要建立制度，制定法规，纳入法制轨道，使军队一切活动都有章可循，有法可依。三是尊重知识和人才，加速改进军事装备，推动了军事科技文化的发展。邓小平根据各国军队现代化的实践，继承和发展了马克思主义关于“科学技术是生产力”的观点，进一步提出了“科学技术是第一生产力”的论断，认为科学技术也是战斗力，而且是最重要的战斗力；加强国防科研，发展军事高科技，是国防现代化的关键；必须走“科技强军”的道路，使中国国防建设尽快赶上时代的步伐。科技强军，不仅要提高武器装备的先进水平，还要努力培养人才，提高人的素质，提高人的知识和专业化水平，这是军队现代化建设的关键。（王日中、苏建军《党的三代领导核心对中国军事文化的伟大创造和贡献》，《中国军事科学》2002 年第 4 期）

邓小平的军事调查艺术 邓小平作为一位能征善战、指挥若定的杰出军事家，在领导军事斗争的实践活动中，历来极为重视搞好军事调查研究，善于作好军事调查研究，具有高超的军事调查研究艺术。

用知己知彼的军事谋略进行军事调查研究工作，全面调查研究军事斗争中敌、我、友的力量构成及军事地理，在知己知彼的基础上制定军事行动方案，是邓小平的军事调查研究艺术之一。邓小平在筹备和发动百色起义的军事调查研究中，对敌、我、友的力量构成及军事地理环境，作了全面、深入的调查研究，进而作出符合实际的正确判断，实现了知敌、知我、知地理，真正做到了知己知彼，最终成功地发动和领导了百色起义。

用以变应变的军事谋略进行军事调查研究，不断调查研究军事斗争有关要素发生的新变化，采取以变应变的方针，及时调整军事行动方案，是邓小平军事调查研究艺术之二。1949 年 3 月至 4 月间，时任中共中央华东局第一书记、第二野战军政治委员兼渡江战役总前委书记的邓小平在反复调查研究的基础上，两次对毛泽东主席和中共中央军委确定的渡江作战时间，提出修改建议一事，就充分运用了这一艺术。

用军事与政治、经济相联系的军事谋略进行军事调查研究，在进行军事调查的过程中，把军事、政治、经济等项工作结合起来调查，是邓小平军事调查研究艺术之三。1947 年 6 月，邓小平与刘伯承联袂指挥 12 万大军，在大别山地区创建出一批新解放区。邓小平在深入到豫陕鄂新解放区调查研究时，把军事与政治、经济联系起来，既着眼于军事斗争的需要，制定正确的政治和经济政策，又用正确的政治和经济政策，为军事提供有力的支持。这一正确的战略思想被中共中央和毛泽东采纳实行后，人民解放军的力量不断壮大，在其他解放区也得到了进一步的肯定和推广，新解放区不断得到扩大和巩固。1950 年，邓小平在领导剿灭西南地区数十万土匪的军事斗争中，通过深入进行调查研究后提出，各部队在执行剿匪任务时，要坚决贯彻“军事清剿，政治瓦解，发动群众三结合的方针”。在这一正确方针指引下，西南地区军民合作，交替使用军事打击与政治瓦解两手，在短期内清剿完 85 万土匪，彻底清除了西南地区的匪患。（赵宝云《邓小平军事调查艺术微探》，《军事历史》2002 年第 5 期）

（张建设　清　风）

中国关于江泽民国防和军队建设论述研究 2002 年，中国对江泽民国防和军队建设论述的研究取得了新的成果，从形成背景、基本内容、科学价值等多个方面进行了较为全面的探讨。

江泽民国防和军队建设论述的形成背景 江泽民自 1989 年担任中国共产党中央委员会总书记和中央军事委员会主席以来，国际国内形势发生了重大变化。东欧剧变、苏联解体，世界社会主义遭受严重挫折，西方敌对势力加紧对中国推行“西化”、“分化”战略，中国面临严峻考验。冷战结束后，世界格局向多极化发展，霸权主义自恃其经济和军事力量优势，动辄以“人权”、“民主”为借口对别国进行军事威胁甚至动武，企图建立独家主宰的“单极世界”。随着高新技术在军事领域广泛应用，世界军事变革迅猛发展，武器装备、军队组织体制、军事理论以及战争形态、作战样式等都发生了深刻变化。中国共产党第十四次代表大会确定了建立社会主义市场经济体制的改革目标，中国的改革开放进入新的发展阶段，人民军队建设所处的社会环境发生了重大变化。江泽民着眼时代特点、社会历史条件和中国安全环境的发展变化，一直高度关注和思考两个方面的历史性课题：一是在复杂的国际环境中，中国人民解放军能不能跟上世界军事发展趋势，打赢现代技术特别是高技术条件下的局部战争；二是在发展社会主义市场经济和对外开放的条件下，中国人民解放军能不能保持人民军队的性质、本色和作风，始终成为中国共产党绝对领导下的革命军队。他在领导中国国防和军队建设的实践中，运用毛泽东军事思想和邓小平新时期军队建设思想，科学回答和解决了新形势下中国国防和军队建设的一系列重大理论和实践问题。他在一系列重要会议和视察部队时的重要讲话，以及先后发表的《加快改革开放和现代化建设步伐，夺取有中国特色社会主义事业的更大胜利》(1992)、《必须把思想政治建设摆在全军各项建设的首位》(1994)、《在首都各界纪念抗日战争暨世界反法西斯战争胜利五十周年大会上的讲话》(1995)、《保证党对军队的绝对领导问题》(1995)、《在纪念亢大建校六十周年大会上的讲话》(1996)、《以改革创新的精神迎接世界军事发展的挑战》(1996)、《努力探索社会主义市场经济和对外开放条件下的治军特点和规律》(1996)、《在庆祝中国人民解放军建军七十周年大会上的讲话》(1997)、《高举邓小平理论伟大旗帜，把建设有中国特色社会主义事业全面推向二十一世纪》(1997)、《关于二十年来军队建设的历史经验》(1998)、《贯彻科技强军战略，推进军队质量建设》(1999)《在首都各界纪念中国人民志愿军抗美援朝出国作战五十周年大会上的讲话》(2001)、《坚持以实际问题为中心研究马克思主义的科学方法》(2002) 等著述中，系统地提出了新形势下中国国防和军队建设的一整套指导方针和理论原则。

江泽民国防和军队建设论述的基本内容 江泽民国防和军队建设论述的核心思想是：以毛泽东军事思想和邓小平新时期军队建设思想为指导，以打赢高技术局部战争为目标，以机械化建设和信息化建设为任务，以科技进步和改革创新为动力，坚持走跨越式发展道路，全面建设一支强大的现代化、正规化革命军队。其基本内容有：

高举邓小平理论伟大旗帜，坚持用邓小平新时期军队建设思想指导军队建设。江泽民指出，邓小平理论是毛泽东思想的继承和发展，是当代中国的马克思主义，是中国社会主义事业的伟大旗帜和中华民族振兴的强大精神支柱。邓小平新时期军队建设思想是毛泽东军事思想与新时期军队建设实际相结合的产物，是邓小平理论的重要组成部分。它反映了新时期军队建设的基本规律，是新的历史条件下军队建设和改革的根本依据和指导思想。在新的历史时期，必须用邓小平理论武装人民军队，按照邓小平设计的军队建设蓝图，走有中国特色的精兵之路，全面提高战斗力，更好地履行维护国家安全和社会稳定的神圣使命。

正确认识战争与和平问题，抓紧做好军事斗争准备。江泽民把对战争与和平关系的科学认识和对世界形势的正确判断，作为进行重大军事决策的重要依据，强调要用辩证的观点，从战略上正确认识和判断形势。世界大战在今后一个较长时期内可以避免，争取一个良好的国际环境和周边环境是可以实现的。但是，霸权主义和强权政治依然存在，领土、民族、宗教等矛盾冲突错综复杂，局部战争和武装冲突时有发生，国际恐怖主义活动加剧，世界并不安宁。因此，在集中精力进行经济建设、加快发展的同时，必须保持高度警惕，坚决维护国家安全和国家利益。要从长计议，有计划、有步骤地推进国防和军队现代化建设，抓紧做好军事斗争准备，以有效地维护领土主权完整，实现祖国的完全统一。

国防建设必须服从国家经济建设大局，形成国防建设与经济建设相互促进、协调发展的机制。江泽民强调，把经济建设搞上去和建立强大的国防，是中国现代化建设的两大战略性任务。必须坚持以经济建设为中心，国防和军队建设服从国家经济建设大局。必须在集中力量进行经济建设的同时，努力加强国防建设，使国防建设在国家财力增加的基础上不断有所发展。

坚持党对军队绝对领导的根本原则，始终保持人民军队的性质、本色和作风。江泽民指出，人民军队能不能保持自己的性质，能不能使军队牢牢地掌握在忠于党、忠于人民、忠于祖国、忠于社会主义的人手中，是关系政权安危和社会主义事业成败的大问题。保持人民军队的性质、本色和作风，最重要的是要坚持党对军队的绝对领导。

贯彻积极防御的军事战略方针，用新时期军事战略方针统揽军队各项建设和一切工作。江泽民极为重视军事战略方针的指导作用，强调军事战略归根结底是治国之道。实行积极防御的军事战略，不仅继承了人民解放军的传统，也符合现阶段中国的国情、军情，有利于在政治和外交上保持主动。同时，也应随着形势的发展变化赋予积极防御军事战略以新内容。要根据国际战略环境和战争形态及作战样式的新变化，重点准备应付现代技术特别是高技术条件下的局部战争。人民解放军的一切工作，都要在新时期军事战略方针的指导和总揽下，立足于打赢现代技术特别是高技术条件下的局部战争，周密规划、全面部署和深入展开，为确保这一战略方针的实现做好充分准备。

按照政治合格、军事过硬、作风优良、纪律严明、保障有力的总要求，全面加强军队革命化、现代化、正规化建设。江泽民指出，人民军队的革命化、现代化、正规化建设相互联系，必须统一考虑，全面推进。要按照政治合格、军事过硬、作风优良、纪律严明、保障有力的总要求，加强军队的全面建设，使革命化、现代化、正规化建设的目标贯彻到军队各项工作中去。

*坚持把思想政治建设摆在全军各项建设的首位，确保军队在政治上永远合格。*江泽民指出，思想政治建设是人民军队的根本性建设和特有优势。加强和改进思想政治建设，关键是要增强时代感，加强针对性、实效性、主动性。要大力加强军队党的思想、组织和作风建设，增强各级党组织的凝聚力和战斗力，更好地发挥党委的核心领导作用、党支部的战斗堡垒作用和共产党员的先锋模范作用。

*实施科技强军战略，推动军队建设由数量规模型向质量效能型、由人力密集型向科技密集型转变。*江泽民指出，全军要坚定不移地贯彻科技强军战略，切实把军队战斗力的增长转到依靠科技进步上来。要把质量建设作为实现军队现代化的基本指导方针。要加强军事科学研究，深入研究高技术条件下局部战争的特点和规律、新形势下治军的特点和规律。要依靠科学技术进步，搞好国防科研，不断提高军队武器装备的科技水平。要尽快建立适应社会主义市场经济体制和武器装备发展需要的装备科研、生产、采购和维修的竞争、评价、监督、激励机制。要调整不合理的体制编制，使军队的规模、结构和指挥体制适应现代战争的要求。

*高度重视人才培养，努力造就高素质的新型军事人才。*江泽民认为，人才为政事之本，也是建军治军之本。要适应军队现代化建设和未来战争需要，努力培养和造就一大批高素质的复合型指挥人才、智囊型参谋人才和专家型科技人才。要按照德才兼备、任人唯贤的方针和革命化、年轻化、知识化、专业化的标准，选拔和任用军队干部。

*坚持依法治军、从严治军，努力提高军队正规化水平。*江泽民指出，提高军队的正规化水平，必须坚持依法治军，军队要适应国家民主法制建设的发展，自觉贯彻依法治军的方针，把国防和军队建设纳入法制的轨道。要坚决维护军事法规的权威性和严肃性，提高全军各级领导干部依法办事的能力和意识，使他们学会用法规制度教育、引导和管理部队，协调处理内外关系和各种矛盾。要以科学理论为指导，把军队长期积累的管理工作的好经验、好方法、同现代科学管理结合起来，提高管理工作的科学性和有效性。

*坚持和发展人民战争思想，大力加强国防后备力量建设。*江泽民指出，无论武器装备如何发展、战争形态如何变化，人民战争都是克敌制胜的法宝。现代条件下的人民战争，与过去相比，形式和内容都会有所变化。人民战争的战略战术也要向前发展，好的传统要继承，具体的打法要根据历史的变化不断创新。在加强军队建设的同时，也要高度重视国防后备力量的建设，做到平时少养兵，战时多出兵。

*在坚持优良传统的基础上大胆改革创新，不断增强军队建设的生机和活力。*江泽民指出，改革是军队发展的强大动力。在继承和发展军队优良传统的基础上，必须根据新的历史条件大胆改革创新，这样军队才能始终保持旺盛的生机和活力。要按照“精兵、合成、高效”的原则，把人民解放军建设成为一支规模适度、结构合理、指挥灵便的现代化军队。要从军队的职能、任务和特点出发，抓住军队建设的突出矛盾和主要问题，积极稳妥地推动军队体制编制、政策制度和保障方式的调整改革。调整改革的核心是，优化军队结构，理顺关系，促进部队战斗力的提高。（傅全有《江泽民国防和军队建设论述》，《中国军事百科全书·增补》，军事科学出版社 2002 年版）

江泽民领导军事制度改革的理论和实践 中共十三届四中全会以来，江泽民高度重视军事制度的改革创新，亲自筹划并领导了新形势下国防和军队制度改革，对各项重大制度改革的方向、任务、重点和要求进行了深刻的理论阐述，形成了具有时代特色的军制改革理论。在这一理论指导下，军事制度进行了全方位的改革，推动国防和军队质量建设迈上了新台阶。

*一是从保证“不变质”出发，加强党对军队绝对领导，深化政治工作制度改革。*江泽民把保证人民军队“不变质”作为重大历史课题，一方面从思想上提出了更高要求，同时也重视从党的领导制度和政治工作制度上进行改革和完善，始终把党对军队的绝对领导放在制度改革的首位，进一步完善各级党委的民主集中制，进一步健全党的生活制度，进一步改进政治工作制度。

*二是迎接新军事革命挑战，建立适应高技术局部战争的体制编制。*江泽民深刻总结了军队体制改革的经验教训，要求从总体上加强科学论证，合理确定军队总员额；优化结构，理顺重大比例关系；以建立联合作战指挥体制为重点，进一步精简机关，理顺领导指挥体制。

*三是适应社会主义市场经济，建立一套充分调动官兵积极性的政策制度。*江泽民多次指出，现行的一些政策制度，是在计划经济体制下形成的，滞后于社会主义市场经济的发展；在发展社会主义市场经济条

件下，如何建立和完善有利于调动官兵积极性的政策制度，增强部队的吸引力和凝聚力，是一个需要积极探索和着力解决的问题。他强调，政策制度的调整改革，要以兵役制度、士官制度、干部人事制度、工资津贴制度和后勤生活保障社会化为重点。四是以造就新型军事人才为目标，进一步改革完善干部制度。江泽民强调，军队当前和今后所需要的是新型的复合人才，要有很高的政治素质，很强的工作能力，很好的工作作风。他提出，要特别加强对市场经济条件下干部的教育管理，要形成“吸引人才，释放能量”的良好机制，要建立严格的选拔、考核、任用程序，强化竞争激励、能上能下、交流回避和检察监督机制。江泽民的这些重要论述，在干部制度改革中集中体现在改革完善院校教育体制和改革完善干部管理制度两个方面。

五是提高打赢高技术局部战争能力，改革完善军事训练制度。江泽民指出，努力培养造就一大批懂得现代战争指挥艺术的优秀人才，是赢得未来战争胜利的根本大计。1995 年以后，围绕落实科技强军战略，江泽民对科技练兵作出了一系列论述，指出实施科技强军战略，很重要的就是要努力提高军事训练的质量和水平。江泽民在这方面的重要论述，不仅成为新形势下全军军事训练的基本指导思想和方针原则，而且也是训练制度改革的理论依据。

六是理顺装备建设中的重大关系，改革完善装备管理体制。江泽民指出，必须把国防科技发展和部队装备建设放在突出地位；要加强统一领导，适当加大投入，尽快拥有几手先进的、顶用的制敌手段。装备发展要有战略规划，要理顺武器装备的科研、生产、购置和维修等方面的体制。根据他的这一思想，1997 年，国家成立了国防科学工业委员会；1998 年，中央军委决定成立总装备部。两个系统分工协作，初步理顺了武器装备研制生产与使用的关系。

七是为实现保障有力，深化后勤体制改革。江泽民对后勤建设的总体要求，集中体现为 1990 年 1 月为总后勤部的题词：“深化后勤改革，加强后勤建设，为全面提高后勤保障能力而奋斗”。本着这一要求，他强调了五个方面的改革：确立后勤保障的战略地位和发展方向，建立联勤体制，军队要吃“皇粮”，提高军费使用效益，实行后勤保障社会化。

八是确立依法治军方针，加快军事法制建设。江泽民在军队管理和军事法制建设上，反复强调的一个基本思想，就是既要依法从严治军又要科学管理。他指出，加强纪律建设，必须依法实施正规化管理。各级领导机关和领导干部要强化正规化意识，强化法制观念，摒弃管理中的随意性，带头学条令条例、用条令条例，按照规章制度管理部队，建立正规的战备、训练、工作和生活秩序。

九是加强后备力量建设，改革完善国防动员体制。江泽民要求总部和国家机关有关部门，要结合国家体制改革，进一步完善国防动员机制，重点解决未来局部战争中的快速动员问题。本着这一思想，20 世纪 90 年代，中国在国防动员体制和后备力量建设上实现了两大突破：建立了集中统一的国防动员领导管理体制，对后备力量体制作了较大调整。（王法安《用制度创新推动国防和军队跨世纪发展》，《军事历史》2002 年第 5 期）

江泽民论军事理论研究的思维方法 江泽民接任中共中央军委主席以来，始终结合形势和任务的变化，把推动军事理论的创新与发展作为指导国防和军队建设的一个重要方面，就军事理论研究问题作了一系列重要指示。首先，军事理论研究必须与时俱进。江泽民指出，先进的军事理论，历来是军队建设得以健康发展的必要条件，是战争的重要制胜因素。他要求根据时代发展的迫切需要，推动军事理论的创新与发展，以军事理论的创新与发展来引导国防和军队建设现代化水平的不断提高。其次，军事理论研究必须以现实问题为中心。1998 年，江泽民在一次接见军事理论研究干部时指出：军事科研从大的方面讲，包括基础研究和应用研究。它们相互联系，相互促进，不可偏废。军事科研要在继续加强基础研究的同时，把主要力量投入到现实问题的研究上来。这一讲话抓住了军事科研领域内的主要矛盾，提供了军事理论研究的主攻目标，为军事理论的创新和发展指明了方向。再次，军事理论创新必须采用科学的思维方法。江泽民指出：要注重理论研究的超前性、实用性和综合性，着重研究世界军事发展趋势，探索高技术战争的特点和规律；研究立足现有装备克敌制胜的战略战术，特别要加强研究高技术条件下人民战争的战略思想和作战方法；研究军队建设和改革中的重大现实问题，寻求解决新形势下的矛盾和问题的思路、办法，为军队建设和军事斗争准备服务。江泽民从思想方法的高度对军事科研工作提出了新的要求。军事理论研究的超前性、实用性和综合性，从三个不同方面揭示了军事理论创新发展的基本途径。

在相对和平时期，军事理论创新已不仅仅是以间接的方式转化为战斗力，建立在一定物质基础之上的军事理论本身就已成为一种直接参加对抗的威慑力量。江泽民关于军事理论研究的思想方法，为中国军事理论的创新和发展奠定了思想理论基础。它要求军事科研工作者遵循实事求是的思路线，深刻分析军事实践中出现的新变化、新情况和新问题，敢于根据发展变化了的客观实际作出前人没有作出过的新判断，勇于提出前人没有提出过的新的理论观点。只有这样，才能使军事理论研究充满生机，不断发展。(谭一青《江泽民论军事理论研究的思想方法》,《军事历史》2002 年第 5 期)

江泽民关于军队后勤改革的重要论述 以江泽民总书记为核心的第三代中共领导集体，在领导军队后勤工作中，站在国际斗争格局、国家改革大局和军队建设全局的高度，确立了新时期军队后勤建设的总体思路，形成了具有中国特色的军队后勤建设思想。

*实行统供与专供相结合的联勤保障体制，实现历史性的跨越。*江泽民指出，根据国情、军情和当今各国军队后勤的共同发展趋势，实行三军联勤体制，有利于优化保障结构，理顺保障关系，统筹财力、物力、人力。1990 年初，江泽民在听取了总后勤部领导汇报时就指出，先搞“三代”(代供、代医、代修),最终目的是实现联勤。总后勤部为贯彻这一指示，立即在沈阳、济南战区和海南地区展开了以“三代”为主要内容的网络型划区保障试点。1998 年 4 月，江泽民要求，实行统供与专供相结合的联勤保障体制。同时指出，目前的联勤体制还是初步的，统供的范围比较小，专供的范围还相当大。1998 年 12 月，江泽民又明确指出：总后要加强对联勤体制的研究和指导，各单位要从大局出发，坚决克服分散主义和本位主义，确保联勤体制规范有序地运行。这些论述，为解决军队后勤建设带全局性、长远性、根本性的问题，提供了依据。

*军队的后勤保障特别是生活保障必须社会化，是后勤建设和改革的根本方向。*1998 年 12 月，江泽民在一次重要会议上强调：军队的后勤保障特别是生活保障必须社会化。这方面的改革要加快进度、加大力度。可以考虑先从高级领导机关和大中城市的军队院校、科研机构、医院等单位开始实施，然后总结经验，逐步推开。随着军队生活保障社会化程度的提高，一些与军队职能没有多大关系的保障机构可以逐步剥离，有间接关系的也可以相应压缩。军队需要的保障机构要很精干、很充实，同时保障水平要有明显提高。这些指示，不仅为推进军队后勤保障社会化，而且为整个后勤建设和改革指明了方向。实践证明，后勤保障社会化有利于履行军事职能，有利于减员增效，有利于提高保障质量。

*整顿改革军队的生产经营方式，保证军队一定要吃“皇粮”。*江泽民在主持军委工作不久就明确提出：军队要由国家养起来，靠“自我发展”是行不通的。90 年代初又多次强调，军队经商这个问题，从长远来讲，总要解决的。1993 年，江泽民针对军队经商暴露出的严重问题，明确提出整顿改革势在必行。1997 年他指出，军队一定要吃“皇粮”，做生意对军队建设绝无好处。1998 年的一年中，他先后 9 次严肃指出军队经商的严重危害，强调军队、武警必须吃“皇粮”，必须停止一切经商活动。从 1998 年 7 月起，全军上下坚决贯彻江泽民关于军队停止经商的重大决策，只用了 5 个多月时间，就撤销数千个企业，移交企业数千个、总资产数百亿元。从而实现了军队与经营性企业彻底脱钩，达到了军队不经商的目标。

*深化后勤保障制度改革，进一步提高后勤经济效益。*江泽民指出：在军费尚不充足的条件下，我们要走出一条投入较少、效益较高的现代化路子。这一思想，抓住了制约人民解放军后勤建设向更高层次发展的主要矛盾，明确了新世纪军队后勤现代化建设的根本途径。为了走好投入较少、效益较高的建设路子，总后勤部贯彻落实江泽民的指示，按照有利于就近就便供应、有利于合理利用资源、有利于保障联合作战的思路，坚持以改革为动力，组织全军后勤进行了系统、配套的保障体制改革，包括住房制度改革、预算制度改革、采购制度改革、医疗制度改革、保险制度改革等。(曾凡祥等《江泽民关于军队后勤改革的重要论述与实践》,《军事历史》2002 年第 5 期)

(鄂 新 高代伟)

中国近代军事思想与军事论著研究 李鸿章的海防思想 有学者撰文对李鸿章的海防思想产生的条件、内容的变化、失败的原因作了较为详尽的分析。李鸿章的海防思想以两次海防大筹议和北洋海军成军为标志形成三个比较明显的阶段，从确立重点海口防御思想，向近海威慑思想发展，最后又退缩到避战保船的海口消极防御这样一个过程。李鸿章海防思想的内容主要包括：对来自海洋方向可能的战争威胁及其性质的认识；对海洋方向的战争准备、海防力量建设的认识，特别是对海军兵力建设的基本观点；对海防力量的运用，特别是海军兵力运用的基本观点；关于海防在国家战略、军事战略中的地位及其对国家经济、政治的影响方面的认识等。李鸿章虽然有以上认识，但并不能提出切合实际的解决之道，主要是不了解资本主义列强的海上战略，导致其海防思想仅限于海上作战，海防目标不准确，在处理海防问题时更注重外交手段，没有理顺海防建设与经济发展的关系。（张海华《李鸿章海防思想试析》，《军事历史》2002 年第 5 期）

关于 1874 年清朝对台湾建省的讨论　近代以来，台湾战略地位日益突出，清政府逐渐加强了对台湾防备的整顿，特别是 1874 年日本侵台事件后，沈葆桢、丁日昌、刘铭传等官员面对台湾的外侮渐增、吏治愈益腐败表示了极大的忧虑，一致认为台湾海防不力，并就如何加强台湾防务和开发治理台湾提出了自己的主张。历经 14 年的反复讨论与逐步实践，台湾最终于 1888 年完成建省。此举对于加强中国东南海防，加速台湾的近代化起到积极的推动作用。（白纯《1874 年日本侵台事件之后清朝对台湾建省的讨论》，《军事历史》2002 年第 4 期）

张之洞与湖北新军建设　有学者撰文探讨了张之洞的练兵思想源泉源流与湖北新军创建的基本史实，并通过与袁世凯的北洋新军的比较以观察湖北新军的特点，为观察晚清军事近代化提供了一个面相。张之洞是近代采用西法编练新军的先驱者之一，从江南自强军的创办到湖北常务军的建立，既是一个新军编练的具体实践过程，也是一个关于军事制度变革的思想探索过程。张之洞对于晚清军事近代化做出了重要贡献。（李细珠《张之洞与晚清湖北新军建设》，《军事历史研究》2002 年第 1 期）

蔡锷的军事法制思想　从辛亥革命到护国战争，蔡锷结合民主革命斗争实践，提出了比较系统的军事法制思想。其主要内容是，倡导和实现兵役制度的进步、军队编制的正规、军队人事法律的平等和军事刑法的文明。这些思想在当时的军事斗争中发挥了重要作用，对后来的军事法制发展产生了深远影响。但由于缺少理论上的批判精神，在一定程度上制约了蔡锷军事法制思想的成就。（余子明《蔡锷军事法制思想研究》，《中国军事科学》2002 年第 3 期）

中国古代军事思想与军事论著研究

《周易》的军事思想文化　《周易》的军事思想文化资料相当丰富，包含许多关于国防安全、军队、战争及选将、俘虏政策等经验教训的概括总结，有的则具有军事哲学思维的特征。一是强烈的“危者使平，易者使倾”和“自强不息”的国防安全忧患意识；二是“师贞”的正义战争观和注重防御的军事战略；三是“师出以律”、赏罚严明的建军思想；四是“师左次，无咎”的灵活用兵战法；五是“众允”的集中兵力和“大师克，相遇”的协同作战思想；六是“能以众正”的选拔将帅的标准条件；七是“王用出征，有嘉折首”的区别主从的瓦解俘虏策略。（刘庭华《<周易>军事思想文化探玄》，《中国军事科学》2002 年第 6 期）

先秦兵书的军事法律文化　有作者认为，先秦军事法律文化是中国先民创造的军事文化瑰宝，富有原创性的品格，并将先秦兵书中反映的军事法律文化的基本精神概括为“制必先定”、“以治为胜”、“信赏必罚”、“先廉耻而后刑罚”等，进一步探讨了先秦军事法律文化的现实意义。（俞正山《先秦兵书军事法律文化探微》，《中国军事科学》2002 年第 6 期）

《孙子兵法》的现代价值　《孙子兵法》的现代价值，在军事领域主要体现在其跨越时空的适应性和用胜违败的实效性，在核时代，信息时代和高技术战争成为新的战争形态的今天，仍有其现实指导意义；在社会活动领域，主要体现在其运用的广泛性，在富有竞争性、挑战性、斗争性的经济、外交、体育等领域，都有共性的指导意义。（糜振玉《<孙子兵法>理论与实践的现代价值》，《军事历史研究》2002 年第 1 期）

老子的军事伦理思想　有学者撰文指出，老子的《道德经》中蕴涵着丰富的军事伦理思想，揭示了老子军事伦理思想产生的社会历史根源，认为战争与苦乐人生、身处乱世的人生态度，以及有所为的军事谋略和军事道德观点是老子军事伦理思想的主要内涵，“兵者不祥之器”的观点是老子军事伦理思想的核心。老子军事伦理思想对于当代中国军事道德建设具有一定的现实意义。（赵燕敏《老子军事伦理思想初探》，《解放军理工大学学报》2002 年第 1 期）

韩魏与合纵、联横战争　有学者撰文指出，战国中叶的韩、魏地处中原要枢，控制着几条主要交通干线，具有很高的战略价值，其实力又相对较弱，因而成为齐、楚、秦等强国拉拢和竞取的重点目标。列强为了掌握韩、魏，采取了各种军事、外交手段。秦国由于施行了有效的政治措施，以及选择了正确的主攻对象和用兵策略，最终在与齐、楚争夺韩、魏的斗争中获得成功，为以后统一天下奠定了基础。（宋杰《战国中叶的“天下之枢”——韩魏与合纵、联横战争》，《军事历史研究》2002 年第 2 期）

西汉关于安全战略进攻与防御的大讨论　在西汉 200 余年的历史时期内，匈奴问题一直都是关系到西汉国家安危盛衰的关键所在。西汉的战略家和政论家们对如何处理与匈奴的关系提出了不同的见解，主要可以区分为战略防御与战略进攻两大派别，具体可分为四个时期：西汉前期，“和亲论”占据主导地位；武帝时期，大规模的攻伐与激烈的争论相伴而行；昭、宣二帝时期，反思与总结为主；汉末至新莽时期，礼仪之争与战和之策的反复讨论。（孙家洲、谢洪波《西汉安全战略进攻与防御的大讨论》，《中国军事科学》2002年第2期）

诸葛亮德法同济的治军思想 德法同济思想是诸葛亮武德思想中的一大特色。“依人以立胜”是其武德思想的根本出发点和立足点，而德法同济是根本途径。德治与法治的关系是互补、互融、德本法干。德法同济思想的贯彻实施主要通过教育、赏罚和示范、省察。（王晓春《论诸葛亮德法同济的治军思想》，《军事历史研究》2002年第2期）

唐代前期“安内”与“服外”关系的争论和决策 唐前期比较正确地制定并实行了处理内外关系的战略方针，终于由初创走向全面鼎盛。唐太宗在即位初期实行的“中国既安，四夷自服”的国家发展战略，中后期实行的“涤除凶丑，百年无患”的攻势防卫战略，是这一战略方针的核心内容，对唐前期的政治、经济建设，军事、外交斗争等，都发挥了深刻影响。其启示主要有：战略决策要“与时偕行”，只有安“中国”才能服“四夷”，服“四夷”是安“中国”的必要手段；必须建立良好的集体谋议机制，内容包括决策者能听善择、有一群敢言善诤的臣子、建立有效的谋议制度。（于汝波《唐代前期“安内”与“服外”关系的争论和决策》，《中国军事科学》2002年第2期）

唐代后期的“抚藩”与“削藩”之争 唐代安史之乱后，藩镇割据局面形成，统治阶级内部抚藩与削藩之争由此开始。抚藩论者认为，藩镇实力过于强大，而朝廷国力不支、军力不济，因而主张姑息安抚，罢兵言和。削藩论者则针锋相对，认为藩镇割据称乱，对抗朝廷，祸害百姓，已成心腹之患，必须坚决打击，甚至不惜诉诸武力。在唐代后期大部分时间里，削藩的主张占居优势，促使统治者发起削藩战争，对巩固和促进国家的统一与稳定具有积极作用，也给后人留下了许多有益的启示：首先，建立强大的具有权威性而且政治清明的中央政权，是国家统一和安定的基本前提；其次，妥善处理各种内外关系，是国家统一和安全稳定的重要保证；再者，分裂割据不得人心，国家统一是中国历史发展的必然趋势。（肖季文《唐代后期“抚藩”与“削藩”之争》，《中国军事科学》2002年第2期）

《李靖兵法》论将帅的素质和职责 李靖高度重视将帅在战争中的关键作用，对将帅的素质和职责有详细论述，主要包括：将帅“重其名节”都能忠于国家和职守；“料敌制胜”取决于将帅的综合素质和主观能动性；“持军之急务，莫大于赏罚”；勤勉无懈，体恤士卒，要作为将帅的日常活动和基本要求；气势、地势、因势是将帅临战必须把握和利用的三项要素。（郭绍林《说<李靖兵法>论将帅的素质和职责》，《军事历史研究》2002年第3期）

宋代“结盟”与“非结盟”的三次争论 宋朝廷曾就“联（高）丽制辽”、“联金灭辽”、“联蒙灭金”等联盟战略的制定，展开了结盟与不结盟以及与谁结盟问题的争论。历史为几次争论作了结论，“联丽制辽”取得了一定成效，而“联金灭辽”和“联蒙灭金”则埋下了巨大的安全隐患。其对思考多极形势下的战略运用问题具有一定的启发性意义：其一，结盟与否是直接关系国家安全的重大战略问题；其二，是否有利于维护国家根本利益是决定结盟与否的根本原则；其三，结盟能否产生有利于自己的结局，主要取决于自身的实力。（王天晞、孙建民《宋代关于“结盟”与“非结盟”的三次争论》，《中国军事科学》2002年第2期）

宋朝的军事法律思想 宋朝是我国法制发达、军事法律思想异常丰富的时期。宋朝军事法律思想的基本特征是内向性与保守性，而最集中的表现则是兵权的高度集中。宋朝军事法律思想的主要内容有：内外相制，高度集权的思想；重文轻武、以文制武的思想；军事统帅权与军事司法权相分离，皇权置于司法权之上的思想；重视武器装备立法的思想；军事立法应贯彻“礼”的原则的思想。研究宋朝军事法律思想的利弊得失，对于我们正确认识经济繁荣与国防安全、和平愿望与军事威慑的关系，有着重要的启示作用。（熊梅《略论宋朝军事法律思想》，《军事历史研究》2002年第4期）

郑成功收复台湾战役的主要经验 有学者撰文将郑成功收复台湾战役的实施过程分为四个阶段，并总结出其成功经验。一是成功渡海阶段：精心准备，正确部署，巧渡鹿耳门；二是登陆作战阶段：力克荷军，攻心为上，进驻赤嵌城；三是巩固战果阶段：驱荷复台，严明法纪，建立稳固政权；四是打援围城阶段：打击援军，围困守军，彻底击溃殖民者。从总体上看，精心的战争准备、正确的兵力部署、灵活的作战指挥、高超的政治艺术以及对风汛、潮汛规律的熟练掌握是郑成功复台的致胜因素。（章慕荣《郑成功收复台湾战役实施过程探析》，《军事历史》2002年第

6期)

中国古代军事崇拜与军事文化 在中国古代军事观念中，战神崇拜和兵器崇拜与军事文化的演变有着密切的关系。战神和兵器崇拜的出现，是封建迷信思想盛行的古代中国军事文化精神的必然反映，对后世军事的发展也有一定的消极影响。当人们把战争的胜负、先进的兵器看成是鬼神的赐予时，就会忽视军事斗争的准备和兵器制造工艺、技术的发展，并为此付出高昂的代价。(刘庆《中国古代军事崇拜与军事文化》,《中国军事科学》2002年第6期)

中国历代中央王朝治理西部边疆的基本经验 有学者撰文概括了中国历代中央王朝治理西部边疆的基本经验：一个强大而稳定的中央政权和全国安定团结的局面是国家统一和西部边疆安全稳定的决定性因素；发展经济、兴边富民是确保西部边疆地区安全稳定的基础；军事上强边实边是抵御外敌入侵、赢得西部边疆地区安全稳定的根本保证；正确的民族政策是西部边疆地区安全稳定的有力保证；加强对宗教的管理是确保西部边疆安全稳定的重要举措；剿抚相济是平息分裂叛乱和维护西部边疆地区安全稳定的有效策略；紧紧地团结和依靠广大人民群众是赢得反分裂、反侵略斗争胜利，确保西部边疆地区安全稳定的关键所在。(常万全《中国历代中央王朝治理西部边疆的基本经验》,《中国军事科学》2002年第5期)

(邱剑敏)

战争和战略问题研究

中国关于战争和战略问题研究 2002年，中国关于战争和战略问题的研究进一步深入，着重探讨了信息战争、空间战争和空间战略、海洋战略等问题，对非对称作战战略、心理作战战略、地区安全战略等也有一定研究。

信息战争仍然具有暴力特征 信息战争降临以后，有的人认为“现代战争”具有“非暴力性的本质特征”。这种观点值得商榷。正像火力战争没有改变冷兵器战争的本质特征，机械化战争没有改变一般火力战争的本质特征一样，信息战争只是战争形态的革命性变化，战争的本质特征并没有发生根本变化。在战争中的信息对抗，仍然是一种暴力对抗。战争中的信息对抗包括信息武器装备（或信息化武器装备）的对抗、电子战对抗、计算机网络对抗、指挥控制系统对抗等。这种对抗，是全时空的，以暴力为基础的，硬杀伤与软杀伤相结合的。

信息技术的发展及其大量渗入军事领域，首先是增加了新的暴力手段，同时也增加了新的威慑手段和非暴力的对抗手段，但并没有改变战争仍然是暴力对抗的特性。信息战争不是对火力战争的否定，而是为火力战争注入了新的活力，是对火力战争的继承与发展。信息技术融入火力以后，至少起到四个方面的重要作用：一是引导作用。指示火力的方向，达到精确打击；二是控制作用。规范弹体的飞行，能够自动导向和定时爆发；三是倍增作用。使各种火力有机结合，整体协调，收到1+1>2的效果；四是软硬结合作用。除了硬摧毁外，还有软杀伤作用，在指挥控制和心理斗争方面的较量更趋复杂和重要。这四个方面的作用，使信息战争在火力战争的基础上，已超越火力战争这一形态，形成了一种新的独立的形态。然而这一形态的转变，并未动摇战争的暴力特性，某种程度上还加剧了战争的暴力。(王普丰《关于信息战争的所谓“非暴力性的本质特征”的商榷》《中国军事科学》2002年第1期)

空间战的特点与规律 空间战具有与陆、海、空战所不同的特殊空间环境和重要的战略地位，决定了空间战具有与陆战、海战和空战所不同的特点。

一是空间战的战场空间空前广阔。空间战主体所在空间是外层空间，同时还包括相关的空域、海域和地域。太空作战力量既依托于广阔的空间战场，又与传统的陆、海、空战场相互作用，使得太空战场呈现出“空天一体”的基本特征。

二是空间战场环境极其复杂。空间战场环境包括地球宇宙空间的自然环境，以及与空间作战有关的陆战场、空战场和海战场范围内的自然环境。空间战场自然环境包括地球引力、地球磁场、空间辐射、流星体、高温差、高真空、大气层和失重条件等。这些空间战场的自然环境对空间军事力量及其作战行动具有不同程度的影响。

三是空间战武器装备尖端技术高度密集。空间战是人类及其所制造的航天武器装备，在稠密大气层以外的宇宙空间以及地球以外的天体上的活动。空间武器系统综合运用了航天技术、能源技术、材料技术、信息技术等多种高技术。

四是空间战表现出明显的高投入、高风险和高效费比特性。由于空间不可预测的不确定性因素多、技术难度大、涉及领域广、试验设备昂贵、生产工艺复杂等原因，军事航天技术的开发和利用除了要求知识密集和技术密集外，还需要巨额资金投入。空间战武器装备的脆弱性，决定了空间战的高风险性。一旦空间武器部署成功，空间战的武器装备便具有极高的效费比。空间武器所发挥出的政治效益、经济效益和军事效益，是陆、海、空战场的武器装备所无法比拟的。

五是空间作战系统极其庞大复杂。军用航天器是空间战武器装备的核心。目前，军用航天器主要包括军用卫星、载人飞船、航天飞机，以及未来的军用空间站和某些空间战武器等。就某一个航天器来说，又由不同功能的若干系统组成，主要包括专用有效载荷系统、结构系统、热控制系统、姿态控制系统、电源系统、轨道控制系统、跟踪系统、遥测系统、遥控系统、通信系统、数据管理系统等。

六是空间战极具战略威慑性。拥有空间优势的一方能凭借空间实力，以其行动的突发性、快速性和出奇制胜的方式，对敌实施恐吓，使对手感到害怕，在心理上引起恐慌，从而摧毁对手的意志，使其放弃抵抗，达成既定的政治和军事目标。

空间战具有以下规律：一是空间战要绝对服从和服务于国家的政治目的。空间战是现代高技术的综合反映，其受政治因素控制比以往任何战争都更加严格。空间战的战略地位决定了任何国家都要将其视为国家高层次的作战行动，并受国家政治的严格控制。二是空间战将更加依赖于经济实力和综合保障能力。由于空间战是高投入、高消耗的战争，其武器装备极其昂贵，因此有人戏称空间战是“豪华战争”。如果没有一定的经济实力作后盾，进行空间战简直是天方夜谭。三是空间战将表现出极强的速战速决性。与其他作战相比，空间战的节奏明显加快，进程明显缩短。空间作战力量的机动速度和投射速度使战争的突然性空前增大，战略预警时间短促，战场情况瞬息万变。四是对空间战系统进行有效防护将显得格外重要。空间作战系统任何一个系统或环节出现问题或受到“软”“硬”杀伤，都会对空间战系统构成致命的威胁和伤害。五是国际社会对空间战的制约将明显增强。空间中的任何活动都具有非常高的“国际透明度”。为了防止空间被一些航天大国据为己有，国际社会制定了许多有关空间的法律法规，对未来的空间战有一定的制约作用。（李大光《空间战特点规律管见》，《中国军事科学》2002 年第 1 期）

（方涵江）

掌握预测未来战争形式的方法 有作者撰文指出，为了能有针对性地做好军事斗争准备，必须有效掌握预测未来战争形式的方法：

*从战争需求出发，推断战争形式。*战争需求是影响战争形式的根本因素。任何复杂的军事问题，只要抓住“需求”这一源头，就可以推测其下一步的可能发展或行为状态。在英阿马岛战争前夕，人们通过对领土争端这一导致战争的核心问题进行分析，推测出双方势必会采取首先夺取制空权、制海权，最终争夺马岛的战争形式。

*从作战理论出发，推断战争形式。*作战理论，是战争形式发展的先导。重视研究现代军事理论特别是对手的作战理论，是推断战争形式发展的直接依据。需要注意的是，能够对战争形式产生影响的不一定是军事条令和教材上的条文，恰恰相反，可能直接出自于学术园地的某些“猜想”。条令、教材往往因过于强调“成熟”和“完善”失去理论前沿的地位：某些“猜想”却往往包含尚未衰变的新锐能量而更容易被军事家所采纳，从而导致战争形式的剧变。如第二次世界大战时期，对战争形式产生过重大影响的闪击战理论、制空权理论等等，都是由军事家从“猜想”中得到灵感，并付诸实践的。

*从物质条件出发，推断战争形式。*物质条件作为构成军队实力的重要组成部分，对战争形式的发展具重要的推动作用。相对来说，装备技术实力强的一方对战争形式的影响力也较大。因为，他们可以通过装备技术上的优势，压制对手的各种能力，强行使战争按自己的意愿进行，从而使战争呈现出新的形式。正因为物质条件对战争形式具有特殊的影响力，许多国家对战争形式的发展的推断，往往从研究先进武器装备的功能入手。

*从战争实例出发，推断战争形式。*研究战争形式的发展，从已发生的战争特别是最新发生的战争中即可窥知一二。因为任何事物，包括高技术战争这一特殊形式，在一定时空范围内，其发展变化是有规律可循的。只要看清了高技术战争的历史和现实，也就近

似地掌握了其在未来一段时间内的可能发展。不过，世界上不存在两场完全一样的战争，因此，从已发生的战争来推断下一场战争，必须要充分考虑到各种新的因素，否则就是刻舟求剑。

从模拟论证出发，推断战争形式。模拟论证，是指动用计算机及仿真设备、器材，来模仿武器装备性能、战场景况、作战行动等。它具有虚拟现实的功能，可以依据新的或即将达到战争条件，对未来的战争进行模拟，从而认识未来战争的形式及特点。以模拟论证推断战争形式的优势在于：形象具体，研究战争形式可与研究对策同步进行。通过模拟，不仅准确地虚拟了战争形式，还可以在此形式下研究战法，训练部队。(邢连杰《预测战争形式五法》,《解放军报》2002 年 3 月 19 日)

（王世华）

空间威慑战略的特点、意义与运用 空间威慑是空间技术被运用于军事领域后而产生的一种战略威慑。是继核威慑之后出现的又一威慑形式。

空间威慑的特点。空间威慑作为一种新的威慑形式，与其他军事威慑形式相比较，有其自身的特点。一是空间威慑的全方位性。有效的空间力量能够利用外层空间环境将世界上所有国家纳入自己的威慑范围，其威慑效力甚至可辐射到地球上的每一个角落。同时，这种威慑还包括对敌国在外层空间部署军事力量的威慑作用。二是空间威慑的一体性。这包括陆基、空基和天基空间军事力量的一体化，同时也包括“陆海空天电”的一体化和军用与民用的一体化。三是空间威慑的战略性。空间已成为国家发展的战略制高点。空间威慑较之常规威慑、核威慑更具有战略性。四是空间威慑的技术依赖性。空间威慑的可信性和威慑力都是建立在坚实的技术基础上的。一个国家空间技术越发达，其空间威慑能力就越强。五是空间威慑方法的灵活性。这种灵活性集中表现为空间威慑的攻防普遍性和威慑与实战的灵活转换性。六是空间威慑的综合性。空间威慑战略实际上是国家总体威慑战略的浓缩。从某种意义上说，空间威慑战略是军事威慑战略的形式之一，但也是一种政治威慑、经济威慑和技术威慑。

空间威慑的意义。空间威慑所具有的特点，体现了它在国家总体威慑战略中的地位作用。从国家安全与发展的大战略角度分析，才能充分认识空间威慑的重大战略意义：一是空间威慑制约着常规威慑与核威慑作用的发挥。空间军事力量作为倍增器极大地提高己方陆军、海军、空军等常规军事力量的作战效能，并遏制敌方常规军事力量的作战能力。同时，空间军事系统的有效防御和打击，既可利用空间力量构成的防御系统，防御对方的核攻击，大大降低敌方的核威慑作用，又可利用空间武器系统攻击敌方核武器系统，削弱甚至彻底摧毁敌方的核打击能力。二是空间威慑的作用已超出了军事威慑范围。空间威慑的综合性特点决定了空间威慑的作用已波及到社会发展的各个领域，并且这种影响随着空间技术的发展正日益增强。开发利用空间资源，加速空间工业化、商业化进程，已成为国家经济发展的新的增长源，世界各主要国家都将其置于优先发展的战略地位。空间力量建设对科学技术发展更具有深远的意义。空间力量的建设是科学技术发展的结果，空间力量建设的水平集中体现着一个国家科学技术的水平。同时，加强空间力量建设，实施空间威慑战略，也必将有力地带动一个国家科学技术水平的提高。

空间威慑战略的运用。空间威慑的基本要素包括空间威慑目标、空间威慑力量、空间威慑决心和空间威慑信息传递。空间威慑战略的运用必须紧紧围绕空间威慑战略目标，制定正确的策略，恰当运用各种威慑方式。

科学确定空间威慑的目标。空间威慑的应用，必须在服从国家利益的根本前提下，依据军事战略方针，针对不同时期、不同地点、不同形势和不同对象，确定科学合理的空间威慑目标，以便正确地把握威慑的重点、威慑的强度和威慑的节奏，取得最佳的威慑效果。

加强空间威慑力量建设。空间威慑力量包括空间作战部队、武器装备等物质力量和空间军事战略、空间军事理论等精神力量，同时还包括一切可能用于空间威慑的潜在力量。而空间技术水平的高低则是决定空间威慑力量强弱的决定性因素，加大空间技术的投入力度，发展空间技术，是加强空间威慑力量建设的基础。

与其他威慑手段配合使用。从军事威慑的角度看，空间威慑作为国家军事威慑总体力量的组成部队，必须与常规威慑、核威慑等有机配合，形成整体威慑力量。

利用多种方式实施空间威慑。空间威慑示形造势的方式是多种多样的，应根据不同的需要在不同的时间、不同的地点和不同的形势下，恰当地选择不同的方式。迄今为止，空间威慑的方式主要有：航天发射试验、空间武器试验、空间力量的实战应用、公开提出组建空间作战部队与机构、公开宣布空间军事力量部署计划和空间作战理论，甚至还包括公开发布国家空间技术发展计划，等等。（李津军、单玉泉《空间威慑战略刍议》，《中国军事科学》2002 年第 1 期）

空间战略的含义　目前，中国对什么是空间战略有两种主要的观点。一种是《中国人民解放军军语》的观点，认为太空战略“亦称空间战略。筹划和指导航天技术的发展，对宇宙空间进行探索与利用的方略”。另一种观点则认为，空间战略是一种新的战略观念，它涉及国家战略的总体目标和高技术政策，国防现代化道路，国防产业结构体制，以及国际外交斗争战略方针等许多方面的问题，具有明显的全局性。在战略序列中，空间战略应该从属于国防战略的理论，与军事战略并列，同时由于它对国家战略有直接影响，所以它又超越国防战略层次，成为国家战略理论的重要内容。空间战略包括空间发展战略、空间威慑战略和天军运用战略。从以上可以看出，第一种观点实际是把空间战略解释为国家的空间发展战略，是非军事性的。第二种观点则包括了空间发展战略和空间军事战略两方面含义，但是由于它把空间战略的军事部分（天军运用战略）独立于军事战略之外，难免在逻辑上产生一些歧义。

我们认为，对空间战略的含义实际上存在着广义和狭义两种理解。从广义上理解，空间战略是筹划国家空间力量发展和运用的方略。它和军事战略一样，都从属于国家战略，不过两者以不同标准划分，军事战略是按军事、政治、经济、外交等领域划分，空间战略是按不同空间范围划分。由于划分标准不同，它们的外延存在着交叉，其交叉的部分就是空间战略中的军事部分——天军战略。军事战略按性质，可以分为进攻战略和防御战略；按军种，可以区分为陆军战略、海军战略、空军战略、核（力量）战略、天军战略等。空间战略则可以区分为空间和平利用战略、空间安全战略。这样区分的主要理由：一是空间战略和军事战略一样，都直接反映国家战略的要求，并受国家战略的指导和制约。其中，空间战略不仅包括对国家航天事业发展与和平利用太空的运筹、规划，而且包括对空间安全的关注和对空间军事力量的筹划和运用。二是天军战略就是筹划和指导天军建设与运用的方略，它既从属于军事战略，是军事战略的一个组成部分，同时从另个角度看，它受到空间战略的指导和制约。当我们从军事和战争的角度讨论空间战略问题时，空间战略（狭义）实际就是指空间军事战略（或称为天军战略）。空间军事战略是筹划与指导空间军事力量建设与运用的方略，它从属于国家的军事战略，并受军事战略的制约和指导。空间军事战略研究和解决的问题主要是：空间军事力量建设的方针、原则，空间军事力量运用的基本原则，空间控制或制天权的意义和作用，空间战争的特点、样式和战法等。（洪兵、梁晓秋《关于空间战略理论的几个基本问题》，《中国军事科学》2002 年第 1 期）

21 世纪的海洋战略争夺和中国的海洋战略　21 世纪是海洋世纪，是人类向海洋“深度”和“广度”进军的世纪，海洋将成为国际政治角逐的“大舞台”，也不可避免地会成为高技术局部战争的“主战场”。

21 世纪海洋战略争夺的焦点。在新的世纪，海洋权益之争将会渗透到海洋的各个角落，海洋的战略争夺也随之具有复杂性和广泛性等鲜明特征。

抢占海洋岛屿——21 世纪海洋争夺的“最大焦点”。岛屿具有重要的经济价值，也是海洋军事控制的基地，海上作战的依托，跨洋交通、通信的中继站和战时运送兵力、军用物资的中间站，具有重要的军事作用。海洋岛屿争夺将成为 21 世纪海洋战略争夺中的最大焦点。一些专家分析，在 21 世纪，竹（独）岛之争、北方四岛之争、马尔维纳斯群岛之争、塞浦路斯之争以及钓鱼列岛、南沙群岛之争等岛屿争端，有可能再度演化为海洋争夺的主要热点。

扼制海洋通道——“从来就是海洋战略争夺的重要内容”。据统计，全世界共有大小海洋通道（主要指海峡）1000 多个，其中适于航行的重要通道 有 130 多个，它们是海上交通的咽喉，可扼控舰船航行和缩短航程，具有重要的经济和军事意义。随着经济全球化的进一步发展，海洋通道的经济意义将会愈来愈突出。据专家分析，在 21 世纪，有 7 大海洋通道将成为“世界级”的战略争夺的重点。包括直布罗陀海峡、英吉利——多佛尔海峡、马六甲海峡、巴拿马运河、霍尔木兹海峡、曼德海峡、苏伊士运河。另外，莫桑比克海峡，印尼爪哇岛东、西两侧的巽他海峡和龙目海峡，俄罗斯东端楚科奇半岛与美国西北苏厄德半岛之间的白令海峡，日本海通往邻近海域和太平洋之战略要道的宗谷、津轻、朝鲜海峡，连接波罗的海和北海的波罗的海海峡与基尔运河等，也将成为 21 世纪引起相关国家关注和争夺的重要目标。

觊觎海洋资源——世界进入“争夺海洋自身的新时期”。随着海洋资源的进一步发现和世界资源陆贫海富状况的进一步加剧，海洋资源争夺必然会愈演愈烈，将主要围绕以下三个方面展开：一是国际海底资源争夺，二是海洋油气资源争夺，三是海洋渔业资源争夺。

争夺海洋区域——“国际政治中最重要的问题之一”。根据《联合国海洋法公约》的规定，占地球表面积71%的海洋实际上已被划分两部分：一部分是沿海国的“国家管辖海域”，另一部分是“国家管辖海域”之外的“公海”。由于海洋区域是所有海洋权益的“空间载体”，同时又是谋取海洋权益的“交通大道”，而“国家管辖海域”本身就是海洋权益的具体体现，其划界引起的纠纷尤为敏感和重要。对海洋区域的争夺，尤其“国家管辖区域”的争夺是海洋战略争夺中最激烈的方面。有人预测，在今后的几十年内，争夺海洋区域尤其管辖区域将成为“国际政治中最重要的问题之一”。从全球范围来看，有两处海域特别值得关注：一是亚洲东部海域；二是中东周围海域。

新世纪中国的海洋防卫战略。在新世纪，随着人类对海洋第四次全球性“大分割”所引发的海洋权益争端的进一步加剧，尤其是随着台海局势的进一步演变，中国的海上安全战略环境将更加严峻和复杂。为了更加有效地保卫海洋方向的安全，需要着力解决以下三个方面的问题。

进一步更新海洋防卫观念。一是更新海防的内涵观，即21世纪的海防，不仅要以军事斗争为基本形式，而且应运用政治、经济、文化、法律等手段，对外开展海防斗争，对内实行海防管理。二是更新海防的职能观，即21世纪的海防，不仅要抵御强敌来自海上的入侵，而且要保卫国家的海洋岛屿和维护国家的海洋权益。三是更新海防的时效观，即21世纪的海防，必须确立“天天建海防，日日用海军”的观念，进行全时防卫，不仅要准备遂行作战任务，而且还要进行大量的日常勤务和海防管理。四是更新海防的从属观，即21世纪的海防，要突破传统的以陆防为主，海上力量只是协同陆上作战的观念。因为未来的海上防卫作战，更多的是以海上力量为主独立遂行保卫我海洋岛屿主权、保卫“海洋国土”及其海洋资源开发活动。

进一步拓展海洋防卫边疆。这主要是因为：按照《联合国海洋法公约》的规定，中国不仅在归属中国管辖的内水、领海、大陆架、专属经济区内享有主权、主权权利和管辖权，而且在公海、国际海底、极地也拥有若干海洋权益。我们的海上防卫，不仅应覆盖整个“国家管辖海域”，而且还应维护国家域外权益。21世纪前期，海上战争的基本形态将会继续向大立体、全纵深、多维度的方向发展，非线性、非接触、非对称作战将是海上战争的基本样式。只有进一步拓展海洋防卫边疆，才可能在增大预警时间和范围的基础上从容应对，有效地进行抗击。

进一步增强海洋防卫能力。在服从国家战略和国防战略的前提下，应加大投入，重点倾斜，跨跃发展，着力加强海洋防卫力量尤其是海军力量建设，进一步增强中国的海洋防卫能力。(唐复全等《新世纪海洋战略形势展望》，《中国军事科学》2002年第1期)

非对称战略的渊源与发展 战略的非对称是与战争同样古老的思想。早在中国古代，孙武就提出诸多非对称战略范畴，蕴含着朴素的军事辩证法。马列主义军事理论根据武装斗争的实践，赋予非对称战略新的活力，提出了人民战争思想。毛泽东在领导中国人民进行的波澜壮阔的革命战争中，以军事辩证法为思想基础，形成了完整系统的人民战争战略体系，其最高境界就是“你打你的，我打我的”，为非对称战略作了最简明最经典的概括。

科学技术的不发达，使不对称作战主要是在同一空间、相同军种内部的不同兵种之间进行。天空、陆地、海洋和空间是互不相关的不同介质，实施跨越空间、跨越军种的不对称作战是相当困难乃至不可能的。当今，高科技突破了战争空间的限制，使非对称战略有了更大发展，为交战双方均提供了机遇。

以信息技术为核心的高技术打破了非对称作战的空间限制。以信息技术为核心的军事革命将天空、陆地、海洋和空间连为一体，不仅能遂行同一空间、同一军种内的不同兵种的非对称作战，也能遂行跨空间、跨军种的非对称作战。20世纪90年代的海湾战争，是规模最大的跨空间、跨兵种、跨军种的非对称作战，显示出非对称作战在优势装备对劣势装备之敌中的巨大威力。

突破传统战略空间限制的非对称作战，成为军事强国遂行战争的主要样式。“你打你的，我打我的”的非对称战略原则在高技术优势下发挥出最大的潜能。在以信息技术为核心的高技术群催动下，传统的空对空，陆对陆，海对海的战略空间对搏形式被打破，以空间俯瞰陆海空，以空对陆，以陆对海，以海对陆，成为经常性的选择。

高技术武装的非对称作战能适时集合整体力量突然打击重点目标。现代战争特别是高技术条件下的局部战争是联合作战，追求的是 $1+1>2$ 系统功能的整体效应，强调的是对各军兵种力量的整体布势，它的最大好处是，能适时协调凝聚己方诸军兵种力量，对敌单一军兵种力量或其守护的战略目标遂行强大的聚焦式突然非对称攻击。空间军事力量、远程攻击力量的出现，特别是C^4I系统集成技术，使目标识别、目标跟踪、目标锁定、目标打击、目标毁伤评估成为一个有机的链条。联合作战跃向了纵横交错，陆、海、空、天、电一体化非对称作战的新阶段。

非对称作战是捍卫国家利益、维护本土安全稳定的必然选择。国家综合实力强大，武器装备优越，并不等于能完全抵御外部世界的侵犯。非对称作战的特点在于，作战对象不确定，作战时间不确定，作战地点不确定，作战手段不确定，要求国防力量由基于威胁模式向基于能力模式转变，要求以高技术武装的非对称作战应付多样式的冲突和战争。建设能力型的国防力量，必须对现存的国防机制进行革命性的改造，对国防力量的中坚——军队进行革命性的改造。军队的武器装备、人员、体制编制、战勤保障、作战理论等必须适合应付各种类型的冲突和战争，既能打赢各种类型的局部战争，又能慑止各种恐怖袭击；既能捍卫国家的海外利益，又能保证本土的安全与稳定。构建在能力型国防力量基础上的非对称作战，以其主动、灵活、多变的特性，成为应对各种类型战争和冲突的必然选择。（亢亨祯《非对称战略的渊源与发展》，《中国军事科学》2002 年第 3 期）

（方涵江）

美国关于战争和战略问题研究　美国《国土安全国家战略》及其影响　2002 年 7 月 16 日，美国总统布什签署了国土安全办公室的重要文件《国土安全国家战略》。这是美国历史上第一份国土安全战略文件。

威胁判断与战略目标。该文件认为，恐怖分子是些战略行动者，专门以美国防御和战备中的薄弱环节为攻击目标。他们正在努力获取核、放、生、化武器，以便给美国造成前所未有的破坏。自"9·11"事件以来，美国政府和人民采取了许多实际步骤加强美国本土的安全，但仍有许多工作要做。《国土安全国家战略》将为联邦政府各部门、各机构及州政府、地方政府、私人公司、各种组织和每个公民提供加强安全的指导，以实现下述目标：防止国土遭受恐怖分子攻击；降低美国遭受恐怖攻击的脆弱性；将遭受恐怖攻击的损失减至最低程度并能迅速恢复。

加强国土安全的六大领域。①情报与警报。恐怖攻击危害巨大，美国必须建立能够发现恐怖活动的情报与警报系统，以便及时采取先发制人、预防和保护行动。采取的主要措施包括提高联邦调查局的分析能力，使国土安全部具有信息分析与基础设施保护的新能力，采用恐怖分子的思维方式和方法分析和预测形势等。②加强边界与运输安全。现代恐怖活动日益增长的机动能力和摧毁潜力，迫使美国重新考虑其边界和运输安全体系。因此，美国要落实边界与运输安全中的责任制，创建"智能边境"；要重振美国海岸警卫队，已决定将美国移民归化局、海关、海岸警卫队、动植物卫生检查局和运输安全局全部并入新成立的国土安全部。③国内反恐怖活动。"9·11"事件使美国政府重新确定了联邦、州和地方司法机构的任务。司法机构，特别是州和地方司法机构，在继续对犯罪活动进行调查和提出起诉的同时，应该把预防和制止国土恐怖活动放在首位，应该动用传统的和非传统的所有法律手段，识别、制止和起诉美本土的恐怖分子。④保护重要基础设施和关键资源。美国现代生活方式取决于各种基础网络系统，如能源、运输等实在的网络系统和因特网等虚拟的网络系统。保护好这些重要基础设施和关键资源，不仅可以避免恐怖分子对美国造成持久伤害，而且可以增强美国对自然灾害、有组织犯罪和计算机黑客攻击的抵御能力。⑤防御灾难性威胁。用于制造核、放、生、化武器的专业知识、技术和原材料正在扩散。如果恐怖分子获得并使用这些武器，就会对美国造成重大的人员伤亡、严重的心理破坏、广泛的污染和巨大的经济损失。美国将采取严厉的措施增强探测和防止恐怖分子运输和使用核、放、生、化武器的能力。⑥应急准备与反应。目的是把遭受恐怖攻击的损失减至最低程度并迅速从中恢复过来。对恐怖攻击首先做出反应的是警察、消防队员、应急医务工作者、公共工程人员和突发事件管理官员。联邦政府、州政府和地方政府将为所有应急反应人员配备适当的装备，使他们得到充足的训练，并进行逼真的演习。美国政府还将创建国家应急事件管理体制，建立顺畅的应急反应通信联络系统，为对付各种灾难性恐怖活动做好人员、物资、药品准备，制定军队支援地方当局的计划等等。

《国土安全国家战略》对美国可能产生的影响。①单边主义将有所抑制。小布什政府上台后，自恃美国政治、经济、军事实力强大，在国际事务中奉行唯我独尊、我行我素的单边主义。"9·11"事件后，出于反恐斗争的需要，美国政府的单边主义有所收敛。《国土安全国家战略》把国际合作作为美国本土安全的基础之一，表明美国将不得不重视扩大同其他国家的合作，对单边主义作某些抑制。②国土安全技术将飞速发展。"9·11"事件暴露了美本土安全存在的漏洞和脆弱性，迫使美国政府投入大量资金发展国土安

全技术。从2003年起，美国每年将投入大约1000亿美元加强国土安全，其中约110亿美元将用于建设“智能边界”，59亿美元用于防生物恐怖技术，同时为发展信息技术增加7.22亿美元。这些资金的投入，无疑会大大促进安检技术、侦测技术、反核、放、生、化技术、信息技术的发展，提高美本土安全保护的高技术含量。③美军转型进程将受到一定影响。美国政府要求国会大量增加国防预算，满足军队转型的需要。还要每年增加1000亿美元的国土安全费用和大量的反恐怖战争拨款。美国虽然富有，但其资源并非无穷无尽。因此，对国土安全的巨大投入，必定会影响军队建设投入，从而在一定程度上延缓美军转型进程。（樊高月《美国〈国土安全国家战略〉的主要内容及其影响》，《外国军事学术》2002年第9期）

布什政府的《美国国家安全战略》特点 2002年9月20日布什政府发表了其执政以来的第一份《美国国家安全战略报告》（简称《报告》）。和克林顿政府相比，《报告》有了很大变化。首先，《报告》把“激进主义和技术的结合”说成是对美国所面临的“最严峻危险”。所谓“激进主义”，显然指伊斯兰极端势力。其次，报告尽管也提“威慑”思想，但强调必要时对敌手发动“先发制人”的进攻。第三，突出单边主义思想。强调通过完善国际机制、加强美国主导的军事同盟来维护美国安全。第四，在防止大规模毁伤性武器扩散上，《报告》否定了相关的国际条约，认为只能采取强制手段打击搞扩散的国家。第五，比任何时期都强调美军必须保有绝对优势，不允许其他国家拥有接近美国的军事实力。第六，在推广市场经济、拓展对外经济关系上，《报告》提倡的是共和党的传统政策，即促进全球经济繁荣要靠资本自由流通、减税、放松政府管制那一套。

《报告》提出“先发制人”的战略，但不能说美国要“放弃威慑战略”。《报告》确实提到，冷战时期行之有效的威慑战略，现在用来对付恐怖分子和“无赖国家”起不了什么作用，必要时必须采用“先发制人”手段。但《报告》还多次提到美国需要“威慑”敌人，美军“在威慑失败时”才要“决定性地击败敌手”。至于“先发制人”的对象是谁，《报告》指出了两种敌人：一是非国家的恐怖组织和恐怖分子；二是“无赖国家”，点了名的是伊拉克和朝鲜。提出“先发制人”战略，说明美国会在全球采取一种更为咄咄逼人、以攻为守的战略态势。按照布什政府的逻辑，谁是打击的对象，标准由美国来定，仗由美国打；美国是“正义”的化身，谁反对美国，谁就是邪恶势力，美国打谁没商量。美国的霸道可见一斑。更危险的是，“先发制人”的先例一开，其他国家和组织也会效仿。以色列可对阿拉伯国家或巴勒斯坦“先发制人”，印度和巴基斯坦可能互相“先发制人”。最近，台湾军方和美国亲台势力都有人出来说，为防范大陆攻台，台湾军队应具备对大陆“先发制人”的能力。因此，对“先发制人”战略的严重后果，不能等闲视之。

《报告》十分重视加强美国国防和军队建设，宣称：“美国的军队要强大到足以阻遏潜在的敌手，使它们不致在追求军事力量增长时，抱有能够超过美国力量或与其相匹敌的希望。”

《报告》认为“激进主义与技术的结合”构成对美国的主要威胁。但这并不是说美国没有防范俄罗斯和中国的想法和战略计划，美国对俄、中政策具有连续性。首先，冷战后美国一直把俄、中两国视为“非敌非友”国家，加以防范。其次，美国对两个国家又区别看待。总体上说，美俄关系一直比美中关系热。今年5月北约首脑同俄罗斯签署《罗马宣言》，成立北约—俄罗斯理事会，表明俄罗斯同西方已经建立起新型关系。从《报告》也可以看出，美国对中国的防范明显高于对俄罗斯。从国力上看，俄罗斯的复苏有待时日，而中国日益强大；从意识形态和政治制度上看，俄罗斯正向西方靠拢，而中国坚持共产党领导下的社会主义制度；从安全关系上看，中美之间有台湾问题，甚至不能排除因为台湾问题而引发军事冲突的可能，而美俄之间不存在类似的尖锐问题，车臣等俄罗斯国内问题不会引发美俄军事冲突。这些都是客观存在。美俄关系比美中关系更近，美国对中国的警惕更深，是基于美国的长期战略考虑。现在，美国把反恐当作“重中之重”，把伊斯兰激进势力看成最大的威胁来源，于是对中俄等国的压力自然减轻了。但《报告》几次说到美国不允许其他大国挑战美国的军事优势，明显把矛头首先指向中国。（《“9·11”事件成为美国安全战略的分水岭——访中国社会科学院美国研究所所长王辑思研究员》，《外国军事学术》2002年第11期）

布什政府新军事战略的名称和内涵 有作者根据美政府发表的一系列有关文件，对此进行了阐述。

新军事战略的名称。对于美国的新军事战略，可命名为“有效保卫美国与有效对外征战”战略，或简称“两个有效”战略。《四年防务审查报告》指出：新的防务战略将预期各种不确定的情况，能应对各种突发事件，并坚持认为要在国外采取有效的行动，确保美国本土的安全。制定该战略的目的是营造扩大美国影响和保护美国安全的环境。这些，既反映了战略的目的，也突出了战略的方针——不但要两线作战，而且都要有效。

新军事战略的目的。第一个层次：实现政府确立的国家安全战略目标。对这一目标，布什政府的《美国国家安全战略》中有权威性的表述："建立有利于自由的均势"。《国防报告》对此说得很清楚："防务战略强调在关键地区保持合理的军事力量均势。通过保持这种均势，美国能够获取和平、扩展自由并保证盟友的安全。"第二个层次：捍卫膨胀了的美国国家利益。关于美国的国家利益，布什政府在其《四年防务审查报告》中有完整的表述。这个表述中关于确保美国的"行动自由"、防止四个关键地区"被敌对力量主宰"以及保障信息通道安全的提法，反映了美国国家利益在21世纪的膨胀和发展。第三个层次：实现美国的防务政策目标。即"确保盟友的安全"、"阻止未来的军备竞赛"、"慑止针对美国利益的威胁和恫吓"和"如果威慑失败，坚决打败任何敌人"。

安全威胁的新判断。进入21世纪，美国的安全环境的特点是美国在地理上享有的优越条件已不能成为确保美国安全的重要因素；不确定性和突然性是威胁的主要特征；美国面临的威胁：①极端主义与技术特别是核生化技术的结合，已成为美国面临的最严重的威胁；②现实威胁是恐怖主义、失败国家和"邪恶轴心国家"，潜在威胁是出现针对美国的、且拥有核武器的新敌对军事联盟，或者出现一个与美国实力相当的竞争对手；③技术在空间和计算机领域的进步使美国的军事技术优势和安全面临新挑战。这种对国际安全环境的认识，既反映了布什政府的绝对安全思维，也反映了美国对其"将21世纪变成美国世纪"的战略将遇到的阻力的思考。这就是美国要奉行"两个有效"军事战略的原因。

新军事战略的战略重点。从地理的角度看，布什政府已把战略重点由欧洲调整为美国第一、欧亚大陆第二。美国要把21世纪变成美国世纪，首先必须以保证本身的安全和繁荣为基本点，其次是控制欧亚大陆。布什政府是将欧洲和亚洲作为一个完整的棋盘来考虑的，北约东扩和反恐战争并行，对俄罗斯的疑虑和对中国的警惕并存。从战略的角度看，现时的反恐和对付未来的战争两个战略重点并列。对中国和俄罗斯这两个潜在的"全球性竞争对手"，美国一方面承认它们都属"主要全球力量中心"，要和他们发展合作关系；另一方面又指认中国为"有庞大资源基础的军事竞争者"，指责俄罗斯"公开或隐蔽地追求一些与美国的利益相悖的政策目标"。

新的核武器使用与发展方针。布什政府调整核态势行动中最为令人瞩目的，不是将老的战略力量三位一体结构调整为新的三位一体结构，而是提出新的核武器使用方针和发展方针。《核态势审查报告》中说，调整核态势的目的是为了让总统在处理危机时有"多种选择方案"，这句话的真实含义是总统要有使用核武器的自由，既可将核武器用于威慑，还可用于实战。另外，布什政府对核力量发展方针也做了大调整。冷战后曾经是大幅削减和销毁核武器及禁止试验、研制核武器，而现在则是削减而不销毁、改进储存的核武器加研制可实战使用的小型核武器。这是美国核战略的危险升级。

对"同时打赢两场大规模战争"战略目标的调整。布什政府上台后曾反复声明，要放弃克林顿政府的"同时打赢两场大规模战区战争"的目标。实践证明，所谓的"放弃"，并非将目标从两场战争减为一场，而是批评前政府在军事投入不足和小规模应急作战任务繁重的情况下谋求"同时打赢两场大规模战区战争"是不现实的。实质上，与其说"放弃"，不如说调整了这一目标。布什政府的《四年防务审查报告》早就指出："美国不是要放弃两场战争的规划，而计划打少于两场的战争。相反，国防部正在全面转变观念，计划在所有可能发生的冲突中取得胜利。"其《国防报告》指出：在任何两场战争中取胜包括在其中一场"占领敌国领土"或"改变敌国政权"。这说明，布什政府的目标比克林顿政府的覆盖范围更广、目的更坚决、要求更高。

建设任何对手不可超越的军事实力。布什政府将军队建设规划的模式从"以威胁为基础"调整为"以能力为基础"。这一调整的要害，一是美国的敌人不是固定的，世界任何地区的任何国际行为主体都可能成为美国的敌人；二是军事能力不能只对某些敌人占有优势，而是必须对任何敌人（包括任何种类、拥有任何手段、单干或结伙、现实和潜在的敌人）占有优势。为此，布什政府下大气力加快军队的转型性改革。（符成礼《布什政府新军事战略评析》，《外国军事学术》2003年第4期）

剖析美国"先发制人"的新军事战略 布什政府上台以来的第一份《美国国家安全战略报告》（以下简称《报告》），提出了在必要时将对美国安全构成威胁的敌人"采取先发制人的行动"。美国防部长拉姆斯菲尔德多次指出，这是美国新的军事战略。这一新军事战略的提出，不仅标志着美国军事战略已经发生了重大变化，即由传统的“威慑”性、“遏制”性转向明显的实战性、进攻性，而且将极大地影响世界格局尤其是军事形势的发展与变化。

美国提出“先发制人”的军事战略有着特殊的现实背景。①“9·11”事件促使美国思考新的军事战略对策。“9·11”后，美国国防部在《四年防务审查报告》中，首次将本土防御作为军事战略的重要内容。随后，在决定对阿富汗塔利班政权实施军事打击过程中，又提出对付恐怖袭击最有效的方式就是进攻，进攻是最积极、最有效的防御手段。2002 年 6 月 1 日，布什在西点军校毕业典礼演讲时指出：“威慑，即对一国家进行大规模报复的一种可能性，对于没有国家和公民需要保护的、若隐若现的恐怖主义组织来说是毫无作用的”。这是强调“威慑”和“遏制”战略的缺陷和对新情况的不适应性。正是基于这些认识，才进一步产生和提出了“先发制人”的军事思想和战略。②从世界战略环境看，没有阻止美新军事战略实施的强大对手。随着苏联解体和俄罗斯综合实力的衰弱特别是“9·11”事件的发生，一方面原来主要的作战对手已今非昔比，另一方面恐怖主义袭击已成为国家安全的最大敌人。主要作战对手变了，作为针对主要作战对手的军事战略必须作出调整。不仅打击恐怖主义主要应靠“先发制人”的进攻，而且对恐怖主义发动“先发制人”的军事打击也基本不存在后果难以预料的问题。换言之，美国实行“先发制人”，不存在任何障碍。③美国具有实行“先发制人”战略的基础和能力。美国将整个军事战略明确地确定为“先发制人”实战性的进攻性战略时，虽然其全球军事部署需要做进一步调整，但就整个军事行动的条件和能力看，并没有多大问题，甚至可以说在许多方面都十分有利。④“先发制人”军事战略不仅适合美国反恐需要，而且适合美国称霸需要。从美国的全球战略利益看，不仅需要在反恐问题上采取“先发制人”的战略，而且在称霸问题上也需要“先发制人”。如果说，在反恐行动中，只有“先发制人”，才能以攻为守，保证本土安全；那么可以说，在称霸过程中，只有“先发制人”，才能杀一儆百，将可能潜在的对手扼杀在“摇篮”之中。

“先发制人”军事战略具有一系列与以往不同的新特点。①在主要安全威胁判断上，强调恐怖主义及所谓无赖国家的威胁特别是核生化威胁；同时注重潜在威胁。不仅将恐怖主义的基地组织视为主要敌人，而且将与恐怖主义有关的国家视为主要敌人。还十分关注有核国家的核威胁，并将俄罗斯和中国及所谓的无赖国家一起列入准备实施核打击的 7 个国家。②在军事战略重点地区上，明显地倾向于亚洲。《四年防务审查报告》阐述军事威胁时，特别强调亚洲正在成为“发生大规模军备竞赛的地区”，从中东到东北亚是“不稳定之弧”，东亚沿岸是一个“特别具有挑战性的区域”。③在战略力量的构建和运用上，既重视常规高技术力量，又重视非常规核力量；既重视进攻性力量，又重视防御性力量；既重视现实可用的力量和优势，又重视未来可用的力量和优势。④在战略部署上，变“前沿存在”为“前沿部署”。美国已经在“9·11”事件后，借反恐战争之名，成功地获得了在中亚地区的许多军事基地使用权，同时还在积极谋取越南金兰湾海军基地的租用权。⑤在战略作战样式上，主张采取进攻性、机动性极强的、高度灵活的多样化的作战行动方式。认为阿富汗反恐战争所采取的空中精确打击与特种作战相结合，同时配合以外交活动、金融行动、执法行动、人道主义救援、国内安全行动等的战争行动样式，今后应当借鉴。⑥在战略实施步骤上，强调大力推进军事改革。“继续进行军队转型，确保己方能实施快速、准确的行动，以达到具有决定性的效果。”⑦在战略联盟问题上，在继续注重与同盟国行动协调的同时，更加强调依靠自身的力量行动。

新军事战略对世界格局和军事形势发展将产生的主要影响。①由于反恐是美国 21 世纪的重要军事战略任务，因而将更频繁地发动军事打击，使世界局部紧张、动荡、战争的状况更加严重。②由于美国拥有综合国力特别是军事优势，且假反恐之名行称霸之实，因而将使许多国家既难以与之正面对抗，又不情愿与之合作，进而导致国际关系进一步复杂化。③由于美国在反恐怖战争中必然要借用其他力量，因而将使一些国家可以借机展开纵横捭阖的外交活动，发展壮大实力，谋求实现自身的战略目的。这不仅将使世界政治力量经常地处于不断临时组合的状态，并将最终导致新兴大国力量的崛起。这些崛起的大国能否有利于世界和平与发展，主要取决于其国家政策的性质。④由于美国的军事战略目标不只是消灭恐怖主义，而且还要消灭潜在威胁，因而可能会打着反恐旗号对政治异己国家实施军事打击，特别是对其认为是潜在威胁的对手实施军事打击的可能性极大。⑤由于美国始终注意保持军事技术上的优势并强调不断试验新的战争方式，因而未来由美国发动的高技术军事打击将采用最新的方式，防御高技术军事打击必将成为各国国防关注的焦点。未来的世界，军事力量将对国家的前途和命运起着更加重要的作用，并对世界多极化战略格局的形成与发展产生更加重要的影响。（胡文龙《试析美国“先发制人”的新军事战略》，《军事学术》2002 年第 12 期）

（符成礼）

俄罗斯关于战争和战略问题研究　第六代战争的主要特点　第六代战争在 20 世纪后 10 年才开始出现。海湾战争是第六代战争的雏形，科索沃战争和 2001 年的阿富汗反恐战争是第六代战争的“精心演练”。第六代战争有以下特点：

在作战形态上，第六代战争是典型的“非接触”式战争。投送手段的突破性发展，使得精确制导武器和新概念武器（如粒子束武器、激光武器、等离子武器、超声波武器）成为宠儿，可以用非接触的方式对地球上任何地区的任何目标实施攻击，远距离外置敌于死地。新的第六代战争就以这种非接触方式进行，即陆基、海基有人驾驶飞机不在敌国领土上空行动。很有可能的是，到 2010 ~ 2015 年，一些发达国家能够对任何地区的任何国家实施这种联合战役，其持续时间不会少于 30 天。到 2020 ~ 2040 年，可能为 60 ~ 90 天，甚至更长，从而打破任何国家军队所保持的纪录。空海军航空兵在这种战役中将成为主要的弹药携载平台，大约每昼夜能出动 1000 ~ 2000 架次，可以将数千枚高精度空 - 地导弹发射至敌国目标，而不进入敌国的领空。太空突击兵器将进行太空侦察、太空拦截、太空投送及直接从太空发起攻击。

在作战样式上，空天海一体战役将是第六代战争的主要样式。新的第六代战争从开始到结束，只进行长时间的空天海一体战役，并结合实施电子战。第六代战争中，陆基、海基有人驾驶航空兵主要用于敌防空火力圈外向敌投送毁伤兵器，也就是说，航空兵将退出战场，变成把大量高精度巡航导弹携载至敌防空区外再发射的运载工具。海基高精度巡航导弹和攻击型无人驾驶飞行器也将实施大量攻击。带有常规高精度自动寻的弹头的弹道导弹（战略非核力量）或用于作战行动，或担任战略预备队。此外，带有高爆炸药的高精度太空突击兵器将发挥巨大作用，有可能从近地太空对地面目标实施高精度突击，尽管目前禁止将武器部署到太空。就象现在可以从太空实施侦察一样，将来还可通过太空实施指挥、通信、导弹袭击预警、气象保障、导航和电子战。这种作战行动就是空天海一体突击战役。

主要突击对象转向经济潜力目标。第六代战争的最大特点之一是直接把摧毁对方的经济潜力和推翻政治制度确定为主要战争目的，而不像以往那样强调打击对方的有生力量。战争中将以大量高精度武器摧毁敌全纵深内最重要的经济、能源和交通设施，使对方丧失抵抗能力，国家政治制度也将不攻自破。其结果导致攻占对方领土的必要性也随之减弱。

高精度武器成为战场主角。在第六代战争中，烽火硝烟后面起重要作用的不再是以往数量庞大的坦克、飞机和军舰，甚至核武器，它们均让位于高精度武器、电子信息武器和根据新的物理原理研制的武器。通过从各种平台发射无人操纵的常规高精度武器，实施威力巨大的密集突击，就能达成重要的战略和政治目的。这种高精度武器的作用在某些条件下甚至可以超过战术核武器，因而长期以来，核武器与常规武器截然分开的界限将被打破。

海空力量将充当先锋。过去，战争的主要目的是攻城掠地，战场设在地面，有正面和纵深，空中和海上力量起配合和保障作用。现在，由于高精度打击武器能在对方有效射程之外实施远距离攻击，战场主要在空间，依靠空中和海上打击力量就能实施对敌有效打击，地面部队便退居到保障和配合的位置。在实施空天海一体突击战役时，海空力量中的侦察 - 突击作战系统将在宽大正面上行动，不需集中主要兵力于某一个方向。这种行动的特点是，在进攻一方所建立的复杂无线电电子情况下，从所有方向同时实施密集突击。为增大突击密度，进攻一方将同时大量使用各种用途无人驾驶飞行器（2 ~ 3 万个），并使用太空突击兵器和常规装药的洲际导弹。

信息是制胜关键，太空是战场制高点。如果没有及时灵通的信息作保证，即使再多的高精度武器系统也无法给敌军以致命打击。只有明了战场情况，并且使这些信息为尽可能多的作战平台所共享，精确制导武器和其他高科技武器装备才能在军事和政治上释放出最大能量。美国在阿富汗战场上借助预警机与“联合监视和目标攻击雷达系统”等信息系统，确保美国军队展开前所未有的广泛搜索，确保信息从一个平台向另一个平台的快速传送，在协助歼击机打击临空目标方面特别有效。要夺取信息优势，太空眼睛必不可少。无论是飞机、舰船的导航，导弹、炸弹的制导，还是对敌情的侦察，都离不开太空“眼睛”卫星的作用。卫星在争夺信息权的高科技战争中具有举足轻重的作用。

核武器作用受到限制。核武器在其出现后的 50 多年内并没有阻止 300 多次较大规模战争和武装冲突

的发生。而在第六代战争中，通常进攻一方将首先以大量高精度武器剥夺对方的核反击能力，客观上已减少核报复的可能。对方一旦以残存的核武器进行核还击，那么在高精度武器的密集突击面前，这无异于自杀。(根据《外国军事学术》2002年第7期、《中国国防报》2003年2月18日、《环球时报》2002年12月12日、《解放军报》2002年12月14日等报刊文章整理)

俄罗斯面临的军事威胁 对面临的主要军事威胁，至少是现实威胁的提法已由“北约东扩、以‘维和’等形式侵犯俄战略利益的行动、少数大国旨在破坏战略平衡与稳定的军备计划、宗教极端主义的武装挑衅和恐怖主义活动”等，转变为比较集中地指向“恐怖主义威胁”。普京总统多次指出：“恐怖活动将是俄罗斯未来很长时间必须面对的一个主要威胁，军队和其他强力部门一定要将打击恐怖活动作为今后工作的主要任务”。国防部长伊万诺夫表示：“如今不可能发动对俄罗斯的大规模侵略战争，我们面临的主要威胁是国际恐怖主义、各种强度的局部军事冲突和大规模杀伤性武器的扩散”。

但事实上对威胁的评估远不是将来自北约等外来威胁放到次要地位或者已经忽略的地步。总参谋长克瓦什宁的话或许较为客观，他认为：“对于今日俄罗斯来说，内部威胁和外部威胁的程度几乎相等”。《独立军事评论》2003年1月30日发表著名军事评论家瓦季姆·索洛维约夫题为《俄罗斯仍把准备第三次世界大战作为重点》的文章，明确将以美国为首的北约列为俄罗斯面临的主要外部威胁。《消息报》2002年12月17日发表《莫斯科寻找与德里、北京间关系的新形式》一文，透露了“尽管军政首脑们宣布发生大规模战争是不大可能的，但有关反击国外大规模武力入侵的计划仍在制订之中”的信息。

俄罗斯核战略的调整 核战略是俄军事战略的核心部分，包括核威慑战略、核武器使用原则和核力量发展战略。随着近年来国内外形势的发展变化，俄罗斯核战略也在作出调整：

核威慑战略的调整。①扩大威慑范围，降低威慑目的。冷战结束后，俄罗斯核战略的指导思想先是从“取得核大战的胜利”变为“防止核大战”，继而又变为“重点遏制地区冲突和局部战争”，近来有扩大到“遏制大规模恐怖活动”的趋势。其威慑目的则从与美国争夺世界霸权降低为防止战争、维护国家安定和周边地区安全上。认为核力量的任务不仅仅是遏制全面战争的爆发，还应防止军事冲突升级为局部战争和大规模战争；从军事行动的一开始就应充分发挥核力量的威慑作用；必要时准备有限使用战役－战术核力量以震慑和遏制敌人的冒险企图和防止军事行动升级。《消息报》2002年12月17日发表的《莫斯科寻找与德里、北京间关系的新形式》一文至少可以从一个侧面证明俄罗斯军方的真实意图。该文引用“国防部非正式的说法”：“如果中俄之间发生武装冲突，莫斯科甚至连以常规力量作抵抗的尝试都不会有，而立即进入‘核遏制’状态。”

②威慑手段多样化。俄领导人认为“遏制对俄罗斯的可能侵略是一个非常重要的观点，遏制原则是俄集中自身政治、经济和军事力量的一项基本原则”。这是指军事和非军事的全面遏制。对俄罗斯武装力量而言，在当前常规力量明显减弱，不足以全面承担反击大规模入侵任务的情况下，坚持突出核遏制作用的同时，主张遏制手段多样化，由单一战略核遏制向战略核武器——战役战术核武器——大威力常规武器多重遏制转变。这是指核和非核手段的全面遏制。

③威慑方式公开化。俄传统的核威慑方式有：显示实力、提高核力量戒备等级、公布核打击目标等。近年来，俄一反以前对核力量建设和使用极为保密的做法，加大了宣传的透明度，有选择地披露核武器的研制、试验、部署及部队训练情况，以此达到震慑敌人的目的。比如对“白杨－M”导弹的试验、列编、参加战斗值班及其性能，俄媒体都作了广泛报道和渲染。近期，俄总统和军方发出的可能对恐怖分子实施“先发制人”核打击的讲话，在很大程度上也是一种公开威慑。

核武器使用原则的调整。在武装力量特别是常规力量总体安全保障能力减弱的情况下，俄提升了核武器的作用，调整了核武器的使用原则：①核力量使用目标趋于明确。独立之初，俄曾宣布“不将任何国家视为现实威胁”，俄罗斯的战略核武器不再瞄准美国及其他西方国家，也不针对其部署核武器。但北约东扩和科索沃战争使俄罗斯认清了以美国为首的北约遏制和削弱俄罗斯的战略意图并未改变，于是又重新将东扩的北约军事集团确定为主要外部威胁，列为俄核打击的主要目标。

②核力量使用范围更加扩大。一是几年前就宣布不仅对来犯的有核国家或武装集团，而且可能对与其结盟来犯的无核国家或武装集团使用核武器。二是近来又考虑将进行大规模恐怖活动的恐怖武装列入核打击范围。三是鉴于核武器数量的削减，俄军计划中减少了对火力需求较大的军事目标打击的数量，而相应

增加了民用目标的打击数量。

③改变核打击方式。俄核力量传统的打击方式有两种：核还击和核还击－迎击。核还击是指敌首批核武器落到俄领土后，俄方运用战略核力量进行回击；核还击－迎击是指敌核武器已发射升空，且目标是针对俄及其盟国的，在其弹头到达俄领土之前，俄运用核力量进行回击。如今俄军认为，这两种打击方式都有局限性。为了进一步提高核威慑力量，军事专家研究制订了两种新的打击方式：一是先发制人的核突击，是指敌对俄核打击明显地不可逆转或所有其他措施都不足以应对时，在敌导弹发射之前俄即对其实施核打击；二是深度还击，是指敌首次突击的基本手段到达俄领土之后，俄战略导弹部队对敌实施报复性的毁灭性打击。

核力量发展战略的调整。出于继续保持核遏制战略的需要，俄将继续追求战略力量对美国的低水平均衡；反对美国的国家导弹防御计划，但不与美国作一对一的竞争，继续削减战略核武器数量；建立可靠的“三位一体”战略核力量；提高弹道导弹的突防能力、命中精度和毁伤能力，确保核遏制的有效性。军方的战略信条依然很清楚：只要美国和北约拥有发动大规模核战争的能力，俄罗斯就将努力保持该领域的相对均势。这无疑是俄在较长时间内仍将坚持的既定方针。（［俄］瓦季姆·索洛维约夫《俄罗斯仍把准备第三次世界大战作为重点》，2003 年 1 月 30 日《独立军事评论》）

俄核力量发展战略主要调整为：一是以突破美国的国家导弹防御系统为目标，重点发展新型质优价廉的陆基导弹武器。针对美国一意孤行发展国家导弹防御计划的现实，俄充分利用有限资金研发和装备新型核武器，特别是造价较为低廉，突防能力更强的陆基弹道导弹。年内，新型“白杨－M”导弹的成功试验正是这一计划的具体体现，而且新的战略武器发展计划几乎都与突破美国的导弹防御系统有关。此外，俄还恢复了新概念武器和太空武器系统的研发。（谢尔盖·希什卡列夫《把核弹头存入仓库，那今后呢?》，《俄罗斯报》5 月 15 日）

二是加紧导弹防御系统建设，巩固攻防一体的战略力量结构。美国《核态势审查报告》公布后，俄联邦安全会议决定，一方面仿效美国对部分削减下来的弹头进行储备，以备不时之需；另一方面加紧发展防空装备和导弹防御系统。伊万诺夫 2002 年 3 月 27 日视察莫斯科郊外导弹基地时表示，俄一直在技术和科学方面着力准备，以及时应付美国的导弹系统对俄国家安全构成的威胁，将尽快完全恢复已有的战略反导系统，并认真组建自己的非战略反导系统。

三是发展多重能力，提高核力量的整体水平。首先是遵循既定的“技术储备”原则，集中有限军费大力研发新型高精尖武器装备，并保持必要的研发和规模生产能力；其次是尽快实现战略核力量的全面现代化，并注重战略和非战略核武器互相补充，共同发展。“白杨－M”是俄目前最先进的战略导弹，据称“能突破任何导弹防御系统”，比美国陆基战略导弹要领先 5～6 年。俄还将发展移动式“白杨－M”导弹综合系统，并为其加装多弹头。新一代“北风之神”核潜艇和可发射“白杨－M”导弹的核潜艇研制工作也已提上日程。另外，俄还对现有 15 架图－160 战略轰炸机进行现代化改造，加强其常规打击能力。（李文盛、任德新《俄罗斯核战略面临的挑战及调整》，《外国军事学术》2002 年第 7 期）

（毛子成）

日本关于防务战略问题研究 2002 年，日本加快了向军事大国迈进的步伐。通过频频制定或修改有关法律，扩大军事力量的活动领域和范围，从根本上架空坚持了 30 余年的“专守防卫”军事战略，基本上完成了向“主动先制”战略的过渡；将战略重点从北部移向西部，并以此为指导重新进行战略部署和兵力配置；加强军队现代化建设，实现军队职能由“内向型”向“外向型”转变；努力巩固日美军事同盟，强化一体化作战能力；继续向海外派兵，通过积极参与联合国维和行动扩大自身影响。

日本的安全战略调整处于十字路口 二战后，日本在外部强制和自我节制的双重作用下，形成了以“和平宪法”为制约机制、以日美同盟为保障措施、以“专守防卫”为基本方针的安全战略。20 世纪 90 年代以来，日本正逐步突破这一安全战略框架，而来到一个战略抉择的十字路口。主要表现是：

日本“和平宪法”的制约功能已岌岌可危。以日本政界“总体保守化”、经济连续十年萧条，历史“文盲”新生代的崛起、新民族主义思潮沉渣泛起等为背景，日本“和平宪法”第九条的历史由来和内外价值被逐步忘却，修宪进程明显加快。日本在绕过宪法、改变宪法解释乃至探讨修宪方面越走越远，意在为“海外派兵”扫清障碍。

“专守防卫”正向“海外派兵”蜕变。“专守防卫”方针不断受到侵蚀。首先“专守防卫”的保障措施是不拥有战略进攻武器和不采取攻击性态势。然而，近年来，日本决定参与日美战区导弹防御系统研究，宣布装备空中加油机、侦察卫星和轻型航母式的大型舰艇，一些政界人物不时暗示进行核武装的可能性。其次“专守防卫”的政策基础是不向“海外派兵”。而日本却不断制造既成事实和新的先例，然后将其逐一写入新的法律。在“9·11”事件发生后，日本以“援美反恐”为名，在脱离“专守防卫”轨道、走向“海外派兵”方面迈出了实质性的一步。特别是通过《反恐怖特别措施法》实现了重大突破。

“集体自卫权”被作为“借船出海”的工具。长期以来，日本鹰派一直寻求突破“专守防卫”界限，主张行使“集体自卫权”。进入20世纪90年代，以小泽一郎为代表的“改变解释派”又主张，日本即使不修宪也拥有“集体自卫权”。日本的这种行为只能是排他性双边军事同盟原理的发挥，与《联合国宪章》中以反侵略为宗旨的“集体自卫权”的精神相去甚远。日本急欲配合美国这一超强军事大国进行所谓“自卫”，显然是“以援美为名，行派兵之实”。如果这种意图不断落实到日本的政策之中，则将导致日本安全战略的重大转变。（金熙德《日本安全战略面临十字路口》，《日本学刊》2002年第2期。）

日本现行军事战略发生5个方面的变化 从20世纪90年代中期开始，经过10余年的调整，日本军事战略的内容发生了重大变化，基本上完成了向“主动先制”战略的过渡，其中重要的发展变化有以下5个方面：威胁判断“多元化”。日本军方经过若干年的研讨和论证，认为来自“北方”的威胁基本消失，日本应当对付地区内存在的各种“不稳定因素”和“多种多样的威胁”。所谓“不稳定因素”，是指“对日本的和平与安全产生重要影响的周边事态”。日军方人士私下指出，“周边事态”主要是指朝鲜半岛和台湾海峡可能出现的紧张局势等。所谓“多种多样的威胁”，日本认为，“朝鲜涉嫌研制核武器和开发远程弹道导弹”，向日本近海派“间谍船”，绑架日本人等，因此是“东亚地区安全保障中非常不稳定的因素”，特别是1998年8月朝鲜“发射了‘大浦洞’弹道导弹”，对日本的威胁增大，是日本现实中的主要“威胁”，并明确地把朝鲜视为主要对手和防范对象。中国在20世纪90年代中期举行台海军事演习后，日本军方随即把中国定为“警戒对象国”。近两年，日本军方又鼓吹“中国导弹威胁论”。更为严重的是，日本的一些政府要人也公然宣扬“中国威胁论”。这反映出，日本正逐渐把中国看成是现实中的“威胁”。此外，日本仍认为“俄罗斯的发展走向具有重大的不确定因素”，仍是影响日本安全的“不确定因素”。

战略重心转向“西方”。冷战结束后，日本开始把朝鲜半岛和台湾海峡看成是可能威胁日本安全的地区，因此，战略重点开始由“北”向“西”转移，兵力部署也随之开始进行调整。日本自卫队计划在2010年前将现有的陆上自卫队13个师和2个旅重新组建为9个师和6个旅，并划分为2个“政经中枢师”、7个“沿岸部署师和旅”、6个“战略机动师和旅”。陆上自卫队实行“均衡部署”后，北部地区兵力将有明显减少，西部地区兵力将有一定加强，中部地区兵力变化不大。海、空自卫队兵力仍集中部署在沿海及中部地区，可随时向南北两个防区机动，实施紧急支援。战时部署方案仍按“本土、近海、远洋”三线配置方案进行。

军事力量的职能转变为“对外用兵”。战后50余年，日本力量大致经历了三个发展阶段。第一阶段是20世纪五六十年代，日本军事力量的职能主要是维持国内的治安等，起稳定国内的基石作用。第二个阶段是20世纪七十年代至冷战结束前，虽仍属于“对内”的范畴，但已经过渡到“防止外敌入侵”的阶段，试图起保卫日本不受侵犯的作用。第三个阶段是冷战结束至今，日本军事力量的职能基本上完成了“对外用兵”的转变，企图起干预地区事务的作用。用了近10年时间，日本军事力量的职能已由以保卫日本为主的“自卫型”，转变为以介入周边地区冲突为主的“干预型”。近两年，日本的一些政要呼吁要把防卫厅升格为防卫省，要把自卫队改名为“国防军”。这表明，日本正在努力摆脱战败国的地位，做名符其实的军事强国。

军队建设的目标是“合理、精干、高效”。经过几十年的建设和发展，日本自卫队正由“基础防卫力量”向“合理、精干、高效”的目标过渡。所谓“合理、精干、高效”，是指规模小、装备精、高速机动、整体作战能力强。为实现这一目标，日本自卫队在21世纪初期将继续采取“削减人员和装备的数量，提高人员素质和高技术武器装备的比重”等措施。在编制体制方面，日本计划使自卫队的总体员额保持在25万人以下，将主要削减陆上自卫队员额，把现有的18万人减至16万人左右，海、空自卫队的员额仍保持在9万人左右。在武器装备方面，根据日本自卫队未来5年的发展规划，将重点发展适合于远洋作战的武器装备，最终使日本自卫队具备战略预警、远程拦截、远程投送、反潜作战、远洋作战能力。

加强日美军事同盟，遏制和干预地区冲突。冷战结束前，日美军事同盟的作用是共同保卫日本不受侵略，日美防卫合作的领域仅限于战略上的协同和战术上的协调。冷战结束后，日美出于各自国家利益的需要，不仅为军事同盟定位，而且还改变了同盟的性质，使同盟的作用从“共同保卫日本”转变为“干预地区冲突”。特别是“9·11”事件后，日本借“反恐”之机，将以往派遣的用于执行维和任务的部队改为派遣直接参加军事行动的作战部队。日本的“专守防卫”战略经过调整，实际上已转变为“主动先制”战略。其实质是，企图借助美国的力量，扮演一个遏制和干预“地区不稳定因素”的角色，努力实现军事大国和政治大国的战略目标，扩大日本在亚太地区乃至全球的影响，从而更加有效地维护和扩张日本的国家利益。（盛欣《日本现行军事战略评析》，《军事学术》2002 年第 12 期）

2002 年度《防卫白皮书》透露出日本军事新企图

2002 年 8 月 2 日，日本防卫厅长官中谷元向日本内阁提交了《日本的防卫》，其中透露出日本军事新企图如下：

日本防卫厅升格破除军事发展的限制。2002 年度的日本《防卫白皮书》一个引人注目的动作，就是首次在白皮书中提出将防卫厅升格为防卫省。白皮书强调，防卫工作在国家政治中的地位越来越重要，把一个承担国防任务的行政机构升为部级单位是国家实施安全保障和进行危机管理不可缺少的，因此，防卫厅希望尽早制定《防卫省设置法案》。日本政府坚持要将防卫厅升格为防卫省，其目的十分明确，就是要扩大防卫厅和自卫队的权限，为日本未来军事发展注入新的活力，扫除日本走向军事大国的障碍。

蓄意夸大中国军力为日本增强军力寻找借口。日本历年的《防卫白皮书》对中国军事力量的描述可谓每年都有所侧重，但目的无非有三：一是夸大中国军事力量的发展，散布“中国威胁论”，企图使周边国家转移视线；二是以中国不断发展军事力量为“口实”，进一步增强日本的军事实力；三是企图介入台海问题。

日本想再度拓展军事势力范围。2002 年度的《防卫白皮书》用较大篇幅谈论了大规模恐怖活动和 2001 年底发生的“可疑船”事件，指出这是摆在日本防卫政策上的课题，表明日本自卫队的任务已发生变化。其目的就是要以此为借口，进一步扩展日本军事势力的范围。（梁明《〈防卫白皮书〉透露日本军事企图》，《瞭望》2002 年 35 期）

日一专家认为日美联盟在维护亚太安全方面具有重要作用 日本内阁特别顾问，日本首相外交关系特别工作小组主席冈本行夫认为，美日联盟代表着两国政府间基本的安全关系。尽管美日联盟在许多领域遭到亚洲国家的批判，但它在维持亚太地区的稳定与繁荣方面，仍然发挥着重要作用。

中国大陆与台湾问题。人们对中国高度关注的原因就在于台湾问题的最终解决方案。美国和日本都明确表示，反对中国以武力实现统一，强烈希望以和平方式解决台湾问题。中国担心，一旦发生台海冲突，日本可能会向美国提供后勤支援和其他形式的支持。尽管美日联盟介入台海冲突只是一种可能性，美国和日本在安全上牢固而亲密的双边关系，也会促使中国领导人对主动进攻台湾问题的后果进行慎重的思考。美日联盟有力地支持了日本的立场——两岸问题应该通过谈判来解决。

朝鲜半岛问题。朝鲜战争一旦再次爆发，朝鲜密集的重炮就会在战争的起始阶段，把美国第 8 集团军和韩国军队压制住。而驻日美军可以在几个小时内对驻韩美军和韩国军队提供强大的火力支援。因此，美日联盟是悬在朝鲜头上的“达摩克利斯之剑”。朝鲜领导人深知，如果他们贸然对韩国发动军事进攻，他们就必定会遭受驻日美军的猛烈的、致命性的回击。

亚太地区的公海安全问题。日本目前具备了对大洋与近海目标进行侦查和拦截的相当丰富的经验和很强的能力。随着俄罗斯海军力量的萎缩，日本海上自卫队可以把其关注点从日本海移到东中国海和西太平洋地区。它可以与美国海军密切合作，以确保这些区域内的自由航行不受威胁。同时，对于任何想要单独控制南沙群岛或者进一步控制南中国海地区的航线与资源的任何国家而言，美日联盟也许是一种威慑力量。按照美日安全条约第 6 条的规定，南中国海地区不属于美、日进行军事合作的“远东地区”，但是，世界上两支强大的海军力量的合作，至少会迫使那些企图争夺这一地区归属的国家谨慎行事。

俄罗斯问题。目前，美国与日本需要携手促使俄罗斯变为一个发达的工业化民主国家。尽管俄罗斯目前拒绝归还日本的北方四岛，俄、日自二战迄今也没有签署和平协议，使日本人对俄罗斯的感情受到影响。但是，日本仍然是俄罗斯能否进入太平洋的关键所在。从这一角度看，日本可以起一个威胁性较小的西方代表的作用，还可充当非欧美型民主国家的典范，以及西方国家中一个对俄罗斯威胁不大的代表。

阿拉伯与穆斯林问题。美国与大多数伊斯兰国家的关系相当紧张。而日本与许多阿拉伯国家政府、穆斯林产油国和中亚国家的关系都很密切，在人权政策上对伊斯兰国家也比美国灵活，与以色列的关系一般。因此，日本可以充当美国与穆斯林世界之间潜在的调解人，可以对美国与伊斯兰世界的对话作出贡献。

东南亚问题。在安全方面，东南亚国家对日本的看法，已经由过去的侵略者变成发展中的安全网络的重要成员，这个网络是为对付日益增强的中国军事、政治力量的挑战而形成的。日本与美国必须密切合作，以达到应付东南亚地区其他严重而长期的挑战的目的。(〔日〕冈本行夫《美国与日本：必不可少的联盟》，美国《华盛顿季刊》2002 年春季号)

（薛　丰）

印度关于战略问题研究　印度调整军事战略

有作者撰文指出，进入 21 世纪后，印度根据国际战略形势和国内外安全环境的新发展，在继续坚持“地区威摄”军事战略的大框架的基础上，对其主要内容进了较大幅度的调整。

积极改善与美国的军事关系　印度通过人员互访、购买武器、军事演习以及支持美国反恐怖和实施国家导弹防御计划，积极主动地改善和加强与美国的军事合作关系，使印美军事关系急剧升温。20 世纪 90 年代以前，印美之间长期处于疏远状态。冷战结束后，随着苏联的解体，印美关系出现了改善的势头，但还是处于起伏不定的态势。特别是 1998 年 5 月印度悍然进行核试验，美国出于维护自身利益的原因宣布对印度实施制裁，又中止了与印度军方的一切接触。为了改变这种不利局面，印度想方设法求得美国的“谅解”。2000 年 3 月，印度成功地邀请到美国总统克林顿对印度访问。访问期间，两国签署的《印美关系：21 世纪展望》及加强军事合作的重要文件，标志两国军事关系开始改善。2001 年布什上台后，印度抓住布什对亚战略调整的机遇，进一步改善和密切与美国的军事关系。双方军事交往密切，先后就购买武器、军事演习、人员交流等一系列军事合作问题进行了磋商并达成许多协议。“9·11”事件后，印度又以无条件地支持美国打击恐怖主义，允许美国使用其军事设施，向美国反恐提供后勤支援为条件，换得印美双方军事合作关系急剧升温：首先，美国宣布正式取消因印度核试验而实施的对印度的制裁；其次，2002 年 4 月 17 日，印美双方签署了一项美国向印度出售总价值高达 1.46 亿美元军火的采购协议，这是近 10 年来美国首次向印度出售武器；再次，2002 年 5 月中旬，印美两国军队在印度名城阿格拉举行了为期两个星期的代号为“易洛魁平衡操练”的联合军事演习，这是近 40 年来印美两军举行的规模最大的联合军事演习。印美两国军队还计划于同年年底在美国阿拉斯加州举行联合军事演习。

印度之所以积极主动地改善和加强与美国的军事关系，有其多方面的深层次原因：一是可以借美国之势，使印度在与其他大国打交道时获得更多的外交筹码，创造有利于已的国际战略环境。二是可以用美国之力，在克什米尔等问题上进一步打压巴基斯坦，为确立和巩固在南亚次大陆及印度洋地区的支配地位创造有利条件。三是可借机与美国建立长期有效的“反恐怖合作机制”，以彻底解决长期以来令其“十分头痛”的恐怖主义问题。四是可以引进先进的美式装备，提高其军队现代化水平，加快迈向世界军事大国的步伐。五是可以借改善和加强两国军事关系之机，从美国得到更多的贷款、投资、先进技术和管理经验，以加快经济发展。

视巴基斯坦为“现实威胁”　印度与巴基斯坦的敌对关系由来已久。进入 21 世纪特别是美国“9·11”事件后，印度国内和印控克什米尔地区又连续发生恐怖事件，印度把责任矛头指向巴基斯坦，从而进一步加深了印度对巴基斯坦的敌视态度。为此，印度把巴基斯坦视为其国家安全最直接、最现实的威胁，不仅在 2001 年 5 月发表的《国防年度报告》中明确提出：“印度安全与统一的最大的现实威胁在于西部的巴基斯 坦，必须更加重视巴对印度构成的威胁”，而且将巴基斯坦视为主要作战对手，将印巴边境地区视为战略重点，强调对巴采取积极主动的进攻战略，随时随地与巴基斯坦打一场全面的战争甚至核战争。目前，印度将其 50% 的陆军兵力、54% 的空军兵力部署在印巴边境和有争议的克什米尔地区，将其 60% 海军兵力部署在阿拉伯海用于对巴作战，从而形成了对巴的绝对军事优势和强大威慑态势。近几年，印军的军事演习也更加强调以巴基斯坦为假想敌，有针对性地进行对巴作战演练。

凸显“核威慑战略”　印度认为，实施核威慑战略不仅可以有效慑服巴基斯坦等周边国家，而且可以核大国的身份成为多极世界中的一极。因而在其核试验 15 个月后，就提出最低限度有效的核威慑战略思想，明确提出：组建陆、海、空“三位一体”核打击体系，建立可靠的、最低限度的威慑的力量。这标志着印度正式将“核威慑战略”提升到“地区威慑”军事战略的主导地位。

据英国《简氏防务周刊》透露，印度目前已拥有 30～60 枚核武器，并有生产 70 余枚核弹的钚原料，已具备了一定的核威慑能力。为进一步提高核打击能力，实现其“最低限度可靠的核威慑”的战略目标，印度正全面加快陆、海、空“三位一体”核威慑力量的建设。在陆基核力量方面，印度已多次成功试射“烈火”－2型中程弹道导弹，并加紧研制和试验射程为3500千米的“烈火”－3型弹道导弹和射程超过5000千米的“太阳神”型洲际弹道导弹，还将于2003年开始试验射程1.2万～2万千米的“太阳神”－2型洲际弹道导弹。在海基核力量方面，印度于2000年8月开始建造第一艘导弹核潜艇，预计该核潜艇将于2004年前后服役。可携带核弹头的“萨加里卡”潜射巡航导弹已于2002年4月28日成功进行试射。在空基核力量方面，印度从法国购买了3个中队的能携带核武器的“幻影”－2000H战斗机，向俄罗斯租购了配备有核导弹的图－22M3远程轰炸机，同时还对米格－27M、苏－30MK、“美洲虎”等作战飞机进行了改造，使它们具备了携带核武器的能力。根据印度的核武器发展计划，印度将在2010年前后建立起较为完整的陆、海、空“三位一体”核威慑力量，从而能够更加有效地确保“核威慑战略”发挥主导作用。

加紧推进“印度洋控制战略”　夺取印度洋的控制权，是印度长期追求并在21世纪为之奋斗的战略目标。印度90%石油需求来源于印度洋　的海上油田或通过印度洋进口，95%的对外贸易途经印度洋，因此，印度洋被印度军方视为国家生存与发展的战略水道。为此，印度在巩固了次大陆的支配地位之后，海洋意识日益增强，明确提出：有效制服印度洋沿岸小国海军，有限遏阻大国海军，最大限度地控制印度洋海域。近几年特别是进入21世纪后，印度加快了推进“印度洋控制战略”的步代，在通过政治、经济、外交等方式增强在印度洋的影响力的同时，把建立一支现代化的远洋攻击型海军和强化在印度洋的军事存在作为实现其“印度洋控制战略”的主要途径。

在远洋攻击型海军的建设方面，印度海军在对现役“维拉特”航空母舰进行现代化改造的基础上，于2000年5月斥资17亿美元与俄罗斯达成了购买“戈尔什科夫海军上将”号航空母舰的协议，目前还正在加紧自行研制第一艘国产航母，预计该舰2006年前后建成。2000年12月，印度开始实施建造3艘隐形远洋护卫舰的计划，并将于2007年开始服役。2001年，印度海军通过从俄罗斯购买了9架卡－31舰载远程雷达预警直升机，使其对印度洋的海上监控范围提高了4～6倍。印度还计划在2010年前，在现在的10艘俄制基洛级潜艇的基础上，再从俄罗斯购买两艘，并再仿制12艘。按照印度海军的规划，到2010年印度海军将成为由3支航母编队为核心、近百艘大中型舰艇组成的强大的远洋进攻型海上军事力量，力争进入世界海军4强。

在加快提高海军远洋攻击能力的同时，印度海军还加大了强化在印度洋军事存在的力度。2001年9月，印度在印度洋安达曼－尼科巴群岛建立了新的战略司令部，使印度海军一下子向印度洋推进了1000多海里。此外，近几年，印度还在印度洋海域频繁与美国、法国、越南、新加坡举行联合军事演习，以显示其在印度洋的军事存在。（唐保东《印度积极调整军事战略》，《环球军事》2002年12月上半月号）

（夏礼伯）

局部战争研究

阿富汗战争研究　2002年，军事理论界深入开展对阿富汗战争的研究，从多个角度分析美军进行这一局部战争的新特点。

阿富汗战争所体现的局部战争新特点　阿富汗战争将战后局部战争推向了一个新的阶段，体现出一些局部战争的新特点。

*恐怖主义和反恐怖主义的斗争成为局部战争的新动因。*2001年发生在美国的“9·11”恐怖袭击事件，所造成的伤亡和损失已经大大超出一般的低强度战争，说明恐怖主义组织和国际恐怖主义的行动能力都已经有了突破性的增强，达到了一个新阶段。在阿富汗进行的反恐战争是战后局部战争发展出现的一个新类型，恐怖主义和反恐怖主义的斗争成为局部战争的新动因。而且由于恐怖主义产生的原因复杂多样，其根源一时之间难以根除，反恐怖战争这种战后局部战争的新类型还将在未来很长一段时间内存在。

*战争的不对称和对称性并存。*从军事技术角度看，阿富汗战争是一场不对称的战争。战争的一方是世界上最强大的国家美国及其北约盟国，而它的对手阿富汗塔利班及基地组织，武器落后，战斗力较弱，在国际上受到最大的孤立，面对强大的美国几乎没有多少还手之力。若从战争双方能够使用的力量以及所产生的结果来看，战争又是对称的。首先，美国的经济、军事力量虽然强大，但它的对手却不是传统意义上的对手——具体的国家，而是无形的恐怖分子。其次，美国虽有强大的军事实力，但以本·拉登为代表的恐怖分子却有强大的精神力量。再次，有人称反恐怖战争一种"灰色战争"，在这样的战争中，没有确定的战场，没有确定的作战规则，也没有确定的战线。面对着无形的对手，任何高技术武器似乎都失去了它应有的作用。国家与国家之间的战争以及其他的常规战争，在恐怖分子面前都失去了意义。

*战争中出现了战争受害者和受益者的矛盾综合体。*毫无疑问，美国是"9·11"事件的最大受害者，但它又通过阿富汗战争受益匪浅。美国之所以成为战争受害和受益者的矛盾综合体，有以下原因：美国的中东政策有失公允，其凭借超强的实力奉行单边主义，在对待恐怖主义的问题上采取双重标准，这些都是美国成为恐怖主义袭击目标的重要原因。但美国通过在阿富汗进行的反恐怖战争，成功地实现了在阿富汗驻军，将自己的势力挤进了苏联传统势力控制下的中亚，实现了在中亚的军事存在。同时，"反恐怖主义"也成了美国继"遏制共产主义"、"维护人权"之后的进行对外扩张的又一新手段。（宋丽群、孟鸥《阿富汗战争所体现的局部战争新特点》，《军事历史》2003 年第 1 期）

美军在阿富汗战争中的战略部署与指导　与冷战后"沙漠风暴"、"沙漠之狐"和"联盟力量"这些海外作战相比，美军打击阿富汗塔利班政权和拉登"基地"组织的军事行动，在战略指导和战争谋划上，确实表现出一些值得重视的特点。

*在不利的作战环境中迅速完成作战部署和准备。*美军此次行动是在阿富汗周围没有自己和盟国军事基地的不利战略环境下迅速展开的。从 9 月 16 日开始部署到 10 月 7 日发动空中打击仅用 23 天，而实际上美军在第 15 天即 9 月 30 日已经完成作战准备。美此次紧急部署，一开始主要依靠本土基地和距阿富汗 2000 千米以外的阿曼、阿联酋、巴林、沙特、科威特和美军在印度洋上的迪戈加西亚基地等中东和海湾基地，以及英国、意大利、土耳其等盟国基地，迅速调集和部署了 300 余架战机。在展开远程部署的同时，美通过政治谈判、外交斡旋和经济手段三管齐下，迅速获取在巴基斯坦、乌兹别克斯坦和塔吉克斯坦等阿富汗邻国境内一线基地的使用权。随着战争的进展，美一边进行空中打击，一边派特种部队进入阿富汗北方联盟控制区，迅速建立前进基地和地面搜索基地，以保障地面特种作战部队顺利展开作战行动。从战略指导上看，这既是美军此次对阿动武在战略指导上的新特点，也是其海外干涉作战的一种新模式。

*迅速进入中亚和南亚是抓住战略枢纽的关键。*如果说，中亚这一俄罗斯传统的控制范围成为美军在不利的战场环境中迅速打开局面、完成作战部署和准备的战略枢纽，那么，及时获取对乌兹别克斯坦、塔吉克斯坦和吉尔吉斯斯坦三国的基地使用权和南亚巴基斯坦对美国军事行动的支持就是关键的关键。美军之所以能够抓住枢纽，迅速进入中亚，除了强有力的外交和经济手段，美军的软存在（即平时的双边和多边联合军事演习、对这些国家军事人员的无偿培训和意识形态渗透）在关键时刻发挥了重要作用。冷战后尽管美军在中亚还没有建立硬存在（军事基地、军事设施和战略预置），但其对中亚国家的渗透已经进行了多年，如果没有这方面的苦心经营，美军临时抱佛脚的"三管齐下"就很难奏效。

*在战略指导上，有几点新的突破。*一是打破斋月不对穆斯林动武的禁区。自海湾战争以来，为避免整个穆斯林世界的强烈反应，避免使冲突演变为基督教文明和伊斯兰文明的冲突，在斋月期间不对穆斯林动武，对以色列的行动作出严格限制，已经成为美军海外作战战略指导的模式和惯例。美军此次对阿行动在战略指导上打破了这个禁区，在穆斯林斋月期间并没有停止对塔利班的空中和地面军事打击。这表明，美国及其西方盟国认为自己既有足够的力量控制和主导战争进程，也有把握控制穆斯林世界的反应。二是注重发挥高技术与特种作战结合的优势。在作战指导上，美军没有采用海湾战争的战略轰炸——战术轰炸——地面进攻的模式，也没有采用科索沃空中打击、不动用地面部队的模式。而是一开始打击就动用了地面部队，主要是特种作战部队，使这场战争明显呈现高技术战争与特种作战相结合的特征，大大提高了特种作战的作用。三是军事打击与开展人道救援和心战相结合。美国对阿军事打击，给人的印象是一边扔炸弹，一边空投食品，一边撒传单，而不是科索沃式的狂轰滥炸。这种做法，确实有利于化解阿富汗平民的反美情绪，瓦解塔利班的斗志，甚至对战争的进程和

战后的安排，都起到相当正面的作用。（高铁军《阿富汗战争美军战略部署与指导》）

还有作者认为，美军在阿富汗战争中的战略指导，主要有以下做法：一是立足于充分的战争准备。美国一开始就把战争定位在持久作战上，促使其进行全面而细致的战争准备。包括进行详尽的信息搜索；积极进行兵力部署；展开外交攻势，孤立瓦解“基地”组织。二是着眼于形成世界性的反恐联盟。为了赢得其他国家在打击恐怖主义战争中的支持与合作，布什政府一改上台初期强硬的单边主义外交姿态，积极开展多边磋商与协调，使美欧、美俄、美中等大国之间的关系得以改善，并在反恐问题上达成了共识。美国还一改科索沃战争绕开联合国的做法，积极争取获得联合国的支持。三是重点实现火力打击上的绝对优势。为防止泥潭式战争的再现，在作战行动中，美国把突破口放在了利用远程轰炸和精确打击武器实现火力打击的绝对优势上，极大地推动了战争的进程。四是充分利用熟悉本土情况的北方联盟。在美国的帮助下，装备一新的北方联盟战斗力水平获得了空前提升。北方联盟实施地面作战，美军进行空中支援和空袭，实现了陆空一体作战的“完美”结合。总之，充分的战争准备是持久作战的坚实基础，强大的反恐联盟是进行作战的政治条件，也是加速战争进程的可靠保障；绝对的火力打击优势是实现战争目的的重要手段和途径；强大的塔利班反对派北方联盟弥补了美国军事上的缺陷。四者密不可分，共同形成了这次战争战略指导的鲜明特色。（王连平、李鹏《阿富汗战争美军战略指导主要做法》，《外国军事学术》2002 年第 4 期）

美军在阿富汗战争中的作战特点 美对阿军事打击是一场实力对比悬殊、非对称、非正规的高技术局部战争，既具有现代高技术局部战争的一般特点，又有其独到之处。

*阿富汗战争是美国以“反恐怖”名义进行的首场战争，美国着眼“反恐”战争特点，精心进行战争准备。*一是“挟反恐以令天下”，营造有利于美发动战争的态势，制定国际关系“新规则”。美以“反恐”划线，迫使国际社会的所有成员不得不明确表态，获得了 100 多个国家和 40 多个国际组织声援和支持。二是积极进行外交斡旋，争取阿富汗周边国家的支持。为避免战争演变为穆斯林对“十字军”的一场“圣战”，美多次表示，这场战争不是针对伊斯兰教的。在美的努力下，形成了对塔利班和“基地”组织的封锁和围攻之势。三是调兵遣将，迅速部署军事力量。从“9·11”事件发生后的第三天，美军即着手开始对阿战争军事部署，在不到 1 个月的时间内已在阿周边地区集结兵力 3 万余人、飞机 300 余架、航母 2 艘、作战舰艇数十艘。这样快的速度在美军历史上仍是罕有的。

*阿富汗战争是一场典型的非对称战争，美军以空中精确打击为主要作战样式，地面作战采取“以阿制阿”的策略。*美军依仗其强大的海空军力量，实施无前沿基地依托作战，以空中精确打击为主要作战样式。空中精确打击的基本特点可概括为“五个结合”：精确突击与大面积毁伤相结合，航母舰载机短促突击与战略轰炸机远程奔袭相结合，高技术与低技术相结合，普通弹药与特种弹药相结合，现有装备与新式武器相结合。面对阿富汗复杂的山地地形和擅长游击战的对手，为避免重蹈苏军的覆辙，美军在战争中采用了“以阿制阿”的方针。首先，美充分利用了阿境内的反塔利班力量，将北方联盟推上了地面作战的第一线。美军仅派少量特种部队，帮助协调北方联盟部队行动，处理后勤事务并为空袭指示目标。其次，开辟第二条战线，美军充分利用了塔利班内部派系林立的情况，利用反对派力量对塔利班进行颠覆、破坏和内部瓦解。

*阿富汗战争是一场非正规局部战争，心理战和特种战作用突出。*美在对阿战争中发动了强大的心理战攻势。一是以军事造势和连续猛烈的空中打击给对手造成巨大的心理震撼，进而摧毁其抵抗意志。二是有效实施宣传和舆论控制，争取广泛国际支持。三是快速部署心理战部队。向阿边境部署空军第 193 特种作战联队和陆军第 4 心理战大队等专业心理战部队，使用空中广播、投放传单等多种手段展开强大心理攻势。四是打拉结合，恩威并施。利用塔利班内部矛盾，对反对派实施策反，采取多种措施离间和瓦解塔利班与恐怖组织的群众基础；同时通过投放人道主义援救物资以安抚阿人民的反美情绪，笼络人心。美军特种部队一般极少单独用于战场作战。此次作战，美军打破常规，在未投入大规模地面作战部队的情况下，使用特种部队广泛开展特种战：担负人工情报搜集任务，以军事顾问身份协调和指导北方联盟军队的作战行动，并直接参与洞穴搜索战。

*阿富汗战争是一场联盟战争，美国在政治上广泛结盟，但军事上单独行动。*美在对阿战争中广泛结盟，寻求政治、军事上的支持，并在反恐怖情报信息共享、摧毁恐怖分子资金来源、控制非法武器和技术交易、向资助与支持恐怖主义的国家施加压力等方

面，寻求国际合作。一是依靠以北约为核心的联盟或盟国的支持。二是寻求所谓“前线国家”的支持和配合，在阿富汗周围建立了一个完整的包围圈，为实施军事打击创造了条件。三是寻求建立以美国为主导的国际反恐怖联盟，争取最广泛的国际支持。但是在军事行动中，美国却表现出了强烈的排他性。除英国在战争初期参与了美军的空袭外，盟国均未参加美对阿战争的军事行动。美军之所以这样做主要基于以下几点考虑：其一，这是一场实力对比悬殊的战争，面对塔利班这样的一个极其弱小的对手，客观上美军不需要盟国在军事上的参与；其二，美军与其他盟国在战争目的、军事系统的通用性等方面存在差异；其三，美担心盟国参与军事打击行动会导致分享战果的局面。(王青《阿富汗战争美军作战特点浅析》,《外国军事学术》2002 年第 4 期)

另有作者认为，美军在对阿富汗的军事行动中，针对特殊的战场环境，采取了空中火力打击，特种战、心理战等作战样式，主要表现出以下特点：

高层决策果断。美国对阿富汗军事行动的战略决策：一是决心定下快；二是兵力部署快；三是侦察监视快。

充分利用不对称技术优势。一是打“全黑战”，美军在战争初期大都实施夜间作战，充分发挥其夜视器材的“夜战”优势。二是打“跳跃式闪击战”，将特种力量机降（伞降）至作战目标附近，采取打了就走的战法。三是打“显微外科战”，利用最先进的视频通讯技术，美军能够“全时”指挥每个要素的作战行动，大大减少了人员伤亡和行动的失误。

联合火力毁伤。一是要点打击。空袭一开始，美军便以猛烈的火力摧毁了阿大部分要害目标。二是自主攻击。美军规定飞行员除打击预定目标外，可以在作战区临时自主选择攻击目标。三是特种摧毁。10 月中下旬后，美军把作战的重点放在塔利班武装的训练基地、集结地域、防御阵地等目标上，派特种人员实施直接突击，杀伤其有生力量。

组织特种作战。9 月 27 日，美特种小分队潜入阿境内，10 月 20 日，大规模特种部队开始潜入活动。其使用有以下特点：一是适时变更指挥关系。美将现行体制下特种部队由战区特种作战中心集中指挥变换为由一名指挥员统一指挥。特种作战指挥员可根据战场情况，适时调控作战行动，从而使特种作战与整个军事行动更加融合。二是战法运用灵活。美特种作战采取了灵活多样的战法，包括特种侦察、特种突袭、引导打击、心理战、战场营救、夺控要点等，方式简捷灵活。

空中打击与地面围剿同步。美军针对塔利班武装防空系统薄弱，难以构成威胁的特点，展开了大规模的突袭，最大限度地减少了人员伤亡。又针对阿富汗粮食和战略物资短缺的现状，采用围剿战术，层层围，节节堵，不断压缩塔利班人员的生存空间，逐步使其失去抵抗能力。

以阿制阿，间接获取控制权。一是形成美式“统一战线”。美国充分利用其在消灭恐怖分子和推翻塔利班政权方面与阿反塔联盟目标的一致性，支持反塔联盟的军事行动，从而间接获取了对阿富汗的控制权。二是节制北方联盟。由于美与反塔联盟的主要势力——北方联盟在建立阿富汗政权方面存在严重分歧，因而美在支援作战过程中是有节制的。三是总体控制各方势力。美军在与反塔联盟合作的同时，也对其作战行动进行了节制，美曾试图阻止其攻占首都喀布尔；另外，为了控制北方联盟势力的膨胀，美在阿富汗南部积极扶持南方联盟势力，以保持对阿富汗的全面控制。（葛信卿、罗宏《浅析美对阿军事行动的特点》,《军事史林》2003 年第 2 期）

美军在阿富汗战争中空袭作战特点 美军在对阿军事打击中，把空中火力打击作为军事行动主要手段，充分发挥火力突击在战争中的作用，对推动战争进程起到了重要作用。

周密制定空袭计划，灵活划分空袭阶段。为了有效实施空袭作战，美军在制定对阿军事打击整体作战计划的基础上，精心制定空袭作战计划，明确空袭的目的，划分空袭阶段，区分海上、空中各种打击力量的任务，周密组织各种打击力量之间、打击力量与各种侦察力量之间的协同动作。同时，及时根据敌情变化、作战进程等情况，修订和完善空袭计划，不断改进组织指挥方法，分阶段实施空袭，有效提高了空袭作战的效果。

加强情报侦察和火力引导，为精确打击创造条件。在情报侦察方面，针对阿富汗山高林密，沟壑纵横，洞穴密布且隐蔽分散等特点，除广泛实施外交、间谍和技术侦察外，美军还特别注意发挥特种作战部队的战场侦察作用，为整个空袭行动提供了大量的塔利班武装和拉登“基地”组织的兵力部署、火力配系，以及一些重要目标的具体位置等有价值的战场情报。在火力引导方面，特种作战人员经常利用有利地形隐蔽接近空中火力打击目标，使用全球定位系统、数码相机等技术手段，准确地测定打击目标的各种数据，尔后通过无线电、便携式电脑等通信手段召唤、引导远程火力对敌目标实施精确打击，同时，评估目标毁伤效果，并及时上报。

*灵活采取多种空袭方法，提高空袭效果。*一是采取“瞬间窒息法”，一举摧毁敌战争潜力。美军空袭行动的一个非常突出的特点就是“瞬间窒息”，通过突然猛烈的火力打击，一举瘫痪其指挥控制和防空等系统，摧毁对方的战争潜力，从而为尔后空袭创造有利条件。二是加强直接火力突击，以空袭行动支援地面作战。美军为了充分发挥空中火力对地面目标的突击，以空中优势弥补地面作战力量的不足，在较长一段时间里，集中主要空中火力直接突击防御阵地上的战术目标，直接支援特种部队和北方联盟的地面作战，把空袭与特种作战、北方联盟的地面进攻紧密配合起来，以提高空袭效能。三是实施火力围剿。以空袭行动达成搜剿的火力围剿，是此次美军对阿火力打击中一种新的空袭行动。美军在地面部队投入较少的情况下，每当发现敌残余分子藏匿的山区，即迅速调集数架战机，以猛烈密集的空中轰炸，从外向里，逐步缩小包围圈，将残敌压缩在一个较小的范围内，为特种作战部队和反塔联盟地面清剿创造有利条件。四是实时指挥控制与“自主式打击”相结合，随时摧毁新发现的目标。一方面，加强对战场的实时指挥控制。将在战场执行任务的侦察飞机、无人侦察机、战斗机、攻击直升机与战场指挥中心、本土指挥中心建立直接联系，战场指挥中心和本土指挥中心可以随时接收获取的战场情报，并及时发送指令，控制无人侦察机上的导弹对目标实施攻击。另一方面，强调自主式打击。空袭开始不久，美军就明确规定：飞行员除了打击预先确定的目标外，可以在敌区域内自主地选择袭击目标。10月下旬以后，美军以自主式的空袭方法，多次击毁机动中的坦克、油料运输车队等目标，极大地限制了敌兵力调动及后勤补给。（郑守华《阿富汗战争美军空袭作战特点初探》，《外国军事学术》2002年第4期）

美军在阿富汗战争中运用武器装备的新特点　与20世纪90年代的几场高技术战争相比，美军武器装备在阿富汗战争中的运用，表现出一些新特点：

*侦察－打击一体化无人机首次亮相。*在阿富汗战争中，美军“全球鹰”、“捕食者”等无人机出动频繁，完成了大量侦察监视任务，特别是“捕食者”还首次执行了对地打击任务，成为无人机发展史上的里程牌。它表明，无人机正成为精确打击的新手段，其执行的任务已经从传统的侦察保障扩展到侦察－打击一体化。“捕食者”作为美军快速反应打击系统的关键组成部分，可以在发现目标后5分钟内实施对地打击。

*空间控制与对抗初露端倪。*美军在阿富汗战争中更加注意夺取和保持空间信息系统的优势。首先，美军迅速增强军用天基信息系统，通过变轨技术，将多颗侦察卫星调集到中亚地区上空，并发射新的卫星，改善指挥官与部队的保密通信。其次，美军通过独家买断等手段，严密控制其他渠道的天基系统特别是商业天基系统，以防天基信息被塔利班和“基地”组织利用。同时美军加强了GPS干扰与反干扰研究。

*近实时精确打击能力提高。*美军注意将信息优势转化成决策优势，促进指挥控制系统向扁平化发展。并初步尝试建立从探测装置到射手（CENSOR TO SHOOTER）的直接连接，进一步缩短战场信息系统收集、处理和分发信息的时间，大大提高美军的近实时精确打击能力。美军还通过软、硬杀伤手段对塔利班本来已经很薄弱的雷达、指挥和通信设施进行打击，从而确保战场单向透明。

*“全球交战能力”得到演练。*首先，战略轰炸机远程奔袭参战。美军这样做的目的，可能是因为在阿富汗周边国家没有取得合适的空军基地，但是，另一个很重要的原因可能是有意对“全球到达、全球攻击”作战思想进行实战检验。战争中，虽然轰炸机的出动架次只占总飞行架次的10%，但完成了80%的轰炸任务。其次，舰载机主导对地攻击。美军依靠航母舰载机作为对地攻击作战的骨干，这在以往几次局部战争中还没有出现过。海湾战争中，美军舰载机击毁1个目标平均需要出动10架次；而在阿富汗战争中，每架次平均击中2个目标。

*GPS \ INS制导武器显露风采。*战争中，精确制导武器，特别是全球定位辅助惯性制导（GPS \ INS制导）弹药的使用量大大上升，风力修正弹药进行了实战检验，极大地提高了轰炸精度，并减少了附带损伤。到2001年12月中旬，美军已在阿富汗投掷各种弹药12000多枚，其中约55%为精确制导武器，而在科索沃战争中的相应比例只有35%。

*特种弹药打击隐蔽加固目标。*首先，美军注重用精确制导钻地弹打击地下防护工程。主要使用了激光制导钻地弹GBU－28和“GPS辅助弹药”GBU－37，对塔利班的工事、洞穴进行了精确打击。其次，用燃料空气弹消灭隐蔽工事内的人员。美军使用了非制导的BLU－82重型航空炸弹。该弹能在瞬间耗尽目标周围的氧气，导致潜伏在洞穴内的人员窒息死亡。

阿富汗战争也暴露出美军信息化装备的不足。例如：对所获取信息的判读与分发仍不及时；无人机受气候条件限制较大，可靠性较差；大量使用了精确制导武器，但技术保障和维护工作还不能满足要求等。(王华《阿富汗战争中美军武器装备运用特点》，《现代军事》2002 年第 4 期)

美军在阿富汗战争中的信息战措施与特点 阿富汗战争中，拥有绝对信息优势的美国实施了进攻性的联合信息战，包括情报战、心理战、电子战、指挥控制战等多种形式。与海湾战争、科索沃战争相比，呈现出一些新的特点。

*多种手段并举，力求战场透明。*为了在情报战中稳居主动，美国动用了各种手段掌握对手的动向。一是利用多颗卫星对阿富汗进行侦察。美国通过调用两颗军事卫星和借用两颗民用卫星，组成外空侦测网，全面监视和搜寻塔利班和拉登的动向和位置，并截取电子邮件，截听电话，以便为实施准确打击提供情报支援。二是利用各种侦察飞机监视敌方的一举一动。三是利用阿富汗内部人士获得情报。战争开始后，美国大力扶持阿富汗反塔势力，并通过盟国情报力量了解拉登和塔利班的各种情况。四是利用特种部队搜集和核实情报。战争开始前，美国就派出了多个特别行动小组深入到阿富汗境内，搜集各种情报，特别是有关拉登和塔利班领导人的情报。

*加强心战攻势，瓦解敌军心理防线。*美国通过各种心理战手段打击拉登“基地”组织和塔利班政权，力图瓦解对方心理防线。一是通过外交宣传，赢得同情，获得支持。美国一方面大力渲染恐怖主义对美国人民造成的危害，另一方面，在世界范围内，美国反复强调打击恐怖主义不是与伊斯兰为敌；在阿富汗国内，美、英等国空军又采取向阿富汗民众提供人道主义援助的手段，削弱塔利班政权与人民群众的联系，避免阿拉伯各国将美国对塔利班的攻击视为对整个伊斯兰世界的战争。二是采用多种方式，进行心战宣传。战争开始时，在轰炸的同时，美军就空投了各种宣传品，美方还把收音机装入食品等救援物资中空投下去，以方便阿富汗人收听美国之音用普什图语、阿拉伯语和乌尔都语等进行的广播宣传。三是大规模轰炸，制造恐惧情绪。美国在战争开始后，对阿富汗进行了大规模轰炸，虽然阿富汗境内有价值的目标有限，但美军仍不分昼夜持续不断地进行精确轰炸，制造恐怖气氛，摧毁敌人的抵抗意志。

*利用信息优势，实施精确打击。*美军将阿富汗 65 万平方千米的国土分割成上千块控制区，利用无人侦察机、间谍卫星、特种部队对地面上的一切信息进行监控。在这场战争中，美军基本实现了实时的信息控制，并依靠信息优势，广泛使用精确制导弹药，准确命中目标。据美国报纸报道，海湾战争投下的炸弹中，只有大约 10%是制导炸弹，而此次阿富汗战争中投下的炸弹中有 60%以上是精确制导炸弹。

*实行信息封锁，彻底掌握信息优势。*一是加强信息防护，防止内部泄密。对阿富汗军事打击开始后，美国五角大楼官员一再强调作战计划保密的重要性，美国政府决定，在开始作战阶段，即使是一些例行性的公开信息也不会向公众或媒体透露。五角大楼还对跟随作战部队进行战地报道的记者的数量和身份都作了严格检查和限制，并严禁军事指挥员同新闻界接触。二是严格新闻管制，掌握舆论导向。为确保媒体和民众对军事打击行动的支持，美国政府在战时实行新闻管制的原则是，既要让公众了解一些情况，又不能让公众了解的情况产生负面影响。三是轰炸对方传媒设施，防止不利信息外露。美军在轰炸开始不久就对塔利班控制的电台进行了轰炸，以防止塔利班及拉登通过广播发布消息和指挥部队作战。随后又轰炸了经常播出拉登讲话的卡塔尔半岛电视台常驻阿富汗的办公机构，以达到敲山震虎的目的，慑止其播出不利于美国的消息。(王春、王静《阿富汗战争美军信息战概观》)

美军在阿富汗战争中的心理战特点 在阿富汗战争中，美国除了用绝对优势的军事力量实施以空袭和特种作战相结合的武力打击外，还实施了全方位的心理战。

*积极实施战略心理战，为建立国际反恐联盟服务。*一是撮合英国等北约盟国组成国际反恐联盟的核心。美国总统布什与英国首相布莱尔多次通电话，要求英国给予全面支持与合作，从而与其结成国际反恐联盟中的核心。与此同时，北约联盟 52 年来首次启用集体防御条款，明确表示对美国的袭击就是对所有盟国的袭击。二是争取其他大国的同情和支持。美国总统给中国、俄罗斯领导人分别多次打电话，通报情况，商讨对策，取得了对美国采取反恐行动的谅解和支持。美国通过英国首相布莱尔访问俄罗斯等国，争取到了俄同意开放领空，提供情报支援，为美国后来的军事行动铺平了道路。三是做好阿拉伯和穆斯林国家的工作。美国特别注意把袭击美国的极少数恐怖分子与阿拉伯和穆斯林世界区分开来，想尽一切方法避免激起他们的反感和愤怒情绪，争取他们与自己站在一起，或至少保持中立。

积极实施防御心理战，构筑军事行动的心理防

线。一是舆论造势，争取国内支持。“9·11”事件发生后，为了安抚国民受伤的心灵，美国总统布什在事发当天即对恐怖袭击进行强烈谴责，发誓要严惩肇事者。为了配合布什将要采取的行动，美国官方和媒体开始了造势活动。9月12至13日，美参众两院分别以压倒优势的多数票通过决议，要求对那些胆敢在美国领土上制造流血袭击事件的恐怖分子进行报复。14日，美参众两院授权布什可动用一切武力，同时宣布全国进入紧急状态，并征召数万预备役军人。9月20日，布什在国会向参众两院全体议员和美国民众发表电视讲话，再一次激发民众对恐怖活动的极大愤慨，使美国军队做好打击恐怖分子的准备得到良好的舆论氛围。二是严密封锁消息，加强对舆论的引导和控制。美国政府实施防御心理战的一个重要做法是，严格控制大众媒体，加强对舆论的引导和监督，使美国民众保持对阿作战的支持。

*综合利用军事威慑、军事打击与人道救援，分化瓦解敌人。*美将一些新武器投入阿富汗战场，除了直接达到军事目的外，还注重发挥其在心理上的威慑作用。美军希望通过精确打击使塔利班士兵产生恐惧感和失败感，从而达到分化孤立和尽快摧毁塔利班政权的目的。美军不仅使用装有全球卫星定位传感器的“捕食者”无人机，发现并消灭了拉登恐怖组织的军事指挥官阿提夫及其随从，还使用了“真空炸弹”，以增强心理震慑效果。在进行军事打击的同时，美还对阿富汗民众实施了人道主义救助，以争取民心。美国这种一手扔炸弹一手投食品的做法的目的是向阿富汗人民及世界人民表明，美国打击的对象是恐怖分子及包庇恐怖分子的组织，不是阿富汗人民。这是美国战略心理战的一部分。

*运用多种心战宣传战方法，以“夺取”人心。*一是针对阿富汗民众受教育程度低的特点，美军把收音机装入食品袋中空投下去，这些收音机可以收听到美国之音和英国广播公司的广播。二是抢占阿富汗南部城市坎大哈广播电台的无线电频率，不断播放阿富汗音乐，并劝告当地居民远离塔利班，鼓动士兵不要死心踏地为塔利班卖命。三是飞机散发传单，号召阿富汗人民加入反对塔利班阵线。四是联合英国在华盛顿、伦敦和伊斯兰堡成立由3家电视台组成的联合信息中心，统一当日消息报道口径，通过新闻合作来对抗塔利班战报的“谎言”。（童伯文、王保存《阿富汗战争美军心理战特点》）

美军在阿富汗战争中的后勤保障 在阿富汗战争中，美军以强有力的后勤保障确保了作战的胜利，其有效的措施和成功的经验值得关注。

*后勤准备时间短而工作实。*美军为谋求先胜，在短时间内将后勤准备得异常充分：一是寻求建立军事基地和后勤保障基地。作战行动前，美军派出调查小组前往塔吉克斯坦，考察其与阿富汗交界地区的3个机场，设想将其建成轰炸塔利班的前线阵地、向美军特种部队和反塔联盟运送军用物资的后勤基地，同时也可以成为向阿富汗难民运送救援物资的中心。另外，调查小组还考察了设在杜尚别的俄军医院，仔细察看了医院的设备、常备药品及直升机停机坪等情况，以有效地实施保障。二是组织空海运，完成兵力集结。在行动实施之前，美军派遣了特种作战直升机、中型运输直升机等运输装备向阿富汗及其周边地区运送了第10山地师、特种部队等作战部队。同时，“企业”号等4艘航母以及50多艘军舰也先后集结到作战地域，运载了第26海军陆战队远征军等部队。三是加强战前训练，以适应山地寒冬作战。美军在本土的山地作战军事学校加紧训练，受训士兵随身携带包括简易炉灶、帐篷、燃料、水和弹药等重45公斤的单兵装备，接受滑雪、适应特殊食品、熟悉使用雪崩发生时可发出警报的声音信标等训练。四是适时实施后勤动员，确保持续保障。战争期间，美国总统下达了后备役动员令，紧急征召法律、安全、医疗、补给、情报、防空、步兵、运输、人事管理等领域的数万名后备役人员转为现役，为军事行动提供服务和保障。五是加强医疗预防。为防止恐怖分子的生化武器打击，美空军启动了“全球远征医疗系统”。

*建立环环相扣的三级保障链。*为解决远距离作战带来的补给困难，美军运用一切手段，成功地建立起“后方基地（包括本土后方与盟军后方）——前方基地——作战部队”的三级补给链，环环相扣，极大地提高了后勤保障效益。一是利用美军及英军的航空母舰作为前方基地。执行空袭任务的美英军战机，大都是在这些航母上完成加油和装弹等后勤工作。二是动用海上预置力量作为前方基地，及时为作战部队提供武器弹药等物资保障。三是利用海上战略基地作为前方基地。印度洋上的迪戈加西亚岛是美国针对中东和西南亚的战略基地，此次对阿军事打击作战中，成为美军后勤保障的一个极为重要的支点。除了以本土作为后勤保障的大后方之外，美军还充分利用其在盟国的军事基地作为此次作战的后方基地。

*以经济补偿等手段激励士气。*此次行动中，美军在力求“零伤亡”的同时，提供一切可能的保障，让将士们无后顾之忧。一是利用传统节日感恩节大做文

章，通过搞好节日保障来提高部队士气。二是出台优惠政策，用经济手段刺激和保障参战将士高昂的士气，稳定军心。美国防部决定为符合有关联邦法律规定的现役或后备役人员提供战时特殊津贴，并在联邦税收上给予优惠待遇，以安抚人心。三是改善生活条件，提供各种娱乐设施。为避免作战部队生活单调，缓解作战压力，美空军实施了“因吉利克特快专递”行动，加强对参战部队的后勤保障。空军向部队空运了各种日常生活用品以及报刊杂志、飞标、纸牌等娱乐用品，丰富了部队的娱乐生活，保持将士们高昂旺盛的士气。

国际后勤保障卓有成效。此次美军打着“打击国际恐怖主义”的旗号，得到了世界一些国家提供的强有力的后勤保障。据美方表示，除了有 36 个国家表示愿向美国提供部队和武器装备，还有 44 个国家表示愿向美国开放领空，33 个国家表示愿向美国提供飞机起降权利。美军此次的保障渠道主要还是本土保障、航母保障、海外军事基地保障，以及来自巴基斯坦、英国、日本、德国等盟军的后勤支援。（徐秀林、张亚兵《阿富汗战争美军后勤保障》，《外国军事学术》2002 年第 4 期）

美军在阿富汗战争中的经验教训　从某些方面看，美国领导的打击阿富汗的军事行动正是美国国防部一直在谋划的战争。此次行动利用了信息优势所提供的能力，充分证明“网络中心战”是非常有效的作战思想。此战一个突出特点是汲取了海湾战争和科索沃战争的经验教训，并加以改进和发展。

战略。美国在阿富汗的军事力量主要是从空中进行部署，但派遣地面特种作战部队和情报人员使用激光定位器或全球定位系统，提供实时和近实时的目标数据，通过无线电或便携电脑协调临空飞行的美国飞机。渗入足够数量的特种作战部队使美军能够从主要打击机场、防空设施和军营等固定目标，转向打击塔利班前线部队。这种精确打击使塔利班面临前所未有的压力，使在马扎里沙里夫附近和喀布尔北部的交战迅速成为战争的转折点。

教训。美国赢得了对阿行动军事上的成功，但并非一切进展顺利。美国国防部认为，在阿富汗战场仓卒应用和改进的一些新的目标定位战术和技术存在初期应用的困难。例如，在战争最初的几周，由于时间紧迫，多达 10 余次袭击高价值目标如“基地”组织和塔利班领导人的机会失之交臂。不仅如此，美国许多战术飞机仍未装备数字卫星通信设备，这样的弱点表明，美国国防部非常缺乏建立综合无缝隙信息网络的计划，该网络将构成未来“网络中心战”的骨干。对坚固和深层目标的定位和打击也是一个最具挑战性的问题。数年来，国防部官员把对坚固和深层目标的定位、定性和打击作为最困难的任务之一，但迄今未找到令人满意的答案。

信息革命。对阿军事行动最终可能会推动美国国防部的“信息革命”，信息革命最大的回报不是领土，而是信息。只有确实掌握战场的清晰图景，而且这种知识尽可能多地为武器平台和作战部队所共享，方能在军事上和政治上释放出精确制导弹药和其他高技术武器的最大潜能。美国和联盟部队在阿富汗所运用的创新技术和战术的目的在于让美国和联盟部队随时掌握信息，而不是毁灭一切。

距离的限制。在阿富汗，B－1、B－2 和 B－52 远程轰炸机的使用相当广泛，因为战术飞机虽也使用，却由于到达交战区所需要的航程太远，而不能飞翔于战场上空。攻击机从美国海军在阿拉伯海的航空母舰上和在波斯湾的基地起飞，B－1 和 B－52 轰炸机从迪戈加西亚起飞，B－2 轰炸机从美国本土起飞。这些任务使加油机面临沉重压力，并需要特别重视获取基地和飞行权利的外交努力。

联盟作战。美军远离本土作战需要依靠盟国合作是可以理解的。但与北约在南斯拉夫的战争不同，在那里，军事力量的集结在成员国之间协调进行；美军在阿富汗的军事行动大部分是单独实施，从而避免了联盟作战的政治影响。近 40 个国家愿意提供战斗部队，但大都为美国所拒绝。拉姆斯菲尔德说，北方联盟对外国战斗机涌入感到不快。此次行动中，布什政府明显想与其前任克林顿政府的做法不同，很少依赖盟国提供军事援助，用不着寻求或等待盟国批准。

情报、监视与侦察。增强情报、监视与侦察能力先前就被视为一个重要领域，在华盛顿总结吸取阿富汗战争的经验教训时受到更大程度的关注。由于以天基或有人驾驶为主的情报、监视与侦察装备在特定空域的飞行时间有限，国防部正考虑增加对有较长飞行时间的无人机的投资。除了无人机，空军正考虑迅速得到将指挥和控制功能与情报、监视与侦察传感器结合起来的系统，并增强进行目标定位的能力。

地面部队。空地之间的近距离协调本身也并不新鲜，自 1950 年以来就是军事训练的一个主题。但特别不同的，不是空袭支援地面机动部队的行动，而是地面部队通过指示敌人的位置或把敌人赶到开阔地带来支援空中作战。一些观察家说，陆军地面部队在阿富汗本来能够完成一些更传统的任务、产生更好的结果，尤其是在跟踪塔利班和“基地”组织成员方面。美国陆军部队本来能够控制反塔联盟进入喀布尔的时间并俘虏塔利班士兵。更多的地面部队也许会确保更全面的情报收集，尽早投入美国地面部队本可使最初的打击更加有效。

远距离打击。当美国地面部队疑惑他们将何时以及如何被使用时，空军和海军的飞机却在执行大量的飞行任务，其中一些飞机是从相当远的距离起飞的。由于缺乏当地作战基地，五角大楼的计划人员更加强调远距离精确打击。然而，美国空军完全认识到，未来战争并非都是同防空网络如此有限的敌人进行的，为做好准备，美国空军正在呼吁通过使用 F－22、B－2 并可能使用能够充当这两种飞机之间的角色的新型中程平台，来提高其隐形能力。（〔英〕布赖恩·本德等《阿富汗战争美军作战行动经验教训》，摘译自英国《简氏防务周刊》2001 年 12 月 19 日号和 2002 年 1 月 2 日号）

（荒　林　杨学青）

作战问题研究

中国关于作战问题研究　2002 年，中国关于作战问题的研究比较活跃。一方面从军队武器装备的实际出发，研究了在高技术条件下作战的有关战法问题；一方面以发展的眼光，对一些崭露头角或未来可能出现的新的作战方式和方法进行了理论上的探讨。

关于登陆作战问题　**未来登陆作战样式探讨**　有作者撰文指出，随着高新技术登陆装备的广泛应用，未来登陆作战将主要表现为三种样式。

一体化联合部队独立登陆　未来渡海登陆作战在兵力使用上更趋于精干合成。这支部队的规模不一定很大，但融陆、海、空作战能力于一体，登陆兵随专用舰船活动，直升机也随舰船配置，并有一定的对空、对海突击火力，从而形成具有一定攻击、输送和自身防护能力的合成渡海登陆突击力量。一旦战争需要，只需出动数艘至数十艘舰船，就能形成一定规模的两栖攻击力量。这种精干合成的战斗力量，不仅可以避免不同军、兵种临时组合而带来的弊端，而且还可以减少敌方高技术武器的威胁。

以空降垂直突击为主的立体登陆　从空中投送登陆力量具有机动性强、速度快、几乎不受复杂海区自然条件影响等优点、可超越抗登陆一方在水际滩头设置的多种类、高密度、大纵深障碍物。因此，在未来渡海登陆作战中，空降垂直突击的应用范围将更广、作用将更大，运用将更加频繁，并可能由过去的配角地位逐步发展成为渡海登陆作战的主角。它既可以首先在敌岸浅近纵深实施，直接夺占敌滩头阵地；又可以在登陆兵发起海上冲击的同时或之前，于抗登陆一方战役纵深空降垂直登陆，歼灭敌方纵深防守力量，夺占敌纵深战役要点；或者在着陆后，由纵深向岸滩实施逆向突击，在由海上抢滩上陆的登陆兵配合下，夺占并建立登陆场；还可以在某一个海上主要登陆战役方向实施空降垂直登陆，直接达成该战役方向上的登陆企图。

超地平线突击登陆　这种登陆作战思想强调，以优势的登陆兵，避开敌岸主要火力的有效射程，从敌视距范围之外，运用直升机、倾转旋翼飞机、气垫登陆艇等登陆装备快速登陆。首先，从空中和水面输送大量登陆兵至敌海岸防御阵地侧后，向敌发起突然袭击；同时后续作战力量迅速向敌岸机动，及时扩张战果，夺取登陆海滩和登陆场，迅速达成登陆作战的目的。它使得原有的水面上陆方式发生根本变化：(1) 基本不受水下障碍的限制，上陆行动可以在排水型登陆工具无法航行的海区实施；(2) 登陆突击编队可以把换乘区设在远离海岸的地方，减少了敌方海岸火力对登陆运输舰船的威胁；(3) 气垫登陆艇具有很好的两栖性，不但能在水面行驶还能直接上陆，并穿越难以通行的江河湖沼，把登陆兵连同武器、车辆、物资一起迅速运抵敌方防线的侧后，既大大简化了水面上陆的程序，又大大加快了突击上陆的速度。（曾苏南．孙夕华《未来登陆作战的三种样式》、《现代军事》2002 年 3 月号）

探讨登陆战役中反水雷作战的战法　有作者指出，对实施舰船水平登陆地段的沿岸海区的水雷障碍进行清除，以确保登陆兵力上陆作战时不受水雷的威胁，是登陆作战的一个重要任务。但由于登陆作战中海军反水雷手段仍有相当的局限性，如扫雷舰艇无法清除智能水雷，猎雷舰艇猎雷作业速度太慢，炸雷方式使深水炸弹消耗巨大，使用破雷兵力未经实战检验，作者从实际出发，提出以下4条反水雷作战的对策：

封锁、打击敌布雷兵力，阻止其战前设置雷障 登陆作战发起之前，首先应对敌水雷仓库、生产工厂实施火力封锁和火力打击；其次是对敌战时（或临战前）水雷调运和临时储存地和周边交通线实施火力封锁和火力打击；三是对敌可能实施布雷作战的各类布雷平台（如舰艇、民船及飞行器）实施火力摧毁，阻止其战前设置雷障。

变更登陆航线和地点，避开抗登陆雷障 登陆战役的发起要突然，尽可能减少敌方布设雷障的有效时间；应加强在预定登陆航线和登陆地域的水雷侦察，或适时变更登陆航线和登陆地点，以避开（或部分避开）抗登陆雷障。

采用部分新型上陆工具，减轻扫雷破障压力 由于目前还没有可靠的快速清除水雷障碍的方法，为减少清除水雷对水平登陆速度的制约，可以在部分登陆场或登陆地段（或通过水雷障碍较为绵密的海区时），采用气垫登陆艇、地效飞行器、直升机等受水雷威胁小的高速上陆工具输送登陆兵力，以相对减轻整个登陆方向上的扫雷破障压力。

综合运用反水雷兵力清扫雷障，开辟上陆通道 由于"扫、猎、破、炸"多种反水雷手段均有相当的局限性，因此，要综合运用反水雷兵力，具体如下：一是使用猎雷潜水员进行水下作业，潜水排除水下雷障。实战表明，在水深小于50米的海区，猎雷潜水员猎雷作业效率比猎雷舰艇的制式灭雷器材要高，而且具有隐蔽、突然的效果。二是以扫雷舰艇预先扫雷。由于前沿雷障距岸较远，敌方对雷区进行火力掩护较为困难，扫雷兵力便于得到己方兵力的支援掩护。同时，基本雷障和前沿雷障雷区面积较大，清扫很费时间，因此，应使用扫雷舰提前数日或十数日进行清扫。三是以航空炸雷开辟上陆通道。炸雷方法破除水雷障碍较彻底、及时。但由于水面舰艇装弹量有限，反潜火箭和深水炸弹装药量与水雷相比较少，难以大面积使用。而开辟一条长2海里、宽80米的上陆通道，使用中型运输机或轰炸机数个架次即可。因此，可使用航空投弹的方法。四是实施连续爆炸干扰水雷工作。千克级的炸药量在水中爆炸后，产生的声场、磁场、水压场等物理场信息强度，可在数百米范围内对水雷的非触发声引信产生干扰作用。连续投放小剂量炸药，可产生持续的干扰效果。因此，应用连续爆炸干扰的方法，可使通过雷区的舰船拥有一定的自卫防御能力。（万淳《登陆战役中海军兵力反水雷作战》，《现代军事》2002年12月号）

关于特种作战问题 **现代特种作战主要采取7种战术** 有作者就此作了如下分析。

秘密渗透，突然袭击 是指采取各种隐蔽机动的方式，进入敌后方或纵深预定的袭击目标附近，运用"打、炸、破"等手段，出其不意、攻敌不备，迅即制敌于被动，这是特种部队实施敌后作战惯用的战术手段，其主要目的是通过对敌重要目标进行隐蔽突然的袭击，直接达成特定的战略、战役目的，或为战略、战役行动创造有利条件。随着小型、高效的高技术武器装备特种部队，为特种部队实施秘密渗透、突然袭击带来了更先进的技术支撑，这种战术将更广泛地被特种部队所运用。

精兵远袭，垂直闪击 是指为实现特定的战略或战役目的，组建精干合成的特种部队，借助空中机动工具远距离机动，突然在敌后方纵深目标的上空"神兵天降"，对敌实施闪电式攻击。高技术武器装备的隐身化和机动力、突击力的增强，为特种部队实施精兵远袭、垂直闪击战术提供了更为广泛的运用空间。

直取要害，联合围击 是指以数支特种部队，从不同方向围击敌方对战争起着支撑作用的要害目标。随着特种作战地位和作用的不断上升，很多国家在各军种组建了特种部队，有时为打击敌方的要害目标，强调诸军种特种部队对目标的联合围击。由于直取要害、联合围击战术能迅速达成战役、战斗目的，因而此战术也越来越被特种部队所重视。

化装打入、内外夹击 是指特种作战队员化装成平民或敌方军事人员，混入敌内部或后方重要目标附近，突然袭击、里应外合、夺控要地，配合正面部队形成内外夹击。在现代局部战争中，特种部队采取化装打入、内外夹击的战术也不乏先例。从发展看，特种部队在未来的反武装暴乱、反恐怖、反民族分裂之类的军事斗争中，化装打入、内外夹击战术将能收到其他手段难以达成的奇袭效果，并会常用常新。

挖"眼"致瘫，特种破击 是指派出精干的空中、海上或地面特种作战分队，渗入敌战略后方或战役纵深，对敌雷达及其他监视系统实施攻击的特种破袭行动。在高技术局部战争中，侦察、监视、通信、预警系统是军队最敏感、最要害的目标，其存亡对作战指挥和部队作战潜能的发挥具有非常重要的影响。因而，实施远程空中突袭，首先必须摧毁敌方的雷达监视系统，才能为空袭扫平道路。

佯顺敌意，瞬间反击　是在恐怖分子或其他犯罪分子挟持人质或占据有利条件不便于硬攻的情况下，佯装答应敌方提出的条件，使其麻痹大意、心理放松，待出现战机时迅速反击制敌。佯顺敌意、瞬间反击战术，能最大限度地减少己方人员的伤亡和物质损失。对付恐怖分子和暴力犯罪分子，这种战术的运用会比较广泛。

敌后定位，引导攻击　是指特种部队成员秘密潜入敌方纵深，运用先进的侦察定位器材，查明敌纵深内重要目标的位置，及时将情报传递回指挥中心，引导航空兵或远程打击兵器实施精确打击。随着特种部队武器装备的不断发展，红外夜视仪、导航定位系统，便携式卫星通信设备等先进的侦察、监视和通信装备广泛应用到特种作战的敌后侦察中，大大提高了各种目标的定位精度和信息传递速度，为及时摧毁敌要害目标起到了关键的作用，也使敌后定位、引导攻击成为特种作战的常用战术。（姜放然、姚世军《现代特种作战战术一瞥》，《现代军事》2002 年 3 月号）

直升机特种作战主要有 6 种样式　有作者指出，直升机特种作战，是以直升机和特种作战部队、分队或临时组建的特种作战力量，对敌实施的非常规军事行动，其主要作战样式有 6 种；

特种侦察　是直升机与特种部队协同，深入敌战略、战役纵深为获取军事斗争所需情报而进行的活动。它与一般意义上的侦察有着明显的区别。首先，特种侦察通常用于作战的重要时节和重点目标，往往是带有特定任务的侦察行动；其次，特种侦察既可在军事冲突或战争状态下进行，也可在和平时期进行；第三，特种侦察往往是在一般的战术情报系统难以发挥作用的情况下实施，任务的范围更宽，也更加艰巨；第四，特种侦察往往采取特殊的、非常规的手段和方法，如运用先进的侦察设备或监视技术，以直升机低空或超低空秘密方式达成目的。

特种破袭　是直升机与特种部队协同，以直升机火力攻击或机降袭击的方式，对敌重要目标实施的袭击破坏行动。其根本目的是通过对敌重要目标的破袭，造成敌整体战斗力下降，甚至使其完全丧失某种能力。特种破袭一般采用空中奔袭的方式，距目标一般较远，多在非战争状态下或战争状态下但与敌非接触状态时突然运用，有时直接进行特种空中攻击，有时以特种空中攻击与特种机降作战结合进行。

特种夺控　是直升机与特种部队协同，运用快速抢占、袭击或强攻等手段，夺取并在短时间内扼守、控制具有战略、战役价值的目标的作战行动。其根本目的是通过夺取和控制特定目标，为战略、战役行动创造有利条件。它也是特种作战的主要样式之一，在近期几场局部战争和武装冲突中曾多次运用。

战场特种营救　是直升机与特种部队协同，对在战场上遇险、被困、被俘人员所进行的武装救援行动。其目的是通过解救遇险被俘（扣）人员，安抚军心民心，显示威力，震慑敌方，赢得军事战略和政治斗争的主动权。它属于战场搜索救援行动的一种，越来越受到重视并被一些国家多次运用。

反劫持与反恐怖　是直升机与特种部队协同，对恐怖分子制造的劫持交通工具、绑架人质、爆炸、暗杀、投毒等恐怖事件所采取的军事行动。近年来，不少国家特种部队完成的营救人质、解救被劫持飞机和船只，排除爆炸物，保护重要人员和目标安全等多种任务，几乎都是在直升机的协同下完成的。

特种心理战与电子战　是指以直升机为主要作战平台实施的心理战、电子战行动。目的是为了配合和保障主力部队的作战行动，保障后方安全，加速作战进程。其主要特点：一是作战方式、方法多样，且涉及的领域广、专业性强；二是情况突然、时效性强，对快速反应的要求高。实施时根据作战需要，以直升机运载特种作战力量，在规定的时间进至规定地点或空域待机，按计划对敌重要目标实施电子干扰、心理影响，目的达到后迅速撤离。（张彩先、蒋晓彦《直升机特种作战》，《现代军事》2002 年 7 月号）

关于信息战问题　**实施网络战有 4 种战法**　有作者撰文将网络战的制胜方法归纳为以下 4 种：

精确打击，毁节破网　战场信息网络是由遥感侦察系统、通信传递系统、处理决策系统、部队行动和武器打击系统、保障供应系统 5 大系统组成而整体运行的网络。这 5 大系统中的每一个系统，又由若干子系统组成。这些作为节点的系统都可成为打击的目标，而一旦对上述网络节点目标实施多点精确打击，就能使对方信息网络系统无法正常运转。

加重负荷，超载废网　作战指挥是通过控制信息流去控制战场上的人流、物流、能量流的流向、流量和有序流动。而计算机储存和网上信息流动，均有一定的容量限制。因此，可通过有意向敌信息网络倾泻虚假信息、过时信息，制造“信息洪流”，阻塞、挤占敌信息通道，使其无法及时有效地传输和处理所需信息。

注入病毒，传染断网　计算机病毒对抗是电子战的一种表现形式。由于计算机病毒武器的形态主要是程序，构成简单、造价低、使用方便，因此，计算机病毒攻击对于网络的破坏将更直接、更有效、更现实。计算机病毒武器“侵入”的方法多种多样，比如无线电空间注入、设备研制期注入、有线电网/节点注入等。运用计算机病毒攻击手段一旦成功，即可使敌赖以生存的网络变为其走向失败的“导火索”。

秘密渗透，巧妙用网 以敌之网，控制敌人行动，也是网上斗争的一种妙招。只要敌方网络系统开通运转，就可实施计算机网络渗透。由于这种渗透不通过人的接触，而是超越时空界限，运用电子信息类比进行侦破和“打击”，因而对方反侦察系统很难发现和跟踪。（国军《网络战争取胜的 5 大战术》，《军事文摘》2002 年第 3 期）

探讨反 C^4I 的作战手段 有作者研究指出，必须创新反 C^4I 的作战手段，并将其归纳为：

*多种手段结合，多种器材并举，谋求综合作战效果。*如把“软损伤”与“硬损伤”、“消极性”与“积极性”等各种手段灵活变换，制式器材与就便器材结合使用，佯动与欺骗真假相助，使敌 C^4I 系统出错、误判或功能失效。特别要注意发挥新技术的突然性，因为采用一种对方还不认识，还未采取相应防护措施的新的反 C^4I 作战系统，往往很容易获得成功。

*善于结合其他作战手段，增强反 C^4I 作战效果。*比如，与火力突击相结合，在攻击发起前通过欺骗、诱导、干扰或插播假信息，使对方判断失误，行动混乱，掩护己方的火力突击，可获取最佳作战效果；在敌实施强大的“全覆盖性”的反 C^4I 作战压制时，应灵活机动实行“规避关机”等简捷的作战手段，降低敌压制效果，有效保护己方的 C^4I 系统。

*把因特网作为“第二战场”，实施有效的网络攻击。*运用计算机成像、电子显示、语音识别和合成、传感等技术为基础的新兴综合应用技术，在计算机网络空间以虚拟现实的形式实施虚拟进攻，可以达到迷惑敌人，扰乱其军心，破坏其士气的目的；或利用“黑客”对敌实施网上攻击和窃取敌网上信息，夺取并保持网络制信息权；也可把具有大规模破坏作用的计算机恶性病毒，传入敌方雷达、导弹、卫星、自动化指挥控制中心的计算机信息情报搜集系统中，在关键时刻激活病毒，瘫痪敌 C^4I 系统。（孙政、张英武《反 C^4I 作战刍议》，《解放军报》2002 年 7 月 23 日）

信息战中谋略手段呈多样化 有作者撰文指出，在信息作战中，运用谋略的手段复杂多样，概括起来，主要有以下三种：

*一是信息欺骗，思维对抗。*谋略对抗双方都十分重视运用各种先进的侦察手段，来摸清对方人员的心理特征、思维方式、性格特点、指挥决策的能力和谋略水平等要素，并通过有意给对方施放大量假信息、假情况、制造信息污染等手段，使对方人员面对大量真假混杂的信息无法辨其真伪，从而达到扰乱对方思维和决策，最大限度地弱化其谋略对抗能力的目的。

*二是人技结合，高智能对抗。*就是注重人与技术、网络、计算机、信息武器装备有机结合，借“技”生谋，利用人机结合的高智能实施谋略对抗。这就要求双方指挥员善于借助信息技术的帮助，将计算机决策支持系统的定量分析研究和人脑的定性分析研究相结合，形成科技手段和传统谋略相结合的科技型高智能谋略，以确保在谋略对抗中获胜。

*三是因网施谋，破网对抗。*高技术条件下作战，在相当大的程度上依赖战场信息网络的顺畅运转。因此，对抗双方都把破坏对方的信息网络作为重点加以谋划，力求运用多种侦察手段，查明对方信息网络的结构、功能、分布和运用特点，并在此基础上，针对对方不同网络的强弱点，而采用不同的谋略，有时也采取多谋并举的方法进行对抗，以达到破坏对方信息网络、瘫痪对方指挥的目的，同时确保己方信息网络安全畅通。（李全林、张春锋《谋略手段的多样化》，《中国国防报》2002 年 1 月 10 日）

信息化战争中谋略运用出现新特点 有作者撰文将其归纳为以下 4 点：

*谋“盲点”。*就是将谋略运用在对方意想不到、疏于防范，或指挥控制存在失误和漏洞的地方。信息化战争中，同样存在着许多不确定性，存在着“迷雾”和“盲点”。在变量多、节奏快、信息量大、关系复杂的信息化战场上，如何趋利避害，关键是要善于运用高技术成果，进行科学分析，巧妙利用现代侦察、探测技术的盲区，组织实施谋略对抗。

*谋“节点”。*现代战争是系统与系统间的对抗，着眼这种特点，结构破坏是一种有效战法。信息系统的指挥控制单元及信息交换中心是信息化战场上的重要节点，如 C^3I 系统的指挥中心，及其各分系统的中心，战场上空的预警指挥机，通信系统的主要干线节点等，破坏一个节点就足以破坏信息系统的部分功能，甚至导致系统瘫痪，有牵一发而动全身的功效。因此，施谋用略要着力于破坏敌战场系统的节点。

*谋“弱点”。*在信息作战中，由于作战双方武器装备系统的技术原理、工程体制、作战使用条件等存在一定差异，在多种因素的影响下会出现功能发挥的高峰与低谷。这就为施谋用略提供了以己方功能发挥的高峰去对付敌方的低谷点的可能性。信息技术占优

势的一方，由于其武器装备技术状态复杂，不确定因素较多，其功能发挥的涨落现象就更显著，概率更大。因此，施谋定计必须抓住其功能发挥的“低谷”点这一良机。

*谋“疑点”。*事物的真相常隐于表象的背后。在战场上，各种迹象之中都藏有兵机。时移则势导，势异则谋变。施谋用略时必须善于见微知著，透过微小变化来分析和掌握敌人的动向和意图，据以展开思维与智慧的较量。（范风国《点击智谋的“鼠标”》，《中国国防报》2002 年 1 月 10 日）

网络心理战主要有 4 个特点　有作者撰文指出，网络心理战将传统的心理战思想、心理学原理与现代网络信息技术相融合，形成了个性鲜明的心战特征。

*一是超越时空性。*在作战领域上，突破了传统的军事斗争界限，扩大到政治、经济、外交、文化等各个领域；在作战空间上，跨越了国家、地域，突破了前方与后方、战区与非战区的界线，呈现出一体化态势；在作战时间上，摆脱了时间的限制，不分和平时期还是战争时期，随时随地都可能发生。能真正做到全天候、全天时、全方位、不间断地进行。

*二是灵活多样性。*网络心理战可通过网上宣传、恫吓、欺骗、诱惑、收买、威慑等手段，从政治、经济、文化、军事等各个方面影响人的意识和情感。既可以以政府、军队名义发布各种信息，也可以个人任意表达自己意愿；既可以只对军人实施心理攻击，也可以扩大心理打击范围，对平民百姓施加心理影响；既可以向敌展开心理攻势，积极进攻，也可以实施网络心理防护，增强对敌网络心理战攻击的抗御能力。

*三是快捷及时性。*网络信息以电磁波传播，几乎可以近实时传递，在第一时间提供全新消息。而且，可以及时从攻击对象那里获得反馈信息，据此及时调整心战策略，使心战内容更具针对性、可信性、有效性。

*四是虚拟欺骗性。*在网络空间，可以模拟或虚拟各种心战内容进行广泛心理战，利用计算机多媒体合成技术，将不同影视画面的景象、人物、环境等进行剪辑、拼组，可以制造出颠倒是非、以假乱真的画面（事件）；运用计算机虚拟现实技术，可以生动展现高新武器装备的巨大破坏力和战争中的可怕场面；通过在互联网上传播上述虚拟景象信息，极易引起攻击对象的心理恐慌，引发社会混乱，产生巨大的心理震撼作用。（何建民、李金泉、王颖《“网络心理战”威力不凡》，《解放军报》2002 年 12 月 18 日）

分析数字化部队的 4 个弱点　有作者在对以数字信息系统为基础，以计算机系统为支撑的数字化部队战术技术性能进行分析后，指出其存在 4 个严重的弱点。

系统硬件的战场适应能力有限　数字化部队在战场上必然要经受各种严寒、酷热、潮湿等不良天候以及乘车震动碰撞和战术动作摔打，其数字化系统硬件难免会受到“硬伤”，而且其硬件设备还会成为敌方的首要打击目标，其野战生存将面临着严峻考验。

系统软件的“智能”程度有限　由于目前辨别有用信息与无用信息、真信息与假信息的技术尚无突破，当数字化通信面临滚滚而来的信息洪流时，将难以进行“去粗取精、去伪存真”的加工整理，并导致“信息泛滥和污染”，致使指挥员无法及时正确地定下决心。

信息共享将成为泄密的重要途径　如果让士兵或基层指挥员都了解整个战场的全面信息，不仅会给网络增加额外的负担，而且容易造成严重泄密。一旦他们被俘，其数字化装备必将成为敌方窃取己方情报的工具。此外，一些部队在作战中遭受挫折，也会对广大基层指挥员和士兵的心理和士气造成消极影响。

非正规战使数字化部队防不胜防　尽管数字化部队的防御和侦知能力很强，但对付化整为零和对电磁频谱依赖较少的非正规作战，如游击战、特种作战等样式有一定的难度。（马建政《数字化部队未必战无不胜》，《军事文摘》2002 年第 6 期）

关于非接触性作战问题　**探析非接触性作战的 5 种样式**　有作者撰文指出，未来信息化战争的非接触性作战主要有 5 种样式：

超视距非接触性空战　此种作战样式是指敌对双方空中作战平台在视距以外，通过机载探测设备搜索发现和截获对方空中目标，并用中、远距空空导弹进行相互攻击的一种空中非接触性作战样式。超视距非接触性空战包括中距空战（100 千米）与远距空战（100 千米以外）。攻击目标主要是对方的空中作战平台，或者是拦截对方空中、地面和海上作战平台发射的空空、地空、海空导弹。随着空中加油技术的发展，空中作战平台隐形化程度和远距离空中机动能力不断提高，作战半径空前增大。敌对双方发生的战争不仅仅局限于边界相邻国家之间，边界不相邻的国家甚至远隔重洋的国家，同样可以采用这种作战样式进行空中交战。采用这种作战样式，能快速摧毁对方的空战能力，夺取制空权，为陆战、海战开辟空中走廊，有利于加快战争进程，实现战争速决化之目的。因此，在未来信息化战争中，空中武器装备占优势的

军事强国，将会更多地采用这种作战样式。

超视距非接触性空袭　这是指在被空袭一方防空兵器有效防空射程以外的空域里，以飞机为作战平台，在高空发射空地巡航导弹，对地面（地下）、海上（海底）的军事、经济甚至民用目标实施攻击的一种作战样式。其主要攻击目标是对方指挥控制系统、防空雷达系统、广播电视新闻系统等重要的军事、经济和关系战争潜力的民用目标，瘫痪指挥中枢，破坏战争潜力，使民众产生恐惧心理。其攻击方式将依托太空卫星等侦察监视技术的支持，从不同的时间，不同的空域向目标实施攻击。在未来的信息化战争中，这种作战样式将成为军事强国对弱小国家进行“无抵抗”打击的主要作战样式，并将越来越多地被各个国家军队所采用。

超视距非接触性火力战　是指敌对双方以陆基、海基为作战平台，向对方战役或战略后方高价值目标实施远距离精确打击的一种作战方法。这种作战方法更多地是与地面作战、渡海登岛作战或抗登陆作战相配合，主要体现在战役或战术层次，但不排除战争规模升级后所实施的远距离常规导弹战。其打击目标重点是对方的战役指挥控制系统、导弹发射平台、机场设施等点状目标，以充分发挥精确制导技术的优势。打击时机通常是在地面作战发起前或渡海登岛作战、抗登陆作战之际。可能参加先期火力突击，也可能在作战过程中突击对己方主要作战行动威胁较大的某一具体目标。打击方式可能在同一时间内从不同的地点对同一目标实施突击。指挥权限更多地集中在战役层次。

非接触性信息战　是指敌对双方依托信息技术在信息领域里为争夺信息优势而采取的一种作战方式。敌对双方从事信息进攻或防御的主体往往不部署在同一个战场空间，而是相距遥远，甚至隔洲隔洋通过无法目视的信息流来完成进攻或防御行动。这种作战样式是信息技术和全球性网络技术发展的直接产物，并将成为未来信息化战争的开端和序幕，贯穿于整个战争的始终，与其他作战样式密切配合，成为获得制战场主动权的前提和基础。这种作战样式涉及到太空、空中、地面、海上等多维战场空间，主要表现形式有指挥控制战、网络空间战、心理信息战、实体摧毁战等，根据作战行动的需要和战场情况的变化，可能单独运用某一种或联合运用几种作战手段。

超视距非接触性封锁战　是指以陆基、海基和空中作战平台发射中、远程导弹封锁对方边界的港口、机场和陆上出入通道，以孤立对方军队，动摇军心民心，夺取作战全胜的一种战法。由于全时辰、全天候卫星侦察监视技术，卫星跟踪定位技术，远距离识别技术和精确制导技术的发展，利用中、远程导弹等就有可能完成封锁任务，这将使封锁作战由原来的调动兵力部署在封锁对象周围进行实兵封锁，变为无需调动部署兵力的超视距非接触性封锁。由于封锁兵力不靠近封锁目标，不进入对方的领海、领空、领土，将大大减少封锁兵力调动的暴露和封锁作战的风险。而反封锁作战一方要打破对方的封锁，一方面要采取非接触性作战方式，破坏对方的卫星侦察系统和打击敌方的导弹发射平台；另一方面要发展运用隐形技术，隐蔽己方出入封锁区的船只、飞机和车辆等。（姜放然、姚世军《非接触性作战：五大战法等待显威》，《环球军事》2002 年 11 月下半月号）

提出“擒王式”打击的概念　有作者撰文指出，20 世纪后期以来，敌对之间拥有军事高技术绝对优势一方，使用精确制导武器，进行空投或远投，直接打击对方首脑要害目标，往往取得重大战果。这种被大量使用的突袭方式，可称之为“擒王式”打击，并已成为军事高技术时代的一种独特战法。这种战法是侦察、预警、导航、传感、精确制导等技术迅猛发展并得到较好的应用之后出现的，打击的火力不仅距离在千里之外，而且异常精确，也因作战目的非常有限，打击目标往往只针对对方最高首脑或主要领导人，而不以消灭对方多少人或占领多少地盘为标准，追求的是一种威摄效应和政治效果。这种战法的优长在于：

直击要害，速达目的　这种战法不遵循传统战法的老套——先从前沿打起，层层推进，最后再打击纵深要害目标。它从作战一开始，就直接打击要害，战斗发起和终止的目标可能是同一个，因而作战时间短，可以迅速达成战略目的。实战表明，由于这种战法与其手段、目的相吻合，往往容易获得成功。

最小代价，最大效益　进攻一方一般不需要兴师动众，只出动数架飞机，发射数枚导弹，甚至不动一兵一卒，只从遥远的地方发射一两枚导弹，直接打击需要打击的要害目标，战斗即告结束。虽然打击一方武器和人员通常均无损失，但其战果巨大：消灭了对方的首脑人物，摧毁了对方的重要设施，给对方造成灾难性后果。即便没有达成消灭或摧毁的目的，对对方的心理震撼也是长久的、巨大的。而这种效果过去需动用千军万马、需长时间鏖战才有可能实现。

先声夺人，有效控制　“擒王式”作战往往预先就明确了有限的目的，确定了严格的范围，只动用少量兵器，打击几个甚至只打击 1 个目标，作战规模、烈度、时间都容易控制，国际上来不及作出军事反应行动即告结束。同时，作战行动及打击目标不涉及无辜或无关的，附带损害小，一般不影响民众生活，对民众生命财产的安全影响也比较小。由此，对方对抗升级的可能性相对较小。一般不会引发大规模冲突，国际上也不会作出激烈反应。即便有个别国家可能进行军事干涉，但由于作战时间太短，往往难以做出快速反应。（李庆山《“擒王式”打击》，《解放军报》2002 年 5 月 21 日）

关于其他作战问题 **对付隐形飞机有 5 大手段** 有作者在研究了隐形飞机的性能后指出，尽管隐形飞机融现代高技术于一身，但仍有 5 种手段可让它现形或毁灭。

以非常规雷达识别 这些雷达具有常规雷达所不具备的识别手段，其中“塔马拉”无源雷达系统可通过捕捉隐形飞机的电磁信号来确定飞机位置；还有一种双（多）基雷达，可将常规雷达无法接收到的隐形飞机的雷达有效地反射在双基地系统的另外一个接收机上；由于毫米波雷达是捕捉不连续散射波的能手，成像能力很强，可将隐形飞机许多对接缝隙的细小信息直接反映在雷达荧光屏上。

以地空导弹伺机射杀 可根据隐形飞机的来袭航线和投弹地点，利用隐形飞机投弹过程中隐形能力降低的时段，增大搜索雷达的探测距离和发现目标的概率。发现目标后，即快速跟踪、快速瞄准、快速发射。

以高射炮组成空中“火墙” 高炮不仅靠在短时间内形成较大的火力密度来提高毁伤概率，而且作战灵活，具有很强的抗电子干扰能力。它可以使用炮瞄雷达提供射击诸元，也可使用光学或红外设备提供诸元，在紧急情况下，还可以不进行瞄准，在来袭敌机的航路上形成一道空中“火墙”。

以战斗机实施有效攻击 由于隐形飞机的隐形能力主要是针对地面防空的雷达，其机身上方的隐形能力相对较差。战斗机只要与隐形飞机形成一定的正高度差，就可尽远地发现隐形飞机，随后以空中攻击机群实施协同作战，以一组战机作佯动攻击，另一组战机则隐蔽接敌，以导弹和航炮实施有效攻击。

以定向能武器予以摧毁 尽管隐形飞机主要采用了吸收雷达微波的吸波材料或涂料，但高功率微波武器能提供更高的束能密度，可以“以其人之道还治其人之身”。在遭到高功率微波照射时，隐形飞机的吸波材料会发热变形，重者能烧毁隐形飞机，使其丧失作战能力。（冯长松、徐家锋、吴俊海《隐形飞机的“克星”》，《中国国防报》2002 年 3 月 19 日）

探讨反制巡航导弹的方法 有作者针对巡航导弹的战术技术性能，从多方面探讨了反制巡航导弹的方法。

重视预警发现 对于反制巡航导弹，尽早发现、及时预警至关重要。它可以为采取拦截和防护措施赢得宝贵时间。由于巡航导弹以亚音速或超音速低空飞行，且多采用了隐身技术，因此单一手段难于及时发现。这就要求多种预警手段并用，协同寻敌。（1）综合运用多种探测雷达。预警卫星、空中预警机、预警直升机、无人驾驶预警机、预警飞艇、高空气球等雷达平台，分别具有监视空域大、作用距离远、续航时间长、机动灵活、对小雷达反射面目标探测性能好、生存能力强等优点，综合运用这些手段是发现巡航导弹的有效途径。（2）多基地雷达技术。采用双（多）基地雷达有空发/地收、空发/空收、地发/地收等多种形式。它采用灵活的多波束接收机，能利用隐身飞行器的非后向散射能量，获得更多的目标信息。因此，可有效地抑制目标的隐身效果，尽早地捕获目标，为拦截提供充足的时间。（3）布设低空目标的红外探测。红外搜索系统具有较强的抗干扰能力和隐蔽性，通常用于近距离低空探测。虽然巡航导弹采用多种隐身技术，但其温度总比背景温度高，仍有可能被红外成像设备探测到。（4）利用红外大视场告警。红外大视场告警系统可发现 10 ~ 15 千米外处于爬升段的巡航导弹。在雷达受到严重干扰时，红外系统可对地（海）面和低空飞行目标实施侦察、搜索、跟踪和测距。

全力分层拦截 反制巡航导弹，最根本的办法还是先机制敌、重点设防、分层拦截。首先，先机制敌，瘫痪巡航导弹发射源。这是最理想的反制方式。巡航导弹发射所依赖的指挥控制、发射和侦察预警等系统，多集中于战机和舰艇等发射平台上。因此，通过瘫痪敌导弹发射源能摆脱被动挨打的局面，取得事半功倍的效果。突击敌机场应以中、远程常规弹道导弹和巡航导弹突击为主，条件允许时可辅以航空兵火力突击。突击敌海上目标宜以海军潜艇隐蔽突击为主，也可组织航空兵和水面舰艇联合攻击。其次，战斗机拦截。战斗机的下视雷达、红外搜索与跟踪装置可以发现、跟踪低空飞行的巡航导弹，应充分利用巡航导弹速度慢、航线固定、遭遇攻击后不机动、不反击的特点，从有利方向用导弹将其击落。为增大击毁概率，也可采取多架飞机分段截击同一枚巡航导弹的

方法。再次，导弹中途拦截。即将主要兵力、兵器，按作战需要合理地配置于主要方向上或重要的防护目标周围，并将各种不同型号的地空导弹进行混合部署，以形成远、中、近、高、中、低相结合的严密的防空火力网，在战术上充分利用杀伤区纵深，对巡航导弹实施多次拦截。此外，火炮末段拦截。由于高炮、高射机枪、轻重机枪等非制导武器受伴随巡航导弹的电磁干扰的影响较小，因此，可以利用这类武器的特点，密集部署、合理配置，以形成密集的弹幕，有效阻截来袭导弹。

强调干扰欺骗　一是宽波段烟幕遮蔽干扰。由于巡航导弹一般在末段采用数字景象匹配制导系统，因此施放烟幕干扰可使巡航导弹失去精确制导能力，偏离航线或降低命中精度。二是GPS干扰。利用输出功率为100毫瓦的全向天线GPS干扰机能对16千米范围内使用GPS制导的巡航导弹造成严重干扰，输出功率100瓦的全向天线干扰机，干扰范围可达1000千米。三是强激光干扰。在红外大视场告警发现并跟踪巡航导弹后，可使用强激光对其照射，使电荷耦合器件/红外成像导引头饱和、损伤、致盲，因而失去精确制导能力。四是伪装隐蔽与欺骗。针对巡航导弹采取的景象匹配制导方式，可在巡航导弹飞临目标前改变被攻击目标及其周围的地貌特征或构筑假目标，使巡航导弹增大迷航概率、甚至攻击假目标。或采取各种隐真示假的方法，涂敷雷达波吸收涂层、红外隐身涂料和低激光反射涂料、设置伪装网、降低目标的显露性等，以减少雷达反射截面和红外辐射特征，致使巡航导弹攻击失误。（杨根源、沈辉《如何反制巡航导弹》，《现代军事》2002年6月号）

提出轻武器打巡航导弹的3种方法　有作者在研究了南联盟以轻武器击落上百枚巡航导弹的成功战例的同时，在技术上又探讨了步兵轻武器击落巡航导弹的可能性因素，认为：一是导弹的巡航高度低，在轻武器有效射程之内；二是导弹的巡航速度慢，低于轻武器射弹飞行速度；三是导弹的巡航路线相对固定，轻武器便于发扬火力；四是巡航导弹无防护装甲，便于轻武器射弹穿透；五是巡航导弹的留空时间长，轻武器战斗射速快。在此基础上，作者提出了3种打法。

预有准备，设袋打击　即在重要目标或设施的外围设置两道（或多道）扇形或环形防线，防线之间相距5千米。第一道防线为警戒线，每百米1人，通过听响声和目视观察发现来袭的巡航导弹，以常规的通信手段向第二道防线报告，可提供20秒以上的报警时间。第二道防线为拦截线，每50米一组，每组配10人左右，配备步枪、班用轻机枪、重机枪、高射机枪、自动榴弹发射器等。占领有利地形，发现目标后实施连续射击，在巡航导弹飞行前方组成交叉火力，可取得较高的毁伤效果。

先期接警、集火群打　预警体系一般给步兵射击分队提供的射击准备时间不低于25～30秒。为此，指挥员在接到预警信号前就要给所属人员划分各自对空拦截区，明确各种武器的射击区域和射击方向。接到预警信号后就迅速下达射击准备的命令。巡航导弹一旦进入步兵火器有效射程，就不间断地实施拦阻打、追随打，这种射击方法持续时间长，火力密度大，打击层次多，命中概率较高。

临时打击，各自为战　当实施进攻或防御时，突然发现敌飞来巡航导弹。只要有条件，射手就要根据当时所处的态势和位置，充分发挥轻武器轻便灵活、火力反应速度快的优势，据枪射击，并及时用曳光弹为友邻或其他射手指示目标。由于人的肉眼可观测到1～2千米距离上飞来的导弹，使用红外望远镜可探测到4～5千米距离上飞行的巡航导弹，从发现目标到导弹临空仍有10～20秒的时间完成射击准备，并且还有数秒的射击时间。指挥员和射手要随机处置，能集火打就集火打，不能集火打就各自为战。巡航导弹不同于飞机，不能随机规避，否则更易被击中。（杨春艳、马志杰《用轻兵器打巡航导弹》，《军事文摘》2002年第4期）

探析抗击无人机的战法　鉴于目前无人机已成为最具破坏力的一种空中威胁，有作者撰文专门探析了对付无人机的5种战法。

打击平台　大多数无人机是由地面移动工具如车辆、舰艇、载机等发射平台发射升空的，如果将无人机的发射平台摧毁，即可使无人机失去战斗力或迷途自毁。应根据无人机的来袭方向和飞行距离判明其发射平台的大致方位，进而运用中远程火力予以摧毁和压制。

空中拦截　针对无人驾驶飞机机动性和速度较差的特点，应注意区别空域及目标，合理安排打击次序，依次由空空导弹（战斗机装载）、地空导弹和高炮等截击。在无人机无掩护飞机的情况下，应尽可能由航空兵予以打击，并在主要威胁方向尽可能远地实施拦截；对活动于低、中空的敌无人机，地面轻武器可发挥积极作用。

电子干扰　无人机在作战使用中依靠机载电子设备进行非实时或实时信息情报的收集、传递，并依靠星载、机载和地面的各种传感器来获取并利用信息。实施电子干扰，可使无人机无法收集到准确、实时的信息，其机载探测设备及数据传输与处理也会受到影响，甚至失灵。

欺骗伪装　针对无人机来袭较突然的特点，要通过快速作业实施各种欺骗与迷惑措施，使敌无人机收集到大量无用的信息，如在远离真目标地方设置外形逼真的假目标，或者在受到敌攻击之后，模拟目标受到摧毁的现场；在无人机来袭时，向空中抛撒金属箔条，大量释放烟幕等，用以欺骗干扰无人机的雷达侦察、激光测距、定位以及可见光照相等。

设障阻滞　可在无人机来袭时，突然向空中释放空飘气球、遮障网甚至空中爆炸物等，用以杀伤无人机，或者迫使无人机改道飞行，起到阻滞作用，并为火力歼灭之创造有利条件。

实际作战中，对付无人机往往需要多种战法综合运用，如火力与障碍相结合，打击与伪装、电子干扰相结合，力争作到打、阻、扰、骗灵活运用，将主动抗击与消极防护结合运用，有效打击敌无人机。（程正红《对付无人机可用5大招》，《环球军事》2002年2月上半月号）

应重视反空袭作战中的反救援行动　有作者指出，反救援是指在现代反空袭作战中，击落敌机后搜捕敌机飞行员、阻止敌方开展营救活动、打击敌方营救部队的一系列作战行动。其成功与否直接对交战双方的人心士气造成截然不同的重大影响。为此，针对敌救援行动的特点，除应强化反救援意识、做好反救援准备外，还要着重注意以下几点：

一是要把反救援行动的着眼点放在粉碎和挫败来自空中的救援行动上。从近期发生的局部战争看，敌为迅速营救其飞行员，从地面上进行营救的可能性越来越小，相反，从空中派遣特种部队营救的可能性越来越大。为赢得时间，敌在采取救援行动时，必然会考虑到用特种部队从空中在“最短时间”内营救出飞行员。因此，反救援行动应把着眼点放在反击来自空中的救援行动上，才能在对抗中先敌制胜。

二是把反救援行动分队部署在敌机投弹线外侧的适当距离上。这样有利于在防空火力击落敌机后，迅速到达敌飞行员跳伞地域执行任务。但需特别注意隐蔽伪装，适时地进行机动，在敌机主攻方向敌机投弹线外侧半圆环形、有一定纵深的地域内设置机动路线。这样，在机动过程中既能形成有利于搜捕的态势，又争取到与来自空中的敌救援分队进行作战的主动权。

三是搞好与参加反空袭作战的其他部分队的协同。在没有敌情时，应时刻保持与直接上级及友邻的通信联络，做好遇敌前的一切准备工作。当接到敌情通报时，应立即按计划行动。若出现特殊情况，除应立即上报并请示下步行动外，还应依据情况的变化因势而动。这样，才能既在行动上与其他部分队保持一致，又能在第一时间内到达作战地点，使得拥有各种先进救生设备的敌机飞行员插翅难逃。（单洪武、张玉恒、周世明《现代反空袭作战中的反救援行动》，《现代军事》2002年7月号）

战场随机控制须把握3个要点　有作者撰文指出，未来联合作战，由于参战军兵种关系复杂，作战周期短，战场情况变化快，使得作战的发展过程将不是单一因素的线性运动，而是诸多因素的非线性运动。作战行动的必然性——内在规律，不是以纯粹的形式表现出来，也并非一定沿着既定的轨道发展，而通过随机因素表现出来的可能性增大。因此，联合作战指挥员只有善于应变，及时有效地对战场进行随机控制，才能争取先机之利，夺取和保持战场主动权。

随机控制要有时效性。未来联合作战，由于受战略性因素的影响，双方都力求在有限的时空里，快速反应，快速制胜。因而，战场控制必须适应快速多变的作战节奏，缩短控制周期。时间限制是控制时效性的重要条件，战场控制必须在有限的时间里进行，其控制时间的长短应根据作战行动的需要而定。指挥员和指挥机关，要通过多种渠道迅速、准确地收集战场上的各种信息，及时分析判断战场情况，果断地定下决心，及时地下达控制指令，做到控制时机适当、措施有力。

随机控制要有预见性。联合作战各种情况瞬息万变，随机控制不能单纯等待情况变化后才进行控制，这样往往容易陷入被动的境地。因此，在战场控制中，指挥员和指挥机关要对战场可能出现的情况进行预测，力求在情况临变前控制的前期工作已经开始，或大体有了应变方案。首先，作战开始前的作战计划即要有重点，也要有应付多种变化的方案。其次，由于未来联合作战充满偶然性，战前决心、计划有些可能与战场实际不符。因此，随机控制除在战前要有周密计划外，更应强调在作战实施过程中不断地分析预测，以便适应随机控制的需要，达成战场控制的目的。

随机控制要有灵活性。即当战场情况发生变化后，灵活地选用控制手段和方式。随机控制大多在急剧变化的作战过程中进行，控制的手段和方式应力求简便易行，适应快速应变的要求。例如当战场情况的变化涉及到战役全局、影响战役目标实现时，应坚决地实行高度的统一控制。当战场情况的变化未涉及到战役全局、不影响战役目标实现时，可实行分级分散控制。总之，应从战场控制的实际需要出发，而不能完全从预想的情况出发选择控制方式和类型，才能提高战场控制的灵活性。（孙大勇《战场随机控制漫议》、《解放军报》2002 年 1 月 29 日）

（潘新毛）

美军作战问题研究 2002 年，关于美军作战问题研究有如下特点：

关于作战理论的探索和发展 2002 年，美国基于对“9·11”事件后国际安全形势以及美国安全环境的判断，放弃了“同时打两场大规模战区战争”的理论，从确保美国“绝对安全”的作战需求出发，以军事转型为牵引，通过正在进行的军事变革，促使美军的作战方式进一步变革，并通过在阿富汗的战争实践以及一系列重大军事演习，进一步探索和发展了美军联合作战和各军种作战理论。

进行作战思想的创新，提出以“先发制人”为核心原则的反恐作战思想 “9·11”事件后，美认为“对美安全的主要威胁不再是国家实体的军事行动，而是“恐怖主义和核生化等大规模毁伤性武器的突然袭击”。对付恐怖主义威胁和保卫美本土安全已上升为“美军的首要任务”。认为对恐怖主义作战很难靠防御取胜，必须采取“主动进攻”、“先发制人”的行动来打击那些美认定的与恐怖主义有联系的对美安全构成威胁的国家和政体。2002 年 8 月，美国防部在《国防报告》中系统总结了阿富汗反恐战争的九条教训，其核心原则就是“先发制人”，强调“最好的防御就是有效的进攻”。该理论认为，未来战争中敌方“可观察到的陆、海、空军为准备攻击所进行的战争动员”将不复存在，美军的反恐作战必须从过去的“反应式行动”，变为“主动进攻”。必须通过先发制人的行动来赢得主动并减少损失，并将反恐作战从过去单纯的特种作战行动上升为居首要地位的作战样式，从特种作战部队的作战行动上升为国家的战争行动。2002 年 7～8 月在美本土举行的历史上规模最大的有各军种参加的“千年挑战 2002”联合作战演习，其指导思想就是“先发制人”。

颁发首部《联合空间战纲要》，“空天一体战”理论初具雏形 2002 年 8 月 9 日，美军参联会颁发第一本《联合空间战纲要》，系统阐述了美军联合实施空间战的原则，明确了各军种空间司令部的指挥关系，以及各军种的空间战行动、战区空间支援行动等内容，成为指导美军联合空间战行动的纲领性文件。《联合空间战纲要》进一步发展了美军在《2020 年航天构想》中提出的未来空间作战的概念，强调要夺取和保持太空这个现代战争的制高点，利用美占绝对优势的空间战能力，利用进攻性航天行动和防御性航天行动摧毁敌方各种航天器、弹道导弹、飞机、舰船和地面高价值目标，并支援美军在地球表面的作战行动。美军认为，未来的空间战和空中作战行动将是“全球到达、全球打击”的空天一体化行动。为了加强对空天一体化全球打击行动的指挥控制，美国空军在已经组建的 10 支空天远征部队、2 支快反空天远征联队、5 支机动空天远征部队的基础上，2002 年 5 月美空军组建了上将级的空间司令部，以加强对航空航天一体化作战的控制能力，实现战时空天的主导布势，全面支援地球表面的美军联合作战行动。美军认为，实现防空与防天一体化，空中与空间导弹防御一体化是确保美国安全和未来战争胜利的根本保证。美军将在 2010 年前发射 70 颗通信、侦察、导航及导弹预警卫星，重点增强天战、空战及反导作战的支援力度。《联合空间战纲要》认为，“太空已经成为最重要的战区”，空间战将发展为空天武器系统攻防一体化的作战行动，由空间打击敌方陆海空天设施和目标，实施真正意义上的空天一体的全球纵深打击。《联合空间战纲要》认为美军空间战行动的核心是“空间控制”行动，旨在“剥夺敌方的空间能力”，这一行动包括五个要素：欺骗、扰乱、阻碍、降级、摧毁。根据政治和外交的需要，采取逐步升级的空间战方式，直至最后采取“摧毁”行动，“永久性地消除敌方对空间系统的使用”。

进一步发展“网络中心战”理论，突出“海上控制和对陆攻击” 2002 年 10 月美海军部提出的“21 世纪海上力量”作战构想，旨在进一步强化海上控制、对陆攻击等核心作战思想，并明确了美海军未来的作战行动要朝着“海上打击、海上盾牌、海上基地”的方向发展，进一步发展了美国海军的“网络中心战”理论。即利用美海军所拥有的综合信息网络，把海军分散部署的舰艇、飞机和潜艇等作战平台和海上支援系统以及海军陆战队的作战能力综合为一体化的作战网络，从“平台中心战”向“网络中心战”转变，以形成更高效的集中打击效能。强调通过“海上控制”、“主导机动”、“由海向陆的远程精确打击”以及陆战队的“超地平线登陆作战”样式来遂行未来的海上作战和由海向陆作战行动。强调以“部队网”为指挥控制的核心，实现网络化的联合作战，最大限度地发挥美国海军和海军陆战队的联合作战能力。为加强网络中心战和海军与海军陆战队的一体化联合作战能力，2002年2月和5月美海军分别成立了海军及海军陆战队内联网办公室和海军网络战司令部。2002年美海军还进一步发展了联合远征作战概念，进行了新的远征打击大队的作战编组。新型的远征打击大队在传统的两栖戒备大队的基础上，增加了巡洋舰、驱逐舰、护卫舰和核潜艇的编成，从而大大增强了远征打击部队的海上作战和对陆攻击能力。同时强调利用美海军陆战队远征作战的灵活性，实施“由海向陆”的战役机动，对敌方重心实施决定性打击。

以新型“过渡旅”为地面战主导力量，进一步发展兵力投送的应急作战理论 2002年，美陆军部和陆军训练与条令司令部分别制定和颁布的《陆军白皮书》和《目标部队作战和编成计划》两份文件，进一步发展了轻型化可投送陆军实施应急作战的理论。美陆军认为，由于未来大规模战争包括战区战争的可能性已经减小，而应对频繁的低强度冲突和恐怖主义威胁将成为陆军作战的主要样式，要求美陆军遂行快速投送的应急作战行动，强调未来美军将主要利用目前正在进行作战编成轻型化改革的“过渡旅”，通过快速兵力投送行动、进入行动、决定性交战来遏止和打赢战争。为适应这种应急作战行动需要，美陆军计划在2007年前改编6个“过渡旅”（也称中型旅、初始旅），2002年已为第1个“过渡旅”装备了便于快速投送的“斯特赖克”轻型装甲战斗车，将于2003年5月形成作战能力。一旦6个“过渡旅”全部完成轻型化改造，可在4天内连同全部装备投送到世界上任何地点，立即投入战斗。美陆军训练与条令司令部为“过渡旅”已编写了26种涉及各种作战环境的作战条令，并已进行了最后的试验和试用。它将成为指导未来改型后的美陆军“目标部队”应急作战行动的理论基础，而“机动与火力的一体化”和“非线式进攻行动”将成为美陆军的主要作战样式。

颁布首部《联合城市战纲要》，将“城市化地区作为作战重心” 2002年9月16日，美军参联会颁布的《联合城市战纲要》，着眼于世界城市化加速发展的趋向，明确将城市化地区作为美军未来作战的“战争和战役重心”，将美军有关城市作战的理论上升到联合作战的高度，认为美军未来的“城市化地区的一切战役行动将是空中、地面、海上、太空和特种作战力量以及盟国和美国政府机构和国际组织的联合统一行动”。强调对城市的进攻要运用攻击与保护并重的原则，重视动用“隔离”的战法，从根本上打击敌方的民心士气。在进攻时，要利用一切高技术手段攻击敌城防系统的关键节点，干扰而不是彻底摧毁城市水电系统、信息系统、城市交通系统功能，以确保歼敌后能迅速恢复城市基础设施的功能。强调采用精确火力打击与非致命性武器来攻击防守城市要点之敌，以尽可能减少城市战的附带损伤。

（姜 川）

关于作战样式问题 探讨美军未来作战样式

未来作战中，美军可能采取以下作战样式：

*发挥参战力量的整体优势，联合作战或联军作战成为未来战争的基本样式。*20世纪90年代美军建立健全了联合作战理论体系，此后，美军充分运用联合作战理论指导战争实践，同时进一步丰富和完善了联合作战理论。未来仍将重视和依赖联合作战。其样式包括作战单元的联合、火力单元的联合和多国力量的联合。

*制信息权对战争胜负影响重大，信息战成为未来战争的重要样式。*美军认为，信息优势是联合作战的“力量倍增器”，“制信息权已经成为影响战争进程和战争结局的主要因素”，因此，“制信息权”的争夺成为双方作战的“第一制高点”。未来战争，信息战将是拉开战争序幕并贯穿战争始终的重要样式。它以消灭或摧毁对方指挥控制系统为主要目的、利用计算机网络实施攻击、既注重“硬摧毁”有生力量，也注重以“软杀伤”突破对方心理防线。

*为追求“零伤亡”的作战效果，远程空袭战成为实现战争目的的主要样式。*现代战争中，空军已从单一支援兵种转变为参加联合作战的军种；空袭不再是一种作战保障行动，而成为达成战役战略目的的主要样式。美军未来空袭作战将呈现出以下特点：力量使用广泛、手段运用综合、作战空间全维、作战时间全时和战法运用灵活。

*精确制导武器越来越多地应用于战场，精确打击不可避免地登上战争舞台。*美军认为，精确打击为其在各种作战行动中达成预期的效果提供了必要的手段。由于先进的综合信息（C^4ISR）系统及各种精确制导武器运用于战场，使打击精度提高了上百倍，激光、电视制导等高技术武器的命中概率已经接近100%。精确打击为美军追求理想战争效果提供了新手段，成为美军作战的重要样式之一。美军强调侦察预警精确、目标打击精确、指挥协调精确、后勤保障精确。

未来战争将在地面、超低空、高空乃至太空多维空间同时展开，太空战成为一种新样式。美军认为，未来战场空间将超越高空向太空发展，呈现“全维”趋势，“太空战”将以一种崭新的战争样式展示在人们面前，它的出现，使作战支援、打击手段、军队作战效能等发生了巨大变化，引发多种特殊作战样式和方法：太空信息平台的建立提高了军队作战效能、太空兵器的运用诱发了新的战争手段、太空领域的争夺催生新的作战样式。（杨茂明等《从三场局部战争看美军未来作战样式》，《外国军事学术》2002 年第 8 期）

如何形成联合作战整体效能 各军种部队发扬团队精神，能力优势互补，形成整体作战力量。美军认为，联合作战就是整体作战，参战的每一个军种、每一个指挥官、每一个士兵都必须始终发扬团队精神，使联合部队的每个成员都能发挥特长，竭尽所能，争取共同的胜利；各军种部队既有各自独特的作战能力，又有其局限性，必须在联合作战中取长补短；形成整体作战力量联合行动的根本保障，是运用先进的综合信息系统（C^4ISR）统一指挥。

各作战空间相互利用，有效控制，形成整体作战战场。现在的联合作战已经不单单是过去那种主要以陆空、陆海和海空部队之间的联合作战，而是陆、空、海三军及海军陆战队、特种部队和太空力量都参加的、包括陆地、海上、空中、太空多维空间的联合作战，称为“陆海空天一体战”；在各作战空间的利用上必须突出重点，特别是空中、空间和电磁领域的利用；联合部队指挥官对作战空间进行有效控制，是各作战空间相互利用、形成整体作战战场的前提条件。

各作战行动同时展开，作战方法应综合运用，形成整体作战效能。美军强调，在联合作战中地面、空中、海上、空间和特种作战五种作战行动要同时展开，以便一切地面、海上、空中、特种作战和航天力量在各自作战空间形成整体合力的“拳头”，以占压倒优势力量从每一个可以想象的方面和方向对敌实施攻击，对敌人整体结构同时施加压力，以震撼、击溃和迅速击败敌军。美军强调，在联合作战中，信息作战、精确作战、非线式作战、非对称作战等各种作战方法应综合运用，形成整体作战效能。（夏俊友等《论美军联合作战整体效能的形成》，《外国军事学术》2002 年第 8 期）

（刘克俭）

关于“超地平线登陆”的作战特点 有作者撰文指出，“超地平线登陆”是美军在 20 世纪 80 年代中期，立足于新一代登陆工具并着眼其发展提出的一种新的登陆作战理论。与传统意义上的海上平面登陆及空中垂直登陆相比较，该理论更加注重快速性、突然性和纵深性，并且有 4 个主要特点：

战场侦察与战术欺骗相结合，巧妙选择登陆点。美军把及时而准确地掌握敌军岸防兵力配置及其动向，视为选择理想登陆地点和时机，实施“超地平线登陆”的关键。为此，要求指挥官必须预先组织周密细致的战场侦察。先期作战阶段，指挥员应利用各种先进的侦察设备如无人侦察机和侦察卫星，查明敌指挥与控制设施、主要岸防武器系统和机场分布情况等；登陆突击前 24 小时，应使用倾转旋翼机和气垫登陆艇，乘夜暗或低能见度天气，向登陆海滩派遣海、空、陆渗透侦察分队，并辅之以音响、震动和红外传感器材，直接观察和探测敌岸防配系、航道、雷区和其他障碍物，严密监视敌方部队动向，随时将最新信息提供给登陆部队指挥官，帮助指挥官及时修改和完善作战决心。为了隐蔽作战企图，美军主张在敌岸防部署严密、威胁较大的方向实施登陆作战时，积极组织战术欺骗和佯攻，增加敌方在登陆地点判断和抗登陆作战准备上的困难。

火力打击与机降突击相结合，先期封锁、孤立登陆场。主张火力准备的优先目标是摧毁敌方的兵力、火力上的反突击能力，封锁和孤立登陆场，以加快登陆部队冲击上岸速度、夺占并巩固登陆场、保障后续梯队快速上陆。在作战中，首先以舰载火力特别是“战斧”式巡航导弹，打击位于登陆场外的敌方指挥控制设施、交通枢纽、岸基导弹系统、机场等重要目标。同时，尽可能使用倾转旋翼机，在武装直升机的伴随、掩护下，向登陆场附近的主要通道快速机降作战部队，阻敌向登陆滩头实施反击，巩固火力封锁效果，最大限度孤立登陆场。

充分采用新型登陆工具，增强登陆作战突然性。增强登陆作战的突然性是美军提出“超地平线登陆”的一个最根本出发点和立足点。美军装备的气垫船和倾转旋翼机等新一代登陆输送工具，机动速度快、装载能力强，登陆部队可在距登陆海滩较远的海域换乘登陆装备，增强登陆作战行动的突然性。为此，美军大幅度扩大了登陆部队换乘区至登陆海滩之间的距离。遂行首波突击的部队和登陆艇，将由两栖运输舰船机动至距岸 40～50 海里的水域进行换乘并发起冲击，上滩着陆后迅速建立卸载区，保障后续部队到达。遂行空中突击的部队和运输直升机以及倾转旋翼机，将由两栖攻击舰机动至距岸 50～60 海里的水域实施突击。空中登陆部队在海上突击部队巩固着陆场后，搭乘运输直升机和倾转旋翼机实施垂直登陆。驱逐舰、护卫舰在离岸 10 海里的水域游弋，为登陆部队提供火力支援；指挥舰离岸 25～35 海里，指挥登陆作战行动；航母和潜艇部队部署于换乘区的后方和侧翼，提供近距离空中支援和水下防护，并实施反舰和防空作战。通过这种纵深梯次的兵力兵器部署和有序的突击行动，既可避免敌方岸防火器对两栖舰船的打击，也有利于在战役战术上达成突然性。

机降袭击与纵深打击相结合，创造有利战场态势。美军强调“超地平线突击上陆”不仅要利用新型登陆工具迅速抢占滩头阵地，而且要发挥登陆部队兵力兵器的远程打击能力，改变传统登陆战斗由前向后逐次推进的“线式作战”样式，从一开始就把攻击的锋芒直接指向敌方海岸防御纵深，使登陆战斗在敌方防御全纵深同时展开，打乱其岸防整体部署。（蒋凯《“超地平线登陆”的作战特点》、《现代军事》2002 年 10 月号）

（耿文正）

阐述网络中心战　2001 年 7 月，美国防部向国会提交了《网络中心战》报告，该报告给出了与网络中心战相关的一系列定义和术语，阐述了网络中心战概念。

网络中心战是通过将战场各作战单元网络化而实施的各种军事行动。它能够利用功能强大的计算机通信网络，将各种分散的探测系统、指挥系统和武器系统等集成为一个统一高效的信息网络体系，使各级作战人员能够利用该网络共享战场态势、交流作战信息、指挥与实施作战行动。

《网络中心战》报告采用多域定义来描述网络中心战，认为任何战争都同时发生在物理域、信息域和认知域三个领域。物理域是部队在陆地、海洋、空中和空间实施打击、保护和机动的领域，它是各种平台和连接平台的通信网络客观存在的领域。信息域是产生、处理并共享信息的领域，是传达指挥员作战意图、作战人员交流信息的领域。信息域的信息并不一定都是物理域的真实反应，必须对信息域加以保护。认知域指作战人员的意识领域，包括知觉、感知、理解、信仰和价值观以及据此做出的决策，涉及指挥员的意图、命令、战术等。由于每个人的思想是独一无二的，他们对同一事物的认知水平并不相同，可能导致对信息域中同一信息的不同理解，造成作战行动的不同步。因此，认知域对战争的胜负起着至关重要的作用。

完全成熟的网络中心战能力将具有以下特征：在物理域中，部队的各个组成部分之间都通过网络实现了保密、无缝和可靠的连接；在信息域中，部队具有收集、共享、访问和保护信息的能力，协同工作的能力，并通过对信息的相关、融合和分析获得信息优势，它是平台中心战无法达到的；在认知域中，部队具有动态和共享的高质量态势感知、对指挥员意图的共同理解、并自动同步作战行动的能力。美军发展网络中心战能力的目的在于通过网络化提高战斗力和为美军实现转型战略奠定基础。

美国防部网络中心战的发展思路是：制定网络中心战的投资和实施计划，确定网络中心战的优先发展目标（重点是实现部队、平台、设备、传感器、武器系统的互操作），借助建模和仿真积极研究网络中心战相关概念和能力（如信息质量、将信息转化为可共同理解的态势感知及利于实现同步作战的方式等），并制定切实可行的衡量计划发展进度的方法。（张永红等《美军的网络中心战》，《外国军事学术》2002 年第 7 期）

关于太空战的设想　关于太空战的样式。夺取太空军事优势需要采取一系列特殊而积极的手段，包括太空进攻和防御作战。太空进攻作战最经常采取的样式，将是对敌太空系统的地面设施进行飞机、导弹和火炮突击。其他进攻作战样式有“地面—太空”、“太空—地面”、“太空—太空”。太空防御作战的内容包括采取积极和消极两方面的措施。积极太空防御战采取发现、跟踪、识别、消灭敌方进攻兵器，或使敌进攻兵器失灵的措施。消极太空防御战实施诸如加密、利用跳频装置、提高设备的坚固度、实施伪装、建立备用设施、疏开配置等措施。太空力量保障太空作战和其他领域的作战行动分为以下几种样式：侦察战、导航战、传输战、导弹预警、空中和太空监视。

关于太空战机构。美军的太空战机构主要包括国家行政部门、国防部以及情报部门。国家行政领导决策主要由国家安全委员会会同国家科学技术委员会负责。国防部负责制定、发展和执行军事航天计划，其机构包括太空计划总设计署和太空联合利用委员会。在部队层次，太空力量的基本指挥部门是联合航天司令部。任务是：组织美国的太空防御，防止敌空中和太空打击；参与制定太空政策、构想以及其他对太空指挥的实践活动具有指导性、原则性的文件；制定太空战计划；在遂行太空战时，对美各军种空中—太空兵力兵器进行指挥；利用太空系统的情报，为美军提供战区侦察情报保障。各军种的领导部门，包括陆军航天与战略防御司令部、空军航天司令部和海军航天司令部。（［俄］B·多德罗费耶夫《美军领导人关于太空战的设想》，《外国军事学术》2002 年第 1 期）

关于军种作战问题　**美陆军新版《作战纲要》中防御行动的新变化**　*确定防御行动是“全谱作战”决定性行动之一。*　强调美陆军应具备实施全频谱行动的能力，并将实施“全谱作战”的样式确定为进攻行动、防御行动、稳定行动、支援行动四种类型，其中防御行动是“全谱作战”不可缺少的重要样式之一。提出“有时实施防御常常是必要的，甚至是可取的”。“防御行动可击败敌人的攻击，争取时间，节省兵力，或为进攻行动创造有利条件”。

*拓展防御行动新的类型。*把防御行动分为机动防御、地域防御、后退行动三种类型，认为机动防御旨在歼灭进攻之敌；地域防御旨在保持地形；后退行动是指使己方部队远离敌人，以争取时间，保存力量。这样分类更科学，更合理，针对性和指导性也更强，丰富和充实了防御行动类型；从中也可以看出对后退行动的重视，也使后退行动有了更恰当的“归宿”。

*提出在作战总体构想内实施防御行动。*强调指挥官使用作战总体构想（作战地域、战斗空间和战场编成）实施防御行动，通过在时间、空间、资源、目的和行动上对部队进行协调，在全纵深内同时和连续地实施决定性行动、塑造决战条件行动和支援保障行动。

*强调技术对防御行动的重要影响。*认为技术的进步使指挥官遂行防御行动时有更大的灵活性，特别是由于有了现代技术，已有办法进行比以往更灵活、更具毁灭性的防御作战；综合来自各方面的情报，指挥官既可以掌握战场全局，又能够更快更好地决策；直瞄和间瞄火力射程精确度的不断提高，使陆军部队在与敌方进攻者近战之前，就可削弱敌军并主导战局的发展；指挥与控制及情报、监视和侦察系统的改进，使指挥官可以将部队分散部署，又不失去适时集中火力歼敌的能力，并能够从广为分散的位置上实施流动的不相邻的作战。（尚洪良《美陆军新版《作战纲要》中防御行动的新变化》，《外国军事学术》2002 年第 4 期）

陆军未来城市作战　美国陆军改革的前提是，未来战略、战役、战术行动，或维稳与支援行动，绝大部分将发生在城市，大多数维稳或支援行动必须在城市地区实施。

*城市防御的战略优势。*美国陆军和联合作战理论认为，决定性的进攻行动是胜利的保证。但历史经验证明：在城市地形上作战，通过决定性的进攻行动并不能取得胜利。因为，在城市地区作战，作战环境往往对防御一方更有利。

*在未来城市作战中面临的问题。*可以肯定地说，美军在未来的城市地区进攻行动中也会面临同样的难题，如人员伤亡和附带损伤问题，进攻速度将受到很大的限制，军队的任何技术优势都难以发挥，保持诸兵种联合作战密切协同将是很困难的。没有一支现代化军队通过城市进攻战役赢得过战略上的胜利。美军应该避免作出对城市实施进攻的战略决策。在某些情况下，美军可以在战术层次或者战役层次上取得城市进攻作战的胜利，同时将人员和物资的损失保持在可接受的程度上。

*赢得城市作战胜利的方法。*一个解决办法就是通过各种努力迫使敌人在美军选择的地形上作战。在战略层次上，可能需要采用各种技术和进行各种作战行动，才能迫使敌人离开城市。

一是控制城市。通过从战略上控制一座城市，美军或许能够迫使敌人有条件投降，或迫使他们进入预歼地区。控制行动将涉及隔绝这座城市并控制城市的主要设施，如水、电、食物来源、商业和宗教聚集地。控制城市中的战役和战术目标是必需的。美军领导人必须将部队的作战重点放在重要的战役和战术目标上，而不必将全部兵力投入到城市战斗中去。必须能迅速进入城市、到达目标并完成任务，而不必去夺占整个地区。目标可能不是战略上的，但作战的重点必须放在控制城市以迫使敌人离开他们赖以作战的城市基地。

二是控制居民。感化城市居民有助于迫使敌人离开城市地区。敌人在城市中寻求庇护所的原因之一就是试图影响居民并寻求支持。如果得不到这种帮助，敌人就没有理由留在城市里面。对城市实施战略进攻是复杂的，它需要有完善的、灵活的综合性战略指导方针。同时，为了取得胜利，还要能成功地运用各种作战能力。只有这样，美军才有希望迫使顽强的敌人离开地形复杂的城市地区。

三是控制地形。战术层次上的城市作战应该把重心放在控制城市内的关键地形上，以便尔后转攻为守。这一行动与对城市的战略控制相结合，就能迫使敌人实施将付出重大代价的进攻行动。通过在城市内实施战术性防御行动夺取主动权，并通过城市外围的战略性进攻行动保持主动权。为了生存，敌人只能离开城市寻求避难。一旦到了野外，战略机动部队就可以在选定的地形上打击敌人。

四是在城市的关键地点同时行动，控制电力和运输系统。这是一个可能导致赢得战略上的决定性胜利的战役行动。战役行动可能在城内实施，也可能在城外实施。无论哪一种情况，在没有成功地迫使敌人离开城市地区之前，美军都要避免战略上的兵力投入。（［美］《军事评论》杂志 2002 年 1～2 月号）

关于其他作战问题　**提出反击信息恐怖主义**

信息恐怖主义的定义。“信息恐怖主义”介于滥用信息系统或用信息系统实施欺骗的犯罪行为与有形的暴力恐怖活动之间，常常通过滥用一个数字化信息系统、网络或其中的一部分来实施恐怖活动或为其行动提供方便。“由亚国家组织或秘密人员有预谋、有政治目的地对信息系统、计算机系统、计算机程序以及数据所实施的攻击，这种攻击可导致对非战斗目标的暴力”。它是一种软暴力，在人们心理产生的恐惧效果与暴力恐怖产生的效果一样，因而能够达到其目的。其他篡改数据的手段如干扰全球定位系统致使两架客机相撞，也应看作是信息恐怖主义。

因特网与“网络战”。恐怖组织对因特网的运用可能有以下 9 种方式：收集敏感的目标数据、筹集资金、联络小组织、敲诈、宣传、全球自由活动、心理影响、欺骗和秘密行动。除此之外短信息服务也可用于传递加密信息。早期“网络战”概念，即“在社会层面出现的一种与传统战争不同的冲突模式，在这种冲突模式中，领导者使用网络化组织形式以及与信息时代相关的理论、战略和技术”。而现在，这些网络战具有更强的整体功能，更大的危险性和危害性，威胁到了公民的自由和隐私、新监视手段的运用和国家的安全基础设施等。

反击信息恐怖主义的建议。在信息时代，需要综合运用经济手段、政治努力、强有力的军事和道德行为准则来反击恐怖分子运用因特网和网络战技术从事的恐怖活动。主要有以下建议：⑴通过外交努力使支持恐怖主义的国家停止这种行为或自食与塔利班一样的后果；⑵通过贸易支持其他国家“消灭这种恶魔”；⑶必须把反击恐怖主义与不扩散、反扩散活动相结合，确保敏感武器不落入恐怖组织手中；⑷把主要的恐怖组织而不是地方组织作为打击目标；⑸必须开发创新分享信息的方法，包括分享保护重要基础设施的情报；⑹考虑到公民对自由的需求，应对与因特网有关的调查工具作出限制；⑺国家防卫指挥部应建立一个新机构专门反击恐怖主义；⑻由于电脑攻击可来自任何地方，象北约这样的地区性组织必须考虑取消地区界限；⑼全世界的大银行必须持合作态度，通过稳定萧条的市场，来支持反恐行动；⑽团结穆斯林国家，使其成为组建现行反恐联盟的政治要素。另外，世界上的所有国家都要有多种法定的援助条约、引渡逃犯法规、情报共享法规和一致的计算机犯罪法规，以便能够相互跨国实施调查和采取行动。国际性的反恐步伐必须不断加快。信息时代的恐怖主义问题远未解决，所有领导者必须相互合作、相互妥协以形成强有力的反恐拳头，这也是反恐成功的关键。（〔美〕蒂莫西·托马斯《反击信息恐怖主义》，《外国军事学术》2002 年第 7 期）

创新“作战概念”　近几年的作战理论研究中，美军提出了以下新概念：

精确力量。即在联合部队各组成部分共同感知作战空间的情况下，利用 C^4ISR 系统近实时提供的信息，使用精心确定的兵力兵器，对预定目标实施精确打击，并准确评估打击效果。

导航战。提出该理论的目的是，使美军在未来战场上夺取和保持导航优势，即在确保己方自由地使用全球定位系统的同时，干扰或阻止敌方使用该系统。联合持续打击环境。其要旨是在不同军兵种部队之间实时传递目标信息，对稍纵即逝的运动目标，特别是不断运动的敌指挥控制系统和导弹发射装置的高价值目标，能持续不断地予以打击和摧毁。

全方位高级作战。要点是：拥有制信息权，能在关键时间向关键地点投送占绝对优势的军事力量；能在冲突升级的关键时刻，压制敌军，取得绝对控制权；能实施近战、机动战、精确战、压制战、摧毁战、情报战、信息战等多种作战样式。

行动中心战。根据当时战场需要采取的“行动”，而不是预先的“计划”、做出反应、实施的作战样式。

全谱行动。它“是指陆军部队在实施战争或非战争行动中所遂行的各种行动”。“全谱行动”从纵向上看，包括大规模战区战争、小规模应急行动与和平时期军事参与行动；从横向上看，有进攻行动、防御行动、稳定行动和支援行动。

稳定行动。“稳定行动”是美陆军为“促进和保护美国国家利益”而采取的旨在“促进和保持地区和全球稳定”的军事行动。

火力圈。其实质是使用各种海上（主要是舰载）对陆攻击武器系统，对一定范围内的陆上目标实施火力突击，支援陆空作战。

自主作战能力。它要求利用正在逐步成熟的机器人技术和自动化控制技术，增强海军和陆战队的无人机和无人驾驶车辆在复杂环境中的作战能力，扩大美海军在敌近海地区的作战空间，增强侦察和打击能力，减少人员伤亡。

舰对目标机动。是一种全新的两栖作战理论，基本点有四：一是利用先进的侦察与监视系统，查明敌人海上和岸上防御的弱点；二是不预先确定两栖作战目标区，不实施长时间的准备，而是利用最新情报信息，在最后时刻调整作战计划；三是登陆部队在不于岸上建立登陆场的情况下，直接从“超视距的海上”攻击敌纵深内目标；四是登陆部队指挥官利用分散指挥与协调而不是传统的指挥控制，来“指导机动部队从海上出发线向岸上航渡”。（王保存《美军近年来的“军事概念”创新》，《外国军事学术》2002 年第 7 期）

（刘克俭）

俄军作战问题研究 2002 年，俄军围绕抗击空天袭击的战略性战役、火力毁伤、战区防空、空军作战思想及进攻作战方法等问题展开了一系列研究。

关于抗击空天袭击的战略性战役 俄军认为，在现代战争中，作战重心正在转向空天，谁能在首次交战夺取空中和太空优势，谁就将可能取得地面军事行动的胜利。俄军战略性空天一体防御战役，是按最高统帅部的企图和计划实施的在目的、任务、地点和时间上协调一致和相互联系的空中进攻战役、空中防御战役、战斗行动和突击的总和，是俄军战略性战役的基本样式之一。

目的和任务。抗击空天袭击战略性战役的主要目的是：在 12 个战略性空天方向上抗击敌首次和后续空天进攻战役（战局），为夺取和保持战略制空权、制天权及实施战区战略性战役创造有利条件，同时削弱或压制敌战略和战役预备队，粉碎或破坏敌战区间的兵力兵器机动，降低或破坏敌国家和军队指挥。为此，在该战役中，俄军首要遂行的任务有：在空中、太空、地面和海上毁伤（破坏）敌人空天进攻兵力兵器结构的基本组成部分，掩护最重要的国家设施和武装力量集团免遭敌空中和太空侦察与突击。

参加兵力与指挥。由于抗击敌人空天袭击的战略性战役属于联合战役，因此，参加该战役的兵力除空军和太空兵外，还包括海军航空兵的部分兵力、总参直属的侦察和无线电电子对抗部队、盟国的空军和防空兵器等，并集中数个空防集团军、军区和舰队的防空兵和突击力量共同实施战役。在这类战役中，空军将起主要作用。

最高统帅部大本营通过总参谋部对该战役实施统一领导，并确定战役的目的与任务、参加战役的军队编成，以及组织指挥、协同和保障的原则。空军总司令通过空军总司令部和各军团（兵团）司令部，以及协同行动的其他军种军团和兵团司令部对战役实施直接指挥。空军总司令部根据最高统帅部和总参谋部的指示，吸收有关军种和太空兵的指挥人员拟制战役计划和进行战役准备。

主要行动样式。包括侦察预警、反卫星作战、反导作战、消灭敌巡航导弹、实施空中战役等。（李大军等《俄军抗击空天袭击的战略性战役理论研究》，《外国军事学术》2002 年第 5 期）

关于战区防空战役 俄军战区防空战役是预先计划的，在一定时间范围内按照统一的企图和计划，在战区武装力量总司令的直接指挥下，由战区各军种军团和兵团实施的在目的、任务、地点和时间上协调一致和相互联系的战斗行动的总和，其中空军和防空军起着决定性的作用。俄军认为，该战役属联合战役，是未来大规模战争防空作战的重要样式之一，是大陆战区战略性防御（反攻）战役的组成部分，同时也可能是该空天方向上战略性防空战役的组成部分。

目的与任务。战区防空战役的可能目的是：破坏（反击）敌空中进攻战役，削弱其航空兵和导弹集团；掩护战区的部队集团，保存部队的战斗力，保卫军队和国家的重要目标；为夺取制空权创造有利条件。

为达成此目的，俄军要求参战部队遂行以下任务：侦察敌准备和发起空中进攻战役的情况，查明敌航空兵和导弹实施突击的方向和地区；在敌发起空中进攻战役前或发起时刻，以航空兵、导弹兵与炮兵、陆军航空兵和战区内的舰队突击力量，消灭敌最危险的航空兵、战役战术导弹、战术导弹和巡航导弹集团、侦察突击综合系统目标，以及航空兵指挥和引导系统；掩护己方主要的部队集团、导弹兵与炮兵阵地、航空兵机场、指挥所等目标；对敌实施电子干扰，掩护己方部队集团和目标免遭敌高精度武器的打击。

参战兵力与战役内容。参加该战役的力量包括：方面军所属的陆军防空兵部队；舰队的部分攻击力量和防空兵力；编入各方面军的空防军团；盟国的空军与防空部队；专门指定的方面军导弹兵与炮兵、陆军航空兵、方面军侦察突击综合系统、侦察与电子战兵力兵器；最高统帅部空防兵力兵器预备队的部队。

战区防空战役的主要内容包括：侦察信息行动；航空兵、导弹兵与炮兵及舰队力量单独实施的先敌火力突击或迎击—还击行动，以及突击敌机场、导弹阵地、航空兵和导弹指挥控制系统的战斗行动；方面军防空兵、空防军团及盟国空军与防空军部队，为反击敌航空兵和导弹的密集突击而协调实施的一系列同时和先后发起的空中交战、防空交战；方面军防空兵、空防军团、舰队防空力量和盟国的防空部队为反击敌轮番空袭和后续突击而实施的战斗行动；电子战行动等。

战役布势。战区防空部队和力量的战役布势通常编为2~3个梯队。第一战役梯队由第一梯队方面军空防集团军的防空部队、歼击航空兵、舰队防空部队，及有关盟国的防空部队构成。第二战役梯队由第二梯队方面军空防集团军的防空部队和歼击航空兵、战区武装力量总司令直属防空兵团和部队，以及空防预备队构成。

战役实施。战区防空战役从发现敌空袭兵器大规模升空后开始，通常分为2~3个阶段实施。在战役第一阶段，方面军航空兵、导弹兵与炮兵，以及舰队的突击力量对敌整个目标体系实施先发制人的突击或还击—迎击性突击，削弱其进攻航空兵和导弹集团，降低敌首次密集突击的效果。该阶段可持续1至数小时。在战役第二阶段，方面军空防集团军前线航空兵、盟国的空军与防空军与进攻之敌实施空中交战；第一梯队和第二梯队方面军的空防部队实施防空交战；以及对敌机场、导弹阵地、防空兵器和指挥所系统实施突击。该阶段可能持续数小时到一昼夜。在战役第三阶段，方面军空防部队与敌进行空中交战和防空交战，以航空兵、导弹兵与炮兵实施突击，以反击敌后续突击、彻底粉碎空中之敌，瓦解其进攻目的。该阶段通常持续数个昼夜。有时，第一阶段和第二阶段可能在时间上重合，此种条件下，整个防空战役将由两个阶段构成。（陈建民《俄军战区防空战役》，《外国军事学术》2002年第7期）

关于俄空军进攻作战新方法　俄空军认为，空中进攻作战是夺取制空权的最有效手段之一。

空袭作战。俄空军空袭作战的原则是：综合运用信息—火力突击等手段对敌实施毁灭性空中打击；突然袭击，先发制人；整体作战，密切协同；周密准备，全面保障；统一指挥，集中控制；常规与核突击并举。基于以上原则，俄军确定的新战法有：第一，信息—火力突击，即在未来战场上合理运用侦察、电子战兵器和火力毁伤兵器，实时发现目标并进行火力毁伤。第二，电子—火力突击，即航空兵在实施密集突击和小编队突击时，先以反辐射导弹或各种干扰手段对敌防空系统实施电子压制，然后再以空地导弹和精确制导航空炸弹实施密集火力毁伤。第三，远程精确打击，即航空兵在遂行密集突击或小编队突击时，在敌防空火力圈外对其实施远程精确打击。

空降突击。未来，俄空降突击作战方法主要有：第一，大规模集中空降突击，即在一次空降中通过机降和伞降约1个空降师的兵力遂行作战任务。空降突击力量由突击编队与保障编队构成。第二，袭击式空降突击，即使用1个加强连至1个师（旅）的兵力遂行任务，具体空降纵深根据任务而定。第三、特种空降突击，该种突击行动使用的兵力规模较小，空降纵深根据任务而定。遂行该种空降行动的主要目的是在次要方向上实施空降佯动，配合地面部队进行游击战等。（胡防卫《俄罗斯空军进攻作战战法初探》，《现代军事》2002年第6期）

关于火力毁伤　俄军认为，现代军事理论和实践发展的一个特点是："火力毁伤在达成战斗（战役）目的方面的作用急剧提高。在现代条件下，对敌火力毁伤是合同战斗（战役）的最重要组成部分。"为此，俄军十分重视对火力毁伤理论的研究。具体体现在以下几个方面。

战斗（战役）中对敌火力毁伤的原则。主要包括：

第一，在关键时刻集中火力毁伤力量于主要方向，即在（战斗）战役中，在关键时刻集中各种火力毁伤力量，形成强大的火力突击力，并根据情况综合运用各种火力毁伤样式和方法，在最重要的方向上对影响战斗（战役）进程和结局的主要敌人和目标实施重点毁伤，使其遭受重大损伤，不能组织有效的抵抗，从而达成火力毁伤目的，确保完成所受领的任务。

第二，火力毁伤与军队行动密切协同。该原则作为组织和实施有效火力毁伤的一个基本条件，是合同战斗的一条重要原则——协调使用各兵种和专业兵分队并保持其不间断协同动作的必然结果。

第三，果断、积极和突然地实施火力毁伤。该原则的实质是在战斗或战役过程中，力求在敌人最意想不到的时间，使用其意想不到的方法和手段，通过火力毁伤给敌人集团和目标造成不间断的、及时的和不断增长的损失，从而使其丧失有组织抵抗的意志。

第四，连续打击和不间断地实施支援。即在战斗或战役过程中不间断地达成火力毁伤的目的，在空间上不间断地对敌实施火力毁伤，以火力支援己方军队的行动和在组织、实施火力毁伤时不间断地指挥火力毁伤兵力兵器。

第五，实施坚决而不间断的指挥。俄军认为，坚定而不间断地指挥对敌火力毁伤可以达成：使火力毁伤的目的、方式和方法与粉碎敌人的目的和方式紧密地协调一致；坚决、积极而突然地实施火力毁伤；在关键时刻集中主要毁伤力量与主要方向，以确保完成首要任务和毁伤敌最重要的目标；在作战行动过程中，保持不间断地对敌实施火力毁伤和以突击与火力支援己方军队行动；先敌实施火力毁伤和及时可靠地对敌实施突击；在作战过程中全面保障火力毁伤兵力兵器的行动。（李春红等《俄军战斗、战役中对敌火力毁伤的原则》，《外国军事学术》2002 年第 5 期）

集团军战役中对敌火力毁伤的方法。俄军集团军战役中对敌火力毁伤分为两种情况。

第一种情况，为了顺利实施整个战役而在集团军整个地带内对敌实施的火力毁伤。这种方法包括：方面军（集团军）组织的首次和后续密集火力突击、航空兵和导弹（集团和单个）突击，以及按集团军司令、兵团指挥员计划实施的炮兵火力袭击、各种火器的集团射击和单个射击。在这种情况下，按方向实施的对敌火力毁伤是整个火力毁伤的重要组成部分。

在防御战役中，首次密集火力突击将以还击或还击一迎击的形式实施。包括 1～2 次航空兵密集突击，几次战役—战术和战术导弹常规装药发射，多次炮兵火力袭击，以及实施电子战等。密集火力突击的持续时间约为 4～6 小时甚至更长。后续火力突击将在战役发展的最关键时节、在扼守集团军防御地区或按顺序遂行战役任务时实施，首先是破坏敌预备队的开进和展开、削弱其航空兵和导弹炮兵集团。

在反攻（进攻）战役中，对敌火力毁伤从实施首次密集火力突击开始。集团军参加方面军的密集火力突击，也可独立实施密集火力突击。其持续时间为 2～3 个小时，包括 1 次航空兵突击、2～3 次导弹发射，几次炮兵火力袭击。

第二种情况，在遂行某些战役任务时按方向实施火力毁伤。此种火力毁伤在司令员（指挥员）规定的地域和时间内实施，并与军队的行动协调一致。在防御战役中，按方向实施火力毁伤包括：火力反准备、在争夺每一道防御地区时对敌实施火力毁伤、实施反突击、粉碎敌空降（登陆）等。在反攻（进攻）战役中，按方向对敌实施火力毁伤包括：在突破敌人防御地区和强渡水障、机降和支援己方空降兵、支援奔袭支队在敌人后方行动时的对敌火力毁伤。（李春红《俄军集团军战役中对敌火力毁伤的几个问题》，《外国军事学术》2002 年第 1 期）

（刘万军）

日本作战问题研究 2002 年日本军事学术界对作战问题研讨的焦点主要集中在：努力使各军兵种的战役战术法具体化。并结合形势发展，提出适合自卫队情况的新作战理论，如应付武力攻击事态、生物武器的基本理念及弹道导弹作战的基本概念，并加强实际演练。其作战理论的新变化主要如下：

鼓吹日海上自卫队阻止中国推进海洋战略 日本杏林大学教授平松茂雄宣称，如果台海两岸实现统一，那么中国就会成为面向太平洋的国家，台湾海峡就会成为中国的“内海”，就等于中国控制了台湾海峡和巴士海峡等日本海上通道的重要据点。因此，日海上自卫队应发挥更大的作用，必须和美国海军共同努力，使中国海军与苏联海军一样走向“末路”。

保卫海上通道。日本的陆地国土面积为 37.8 万平方千米，在世界上居第 54 位，由于日本在 1996 年 7 月批准联合国海洋法公约，从而在日本的周边海域设定了 200 海里专属经济水域。因此，日本可以管辖和利用的海域非常辽阔，其面积为 451 万平方千米，居世界第 6 位。海域面积相当于陆地面积的 12 倍左右。日本绝对不是国土狭小的国家。日本的海上通道主要有两条，一是通往位于太平洋彼岸的美国和澳大利亚的通道，二是从南中国海通过马六甲海峡，经由印度洋到中东的通道。不言而喻，海上自卫队的主要任务之一是“保卫长达 1000 海里的海上通道”。但是，与同日本毗连的俄罗斯、韩国和中国之间，存在北方领土、竹岛和尖阁群岛（即钓鱼岛）等领土问题，日本对上述的周边海域无法行使主权。

警备领海。中国把推进海洋战略作为国家战略，充实海军力量，并以此为后盾积极进入中国的周边海域。中国从 20 世纪 90 年代中期开始在日本一侧的海域进行调查活动。据认为，中国进行调查活动的目的不仅是为了进行石油开发，而且是为了潜艇出航。从日本以往对中国海洋调查船活动的态度来看，很显然，海上保安厅是束手无策的。必须把警备领海的任务全面地交给海上自卫队，并为此而迅速完善必要法律的时期已经到来。

协助美军阻止中国统一。对日本来说，台湾是海上通道的生命线，因此，对台湾与中国大陆的统一决不能等闲视之。中国之所以坚持与台湾统一，是因为台湾地位重要，台湾是中国为进入海洋而必须确保的地区之一，而决不仅仅是因为“台湾是中国的领土”。同样，日本西南群岛地理位置的重要性也不亚于台湾。如果中国想通过诉诸武力实现与台湾的统一，那么不管是否愿意，日本的西南群岛就会被卷入冲突。

另外，对进入海洋的国家来说，尽管是像钓鱼岛那样的小岛，但其战略价值却非常之大。因此，如果中国通过武力实现与台湾的统一，那么，在东亚的盟国和友好国家当中，能够协助美军行动的就只有海上自卫队。为此，美国海军和海上自卫队就必须不辞辛苦，共同做出努力。(〔日〕日平松茂雄《中国打入海洋与海上自卫队的作用》，《世界周报》周刊 2002 年 8 月 20 日至 27 日)

《武力攻击事态法案》对应付武力攻击事态的基本理念作出 5 条规定 2002 年 4 月 16 日，日本安全保障会议和内阁会议通过了“有事法制相关三法案”。其中，《武力攻击事态法案》对所谓“周边事态”理论做出了进一步规定，提出了“预测日本可能遭受的武力攻击事态”这样一个“推断有事”的新概念，从而为自卫队以保卫国家安全的名义独立遂行“自卫”作战或与美军实施联合作战奠定了法理基础。关于应付武力攻击事态的基本理念的规定有 5 条：

一是应付武力攻击事态时，国家、地方公共团体及指定公共机构在征得国民协作的同时，必须相互通力合作，采取万全之策。

二是在事态紧迫、预料将发生武力攻击时，必须力避武力攻击的发生。

三是在发生武力攻击事态时，必须在排除武力攻击之同时，力求迅速终止之。

四是在应付武力攻击事态时，必须尊重日本国宪法所保障的国民之自由与权利，在其受到限制时，其限制应控制在应付武力攻击事态的必要之最小限度，且必须在公正、适当的程序下实施。

五是在应付武力攻击事态时，必须在依照日美安保条约与美利坚合众国紧密合作之同时，取得联合国及国际社会的理解与协作性行动。(〔日〕《朝云》报 2002 年 4 月 25 日)

探讨加强应对生物武器的威胁 日本防卫厅提出，如何应对综合性生物武器，将日益成为防卫厅和自卫队的一个重要课题。

生物武器的特点和作用。生物武器具有 5 个特点：①造价低廉，易于制造；②受害者从感染到病症发作通常有数天的潜伏期；③武器使用后不易被发觉；④即使不使用也可以产生强大的心理效应；⑤个别生物药剂在特定环境下使用可以造成重大人员伤亡。鉴于上述特点，生物武器既可用于打击军事目标、袭击平民，也可以用作恐怖手段。其按功能大致可以分为战略武器、战术武器和恐怖手段 3 种。作为战略武器，使用者可用其大量杀伤对象国平民，使该国的政治经济中心瘫痪，进而达到制服该国的目的；也可仅作为一种威胁手段，将自己的意图强加于对象国，等等。作为战术武器，使用者可将其用于干扰别国军队针对其他武力攻击的防御行动。作为恐怖手段，使用者既可用其杀害平民以达到某种政治目的，也可以单纯用于制造恐怖和社会不安。

日本防卫厅和自卫队应针对已日益显现的生物武器威胁做好适当准备。如有国家或恐怖分子等团体向日本发动生物武器袭击，防卫厅和自卫队应针对下列事态做好准备。

无须防卫出动的场合（生物恐怖）。一是灾害派遣等。当日本境内发生生物恐怖事件时，首先应由警察、消防机关和劳动省予以处理。自卫队方面则应以陆上自卫队的化学部队和各自卫队的卫生部队等为中心展开对受害者的救助等支援活动。此外，当发生核生化恐怖事件这类大规模毁伤性恐怖事件时，根据 2001 年 10 月 26 日政府制定的《应对生物恐怖的责任分担表》，防卫厅须承担以下义务：提供应对方法的相关情报，配备防护衣、检测器材等设备，依据《传染病法》协助都道府县运送患者、提供治疗设施和医疗服务、防止传染扩散等。二是治安出动。当发生武装间谍入侵并可能使用生物武器、而普通警力又无法应对等紧急事态时，自卫队将依据“治安出动”相关条款对其予以镇压。此外，关于政府整体的责任划分，相关省厅应对警察机关进行的镇压、搜查等活动提供积极的支援与合作；而防卫厅和自卫队则应对上述活动给予最大限度的合作。

需要防卫出动的场合。当日本遭受外部武力攻击时，自卫队将依据“防卫出动”（见自卫队法第 76 条）相关条款予以应对。在此情形下，对方可能使用生物武器发动大规模恐怖袭击。此时自卫队的首要任务是保卫国家，努力通过破坏对方生物武器的运载手段等方法将恐怖袭击消灭于未然。如果该生物武器已经使用，则必须首先保护自身免遭伤害，以确保能够继续执行任务。此外，自卫队不仅要考虑人口稠密地区和政治经济中心遭受直接生物武器袭击的情形，还应考虑防卫厅、自卫队本身成为直接生物攻击目标并对普通国民造成间接伤害的情形。在此情形下，自卫队必须首先具备坚实的自我防护能力。

其他场合。一是在海外活动的自卫队的防护。近年来自卫队在海外活动的机会逐渐增多，部队很可能在派遣国或中转地被卷入当地的突发性生物恐怖事件。此时必须确保部队至少在撤离该危险地区前不会遭受生物药剂的侵害。因此，对于在海外活动的部队，其编制和装备都要予以特别对待。二是各自卫队间的合作。为使自卫队在应付生物武器时进行必要的自我防护，陆、海、空各自卫队之间必须紧密合作。（日本防卫厅《应对生物武器的基本考虑》，〔日〕《朝云》报 2002 年 1 月 24 日）

提出弹道导弹作战的基本概念 日本军事专家坂上芳洋认为，根据日本可能受到的现实威胁，弹道导弹防御系统对保障日本的国家安全十分必要。就目前的中期防卫力量发展计划来看，日本的弹道导弹防御武器系统主要包括海上自卫队的“宙斯盾”舰和航空自卫队的“爱国者”防空系统。弹道导弹防御作战的基本概念如下：

*弹道导弹防御作战的目标。*①通过纵深防御构建完备的弹道导弹防御系统。②防御日本全境免受弹道导弹的威胁，特别是提高人口稠密地区或工业地带等重点目标对大规模攻击的抵御能力。③在可减轻大规模毁伤性武器毁伤效果的高层空间拦截来袭弹道导弹。

*弹道导弹防御联合交战规则的核心思想。*①部队的任何一个作战平台均能对弹道导弹实施探测与跟踪，在已识别敌方来袭目标且对日本或盟国构成威胁，而作战系统具备拦截能力且跟踪平台已完成发射计算时，这些作战平台便可以通过声音或数据向作战系统输入指令，对来袭导弹实施拦截。②对已突破防线或拦截失败的来袭目标，其他作战平台可自动启动系统对其实施拦截。③在优先考虑击落来袭导弹之前提下，为有效保存拦截导弹，联合弹道导弹防御部队指挥官对过剩摧毁力进行调整。

*应注意的问题。*由于弹道导弹防御系统正式投入实战部署仍需假以时日，此前的作战或实施事项应注意：①利用现有全部兵力兵器，继续实施军民联合弹道防御演习。②努力维持和提高全部弹道防御系统的战斗系统、防空系统、特别是 C^4I 系统的效能。③利用一切手段搜集弹道导弹发射前、飞行中和发射后的相关情报。④当具有潜在敌对意识国家发射弹道导弹，且其弹着点位于日本领土、领海内时，日本政府应采取包括使该发射设施中立化在内的紧急断然措施。（〔日〕坂上芳洋《日本弹道导弹防御系统的现状与未来》，《装备与技术月刊》2001 年 10～11 月号）

（薛　丰）

韩国作战问题研究 **韩军“攻势防御”强调 5 个结合** 有作者撰文指出，韩军既注重采取有力措施“遏制战争爆发”，同时又强调一旦遏制失败，必须转而采用作战手段应付不测事态。韩军为贯彻“攻势防御”的作战方针，强调要加强以下 5 个结合：

阵地防御与机动打击结合，增强防御的稳定性

韩国防御纵深只有 300～400 千米，从军事分界线到汉城的最近距离不到 50 千米。因此，韩军强调在坚持前沿要点“固守防御”的同时，要灵活地动用和适时投入战役机动部队或预备队，坚决阻止敌人进攻和突破，迅速封闭突破口，围歼突入集团，确保前沿防御的稳定与可靠。

前方抗击与纵深攻击相结合，短期内夺取战场主动权 韩军将前方抗击与纵深打击有机结合视为夺取战役胜利的重要手段。这种结合是指对敌战役布势全纵深实施立体突击，为战略反击创造条件。

正面防守与侧后打击相结合，加快战役发展进程

韩军认为，在未来战争中，韩美军将首先处于防御地位。为了有力地配合正面防御，加快战役进程，实现“初战必胜”的作战目标，韩军十分重视对敌后实施强大突击，或开辟第二战场，在敌后实施大规模两栖登陆作战。

地面突击与海空袭击相结合，发挥立体火力优势

为夺取空中优势和配合地面防御，韩美军计划首先实施“攻势制空作战”。在夺取制空权的同时，美空军首先出动 B－52 型战略轰炸机空中布雷封锁对方的主要海军基地。然后出动航空兵和战舰对围困在海湾内的对方舰船实施海空立体火力突击，力争将对方海军主力围歼于港湾内。

正规战与非正规战结合，实施全方位总体战 韩军设想“未来战争的样式很可能是正规战与非正规战相结合的一场短促激烈的战争”。为此，驻韩美军和韩美联合部队司令部在先后组建特种作战司令部的基础上，更加重视非正规战演习。目前，韩美军的特种部队规模约为 3.9 万人，已成为韩军中战斗力和机动力最强的一支部队。在使用其进行特种作战的同时，也运用特种部队进行多层次的反非正规战，以有效地抗击敌特种作战部队空降、登陆和破袭活动。（吕美璋、李宏伟《韩军现行作战思想试析》，《外国军事学术》2002 年第 1 期）

（薛　军）

军队建设问题研究

中国军队建设问题研究 2002年，中国军事理论界继续深入探讨高技术条件下的军队建设问题，对于从机械化到信息化的跨越式发展、制交通权建设等方面的研究有突出进展，在军事训练、装备发展、后勤保障、军事法制建设方面的研究也有一定突破。

关于高技术条件下的军队建设问题研究

分析从机械化军事到信息化军事的表现 当前及今后一个相当长的时期，机械化军事向信息化军事过渡有四个表现：

*在军事技术方面，正由军事工程革命走向军事信息革命。*属于信息化军事范畴的军事信息革命在西方国家始于20世纪70年代，分为军事传感革命和军事通信革命两个阶段。军事传感革命的主要表现是：出现了计算机控制的探测器材，以及单个作战平台和武器系统的计算机化。在西方发达国家的军队中，军事传感革命目前已接近尾声。始于20世纪80年代初的军事通信革命是军事信息革命的第二阶段，其主要成果是：由于数字技术广泛应用于军事领域，出现了可以处理大量数据信息的指挥、控制、通信、情报与计算机系统（即C^4I系统）。

*在武器装备方面，正由机械化装备向信息化装备过渡。*武器装备信息化导致的结果是，武器系统智能化，作战系统一体化。智能化武器系统具有人类大脑的部分功能，不仅能利用自身的探测和信号处理装置，自主地对目标群进行分析、区分和识别，还能把搜索区内的目标排出先后顺序，掌握最佳攻击时机，攻击最有价值的目标，使表示命中精度的圆概率误差趋于零。作战系统的一体化包括两层意思：一是功能上的一体化，即过去由几件单独的武器来遂行的作战职能，如火力控制、作战指挥、火力打击、战场防护、战场机动等，现在由一个武器系统来完成；二是结构上的一体化，即通过各级C^4I系统，把整个战场上各军兵种的武器系统、作战平台、保障装备联为一体，使战区内成千上万个火力单位和作战部（分）队紧密配合，协调行动。

*在战争形态方面，正由机械化战争向信息化战争转变。*在这个过渡时期内的战争形态是高技术战争。信息化战争要等到21世纪中叶美国等西方国家建成信息化军队之后才会出现。信息化战争与机械化战争相比可能有以下特点：战争的动因更趋复杂，目的更加有限，持续时间更短；战争的破坏毁伤小，特别是人员伤亡少；作战力量中，计算能力、通信容量和可靠程度、实时侦察与监视能力，计算机模拟能力等无形要素，将起更大作用；战争一体化程度高，“平民化”趋势明显；战争的直接交战空间小，而相关空间大；信息是最重要的作战资源，争夺“制信息权”的斗争将贯穿于战争始终。

*在军事组织体制方面，正朝着“便于信息快速流动”的方向发展。*军事组织体制从工业时代走向信息时代的实质是：使信息这一构成战斗力的主导要素能在军队内快速、顺畅、有序地流动，以适应打信息战或信息化战争的要求。为此，发达国家的军队正在酝酿变纵长形“树”状领导指挥体制为扁平形“网”状指挥领导体制。这种体制的最大优点是信息传输快，抗毁能力强，其结构特点是：外形扁平，横向联通，纵横一体。外形扁平要求减少指挥层次，缩短信息流程，充分发挥横向网络的作用，使尽量多的作战单元同处于一个信息流动层次。横向联通是指，不仅平级单位之间能直接沟通联系，各作战平台之间也能实时交换信息。（王保存《从机械化军事到信息化军事——军事形态的跨时代变革》，《中国军事科学》2002年第1期）

提出以信息化带动机械化的方法和途径 以信息化带动机械化，努力实现国防和军队建设的跨越式发展，是一项内涵丰富、涉及面广、集成度高、整体性强、持续时间长的系统工程。其方法和途径有以下几种：一是利用信息技术的渗透性，实施嵌入改造式跨越法。嵌入改造式跨越法，是指通过嵌入或融合以信息技术为主的高新技术来改进现役装备，提升其信息化含量，使之性能得到明显改善，功能有所增强，从而实现作战效能的跃升。二是利用信息技术的融合性，实施系统集成式跨越法。就是运用系统集成的概念，站在大系统的高度对军队建设进行顶层设计，将原本分立、联系松散或关系不顺的若干子系统整合成一个功能紧密耦合的一体化新系统，使之产生其各要素或子系统分立状态时所不具备的新质，形成远远大于各个要素或子系统功能之和的新的整体功能，从而提高军队信息化建设的整体水平。三是利用信息技术的跨越性，实施直接跃升式跨越法。即在军队建设的某些方面脱离传统建设思路的束缚，直接按信息化的标准进行设计、研制和建设，使之跨越机械化阶段而直接实现信息化。四是利用信息技术的通用性，实施借鉴引进式跨越法。即根据信息化建设的总体需求和发展规划，通过对外军先进技术、产品的吸收引进，来提高军队建设的开发效益和发展速度。五是利用信息技术的两用性，实施依托兼容式跨越法。即利用信息技术的两用性，以军民结合为主要手段，依托民用技术、产品、设施以及高素质人才实现军队建设的跨越式发展。六是利用信息技术的倍增性，实施结构提升式跨越法。即利用信息技术的倍增性，以增强信息能力为根本目的，对军队结构进行改革调整和优化提升，从而推动军事信息化的进程。为此要注重培养具有信息素质的信息化军人，构建横向一体化、纵向扁平化的栅格式指挥体系，推进信息化的兵力编成。七是利用信息技术的仿真性，实施手段创新式跨越法。即通过创新科研手段来提升军队建设的速度，也就是根据军队建设的总体需求，在虚拟现实技术创造的“人工合成环境”中，利用仿真演示系统，对信息化建设项目的设计方案和战技性能进行演示或检验。(徐小岩《以信息化带动机械化发展的战略构想》，《中国军事科学》2002 年第 2 期)

加强高技术战争交通战场建设 现代高技术条件下，争夺制交通权已成为夺取战争主动权的一个重要方面。这在客观上形成了一个相对独立的交通战场，使交通战场建设的问题赫然凸现出来。

交通战场是随着高技术条件下战争的产生发展而产生发展的。高技术条件下，作战手段多且威力大，对交通整体破坏力增大，使得交通本身成了战争的重要组成部分，交通线扩展成了战场；双方消耗量空前增大，交通运输成了作战的“动脉”，断“动脉”与护“动脉”必然地成了战场的一部分；战场空间扩大，交通补给点多、面广、线长，机动作战所依托的战场同时就是交通战场。同时，交通战场上的斗争愈益激烈并对战争主动权的影响越来越大。

交通战场的建设是国防现代化、军事斗争准备的客观要求和重要任务。因此，交通战场的建设，必须满足国防现代化、高技术战争提出的客观要求，把交通战场建设纳入国家建设总体规划中并同步实施，建立配套的、技术含量较高的交通战场体系，按交通战场作战要求整合一支训练有素的以保交、破交为主要任务的武装力量，建立一个高效的交通战场指挥管理体制。

交通战场建设应确立攻防兼备、多维并重、系统配套、重点突出、军民两利的思想和原则。交通战场建设要从国家安全大局出发，综合考虑政治、经济、军事等各方面利益需要，按照国家发展战略目标和步骤，依据今后相当长一段时间内周边安全环境和战争的可能发展与需求，全面规划，统筹兼顾，合理安排，抓好落实。根据这些要求和实际情况，中国交通战场建设应确立如下一些思想和原则：一是既要有利于防御，还要有利于进攻；二是以交通运输为中心，系统配套；三是兼顾多个战略方向，突出重点；四是既要有利于作战，也要有利于国民经济建设与发展。(姚有志、陈泽亮《高技术战争交通战场建设初探》，《中国军事科学》2002 年第 3 期)

关于军事训练问题研究 **联合训练急需向高级阶段发展** 有人曾经以“鸡蛋”作比喻，把联合作战、联合训练中的“联合”划分为三种类型：第一种类型是把“三个鸡蛋”置放在一个碗里，这叫初步联合；第二种类型是把“三个鸡蛋”打开放在一个碗里，这叫有限联合；第三种类型是把“三个鸡蛋”打开后充分搅拌，融成一体，这叫全面联合。不可否认的是，在当前一些联合作战演习中，“联合”尚处于初级阶段，近似于第一种类型。这种演习给人一种“唱折子戏”的感觉。不能不清醒地认识到，我们的“联合”如果只停留在这一种类型，“联合”的战斗力增殖效应是十分有限的。高级的“联合”才能发挥出最大的整体作战威力。而我们离第三种类型的联合还存在一定的距离。在一些演习中，情况设置简单、演习如演戏、敌人似弱智的现象比较普遍。这些情况说明了一个问题，就是一些联合训练没有从难要求。俄国军事家苏沃洛夫说过“练兵若难，进军就易；练兵若易，进军就难。”这句话强调了从难训练的重要性。为提高联合作战指挥能力，打赢未来高技术条件下的联合作战，一定要从难要求，促使联合训练向高级阶段发展，“仗怎么打，将就怎么训”，宁败于操场，不败于战场。(袁文先《强化联合作战指挥训练》，《解放军报》2002 年 4 月 9 日)

积极推进陆军兵种训练 一是确立兵种训练的新观念。积极推进兵种训练的深入发展，必须坚持解放思想、改革发展、开拓创新、大胆实践的新观念。实践一再证明，改革是军事训练发展的强大动力。兵种正在成为陆军部队的主体，肩负着越来越重要的使命。面临军事斗争准备的新形势、新任务，兵种训练只有不断改革发展，才能不断提升战斗力。改革重在实际问题，如何紧贴作战任务开展基础训练和应用训练、如何开展重点难点攻关、如何加快科技练兵成果转化、如何组织整建制实战化训练和联合作战训练等，都需要积极探索。二是准确把握兵种训练的新特点。现实的军事斗争准备，为兵种训练改革提供了一个新的契机；新军事革命的发展趋势，拓展了兵种训练的内容。兵种训练的改革与创新，应从解决技术到战术、基础到应用、指挥到保障等多方面问题入手，围绕军事斗争准备的任务，充分利用新的训练大纲提供的创新空间，解决新的训什么、怎么训的问题。在兵种训练中，人才问题不可忽视。现在的陆军技术兵种，已有上百个专业、数百个岗位，需要既懂指挥又懂技术的指技合一型人才；技术兵种部队是陆军中的主要作战和支援力量，需要既精通兵种又熟悉合成的指挥人才；兵种部队作战能力的形成与释放具有独特性，需要既有理论创新又有实践创新能力的专家型人才。因此，技术兵种的训练创新，人才培养就显得尤为重要。三是大力推进兵种训练的新实践。要以作战任务为牵引，搞透作战对手和战场情况，明确训练改革的目标，提高部队的能战度；要重点开展对抗性训练和实兵演练，突出使命课题研练，抓好整建制部队的实战化训练；要使应付战争的准备走出机械呆板的模式，比如，军事训练不能固定于“新三打三防”，“老三打三防”也不可丢弃，同时还应不断研究新的打法和防法，总之，训练不可固定化；要适应联合作战要求，在组织完成兵种协同训练的基础上，通过系统研究兵种在联合作战中的主要任务、行动原则、组织指挥、战法运用和综合保障等问题，尽快形成战略、战役、战术层次相衔接的训练思路。（石志远《利用创新空间，提升训练质量》，《解放军报》2002年4月16日）

重视非战争行动训练 非战争行动是一种特殊的军事行动，通常包括维稳行动、抢险救灾、维持和平行动等，其行动方式、指挥层次、斗争环境等方面与战争有着本质区别。遂行非战争行动，是军队使命所系、形势所迫、任务所需。在中国，各种自然灾害对人民的生命财产、国家经济建设构成严重威胁。据统计，约有三分之二的国土面积发生过不同程度的洪水灾害，建国以来平均每年发生火灾约有4万多起，地震等其他自然灾害也频频发生，阻碍了经济繁荣与发展。近年来，国际恐怖主义、民族分裂主义、极端宗教主义毒瘤的恶性发展，已成为危及国家安全、社会稳定、祖国统一和民族团结的一大公害。新的形势迫切要求军队担负起抵御自然灾害、维护社会稳定的历史性任务。新的《军事训练条例》适应军队新的职能与任务，增加了非战争行动的训练内容，强调锻造灵活、快速、精干，既能打常规战争，又擅长实施非战争行动的雄师劲旅，是在训练领域贯彻军委决策，做好军事斗争准备的一项重要举措。非战争行动概念的确立，拓展了军事训练概念的内涵和外延，使军事训练内容体系更加丰富，方法手段更加多样，训练保障更加复杂。搞好非战争行动训练必须坚持训战一致的原则，突出以下四个重点：一是突出政策法规的学习研究。只有严格遵守有关的法律、法规和民族宗教政策，才能根据不同事件的不同性质，依法遂行任务。二是突出专门知识和专门技能训练。专门知识和技能是指平暴制乱和抢险救灾等非战争行动特点、行动方法等。训练基本要求是：了解特点，增强官兵对事件及任务本身的理性认识和行动的针对性；熟悉原则，规范部队行动，减少盲目性；掌握专用装备、器材的性能和使用方法，增强遂行任务的能力。三是突出整体力量的形成与运用。在开展专门技能和战术训练的基础上，加强各兵种之间的协同训练，建立和完善军、政、警、民联训机制，加强训练会商，提高联防联动的整体能力。四是结合任务突出针对性。部队应根据自己所担负的任务、编制装备和驻地情况，实施针对性训练。自然灾情和暴力恐怖活动多发区部队、重点部队、特种部队和应急专门保障分队要重点训练，设置近似实战的情况，突出抢险和应急救援训练，增强应对各种突发事件的能力。（兰州军区司令部军训部《非战争行动训练》，《解放军报》2002年11月5日）

关于军事法制建设问题研究 **军事司法在战时的价值取向** 军事司法有两个基本的价值取向，一是保障军人权利，二是维护军事秩序。保障军人权利的价值取向，是指军事司法机关通过对军人犯罪和侵害国防、军事利益的刑事追究，保护无辜的军人不受刑罚处罚，同时通过对犯罪嫌疑人和刑事被告人基本诉讼权利的保障，保护犯罪嫌疑人和刑事被告人不受枉法裁判。维护军事秩序的价值取向，是指军事司法机关通过惩处军人犯罪和对侵害国防、军事利益的刑事追究，整肃军纪、优化军事秩序，以巩固和提高部队战斗力。军事司法的两个价值取向的辩证关系是动态的。在和平稳定的国际国内环境下，军事司法更关注对军人权利的维护；战时则由于受客观条件制约，需要对维护军事秩序的价值给予优先考虑。这是因为，第一，战时维护军事秩序价值与保障军人权利价值并重不能满足军事斗争的需要，为了适应战争需要，必须提升维护秩序价值在军事司法价值构成中的地位。第二，战时军事司法资源的有限性和军事司法管辖任务的矛盾尖锐对立，为缓解这一矛盾，不得不以牺牲军事司法的军人权利保障价值来保证其维护军事秩序价值的实现。第三，以战时军人权利的暂时压抑换取战争胜利，可以重建、巩固并优化社会秩序，为包括军人在内的所有人基本权利的保障和发展创造更有利的条件。

战时军事司法把握军事秩序价值优先，应做到以下几点：一是坚持从严从快原则。对于危害国防和军事利益的军事犯罪，其处罚程度要严于平时，量刑幅度要高于平时，并加快案件处理进程。二是服从和服务于军事斗争需要。战时，军事法官在判决和执行刑罚时，要征求军事指挥官的意见，刑罚的具体执行有时也要服从战时军事斗争需要。三是调整战时军事司法管辖范围。军事司法机关要调整平时的“属人管辖”原则，不仅管辖战区内集结的大量军人及与军事斗争有关人员的犯罪，而且管辖战时非武装力量成员危害国防利益的犯罪以及战俘在战区内触犯中国刑法的犯罪。四是优化诉讼程序。主要是扩大简易程序和军事法官独任审判的案件范围，灵活变通战时刑罚的执行方式。（田龙海、朱国平《战时军事司法的价值取向》，《中国军法》2002 年第 6 期）

发挥军事审判在军事斗争中的特殊作用　在现代军事斗争中，军事审判不仅具有打击犯罪、纯洁部队、维护战区秩序、保障军事订货和军事征用等直接服务于军事行动的重要作用，而且具有影响外部舆论特别是国际舆论，营造有利的政治、外交环境，与军事斗争互相配合的特殊作用。在未来的军事斗争中发挥军事审判的特殊作用，应把握以下几点：一是通过军事审判，依据国内法律和国际法，惩处被我抓获的敌方犯罪分子，宣传我武力使用的合法性，揭露敌方使用武力的非法性，争取国际社会和广大民众的普遍同情与支持，使敌方陷于丧失道义和政治孤立的境地。二是通过军事审判，处理在我封锁、禁运等军事行动中被我拿捕的人员、船舶、飞机和各种财物，为我军事行动提供法律依据，向敌方和违反国际法的其他国家施加压力，不给强敌介入提供口实。三是即使对于未被我抓获的敌方犯罪分子，未被我拿捕有关人员和财物的其他国家的违法行为，也可以通过披露在审判相关案件时获得的证据，向有关人员和国家施加压力。四是在我军事行动中违反法律的犯罪分子，不论是敌方人员还是其他国家的人员，如果处于其他国家境内，我可依据国际法要求有关国家将其引渡给我方进行军事审判。这对犯罪分子将起到强烈的震慑作用。如果罪犯所在国家既不同意引渡，也不进行审判，便违反了国际法，我在政治上、外交上处于主动地位，有权要求国际社会对该国采取外交行动或制裁措施。（李广俊、徐安军《论军事审判在军事斗争中的特殊作用》，《中国军法》2002 年第 2 期）

军事立法应当解决的问题　当前，在中国军事立法的运行与实践中，应注重解决以下问题：

一是军事立法的权限有待明确。一些人至今仍认为军事机关的立法权限缺乏法律依据。然而实际上，军事机关制定军事法规和军事规章的权力不仅事实上存在，而且为国家法律和最高权力机关所认可。不过，如何合理划分国家立法与军队立法的权限，是军事立法体制亟待解决的问题。《中华人民共和国立法法》对此有不甚明确和完善之处。该法第 90 条规定的违宪违法立法审查的对象，未将军事法规和军事规章列入其中；在授予解放军各总部、军兵种、大军区规章制定权时，没有将武警部队制定军事规章的权限规定在内。为此，国家立法应当在明确中央军委的立法权限之后，从维护社会主义法制的统一出发，对军事立法体制进行必要的补充规范，消除人们对军事立法体制存在的误解。

二是军事立法程序有待规范。随着国家和地方立法程序的法制化进程大大加快，军事立法行为的程序化和规范化的任务十分现实而紧迫。一方面，要根据中国的国情和军情，依据立法法的有关原则规定，建立一整套科学完备的立法程序，使军事立法不断走向系统、严谨和规范。另一方面，要按照国家业已确定的立法体制及其规则，建立和充实与国家立法相接轨的军事立法程序。

三是军事立法的计划性有待加强。为此，要完善军事立法规划（计划）的编制程序，使立法规划（计划）更加符合客观实际。要充分发挥军委法制局或各大单位法制机构等职能部门的综合协调和主导作用。要组织有关人员特别是立法所涉及到的各有关方面的专家学者对立法建议项目进行充分的研究、论证，避免不必要的重复立法，提高立法项目的出台率。

四是军事法规体系有待健全。要加强对军事法规体系的设计和研究工作，不仅明确各层次的军事立法规模和分类情况，军事立法体系在国家法律体系中的地位作用和依据，设计军事法规体系应当遵循的原则等，而且还应当对如何保障军事法规体系的顺利实施提出具体意见和改进措施，加强对军事立法的宏观指导和微观调控。

五是军事立法的质量有待提高。要注重规范军事立法体例和内容，增强法规条款的实用性和针对性；要消除军事立法中的部门利益倾向，保障军队的高度统一集中领导；要加强法律责任或惩处条款的设置，保证“军法从严”落到实处；要进一步统一军事法的名称，提高军事立法的权威性。（张建田《军事立法体制与军事立法实践中的有关问题》，《西安政治学院学报》2002 年第 6 期）

关于其他军队建设问题研究　**走出有中国特色的军队武器装备发展之路**　从中国的国情、军情以及武器装备建设的实际出发，中国人民解放军的武器装备建设既不能完全照搬外军高投入的模式，也不能机械效仿外军“买来主义”的模式，而应坚持自主设计，重点建设；坚持跨越式发展，重点投入；坚持衔接式推进，综合集成，走有中国特色的武器装备发展之路。跨越式发展是军队武器装备腾飞的最佳选择。循序渐进、由低到高，是武器装备发展的常规思路，但在一定条件下实现跨越式发展也是可行的。一是瞄准“前沿”，与最新技术接轨。在设计武器装备跨越发展的思路上，必须举目掠远，把眼睛紧盯在高技术的“前沿”上。直接瞄准信息化战争这一“前沿”，制定科学的发展战略，并坚定地付诸行动，就可能跨越机械化建设的高级发展阶段，而直接进入信息化建设时代。二是摒弃“尾追”，勇于另辟蹊径。要敢于突破原有的运行模式，善于趟出一条前所未有的创新之路来。要在“你发展你的，我发展我的”原则指导下，实现武器装备发展的跨越。三是研改并举，坚持“两条腿走路”。跨越式发展并不是指全军实行“大跃进”式的整体同步跨越，而是有重点、有层次、分步骤地加以实施。既要考虑到军事发展的长远要求和近期军事斗争的实际需要，又要考虑到武器装备的现实基础和经济技术的支撑能力，注重军事需求牵引和技术推动相结合，坚持“两条腿”走路，一手抓研制，一手抓改造。对于那些主战装备和武器装备体系中的薄弱环节，要通过实施有重点的改造，力争实现“一代平台、多代负载”和“一种负载、多种平台”，构成高、中、低档技术合理搭配的武器装备体系。

衔接式推进是军队装备持续发展的可靠保证。武器装备的发展，与国家的经济建设水平、军事战略需求以及国防和军队现代化建设发展总体目标等因素紧密相联，因此，必须着眼长远，搞好与诸多因素的衔接。一是与经济建设衔接，实现科研成果共享。要最大限度地利用科研成果和市场资源。对于那些国家已有的基础设施和技术资源，可以通过市场运行机制直接加以利用，而不必再去搞开发和建设。同时，要将国防科研创新与国家科技创新体系紧密相联，实现成果共享，推动军用技术和民用技术的相互转化。二是与科研指导衔接，为装备腾飞插上翅膀。在组织武器装备研制的过程中，要注重“顶层设计”，充分发挥科研指导的作用，增强工作的计划性和预见性。科学的研究论证，是提高武器装备整体效益的重要前提，也是装备建设实现良性发展的重要保证。三是与系统配套衔接，提升装备总体质量和效能。武器装备发展必须着眼于武器系统的整体需求。一方面，对于任何一件单一武器的设计与研制，都要将其纳入到一个武器大系统中通盘考虑，着眼系统的“节点”构成，用系统的眼光确立其基本战术与技术指标，使其服从和服务于整个武器系统。另一方面，要充分把握信息化战争以破坏、瘫痪敌方的战场认知、信息、指挥控制等系统为主要打击目标的特点，把那些对敌作战系统的整体威力有巨大破坏、摧毁、瘫痪作用的武器装备作为发展重点。（荀振江、耿海军《探索有中国特色的军队武器装备发展之路》，《中国军事科学》2002 年第 3 期）

加入世贸组织后如何加强军队后勤建设　军队后勤建设作为国防建设的重要组成部分，同国家经济建设有着密切的联系。中国加入世贸组织后，如何加强军队后勤建设是一个急待研究解决的问题。

首先，参与国际竞争对国内产业结构调整造成的压力，将冲击军队后勤建设的基础。为此，必须强化大后勤观念，使军队后勤建设与国家经济建设同步发展。一是以需求牵引发展，适度增加后勤投入。包括加大科技力量的的投入，提高军队后勤建设的科技含量；加大经费物资的投入，提高社会各界参与国防建设的积极性；加大队伍建设的投入，提高国防经济动员力量参与后勤建设与保障的能力。二是以科学的顶层设计，保证国防产业的合理性。要把大后勤建设作为军队和地方的共同责任，制定支持扶持军民两用建设和服务项目的产业政策。要抓好总体论证，对军队后勤建设需求进行调查论证，合理解决民用建设和服务项目为军队训练和作战提供保障的任务和方法。要解决军队后勤建设自身存在的结构性矛盾，特别是解决摊子过大、包袱过重、效率效益不高的问题。三是以国家立法的形式，保证后勤力量在战时的有效膨胀，保证战时高效地将经济潜力转化为军队所需的战争保障能力。

其次，打破贸易壁垒拓展了市场空间，改变了后勤建设环境。为此，必须强化市场观念，提高军事经济工作效益。一是建立主要依托市场的物资筹措体制。要发挥军品采购数量大，标准统一的特点进行整体采购；要面向国内、国际两个市场，在两个市场的结合上实现后勤资源的合理配置；要建立专门的机构，培养懂得世贸规则，具备专业知识的采购队伍；要完善配套法规，使采购工作走上法制化轨道。二是建立依托市场和适量库存相结合的物资储备体制。军队后勤应把通用物资标准与国内、、国际标准衔接起来，除了储备稀缺、易受他国控制的重要战略物资之外，对市场供应充足、暂不急需的物资，主要应依托市场进行储备。三是建立经费供应与实物供应相结合的有价运行的管理机制，对消耗性通用物资，实行计价请领，增强供求双方的价格意识，达到降低消耗的目的。

再次，经济全球化使军队后勤外部因素影响明显，给军事经济带来不安全因素。为此，必须树立安全观念，提高抵御风险的能力。要强化军事资金安全意识，针对军队资金运行和军费保值、存放、运作方面的风险做好防范工作。要强化军事经济信息防护意识，加强军用计算机抗扰毁、抗干扰、抗电磁泄漏能力，对后勤系统使用的软硬件产品进行安全检疫和监控，培养和吸纳网络高级人才，确保信息安全。要强化采购物资质量安全意识，建立一支专业化的、独立于采购机构之外的质量监督机构，把住军品采购的质量关。（王玉民《加入世贸组织与军队后勤建设》，《解放军报》2002 年 11 月 12 日）

（清　风、张建设）

美国军队建设问题研究　2002 年，美国在军队建设问题研究上有如下动向：一是提出新的建军方针，“要致力于建立一支未来型军队。这支军队规模更小，机动性更强，反应速度更灵敏，更易于部署和维持，这支军队将更依赖于隐形、精确制导武器和信息技术。”二是提出控制军队员额，继续提升军费。在未来一个时期内，美国不会再实施新裁军计划。2001 年 12 月，国会通过总额为 3430 亿美元的 2002 财年国防预算，预算重点是提高军队士气、提升军队战备水平、改革现有防务能力以及进行武器装备的升级。三是调整编制体制。美军将继续实施“21 世纪部队”计划。“初始旅战斗队”和“过渡旅战斗队”正在组建和装备。四是研制和更新武器装备。拟部署“旨在使所有 50 个州免遭某些国家的有限导弹打击”的导弹防御系统。主张对核力量进一步削减，提出仍要依靠核武器来“取得足够有效的威慑作用”。提出利用信息技术发展可互通、联合的 C^4ISR 体系和适应各种联合作战环境需要的能力。（刘延军等《2001 年世界主要国家军队建设综述》，《外国军事学术》2002 年第 1 期）

深化军事改革　布什谈改革。2001 年 12 月 11 日，布什在南卡罗莱纳州向查尔斯顿堡军校学员讲话时指出：美国在与使用恐怖和游击战术的藏在暗处的隐蔽的敌人作战，正在寻找进攻并击败他们的新战术和武器。早在“9·11 事件”前，我和国防部长拉姆斯费尔德就鼓励军事转型。今天的不同就在于这种紧迫感：需要在建设未来军队的同时打好目前的战争。美国的军队有了新使命。未来军队的基础是高素质的人。军人必须得到高报酬和好的生活条件。美国的军队文化必须奖励新思维、创新精神和试验。国会必须赋予国防领导人改革创新的自由。各军种和各部队单位必须牺牲一些他们喜爱的项目。国防开支的每一美元必须用于建设美国赢得未来战争所需要的关键性力量。（孟凡俊译《美国总统要求加速创新与转型》，《外国军事学术》2002 年第 4 期）

拉姆斯菲尔德谈改革。美国防大学网站 2002 年 1 月 31 日发表拉姆斯菲尔德文章指出，美国不仅必须改革武装力量，而且必须改革国防部，营造一种鼓励创新和智力冒险的氛围。美国必须促进以更加具有开拓精神的方法发展军事能力，这种方法鼓励所有人积极进取而不是被动反应；这种方法不是等待威胁出现而加以“证实”，而是能预测威胁的出现，并开发阻止和威慑那些新生威胁的能力。（王刚译《美国国防部长谈美军事战略与军事改革》，《外国军事学术》2002 年第 4 期）

美国推动军事创新的主要做法。一是创造宽松的军事研究环境。军事学术和技术研究环境比较宽松，对任何问题都可进行开放式讨论。某一时期在某种主流思想占主导地位的同时，还有五花八门的非主流军事思想。二是建立和充分利用军事创新机构。军事创新机构分为两类：一类是永久性机构，另一类是临时性机构。前者是军事单位，后者是担负军事科研任务的民间思想库。三是任用开拓创新型人才。上世纪 80 年代末以来，美国特别需要开拓型军事领导人主持军事领率机构的工作。正是这些军事领导人才使美国成为军事革命的“领头雁”。四是进行试验与演示：国防部主持“先进概念技术演示”；参联会主持“联合概念开发与试验”；各军种部主持“军种开发与试验”；五是用法规“物化”军事创新成果。（王保存《美国推动军事创新的主要做法》，《外国军事学术》2002 年第 4 期）

冷战后美军的后勤改革。一是改革后勤体制。包括改革总部通用物资联勤体制，改革财务体制，改革专用器材研、供、修体制。二是改革后勤管理机制。包括改革实行物流与信息流相分离的运行机制，推行“国防商业活动基金制”，建立顺畅的采购管理机制。三是改革后勤保障方式。包括采用供货商直接补给制度，实行社会化保障；采取“准确及时补给法”。上述改革中，有三点值得注意：一是设立专门机构，加强对改革的组织领导；二是统筹规划，协调处理好利益矛盾；三是立足提高后勤保障效益和效能。（徐克洲《冷战后美军的后勤改革》，《外国军事学术》2002 年第 3 期）

出台“2002 年联合司令部计划”。“计划”内容：成立北方司令部，任务是保卫美国本土。把 1999 年 10 月由大西洋司令部改编而成的联合部队司令部的责任区分别交给北方司令部和欧洲司令部，使联合部队司令部成为单一的专业司令部。计划具体规定：①美国本土、加拿大、墨西哥和部分加勒比海地区将是北方司令部的责任区，但阿拉斯加司令部所辖部队继续归太平洋司令部指挥；②北方司令部司令官还将负责与加拿大和墨西哥进行安全合作和军事协调的事宜；③俄罗斯和里海将包括在美国欧洲司令部的责任区内，但美国太平洋司令部将继续“照顾”俄罗斯的东部地区；④南极地区将包括在太平洋司令部的责任区内。该计划：一是把控制的空间扩大到整个人类能够抵达的空间；二是未来指挥体制将更加流畅和合理，保证美军能够顺利地遂行“全谱”作战任务；三是这种指挥控制体制将更具进攻性。（武铭《美军“2002 年联合司令部计划”透视》，《外国军事学术》2002 年第 5 期）

进一步实施军队转型 拉姆斯菲尔德谈军队转型。2002 年 8 月，拉姆斯菲尔德向国会提交 2003 财年《国防报告》，指出“打赢反恐战争和军队转型”是美军的紧迫任务。新防务政策的核心是美军的转型。国防部据此提出 6 大行动目标：保护重要的作战基地；摧毁大规模毁伤性武器及其运载工具；投送美军力量并持续作战；发展侦察、跟踪和快速交战能力，使敌无处躲藏；利用信息技术和创新性网络中心战理论，将部队联合到一起；保护信息系统免受攻击；保持对空间不受阻碍的进入，保护美国的太空能力免受敌人的攻击。今后 10 年，地面部队将进一步轻型化，更具杀伤力和机动灵活性。他们能够从远离港口和航空基地的地方进入战区，并通过网络与远程精确打击系统相连。海军和两栖部队将能在靠近敌人海岸的地方实施作战行动，并向内陆纵深投送兵力。航空部队将能够在广袤地域寻找并跟踪敌机动目标，和地面、海上部队一起，在敌毫无觉察的情况下对这些目标进行远距离快速打击。（刘琳译《美国国防部长谈美军建设与改革》，《外国军事学术》2002 年第 10 期）

新版《作战纲要》着眼于陆军转型。2001 年 6 月 14 日，陆军颁布野战条令 FM3－0《作战纲要》。美国要建立三种不同类型的陆军部队。第一种是陆军中占绝大多数的现有部队，分为轻型和重型两类。这类部队构成陆军主要的打击力量，是防止大规模战区战争爆发的常规手段。第二种部队称为数字化部队，这些部队刚具有战备水平，显示出改变战术性质的能力。第三种是正在创建中的过渡部队。这类部队是全新的，代表着为 21 世纪初期复杂的作战环境而设计的第一批陆军部队。新版条令论述的是由现代化程度较低的部队、现代化与数字化部队和过渡部队实施的作战，但也阐述了只有最现代化的陆军部队才具有的能力所带来的先进作战概念。这样，它将拉动整个陆军部队向目标部队作战迈进。这种作战具有以下特点：由具备多种作战能力和强大杀伤力的部队，使用未来作战系统和先进的指挥与控制系统，达到目前力所不及的联合一体化水平。（［美］《军事评论》杂志 2002 年 3～4 月号）

陆军现代化计划。德《军事技术》杂志 2001 年 10 月号刊文介绍美国陆军现代化计划：轻型部队具有战略上的灵活性，能快速部署；但缺乏足够的机动力、杀伤力和生存力。重型部队具有无可匹敌的杀伤力、生存力、战术机动力和持续作战能力；但重型部队的快速部署需要过多的运输时间和工具。轻型部队现代化与技术改造的目标是，弥补其在杀伤力、生存力与战术机动能力方面与重型部队的差距，使其能在更多的环境中投入使用。陆军将从 2008 年前后开始逐步向目标部队转型。（刘强译《美国陆军的现代化计划》，《外军资料》2002 年第 11 期）

陆军参谋长新关对《陆军构想》的总结。一是传统部队。训练有素、保持戒备的传统部队为陆军提供了必要的时间和灵活性。传统部队的工作重点是现代化建设以及有选择地重新调配经费。陆军将继续使选定的传统部队实现数字化，直至它们完成向目标部队的过渡。二是过渡部队。过渡旅战斗队是一支有助于满足今后 25～30 年内作战和应急需要的力量。过渡旅战斗队还将发挥目标部队先头部队的作用。三是目标部队。目标部队具有多种综合能力，包括航空航天、地面、直接与间接以及与 C^4ISR 系统网络连接等领域。陆军拟在 21 世纪第一个 10 年中以统一的计划组建目标部队。（［美］《陆军》杂志 2001 年 10 月号）

明确目标部队特点 陆军参谋长新关指出，目标部队应具备以下特点：一是反应性。反应能力体现在时间、距离和持续的锐势方面。二是可部署性。陆军在 96 小时把 1 个旅战斗队部署到世界任何地方，120 小时部署到位 1 个师，30 天把 5 个师部署到战区。三是灵敏性。陆军部队必须拥有在各种作战类型之间进行转换的灵敏性。四是多能性。目标部队编成应在军事行动频谱的各个方面拥有控制支配能力。目标部队将被设计成能够赢得全谱作战，同时又要为进行大规模战区战争作好充分准备。五是杀伤力。目标部队在部署时，作战编成内的各个分队都能生成战斗力，杀伤力大大超过今天常规重型部队所具有的能力。六是生存性。充分利用技术上的优势对在平台上或平台外的单个士兵提供最大可能的防护。七是持续作战能力。陆军将部署使用更少的车辆，利用战斗勤务支援，使指挥官减少战区储备，而依靠持续不断的维持速度管理和物资与装备补给的实时跟踪技术。（孟凡俊译《美国陆军未来部队－目标部队特点》，《外国军事学术》2002 年第 7 期）

美军有人认为，目标部队具有以下特点：一是成为以士兵为中心、能控制地形和接敌并彻底歼敌而进行全谱作战的地面、空中及太空一体化部队。二是利用在杀伤力、射程和准确度方面有重大改进而使部队能够在地面精确交战的技术。三是迅速、灵活地进入阵地和变换阵地，确保联合小组控制部队的地面机动。四是成为潜在对手的强大的威慑力量，提供更大范围的战略选择，使国家指挥当局拥有更多的灵活性。实现目标部队所引起的变革涉及陆军所有现役和预备役部队，包括作战理论、部队训练、领导者培养、体制编制、武器装备、部队人员等重要领域。这些重要的领域要与作战原则保持一致，要保证目标部队远远优于传统部队。（［美］《陆军》杂志 2001 年第 10 期）

加强军兵种建设 三军部长谈军种建设。陆军将围绕目标部队、过渡部队以及传统部队三个方面实施改革：一是数字技术的研发和利用。陆军将发展新型情报、监视与侦察技术，形成地面、空中和空间传感器网络，建成通用、标准化和一体化的作战全图。二是战备。陆军将增加新装备，以满足训练、部署和作战需求。注重对现有装备进行优化组合和现代化改造，以便在实施全军种转型之前赢得主动。三是过渡部队和目标部队建设。陆军注重建设新的能力，最重要的措施就是建设过渡部队。目标部队建设是陆军改革的主要方面，是陆军未来的全能部队。陆军计划 2010 年底前建成一支目标部队并将其投入战场。

海军建设将采取以下措施：一是机构调整。海军部正在对本身的机构进行优化重组，以最大限度地发挥资源的效能。二是效率与一体化建设。“海军和陆战队内联网”建成后，海军部大幅度优化了内联网的服务。三是理论创新与实验。海军和陆战队正在实施全面努力，把诸如“网络中心战”和“远征机动战”等理论转变成联合作战能力。四是预备役部队一体化建设，从而发挥更强的效率和产生更强的战斗力。五是调整投资计划和重点。投资重点是建造新世纪核心力量，新型驱逐舰、联合攻击战斗机、CNV－77 型和 CVN－X 型航母、改进型通用两栖攻击舰和高级两栖攻击舰等都是海军未来投资重点。六是运输力量。实施“海上预置部队增强”计划和“海上预置部队未来”部署计划。在陆战队两栖运输方面，要集中建成 12 个两栖戒备大队。

空军建设将采取以下措施：一是实现空天部队现代化，强化联合作战和监控全球的能力。二是提高战备水平。作战任务繁重、各类陈旧的武器系统需要维护、人员生活质量和工作主动性需要提高和促进。三是加速部队转型。空军正围绕新的防务战略，根据现有和最新技术进行转型建设。四是加速空间部队建设，以便进一步加强联合作战和全球监控能力。五是以人为本，选拔、训练和留住掌握必要技能的最佳人才。六是调整投资重点。更新远程打击、情报、监视与侦察、无人机和天基设施。七是效率与创新。提高效率与加强创新将能最大限度开发资源利用率，提高空天能力的使用效能。空军还致力于提高采购工作效能，改善投送能力，使其更加快速灵敏。（贾咏梅《美国三军部长谈美军建设与发展》，《外国军事学术》2002 年第 10 期）

分析妨碍陆军发挥职能的因素：一是在“资源匮乏”的情况下继续承担大量任务。转型时“过度消耗部队的精力”使陆军无法进行必要的反思和创新。二是国家和军队对“零伤亡”的期待。保护部队是重要的，但完成任务仍是第一位的。三是将维持治安作为部队能力生成的方向。四是现役和预备役部队之间的

竞争，导致陆军三个组成部分的相对重要性降低。五是社会变化被认为不利于职业军事领导人保持部队的良好秩序和纪律。六是陆军和其他军种实行相同的人事制度。七是将陆军的政策和规划与其他国家陆军进行比较。美国陆军的特点是独一无二的，与其他国家陆军之间没有最低的共同标准可比。（［美］《军事评论》2002 年 3 ~ 4 月号）

建设一支适应性陆军。一流的装备是未来陆军结构中关键因素。在陆军规划的背后所盛行的观念之一就是：明天的陆军应是一支远征部队。陆军部队总是在远征基础上实施作战的。经常被陆军自己的发言人贬低为沉闷而拖延的海湾战争，就是一次极为成功的远征作战。陆军士兵们今天已经表现出相当的坚韧顽强和多才多艺，圆满胜任了冷战后各种变化多端的使命要求。从摩加迪沙到阿富汗，小型建制单位的领导和严格创新都昭示出目前部队的优质。这已不是父辈时的陆军，甚至也不是美国刚刚退役这些人当初的陆军了。（［美］《陆军》杂志 2002 年 1 月号）

美空军“全球打击部队”力量结构及运用。2001 年 3 月，美空军披露，空军计划利用临时任务编组的方式，集中使用 F－22 空中优势隐形战斗机和 B－2 隐形战略轰炸机，成立一支能够快速部署并实施空中隐形打击的“全球打击部队”。组建背景：一是地面防空系统逐步现代化。二是飞机隐形突防技术逐步成熟。美空军可以利用非对称的隐形技术优势，实施全球隐形特遣打击，降低首次突防战损率，提高空中打击效益。力量结构：基本打击力量由具有精确攻击能力的 F－22 和 B－2 组成；基本配置数量是 12 架 B－2 和 2 个中队约 48 架 F－22。主要任务：一是打击重要固定目标或高价值移动目标。二是多批次、多架次、多目标打击。作战原则：一是临时编组。二是首先使用。三是 F－22 先行。四是重点打击。五是密集编队。六是持续进攻。七是信息支持。影响及面临问题：推动全球空中精确打击隐形化，将推动全球反隐形技术快速发展；“全球打击部队”面临经费困扰。（许三飞《美空军“全球打击部队”力量结构及运用》，《外国军事学术》2002 年第 1 期）

全面推进信息化建设 美军正在全面强化‘信息优势’。“信息优势”的内涵：一是“信息优势”是美军的核心能力，而这种能力的核心是全军拥有“交互式作战空间态势感知与共享能力”；二是比敌方更全面地掌握战场空间情况，包括敌我双方态势和企图；三是拥有比敌方更先进的天基信息系统，有阻止敌方利用太空威胁美国的能力；四是有比敌方更强的情报搜集与评估能力、侦察与监视能力、信息传输与通信能力，以及信息处理与指挥控制能力；五是拥有很强的信息防护能力，能确保美军遍布全球的传感器、通信和信息处理网络系统不被敌方干扰、破坏和利用；六是有很强的信息进攻能力，能用“软”、“硬”手段，影响、干扰、削弱、破坏或摧毁敌方的信息系统。

“信息优势”的好处与作用是：可使美军平时做好战时“信息准备”，即平时就对有关地区或国家的战略、战役或战术目标进行侦察定位，并存入数据库；可使美军在一定程度上驱散“战争迷雾”，对敌军的部署和机动情况了如指掌；可使美军不受干扰地搜集、处理、传输和使用信息，把必不可少的情报信息实时地送至战场指挥官；可使美军部队快于敌军定下决心，快于敌军采取行动，提高指挥效率，加快作战节奏；可使美军各军种部队清楚地掌握其他军种部队的作战情况，更好地实施联合作战；可使美军降低误伤率，减少“附带破坏”，提高生存能力。

加强“信息优势”的主要措施：一是任命总信息官，统抓“信息优势”事宜。二是建立完备的国防信息基础设施。美国防部的目标是，建立能有效支援多军种联合作战和多国联军作战、互通性能强、保密性能好、无缝隙的“全球防务信息网”，并用最新技术不断提升运行质量。三是加强国防信息基础设施防护。（王保存《美军正在全面强化“信息优势”》，《外国军事学术》2002 年第 6 期）

（滕建群）

美军机械化步兵师有 5 个强点 有作者就此作如下分析。

（1）*具有强大的火力打击能力*。目前，在美机步师中编有多种火力单位，构成了射程远、威力大、精度高的全方位火力打击体系。

炮兵压制火力：机步师主要炮兵压制火力单位是师属炮兵，是师地面火力打击的主要力量，编有 3 个野战炮兵营和一个多管火箭炮连，在作战过程中，可向师提供各种气象和地形条件下的炮兵压制火力。现在，美机步师中的 155 自行榴弹炮已全部换装为“帕拉丁”系列的最新型即 M109－A6。这种火炮配备弹道计算机和全球定位定向系统，行进间射击反应时间低于 60 秒，并可伴随主战坦克作战。师属 3 个野战炮营在进行集火射击时，可对 30 千米范围内的敌步兵、装甲车和炮兵群实施打击，密度达 280 发/分。多管火箭炮连装备 9 门 M270 型 12 管 270 毫米火箭炮，每枚火箭弹可携带 644 枚子弹头，一次齐射散布面积约为7个足球场（5.39万平方米）。此外，师属战斗营还装备有66门107毫米迫击炮。

反装甲火力：分为空中和地面两部分，其中空中反装甲火力以AH－64“阿帕奇”直升机为代表，其主要作用是对付敌方地面装甲目标，全师共装备63架。机载主要反装甲武器是“海尔法”反坦克导弹。该导弹射程为6～7千米，破甲厚度可达1.3米。此外，AH－1“眼镜蛇”攻击直升机（可携带8枚机载“陶”式反坦克导弹）和UH－60“黑鹰”运输直升机（可携带16枚“海尔法”反坦克导弹），同样具有很强的反装甲能力。当全师3种直升机全部出动时，一次可攻击800多个装甲目标。地面反装甲群由师属战斗营和师炮兵组成。师属战斗营装备M2、M3“布雷德利”步（骑）兵战斗车，载有命中精度较高的“陶”式反坦克导弹发射装置376～430部和“标枪”反坦克发射装置144～180部，机步师还装备有290～348辆M1A1主战坦克。该坦克作战中使用贫铀穿甲弹，可打击3千米距离内的所有装甲目标，破甲厚度可达550毫米。

（2）*具有快速的机动能力*。美机步师机动能力方面，可分为战略机动和战术机动两种。实施战略机动时，其先头部队和战斗航空旅可通过军事空运司令部支援的C－5大型运输机和C－141运输机实施全球快速机动，其余重型装备则通过海上运输实施机动。在实施战术机动时，则运用师装备的5700多辆各种车辆，实施24小时机动，速度25～30公里/小时，同时，装备的127架各型直升机也可以超过地面机动能力3～4倍的速度实施机动，从而使全师具备了地面和空中立体的机动能力。

（3）*具有准确、实时的情报侦察能力*。军事情报营是机步师的主要情报侦察力量，在作战中主要负责师的作战情报收集、处理和技术侦察等任务，通常编有一个情报搜集连和一个情报监视连。军事情报营通常利用远距离技术侦察手段和投掷式遥感侦察系统，负责获取战区100千米范围内的敌情，并可同时派出170～270个侦察单位，对300～400千米内的敌情实施远距离技术侦察。除军事情报营外，还专门装备了50架OH－58“基俄瓦斗士”轻型空中侦察直升机，其空中侦察距离可达到150千米。

（4）*具有通畅的通信保障能力*。通信营（下辖指挥通信连和通信支援连）是机步师的主要通信力量，负责师的通信保障及与上级和相邻单位的通信联络等任务。装备有各型无线电台、电话、SB－22/PT电话转接台AM/TXC－1传真机等一些先进的通信和通信控制设备，能为师提供多路战术卫星终端服务。该多路无线电通信系统和移动用户设备网，通信覆盖面积可达3.7万平方千米。

（5）*具有有效的电子作战能力*。实施电子战的主要力量是3架EH－60A电子战的直升机。该机具有侦察、测向、定位、干扰一体的电子战能力，其作用距离为50～60千米，有效辐射干扰功率3～4千瓦，可同时对15部雷达实施干扰，并可同时监视、监听40～50个无线电网。

美军机械化步兵师有3个弱点　有作者就此作如下分析。

车辆多，易受地形限制，维修保障困难。因美军强调快速机动，所以在机步师中装备各种车辆5700余辆，其中坦克、步战车、装甲输送车、维修车、指挥通信车等均为装甲车辆，在密集丛林和山岳地带以及水网障碍地形作战能力有限，而且更不适应城市地形上的作战。特别是作战中车辆一旦发生故障，仅靠数量有限的维修车是难以将其及时修复的。

弹药物资消耗量大，后勤补给困难。现代作战，弹药物资消耗量极大。美军机步师作为美陆军地面作战力量的代表，由于弹药物资消耗量大，与后勤补给困难的矛盾十分突出。如美军第24机步师在“沙漠盾牌”行动中每天的弹药物资补给量非常大，要求后勤支援部队每天必须出动208辆集装箱拖车输送，才能满足其一天的作战需要。

空中突击作战能力有限。美军机步师装备有127架不同类型的直升机，但其空中突击作战能力是有限的。其航空旅一次空中机动最多只能运送1个连的士兵，从而影响了用兵的灵活性和整体性，大大降低了其作战规模和持续时间。（岳贵云、何国明《美军机械化步兵师哪里强？哪里弱》，《中国国防报》2002年3月5日）

（耿文正）

俄罗斯军队建设问题研究　俄2002年的军队建设，主要强调和贯彻了以下思想。

完善武装力量建设计划的制定体系　2001年12月，俄武装力量总参谋长克瓦什宁大将在《军事思想》杂志上撰文指出，对苏联武装力量建设经验的分析表明，武装力量建设的集中化程度不够，是粗放型的，建设目标首先是发展军种和兵种，而不是发展可确保在各种规模和强度的战争中遂行任务的战役战略集团。这种做法导致武装力量的结构失衡，分散了人力物力，财政和物质资源利用率低。并且，制定武器装备发展规划采用的是专项纲要方法，而制定武装力量组织建设规划采用的是行政命令方法。两者之间缺乏周密的协调。采取和贯彻军事建设决策的机制也不完善，缺少法律基础，在确定要拟定的文件和执行者清单、文件的拟定期限、各项计划草案的相互协调方面，以及在将其提交国家立法和执行机关批准的程序方面，无法可依。因此，必须建立以专项纲要方法为基础的新的武装力量建设规划制定体系。其实质是优化跨军种综合规划和专项纲要的制定过程，既要保障各军种的合理发展，又要保障整个武装力量的发展。形成军事建设统一的专项目标、原始数据和总体构想，可使武装力量战略计划的制定和组织建设同武器装备的发展、国防预算拨款紧密结合在一起，合理分配资源，做到军兵种和战役战略集团两者的发展兼顾，使俄武装力量的结构和编成与所担负的任务和国家的实际经济能力相适应。

武装力量建设规划的制定可分为若干个阶段：为制定计划确定统一的原始数据；就武装力量的面貌进行军事战略论证和经济资源论证；制定建设规划；编制国防预算。

确定统一的原始数据。原始数据以对影响武装力量建设的所有要素进行深入系统的分析为基础，包括军事政治、战役战略、经济、军事技术、法律法规、组织等方面。为形成统一的原始数据，需要明确武装力量在平时和战时的任务，建立规定国家军事建设过程的立法基础，制定和贯彻确定国家军事建设，包括预测期内的武装力量建设的基本方向、内容和阶段的一揽子指令性文件（首先是军事建设构想）。

对武装力量的全貌进行军事战略论证。其目的是为武装力量建设计划的制定提供科学依据，按照“效费比”标准确定武装力量进一步发展的方向、途径和措施。其首要任务是论证武装力量的结构和编成。

制定武装力量建设的规划。该阶段要形成必要的（构想、规划等性质的）文件。规划应具有综合性质，并以军队对各种资源（物资、财政、劳务、信息、智力等）的需求的全面计算为依据。这些计算数据在很大程度上决定改革的进程和规划措施的可行性。

编制国防预算。即拟定例行财年的联邦预算中“国防”部分的草案。其基础是俄国防部根据武装力量建设和技术装备规划和计划所制定的预算申请。（俄《军事思想》杂志 2001 年第 6 期）

优先发展对提高军队整体战斗力具有牵引作用的高技术兵种 俄现行军队建设的总方针是，建立以战略核力量为支撑、以常规力量为主体、规模较小、精干高效的武装力量。在此总方针下，区分轻重缓急，优先发展高技术兵种，具体讲就是优先发展太空兵。俄国防部长伊万诺夫 2002 年 3 月指出，太空兵是建立现代武装力量的基础。没有太空力量，“任何一个军种都无法正常履行自己的职能”。俄武装力量将集中力量发展太空兵，作为建立现代化军队的基础。没有太空系统，俄军“就是聋子和瞎子，没有可靠的通信，没有侦察，没有整个现代信息系统，自然也没有对太空的监控”。“恢复太空集团的首要目标是信息、通信和侦察系统。俄计划在 2004 年前，最迟在 2005 年前完全恢复太空系统。走完了这一步，再回过头来给陆军和空军换装。

加大开发新式武器装备的投入 因国内经济仍未根本好转，俄军现阶段的武器装备建设的基本方针是以改造和修复现有武器为主，同时少量装备过渡性新武器，如 T-90 坦克、苏-27 和米格-29 及其改进系列（苏-30、32、米格-31 等）战斗机等，以腾出资金开发新一代武器装备，为军队在 2010 年前后的大规模换装做准备。在军费的使用上，近两年逐年增加的部分主要用于武器装备建设，最终要达到武器装备费占军费总额比例的 30%。俄 2002 年 1 月出台的《2010 年前武器装备国家纲要》规定，武器装备费的 60%用于现有武器装备的现代化改造和维持，40%用于科研设计试验工作。

为贯彻上述方针，海军的装备建设，一是恢复一些中途停建舰艇的建造，有选择地修复一些旧舰艇；二是准备再淘汰 20% 的旧舰艇，以腾出资金用于维持现有舰艇的作战能力及新舰艇的研制。在海军装备发展方向上，俄进一步明确了近、中期的装备发展规划，即优先发展价廉实用和整体生存力强的中小型舰艇。如有关专家提出，可用三艘 8000 吨级的核潜艇代替水面排水量 23000~25000 吨的“台风”级巨型战略核潜艇，以及优先建造中小型攻击潜艇和护卫舰等。陆军和空军也以改造和修复现有装备为主，同时逐年小批量地装备 T-90 坦克和米格-29、苏-27 系列战斗机。T-90 坦克目前已经装备了 1 个师，苏-27 系列的战斗机计划以每年 10 架左右的速度增加，目前已达到 950 余架，约占作战飞机总数的 1/4。2002 年，俄第五代战斗机的研制被提上日程。新战斗机的图纸设计计划于 2003 年前完成，2006 年造出试飞样机，2009~2010 年开始批量生产。

调整战略核力量的建设重点，实现三位一体核力量的均衡发展 2002 年初，俄宣布将战略核力量的发展重点由陆上转为海上，加大了对海上核力量的投入。继“鲨鱼”级“德米特里·顿斯科伊”号重型核潜艇下水后，第五代弹道导弹核潜艇“北风之神”级“尤里·多尔戈鲁基”号也加紧了建造并将很快下水。随着老式陆基核武器的不断退役，海上核力量的作用将越来越突出。

俄之所以调整战略核力量建设重点，一是由于前些年过于偏重陆基核力量的发展，海上核力量建设几乎停顿，造成整个战略核力量的结构严重失衡；二是在目前资金有限的条件下，其最佳选择无疑是集中力量先发展一个，然后再发展另一个；三是俄已经有几艘在建的核潜艇，如果不将这些潜艇完工，则前期的大量投入等于白费，而完工则相对投资少，见效快。但俄战略核力量建设的基本方针并没有变化，一是削减数量，提高质量，以提高战略核武器的突防能力来抗衡美国部署导弹防御系统；二是使三位一体的结构更为合理，保持“等腰三角型”，即以陆基为主，海基和空基为辅，三者互补、缺一不可。

建立能应付多种威胁的机动力量　早在 1993～1994 年，俄就提出了建立机动部队的构想，并有一套完整的组建方案，但由于国内经济原因，这一构想未能实施，而代之以在各军区、有关军兵种建立常备部队，在有明显威胁的方向（南部及西南战略方向），建立常备军队集团。但俄认为，仅靠各战略方向的常备部队还不足以应付其当面的军事威胁。因此，随着国内经济的好转，俄于 2002 年重新提出建设机动力量的构想。其目的是解决军队的大量裁减与国土辽阔的矛盾，能对各战略方向的突发事件迅速作出反应。机动部队将以统帅部直属的空降兵为基础组建，吸收部分摩步兵及坦克兵、防空兵、空军和海军部队，以及后勤部队参加，机动力量的规模初步确定为 20 万人。俄对机动部队基本要求是，不仅自身有较强的机动能力，还有完善的外部运输保障机制，能在很短的时间内开赴出事地区。

将实现军队职业化作为彻底改造军队的切入点　2002 年 6 月 22 日，俄政府发布命令，确定空降兵第 76 师为合同兵役制试点。这标志着俄建立职业化军队的设想进入实施阶段。俄对合同兵役制抱有很大期望，认为军队职业化远不仅仅是为了压缩军队规模，而是彻底改造军队的关键，将从根本上提高军队质量。军队实现职业化后，俄军将彻底摈弃前苏军的建军模式，其作战思想和作战理论、体制编制、武器装备、人员素质、军事训练、后勤保障，以及整个军队，都将呈现全新的面貌。例如，在军事训练方面，将根据合同兵的长期服役特点制定新的战斗训练组织程序，放弃义务兵那种周而复始的训练周期，建立能使“职业兵”们一年接一年地连续完善自身技能的战斗训练体系。这将极大地提高军事训练的质量。（摘自俄 2002 年各期《军事信息通报》、《红星报》、《独立军事评论报》以及国际互联网有关资料）

（来　斌）

日本军事建设问题研究　2002 年是日本新中期防卫力量整备计划实施的第二年。年内，日本防卫厅投入约 49395 亿日元（约合 405 亿多美元）用于部队的各项建设，主要原则是继续遵循“质量建军”方针，稳步提高，平稳向防卫大纲规定的“合理化、高效化和精干化”的防卫力量过渡，目标是建设面向未来的防卫力量。一是充实联合运用机制，在推进实施联合训练等各种方针的同时，加强应用信息通信技术中的情报通信功能，进一步建设自卫队网络。二是在保持对付自然灾害的能力的同时，提出今后对各种事态的处置办法，提高对付游击队和特种部队的攻击、生物武器攻击等各种攻击样式的能力。三是加强与完善情报本部与自卫队的情报搜集体制和情报安全体制。四是拟组建三军联合作战体制，实施“方面本部”计划。

总结战后军事改革的经验教训　日本重建军队后，在军队的作战思想、体制编制、人才培养等诸多方面进行了多次改革，积累了不少经验，但也存在若干教训。

主要经验。一是循序渐进。与其他军事大国不同，日本采取“渐进式”和“微调式”的方法实施军事改革，通过不断的积累，完善制度，理顺关系，推动了日军的现代化建设。通过制订《防卫计划大纲》、五年中期计划以及年度防务计划，形成了远、中、近三个阶段的建军方案。在每个阶段的方案中，都规定了若干军事改革和调整的具体措施，使远期目标通过中期计划实现，中期目标通过近期计划得到具体落实，以渐进的微调，逐步落实繁复艰巨的军事改革。这种“渐进式”和“微调式”的改革，既不会造成国家资源的巨大损耗和浪费，也不会出现军队战斗力时高时低的波动和跌宕，从而保证了日军在平衡中求完善，在现有基础上求提高和发展。二是依法改革。日军十分注重运用法律手段来推动和保证改革。每一项改革计划和方案在付诸实施之前，首先必须制订或修改有关法规。在来不及以法律的形式做出规定时，也先以政令的方式暂时加以规范，尔后再修改有关法规。《防卫厅设置法》、《自卫队法》从 1954 年颁布至今，已修改了上百次，其中多数是作为军事改革的先导，为改革的顺利进行提供了有力的保障。三是调研论证。全面、周密的调研论证，既是日军进行军事改革必不可少的过程，也是制约改革成败的重要因素。1985年日防卫厅在准备实施“行政改革”时，首先在军方报纸上公布不符合形势要求和影响军队建设的各种问题及改革设想，广泛征求意见。在此基础上，经过分析整理，提出了7大类20项32个具体问题的改革方案。1986年，“防卫改革委员会”及下属4个咨询机构成立后，又分别对各项改革进行了调研论证。四是跟踪调整。对军事改革全过程进行跟踪，是日军事改革工作中不可缺少的一部分。一旦发现改革计划不适合实际情况，日军便及时加以调整。若改革一时未能到位，就会在今后的工作中不断加以完善。

主要教训。一是军事改革的观念相对滞后，导致改革的力度不大。有些改革措施并没有从根本上触及日军的体制和人们的观念，从严格意义上说，这种改革只能称为调整或改良。二是改革计划有时不够实际和周密，制订的计划赶不上变化，从而在时间和人力、物力上造成浪费。如1987年，日军计划将12个步兵师分别改编成5种不同类型的师，但由于计划不周，又没有考虑到国际形势的变化，因此，改革尚未结束时，又被迫于1995年进行新的改革。三是改革实施时间长，虽然有利于部队的稳定，但却不利于新编制条件下战斗力的磨合与提高。（章锐、张世斌《战后日本军事改革及其经验教训》，《外国军事学术》2002年第3期）

“9·11”事件后在法律体制上实现重大突破 “9·11”事件后，日本借口支援美国进行反恐战争，公然向海外派兵，同时加快了“有事法制”建设，扩充军事力量。2001年10月，日本国会通过了《反恐怖特别措施法》、《自卫队法修正案》、《海上保安厅法修正案》等3项法案，突破了以往禁止或限制日本自卫队海外派兵的各种规范，实现了法律上的重大突破。一是将自卫队的行动范围扩大到公海及上空，并在当事国的同意下进入该外国领域。“专守防卫”、“本土防卫”的自卫队的活动范围扩展到了世界任何一个地方。二是自卫队可以对外国军队提供后勤支援和物资支援。而且自卫队的海外派遣、执行任务的时间均由首相决定，只是在上述行动实施后交付国会承认。三是新法律规定自卫队可以携带武器去海外执行任务，并在正当自卫的情况下可以使用武器。海上自卫队在遇到“可疑船只”，没有其他手段可以迫使其停船并在认为是合理必要的情况下可以使用武器。长期以来日本自卫队不得在海外使用武器的限制由此被打破。反恐3法案的通过，不仅在法律上为日美军事同盟关系提供了依据，更主要的是从根本上架空了日本宪法的和平主义原则，为日本借助美国的军事战略介入日本以外地区打通了道路。（沈海涛《“9·11”事件后日本对外战略调整与东北亚安全》，《东北亚论坛》2002年第4期）

拟建立三军联合作战体制 日本防卫厅积极考虑组建三军联合作战体制，实施“方面本部”计划。为此，正着手准备进行1954年成立以来最大规模的组织改革，计划废除现有陆海空各自独立的方面队、地方队制度（防区制度），重新划分3个自卫队共通的“防御区块”，引进新的“方面本部”制度。日本陆海空自卫队的地方组织（防区划分），目前配置为5个陆上自卫队方面队（北部、东北、东部、中部及西部方面队）、5个海上自卫队地方舰队（横须贺、吴港、佐世保、舞鹤及大凑地方队）、4个航空自卫队方面队（北部、中部及西部航空方面队、西南航空混成团）。这些属于各军种、配备于地方的方面队，因指挥系统各自独立的关系，发生战争时相互联系不协调。鉴于1995年阪神大地震的教训以及类似“9·11”事件的国际恐怖活动、朝鲜间谍船事件等，防卫厅研究后认为：目前“冷战型”的部队配置方式，将无法有效应付未来变化，有必要成立陆海空自卫队一体、统一指挥作战的“方面本部”。“方面本部”构想计划将合并日本国内现有的3个自卫队地方组织，重新将日本全国划分成5至6个区块（防区）、成立“方面本部司令部”，直接指挥区域内所有自卫队的部队，形态类似美军的各区域司令部。防卫厅长官中谷元表示，2002年内将确立改革方针，并纳入自2006年开始的“次期中期防卫力整备计划”研究实施。（摘自互联网日本防卫厅主页，2002年5月31日）

提出今后对各种事态的处置办法 日本2002年度《防卫白皮书》认为，近年来，面对事关日本和平与安全的各种事态，自卫队如何进行迅速、恰当的处置，已成为一个重大课题。为此，提出今后对各种事态的处置办法，目的是为通过“有事法制”寻找“合理性”，为扩充军事实力、调整军事部署寻找借口。

对可疑船只、武装特工人员的处置。2001年12月21日，在九州西南海域发生了可疑船只事件，政府对可疑船只案件进行了研讨反思，其中与防卫厅有关的事项有四：①应强化巡逻机（P3－C）在空中向基地传送图像的能力；②基地与海上自卫队参谋部之间必须加强信息传送能力；③内阁官房、防卫厅、海上保安厅之间应在最初适当共享有关可疑船只的情报；④对嫌疑较大的可疑间谍船只，政府在一开始就要派遣自卫队舰艇采取行动以防不测。政府要制定对可疑武装船只的处置要领，规定有关对可疑船只的基本处置办法、情报的汇总分析、处置态势等。

对付核、生、化武器。2002 年 1 月，防卫厅、自卫队公布了对付生物武器的政策框架及方向，并制定了“有关应付生物武器的基本构想”。今后在具体落实构想的同时，为在防卫厅内部综合整理、交换并修正情报内容，将设置“应付生物武器委员会”。

对付电脑攻击。防卫厅一直对通信线路使用密码进行加密，对重要系统实行不间断监视等。为防止电脑攻击，以确保万全，将采取更为广泛的安全措施。

其他处置措施。首先是完善运输海外日侨的体制。1999 年修改了《自卫队法》，加强运输体制，以便能够使用自卫队的飞机、船舶及舰载直升机运输海外日本侨民。陆上自卫队必要时可编成“引导队”。其次是应付周边事态。为确保日美安保协定的有效性，1999 年制定并通过了确保周边事态安全法等，2000 年又通过了船舶检查活动法。（日本 2002 年版《防卫白皮书》）

（薛　丰）

军事历史研究

古代军事历史研究　中国传统兵学与郑成功东征台湾的关系　明末清初的郑成功东征台湾之役，在其战略战术的诸多方面运用和发展了中国传统兵学，体现了中国传统兵学的博大精深。

坚持“反清复明”“驱荷复台”主旨，实施东征战略决策。崇尚仁义之师，提倡“举义旗”、“出义兵”而反对“不义之师”，是中国传统兵学的一个重要内容。郑成功东征台湾之役能够取得成功的首要条件，正在于他所亮出的旗帜具有鲜明的正义性特点。他亮出的第一面旗帜是“反清复明”。郑成功决心收复被荷兰殖民者侵占的台湾，“进则可战而复中原，退则可守而无内顾之忧”，将反清复明斗争进行下去，这是伸张民族大义。郑成功亮出的第二面旗帜是“驱荷复台”。其征战对象不是倭寇、海盗，而是“17 世纪资本主义的标本国家”荷兰殖民者。收复台湾的行动代表了全体中国人民的最大利益，即维护国家的统一和领土主权的完整。

运用谋略制胜原则，掌握战争主动权。在中国兵学发展史上，许多兵学大师都曾经从各个不同角度，对军事谋略的种种加以思考和运用。郑成功的东征台湾之役，既是一场志在必得的政治战，又是一场超人一筹的谋略战。在战争准备阶段，郑成功对军队建设倾注了大量心血。他注重对将士的选拔，确定水陆两师的合理编制，严格部队训练，多方筹集粮饷。同时，他成功地运用了“用而示之不用”的谋略，尽可能地麻痹荷兰殖民者。在战争进行过程中，郑成功充分运用了“知己知彼，百战不殆”的兵法名论，对天时地利和敌我等方方面面的情况，知得多，知得深，知得准。在战争结束之际，郑成功高瞻远瞩，伐谋伐交，达到了“不战而屈人之兵”的效果，迫使荷兰殖民者于 1661 年 2 月 1 日签署了投降协议书。

依靠海峡两岸人民，造成民众参战的作战态势。古代兵家认为，善于指导战争的人，能够使境内的百姓广泛参战。郑成功收复台湾之举，符合海峡两岸人民在内的所有中国人民反抗殖民统治的意愿，因而获得广大人民群众，特别是闽台人民的热情支持和大力援助，造成了“方数百里皆来会战”的作战态势，为驱荷复台打下了坚实的基础。郑军之所以有较强的战斗力，与闽人的投入关系极大。闽人不仅是郑成功反清复明的主力军，也是其驱荷复台的主力军。至于台湾民众，更是迫切盼望郑成功的大军到来，并且勇敢地直接投入战斗。郑军抵台后，郑成功除亲自做好土著民众的宣传和团结工作外，还三令五申地强调军队纪律，因此倍受包括台湾上层人士在内的广大民众的欢迎。与荷军作战时，郑成功利用台湾民众提供的情报，依靠土著居民充当内线和向导，克服了粮饷不足等困难，赢得了最后的胜利。（张云、孙兆军《中国传统兵学与郑成功东征台湾之役》，《军事历史研究》2002 年第 1 期）

近代军事历史研究　晚清军事“师西洋”与“守旧制”之争的内容与作用　1840 年鸦片战争爆发以后，西方列强的不断入侵使中国面临日益深重的国防危机。在军事领域里，赞成“师夷长技”的人与那些思想守旧的人展开了长期和激烈的争论。争论主要涉及到以下几方面问题：一是“师夷长技”还是谨守纲常礼教？鸦片战争后魏源在《海国图志》一书中已提出了“师夷长技”的主张，19 世纪 60 ~ 70 年代，主张“师夷长技”和坚持谨守传统纲常礼教的思想才出现全面的激烈交锋。以恭亲王奕䜣为代表的洋务派认为“师夷长技”是中国加强国防、御侮自强的关键。以倭仁为代表的守旧势力对西方“长技”持排斥态度。

二是改革兵制还是固守八旗、绿营旧制？清廷从维护“祖宗成法”的目的出发，坚持八旗、绿营旧制，致使曾国藩、李鸿章等人在军制改革上的步子始终迈得不大。仅在筹建北洋海军和改造淮军时，参照西洋军制和训练方法，进行军制和训练改革。清军在甲午战争中失败后，全国上下均认识到固守八旗、绿营旧制已无法保卫国防，要求仿西方军制，编练新式陆军的观点，受到大家的普遍赞同，并最终为清廷所采纳。

三是是否建设铁路？清军在两次鸦片战争中的失败，都因陆上行动迟缓，难以迅速集结兵力优势。一些主张“师夷长技”的人，看到了修建铁路对改善军队机动能力，巩固国防的有益之处，建议在中国筹办铁路。刘铭传和李鸿章等人把筹办铁路视为提高军队机动能力，有效御敌的关键措施。但也有很多官员，从中国传统的“安内防变，重农抑商”的治国方略出发，反对修筑铁路。由于上述两方面意见争论得十分激烈，修建铁路一事迟迟不能进行。直到中日甲午战争之后，清廷才上下普遍认识到铁路在国防建设上的重要意义。

中国军事近代化是从被动地学习西方军事长技开始的，始终伴随着在御侮自强主题下所展开的“师西洋”和“守旧制”之争，走了一条艰难探索曲折发展的历程。这场争论，对于推进中国军事近代化起到了极大的促进作用。

首先，争论为人们在思想上冲破成规固习提供了机会。新观点的提出或多或少总会产生影响，挑战和争论也使传统观念不得不对自身重新进行梳理和完善。在这一过程中，许多问题和漏洞往往会暴露出来。如倭仁在争论中暴露出来的无法自圆其说的问题确使许多传统观念失去了魅力。正是争论这种形式比较充分和比较集中地揭示了成规固习之弊，才使扫除根深蒂固的因俗就古之风成为可能。

其次，争论推动了人们不断拓展对军事近代化的认识。晚清社会关注军事近代化的人，大都主张师从西洋。最初，他们对军事近代化的认识是比较肤浅的，认为中国之弱主要是技不如人，把武器装备的近代化等同于军事近代化。争论中，为了更加充分地说明自己的观点，他们不得不加强对军事近代化的研究。对军事近代化的内涵的认识，由武器装备近代化，逐步拓展到练兵之法、编制体制、兵役制度和国防体系等诸多方面。

第三，争论为制定军事近代化的大政方针提供了比较充分的信息和理论准备。晚清政府在进行重大决策之前，一般都要经过朝廷臣工的筹议。“师西洋”和“守旧制”之间的论战，都发生在政策筹议过程之中，所以对政策的制定产生直接的影响。一方面是争论为决策提供了大量的信息，另一方面是争论为决策提供了各个层次和方面的理性分析。例如，围绕军用铁路的创办问题，争论中提出的依据不下百种，正是通过综合所有信息和把握各种分析，清政府最后确定以铁路为自强要策，并强调，建筑铁路应统筹全局，次第推行。

第四，争论推动了中国军事近代化实践的不断发展。晚清军事上“师西洋”和“守旧制”之争，虽有学究式空谈的成分，但更多的是反映迫切实践需求的论战。无论是关于西学的价值、海防的地位，还是有关军队的编练、铁路的开设，都是重大的军事理论和实践问题。虽然争论双方各有胜负，但总体上，师从西方的主张后来居上，有力地推动了军事近代化实践的发展。

“师西洋”与“守旧制”的争论能够获得多大的成果往往还受到其他一些因素的制约。经过争论，近代中国仍然缺乏能够指导军事近代化实践的系统而深刻的理论，争论大都带有浓厚的就事论事的色彩，其成果缺乏系统性和应有的深度。这主要来自两个方面的影响。一是近代中国始终面临着列强军事侵略，而应付这种现实威胁的精神准备不足，物质准备匮乏。二是论战主要参与者对西学了解的程度较低，反对西学的人士更是知之甚少。无论是倡导西学，主张军事近代化，还是反对西学，都需要首先充分了解西学。否则，争论难以切中要害，无法达到应有的深度。(朱之江《晚清军事“师西洋”与“守旧制”之争》，《中国军事科学》2002 年第 2 期)

晚清关于战略重点的“海防”与“塞防”之争

19 世纪 70 年代中国边疆危机加剧，在东南沿海和西北边疆地区同时出现了帝国主义侵占中国领土的事件。为应对危机，清政府内部就国防战略部署以及国防战略重点方向等问题展开了讨论，形成了著名的“海防”与“塞防”观点的辩论。这次争论是中国近代国防观念转变的一个重要标志，在近代军事史上具有重要地位和影响，对于推动中国近代边防和海防建设的全面展开起到了一定的积极作用。

“海防”与“塞防”之争的形成及结果。1874 年 12 月 21 日李鸿章上奏《筹议海防折》，揭开了这场大讨论的序幕。这场争论的实质是国防战略重点放在哪里的问题。参加议论的各地方大员从不同的角度和立场出发提出不同的观点，随着争论的深入，谁对中国的安全构成主要威胁成为最核心的议题，为此形成了两个截然对立的派别，一派是以李鸿章为代表的“海防派”，认为对中国国防的主要威胁来自海上，因此应将国防战略重心放在海防上；另一派是以湖南巡抚王文韶为首的“塞防派”，认为中国面临的最大威胁是俄罗斯，国防战略重点应专注塞防。主张全力西征，收复新疆。在双方争论不决时，左宗棠综合两派主要观点，从国防全局出发，提出了“东则海防，西则塞防，二者并重”的第三种观点。针对李鸿章提出的放弃新疆的错误观点，左宗棠进行了严肃批驳。清王朝权衡形势和轻重得失，最终采纳了左宗棠提出的海防塞防两者并重的意见。

“海防”与“塞防”之争的影响及作用。发生于 1874～1875 年的这场事关国家安全的大讨论，是清朝统治集团应对西方列强的巨大威胁，重新构建国防战略体系的一次重要尝试，其意义远远超出了争论本身。它在一定程度上对于破除传统国防观念的束缚，以新的国防观念指导国防建设，具有重要意义。一是第一次将海防与塞防统一到整个国防的高度加以认识，对于理清海防与塞防之间的关系，把握国防战略重点等问题有了更为深入的理解。二是促进了海防观念的发展，首次将“海防”提到与“塞防”等量齐观的地位。但是，在当时的历史条件下，“海防塞防并重”不可能真正得到贯彻。经过“海防”与“塞防”之争，清廷认清了沙俄是当时中国的主要威胁，确定了先北后南的战略方针，这无疑是正确的。从理论上讲，国家防御的方向在一个时期内可能有两个或两个以上，但主要方向只应有一个，而不能有两个。清政府确立“海防塞防并重”的方针并没有主次之分。在西征获胜后，本应及时调整战略重点，由偏重“塞防”转向注重“海防”，以对付迫不及待地发动侵朝侵华战争的日本。可是，清朝最高决策当局并没有这样做。

这场“海防”与“塞防”之争，虽然持续时间不长，争论的问题也仅限于确定当时国防的战略重点，但它在中国国防发展史上的影响却是深远的，带给后人的启示也是深刻的，特别是在国防观念的转变与国防建设的关系上表现得尤为突出。它使人们认识到，国防观念的转变是国防建设的前提和基础。观念的形成与转变有其自然的过程，重大思想认识的转变往往伴随着新旧两种观念的激烈对抗。面对“数千年来未有之变局”，固守陈旧落后的思想阵地，排斥和抵制有可能对其传统有所改变的新观念，这是造成中国军事近代化始终未能走上富国强兵正轨的主要原因。而且，清政府观念上的滞后和视野的狭窄，使其在应对危机的过程中顾此失彼。以收复新疆之战为例，在沙俄出兵占领伊犁，英国支持阿古柏在新疆搞分裂的危急形势下，清政府断然采取“海防塞防并重”的方针是正确的。但清政府没有认识到沙俄与列强当时争夺的战略重点在中亚，出兵伊犁在一定程度上是为了遏制英国的扩张势头，以致对沙俄做出过多的让步。（李元鹏《晚清关于战略重点的“海防”与“塞防”之争》，《中国军事科学》2002 年第 2 期）

近代中国对日本的三次战争赔款及后果 从 1871 年中日邦交建立以来，日本单独或伙同其他列强对中国发动了 4 次战争。前三次战争，日本每次都能勒索到中国的巨额战争赔款。日本向中国勒索的第一笔具有战争费用补偿性质的赔款是 1874 年日本就其侵略台湾和吞并中国宗藩属国琉球而索要的赔款。尽管日军并未打赢，但清政府却花钱消灾，支付日本抚恤银共计 50 万两（库平），折银元 65 万元。1874 年 12 月 16 日，清政府将赔款尽数付给了日本。

日本向中国勒索的第二笔战争赔款是 1894 年中日甲午战争赔款。根据《马关条约》规定，中国支付日本的各项赔款有：军费 2 亿两（库平），折 2.63 亿银元；威海卫驻军费 150 万两（库平），折 197 万银元，后来又有赎辽费 3000 万两（库平），折 3974 万银元。此 3 项加上中国为支付赔款而借外债的利息损失费，4 项合计共 4.63 亿两（库平），折 6.1 亿银元。中国当时曾提出在上海或香港付款，而日本则蛮不讲理地提出一定要在英国伦敦交付，致使中方支付成本剧增。

日本向中国勒索的第三次战争赔款是 1900 年八国联军侵入北京的庚子赔款。根据《辛丑条约》及列强间的分赃协定，日本又一次从中国的赔款总额中得到本金 3479 万两（海关），加上高利贷利息 4115 万两（海关），合计 7594 万两，折 1.18 亿银元。近代中国对日本的三次战争赔款总计为 7 亿元。这是日本帝国主义强加在中国人民身上的沉重负担，也是中国人民贫穷落后的重要原因之一。它极大地阻碍了中国与世界同步发展的进程，彻底丧失了国家发展现代工业的资本来源。

战争带来的财富极大地刺激了日本军国主义的侵略野心和胃口，日本民众也从战争赔款和领土扩张中得到了利益。日本天皇和政府以及军国主义分子固然应对侵略战争负主要责任，但也要认识到，日本走向对外扩张侵略的道路，实际上是日本整个民族谋求扩大生存空间的必然结果。如果没有强大的民众基础作后盾，仅仅凭少数所谓军国主义分子是不可能持久的。靠攻城掠地扩土夺财的日本军队，比当年其祖辈，以“进贡”名义登陆中国东南沿海奸淫烧杀、抢夺钱财的倭寇海盗有过之而无不及，人类文明的进步丝毫没有改变日本民族的这种劣根性。中国对日赔款使日本举国上下一片欢欣鼓舞。根据日本1898年的统计，它从清政府手中拿到的实际赔款数目为3.61亿日元，而甲午战争日本陆海军总共支出2亿元，二者相抵，日本一次战争就致富1.6亿日元。

根据事后统计，日本将中国赔款使用分配如下：62.8%用作军备扩张，21.9%用作临时军费，其余部分用作皇家费用和教育基金，也就是说与军备有关的开支约占85%。中国赔偿的“血源”滋补了日本这只战争猛兽，使迅速强大的日本终于在1904年的日俄战争中打败了俄国。

中国的战争赔款，日本除用作直接军事扩张之外还有两大用途：一是在1896年动用了1920万日元开办了八幡制铁厂，成为钢铁工业的主要基地；二是1897年10月正式确定了金本位货币制度，使其货币纳入国际货币金融体系，中国的赔款被日本强逼在伦敦交付为日本购买英国的军舰、武器。

巨额的战争赔款使中日两国的综合国力发生了巨大的天平倾斜，日本从此走向兴盛富强，中国因此更加贫穷落后……（刘定平、刘定远《近代三次中日战争赔款内幕》，《军事文摘》2002年第2期）

（宁　青）

中国人民解放军军战史研究　土地革命战争时期军战史研究　**南昌起义军南下广东的进军方向是否应当肯定**　近年来，党史界一些学者对南昌起义军南下广东的进军方向问题提出了与传统结论相反的看法，认为南昌起义军南下广东的进军方向应当肯定。主要理由是：第一，南昌起义军在广东建立革命根据地的条件，从群众基础、距离反动政权中心南京的远近、经济状况、有无港口便利几方面看，较之湘赣边界更为有利；第二，南昌起义军南下广东的错误不是选错了进军方向，而是急于打广州，重新北伐等。有学者认为上述观点有值得商讨之处：其一，在广东建立革命根据地并没有湘赣优越。因为湘赣两省的群众基础比广东好；湘赣边界距离南京虽较广东稍近，但交通尤为不便，不易为敌人控制，且山势险要，进可攻，退可守；广东虽有东江海口便利，有利于接受国际援助，但敌人也正因为这一点拼命阻止起义军长驱南进；从经济上看，湘赣边界封建的农业自然经济比资本主义商品经济较发达的广东“自给自足”性更强，更有利于革命力量长期坚持武装割据。其二，南昌起义军正是由于急取广东，才忙于南下，劳师远征，损失严重，以致在潮汕一带陷敌重围而溃散。（金怡顺《南昌起义军南下广东的进军方向该肯定吗》，《党的文献》2002年第6期）

土地革命战争开始的时间　多年来，史学界对土地革命战争史的研究比较全面、深入、系统，在许多有争议的历史问题上达成了共识。但对土地革命战争开始的时间问题，仍说法不一。第一种意见认为开始于1927年7月中旬。这时，中共中央成立了临时政治局常委会；决定将党所掌握和影响的部队向南昌集中，准备进行武装起义；准备组织湘鄂赣粤四省农民，在秋收季节举行暴动。第二种意见认为开始于八七会议。八七会议确定了土地革命和武装反抗国民党反动派的总方针，标志着土地革命战争的开始。第三种意见认为开始于南昌起义。首先，南昌起义的“第一个使命”就是开展土地革命。其次，南昌起义的历史任务是“解决土地、解放农民、打倒地主”。再次，起义军开展了土地革命。而且，关于土地革命战争开始于南昌起义，中共中央早有定论。1927年8月5日，中共中央致信湖南省委，指出：“现在南昌政变，其主要目的是发动土地革命（中央另有通知）与湘、粤、鄂、赣四省暴动有力帮助。”同年8月8日，中共中央致信南昌起义前敌委员会，指出：“南昌暴动的主要意义在广大的发动土地革命斗争，因此这一暴动，应当与中央决定的秋收暴动计划汇为一贯斗争。”1933年6月30日，中共中央革命军事委员会为了纪念中国工农红军诞生6周年，决定把“八一”南昌起义作为建军节。同年7月11日，中华苏维埃共和国临时中央政府批准了这一决定，肯定了南昌起义既是中国工农红军的诞生日，也是土地革命战争的开始日。

红军长征有无准备　对于红军长征，一种意见认为毫无准备，仓促出动；另一种意见认为准备充分，出动从容。第三种意见认为当时主持党中央工作的博古等人对于红军的战略转移不能不有所准备，但表现了不应有的决策犹豫，准备不足，出动仓促。1934 年 5 月，敌军占领广昌、建宁后，中央苏区的形势日趋恶化，中共中央和中央革命军事委员会曾考虑率领中央红军主力实行战略转移。并将这一设想报告了共产国际，共产国际复电虽然表示同意中央红军主力实行战略转移，却认为：苏区动员新的武装力量“并未枯竭”，不必“惊慌失措”。据此，博古、李德等人仍命令主力红军继续进行顽强抵御。直到 9 月上旬，在内线打破敌军的“围剿”已没有可能时，博古、李德等人才被迫决定实行战略转移。他们首先改变了过去不遗寸土的方针，决定以保存有生力量为主；其次，建立健全了红军的各级指挥机关，并协助地方党政军领导机关加紧进行突围的准备；第三，选定突围的方向，“准备到湘鄂西去”，同红 3 军和红 6 军团会合，实行战略反攻；第四，同陈济棠部进行秘密谈判，企图借路顺利通过粤军防区；第五，征集新兵，补充主力红军；第六，公开发表张闻天《一切为了保卫苏维埃!》的文章，发出战略转移的预先号令。但是，对于战略转移这样重大的问题，博古、李德等人只限于上层少数人了解，严禁向干部和部队传达。特别是 10 月 6 日石城失守后，博古、李德等人仓促决定提前 1 个月实行战略转移，许多党政军高级干部缺乏思想准备；部队尚未进行必要的动员和休整，有的部队一边撤离战场，一边匆匆踏上新的征程；新征集的战士也来不及进行集中和训练，即补入部队，等等，表现了不应有的“仓猝的出动”。

探讨西北革命军事委员会的性质 土地革命战争时期，曾经出现过 3 个西北革命军事委员会，一个是红四方面军到达川陕后成立的西北革命军事委员会；一个是陕甘苏区于 1935 年 2 月 5 日成立的西北革命军事委员会；一个是中共中央率领红一方面军主力长征到达陕甘苏区后，于 1935 年 11 月 3 日决定延用原陕甘苏区的西北革命军事委员会名称。一些人对这 3 个名称相同的军委的性质，特别是后一个军委的性质产生不同看法。一种意见认为该军委是隶属于中华苏维埃共和国中央政府的最高军事指挥机关，简称为中革军委；一种意见认为该军委是隶属于中共中央的最高军事指挥机关，毛泽东任主席，周恩来、彭德怀任副主席，实际上是中央军委。笔者认为后一种意见是准确的。第一、中共中央所以延用原陕甘苏区成立的西北革命军事委员会，是为了便于对敌斗争。中共中央率领红一方面军主力到达陕甘苏区后，暂时没有公开中国共产党的名称，而对内对外发布文告和指示、命令，多以中华苏维埃共和国中央政府和西北革命军事委员会名义。因此，这时的西北革命军事委员会实际上是中共中央直接领导下的军事工作部门，隶属于党的组织系统，简称“中央军委”。第二、中共中央延用西北革命军事委员会名称的另一用意，还在于同 1931 年 11 月 25 日成立的中华苏维埃共和国中央革命军事委员会相区别，以便于壮大抗日力量，推动抗日民族统一战线的发展。第三、西北革命军事委员会后来演变为军委主席团，仍隶属于中共中央的直接领导。（徐占权《对土地革命战争史研究中几个热点问题的看法》,《军事历史》2002 年第 4 期）

抗日战争时期军战史研究 探讨敌后战场的地位 二十多年来，关于敌后战场的研究取得了巨大成绩。对于敌后战场的地位，在 20 世纪 80 年代，学术界基本上持肯定的态度，但近年来随着资料的公开和研究的深入，这种意见的内容更加全面、客观，思想更加深刻和切合历史实际，但也出现了一些分歧。学者们认为敌后战场为中国抗战，为世界反法西斯战争的胜利，作出了不可磨灭的贡献，敌后战场在全国抗战中具有伟大的作用和地位。有的学者认为，中国的抗日游击战争应从战术范围进入到战略范围研究。也有的学者从正面战场和敌后战场牵制日军兵力的多少来论述敌后战场的历史地位和作用。但也有不少学者认为两个战场的主次是随着战争的发展而变化的。在抗日战争的防御阶段，由于日军的主要打击方向是国民党军队，此时敌后战场尚未形成，所以此阶段正面战场是抗战的主要战场。但进入相持阶段后随着敌后战场的形成，日军把打击的主要目标指向敌后战场，同时由于正面战场的消极抗战，敌后战场便逐步成为主要战场。

分析抗日战争时期中国共产党的军事战略 这方面学术界的观点大体一致。有学者指出，抗日战争爆发后，中国共产党领导的军队在毛泽东的指导下，其军事战略实行了第二次转变，这种转变一是将国内革命战争时期的正规军，转变为抗日民族战争的游击军；二是将国内革命战争时期的正规战，转变为抗日战争时期以打游击战为主。而二者的转变都是围绕贯彻执行独立自主的山地游击战而开展的。这一方针的基本点，一是坚持独立自主，自由使用兵力；二是坚持打游击战。这两点相辅相成，构成对日作战战略指导的总方针。有的学者认为：独立自主的山地游击战的战略总方针，是红军贯彻执行全面的全民族的抗战路线和持久的战略总方针的唯一正确方针。因此，在抗日战场上，红军必须把国内革命战争集中使用的正规军，转变为抗日战争的游击战。这样才能与敌情、友情、我情以及新的战略任务相吻合。还有的学者认为，抗日战争全面爆发后，在华北战局日益危急的形势下，八路军在中共中央和中央军委的领导与指挥下，火速东渡黄河，奔赴华北抗日前线，适时转变战略部署，开展独立自主的山地游击战，配合国民党友军正面战场作战。这一系列战略举措，为八路军在华北实施战略展开，进行抗日游击战，建立根据地，坚持华北抗战，推动全国抗战局势的发展，产生了巨大影响。（唐国东《抗日战争军事史研究述评》，《军事历史研究》2002 年第 4 期）

对百团大战的历史评价　百团大战严重破坏了日军在华北以正太铁路为重点的主要交通线，沉重打击了敌华北方面军的“囚笼政策”，有力地配合了正面战场的国民党军作战，对粉碎日本威压诱逼中国政府迅速屈服的狂妄发挥了重要作用，提高了共产党、八路军的声威，表明了中国共产党及其领导的军队是抗日的中流砥柱。但是，对于这样一次具有重大意义的大战，却经历了长时间的争论，大体分为以下几个阶段：第一阶段，1940 年 8 月至 1941 年 1 月。这正是百团大战进行的时间，从中共中央到中央军委、从八路军总部到各战略区领导人，纷纷发表文章和谈话，盛赞百团大战，对百团大战是充分肯定的。第二阶段，1943 年至 1945 年中共七大。百团大战以后，华北敌后抗战进入严重困难时期。八路军总部和参加百团大战的一些领导人，开始把华北敌后出现的一些困难与百团大战的发动联系起来，指出八路军暴露和元气受伤等一些问题，但对百团大战的评价是非常客观的，也是有分寸的，持基本肯定态度。第三阶段，1959 年庐山会议至 1976 年“文化大革命”结束。庐山会议的发言中，指责彭德怀领导的百团大战在政治和军事上都是错误的，违背了毛泽东的基本上是游击战而不放松有利条件下的运动战的军事战略方针，消耗了自己的力量；文革中，百团大战甚至被说成是导致皖南事变的原因。这一阶段，对百团大战是全面否定的。第四阶段，1978 年 12 月中共十一届三中全会至现在。随着党的实事求是的思想路线的恢复和对彭德怀的平反，党史界、军史界重新肯定了百团大战，同时指出百团大战尤其是第二阶段，八路军进行了与其装备不相适应的攻坚战，过多地消耗了抗日军民的力量，给尔后抗战带来一定消极影响。这一阶段，对百团大战又恢复为基本肯定。

中国人民解放军的称谓始于抗日战争后期　据现已查到的文献档案资料记载，关于解放军的称谓，最早应出自刘少奇于 1944 年 8 月 10 日在中共中央军委高干会议上的发言。此后，毛泽东、朱德的文章和讲话中，也使用了这一称谓，1945 年 8 月 13 日《解放日报》在《当前的紧急任务》的社论中，第一次公开提出解放军的称谓，而且在华南抗日游击队和八路军山东军区中已开始正式使用。8 月 29 日至 10 月 10 日，国共两党进行了长达 40 余天的重庆谈判。为了战略和政治上的考虑，中共中央和中央军委没有继续对领导下的人民军队提出和使用解放军的称谓。1946 年 6 月全面内战爆发、解放战争进入战略防御阶段后，人民解放军的称谓重新提出，并出现了中国人民解放军的提法。1947 年 2 月 10 日，朱德第一次以“人民解放军总司令”的名义，与毛泽东签署了组成陕甘宁野战集团军的命令。从 1944 年至 1947 年上半年，人民解放军的称谓经历了一个提出——中断——再提出的过程，这不仅是一个名称的改变，而是有着深刻的社会历史背景。首先，是为了适应由抗日民族解放战争到国内解放战争的新形势和新任务的需要。从抗日战争到解放战争，中国国内的阶级矛盾，主要是通过国共两党及其两军关系的好坏表现出来的，进而必然会引起包括人民军队称谓变化的一系列问题。其次，是由新的军事战略转变所决定的。从抗日战争的战略反攻阶段到解放战争战略防御阶段，人民军队实行了由游击战为主到以正规战为主的新的军事战略转变。随着作战对象和作战形式的变化，必然会引起军队组织形式和名称的变化。第三，是人民军队正规化建设的要求。随着各战略区野战兵团的迅速组建和扩大，部队正规化建设的趋势不断加强，集中性和统一性的要求逐步提高。这不仅在指挥关系和编制体制方面反映出来，而且在称谓的规范和统一问题上也得以体现。（岳思平《关于抗日战争研究中的几个学术和热点问题》，《军事历史》2002 年第 5 期）

解放战争时期军战史研究

“让开大路，占领两厢”是不是中共中央东北局的工作方针　这一问题在史学界特别是第四野战军中存在着不同看法。长期以来传统的观点认为，从 1945 年 9 月下旬起，中共中央多次指示中共中央东北局，要“让开大路，占领两厢”，大力建立东北根据地。因此，这八个字是中共中央给东北局的工作方针，是一个战略问题。20 世纪 80 年代初以来，一些学者和原东北局的主要领导人对此提出了不同意见，认为中共中央从未给东北局发过“让开大路，占领两厢”的指示。如 1988 年 10 月，《辽沈决战》书出版后，彭真同志就韩先楚撰写《东北战场与辽沈战役》中的提法提出了不同意见，指出，当时东北局从未收到“让开大路，占领两厢”的指示。有学者在长期研究解放战争史的过程中，查阅了大量的原始文电，没有发现当时中共中央给东北局的指示中有“让开大路，占领两厢”这一指示，仅在 1945 年 11 月 22 日中共中央就东北问题给在重庆与国民党谈判的中共代表团的电文中查到有这一提法。原电是“彭林电，11 月 19 日友方通知他们，长春路沿线及城市全部交蒋，有红军之处不准我与顽作战，要我们退出铁路线若干里以外，以便蒋军能接收，他们能回国。彭林不答应，我们已去电要他们服从彼决定，速从城市及铁路沿线退出，让开大路，占领两厢，但近两日情况如何尚不得知。望你速探听中苏谈判结果电告。”从上述电文中可以看出，“让开大路，占领两厢”主要是针对为使苏联红军顺利撤离东北回国而提出的，并不是为建立东北根据地给东北局的方针。

挺进中原属战略进攻还是战略防御中的反攻 1947 年 7 月，刘伯承、邓小平率晋冀鲁豫野战军主力举行鲁西南战役，8 月挺进大别山；同月，晋冀鲁豫野战军第 4、第 9 纵队和第 38 军在陈赓、谢富治率领下挺进豫西；9 月，华东野战军主力在陈毅、粟裕率领下挺进豫皖苏。史学界传统的观点认为，三路大军挺进中原的战略行动，应属战略进攻。但近年来有些史学家提出了不同意见，认为一般说来，处于战略防御的一方在没有打破敌方的战略进攻并使之转入战略防御之前，是谈不上战略进攻的，因为战争双方不可能同时处于战略进攻的地位。三路大军挺进中原是国民党军尚处于战略进攻时进行的，它是战略反攻而不是战略进攻，依然属于战略防御的范畴。有学者认为，三路大军挺进中原的战略行动，是毛泽东依据战争形势的发展，摈弃了一般的战略进攻理论而作出的一项决策。当时，三路大军的战略行动，中共中央和各战略区都曾有大反攻的提法，随着战争形势的进一步发展，中共中央和中央军委均对这一行动的性质作了重新评价，提出这是战略进攻。（华国富《对解放战争史研究中几个热点问题的看法》，《军事历史》2002 年第 6 期）

重新思考渡江战役的历史经验 20 世纪 40 年代末举行的渡江战役，是中国人民解放军战史上规模空前的强渡江河的进攻战役。今天，依据时代赋予的新知识和新视野，重新思考渡江战役的历史经验，能得到不少有益的启示。一是立足强敌干预与介入，站在国际政治格局的高度筹划军事行动。渡江战役并不仅仅是国共两党之间的军事较量，其背后实际上体现着苏联、美国及共产党和国民党三国四方之间的复杂关系。当时，为对抗美、蒋，中共与苏共联手，配合默契，斯大林并没有想阻止中共过江、搞南北朝的意思。同时，中共中央领导人从美、蒋关系的微妙变化中察觉到美国政府的意图，认为愈能迅速消灭国民党军就愈能减少帝国主义干涉的可能性，并且作好了同世界一流军事强国进行较量的充分准备。二是政治斗争决定军事斗争，军事行动必须服从政治斗争的需要。在整个渡江战役过程中，中共中央、中央军委把军事斗争与政治斗争两者紧密地结合起来，决不允许有独立于政治斗争全局之外的任何军事行动；同时，政治斗争也充分考虑了军事斗争的要求，以及自然地理条件等因素对军事斗争的影响。三是实施正确的战略指导，采取灵活机动的战略战术。战役发起前，总前委根据中共中央军委意图和国民党军的江防部署，对人民解放军实施渡江作战的有利条件和各种困难进行了全面分析，制定了《京沪杭战役实施纲要》，详尽地分析人民解放军渡江在成功后可能出现的几种变化，提出了有效的对策。战役发起后，总前委和野战军首长根据战场情况的变化，及时修正作战计划，不断创造新的战法，充分表现出胜敌一筹的军事指挥艺术。四是扎扎实实做好战争准备，发展创新人民战争的思想和实践。根据中共中央军委关于渡江作战的意图和要求，二野、三野在淮海战役结束后，即广泛动员党政军民抓紧时间进行战役的各项准备工作，重点是战前侦察、筹集船只、训练船员、准备物资、军政训练这 5 个环节。战役发起前，人民解放军已查清了国民党军的部署情况，掌握了沿江两岸地形、长江水情及起渡点和登陆场等情况；进行了有针对性的技术战术训练，开展了强有力的政治工作。仅据三野统计，在短短三四个月内，就筹集到运送部队船只 8000 余艘，动员船工 19000 余名，调运粮食 4 亿 5 千万斤以及数量充足的油、盐、蔬菜等，动员了 7700 名民工、16 个子弟兵团随军助战，还有 332 万民工运粮、修路、架线，建立了数百个大大小小的兵站、粮站、船场、临时医院等，形成了一个庞大的后勤供应及运输网络。（龙方成、秦克丽《渡江战役历史经验论》，《军事历史》2002 年第 5 期）

中华人民共和国时期军战史研究

新中国成立之初未能解放台湾原因新探 新中国成立之初为什么未能解放台湾，学术界不少人认为是由于朝鲜战争爆发，美国军舰开进台湾海峡。有人进而认为，台湾未能解放的根本原因，是当时中国在“一边倒”向苏联的外交方针下进行抗美援朝战争，致使中美关系完全破裂所致。有学者认为，不能这样简单认识问题。1949年，人民解放军解放台湾有两个有利条件：一是海峡两岸军事实力对比悬殊。人民解放军16个军，约60余万人的兵力，云集在福州、厦门、汕头等港口。而台湾防御力量虽有40万人，但大多是惊弓之鸟的杂牌军，作战部队仅20万人。二是美国在不承认新中国的同时，也表示不再支持国民党政权。但尽管有上述有利条件，在1950年上半年，解放台湾的条件仍不成熟。从人民解放军自身的条件看，还不具备解放台湾所必需的海空军优势，解放军还是以陆军为主的单一军种。这种情况下，苏联和美国对新中国解放台湾的真正态度很重要。1949年至1950年，是苏美冷战高潮之年，双方在远东对立的焦点有两个地方，朝鲜半岛和台湾海峡。在朝鲜战争爆发前，美国的对台政策就不断后退，越来越倾向支持台湾的国民党政权。此时中国如果解放台湾，美国已经不会坐视不顾。美国从根本上改变对台湾“不干涉”的方针，不仅是必然的，而且会是一个很快的结局。而朝鲜战争的爆发，不过是使美国阻挠人民解放军解放台湾的时间提前了几天。而苏联尽管对中国共产党表示友好，但在传统的大国沙文主义、民族利己主义支配下，苏联远东的战略方针是不能让未来强大的中国对它构成威胁，中国只能是苏联对付来自西方和日本威胁的缓冲国。当时的苏联，还不想因为中国解放台湾而与美国发生冲突。因此，苏联在远东问题上实际采取的是“重北轻南”的方针：增加朝鲜半岛的紧张度，不给中国解放台湾的实质性援助。这种情况下，即使没有爆发朝鲜战争，中国人民也不可能在很短的时间内完成解放台湾的任务。（王善中《新中国成立之初为什么未能解放台湾》，《党史研究资料》2002年第10期）

彭德怀对积极防御战略方针形成的贡献 新中国成立后，确立了积极防御的战略方针。这一方针是在彭德怀主持中央军委日常工作期间确立的。他为这一战略方针的形成作出了不可磨灭的贡献。①根据新中国成立后面临的国际国内形势，适时研究制定战略方针。彭德怀在主持军委工作期间，深深感到必须尽快制定新中国的战略方针，以指导国防和军队建设。他组织总参谋部作战部等单位和他的秘书一起专题研究战略方针问题，起草出《关于保卫祖国的战略方针和国防建设问题》的报告。这个报告经他反复修改，并经中央军委会议开会集体讨论，最后由他代表中央军委在中央军委扩大会议上作报告。②从国防和军队建设的实际出发，把制定战略方针摆到军事工作的首要位置。新中国成立后，国防和军队建设的工作千头万绪，但彭德怀敏锐地认识到，要把制定战略方针的问题摆在军事工作的重要位置，理由有三点：一是国际形势严峻，为了有效地抵御侵略，必须首先解决战略方针问题。二是中国不能照搬苏联军队先发制人的战略方针。三是人民解放军的军事工作重点要进行新的转移。③主持制定了积极防御的战略方针，在军内外进行广泛宣传。为了确定和贯彻战略方针，1956年3月，彭德怀主持召开了军委扩大会议，根据他的建议，会议邀请了一些政府部门的负责人参加。会上，彭德怀对积极防御的战略方针作了系统和完整的阐述。同年9月18日，为了推动积极防御战略方针的贯彻落实，彭德怀在中共八大上向全党代表阐述了这一战略方针。④精辟阐述了积极防御战略方针的基本内容，为全军贯彻落实这一战略方针提供了理论保证。彭德怀根据当时的国际形势及军事工作的实际，对积极防御战略方针的基本内容作了精辟阐述：第一，中国的战略方针应当是防御的；第二，中国只能采取积极防御，不能进行消极防御；第三，积极防御的战略方针，就是在战争爆发之前，要不断地加强中国的军事力量，继续扩大中国的国际统一战线，从军事上和政治上来制止或推迟战争的爆发；第四，在积极防御的战略方针下，中国也不可以先发制人。此外，彭德怀还对积极防御战略方针下人民解放军的作战形式、作战指导等问题也作了阐述。新中国积极防御战略方针的形成，集中体现了毛泽东积极防御的战略思想。彭德怀对这一战略方针的阐述，包含了毛泽东和中央军委的战略指导思想，更包含了他个人丰富的军事经验和战略思想，充分反映了他对新中国战略方针的基本看法，也反映了中央军委和毛泽东对战略方针的认识。（陈浩良《彭德怀对于新中国积极防御战略方针形成的贡献》，《军事历史》2003年第2期）

探讨50年代末60年代初加强军事训练的历史经验 在人民解放军的军事训练发展史中，1958年至1964年是一个相对重要的历史时期，这一时期训练成效显著，人民军队的现代化、正规化建设得到了很大发展。对此，学术界零星发表过一些文章，对其中的具体事件作了探讨，但作为一个相对完整的训练周期，宏观研究不够。有学者认为，这一时期的主要经验有：一是“以我为主”，探索有中国军队特色的军事训练路子。全军开展了大范围的反对“教条主义”的斗争，认真反思建国后学习苏军经验过程中出现的偏差，提出“以我为主”的军事训练方针和教育训练“少而精”的原则，完善了训练法规和制度。二是加强军事科学研究，研究解决教育训练中出现的问题。1959年1月，全军第一次军事科学研究工作会议召开，讨论确定了军事科学研究工作的方针、任务和范围。此后，结合加强军事学术的研究，中央军委针对教育训练中存在的一些问题，相继采取了一系列解决措施：学习毛泽东军事思想，认真总结中国革命战争经验，强调提高训练质量。三是调整部队编制体制，努力适应现代战争条件下军事斗争的需要。针对部队中官兵比例失调、机关庞大、连队缺编、装备落后、编制没有体现出地区特点等问题，根据现代战争需要，中央军委制定了组织编制和装备的八年发展规划，并重点加强了海军舰艇部队和空军航空兵的建设。四是结合战备工作形势，有重点地开展应急军事训练。1962年春开始，台湾国民党积极策划对大陆东南沿海地区采取军事行动。6月，人民解放军及时抽调兵力，加强东南沿海防御，担负战备任务的部队迅速改变原定训练计划，转入战前的战备训练，突击解决作战急需的战术、技术问题。1962年以后，中印边界局势日趋紧张，中国边防部队加强防范，根据边境地区的自然地理特点进行了针对性训练。可以说，60年代严峻的战备形势，增强了各级抓好军事训练的紧迫感和针对性。五是全军练兵习武，整体提高部队军事训练水平。1964年，全军学习郭兴福教学法。该年春季，各军区组织训练尖子分队、个人和优秀教练员进行了汇报表演和比武。7、8月间，当时主持军委工作的领导人倡导和组织了全军的大比武活动，使部队的训练成绩迅速提高。从1958年至1964年期间，从党和国家领导人，中央军委到各军区、各级部队都对训练工作有一个正确的认识，给予了极大的关注，做了大量组织计划工作，并及时对军事训练的效果进行检查验收。（张振文《论50年代末60年代初加强我军军事训练的历史经验》，《军事历史研究》2002年第4期）

中国空军高炮部队入越作战取得的战绩 从1965年8月至1969年3月，先后赴越南轮战的中国高炮部队和配属的防空部队共有16个支队辖63个团，总计约15万人，其中空军高炮部队先后入越的有8批7个师辖26个团8个独立营及配属的9个探照灯营、14个雷达连。他们使用的武器装备主要是老旧的85毫米和37毫米高炮，只装备少量20世纪50年代后期生产的57毫米、100毫米高炮和14.5毫米高射机枪。中国空军入越高炮部队广大指战员针对美国飞机活动特点，研究了多种机动灵活的战法，充分发挥老式装备的威力，打击美军优势装备的飞机。在3年零7个月的时间里，中国空军入越高炮部队与美机作战558次，取得击落美机597架、击伤479架的成绩。（金克《“集火”近战显神威》，《军事文摘》2002年6月）

理性地认识“全国大备战” 20世纪60年代中期至80年代中期，中国面对严峻的国际形势，进行了一场声势浩大、规模空前的全国性战备活动，史称“全国大备战”。应当看到，全国大备战决策的出台，是党和国家领导人面对严峻的国家安全形势的必然反应。20世纪60年代，国家安全环境持续恶化，战争危险客观存在，要求中国领导人必须加强反侵略战争准备。当时人们对未来战争特点和规律的认识，以及中国的国情，客观上规定了战备工作的规模和内容。从结果上看，全国大备战有得有失，必须对其作出历史的、客观的、恰如其分的估价：全国大备战增强了国防实力，提高了新中国的国际地位，有效地维护了国家主权和领土完整。它有力地保证了几场自卫反击作战的胜利，并遏止了敌人可能的大规模入侵；促进了武器装备整体水平的提高；调整了国家工业布局，国家战略大后方建设和战略物资储备初具规模；初步建成了适应积极防御战略方针的国防工业体系。同时，由于全国大备战过分强调战备的重要性，也给国家经济发展和军队现代化建设带来一定的负面影响：全局性的战备工作在一定程度上延缓了国家经济的发展和人民生活水平的提高；片面强调国防建设的重要性，使国防科技工业在和平时期长期囿于单纯军事性的藩篱；军队长期处于“盘马弯弓箭不发”的临战状态，严重影响军队现代化建设的正常发展。但客观地讲，这一时期的失误总体上还是探索中的失误。全国大备战，成绩是第一位的，使新中国跃居世界军事强国之列。（徐奎《理性地认识和思考“全国大备战”》，《军事历史》2002年第5期）

（荒 林）

上甘岭不是岭 《军事史林》2002年第11期张港报道，因上甘岭战役蜚声中外的上甘岭其实并不是山名，而是一个小村庄的名。据参加过上甘岭战役的李天明等志愿军老战士介绍，在五圣山南面有个小山村，叫上甘岭；其北面还有个小山村，叫下甘岭。山村先后三次被美军侵占并血洗一空。上甘岭两侧有两个小山头，右边是597.9高地，左边是537.7高地。两个山头总共只有3.7平方千米，但它们互为犄角，北靠五圣山，成为当时志愿军五圣山防线的重要前沿支撑点。537.7高地长而窄，美国人一开始给它起名叫“鹬脊山”。战役前，志愿军在这里开展了冷枪冷炮杀敌活动，杀伤美军800多人。于是美军改称该山为“狙击兵岭”。战役开始时，美军以女明星珍妮诺赛命名597.9高地，企图以此激励士兵攻上山头。然而，上过这个高地的美国兵非死即被俘，被歼总数达2.5万余人。

（任　平）

第二次世界大战史研究　中美特种技术合作所与白公馆、渣滓洞不可混为一谈　1943年4月15日，中美两国军事情报机构联合组建的中美特种技术合作所在中国陪都重庆正式建立。该所在中美两国共同对日战争中所起的作用，以往很少提及，甚至造成极大的误解。长期以来，这个简称为“中美合作所”的战时跨国军事情报合作机构，成了广为人们熟知的“美蒋罪行”的代名词。原国民党当局在重庆歌乐山下设立的两座臭名昭著的政治犯监狱——白公馆和渣滓洞，曾被称作是中美合作所的组成部分。其实，当时的中美合作所并非为“反共”、“反人民”而建立的法西斯集中营，而是在国际反法西斯统一战线中建立的跨国军事情报合作机构，实事求是地说，中美合作所在中美共同对日作战中曾发挥积极作用。美国空军击落日本海军大将山本五十六的座机，就有中美合作所的军统局人员在电讯侦测和密码破译方面的功劳。同时，中美合作所还建立起了若干为美国海空军提供气象情报的气象工作站、观测哨等，这些气象情报在美军对太平洋上日占岛屿展开逐岛进攻和轰炸日本本土的军事行动中，都起了重要作用，战后美国海军部的一份报告甚至有这样的评价：中国方面通过中美合作所向美国提供的日本占领区军事及气象情报，“成为美国太平洋舰队和在中国沿海的美潜艇攻击敌海军的惟一情报来源。”

除去军事行动外，中美合作所还进行了一些对日心理战、经济战方面的工作。如收听日伪电台广播并用秘密广播进行干扰和反宣传，展开宣传攻势，瓦解日军士气，在日伪军中制造恐慌情绪，鼓舞敌后抗日军民斗志，印制汪伪储蓄券假钞偷运到沦陷区，扰乱日伪金融，并大量收购日货与沦陷区物资运回大后方……（何蜀《文艺作品中与历史上的中美合作所》，《书屋》2002年第7期）

发现日本侵华时的“写真集”　军事科学院军事图书资料馆新近发现4本抗日战争时期由日本出版的侵略中国的“写真集”。这些“写真集”是日本帝国主义侵略中国的又一铁证。

《日支事变写真帖》。加岛谦次编纂，白星社发行，昭和六年（1931年）十二月三日出版，全书103页，有照片119幅，并有关于“九一八”事变的发生经过等文字内容，主要记述了日本军队在“九一八”事变中的作战行动。其中有9月19日，即事变第二天，“大日本关东军司令官庄繁”发布的“日本军司令部布告”照片。

《扬子江沿岸占领要塞兵备整理写真贴》。中支那派遣军司令部编纂，昭和十三年（1938年）七月出版，有72幅照片，每幅照片后附有文字说明，内容主要是中国沿长江两岸兵要地志和武器装备情况，其中有20余幅照片为1937年底南京陷落前夕航空拍摄。

《支那事变画帖：出征纪念》。朝阳新闻社编，爱国妇人会发行，昭和十三年（1938年）七月十日出版，全书127页，有照片124幅，内容主要是日本侵略军在北平、天津、山西、武汉、南京、徐州等地的作战情况，照片后均附有文字说明。

《征战日支》。中支从军纪念写真帖刊行会编纂和发行，昭和十五年（1940年）十二月十八日出版，全书234页，有照片399幅。内容主要是从1937年到1940年日军侵略中国时的作战照片，后附有文字说明。其中有日军屠杀中国人的照片。（陈浩良《军事科学院图书馆发现日本侵华时的写真集》，《军事历史》2002年第3期）

（彭训厚）

中国8年抗战毙伤多少日军　在艰苦的8年抗战中，中国军民伤亡3千万以上，但究竟打死打伤了多少日军，史书记述不一。

蒋纬国总编的《抗日御侮》，引用日本防卫厅战史室的数字说，8年中日军伤亡859629人。张继平著《第二次世界大战史》载，在中国战场，日军被打死打伤123万人。蔡祖铭著《第二次世界大战史简编》载，中国军队共毙伤日军255万余人。黄玉章等著《第二次世界大战》，叙述比较具体全面，敌后战场歼灭日军52万人，正面战场杀伤日军53万人，两项合计歼灭日军105万人。

此外，日本栋田博著《日本军队史——满洲事变、中国事变编》载，日本在中国战场死伤总计133万余人，这个数字包括1931年“九一八”至1937年“七七”事变之间的日军伤亡人数。解放军出版社《战争中的日本帝国主义》，引用日本陆海军公布的数字说，日军在中国东北伤亡17.1万人。如果将栋田博所说的133万人减去17.1万人，8年抗战中日军伤亡116万余人，这与黄玉章等著《第二次世界大战》所说的日军伤亡105万人，差别不太大。（德增《8年

抗战毙伤多少日军》,《军事文摘》2002 年 9 月)

苏德战争初期苏军溃败原因新探　1941 年夏天，德军突然入侵苏联，苏军一溃千里，损失惨重。长期以来，史学界对苏军溃败的原因众说纷纭，其主要观点有：一是苏军对德军的进攻毫无准备；二是苏军兵力少且缺额很大，武器装备落后；三是苏联从 1935 年开始推行“肃反”、“清洗”的政治运动，处死了 3.5 万名现役军官，其中包括全部将领中的 90%，接替的大多是年轻军官，缺乏实战经验；四是苏军缺乏打集群坦克的有力措施。有作者认为，上述观点有的与史实不符，有的不是主要原因。造成苏军溃败的真正原因是力量运用不当。当时苏军将边境军区部队的 48%部署于苏军认为的主战场——南方战区，而将 52%的兵力部署于中央、北方这两个次要战区，首先在战略部署上造成了失误。在兵力使用上，苏军不能集中足够的优势兵力。从装甲部队编制上看，苏军虽装备大量坦克，但最大编制是装甲旅（坦克旅），而德军实施“闪击战”，主要依靠绝对优势的坦克装甲部队，并以装甲师（200 辆坦克）、装甲军（约 400 辆）、装甲集群（800 - 1000 辆）的大编制单位出现。苏军 1 个坦克旅只有 140 辆坦克，仅相当于德军 1 个装甲团的坦克数（160 辆），其坦克师的坦克也只相当于德军的 1 个装甲旅。从主要坦克的质量看，苏军坦克大部分是装甲薄弱、火力较弱、操纵系统很差的旧式轻型坦克，没有通信设备，作战协同困难，经常各自为战，难以发挥巨大威力而易被敌击毁。而德军装甲部队大部分已改换成装甲厚、火力猛、速度快、操纵灵活的新式坦克，配备了世界一流的通信设备，能够较好地进行协同作战，发挥坦克密集冲击的威力。从新式武器的使用上看，苏军在德军进攻前已装备 T - 34 中型、KV 重型坦克，可却将这些坦克分散到各个战区，又分散到各个部队，进而又分批投入战斗，结果被德军本来不多的速射炮逐一击毁。又如新式飞机，苏军有 3700 多架，几乎是整个东线德国空军的 2 倍，而且性能良好。但苏军也是将其分散到各个战区，又分散到各个空军部队，继之又同旧式飞机组合分成许多小批次投入战斗，加上许多飞行员对新式飞机的驾驶缺乏经验，结果屡次被德国空军打败，逐渐失去了制空权。

(杨学青)

珍珠港事件不是罗斯福施“苦肉计”　1941 年 12 月 7 日（夏威夷时间）凌晨 6 时发生的珍珠港事件，绝非罗斯福的“苦肉计”，它是日美双方相当长一段时间以来用计施谋、明争暗斗、诸多因素综合作用的必然结果：一方面是日本玩弄“和谈”骗局、巧妙实施战略伪装、多次进行近似实战的演练，为突袭美国珍珠港做了充分准备；另一方面是美国盲目轻敌、战略判断失误、疏于戒备和军事战略落后，致使美国在劫难逃。（彭训厚：《珍珠港事件：谁说它是“苦肉计”》,《世界知识》2002 年第 17 期）

《英国外交部机密印刷局的报告和文件 1940 ~ 1945》出版发行　20 世纪 90 年代，由英国学者编辑、美国出版公司出版的大型官方历史文献集《英国外交事务文献：英国外交部机密印刷局的报告和文件》1 ~ 4 部分开始陆续部问世。由于这套文件集涉及 1850 ~ 1950 年一百年的历史，而且材料全部来源于以往难得一见的英国外交部机密印刷局的机密印件，具有极高的史料价值，因而从一开始就倍受世界各国史学界的关注。对于国内外研究第二次世界大战史的学者来说，最具吸引力的是这套文件集的第三部分，即 1940 ~ 1945 年系列。由于该系列收录的材料不仅全部是刚刚解密不久的文献，而且还填补了英国二战期间官方文献一直没有公开出版的空白，值得特别关注。（梁占灾《英国外交事务文献：英国外交部机密印刷局报告和文件·第三部分 1940 ~ 1945》简介，载《第二次世界大战史（武汉）学术讨论会论文集》，武汉大学出版社 2002 年 10 月版）

(彭训厚　丛　彦)

其他军事学科问题研究

中国关于其他军事学科问题　关于军事哲学问题　2002 年中国军事哲学研究出现一些新的动态：在注重对军事哲学理论创新研究的同时，对军事斗争准备的一些基本理论问题进行了深入的探讨。

正确把握当代军事哲学理论创新的方向　军事领域正在和将要发生的巨大变化，不仅要求军事哲学理论必须扎根于当代军事实践，力求全面、深刻和准确地反映当代军事的新面貌，而且要求其必须更有效地转化为人们回答和解决新的军事问题的思想武器，前瞻地、科学地引导军事实践的进一步发展。

当代军事实践对军事哲学理论创新提出了新要求。当代社会生产力和科学技术的进步，以及经济全球化和世界战略格局复杂多变的发展，不仅给人类活动开辟了新的广阔天地，同时也直接或间接地推动着军事领域的发展和变化。其中，“和平与发展”的呼声日益增强，世界愈来愈多的国家将战略重心转向经济、文化建设，更多地运用和平手段解决争端等，构成了决定军事活动性质、使命与价值的一系列新因素、新条件；经济全球化对军事今后发展的方向、规模和任务带来明显的影响；政治斗争的多极化趋势对下一步军事力量的建设、组合和运用产生着直接的作用；而新技术革命浪潮的高涨，尤其是信息技术的广泛应用，为军事技术的新飞跃创造了重要的前提与条件，并进一步影响到军队与国防建设的各个方面，更直接地左右与改变着未来军事的面貌。当代军事实践既对军事科学的各门具体学科提出了大量的新课题与新任务；又对以军事整体作为自身研究对象的军事哲学，提出了一系列的新问题，迫切要求它从哲理的高度作出符合客观实际的科学回答。

军事哲学理论创新必须反映当代军事发展新面貌。军事哲学首先要切实反映当代军事变革呈现的新面貌，善于从思维整体上把握军事领域的新发展与新变化。其次必须特别重视和讲求科学的方法。不仅在深化军事哲学研究的过程中要运用新的科学方法，而且为了发展军事哲学方法论也必须总结和概括新的成果。再次，军事哲学理论树立创新的意识显得特别重要。只有依靠创新才能使军事哲学理论跟上时代发展的步伐，才能开创军事哲学研究的新局面。

注重运用军事哲学理论新成果引导新的军事实践。为了提高运用军事哲学理论解决新的实际军事问题的能力，要求军事哲学必须帮助人们树立科学的军事思想观念，不断提高军事理论思维的水平，自觉运用科学的战争观、军事观和军事方法论，彻底改变旧的军事思想观念、思维方式。同时，还务必使军事哲学为各项具体的军事活动提供科学的求知、探索工具。无论从整体上提高军人的科学思维能力，还是具体为各项军事实践活动提供认识工具，皆有赖于军事哲学的通俗化、普及化和群众化。因为这样才能使军事哲学成为每个官兵自觉运用的思想武器。（梁必骎《正确把握当代军事哲学理论创新的方向》，《中国军事科学》2002 年第 1 期）

无产阶级军事科学创新的辩证法则 科学的理论创新总是遵循着一定法则的，受着客观必然性的支配。无产阶级军事科学的创新，是自觉遵循理论创新的客观辩证法则所获得的结果。

以辩证唯物主义和历史唯物主义的科学世界观为灵魂。(1) 这是由无产阶级军事科学的价值追求所决定的。无产阶级军事科学是在无产阶级的军事斗争实践中形成和发展起来的，它从诞生的那一天起就是为实现无产阶级的社会理想服务的，以无产阶级的社会理想为价值追求。而支持这种价值追求的哲学理念，就是辩证唯物主义和历史唯物主义的科学世界观。(2) 这是由无产阶级军事科学的真理追求所决定的。无产阶级军事科学的创新，说到底是一个追求真理的过程。坚持辩证唯物主义和历史唯物主义的科学世界观，可以使我们在追求真理的道路上少走弯路，尽快到达真理的彼岸。(3) 这是无产阶级军事科学创新所必需的理论勇气之源。理论创新是对前人的超越，要得出前人不曾得出的结论往往需要面对各种压力，甚至要做出牺牲、付出某种代价，因此发展真理，创新理论，不仅需要智慧，更需要极大的理论勇气。

以无产阶级面临的现实军事斗争任务为中心。无产阶级军事科学肩负的使命是满足无产阶级现实军事斗争实践的理论需要，为无产阶级军事斗争实践提供理论指导。这一使命决定了无产阶级军事科学只能以无产阶级正在从事的军事斗争为中心，根据无产阶级军事斗争的实际提出问题，解决问题。无产阶级军事科学的创新，是在回答和解决无产阶级军事斗争所遇到的现实问题的过程中实现的。

以不断发展的军事实践为根基。植根于军事实践，从军事实践中汲取营养，是无产阶级军事科学最基本的理论品格。这就意味着，无产阶级军事科学的创新别无他途，惟一的途径就是把从不断发展的军事实践中得到的新经验上升为理论，去回答和解决军事实践提出的新问题，从而实现理论上的新突破。无产阶级军事科学的创新能不能立得住，还必须接受军事实践的检验。

以前人的优秀军事科学成果为阶梯。无产阶级军事科学以马克思主义的世界观为灵魂，为无产阶级政治服务，但并不拒绝从非马克思主义军事科学中汲取养料，也不拒绝借鉴非无产阶级的军事理论家的优秀成果。当然，汲取和借鉴前人的理论成果绝不是无条件地照搬和机械地套用，即有所肯定和有所否定，是肯定与否定的辩证统一。至于肯定什么，否定什么，

尺度就是无产阶级正在从事的军事斗争实践。（黄迎旭《无产阶级军事科学创新的辩证法则》，《中国军事科学》2002 第 5 期）

探寻军事斗争准备规律　有的作者撰文提出：

军事斗争准备是军队的职能使命所系。军队作为国家武装力量的主体，其职能就是在任何时期、任何条件下，随时准备战争和打赢战争。而准备战争，即做好军事斗争准备，是确保部队打得赢的基础。古今中外，不同时期军事斗争准备的内涵和特点虽然不同，但有一个共同的特征，就是都把抵御外来入侵、维护国家安全统一和社会稳定，作为军事斗争准备的基本任务。同时，军队并非只在战争和国家安全形势紧张时要积极做好军事斗争准备，平时就要牢记使命，把强军备战作为自己的职业去做。

应看到军事斗争准备的"无形效益"。军事斗争准备的最终目标既是为了打赢一场战争，更是为了遏制战争。军事斗争准备的效益主要有以下三种情况：第一种，面对进攻一方强大的攻势，由于防御一方进行了充分的军事斗争准备，最终赢得了战争的胜利。第二种，防御一方由于进行了充分的军事斗争准备，使企图发动战争的一方感到战而难胜，从而放弃了进攻行动。第三种，双方为了控制和遏制对方，都进行了充分的军事斗争准备，达到了力量上的互相牵制，最终避免了战争的发生。第一种情况由于赢得了战争的胜利，人们容易看到军事斗争准备的直接效果，能够正确评价军事斗争准备的价值。对第二和第三种情况，由于没有发生战争，人们往往容易忽视军事斗争准备的"无形效益"。军事斗争准备既是遏制战争的重要因素，又对经济发展、国家建设、增强民族凝聚力具有重要的推动和促进作用。新技术的军民兼容性，使军事斗争准备在为社会提供"安全效益"的同时，还促进和带动经济的快速增长。新时代的军事斗争准备，更应注重平战结合、军民结合，以增强国防实力可持续发展的后劲。

准确把握军事斗争准备的方向。军事斗争准备是一项复杂的系统工程，有着很强的目的性、指向性。只有站在人类社会发展与进步的潮头看军事、看战争演进，才能认清其走向，看清其大势。在新技术革命浪潮的推动下，信息化战争正向我们走来，战场空间多维化、作战力量一体化、作战能量高效化等高技术局部战争的新特点，对军事斗争准备提出了全新的要求。军事斗争准备是军事战略方针在军队建设中的具体化，有什么样的军事战略方针，就有什么样的军事斗争准备实践。

以"软准备"牵引"硬准备"。军事斗争准备可分为"硬准备"和"软准备"。"硬准备"主要是发展武器装备、改革军队编制体制、进行战场建设等。"软准备"主要是理论创新、战法创新等。这两个方面的准备相辅相成。在军事斗争准备中，人们往往容易看前者多，看后者少，重硬轻软。处在新军事革命的时代，"软准备"对"硬准备"的牵引和指导作用更加明显。"软准备"不清楚，"硬准备"所需要的大量金钱，就可能投错位置。所以，各国军队都把"软准备"摆在首位。军事理论创新反映了一支军队"打赢"潜质的发掘程度。军事斗争准备就是要以理论创新为突破口，按照未来作战需要，真正从理论上解决好军事斗争准备的思路、策略、方法和步骤。在此基础上，研究出一整套克敌制胜的对策，这才是军事斗争准备对军队打赢能力的真正提升。（房峰辉《不断探寻军事斗争准备规律》，《解放军报》2002 年 8 月 27 日）

（陈培军）

关于军事社会学问题　为更好地发挥军事社会学这一新兴边缘学科在新世纪军队现代化建设中的作用，西安政治学院于 2002 年 5 月 24～25 日举办了"军事社会学理论研讨会"。与会专家学者围绕军事社会学的研究现状，探讨了军事社会学的定义、研究对象、学科体系以及军事社会学的发展与创新等问题。

关于军事社会学的定义　对什么是军事社会学，大体上有五种说法，即"交叉说"，认为军事社会学是研究军队和社会之间产生的社会问题的交叉性学科；"关系说"，认为军事社会学是研究军队与地方以及军队内部关系的学科；"行为说"，认为军事社会学是综合研究军事群体各方面活动的行为科学；"机制说"，认为军事社会学是从社会总体的角度研究军事活动机制的特点和规律的学科；"相关说"，认为军事社会学是研究所有与军事相关的社会现象的学科。对于以上定义，与会学者普遍认为，它们虽然都有一定的合理性，但不够准确和科学。与会学者在讨论军事社会学的定义时有两种代表性的意见：一种意见认为：军事社会学是运用社会学的理论和方法研究军事系统与社会系统之间协调发展以及军队内部军事生活调适的一门科学。另一种意见认为，重点应研究中国军事社会学，其定义应为：运用社会学的理论和方法研究与中国军事生活有关的社会机制、社会关系、社会问题，以实现军事系统与社会系统之间协调发展的一门科学。

关于军事社会学的研究对象和内容　一种观点认

为，军事社会学的研究对象是非常宽泛的，凡是同军队建设以及国家战备有关的一切社会现象和社会过程，均可以成为军事社会学的研究对象。从宏观角度研究的主要内容有：战争与社会，军事制度与社会制度，军队职能与社会变迁，军事生活与社会生活，军事组织与社会组织，军事职业与社会职业，军队建设与舆论传播，军事外交与国际合作，军事社区与民间社区，军事动员与国防教育。另一种观点认为，军事社会学的研究对象应从与军事生活有关的社会要素中寻找，而在诸多社会要素中，与军事生活有关的社会机制、社会关系、社会问题又是最为重要的，它们对于军事生活具有直接的影响和重要的作用。

关于军事社会学的学科体系及构建 对军事社会学应该建立怎样的结构体系，主要有几种不同的意见：

第一种："四层次说"。认为军事社会学的结构体系应该分为四个大的层次：一是战争与社会；二是军队与社会；三是国防与社会；四是军人与社会。其中军人与社会是主体。

第二种："五部分说"。认为军事社会学应该由五个部分组成：一是军事社会结构，包括军人的社会角色，军人的社会地位等；二是军事社会设置，包括军人家庭，军人教育等；三是军事社会变迁，包括军事社会历史，军队的流动等；四是军事社会工作，包括国防教育，社会动员等；五是军队社会问题及治理，包括环境及保护，退伍军人与社会稳定等。

第三种："十单元说"。提出军事社会学的结构体系应当分为十个理论单元：第一单元为基础理论，主要包括军事社会学的研究对象和领域；研究内容和体系；研究意义和功能；研究原则和方法；军事社会学的历史和现状；军事社会学的主要思想。第二单元为战争与社会，主要包括战争的社会动因；战争胜负的社会因素；战争的社会功能；战争的社会控制。第三单元为军事制度与社会制度，主要包括军事制度与社会制度的关系；军事制度的体系构成；军事制度改革的社会动因；军事制度的发展趋势。第四单元为军事文化与社会文化，主要包括军事文化的构成和功能；军事文化与社会文化的关系；军事文化与社会文化传统；军事文化与社会文化的协调发展。第五单元为军人与社会，主要包括军人社会化；军人职业与社会角色；军人群体与社会交往；军人社会保障；军人恋爱婚姻家庭。第六单元为军队与社会，主要包括军队的基础与功能；军队的社会分层与流动；军队与社会保障；军队与社会救援；军队与社会控制；军队管理教育与社会环境；军队形象与社会舆论；军队与民族宗教问题。第七单元为国防与社会，主要包括国防现代化与社会现代化；国防教育与社会国民教育；国防动员与社会发展。第八单元为军事外交与国际合作，主要包括军事外交的任务和作用；军事外交的范围和内容；影响军事外交的主要因素；军事外交的方针和原则；开展军事外交与国际合作应注意的问题。第九单元为军事社会问题，主要包括军事社会问题的特点和类型；军事社会问题产生的主要原因；解决军事社会问题的基本途径。第十单元为军事革命与社会变革，主要包括军事革命的社会动因；当代新军事革命的基本特征；中国军事革命的现状及趋势。

有的学者指出，构建军事社会学的学科体系不能搞"大而全"。从理论上说，军事社会内部的一切问题，都应该归属于军事社会学。但事实上许多问题已有专门的学科在研究，比如军队政治工作学、军事管理学、军事心理学、战略学、军制学等。因此，不应试图把一切军事社会问题，都纳入到军事社会学的体系之中，而应着力研究军事系统与社会系统衔接最紧最重要的问题，这样建立起来的学科体系才能够站得住脚，有发展潜力和前途。

关于军事社会学的发展与创新 纵观中国军事社会学的研究现状，今后军事社会学的发展与创新应注重以下几点：

*要解放思想，敢于创新。*研究军事社会学，应以马克思主义的基本原理而非个别结论作为指导思想。每个学科都有自己的时代特点，如果思想不解放，抱着熟悉的理论和传统的观念不放，充其量只能收集整理过去的东西，而不可能创造出有新意的军事社会学理论。

*要整理和吸收中国传统的军事社会学思想，包括军队建设的历史经验。*中国有五千年的文明史，出现过诸多的思想家、军事家，在他们的著述中有丰富的军事社会学思想，应认真地加以挖掘和整理，弃其糟粕，取其精华，对充实军事社会学理论大有裨益。

*要吸收和借鉴外国的军事社会学理论。*军事社会学发端于苏联，形成于美国。应吸收世界各国的先进文化，其中也包括军事社会学的研究成果。当然，这种吸收不是照抄照搬，而是在批判基础上借鉴。

*要吸收和借鉴相关学科的理论和研究方法。*军事社会学是军事学和社会学的交叉学科，对军事学和社会学的许多理论和方法，都可以采取"拿来主义"。军事社会学研究涉及到经济问题、战争问题、人口问题、环境问题等，只有善于借鉴经济学理论、军事学

理论、人口学理论、环境学理论等，才有助于军事社会学的研究更加深入。

要立足于中国改革开放和军队现代化建设的现实。军事社会学产生于实践，军事社会学的发展也离不开实践。只有关注中国改革开放和军队现代化建设中的现实问题，从中选择研究的突破口，其理论才能得以发展，其价值才能得到认同。因此，军事社会学既要重视基础理论研究，也要重视应用理论研究，尤其要把研究的着力点放在新的、重大的军事社会问题上。要顺应世界发展的大趋势。21 世纪初，世界形势发展很快，经济全球化、政治多极化、社会信息化、文化多元化，以及军事高科技等时代特点，对军事生活的影响极其深刻。面临形势的巨大变化，军事社会学不能关门搞自己的“二亩三分地”，必须有战略眼光，把军事社会问题放在世界军事问题的大背景下来思考和研究。(王乾都《军事社会学理论研讨会论点述要》,《中国军事科学》第 3 期)

关于军事史学问题 **构建中国的信息军事史学** 信息军事史学是文理融合、与时俱进的知识集成，是军队信息化的一个重要方面，是军队信息化体系中的重要组成部分。

信息军事史学的基本概念。当代军事史学的根本出路在于创新，军事史学的发展机遇在于放眼世界，放眼科技，与高技术联手，与信息化接轨。信息军事史学是创新的史学，代表着世界军事史学的发展方向。因此，构建中国的信息军事史学是发展的必然趋势，是中国军事史学走向现代化的必由之路。

信息军事史学，是指以当代信息技术为基本特征，以自然科学为强大技术支撑，充分运用高新技术手段，通过文化与科技、人脑与电脑的最佳结合，来研究和阐述人类军事领域发展的具体过程，寻找和总结人类军事领域发展的基本规律。在研究军事史学的过程中，军事史学工作者通过使用相关的电子信息设备，把人的自然能力转变为信息力，把军事史学知识和经验转变为信息流，把军事史学书刊和资料转变为数据流，从而实现军事史学信息处理的自动化、军事史学书刊资料存储的数据化、军事史学表述模式的多维化、军事史学研究内容的可量化、军事史学信息设备的一体化、军事史学数据传输的远程化和军事史学信息与成果的共享化。

信息军事史学是建立在当代高新技术群体基础之上的军事史学，为其提供强大支撑的高新技术主要包括以下几种：一是计算机信息处理技术，二是信息存储技术，三是多媒体技术，四是数据查询技术，五是数据融合技术，六是信息传输技术。信息军事史学是建立在现代科学技术之上的军事史学，其框架结构由四大部分组成：第一部分是人才与设备部分，第二部分是资料与信息部分，第三部分是交流与传播部分，第四部分是教学与研究部分。

信息军事史学的地位与意义。信息军事史学代表着军事史学领域的发展方向，是军事科学领域中的一个带有前瞻性的崭新课题，是中国先进军事文化的重要组成部分，信息军事史学的建立和发展，对于中国社会主义文化建设具有重大的理论意义和现实意义。

信息军事史学是多学科融合的史学，极大地扩展了军事史学的内涵与外延。信息军事史学与新闻出版、报刊书籍、广播影视、传播媒体、电脑制作、数码影像、信息存储、互联网络等广为结缘，力求为我所用，助我发展。今天的军事报刊广播新闻，就是明天的军事历史；今天的军事新闻图片，就是明天的真实军事史料；今天的军事影视记录片，就是明天的军事历史资料片；今天的军事史学数据库和数字图书馆，就是明天的军事历史博物馆；今天的军事史学网站，就是明天的军事时空隧道。信息已经融入军事史学，军事史学已经驾驭信息，信息与史学已经结为一体，二者已经密不可分。

信息军事史学是具有高技术特征的军事史学，信息化是推动军事史学创新与发展的强大动力。长期以来，纸与笔是军事史学的主要工具，字与书是军事史学的主要成果。而信息军事史学则将这种军事史学固态进行了改革与创新，录音机、录像机、摄影机、摄像机、计算机、扫描仪、光盘光纤、互联网络，成为军事史学领域里的现代化装备。计算机键盘代替了笔，光盘软盘代替了纸张。传统军事史学对于远古军事历史，只能用文字加以表述；而信息军事史学可以利用三维动画和虚拟现实技术，穿越千万年漫漫时空的阻隔，对远古军事历史进行逼真的情景再现。传统军事史学观察和研究历史的方法是文字、眼睛加头脑；而信息军事史学观察和研究历史的方法除了文字、眼睛和头脑以外，还要加上镜头、电脑、网络和数据库。

信息军事史学是最能够再现历史原貌的军事史学。在当今的信息时代，记录表述军事历史不单单需要纸张笔墨和语言文字，还需要光盘软盘和摄录镜头，需要画面声音和动态影像；研究军事历史不只是需要从文字中寻找答案，还需要从场景、画面、声音、影像中寻找答案；传播军事历史不只是需要书籍和刊物，还需要电脑和网络。信息军事史学使用语言文字、场景画面和声音影像，不但能真实、详细、及时、准确地记录表述、研究评价军事历史，而且能真实、详细、及时、准确地再现军事历史原貌。

信息军事史学是主动记录式军事史学，能够充分发挥军事史学工作者的主观能动性。传统军事史学基本上是对以往历史进行被动式的记录和追述性的记录，而当代的军事史学工作者不仅能够真实全面地记录事件发生发展的全过程，而且能够针对事件发展的状态与趋势，及时提供历史经验教训和决策建议。现代信息技术成为军事史学的强大后盾，使其由被动式军事史学向主动式军事史学转变，由事后追述式军事史学向事中记录式军事史学转变，由回忆式军事史学向再现式军事史学转变，由单纯描述式军事史学向记录影响式军事史学转变。

信息军事史学是全方位开放的军事史学，是及时、快速、节省、高效的军事史学。信息军事史学是一种全方位开放性的军事史学，报纸、刊物和广播电视每天都在提供大量及时的信息，军事史学工作者可以及时获得需要的史学资料，节省大量时间与精力，大幅度提高军事史学研究的工作效率。

构建中国信息军事史学的几点思考。构建中国的信息军事史学，是一项跨学科、跨专业、跨部门的工作，是一项先进文化建设举措，是一项长期持续的建设项目。

要树立信息军事史学的思想观念，营造信息军事史学的发展环境。广大军事史学工作者要从建设中国先进文化的高度，理解构建中国信息军事史学的时代意义，提高对信息军事史学重要性的认识，树立信息军事史学的思想观念。要乐于接受高科技理念，自觉学习高科技知识，把高科技手段灵活运用于军事史学研究之中，为信息军事史学营造一个生存与发展的良好环境。

要制定信息军事史学的发展规划，搞好信息军事史学的基本建设。首先，构建中国的信息军事史学需要长期持续地资金投入，军事科学研究主管部门应该把其列为军队文化建设的重要内容之一，给予资金上的大力支持与保障。其次，构建中国的信息军事史学，需要建立军事史学数字图书馆、军事史学数据库、军事史学网站、电子图书出版社，需要设立信息军事史学的教学机构、研究机构和交流机构。再次，对原有的军事史学科研机构，可以进行信息化改造，对已有的电子信息设备进行升级或更新，使其从软件和硬件上达到信息军事史学的发展要求，这样做可以节约大量的人力、物力和财力。

要培养信息军事史学的专门人才，建立信息军事史学的科研队伍。要在军队高等院校中设立信息军事史学专业，培养信息军事史学的本科生、硕士生和博士生，培训信息军事史学教学与科研的骨干力量。在历史研究机构中设立信息军事史学研究方向，尽快展开对信息军事史学的深入研究。在军事历史研究刊物中设立信息军事史学研究专栏，立即展开对信息军事史学的探讨和论证。（周林《构建中国的信息军事史学》，《军事历史》2002 年第 3 期）

关于军事地理学问题　分析中国军事地理大势　从军事地理的角度来看，中国的地理格局就像一个不规范的围棋盘。在这个不规范的围棋盘上，关中、河北、东南和四川是其四角，山西、山东、湖北和汉中是其四边，中原为其中央腹地。

中国的地域虽然辽阔，但在历代战争中起决定性作用的却主要是上述九大地域。大体上分布在中国地势第二级阶梯和第三级阶梯上。这里所说的起决定性作用，主要是指在历代战争中，上述九大地域的重要性往往关系到天下的统一与分裂、关系到一朝一代的兴盛与衰落，或者，在中原政权与塞外游牧民族之间的战争中关系到中原政权的生存与灭亡。

需要说明的是，上述九大战略要地并不全是按现在的省级行政区划来划分的，而主要是考虑到它们在军事地理的格局中以其地形、地势的原因构成了一个个相对独立的地理单元，它们在历代战争中也的确显示了它们作为一个个独立单元的地位。其中，关中主要是指陕西省的秦岭以北部分，汉中地区则因其相对独立而单独作为一个单元，东南主要指江苏、安徽两省的中南部，中原主要指河南，其他几地则基本上等同于现在的省级行政区划。在称法上，关中和中原都沿用了古代的称法，因为这种称法本身就极富战略色彩。在上述九大战略要地的外围，有一些地域山川形势也很险要，如岭南、闽南、浙江、辽东、河西等地。这些地域在某些特殊情况下，地位也很重要；但由于位置的关系，这些地域险要的山川固然保护了自己，但也在一定程度上妨碍了它与外部联系，妨碍了它对于全局的全面介入，因此在历代兴亡中，对于全局未能显示出决定性的意义。当然，近代以后，中国的国防形势发生变化，它们在军事地理格局中的地位也有所变化。

在这个棋盘形格局中，关中、河北、东南和四川分处其四角。四角之地，都各有其得天独厚的地理条件，一般都有比较优越的山河形势，有相对稳固的后方和可以凭恃的山川险阻，能够保持一种进可以攻、退可以守的态势；有优越的经济条件，足以供养、支撑起一个庞大的政治、军事集团；有一定的社会基础，易于形成一定的社会政治力量。一种势力兴起之初，占据四角山川险固之地，可以建立根据地，形成局部的秩序，从容经营，积累力量，为日后进取天下打下基础。

山西、山东、湖北和汉中分处四边。四边之地，一般也有比较险要的山河形势，但这些地域综合条件不如四角。它们都夹在两角之间，彼可以来，此可以往，既是双方联系的纽带，又是双方对抗争夺的焦点。其地形特点也与它们的地位相符，既有供双方出入的交通孔道，又有可以扼守的险要；而且，它们与中原之间有比较捷近的通道。兴起于四角的政治势力，要想摆脱割据一隅的偏霸局面，向外扩展，必先争两翼，控制该夹角的两边。

中原处四方之中，可以合天下之全势。中原四通八达之地，为四方联系的枢纽。由中原趋周围地域、由周围地域趋中原，都很便捷。其形势与周围地域息息相关。中原有事，必波及四方；四方有事，必影响中原。中原安定，四方才可能安定；若中原纷乱，则四方形势必致散裂。但是，天下纷乱之初，因为中原四面皆可受敌，四方分崩的离心力足以撕裂中原形势，而使中原成为一个动荡的交汇之地。动荡的洪流足以冲毁任何据守中原的努力。此时，据四角山川险固之地者易，而据中原四战之地者难。

历史治乱更替，天下大势也随之分合变迁。通常，一个统一的王朝因积弊太深而瓦解，天下便随之分崩，而演成群雄逐鹿的局面。历史遂在混乱中酝酿新的统一。逐鹿虽在中原，真正能参与逐鹿的群雄，却多不起于中原，而起于四角。历史上，那些最终完成统一天下大业的势力，大都是起于四角山川险固之地。先据有一到两个角，积累力量，继之以向两翼扩展，然后，向中原发展，进取天下。

秦、西汉、隋（隋因袭的成资可追溯到西魏和北周）和唐都是以关中为基础统一天下的。由关中进取天下，以秦的统一开其先例，且其进取天下的历程亦最典型，西汉、隋、唐的统一，大抵循秦之故辙：其根基在关中，扩展在两翼，决战在中原。东汉刘秀则开创了由河北进取天下的先例。刘秀在河北脱离更始帝自立，先据河北、河内作为根基，次取河南，据洛阳，立以为都，然后，遣将四略，平定四方，统一天下。元和清都起自塞外，入主中原后，也以河北为其根基。

明朝朱元璋开创了由东南统一天下的先例。朱元璋据有金陵，西平陈友谅，控制荆襄上游；东灭张士诚，巩固三吴根本。平定江南之后，兴师北伐元朝，先攻山东，由山东包卷河南，取河南之后，再才北上攻取大都，驱逐蒙古势力，统一天下。

据有四角山川险固之地者，上之可以平定四方，统一天下；次之可以割据一方，称雄一时。当统一的条件不成熟时，据四角之地可以建立起局部的秩序，成就一方霸业。以魏晋南北朝这段大分裂大动荡的历史时期为例，这段时期内建立的割据政权大多是在关陇、河北和四川，尤以关陇、河北为多。

建立于关中的政权，除去那些全国性政权如秦、西汉、新（王莽）、隋和唐外，还有绿林更始政权、赤眉政权，十六国时的前赵、前秦、后秦、夏（赫连勃勃），南北朝时期的西魏和北周，唐末的大齐（黄巢），明末的大顺（李自成）等政权。此外，在丧乱之中，东汉和西晋政权也一度迁移关中。更不用说那些更小的短暂割据的群雄，如唐末的李茂贞、元末的李思济等等。

建立于河北的政权，除去那些全国性政权，如元、明、清外，以燕、赵命名的政权就有多个。以燕命名的政权有战国时的燕、秦末的燕（韩广）、西汉初的燕（藏荼）、东汉初的燕（彭宠）、十六国时鲜卑慕容部所建立的前燕和后燕、唐末的燕（刘仁恭）等等。以赵命名的政权有战国时的赵、秦末时的赵（武臣）、楚汉之际的赵（赵王歇）、十六国时的后赵等等。此外，还有十六国时的魏（冉闵）、南北朝时期的东魏和北齐、隋末的夏（窦建德）等等。

建立于东南的政权，有春秋时期的吴、越，三国时的孙吴，东晋，南北朝时期的宋、齐、梁、陈，唐初的吴（先后由李子通和杜伏威所建之吴）、宋，五代十国时的南唐、吴越、南宋，元末的周（张士诚）、明（初期）和太平天国等等。

建立于四川的政权中，虽未完成过统一天下的大业，但是，没有一个分裂动荡的历史时期四川地区会不出现独立的割据政权。在四川建立的政权有战国时的巴和蜀、东汉初的成家政权（公孙述）、三国时的蜀汉政权（刘备）、西晋末的成汉政权（李雄）、东晋时的蜀（焦纵）、五代时的前蜀政权（王建）、后蜀政权（孟知祥）、北宋时的蜀（先后有李顺和王均所建之蜀）、元末的夏（明玉珍）等等。

四边之地虽综合条件不如四角，但纷乱之际也易于凭借其地理形势形成割据势力，建立割据政权，而且，因其与周围地区联系便捷，往往容易造成很大的影响，尤其是像山西、山东这样的地方。山西处关中、河北之间，俯瞰中原，且其地接塞北，少数民族容易透入，造成影响尤大。山西的割据政权中就有相当一部分是少数民族所建。历史上，在山西建立的政权倾覆中原政权者屡见不鲜，如匈奴刘汉之亡西晋、后唐之亡后梁、后晋之亡后唐，等等。山东地处南北之间，中国政治重心东移后，更是政治重心经济重心之间联系的衔接地带，割据山东造成的影响也比较大。

随着历史大势的演变，不同地域的地位和战略意义是有变化的。中国政治重心自西向东的移动趋势即说明了这点。政治重心处于关中的时代，关中的地位自不待言；后来，在经历了一段摇摆之后，政治重心移至河北。与这一过程相伴随的是关中地位下降，而河北地位上升。这一变化给其他地域的地位也造成了一定影响，如在政治重心位于关中的时代，湖北是西北与东南之间衔接的纽带，地位比较重要；政治重心移至河北以后，随着关中地位的下降，湖北的地位也有所下降，而山东则成了南北之间政治重心与经济重心联系的枢纽，地位举足轻重。

这是就大的趋势而言。实际上，不管在什么时候，不同地域的地位和战略意义都不是固定的，而是随着当时政治、军事整体形势的不同而不同。（饶胜文《中国军事地理大势》，《军事历史》2002 年第 1 期）

（陈燕雯）

简　讯

2002 年解放军出版社出版的部分军事图书评介　2002 年解放军出版社出版的军事类图书具有价值大、品位高、有分量的特点，反映了一个“国家级”出版社的水准，为中国的军事文化基础性、长远性建设作出了贡献。现将部分图书简介如下：

《当代中国军事学资深学者学术精品丛书》　新中国成立以来，中国当代军事学术研究有了很大的发展，特别是改革开放时期，中国军事界的学术活动真正呈现出“百花齐放，百家争鸣”的局面。为展示当代军事学术研究的成果，使之得以弘扬、传播、流传久远，解放军出版社从 2002 年开始编辑这套丛书。《丛书》选辑标准很高：必须是资深的学科带头人；必须是精品之作甚至是“扛鼎之作”；必须是自己动手写的而非编纂、主编之类著作。第一批出版了四部著作：①《论战略》，是军事科学院副院长李际均中将的作品集。该书选编作者 40 年研究生涯的代表作 21 篇，全面论述了战略学的基本范畴、基本内容、基本特点及其在当代的发展，并对世界战略发展作出了精辟分析。本书在中国战略学科中有重要的学术价值。②《论大战略与世界战争史》，是军事科学院原研究员、北京大学国政系原兼职教授吴春秋的作品集。该书收辑了作者数十年来对大战略和世界战争史研究的 18 篇论文，这些文章在中国开创了“大战略”学，推动了该学科的发展与应用。③《徜徉兵学长河》，是军事科学院研究员、中国孙子兵法研究会副会长吴如嵩的作品集。该书集作者 40 年兵学研究之大成，共收 39 篇文章，分为古代军事思想研究、古近代战争研究、古代兵法在非军事领域的应用三大类，在中国兵学研究领域有重要意义与价值。④《论无产阶级军事科学的基石》，为军事科学院研究员、中国马列军事科学的研究专家鲍世修所著。该书收录其代表作 65 篇，论述马克思、恩格斯军事科学的理论体系、基本原理、社会影响及在中国的传播。这些文章对在中国建立和完善马恩军事学科体系和推动该学科的发展产生了重要作用。

《文图并说——中国人民解放军大事聚焦》　本书是 2002 年中国人民解放军建军 75 周年期间国内出版的最权威和最受欢迎的作品，由全军最高学府国防大学数十名专家、学者编写。全书以文图并茂的形式，将中国人民解放军的历史聚焦为 75 件大事，生动反映了在毛泽东、邓小平、江泽民三代领导核心统率下人民解放军建军以来的发展过程和重大成就，具有较高的史料价值和较强的可读性。

《中国历代军事战略》　是解放军出版社出版的“中华传统军事系列丛书”之一种。全书从中国几千年的各类战争中，选取三十六个专题，详尽论述了中国历代战争的战略问题，着重探讨了历代具有关键性战争的战略方针、战略措施及重要的战役指导、战役布势等问题，并简述了各个不同历史阶段战略思想的特点及其发展变化规律。全书长达130万字，配有百多幅战略示意图，是研究中国战略思想历史的重要著作。

《中国兵书通览》 是“中华传统军事系列丛书”之一种，分为三篇。上篇“通论”共6章，论述历代兵书的源流、作用、种类、内容、数量、价值、特点、影响，以及研究的现状和展望。中篇“分论”共15章，分类介绍了近百部有代表性的兵书，内容包括对某一部兵书作者情况、篇章卷目内容的介绍，重要军事思想的归纳，成书时间，版本源流的考证、价值和历史地位的评价等。下篇“现存兵书简目”按历代顺序编撰现有的兵书简明目录，每部兵书详列卷篇数、作者、各种版本和藏书地点或出处。是国人了解中国兵书情况的权威著作。

《中华人民共和国元帅传记丛书》 是中央军委批准出版的具有权威性和代表性的丛书。编写时间历经三年，于2002年出齐，共有9部：《洪湖曲——贺龙卷》、《旌旗十万——陈毅卷》、《每临大事——叶剑英卷》、《庄严典型——罗荣桓卷》、《高山魂——徐向前卷》、《新孙吴——刘伯承卷》、《大漠长空——聂荣臻卷》、《红军之父——朱德卷》、《雄关漫道——彭德怀卷》。这套丛书采用史学专家与文学作家相结合的方式撰写，因而史学价值与文学欣赏价值达到了一个新的高度，是一部难得的人物文学传记佳作。

（谢　钢）

2002年军事科学出版社出版的部分军事图书评介 2002年，军事科学出版社紧密配合党、国家和军队的中心工作，坚持正确的出版方向，着眼国防和军队现代化建设全局，坚持为新时期军事斗争准备服务，为军队现代化建设提供科学的理论指导和智力支持，坚持抓重点、出精品的原则，推出了一批军事科学精品力作，简要介绍如下：

一是为迎接中国共产党十六次代表大会，策划并组织出版了一批社会效益高的图书。其中，《新形势下部队党委建设》，阐述了在新的历史条件下把部队党委建设成为坚强的领导核心需要坚持的一系列根本制度。《凝聚军魂、开拓创新》收入了作者学习“三个代表”重要思想的认识与体会。《新世纪思想政治工作纵横谈》，围绕学习江泽民“七一”重要讲话，对加强和改进新的历史条件下思想政治工作进行了探索和研究。《中国军事百科全书·增补》经过5年编纂，年内完成出版，收入了自1997年第一版出版后军事领域的新的研究成果，反映了世纪之交的中国军事科学研究水平，丰富和发展了军事科学体系。《武警风采系列丛书》（11本）从不同角度、不同侧面，向读者展示了共和国忠诚卫士的风采，反映了武警部队精神风貌。《大海作证》、《我乘军舰去欧洲》等反映了中国人民解放军海军在革命化、现代化、正规化建设进程中的官兵精神风貌。此外，适应部队院校读者需求，还出版了《论高素质新型军事人才建设》、《军队干部管理现代化建设若干问题研究》、《士官基层政治工作读本》等一批书籍。

二是推出了一批重点学科理论著作，使军事基础理论研究跃上了一个新的高度。《军事训练学》全面总结了中国人民解放军70多年特别是近年来组织高技术条件下部队训练经验，揭示了新时期军事训练特点与规律，丰富和发展了军事训练理论。《军队装备管理学》、《装备技术保障概论》从理论与实践结合上，把对武器装备全系统、全寿命管理的研究提高到了一个新的水平。《战略原理解析》、《中国战略文化解析》等书的出版，提高了战略研究的视野和水平。《军队指挥的科学》以富有创建的独特方式，提出了在高技术条件下指挥的新思路。《新时期军队管理概论》，吸收了近年来军队管理方面的研究成果，通过对新情况、新特点的研究，揭示了新的历史条件下军队管理的基本规律。《论古今中外军队管理》精选了多年来作者潜心研究军队管理的成果，受到读者关注。与有关部门协商，建立了“军事学博士后文库”出版制度，年度内先后推出《论战略指挥》、《美国战略思维研究》2本，受到读者和学术界的关注。《军用文书学》等一批研究部队、机关军用文书的图书，反映了军队文书规范化、简约化、电子化方面新的进步。

三是编辑出版了一批军事历史著作和兵法研究新著。根据经中央军委批准的《中国人民解放军军史》编纂出版计划，展开了《中国人民解放军军史》部分书稿的编辑。出版了《中华人民共和国军队院校发展史》（分总卷、陆军卷、空军卷、海军卷、二炮卷、后勤卷6本），全面、系统、客观地反映和总结了军队院校发展的历史。《大阅兵图集》，以400余幅黑白和彩色珍贵照片，反映了人民解放军建军以来包括在战争年代解放区组织的历次阅兵的历史。《新世纪中国兵学》、《孙子兵法精要与运用》等，反映了孙子兵法研究的新成果。《中国近代军事思想述论》，对晚清以后中国兵学的曲折发展给予了客观评价。《20世纪回眸与前瞻——2002年版战略评估》、《战争年代的回忆》、《血洒泉城》、《向仲华》《十次突击》等一批书籍，向读者再现了影响历史进程的20世纪波澜壮阔的战争画卷和理论研究成果。

四是适应世界范围内军事变革和军队现代化建设的要求，出版了一批研究高技术条件下军队作战理论的图书。如：《高技术条件下陆军战役学》、《城市反空袭》、《城市人民防空袭斗争指挥》、《21世纪初高技术发展对战法的影响》、《太空战》等书籍。并集中编辑力量，策划、出版了信息战方面的图书，包括《战场网络战》、《信息国防论》、《国防信息安全概论》以及信息知识库（16本），这些书籍的出版，把信息战研究提高到了一个新的水平。此外，还完成了苏恩泽军事科普著作四部曲《天军横空》、《武备探密》、《e战追踪》、《系统论兵》的出版。

（麻光武）

2002年国防大学出版社出版的部分军事图书评介 国防大学出版社在2002年的出版工作中，坚持服务于教学科研、服务于全军部队、服务于国防建设的指导思想，出版了一批具有较高学术水平的图书。

《战役谋略论》 该书系全国哲学社会科学和全军“九五”军事科研规划课题，对战役谋略的诸多理论问题进行了全面系统的研究。在界定并阐述战役谋略概念的基础上，提出了战役谋略的分与合、奇与正、虚与实的三大基本范畴；揭示了先谋后胜、兵以诈立、正合奇胜、攻心夺气四大战役谋略规律；阐明了战役谋略中的相辅相成、相反相成和相互转化三种辩证关系；揭示了战役服从战略、强胜弱败、合力制胜、时空制约、战役指导对战役胜负起关键作用、关键性作战行动对战役结局具有重大影响六条战役基本规律，研究了遵循战役规律筹划和实施战役谋略应把握的主要问题；提出了战役谋略运用的核心是谋势造势的观点，探讨了谋势造势所追求的目标和基本方法；对战役谋略与客观条件的关系，高技术条件下的战役谋略运用以及对战役指挥员素质的要求等问题进行了研究和探讨。

《战略理论学习指南——军事战略前沿理论探析》 该书是国防大学战略教研室研究军事战略基本理论的新著，试图从社会历史变革的角度，考察世界特别是中国军事领域已经发生、正在发生或将要发生的变化，并在战略理论层面上加以认识。该书既是对军事战略基本理论问题思考和研究成果的展示，也是对新出现的一些战略理论问题进行研究和探索的展示。

《战役理论学习指南》 该书全面系统地对战役基本理论、联合战役理论、进攻战役理论、防御战役理论、外军战役理论和台军战役理论进行了归纳和整理。这些理论从基础到应用，从进攻到防御，从联合战役到合同（军种）战役均有涉及，内容全面系统，结构科学合理，体现了“突出重点”和“注重运用”的基本原则。同时，该书注重跟踪战役前沿理论的发展，对现代技术，特别是高技术条件下局部战争战役特殊规律，对战役信息战、信息战战役、信息时代的战役特点和规律等学术前沿问题进行了大胆探索和研究。

《世界军事形势分析（2001—2002）》 本书由两部分共十二章组成。第一部分介绍和分析了世界各地区的军事形势，第二部分介绍和分析了世界一些大国的军事形势，并附有军事动态年表。读者既可以了解当今世界军事的聚焦点，认识当前世界总体军事形势，又可以从当前预测未来，把握世界军事形势的发展趋势。本书所述的内容及资料截止到2001年年底。“军事动态年表”根据新闻媒体公开报道列出，原则上按照地区划分，涉及两国以上情况的，根据内容列入主要相关国家的大事记中。书中“各国军事实力简况”的数据，参考了英国国际战略研究所《军事力量对比（2001—2002）》等著作。

《直面信息战》 该书是一本既有一定深度和科技含量，又通俗易懂的学习信息战知识的科普性读物。由走进电子战、点击网络战、漫谈信息战和“网电一体战”四部分内容构成，把信息战理论与实践的最新成果呈现在广大读者面前，深入浅出地介绍了当代电子战的作战领域和各种对抗手段，真实记录了世界各国在认识和运用电子战中的得失和成败。特别是对电子战在高技术战争中所扮演的角色、应处的地位，以及网络战出现以后，电子战到信息战的升华与拓展，“网电一体战”的发展趋势等进行了全景式的扫描。

《军事哲学与军事实践》 该书包括四部分内容：一是哲理性问题综述，意在梳理出研究军事哲学各种基本理论的正确思路和方法，为发展军事哲学提供科学的指导。二是历史性军事问题的反思。意在通过反思历史获取各种规律性的认识，为今后的军事实践活动提供参考。三是现实性军事问题的辨析。意在分析和把握当前有关军事事物的本质、特性，以确定解决实际军事问题的对策。四是未来军事问题的预见。意在前瞻现存军事事物的未来与可能出现的新军事事物，力求从现在起就主动采取措施使之朝有利于我的方向发展。

《新世纪政治工作的创新与发展》 该书系全军军事科研“十五”计划的重点课题。在以下四个方面有所创新：一是从时代主题的转变、市场经济的改革、世界新军事变革的影响等新情况、新问题出发，对军队政工创新的必要性与紧迫性进行了系统论述；二是以与时俱进的创新理论指导军队政治工作的创新，将“三个代表”等一系列重要思想，作为军队政治工作理论体系中的重要内容；三是深入总结军队政工实践中的新鲜经验，从理论和实践的结合上进行创造性的研究论述；四是着眼未来发展，提出了一些值得今后认真研究的理论问题。

（闫立炜）

八路军总部旧址历史地位研讨会在晋召开 2002年7月12日，南茹村八路军总部旧址历史地位学术研讨会，在山西五台县召开。山西省领导和军事科学院、中共中央党史研究室、中共中央文献研究室等单位的专家、学者30余人参加研讨会。研讨会取得一批重要理论成果，交流学术论文15篇。1937年9月23日，朱德总司令率领八路军总部人员东渡黄河，进驻五台县南茹村。随后由此出发向太行山区转移。与会专家、学者通过深入研讨认为，南茹村是八路军抗日出征后的第一个农村驻扎地，也是八路军总部由“北上”改为“南移”的折返地，在中国革命和人民军队历史上具有重要的地位和很高的文物价值。研讨会指出，朱德、彭德怀、任弼时等八路军总部领导，在南茹村提出和实施了一系列重大军事决策：基本上完成了中共中央军委关于变更八路军战略部署的重大决策：指挥八路军首战平型关、奇袭阳明堡、雁门关伏击战等著名战役战斗的胜利；规划了首批敌后抗日根据地的创建；恢复和开始实行政治委员和政治机关的原有制度，加强了思想政治工作；颁布了第一个动员组织群众发动游击战争的系统而具体的指示；颁发了《告日军士兵书》等首批对日军工作的文件。为八路军的发展壮大以及不断取得更大胜利，奠定了良好基础。

民族宗教与国家安全研讨会在新疆召开 2002年9月16～18日，以“中国历史民族宗教政策与加强边防军事斗争准备”为主题的“第二次民族宗教与国家安全研讨会”在新疆乌鲁木齐召开。全军有关单位38名专家、学者出席了会议。会议共收到论文107篇。研讨会首先听取了有关专家作的“以‘三个代表’重要思想为指导，深入研究中国历代民族宗教政策为现实服务”和“对近代以来西北边疆军事斗争中民族宗教问题的思考”两个主题报告，并围绕“中国历代民族宗教政策的基本精神和实质”、“中国历代民族宗教政策的历史作用”、“中国历代民族宗教政策的经验教训”、“近代国外势力在中国边疆民族地区渗透和干涉的特点和规律”及“如何借鉴历史，作好反分裂、反恐怖军事斗争准备”等5个议题进行了大会讨论。

全军军事科学成果奖揭晓 2002年8月29日，第三届全军军事科学成果奖揭晓，共有128项研究成果获奖。这次评奖，是经中央军委批准，由军事科学院组织实施的。评奖范围为列入全军军事科研“九五”计划课题和“九五”国家哲学社会科学基金规划军事学项目的研究成果。其中，《党的第三代领导集体关于军队建设的理论贡献》、《社会主义市场经济条件下军队思想政治建设研究》、《世界新军事革命对我国军事发展的影响及对策意见研究》等一批理论研究成果获奖。

（石　慧）

第4届“中国人民解放军图书奖”评奖揭晓 2002年10月，第四届“中国人民解放军图书奖”评选委员会，从全军和武警部队出版社2000、2001年度出版的近5000种新书中，评选出第四届“中国人民解放军图书奖”20种，提名奖19种，名单如下：

1. 第4届“中国人民解放军图书奖”(20种)

《邓小平军事哲学思想研究》(军事谊文出版社)

《在“三个代表”的旗帜下凝聚》(白山出版社)

《部队“四个教育”丛书》(蓝天出版社)

《军魂论》(人民武警出版社)

《人民军队忠于党》(长城出版社)

《中国共产党80年大事聚焦》(解放军出版社)

《政治指导员工作指南》(黄河出版社)

《军事革命论》(军事科学出版社)

《80位共产党人的故事》(解放军文艺出版社)

《亮剑》(解放军文艺出版社)

《西部军旅风情纪实文丛》(解放军出版社)

《新四军的组建与发展》(军事科学出版社)

《体验崇高》(国防大学出版社)

《海洋大国与海权争夺》(海潮出版社)

《传统美德故事绘画丛书》(金盾出版社)

《动力系统稳定性理论和应用》(国防工业出版社)

《神经肽基础与临床》(第二军医大学出版社)

《现代护理学》(人民军医出版社)

《量子通信与量子计算》(国防科技大学出版社)

《世界地图集》(星球地图出版社)

2. 第 4 届“中国人民解放军图书奖”提名奖(19 种)

《高技术战争与现代军事哲学》(解放军出版社)

《军队管理学》(军事科学出版社)

《现代兵器丛书》(解放军出版社)

《保卫祖国领空的战斗》(解放军出版社)

《世纪警钟》(解放军文艺出版社)

《现代海军武器装备手册》(国防工业出版社)

《海湾战争全史》(解放军出版社)

《中华海权史论》(国防大学出版社)

《红岩魂—铁窗下的心歌》(解放军文艺出版社)

《20 世纪社会主义的抉择》(黄河出版社)

《情断无人区》(军事谊文出版社)

《无冕之歌》(黄河出版社)

《诗书画印典故词典》(长征出版社)

《可扩展并行算法的设计与分析》(国防工业出版社)

《现代口腔烤瓷铸造支架修复学》(人民军医出版社)

《重症加强护理学》(军事医学科学出版社)

《现代临床生化检验学》(人民军医出版社)

《细菌名称英解汉译词典》(军事医学科学出版社)

《名优蔬菜反季节栽培》(金盾出版社)

(谢　钢)

(本栏责任编辑　方　宁)

轻武器

综述 2002年，轻武器发展呈现出多样化的特点：士兵系统的重要性越来越突出；非致命武器与新概念武器的应用更趋广泛；金属风暴技术走向实用化，已研制出样机/样枪，进入了部分产品的开发和推广阶段；步兵的反坦克/攻坚及防空的地位在上升；无人机的监视、通讯、作战功能的发展引发了新型轻武器平台的兴起；传统枪械及榴弹发射器、弹药等进一步地发展；在不对称作战中，城市巷战方式越来越显得重要，因而为其研制轻武器的任务非常紧迫；登岛作战的新要求使得水陆两用武器研制的重要性更为突出。总之，轻武器在近几年的局部战争及维和行动中仍表现出其不可替代性。

各国士兵系统的研制继续进行 据《国防日报》2002年第8期报道，美国陆军计划为“陆地勇士”(LW)项目的下一阶段发布招标书，开始“陆地勇士”1.0型的生产和2.0型的研制与生产合同竞标，价值约为5亿美元。“陆地勇士”2.0型的研制包括“斯崔克”过渡型装甲车的界面组件，还包括生产附加有2.0型功能的“陆地勇士”1.0型。2004财年开始装备“陆地勇士”。“陆地勇士”系统可以大大提高小组、班和排级步兵单位的近战效能、增强情况感知能力，并使单兵和小分队指挥员有更大的主动性，能够在运动中对班和排实施指挥和控制。

据《陆军内部》2002年第5期报道，美国陆军转型的努力最集中地表现在未来作战系统上，而未来作战系统的重点将会转移到基本的部分——未来步兵上来。为提高步兵的作战能力，美国陆军士兵与防生化司令部纳蒂克士兵中心的官员们提出了“理想部队勇士”(OFW)计划，该计划将作为陆军的“头号计划，用以开发革命性的勇士方案、结构和演示样品”。“理想部队勇士”将跟随并取代“陆地勇士”系统。它将采用模块化设计，到2010年，系统将具有60%的设计功能，2018年具有全部功能。它将“在士兵的杀伤力、单兵存活率、通信、能源、士兵机动性/耐力和人机工效等方面取得革命性的进展”。“理想部队勇士”可使地面士兵能力提高20倍，并与“未来作战系统”连接，和“理想部队”系统相配合。“理想部队勇士”系统重量计划低于18千克，是目前士兵所携带武器重量的一半。“理想部队勇士”在今后5年期间将成为陆军最重要的科学与技术研究活动之一。

据英国《简氏防务周刊》2002年第8期报道，在获得上下两院国防委员会的批准之后，意大利国防部准备启动“作战士兵2000”项目。该项目为期4年，将共同投资1700万欧元用于研究和样机系统的研制。研究内容将集中在5个领域，即：杀伤力，生存力，C^4I机动性和自足能力。必须执行12项关键任务。意大利的士兵系统也采用模块化结构，士兵可以根据不同的作战用途或任务对系统进行配置。初期将研制两种型号，一种供基本士兵使用，一种供高级指挥官使用。“作战士兵2000”项目的核心是新型武器系统，该系统基于已经在北约国家中广泛使用的两种口径的武器：提供高速直射火力的5.56毫米步枪和40毫米榴弹发射器，武器重量不能超过4千克。瞄准系统包括热成像仪、电视摄像机和光学线路。榴弹发射器配备的火控系统将采用激光测距机和计算机。士兵系统还将采用安全保护设备，当士兵的关键功能消失时可以擦除计算机中的全部数据。

澳大利亚“金属风暴”已进入实用化发展阶段 美国军方和澳大利亚军方认为“金属风暴”是轻武器技术领域最具革新意义的产品，并称这种技术是近100年内弹道学最重大的突破。“金属风暴”能够将多种口径及多种弹药集于一种武器系统之中。它实行电子控锁，射击过程也可被记录下来。采用“金属风暴”原理，现已制造出欧·德怀尔Vle 100%电子手枪及先进单兵战斗武器、区域防御武器系统、先进狙击步枪的样枪/样机等。“金属风暴”用途广泛，既可军用，也可民用（如烟火爆竹的发射、救火与消防等），目前已至少发现了 90 种用途。“金属风暴”技术将弹道学从 19 世纪的机械式操作发展到 21 世纪的电子学领域，它将是新纪元的常规武器。

单兵反坦克/攻坚武器研制呈现新趋势　由于步兵的作战任务发生了一定的改变，所以步兵的反坦克/攻坚任务成为步兵发展的重要要求。单兵多用途攻坚武器的发展趋势有二：一是单兵攻坚弹的战斗部采用二级串联装药结构；二是引信智能化。

据《军事技术》2002 年第 6 期报道，以色列军事工业公司火箭系统分部正在积极研制重型步兵武器系统（SHIPON）。这是一种肩射火箭发射系统，重 9 千克，能够击毁 600 米距离上的坦克和野战工事。目前有两种型号：一种是反坦克/攻坚双用途火箭发射器，配用的火箭弹采用串联式成型装药战斗部，可以击毁先进的主动装甲或穿透 800 毫米厚的装甲钢板。另一种是攻坚/杀伤火箭发射系统，配用的火箭弹主要用来穿透墙壁，并使战斗部在建筑物内部爆炸，以获取最大的杀伤效应。肩射步兵武器系统的火箭弹采用经过战斗考验的 SMAW 近程突击武器（B－300）推进系统。其火控系统将采用实时弹道风偏测量技术，其他性能还有自动测距、发射器倾斜自动补偿、运动目标自动捕捉和瞄准十字环自动调整。这种肩射步兵武器主要用以填补简单的反坦克火箭系统与价格昂贵的反坦克制导武器之间的空白。

美国理想单兵战斗武器的安全测试已经完成　据美国《国防》杂志 2002 年第 5 期和英国《国际防务评论》2002 年第 5 期报道，理想单兵战斗武器（OICW）的项目组表示，OICW 的安全测试已经于 2002 年年初完成，可以供士兵安全使用。项目组将继续提高武器的杀伤力和可靠性，同时降低成本。最近，测试了空爆弹药的精度，同时还测试了武器的空炸引信。据《陆军内部》2002 年第 4 期报道，在 OICW 成功地完成了关键的安全测试之后，项目官员开始了该项目的系统设计和演示阶段招标。参与公司将自费生产三套完整的武器系统，如果政府确定合同商有能力制造该系统，则必须在 15 个月内生产武器。系统是以武器的重量、杀伤力、火力和成本等指标来衡量的。

据《国际防务评论》2002 年第 5 期报道，美国陆军计划 9 人的“理想部队勇士”班中 4 人装备 OICW，其他成员将装备新的轻型卡宾枪和（或）新的榴弹发射器。新的榴弹发射器将发射与 OICW 相同的爆炸弹药。

枪械　枪械的部分发展是将一些现有枪支根据实战需要进行改进，它具有各项技术的综合、各类优秀枪支的有机结合、模块化设计、结构紧凑等特点。在枪的结构上大量地使用了聚合物与合金材料。总体上说，经实战考验的狙击步枪将占主导地位，反器材步枪也将发挥其重要的作用。

手枪　**意大利伯莱塔美国公司推出韦尔特克军警手枪**　据《现代兵器》2002 年第 11 期报道，该手枪是伯莱塔 M92FS 的最新型号，有 9 毫米和 10 毫米两种口径。与原型枪相比，该枪不仅枪体有若干改进，而且配用美国因赛特技术公司最新的 M6 战术激光器与照明灯，增强了使用的灵活性，提高了首发命中率和快速射击性能。该枪采用枪管短后坐式工作原理，使用北约制式 9×19 毫米帕拉贝鲁姆手枪弹，也可使用美国 10 毫米 S&W 手枪弹。

意大利伯莱塔 9000S 新式手枪问世　据《轻武器论证研究》2002 年第 3 期报道，伯莱塔公司设计了 9000S 新式手枪。该手枪采用了带闭锁卡铁的起落式枪管，卡铁与套筒相啮合。9000S 手枪装有合金导轨组件的套筒座采用了玻璃纤维加强的聚合物材料。套筒座采用内导轨，套筒采用外导轨，两者相互交迭。它是常规的联动/单动手枪，有三种携带方式。

步枪　**美国对新式 DMR/M14 步枪进行实战评估**　据《轻武器快讯》2002 年第 3 期报道，美国海军陆战队狙击手和第 26 陆战队远征部队在阿富汗反恐作战期间对新式 DMR/M14 步枪进行了野战鉴定。DMR 步枪是一支根据美国海军陆战队任务需求书的要求而进行改进的 7.62 毫米 M14 步枪，杀伤威力大大超过 M16A2 步枪。M14 经过改进后，安装了带可拆式消音器的比赛级枪管、玻璃纤维枪托、可拆卸的两脚架和 10 倍望远瞄准镜。采用 GG&G 公司的模块式导轨，其上可安装刘坡尔德 MK3－10 倍望远镜。全枪长约 914 毫米，重约 6.81 千克，使用 20 发弹匣，有效射程 1000 米。

美国研制新型 XM8 轻型突击步枪　据《兵器快报》2002 年第 82 期报道，阿连特技术系统公司与美国陆军武器研究、发展与工程中心（ARDEC）签订了一份研制新型 XM8 轻型突击步枪的合同。该项目将对 XM8 作为陆军理想部队的轻型突击步枪的潜在能力展开研究。XM8 的研制将基于在研的 XM29 理想单兵战斗武器的 5.56 毫米动能武器部分，并将与 XM29 系统保持最大限度的通用性。XM8 的杀伤性能将与目前装备的 M4 卡宾枪不相上下，但其重量比 M4 卡宾枪轻 20%。

俄罗斯研制出水陆两用步枪 ASM－DT 据俄罗斯《检阅》2001 年第 11 和第 12 期报道，研究人员在将 APS 步枪进行改造的基础上研制出了一种新式多用途特种步枪——ASM－DT。该步枪在陆地上的射击密集度优于 AK－74M、AK－105、M16A1，甚至不逊色于“阿巴甘”AN－94 步枪；而在水下则优于 APS 步枪。该枪寿命达到 15000 发。ASM－DT 步枪的结构特点饲它由弹匣供弹，并且可以发射不同类型的弹药，在陆地上射击时就可以发射 5.45 毫米制式步枪弹，在水下就可以更换成 5.45 毫米 PSP 特种弹药（MGTS 型）。新式步枪的枪管为线膛枪管。该枪膛口可安装消焰器、空包弹发射装置、消音装置 UPMS 和微声装置 PBS。该枪还可以配备 GP－25M 下挂式榴弹发射器、刺刀、激光指示器和辅助照明灯，还有用于安装各种光学、准直及夜视瞄具的导轨。

以色列对 Tavor 2 突击步枪进行最后评审 据《轻武器快讯》2002 年第 5 期报道，以色列军事工业公司自 1993 年起开始研制 Tavor 2 步枪，目前正处于最后的试验和评审阶段。该枪将成为以色列国防军未来步兵战斗系统中的武器分系统。Tavor 2 步枪以标准的 TAR－21 步枪为设计基础，将配装一体式昼/夜瞄准具、微型激光测距仪和目标指示器，这些装置可将捕捉到的目标/瞄准数据传输给安装在士兵头盔上的观瞄仪，士兵根据观瞄仪上的数据实施隐蔽射击。

中国台湾研制新型 XT91 战斗步枪 据《轻武器快讯》2002 年第 8 期报道，台湾联勤总部最近推出了新型 XT91 式 5.56 毫米战斗步枪，它是 T86 步枪的最新发展型。它基本延续了 T65K2 式突击步枪和 T86 式战斗步枪的设计。取消了固定式提把，采用战术滑轨。XT91 战斗步枪取消了全自动射击模式，该枪准星构型有两套不同的设计，一是开放式准星座设计，另一种则是环形准星座设计。另外一项构型上的变化就是新型的战斗刺刀座的位置从传统的枪管下方移至上方。该枪有效射程约 600 米，弹丸初速 840 米/秒，其重量和体积均小于 T65K2 式突击步枪。

德国推出布莱泽 R93LRS2 战术步枪 据《国际防务评论》2002 年第 2 期报道，德国布莱泽有限公司推出了布莱泽 R93 LRS2（2 型为远距离运动型）高精度战术步枪，它精度高、价格合理。目前已被德国和荷兰警察所使用。美国军方已经开始对该枪进行测试。其特点是：套爪闭锁，更换枪管简单方便，击发机构充满新意，良好的人机工效，优异的武器性能。布莱泽 R93 LRS2 战术步枪诸元：使用弹种：7.62×51 毫米（.308 温彻斯特）标准弹。也可使用 5.56×45 毫米弹（.223 雷明顿），.22－250 弹，300 温彻斯特马格努姆弹和 .338 拉普阿马格努姆弹。操作方式：手动，旋转直拉式枪机。全枪长 600 毫米，重 5.4 千克。

德国 DSR No.1 狙击步枪有新发展 据《轻武器论证研究》2002 年第 3 期报道，德国 AMP 公司推出的 DSR No.1 狙击步枪由枪、附件、特种瞄具和相关的特种弹药组成。它有三种变型枪：标准型（枪管长 650 毫米）、长枪管型（枪管长 790 毫米，口径为 .308）、枪－消声器一体型（口径为 .308）。DSR No.1 是一种专业人员使用的职业武器，主要有以下特点：模块式结构、直枪托、结构紧凑、枪管直接固定，并可随意更换。可调式枪托，稳定性比较好。人机工效设计合理，可以配装任何光学瞄准镜，还可以在白光瞄准镜前面安装夜视瞄准镜的连接装置。DSR No.1 可作为战术武器使用，也可作为多用途武器使用。

机枪 **美国“大毒蛇”机枪开始试验** 据《轻兵器》2002 年第 8 期报道，美国波音公司 12.7 毫米“大毒蛇”机枪的第一挺样枪最近首次试射。这种武器于 2000 年 8 月开始研制，它是 30/40 毫米 Mk44 型“大毒蛇”加农炮的缩小型。12.7 毫米“大毒蛇”机枪可用作并列机枪，安装在回转炮塔上，也可安装在履带式装甲战车和轮式装甲战车上。此外，波音公司正在研究将这种 12.7 毫米“大毒蛇”机枪集成到“闪电空中武器系统”上。波音公司还考虑在其“精密电动炮塔”上装备这种新式武器。之所以用 12.7 毫米“大毒蛇”机枪替代 7.62 毫米机枪，是为方便炮长可以用其同轴武器而无需用主炮来攻击目标，因为在某些战术情况下并不总是需要主炮来射击。其“数字式射击指挥单元”可以快速地进行故障诊断。它可以发射北约的所有 12.7 毫米弹药，包括：M8 穿甲燃烧弹、M120 穿甲燃烧曳光弹、M33 信号弹和 M17 曳光弹。还能发射美国 12.7 毫米的 M903 轻型脱壳穿甲弹。这种武器体积小、重量轻，便于现行炮塔的升级，具有高可靠性、高安全性和低寿命周期费用的特点。

德国推出 MG43 新型机枪 据《德国武器杂志》2002 年第 1 期报道，德国 HK 公司推出了 5.56×45 毫米口径的 MG43 新型机枪。该枪自动方式为自由枪机式，闭锁方式为枪机回转式，开膛射击。全枪长 1050 毫米，重 6.4 千克。该枪具有如下特点：没有采用枪族化的设计思想，是一支单独的武器；也没有采用弹链下方供弹的方式；在枪的上方有其它机枪上采用的机匣盖；枪托可以折叠；拉机柄可以拉出折叠，提把也可以折叠。

榴弹发射器 **美国继续研制 25 毫米理想班组武器** 据《国际防务评论》2002 年第 2 期报道，美国的 25 毫米理想班组武器由通用动力军械战术系统公司制造，作为三军轻武器总规划的一个组成部分进行。25 毫米理想班组武器为双人携行武器系统，主要用来对付 1000 米射程上的目标，提供尽可能大的压制火力；它还可对付 2000 米射程上有防护单兵作战人员。美陆军打算用理想班组武器替代现役的 40 毫米 Mk19 自动榴弹发射器和 M2 勃朗宁重型机枪。该武器采用导气式工作原理，样机连同支架在内大约重 18.6 千克。行进时，理想班组武器可以分解成两个模块组件携行。武器可以从左右两侧供弹。发射管使用一个快速分解机构进行拆卸。理想班组武器具有“全弹道解算”能力的火控系统。它可以发射三种型号的 25 毫米榴弹：高爆弹、高爆穿甲弹和训练弹。三种弹的初速均为 435 米/秒。引信的作用方式装定为点起爆（超速或延迟）或电子时间引信。高爆弹内含破片体。穿甲弹对轧制匀质钢装甲板的侵彻深度要求达到 51 毫米。这三种弹的弹道相同。电子时间遥控装定引信具有修正初速、点起爆和自毁功能。

美国新型 25 毫米榴弹步枪问世 据《国际防务评论》2002 年第 8 期报道，为有效摧毁轻型车辆、通信设备、班组武器和停放的飞机等目标，巴雷特武器公司在对 M82A1 反器材步枪进行改进的基础上研制出了一种半自动榴弹步枪，实际上它就是一种半自动榴弹发射器。该步枪采用枪管短后坐式工作原理和半自动发射方式，发射理想班组武器使用的 25×59B 毫米榴弹，主要起反器材作用，由单兵携行和使用。该武器由弹匣供弹，弹匣容弹量 4 发，武器重 14 千克，全枪长 1166 毫米，枪管长 444.5 毫米，最大有效射程 2000 米。该弹药将被设计成可遥控设置的“灵巧”空爆弹药，带有备用弹头触发引信，采用空心装药战斗部。该步枪的火控系统相当简单，上面装有符合 MIL－STD－1913 标准的导轨座。目前的样枪上装有巴雷特 32 毫米望远式瞄准镜，样枪上也可以安装任何型号的光学瞄准具，其中包括夜视器材。

新加坡动力技术公司演示 40 毫米空爆弹系统 据《轻兵器》2002 年第 9 期报道，新加坡动力技术公司成功演示了下一代 40 毫米空爆弹系统（40ABMS）。它由火控系统、引信定时器和空爆弹组成。该系统具有火力强、精度高、杀伤力大和安全性好等特点。最近，该公司又研制出了一种空爆弹改进型附件，只需对当前的 40 毫米自动榴弹发射器作较小的改动，即可实现对榴弹发射器的升级，提高命中概率，减小弹药消耗量。40ABMS 与传统武器不同之处在于它有可编程时间引信，弹丸可在预定目标点爆炸，杀伤有生目标，对于那些隐藏或躲在遮蔽物后面的目标尤其有效，射弹穿过树枝时不会发生早炸。在对付装甲车辆时，也可控制射弹在目标正前方爆炸。40ABMS 可单发发射也可连续发射。除空爆弹外，40ABMS 还可发射常规弹药，如榴弹、两用榴弹和教练弹。火控系统由弹药编程器、激光测距仪、光学瞄准具和弹道计算机组成，此装置可昼夜使用，完成高精度打击。高爆榴弹长 112 毫米，重量 350 克；火控系统重量 5 千克（含电池质量），视场 7°，放大倍率 6 倍，激光测距精度 ±1 米。

土耳其克勒卡拉公司研制出 40 毫米榴弹发射器 据《轻武器快讯》2002 年第 1 期报道，土耳其克勒卡拉公司研制出一种新式的 40 毫米自动榴弹发射器，目的是为 7.62 毫米及 12.7 毫米机枪提供火力补充，虽然其有效射程约 1500 米，但它可在 2500 米处对步兵提供压制火力。该武器在设计上类似美国 MK19－3 式自动榴弹发射器，并且外形尺寸和发射器重量与之几乎相同。它可安装在三脚架上，也可以安装在车辆上。该榴弹发射器采用机械瞄准具，并预留了一个安装接口，可以选装光学瞄准具或夜视装置。这种自动榴弹发射器可发射 40 毫米口径的各种榴弹。

枪弹 **美国试验新式 5.56 毫米微光曳光弹** 据《轻武器快讯》2002 年第 5 期报道，美国陆军特种作战部队正在考虑为狙击手采购一种新式穿甲曳光弹。这种弹不会产生强烈的枪口焰，因此射手在夜暗环境下采用步枪夜视瞄准镜实施瞄准射击时，不会出现眩目现象。新式曳光弹的弹头底部空心处装有与照明弹相同的曳光药剂，武器射击时火药燃气点燃曳光药剂。它主要供军事单位用于指示目标和精确射击训练，射手通过曳光可以看到弹头的飞行轨迹。微光曳光弹装有一种特殊的火药，不仅能降低枪口焰，而且能将射手暴露射击位置的缺点减小到最低程度。这种弹采用钨弹心和钢制被甲，美国陆军特种作战部队正在对这种 5.56 毫米微光曳光弹进行试验。

非致命武器和其它新概念武器 由于非致命武器和其它新概念武器具有一种能够戏剧性改变战争局面的潜在能力，因此，它们必将从单纯的战术应用发展到战略运用方面。莫斯科人质危机事件就是明显的一例。

美国正在研制臭味弹 据《轻兵器》2002年第5期报道，美国正在研制臭味弹。如研制出模仿化学毒剂的味道，可使人恐慌；模仿危险气体的气味，如乙炔的气味，会令人担心发生爆炸燃烧；模仿某些动物，如猪肉制品的特殊气味，可对付穆斯林信徒；研制出腐尸的恶臭味 可对付大部分亚洲人等。

美国将使用粘滑剂限制机动性系统 据《国际防务》2002年第3期报道，未来的美国维和部队及执法部门将使用一种新奇的粘滑剂来防御非法入侵者，制止捣乱分子闯入建筑物，或不使用任何致命力量就可以使行驶的车辆停下来。这种粘滑剂应用的是反摩擦力技术。胶剂部分是由液体乳合剂或聚合粉末与水混合而成。粘滑剂可以保持几个小时都有效用。粘滑剂干了，就能擦掉；它也可以与水混合后重新恢复活性。这种物质能够粘在多种物质表面上。粘滑剂也可以喷洒到人身上，此时，人就会相当痛苦。限制机动性系统的粘滑剂可以通过两种方式来使用：一种是车载系统，另一种是自装的便携式系统。

俄罗斯特种兵装备微型激光枪 据《军事文摘》2002年第8期报道，俄罗斯积极开发非传统武器，即基于全新的毁伤原理，依靠声能、电磁能、辐射能等毁伤敌人的武器系统，这类武器装备具有很高的作战效能。目前，俄罗斯轻武器专家采用最新的半导体技术和曲线光学技术，为特种部队研制出了一种微型激光武器。这种新型武器可广泛用于特种部队作战、反恐作战和维和行动，其性能比美国的SIBR－203激光武器还要先进。这种新型激光武器是一种“非致命”武器，它不会导致敌人或恐怖分子的身体遭受重伤或立即死亡，但可使对手致盲或降低乃至暂时失去战斗力。它可单兵使用，也可几人共同使用。单兵使用的这种武器是作为一种辐射源的低能量激光武器，重量仅有300克，把它放置在火箭筒上使用，就可以扰乱敌方的光学侦察和控制系统、狙击步枪和火炮系统的瞄准系统。此外，它还可用来避免武装冲突升级、解救人质、完成人道主义使命；而多人共同使用的该种武器带有若干定期更换的光学元件和潜望系统，可以在不用蓄电池的情况下至少工作一个小时。陆军人员使用该激光武器可以破坏敌方的指挥系统，破坏攻击武器。

轻武器新型火力平台 无人机、无人车诞生之后，渐渐从监视、侦察功能向作战功能过渡，这使得轻武器的新型火力平台由此诞生；由于无人机、无人车的发展渐进小型化，使得轻武器在此平台上的地位更显突出。

在无人机上安装“理想班组支援武器”的可行性 据《2002年国外轻武器发展年度报告》报道，美陆军与AAI公司签订了合同，研究在“影子200”无人机上安装25毫米XM307型“理想班组支援武器”的可行性。装备理想班组支援武器后，“影子200”将可发射25毫米的多种弹药，包括高爆炸药和人员杀伤弹，最大射程3600米。

无人机发射智能反装甲子弹药 据《2002年国外轻武器发展年度报告》报道，为使无人机执行对地攻击任务，诺斯罗普·格鲁曼公司验证了“猎人”无人机发射“智能反装甲子弹药”的能力。将智能反装甲子弹药与“猎人”无人机系统结合起来，可获得搜索、识别并摧毁运动中的装甲目标的能力。

（张宏光）

装甲兵武器装备

综述 2002年，世界装甲兵武器装备发展的特点是：

新一代装甲装备或新概念地面战斗系统正在孕育之中。 21世纪初国际战略格局和军事需求的变化为各国装甲兵武器装备的发展提出了新的要求，高新技术，特别是信息技术的发展和应用为装甲装备的发展提供了新的技术基础，装甲武器装备正在呈现出划时代的变化。美国仍在致力于研究用于取代现有重型“艾布拉姆斯”主战坦克和“布雷德利”步兵战车的未来战斗系统。2002年初，美国陆军和国防高级研究计划局选定了波音公司/科学应用国际公司作为未来战斗系统计划概念和技术发展阶段的主要承包商。作为美国陆军未来目标部队的核心，未来战斗系统将是一个由多种地面平台、机器人车辆、无人机和传感器组成的网络化的作战系统集成。美国陆军计划未来战斗系统将于2008年左右装备部队，2010年具备初始作战能力。首批装备部队的8种未来战斗系统平台可能包括装甲人员输送车、指挥与控制车、直射武器、维修抢救车、救护车、非直瞄火炮、非直瞄迫击炮和侦察与监视车。法国也启动了一项为期3年的空地一体作战概念研究计划。该作战概念最初将以EBRC轮式装甲车为核心。该车预计将于2012年装备部队，将执行侦察、监视和目标捕捉任务，以及用作“母”平台对无人飞机和无人地面车辆进行控制。英国也正在加快发展FRES未来快速反应系统，以提供一种可用于快速反应作战的中型装甲车族。该系统将由多达15种车型及无人机组成。英国计划该系统将采用一系列先进技术，如混和电驱动、新型装甲、隐身技术、橡胶带式履带、新型武器系统（如40毫米埋头弹武器系统）和各种先进的传感器。

以主战坦克为主的传统重型装甲装备继续得到改进和提高。 国际军事斗争环境的变化及新军事技术的发展和应用促进了新一代装甲装备或新一代战斗系统的发展，与此同时，传统的坦克装甲车辆仍在继续发展，但是，这种发展主要体现在现有装备的进一步改进，而不是新车型的研制。美国、英国、法国、德国、以色列、俄罗斯等军事发达国家仍在对现有重型装甲装备不断进行升级改进，以不断提高其战斗力、机动力、防护力、态势感知能力及一体化作战能力。另外，一些热点地区的发展中国家对传统装甲装备仍有强烈的需求。希腊在2002年向德国订购了170辆“豹”2主战坦克。土耳其也选中了以色列军事工业公司对其现有坦克进行升级改造。印度在向俄罗斯购买310辆T-90主战坦克的基础上，准备再斥巨资购入该型坦克。另外，该国还在“阿琼”和T-72两种主战坦克的基础上研制了一种新型EX坦克。

轻型轮式装甲车辆仍是许多国家的重点发展目标。 冷战结束后，发生大规模战争的可能性越来越小，许多国家把战略重点从准备打大规模战争转向了打局部战争、应付各种突发事件、反恐和维和任务上。因此适用于快速反应作战及维和作战的轻型轮式装甲装备成为许多国家的重点发展目标。2002年，美国陆军根据冷战后国际安全形势对陆军新的作战要求，进一步更新了作战理论，重点发展了轻型可投送陆军实施应急作战的理论。为适应这种应急作战行动需要，美陆军正在实施在2008年前改编6个中型作战旅的转型计划。中型旅将装备“斯特里克”，即LAV Ⅲ型8×8轻型轮式系列装甲车，第1辆“斯特里克”步兵输送车型于2002年4月交付美国陆军。截止到2002年底，估计有300辆该车交付了美军第1个中型作战旅。奥地利施泰尔－戴姆勒－普赫公司2002年完成了新一代“劫掠者”Ⅱ型6×6和8×8两种系列车型样车的研制。法国、英国、德国、荷兰、瑞士、芬兰等国都在积极进行新一代6×6或8×8轻型轮式装甲车的发展。更值得一提的是，具有一定防护力和高度机动性、灵活性的4×4超轻型轮式装甲车更是受到许多国家的青睐，法国、德国、意大利和荷兰等国开始大批量采购，广泛用于侦察、指挥、通信及维和等任务。

“以网络为中心”和“系统集成”概念成为未来装甲装备发展的新特点。 新一代装甲装备（如美国的未来战斗系统）在设计思想上与主战坦克为代表的传统型装甲装备相比将发生重大变化。它不再是一种集火力、防护力和机动性于一体的单一作战平台，而是由多个有人和无人平台或系统（包括有人指挥与控制平台/人员输送车、机器人直射平台、机器人间射平台、各种全天候传感器平台及无人飞机等）共同组成的分布式、网络化的诸兵种合成的作战系统集成。它的功能不仅包括直射火力，还具有通过间瞄射击方式实现的超视距远程精确打击能力及兵员输送、侦察与搜索、运动中的指挥与控制等功能。它将集传感器、网络、机器人、装甲、主动防护、武器弹药和新型动力技术于一身，成为一种更轻型、作战能力更强的，具有高度部署能力、生存能力和持续作战能力的分布式的“以网络为中心”的地面武器系统集成。它的出现将极大地改变未来的地面作战方式，并对部队的作战思想、作战程序、编制结构和人员的训练产生深刻的影响。

主战坦克及轻型坦克

美陆军研发未来战斗系统 据英国《简氏防务周刊》2002年3月13日报道，美国国防高级研究计划局和美国陆军选定了波音公司/科学应用国际公司联合体作为陆军未来战斗系统项目概念与技术发展阶段的主承包商。在为期16个月的概念与技术发展阶段，波音公司/科学应用国际公司联合体将帮助美国陆军制定作战概念和性能要求，设计一种系统集成的体系结构，并评估和选择需要研究的技术，以保证未来战斗系统项目能在2003财年第三季度由概念技术发展阶段向系统发展演示论证阶段顺利过渡。未来战斗系统将依靠信息系统而不是装甲来提高生存力。波音公司/科学应用国际公司联合体为未来战斗系统提出了一种轻型车族的方案，这些车辆将通过空中和地面的机器人平台连接成一个网络。作为一种网络集成的大系统，未来战斗系统包括有人及无人操作平台，可执行多种任务，如攻击、间接瞄准射击、防空、侦察、监视、目标搜索、作战指挥和通信等。

美国未来战斗系统可能由 20 种平台组成　据美国《防务新闻》2002 年 6 月 24～30 日报道，未来战斗系统很可能将包括 20 种平台，而不是 2000 年 5 月宣布的 6 种平台。最初设想的未来战斗系统由 6 种平台组成，包括有人地面车辆、无人地面车辆、无人飞机、直射火力系统、间射火力系统和通信系统。由波音公司和科学应用国际公司共同组成的系统一体化研究小组认为，未来战斗系统应该由 20 种平台组成。这些平台包括：7 种有人地面车辆：16～20 吨的装甲输送车辆、指挥与控制车辆、远程火炮和补给车辆、“网络火力”炮兵支援系统、通信车；7 种无人地面车辆：用于侦察、炮兵火力、迫击炮火力和承载小型无人飞机的 16～18 吨的车辆及发现敌军的 6 吨专用侦察车；3 种无人飞机：用于侦察和攻击，车载无人飞机将配署给步兵部队；3 种士兵机器人：用于携带补给品机器人，外形如同骡马和有袋动物。波音公司/科学应用国际公司研究组还建议未来战斗系统的地面车辆将采用汽油－电动发动机，行进时由汽油提供动力，但在蓄电池中也储存一些能量以用于制动和加速。除了可提供更远的行程外，这些发动机还易于用未来成熟的燃料电池或其它技术取代。这两家公司还建议未来战斗系统将以体系为基础，而不是以平台为基础。迄今还没有确定的一种未来战斗系统平台是间射火力平台。目前正在考虑的未来战斗系统中的间射火力系统是“网络火力”或“箱内导弹”，它由一组 15 枚位于发射箱内的导弹组成。

美国联合防务公司推出未来战斗系统样车　据美国联合防务公司网站 2002 年 10 月 21 日报道，联合防务公司在美国陆军协会年会上展出了两辆未来战斗系统样车：一辆为轮式（FCS－W），另一辆为履带式车（FCS－T）。这两辆样车均采用了突破性的新技术，安装了具有高度通用性的子系统，并可用 C－130 飞机空运，它们将使美国能够在 2008 年之前部署未来战斗系统。两种车型均采用混合电驱动装置，提高了机动性、生存能力和杀伤力，两种车型之间有较高的通用性，使美国陆军可以利用最少的经费根据任务需要选择轮式车辆、履带式车辆或进行混合编队。

FCS－W 未来战斗系统轮式样车采用 8×8 驱动底盘，采用了混合电驱动系统（由燃气轮机动力装置与驱动电机组成），有双人驾驶员座舱工作站。预计其最大公路速度为 120 千米/小时，最大越野速度为 64 千米/小时。该车的先进装甲结构设计综合了钛合金、高强度铝合金、聚合物复合材料和陶瓷，能为乘员提供较高水平的弹道防护。FCS－T 未来战斗系统履带式样车最初是为英美两国合作的未来侦察车计划研制的，重 16 吨，可用 C－130 飞机空运，不用准备即可直接部署到任何地形的战场。由于设计的出发点是能在 2008 年装备部队，FCS－T 在各种地形中均具有较高的机动性，通过采用高效的混合电驱动系统、液气悬挂装置和带式履带可大大降低后勤支援。该车的最大速度为 90 千米/小时，越野速度大于 64 千米/小时，0～48 千米/小时的加速时间为 7 秒。

俄罗斯展出改进型 T－72M1M 主战坦克　据英国《简氏防务周刊》2002 年 7 月 5 日报道，俄罗斯在 2002 年欧洲防务展上展示了最新改进的 T－72M1M 主战坦克。改进的主要内容包括：新型火控系统、多功能主动防护装置、采用自动变速装置的改进型动力组件。另外还有一整套备选模块化组件，可以根据用户的特殊作战需要进行灵活升级。这次改进中所使用的许多子系统还被应用于正在俄罗斯和印度生产的 T－90 主战坦克上。

印度研制 EX 坦克　据英国《简氏防务周刊》2002 年 3 月 6 日报道，印度研制出一种新型主战坦克，它由印度本国设计的“阿琼”主战坦克的炮塔和由印度根据许可证生产的俄罗斯 T－72M1 主战坦克的底盘共同组成。该新型坦克，被命名为 EX 坦克，已经在拉贾斯坦沙漠区成功地进行了 6 个月的初始试验。EX 坦克有 4 名乘员，重 48 吨，采用 780 马力发动机，最大公路速度可达 65 千米/小时，越野速度为 35 千米/小时。炮塔内装有用于监视、捕捉和打击目标的车长独立式双向稳定瞄准镜和用于提高导航和态势感知能力的全球定位系统。车上还装有三防系统以及在车辆静默观察状态时为武器提供动力的辅助动力装置。与 T－72M1 和“阿琼”坦克相同的是，EX 坦克也装有 1 挺 7.62 毫米并列机枪和 1 挺 12.7 毫米高射机枪。

印度再斥巨资购入 T－90 坦克　据美国《防务新闻》2002 年 7 月 5 日报道，印度决定推迟 T－72 主战坦克的现代化升级计划，转而斥资 5 亿美元再度从俄罗斯购入 T－90 坦克。印度国防部 6 月 24 日称，大修和升级后的 T－72 坦克仍然是构成印度装甲部队的最主要装备，但由于缺乏资金，这项工作将再次推迟。同时，由于当前与巴基斯坦的局势十分紧张，所以迫切需要再次购入 T－90 坦克。印度国防部称，印度陆军目前拥有 2000 辆 T－72 坦克，其中已经有超过 70% 的坦克不能胜任作战任务，此次继续推迟 T－

72 坦克升级计划的决定将使原定于 6 月进行的升级招标再次无限期推迟。

以色列展示最新型“梅卡瓦”主战坦克　据英国《简氏防务周刊》2002 年 7 月 2 日报道，以色列于 6 月 24 日展示了其国内设计和生产的最新型“梅卡瓦”4 型主战坦克。该型坦克是以色列用了 9 年时间研制的，在性能上与“梅卡瓦”3 型相比有了显著提高。该车采用 1500 马力柴油机，比“梅卡瓦”3 型的 1200 马力发动机多了 300 马力。该车的发动机部件由德国 MUT 公司生产，美国通用动力公司地面系统部根据许可证组装，然后出口到以色列并被命名为 GD883 动力装置。该车的发动机位于车体前部，车上安装有 1 门 120 毫米滑膛炮，由可选择弹种的半自动装填系统装弹。火炮弹药基数 48 发，每发弹药都密封在一个防护容器内。火炮配备了一种新型 120 毫米高穿透力弹药。“梅卡瓦”4 型比 3 型略大，但在炮塔顶部只布置了一个车长用舱盖。由于“梅卡瓦”3 型坦克的炮塔存在稳定性问题，新型“梅卡瓦”坦克对炮塔进行了改进。不仅如此，新型“梅卡瓦”坦克的火控系统也要优于“梅卡瓦”3 型坦克。“梅卡瓦”4 型坦克上安装有第二代电视和热成像自动跟踪装置和先进的热成像观察和稳定式周视瞄准镜。车体后部还安装了摄像机，在行车时驾驶员可对后方进行观察。车上安装了特种模块化装甲，并首次覆盖了炮塔。该车的底部防护能力也得到增强，车上还安装了先进电磁威胁识别告警系统。“梅卡瓦”4 型主战坦克将于 2004 年装备以色列国防军。以色列国防部计划每年生产 50～80 辆。根据以色列国防部与埃比特系统公司达成的协议，后者的子公司埃洛普光电工业公司将对以色列国防军的“梅卡瓦”4 型主战坦克的火控系统进行升级改进，旨在使火控系统更加易于操作和维护。按照合同规定，埃洛普公司将为“梅卡瓦”4 型主战坦克提供最新式的火控系统、稳定式炮塔电驱动系统和具备快速网络通信的作战管理系统。“梅卡瓦”主战坦克升级后的火控与瞄准系统包括弹道计算和校正都将实现计算机化，并配备具有白天/前视红外/电视通道的双向稳定炮长瞄准镜和双向稳定车长周视观察镜。改进的自动跟踪系统可以对移动地面目标和直升机进行跟踪，并且将大大提高命中概率。

法国展示隐身坦克　据英国《简氏防务周刊》2002 年 3 月 27 日报道，法国地面武器工业集团在 AMX－30 主战坦克的基础上开发并制造出了具有隐身性能的坦克。已制造出的隐身样车——AMX－30 坦克的车身涂有特别设计的雷达波吸收材料，炮塔和底盘在形状设计上也力求将雷达信号反射降至最低。例如，其侧面装甲皆向内倾斜；车身侧面特制裙体的较低部分还带有附加遮掩物，用以覆盖车轮；炮塔设计向外侧倾斜；为 105 毫米坦克炮设计和安装了特别的表面保护物。隐身设计旨在减少车体和炮塔产生的红外和雷达信号。在战场环境下，即使使用在 8～12 微米波段工作的热成像装置、雷达以及毫米波装置，都很难探测到此种隐身坦克。另外，为减少坦克的热信号，设计时在其外部雷达波吸收材料及内部夹层中注入了冷空气。与非隐身的主战坦克相比，隐身坦克的炮塔及车体表面没有安装外部存储装置。最近，法国武器装备总署还与法国地面武器工业集团签署另一项合同，开发研制“勒克莱尔”主战坦克的隐身型，并将对其进行全面测试。

希腊向德国订购 170 辆“豹”2 主战坦克　据英国《防务系统日刊》2002 年 3 月 4 日报道，希腊国防部长决定从德国承包商克劳斯－玛菲－韦格曼公司订购大约 170 辆“豹”2 主战坦克。交付日期将于 2010 年结束。参与希腊主战坦克竞标的还有美国通用动力公司的“艾布拉姆斯”M1A2 主战坦克、英国维克斯防务系统公司的“挑战者”2 主战坦克、法国地面武器工业集团的“勒克莱尔”主战坦克和来自前苏联设计的 T－80 和 T－84 主战坦克，最终“豹”2 主战坦克获得了胜利。除主战坦克之外，克劳斯－玛菲－韦格曼公司还将为希腊提供抢救车、装甲架桥车、零备件、训练、技术文件和模拟器。根据协议，25％的工作要在希腊进行，以促进本国国防工业的发展。

步兵战车及其它装甲车辆　**美国陆军接收第一辆“斯特里克”过渡型装甲车**　据英国《防务系统日刊》2002 年 4 月 16 日报道，4 月 12 日，美国陆军参谋长埃瑞克·新关上将在安尼斯顿陆军兵工厂签收了美国生产的第一辆“斯特里克”（Stryker）过渡型装甲车。作为过渡性中型旅级作战部队的主要装备，陆军计划从通用汽车公司/通用动力公司地面系统防务集团采购 2000 多辆“斯特里克”装甲车，因为陆军在未来 10 年要组建 6 个过渡性中型作战旅。这些车辆的杀伤力和防护要比轻型师的现役装备强，而且比重型师的 M－1“艾布拉姆斯”主战坦克和 M－2“布雷德利”战车易于部署。通用汽车/通用动力公司地面系统防务集团正在努力实现每月生产 50 辆的目标。“斯特里克”过渡型装甲车共有 10 种车型：步兵输送车、机动火炮系统、反坦克导弹车、侦察车、火力支援车、工程班组车、迫击炮承载车、指挥车、救护车和核、生、化侦察车。与同样规模的重型部队相比，所有车型都采用通用底盘，从而将大大降低了后勤负担。

美军改进“布雷德利”步兵战车 据美国《每日防务》2002 年 10 月 3 日报道，联合防务公司和美国陆军签订了一项价值 4940 万美元的合同，将按照沙漠风暴作战（ODS）标准为美国陆军改进 33 辆 M2A2 和 M3A2“布雷德利”步兵战车，并生产用于战场改进的附加升级组件。M2A2 步兵战车的 ODS 型采用了“布雷德利”人眼安全激光测距机、改进型战术导航系统、全球定位导航系统与数字罗盘和反导弹装置。按照合同，联合防务公司将改造 20 辆基本型 M2A2 步兵战车和 13 辆符合 ODS 标准的 M3A2 骑兵型战车。改进组件也将把基本型 M2A2 战车升级到 ODS 标准。升级组件将于 2003 年 12 月开始交付，重新改造的车辆则于 2004 年 5 月交付完毕。

LANCER 集团推出 TRACER/FSCS 侦察车底盘 据英国《防务系统日刊》2002 年 2 月 12 日报道，LANCER 集团推出了被称作“未来机动平台”（FMP）的 TRACER/FSCS 底盘。参加该项目的 SIKA 集团也已在 2001 年 11 月研制出自己的演示样车。

从外表看 FMP 比较普通，但是内部却蕴藏着先进技术。以最大有效载重和 C-130 飞机可空运性的要求为基础，工程师们将重点集中在减小重量和体积的技术，这些技术使 FMP 成为一种与众不同的车辆。FMP 采用的主要技术包括：混合电驱动，动力由电池/柴油发动机混合动力系统提供；联合防卫公司研制的先进动力转换器；具有当今世界最高功率密度的先进锂离子电池；带式履带（重量为传统履带的一半）。该车最终将采用美军为复合装甲车辆项目开发的陶瓷装甲结构。这些技术带来的主要益处包括：优越的加速性能；增强隐身性能的静音操作；非常节油，大大降低了整个寿命费用；随着机动性和生存力的提高和重量降低措施的采用，任务有效载重大大提高；可用 C-130 运输机空运。

FMP 可以将乘员舱安排在车辆前部的最佳位置，使车长和侦察人员进行直接观测。两名乘员并排而坐，便于乘员之间的交流。静音操作能力使车辆具有较好的隐蔽性，在执行侦察和其它隐蔽任务时不易被察觉。FMP 曾被空运到英国安装任务设备，如在炮塔上安装的 40 毫米埋头弹火炮、桅杆式传感器系统和先进的乘员显示器。该车将在 2002 年底进行野外试验。

德国寻求加快 MRAV 多用途装甲车计划的进程 据《简氏防务周刊》2002 年 3 月 6 日报道，德国陆军目前正在寻求将三国合作研制的 8×8 多用途装甲车（MRAV）交付日期提前到 2004 年，尽管有迹象显示英国已经减弱了对该计划的支持。根据现有计划，该车将从 2006 年开始交付。德国国防部已经和 ARTEC 联合体就修改交付日期事宜进行了多次会谈，但还没有展开谈判。ARTEC 公司，即装甲车技术公司，总部位于德国慕尼黑，它由英国阿尔维斯车辆公司、德国克劳斯-玛菲-韦格曼公司、德国莱茵金属地面系统公司和荷兰斯多克公司组成。MRAV 是欧洲最大的装甲战车合作计划。其目的是开发一种由德国（GTK）、荷兰（PWV）和英国（MRAV）使用的装甲车，以取代许多现有的履带和轮式车辆。然而，一些工业界的观察家和军方官员们认为，MRAV 太大、太重，不适用于许多快速部署任务。MRAV 空车重 25 吨，有效载重为 8 吨。该车全长为 7.88 米，车宽为 2.99 米，不带武器时车高为 2.37 米。英国陆军将采购少量的 MRAV，原因是它正在计划引进一种新的车族，即未来快速反应系统。

德国改装“鼬鼠”1 空降战车 据英国《简氏防务周刊》2002 年 5 月 22 日报道，德国陆军刚刚完成了对由“鼬鼠”1 空降战车改装成的侦察车型的试验工作。改装工作由“鼬鼠”1 空降战车的生产厂商——德国莱茵金属地面系统公司承担，该公司期望能够从德国陆军那里获得 16 辆的生产合同，这些车辆全部将在现有的“鼬鼠”1 装甲车的基础上改装而成。该车去掉了车体后部安装的“陶”式反坦克导弹武器系统并安装了一个专门用于侦察用途的加高的全焊接装甲上部结构。其顶部有两个向后开启的舱盖和用于对车前弧范围内进行观察的 6 具观察镜。车体后部有一伸缩式桅杆，上面安装了 AOZ 独立式观瞄系统，它由人眼安全激光测距仪、昼用摄像机和热成像摄像机组成。该车在车体前部安装了储物箱，在车体左侧安装了 1 挺由车长操控的 7.62 毫米机枪。

德国继续改进“黄鼠狼”步兵战车 据英国《简氏防务周刊》2002 年 8 月 28 日报道，德国国防部的采办机构——国防技术与采办总署最终将装甲战车的改进合同授予了莱茵金属地面系统公司，后者将把德国陆军的 74 辆“黄鼠狼”1A3 步兵战车改进到 1A5 标准。首批 3 辆经过改进的车辆将于 2002 年 12 月交付，全部车辆将于 2005 年年中交付完毕。改进内容主要是增强了对付重型反坦克地雷的防护能力。内容包括对车体底部的焊缝部位进行了加强；安装了特殊成形防护板；对存储装置和乘员舱进行了重新设计；座椅的安装方式也进行了改进，采用了车顶悬挂方式，而不是安装在底板上；安装了防崩落衬层；电瓶被移到裙板位置；对燃料箱也进行了重新布置。改进后，“黄鼠狼”1A5 步兵战车的重量达到了 37 吨。

德国将研制新型步兵战车　据英国《简氏防务周刊》2002 年 8 月 7 日和 8 月 14 日报道，德国国防部长彼得·斯特鲁克已经接受在取消了“黑豹”现代模块化武器系统（SPZ3 新型步兵战车）之后德国应继续研制一种新型步兵战车的建议。但该步兵战车应比“黑豹”系统更轻、更廉价和更早装备部队。斯特鲁克已经要求克劳斯－玛菲－韦格曼公司和莱茵金属地面系统公司在 8 月 7 日之前就新型步兵战车进行投标。新型步兵战车将用于取代服役 40 年之久的“黄鼠狼”步兵战车，德国国防部预计首批将订购 410 辆该型步兵战车，德国陆军总需求为 1152 辆。由克劳斯－玛菲－韦格曼公司和莱茵金属地面系统公司共同组成的 PSM 合资公司于 8 月 7 日正式向德国国防技术与采办总署提交了标书。PSM 公司保证将在 2005 年交付样车。尽管新型步兵战车的许多分系统将采用现有技术或者正在开发之中的技术，但其车体、炮塔和发动机将进行重新研制。PSM 公司提供的方案也将采用分级防护概念，基型车重 29.4 吨，采用二级防护时车重为 31.5 吨，采用三级防护时车重为 43 吨。新型步兵战车有乘员 3 人，可在载员舱内搭载 6～8 名步兵。炮塔上将安装 30/40 毫米机关炮或 35/50 毫米机关炮。变型车可能安装自动榴弹发射器。PSM 公司建议新型步兵战车将采用 800 千瓦 10 缸高功率密度柴油机，单位功率将为 25.4 千瓦/吨。新型步兵战车还将采用电传动装置。

德国和荷兰将购买轻型轮式装甲车　据英国《简氏防务周刊》2002 年 1 月 9 日报道，荷兰和德国两国陆军将联合向 ARGE 费尼克联合体购买 612 辆 4×4“非洲狐”轻型轮式装甲侦察车。这些车辆将从 2003 年开始交付，并于 2007 年交付完毕。ARGE 费尼克联合体由荷兰的 SP 宇航与车辆系统公司和德国的克劳斯－玛菲－韦格曼公司共同组建。德国陆军将购买 178 辆，其中 154 辆为侦察车，24 辆为战斗工程车。车上将安装 40 毫米自动榴弹发射器。这些车辆将用于取代德国陆军现装备的用于侦察用途的“大山猫”8×8 装甲车。荷兰皇家陆军将购买 410 辆，其中 202 辆为侦察车型，130 辆是中程反坦克发射车，78 辆是通用型装甲车。荷兰皇家陆军装备的侦察车将安装 12.7 毫米机枪，主要用于取代现有指挥侦察车和“陆游者”4×4 越野车。

“非洲狐”装甲车采用 4×4 轮式驱动，有 3 名乘员，采用铝合金装甲车体，具有防地雷和轻兵器射击的防护能力。该车在视觉、红外、雷达和噪声等各个方面都具有低可探测性，而且还具有高速机动性和灵活性等特点，并且可用 C－130 运输机空运。该装甲车将取代目前一些现役的更大型的履带式和轮式装甲车，作为一种安全、灵活的平台广泛应用于维持和平行动。侦察车型将安装桅杆式昼/夜激光测距侦察设备，车上还安装有导航系统和各种通信设备。作为标准设备，车上装有三防系统。

英国在“武士”步兵战车上试验埋头弹武器系统　据英国《简氏防务周刊》2002 年 3 月 6 日报道，英国陆军的“武士”步兵战车在双人炮塔上安装了 CTA 国际公司的 40 毫米埋头弹武器系统（CTWS），并在法国进行了首次射击试验。CTA 国际公司提供的新型炮塔据称是现有“武士”步兵战车炮塔的一种替代方案。炮塔上安装有双向武器稳定系统。当该系统与未来的稳定式昼/夜热成像瞄准镜配合使用时，将使该车具备在越野行驶时打击目标的能力，并且具有很高的首发命中概率。埋头弹武器系统安装有弹药处理系统，空弹壳将被抛出炮塔。新型炮塔采用全焊接钢装甲结构，具有同“武士”步兵战车底盘相同的防护能力。为减少整个寿命周期成本，炮塔上尽可能采用了现成的分系统，如现有的车长和炮长舱盖及 7.62 毫米链式机枪。据 CTA 国际公司称，新型炮塔也可安装 BGTI 战斗群热成像瞄准镜和新型“弓箭手”通信系统。埋头弹武器系统的射击试验已经进行了一段时间，并将于 2002 年底结束。尾翼稳定脱壳穿甲弹的研制工作即将完成。空爆弹药的研制工作仍在继续。40 毫米埋头弹武器系统的一项重要研制内容是提高弹药对付目标的效能。

英国维克斯公司披露未来快速反应系统（FRES）方案细节　据《简氏防务周刊》2002 年 1 月 2 日报道，针对英国陆军对未来快速反应系统（FRES）的需求，维克斯防务系统公司向英国国防采购局提出了自己的设计方案。为满足计划中的在 2007 年服役的目标，维克斯公司提出的方案将基于成熟的分系统，如柴油发动机、自动传动装置和液气悬挂装置，并且具备进一步升级的能力，如在未来采用可提高车辆隐身性能的电动技术及带式橡胶履带。新的装甲解决方案预计将在今后几年全面成熟，从而与现有技术相比，防护能力将大大提高。

未来快速反应系统将有许多种车型，以满足所需的多种战场任务。维克斯公司提出的方案采用了新的履带式装甲车底盘，具有发动机前置和后置两种变型，具备很高的可靠性和通用性，从而使后勤保障成本降到最低。发动机前置通用底盘将有 3 种主要变型：装甲输送车、后部平板车和工程车。装甲输送车又将有多种变型，其中包括在单人炮塔上装 40 毫米机关炮的步兵战车、救护车、指挥车和迫击炮承载车。后部平板车主要用于特种用途，如携带两个集装箱和安装液压吊臂的通用车、抢救和修理车、防空导弹发射车和架桥车。发动机后置通用底盘将有 4 种变型车：侦察监视车、近距离侦察车、反坦克导弹发射车和直射平台。直射平台将在车体内布置 3 名乘员，外部安装 1 门带自动装弹机的 105 毫米火炮。所有这些车型都能用 C－130 运输机空运。尽管维克斯公司提出的方案是履带式车辆，但该公司认为同时采用履带式和轮式两种车辆也可满足需求。

英国加快新型装甲战车计划的进程 据英国《简氏防务周刊》2002 年 11 月 20 日报道，为了更好地进行英国陆军未来快速反应系统（FRES）项目，英国国防采购局综合项目组将在伦敦举行一次英国国防工业合同商聚会。届时，陆军未来快速反应系统综合项目组将公布新的合同商选择方式：无需竞标直接选定阿尔维斯－维克斯公司为项目的主承包商。该项目合同额预计为数 10 亿美元。此举表明英国国防部决定加快未来快速反应系统的部署，因为陆军急需一支早期进入部队。

未来快速反应系统将是英国今后几年最大的装甲战车项目，预计国防部将采购 800 多辆。未来快速反应系统将由多达 15 种车型组成，其中包括指挥控制车、人员输送车、迫击炮承载车、侦察监视车、直射火力车、间射火力车、后勤支援车和医疗车。由于英/美两国合作的 TRACER/FSCS 未来侦察车计划由于美国的退出而终止，但英国国防部希望将为该计划开发的一些先进技术应用于未来快速反应系统中，这些技术包括混合电驱动、新型装甲、隐身技术、橡胶带式履带和侦察车用先进传感器。一些车辆可能会安装 40 毫米埋头弹武器系统。

法国选择轻型装甲车辆 据英国《简氏防务周刊》2002 年 3 月 20 日报道，法国武器装备总署与四家公司签署合同，以为其提供一种轻型装甲车辆（PVP）。每家承包商将在 7 月提供一辆样车，对样车的试验计划将在 9 月进行。生产投标书将在 12 月提交，预计将在 2003 年选定一家承包商进行轻型装甲车辆的生产。据估计法国对该车的首批需求为 312 辆，但这一数字也可能会增加到 1500 辆。PVP 轻型装甲车辆将用于填补法国陆军现役的潘哈德 P4 轻型装甲车和潘哈德 VBL 轻型装甲侦察车之间的空白。PVP 轻型装甲车将采用 4×4 底盘，包括步兵车和指挥车两种变型车，能够乘载 5 人及所需设备。车上将安装被动装甲组件，可提供抵御轻兵器射击和炮弹破片的防护能力。该车将采用可满足欧洲 3 号排放标准的 2.7 升柴油发动机。

法国的新一代装甲战车概念形成 据英国《简氏防务周刊》2002 年 4 月 13 日报道，法国地面武器工业集团已完成了法国陆军计划的 EBRC 轮式装甲战车的概念研究。EBRC 轮式装甲战车将是 2012 年后法国陆军的核心装备，该车将取代目前正在法国陆军中服役的装 105 毫米火炮的 AMX－10RC 6×6 装甲车和装 90 毫米火炮的潘哈德“标枪”ERC 6×6 装甲车。该车的主要任务是执行侦察、监视和目标捕捉，它还将作为一个母平台，对地面机器人车辆和空中无人机进行控制。在许多方面，该车与美国的未来战斗系统相似。法国地面武器工业集团研究了几种 EBRC 轮式装甲战车概念。其中一种概念是重约 16 吨的 6×6 轮式装甲车，可用计划中的 A400M 运输机一次空运 2 辆，车上将安装 40 毫米埋头弹武器系统以担负直射火力任务，车体两侧将安装导弹发射器用以担负超视距打击任务。炮塔顶部将安装先进的光电系统。车上的 3 名乘员将位于车体内。该车计划采用电传动装置、光电对抗系统及硬杀伤主动防护装置。钛合金车体将具备隐身性能。作为一种轮式车辆的替代方案，法国地面武器工业集团也研究了一种采用带式履带的全履带车型。法国地面武器工业集团研究的另一种概念是 8×8 EBRC。车上将安装双人钛合金焊接炮塔，炮塔安装 1 门 105 毫米电热化学炮。该车战斗全重将为 24 吨，具有很强的生存能力。EBRC 轮式装甲战车安装的 40 毫米或 105 毫米火炮最大仰角将达到 45°，从而可用于城市作战。

法国研制 VBCI 步兵战车 据英国《简氏防务周刊》2002 年 5 月 15 日报道，法国萨托利军用车辆公司目前正在为法国陆军制造 3 辆 VBCI 步兵战车样车，未来将对这些样车进行广泛的试验。预计该车的生产将从 2006 年开始，并将持续到 2013 年，每年的产量将为 100 辆。法国陆军计划至少购买 700 辆 VBCI 装甲车，其中包括 550 辆步兵战车型和 150 辆指挥车型。未来还将研制其它变型车。法国陆军首批将订购 65 辆，包括 54 辆步兵战车和 11 辆指挥车。

VBCI 步兵战车战斗全重将为 26 吨，并可增加到 32 吨，可用 A400M 或 C－17 运输机空运。该车有 3 名乘员，可搭载 8 名全副武装的士兵。车上将安装最新一代“德拉加尔”单人炮塔，炮塔上安装有1门25毫米机关炮和1挺7.62毫米机枪。炮塔将采用电驱动，炮长有昼/夜热成像观瞄系统和激光测距仪。车体将采用铝合金装甲结构，并将安装钛合金模块化附加装甲。车内将安装防崩落衬层，并具有很高的地雷防护和顶部防护能力。该车的发动机将为沃尔沃/雷诺6缸柴油机，与之匹配的是全自动传动装置。该车采用前4轮助力转向装置。VBCI装甲车将用于取代法国陆军现役的AMX－10P履带式步兵战车。与后者相比，VBCI将具有更远的战斗行程，提高了乘员的舒适性，显著降低了寿命周期成本。

意大利将订购轻型装甲车辆　据英国《简氏防务周刊》2002年9月5日报道，意大利陆军将向依维科公司订购100辆轻型多用途装甲车。意大利陆军对该车的总需求为2500辆，该车将用于各种战场任务。首批100辆将于2003～2004年交付，并且将接收广泛的耐久性试验。

轻型多用途装甲车是一种具有很强负载和地雷防护能力的4×4轮式车。该车具有很高的战术机动性并易于用飞机或直升机空运。车上还采用了一些隐身设计。该车是世界上这类车型中第一辆底盘具有一体化地雷防护能力的车辆，车上也可以安装德国IBD公司设计的附加模块化装甲组件，这使车上的乘员可防轻兵器射击和炮弹破片。不同的装甲将为乘员提供不同水平的防护能力。该车的基型车轴距为3.2米，最大有效负载为2.5吨。但该车也有一种轴距为3.5米的车型。该车采用可满足欧洲3/4号排放标准的依维科185马力F1型4缸共轨柴油机，与之匹配的是ZF6HP26型6速自动传动装置。

奥地利展示“劫掠者”Ⅱ型8×8装甲车　据《简氏防务周刊》2002年4月3日报道，奥地利施泰尔－戴姆勒－普赫公司刚刚展示了其新研制的8×8“劫掠者”Ⅱ型装甲车。该车目前正在参与波兰陆军对一种新型轮式装甲车族需求的竞争。施泰尔－戴姆勒－普赫公司曾在去年宣布该公司正在研制6×6和8×8两种“劫掠者”Ⅱ型装甲车。为了降低全寿命周期成本，两种车型有90%的部件可以通用。8×8“劫掠者”Ⅱ型装甲车是在“劫掠者”Ⅰ型装甲车的基础上发展起来的，最大战斗全重为20吨，车上可安装各种武器，最大口径为105毫米线膛坦克炮。该车还有一种两栖车型，最大战斗全重18.6吨，可在炮塔上安装90毫米火炮。该车在水中由安装在车体尾部两侧的两台喷水推进器推进，最大航速为10千米/小时。首辆8×8“劫掠者”Ⅱ型装甲车是一种步兵战车，车上装有双人炮塔，炮塔上安装1门30毫米机关炮、1挺7.62毫米并列机枪和电控烟幕弹发射器。计划研制的车型还包括指挥车、机动火炮系统、装甲抢救车、救护车、反坦克导弹发射车和自行迫击炮。“劫掠者”Ⅱ型装甲车的车体采用全焊接钢装甲结构，全周可防7.62毫米穿甲弹，加装附加被动装甲后，可抗100米远射来的14.5毫米穿甲弹。车上还安装有防崩落衬层和地雷辅助防护装置。作为制式装备，车上安装有前4轮助力转向装置、独立悬挂装置、中央轮胎充气系统、安全轮胎、防滑制动系统、自动驱动管理系统、发动机电子管理系统、自救绞盘和动力舱自动灭火抑爆系统。车上可选装空气循环系统、三防系统和乘员舱自动灭火抑爆系统。

澳大利亚改进M113装甲车　据美国《每日防务》2002年7月2日报道，澳大利亚将与塔尼克斯公司签署2.81亿美元的M113装甲车改进合同，合同内容包括改进该车的装甲防护能力、火力和机动性。改进中，将采用新型发动机和传动装置，从而将提高车辆的机动性、适应严酷战场环境的能力并增大车内空间。塔尼克斯公司还设计了新型炮塔，上面安装有12.7毫米机枪和夜视装置，从而提高了火力。车上还将安装附加装甲。根据合同，塔尼克斯公司将为澳军改装350辆M113装甲车，计划在2005年交付。

新技术与新部件　**美国为“艾布拉姆斯”主战坦克订购嵌入式诊断系统**　据英国《防务系统日刊》2002年3月29日报道，PEI电子公司获得了一项价值630万美元的合同，负责为美国陆军生产134套嵌入式诊断系统，用于改进M1“艾布拉姆斯”主战坦克。合同完成日期为2003年7月31日。安装嵌入式诊断系统技术可以显著的提高现有武器系统及其子系统的可用性、战备状态和效率。该系统无需改进武器系统的部件就可以提供系统测试信号的通道。它可以对120种模拟或离散信号进行监控并将其数字化，采集数据并进行“实时”分析。

美国陆军继续为未来战斗系统研制无人驾驶地面车辆　据美国《每日防务》2002年2月14日报道，陆军研究办公室和国防高级研究计划局正在继续研究无人驾驶地面车辆的系统技术。2001年11月陆军研究办公室用通用动力公司的试验型无人驾驶地面车辆完成了无人地面车辆的第三次演示。试验型无人驾驶地面车辆是一种小型四轮自主型车辆，重约1450千克。车上安装了探测障碍用的激光探测器、立体红外和可见光摄像机。在这次试验中，1名操作者可同时操纵4辆无人地面车辆。每辆车都以半自主方式操作，通过一系列航线点自行导航，避开树木、水和建筑物。

在这次实验中陆军还展示了无人地面车辆的有效载荷，其中包括烟幕弹发射器和车顶的侦察、监视与目标捕获模块，后者装有红外和光学摄像机和声音传感器。

在无人驾驶地面战车项目中，国防高级计划局正在开发两种演示技术样车，即侦察、监视及目标搜索平台和大型武器运输车。小型车辆的有效载重为136千克，大型车辆为1495千克。以波音公司和洛克希德－马丁公司为首的两支队伍正在竞争小型车辆的设计，而以通用动力公司和国际科学应用公司为首的两支队伍则在竞争大型无人驾驶地面战车的设计。

美国联合防务公司成功演示地面战车用主动防护系统 据美国《每日防务》2002年5月30日报道，联合防务公司近日成功演示了一种地面战车用主动防护系统，即美国陆军的“综合陆军主动防护系统”(IAAPS)，该系统可用于打击两个同时来袭的威胁。使用这种主动防护系统而不是利用装甲保护地面战车，是美陆军正在开发未来战斗系统的关键。目前，美国陆军正在向着20吨重的轻型战车发展，将越来越依靠主动保护系统，而不是像近70吨重的“艾布拉姆斯”坦克那样利用厚重的装甲防护层来对付来袭的像高速坦克炮或反坦克导弹那样的威胁。

IAAPS系统包括一部探测和跟踪来袭威胁的雷达、电子战“软杀伤”措施、装备有“拦截弹”的对抗发射架以及一个火控雷达信号处理器。

据联合防务公司称，IAAPS系统目前正在地面战车上进行静态测试，已经对系统性能进行了多次验证，包括探测、跟踪和火控计算机的计算以及通过电子战软杀伤或主动保护系统的硬杀伤来摧毁威胁。下一阶段，该公司将为IAAPS开发搜索雷达，并在2005财年验证战车在行进中能击中多个来袭的目标能力。据称，2006财年，该系统应该能摧毁来袭的高速动能弹。

美国陆军研制新型坦克弹药 据美国《每日防务》2002年8月21日报道，通用动力公司击败阿里恩特技术系统公司赢得价值约720万美元的合同，将为美国陆军研制XM1028 120毫米人员杀伤霰弹以装备M1“艾布拉姆斯”主战坦克。2002年5月，陆军发布XM1028杀伤霰弹建议征求书。该炮弹内含900～1000枚钨球或钢球，用来对付200～500米范围内的敌人（目标要求为100～700米）。美国陆军武器研究发展与工程中心已经开发并试验了XM1028样弹，但正在寻找合同商研制并最终生产该炮弹。

英国发展混合电驱动技术 据《简氏防务周刊》2002年1月2日报道，英国国防部已邀请了6家公司参与一项为期3年合同的竞标，以开发未来可能在轮式或履带式、轻型和重型、装甲与非装甲车上应用的混合电驱动技术。按照要求，参与竞标的公司将在2002年1月底将标书递交英国国防部。根据计划，可能将制造一辆混合电动演示样车。将电驱动装置安装在新的车辆平台上，将给用户带来诸多好处，如提高效能，降低寿命周期成本，提高机动性和设计效能。在一些装甲车辆上，现有动力传动装置占据了底盘内1/3的空间，不仅增大了车辆的体积和重量，而且也限制了平台的整体设计。采用电驱动技术，由于降低了平台的热信号和声响信号特征，还提高了平台的隐身特性。目前，美国、德国、瑞典等国都在积极开发军用车辆的电驱动技术。

英国研制出新一代“电子装甲” 据法国《航宇防务》网站2002年7月2日报道，为对付反装甲火箭弹这种危险性极大而又实实在在的威胁，英国国防科技实验室（DSTL）研制出一种“电子装甲”，能够将火箭弹的攻击效果削减到近乎为零，并最终保住装甲战车内乘员的生命。这种“电子装甲”系统，可以有效的抵抗火箭弹及其它聚能武器的攻击，同时重量轻，体积小，便于安装。在对一个带有“电子装甲”的装甲车编队的实验中，当有攻击到来时，“电子装甲”的金属外壳立即带上几千伏的高电压，火箭弹或其他聚能弹头必须穿透该电离层，所以将不得不承受几千安培的电流。众所周知，只需要13安培的电流就能熔断家用电器的保险丝，同样，聚能弹头射出的高温高速射流在电子装甲的高温强电流场中即刻就被电流溶解分离了。

法英为研制40毫米埋头弹武器系统签订协议 据英国《简氏防务周刊》2002年6月26日报道，英、法两国政府已经和CTA国际公司签订了一项协议，将为一项40毫米埋头弹武器系统风险降低项目提供资金。其目的是当两国军队需要为新型平台或在中期升级项目中选择该武器系统时，可确保该武器在技术上是成熟的。

英国陆军希望为计划中的“武士”步兵战车升级项目和至少一种未来快速反应系统车型选择40毫米埋头弹武器系统。法国陆军则希望为计划中的EBRC轮式装甲战车项目选定该武器，该项目目前还处在研究阶段。其中一些型号可能采用6×6底盘，并在遥控炮塔中安装40毫米埋头弹武器系统。除武器外，

CTA 国际公司的工作还包括弹药装填系统和两种弹药的研制，即尾翼稳定脱壳穿甲弹和通用空爆弹。按照合同，到 2004 年 12 月，CTA 国际公司将与法国和英国一起，使整个系统达到技术准备水平。出于试验和演示目的，阿尔维斯车辆公司的“武士”步兵战车最近在炮塔试装了 40 毫米埋头弹武器系统。

（张国斌）

炮兵武器装备

综述　21 世纪初期，信息化战争形态初露端霓，然而它对炮兵武器装备技术发展的影响是明显的，这集中体现在对炮兵武器装备的研制方向和技术措施上。2002 年完成的、正在进行的和新提出的炮兵武器研制项目中，大量采用先进的传感器技术、以计算机为基础的 C^4I 和 C^4ISR 技术、GPS 全球定位技术、精确制导技术、先进的材料技术、数字化和信息化技术。所有这些技术对炮兵防空兵武器装备的“看、打、毁”能力的提高有着巨大的作用。但所有这些技术的应用，仍局限在几个经济发达的军事大国，或者集中在某些经济虽然暂时较为困难，但长期占有军事技术领先地位的国家。前者以美国为代表；后者则以俄罗斯为代表；此外，英、法、德、瑞典和瑞士等发达国家的炮兵武器装备技术发展也充分体现出这一时代烙印。

2002 年炮兵武器装备发展中防空武器发展成为很多国家的重点，除俄罗斯历来十分重视防空导弹的发展，又推出“超级针”、“勇士”和“山毛榉-M2”防空导弹外，澳大利亚、印度等国均在投巨资加强其防空力量，一方面加大投入研制新的防空导弹和改进已有的防空导弹，另一方面又在引进美、俄等国的先进防空武器系统。

弹药的研制和发展重点体现在精确制导弹药和增程弹药以及高毁伤威力弹药方面。在精确打击弹药方面比较具有代表意义的型号有制导火箭弹、SMArt 式 155 毫米精确制导炮弹、“博纳斯”精确制导炮弹、英国的 4 种间瞄精确打击弹药；在增程和提高威力方面的型号有 XM982 式 155 毫米弹、南非远程提速弹和“标枪”系列全膛增程弹，很多弹药都是采用子母弹技术和增加炸药量，以提高炮弹的杀伤威力。

在压制炮兵武器的发展方面，战术弹道导弹的发展和新型火箭炮的发展是重点。其中美国的“网火”多联装智能化导弹系统又极具代表意义，其技术水平达到了前所未有的高度；美国的转型火箭炮 M270A1 则是火箭炮发展中的又一个亮点。2002 年 5 月，美国宣布撤消“十字军战士”自行榴弹炮研制计划在世界火炮发展中引起震动。同时，在美国也加速了新型多管火箭炮系统、“网火”系统、精确制导弹药系统、高机动火炮系统和联合轻型榴弹炮系统的发展。法国的“凯撒”、瑞典的 FH－77BD、土耳其的“黑豹”和伊朗的 Raad－2 等 155 毫米自行榴弹炮都有了新的发展，技术上有了较大的提高。

炮兵压制武器系统　*榴弹炮*　**美国防部宣布取消“十字军战士”自行榴弹炮研制计划**　2002 年 5 月初，美国国防部长拉姆斯菲尔德在五角大楼正式宣布，取消“十字军战士”155 毫米自行榴弹炮研制计划。至此，已经耗资 20 多亿美元，历时近 10 年的庞大计划以中途流产而告终。拉姆斯菲尔德认为，该炮是冷战时期军事战略的产物，对美国当前和未来的远征作战模式是不适合的，特别是对反恐作战更显得不适合。因为该炮重量太大，早期方案战斗全重竟达 70 吨，虽然后来减至 40 余吨，但仍然显得过于笨重；其次是它无法提供足够精确的间接射击火力；第三是经费问题。所以，最终导致该炮研制计划破产。

土耳其自行研制的第一套火炮系统装备部队　英国《简氏防务周刊》2002 年 2 月报道，由土耳其国有机械和化学工业联合会研制生产的“黑豹”155 毫米牵引式榴弹炮于 2002 年上半年已经交付土耳其陆军。第一批为 6 门火炮，该炮身管长为 52 倍口径。在土耳其陆军接收的 6 门火炮系统中，有一门炮配用了 BAIKS－2000 式连用射击指控系统，主要功能是实现连内火炮的快速部署和首发命中。“黑豹”火炮战斗全重为 14.5 吨；火炮尺寸为 10.5 米 × 2.8 米 × 3.1 米；M107 高爆弹射程为 18 千米；火箭增程弹射程为 30 千米；全膛增程弹射程为 40 千米；最大射速为 4 发/分；持续射速为 2 发/分；爆发射速为 3 发/15 秒；

供弹方式为半自动；操炮人数为 5 人。

伊朗大批生产 Raad－1 式 122 毫米自行榴弹炮 英国《简氏防务周刊》2002 年 5 月报道，伊朗国防工业总局装甲工业集团公司公布了目前正在大批量生产的 Raad－1 式 122 毫米自行榴弹炮的情况。该火炮系统的外形与俄罗斯的 2C1 式 122 毫米自行榴弹炮相似，前部配置驾驶舱和发动机，后面为炮塔和战斗室。该炮的壳体为全焊接钢结构，装甲最厚为 17 毫米。全封闭式 3 人炮塔可进行 360°旋转，火炮可作－3°＋72°高低运动，配有直瞄和间瞄两种瞄准镜。火炮型号为 2A31 式，身管长度为 39 倍口径。该自行火炮战斗全重 17.5 吨，最大公路行驶速度为 65 千米/小时，最大行程为 400 千米，具有一定的涉水能力。该炮配用伊朗自己生产的 HM40 式炮弹，每门 Raad－1 炮的弹药携行量为 35 发。采用 ZBK－13 号装药发射 122 毫米榴弹时，最大射程为 15200 米，最大射速为 4～5 发/分。按照国防工业总局的要求，采用 8 号装药发射时的身管寿命应达到 3000 发炮弹。

伊朗批量生产 Raad－2 式 155 毫米自行榴弹炮 英国《简氏防务周刊》2002 年 4 月 24 日和 5 月 8 日报道，伊朗国防工业总局装甲工业集团公司，公布了该国正在批量生产的 Raad－2 式 155 毫米自行榴弹炮的情况。该炮外形与美国的 M109A2 式 155 毫米自行榴弹炮颇为相像。驾驶舱位于车体的左前侧，右侧是发动机；炮塔位于车体后部。炮塔和车体的装甲防护均为 20 毫米厚的钢板。全封闭式炮塔可做 360°旋转，火炮可作－3°＋75°的运动。该自行火炮战斗全重 36 吨，功率重量比为 23 马力/吨，最大越野时速为 65 千米。该炮身管长度为 39 倍口径，最大射程因弹种和装药不同而不同：发射标准的 M107 高爆弹射程为 18 千米，发射底排高爆弹射程为 24 千米，最大射速为 4 发/分，最大弹药携行量为 30 发，用 8 号装药发射时的身管最大寿命为 5000 发。该炮也可以采用 45 倍口径身管，此时如果发射弹底排气全膛增程弹，射程可达 40 千米。伊朗已经对 Raad－2 式自行炮进行了部分技术改造，将原来的 V－84MS 式内燃发动机换成 5TDF 式水冷内燃发动机。改进后的自行火炮型号定为 Raad－2M。

法国第一门“凯撒”火炮系统问世 英国《简氏防务周刊》2002 年 5 月报道，法国第一门“凯撒”52 倍口径 155 毫米自行榴弹炮已出厂。该火炮系统由法国陆军军械工业集团研制，在“布尔日”工厂生产。该炮将取代 1993 年装备部队的 TR 式 40 倍口径 155 毫米牵引榴弹炮。该炮采用 6x6 奔驰卡车底盘，前部为全装甲防护驾驶室，火炮配置在后部。火炮展开时，大型液压驻锄降至地面，可保持射击的稳定性。除了发射平台和武器之外，该自行火炮系统还包括由计算机支持的火控系统，地面导航系统和炮口初速测量系统。“凯撒”战斗全重 17.7 吨，最大公路行驶速度 100 千米/小时，最大行程 600 千米。此外，该炮还配有轮式弹药补给车，可装运 6 个弹箱 72 发炮弹（含装药）。

瑞典研制 FH－77BD 式 155 毫米自行榴弹炮 英国《简氏防务周刊》2002 年 6 月 5 日报道，瑞典陆军经过长时间充分论证，认为部队需要装备一种全自动化的自行火炮系统。此前，曾对 52 倍口径 155 毫米炮在靶场进行了牵引和自行试射，决定研制型号为 FH－77BD。它将由 FH－77B 式牵引榴炮改进而成。FH－77BD 系统应当保证炮班成员在驾驶舱就可以操纵火炮投入战斗，向目标瞄准，装填炮弹和实施射击；其装甲应有抵御枪弹和炮弹破片的能力，有防核生化辐射的能力。该系统战斗全重为 30 吨，最大公路时速为 70 千米，行军战斗转换时间为 30 秒，将具有单炮多发同时弹着的能力（3 秒之内发射 5 发弹）。所配用的装药系统使用两种不同的模块，每套装药由 26 个模块组成，所以，该炮具有 315 米/秒～960 米/秒共 12 种初速。

火箭炮 **美陆军装备新型多管火箭炮** 2002 年 2 月中旬，美陆军野战炮兵开始装备 M270A1 式多管火箭炮。该火箭炮是在 M270 式基础上改进而成的。M270 式于 1983 年装备部队。1991 年海湾战争之后的总结报告指出，M270 火箭炮的反应速度较慢，火控系统和发射架还需进一步完善。经综合论证，1992 决定从以下三个方面进行改进：火控系统；发射架机械系统；采用 M993A1 底盘。

原火控系统电子元器件已经陈旧过时，技术上落后，加之新研制的高技术弹药系统必然要求对原火控系统加以改造。火控系统改进的项目主要有：火控操作台，包括高清晰度显示器，键盘、音频/视频报警器和 350 兆存储器；新型电源开关；新型发射架接口，包括一个综合 BC 式接口、发射架装弹控制模块、电源管理和通信处理功能模块；新型武器接口；定位导航设备。新的火控系统操作更加方便，可靠性更高，生存能力更强，反应时间更短。

M270A1 式系统采用 M269A1 式新型发射架机械系统。这一系统也大大改善了火箭炮的反应速度。因新发射架的方向和高低运动可以同时进行，这样从装填到瞄准的时间由 M270 的 93 秒减少为 16 秒；重新装弹的时间从260秒减少为160秒。该机械系统还减少了零部件的数量，从而降低了维修和使用费用。

M270A1式系统采用的M993A1式底盘由基本型M993“布雷德利”改进而成。主要改进项目包括附加动力输出装置泵、确保液压力和转速精确稳定的中央调控系统、电力系统等。

印度对俄罗斯“施风”多管火箭炮进行发射试验　英国《简氏防务周刊》2002年7月报道，印度国防部官员证实，印度军队对引进的俄罗斯“旋风”300毫米12管火箭炮进行了发射试验。试验是在印度东海岸进行的，目的在于进一步验证该火箭炮系统的战术技术性能。预计未来还要在印度拉贾斯坦再进行多次和多项发射试验。

印度陆军现装备有150多套БМ－21型122毫米40管火箭炮系统，载车为6×6越野汽车，该火箭炮属20世纪60年代产品，因此，从射程、威力和精度等方面看，已经无法满足印度陆军作战的需求。尽管俄罗斯为БМ－21研制和发展了新的火控系统，但仍然解决不了印陆军的需求。因此，印度陆军一方面自行研制了“皮纳卡”214毫米火箭炮，同时又积极引进了俄罗斯的“施风”300毫米12管火箭炮系统。

“施风”是300毫米12管火箭炮的名称，在俄罗斯火箭炮系列中的代号为БМ－30，全系统代号为9K58，发射架型号为9A52。该火箭炮主要用于压制和歼灭敌有生力量，摧毁敌装甲目标、炮兵连、军指挥所、仓库，敌前线航空兵停机坪上的飞机、直升机以及其它地面目标。9K58系统战斗全重（含12枚火箭弹）43.7吨，最大射程70千米。火箭弹的子母战斗部装有72个子弹，一次齐射12枚火箭弹可抛撒出864个子弹，形成很大的杀伤面积。该火箭还可配用高爆炸药战斗部、燃料空气炸药战斗部和攻顶式反坦克子雷战斗部。俄罗斯在9K58系统的基础上，近年来又发展成了新型火箭炮，其发射系统称为9A52－2型或称“旋风－M”型。它的最大射程可达90千米。

智利陆军将装备“闪电”式多管火箭炮　英国《简氏防务周刊》2002年4月10日报道，智利陆军将购买6套“闪电”车载式多管火箭炮系统和一定数量的火箭弹，用于装备陆军炮兵部队。该火箭炮系统是由英国皇家军械厂和智利国营军械厂联合研制的。该系统采用6×6MAN式卡车底盘。火箭发射箱位于车体后部，共有2个，每个发射箱配有12枚160毫米弹径的火箭弹。该发射系统需2名操作发射人员，位于驾驶舱后面的控制舱内。火箭炮配用破片杀伤弹和子母弹两种战斗部。弹体由高强度合金钢制造，弹壁较薄，配用无线电近炸引信或着发引信；子母弹内装120个子弹。“闪电”多管火箭炮系统的射程为45千米。

弹道导弹　**美国正在研制“网火”多联装智能化导弹系统**　《外军炮兵》2002年第8期报道，美国正在为未来的陆军研制一种精确打击武器系统，被称作“网火”多联装智能化导弹系统。该系统的基本组成包括：储运/发射装置；计算机与通信系统；导弹包装筒；盘旋与攻击导弹；精确攻击导弹；“网火”运输集装箱；任务计划计算机。

储运/发射装置是“网火”的基本射击单位，内装15枚导弹和计算机与通信系统，可重复使用和改变配置，具有防误操作的能力，可遥控射击，能自行或按指令进行可靠性测试、解除射击程序，能实施垂直发射；计算机与通信系统能满足各个“网火”储运/发射装置所需的通信与控制功能，其主要组成包括电源，加固的小型计算机，无线电通信系统和天线等；导弹包装筒重不超过68千克，主要用于导弹在储运和作战过程中免受损坏；盘旋与攻击导弹配有可自动识别目标的激光寻的雷达，具有目标监视、搜索、战斗毁伤评估、空中无线电中继和攻击高价值目标的功能，该弹可飞行50千米并在空中盘旋30分钟，操作手可将导弹飞行路线、目标特性、任务内容、攻击的标准等数据输入导弹；精确攻击导弹有两种飞行弹道：一种是直瞄射击弹道，用于实施0.5～20千米的近距快速攻击，另一种是助推滑翔弹道，用于攻击20～50千米的远距离目标，该弹配用多功能战斗部，既可攻击装甲类硬目标，亦可攻击软目标；每个标准化运输集装箱可装运10个储运发射装置，共150枚导弹，总重为15.876吨，可由重型卡车运载；任务计划计算机用于拟定并执行计划并同时为盘旋攻击导弹和精确攻击导弹拟定计划，它能同陆军多种作战指挥系统接口，包括陆军全信息源分析系统，机动作战控制系统，“阿法兹”野战炮兵数据系统，空中导弹防御预警系统，战术空域一体化系统，全球指挥与控制系统陆军子系统以及空军战区战斗管理核心系统等。

巴基斯坦对“哈特夫－3”和“哈特夫－2”弹道导弹进行验证试射　2002年5月26日和28日，巴基斯坦军方对其两种新型弹道导弹分别进行了验证性试验。5月26日，对“哈特夫－3”进行发射试验。该导弹配用固体燃料火箭发动机，射程为290～300千米，可携带核战斗部。导弹长8.5米，弹径0.8米，发射重4吨，战斗部重500千克。5月28日，对“哈特夫－2”导弹进行了发射试验。该导弹同样采用固体燃料火箭发动机，最大射程 180 千米，只装常规战斗部，主要执行炮兵的战术任务。该导弹的弹长 6.5 米，弹径 0.56 米，发射重 1.5 吨，战斗部重 450 千克。配有高爆杀伤战斗部，整体结构战斗部和子母战斗部。

炮兵反坦克武器系统 反坦克火箭筒 **瑞典与英国将联合研制生产 MBT－NLAW 型新一代反坦克火箭筒** 英国《简氏防务周刊》2002 年 7 月 17 日报道，瑞典与英国将联合研制并生产 MBT－NLAW 型新一代反坦克火箭筒。瑞典国防物资局和英国国防采购局已经成立了一个联合计划管理机构，由该机构负责整个研制生产计划的实施。英国目前装备的反坦克火箭筒为“劳－80”型，其射程为 500 米，它的战斗部威力不能满足当代反坦克和对建筑物、工事等作战的需要。而 MBT－NLAW 新一代反坦克火箭筒的射程可达 600 米，它不但可以用于正面攻击建筑物、掩体和轻型车辆，而且还可以对重型装甲目标实施顶部攻击，大大提高了反装甲目标的能力。该武器系统的大部分研制工作将由瑞典的萨伯·博福斯动力公司承担，而生产任务则由英国的公司负责，武器系统的总装配工作将在北爱尔兰的工厂进行。

反坦克导弹 **美国展示新一代“陶”式反坦克导弹** 美国于 2002 年上半年在欧洲防务武器展览会上，向公众展示了由雷锡恩公司研制的新一代“陶”式反坦克导弹。该导弹是在改进型陶系列导弹基础上研制而成的，型号为 DGM－71 式。此前的改进型为“陶－2A”和“陶－2B”。“陶－2B”的弹体结构完美地运用了空气动力学原理，并采用无线电制导方式；“陶－2B”增加了新型火控系统，该火控系统配有一个 M41 式目标搜索系统。DGM－71“陶”式反坦克导弹继承了这两种型号的优点，使它不但可以满足美国陆军过渡型部队——旅部队的作战需求，并且还能有效提高美陆军对现有装备的利用率。

美国“陶”式反坦克导弹将再度装备欧亚多个国家军队 作为一种比较成功的武器型号，“陶”式反坦克导弹的老型号早已装备欧、亚、非、南北美洲以及大洋洲数十个国家的军队。而它的后继型导弹近年来也陆续和正在装备多国军队。据英国《简氏防务周刊》20002 年 10 月报道，已有日本、以色列、约旦、卢森堡和西班牙等国同美国的雷锡恩公司签订合同，决定采购美国的“陶－2A”和“陶－2B”式反坦克导弹以及训练弹。

“陶－2A”导弹采用直瞄射击方式；而“陶－2B”则采用攻顶方式。两种导弹的射程都由原型的 3.75 千米增加到 4.5 千米。“陶－2A”配用两级串联式聚能装药战斗部，即在原“陶－2”导弹战斗部探杆的前端增加了一个小型聚能装药战斗部。该小型战斗部直径 40 毫米，重 400 克。其作用机制如下：当战斗部的探杆击中坦克时，小型战斗部可引爆坦克本体主装甲外悬挂的反应装甲，使之失去作用，尔后装在小型战斗部之后的主战斗部即可在不受干扰的情况下击穿坦克主装甲。

“陶－2B”则采用两级串联式爆炸成形战斗部。此外，它配用的双模传感器，使得导弹既可识别出坦克目标的形态，又可辨别目标的真伪。激光传感器对目标形状具有很强的识别能力，而磁性传感器则是辨别目标真伪的有效手段。当导弹战斗部到达所攻击目标上空一定高度时，传感器立即开始工作，一旦确认目标是真实的坦克或装甲车时，引信就会立即启动并引爆战斗部，对目标顶部攻击。较之原型号，“陶—2B”的制导软件作了很大的改进。

美陆军已接收首批直瞄反坦克导弹 英国《简氏防务周刊》2002 年 10 月 30 日报道，美国陆军已于 2002 年第 3 季度接收了首批 12 套直瞄反坦克导弹武器系统。该导弹的研制时间始于 20 世纪 80 年代后期，是一种重型反坦克导弹，用于取代原先装备的“陶”式反坦克导弹，打击坦克炮射程以外的敌主战坦克等目标。该导弹系统由“动能导弹”、第二代前视红外/视频目标跟踪传感器、发射系统、制导系统和运载车等几部分组成。动能导弹的主要组成部分包括：穿甲弹头、制导电子设备、导弹飞行姿态控制装置、滚动基准传感器、火箭发动机、指控信号接收机以及导弹尾翼等。该导弹可以装在高机动轮式多用途底盘上。

中国台湾将采购美国“标枪”反坦克导弹 2002 年 6 月，美国陆军批准向台湾出售“标枪”中程反坦克导弹，用于取代台湾现役的老式“陶”导弹、M40A1 型 106 毫米无座力炮和 M67 型 90 毫米无座力炮。该导弹由美国洛克希德－马丁公司和雷锡恩公司研制。该采购计划包括 60 部导弹发射架、360 枚导弹、配套的训练器材和零备件等设备。“标枪”导弹是 20 世纪 80 年代中期由美国研制的第四代反坦克导弹，1996 年 6 月装备美国陆军，1999 年装备美国海军陆战队。截止 2002 年 7 月份，世界上有 16 个国家的陆军装备该导弹。“标枪”是目前世界上较为先进的一种反坦克导弹，它的先进制导技术使它具备了“打了就不用管”的能力。该弹具有较高的目标识别能力、制导精度高、战斗部破甲威力强，同时具有夜间作战能力、全天候作战能力和抗电子干扰的能力。该导弹战斗部既有攻击前装甲的能力，也有攻击顶装甲的能力。

波兰将采购以色列的“斯派克”反坦克导弹　2002 年 7 月 26 日，波兰国防部宣布，波兰将采购以色列的“斯派克”反坦克导弹。该导弹由以色列拉非尔公司研制和生产。在宣布这一决定之前，波兰曾计划采购 1100 套“斯派克”导弹发射装置和 12000 枚导弹。而这次则决定只采购 500～600 套导弹发射装置和 5000 枚导弹。为了这一决定，波兰曾对包括“斯派克”反坦克导弹在内的多种反坦克导弹进行了竞争性比较试验。结果证明：“斯派克”比其它反坦克导弹更优越，有些指标平均高出 20%，而其综合能力则高出 10%。“斯派克”有三种不同的型号：“斯派克”－MR 型，射程 2500 米；“斯派克”－LR 型，射程 4000 米；“斯派克”－ER 型，射程 8000 米。

“斯派克”系列反坦克导弹属步兵便携式轻型反坦克武器系统，是 20 世纪 80 年代初研制发展的第四代反坦克导弹，90 年代末才装备以色列陆军。该导弹既可采用肩扛发射方式，亦可架在发架上发射，还可安装在车辆或直升机上，三种型号的导弹使用同一种发射装置。波兰国防部计划为第 18 空中突出营和第 7 空降营分别装备 27 套“斯派克”反坦克导弹发射装置，其它步兵营则装备 18 套。

炮兵防空武器系统　高射炮　波兰“劳拉－A”自行高炮已进行两次射击试验　德国《士兵与技术》杂志 2002 年 1 月报道，从 2000 年至今，波兰对自行研制的“劳拉－A”型自行高炮已经进行过两次射击试验。2000 年进行的第一次试验发现系统的功能存在一些问题。尔后，对该高炮进行了多方面的改进，为了对全系统的功能再次进行验证，使之实现最佳化，也为了对系统所配用的 2 部雷达、2 门火炮和火控系统进行全面的检验，又进了第二次射击试验。

“劳拉－A”自行高射炮系统包括：一部三坐标搜索雷达，一部 MkI“鹰”式目标跟踪雷达，一套光电火控系统（包括 KDVD－1 型 CCD 摄像机和一架 DL－1 型激光测距机），2 门 KDA 型 35 毫米机关炮，炮塔和经过改进的 T－72 主战坦克底盘。火炮配置在炮塔左右两侧，两部雷达分别位于炮塔的前部和后方。从外型看，其炮塔同德国“猎豹”35 毫米自行高炮的外形颇有相似之处；底盘的轮廓类似俄罗斯的 3СУ－23－4 式自行高炮和 2С6 型“通古斯卡”弹炮合一防空武器系统。波兰军方称，“劳拉－A”自行高射炮系统将主要用来装备波兰的危机反应部队——第 10 装甲旅，总共约需 160 门“劳拉－A”武器系统。

防空导弹　俄罗斯“超级针”便携式防空导弹研制成功　俄罗斯《军事博览》2002 年第 2 期报道，“超级针”便携式防空导弹已经研制成功。该导弹是俄罗斯“针”系列便携式防空导弹中的最新型号。在俄罗斯的便携式防空导弹中，共有两个系列，第一个系列是早在 60 年代就已装备部队的“箭”系列导弹，如“箭－2”、“箭－2M”和“箭－3”等，西方称之为“萨姆－7”系列；第二个就是包括“超级针”在内的“针”系列，为“针－1”、“针－2”系列等，西方称之为“萨姆－14”、“萨姆－16”等。这两大系列便携式防空导弹在过去几十年的防空作战中，曾在不同地区和不同国家的军队中发挥过巨大的作用，总共击落 300 多架飞机和直升机，而在世界各类军事冲突中，各类便携式防空导弹摧毁的巡航导弹多达 200 余枚。由于现代飞机和直升机的装甲防护技术、电子干扰技术、伪装技术的长足进步，飞机和直升机的战术也发生了巨大的变化，加之巡航导弹的大量使用给便携式防空导弹的对空作战提出了巨大的挑战。采用大型防空导弹拦截巡航导弹，其代价太高，经济上不合算。专家经过长期论证研究作出结论：对付密集使用的巡航导弹所需的防空导弹应为前者的 2～3 倍。如此数量的防空导弹，唯有便携式最为经济可行，而且，要求它不仅要能对付传统的飞机和直升机目标，更应当具有有效对付巡航导弹的能力。俄罗斯的“超级针”轻型便携式防空导弹正是在这种情况下研制出来的。

“超级针”与过去的便携式防空导弹不同之处在于：战斗部更大、所装炸药更多、产生的杀伤破片更多、命中精度更高、配用的触发－近炸两用引信能在最佳时机引爆战斗部。有效射程增加到 6 千米，导弹战斗状态重小于 19 千克，行军战斗转换时间小于 13 秒。

“超级针”便携式防空导弹系统的主要构成包括：导弹及发射装置；技术保障器材；训练器材。导弹发射筒同时也是包装运输装置，发射装置可重复使用；技术保障器材主要有用于检测各个技术器件的测试仪器。新导弹系统增装了一个可拆卸的夜视瞄准具，射手可在夜间发现、辨别、瞄准和跟踪目标，从而大大提高了便携式防空导弹的夜战能力。

俄罗斯正在研制“勇士”等防空导弹系统　据英国《简氏防务周刊》2002 年 10 月报道，俄罗斯正在研制两种新型防空导弹系统。其中一种为“勇士”防空导弹系统。该系统配用9M96系统中的中程导弹，也可配用9M100近程导弹。“勇士”系统主要用来掩护指挥控制中心等高价值固定目标和其它重要地面目标，使之免受空中之敌的攻击。它将取代俄罗斯现在装备的9K37型“山毛榉”防空导弹系统。另外一种称为“第五代”防空导弹系统。第五代系统的技术性能将大大超过先前的C－400和“安泰－2500”防空导弹系统。

俄罗斯“山毛榉”系列防空导弹详情披露 俄罗斯的“山毛榉”系列防空导弹装备部队已经23个年头，其有关情况报道不尽一致。2002年7月，美国《电子防御杂志》详细报道了该系列导弹的情况。

“山毛榉”是俄罗斯本国给该系列导弹的命名，也有人音译为“布克”；其系统型号为9K37；配用的导弹型号为9M38；而以美国为首的北约国家则命名为“萨姆－11”防空导弹系统。截止目前，该系列导弹已有基本型、出口型、“毛山榉”－M1－2和“山毛榉－M2”等多种型号。

基本型9K37“山毛榉”防空导弹旅编有3个营，每营编有3个导弹发射连。防空导弹营的营部配备一部9C470式机动指挥车、一部9JI13三维雷达和一部9C18M对空监视雷达。每个发射连装备1部9C18目标跟踪雷达和9部发射架，其中6部为运输－起竖－发射－雷达四种功能合为一体的9A310TEJIAP型发射车，3部为运输－装填－起竖－发射－雷达五种功能合为一体的9A39型发射车。营部的9C470式指挥车能同时处理46个目标信息。能为6部TEJIAP雷达提供预警信息。9C18M目标监视雷达和9C18目标跟踪雷达的天线可实施高低扫瞄，其扫瞄工作方式有两种：0°～30°或0°～40°，天线旋转360°的时间可在4.5～18秒之间选择。依据不同的工作方式，雷达对飞行高度为100米的目标作用距离为45～110千米。该雷达能在2.5～4.5秒内对30°的区域实施扇形扫瞄。雷达的测角误差不超过20′，测距误差不超过30米，能同时跟踪50个目标，为6部发射架各指示一个目标。9A310TEJIAP发射车装有一部9C35型目标跟踪/照射雷达，工作于H/I波段，方向扫瞄120°，高低扫瞄6°～7°，探测距离50～60千米，它可以同时为3枚导弹照射目标。该雷达还能够与昼/夜用光学瞄准具协调工作。

出口型“山毛榉M1”系统构成的防空导弹旅编制上与基本型相同。但9C470指挥车被9C470M1指挥车所取代，新型指挥车具有双向数据交换功能。此外，9C18雷达被9C18M1雷达取代，它对飞行高度为100米的目标探测距离为35千米，对掠地飞行目标的探测距离为23千米，对高空飞行目标的探测距离为85千米；对掠地飞行目标的跟踪距离为20千米，对高空目标的跟踪距离为70千米；对30米高度上悬停直升机的跟踪距离为10千米；该雷达还可以对目标进行胁威程度判断，并按威胁程度的大小排出应当优先打击目标的顺序。9A310发射架被9A310M1发射架所取代，其根本区别也在于雷达。前者配用9C35跟踪雷达，而后者则配用9C35M1跟踪雷达，9C35雷达只有36个信道，而9C35M1则有72个信道，而且其信息处理能力更强。

“山毛榉－M1－2”系统配用9M317导弹。该系统能对付20千米之外的近程战术弹道导弹，还可对付防区外发射的空地导弹。该系统的最大射高为25千米，对飞机类目标的作战距离为45千米；对地面目标和小型海上目标作用距离为15千米，对大型舰船作战距离为25千米。9M317导弹的机动过载为40个g，它能有效对付机动过载为12个g的飞机等目标。

“山毛榉－M2”防空导弹系统正在研制之中。该系统的最大特点是为导弹连增配了一部连用9C35－1型火控雷达。该雷达有一个22米高的天线杆，装在一辆履带式机动车上，使得防空导弹连能在更远的距离上发现目标，具有对付巡航导弹的能力。

印度拟投资30亿美元改进其防空系统 2002年7月26日，印度国防部长确认，印度政府决定从以色列购买2部“绿松”雷达，用于提高印度防空系统的现代化水平。据印度国防部官员披露，目前，印度陆军有30个防空中队装备原苏联生产的“萨姆－3B”防空导弹，有8个中队装备原苏联生产的“萨姆－8B”－AKM防空导弹。这些导弹系统均为20世纪70年代的产品，其战术技术性能已经不能适应现代战争的需要，特别是与导弹配套的侦察系统、作战指挥和火力控制系统更显得落后，引进以色列雷达，正是为了改变这一状况。此外，对原有的导弹正在从射程，精度、威力乃至机动性几个方面实施改进。当前正在对“萨姆－3B”实施增大射程的改进计划。

印度“特里苏尔”防空导弹试射成功 2002年9月24日，印度在奥里萨邦的国防研究与发展局临时试验靶场成功地发射了“特里苏尔”（又称作“三叉戟”）防空导弹。该导弹的弹长3米，战斗部重15千克，射程9千米；它采用固体燃料火箭发动机；制导方式为瞄准线指令方式。导弹装有无线电测高仪器，还配有陀螺驾驶仪，以便于攻击掠海飞行的空中目标。试验中导弹由机动式发射装置发射，并成功击毁一架轻型靶机。

瑞典开始生产 RBS－23“巴姆斯”防空导弹系统　德国《士兵与技术》2002 年 1 月报道，瑞典已经开始生产 RBS－23“巴姆斯”中程防空导弹系统。早在 2000 年 7 月，瑞典国防军械部采购局已为瑞典陆军的一个防空导弹营定购这种防空武器系统。防空导弹连由一个侦察和协调中心、三个导弹控制中心组成。侦察协调中心装备一部三坐标侦察雷达和一套火控装置；导弹控制中心配有一部火控雷达、一套敌我识别系统和一套气象探测装置，以上各种装置均装在一个平台上，平台位于一个可升降柱子的顶端，升降柱可向上升高 8 米。侦察协调中心还能为本连之外的防空系统提供信息和实施指挥防空作战的能力；每个导弹控制中心可携带 6 枚待发导弹。该导弹系统具有：全天候作战能力；抗电子干扰的能力；三防能力和抗枪弹和弹片 攻击的能力。其射程大于 15 千米，射高为 15 千米。

芬兰国防军决定购买“阿斯拉德－R”防空导弹系统　2002 年下半年，芬兰国防军决定购买由德国、瑞典等研制的“阿斯拉德－R”防空导弹系统。为了验证该导弹的战术技术性能，应芬兰国防军的要求，研制公司对该导弹系统和英制“星光”导弹进行了竞争比较试验。试验地点分别设在芬兰、英国和瑞典三地。在芬兰进行的大规模试验持续时间长达 6 个月，分秋季试验和冬季试验两个阶段。最终芬兰国防军选中了“阿斯拉德－R”防空导弹。

据英国《简氏防务周刊》2002 年 10 月 16 日报道，芬兰已经订购了 16 套“阿斯拉德－R”防空导弹系统，拟装备 4 个防空连，每连由两个排组成，每排装备两套系统。目前导弹载车备选方案包括德国的 UNIMOG5000 系列 4×4 轮式底盘、新加坡的“野马”履带车和瑞典的 BvS10 车等车型。

该导弹系统采用支座式发射架，配用“火流星”激光驾束制导导弹，每部发射架上装备 4 枚。“火流星”导弹是瑞典 RBS－70Mk2 导弹的改进型。在发射架上配备有昼夜两用瞄准系统，炮塔上装有“哈德－3D”雷达系统。此外，每套“阿斯拉德－R”系统还配有一套便携式发射架，以便在必要时，采取便携发射方式对付空中目标。

澳大利亚将大力加强部队的近程防空能力　2002 年上半年，澳大利亚国防部长宣布，它们将投入巨额资金，大力提高国防部队的战斗力，特别要加强部队的近程防空能力。为此，将采取两方面的措施：第一，购买新式防空导弹系统，将原有的 RBS－70 便携式防空导弹数量增加一倍；第二，同国外公司合作，对现有的 RBS－70 导弹进行技术改造，使之接近新式 RBS－70 导弹的技术水平。新式 RBS－70 防空导弹系统包括：Mk3 型“火流星”导弹，改进型目标跟踪雷达、目标预警和指示设备，以及火力指挥控制系统，新型模拟训练系统等。新采购的 RBS－70 防空系统预计为 20 套。每个标准的新式 RBS－70 防空导弹分队将装备 5 部 RBS－70 发射架。最新型 Mk3“火流星”防空导弹射程可达 8000 米，射高达到 3962～4267 米。新型模拟训练系统具有如下功能：模拟多种空中目标和导弹飞行、对空作战程序、各种战场背景等。

对原先装备的老式 RBS－70 防空导弹系统的技术改造包括：用非致冷激光束制导系统取代原来的致冷激光束制导系统；在发射装置上增装一个引信装定器。经过上述技术改造后，澳大利亚原装备老式 RBS－70 系统的使用寿命有望从 2005 年延长到 2015 年。

炮兵弹药　压制武器用弹药　**美国正在研制 XM982 式 155 毫米增程炮弹**　从 2001 年度开始，美国雷锡恩公司开始研制 XM982 式 155 毫米增程炮弹。该弹原计划配用于 XM2001/XM2002 式“十字军战士”自行榴弹炮，采用 XM297 式 155 毫米身管发射。虽然 2002 年 5 月，美国防部决定取消“十字军战士”研制计划，但是作为一种先进的弹药却仍在继续发展。XM982 式炮弹可利用 GPS 全球定位系统对弹丸飞行弹道进行修正，从而达到最好的射击精度。它采用整体式掩体破坏战斗部，可有效对付点状目标；也可以采用双用途子母战斗部。该弹的尾翼在飞出炮膛后可自动弹开，尾翼和鸭式舵可保证弹丸飞行弹道的稳定和航向正确。

美、英、意、法、德五国联合研制的制导火箭弹进行飞行试验　2002 年 1 月 11 日，洛克希德－马丁公司在白沙导弹靶场对美、英、意、法、德五国联合研制的制导火箭弹进行飞行试验。试验中，火箭弹飞到 60 千米之外的目标区，试验取得成功。此次试验是第二次，也是该弹一系列试验中较为关键的一次。该弹采用 GPS 全球定位技术，同时，弹头的小型鸭式舵对提高火箭弹的机动飞行能力有较大帮助，并能提高该弹的精度。目前该制导火箭弹处于工程制造阶段。

德国陆军装备 SMArt 式 155 毫米精确制导炮弹　2002 年 4 月之前德国陆军已定购了 9000 发 SMArt 式 155 毫米精确制导炮弹，目前已经接收到 2500 枚。德国陆军将该弹药配用给 PzH2000 式 52 倍口径自行榴弹炮。该弹药内的子弹可用于其它型号的弹药，例如：多管火箭炮能用的制导火箭弹、XM982 式 GPS 制导炮弹以及集束炸弹。此外，希腊、瑞士等欧洲国家和美国都有意采购该制导炮弹，以便装备本国的炮兵。该弹采用多种传感器组合，包括红外传感器、毫米波雷达和毫米波辐射计。它的下落采用降落伞，下降速度为 12 米/秒。

英国陆军拟装备四种间瞄精确打击弹药 英国《简氏防务周刊》2002 年 7 月报道，为了给陆军装备间瞄精确打击弹药，英国国防采购局已选择英宇航动力系统公司负责对皇家陆军所需的间瞄精确打击弹药进行评估。为此，还要对与该类弹药使用相关的系统进行评估，例如，对弹药投送武器平台，C^4I 系统，情报、监视和目标指示系统，以及后勤保障系统的评估。同时英国国防采购局还决定由未来炮兵武器系统项目办公室负责管理间瞄精确打击弹药的发展管理工作。未来炮兵武器系统包括：155 毫米轻型机动炮兵武器系统以及 AS90 火炮弹药装填系统。拟装备的四种间瞄精确打击弹药包括：由 155 毫米身管火炮或多管火箭炮发射的传感器引信弹；由多管火箭炮或轻型机动炮兵武器系统发射的光纤制导弹药；由多管火箭炮发射的末段制导子弹药；由 155 毫米火炮或多管火箭炮发射的无线电干扰弹药。这些弹药的研制成功并装备部队，将极大提高英国陆军炮兵的作战能力。

法国和瑞典联合研制"博纳斯"精确制导炮弹 2002 年上半年法国和瑞典把联合研制的精确制导炮弹定名为"博纳斯"。该弹由法国陆军军械工业集团和瑞典博福斯公司联合研制。该弹战斗部装有 2 枚精确制导子弹。法国拟将该弹配用 AUF1 式和 AUF2 式自行榴弹炮；瑞典则将其配用于 FH－10 式 155 毫米牵引火炮。据称，该炮弹还可配用于"凯撒"车载式 155 毫米榴弹炮、PzH2000 榴弹炮。该弹由 52 倍口径炮发射的射程为 35 千米，用 39 倍口径炮发射的射程为 27 千米。此外，该弹还有可能采用底排增程技术；该弹所装的 3 个红外传感器，使它更易于寻找到目标。该弹在下降阶段不使用降落伞，以 45 米/秒的速度下降。

南非"标枪"系列全膛增程 155 毫米炮弹的射程可达 40 千米 《外军炮兵》杂志 2002 年报道，南非"标枪"系列全膛增程 155 毫米炮弹的射程突破 40 千米。该系列弹包括子母弹、照明弹、发烟弹、燃烧弹和练习弹，在弹底均可加装弹底排气装置，用 52 倍口径的身管发射时，射程可达 40 千米以上，即使没有弹底排气装置，最大射程也超过 30 千米。该系列弹药不仅可以用 52 倍口径身管炮发射，也可以用 47 倍、45 倍和 39 倍身管炮发射。该弹的弹带结构、定心部结构等，完全符合北约标准。该系列弹药的榴弹装有 8.3 千克的 TNT 炸药，弹体为锻压高级钢，因而爆炸后形成的破片比普通榴弹更具杀伤力。

南非远程提速炮弹射程突破 53 千米 美国《外军炮兵》2002 年报道，南非索姆切姆公司和纳斯切姆公司合作，将火箭助推技术和与弹底排气技术相结合，制造出远程提速炮弹，其射程已经超过 53 千米。该技术应用于全膛增程 155 毫米榴弹后，发展成 M2005 式 155 毫米远程提速全膛增程炮弹。炮弹被 52 倍口径身管火炮发射之后，在火箭助推发动机点火之前，弹底排气装置的药柱首先点燃，产生大量燃气从弹底排出以增大弹丸飞行速度，底排药完全燃尽后，助推火箭发动机点燃，再次为弹丸加力增速，二者综合推进即大大提高了弹丸的飞行速度，最终达到 53 千米的射程。如果改用 39 倍口径身管火炮发射，射程仍可达到 41 千米以上。当然，为达到如此大的射程，就必须减少弹丸内炸药的装药量，以便腾出一定的空间安装火箭助推装置和弹底排气装置。

高射炮用弹药 **瑞士"阿海德"弹是目前世界上同类弹中最为有效的高炮弹药** 《外军炮兵》2002 年报道，目前世界上小口径高射炮配用的传感器引信炮弹有多种，如瑞士的 35 毫米和 30 毫米"阿海德"弹、意大利的"奥托·布雷达"40 毫米近炸引信弹和瑞典博福斯公司的 3P 弹。但诸多弹中，以瑞士的"阿海德"弹对空中目标的作战效率最高，威胁最大。35 毫米"阿海德"弹在距目标 10～30 米时爆炸，可向目标"喷"射出 152 个圆形钨合金子弹，子弹重 3.3 克；PMC308"阿海德"30 毫米弹在同样的距离上，可向目标"喷"射出 135 个圆形钨合金子弹，子弹重 1.5 克；而意大利的"奥托·布雷达"40 毫米近炸引信弹的子弹数虽然多达 650 个，但子弹重仅有 0.22 克，对空中目标的杀伤威力远不及"阿海德"弹。瑞典 40 毫米 3P 弹需用 10 发弹同时独立瞄向一个目标并在目标周围形成一个由计算机控制的最佳弹幕来增大射弹的有效性，其技术难度、成本和毁伤效果也逊于"阿海德"弹。

（薛武学）

工程兵技术装备

综述 2002年，世界各国工程兵技术装备的发展，概括起来具有以下特点：

重视综合工程保障的战斗工程车的发展 尽管美国“灰熊”破障车因美军编制计划的调整和军费的限制而暂时取消发展计划，但是提高综合工程保障能力的战斗工程车，仍是当前工程装备的发展重点。例如，从正在发展的英国“小猎狗”战斗工程车和法国的主力工程车看，均采用大量现役主战坦克的抢救车底盘为基础车，发展各自的新型战斗工程车。英国的“小猎狗”战斗工程车除多功能装载斗/扫雷犁和反铲挖斗标准的作业装置外，车后部可携载束柴和路面器材，以及雷场通路标示系统和牵引绞盘，并可牵引携载“大腹蛇”扫雷器材的拖车。法国的主力工程车除了推土铲刀和动力臂（臂端可换挖斗、抓斗、吊钩等）标准作业装置外，车上可配置K2D扫雷模块（全宽扫雷犁、磁信号模拟系统、雷场标示系统和火箭扫雷系统）和反坦克抛撒布雷系统。它们将伴随主战坦克行进，快速遂行机动、反机动和生存力作业任务，提高战场综合工程保障效能。

积极开展登陆破障技术研究 根据当前国际军事斗争形势的需要，外军，尤其美军正在积极开展登陆破障技术研究，以克服敌方在其滩头阵地和浅水区布设的轨条砦、混凝土阻隔墙和地雷、水雷障碍等。这些障碍物在登陆作战中必须首先要被破除，才能为后续抢滩开辟通路，快速登陆提供技术保障。目前，各国还没有有效破障装备与技术。美军正在研究有：气垫登陆艇发射的浅水区突击通路开辟线性装药或分布式爆炸技术阵列网；F/A－18战斗机携带类似于82/84航道（破障弹）的远程布设（破障）系统；舰船用127毫米/155毫米火炮发射的破障弹。这些破障技术的探索研究，将提高清除浅水及滩头障碍物的能力。

开展有效的城市伪装器材研究 根据现代局部战争的特点，城市伪装，尤其是士兵的有效遮蔽和防护引起人们的密切关注。城市地区作战服的伪装色和图案（图形）不同于林地或荒漠地形，要适应于城市环境中的多样化、广泛性，要与城市中的住宅、道路、建筑材料等相融合。美国SSCOM公司根据这些特点，正开发出实验性城区伪装图案和颜色，包括两种不同的建立在地形分析系统上的双色图案。一种以现有数据为基础的三色图案和一种单一的地区灰色图案，通过这些图案、颜色看城区背景材料反射特性进行评估，结果表明两面可穿伪装服能给战斗在城市环境中的士兵提供最好的生存遮蔽。

深入研究核四极矩共振探雷技术 核四极矩共振（NQR）是一种原子核物理现象。不同的原子核或相同的原子核在不同的物质结构形式中会在外加电磁场的作用下产生不同的核四极矩共振频率，这一波谱特性成为判别不同物质的有效手段。采用NQR技术探雷发生虚警可能很小。美军投入巨资开展了NQR技术的研究，俄罗斯对NQR技术的研究开展得早、有深度，英国、德国、日本、澳大利亚等国也在开展此技术研究，预计第一代便携式NQR探雷器不久问世，将有效提高探雷效率，大大降低虚警率。

渡河与桥梁装备 **美国陆军快速架设桥梁系统（REBS）** 美国陆军快速架设桥梁系统是一种可快速架设/撤收的轻型桥梁器材，具有很高的战术机动能力，能够保持机动作战的自由度和灵活性。主要编制到美国陆军过渡师（旅）所属工兵部队，以应急克服沟渠障碍。该架桥系统可由两名作业手在10分钟内架设完毕，其承载能力为30军用荷载级（MLC30），克服沟渠障碍宽度为13米，全套桥梁器材可用C－130运输机空运。该桥梁系统计划配发到过渡旅战斗队工兵连4套，过渡师工兵团属工兵连5套。

法国即将推出三桥节PTA模块化冲击桥样桥 法国地中海船舶工业制造公司（CNIM）根据法国武器装备总署（DGA）的要求，基本完成了由三个桥节组成的PTA模块化冲击桥的设计和样桥试制工作，并于2003年3月正式推出样桥。

法国1993年起便开始与德国联合发展模块化冲击桥系统，但德国采用的是“豹”2坦克底盘，而法国坚持采用轮式越野车底盘。设计成两个桥节或三个桥节，在发展上遇到了一些困难，后经过多年的探索和研究，地中海船舶工业制造公司成功地解决了一系列技术难题，并于2003年2月底试制出三个桥节的样桥。

PTA模块化冲击桥采用10×10长轴轮式越野车（长15米，宽4米，高4米），可载重53吨，发动机功率为735千瓦，道路行驶速度高达100千米/时。桥车的长行程悬挂和中央轮船气压控制系统，适用于越野行驶。桥车上配有核生化三防系统，为乘员提高防护（可在400米的距离上防御14.5毫米穿甲弹的直接命中），并配有发烟器，以提高伪装防护性能。

PTA模块化冲击桥由三个各长10.5米、重5.5吨的模块式铝合金桥节组成，桥节两端设有可调的接合跳板，可单独或组合架设长度分别为10米、17米或25米的冲击桥，车辙道宽为4米，架设时间分别为4分钟、6分钟或7分钟。其通载能力均可达到70军用荷载级（MLC70）。架桥作业时，两名作业手可在带装甲防护的驾驶室内控制整个架桥过程。

希腊将采购“豹”式坦克冲击桥　据英国《简氏防务周刊》2002年11月报道，希腊很快同德国魏格曼公司签订合同，订购12套AVLB冲击桥。这种AVLB冲击桥将以“豹”Ⅰ系列主战坦克底盘为基础车，配上德国魏格曼技术公司的“鬣蜥”（Leguan）桥节系统。此桥梁用铝合金制成，重量为10900千克，展开后全长26米，克服障碍宽度24米，载重量为70军用荷载级。在基础车前部，安装了一个液压控制支撑的轻型推土铲刀。架桥作业开始前，该铲刀可用来清除架桥车前面的障碍物。

捷克改进型PMS带式舟桥　据英国《简氏军用车辆与勤务》年鉴2001～2002年报道，捷克陆军对现有的PMS带式舟桥进行了技术改进。1998～1999年，完成了该舟桥系统的重新设计计划和实际性试验。改进工作有两套方案：一套方案是改进该舟桥的承载能力，使其达到70军用荷载级（MLC70）；另一套方案是增加一个中间节套舟（即每个河中全形舟增加一个舟），使其承载能力提高到80军用荷载级（MLC80）。改进型带式舟桥的一个主要特点是，所有器材均采用一个通用的舟桥器材构架进行储存、运输和装卸。使用通用舟桥器材构架后，由32个河中舟、4个岸边舟和4个车辙路面板组成的全套改进型PMS带式舟桥，可全部采用专用的TATRA815型越野载重车运载。整套舟桥系统运载共需58辆此种越野车和20辆PPMO2000型拖车运输。

军用工程机械装备　**美国“灰熊”破障车发展计划被取消**　据英国《简氏军用车辆与勤务》年鉴2001～2002年报道，美国联合防务公司地面系统部“灰熊”破障车发展计划，因为新组建的临时旅级战斗队（IBCT）提供大量资金而被取消。

美国陆军选用高机动工程车　据英国《简氏防务周刊》2002年1月报道，美国陆军宣布，挑选澳大利亚ADI有限公司研制的高机动工程车（HMEV），作为一种过渡性措施装备部队应急使用。该工程车是经过美国各种使用环境对比测试和评估后而被选中。它实际上是一种高机动挖掘装载机，以德国UNIMOG 4×4越野车底盘为基础车，车前装有多功能推土、装载铲斗、车后装有反铲挖掘斗。随车附带多种作业装置，根据需要可换成螺旋钻、叉车、起吊装置、扫雷犁、压实装置、岩石破碎器等供使用。美国陆军首批选用的62台工程车，按计划在2002年底交付使用。

法国完成主力工程车（EPG）的试制工作　据英国《简氏防务周刊》2002年4月报道，法国地面兵器工业集团完成了主力工程车首台样车的试制工作，并计划在当年6月份举行的欧洲萨托利2002展览会上展出。该工程车的开发，主要为伴随勒克莱尔主战坦克（该坦克法军订购了406辆，阿联酋订购了436辆）遂行多种工程作业：清除行进道路上障碍物，构筑发射阵地，挖掘防坦克壕等。

该工程车由法国地面兵器工业集团的罗昂制造厂具体负责试制。它以勒克莱尔装甲抢救车（ARV）底盘为基础车进行改型的，车体右前侧装有可回转120°的铰接式液压动臂，其伸距为9米，臂端可安装挖斗、抓斗、吊钩等多种作业机具。当换装成反铲挖斗时，挖土作业率为140立方米/时。车的前端装有液压操纵的推土铲刀，用于清除障碍和实施土工作业等。若使用绞盘或进行起重作业时，该铲刀还可用作稳定驻锄。车上配有两个液压绞盘，主绞盘绳长160米，牵引力为350千牛（三股为1050千牛），副绞盘绳长230米，牵引力为14千牛。车体下部经过改进和增强，可保护乘员不受曾在巴尔干地区得到有效使用的俄制TMRP－6自锻破片地雷的杀伤。同时，车上还装配“布努斯”爆炸反应装甲组件，以提高工程车的高爆防护性能。该工程车上可装配K2D扫雷模块系统（该模块系统包括全宽扫雷犁、磁信号模拟系统、雷场标示系统和火箭扫雷系统），不需要任何专用工具可在45分钟内安装到工程车上。在工程车后发动机舱上部位置安装了“米诺托”（Minotaur）反坦克地雷抛撒布雷系统，以提供战场反机动能力。该工程车的标准配置包括集体式核生化三防系统，乘员舱和液压舱的自动火警探测系统和灭火系统。该工程车可选购设备包括导航系统、通信系统等。它的最高公路行驶速度达70千米/时，越野行驶速度为56千米/时。该工程车的试制成功，将取代目前装备法国陆军多年、其机力能力和生存能力不足的AMX－30 EBG装甲工程车。

乌克兰军队装备两栖工程车　据英国《简氏军用车辆和勤务》年鉴 2001~2002 年报道，乌克兰军队装备的两栖工程车具有很好的机动能力、通行能力和水上续航能力，安装专用装置后还可在三级海浪下使用。基础车经改装后，可用作运输车、消防车、工程作业车等。作为两栖工程作业车使用时，车上作业装置主要装有：推土铲刀、挖掘臂、水力冲击机、起重设备和自行牵引设备（15 吨绞盘），此外还配有电焊机、气割机等随车设备。该工程车主要用于完成以下任务：清理鹿砦等道路障碍物，破坏建筑物和工事，挖掘壕沟，在渡河行动中构筑堤岸和航道等。推土铲刀土工作业能力为 200 立方米/时，挖掘斗挖土作业能力为 70 立方米/时。

伪装与模拟装备　**美军陆续装备 BAE 超轻型伪装遮障系统（ULCANS）**　美国 BAE 公司经过十多年的研究和试验，现在开始为美国陆军生产 21 世纪的伪装遮障——超轻型伪装遮障系统。该系统通过对现代光学/可见光、红外和近红外以及雷达威胁的防护来增强部队的生存力。该系统与旧的伪装系统相比，重量更轻、部署时间只需原来的一半、能够经受得住严格的野外环境考验并且能够达到更好的伪装防护效果。它具有简便的连接系统，改良的形状分割/面板扩充、改进的支撑系统以及更轻的系统重量，可使作业人员更加灵活、敏捷的使用。它的林地型，经过陆军的作战性能、可操作性和耐久性的测试后，已于 1999 年中期设计定型，并且已经陆续装备部队。它的荒漠型，已完成最终测试，并于 2001 年夏天定型。目前，该系统的后续型：包括城市、雪地/极地、增强型的射频遮障以及标准的林地型和荒漠系统的无线电透过型正在研制之中。超轻型伪装遮障系统基本的伪装技术可以扩展范围，具有广阔应用前景，可以用作各种飞机、从小型飞机到运输机，移动的、半固定的以及固定的设施等的伪装遮障。

超轻型伪装遮障对抗现代传感器的性能如下：①红外和近红外，对红外传输的衰减超过 80%；冷热如同植被，匹配自然的热背景；②雷达，显著降低被雷达探测到的可能性；高分辨合成孔径雷达测试证明了超轻型伪装遮障系统与背景匹配；③可见光，避免错误操作的单面全季节构造，具有锯齿边缘的装饰构成了有效的叶状外观。

该遮障系统全套器材包括：遮障系统，一片六角形的遮障，一片菱形的遮障，维修套件，包装袋和使用手册；支撑系统，支撑杆，变形器，固定桩，包装袋等。该系统与轻型伪装遮障系统（LCSS）相比具有以下特点：耐用的防勾挂设计，作业时间减少到 1/2，简便而结实的连接，用面板连接代替了 LCSS 的插销—系统连接，降低保湿能力，与 LCSS 相比重量减轻了 22.68 千克，整个的重量不到 40.8 千克，无散落件、无擦伤设计，一片遮障系统就能达到外形歪曲的效果，代替了以前所需的复合扩展。

俄罗斯新生产的“树冠”伪装网　俄罗斯 НПО 特种材料公司生产的“树冠”伪装网分为林地型和雪地型两种。它们主要用于重型武器、技术装备和野战工事的伪装，以防止光学侦察器材和目视侦察器材的侦察。该伪装网可对目标、遮蔽物体的轮廓和外形进行伪装。它由高透射率的合成织物制成，其光谱特性与实际背景相符，在气候影响下稳定性高，在阳光作用下不褪色，不易腐烂，并可以用织线连接伪装网。“树冠”伪装网有三种型号：“树冠－3”，伪装遮蔽面积为 3 平方米；“树冠－51”，伪装遮蔽面积为 51 平方米（6.0×8.5 米）；“树冠－51－204”，伪装遮蔽面积为 204 平方米（12.0×17.0 米）。

瑞典巴拉居达公司推出新一代综合伪装表面　据瑞典巴拉居达公司 2002 年 10 月的网页报道，该公司目前推出了新研制成功的新一代综合伪装表面（Surface—STRICAM）。这个伪装表面可以使军事目标不管光线和阴影的情况如何，都能更好地与周围环境融合。它综合伪装现有型号具有卓越的目视和近红外伪装效果，可应用于任何需要改善伪装特征的表面。其主要特性如下：在极暗淡的光线条件下具有极好的性能；牢固——这个特性不随时间而衰退，即使在极脏的条件下，特性不发生实质性的衰退；易清洗；表面防滑。

地雷与布雷装备　**俄罗斯设计出指令起爆地雷干扰器**　俄罗斯 PS 普沙科夫（PleshaKov）公司为保护徒步或驾车巡逻队不受指令起爆地雷伤害而设计出两套全新干扰装置。这两套干扰器均可在 20~2000 兆赫频段上工作，以阻止发火命令传送给附加在爆破装药或地雷上的指令接受器。这两种装置中，一种叫做“雷达拉”（Radiola）的为便携式干扰器，它被设计成可用单肩挎背或作为背包一样携带，输出功率为 20~100 瓦，有效距离 100 米。另一种较大的被称为“萨克索尔”（Saksaul）－97，是一种车载式干扰器，用一辆厢式货车或越野车载运，除了发射装置外，它还有一个控制台和一套干扰信号发生设备，输出功率达到 500~1000 瓦，有效距离 1000 米。

荷兰计划订购大批地雷　荷兰国防部打算在 2006~2009 年间采购价值 1.32 亿荷兰盾（约 5500 万美

元）的地雷及地雷相关的武器。具体计划是：900 枚反坦克地雷和 1600 个单元的能部分作为反步兵地雷非致命（音响、催泪）替代品，用作防御性雷场的武器；35000 枚反坦克地雷用于破坏性雷场；18900 枚可由直升机或火炮布设的反坦克地雷，由第 11 空中机动旅用作战术雷场；760 个单元的反步兵地雷替代武器，由荷兰皇家海军陆战队用于保护营区和防御性雷场。在过去的数年中，荷兰陆军已经销毁了 44 万枚地雷，其中包括了该国实际的全部反步兵地雷和陈旧的反坦克地雷。陆军现保留 8 万枚 DM31 型反坦克地雷战备储存。DM31 型地雷一旦布设，其有效期仅为 40 天。

探雷与扫雷装备 **美国设计能够识别塑料和金属地雷的探测器** 据美国《国防》杂志 2002 年 6 月报道，美国"赛特拉"（CyTerra）公司为陆军设计一种能够识别塑料和金属地雷的探测器。此种手持式远距离探雷系统，可以让士兵在任何气候和地形条件下探测金属和非金属（含塑料外壳）地雷，而且虚警率低。该系统将两种传感器技术——探地雷达和金属探测技术融合在一起，凭借这两种互补性探测方法，增强探测灵敏性，以提高识别能力，降低高虚警值，使士兵准确确定地雷方位并快速排除之。目前，该种探雷系统正在设计调整阶段，预计首批 22 套将提交陆军在不同环境条件下进行探测试验和评价。

美国陆军选用"猫鼬"扫雷系统 美国 BAE 系统公司将研制出两种型式的"猫鼬"扫雷系统。第一种类型预计 2005 年部署到目前正在组建的中型旅战斗分队（IBCT），第二种类型将于 2007 年部署到重型常规部队。该扫雷系统包括一条由拖车装载的火箭发射成形装药阵列，发射穿过雷场后从安全距离上指令起爆，扫除地雷。随后，扫雷车辆进入雷场扫除所有残余的地雷。该扫雷系统研制成功后，将用来替代美国陆军工兵现正在使用的扫雷直列装药（MICLIC）。

美国海军关注滩头通路开辟技术 美国海军正在仔细研究一系列能在两栖攻击发起前，从远距离上破除滩头障碍和雷阵的技术。这些技术包括对付防坦克混凝土障碍物、桩砦和混凝土阻隔墙等重型障碍的新式武器。对于规模较小的障碍，例如蛇腹形铁丝网等，可用浅水区突击通路开辟线性装药（SMAB），或分布式爆破技术（DET）的阵列网进行攻击。目前，美国海军研究所已经在该领域启动了几项科技工作（项目），预计 2003 财年将对这几个项目方案进行分析，并挑选出最有前途的方案进行拍浪和滩头区域的远距离破障演示，然后再进行地（水）雷/障碍物的综合破障试验，最初形成作战保障能力可望要到 2010 年。其中方案之一，使用专抗障碍/地（水）雷装药的远程布设系统（STODS），可由现有使用全球定位系统（GPS）导向的武器变型布设。采用联合直接攻击弹药（JDAM），装上弹翼，将其射程增至 55 千米，或更远，用于远程布设。一架 F/A－18 战斗机可携带多达 8 枚类似于以 MK82 航弹为基础的武器，每枚可清除中型或重型障碍物的半径 2.5 米，或 4 枚有效半径为 4.5 米的 MK84 航弹。这样，3 架战斗机就可清扫出一条长 150 米、宽 45 米的滩头登陆通路。

美国用无人直升机探测地雷 据美国《国防》杂志 2002 年 4 月报道，美国陆军的地雷对抗部已购进 3 架用以探雷试验的无人直升机。被称之为"卡科皮特"（Camcopter）探雷系统由美国希伯尔公司改造。每套系统包括一架直升机、一个控制站、相关天线和支援设备等。两架"卡科皮特"直升机计划专门用来进行先进概念技术演示的先期实验，此种演示主要为联合区域扫雷。机上携载着一个下视红外传感器，以探测出道路上地雷或其它障碍物的存在。另一架直升机用来携载由幻影系统公司研制的试验性合成孔径探地雷达，以确定埋设地雷的位置。这种机载探雷系统，可以预先输入程序，按预先选择好的路线自动飞行，也可通过遥控进行人工操纵。在两种工作模式时，它均可长时间地在站点上空悬停。它可以实施的作业包括：地面/海上/空中侦察、目标获取、目标指定、通讯中继、精确投送和地雷场及地面武器侦察等。

（熊万奎）

海军武器装备

综述 2002 年，世界海域范围内依然弥漫着高技术局部战争的战火硝烟，并深受变化莫测的时局影响，鉴此各国海军普遍受到重视，并日益成为诸军兵种发展的“重头戏”。在一些国家高额军费的催生下，尤其是高新技术的成熟运用，使得海军武器装备的发展有了许多全新的变化，出现了不少新的特点。

航空母舰不仅是海军强国继续发展的舰种，而且也成为一些中小国家海军努力追寻的目标。世界头号军事强国美国不遗余力地发展大型、高新的航空母舰。与此同时，英国却独辟蹊径研制发展了极具新意、费效比高的中型航母。即使军费不高或“不适宜”建造航母的国家，也都在千方百计地发展适合本国特点的航母。美国海军近年来继续建造“尼米兹”级第 10 艘核动力航空母舰“乔治·布什”号。由于各种新技术的不断成熟和发展，美国已考虑用更加新颖的 CVN（X）－2 来取代 CVV（X）－1 航母，并可望于 2007 年前后开始建造。英国正在加紧进行 CVF 双岛航母的研究，BAE 和泰利斯两家公司都提出了各自的设计方案。而英国宇航公司更是快马加鞭，公布了为英国海军设计的未来航母方案。这项未来航母设计方案大胆地提出短距起飞/垂直降落型和弹射起飞/阻拦降落型两种设想。韩国、印度、日本等国海军也始终把目光盯在航空母舰发展上，或开始概念研究，或自行全力建造，或偷梁换柱，下水“准航母”。即使是经济拮据的阿根廷也在窥测时机，寻求购进航空母舰。

鉴于驱逐舰、护卫舰，特别是护卫舰的吨位不断增大、性能的日趋提高、武器的齐全高效，使得各国海军十分看好驱护舰的发展。一些高性能、多用途、多舰体的新颖战舰接踵被提到议事日程上来，并开始具体的研制。小型艇只仍是各国感兴趣的焦点，并劲头不减地发展它。而两栖舰船也继续受到各国海军的青睐。美国海军近年来提出了高速、多用途水面战舰的设计，这种战舰采用三体舰结构，两侧边体可以提供更加稳定的航行性能，尤其是在恶劣的海况条件下具有极佳的低速航行性能。英国海军更是在“特里顿”号三体试验舰的基础上，推出了新一代的“冥门狗”号三体舰设计，继续领多体舰发展之先河。小型艇只虽然受到关注，也有不少国家海军在加速发展它，但总体上没有重大突破。倒是两栖舰船和后勤船只在各国海军的普遍重视下，始终有创新或新的型号问世。例如加拿大海军确定发展的一种新型海军后勤运输船，就可以执行多种任务，包括舰队伴随补给、运送大型装备、进行物资供应等，起着“一专多能”的作用，因而将是很多中小国家海军在此方面发展的楷模和值得借鉴的作法。

潜艇领域可以用“百花齐放、推陈出新”来概括。美国海军加紧研制未来潜艇和新概念的微型潜艇。法国最近推出一种新型多用途潜艇的设计，设置有两个独立的耐压壳体，它可以弥补常规潜艇设计中桅杆和武器会破坏耐压艇体的缺陷，有效地提高潜艇的生存能力。无人潜艇仍是各国发展的热门。美国海军已在加紧设计未来潜艇，它们能在不加大艇体的情况下提高 10 倍载荷，以及具有浅水海区广泛收集情报的能力。美国海军还在研究一种被称为“水下战斗机”的新概念潜艇。该潜艇配备有先进的推进系统，可以使微型潜艇的瞬间航速达到 60 节。而且，该潜艇新颖的外形设计，可以达到高度的隐身效果，加上该潜艇的体积很小，适合搭载于现有的各型战舰和潜艇，运送到有关的海区执行特种任务。德国近年来在加紧建造采用氢氧燃料电池作为动力的 U31 号潜艇。该级艇不需要浮出水面就可使用柴油机为蓄电池充电，可使潜艇在水下航行长达数周时间，从而大大提高了隐蔽性，拓展了潜艇的作战海区。英国海军目前开发的一种名为“马林”的水下无人艇，可由英国海军“未来型攻击潜艇”携载，具有自主航行或依靠数据链实时遥控航行的能力。

各国海军既注重平台的发展，也时刻把武器装备的更新换代放在一个非常重要的地位来统筹考虑。近年来从水下，到海面，乃至空中，五花八门、性能迥异的武器装备接连被研发、建造和入役。一些新概念的武器已打破常规武器运用的传统路数，以其特有的强大威力，令世人刮目相看。美国海军研制了“海豹”ASDS 先进运兵器，并已进行了两艘改装携带这种新运兵器的水下试验。美国还解决了自由电子激光器转化为舰载武器系统所遇到的许多技术问题。无人机的作用正越来越受到各国海军的重视，尤其是从水下潜艇中发射的无人机具有机动多能、隐蔽突然、打击力强。它们正成为对付未来海上突发事件和武装冲突的佼佼者。2002 年美国波音公司推出了一种设计新颖的“塘鹅”的大型地效翼船；该地效翼船长 150 米、重达 2700 吨；它的最大负载 1270 吨，在 680 吨负载时，海面航程可达 18500 千米，陆上航程 12000 千米。该地效翼船的问世与运用，将把世界范围内的地效翼船发展推向一个新的高峰。此外，深潜器、水下侦察装置等也受到不少国家的重视。

航空母舰 **美国将提前建造新一代航母** 据《简氏国际舰船》2002 年 11 月报道，由于反应堆升级需要，以及采用其他新的系统，致使美国最新的 CVN（X）－1 航空母舰的建造成本将超过 100 亿美元。鉴于各种新技术的不断成熟，美国现正在考虑是否用更加新颖的 CVN（X）－2 来取代 CVV（X）－1 航母的建造计划。这艘航母有可能于 2007 年前后开始建造。

美国建造并命名最后一艘“尼米兹”级航母 据《IDR》2003 年 1 月报道，美国海军现仍在继续建造“尼米兹”级第 10 艘核动力航空母舰，并于 2002 年 12 月 9 日将其命名为“乔治·布什”号。该航母现正在纽波特纽斯造船厂建造，预计 2009 年加入现役。

美国航母“卡尔·文森”号进行大修 据《简氏防务周刊》2002 年 3 月报道，美国海军已于 3 月 7 日把在阿富汗战争中执行了 4200 架次作战任务的“卡尔·文森”号航空母舰，送入美国海军最大的船厂普吉特·桑德海军船厂，进行为期 6 个月的大规模的改装。这项改装包括：安装新的高压空气压缩机、新的废油回收控制系统，改造飞行甲板，使之更适宜 F/A－18“大黄蜂”战斗攻击机的起飞与降落；此外，还将改进和维护其他许多系统。

美国航母装备导弹垂直发射系统 据《简氏防务周刊》2002 年 2 月报道，美国海军计划在 CVN77 航母上安装两套 MK41 导弹垂直发射系统，一套装在航母尾部左舷，一套则装在航母首部左舷。两套系统设计用来发射“改进型海麻雀导弹”。MK41 导弹垂直发射系统的设计与生产技术成熟，通用性和可支持性先进，安装在航母上不需要作太大的改动，也不会增加费用。“改进型海麻雀导弹”为了适应垂直反射，将在弹尾新增一个矢量推力控制装置。该发射系统虽然可以发射多种导弹，但在相当长一段时间内只用于发射“改进型海麻雀导弹”。

日本“准航母”“国东”号下水 据《简氏防务周刊》2002 年 1 月报道，日本建造的“准航母”——“大隅”级第 3 艘两栖运输舰“国东”号已下水，并将服役。该舰船体采用舰桥靠右舷的类似常规航母的全通甲板型。舰长 178 米，舰宽 25.8 米，吃水 6 米；标准排水量 8900 吨；动力装置采用 2 台 16V42M－A 型柴油机，功率 2.6 万马力，最大航速 22 节，编制 135 人。舰上装备 2 座 6 管“密集阵”20 毫米速射炮。该舰运载能力为 330 名战斗人员，能搭载两艘 LCAC 气垫登陆艇，16 架 CH－47 重型直升机，10 辆 90 式主战坦克或 1400 吨物资。

韩国开始航母概念研究 据《简氏防务周刊》2002 年 3 月报道，韩国海军近年来加紧进行代号为 HDV15000 的航母概念研究。该级航母类似于美国海军 20 世纪 80 年代发展的海上指挥舰和西班牙海军的“阿斯图里亚斯亲王”号航母；单艘造价约 7～7.5 亿美元。这级航母的舰长 197 米、宽 24 米，吃水 7.5 米。航母上共可搭载垂直短距起降飞机和直升机 15～18 架。

印度将自行建造航空母舰 据《IDR》2002 年 10 月报道，由于向俄罗斯购买航母的谈判失败，印度在 8 月已批准利用外国技术和武器系统支持在本国建造航空母舰——防空舰的计划。为了保证该项计划能够顺利完成，印度向外国投标企业提供的建设、设计咨询和维护费用总额将达到 8 亿美元。

英国海军公布未来航母竞标方案 据《简氏国际舰船》2002 年 10 月报道，英国宇航公司近期公布了为英国海军设计的未来航母方案。这项未来航母设计方案分为短距起飞/垂直降落型和弹射起飞/阻拦降落型两种。短距起飞/垂直降落型航母长 260 米，在飞行甲板前中部安装有一滑橇甲板，飞机则在尾部降落。弹射起飞/阻拦降落型航母甲板长 290 米，在中部装有弹射器，在尾部设有 3 道阻拦索。该方案的特点是舰岛和升降机之间设计成一个拱门。

英国加紧研制双岛航母 据《简氏防务周刊》2002 年 9 月报道，英国现正加紧进行 CVF 双岛航母的研究。BAE 和泰利斯两家公司都提出了各自的设计方案。其中，泰利斯公司提出的“双岛”新颖布局，能够最大限度地减少岛在甲板上的投影，为各类飞机搭载腾出最大可能的空间。“双岛”在舰体右舷甲板中部前后布置，前岛用于航母的航行操作及作战控制，后岛则作为飞行控制中心，用于改善对飞机起降的控制效率和提高飞行甲板的安全。风洞试验和有限元分析法表明，航母采用“双岛”结构有利于消除气流畸变。该航母排水量5.5万吨，共可搭载48架飞机；航母人员编制600人，并可载航空和司令部人员1400人。该航母将采用综合电力推进系统。

英国改装“无敌”号航空母舰 据《简氏防务周刊》2002年2月报道，英国海军正在进行“无敌”号航空母舰的延寿改装。这次改装主要包括：改进和增强“默林1”直升机的起降、支持和作业系统。更新了1100个新的飞机固紧板、机库甲板、机库行车；改进液、气等管路系统；提高舱室的工作舒适程度；将ADAWS指挥控制系统的显示器全部改为彩色。另外，利用计算机模型演示，研究右舷主轴齿轮箱的修复，并最后通过舰体侧面移出及重新安装。该项改装预计2003年中期可完成。

西班牙海军订购直升机航母 据《简氏国际舰船》2002年12月报道，西班牙海军将在2003年10月订购一艘新型直升机母舰。该舰排水量25200吨，舰长221米、飞行甲板长185米，可供8架AB212型、6架NH90型或5架CH－47型直升机起降；舰上的机库可容纳11架NH90或12架AB212型直升机。舰上的两个3000平方米的货舱甲板可运送6000吨货物；坞舱可容纳4艘LCM8型登陆艇或1艘气垫登陆艇。该舰的最大航速20节；18节航速时的续航力为7000海里，15节航速时的续航力为9000海里。该舰最多可搭载1100人，舰上编制人员110人。该舰预计2008年加入现役。

阿根廷海军寻求航空母舰 据《IDR》2002年10月报道，5月初，阿根廷海军与巴西海军举行了联合军事演习。这次演习的重点是阿根廷“超军旗”和S－2T“追踪者”飞机从巴西“圣保罗”号航母上起飞和降落。其目的是恢复阿海军固定翼飞机在航母上的部署能力，以适应未来航空母舰的发展计划。该项发展计划被称为“阿波罗”，其主要内容是在今后10年里建造一艘排水量15000～20000吨的航空母舰；舰上采用常规起降方式，主要使用F－35联合打击战斗机作为舰载机。

驱逐舰与护卫舰 **美国设计高速多用途水面战舰** 据《IDR》2002年3月报道，美国海军最近提出高速多用途水面战舰的设计。该舰长130～140米，排水量大约1000吨，载重量约为400吨；该舰最大航速超过50节，并可以18节的航速航行6000海里；舰员25人。该舰采用三体舰结构，两侧边体可以提供更加稳定的航行性能，尤其是在恶劣的海况条件下具有极佳的低速航行性能，十分有利于直升机和无人机的安全起降。舰壳和上层建筑的材料为高级铝合金，舰体主要结构采用钢制材料，一些部位采用复合材料。该舰的尾部飞行甲板面积较大，有两个着陆点，可起降直升机；机库内可容纳两架中型直升机。直升机甲板下部还装有折叠跳板，可进行轻型装甲车辆、火炮等装备的滚装运输。舰上还装有高速拦截艇的下水和回收设施，以有效支持特种作战。

俄罗斯研制新式小型护卫舰 据《简氏防务周刊》2002年2月报道，俄罗斯海军决定建造10艘20380型小型护卫舰，以增强俄近海及毗连区的防御能力。该型舰排水量1900吨，舰壳及上层建筑采用内倾斜设计，并涂有吸收雷达波的涂料，以减少雷达反射截面积。该型舰的武备包括：1门A－190型100毫米火炮、两部“卡什坦”近程防御系统。导弹系统有两种方案：一种是配备六联装垂直发射的3M54“俱乐部”反舰导弹；另一种是2套四联装3M54“乌拉”系统。舰上的传感器则包括火控雷达、搜索雷达、导弹瞄准雷达和舰首声纳；舰尾可起降一架卡－27直升机。

日本海军“卷波”号驱逐舰下水 据《简氏防务周刊》2002年9月报道，日本海上自卫队新建的“高波”级驱逐舰第三艘“卷波”号于8月份下水。该舰是日本海上自卫队建造的第100艘驱逐舰。该舰舰长151米，宽17.4米，吃水5.3米；标准排水量4650吨，最大航速30节。舰上装有新型的反导系统，设有大型直升机甲板，可同时起降3架直升机，具有较强的反潜和舰队指挥能力，其潜在的战斗力不亚于一艘轻型航空母舰。

韩国新型驱逐舰下水 据《简氏国际舰船》2002年5月报道，韩国海军最新一艘驱逐舰“忠武公李舜臣”号于近期下水试航。这艘舰为KDX－Ⅲ级驱逐舰首制舰，它的舰长150米，宽17米，排水量4000吨，最大航速可达30节，最大续航力4000海里；舰上搭载有“捕鲸叉”舰舰导弹、中程SN－Ⅱ舰空导弹，以及“山猫”直升机，能大大提高反舰、反潜和防空作战能力，并增强其全方位防御和远洋作战能力。

新加坡研制新型护卫舰 据《简氏防务周刊》2002年12月报道，新加坡开始研制新一代护卫舰，以替代现有的“海狼”级导弹艇。该舰舰长110米，排水量3200吨，航速超过25节时航程可达4000海里；可执行防空、反舰和反潜任务。为了减少雷达反射截面积，该舰采用了内倾设计。舰上的武器装备包括：“奥托·布雷达”76毫米舰炮，“紫菀”点防御导弹系统。此外，该舰还将装有“泰利斯”E/F波段多功能雷达、海上搜索雷达，以及EDO模式980低频变深声纳等。

印度海军“塔尔瓦尔”级护卫舰入役 据《IDR》2002年10月报道，由俄罗斯建造的3艘“塔尔瓦尔”级隐身护卫舰的首制舰于10月加入印度海军战斗舰艇序列。“塔尔瓦尔”级护卫舰是前苏联海军“克里瓦克”Ⅲ级导弹护卫舰的出口型，其排水量为4000吨，具有相当的反潜、反舰和防空能力。“塔尔瓦尔”级护卫舰的另外两艘也将以每6个月的间隔期交付印度海军使用。“塔尔瓦尔”级入役的时间实际上要比原计划推迟，主要原因是需要安排“无风”舰空导弹的海试。

沙特海军将接收首艘法制护卫舰 据《简氏防务周刊》2002年8月报道，沙特阿拉伯海军近期接收了由法国制造的第1艘F3000S级护卫舰“利雅得”号。该舰是以法国海军“拉菲特”级护卫舰为基础进行设计的，同时考虑到未来的防空作战与反潜作战的需要发展而来的。该舰排水量4600吨，舰长133米、舰宽17米。舰上装有两座“西尔维亚”A43导弹垂直发射装置，可发射“紫菀”舰空导弹；同时装有CAPTAS 20低频主动拖曳阵声纳、F17重型鱼雷；8枚MM40 2型“飞鱼”舰舰导弹，以及两座20毫米舰炮。此外，舰尾还装有1个直升机起降平台和机库。

德国海军研制F125级护卫舰 据《简氏防务周刊》2002年10月报道，德国海军正在计划研制F125级护卫舰，以用来取代F122“不莱梅”级护卫舰。该级舰为多用途护卫舰，装有编队指挥控制系统，将作为编队旗舰；舰上的导弹垂直发射系统，可发射对陆攻击导弹。F125级舰加入现役后，将与4艘F123“勃兰登堡”级反潜护卫舰、3艘F124“萨克森”级防空护卫舰和5艘K130型轻型护卫舰组成德国海军主力舰艇编队。

德国举行“汉堡”号护卫舰的命名仪式 据《IDR》2002年8月报道，德国海军于2002年8月举行了最新型护卫舰“汉堡”号的命名仪式。“汉堡”号是德国海军3艘F124级护卫舰的第2艘。F124级护卫舰主要任务是防空。德国海军首次在该舰上对复杂的武器系统采用了革新的、具有实时数据库和集成通讯网络的分散数据处理和指挥系统。F124级护卫舰舰长143米、宽16.7米，吃水5米；排水量5600吨；动力装置采用两台柴油机和1台燃气轮机，最大航速29节。

英国推出新一代“冥门狗”三体舰 据《简氏国际舰船》2002年4月报道，英国海军在“特里顿”号三体试验舰的基础上，又推出了新一代的“冥门狗”号三体舰设计。该舰主舰体为修长的钢结构，上层建筑、桅杆和侧体水下结构均采用复合材料；舰长116米。充分吸收了“海魂”号隐身和其他三体舰节省动力，以及具有较好的耐波性，适宜直升机起降等优点。该舰的反潜装备有低频拖曳声纳和反潜鱼雷发射管；舰上配备有多用途的相控阵雷达和垂直导弹发射装置；舰炮为中口径舰炮和两门30毫米舰炮。该舰还可以搭载NH－90和SH－60舰载直升机，并配备无人航行器。

英国研究改进45型驱逐舰 据《简氏防务周刊》2002年11月报道，英国正在研究改进45型驱逐舰，改进包括：设计特征、舰体结构、推进与动力系统、作战系统、加减舰体尺寸、增减武备系统等。其中一个方案为加长型，它是在舰首部增加垂直导弹发射系统的发射模块，搭载对陆攻击导弹；换装大口径主炮；提高航速；增大飞行甲板，以提供更大的空间装载重型直升机和无人机。另一个缩小的方案是将原45型舰改为通用护卫舰。该方案大幅度地减少搭载导弹的数量，换装一套集成了低频舰壳声纳和变深声纳的反潜装备。

法国开始研制下一代侦察舰 据《简氏防务周刊》2002年1月报道，法国海军开始研制下一代侦察舰，以保证和平时期执行电子情报任务；战争时期将搜集的情报帮助军方评估和分析局势。新型侦察舰长100米，可容纳108人，其中舰员30名；每年的运行时间长达350天。配有一套高性能的航行稳定系统，可保证在3级和6级海况下，仍具有16节和10节的巡航速度。该舰还带有直升机甲板，可在行进中进行补给。该舰还将加装信号截获系统、侦听和测向系统、通信和电子情报系统、情报信息技术系统等。

法意将建造“地平线”级防空护卫舰 据《简氏国际舰船》2002年10月报道法国和意大利两国联合设计的“地平线”级防空护卫舰已通过平台和作战系统的设计审查。法国将建造3艘，意大利将建造2艘，并将分别在两国建造。两国的武器装备略有不同，如法国型“地平线”级护卫舰用2座近程防空导弹取代舰尾的第3座76毫米舰炮。

意大利将建造10艘新型护卫舰 据《简氏国际舰船》2002年8月报道，意大利海军将建造10艘新型护卫舰，其中4艘为反潜型，其余为通用型，用于护卫作战和对陆攻击。新型护卫舰的排水量不超过5000吨，舰长135米；最大航速27节，以18节航速航行时续航力达6000海里。新一代护卫舰将采用电力推进和高水平的自动控制，以降低使用成本，减少舰员配置，该舰舰员约为 130 人。通过减弱电磁、红外线和声波信号，以及内部隔舱与选择安装装甲，该舰的生存能力将明显改善。舰上的武器装备有："紫菀"15 舰空导弹，可发射增程炮弹的 127 毫米炮，两座近程防御 76 毫米炮，以及舰尾甲板上的一架直升机。

西班牙海军接收"宙斯盾"护卫舰　据《简氏国际舰船》2002 年 11 月报道，西班牙海军于 2002 年 10 月接收了第一艘 F100 型护卫舰"阿尔瓦罗·德·巴赞"号。该舰是欧洲第一艘装有"宙斯盾"作战系统的战舰。该舰长 146.7 米，宽 18.6 米，满载排水量 5800 吨，最大航速 28.5 节；人员编制 202 人。在正式交舰前，F100 进行了全部的海试。F100 型护卫舰共建 4 艘，第二艘"胡安·德·博邦"已于 2002 年 2 月下水，现正在进行海试；第三艘计划在 2003 年 6 月下水；而第四艘计划在 2004 年 6 月铺设龙骨。

挪威"南森"级护卫舰作战系统通过审查　据《简氏防务周刊》2002 年 3 月报道，挪威海军 F310"南森"级护卫舰的集成武器控制系统已进入设计阶段。F310 级护卫舰是世界上装备"宙斯盾"系统的吨位最小的战舰，排水量 5115 吨；舰长 121.4 米、舰宽 16.8 米、吃水 4.9 米；最大航速 27 节；人员编制 120 人。该武器系统的装备将为战舰提供反潜、反舰和防空等能力。该舰安装有 1 门 76 毫米主炮和 NSM 舰舰导弹。前甲板装有 MK41 垂直导弹发射装置，可发射"标准"和"改进海麻雀"导弹；舰上装有两部火控雷达和 1 部 SPY－1 相控阵雷达。装有如此众多武器的"南森"级舰可有效地进行岸防和保护海上航线，也可以用于反潜或远程打击水面舰艇。

波兰自行建造护卫舰　据《IDR》2002 年 1 月报道，波兰已在格但尼亚船厂铺设了两艘 621 型多用途护卫舰首制舰的龙骨。该舰是采用德国 MEKO A100 技术建造的轻型护卫舰，是波兰建造的吨位最大的战舰。该舰排水量为 2035 吨。舰上武备包括：1 门"奥托·梅莱拉"76 毫米舰炮，2 座四联装 RBS 15 MK3 舰舰导弹，"改进型海麻雀"点防御系统，MU 90 轻型反潜鱼雷，2 座三联装 324 毫米鱼雷发射管，"萨伯"ASW601 多用途发射器。该舰也可能装备如"海拉姆"等先进的近程防御系统。首制舰将于 2003 年加入海军现役；第 2 艘按计划 2005 年交付。

小型艇只　**泰国试航巡逻艇**　据《简氏防务周刊》2002 年 5 月报道，近期泰国海军开始试航 T81 巡逻艇。这艘艇长 30.1 米，排水量 120 吨；艇上装有两台柴油机，最大输出功率 3600 马力。艇上装备 1 门博福斯 40 毫米火炮、1 门"厄利孔"20 毫米自动火炮和两挺 12.7 毫米机枪。

印度海军"普拉巴尔"号导弹艇入役　据《IDR》2002 年 5 月报道，由印度马扎冈造船厂自行建造的第一艘 1241 RE 改进型导弹艇，已于 4 月加入印度西部舰队第 22 导弹艇中队。该导弹艇于 2000 年 9 月下水，标准排水量 385 吨，满载排水量 455 吨；艇长 56.1 米、宽 11.5 米、吃水 2.5 米；20 节航速时的续航力 200 海里，36 节航速时的续航力 400 海里；编制兵员 42 人。艇上的武器装备有：16 枚"天王星"SS－N－25 舰舰导弹、1 门 76 毫米"奥托·梅莱拉"舰炮和两座 30 毫米 AK630 舰炮，并装有舰空导弹。

印度建造新型巡逻艇　据《简氏国际舰船》2002 年 7 月报道，印度最近建造了 1 艘新型高速巡逻艇，主要用于巡逻、反走私、打击恐怖分子、保护渔业，以及搜索救援等行动。该艇长 48 米、排水量 260 吨；装有 3 台功率 2720 千瓦的 MTU 柴油机，最大航速 35 节，最大续航力超过 1500 海里。该艇左右舷各装有 1 门 30 毫米机关炮，并安装有先进的导航和通信设备，也可选择安装舰炮稳定系统和夜视设备等。该型巡逻艇结构坚固，稳性定好，能够满足两舱不沉的要求。

文莱海军新型巡逻艇完成海试　据《IDR》2002 年 3 月报道，文莱海军前不久完成"纳霍达拉加姆"号近海巡逻艇的海试。它虽然称为近海巡逻艇，但其武器却毫不逊色于现役的护卫舰。艇上装有：1 门"奥托·布雷达"76 毫米火炮，1 套 16 单元垂直发射"海狼"航空导弹、8 枚"飞鱼"MM40 舰舰导弹，两门 30 毫米火炮。艇上还安装指挥火控系统、波段搜索和目标指示雷达；两部雷达跟踪器，光电瞄准器，舰壳声纳，以及电子干扰系统等，艇尾还有一个可起降"海鹰"直升机的飞行甲板，但没有机库。

以色列改装新型 4.5 级导弹艇　据《简氏防务周刊》2002 年 6 月报道，以色列海军近期完成了一艘"萨尔"4.5 级导弹艇的改装。改装的主要项目有：安装了 1 门装有稳定系统的 25 毫米遥控火炮和"捕鲸叉"导弹；1 座"火神"近程防御系统和"巴拉克 1"点防御导弹系统；以及新的火控系统。另外，该艇左右舷还装有吊艇架，用于执行特殊作战任务。

德国研制新型地效翼艇　据《简氏防务评论》2002 年 10 月报道，德国最近开发了一种具有军民两用功能的地效翼艇——HW20。该艇军用型可载各种武器装备，并具有隐身能力。它的艇长 22.44 米，宽 17.34 米，高 4.94 米；艇重 6.5 吨；最大航速 94 节，最大航程 500 千米，最大巡航高度 2.5 米。

英国建造机组人员训练艇 据《简氏防务周刊》2002年1月报道，英国现正计划建造6艘供飞机机组人员使用的训练艇，用于训练机组人员掌握海洋生存技巧。该型艇长27米，艇尾部设有容纳一艘钢性冲气艇或回收鱼雷的坞舱，尾部的训练平台与尾部甲板同宽，并可用于直升机绞车训练。该型艇艇体用铝合金建造。艇上还有可供6人居住的舱室。

意大利开发高速巡逻艇 据《简氏防务周刊》2002年8月报道，意大利一家船厂近期开发出一种高航速V6000级巡逻艇，它的设计源于近海赛艇。该艇长16.43米，艇宽2.84米；排水量16吨。艇上使用4部64V-10D发动机，总功率达到2130千瓦，航速高达70节。艇体结构采用玻璃钢复合材料，配备4名艇员。

乌克兰建造水翼式海防艇 据《IDR》2002年2月报道，乌克兰海军于年内接收了一艘“卢甘斯克”号水翼海防艇。该艇长50米，排水量470吨，拥有世界上最大的高强度钛合金水翼系统。艇上装有两台燃气轮机，每台1万马力，能在5级海况下以60节的速度航行，可与同类舰艇或其他类型舰艇编组完成快速巡航任务。

两栖舰船和后勤船 **美国海军设计新的两栖攻击舰** 据《简氏国际舰船》2002年3月报道，美国海军计划设计一级新的两栖攻击舰LHA（R），主要进行舰体加长和全新设备配置，以改进现有的两栖攻击舰无法保证足够的空间，来满足其对稳定性、耐久性和作战系统，以及未来搭载重型飞机的要求，即能满足大量地搭载“联合攻击战斗机”F-35和V-22倾转翼飞机的需要。

美国海军两栖船坞运输舰铺设龙骨 据《简氏防务周刊》2002年10月报道，美国海军“圣·安东尼奥”级两栖船坞登陆舰第2艘“新奥尔良”号于10月铺设龙骨。该舰将采用光纤宽带网络，舰上共有1500个上网点。舰上将使用新建的封闭式桅杆，内装有各种雷达和所有的通信天线。该舰的人员居住性较好，361名船员和720名乘员的床铺上层空间较高。该舰计划于2005年加入海军现役。

韩国将建造两艘大型登陆舰 据《简氏防务周刊》2002年9月报道，韩国海军将建造两艘新型登陆舰LPX。该舰的外型更接近直升机母舰，拥有较大的飞行甲板，服役后可以改善海军陆战队的登陆作战能力。新型登陆舰每艘造价约74亿美元，舰长200米、舰宽32米；10节时续航力1万海里，最大航速22节；排水量约1.3万吨，可搭载垂直起降飞机和直升机。舰上可运载700名士兵，10辆装甲车、10架直升机、12艘登陆艇。舰上船坞根据需要，还可以承载两栖攻击车和气垫登陆艇。

德国接收战斗支援舰 据《简氏防务周刊》2002年6月报道，德国海军最近接收了“法兰克福”号战斗支援舰，该舰属于“柏林”级的第二艘。它的舰长173.7米，排水量20240吨；舰上可配备2架S-61“海王”，或2架NH-90多用途直升机。该舰可以根据需要，配备集装箱化的海军救援中心，加入驱逐舰/护卫舰混合作战编队，作为舰队的后勤和医疗支援舰。

英国海军接收新登陆艇 据《简氏防务周刊》2002年11月报道，英国海军近期接收了4艘LCU MK10型登陆艇，并将其装备于“海神之子”号和“堡垒”号两栖攻击舰。LCU MK10型登陆艇具有良好的性能，排水量240吨，满载航速8.5节，续航力为600海里，自持力14天；可在北极和热带气候条件下使用，服役期设计为20年。艇首和艇尾都设计有跳板，可运载1辆“挑战者”Ⅱ型坦克。英国海军共将建造10艘LCU MK10型登陆艇，并于2003年交付。

英国海军“回声”号测量船入役 据《IDR》2002年12月报道，2002年11月6日，英国海军“回声”号测量船举行了入役仪式。该船排水量3470吨，船长90米；采用全电力推进 。“回声”号测量船为多用途测量船，还可用于水雷战和登陆作战。船上装有最新测量系统和先进的导航通信设备；船上的编制人员仅为49人。该船在进行最后的安全检查之后，现已加入英国海军测量队。同级第二艘“企业”号将于2003年底加入现役。

法国计划建造新一级两栖指挥舰 据《简氏防务周刊》2002年12月报道，法国海军计划建造新一级的两栖登陆指挥舰。该级首制舰名为“西北风”号，它的舰长199米、舰宽32米，最大航速18.8节；不加燃油航程11000海里/15节，自持力30天；飞行甲板面积达6400平方米，该甲板上有6个直升机起降点，可起降NH-90或“虎”式直升机，也可载美国海军陆战队的MH-53“超种马”直升机。舰上装有六联装“西北风”导弹发射架和30毫米炮。在飞行甲板下，有1800平方米的机库，配有两台升降机，其空间可以停放16架直升机。舰上备有坞舱，可容纳4艘普通登陆艇或2艘美制LCAC气垫登陆艇。另有2650平方米的车辆停放空间，可停放装甲车辆。舱室空间为750平方米，最多可居住450人。

西班牙研制新型两栖攻击舰 据《IDR》2002年

2月报道，西班牙伊萨造船公司在原有“加莱西亚”级两栖攻击舰的基础上，研制开发新一代直通甲板式两栖攻击舰。新的两栖攻击舰排水量2万吨，舰长200米。为了搭载固定翼的垂直起降战斗机，舰型采用直通甲板，推进系统采用新颖的吊舱式推进器。

荷兰海军订购船坞登陆舰　据《简氏国际舰船》2002年5月报道，荷兰海军现已拨款订购第2艘船坞登陆舰“约翰·德威特”号。该舰将仿照1998年服役的“鹿特丹”号登陆舰进行设计建造。其排水量15500吨；舰长177米、宽27.2米；最大航速19.5节；舰上还装有先进的导航和指挥设备，目前先装备11号数据链，以后将装备16号和22号数据链。舰上的武器装备为两座30毫米“守门员”近程武器系统。舰上的编制人员146名，且同时可容纳400名指挥部人员和555名海军陆战队员。该舰于2003年开工建造，2007年前后入役。

波兰开发一种新的后勤船　据《简氏防务周刊》2002年10月报道，为了适应联合作战的需要，波兰一家船厂最近展示了一种新的滚装后勤船设计。该船可执行以战略运输为基础的多种任务，并可部分替代波兰海军现有的运输/布雷舰。该船的排水量大约1万吨，巡航速度20节；可运载500名士兵，20台各种车辆，4～6架直升机。如果增加相应的措施，该船也能执行搜索和救援任务。

波兰海军将建造多用途补给船　据《IDR》2002年10月报道，波兰海军委托波兰北方造船厂为它设计建造4艘多用途补给船。这种新一级的补给船主要用来替代“卢布林”级运输/布雷舰，可与890级后勤支援船共同组成波兰海军后勤补给船队。它采用滚装船设计，排水量1万吨，巡航速度20节；可运送500名士兵，20辆卡车和6架直升机。首舰将于2005年之后加入海军现役；其余3艘将租赁给航运公司，战时再转由海军征用。

加拿大海军确定新型后勤运输船　据《简氏防务周刊》2002年9月报道，加拿大海军现已确定发展一种新型海军后勤运输船。该船可以执行多种任务，包括舰队伴随补给、运送大型装备、进行物资供应等。它的排水量2.7万吨，舰长近200米、宽32米，吃水8.5米；可以21节的航速持续航行。这种新运输船最大可运载1万吨燃油、500吨弹药和230吨的淡水，并可装备中型直升机。通过更换模块或装备不同种类的集装箱，还可以完成其他多种任务，如迅速组建一个配备100名医疗人员和60张病床的医院等。该船的甲板既可作为货运甲板，也可运输各种规格的车辆。

潜艇和无人潜艇　**美国确定改进4艘“俄亥俄”级核潜艇**　据《简氏防务周刊》2002年10月报道，美国海军确定对4艘“俄亥俄”级核动力弹道导弹潜艇进行改装。改装将拆除24枚“三叉戟”C4弹道导弹，用腾出的发射筒来装载154枚“战斧”巡航导弹；还有部分用来装载“海豹”特种部队的器材仓库。指挥台围壳后面装设有运送“海豹”特种部队的微型潜艇。考虑到在近海海域活动，改装后的艇体将涂有迷彩。

美国海军研究未来潜艇　据《简氏国际舰船》2002年3月报道，美国海军已在设计未来潜艇，它们能在不加大艇体的情况下提高10倍载荷，以及具有浅水海区情报收集能力。未来潜艇的一种方案是艇长156米，内壳直径10.53米，外壳直径12.8米；排水量10200吨。这种未来潜艇没有指挥台围壳，装有X形尾舵，采用综合电力系统。艇上武器包括：72枚“战斧”潜射巡航导弹（1/3为垂直发射），12枚MK48重型鱼雷，225枚“网火”型对陆攻击导弹，90架无人飞行器，两个多载荷水下无人航行器和4个自部署传感器。另外一种为多壳体设计，这种未来潜艇在大大增加载荷能力的同时，还最大限度地降低了水动力的影响，加大了机动性。它的艇首和侧翼采用了共形声纳技术，非常适合浅海作战使用。

美国开始研究新概念微型潜艇　据《IDR》2002年1月报道，美国海军正在研究一种被称为“水下战斗机”的新概念潜艇。该潜艇配备有先进的推进系统，可以使微型潜艇的瞬间航速达到60节。该潜艇具有新颖的外形设计，可以达到高度的隐身效果，而且该潜艇的体积很小，适合搭载于现有的各型战舰和潜艇，以前往有关的海区执行特种任务。这种微型潜艇由于结构独特，需要解决包括新型传感器、引导控制系统，以及制造工艺等一系列新问题。美国海军拟先进行模型试验、应用材料和制造工艺等方面的研究。

俄罗斯“台风”级潜艇改装下水　据《简氏国际舰船》2002年7月报道，世界上最大的核动力潜艇“台风”级潜艇的首制艇在经过12年的大修和系统升级后，于6月26日下水。“台风”级潜艇共建造了6艘，它的排水量约26500吨。每艘艇可装载24枚SS－N－20固体燃料潜射弹道导弹，其最大射程8300千米，精度500米，每个弹头有6～9个10万吨级TNT分弹头。该级艇艇龄已有20多年，俄罗斯海军原想将其退役，后又决定将其改为运货潜艇或将其封存。由于缺乏资金，该艇大修整整进行了12年。

韩国计划改装潜艇 据《简氏防务周刊》2002年6月报道，韩国海军准备进行9艘209型潜艇的中期改装。改装的主要项目包括：将现有的柴电动力系统改装为不依赖空气动力系统，以增强续航能力；强化壳体结构，以适应加装UGM－84“捕鲸叉”中程舰舰导弹，以大幅度地提高其作战能力等。

新加坡海军第2艘潜艇入役 据《简氏国际舰船》2002年9月报道，新加坡海军于8月在樟宜海军基地接收了第2艘潜艇“酋长”号入役。该艇与第1艘潜艇“征服者”号组成171中队。“酋长”号于2001年5月在瑞典下水，2002年3月抵达新加坡。在瑞典时，该艇已根据热带的特点进行了改装，艇员也在瑞典接受了培训。新加坡海军还将于2004年接收与“酋长”号同型的另外两艘艇。

印度海军改装第3艘“基洛”级潜艇 据《简氏防务周刊》2002年8月报道，俄造船厂正对印度海军“基洛”级第3艘“辛德赫格霍斯”号潜艇进行改装与升级。这项现代化改装主要包括：装备“俱乐部－S”导弹系统，并配备射程为220千米的3M－54E反舰巡航导弹或3M－14E对陆攻击巡航导弹，以验证该导弹在20千米的最小射程和220千米的最大射程时，打击水面目标的能力。

巴基斯坦海试本国建造的潜艇 据《简氏防务周刊》2002年9月报道，巴基斯坦于2002年8月19日开始海试海军订购的3艘“阿戈斯塔”级90－B潜艇中的第2艘，海试时间6个月。该潜艇主要从事反潜、反舰和情报收集。它的下潜深度超过300米，最大航速20节。艇上装有法国制造的潜艇战术综合作战系统；首部装有4具鱼雷发射管，可发射鱼雷或SM－39导弹（该导弹可携带核弹头）。

德国建造燃料电池潜艇 据《简氏防务周刊》2002年6月报道，德国近年来在加紧建造212A级第一艘——U31号潜艇。该级艇计划建造4艘，采用氢氧燃料电池作为动力。艇体采用非磁钢耐压壳体；推进系统包括西门子同步电动机，低噪声大侧斜螺旋桨及X舵。燃料电池由于自带氧化剂和燃料，通过质子膜发电，所以不需要浮出水面就可使用柴油机为蓄电池充电，可使潜艇在水下航行长达数周时间，从而大大提高了隐蔽性，拓展了潜艇的作战海区。该级艇还装有先进的集成指挥与武器控制系统、检验系统和武器系统等。

英国开发一种新型无人艇 据《简氏防务周刊》2002年8月报道，英国海军现正在开发一种名为“马林”的水下无人艇。该艇由英国海军“未来型攻击潜艇”携载，具有自主航行或依靠数据链实时遥控航行的能力。它的作业深度范围从10米的浅海到300米的深海。该无人艇与母艇的通信将采用光缆连接，回收拟采取牵引回收法。当无人艇接近母艇，进入回收区后，母艇立即释放一个类似加油软管的回收装置。无人艇的首部探头与其配合定位后，将调整探头并插入软管内，随后该回收装置即将无人艇牵引到母艇内部储存舱中，从而完成回收。

法国推出一种新型多用途潜艇设计 据《简氏防务周刊》2002年10月报道，法国DCN公司最近推出一种新型多用途潜艇SMX－21的设计。该艇内设置有两个独立的耐压壳体，它既可以弥补常规潜艇设计中桅杆和武器会破坏耐压艇体的缺陷，也可以在一个壳体发生气体泄漏和进水时，另一个壳体仍可继续工作，从而有效地提高潜艇的生存能力。该潜艇采用模块化武器装备设计：在艇体两侧布置4个武器发射装置，该装置可装载10枚不同的武器，包括巡航导弹、鱼雷、反舰导弹及潜射防空导弹等；更换非常方便，可以执行多种任务。

法国决定研发新一代核动力攻击潜艇 据《简氏防务周刊》2002年10月报道，法国海军决定研发新一代共6艘核动力攻击潜艇，用来替代“红宝石”级核潜艇。该级艇水面排水量4100吨，最大航速超过25节，最大潜深350米；动力系统采用K15压水堆，巡航时采用电力推进，高速航行时则采用涡轮机推进。艇上装备有4具533毫米鱼雷发射管，配有十八般武器装备：F17中型鱼雷、SM39“飞鱼”反舰导弹、SCALP巡航导弹、水雷和特种部队。该艇还装有舰首声纳、舷侧声纳阵和细缆拖曳声纳等。

新型武器装备 **美国海军舰艇安装海军火力网** 据《简氏防务周刊》2002年5月报道，美国海军将于2002年夏天在“林肯”号航空母舰上安装海军火力网。海军火力网（NFN）是一种网络中心战系统，具有实时获取情报、传感器控制、目标生成、任务规划和战斗损伤评估等能力；同时还可对时间紧要目标进行实时交战，可使战斗群中的舰艇相互分享实时的目标情报数据。海军火力网不仅装备航空母舰，而且还将装备水面作战舰艇、潜艇和监视飞机等。

美国海军将研制超音速巡航导弹 据《IDR》2002年7月报道，美国海军现正在研制一种，可从水面战舰、潜艇和飞机发射的飞行速度6马赫、射程600海里的超音速巡航导弹。美国已在风洞中进行了新型超音速冲压式发动机的点火试验。该发动机可使导弹在27.4千米的高空速度达到6.5马赫，美国将在2005年进行6马赫导弹飞行试验。

美国进行“战术战斧”导弹地面试验　据《简氏防务周刊》2002年8月报道，美国海军正在进行下一代“战术战斧”巡航导弹的功能地面试验。该导弹为“战斧”IV型，主要试验改进包括：发射平台任务规划能力，飞行中的目标重建、战斗损伤评估能力，以及飞行状态报告等。导弹从地面的垂直发射装置发射，测试了导弹发射前和飞行中的所有功能，性能指标都达到要求。该导弹采用许多新技术，在提高性能的同时将大幅度地降低采购和全寿期费用。

美国舰载激光武器取得进展　据《简氏防务周刊》2002年10月报道，美国托马斯·杰夫逊国家实验室已经解决了自由电子激光器转化为舰载武器系统面临的许多技术问题，并且研制成两千瓦自由电子激光器；现正在按进度研制1万瓦级的激光器。预计在今后23年将研制成10万瓦级的激光器。10万瓦级的自由电子激光器研制成功后，将很快转移到海军的巴尔金沙太平洋导弹试验靶场进行测试。

美国海军将装备“海豹”ASDS运兵器　据《简氏国际舰船》2002年8月报道，美国海军特种部队将使用“海豹”ASDS先进运兵器。这种运兵器长20米、宽2米，高2.4米；重55吨。可由核动力攻击潜艇，或C－5和C－17运输机携带投放出去。它被秘密投放到对方近海或近岸后，便立即启动运兵器上的银锌电池推进，航速8节，最大续航力125海里；人员编制2名，可运送8名“海豹”士兵及其装备。美国海军最先进的“俄亥俄”级、“弗吉尼亚”级、“海狼”级等核潜艇都可以携带ASDS运兵器。

美国研制大型地效翼船　据《IDR》2002年12月报道，美国波音公司现正在设计名为“塘鹅”的大型地效翼船。该地效翼船长150米、重达2700吨；它的最大负载1270吨，在680吨负载时，海面航程可达18500千米，陆上航程12000千米。“塘鹅”可在海面6米上空作地效巡航飞行，如果天气恶劣可升至15米高度飞行。船上装有8台涡轮螺旋桨发动机，单台功率可达8万轴马力；采用两台串列式的8叶螺旋桨，每个桨叶直径为15米。船体为箱型结构，内部设置两或三层甲板。机翼为平直两段式结构：靠近机体的内侧机翼为运货舱段，其内部空间宽大，可容纳40个标准集装箱。外侧机翼长25米，为非运货舱。为了提高飞行效率，外侧机翼在飞行时向下倾斜；降落阶段，转为水平状态以防触水；而停泊时，机翼呈垂直状态。

美国研制潜射无人机　据《简氏防务周刊》2002年6月报道，美国海军现在正在加紧研制从潜艇上发射的无人机。发射的方式有从导弹发射管发射，或从鱼雷管发射；从潜艇对抗发射器发射，或从废料处理部发射。美国最新研制的“弗吉尼亚”级核动力攻击潜艇可携带5套无人机系统；每套系统装4个标准型无人机，也可以装8个小型无人机或2个大型无人机。这种无人机的半径不得大于0.22米，它的有效载荷应在1.8～9千克之间，飞行高度约2400米，探测范围超过90千米。当然，新研制的无人机也可以用火箭从桅杆发射，发射后无人机机翼将自动打开。

美国海军研制核潜艇上使用的无人机　据《简氏防务周刊》2002年10月报道，美国海军正在研制装载于“俄亥俄”级核动力弹道导弹潜艇上的一种无人机。该无人机设计长度为5.4米，机翼能够折叠，飞行半径600海里；可携带454千克的载荷和小型炸弹。使用时，利用火箭发动机将其从直径2.235米的导弹发射管在潜望镜深度发射出去，并可由潜航状态的潜艇回收。它的隐身能力极佳。

美国研制自主式海军支援炮弹　据《简氏防务周刊》2002年6月报道，美国正在研制一种价格便宜、采用弹道式GPS的远程精确炮弹。这种炮弹结构简单，采用高性能的EX－99发射药的62倍口径127毫米舰炮发射，射程达到99.76千米。这种炮弹的战斗部由“哈姆”反雷达导弹战斗部演变而来，重11.5千克，装药量为4.5千克，并装有7000枚钨制破片。该炮弹还可以用于海军155毫米先进舰炮系统和陆军“神剑”炮弹等。

印度海军自行研制各型水雷　据《简氏国际舰船》2002年4月报道，印度海军现正在自行研制各型水雷，主要包括：潜射自航水雷、吸附水雷、沉底雷和锚雷。潜射自航水雷是以微机化PBGM沉底雷为基础，按现代海战的要求，并采用许多最新技术进行重新研制改进的。PBGM沉底雷的布深为5～300米，雷壳进行过300米水深的耐压试验，杀伤范围为80米。

德国研制自主式深潜器　据《简氏防务周刊》2002年5月报道，德国STN阿特拉斯电子公司现正在研制一种新型自主式水下深潜器。该深潜器的下潜深度达4000米，续航力达60小时，有效载重200千克，动力装置采用燃料电池。该深潜器计划于2003年进行深水试验，2007年投入使用。

英法研制155毫米舰炮　据《简氏防务周刊》2002年2月报道，英法等国开始以陆军155毫米自行火炮为基础研制大口径舰炮。英国研制的舰炮，整个系统重为 54.5 吨（甲板上为 19 吨，甲板下为 10.5 吨）；它的射程为 60～100 千米，每分钟发射 20 发炮弹。法国研制的 155 毫米舰炮则重为 34 吨。这两种舰炮都使用英法联合研制的低价格的“灵巧”弹药；并采用盒装弹药，利用条形码技术进行弹药管理。

法国改进“飞鱼”反舰导弹 据《简氏国际舰船》2002 年 11 月报道，法国军方现已拨款进行 MM40 Ⅲ型“飞鱼”增程反舰导弹的研制。新导弹用涡轮喷气推进装置取代原固体火箭发动机，其射程将从 70 千米提高到 180 千米。新弹体在外型上也有所改变，大大降低了雷达和红外特征。弹上的导航和制导系统加装了全球定位系统，可使导弹打击近岸固定目标，增加了有限的对陆攻击能力。发射前，舰艇上的作战指挥中心可向导弹装订任务数据，执行机动作战。2004 年该型导弹将进行首次发射，2006 年交付使用。

法国生产导弹垂直发射装置 据《简氏防务周刊》2002 年 5 月报道，法国舰船建造局现正在为 4 艘法意合作的“地平线”级护卫舰和 12 艘英国 45 型驱逐舰生产“西尔维尔”A50 型导弹垂直发射装置。“西尔维尔”导弹垂直发射系统分为 A43 、A50 和 A70 三种型号，分别可安装 4.3 米、5 米和 7 米长的导弹。法国舰船建造局希望今后销售 286 套 A50 导弹发射装置。目前法国还正在研制 A70 导弹，拟于 2007 年进行试验。

意大利 127 毫米舰炮取得新进展 据《IDR》2002 年 6 月报道，意大利奥托梅莱拉公司研制的 127 毫米舰炮近期进行了一系列测试。该舰炮进一步改进的地方主要体现在弹药方面：一个是研制次口径增程炮弹，该种非制导炮弹的射程可达 70 千米。另一个是开发了小型化的惯导 GPS/红外图像制导装置，以提高更为精确的打击能力；该导弹的射程超过 100 千米。

荷兰海军研制新型反潜系统 据《简氏防务周刊》2002 年 9 月报道，荷兰海军现正在研制一种供 M 级护卫舰上使用的新型反潜系统。该系统采用具有强大功能的水下通信方法，拖曳声源的频率达到 950～2100 赫兹；建立了一种用于反潜战的被动合成孔径声纳的探测和分类技术。该系统表面敷有有效吸收声波的涂层，具有良好的隐身性能，同时使用了先进的海底地形跟踪和图像匹配处理技术。

芬兰导弹艇将装备“矛”式舰空导弹 据《简氏国际舰船》2002 年 10 月报道，芬兰海军签订了购买南非德尼尔公司改进的“矛”式红外舰空导弹的合同，以用于装备芬兰海军的 6 艘导弹艇。“矛”式导弹是南非德尼尔公司对法国“响尾蛇”空空导弹的进一步改进型，导弹采用垂直发射，可打击掠海飞行的反舰导弹和飞机。一次可同时发射 8 枚导弹，分别打击不同的目标。该型导弹长 3 米，发射重量达 125 千克，打击 8000 米外的目标时间少于 16 秒。导弹采用矢量推进技术，具有良好的机动性。

乌克兰海军装备新型水下侦察装置 据《简氏防务周刊》2002 年 9 月报道，乌克兰海军装备了一种集搜寻、探测、维修、排险等多功能为一体的“侦探一号”新型水下侦察装置。该装置自重 65 千克，安装有 5 台摄像机和 2 只机械手，可装备在任何舰艇或船舶上。

（李　杰）

航空武器装备

综述 2002 年，世界主要国家航空武器装备的发展具有以下几个特点：

无人驾驶飞机和精确制导武器的发展倍受重视。 2002 年内美国总统布什提出的 3790 多亿美元的国防预算中，包括 687 亿美元的采购预算和 539 亿美元的研究与发展预算，无人驾驶飞机和精确制导武器在采购预算和研究与发展预算中占据了较高的比例。最为突出的是，无人驾驶飞机的采购费用达到了 10 亿美元，比上一财政年度增加了 33%。在无人驾驶飞机的发展上，美国在高空久航无人驾驶侦察机、中空久航无人驾驶侦察机以及无人驾驶攻击机三个领域并行发展。在现阶段，投资重点是高空久航无人驾驶侦察机，其次是扩充中空久航无人驾驶侦察机的列装数量并完善其功能，年内美国空军新采购 22 架 RQ－1A 中空久航无人驾驶飞机，2002 年 3 月 8 日，美国空军在内华达州组成了第 3 个无人机中队。年内，美国波音公司研制的 X－45A 无人驾驶作战飞机首飞成功；攻击型的 RQ－1A 无人驾驶飞机在阿富汗反恐怖战争中多次执行对地突击任务，这标志着无人驾驶作战飞机的发展及实战应用已经取得了突破性的进展。无人驾驶作战飞机具有低成本、长航时和无人员损失之忧的优点，使之倍受技术发达国家的重视。从年内美国进行的若干次验证试验与实战使用情况看，无人驾驶作战飞机将是未来高技术局部战争中首波突击的重要力量之一，主要是深入敌方领空纵深，遂行压制敌防空体系等危险性极大的任务；以及利用其长航时的优点，用于突击机动式战术弹道导弹系统等目标。目前，技术发达国家发展无人驾驶作战飞机的重点主要是提高其久航能力、隐身性能、保持其低成本性，同时使无人驾驶作战飞机在与有人驾驶作战飞机的密切配合中，充分发挥其作战效能。在精确制导武器方面，年内发展的重点是联合直接攻击炸弹，共投资 11 亿美元，使美国空军机载精确制导武器的储备量增加一倍。而在阿富汗战争中，美国投射的 60％的机载突击武器 是精确制导武器。上述特点既反映了在军队转型建设的情况下美军发展航空武器装备的主要趋势，也反映了未来空中力量作战运用的基本方向。

增强空中力量对战场活动目标的打击能力成为航空武器装备发展中关注的重点。战场活动目标具有特定的含义，通常是指战场上具有一定机动能力的高价值目标，如战术弹道导弹发射装置。能否成功对此类目标进行突击，时间是一个极为关键性的因素。突击战场活动目标需要在战场上及时发现其活动并将情报实时传递至指挥控制中心；指挥人员迅速判断情况，定下突击决心；为提高对地面活动目标的探测能力，美国空军于年内新采购了 E－8C 侦察机，并启动了多传感器指挥控制飞机的发展计划。2002 年 8 月，美国空军埃格林空军基地成功地使用联合直接攻击炸弹，进行了突击战场活动目标的试验，一枚 908 千克级的加装数据链的联合直接攻击炸弹，由 F－16 战斗机从 6000 米的高度，在距目标 9.8 千米处投下。目标为以 28.8 千米/小时运动的车辆。一部模拟的 F－35 战斗机的机载雷达以及 E－8C 合成孔径雷达，对该车进行跟踪，并实时将位置信息传输到飞行中的联合直接攻击炸弹，修正位置误差。试验表明，命中精度达到 7.5 米以内。

机载战术定向能武器的发展将进入新的阶段。美国国防部年内公布的《2002 财政年度防务计划指南》中明确要求美国空军制定未来 10 年内的定向能武器发展规划。从现有技术发展水平看，发达国家已经具备了定向能武器装机试验的能力。因此，未来几年内，发达国家定向能武器的发展将由技术研究阶段转入武器平台阶段，这将对未来空中作战产生重要的影响。机载战术定向能武器的发展重点主要是高能微波武器和激光武器，而且高能微波武器的发展水平已经超过了固态激光武器。美国波音公司的先进武器技术研究机构指出，高能微波武器将是第 30 批改进型 X－45 无人驾驶战斗机的主要机载武器之一，主要用于压制敌人的防空体系，并使敌方指挥控制系统重要节点的电子设备失效。从目前情况看，机载定向能武器的机理研究已经基本完成，但在瞄准方法以及载机自身防护方面还需展开进一步的研究工作。美国洛克希德－马丁公司对在舰载型 F－35 战斗机上装备 100 千瓦级的高能固态激光武器的方案展开积极研究。美国空军研究实验室正在研究一种高能固态激光武器，具有良好的波束质量。为了对机载战术定向能武器列装作好准备，美国空军研究实验室与洛克希德－马丁公司合作研制了新型 F－16 战斗机模拟器，可以模拟使用机载高能激光武器，年内由新墨西哥州空军国民警卫队第 150 战斗机联队试用。

轰炸机　美国和俄罗斯进一步增强轰炸机的精确打击能力。俄罗斯于 2002 年 4 月宣布为其战略空军部队装备新一代空射巡航导弹，并称这种武器是俄罗斯“适用于 21 世纪战争和局部冲突的新一代高精度武器”。年内，美国国防高级研究规划署提出了“静音超音速轰炸平台”的方案。

美国空军面临 B－2A 轰炸机雷达改进难题　据美国《航空周刊与空间技术》杂志报道，美国空军在 20 世纪 80 年代初采购 B－2A 轰炸机时，其频率干扰问题还未显现出来。但近年来，商业用户使用的频谱越来越多。到 2007 年底，B－2A 轰炸机的 AN/APQ－181 雷达系统工作的频率范围将移交给商业用户，届时 B－2A 工作在 Ku 波段的雷达系统将会对商业卫星通信产生干扰，而且还会降低 B－2A 轰炸机的隐身性能。因此，美国空军将在从 2004 财年开始的 5 年中支出 7 亿美元，解决 B－2A 轰炸机产生的频率干扰问题。解决这一问题的方案是：修改现装雷达的工作频率以免产生干扰；拆除目前的无源天线，而采用有源电子扫描阵列。

美国空军改进 B－1B 战略轰炸机　美国空军于 2002 年 3 月 1 日决定实施 B－1B 战略轰炸机的改进计划，总价值达 45 亿美元，主要改进内容包括：提高机载电子防御系统的能力；加装 16 号数据链，提高其指挥控制能力；加装全球空中交通管制系统终端；改进机载雷达及通信系统。其中雷达系统的改进共耗资7亿美元，主要是要避免工作在Ku波段的机载AN/APQ－181型雷达对商用卫星通信系统的干扰。

美国空军B－52H轰炸机完成联合防空区外武器投射试验　联合防空区外武器（JSOW）即为AGM－154，它包括A、B和C三种型号，是供美国空军和海军联合使用的新一代精确制导空对地滑翔武器系统，可以进行防空区外突击。此前，联合防空区外武器主要装备于在F/A－18、F－16战斗机和B－2轰炸机上。美国空军于2002年2月在B－52H轰炸机上完成了AGM－154A联合防空区外武器的系统集成试验，并在美国海军航空武器系统部的西靶场成功地投射了2枚实弹。试验中，联合防空区外武器飞行约48千米后，在预定目标区同时投撒BLU－97综合效应炸弹并摧毁了靶标。完成这次试验后，标志着AGM－154A联合防空区外武器的装备范围已经扩大到美国空军的B－52H轰炸机，并且装备A型联合防空区外武器的B－52H轰炸机正式具备初始作战能力。装备AGM－154空地突击武器后，B－52H轰炸机在原有使用常规空射巡航导弹的基础上，又具备了新的防空区外突击的能力，而且进一步提高了B－52H轰炸机的精确打击能力。

俄罗斯分阶段改进战略轰炸机　据美国《航空周刊与空间技术杂志》2002年10月24日报道，俄罗斯空军将分两阶段改进图－160、图－22M3和图－95MS战略轰炸机。2002年内进行的第一阶段为细微改进阶段，将对俄罗斯空军装备的图－160、图－22M3和图－95MS战略轰炸机的机载电子设备进行部分升级，以适应发射新型机载精确制导武器的需要，第一阶段改进计划将持续到2003～2004年。第二阶段为大规模改进阶段，战略轰炸机将换装大量现代化机载设备。年内，图－95MS战略轰炸机进行了多次试飞，包括投放新型精确制导武器；图－22M3轰炸机的试飞工作也已展开，年内进行了发射反舰导弹的试验；一架图－160轰炸机也在进行新型精确制导武器的投射试验。根据计划，图－160和图－22M3轰炸机的改装工作将在喀山飞机制造联合体进行，图－95MS轰炸机的改装工作将在塔干罗格飞机厂进行。

印度租用俄罗斯图－22M战略轰炸机　印度国防部长费尔南德斯和俄罗斯副总理克列巴诺夫于2002年2月8日在新德里代表两国政府签署了印俄军事技术合作协议。根据这项协议，俄罗斯在2004年前以租借形式向印度提供2架图－22M战略轰炸机。

战斗机　战斗机是各国航空武器装备发展的重点。由于战斗机发展投资巨大，研制周期长，因而主要国家在战斗机的发展上历来强调研制与改进并举。年内，世界范围内战斗机的发展计划大部分属于改进与改型。但引人注目的是，俄罗斯为与美国和欧洲国家展开竞争，于2002年5月18日宣布启动第五代战斗机的发展计划，采用苏霍伊设计局的隐身双座战斗机方案。俄罗斯第五代战斗机的研制目标是替换现役的苏－27和米格－29战斗机。新机预计2006年首次试飞，2010年正式投入生产。2002年8月12日，俄罗斯苏霍伊航空军工联合体宣布，俄罗斯第五代战斗机的代号为I－21，研制费用约为15亿美元。虽然主承包商是苏霍伊设计局，但是在研制过程中，雅克夫列夫设计局和米格设计局也将积极参与研制工作。在该机研制过程中，发动机是主要的节点工程，在计划实施的第一阶段，将主要利用AL－31等成熟的技术，以求降低计划的风险。2002年10月21日，俄罗斯苏霍伊公司宣布了第五代歼击机制造计划的第一个招标，开始研制该机的机载电子设备。应当看到，俄罗斯第五代战斗机的发展目前仍然面临诸多变数，例如在2002年的俄罗斯国防预算中并没有包括第五代战斗机的研制经费。但值得注意的是，根据俄罗斯与印度签署的军事技术协议，俄罗斯与印度将共同研制第五代战斗机。在现役战斗机的改进改型方面，重点是改进机载电子设备、使用先进的机载武器。美国于2002年7月开始研制战斗机装备的新型电子－光学与红外对抗系统，该系统将装备于F－22、F－35和无人驾驶攻击机，以提高作战飞机在信息化战场上的生存能力。

美国空军F－22战斗机更名为F/A－22　据美国《防务新闻》2002年9月17日报道，美国空军参谋长宣布，将F－22战斗机重新定名为F/A－22，这标志着美国空军对F－22战斗机的任务进行了重新定位，也反映了美国空军在未来战斗机发展的思想上发生了重大转变，即不再单纯强调作战飞机争夺空中优势的能力，而是强调作战飞机必须具有遂行多种任务的作战能力，即既具有对地面目标实施精确打击的能力，也具有较强的争夺空中优势的能力，并且能够遂行信息作战的任务。2002年10月23日，第一架生产型F/A－22"猛禽"正式交付美国空军，标志着第四代战斗机已经开始进入服役阶段。首批装备F/A－22战斗机的部队是位于兰利空军基地的美国空军第1战斗机联队；2004年年底，部署在佛罗里达州廷德尔空军基地的美国空军第325战斗机联队也将装备F/A－22战斗机。2002 年 12 月，美国空军宣布由于 F/A－22 战斗机的软件系统出现问题并且发生了垂直尾翼抖振的现象，现阶段该机的研制进度将延长 20 个月，研制费用因此超支 7 亿美元，其中至少有 1.4 亿美元由原订的现代化改装计划中拨付。因此，美国空军不得不减少 F/A－22 战斗机的采购数量，美国空军原定采购 F/A－22 战斗机的数量为 339 架，计划调整后的采购量初步确定为 295 架。

美国空军 F－15C/E 战斗机计划换装有源相控阵雷达　据美国《防务新闻》2002 年 8 月报道，美国空军计划为现役的 F－15C 型和 F－15E 型战斗机换装雷锡恩公司研制的 APG－63（V）3 机载有源相控阵雷达。APG－63（V）3 雷达的前端与 F/A－18E/F 战斗机上装备的 APG－79 有源相控阵雷达相似，但天线阵的直径增大至 0.9 米，以充分利用 F－15 战斗机机头容积较大的特点，雷达系统的后端将采用 APG－63（V）1 的硬件设备。换装新型雷达后，可以提高 F－15C/E 战斗机雷达的抗干扰能力，并且提高雷达系统的可靠性与可维护性。

美国空军继续改进 F－16C/D 战斗机　据英国《国际飞行》杂志 2002 年 10 月 22 日报道，由于美国 2003～2004 财年的预算中没有列编新购 F－16 战斗机的计划，同时 F－35 战斗机的发展计划进展顺利，因此美国空军主要通过改进手段，提高 F－16C/D 战斗机的作战能力。年内，美国空军斥资 10 亿美元启动通用配置实施计划，对 650 架第 40/42 批次和第 50/52 批次的 F－16C/D 战斗机进行全面的升级改造。第一阶段通用配置实施计划将对 107 架第 50/52 批次的 F－16C/D 战斗机进行改装，主要是换装模块化任务计算机和多功能彩色显示器，第一架已于 2002 年 1 月交付。第二阶段通用配置实施计划将对 251 架第 50/52 批次的 F－16C/D 战斗机进行改装，主要是安装敌我识别应答机和"狙击手"XR 瞄准吊舱，第一架飞机已于 2002 年 9 月交付。第三阶段通用配置实施计划是在飞机上安装 Link16 战术数据链和头盔瞄准系统，并在机翼内侧外挂点吊挂 AGM－88 高速反辐射导弹及其瞄准吊舱，达到 F－16CJ 的配置标准。2005 年起实施第四阶段通用配置实施计划，对第 40/42 批次的 397 架 F－16C/D 进行改装，达到 F－16CJ 的标准，并且能够发射 AGM－158A 空地导弹。改装后的 F－16C/D 战斗机将能服役到 2030 年。

俄罗斯空军实施航空武器装备现代化改装计划　据美国《航空周刊与空间技术》杂志 2002 年 7 月报道，俄罗斯空军于年内开始实施一项庞大的航空武器装备现代化改装计划，旨在不采购新型飞机的前提下，大幅度提高俄罗斯空军的作战能力。其改进内容包括：现役主战飞机延寿，初步确定为延寿 20 年；更新机载电子设备；挂载新型精确制导武器。就具体机型而言，苏－27 战斗机在改装的第一阶段加挂电视制导炸弹，进行软件更新，提高雷达信号处理能力，增强其对地突击能力；第二阶段换装机载相控阵雷达。苏－25 飞机换装新型机载雷达，提高复杂气象条件下遂行任务的能力，加装全球定位制导系统，加挂电视制导炸弹，加挂新型电子对抗吊舱。苏－24 飞机主要通过加装全球定位制导系统，提高飞机对地突击的精确性。米格－29 飞机继续改进达到 SMT 型的标准，采用玻璃座舱，新型任务计算机，全球定位制导系统，机载雷达增加地图测绘、地面目标跟踪的功能，可以挂载 Kh－31P 反辐射导弹，用于遂行压制敌防空体系的任务。米格－31 飞机改进达到米格－31BM 的标准，挂载 Kh－31P 和 Kh－58U 反辐射导弹以及雷达侦察吊舱，用于遂行压制敌防空体系的任务。

俄罗斯苏－27 战斗机换装新型发动机进行飞行试验　据美国《防务新闻》2002 年 7 月报道，俄罗斯苏－27、苏－30 系列战斗机目前装备的 AL－31F 发动机的最新改型 AL－31F－M1 型发动机，已经在俄国格罗莫夫试飞研究院完成了第一阶段试飞。试飞表明，AL－31F－M1 发动机性能良好，达到了设计的各项战术、技术指标。根据俄罗斯公布的数据，高度 11000 米时，装有 AL－31F－M1 发动机的苏－27 从 300 千米/小时加速到 1200 千米/小时，所需时间比装有普通 AL－31F 发动机的苏－27 缩短了 26 秒。换装新发动机后，苏－27、苏－30 战斗机的加速性能、机动性能和上升性能均有明显提高。年内，俄罗斯留里卡－土星设计局在继续进行后续试飞，2003 年第一季度可完成全部试飞工作。

韩国采购 F－15K 战斗机　据美国《航空周刊与空间技术》杂志 2002 年 3 月 29 日报道，近年来，美国和欧洲国家为在韩国空军现代化计划中占据一席之地展开了激烈的竞争，美国波音飞机公司针对韩国空军的需要，提出了 F－15K 战斗机方案，欧洲国家则以"旋风"GR.7 攻击机参与竞争。韩国空军在全面分析两种飞机的综合突击能力后，于 2002 年 3 月 27 日宣布决定采购 F－15K 战斗机，并与同年 4 月 19 日在汉城与美国波音飞机公司签订了总价值达 45 亿美元的采购合同。F－15K 战斗机是以 F－15E 战斗机为基础而改进的，具有很强的对地突击能力和制空作战能力。韩国空军采购 F－15K 战斗机的数量为 40 架，2005 年起开始交付，2009 年形成战斗力，取代现役的 F－4 和 F－5E 战斗机。该型飞机列装后，将大幅度增强韩国空军的远程突击能力。

印度获得苏－30MKI 战斗机生产许可证 据美国《航空周刊与空间技术》杂志 2002 年 6 月报道，根据印度与俄罗斯达成的军事技术协议，印度向俄罗斯方面支付 2.86 亿美元，由印度特许生产 140 架苏－30MKI 多用途战斗机和 920 台航空发动机。生产计划由印度斯坦航空公司承担，从 2003 年开始生产，持续进行至 2017 年，首架飞机将于 2004 年交付印度空军，到 2007 年，年产量将达到 10 架。特许生产计划完成后，印度将成为除俄罗斯以外装备苏－30 型飞机最多的国家。

中国台湾对 F－5E 战斗机进行电子设备升级 据英国《国际飞行》杂志 2002 年 10 月 1 日报道，中国台湾航发中心于年内完成了 F－5E 战斗机电子设备升级的计划。升级后的 F－5E 战斗机与台湾 F－CK（即 IDF）战斗机的电子设备具有相当大的通用性，用 APG－67 多模式雷达取代 APQ－159 雷达，而 F－CK 战斗机的 GD－53 雷达则是 APQ－159 雷达的改进型；两种飞机采用相同的中央处理器和信号接收机，但天线尺寸不同。改进后的 F－5E 称为 F－5－2000，但是，台湾空军根据装备发展的总计划，没有采购 F－5－2000 的计划，该机主要瞄准东南亚的军机市场。

德国空军装备首架 EF2000 战斗机 据英国《国际飞行》杂志 2002 年 12 月报道，德国空军第 73 战斗机联队于年内装备首架 EF2000 战斗机，德国空军的工程机务人员开始在有关机构接受改装培训。2003 年开始，陆续交付后续 EF2000 战斗机；2003 年 4 月开始进行飞行员改装训练。根据 1998 年 1 月签署的协议，德国空军将装备 180 架 EF2000 战斗机。

法国采购 59 架“阵风”战斗机 据英国《国际飞行》2002 年 10 月 15 日报道，法国在 2003 年度国防预算确定了一项多年度航空武器装备现代化列装计划，其中最大的一项是采购 59 架“阵风”战斗机，其费用占当年度国防预算总额的 15%。采购的 59 架“阵风”战斗机中，46 架为空军型，13 架为海军型，到 2008 年，将有 86 架“阵风”战斗机服役。此外还包括采购 650 枚“米卡”空空导弹和飞机的保障装备。

保加利亚空军改装米格－29 战斗机 保加利亚一直期望加入北约。保加利亚空军装备各型飞机 235 架，绝大部分是俄制飞机，系统与北约标准不兼容。原计划用美制 F－16 战斗机取代现役俄制战斗机，终因财力不支而被迫中止。据美国《航空周刊与空间技术》杂志 2002 年 3 月报道，为了尽快达到加入北约所需的军事标准，保加利亚政府于 2002 年 3 月 26 日正式启动空军战斗机现代化改装计划，首批改装 20 架米格－29 战斗机。改装工作主要由俄罗斯航空工业部门具体负责，改装内容包括机体、发动机、部分零部件和部分航空电子系统，由于俄罗斯不是北约成员国，因此关键的航空电子系统将由北约成员国负责。

奥地利采购一批 F－16 战斗机 奥地利政府斥资 10 亿美元，于 2002 年 3 月 18 日从美国采购 30 架 F－16A/B 型战斗机。这些战斗机已经过改进，达到中期寿命改进型 MLU 的标准，换装了 F100－PW－220 涡扇发动机，装备 AN/APG－66（V）2 机载雷达，LAU－129 通用武器发射架，M61A2 型 20 毫米航炮。整个购机项目还包括作为零部件备用的 4 架飞机，4 台备用的航空发动机，30 门航炮，4000 发航炮弹，8 部 AN/ALQ－131 型电子战吊舱，16 部导航吊舱。

攻击机（强击机） 攻击机（强击机）由于在空中打击和联合作战中的突出作用而一直受到各国的关注。年内，攻击机（强击机）的发展主要集中在增强其打击战场活动目标的能力，提高全天候遂行任务的能力，以及提高其防空区外打击能力和低空生存能力方面。改进现役装备仍然是攻击机（强击机）发展的重点。此外，无人驾驶攻击机的发展受到高度重视。

美国 F－35“联合攻击战斗机”重新调整座舱配置 据美国《航空周刊与空间技术》杂志 2002 年 8 月 16 日报道，美国洛克希德－马丁公司根据美国空军的要求，对 F－35 战斗机的座舱进行了优化配置，重点提高飞行员迅速获取大量实时信息以及对目标信息进行融合的能力。新座舱配置方案由原来的 3 个多功能显示器变为 4 个多功能显示器，将主要战术信息显示在飞行员前方 120 度的视野内，可以同时显示地面突击目标信息、空中目标信息、地面防空武器信息以及飞机的油料、发动机状态和武器使用信息。预生产型的 F－35 飞机将采用新的座舱配置方案，并于 2005 年投入试飞。新的座舱布局减轻了飞行员在遂行任务时的工作负荷与操作次数。

美国载有激光器的飞机 YAL－IA 成功进行首次试飞 据美国《航空周刊与空间技术》以及《防务新闻》报道，经过改装的波音 747－400F 机载激光器飞机 YAL－1A 于 2002 年 7 月 21 日在美国堪萨斯州南部上空进行了 1 小时 22 分的试飞。这次试飞成功，标志着美国在研制世界上首架定向能攻击机方面迈出了重要的一步，同时为 2004 年底进行靶试奠定了基础。在美国弹道导弹防御的多层次拦截系统中，机载激光器是助推段拦截武器，在导弹防御计划中具有十分重要的作用。机载激光器由美国波音公司、TRW 公司和洛克希德－马丁公司联合研制，波音公司负责提供机体和先进的控制软件，TRW 公司负责提供兆瓦级的激光器，洛克希德－马丁公司负责制造工艺复杂的镜片组与透镜，以及机头部位的 1.5 米透镜塔。YAL－1A 飞机在年内完成适航性试飞，次年开始进行激光与光学系统试飞，其中包括使用激光器对地面和气球载目标进行试射。2002 年 4 月 10 日，TRW 公司研制的激光器已经成功地进行了发射试验，其发射功率达到设计功率的 118%。

美国 X－45A 无人驾驶攻击机首飞成功　据美国《航空周刊与空间技术》杂志 2002 年 5 月报道，美国波音公司研制的 X－45A 无人驾驶战斗飞行器于 2002 年 5 月 22 日在爱德华兹空军基地成功地进行了首次技术验证试飞。试飞持续时间 14 分钟，飞行速度达到 314 千米/小时，飞行高度达到 2280 米。此次试飞主要验证了飞行器的基本飞行性能、飞行品质、飞行器与地面任务控制站之间的指挥控制数据链。此次成功的试飞，标志着研制无人驾驶作战飞机的基本思想是健全的，无人驾驶作战飞机的技术是基本合理的。X－45A 无人驾驶攻击机机长 8.02 米，翼展 10.3 米，空重 3632 千克，有效载荷 1362 千克，从机载设备的配置看，该机主要遂行压制敌防空体系的任务。年内，X－45A 无人驾驶攻击机完成数次试飞后，进行了软件系统的升级，为下一阶段进行多机协同作战、超视距超高频通信、卫星通信和多机中继通信等试飞奠定基础。根据美国国防部的要求，美国波音公司年内全面展开作战型无人驾驶攻击机 X－45B 的研制工作。X－45B 无人驾驶攻击机机长 9.75 米，翼展 14.33 米，在总体结构上与 X－45A 相似，基本属于前者的放大型，作战半径可达 1200 千米。X－45B 无人驾驶攻击机平时放置于储存箱中，储存期长达 10 年，可在 60～90 分钟内启封并完成战斗准备。该机的机内弹舱可以携载 GBU－32 联合直接攻击炸弹和小圆径炸弹等精确制导武器，既可以自主遂行任务，也可以由地面控制遂行任务。X－45B 无人驾驶攻击机预计于 2008 年服役。

美国空军增强 F－117 战斗机打击活动目标的能力　据美国《防务新闻》2002 年 4 月报道，美国从 1998 年开始一直在努力提高 F－117 飞机的作战能力。主要通过两个阶段的发展计划，为飞行员提供实时的信息。1998 年 10 月，美国空军完成了第一阶段改进计划，飞行员可以在空中接收目标区对空防御的实时信息，飞行员在飞临目标区前，可以在座舱内完成对战术方案的调整。2002 年 4 月 2 日，美国空军完成了第二阶段改进计划，主要是使 F－117 飞机能够将任务数据与目标情况实时地传递至地面指挥所，从而可以实时评估突击效果。第二阶段试验是在加利福尼亚州中国湖试验靶场进行的。在试验中，飞行员在起飞后不久，收到地面发出的指令（包括文本和图像信息），要求突击 F－117 位于另一个地点的目标；飞行员在座舱内对战术方案进行了新的调整，搜索发现目标并成功地对目标进行了模拟突击，同时将突击效果评估信息传递至地面指挥控制中心。这次试验表明，美国已经大大提高了 F－117 飞机对时间关键性目标进行全天候突击的能力。由于 F－117 飞机所具有的隐身性能，本身就是一种突然袭击的兵器，具备对时间关键性目标突击的能力后，将大大提高其作战威力。在 2002 年 8 月进行的联合远征部队试验演习中，F－117 飞机再次进行了验证试飞。

以色列启动无人驾驶攻击机研制计划　针对短程弹道导弹对以色列安全所构成的威胁，以色列于 2002 年启动了无人驾驶攻击机的研制计划，计划在 4 年内耗资数亿美元，研制出一种中航时无人攻击机，通过先进的计算机系统和宽带数据链，在战场上自主作战，发现短程战术导弹等机动的战场目标，力争在最短的时间内对此类目标实施空中打击。

英国决定购买 150 架 F－35 战斗机　综合英国《国际飞行》和美国《航空周刊与空间技术》杂志报道，英国政府决定用新型多用途战斗机取代已经老旧的“鹞”战斗机。英国政府斥资 156.1 亿美元购买 150 架美国洛克希德－马丁公司研制的 F－35 战斗机。该机计划于 2012 年在英国皇家空军和皇家海军中投入使用。英军现役的“鹞”垂直/短距起降战斗机将于 2004～2006 年间退役。

英国启动“未来攻击型空中系统”研究计划　据英国《国际飞行》2002 年 10 月 1 日报道，英国国防采购局将一项为期 9 个月、总值 110 万美元的研究合同授予英国航空航天公司和洛吉加公司，由此启动了“未来攻击型空中系统”的研究计划。需要注意的是，英国“未来攻击型空中系统”并不是一个单一机型的发展计划，而是一个涵盖指挥、控制、通信、计算机及情报、监视、目标搜索和侦察等能力，由有人驾驶飞机、无人驾驶攻击机和精确制导突击系统相结合的、由空中平台与地面平台组成的一体化空中打击系统。该系统计划于 2018 年前后取代现役的“旋风”GR4 型攻击机。

直升机 军用直升机在多用途型和侦察-攻击型两方面并行发展，但新型军用直升机研制战线已经明显收缩，重点对有改装潜力的现役机型进行技术升级。多用途直升机主要提高其航程-运载能力，提高其使用的经济性；攻击型直升机主要换装新型机载精确制导突击武器，提高其夜间、复杂气象条件下的突击能力和远距突击能力；侦察型直升机主要改进机上侦察传感器，提高情报的处理与传输能力。为提高军用直升机的战场生存能力，各国普遍重视加装机载有源与无源自卫干扰系统，重点提高军用直升机防御红外制导空空导弹攻击的能力。

美国削减 RAH-66 直升机的采购数量 据美国《防务日报》2002 年 11 月 25 日报道，随着美国陆军航空兵装备发展计划的调整，美国国防部决定调整 RAH-66“科曼奇”武装直升机的采购数量，由原来的 1213 架，削减到 650 架，年生产强度也相应降低。RAH-66 直升机采购数量降低后，采购费用节省 130 亿美元，但单机的成本由 2410 万美元增至 3220 万美元，同时使该机具备初始作战能力的时间推迟了 9 个月，组建第一支 RAH-66 作战中队的时间由 2008 年 12 月推迟到 2009 年 9 月。RAH-66 直升机用来替代 OH-58D 直升机执行武装侦察任务。根据调整后的计划，年内，首先开始实施低速初始生产计划，生产 73 架 RAH-66 直升机；2011 年开始进入每年 60 架的全速生产阶段。后续改装工作包括研制“科曼奇”雷达系统，利用 Link16 数据链和卫星通信使 RAH-66 直升机具有精确打击的能力，加装外部小翼以携带更多的武器和设备等。

美国 MV-22 直升机恢复飞行 综合美国《航空周刊与空间技术》杂志以及美国《防务新闻》报道，自 2000 年 4 月和 12 月发生两起严重坠机事故后，MV-22 倾转旋翼机已经经历了为期 1 年半以上的停飞、检查与改进，从 2002 年 4 月 26 日美国国防部批准自同年 8 月开始，美国海军陆战队重新恢复 MV-22 倾转旋翼机的飞行。恢复飞行的主要原因是，阿富汗战争表明特种作战的重要性，现役特种作战直升机速度慢、航程短的缺陷对特种作战部队的运用产生了影响，美国中央司令部汤米·弗兰克斯将军在向国会作证时明确指出，希望在特种作战中使用 MV-22 倾转旋翼机。同时，美国国防部也不希望这项耗资巨大的计划中途夭折。

美军 MH-60R/S 直升机开始进行任务系统试验 据美国《防务新闻》报道，首架 MH-60R/S 直升机于 2002 年 2 月 12 日装备美国海军第 3 直升机战斗支援中队后，于 4 月 8 日开始进行一系列机载任务系统试验，为 2005 年大批量列装奠定基础。MH-60R/S 直升机是美国西科斯基公司根据美国海军直升机发展总计划的要求而研制的多用途直升机，根据这一计划，美国海军直升机的型号将由目前的 7 种减至 2 种。MH-60R/S 直升机于 2001 年内完成了一系列技术试飞，2002 年转入任务系统试验，共有 6 架直升机投入试验。MH-60R/S 直升机的任务系统由美国洛克希德-马丁公司研制，两种型号的直升机共享通用的座舱设计，降低了使用与维护成本。机上任务系统主要包括一部多模式雷达、AN/AQS-22 机载低频投放式声纳、电子战系统、前视红外系统和数字式数据链系统。美军 MH-60R/S 直升机的发展计划总计 70 亿美元，将装备 243 架直升机。

韩国启动多用途直升机的研制 据英国《国际飞行》杂志 2002 年 10 月 29 日报道，韩国决定主要依靠自身力量研制多用途直升机（KMH）。韩国多用途直升机采用双发体制，最大起飞重量约为 6800 千克，总需求量多达 400 余架，将取代韩国现有的 MD500 和 UH-1H 直升机。韩国航宇工业公司、LG 公司和三星公司将积极参与 KMH 的发展计划，分别承担机体、航空电子设备以及发动机的研制工作。该机的全尺寸研制工作将于 2003 年下半年展开，一些外国公司，如阿古斯塔·韦斯特兰、贝尔、波音、欧洲直升机、西科斯基公司也将在一定程度上参与韩国多用途直升机的发展计划。

新加坡接收首架 AH-64D“长弓阿帕奇”武装直升机 新加坡于 1999 年向美国订购了首批 8 架 AH-64D“长弓阿帕奇”武装直升机。2002 年 5 月 17 日，首架 AH-64D“长弓阿帕奇”武装直升机在美国本土交付新加坡方面。2002 年底全部交付完毕。2001 年 8 月，新加坡订购了第二批 12 架 AH-64D“长弓阿帕奇”武装直升机，将于 2005 年交付。

中国台湾军队采购美制 AH-64D 武装直升机 2002 年 6 月 9 日，台湾“外交部”证实美国已经同意向台湾出售 30 架 AH-64D“长弓阿帕奇”武装直升机。第一架直升机将于 2005 年交付台湾，2006 年全部交付完毕。AH-64D“长弓阿帕奇”武装直升机是美军现役先进的武装直升机，武器携载量多，制空和对地突击能力强，可以遂行侦察、搜索与攻击任务，在阿富汗反恐怖战争中表现出色。台湾原计划采购3个连共75架AH－64D“长弓阿帕奇”武装直升机，仿照美军的编制，编成一个中队，每个连24架直升机。但是，美国仅同意出售30架。台湾目前是亚洲继新加坡后，第二个装备AH－64D“长弓阿帕奇”武装直升机的地区。机上装备有先进的综合航空电子系统和火控系统，以及用于空地协同的实时加密数字式系统，操纵性能好，战场生存率高，易于维护，可以通过更换模块化的航空电子系统和武器系统遂行侦察、空战和对地突击任务。据模拟分析，AH－64D“长弓阿帕奇”武装直升机比上一代武装直升机的作战能力强28倍。

德国与法国联合研制的首架生产型“虎”式直升机出厂 2002年3月24日，德国与法国联合研制的首架生产型“虎”式直升机在德国的多瑙沃特正式出厂，这标志着欧洲联合研制武装直升机的计划取得了突破性的进展。“虎”式直升机的研制工作始于1989年月11月，1991年4月原型机首飞成功。德国和法国政府于1999年6月正式签署协议，批准“虎”式直升机。按2001年价格计算，项目总投资额为39亿欧元。根据计划，2002年底开始向德国交付80架“虎”式直升机，2003年6月开始向法国交付80架“虎”式直升机。首架生产型直升机是UHT配置，即供德国陆军使用的战斗保障直升机，该机装备反坦克导弹、“毒刺”空空导弹和航空火箭，可以遂行武装侦察、反坦克、对地支援、空战或护航任务，具有全天候作战能力。该机机体有80%采用复合材料，坠毁防护性能较好，电磁信号特征低；同时，在设计上将发动机的尾气与冷空气混合后，向上方排出，降低了直升机的红外信号特征；机身狭窄，降低了视觉信号特征，这些措施都有利于提高“虎”式直升机的战场生存能力。在今后10年时间里，“虎”式直升机可能拥有200～300架的出口量，其目标是与美国的AH－64“阿帕奇”武装直升机展开全面竞争。2001年12月，澳大利亚已经定购了22架“虎”式直升机，总价值6.5亿美元。

意大利接收首架新型A129武装直升机 据英国《国际飞行》2002年10月28日报道，意大利阿古斯塔·韦斯特兰公司向意大利陆军交付了第一架新型A129武装直升机。新生产型的A129武装直升机，在炮塔内装有一门20毫米口径航炮，可挂“毒刺”空空导弹，航空电子设备也进行了更新，机体以及5桨叶主旋翼也作了相应修改，任务设备载荷增加。根据意大利陆军的要求，阿古斯塔·韦斯特兰公司将把现役的45架A129战斗直升机改装达到新生产型的标准。

侦察机、电子战飞机和空中预警指挥机

侦察机、电子战飞机和空中预警指挥机是获取情报、进行信息作战和实施战场管理的重要力量。由于技术含量高，系统结构复杂，侦察机、电子战飞机和空中预警指挥机的发展一直集中在少数技术发达国家。年内，侦察机的发展主要体现在加装多种传感器，丰富情报获取手段，提高情报的实时传输能力方面；电子战飞机的发展主要体现在提高信号情报的分析能力，拓宽频谱范围方面，以增强信息斗争的效果；在空中预警指挥机的发展方面，为了提高系统的成本－效益，开始由多平台的综合转向将多平台综合到单一平台方面，使单一平台同时具有对空搜索、对地面活动目标探测以及搜集信号情报等多种功能，由此产生了作战管理系统的概念，这代表了未来指挥控制飞机的发展方向。

美国空军改进U－2S战略侦察机 美国洛克希德－马丁公司于2002年4月15日向美国空军第9侦察联队交付了第一架换装新型航空电子系统和座舱设备的U－2S侦察机。此次改进是根据航空电子维修性计划而实施的，改装内容包括在U－2S座舱内换装3个15.2厘米×20.3厘米的多功能显示器、1个平视显示器和第二套独立的飞行显示系统。美国空军目前装备31架U－2S侦察机、4架双座教练机。根据计划，洛克希德－马丁公司以每年6架的速度对该机进行改装，全部改装工作将于2007年完成。

美国空军启动多传感器指挥控制飞机的研制计划

据英国《国际飞行》杂志2002年10月1日报道，美国空军于年内启动了多传感器指挥控制飞机（MC2A）的研制计划，这种飞机以波音767－400ER飞机为平台，重点担负战场管理任务，今后将陆续取代现役的E－8C联合监视与搜索攻击雷达系统。年内首先就该系统使用的战场管理/指挥、控制、通信、计算机和情报系统的软硬件部分进行竞标。战场管理系统是多传感器指挥控制飞机的关键项目，其核心部分是地面活动目标指示系统（称为“螺旋”Ⅰ）。根据研制计划，第一阶段到2012年将有4架多传感器指挥控制飞机服役，机上配备空中作战中心和各种附加设备，可以与美国空军的全球打击特遣部队的行动相配合。第二阶段的时间表尚未确定，其目标是以多传感器指挥控制飞机取代现役的E－3空中预警机。第三阶段目标是使用多传感器指挥控制飞机取代现役的RC－135电子情报飞机。最终目标是在一架多传感

器指挥控制飞机上集成现有的 E－8C、E－3 和 RC－135 飞机的功能。

美国空军采购改进型 E－8C 联合监视与搜索攻击雷达飞机 据美国《防务新闻》2002 年 4 月报道，美国空军于 2002 年 4 月与诺斯诺普－格鲁曼公司签订了总价值 3840 万美元的合同，由诺斯诺普－格鲁曼公司将美国空军一架原来用于靶场试验的 EC－18 飞机改装成联合监视与搜索攻击雷达系统飞机（即 E－8C）。这架 E－8C 飞机是列装的第 17 架飞机，采用了第 20 批飞机的配置，为降低成本，改装工作利用了成熟的商用技术，主要是先进的商用处理器。此外，诺斯诺普－格鲁曼公司于同年 2 月，向美国空军交付了首架完成更换计算机系统的 E－8C 飞机。根据改装计划，美国空军现役的 10 架第 10 批 E－8C 飞机将陆续换装新型计算机系统，达到第 20 批的标准。换装后，可增加系统的可靠性与处理能力。

美国空军改进 EC－130 电子战飞机 据美国《航空周刊与空间技术》杂志报道，美国空军于 2002 年内开始全面改进 EC－130E。美国空军装备有 6 架 EC－130E 电子战飞机，编入美国空军国民警卫队第 193 特种作战联队。近年来，该联队海外部署频率较高，达到每年平均 10 次、年总部署时间 173 天的程度，装备老旧是该部队面临的主要问题。EC－130 飞机的主要改进内容包括：机体改为加长型的 C－130J 飞机，该机的型号相应改为 EC－130J，增加了任务设备的装载能力；换装数字式任务设备，设备更新率达到 30%，主要系统均采用计算机预编程控制，大幅度降低了系统操纵人员的工作负荷；调整天线位置，将飞机的总阻力减小 40%。首架 EC－130J 曾在阿富汗反恐战争中试用，配合美军第 4 心理战大队行动，展开对塔利班武装的心理攻势，取得了良好的效果，2002 年 10 月，EC－130J 电子战飞机正式装备美国空军特种作战部队。

美国改进 RC－135 电子侦察机 据美国《航空周刊与空间技术》杂志 20002 年 11 月 22 日报道，为满足日益增加的搜集敌方电子情报的需要，美国空军对 RC－135“铆钉枢纽”电子侦察机进行了全面改进。改进工作分三个阶段进行：第一阶段换装 F－108 发动机，总推力增大 71 千牛，飞机的载油量增加 15%，飞机的续航时间增加，并采取延寿措施，使飞机可以继续服役至 2020 年；第二阶段更新机上任务电子系统，主要为电子战军官、情报操作员和空勤维护机械师更换重要的任务设备，降低飞机的噪音，有助于缓解空勤人员的疲劳；第三阶段是更新航空电子系统，由原来的模拟系统更新为数字式系统，达到“玻璃座舱”的标准，并符合美国的全球空中交通管制的要求。

美国改进 EA－6B 电子战飞机的任务系统 EA－6B 是美国海军和美国空军共同使用的电子战飞机。据美国《防务新闻》2002 年 4 月报道，为提高 EA－6B 电子战飞机的作战使用与维护能力，美国海军于年内开始对该机的任务系统进行改进，改进内容主要包括：换装机载航空电子系统；更新飞机的战术任务保障系统，为战术飞机任务计划制定系统进行软件升级；加装战术信息与报知管理系统；更新电子战数据库；提高电子战系统的可编程能力，对干扰技术进行优化；加装先进的多任务战术终端设备和改进型数字式调制解调器。

美国加速进行 EA－18 电子战飞机的飞行试验 EA－6B 电子战飞机预计从 2008 年开始退役，为满足发展其后继机的需要，美国波音公司研制了 EA－18“空中电子攻击机（AEA）”。据美国《防务新闻》报道，这种新型专用战术电子战飞机的飞行平台为双座型 F/A－18F“超级大黄蜂”，核心任务系统为 AN/ALQ－99 电子干扰吊舱，攻击武器包括反辐射导弹和空空导弹。2002 年内，波音公司完成了 EA－18 飞机的多次试飞，主要测试加挂任务吊舱后飞机的噪音与振动，并评估飞机的品质。由于 EA－18 电子战飞机的平台与现役主战飞机通用，可显著降低该机的保障与训练费用，从而降低全寿命周期成本。根据计划，EA－18 飞机的发展计划将于 2003 年进入系统发展与验证阶段。

美国空军计划在 B－52H 的基础上改装大型电子干扰机 据美国《航空周刊与空间技术》杂志 2002 年 10 月报道，由于美国空军与美国海军共同使用的 EA－6B 电子干扰机将逐步开始退役，美国空军计划改装 B－52H 轰炸机，使之具备对敌人防空系统进行电子干扰的能力。美国空军计划在未来使用改装的 EB－52H 大型电子干扰机与具有信息攻击能力的无人驾驶飞行器配合，增强美国空军的电子战能力。

美国空军加速发展 RQ－4A“全球鹰”无人驾驶侦察机 综合美国《防务新闻》、《航空周刊与空间技术》与《简氏防务周刊》等杂志的报道，2002 年，美国空军共投资 6.29 亿美元，新采购 3 架 RQ－4A 无人驾驶飞机；同时，美国空军于 2002 年 4 月决定由诺斯诺普－格鲁曼公司对 2 架 RQ－4A 无人驾驶侦察机进行改进。改进型 RQ－4A 无人驾驶侦察机达到了该机发展计划的第二阶段 A 型和第二阶段 B 型的标准，主要是增加了无人驾驶飞机的起飞重量，改进机上集成传感系统的性能。经过改进后，RQ－4A 无人驾驶飞机提高了大范围的监视与侦察能力，优化了高空长航时飞行模式，可以提供实时的高分辨率侦察图像。年内，美国启动了海上侦察型的 RQ－4 无人驾驶侦察机的研制计划。为了发展 RQ－4A“全球鹰”的后继机，美国洛克希德－马丁公司于年内开始进行高空长航时突防无人机（PHAE）的预研，主要是增强高空久航无人驾驶侦察机克服俄制 S－300/－400 等远程防空系统威胁的能力，使之适应越来越复杂的信息战环境。

美国海军装备第 3 架 E－2C“鹰眼”2000 舰载空中预警机 据美国《防务新闻》2002 年 4 月报道，诺斯诺普－格鲁曼公司于 2002 年 4 月初向美国海军交付第 3 架 E－2C“鹰眼”2000 舰载空中预警机。这架飞机在制造中采用了先进生产技术，降低了生产成本，并使生产时间缩短了一个月。美国海军从 1999 年开始采购 E－2C“鹰眼”2000 空中预警机，总装备数量为 21 架，2004 年具备初始作战能力。

美国开始研制新一代 E－2C 空中预警指挥机 美国海军于 2002 年 1 月 4 日同诺斯诺普－格鲁曼公司签署了 E－2C“鹰眼”雷达现代化计划的第一阶段，即先期系统发展与演示阶段的合同。这标志着美国正式启动了总价值达 10 亿美元、将历时 10 年的 E－2C“鹰眼”雷达现代化计划，这项计划的结果是，将目前服役的 E－2C“鹰眼”2000 预警机，改装成性能更加优越的 E－2C“先进鹰眼”。先期系统发展与演示计划为期 12 个月，投资额为 4900 万美元，其主要任务是确定下一代 E－2C 空中预警机任务系统的体系结构，明确预警系统初步的性能指标。美国海军实施 E－2C“鹰眼”雷达现代化计划的主要目的是提高舰队的战区导弹防御能力。主要的改进内容是：用一种新型的固态电扫描特高频雷达，取代 E－2C 飞机上目前装备的“鹰眼”2000 雷达，具备探测战术弹道导弹的能力；拓展驾驶舱内副驾驶席位的功能，使副驾驶在完成飞机驾驶的同时，成为第 4 位任务系统操作人员；加装新型通信系统组件；换装新型敌我识别系统；更新任务计算机及软件。

美国研制 A160 无人驾驶旋翼机 2002 年初，根据与美国国防部高级研究规划署签订的技术验证合同，美国尖端系统公司推出新型 A160“蜂鸟”无人驾驶旋翼机，并在年内成功地进行了试飞。该机机身长 10.7 米，主旋翼直径 9.8 米，其航程大于常规有人驾驶旋翼机。A160“蜂鸟”无人驾驶旋翼机是一种多用途无人机，可以执行侦察、通信、对地突击和运输等任务，机上装备先进的数据链和卫星通信系统，可以将在空中搜集到的情报实时传递至地面指挥控制中心，同时也可以作为空中指挥控制平台，对其他无人驾驶飞机实施指挥。

菲律宾研制低空小型无人驾驶侦察机 菲律宾军方于 2002 年 2 月初宣布研制成功一种低空小型无人驾驶侦察机，这是菲律宾研制成功的第一种无人驾驶飞机，装备菲律宾陆军，主要用于保障地面特种作战部队在菲南部清剿阿布沙耶夫恐怖组织。机上装备有可见光照相机，由地面站遥控飞行。

法国空军改进 E－3F 空中预警机雷达系统 2002 年 2 月，法国空军与美国诺斯诺普－格鲁曼公司和波音公司签署了价值达 6100 万美元的改进工作合同，开始对法国空军现役的 E－3F 空中预警机的雷达系统进行改进，这是法国空军自 20 世纪 90 年代初使用 E－3F 空中预警机以来，对该机进行的最重要的一次改进。改进工作内容与美国正在实施的空中预警机雷达系统改进计划相同（具体内容可参见本年鉴之 2001 年版），除提高该机的雷达性能以外，重点增强了法国空军的 E－3F 飞机与美国、英国及其他北约成员国飞机的互通互联能力，既能提高法国空军的空中预警指挥能力，又能加强法国空军与北约联合作战的能力。

澳大利亚空军装备改进型 AP－3C 海上巡逻机 澳大利亚空军于 2002 年 2 月中旬接收了第一架经过现代化改装的 AP－3C 海上巡逻机，并在当月的新加坡航展上展出了这架新型海上巡逻机。新的 AP－3C 海上巡逻机的改进内容主要是加装了两种新的传感器，即一套电子支援系统和一部 EL/M－2022A 对海监视成像雷达（该雷达为 EL/L－8300 雷达的改进型），这两种新型传感器均由以色列飞机工业公司电子系统分公司研制。其中 EL/M－2022A 对海监视成像雷达具有很高的截获概率和灵敏度，并具有很强的抗干扰能力。同时，对该机的主要构件进行了加固，使 AP－3C 巡逻机可以延寿使用至 2015 年。澳大利亚空军共计将装备 2 架改进型 AP－3C 海上巡逻机，主要用于遂行反舰、反潜作战，专属经济区监控，海岸巡逻，护渔，搜索与救援等任务。

运输机与教练机 **美国空军对 C－12 运输机进行延寿改装** C－12 运输机是比奇 200“空中国王”飞机的军用型，主要作为美国空军的轻型运输机和公务机使用，美国空军现装备 27 架。2002 年 2 月 15 日，美国空军决定对 C－12 运输机进行延寿改装，使之能继续使用20年。改装的内容包括：利用先进的航空电子技术对座舱系统进行改进，使之达到“玻璃座舱”的标准；用3～5个数字式仪表取代原来的机械或模拟式仪表；航行仪表能与美国联邦航空局使用的全球空中交通管理系统兼容；更换新型发动机，节省油料并降低维护费用。上述改进内容有助于提高C－12运输机的安全性和可用性。

美国空军增购MC－130E/H空中加油机 据英国《国际飞行》2002年9月3日报道，为满足特种作战的需要，美国空军特种作战部队司令部决定增购一批空中加油机，保障特种作战直升机的空中加油需要。自2006年开始，美国空军特种作战部队空中加油机的需求量将达到54架。美国空军特种作战部队现有14架MC－130E加油机和28架由HC－130P/N型改装而成的MC－130P加油机，由于美国陆军第160特种作战营扩充，对直升机空中加油的需求量增加。根据计划，美国洛克希德－马丁公司负责将12架MC－130改装成直升机空中加油机。

美国改进型T－38C教练机列装 美国空军教育与训练司令部于2002年7月23日接收了第一批改进型T－38C教练机。T－38C教练机是T－38A的改进型，主要对航空电子系统和保障系统进行了改进，使该机的座舱基本接近于F－15E、F－16C/D等现役主力战斗机以及新一代的F－22战斗机的玻璃座舱的水平。换装T－38C教练机，可以进一步降低新飞行员改装战斗机的难度，有利于缩短改装周期并降低训练成本。根据美国空军的列装计划，T－38C将成为美国空军新的主力教练机，全面应用于三个层次的飞行训练，即飞行学员的驾驶术训练、新飞行员的战斗机战术训练以及飞行教员的训练。美国空军将有454架T－38A教练机改装成T－38C，改装工作由波音公司承担。除改装飞机外，为提高训练效益，部队还将装备3种T－38C的飞行模拟器：带40°视场的显示器以及教员操纵台的部队训练装置；全动式飞行模拟器；提供真实空战模拟的武器系统模拟器。

中国台湾开始研制新型喷气式教练机 中国台湾汉翔航太公司于2002年5月宣布开始研制下一代喷气式教练机，以取代台湾空军现役的F－5F教练机。目前台湾有关方面尚未公布下一代喷气式教练机的技术指标。但是，汉翔航太公司承担了台湾IDF战斗机的研制任务，因此，台湾下一代喷气式教练机在很大程度上将利用IDF战斗机的成熟技术，在IDF战斗机的基础上研制教练型飞机。从台湾空军实际需要看，下一代喷气式教练机仍将具备一定的空战或对地突击能力，总需求量不超过200架。

巴西EMBRAER－314教练机投产 巴西航空工业公司在2002年2月的新加坡航展上宣布，该公司研制的EMBRAER－314军用教练机投产，已有76架正式订货和23架意向订货。EMBRAER－314军用教练机于1999年6月2日首飞成功，机上装1台PT6A－68C涡轮螺旋桨发动机，功率为1600轴马力，发动机的控制采用了先进的全权数字式电子调节系统，具有短距起降的良好性能；装备马丁－贝克公司研制的MK－10LCX弹射座椅，具备零高度－零速度弹射救生能力；环境控制系统和氧气系统为飞行员提供了舒适的驾驶环境；翼下和机身下部共有5个挂架，外挂量为1500千克。从总体上看，EMBRAER－314军用教练机既可提高训练效率，又能节省训练经费。

新西兰皇家空军改进C－130H运输机 据美国《防务日报》2002年11月20日报道，新西兰国防部决定放弃以5亿美元购买5架C－130J运输机的计划，转为改进现役的5架C－130H，并从美国波音公司购买2架新型波音757－200运输机。新西兰皇家空军运输机发展计划是2001年10月启动的。基于成本－效益的综合分析，新西兰国防部最终确定了C－130H运输机改进延寿15年的方案，以较少的投入增加运输机部队的可靠性和可用性。运输机改装计划的总投资在5000万美元至8400万美元之间，改装工作预计于2004年开始，历时2～4年。

机载武器系统 精确制导武器是机载武器系统的发展重点，而全球定位系统制导已经成为精确制导武器的基本技术标准。一些国家仍然库存有大量非精确制导武器，因此在非精确制导武器上加装制导组件，将其改装成精确制导武器，就成为发展精确制导武器的一种经济高效的方式。这方面成功的例子就是美国的联合直接攻击炸弹。2002年内，美国联合直接攻击炸弹制导组件的订货额就高达10亿美元。按照计划，到2004年制导组件的交付量将超过70000套、最多可达到87000套。由于在阿富汗战争中成功地运用，联合直接攻击炸弹制导组件的月生产量年内已经由2000套稳定增长至5000套。这表明，联合直接攻击炸弹将是美军主要投射的机载精确制导武器。

美国研制联合直接攻击炸弹的新型精确近炸引信 美国空军于2002年2月底与阿利安特技术系统公司签订了价值2370万美元的合同，由后者研制供联合直接攻击炸弹使用的新型DSU－33B/B精确近炸引信。DSU－33B/B精确近炸引信实际上是一种全天 候的近炸传感系统，它由电池供电工作，它可以控制联合直接攻击炸弹在接近至地面一定高度时起爆，目的在于提高联合直接攻击炸弹的使用效能。联合直接攻击炸弹在低空或高空投射时均可使用该型精确近炸引信。

美国空军完成小圆径联合直接攻击炸弹的试验 综合美国《航空周刊与空间技术》杂志和英国《国际飞行》杂志报道，美国波音公司和美国空军于2002年底在F-16战斗机上完成了225千克级的Mk82联合直接攻击炸弹的试验。小圆径联合直接攻击炸弹定型为GBU-38型，2004年开始交付美国空军。小圆径联合直接攻击炸弹用于装备B-2A轰炸机，一架飞机可携载80枚联合直接攻击炸弹，因此，可以大幅度提高B-2A轰炸机一次进入对多个目标的突击能力。小圆径联合直接攻击炸弹也用于出口，英国皇家空军已经决定采购这种炸弹。

美国加速发展温压武器 综合美国《航空周刊与空间技术》和《防务新闻》报道，为了满足打击城市坚固目标以及洞穴目标的需要，美军于2002年加速研制新型装填温压炸药的突击武器。温压炸药在作用机理上可以在局部范围内产生持久的超压和高温，以此对目标产生杀伤作用。由于温压材料在发生作用时是耗氧的，在洞穴或狭小空间内爆炸时，其杀伤力会明显增强。2002年美国海军陆战队和美国陆军都对温压武器展开了全面研究。美国陆军研制了带温压装填炸药穿透战斗部的AGM-114空地导弹。

俄罗斯积极研制新型滑翔炸弹 俄罗斯“玄武岩”国家科学生产联合企业于2002年初开始在FAB-500M62航空炸弹的基础上研制一种新型的可在防空区外投放的滑翔炸弹。这种炸弹在现有弹药的基础上加装了翼展达2米的折叠式弹翼和航迹调整系统。该型炸弹基本性能类似于美国的JASSM，炸弹的有效射程为6~15千米。

英国皇家空军装备首批先进近距空空导弹 2002年2月，英国皇家空军部队的“旋风”F.3截击机部队装备了首批先进近距空空导弹（ASRAAM）。先进近距空空导弹的主要特点是采用了基于软件的红外成像导引系统，可以有效地对付红外干扰和红外诱饵。

英国积极研制机载定向能武器 据美国《航空周刊与空间技术》杂志报道，英国在2002年研制并试验了装备无人驾驶飞机或防空区外巡航导弹的定向能武器，部分试验项目是在美国进行的，有些武器已经具备列装条件。英国研制的机载定向能武器主要是高能微波武器，用于打击的目标主要是指挥、控制与通信系统，以及防空体系。美国的研制思路是由有人驾驶飞机携载机载激光器，而由无人驾驶飞机携载高能微波武器，使用高能微波武器破坏有人驾驶飞机先进的电传操纵系统，导致飞机操纵失灵。

（王明志）

战略导弹

综述 2002年，各战略导弹拥有国继续调整自己的核战略。5月24日，俄罗斯总统普京和美国总统布什在莫斯科签署了俄美关于削减进攻性战略力量条约。条约规定，2012年12月31日前，每一方的战略核弹头的总数量不超过1700~2200枚，每一方在规定的数量内自行决定本国进攻性战略武器的构成；为了实施该条约，双方每年至少召开两次双边委员会；条约的有效期限为2012年12月31日，可以根据双方协议延长，或者在条约期满前由随后的协议代替；每一方都可退出本条约，但需提前3个月书面通知对方。美国：1月8日，美国防部向国会提交《核态势审议报告》，对核战略作了重大调整；6月13日正式退出反导条约，12月14日宣布部署导弹防御系统。与此同时，提出了全面威慑核战略，强调建立攻防一体的战略力量，谋求全面优势；扩大战略力量的作用范围，实施全方位威慑；核打击与常规打击相结合，强调战略打击手段的多样化。新的核战略主张削减核弹头，同时研制开发国家导弹防御系统。包括在今后10年内，将部署的战略核弹头削减到1700~2200枚左右；将三叉戟核潜艇舰队由目前的18支减少至14支；拆除50个洲际弹道导弹发射井等。俄罗斯：坚持“现实威慑核战略”，提升核武器在国家安全战略中的地位，把核武器作为遏制大规模入侵的主要手段；降低核威慑战略目标，使威慑目标多样化；采取多种措施，加强核力量运用战略的有效性；在战略核武器的发展上，强调用“危机稳定性”规划核力量规模。英国和法国也对自己的核力量进行了调整。英国坚持“最低限度威慑”核战略，发展战略核力量，保持欧洲军事强国地位；既重视与美国的核合作，又坚持核力量的独立性；以摧毁对方大城市为基本目标，强化核威慑的有效性。法国坚持“有限威慑”核战略，坚持核力量的独立性，强调核力量的威慑作用，不承担不首先使用核武器的义务，同时进行核武器模拟试验。印度加紧筹备成立战略核司令部，积极进行核武器的研制与开发，不断推进核武器化进程，印度外交国务部长阿卜杜拉称，虽然印度向国际社会作出了承诺不首先使用核武器，但如果遭到核攻击，印有权进行反击。巴基斯坦加强核武器的指挥与管理，继续发展核力量。

陆基弹道导弹 陆基弹道导弹是美俄“三位一体”战略进攻性核力量的重要组成部分，双方在削减陆基弹道导弹的过程中，仍在加紧其现代化步伐，与此同时继续寻求这些导弹在商业领域中发挥作用。

洲际弹道导弹 2002年，美、俄洲际弹道导弹的发展仍以机动部署取代地下井部署、改进现有导弹以适应民用航天需要为重点，同时继续加固导弹地下井，提高其生存能力；印度加紧研制洲际弹道导弹。

美国成功试射“民兵”Ⅲ洲际弹道导弹 2002年9月19日，美国空军进行了一次导弹试验，一枚未装弹头的“民兵”Ⅲ导弹从位于范登堡空军基地的地下井中发射，30分钟后击中了马绍尔群岛上的预定目标。美空军在声明中表示，这次试验旨在测试发射系统以及导弹的准确度和可靠性。

美国“民兵”Ⅲ洲际弹道导弹将使用MK21弹头 据中国《现代军事》2002年4月报道，根据美国防部最新出台的《核态势审议报告》，美国防部将从2002年开始将“和平卫士”导弹的弹头拆除，并将其用于“民兵”Ⅲ导弹。安装“民兵”Ⅲ弹头的计划被称为安全增强再入飞行器计划。美洲际弹道导弹各项改进与现代化计划的主承包商TRW公司，将负责从“和平卫士”上拆除MK21弹头，并安装到“民兵”Ⅲ导弹上。MK21是美目前最新型和最可靠的弹头。

美国“和平卫士”导弹正式退役 据中国《现代军事》2002年12月报道，美国50枚“和平卫士”导弹从2002年10月3日起正式退出现役。美总统布什曾于2001年11月宣布将这些导弹退役。根据美俄《莫斯科条约》的规定，美国将把目前的6000枚核弹头削减到1700～2200枚，其中包括削减“和平卫士”导弹所携带的500枚。

俄罗斯将对SS－18洲际弹道导弹进行检修和改造 2002年8月20日，俄罗斯宣布将对144枚最具威力的洲际弹道导弹进行彻底的检修和改造，延长它们的服役期限。这是俄罗斯自美国宣布退出《反导条约》以来，对其核武库进行改造的第一个最具实际意义的措施。这144枚弹道导弹（每枚能携带10枚弹头）原计划将在2007年前被拆除。俄战略火箭兵司令尼古拉·索洛夫佐夫上将称，重新改造和升级后的导弹至少可服役到2014年。8月29日，俄罗斯国防部长伊万诺夫表示，在《第二阶段削减战略武器条约》规定的最后期限即将到来之际，俄仍将继续保留其多弹头分导洲际弹道导弹，并使其作战能力能够保持到2016年。

俄罗斯成功试射SS－25洲际弹道导弹 2002年10月12日，俄罗斯战略火箭兵部队成功试射了SS－25（“白杨”）洲际弹道导弹。该导弹从普列谢茨克航天发射场发射，击中了7000千米外俄远东地区堪察加半岛上的目标。俄战略火箭兵部队发言人说，这次试射是战略火箭兵部队军事训练计划的一部分。该型号导弹在俄军队已服役15年，俄战略火箭兵定期对其进行试射，以检验导弹的可靠性。

俄罗斯成功试射SS－27洲际弹道导弹 2002年6月6日莫斯科时间15时20分，俄罗斯战略火箭兵成功地在俄西北部的普列谢茨克发射场，发射一枚SS－27（“白杨”－M）洲际弹道导弹，该导弹准确击中了位于俄东部勘察加半岛上的“库拉”靶场目标。俄通社－塔斯社报道，俄战略火箭兵新闻处官员指出，俄方按预定计划实施了此次试射，目的是检验SS－27导弹各系统的工作性能和导弹的飞行技术特点，此次试射前的准备工作以及导弹的发射和飞行均十分成功。试射结果显示，SS－27导弹的内部电路和结构设计是正确的，俄导弹专家和战略火箭兵均保持了极高的专业技术水平。SS－27导弹是俄目前拥有的最先进的洲际弹道导弹。

乌克兰解散装备SS－24洲际弹道导弹的第43火箭军 2002年8月20日，乌克兰国防部长什基琴科宣布解散乌克兰武装部队第43火箭军。什基琴科表示，第43火箭军的解散标志着乌克兰销毁战略核武器的工作已接近尾声。第43火箭军于1960年8月20日根据原苏联战略火箭部队司令的命令成立。1992年4月5日，该火箭军并入乌克兰武装部队。该火箭军曾装备SS－24洲际弹道导弹。根据美苏达成的削减和限制进攻性战略武器条约，乌克兰第43火箭军共向俄罗斯移交了1272枚核弹头，卸载了1.3万吨火箭液体燃料，销毁了175个火箭发射井和17个指挥所。

以色列称已有能力向全球任何目标发射导弹　据以色列《国土报》2002年6月26日援引以色列技术学院阿舍尔研究所所长杰尔曼的话说，以色列5月28日成功发射奥菲克Ⅴ型卫星后，已具备向世界任何目标发射导弹的能力。以色列将奥菲克Ⅴ型卫星送上轨道的“沙维特”火箭是在“杰里科”地对地导弹基础上研制开发的。以色列航天专家说，如果将“沙维特”火箭用于弹道导弹，其射程将达到7200千米，可将重量为775千克的弹头射向4000千米以外的目标。

中程弹道导弹　2002年，俄罗斯继续探索利用中程弹道导弹进行航天发射，而第三世界国家则继续研制、试验中程弹道导弹。

印度成功试射“烈火”中程弹道导弹　据印度报业托拉斯2002年1月25日报道，印度军方当天成功试射了一枚印度自行开发的“烈火”Ⅱ中程弹道导弹。据报道，这枚导弹是在当地时间8点50分左右从印度东部奥里萨邦沿海的惠勒岛试验场发射的，印度国防部长费尔南德斯和军方高级官员亲临现场观看。“烈火”Ⅱ中程弹道导弹自1989年5月以来已进行了6次试射，最近两次成功发射分别是在1999年4月和2001年1月。2001年5月底，印度政府宣布“烈火”Ⅱ导弹已可投入生产。但印度外交部称，此次发射的“烈火”导弹只是射程小于700千米的短程“烈火”Ⅰ导弹，而且这次试射没有任何政治含义。巴基斯坦外交部发言人针对印度试射导弹发表声明说，印度此举不利于南亚地区的稳定。

印度展示“烈火”Ⅱ中程弹道导弹　据新华社新德里2002年1月26日电，1月26日，印度全国在高度警戒中庆祝第52个共和国日，印度自行研制的“烈火”Ⅱ中程弹道导弹在阅兵游行中首次对公众亮相。此种型号的导弹采用二级固体燃料推动系统，长20米，重16吨，载荷1吨，射程达2000千米，既可携带常规弹头，也可携带核弹头。

巴基斯坦成功试射“高里”中程弹道导弹　2002年5月25日，巴基斯坦成功试射了一枚由本国自行研制的“高里”地对地中程弹道导弹。导弹试射于当地时间9时30分进行。巴基斯坦军方在试射成功后发表新闻公报说，这是巴第三次试射“高里”系列导弹，巴试射导弹是基于为国家安全而保持最低威慑力的基本国策。此外，巴基斯坦还分别于5月26、28日成功试射了射程为290千米和射程为180千米的地对地导弹。印度政府在巴导弹试射成功后作出反应，称对此“并不特别关注”。

表一　现役洲际弹道导弹主要性能表

国家	导弹型号	级数	推进剂	长度（米）	直径（米）	弹头数×当量（万吨）	射程（千米）
美国	“民兵”Ⅲ	3	固体	18.3	1.7	3×33.5	11250
	“和平卫士”	3	固体	21.5	2.4	10×33	12000
俄罗斯	SS-18	2	液体	35.0	3.0	10×50	11000
	SS-19	2	液体	25.0	2.7	5×50	10000
	SS-24	3	固体	21.0	2.0	10×50	10000
	SS-25	3	固体	18.0	1.8	1×50	10000
	SS-27	3	固体	22.7	1.9	1×100	8500

海基弹道导弹　海基弹道导弹是“三位一体”战略进攻性核力量中生命力最强的一种，美、俄、英、法、印等国均十分重视发展海基战略核力量。

美国海军进行“三叉戟”Ⅰ潜射弹道导弹试验　2001年12月19日，美国海军发射了3枚“三叉戟”Ⅰ潜射弹道导弹，在12月初，海军已发射了4枚该型导弹。导弹是位于佛罗里达州卡纳维拉尔角以东的试验靶场的“俄亥俄”级弹道导弹核潜艇SSBN726号发射的。美海军通过这一系列导弹发射以监测该型导弹的安全性、可靠性、战备状态及武器系统的性能。目前，美国海军共有6艘核潜艇装备该型导弹，该型导弹计划2005年退出现役。在过去25年中，该型导弹共进行过225次试验和作战发射试验，成功率为89%。

美国海军订购“三叉戟”Ⅱ潜射弹道导弹　据中国《现代军事》2002年3月报道，美国海军与洛克希德-马丁公司航天系统分部签订了一项价值2.48亿美元的合同，内容包括订购12枚“三叉戟”Ⅱ（D-5）导弹和对已装备的“三叉戟”Ⅱ（D-5）导弹实施延寿计划。这批导弹计划2004年交付美海军，装备SSBN730、731、732、733这4艘“俄亥俄”级弹道导弹核潜艇，这些潜艇现装备的是“三叉戟”Ⅰ（C-4）导弹。依据“三叉戟”Ⅱ（D-5）导弹延寿计划，美国海军将购买更多的火箭发动机和关键部件，使该型导弹的作战寿命延长到2040年。自1987年开始批量生产以来，美海军已采购了396枚“三叉戟”Ⅱ（D-5）导弹。

俄罗斯成功试射潜射弹道导弹 2002年10月12日，俄海军北方舰队和太平洋舰队分别在巴伦支海和鄂霍次克海从核潜艇上成功地试射了两枚潜射弹道导弹。俄国防部官员称，此次试射的目的是“检验俄武装部队军事作战的效率”。但该官员未透露此次发射导弹的具体型号。

俄罗斯装备SS-N-20的新型核潜艇服役 2002年6月26日，俄罗斯国防部长谢尔盖·伊万诺夫参加了俄海军最新一艘战略导弹核潜艇在北德文斯克造船厂举行的下水仪式。该潜艇是在俄罗斯第三代战略导弹核潜艇“鲨鱼”级的TK-208号（北约称为“台风-1”级）基础上改进完成的，并正式命名为“德米特里·东斯科伊”号，是目前世界上最大的核潜艇，属于第四代。“德米特里·东斯科伊”号核潜艇装备有20枚SS- N-20弹道导弹，每枚可携带10个核弹头，最大射程可达1万千米。据有关专家测算，这些弹道导弹可以覆盖距离1万千米、面积7000平方千米范围内的200个大型地面目标，其火力比10个SS-27导弹团还要强。“德米特里·东斯科伊”号核潜艇是有史以来人类建造的最大的核潜艇，它长172米，宽22.8米；水下排水量5万吨，水下航速30多节；最大潜深500米，工作潜深380米；续航能力120昼夜；乘员163～170人。到目前为止，“鲨鱼”级核潜艇共建造了6艘，均于20世纪80年代下水。其中，TK-208号艇在20世纪90年代初因导弹事故而进行维修和现代化改装。由于俄经济近年不景气，军队预算大幅削减，致使原计划用5年时间改造完成的“德米特里·东斯科伊”号核潜艇的下水拖延至2002年。

战略巡航导弹 战略巡航导弹机动灵活，超低空突防能力强，美、俄均十分重视其发展，以色列继续开展战略巡航导弹的开发研制工作。

俄罗斯进行巡航导弹发射训练 2002年3月1日，俄罗斯战略轰炸机进行了从空中向地面目标发射巡航导弹的演习。演习时，2架图-95战略轰炸机从远程空军机场起飞，沿复杂的航线飞行了6个小时，成功地从空中向位于俄西北地区的地面实验场目标实施了巡航导弹打击，并准确地击中了“目标”。据俄罗斯官员称，此次发射的巡航导弹可携带核弹头，但未透露具体型号。据报道，这次演练是为了检验俄空军打击假想敌在西北地区“大规模空中侵犯”的作战能力。

表二 现役海基弹道导弹主要性能表

国家	导弹型号	级数	推进剂	长度（米）	直径（米）	弹头数×当量（万吨）	射程（千米）
美国	“三叉戟”Ⅱ（D-5）	3	固体	13.59	2.11	8×47.5	11000
俄罗斯	SS-N-8	2	液体	12.9	1.65	1×100	7800
	SS-N-18	2	液体	14.0	1.8	7×20	7000
	SS-N-20	3	固体	15.0	2.0	9×10	8300
	SS-N-23	3	液体	16.9	1.8	6×25	8500
法国	M-20	2	固体	10.7	1.5	1×100	3000
	M-4	3	固体	11.05	1.93	6×15	6000

法国开发新型巡航导弹 据中国《解放军报》2002年2月27日报道，法国将开发新型巡航导弹，并从2011年开始装备法国海军。法国国防部正在制定经费达7.85亿欧元（6.91亿美元）、数量为250枚导弹的计划。海军的这种巡航导弹，将以机载型导弹为基础，与完全开发一种新导弹相比，生产成本较低且从设计到投产的时间也更短。

乌克兰将销毁一批巡航导弹 新华社基辅2002年8月5日电，乌克兰决定在未来两年半之内销毁一批X-22巡航导弹，装载该型导弹的图-22重型轰炸机也将同时被销毁。乌克兰执行削减战略进攻性武器条约中心负责人米佳耶夫8月5日说，目前存放在尼古拉耶夫、奥泽尔涅和波尔塔瓦军用机场的约30架图-22重型轰炸机和200余枚X-22巡航导弹将在两年半之内被销毁。销毁工作将严格遵守1993年乌克兰和美国签署的关于在销毁进攻性核武器和防止大规模杀伤性武器扩散方面向乌克兰提供援助的协议。米佳耶夫说，销毁以后的飞机和导弹将作为金属废件出售，所得收入将列入军人的社会保障金。此前，乌克兰共销毁了38架图-160和图-95MC战略轰炸机以及487枚X-55空基巡航导弹。乌还向俄罗斯交付了8架图-160、3架图-95MC战略轰炸机和581枚导弹用以偿还天然气债务。

印度成功试射超音速巡航导弹 据新华社新德里2002年4月28日电，由印度与俄罗斯共同研制的“布拉莫斯”超音速巡航导弹当日在印度东部奥里萨邦巴拉索尔武器试验场试射成功。据印度有关官员介绍，“布拉莫斯”巡航导弹长8米，直径为670毫米，重3吨，可以携带200千克常规弹头，由固体燃料推进，射程为290千米。这种巡航导弹可以从军舰和潜艇上发射，改型后也可从战机上发射。从军舰上发射，速度为2马赫，导弹飞行高度可达到14千米。它也可以贴近海平面或地平面飞行，但射程只能达到120千米。

（任　杰）

弹道导弹防御武器系统

综述　2002年，布什政府继续调整美国的弹道导弹防御计划，制定新的发展战略，实施各种防御技术试验，并谋求部署初始防御能力，弹道导弹防御技术的发展出现了一系列新的动向。

继续调整和推进导弹防御计划　布什政府2002年对导弹防御计划进行了全面调整，按导弹飞行阶段将防御系统划分为助推段防御系统、中段防御系统和末段防御系统，各段防御系统研制试验与采办分工明确，大大推进了整个防御计划的落实。2002年1月2日，国防部长拉姆斯菲尔德签发《导弹防御计划指令》，正式把“弹道导弹防御局”（BMDO）更名为“导弹防御局”（MDA），并要求在导弹防御局的领导下，建立单一的导弹防御计划，发展一体化的导弹防御系统。指令还确定了导弹防御计划的4个重点：①保卫美国、美军以及盟友免遭有限的导弹攻击；②利用实施多层防御的弹道导弹防御系统，拦截在各个阶段飞行的、各种射程的导弹；③能够尽可能快地让各军种部署整个弹道导弹防御系统中的各组成部分；④发展和试验技术，利用样机进行试验，如果必要可用其提供初始的防御能力，并通过嵌入新技术，不断提高已经部署能力的有效性。

2002年12月17日，布什以导弹防御技术取得进展和维护美国的国家安全为由，宣布他已经采取另一重大举措，指示美国国防部，以正在建设中的“太平洋试验台”为基础，着手在2004～2005年部署初始的一组导弹防御能力，包括在阿拉斯加的格里利堡和加利福尼亚州的范登堡空军基地两个地点部署20枚地基拦截弹，用于防御在中段飞行的洲际弹道导弹；在3艘“宙斯盾”军舰上部署20枚“标准”－3拦截弹，用于防御在中段飞行的近程和中程弹道导弹；增加部署“爱国者”PAC－3拦截弹，用于防御在末段飞行的近程和中程弹道导弹。美国国防部承认，所部署的这些系统只有“适度”的防御能力，但将作为以后部署改进的、多层导弹防御能力的起点。未来将通过增加已部署系统的拦截弹数量，增加部署正在研制中的“战区高空区域防御”系统和机载激光武器系统，发展地基和海基通用的助推段与中段防御拦截器，发展和试验天基防御系统，特别是天基动能拦截弹和先进的目标跟踪卫星，不断改进和提高防御能力。

开始不受限制地试验各类防御技术　2002年，美国开始不受《反弹道导弹条约》限制进行试验，并将其导弹防御系统的研制试验，按照末段防御系统、中段防御系统和助推段防御系统划分。整个飞行试验取得了一定进展，但是试验并没有达到预期目的。

“爱国者先进能力－3”（PAC－3）作战飞行试验成效不佳。　继2001年完成工程研制并开始部署之后，美国导弹防御局于2002年进行4次PAC－3系统的作战飞行试验。由于PAC－3拦截弹的4次作战试验都没有获得圆满成功，美国国防部不得不暂缓全面投产，并准备再进行3次作战试验。到2002年12月，美陆军仅装备53枚PAC－3拦截弹。但是，为了准备攻打伊拉克，美国国防部在12月2日决定加速采购PAC－3拦截弹，将原计划到2004年底只采购179枚PAC－3拦截弹，改为采购238枚。美国导弹防御局声称，PAC－3系统在作战试验中出现问题的原因已经找到，主要是由于质量控制不严引起的。

中段防御系统试验成效显著。　继2001年成功进行2次地基中段拦截飞行试验之后，美国导弹防御局在2002年又对该系统进行了3次拦截飞行试验：“第8次综合飞行试验”（IFT－8）、“第9次综合飞行试验”（IFT－9）和“第10次综合飞行试验”（IFT－10）。IFT－9试验是美国正式退出《反弹道导弹条约》之后对地基中段防御系统进行的第一次试验。在这次试验中，美国不受限制地让1艘“宙斯盾”军舰参加了试验，用“宙斯盾”雷达跟踪目标。在IFT－10试验中，美国又进一步让“战区高空区域防御”（THAAD）系统的雷达和首架机载激光武器飞机也参加了试验。

2002年是海基中段防御系统取得重大进展的一

年。美国导弹防御局先后对该系统进行了3次拦截试验，均获得成功。前两次是利用“标准”-3拦截弹在大气层外拦截下降飞行中的弹道导弹靶弹；而第3次拦截试验则是利用“标准”-3拦截弹在大气层外拦截上升飞行中的弹道导弹靶弹，是美国第一次进行的上升段拦截试验。

助推段防御系统试验取得技术突破。 助推段防御系统包括机载激光武器、天基激光武器、地基与海基动能拦截弹和天基动能拦截弹。2002年7月18日，美国的第一架机载激光武器样机——改进的“波音-747”飞机，成功地进行了首次飞行，共飞行1小时22分，向着在2004年试验拦截导弹的方向又迈进了一步。6月和7月，美国还相继在飞机上试验了助推段动能拦截弹的关键技术——先进导引头技术，分别观测了“大力神”-2液体火箭和“民兵”-3固体导弹的助推飞行，增强了美国发展助推段防御动能拦截弹的信心。

进一步加强与盟国的合作 布什政府废除《反弹道导弹条约》，不仅为美国无条件地进行导弹防御试验提供了便利，也为美国进一步加强与盟国的合作敞开了大门。2002年里，美国进一步加强与盟国的合作：与以色列签署了在美国联合生产“箭”式导弹防御系统的备忘录，为向包括印度在内的一些国家出售这种防御系统，扩大与盟国的合作铺平了道路；进一步推动与日本在导弹防御方面的合作，试图尽快把双方的合作从研究阶段推向研制与部署阶段；正式向英国和丹麦政府提出要求，改进部署在这两个国家领土上的预警雷达。此外，美国也在谋求与俄罗斯建立合作的途径，包括扩大军事演习、共享预警数据和探索联合研究与发展导弹防御技术的可能性。

导弹防御系统计划

美国防部将弹道导弹防御局改名为导弹防御局 美《国防部内情》2002年1月3日报道，根据美国防部长拉姆斯菲尔德2002年1月2日提交的一份《导弹防御计划指令》，美国防部弹道导弹防御局（BMDO）改名为导弹防御局（MDA），由空军中将罗纳德·卡迪什任局长。该指令提出，由于导弹防御系统的开发、作战和使用具有特殊性，因此需要在采办和需求生产方面使用非常规的方法。根据新的职责划分，卡迪什可以不经过传统的合同和投标程序而确定防务合同厂商和研究实验室。此外，他还负责各种导弹防御系统的测试和评估。卡迪什将负责导弹防御系统研究和开发的计划预算，各军兵种则负责防御系统的采办预算。导弹防御系统计划将按开发、过渡、采购和使用三个阶段进行管理。MDA将负责管理前两个阶段，而各军兵种负责管理最后一个阶段。卡迪什确认某个系统已通过了开发阶段，他将有权建议该系统进入过渡阶段。只有当该系统准备进入采购阶段时，才需要通过国防部采办委员会的批准。

美国会调查国防部导弹防御系统试验结果 英国独立网站2002年3月1日报道，2001年美国导弹防御计划进行的2次试验都以成功拦截目标而结束，取得巨大胜利，从而使总共5次拦截试验中有3次实现直接碰撞目标。对于这些“成功”，美国内有人提出质疑，认为地基中段防御计划的两个主承包商TRW公司和波音公司都有技术掩盖行为，它们都受到伪造数据、掩盖事实的指控。实际上，它们所研制的系统并不能将弹头和诱饵区分开来。美国会总审计局正在对此进行调查。据称，看过飞行试验数据的科学家们感到困惑，因为至关重要的几秒钟数据看来都从试验报告中删除了。从试验后不久公布的记录数据来看，只有18秒钟的数据留在了波音公司提交的审查报告中，拦截弹最后飞行11秒钟的关键数据不在其中，而且9个诱饵有1个不在报告的图表里。麻省理工学院教授西奥多·波斯托尔看过这些数据后发现，在未列入报告的几秒钟，拦截器跟踪了各个假目标，而没有跟踪上弹头。伴随弹头的假目标是大小不同的“气球”。由于不能确定系统识别气球和弹头的能力，承包商就把各个物体的动态特性数据输入系统计算机里。后来还发现，另外2个气球仍被识别算法优先选择为弹头。2001年的导弹试验只包括1个诱饵，即1个比弹头大6倍的气球。由于导弹防御局“告诉”制导计算机，弹头是2个目标中比较小的那个，结果就成了简单地选择2个明亮红外光源中较暗淡的一个并予以拦截。承包商曾许诺所研制的系统能够可靠地从任何“威胁云”中辨别出弹头。

美国防部计划升级导弹跟踪系统 美国《每日航宇》2002年3月4日报道，据美国工业和国防部门的官员透露，在今后5年内国防部计划斥资最少6.2亿美元来替换冷战时期部署的用于追踪外国试射弹道导弹的“眼镜蛇-Judy”雷达系统。负责该项目的官员称，装载该雷达的舰船服役已达30年，使用寿命将尽，原有系统必须尽快更新，雷达本身和舰船都需改进以提高能力。“眼镜蛇-Judy”使用一个S波段相控阵雷达和一个X波段反射雷达，两套系统都是雷声公司的产品，安装在美国海军站的观察岛上。自从冷战时期部署完成以来，“眼镜蛇-Judy”一直与安装于阿拉斯加的“眼镜蛇-Dane”雷达共同工作，跟踪由前苏联导弹测试区飞来的再入飞行器并分析其导弹的能力，同时也用来跟踪中国和朝鲜试射的导弹。虽然具备能力，但目前美国政府并不打算将该雷达系统并入国家导弹防御（NMD）系统。目前，导弹防御局（MDA）的发言人称，国防部准备从现在到2007财年之间申请6.2亿美元的升级资金。整个升级项目预计耗资5亿至10亿美元，如果使用机载替代装置，实际金额还要更多。

美2003财年导弹防御经费预算达75亿美元 美《国防部内情》2002年3月8日报道，2002年3月7日，美国参议院军事委员会战略小组委员会就国防部导弹防御局（MDA）2003财年预算举行听证会。由导弹防御局局长卡迪什中将陈述2003财年的预算安排，主要分为弹道导弹防御系统（BMDS）、末段防御系统、中段防御系统、助推段防御系统、探测器系统和技术6个部分。2003财年BMDS部分的经费达11亿美元，主要对末段防御系统、中段防御系统、助推段防御系统和探测器系统的部件进行定义、选择、试验、集成和演示，满足弹道导弹防御系统总体工作而不是特定部件或项目的需要。末段防御系统部分的经费为11亿美元，用于“战区高空区域防御”（THAAD）系统、“爱国者先进能力－3”（PAC－3）系统、中程防空系统（MEADS）、海基末段概念定义部件的研制和升级，以及MDA承担的“箭”式导弹防御系统可部署能力项目。2003财年中段防御系统部分的经费预算近32亿美元，主要用于地基中段防御系统（GMD）和海基中段防御系统（SMD）的研制、试验和升级。助推段防御系统部分2003财年的预算为7.97亿美元，用于发展动能和定向能助推段拦截（BPI）系统的导弹防御能力。探测器系统部分预算为3.73亿美元，主要包括天基红外系统低轨部分（SBIRS－low）和俄美观测卫星（RAMOS）项目。技术部分2003财年预算为1.22亿美元，重点为探测器和未来导弹防御平台上武器的研制，同时为保证弹道导弹防御系统的发展，先期技术研制工作将以末段导弹防御、中段对抗措施的反制、助推段拦截（BPI）和全球防御为重点。

美国将不再公开导弹防御飞行试验数据 美国《每日防务》2002年5月15日报道，由于导弹防御系统飞行试验内容日趋复杂，为防止一些敏感数据落入潜在敌国之手，危及技术发展和国家安全，美导弹防御局决定在今后的地基中段防御项目的飞行试验中，所有与拦截目标及对抗措施相关的数据都将被定为机密级，不再对外公开，但试验日期和结果仍会继续公布。据称，美今后的导弹防御飞行试验在目标设置、气球诱饵使用数量与类型，以及来袭目标的方位等方面都将有所变化。

美国研发导弹防御战场管理系统 美国《防务新闻》2002年9月4日报道，根据美国防部导弹防御局修正的一项1.32亿美元的合同，由洛克希德－马丁公司领导的一个小组将继续研发导弹防御系统中的战场管理、指挥、控制与通信系统（BM/C2/C）。这项授权工作将延伸到2003年12月，包括战场管理、指挥、控制与通信系统的设计和安装。根据合同项目要求，这种战场管理系统的运转结构将把美国现有的各个单独的导弹防御系统中的传感器、武器系统和指挥与控制系统链接起来。

美国决定2004年开始部署初始导弹防御能力 美国《华盛顿邮报》2002年12月18日报道，2002年12月17日，美国总统布什宣布，他将”采取另一项应对导弹威胁的重大举措，着手部署导弹防御能力，保护美国、美国的朋友和盟国”。依据美国总统布什和国防部发表的公告，美国计划在2004年和2005年开始部署的初始导弹防御能力，将包括以下几大部分：一是20枚地基拦截弹，用于拦截中段飞行的洲际弹道导弹。它们将部署在两个地点：2004年先在阿拉斯加格里利堡部署10枚；2005年再部署另外10枚，其中6枚部署在格里利堡，另外4枚部署在加利福尼亚州范登堡空军基地。二是20枚“标准”－3海基拦截弹，用于拦截中段飞行的近程和中程弹道导弹。这些拦截弹都将部署在现有的“宙斯盾”军舰上。三是可空运的“爱国者先进能力－3”（PAC－3）系统，用于拦截近程和中程弹道导弹。四是地基、海基和天基探测器，包括：现有的预警卫星；现在部署在阿拉斯加谢米雅岛上、经过改进的一部雷达（丹麦“眼镜蛇”雷达）；一部新的海基X波段雷达；部署在英国和格陵兰岛上经过改进的现有预警雷达；以及“宙斯盾”巡洋舰和驱逐舰上的雷达及其他探测器。2005年以后，为了改进和扩大初始的防御能力，美国防部将有可能采取以下一些措施：增加地基拦截弹、海基拦截弹和“爱国者”－3拦截弹的部署数量；增加部署正在工程研制中的“战区高空区域防御”系统，在更高的高度拦截近程和中程导弹；利用正在研制中的机载激光武器，拦截并摧毁在助推段飞行的弹道导弹；发展更先进的动能拦截器，如地基和海基通用的系列化拦截器，用于拦截在助推段和中段飞行的弹道导弹；增强雷达和其他探测器的能力；发展和试验天基防御系统，特别是要发展和试验天基动能拦截弹和先进的目标跟踪卫星。

美国防部计划建立第2套导弹防御系统 美国《华盛顿时报》2002年12月19日报道，布什总统2002年12月17日宣布在2004年以前开始部署有限能力的导弹防御系统，旨在防御远程导弹攻击。五角大楼计划在美国东海岸附近或欧洲建立第2套导弹防御系统，以对付来自中东的威胁。报道说，该计划要求在缅因州建立另1个拦截基地，防御来自中东和欧洲的导弹威胁。此外，美国可能在英国、匈牙利或波兰部署拦截导弹。这几个北约组织的政府已私下表示愿意与美国合作，并提供导弹防御系统基地。

俄罗斯欲改进其导弹防御系统 英国《防务系统日刊》2002年3月2日报道，俄罗斯将在今后几年中，进一步改进用于保卫莫斯科的反弹道导弹系统。据一位俄罗斯军工联合体官员说，目前已制定了一项计划，以更新该系统的能源和机械设备、计算机系统、发送和接收装置，以及其他系统。系统的例行检修预计将在3～4年内进行。前苏联的A－35反弹道导弹系统由多部雷达和64枚导弹拦截器构成，于1974年在莫斯科周边部署。此后，为提高拦截分导式多弹头的能力，该系统不断得到改进。A－135为目前的最新型号，于1994年开始服役，包括了远程和中程两种导弹拦截系统。

俄英考虑参加美国导弹防御计划 《俄塔社》莫斯科2002年12月6日电，美国驻俄罗斯大使透露，俄罗斯和美国将合作建立联合导弹防御系统。另据美联社伦敦2002年12月9日报道，英国国防大臣胡恩2002年12月9日表示，英国正在考虑参加美国的导弹防御计划，以协助美国抵御他国弹道导弹的威胁。由于弹道导弹的扩散，潜在威胁正在增加。因此，英国有必要考虑与之相关的问题，对潜在威胁作出选择。胡恩强调，虽然英国还没有面临导弹威胁，但世界一些国家已经拥有或正在寻求弹道导弹，英国有必要严加关注。目前英国政府还没有收到美国把英国基地纳入导弹防御系统的正式请求，然而一旦美国提出这样的建议，英国会“很认真”地予以考虑。他表示，如果把英国北部两个空军基地用于支持美国的导弹防御计划，那将加强美国对付弹道导弹的能力。

日本导弹防御系统从研究推进到开发和部署阶段 《新华网》2002年12月18日报道，日本防卫厅长官石破茂2002年12月17日称，日本将把日美两国正在联合研究中的“弹道导弹防御设想”从研究阶段推进到开发和部署阶段。石破茂向美国国防部长拉姆斯菲尔德表示，日本将从广阔的范围来研究开发和部署战略导弹防御系统的可能性，不仅考虑开发、部署和利用“宙斯盾”驱逐舰从海上发射拦截导弹的海基拦截系统，还将研究开发和部署从陆地发射的“爱国者先进能力－3”（PAC－3）陆基拦截系统。石破茂在同拉姆斯菲尔德会谈之后举行的记者会上强调，在战略导弹防御系统的重要性方面，日本首相小泉纯一郎和他有共同的认识。

北约将加强导弹防御研究国际合作 美国《每日防务》2002年7月9日报道，2002年底，美国导弹防御局（MDA）将提出更为明确的计划，以促进北约导弹防御研究的国际合作。北约国家同时在进行多个不同项目的研究，当这些研究完成后北约导弹防御研究计划的指导思想就将成型。可行性研究小组正在研究一个综合区域导弹防御系统可能有的所有组件，包括武器系统、火力平台、传感器和作战管理、指挥、控制、通信系统以及智能元件。研究表明，北约面临多层次防御任务，除了防御射程3000千米及以下的导弹，还应完成高层防御系统以防护更广的区域。2003年，美国导弹防御局和北约官员将对研究的结果进行综合并提出一些建议。目前的主要困难一个是经费问题，一个是如何面对远程导弹的威胁。对远程导弹威胁的看法尚有分歧。一些国家如法国，认为核武器是防止欧洲本土遭受远程导弹攻击的必要威慑力量。有的国家也对欧洲依赖核威慑是否能应对可能的攻击尚有疑问，他们认为一些国家将来可能会遭受敌对势力一些简单攻击威胁的勒索。

末段防御系统 **美国防部考虑继续发展海基末段导弹防御能力** 美国《每日航宇》2002年1月21日报道，美国防部继续谋求在整个导弹防御战略中发展海基末段防御系统，以接替于2001年12月取消的“海军区域防御”系统计划。美国防部副部长奥尔德里奇称，新的海基末段防御系统必须“以碰撞杀伤等经过实践证明有效的技术为基础”。美导弹防御局（MDA）与美海军在采用“碰撞杀伤”技术上存在很大分歧。MDA要求将采用该技术的陆基“爱国者先进能力－3”（PAC－3）导弹用于舰上，并责令相关公司考察PAC－3能否由“宙斯盾”舰空作战系统指挥发射。而美海军则希望能对原先用于“海军区域防御”系统的“标准”－2IVA导弹进行快速改装，或者用PAC－3的弹头替换“标准”－2IVA导弹的破片杀伤弹头。

美军PAC－3导弹首次作战试验失败 美联社2002年2月17日报道，2002年2月16日，美国陆军在白沙导弹靶场进行“爱国者先进能力”（PAC－3）

导弹作战飞行试验，1 枚 PAC－3 导弹未能击中作为目标的巡航导弹，致使试验失败。同时参加试验的另外两枚 PAC－2 导弹，1 枚成功击中能发射雷达干扰信号的靶机，另 1 枚未能命中作为目标的遥控缩比 QF－4“鬼怪”式战斗机。此次试验是 PAC－3 导弹的首次作战试验。美军计划在 2002 年 5 月以前完成作战试验阶段的 4 次试验，试验成功后即将开始部署。

美国“爱国者”导弹在多目标交战测试中成功击中目标　美国《每日防务》2002 年 3 月 22 日报道，2002 年 3 月 21 日，美导弹防御局和陆军成功进行了“爱国者先进能力”－3 导弹（PAC－3）的飞行测试。在白沙导弹发射基地进行的多目标交战测试中，PAC－3 导弹击中 L－3 通讯公司生产的“赫拉”（Hera）导弹目标。同时，“爱国者先进能力－2”导弹（PAC－2）也成功拦截雷声公司自己生产的 MQM－107 靶标。“赫拉”导弹目标发射后向东南方向的白沙导弹靶场飞行 361 秒，行程为 318 千米，飞行高度为 114 千米。在这次试验中，目标在距离雷达和交战控制中心 20 千米处由雷达锁定。

美军 PAC－3 导弹仅成功拦截 1 枚导弹目标　法新社 2002 年 4 月 25 日报道，美国陆军称，2002 年 4 月 25 日于白沙导弹靶场进行的“爱国者先进能力”（PAC－3）导弹系统试验中，PAC－3 导弹仅击中两枚导弹目标中的一枚。此次试验计划用于验证 PAC－3 导弹防御系统同时对抗两种不同类型战术弹道导弹的能力。陆军称第 1 枚 PAC－3 导弹发射失败，为此发射了第 2 枚导弹。第 2 枚导弹击中了它所瞄准的弹道导弹目标。这是 PAC－3 系统 4 次作战飞行试验中的第 3 次试验，PAC－3 导弹系统计划用来对高速战术导弹实施拦截和摧毁。

美军进行 PAC－3 导弹第 4 次作战飞行试验　英国《防务系统日刊》2002 年 6 月 3 日报道，美国防部导弹防御局和美国陆军 5 月 29 日进行了“爱国者先进能力”PAC－3 导弹作战飞行试验。2 枚拦截弹中的 1 枚成功击中目标，但另 1 枚没有发射出去。此次试验中的“来袭”导弹由改进型“民兵”导弹作为助推火箭加 1 个可分离的再入飞行器组成。试验旨在检验针对同 1 枚来袭弹道导弹连续发射 2 枚 PAC－3 拦截弹进行拦截的有效性，验证拦截系统准确识别高速与低雷达特征信号目标，区分再入飞行器与碎片，以及摧毁目标的能力。

美军提出 PAC－3 型导弹扩展试飞计划　美国《每日防务》2002 年 6 月 17 日报道，“爱国者先进能力”PAC－3 导弹原计划 2002 年 6 月底完成初始作战与鉴定试验，但美军提出了一项扩展试飞计划。从整个初始作战与鉴定试验来看，情况并不很稳定。在 5 月进行的初始作战与鉴定试验中，1 枚 PAC－3 型导弹击中了目标，而第 2 枚却没有成功发射。在 4 月份的试验中，1 枚 PAC－3 型导弹击中了靶弹，而第 2 枚没有击中。PAC－3 型导弹试验中暴露出的问题主要在导弹系统本身，并非操作或训练失误。在已经进行的初始作战与鉴定试验基础上，美军将进一步部署 PAC－3 导弹的试飞计划，解决已发现的问题，并验证其能力。

美国 PAC－3 导弹全速生产计划将推迟　美国《华盛顿邮报》2002 年 8 月 5 日报道，由于不能确定“爱国者先进能力－3”（PAC－3）导弹在技术上是否已足够成熟，美国防部官员已决定将该型导弹的全速生产计划至少推迟 1 年，以便在此期间修正先前的失误，并进行更多测试。美国原计划 2002 年进行 4 次作战试验之后，即开始全速生产 PAC－3 导弹。然而，这些试验却接连发生问题，包括拦截弹未能顺利发射、地面电脑对拦截弹指示错误、雷达发生电子故障，以及拦截弹的寻的系统不够强大等，致使美国防部难以做出全速生产决策。美国防部前首席武器测试评估官柯伊尔认为，PAC－3 导弹防御系统在研发阶段晚期还会发生这么多失败，说明在此之前的测试过于简单，没有纳入更切合实际的作战环境。

美国防部增加 PAC－3 导弹采购量　美国《每日航宇》2002 年 12 月 4 日报道，美国防部宣布，决定将“爱国者先进能力”（PAC－3）导弹的采购量增加 29 枚，2003 财年的生产速率加快 26%。美国防部负责采办、技术和后勤的副部长奥尔德里奇已经签署了一项关于 PAC－3 导弹的采办备忘录，新进度表要求今后两年共生产 208 枚 PAC－3 导弹，其中 2003 财年生产 100 枚，多于以前计划的 79 枚。该备忘录还建议美国防部长拉姆斯菲尔德将 PAC－3 计划由导弹防御局（MDA）转交给陆军管理，但是卡迪什仍然负责 PAC－3 系统与其他导弹防御系统的全面集成。

印度拟从以色列购买反导系统　美国《航空与航天技术周刊》2002 年 6 月 3 日报道，印度高级官员在 2002 年 5 月 29 日与以色列代表团就武器采购问题举行了会谈，希望购买以色列的“箭－2”反导系统。“箭”式导弹防御系统是美国和以色列合作研制的战区弹道导弹防御系统，由“箭－2”导弹发射车（每辆车可装载 6 枚“箭－2”反导导弹）、“绿松树”火控雷达和作战管理与指挥控制通信系统等部分组成，主要用于拦截射程在1000千米以内的地地战术弹道导弹，也可用于对付巡航导弹和飞机。印度此次的采购项目主要包括地基“绿松树”雷达和“箭”式反导导弹。另外，由于“箭”式反导导弹是美以联合研制的，因此印以之间的购买协议还必须获得美国的同意。购买“绿松树”雷达的谈判目前已进入最后的阶段。印度空军计划将“绿松树”雷达安装在俄罗斯制造的“伊尔－76”运输机上充当机载预警系统使用。

以色列签订合作生产“箭”式导弹协议 英国《防务系统日刊》2002年1月21日报道，以色列飞机工业公司（IAI）和美国波音公司签订合作协议，由波音公司生产IAI研制的“箭”式导弹的部件。“箭”式反弹道导弹系统是目前世界上唯一具备作战能力的反弹道导弹系统，“箭”式导弹是该系统的一部分。由于需要加速部署更多的“箭”式导弹，美国政府允许以色列与美国公司协商，寻找一家美国公司帮助提高“箭”式导弹部件的生产率。波音公司将负责在美国生产“箭”式导弹近50%的部件。IAI负责在以色列进行集成和最后的组装。为了使波音公司开始实施“箭”式导弹组件的生产协议，需要一份由美国国务院批准的技术援助协议（TAA）。波音公司2002年1月17日向国务院提交了TAA。获得批准以后，波音公司将开始各种部件的生产准备工作。波音公司在收到生产合同后的20个月后，将会交付首批“箭”式导弹部件。

以色列与美国就“箭－2”导弹发射测试达成协议 以色列《中东新闻线》2002年3月8日报道，以色列与美国就“箭－2”反战术弹道导弹拦截器的系列发射测试达成协议。以色列国防部称，所达成的协议中包括在美国首次发射“箭－2”反战术弹道导弹。目前，以色列国防部长与美国防部高级官员就未来导弹防御合作问题已经达成一致意见。双方还就“箭－2”反战术弹道导弹下一次测试发射达成协议，拟定于2004年7月进行。测试发射的目的是解决拦截摧毁中远程弹道导弹的技术改进问题。双方也同意了“箭－2”反战术弹道导弹在2004年首次测试发射。

以色列开始部署第2个“箭－2”导弹连 英国《简氏防务周刊》2002年10月1日报道，以色列国防军（IDF）已经开始在以北部地区部署第2个“箭－2”战区导弹防御系统。“箭－2”系统主要由雷达、预警和导弹发射控制系统组成。其目的是为了拦截中短程弹道导弹。计划部署3个导弹连，以色列将成为世界上第1个拥有全国性导弹防御系统的国家。此次部署的第2个“箭－2”系统包括“绿松树”早期预警雷达（搜索范围可达500千米，能同时跟踪和拦截14个目标）；“金香橼”火控中心。六联装“箭－2”发射架和“红坚果树”发射控制中心还未部署。

中国台湾可能再购6套“爱国者”导弹系统 香港新闻网站2002年7月21日报道，美方希望台湾再购买6套新型的“爱国者”导弹系统，其最终目的是希望替台湾构建反导能力。2000年军售同意的预警雷达，迄今仍未签约，主要是军种内部意见不一。另外该型雷达一旦启用，所产生的磁场效应尚有待评估。台“国防部”已选定预警雷达预设阵地，位置在屏东偏远山区，两座雷达预算经费估计约需400亿元台币，并自2003年度起开始编列。美方小组曾到预设阵地勘察，评估雷达电磁波所形成的“磁害”效应，一旦完成评估，全案即将执行。未来预警雷达阵地，相关情报除台湾军方使用外，并可望提供美方，双方在电子通信情报方面还将密切合作。同时，美方可能对预警雷达的侦察搜索角度与距离做出若干限制，阵地附近也要“磁场净空”。远程预警雷达侦察搜索范围达4000千米。经美方现场评估，台湾要建构涵盖本岛的陆基反导能力，需要9套“爱国者”导弹阵地。目前，台湾已有3套“爱国者”导弹阵地，美方建议再售台湾6套“爱国者”导弹。

希腊成功试射PAC－2导弹系统 《中东新闻线》2002年8月23日报道，希腊空军的“爱国者”PAC－2反导系统成功拦截并摧毁了模拟巡航导弹靶弹。官方消息称，PAC－2系统定位、跟踪并且摧毁了从北约导弹发射场发射的亚音速靶弹目标。对于希腊来说，这次拦截标志着“爱国者”导弹防御系统的第一次实地试验。希腊已经采购了4部价值11亿美元的PAC－3系统，并且还租借了3部PAC－2系统，租期直至PAC－3系统开始运行。“爱国者”系统这次试验的拦截高度为5千米，拦截距离30千米。官方称，PAC－2火控装置已经在希腊空军开机运转。

荷兰欲购买德国“爱国者”反导系统 法国《航宇防务》2002年12月4日报道，荷兰国防部长2002年11月29日通报国会，欲采购德国“爱国者”反导系统，以替代荷兰皇家空军的“鹰”式导弹。“爱国者”反导系统将配合荷兰20世纪80年代末购买的与其相似的防空系统，可构成拦截战术弹道导弹和巡航导弹的武器系统。这次所要采购的“爱国者”系统，由于在德国进行重组而具备了超乎需求的能力，包括所有相关费用，采购总价为2.27亿欧元。如果从美国购买新的“爱国者”系统，采购总价将是4.5亿欧元。若荷兰众议院能够批准这项采购意图，“爱国者”

将于2002年底或2003年初交付。

中段防御系统　美国进行第4次海基中段导弹防御系统拦截试验　据美国防部网站2002年1月26日报道，美国东部时间2002年1月25日晚，美国导弹防御局（MDA）和海军共同成功实施一次海基中段弹道导弹防御系统拦截试验，从"宙斯盾"巡洋舰上发射的1枚"标准"－3导弹在太平洋上空成功摧毁1枚"白羊座"靶弹。25日晚9时，靶弹从夏威夷的太平洋导弹靶场发射。美海军的"伊利湖"号"宙斯盾"巡洋舰利用SPY－1雷达跟踪目标，并制定出拦截方案，于8分钟后发射1枚"标准"－3导弹。晚9时18分，"标准"－3导弹的动能拦截弹头在夏威夷西北约480千米处上空摧毁靶弹。据称，试验结果比预想的更成功。本次试验是美国海基中段导弹防御计划9次系列飞行试验中的第4次。MDA称，试验的主角是这枚具备作战能力的四级"标准"－3舰空导弹。在试验中，首次使用了"固体转向推进与姿态控制系统"，并利用其引导动能拦截弹头摧毁目标。试验的成功，表明"标准"－3导弹及其支援系统能够提供海基导弹防御能力，必将更快推进美海军部署海基导弹防御系统的进程。

美国成功进行第6次地基弹道导弹拦截试验　据美国防部网站2002年3月15日报道，美国防部导弹防御局重点研制的"地基中段防御"（GMD）系统，即以前的"国家导弹防御"（NMD）系统，又成功地在太平洋上空进行一次拦截试验。这是继2001年以来该系统拦截试验连续第3次获得成功，也是已进行6次拦截试验中的第4次成功。这次试验是"地基中段防御"系统的全系统集成试验，组成该系统的主要分系统，包括"国防支援计划"（DSP）预警卫星、部署在加利福尼亚比尔空军基地的"铺路爪"预警雷达、建在中太平洋夸贾林岛上的X波段地基雷达样机（GBR－P）、地基拦截弹和作战管理与指挥、控制、通信（BM/C3）系统等都参加了试验。此次试验的主要目的是继续演示利用地基动能拦截弹在大气层外拦截并摧毁远程弹道导弹的能力，重点是演示作为拦截弹动能杀伤弹头的"大气层外拦截器"（EKV）的飞行性能，包括在空间定位、跟踪与识别目标以及以直接碰撞方式拦截并摧毁靶弹头的技术能力。此外，试验还演示"地基中段防御"系统各分系统集成后的工作能力。此次试验用的靶弹是由"民兵"－2洲际弹道导弹改进的。试验从两方面加大了复杂性：一是模拟弹头上携带的C波段发射机没有向拦截弹提供目标信息，而在以前的拦截试验中则要向拦截弹提供目标信息；二是在这次试验中，靶弹则释放了4个目标，除了1个模拟弹头和1个大的气球之外，还释放了2个小的气球（1个为白色，1个为红色）。大气球的亮度是模型弹头的3倍，2个小气球的红外特征信号比模型弹头的弱得多。

美国考虑将撞击摧毁型"标准"导弹用于未来试验　美国《每日防务》2002年3月27日报道，美国导弹防御局（MDA）正在审查雷声公司关于研究一种"撞击摧毁"型的"标准"－2IVA导弹的提案。该公司称，这种导弹可在2年内进行试验。美国导弹防御局与海军将向五角大楼负责采办的副部长推荐海军末段导弹防御计划的方案。"标准"－2IVA导弹研究已经进入"撞击摧毁"阶段，雷声公司内部将该型导弹称为"标准"－2IVB。"标准"－2IVA导弹有1个侧安装的红外自导头，还配有制导电子设备、半主动射频自导头和1个战斗部。专家称，"撞击摧毁"型导弹不需要射频自导头和相关的电子部件，同时"撞击摧毁"型导弹不需要爆炸破片战斗部。

美军研究海上导弹防御新举措　美国《防务新闻》2002年5月15日报道，美国海军计划将两种型号的"标准"导弹整合以代替美国海军已经取消的全战区导弹防御计划。导弹防御局（MDA）已经提议使用1个融合了"标准"－3导弹和"标准"－2 IV导弹的系统保护美海军的船只和美国本土免受短程弹道导弹、巡航导弹和敌机的攻击。目前的计划是使用两种不同的导弹来对抗两种威胁。增程型"标准"－2 IV导弹对抗空基威胁，而"标准"－3导弹将被改进为对抗战术弹道导弹。另外，军方还计划将"标准"－3导弹改进成为远程海基中段导弹防御系统的拦截弹，使用1个带有红外搜索器的动能弹头，在大气层内外跟踪弹道导弹的轨迹。将"标准"－2 IV导弹和"标准"－3导弹改进为对抗短程目标，则需要对这两种导弹进行十分复杂的改造。

美国开始兴建6个拦截导弹发射井　美联社2002年6月15日报道，美国官员2002年6月15日在阿拉斯加州的格里利堡举行奠基仪式，开始兴建6个地下导弹拦截发射井。发射井建于地下35米处，属于美国导弹防御系统中的地基中段导弹防御系统。工程将于2004年9月建成并交付使用。美国官员称，预计该系统的费用为3.25亿美元。美国导弹防御系统的总投资预计为640亿美元，其中包括在阿留申群岛建造1个X波段雷达站和1个发射装置的卫星监测系统。

美国波音公司将开发海基X－波段雷达　美国

《每日防务》2002年6月10日报道，美国导弹防御局打算和波音公司在现有合同基础上新增一部分内容，开发海基试验X－波段雷达（XBR），支持弹道导弹防御系统试验台的陆基中段防御（GMD）部分的扩展试验。现有合同是波音公司进行主系统集成器开发，这是陆基中段防御项目的初始部件。这个新增合同是美国导弹防御局为陆基中段导弹防御项目加强雷达部分所要进行的几项工作之一。导弹防御局计划在8月份进行的陆基中段防御飞行试验中，在“宙斯盾”武器系统上广泛使用陆基、海基、空基雷达。陆基中段防御项目中使用的X－波段雷达是雷声公司制造的，现在位于太平洋的一个美国试验基地上。导弹防御局表示，希望建造第2代X－波段雷达，但是还没有决定具体在哪里建造。

美导弹防御局决定建造海基X波段雷达 据美国《每日航宇》2002年8月5日报道，美导弹防御局已决定建造1部用于地基中段导弹防御系统的海基X波段雷达。2002年8月1日，导弹防御局授予波音公司3100万美元初始合同，以选择雷达海基平台和进行雷达初始设计。导弹防御局发言人莱纳说，之所以选择海基雷达，是因为在各种不同的拦截线路上，它发挥作用的次数比地基雷达要多。建造海基雷达的目的只是用于导弹防御试验，因此，它的配置也并不齐全。然而，一旦需要其具备作战能力，升级工作也很容易完成。尽管拟建的海基雷达到2004年仍不具备应急作战能力，但其建造时间已比计划提前了两年。导弹防御局希望2005年9月前使其成为整个试验台的一部分，而不是原计划的2007年。

美将在地基中段防御系统试验中使用新型靶弹和软件 据美《每日防务》2002年8月22日报道，美国地基中段防御（GMD）项目的负责人称，军方将在该项目的下一次飞行试验中使用比先前更加复杂的靶弹，还将采用新型的作战管理软件，并对其进行评估。该负责人称，为地基中段防御项目编制的新型作战管理指挥、控制与通信（BMC3）软件，将在下一次试验（即“综合飞行试验－9”）中测试，此后这种新型软件将在“综合飞行试验－10”中完全集成。据称，在“综合飞行试验－10”中使用的靶弹，其技术的复杂程度还会有所增加。在“综合飞行试验－9”中，“伊利湖”号“宙斯盾”巡洋舰将首次参与地基中段防御系统拦截试验。巡洋舰将使用SPY－1雷达跟踪靶弹和拦截弹，但雷达收集到的数据并不用来引导拦截弹摧毁目标，而将用于验证SPY－1雷达和“宙斯盾”武器系统在拦截洲际弹道导弹中的作用。另外，美国导弹防御局还表示在以后几次试验中将不再使用FPQ－14测距雷达。

美国将开发新的大气层外拦截器 美国《每日防务》2002年9月12日报道，美国防部导弹防御局（MDA）已修改了与波音公司签订的合同，以推进为弹道导弹防御计划发展“补充用大气层外拦截器”（CEKV）方案。据称，CEKV是一项多阶段的采办计划，既用于支持地基中段防御计划，也用于支持海基中段防御计划，将采用最新的技术，以提高反制手段的性能；综合使用新的主动与被动探测器技术；引进新的数据融合与识别算法；平衡弹上和弹外探测器与处理机之间的负担。2002年夏季，地基中段防御计划主承包商波音公司把研究CEKV方案的几项小合同授予了洛克希德－马丁公司、雷声公司和光谱宇航公司。该项研究有可能在2004或2005财年前后转入“计划拟订与风险减少”发展阶段。MDA期望在2007～2008年进行CEKV的首次飞行试验。

美国地基中段防御系统成功进行第7次拦截试验 据美国防部网站2002年10月15日报道，2002年10月14日，美国防部导弹防御局重点研制的“地基中段防御”（GMD）系统，又成功地进行了一次拦截试验，再次演示了利用动能拦截弹防御远程弹道导弹的技术可行性。这次试验是“地基中段防御”系统的一次全系统集成试验，该系统的所有分系统都参加了试验。此次试验是美国2002年6月13日正式退出《反弹道导弹条约》之后，对GMD系统进行的首次拦截飞行试验。此次试验主要有以下几个特点：一是海军“宙斯盾”驱逐舰首次参加了GMD系统试验，利用舰上的SPY－1相控阵雷达探测和跟踪靶弹，搜集有关数据，以便检验用“宙斯盾”系统探测和跟踪上升段飞行的远程弹道导弹的能力，为加紧发展海基中段防御系统、建立多层防御系统创造条件。二是第1次对试验采取严格的保密措施，试验前没有举行新闻发布会，介绍试验将如何进行，试验成功后也没有透露较为详细的试验细节。三是此次试验采用了一种新的比较小的模拟弹头，但其在空间的亮度与其他目标明显不同，因此并没有增加识别真假目标的难度。

美国调整地基中段防御飞行试验计划 美国《防务新闻》2002年10月23日报道，美国防部导弹防御局已调整了2003年的地基中段防御（GMD）飞行试验计划。在GMD的第10次“综合飞行试验”（IFT－10）于2002年12月完成之后，为随后3次飞行试验生产的拦截弹等硬件和软件设备将直接运往阿拉斯加州格里利堡导弹试验台，成为2004年建成该试验台的一部分，从而有可能在 2003 年放慢飞行试验速度。导弹防御局提出，要确保 2004 年建成的试验台具有可信的有限作战能力。按照现有计划，2004 年要部署的试验台将由格里利堡阵地的 5 枚地基拦截弹以及普通的地下井和指挥发射设施等组成，用有关的雷达和其他探测器以及作战管理与指挥、控制、通信设备予以配合。试验台近期计划的要求是加速发展“飞行中的拦截弹通信系统”和作战管理与指挥、控制、通信软件；远期要求则加速发展远程通信光纤网，增强地面试验能力等。

美国新海基导弹防御雷达通过关键设计审查　美国《每日防务》2002 年 10 月 24 日报道，美国雷声公司的海基雷达成功通过了关键设计评审（CDR），美国导弹防御局打算把这种雷达在 2005 年集成入导弹防御试验系统。雷声公司一体化导弹防御系统的负责人称，通过设计评审表明开发海基雷达要优于阿拉斯加州谢米亚岛建造的陆基雷达。此外，由于岛上的天气条件恶劣，雷达建造小组建造时间有限。从试验与操作角度看，海基雷达也能按照美国导弹防御局飞行试验的需要，移到不同的位置。在美国导弹防御局雷达审查中，审查小组考虑使用雷达监控 14 个不同的飞行试验轨道，包括发射拦截弹，以及从机载平台射击目标。审查小组得出的结论是：在 14 个轨道想定中，海基雷达能满足 13 个，而陆基雷达仅能满足 5 个。

美在导弹拦截试验中继续使用“宙斯盾”系统　美国《海军内情》2002 年 10 月 21 日报道，美国导弹防御局计划在今后所有的地基中段导弹防御试验中继续使用 SPY－1“宙斯盾”雷达系统。该雷达系统首次参加了在 10 月 14 日进行的“综合飞行试验－9”（IFT－9）试验。SPY－1 是相控阵雷达，它的 4 个固定天线阵面能同时发射全向波束，具有同时对数百个目标进行连续搜索和跟踪的能力。在首次参加的导弹拦截试验中，SPY－1 雷达获取的数据并未直接用于拦截试验，只是被海军用来评估该雷达探测和跟踪远程弹道导弹的能力。据称，在未来的试验中，“宙斯盾”雷达系统将直接参与导弹拦截试验。海军发言人称，“宙斯盾”系统参加反导试验将有助于收集重要的工程数据以验证海军目前的能力，也有助于海军探索未来战区防空和反导任务。

美国进行第 3 次海基中段防御系统拦截试验　据美国防部网站 2002 年 11 月 22 日报道，2002 年 11 月 21 日，美国再次成功试验了海基中段防御系统。这是该系统进行的第 3 次飞行试验，也是连续第 3 次成功拦截目标。这次试验的代号为“飞行任务－4”（FM－4），主要目的是演示海基中段防御系统拦截上升段飞行的中近程弹道导弹的能力，广泛收集工程鉴定数据用于分析，为未来的飞行试验作准备。试验时使用由“民兵”导弹助推火箭改进而成的单级靶弹。巡洋舰利用舰上的“宙斯盾”雷达捕获和跟踪目标，并制定出拦截目标的火控方案。“标准”－3 动能拦截弹在 167 千米的高空，以直接碰撞的方式拦截并摧毁了上升飞行中的靶弹。这次试验是美国研制的海基中段防御系统首次演示利用动能拦截弹在大气层外拦截上升飞行中弹道导弹的能力，也是美国迄今所进行的首次上升段拦截试验。这次试验是美国为加速发展海基中段防御系统而新安排的 6 次试验计划的首次试验，美国希望以此尽快获得应急作战能力。

美国地基中段防御系统第 8 次拦截试验失败　美国防部导弹防御局 2002 年 12 月 11 日报道，美导弹防御局（MDA）当日宣布，在太平洋上空进行的地基中段防御系统（GMD）第 8 次拦截试验，由于拦截弹的动能杀伤弹头“大气层外拦截器”（EKV）未能与助推火箭分离而失败，EKV 没有拦截到目标。试验后的初步分析表明，GMD 系统其他各分系统，包括雷达、传感器、以及作战管理与指挥、控制、通信系统，都完成了各自任务。这次失败的原因，与 2000 年 7 月 8 日进行的第 2 次拦截试验失败原因相同。美导弹防御局称，根据计划，此次所用的拦截弹助推火箭是最后一次用于试验。自第 1 次 GMD 试验以来，这种助推火箭一直是作为替代品使用。这种助推火箭只会用于开发阶段的飞行试验，GMD 的进一步试验和真正部署将使用新的助推火箭。

助推段防御系统　**美机载激光研制组成功测试高功率激光**　英国《防务系统日刊》2002 年 4 月 10 日报道，美国 TRW 公司为美空军研制开发的机载激光（ABL）系统，已经成功完成首台飞行激光模型的点火测试。在这次测试中，功率超出设计预定功率的 18%。机载激光（ABL）系统使用了 6 个激光模块产生兆瓦级的化学激光，安装在特制的波音 747－400F 上照射助推阶段的导弹。高功率激光采用了新的光学系统，能够聚焦篮球般大小的光斑烧穿几百里远处的导弹表层结构。激光和光学系统由技术非常成熟的计算机系统控制，能够模拟跟踪和区分潜在目标的优先次序。

TRW 公司经过 1 年多的综合与测试，2002 年 1 月在南加利福尼亚的试验场成功测试了一系列的激光性能指标。TRW 公司正分解 LM－1 机载激光（ABL）系统，以便交付埃德华空军基地进行综合成机载激光（ABL）的飞行作战系统。TRW公司也开始交付首架机载激光（ABL）装备飞机747的五种模式综合所需要的零部件。机载激光的演示研制现在已经转移到机载激光（ABL）系统综合实验室，在实验室机载激光（ABL）研制组组装另外五种激光模式，将其与LM－1综合，然后进行综合高能激光的地基演示，而后实现首架机载激光（ABL）飞机的飞行。

美研究海基助推段拦截器的候选方案　美国《海军内情》2002年5月20日报道，美导弹防御局（MDA）正在研制的装备有新型动能杀伤弹头的改进型“标准”－3导弹，计划在2004财年进行一系列试验，以寻找用于拦截处于助推段弹道导弹的潜在方法。目前考虑的是改进型“标准”－3导弹，装备有新一代助推段拦截弹头，以后还将考虑其它更强大的拦截弹头。MDA和海军还将在2002财年完成导弹防御系统中动能助推器部分的概念定义和成本核算（CD&A）。该研究项目的目标是对付从洲际弹道导弹到近程导弹的各种射程的导弹威胁。MDA将与导弹防御国家小组进行合作研究，以寻找各种射程助推器的概念。通过在2003～2005财年进行关键试验以降低助推器的风险。

美国开始机载激光武器系统飞行试验　法国《航宇防御》2002年7月19日报道，根据来自美国国防工业方面的消息，作为建造国家导弹防御系统的一部分，1架经过改装的波音747－400F飞机携带1部可以拦截敌方导弹的激光武器，进行首次飞行试验。2002年7月18日下午3时30分，这架飞机进行了近两小时的飞行试验，以检测飞机的空气动力性能和系统运转情况。在经过空气动力性能和监视系统完全检测之后，这架飞机将进行跟踪系统和高能激光系统的安装工作。这次试验标志着第1架机载激光飞机数月飞行试验项目的开始，而这架飞机也有望成为多层导弹防御系统的重要组成部分。

美空军将重构“高轨道－天基红外系统”　英国路透社2002年9月9日报道，美国防部宣布，洛克希德－马丁公司将为美国空军重构“高轨道－天基红外系统”（SBIRS－high），要求对“高轨道－天基红外系统”进行大规模调整。据美国国防部和洛克希德－马丁公司的官员透露，与“高轨道－天基红外系统”有关的工作将于2010年6月以前完成，比原计划晚4年。“高轨道－天基红外系统”的目标是取代现有的国防支持计划。“高轨道－天基红外系统”是一个双重遥感卫星系统，将与其它美国防御系统协同工作，以在导弹飞行的助推段、主动段后、中段和再入段探测、跟踪导弹并随时报告导弹的状态。“高轨道－天基红外系统”地球同步轨道上的4颗卫星中的第一颗将于2006年发射，比原计划晚两年。美国航天与导弹系统中心的发言人称，这次调整将使”高轨道－天基红外系统”的总成本增加到41.8亿美元。

美国推进开发新型助推段拦截导弹　美国《每日防务》2001年11月1日报道，美国导弹防御局（MDA）正在推进一项新的“动能助推段拦截”（KE BPI）导弹防御计划，以开发1种新的多用途拦截器，以防御不同飞行阶段的来袭导弹。美国导弹防御局官员证实，计划在2003年春季开始“动能助推段拦截”计划。这种多用途导弹的开发预计需要5～10年，将具有在导弹飞行的中段和助推段进行防御的能力。美国导弹防御局计划邀请在拦截器开发中有经验的合同商，在2003年3月非正式提交一些初步的设计思想。然后选择2个合同商继续进行动能助推段拦截器的开发和飞行试验。但是全部系统将需要海基动能助推段拦截能力。美国导弹防御局计划在2008年部署动能助推段拦截系统。美国导弹防御局也打算从“陆基中段防御”（GMD）项目中得到一些经验，用于“动能助推段拦截”系统。

美国雷声公司交付首台ABL照射激光器　法国《航宇防务》2002年11月20日报道，美国雷声公司向洛克希德－马丁公司交付了首台用于美国空军机载激光（ABL）导弹防御项目的跟踪照射激光器（TILL）。这是首台通过军用飞机机载飞行认证的激光器。该激光器将与光束转换透镜结合起来，用于ABL的光束控制/火力控制系统的终端对终端试验。TILL是光束控制/火力控制系统中1个完整的部分，用于发射高速、高能脉冲激光射向处于助推段的导弹，随后激光被发射到1个非常敏感的照相机上。得到的反射激光数据被用来获取导弹的速度和高度信息。最近，雷声公司在1台TILL系统的衍生型上开始了技术发展工作，以提高该系统的性能和精确度。同时，该公司还开始了系统备件的生产。

美国雷声公司将为天基跟踪监视系统提供传感器载荷　美国雷声公司网站2002年12月18日报道，雷声公司将向诺斯罗普·格鲁曼公司提供导弹防御系统的天基跟踪监视系统（STSS）中所使用的重要传感器载荷。两公司已就此项目签订了价值2亿美元的合同。STSS原来称之为“天基红外系统－低轨道”，将对国家安全日益增长的威胁提供安全保护。作为STSS计划的主承包商，诺斯罗普·格鲁曼公司在这之前从导弹防御局获得 8.68 亿美元的合同，用于 STSS 系统的研制。STSS 传感器载荷能连续观察弹道导弹在助推段、中段和再入段的飞行情况，由 1 个数据获取传感器、1 个跟踪传感器和 1 个处理子系统组成。在针对模拟目标进行的热真空试验中，这些先进的传感器已成功地进行了性能演示。数据获取传感器和跟踪传感器将展示天基红外系统在导弹飞行中段的识别能力和抗干扰能力。STSS 载荷将使分层防御弹道导弹成为可能，它是地基雷达的补充，又是提高大气层外拦截器（EKV）火控的手段。

巡航导弹防御武器系统　美陆军官员要求发展巡航导弹防御技术　美《国防部内情》2002 年 7 月 15 日报道，美陆军航天与导弹防御司令部司令约瑟夫·科苏曼诺中将指出，应均衡考虑发展巡航导弹防御能力，并主张成立 1 个类似于导弹防御局的独立机构，负责协调巡航导弹防御计划及相关研究活动。科苏曼诺中将认为，巡航导弹的威胁与日俱增。目前世界上有 18 个国家具备巡航导弹生产能力，另外 22 个国家具有“生产巡航导弹所需的工业和技术基础设施”，80 个国家拥有大约 80000 枚巡航导弹，尽管其中约 75% 为反舰型，但在过去几年中，潜在敌国不断将现有巡航导弹改装成可用于打击港口、机场和城市的对地攻击型巡航导弹。与弹道导弹相比，巡航导弹价格低廉、易于生产；可同时大量发射以压制现有导弹防御系统，使其难以发挥作用；可由飞机和舰艇发射，难于被发现。科苏曼诺中将强调了某些可用于巡航导弹防御的系统：浮空器，如“联合对地攻击巡航导弹防御高架联网传感器”（JLENS）；无系留高空飞艇，它能够弥补用于国土防御的雷达与空中预警平台的不足；低成本拦截弹；一体化航空照相设备；远程作战识别系统等。

美陆军研制低成本巡航导弹拦截器　英国《简氏防务周刊》2002 年 8 月 30 报道，美陆军正在研制一种用于拦截非先进巡航导弹和无人机的防空系统，该系统的特点是成本比其他防空系统要低得多。据陆军官员称，这种“低成本拦截器”（LCI）可能在 2010 年前部署。由于该系统将使用商用成熟技术和现有系统上的改进部件，因此能降低研制风险和生产成本，每套系统的生产成本大约 10 万美元，而“爱国者先进能力 – 3”（PAC – 3）导弹则为 200 万美元。该拦截器的射程可以达到 150 千米，它携带的主动寻的器将使其在到达目标时获得敌方导弹的传感器信息。为避免受友方飞机的干扰，它将先上升到 2.1 ~ 2.4 万米的高空后，再下降到目标上空。美陆军将在 10 月选择 LCI 的发动机，并从三种方案中进行选择：固体推进剂火箭发动机、液体推进剂火箭发动机，以及“海麻雀”导弹的发动机。LCI 将用于补充美陆军现有的和下一代防空系统（如 PAC – 3），以及空空导弹的防空能力。它将与其他发射系统相兼容，也不需要专用的指挥控制系统。预计 LCI 将在 2005 财年进行飞行试验，2007 ~ 2008 财年进入低速初始生产阶段。

美国雷声公司试验对付巡航导弹的雷达　美国《每日航宇》2002 年 11 月 6 日报道，美国雷声公司从 2001 年底开始试验一种能够及早探测从海上袭击陆地的巡航导弹的雷达，称之为“高频海波雷达”（HFSWR）。整个试验将需要进行 120 天。该雷达利用含盐海水的导电特性，不受地球曲率的影响，探测海上目标的距离达到 371 千米；而微波雷达不超过 55.6 千米。由于世界各地有 4 万多枚巡航导弹不受美国控制，对美国安全所造成的威胁比弹道导弹可能更大，雷声公司希望该雷达能够引起美国军事当局的兴趣。

美国进行巡航导弹防御研究　美国《每日航宇》2002 年 12 月 19 日报道，联合战区防空与导弹防御局（JTAMDO）正在进行一项研究，以决定国防部需要什么样的系统来保护美国本土和驻海外的美军免遭巡航导弹的攻击。美国防部的领导阶层目前正在审查该研究报告草案，而负责美国国土防御的北方司令部对此非常感兴趣。最近几年，对于弹道导弹防御的关注和投入的资金都大于巡航导弹防御，但是专家称潜在的巡航导弹威胁是相当严重的。在 2001 年 12 月的报告中，美国情报机构预测到 2015 年之前，至少有 24 个国家拥有对地攻击能力的巡航导弹。

（刘映国）

军用航天技术

综述　2002年，全世界成功地进行了61次航天发射，把86个航天器送上预定轨道（见下表），在军事航天、载人航天、航天运载、空间探测各个领域均取得了较大进展。美国不断调整军事航天管理机构，进一步强调控制空间战略和推进空间攻防技术发展，俄罗斯加速修复和完善军用卫星系统，英、法等国积极推进军用卫星计划；国际空间站继续在轨组装，火星探测取得新的成果，新的大型运载火箭投入使用。

美国不断调整军事航天管理机构　2002年，美军航天司令部、空军航天司令部和海军航天司令部都进行了较大改组。2002年3月1日，美国空军航天司令部成立"空间态势感知综合办公室"（SSAIO）。"空间态势感知综合办公室"的职责是研究和分析各军种、各部门对空间态势感知的需求和能力，在此基础上构想空间态势感知的总的体系结构，以便将传感器获得的信息以最佳途径传递给用户。空军航天司令部称，成立"空间态势感知综合办公室"是空间攻防对抗的需要。2002年4月19日，兰斯·洛德上将就任美国空军航天司令部司令，美军航天司令部司令和北美防空防天司令部司令拉尔夫·埃伯哈特上将不再兼任空军航天司令部司令。此举的目的在于进一步加强空军航天司令部的职能。

2002年7月，美国海军航天司令部与海军网络战司令部合并改组成"海军网络与空间作战司令部"。作为美国"海军网络战司令部"的下属司令部，"海军网络与空间作战司令部"主要负责海军通信网络的使用监督和空间需求与空间对抗。

2002年世界各国发射的航天器分类统计表

	航天飞机	飞船	通信	照相侦察	预警	导航	气象	遥感	空间探测	技术试验	合计
美国	5		15				1	1	2	1	25
俄罗斯		5	3	2	2	5			2	2	21
国际通信卫星组织			4								4
欧洲组织			5				1	1	2		9
法国			1					1			2
德国										1	1
意大利										1	1
西班牙			1								1
加拿大			1								1
澳大利亚										1	1
中国		2					1	2			5
日本			3					2	1	2	8
印度			1				1				2
以色列								1			1
沙特阿拉伯			1								1
阿根廷			2								2
阿尔及利亚								1			1
合计	5	7	37	2	2	5	4	9	7	8	86

2002年10月1日，美军航天司令部与战略司令部合并，组建成新的战略司令部，其任务是控制美国的核力量、实施空间对抗、计算机网络对抗、战略预警和全球作战计划等。美国防部长拉姆斯菲尔德称，将航天司令部和战略司令部合并有助于消除指挥体系的重叠，简化决策程序，提高部队的快速反应能力和灵活性。

美国进一步强调控制太空　2002年8月16日，

美国防部公布了 2002 年度《国防报告》，对“9·11”事件后美国所处的安全环境进行了重新评估，为美军提出了新的国防政策目标。在军事航天部分，与往年的《国防报告》不同的是，今年的《国防报告》高度重视对太空的控制权。《国防报告》指出，由于空间监视手段、地基激光武器和空间干扰系统越来越容易被获取，确保美国进入空间的自由，保护美国在太空的国家安全利益，已成为“国防部首要任务之一”。

2002 年 9 月，美国发布的《美国国家安全战略》指出，保护卫星和空间能力是确保美国向全球迅速部署军事力量的一个重要部分。同月，美国总审计局（GAO）发表了一份名为《外层空间军事行动：加强外层空间控制权所面临的计划、资金和采办难题》的报告，报告指出：由于美军对卫星依赖程度日益提高，美国的外层空间设施将成为敌人优先打击的目标；在过去的几年中，敌对国家正在研发射频武器、空间目标监视系统以及攻击卫星地面站和干扰航天器信号的方法，并且越来越多的国家正在掌握新的天基能力，因此，美国防部正在努力保护和防卫其外层空间装备，即发展控制外层空间的能力。

另据美国《航天》网站 2002 年 10 月 21 日报道，美国防部正在起草一份外层空间控制战略，并在制订一份国家安全外层空间计划，以规划一系列天基项目的主要目标及优先权。报道称，一旦这一外层空间控制计划付诸实施，它将能够确保美国及其盟国在外层空间自由作战。

美军提出控制空间的任务领域和近期任务　美国空军将控制空间分为三个子领域：空间态势感知（SSA）、防御性空间对抗（DCS）和进攻性空间对抗（OCS）。SSA 近期的任务包括研制天基跟踪/监视传感器星座；DCS 近期的任务是研制一个能探测对美国航天系统进行的攻击，并改进对攻击特性进行识别处理的能力；OCS 近期的措施是研制地面系统，使敌方航天系统暂时失效，无法向敌方提供空间信息。

美国重视卫星安全防护　据美国空军航天司令部司令兰斯·洛德称，近年来，空军一直在研究空间电子战的需求，现在已被列为发展重点。“国防支援计划”卫星和国家侦察局的成像卫星已经装有有限的受攻击报警装置。空军还在实施一项新的“迅速攻击鉴别、探测和报告系统”（RAIDRS）计划，以寻求可近实时告知攻击类型与来源的传感器，计划从 2004 财年开始采购相关设备。美军还可能利用微卫星保护大型卫星，并改进飞机的自我保护装置，使之适应空军环境，用于卫星防护。

美国总审计局 2002 年提交国会的另一份报告中称，由于商业卫星现在已较多地用于美国的军事目的，因此商业卫星也可能成为恐怖分子和黑客攻击的目标。对商业卫星攻击的手段可能有计算机网络入侵、发射人为干扰以及发射不加密的卫星控制信号和通信数据，甚至对卫星实施物理攻击等。总审计局对保证卫星安全提出了标准化和原则性建议，建议商业卫星采取的对抗措施是经常改变卫星控制信号或通过不同频率发送控制信号，增加对卫星攻击的难度，并认为最有效的措施是将商业卫星的控制权统一交给美国政府。

美军加强天基激光器研制计划　据美国《每日航宇》2002 年 5 月 30 日报道，尽管去年美国国会把天基激光器 2002 财年的的经费预算从 1.7 亿美元削减到 5000 万美元，美国空军 2002 年又重新开始加强天基激光器研制计划，希望最早在 2008 年具备有限作战能力。美国空军声称，以前的天基激光器研制计划只是要求在 2012 年左右做一次在轨试验，新天基激光器计划则希望在 2008 年至 2010 年左右初步具备作战能力，并计划在后续的几年里逐步提高天基激光器系统的精度。天基激光器计划目前还只停留在概念性研究阶段，空军要求合同承包商拿出有助于该计划走向成熟的地基试验、机载试验以及天基试验的建议方案，并希望这些试验中的任何一个都能与将来的实战激光器星座有直接联系。

美军研制新的反卫星武器　2002 年，美国空军和陆军都开始研制针对敌方通信卫星和侦察卫星的定向能反卫星武器。空军计划研制射频干扰反通信系统（CCS）和侦察与监视干扰系统（CS&RS），前者用于阻止敌方利用卫星通信的能力，后者用于阻止敌方使用成像卫星获取打击目标、毁伤评估等情报信息的能力，分别计划于 2004 年和 2010 年部署。陆军计划研制地基空间控制系统（GBSC），以提高陆军阻止敌方利用空间的能力。计划近期（2002 ~ 2007 年）建成一个初级 GBSC 系统，使之具有能从固定基地发射定向能的能力，对敌方卫星通信和侦察系统实施精确干扰，甚至使其失能；远期（2008 ~ 2015 年）建成下一代 GBSC 系统，使之具有能从机动平台发射定向能的能力；之后陆军将研制一种规模可变、拥有固态激光器的空间控制与多任务系统。

美国“轨道快车”计划开始演示　据美国《每日航宇》2002 年 3 月 12 日报道，美国国防高级研究计划局（DARPA）于 3 月 8 日与波音公司签订一项价值 1 亿美元、为期 42 个月的合同，在“轨道快车”计划中进行在轨卫星自动服务演示。“轨道快车”计划始于1999年，是一项先期技术演示（ATD）计划，旨在研制一系列系统和技术，以满足2010年后为在轨航天器进行燃料补给、系统改进和重构的需求，可用于空间攻防。按合同，波音公司将研制和建造“自动空间运输器和自动控制轨道器”（ASTRO），以及1颗接受ASTRO服务的卫星（称为“NEXT星”）。首次在轨演示将在2005财年进行，将验证自动在轨卫星服务技术的可行性及飞行任务效能。DARPA希望这种自动在轨服务卫星将能为卫星的运行提供更大的自由度，允许卫星随意调整其覆盖范围或使航天器实施不可预测的轨道机动，以对付可能的威胁。

美国进行天基武器用于地球战争的研究 兰德公司受美国空军的委托，于2002年3月完成了《天基武器与地球战争》的研究报告。报告重点分析了4种天基武器的能力、运用和获取途径，以及这些武器的优势和局限性等。这4种天基武器包括：定向能武器，特别是攻击助推段弹道导弹的激光武器；攻击大气层以外目标如弹道导弹弹头的动能武器；攻击地面目标的动能武器；攻击地面目标的常规武器。

俄罗斯强调空间对国防的重要性 2002年1月21日，俄罗斯总统普京在视察设在莫斯科郊区的赫鲁尼切夫航天中心时强调，航天事业对于俄政治、经济和国际地位十分重要，“没有航天业，俄罗斯不仅不能维护自己在世界上的地位，不能在世界文明中占据主要位置，也不可能保障国家所需要的国防能力。”俄国防部长谢尔盖·伊万诺夫也表示，俄罗斯军用卫星对本国的国防至关重要，一旦没有了这些卫星，俄士兵将“又盲又聋”。

俄罗斯加速重振军事航天 据俄国防部长谢尔盖·伊万诺夫透露，按照俄武装力量的军事航天发展计划，在2004年到2005年前后，俄罗斯能够建立起完全满足武装力量需要的各种军用卫星系统，并强调在研制开发卫星时，将考虑到军用和民用两方面的使用价值，以使其发挥最大效益。2002年，俄罗斯共发射了军用通信、侦察、预警和导航卫星10颗，有力地增强了俄军事航天能力。

空间站 2002年国际空间站继续在轨组装，但未来建造受到经费短缺影响；世界上第二个太空旅客登上国际空间站。

国际空间站继续在轨组装 2002年，美国航天飞机4次、俄罗斯载人飞船和货运飞船5次执行国际空间站任务，先后为国际空间站运送并安装了3个构件，组装成跨度39米长的桁架（未来还将安装9个类似构件，组成总长110米的桁架结构），并为国际空间站运送了人员和推进剂、科学仪器、氧气、食物、水、药品等补给品。自第一批长驻考察组2000年11月2日进驻国际空间站以来，截至2002年底，国际空间站的重量已经扩充到100余吨，其内部面积已由一个小单元房间增至三居室大小，共接待了6个长期考察组和4个短期考察组，航天员们在空间站上进行了累计9万多个小时的科学实验。

世界上第二个太空旅客登上国际空间站 2002年4月25日，南非亿万富翁马克·沙特沃斯随俄罗斯航天员吉德津科和意大利航天员维多里一起，乘坐俄罗斯“联盟TM34”号飞船点火升空。沙特沃斯是继美国人蒂托之后世界上第二位太空游客，也是第一位进入太空的非洲人。沙特沃斯在太空度过了10天的时光，其中8天生活和工作在国际空间站上。除了太空观光外，沙特沃斯还参与了多项生物技术和医学试验，并肩负一项神圣的使命，即进行爱滋病病毒研究，希望能够找到阻碍爱滋病在非洲传播的有效途径。5月5日，沙特沃斯与原在国际空间站上工作的另外两名宇航员一起，搭乘替换下来的“联盟TM33”号飞船返回地面。

国际空间站未来建造受到经费短缺影响 由于参与国际空间站建造的16个伙伴国都不同程度地受到航天经费短缺的影响，为缓解预算紧张问题，国际空间站的建造完工时间可能推迟2年（延至2008年）。2002年8月巴西提出，它可能难以为国际空间站提供原承诺的外部货板；9月，日本表示，其建造的日本实验舱可能将推迟一年交付；俄罗斯也流露出无法按计划完成向国际空间站发射“联盟”号载人飞船和“进步”号货运飞船的迹象；国际空间站的美国部分由于超支50亿美元，美国会决定对国际空间站项目预算进行封顶，NASA宣布取消空间站居住舱和X－38乘员返回飞行器等建造计划。

军用卫星 2002年，世界各国大力发展军用或军民两用卫星，全年共发射59颗通信、遥感（侦察）、预警、导航、气象等应用卫星。

美国成功发射一颗“军事星2”卫星 2002年1月15日，美国空军从卡纳维拉尔角发射场用“大力神4B”火箭成功地将一颗“军事星2”（Milstar II）通信卫星送入轨道。“军事星2”卫星由洛克希德－马丁公司制造，卫星重4500千克。这是美国空军发射的第二颗Milstar II卫星。此前已有2颗Milstar I和1颗Milstar II卫星在轨运行。Milstar II卫星是美军技术最先进的现役军用通信卫星，其数据传输速度为1.5

Mbt/s，远远高于 Milstar I 卫星的 75～2400 bit/s，极大地增强了美军的全球通信能力，使美军士兵可以在更为安全的环境下传输数据而不会暴露自己的位置。

美国发射两颗新一代跟踪与数据中继通信卫星 2002 年 3 月 8 日和 12 月 5 日，美国分别发射了 NASA 的第二、第三颗新一代跟踪与数据中继通信卫星 TDRS－I 和 TDRS－J。第一颗新一代 TDRS 卫星 TDRS－H 已于 2000 年 6 月 30 日发射入轨。目前共有九颗 TDRS 运行在地球轨道，其中包括六颗由航天飞机运送入轨的第一代 TDRS 卫星和三颗由“宇宙神－2A”运载火箭运送入轨的第二代 TDRS 卫星。NASA 官员称，随着政府、特别是在军事领域的通信需求不断增加，下一代的跟踪与数据中继卫星的研制可能将和国防部共同实施。

美国发射“阿卡”地球观测卫星 2002 年 5 月 4 日，NASA 用一枚“德尔它－2”火箭成功地将“阿卡”（Aqua）地球观测卫星送入轨道。在未来 6 年中，“阿卡”卫星上的 6 个科学仪器将对地球海洋、大气层、陆地、冰雪覆盖区域以及植被等展开综合观测，搜集全球降雨、水蒸发、云层形成、洋流等水循环活动数据。利用这些数据，科学家们可以更深入地研究地球水循环和生态系统的变化规律，从而加深对地球生态系统与环境变化之间相互作用关系的理解。该卫星还可以对地球大气层温度和湿度、海洋表面温度、土壤湿度等变化进行更精确的测量，有关测量结果对天气预报有重要价值。

“阿卡”卫星由美国、日本和巴西联合研制，星上的先进微波扫描探测仪和湿度测深器分别由日本和巴西提供。“阿卡”卫星是 NASA 第二颗“地球观测系统”（EOS）系列卫星。EOS 系统旨在对地球进行全面观测，主要由三颗卫星组成，第一颗卫星“特拉”（Terra）已于 1999 年 11 月发射，主要观测陆地。最后一颗卫星将重点搜集地球大气臭氧层数据，发射日期预定为 2004 年 1 月。

美国发射 NOAA－17 气象卫星 2002 年 6 月 24 日，美国用一枚“大力神－2”火箭成功地将 NOAA－17（NOAA－M）气象卫星送入极地轨道。NOAA－17 卫星是美国国家海洋和大气管理局“极地轨道气象卫星”计划 5 颗卫星中的第 3 颗，主要任务是搜集大气层和地球表面的温度、湿度、辐射数据，帮助科学家们获取有关厄尔尼诺现象、干旱和水灾等信息，从而更好地进行长期天气预报和环境监测。另外，卫星上还携带了无线电信号转发装置，也可用来对船只、飞机等进行救援。

美国调整“天基红外系统”计划 2001 年美国会在审定 2002 财年国防预算时，“天基红外系统”（SBIRS）高、低轨道计划都受到强烈批评，国会指责这两项计划的费用严重超支，进度推迟，技术上遇到挑战。2002 年，美国防部提出对 SBIRS 计划进行调整。2002 年 9 月 9 日，美国防部宣布授予洛克希德－马丁公司一项价值 21.5 亿美元的合同，为美国空军研制 SBIRS 高轨道部分（SBIRS－high）。合同要求对 SBIRS－high 进行大规模调整。据美国防部和洛克希德－马丁公司的官员透露，SBIRS－high 在地球同步轨道上的四颗卫星中的第一颗将于 2006 年发射，比原计划晚两年；与 SBIRS－high 有关的工作将于 2010 年 6 月以前完成，比原计划晚 4 年；在 SBIRS－high 完全部署之后，该系统能够使美国更迅速地发现任何弹道导弹发射、更准确地确定导弹的发射地点、更准确地确定弹道导弹的预定目标。据称，这次调整致使 SBIRS－high 的总成本增加到 41.8 亿美元，而最初为 18 亿美元。截止到 2002 年 7 月 31 日，SBIRS－High 计划已经花掉了 19.97 亿美元。

2002 年 8 月 16 日，美国空军授予 TRW 公司一项价值 8.687 亿美元的合同，为 SBIRS 低轨道部分（SBIRS－Low）研制 2 颗验证星，计划在 2006～2007 年发射。调整后的 SBIRS－Low 星座的最后卫星数目尚未确定，但很可能缩小系统规模，减少原计划 24 颗卫星的数目。按美国导弹防御局（MDA）的设想，初始的 SBIRS－Low 星座将由 8～12 颗卫星组成，并有 1～2 颗在轨备用星。

美国签订“宽带填隙卫星”制造合同 据美国波音公司网站 2002 年 3 月 6 日报道，美国空军授予波音航天与通信公司一项价值 3.364 亿美元的合同，以制造“宽带填缝卫星”（WGS）系统中的前两颗卫星。整个 WGS 系统包括 6 颗卫星，总费用可能达到 13 亿美元。“宽带填缝卫星”系统是一个能力非常强的卫星通信系统，其通信能力将是现有通信卫星的 10 多倍，能满足美国防部获得更迅速、更高效系统的需求。2001 年 8 月，WGS 计划成功地通过了初步设计审查。第一颗 WGS 卫星定于 2004 年上半年发射，第二颗卫星定于 2005 年发射。

美国继续推进海军下一代移动卫星通信系统 据美国《商业有线》2002 年 9 月 24 日报道，美国海军授予雷声公司一项价值 4000 万美元的合同，继续开发“移动用户目标系统”（MUOS）。MUOS 的开发工作已进入第二阶段，即部件高级开发（CAD）阶段，为期 14 个月。2003 年将完成概念探索阶段（CEP），目标是降低风险并提升系统设计概念。MUOS 是一个窄带卫星通信系统，将取代美国海军当前的窄带通信卫星系统——“特高频后继星”（UFO）。其空间段将包括多卫星星座，可为世界范围内多军种/多国的移动和固定战斗终端提供通信。2006 年将签订 MUOS 项目生产和制造合同，首颗卫星计划于 2008 年发射。

美国拟加快实施 GPS－3 计划 据美国《航空与航天技术周刊》2002 年 5 月 20 日报道，美国空军计划在 2004 财年预算中为 GPS－3 计划申请经费，并建议提前两年采购和部署 GPS－3 卫星，即在 2009 年开始发射卫星，而不是原计划的 2011 年。与现役 GPS 星座相比，GPS－3 星座将有如下的变化：功率提高 100 多倍，信号强度至少增加 20db；定位精度提高到 20～50 厘米，这样可使 GPS 制导弹药的投掷精度达到 1 米之内；星座最少将由 27 颗运行在 3 个轨道面的卫星组成，而不是现在的 6 个轨道面上的 24 颗；卫星设计寿命 12～15 年，每颗卫星的成本为 1～1.2 亿美元；采用一箭双星发射方式，以便降低发射费用。

美国开始研制“技术卫星－21”卫星 据英国《防务系统日刊》2002 年 4 月 9 日报道，美国雷声电子系统公司获得一项价值约 1640 万美元的合同，开始为“技术卫星－21”（TechSat－21）提供合成孔径雷达（SAR）。“技术卫星－21”是美国空军研究实验室实施的一项编队飞行微小卫星系统计划，系统中每颗卫星重约 150 千克，它们像鸟似的靠近列队飞行，微小卫星群的卫星彼此可进行通信，并能分担现役普通卫星完成的数据处理、有效载荷和飞行任务，它们更小、更轻、发射费用更低，能够迅速适应快速变化的任务需求，能更及时地为作战人员提供多种情报信息，可用以代替目前使用的单颗大型卫星。“技术卫星－21”系统由 3 颗装载合成孔径雷达的微小型卫星构成一个虚拟卫星，它可提供比把雷达装在单颗卫星上更强的能力，计划在 2005 年用波音公司的“德尔它－IV”火箭以一箭三星的方式发射。

日本发射数据中继与跟踪卫星 2002 年 9 月 10 日，日本用 H－2A 火箭成功发射了首颗“数据中继与跟踪卫星”（DRTS）。日本此前已分别利用其“工程试验卫星”（ETS）－Ⅵ、“通信广播工程试验卫星”（Comets）和“轨道间光学通信工程试验卫星”（OICETS）进行了 S 频段中继链路、Ka 频段中继链路和激光通信链路试验。DRTS 既可用于中继日本在轨民用遥感卫星图像，也可用于传输即将发射的侦察卫星获取的信息，使日本具备近实时的空间侦察监视能力。

日本计划建立“准天顶”卫星定位系统 据日本《经济新闻》2002 年 8 月 5 日报道，日本开始酝酿建立自己的卫星定位系统，自民党议员团体要求在 2003 财年的预算中为此增加 80 亿日元的“调查费”，由各省厅和产业界团体组成的协商会也已成立。报道称，日本的卫星定位系统将由 3 颗卫星组成，每颗卫星各自有不同轨道，并且均与地球赤道平面成 45 度夹角，从日本本土来看，始终有一颗卫星停留在日本上方，所以称之为“准天顶”卫星系统，计划于 2008 年投入使用。据日本海上保安厅称，这一系统和美国 GPS 系统组合，可使定位精度提高到十几厘米。

印度发射通信卫星 2002 年 1 月 23 日，印度利用欧洲”阿里安”4 火箭从库鲁航天发射场成功地将“印度通信卫星－3C”（INSAT－3C）送入预定轨道。INSAT－3C 卫星重 2750 千克，设计寿命为 12 年，共装有 30 个 C 波段转发器、2 个 S 波段转发器和专门用于移动通信的 SSM 转发器。卫星将定位于东经 74 度上空的地球同步轨道，为印度次大陆提供电信和电视信号传输服务，进一步改善印度的电信、广播、商业通讯和移动电话服务。

印度发射首颗专用气象卫星 2002 年 9 月 12 日，印度用自制火箭成功发射了首颗专用气象卫星（METSAT）。METSAT 卫星重 1060 千克，星上高分辨率辐射计具有在 3 个谱段拍摄地球图像的能力，拍摄的图片在可见光谱段内可提供 2 千米 × 2 千米的空间分辨率，在水蒸气带和热红外谱段可提供 8 千米 × 8 千米的空间分辨率。星上还载有数据中继转发器（DRT），可从数据收集平台收集地方性气象信息，并将这些气象信息传递到位于新德里的气象数据中心。

以色列发射“地平线”5 侦察卫星 2002 年 5 月 28 日，以色列用自制的“沙维特”（Shavit）火箭成功发射了“地平线”5 侦察卫星。“地平线”5 卫星是由以色列飞机工业公司研制开发的新一代侦察卫星，地面分辨率为 1 米，用于取代一年半前在太空焚毁的“地平线”3 侦察卫星。“地平线”5 卫星重 300 千克，高 2.3 米，直径 1.2 米，设计寿命 8 年。以色列电台称，以色列将把“地平线 5”卫星上的高分辨率照相机对准伊朗、伊拉克和叙利亚。“地平线”5 卫星可提供这些国家部队调动、导弹发射基地以及核基地的照片。以色列曾试图于 1998 年发射”地平线”4 卫星，但由于运载火箭出现故障而导致发射失败。

中国台湾研制完成“蕃薯号卫星” 据《中新网》2002 年 4 月 19 日报道，台湾“太空计划室”宣布已完成台湾第一颗自主发展的卫星，并正式命名为“蕃薯号卫星”（YamSat），预计 2003 年搭载发射，用以测量大气层对太阳可见光谱的散射量，进行大气成分分析实验。"太空计划室"还表示，"华卫二号"卫星预定2003年底前发射，而"华卫三号"预定2005年发射，将由六颗皮卫星组成星座协同工作。

英国选定"战术光学卫星"试验星承包商 据英国《简氏防务》网站2002年7月23日报道，英国防部和英国家宇航中心共同 授予由英国奎奈蒂克公司牵头的联合小组1820万美元的合同，为英国防部建造"战术光学卫星"（TopSat）试验星。TopSat卫星可拍摄幅宽为15×15千米、分辨率为2.5米的全色图像和分辨率为5米的彩色图像。卫星可以直接把图像传送给移动基站上，使战场指挥员可以接收到近实时的卫星图像。

法国发射"斯波特"5遥感卫星 2002年5月4日，法国用一枚"阿里安"4火箭从库鲁航天发射中心，成功发射了"斯波特"5遥感卫星。"斯波特"5重3030千克，设计寿命5年，是"斯波特"系列地球观测系统的最后一颗卫星，性能也最先进，主要任务是监测海上浮游生物和地球表面森林植被的变化，为全世界用户提供地球表面情况的高清晰度立体图像，其黑白图像分辨率为5米，彩色图像分辨率为10米。

欧洲发射"环境卫星" 2002年3月1日，"阿里安"5火箭从库鲁航天发射场成功发射了欧洲的"环境卫星"(Envisat)。Envisat重8111千克，高10米，太阳阵展开宽度23米，是欧空局迄今生产的最大最昂贵最先进的地球环境观测卫星。Envisat携带10个地球和大气观测仪，其中最大的仪器先进合成孔径雷达（ASAR）可以提供分辨率为30米的雷达图片，这将有助于掌握海上污染、浮游生物以及冰山变化等情况；SCIAMACHY仪器将负责测量大气中的二氧化碳浓度，它将有助于研究森林、工业、交通等各种与二氧化碳浓度有关的各种因素之间的关系，为制定二氧化碳减排政策提供科学依据；MIPAS红外线分光仪可以捕捉到大气中极微量气体的痕迹；GOMOS仪器将负责测量大气不同层面的臭氧情况等。Envisat卫星的使用寿命为5年，其造价、发射费用及5年运转费用的总投资预算为24亿欧元。

欧洲发射第二代气象卫星 2002年8月28日，欧洲第二代气象卫星MSG-1和欧洲"大西洋鸟"1通讯卫星一起被一枚"阿里安"5火箭送入预定轨道。MSG-1气象卫星是欧洲第二代气象卫星系统的第一颗，卫星重2033千克，设计寿命7年，研制经费13亿欧元，由欧洲气象卫星组织负责运营。MSG-1卫星可覆盖欧洲、非洲、大西洋以及印度洋的部分地区，它运用12个不同的频谱通道对全球气候进行监测，所能提供的气象资料大约是第一代欧洲气象卫星所提供资料的20倍，可对包括龙卷风和洪水等在内的突发性灾难进行更为准确的预测，进一步提高气象预报的准确性。

欧洲"伽利略"导航卫星计划一波三折 "伽利略"导航卫星计划于2001年4月5日经欧盟交通部长会议批准后，围绕着系统需求和研制经费等问题，欧盟各国纷争不断，致使"伽利略"计划一波三折。在各国如何分摊计划费用问题上，欧盟15国一直存有分歧，一些国家意欲"当头"。经过反复协商，欧空局理事会于2002年12月12日才达成共识，即由德国、英国、法国、意大利四个国家分别支付欧盟所承担5.53亿欧元的17.5%，卫星和地面设施等建设项目的分摊问题以后再议。至此，费用分摊问题似乎得到了解决，然而意大利在12月20日又单方面表示，"伽利略"计划工业集团的总部应设在罗马，引起了德国强烈不满，致使"伽利略"计划再度搁浅。2002年4月16日，欧盟和欧空局联合成立了一个共同管理"伽利略"卫星导航系统的机构，该机构总部设在比利时首都布鲁塞尔，在"伽利略"系统转交一个独立的工业集团进行商业运营之前的4年内负责该系统的管理。

运载火箭 2002年，美国历经7年的"演变一次性运载火箭"（EELV）计划取得重大突破，两种EELV火箭首次发射均取得圆满成功，并提出了小型运载火箭计划；印度用改进后的"极轨道卫星运载火箭"（PSLV）首次执行了地球同步转移轨道的发射任务，提高了PSLV的国际商业发射市场竞争力；印度批准了重型"地球静止轨道卫星运载火箭"（GSLV）的研制计划，并突破了GSLV低温发动机关键技术；日本H-2A运载火箭开始投入商业应用，三次完成一箭多星发射；日本调整了J-2火箭计划，考虑与美国合作研制新型"银河快车"（GX）运载火箭；欧洲推出了地球同步转移轨道（GTO）运载能力达10吨级的"阿里安"5重型火箭，但首次发射惨遭失败；俄罗斯"联盟"U和"质子"K运载火箭先后发射失败，损失惨重；韩国继续推进航天运载火箭研制计划，并首次发射了本国研制的三级液体技术试验火箭；乌克兰继续谋求通过与巴西合作来推进"旋风"4火箭计划，并取得了实质性进展。

美国成功发射两种EELV火箭 2002年，美国先后成功发射"演变一次性运载火箭"（EELV）计划的两种火箭型号——"宇宙神"5和"德尔它"4，至此，持续7年的EELV计划终于实现了等待已久的首次航天发射。

8月21日，洛马公司的首枚“宇宙神”5（401）大型运载火箭成功地将“热鸟”6通信卫星送入地球同步轨道。“宇宙神”5是“宇宙神”系列中最强大的火箭系列，包括整流罩直径分别为4米和5米、地球转移轨道运载能力为5.0～8.6吨的“宇宙神”5（400）和“宇宙神”5（500）两个子系列，以及一种“宇宙神”5重型火箭。此次发射的是该系列的中型“宇宙神”5（401）火箭，火箭高58米，起飞质量334吨，GTO运载能力5吨。2002年，美国还对“宇宙神”5火箭的新型固体助推器进行了鉴定试验。“宇宙神”5可以捆绑0～5台固体助推器以满足发射不同有效载荷的需求，首枚捆绑固体助推器的“宇宙神”5已定于2003年发射。

11月20日，波音公司研制的首枚“德尔它”4M火箭在卡纳维拉尔角发射场成功发射，并将一颗欧洲通信卫星送入轨道。“德尔它”4M火箭系列有5种不同型号，此次发射的是“德尔它”4M +（4.2），其GTO运载能力为5.67吨。

美国提出新型小型运载火箭研制计划 据美国《宇航防务》网站2002年4月23日报道，美国国防部国防高级研究计划局（DARPA）启动了一项“可随时发射的小型廉价运载器”（RASCAL）计划。RASCAL将具有快速进入空间的响应能力、灵活的适应性，并可将130千克的小型有效载荷送入近地轨道。RASCAL设计方案将综合采用可重复使用与一次性使用运载火箭技术，以达到低维护成本、简化星箭界面、灵活快速的发射目标，其中第一级采用低成本可重复使用运载器（RLV），第二级采用一次性火箭。

俄罗斯运载火箭接连发生事故 2002年10月15日，俄罗斯“联盟”U火箭从普列谢茨克发射场发射升空20秒后，火箭飞行姿态发生倾斜，29秒后在空中炸毁，残骸坠入发射场附近，导致1人死亡、多人受伤。对火箭发射事故进行的初步分析认为，有异物落入火箭一级侧面一台发动机的蒸气－燃气总导管中，该发动机在升空后意外脱离箭体，导致火箭空中爆炸。此次发射随“联盟”U号火箭升空的是重6425千克的“光子”M卫星，卫星上载有俄罗斯、欧空局、美国、加拿大、印度尼西亚和日本提供的大量实验设备。

11月25日，俄罗斯在拜科努尔发射场用“质子”K火箭为欧空局发射”阿斯特拉”1K通信卫星，由于火箭DM－3上面级在第2次点火时，卫星意外地提前脱离了DM－3上面级，导致发射失败。由于故障发生在远地点205千米、近地点180千米的轨道上，卫星的位置距目标轨道太远，因此依靠卫星自身携带的推进剂难以机动到预定的地球同步轨道。

俄罗斯研制出空中发射火箭 据俄通社－塔斯社2002年2月12日报道，俄罗斯开发出了可由米格－31战斗机在空中发射的“微米”号运载火箭。“微米”号火箭能够将50～150千克的卫星送入距地面300千米的轨道，发射费用比普通火箭发射同样载荷的费用少2/3。

日本H－2A火箭完成一箭多星发射 2002年，日本H－2A火箭共进行了三次一箭多星的航天发射。在2月4日进行的第2次鉴定发射中，一颗卫星正常入轨，另一颗则失去控制。未能入轨的DASH卫星失控的原因是卫星设计图有误，使电子线路布线出错，导致卫星未能与火箭正常分离。此前，在2001年8月进行的H－2A火箭首次鉴定发射时，搭载的一个小型有效载荷也未能入轨。2002年9月10日和12月14日，H－2A火箭先后成功地进行了一箭双星和一箭4星（包括1颗澳大利亚卫星）发射，将6颗卫星送入了预定轨道，终于首次取得圆满成功。至此，H－2A共进行了4次航天发射，2次取得圆满成功。

日本计划研制“银河快车”火箭 据澳大利亚《每日航天》网站2002年5月10日报道，日本宇宙开发事业团（NASDA）与石川岛播磨重工业公司（IHI）于2002年5月8日向日本政府提出了开发小型商业火箭“银河快车”（GX）的计划。该计划的前身是日本J－2火箭计划。GX火箭第一级将由洛马公司建造，第二级将使用由NASDA自行研制的新型天然气发动机，火箭长43米，直径3.3米，其有效载荷能力为H－2A火箭的1/3，可以将3吨的卫星送入200千米高的轨道，发射费用比美国和欧洲的同类火箭都低。GX将由IHI投资研制，计划在2006年执行首次发射任务。

韩国首次成功试射火箭 2002年11月29日，韩国宇宙航空研究所宣布，韩国首次成功发射其首枚KSR－III液体燃料火箭。火箭在忠清南道安兴发射升空，火箭升至42.7千米的空中，在空中231秒飞行了84千米，然后掉进黄海。KSR－III火箭长14米，重6000千克，是韩国自行研制的第一枚液体燃料火箭。韩国于1997年12月开始执行KSR－III火箭计划，研制经费为780亿韩元（6400万美元）。韩国科学技术部在声明中说：“这次试验具有重大意义，它标志着我们已经掌握了运载工具的研制技术，可以在2005

年发射卫星。”韩国计划 2005 年发射一颗重 100 千克的卫星，2010 年发射一颗低轨道通信卫星，并在 2015 年跻身世界 10 大航天大国之列。

印度首次采用“极轨道卫星运载火箭”发射同步卫星　2002 年 9 月 12 日，改进后的“极轨道卫星运载火箭”（PSLV）首次执行了地球同步转移轨道（GTO）发射任务，将一颗质量为 1060 千克的印度专用气象卫星（Metsat）送入 250 × 36000 千米的 GTO 轨道，发射费用约 1500 万美元。印度研制 PSLV 最初的目标只用来发射高度 800 ~ 900 千米的太阳同步轨道卫星，此次印度改进 PSLV 并用于执行 GTO 轨道发射任务，目的在于用低发射成本进军 GTO 商业发射市场。

印度研制先进的同步卫星运载火箭　据《印度航天》2002 年 8 月 17 日报道，印度政府已批准印度空间研究组织研制一种先进的地球静止轨道卫星运载火箭 GSLV – MK3，它可以将 4 吨重的卫星送入地球同步转移轨道。这种三级火箭全长 42.4 米，起飞重量为 630 吨，预计研制时间为 6 年。火箭第一级是装有 110 吨燃料的液体推进剂发动机，第二级为两个捆绑式的固体推进剂发动机，每个发动机内各装有 200 吨燃料，第三级发动机装有 25 吨低温燃料。2001 年 4 月 18 日，印度首次用自行研制的地球静止轨道卫星运载火箭 GSLV – MK1 将 1.5 吨级的卫星送入地球同步转移轨道。印度计划在 2004 年前利用改进型的地球静止轨道卫星发射运载火箭 GSLV – MK2 将 2 吨级的卫星送入地球同步转移轨道。

2002 年 9 月，印度成功地对本国低温液体火箭发动机进行了持续时间长达 1000 秒的热试车。本次试验是迄今印度进行的持续时间最长的点火试验，试验远远超过实际飞行所需 700 秒的时间。低温火箭发动机是“地球静止轨道卫星运载火箭”（GSLV）上面级最关键的技术，由于印度尚未完全掌握这项先进技术，使这项技术成了 GSLV 发展的瓶颈，目前印度只能通过购买俄罗斯的低温火箭发动机来保证 GSLV 的发射，此次试车成功标志着印度在低温发动机技术领域取得了重大突破，从而在运载火箭技术研究领域跨越了一座里程碑。

乌克兰加快实施“旋风”4 火箭计划　2002 年，乌克兰加紧推进”旋风”4 火箭计划，并与巴西就在巴西阿尔坎特拉发射中心建造“旋风”4 火箭发射场达成合作协议，双方还准备就这一项目成立合资公司。按计划“旋风”4 火箭发射场将于 2004 年投入使用，每年承担 6 次发射任务。“旋风”4 轻型火箭最多可将 4 吨重的有效载荷送入 600 ~ 800 千米的低地球轨道。

“阿里安”5 火箭遭遇重大挫折　2002 年 12 月 11 日，欧洲最新研制的“阿里安”5 重型火箭的主发动机“火神”2 在首次升空后的第 3 分钟提前熄火，火箭连同其携带的两个大型有效载荷坠入大西洋，造成欧洲航天史上损失最为惨重的事件。此前，这枚火箭在 11 月就因导航电脑软件系统发生故障而终止发射倒计时，在发射台上停止了发射。“阿里安”5 重型火箭的地球同步转移轨道（GTO）运载能力达到 10.5 吨，能够一箭发射两颗重型卫星，是当前世界上运载能力最大的商业运载火箭，这次发射失败有可能危害到“阿里安”航天公司在商业卫星发射市场中的主导地位。

空间探测　2002 年世界各国发射了 7 个空间探测器，美国“哈勃”太空望远镜第四次在太空进行修复，“奥德赛”火星探测器发现火星可能存在冰冻水，印度月球测绘任务获政府支持，欧洲发射伽玛射线望远镜。

美国第四次在太空修复“哈勃”太空望远镜　2002 年 3 月初，美国“哥伦比亚”号航天飞机上的宇航员对“哈勃”太空望远镜进行了第四次在轨维修，为“哈勃”施行了换“心脏”手术——更换业已老化的中央电力控制设备；换下“广角行星相机”，装备了一台新的“高级观测相机”，使“哈勃”的观测距离增大一倍，图像的清晰度提高 10 倍，拍摄速度达到“哈勃”原有相机的 4 倍；为“哈勃”更换了一个不太牢靠的导引系统，修理了“近红外相机和多目标分光计”，并安装了新的尺寸更小但效率更高的太阳能电池帆板，为望远镜增加 25% 的能量。“哈勃”太空望远镜是 1990 年 4 月 25 日由美国“发现”号航天飞机发射升空的，是目前在轨进行天文观测的最先进的太空望远镜，设计寿命 15 年，造价近 30 亿美元。

美国“奥德赛”探测器发现火星可能存在冰冻水　经过长达半年的飞行和数月的轨道调整，2001 年 4 月发射的美国“奥德赛”火星探测器携带的科学仪器 2002 年 2 月纷纷启动，开始了对火星的探测工作。探测器上的三台伽马射线分析仪发现，从火星南极到南纬 60 度的较广范围内，火星表面和距表面不到 1 米的表层中，都存在氢元素。科学家们指出，对这些氢元素最有可能的解释是，火星上存在着冰冻水。

美国发射研究太阳耀斑的探测器　2002 年 2 月 5 日，美国利用机载“飞马座 XL”火箭，把“高能太阳光谱成像仪”（HESSI）探测器送入距地面约 600 千米的轨道。“高能太阳光谱成像仪”探测器上装备有一些先进的仪器，包括世界上首台彩色X射线摄影机，将收集太阳耀斑爆发时抛射出的高能X射线和伽马射线光子，然后对其处理并形成图像，用以研究太阳耀斑形成机制等。

美国发射彗星探测器 2002年7月3日，美国用“德尔它－2”火箭成功发射了“康托”（Contour）慧星探测器。该探测器旨在对彗星的星核进行观察和研究，以便了解太阳系形成时期冷冻的彗星星核的组成。“康托”探测器的探测目标有两个，一是“恩克”（Encke）彗星，二是“施瓦斯曼－瓦赫曼”3彗星。“康托”探测器能以约100千米的距离飞掠每颗目标彗星。探测器上装备的高精度照相机，能拍下直径为4米的天体表面特征，获取有关彗核尺寸、形状、亮度和颜色等数据。另外，探测器上还携带了尘埃和气体分析仪等仪器。科学家们认为通过探索彗星有可能获得太阳系最原始的一些资料。8月15日，“康托”彗星探测器在加速脱离地球轨道的过程中分裂成3部分，与地面失去了联系。

美国开始研制水星探测器 水星是太阳系中最靠近太阳的行星，为了对这颗星球进行更多研究，美国航空航天局（NASA）宣布，将在2004年向水星发射“信使”号探测器，这是美国继1974年向水星发射“水手”10号探测器之后，近30年来的第一个水星探测计划。“信使”号水星探测计划的费用为2.56亿美元，探测器将携带7种科学仪器，其中包括一架照像机，一台磁力计，用于考察水星磁场的大小和方向；一台激光高度计，用于测量海拔高度。“信使”号探测器将首次拍摄水星的全貌，它还将收集有关信息，以便人类更好地了解水星外壳和核心的组成及其地理结构。“信使”号水星探测器计划于2004年3月发射，2009年4月开始绕水星运行一年。

俄美欧联合公布登陆火星计划 2002年4月10日，国际火星登陆计划的负责人介绍，参加火星登陆计划的各方已同意在2014年至2015年间，派遣宇航员向火星进发。参加火星登陆计划的机构分别为俄罗斯的航空航天局、克尔德什研究中心和能源火箭航天公司，美国的航宇局和波音公司，欧空局以及德国阿斯特利乌姆航天公司。按计划，由各方选派的6名宇航员将在2014年至2015年间乘飞船飞赴火星。在抵达火星轨道后，3名宇航员将借助登陆舱在火星表面着陆，另外3名宇航员将驾驶飞船在火星轨道上待命。

印度月球测绘任务获政府支持 据《空间新闻》网站2002年10月21日报道，继印度火箭计划成功之后，印度政府表示支持印度月球表面测绘任务。该任务代号“月亮”（Somayana），将携带一分辨率为5米的地形测绘相机和一分辨率为80米的超光谱成像仪。“月亮”探测器将在月球表面上空100千米处对月球进行研究，计划在2006年由“极轨卫星运载火箭”（PSLV）或“地球静止卫星运载火箭”（GSLV）发射。该任务一部分有效载荷将寻求国际合作。

欧洲发射伽玛射线望远镜 据法新社报道，欧洲“国际伽玛射线天文实验室”（Integral）2002年10月17日由俄罗斯“质子”号火箭成功送入轨道。Integral重4000千克，高5米，直径3.7米，研制经费3.3亿欧元，使用寿命2～5年，是迄今最敏感的伽玛射线探测仪，其上共有4个仪器，可在太空捕捉伽马射线、X射线，观测太空黑洞、射电脉冲星等高能天体。

欧空局“曙光”空间探测计划起步 据《每日航天》网站2002年10月15日报道，欧空局（ESA）新的“曙光”空间探测计划已逐步形成。欧空局2002年1月开始这一计划，确定了未来30年欧洲无人和载人月球、火星甚至其它小行星探测战略。“曙光”计划参加国已开始对首批4个无人任务进行评估研究，其中三项是火星取样返回、地球再入飞行器和火星大气捕获验证器。

（陈有荣）

核 武 器

综述 2002年1月8日，美国国防部向国会提交了《核态势审议报告》，这是布什政府自2001年上台以来提出的第一个调整美国核战略的最重要文件。该报告称，美军要准备好对包括俄罗斯和中国在内的至少7个国家实施核打击的应急计划。对此，各国作出了强烈的反应，认为这是美国推行霸权主义和强权政治的继续。同时，美国总统布什于2002年5月24日与俄罗斯总统普京在莫斯科签署了《削减进攻性战略核力量条约》，该条约规定，到2012年12月31日前，每一方实战部署的战略武器的核弹头总数不得超过1700～2200个，在此限额内，双方可自主决定本国的进攻性战略核力量的组成和结构。同时还规定，美俄双方在1991年签署的第一阶段《削减战略武器条约》仍然有效；美俄成立双边执行委员会，每年至少举行两次会议；本项条约将按照各缔约国的宪法程序予以批准，并将在交换批准书之日起生效，其有效期至2012年12月31日，如果双方同意可以延期，在此之前也可以用其他协议取代，双方在行使国家主权时可以退出该项条约，但必须提前3个月通报对方；本条约还规定，将按照《联合国宪章》第102条在联合国注册。

在这一年里，各有核国家在调整战略和战略进攻核力量结构的同时，还制定了新的核武器发展计划，并不断发展、改进和完善各自的战略进攻性核武器系统，尤其是美国和俄罗斯这两个核大国，尽管它们之间签署了《削减进攻性战略核力量条约》，但到2012年前，两国仍保留一支由陆基洲际弹道核导弹、海基潜地弹道核导弹和战略轰炸机及其运载的核武器构成的“三位一体”战略进攻核力量，并进一步加强质量建设，以提高这些武器系统的生存能力、突防能力、打击目标的精度和延长这些武器的服役期限。美国还在加紧研制和部署导弹防御系统，正在研制低当量核武器和继续作恢复核试验的准备工作。英国的海基战略核力量现代化计划基本完成，法国继续执行海基战略核力量现代化计划。印度正在加紧试验和装备能够带核弹头的弹道导弹，并准备建立一支由陆、海、空构成的核打击力量。巴基斯坦也在积极试验和装备能带核弹头的地地弹道导弹。

表1　美国战略进攻核力量

型号	数量（枚、架）	首次部署（年）	核弹头数×代号×当量（万吨）	核弹头总数（现役/备用）
陆基洲际弹道导弹	550			1700/85
“民兵”ⅢMk－12	150	1970	1×W62×17	150
Mk－12	50	1970	3×W62×17（MIRV）	150/15
Mk－12A	300	1979	3×W78×33.5（MIRV）	900/20
MX/“和平卫士”	50	1986	10×W87×30（MIRV）	500/50
潜地弹道导弹	432/18			3120/172
“三叉戟”IC－4	168/7	1979	6×W76×10（MIRV）	1008
“三叉戟”ⅡD－5	264/11			
	Mk－4	1992	8×W76×10（MIRV）	1728/156
	Mk－5	1990	8×W88×47.5（MIRV）	384/16
战略轰炸机	115/72			1660/85
B－52H	94/56	1961	ALCM/W80－1×0.5～15	430/20
			ACM/W80－1×0.5～15	430/20
B－2	21/16	1994	B61－7/－11、B83核炸弹	800/45
总计				6480/342

表1注：“/”符号前面的数字在潜地弹道导弹栏里表示导弹的数量，在轰炸机栏里表示轰炸机的总数量，“/”符号后面的数字在潜地弹道导弹栏里表示核潜艇的数量，在轰炸机栏里表示执行任务的轰炸机数量（即不包括训练和备用的轰炸机）。ALCM为空射巡航导弹；ACM为先进巡航导弹；MIRV为分导式核弹头。

美国的核武器　2002年，美国作战部署的战略核武器系统由550枚陆基洲际弹道导弹、18艘弹道导弹核潜艇及其携带的432枚潜地弹道导弹和72架战略轰炸机及其运载的核武器构成，共6480个核弹头。此外，美国大约还有1620件非战略核武器（或称战术核武器），包括1300个、3种改型的B61核炸弹和320枚“战斧”对地攻击巡航导弹，它们当中的一部分处于储存或非现役状态。供美国和北约各国飞机使用的B61战术核炸弹，绝大部分储存在新墨西哥州的柯特兰空军基地和内华达州的内利斯空军基地。

美国陆基洲际弹道导弹将改装单弹头 美国现部署500枚“民兵”III和50枚MX/“和平卫士”陆基洲际弹道导弹。这些导弹保持高度的戒备率（98%以上），而且能够即刻发射。为了适应第二阶段《削减战略武器条约》的要求，所有陆基洲际弹道导弹将改装带一个核弹头，到2002年5月，部署在怀俄明州沃伦空军基地的150枚“民兵”III导弹已经改装成每枚导弹带1个W62核弹头（以前每枚导弹带3个W62核弹头）。按计划，W62弹头是要从导弹上拆下来的一种核弹头，但要到2009年才折掉，可能还要保留这种核弹头的初级系统和次级系统。从2002年10月1日开始的3年内，现部署的50枚MX/“和平卫士”导弹将全部退役，从这种导弹卸下来的W87核弹头绝大部分将用来装备“民兵”III导弹。

为了提高“民兵”III导弹的作战使用效能，并使这种导弹的服役期限延长到2020年，正在对其实施现代化计划。主要包括从1998年开始实施到2005年完成的“制导系统替换计划”和“推进系统替换计划”。实施这两项计划的目的是为了防止因部件老化而导致武器性能的退化，提高系统的可靠性、可操作性和增强核安全性，并改进“民兵”III导弹的发射控制系统。其中，“制导系统替换计划”是用新的NS－50制导系统替换老的NS－20制导系统，目的是使“民兵”III导弹命中目标的精度（CEP）达到100米（目前装备W62核弹头的“民兵”III导弹的精度为220米，装备W78核弹头的“民兵”III导弹的精度为120米），并采用新型抗干扰电子设备。“推进系统替换计划”是更换“民兵”III导弹的助推发动机，即重新浇注导弹的第一级和第二级发动机和重新制造第三级发动机，以及采用最新的固体推进剂和连接技术。此外，从2002年开始到2006年还要完成一项“增强安全的再入飞行器计划”，这项计划的目标是用MX导弹的W87核弹头替换“民兵”III导弹的所有W62核弹头和某些W78核弹头，最终使部署在怀俄明州沃伦空军基地的150枚“民兵”III导弹和部署在蒙大拿州马姆斯特罗姆空军基地的50枚“民兵”III导弹装备W87核弹头，而部署在蒙大拿州马姆斯特罗姆空军基地的另外150枚“民兵”III导弹和部署在北达科他州迈诺特空军基地的150枚“民兵”III导弹将带W78核弹头。“民兵”III导弹的现代化计划还包括改进这种导弹的指挥、控制和通信系统，目的是在国家最高指挥当局与战略核部队之间建立起更加现代化和安全可靠的通信链。

美国所有弹道导弹核潜艇都将携带“三叉戟”II潜地弹道导弹 美国部署18艘“俄亥俄”级弹道导弹核潜艇及其携带的432枚潜地弹道导弹。到2007年，4艘较老的弹道导弹核潜艇——俄亥俄号、密执安号、佛罗里达号、佐治亚号——将改装带常规巡航导弹（从2003年开始改装这些核潜艇）。美国海军计划延长保留下来的14艘“俄亥俄”级弹道导弹核潜艇的服役期限（从2029年开始退役第一艘核潜艇）。现部署的“俄亥俄”级弹道导弹核潜艇携带2种潜地弹道导弹，其中以太平洋为基地的核潜艇携带“三叉戟”I潜地弹道导弹，以大西洋为基地的核潜艇携带“三叉戟”II潜地弹道导弹。

美国海军正在实施一项“三叉戟”II潜地弹道导弹的改装计划，其目标是把现役携带“三叉戟”I潜地弹道导弹的4艘核潜艇改装成携带“三叉戟”II潜地弹道导弹。该项计划完成后，将使得保留下来的14艘“俄亥俄”级核潜艇均携带“三叉戟”II潜地弹道导弹，并继续生产“三叉戟”II潜地弹道导弹和改进这种导弹的制导系统。此外，海军正在研制一种改进型潜地弹道导弹（即“三叉戟”IIA型导弹，它是“三叉戟”II潜地弹道导弹的改型），预计到2015年将开始生产这种导弹。

美国延长战略轰炸机及其运载的核武器的服役期限 美国现有2种执行核作战任务的战略轰炸机：B－2和B－52H。其中，B－52H战略轰炸机能够带AGM－86B空射巡航导弹、AGM－129A先进巡航导弹和核炸弹或混合带两种武器。空射巡航导弹装备的是W80－1核弹头。先进巡航导弹也装备W80－1核弹头，但比空射巡航导弹的射程远、精度高。B－2战略轰炸机只能带核炸弹（B61－7型核炸弹、B61－11型核炸弹和B83型核炸弹），但不能混装B83型核炸弹和B61型核炸弹。B－2战略轰炸机是唯一能带1997年服役的新型B61－11钻地核炸弹的飞机。空军还在实施一项战略轰炸机的改进计划，即对B－52H战略轰炸机的导航、通信及电子对抗系统进行改进，以提高这种战略轰炸机的作战使用效能，并把该机作为战略核力量的组成部分一直保留到2040年。继续生产和装备先进的 B－2 战略轰炸机。五角大楼称，已经生产了 640 枚先进巡航导弹，并计划把空射巡航导弹和先进巡航导弹的服役期限延长到 2030 年。

此外，美国能源部正在实施核弹头的改进计划。其中包括更换“民兵”III 导弹的 W62 核弹头内部的氚容器，以便延长这种核弹头的服役期限，但最终将用 W78 核弹头和 W87 核弹头取代；改进“三叉戟”I 潜地弹道导弹的 W76 核弹头的解保、点火、引爆系统，使它能在近地面爆炸，具有打击加固的深地下目标能力，并换装这种核弹头内部的氚容器和中子发生器；改进“民兵”III 导弹的 W78 核弹头内部的气体氚的传输系统；换装巡航导弹的 W80 核弹头的氚容器，并延长这种核弹头的服役期限；更新 MX 导弹的 W87 核弹头的次级系统和安装新型氚容器；从 2004 年开始批量生产“三叉戟”II 潜地弹道导弹的 W88 核弹头的钚芯（即核弹头的初级系统）；对 1997 年开始装备的 B61－11 型钻地核炸弹的结构作进一步改进，增加电子安全加固元件和改进次级系统，以提高其钻地的生存能力，改进型钻地核炸弹将在 2004 财年开始批量生产。

美国研制低当量核武器　多年来，美国一直在考虑是否研制专门用于攻击深地下高价值目标的新型核武器——低当量核钻地弹（指威力在 5000 吨梯恩梯当量以下）。核钻地弹是一种能钻入地下一定深度后爆炸的核炸弹或核弹头，它是利用核爆炸所产生的地震冲击波，破坏对方导弹发射井、地下指挥中心、隐藏核生化武器的地下掩体等军事目标。美国认为，目前装备的核武器无法在不杀伤大量人员和造成巨大破坏作用的情况下达到摧毁深地下高价值目标的目的，而使用低当量核武器既可以减小杀伤破坏的范围，又可以控制战争的规模，不致招来国际社会的公愤。为此。美国从 1997 年开始部署 B61－11 核钻地弹，但试验证明这种核炸弹不仅当量高，而且钻入地下的深度只有 3～6 米，不能满足摧毁深地下坚固目标的要求。在这种情况下，美国军方和核武器研究所极力主张发展低当量核武器。然而，美国在发展这种核武器方面还存在诸多不确定因素。

首先，在政策上还需要进一步明确。尽管国会在 2000 年通过了一项要求国防部和能源部“着手研究如何摧毁敌人防守坚固、位于地下深处目标”的法律，而且国防部又在制订的“国防科学技术计划”和“进行联合作战的国防技术目标”文件中，要求对“通过在模拟战争中用低当量核武器进行攻击，检验其摧毁深地下目标的攻击能力是否有效”、“通过大幅度减少对平民的伤害，使敌人极其坚固的目标暴露在危险之中，从而提高作战能力”等这样一些课题进行研究。然而，美国在 1993 年制定的国防授权法明确指出，禁止“进行一切与高精度低当量核武器有关的研究与开发”，从而为美国现政府试图研制低当量核武器设置了障碍。

其次，在技术上还面临诸多问题。第一，钻地弹如何钻得更深的问题。因为只靠目前的常规复合型钻地弹，即采用一个预侵彻弹头和一个主侵彻弹头，通过预侵彻弹头的爆炸把目标炸开一个洞口，主侵彻战斗部再沿此洞口继续侵彻，最终引爆主侵彻战斗部装药来摧毁目标，这就要求弹头内的核装置及电子器件必须能够在高速侵彻时形成的高温、高压等极端环境下仍能正常工作，从而对核钻地弹的设计提出了十分苛刻的要求。第二，低当量核钻地弹钻入地下后爆炸的杀伤效果问题。因为核爆炸的威力是随着初级裂变反应产生的中子数量的增加呈指数增加，为了使核爆炸威力不超出设计的期望值，必须精确控制初级裂变反应产生的中子数量，对于如此苛刻的设计要求，任何不经过全尺寸试验的武器设计，其可靠性是很难保证的。第三，核钻地弹是否真的能够像国防部所希望的那样，在地下爆炸后对地面目标破坏以及造成的放射性污染较小，也是值得怀疑的。对此，有不少美国科学家提出疑问，如普林斯顿大学理论物理学家罗伯特 W·尼尔森就认为，核钻地弹不可能不在目标周围产生放射性污染，要想控制核爆炸产生的放射性污染，必须使其在地下足够的深度爆炸。他说，根据美国 20 世纪 60 年代在内华达进行的核试验结果表明，对于当量为 5000 吨的核爆炸，埋深至少大于 198 米；1000 吨级的核弹头必须钻入地下 53 米才能防止放射性材料的扩散，也就是说，作为采用动能侵彻的核钻地弹，其侵彻深度只有超过数百米才能在核爆炸时有效控制放射性污染。然而，侵彻弹的侵彻深度很有限。他认为，对于一个 3 米长的钢质动能钻地弹来说，在混凝土目标上的最大侵彻深度大约为 30 米，而且为了保证战斗部及有关电子器件不受破坏，实际侵彻深度还应更小。因此，从侵彻深度看，低当量核钻地弹产生的放射性污染问题几乎无法控制。

尽管美国发展低当量核武器存在这样或那样的问题，但根据需要，特别是布什政府在新制订的《国家安全战略》中强调在必要时实施“先发制人”的需要，美国有可能继续研制甚至最终部署低当量核武器。

俄罗斯的核武器　截至 2002 年，俄罗斯拥有

706枚陆基洲际弹道导弹、14艘弹道导弹核潜艇及其携带的232枚潜地弹道导弹、78架战略轰炸机及其运载的核武器，总计约有5000个核弹头。此外，俄罗斯还有约3600个战术武器的核弹头，包括地空导弹、巡航导弹、反潜导弹的核弹头以及飞机运载的核炸弹等。

表2　俄罗斯战略进攻核力量

类　型	数　量（枚、架）	首次部署（年）	核弹头数×当量（万吨）	核弹头总数（个）
陆基洲际弹道导弹	706			3011
SS－18	144	1979	10×55/75（MIRV）	1440
SS－19	137	1980	6×55/75（MIRV）	822
SS－24	36	1987	10×55（MIRV）	360
SS－25	360	1985	1×55	360
SS－27	29	1997	1×55	29
潜地弹道导弹	232			1072
SS－N－18	96	1978	3×20（MIRV）	288
SS－N－20	40	1983	10×10（MIRV）	400
SS－N－23	96	1986	4×10（MIRV）	384
战略轰炸机	78			868
“熊”式H6	32	1984	6×AS－15A ALCM或核炸弹	192
“熊”式H16	31	1984	16×AS－15A ALCM或核炸弹	496
“海盗旗”	15	1987	12×AS－15B ALCM，AS－16 SRAM，或核炸弹	180
总计				4951

表2注：AS是空对地导弹；ALCM是空射巡航导弹；SRAM是近程攻击导弹；MIRV是分导式核弹头。

俄罗斯陆基洲际弹道导弹向单一型号过渡　俄罗斯作战部署的陆基洲际弹道导弹包括：144枚SS－18、137枚SS－19、36枚SS－24、360枚SS－25和29枚SS－27。除SS－27导弹外，其他几种导弹服役时间都较长。为此，俄罗斯将按照已经制订的2010年前战略核武器发展规划，逐步用SS－27导弹替换其他几种陆基洲际弹道导弹。SS－27导弹也称“白杨－M”导弹，既可以从地下井中发射，也可以机动发射，现部署的29枚SS－27导弹均是地下井发射的导弹，均带一个核弹头，需要时可以改装成分导式多弹头。俄罗斯为了提高SS－27导弹的突防能力，可能采用了一些先进的突防技术以及电子干扰技术，以达到能够突破美国导弹防御系统的目的。此外，SS－27导弹的新型8轴MAZ－79221运输－起竖－发射三用车已于1995年6月交付部队使用，并在2000年9月进行了首次SS－27导弹的机动发射试验。估计，俄罗斯到2003年以后有可能部署机动型SS－27导弹。

俄罗斯研制新型弹道导弹核潜艇　俄罗斯作战部署的弹道导弹核潜艇有14艘（包括6艘D级III型、6艘D级IV型核潜艇和2艘“台风”级核潜艇）。为了使6艘D级III型弹道导弹核潜艇继续服役，俄罗斯重新开始生产SS－N－23潜地弹道导弹（新生产出来的SS－N－23导弹每枚可能装10个分导式核弹头，现部署的SS－N－23导弹每枚装4个分导式核弹头），并延长现役SS－N－23导弹的服役期限。值得指出的是，俄罗斯正在加紧建造“北风之神”级弹道导弹核潜艇，这是（苏联）俄罗斯建造的第五代弹道导弹核潜艇，其首艇于2002年3月在北德文斯克造船厂建造完毕，该厂根据国防部的订货将建造4艘“北风之神”级弹道导弹核潜艇，用来替换正在服役的“台风”级核潜艇。“北风之神”级弹道导弹核潜艇长170米、宽13米、高10.5米，排水量为1.7万吨，最高航速26节，有16个导弹发射管，可携带远程潜地弹道导弹、对空导弹和鱼雷。预计到2007年，该级核潜艇将成为俄罗斯海基战略核力量的主力潜艇。

俄罗斯继续生产和部署新型战略轰炸机　俄罗斯

拥有 78 架图－95 和图－160 战略轰炸机可以执行核攻击任务，但要想使这些飞机保持高度战备状态需要进行维修。尽管俄罗斯军费不足，但 2001 年仍有 3 架图－160 战略轰炸机在建造之中，其中的一架可能在 2002 年底或 2003 年初制造出来。俄罗斯已制订了图－160 战略轰炸机延长服役期的计划，该计划将使图－160 战略轰炸机装备新型导弹，这种新型导弹既可以带核弹头，也可以带常规弹头。俄罗斯决定对目前部署的图－160 战略轰炸机进行改进，其中包括改进航空电子设备、无线电设备，并改装可以带常规弹头或核弹头的新型巡航导弹系统。俄罗斯现役图－160 战略轰炸机的航程为 14000 千米，能够以两倍声速飞行，可以装 12 枚巡航导弹。预计到 2030 年前后，经过改装的图－160 战略轰炸机可能服役。

印度的核武器　印度核力量的规模难以确定，据一些专家估计，目前印度大约拥有 30～35 个核弹头。能携带核弹头的导弹有“普里特维”近程地地弹道导弹和“烈火”中程地地弹道导弹。此外，还有几种飞机可用来运载核武器，如米格－27、“美洲虎”、苏－30、幻影 2000 等，但最有可能用来运载核武器的飞机是米格－27 和“美洲虎”。在陆基核力量方面，印度已经装备了可携带核弹头的“普里特维”近程地地导弹，这种导弹的射程为 150～250 千米。同时还继续进行“烈火”中程地地弹道导弹的研究与试验工作，该系列导弹于 1989 年 5 月 22 日进行了首次试射，现已开始批生产“烈火”I 中程地地导弹。2002 年 1 月 27 日试验发射了两级固体推进剂“烈火”II 中程地地弹道导弹，这种导弹长 20 米，弹体直径为 1.3 米，重 16 吨，射程超过 2000 千米，既可以带常规弹头，也可以带核弹头，采用惯性加全球定位系统制导，可采用铁路或公路机动方式发射，现已基本定型，准备开始生产，2002 年可能具备初始作战能力。射程达 3500 千米的“烈火”III 中程弹道导弹的研制工作基本完成，并做好了试射的准备。另外，印度还可能利用极地卫星运载火箭技术和“烈火”导弹的经验发展射程达 5000 千米以上的“苏里亚”远程地地弹道导弹。在海基核力量方面，印度计划到 2010 年建成 5 艘核潜艇，其中的第一艘正在建造之中。同时还在研制“萨加里卡”潜射巡航导弹，这种导弹的飞行速度为亚声速，巡航高度 15～100 米，射程 300 千米（未来可增至 1000 千米），可携带核弹头。目前，这种导弹处于全尺寸试验的最后阶段。此外，印度还有一项称为“先进技术船”的研制计划，据印度海军称，将用这种船携带核导弹。在空基核力量方面，印度正在加紧购买国外可携带核武器的飞机。例如，根据与俄罗斯达成的协议，印度已经获得许可证在本国生产 140～150 架能改装带核武器的苏—30MKI 飞机；2002 年 6 月，印度开始与法国达索公司就购买“幻影”2000－5 多任务战斗机进行了谈判。印度计划在未来 15～20 年内用这些飞机组建 7 个中队，成为其空基核打击的中坚力量。

此外，印度在积极发展航天技术的同时，加速发展洲际弹道导弹。2002 年 4 月，印度政府批准了一项将耗资 5.208 亿美元的地球同步卫星运载火箭（GSLV－3）的研制计划，这项计划将使印度到 2006 年具备把 4 吨重的卫星送入静地转移轨道的发射能力，这将为印度发展洲际弹道导弹奠定技术基础。

表 3　印度能运载核武器的导弹和飞机

类　型	射（航）程（千米）	有效载荷（千克）	注
导弹			
“普里特维”I 型	150	1000	已部署
“烈火”I 型	1500	1000	开始生产
“烈火”II 型	2000	1000	在进行试验
飞机			
米格－27	800	4000	在欣登河空军基地
“美洲虎”	1600	4775	在安巴拉空军基地

巴基斯坦的核武器　巴基斯坦核力量的规模难以确定，据一些专家估计，目前巴基斯坦大约拥有 24～48 个核弹头。尽管有几种导弹（如“哈塔夫”近程地地导弹和“沙欣”中程地地导弹）能够携带核弹头，但中程地地导弹“高里”是巴基斯坦唯一用来携带核弹头的导弹。巴基斯坦从美国购买的 F－16 飞机最有可能是用来运载核武器的飞机。“哈塔夫”I、“哈塔夫”II 和“哈塔夫”III 这三种近程导弹已经装备部队。2002 年 5 月，巴基斯坦成功地试射了一枚“高里”地地中程弹道导弹，这是“高里”系列导弹的第三次试射。该导弹长约 15～17 米，最大直径 1.2～1.5 米，有效载荷为 700 千克，最大射程为 1500 千米，采用两级液体火箭发动机，车载机动发射，能够携带常规弹头和核弹头。

巴基斯坦在发展“哈塔夫”系列近程弹道导弹和“高里”系列中程弹道导弹的同时，还在发展固体推进剂中程弹道导弹——“沙欣”系列，并已开始批量生产“沙欣”I近程弹道导弹。这种导弹长12米，直径1米，最大圆概率误差为200米，当携带750千克重的弹头时，射程达600千米，可采用公路机动发射，巴陆军已经装备了这种导弹。正在研制中的”沙欣II”中程弹道导弹已经进行了静态发动机测试，并正准备进行飞行试验。该导弹采取两级固体发动机，导弹长17米，直径1.4米，带一个1000千克重的弹头，射程达2500千米，最大圆概率误差为350米，在运输车上发射，可加装核弹头、破片杀伤弹头、集束弹头等。“沙欣”I和“沙欣”II导弹弹头的后部都装有四个旋转稳定马达，用来控制发射后分离的再入弹头，采用惯性加全球定位系统的制导方式进行末段制导和中段修正。

表4　巴基斯坦能运载核武器的导弹和飞机

类　型	射（航）程（千米）	有效载荷（千克）	注
导弹			
“高里”I型	1300~1500	500~750	1998年4月进行了首次飞行试验
“高里”II型	2000~2300	750~1000	1999年4月进行了首次飞行试验
飞机			
F-16A/B	1600	5450	在萨戈达空军基地

英国的核武器　冷战结束后，英国仍把战略核武器看成是防止大规模战争、维护国家安全的极其重要的一支力量。为此，在1998年3月制定了指导英国战略核力量建设的《战略防御审议》。按照这项审议的要求，英国的战略核力量包括建成4艘新型“前卫”级弹道导弹核潜艇及其携带的“三叉戟”II潜地弹道导弹，使核弹头的总数不超过200个。截至2002年1月，英国拥有58枚“三叉戟”II潜地弹道导弹和192个供这种导弹携带的核弹头。4艘新型“前卫”级弹道导弹核潜艇已经全部服役，每一艘核潜艇可以携带16枚“三叉戟”II潜地弹道导弹，每枚导弹可能装备3个分导式核弹头，每个分弹头的威力为10万吨梯恩梯当量。英国皇家海军计划使这4艘“前卫”级弹道导弹核潜艇至少服役到2020年，近期内没有建造新一代弹道导弹核潜艇的计划。此外，英国准备从2002年6月开始建设一座较大的核武器研制和生产基地。这个核基地建成后，将集核武器设计、试验和生产于一体，还要在该基地研制和生产小型核弹头，以对付恐怖组织，据英国原子武器管理中心的年度报告称，将关闭在巴勒菲尔德的核基地，其所有“业务”转到该中心总部所在奥尔德马斯顿的核基地，并对奥尔德马斯顿核基地进行扩建，使之成为一个集核武器储存与研制为一体的综合性基地。此外，在原子武器管理中心还计划兴建一个用于流体动力学研究的新设施、购置一台超级计算机和建设一座氚生产厂。

表5　英国战略核力量

型　号	部署数量	射程（千米）	核弹头数×当量	核弹头总数
“三叉戟”II潜地导弹	64	7400	3×10万吨	192

法国的核武器　截至2002年1月，法国拥有2艘老的和2艘新型弹道导弹核潜艇及其携带的48枚潜地弹道导弹、60架能够运载ASMP空对地核导弹的“幻影”2000N和24架“超级军旗”式飞机，核弹头总数约350个。法国海基战略核力量现代化计划包括建造4艘新型“凯旋”级弹道导弹核潜艇和研制M51新型潜地弹道导弹。这一级新型弹道导弹核潜艇的第一艘“凯旋”号和第二艘“鲁莽”号已分别于1997年和1999年开始服役，第三艘“警惕”号和第四艘“可畏”号正在建造中，后两艘核潜艇将分别于2004年和2008年服役。“凯旋”级弹道导弹核潜艇每一艘可携带16枚潜地弹道导弹。正在研制的新型M51潜地弹道导弹的弹长12米，重48吨，射程8000千米以上，能够带6个TN76分导式核弹头，每一个核弹头的威力为10~15万吨梯恩梯当量。M51导弹的设计将使其在飞行中能够作旋转稳定飞行，同时还将配备

先进的突防装置和诱饵，并采用抗激光加固措施，以提高突防能力。预计，这种导弹将于 2010 年服役。到 2015 年，法国将用 M51 潜地弹道导弹替换目前装备的 M4 和 M45 潜地弹道导弹。鉴于 M51 潜地弹道导弹优越的性能，法国还有可能部署陆基型 M51 导弹。

表 6 法国战略核力量

型号	部署数量	射程（千米）	核弹头数×当量	核弹总数
M4 潜地导弹	16	6000	6×15 万吨	96
M45 潜地导弹	32	6000	6×10 万吨	192

（王连奎）

核、生、化装备

综述 2001 年发生在美国纽约的“9·11”事件及其后的炭疽恐怖袭击对核生化防护技术的发展有很大刺激，但在工业领域并没有出现什么技术突破。

核监测的基本科学在过去几年没有发生什么变化。“切尔诺贝利”事件后，各国普遍开始重视低水平辐射监测，近年来，由于对核恐怖袭击的担忧，探测低水平辐射的装备需求进一步增长。

化学侦检技术已趋成熟，近年来的主要研发方向是远程探测技术。已有的方法是用运输载体将现有的探测器投送到化学袭击中心轴线或己军的上风方向上。一些国家在研究用无人驾驶的飞机、直升机和气球（UAV）作为投送平台，实现远距离或地域侦察。为实现远距离侦察，探测设备进一步小型化。美军研制的微型远距离侦察飞行器（MAV）仅有巴掌大小或更小。此外，经验的积累和计算机的运用大大降低了化学侦检器材的误检率，提高了可靠性和可维护性。

在防护领域中，近年来集体防护的重点是减轻集体防护装备的重量和体积。在寻找新过滤材料方面有两个亮点。一是可再生过滤材料的运用使得集防通风过滤系统可备两套过滤装置轮换使用，一套在工作状态，一套在清洗状态。二是为防生物战剂采用一种新型表面涂层。当空气通过时，其中 90% 的病原体将被杀死。一个高强度紫外光源将杀死所有病原体。防毒面具系统的整体设计几乎没有什么变化。最佳防毒材料仍是氯化丁基胶。面具设计中的最大难点仍是确保面部的气密性和整体佩戴的舒适性。对防毒面具的气密和滤毒罐效能进行测试的方法和仪器近来受到较多关注。透气式防护服所含活性炭易于汗中毒，在高温高湿的环境中长时间使用后性能会下降，近年来透气式防毒服的耐用性受到相当多的关注。

在洗消领域，人们的目光不再停留在洗消药剂、器材和方法上，而更加重视洗消对象的可洗消、易洗消和耐洗消性上。所采取的方法是在装备表面经常变换的伪装涂层下加敷一层抗毒涂层。该涂层能抗毒剂渗透，耐损、耐磨、耐洗消，能大大提高装备的防毒和洗消性能。配合该涂层的研究，洗消器材的研究也考虑要减少对该涂层的损害。另外真空抽吸洗消方法的研究正在解决电子器件等敏感材料的洗消问题。

化学武器 **俄罗斯使用有毒气体解决人质事件** 2002 年 10 月 23～26 日，俄罗斯车臣武装分子在莫斯科策动了一场震惊世界的人质事件。俄罗斯政府最终使用有毒气体，一举消灭劫持人质的武装份子，解救出人质。10 月 30 日，俄罗斯卫生部长尤·舍甫琴柯才向外界透露，解救文化宫人质时用了含有芬太尼衍生物的药剂。舍甫琴柯声称，俄罗斯解救人质时没有使用《禁止化学武器公约》禁止使用的化学制剂。俄罗斯外交部发言人更进一步补充说，俄罗斯使用芬太尼衍生物没有违反俄罗斯对《禁止化学武器公约》所承担的义务。

芬太尼类化合物是一类作用于中枢神经系统阿片受体的高效麻醉镇痛药，一些化合物包括芬太尼、阿芬太尼、噻芬太尼和瑞美芬太尼等作为人用或动物镇痛麻醉药，在临床上得到了应用。

芬太尼类化合物目前尚未列入《禁止化学武器公约》的化学品附表之中，有关芬太尼的活动目前不受公约的监控。然而《禁止化学武器公约》规定控暴剂不得用于战争手段. 芬太尼类化合物作为发展化学武器的用途来说则可能被认为对公约的宗旨和目标构成很大的危险。

西方国家准备研制基因变异武器 据有关资料披露，西方国家的某些军事生物武器专家正准备研制基因变异武器。这是西方基因武器研究的一个新动向。基因变异武器是基因武器的一种。基因变异武器的研究原理是：经生物试验证明，当生物的正常基因发生改变后，其细胞的分裂将失去调控而无秩序地发生异常的 N 次方的变化，使生物机体的生理过程出现“程序”上的错误，其结果便造成血液感染和器官病变，最终导致器官功能障碍或死亡。西方的生物武器专家据此原理，准备研究能使人体基因发生变异的变异基因因子，再把这些变异基因因子装入特制的子弹或炮弹里，发射到敌方上空，子弹或炮弹自行爆炸后，释放出的变异基因因子便与空气混合。当人体吸收后，变异基因因子就使人体的基因发生异常变化和细胞异常分裂，最终导致血液感染、器官衰竭和死亡。

化学侦检与报警器材 **美国化生传感器研制有新突破** 据《国防》杂志 2002 年 3 月号报道，美国佐治亚州技术研究院的科学家受美国海军委托，最近研制出鞋盒大小的光传感器，它可以测量光速和其干涉图，有可能用于检测化生战剂。

该传感器包括一个激光源、一个平面波导管和监测化学变化时波导管中光速变化的检测器。波导管是 2 厘米长的玻璃管，激光穿过时产生 2 束光，所有的光子和谐地通过 2 个通道。其中的一个光通道是暴露在大气和水中的参考通道，另一个通道涂有一种特殊的化学物质，能够和要检测的物质发生化学反应。当化学战剂和该化学物质反应时，通过的光速发生变化，或快或慢，当 2 束光交集，就会产生干涉，数码相机拍下干涉图，记录结果。生物战剂的检测步骤与此相同。检测器可以测出每单位的菌落数量，并能检测数百种的菌落，灵敏度相当高。目前已对炭疽孢子作了检测。该装置用一个特殊的取样管获取气体样品，并将其浓缩于溶液导入波导管。反应时间很快，不到 1 分钟就可得到结果，通过一个 1×2（厘米）的芯片，可以检测 75 种物质。该传感器的激光源是通常 CD 播放器的激光，数码相机与笔记本电脑连接。造价为 200～300 美元。

俄罗斯率先装备车载式远距离激光毒剂侦检系统 俄罗斯在其 KDKhR－1N 核生化装甲侦察车上安装了远距离激光毒剂侦检系统，在世界上首次实现了将激光雷达系统安装到化学侦察车上。KDKhR－1N 核生化装甲侦察车的炮塔可将其激光系统在 60 秒内环扫 360°方位角（－3～70°高低角），探测化学毒剂特别是有机磷毒剂云团，并用光谱法将其检测出来。该侦检系统能探测出 1 立方米空气中百分之几毫克含量的毒剂。侦察车内配备的计算机系统根据所获数据，可确定毒剂云团的距离、大小、形状、漂移速度及方向。KDKhR－1N 还配备有辐射监测和其它化学生物监测装置以及通信、信号、警报和导航设备，战时可用作核生化侦检报警，平时还可用作生态环境监测。

英国将装备新一代化学战剂检测系统 英国已研制出新一代化学战剂检测系统——便携式化学毒剂侦检器（MCAD）和轻型化学毒剂侦检器（LCAD)。这两种装备将在两个层次上替代英军当前用于侦检神经毒剂和氢氰酸的固定式神经性毒剂酶法报警侦检器(NAIAD)。所谓“两个层次”，是指该检测系统作为 NAIDA 的替代装置，不是用一个检测器，而是采用两个检测器的组合。

LCAD 在低层次上，其灵敏度较低，但造价低廉，因此能在部队中广泛发放。它足以作部队戴面具报警使用。其主要性能是：外型尺寸 15×8×5（厘米）；重量小于 0.5 千克；电池工作时间在 20℃时为 24 小时，在－31℃时为 18 小时。LCAD 采用一个双功能的飘移管，毒剂在其中被电离产生信号，可对神经性毒剂、糜烂性毒剂、窒息性毒剂检测报警。

MCAD 在高层次上，它能鉴别毒剂种类，指示危险程度。其主要性能是：外型尺寸 38×20×20（厘米)；重量小于 8 千克，其中包括 2.5 千克电池；电池工作时间在 20℃时为 56 小时，在－30℃时为 30 小时；分子筛（在内气路内，可以更换）寿命在 20℃和 59%相对湿度条件下为 4100 小时。MCAD 采用的飘移管比 LCAD 的要长，用放射性镍 63 作电离源。

LACD 和 MCAD 的工作原理基于离子迁移谱技术(IMS)。IMS 已应用于英国多种化学毒剂侦检报警系统。该项技术专一性强、灵敏度高、实用性强、后勤负担小（不需要反应试剂)。这两种系统的装备合同总额达 4000 万英镑，预计将于 2003 年开始装备英军。

奥地利购买改进型化学毒剂监测器（ECAM） 据奥地利国防部 2002 年 1 月 14 日发布的消息，奥地利与总部在英国的 Graseby 动力公司签订合同，计划购买该公司生产的改进型化学毒剂监测器。预计金额超过 140 万美元。改进型化学毒剂监测器主要改进点包括：改善了监测器的安全互锁，包括能使气流倒流防止系统过载；简化了操作和保养；增加了操作扫描和自动模式，提高了侦检能力。ECAM 能够监测所有神经性毒剂、糜烂性毒剂、血液性毒剂和窒息性毒剂。其它打算购买 ECAM 的国家还有澳大利亚、巴林、新西兰、挪威和阿联酋。

化学防护器材　美军装备 CBPS 生化防护帐篷

美军 CBPS 生化防护帐篷是为在生化环境下处理伤兵员而设计的，主要由 4 部分组成：M－1113 型高机动多用途轮式车辆、轻型多功能外罩、带有 10 千瓦战时用低噪声发电机的快速高机动性拖车、防化生战剂的空气净化系统。轻型多功能外罩罩在 M－1113 型高机动多用途轮式车辆上形成固定的墙体。生化防护帐篷靠它的环境支持系统提供供热、空调、通风和核生化空气过滤以及提供照明、通信、医疗仪器及其它小型电器的电能。环境支持系统保证生化防护帐篷在温度为 －25～120℉ 的化学污染环境中使用，并保持内部温度在 60～90℉。该帐篷的通风技术是将压缩空气充入氨基甲酸酯（人造橡胶）制成的柱状通风管中，该柱状物可支撑凯夫拉和特氟纶材料的软质外罩，无需刚性的支撑结构。利用超压技术使帐篷外罩膨胀，篷内备有担架和空气调节阀。帐篷内超压可阻止外界染毒空气进入内部。

核监测器材　德国核生化侦察车配备两种新型核监测装备　德国“狐”式核生化侦察车新近配备了两种新型核监测装备——EDW150 人员电子剂量计和 RADOS H13422 MicroCont 核沾染监测仪。

EDW150 人员电子剂量计能探测和储存人员照射总剂量和剂量率。它采用 GM 计数管技术，用一个 7 位液晶显示屏显示 γ 和 X 射线读数。使用者可预设 4 个剂量或剂量率报警阈值。EDW150 使用 3 节 1.5 伏 LR1 电池为电源，电池使用寿命在背景辐射级条件下约为 12 个月。主要技术性能：剂量指示范围为 0.1 μSv～10 Sv；剂量率指示范围为 0.1 μSv/h～1.5 Sv/h；Hp（10）能响范围为 50 keV～2.0 MeV；剂量报警阈值为 1 μSv～10 Sv 范围 4 个预设值；剂量率报警阈值为 1 μSv/h～1.5 Sv/h 范围 4 个预设值；外形尺寸为 136×40×17（毫米）；重量约为 110 克；使用温度范围为 －20～＋60℃。

RADOS H13422 MicroCont 核沾染监测仪是一种手持式便携监测仪，用于测量 α/β/γ 沾染。它使用方便，测量范围广，有一多功能大显示屏。该装置设计有一对接台，可与车辆主电源联结。它除了测量样品，还可利用一转向架控制高度，测量地面沾染。该装置包含 α/β 检验源，外壳是坚固的 ABS 材料。

洗消器材　美军“9·11”后青睐 SNL 配方消毒剂　美国桑地亚国家实验室于 20 世纪 90 年代末开发出一种新型消毒剂——SNL 配方消毒剂。该实验室通过对其评价，发现它具有优越的化生战剂消毒性能和环境相容性。其杀灭炭疽的性能在“9·11”事件后倍受美军青睐，认为该消毒剂在化生反恐应急反应中将发挥重要作用。

SNL 消毒剂的主要成分是表面活性剂和温和的氧化剂，对芥子气和 VX 消毒是通过氧化实现；据推测杀灭孢子主要是表面活性剂将孢子的蛋白装甲刺破后，由氧化剂进入进攻内部的基因物质。SNL 消毒剂为水基配方，无毒、无腐蚀，能够消除化学和生物战剂，作用快速，不产生毒性副产物，环境良好；特别是能以泡沫、液体、烟雾状使用，使用后容易清理。缺点是高温下容易分解，贮存寿命 5 年。SNL 消毒剂可以泡沫、液体射流或烟雾状使用，关键取决于分散器材。根据需要可配制各种分散装置。

美国陆军埃基伍德化生研究中心发现 SNL 消毒剂能够在 10 分钟内完全破坏梭曼和 VX，在 1 小时内完全破坏芥子气。桑地亚国家实验室进行的 SNL 消毒泡沫对生物战剂模拟剂的消毒性能试验表明，对于炭疽孢子模拟剂，在 1 小时内可杀灭 107 个孢子，对于植物细菌和病毒模拟剂，分别可在 15 分钟和 30 分钟内完成消毒灭菌。

美军研究用 APPJ 洗消表面化生战剂污染　大气压力等离子体喷射器（APPJ）是一种快速、广谱的销毁化生战剂的新技术。它产生停留时间短暂的活性物，并将它们喷射到污染表面。大功率 APPJ 可用于机场和船只等的大面积洗消，低功率 APPJ 可洗消敏感设备（如电子、光学、航空电子设备），军事车辆（如坦克、飞机、舰船）的内部，甚至很可能用于人员洗消。

APPJ 由两个同轴电极组成，原料气在其间高速流动。作用到中心电极的 13.56MHz 的射频功率加速自由电子并引起气体的分解，在空间产生均匀的放电。高能电子与原料气发生非弹性碰撞，产生激发态分子和原子（如亚稳态粒子）、自由基和额外的离子－电子对。这些化学活性物以高速从喷嘴喷出，撞击到污染物表面并因此发生反应。

APPJ 产生的活性物对炭疽杆菌、芥子气和 VX 毒剂等的代用品有中和作用。不像传统的湿法洗消，等离子体射流不会引起大多数表面的腐蚀，不会损坏配线、电子设备及塑料制品。进一步说，APPJ 产生的活性物能快速降解为无害产物，而且不留下除不去的剩余物和有害副产物。这使它特别的适用于装备内部高价值敏感设备的洗消。

为了能研制应用于野战的 APPJ，仍需要克服多方面的科学与技术挑战。目前的实验样机的洗消炭疽杆菌或芥子气的速度仅为 10 平方厘米/分钟。该速度必须扩大到 0.1～1.0 平方米/分钟。APPJ 实验条件下的 0.5 厘米的作用距离需要扩展到 5～50 厘米。

发烟器材　美国陆军主要的大面积烟幕生成系统　美国陆军目前有 4 个主要的大面积烟幕生成系统：M157A2 系列大山猫轮式烟幕发生装置，M1059/M1059A3 大山猫履带式烟幕发生器运输车，M56 山狗轮式烟幕发生系统和 M58 狼式履带式烟幕发生系统。M157A2 烟幕发生装置可在运动中产生大面积的可见光遮蔽烟幕。该系统使用双脉冲发动机，这种发动机利用美国陆军标准燃油产生大块的雾油蒸气云团，干扰敌方可见光观察和包括激光手段在内的跟踪方法。该系统包括两个 M54A2 烟幕发生器、一个空气压缩机、一个 120 加仑的雾油罐、一个雾油泵和一个远程控制台。在 M284A1 安装工具的辅助下，整个系统安装在 M1037/M1097 系列车辆的尾部。履带式 M1059 发烟车集成了 M157A2 烟幕发生装置，成为 M113A2 装甲人员运输车的一个变型。

M56 烟幕发生装置是美陆军第一种可产生可见光和红外信号屏蔽的大面积烟幕系统，其最大的优势是可以产生红外对抗烟幕使智能武器失效。除了扩大了光谱的范围，M56 系统还为烟幕发生器提供了一个新的轮式车辆平台。该系统安装在具有扩充能力的 M1113 车辆上，为发烟部队提供了更大的有效载荷能力和更高的机动性。M56 系统也有履带式的配套产品，即 M58 狼式系统，它包括同样的安装于 M113A3 装甲人员运输车上的双模式（可见光和红外）烟幕发生器，狼式系统机动性能强，可适应艾布拉姆斯和布莱德雷装甲部队的机械化作战能力。

美军烟幕设计者们正通过引入新一代烟幕技术，以“保证军事行动处于黑幕之中，如黑夜般难以观察”。他们准备研制出毫米波组件，将其添加到 M56 系统上。这种新系统将成为 M56A1。新组件用于对抗毫米波传感器和导引头——使用毫米波导向的监视系统和智能武器。该组件有望在 2005 年投入生产，并可能于 2006 年开始列装。

波兰部署 PWD Pylia 直升机布烟器　波兰陆军航空兵开始装备一种能够安装在索科尔型通用武装直升机上的新的发烟系统。这种直升机专门改装为布烟用。新的发烟器通称为 PWD Pylia。这种发烟器是 WSK PZL 热舒夫发动机厂与波兰武装部队的化学与辐射测量军事研究所合作研制并由 PZL Swidnik 工厂生产的。这种新发烟器专用于在非常短的时间内产生遮蔽烟幕，保护高价值目标免受激光制导炸弹或导弹的袭击。WSK PZL 热舒夫发动机厂还研制了该发烟器的车载型变型。PWD Pylia 由 3 个主要部分组成：1 个发生器、1 个专用油料箱和 1 个泵。驾驶员的控制台安装在直升机里。这种发生器使用一种原直升机上使用的 APU 型涡轮发动机，用一种经过改进的加有烟炱的 AN－15Z 型机器油产生特种烟幕。在风速适宜的条件下（不大于 8 米/秒），一架索科尔直升机使用 PWD Pylia，能够施放一条 10 千米长，240 000 平方米面积的烟幕。波兰化学与辐射测量军事研究所称，PWD Pylia 具有优良的布烟特性，它能对付最现代化的激光制导精密武器，能提供有效的屏蔽。

（张　南）

指挥控制通信计算机和情报系统

综述　2002 年，世界各国在指挥控制通信计算机和情报系统（C^4I）的建设和发展中，主要有以下几个特点：英国和美国在 C^4I 系统越来越倾向将信息优势转化为知识优势和决策优势的道路上又有了较大的进步。在网络中心战等理论的指导下，美军的全球信息栅格、美军与英军的数据链路的发展与运用，都有了很大的提高。此外，各国军队对 C^4I 系统中数据的获取能力以及数据的存放、处理与传输的能力都更加重视，特别是数据的安全、备份、迁移、应急响应与数据容灾等等技术总体框架有了明显的进步。各国军队在关注信息系统对决策支持、火力支援与精确打击、后勤调度等能力提升的同时，对信息系统的可靠性、安全性、易损性等方面的要求也越来越高，投入也越来越大。评估 C^4I 系统对作战效能的影响、加强

C^4I系统的体系结构研究、加强网络攻防的组织与研究刻不容缓。此外，各国各军种继续重视其C^4I系统的互联、互通与互操作能力、探测能力与数据链路、士兵C^4I系统的同时，开始加强空间网络的研究、开发与部署。

美国着手开发高级极高频系统 《简氏防务周刊》2002年1月刊报道，美国空间导弹和系统中心授予高级极高频（AEHF）小组一项价值2700万美元的合同，主要用于高级极高频卫星通信程序的系统开发及演示阶段。此项目包括新生产两颗卫星，以及对现有地基指挥与控制部进行更新、升级与维护。高级极高频处理数据的速率将达到8.2Mb/s，第一颗卫星预计2006年发射。

美国联合战术电台系统已进入研制尾声阶段 据《武装力量杂志》2002年1月报道，美国防部预计在2002年3月1日左右开始实施一项重大举措，旨在对现在普通电台进行彻底革新以更好地服务于四大军种。首批JTRS将最终于2005年中期投入生产。

经过3年时间开发的JTRS将成为首次运用“软件定义”的电台，类似于电台前端的计算机。目前各兵种现存的750000部电台中的绝大多数是单一模式电台（地对地，空对地等），使用单一频带（VHF，UHF等）传输或接收单一波形或模块化电台信号。每种波形均是为过去军售的特殊电台而专门设计的波形，这750000部“传统”电台中的绝大多数均无对话功能。JTRS将最终以单一系列共同操作电台取代老式电台。

开放式系统（非专用）软件通信体系结构（SCA）的开发是目前JTRS计划的关键所在，该系统体系结构是一套系统规范，详细说明了JTRS组件及互接部分的设计规格。相关的通用JTRS电台将由不同的制造商共同制作，但均需按照SCA蓝图中的设计方案实现共同操作的目的。任意JTRS电台需有普通波形出入端口，并可以运行其它应用软件，且不受电台硬件设备的限制。

美军正在研制可嵌入未来“武士”军服内的智能传感器 《信号》2002年1月报道，美国陆军正在研制一种可嵌入未来“武士”军服内的传感器系统，指挥官和医护人员可通过这个系统监测“武士”们的生理状态。这项工作称为“武士”生理状态监测（WPSM）计划，由美国陆军士兵系统中心和美国陆军环境医学研究院共同开展研究。

美空军选定下一代军事星 《信号》2002年1月报道，美国空军日前签订一份价值数十亿美元的合同，开始下一代军事通信卫星的研究。该项工作称为高级极高频（EHF）计划，预计于2006年发射第一颗卫星。

新的卫星将提供比军事星（Milstar）更大的总容量和更高的信道数据速率。这将使战术通信具有实时视频、战场地图和目标数据等功能。该卫星的设计为目前Milstar的低数据速率和中数据速率模式添加了最高达8.2兆比特/秒的更高的数据速率模式。每颗高级EHF卫星将通过多条同时下行链路使用50多个通信信道。星间交叉链路使得卫星之间不需要地面站中继。整个星座将与Milstar系统反向兼容，并且其任务控制段将把对Milstar和高级EHF卫星的控制合并入一个单一任务控制系统内。

美海军研制P-3及EP-3E飞机的替代机型 据《简氏防务周刊》2002年1月报道，美海军决定更换P-3C猎户座巡逻机和EP-3E Aries电子情报飞机。海军将研制一个由人来操作的岸基飞机作为多用途海事飞机（MMA）的中央平台。

美国准备加强GPS的安全性能 《简氏防务周刊》2002年1月16日报道，随着美国军事部门越来越依赖全球定位系统（GPS）卫星所提供的精确导航和计时功能，国防部由空军牵头，正采取综合手段保护GPS信号的完整性，并加强其抗干扰性。这些措施不仅包括增强卫星信号强度和改善信号处理能力，还包括在飞机、船只、地面车辆和武器（如联合直接攻击弹药）投入使用更复杂的GPS接收器。

国防部正在开发一种新的军用密码（M密码），可改善信号处理技术，增强抗干扰能力。M密码可使剩余的Block IIR卫星现代化。第一枚装备了M密码的Block IIR卫星计划于2003年发射。这些Block IIR-M卫星也将使用第二代民用密码（L2）。从2005年开始，美国空军将陆续发射16枚波音公司的Block IIF GPS卫星，这些卫星将使用M密码和第三代民用密码（L5）信号。美国空军接下来还准备发射GPS Block III星座，它们将大大加强M密码信号的功率。其做法是添加额外的点波束，给正在工作或关注的特别地区输入更多的功率。

计划于2010年左右首次发射的GPS III卫星的传输功率是目前GPS星座的100到300倍。除了卫星自身的改善之外，高价值资源如攻击机和精确制导弹药上的抗干扰和反电子欺骗的复杂天线也有助于大大加强系统健壮性。

美空军高频e-mail报文传送系统投入使用 据《简氏国际防务评论》2002年3月报道，“9·11”事件后，美空军加快装备高频（HF）e-mail报文传送系统，该系统安装在E-3机载预警与控制系统（AWACS）飞机上，参与本土防御作战。

每个便携式地面站组件由一台膝上机和一个HF无线电台组成。机载设备的大小相当于一个大公文包，包括一台定制型膝上机、一台打印机和一个KIV-7加密设备。该系统使用Microsoft Office和Outlook程序，能够在廷克空军基地的指挥中心与E-3飞机之间通过e-mail而不是话音进行保密数据传送。它使操作员能够近实时地发送和接收对任务文件的调整指令，如空中特遣命令。将信息记录下来还能减少差错几率。

美陆军指战员信息网计划有变 据《防务新闻》2002年3月11~17日报道，2002年1月份，美陆军讨论了价值72亿美元的指战员信息网（战术级）（WIN-T）计划和价值40亿美元的联合战术无线电系统（JTRS）能否满足未来战斗系统的通信需求。建议陆军延迟WIN-T方案请求书的发布，一直到军方技术部门重新编写出计划可操作需求文件，以及包括未来战斗系统的目标和时间表。

陆军初始方案是为使用20世纪80年代的移动用户设备/三军战术通信系统的所有部队装备WIN-T制定的。但是陆军现在正考虑使该网络现代化，即只将WIN-T装备到经挑选的传统部队和新的过渡部队，计划于2010年装备。

美陆军首席信息官/G-6办公室应运而生 据《防务新闻》2002年3月25~31日报道，美军方及业界官员称，美陆军已对其负责C4信息系统的原首席信息官和首席信息官办公室（CIO）进行改组，以使其能够充分支持美陆军向轻型化、快速可部署以及更基于知识的部队转型。

改组后的陆军首席信息官办公室叫做首席信息官/G-6办公室，将帮助陆军研制并投资一项名为知识管理的计划。

整个陆军实施这一方案旨在把五角大楼的陆军参谋人员一体化，在全球范围内建立更为灵活的部队并减少购买新武器系统时的评审层次。

美陆军研制能传输能源和数据的纺织品 据英国《简氏国际防务评论》2002年6月报道，美陆军士兵系统中心（即Natick公司）在名为战斗服装电子光纤概念的革新研究计划中，与Focker Miller公司一起成功地演示了一个使用基于纺织品的通用串行总线电缆的个人区域网。

常用电缆硬而重且要用塑料包裹，而纺织品电缆被制成纤细、易弯曲且能穿戴的形式，它带有几个扁平、小截面的连接器。通过测试，纺织品电缆的性能跟常规通用串行总线电缆一样。这种方案的成功可带来其他的应用，如可开发人体穿戴式战术通信班级天线。这种基于纺织品的灵巧天线已编织进模块式、轻便、可装载设备的背心，它将于2002年春季接受性能评估。在高级天线科技目标计划中，Natick公司负责天线的研制和编入工作，通信电子司令部负责研制电子交换设备。

美军将装备全球广播系统接收设备 据《简氏防务周刊》2002年6月26日报道，雷声公司已获得一项金额为1040万美元的合同，其内容为向美国军方提供90套全球广播系统接收设备。其中，美国空军将得到43套增强型便携设备，美国陆军将得到27套标准型便携系统，美国海军将为其潜艇配备10套水下接收设备，美国中央指挥部也将得到10套设备。

美军国防高级GPS接收机将取代精密轻型GPS接收机 英国《简氏国际防务评论》2002年7月报道，美空军空间司令部空间和导弹系统中心计划9月份裁定两项国防高级GPS接收机（DAGR）的首批生产合同。合同要求每个供应商提供250台接收机进行测试。在对第一阶段开发测试的结果进行评估后，将于2003年8月择优选定一家公司签署全面生产合同。国防高级GPS接收机是一种手持设备，重量不到1.8千克，内含可选用的反伪装模块，将取代能与国防高级GPS接收机互操作的精密轻型GPS接收机（PLGR）。每台国防高级GPS接收机价值不到2000美元。8年内有望生产188300台该接收机，将于2004财年第四季度开始装备部队。

美空军盯上通用数据链 英国《简氏国际防务评论》2002年7月报道，美空军航空系统中心计划2002财年第四季度将签订一项多平台通用数据链（MP-CDL）的概念和技术开发合同。

宽带链路的开发可将多个机载平台或将机载平台与地面设备连接起来形成集成式网络。该链路的开发与多项工作密切相关，如多平台雷达技术改进计划（MP-RTIP）、联合侦察目标攻击雷达系统（JSTRAS）、陆军分布式通用地面站（DCJS-A）和“全球鹰”无人机。

多平台通用数据链将经历一个螺旋式的开发过程，其目标是支持未来的集成式情报、侦察和监视网络。多平台通用数据链应用广泛，包括以网络为中心的协同目标导向（NCCT）计划、多传感器指挥与控制群（MC2C）、已部署的战区信息栅格网（DTIG）和全球信息栅格网（GIG）。

多平台通用数据链也可为自适应联合指挥、控制、通信、计算机、情报、侦察和监视（C4ISR）节点所用。C4ISR 节点过去称为机载通信节点，它可将通信、信号情报和电子/信息战业务集成于一体。

美军电台新标准业已确定　据《防务新闻》2002 年 6 月 30 日报道，获准组建五角大楼第一批联合战术电台系统（JTRS）项目的小组将为软件控制通信创立一项世界级标准，并且将占有巨大的新市场，至此确立了未来北约及盟军互操作的标准。

美国将开发联合战术电台　英国《简氏防务周刊》2002 年 7 月 3 日报道，以波音公司为首的小组被选定为美国国防部开发通用战术电台，以便为美国武装部队建立网络化系统。

波音公司为首的小组（包括 BAE 系统公司、哈里斯公司、罗克韦尔苛林公司和 TRW 公司）将联合开发和生产初始版地面平台和旋翼式机载联合战术无线电系统（JTRS）电台。陆海空三军部队将购买 10000 部“群 1”电台，价值为 20 亿美元。

除了能与三军通信系统互操作外，联合战术无线电系统还能提供软件可编程能力，这使电台经一定配置后能用于特定的任务，能与新波形和传统系统相互作用。该型电台也计划与将来展望中的高带宽网络配套使用。

预计 2007 年左右将再生产 10 万部“群 1”电台，价值约为 50 亿美元。2002 年 6 月 24 日，美国特种作战司令部被确定为“群 2”计划的主要负责机构，该司令部很快将开始收集各军种的需求信息。其他波束和波形的开发，包括舰载和机载需求，将在以后的合同中予以考虑。

美国防部寻求完全的信息网络　据《简氏防务周刊》2002 年 7 月 17 日报道，美国防部正寻求变革其管理和发送信息的方式，开发一个全新的情报处理模式和一个数十亿美元的高速网络。“向优势奋进”（power to the edge）是美国防部近期推出的一个新理念，它不仅对情报系统内的特定课题专家提供访问权，还对网络上的任何人提供访问权，并使其获取所有的情报信息（包括原始的和已生成的）。目前的情报处理程序，首先是信息的收集，然后进行处理，最后形成有价值的情报并通过保密网络发送或“推送”至用户处（即接受任务、处理信息、提炼成情报、颁发情报，简称 TPED）。“TPED”模式已于上月末停止使用，取代它的是一个全新的系统，这套系统接收到原始情报数据后，立即予以发布。该系统属于“拖拉式”系统，不属于“推送式”系统。较为先进的浏览器、搜索引擎和数据融合技术将有助于信息用户找到相关的原始数据以及对稍后发布的数据分析。

此外，需要建立一个转换通信系统（TCS），即在不同的卫星间构筑一个网络；另外还包括可处理更大数量数据的光纤陆基改进工作。

全球信息栅格带宽（GIG－BW）扩建计划的陆基部分是一项价值 6 亿美元的项目，旨在构建一个光纤网络，其目的为在两年内具备 10～40 千兆/秒的全球信息栅格带宽处理能力。届时，网络将链接约 90 个陆基站址。而耗资 30 亿美元的 TCS 计划的空基部分将耗时更长。现在的计划要求在无人机与卫星间的数据链每秒钟可处理 1 千兆的数据，卫星间及卫星与地面站的链路的数据处理能力将达到数千兆/秒。

美军将装备联合战术终端（JTT）电台　据《陆军国际期刊》2002 年 8 月报道，联合战术终端（JTT）电台，即国防部最新研制的类似于 JTRS 的软件编程电台系列，将用来装备美军在全球范围内部署的军事力量，可立即提供最新的情报信息。其有效性已在最近于阿富汗进行的实弹演习中得以证实。

JTT 电台在设计上主要用以接收通过卫星发射的来自五个美国情报广播网络的合成威胁数据：相关战术应用数据传播系统（TDDS）；战术数据信息交换系统－B（TADIXS－B）；战术信息广播业务（TIBS）；战术侦察情报交换系统（TRIXS）；以及近实时传播（NRTD）系统。

前两个系统属于国家范围侦察并提供消息的网络，借助侦察卫星的信息识别威胁及威胁方向。TIBS 向战场提供由空军监视飞机收集的情报信息。TRIXS 属于陆军网，提供由信号情报飞机和其它一些渠道来的精确的瞄准信息。NRTD 是国家安全局掌管的网络，该网络用于监听外军通信。

这五个情报网及他们最终的传输波形将经由信号整合广播系统（IBS）进行调换。该系统是由 BGT 有限公司专为空军电子系统中心进行开发的不同于 JTT 的系统。JTT 与 IBS 将可以实现彼此兼容。国防部打算采购各种型号的 JTT 电台 1700 部。JTT 将使美军在野战时仅用一个单独的小盒子便可以接收到他们所需的情报，而无需考虑他们身处世界的哪个角落。

美空军着手为多传感器指挥控制飞机配置 C^4ISR 装置　英国《简氏国际防务评论》2002 年 9 月报道，美空军物资司令部电子系统中心希望于 10 月底提出一项申请，请求为计划中的多传感器指挥控制飞机（MC2A）配置战斗管理、指挥、控制、通信、计算机和情报（BMC4I）子系统。多传感器指挥控制飞机平台将用于取代 E－8 联合监视目标攻击雷达系统、RC－135 联合电子情报飞机和 E－3 机载预警与控制系统（AWACS）。

美国防部投巨资力求实现无缝通信 据《防务新闻》2002 年 7 月 22～28 日报道，美国防部正给国防信息系统局的三个计划提供巨额资助，这三个计划是：全球信息栅格扩展（GIG Expansion）、全新卫星通信系统（Transformational Satellite Communications）和电信港（Teleport）。

通过加速全球信息栅格（GIG）扩展，全新卫星通信系统和电信港计划，美军最终能实现全球互联，支持其新的作战战略和网络中心战。

GIG 扩展项目将提供更多的带宽给大型的保密和非保密计算机网，这些网络给全球的美军指战员发送数据。美军在 2002 年对计算机和通信的花费约为 230 亿美元。其中约 33％将花到组成 GIG 的系统和计划中。在未来的 5 年里，五角大楼还将花费 2 亿美元用于研究 GIG 策略和购买计算机安全产品，以保护 GIG。

美陆军 FBCB2 系统将具备新功能 据英国《简氏国际防务评论》2002 年 9 月报道，根据美陆军通信与电子司令部的合同，TRW 公司将承建“21 世纪旅及旅以下部队战斗指挥”（FBCB2）系统后续系统的工程与集成项目。此项工作的主要目的是在 2004 年 9 月前开发出 7.0 版软件。

此项目其他方面的工作包括：增强软硬件的功能，使其达到作战需求文件和用户功能描述中规定的目标能力；实施战术因特网设计工程，以实现相关的网络性能；进行初始操作测试和评估以外的试验；将“21 世纪旅及旅以下部队战斗指挥”系统移植至个人计算机和小型装置中；制定未来产品的战略构想。

美陆军多频段班际或班内电台能力得到扩展 据英国《简氏国际防务评论》2002 年 9 月报道，继最近为美陆军开发了 5 瓦手持式 AN/PRC－148 多频段班际或班内电台（MBITR）作为联合战术无线电系统的软件演示电台后，Thales 公司又通过引进新型多频段班际或班内车载电台（内含 20 瓦跳频功率倍增器），进一步增强了系统的灵活性。

美陆军扩展数字化战场 据英国《简氏防务周刊》2002 年 9 月 25 日报道，美陆军正在扩展 21 世纪旅及旅以下部队战斗指挥系统的国际部署范围，按计划 6 个月后将对这些系统进行初始操作测试和评估。根据与 TRW 战术系统公司签订的合同，美陆军将为部署在波斯湾地区的 200 多个车辆平台装备 21 世纪旅及旅以下部队战斗指挥系统（FBCB2）。

新的扩展计划命名为“海湾数字化计划”（GDI），它在概念上类似于正在进行的“巴尔干数字化计划”（BDI）。根据“巴尔干数字化计划”，陆军能数字化地跟踪部署在巴尔干地区的约 700 个车辆平台。除能进行车辆跟踪外，“巴尔干数字化计划”中的车辆还装备了有限的 21 世纪旅及旅以下部队战斗指挥系统软件和通信设备（3.1F 版），这些软件和通信设备运行于坚固耐用的商用便携式计算机，而这些计算机又通过 Ku 频段卫星系统相连。

美陆军通信电子司令部授予的这项合同价值 1300 余万美元，内容包括 L 频段卫星网络中心、数据服务器和对 216 个车辆平台的 FBCB2 安装和调试服务。这项工作在加利福尼亚州的卡森和科威特的 Camp Doha 进行，将于 2002 年 11 月底完成。

美空军通信中继终端通过飞行测试 据英国《简氏防务周刊》2002 年 10 月 30 日报道，美空军 10 月 23 日说，它成功地演示了在作战中心与战区机载部队间建立通信链路的能力。

飞行测试是通过 KC－135R 同温层加油机上的滚装超视距增强型样机来进行的，该样机是一个规模可变的、模块化、机载通信中继终端。飞机从弗吉尼亚州兰格林空军基地起飞，降落于马萨诸塞州汉斯科姆空军基地。空军期望于 2003 年 5 月首批装备 20 部滚装超视距增强型通信中继终端，2003 年 10 月所有终端将全部交货，到那时将有 40 架同温层加油机装备该型终端。

美陆军研发网络化和软件指挥控制应用系统 据美国《陆军新闻网》2002 年 11 月 21 日报道，美陆军驻新泽西州蒙默思堡通信与电子司令部研究人员，目前正致力于发展空间系统和使计算机与传感器在无缝数字化战场上进行交互的目标。研究人员正与数位承办者共同努力，研发网络化和软件指挥与控制应用系统，该系统名为“多功能移动安全自适应综合通信系统”（MOSAIC）和“敏捷”指挥官系统。

这一应用系统正与陆军未来战斗系统（FCS）相适应。在这一战斗系统中，不论是对在战场战斗的士兵还是对坐在控制室的指挥官而言，网络化信息和通信系统被视为潜在的决定性因素。“多功能移动安全自适应综合通信系统”的设计主要是基于旅级部队，基于满足不断更新的通信和指挥与控制系统需求。传统的网络化方式建立在铺设电缆和架设天线的基础上，这一方式限制了机动性。而在新技术条件下，传输工具可以通过网络联系在一起。

“敏捷”指挥官系统的指挥与控制软件具有网络化特点，能够调整其性能以适应不同的带宽。“多功能移动安全自适应综合通信系统”和“敏捷”指挥官系统可以与网络保持联系。它已经被认为是地面上的无线化网络。不过，它必须与硬件相配合。而硬件中的关键部分——联合战术无线电系统（JTRS）正在开发之中。该系统使用软件驱动的无线电程序来防止使用者陷入混乱的无线电频率。而目前的军事无线电还不具备这种能力。

美空军拟开发下一代极高频卫星通信终端 据美国《防务新闻》2002年11月18日报道，美波音公司领导的业内小组日前签订了设计、开发并试验下一代极高频卫星通信终端的合同。这些通信终端将由美空军各战略平台使用。高级超视距终端系列 FAB-T 计划合同达 2.73 亿美元。

这一计划是针对美空军卫星通信终端而提出的。美空军《2001年远程打击飞机》白皮书强调指出，战略资产需要国家卫星通信系统的全球卫星的持续性发展且能够提供有力的保障。白皮书指出，目前的超高频卫星通信能力不足，为了保持连续性，B-52 超高频卫星通信终端将由一个极高频终端取代，以提供单一合成作战计划应急行动信息接收能力。为此，美空军启动 FAB-T 计划，在不同平台上安装极高频宽带终端，使多个卫星系统上的通信更加畅通。FAB-T 是一个新的倡议，由电子系统司令部的军事卫星终端办公室管理。这个倡议符合美国防部将重点从以平台为中心转向以网络为中心的战略。

FAB-T 计划的采购战略有很大变革，并采用螺旋式的开发过程，以满足各种平台卫星通信终端所要求的开放式结构极高频终端。这一结构将使终端能够具备升级能力。

FAB-T 是实现未来战斗空间一体化的重要一步。分析人士认为这是一个国际市场，在以后几十年内市场潜力可达 2000 亿美元。

美海军计划开发高级指挥控制和战斗系统 据英国《简氏国际防务评论》2002年8月报道，美国海军研究办公室计划2002年10月签订十项合同，每项价值10~40万美元、为期1~3年，以开发未来指挥控制和战斗系统技术。这项工作支持计划中“部队网”的开发和其他网络作战。六项合同的主要相关领域是：信息管理、图像处理和利用、可视化技术、战场决策支持、战斗应用的网络化指挥与控制以及信息网络态势感知。

越南将获得军事通信卫星 据《简氏防务周刊》2002年3月20日报道，近年来，越南一直努力试图获得军事通信卫星。2002年3月中旬，越南计划与以色列飞机工业公司（IAI）的 MBT 部门就获得两个双用平台进行会谈。

越南邮电公司（VPTC）计划分别于 2003~2004、2004~2005 年间购买两颗卫星，包括一些留作军用的转发器。以色列飞机工业公司提供的卫星是阿莫斯（Amos）通信卫星的改型，每颗造价约 1 亿美元，这笔交易还包括地面控制站，但地面控制站是否单独计价目前尚不清楚。

印度、菲律宾购买以色列战术电台 据《简氏防务周刊》2002年5月10日报道，以色列塔迪兰通信公司签订了一项价值 8000 万美元的合同，向一个没有透露名字的亚洲国家提供高级战术电台。业界认为该国即印度。

塔迪兰通信公司还签订了一项 800 万美元的订单，向菲律宾提供战术电台。

以色列国防军筹建新的 C^3 系统 《简氏防务周刊》2002年2月6日报道，以色列国防部（MOD）“即将”宣布，要为一个数字化指挥、控制与通信（C^3）系统“出谋划策”。这一系统将通过计算机连接所有地面部队。现存的通信系统将被连接到预定的网络。这是个巨大的基础设施……是个综合性的指挥与控制系统，类似于其他那些先进部队的系统。

以色列国防军加大 C^4 网络投资 据《简氏防务周刊》2002年3月20日报道，未来5年，以色列国防军加大预算投资，以建设将战术通信系统链接到国防军总参谋部的 C^4 网络。该网络将把所有的国防军驻地连接到总参谋部。以保证实时态势感知评估并实现与战场上的国防军部队的直接通信。

以色列国防部队改进其战场指挥控制系统 据英国《简氏国际防务评论》2002年9月报道，在以色列国防部队通信兵和其 Sider berashit 计划的支持下，一个以色列公司小组（由 Elbit 系统公司、Rafael 公司和 Tadiran 电子系统公司组成）签订了一项合同，它们将为从司令部到单个平台的以色列各级指挥机构提供战场管理系统。这个“地面部队数字化”计划的领头者是 Elbit 系统公司，它负责系统的集成；Rafael 公司负责计划管理、监视和控制；Tadiran 电子系统公司负责提供通信载体，包括画外音 IP、司令部局域网、甚高频战术电台和高容量数据电台。

Tadiran 通信公司正在竞争为较低层的司令部（旅与旅以下）提供通信载体，该公司提供的通信载体主要是基于该公司的升级型 CNR9000 电台，该电台带有 IP 装置和一个新型控制器，其数据传输速率为 32～64 千比特/秒。Tadiran 通信公司声称，CNR9000 也能具备多频带能力，能将其频率范围扩展至超高频段。正在与 ITT 公司合作的 Elbit 系统公司已被选定提供相关的高容量数据电台（现行 Mercury 数据电台）。

网络通信层由 Elbit 系统公司最新开发的战术网内地理实时分发（TIGER）系统提供，该系统的体系组成部件包括自动化地理描述和绘制模块、战术报文专用中间设备、网络基础设施、媒质适配器和通信控制器。据称，这种解决方案可集成广泛的通信媒质，包括局域网、广域网、蜂窝电话、数据电台、战术电台、广局域网和卫星链路，是军事战术环境中的最优方案。

英国确定天网 5 项目的最佳投标方 据《简氏防务周刊》2002 年 3 月 6 日报道，2 月 26 日，Paradigm 安全通信公司被确定为天网 5 项目的最佳投标方，此项目总价值达 25 亿英磅（合 36 亿美元）。

按项目规定，Paradigm 公司将为英国陆军提供卫星通信业务，同时还要负责国防部现在的天网 4 星座的业务。合同一经签署，Paradigm 安全通信公司将逐步接手管理天网 4 卫星业务，并且至少发射 2 颗加固的特定用途天网 5 卫星，天网 5 卫星将提供特高频（UHF）、X 频段（超高频 SHF）业务。新卫星将于 2005 年首次达到作战能力，于 2008 年正式开始服役。

英国防部进行 Extendor 陆空通信试验 据《简氏国际防务评论》2002 年 3 月报道，英国防部（MoD）的 Extendor 作战概念演示器于去年年底顺利完成第二阶段试验。

Extendor 演示是国防部应用研究计划的一部分，目的是研究将无人机用作战术飞机和地面部队的通信转信平台，使它们在参与空中作战时能够分享数据。

第二阶段的任务还包括通过“捕食者”无人机上装备的处理器进行通信业务网络管理，“捕食者”无人机的 Wescam Skyball 电光传感器通过卫星提供武器打击和目标受损的现场录像。

Extendor 的最终（第三阶段）试验预计将于 2002 年晚些时候在英国进行，并将出动通信转信有效载荷以显示英国设备间的互操作能力。

英国“战斗实验室”崭露头角 据《简氏防务周刊》2002 年 5 月第 18 期报道，英国国防科技实验室（DSTL）在英国南部朴茨唐西站建立了一个新的指挥与战场管理研究中心——战斗实验室。

新的指挥与战场管理研究中心旨在便利研究实验和演示便于将新出现的各种信息技术应用到军事指挥、控制和通信基础设施，此外，它还是多国合成联邦战斗实验室（CFBL）在英国的展示点，也是 2002 年“联合武士互操作演示”（JWID 02）的英军东道主。

新的设施以“联合指挥和战场管理应用研究技术演示者”（JCBM ARTD）著称，DSTL 将其建成英国国防部（MOD）应用研究第 13 组下的一个研究中心（第 13 组负责对指挥、控制和信息基础设施进行投资）。

新的战斗实验室已在 2001 年底的联合指挥演习中成功地经受了检验，有关人员来自澳大利亚、加拿大、德国、英国和美国。该项联合指挥演习称为“2004 奥林匹克挑战”演习，在这项有限目标演习里，参与者共同工作，做出计划，快速部署多国部队。

英国 BAE 系统公司开发新型数据链集成工具 据互联网《defense - data》2002 年 5 月 22 日报道，BAE 系统公司负责 C4ISR 的部门研制出链路集成工具包（LINT），以提供可满足数据链集成需求的费效比最佳且灵活的解决方案。

链路集成工具包减少了生产接口设备所需的开发量。这些接口设备是为适应数据链和主系统特性所必需的。链路集成工具包的灵活性使其适于广泛的应用，包括数据链接口、多链路操作和数据格式转换。链路集成工具包是个软件体系结构，可使外部链路接口模块（LIM）插入一个智能链路数据仓库（LDR）。当链路数据仓库在有效接口间发送数据时，每个链路接口模块负责主数据链所需的数据调理。

链路数据仓库是个对象数据库，专门用于数据链操作。它起到仓库的作用，用来储存由接口模块提供的数据，并支持一个简单的基于规范的程序设计语言，该语言使储存的数据得以处理和分发。

该工具包包括一套标准的链路接口模块，支持像 Link 11 和 Link 16 之类的共用链路。它还包括一个可配置的接口模块，可适用于支持其他数据链，如 Link Y。除了标准的链路接口模块，定制的组件还可进行更专门的数据链应用。这种定制的组件能够与处理商业现用元件的现有链路相结合，并因此降低了成本。链路集成工具包的组件支持一个远程用户接口，并且在需要时通过一个简单网络管理协议（SNMP）代理进行控制。

英国陆军加速换装“弓箭手”系统 据《简氏国际防务评论》2002 年 7 月报道，英国陆军将于 2003 年 3 月对其将要换装的新型战术电台进行技术测试，该测试属于"弓箭手"项目中的一部分。

"弓箭手"将于2004年9~10月的演习中真正接受一个旅的兵力对其进行的复杂性和传输密度的考验。在这次演习中，将由第12旅的全体官兵和总部第3师某部队在位于加拿大的BATUS进行对抗型机动训练。

英国的其它7个旅将于2004年起改换装备，整个换装项目（包括预备部队）将于2007年全部完成。2001年，通用动力公司签订了价值17亿英镑（24亿美元）的合同，其内容为在2003至2007年间，为英武装部队装备20000~30000台"弓箭手"电台及其配套的平台设备。

英国研制高分辨率卫星　据《简氏防务周刊》2002年7月24日报道，由QinetiQ公司牵头的财团签订一项为英国研制试验卫星的合同，该卫星将首次赋予英国实时卫星监视能力。该项合同价值1200万英镑（约1820万美元）。QinetiQ公司正在研制一个小型试验卫星，名为Topsat。英国首次利用此类卫星来获取高分辨率卫星图像。该卫星上的高级光学照像机可提供15×15千米的图像，分辨率为2.5米的全色图像以及多频谱分辨率为5米的图像。该卫星可将图像直接传送到移动基站（安装在"陆地流浪者"4×4卡车的后部），这将使战场指挥员可以接收到近实时的图像。

英国部署数据链管理系统　据英国《简氏防务周刊》2002年10月23日报道，通过采用新的移动战术数据链管理系统，英国为军事指挥官提供近实时空域和海域图像的能力最近得到了加强。为了确保英国远征军的指挥控制网络的性能处于最佳状态，过去的一年内，该系统参加了大量的网络中心战演习。

由于数据链网络管理是数据交换的关键，而且良好的数据链网络管理能确保相关的数字信息及时传送至作战人员，自1999年科索沃战争以来，英国国防部收到改进数据链网络管理的呼声越来越强烈。在随后的反恐战争中，由于要与美国和其他盟国部队进行数据链的合作，加强数据链网络管理的需求进一步突出出来。

法国制造新一代电台　据英国《简氏防务周刊》2002年9月25日报道，法国军事电子公司萨格姆分公司从法国总装备局获得了一项合同，价值670万美元，内容是为法国总装备局设计4部使用编码正交调频（COFDM）技术的高速传输战术演示电台。合同规定，演示电台在恶劣和移动战术环境中的潜在传输速率要达到1Mb/s左右。而在这种情况下，传统电台是达不到的。新型电台具有很强的抗干扰和抗截获能力，能满足武装部队日益增长的传输需求，还将促进战场数字化的发展。

波兰采购微波电台接力系统　据《简氏国际防务周刊》2002年8月报道，波兰预计在2006年以前采购800部微波链路电台接力设备，可与最新的STANAG 4210/4216协议兼容，最高预算成本为2亿波兰兹罗提（约4700万美元）。视距多信道电台接力系统将以高速率在视线微波链路上进行语音、图像、多媒体的数字传输。

加拿大推出第一部符合JTRS SCA要求的软件电台　据《简氏国际防务评论》2002年1月报道，加拿大通信研究中心（CRC）与加拿大国防研究与发展（DRDC）组织合作，联合推出第一台JAVA设备。该设备符合美国防部联合战术无线电系统（JTRS）技术规范的软件通信体系结构（SCA）要求。

加拿大通信中心/国防研究与发展组织开发的可重构全频带电台计划是个具有40兆赫带宽的超宽带软件定义电台（SDR）。它可使用户插入GSM、W－CDMA或FM等不同波形，可在空中接口之间交换，还可与各种无线系统集成。它将首先应用于一个适于美国防部高级极高频（AEHF）军事卫星通信系统的卫星地面站（据报道，该地面站有个44千兆赫的上行链路和一个20千兆赫的下行链路）。该计划的一个关键元件是flexComm SDR－1000高性能SDR收发子系统。

澳大利亚为国防军研制新型战区指挥系统　据《简氏防务周刊》2002年10月9日报道，澳大利亚政府已批准将大约1亿澳元（5430万美元）的资金用于联合计划（JP）2072第一阶段，这标志着向开发新型整体战场通信体系结构迈出了第一步，该战场通信体系结构适于澳大利亚国防军（ADF）在陆地环境下作战。联合计划2072力图为澳大利亚国防军所有战术通信系统（从战斗网无线电到干线通信设备）提供无缝连接，以确保指挥支持系统在整个战场得到最佳利用。

北约盟军拟向美国购买卫星服务　据英国《简氏防务周刊》2002年10月9日报道，美国国防部安全合作局（DCSA）上月底通知国会，它可能向北约提供军售项目。

北约协商、指挥与控制局（NC3A）负责为北约指挥、控制与通信系统和设施提供集中规划、系统集成、设计、系统工程、技术支援和配置控制。该局已提出了总价值高达5.5亿美元的卫星通信服务。它还负责采购和实施一些配套项目，包括卫星服务的配套项目。

服务内容是指美国防御系统通信卫星 III 系统的超高频通信和下一代宽带填隙卫星系统（第一枚该卫星计划于 2004 年发射）的超高频服务。服务内容还包括特高频后续卫星系统的特高频服务及其下一代系统（移动用户目标系统）的特高频服务。移动用户目标系统将于 2007 年发射。另外，对以上四个系统的资源控制也包括在内。进行军售时也包括对对方通信基础设施的升级、维护支持、作战与后勤支持及培训。

（丁武将　宋　荣）

电子战装备

综述　现代战争更加强调战场态势感知和精确打击能力，对信息的获取、处理、传输、控制、使用等能力要求更高，因此电子战将发挥重要作用。近年来，电子战新技术的不断发展，新型电子战武器陆续出台并投入使用，使电子战的作战领域和作战方式不断发展。

电子战装备发展动态　“9·11”事件以后，反恐作战成为西方国家军事行动的重要内容，这种不对称作战对电子战、信息战装备提出了新的要求，对电子侦察与监视手段的多样性和实时性、侦察－打击的快速性提出了更高的要求。美军电子战装备的经费投入和技术发展水平继续保持世界领先地位。EA－6B 电子战飞机的改进进展顺利，第一架“改进能力Ⅲ”飞机预计于 2004 年秋服役，2005 年具备初始作战能力。新型地面电子战系统“预言家”投入使用。美军除了重视发展传统电子战装备外，还注重推进激光和微波武器的研究，加强网络安全防护。逐步将电子战融入到网络中心战中。

俄罗斯在经费有限的情况下不断调整电子战装备发展计划以适应需求，在新概念武器研究方面取得进展，一批新型电子战装备陆续投入使用。

我国周边国家和地区注重提高本国的预警监视能力，利用美国、以色列、澳大利亚等国的航天技术提高自己的信息获取能力。中国台湾在自行研制预警雷达的同时，还购买了美国装备，进一步提高侦察预警能力。印度在其预警机试验受挫后，继续加强研究计划的开发力度，并购买了俄罗斯的预警直升机。

电子战装备发展重点　**（1）信息基础建设步伐加快，网络对抗越来越受重视**　随着世界经济的不断发展，世界各国在信息基础建设方面的步伐日益加快。在计算机网络的触角伸向地球各个角落的同时，人们也意识到计算机网络安全的重要性。为了在日益尖锐的网络对抗中掌握主动权，世界各国或地区的政府都在加紧网络安全建设，特别在网络对抗的关键技术研究方面加大了投入。与此相适应，各国军方也在加强网络对抗方面的力量。主要体现在：计算机网络对抗指挥机构更加完善；计算机网络防御已经取得长足的进步，新的网络防御技术和系统不断出现；网络攻击武器已经成为一种新的作战手段，其发展势头非常迅猛；网络对抗演习已经成为加强计算机网络对抗能力的重要途径；计算机网络成为追踪恐怖分子的重要渠道。特别是美国军方表现得更为突出。与此同时，越来越多的国家，包括一些经济发展比较落后的发展中国家，也已经逐步认识到计算机网络战相对传统作战样式的优势，越来越重视计算机网络战的研究。

（2）提高主战平台的自卫能力，一直受到关注　在世界各国优先发展的电子战计划中，主战平台自卫电子战装备一直受到关注。美军发展的电子战项目中，主要是用于提高作战飞机等平台的生存能力。美军机载综合防御电子对抗系统即将投入使用，运输机开始更新红外干扰机。随着防空系统的不断发展，今后领导人乘坐的专机也将装备红外干扰设备。

（3）电子战新概念武器逐步进入实用　电子战新概念武器经过多年的发展，开始陆续投入战场使用，使电子战的硬杀伤手段大大增加。战术定向能武器（激光和高能微波武器）进入最后试验阶段，预计在未来 4～5 年将开始投入实战。电磁脉冲弹经过多年的发展，已具备作战能力，可通过无人机、巡航导弹等投放。英国高能微波武器的研究取得重大进展，在美国的资助下，研究并成功试验了一种可用于无人机或巡航导弹的高能微波武器。

(4) 卫星成为信息收集和信息传递的主干　现代战争中卫星已成为各国信息收集和信息传递的重要手段，航天电子进攻能力的发展越来越受到重视。中小国家重视发展航天侦察能力。美国着手开发长航时侦察监视卫星，继续保持航天侦察优势，同时加大力度发展天基激光武器和和反卫星武器系统。日本、台湾等国家和地区继续与美国、以色列和澳大利亚等国合作，发展航天侦察能力。朝鲜 2002 年 7 月 13 日宣布，正在研制新型卫星。

(5) 注重发展无源探测定位技术　无源探测定位系统在现代复杂电磁环境中占有与有源雷达探测同样重要的地位，是未来对付空中预警机、电子干扰飞机、隐身飞机等高价值目标以及其他大功率辐射源的重要电子战手段。美国目前已在研制一种用于反预警机的远程无源定位系统。英国利用 3～4 个无源探测系统布站对辐射源或干扰源进行跟踪和无源定位；俄罗斯已研究出一种用于定位大功率辐射源的“卡尔秋塔”无源探测定位系统；捷克研制出用于探测隐身飞机的“塔玛拉”无源探测定位系统。

此外，目前世界各国正在大力研制一种利用非合作的电视、广播发射机、移动通信网基站作为照射源来探测和跟踪空中目标的新型无源探测系统。如美国洛克希德－马丁公司的“寂静哨兵”系统，它具有较好的探测跟踪性能，很强的生存能力，优异的反隐身能力。

(6) 全球定位系统（GPS）的安全引人注目　随着世界各国对全球定位系统（GPS）对抗的重视，并相继研制出 GPS 干扰装备后，美军加大力量提高 GPS 的防护能力。美国国会电子战工作小组 2002 年 2 月 22 日呼吁加强对 GPS 的防护。在前几年注重提高 GPS 接收机抗干扰能力的基础上，美军着手从卫星方面提高抗干扰能力。美国运输部宣布，他们将采取行动以提高 GPS 对抗有意和无意干扰的能力。军方加速发展和部署具有更强抗干扰能力的新一代 GPS 卫星。

(7) 无人机在电子战领域的应用继续受到重视　随着现代战场防空力量不断增强，无人机在提高侦察的时效性、避免人员伤亡上具有独到的优点。此外无人机在执行情报侦察、作战效果评估中，在实时性和准确性方面，是其他侦察手段不能替代的，因此，无人机在电子战领域的应用一直受到世界各国重视。美、英、法、德、以等国越来越多地将电子战装备运用到无人机上。2002 年 6 月，美国空军正式提出将 X－45 无人机作为电子攻击无人机继续研制。阿富汗战争中美军还首次使用了侦察打击一体化无人机。

地面电子战装备　**美国防部推进激光和微波武器研究**　根据 2002 财年的防务计划指导书，美国防部要求空军制定在未来十年内研制出定向能武器的计划。据称现有的技术能够支持这样的计划，激光武器和大功率微波武器即将走出实验室，进入战术平台应用阶段。

雷声、波音、洛克希德－马丁等公司负责相关研制计划的官员表示，高能微波（HPM）和激光武器正处于向战术平台转化的边缘，一些概念已处于研制阶段，其中大功率微波武器的技术已经成熟，估计未来五年之内可以投入使用。美国空军打算将其用在 X－45 Block30 型无人战斗机上，主要用来压制敌方防空以及攻击指挥控制节点上的电子设备。研制这种武器面临的主要困难是如何使微波武器瞄准目标以及如何保护载机的安全。

大功率固体激光武器主要由 F－35 联合攻击战斗机或无人战斗机携带，功率为 100 千瓦，计划在未来 8～10 年内投入使用。研制这种武器面临的主要问题是如何控制激光束，目前控制激光束的自适应光学器件正在研制。

美军开发用于未来战场的小型隐身天线　据《装备参考》2002 年 2 月 19 日报道，美国正在开发用于隐身作战的小型平板式通信天线系列，以取代目前常规大型抛物面阵列天线，使舰船、飞机和卫星能更好地进行通信。该天线可以在保持隐身的前提下提高双向同时通信的能力。

单平板式天线可以覆盖军舰周围的四个方向，每个方向上都支持 3～4 个全双工（可同时发送和接收）信道，每个信道带宽为 174Mbps。此外，每个数据链路都可以从不同的信息源接收和发送信息。新型的天线桅杆将使用吸波材料制造，并制成槽和档板式以吸收敌方雷达信号而允许友方雷达信号通过。最终，天线阵列将使用吸波材料制成的雷达天线屏蔽器进行覆盖，这样可以更好地筛选出敌方的雷达信号。这种天线主要用于舰对舰、舰对岸或舰对飞机的下行链接。它也可以将海军军舰与空军的 U－2 飞机、RC－135 飞机或 F/A－18 飞机携带的多传感器共享侦察吊舱进行连接。目前有七家公司对这种新天线技术进行开发，2002 年上半年提交方案。

美国运输部披露 GPS 抗干扰计划　据《导航与雷达动态》2002 年第 3 期报道，美国运输部（DOT）部长诺曼·米内塔上个月宣布，他们将采取行动提高 GPS 对有意和无意干扰的抗干扰能力。计划包括 4 个方面：

①改善抗干扰能力。确保足够的备份系统得以维修；继续与国防部合作，完成GPS的现代化计划，启用新的民用信号；继续执行频谱保护计划；增强对干扰的定位能力。

②提高接收机的标准。促使国防部相应的军用抗干扰技术向民用方面转移；对重要用途的GPS接收机进行验证；开发GPS新的接收机标准。

③提高危险获知能力。定期向公众公开有关GPS的使用信息；向工业界、运输部发送危险预告信息；与GPS工业委员会协同工作。

④加强开发研究。开发2003联邦无线电导航计划，确定未来无线电导航系统组合；完成无线电导航系统的综合能力评估；2002年底之前对“罗兰C”(Loran-C)的未来作出决策。

运输部定位和导航执行委员会将在2003年监督计划及其相关工作的执行，并建立工作组进行评估，确定未来无线电导航系统组合的候选系统。

美军研制“狼群”电子战系统 据《国际电子战》2002第3期和第5期报道，美国国防高级研究计划局（DARPA）预计未来先进的雷达和采用频率捷变、低功率及组网技术的战术通信系统将对传统的独立式电子干扰方法提出挑战，为此提出了网络化电子战系统-“狼群”(WOLFPACK)系统的研究计划。“狼群”电子战系统的组成包括大量可相互协调工作的小型干扰机。小型干扰机通常部署在干扰目标周围100米以内，相互之间依靠网络连在一起，实现网络化、自动化工作。系统通过低功率干扰机来破坏敌方的通信。系统工作频率为20兆赫~2.5千兆赫，将来可能会扩展到15千兆赫或更高的频率，以干扰敌方的防空雷达。整个系统可干扰的地域大约为100×100千米。

“狼群”电子战系统可以人工放置，也可用无人机或灵巧武器投放。该系统具有3个主要功能：1、电子支援侦察，可在较高的位置，如树上进行；2、干扰敌方通信，但需要离敌方目标很近，并且干扰机投放的密度较高；3、监视/协调，可为己方提供战场上敌方辐射源的分布情况。

美国国防高级研究计划局最近选定了5家合同商和两个工业小组从事“狼群”项目第二和第三阶段的研究。第二阶段将致力于关键系统功能的技术研究，由5家公司参与。第三阶段将增加两个工业小组进行一个能对抗射频通信和雷达威胁的综合系统的研究。

美陆军接收第一批“预言者”电子战系统 据法国《航宇防务》2002年6月14日报道，2002年6月12日，泰坦系统公司向美国陆军交付了第一批6辆“预言者”Block1。美国陆军装备新的“预言者”电子战系统，将提高其搜集战场情报的能力。“预言者”Block1能够截取无线电通信信号并提供定向数据。该系统能够满足用户提出的更灵活、更机动、更易于部署以及快速反应的要求。

“预言者”系统可安装在高速移动轮式车辆上。其重量与体积仅是目前正在使用的老式系统的1/3。“预言者”系统的优点是：可通过“预言者”计算机实现数字式三角测量，而原有系统则需要采集方位数据并用铅笔在地图上测绘；可以在移动中进行操作；2分钟以内就可竖起6米高的天线桅杆，而老式系统安装桅杆则需要3~4个小时；通过使用独立的发电机降低热辐射与声音信号；其无线电通信信频率带宽是老式系统的10余倍。

“预言者”电子战（EW）和信号侦察（SIGINT）系统将发展5个型号。Block1安装在“悍马”车上，可以作为固定系统，也可以作为机动系统工作，甚至由人员携带。2005年研制的Block4将可以控制有人和无人传感器，Block5将正式合并机器人平台。作为相关研究，陆军正在研制战术无人机的电子战和信号侦察系统。

俄罗斯等离子体隐身技术研究取得新进展 据美国《电子防御杂志》2002年6月报道，俄罗斯一研究小组目前正致力于开发等离子体云发生技术，并已取得显著的研究成果，已研制出一种重100千克、适合安装在战术飞机上的等离子体发生器。为使发生器正常工作，飞机上还需安装一个功率强大的电源，以电离飞机表面的空气。由于等离子体发生器产生的离子包裹在飞机机体表层，因此它们可随气流而运动。据报道，应用此技术可将飞机的雷达截面积减少至百分之一，达到很好的隐身效果。目前，该系统还存在一些缺陷。首先，由于它需要的电源功率相当高，因此只有当探测到敌方雷达时，该系统才有可能被启用。另外，等离子体还可能阻碍机载雷达的工作，从而不得不在等离子体场中留出一些空隙，以保证雷达的正常工作。俄罗斯研制的等离子体发生器已先后在飞机模型和实战飞机上进行了测试，现已装备在俄罗斯新的“苏-27IB”战斗机上（该飞机的出口型“苏-32”不装备等离子发生器），从而使该战斗机成为第一种采用这项关键技术的战斗机。

俄罗斯研制出新型无线电侦察和电子对抗系统 据俄罗斯《航天》网站2002年4月12日报道，2002年初，俄罗斯展出了新研制的无线电侦察和电子干扰设备。

1、“织女星 85B6－A”型无线电电子侦察系统。该系统可根据地面、海上、空中目标自身电子设备的辐射来发现目标，并对其确定、识别和分类。该系统标准配置为3部“猎户座”移动无线电侦察站和1部系统指挥台。“织女星”系统用于防空导弹部队、无线电侦察部队、电子战分队和空军部队的预警、制导和情报支持。“猎户座”系统也可单独装备无线电电子对抗部队、防空部队及边防部队。

2、“屋顶”电子发射装置。该设备工作于短波、超短波和分米波波段，分为装甲车和汽车车载型、背负式和小型便携式，能对遥控爆炸装置的遥控信号进行宽带干扰。

3、“白杨－Э”电子干扰地面站。可在250千米内对无线电电子设备以及美国“鹰眼”E－2C远程雷达预警机和机载雷达进行搜索、定位和无线电压制。

英国研制定向微波武器　据《现代军事》2002年10月报道，英国已研制成功一种适用于无人机和防区外发射的巡航导弹携带的定向能武器样品。这种定向能武器是英国国防部于20世纪90年代开始实施的一项高功率微波（HPM）有效载荷计划的成果。该计划旨在利用高能射束攻击诸如指挥控制通信系统、防空设施等目标，并对其造成永久性摧毁。据称，该高功率微波武器打击加固目标和地下目标的效果也十分显著。高功率微波有效载荷的尺寸适用于 BQM－145A中程无人机。另一个潜在运载平台是将于2002年底前进入英国皇家空军服役的“风暴阴影”巡航导弹。

英国将推出过渡性的非通信电子支援测量系统　据《现代兵器》2002年1月报道，按照计划，英国于2002年初推出过渡性的非通信电子支援测量系统，该系统由塔莱斯传感器公司研制，2002年服役，以取代现役的“皮耐马丁”和“眼珠”电子支援探测系统，一直工作到2006年“预言者”系统服役。它将装备第14通信团，支援区域外作战的快速反应部队。该系统频率覆盖范围为0.5～18千兆赫，根据要求它应具有近100%的截获概率、高灵敏度和方位精度以及发射机定位能力。目前系统由三个传感器站组成，与中央控制站相连，装在4×4“平茨高尔”轮式车上，可由C－130运输机运输。

法国研制有源隐身系统　据《航天电子对抗》2002年第3期报道，法国的研究人员正在研制一种新的有源隐身系统，据信，未来的隐身飞机可能会采用等离子体屏蔽技术。目前世界上最隐身的飞机要数B－2轰炸机，但是就是这种飞机也能被工作在低频段的老式搜索雷达所捕获。为此，法国 Onera 研究所已着手研制基于有源减缩（active reduction）概念的隐身系统。

有源减缩的原理是：当检测到雷达信号时，它可以产生另一个反相信号将其抵消掉。当然，该技术很难应用到隐身飞机。首先当飞机被雷达探测时，它必须知道该机每个方位上的精确雷达截面积；其次必须高度精确地掌握敌人雷达的位置；机上的检测器必须覆盖360°。目前的干涉仪没有这样高的精度。因此，必须研制出新的技术和特殊算法。当然这种有源系统还不能工作在X波段等高频段，对于高频段，飞机仍然要依靠现用的隐身措施或传统的电子战自卫系统。

机载电子战装备　**美空军无源精确定位和识别技术进入应用阶段**　据《航天电子对抗》2002年第1期报道，精确定位与识别（PLAID）是一种对采用常规雷达告警接收机（RWR）天线接收到的信号再进行精确测量的技术。从搜集到的幅度和相位数据中测出威胁信号参数，其分辨率要比正常雷达告警接收机处理提高约2个数量级。通过判定两副天线接收信号的精测差，精确定位与识别将能算出差分多普勒（DD）曲线，并且还能通过非常精确的测量，测出不同天线的脉冲到达时间差，算出到达时间差曲线。有了这两组曲线（在辐射源定位时彼此相互垂直），即使辐射源实施了辐射控制，或改变其有效辐射功率，也能精确地算出辐射源位置。预计精确定位与识别技术也可检测和处理低可截获概率信号。精确定位与识别技术需要先进的数字接收机，美空军现装备的 ALR－69雷达告警接收机就能支持时域和频域分析所用的现代算法。

精确定位与识别技术已在F－15和C－130飞机上进行过飞行试验，满足了所有的指标要求，包括特定的辐射源识别和精确定位。美空军将选择一家大公司提供精确定位与识别能力，为此进行了招标。

美空军着手研制联合机载情报监视侦察网　据美国《空军内情》2002年7月19日报道，2002年上半年，美空军开始研制可交互操作的联合通信网，以便把整个指挥机构和战场的“情报、监视、侦察”系统连接起来。拟研制的系统称为“情报、监视、侦察网（ISR Network），由航空系统中心（在俄亥俄州赖特－帕特森空军基地）的侦察系统计划办公室牵头，将是一个以国际互联网协议为基础的网络，准备把可能利用的机载平台作为它的节点。据称，该网将与现有的和未来的天基及地面上的网络相连接，以便为现在的和未来的诸多平台（包括空军的多传感器指挥控制星座）构成一个无缝的通信基础设施。空军预计，2003财年第一季度将公布 ISR – Network 系统的建议征求书。打算从 2004 年开始分为 4 个阶段实施 ISR Network 计划。

美国 EA – 6B 电子战飞机后继机竞争激烈 据美国《每日防务》2002 年 8 月 27 日报道，美各军种就未来机载电子攻击（AEA）备选方案的选择表明了各自的意见。美海军有可能会购置 90 多架 EA – 18 飞机，而海军陆战队可能将继续使用 EA – 6B“徘徊者”飞机。空军正考虑为部分 B – 52 重型轰炸机装备干扰吊舱。空军未来计划还包括利用 F – 22“猛禽”飞机的自卫能力、F – 35 联合攻击战斗机的航空电子设备和传感器设备、可随意使用的干扰诱饵以及无人战斗机的电子攻击能力等优势。

洛克希德 – 马丁公司的基于 JSF 飞机改装的 EA – JSF 方案将配备 EA – 6B 所用的 ALQ – 99 电子干扰吊舱，并使之与该机的电子战系统互相兼容，以免再研制新的专用接收机。如果国防部采用该方案，则公司将以第 2 批生产型的 F – 35 作为改型的基础，该机机翼下面的 4 个外挂架中，一个用来外挂 ALQ – 99 电子干扰吊舱，另外 3 个用来外挂其他设备吊舱或副油箱，机内原有的设备舱可以空出来用于加挂武器，公司将于 2011 年交付 EA – JSF。美国空军和海军陆战队支持这个方案。

美海军计划用 EA – 18 作为未来的机载电子攻击飞机，美海军很可能在未来 5 年内投资 10 ~ 30 亿美元开发并初始小批量生产 EA – 18“黑鲈”飞机。如果该计划不受资金制约或国防部长办公室（OSD）的压力，在开始全面生产之前可能生产 5 架 EA – 18 飞机用于试验与评估。美海军明确表示现有的“徘徊者”电子战飞机已经无法满足作战需求，EA – 18 飞机将在 2009 年开始替换 EA – 6B“徘徊者”电子战飞机。

波音公司已经完成了第 3 次对 EA – 18 机载电子攻击概念飞机的飞行试验。试验中使用 F/A – 18F“超级大黄蜂”飞机携带 ALQ – 99 干扰吊舱和两个燃料舱，在试验中测量噪音数据和震动数据从而评估飞机的飞行质量。波音公司的合作商诺斯罗普·格鲁曼公司设计 ALQ – 99 干扰吊舱使其能够收集噪音与震动数据信息。

美军无人战斗机将装备微波武器 美国《每日航宇》2002 年 9 月 19 日报道，美国洛克希德 – 马丁公司计划将高能微波（HPM）装置作为电子对抗武器安装在无人机上。将高功率微波武器与无人机或巡航导弹进行集成的技术已经成为可能，该技术研制项目将列入国防部先期概念技术演示（ACTD）的候选项目。该公司独特的做法是用无人机推进发动机的驱动轴来产生电能，而不用电量有限且重量大的电池。这一方案曾在 F – 35 上获得了成功，因此该公司准备将这种供电方式移植到无人战斗机上，为机载定向能武器提供能量。

高能微波是一种利用高频脉冲产生电磁能，用以干扰和破坏敌方电子设备的武器，所以担心它也会在载机内产生相同的干扰，为此高能微波被移植到无人战斗机和秘密在研的一次性平台上。在近距发射情况下，高能微波用来对付敌方计算机和其他电子系统是非常有效的，可用作有源干扰或杀伤武器。它还可以通过天线、通气管道和水管传入深藏在地下的设备，脉冲会进入这些设备的电子系统，删除、打乱计算机的储存并破坏器件。

美国雷声公司开发“彗星”诱饵装置以应付红外导弹 据《电子对抗技术》2002 年第 2 期报道，雷声公司开发了“彗星”拖曳式诱饵装置，据称可以用于较大型飞机应付红外导弹。美空军航空远征军实验室在 2001 年 8 月份与雷声公司签订了 170 万美元的合同，定于 2002 年夏天在 A – 10 飞机上安装“彗星”拖曳式诱饵装置并进行演示试验。“彗星”拖曳式诱饵装置是从雷声公司的 ALE – 50 拖曳诱饵设备发展而来的，装有诱饵装置的飞机在导弹来袭时可以改变雷达制导导弹的飞行方向使之远离飞机。2001 年年初，雷声公司在“彗星”拖曳式诱饵装置的概念演示中取得较好结果。雷声公司认为，“彗星”诱饵吊舱更适合于保护较大型的飞机，因为它是该公司已有的红外拖曳式诱饵吊舱设计中最大的一种。“彗星”拖曳式诱饵吊舱将提供更长时间的保护。雷声公司还认为它可以装在 C – 130 运输机上。“彗星”拖曳式诱饵装置的优点还在于技术上虽不复杂但效果极好，它将成为红外导弹威胁的真正克星。“彗星”拖曳式诱饵装置将在 2003 财年中进行系统开发和演示。

美国将进行机载激光器飞行试验 据《防务数据》2002 年 5 月 29 日报道，在经过差不多 10 年的研究之后，美国空军和导弹防御局（MDA）准备在今后几个月内进行首架机载激光（ABL）试验飞机飞行试验。第一架机载激光（ABL）导弹防御系统飞机（波音 747 – 400 运输机的改型机）现已经转移到停机坪，准备进行飞行试验。

机载激光系统大约在 12200 米高度飞行，用几兆瓦的激光束破坏助推段弹道导弹。高功率激光束的直径大约与篮球相同，它将一直对导弹的边缘进行加热，直到导弹结构被破坏并落向地面。机载激光系统由一架改进的波音 747－400F 商用运输机携带，该系统将包括高功率化学氧碘激光器、复杂的光束控制系统以及可以同时对潜在目标进行跟踪和排序的作战管理、指挥和控制系统，光束控制系统的自适应"可变形"反射镜可以透过大气扰动精确指示并启动激光器。

在飞行试验的同时，洛克希德－马丁公司将继续组装和集成光束控制系统，TRW 公司制造用于试验机载激光器的 6 个激光器模块，最终的机载激光飞机将拥有 14 个激光器模块。在 2002 年 1 月该公司已经完成了对第一个模块的一系列试验，第一个模块的输出功率达到了所要求的 118%。

飞行计划在 2004 年下半年完成，并对短程弹道导弹进行 3 次拦截尝试。如果获得成功，作为多层弹道导弹防御系统的一部分，应对这种飞机进行另外评价，希望机载激光试验飞机能攻击远程导弹。美国空军希望机载激光的杀伤距离至少达到 320 千米。

美空军订购大型飞机红外干扰系统 据美国《电子防御杂志》2002 年 8 月报道，诺斯罗普·格鲁曼公司电子系统部获得了价值 1290 万美元的合同，为美空军空中机动司令部的 C－130 运输机提供红外干扰系统，该系统可以保护此类飞机免受热寻的导弹的攻击。该合同为期两年，包括为 7 架飞机安装系统。

韩国为战斗机提高侦察告警能力 据《电子防御杂志》2002 年 8 月网站报道，2000 年 7 月 15 日，BAE 系统公司与波音公司签订一项合同，为韩国 F－15K 战斗机研制并生产雷达告警接收机（RWR)。该合同价值 5800 万美元。根据合同，BAE 系统公司将研制并生产 42 部 AN/ALR－56C（V）1 雷达告警接收机，并将其安装在 F－15K 战斗机上。

AN/ALR－56C（V）1 雷达告警接收机是 F－15K 战斗机综合战术电子战设备的一部分。F－15K 战斗机综合战术电子战设备还包括 BAE 系统公司研制的 AN/ALE－47 干扰物投放器和诺斯罗普·格鲁曼公司研制的 AN/ALQ－135 干扰机。预计 2005 年 4 月将在韩国的 F－15K 战斗机上对该雷达告警接收机进行首次飞行试验。2007 年将完成该系统的交付工作。

此外，以色列的埃丽莎公司正在为韩国的 100 架 F－4 和 F－5 更换雷达告警接收机，使用的是埃丽莎公司的 SPS－1000。

印度向俄罗斯订购预警直升机 据美国《电子防御杂志》2002 年 7 月报道，印度海军与俄罗斯签订了两份价值 2.008 亿美元的合同，用于购买 9 架卡－31 预警直升机，以加强海军的空中预警能力。

卡－31 直升机是卡－27 舰载直升机的衍生机型，使用空中预警（AEW）设备取代了原来的反潜战（ASW）攻击系统。雷达采用 NNIIRT 研究所设计的 E－801"Oko"（俄命名为"眼睛"）固态脉冲多普勒两坐标系统。根据雷达工作模式的不同，可跟踪 20～40 个目标，并在 100～150 千米范围内识别出战斗机大小的空中目标，在 250 千米范围内识别出海上目标

印度海军计划将这些卡－31 部署在 2002 年将从俄罗斯购买的 3 艘 3600 吨重的"克里瓦克"导弹护卫舰上。同时还准备购买十几架卡－31 直升机部署在将向俄罗斯订购的"戈尔什科夫海军上将"号航空母舰上。虽然"卡－31"直升机代表的是 80 年代后期的技术，但是它的加入仍然增强了印度舰艇的自卫能力，同时也增强了印度海上飞机对攻击机与潜艇的防御能力。

德国正研制新的机载红外导弹告警器 据《航天电子对抗》2002 年第 1 期报道，在 2001 年的巴黎国家航展上，德国 BGT Bodenseewerk GMBH 公司推出一种安装在飞机机翼尖上的无源红外导弹逼近告警器（PIMAWS)。它是由国防部半资助于 1997 年开始研制的，2001 年夏季首次进行一系列飞行试验，预计 2003 年完成研制，用于保护欧洲战斗机。每架安装 2 个，提供全向告警，约需 26 万美元。

无源红外导弹逼近告警器采用凝视－步进原理，吸取了凝视阵列和扫描阵列的长处，能告警导弹对所保护飞机的攻击。这种 256×256 元的镉－汞－碲凝视红外检测器阵列，采用分段电机步进式，覆盖视野 360°×±105°。该告警器使用中波红外传感器，不同于一些检测导弹羽烟紫外辐射的告警，甚至在导弹发动机停用时，仍能持续跟踪导弹。在导弹攻击途中，该告警器是通过传感导弹不断增加的蒙皮温度实施跟踪的。正常天气时，系统对助推段的空空导弹检测距离超过 25 千米，对飞行中段的检测距离超过 6 千米。

法国为巡航导弹开发有源隐身技术 据美国《航空与航天技术周刊》2002 年 7 月 1 日报道，根据法国国防部授予的合同，欧洲 MBDA 公司和法国泰利斯公司正合作研制适用于亚音速及超音速巡航导弹的有源低可探测技术。法国希望将该技术用于其 Scalp EG 远程对地攻击巡航导弹中期改进。

这种有源隐身技术已在消声室和飞机上进行了试

验。试验中，一架CL22靶机演示了无源及有源低可探测技术。靶机的尾翼边缘采用典型的锯齿状雷达吸波材料（RAM），而其前翼边缘的后部则采取与有源天线共形。试验表明该技术十分适合用在飞机上。预计最新一轮的系统测试将于2003年结束。

与无源低可探测性技术相比，有源隐身技术不仅可通过外型设计和使用的材料来减小平台的雷达截面（RCS），而且还可利用消弱敌方雷达射频能量的办法来达到隐身目的。

舰载电子战装备 **美海军将研制增强型反辐射导弹** 据《国际防务评论》2002年第1期报道，美国海军计划从2002财年开始进行为期4年的高速反辐射导弹演示，以支持海军的未来海上关键目标攻击能力。系留和自由飞行试验将从2005财年中期开始。

这项工作的宗旨是开发和演示未来更高速度反辐射导弹（HSARM）的机体、推进和控制单元，它将比当前AGM－88“哈姆”高速反辐射导弹具有更远的作战距离和更大的平均速度。要求的关键性能包括与F/A－18C/D战斗机和制导部分的兼容性；至少180千米的作用距离；飞行时间不大于“哈姆”的80%；控制末段速度的能力；平均单位采购成本为23.5万美元。

美国海军已选择了变截面管道火箭作为其推进方法，并与尾翼控制技术相结合。它与现用的制导和遥测系统相兼容，采用25厘米的“哈姆”弹体直径，达到了最低的风险性，但也准备考虑其他的尺寸。如果能够取得成功，随后将进行HSARM的全系统开发和演示。

美海军研制对付红外制导导弹的激光防御系统 据《电子对抗技术》2002年第3期报道，在2001年11月的一次成功试验之后，美国海军航空专家准备推进其计划发展的一种用以保护飞机免受红外制导导弹袭击的激光系统。BAE公司系统情报及电子战系统分部的设计官员称：美国海军战术飞机定向红外对抗系统于去年11月19日完成了一项重要的试验，该试验证实下一阶段发展所需的技术已经完备。该项计划是研究在战术飞机上部署红外对抗装备的可行性。上述试验是在中国湖海军航空武器站的美国海军武器靶场进行的，试验中将定向红外对抗系统装在遥控型的美国海军老式F－4鬼怪喷气式战斗机上，让其在中国湖上空高速飞行。追踪该靶机的是两架F－15战斗机，其中一架装备了红外空对空导弹，该F－15锁定目标靶机然后向其发射导弹。

美海军陆战队将研制信号情报和电子干扰系统 鉴于美国海军陆战队现有信号情报侦察和电子干扰能力不足，海军陆战队公布了建议征求书，为无线电侦察设备项目研制新型信号情报和电子干扰系统。海军陆战队司令部希望研制一套便携式系统（简称SS－3系统），装备陆战队特遣部队先遣分队。陆战队拟定了一系列计划，以标准形式开发必须的信号情报与电子战能力。在不具备常规电子战能力，或常规电子战能力不足的情况下，无线电侦察小组配备的SS－3系统将执行信号情报与电子战任务。SS－3系统还能使无线电侦察小组在远距离执行秘密的信号情报与电子战任务。

根据项目要求，还将开发一套能干扰敌C^3系统的便携式干扰系统。该子系统必须能够在自动模式下具有长达6小时、每小时10分钟的电子干扰能力。另外，电子干扰子系统在特定频段工作时，其它子系统可在其它频段工作。美国海军陆战队将根据一项历时3年、价值780万美元的采办项目，购买20套SS－3系统。

美海军测试隐身快艇 据美国《全球海军新闻网站》2002年8月9日报道，美国海军于2002年中在维吉尼亚海岸附近对P－960KNM“谢尔”（Skjold）号双体隐身快艇进行了测试。该快艇是专门为执行沿海水域任务而设计的，速度可达到97千米/小时，并且应用了许多高技术。“谢尔”号从船首到船尾大约有40台电脑，可完全实行网络化控制，做到高度自动化，因此只需要15名船员。这个数目只是一艘美国同样大小的巡逻艇人数的一半。国防部计划由4～6艘该型快艇组成一个中队。

该快艇外形独特，其最大的特点是具有隐身能力。覆盖在船体的雷达波吸收材料使该艇在敌人的雷达屏幕上看起来像一艘小型捕鱼艇（实际上该艇的真正尺寸有半个足球场那么大）。美国防部计划将这种舰艇用于执行小型地区性任务和国土防御，保护美国的海岸线免受攻击。

法国开始研制下一代情报侦察船 据英国《防务系统日刊》2002年1月15日报道，法国国防采办局下属的海军采办局已经指定泰利斯公司为法国下一代信号情报（SIGINT）船及相关船载情报设备的主承包商。

根据合同中法国军事情报局的要求，泰利斯公司将负责研制生产舰载联合部队电子情报系统。下一代信号情报船将构成法国联合部队C^3I系统的重要组成部分。在和平时期，该船将在所有水域执行电子情报任务；在危机和战争期间，该船将搜集和处理情报以帮助法国军事机构评估和分析危机局势。

根据合同，泰利斯公司将负责项目管理、工程设计、功能集成、信号截获系统、侦听和测向系统、通信和电子情报系统以及接收测试等。国家导航公司负责提供平台（船身）。该平台将在荷兰建造，所有设备的集成和支持工作将由泰利斯公司提供。

该船总长度约为 100 米，可容纳 108 人，其中包括 30 名船员。该船具有一套高性能稳定系统，可保证在 3 级和 6 级海况下分别具有 16 节和 10 节的稳定巡航速度。该船的其他特点包括带有直升机登陆垫，以及可在行进中进行补给和添加燃料等。

航天电子战装备 **美军采取措施提高 GPS 抗干扰能力** 据《国际太空》2002 年 6 月和 8 月报道，美军注重提高 GPS 的抗干扰能力。近期实施如下计划：

加强 GPS 信号。空军将从 2003 年或 2004 年开始发射比目前在轨卫星信号强 10dB 的 GPS 卫星。目前，导航星座包括 4 颗 GPS－2、18 颗 GPS－2A 和 6 颗 GPS－2R。另外 26 颗 GPS－2F 和 2R 正在制造，其中至少有 20 颗卫星的信号将得到加强。首颗 GPS－2F 定于 2005 年升空。

加速采购和部署抗干扰的 GPS。美空军建议提前 2 年采购并部署新型高性能抗干扰 GPS 导航卫星系列，这样 GPS－3 卫星将于 2009 年发射，比原计划提前 2 年。提前发射并不会增加该项目预计的 20 亿美元的成本。空军于 2002 年 8 月就 GPS－3 的制造事宜向工业界招标，2003 年授予合同，2010 年发射首颗 GPS－3 卫星，2017～2018 年建成 GPS－3 星座。与目前的 GPS 相比，GPS－3 的功率将提高 100 多倍，信号强度至少增加 20dB；定位精度提高到 20～50 厘米；星座改由 27 颗运行在 3 个轨道面的卫星组成；设计寿命 12～15 年，每颗卫星成本 1～1.2 亿美元。

投资开发新一代 GPS 卫星系统。美国空军 GPS 联合计划办公室为洛马导航系统公司出资 280 万美元，进行新一代 GPS 卫星系统 GPS－3 系统结构和需求方面的概念研究。GPS－3 卫星系统将为未来 30 年内提高 GPS 的性能打下新的基础。洛马公司是 GPS－2R 卫星的制造商，也是 GPS 武器系统以及 GPS 地面操作控制部分的主要开发商。

美军发展反卫星武器系统 据美国《航天新闻》2002 年 6 月 24 日报道，美陆军和空军拟于 2010 年左右部署地基和天基反卫星系统，用以干扰甚至摧毁敌方卫星。美国空军参谋长认为美国最终必须拥有击落人造卫星的能力，以便保护与太空相关的军事及商业机密。他称，美国将不排除任何可能性，包括使用天基激光武器，或研制其他反卫星武器。自拉姆斯菲尔德出任国防部长之后，以前避讳的太空军事化的说法如今在美国军界变得更加公开了。

其中，陆军计划在 2008 年前后部署一种地基反卫星系统，该系统将利用激光器暂时致盲敌军使用的卫星或在必要时将其摧毁，还可能使用射频方式干扰敌方卫星的无线电信号传输。陆军希望在一年内与合同商商订研制新型反卫星系统的合同。

美空军则计划在 2010 年之前部署装备激光器的微型卫星，用以将敌军使用的卫星暂时致盲或加以摧毁。这种卫星还能够利用动能摧毁敌方的反卫星武器，以保护美国的卫星。

美国着手开发新型长时侦察监视卫星 据美国《每日国际防务》2002 年 2 月 15 日报道，美国国家侦察局局长彼特·特茨近日在五角大楼表示，美国国家侦察局（NRO）将实施新的情报采集技术研发计划，其中包括研制能在目标上空长时间滞留的新型侦察监视卫星。特茨说，国家侦察局在技术创新上成绩斐然，这一次希望该局能够在长时侦察监视卫星开发方面取得新的突破。空间情报侦察部门非常希望获得能“连续”在目标上空进行侦察监视的能力。阿富汗战争表明，美军的情报侦察能力是相当出色的，但还应发展“不间断的”侦察监视能力。例如，为了便于对一些热点地区实施连续不间断的侦察和监视，还需要研制和发射更多的静止轨道卫星和开发新型技术以获得高轨道侦察能力。

特茨同时还谈到了美国防部其他几项卫星研发项目的调整情况。例如，国防部正准备调整空军的“天基红外系统－高轨道”（SBIRS）项目，并有可能中止它。该项目目前正由洛克希德－马丁公司和诺斯罗普·格鲁曼公司联合开发。另一个卫星项目是“未来成像系统”（FIA），特茨认为该项目有很多地方还需要认真研究，并表示将在一个前瞻性计划中对此加以解决，以免该项目在未来出现问题。

美空军仍要进行天基激光器验证工作 据《国际太空》2002 年 8 月和 11 月报道，美空军仍要进行天基激光器验证工作，以推进导弹防御系统中天基激光武器的使用。此前，美天基激光武器（SBL）计划受挫，2002 财年的国防拨款法案把布什政府为天基激光武器申请的 1.7 亿美元削减到 5000 万美元；2003 财年，布什政府仅为天基激光武器申请了 3500 万美元。但美国国防部官员称，今后 10 年美国将投资近 40 亿美元进行一项试验，把激光器放置到太空并将其光束瞄准目标导弹。这项试验是美国众多导弹防御项目中最具政治敏感性中的一项，因为它为在太空部署武器打开了大门。

日本将发射侦察卫星 据《国际太空》2002年6月报道，日本政府将于2003年2月和7月利用其H2A运载火箭首次发射4颗侦察卫星，包括2颗分辨率达到1米的光学侦察卫星和2颗能在夜间及恶劣天气下成像的合成孔径雷达卫星。澳大利亚正在西部的珀斯修建1座临时卫星地面站，以帮助日本计划发射的4颗侦察卫星准确入轨，而日本将利用该4颗卫星构成的侦察网，监视中国、朝鲜和俄罗斯远东地区的军事活动。该地面站将于卫星成功入轨之后拆除。日本目前依赖美国侦察卫星提供信息。据称，将要发射的侦察卫星性能落后于美国的预警卫星，不具备探测导弹红外热源的功能。日本除了在技术上加紧提高卫星图像的质量外，还准备大量培训和增加技术人员。

印度将发射分辨率达到0.5米的间谍卫星 据印度媒体2002年2月13日报道，继2001年10月监视巴基斯坦军队活动的实验性监视卫星——技术实验卫星（TES）发射成功之后，印度准备再发射一系列间谍卫星。

技术实验卫星装载了一个能够区分小到1米长物体的高分辨照相机。据印度国防部消息，技术实验卫星传递的高质量的有关阿富汗战争以及印巴边境沿线巴基斯坦军队布局情况的照片，对军官以及决策者有极大帮助。

据报道，到2005年，印度将至少再发射4颗间谍卫星。其中，CartoSat-1可能由印度航天研究局（ISRO）于2002年下半年发射；CartoSat-2定于2003年发射。CartoSat-2为天基监视卫星，装有分辨率为0.5米的照相机。

技术实验卫星每两、三天观测地球表面同一地区一次。预计技术实验卫星的寿命为3年，之后，技术实验卫星将被更先进的卫星所代替。技术实验卫星传递的图像由位于新德里的国防图像处理与应用中心进行处理。

德国大力发展卫星侦察能力 英国《简氏国际防务评论》2002年7月报道，在2001年12月德国国防部举行的项目招标会上，德国的小型航天系统公司——不来梅轨道高技术（OHB）系统公司获得了“合成孔径雷达-放大镜”（SAR-Lupe）雷达成像侦察卫星系统研制合同。该系统的设计阶段已于2002年1月1日开始，将在2003年4月结束。同时，卫星的制造工作已在进行中。

预计耗资3亿欧元的SAR-Lupe系统将由5颗X波段雷达成像卫星和相应的地面部分组成。这些卫星重约770千克，卫星外形尺寸为4米×3米×2米，将被送入高约500千米的3个不同轨道面。SAR-Lupe卫星的分辨率将小于1米，每颗卫星能够每天产生10幅图像。对于用户的高优先级成像申请，最快可在成像申请提出后不到10小时内交付图像，所有的优先成像申请有95%会在17小时之内得到满足。

SAR-Lupe系统将有10年工作寿命，约有98%的时间可供使用。卫星靠太阳能电池帆板供电，平均功耗约250瓦。为进行轨道控制，SAR-Lupe卫星将装有推力器，其燃料足够10年之用。星上存储器可储10幅SAR图像数据。

SAR-Lupe系统将为德国武装部队提供独立的全球、全天候、昼夜航天侦察能力。系统的主要SAR图像产品将是6千米×6千米高分辨率聚束图像和8千米×60千米较低分辨率条带图像。首颗SAR-Lupe卫星将在2005年3月发射，其余各颗卫星将在此后每6个月发射1颗。整个星座将于2007年3月建成。

英国将具备卫星监视能力 据英国《简氏防务周刊》网站2002年7月23日报道，英国国防部和国家航天中心近日授予由奎奈蒂克（QinetiQ）公司牵头的联合工业小组一份价值1200万英镑（合1820万美元）的合同，负责制造一颗名为“战术光学卫星”（TopSat）的小型演示星。这颗卫星重100千克，可快速提供高清晰度图像，用于战术应用。该卫星将使英国首次具备真正的卫星监视能力。

“战术光学卫星”上的星载光学相机可以拍摄2.5米分辨率的黑白图像和5米分辨率的彩色图像，卫星图像覆盖面积为15千米×15千米。卫星可将图像直接传给装在“陆游者”四轮驱动多用途越野车后部的移动地面站，使战场指挥官可直接收到近实时的图像。

该卫星定于2004年第三季度用俄制“宇宙“号运载火箭从普列谢茨克发射场发射，进入极地轨道。

计算机网络战 **美空军研制成功先驱型“网络诱骗”系统** 据美国《航宇防御》2002年8月29日报道，美空军第100通信中队近日对先驱型”网络诱骗”系统进行了试验论证。该系统由两套防御信息系统构成，主要用来检测、追踪和确认潜在的网络入侵者。

2002年8月下旬，空军信息战实验室与第100通讯中队的官兵以及第92信息战攻击中队的计算机专家们一道，共同验证了制造虚拟网络（虚假计算机设备）的军事价值。虚拟网络可以用来当作陷阱，诱使敌人攻击并浏览其中的虚假情报。

此次论证的”网络诱骗”系统以深度结构增加了网络安全的可靠性，它是空军在网络战中制服内外入侵者的新式武器，第 100 通信中队迈克尔·汤普森上士甚至将其同二战中盟军设置虚假坦克欺骗敌方轰炸机相比拟。在网络管理员不知晓网络入侵的情况下，”网络诱骗”系统会建立虚假网络，以此来通知系统管理员入侵者的行踪。

信息优先权仍然是空军的核心能力之一。在 6 个月评估期过后，美国空军可能会在空军范围内安装网络入侵系统。在网络战时代，这套系统将赋予空军新的信息与数据防御能力，可以有效地保护美空军的信息安全。

美国开发成功“可穿戴式”加密技术　美国技术专家开发成功一种防止笔记本电脑中存储的秘密资料被他人窃取的新方法。据密执安大学研究人员介绍，他们所开发的这种方法能够在笔记本电脑拥有者暂时离开电脑时自动对重要数据进行加密，而其他加密系统均要求使用者亲自进行加密和解密处理。

这套系统能够自动进行加密，得益于研究人员开发成功的一种可穿戴式装置。该装置在使用中始终与笔记本电脑保持无线连接。当“穿戴”该装置的使用者离开笔记本电脑一定距离致使装置与电脑的联系中断时，电脑中的全部数据将被自动加密。

发明这套装置的布赖恩－诺布尔说，这种技术可用来嵌入任何便携式设备，不过它更适用于嵌入手表，因为这样不容易遗失。在美国亚特兰大市举行的电脑展上，研究人员将展示相关产品。已经表示支持这项研究的有英特尔公司、Novell 公司和美国空军。

美国研制出智能反黑客工具　黑客每次侵入计算机系统都会或多或少地留下一些踪迹，网络安全专家们正是根据这些线索寻找黑客们的藏身之处。然而，虽然安全专家们可能会根据黑客的入侵手法采取防范措施，但这些措施往往在新的黑客攻击面前变得毫无用处了。

美国总审计署最近一份报告显示，计算机网络攻击数量大约每年增长一倍，但只有 1%～4% 的网络攻击能够及时发现和防御。现在，安全专家们正将注意力转向一些更加复杂和可靠的技术——“数据采集”，希望借此阻止黑客入侵。“数据采集”工具能够“学习”以前的攻击案例，并利用学到的知识对网络数据进行过滤，以寻找可疑的黑客攻击。美国宾夕法尼亚州立大学信息科技教授领导的研究小组开发了一种名为“Rough sets”的特别的数据采集工具，这种工具不仅具有通常的“数据采集”工具的功能，而且还能处理丢失或者不完整的数据，准确率据说高达 75%。目前，“数据采集”技术还停留在实验阶段，离真正的应用还有一段距离，其准确率和实用性也还需要进一步证实。但业界的专家们认为，“数据采集”技术的应用前景非常广阔，它将是未来反黑客攻击技术的发展方向之一。

日本研究开发“网络武器”　据日本《读卖新闻》2002 年报道，为了建立防备电脑病毒及“黑客”（破坏性程序）等“网络攻击”的防御系统，日本防卫厅开始研究要在下期防卫力量整备计划期间（2001～2005 年）进行试验用的电脑病毒和“黑客”技术的开发。虽然说是试验用，但这些电脑病毒的“黑客”技术可以成为具有破坏他国系统威力的“网络武器”。

军事中枢系统一旦被病毒入侵或有“黑客”非法进入，指挥命令很可能会陷入瘫痪，军事指挥官也可能因假情报的混入而作出错误的判断。人们担心它会比武器攻击造成更严重的破坏和影响。为此，日本防卫厅在下期防卫力量整备计划中提出将建立一个包括陆上、海上和航空自卫队的“网络部队”，针对网络攻击构建实践性的防卫体系。

（全寿文）

后 勤 装 备

综述　2002 年，世界各国（地区）军队后勤科技装备的发展具有以下几个特点：（1）根据“9·11”恐怖袭击事件后国际形势的变化和反恐战争的需要，以美军为代表的一些国家军队适时加快了反恐专用后勤装备的研制与装备部队的步伐。赴阿富汗作战的美军士兵装备了新型迷彩作战服、3 色迷彩头盔、新型防尘护目镜和护体背心，为反恐战场上的士兵提供了更好的防护。美军在5艘航母上进行了生物战细菌检测测试，以使航母可以脱离陆基设施，具备独立的反生物战细菌的能力。此外，英国国防部采办局对两套车载式综合生物探测系统进行了初期试验，日本自卫队拟装备新型生化武器防护车，捷克修建了生物战医疗中心，目的都是有效抵御生化武器的袭击。(2) 在装备研制发展过程中更加体现出“以人为本”的思想。人是形成战斗力的诸多要素中最为重要的要素这一观点，正在被越来越多的国家认同和接受。外军在研制各种后勤装备时，除了要努力提高其支援保障能力外，另一个侧重点便是尽最大可能提高士兵在执行任务过程中的舒适性、防护能力和生存能力。各种作战服、防护服、头盔、军靴、口粮、野营装备、运输车辆时，无一不是围绕上述目的进行的。(3) 采取研制、采购、技术改进等各种措施，提高后勤装备的综合保障能力。研制和采购高新技术后勤装备，可大大提高后勤装备的整体保障能力，促进武器装备与后勤装备的同步协调发展。同时对现有装备实施技术改造，又可在短期内迅速提高后勤装备的防护能力、机动能力以及通用化、系列化、标准化程度。

(何在涛)

军需装备 2002年，各主要国家军需装备的发展具有以下几个特点：(1) 重视单兵装备和单兵防护装备的研制。发达国家军队不断加大发展力度，研制出了许多新型的单兵装备和单兵防护装备，较大地提高了士兵在未来战场上的生存能力和作战效能。(2) 不断更新口粮以适应未来作战需要。提出野战口粮既要有营养又要可口，存储时间要长，在任何气候条件下都能正常食用。(3) 采用高新技术提高军需装备性能。如美军采用纳米技术研制新材料，能使防弹服的防护性能系数提高一倍；采用光电和织物相结合的技术研制智能化织物，可传输电能和数据；采用皮肤刺激和微透析技术，研制透皮营养输送系统等等。这些高新技术装备的出现，将彻底改变军需装备的传统概念，全面提高军需装备的性能。

美空军研制新型战斗服 据美国《空军时报》2002年4月15日报道，美国空军技术学院的研究人员正在为飞行员和特种部队士兵研制一种新型战斗服，用以检测穿着者的心律、血氧值、皮肤温度及其他生命特征，并将这些数据实时发送给指挥官。新型战斗服能使穿着者看到身体达到极限时的警告信息，而远在医院里的医生可以通过监测系统来评估伤情，预先判定所需的治疗方法及首先应该治疗的伤员。在大部队集结地区，实时监测器可以从远处确定哪个飞行员需要治疗，指挥官可以根据接受到的数据判定任务的危险程度，在危险情况下对飞行员发出警告。新型战斗服的基础是“生命衬衣”,“生命衬衣”中嵌入的传感器可以记录包括呼吸、心律、体态、睡眠等在内的30多种数据，并可下载到一个掌上电脑供医生查看。目前，研究人员正在设计用于显示和处理数据的程序，把部队成千上万的官兵信息通过一种可行的方式同时显示出来。

驻阿美军装备新型迷彩作战服 据日本《战斗》杂志2002年第4期报道，一种称为“像素”迷斑的新型迷彩作战服首次在驻阿富汗美海军陆战队正式装备。该新型迷彩作战服从远处看，由一种像“水珠”似的小迷斑组成的新型作战服的迷彩图案能融在周围的环境里，使敌人难以发现；从近处看，作战服的迷彩图案又很象数字视频上的扩大画面，类似构成图像的最小单位“像素”，因此美海军陆战队称其为“像素”迷斑。它与阿富汗战场遍地荒凉的环境相适应，便于美军伪装和隐蔽。

驻阿美军装备新型护体背心 据日本《战斗》杂志2002年第3期报道，驻阿美海军陆战队士兵装备了新型护体背心。它由脖颈防护、咽喉防护、下裆防护和插入式防弹板四个部分组成。美军现行装甲防弹背心重约11千克，新型护体背心的主体重约3.8千克，即使将其他3个部分加在一起，其重量也仅有7.4千克。与传统防弹背心相比，新型护体背心不仅减轻了重量，增强了防弹性能，而且更轻、更薄、有柔性，更加适应士兵在现代化战场上各种战术动作的需要。新型护体背心将单兵携行具和防弹背心的功能合二为一，减少了装备件数，减轻了作战负荷，较大地提高了防弹性能，提高了战场上单兵的战斗力和生存能力。

美陆军研发高科技军服 据美国《华盛顿时报》2002年4月2日报道，美国麻省理工学院将在5年内为美国陆军制造出高科技军服，这种军服能保护美军士兵抵挡子弹和毒气攻击，为士兵疗伤和帮助他们跳越6米高的障碍，将提高士兵的六项主要能力，即侦测威胁、加强防护、隐身与伪装、提高体能、即时的自动医疗和减轻负荷。新军服的衣料将用轻量的微粒原料纺织，既柔软又坚如金属，以有效抵挡子弹的袭击。新军服在士兵负伤断腿时能当作石膏夹板用，能为士兵在伤口敷药；能将毒气或生物战剂的存在向士兵发出警告，能将士兵所在的位置通知指挥所。新军服会根据周围环境改变颜色，使敌人几乎无法以肉眼看到，其装有弹簧的战斗靴将使士兵能跳越高达 6 米的障碍。

美军将装备新式军靴 据《轻兵器》杂志 2002 年第 1 期报道，美军士兵即将装备一种经过改进的中等冷湿环境靴。新军靴加有可拆卸的保温衬里和更柔软、更有弹性的内底，其鞋帮由按照军用规格生产的皮革制成。这种皮革粘合了高尔泰克斯织物衬层，具有极强的防水性和透气性。靴中配用的保温衬里质量为 200 克，浸湿后可取出换上干燥的衬里，士兵可以继续穿着而不必换靴。每双军靴配有两双衬里，需要时还可以增加。内底由柔软的聚氨酯材料制成，弹性好且减少了磨擦，脚底不易起泡。外底由坚硬耐磨的硫化橡胶制成。鞋舌用透气的皮革制作。新兵试穿表明，新军靴中的聚氨酯减震垫使下肢损伤率减少了 30%，试穿部队非常满意，反映新靴的吸湿性、透气性和保暖性都有较大提高。

美陆军加快研究纳米技术防弹服 据英国《简氏国际防务评论》2002 年 12 月报道，美国陆军研究局发布了即将成立“士兵纳米技术研究所”的公告。该研究所将重点开展可以进入样机阶段的纳米科学技术研究，研究工作的重点是制服、单兵装备及先进材料。陆军研究局希望通过采用碳纳米管技术将“目标部队战士”防弹服的弹道防护系数从 5 提高到 10。该防弹服只有 1.7 厘米厚，如果使用陶瓷材料厚度还可减少一半。通过使用身体扫描和快速原型技术，防弹服的防护作用在穿戴者身上将达到最佳效果。

美海军特种部队将装备智能两栖作战服 据《轻兵器》杂志 2002 年 1 月报道，美海军特种作战部队即将装备一种采用突破性技术的智能型两栖作战服。该作战服采用三层叠合结构。内层为衬垫层，采用专用羊毛织物，穿着舒适，不擦伤身体。外层为保护层，主要对中层活性薄膜起保护作用。关键技术在中层上，中层是一种经预定温度转换处理的特殊聚合物膜；当环境温度达到预定的转换温度时，材料的分子变得稀疏，利于热量和湿气散发；当温度低于转换温度时，分子聚集紧密，阻止热量散发，便于保暖，因此在水、陆两种条件下执行任务都能穿着该服。这种新式作战服比现行作战服要轻很多，折叠储藏时体积也小得多。

美军研制“变色龙”防护服 据《轻兵器》杂志 2002 年 2 月报道，美国陆军纳蒂克研究人员新研制出一种具有变色龙效果的新型防护服。该防护服不仅对生物化学战剂等多种威胁具有防护作用，而且能随自然环境的变化而改变颜色，具有独特的隐身性能。该防护服的关键技术是选择性渗透膜技术。这种膜非常轻薄，能阻止水和化学战剂渗透。美军拟以这种防护服的研制技术为基础，在今后的军服研制中运用渗透膜技术。

美军拟开发透皮营养输送系统 据美国《勇士》杂志 2002 年 5 ~ 6 月号报道，美军在不断完善传统作战口粮的基础上，最近又提出野战口粮研究新概念 - - 透皮营养输送系统。该系统可穿戴在作战人员身上，其中的皮肤营养补块含有大量的液体微量营养素以及化学物质，可经穿戴者皮肤或血管进入体内。美军预计 2025 年研制成功并装备“目标部队”。研究人员初步设想补块大小同创可贴，厚度为普通胶布的 3 ~ 4 倍，外包裹聚合物，以增强其柔软度。未来输送系统可能会有以下两种方式：(1) 间断输送法：作战人员佩戴微型传感器，测量生物代谢情况，并将有关信息发送到微型芯片处理器。如测得穿戴者体内缺乏所需营养物质，处理器可激活微电子机械系统。该系统刺激皮肤，使毛孔舒张，皮肤营养补块内容物经毛孔渗入体内或经微透析方式直接输入血管。(2) 持续输送法：该方法较间接输送法科技含量低，无须测量穿戴者生物代谢情况。研究人员设想将多组微型空管以及微型针放置在补块上。研究人员强调微型针放置深度不要超过人体皮肤疼痛感受水平，否则会引起不适感。

美陆军试验新型快餐加热器 据美国《陆军时报》2002 年 11 月 12 日报道，美国陆军士兵系统中心正在试验两种新型快餐加热器，有可能于 2002 年底装备部队。这两种加热器使用更方便，更利于环境保护。如果被国防部选中，它们将代替每年配装在数百万份袋装口粮内的现行水激活式无焰加热器。目前广泛使用的无焰加热器在激活时需加入水且会产生氢气，使用者必须在通风的地方才能安全加热快餐主菜。由于使用不便，许多海军陆战队员宁愿不加热而吃冷食。为解决这一问题，纳蒂克士兵系统中心从 2000 年就开始着手选择新型加热器，大约 80 名士兵对分别由丹佩拉技术公司和 TDA 公司制造的两种新型加热器进行了野外试验，并对这两种新型加热器给予了较高的评价。丹佩拉公司生产的加热器采用一种申请专利的自加热系统，其工作原理是，当士兵对一个充满丙三醇的小袋进行挤压时，里边的液体会充分混合并被激活，然后用激活后的小袋将袋装口粮包裹起来，整个插入一个小盒内，这样快餐主菜就会被均匀加热。这种加热器加热快，使用安全方便，除可用于加热口粮外，还可用于暖手，甚至可放入睡袋内。

TDA公司生产的加热器的工作原理与现用加热器极其相似，它用43克（1.5盎司）水激活，但不会产生氢气。当把水倒入该加热器的一个塑料袋中时，袋中的五氧化亚磷与钙产生化学反应将水加热，随之快餐主菜被水加热。这两种新式加热器大约仅用12分钟就可将快餐主菜加热，与现行加热器加热时间差不多。

美军研制新型高科技军粮 据美国《新科学家》杂志2002年5月报道，为保证士兵在战场上能即开即食，美纳蒂克陆军士兵系统中心的研究人员开发了一种新型高科技军粮——真空密封的三明治。美军多年来标准的快餐口粮虽然已包含了普通三明治含有的营养成分，但必须经过灭菌处理并储存在不同的容器中，就餐士兵必须自己配置。吃到现成三明治的关键是处理三明治不同部分的水分。为了解决这个问题，研究人员在三明治馅中加入了保湿剂，既可防止水分蒸发，还可阻止馅中水分流向面包，同时还限制了细菌增长所需要的湿度。新型三明治不用经过巴氏灭菌处理即可用薄塑料袋密封起来，袋中有一个抗氧化剂小袋，以阻止三明治发酵、变霉或被细菌侵蚀。新型三明治体积小巧，携带方便，可承受空投和野蛮装卸引起的撞击、挤压，还可抵御极端气候条件。它可在26℃的温度下保存三年，或者在39℃下保存半年。与军用压缩饼干不同，新型三明治保持了水份，吃起来美味可口。目前推出的意大利香肠和烤鸡两种口味的三明治，士兵们在试吃后表示”可以接受"。按照研究进度，新型三明治将在2004年后进入现役。

加拿大陆军装备新式伪装迷彩服 据《后勤科技装备》杂志2002年3月报道，目前部署在波黑作为北约稳定部队的1200名加拿大陆军作战部队，已率先装备了新式“加拿大式伪装色斑”的作战服，取代了自20世纪60年代初期以来一直使用的草绿色作战服。研制这种新式伪装色斑，主要是为了在以目视和近红外电磁波谱侦视为重点的先进探测能力下，提高遂行地面作战的加拿大士兵的伪装与隐蔽能力。新式伪装色斑的最佳防侦视距离为50～300米，徒步步兵作战的大部分活动在此范围之内。加拿大军队计划3年以后，其陆军正规部队和后备部队将全部装备这种新式伪装色斑迷彩作战服，而所有参加部署的军事行动部队将于2002年底以前完成装备。新式伪装色斑迷彩还将逐步应用到所有单兵装备的合适品种中，如头盔罩、携行具、作战防弹背心等。此外，根据北约盟国提供的数据资料，加拿大军队还研制出一种适应干旱地区的伪装色斑，并已在美国西南地区完成了工厂试验和野外试验。

（王书勤）

卫生装备 **美军航母进行生物战细菌检测测试** 据美国海军新闻网2002年8月12日报道，为使航母具备反生物战能力，美军5艘航母目前正在进行生物战细菌检测测试，“星座”号是其中之一。“9·11”事件后发生的炭疽菌信件事件引起了美海军高层的高度关注，决定对生物战病菌采取检测、防御等反制措施。过去只有海岸医疗部队或者特种实验室才能对可疑的生物战细菌进行确认和防治，这就使航母等独立的海上平台不得不依靠海岸医疗设施。“星座”号进行的测试就是要找到一条最佳途径，把反生物战细菌设备带到战舰上来。对生物战细菌的检测分三个层次：一是检测，利用手提式检测设备确定是否有病菌，不能确定是何种类型的病菌，用时15分钟，现在美海军航母上的细菌检测就属于这一层次。二是确认，目前美海军生物防御研究院正在航母上推行这一层次。如果这两个层次能够结合到一起，就会大大缩短病菌的确认时间。三是权威确定，由生物防御研究院的专家对病菌进行全方位分析。一旦测试成功，生物战细菌的整个确认过程将可以在45分钟内完成，也就是说，从发现船员感染生物战细菌开始，航母上的医生在一小时之内能够救治感染病人。美海军生物防御研究院目前正在对舰上实验室技术人员进行培训，教他们使用检测设备和掌握生物战细菌的确认技术。如果“星座”号进行的生物战细菌检测成功，美海军还将使每一艘航母和两栖攻击舰具备生物战细菌的确认能力。

美军进行生化战剂雷达探测试验 据美国《空军时报》2002年4月16日报道，美国陆军于4月15日开始在基韦斯特岛进行为期4天的雷达测试，以试验天气预报雷达能否将普通的云同可释放到大气中并随风扩散的生物或化学战剂形成的云区分开来。在试验中，美国陆军通过农药喷洒飞机在离该岛6～12英里（约9.7～193千米）的空中分别喷洒100～150磅（约45～68千克）用作试验制剂的蛋白粉末、600磅（272千克）蛋白粉末、1812磅（822千克）粘土粉末和其他试验制剂。共有4种不同的雷达用于测试，包括1部位于该岛的国家气象服务多普勒雷达、1部由美国空军操作并安装在该岛东北方向约40千米上空的小型机载雷达系统。该试验得到了美国联邦、州和地方机构的配合，初步测试结果良好。

日本自卫队拟装备新型生化武器防护车 据日本《读卖新闻》2002年8月2日报道，日本防卫厅决定装备新型生化武器防护车。陆上自卫队现有的防化车配备了空气净化装置，防化队员即使不穿防化服，也可以在车内对污染状况进行检测，采集车外的污染物质，并对污染物成份进行分析。在美国发生炭疽菌事件后，可以作为恐怖袭击手段的生物武器威胁增大，因此日本防卫厅日前决定从美国购买最先进的生物细菌检测器，安装在陆上自卫队现有的防化车上，开发一种可以对付生化武器的防护车。防卫厅计划在陆上自卫队防化部队配备这种车。生物细菌检测器是美国陆军开发的最先进的检测器，可以在短时间内检测并分析炭疽菌、天花病毒等多种生物细菌。据说，在遭到生物武器袭击的时候，这种检测器可以迅速测定并清除污染物质。

英国陆军试验新的野战医院　据英国《防务系统日报》2002 年 4 月 24 日报道，英国陆军开始试验拥有外科手术设备的野战医院。如果试验成功，作战前线的医疗服务将大大得到改善。目前，英国陆军的野战医院只是配备了简易设备，陆军迫切需要具有高机动性、能够克服战场不利消毒条件、特别是能够实施外科手术的野战医院。陆军现在正在试验野战医院模拟系统。该模拟系统是由一系列如外科手术室大小、可车载或机载的标准方舱组成，能提供空中消毒条件下的医疗工作能力。一套由四个方舱组成的手术室和防护病房加上必须的支持服务构成了野战医院的核心。重病特别护理舱能提供严重肾病和心血管病患者的医疗护理。这些设备在移送至某一地区后两小时之内能够开始工作，与核、生、化防护系统也兼容。

英国国防部开始综合生物探测系统试验　据英国《防务系统日报》2002 年 2 月 22 日报道，英国国防部采办局已经开始对 INSYS 有限公司交付的两套综合生物探测系统预生产模型进行初期试验。综合生物探测系统将代替 20 世纪 90 年代末订购的样品生物探测系统，后者从 1998 年以来一直在海湾地区使用。据采办局三防综合项目组称，新系统安装在“利兰”(Leyland) 4×4 卡车后部，是一种高速且具有部署能力的系统，其自动化程度比样品生物探测系统高。它还加装了许多安全组件，如过渡舱和消毒室。新系统是 1999 年 3 月订购的，预计将采购 20 多套。如果初期试验成功，综合生物探测系统可能在 2003 年年底进入全面生产。

捷克修建生物战医疗中心　据埃菲社布拉格 2002 年 1 月 17 日报道，捷克军方医疗机构负责人扬·彼得拉斯当天宣布，捷克军方正在东波希米亚修建一所能对在生物战中受伤的士兵进行研究和治疗的医疗中心。据彼得拉斯称，目前只有美国和英国建有类似的医疗中心，而“9·11”事件告诫人们需要采取一切可能的手段抵御恐怖主义，修建生物战医疗中心只是其中之一，是捷克为预防可能的恐怖袭击而建立的各项预警系统中的一部分。在发生恐怖事件时，它可以转移、接收和医治伤员，不仅能够医治埃博拉病毒、鼠疫和炭疽等疾病，还能在生物战袭击中对军队和平民起到保护作用。

（冀文华）

油料装备　2002 年，外军油料补给装备在逐渐成熟的基础上继续发展和完善，更加注重装备的方便性、安全性和使用效率，以模块化、组合化为特色的发展格局已经形成，陆、海、空协调发展，储、运、加、化齐头并进，已经成为油料补给装备发展的显著特点。

美海军研制远征油料补给系统　据《后勤科技装备》杂志 2002 年第 3 期报道，为满足海上机动和作战的散装油料补给需求，美国海军研究局在远征油料系统任务需求分析的基础上研制出了远征油料补给系统，目标是提供无缝隙的散装油料补给传输能力，对现行系统进行改进，以更加安全、紧凑和有效的方式接收、存贮和分发油料。远征油料补给系统为模块化设计，由 10 个油罐组成，可安装在独立的运输托盘上由地面运输车辆与飞机运载，也可根据两栖舰船的空间需求拆解成独立的油罐模块安放，还可装配成 4000 加仑油罐组。10 个油罐可同时通过运输托盘上的装置进行油料加注和排放。该系统类似于一个 4000 加仑散装油料运输集装箱，模块化的结构可防止液体摇晃以提高运输的稳定性。该系统可采用一个泵单元组配战术加油装置。泵单元通过 4 个软管卷盘提供 300 加仑/分钟的流量。软管卷盘上装配有数字流量计，可进行精确计量。泵单元与美国国防部 2 英寸和 4 英寸管线连接系统完全兼容，方便进行油料传输。此外，该系统还可进一步改装，使用一个过滤/分离器单元可为飞机加油。该系统能够进行自卸载或为舰载油罐加油，并能从其他各种 4 英寸软管连接的远征油料系统单元进行油料卸载和分发。除模块化的特点外，该系统的泵单元还具有自动化车辆识别和通过 4 个分发喷嘴分别控制油料补给速度的能力。车辆识别和流速控制将减少地面装备加油所需的时间，提高油料分发设备的整体效率。该系统搬运和运输非常便捷。单个油罐可由 4 吨叉车搬运，也可由 5 吨或重型高机动多用途轮式车辆和 CH－53 或 V－22 直升机内装、外挂运输。此外，油罐组还可与运输托盘配套使用，并可使用泵单元装置组成独立的加油站。

美海军研制机动式油料补给系统 据《海军后勤科技信息》2002年第3期报道，美海军于近期完成了3种登陆作战用机动式油料补给系统的先期演示。这3种机动式油料分发系统分别是2273升、13638升、和68191升D日机动式油料补给系统。2273升机动式油料补给系统由一系列组合式油罐、泵模块和过滤/分离模块组成，全套设备包括30个油罐、1个泵模块、2个平板架、2个运输托盘和1辆MK48/18A1型后勤运输车辆。使用时，将运输托盘安装到平板架上，再将泵模块和6个油罐安装到第1个运输托盘上，将8个油罐安装到第2个运输托盘上。安装油罐时可使用4吨和5吨叉车，加注后的系统或单个油罐在8吨后勤车辆的协助下由气垫登陆艇或直升机运送上岸。13638升D日机动式油料补给系统由2套折叠式油囊组成。油囊固定在1077型平板架上，加油后（重12吨）由MK18A1型后勤车辆系统运输。满载40914升油料的3套系统和一辆MK48/18A1型后勤车辆可以由载重60吨货物的气垫登陆艇运输。68191升D日机动式油料补给系统包括4个17047升纤维油囊，总重约47628千克。

美军研制快速安装油料输送系统 据《油料科技情报》2002年第9期报道，目前美军已开发出快速安装油料输送系统。该系统由软管模块（管子及包装、铺设、撤收机具）、泵站设备、泄漏监测系统、指挥和控制模块以及基于计算机的计划与调度软件组成，具有以下特点：一是展开、撤收速度快。系统由快速安装、快速撤收的软管组成，可以在各种地形展开。一个20小时的工作日可以安装32千米管线、撤收16千米管线。新的撤收方法允许该系统根据任务要求快速撤收，重新部署。系统部件采用6米标准集装箱包装，可用铁路、公路、飞机运输。整个系统可以随着战场转移而机动。二是操作简单。该系统依靠传感器和电子设备实现发动机远距离控制，全天几乎不需要人员值守，其指挥和控制模块可以控制80千米的管线。控制模块只需要1人操作，模块中的泄漏监测系统能够监测沿线任何位置的微小泄漏。三是经济性好。该系统的目标之一是降低战时运输需求，与现行的内陆油料分发系统相比至少降低20%。四是灵活机动。系统利用软管材料技术，形成一个完整的、具有保障能力的系统。该系统可在任何地方或任何地形根据任务进行调整，可以平行展开两套系统以供应更多的油料，也可以成套接合以保障超过几百千米的距离。五是生存能力强。该系统作为训练装备，安全储存期限为20年；作为战备装备，储存期限为15年。一旦输过油，其训练储存期限和战备储存期限分别为15年和10年。该系统使用的温度范围为-31.67℃~49℃，还能免受核生化污染。该系统于1999年开始研制，1999年7月完成性能试验，2000年完成技术鉴定，2001年由雷迪安公司组织专家进行系统性试验和能力评估。该系统首批160千米管线的采购有望在2004~2008年实现，预计2005年初步形成作战保障能力。

美海军陆战队研制车载式油料补给通信系统 据《海军后勤科技信息》2002年第3期报道，为满足远程投送、超视距作战与超地平线作战的需要，美海军陆战队后勤开始由陆基向海基转变。为了实现油料保障的可视化，美海军陆战队研制了一种车载式油料补给通信系统。该系统能与所有类型的车辆油箱和目前在研的油料补给系统（如D日机动油料输转系统、可装载13638升油罐的托盘装载系统等战时油料补给系统）相适应，有两个主要功能：一是向机动部队指挥员传送油料需求信息，以加强指挥员对补给状态的了解；二是可使机动作战部队从建制内或通过战斗勤务支援部队得到高效、快捷的油料补给。车载数据传输装置通过全球定位系统将记忆按钮信息与战斗勤务支援作战中心紧密相连，以提供加油状态信息。记忆按钮信息实时更新，能对油料补给全过程进行跟踪反映。车载式油料补给通信系统是能够安装在加油车上的附加系统，可实现接收油料车辆与加油车之间的自动通信，使加油嘴的油料流量达到最佳。该系统采用类似于在全资产可视性中使用的技术，将新兴的记忆按钮技术集成到车辆油箱上，使之与现有车载油料流量计相结合。记忆按钮被固定在车辆油箱的加油口附近，利用传感器和小型存储芯片对加油口附近增加的车辆类型、部队番号以及油箱容量等信息进行跟踪和储存，这些信息可被加油车读取。车载式油料补给通信系统还与现有车辆的油箱数量传感器和车辆诊断信息传输系统相融合，可在任何指挥级别向前方部署的或后方的战斗勤务支援部队提供油料补给信息。机动作战部队的指挥车辆或后勤车辆配备一种能够接收这些信息并能提供加油准备就绪信息的装置。油料补给需求通过建制内的设备在部队级进行处理，或自动向战斗勤务支援保障中心申请。该系统主要应用于地面运输装备，也可应用于飞机、舰船的油料补给。

美国研制便携式燃料质量分析仪 据《航油近讯》2002年第13期报道，为了适应未来战争对油料质量监督的需要，美军对移动油料质量监督系统做了重新定义，要求对油料必须进行B-1/B-3/C级化验，以检测油料受到污染的程度及最低质量状况，对包装和未使用过的散装石油产品不进行 B－2 级化验。据此，美国西南研究院在 2002 年世界能源会议上推出了采用红外光谱技术研制的便携式燃料质量分析仪，该仪器与燃料的多项性能（密度、馏程、闪点、冰点、防冰剂、十六烷值）具有良好的关联性，如对于喷气燃料密度的相关系数 R2＝0.969。该仪器适用于对燃料在实验室筛选分析和外场检测化验，外型尺寸为 30.5 厘米×10.2 厘米×12.7 厘米，重量小于 4.5 千克，配有光纤探头，采用 PDA 控制及 12～24 伏直流/120 伏交流电源。

俄罗斯研制 2M5 型燃料质量分析仪 据《航油近讯》2002 年第 14 期报道，俄罗斯最近推出一款燃料质量分析仪。这种 2M5 型实验室用燃料、润滑材料质量快速分析仪主要用于实验室条件下取样和对各种燃料进行验收及交付性分析，既可进行常规石油产品取样、罐底石油产品取样，也能测定沉淀水和机械杂质含量。该分析仪是一个箱式装置，分上下两层。上层（即箱盖部分）主要放置技术资料、尺子、钢笔、纸、注射器、塑性制品；下层（即箱内）主要放置测量仪器、各种试管、工具等。该分析仪采用俄罗斯科学院西伯利亚分院石油研究所和西伯利亚化工股份公司的方法进行分析试验，可完成辛烷值、十六烷值、车用汽油含铅量、石油产品密度、机械杂质和水含量、颜色、重质烃含量、总含水量、非溶解水含量、军用汽油内胶质含量、酸性电解液密度、冷却液组成和结冰温度、取样、油罐车和铁路槽车内水含量、罐底沉淀水和机械杂质、防冰添加剂内水含量和喷气燃料内防冰添加剂含量等 17 项指标的测定。

（杨立明）

野营装备 **美陆军装备新型电热扇取暖器** 据美国《陆军后勤工作者》2002 年 1～2 月号报道，美军纳蒂克士兵系统中心开发了一种用于帐篷取暖的新型产品——电热扇取暖器。该取暖器可与标准的 SHA 型和 H－45 型军用帐篷加热器配合使用，供热空气循环流通，并在产生自己的电力的同时大大降低燃料消耗。电热扇是一个静音、致密和结实的电扇装置，直径 36 厘米，高 25 厘米，使用时放在加热器的顶部。一个内置式的热电转换模块把来自加热器顶部的热能转换为电能，驱动一台每分钟产生 450 立方米空气流量的电扇。这样，电扇让加热了的空气沿帐篷的地面和角落流动，使整个帐篷里的热量分布更加均匀。试验证明，该取暖器可将帐篷的地板温度升高 11℃以上，而燃料费用则减少一半。新型电热扇取暖器定价每台 520 美元。

美军研制小型空间加热器 据美国《陆军后勤》2002 年 1～2 月号报道，美军纳蒂克士兵系统中心研制了一种小型空间加热器。该加热器填补了用于士兵集体帐篷和单兵帐篷的加热器之间的空白。相对加热空间而言，目前的加热器太大，提供的热量太多，也太笨重。小型空间加热器的热功率为 12000BTU，不用电，使用一种新型汽化 S 管的燃烧技术。新的汽化燃烧技术与大型加热器一样，克服了在过去 50 年一直困扰无动力加热器行业的燃烧和安全问题。以前，燃烧集中在燃烧器底部汽化燃烧，如果燃料加入太快而来不及汽化，就会流出燃烧器，从某种意义上说会无法控制。新改进的并拥有专利的燃烧器的设计在开关前采用了一个容积不超过 20 立方厘米燃料的管子，从而消除了操作过程中的燃料溢出现象，同时提供了一个多层燃料汽化燃烧过程，使燃烧更加清洁安全。此外，燃料加注和维修保养也更加简单了。加热器有一套完整的燃料罐，无须软管和配重器，燃料固定，但可以连接一个外置的燃料罐来延长燃烧时间而不必重新加注燃料。烟囱可以折叠装入加热器以方便携带，展开时间为 5 分钟。小型空间加热器重约 9 千克，可在－51～15.6℃范围内使用。

美军研制对流空间加热器 据美国《陆军后勤》2002 年 1～2 月号报道，美军纳蒂克士兵系统中心研制了一种对流空间加热器。该加热器热功率 35000BTU，可使用多种液体燃料。与其他军用加热器不同的是，该加热器需要用电，但其可以通过内部热电发电装置自己发电。这是世界上第一种该类型的加热器，无须额外驱动即可提供强制热空气循环。驱动对流空间加热器的电能来自内部发电装置。由于采用热电模块，位于燃烧室的该装置无任何可移动部件，可将多余的热能转换为电能。该技术与空间加热器系列的电热扇取暖器使用的技术相同，即热电风机置于极地加热器或中型加热器之上时，一个模块触发发电机，风机旋转时热空气循环到帐篷的每个角落，从而解决热空气停留在帐篷顶部的问题。热电模块可产生 200 瓦的电力，供给压缩机、泵、点火装置和安全系统。通过软管加入帐篷，对流空间加热器可应用于模块化的指挥所系统、战术指挥中心以及装备有高昂电子设备的帐篷内。在巴掌大的控制器上有一个单独的开关控制加热器起停。由于内置的特点，操作完全自动化，温度可调节，非常安全。出现故障时智能控制装置会及时通知并提供维修方法。加热器倾倒时会启动传感器来关闭加热器。士兵不用添加燃料或在旁边守护。这种加热器同现有野战无动力加热器相比，燃烧效率提高60%，燃烧柴油时更清洁。这样可以节省燃料，减少维护工作量。该加热器重约32千克，可在-51~15.6℃范围内使用。附件包括远端温度控制盒、电缆、绝热空气管、燃料管、配重器等，燃料可以作为备件。

日军装备新型野战用折叠行军床 据日本《丸》2002年第10期报道，日军近期陆续向部队装备新型野战用折叠行军床。该行军床参考了美军现用的折叠行军床的结构，同时也做了很大的改进。新型野战用折叠行军床的床面宽66厘米、长198厘米、高44厘米。该床折叠后，长97厘米，宽20厘米，便于携行。该床结构科学，设计有特殊的展开和折叠按钮，按动按钮即可展开或折叠。展开时，纵向床架的6根床腿支撑床面，并由活动卡夹固定；折叠时，床架和床腿向同一方向折回，收拢在一起，然后放置在迷彩包装袋里。该行军床主要靠车辆运送，但也可以单兵携行。该床目前的价格是18000日元。

（房一丁）

地面运输车辆 2002年，世界主要国家（地区）军队地面运输车辆有了长足的发展，主要特点如下：一是重视轻型高机动多用途轮式车的发展。由于应付地区冲突、参与联合国维和行动和开展反恐斗争使得轻型高机动多用途轮式车的作用日显突出，因此许多国家军队都非常重视高机动多用途轮式车的发展，并且在本年度取得了积极的成果。英国、俄罗斯、意大利、南非等国都推出或招标研制了各自的新式轻型多用途轮式车。二是重视车辆的防护。美陆军为中型战术卡车研制装甲驾驶室，英陆军将装备新式防地雷运输车，俄军开始装备装甲化卡车。三是确定军用车辆未来的发展方向。俄军根据《2010年前国家武器发展规划》，把进一步提高车辆的三个能力（机动能力、运输能力和防护能力）、不断提高车辆的“三化”（通用化、系列化和标准化）程度和重点研制车辆基型底盘和专用底盘作为俄军用车辆今后的发展方向。

美国奥什卡什公司演示第一辆混合电传动重型军用卡车 据英国《防务系统日报》2002年2月28日报道，美国奥什卡什卡公司在美陆军协会冬季座谈会上演示了第一辆采用混合电传动的重型军用卡车。这种混合电传动推进系统采用一台恒速运转的柴油机，由其带动发电机为安装在各个差速器上的电动机提供动力。发电机功率很大，其交流电输出在不驱动车辆时足以为一座机场、医院、指挥中心或多达300户家庭供电。混合电传动推进系统是一种模块化系统，简化了向车轮分配动力的过程。柴油机驱动一台400千瓦的发电机，把电力传输给每个车轮。这种直接传输动力的方式消除了对扭矩转换器、传动装置、分动箱和传动轴的需求。行走部件的减少使得整个系统的效率更高、更加可靠和更易维修。此外，混合电传动推进系统还具有以下优点：一是可节省40%的燃油。系统的柴油机以1500~1800转/分的恒速运转，比高速行驶和满载时所需的2200转/分效率高。在军事行动中，降低油耗可以减少油料的支援需求，并且可以明显加大行程。二是减少废气排放，符合新的环保要求。三是车载发电机可以为机场、医院、指挥中心、武器系统、通信系统、背景照明等提供充足的交流电。四是降低寿命周期费用。该系统不需要维护或更换电池，所需的燃油较少。发动机持续以最佳转速运行，可以减少磨损。电传动降低了整个传动系统的扭矩，降低了卡车的磨损。另外，模块化设计所要求的配件数量也较少。五是提高备用状态。系统控制器可以生成实时诊断数据，以供调整和规划预防性维护。另外，它还可以提供维修信息记录。

美陆军研制中型战术卡车装甲驾驶室 据美国《陆军后勤工作者》2002年3~4月号报道，美国斯图尔特和史蒂文森战术卡车公司（主承包商）与奥格拉德-赫斯和艾森哈特装甲公司将为美陆军中型战术卡车共同研制装甲驾驶室，并拟制中型战术车的加强型装甲防护和防冲击技术规范。作为第一步，这两家公司研制出了能防7.62毫米子弹的车门。在代顿大学研究所弹道实验室所进行试验时，许多子弹射在中型战术车驾驶室门上，门和玻璃都未被穿透。目前，两家公司正致力于进一步提高车辆的装甲防护性能，使其既能防炮弹又能防地雷，满足保护士兵的要求。改装后的中型战术车仍可由C-130运输机和直升机运输。

俄军确定军用车辆发展的主要方向 据俄罗斯《军队文集》2002年第5期报道，根据《2010年前俄罗斯国家武器发展规划》，俄军确定了军用车辆今后的主要发展方向：一是进一步提高机动能力、运输能力和防护能力。二是重点研制车辆基型底盘和专用轮式底盘。研制在技术性能方面能够完全符合所运载武器要求并保障其有效使用的汽车基型底盘，将是俄军今后新型军用车辆研制的主要任务。俄军近95%的地面机动武器装备使用汽车运载，这一比例在战略火箭军、空军、海军以及武装力量后勤各部队中几乎达到100%，大约有1500多种武器装备由汽车基型底盘运载。在发展汽车基型底盘的同时，俄军也将重视履带式运输车的研发。三是不断提高车辆的通用化、系列化和标准化程度。目前，俄军所有新研制的多用途军用车辆均实现了通用化、系列化，如乌拉尔汽车厂和卡玛斯汽车厂的轮式4×4、6×6和8×8型汽车的通用化程度达80～85%，载重量4～10吨的同型汽车成建制装备部队，大大降低了研制和生产费用，保证了驾驶人员和维修人员的高质量培训，减少了零部件的供应，完善了技术维护和修理。这一方针今后将继续坚持。

俄陆军装备装甲化卡车 据日本《军事研究》2002年5月号报道，俄罗斯乌阿斯31512四轮驱动轻型车和乌拉尔4320六轮驱动中型卡车经过改装和改进后现在实现了装甲化，俄陆军采购了上述两种车各60辆装备部队。乌阿斯四轮驱动轻型装甲卡车原名乌阿斯3151S，20世纪90年代后期实现了装甲化，现在经进一步改进后称作乌阿斯3151S3轻型装甲防弹车，全重2180千克，车体自重640千克，乘员（包括驾驶员在内）5人，如果作为货运车可载货物250千克。乌拉尔4320六轮驱动装甲化中型卡车原是中型卡车，它的驾驶室和货厢都加装了装甲，驾驶室和发动机外罩部分使用了4毫米的44钢装甲，驾驶室的视野窗采用33毫米的防弹玻璃，后车厢全部用装甲封闭，仅留有射击口。该车自重8645千克，装甲重635千克，原来的运载能力为5000千克，加装装甲后下降到4365千克。上述两种装甲卡车可防从10～30米处发射的7.62毫米B32穿甲弹。

俄罗斯研制出“鳄鱼”－7（4×4）多用途轮式车 据中国《国防交通科技信息》2002年报道，位于俄罗斯圣彼得堡的鳄鱼公司在分析了目前世界上现有的高机动多用途轮式车（如美国的“悍马”、英国的“陆地漫游者”和法国的“索瓦玛格”）的经验教训后研制出了一种“鳄鱼”－7（4×4）多用途轮式车。该车采用翼梁型车架，装备有VAZ－2130型发动机、VAZ－2107型变速箱、PK21213型传动箱和鳄鱼38×18.00－16防油超低压轮胎，汇集了目前世界上所有同类车辆的优点。该车重1.5吨，采用摇摆式鱼骨形扭杆独立悬挂，每个车轮都装有2个伸缩式减震器，能由直升机吊运；所用轮胎为超低压轮胎，使车辆无论是在沙地、泥泞地，还是在岩石和沼泽地，都具有良好的越野机动能力；转向机构为液压助力型涡杆转向器。车辆的公路最大速度可达130千米/小时，越野速度可达70千米/小时，具有40°的爬坡能力。设计新颖的变速箱即使在非常低的行驶速度下也能够获得稳定的扭矩，使车辆缓慢而平稳地在崎岖的岩石路面上行驶。车身由镁合金做成，可安装附加装甲。车体前面是2名乘员的驾驶室，候补货舱既可安排6名步兵及其装备，也可安装武器装备（包括高射机枪或防空导弹）。该车还有一种车型车体是密封的，可以越过水障碍或利用喷水推进装置浮渡。同时，车体可根据用户需要定做，以适应不同装载任务的需求。

英陆军采购特种部队专用运输车辆 据日本《军事研究》2002年第1期报道，英陆军国防采购局根据陆军特种部队的申请，经过国际招标，最终选定斯派克公司生产的四轮驱动高机动载货车的变形车作为特种部队的专用运输车。该车具有以下特点：一是适应性强。除极地地区外，能在世界任何地区使用。二是机动性高。可用C－130、C－17运输机和CH－47直升机空运，C－17运输时可在机内搭载也可在机外吊运。三是装载量大。最大载重量1600千克，能搭载3名乘员、携行武器（包括12.7毫米反坦克机枪）、燃料、口粮和其它物资。四是功率大，速度快。采用80马力柴油发动机和动力辅助系统，路面行驶速度可达130千米/小时，最大续驶里程650千米。五是用途广。除作运输车外，还能用作监视侦察车、155毫米迫击炮牵引车和火箭发射器支援车。

英陆军将装备“暴风雨”新式防地雷运输车 据《现代兵器》杂志2002年9月号报道，英军选择了舒帕特公司与TSG公司技术攻关集团的“暴风雨”防地雷运输车作为在役的“阿尔维斯”－4型防地雷运输车的替代车型。“暴风雨”防地雷运输车是“美洲狮”（4×4）防地雷运输车的改进型。“暴风雨”和“美洲狮”的不同之处主要在于采用了皮特比尔特公司的330系列4×4动力传动系统，并换装了玛蒙·哈林顿公司的传动轴；发动机为符合欧洲三号标准的凯特皮勒3126柴油机，功率220千瓦；配用了艾利逊自动变速器。“暴风雨”的外形比“阿尔维斯－4”大，车长近6米，宽2.3米，高2.3米，能提供10名士兵及其装备外加1名驾驶员的空间。该车的最大重量只有12吨，而其最大限重则为19吨，从而为车体安装防雷设施留下了相当大的重量空间。从动力舱前端一直到车尾，都可以安装附加装甲。在“暴风雨”防地雷运输车上，将使用一种独特的装甲，专门用于对付那些被称为“诡雷”的反坦克雷。据称，“暴风雨”的装甲能抵挡全向360°（包括车体顶部）范围内7.62毫米穿甲弹的攻击，包括玻璃配件在内，所有配件都能抵挡高速弹片。如有需要，其正面可提高到抵挡14.5毫米枪弹的防护水平。“暴风雨”防地雷运输车的公路最大行程为 1287 千米，可由 C－130“大力神”运输机快速装运部署。

英军采购新型重装备运输车 据英国《简氏国际防务评论》2002 年 3 月号报道，英国防采购部最近将采购一批新型重装备运输车，金额为 4.2 亿美元，首批车计划 2003 年交付。新型重装备运输车系统包括一辆美国奥什卡什公司的 M1070F 牵引车和一辆 GTS100 半挂车。M1070F 是至今已生产了 2100 多辆的 M1070 的改进型，由卡特皮勒 C18.1 升六缸四冲程涡轮增压发动机提供动力，在每分钟 1300 转时可达 700 马力，所有车轮由艾利逊 HD4076P 型 7 速自动变速器和奥什卡什单速传动箱驱动，最大载重量为 118050 千克，行程 1200 千米，平坦路面上的行驶速度为 80 千米/小时，斜度为 2.5% 的路面上的行驶速度为 38 千米/小时，最大爬坡度 15%，乘员 6 人，装备有中央轮胎充放气系统、防抱死制动系统以及牵引控制系统。半挂车载货平台长 11.5 米，宽 2.9 米，可装载“挑战者”2 型主战坦克或 2 辆轻型装甲车。

南非陆军开始装备“壁虎”轻型空降车 据中国《军交运输科技信息》2002 年第 11 期报道，2002 年 7 月 22 日，首批 4 辆“壁虎”8×8 轻型空降车交付南非陆军。南非陆军订购了 75 辆“壁虎”和 75 辆拖车，总价值 350 万美元，这批车辆计划 2003 年 2 月交付完毕。“壁虎”将代替南非陆军第 44 伞兵团现役的 Jakkalas 4×4 轻型空降车，其首要任务是运输装备、弹药和物资。该车长 3.34 米，宽 1.66 米，高 1.38 米，重 1.15 吨，有效载荷 0.9 吨，通常由 1 辆平板拖车运输。车上乘员 4 人，并配有 7.62 毫米机枪。车的顶部装有两个延伸器，以便在伤亡撤退时将“壁虎”与拖车捆在一起，作为一个整体进行空运。C－130 战术运输机上配有 4 套完备的系统可对其进行准确空降。“壁虎”最高车速为 45 千米/小时，续驶里程 250 千米。

（巨文新）

维修装备 美向台出售机场跑道快速抢修系统

据《现代军事》杂志 2002 年 6 月报道，美国快垫公司和斯达弗赖特公司于 2002 年 3 月 22 日获得了为台湾提供“跑道快速抢修系统”合同，整个合同金额为 4300 多万美元。合同内容包括为台军提供“跑道快速抢修系统”的硬件和软件，在系统运输至台湾并进行部署过程中为其提供所需的后勤保障以及为台湾训练系统操作和维修人员。整个工作预计在 2004 年 3 月完成。美此次售台的“跑道快速抢修系统”是 20 世纪 90 年代初研制的具有世界先进水平的抢修系统。该系统主要由折叠式玻璃纤维垫（FFM）、两种套筒、工具箱、简易跑道边缘标记系统、机场紧急照明系统等设备构成。一块标准的折叠式玻璃纤维垫由 9 块玻璃纤维板组成，重约 1362 千克，展开大小为 9.14 米×16.46 米，展开时间只需 5 分钟。使用专用工具和连接板可拼接多块玻璃纤维垫以适应弹坑的大小。一套“跑道快速抢修系统”配备的玻璃垫最多可修复 7 个弹坑。两种套筒分别用于连接和锚定玻璃纤维垫，平时装在钢质箱体里，可长期储存。工具箱包含有卸货、展开、连接、锚定、修理和再包装玻璃纤维垫所需的所有工具，工具既有手动的也有气动的，可同时用于 2 个弹坑的抢修。工具箱具有防潮措施，可长期储存（15 年）。简易跑道边缘标记系统用于标记所修复的跑道，为飞机起降提供跑道标识。该系统可标记 3050 米长的跑道，在没有地面照明和导航辅助设备的情况下仍可安全使用。“跑道快速抢修系统”还配备有一辆有特殊推土铲的 M113 装甲车或其他装甲工程车，用于把未爆炸的炸弹从跑道上或跑道附近推到安全地点。“跑道快速抢修系统”可用 C－130 运输机或运输直升机空运，也可用标准平板车辆运输。该系统存放时既可在户内也可在户外。

美陆军开始装备 M7 型前方修理系统 据《外军后勤信息》2002 年第 3 期报道，美陆军新装备部队一种 M7 型前方修理系统。据称，该系统的基础是一个可卸下的维修方舱，安装在加强型 M1077 后勤平板货架上。除了一个具有高架起重能力的整体式 5 吨起重机外，方舱内还配备了起稳定作用的支柱、自备电源、焊接工具、其它手动和电动工具、备件储备品以及整套保养与修理器材。方舱的操作人员为两名技术全面的机修工。M7 型前方修理系统以整装整卸卡车或备有负荷装卸系统的重型扩大机动性战术卡车作为其动力车，一起发放给陆军维修部队的。在收到 M7 型前方修理系统之前，机械化部队和装甲部队需要用 M113 维修车运送维修人员，伴随 M88 系列救援车到车辆抛锚处进行修理，这样才有起重能力。M7 型前方修理系统自身具有 5 吨起重机和约 560 种工具，包括焊接设备、大型气压千斤顶和用于提供光、电和液压力的发电机。M7 维修方舱由美国罗克岛兵工厂生产。在给第一个数字化师配发了由整装整卸卡车运载的 M7 型系统之后，美军又给陆军第一个旅战斗队－－第 296 旅保障营送去 7 个由配有负荷装卸系统的重型扩大机动性战术卡车运载的 M7 系统。M7 系统目前的生产速度为每年 4050 套，而一个重型师需要 64 套，一个过渡旅战斗队需 7 套，外加战斗勤务保障连

5套。

（蔡香敏）

后勤指挥管理自动化系统　2002年美军后勤指挥管理自动化的发展主要表现在以下几方面：在运输保障领域，改进全球运输网，研制空中交通控制系统，采用新的在运物资跟踪系统；在医疗保障领域，研制新的战术医疗协调系统，采用新的医疗后送管理系统，引进全球远征医疗系统；用于财务、项目规划和预算、采办及人力资源管理的企业资源规划系统投入运行；通用通行卡得到广泛使用。

美军将改进全球运输网　据美国《国防》杂志2002年5月号报道，由于用户数量的持续增长和国防运输系统担负任务的复杂性不断增加，美军决定对全球运输网（GTN）的硬件和软件进行改进。美国运输司令部预计5月将签订一项价值2亿美元的称为“GTN 21”的合同，包括洛克希德公司、计算机科学公司和波音公司等在内的多家公司参与“GTN 21”项目的竞争。目前全球运输网的用户已超过6000个，涉及全军各级人员。在阿富汗战争前，全球运输网平均每月接收约4万次查询，“9·11”事件后这一数字增加了23倍；每天进行200多万次数据交换，其中120多万次来自国防部系统，其余80多万次来自商业部门。全球运输网主要从大量的源信息系统接收数据，目前至少从23个政府系统和40多个为军队提供地面、空中和海上运输服务的商业运输公司接收数据。在过去8年中，该网每周7天每天24小时不停运转，存储硬盘每秒进行2050次信息更新。同其它计算机网络系统一样，频繁的使用和采用过时的硬件使全球运输网已开始出现“裂缝”。全球运输网目前最大的缺陷之一是数据的“不连续性”，致使来自许多独立系统的数据很难融合。为解决此问题，全球运输网技术人员试图通过对源信息系统的操作人员进行培训的方式减少数据集成方面的问题，美运输司令部成立了专职的数据审查分队，不断审查数据的及时性和准确性，解决由人为因素造成的系统数据问题，对发现的问题随时进行纠正。为改进源数据的质量，美军在运输系统内普遍引入了自动识别技术。在下一代全球运输网中，数据管理能力、系统软件和程序代码将全部重建。

雷声公司为美陆军研制空中交通控制系统　据英国《防务系统日报》2002年4月24日报道，雷声公司将负责为美陆军研制生产两套AN/TPN－31空中交通导航综合协调系统和六套AN/FPN－67固定式精确进场雷达系统。雷声公司设计这两种系统的目的，主要是要把执行联合作战任务的陆军空中指挥与控制系统和全国空中交通管理系统结合起来。AN/TPN－31空中交通导航综合协调系统主要由一部短波空中侦察雷达、一部长波从属侦察雷达/敌友识别仪、一部X波段精确进场雷达和一套雷声公司生产的自动化交通空中交通管理系统等设备构成，其安装需要两辆多功能运输车和两辆拖车，可以用一架C－130运输机运载，在战术作战和民事灾难救助中能够为飞机提供快捷的空中交通控制服务。投入使用后，该系统可在各种天气条件下为美陆军提供40千米范围内的侦察和空中交通控制服务，提供的飞机进场导航服务可覆盖约16千米的范围。目前，雷声公司已经在极端作战环境条件下对该系统进行了性能测试，并试验了它的无路运输能力（即在根本没有现成道路的条件下进行运输的能力）。AN/FPN－67新型固定式精确进场雷达系统能够以提供飞机位置信息的方式，帮助美国陆军空中交通控制器指挥飞机在能见度较低的不利天气条件下着陆，已经通过了美国陆军的所有飞行检查，和空中交通导航综合协调系统中使用的精确进场雷达一样，该系统将安装在美国陆军飞机场的一些永久性位置上。

美海军研制新的战术医疗协调系统　据美国《海军陆战队杂志》2002年1月号报道，在海军研究办公室和海军航空医疗研究实验室的通力合作下，能源部西北太平洋国家实验室的工程师正在开发一个新的战术医疗协调系统。该系统能节省救治时间，帮助海军卫生兵治疗和运送受伤的士兵。该系统使用射频技术、电子技术和全球定位系统来迅速存储、记录和传送伤员医疗状况的信息，其核心是一块用胶套密封的射频标签，大小如身份识别牌，其最重要的部分是一块可储存大量信息的微型硅片。此系统使用的射频标签实际上是一个电子医疗记录图表，包含个人医疗状况、血型、过敏性等信息。其工作原理是，当展开战地救护时，医务人员用手持电子询问器向“战斗医疗协调系统”标签上的天线发射无线电波，阅读标签上面记录的信息，所获数据资料几乎同时即可存入一台手持微型计算机，计算机程序自动将伤员的有关信息进行格式编排并显示在屏幕上，战地急救人员只需简单地在屏幕上进行点击便可显示受伤的部位、类型与注意事项。关于病人处治结果的信息可编成程序并回馈到射频标签以供使用。射频标签可从1.2米开外进行阅读，隔着军装（如防生化服、凯夫拉背心、防弹背心等）也可进行，用时不到一秒，因而可以有更多的时间用于处理伤员。通过全球定位系统可确定伤员的精确位置，战地医务急救人员便可将伤者的位置发送给“战术医疗协调系统”指挥中心，该中心的医务人员就能根据伤情对多个病人的运输事宜进行协调。

美海军航空系统司令部运行企业资源规划系统 据美海军新闻网 2002 年 10 月 7 日报道，在经过两年的需求开发、系统配置、测试和培训后，美海军航空系统司令部完成了其企业资源规划系统的第一期工程。该系统将财务、项目规划和预算、采办及人力资源综合为一个系统，10 月 1 日正式投入运行。美海军航空系统司令部利用该系统将 2003 财年经费分发给下级单位，各单位收到分配的经费后立即将资金使用文档发送给位于美国马里兰州的海军空战中心飞机分部，海军空战中心收到文档并确认后，采用电子签名打印出资金文件。所有这些交易在 15 分钟内成功完成，并采用了电子核准技术。该系统目前可应用于 79 处的 7000 人以上的文职人员、合同商和军事用户，包括位于日本 Atsugi 和意大利那布勒斯在内的主要海外基地。第二期工程将在 2003 年 1 月完成，将把马里兰州海军空战中心等在内的另外 15000 名人员包括进来。该系统的集成合同商以 Bearing Point 公司为主，子合同商有 IBM、SAIC、SAP 等公司。该企业资源规划系统采用 SAP 公司的 R/3 作为核心软件，并带有附加软件包，处理诸如业务型成本核算、文档管理等事务，可实现精确的实时信息处理。

美国防部已发放 100 万张通用通行卡 据美国《联邦计算机周刊》2002 年 8 月 30 日报道，美国国防人力数据中心日前发放了 100 万张多功能“智能”卡——通用通行卡，美国国防部是从 2001 年 10 月开始发放该卡的。所有符合条件的人，无论为哪个机构服务，都可以从任一卡发放站申领该卡。美国国防部希望在 2003 年 10 月以前发放 400 万张通用通行卡。当前，这种安全可靠的多功能智能卡已经成为现役人员的标准身份证明，主要用于身份鉴定以及军用设施和网络的通行证。通用通行卡中植入了一个数码认证系统，可以保证国防部各部门间的保密通信。卡上的芯片可以支持生物检测技术、电子商务功能，并可在未来扩充其他功能。另据美海军供应系统司令部主页报道，美海军也已开始使用通用通行卡，在舰上使用该卡的地方包括后甲板入口、应急召集点、通向储藏室的入口、通向个人档案室的入口和其它尚未明确的使用地点。

英空中加油机将安装新型通信系统 据英国《防务系统日报》2002 年 1 月 17 日报道，英国航空系统国际公司从英国国防部获得了一项价值 700 万英镑的合同，为英国空军的 8 架空中加油机安装先进的通信系统。该通信系统将分别安装在 5 架 VC10 加油机和 3 架”三星”加油机上，其战术数据链可以使陆军、海军和空军彼此看到对方并交谈，帮助友军彼此识别，当敌对目标出现时能迅速向友军发出警告。英国国防部称，新系统的众多优点之一就是能够为部队提供质量更好的战场图像，使之更容易确定友军位置，从而大大减少误伤友军的可能性。战术数据链是战术平台与指挥系统间实时传送信息的主要手段，由一个通信载体系统（终端）和一套可用于信息交换的格式化信息组成。必要的时候，终端也包括安全话音通信链，防止敌方窃听。该新型通信系统能够使所有由战术数据链联系在一起的友方飞机和其他部队看到加油机的位置。英国航空系统国际公司将洛克威尔·柯林斯公司制造的 URC－138（V）终端安装到加油机上，并链接至一个航空系统国际公司计算机系统上，可以向战区的机组人员提供实时的电子图像。这些终端比鞋盒略大一些，将取代阿富汗反恐行动开始时由航空系统国际公司临时安装在加油机上的终端，这些临时终端要比新安装的终端重很多。

（谭凤旭）

海军专用后勤装备 **美军拟开发大型移动近海基地** 据美国《国防部内情》2002 年 11 月 21 日援引《海军内情》文章称，五角大楼国防科学委员会新成立的特别工作小组正准备召开首次会议，讨论海军陆战队即将制定的未来预置船队计划和开发大型“移动近海基地”的构想。美国海军和海军陆战队之所以考虑海上基地，是因为他们认为 21 世纪可以利用的全球陆上基地和港口设施将会越来越少。海军需要下一代海上预置船队，以具备在海上有选择地装卸大量军用物资的能力，而这种能力是目前被称为“海上移动仓库”的军辅船所欠缺的。11 月 18 日，美国国防科学技术委员会小组听取了海上预置船队的简短汇报，并听取了海上基地概念和军事演习的情况，第二天听取了关于高速后勤的情况，询问了陆军的看法和有关联合“移动近海基地”的构想。自 20 世纪 90 年代提出以来，“移动近海基地”的概念经常受到质疑，但今年却得到了新的推动力。有关人士说，“移动近海基地”这种采用了半潜技术的平台可能会得到慎重的考虑。

美海军第 8 艘战略运输舰“索德曼”号下水并完成综合海试 据美国海军新闻网 2002 年 4 月 28 日报道，美国通用动力公司 26 日宣布，其子公司国家钢铁与造船公司为美海军建造的第 8 艘也是最后一艘战略运输舰"索德曼"号（T－AKR 317）近日在圣地亚哥湾下水。"索德曼"号属大型中速滚装船，长约 290 米，宽约 32 米，满载排水量约为 6.2 万吨，采用燃气涡轮机推动，速度超过 24 节，是美国从滑道下水的最大舰只，也是能通过巴拿马运河的最大舰只，其货物装载区的面积超过 36245 平方米。其船员将由平民水手组成，由军事海运司令部管理，其滚动装卸设计使得该船能够运载坦克、轮式车辆以及直升机。这艘战略运输舰将分配给美国海军的军事海运司令部，用来将美国陆军预置的坦克、装甲运兵车、拖车、其它作战装备以及供应品运送到全世界的潜在冲突区域。

美海军订购第 3 艘 T－AKE 干货补给船　据法国《航宇防务》网站 2002 年 7 月 17 日报道，通用动力公司的子公司国家钢铁与造船公司宣布，美国海军启动了 T－AKE 干货补给船的后续合同，准备建造第 3 艘 T－AKE 舰船，合同价格达 2.9 亿美元。T－AKE 干货补给船是一种新型干货/弹药补给船，定名为"刘易斯·克拉克"级，该船长 210 米，宽 32.2 米，吃水 9.12 米，按照民船标准建造，采用最新的综合电推进系统、舰艇安全、导航和环境控制系统，可装载近 7000 吨干货和弹药以及 23500 桶舰用柴油和航空燃油。T－AKE 干货补给船能够高效地处理货物，可从码头或海上接货，并将这些货物（包括弹药、食物、燃油、维修件以及消耗性物资）供应给值班补给船和其它作战舰艇。这种舰船也可以单独行动，进行长期海上航行补给，直接为海军的前沿部队提供后勤保障。T－AKE 干货补给船将由军事海运司令部管辖，替代即将退役的老式 T－AE 弹药补给船和 T－AFS 舰队补给船。

美海军租赁澳大利亚高速双体运输船　据美国《每日防务》2002 年 2 月 1 日报道，澳大利亚奥斯塔公司获得了一项为期 3 年、价值 3100 万美元的租赁合同，向美国海军提供一艘长 101 米的双体运输船"西太平洋快车"号，给位于日本冲绳的第三陆战队远征部队使用。美军方全面测试了该双体运输船，并且和其它公司的船只作了比较，证明"西太平洋快车"号符合第三陆战队远征部队要求的后勤运输船标准。该船的特定任务是为第三陆战队远征部队从日本港口到西太平洋之间运输人员、战车和装备。由于该船起初是作为客船设计的，所以能够容纳 950 名陆战队员和 305 吨的物资。

美海军开始装备新型 MH－60S"骑士鹰"直升机　据英国《防务系统日报》2002 年 2 月 28 日报道，美国海军引入了最新型 MH－60S"骑士鹰"直升机。该直升机将替代 CH－46D"海上骑士"承担航母战斗群的后勤保障任务，包括战斗群内部弹药补给以及人员输送任务。驻扎在北爱尔兰海军航空兵站的第三直升机作战支援中队是第一个使用"骑士鹰"直升机的中队。"骑士鹰"直升机的机身与 SH－60B 和 SH－60F 非常相似。机舱经过重新设计，既可以用来载货，也可以用来进行人员输送。相对应的主机舱活动门可使作战部队快速上下飞机。其它突出设计包括新型玻璃座舱显示设备，它是航空电子学和人体工效学最新科学成果的集成，同时该直升机使用 GPS 和惯性导航系统进行联合导航。

空军专用后勤装备　2002 年，世界各国对空军专用后勤装备的发展更加重视，致力于全方位提高空军的后勤保障能力，一些小国空军的后勤保障能力也有了长足的进步。首先，各国加大了新型运输机与空中加油机的研发力度，如美国波音公司计划为美军制造世界上最大的战略运输机，其载重量达 1400 吨，是目前世界最大运输机——俄罗斯安－225 的 5 倍；印度和俄罗斯联合开发多用途运输机。其次，各国加快了采购和装备运输机和空中加油机的步伐，如美国空军获得了购买新的 C－17 运输机的授权，增购了 AC－130 武装运输机，选定波音 767－200 作为租赁加油机；奥地利、捷克、澳大利亚、印度和巴西等国也提出了本国对运输机和加油机的采购计划。第三，各国继续改进现有运输机和空中加油机的技术性能，如美空军选择波音公司改进 C－130 运输机的航空电子设备，希腊空军选择斯帕航天有限公司升级其 C－130 运输机。

美国会授权空军部长购买新的 C－17 运输机　据美国《空军内情》2002 年 1 月 11 日报道，美国国会已授权美国空军与波音公司签署第二份价值数十亿美元的多年期合同，最多将可能购买约 60 架 C－17 运输机。C－17 运输机是美国空军两种战略运输机中的一种，它将接替在 2006 年之前退役的 C－141 运输机。

美空军增购 AC－130 武装运输机　据英国《简氏防务周刊》2002 年 1 月 2 日报道，根据阿富汗战争的经验，美国防部在一项新的项目预算决策中要求增购 AC－130H"幽灵"武装运输机，并要求尽可能改造 C－130 运输机。据美国空军一位高级官员说，国防部已下令空军额外增购 8 架 AC－130H，并加快其后续系统的发展。按照国防部项目预算的要求，美国空军最近已决定在 2003 财年预算中增购 4 架 AC－130H，并将 4 架 C－130 运输机改造成 AC－130H 武装运输机，增购所需的武器系统，如 40 毫米和 105 毫米机炮，以及增强的自卫系统。

美空军改进 C－130 航空电子设备 据《世界空军装备》2002 年 1 月报道，美空军计划对它现有的 519 架各型 C－130 飞机进行技术改进。美空军器材司令部航空系统中心选择波音公司承包 C－130 航空电子设备现代化计划（AMP）的两项合同，总金额约 14.8 亿美元。C－130 航空电子设备现代化计划包括：采用波音 737 客机的配置，用显示屏代替驾驶舱内大量的传统仪表，使其成为采用电子显示屏的全显示驾驶舱（即”玻璃座舱”）；安装多个平视显示器、一部多功能雷达、符合全球空中交通管理安全规定的新型通信系统、一套波音 737 飞行管理系统以及一部单独的空中数据计算机（用于更换现在三个不同的计算机）。新的仪表都将与夜视镜相兼容。配备现代航空电子设备的 C－130 驾驶舱可使机组人员从 4 名减少到 3 名，同时提高了飞行安全性，把可靠性和维修性提高了一个数量级。飞机的改装将在得克萨斯州圣安东尼奥的波音航空航天保障中心、犹他州的奥格登空军后勤中心以及佐治亚州的沃纳罗宾斯空军后勤中心进行。改装用的成套部件于 2004 年开始交付，并持续到 2014 年。另据英国《防务系统日刊》2002 年 2 月 26 日报道，罗克韦尔·科林斯公司的飞行动力子公司已经和主承包商波音公司签订合同，为美国空军 C－130 运输机航空电子现代化计划研制双平视显示器系统。平视显示器是科林斯公司获得的价值 4 亿美元的航空电子系统合同的一部分，其潜在合同值超过 1 亿美元。科林斯公司生产的其它航空电子系统还包括 152 毫米 × 203 毫米（6 英寸 × 8 英寸）多功能显示器、AN/ARC－210 无线电通信电台、SAT－2000、多模式接收机、无线电罗盘和高频数据传输系统的改进升级。根据价值 1100 万美元的初步合同，科林斯公司应于 2003 年 10 月交付其研制的第一批 16 套平视显示器的装机设备。飞行试验将持续到 2006 年，全规模生产计划从 2013 年开始。此外，飞行动力子公司还为美国空军 C－130J 和美国海军 C－40 运输机提供平视显示器。这些平视显示器与夜视镜兼容，并具有支持多摄像机以及视景增强或视景合成功能。

美空军选定波音 767－200 作为租赁加油机 据美国《每日防务》2002 年 4 月 1 日报道，美国空军于 3 月 29 日宣布，波音 767－200 将作为空军迫切需求的租赁加油机，需求量为 100 架。美国空军计划从 2008 年开始更换其 550 架 KC－135 系列加油机，目前先租赁 100 架现成的运输机改型后替换已经老化的、维修成本昂贵的 KC－135E 加油机，候选机型包括波音公司的 767－200 和欧洲航空防务及航天公司的空中客车 A330－200，这两家公司于 3 月 6 日提交了详细竞标方案报告，美国空军经过近三个星期的综合评估之后，最后选定了波音公司的 767－200。据美国空军负责评估的高级官员称，空军根据技术风险性、经济性和飞机操纵性能三个方面进行了评估，认为波音 767－200 的技术风险比 A330－200 小。A330－200 上没有空中加油伸缩套管、也未设置现代化的加油操纵员工作台，而波音 767－200 上都配备这些设备，并且波音公司在设计和生产空中加油伸缩套管方面已有 50 多年的历史，这一点空军认为是至关重要的。A330－200 比将要被替换的 KC－135E 的停机占地面积大 81%，但载油量没有相应增加，并且还将造成改造基础设施的成本增加；相反，波音 767－200 只比 KC－135E 大 29%，能适应和使用现有的基础设施。另外在飞行性能方面，波音 767－200 比 A330－200 更为稳定。尽管美国空军这次没有选中 A330－200，但空军高级官员认为在整个加油机更换计划或其他飞机更新计划中，还将考虑与欧洲航空防务及航天公司合作。

美军拟用世界最大飞机实施战略运输 据美国《华盛顿时报》2002 年 10 月 7 日报道，美国波音公司计划制造世界上最大的飞机，美军可利用这种飞机将大批部队和坦克等重装备迅速运往战区。这种被称为“塘鹅”的飞机翼展长达 152 米，相比之下，波音 747 的翼展只有 59 米。美国航空专家称，该机在运载 1400 吨货物的情况下航程超过 16093 千米，目前世界最大运输机——俄罗斯安东诺夫 225 型飞机的航程只有 4506 千米。报道称，一架“塘鹅”可载 17 辆 50 吨重的主战坦克。美军方认为，由“塘鹅”组成的运输机队可使美军将数千士兵、坦克和补给品运到世界各地，运输时间大大短于货船运输。“塘鹅”可以在普通民用和军用飞机跑道起降，并在 6096 米高度巡航飞行。为了节约燃料，“塘鹅”能利用水面效应原理在 15 米高度掠海飞行。“塘鹅”计划项目经理罗顿说，使用“塘鹅”运输的费用比其他商用飞机便宜得多，它可与集装箱货船竞争市场。这种超大型运输机对商业和军方用户均有吸引力。

俄乌联合向捷克空军出售“安－70”运输机 据美国《防务新闻》2002 年 9 月 11 日报道，俄罗斯武器出口公司索博龙公司发表声明说，它将向捷克提供

3架“安－70”军用运输机，以满足捷克空军军事运输的需要。索博龙出口公司是一家乌克兰和俄罗斯的联合企业，这些运输机是由安那托夫设计局设计并由俄罗斯安东诺夫航空公司生产的。这次出口是“安－70”军用运输机首次向俄罗斯和乌克兰以外的国家出口，也是俄罗斯偿还捷克冷战时期的债务的一部分。俄罗斯和捷克在7月份曾经签署了一份由俄罗斯向捷克提供军用飞机的协议。

新加坡空军已具备空中加油能力 据《航空周刊》2002年9月5日报道，新加坡官员8月23日称，新空军现在已完全拥有战斗机空中加油的能力。新国防部第二部长张志贤称，经过在美国进行的为期2年的训练，新空军第112新一代喷气式空中加油机中队已获得全面的作战能力。该中队空中加油机的机型为KC－135R，机上除加油杆外还装有多点加油系统，从而可以为F－16、F－5和A－4等多种机型的战斗机加油。

印度和俄罗斯联合开发多用途运输机 据美国《宇航日报》2002年4月24日报道，印度和俄罗斯两国政府于当日在莫斯科签署了总价值为3.5亿美元的协议，印度斯坦航空公司和俄罗斯伊尔库茨克航空工业联合体将共同开发生产多用途运输机。该机装备两台涡轮喷气发动机，最大起飞重量55吨，最高时速885千米。该机既能运送人员也能运送货物，有效载荷20吨时飞行距离可达2499千米。载重4.5吨时飞行距离可达5998千米。这项协议将从2002年9月开始实施，估计运输机单价约1500万美元，第一种机型将在2006年开始批量生产，它将替代印度空军较旧的安－32运输机。印度斯坦航空公司称，该协议还计划向其他友好国家出口这种多用途运输机。

印度空军将从俄接收6架伊尔－78空中加油机 据俄罗斯航空新闻网2002年10月11日报道，印度空军司令S·克里什纳斯瓦米宣布，印度空军2003年将从俄罗斯接收6架伊尔－78空中加油机。这些空中加油飞机是印度空军苏－30MKI项目的配套飞机，将有效提高苏－30MKI战斗机的作战半径和部队的机动能力。在2003年底之前，俄罗斯将向印度交付32架苏－30MKI战斗机，印度还将按许可证在未来15年内自行生产140架同型飞机。

希腊空军升级C－130运输机 据美国《航宇防御》2002年3月26日报道，L－3通信公司的独资子公司斯帕航天有限公司获得了一项为希腊空军升级15架C－130运输机的合同，合同期为三年，总价值达9000万美元。在未来两年多的时间内，斯帕公司将在加拿大埃德蒙顿工厂实施两架运输机的设计、样机制造和测试，并进行15套升级部件的组装。斯帕航天公司1999年曾经完成了约旦空军5架C－130运输机的升级合同，2001年又圆满完成了加拿大32架C－130运输机的升级工作。作为合同条款的一部分，斯帕公司将对希腊空军的15架C－130运输机座舱结构进行标准化改进，提高这种运输机的可靠性和可维护性。其他的现代化措施包括安装交通警报与防撞系统和增强型近地告警系统。升级后的C－130运输机符合全球空中运输管理标准，将可以在国际通信和导航空运规定下自由飞行。

奥地利从英国获得3架C－130K运输机 据美国《每日防务》2002年1月28日报道，英国将向奥地利提供3架由洛克希德－马丁公司制造的C－130K运输机，这3架飞机来自英国皇家空军，总价值2850万美元。如果合约获得通过，这3架飞机将由英国马歇尔航空公司负责检查，估计使用寿命在20年以上。英国皇家空军将为奥地利训练飞机驾驶员。2002年将提供第一架运输机。英国将把20世纪60年代启用的第一批C－130K运输机更换为C－130J运输机。而奥地利目前还未使用过C－130运输机。

澳大利亚拟购买大型军用运输机 据英国《国际飞行》2002年7月16～22日报道，澳大利亚国防军公布了对未来大型运输机计划的初步要求，该项计划的总金额将高达14亿美元。澳大利亚国防军准备将各种空中运输计划整合到一起，包括拟议中的C－130H升级计划、空军的轻型战术运输机计划、国防军以及陆军的固定翼飞机计划等，目的是使澳大利亚国防军到下一个十年能够组建一支空运力量，具备将部队运送到需要的地方去的能力。在航宇发展小组没有完成需求研究报告之前，将不会设定未来大型运输机计划的进度表。报告完成之后，将提交防务能力和投资委员会讨论。据估计，未来大型运输机计划的候选机型有空中客车公司的A400M、安东诺夫飞机设计局的安－124和波音公司的C－17等大型运输机。航宇发展项目主任、空军司令哈维说，战略运输力量对澳大利亚国防军极为重要，空运超大尺寸货物将会越来越重要，所以要以长远的观点来对待澳大利亚军队的空运能力。由于各项空运计划将合而为一，所以C－130升级计划和轻型战术运输机计划的进度将需要重新修订。

（何在涛）

其他军事技术问题

在车臣被击落的米-26直升机简介 《现代军事》2002年10月号孔鹏、张德和、徐建军报道，2002年8月19日，1架号称“空中巨无霸”的俄罗斯米-26运输直升机在车臣首府格罗兹尼被1枚便携式地空导弹击中后坠毁，造成机上118人遇难的惨重空难事件。对于这个被1枚导弹就轻易击落的重型运输直升机的技术性能和优点与弱点，作者作了如下介绍。

米-26是前苏联米里设计局20世纪70年代研制的第4代全天候重型运输直升机，1981年投入批量生产，1985年大量装备部队。其最大内载和外挂载荷为20吨，超过原设计要求，相当于C-130“大力士”运输机的载重能力，并创造了多项世界记录：其分别载重10、15、20吨升至6500、5600、4100米高度，创造了直升机载重爬升高度的世界记录。特别是爬升到2000米高空时，重量竟达56.7吨。

米-26设计独特，流线型的海豚式机身，修长的尾梁和高翘的尾桨，其2台涡轮发动机并排置于机身上方，这种配置既有利于吊运重物，也可避免起降时吸入更多尘土。该机旋翼直径为32米，由8片桨叶组成。这在世界单旋翼布局的直升机中旋翼桨叶是最多的，也是它力大无比的关键所在。为适应高寒地区使用，米-26的旋翼和尾桨叶都装有电加热防冰装置。米-26的起落装置为前三点固定式，为便于着陆和装卸货物，主起落架采用了性能优良的液压系统。在驾驶舱内装有保证全天候飞行的气象雷达、多普勒系统、地图显示器等各种设备，大大提高了直升机的灵活性、安全性和可靠性。

米-26的货舱位于机身的中后部，长15米，宽3.25米、高2.95~3.17米。为方便装货，它还装有2副电动绞车，每次可分别吊运2.5吨重的货物。此外，一些难以运输和安装超大、超重物品如直升机等，也可直接挂在机下，实施运输。

第二次车臣战争中，米-26频繁出动，为战争的胜利立下过汗马功劳。它经常在战场上空及作战接触线以外做超低空飞行，有时还在夜间担负兵力投送、装备运输等各种保障任务。

但米-26自身有无法克服的弱点。首先，它体积大、飞行速度慢，容易成为地面攻击的靶子；其次、没有防护装甲、隐身手段和导弹报警装置，也没有红外干扰和电子干扰措施，在遭遇敌地面防空武器攻击时，只能被动挨打。具备红外或紫外寻的制导功能的美国“毒刺”、俄罗斯“针”式或“箭”式便携式地空导弹，均可在5千米以内有效攻击该直升机。

21世纪新式拦截武器简介 《军事史林》2002年第1期冰凌、照习报道，针对高技术战争中精确制导武器的大量运用，许多国家也在利用高新技术来研发具有主动防护能力的新式拦截武器及拦截手段。主要有以下几种：

激光拦截武器　由于激光束形成的点状盾牌具有能量集中、拦截速度快、作用距离远、命中精度高、转移目标快、抗电磁干扰、能多次重复使用和效费比高等优点，因而发展很快，许多作战平台都在试验装载激光武器。

美国弹道导弹防御局支持发展的，装载在卫星上的用于摧毁战略弹道导弹以及其他各种弹道导弹的战略防御激光拦截武器，有效射程达4000~5000千米，可拦截摧毁9~11千米高空的弹道导弹，一个卫星就可覆盖10%的地球表面。

美国空军正在积极研制的用于战区弹道导弹助推段拦截的机载激光拦截武器，整套武器系统安装在波音747-400F飞机上，飞行高度为13千米，其射程为300~600千米，可进行30次持续5秒的激光发射。计划2002年部署第一架演示型激光飞机，2006年和2008年分别部署3架、7架作战攻击型激光飞机，组成一个完整的机群，具有对单个战区提供弹道导弹防御的能力。

车载激光拦截武器主要是拦截精确制导武器或非制导武器，其射程一般不超过10千米，最大功率为100万瓦以上。美、以联合研制的“鹦鹉螺”战术高能激光拦截武器系统，在试验过程中，曾击落过靶机、火箭弹、反坦克导弹和巡航导弹。该系统将安装在“布雷德利”战车或重型卡车上，携带足够的化学燃料，在必须重新加载燃料以前能进行50次射击。

由 4～6 辆战车组成的作战火力单元，可维持对数百枚火箭弹长时间的对抗。该系统每次射击的费用仅为 1000 美元。该系统和战区高空区域防御系统、“爱国者”导弹、扩大的中程防空系统等配合使用，可取得更佳的作战效果。

美国休斯公司和荷兰电信公司正在联合研制舰载近程高能激光拦截武器系统，以便取代“密集阵”和“守门员”近程防御系统。该系统采用高功率固体二极管激光技术，发射口径为 50 厘米，激光器需要 20 万瓦电源，可连续进行 100 次射击，每次射击时间为 1 秒钟，重新充电仅需 10 秒钟，是一种可连续发射、高效迅速的舰载拦截武器系统。

等离子拦截武器　据外刊报道，俄罗斯经过多年努力，研制成功一种能在导弹飞行中将其摧毁的等离子拦截武器。等离子拦截武器是利用超高频电磁能束或激光束在大气中聚集，焦点形成高电离化空气云——等离子团，高速飞行的导弹和飞机一旦进入这种等离子团，均会偏离飞行轨道，并在强大的辐射束的作用下产生旋转力矩，造成的向心力大得足以把它摧毁。等离子拦截武器是一个综合体，优势在于集雷达搜索、发现目标和打击目标于一身。它能在瞬间极其准确地击中来自太空、高层大气或低层大气的大量目标，同时还具有无危险性和操作简便等特点。因此，在现代战场上很有发展潜力。

粒子束拦截武器　它是把原子或亚原子粒子加速到接近光速并聚焦成密集的束流，使来袭目标毁坏或失效的武器系统。当粒子束冲击并穿入目标后，它的巨大动能迅速转换成热能和电磁能量，传递给目标，使之受到破坏或失效。它是用改变电磁线圈中的电流来控制粒子束的射向的，只需要几毫秒的时间，就可快速瞄准，而且发射频率非常高，每秒钟可射击 100 次左右，相当于每秒钟向目标射击 100 发高能“子弹”。因此，只要能源供给充足，就可连续射击，并同时拦截多个目标。粒子束拦截武器不仅具有激光拦截武器同样的优点：毁伤力强，不需计算射击提前量，能迅速改变射击方向，无污染等，而且没有激光拦截武器受天气和人为坏境影响的严重缺点，可全天候实施拦截，适用于各种环境和空间。粒子束拦截武器可用来拦截各种导弹，摧毁卫星、飞机、坦克及各种电子设备等。

电磁炮拦截武器　从理论上讲，如果把炮弹加速到 5～25 千米/秒，就可拦截任何飞行段的洲际弹道导弹。由于电磁炮具有初速快、动能大、射程远等特点，因此，被美国视为最理想的反导武器，并已研制出射程为 2000 千米以上的天基电磁炮系统。该系统装有机动姿态控制、目标控制、识别、瞄准等装置，可通过电磁炮发射大量炮弹（仅有数克重），使其散布在敌洲际弹道导弹途经的某一空域，形成弹“雨幕”，在导弹经过时将其撞击致毁。

新型导弹拦截武器　主要分天基导弹拦截武器和陆基导弹拦截武器等。天基导弹拦截武器的典型代表是美国研制的“智能卵石”。它是一种小型天基拦截导弹，每枚净重 2 千克左右，成本 10 万美元，仅为一枚洲际导弹成本的 1%。每个“卵石”都有探测、跟踪、识别和攻击目标的全自主装置和能够探测数千千米外飞行目标的高分辨率红外探测系统，能发现敌方发射的洲际导弹发动机喷出的巨大火焰，通过“卵石”上的制导系统准确计算出它与导弹之间的运动参数，而后由重量仅为 100 克的微型计算机导引进入来袭目标的轨道，与导弹同归于尽。

陆基导弹拦截武器的典型代表是美国的 PAC－3“爱国者”反导弹防御武器系统、俄罗斯的“S－300”反导系统和美以联合研制的“箭－2”反导系统。这些陆基导弹拦截武器具有高智能化，不仅能拦截现有的高性能飞机，又能对付以地地战术导弹为主的各种高速飞行的来袭导弹，还具有良好的抗干扰能力和较强的敌我识别能力。其中，“爱国者”反导弹防御系统中的多功能相控阵制导雷达和作战指挥中心可监视 100 多个目标，同时跟踪 8 个目标，能自动确定交战程序。

浮空器拦截系统　是美陆、海军联合研制的拦截来袭导弹的防御系统，可分为近、远程两种浮空器作战系统，它是美国导弹防御联合作战一体化中的重要组成部分。它采用固定式或缓慢移动式，具有监视、火控、战斗识别及 BM/C^4I 作战能力，每个系统由两架浮空器组成，一架用于监视，另一架负责目标识别和火控。

随着高性能攻击性武器的竞相出现，与之相抗衡的拦截武器在新世纪将呈现出以下 4 个发展趋势：一是拦截武器系统化。主要表现在两个方面：一个方面是拦截武器种类多，既有战略拦截武器，又有战术拦截武器；既有专用拦截武器，又有辅助拦截武器；既有形成“面”状拦截武器，又有形成“点”状拦截武器。另一方面是拦截武器自成系统。如一套“鹦鹉螺”战术高能激光武器系统，包括氟化氘化学激光器、指示/跟踪器和 C^3I 三个分系统。自成系统可大大提高快速反应能力和拦截效能。二是拦截手段自动化。由于拦截目标飞行速度快，要想实施成功拦截，必须提高拦截武器系统的自动化程度。如“鹦鹉螺”战术高能激光武器系统依靠 C^3I 从捕获目标到完成射击，实现整个过程自动化只需要 7 秒钟。三是拦截领域广泛化。随着拦截武器系统化和拦截手段自动化的发展，拦截领域已从注重外层空间对弹道导弹的拦截，扩展到空中、海上、陆地对各种精确制导武器拦截。这就使防御来自各个领域的威胁成为可能，而且全方位、多层次协同化的拦截体系必然取代各自为战的拦截方式，在整个作战领域实现拦截一体化。四是拦截形式多样化，既有固定式或缓慢移动式的定点拦截，又有根据临时作战需要的快速机动拦截；既有形成破片杀伤巨大的“硬”拦截，又有形成高电离化空气的“软”拦截；既有快速反应、费用较低的激光拦截，又有对现有武器功能增效的火力拦截。

美军研发的新式电子战武器装备简介 《环球军事》2002 年 5 月下半月号尚洪良报道，为提高美军在电子战中的精确干扰能力和反雷达摧毁能力，美军已决定对有关电子战武器进行研发和改进。

开发 ICAP－3 系统　即将多台干扰发射机结合在一起，使它们协调工作，从而克服过去独立使用的弊端。为此，需改进雷达干扰装置，加装 USQ－113 通信干扰机，并提供一个比以前精确得多的电子支援措施（ESM）系统。ICAP－3 安装新的接收组件之后，将使 EA－6B 电子飞机可以迅速探明敌方雷达的频率，以便有足够的时间采用先发制人的宽频覆盖方式进行干扰，可有效地对付俄罗斯的 S－300 系统等现代防空系统。

开发反应式干扰装置　反应式干扰装置在对付较新型的雷达和突然出现的雷达系统方面同样有效。将应用于 EA－6B 飞机的反应式干扰技术有两种：一种是“跟随”干扰。在跟随状态下，EA－6B 飞机只对敌方发射器正在使用的频率进行干扰。随着雷达频率的改变，EA－6B 飞机使用的干扰频率也会相应调整。第二种是“追踪”干扰。在追踪状态下，EA－6B 飞机会随着敌方雷达发射频率的改变而改变自己的干扰频率，并继续对敌方系统最后使用的几个频率施加干扰。

研制新型高速反雷达导弹　该导弹拟于 2003 年制造，用于装备 F/A－18 战斗机和“旋风”强击机。其改进主要是为 Harm 导弹增加精密导航能力，即以惯性测量装置和全球定位系统（GPS）接收器代替原先的机械陀螺仪。同时，美军拟将速度超过 3 倍音速的火箭发动机用于 Harm 导弹，提高导弹的远距离射程，通过缩短导弹的飞行时间来提高导弹的反应时间，并将采用冲压式喷气发动机的推进装置。

研制多模式寻的器　装有多模式寻的器的导弹被称为高级反辐射导弹（AARGM）。这种导弹将把宽带无源反雷达自导引航寻的器与有源毫米波终端系统和全球定位系统/惯性导航系统（GPS/INS）精密导航技术结合起来。AARGM 导弹是专为打击已经停止辐射的发射器而设计的。该导弹能够使无源寻的器的扫描天线迅速调整对目标的瞄准，并且使三角定位落在较小的搜索区内。如果敌方雷达关闭，AARGM 导弹会在靠近目标位置时，启动毫米波搜索方式，搜索来自敌方的天线或金属防空导弹发射架的强烈回放。

采用新型弹头　美军似采用杀伤力更强的弹头，即杀伤概率更高的弹头。这种转型弹头是一种反应材料弹头。它将比相同体积的 Harm 导弹头携带更大的能量，并通过进一步改进布洛克 3A 和布洛克 5 导弹软件来提高抵抗一些新型干扰手段的能力。

几种先进在研武器装备简介 《环球军事》2002 年 2 月下半月号单惠民、耿海军撰文对此作了介绍。

空天飞机　是一种以液氢为燃料、采用航空喷气发动机和火箭发动机两种推进系统的水平起飞、可以自由跨越大气层往返于天地之间的大型航天器。

其最大特点是：既可作为载人航天器，又可无人驾驶与空间站对接；既可作为太空作战平台，又可从事大量的太空侦察活动。在未来太空战场上，空天飞机可以利用其高效能的武器系统，遂行战略轰炸、侦察、截击等任务，也可将空间站、天基武器系统所需的大型构件运往太空轨道，并进行组装等；三是可以对轨道上运行的空间站或其他航天器进行维修，为空间站输送人员和作战物资。预计在未来的 20 年内，美国的“东方快车”号、英国的“霍托”号、日本的“希望”号、法国的“赫尔姆斯”号空天飞机将陆续飞向太空。

塑料坦克　它用塑料制成，用电磁力发射高速炮弹，甚至可能配备火箭，以使之能够跳过堑壕。塑料坦克穿着用多层加固的塑料制成、可脱掉的装甲，能比较容易空运到战场上，在地面上的机动能力较强，行驶速度也较快。

设计师们还打算利用“精巧”技术，使装甲能够依据环境变化自动改变自身色彩，以隐蔽自己。

新型坦克两侧将配备电动马达，既可减少噪音，还可大大提高机动性能和转弯速度。这种发动机把氢气和氧气混合起来发电。就连坦克炮也将利用电来产生电磁力，推动炮弹更快地射向目标。目前，这种新型坦克的样品正在苏格兰接受检验。

水泥潜艇　俄罗斯海军正在研制一种水泥潜艇。它将能下潜到迄今为止还不能达到的深度，以垂直发射的鱼雷攻击水面舰只。潜艇的水泥船体和寂静无声的推进系统将使声纳无法发现它们。同时这种潜艇从海底发射鱼雷的角度使它们能击中水面上范围很广的船只。水泥潜艇两侧有翼，前行时能产生“升力”；它们以电池为动力；没有重量限制，可以有许多小舱；只需要最低限度数量的船员操作

智能型套装　目前，美陆军人类工程实验室正在研究开发一种被称为“士兵集成防御套装”的单兵装备，即智能型套装。与传统的单兵装备相比，智能型套装有许多独特的优势。它不仅可以成倍地增强士兵的肌肉力量，甚至能使士兵在行军过程中打个盹。同时，它可有效地防御核武器、化学武器和生物武器的袭击，并为士兵提供夜视眼镜和警觉显示器。其中还包括一套跟踪士兵眼球运动的瞄准系统。只要士兵的眼睛瞄准何方，他手中的武器就会自动地对准何方。此外，智能套装还具有自行处理各种信息并采取相应措施和行动的能力。

精确热压武器　英军正在研制一种利用热浪和压力打击目标的精确热压武器。这种武器在撞击后燃料会马上点燃，从而产生精确的爆炸。由于仅重 10 千克，所以这种武器能够放在背包中并且由单兵在距敌 150 米的范围内使用，其威力相当于一枚榴弹，可以在巷战中携带使用。该武器使用热浪和压力摧毁建筑并能在很大范围内杀伤敌人，使目标区域内的敌人被压力压死。美国陆军把这种武器称为没有辐射的战术核武器。

“鹰眼”无人机　美军正在研制一种既能像直升机一样起飞又能像飞机一样飞行的无人驾驶飞机器。这种取名为“鹰眼”的倾转旋翼无人机从陆地或舰船甲板上垂直起飞升空后，位于机翼末端的发动机将成为前进飞行的推进器，它在到达敌方阵地上空后，又可恢复到直升机状态，便于以盘旋方式利用自身携带的传感器和摄像机对目标进行侦察。该无人机最大任务载荷为 136 千克，有效载荷（载荷 + 燃油）大于 408 千克，最大起飞重量 1.02 吨，冲刺速度为 389 千米/小时，最大巡航速度为 370 千米/小时，作战半径 185 ~ 370 千米，续航时间（带 91 千克载荷）3 小时。此外，“鹰眼”无人机还具有通过地面模拟器屏幕和自携摄像机发回的信息就可对其飞行进行遥控的能力。

隐形航母　目前，一些军事强国正在进行隐形航母的研究，将采用以下几种隐形技术：一是减小雷达反射面积。舰体的上层建筑尽可能降低、缩小，并采用圆光滑顺的外形，使舰体水上部分的雷达散射面积下降到只有常规舰体的几十分之一，甚至几百分之一，以削弱对方雷达的探测能力。二是采用红外隐形技术。主要是使用具有散射或吸收红外辐射效能的伪装涂料和降温隔热装置来降低自身的红外特征；广泛采用红外发烟剂或红外烟幕等措施掩护舰体，以免遭到装有红外制导的导弹或炸弹的打击。三是减少电子设备向空中辐射电磁波能量。严格限制电子设备的电磁辐射，并尽可能缩短无线电通信时间。

超导潜艇　与现役的常规潜艇或核潜艇相比，超导潜艇具有结构简单、推力大、航速高、无噪声、无污染、造价低等显著优点，因而被一些军事强国列入研发计划。超超磁流体推进装置是根据电磁原理设计的。在潜艇上安装电磁铁，通电后，海水中就会有磁力线，同时产生方向与磁力垂直的电流。在磁场和电流相互作用下，潜艇将获得向前运动的推力，推力的大小与磁场强度和电流大小的乘积成正比。超导潜艇的优点；首先，独特的推进原理和极高的能量利用率将使潜艇具有更好的动力性能。据推算，速度可超过 50 节；其次，潜艇所载弹药数量将因动力系统体积的减少而大量增加，潜艇的攻击力将显著增强；此外，由于磁流体推进技术取代了传统的螺旋桨推动，超导潜艇的噪声显著降低，普通的声纳对它束手无策，这将极大地提高潜艇的隐蔽性和生存能力。

几种高科技炮弹简介《军事史林》2002 年第 11 期张海泉报道，现代高新技术正加速推进炮弹家族更新换代的步伐，使之向威力大、精度高、射程远、品种多、用途广、智能化方向发展。

面貌一新的榴弹　科学技术的进步，使榴弹战术技术性能大为改观：一是采用了近炸引信和多选择引信，使弹丸能在最佳的炸点爆炸；二是采用高破片率钢、减薄弹壁、预制破片、钢珠、小钢箭等，使弹丸有了更大的杀伤力；三是采用高能炸药 、增加弹药装药量和提高弹药装填系数，使弹丸具有更强的爆破力；四是采用高性能发射药和先进的装药结构，提高初速，使弹丸具有更短的飞行时间；五是采用合理的弹形结构及高新技术，使弹丸具有更高的精度和命中概率；六是采用先进的增强技术，使弹丸具有更远的射击距离。

智能炮弹　它是普通炮弹与导弹的混血儿。它包括末制导炮弹和末敏感炮弹。现代新研制的末敏感炮弹，已综合应用了毫米波、红外技术及爆炸成型弹丸

技术，实现了现代战场上有效地攻击远距离装甲目标的目的。该弹不但射程远，而且具有子母弹的打击能力，还具有破甲弹、动能弹的攻击方式。它比导弹价廉，却具有精确的命中精度。

长明的照明弹　为提高发光强度、延长燃烧时间及降低下落速度，目前国外正采取如下措施：一是采用黄光照明剂，以提高发光强度；二是采用抛射和开伞结构，以提高开伞失效率和降低下降速度；三是在旋转稳定的照明炬上增加阻旋装置，以降低其转速，使照明剂稳定燃烧发光。

高能量的燃烧弹　在战争手段已进入现代化的今天，燃烧弹正向高能量方向发展。如装有稠化三乙基铝燃烧剂新型燃烧弹爆炸时，在几毫秒的一刹那可放出全部能量，形成一个热通量为 5 卡/厘米^2 的火球，其温度高达 1200°C，能以强烈的热辐射脉冲焚毁目标。

破坏力强大的甲弹　甲弹包括穿甲弹、破甲弹和碎甲弹，攻击的主要目标是装甲目标。穿甲弹在与坦克的斗争中得到迅速发展，现已由第一代普通穿甲弹、第二代次口径超速穿甲弹、第三代旋转稳定超速脱壳穿甲弹，发展到第四代尾翼稳定超速脱壳穿甲弹。在破甲弹中，近年来出现的远距离攻击坦克群的子母弹、末制导弹和末敏感弹等，其体内装有数枚子弹，可同时打击多个目标。碎甲弹则能像面团一样紧贴在装甲表面上爆炸，并产生强大破坏力。

“以假乱真”的诱饵弹　它能以燃烧的烟火剂作诱饵，制造一个与所保护目标相同的红外辐射源，诱骗红外制导导弹上当受骗。它主要是对付全向红外寻的导弹和双色红外制导导弹，并向着多功能诱饵弹方向发展。如德国生产的 76 毫米“热狗”红外诱饵弹，发射后 2 秒钟即可形成红外诱饵。

扰乱视听的干扰弹　如美国研制的 155 毫米通信干扰弹，内装 6 个干扰子弹。使用时，按预定时间在最小高度 1000 米处抛出干扰子弹，能对运行中的指挥通信网实施有效干扰，在不良气候和昏暗条件下特别适用。

反红外烟幕弹　随着热成像观察器材的出现及制导武器的迅速发展，传统的烟幕弹已不能满足现代战争的要求，因此，各国都十分注重新型烟幕弹的研究与发展。如英国推出一种调整作用反红外烟幕弹（MBSIII），由于使用地面与空中爆炸相结合的烟幕技术，可在 3 秒钟内形成一道 5 米高的烟幕，从而造成目视和红外屏蔽，烟幕可持续 80 秒，能有效地对付热成像仪和激光测距仪等。

超远程炮弹　它采用了现代的增程技术和 GPS/INS 制导系统。如美国研制的 EX－171 式炮弹，头部是制导、导航和控制子系统，接着是子弹药的有效载荷舱，尾部是固体火箭发动机。该弹药 采用 62 倍口径的火炮发射，配备加长火箭助推发动机及 GPS/INS，使其射程达到 116.5 千米，精度达到 20 米，可有效地对付陆地人员、器材和装甲车辆，大大提高了海上远程炮火支援和野战炮兵的纵深打击能力。

纳米微型弹　利用纳米技术制造的形如米粒的微型炮弹，可以接受微波制导和定位导航，神不知鬼不觉地进入目标内部，其威力足以炸毁敌方火炮、坦克、指挥部和弹药库。此炮弹正处在探索研究中，有着极为神奇的发展前景，是尖端的科学武器。

美军无人机存在若干缺陷　《环球军事》2002 年 10 月上半月号蒋凯、赵春跃就此作了分析介绍。

性能缺陷　在阿富汗反恐行动中大出风头的美军“捕食者”无人机，在侦察探测性能上存在着先天不足。一是对气象条件要求非常高，只能在较好的天气环境下执行任务，而且只能在云层以下工作，否则对目标的探测准确度将严重削弱；一旦刮风、下雨下雪或是出现浓雾就不能正常起飞，一旦侧风速度超过 17 节，其飞行安全系数大打折扣。二是“捕食者”无人机对目标的识别性能也有待提高，有关试验数据表明，它识别轮式目标（如汽车）或履带式目标（如坦克）的准确率只有 21%，而分清哪种作战坦克是俄军的，哪种是作战坦克是美军的准确率仅仅达到 5%

结构问题　美军在对一架在执行第 18 次飞行任务中坠毁的 RQ－4 型“全球鹰”无人驾驶侦察机调查时发现，由于飞机 V 形尾翼的方向升降舵上的螺栓（向后安装）在执行数次飞行任务之后，持续增加了控制杆的应力，致使控制杆失效。在地勤人员命令已连续飞行 13 小时的“全球鹰”无人机返回基地时，其 V 形尾翼的方向升降舵出现颤动，使无人机向右严重偏航，偏离受控飞行。持续的方向升降舵颤动导致偏航越来越严重，最后导致右边的 V 形尾翼结构完全失效，引起旋转失控，最终坠毁，调查还发现，执行任务的无人机还仅仅处于先期概念技术演示阶段，并没有建立保养检查程序，也没有足够的时间检查 V 形尾翼的方向升降舵控制系统，这也是可能导致无人机坠毁的致命原因，

资源浪费　目前程控无人机遭遇一个比较难堪的问题，即：一架飞行器需要一套独立的地面站和操

员。这就造成很大的人力、物力等资源浪费，成为制约大规模发展应用无人机的“瓶颈”。

军用生物识别技术简介　《环球军事》2002年7月下半月号李勇报道，所谓生物识别技术，就是利用人类某些独有的生物特征对武器系统、软件系统等进行加密，只有使用者的生物特征被确认，才被允许进入武器系统或操作软件等的技术。由于在计算机运行速度越来越高的时代，数字加密技术并不十分可靠，为防止破解就需要经常更换，不仅麻烦而且花费也高。而生物加密技术由于运用了人类生来就有的独有特征，难以伪造，想破译就更加困难。比如，人的指纹、眼睛的虹膜一生都不会变，而相同的概率几乎为零。因此美军将虹膜扫描识别技术作为研究生物加密技术的重点。军内外多家研究机构、院校和公司共同参与，现已推出虹膜扫描器，正在进行可靠性试验。指纹扫描识别技术是一项比较成熟的生物识别技术，已在一些重要领域得到运用。据介绍，一只指纹扫描器仅售150美元，比数字密码一年的管理开销要省多了，而且安全可靠，长期管用。目前美军还从国内市场上大约150种生物识别系统中，遴选出20种装置进行评估，并对另外20种进行试验，如果性能指标能达到美军要求，将会很快被美军推广使用。生物识别技术的发展和在军事领域的广泛运用，将会使现代武器系统受到更好的加密保护，获得对方的技术情报将会更加困难。

美军抵御生化袭击的防护装备简介　《环球军事》2002年10月下半月号刘兵民、侯立峰撰文介绍了美军在抵御生化武器袭击时的5大防护装备。

单兵防护装备　1999年9月，美国陆军公开展示的单兵生化防护装备有防护头盔、防护目镜和通用轻型一体化生化防护服装。防护头盔和防护目镜具有对弹片、激光、核辐射三种危害因素的防护功能。通用轻型一体化生化防护服装采用先进的生化防护材料和技术制造，其核心是“通用轻型一体化服装技术”，该技术由美军4个军种联合开发，将用于新一代生化防护服装的制造。用该技术制造的生化防护服装（含手套、鞋靴和袜子）重量约1.8千克，具有阻燃、轻便、耐洗、成本低等特点，连续防护时间为7天。

随后，美军又为海军陆战队研究开发出一种新的轻型一体化防护服。根据美国会通过的《关于未来防化装备研制与采购必须联合管理的规定》，其他军种也要采用这种防护服，估计全部配发完毕要到2005年。这种新型防护服共有7个号型，颜色有丛林迷彩和沙漠迷彩，上衣和裤子可以分开发放，也就是说士兵可以领一个号型的裤子和另一个号型的上衣，这样搭配使服装的适体性更强，因此能更好地防御生化战剂。根据气温和任务情况，新型防护服可穿在制服、衬衣和防寒服外或防寒服内。

新型防护服与原来的防护服相比，使用寿命由7天延长为45天，且受生化沾染后，仍能每天24小时提供防护；比原来的防护服约轻0.45千克，包装时，体积小60%；它的衬里外层为非纺织叠层，内层覆有活性碳粒，可吸收化学毒剂。粘在衬里内层上的活性碳粒与普通碳粒不同，穿着时不会磨掉。

生化防护方舱（CBPS）　由纳蒂克陆军士兵系统中心研制的新的三防救护系统——生化防护方舱，有5个主要组成部分：一辆增容型高机动多用途轮式车，一个安装在该车底盘上的硬壁轻型多用途方舱、一顶附着在方舱后面的充气式三防软帐篷、一台高机动拖车、一个装在拖车上的发电机。准备展开时，滑轮系统使主车尾门降低，让软帐篷滑到预定的位置。然后一个4人小组打开帐篷，给充气组件充气，即可把帐篷架好。每个系统能通过“拉链门”与其他系统连接，最多可把7个系统连接在一起。每个三防救护系统可以提供约28平方米的空间，在生化威胁环境中每小时可救治10名伤员。其软帐篷不同于常规帐篷，它的材料经过特殊处理，可抗御生化战剂。它所用的织物材料在受到污染时可以洗消。在－14℃到67℃的化学污染环境中，帐篷内部可以保持33℃到50℃的温度。三防救护系统在被污染的环境中做手术时，帐篷保持密封，但为步行伤员和担架伤员设置了不同的入口。每个入口都有一个气闸，当士兵进入时被污染的空气不能进入。

“三防”侦检报警车辆　海湾战争后，美军根据德国的“狐”式三防轮式装甲车的性能，对原来的XM93核生化侦察系统进行改造，设计出了M93A1型核生化侦察车。该车除了含有德国“狐”式三防轮式装甲车的超压防污染系统和空气过滤净化系统等装备外，还增加了监测、报警器材。如：M21型遥感式毒剂报警器，可以探测5千米范围内的神经性毒剂和糜烂性毒剂，并发出警报；中央计算机，可以收集传感器信号，并在报警器发出警报时，自动通过无线电通讯系统以数字信号向外发送信息；供指挥员和驾驶员使用的全球定位系统及后部取样轮仪表指示灯、MM－1质谱仪屏幕、M21报警器的指挥操作系统以及空调系统等。

远程及近程生物战剂检测装置　远程生物战剂检

测装置（LR－BSDS）由一台红外激光器，一台接收机和一台带有信息处理器的检测器组成，由 UH－60 型直升机或其他机动平台携带，用以检测 50 千米以外的生物和化学战剂气溶胶云团，具有远距离、大区域的气溶胶探测跟踪和绘图能力。近程生物战剂检测装置（SR－BSDS）由一台紫外激光器、一台接收机和一台带有信息处理能力的检测器组成。能检测 500 米范围内人造气溶胶云团，并确定是否含有气溶胶战剂。

个人化学战剂检测报警器　美国环境技术集团公司研制的袖珍式化学剂检测器（ICAD）体积小（6.6×2.8×11 厘米），重量轻，仅 215 克。传感器模块可连续使用 4 个月无需维修，电子模块至少可使用 5 年。工作时不受雨、雪、雾、盐、灰尘的影响。使用温度为－18℃～45℃，相对湿度 5%～95%，贮存温度－40°～65℃，存储寿命为 5 年。检测神经性毒剂的浓度为 0.2～0.5 毫克/米^3，报警时间 30～120 秒；检测血液性毒剂的浓度为 50 毫克/米^3，报警时间为 120 秒；检测窒息性毒剂的浓度为 25 毫克/米^3，报警时间为 15 秒。

灵境技术在军事领域的应用　《环球军事》2002 年 7 月下半月号贾凤山报道，灵境技术是随着电子工业迅速发展而产生的一种新的计算机应用技术。它将模拟环境、视景系统和仿真子系统合三为一，并利用头盔显示器、图形眼镜、数据服、立体声耳机、数据手套及脚踏板等传感装置，把操作者与计算机生成的三维虚拟环境连结在一起。操作者通过传感器装备与虚拟环境交互作用，可获得视觉、听觉、触觉等多种感知，并按照自己的意愿去改变“不随心”的虚拟环境。灵境技术这一人机界面技术一经应用，就受到各国军界的青睐。目前灵境技术在军事领域的应用主要体现在以下两个方面：

一方面，开创武器装备研制的新思路。第一，在武器设计研制过程中，可用灵境技术为用户提供先期演示，让研制者与用户同时进入虚拟的作战环境中操作武器系统，检验其设计方案、战术技术性能指标及其操作的合理性，把顶层设计思想溶入武器装备研制的全过程，从而保证其总体质量和效能。第二，设计者采用灵境技术方便自如地介入系统和仿真试验全过程，既能加快武器系统的研制周期，又能合理评估其作战效能，使之更接近实战的要求。第三，采用灵境技术对未来的高技术战争的战场环境、武器装备的战术技术性能和使用效率先进行仿真，有利于对重点发展的武器装备体系进行选择，优化其整体质量和作战效能。

另一方面，提供了军事训练的新方法。将灵境技术用于军事训练，既能比实兵操演节约大量的财力物力，又能使官兵有身临其境之感，有助于提高处置复杂情况的能力。一是进行单兵模拟训练。让士兵穿上数据服戴上头盔显示器和数据手套，通过操作传感装置选择不同的背景，输入不同的方案处置，体味不同的作战效果，进而像参加实战一样，锻炼和提高技术水平、快速反应能力和心理承受能力。如美国空军用灵境技术研制的飞行训练模拟器能产生视觉控制，能处理三维实时交互图形，且有图形以外的声音和触觉，不但能以正常方式操纵和控制飞行器，还能处理虚拟现实中飞机以外的各种情况。在这种模拟环境中，飞行员有身临其境的感觉。二是进行指挥员训练。利用灵境技术，根据侦察情报资料合成出战场全景图，让受训指挥员通过传感装置观察敌我兵力部署和战场情况，以便判断敌情，定下正确决心。美国海军开发的“虚拟舰艇作战指挥中心”就能逼真地模拟与真的舰艇作战指挥中心几乎完全相似的环境。三是虚拟战场环境，实施诸军兵种联合演习，即通过相应的三维战场环境图形像库，包括作战背景、战场场景、各种武器装备和作战人员等，创造一种险象环生，几近真实的立体战场环境，以增强其临场感觉，提高训练质量。此外，灵境技术虚拟的地图，以综合的战术和间谍图像来描述起伏不平的地形，包括有三维数字化地形海拔的数据，和巡航导弹的储存库相同，对实战可起到十分重要的辅助作用。

令人关注的是，运用建立在网络基础上的分布式虚拟现实系统，可以建立大规模演练联合战役的“战争实验室”，敌对双方在虚拟的网络战场上预演未来战争，不但作战环境比以往训练更全面更逼真，而且有助于提高训练质量。这种新的演练方式具有以下主要特点：一是整体对抗性。可使参训人员同时经历各种不同的战斗场景，好像完全置身于一场真实的战斗。二是动态交互性。虚拟现实具备力感反馈和动态特性，每个参训人员都可以充分发挥自己的创造力进行对抗性演练，有很强的实战性。三是视影逼真性。计算机能模拟出飞机发射导弹、被高炮或导弹击中、地面战斗及行进的机械化部队等场面，并集图、文、声于一体，具有很强的真实性和直观性。正因为如此，这种新的演练方式被国外一些军事专家称为“军事训练领域中划时代的革命”，并正成为世界军事舞台上一种新的发展趋势。

钻地武器的发展趋势　《军事史林》2002 年

第 5 期李文盛撰文介绍了在阿富汗战争中大出风头的美制钻地炸弹，并指出其未来的发展趋势。

小型化趋势，使美军可利用多种运载手段进行远程打击　美军最初的钻地武器 GBU－28 的弹长达 5.7 米，只有 F－15E 和 F－111 等少数飞机可以外挂携带，而这些飞机不具备隐身功能，因此无法参与首轮打击。为保证武器运载工具的隐身效果，美军拟将运载钻地武器由外挂方式改为弹舱装载，但美军现有的隐形飞机炸弹舱尺寸都不大，而钻地武器由于受力学原理的限制，外形都较长。有鉴于此，美军新型的钻地武器开始向小型化发展，如美军开发中的 113.5 千克小弹径炸弹可以与目前用于对付地下坚固防空掩体和指挥中心的 908 千克精确制导炸弹 BLU－109/B 媲美，可钻透大约 1.8 米的加固混凝土，但其长度只有 1.8 米，直径 15.3 厘米，适宜隐形飞机装载，估计该型武器在 2004 年可装备部队。

智能化趋势，使美军打击复杂地下目标成为可能

由于智能引信不仅可“敏感”出钻地的深度，还可通过钻地弹运行的速度变化觉察出其钻入地下建筑的层数，然后按照事先编制的程序在预定的位置爆炸，因此，在钻地炸弹的设计中得到广泛应用。例如美军研制的 FMU－152/B 联合可编程引信、硬目标智能引信和多次作用硬目标引信（Multi－Event Hard Target Fuse）可以提供多达 20 种定时延时，并通过提高引信识别目标不同介质的能力，使其能探测、计算空隙和坚硬部分的层数；其中多次作用硬目标引信可以计算 16 层空隙或坚硬部分。

另外，由于钻地弹钻地角度的不同直接影响到钻地深度，因此美空军正在对一些空射巡航导弹及激光制导炸弹的飞行程序进行改进，以优化其攻击地下深层坚固目标的飞行弹道。改进后的武器可以按预先编好的程序，几乎垂直地钻入地下，这样可最大限度地利用动能效果。同时，这种简单的改进不需要太大的投入就可使美军库存的大量炸弹和导弹的钻地深度和对地下目标的打击能力提高 1/3。

多功能化趋势，使美军打击地下目标的适用性大大增强　钻地武器弹头的发展不仅局限于穿甲、爆破弹头的开发，而且还针对不同的目标性质设计了多种杀伤效应的弹头。例如：燃烧弹头，它不仅可以钻入工事内爆炸，产生室内高温，使人员窒息和中毒，而且还可以通过高温燃烧、催化剂和氧化作用摧毁或封存武器库中的特殊有害物质。音响弹头，在工事内爆炸后通过产生的噪声伤害人员，或使之失能。高功率微波弹头，在工事内爆炸后通过产生的微波软杀伤电子设备。

大威力化趋势，使美军打击地下坚固目标的能力大大提高　为实现以常规钻地武器代替核武器打击类似导弹发射井等地下目标的方案，美国已着手进行常规洲际弹道导弹弹头的研制，计划将“民兵－3”导弹的分导式多弹头改装为 3 个细长尖锥形的深钻地常规子弹头，每个子弹头重约 300 千克，撞地速度将达到 1200 米/秒以上。美国目前研制的常规洲际弹道导弹和常规潜射弹道导弹均采用多弹头、小装药量（100 千克左右）和深钻土（钻地混凝土 18 米，钻地 90 米以上）的发展思路，其钻地爆炸的地冲击波效应接近封闭爆炸的地冲击波效应（一般是相同当量地面爆炸地冲击波效应的 30 倍左右）。此外，通过运用多弹爆炸聚集的冲击效应原理，可提高装药爆炸效能 5～6 倍，在地下深处产生大范围的高应力区（一般要比单弹爆炸所产生应力峰值高出 3～4 倍，有时可达 8 倍或更高），可造成万吨级核武器触地爆炸的地冲击破坏效应。

地面无人传感器的发展趋势　《环球军事》2002 年 5 月下半月号王进举报道，地面战场无人传感器是一种能对地面运动目标或低空飞行目标位置、性质、运动速度、方向及行动规模等情况进行探测的技术侦察器材。随着现代传感技术在地面战场传感系统中的广泛应用，地面战场传感系统将表现出以下发展趋势。

网络化　应用现代信息处理技术和人工智能的最新成就，实现快速、大容量的信息处理，对目标的识别分类和分析判断，实现使用互联网监控传感器已基本成为现实。

美国已经展开“连于互联网的无人值守地面传感器”计划和“先进的连于互联网的微型无人值守地面传感器”计划，其标准是能提供一系列适应于各种条件下的军事行动所使用的传感器报知系统。

美国国防高级研究计划局的“传感器信息技术”计划正在开发包含分布式多节点（几千个）使用的算法和信息处理技术的软件。其关键是建网技术和联网信息处理。

微型化　反侦察技术手段的不断发展，要求未来战场传感器及中继器具有微型化、可靠性高、低功率等特点，以便于用飞机、火炮布设和便于隐蔽。美国目前正在实施的“灵巧粉尘”、灵巧粉尘传感器网”计划就是把未来战场传感器及其中继器高度微型化了的一种。实验中的“粉尘”体积仅 1 立方毫米（包括电子装置、电源和通信系统）。

美国还计划在两年内研制出用翼展150毫米的微型飞行器投放的毫米级大小的传感器节点。

多功能　小型低功率传感器的出现并与现代的通信和网络管理技术相结合，使无人值守传感器还能完成其他任务。美国正在实施的“狼群”计划就是一个实例。

“狼群”包括多个分布式节点——“狼”，通过网络连接成群。节点的传感器可以准确地测定目标的位置以及目标无线电发射机的频率，其频率从20兆赫到15吉赫，具有制谱频优势。“狼群”可识别友军及中立方的通信系统和雷达系统的无线电波形，不会造成误干扰。“狼群”系统的每个单元有25吉赫的瞬时带宽、1千赫的分辨率、300吉赫/秒的搜索速度，射频信号截获系统的峰值功耗不超过40瓦，平均功耗不超过2瓦。对敌无线电发射机进行地理定位是标识敌网络系统、展开精确打击的关键，“狼群”系统可在两秒内进行定位，精度达到10米。“狼群”各单元安置在目标发射机周围3～5千米远。装置体积570立方厘米，重量135千克，传输速率1兆比特/秒，在睡眠方式下可以工作60天，在攻击模式下可以工作5～10小时。“狼群”除担任地面无人值守传感器任务以外，还将担任电子攻击、对抗电子支援措施以及压制敌防空系统等任务。

建制反水雷装备的发展趋势　《现代军事》2002年12月号尹小功报道，面对水雷对海军作战的严重威胁，中外专家提出建制反水雷的新的解决方法，其装备也将出现以下5个发展趋势：

探雷、灭雷一体化　建制反水雷装备一开始是探雷为基本要求的，随着需求的扩大及技术的不断发展，探灭一体的建制反水雷装备已成为主流的发展方向。

水下无人航行器化　为提高反水雷安全性，将使用无人无缆自主式水下航行器实施反水雷作战。预计未来20年中，在水下无人航行器领域的军事投入将翻20番以上，而反水雷则是其中一个重要的应用领域。

传感器组件模块化　系统根据任务与作战海区水文情况的不同，配带不同的传感器，可大大增强装备的适用范围与使用效率。

安装平台通用化　这主要体现在建制反水雷与专门反水雷装备日趋通用化上。如某型反水雷装备既可用作建制反水雷装备，也可装备于反水雷舰艇；既可装备直升机也可应用于水面舰艇与潜艇，这样可大大节省装备的开发费用，降低后勤保障的压力，对于部队的快速反应极为有利。目前许多装备均是按此思路来设计的。

装备结构集装箱化　由于反水雷舰艇规模的限制及主战舰艇投入反水雷作战与其他作战应用之间的矛盾，专门反水雷力量与作战舰艇上配备的建制反水雷力量仍然难以应对大规模或高强度的反水雷作战。因此，民船将成为建制反水雷力量不容忽视的应用平台。在民船上使用的建制反水雷装备将以集装箱化为主流，以减少对平台的依赖，降低改装工作量。

军用头盔的未来发展趋势　《军事史林》2002年第5期杨诚、朱中民报道，随着高科技的发展，军用头盔的研制已进入了一个更新换代的新时期。一些发达国家感到用金属制作的头盔太重，既影响行动，且防护效果有限，开始研究用高技术纤维代替金属。制头盔的材料，很快从“以钢克钢”进入了一个“以柔克钢”的新阶段。如美国采用“凯夫拉”超高强度芳香聚酰胺纤维材料制作的头盔，重量最轻的仅680克，比钢盔减轻重量20%以上，而其防弹性能却提高了20%至30%。再如英军研制的GSM6型尼龙头盔、德国研制的“德国佬”（FRITZ）玻璃纤维头盔，比钢盔的防弹性能竟提高了50%，而且新研发的头盔的防护面积增加了25%、防护作用提高了40%，对头、两鬓、耳、后颈部都起到良好的的防护作用。

未来的新型头盔还将是集头部防护、三防、视听、攻击于一体的新型数字化头盔系统。这种头盔具有头部防护、远距离通讯、侦听、望远、夜视、计算机终端显示、防激光、防毒气等诸多功能。戴上这种头盔，士兵可以通过电视系统在眼前显示各种需要的数据和图像，可以通过头盔上的电子耳侦听几百米外敌情，可以通过头盔上配备的喉头送话器向随身携带的计算机发出指令，可以通过头盔上的远程通讯系统直接向统帅部发送信息，可以通过头盔上的夜视系统夜间行动。有的国家研制的头盔还可用来射击，使头盔成为一种“矛”、“盾”结合的武器。如德国研制的头盔枪，能发射9毫米无壳弹，且无后坐力，射击精度也较好；还有一种头盔式激光枪，可发射激光弹，射击精度更高。由于头盔枪采用自动发火装置，士兵的双手可彻底解放出来，以更多的携带和操作其他轻型武器及装备，极大地提高了士兵的战斗力。

高技术作战平台的五大发展趋势　《现代军事》2002年3月号李大光报道，科学技术的发展和未来战争日益增加的需求，使高技术作战平台将呈现出以下几个发展趋势：

多用途、一体化　现代作战平台的发展，已经从注重特定的单一用途转向强调一专多能的多用途性。作战平台的多功能、一体化就是把各作战平台中分立的武器系统联成一个大系统，使作战平台具有多种功能，可以完成多种不同的作战任务。在空中作战平台中，作战飞机正在向“歼攻合一”的方向发展，即可执行对空作战任务，又可以执行对地攻击和轰炸等作战任务。飞机上装有航炮并携带导弹、火箭、炸弹和鱼雷等武器，可用于攻击空中、地面、水上和水下目标。新一代战斗机更加强调多用途性，不但具有良好的空中格斗、空中遮断、对地攻击和轰炸等能力，而且还具有较强的隐身性、较高的飞行速度和非常规机动能力。如美空军着力发展的 JSF 联合攻击战斗机、俄罗斯 的“苏－37”、法国的“阵风”等战斗机都是多用途战斗机。在海上作战平台中，水面舰艇发展的重点是新型多功能力量投送型航空母舰和先进的多功能导弹战舰。航空母舰可以搭载多种负载，既可实施海上作战，又可以遂行对陆攻击，具有近、中、远多层立体的自我防护能力，集多种作战能力于一身。巡洋舰、驱逐舰和护卫舰等 3 种舰艇的区分正逐渐淡化，水面舰艇的功能将被一种多功能的新型导弹舰艇所代替，如美国正在研制的 DD（X）多功能驱逐舰。研制中的 NSSN 级新型核潜艇非常强调多功能性，它配备有 12 个可发射“战斧”巡航导弹的垂直发射管，4 个可再装填的水平发射管，能够装载 NK48－5 鱼雷、“鱼叉”和“战斧”导弹共 38 枚。它既具有大洋深水作战能力又具有较好的沿海浅水区作战能力，并可搭载 200 名特种作战部队人员，是美海军历史上第一型多种任务核动力潜艇。在地面作战平台中，美国还计划发展“未来战斗系统”，当它装上不同的武器系统时，可成为主战坦克、步兵战车或防空系统等不同的作战平台，完成不同的作战任务。英国也提出“机动直射火力装备需求”计划。这些地面作战平台都已突破传统的坦克概念向着多功能集一身的地面综合作战器发展。

全隐身、高机动　综合运用反雷达、反红外、反电子、反声波和反可见光等各种隐身技术、提高隐身效果是隐身武器发展的基本趋势。因为要想达到理想隐身效果，单独依靠一、两项隐身技术是难以实现的。要进一步扩展反雷达隐身的有效频段，向全频谱方向发展。针对防空预警系统将工作重点由厘米波频段向毫米波、微米波、红外、激光，甚至米波频段扩展的趋势，今后的隐身技术也将向更广泛的频段发展。同时，将继续探索新的隐身外型和隐身材料。目前经过实际验证的 F－117A 多面体外形、B－2A 的飞翼外形等，仍将得到进一步采用和发展，并正在开发新型宽频带结构性吸波材料和涂料。结构型吸波材料将随着自动编织、夹层缠绕等新技术的出现而进一步走向实用化；高温陶瓷材料在航空发动机上的实际应用将有利于飞行器的隐身；除铁氧体材料外，还将继续研制开发涂层薄、重量轻、适应频段更宽的吸波隐身涂料。精心的外形设计可使飞行器的雷达反射降低 5～8 分贝，吸波材料可降低 7～10 分贝，其他隐身技术措施（阻抗加载、电磁对抗、天线隐身等）可降低 4～5 分贝。综合运用各种技术，可使飞行器的雷达反射截面降低约 20 分贝。

通用性、互换性　实现通用性和互换性是现代战争联合作战的需求。它有助于三军作战平台信息互联，装备构件互补和互用，以简化操作程序和后勤保障，缩短维护和修复时间，从而大大提高作战平台的使用率和效费比。

实现通用性和互换性的有效方法是在作战平台的结构设计上采用模块设计。通过嵌入式、模块化的组合方式，可以拓宽平台功能，扩大使用范围，有利于部件的最佳匹配，提高综合作战效能。例如，美国 JSF 联合攻击战斗机的部件就统一了规格，可以装配其他型号战斗机的部分相同部件，基本上实现了三军通用，因此具有较强的通用性和互换性。

在通用性和互换性的基础上，可以实现一代平台、多代载荷，也就是对作战平台不做频繁改进，更多的只是改进和提高负载系统。如美国空军的 B－52 战略轰炸机 1962 年即停止生产。为了延长其使用寿命和服役时间，美空军对其 G 和 H 型做了很多技术改进和提高工作，改进了火控系统和电子设备，提高了导航能力和攻击精度，使该平台可携载近程对地攻击导弹、巡航导弹、反舰导弹，从而延长 B－52 战略轰炸机的使用寿命。在近期几场战争中，均表现出较高的作战效能。

智能化、无人化　随着信息技术的飞速发展，无人作战平台正在从遥控、半自主式向全自主、智能化方向发展。在未来战争中，它执行的任务也由单纯的侦察任务向侦察、预警、监视、指挥、控制、通信、测绘等综合任务方向发展，甚至可以执行近距离火力打击任务并进行毁伤评估，因此，无人机、无人潜航器、无人车辆和战场机器人等无人作战平台将成为发达国家 2020 年前后的重要武器。

无人机作为空中无人作战平台，正在向小型、自主、隐身、全天候的方向发展，将广泛应用于高风险环境，完成以信息攻防对抗为主的作战任务。无人侦察机已部分取代了有人侦察机；无人作战飞机将可能部分取代战斗机和轰炸机，实施精确打击。航程远、滞空时间长的无人侦察机，以及新一代无人战斗飞行器等，既可压制敌方防空系统，又可执行打击敌方纵深目标等高危险性任务。美国在研制出代表世界最先进水平的“金球鹰”高空长航时无人侦察机，以及15厘米大小的微型无人机的同时，正在探索各种无人作战飞机方案，包括将F－16改作无人作战飞机。

陆上将出现“战术无人车”(TUV)、“地面无人车”(UGV)等机器人车辆，它们将采用GPS定位系统、激光测距仪、热像仪及高分辨率相机等高技术装备，向全天候、全地形、自主式和小型化发展。机器人武装侦察车可以进入大型侦察车无法到达或对人员有危险的地区，并将图像信号实时传送给有人车辆或指挥中心。水中将出现完全自主的无人潜航器(UUV)，用于水下探雷、支援潜艇和水面舰艇等作战行动。

发展太空作战平台　在未来战争中，外层空间将由目前支援陆、海、空作战的辅助战场转变为主战场之一，太空作战平台的支援保障能力将更强，全球卫星导航定位系统将成为未来精确指挥控制、中远程精确打击和精确兵力投送的关键装备。因此，21世纪将出现一批划时代的侦察、预警、通信、导航、气象等卫星和小卫星星座，这些太空作战平台与各种情报系统、指挥控制系统以及计算机网络相结合，最大限度地发挥空间力量在信息化战争中的支援作用。未来还将会出现新的太空作战平台，如隐身卫星、抗毁加固卫星、诱饵卫星和杀手卫星。同时还可能出现动能武器、定向能武器和军用空天飞机等太空战武器平台。

陆军武器装备发展趋势　《军事历史》2002年第5期阎向前撰文分析了21世纪初陆军武器装备的发展趋势。

适应快速部署的需求，武器装备趋向轻型机动化　21世纪初对付突发战争的首要问题是快速部署兵力和武器装备，而要达到这一目标的条件是武器装备必须轻型化，适合于运输机空运部署。例如，美陆军在对履带式和轮式候选车型进行了广泛的试验之后，决定选择最新型8轮驱动的LAVⅢ轮式轻型装甲车作为新组建的中型部队装甲装备的基础。美陆军计划在今后6年内花费40亿美元采购2131辆LAVⅢ型车辆。LAVⅢ轻型装甲车族包括：侦察车、反坦克导弹发射车、救护车、迫击炮车、工兵车、指挥车、火力支援车、核生化侦察车和装有105毫米火炮的机动火炮系统。LAVⅢ车的最大特点是具有较强的战略机动性和战术机动性，并能够使用C－130运输机空运。美国联合防御公司按照陆军对“十字军战士”自行榴弹炮的要求，对该炮的设计作了重大的改动，确保“十字军战士”自行榴弹炮系统的重量降到20吨左右。再如俄罗斯研制的2C31式“维那”(又译名“静脉”)120毫米自行迫榴炮，是俄罗斯120毫米迫榴炮系列的最新成员。该炮最大射程18千米(新型榴弹)，破甲厚度600毫米(破甲弹)，战斗全重19.5吨，且可以空运、两栖机动，尤其适于山地、丘陵、登陆和抗登陆、沿海岛屿作战。又如新加坡技术动力公司正在研制的一种新型155毫米轻型自行榴弹炮，最大特点是重量轻，可使用C－130运输机空运和使用CH－47、CH－53直升机运输。

信息数字化成为陆军装备的发展亮点　2001年10月，在通过了一项称为“终极之师演习”的战备试验后，位于福特堡的美陆军第4机械化步兵师被正式任命为陆军第一个数字化师。在该数字化师配备的武器系统中，有最先进的AH－64D“长弓·阿帕奇”直升机、改进的“艾布拉姆斯”M1A2主战坦克、M2A3和M3A3“布雷德利”战车以及“猎人”和“影子”无人机。该数字化师使用的信息技术将平台和作战人员紧密联系在一起，其中使用的一个数字化装备是TRW公司研制的“21世纪旅及旅以下部队作战指挥系统”(FBCB2)，可近实时地提供从指挥官到作战人员之间的战场通用图象。所有装备了FBCB2系统的作战单元都通过战术互联网相接。数字化师使用的数字通信设备使作战人员能以更分散的形式在更大范围内作战。

单兵武器系统呈现综合化发展趋势　单兵综合作战系统依然是轻武器的研制重点，美国2001年推出“陆地勇士”项目的后续计划——“理想部队勇士”计划，旨在进一步减轻步兵的负荷，同时赋予他们胜任2010年未来作战任务的技术和装备。装备“理想部队勇士”装备的士兵将具备超视距作战能力。目前，美军步兵的负载为40千克，“理想部队勇士”系统的重量将减轻到22～25千克，从而大大减轻步兵的负担。该系统将以一套轻型战斗被服形式呈现，内嵌个人局域网，用于安全监视并能够从无人机等平台下载态势感知数据。为了减弱信号特征，天线被埋设在被服内。该被服能够防榴弹破片、5.56毫米和7.62毫米普通枪弹以及7.62毫米穿甲弹，并具备防生化武器能力，该被服还可能包括一部安装在头盔上的告警系统，可对激光、狙击手和地雷威胁发出警告。

未来战斗系统研制步伐加快 为了将陆军发展为更轻型、更易快速部署的部队，美陆军计划未来5年给未来战斗系统（FCS）的开发和演示再增加32亿美元，并希望能在2008年装备FCS，2010年投入作战使用。未来战斗系统面临的最大挑战之一是建立功能强大、具有先进态势感知能力的指挥、控制、通信、情报、监视和侦察（C^4ISR）系统。陆军已通过其数字化计划着手建立地面通信网络，包括向机动部队引进21世纪旅及旅以下部队作战指挥系统（FBCB2）。

燃料空气炸药战斗部可能成为山地战和城市作战的杀手锏武器 2001年11月6日，美军对阿富汗轰炸时使用了重达6750千克的BLU-82/B巨型燃料空气炸弹。这种炸弹装有硝酸铵、铝粉和聚苯乙烯脂肪酸盐的液态混合物，爆炸时产生6.8兆帕的超压，可摧毁大约500米以内的任何物体。此后，美军又向阿富汗运送了10枚仍处在试验阶段的BLU-118B燃料空气炸弹（又称温压炸弹），以对付阿富汗东部托拉博拉地区山洞中隐藏的恐怖分子。该炸弹爆炸后能吸收地道中的氧气，使人员窒息死亡。

俄罗斯采用燃料空气炸药战斗部研制出单兵榴弹发射器使用的两种攻击榴弹。这两种榴弹可以有效地杀伤无防护的人员和隐藏在战壕和防御工事中的人员以及拥有轻型装甲和无装甲的武器。一种为BshG-1式105毫米火箭攻击榴弹，该弹同时具有高效聚能、爆炸、杀伤和燃烧效应，能够可靠地摧毁轻型装甲武器。另一种为RshG-2式73毫米火箭攻击榴弹，其尺寸小、重量轻，类似轻武器，便于战场携带，可通过间接射击方式消灭隐藏在掩体中的敌人，也可直接杀伤穿有防弹衣的人员，其精确射击距离为350米。英国正在考虑将燃料空气炸药战斗部用于步兵反掩体武器系统，攻击隐藏在掩体内的人员以及对付其他目标。战斗部爆炸后，在空中散发大量易燃气体，将整个目标团团包围，气体被引爆时不但会造成巨大的振动气浪，而且会将附近空气中的氧气耗尽，造成局部缺氧，使人员窒息而死。

印度发展武器装备的主要措施 《军事史林》2002年第11期华正红报道，作为一个发展中国家，印度人口众多，经济欠发达，但在短短几十年的时间里，其武器装备发展的速度在整个南亚和印度洋地区首屈一指：已成为亚洲第一个拥有航空母舰的国家，也是亚洲目前惟一同时拥有两艘航空母舰的国家；拥有数百架米格-29、苏-30、“美洲虎”和“幻影-2000”等第三代先进战机；在拥有核武器之后，又成功研制出“烈火”系列中程弹道导弹。印度之所以能够在这么短的时间里发展成为一个地区性军事强国，主要采取了以下措施。

一、在武器装备发展的道路上，坚持引进、仿制、自行研制有机结合 鉴于本国经济基础、工业水平和科技能力有限，还不具备独自承担发展国防科技的实力，为尽快提高自行研制武器装备水平，印度选择了一条先从国外引进先进武器和技术，通过许可证生产消化并掌握技术，然后加以改进创新、进行仿制，最终走上自行设计、研制、生产的武器装备发展道路。

直接从国外引进武器装备是印度武器装备发展的重要途径 印度购买武器装备的指导思想是，凡是国防急需的，本国又不能在短期内研制或引进技术生产的先进武器装备，均可以直接从国外引进。从国外引进武器装备时，印度主要从军事与作战需求实际出发，同时兼顾政治、外交因素，反复比较，力争获得最大的性能价格比。20世纪80年代以后，印度从国外购买主战坦克、作战飞机、导弹驱逐舰、潜艇等大型武器装备的数量大幅度增加。而俄罗斯（包括前苏联）一直是印度最大的军火进口国。据有关资料显示，目前苏制和俄制武器装备占印军武器装备的一半以上；在海军和空军武器装备中，苏制和俄制装备所占比例则分别高达85%和80%。仅2001年，印度进口的武器装备有70%都来自俄罗斯。同时，印度又根据自身实际需要，从以色列、英、法、德等西方先进国家进口所需的武器装备，使其武器装备采购渠道呈现出多元化的发展趋势。“9·11”事件之后，印度更是不失时机地开始从美国进口先进的武器装备。2002年4月，印、美签订了一项从美进口总价值为1.46亿美元的8台AN/TPQ型“火力发现者”武器定位雷达的合同，使印美合作迅速升温。

采取先引进，后仿制、改造的原则，经济有效地提高武器装备的现代水平 印度十分注重根据自身需要，博采众长，用世界先进的技术与设备对所引进的武器装备进行改造。印度在从国外直接购买武器时，积极要求按许可证引进他们的专利技术和生产线，在本国国内进行大规模的仿制和生产，并根据实际需要对其进行技术改造。如印度从前苏联引进的米格-21战斗机，曾经是一种十分先进的战机，但由于载油量太少，作战半径小、装在飞机头锥里的测距仪也无法实现全天候作战。因此，印度对其进行了一系列改

造，如加大内部油箱容量，改用适合高原机场的轮胎，装备具有电子测距系统和射击瞄准具的机炮吊舱等。后来仿制该机改进型时，又从实际需要出发，改用性能更先进的法国玛特拉公司生产的“魔术”导弹大大提高了其作战性能。近来年，印度按照“先购买再仿制”的原则，还引进了苏－30MK多用途战斗机、T－90S主战坦克等具有当今年世界顶尖水平的武器装备。

发展壮大本国的军事工业、力求自主研制武器装备是印度武器装备发展的最终目标 在引进、仿制的基础上，印度逐步消化、吸收了国外先进的国防科研与武器装备生产经验，积累了一些国防科研与武器装备生产经验，也培养了一大批国防科研与武器装备生产人员，通过大部件装配、自制部分部件、自制零件直至最终自制原材料，从而为最终实现武器装备国产化奠定了良好的基础。正是沿着这一符合印度国情的正确发展道路，印度现今已不仅能够仿制“米格－27”战斗机、“林德”级护卫舰等现代化武器装备，而且能自行研制和生产陆、海、空三军的大部分武器装备，其中一些武器系统已达到世界先进水平。

当前，印度已形成了包括50个军事科研机构、9个大型国营军工企业、39个兵工厂、200多个私营军工企业在内的结构较完善、门类较齐全、具有较高科研水平和生产能力的国防工业体系，从事军事科研和军工生产的人员近300万人，能够自行研制从轻武器、坦克、导弹到作战飞机、大型舰船甚至核武器、军事卫星等各类武器装备，可每年生产坦克500辆、火炮2500门、飞机350架，国防工业年产值超过50亿美元。

二、在武器装备发展目标上，明确重点技术领域

为在尽可能短的时间内迅速提高整体国防科研生产能力，印度在制定武器装备发展战略目标上遵循“重点突破”原则，将核技术、航天技术和以计算机为主的信息技术作为重点技术领域，进行重点扶持。

核武器技术 印度自1948年成立原子能研究委员会以来，从未中断过对核武器的研究，直到1998年5月终于迈进核门槛。印度目前已经具有很快装配、生产20件核武器的能力。此后，印度又在加紧扩大核武器库、发展射程更远的弹道导弹和巡航导弹，并已相继研制成功“大地”、“烈火”等弹道导弹和“萨加利卡”巡航导弹。按照1999年8月17日印度提出的“最低限度有效核威慑”战略，计划在未来30年内使印度成为真正核大国。为此，建立一支具有一定威慑作用的战略核力量，已成为印度近期和未来武器装备发展的重中之重。

军用航天技术 为及时了解周边动态，赢得战略主动权，印度始终将发展独立的航天力量作为一项重要战略任务。印度目前已形成较为完整的两套卫星体系。预计到2020年，印度将拥有侦察监视卫星、通信卫星、气象卫星等，从而具备较强的空间支援作战能力。印度继1994年10月首次利用自己研制的极地轨道运载火箭PSLV－2D将一颗地球遥感卫星送入极地轨道以后，2001年4月18日，其地球同步卫星运载火箭GSLV－D1又发射成功，这标志着印度已成为继美、俄、中、法、日之后第六个具备把卫星送入地球同步轨道能力的国家。

信息技术 早在2000年6月印度就提出一项耗资5亿美元的计划，拟在较短的时期内建成一个综合的通信基础设施，向三军提供新的指挥、控制、通信计算机和情报（C^4I）的能力。

（任　平）

（本栏责任编辑　王汉杰）

军事建设

建军计划与措施

中国建军计划与措施 2002年，是中国军队建设与发展第十个五年计划实施的第二年。中国军队建设采取了以下计划与措施。

按照“三个代表”的要求，加强思想政治建设 2002年，全军和武警部队继续深入学习“三个代表”重要思想，牢固树立“三个代表”在军队建设中的指导地位。在一年时间里，全军和武警部队先后认真学习了江泽民在九届全国人大五次会议解放军代表团的重要讲话、“5·31”讲话和“七一”讲话以及关于国防和军队建设的重要论述。11月下旬，总政治部发出关于贯彻《中共中央关于认真学习贯彻党的十六大精神的通知》的通知，要求全军和武警部队按照中央《通知》的要求，扎扎实实做好学习贯彻十六大精神的各项工作。总政治部还组织了学习贯彻十六大精神宣讲团，先后作报告46场，直接听众达12万人。

根据“三个代表”的重要思想，全军和武警部队进一步加强思想政治建设。中央军委和总部先后实施一系列重大举措，确保广大官兵的政治坚定性和思想道德的纯洁性。全军各大单位和武警部队普遍举办了学习贯彻“三个代表”重要思想党委书记培训班，并组织团以上领导干部下基层指导学习教育活动；各部队认真按照“三个代表”要求，研究解决部队建设中出现的新问题；在全军部队深入开展党对军队绝对领导的教育，大力加强各级党组织建设；广泛开展保持共产党员先进性教育活动；要求团以上党委班子认真研究制定在新形势下加强民主集中制建设的办法和措施；中央军委批转《总政治部关于加强军队高中级干部教育管理的意见》和实施《关于贯彻<中共中央关于加强和改进党的作风建设的决定>的意见》，增强各级领导干部的政治意识、大局意识和责任意识，促进军队的党风廉政建设；经中央军委批准，总政治部、军委纪委颁发《关于军队领导机关工作人员插手干预基层敏感事务的处理规定（试行）》，从解决领导机关问题入手，加强基层风气建设，以贯彻“三个代表”重要思想，落实军委抓基层、抓表率的指示。年底，总政治部还举办了全军院校政治理论教研室主任学习贯彻十六大精神培训班，以求把院校政治理论课教学提高到新的水平。

整体推进科技练兵，深化院校教学改革 新年伊始，总参谋部即向全军部队、院校部署了全年军事训练和院校教育工作，要求全军以军事斗争准备为牵引，以针对性训练为主题，以联合作战训练为重点，广泛采用适应时代发展的先进训练方法和手段，整体推进科技练兵，深化院校教学改革，加速提高官兵综合素质和部队打赢高技术局部战争的能力。9月，中央军委颁布实施新的《中国人民解放军军事训练条例》。新条例充分吸取了近年来军事训练的改革成果和科技练兵的新鲜经验，把科技兴训、依法治训纳入训练方针，把科技练兵、注重效益纳入训练原则，更加科学、全面、深刻地揭示了高技术条件下军事训练的客观规律，反映了新时期军事斗争对军事训练提出的新要求。10月，四总部发出指示，要求全军各部队把贯彻执行新一代《军事训练条例》与科技练兵紧密结合起来，加强针对性训练，加大诸军兵种联合训练的力度，研练联合作战战法，创新联合作战机制；站在军事斗争准备全局的高度，下大力抓好首长机关特别是高级首长机关训练的落实，突出战略战役筹划和指挥训练，提高军队指挥效能；紧贴部队可能的军事斗争任务，构建有针对性的训练内容，探索高效益的训练方法。

为了实现科技强军的目标，培养高素质的军事人才，全军院校教学改革进一步深化。3月，教育部、总政治部联合下发了《普通高等学校招收国防生暂行规定》。根据这一规定，北京大学、清华大学等51所普通高校，年内为军队招收3000余名国防生。5月，经中央军委批准，军队院校重点建设工程正式开始实施。“十五”期间主要进行学科专业领域的重点建设，同时进行国防大学、国防科技大学整体条件的重点建设。在遴选和确立重点建设的学科专业领域点时，充分体现了重点向海军、空军、第二炮兵和陆军发展兵种院校等学科专业领域倾斜，向新装备部队急需人才的学科专业领域倾斜，向人才培养规模大、难以依托地方培养人才的学科专业领域倾斜的原则。这一工程的实施，将大幅度提升全军院校现代化建设的水平。10月，中央军委转发四总部《关于推进军队院校现代化教学，培养高素质新型军事人才的意见》，要求全军院校大力推进教育创新，努力培养和造就一大批新型军事人才。

提高后勤保障能力，加快后勤保障社会化进程 2002年，军委和总部采取了一系列重大措施，提高军队的后勤保障能力。一是改革军队采购制度。1月9日，中央军委批转了《总后勤部关于深化军队物资、工程、服务采购改革总体方案》，这标志着军队采购制度形成了与国家、政府采购制度相适应、具有军队特色的采购制度框架。二是提高伙食管理水平。自1月1日起，全军伙食标准有较大幅度提高，一至四类灶每人每天分别增加1.5元、1.8元、2.5元、4元，平均增幅近20%。到年底，全军80%以上的基层部队达到新的食物定量标准，膳食结构普遍由温饱型向营养型转变。年内，军粮供应体制呈现出政策配套、机制健全、供应稳定、服务规范的良好局面。各地人民政府在驻军相对集中的地、市都设立了专门的供应管理机构，建立了军粮供应保障网络体系，以全国统一的标准、价格组织实施军粮供应。三是提高卫勤保障能力。自1995年开始启动的军队医院信息系统，到2002年已在全军95%以上的医院推广应用，从而使军队卫勤保障在信息化、网络化、自动化管理方面走在全国医院系统前列，并迈入信息化时代。四是强化审计监督。6月，经中央军委批准，军委办公厅印发《关于利用计算机信息系统开展审计工作的通知》，要求全军适应军事经济管理自动化建设发展的新形势，进一步强化审计监督，利用计算机信息系统开展审计工作。8月，由全军审计署组织研制开发的《军队事业审计软件》在全军推广使用，这是军队事业审计工作从经验型向科学型、从手工型向信息型发展的重要标志。五是加快军队住房制度改革。4月，总后勤部出台《关于加强军队经济适用住房建设管理的意见》，对军队经济适用住房建设、出售、管理等规定进行了细化和补充。12月，四总部下发《军队营房保障社会化管理暂行规定》，要求全军各大单位尽快建立与社会主义市场经济发展相适应的新型营房保障体系。六是全面提高后勤保障的科技含量。近年来，军队野战化后勤保障装备呈现出高速发展势头，科研成果不断涌现，配套建设步伐加快，正在成建制成系统形成综合保障能力。一些系统的后勤保障能力在科技水平上实现跃升，如总装备部后勤系统科研保障已实现保障手段现代化，保障人才专业化。

为了加快军队后勤保障社会化的步伐，军队和地方政府的合作进一步加强。9月，国务院、中央军委发出通知，要求各级人民政府站在战略全局的高度，把推进军队后勤保障社会化纳入本地区国民经济和社会发展计划，提供社会服务，给予政策支持。地方各级政府纳入本地区国民经济和社会发展计划的项目包括：把军队单位的水电气暖供应纳入城镇建设规划；把军队人员购房需求纳入当地经济适用房建设计划；把军队职工分流安置工作纳入地方用工、培训、再就业管理体系；把军地通用专业的军队职工培训、专业技术等级考核、评定纳入地方管理体系。

完善装备管理制度，提高装备科研水平 2002年，军队装备管理制度进一步完善，装备管理效益进一步提高。全军部队广泛开展武器装备“科学化、制度化、经常化”达标创优活动，90%以上的师（旅）、团级部队达到了“三化”标准，武器装备完好率、在航率有了新提高。6月，中央军委发布实施《中国人民解放军装备维修工作条例》，这是装备维修保障依法实行集中统一领导和全系统、全寿命管理的基本依据，对于把装备维修纳入科学管理轨道，加强装备保障现代化建设具有十分重要的意义。7月，中央军委发布施行《中国人民解放军后勤装备条例》，规定建立系统配套的后勤装备体系，合理调配后勤装备，保持后勤装备经常处于良好的技术状态。10月，中央军委颁布施行《中国人民解放军战役装备保障纲要》，这是军队战役装备保障的基本依据，也是军队新一代作战条令体系的重要组成部分。11月12日，中央军委颁布施行《中国人民解放军装备采购条例》，这一条例的实施，对于深化军队装备采购制度改革，科学规范装备采购行为，建立与国家、政府采购制度相衔接的装备采购工作管理体制和运行机制，具有十分重要的作用。

在完善装备管理制度的同时，装备科研水平不断提高。2002年，“十五”装备建设计划进一步全面落实，一批国防重大关键技术取得突破，一批新型装备研制定型并交付部队。9月，中国自行研制生产的具有世界先进水平的百万门“高性能数字交换机”成功启用，为发展民族高科技通信产业，保证国家和军事通信安全做出了重要贡献。10月，中国发射的“神舟”三号试验飞船的轨道舱在地面测控系统的长期跟踪和精心管理下，已经圆满完成了空间科学试验任务，取得了一批科技成果。

贯彻依法治军方针，强化正规化管理　为了使依法治军的方针落到实处，全军各部队进一步强化正规化管理。一是加强干部管理工作。年初，中央军委颁发《中国人民解放军现役军官职务任免条例》，进一步推进军官队伍革命化、年轻化、知识化、专业化建设。7月，总政治部发出通知，要求全军和武警部队各级党委和政治机关认真学习贯彻中共中央印发的《党政领导干部选拔任用工作条例》，并与贯彻学习《现役军官职务任免条例》相结合，切实把《现役军官任免条例》的各项规定落到实处，进一步提高干部选拔任用工作的水平。二是加强兵员管理工作。7月，总参谋部发出通知，要求全军和武警部队严格兵员管理规定，坚决纠正非工作需要调动士兵的问题，自下达通知之日起，非工作需要的士兵调动一律禁止。三是加强管理教育工作。3月，中央军委发布实施经过重新修改的《内务条令》和《纪律条令》，两部条令适应国家和军队改革的新情况和新要求，分别对部分条款进行了修改，对军队内务建设和纪律建设面临的新问题作出了规范。四是加强房地产管理工作。7月，四总部联合颁发《军队营区房地产正规化管理标准》，全面调整更新了营区房地产正规化管理的目标、原则和标准，要求建设规划科学、规模适度、功能完善、环境优美的新营区。

在强化正规化管理的同时，军事法制建设继续深入展开。年初，全国双拥工作领导小组、最高人民法院、最高人民检察院、总政治部等七单位联合发出《关于重视解决部队官兵涉法问题，维护军人及其家属合法权益的通知》，要求各地各部队妥善处理官兵涉法问题，切实维护官兵及其家属的合法权益。一年来，全军军事司法工作进一步加强，各级军事法院依法惩治各种犯罪，逐步开展军内民事审判工作，依法化解各种民事纠纷。在各级军事法院的协调指导下，全国已有236个地（市）、2666个县（市、区）建立了涉军维权机制。全年共培训法律骨干85600余名，1万多名官兵经过考试或考核取得了由总政颁发的“基层法律服务工作者职业资格证书”。

调整改革民兵工作，加强后备力量建设　2002年，中国国防后备力量进行了自1990年以来第四次大的调整改革，主要任务是加强与改进城市民兵工作。8月，中共中央、国务院、中央军委下发《关于加强和改进城市民兵工作的意见》，提出建设一支政治可靠、组织健全、训练有素、装备良好、保障有力的城市民兵队伍。9月，总参谋部、总政治部联合发出通知，要求各级军事机关认真贯彻《关于加强和改进城市民兵工作的意见》，优化城市民兵组织结构，提高民兵教育训练质量，落实企业事业和街道武装部机构、人员，配齐配强专武干部，切实加强民兵建设。

通过1990年以来的四次调整改革，中国的国防后备力量正由“庞大”走向“强大”，形成了在用兵中强兵的建设模式。到2002年，一些新模式新机制已经产生于用兵练兵、完善于练兵强兵之中：一是民兵应急分队、专业技术分队和对口专业分队，作为国防后备力量的“拳头”分队，得到快速发展。二是让生产力和战斗力合为一体的“用兵重点工程”，成为各地普遍探索并成功实践的一种好形式。三是由军地主要领导和相关职能部门组成的“军地联合指挥部”，成为组织实施国防动员的新机制。四是由各省（市、区）设立的人民武装学院（校）和民兵专业技术训练中心、各省军区、军分区设立的教导队、各县（市、区）建立的训练基地、各地建立的退伍军人专业技术人员和地方专业技术人员储备基地等，培训和储备了大批高素质的后备兵员。

（方　宁）

美国建军计划与措施　2002财年，美军在继续实施反恐战争、积极准备对伊军事打击的同时，深入推进新一轮战略调整和军事建设，改革指挥体制，加强军备建设。各种动向表明，美军已进入新的军队建设高峰期。其制订和实施的主要建军计划与措施有：

加强战略调整，增加军费投入　布什政府上台后即着手进行战略调整，“9·11”事件促成了美新军事战略的出台。美在军事建设方面将遵从如下新原则：

从侧重谋求海外霸权转向“内保安全、外谋霸权”，提出“先发制人”的战略原则。美新《四年防备审查报告》和《国防报告》均提出，保卫本土是美军的首要使命和军事的首要目标，强调美不可能对所有的威胁都及时作出反应，“保卫美国需要预防性、有时是先发制人的行动”，“戟是最好的防御”。美国防部2004~2009年“防务规划”提出，美军将在不预警告的情况下，各军兵种、各战区部队随时做好准备，在任何时间、任何地点对那些构成威胁的目标进行主动军事打击。

从“基于威胁”转向“基于能力”的防务规划模式，提高战略灵活性。汲取“9·11”事件的教训，美国防部提出应对突然性是防务规划的中心任务，美军建设将着眼于未来对手将具有何种能力、而不是对手是谁或战争将在何地爆发等问题，避免因过于注重某种近期威胁而忽视难以预见的其他威胁。美国防部放弃用“同时打两场大规模战区战争”作为衡量部队规模的标准，转而发展对付各种威胁的全面能力。

从保持相对优势转向谋求“绝对优势”，确保军事行动自由权。“9·11”事件极大地强化了美夸大安全威胁的战略传统，促使美总统布什提出“用美国的术语重新定义战争”，要求美军推进新军事变革，在常规和核两大领域、在进攻和防御两个方面、在传统与非传统两种军事能力上，均拥有压倒性优势，确保军事行动自由权。

为推进战略调整顺利进行，美 2003 财年军费预算高达 3793 亿美元，比上年增加 12.9%，是 20 年来美军费增幅最大的一年。军费的大幅度增长，缓解了美军长期存在的目标过大与资源不足的矛盾，为美军发展注入了强大动力。

适应新的作战需求，调整改革指挥体制 为适应形势的发展变化，2002 年，美制订了新的“联合司令部计划”，对美指挥体制进行了二战后最大幅度的调整。

美军主要做了三方面的调整：1. 组建北方总部。2. 将联合部队司令部转变为单纯的职能性司令部。3. 组建新的战略司令部。(详见美军体制编制)。

推进军事转型，加强三军建设 美 2002 年《国防报告》指出，军事转型是美新军事战略的核心和美军建设的战略焦点。美确立军事转型六大目标和四个支柱。六大目标是：保护美本土、前沿驻军和盟友，挫败核生化等大规模毁伤性武器的袭击；向敌对环境远距离投送兵力，持续作战；监视、跟踪与快速作战和高强度远程精确打击相结合，打击敌重要的机动和固定目标；利用信息技术和创新性观念建设联合 C^4ISR 系统；确保信息系统安全，实施信息作战；增强空间战能力建设。四大支柱是强化联合作战、实施多国联合指挥控制、组建常设联合特遣部队司令部和联合特遣部队、进行新作战观念的试验与评估。据此，美陆、海、空三军也相应加快了转型建设步伐。

陆军　2002 财年，美陆军颁布了《2002 年陆军现代化计划》和《陆军白皮书》两份重要文件，进一步更新作战理论、调整部队结构、研发高技术武器装备，推进后勤改革，以加快部队转型进程，提高部队应对突发事件和实施各种作战样式的能力。采取的具体措施有：(1) 适应安全形势，更新作战理论。为了使陆军具备战胜各种威胁的能力，既能保卫国土安全、又能在反恐和大规模军事冲突中发挥重要作用，既能在关键前沿地区发挥威慑作用、又能实施小规模应急作战，美陆军对其作战理论进行适时改革。新作战理论的主要思想是，美陆军将改变以往将大量武器装备和部队兵力预置在前沿战场的做法，通过快速兵力投送，迅速形成兵力兵器优势，从而灵活应对并战胜在任何时间、任何地点以任何形式出现的各种威胁。(2) 加强信息化和数字化建设，继续推进“目标部队”转型构想。美陆军以数字化、网络化、轻型化和多能化为重点，加紧进行作战理论、部队编成、武器装备和后勤体制的改革创新，提出“军事技术优势领先盟国 5～10 年、领先第三世界 10～30 年”的目标，从而占领军事制高点。2002 财年，美陆军充分利用最新的军用和民用信息技术，推选新的现代化战略，努力建立一支以信息为动力的“全能部队”。年内，美陆军已完成第 4 机步师的数字化改造，第 3 军的改造也将在短期内完成。下一步是要在各兵种作战平台之间实现全面的信息化和数字化，使其具备通用性、联动性和协调统一，使所有武器系统和作战平台横向联为一体，从而建成一个数字化陆战场，全面提高部队战斗力。此外，“宽带”网络化系统集成、无人驾驶技术、移动目标跟踪技术及其他高级侦察技术也是美陆军信息化重点。美陆军已研发出新型指挥与控制系统，并将组建侦察、监视与目标搜索中队。陆军在年内实施的其他建设计划还有：建成第 1 个“斯特赖克”装甲车作战旅、用制导式多管火箭系统取代“十字军士兵”火炮项目、着手在师以下部队增编直升机分队。美陆军计划在 2007 年建成 6 个“过渡旅”、2010 年建成第一支“目标部队”、2032 年完成陆军转型。(3) 根据“目标部队”建设需求研发高科技武器装备。第一，改进现有武器装备。美陆军启动了对 CH－47D“支奴干”运输直升机的改进计划，打算将陆军 433 架该型机中的 300 架升级改造为 CH－47F，使其服役年限再延长 20 年。此外，美陆军正在研发能与 105 毫米和 120 毫米口径火焰系统相兼容的坦克用精确制导增程弹药。第二，研发轻型武器。美陆军取消了“十字军士兵”重型火炮计划，转而实施制导式多管火箭系统研制计划。陆军和陆战队的 M198 型榴弹炮也将由新型 XM777 轻型榴弹炮所替代。上述新式轻型武器，以及“斯特赖克”装甲车，均具备速度更快、重量更轻、机动性能更好、打击范围更大等特点，对陆军轻型化建设起到了至关重要的作用。第三，发展系统化武器装备。美陆军正为“目标部队”研发“未来作战系统”。该系统是一个集多个子系统的武器系统，包括无人侦察车、有人/无人控制平台、可遥控自动感应设备、可遥控自动搜索设备、独立火力压制系统、战斗车辆和人员输送车，以及用于支援作战的无人机等。美军要求，“未来作战系统”中任何一种作战车辆和装备的重量都不得超过20吨，比现有相同作战单位的重量至少减少了50%，以便于迅速反应、快速部署以及实施多种作战任务。第四，发展新概念武器。2002年，美陆军利用新技术和新材料，努力研制纳米武器、激光武器、信息武器、电磁武器等新型武器。这些新概念武器在一定程度上代表了未来武器装备的发展方向。年内，美陆军利用所研制的战术高能化学激光系统顺利拦截了“喀秋莎”短程火箭和其他目标。另外，美陆军还在研发更易封装、运输和补充燃料的固定激光武器系统和电磁轨道炮等项目。（4）适应部队转型，推进后勤改革。年内美陆军通过精简机构设施、减少保障环节、依托信息技术提高后勤效率和引进科学的管理方法等综合措施，努力建设与作战指挥系统相匹配的后勤保障系统，从而适应和促进陆军转型建设。

海军　2002年，美海军提出《21世纪海上力量》战略构想，提出要以全面加强“信息优势、本土防御、海洋控制、前沿威慑和力量投送”为目标，组建具备独立作战能力的各种“远征打击部队”，包括组建12个可担负各种作战任务的“航母打击大队”、12个实施对岸作战的“远征打击大队”、数个用于导弹防御的“水面战斗大队”、1个可发射巡航导弹并运送特种部队的核动力攻击潜艇部队和1个现代化作战勤务支援部队。年内，美海军还成立了“海军及陆战队内联网计划办公室”、“海军网络战司令部”及其下辖的“海军网络”与航天作战部长办公室合并，统一负责海军作战平台和网络系统的发展建设；组建“海战司令部”；提出每年9艘舰船和180~210架飞机的采购计划。为了实现上述建设目标，美海军在2002年采取了一系列计划和措施：（1）加强网络战和训练部门机构建设。年内，美海军将原负责海军作战需求的作战部副部长办公室和负责项目规划的副部长办公室合并，统一负责海军作战平台和网络系统的发展建设；组建海军网络作战司令部；将海军作战发展司令部和作战研究中心划归舰队部队司令部管辖；设立海军教育局、人事发展司令部和海军教育中心；由海军教育训练司令部统一负责制定海军教育训练政策和计划等。（2）提高军人待遇，吸引优秀人才参加海军。2002年，美海军采取一系列措施，提高军人待遇。全体官兵基础工资平均提高了5%，军官实际收入增加6.5%，士兵实际收入增加10%。共投资10余亿美元用于改善官兵家庭住房，投资2千万美元采购健身器材，军人平均住房开支减少11.3%。改善海军托儿所、幼儿园条件，其接纳能力比上年度提高10%，享受就业军人配偶增加29%，在全海军范围内启动了三军联合终生医疗保障计划。优厚的物质待遇吸引了更多的高素质年轻人加入海军。2002年，美海军顺利完成士兵招募任务。招募的46150名新兵中，大学毕业生占6%，高中毕业生占92%，后一比例比上一年度增加2个百分点。24个专业的军官招募中22个专业完成指标，而上一年度仅有12个专业完成招募任务。（3）加强以反恐、国土防御和部队防护为中心的战备工作，部队战备水平大大提高。在反恐作战方面，2002年，美海军共派出8个航母战斗大队和6个两栖戒备大队担负前沿作战和前沿威慑任务，支援美军全球反恐战争。此外，还分别于10月和12月各派出1艘核动力攻击潜艇进驻关岛，增强了西太平洋应急打击能力。

在国土防御方面，美海军加强了与海关和海岸警卫队间的联系，对全球集装箱运输和海上活动实施严密跟踪监视。加强了与司法部等执法机构之间对大规模毁伤性武器和恐怖活动情报的交换与通报，将13艘“旋风”级海岸巡逻艇移交海岸警卫队使用。

在部队防护方面，美海军在2002财年预算中，拨款17亿美元用于部队防护指定舰队部队司令部，全面负责处理各舰队在部队防护方面的需求，成立了反恐与部队防护作战发展中心。投入10000余人担负部队防护任务，对海军170余个港口、设施和航母进行了安全措施检查，同时利用商业技术研发用于港口、海岸、机场、营门和设施周围的安全防护系统。

在提高舰队战备水平方面，2002年，美海军共投入81亿美元用于保持与提高舰队战备水平，主要用于舰艇作战活动/舰艇维修、航空飞行、飞机维修、基地运作、固定资产维护等。海军部队增加了精确制导弹药的储存量，使执勤舰船（含舰载航空兵）在部署前6个月就达到二级战备水平。

空军　根据2001年《四年防务审查报告》提出的战略指导方针和美军全面转型的要求，美空军在2002年继续贯彻落实“全球警戒、全球到达、全球力量”战略，优化部队结构，加大新武器研发力度，发展一体化航空航天侦察监视能力，积极参与国土安全和全球反恐作战行动。(1) 注重军种发展战略研究，提出发展空军“关键能力新概念”。年内，在继续贯彻军种战略的前提下，美空军又提出“关键能力”新概念。主要内容是：充分利用先进技术，强调技术与人有机结合而产生的强大战斗力；进行以能力为基础的战略筹划，大力发展隐形、精确制导、远距离、航天和信息等关键技术能力，从而保持对任何对手的不对称优势。该能力具体包括7个方面：一是实现有人驾驶、无人驾驶飞行器和航天系统能力一体化，具备为指挥官决策提供准确实时情报信息的能力；二是迅速瘫痪敌防御体系，确保后续部队自由攻击敌人和自身免受攻击的能力；三是使地面待命和空中在航的作战飞机拥有及时获取各类目标信息、并迅速做出反应的能力；四是根据实施联合作战和支援联邦机构的需要，具备应对各类威胁并对其进行反击的能力；五是向美及盟国提供阻止敌对国家使用大规模毁伤性武器的威慑能力以及常规和核打击能力；六是为战区指挥官提供可满足各种应急作战需求的航空航天打击能力；七是具备对自然灾害、人为灾难和人员疏散提供机动运输的能力。(2) 适应军队转型需要，调整指挥机构和部队编制。第一，成立新的空军航天司令部。为使空军由夺取航空航天优势转向具备对天空及外空的控制优势，5月，美空军航天司令部正式脱离美航天司令部，成为美空军的独立司令部，司令为上将军衔。主要负责航天部队的训练、编组及装备。此外，美空军部第一副部长负责全军航天系统的研发与采购。第二，成立空军国土安全部。根据新承担的国土空中安全任务，1月12日，美空军在负责航空航天作战事务的副参谋长办公室下成立了空军国土安全部。其主要任务是，制定空军国土安全政策、确保空军国土安全问题与北方总部、其他军种和联邦政府机构进行有效协调。第三，重组空军指挥控制与通信机构。为适应反恐作战和提高打击能力的需要，美空军撤销空军通信与信息副参谋长职位，设立作战一体化副参谋长，下辖空军指挥控制情报监视中心、空军通信局、空军频率管理局和空军模拟局等部门，主要负责指挥与控制、空中作战平台作战数据传输，以全面提高空军在未来战争中的打击能力和作战效率。第四，调整部队结构，优化部队编成。10月，美空军开始实行新的标准化作战联队编制，规定各作战联队下辖作战、维修、任务支援和医疗4个大队；机务人员退出作战飞行中队，成立新的保养中队，作战中队不再编有维修保养人员。(3) 更新武器装备，加大新武器研发力度。鉴于美空军飞机老化严重、维修费用不断增多等情况，美空军通过改进原有装备、增加新装备和加快新型武器装备的研发等措施，以确保战备需要，并维持技术优势。主要措施有：第一，淘汰老旧轰炸机，订购新型运输机。本年度，美空军淘汰了33架B－1B型战略轰炸机，使其编制数量由93架减至60架，部署基地由5个减至2个。美空军还向波音公司订购了60架C－17型运输机，使该型机的订购数量达180架，美空军计划共装备222架。第二，完成对洲际弹道导弹的更新改造。3月，美空军航天司令部耗资24亿美元完成了对500枚“民兵”型洲际弹道导弹推进器的更新工作，配备新型推进器的“民兵III”型导弹于3月5日正式担负战备值班任务。第三，研发新型飞机。美空军继续发展“猎杀者”无人攻击机。该型机可携自动发现、跟踪并攻击目标的低成本炸弹，能避开敌部署的防空导弹，从远距离发起攻击。此外，在F－22型隐形战斗机的基础上，美开始研发具有对地攻击能力的F/A－22型隐形战斗机，并计划于2012年装备部队。第四，新型武器装备研发取得较大进展。3月2日，X－44（UCVA）无人战斗机首飞成功。该型机可携带数枚500千克重的精确帛导炧，计划于2007年装备部队。7月1日，波音747－400F机载激光武器系统飞行平台首次试飞，计划于2004年进行拦截试验。(4) 大力进行以应付多重威胁为目的的联合作战演习。本年度，美除参加“旗”系列作战演练外，还参加了美联合部队司令部于7月4日～8月15日举行的“千年挑战2002”多军种大规模联合作战演习。演习期间，美空军还在内利斯空军基地举行了“2002联合远征部队实验”演习。美空军1500人和包括F－22型机、机载激光试验机在内的80余架飞机参加了此次演习。此次演习还着重演练了在未来联合作战中，美空军迅速制订空中作战指令、运用并管理情报监视侦察平台的能力，以及对关键目标实施打击的能力。

调整核战略，发展导弹防御系统 年内，美国防部相继发表《态势审查报告》和《国防报告》，对核战略进行了重大调整，强调优先发展导弹防御系统。

从旧“三位一体”转向新“三位一体”，建立核常一体、攻防兼备、机动灵活的战略力量。1月初完成的《核态势审查报告》提出，美将致力于建立在先进的指挥、控制与情报系统和具有适应性的防务规划的支援下，由核与非核进攻性打击系统、主动与被动的防御系统和改革后反应迅速的国防基础设施等组成的新“三位一体”战略力量。传统的以洲际弹道导弹、潜射弹道导弹和远程轰炸机构成的“三位一体”

威慑力量仅是新“三位一体战略力量的一个组成部分”。

*从以国家为主要威慑对象转向全方位威慑，从遏制性威慑转向进攻性威慑。*美在继续对俄、中等有核国家保持威慑的同时，加强对研发大规模毁伤性武器的“无赖国家”恐怖组织以及对美利益有重大影响的事态实施威慑。此外，美将导弹防御系统和高技术常规打击力量纳入核战略，并积极寻求发展更具实用性的小型核武器，使核武器的作用从模糊转向清晰，武器使用的核门槛大大降低。

*大力发展导弹防御系统。*2001年12月3日，美总统布什宣布美将退出《反导条约》。此后，美军发展导弹防御系统的力度明显加大。一是调整了弹道导弹防御计划，打破原来“国家导弹防御系统”与“战区导弹防御系统”的界线，发展能对来袭导弹实施全程拦截的陆、海、空、天基多层反导系统。二是将国防部原弹道导弹防御局升格为“导弹防御署”，使其在人员、经费、协调等方面拥有更大权力。三是加紧进行反导试验和设施建设。6月4日，即美正式退出《反导条约》的次日，美在阿拉斯加动工兴建6个导弹防御系统地下发射井。美共进行了12次导弹拦截与飞行试验。四是确立反导系统部署时间表。12月7日，美总统布什发表声明，宣布美将于2004年前在阿拉斯加部署10枚陆基拦截弹，到2005年或2006年，再增加部署10枚。同时，美将加强海基反导力量，准备在3艘军舰上配置20枚小型拦截导弹，并将“爱国者－3”型导弹的数量增加至346枚，力争在2005年前建立一个初步具备“有限能力”的导弹防御系统。

加强在亚太地区的军事部署，提高作战能力　2002财年，美全球军事态势最为显著的变化是乘反恐之机大力强化在亚太地区的军事存在，采取多方措施增强在“中东到薄弱亚这个广泛的不稳定弧”的快反作战能力。

*继续加强关岛基地建设，积极筹划向西太地区增加海空兵力。*美拟将关岛作为亚太战区的一个本世纪性基地，全面提高其补给、存贮和训练能力。5月，美国防部提出以“不固定驻防”形式向西太地区增加部署1艘航母、1个“水面作战单位”和2个“水下作战单位”。10月，美第15潜艇中队的第1艘核动力攻击潜艇进驻关岛，计划2004年前再部署2艘。美空军拟在关岛部署“全球鹰”无人机、F/B－22型战斗机、DC－135型空中加油机和B－1B型战略轰炸机，并在北马里亚纳群岛、中途岛、阿拉斯加等地筹建“应急基地”。

*增加在南亚的军事存在，实现在中亚地区获得战略立足点的历史性突破。*在中亚地区，美向乌兹别克斯坦、吉尔吉斯斯坦、塔吉克斯坦和哈萨克斯坦等国的12个基地派驻军队3700余人，部署各型飞机近100架，并对吉尔吉斯斯坦马纳斯机场和乌兹别克斯坦哈纳巴德机场进行改造，以备长期使用。在南亚地区，美军进驻阿富汗巴格拉姆、坎大哈机场，寻求建立永久性军事基地；对巴基斯坦派驻军队1500人、飞机10余架、获得6个机场的使用权；大幅改善美印军事关系，获得印部分机场和港口的使用权，并与印举行了近10次双边联合军事演习。

*巩固与日、韩、澳等国的双边军事联盟，加快军事重返东南亚的步伐。*美要求日、韩、澳向美反恐战争提供直接军事支援，并积极推动盟国制定反恐法案，建立反恐合作机制。与此同时，美还加大了对东南亚国家的军事援助力度，直接介入菲律宾反恐行动，积极寻求租借越南金兰湾基地、共同建设印尼比通市军港以及谋求在菲律宾巴西兰岛建立永久性军事基地。年内，美与亚太盟国举行联合军事演习约40次，数量上与上年度持平，但总体规模明显扩大，反恐成为重点演练科目。

*提升美台军事关系，加紧军事援台。*年内，美台军事互动继续增强，台“国防部长”汤曜明等访美，台军多批人员赴美受训；美多次秘密派遣高级军官和技术人员赴台指导C^4ISR系统建设、作战方法设计和新装备的运用，助台建立美台战术数据通联系统。美国防部宣布售台4艘“基德”级驱逐舰、54辆AAV7A1两栖攻击车、290枚“陶－2B”型反坦克导弹、248枚“标准－2”型导弹、3套AN/MPN－14型空中管制雷达等约15亿美元的武器装备，并积极落实售台潜艇项目。

综上所述，2002财年，布什政府已基本完成具有重大意义的军事战略调整，确立了以“内保安全、外谋霸权”为目标，以兼顾近期与长远安全需求为原则，以军事转型为核心，以风险管理为特色的新军事战略。美军建设进入新的发展时期，其侵略性、冒险性和创新性进一步上升。

资料来源：

①美2003财年《国防报告》；

②美国防部2001年版《四年防务审查报告》。

（贾咏梅）

俄罗斯建军方针与措施　2002年是俄罗斯推进和落实军事改革计划重要的一年。针对“9·11”事件之后国际安全形势的新变化和国内恐怖主义急剧上升的新趋势，俄进一步调整了军队建设方针，加大军费投入，调整体制编制，在不放松核力量建设的同时发展新型常规武器装备，加强以反恐怖为重点内容的训练和演习，进一步向职业化军队过渡等，军队建设进一步走上稳定发展的轨道。

适应新形势，进一步调整建军方针 普京执政后，俄确立了建设精干、高效、与强国地位相适应的武装力量的目标，并制定了以军事改革来推动实现这一目标的完整计划。2002年，俄根据形势的新变化，对军队建设方针又进行了新的调整。

*第一，针对恐怖主义的新威胁，强调军队要有针对性地做好准备。*2002年，以美军在阿富汗战争中摧毁"塔利班"政权和"基地"组织、获得这场战争的基本胜利为标志，国际反恐斗争进入一个新的阶段。但国际恐怖主义仍然肆虐全球，并且直接影响到俄罗斯。2002年10月莫斯科发生人质事件，这次恐怖主义袭击事件使俄罗斯举国震动，迫使俄对国家安全问题和威胁进行了重新评估，认为恐怖主义已上升为对俄国家安全的首要威胁，反恐斗争关系到俄国家安全和民族生存。2002年11月，普京下令研究并修改《俄联邦国家安全构想》，扩大军队使用范围，赋予其在国内打击恐怖主义的新职能，要求武装力量和其他军队要相应地做好准备。

*第二，在与美缓和关系的同时，强调不放松军队质量建设，以做好应对美国和西方国家发动针对俄的局部战争的军事准备。*美俄关系虽进一步缓和，但以美国为首的一些国家继续推行强权政治和对外干涉政策，尤其北约东扩的步伐加快给俄罗斯进一步敲响了警钟。俄意识到，必须按既定方针加强军队建设，致力于"建设一支规模相对不大，能有效保卫国家安全、机动性强的武装力量"。

*第三，按照既定的方针和计划，推进军事改革。*这包括：分阶段完成裁减军队员额的任务；进一步优化武装力量结构；在调整和完善核力量的同时，加强常规力量建设；建设机动力量和常备兵团与部队；逐步增加军费投入；向职业化军队过渡等。

压缩军队规模，调整体制编制 按照改革计划，俄继续裁减军队员额。据俄国防部长伊万诺夫透露，2002年俄军共裁员14.8万人。但俄一再强调，裁减不是最终目的，最终目的是要"建设一支全新的军队"，因此改革的重点始终放在对军队体制编制的调整上。在相继完成了缩编"四大军种"为"三大军种"、建立"太空兵"和"战略火箭兵"等重大改革举措后，2002年俄军体制改革主要集中在对高层领导与指挥机构的内部调整上。其中一项重要措施，是恢复了国防部总军事监察署。新恢复的总军事监察署编制为25人（比原机构减少人员近三分之二），包括5名将军。总军事监察署的基本职能是对军队建设各个领域、各个方面的活动实行统一监督。该机构的恢复，表明俄军吸取了"库尔斯克"号核潜艇沉没等重大事故的教训，致力于使军队建设纳入法制轨道。此外，俄军还进一步理顺和健全领导指挥关系，如将武装力量导弹兵与炮兵司令员局改组为导弹与炮兵主任局，突出了行政领导职能，其级别由上将改为中将；将军事教育局从干部总局中独立出来，划归国防部直属，以强化对军事教育工作的领导等。

在军队结构的调整上，继提出分层次建设部队，重点建设"常备兵团和部队"之后，俄军针对形势的变化，再度提出了建立"机动力量"的设想。机动力量的任务是应付局部战争和武装冲突，制止外来武力威胁。机动力量拟以统帅部直属空降兵为基础而组建，吸收陆军的装甲兵、防空兵、空军和海军部队以及后勤部队参加，整个机动力量的规模约为20万人，组建工作大约需5年。

增加军费，加大武器装备建设的投入 2002年俄罗斯军费预算计划为2629亿卢布，约合83.1亿美元，占国内总产值的2.55%，在联邦预算中占首位。俄议会在审批国防预算时，又追加了212亿卢布，使总数达到2841亿卢布，约合95亿美元（英国伦敦《世界军事力量对比》公布为 亿美元）。新增加的700亿卢布中280亿（9.3亿美元）用于武器装备建设，使武器装备费占军费总额比例接近30%。

2002年1月，俄罗斯总统普京批准了《2010年前武器装备国家纲要》。该纲要明确未来一个时期俄军武器装备发展的基本方针是研发新装备与改造旧装备并举。60%用于对现有武器装备的现代化改造，另外40%用于新武器的研发。2002年俄军武器装备发展采取的基本方针和重点措施有：

*优先发展军事航天系统。*俄国防部长伊万诺夫明确指出，俄武装力量建设的优先方向是太空。没有完善的太空系统，"俄军就是聋子和瞎子"，也就不可能建立起可靠的通信、侦察和现代信息系统。因此俄计划在2004年前，最迟在2005年前完全恢复军事太空系统。俄太空兵司令阿纳托利·佩尔米诺夫上将明确提出，未来一个时期要建立并部署长期的、性能齐全的航天器轨道集群；更新地面航天器发射场的基础设施，制造无生态污染的运载火箭；建立国家统一的航

天器管理和测量自动化综合系统。俄罗斯从 2002 年的军费预算中拿出 18 亿卢布用于发展太空系统，其中的相当一部分用于“格罗纳斯”全球卫星导航定位系统的运行和发展。

*着手建立反导系统。*为应对美国退出反导条约的挑战，俄决定组建自己的反导系统。主要措施，一是恢复和完善导弹袭击早期预警系统，包括完成在白俄罗斯巴拉诺维奇附近最新式的“频率”雷达站装配工作，研制远程雷达警戒飞机；二是建立非战略性反导系统，其中关键部分是研制和部署新一代“C－400”防空导弹综合系统，将完成该系统的国家试验。

*重新启动并完成了一些重要的海军装备项目。*普京执政后，提出了“重返大洋”的口号。俄海军一方面继续淘汰旧舰艇，另一方面重新启动了若干因为资金不到位而停滞了多年的造舰计划。2002 年 6 月，俄“鲨鱼”级和“德米特里·顿斯科伊”号重型核潜艇在完成了修理和现代化改装后下水，计划于 2005 年列入北方舰队编成。

*以改造与研制相结合发展空军装备。*据俄国防部长伊万诺夫透露，俄空军约有一半的作战飞机服役期超过了 15 年，作战飞机老化是俄空军面临的一个严重问题。俄拟对现有飞机进行现代化改装，计划到 2005 年之前，对空军现装备的 20～25%作战飞机进行升级改造，使之达到“超第 4 代”的水平。采取措施是，将现役战略轰炸机的使用寿命延长至 2015 年。另一方面，俄启动了研发第 5 代歼击机的计划。2002 年 4 月 26 日，苏霍伊公司中标获得第 5 代歼击机的研发权。计划到 2010 年第五代歼击机可投入批量生产，2011～2012 年装备部队。第五代歼击机装有相控阵雷达和新型电子系统，起飞重量为 20 吨，航程将近 6000 千米，将具有超音速巡航和隐身性能。第五代歼击机的研制经费约需 80～100 亿美元。

压缩核武器数量，调整核力量建设重点　2002 年 5 月 24 日，美俄两国在莫斯科签署了《俄美关于削减进攻性战略力量条约》。条约规定在 2012 年 12 月 31 日前将各自拥有的核弹头数量削减到不超过 1700～2200 枚。为了履行该条约，俄每年将削减 10～20 枚陆基战略导弹。战略火箭兵的员额也将随之进一步压缩。但条约的签署并未使美俄两国完善核力量结构、提高质量的步伐停止。2002 年 8 月 18 日，俄国防部长伊万诺夫就明确表示，不管俄美关系发展的趋势如何，俄都将发展自己的战略力量。提出俄“必须建立和加强核导弹盾牌，以应付各种事态的发展，保证自身的安全”。俄采取的方针和举措有：

*一是对“三位一体”的结构进行调整，战略打击力量的重心开始由陆基向海基转移。*2002 年 1 月 18 日，俄军第一副总长巴卢耶夫斯基表示，“在我国未来各项军事建设计划中，重点是发展海基核武器。”为此俄计划每年削减一批战略火箭兵装备的陆基导弹，同时重新启动停滞多年的建造新型导弹核潜艇的计划。继“鲨鱼”级、“德米特里．顿斯科伊”号重型核潜艇下水后，第五代弹道导弹核潜艇“北风之神”级“尤里．多尔鲁基”号也加紧了建造并将很快下水。另外，俄还计划对图－160 战略轰炸机进行升级改造并将其数量增加到 18 架。经调整后，俄罗斯的战略核力量将改变以陆基战略核武器占绝对主导地位的旧布局，形成新的“等腰三角形”的“三位一体”结构。

*二是有针对性地进行战略导弹发射演练。*2002 年，俄进行了一系列战略导弹发射试验，以显示俄以战略力量捍卫国家安全的决心，检验核力量的战斗准备程度。2002 年 10 月 12 日，俄军“三位一体”核力量同时进行了陆、海、空基发射试验。由战略火箭兵、海军的潜艇和空军的战略轰炸机发射的战略导弹分别击中了预定目标。

*三是继续研制新型核武器。*研制的重点，是适于局部战争和反恐行动使用的“小型”核武器。据报道，俄正着手研制一种“小功率”的“清洁”核弹，来代替冷战期投入装备的杀伤力极大的战略核导弹。为此俄已原则批准在新地岛恢复核试验。

以反恐怖作战为重点内容，强化训练演习　2002 年俄军训练经费为 3.9 亿卢布，是历年来投入最多的。这使俄军训练情况较往年有一定程度改观。其主要特点为：

*一是训练演习的次数增多，规模加大。*2002 年俄军明显加大了训练演习的强度，各军区、军兵种均举行了首长－司令部演习或首长司令部操练。在此框架内，所属部队也进行了战役战术系列演练活动。演习和训练的规模均大于以往。6～7 月，西伯利亚军区和远东军区举行了首长司令部战略演习。预备役人员在演习过程中也参加了集训，展开了 1 个摩步师，有 7000 余人参加了演习。特别是 8 月 8～15 日俄军在里海举行的诸军兵种大演习为世界所瞩目，参演官兵达 1 万余人，军舰 60 艘，飞机 30 多架，规模之大，参演官兵之多，涉及范围之广为俄军组建以来之最。

*二是突出诸军兵种合成与联合训练。*2002 年 3 月西伯利亚军区举行的首长司令部演习，有 3 个常备兵团参加，并动用了前线航空兵和陆军航空兵、炮兵和

防空兵。此外，还吸收了各强力部门的领导人参加，举行了首长司令部动员演习。在里海军事演习中，参演部队除武装力量的陆海空三军外，还有其他强力部门的部队和人员参加，其中包括铁道兵部队、联邦边防部队、紧急情况部部队、联邦安全局、内务部队和交通部队等。

三是突出反恐训练。纵观 2002 年俄军的训练演习，除传统科目外，还增加了许多新内容，其中反恐怖训练占有很大比重。如在里海军事大演习中，就演练了武装力量诸军种、武装力量与其他强力部门联合实施海上和陆上反恐怖行动，包括保卫民用港口设施，保卫和恢复海陆交通线、桥梁，保卫油气田和储油设施等。在 2002 年度俄军分队训练中，俄军十分重视对付"非典型敌人"、在非线式战场实施战斗行动、实施扼守重要战术目标的基点式防御，探索非正规战法，包括侦察搜索、奔袭与封锁、遏制与维和等。

以点带面，推进兵役制度的改革 早在苏联解体前，前苏军就确立了"向职业化过渡"的兵役制度改革方向。普京执政后俄公布的军事改革方案中，进一步明确了建设职业化军队的方针原则和总体实施步骤。2002 年 6 月 22 日，俄政府发布命令，确定空降兵第 76 师为合同兵役制试点。试点工作自 9 月 1 日开始，期限为一年。俄国防部和财政部为试点工作拨款 26.73 亿卢布，主要用于基本建设、军事训练以及提高合同制军人的工资等。在职业化试点过程中，将重点解决以下问题：一是完善建设职业化军队的法律法规。二是建立适于职业化军队的最佳的编制结构。三是制定新的战斗训练组织程序，建立能使职业军人连续完善自身技能的战斗训练体系。四是建立全新的后勤及社会保障体系。

资料来源：

①（俄）《消息报》2003 年 3 月 19 日；

②（俄）《独立军事评论》2002 年 1 月 18 日。

（韩生民）

日本自卫队防务计划 2002 年日本自卫队防务计划的指导方针是：切实推进现行《中期防务计划》（2001～2005 年）第二年度计划的实施，稳步向《防卫计划大纲》确定的防卫力量水平迈进，在当前较为严峻的财政状况下，提高经费使用效率，面向未来充实防卫力量。重点为以下六个方面：①提高自卫队合同运用能力，强化信息机能，确保情报安全。②及时应对各种灾害、游击队、特种部队进攻及生物武器攻击等紧急事态。③积极筹划日本主导的多国联合训练，增进安全对话与军事交流，参与国际和平合作事务。④强化情报本部与自卫队内部的情报搜集体制与保密体制。⑤迎接信息技术革命的挑战。⑥继续改善美军基地周围的环境，确保驻日美军所需经费。

调整体制编制 落实《防卫计划大纲》要求，向大纲规定的防卫力量水平平稳过渡，建设合理、高效、精干的自卫队。适应装备现代化需求，进行必要的编制调整，确保所需人员。

陆上自卫队 改编陆上自卫队第 4 师为海岸部署师，提高其战场机动力和火力，增装坦克、火炮，配备轻型装甲输送车，同时改善补给维修保养体制；新编西部军区直属炮兵队（暂称），以有效地综合发挥其对地、对海火力攻击能力；新编西部军区后勤支援队和西部军区卫生队，改编九州补给处，以改善西部军区的后勤支援体制；新编系统防护技术队，以强化系统安全管理机能。

海上自卫队 改编海上自卫队特别警备队，增设副队长，提高快速反应能力；新编第 3 导弹艇队。

航空自卫队 改编航空自卫队航空警戒管制部队，将西部航空方面队、西南航空混成团中的部分警戒群改编为警戒队（共 8 个队），届时警戒管制部队的体制改编将全部完成；航空自卫队参谋部新设装备体系课（暂称）和信息通信课（暂称），前者负责重要装备品的计划与管理，后者负责计算机系统的集中计划与管理以及情报安全等。

调整部队员额 自卫队 2002 年底的定编人数：陆上自卫队现役军人为 16.333 万人，应急预备役比 2001 年增加 3 人，为 5726 人，合计 16.9056 万人。由于新编情报安全队，海上自卫队和航空自卫队各增加 14 人，海上自卫队为 4.5826 万人，航空自卫队为 4.728 万人。参谋长联席会议新增加防卫信息通信网络管理人员等 135 人，达到 1854 人。自卫队总员额为 26.4016 万人，比 2001 年缩编 288 人。

文职人员：2002 年底，陆上自卫队为 9125 人（减少 90 人），海上自卫队为 3638 人（减少 33 人），航空自卫队为 3811 人（减少 35 人），参谋长联席会议为 450 人（增编 8 人），其他机构为 7054 人（减少 74 人），合计 2.4078 万人，比 2001 年减少 224 人。

预备役军人：预备役军人与 2001 年人数相同。

加强教育训练 为适应新形势下自卫队任务多样化、国际化及装备高技术化的特点，日本自卫队采取多种办法加强部队训练。

人才培养 开展适应国际需求的教育训练，增派留学生，增加接纳外国留学生的人数，强化外语训练，举办国际论坛。开展适应装备现代化需求的教育训练，购置新型野外无线电维修保养实习器材及巡逻直升机（SH－60K）维修保养实习器材等。

部队训练　陆上自卫队在东富士演习场内新建模拟训练设施（连队规模），海上自卫队配备巡逻直升机用综合训练器材，航空自卫队设置射击靶标装置等。举行日美联合实战演习或联合训练。陆上自卫队：各军区分别进行了多种射击训练，反游击战、反特种部队攻击方面的实战训练。炮兵营进行了中型、重型火炮远距离射击训练等，海上自卫队：实施海上自卫队演习，赴北美方向实施远洋航行实习训练，实施外海航行实习训练，在西太平洋实施潜水艇救援训练，此外还实施护卫队群的训练和 P－3C 反潜巡逻机群的训练等。航空自卫队：实施航空总队综合演习，进行爱国者防空导弹部队年度射击训练（动用 12 个高射队、6 个指挥所运用队、2 套射击器材），派遣 10 架 F－15 战斗机、1 架 E－767 型预警指挥机赴美国关岛参加日美联合训练，实施 C－130H 型运输机、U－4 多用途支援机在海外航线上的飞行训练，实施政府专机飞行训练。

加速武器装备现代化建设　2002 年日本自卫队不断对装备进行更新，加快装备现代化进程。

陆上自卫队　随着现有火炮数量逐渐减少，陆上自卫队计划购置 99 型 155 毫米榴弹炮、MLRS 多管火箭发射系统和 90 式坦克。为加强空中打击火力和运输能力，计划采购 AH－64D 型攻击直升机和 CH－47J 型运输直升机。为执行《禁止防步兵地雷条约》，购进新型防步兵障碍系统代替传统的防步兵地雷。

陆上自卫队 2002 年计划采购 3247 支 89 式步枪、56 支 9 毫米自动手枪、228 挺米尼米式 5.56 毫米机枪、141 挺 12.7 毫米重机枪、36 部 87 式反坦克导弹发射架、57 门 81 毫米 L－16 迫击炮、11 门 120 毫米 RT 型迫击炮、2 门 96 式 120 毫米自行迫击炮、10 门 99 式 155 毫米自行榴弹炮、3 套 MLRS 多管火箭发射系统、1 门 87 式自行高射炮、18 辆 90 式坦克、1 辆 89 式步战车、161 辆轻型装甲输送车、27 辆 96 式轮式装甲车、1 辆 87 式侦察车、1 辆 87 式供弹车、2 辆 99 式供弹车、1 辆 90 式坦克回收车、2 辆 91 式架桥坦克、18 辆 78 式雪地车、2 辆防化车、64 支狙击步枪以及 1 套反游击队或特种兵装置，2 架 AH－64D 型攻击直升机（载有长弓雷达，计划 2005 年装备航校）、2 架 OH－1 型观测直升机、2 架 UH－60JA 型多用途直升机、2 架 CH－47JA 型运输直升机、2 架 LR－2 型侦察联络机（共 14 架）、13 枚 93 式近程防空导弹、46 枚 91 式便携式防空导弹、3 套 96 式多用途导弹发射系统和 260 枚 01 式轻型反坦克导弹。此外，还将投入 808 亿日元购置车辆、通信设备和设施器材等乙类装备，投入 24 亿日元对“霍克”防空导弹进行改进，投入 30 亿日元用于维护训练用 88 式岸舰导弹，改进 2 套 81 式近程防空导弹。

海上自卫队　2002 年海上自卫队计划发展能够大大提高防空能力的宙斯盾驱逐舰（DDG）、具有高性能水下探测能力的潜艇（SS）、具有高性能扫雷能力的扫雷艇（MSC）和反潜、运输、多用途性能良好的 SH－60K 型反潜直升机及 US－1A 型救援飞艇。计划建造 1 艘 7700 吨级的宙斯盾驱逐舰、1 艘 2700 吨级潜艇、1 艘 510 吨级扫雷艇、1 艘 260 吨级支援船，采购 7 架 SH－60K 型反潜直升机、2 架 US－1A 型救援飞艇、1 架 TC－90 型仪表飞行教练机、2 架 OH－6DA 型初级教练直升机，将 1 架 P－3C 反潜巡逻机改装为图像情报搜集机。此外，2002 年还将有 8 艘新舰艇开始服役。另有 9 架 SH－60J 型巡逻直升机将在本年内交货。

航空自卫队　随着现有 F－1 型战斗支援机、V－107 型救援直升机等装备数量趋减，计划 2002 年购置 F－2 型战斗支援机、CH－47J 型运输直升机、波音 767 型空中加油·运输机、UH－60J 型救援直升机。其中 F－2 型支援战斗机到 2002 年度计划达到 65 架，最终采购目标是 130 架；对空中加油机的要求标准是：具备伸缩套管式加油能力和 30 吨以上的载荷能力。

航空自卫队 2002 年计划采购 8 架 F－2 型战斗支援机（其中 2 架双座）、2 架 CH－47J 运输直升机、1 架波音 767 型空中加油·运输机、2 架 UH－60J 型运输直升机、10 架新型初级教练直升机和 1 架 T－400 型运输机·救援机等基本驾驶教练机，改装 1 架 E－2C 型预警机。投入 75 亿日元用于“爱国者”导弹拦截系统的射耗费等，对两个群的“爱国者”导弹拦截系统进行改进。此外，还将有 24 架新飞机交货。

加强情报、信息机能　加强防卫厅的信息机能，完善情报本部与陆海空自卫队的情报搜集体制与情报安全体制，充实各种情报搜集仪器与器材，新设情报职工工资表（暂称），加强情报分析研究队伍建设，确保高水平情报专家的人数；提高中央指挥系统的信息化程度，提高海上作战部队指挥管制支援系统的功能，加快航空自动警戒管制系统的现代化进程；加强应对网络黑客攻击的研究，强化系统安全管理体制，陆上自卫队新编系统防护技术队，海、空自卫队加强指挥通信网络的维护与管理，推动防卫工作的信息化进程，确保信息安全。

加速发展军事科技 重点突出高科技研究开发 ①重点支持开发火力猛、防护力与机动性强、具备C^4I功能、轻量小型的新式坦克。②为确保现有99式空对空导弹继续服役，加强对其改进型的研究，增加其直航距离和主动段飞行距离，提高其反电子干扰、对付横向目标、对付巡航导弹等生存能力。③研究试验适应信息技术发展、兼备信息处理功能与经济效益的未来战机用航空电子设备。④开发P－3C型反潜巡逻机与C－1型运输机的后继机型，通过使二者共用机体的部分构件达到节约经费之目的。

日美共同研究弹道导弹防御技术 对中国防空系统现状进行全面调查研究，继续同美国共同进行弹道导弹防御技术的开发，重点研究海上战区高空导弹防御系统，宙斯盾舰载高空导弹防御系统，可拦截射程达3500千米的弹道导弹。

强化技术研究体制 改组技术研究本部，为加强研究开发评估体制新设技术评估课，为充实信息系统管理体制新设技术情报管理课。

营造更稳定的国际安全环境 加强与周边国家的安全对话 在政策交流方面同相关国家负责防务的首脑及事务级官员进行协商与交换意见，举办亚太地区防务负责人论坛及其分会，举办第八届西太平洋海军座谈会；在军队交流方面实施国际阅舰式，多国搜索救援训练，参加第二次西太平洋潜艇救援训练。

参与军备控制 参加国际裁军会议，举办由各国军备管理及裁军相关人士参加的军控诚信论坛（暂称）。

参与国际和平合作业务 在国外航线上进行C－130运输机、U－4多用途支援机的飞行训练，加强国际和平合作业务相关的教育训练，以便遂行国际紧急援助任务。

资料来源：

①日本《朝云》报2001年9月6日；

②日本《防卫日报》2002年7月17日；

③日本《防卫白皮书》2002年。

（刘世刚）

韩国建军计划与措施 2002年是韩国第十五届总统金大中任期的最后一年，也是韩国国防五年改革计划的最后一年。期间，韩军主要建军计划与措施如下：

制定《2003～2007年国防中期计划》 为构筑“21世纪先进与精锐国防力量”，加强信息化、科学化、尖端化军队基础建设。2002年初，韩国国防部制订了《2003～2007年国防中期计划》。该计划以韩国近年6.3%的国防经费增长率为基准推算，2003～2007年国防经费预算总额为98兆6464亿韩元，其中战力投资费为36兆3155亿韩元，所占比例由2002年的33.5%增至2007年的39.5%；经常运营费为62兆3309亿韩元，所占比例由2002年的66.5%下降到2007年的60.5%。

（一）战力投资领域 1、投资目标与重点。2003～2007年间战力投资领域以“打造能有效应对现实和潜在威胁的21世纪尖端信息技术军队”为目标，将重点放在：优先保证能够同时应对现在军事和非军事威胁的战力；发展应对未来的不确定威胁的核心战力；提高新一代尖端武器的自主开发能力，鉴此将把研究开发费标准从2002年占国防费的4.7%提高至2007年的6.7%，至2015年将提高到10%。2、各领域新制订的战力投资项目。一是C^4I及电子战力量建设领域：预警机、舰用电子战系统、电子光学摄像装备、更换MCRC落后装备、信号情报搜集装备等；二是机动和攻击力量建设领域：改编第11机械化步兵师等；三是海上及登陆力量建设领域：快艇、空对舰“鱼叉”导弹、新型沙滩气垫船等；四是空中及防空力量建设领域：批量生产T－50飞机、便携式防空导弹，延长F－5E/F战机的使用寿命等；五是研究开发领域：开发多用途直升机、军队战术综合信息通信系统、军事信息融合系统、新一代快艇战斗系统、鱼雷等。

（二）运营维持费领域 2003～2007年，运营维持领域的目标是有效维持与管理面向未来的先进的信息化、科学化军队，确立低耗高效的国防运营体制，计划重点实施培养优秀人才、提高官兵士气，改善福利待遇、加强国防信息化与科学化建设、为国民提供更多方便等。一是加强人才培养并改善教育训练条件。培养适应21世纪知识化信息化时代的专业技术人才，扩大计算机辅助教育，实现各军种士官学校等军队教育机关的设施现代化。二是提高官兵士气改善福利待遇。针对部队服役的特殊性，提高官兵士气，改善福利待遇。新设军人子女大学学费补助津贴和家庭分居津贴，落实核心战斗人员津贴，改造军人住房和军营基本设施。三是实现国防信息化与科学化。完成办公用微机、国防情报网保护体系、巨型机等信息化基础设施的建设，2004年开始在麟蹄、洪川科学化训练场进行营级部队对抗训练。四是维持现有战力运营。保证教练弹和装备运转燃料，维持军队防备态势。五是保护国民权益。2005 年前完成污水处理设施与消音等环境保护设施的建设，计划在一定时间内解决军队用地调整、购置哑弹处理场用地、射击场周边居民搬迁等问题。

继续增大军费开支　(一) 既回避“主敌”概念又坚持既定安全政策　由于金大中总统在其任期之内坚定不移地推行“阳光政策”，并于 2000 年与朝鲜实现了南北首脑会谈，朝韩关系总体上呈现缓和趋势。鉴此，韩国在 2001 年、2002 年连续两年中断了年度《国防白皮书》的制订与发表，旨在回避“主敌”概念，为南北和解创造氛围。2002 年底韩国发表《国民政府的国防政策》手册以临时替代年度国防白皮书，该手册主要介绍了韩国政府五年间推行的国防改革情况、21 世纪韩国国防目标及根据国防运营目标和重点而开展的主要工作情况，同时提出了面向未来的国防政策方向，对韩军一直明确使用的“主敌”概念避而不谈。在安全政策上，韩国政府表示，将毫不动摇地保持牢固的安保态势和韩美同盟关系，并长年坚持不懈地开展各种形式与规模的军事训练与演习。韩国认为，美国是韩国安全方面的最大盟友，韩美联合体制是韩国安全的基础和利益所在，鉴于朝鲜半岛被大国环绕的地理特征，即使在半岛统一以后仍有必要继续驻扎美军。

(二) 继续扩大军费开支　韩军认为，为主动有效地应对未来各种安全威胁，至少需要确保国防费占国内生产总值的 3% 以上，目前，韩国防费仅占 2.8%，低于 3.8% 的世界平均水平，而建设尖端军事力量需要大量资金和长期投入，韩国目前的国防费无法满足军队建设需要。2002 年 11 月，韩国国会通过了总额为 17 兆 4276 亿韩元的 2003 年度国防预算方案。比上一年度增加 6.5%。战斗力量投资费为 5 兆 7328 亿韩元，比当初政府预算案增加 4.7%，经常性运营维持费为 11 兆 6936 亿韩元，比当初政府预算案增加 7.4%。战斗力量投资费重点放在完善现在战力、维持牢固的防备态势、应付未来不确定威胁等方面。研制新一代尖端战力等研究开发费用也占了很大的比例，其中 F－15 战斗机等 167 个后续项目预算为 5 兆 5219 亿韩元，建造 20 艘新一代快艇等新项目预算为 2109 亿韩元。

建立适应新型战争的科技信息化军队　(一) 地面力量建设　以建立数字化陆军为目标，重点发展集战场监视、指挥控制通信和精确打击等功能于一体的综合体系，提高遂行立体高速机动作战能力。其中，在战场监视系统方面，将着力发展高性能雷达和无人侦察机；在提高精确打击系统的机动性和火力、射程、精确性方面将着力提高直升机、坦克、自行火炮的性能；在中远程打击系统方面将着力发展放宽射程限制的地地导弹。同时还将提高对空防御系统的性能，重点发展雷达及地对空导弹。2002 年，韩国防部宣布在 2004 年之前将投资 4000 亿韩元从美国购买 111 枚射程为 300 千米的陆军战术地地导弹及 29 部导弹发射架；韩国将从俄罗斯采购价值 5.34 亿美元的武器，包括购买 T－80 坦克、BMP－3 装甲战车、气垫登陆船、KA－32 运输直升机和伊尔－103 教练机；韩国将从美国雷声公司购买用来装备韩国陆军的“飞虎”防空高炮系统的光电跟踪系统；韩国还与美国洛克希德·马丁公司签订了购买 3 部陆基移动式雷达监视系统的合同，洛克希德·马丁公司将于 2004 年 3 月底向韩国交付 3 部 TPS－117 型移动雷达系统及其通信、后勤支援系统，并准备从洛克希德·马丁公司购买 4 部 FPS－117 固定基地雷达，目前韩国已经拥有 9 部该型雷达。

(二) 空中力量建设　韩国计划将空军建成一支训练有素、装备精良的“21 世纪航空宇宙军”。为此，韩军将发展在防御圈内可遂行制空作战并可对陆、海军作战实施支援的战斗力量，该力量将由 F－4、F－16、F－15K 战机等未来空中力量构成；提高可遂行防御圈内的防御性制空作战能力和可打击敌战略目标的攻势性制空作战遂行能力，发展可对敌战略目标实施打击的攻势性制空作战遂行系统，该复合系统将由战斗轰炸机、掩护机、电子战机、对地压制机等构成，它们将组成一个以新一代战机为主的攻击编队群。2002 年，韩国防部宣布正式选定美国波音公司生产的 F－15K 为韩国空军新一代战斗机机型，并将在 2008 年前引进 40 架该型战斗机。另外还计划购买 94 架 T－50 教练机以及其派生机型 A－50 轻型训练与作战飞机。

(三) 海上力量建设　韩军认为，为迎接“大洋海军时代”，建立一支水面、水下、航空力量均衡发展的“尖端立体式海上力量”——战略机动舰队势在必行。为此，韩军将重点发展集海面、水下及对空监视系统，指挥控制通信系统，反舰、反潜及对空打击系统功能于一体的综合体系，提高遂行立体海洋机动作战能力。在提高防御能力方面将以新式舰艇替换旧式舰艇；在具备快速反应能力方面将着力建立机动舰队（3 个机动战团），每个机动战团由 2 艘 KDX－III 驱逐舰（其中一艘为指挥舰）、3 艘 KDX－II 驱逐舰、潜艇、直升机等组成；在持久性打击手段建设方面将重点发展3000吨以上重型潜艇。2002年，韩国海军宙斯盾级驱逐舰和新型潜艇、反潜飞机工程等正在按计划进行。1、一次性引进韩国海军3艘新一代驱逐舰上所需的3套"宙斯盾"系统。2、韩国独立建造的第一艘4000吨级KDX－Ⅱ型"忠武公李舜臣"号驱逐舰于2002年5月份下水。3、KDX－Ⅱ驱逐舰部分武器系统的采购顺利。美方向韩国海军交付了首套国际联合生产的MK 45 Mod 4舰炮系统；韩国与美国洛克希德·马丁公司签订了MK41垂直发射系统的生产和交付合同，洛克希德·马丁公司将向韩国海军提供KDX－Ⅱ驱逐舰项目所需MK41垂直发射系统；美国超级电子公司宣称，其指挥控制系统部从阿莱尼亚·马可尼系统公司处获得为韩国KDX－Ⅱ驱逐舰 项目提供指挥系统的合同。4、韩国防部宣布实施大型登陆舰建造计划，拟在2010年之前投资9513亿韩元建造2艘大型运输舰，并于年内批拨首期开工经费181亿韩元。计划由韩重工业集团建造的大型登陆舰标准排水量为13000吨，满载排水量为18000吨，可载700余名海军陆战队队员、10架左右直升机、2艘快速气垫登陆艇及10余辆坦克和登陆突击装甲车，可大大提高海军陆战队的登陆作战能力，尤其是该舰有事时可改造成可搭载垂直起降飞机的轻型航母，将成为韩国海军扩展其海洋作战范围的一个决定性转折点。5、美国防部表示，可能向韩国出售洛克希德·马丁公司生产的9架P－3B海上巡逻机、发动机及保障设备，以替代韩国在航的S－2海上巡逻机。6、2002年"6·29"西海交战事件发生后，韩国防部表示将加快新一代快艇项目的研制进程，强化新艇在武器装备、通信装备、船体材料等方面的配置和应用。

资料来源：

2002年《韩国国防日报》、《韩国联合新闻》等。

（柴训天）

越南建军计划与措施 2002年，越南继续实施第十个五年建军计划（2001～2005年），力图建立一支"革命化、正规化、精锐化和逐步现代化"的军队。

新建和恢复部分建制单位，调整海警组织指挥关系 越陆军：2002年1月4日，根据越国防部的决定，第2军区在河江省成立了渭川国防经济师。番号为第313师，隶属河江省军事指挥部，主要任务是直接管理和实施渭川、黄树皮两个边境县的国防经济建设计划。9月，第2军区又在山罗省新组建了1个国防经济建设师和马江国防经济建设团。至此，越陆军各军区均编有1～2个国防经济建设师。海军：5月3日俄罗斯从越南金兰湾海军基地撤走所有驻军后，将该基地正式移交给越南。为接管金兰湾基地，适应南海形势发展和未来海上作战需要，越海军于7月10日在金兰湾重新组建了1个舰艇旅。该旅主要装备"毒蜘蛛级"导弹艇，重点担负金兰湾以南至南沙海域的作战任务。防空－空军：7月，在金兰湾重新恢复了1个建制飞行团，主要担负越南西南部和部分南海空域作战任务。越国防部和海军司令部决定，各海警区由海军各区指挥、管理调整由海警局直接指挥、管理。

建设一支强大的海军 2002年6月，越海军司令杜春公少将强调，越南必须建设一支强大的海军，使其成为管理和保卫海洋的中坚力量。为此，1．应加强党的领导，建设政治上精锐的海军部队。2．应加强教育和训练，建立正规秩序，提高战备水平和作战能力，以挫败敌对势力在海上的"和平演变"战略以及使用高技术武器从海上发动的侵略战争。3．继续巩固和完善各种力量组织，同时发展五个兵种：水面舰船、潜艇、海军航空兵、海军陆战队、岸炮及导弹部队。在新形势下，海军要加大投资解决装备问题，建设物质技术基础，为部队装备机动性好、火力强大的新一代战舰。目前，应集中建设水面舰艇，其中应优先建设进攻型舰艇、巡逻舰只、扫雷舰只和猎潜艇，建设一支能随时有效支援岛屿作战的海军陆战队。

加强防御阵地建设 越陆军第1、2军区为进一步完善全民国防态势，提高边境防御能力，构筑牢固的区域防御体系，加紧在边境地区修筑指挥所、防空阵地、炮兵阵地、坑道、隐蔽工事和边境巡逻道路。第7军区从4月20日开始修建国防港口工程，工程总面积6万4千多平方米。该国防港口工程建成后，将大大加强第7军区水上运输能力，更好地满足南海战备需要，促进地方经济发展。越海军先后派出数十艘舰船向南沙岛礁运送大批建筑材料，并在这些岛礁上新建了部分指挥所、火炮阵地、高脚屋、地下工事、射击掩体、弹药库、战壕、交通壕、营房、码头、蓄水池等设施。同时，越海军加强了北部湾前沿岛屿的防御设施建设，先后在李山岛、斗但岛、陈岛、白龙尾岛修建了炮兵阵地、高射机枪阵地、雷达阵地、码头、直升机机场等。

继续改善武器装备 一是自造武器装备。2002年，越军先后建造了2艘船。2月9日，越国防工业总局巴山联合企业建成1艘军事运输船，命名为"长沙21"号。这是近年来巴山联合企业自行设计、建造的第7艘运输船。该船已于11月15日正式交付越海军125运输旅使用，专门执行越南大陆架特别是南海的军事运输任务。5月2日，越海军X46造船厂自行设计和制造的“海警－2002”号船下水。二是购买武器装备。越海军从俄罗斯购买了数艘巡逻舰，并拟购买装有SS－N－25反舰导弹的护卫舰。越陆军从俄购买了部分电子对抗设备、无线电电子侦察设备、装甲燃烧弹等。越防空－空军从俄采购了部分对空警戒雷达、防空导弹系统和移动导弹发射夜视装置，并与俄方就购买苏－22、苏－30型战斗机进行了多轮谈判，达成了初步协议。三是改造现有武器装备。年内，越军在俄军专家指导下，对部分现役苏式、米格式战斗机和大型舰艇、海岸观测系统进行了现代化改造，以提高战斗性能，延长使用期限。

加强军事科技建设 越军十分重视军事科技建设，已建立了军事科技中心、军事科学技术和工艺中心、科学技术环境信息中心等。其中，军事科技中心是一个多功能的科研中心，设有越南国家所有的尖端科技研究项目，如：信息、电子、自动化、新材料、生物、机械物理和生物物理等；该中心能生产一些现代武器装备进口替代品，改进和提高现有部分武器的性能。军事科学技术和工艺中心隶属于国防部，又称国防部武器院，下设2个陆军武器和爆破物实验室，拥有一支经验丰富的科研干部队伍和高水平的技工队伍。近年来该中心按照“快、新”的要求，重点研究开发性能先进的新式武器，满足高技术战争的作战要求。科学技术环境信息中心也隶属于国防部，是越军最大的信息机关，已建立丰富的科学技术环境信息资源，拥有50万册大型科学资料库，从英国、美国、法国、中国等国家订购有关报刊115种、武器技术装备参考书30种、其它专业书籍上百种。其主要任务是及时保障信息服务，满足全军使用信息的要求。目前主要以7种信息产品保证越党和国家、国防部领导、各级指挥员的信息需求，有效地为领导、指挥、研究、教学、训练和国防生产服务。

研究现代空战和河内防空问题 越防空－空军司令阮文申中将就如何打赢现代空战提出了四点要求：一是树立全民族必胜信心。二是提高警惕，把握时机，搞好备战，并乘势夺取现代空战的主动权。三是发挥各种力量的综合实力，特别是发挥防空－空军在现代空战中的骨干作用。四是建立合理的防空态势，为夺取胜利创造最佳优势。在现代空战中，敌人将使用战略轰炸机、隐形战术飞机、巡航导弹等现代武器装备实施非接触性的远程打击。因此，越南要建立包括防空－空军、步兵防空力量、地方防空力量在内的防空态势，保证在多方向、多层次昼夜不间断地打击敌人。在人民防空态势建设上，要考虑诸多因素，特别是民用工程建设与发展要充分考虑防空因素，军区和各省市防御区要合理部署和使用防空力量，形成既广泛又有重点，既能随时就地参战又能快速机动，既使用各种现代武器（飞机、导弹、高射炮、侦察雷达）又使用常规武器（步枪、机枪）的态势。

重视伪装工作 越军认为，伪装工作在战争中发挥着极其重要的作用。越南地处热带，山地面积占领土总面积的2/3，加上植物繁多，四季常绿，伪装工作有许多优势。越军只要充分发挥地形和气候的有利条件，就完全有可能削弱各类现代侦察装备的侦察能力。为适应未来战争需要，越军主要从以下几个方面着手加强伪装工作：一是加强伪装教育和训练。通过教育训练，使部队了解掌握敌人的侦察手段和侦察装备的性能，熟练掌握各种伪装方法，如：使用树叶、伪装漆、伪装网等，特别是施放烟雾，它可使步兵武器的作战效果降低80～90%、反坦克导弹的作战效果降低20～30%。二是制定伪装计划。越军要求各级部门在经济和国防建设过程中，要制定好伪装计划。对于防御区，伪装工作必须从和平时期就着手准备，并制定具体办法。三是实施电子战。越军要求各技术单位必须充分利用武器装备的性能，实施电子战，干扰、破坏敌人的通信系统；同时，要有效地使用发烟罐、伪装板等。坚持在整个作战过程中连续实施伪装，并把伪装与随时反击敌人的侵略进攻紧密结合起来。四是正确运用伪装战术。正确运用伪装战术，可使敌人对越南的作战实力、装备判断失误，从而错误攻击假目标、假阵地，无谓地消耗弹药。六是研制伪装装备和器材。越军强调，要创造有利条件，加大投资，进一步研究制造各种伪装装备和器材。同时，要有选择地购买先进伪装设备，特别是要购买覆盖板、烟雾施放设备和电子干扰设备等，以有效削弱敌人侦察装备的能力，使越军在任何情况下都能对敌军实施主动、突然打击，取得未来战争的胜利。

强化全民国防建设 越军认为，在国防安全领域，越南处在世界和地区政治、经济战略要地，是众多国家安全战略关注的对象，尤其一些大国把越南视为破坏的重点，其基本政策是“和平演变”、“暴乱颠覆”和“军事干涉”，主要战略措施是内部瓦解，为多方干涉、施压寻找借口，从而达到消灭党的领导和社会主义制度的目的。在这样的环境下，越军必须加强全民国防建设，当前应集中解决以下两个问题：一是全民国防要在社会政治稳定、全民大团结的基础上巩固和建设，使民心安定并与新时期建设和保卫祖国的形势和任务相适应。二是全民国防建设要与发展经济、巩固国防安全紧密结合。首先，重点经济区的基础设施建设，尤其是交通线、机场、码头、仓库、邮电、水电建设，要充分考虑发展经济、建设祖国与保卫祖国的两大战略任务；要按照交错、分散的要求，解决好经济工程规划和建设集中与分散的关系，一旦爆发高技术战争可减少损失；经济、社会工程建设要与国防、安全工程建设相结合，一旦遭到敌空袭和导弹袭击就能有效预防、还击。第二，海洋、沿海和海岛战略区建设，要集中国内资源、动员外国投资，快速发展尖端经济产业，如远洋海产捕捞、油气、旅游、海洋运输等，既保卫海洋、海岛，又加强越南武装力量在海上的活动，阻止外国侵犯越南领海、海岛主权；把一些海岛建设成既是海产加工基地，又是后勤、技术基地，特别是要把较大的海岛建成经济－国防岛；组织移民到远离大陆的海岛上定居，边发展经济，边增强国防安全潜力，建设稳固的海洋、海岛国防安全态势；充分利用科技发展成果，逐步推进海军技术装备现代化，使之成为维护海洋、海岛政治经济主权的骨干力量。第三，山区和边境战略区是关系到国家安全的战略要地，要集中投资建设一些经济基础设施、工业区和山区边境城市；发展交通、邮电、医院网络，为平时和战时的群众生活、军事和国防活动服务；搞好天然溶洞系统规划，建立战争储备库；有效地执行定耕、定居和居民部署调整方针，形成乡村战斗群落和边境省、县防御区。

开展军事外交活动 2002 年，越国防部长范文茶上将率团访问柬埔寨，总参谋长冯光清中将率团访问老挝、古巴，副总参谋长阮辉效访问部分欧洲国家，防空－空军副司令访问俄罗斯；国防部、海军先后派出 2 个联合代表团访问俄罗斯。同时，应越军邀请，美军太平洋总部司令、老挝国防部长、副部长、总政治局局长，泰国武装部队最高司令、海军司令，菲律宾武装部队总参谋长，法国军队总参谋长，新加坡国防军司令，以及古巴、柬埔寨、印尼、中国军队代表团等先后访问越南。越军与上述各方主要就加强双边军事合作、促进军事交流、联合打击国际恐怖主义、互换情报信息等问题进行了磋商，并取得了积极的成果。越分别与柬埔寨和菲律宾签署了军事合作协议。12 月中旬，越国防部主持召开对外军事工作会议，总结 2002 年开展军事外交情况，并对今后的对外军事工作提出了如下要求：在独立自主、尊重主权的基础上，进一步加强“多样化、多方化”的军事交流，不断提高越军在国际上的地位，同时防止外国敌对势力的入侵。

资料来源：

越南《人民军队报》、《全民国防》杂志（2002 年）；

（钟学良）

泰国建军计划与措施 **进行军队教育体制改革** 为适应军队现代化建设和高科技条件下局部战争的需要，泰国积极进行军队教育体制改革。

（一）努力实现军队教育与国家教育相结合。2002 年泰国政府对教育法、国防法的一些条款做了修改与补充，确定军官队伍的培养是军队教育的首要任务，也是整个国家教育的重要任务，责成教育部和国防部共同制定军队教育工作计划并组织实施监督与检查。同时，国防部教育管理机关和各军事院校重新调整编制，缩减规模、合理组织，逐步实现军队教育与国家教育相结合。

（二）探索提高军队教育质量的改革之路。泰国政府和军队将提高军事院校教育质量作为军队教育体制改革的中心环节，摸索出一套行之有效的方法：一是革新教学方法和内容，启迪学员的创造性思维。按照现代高科技战争的需要，调整教学内容和培训章程，利用课内外教学相结合的方式，在高科技装备的帮助下，加强学习、研究和探讨，开发学员的创造性思维，培养他们科学、正确、及时做出战争指挥决策的能力。在军官的培养过程中，各军事院校尤为注重高级军官和学科带头人的培养，因为他们有能力吸收运用军事科学研究方法和现代军事科技成果，成为制定国家军事发展战略的高级智囊。二是加强物质基础建设，做好教学后勤保障工作。保证各军事院校经费、物资和现代化装备的供给，完善教学资料的数据库管理，为教学与科研工作提供良好保障；加强军地院校间的合作，交流科学管理和先进教学方法，交换尖端的教学技术设备。三是建设高素质的军校教员队伍。要求优中选优，保证教员队伍人员足、素质高、无断层，同时积极为教员的自修、科研及深造创造便利条件，并改善教员的福利待遇。

重启海军现代化建设 随着金融危机过后国家经济的逐步恢复，泰国海军又重新将建设“蓝水海军”发展规划提上了议事日程，力争花最少的钱，办最好的事。一是努力改善装备状况。2002 年，泰国与澳大利亚联合制造的 3 艘“华欣”级巡逻炮艇和 3 艘近岸巡逻艇投入现役，它们的服役将有利于泰国海军进一步加强在暹罗湾和安达曼沿海的巡逻监控力度；为改变护卫舰“大材小用”的状况，泰国海军拟耗资 8300 万美元从中国购买 2 艘巡逻舰，以替代护卫舰执行外海巡逻任务；将澳大利亚提供的 AN/SPS5 2C 型三维远程对空侦察雷达安装在“查克里·纳吕贝克”号直升机航母上，为航母的全面启用做准备。在努力改善水面战装备的同时，加强空中力量建设，力争至 2006 年引进 30 架 A－7E 型攻击机、37 架舰载直升机、11 架陆基救援飞机及 6 架海上巡逻机，并计划向美国购买 8 架 F－18C/D 型战斗机。二是加强军事演练。为尽快恢复正常的战备执勤能力，海军进一步强化军事演练，重点进行基础科目的训练，同时注重与外军的协同演练，不断提高防空、反潜及水面攻击作战能力。其中：5 月中下旬，泰国、新加坡两国海军在新加坡附近海域举行了代号为“泰新 2002－12”的海上联合军事演习，泰海军“素可泰”号护卫舰在新加坡海军的协助下首次成功发射了“鱼叉”导弹。与此同时，美国、泰国、新加坡三国军队在泰国中、东部地区和暹罗湾海域举行了代号为“金色眼镜蛇·2002”诸军兵种联合军事演习，泰国海军出动 10 余艘舰艇和部分飞机参演，首次演练了反恐、禁毒、信息战科目。6 月上中旬，美国、泰国两国海军在泰国东部地区和暹罗湾海域举行了代号为“卡拉特·2002”联合军事演习，因金融危机而一度“休航”的“查克里·纳吕贝克”号直升机航母在演习中亮相。7 月中旬，泰国海军参加了美国与马来西亚、菲律宾、印尼、新加坡首次举行的代号为“海猫”的海上反恐联合演习。此外，泰国海军还积极推行“军事外交”，与美国、英国、澳大利亚、新加坡、马来西亚等国开展诸如要员、舰船互访等军事交流与合作活动。

拟定空军未来发展计划　为建立一支精干、高效的部队，泰国空军拟定了未来发展计划：（一）进行精简整编。在 2002～2007 年间，泰国空军计划将现有编制人数（约 5 万人）裁减 20%，使人机比例达到 150：1 左右；将 30 个机关缩减为 17 个，分为指挥、作战、保障、教育和特勤 5 大类，以减少机构重叠和中间环节，理顺作战指挥程序，增强机关职能。（二）培养高素质人才。空军的高科技装备需要拥有丰富知识、技术娴熟、体格健壮的人员来操作。为此，泰国空军非常重视各层次人才素质的提高，对空军学院和空军技术学校课程进行修订，选派优秀人才赴国外深造，并对预备役进行了专门训练。（三）完善武器装备。泰国空军将继续从国外引进高新武器装备，计划购买多功能战斗机、加油机和空中预警机，争取在 21 世纪初组建 5 个战斗机和 3 个轻型攻击机中队。同时，还准备发展空对空、空对地武器，进一步升级指挥、控制和预警系统。（四）提高福利待遇。为鼓舞部队士气，泰国空军注重提高人员的福利和生活水平，提供低价消费品和职业教育，并制定了长期购地和建房计划，主要面向低层军官，保障他们在退役后拥有属于自己的房屋。

资料来源：

①泰国《海军学》2002 年；

②越南《全民国防》2002 年第 10 期；

③英国《简氏防务周刊》2002 年。

（孟　丽）

菲律宾建军计划与措施

空军未来建设规划　2002 年 7 月 8 日，菲律宾总统阿罗约在维拉莫尔空军基地出席空军 55 周年庆典仪式上，就如何加强菲律宾空军未来建设发表了讲话，主要内容如下：（一）大力推进装备现代化建设。菲律宾政府将在资金等方面给予大力支持，以便空军能够逐步采购具有先进电子、火力系统的现代战机和直升机。（二）重点提高全天候作战能力和航空侦察能力。菲律宾政府计划为空军优先采购一系列的武器装备，其中包括电子目视装置及先进导航设备，以帮助飞行员在夜间及恶劣天气下飞行，提高全天候作战能力；引进先进的电子侦察器材等相关设备，使空军的航空侦察水平上一个台阶。（三）努力提高地空保障能力。菲律宾空军要加强专业技能训练，努力提高空中和地面的技术保障能力，确保各类飞行活动的安全。（四）菲律宾空军将重视与美国等军事强国的每一次军事演习，从中学习新的军事思想、先进的训练方法和技战术战法，全面提高自身的战斗力。

重视预备役力量建设　菲律宾实行总体积极防御战略，即在国家面临重大威胁时，将动员包括军事力量在内的一切力量进行防御。为此，菲律宾十分重视预备役力量建设，逐步实行以新加坡“全民防御”为模式的预备役体制，建设一支训练有素、装备齐全的预备役力量。菲律宾预备役力量包括预备役部队、国民防卫军等，总兵力达到 21.15 万人，是现役兵力的 2 倍。预备役训练由后备军官学校和后备军官训练团负责。后备军官学校主要训练正规军的士官和后备军官训练团的初级班毕业生（即预备役士官），训练期 6 个月，毕业后即为预备役军官。后备军官训练团是设在各大学和专科学校的军事训练机构，凡未婚、专科男生（退伍军人及身体不合格者除外）必须参加训练。训练分初、高级班，受训时间各 2 年，每个星期日训练 3 小时，主要课程有队列、武器使用、实弹射击、地图识别，战术演练等。每年夏季，全国各地后备军官训练团初、高级毕业班学员，经陆军训练司令部进行为期8周的集训后毕业。国民防卫军则主要训练队列、兵器使用及射击技能等，训练时间一年最多不超过30天。

进一步加强与美国的军事合作 阿罗约总统将菲美军事同盟关系视为菲律宾的战略资产。“9·11”事件后，阿罗约第一个表态坚决支持美国的反恐斗争，并与美国签署了《反恐合作协议》。从2002年1月底开始，菲律宾与美国在菲南部棉兰老岛三宝颜市和巴西兰岛举行了为期半年的“肩并肩·2002”联合军事演习，美军派出660人（包括160名特种部队士兵）帮助菲军士兵进行反恐作战科目的演练，至此美国在菲律宾开辟了反恐“第二战场”。7月底演习结束后，1000多名美军仍滞留在菲境内，等待在10月份再举行新一轮联合军事演习，暂定演习时间为9个月，从而把美国在菲律宾的军事存在延长到至少2003年6月。为进一步推进双边军事合作，菲律宾与美国成立了“联合国防政策委员会”，共同商讨国防政策以及与地区安全稳定有关的对策等。11月，菲律宾与美国又签署了对今后双方军事合作有重大意义的《后勤互助协议》。该协议规定在菲国内设立后勤设施，为来访的美军人员和舰艇、飞机提供补给和后勤服务等。作为回报，菲律宾获得了美国提供的46亿美元的经济、军事援助。其中，2002财年美国提供7000万美元的援助款（含军援1700万美元）。同时，美国还向菲律宾输送了包括1架C－130型运输机、8架UH－1H型直升机、25门迫击炮以及第二代夜视器材和热成像设备等在内的大批武器装备。

资料来源：

①菲律宾政府官方网站2002年资料；

②英国《简氏防务周刊》2002年报道；

③日本《东京新闻》2002年报道。

（孟　丽）

新加坡建军计划与措施

组建反生化部队 鉴于全球恐怖主义威胁趋向复杂和多元化，恐怖分子已从发动炸弹攻击逐步转向利用生化武器和辐射性污染来展开攻击。2002年1月，新加坡武装部队成立了“生化武器、放射性物质、爆炸物防御团”，以加强其应付非常规武器威胁的能力。这支特种部队约有1400人，由军火拆爆组、生化武器防御组和医疗急救队三个部分组成，专事搜查和清除爆炸物、有毒化学物质和放射性物质以及在遭到生化武器攻击时快速展开紧急救援行动。该部队成员必须在4分钟之内穿上防护衣和保护面罩，在危险范围以外的缓冲区内为受害者清除身上有毒的化学物质。他们平均可以在1小时内为90名受害者完成清除工作。

做好应付信息战的准备 新加坡将发展信息技术能力和电子作战能力列为21世纪国防战略的重点。众多分析家认为，新加坡的信息战能力在东南亚地区处于最先进水平。其国内与信息战相关的单位主要有：军事科技局及其下属的各个国家实验室等。军事科技局担负建设和发展指挥、控制系统及特种基础设施的任务，国家实验室则主要担负军事计算机和信息传送基础设施的研究工作，制定在遭到外敌进攻时所要采取的防护办法和措施。

追求武器装备精良化 在武器装备方面，新加坡一直坚持求“精”原则，依靠高科技军事装备提高自身的战斗力。陆军全面实现了机械化，具有高机动性和快速部署能力，其国产的“比奥尼克斯”步兵战车、“野马”全地形履带式运输车等已走向国际市场。海军正逐步向大型化、导弹化和电子化方向发展，近海作战能力显著增强，现已成为东南亚地区的海上劲旅。随着未来隐形护卫舰及大型登陆舰投入现役，新加坡海军将具备远海作战能力。2000年3月，新加坡向法国订购了6艘隐形护卫舰。首舰已于2002年11月在法国洛里昂船厂开工建造，其余5艘在新加坡国内建造，预计首舰将于2005年加入现役，2009年全部交付使用并形成战斗力。空军拥有东南亚地区最先进的战斗机群，现已装备预警机、空中加油机、战斗机、攻击直升机等，还计划在未来5～10年内购买数十架先进战机以对现役老式战机进行更新换代。新加坡向美国订购的20架AH－64D“阿帕奇”攻击直升机，其中8架于2002年底交货，其余12架计划从2005年起陆续到位。2003年，向美国订购的20架F－16C/D型战斗机将到位，届时该型机将达到46架。

资料来源：

①越南《全民国防》2002年1月；

②中国《国防科技》2002年2月。

（孟　丽）

马来西亚建军计划与措施

年满18岁的青年服役半年 马来西亚国防部长纳吉布·敦·拉扎克2002年11月12日说，从2004年起，马来西亚所有年满18岁的青年必须服役半年，参加军事或其他形式的训练，其目的不是为了加强武装力量，而是为了培养年轻人的爱国主义、民族自尊和种族和睦精神。军事训练将包括射击及队列训练等科目。

重视对外军事交流与合作 马来西亚武装部队非

常重视发展双边防务关系，并将其作为政府开展外交的“第二途径”。马来西亚现已与21个国家建立了双边防务关系，主要涉及军事合作、国防工业合作及国防科学技术合作等方面。与此同时，马来西亚武装部队还积极参加诸如“卡拉特”演习、五国联防组织防空演习等，以提高军队的现代化作战水平。特别值得关注的是，马来西亚与美国之间的秘密防务合作。马来西亚陆、空军经常与美国同行一起进行联合训练，并提供基地供美军进行丛林战训练。同时，美军飞机和舰船经常进出马来西亚的机场和港口，美国还为马来西亚军人提供军事教育和训练机会。

引进先进武器装备 购买现代化武器装备是马来西亚武装部队建军计划的重点项目之一。向巴基斯坦订购的反坦克导弹系统和低空地对空导弹系统已在2002年内装备到陆军特种部队。2002年4月，在亚洲国防技术展览会上，马来西亚与欧洲MBDA公司和俄罗斯国防出口公司签署了两项总价值为3.64亿美元的军火合同。按照合同，欧洲MBDA公司将向马来西亚提供价值3.16亿美元的“杰纳斯”低空防空导弹系统，俄罗斯国防出口公司将提供价值4800万美元的“针式”移动高射导弹系统，计划在3年内交付使用。马来西亚国防部长纳吉布·敦·拉扎克称，这是自1994年以来马来西亚签署的最大一宗军火交易，将主要用于提高陆基防空能力。10月，马来西亚和波兰达成协议，向波兰购买48辆PT－91型坦克，并于2004年装备陆军，这将是东南亚国家最现代化的坦克。空军计划购买先进的新型飞机，初步拟定在俄罗斯的苏－30M“侧卫”制空战斗机和美国的F/A－18E/F多功能战斗机之间选其一；同时，还准备对米格－29型、F－5型战斗机及RF－5E型侦察机进行改进，以提高其作战性能。海军于2002年6月订购了2艘由法国舰艇建造局和西班牙伊萨尔造船厂联合生产的新型“鲑鱼”级常规动力潜艇。根据协议附带的内容，法国舰艇制造局将向马来西亚海军赠送1艘二手“阿戈斯塔”70型潜艇，以作训练之用。订购的2艘“鲑鱼”级潜艇是CM－2000型。计划在2007～2008年间交付使用。在未来数年内，马来西亚将购买10艘潜艇，以使国家安全达到“让人放心”的地步。根据马来西亚海军长远规划，在未来10艘潜艇当中，4艘必须处于海上巡逻状态，其余6艘则进行维修保养以便轮换或用于训练。所有潜艇将以在沙巴州新建的潜艇基地作为母港。

资料来源：

①马来西亚《亚洲防务》2002年9月；

②中国《国际展望》2002年10月；

③中国《现代舰船》2002年9月。

（孟　丽）

印度建军计划与措施 2002年，印军继续坚持“稳定数量、提高质量”的建军方针，积极发展常规及核威慑力量建设，主要情况如下：

继续改善武器装备 年内，印军继续通过研制、引进和改造等方式，努力提高三军武器装备的现代化水平。（一）陆军　从俄罗斯购买了94辆T－90S型坦克、1000枚“短号－E”型重型反坦克导弹、400枚“针式－S”地空导弹和“旋风”型多管火箭炮系统等大批武器装备，并计划从俄引进4套S－300PMU1型防空导弹系统、28套“通古斯卡－M1”防空系统和1万枚“红土地”激光制导炮弹；印还就改造BMP－2型步兵战车和T－72MI型坦克与俄达成了协议。与美签署了价值达11.46亿美元的采购协议，拟从美购买8套火力探测定位雷达和26套单信道地空无线电通信系统。计划从以色列引进“箭”式导弹防御系统、80套EL/M－2140型战场侦察雷达、“绿松”弹道导弹早期预警雷达；印陆军分别从瑞典、波兰、南非购买了200门155毫米博福斯榴弹炮、130毫米M－46型加农炮和履带式步兵战车及激光制导炸弹等装备。印陆军对“毒蛇”反坦克导弹进行了成功试射，开发研制出单兵便携式短程战场监视雷达。印度国防研究与发展组织研制的新型坦克在拉贾斯坦战区完成了6个月的初步试验。（二）空军　印空军从俄罗斯购进了10架苏－30MKI型战斗机，在2003年再引进22架该型战机，剩余140架则由印自行生产。印空军还陆续从俄引进了1架伊尔－76MD型运输机、8架米－17型要人专用直升机和100枚R－27R1、R－60MK型空对空导弹、1000枚BETAB－500型航空炸弹以及价值8200万美元的零配件。计划向俄购买米格－AT型教练机和米格－21比斯型战机零部件生产线。从以色列引进了10架“搜索者－II”型无人侦察机，并计划从以色列购买100枚“蟒蛇－4”型和“德比”式空对空导弹。印空军与法国就2003年向印交付10架“幻影”－2000H型战斗机达成最终协议，同时积极向法洽购126架“幻影”2000－5型战斗机，并拟在印建立“幻影”战斗机组装线。印空军计划向美采购60架C－27J/C－130J型运输机及GE－404型发动机，并在2003年前从乌兹别克斯坦引进6架伊尔－78GAJF空中加油机。为提高空中预警能力，印、俄、以三国还计划以俄制伊尔－76MD型机为平台，加装以色列“费尔康”机载雷达系统，配备印软件程序，合作研发空中预警机。（三）海军　先后将国产“基尔奇”号导弹护卫舰、“帕拉巴尔”号导弹艇以及从俄罗斯购买的“克里瓦克 II”级护卫舰“塔尔瓦尔”号相继编入海军战斗序列，其余两艘“克里瓦 II”级护卫舰“特里苏尔”号和“塔巴尔”号将于2003年列装。从俄罗斯购买了2架“卡－31”型电子战直升机，并计划从俄引进“阿穆尔”级常规潜艇和3艘“基洛”级潜艇、21架“卡－36”型直升机、6架卡－28舰载直升机、72枚“天王星”反舰导弹、100枚“牛虻”式舰对空导弹和200枚“俱乐部”型超音速反舰导弹。印海军计划向美国购买12架P－3C型反潜巡逻机，向英国购买“常胜号”轻型航母，与法国就引进3艘“鲉鱼”级柴油潜艇签署了谅解备忘录。

继续推进核武器化进程　年内，印度继续采取措施推进核武器化进程，战略威慑力量已初具规模。主要做法是：（一）确立核政策　印度的核政策主要内容包括：1、建立和保持最低限度的可靠核威慑；2、坚持不首先使用核武器；3、一旦遭受核攻击将进行大规模的核打击；4、报复性核打击只能由文职领导人授权并通过核指挥机构实施；5、不对无核国家使用核武器；6、当印度或其武装部队受到生化武器攻击时，印将保留选择核打击的权利；7、继续严格控制核材料、核技术以及导弹材料和技术的出口，参加禁止可裂变材料的谈判及继续执行暂停核试验的政策；8、继续致力于全球核裁军，以实现建立无核世界的目标。（二）筹建核指挥机构　4月，印政府出台了核力量指挥与控制体系组建计划，并于6月正式组建国家战略核司令部。该司令部隶属印度国防参谋部，具体负责印度战略核力量的指挥与控制。在国防参谋长未任命之前，国家战略核司令部暂向三军参谋长委员会主席报告有关情况，但使用核武器的最终决定权仍属于总理领导的内阁安全委员会。2003年1月4日，印政府正式成立了由“政治委员会”、“执行委员会”和“战略部队司令部”组成的核指挥系统。在该指挥系统中，“政治委员会”是惟一有权下令使用核武器的机构，其主席由印总理担任；“执行委员会”负责向“政治委员会”提供决策咨询并贯彻其下达的指令，主席由总理国家安全顾问担任；“战略部队司令部”隶属联合国防参谋部领导，负责核武器的日常控制和管理，驻地设在首都新德里，首任司令由印空军原空军司令阿斯塔纳中将出任。印政府上述举措确保了该国政治领导人在核武器使用问题上拥有最高决策权，标志着印度“三位一体”核力量指挥系统已初步形成。（三）继续发展核运载工具　在陆基核力量上，射程250千米的“大地－2”型地对地导弹已编入现役，计划装备部队50枚；射程2500千米的“烈火－2”型弹道导弹于年内列装，印陆军正加紧组建“烈火－2”核导弹部队，作为当前印度核威慑的主要力量。射程700千米的“烈火－1”公路机动型导弹在1月份进行了试射，即将投入批量生产；射程3500千米的“烈火－3”型导弹将于2003年底进行试射。在海基核力量上，射程350千米的“大地－3”型海基导弹已编入海军，计划装备100枚；国产核潜艇将于2007年建成下水，所装备的“萨加里卡”潜射导弹计划于2003年进行第1次试射。在空基核力量上，除从俄引进了10架苏－30MKI型战斗机外，印还积极向法国洽购具有载核能力的“幻影－2000D”型战斗机。此外，印俄联合研制的“布拉莫斯”多用途巡航导弹年内进行了第2次试射，计划于2004年列装。（四）提高核防护能力　5月，印度成功研制出能抗核生化武器打击的“综合战场掩体”，该装备可用于指挥部、观察哨和通信中心，能为30人持续提供96小时的核生化保护。为对付核袭击或生化武器袭击，印度计划组建一支特殊的快速反应部队，分别部署在加济阿巴德（负责德里和其他北部地区）、兰契（负责东部地区）、科塔（负责西部地区）和钦奈（负责南部地区），以对“核生化武器袭击做出第一时间反应”。该部队将从国外购买现代化装备，以成为一支装备精良的高级特种部队。

加强作战指挥自动化系统建设　印军为保障军队各级司令部实现信息传递一体化、文电处理自动化及决策科学化，提高军队的作战指挥效能，十分重视提高指挥管理与通信的自动化水平。2002年，印军已完成了战术C^4I系统的研制并在全军推广使用，正逐步建立和完善战略C^4I系统，其总的发展方向：一是实现领率机关办公自动化。在总部和各战区之间建立微机网络、软件中心、大型计算机中心和固定通信中心，使作战、训练和管理等工作实现计算机化。二是实现野战部队无线电通信网络化。以卫星、个人计算机和传感器等多种通信手段为基础，在各战区之间形成C^4I系统，实现通信网络化。陆、海、空三军旅以上部队均将建立起电子数据处理中心和计算机中心，构成一个完整的、庞大的三军C^4I军事指挥自动化系统。三是努力实现通信国际标准一体化。随着全球通信事业的发展，印军的通信将解决以国际公认的军事标准为基础的问题。未来，印军通信将以国际上标准化通信网络为基础，以便引进国际先进技术，并易于与各类通信网络连接。

加强快反部队建设 印军根据 2001 年制定的《新快速机动战略》，加强了快速反应部队建设。印军采取各军种分别建立的做法，力争尽快在陆、海、空三军建立起快反部队。其中，陆军在 20 世纪 90 年代中期将步 54 师改建为空中突击师的基础上，计划再组建一个同等规模的空中突击师，其具体编制是：师部下辖两个空中突击旅、一个伞兵旅、一个空降炮兵旅等。海军将以海军陆战队为主体，建立一支兵力约 2000 人的快速反应部队。空军快反部队计划由先进战斗机和运输机组成，主要包括两个“幻影”2000 战斗机中队、3 个米格－29 战斗机中队和 1 个苏－30 战斗机中队以及运输机和直升机部队组成。印陆、海、空三军的快速反应部队将朝如下方向发展：一是加强机动能力，保持高度战备。印度要求快速反应部队能在一周内部署到出事地区，并立即投入战斗。二是加强独立作战能力。三是在编制规模上保持适度。印度求其快速反应部队占现役总兵力的 10% 左右，但在非常时期可以扩大编制规模。四是在武器装备上保持先进。五是采取平时各自管理、战时集中指挥的指挥体制。印度快速反应部队是由陆海空三军分别建立的，指挥和控制的难度比较大。因此，印度准备建立快速反应部队总司令部，以便统一指挥三军的快速反应部队。

加强对外军事合作 年内，印军重视加强对外军事交流与合作，并取得了积极成果。（一）与美军事关系全面升温， 2002 年，印国防部长费尔南德斯、陆军参谋长帕德马纳班以及内政部长阿德瓦尼先后访美，美国防部长拉姆斯菲尔德、国务卿鲍威尔、联邦调查局局长罗伯特·米勒、参联会主席迈尔斯、太平洋总部空军司令、第七舰队司令也相继访印。期间，双方就密切两国军事关系、加强反恐合作与情报交流、实施人员训练进行了广泛磋商。两国年内相继签署了《军事情报和安全合作协议》、《武器销售与军事技术合作协议》，并就《防务采购与维修协议》草案达成一致。印还向美提出了 81 项武器装备申购计划，其中 20 项已获美国防安全合作局等部门批准。决定自 2002 年 10 月 24 日起，1400 万美元以下的对印军售合同无须美国会批准。（二）与俄军事关系继续深化。印将加强印俄防务合作当作深化两国战略伙伴关系的重要内容，印国防部长、海军参谋长、东海司潜艇部队司令相继访俄，负责军工生产的俄总理克列巴诺夫、俄外长、安全委员副主席及海军部长也应邀访印。双方就印俄战略伙伴关系、打击恐怖主义、印继续向俄购买大量军事物资及获取自行生产武器许可证、联合开发新武器系统、在俄训练印特种军人等问题进行了磋商，先后发表了《关于打击恐怖主义的联合声明》，签署了《防务合作议定书》、《反恐合作谅解备忘录》。（三）与欧盟及周边国家的军事交往不断发展。印注重发展与欧盟及周边国家的军事交往。年内，法国议会上院国防委员会主席、法海军参谋长、英国防大臣和国防参谋长、以色列海军参谋长、阿富汗国防部长、塔吉克斯坦国防部长、尼皇家陆军参谋长等相继访印，印国防部长和陆、海、空三军参谋长也分别出访新加坡、柬埔寨、英国、瑞士、日本、塔吉克斯坦、乌兹别克斯坦、澳大利亚、尼泊尔、不丹等国。印与法举行了印法防务合作高级委员会第 5 次会议，签署了购买新型潜艇的谅解备忘录，并积极向法求购“幻影 2000－5”型战机及组装线。印向尼提供了大量武器装备，允诺共享反恐情报，支持该国打击国内反叛武装。印为扩大其在中亚地区的影响，谋求在阿富汗问题上拥有发言权，还分别与哈萨克斯坦签署了军事和技术合作谅解备忘录，与塔吉克斯坦就加强军事技术合作及反恐情报交流签订协议，就印帮助其训练军队和印为杜尚别伊尼军用机场安装新的导航系统等问题进行磋商，并决定协助阿过渡政府培训警察，组建军事院校。印海军先后与泰国、新加坡和法国海军在曼谷湾东海域、印科钦和孟买附近海域举行了联合军事演习；印海岸警卫队与日海上自卫队在孟加拉湾马德拉斯海域举行了海上搜索与救援联合演习；印陆、空军也与英、法空军在印拉贾斯坦邦举行联合空降演习；印还参加了由美国、孟加拉国、蒙古、尼泊尔、斯里兰卡等国举行的代号为“多国排训练事务”联合军演。

（刘温国）

土耳其建军计划与措施 增强空军实力

2002 年 6 月，土耳其与美国波音公司正式签署总金额达 11 亿美元的合同，波音公司在经过设计和研制后，将在今后 2～3 年内向土耳其交付 4 架装有空中预警与控制系统的波音 737 改装型飞机，同时将与土合作在土建立一座航空工作中心。这是土耳其有史以来签订的金额最大的军火购置合同，将使土耳其空军具备监视本地区所有军事调动情况并做出相应反应的能力。2002 年 8 月，土耳其又与以色列签署了一项总价值 7600 万美元的合同，向以色列航空工业公司购买 108 架“哈尔比”无人作战飞机。目前以色列已向土耳其交付了 54 架，其余的将在 2004 年底前交货。“哈尔比”无人作战飞机作为突袭武器，专用于轰炸敌方的军事与科技目标，如雷达阵地等，土耳其也是继韩国和印度之后，第三个购买“哈尔比”无人机的国家。

加强海军建设 为增强海军实力，土耳其与美国签订了价值3亿美元的军购合同，订购8架SH－60B反潜直升机。为加强海军实战能力，2002年6月6～17日，土耳其在爱琴海举行了代号为“海狼－2002”的年度海空联合军事演习。演习共分4个阶段，参加演习的有土海军舰艇部队的60艘军舰和大批战机，土空军的各类作战飞机、陆基雷达部队和海岸警卫队。

深化同以色列的军事合作 自1996年土耳其与以色列建立军事关系以来，两国之间的军事合作不断加强。2002年2月，土耳其与以色列在特拉维夫举行双边军事和战略会谈，两国军事和政治高级官员以及美国有关方面的负责人出席。与会期间，以色列向土耳其详细解释了伊朗拥有射程2千米的导弹对两国构成的直接威胁。为应付不利局面，两国一致决定制定一个关于建立联合导弹防御体系的详细计划，增强两国的防御能力。此外，以色列还参与了为土耳其生产90架供军事侦察用的无人驾驶飞机的工程，承包了土耳其150辆“M60”坦克及50架“F4”战机的更新工程。

接管阿富汗国际维和部队指挥权 阿富汗国际维和部队于2002年初成立后，英国暂时领导着这支由18个国家的5000名士兵组成的部队。6月20日，按照原定计划，土耳其正式从英国手中接管了阿富汗国际维和部队的指挥权。交接仪式在阿富汗首都喀布尔的国际维和部队司令部举行，刚就任的阿富汗过渡政府总统卡尔扎伊参加了交接仪式，土耳其指挥官希勒米·阿金·佐卢少将在仪式上说：“我宣布，我从现在起行使国际维和部队的指挥权。”在以后的6个月，土耳其领导了这支拥有约5000名士兵的维和部队，土驻扎在喀布尔的士兵数量也逐渐从开始的261名增加到1500名。土耳其的盟国也在通讯、空运和财政方面给予大力支持。土希望接替英国领导维和部队的举动能够扩大其在西亚地区的影响。

资料来源：

① 2002年美国《每日防务》；

② 2002年以色列《耶路撒冷邮报》。

（王　晗）

伊朗建军计划与措施

成功试射战术导弹 伊朗一直将发展导弹技术作为国防建设的重点项目。2002年，伊朗不断进行导弹研制、生产和发射试验，取得了令人瞩目的成就。（一）导弹研制方面。伊朗一直从俄罗斯、朝鲜等国得到导弹设备、技术及相关知识的协助。今年伊朗在俄罗斯等国协助之下，努力研制射程达2000千米的“谢哈布－4”型的远程导弹，预计其改良型的射程可达到意大利、德国、波兰、捷克、匈牙利及希腊等北约国家。5月26日，伊朗国防部长阿里·沙姆哈尼称，伊朗将继续改进现有的“流星－3”型中程弹道导弹，到目前为止，伊朗对该型导弹的所有发射试验都取得了成功。（二）导弹试射方面。2002年2月24日伊朗空军成功地从一架直升机上试射了一枚本国制造的空对地导弹。9月6日，伊朗国防部宣布，伊朗成功试射了一枚自行研制的新型“征服者”A－110型地对地导弹。9月24日，伊朗国防部长沙姆哈尼在出席“征服者”A－110型导弹的投产仪式上称，伊朗发展导弹工业是为了加强本国的防御能力。维持地区力量的平衡。

不断扩充海军实力 2002年5月伊朗官方称，伊国防部和海军已经完成了伊朗第一艘驱逐舰“莫杰”号的建造工作，这艘驱逐舰很快就能进入现役。伊朗海军称，该驱逐舰拥有先进的电子系统，具备反潜作战和防空作战的能力，能够有效执行进攻和防御任务。该驱逐舰的完工，标志着伊朗国防工业取得巨大进展，也证明了伊朗能够在引进外国技术的基础上，自行制造诸如巡逻艇和小型潜艇等作战舰船。2002年12月，朝鲜向伊朗交付了15艘海军舰艇，包括6艘“配卡卜”海岸巡逻艇，2艘“蒂尔”炮艇和5艘“大同”微型潜艇。其中“大同”微型潜艇中有3艘是“大同－C”潜艇，2艘是“大同－B”潜艇，两者装备有直径为32厘米的鱼雷。这种微型潜艇一般在执行特殊任务时使用，是伊朗海军的一种新的武器类型。早在2002年3月，朝鲜就曾向伊朗提供了一批海岸巡逻艇，伊朗今年第2次从朝鲜引进这批舰艇是伊军方大力加强海军建设的一个组成部分。

加强与俄罗斯的军事合作 2002年3月，伊朗和俄罗斯签订出售作战直升机协议，出售直升机只是俄伊大量军事协议中的一部分，这项军售合同对波斯湾的安全不构成任何威胁。2002年9月，俄罗斯原子能部长鲁缅采夫表示，俄罗斯将继续帮助伊朗完成布什尔核电站的建设工作，使核电站在2003年底前投入运营。根据1995年俄伊两国政府签署的合同，俄技术专家目前正在伊朗布什尔帮助兴建一座装机容量为1000兆瓦的核电站。这项合同价值8亿美元。美国方面以俄伊合作可能导致伊朗获得生产核武器的技术为由一直要求俄方停止同伊朗的合作。但为维护本国经济利益和拓展高技术项目的出口市场，俄罗斯不顾美国的反对，坚持同伊朗进行核方面的合作。俄政府还通过了一项同伊朗在和平利用核技术方面开展长期合作的计划，根据这项计划，俄方准备在今后10年内帮助伊朗兴建5个新的核电机组。

资料来源：

① 2002年伊朗《伊斯兰共和国报》；

② 2002年以色列《国土报》。

（王　晗）

以色列建军计划与措施　增强三军实力　（一）海军方面。以色列采取多种措施，想把海军建成一支拥有远程打击能力的海上部队。2002年1月，以海军宣布购买6艘超级德沃拉“MK－Ⅱ”和2艘舍尔达格“MK－Ⅱ”型快艇，作为海军4000万美元舰队现代化建设的组成部分。新舰艇最大航程可达700海里，将主要负责海岸巡逻和反恐活动，使海军具有更大的灵活性并提高其威慑能力。2002年，以色列海军第三艘海豚级电子潜艇正式服役。这种潜艇可以携带5枚导弹，射程130千米。根据海军现代化计划，以将在所有新舰艇上安装先进系统，包括“巴拉克－2”型导弹和空防系统、改进的指挥控制和反措施系统以及新的训练系统，并在各舰艇和潜艇上安装标准发射器，使海军能够在大多数舰艇（特别是海豚潜艇）上携带标准导弹，从而使以海军具备从地中海东部、红海或阿拉伯海海岸的任何地方进行深海打击的能力。

（二）陆军方面。为支持在黎巴嫩、加沙和约旦河西岸的反起义行动，以色列陆军增加了新的战斗编制，引进了新的保护和监视措施，提高了指挥控制能力，改进了部队的训练方法，特别是在城区进行训练的方法。步兵部队装备了重型装甲运兵车以及便携式反坦克导弹，使反装甲能力大大加强。步兵还配备了大口径狙击步枪、5.56毫米轻机枪、夜视仪、光学瞄准器和防弹衣。炮兵也装备了美国供应的多发射火箭系统和比较先进的导航和火力控制设备，使射击强度和准度都得到加强。陆军还将长期发展计划的重点定在吸收先进的通信和计算机设备上。高速网络和军用移动电话网也在加快建设，可使领导层能够较快地分享图像和数据，并与战斗部队之间建立可靠的移动通信，从而有效和精确地分配陆军战斗火力。

（三）空军方面。以色列空军的发展重点是使空军具备持续、大规模、随时打击敌方所有固定军事和战略目标的能力。以空军已成为并将继续成为国防军作战的基石，在今后10年中，空军在以国防军整个采购预算中将获得50%以上的预算经费。2002年，以色列航空工业部门正着手研制一种代号为“哈尔比”（Harpy）的无人驾驶战斗机，此项工程的研制总费用高达数亿美元。“哈尔比”的主要任务之一就是在敌方领土上发现并摧毁敌方导弹，使敌方导弹来不及发射就被消灭。2003年2月，以色列飞机制造公司研制出一种黄蜂大小的间谍飞机，这种间谍飞机重量只有100克，能源由电池提供，飞机上带有仅数克重的摄像机，能轻易深入敌方战场，将对方军力部署、地势地形等情报传送回己方指挥中心。据初步测试，它能连续飞行约20分钟，高度可达数百米。由于该飞机体形小，无法探测和打击。因而可广泛用于战场情报侦察，尤其是探视敌方隐秘地带部署情况。此外，以色列空军预计将在2003年获得向美国洛克希德公司订购的50架F－16多功能战斗机中的第一批。第二批52架也将在2006年开始交货，2009年全部交清。

部署导弹防御和跟踪系统　（一）部署导弹防御系统。以色列继2000年在特拉维夫附近的帕尔马奇姆空军基地部署第一套“箭－2”式导弹防御系统后，又于2002年底在以北部的哈代拉地区部署了第二套“箭－2”式导弹防御系统。这两套系统的防御范围包括以中部和北部的人口稠密地区。第二个“箭－2”系统的早期预警雷达搜索范围可达500千米，能同时跟踪和拦截14个目标，可为以空军提供超过7分钟的预警能力。箭－2导弹能够以比音速快9倍的速度在距敌方打击目标50千米处拦截敌方弹头。以色列军方还计划在南部内盖夫沙漠地带部署第三套“箭－2”导弹系统。这样防御范围将覆盖全部以色列国土，以色列将因此成为世界上第一个拥有全国导弹防御系统的国家。（二）研制导弹跟踪系统。以色列空军已经装备了一种自制的指挥与控制系统，该系统能够侦察到敌军导弹的发射，并能计算出它们的飞行路径和攻击目标。以色列国防军发言人称，该系统不仅能使以空军获得长达7分钟的预警时间，还能使以空军具备跟踪别国导弹发射的能力，能发现远在伊朗和叙利亚的导弹发射情况。该系统还能准确地测算范围区域内的导弹飞行轨迹和发射地点。

研制先进武器装备　（一）研发“梅卡瓦Ⅳ”型主战坦克。以色列国防军于2002年6月向世界展示了耗时9年研制而成的新一代主战坦克“梅卡瓦Ⅳ”型坦克。与“梅卡瓦Ⅲ”型坦克相比，“梅卡瓦Ⅳ”最大的改进是炮塔上只有一个指挥官使用的舱口，而其他的乘员使用后舱门。坦克的动力装置为柴油发动机，功率由“梅卡瓦 III”的 1300 马力提高到 1500 马力。“梅卡瓦 IV”不仅适用于常规作战，还能用于低强度冲突中。以国防军称第一批“梅卡瓦 IV”主战坦克将于 2003 年开始装备部队，并将于 2004 年装备一个“梅卡瓦 IV”坦克营。（二）研发轻型装甲保护系统。2002 年 7 月，以色列研发出新型“轻型装甲车辆系统”，该保护系统可以安装在以广泛部署的“M113”系列装甲人员运输车上，提高战地人员的生存可能。“轻型装甲系统”能防范多种威胁，包括防范装有反坦克弹头的俄罗斯 RPG－7V 反坦克火箭弹、14.5 毫米和 20 毫米的穿甲弹以及 155 毫米炮弹碎片的袭击，还能保护坦克免受俄罗斯“耐火箱”式反坦克导弹的攻击。“轻型装甲车辆系统”包括几个部件，安装在车辆的前端和旁边。整个系统约重两吨，包括抗爆装甲，还包括钢、橡胶和瓷质涂层。在战地条件下，独立部件可以利用标准工具来更换。

优先发展国防高科技项目 同巴勒斯坦的冲突使以色列经济遭受重创，以国防部门被迫修改军事开支的轻重缓急秩序，引进先进技术，计划优先发展以下项目：一是能查出爆炸物的传感器，以国防军正加紧研制一种能在 20～30 米的范围内发现爆炸物，使保安部队检查出人体炸弹的装备，还希望能研制出士兵在坦克或装甲车里就能发现目标并指挥战斗的传感器。二是防御弹道导弹，以决定自行开发可以袭击弹道导弹发射架和发射地点的武装无人驾驶飞机。三是精确武器投送，以正在研制能精确认定目标，并很快打击目标的武器。空军已给所有战机装备了前视红外线传感器。远程空对空导弹也在研制之中，这种新导弹的主要变化，是能识破各种电子战设备的欺骗。四是发展空间力量，以色列拟发展能将 700 磅卫星载荷送入太空轨道的能力。五是开发军队计算机系统。并严防其军队部门的计算机网络被攻击。

频繁举行军事演习 2002 年，以色列和美国相继进行了两次较大规模的联合反导弹演习，演习的主要目的都是检验两国耗资数十亿美元联合研制的“箭式”反导弹系统的性能。以军方在两次演习完毕后均宣布演习取得成功，并称“箭式”反导弹系统的拦截成功率在 90％以上。2003 年 1 月 1 日，以色列与美国、土耳其在地中海公海海域举行了代号为“信赖美人鱼－5”的联合海上搜索和救援军事演习，这是三国自 1998 年以来第五次举行海上搜救联合军事演习。1 月 4 日，以色列和美国在以色列南部内盖夫沙漠举行了几个月来的第三次联合反导弹演习。本次演习的重点是对改进后的美国“爱国者”导弹拦截系统进行检验。以色列军方电台报道，以美在本次演习中共发射了 14 枚“爱国者”导弹。

资料来源：

① 2002 年以色列《国土报》；

② 2002 年英国《简氏防务周刊》；

③ 2002 年日本《朝日新闻》。

（王　晗）

德国建军计划与措施 《外国军事学术》2002 年第 1 期付文化报道，2002 年，德军为适应新的国家安全战略和安全环境，计划从多方面推进军队改革和战备建设。

从多方面大力推进改革 为此，德军主要采取以下 5 项措施。

减少兵员和指挥层次 到 2006 年，德军总兵力将从目前的 33.8 万人减少至 28 万人，其中陆军 13.85 万人，海军 2.065 万人，空军 5.185 万人，卫勤 1.8 万人，基础部队 5 万人和国防部 0.1 万人。为减少指挥层次，撤销陆军 3 个军部，指挥层次由五级制变为陆军指挥参谋部、陆军指挥司令部、师司令部、旅司令部四级指挥体制；海军撤销东、西、北 3 个地区司令部；空军撤销南、北 2 个地区指挥司令部和空军指挥勤务司令部，航空师将直接由空军指挥司令部指挥。

缩短义务兵服役期 由现行的义务兵服役期 10 个月缩短为 9 个月。服役方式可一次性服役满 9 个月；或先服役 6 个月，尔后再参加 3 个月的复训和演习；或自愿将服役期延长最多至 23 个月，并承担参加国外军事行动的义务。

增加危机反应部队的数量和对武器装备的投资 危机反应部队将从现在的 5 万多人增至 15 万人。另外，增加对武器装备的投资比例。计划今后每年递增 1％，直至达到占国防开支 30％的水平。并确定了今后德军装备的重点：购置 SAR－LUPE 型全天候雷达卫星系统，加强战略侦察能力；购买 75 架 A－400M 型大型运输机，提高远程投送和战略机动能力；将陆军一些重型装备向轻型装备改进，以适应空投作战的需要；装备“欧洲 2000”型战斗机。改装空中加油机，发展新型空对空导弹，采购 110 架“虎”式直升机；研制新型精确制导武器系统，改进“爱国者”导弹系统，提高对弹道导弹的防御能力；装备 3 艘 124 级护卫舰、4 艘新型补给舰和 4 艘 V212 级潜艇等。

提高总监察长的地位和作用 本着战勤分开、集中指挥的原则，使监察长领导下的“武装力量指挥参谋部”拥有对三军武装力量的计划权。成立以总监察

长为首的“军备委员会”，讨论和决定重大军备事项。组建新的“武装力量作战指挥司令部”，对三军“防区外”作战行动实施统一计划和指挥。

改革后勤管理的形式和方式 一是改三军军种支援司令部为三军总的武装力量支援司令部，即从三军独立单独保障改为三军联合总体保障。二是改变管理方式。即将后勤仓库、训练中心、装备维修和运输车队等军事后勤单位交地方企业经营管理；国防部成立独立的“研制、采购与经营公司”，负责经营非武器装备发展项目；出租或出售军队空闲房产，以提高国防总体效益。

注重加强战备建设 为适应现代条件下的作战需要，德军注重从以下 5 个方面加强战备建设。

*不断更新武器装备*德军将通信、侦察、精确制导武器和快速投送工具作为 2007 年以前装备的重点，并提出了全军 30 个装备项目及其装备时间表。其中包括卫星通信系统（计划 2003 年列装）、在 2005 年前对现装备的空中预警系统进行现代化改进、引进可装备一个作战师的新型野营装具等。为使三军装备能协调更新发展，专门成立了以国防军总监察长为主席的跨部门的装备委员会，统一协调武器装备的更新发展问题，同时缩短武器装备研制发展周期，引入商业机制等措施，节约经费，提高效益。

突出危机反应部队建设 为实现承担维护欧洲和世界和平与安全责任的新战略目标，德军突出了其危机反应部队的建设，确保其能快速投入、快速部署，在国际军事斗争中抢占位置。在目前正在进行的改革中，德军计划将兵力总员额从现在的 33.8 万减少到 28 万，但危机反应部队却要从 5 万人增加至 15 万人。与此同时，危机反应部队的武器装备将得到优先更新。可见，德军已将危机反应部队作为其战备建设的重中之重。

不断改善野战生活设施 德军对野营设施建设十分重视，在已满足野战需要的前提下，开始向更高的水准发展。比如，现已研制并装备了到科索沃执行任务部队的野营居住、生活和医疗方舱。该方舱内有军官、士兵宿舍，有卫生间、淋浴间、餐厅，其设施不亚于固定营房设施。该生活方舱组装拆卸十分简便、快速，运输方便，并具有一定的防护能力。德军将在此基础上，研制装备更适合野战需要的生活设施。

注重提高和保持部队的整体素质 德军虽对陆、海、空三军作战部队作了危机反应部队和主要防御部队的划分，但在部队编组、指挥上，没有将这两种部队截然分开，而是实行“混合编组”的形式。例如，德国陆军 3 个军中，每个军都有这两类部队，以防止因划分主次部队，而在部队战备建设、军事训练和管理教育等方面，出现明显的强弱之分，同时也避免军队整体素质出现失衡的状态。此外，在危机反应部队和主要防御部队任职的指挥官要定期互换，以防止指挥军事素质和指挥能力出现两极分化的情况。这种混编互换的方式，可以保证部队建设的均衡发展和整体素质的不断提高。

非常重视预备役队伍建设 德军现役兵员几经裁减，但预备役人员却有增无减，而且对预备役人员的管理十分严密。比如，所有退役官兵从现役转为预备役人员时，主管部门都要详细整理其档案，其档案记载也十分全面，其中特别记载在原部队的受训情况。主管部门每年都要有计划、有步骤地组织预备役人员进行训练，通常为期 1 个月的时间，使预备人员受训时可得到超过在工作岗位的收入，因此，预备役人员都愿意参训。同时，在德军现役中，还专门为预备役人员留有一定数量的位置，使其与现役人员一道工作和训练，确保了预备役骨干人员能不经临战训练即可投入作战。

（吴志豪）

澳大利亚建军计划与措施 **组建空中战斗大队** 2002 年 1 月，澳大利亚空军将战术战斗机大队和攻击侦察机大队合并组建了空中战斗大队。大队总部设在澳大利亚新南威尔士州的威廉斯敦皇家空军基地，下设 7 个中队，拥有 2000 余人和 145 架飞机，其中包括 F－111 型攻击机、F/A－18 型战斗机、“鹰”式战斗机及 PC－9 型飞机，主要承担控制制空权和进行精确打击的任务。澳大利亚空军参谋长安古斯·休斯顿中将表示，“这一新的机构将在很大程度上增强澳有效部署空中力量的能力，因为它可以将单一战斗平台的实力凝聚在一起。”此外，澳大利亚国防部还宣布投资 1.7 亿美元参与美国领导发起的 F－35 型联合攻击战斗机的研制计划，并希望采购部分该型机以替换 F－111 型攻击机和 F/A－18 型战斗机。澳大利亚这一举措将使其置身于未来 30 年内世界最先进战斗机研发项目的前沿。

制定海军未来发展战略 进入 21 世纪以来，随着亚太地区海洋的重要作用日益突出，澳大利亚将其防卫重点转移至海上，并制定了《21 世纪的澳大利亚海军》的发展蓝图（即“蓝色计划”），全力打造一支海上劲旅。“蓝色计划”详尽地描述了未来 30 年澳大利亚海军建设发展的任务和目标，概括起来有以下三个方面：一是确定了海军“三步走”发展计划，旨在提高海军的综合作战能力。第一步，改造海军的现有武器装备，保持海军现有的作战能力。第二步，积极引进并更新武器装备，建设实力较强的过渡型海军舰队。在未来20年内，澳大利亚海军将采购一批防空型驱逐舰、水陆两栖舰艇以及新型的海上补给舰船。第三步，着眼于未来海上作战需求，建设一支具有较强攻防能力的新型舰队，以打赢未来海战。二是大力加强信息战建设发展。网络信息系统可以将各种传感器、指令、控制设备及作战武器平台连成一体，是军事力量的倍增器，能提高未来海上战场的透明度，加快作战信息的传递节奏，真正将海军各种作战力量融合成为一个作战体系，对战斗行动将发生越来越大的影响。为此，澳大利亚海军决定加大网络信息系统的投入，以在未来的战争中掌握制信息权。三是继续加强军事科技及其应用。澳大利亚海军决定投入巨资重点研制新型进攻和防御电子战系统，其目的在于通过有效的电子对抗手段，迫使敌方舰船电子战系统“致盲”，从而摧毁敌方海上力量。同时，进一步改进“科林斯”级潜艇的性能，并大力发展无人驾驶飞机和无人驾驶潜艇，以提高澳大利亚海军对海洋的监视与控制能力。

进行军事模拟训练 模拟技术在澳大利亚国防活动中被广泛应用，已成为决策者们检验新理论、预先评估行动方案及研制应对措施的廉价手段，其优势在于可提高部队战斗力、节约国防资源及减少战争风险。这一手段在军事训练中收到了明显效益。陆军现有模拟系统约70个，今后5年内计划投资约1亿美元用于作战训练模拟能力的建设。现有的模拟系统包括间接火力观察训练系统、武器训练模拟系统和战车火炮模拟系统。为了能更好地获得和运用模拟系统，2002年，陆军将重点放在合成环境的开发上，以便把现有的模拟系统集成到一个综合的环境中。海军重点进行两项模拟训练活动，第一项着眼于提高现有训练模拟系统的集成度，第二项与美军合作共同开发作战部队战术训练系统。美国与澳大利亚两国海军于2001年签署了为期5年的合约，双方现已在建模和利用设备方面展开了合作。美国认为，通过在作战模拟方面的合作，在未来的军事行动中，澳大利亚将成为美国最有效力的合作伙伴。空军则把分布式任务训练系统的开发作为作战训练模拟系统建设的重点，其中编队训练成为重中之重。其长远目标是通过技术开发使该系统能够提出并检验作战理论，进行兵力配置实验，同时也可应用于虚拟的新武器及平台的评估工作。澳大利亚期望在未来建成陆海空三军联合合成环境，并有可能与盟军的合成环境相兼容。

资料来源：

①2002年英国《简氏防务周刊》；
②中国《现代舰船》2002年第10期；
③中国《外国军事学术》2002年第8期。

（孟　丽）

军队体制编制

美军体制编制 为适应形势的发展变化，推进军队转型建设，美军在2002年采取综合措施调整体制编制。

适应新的作战需求，调整改革指挥体制 2002年，美军制订了新的“联合司令部计划”，对指挥体制进行了二战后最大幅度的调整。

组建北方总部。为加强对美军保卫本土防御的领导与指挥，美军于2002年10月1日成立北方总部，司令部设在科罗拉多州的彼得森空军基地，辖区范围包括美、加、墨及加勒比海部分地区，主要任务是从事对美本土的防卫、统领在国内作战的部队、协助地方政府开展本土防御工作，以及协助地方应对自然灾害和其他突发事件等。

将联合部队司令部转变为单纯的职能性司令部。联合部队司令部不再担负战区作战任务，而将集中负责军队工作，致力于开发试验新联合作战观念、研究探索新型部队编组和训练联合部队。该司令部原来担负的主要战区作战职责分别交给北方总部和欧洲总部。

组建新的战略司令部。为加强信息作战和对空间的控制，美国防部将原航天司令部、战略司令部合并为新的战略司令部，统一领导指挥美军的战略核部队、信息作战部队、网络作战部队、航天部队和导弹防御部队。这一调整将信息战、网络战、空间战和导

弹防御纳入作战范畴，增加了战略核力量和新型战略力量的实战性。

调整部队结构，加强综合战力　美三军在推进转型建设的过程中，大力调整部队结构，加强三军战斗力。

陆军。近年来，美陆军一直在对21世纪新型作战部队进行一系列试验，并酝酿新的结构方案。2002财年，美陆军部队结构调整的主要方面有：第一，压缩部队规模。为了集中资金和兵力进行反恐战争，美陆军正进行大规模的"军转民"精简计划，准备将21.4万个支援性工作岗位，如会计、法律顾问、维修以及通信等移交给民间企业，以便让高素质军人充实战斗岗位。第二，改革基层编制。为适应迅速变化的国际形势和调整后的军事战略要求，更好地应对各种威胁和"非对称"对手，美陆军将改变以往只有师以上作战部队才有航空力量的做法，在师以下作战部队增编攻击/侦察直升机和无人机分队，从而提高基层部队的综合作战能力。第三，继续组建"过渡旅"。年内，美陆军继续实施2007年前组建6个"过渡旅"的计划，并为第一个"过渡旅"装备了"斯特赖克"轻型装甲车，计划于2003年5月前具备初始作战能力。2003年初开始为第二个"过渡旅"装备该型装甲车。美陆军计划耗资40亿美元购买2000余辆"斯特赖克"装甲车。届时，6个"过渡旅"都将配备轻型装甲车、具有数字化火控系统设备的主战火炮、超高速瞄准线反坦克导弹、无人驾驶航空器、装有制导弹药的高机动火箭以及数字化指挥、控制和通信系统等先进设备，并能在4天内连同装备部署到世界上任何一个地点，立即投入战斗。

海军。2002年，美海军提出《21世纪海上力量》战略构想，强调要以全面加强"信息优势、本土防御、海洋控制、前沿威慑和力量投送"为目标，调整改革体制编制，重点加强网络战和训练部门机构建设。年内采取的调整措施有：(1)成立"海军及陆战队内联网计划办公室"；(2)将"海军网络战司令部"及其下辖的"海军网络"与航天作战部长办公室合并，统一负责海军作战平台和网络系统的发展建设；(3)组建海军网络作战司令部；(4)将海军作战发展司令部和作战研究中心划归舰队部队司令部管辖；(5)设立海军教育局、海军人事发展司令部和海军教育中心；(6)指定海军教育训练司令部统一负责制定海军教育训练政策和计划等。另外，美海军拟组建具备独立作战能力的各种"远征打击部队"，包括组建12个可担负各种作战任务的"航母打击大队"、12个实施对岸作战的"远征打击大队"、数个用于导弹防御的"水面战斗大队"、1个可发射巡航导弹并运送特种部队的核动力攻击潜艇部队和1个现代化作战勤务支援部队。

空军。年内，美空军为适应军队转型需要，采取多方措施，调整指挥机构和部队编制：第一，成立新的空军航天司令部。为使空军由夺取航空航天优势转向具备对天空及外空的控制优势，5月，美空军航天司令部正式脱离美航天司令部，成为美空军的独立司令部，司令为上将军衔。主要负责航天部队的训练、编组及装备。此外，美空军部第一副部长负责全军航天系统的研发与采购。第二，成立空军国土安全部。根据新承担的国土空中安全任务，1月12日，美空军在负责航空航天作战事务的副参谋长办公室下成立了空军国土安全部。其主要任务是，制定空军国土安全政策、确保空军就国土安全问题与北方总部、其他军种和联邦政府机构进行有效协调。第三，重组空军指挥控制与通信机构。为适应反恐作战和提高打击能力的需要，美空军撤销空军通信与信息副参谋长职位，设立作战一体化副参谋长，下辖空军指挥控制情报监视中心、空军通信局、空军频率管理局和空军模拟局等部门，主要负责指挥与控制、空中作战平台作战数据传输，以全面提高空军在未来战争中的打击能力和作战效率。第四，调整部队结构，优化部队编成。10月，美空军开始实行新的标准化作战联队编制，规定各作战联队下辖作战、维修、任务支援和医疗4个大队；机务人员退出作战飞行中队，成立新的保养中队，作战中队不再编有维修保养人员。此外，按相对集中管理的原则，第8航空队的2个B-1B型轰炸机划归第12航空队，第12航空队U-2型战略侦察机部队则划归第8航空队。

资料来源：

①美2003财年《国防报告》；

②美国防部2001年版《四年防务审查报告》。

（贾咏梅）

俄罗斯军队体制编制　2002年是俄武装力量按既定计划继续推进改革的一年。随着俄经济的好转，俄军各项建设有所加强，在体制编制方面主要做了以下几项工作。

调整领导指挥机关　国防部继续进行机构调整，首先是恢复了于1997年撤销的国防部总军事监察署。与原总军事监察署相比，人员、将军数量和机构减少，级别降低。原编60人，将军19名，编制级别为上将；现编有25人，将军5名，编制级别为中将。

新的总军事监察署的主要职能是：综合检查部队的动员准备和作战准备状况、战斗训练和军事勤务的质量，找出问题的根本原因并向有关部队提出解决这些问题的建议办法。第二，国防部的一些兵种司令员局改组为主任局，如将武装力量导弹兵与炮兵司令员局改组为导弹兵炮兵主任局，取消了其指挥职能，突出了其行政领导职能，其级别由上将降为中将。第三，将军事教育局从干部总局中独立了出来，划归国防部直属，其级别定为中将。

各军兵种和军区领导指挥机关也进行了调整。陆军于 2001 年恢复总司令部以后，原来的政出多门、职责不清的情况基本上得以扭转。军区经过调整，其管辖范围与相应战略方向实现了完全吻合：列宁格勒军区负责西北战略方向；莫斯科军区负责西部战略方向；北高加索军区负责西南战略方向；伏尔加河沿岸-乌拉尔军区负责西伯利亚战略方向；远东军区负责远东战略方向。

空军的莫斯科空防军区改编为特种司令部。该司令部将指挥一个全新的多兵种战役-战略军团，负有双重任务：中央地区的空中-太空防御任务；作为机动部队实施西部方向和其他战略方向的快速反应任务。关于该特种司令部的归属，目前尚隶属于空军，但有意见主张直接隶属于总参谋长。

调整部队编制 陆军在军区重新划定管辖范围后，对军区所属部队的编制和归属也进行了相应调整和撤并。海军在 2002 年又裁减了 20% 的舰艇，以集中资金用于保持必要的战斗力和未来的发展。在舰艇和其他装备减少的情况下，海军进行了精简整编。北方舰队将所属 2 个潜艇区舰队降为分舰队；波罗的海舰队裁减了 8600 人，并将舰队航空兵集团和防空集团合并为一个空防集团。在裁减旧舰艇的同时，俄又恢复了因缺少资金而停建或改装的舰艇。2002 年 6 月，俄“鲨鱼”级（北约称为“台风-1”级）“德米特里·顿斯科伊”号重型核潜艇完成了修理和现代化改装后下水，计划于 2005 年列入北方舰队战斗编成。该潜艇为第四代弹道导弹核潜艇，编号为 TK-280。此外，“北德文斯克”号攻击核潜艇完成了建造并很快下水。

空军的部队编制也有较大调整。2002 年 11 月，俄决定将陆军航空兵划归空军，包括 30 个直升机团、1 个训练中心和 1 所飞行学院，计 2 万余人、1500 架直升机。其接受工作计划于 2003 年完成。莫斯科空防军区在改为特种司令部后，其首要任务是建立新的指挥和情报系统，组建新的战役战略军团。此外，空军还将第 16 独立混合航空兵军扩编为空军集团军。

战略火箭兵继续裁减。随着老式导弹的逐步退役，2002 年战略火箭兵撤销 1 个导弹集团军司令部、3 个导弹师。由于用于战略核力量发展的资金减少，2002 年战略火箭兵只列装 6 枚“白杨-M”新型战略导弹。美国退出《反导条约》后，俄放慢了战略火箭兵的裁减速度，保留了分导式多弹头导弹。

太空兵于 2001 年 6 月 1 日成立。目前，司令部机关的组建工作已经完成，各环节也已调整到位。太空兵现在总兵力为 7 万人，由导弹-太空防御部队和航天力量两部分组成，编有 1 个集团军、3 个航天发射场、3 个控制中心、11 个测控站。

加强常备部队建设 随着国内经济的好转，俄加快了常备部队建设的步伐。截至 2002 年底，俄常备部队已经从去年的 10 余支增至 50 余支。常备部队和担负战斗值班任务的部队已占俄军总兵力的 50~60%。俄计划在今后四年内将陆军、空降兵和海军陆战队的 92 支部队，共 16 余万人建成常备部队，其中，空降兵（4 个空降师、1 个空降旅）将全部改为常备部队。

军队职业化建设开始起步 俄酝酿多年的军队职业化终于在 2002 年得以实施。6 月 22 日，俄政府发布命令，确定空降兵第 76 师为合同兵役制试点。试验期限为 2002~2003 年。所谓合同制，是以按合同服役形式为主，少数不宜改为合同制的岗位，仍使用义务兵。试点自 2002 年 9 月 1 日正式开始。在试点过程中，将解决以下问题：

一是确立在职业化兵团服役的规范性法律基础。例如，志愿入伍的人员按今天的模式签订了合同，分到了住房，几年后他们有可能不再续签合同，但把住房保留下来，而空降师则再次面临缺少住房的问题。对此，需要制定切实可行的法规予以规范。二是建立分队的最佳编制结构。与义务兵不同，合同兵的作息时间是有限制的。因此，同一种分队在改制后，需要轮换执勤，其人员编成将很大。三是制定新的战斗训练组织程序。放弃义务兵那种周而复始的训练周期，根据合同兵的长期服役特点，建立能使“职业兵”们一年接一年地连续完善自身技能的战斗训练体系。四是建立全新的后勤及社会保障体系。主要是建立完善的供给和工资保障制度、医疗制度，以及解决家属就业和子女入托入学问题等。五是确定不宜改为合同制的岗位。实行合同制后，后勤保障兵力将有所增加，俄有关领导称，考虑到俄目前经济能力有限，俄军不走西方国家军队的职业化道路，即后勤保障人员相对多，战斗人员相对较少的做法。战斗部队与后勤保障部队的比例将控制在 2:1。

建立机动力量的设想被重新提出 俄曾于 1993 年提出过建立机动力量的设想，但由于经济原因，这一设想未能实现。随着国家经济好转，建立机动力量的设想被重新提出。机动部队将以统帅部直属空降兵为基础组建，吸收部分坦克兵、防空兵、空军和海军部队，以及后勤部队参加，整个机动力量约 20 万人。组建工作大约需要 5 年。机动部队的主要任务是应付局部武装冲突和制止外来武力威胁。

后勤保障体制一体化进入实施阶段 在实行军区范围内划区保障成功经验的基础上，由国防部牵头的后勤保障跨部门委员会制定了《关于俄联邦武装力量、其他军队、队伍和机构转入跨部门后勤保障体制的基本措施计划》。俄政府于 2002 年 2 月批准了该计划。这标志着俄各强力部门后勤及技术保障一体化体制进入了实施阶段。计划的内容及其阶段划分被全部写入《2010 年前俄联邦军事建设的国家政策基础》(草案）的有关部分。正在建立的保障体制包括：统一的战役保障计划、武装力量全军的物资储备、统一的通用物资型号和物资消耗标准、统一的干部培训体系等。俄武装力量后勤部长伊萨科夫大将要求，一体化的各项措施要严格按照先试点后铺开的办法实施。

（来 斌）

日本自卫队体制编制 2002 年，日本自卫队根据新《防卫计划大纲》提出的部队要逐步向新的体制编制过渡的要求，继续对部队现行体制编制有计划地进行改革，在调整防卫厅中央体制提高工作效率的同时，根据作战和训练任务的需要对陆海空三自卫队也进行了新编和改编，从而使部队的编制结构更趋合理。其具体情况如下：

自卫队调整编制及其员额 据日本《朝云》2002 年 3 月 14 日报道，根据《2001～2005 年度中期防卫力量发展计划》的要求，2002 年度随着自卫队体制编制的调整，其部队编制员额相应发生变化。2002 年度末（2003 年 3 月）陆上自卫队第 4 步兵师改编为“沿岸部署师”，改编后常备军人减少 454 人，增加快速反应预备役人员 3 人。海上自卫队、航空自卫队分别新编情报安全队，各增加 14 人。参谋长联席会议新编防卫情报通信基础管理运营室和加强情报本部的情报收集分析体制，增加 135 人。

防卫厅改组内部机构 据日本《朝云》2002 年 4 月 4 日、11 日报道：2002 年 4 月 1 日，防卫厅根据内阁会议关于修改防卫厅组织的决定，改组内部机构并按新体制开始工作。撤编运用局指挥通信课，在长官官房下新编情报通信课。新的情报通信课由原指挥通信课和官房文书课的原情报系统室组成，从而对防卫厅情报通信业务进行一元化管理。改编后，长官官房由 5 课制变为 6 课制。

撤编管理局飞机课，新编飞机通信电子课。飞机通信电子课由原飞机课和该局装备计划课的原通信电子系统室组成，掌管有关飞机、制导武器和通信无线电器材等业务。

撤编技术研究本部的技术一课和技术二课，新编技术评价课和技术情报管理课。新编技术评价课的目的在于强化研究开发评价体制；新编技术情报管理课主要是为了充实情报系统管理体制。

撤编防卫设施厅劳务部，新编业务部。业务部主要掌管防卫厅有关驻日美军的业务。

陆上自卫队组建第一支沿岸部署师 据日本《朝云》2002 年 1 月 31 日、2003 年 1 月 9 日报道：根据新《防卫计划大纲》提出的陆上自卫队要逐步向新的体制编制（9 师 6 旅体制）过渡，以及部队编成样式逐步形成“沿岸部署”、“战略机动”、“政经中枢”三种模式的要求，陆上自卫队于 2003 年 3 月在九州地区组建第一个沿岸部署师。该师由原西部军区第 4 步兵师改编而成，其司令部设在日本的福冈县。改编的目的在于通过大幅度地增强部队的坦克、火炮装备编制，以提高部队水际滩头的抗登陆作战能力；装备轻型装甲机动车辆提高部队应付多种事态的快速反应和机动作战能力。由于该师所担负的警备区域为对马海峡等战略要地，一直被日军视为镇守日本西南大门的主力师。当前日本面临着朝鲜特工船渗透、导弹发射和核开发等威胁，在此背景下组建沿岸部署师意义十分重大。该师将与 2002 年 3 月组建的陆军“紧急展开部队”——西部军区直属步兵团一起成为日本九州、冲绳地区反恐怖、反游击、反特种部队的主力。该师的组建将大幅度提高部队处置“孤岛紧急事态”的作战能力。

第 4 步兵师改编为沿岸部署师后，由于更新和装备现代化武器，其部队的快反能力和整体作战能力大幅度提高。其主要特点：一是机动作战能力增强。4 个摩步团（分别驻大村、福冈、小仓、别府）全部装备轻型装甲机动车和轻型反坦克导弹。轻型装甲机动车最高时速为 100 千米，可以在敌人的威胁下实施机动作战。由于该轻型装甲机动车可以由 CH－47 型运输机进行空中机动，部队能够在孤岛迅速展开作战，全师共计装备 34 辆。二是作战火力增强。第 4 炮兵团（驻久留米）和第 4 坦克大队（驻玖珠）将分别增加装备火炮和坦克。按照计划，部队组建完毕时第 4 炮兵团增加 20 门 FH70 型 155 毫米榴弹炮，第 4 坦克大队增加 10 余辆 74 式坦克，部队的火力压制能力和续战能力将大大增强。由于第 4 反登陆艇反坦克队（驻玖珠）装备的最新 96 式多用途导弹系统可以搭载在高性能机动车上，战时可迅速向各地展开，从而使该师承担起九州地区抗登陆作战的重任。三是后勤支援体制一体化。改编后，该师后勤保障部队全部集中于第 4 后勤支援团（司令部驻福冈），部队的补给、维修体制更加有效合理。四是反生化武器能力增强。由于该师于 2002 年 3 月新编了第 4 化学防护队（驻福冈），并开始陆续引进反生化武器装备，其战场防化和平时应对生化武器攻击能力将进一步加强。

陆上自卫队对二个师一个旅进行大幅度改编 据日本《朝云》2002 年 9 月 26 日报道：2003 年度，陆上自卫队北部军区第 5 师、中部军区第 10 师、东部军区第 1 空降旅将进行大幅度改编，以充实有效的战斗力量。第 5 师（司令部驻带广）由 7200 人精简为 4100 人，改编为“沿岸部署旅”，从而提高部队的机动能力和情报搜集能力等。第 10 师（司令部驻守山）由 7000 人增至 8800 人，新编 1 个摩托化步兵团，增强炮兵及坦克火力，以此将摩托化步兵团由 3 个增加到 4 个，从而改编为“战略机动师”。第 1 空降旅（司令部驻习志野）增强主力步兵部队，将编制由 1 个群改编为 3 个营，以提高部队运用的灵活性和空中机动性。第 5 师改编为旅是继第 13 师、第 12 师之后陆上自卫队进行的第 3 支师改旅部队。第 10 师则是实施新《防卫计划大纲》以来在师级部队中第一个增加编制员额的部队。

陆上自卫队组建第一个紧急展开部队 据日本《朝云》2002 年 4 月 4 日报道：2002 年 3 月 27 日，陆上自卫队第一个紧急事态快速反应部队——西部军区直属步兵团在长崎县佐世保市的陆军驻地相浦成立。该团编制 600 人，下辖 4 个连，主要担负九州、冲绳约 2500 个孤岛的防卫、警备、灾害派遣任务。装备以直升机为主，另装备有反坦克导弹、迫击炮等。队员一半是接受过高强度训练的突击队队员。因其活动范围广，该团不归师指挥，直接由西部军区军部指挥。

陆上自卫队西部军区第 4 步兵师反坦克队改编为反登陆艇反坦克队 据日本《朝云》2002 年 4 月 4 日报道：2002 年 3 月 27 日，陆上自卫队西部军区第 4 步兵师第 4 反坦克队（驻玖珠）改编为“第 4 反登陆艇反坦克队”。其主要装备由过去的 79 式、87 式反坦克导弹换装为最新的车载型 96 式多用途导弹系统（MPMS），以便能够从远距离攻击敌登陆艇和同时攻击上陆的敌大批量坦克。该队是目前陆上自卫队各军中惟一的一个 MPMS 部队，担负着阻止从海上进攻的敌部队的任务。

陆上自卫队东部军区新编后勤支援队 据日本《朝云》2002 年 4 月 4 日报道：2002 年 3 月 27 日，陆上自卫队东部军区在朝霞驻地新编“东部军区后勤支援队”，以对东部军区的补给和维修业务实施一元化管理。该队人员分别部署于 14 个驻地，目的是减轻一线部队的维修负担、提高部队补给效率。与此同时，为强化城市救灾快速反应态势，在朝霞驻地新编“东部军区卫生队”。该队下辖野战医院队、救护车队等。

陆上自卫队将组建反恐特种部队 据日本《防卫日报》2002 年 9 月 5 日报道：防卫厅做出决定，2003 年度将在习志野驻地组建特种部队——特种作战群，以对付来自国外的特种部队的攻击。特种部队的规模约为 300 人，将被编入首都地区陆上自卫队内。成立专门特种部队的主要目的是，当东京和福冈等大城市及地方城市遭到外国特种部队或武装间谍突然袭击时，该部队能迅速作出反应。同时，在巷战等战斗中如何保护重要设施以及围剿潜入建筑物内的敌人等也将是该部队今后研究的课题。

海上自卫队参谋部改组 据日本《海上自卫新闻》2002 年 3 月 29 日、《朝云》2002 年 4 月 11 日报道：2002 年 3 月 22 日，海上自卫队参谋部撤编监理部法务课，新设首席法务官（由海军上校级军官担任）。首席法务官下辖分别负责防卫、行政、民事工作的法务官和法务室长等，干部约 20 人，直属海上自卫队参谋长指挥。设置首席法务官的目的在于加强类似《周边事态法》、《船舶检查法》等法律的制订，以便从法律专家的角度和立场上向海上自卫队参谋长直接提供法律咨询。另外，在监理部总务课下设警务管理官；在人事教育部任免课下设服务室。

海上自卫队新编系统通信队群 据日本《朝云》2002 年 4 月 11 日、《海上自卫新闻》2002 年 4 月 5 日报道：2002 年 3 月 22 日，海上自卫队在东京市谷新编系统通信队群，人员约 1020 人。与此同时撤编中央通信队群，并将 5 个地方队下设的各通信队改称为系统通信队，统一由中央系统通信队群指挥。此次新编，目的是为了对通信部队实施一元化管理，提高工作效率以及强化监查和对付电脑黑客的能力。其具体编成：系统通信队群司令部下设中央系统通信队、横须贺系统通信队、吴系统通信队、佐世保系统通信队、舞鹤系统通信队、大凑系统通信队、安全监查队和移动通信队。

海上自卫队新编开发队群和海上训练指导队群　据日本《朝云》2002 年 4 月 11 日、《海上自卫新闻》2002 年 4 月 5 日报道：2002 年 3 月 22 日，海上自卫队自卫舰队撤编开发指导队群，新编开发队群。开发队群设在横须贺，由指挥通信、舰艇、航空程序开发队，鹿儿岛试验所和直辖舰（试验舰“久里滨”号、“飞鸟”号）组成。海上训练指导队群由横须贺、佐世保、吴、舞鹤、大凑等海上训练指导队和制导武器教育训练队组成，人员约 320 人。随着训练指导队群的新编，撤编第 1～4 海上训练指导队和横须贺、佐世保战术训练装置运用队。另外，将第 11 海上训练指导队改称为靶机维修队，编入第 31 航空群。

海上自卫队新编第 2 导弹艇队　据日本《朝云》2002 年 3 月 14 日报道：随着新型导弹艇“隼”号、“若鹰”号的服役，2002 年 3 月 25 日，日本海上自卫队在舞鹤地方队舞鹤警备队新编第 2 导弹艇队。上述 2 艘导弹艇属“隼”型导弹艇的 1、2 号艇，是根据 1999 年 3 月在日本能登半岛海面发生的朝鲜特工船入侵事件而调整设计的。新型导弹艇最大特点是吨位大、航速快。总吨位为 200 吨，柴油动力发动机 3 座，时速可达 44 节（81.4 千米），在世界上也是屈指可数的高速导弹艇（世界上大部分 200 吨级导弹艇的时速为 35－40 节）。另外，还装备有夜视装置和防弹板。该导弹艇队现由 2 艘导弹艇（每艘艇编制 21 人）组成，2004 年再补充 1 艘，最终达到 3 艘体制。按照计划，2003 年 3 月还将在佐世保地方队组建 1 个队，从而在日本西海岸建立起包括北海道余市防备队在内的 3 支导弹艇队的体制，以全面提高应对日本海及九州西南海域“可疑船”等突发事件的能力。

海上自卫队调整部分部队编制　据日本《防卫日报》2002 年 3 月 1 日、《朝云》3 月 28 日报道：3 月随着 8 艘新舰艇的服役，海上自卫队对其体制编制进行了适当调整。

3 月 4 日，扫雷艇“丰岛”号服役，编入扫雷队群第 2 扫雷队，母港为佐世保港。该扫雷艇是“菅岛”号扫雷艇的 5 号艇，是 1998 年度计划建造的。与此同时，扫雷艇“姬岛”号由扫雷队群第 2 扫雷队转编为舞鹤地方队第 44 扫雷队。另外，扫雷艇“母岛”号变更舰种，即由扫雷艇变更为扫雷管制艇（MCL744），并由大凑地方队函馆基地队第 45 扫雷队转编为扫雷队群第 101 扫雷队。扫雷管制艇“新岛”号退出现役（第 101 扫雷队）。

3 月 6 日，　驱逐舰“有明”号服役，编入第 2 护卫队群第 6 护卫队，该舰是“村雨”型驱逐舰的 9 号舰，吨位 4550 吨，航速 30 节，乘员 165 人，搭载 1 架巡逻直升机。

驱逐舰“朝雾”号由第 2 护卫队群第 2 护卫队转编为第 4 护卫队群第 8 护卫队。3 月 12 日运输舰“下北”号服役，编入自卫舰队新成立的第 1 运输队，母港为吴港。该运输舰是“大隅”型运输舰的 2 号舰。标准排水量 8900 吨，全长 178 米，航速 22 节，搭载 2 艘气垫运输艇。由于“下北”号的服役，“大隅”号由自卫舰队直辖舰编入第 1 运输队，母港为吴港。

3 月 14 日，　潜艇“矶潮”号服役，编入第 1 潜艇队群第 1 潜艇队，母港为吴港。该艇是“亲潮”型潜艇的 5 号舰。标准排水量 2750 吨，长 82 米，水下航速 20 节，乘员 70 人。

3 月 19 日，　驱逐舰“曙”号服役，编入第 4 护卫队群第 4 护卫队，母港为吴港。该舰是“村雨”型驱逐舰的 8 号舰，吨位 4550 吨，航速 30 节，乘员 165 人，搭载 1 架巡逻直升机。

驱逐舰“濑户雪”号由第 4 护卫队群第 8 护卫队转编为吴地方队第 22 护卫队。

3 月 27 日，　多用途支援舰“燧”号服役，编入吴警备队佐伯基地分遣队，母港为吴港。该舰最大排水量为 980 吨，航速 15 节，乘员 40 人。

航空自卫队新编第 5 基地防空队　据日本《朝云》2002 年 4 月 11 日报道：2002 年 3 月 31 日，航空自卫队在第 5 战斗航空团下新编第 5 基地防空队，与此同时撤编第 104 基地防空队（驻根室）、第 105 基地防空队（驻纲走）和北部警戒航空管制团下属的第 5 移动警戒队。第 5 基地防空队驻新田原基地，由 60 人组成。改编基地防空队的目的在于将部队由分基地向主要基地移动，提高部队的训练效率以及部队的快速机动展开能力。

航空自卫队组建 F－2 支援战斗机临时教育飞行队　据日本《翼》2002 年 4 月 10 日、《朝云》4 月 11 日报道，2002 年 4 月 1 日，航空自卫队在松岛基地编成 F－2 支援战斗机临时教育飞行队。该队由 50 人组成，队长为中校军衔，主要担负航空自卫队 F－2 支援战斗机飞行员培训任务。首批训练飞机于 4 月 1 日从三泽基地调入第 109、第 110 号机，按照计划 2004 年 3 月以前共计配备 20 架，以用于该机型飞行员的训练。2003 年度末，完成教官的培训、运用研究以及训练大纲；2004 年将临时教育飞行队更名为第 21 飞行队。

资料来源：

①日本《朝云》2002 年 1 月～2003 年 1 月；

②日本《防卫日报》2002 年 1～12 月；

③日本《海上自卫新闻》2002 年 1～12 月。

（张洲军）

韩国军队体制编制 2002 年是韩国实施《国防改革五年计划》的第四年。军队指挥体制改革重在减化指挥层次，合并调整职能重叠机构；部队改革重在完善人事制度，加强教育训练；针对“9·11”事件发生后的新形势，成立国军化生放防护司令部并创建防空兵种等，积极提高部队在未来战争中的作战能力。主要情况如下：

调整军方高级将领 据韩国广播电台、韩国《东亚日报》2002 年 3 月 2 日报道，金大郁就任韩空军参谋总长。他强调，韩空军应建成未来战和网络战的先进精锐空军。7 月 11 日，陆军第 1 集团军司令李俊就任第 37 任国防部长。

成立国军化生放防护司令部 据韩国广播电台 2002 年 2 月 1 日报道，韩国防部副部长权永孝在化生放防护司令部练兵场主持国军化生放防护司令部成立仪式。司令张盛根准将称，国军化生放防护司令部是在 1999 年 6 月成立的陆军化生放防护司令部的基础上，补充了海军、空军人员，扩大了参谋部的人员及职能，并扩充了尖端防护装备之后成立的，这样可大力提高陆海空军合同及民政军联合化生放防护体系的能力，有效应对各种生化恐怖活动。国军化生放防护司令部的成立不仅能应对当前生物、化学武器等多种恐怖活动，在应对战时化生放威胁方面也有重大意义。

陆军军需司令部合并成立第 1 补给仓 据韩国《东亚日报》2002 年 9 月 30 日报道，韩陆军军需司令部举行第 1 补给仓创建仪式，它是在合并了原陆军第 1、5 补给仓的基础上成立的。它新增了韩军最大的先进自动化仓库及现代化物流仓储设备，可适时适地为全军提供补给支援。占地 36 万余坪，不仅拥有综合补给仓的各种设备，改善了物流运输设备，还拥有与国防计算机信息管理体系兼容的系统。

创建“国防部女军发展团” 据韩国广播电台 2002 年 10 月 14 日报道，韩国总统发布第 17758 号国防部女军发展团令。为有效应对未来女军作用与人力扩大的趋势，加强女军相关政策研究，发挥女军核心作用，韩国国防部根据总统令于 11 月 1 日创建国防部直属机关“国防部女军发展团”。团长为上校，共 20 余人，其人员在陆海空军及各兵种中选拔。其主要业务是：有关女军政策研究，女军体力加强及指挥统率方法研究，女军各种思想工作，女军相关历史资料的搜集、保存与宣传，对提高女性安全意识活动进行支援等。

为 102 名将领晋级晋衔 据韩国广播电台 2002 年 10 月 17 日报道，韩国防部宣布了将军定期人事晋升令，陆、海、空军共有 102 名将军晋升，其中有 3 名陆军少将晋升为中将，陆军 13 人、海空军各 5 人晋升少将，陆军有 48 人、海军 15 人、空军 13 人晋升准将。

（薛 丰）

印度军队体制编制 2002 年，印军继续采取措施完善国防体制，优化部队编制。主要做法是：

改革国防指挥体制 印政府于 2001 年 3 月决定设立国防参谋长职位后，作为过渡措施，于 2001 年底先行组建了联合国防参谋部。2002 年 3 月初，印联合国防参谋部正式开始运作。该部设参谋长 1 人，由原陆军中部军区司令潘卡吉·乔希中将担任；副参谋长 3 人，分别由空军拉贾瓦尔中将、海军邦加拉中将和陆军卡马尔·达瓦尔中将担任，分管未来三军联合作战、训练和情报工作。根据既定方案，印政府将视情把联合国防参谋部改为国防参谋部，设立国防参谋长，并在部分国防领域和防区实现统一指挥，以实现军队指挥体制的第一步改革目标，时机成熟后还将进一步改革目前三军分立体制，全面实行统一指挥。年内，印军还将安达曼·尼科巴三军联合司令部改属联合国防参谋部，进一步扩大了该司令部对所属各军兵种的行政管理权，并成立了空军指挥中心。10 月中旬，安·尼司令部举行了代号为“两栖－2002”的三军联合演习，重点检验了所属部队的联合作战能力。

完善军事情报机制 3 月初，印度国防情报局正式投入运作，该局隶属于联合国防参谋部，主要负责协调陆、海、空三军情报搜集和驻外武官处工作，实现军种间情报共享，提高情报综合保障能力，该局局长将由陆、海、空三军情报处处长轮流担任，首任国防情报局局长为陆军中将卡马尔·达瓦尔。印军还从 7 月 1 日起将原陆军司令部信号情报处划归国防情报局直接领导，负责信号情报的侦察指挥与技术研究，重点搜集对象国的电子信号情报。

推进准军事部队与正规军一体化 印度政府根据“克吉尔委员会”递交的提案，积极推动准军事合成部队的指挥与控制体系改革，以实现准军事部队与正规军的一体化。印度已按照陆军步兵营的模式重新编制国家步枪营，并计划在原有的12个战区司令部、36个营基础上再组建30多个国家步枪部队营，使其规模扩大一倍。印度在2001～2002年度的国防报告中已将国家步枪部队正式纳入陆军编制，成为陆军中主要从事反叛乱作战任务的特种部队。

（刘温国）

澳大利亚海军体制编制 澳大利亚海军司令部设参谋长1名、副参谋长1名、助理参谋长2名，编有1个作战司令部、1个支援司令部、1个训练司令部及一些海军基地和军事院校。总人数1.257万人，另有2100名预备役人员。装备各类舰艇70余艘。作战司令部负责海军部队的作战指挥，设司令1名，下辖潜艇部队、水面舰艇部队、海军航空兵部队、水雷作战部队、两栖支援部队。

潜艇部队 编有6艘“科林斯”级常规动力潜艇，驻泊斯特灵基地。该级潜艇是按瑞典的技术在澳大利亚建造的，排水量3300吨，装备有新型的MK48鱼雷和潜射“鱼叉”导弹。21世纪上半叶，“科林斯”级潜艇将构成澳大利亚海军的主要打击力量。

水面舰艇部队 编有2艘“佩思”级导弹驱逐舰、6艘“阿德莱德”级和3艘“安扎克”级导弹护卫舰。“佩思”级导弹驱逐舰是澳大利亚海军舰艇中最大也是最老的一种作战舰艇，现有2艘均建于20世纪60年代中期，装有SM－1MR防空导弹系统，主要用来保障舰艇突击群的防空，也可作为指挥舰使用。随着新型“安扎克”级导弹护卫舰（计划建8艘）陆续投入现役，“佩思”级导弹驱逐舰最终将被淘汰。“阿德莱德”级导弹护卫舰是20世纪80年代初开始服役的，能够携载8枚“鱼叉”导弹。澳大利亚海军计划于2001～2005年间陆续对该级导弹护卫舰进行现代化改装。预计在2005年以后，6艘经过改装的“阿德莱德”级和新建的8艘“安扎克”级导弹护卫舰将成为澳大利亚海军水面打击兵力的基础。

海军航空兵部队 编有990人，飞机34架（其中16架为武装直升机）。下辖3个航空大队：723、816、817大队，均部署在位于诺弗拉市的“信天翁”航空基地。723大队编有3架贝尔－206B－1“基奥瓦人”保障/支援直升机，2架HS748电子战训练机，12架AS－350BA“松鼠”训练直升机；816大队编有16架S－70B－2“海鹰”反潜直升机；817大队编有7架MK－50A“海王”搜索/救援直升机。

水雷作战部队 编有8艘扫雷舰，其中6艘是按意大利“加埃塔”级扫雷舰在澳大利亚建造的，最后1艘于2002年交付使用；15艘“弗里曼特尔”级巡逻艇，主要担负澳大利亚海上专属经济区的警戒及北方近海海域的巡逻。

两栖支援部队 澳大利亚海军没有陆战队，因而两栖支援部队在一定程度上肩负了海军陆战队的任务。在进行登陆作战时，使用美国的普遍分队形式；而在沿海地区采取特种行动（侦察、破坏）时，则借助澳陆军第1特种空勤团空降分队或“别动队”特种作战分队。该部队编有10艘登陆舰和运输舰，另有4艘小型登陆艇。

主要基地和院校 澳大利亚海军有着比较完整的驻泊体系，主要基地有悉尼、斯特灵、凯恩斯、达尔文等。其中，斯特灵基地（加登岛）是战略上特别重要且极具发展潜力的舰艇驻泊地。澳大利亚海军正在进一步完善该基地驻泊体系，以使其至少有一半以上的主要打击兵力能驻泊于此。大部分轻型兵力则集中在凯恩斯和达尔文，目前这两个基地正在进行现代化改造。海军院校有澳大利亚国防军学院和皇家海军学院。此外，还有7个海军专业技术干部培训中心。

资料来源：

①英国《简氏防务周刊》2002年；

②中国《海事大观》2002年第5期；

③中国《军事展望》2002年第6期。

（孟　丽）

军　事　训　练

美国军队军事训练　陆军训练　综述

2002年，美陆军从未来战争出发，紧紧围绕当前转型、反恐等任务进行了广泛而严格的训练演习，其主要特点如下：

加强训练演习，促进陆军转型 为适应未来战争的需要，美陆军制定了建设一支具有全谱作战和快速

反应能力的中型目标部队的转型计划。为进一步研究、拟定和检验与陆军转型有关的作战理论、战略和战术、目标部队的部队结构，美陆军训练与条令司令部于2002年4月在宾夕法尼亚州卡莱尔堡的陆军军事学院举行名为“转型2002”的计算机模拟演习。通过各种训练，演习，使陆军转型为灵活多能的部队。

注重反恐训练，适应反恐战争需要　“9·11”事件后，美国将反恐作为第一要务。美军对阿富汗塔利班政权和“基地”组织实施了代号为“持久自由”的反恐作战行动。为确保胜利，美陆军参战部队不仅在部署前进行了有针对性的训练而且在阿富汗作战期间边战边训，提高作战技能。美陆军不论在“金色眼镜蛇”等各种演习中还是在作战训练中心进行的部队轮训中，突出了反恐训练内容。美陆军还对菲律宾和格鲁吉亚等国军队进行反恐战术和技能训练以加强与盟国和伙伴国的反恐合作，提高联合打击恐怖主义武装的能力。

强化战前训练，提高沙漠作战和城市作战技能　为了赢得对伊拉克作战的胜利，美陆军注重战前训练，提高沙漠作战和城市作战技能。美陆军驻德国海德尔堡第5军的150多名通信专业人员于2002年11月开赴卡塔尔赛利耶兵营参加美中央总部举行的“内部观察”演习。驻佐治亚州斯图尔特堡第3机械化步兵师2旅15步兵团3营于2002年10月底开抵科威特进行为期6个月的实兵训练，并参加与科威特联合举行的“沙漠之春”演习，提高了沙漠作战能力。美陆军开赴海湾的部队在部署前进行了城市作战训练以应对在伊拉克可能遭遇的巷战。他们在欧文堡全国训练中心和波尔克堡联合战备训练中心修建的模拟城市中进行了激烈的“巷战”以提高城市作战技能。

改革入伍训练、推广远程教育，提高官兵素质　2002年，美陆军成立了陆军征募司令部统管陆军军官和士兵的征募和入伍训练，并对入伍训练进行了改革。新兵训练推行“任职定向培训”新战略，即根据新兵首次任职所需技能进行定向训练。由于压缩了新兵训练的内容，从而缩短了训练时间。根据美陆军训练与条令司令部提出的军官教育改革创议，新服役的军官将参加军官基础领导课程培训，掌握作战环境下的分队领导能力。美陆军继续实施陆军网上大学和远程教育计划、推出为业余上大学的现役军人支付全部学习费用等措施提高官兵素质、促进军人留队。美陆军网上大学于2001年1月开办以来，学员人数已达2.5万，到2006年1月可增加到8万。

资料来源：

①美《陆军》杂志2002年10月刊；

②美《陆军时报》2002年11月25日。

美陆军加强转型训练　据美《陆军时报》2002年12月16日和《陆军》杂志2002年10月刊报道，美陆军加强转型训练演习以执行美陆军参谋长埃里克·新关上将提出的陆军转型战略。

为了研究和检验目标部队的部队结构、作战理论、战场机动能力和武器装备，美陆军训练与条令司令部于2002年4月在宾夕法尼亚州卡莱尔堡的陆军军事学院举行“转型2002”演习。演习想定是：2019年，全球多个地区同时发生危机，美陆军与其他军种立即投送部队到出事地点，执行国家领导人下达的指令。该演习是美陆军训练与条令司令部2000年以来举行的第3次转型演习，旨在协助陆军参谋长把陆军转型为一支灵敏、多能，可对全球各种应急事件做出灵活反应的部队。

斯特赖克装甲车是美陆军18年来研制的第一种新型装甲车，主要用于装备目标部队。美陆军与通用汽车公司和通用动力地面系统集团签订了价值40亿美元、6年内生产2100辆斯特赖克装甲车的合同。合同签订后18个月，公司就向陆军交付了首批斯特赖克装甲车。驻刘易斯堡的第2步兵师3旅和第25步兵师1旅成为接收斯特赖克装甲车的首批部队。另外，2个旅和1个装甲兵团也将装备斯特赖克装甲车。

成为美陆军第一个斯特赖克旅的第2步兵师3旅所属第20步兵团5营于2002年7月到欧文堡陆军全国训练中心参加7月24日至8月15日举行的“千年挑战2002”演习。该营快速机动、悄无声息地突然出现在假设敌面前，抢占决胜点，迫使手足无措的敌军只好临时修改作战计划，显示了斯特赖克旅强大的战场机动能力。

美陆军全国训练中心对部队轮训进行改革　据美《陆军时报》2002年11月25日报道，加利福尼亚州欧文堡美陆军全国训练中心适应形势的需要对部队轮训进行了有效的改革。

欧文堡陆军全国训练中心建于1981年，是美陆军主要的训练中心，也是世界上最好的军事训练设施之一。每年，该中心对重型部队进行10次轮训，参加轮训的人数约7万人，其中包括2万名后备役人员。自1981年建立以来，共有92.5万人到该中心轮训，其中包括1377名营长，7920名连长。

欧文堡陆军全国训练中心有面积1000平方英里的大沙漠，有无与伦比的演习场地；有一支模仿苏军、训练有素、作战能力比实际敌人更为强大的假设敌部队；有以激光和全球定位系统为基础的仪表系统。该中心还有经验丰富的观察/控制人员。这些观察/控制人员是蓝军各级指挥官的指导者，负责训练后讲评，确保轮训部队训练达标。

海湾战争后，美陆军逐步认识到，欧文堡陆军全国训练中心在沙漠进行的重型部队训练已与美陆军在巴尔干半岛、海地和索马里实施的作战不相适应。为此，美陆军对欧文堡陆军全国训练中心部队轮训进行了有效的改革。

①全新的假设敌部队。过去，轮训部队蓝军面对的是模拟苏军的假设敌部队。从 2002 年 6 月开始，假设敌部队的番号改为第 11 师战术作战大队。该大队模拟的国家每次轮训都不尽相同。真正的变化还在于它摒弃了苏军作战条令，代之以“以能力为基础”的作战条令，即运用部署更为分散、行动更为主动的小股步兵部队。

②演习想定灵活逼真。2002 年 5 月，欧文堡陆军全国训练中心对轮训部队的演习想定以当代作战环境为背景，威胁增大，任务增多。敌军战法难以预测，只有在假设敌部队实施突击时兰军才能判断敌军的主攻方向。这时，蓝军的灵活处置将决定最终胜负。

③注重城市作战训练。欧文堡陆军全国训练中心于 2000 年秋修建了 2 个堑壕工事和 1 个名叫“利马维尔”的村庄，用于城市作战训练。该中心还建有一个地下隧道系统，可视演习想定用作伊拉克的指挥和控制设施、武器仓库和掩体。

④ 轮训部队自带车辆。参谋长联席会议主席埃里克·新关上将指示，轮训部队轮训时必须使用未来实战用的主战坦克和战车。所以从 2001 年 2 月起，轮训部队都自带 M1A2 艾布拉姆斯主战坦克和 M2A3 布雷德利步兵战车。

第 3 机械化步兵师 2 旅在科威特进行战前训练 据美《陆军时报》2002 年 11 月 11 日和《星条报》2002 年 11 月 12 日报道，来自佐治亚州斯图尔特兵营的第 3 机械化步兵师 2 旅 15 步兵团 3 营于 2002 年 10 月底抵达科威特开始为期 6 个月的实兵训练。

乌代里靶场在科威特城西北，占地约 200 平方英里，1991 年海湾战争结束后一直是美三军联合和盟军联合演习基地。美陆军许多官兵除了欧文堡陆军全国训练中心外从未到过浩瀚的大沙漠。尽管两地地形地貌有许多共同点，相比之下，科威特是一个极好的靶场。在科威特，美军有足够的空间、时间和弹药为进攻伊拉克而进行所需的训练。

美陆军重视城市作战训练 据美《星条报》2002 年 11 月 2 日和美《陆军时报》2002 年 11 月 11 日报道，随着美国与伊拉克战争的临近，美陆军十分重视城市作战训练。

美国防部官员和军事分析家预测，有着 5 百万人口的巴格达之战将是美军在伊拉克最难打的一仗。美军认为，36 个步兵营的 1.8 万人或近半数的陆军步兵部队应在部署到海湾前接受广泛而严格的城市作战训练。因此，美陆军十分重视城市作战训练并把城市作战视为基本作战。最近，美陆军进行的城市作战训练演习把重点放在对伊作战上。

路易斯安那州波尔克堡是美军最先进的城市作战训练基地之一。2002 年 10 月底在该基地作战训练演习中，美陆军第 10 山地师约 1000 名进攻者在名为“舒加特·戈登”的模拟城市中进行了激烈的巷战。他们带有生化探测器和防化服。艾布拉姆斯主战坦克在狭窄的街道向着躲在附近大楼里的敌军扫射。这次城市作战训练演习旨在提高参演部队的城市作战技能并让他们感受到未来巴格达巷战的气氛。

美陆军成立陆军征募司令部 据美《陆军》杂志 2002 年 10 月刊和《陆军后勤》2002 年 7～8 月刊报道，美陆军于 2002 年 3 月 25 日成立了陆军征募司令部，统管美陆军军官和士兵的征募和入伍训练。

陆军征募司令部总部设在弗吉尼亚州门罗堡，其任务是更有效地实施官兵入伍训练，培训出具有必备知识、技能和奉献精神的军官和士兵。该司令部由驻肯塔基州诺克斯堡的陆军征兵司令部、驻弗吉尼亚州门罗堡的陆军学员司令部和驻南卡罗来纳州杰克逊堡的陆军训练中心组成。陆军征兵司令部负责征募士兵、陆军学员司令部通过遍布美国各地的后备军官训练团分队和营征募军官。

随着陆军征募司令部的成立，美陆军改变了新兵的训练重点。任职定向培训将根据新兵最初任职所需技能进行有针对性的训练。采取任职定向培训后，由于压缩了新兵训练的内容，从而缩短了训练时间。陆军征募司令部还将逐步把军职专业高级单兵训练课程改为同一基地部队训练课程。现已有 7 个军职专业高级单兵训练课程改为同一基地部队训练课程。

根据训练与条令司令部的军官教育改革创议，新服役的军官将接受军官基础领导课程培训，以提高应付现代战场挑战的能力。通过训练，每个新服役的军官将学到小分队作战基本原则，增强到职后为部队做出贡献的信心和能力。

美陆军推广“任职定向培训”新战略 据美《陆

军时报》2002 年 5 月 27 日报道，美陆军新兵训练将推广“任职定向培训”新战略。

美陆军于 2002 年 5 月 6～9 日在佛罗里达州奥兰多召开了人事官员会议。根据与会官员透露，最近美陆军高层领导人批准了“任职定向培训”新战略。美陆军通信兵和军需兵对该战略进行了试点和评估，证明该战略是可行的并得到国防部的积极支持。由于该战略缩短了新兵入伍训练时间，因此，美陆军准备把这一战略推广到其他兵种的新兵训练。

美陆军士兵人事处处长肖恩·伯恩上校说，“任职定向培训”新战略要求新兵训练时只需要学习首次任职所需技能。其他技能通过尔后的专业训练获得。这样就可使新兵早日到部队任职。尔后的专业训练包括远程教育、部队实际操作训练、母基地训练和军种学校住校学习，等任职后再进行。

美陆军网上大学已有 2.5 万名学员 据美《陆军时报》2002 年 8 月 5 日报道，美陆军第一个免费网上大学教育计划已获得成功。该计划的正式名称为“陆军网上大学”。入学学员学费全免，且可免费获得手提式电脑、书本、辅导和在线技术支援。他们可同时参加 20 所联网大学中任何一所大学的 90 多门课程。

自美陆军网上大学于 2001 年 1 月开办以来，已有 2.5 万名官兵签约入学。美陆军希望在 2006 年 1 月前，全陆军 121 个教学点接纳 8 万名学员。

美陆军开办陆军网上大学的目的不仅是为了提高官兵的素质也是为了通过该校提供的巨大教育机会有力地促进军人留队。2001 年 5 月对本宁堡、坎贝尔堡和胡德堡 1455 名学员进行的调查表明，71%学员的入学动机是为了获得大学学位，10%的学员是为学费全免所吸引，只有 2%的学员承认，他们签约是为了得到免费的手提式电脑。陆军网上大学大约有 10%的学员将要被淘汰，头两年未完成规定学时或学业的学员需支付学费和电脑费。

美陆军拟在互联网上设置更多的远程教育课程 据美《陆军时报》2002 年 3 月 25 日和 7 月 8 日报道，美陆军正在实施为期 10 年耗资近 10 亿美元的互联网远程教育计划，并拟在互联网上设置更多的远程教育课程。

截止 2002 年 2 月初，美陆军已修建了 450 个数字化训练设施。每个现役部队的数字化训练设施配备 16 个工作站，后备役部队配备 12 个工作站。根据美陆军训练与条令司令部训练发展和分析处处长奥尔森上校说，美陆军的目标是在 10 年内修建 850 个数字化训练设施。

美陆军训练与条令司令部希望在 2010 年前美陆军 1700 门课程中有 525 门课程能通过互联网实施远程教学。现在 90%的课程已确定。为了保证教学质量和实现教学标准化，远程教育课程由美陆军训练与条令司令部统一制作。实施远程教育后，学员无需到学校住校学习，因而节省了费用。

美陆军训练与条令司令部官员认为，传统教学环境下教授的课目均可通过远程教育教授。在今后 10 年内，除内容需要保密、需进行一对一教学和需使用武器、飞机、车辆和装备的传统训练外，远程教育将成为美陆军主要的教育训练手段。尽管远程教育不会取代教室、靶场进行的传统训练，但它将成为美陆军向官兵进行标准化教育的一项有效途径。

美陆军将为业余上大学的现役军人支付全部学习费用 据美《陆军时报》2002 年 10 月 7 日报道，根据美国会批准的一项新政策，美国防部将为业余上大学的现役军人支付全部上学所需费用。该政策于 2002 年 10 月 1 日开始执行。

美陆军根据这项新政策制定的助学金计划规定，美现役军官、尉官和士兵业余上大学包括远程教育均可全免所需学费、计算机费和书本资料费。每人每年的助学金最高额将从现在的 3500 美元增加到 4500 美元。

最新统计数字表明，2001 财年共有 134，841 名现役军人参加 211，725 门课程。其中 3425 名军人获得准学士学位，1583 名军人获得学士学位，1540 名军人获得硕士学位。上大学、求学位不仅有助于军人晋升，也对军人退伍后的生活和工作带来好处。

美陆军部署陆军航空兵诸兵种战术训练器 据美《国防》杂志 2002 年 2 月报道，美陆军对一种新颖的航空兵诸兵种战术训练器投资 3 亿美元，以使美陆军航空兵能与地面部队在数字化环境下一起进行训练。

总部设在得克萨斯州奥斯汀的林克模拟与训练公司将于 2002 年 4 月向美陆军交付第一套陆军航空兵诸兵种战术训练器——航空兵可重新配置有人操纵模拟器。南卡罗来纳州国民警卫队将于 8 月得到一套该型训练器。在今后 6 年内，美陆军将至少部署 18 套此型训练器。其中，驻韩美陆军和驻德美陆军各部署 1 套。

美陆军之所以发展陆军航空兵诸兵种战术训练器，一是因为现有的训练器不够逼真，不能支援联合作战环境下的诸兵种合成训练。另一个重要原因是野外实兵演习费用太高并受到环境和安全诸因素的限制。

陆军航空兵诸兵种战术训练器是一种集体训练器，包括 6 种可重新配置的模拟器、1 个主控室和 1

个行动后评估室。该训练器装在 2 辆双轮拖车上，可通过 C－5 运输机和 C－17 运输机部署海外。主控室只要改变演习因素，就可支持各种训练想定。行动后评估室装在第 2 辆拖车上。该室装有 3 条视频信道，配有 20 人负责审查和再放演习情况。

该训练器装有模拟加利福尼亚州欧文堡陆军全国训练中心、胡德堡和德国中部等三种地形数据库。陆军航空兵可在该模拟器创建的虚拟战场和烟雾、风雪、沙尘等各种气候条件下演练各种预案。

陆军航空兵诸兵种战术训练器与陆军指挥、控制、通信、计算机和情报系统相接后，在战术作战中心实施作战指挥的营长和旅长可有效控制战斗部队和战斗支援部队。该训练器还可与陆军已部署的模拟器相连，支援机械化部队和装甲兵部队训练。

美陆军部署 23 套阿帕奇·长虹直升机机组人员训练器　据美《国防》2002 年 11 月刊报道，美陆军最近把 1 套阿帕奇·长虹直升机机组人员训练器运抵驻德国伊利谢姆斯托克兵营的第 11 航空团第 6 骑兵营 6 中队。该中队拥有 22 架 AH－64H 阿帕奇·长虹攻击直升机。

迄今，美陆军已部署 12 套阿帕奇·长虹直升机机组人员训练器。美陆军计划还要生产 11 套并在 2007 年前部署。届时，美陆军将共有 23 套此型训练器。该训练器是一种高逼真、可复制飞机各种活动和飞机系统各种职能、进行各种任务训练的训练器。整套训练器用 5～7 天时间拆卸，装入 2 个 ISO 集装箱通过铁路、公路、舰船或 C－5 运输机运送。运抵目的地后在 5～7 天内装配供部队使用。该系统包括驾驶员和副驾驶员座舱、教官站、2 台计算机、3 个成像发生器和 1 部发电机。

（洪锦珠）

美军基地化训练的主要特点　《现代军事》2002 年 12 月号董爱国、方鑫报道，近年来，美军十分注重依托基地实施训练、演习。据统计，美军在国内外有训练基地 80 余处，而且数量呈上升趋势。美军实施基地化训练呈现如下几个特点。

训练机构体系化　美军自 20 世纪 70 年代后期开始组建现代化军种训练基地。通过多年特别是近年来的建设与发展，其基地化训练机构已日渐体系化。

一是成立了各类训练中心。为了在接近实战条件下进行高层次、正规化的训练，合理、紧凑地安排各种训练科目，提高训练效果和综合保障效益，美军建立起多层次、多种类的训练基地体系。训练范围从单兵到战术、战役甚至战略层次，一年可轮训 25 万余人次。如，进行合同战术训练的综合性训练基地有欧文堡国家训练中心、波克堡联合战备训练中心、利文汉斯堡合同战术训练中心、霍恩菲尔斯作战机动训练中心等；进行兵种训练的基地有胡德堡装甲兵训练基地、卡森堡机械化步兵训练基地、本宁堡步兵训练中心、锡尔堡野战炮兵训练中心、布利斯堡防空炮兵训练中心、布雷格堡空降兵训练基地、伦纳德·伍德堡工兵训练中心等。

二是完善了各级领导机构。为使基地训练能正规、有序地运转，美军建立了系统的组织领导体系。为了在训练演习中统筹三军，美军参联会设有联合演习处、各军种设有军事演习局、各战区联合司令部设有演习科、本土部队还设有演习司令部。

三是组建了研究、教学与训练机构。美军认为，为指导与监督训练基地执行实战演练计划，有必要组建专职或兼职的研究、教学与训练机构。如“侵略者”飞行部队就兼有对受训部队实战演练的教学、训练任务。

训练目的多元化　美军认为，实施基地训练就是要设置逼真的、接近实战的环境，通过高标准的演习科目锻炼部队，确保在未来复杂的战场环境中力能胜任。同时，基地化训练的目的还包括为修改现行作战原则提供依据。美陆军训练与条令司令部的经验总结中心通过司令部下属的演习支援机构和国家训练中心两大渠道总结经验，从中摸索未来作战规律，进而指导陆军作战理论、训练、编制与装备的改进。在欧文堡国家训练中心，现编有 550 人的专职训练管理队伍，负责观察、指导受训部队演练，并检验、评定其训练质量。这些因素使得美军在训练基地组织的一系列训练演习往往带有一定检验性、学术性和试验性。如美陆军 1986 年版《作战纲要》中的“空地一体作战理论”就是在全军军事理论研究最新成果的基础上，总结、吸收各级部队训练学习的经验教训，继而推出的。

训练内容标准化　美军强调，在依托基地组训时，要按照《野战条令》规定的内容规范战术、技术训练程序，以上级的训练目标作为实施训练与考核的依据。之所以这样做：一是可以避免各部队在指导训练上的随意性；二是按照统一标准训练出的部队有较强的独立作战能力；三是各军兵种按统一标准进行训练，战时便于组织协同。

训练方法多样化　一是模拟化训练。美军将模拟化训练作为未来军队的主要训练方法，以超前熟悉尚未列装的武器系统，为应付未来战争作准备。在训练基地中，实兵、实车、实装训练已部分被模拟器材训练所替代。虚拟现实模拟系统可以在视觉、听觉和触觉等方面逼真地显现未来战争可能出现的各种情况。指挥层可以面对屏幕上显示的多维战场运筹帷幄，锤炼创造性的指挥艺术；士兵则可在虚拟的战斗中体验生与死的角逐，提高战术技能。

二是网络化训练。美军设想通过互联网络，以综合性的联合训练基地为“经”，以各军兵种训练基地为“纬”，编织出可以模拟不同的战场条件的训练网络。美军已经把分布在美国和欧洲的数百个节点通过通信网络联系起来，实行分布式交互仿真，为模拟营到战区级的指挥和联合战术训练做好准备。

训练要求实战化　为了提高训练的针对性，能够在近似实战的环境中锻炼部队，美军一方面组建“形神相似”的假设敌部队，并要求战役军团、战术兵团均设有能充当假设敌的分队，即便是实施连一级小规模演习时也必须抽调1个建制排充当敌军，从而使演习过程逼真、紧张、激烈。美军还想方设法筹集假设敌部队的武器装备，规定假设敌部队要在胡德堡训练基地接受扮演敌人的正规训练，从着装仪容、作息制度、生活方式到军事思想、作战原则、战斗动作都要模仿得惟妙惟肖。

另一方面，美军非常重视营造酷似实战的训练环境，认为这是提高训练质量的必要条件。如欧文堡基地拥有幅员辽阔的莫哈韦大沙漠，在这里进行过飞行训练的飞行员知道如何从空中识别在沙漠中运动的坦克和装甲输送车，以及如何根据坦克编队掀起的巨大烟尘判断和追踪目标。美军条令要求，指挥官在逼真的环境中训练部队，应做到：一是以敌人的作战思想为基础拟制逼真的想定；二是创造近似实战的训练环境；三是演练双方均使用各自的武器装备；四是按合成训练编组进行训练；五是炊事、行政、补给、保养等战斗勤务支援训练要尽可能多地在野战条件下进行。基地化训练可使这些要求达到最佳的结合。

训练监控智能化　为记录有价值的训练信息、客观评价训练效果、保证试验成果的可靠性，美军通常由分析专家使用智能仪器监控训练和演习的全过程。如美空军使用的“空战机动飞行检测仪表系统”可同时追踪和记录8个空战场面，并将图像在控制中心的大屏幕上实时播放出来。

训练实施制度化　美军各军兵种的基地化训练均按计划定时举行，形成批次轮训制度。如陆军、海军陆战队营特遣队与战斗旅的轮训周期为18个月；现役军、师指挥所的周期为24个月；预备役师同类演习的周期为4年。美空军每个战术飞行中队每年至少参加1次空战模拟演习。

此外，美军重视发现训练中的不足，以此作为改进训练方法、提高训练质量的重要环节；把考评作为验收训练成果的主要手段，并已经制度化。美军更重视讲评，认为讲评也是一种实际的训练，要求各级部队在训练之后都要进行讲评。基地拥有固定的教练员、调理员和裁判员，对各部队的训练讲评提供了必要的条件。

训练保障集约化　训练是一项花费巨大的军事活动，为避免各部队在训练场地的硬件建设上出现重复，美军强调在训练基地集中购置器材，供前往基地受训的部队轮流使用。这样可以盘活训练资源、提高保障效益，使训练保障集约化。美军还通过模拟演练来提高训练质量、改进训练效果、而且也大大节约了人力、物力和财力。特别是在训练基地大量装备训练模拟器材，虽然在建设初期投入较大，但是这种投入是“一劳永逸”的，可以在每年的周期轮训中循环使用、交叉训练，而且训练场地也可以“一场多用”。

（肖为军）

海军和海军陆战队训练　2002年，美国海军和海军陆战队积极推进训练革命，全面强化军事训练。

积极推进训练革命，提高训练效益　2002年，美海军积极适应新军事变革的发展，广泛使用信息技术，大力推进训练革命，主要措施：一是成立15个专业训练中心，包括海军航空技术训练中心、建筑工程中心、信息技术中心、部队健康保护中心、核工程中心、人事发展中心、海军领导训练中心、水面战斗系统中心、水面作战中心、海军工程中心、潜艇作战中心、后勤支援训练中心、情报中心、密码中心和潜水中心等，将以往分散于各舰队和海军教育训练司令部的数十个训练机构以各专业训练中心为核心、以网络链接在一起，大幅提高训练效益。二是广泛利用民间信息技术和民间力量，压缩训练周期，降低训练成本。三是重新设计各兵种和各专业训练的技术要求、训练标准，更加符合实战要求；四是实现全面的标准化训练，对各专业训练制定全海军统一的训练标准，使各舰队的战备保持一致。美海军的训练革命统一由2001年新成立的舰队部队司令部组织实施，对于美海军提高训练效益、压缩训练周期、满足作战需要，为各战区总部提供合格的海军部队发挥了突出作用。

应对对外战争，大幅压缩部队训练周期　年内，美海军为了应付阿富汗战争以及“打伊倒萨”行动的需要，始终在中东地区和阿拉伯海保持高强度的军事存在，常年在这一地区部署 2～3 个航母战斗大队。其中，罗斯福号航母战斗大队 2001 年 9 月 17 日赴北阿拉伯海执勤，参与阿富汗战争，至 2002 年 2 月 19 日已连续在海上活动 153 天（中间未靠港），打破了历史纪录，该战斗大队 3 月底返回本土后，又于年底前往地中海参加“倒萨”行动，正常 12 个月的休整、训练期压缩至 9 个月，其中 6 个月训练周期压缩了一半。林肯号航母战斗大队 12 月底已完成为期 6 个月的海外部署，但是为了准备对伊战争，仅在澳大利亚休整、训练半个月后，重返海湾地区部署。为应付伊拉克战争，美海军文森号航母战斗大队也将正常训练周期从 6 个月压缩到 4 个月，提前进行海外部署。为了减轻对部队的压力，美海军开始试验“海上交换”部署计划，即舰艇在海外部署 6 个月后，舰员进行轮换、而舰艇不轮换，首次参加试验的是驱逐舰弗莱彻号，该舰 4 月初随航母编队部署至海湾地区，6 个月后驱逐舰金凯德号舰员空运至海湾轮换弗莱彻号舰上的舰员，首次试验比较成功，美海军计划将在 6 艘驱逐舰上进一步试验后，逐步推广。海军陆战队针对伊拉克战争，重点强化城市巷战、特种作战训练。

适应军事转型，加强全球远征作战训练　美国防部 2002 年正式提出了军事转型构想，美海军也于 2002 年 6 月提出了向“21 世纪海上力量”转型的建设蓝图，以建设“海上打击”、“海上盾牌”和“海上基地”三大力量为核心，全面加强海军全球远征作战能力，打赢任何形式的战争。美海军同时计划建立 37 支全球远征作战大队，包括 12 支航母打击大队、12 支远征打击大队、9 支导弹防御大队、4 支巡航导弹打击大队。并于 2002 年 11 月首先在太平洋舰队和大西洋舰队各组建 1 支远征打击大队，进行试验性训练部署。每支远征打击大队由 1 个两栖戒备大队（两栖攻击舰、两栖船坞运输舰、船坞登陆舰各 1 艘，上载 1 个陆战队远征分队 2300 名陆战队员、30 余架飞机），外加提康德罗加级导弹巡洋舰、伯克级导弹驱逐舰、佩里级导弹护卫舰、洛杉矶级核动力攻击潜艇各 1 艘、P－3C 型岸基远程反潜巡逻机 1 架组成，指挥官为海军少将，以两栖攻击舰为旗舰，可独立遂行低强度由海至陆作战和特种作战。太平洋舰队佩勒利乌号远征打击大队和大西洋舰队塞班号远征打击大队，组建后立即进行协同训练，计划 2003 年 9 月开始海外部署。

与此同时，美海军和海军陆战队继续加强反恐和部队防护训练，加快实践“网络中心战”战法，进一步加强与盟国的联合军事训练和演习。

资料来源：

美国《海军时报》2002 年 1～12 月。

（钟海林）

空军训练　2002 年，美空军在“效果为本”新的空中战役理论的推动下，针对国内外安全环境发生的新变化，加快了空军转型的步伐，大力推进教育训练改革，加强反恐备战演练，保持军事训练和人员素质的全面优势。

加快装备新式教练机，逐步完善飞行员训练体制

为适应新一代战机的训练要求，增加飞行员的培训数量，提高训练质量，年内，美空军加快训练体制改革步伐，将 T－6A、T－38C 新型教练机正式纳入飞行训练体制。

（一）正式使用 T－6A 新型教练机进行基本飞行训练　首批 T－6A“得克萨斯人”新型教练机于 2001 年 10 月在穆迪空军基地开训，在完成为期 6 个月的训练课程后，于 2002 年 4 月首期 15 名飞行学员顺利毕业。随之，每三周便有一个飞行学员班开训，年内约 250 名飞行学员在该基地完成 T－6A 基本飞行训练。美空军预计接收约 400 架 T－6A。在今后的 8～10 年里，T－6A 将逐步取代老式的 T－37 教练机进行专业化大学程度飞行员训练，使学员掌握必需的基本飞行技能。完成该阶段训练后，将按机种分战斗机/轰炸机、运输机/加油机和直升机三条“轨道”继续训练。（二）首次使用 T－38C 教练机进行高级飞行训练　在 T－38A 和 AT－38B 基础上改进的 T－38C 教练机装备与现代战斗机相同的座舱设备，具有先进的电子设备，为新一代战机提供了更加逼真的训练平台。T－38C 还具有模拟空中射击和导弹攻击的能力。截止 2002 年 10 月，美空军已接收 100 架 T－38C 新型教练机。10 月 16 日，驻哥伦布空军基地的第 14 飞行训练联队第 50 飞行训练中队首次使用 T－38C 教练机开始战斗基础高级飞行训练。该基地每年办 15 期 T－38C 专业化训练班，每期训练期限 6 个月左右，实机飞行训练约 120 小时。训练内容包括起飞、着陆、特技、越野领航、低空飞行、夜间编队和利用仪表的编队飞行训练。

进一步加强联合作战训练　2002 年初，美国防部副部长保罗·沃尔福威兹公布了美军训练改革的详细计划。该计划特别强调增加联合作战训练内容，更广泛地利用模拟技术和其他先进技术实施训练。

美空军认为，这是国防部对付各种冲突，大力推行训练改革的重要举措之一。为加强联合作战训练，美空军强调，一是必须将临时性联合训练变为一项长期坚持实施的例行性训练，并建立相应的训练程序，以确保训练有序地进行；二是必须突出重点，培养空军飞行员具有最关键的联合作战技能，不可能面面俱到；三是必须结合空军所独有的特点，尤其是空军人员服役期比其他军种长的特点，大力培养在联合作战训练方面具有专长和经验的人才。

为提高各军种部队的联合作战能力，美军于2002年7月24日~8月15日，举行了代号为“千年挑战02”的计算机模拟带部分实兵演习。演习的模拟中心设在弗吉尼亚州诺福克联合部队总部，参演部队分布在各地26个不同场所。通过演习重点检验了“效果为本”的作战概念、速决战概念、常设“联合部队司令部”概念、集中后勤概念和“网络中心战”概念。同时进行了各种作战实验，提高了空军内部以及三军的联合作战能力。

为加强日常的联合作战演练，美空军正在建立新一代飞行模拟器的分布式任务训练网络，使驾驶各种飞机的作战飞行员能够在高度逼真的模拟环境中共同训练，演练大规模的联合空中作战。2002年，美空军继续筹建另外3个新的分布式任务训练中心，预计2003年投入使用。计划在今后10年内建立起一个范围包括空军各型机的任务训练中心网络。这将大大提高飞行人员的联合/联军作战训练效果。年内，美空军已将F-22新一代战机的全任务模拟器、武器战术练习器和座舱练习器投入使用。全任务模拟器和武器战术练习器可互联，为美国空军在虚拟环境中实施作战任务的演练提供了条件。

针对战争需要，强化战备训练　（一）运输机空运战术训练　美空军历来重视运输机战场生存机动战术训练。它设有专门的“高级空运战术训练中心”，通过训练使机组人员在遇到敌战斗机和防空导弹攻击时，大大提高战场生存能力。为应对阿富汗、伊拉克战争中的空运行动，运输机飞行人员参加了该中心举办的为期9天的基础培训班，理论教育和飞行训练主要突出低空飞行，重点是飞机动力与结构、视觉错觉、空地威胁、编队飞行、在敌对环境中机动等。

（二）利用米格—29进行异型机空战演练　2002年9月4日~10月5日，美空军在本土举行“机敏射手2002”空战演习。参演空勤人员100多名，美军F-15、F/A-18等战斗机与来自德国空军的米格-29实施了异型机空战训练。美空军飞行员通过参加“机敏射手2002”空战演习不仅见识了假想“敌机”的威力，而且学会了扬长避短，克敌制胜的战法。

（三）集中进行高强度的对地攻击和空中支援训练　美驻欧F-16、A-10空军部队由于驻地（如德国、意大利）不具备靶场训练条件，年内多次利用斯洛伐克靶场，集中进行高强度对地攻击演练，每次演练限期2周，共完成140次训练飞行。其训练目的是，训练飞行人员完成类似在阿富汗“蟒蛇行动”期间的近距空中支援任务。主要课目是低空飞行和空对地打靶训练。

（四）更加广泛地开展外语培训　自“9·11”恐怖袭击事件发生后，美国军事训练领域发生的重要变革之一，就是投入力量进行外国语培训。这种外语热最为明显地出现在美国国防语言学院的外语培训中心。该中心配备了大约750名教官，每年培训外语学员3300名左右。到2002年，其课程设置已增加到22门外语。新增加的语种有普什图语、达里语和乌兹别克语。培训数量是以需要为基础的，年内大量增加了阿拉伯语的培训人数，作为应急，大约近百名阿拉伯语教官表示愿意应召，一旦需要，他们可以到任何地方执行任务。

训飞时间增加　“9·11”事发当天，美空军就开始了“崇高之鹰”行动，对北美许多地域进行昼夜24小时飞行巡逻。持续不断的空中巡逻任务飞行，使飞行员的训飞时间大幅度减少。其间，为保持部队的战备水平，美空军作战司令部对受影响最大的战斗机新、老飞行员的训飞时间作出如下规定：具备500小时以上战斗机飞行经验的老飞行员，为保持战备水平，全年至少应训飞96架次、130小时；为保持基本胜任作战任务，全年也应至少训飞60架次、80小时。战斗机累积飞行时间少于500小时的新飞行员，为达到胜任作战任务，每年至少应训飞120架次、160小时。随着“崇高之鹰”战斗巡逻任务逐渐接近尾声，战斗机联队开始恢复正常有序的训练。担负“崇高之鹰”行动的战斗机，大部分时间处于地面警戒状态，一声令下可在15分钟内立即升空。据《空军时报》抽查，战斗机联队的训飞时间从2002年3月开始大大增加。如第4战斗机联队，2001年10~12月的训飞时间仅为2468小时，但到2002年1~5月该联队的训飞时间达到4429小时。

坚持“飞行风险”管理制度，保持了较低的事故率　美空军2002财年飞行事故万时率为0.162，安全状况较好，在近15年中排在第三位。全年共发生A级严重飞行事故35起，损毁飞机19架，事故致亡22人。其中24起飞行事故是因飞行员操作不当造成的。战斗机飞行事故少于往年，但直升机飞行事故剧增，共发生了10起，2001年则没有发生此种事故。特种作战司令部在阿富汗“持久自由”行动中，事故频仍，共发生8起飞行事故，没有一起属于战斗损失。

美空军安全中心主任肯尼思·W·赫斯少将在总结本年飞行安全经验时指出，保持较低的事故率应归功于“飞行风险管理”，每个单位、每个人都可以运用风险管理，充分估量飞行活动的危险程度，进而提出减小风险的对策。空军的安全计划是通过部队指挥官和各级安全监督员实施的，由于他们具有很强的安全观念，对安全工作极其严肃认真，在每天的安全防范工作中具体落实各项指示要求，从而取得了明显的安全工作成效。

资料来源：

①美国《航空周刊与空间技术》网络版2003年1月5日；

②美国《空军时报》2002年7月29日、10月7日；

③美国《简氏防务周刊》2002年10月30日；

④美国《空军杂志》2002年第3期；

⑤美国空军《飞行安全》2002年12月。

（李荣怀）

军事演习　美泰新三国联合空军演习　2002年1月14～25日，美国、泰国、新加坡三国的空军和美国海军陆战队在泰国东北部呵叻府举行了代号为“擒虎”的联合空军演习。每年一度的“擒虎”联合军事演习始于1995年。今年的演习分为两个阶段，第一阶段已于2001年12月在新加坡结束，主要演练空中战术和协同指挥。来自三国的机组人员和地面指挥人员共同参与了空中作战计划的制订。这次在泰国举行的是第二阶段演习，三国飞行员主要进行空中飞行训练。演习中，美军出动F－15C“鹰”式战斗机、F/A－18C“大黄蜂”式战斗轰炸机、E－3B“哨兵”空中预警机、HH－60“黑鹰”武装直升机和KC－135“同温层堡垒”空中加油机；泰国出动F－16A/B“隼”式战斗机、F－5E/F“虎”式战斗机和UH－1H“休伊眼镜蛇”武装直升机；新加坡出动F－5S/T“虎”式战斗机，F－16C/D“隼”式战斗机。大约有1200名军人（其中有600名美军）参加演习。

美菲“肩并肩”联合演习　美菲“肩并肩”联合军事演习始于1981年，至今已举行过17次。2002年演习的假想敌是菲律宾非法武装阿布沙耶夫组织，演习规模大、时间长。于1月31日实施，约660名美军士兵参加，并向菲律宾政府军传授对付阿布沙耶夫武装分子的方法，为期6个月，美国主要负责武器提供和人员培训。此次演习标志着美国已将反恐怖战争延伸到了阿富汗以外地区，菲律宾成为反恐“第二战场”。

4月22日起，美菲在北吕宋地区举行了“肩并肩02－2”新一轮的联合军事演习。这是2002年菲美“肩并肩”联合演习的第二部分，2900名菲律宾军人和约2700名美国军人参加了这次为期两周的军事演习。演习的主要任务是训练和提高部队的丛林战、夜间战术飞行、两栖登陆以及搜索救援等技能。

北约“坚强决心2002”演习　2002年3月，北约在挪威和波兰分别举行了近年来规模最大的演习——“坚强决心2002”，该演习为期近半个月，参加演习的有来自北约15个成员国和11个和平伙伴关系国共约3万多名士兵，兵种包括海军、陆军、空军、防空兵以及北约的战略司令部。这次演习是自“9·11”事件后，北约组织为适应新的安全环境要求，谋求在反恐怖战争中发挥更大作用的一次大检验，也是其军事战略由内防转向外扩、走出欧洲的重要标志。在挪威和波兰的军事演习内容不同。在挪威进行的演习主要是条约国对一个成员国遭到侵略作出反应，而在波兰的演习主要是对危机形势作出反应。

美韩“乙支/焦点透镜”联合演习　2002年3月21～27日，韩国和美国在韩国临近朝鲜的前沿地区组织了“乙支/焦点透镜”联合演习，这是自20世纪50年代朝鲜战争以来在朝鲜半岛上举行的规模最大的一次联合军事演习。除驻韩美军外，来自美国本土、日本、关岛、美第七舰队所属航空母舰的数万名美军和50多万名韩国军人参加了这次演习。演习把过去每年分别举行的“联合战时增援演习”和“‘秃鹫’演习”合二为一。以计算机模拟演习为主，大规模运用电脑控制的“阿尔索伊”式演习。演习的目的是训练指挥部的判断能力，并提高对下属官兵的教育和指导能力。

美海军演习　2002年4月2日，美海军恢复在位于加勒比海大安的列斯群岛的东部波多黎各的军事演习。波多黎各别克斯岛是美国海军理想的演习地点，每年在别克斯岛进行90天的演习。这次有1.5万名官兵参加，一艘航空母舰、12艘巡洋舰和驱逐舰、3艘两栖登陆舰参加演习，将发射600多枚炸弹。波多黎各拥有美国联邦领地的地位，面积8959平方千米，人口400多万。在东部的别克斯岛上居住着9000多人。美国在波多黎各有7个军事基地，驻军5万多人，其中罗斯福罗兹基地是世界上最大的海军基地。

美泰新“金色眼镜蛇2002”联合演习　2002年5月14～27日，美国、泰国和新加坡共2万多人在泰国东南沿海罗勇府的乌塔堡空军基地进行了代号为“金色眼镜蛇 2002”的大规模的联合演习。它是“9·11”事件后美国参与的主要区域性演习之一，也是今年亚太地区参加美军人数最多的一次。美国共派出 1.4 万名陆、海、空及海军陆战队官兵、3000 多辆军用车、73 架飞机和多艘战舰参加演习。泰国和新加坡则分别有 7700 名和 70 名军事人员参加演习，另外来自澳大利亚、孟加拉国、文莱、中国、柬埔寨、斐济、法国、印度、印度尼西亚、日本、韩国、马来西亚、蒙古、菲律宾、俄罗斯、斯里兰卡、汤加和越南等 18 个国家派观察员进行观摩。与往年相比，这次演习将针对恐怖主义等当前世界的各种实际挑战进行一些非常规作战训练。演习的目的是提高美泰新三国战备水平和协同作战能力，加强三国之间的安全合作关系。重点是维和及平民救援行动，也包括反恐、防生化武器攻击、两栖登陆作战和追捕小股敌人和贩毒分子等内容。

“基石 2002”演习　2002 年 5 月 25 日，美军与东南欧，多国部队旅在保加利亚举行代号为“基石 2002”的军事演习，为期一天。总部设在普洛夫迪夫，东南欧多国部队旅是演习的主体，500 多名美国和北约国家的官兵也参加了演习的全过程。演习目的是检验和提升多国部队的快速反应能力及实行人道主义救援的水平。保加利亚军队“积极参与和配合”了“基石 2002”演习。

北约与伙伴国联合演习　2002 年 6 月 17 ~ 28 日，北约成员国和北约伙伴国在格鲁吉亚首都第比利斯约 30 千米的瓦济阿尼军事基地举行代号为“2002 最佳努力”的多国军事演习。参加演习的军人是来自美国、加拿大、英国、土耳其、希腊和匈牙利等 6 个北约国家，以及格鲁吉亚、阿塞拜疆、亚美尼亚、乌克兰、摩尔多瓦、立陶宛、保加利亚、罗马尼亚和奥地利等 9 个北约伙伴国家。演习是根据“北约和平伙伴关系”计划组织的，演习的科目是维和行动中的联合行动，主要目的是演练各国部队执行维和行动的能力。是北约第二次在格鲁吉亚举行多国军事演习，第一次演习是 2001 年夏天在这个国家的黑海港口波季附近举行的。

美与东南亚 5 国联合演习　2002 年 6 月 19 日，美国与泰国、印度尼西亚、菲律宾、马来西亚和新加坡联合军事演习在泰国沿海府治春武里开始举行。参演部队为 6 国的海军和海军陆战队，以及巡防舰、登陆舰、救难船，其中美军约 1400 名陆战队官兵，包括著名的“海豹部队”和爆破部队。演习的目的是促进美国与东南亚地区军队的合作与相互支援能力。上述 6 国的年度联合演习，始于 1995 年，此次是第 7 次。

环太平洋 2002 联合演习　2002 年 7 月 1 日，由美国海军主导的环太平洋 2002 联合演习举行。参加演习的国家有：美国、日本、加拿大、澳大利亚、韩国、智利、英国和秘鲁。环太平洋联合演习是一项传统的多国联合军事演习，迄今已举行了 18 次。冷战结束后，在联合国维和行动与军事行动不断增加的背景下，此次参演的国家超过以往任何一次。各国军方共派出了 30 艘军舰、24 架飞机和 11000 名官兵参加演习。日本海上自卫队是第 12 次参加演习，海上自卫队共派出了 4 艘驱逐舰、1 艘潜水艇、8 架 P－3C 海上巡逻机和 1100 名官兵。

美韩“2002 焦点透镜”联合演习　2002 年 7 月 19 ~ 30 日，美国与韩国在韩国境内举行代号为“2002 年焦点透镜”的大规模联合军事演习。这是一次指挥部计算机模拟演习，目的在于检验发生突发事件时两国军队的合作情况，以及联合作战的程序、计划、系统等。这种演习一年举行一次，为期 12 天。美方称，这是世界上规模最大的电脑辅助军事演习。来自美国驻日军事基地、关岛和美国本土的专家也都参加了这次演习行动。韩国相关机构同时进行协助性演习，侧重对付军事冲突和自然灾害。韩国参加演习的人员学习如何对付网内和网外的袭击。

美军“2002 千年挑战”联合演习　2002 年 7 月 24 日 ~ 8 月 15 日，美国举行历史上规模最大（大约 1.35 万名陆军、空军、海军和海军陆战队官兵）代号“2002 千年挑战”的军事演习，内容包括野战部队实战演习和计算机模拟作战。美军联合部队司令部认为，演习主要是为了检验美军在情报共享、协同作战和快速反应等方面的能力，其结果将被用于训练将来的联合部队，并为今后美国军队的改革提供有价值的参考数据。目的是提高美军的作战能力以适应未来战争的需要。在为期 3 周的演习中，官兵将使用最新的武器装备，模拟各种战争情况，包括如何应对大规模杀伤性武器的攻击、现代巷战和人道主义援助等。信息战是这次演习重点，演习的假想情景是与美国不友好的国家在 2007 年将小型地区冲突升级为区域战争。这次演习从准备到实践历时两年，耗资约 2.5 亿美元。本次演习是美军部队转型的关键，将为美军实施“快速决定性作战”理论作准备。演习首次调动美国军政各部门，同时考察假想敌对国的政治、经济、科技等资源，实现情报共享，并通过高科技通讯手段，争取最大范围内的同步指挥作战。

美约联合演习 2002 年 8 月 12 日，美国、约旦在约旦南部距首都安曼以南 100 千米处的卡特兰勒沙漠举行了为期三周的代号为“无限月光”的联合军事演习。大约 4000 名美军士兵从约旦南部港口亚喀巴登陆参加这次演习。演习是为了增强两国的联合作战能力。3 月，美国海军陆战队第 22 远征队的一支特遣队就在约旦举行了为期 10 天的军事演习，而这一次“无限月光”演习也是例行性的。约旦每年都要与法国、英国、意大利等西方国家和埃及、阿联酋、巴林、阿曼、也门等阿拉伯国家举行类似的军事演习。

“共同考验 2002”多国联合演习 2002 年 9 月 26 日，美国、英国、德国、意大利、比利时、土耳其、匈牙利、波兰、捷克、摩尔多瓦和乌克兰等 20 个国家在乌克兰西部亚沃罗夫靶场举行为期一个月的代号为“共同考验 2002”多国联合军事演习。演习分 5 个阶段举行。参演部队中既有北约“和平伙伴关系”计划参加国派出的部队，也有北约驻欧洲机动部队。参演部队演习根据联合国授权由北约指挥的多国部队联合维和行动。演习部队配有 5 架米 – 8 直升机和从北约德国基地抽调的 4 架 UH – 1 直升机。这些直升机将主要用于运送车辆和空降兵。意大利的一个野战医院和乌克兰的一个医务排将提供医疗服务。演习由乌克兰少将根纳季·沃罗比约夫和北约驻欧联合机动力量地面部队司令沃尔特·霍姆斯少将共同指挥。

美乌联合演习 2002 年 9 月，美国、乌干达在乌干达北部进行了为期 10 天的联合军事演习。大约 250 名美国士兵参加。此次演习的主要目的是针对突发事件实施长距离医疗救助，并为双方医务人员提供一次训练机会。这次为期 10 天的演习重点是对发生在乌干达北部城镇索罗蒂的一条路上的模拟突发事故进行紧急援助。“事故”发生时，乌方的警察、士兵以及红十字会成员要对事态进行评估，并用直升机将伤员转移到最近的一家医院。对乌方来说，这是与美国军事和医疗专家进行合作的一次大好机会。而对于美方来说，这次演习则帮助他们增强了对付像全发性麻疹等热带疾病的能力。这些疾病在美国很少见。

美科联合演习 2002 年 10 月 3 日，美国与科威特开始“渴望权杖 2002”联合军事演习，大约 1900 名美国海军和海军陆战队官兵与东道国科威特军方在距伊拉克边境仅 50 千米的沙漠地区进行持续两周的联合军事演习。此次演习是一个地面、空中以及海上的联合军事训练演习，目的是加强美、科双边的军事关系，提高战备能力。自海湾战争结束后，美国和科威特部队一直在这一地区进行训练。为了准备此次演习，美海军的“沃农山”号和“丹佛”号两栖运输舰已于 10 天前抵达科威特水域，并将大约 1000 名陆战队官兵和设备运送过来。这些官兵均来自美国加州“潘德莱顿兵营”的第 11 陆战队远征部队。

美德捷科核生化模拟作战演习 2002 年 10 月 21 日，美国、德国、捷克、科威特举行核生化模拟作战演习，旨在提高所有部队的协同能力，以防备未来伊拉克可能发动的类似袭击。这次演习是根据美军中央司令部提出的“合作防务倡议”计划，由科威特民防部门组织的。演习在两辆模拟车发生爆炸导致化学毒剂释放中开始，科威特紧急部队立即出动，并要求美国等国提供帮助。德国军队负责指挥、控制和侦察；捷克士兵负责为人员清除污染，数百名士兵还配备了防护装置。演习出动了装甲车、救护车和消防车。

美日联合演习 2002 年 11 月 11 ~ 22 日，日本自卫队空军和美军在九州的大分县十文字演习场举行以应对“周边事态”为目的的联合演习。13 日公开了部分演习实况。这一演习日美双方共有 2 万人参加，内容包括在发生“周边事态”后打击来犯游击队和特种部队、疏散居民、检查过往船只以及搜索和营救美军士兵等。这是日美双方为落实 1997 年修改的防卫指针、根据周边事态法采取的行动。双方于 2000 年举行过同样的演习。

美军“沙漠之春”进攻演习 2002 年 11 月 18 日，美军在靠近科伊边境的地区开展“沙漠之春”进攻演习。主要演练如下战术：在雷区开辟前进通道的方法；在敌方密集火力下假设临时桥梁保证装甲车辆的畅通无阻；步兵对敌人堡垒发动进攻；大口径地面火炮和高性能武装直升机也对各类地面伊拉克军队的假想目标进行了“模拟袭击”。美军在科威特大约驻扎了 1.2 万名官兵，装备有坦克、步兵战车、火炮以及各类军用飞机，无论从兵力还是装备数量上看，都比一年前几乎“翻了一番”。为了方便美军，科威特甚至专门在其西部地带划出了一块“美军专用演习区”。此地面积大约占了科威特整个国土的四分之一左右。由于这里的地形地貌与伊拉克境内大同小异，美军立刻着手建立了大量半永久性军营，并开展了行动代号为“沙漠之春”的激光模拟演习。

美军“倒萨”演习 2002 年 12 月 2 日，驻海湾地区美军策划了近一年半为期 10 天、代号为“内窥”的大规模军事演习正式在卡塔尔首都多哈附近的军事基地展开，1000 多名美国军人参加，由中央司令部司令弗兰克斯将军通过电脑虚拟指挥作战。这是一场以伊拉克为假想敌的大型计算机模拟演习，目的是测试高级军事指挥人员通过流动的高技术指挥中心指挥作战的能力，为“倒萨”战争做准备。英国军事人员也参加了这一演习。这类演习是1990年以来的第四次。这一军事演习将检验美军在海湾地区的临战指挥协调能力，以便为可能发动的军事打击作准备。

美肯联合演习　2002年12月2日，美、肯两国军队在肯尼亚沿海地区开始举行代号为“利槌-3”的联合演习。演习目的是改善和加强美肯两国业已成熟的军事关系和提高两国军队的协同作战能力。演习期间，美国海军陆战队和肯尼亚军队还就东非沿海的特殊地形进行专门的战术交流。2002年2月，美国海军陆战队和肯尼亚军队曾在肯尼亚港口城市蒙巴萨沿海和靠近索马里的陆地举行过一次为期3周的“利槌”系列演习。3艘美国军舰、3000名美国海军陆战队员和250名肯尼亚海军官兵参加了演习。

（孙小叶）

俄罗斯军队训练　陆军训练　2002年俄武装力量的训练经费约3.9亿卢布，是历年来最多的。训练经费的增加，使各军兵种训练内容力求求新求实，训练计划落实情况是俄联邦武装力量建军以来最好的。海军冬训期（2001年12月~2002年5月）训练计划完成率达到80%，大大超过2001年。但训练经费仍然严重不足，许多大的训练活动要靠自筹资金补充。如西伯利亚军区今年实施的系列演习，有50%的费用是地方政府资助的。

训练活动规模大，联合性增强　西伯利亚军区在2002年3月举行了首长参谋部演习，有3个常备团在其框架内进行了实弹战术演习，并使用了前线航空兵、陆军航空兵、炮兵和防空兵。在演习前，还吸收各强力部门的领导人员按统一的想定进行了首长参谋部动员演习。6~7月，西伯利亚军区和远东军区在总参谋长科瓦什宁大将领导下，又举行了首长参谋部战略演习，在演习的总框架内，共进行了294项训练活动，参加情况显示的部队来自西伯利亚军区、空防集团军、内卫和边防部队。参训人数11000余人，武器装备1100余件。预备役人员在演习过程中也进行了集训，展开了1个摩步师，有7000余人参加了演习。据俄称，今年的系列演习是该地区15年来从未有过的，参演兵力最多、训练科目最复杂。8月8~15日，俄军在里海地区举行了诸军兵种大规模实兵演习。演习计划由普京总统于2002年4月亲自确定，俄国防部长伊万诺夫亲自参加，海军总司令库罗耶多夫大将担任演习总指挥。演习兵力以海军为主，陆军、空军及其他诸强力部门参加。经俄方邀请，哈萨克斯坦和阿塞拜疆也派出飞机或舰艇参加了演习。在此次演习中，俄方共出动了50艘水面舰艇、24艘保障船只、30多架战斗机和直升机、13架无人驾驶飞行器。参加演习的有武装力量、内务部、联邦边防局、联邦安全局等多个强力部门，共1.45万名军人和文职专业人员。

训练重点与往年相同，但要求提高　俄军2002年训练的重点仍然是分队和单兵训练，特别是小型分队（班和战斗小组）的训练。陆军施行了新训练大纲，强调合同训练和非正规作战训练，要求所有受训人员——摩托化步兵、坦克兵、炮兵、工兵、通信兵，以及技术和后勤分队的军人，都具备“合成素质”，成为“全能士兵”。不仅在本专业方面，而且在合同战术、射击、侦察、工程方面都应具有一定的本领和技能，并具有高度的身体和心理承受能力，以在现代战争特别是武装冲突中顺利完成任务。

战役训练与战术训练相结合　这是俄军多年来在经费紧张的情况下采取的应对措施。2002年，各军种、军区指挥机关按计划进行了一系列方面军级首长参谋部演习和操演。在这些演习（操演）框架内，许多部队进行了团、营、连实兵实弹战术演习、导弹实弹发射演习和轰炸演习、空降营空降战术演习等。海军训练的主要形式是各舰队的海上战役集训。在集训的框架内，各单位和舰队也按统一计划和作战企图进行了逐级战术演习。

训练内容新，课目细　俄军2002年的训练与演习，仍然强调要做好应付各种类型战争的准备，特别是局部战争和武装冲突的准备。俄军系统地总结了以往的阿富汗战争和两次车臣战争的经验教训，提出“不忘以高昂代价获得的宝贵经验，给战斗训练注入新气息”。在训练中，除了演练传统科目外，还增加了许多新内容。如对付“非典型敌人”、在非线式战场实施战斗行动、实施扼守重要战术目标的基点式防御等。依据局部战争和武装冲突的特点，对人员进行专门训练，探索非正规战法，包括侦察搜索、奔袭与封锁、突击与火力打击、遏制与维和等。由于有车臣战争的实战经验，战斗训练细化到战斗小组内的协同和单兵每一个动作、山林地和居民地的每一个细节。针对人员的心理压力大这一武装冲突的显著特点，注重将心理训练有机地融入战术训练中，培养人员独立分析和处置危险情况的能力。

在实际训练中，俄军各部队根据所担负的任务，确定各自的主要训练内容。如列宁格勒军区在8月下旬举行的首长参谋部操演及其框架内的演习中，重点演练了反恐怖行动，包括消除紧急情况和“技术性目标”造成的后果、军区的分队与内卫军及联邦边防局的分队联合消灭敌侦察破坏小组等。

继续推进院校改革 2002 年 5 月，俄出台了军事教育领域“跨部门的国家级纲领”——《2010 年前俄联邦军事教育体系改革纲要》，以统一筹划俄联邦整个军事院校体系的改革和发展，建立与新的社会—经济条件、国家军事组织的新面貌、武装力量的新任务、结构和员额，以及与新的兵役制度相适应的军事教育体系。《纲要》提出的措施主要有以下几点：

一是消除各强力部门的军事院校仍然条块分割，缺乏协调的情况，切实实现所有军事院校的一体化，并在共同科目及其教学方法上达成统一。二是继续裁减院校数量，主要是裁减在前期改革中仍然得以保留的容量小、师资力量差的院校。三是精简专业设置，取消重复的专业，将某些专业调整到中等准尉学校。四是延长学员首次服役合同的期限，由毕业后服役 5 年改为 10 年。五是完善法律法规，坚持依法治学，违纪、不努力学习和提前退役的学员要承担法律和经济赔偿责任。六是采取综合措施提高军官培训质量，按照新近专为培养指挥军官制定的“人员管理专业”国家标准，制定新的教育大纲，使军事教育既达到国家对高等教育的一般要求，又突出军事职业教育特色；提高教学集体的高职编配比例，使之达到国家规定的实施高等教育的资质，军事学院和军事大学必须有不少于 60%、军事专科学院有不少于 50% 的教员具有学位和（或）学衔；完善教学设施和设备，在硬件方面达到国家规定的高等教育资质等。七是缩短某些专业主要军队指挥专业的学制，由 5 年恢复到 4 年，并广泛应用节省资源的教学技术，以降低军官培训费用。八是更广泛地利用地方高校培养军官，切实将地方高校作为重要的军官补充来源。

（来　斌）

海军训练　综述 2002 年，俄海军虽然面临着经费困难、燃料短缺等诸多困难，但是在俄高层的关注与重视下，俄海军建设的各方面情况均有所好转，海军军费投入有所增加，体制编制调整有序进行，武器装备维修与更新步伐加快。特别是在演习与军事训练方面，俄海军各舰队 2002 年的演习规模、次数和质量均较往年有明显提升，很大程度上改变了多年来俄海军“舰艇很少出海、飞机很少上天”的不正常局面，基本遏制住了海军军力下滑的势头。2002 年俄海军演训的主要特点包括：

演习规模扩大，演训次数增加 2002 年，根据俄海军总部的军事训练计划，俄海军 4 个舰队和里海区舰队均罕见地举行了大规模的远洋集训和演习活动，舰艇的出动艘次及演训强度均较往年有明显提升。太平洋舰队年内共举行各类演习训练 56 次，其中参与和举行大规模演习达 8 次之多，出动各型水面舰艇达 300 余艘次、飞机数十架次、潜艇 40 余艘次。与 2001 年相比，演习强度加大，演习次数特别是实兵演习次数增加，规模扩大，并实施了多军兵种参加的大规模综合性演习；北方舰队恢复了自“库尔斯克”号核潜艇失事后的首次大规模军事演习，共有 70 余艘各型舰艇、40 余架飞机和直升机等兵力参演，完成了 300 余项作战训练科目；里海区舰队于 8 月举行了自 1992 年组建以来规模最大的一次多军兵种联合军事演习。俄海军旨在通过举行大规模的海上军事演习，特别是各军兵种参加的联合演习，来检验各级军事指挥机构的战备水平和战斗动员能力，提高部队行动的协调性及与其他强力部门的协同能力，完善各级指挥体制，提高舰船间及军兵种之间的协同作战能力。

重视反恐演练，注重提高应急作战能力 2002 年，反恐演练成为俄海军各舰队年度演习训练的重要内容之一。特别是“9·11”事件敏感期前后，俄太平洋舰队和北方舰队都举行了专门的反恐演习。其中，太平洋舰队于 9 月 12 日在日本海北部海域举行了较大规模的反恐作战演习。参演单位有俄海军总部、太平洋舰队司令部、太平洋舰队航空兵、滨海区舰队等，出动各型舰船 20 余艘、潜艇 2 艘、轰炸机和伊尔－38 型反潜巡逻机 3 架等。演练了作战舰艇编队在海军航空兵配合下对恐怖分子船只进行驱赶和拦截，并发射导弹和鱼雷对驱赶无效的恐怖分子船只进行打击等科目。9 月 10 日，俄太平洋舰队与俄空军远东地区部分兵力在阿斯科尔德岛以东、波沃罗特内伊角以西海域举行了舰机联合演习，旨在加强俄远东地区的立体综合防护能力，提高俄军在“9·11”事件周年敏感时期的应急战备水平，防止各种恐怖及突发事件的发生。

海军航空兵训练情况有所好转 2002 年，由于海军军费有所增加，加上高层的重视，多年来俄海军航空兵训练严重不足的情况有所好转。2002 年 7 月 4 日～8 月 23 日，俄海军北方舰队航空兵舰载机团赴乌克兰克里米亚射击场进行了长达 50 余天的实战训练，30 多名飞行员、7 架苏－33 和 5 架苏－25 型战机及 1 架教练机参加了此次训练。北方舰队司令苏奇科夫亲临现场检查指导。11 月 6 日，俄国防部长伊

万诺夫在视察远东军区和太平洋舰队时表示，对该地区的海军航空兵和远程航空兵夏季飞行训练的持续增长感到满意。

积极开展远航训练，锻炼舰艇远洋作战能力　2002 年俄海军继续贯彻“加强在世界大洋的存在”的战略思想，积极开展对外交流活动的同时，加强远航训练，以进一步提高舰艇部队的远洋作战能力。2002 年，俄海军北方舰队、太平洋舰队、波罗的海舰队、黑海舰队及里海区舰队先后派出共计 15 艘舰艇执行外访任务，分别对西班牙、德国、冰岛、英国、日本、法国、朝鲜、韩国、叙利亚等 10 余国进行了友好访问，航迹遍及大西洋、太平洋和地中海等大洋海域。其中，俄海军列宁格勒海军基地、黑海舰队还专门组织了舰艇或舰船编队进行远航训练，途中多次举行防空射击、火炮射击、反潜演练及生存演习等，一定程度上锻炼了俄海军的远洋作战能力。

重视联合军事演习，大力提高联合作战能力　综观俄海军 2002 年的演训情况，可以看出，俄海军越来越重视各种形式的联合军事演习，即在加强与其他军、兵种的联合演习训练的同时，明显加强了与外国海军舰机的联合演习。其目的是通过举行联合军事演习的方式，提高海军在现代条件下的联合指挥和作战能力。太平洋舰队利用舰艇互访的机会与美、日、韩等国海军舰艇举行了 3 次联合演训；6 月，波罗的海舰队派舰全程参加了北约在波罗的海举行的“波罗的高峰 2002”联合军事演习；8 月，里海区舰队举行的大规模联合军事演习时，不但该地区的俄陆、空军等军兵种、各强力部门全部积极参与，而且还邀请了里海周边的哈萨克斯坦和阿塞拜疆等国空军和海军分队参演，突出显示了俄海军对联合军演的重视。

资料来源：

①俄罗斯《红星报》2002 年 1～12 月；

②俄罗斯《海军文集》2002 年 1～12 期。

（姜桂颖）

波罗的海舰队举行综合战斗训练　据俄《红星报》2002 年 4 月 27 日报道，2002 年 4 月 8 日，俄海军波罗的海舰队举行了综合性战斗训练，共有 50 艘战斗舰艇、辅助船只以及舰队航空兵参加了训练。在编队司令的指挥下，参演兵力进行了舰艇独立航行、导弹－火炮射击、鱼雷射击、布设水雷等训练科目。其中，“坚持”号导弹驱逐舰和“不屈”号导弹护卫舰在训练中表现出极高的战备水平。

另据俄《海军文集》2002 年第 5 期报道，3 月 13 日俄波罗的海舰队 14 艘舰艇参加了冬训期第一阶段的战斗训练，共完成了 13 次导弹和火炮射击任务，操演了执行海上攻击任务时的编队协调等科目。

黑海舰队进行战斗训练　据俄《红星报》2002 年 4 月 23 日反映，2002 年 4 月下旬，俄黑海舰队旗舰“莫斯科”号导弹巡洋舰和大型反潜舰“刻赤”号出海进行战斗演练。黑海舰队副司令奥尔洛夫海军中将亲自指挥了此次海上演练。演练课目包括导弹和火炮射击、航行训练等。其中，“刻赤”号大型反潜舰是近 3 年来（一直在修）首次出海。该舰新任舰长也是首次操“刻赤”舰出海。

举行“斑鳟 2002”观摩演习　据俄《红星报》6 月 5 日报道，2002 年 5 月 27 日，俄海军北方舰队举行了“斑鳟 2002”演习。这次演习是专门为俄总参军事科学院学员举行的一次观摩演习。北方舰队副司令弗拉基米尔·多布罗斯钦科中将担任演习指挥。导弹驱逐舰“恰巴年科海军上将”号、导弹护卫舰“好斗”号、扫雷舰“БТ－97”号和“БТ－50”号等出海活动。此外，北方舰队某舰载反潜航空兵团、海军陆战队分队也参加了演习。期间，参演兵力主要操演了海上截击、敌我对抗、登陆等演习科目。此次“斑鳟 2002”演习是北方舰队近年来类似演习中规模最大、科目设置最多的一次。

参加北约“波罗的高峰 2002”联合演习　据俄《海军文集》2002 年第 7、8 期、俄《红星报》2002 年 6 月 7 日报道：2002 年 6 月 7～24 日，北约 13 国海军在波兰举行了年度例行性的“波罗的高峰 2002”国际海上军事演习。来自北约和波罗的海国家的 49 艘军舰、25 架飞机参加了此次演习。演习主要针对国际恐怖主义进行反恐战斗演练。俄海军波罗的海舰队“不惧”号导弹护卫舰和 5 架反潜直升机代表俄海军首次全程参加此类演习。此前，俄海军舰艇只根据“和平伙伴关系计划”被邀请参加第一阶段（第二阶段只有北约国家才能参加）的演习。2002 年，“不惧”号护卫舰不仅全程参加了两个阶段的演习，而且还在演习中担任海上编队旗舰，发挥领导作用。

太平洋舰队举行首长司令部演习　据俄《红星报》2002 年 7 月 10 日、俄《海军文集》2002 年第 9 期报道，2002 年 7 月 9～13 日，俄海军太平洋舰队在舰队司令维克多·费奥多罗夫海军中将领导下，举行了较大规模的首长司令部演习。演习区域为日本海西北海域、彼得大帝湾及堪察加东部海域。参演单位包括：舰队指挥机关、水面舰艇编队、潜艇编队、舰队陆岸部队、歼击航空兵、强击航空兵、反潜航空兵、舰载航空兵及舰队后勤保障舰船等。演习分阶段进行。在战术演习阶段，参演舰艇完成了 100 余次战斗操练，包括导弹发射、火炮及鱼雷射击等。其中，太平洋舰队航空兵与海军陆战队登陆营举行了近年来规模最大的一次联合登陆演习。此次演习主要是对太平洋舰队官兵进行夏季考核，旨在完善舰队指挥系统、提高各兵种的协同作战能力、令官兵获得实战技能。

进行远航训练 （一）、据俄《海军文集》2002 年第 10 期报道，2002 年 8 月 2 日～9 月 2 日，俄海军列宁格勒海军基地教练舰“斯莫尔尼”号成功完成了远航训练活动。此次远航训练历时 35 昼夜、航程 5000 多海里，经大西洋、北海和地中海海域。波罗的海海军学院、圣彼得堡海军学院和纳西莫夫学院的 300 余名学员随舰参加了海上远航实践。远航期间，该舰完成了 40 余次各类操练，举行了 2 次舢板训练（其中 1 次在大西洋水域进行）；未来的海军军官们则学习了航海和驾船技术。根据计划，该舰还访问了西班牙的卡塔赫纳港，计有 6000 多名外国人登上该舰参观。“斯莫尔尼”舰成为二战后第一艘访问西班牙卡塔赫纳港的俄罗斯军舰，也是自 1995 年后第一艘远赴广阔大洋和地中海活动的俄海军训练舰。

（孟　华）

（二）、据俄《红星报》2002 年 10 月 22 日、11 月 16 日报道，2002 年 10 月 19 日～11 月 16 日，俄海军黑海舰队舰船编队离港前往地中海进行远航训练。该编队由“莫斯科”号导弹巡洋舰、“求知”号护卫舰、“伊万·布勃诺夫”号油船等 5 艘大型舰船组成，黑海舰队副司令叶夫根尼·奥尔洛夫海军中将指挥。根据计划，该编队在完成远航战斗训练任务的同时，还对法国土伦港和叙利亚拉塔基亚港进行了友好访问。此次远航历时 29 天，航程 4500 余海里。航行期间舰艇编队进行了对空对海目标火炮射击训练和反潜演习。据《红星报》称，在新时期的黑海舰队历史上，5 艘大型舰船同时远航还属首次。此次远航向世界表明，俄黑海舰队在继续完善作战体制的同时，将继续在黑海和地中海执行战备执勤任务。

（姜桂颖）

（三）、　据俄《红星报》2002 年 8 月 7 日、24 日报道，2002 年 8 月 6～21 日，俄海军波罗的海舰队在舰队司令弗拉基米尔·瓦鲁耶夫海军上将的指挥下，举行了大规模远洋集训。参训兵力包括：舰队常备舰艇、岸防及陆上部队、舰队航空兵、防空部队。此次远洋集训分阶段进行，其中岸上阶段持续了近一周时间，主要是检查进行战斗训练及舰艇出海前的准备情况。8 月 8～21 日为海上战斗训练阶段。在瓦鲁耶夫海军上将的指挥下，舰队 70 艘作战舰艇及后勤舰船出海进行战斗训练，并根据俄海军总司令下达的命令开展了各项战备训练竞赛，包括反潜、防空、火炮射击和登陆等科目。集训最后阶段，700 名海军陆战队员和近卫旅的 80 名装甲技术兵进行了海上登陆演练。

舰队司令瓦鲁耶夫海军上将对训练非常满意。他认为，此次训练显示出波罗的海舰队具有全面的、综合的防御能力。此次训练同时具有反恐作战的性质。

举行秋季远洋集训 （一）据俄《海军文集》2002 年第 11 期、12 期报道，2002 年 9 月 16～19 日，俄海军太平洋舰队东北军队集团在堪察加举行大规模远洋集训，舰队司令维克多·费奥多罗夫海军中将亲自指挥。参训兵力包括潜艇部队、水面舰艇部队、航空兵部队、陆上及岸防部队分队等。在历时 4 天的训练中，太平洋舰队泊港多年的潜艇出海完成了水下和水面状态下的战斗训练任务，重点演练了潜艇沉没和发生火灾时的生存能力和自救能力，鱼雷实弹射击等训练科目。

（二）据俄《海军文集》2002 年第 11 期、俄《红星报》9 月 19 日报道，2002 年 9 月 19 日，北方舰队在舰队司令苏奇科夫海军上将领导下，开始在巴伦支海海域举行历时一周的大规模远洋集训活动。参训的水面舰艇共计 30 余艘，包括舰队旗舰基洛夫级核动力导弹巡洋舰“彼得大帝”号、光荣级导弹巡洋舰“乌斯季诺夫海军元帅”号、无畏级导弹驱逐舰“恰巴年科海军上将”号、“北莫尔斯克”号、克里瓦克级导弹护卫舰、“好斗”号等主力战舰；5 艘核动力潜艇和常规潜艇、近 40 艘辅助舰船；舰队航空兵 40 余架飞机和直升机（包括卡－27、苏－33、图－22M3）、海军陆战队分队和岸上保障部队等。此外，列宁格勒军区摩托化步兵分队和空军科拉航空兵团也参加了北方舰队的集训。演习科目主要包括导弹发射、火炮和鱼雷射击、搜潜、海上战术登陆等。

俄海军总司令库罗耶多夫海军大将乘“彼得大帝”号导弹巡洋舰出海观看了此次训练。库对演习表示满意，他指出，北方舰队为提高现代条件下的作战能力，已做出了许多努力，同时也相信，北方舰队会更好地完成 2003 年的训练任务。

（三）据俄《红星报》2002 年 9 月 25 日报道，2002 年 9 月 23－10 月 3 日，俄海军黑海舰队根据年度战训计划，举行了各兵种参加的大规模远洋集训。参演单位包括 45 艘战斗舰艇、舰队航空兵、24 艘辅助保障舰船。此外，有 600 余名海军陆战队员、140 名技术人员、岸防部队的导弹－火炮分队参加了海上登陆训练。此次远洋集训由俄海军黑海舰队司令弗拉基米尔·科莫耶多夫海军上将亲自指挥。训练期间，黑海舰队官兵包括岸防部队、水面舰艇部队、海军航空兵部队等兵种打击力量集团完成了一系列的导弹－火炮射击训练。训练最后阶段，完成了在无设备海岸进行海上登陆和空降登陆的科目训练。整个演习共完成了198项战斗练习。

（孟　华）

空军训练　2002年，俄罗斯空军建设的重点是优化空军的组织结构，提高空军部队的战斗力。为此，俄空军采取了多项措施，挖掘训练潜力，提高训练的效益，努力将各部队战备能力保持在尽可能高的水平上。随着俄罗斯经济的缓慢复苏，俄空军各部队的日常训练活动逐渐增多，训练体制的改革继续进行，各类针对性军事演习数量较以前明显增加。

训练强度有所加大，但训练水平仍然较低　2002年，俄空军的日常训练活动比前几年有所增加，但总体上仍处于较低水平，尤其是航空兵部队的飞行训练仍远远低于作战需要。导致飞行员职业技能下降，飞行事故频发，部队仍未能从整体上摆脱困境。

（一）飞行训练时间有所增加，但大大低于实际需求。俄空军在本年度获得的财政拨款有所增加，航空兵部队的飞行训练时间也随之有所增加。以莫斯科空防军区为例，飞行员的飞行时间平均增加了1/3，战斗分队骨干飞行员的年人均飞行达到了40小时。但仍无法满足保持战备水平的实际需求，也远远低于世界其他国家空军飞行员的飞行训练时间。

俄空军2002年飞行员年平均飞行时间如下：歼击航空兵超过25小时；强击航空兵近30小时；轰炸航空兵20多小时；远程航空兵近25小时；军事运输航空兵50多小时。

（二）飞行员战斗技术水平下降。俄空军面临的一个难以克服的困难是飞行员飞行经验严重缺乏。近几年来俄空军由于航空油料极其缺乏，飞行员年人均飞行时间徘徊在20小时左右，空中飞行技术水平不断降低，某些航空兵飞行人员的飞行技能甚至完全丧失。

目前，俄空军许多军官对提高个人军事技能不感兴趣，对履行兵役义务缺乏责任感，这对部队作战技能提高产生了非常不利的影响。指挥员的指挥水平，特别是组织作战训练、对下属进行教育的能力在总体上呈下降趋势。

（三）飞行员队伍结构不够合理。一是年轻飞行员成材率低。1994年后毕业分配到空军部队的年轻飞行员到2002年只有1/3具备了遂行战斗任务的能力，有1/4的飞行员毕业之后根本就没有升过空。由于飞行时间太少，大部分航空兵院校毕业的飞行学员在部队服役4～5年后，就逐渐丧失了职业技能。二是飞行员队伍严重老化。以往俄空军飞行员26、27岁就达到一级飞行等级了，而目前俄空军飞行员往往到了30岁以后才能成为一级飞行员。一级飞行员中年轻飞行员所占比例不到2%。大部分年轻飞行员因飞行时间太少而无法执行战备和作战任务。富有飞行经验、能够执行作战任务的飞行员数量较少并且年龄偏大。三是飞行员流失严重。由于军事航空在精神和物质上的待遇不断降低，很多飞行员和专业人才流向地方航空公司和商业机构。许多飞行员经过部队良好训练之后，第一选择便是转入预备役。

（四）飞行安全形势严峻。据不完全统计，2002年，俄全空军共发生严重飞行事故7起，损失苏－24轰炸机、苏－25强击机、L－39教练机、米－26直升机各1架、米－8直升机3架，至少造成14名飞行员、130名乘客（大部分为军人）死亡。

造成这些严重飞行事故的主要原因：一是人为因素。二是技术装备老旧。三是机场和保障设备状况差。四是因自身防护能力而被击落。车臣非法武装利用俄空军直升机自身存在着速度慢、高度低、机动性能差等弱点，采取灵活战术，使用单人便携式地对空导弹攻击俄军直升机。从1999年8月的第二次车臣战争开始到2002年8月，俄航空兵仅在车臣就损失了35架直升机，平均每个月损失一架。

理顺体制编制，提高训练效益　2002年，尽管存在着比较严重的经济困难，但俄空军仍然在作战训练工作方面采取了近400项措施，提高训练效益。

（一）进一步优化体制编制结构。从1997年开始俄空军和防空军开始进行组织结构调整，合并成为一个全新的军种。2002年，有近150个部（分）队进行了组织编制调整。在编制员额受到严格限制的条件下，基本上保留了主要战备方向上的作战航空兵、指挥系统、无线电技术部队和电子侦察部队，以及直接保护国家和军队最重要目标的防空导弹部队。在调整空军体制编制过程中，改变了传统上已形成的作战部队和保障部队比例关系。合并后作战部队的份额超过50%，目前已接近60%。这个比例关系是一个比较合理的，能够保证空军直接遂行作战任务的部队和辅助机构的部队发挥各自的职能。

（二）空军、防空军合并使训练效率显著提高。空军和防空军合并为武装力量的一个军种，从根本上提高了部队组织作战训练、检查和评估作战技能水平的质量。航空兵、地空导弹和无线电技术部队可以在训练中密切配合、协同或在“对抗”中演练各种训练任务。

（三）完善基地化训练。从 2000 年至今，俄空军完善了作战训练和作战使用中心的基础设施。从根本上提高了组织飞行战术训练和对各部队航空毁伤武器战斗使用（实弹射击）技能进行实弹考核的能力。防空导弹部队、无线电技术部队不再连同它们的武器、军事设备及生活保障物资一起运往靶场，只需将参加演习和战斗技能考核战斗分队的人员用运输航空兵的飞机运往训练中心的靶场，因而节省了大量财力和物力，大大提高了训练效益。

（四）大力加强模拟训练。2001 年 11 月 27 日，经俄罗斯联邦国防部批准，俄罗斯航空航天制造局发布了“关于发展航空模拟器制造业的几项措施”决议。该决议确定，成立联邦航空模拟器制造中心。成立该中心的目的是在发展和完善军事和民用航空模拟器制造技术的基础上，把各有关机构的航空模拟训练力量联合起来。建立一个联合训练设备保障基地并将计算机技术推广到整个训练过程。近年来，俄空军在飞行训练过程中有效地利用各种模拟系统。模拟机训练成了保持飞行技能的惟一机会。担任领导职务的飞行人员也越来越多地进行模拟机“飞行”。

加强常备部队的作战训练，提高战备水平　俄空军担负一线战备值班任务的部队充分利用有限的资源，保持了较高的训练和战备水平。

（一）各部队组建了重点建设的常备部队。　俄空军本年度解决的一项最重要的课题，是建立常备部队，并努力使这些部队训练有素、配备良好的装备和拥有高效的管理体制。主要做法是，每个航空兵部队确定一个航空兵大队做好能立即升空遂行指定战斗任务的准备。这个航空兵大队全额配置人员、技术装备、武器和保障设备，并制定了较高的行动标准、严格的战斗值班程序，以及在紧急状态下行动的标准程序。俄空军则把其余的部队作为第二或第三梯队进行建设。这种做法一方面可以在一定程度上解决部队战备水平较低的问题，另一方面也可以为整个空军实现现代化积累经验。

（二）突出战斗值班部队训练，增大训练复杂程度。2002 年，俄空军担负战备值班任务部队的训练强度有了显著提高，训练任务也更加复杂。

担负值班的歼击航空兵在拉多加、阿鲁舒克等靶场进行了实弹射击训练。轰炸航空兵和强击航空兵也在各自的靶场上进行战斗训练。轰炸机进行的实弹轰炸训练比往年增多。在各种战术演习中，超过 50% 的航空兵团进行了实弹打空中目标的演练。轰炸航空兵团和强击航空兵团实施了 300 多次战斗使用训练。前线航空兵共组织了 50 多次飞行战术演习。

地空导弹部队一直是俄空军火力构成的主要力量，在反空袭作战中担负着消灭 3/4 空袭兵器的任务。地空导弹部队的训练成为空军训练的优先重点，参加实弹演习部队数量逐年增加。实弹射击成绩逐年提高：1998～1999 年地空导弹部队的战斗使用效率仅为 70～80%，2001 年已提高到 95～97%，而 2002 年到靶场进行作战训练各地空导弹团取得了更好的成绩，实弹射击效率为 100%。

（三）恢复战略轰炸机在北美周边地区的活动。近年来，远程航空兵是俄空军另一支重点建设的部队。2000 年 11 月以来，俄远程航空兵开始恢复轰炸机在北极地区的驻训活动，驻乌克赖纳基地和欧洲地区的远程航空兵部队先后派出图－95 和图－160 战略轰炸机进驻位于北极地区的三个机场，举行多种课目的综合演练。年内，远程航空兵共进行了 10 多次发射空基巡航导弹的任务。

进一步完善院校教育训练体制，培养高素质军事人才　截止 2002 年底，俄罗斯空军院校走过了 10 年的改革路程。在这期间，俄罗斯空军对院校进行了大幅度精简整编。采取撤消、合并、设立分院的方法，减少院校的数量。与此同时，对院校教育体系和内容进行调整和改革，提高在校学员的培训质量，达到了合理够用的目的。目前，俄空军院校已形成一个完整的教育训练体系，干部培训体制得到进一步完善。俄空军现有加加林空军学院；军事航空技术大学（原茹科夫斯基空军工程学院）；防空军事大学（原特维尔防空军事指挥学院）等 11 所院校（分院）。这些院校担负着为俄武装力量各军兵种培训航空专家的任务。军官培训采用中等教育和高等教育的教育体系。作战指挥军官和技术军官根据其职务和晋升情况，要在院校接受中等教育和高等教育培训。各院校在校学员共有 1.3 万人。

加强针对性的演练，提高部队实战能力　俄空军在吸取近年来发生的局部战争和冲突经验的基础上，加紧了对未来可能面临的各种高技术条件下作战的研究和演练。

（一）注重空天一体作战的研究与实践　近年来，俄空军重视空天领域在未来战争中的地位与作用，在加紧进行未来空间战略与规划的同时，提出了常规条件下的空天作战理论，加紧了空天部队的建设。

2002 年 9 月，按照俄罗斯联邦总统批准的“武装力量建设规划”，在莫斯科空防军区的基础上组建了特种任务司令部。这是一个面向未来空天一体作战的战略战役集团军，担负着将空间部队的力量（其编成中包括空间导弹防御部队）和防空系统的力量联合起来，即把空间和俄国家领空联结为一体的任务。但目前特种任务司令部的编成仍是空防军区的编成，面临的任务是组建俄罗斯空天部队首脑部分。特种任务司令部在 2002 年进行的演习中，重点演练了与航空兵和防空部队指挥协同问题。此外，还在各种演习中，演练了空天部队各级机关与部队的协同，以及目标指示和跟踪、信息交换等课目。

（二）突出反恐作战的研究和演练　在 2000 年出台的俄罗斯军事学说中，将捍卫国家宪法及打击非法武装的职能赋予了俄罗斯武装力量，使武装力量参与反恐怖、反分裂作战有了明确的法律依据。根据俄罗斯联邦反恐怖斗争法律，俄空军同其他军兵种一起参加反恐怖作战，并为实施反恐怖作战的其他军兵种提供空中掩护和空中支援。在反恐怖作战中，俄空军担负的任务主要有：为地面作战部队提供空中支援；对战斗行动地区实施空中封锁和空中布雷；消灭非法武装的基地、仓库和有生力量；对非法武装实施心理战；对指定地域实施航空侦察；运送部队和物资等。

（三）吸取局部战争经验，加强高技术条件下的作战演练　针对近年来高技术武器装备在战争中的广泛使用和突出作用，俄空军十分注重高技术条件下的作战演练。2002 年，空军多个兵种十年来首次在阿斯特拉汉州的阿鲁舒克靶场与无线电技术部队一起进行了协同战术演习。空军各个部队与无线电技术部（分）队共进行了近 300 次各种演习。在各种战术演习过程中，无线电技术部队的作战训练从根本上强化了诸兵种合成的性质，除演练各种传统任务外，重点进行了为各航空兵兵种的作战行动提供无线电技术保障的演练。

俄空军演习的主要特点是：一是注重提高部队反空袭作战能力。歼击航空兵部队、防空部队演练了在强电磁干扰条件下，抗击敌人空中突击战术方法，地空导弹部队进行了使用 C－300 等防空导弹系统打击弹道导弹、巡航导弹的演练，地面雷达部队则重点加强了搜索监控巡航导弹等空中目标的能力。二是加强联合作战和协同作战演练。俄空军十分重视不同军兵种、不同兵器间的相互协同训练，旨在通过近似实战的演练来提高部队的整体作战能力。三是加强信息战和电子战演练。俄空军积极发展信息战的关键技术和手段，加紧研究信息战的样式和方法，以提高信息战能力。

训练演习简讯　俄罗斯空军参加俄军在远东进行的大规模军事演习。2002 年 3 月 19～23 日，俄武装力量在远东萨哈林岛和千岛群岛举行大规模军事演习。俄罗斯远东军区司令员亚库鲍夫上将担任演习的总指挥。参加演习的有驻扎在俄远东地区的太平洋舰队、空军、防空部队、内务部队、民防、紧急状态部等所属部队及其领导指挥机构。演习想定是，敌对俄自动化指挥系统实施了强烈的电子干扰和火力打击，俄军各级指挥所组织快速反应分队加强对重要目标的保护，并对遭到破坏的指挥系统及时进行修复。这次演习的目的是检验上述部队指挥机构的战备情况和机动能力，提高各部队的联合作战能力。

俄罗斯发生“空中‘库尔斯克’号”悲剧。2002 年 8 月 19 日，俄罗斯空军的一架米－26 重型直升机运送 147 人从莫兹多克飞临车臣首府格罗兹尼市东部汉卡拉机场，在下降准备着陆过程中高度约 200 米时，被隐藏在附近一座残破楼房内的叛军用便携式防空导弹击中。导弹击中直升机的右发，右发的爆破碎片又击中左发滑油导管等部件，飞行员紧急迫降，直升机坠地起火，造成 118 人死亡。这是迄今世界历史上直升机发生的人员损失最多的一次飞行事故，被俄媒体称为“空中‘库尔斯克’号”悲剧。

资料来源：

2002 年俄罗斯《独立军事评论报》、《红星报》等。

（吴良全）

军事演习　**综述**　俄军的军事演习主要分为内部演习和外部演习两种。内部演习是指俄军各军兵种自己组织实施的军事演习或共同组织实施的联合军事演习，以及俄军各军兵种吸收俄内务部、边防局、联邦安全局、紧急状态部等强力部门参加的联合军事演习。外部演习是指俄军与独联体国家军队组织实施的联合军事演习和俄军与其他国家组织实施的联合军事演习。

内部军事演习　按照演习种类，俄军内部军事演习可以分为战略首长司令部演习；区域性首长司令部演习；方面军（舰队）首长司令部演习；集团军（步兵军）首长司令部演习和区舰队（分舰队）首长司令部演习；师团首长司令部演习和团营战术演习。按照演习规模，可以分为带实兵的首长司令部演习和不带实兵的（图上作业）首长司令部演习。按照演习性质，可以分为对抗演习和单方演习。按照演习科目，分为通讯演习、示范演习、训练演习和研究性演习等。俄军内部军事演习的组织和领导，根据俄总统和国防部长的命令以及现行的条令进行，持续时间取决于演习的规模和演习的目的。

外部军事演习 按照演习种类，俄军外部军事演习可分为俄军与独联体国家军队各军兵种的联合演习；俄空军与独联体统一防空体系的联合防空演习；俄军与其他国家军队的联合演习。按照参演兵力，可以分为带实兵的联合军事演习或不带实兵的（图演）联合军事演习。按照演习性质，可以分为对抗演习和单方演习。按照演习科目，可以分为联合防空演习、联合反恐怖演习和联合维和演习等。俄军外部军事演习的组织和领导，根据演习双方事先达成的协议进行。持续时间取决于演习的规模和演习的目的。

举行里海大规模诸兵种联合军事演习 根据俄总统普京命令，2002 年 8 月 1～15 日，俄罗斯军队在里海举行了一次年内最大规模的诸兵种联合军事演习。演习目的：保持里海、达吉克斯坦和整个北高加索地区的稳定；显示俄准备与任何威胁里海沿海国家的恐怖分子斗争的决心；确保“南～北”海上交通走廊的畅通无阻；保护里海生态资源；保护里海沿岸和大陆架石油天然气资源；制止毒品非法偷运；演练保护生态安全和海上救护的统一系统。演习任务：对里海区舰队的作战实力做出评估，并对里海区舰队武器装备进行补充；在接近实战条件下对里海区舰队的一批新式武器装备进行试验；演练俄政府强力部门之间的协同作战能力。

俄海军里海区舰队司令符拉基米尔·马索林海军中将担任演习总指挥。国防部长谢尔盖·伊万诺夫和俄海军总司令符拉基米尔·库罗耶多夫海军元帅对演习实施督察，并对部分演习实施指挥。参加演习的单位有：海军里海区舰队、北高加索军区、第 4 空防集团军、铁道部队、边防局、内务部、联邦安全局、紧急状态部、交通部和动力部。参演兵力为 10500 人，60 艘舰艇，30 多架作战飞机和武装直升机。哈萨克斯坦空军 4 架苏 27 战斗机，阿塞拜疆海军“穆罕默德，哈吉耶夫”号扫雷舰和 1 艘水文气象船参加了演习。此外，伊朗国防部派出观察员参加了演习。

演习共分为 2 个阶段：第一阶段（8 月 1～7 日）为首长司令部演习。演习在阿斯特拉罕地区进行。海军里海区舰队舰艇和分队指挥员、海军陆战队指挥员和海上边防部队指挥员参加了演习。第二阶段（8 月 8～15 日）为实兵演习。演习分别在里海海域及其海岸线进行。演习科目：对国际恐怖分子实施海上封锁：拦截毒品走私船只和武器走私船只；保护民用船只免遭恐怖分子、海盗和其他有组织犯罪团伙的袭击，发现载有恐怖分子船只，机降伞兵对其进行检查，并将其押送到俄附近的港口；发现和清剿隐藏在里海海岛上的恐怖分子基地和巢穴；对动力部和运输部的所属区域和目标实施保护；寻找和救护海上遇难船只，并清除海上泄露的原油；与边防局协同保卫海上生态资源和围剿里海北部有组织的偷猎者。演习特点：（1）具有很强的针对性。鉴于以美国为首的西方国家对里海地区的不断渗透和恐怖分子在该地区活动日趋猖獗，俄欲借此次演习机会一方面向以美国为首的西方国家表明，俄有足够的实力保护自己在里海地区的利益，一方面向全世界表示自己打击国际恐怖分子的决心。（2）准备充分，规模大。早在 2002 年 4 月，俄总统普京在视察俄海军里海区舰队时，就透露俄军夏季在里海举行一次军事演习。为此，俄军为进行这次演习做好了充分的准备。此次演习军兵种之多，范围之广在俄军演习史上实属罕见。(3) 反恐怖演练科目多。与以往诸兵种联合演习相比，这次演习科目高达十几个。在整个演习过程，反恐怖演习科目成为主旋律。（4）检验新型武器装备。在这次演习中，俄军里海区舰队首次使用了刚刚装备的“鞑靼斯坦”号新型护卫舰。该舰主要用于搜索、跟踪和消灭敌作战飞机、武装直升机，潜艇或舰艇。此外，俄军在演习中首次使用了“熊蜂一 1”无人侦察机，以期对恐怖分子及其快艇实施侦察。

举行区域性联合首长司令部演习 据俄《独立军事评论》2002 年第 18 期和俄《红星报》2002 年第 158 期报道：2002 年 6 月 27 日～7 月 6 日，在国防部长伊万诺夫指挥下，俄西伯利亚军区与远东军区举行带实兵的联合首长司令部演习。另外，俄海军太平洋舰队、内务部、边防局和紧急状态部参加了演习，西伯利亚军区派出 3 万人参加了演习。在首长司令部演习过程中，西伯利亚军区和远东军区指挥机构在地图上拟定出从乌拉尔山脉至太平洋海岸遂行作战行动的样式。东西伯利亚战区成为这次演练的重点。演习科目：检查战略、战役指挥机构、部队遂行所担负任务的准备程度及其与强力部门协同作战准备程度等；旅和团战术实弹射击；坦克部队强渡水上障碍等科目。

举行“南方友谊盾牌－2002”反恐怖联合军事演习 据俄《红星报》2002 年 7 月 18 日报道：2002 年 7 月中旬，俄罗斯与吉尔吉斯斯坦和哈萨克斯坦分别在两国本土举行代号为“南方友谊盾牌——2002”联合首长司令部演习，旨在提高各国军队反恐怖联合作战能力。独联体成员国的国防部长观看了这次演习。在整个演习过程中，举行了由中亚地区集体快速反应部队参加的首长司令部演习和带有实弹射击的联合战术演习。在吉尔吉斯阿拉托靶场，俄第201摩托化步兵师与吉尔吉斯斯坦军队联合演练在山区反击恐怖分子进攻的战术科目。在哈萨克斯坦阿拉木图高等军事院校靶场，举行了由快速反应部队、航空兵和其他兵种参加的演习。其中，重点演练了实弹射击、机降伞兵和消灭恐怖分子等科目。

资料来源：

①俄罗斯《独立军事评论》2002年第28期；

②俄罗斯《红星报》2002年第139、140期。

（姜永伟）

日本自卫队训练　陆上自卫队训练　综述

2002年日本陆上自卫队在"合理、高效、精干"的建军思想指导下，在压缩部队编制提高作战部队满员率的同时，努力强化部队的各种训练。一年来，陆上自卫队根据国土防御的特点在实施以抗登陆、反空降为主的常规训练的同时，为适应国际形势的变化和周边安全形势的需要更加突出了反恐怖活动的作战训练。其主要特点：一是将反恐怖活动训练置于年度训练的重点。鉴于2001年美国发生的"9·11"事件和日本九州海域发现可疑船事件。2002年将重点研究反恐对策，强化部队应对可疑船、游击队、特种部队和生化武器方面的训练，以适应国际形势及周边形势变化的需要。2002年陆上自卫队各部队组织的各种反恐怖活动训练达50余次，与2001年相比，有明显增加。在训练内容上，首次增加了与警察部队的联合反恐怖行动训练和派部队赴美国进行反恐怖巷战实兵训练。按照计划，2003年还将进一步扩大此方面的训练，并为2004年3月末在习志野驻地组建反恐特种部队—特种作战群积累作战经验。二是继续强化部队快速机动和抗登陆反空降训练。根据日本四面环海的地理特点，2002年陆上自卫队的训练继续贯彻"水际歼敌"和内陆地区快速机动、空降与反空降的作战指导思想。训练内容主要包括地面机动、空中机动、山地机动和雪地机动等，全年各兵种组织的各种机动训练近90次。训练形式既有连排规模的训练也有大规模的陆海空一体远程机动演习。三是进一步强化与美军的联合训练，提高与外军的协同作战能力。2002年日本陆上自卫队与美陆军和美海军陆战队实施的较大规模的联合训练、演习共计8次。四是继续实施海外派兵训练，全面提高部队的训练水平。派部队前往美国施训是陆上自卫队年度训练工作的一项重要内容。2002年陆上自卫队继续派遣"霍克"防空导弹部队、岸舰导弹部队、坦克部队和反坦克部队前往美国军事训练基地施训，并增加了步兵部队赴美进行巷战训练的内容。

资料来源：

①日本《朝云》2002年1月~2003年1月；

②日本《防卫日报》2002年1~12月；

③日本《翼》2002年1~12月。

（张洲军）

首次派兵赴美实施反恐巷战训练　据日本《防卫日报》2002年9月5日、《朝云》10月3日报道，9月9日~10月10日，陆上自卫队首次派步兵部队前往美国夏威夷州斯科菲尔德帕拉克斯演习场、卡胡库演习场实施了步兵部队反恐怖巷战实兵训练。训练以应付恐怖行动以及多种事态为目的，利用美军宽大的专用训练设施和反恐作战训练评价系统，进行巷战实兵演练，以提高部队的巷战战术和作战能力。陆上自卫队指出，从反恐巷战经验看，美陆军经过二次世界大战的欧洲战场、朝鲜战争、越南战争以及现代的索马里、黎巴嫩、科索沃战争，积累了丰富的实战经验，美步兵具有实战经验者占33%，而陆上自卫队则为零。因此，派部队前往美国进行训练，不仅可以提高部队反恐作战水平，而且还可以协调与美军联合实施反恐作战的行动要领。

首次实施军警联合反恐怖图上训练　据日本《朝云》2002年11月14日报道，11月18日，陆上自卫队与警察部队在札幌北海道警察本部首次实施了以应对武装特工人员登陆北海道的军警联合图上训练。训练设想持有强火力武器的武装特工人员在北海道登陆，在警察力量无法对付的情况下，陆上自卫队与警方联合进行处置。训练内容有居民避难与保护、主要设施的警备、与特工人员的交战及对其镇压等。日本警察厅派专家以观察员的身份参加了训练。

启用高科技训练系统　据日本《世界周报》2002年7月23日报道，为实现部队训练的现代化，陆上自卫队开始启用富士训练中心（FTC）的高科技训练系统。该训练系统投资140亿日元，是目前陆上自卫队步兵训练最先进的训练系统。在富士训练中心参加模拟训练的士兵，头盔、军装的肩部和胸部等共安装有15个传感器。由于参训人员使用的枪炮以发射激光取代实弹，一旦目标被"击中"，安装在头盔正面的红灯闪亮，左胸上的伤亡显示器则发出"唧唧"的叫声。与此同时，训练单位可通过电脑瞬间断定参训人员的伤亡情况，如显示出参训人员被什么武器击中，是轻伤还是身亡，也能将信息传送给汇总演习情况的指挥中心。“身亡”的参训人员，头上缠着白布，在现场待命，直至演习结束。

在富士训练中心的指挥中心设有一台大型显示器，它可以通过设在演习场内的四台电视摄像机和三台移动式摄像机了解和掌握整个训练情况。训练指挥官从训练开始到结束均可坐镇指挥中心，通过影像和收听信息等方式掌握战场的进展情况。

与美军实施联合雪地实兵训练 据日本《朝云》2002 年 1 月 31 日、3 月 14 日报道，2002 年 2～3 月，陆上自卫队分别与美陆军和美海军陆战队实施了联合雪地实兵训练。其具体情况：2 月 18 日～3 月 6 日，陆上自卫队和美陆军在日本上富良野演习场以及上富良野和旭川两驻地实施联合雪地训练。日本陆上自卫队北部军区第 2 兵步师师长持田修中将和驻日美陆军司令阿伦·D·约翰逊少将分别任训练指挥官。参训部队有：日方陆上自卫队北部军区第 2 步兵师第 3 步兵团，700 人；美方第 172 独立步兵旅第 1 步兵团，450 人。日美陆军在各自的指挥系统下实兵演练了日美实施雪地联合作战时的相互合作要领。2 月 28 日～3 月 13 日，陆上自卫队和美海军陆战队在日本关山演习场和高田驻地实施了联合雪地训练。

实施 2002 年赴美射击训练 据日本《防卫日报》2002 年 8 月 27 日、《朝云》9 月 5 日、《翼》11 月 6 日报道，陆上自卫队于 2002 年 9 月 9～17 日在美国华盛顿州亚基马演习场实施了 2002 年度赴美射击训练。此次训练由西部军区组织实施，西部军区军长松川正昭中将任训练总指挥官。参训单位及装备：西部军区第 4、第 8 步兵师的反坦克导弹部队，第 4 步兵师的多用途导弹部队，第 7 坦克师的坦克部队，反坦克直升机部队，人员共计 260 人；79 式反舟艇反坦克导弹发射装置 4 套、96 式多用途导弹系统（MPMS）2 套、AH－1S 反坦克直升机 4 架、OH－6D 多用途直升机 1 架、90 式坦克 4 辆、坦克回收车 1 辆。训练内容：反坦克导弹部队的战斗射击；多用途导弹系统（MPMS）部队的战斗射击；坦克部队的战斗射击；反坦克直升机部队的战斗射击；参训部队的联合射击等。训练部队以设在演习场中央部的真实坦克和装甲车辆为目标进行了最大射程的实弹攻击。通过参训提高部队的火力综合运用能力。

第 1 空降旅举行空降训练 据日本《翼》2002 年 1 月 30 日报道，1 月 13 日，陆上自卫队第 1 空降旅在习志野演习场实施大规模空降训练。训练以阻止敌人侵部队并将其击退为想定，进行了高空跳伞、地域侦察、阵地控制、主力部队空降和火炮、坦克、车辆的空投等，目的在于提高部队快速反应作战能力。训练在旅长直海康宽少将指挥下进行，旅长及所属各部队指挥官率先跃出飞机跳伞指挥部队作战。防卫厅长官中谷元视察了训练并对部队训练给予高度评价。为提高部队的联合作战能力，航空自卫队航空支援集团、陆上自卫队第 1 直升机旅共派出 C－130 运输机、CH－47 大型运输机、AH－1S 反坦克直升机、OH－1 联络侦察机、LR－1 侦察机等 24 架参加训练。

实施日侨遇难者运送训练 据日本《翼》2002 年 11 月 20 日报道，11 月 4 日，陆上自卫队第 1 空降旅和第 6 步兵师在海上自卫队厚木航空基地参加了由陆海空三自卫队联合实施的日侨运送训练。此次训练是日美三军联合演习中的一部分，共计 1070 人参加，出动舰艇 2 艘，大型运输机 4 架。训练以发生“周边事态”为背景，从海外向日本运送要求避难的日本侨民。运送方式采取空中和海上进行。陆上自卫队在演习中除担负运送模拟的日本侨民外，还担负避难侨民的警卫任务。

实施远程空运训练检阅 据日本《翼》2002 年 10 月 9 日报道，10 月 14～20 日，陆上自卫队第 1 直升机旅从木更津至岩手山演习场实施了大规模远程空运训练检阅。陆上自卫队参谋部教育训练部长广濑诚少将任训练检阅官，第 1 直升机旅旅长担任训练部队长。参训人员 1200 名，出动车辆约 280 辆，CH－47J 运输直升机、LR－2 联络侦察机、0H－6 联络观测直升机共计 40 架。

北部军区实施大规模救灾指挥所训练 据日本《朝云》2002 年 3 月 7 日报道，2 月 18 日、19 日陆上自卫队北部军区在札幌驻地首次使用“应对灾害训练指挥支援系统”实施大规模救灾指挥所训练。训练由北部军区军长先崎一中将任指挥官，第 2、第 5、第 11 步兵师和第 7 坦克师司令部等共计 500 人参加训练。训练是为了适应未来自卫队任务多样化的需要而进行的，目的在于演练并提高部队参加地方救灾等各种行动能力。“应对灾害训练指挥支援系统”是由北部军区开发研制的，共计由 50 台计算机组成。

导弹部队赴美实施射击训练 据日本《朝云》2002 年 11 月 7 日报道，2002 年度岸舰导弹部队赴美训练于 9 月中旬至 10 月下旬在美国加利福尼亚州穆古角美海军导弹中心进行，第 1～6 岸舰导弹团和岸舰导弹教导队参加了训练。2002 年度“霍克”防空导弹部队赴美训练于 8 月下旬至 11 月上旬在美国新墨西哥州麦克格雷高尔射击场进行。各导弹群和导弹教导队共 17 个中队参加，与 2001 年参训规模相同。

（张洲军）

海上自卫队训练　综述　2002 年是日本海上自卫队创立 50 周年，也是实施《新中期防卫计划》（2001～2005 年）的第二年。一年来积极举办纪念活动，大力进行训练体制改革，加强了海外派兵实战演练活动和反恐训练活动，并实施超前的教育训练，不断研制新的训练器材，使其训练水平迈入一个新的台阶。

改革训练指导机构　2002 年 3 月 22 日，为加强水面舰艇部队养成教育和训练，海上自卫队在护卫舰队新成立“海上训练指导队群”，以代替原来的“开发指导队群”。过去，“开发指导队群”除分工训练外，还分管武器装备的研究开发，不适宜新形势下舰艇部队训练工作的需求，因此，将训练业务从“开发指导队群”独立出来，专门成立海上训练指导队群，又将其隶属关系从自卫舰队改属护卫舰队，必将大大加强海上部队的养成教育和训练。与此同时，为加强扫雷舰艇和潜艇的训练，在扫雷队群下属的扫雷业务支援队（位横须贺）设立训练科，并在吴港设立扫雷训练分遣队；在潜艇舰队直属的潜艇教育训练队（位吴港）之下，于横须贺设立潜艇教育训练分遣队。

纪念活动和日常训练同步实施　为纪念海上自卫队创立 50 周年，海上自卫队举办大规模纪念活动：一是 2002 年 10 月 13 日在东京湾举办了有 15 国、65 艘舰艇、1 万人参加的“国际观舰式”活动。二是 10 月 15 日在相模湾至关东以南海域举办了 9 国 18 艘舰艇、3300 人参加的“多国海上搜救训练”，三是 10 月 9～10 日在东京举办了第八届西太平洋海军论坛，15 国派正式代表参加，4 国派观察员列席，13 日与会代表参观了国际观舰式。与此同时，海上自卫队日常训练按计划照常进行，共实施各类训练 60 余次，其中基础训练有护卫舰队进行队群级训练 16 次，航空集团进行航空群训练 21 次；战术应用训练有反潜训练 2 次，扫布雷训练 5 次，两栖登陆训练 11 次。登陆训练因老舰退役，新舰服役，训练多于往年；远航训练和外洋航海实习 3 次，派遣（赴美）训练并参加“环太平洋演习”1 次。

重视海外派兵实战演练　2002 年，日本海上自卫队向印度洋派出各型舰艇 14 艘（驱逐舰 12、补给舰 2），向东帝汶派出登陆运输舰和驱逐舰各 1 艘，共派出舰艇 16 艘。特别是 12 月 16 日，为加强印度洋活动舰艇的警戒和情报侦察能力，在美海军要求下，首次向海外派出了宙斯盾驱逐舰“雾岛”号，引起国内外舆论的关注。这是战后海上自卫队成立 50 年来首次向海外大规模派兵，亦是一次实战演练活动。

加强反恐训练活动　为应付恐怖事件和其他不测事态发生，一年来海上自卫队大力加强了反恐训练。一是首次实施基地警备特别训练。二是各基地相继实施预备役召集训练。三是实施反化学恐怖卫生特别训练。四是进行防核生化训练。五是实施“初出动训练”。1 月 15 日，横须贺警备队在横须贺港内实施“初出动训练”。训练分两步实施：第一步是陆警队和海上警戒部队共同在海上训练，第二步分头训练，即海上警戒部队仍在港外训练，陆警队返回各弹药库和营区进行陆上训练。

研制新式训练器材　2002 年 9 月 11 日，担负飞行员培训任务的德岛教育航空群经过 2 年的研究研制成了新型仪表飞行训练装置。该装置将装备 TC－90 型教练机。与旧的仪表飞行训练装置相比较，新装置有以下特点：一是新飞行仪表为数字表示；二是具有诱导地面控制进场声音合成功能；三是采用电动数字式操纵负荷装置；四是用二部多用计算机进行分散处理；五是具有数据编成功能。新训练装置的采用将大大改善和提高训练水平。

资料来源：

①《世界舰船》2002 年 2 月－2003 年 2 月；

②《海自新闻》2002 年 3 月、4 月、11 月、12 月；

③《朝云》2002 年 4 月、12 月。

举办第二届西太平洋多国海军潜艇救援训练　据日本《世界舰船》2002 年 7 月、8 月号和《海上自卫新闻》5 月 17 日报道，4 月 22 日～5 月 2 日，日本海上自卫队举办了第二届西太平洋地区由日本、美国、韩国、澳大利亚海军参加的潜艇救援训练（第一届于 2000 年在新加坡举行）。共同训练由日本潜艇舰队司令中尾诚三中将任统裁官。参训舰艇 8 艘，其中日、美、韩潜艇（美为核潜艇）和潜艇救援舰各 1 艘，澳潜艇 1 艘，为保障训练，日本还派出扫雷供应舰“丰后”号担任训练旗舰。此次训练的特点：一是训练规模较大。除四国 8 艘舰艇外，新加坡派出了共同训练司令部的要员参训，另外，印度尼西亚、英国、加拿大、智利、法国、中国、印度等七国派出观察员 12 人观摩训练，参训人员达千人。二是训练组织严密，保障有力。日方除派潜艇和潜艇救援舰参训外，还派出标准排水量 5700 吨的“丰后”号扫雷供应舰（搭载 1 架 MH－53E 扫雷运输直升机）担任旗舰。派出 3 艘多用途驱逐舰和 2 艘扫雷艇以及 SH－60J 反潜直升机 1 架在训练海区担负警戒。三是日方装备先进，救生技术高。潜艇救援舰"千早"号装备最新型的声纳和海底调查装置，能快速锁定"沉没"潜艇位置，所搭载的潜海救生艇为日本 2000 年服役的第二艘救生艇，采用水中出发航行下潜，不受波浪影响，而且与潜艇对接部的外缘安装了电磁缓冲圈，缩短了与潜艇对接时间，训练中到达海底目标的时间仅为美海军深海救生艇到达海底目标时间的 1/2～1/3，受到参训各国的高度评价。

远洋航海实习训练　据日本《海自新闻》2002 年 4 月 26 日、5 月 24 日、9 月 27 日和《朝云》6 月 6 日、9 月 12 日报道，日本海上自卫队于 4 月 22 日～9 月 9 日实施了 2002 年度远航训练。远航编队由练习舰"鹿岛号"、"岛雪号"和多用途驱逐舰"松雪号"组成，上载第 52 期毕业实习学员 170 人（含 2 名泰国留学生），连同舰员，共有 720 人参加。练习舰队司令泉彻少将任编队指挥。4 月 22 日，编队由东京晴海码头启航后先横渡太平洋、又穿过加勒比海、再沿大西洋西海岸由北向南航行，访问美国、加拿大、墨西哥、巴拿马、多米尼加、危地马拉 6 国的安克雷奇、埃思卡依莫尔特（音）、凯茨阿鲁（音）、巴尔博阿（音）、新奥尔良、哈里法克斯、诺福克、圣多明各、曼萨尼约、夏威夷珍珠港等 10 个港口城市，9 月 9 日返抵东京，历时 141 天，航程 27662 海里。此次远航活动具有以下特点：一是远航编队舰艇由以往的 2 艘增至 3 艘。二是重视远航前的近海航海实习等适应性训练。三是全面加强训练力度。(1) 充分利用航行时间实施训练。此次远航训练共 141 天，其中航行时间 97 天，占 69%，停泊时间 44 天，占 31%。航行中充分利用时间进行"不间断"、"大密度"训练。(2) 恶劣天气仍坚持训练。(3) 实施双边"亲善训练"。此次远航先后抵达 6 国 10 个港口，为加强双边友好关系，提高战术技术水平，每到一个国家即与该国海军进行双边"亲善训练"。主要科目有通信联络、战术运动等。

首次举办国际观舰式活动　据日本《海自新闻》2002 年 10 月 25 日和《朝云》10 月 17 日报道，今年是日本海上自卫队创建 50 周年，作为纪念活动，日本海上自卫队于 10 月 13 日在东京湾羽田海面以东 10 千米海区（长 9050 米，宽 5350 米）首次举办了国际观舰式活动，共有 12 国 65 艘舰船，约 1 万人参加。其中日本正式参加 24 艘，即驱逐舰 16 艘，扫雷供应舰 2 艘，潜艇、扫雷舰、登陆运输舰、训练支援舰、试验舰、潜艇救援舰各 1 艘；澳大利亚、智利、法国、印度、韩国、马来西亚、新西兰、俄罗斯、新加坡、泰国、美国等 11 国海军派出巡洋舰、驱逐舰、护卫舰、潜艇等 17 艘参加；此外，日本还派出以宙斯盾驱逐舰"雾岛"号为指挥舰，率驱逐舰、扫雷舰艇、登陆运输舰艇和勤务艇等 23 艘担负海区警戒和后勤支援活动。日本举办国际观舰式活动的目的，一是借此向国内外展示海上自卫队的"威容"，增进国民对海上自卫队的理解，取得对防卫政策的依赖和支持；二是通过与多数国家海军的交流，提高其对海上自卫队的依赖酿成。从参加活动情况和反映看，基本达到了目的，主要有：一是上述参加活动的 11 国中，美派出第七舰队中将司令，俄罗斯派出太平洋舰队上将司令，其余各国派出的有海军部长、海军参谋长、海军司令、海军副参谋长、海军司令部参谋长等，军衔从大校至上将。此外，越南和菲律宾派出中将海军司令、巴布亚新几内亚派出大校衔国防军参谋长参加观摩。二是多国海军主官对日本的装备表示"赞赏"。

加强向印度洋派兵进行实战演练活动　据日本《朝云》12 月 5 日、9 月 19 日、7 月 4 日和《海自新闻》9 月 20 日、11 月 15 日报道，日本海上自卫队自 2001 年 11 月 25 日向印度洋派出舰艇部队对美军进行支援活动以来，至今已一年有余。综合一年来活动可以看出，在反恐名目下，其向印度洋派兵进行的实战演练活动明显加强：一是投入兵力多。自 2001 年开始派兵以来，已先后轮换舰艇 5 批 8 次，截至 2002 年 12 月底，共派出舰艇 18 艘次（补给舰已 2 次派遣），人员 4120 人。截至 12 月 20 日，共在印度洋活动 2265 天。二是对美海军舰艇实施大量无偿补给。在一年多时间里，共为美海军驱逐舰、补给舰补油 141 次，为英海军坦克登陆舰和补给舰补油 9 次，累计补油 140 次，共补油 24.2 万千公升。三是不断延长派遣活动时间。从 2002 年 5 月 19 日延长至 2003 年 5 月 19 日止。四是派宙斯盾驱逐舰和 P－3C 型机加强在印度洋的活动。五是频繁派军事头目抵现场视察。

参加第 18 次环太平洋演习和赴美派遣训练　据日本《世界舰船》2002 年 8 月、10 月号和《海自新闻》6 月 28 日报道，5 月 11 日～8 月 16 日，日本海上自卫队派出舰艇 4 艘，潜艇 1 艘和 P－3C 型巡逻机 8 架赴美参加由美海军第三舰队举办的第 18 次"环太平洋"演习和赴美派遣训练。参训水面舰艇 4 艘，由第一护卫队群司令原俊少将任编队司令；潜艇 1 艘，由艇长高岛中校任指挥；P－3C 机 8 架，由第 4 航空队司令石川上校任指挥；人员共 1140 人。6 月

25日～7月23日，“环太平洋2002”演习在美国西海岸至夏威夷海域举行。参加演习兵力有美国、日本、韩国、澳大利亚、加拿大、秘鲁（首次参加）、智利、英国等8国各型舰艇36艘，飞机24架，人员1.1万人。演习分两步进行，首先利用一周时间各国分别进行单独训练，7月4日，实施参训各国共同科目演练，主要科目有反潜、防空、扫雷、海上机动、通信联络、补给等。日本海上自卫队参加此演习有以下特点：一是参演兵力减少。由于美海军忙于印度洋的反恐战争，“环太平洋2002”演习由去年的参演舰艇50艘，飞机200架，人员2.2万人减少到今年参演舰艇36艘，飞机24架，人员1.1万人的规模，美国也首次未派航母参加。因此，奔波于印度洋对美海军进行支援的日本海上自卫队也不得已缩小了派遣规模，由以往的8艘驱逐舰、1艘补给舰和1艘潜艇减少至4艘驱逐舰和1艘潜艇，也是首次未派直升机驱逐舰参加。二是演习结束后，参演舰艇编队和飞机继续执行赴美派遣训练，主要是在夏威夷至美本土利用美海军设施进行各种训练。水面舰艇、潜艇、飞机分别于8月7日、8月16日和7月31日返回日本。

日韩第二次共同搜救训练　据日本《海自新闻》10月11日和《朝云》11月7日报道，9月12日，海上自卫队派舰机参加日韩第二次共同搜救训练。参训舰艇3艘（驱逐舰“山雾”、“泽雾”，扫雷艇“前岛”），飞机3架（P－3C型机1架，SH－60J直升机2架），人员500人，由第二护卫队群司令本多少将任训练指挥；韩海军参训舰艇2艘（逐、护舰各1艘），飞机2架（P－3C型和直升机各1架），人员480人，由第8战团长徐相权准将任训练指挥。9月8日，海上自卫队舰艇由佐世保启航，9日抵韩国镇海港，双方召开训练协调会。9月11日，两国舰艇离镇海，驶往对马岛南西约90千米的训练海域。12日，训练开始，由“前岛”号扮演失火的遇难船只，双方舰机接到求救信号后，按事前分工海区进行搜索，P－3C型机搜到目标后引导舰只驶目标区，然后组织灭火和人员救助。为便于人员救助，双方直升机还分别在对方舰只甲板上起降。训练结束后，双方舰艇于13日经关门海峡驶抵镇海港的姊妹城市吴港进行总结和开展友好活动。15日，韩国舰艇离吴港返航。日韩海上搜救训练始于1999年，本次为第二次双方共同训练。

扫雷训练　据日本《世界舰船》2002年5月和《海自新闻》5月17日、7月12日、《朝云》7月8日及《航空情报》10月号报道，2002年度，日本海上自卫队共实施5次扫雷训练。其中，第1次训练于2月15～27日在周防滩进行，参训舰艇有远洋扫雷舰3艘，扫雷供应舰和勤务舰各1艘，扫雷艇16艘，计21艘；参训飞机有P－3C型巡逻机14架，扫雷直升机6架，反潜直升机4架，计24架。美海军扫雷舰2艘和1架P－3C型机参加了训练。训练由扫雷队群司令河村少将任统裁官。4月18日，7月7日，7月17日，11月19日又分别进行了第2～5次扫雷训练。今年的扫雷训练有以下特点：一是扫雷队群组织的大型训练参训兵力多。如第1次训练参训扫布雷舰艇21艘，占其扫布雷舰艇实力（33艘）的63%，第4次训练参训扫布雷舰艇22艘，占实力的66%，第5次训练参训扫布雷舰艇26艘，占其实力的78%。二是训练中反映新型扫雷具和水雷处理具性能先进。三是首次出动MH－53E型扫雷直升机赴冲绳海区扫雷。第2次扫雷训练中，为了提高远距、快速扫雷能力和舰机协同扫雷能力，4月18日，驻岩国基地的第111航空队1架MH－53E扫雷直升机（31号机）由岩国起飞，降落冲绳白滩基地机场配合冲绳基地队第46扫雷队“诸岛”、“彦岛”号扫雷艇实施协同扫雷训练活动。

护卫舰队合成群训练和展示训练　据《世界舰船》7月号、10月号和《航空情报》10月号报道，3月31日～4月5日，日海上自卫队护卫舰队在佐世保港实施了年度性的综合训练－合成群训练，参训舰艇17艘，即各型驱逐舰14艘（金刚级2艘，太刀风级2艘，旗风级1艘，朝雾级3艘，白根级1艘，村雨级5艘），训练支援舰2艘，补给舰1艘，人员3000人。此种训练往年为“护卫舰队集中考评训练”，今年因派往印度洋活动舰艇较多，训练规模缩小，故名称改变。训练由护卫舰队司令任指挥，主要内容：一是总结上一年度训练情况，表彰先进舰艇和人员；二是部署下一年度训练工作的计划、实施、要求及注意事项；三是各舰按事前计划进行表演和操作。7月6日，护卫舰队在相模湾实施展示训练，兼防卫大学一年级学生500人海上研修训练，主要操演了舰艇海上机动、直升机起降、潜艇下潜和上浮、127毫米炮打靶等科目。

综合训练和日美演习　据《海自新闻》11月15日、《朝云》11月21日及《世界舰船》2003年2月号报道，11月11～22日，海上自卫队在日本周边海域举行自卫舰队综合训练，自卫舰队和各地方队舰艇20艘，飞机50架参训，美海军参训舰艇10艘。训练由自卫舰队司令胜山拓中将为统裁官。该训练是作为日美共同演习的一部分举行的，往年是进行海上自卫队乙类年度演习，今年是首次以自卫舰队综合训练方式进行。训练的目的是通过演练国际局势紧张时日本进行防卫作战的各种作战活动，提高各级指挥官和部队作战运用能力。训练分两阶段进行，前阶段为日本独自举行，后阶段是日美共同实施。训练的主要科目有：反潜、防空、反舰作战和电子战。今年的日美共同演习是设想日本"有事和周边事态"时，日美双方进行的联合作战行动，参演兵力：舰艇 30 艘（日方 20 艘，美方 10 艘），飞机 330 架（日方 180 架，美方 150 架），人员 21550 人（日方 1.1 万人，美方 10550 人），日方由参联会主席竹河内任统裁官，美方由驻日美军司令任统裁官。先后演练了后方地域搜救、驻外侨民输送回国、海上船舶检查、空地作战、海空作战、地面作战、空中作战及机动展开和运输等 8 个科目。

航空兵"初动"飞行训练 据《航空情报》2002 年 4 月号和《海自新闻》1 月 18 日报道，2002 年度伊始，海上自卫队航空兵即组织 3 个航空群、3 个独立航空队和 2 个教育航空群分别实施新年度"初动"飞行训练，参训飞机共有 66 架，其中 P－3C 型巡逻机 17 架，SH－60J 和 SHH－2B 型反潜直升机 26 架，MH－53E 型扫雷直升机 6 架，UH－60J 型搜救直升机 9 架，OH－6D 型教练直升机 3 架，YS－11T 教练机 2 架，T－5 型教练机 3 架。训练由各航空群（含教育航空群）和独立航空队司令任指挥。今年"初动"飞行训练有以下特点：一是各自主官亲自参与。二是训飞以海上飞行为主，气象不良仍按计划飞行。

两栖登陆训练 据《世界舰船》2002 年 6 月号、8 月号和《海自新闻》7 月 12 日、10 月 11 日报道，海上自卫队 2002 年度共举行两栖登陆训练 11 次，参训登陆舰 14 艘次。其训练特点：一是训练与军事运输相结合。今年的 11 次训练中，有 3 次与军事运输相结合，占 27%。二是重视发挥"大隅"型登陆舰的作用。由于"大隅"型舰排水量大（满载 8900 吨），装载多，特别是没有码头时也可通过所搭载的 2 艘大型高速气垫登陆艇装卸，因此，重视"大隅"型舰的运输和训练作用。三是新舰服役后即开始训练。"大隅"型第 2 艘舰"下北"号于 3 月底服役后不久即开始单舰训练，后于 6 月 12 日正式参加和歌山县防灾训练。四是老式登陆舰仍按常规进行直接抢滩训练。5 月 22～23 日，坦克登陆舰"根室"号和中型登陆舰"能登"号于宫津市附近海岸进行登陆训练。训练中，事前将海岸标识立在岸边，作为上陆的目标，然后两舰轮留操演直接抢滩登陆，"根室"号还操演了下载和回收车辆人员登陆艇。

外洋航海实习训练 据《世界舰船》5 月号和 6 月号报道，2 月 22 日～3 月 31 日，海上自卫队组织舰艇编队实施驶东南亚方向外洋航海实习训练。参训舰艇有驱逐舰"太刀风"号、"天雾"号、"滨雾"号 3 艘，由第 5 护卫队司令龟井上校任指挥。2 月 22 日，编队 3 舰载第 35 期干部候补生 90 人，共 760 人，由江田岛启航，先后对菲律宾的马尼拉港（2 月 28 日～3 月 4 日）、印尼的泗水港（3 月 12 日～15 日）、冲绳的胜连港（3 月 27 日～29 日）进行港口访问，3 月 31 日返抵吴港，历时 40 天。3 月 21 日～5 月 5 日，第二次组织舰艇编队赴关岛方向实施外洋航海实习训练。两次训练的特点：一是由于向印度洋派舰活动较多和舰只的定期检修原因，首次派出护卫舰队旗舰"太刀风"号参加训练。二是以往赴关岛方向航海实习训练，除 2 艘驱逐舰外，还有 1 艘潜艇参加。此次为节省经费，首次取消潜艇参加。三是以往赴关岛方向航海实习训练，航线基本上是日本－关岛－菲律宾－冲绳－日本，而此次航线是日本－关岛－贝劳－新加坡－釜山－日本，为以往少见。

与外国海军实施双边训练 综合《世界舰船》2002 年 2 月～2003 年 1 月报道，海上自卫队 2002 年与外国海军共实施双边训练 49 次，参训舰艇 159 艘次。其中日美共同训练 33 次（占 68%），西太平洋潜艇救援训练 1 次，日韩海上搜救训练 1 次，"亲善"训练 7 次，远航途中与外国海军训练 6 次，国际观舰式 1 次。双边训练最多的日美共同训练中，美国派遣训练 3 次，扫雷训练 3 次，反潜训练 2 次，基地防卫训练 1 次，姊妹舰训练 1 次，卫生特别训练 1 次，候补生联训 1 次，其余小规模基础训练 21 次。西太平洋 9 国潜艇救援训练是第二次实施（首次 2000 年底在新加坡举行），为日本首次举办。日韩共同搜救训练亦是第二次实施。亲善训练为外国舰艇访日时双方共同进行的训练。今年到日本访问的有德国（2 艘导弹护卫舰）、墨西哥（1 艘教练舰）、加拿大（1 艘导弹护卫舰）、爱尔兰（1 艘巡逻舰）、法国（1 艘导弹护卫舰）等。舰艇远航与访问国进行训练的有美国、加拿大、墨西哥、巴拿马、多米尼加、危地马拉 6 国。日本举办的国际观舰式，除海上自卫队 24 艘舰船参训外，美、俄、法、澳、印度、韩国、马来西亚、新西兰、智利、泰国、新加坡等 11 国 17 艘舰船参加。

（詹玉才）

航空自卫队训练　2002年，日本航空自卫队认真贯彻“全面加强自卫队建设，使国防力量实现质的飞跃”的军队建设思想，继续采购和装备新型飞机，进一步充实完善和试行新的飞行员培养程序，强化日美联合训练，整体作战能力得到稳步提高。

继续采购和装备新型飞机，加强部队建设　2002年，日本航空自卫队斥资1494亿日元采购了23架飞机，其中F－2支援战斗机8架、空中加油机1架、新型初级教练机10架，用于更新部队装备，实现装备现代化。

2000年9月，为适应现代高技术装备的需要，日本航空自卫队决定用T－3改新型初级教练机更换服役年代已久的T－3型初级教练机，总计需要49架。2001年已订购11架，2002年订购了10架，2003年计划订购9架。2002年9月，航空自卫队飞行开发试验团接收首批2架，现已进入实用试验阶段。一旦实用试验结束，T－3改将改称“T－7”初级教练机，装备静浜和防府北两个基地，用于飞行学员的初级驾驶训练。

F－2型支援战斗机是在美制F－16C型战斗机基础上研制而成的。2002年采购130架：其中，3个作战飞行队装备约60架，教育训练部队装备约21架，飞行教导队装备约8架，飞行学校装备约2架，耗损预备机等约37架。

F－2支援战斗机现已装备两个中队：一个作战中队，即航空总队第3航空团第3飞行队，一个教育训练中队，即航空教育集团第4航空团临时教育F－2飞行队。

临时教育F－2飞行队成立于2002年4月，教官飞行员的训练和F－2教学大纲的制定工作已经完成。教官飞行员均选自战斗机部队，飞行经验丰富。教学大纲参照F－15战斗机和T－2高级教练机的教学大纲制定，教育期限基本保持不变。

2001年12月，日本政府批准购买4架波音－767空中加油机，2002～2005年每年订购1架，2006～2009年每年接收1架。空中加油机装备部队后，日本航空自卫队各型作战飞机的作战半径将大幅提高，攻防兼备的作战能力将大大加强。

完善和试行新的飞行员培养程序　随着T－3改、F－2陆续装备部队，F－1、T－2等老式飞机逐步退出现役，2002年日本航空自卫队新的飞行员培养程序刚刚开始试行，老的飞行员培养程序尚未废止，是新老并存的交替时期。

老的飞行员培养程序为：第一初级驾驶课程（T－3）→第二初级驾驶课程（T－1）→基本驾驶课程（T－4）→战斗机驾驶课程（T－2）→F－15机种改装课程（F－15）。战斗机驾驶课程（T－2）结束后，飞行学员如不飞F－15战斗机，则直接分到作战部队改装F－1、F－4型战斗机；如飞，则进入F－15机种改装课程的学习，学习结束后再分到F－15战斗机部队。另外，飞运输机、救护机、直升机等型飞机的飞行学员在第二初级驾驶课（T－1）结束后，进入基本驾驶课程（T－400）的学习。该阶段学习结束后，分到作战部队进行所飞机种的改装。

新的飞行员培养程序为：初级驾驶课程（T－3、T－3改）→基本驾驶前期课程（T－4）→基本驾驶后期课程（T－4）→战斗机驾驶课程（F－15、F－2B）→作战部队。另外，飞运输机、救护机、直升机等型飞机的飞行学员在基本驾驶前期课程（T－4）结束后，进入基本驾驶课程（T－400）的学习。此阶段学习结束后，分到作战部队进行所飞机种的改装。

和旧程序相比较，新的战斗机飞行员培养程序取消了第二初级驾驶课程（T－1）和战斗机驾驶课程（T－2），将基本驾驶课程（T－4）分为前期和后期两个阶段，即由调整前的初、中、高三级五阶段改成三级四阶段。

由于2002年9月，航空自卫队才接收2架T－3改型初级教练机进行实用试验，所以到2005年T－2高教机和F－1支援战斗机才能全部退出现役。2002年4月成立的临时教育F－2飞行队于11月才能接收首批飞行学员试行战斗机驾驶课程，所以，T－3改和F－2B的驾驶教育尚未正式纳入新程序当中。但是，F－15战斗机飞行员的培养已按新程序执行。

日本航空自卫队通过对飞行员教育体系进行改革，一是缩短了培养周期，减少了飞行时间；二是培养出的战斗机飞行员质量更好，驾驶技术更娴熟，更适合部队需要。

2002年，日本航空自卫队培养一名战斗机飞行员所需要的费用分别为：F－1支援战斗机，4亿9690万3000日元；F－4EJ战斗机，5亿7000万8000日元；F－15战斗机，6亿1045万8000日元。

突出实战，强化日美联合训练　日本2002年版《防卫白皮书》中“关于日美安全保障体制的各种措施”一节在谈及日美联合训练的重要性时强调：“为了提高日美双方的战斗技术水平，为了从平时起加深双方在战术使用上的相互了解和意图的沟通，为了提高双方的整体作战能力，‘日美联合训练’是不可缺少的训练手段。”日本航空自卫队同美国空军、海军、海军陆战队正式开展联合训练始于 1978 年。1979 年，全年只搞了 11 次，1980 年 10 次，1981 年 12 次，且规模同现在相比，多属于小规模，参训飞机只有 10 架，训练课目主要是异型机空战。二十多年来，日美双方联合训练次数由少到多，规模由小到大，内容由单一到齐全，由单纯的对抗性演练发展到带有实战背景的综合性战术演练。主要有组织指挥、防空作战、战斗机空战、对地（海）攻击、空中侦察、电子战、空中支援、空地（海）协同、空中运输、航空救生、后勤保障等等，逐步形成了规范化、系列化、制度化，训练的深度、广度不断增加。

2002 年 4 月 12 日，日本航空自卫队参谋部公布了 2001 训练年度（2001 年 4 月 1 日～2002 年 3 月 31 日）日美联合训练实施情况。该训练年度共实施日美联合训练 30 次。其中中等以上规模的 7 次。内容以防空战斗、战斗机空战、再次起飞准备为主；小规模的 23 次。参训飞机，日本航空自卫队共出动 520 架，机种分别为 F－15 战斗机，F－4 战斗机、E－767 空中预警机、E－2C 空中预警机和 T－4 中级教练机；美军共出动 550 架，机种分别为 F－16 战斗机、F/A－18 战斗机、E－3 空中预警机、KC－135 空中加油机、EA－6B 电子战飞机等。

“对抗北·关岛 2002”实施情况　“对抗北”是日美联合训练的重要组成部分，目的是通过演练空中作战的全过程，提高部队的整体作战能力，尤其是防空作战能力和电子战条件下的作战能力。“对抗北”的由来是美国在世界许多国家驻有军队，为保持和提高部队的战斗力，美军除进行必要的日常训练外，经常同驻在国的军队进行联合训练。美军从地理位置上划分，把与日本有关的太平洋地区的联合训练冠之以“对抗”二字。这在日美两军间共同签署的“异型机对抗空战训练备忘录”中有明确记载。1978 年实施第一次训练时，美方意将其命名为“对抗虎”，日方则坚持“训练地点是在北方的三泽基地，且参训部队的作战方向也是北方，应该叫‘对抗北’”。双方通过协商，最后定为“对抗北”。该项训练 1999 年改在美国的关岛举行后，即称为“对抗北·关岛”，关岛后再缀上实施的年份。另外，以“对抗”打头的训练或演习还有“对抗雷”、“对抗天使”、“对抗鹰”等等。

提前进行空中加油训练　2002 年 12 月，日本航空自卫队决定于 2003 年 4～6 月间，抽调 4 架 F－15 战斗机、8 名飞行员，在日本近海训练空域，借助美国空军的空中加油机进行空中加油训练。虽然距装备首架空中加油机的 2006 年尚有很长时间，但日本航空自卫队未雨绸缪，训练在先，一旦空中加油机装备部队，即可形成战斗力。另计划在 2003 年夏天参加美国空军举办的“对抗雷”演习时，航空自卫队参演的 F－15 战斗机在飞往美国阿拉斯加途中，将接受美国空军的空中加油支援。

资料来源：

①日本《航空爱好者》2002 年第 4、7 期 2003 年第 3 期；

②日本《飞行周刊》2002 年 10 月 30 日；

③日本《航空情报》2002 年第 7 期。

（王全永）

军事演习　陆上自卫队“北方机动特别演习”

据日本《朝云》2002 年 6 月 20 日等报道，陆上自卫队第 20 次“北方机动特别演习”于 2002 年 6 月 30 日～7 月 31 日在日本东部地区至北海道途中及矢臼别演习场举行。东部军区军长菅博敏中将担任演习指挥官。参演部队：陆上自卫队东部军区第 12 空中机动旅（驻相马原）、第 1 空降旅（驻习志野），人员约 3000 名，车辆约 800 辆，CH－47J 运输直升机、OH－6D 观测直升机等 37 架；海上自卫队“大隅”号两栖登陆舰及第 2 护卫队群部分舰艇；航空自卫队战斗机、运输机等约 40 架。此外，还动用了民用渡船、民航飞机、火车等参加了演习。演习分三个阶段进行：6 月 30 日～7 月 8 日为第一阶段，参演部队由东部军区向北海道实施远距离机动训练。7 月 9～26 日为第二阶段，在北海道矢臼别演习场等实施步兵团以下规模的训练和旅级规模的综合演习。7 月 27～31 日为第三阶段，参演部队远距离机动返回驻地。演练科目有：三军联合远程快速机动，登陆作战，海上机动时的舰队攻击、舰队防空、海上作战运输，空中机动时的空地作战、空中作战运输，电子战等。在与海空自卫队实施的综合训练中，重点演练了海上机动时的舰队攻击、舰队防空、陆海军的海上作战运输以及空中作战运输和空地作战等。目的在于提高诸军种协同快速机动作战能力。

陆上自卫队“富士综合火力演习”　据日本《朝云》2002 年 9 月 5 日报道，陆上自卫队于 2002 年 8 月 31 日在静冈县御殿场市东富士演习场举行第 44 次“富士综合火力演习”。参演部队：富士教导旅、第 1 直升机旅、第 1 空降旅等，共计约 2000 人，出动坦克、装甲车等约 60 辆，各种火炮约 70 门，飞机 30 架，其他车辆 180 辆。航空自卫队第 3 战斗航空团派 4 架 F－4EJ 战斗机对演习进行支援。演习分两个阶段进行，1、为抗登陆作战；2、为从防御作战转向进攻作战阶段的诸兵种联合作战。演练科目：坦克、火炮、攻击直升机的实弹射击，射击后的阵地转移，空降部队跳伞，部队侦察，对敌炮击和防御反攻作战，航空自卫队战斗机部队对地面攻击，机降作战等。

海上自卫队综合演习（图演） 据日本《海上自卫新闻》、《防卫日报》2002年9月6日等报道，日本海上自卫队于9月9～13日在海军干部学校（东京目黑区）举行2002年度海上自卫队综合演习（图上演习）。海上自卫队自卫舰队司令胜山拓海军中将担任演习指挥官。演习使用干部学校的海上图演装置，目的在于演练从形势紧迫阶段开始的各种海上作战等防卫要领。参演部队：自卫舰队司令部、护卫舰队司令部、航空集团司令部、潜艇舰队司令部、扫雷队群司令部、情报业务群司令部、横须贺地方队司令部、吴地方队司令部、佐世保地方队司令部、舞鹤地方队司令部、大凑地方队司令部、补给本部等，人员约400名，演练科目包括高级指挥官的形势判断、作战指挥及部队运用等。

海上自卫舰队综合训练 据日本《海上自卫新闻》2002年11月11日、《世界舰船》2003年第1期报道，日本海上自卫队于2002年11月11～22日在以九州西方、东南及四国海域为重点的日本周边海域举行2002年度自卫舰队综合训练。此次训练旨在演练从日本形势紧迫到日本防卫时的各种海上作战要领等，自卫舰队司令胜山拓中将担任训练指挥官。参加演练的部队有自卫舰队、各地方队等，舰艇约20艘，飞机约50架，主要演练各级指挥官的作战指挥及部队运用等科目。

航空自卫队航空总队综合演习（指挥所、实兵演习） 据日本《防卫日报》2002年9月24日、《朝云》9月26日报道，日本航空自卫队于9月20～24日在航空总队司令部所在地府中基地举行第21次2002年度航空自卫队航空总队综合演习（指挥所演习）。航空自卫队航空总队司令平木善道空军中将担任演习指挥官。目的在于演练从发生周边事态至防卫事态期间的指挥参谋活动，提高航空总队等遂行任务的能力。参演部队：航空总队、航空支援集团、补给本部等。

日本航空自卫队于11月11～22日在日本及其周边举行第21次2002年度航空自卫队航空总队综合演习（实兵演习）。指挥官和参演部队与指挥所演习相同，约430架飞机参加。

综合防灾演习 据日本《朝云》2002年9月5日报道：自卫队于2002年9月1日（防灾日）在日本的东京都和九个县同时参加了由政府组织实施的大规模“政府综合防灾演习”。自卫队参谋长联席会议主席任总指挥官。参演兵力：参谋长联席会议、陆上自卫队参谋部、海上自卫队参谋部、航航空自卫队参谋部等，人员约2620人，各种军车约415辆、飞机120架、舰艇10艘。演习以日本东海和南关东地区发生地震为想定，演练部队快速反应和应付紧急事态的能力。与2001年举行的综合防灾演习相比，自卫队参演规模明显增大，而且海上自卫队首次派出“大隅”号、“下北”号2艘两栖登陆舰进行海上避难和运输演练。

日美陆军联合方面军级指挥所演习 据日本《朝云》2002年1月10日报道，日美陆军联合方面军级指挥所演习于2002年1月20日～2月1日在日本仙台、霞目驻地及王城寺原演习场举行。演习代号为“山樱41”。日本陆上自卫队东北部军区军长野中光男中将和驻日美陆军司令兼第9战区陆军战区司令A·D·约翰逊少将分别担任演习指挥官。参演部队有：日方陆上自卫队东北部军区、海上自卫队、航空自卫队、参谋长联席会议，共计约3800人；美方驻日美陆军司令部、陆军第1军（驻华盛顿州）、第9战区陆军战区司令部、第5航空队，共计约1700人。演习以日美联合应对“周边事态”为背景，在日本防卫厅下达防卫出动的情况下，日美军按照各自指挥系统演练日美联合作战时的方面军级以下的指挥参谋活动。演习规模与2001年举行的同类演习相比，参演人数增加1800人。其中，日军增加1400人，美军增加400人。

2002年第二次日美陆军联合方面军级指挥所演习于6月3～13日在美国夏威夷州沙夫特堡举行。演习代号为“山樱42”。

陆上自卫队与美陆军综合演习（实兵演习） 据日本《防卫日报》2002年10月29日、《朝云》11月21日报道，2002年11月8～21日日本陆上自卫队与美陆军在日本东富士演习场及泷原驻地（静冈县）进行2002年度陆上自卫队与美陆军联合实兵演习。双方参演部队按照各自的指挥系统，实兵演练实施联合作战时的相互协作。陆上自卫队东部军区第1师（政经中枢师）长青木勉中将和驻日美陆军司令托马斯·G·米勒少将分别任演习指挥官。参演部队：日方东部军区第1政经中枢师第1摩托化步兵团等，人员约600名，主要装备有单兵便携式反坦克弹、84毫米无后座力炮、87式反坦克导弹、81毫米迫击炮、OH－6观测直升机、UH－1多用途直升机；美方陆军第25步兵师（轻）第2步兵团第35步兵营，人员约500

名，主要装备为反坦克火器（AT－4）、60毫米迫击炮、81毫米迫击炮、UH－60多用途直升机等。在东富士演习期间，陆上自卫队第1飞行队的OH－6观测直升机和UH－1多用途直升机进行了观测、运输和侦察等支援。

陆上自卫队与美海军陆战队综合演习 据日本《防卫日报》2002年10月29日、《朝云》11月21日报道，2002年11月11～21日日本陆上自卫队与美海军陆战队在日本日出生台演习场、十文字原演习场及别府驻地（大分县）举行2002年度陆上自卫队与美海军陆战队联合实兵演习。双方参演部队按照各自的指挥系统，实兵演练实施联合作战时的相互协作。陆上自卫队北部军区第4步兵师师长衣笠雄中将和美海军陆战队第3海军陆战师师长约瑟夫·F·韦巴少将分别任演习指挥官。参演部队：日方西部军区第4步兵师第41摩托化步兵团、西部军区直升机队、第3反坦克直升机队，人员约850名，主要装备为单兵便携式反坦克弹、84毫米无后座力炮、87式反坦克导弹、81毫米迫击炮、120毫米迫击炮、74式坦克、155毫米榴弹炮、UH－1多用途直升机、CH－47运输直升机、AH－1S反坦克直升机；美方为海军陆战队第3海军陆战师第2～3海军陆战营，人员约800名，主要装备为83毫米火箭发射器、反坦克火器（AT－4、TOW）、60毫米迫击炮、81毫米迫击炮等。另外，日本航空自卫队对演习进行近距离航空支援及航空侦察。

日美海军联合指挥所演习 据日本《朝云》2002年3月14日、《世界舰船》2002年第5期报道，2002年3月11～21日日美海军第14次联合指挥所演习在美国罗得岛州新港美海军大学举行。日本海上自卫队参谋部防卫部长香田洋二少将和驻日美海军司令罗伯特·C·查普林少将分别任演习指挥官。参演部队有：日方海上自卫队参谋部，自卫舰队，横须贺地方队，大凑地方队，干部学校，共计25人；航空自卫队参谋部，航空总队，航空支援集团，干部学校，陆上自卫队参谋部，共计15人。美方驻日美海军，第7舰队，美海军大学，共计40人。演习目的在于利用美国海军图上演习系统，演练从形势紧迫阶段至日本遭受武力攻击阶段，日美海军联合保卫日本实施海上各种作战时的指挥参谋活动。

日美海军联合扫雷特别训练 据日本《防卫日报》2002年2月12日、《世界舰船》2002年第4期报道，日美海军联合扫雷特别训练于2002年2月15～27日在日本周防滩海域举行。日本海上自卫队扫雷队群司令河村雅美少将和美海军第11扫雷队司令德利米拉海军中校分别任训练指挥官。参训兵力：日海上自卫队21艘舰艇（2艘扫雷母舰、3艘扫雷舰、16艘扫雷艇），飞机24架（20架P－3C反潜巡逻机、4架MH－53E扫雷直升机）；美海军2艘扫雷舰、1架P－3C反潜巡逻机、水下处理队员7名。训练科目：布设水雷、水雷监视、扫雷等。布设水雷主要由扫雷母舰和P－3C巡逻机实施；水雷监视与扫雷主要由MH－53E扫雷直升机和水下处理队员实施。日美联合扫雷特别训练始于1955年，本次训练为第69次。2002年7月7日～29日，11月19日还分别进行了第70和71次训练。

日美空军联合训练 据日本《朝云》2002年3月14日报道，日美空军第一次联合训练于2002年3月12日、13日在日本秋田西方C空域和三泽基地东方B空域举行。日本航空自卫队北部航空方面队防卫部长冈村雄司上校和美空军第35战斗机联队运用群司令杰弗利·E·斯坦伯准将分别任训练指挥官。参训兵力：日方第2、第3战斗航空团，北部航空警戒管制团，F－15战斗机16架，F4－EJ战斗机8架，E－767预警指挥机1架，E－2C早期预警机1架；美方第35战斗机联队，F－16战斗机10架。演练科目为防空作战。2002年10月29日、30日在日本秋田西方空域（C空域），日美空军举行了第二次训练。

日美空军“对抗北·关岛2002”联合演习 据日本《朝云》2002年4月18日报道，日美空军第4次“对抗北·关岛2002”联合军事演习于2002年4月15～26日在美国关岛安德森空军基地及其周边空域举行。日本航空自卫队第8战斗航空团飞行群司令清藤胜则上校和驻日美空军第5航空队第605航空作战队长道纳尔道·C·维克保斯特上校分别任演习指挥官。参演部队有：日方航空自卫队西部方面航空队第8战斗航空团（10架F－15战斗机）、警戒航空队（1架E－767预警机）；美方驻日美空军第5航空队第35战斗机联队（8架F－16战斗机）、第374空运联队（1架C－21运输机）、第1海军陆战队飞机联队第12飞机大队（6架F/A18战斗机、3架EA6B电子干扰机）。演练科目：电子战环境下的防空战、战斗机格斗、二次起飞准备等。目的在于提高两国空军的空中作战能力和应付各种突发事件能力。

西太平洋联合潜艇救难演习 据日本《朝云》2002年4月25日、《海上自卫新闻》5月17日报道，2002年4月22日～5月2日由日本主持美国、韩国、澳大利亚和新加坡参加的西太平洋联合潜艇救难演习在日本九州西南海域举行。演习代号为“抵达太平洋2002”。参演5国共派出潜艇、潜艇救难舰、扫雷供应舰等各型舰艇共8艘，约750人参加。其中，日本海上自卫队派出1艘潜艇救难舰（“千早”号，含1艘深潜救助艇）、1艘潜艇（“秋潮”号）和1艘扫雷供应舰（“丰后”号）；美海军派出1艘潜艇（“拉霍亚”号）、1艘深潜救助艇（“米斯蒂克”号）和1艘海上打捞船（“卫兵”号）；韩国派出1艘潜艇救难舰（“清海镇”号，含1艘深潜救助艇）、1艘潜艇；澳大利亚派出1艘潜艇；新加坡只派司令部人员参加。中国、英国、法国、加拿大、智利、印度、印度尼西亚等7国应邀派军事观察员观摩了演习。演习主要使用深潜救助艇从遇难潜艇中救助舰载人员，目的在于提高潜艇救援能力和增强各国海军之间的相互信任。

日韩联合搜救演习 据日本《朝云》2002年9月5日报道，日韩海军联合搜索救难演习于2002年9月12日在日本对马岛西南约90海里的海域举行。日本海上自卫队护卫舰队第2护卫队群司令本多宏隆少将和韩国海军第8战团团长徐相灌准将分别任演习指挥官。参演部队：日方海上自卫队第2护卫队群第2护卫队所属“山雾”号、“泽雾”号驱逐舰，佐世保地方队第43扫雷队所属“前岛”号扫雷艇，3架飞机（1架P－3C反潜巡逻机，2架SH－60J巡逻直升机），人员约500人；韩方“乙支文德”号驱逐舰，“忠南”号护卫舰，1架P－3C反潜巡逻机，1架舰载直升机，人员约480人。演习中，“前岛”号扫雷艇在日韩两国海军舰艇和飞机的配合下进行搜索、灭火和人员救助演练。日韩联合搜索救难演习于1999年在对马海面第1次举行，本次演习为第2次。

日美三军联合指挥所演习 据日本《防卫日报》2002年2月14日、《朝云》2月21日报道，日美第13次三军联合指挥所演习于2002年2月16～20日在自卫队市谷中央指挥所和美军横田、座间、横须贺基地举行，演习代号为“利刃02”。自卫队参谋长联席会议主席竹河内捷次上将和驻日美军司令托马斯·C·沃斯科中将分别任演习指挥官。参演部队：日方自卫队参谋长联席会议事务局，情报本部，内务部部局，陆海空各自卫队参谋部，陆上自卫队各方面军司令部，海上自卫队自卫舰队，海上自卫队各地方队司令部，航空自卫队航空总队司令部，航空支援集团司令部等，人员约450人；美方驻日美军司令部，驻日美陆海空军各司令部，驻日美海军陆战队等，约450人。演习以“周边事态”为想定，演练从形势紧迫时的日美联合应对到遭受武力攻击时自卫队的应对和日美联合作战等一系列作战情况下的指挥参谋活动，以维持和提高日美三军联合运用能力。

日美三军联合实兵演习 据日本《防卫日报》2002年10月29日、《朝云》11月7日、21日报道，日本自卫队与美军于2002年11月11～22日在日本关东、九州各地区的港湾及机场和东富士演习场、日出生台演习场、十文字原演习场以及日本周边海、空域举行2002年度日美三军联合实兵演习。演习分日美联合处置“周边事态”演习和联合应对“防卫事态”（联合保卫日本）演习两部分进行，目的在于通过实兵演练日三军之间及日美军间的协作要领，以维持和提高日美联合作战的综合运用能力。日本自卫队参谋长联席会议主席竹河内捷次上将和驻日美军司令托马斯·C·沃斯科中将分别担任演习总指挥官。演练科目：日美联合处置“周边事态”演习中的演练科目包括后方地区搜索救助活动、海外侨民等运送、美军的非战斗人员撤离训练、船舶检查活动等。

资料来源：

①日本《朝云》2002年1月～2003年1月；

②日本《防卫日报》2002年1～12月；

③日本《海上自卫新闻》2002年1～12月。

（张洲军）

韩国军队军事训练 **综述** 2002年6月21日，韩国防部全面修改《国防教育训练规定》，以确立适应21世纪信息化与科学化时代的军事训练体制，培养优秀人才。年内，韩军加强各军兵种的训练和与美国等国的联合演练，并为支持2002年韩日世界杯足球赛等国家重大活动等，加强了针对性演练，着力提高防护能力。主要情况如下：

陆军训练 **“酷寒期野外战术训练”** 2002年1月7～12日，韩陆军首都机械化步兵师在作战地区实施了为期6昼5夜的“酷寒期野外战术训练”。训练分为指挥部训练和小部队战术训练两部分实施。指挥部训练包括指挥官和参谋作战地区战术讨论及指挥组机动训练，目的是提高部队战术和指挥能力；所属各级部队通过实施小部队战术训练提高了冬季作战遂行能力，增强了战备态势。

“白头山”计算机模拟军事训练 2002年2月27日～3月5日，韩陆军第7军以“创造21模式”为指导，实施了为期7天的“白头山”计算机模拟军事训练，提高了部队实时战场联合战斗遂行能力和现有战斗力运用能力。

“双龙”训练 2002年3月25～28日，韩陆军第2集团军第9师在驻地及前方作战地区参加了2002年度“双龙”训练。训练旨在通过验证战时动员运营计划与作战计划的实效性，提高战时增援能力与作战计划遂行能力。

军规模野外机动演习 2002年3月28日～4月3日，韩军在京畿道骊州、利川附近南汉江一带实施了军规模野外机动演习。演习由韩参联会主持，陆军第1集团组织实施。主要演习科目有地面攻防、陆空协同、渡河作战、特种作战、防化生放等。演习旨在熟悉作战遂行程序，提高陆空军联合作战遂行能力和机械化部队的作战能力。

“花郎”演习 2002年5月7～11日，为提高后方地区联合作战能力，韩陆军第2集团军在防区内实施了“花郎”演习。演习由联合防卫本部主持，民政军有关单位参加。演习旨在建立参演部队的联合防卫作战指挥体制，加强各机关的协助体制，熟悉战时转换程序，加强民政联合防卫态势。

炮队战术训练 2002年8月19～24日，韩陆军第2军所属炮兵部队在作战地域和炮兵射击训练场实施了动用K－9自行火炮、多联装火箭炮、8英寸自行火炮等部队现有武器的炮队战术训练。此次训练从类似实战的战斗准备态势开始，到炮兵展开、实弹射击、阵地变换等各个阶段，旨在提高官兵按照火力支援程序遂行任务的能力。

海军训练 **冬季海上渗透及山地适应训练** 2002年2月14～26日，韩海军作战司令部特战旅在韩国东海与江原道大江里一带实施了旨在加强特战战斗态势的冬季海上渗透及山地适应训练。训练分海上演练和陆上演练两部分实施。

远航训练 2002年10月8日，韩海军远洋巡航训练编队离开镇海港实施为期115天的海上作战适应训练。舰队由“广开土大王”号驱逐舰（3080吨级）、“济州”号护卫舰（1800吨级）、“天池”号军需支援舰（9000吨级）等3艘韩国国产舰艇组成，韩国海军士官学校第57期180名四年级学员及海军官兵共820余名参加此次训练。其间，巡访了日本、俄罗斯、智利、危地马拉、美国等9个国家13个港口，航程47400千米。

空军训练 **实战科目训练** 2002年8月19～24日，韩空军第20战斗飞行团进行了紧急向前方开进、再出动和紧急再出动等科目的训练，以检验有事时防备敌人袭击、飞机和飞行员准备及应对时间等综合战备态势。

通信训练 **战术卫星通信支援训练** 2002年11月25日～12月7日，韩国国军指挥通信司令部运用连在所有通信站和驻地实施战术训练。训练旨在提高战术卫星通信支援能力和对突发情况的处置能力、对各种卫星通信网的紧急修复能力。

COM－X训练 2002年12月11～14日，韩国军指挥通信司令部在驻地及派遣地通信站实施了为期4天的COM－X训练。主要训练内容是熟悉作战计划通信附录上规定的通信网构成程序，熟悉指挥官和参谋人员的指挥程序。训练旨在提高应对突发情况的能力和冬季通信支援的能力，改进第1、2次COM－X训练中的不足。

军事演习 **“护国2002”计算机模拟演习** 2002年11月6～12日，韩军在韩国京畿道汶山轴线、西海和朝鲜半岛上空实施了代号为“护国2002”的计算机模拟指挥所带部分实兵野外机动的陆、海、空三军联合战术演习。主要演习科目有陆空联合训练、海空联合训练、陆海空联合抗登陆训练、部队机动与展开、特种作战、电子战、反潜战等。演习旨在提高陆海空三军军种联合及诸兵种协同作战能力，提高应对局部挑衅能力和防备全面战争的联合作战能力，熟悉作战遂行程序，积累大规模联合作战经验。

第3次“多国计划增援组（MPAT）”计算机图上演习 2002年1月14～18日，为应对亚太地区灾难灾害事故，在韩国举行了代号为“天使”的第3次“多国计划增援组（MPAT）”计算机图上演习。演习由美军太平洋总部主持，演习指挥官由韩参联会作战本部副部长李起东少将担任。韩国、中国、美国、日本、俄罗斯等24个国家的150名人员参加。

韩美联合信息战演习 2002年2月18～23日，韩陆军第6军与驻韩美军进行了为期6昼5夜的2002年度冬季韩美联合信息战演习，以提高各级部队对信息装备的运用能力和部队的战时信息战能力。

韩美“阿尔索伊/鹞鹰·2002”计算机模拟演习 2002年3月21～27日，韩美两国在韩国全境及韩国周边海空域实施了“阿尔索伊/鹞鹰·2002”计算机模拟指挥所带部分实兵演习。此次演习是首次将“阿尔索伊”和“鹞鹰”两个年度性战区级联合演习合并举行，规模比往年大幅增加。演习由美韩两军参谋长联席会议共同协调，美军太平洋总部主持，韩美联合部队司令部具体组织实施。3.7万名驻韩美军及来自韩国境外包括美国本土、日本、关岛的美军近1万名，与韩国陆海空三军参加了演习。韩政府、警察系统和各级民防机构也参加了演习。主要演习科目有“境外美军增援部队的接收、集结、前送和合成程序、非战斗人员撤运，战区导弹防御，后方地域防御，部队防护，电子战，两栖登陆作战，基地和港口防御，清除核生化污染，空降与空投，渗透与反渗透，防空，反潜，伤员救助等科目。演习旨在检验美韩“5027朝鲜半岛防御作战计划”和危机行动标准作业程序的可行性，提高美韩军各级指挥机构的指挥与控制能力及两军的联合作战水平。

“西太平洋潜艇救援演习” 2002年4月22日～5月2日，韩国、美国、日本、澳大利亚、新加坡等西太平洋五国在日本九州西部海域举行了“西太平洋潜艇救援演习”。中国、俄国、加拿大、英国等国海军派观察员观摩。演习分两个阶段进行，陆上阶段演习地点在日本佐世保市文化中心，海上阶段演习地点位于日本九州岛西南方160海里处的海域。主要演习科目有潜艇水下训练方位变换、潜艇救助舰实施事故潜艇人员救助，潜水医学研讨会与通信训练等。演习旨在提高各参演国海军间的潜艇救助能力，增强彼此间的合作与信任。

韩美“乙支/焦点透镜·2002”战区级计算机模拟演习 8月19～30日，韩美两国举行了代号为“乙支/焦点透镜·2002”的战区级计算机模拟指挥所带部分实兵演习。这是1976年以来美韩联合举行的第27次同类演习。演习由韩美两国参谋长联席会议共同协调，美军太平洋总部主持，韩美联合部队司令部具体组织实施。演习旨在检验与完善韩美“5027朝鲜半岛防御作战计划”及联合作战体制，提高国家统帅机关及各级指挥机构的危机处置能力和对战争的指挥与控制能力，熟悉战时转换程序和美增援部队在朝鲜半岛的展开程序，检验计算机、卫星通信系统和指挥所自动化系统在实战中的应用，检验和提高韩美两国军队的联合作战能力。“乙支”于8月19～24日举行，以图上演练为主，旨在演练政府战时体制转换和军事支援程序，韩政府市、郡、区以上政府机关、警察、预备役和民防部门参加。“焦点透镜”演习于8月25～30日实施，主要进行计算机模拟指挥所演习。演习主要科目有地面攻防、渡河、两栖登陆、空中打击、海上机动、反潜、渗透与反渗透、电子战、导弹防御、化生放防御、信息战、网络战等。

韩美海军陆战队模拟战斗训练 2002年11月25～27日，韩美海军陆战队在韩国浦项南部郊区实施了为期3天的模拟战斗训练。主要科目有夜间伏击、道路侦察、桥梁毁坏、直升机空运和空中紧密支援等。训练旨在加强韩美海军陆战队员的协作能力，并使美海军陆战队员进一步熟悉韩国地形及其他作战相关事项。

韩美战术通信系统联动试验 2002年12月9～13日，韩美在韩陆军第6军所属通信营实施战术通信系统联动试验，韩参联会、陆军本部、国防科学研究所、第6军以及驻韩美军司令部、美2师等有关人员参加了试验。此次试验的新方法可在无联动装备的情况下，简便连接韩美联合通信网，适用于野战。韩陆军本部指挥通信参谋部长称，韩美通信联动业务过去由美军主导进行，现发展成为由韩军主导，提高了韩陆军的技术水平和韩美联合作战通信支援能力。

资料来源：

韩国《东亚日报》、《韩国日报》及韩国广播电台等2002年。

（薛　丰）

越南军队军事训练

2002年，越军积极开展军事训练，不断举行综合演习，重点演练实战应用科目，提高部队的技战术水平和实战能力，尤其注重增强反颠覆、反暴乱、反“和平演变”、反侵略和反恐怖的能力。

制定军事训练大纲 2002年初，越军总参谋部制定了本年度军事训练大纲，主要内容是：1. 关于训练方针和目的。越军强调，2002年度军事训练要继续贯彻“基本、切实、牢固”的方针，坚持“训练与实战相结合”的指导思想，适应作战任务、作战对象、防区地形特点、组织编制和武器装备的需要，并符合越南的传统打法；重点搞好营以下单位和个人的基本训练和综合演习，着重提高实战能力，特别是要增强反颠覆、反暴乱、反“和平演变”、反侵略和反恐怖的能力。2. 关于训练准备。为保证军事训练顺利进行，提高训练效果，必须提前做好充分的准备工作：一是要制定符合本单位任务、特点的具体训练计划，二是要组织训练前的教育，使每一个干部战士都增强训练的责任意识；三是要组织干部和骨干进行集训，重点学习科学技术、军事知识、部队管理和指挥、训练的组织方法；四是要准备好操场、训练场、教学用具、物资、器材等，以便全面满足训练的需要。3. 关于训练内容。本年度主要组织部队学习军事技术、条令条例，开展攻防战术、协同作战和体能训练，重点要结合“五反”搞好实战应用科目训练，特别是要注重按照“以少胜多、以弱胜强、以现代化程度不高的武器装备打赢现代化程度较高的武器装备”的传统打法进行训练，多搞实弹射击训练和实兵演习。4. 关于训练检查。越军总参要求，为促进训练，确保训练质量，必须对团、营、连级单位的军事训练情况进行定期或突击检查。在检查过程中，要客观、准确地评估训练情况，重点查找训练中存在的问题和不足，并深入分析其原因，制定改进措施，以促进训练工作的开展。

重点组织实战应用科目训练和演习　越军各军种根据总部下发的训练大纲，结合本军种担负的任务，重点组织实战应用科目训练和演习。越陆军根据年度训练计划，组织开展了两个阶段的军事训练工作，主要演练了单兵技战术和战备转级、长途奔袭、重点目标防护等科目。第 2 军区先后在老街省和河江省举行了 3 次师以上规模的区域防御演习，主要演练了战备等级转换、野外机动、实弹射击、打击低空飞行目标等科目，着重提高边境防御作战和处理突发事件的能力。

越海军上半年先后 2 次在越西南部海域举行了以南海作战为背景的导弹攻击演习和军地协同作战演习，主要科目有舰艇编队集结、武装泅渡、水下破袭、防空袭、两栖登陆、蛙人袭击、鱼雷攻击、导弹攻击、目标搜索、岸舰协同、支援岛礁作战、抗电子干扰、防生化袭击和后勤补给等；下半年分别在中部海域和北部湾举行了诸兵种、多舰种协同作战演习和登陆与抗登陆演习。同时，越海军多次与防空－空军进行海空协同作战演练，主要科目有防空警戒、防空袭、舰载武器模拟攻击空中目标等。

越防空－空军在注重基础科目飞行训练的同时，有针对性地组织实战应用科目训练。一是举行跨区域、多机种飞行合练。2002 年上半年，越防空－空军组织部分米格－21、苏－27、苏－22、安－26、米－24 型机在克夫、岘港、新山一等机场举行了异地空域飞行合练，主要科目有远程机动转场、航空侦察、低空搜潜攻潜、空中警戒、空中掩护、战场观察、对海攻击、对地攻击等，旨在熟悉异地战场环境，提高飞行员跨区域飞行和多机种在不同空域的协同作战能力。二是进行实弹打靶训练。4 月和 7 月，越防空－空军组织部分战斗机先后在南部梅道靶场和小卡特威克岛海上靶场实施了实弹打靶训练，重点训练导弹、航弹、火箭弹攻击战术。三是进行低空目标拦截训练。为提高飞行员拦截低空目标的能力，越防空－空军选调大批飞行员集中进行了打击低空目标的针对性训练，着重提高其使用机载武器打击低速、低空飞行目标的能力；同时，组织部分安－2、米格－21 型机在北部地区实施了拦截、攻击低空目标演练。四是加强海上科目训练。越防空－空军多次组织战斗机赴北部湾和南沙空域进行海上飞行训练，主要科目有海上远程奔袭、海上目标搜索、海上模拟炸射、对海攻击、海上防空拦截、海上航空侦察、海上协同作战、海上中继指挥等。此外，越防空－空军还多次组织卡－28、卡－32 型反潜直升机在岘港、金兰湾外海和北部湾进行了投放声纳浮标、水下目标搜索、夜间反潜、联合攻潜等实战应用科目训练。据越南《人民军队报》报道，2002 年，越防空－空军海上战斗应用科目训练占其训飞总量的 60% 以上。五是举行以美国为假想敌的演习。7 月下旬，越防空－空军在北部地区举行了以美国为假想敌的防空作战演习，主要演练了通信协同、战备转级、阵地伪装、侦察与反侦察、目标跟踪、目标射击、防生化袭击等科目，以检验部队的防空警戒体系，增强在高技术条件下实施侦察预警、战场欺骗、抗电子干扰和防生化袭击的能力。

探索应付高科技战争的夜战训练　越军认为，现代夜间作战和训练变得越来越重要。越军强调，为适应打赢高科技战争的要求，在夜战训练中必须集中解决以下三个基本问题：

第一，要集中教育，提高部队的责任意识。越军强调，必须通过教育，提高部队对敌人夜间作战阴谋、手段的认识，了解和掌握敌人使用的各种高科技武器装备特别是夜间侦察装备的特点、性能和作用，包括它们的优势和劣势；培养部队尤其是干部队伍精心细致和稳练的战斗作风，保证在夜间各种复杂情况下的协同一致；培养部队稳定的心理素质，在面对高科技武器战场上的各种紧张、恶劣情况时能保持镇定。同时，要使部队认识到：在夜战与近战中要充分发挥现有武器装备的性能，充分发挥越军在政治、精神上的强大优势；虽然武器装备落后于敌人，但如果训练工作组织得好，又有实效打法，仍然可以保存力量，保持持久的战斗力，最终战胜敌人的侵略。

第二，确定夜间训练内容，正确执行“一切夜间科目都要安排相应训练时间”的规定，对夜间训练内容的正确认识，是保证夜间训练切实性和有效性的重要因素。越军要求，夜间训练内容必须包括以下四个方面：一是夜间反击训练。越军认为，在高科技战争中，特别是战争初期，敌人通常在夜间高度集中各类空中火力进行破坏。因此，越军强调，夜间训练的首要内容是反击敌人空中进攻武器（包括隐形飞机和巡航导弹）的方法。针对在夜战条件下肉眼能见度受到限制，而越军夜间观察器材既少又落后，反击效果不佳，越军要求各力量特别是防空力量要积极训练各种反击方案，发挥各防空力量间的综合实力（国家防空、陆军防空和人民防空），多层次、多方位地对敌人飞机、巡航导弹进行反击；通信、雷达力量要积极研究和组织对敌高科技武器干扰与抗干扰能力的训练，保证指挥通信联络畅通、及时。二是夜间机动训练。越军要求，通过训练，熟练掌握夜间机动的各种方案，一方面要在最短的时间内机动撤离营区，另一方面要选择恰当的藏身之地，迅速展开防御，伺机保存力量，随时准备反击。同时，在夜间训练过程中，还要尽可能利用防空－空军、海军和其他精锐特种部队的强大火力突袭、破坏敌人空中、海上和陆上机动。三是伪装和疑兵训练。越军认为，在高科技战争中，敌人将会使用多种现代侦察、观察工具，因此搞好伪装、疑兵、兵力和武器隐蔽的训练是十分重要的。只有很好地运用伪装、疑兵战术，合理分散兵力，才能限制被敌人现代侦察工具发现的可能。越军要求，伪装、疑兵训练内容要注重保密意识的教育，掌握防御和打击敌人现代夜间侦察工具的方法以及各种隐蔽措施，不能发出亮光和声音，销毁痕迹，制造假目标、假信号等。四是穿插和近战训练。越军强调，为了限制高科技武器的有效性，要训练穿插、近战打法，“抓住敌人的软肋往死里打，不让敌人与我分开以发挥其火力优势，尽量减少己方伤亡”。

第三，夜间训练要稳步进行。越军要求，各种基本动作、要领，要在白天训练熟练之后再转入夜间训练。注重锻炼和提高部队使用和操作夜间战斗照明装备的能力；要训练部队在战斗中的夜间信号协同，夜间指挥，白天行动转入夜间行动，夜间接近和进攻敌人等。

第四，要重视夜间训练的后勤保障工作。越军强调要在这方面有重点地进行研究、革新和投资，以适应反击高科技战争的要求和任务。越军要求各种武器装备的革新要集中提高部队的夜间机动、侦察和观察能力，有效预防敌人夜间侦察。同时要积极研制、大力发展和逐步改善通信技术手段，提高信息战能力，保障高科技战争中的通信联络畅通；要不断提高技术保障质量，严格执行光学、电子、雷达和红外等各类夜间侦察、射击器材的保管、保养和维修制度。

总结军事训练工作 12月上旬，越军总参谋部在河内召开会议，总结全年军事训练工作。会议指出，全军出色完成了2002年度军事训练任务，注重训练的同步性、深入性，并与现代作战应用高科技的特点相适应。在组织和实施各次综合演习、实兵演习、区域防守演习、保卫辖区安宁作战演习、防暴演习等活动中，取得了较好的成绩。越军总部对各单位军事训练情况进行验收的结果显示：100%的单位达到了要求，75～85%的单位达到了优秀。通过军事训练，部队的综合素质和战备能力有了进一步的提高。

资料来源：

越南《人民军队报》、《全民国防》杂志2002年。

（钟学良）

泰国特种部队训练 **陆军特种部队训练** 泰国陆军特种部队队员来自伞兵或参加过实战的部队，个个经历过特殊而严酷的训练。其主要任务是在敌后实施非常规战、城市破坏战、丛林反游击战等特种作战。

热带丛林生存训练 在队员都熟悉热带丛林各种野生动物习性和制服毒蛇、猛兽方法的基础上，让队员置身于野生动物园里，与毒蛇为伍，同猛兽做伴，以培养队员的热带丛林生存能力；再者就是用吊车将队员送进养有千余条毒蛇的水池中，以所学技能制服毒蛇，闯过200米长的蛇阵。

陆地渗透训练 学习发现、识别、排除或避开杀伤陷阱和机关的方法，训练如何穿过一条布满多个埋有锐利竹签、木桩、铁钉的陷阱、可发射单发子弹等技术。

空降训练 采用高空跳下、低空开伞技术，用非常灵活的冲压空气伞悄悄地向范围很小的目标地域降落，要求人与人着陆点之间的距离只有几米，并能在1分钟内收好降落伞，进行重新编组，做好战斗准备。除上述使用飞机进行空降训练外，为节约训练经费，还采用世界上独特的气球跳伞技术。这种技术可同时将7名伞兵放到一只从英国购买的巨大氦气球的吊舱里，然后用专用线将气球升到300米高空，完成跳伞后再将气球收回，以载运下一批训练人员。这一过程只需要10分钟。另外，作为基本功，队员都掌握了一套肘膝拳脚并用、以凶狠著称的泰拳改编而成的军用拳术，可在突发情况下徒手制敌。

海军特种部队训练 泰国海军特种部队队员的来源主要是海军及海军陆战队，其任务包括在敌后进行海上突击、非传统作战和心理战等。他们的基础训练课程长达2年，并分为3个阶段。

训练宗旨 泰国海军特种部队的训练宗旨有三：一为体能，二为意志，三为团队合作精神。体能训练使队员能靠自身的身体素质达到迅捷勇猛的状态；意志的磨练是为了确保在最恶劣环境及孤立无援的情况下，队员仍能坚守岗位并继续执行任务；团队合作的训练，则为了培养队员们相互分工、相互依赖与扶持的战斗方式，以发挥最大的团队战斗效应。

第1阶段训练 训练口号是“特种部队的字典里

没有‘我’”，以及“最轻松的日子是昨天”，训练重点在体能方面。游泳是队员在水中执行任务时必备的基本技能。该项训练从第3周开始，方式是在大型泳池内，将受训队员的腕和膝都捆绑起来让其下水脱困。必须达到的训练项目还包括水面自由泳至少20分钟以上、迅速持续下潜和上浮5分钟以上、带氧气瓶状态下在水中倒立5分钟等。该阶段最后1周被队员们称为“地狱周”。受训队员以5～7人为1组，在连续6天不睡的情况下，依次验证每名队员所有体能和游泳训练项目，淘汰率高达70%以上。

第2阶段训练　训练科目为水下潜泳及自助式水下呼吸。在泰国宋卡海军训练基地，有1个深15米的潜泳训练池。队员在基本潜泳技术娴熟后，便开始在这座潜水池内学习各种水下呼吸设备的使用。该阶段的后期，有1项为期8周的实际演练。受训队员将被带往当地的港口，对港湾设施、客轮甚至私人游艇进行实际的渗透演练。

第3阶段训练　进行陆战技巧和水中战术的结合与验证。训练科目包括基本武器使用、爆破、夜战、伏击、巡逻、远程侦察、小组战术及集结战斗等。在这个阶段，受训队员开始与国内外其他特种部队的队员一起接受训练，并将接受各种水下艇具的配合训练。

资料来源：

①中国《环球军事》2002年5月号；

②中国《世界军事》2002年7月号。

（孟　丽）

马来西亚海军特种部队训练　马来西亚海军特种部队“帕斯卡”成立于1982年10月1日，是一支陆、海、空三栖部队。它担负着危险的海上执勤任务，如守卫海军各驻地、马占南沙岛礁及领海上的石油钻井平台。既要防止任何入侵和破坏企图，又要与抢劫过往船只的海盗作斗争。马来西亚海军没有陆战队，“帕斯卡”在很大程度上肩负了海军陆战队的任务。“帕斯卡”的每一名成员都要接受快速反应训练、体能训练及心理素质训练。其基本训练课程包括：战斗技能训练、野外生存能力训练、战场护理训练、战斗协作训练，还有训练使用各种武器及特种爆破。此外，“帕斯卡”成员还要掌握一定的电子知识、空中自由降落技能和近距离格斗功夫。为保证训练质量，每一名“帕斯卡”成员在被挑选确定以后都将被送往美国、英国、澳大利亚或印度尼西亚进行培训。

资料来源：

2002年马来西亚国防部官方网站资料。

（孟　丽）

印度军队训练　空军训练　2002年印度空军训练出现了新的特点，主要表现在以提高战备水平为中心，以备战促训练，频繁举行各类军事演习，加强与美国等国家的军事训练合作，提高现代高技术条件下的作战能力。

以战促训，提高战役机动作战能力　针对面临的严峻安全形势，2002年印空军在加强日常作战训练的同时，加紧了在印巴边境和克什米尔地区的战备训练活动。2001年12月13日印度议会大厦遭恐怖袭击后，印军全面进入战备状态，紧急从战略纵深地区抽调大量部队补充到边境一线地区。印空军也从中部和东部地区抽调大量飞机和作战部队到印巴边境前线，其中战斗机达149架，包括2个“幻影－2000”分遣队、1个“美洲虎”分遣队、4个米格－27M分遣队等，使部署在印巴边境地区的战斗机数量达700余架，占印空军作战飞机总数的90%以上。直到2002年11月份印巴关系有所缓和，印军才根据两国达成的从边境地区撤军的协议，将这些战斗机撤回原驻地。印空军的上述战备活动达到了以备战促训练的目的，增强了大范围机动作战和快速反应能力，整体作战水平得到很大提高。印空军参谋长克里什纳斯瓦米上将在2002年4月15日空军指挥官会议上称，“印空军已作了最大努力保持最高战备状态，尽管担负了沉重的战备任务，但日常训练仍保持了较高水平，总训练飞行时数比去年同期明显增加，随时可以应付各类突发事件。”

频繁举行军事演习，提高部队实战能力　2002年印空军共组织和参加各类演习11次，其中防空演习3次，大规模陆空联合演习3次，与外军联合演习4次，火力展示演习1次。主要情况是：

防空演习　2002年2月9日，印空军在印巴边境地区举行了代号为“特里舒尔”的大规模防空演习，西部空军司令部所属部队均参加了演习，参演机型包括米格－21、米格－23、米格－27、“美洲虎”等。此次演习的主要目的是检验印空军在印巴边境地区的防空作战能力，评估新的作战思想。3月5日，印空军在印巴边境南段西南空军司令部防区举行了代号为“大战”的防空演习。4月30日，印空军西部空军司令部所属部队与部署在印巴边境地区的陆军部队在拉贾斯坦邦和旁遮普邦举行了一次联合防空演习。

陆空联合演习　2002年1月7日，印军在印巴边境地区举行了一次以遭受核攻击为背景的大规模陆空联合演习，演习主要目的是评估遭受核打击后的防御能力和反击能力。这是印军15年来规模最大的陆空联合演习。4月21日，印军在印巴边境拉贾斯坦沙漠地区举行了一次军级规模陆空联合演习。5月15日，印军在距印巴边境90～150千米的拉贾斯坦邦塔尔沙漠地区举行了一次大规模陆空联合演习。

火力展示演习　2002年5月21日，印空军在印巴边境比卡尼尔附近的马哈简靶场举行了大规模的火力展示演习。期间，“美洲虎”纵深攻击机和米格－23、米格－27对地攻击机使用激光制导炸弹和灵巧炸弹展示了强大的对地攻击能力。据报道，当时印空军正考虑对巴境内的恐怖分子训练营地实施“外科手术式”打击。

与外军联合演习　2002年5月11日，印美空军和特种部队在印度中部阿格拉举行了一次代号为“平衡易洛魁”的联合特种作战演习。9月29日～10月11日，印军派出陆空军人员赴美国阿拉斯加的理查德森和艾尔蒙多夫空军基地，参加在那里举行的两国联合空降演习。10月22～26日，印美两国空军在印度阿格拉举行了为期一周、代号为“对抗印度2002”的首次联合演习。11月27～28日，印度陆空军与英、法空军在印度西部佐德普尔附近的萨拉瓦斯机场举行了3国陆空联合演习，这是三国首次在印度举行联合军事演习。演习课目包括在沙漠战场空投部队、空投武器装备、夜间作战等。英国皇家空军参谋长在演习期间访问了印度，并观摩了演习。

上述演习有以下几个特点：

一是演习规模大，参演兵力多。在2002年举行的多次防空演习和陆空联合演习中，往往整个地区空军司令部所属部队都参加演习，参演的飞机数量、型号多，演练课目全。以核攻击为背景的陆空联合演习是印军15年来规模最大的实兵演习。

二是战略意图明显，针对性强。除与外军举行的联合演习外，印空军演习均在印巴边境地区举行，均以巴基斯坦为假想敌，针对因反恐战争造成的南亚紧张局势，加强反恐、防核打击、反空袭等课目的演练。

三是突出陆空联合作战思想。随着印空军作战能力的不断增强，“空地一体”作战思想得到进一步确立，为了完善这一作战理论，检验联合作战预案，提高陆空协同能力，印军将联合演习作为当前和今后的主要训练样式。年内印军举行的多次联合演习突出反映了这一作战思想。

四是加强了与外军的联合演习。印美军事关系的迅速升温使两国空军训练合作空前加强。年内两军举行了3次联合演习，并计划在今后举行数量更多、内容更广、规模更大的联合演习。

加强与外军的军事训练合作　2002年，印空军与俄罗斯、法国、英国、以色列、美国等国空军之间保持了定期交流，军事训练合作不断加强。

一是与美国建立联合军事演习机制。　2002年，印美两国出于战略利益的需要，军事合作迅速加强。除举行多次联合演习外，两军高层领导互访频繁。在6月份印空军参谋长访美期间，双方确定了未来加强训练合作和举行联合军事演习的一系列计划，包括在近几年内举行更多联合运输机、战斗机、直升机演习等，使联合演习形成制度化。

二是拟选派飞行员赴英国进行训练。2002年3月，印国防部建议在今后3年内每年向英国派出25名飞行员进行高级阶段飞行训练，以解决因缺乏高级喷气教练机造成的训练不足。根据这一建议，印空军的75名飞行员将在英国空军的“鹰”式教练机及其模拟器上进行训练。

三是拟派飞行员和技术人员赴乌兹别克斯坦训练空中加油技术。　9月份，印空军参谋长访问乌兹别克斯坦，与乌方最终敲定了派遣印空军飞行员和技术人员赴乌训练空中加油技术的计划。此前，双方于2001年达成了印度从乌兹别克斯坦购买6架伊尔－78空中加油机的协议。这批空中加油机将大大提高印空军战略战役机动和远程作战能力，是印空军最急需的装备之一。

四是与法国制定了联合演习计划。　10月8日，印空军参谋长在印空军成立70周年庆祝仪式上透露，印法两国空军已商定明年初在印度瓜廖尔空军基地举行联合空中作战演习的计划。届时，法国空军将派出1个“幻影－2000”战斗机中队参演。这将是印空军首次与外国空军举行战斗机联合演习。

改善训练条件，调整训练重点和指导思想　为了改善训练条件，提高训练效率，弥补因缺乏高级教练机对飞行员训练带来的不利影响，印空军决定大量采用飞行模拟器。目前，第一部用于安－32运输机训练的模拟器已在班加罗尔安装完毕，并投入使用。“美洲虎”和米格－21比斯改进型的飞行模拟器购买合同已经签署。印国防部长费尔南德斯11月20日称，印空军正使用米格－21、“美洲虎”、“幻影－2000”等飞行模拟器训练飞行员。这些模拟器对于提高飞行员训练水平有极大的帮助。

随着印空军装备的不断改善和作战能力的不断提高，其训练的重点也将作出重大调整。11月26日，在由“空中力量研究中心”组织的主题为“空中力量与联合作战”的全国研讨会上，印空军参谋长称，印空军已具备了实施“外科手术式”打击能力和超视距作战能力，今后随着更多先进作战飞机和空中加油机、空中预警与指挥飞机的引进，印空军将拥有该地区的绝对制空权。通过对海湾战争、科索沃战争、阿富汗战争等现代高技术局部战争的研究，他认为未来陆空联合作战将是印军作战的主要样式，而且夺取和保持制空权将通过空中力量和联合作战相结合来实现。因此，印空军的未来训练重点也相应地转移陆空联合作战训练上来。

飞行事故频繁，安全形势严峻　2002年，印空军严重飞行事故依然呈现上升的趋势，飞行安全状况继续恶化。据统计，年内印空军共发生一级飞行事故23起，坠毁各型飞机23架，其中仅米格－21型就达12架，占总数的一半以上。其它机型包括米格－23、米格－27、“美洲虎”、HPT－32型各2架，米格－25、米格－29和“猎豹”直升机各1架，造成8名飞行员丧生。据印空军对这些事故的初步调查，主要原因有人为失误、机械故障以及鸟撞、空中交通指挥、通信、气候、环境等，其中前两项是最主要原因，分别占总数的约50%和45%。

为了改变这种状况，印空军采取了一系列措施。一是完善各类预防事故的规章制度。根据战斗机事故调查委员会的建议，印空军相继制定了《事故预防规划》、《环境清理条例》、《鸟类障碍控制条例》、《人为失误和技术故障研究》等安全法规和措施，力争从制度上加强对事故的预防。二是淘汰部分陈旧的米格－21型战斗机。印空军高级官员多次明确表示，将在今后3年内逐渐淘汰部署在东部地区的60架米格－21FL型战斗机。而其他型号的米格－21飞机仍将服役一定年限。三是减少对米格型飞机的依赖。印国防部长11月20日表示，印政府正考虑通过引进先进高级教练机和更多先进作战飞机，减少对米格型机的依赖，从而减少飞行事故。苏－30战斗机的引进将成为未来印空军替代米格型机的主力战机。四是任命新的飞行安全总监察长。为了加强对飞行安全工作的领导和监督，11月9日，印空军任命原东部空军司令部高级作战参谋官阿绍克·古尔中将为飞行安全总监察长。古尔中将具有10000小时的飞行经历，参加过从1965年第二次印巴战争以来的历次战争，担任过各种指挥和参谋职务，具有丰富的作战指挥经验。五是强调飞行员自身素质的提高。印空军强调，要确保飞行安全，飞行员的自身素质才是最关键的因素，只有飞行员技术过硬，才能从根本上减少事故的发生。因此，加强飞行员的训练仍是保证飞行安全的最有效途径。

资料来源：

印托报、印联社、印度时报、印度先驱报新闻2002年1～12月。

（管元璋）

军事演习　综述　2002年，印军积极进行各种军事演习，提高部队整体作战能力，其主要特点是：一、突出以巴为主要作战对象。鉴于印巴局势持续紧张，印军在加紧对巴作战军事准备的同时，不断举行以巴基斯坦为作战对象的军事演习。演习中，印军着眼于未来对巴作战的需要，有意识地加强了高技术条件下作战科目的演练，并不断总结和完善对巴作战预案。二、注重发挥空军的作用。随着空军在现代战争中的地位和作用日益突显，印军十分重视在演习中发挥空中力量作用。印军在全年所有的演习中均贯穿“空地、空海一体”联合作战思想，充分发挥空军在诸军（兵）种联合作战中的主体地位。三、重视检验高技术装备。印军十分注重将近年来引进、研制的高技术性武器投入演习，在模拟战场环境中检验其各项作战性能。如在2月份举行的“三叉戟”陆空联合演习中，印军出动了包括“苏－30”、“幻影－2000”、“米格－29”等现役先进战机，通过仿实战演练，对其作战性能进行全面检验。在与美、法等国举行的海上联合演习中，印海军全面检验了“德里级”驱逐舰、“卡辛级”导弹驱逐舰遂行海上作战任务的能力。四、积极与外军举行联合军事演习。年内，印军本着汲取外军经验，促进军事交流的目的，先后与美国、法国、新加坡、泰国、孟加拉等国举行了联合军事演习，演习次数较往年明显增多。

海军演习　2002年1月下旬，印海军在孟买附近海域举行大规模演习，包括“维拉特”航母在内的8艘军舰和数架直升机、喷气战斗机及海军陆战突击队参加了演习，重点演练了协同作战、快速隐蔽突击和海上搜索等科目，以检测海军的“海上战备水平”，提高海军的作战能力。此次演习是2001年12月13日印度议会大厦遭恐怖袭击导致印巴关系紧张，印海军首次举行的大规模军事演习，意在向巴施加军事压力。印度海军参谋长马德文德拉·辛格视察了此次演习。

空军“三叉戟”演习　2002年2月中旬，印西部军区空军司令部在北部和西部战区举行“三叉戟”演习。演习旨在检验印空军战斗机、运输机及直升机分队执行任务的能力，并验证印空军获得完全制空权的可能性。演习科目主要有高空轰炸、对地近距离支援、公路紧急降落等。西部军区空军司令部所属主要作战飞机参加了演习，并担负不同的作战任务："美洲虎"式战斗机主要负责对敌领土实施纵深突击，米格－29型战斗机主要负责夺取制空权，"幻影"2000和苏－30型战斗机担负多重任务，米格－21型战斗机主要担负对地面和空中敌军实施打击。印前空军参谋长萨伦称，"三叉戟"演习是空军的一次"战争演练"，是西部军区空军司令部进行的最大规模演习。

印新海军联合反潜演习 2002年3月4～15日，印度和新加坡海军在科钦附近阿拉伯海域举行联合反潜演习。印度海军1艘潜艇、1艘导弹驱逐舰和1艘海岸巡逻艇，新加坡海军1艘潜艇、1艘轻型导弹驱逐舰和2艘反潜巡逻艇参加演习，主要演练了人道主义救援、海上巡逻、舰队集结、实弹射击、两栖登陆等科目。演习旨在进一步促进印新两国间的军事交流与合作，提高海军联合反潜作战能力。这是两国海军第9次进行类似的系列年度演习。

"维护威信"陆空联合演习 2002年4月28日～5月15日，印陆、空军在印巴边境地区的旁遮普邦和拉贾斯坦邦举行代号为"维护威信"的陆空联合演习。参演单位包括陆军西部军区、空军西部空军司令部、西南部空军司令部、以及去年12月增调至印巴边境的其他军区部队。演习区域在距离印巴边境90～150千米处，演习科目包括"攻击敌人重要目标和占领敌军阵地"等。印军选择印巴在边境地区重兵对峙之际举行此次演习，旨在检验印巴边境地区印军的战备状态，保持对巴军事压力。

印美特种部队"平衡易洛魁"联合演习 2002年5月11～25日，印美特种部队根据两国防卫政策小组2月份达成的协议，在印度北方邦首府阿格拉的印陆军伞兵突击队训练基地举行了代号为"平衡易洛魁"的联合军事演习。参演兵力包括印陆军第50独立伞兵旅约200人，美太平洋司令部所属"三角洲"部队、美海军陆战队和"海豹"突击队约2002人，印美两国空军出动C－130型等运输机为空运空投提供后勤保障，演习内容包括伞降攻击、联合实弹射击和反恐怖联合行动等科目。此次演习是自1963年以来两军地面部队首次举行联合演习，旨在进一步密切两国军事关系，加强在反恐领域的合作。

印法海军"瓦鲁娜－2"联合演习 2002年5月14～25日，印度与法国海军在印度西海岸的果阿和科钦附近海域举行代号为"瓦鲁娜－2"的联合演习。法国海军的"戴高乐"号航母、"德·格拉斯"号反潜护卫舰、"儒勒·凡尔纳"号维修补给舰、"卡萨尔德"号导弹驱逐舰等7艘舰只和印海军的"维拉特"号航母、"戈达瓦里"号导弹驱逐舰及俄制"拉吉普尔"号卡辛级导弹驱逐舰参加了演习。演习科目包括人道主义救援、海上巡逻、舰队集结、实弹射击等。5月21日，印国防部长费尔南德斯和海军参谋长马德文德拉·辛格前往法军"戴高乐"号航母观摩演习情况。此次演习是2001年11月两国海军在孟买举行"瓦鲁娜－1"演习后，再次举行的系统演习，也是20世纪80年代以来两国海军进行的第7次联合演习。

印美特种部队"杰罗米诺突击"联合空降演习 2002年9月29日～10月11日，美印特种作战部队和空降部队的美国阿拉斯加州的埃尔门多夫空军基地举行代号为"杰罗米诺突击"的联合空降演习，参加演习的部队包括印度和美国特种部队各100人，美空军C－130型运输机、"支奴干"直升机以及印军伊尔－76型运输机。印度国防部发言人称，此次演习的目的是为了加强两国陆军和空军部队的联合作战能力。这是美印军队首次在美国举行的联合演习。

印美空军"对抗印度－02"联合演习 2002年10月20～25日，美印空军在印度阿格拉空军基地举行"对抗印度－02"联合演习。美空军驻日本横田的第5航空队和夏威夷空军国民警卫队派C－130型运输机参加了空投和短程着陆演练，以及与印空军安－32型、伊尔－76型运输机的协同演练。

（刘温国）

举行联合登陆演习 2002年1月19日，印度设在安达曼－尼科巴群岛的三军联合司令部开始举行三军联合两栖登陆演习，旨在进一步提高驻岛三军的协同作战、应付海上冲突、执行特种作战任务的能力。参演兵力有：登陆舰"马希西"号、"古尔达尔"号、登陆艇3艘，海军特种作战部队，陆军特种作战部队等，其中"马希西"号担任演习指挥舰。主要科目为：夜间强行登陆作战、海上侦察、特种作战等。这是今年以来印度军队举行的首次三军联合登陆演习。

举行大规模军事演习 2002年1月24日，印度海军在阿拉伯海孟买附近200海里海域举行大规模的例行性军事演习，以检验现有战备水平，提高部队战斗力。共有8艘舰艇、若干架直升机和战斗机、若干名海军陆战队员参加。主要科目有：协同作战以及对敌实施"快速、隐蔽的纵深突击"。印海军参谋长辛格海军上将亲临现场观摩了演习。

举行"航行通过"演习 2002年3月28日，印度海军和泰国海军在暹罗湾举行了“航行通过”联合演习，印海军护卫舰1艘、训练舰“蒂尔”号和“塔兰吉尼”号，泰海军导弹护卫舰“昭伯耶”号和炮艇“宋卡”号参加。

印美海军联合演习 据俄《外国军事评论》2002年第10期报道，2002年9月29日～10月2日，印度海军与美国海军在阿拉伯海举行了代号为“马拉巴尔海岸－4”的大规模联合军事演习。该演习为印美海军第四次联合演习，前三次曾于1992年、1995年和1996年举行。印度1998年进行核试验后，美国中断了与印度的联合军事演习，此次演习恢复并提升了印美军事合作关系。演习旨在提高印美两国海军水面作战舰艇、潜艇和飞机之间的战役协同能力。印方参演兵力有：德里级导弹驱逐舰1艘、戈达瓦里级导弹护卫舰1艘、锡舒马尔级潜艇1艘和4000多名官兵。美方参演兵力有：太平洋舰队第七舰队导弹巡洋舰“钱斯洛斯维尔”号、驱逐舰“福斯特”号、1艘潜艇、数架侦察机和巡逻机，以及750多名官兵。演习的主要科目有：反潜、防空、联合搜救、直升机着舰、协同射击等。

举行“两栖2002”登陆演习 2002年10月9～19日，印度海军设在安达曼－尼科巴群岛的三军联合司令部举行了两栖登陆演习。演习假想伊斯兰原教旨主义极端分子发动暴乱，扣押人质，而三军联合司令部组建两栖特混部队进行登陆作战，平息暴乱，解救人质。参演兵力有：14艘舰艇、若干架海空军飞机、陆军部队、加塔克部队等。演习分两个阶段进行，第一阶段为登陆作战，时间为9～15日。第二阶段为枪炮射击演练，时间为16～18日。19日进行演习总结。演习期间，主要进行了兵力集结投送、登陆作战、枪炮射击等科目的演练，旨在提高多兵种协同作战能力。

（孟　华）

英国空军训练 英国空军曾在1997年5月出台了《战略防务评估》，为英国迎接“现代世界”而建设“现代力量”描绘了一幅蓝图。该书认为，冷战后，尽管来自华约组织的战略威胁已不复存在，但是英国可能面临来自其他方面新的不可预测的挑战。因此，英国将继续关注动荡的或者潜在动荡地区的局势。其军队将做好随时应召进行干预的准备。空军飞机则具有快速部署和迅速展开作战的能力，因而首当其冲，责无旁贷。英国空军把“应付各种危机和突发事件”作为训练的主导思想。训练没有平时和战时区分，起飞就是升空作战。英国国防部长说：“……为迎接21世纪面临的挑战，我们要继续改革训练。国防部训练评估报告提出了一系列旨在将三军教育训练较好地实现一体化的改进措施，以使作战与训练密切结合，提高训练效益。”

加强联合训练，提高训练效益 现代战争是陆、海、空、天、电多维立体化战争，绝非单一军兵种方能取胜的。为此，英国空军十分重视联合训练。专业人员的联合训练不仅效益好，而且获得的作战技能更有益。

为使训练更合理，英国空军积极参与跨军种的专业人员训练院校建设，保障联合训练的需要，减少军种间重复的军事院校。这类军事院校包括：航空工程国防院校；国防工程院校；国防通信和信息院校；国防后勤院校；国防人事管理院校等。

现有的三军指挥与参谋学院、皇家军事学院、皇家国防研究院将合并在一起，组建国防研究院，承担三军研究生的教育。

在国防研究院所属的三军指挥与参谋学院下设三军准尉学校，国防研究院设立的国防领导中心将与该校合并。

大规模扩大全军计算机网络教育。在三军范围内采用一体化信息技术培训机制。对军官、士兵和政府雇员的信息技术训练，将按照欧洲计算机操作标准实施。

英国空军为了加强联合训练，除了参加本国组织的三军联合演习外，还组织跨国的联合演习。2001年11月，英美两国举行了首次跨太平洋的联合空战演习。这次模拟的联合空战演习是由英国国防部倡议，通过英国、美国、加拿大、澳大利亚和新加坡等国参加的“国际技术交流伙伴关系”技术合作计划实施的。主要目的是为英国空军实施联合作战做准备，也是英国空军空战中心训练计划的一部分。不仅如此，英国空军还首次参加了南非伞兵训练演习，派出两个飞行中队赴塞浦路斯进行为期2周的训练打靶和演习。

调整训练期限 英国国防部针对空军的训练实际，除直升机训练学校外，拟对作战改装训练之前的各种飞行训练进行重大调整和改进。

1．空军新兵训练期限由7周延长到9周，由空军实施。

2．空军的初级训练期限由6周延长到9周，增加“多国部队联合作战训练”计算机模块教学。此项训练仍由空军实施。

3．高级指挥与参谋训练课程的联合训练（跨军种）阶段，由2周延长到4周。

4. 高级指挥与参谋训练课程的单军种训练阶段，由14周缩短到4周。中级指挥与参谋训练阶段的期限由4周延长到8周，以满足空军的需要。

空军参谋长认为，今后将更加强调军种间和国防部文职人员间的联合教育训练，并最大限度地运用新技术。尽管改革在某些方面会更多地采用跨军种训练方式，但各军种参谋长一致强烈表示，应保持各军种的特殊性。

加强实战演习 英国空军历来重视演习，除本国组织的演习外，还参加北约的有关演习。2002年，空军完成了几次大规模的演习，其中一次是在英格兰圣摩根空军基地举行的演习。该演习的目的是训练官兵建立简朴的可供部署的基地，保障“鹞”式和“美洲虎”战斗机的持续作战能力。设置的条件和要求是空军人员在部署中可能遇到的。演习还包括建立增加了空战逼真性的可供食宿用的“帐篷城”。

参演人员大约1400人，大部分是来自空军的33个驻地。扮演“敌”机的有F3战斗机和“旋风”GR4攻击机。担任防御任务的飞机有“鹞”GR7和“美洲虎”战斗机，他们分别来自第3飞行中队和第54飞行中队。其它参演部队包括战术通信联队、机动给养部队、战术医疗联队。地面防空由装备“长剑”地空导弹的空军团第26中队担任。地面救护任务包括地面保卫、集中防护、爆炸物处理以及攻击后的恢复等。

为使演习更加逼真、贴近实战，还组织不同机型飞机的对抗演练。2002年10月，驻扎在苏格兰洛西默思空军机场的第617中队，派出8架“旋风”GR4战斗机，经过意大利南部的焦亚－德尔科莱，长途飞行至塞浦路斯的阿克罗蒂里，参加“钢铁熔炉”演习。来自第100中队的飞行员为第617中队的空勤人员介绍战术，以及怎样利用“旋风”GR4战斗机的优势对抗“鹰”式战斗机的各种威胁。演习的目的是，与其他“旋风”GR4战斗机进行对抗空战训练，并对抗由驻在英格兰利明空军基地的第100中队派出的3架“鹰”式战斗机。在9天的演习中，共飞行160架次，完成了空战训练。演习达到了预期目的。

加强防核生化训练 美国“9·11”事件、也门海上法国油轮被炸、以及2年前美国海军“科尔”号军舰的相同事件，都说明恐怖袭击的危险是现实存在的。为了防止类似事件的再次发生，英国空军也加强了有针对性的训练。驻在苏格兰金洛斯空军基地的“猎迷”侦察机，在美国佛罗里达州海岸警卫队的基地进行了反恐训练，利用机载雷达和声频设备识别可疑飞机和舰船，引导地面部队近距离鉴别。第201和第206中队的飞行员在美国佛罗里达州的基韦斯特海航站通过训练识别并跟踪各种船只，这种训练对在其他海上部署肯定是有帮助的。

在反恐斗争中，防核生化武器袭击也是一个重要内容。自从1915年德国使用毒气攻击英国军队以来，80年过去了，英国对核生化武器攻击的指导思想和效果进行了不间断的研究。在实践方面，英国空军已经做了大量工作，但在理论研究方面则是1999年以后着手进行的，并开始初始训练。几年前成立的专业司令部每年招收2000多男女官兵受训。教室安装有最新的声像设备和计算机。学员结业后，将把他们学到的知识和技术传授给所在部队。

采用模拟器材训练 英国空军培训飞行员、领航员、武器操纵员和空中机械师、通信员等空勤人员的所有专业，都有与之配套的模拟训练器材。模拟器材分为系统模拟、仪表模拟和全任务飞行模拟。系统模拟器是用来练习平视显示器、雷达及火控系统的使用；仪表模拟器是用来练习飞行程序和仪表飞行的基本方法；全任务飞行模拟器是供飞行员练习各种飞行课目、设置攻击目标、不同天气条件、以及飞机发动机故障时的应急处置。模拟器可自动评定成绩。

不仅空勤人员训练有模拟器，就是地勤人员训练也有模拟器。维修“旋风”F3战斗机的技术人员就采用“仿真航空电子设备”模拟器来培训，使他们在判断和排除机载电子设备故障方面获得更多的实践经验。采用仿真设备训练还可以将11周的训练期限缩短到9周。

当战斗机采用新的武器时，则采用模拟交战的方法来验证和体验新武器的使用和优越性。“旋风”F3战斗机计划使用近程空空导弹。自2002年4月以来，空军开始在3个基地用“旋风”战斗机携带近程空空导弹代替AIM－9L进行模拟空战，以验证其在战术方面的优越性，例如是否可击落打算退出交战而没有获得足够间隔距离的目标。

此外，空军训练的一个重要动向是准备将20台全飞行模拟器和60台其他模拟器材用招标方式承包给泰勒斯训练和模拟公司管理，合同期限18年。这些模拟器包括：“VC－10”、“喷气流”、“猎迷”MR2、“三星”、“旋风”F3、“美洲虎”、“图加诺”以及“海王”HAR3/3A等飞机的模拟器。

资料来源：

①《英国皇家空军新闻》2002年10月11日、25日，11

月 22 日，12 月 1 日；

②英国《国际飞行》2002 年 8 月 13－19 日，9 月 24－30 日；

③《外国空军训练》2002 年 3、5、6 期；

④ 英国空军官方网站。

（郑德春）

后　勤　建　设

美国军队后勤　综述　2002 年，美军后勤变革继续向纵深发展并取得新的进展，同时美军后勤还对反恐作战行动实施了有效的保障和进行了对伊拉克作战的后勤准备。其主要措施是：(1) 继续推进后勤革命。美军加大对军事后勤革命所需科研经费的投入，特别是陆军明确地提出了实行以信息化为标志的后勤转型，重点放在后勤资源的可视化和后勤需求的可预报两个方面，同时加强战略投送力量建设，其最终目标是建设一个以配送为基础的、能够对作战部队实施精确“聚焦”保障的新型后勤系统。(2) 继续对后勤体制编制进行局部调整。冷战结束后，美军为压缩和精简后勤摊子、理顺保障关系和提高后勤保障效益，对冷战时期遗留下来的庞大的后勤系统进行了大幅度的精简与调整。到上世纪末，其精简与调整的主要目标已经基本实现。2002 年，美军对其后勤体制编制主要是进行局部的微调。如，军交管理司令部所属二级司令部“部署保障司令部”被改编为“作战中心”，陆军组建中央设施管理局，海军改组采办委员会等。(3) 采取一系列措施加强反恐作战行动的后勤保障。美军先后采取的后勤措施有：增加反恐作战经费；加强对阿富汗反恐作战的综合运输保障；增加反恐战参战军人津贴；扩大危险及艰苦服役地区范围；在阿富汗邻国开设战地服务社；对参加阿富汗战争的军人实行减税等等。(4) 全力做好对伊拉克动武的后勤准备和保障对伊作战的兵力部署。美军从 8 月份开始，陆续加强对伊作战的各项准备，其中最主要的是向中东地区部署对伊作战所需的兵力，包括人员、武器装备和作战物资。为此美军后勤系统的主要任务是：对远距离兵力部署提供战略运输保障，特别是大规模海运和空运；扩建改建美国在中东地区的后勤基地和设施；加紧对伊作战的物资预置和储备，包括陆上和海上两部分。(5) 开发并装备新型后勤装备物资。利用高新技术研制和开发新型后勤装备物资是美军军事后勤革命的重要内容之一。2002 年，美军又陆续研制出一批先进的后勤装备物资，有的已经装备部队使用。如高速海运船、新一代“陆地勇士”单兵装备系统、新型空间加热器、陆战队新式服装和靴鞋、“战术医疗协调系统”、新型帐篷供暖用热电扇、转基因“特种口粮”等。

国防预算的分配与使用　据美国 2002 财年《国防报告》透露，美国 2002 财年国防部申请的预算授权额为 3298.78 亿美元，比 2001 财年增加约 199.3 亿美元。美国 2002 财年国防预算按用途分配情况如下：作训与维持费为 1276.68 亿美元，约占国防预算总额的 38.7%；军事人员费为 819.97 亿美元，约占总额的 24.9%；装备采购费为 611.2 亿美元，约占总额的 18.5%；军事科研费为 484.09 亿美元，约占总额的 14.7%，军事建筑费为 65.55 亿美元，家庭住房费为 40.50 亿美元，周转与管理资金为 15.81 亿美元。2002 财年各军种的预算分配情况如下：陆军为 808.17 亿美元，约占总额的 24.5%；海军为 986.17 亿美元，约占总额的 29.9%；空军为 942.42 亿美元，约占总额的 28.6%；国防部各局、国防部长、国防部办公厅及参谋长联席会议为 313.32 亿美元；其他为 248.70 亿美元。

美国 2002 财年国防开支的重点除购置武器装备外，仍然是对部队的训练、补给、武器装备保养、及其他战备必须项目提供强有力的经费支持，以使部队保持随时投入作战行动的战备水平。此外，2002 财年的预算还提供了足够的资金用于提高军人工资，以及改善军人住房条件和医疗保健等。如为解决保留人才和新兵招募方面的问题，2002 财年的预算大幅度提高了军队的补贴，军队基本工资提高了 3.7%。

合并医疗保健区　据美国《空军时报》2002 年 8 月 5 日报道，美军于 1993 年提出三军实行联合医疗保健，1995 年国防部颁布了联合医疗的规章制度，1997 年联合医疗全面展开。美军将全国各地驻军分为 12 个医疗区，每个医疗区由指定的某一军种的一个医疗中心牵头，负责该区内三军官兵、家属以及退休人员的医疗工作。

由于部队缩编，美军已有35%的医院被精简，医疗人员也大幅度减少。为了进一步搞好医疗服务，统一医疗保健的实施，美军计划将12个医疗保健区合并为3个，即北部、南部和西部医疗保健区。其中一个负责海外驻军的医疗保健。

美军认为，合并医疗保健区能为军人及其家属就医带来很大方便，特别是当军人调动工作时更显示出合并医疗保健区的优越性。由于医疗保健区的范围比较广，军人调动一般不会超出本区，因此避免了频繁的医疗注册工作。

医疗保健区合并后，新的医疗体系将简化医疗程序，方便官兵就医，使各区的医疗保健工作实现一体化。现在各区的医疗合同都不一样，今后各区都要执行统一的合同，使病员享受同样的医疗保健。美军计划到2004年全部完成医疗保健区的合并工作。

陆军后勤　**陆军军交管理司令部签订铁路车辆管理合同**　据美国《陆军后勤》杂志2002年5～6月号报道，军交管理司令部已将其铁路车辆的管理承包出去。这份为期两年、包括三种可更新的一年期备选方案的合同是同乔治亚州亚特兰大的因特利运输公司签订的。该公司将负责所有铁路车辆的调动、跟踪、维护管理、修理和建立档案。这将给国防部的用户提供预测、铁路车辆预定、途中可见性和数据收集等服务。国防货运铁路交换车队共有2200辆铁路车辆，其中有566辆重载车辆，每辆能装载两辆MI"艾布拉姆斯"主战坦克。

陆军组建中央设施管理局　据美国《陆军内情》2002年10月7日消息，为配合美军计划对各级司令部实施的精简及重组，美陆军组建了一个新的机构——中央设施管理局（IMA），将全部设施管理职能统一划归该机构，实现集中管理，以确保陆军日常设施的维护保养资金合理而有效的分配。新设的中央设施管理局于2002年10月1日正式成立，总部设在弗吉尼亚州的阿灵顿，并在世界各地设有7个地区办公室，预计将在2004年10月开始运转。新管理局将负责监督陆军设施管理的各项事务，包括环境项目、基础建设、士兵福利、军属安置、防护设施、后勤及公共事业等多个方面。建立新管理局的目的就是改善陆军的生活及工作条件，并进一步提高作战反应速度。根据新机构的计划，设施管理资金将从总部直接分配至各地驻扎的陆军，保证可用的基础运作经费达到92%，而从前这部分经费真正用于驻军的只有39%。新管理局所需的资金和人员调整将在2004年10月1日前结束。

陆军签订第三号"后勤民力增补计划"合同　据美国《陆军后勤》杂志2002年3～4月号报道，2001年12月，陆军作战保障局（陆军器材部的一个主要下属局）同布朗鲁特公司的政府业务处签订了第三号"后勤民力增补计划"合同。美陆军设置"后勤民力增补计划"，是为了便于在应急行动期间完成国防部的全球任务。它利用民间承包商快速地为部署在外的美军部队提供保障，并增大满足其后勤需求的力量。

布朗鲁特服务公司是"后勤民力增补计划"最初的承包商。"后勤民力增补计划"第三号合同是一个10年的任务订单合同，包括一个1年的基地时期定单和9个一年的备选订单。合同要求布朗鲁特公司在接到通知后72小时内向外部署，并在15天内开始给2.5万人的部队提供战斗保障和战斗勤务保障。布朗鲁特公司必须准备好一天24小时、一周7天、一年365天在全球任何条件下提供所需的服务。经过与陆军计划人员合作，布朗鲁特公司将准备实施基地兵营及其基础设施（包括食宿设施）的建筑，提供伙食、饮用水、卫生系统、淋浴器、洗衣房、运动、公用设施、库房及其他后勤保障。当美军经海路、空路或铁路进入或离开战区时，该公司还要保障其接收、整备、前送与合成的进程。

改革基本生活津贴　据美《空军时报》2002年5月20日报道，美众议院武装部队委员会在2003年国防授权法案的附件报告中建议军队改革基本生活津贴，即伙食补贴，不要将该补贴单独列项，而应将其纳入基本薪金。原因是基本生活津贴的规定很繁杂，发放也不公平，各方面意见很大。比如，同样部署的部队，由于部署的类型不同和部队的特殊规定，伙食补贴却大不相同：有些人员可领取全部伙食补贴，而有些人员只能拿到一部分。

目前，军官、准尉每月伙食补贴为166.37美元，士兵则因是否要在部队食堂免费就餐而不同。如果将伙食补贴纳入基本薪金，已婚士兵每月的补贴约为241.60美元。不能在部队食堂就餐的士兵为262.50美元的补贴。但五角大楼的官员说，基本生活津贴每年都要随着食品价格的提高而增加，因而对不在食堂就餐的士兵的额外补贴将逐步取消。

增加反恐战经费　据美国《陆军》杂志2002年5月号报道，美国总统布什向国会提出了一项追加271亿美元经费的申请，其中包括反恐战经费140亿美元。在追加的140亿美元反恐战经费中，用于军事行动的为 67 亿美元，用于后备队和国民警卫队工资的为 41 亿美元，用于情报的为 14 亿美元，用于武器和弹药采购的为 5 亿美元。

增加反恐战参战军人津贴　据美国《海军时报》2002 年 5 月 13 日报道，美众议院武装部队委员会于 5 月 1 日通过了增加反恐战参战军人津贴的法案，总额为 1.823 亿美元。其中，火线值勤津贴从每月 100 美元增到 250 美元，基本危险任务津贴从每月 50 美元增至 200 美元，飞行津贴从每月 50 美元增至 200 ~ 300 美元，跳伞津贴从每月 50 美元增至 275 美元，潜水津贴从每月 50 美元增至 290 美元或 390 美元，分居津贴从每月 25 美元增至 125 美元，死亡抚恤金从 6000 美元增至 1.2 万美元。

对参加阿富汗战争的军人实行减税　据美国《海军陆战队》杂志 2002 年 2 月号报道，根据 2001 年 12 月 14 日美国总统签署的行政令，在阿富汗的军人享受减税待遇。该行政令从 2001 年 9 月 19 日起生效，适用于在阿富汗及其空域服役的军人。直接保障阿富汗作战的军人，若领取直接危险津贴或火线值勤津贴，也享受此减税待遇。这些地区包括吉尔吉斯斯坦、巴基斯坦、塔吉克斯坦和乌兹别克斯坦。在红海、阿曼湾、亚丁湾，以及阿拉伯海北纬 10 度以北和东经 68 度以西舰艇上的军人也享受此减税待遇。士兵和准尉的所有基本工资和特殊津贴将不交联邦收入税。军官将只对超出士兵最高工资加上直接危险津贴的工资部分交税。目前，这一数额规定为每月 5043 美元。由于该行政令从 9 月 19 日生效，所以有资格享受减税待遇的军人可得到已交税的退款。

陆军军交管理司令部部署保障队支援反恐战争　据美国《陆军后勤》杂志 2002 年 5 ~ 6 月号报道，军交管理司令部有一个配置在前方的部署保障队，它在美国的反恐战争中起着关键的作用。

部署保障队和海军合作，在一个工作站把武器装备和补给品装上空军的战机，以保障美军中央司令部实施“持久自由”行动。管理港口的海军货物装卸与港口大队，依靠部署保障队监督港口作业，提供在运物资可见性。

进行对伊作战后勤准备　据《外军后勤信息》杂志 2002 年第 6 期报道，美军针对伊拉克的第二次军事行动的准备工作一直没有停止过，“9·11”事件后，美国针对伊拉克的备战活动进一步升级。对伊作战的后勤准备是美军备战活动的一项重要内容，同时也是确保军事行动成功的关键。

一、前移后勤指挥机关。据美国参联会主席里查德·迈尔斯 9 月 13 日宣布，美国对伊拉克的军事行动不可避免，届时将由美军中央司令部统一指挥作战行动。目前，该司令部已经迁往卡塔尔的阿迪德军事基地，而中央司令部所属的后勤部已经在此之前到达阿迪德军事基地，为筹划对伊军事行动进行直接后勤准备。据美军中央司令部司令弗兰克斯将军介绍，早在 2001 年 12 月，美军中央司令部所属陆军司令部兼陆军第 3 集团军司令部连带其后勤机构，就从美国本土佐治亚州移至科威特。最近，中央司令部内的海军陆战队司令部和特种作战司令部及其后勤指挥机关的部分人员也前移至巴林。在此之前，美空军已在沙特苏丹王子空军基地专门设立了针对伊拉克作战的空中作战指挥机关及后勤保障指挥机关。而中央司令部的海军司令部兼海军第 5 舰队司令部一直驻扎在巴林。至此，负责指挥对伊作战的美军中央司令部所属五大司令部及相应后勤指挥机关均已前移到伊拉克周边地区，基本搭建起了对伊军事行动的作战指挥体系和后勤保障指挥体系。

二、加紧前沿后勤部署。一是构建紧密衔接的补给链。据报道，对伊军事行动打响以后，美军部队后勤保障系统将由美本土基地、前进基地和一线部队保障基地三级补给链组成。在美国本土，美军紧急筹措各类补给品，增大基地和仓库的库存量，并随时准备向前进基地转运。在海湾地区，美军已有 3 艘航母抵达该海域。这些航母战斗群既是前线部队的作战平台，也将是后勤保障的前进基地。在陆上，自海湾战争结束以来，美军即开始在科威特、卡塔尔和巴林等国进行武器装备和作战物资预置。1993 ~ 2002 年美军在卡塔尔、科威特等海湾周边国家预先储备的武器装备约为 300 多辆“艾布拉姆斯”主战坦克、400 多辆“布雷德利”战车，此外还有枪炮、弹药和其他作战与后勤车辆，其数量可以装备 3 个旅（1.5 万人）。二是改（扩）建后勤设施。为了接收更多的战斗人员和军事装备，美军后勤部门在海湾地区有关国家加紧进行前进基地、仓库等后勤设施的扩建和改建。为接待陆续抵达海湾地区的美军部队，美军中央司令部后勤部组织陆军工程分队新建和改建原有的基础设施，加大在海湾地区的美军仓库库存量。美军在伊拉克库尔德自治区和与其相邻的土耳其境内开辟了 3 个新的机场、6 个直升机停机坪、4 个特种部队专用保障基地。美军除积极改建位于土耳其、科威特、卡塔尔、巴林、阿曼和沙特的空军基地外，还与约旦政府协商使用其境内的 3 个空军基地、机场。美军在约旦境内修建了“爱国者”防空导弹发射阵地，储备了大量导弹和弹药，还修建了雷达站、电子侦察站、仓库，建立了各类补给品储备；美军还与格鲁吉亚、阿塞拜疆政府协商使用其境内的军事设施。三是抓紧前送物资。据俄罗斯《独立军事评论》周报第29期报道，美军从2002年8月份开始在海湾地区进行军事和后勤部署，抓紧前送弹药和物资器材。五角大楼已经订购了民用船用于从北意大利海湾向中东地区运送3.9万吨物资，其中包括"布雷德利"战车、"哈默"汽车和加油车。此外，美军军事海运司令部已经通过谈判使用民用海运船，为美军从西波鲁沙利亚向红海地区的一个港口运送直升机、地面作战装备、装具、弹药、给养，到9月底这项工作已经全部结束。从9月21日开始，美军开始租用大型商船向海湾地区和中东地区运送第四批军用装备和弹药，其中包括军用卡车和数百个装满军火的集装箱，总重量达3000多吨。

三、强化战前后勤集训。为适应海湾地区的气候和作战、保障环境，加强与有关国家军队的协调动作，美军前线作战部队和后勤部队频频与海湾地区有关国家举行多方联合军事演习，加紧战前集训，使后勤人员早期"进入情况"，为完成战时后勤保障任务进行全面准备。

四、开辟空中和海上"运输走廊"。美国东海岸到中东地区的空中直线距离为1.1万千米，空中飞行最快需要15个小时；海路1.92万海里，运输船至少要航行12~15天。为了缩短海上运输距离，美国与英国达成协议，将位于印度洋上的英军基地——迪戈加西亚岛将作为美军打击伊拉克的前进基地使用，以缩短从美国本土到海湾地区的海上距离。美军在迪戈加西亚岛只预置了一个海军陆战队远征旅的全套装备与物资，而且部署了大量的远程轰炸机和空中加油机。美在中东的历次重大军事行动中，该基地均发挥了重要作用。自从准备对伊动武以来，美军将储存在该岛上和附近海域的物资储备陆续向科威特境内转运，以进一步缩短保障距离。到10月初，美军已从该岛向科威特境内转移了2个旅的武器装备和物资器材。此外，为了保障空中运输的畅通无阻，到9月底，美国已经申请了20条跨越大西洋的"空中走廊"，用于从美国本土和欧洲向中东及海湾地区运送装备、人员和物资，而通常情况下，美军只在这一地区保留4条这样的"空中走廊"。

陆军研发多种新型后勤装备物资　2002年，美军陆续研发出多种后勤装备和物资，主要有：

(1) 高级防爆服。据美国《陆军后勤》杂志2002年1~2月号报道，美国陆军士兵系统中心与陆军联合兵种保障部合作开发了一种供爆炸物处理人员使用的改进型防爆服，并从2002年夏季起开始试用。这种新型高级防爆服可以抗火、抗热以及抗御高速飞行碎片的冲击。因为它是用新一代防弹材料制作的，故能更安全地保护爆炸物处理人员。

(2) 新型空间加热器。据美国《陆军后勤》杂志2002年1~2月号报道，美陆军空间加热器家族又新添两名新成员：小型空间加热器和对流型空间加热器。上述两种加热器与原有的中型空间加热器、北极型空间加热器配合使用，为部署在野外的士兵提供高效、安全的热能。部队可从费城国防补给中心购买到这两种新产品。小型空间加热器供士兵小组帐篷或其他小号帐篷使用，该型加热器可使柴油燃烧更加充分，燃烧效率可提高60%。它重70磅，适用温度为华氏负40度到正60度。在设计上，陆军的空间加热器家族能将废气排出帐篷外，比使用商业空间加热器更加安全。

(3) 微型绳套式下降系统。据美国《陆军后勤》杂志2002年1~2月号报道，美国纳蒂克士兵系统中心开发了一种供宪兵特种反应部队和特种部队使用的新型绳套式下降系统，用于替代笨重的标准军用下降系统。该系统用于士兵从高处下降，进入或撤离建筑物。

(4) 新型帐篷供暖热电扇。据美国《陆军后勤》杂志2002年1~2月号报道，美军纳蒂克士兵系统中心开发了一种用于帐篷供暖的新型产品——热电扇。这种电扇与标准的SHA型和H-45型军用帐篷供暖器配合使用，用于使热空气循环流通。其主要特点是在产生自己的电力的同时大大降低燃料消耗。

(5) 转基因军用"特种给养"。据《外军后勤信息》杂志2002年第5期报道，美军已经着手将转基因技术用于军需保障之中，并开发研制了转基因"特种给养"，其主要类型有：①超速生长的食用植物。美军科研人员充分利用基因工程技术着手研制超速生长的食用植物，要求这些植物能在3天内长成，以保障战地士兵随时吃到新鲜蔬菜。即使是在长途行军中，士兵也可以利用一些器皿、车辆的某些空间等少量种植此种植物，供士兵适量补充新鲜蔬菜。②高效多样的"功能食品"。美军利用基因工程技术加紧研制军用"功能食品"，试图通过丰富多样而高效的饮食保障，为士兵提供身体所必需的营养成分或其他特别养分，以保障部队的持续战斗力。③避免误伤的"标签食品"。美军利用基因工程技术原理将基因改造过的蛋白质添加到食品中，使食品含有一种类似"生化标签”的化合物。此种化合物可以在 24 小时内发挥效用，因而当士兵进食这种军粮后，其皮肤气孔或汗腺就会向体外排放一种“特别的物质”，等于被贴上了一种“生化标签”。此外，士兵还可通过进食此种食品来调整“生化标签的颜色”。战场上空的飞行员或卫星系统利用特种视像设备就可以看到这种“生化标签”的颜色，从而辨明己方或友军方位，以避免战场上的误伤。④免疫防病食品。此种食品是通过在压缩饼干中植入各种疫苗，或将一些抗菌元素添加到食品中，以预防士兵因自然环境变化引起的肠胃不适等症状。⑤“目标食品”。即将一些特殊的食物添加剂加入食品中，投放到敌方区域，有意让对方人员拿走食用，以帮助发现其确切位置。

陆军研制“目标部队战士”系统　据英国《简氏防务周刊》）2002 年 3 月 6 号报道，美陆军正致力于加速开发“目标部队战士”系统。力争 2004 年装备部队。该系统旨在使士兵能先敌一步了解情况和采取行动。该系统将作为网络的一部分起作用。使技术和系统能嵌入士兵服装之中，这是“目标部队战士”至关重要之信息与通信系统的一个必不可少的要求。士兵将与其分队保持联系，并可同分队的其他力量，如火力支援力量，进行接触。科学家们正在寻找电池的替代品，以便系统失去工作能力时有一个渐进的过程，这样，当电池失效或系统发生故障时士兵仍能战斗。陆军还希望有一种能控制士兵出血和监视生命特征的装置，也希望有能随环境之变化而变化的积极伪装器材。

陆军后勤管理学院开设多国后勤保障人员培训课程　据美国《陆军后勤》杂志 2002 年 7～8 月号报道，位于弗吉尼亚州李堡的陆军后勤管理学院，已经开设一门新课，培训军职和文职人员担任遂行多国后勤保障的职务。这个试验性的为期一周的多国部队后勤课程在 2002 年 9 月 30 日开课。

这门课阐述北约组织、联合国与多国同盟的后勤组织与后勤保障，并介绍美国和多国的条令、信息与指导方针。它尤其要介绍新的 4～80 号联合出版物《多国行动后勤保障的联合条令》，阐述许多与之相关的课题，如相互适应性，东道国保障，部门之间的行动，跨军种的采购协定，美国、英国、加拿大和澳大利亚的陆军标准化计划，北约组织的标准化协定等。

这门课预计的授课对象是各军种和部门的少校及中校、12～14 级的文职人员、外国军官以及承包商人员。学员们一般都将直接担任或以后担任多国后勤领域的工作。鉴于多国行动可能只有极短的准备时间，所有相应级别的军官都应该学习这门课程。

（周璞芬）

海军后勤　海军改组采办委员会　据新浪网 2002 年 10 月 20 日援引美国《每日防务》消息，美国海军采办主管扬格近日提出一个备忘录，指明了在海军系统司令部内部，一些主要项目执行办公室要进行组织结构的改革。改革的目的是确保调整之后的采办委员会可以应对美国海军和海军陆战队 21 世纪的挑战。从优化项目和平台，转变到能够解决包含许多平台和功能的一体化系统，并加大多平台和系统的重点，使效率和几十亿美元的海军采办购买力达到最大化。

从 11 月 1 日起，这些改革将生效，包括合并商业管理主管，改革采办，由一个海军部长助理单独负责采办管理，系统司令部的项目执行办公室结构也将有许多改革。

海军海上系统司令部将组建一个新的、单独的舰船项目执行办公室，负责各种级别、各种类型舰船的构建和全寿命支持，包括最新的水面战舰 DD（X）及濒海作战舰船项目，而且还将负责两栖舰船、海上补给指挥舰和海岸警卫队的深海现代化项目的支持。

负责研究、开发、试验与评估的新的海军部长助理，将推动舰船与其他平台的新概念与技术的引进。这个海军部长助理使用更先进的方法、最佳化的采办手段完成各个项目更深入、更有效的集成试验与评估。

将任命一个新的海军部长助理，负责濒海和水雷战，以及新型枪炮系统和无人水下航行器。还将负责海军陆战队除飞机和 C^4I 系统之外的所有采办。

海军作战部长提出“21 世纪海上基地”构想　据美国《海军学会会刊》2002 年 10 月号报道，美海军作战部长在该刊发表一系列学术文章阐述其关于 21 世纪美国海军发展的战略构想，在该刊 10 月号发表的学术文章题为“21 世纪海上力量”。该文重点阐述了海上打击、海上盾牌、海上基地、部队网络、全球作战、达成构想的措施等问题。关于海上基地，该文认为，海上基地是海上打击和海上盾牌得以实现的基础。海上基地能力将包括为联合部队指挥官提供全球指挥和控制手段，以及为其他军种提供一体化后勤保障。分散配置的由网络连通的海上基地，将由许多平台组成，包括核动力航空母舰、驱逐舰、潜艇和海上预置船。

海上基地可通过在战区预置关键性装备和补给品，加快远征部署步伐，为美国在危机期间采取快速、决定性军事行动创造条件。战略海运是发展海上基地能力的中心环节。通过使用海上预置船，将大大增强联合作战的灵活性。21世纪联合作战要求通过发展联勤保障大大提高效率，包括提供联合补给品和通用弹药，从海上平台完成关键性修理。除了其对作战的影响外，海上基地概念为确定海军发展计划的优先顺序提供了一个有价值的工具，意味着由岸基能力向海基系统的转型。

海军陆战队试验“战术医疗协调系统” 据美国《舰员》杂志报道，几十年来，由于运输速度加快，医疗救护改善，海军陆战队员在战斗中的生存率大大提高了。现在，一种新的手段可以保证他们在战场上甚至以更快的速度得到救治。

该系统包括一个嵌在一块计算机芯片上的塑料标签，它可以与卫生兵携带的手掌大小的计算机联络，该装置的大小大约相当于士兵的身份识别牌。

该装置对海军陆战队的好处有两个。第一，能够比以前更快地找到伤员，并把他送进医疗系统。第二，可以提供电子病历，从各种渠道均可查阅，从而可改进对伤员的管理。

战术医疗协调系统最近在“大都会项目”演习中接受了野战试验，这次演习是由海军陆战队作战实验室与第1海军陆战队远征军共同进行的。

海军开发重型海上补给系统 据英国《简氏国际海军》报道，美海军海上系统司令部正在开发一套新的重型海上补给系统，旨在扩大运输量，增加货物吞吐量，并大大降低人力需求。

美海军海上系统司令部从2002财年开始为该系统开发项目提供资金。该项目为期3年，是未来海军提高远征后勤能力计划的一部分，其目的是提高海军为参加远征作战部队提供后勤支援的能力。按计划，该系统将在2005财年进行海上演示。

美海军研究处根据项目计划规定了该重型海上补给系统应达到的要求，即在7级海况下运输容量为12000吨，每小时吞吐量150吨。而人员数量则由目前的37人减少为19人，并可在7级海况下安全运送货物。海军海上系统司令部计划2004~2007财年进行该系统的生产开发。2008财年对该系统进行海上使用评估。

海军首次在舰上安装自动现金处理系统——Navy Cash™ 据因特网报道，美海军供应系统司令部、海军智能卡办公室、舰队和美国财政部，向海军陆战队官兵推出Navy Cash™。Navy Cash™是一种最先进的个人财务结算卡，它通过卫星系统可使持卡人在执行海上任务时进入其岸上的财务帐目体系。

此项改革可使舰上人员仅用一张钱夹大小的个人财务结算智能卡，就可在舰船上或岸上购买任何所需要的东西。同时，还可以减少繁琐的现金处理工作，以及现金处理工作中的信用风险。

如果试验获得成功的话，那么到2007年，Navy Cash™这种财务结算卡系统将在美国海军各类大型军舰上普及使用。

使用该卡，无论是在海上还是在港口中，均可以全天候地进入军人在银行和信用社中的私人帐户。因为身上不带现金，所以不必担心丢失或被偷，安全性较高。它还能使军人很容易地提取存在挣利息的银行或信用社个人帐户中的资金。

海军将更换迷彩作战服 据美国海军陆战队发言人南希·奥尔森于2002年1月15日称，美国海军陆战队将于1月17日起陆续更换新型作战服。新型丛林和沙漠迷彩作战服一改沿袭了20多年的米黄与棕色相搭配的条纹样式，而采用块状迷彩图案。新型图案将比现有的迷彩更具有隐蔽性。新型作战服还在现行服装的棉制布料中加入了合成纤维。这种新型作战服将换用维可牢牌纽扣，臀部和膝部两处都得到了加强，增加耐磨性，并加装了口袋。据计算，这套新型作战服的价格为每套60美元，而且与之配套的军帽将另外计价。该服装在今后4年内将陆续配发给现役海军陆战队的17.2万名官兵和4万名后备役人员。

此外，美国麻省内蒂克的“士兵生化指挥部”实验室于近日研制成功一种水陆两用战衣，当它在水中的时候，分子结构将会变得紧密，有效阻止水和皮肤接触，出水后布料又会变得柔软透气，让汗水可以迅速散发，不致使穿的人感到闷热。美国军方将于3月测试它在不同水温和压力之下的保暖和舒适程度，预计再过数年便可在军中使用。

海军对生物柴油机的燃油进行评估 据美国海军2002年11月11日报道，美国海军已与华盛顿州生态局和美国环保署一起，对使用生物柴油机燃油作为清洁燃料进行评估。

生物柴油机是一种低硫压缩点火柴油机，其燃油来自于有机原料的重新利用，这些有机原料有大豆、菜籽油和动物脂肪。这种燃油无毒、生物可降解、且没有苯这种致癌物质，所以采用生物柴油机后可降低多环芳香烃、非燃尽碳氢化合物、氧化硫、硫酸盐、臭氧、一氧化碳、颗粒物、硝化PAH的排放量，降低烟雾，从而使空气更清洁，保障人体健康。这三家机构正在研究的生物柴油机采用20%生物柴油机燃油混合物，称作“B20”。

生物柴油机可用于采用柴油机的交通工具，在最初进行的试验中，普通柴油机不用改进就可使用生物柴油，发动机性能、转矩和功率没有变化。

美国海军已与华盛顿州生态局和美国环保署进行商讨，确定未来生物柴油机的应用前景。此后 12 个月，使用生物柴油机的装备数量将翻番，并进行技术、存储、可用性和价格方面的研究。

海军陆战队装备新式服装和靴鞋　据美国《海军陆战队》杂志报道，海军陆战队总部最近宣布，陆战队总司令已经批准一种陆战队伪装服的新设计方案。此外，总司令还批准按标准发放两种浅棕色靴子：丛林沙漠靴和步兵战斗靴，二者都是皮革的粗糙面朝外。这种免熨烫的伪装服具有以下特点：布料为棉纱和尼龙各占 50% 的混纺斜纹织物；采用林地与沙漠的“像素”款式；衣袖和裤筒内均有永久性折缝；裤子使用较重规格的织物，膝部和臀部有补片以格外加固；胸部衣兜斜置，上有“维克罗”兜盖，左袋上绣有鹰、地球和锚的图案；双袖的上部有袖兜，下部没有衣兜（这与现行伪装服不同），因为参加试穿的陆战队员大都认为下兜没有用处。衣服将与一顶林地与沙漠兼用的宽边帽一起发放，预定这将是陆战队员在战场上戴的惟一一种帽子。两种靴子都经过防水处理。浅色靴（丛林沙漠靴）吸热性较低，发出的红外信号较少。现在的计划是要求海军陆战队尽可能赶在 2001 年 12 月前，在有限规模上把新的伪装服和靴子配发到部队。两个新兵报到站将于 2002 年春天开始给新兵发放。每个陆战队员将发 5 套服装：3 套林地服、2 套沙漠服。现在使用的通用制服和黑色皮靴将于 2005 年 10 月 1 日前淘汰。

（张　冬）

俄罗斯军队后勤　**综述**　2002 年俄军后勤系统继续推动改革，落实由普京总统批准的《2005 年前武装力量后勤建设与改革构想》，并在以下几个方面取得一定收效。

巩固现有联勤保障机制，通过试点逐步向一体化联勤体制过渡　目前，俄军实行的是总部联勤机构负责制和划区保障体制。在国防部，分专业设后勤、装备、营房、财务等总部联勤机构，负责组织各军兵种通用物资和通用勤务的联勤保障，专用物资和专用勤务由各军兵种自行组织。武装力量后勤部（亦译“总后勤部”）负责全军通用物资的供应，以及军交运输和卫生保障；武装力量装备部负责全军武器装备的研制、采购和供应；汽车装甲坦克总局和军械总局负责全军通用武器装备的技术保障；武装力量军事建筑与营房部负责全军营房的建设、分配、使用、管理和维修；总财经部负责全军财务保障。这些联勤总部并列直属国防部长，相互间为协调关系。在军区，设若干地区后勤保障中心，负责实施驻区内各军兵种部队的联勤保障。

未来（2005 年前），俄军计划实现更高层次的联勤，对联邦各强力部门的所有部队实行联勤保障。在战略环节，统一后勤保障系统委员会作为联勤系统的总部领导机关，负责统一计划和组织武装力量、边防部队、联邦通信部队、民防部队、铁道部队的后勤保障。在战役环节，每个军区设 3～5 个地区后勤保障中心，负责划定区域内所有联邦部队的后勤保障。在战术环节，各军营的后勤保障分队，负责任何进驻营区的部队的后勤保障。

目前，强力部门一体化的有关工作已经开始，军人服务社系统已经实现一体化保障。2002 年，俄罗斯强力部门在加里宁格勒和波罗的海等地进行了一系列一体化联勤保障试点工作。俄军总后勤部长伊萨科夫表示，俄罗斯强力部门后勤领导机关将根据试点情况，总结经验教训，对原有的一体化联勤保障方案进行修订，力争积极稳妥地于规定期限内实现一体化保障。

举办各类研讨会，加强反恐怖作战后勤保障研究　两次车臣战争、美国对阿“持久自由行动”以后，特别是 2002 年 5 月的莫斯科“文化宫人质事件”以后，俄罗斯总统普京提出扩大军队反恐职能，要求军队和其他强力部门一道完成反恐怖军事行动。为此，俄军总后勤部、军事卫生部等总部机构加强对反恐怖作战的后勤保障研究，探讨非常规作战形式中的保障特点。俄军后勤有关部门多次举办大规模反恐怖作战后勤保障研讨会，并对反恐怖作战的后勤保障达成以下共识：（1）反恐怖作战后勤保障具有作战准备前期保障强度高、后续保障任务重、对国际援助的依赖大等特点。同时，后勤保障会遇到临战准备时间短、工作量大、后勤快速反应难、战场环境恶劣、保障系统易遭破坏、后勤生存难、作战力量点多面广、部队行动迅速、分散、后勤综合保障难等困难及问题。要求后勤必须快速实施准备，保障反恐作战顺利展开；组建联合指挥机构，实行一体化联勤保障；针对作战特点，采取切实有效的保障方法；充分利用国际后勤力量，加大保障力度。

加大监督检查力度，提高后勤管理效益　俄军各级部队和机关都设有内部检查委员会和综合检查委员会，定期和非定期地对本系统和下级单位实行检查和抽查。各级后勤机关设有定编的监察人员，可随时随地对物资装备的消耗和保管、经费的划拨和使用等进行检查。各级军事和后勤主管人员对各项后勤工作都有明确的检查职责。俄军规定，每年1月1日进行全军性物资装备大点验；每年年底由总后勤部部长率队，对某一军区或舰队进行自军区（舰队）机关至团的为期一个月的彻底检查。2002年俄军后勤总部机关超乎寻常地强化了对各级部队的监督检查力度，在总后勤部等机关的带领下，国防部组织人员到各军区、舰队多次检查后勤工作，及时发现经费和物资器材使用方面的不合理现象，从而提高后勤管理效益。

资料来源：

①俄《军队文集》杂志2002年第4、7期；

②俄《独立军事评论》周报2002年第18、19、22期；

③俄《红星报》2002年7月22、25日，11月12、29日。

试行统一后勤保障体制 据俄罗斯《红星报》2002年9月28日和10月2日报道，随着俄罗斯强力部门逐步向统一后勤保障系统过渡，俄有关部门已经开始对新型保障机制进行试点。从2002年初开始，加里宁格勒州和波罗的海舰队辖域内的各强力部门的后勤保障机关将试行统一后勤保障机制，将以波罗的海舰队后勤为基础，吸收其他强力部门的部队后勤机关参加，由其对俄波罗的海辖域内的各种部队实行联勤保障。

俄罗斯加里宁格勒州和波罗的海舰队辖域内部署有内卫部队、边防军、海军等几家强力机关的部队，目前他们的后勤供应各自独立地组织实施，完成的是重复的工作，造成资源的极大浪费。有些部队的后勤资源只利用了一半甚至不及一半，比如波罗的海舰队的油库只有39%储存着油料，其他的61%都处于闲置状态。关于在波罗的海舰队实行统一后勤保障系统试点的问题，国防部长在2002年8月与联邦政府通信总局、俄罗斯特种建筑总局、铁道兵总局的领导人签署了一个联合命令。关于在车臣共和国地区、塔吉克斯坦共和国地区、俄东北部地区实行统一后勤保障系统的试点，也与联邦边防总局签署了相应的命令。

举办反恐怖军事行动后勤保障专题讲座 据俄罗斯独立报网站2002年8月4～8日报道，俄军后勤与运输学院举办了主题为“大规模反恐怖军事行动后勤保障”的专题讲座，俄军总后勤部所属战役后勤研究中心的高级研究员维达夫上校和该院战役后勤教研室教员索罗琴科退役中将，以及北高加索军区后勤副司令分别做了《加强反恐怖军事行动后勤准备》、《反恐怖军事行动后勤保障方法探讨》和《车臣战场反恐怖作战后勤保障形势分析》的报告。该院教员和内务部、边防军等系统的后勤主管人员及研究人员参加了讲座。

专家们认为，从近几次大规模反恐作战后勤保障行动看，反恐作战不是某一家强力部门的事情，参战力量涉及多家机构，因此必须实行联合后勤保障。此外，随着俄罗斯强力部门组建统一后勤保障系统逐步走向深入，也要“考虑其中的反恐作战后勤保障的需要”。迫切需要制定反恐作战联勤保障条例，统一标准制度，加强联合演习和后勤作业。

大力提高战略空运能力 俄罗斯空军总司令米哈伊洛夫上将在2002年第8期《指南针》杂志上撰文指出，俄空军将在未来10年内“有倾向性地”提高战略机动能力，其中军事运输航空兵是俄军实施战略机动的关键因素，也是今后提高战略输送能力的重点。为此，俄罗斯空军将大力加强军事运输航空兵建设，不断提高战略机动能力。其主要举措包括：

（1）*建立完善的战略运输机保障系统。* 虽然军事运输航空兵担负着俄军应急作战部队的兵员和物资运输任务，其重要作用显而易见，但由于近年来的财政拨款不能及时到位，俄军先进武器装备包括大型军事运输机的换装工作严重受阻，现役战略运输机大都老化，机场失修。为此，俄罗斯空军将在维持现有运输能力的同时，积极建立和完善高效率的飞机技术维修系统；建立合理的零部件、发动机和燃料储备；完善地面和空中指挥系统，以及各战区的机场网络。

（2）*对现役战略运输机进行现代化改装。* 俄罗斯空军准备以更先进的图－330、安－70和伊尔－106运输机代替安－12、安－22、伊尔－76和安－124飞机。目前俄空军正在对安－124运输机进行现代化改装，力争使其达到安－124－100的水平。为完成总统和国防部长的指示，目前俄罗斯空军正在接收伊尔－76МФ大型运输机，以提高战略投送能力。部分伊尔－76运输机的发动机将换用国产最先进的飞机发动机ПС－90А，其噪音更低，隐身性能更强。2005年以后，俄罗斯运输航空兵可望补充伊尔－96Т运输机，还计划生产安－140和伊尔－114大型运输机。此外，俄罗斯还准备与乌克兰合作继续生产安－70战略运输机并陆续购置一批该型运输机。

（3）*增加飞行训练小时。* 据俄罗斯空军司令部的统计数字，目前俄空军只有28%的战斗机可以完成各种天候条件下的作战任务，这些飞机每年的训练飞行小时只有100多个，比美军的300多小时差了许多。2001年，俄罗斯空军的歼击航空兵飞行员每人每年只有15个飞行小时，强击航空兵飞行员的年度飞行时间只有20小时，远程航空兵为22.5小时，运输航空兵达到50多小时。今后，随着训练经费的增加，俄空军将逐渐增加运输航空兵的飞行员训练小时，并不断提高训练质量。

检查黑海舰队后勤 据俄罗斯《红星报》2002 年 4 月 3 日报道，从 3 月 15 日开始，由俄国防部副部长兼总后勤部部长伊萨科夫大将率领的国防部检查团对俄黑海舰队后勤机关进行了综合检查。检查团全面检查了“新俄罗斯”海军基地、舰队后勤各勤务部门，以及驻扎在克里米亚的其他军兵种所属兵团和部队的后勤工作，仔细分析了查出的各类案件。检查团认为，尽管黑海舰队后勤部门存在一些不合理使用资金、浪费资源等问题，但总体上是“符合要求的”，同其它舰队相比，黑海舰队平均每人的物资损耗量是最低的。为了改进舰队的物质技术基础，舰队后勤部及其各级后勤机关做了大量工作。

检查北高加索军区财经活动 据俄罗斯《红星报》2002 年 9 月 17 日报道，以俄国防部副部长兼总后勤部部长伊萨科夫大将为团长的国防部综合检查团日前来到北高加索军区，对军区机关、部队的后勤保障、财务、经济活动进行了全面检查。伊萨科夫在总结检查结果时说，北高加索军区在经费短缺的情况下，在 2002 年想尽一切办法使军区各单位的后勤保障没有出现中断现象，其中第 58 集团军、军区总医院等单位的总体情况是最好的。存在的问题是有些主管人员对下级单位的监督检查力度不够。伊萨科夫透露，目前该军区后勤不仅对国防部系统的部队提供物资和技术保障，还为配置在军区地域内的其他强力部门的部队提供后勤保障。这也是俄罗斯强力部门向组建统一后勤保障系统过渡的结果。

检查太平洋舰队后勤 据俄罗斯《红星报》2002 年 11 月 10 日报道，以伊萨科夫大将为主席的俄军总后勤部综合检查委员会于当日结束了对俄太平洋舰队的检查工作。与总后勤部一同检查的还有国防部长直属的财务监察局的代表。在历时 1 个月的检查中，综合检查委员会对俄太平洋舰队后勤部机关、各个勤务部门、部队节约物资器材和合理使用预算经费的情况进行了综合检查和分析。据总后勤部部长伊萨科夫介绍，对某军区或舰队类似的综合性检查通常每两年进行一次。近年来，太平洋舰队进行了多次组织机构调整，因此本次检查就是查清剩余的物资器材在哪里？它们流向何处？检查结果令人信服地证明，太平洋舰队因部队整编而剩余的物资器材“呆在它们应该呆的部队、分队及其他应该呆的地方”。但也存在短缺和不足的问题，以及其他一些检查委员会在 1 个月内无法搞清的问题，因此检查委员会留下部分军官，他们与军事检察院的军官一道，对被装物资供应中查出的问题继续进行调查和处理。伊萨科夫说，他已是第三次带队检查太平洋舰队后勤了，检查结果是令人满意的。近年来，太平洋舰队后勤保障工作取得了不小的成绩，部队的供应形势得到改观，油料消耗限额有所提高，因此海军舰队各部队的训练得到保障，战舰出海训练，海航飞行员的训练小时大大增加。

检查过程中，各位委员通过深入舰艇，与水兵谈话等方式，发现了舰队后勤保障中存在的一些问题，如让水兵自己洗床单被罩（俄军规定这些被服均由清洗部门统一洗涤）；军官穿着暖和的冬季服装，而士兵的冬装却没有及时发放到位。检查委员会共计有 120 人，他们分散到舰队的各个驻区进行检查。共检查了舰队 20% 的部队和机关，70% 的被检查对象获得“通过”成绩。

（王凤才）

日本自卫队后勤 **综述** 2002 年，日本防卫厅和自卫队以推进后勤体制改革和加强对美后勤支援为主线，全面加强后勤各项建设。第一，在后勤改革方面，于 2001 年正式出台的装备物资采购新体制开始正式运行，改建和新建的装备物资采购机构陆续趋于完善；陆军后勤体制改革在完成试点的基础上逐步在全陆上自卫队展开，其中包括陆上自卫队军区后勤体制改革和陆军师后勤体制改革。第二，在后勤训练方面，自卫队多次组织大规模防灾演练和卫生勤务的合同训练，重点训练与地方力量的协同及对新装备器材的操作；借用美军力量提前培养空中加油机驾驶员。第三，在改善人员生活待遇方面，增加和调整军人福利津贴，修缮生活和福利设施，改善生活条件，并出台新的保险制度。第四，在对美后勤合作方面，适应“9·11”事件后美军反恐作战行动的需要，加强对美实施后勤支援的学术研究，并向印度洋派遣包括补给舰在内的舰队配合美军的反恐作战行动，积极开展对美实际后勤支援活动。

2002 年度防卫费 据日本 2002～2003 年度《自卫队装备年鉴》报道，日本 2002 年度防卫预算额为 49395 亿日元，占政府财政支出的 6.1%，与上一财政年度预算额基本持平。2002 年度日本防卫费分配情况如下：陆上自卫队为 18677.27 亿日元，约占防卫费总额的 37.8%；海上自卫队为 11324.27 亿日元，约占防卫费总额的 22.19%；航空自卫队为 11217.88 亿日元，约占防卫费总额的 22.7%；三自卫队合计为 41219.42 亿日元，约占防卫费总额的 83.3%。其他各单位的预算为：防卫厅机关 141.52 亿日元，参谋长联席会议 553.51 亿日元，防卫大学 179.07 亿日元，防卫医科大学 211.56 亿日元，防卫研究所 16.89 亿日元，技术研究本部 1424.59 亿日元，合同本部 57.02 亿日元，防卫设施厅 5588.13 亿日元，安全保障会议 3.06 亿日元，上述单位合计 8175.35 亿日元，约占防卫费总额的 16.55%。日本的防卫费按用途通常区分为两大项，即人事与给养费、物件费，2002 年度的防卫预算额中，人事与给养费为 22273 亿日元，占防卫费总额的 45.09%；物件费为 27122 亿日元，约占防卫费总额的 54.9%。在物件费中，装备费为 7966 亿日元，占防卫预算总额的 16.1%，后方费为 19156 亿日元，占防卫预算总额的 38.78%。

防卫厅装备物资采购开始按新体制运作 2001 年 1 月，日本防卫厅对其中央采购机关进行了大幅度的改组，撤消中央采购实施本部，将原来的成本计算部门吸收进防卫厅机关，新设立成本计算部，将原来的合同部门改建为防卫厅的特别机关——合同本部。2002 年，日本防卫厅上述装备物资采购机构均改建、组建完毕，装备物资采购开始按新体制运作。各机构的编成和职责分工是：

成本计算部：新设立的成本计算部归防卫厅管理局领导，下设一个成本管理课和 5 名成本计算官，编制员额为文职人员 181 人。成本管理课负责有关成本计算和成本监察事务的综合计划与协调、有关成本计算和成本监察的共同事项的调查研究等有关事务。5 名成本计算官负责有关成本计算和成本监察的有关事务。

合同本部：合同本部在本部长和 5 个副本部长之下设有：总务课、会计课、监察课、计划协调课、调查研究室、合同第 1～5 课、进口课、合同管理第 1～4 课，合同本部编制员额为 846 人，其中文职人员 371 人，军职人员 475 人。

此外，合同本部还下辖东京、横浜、名古屋、大阪、长崎等 5 个地方支部，其中东京、名古屋和大阪等 3 个支部还设有 6 个合同管理事务所。

海上自卫队继续对美军反恐行动提供海上补给 据 2002 年 9 月 5 日日本《朝云》周刊报道，2001 年 12 月 2 日，日本海上自卫队出动补给舰在印度洋上为美军等的反恐军事行动提供后勤支援。至 2002 年 8 月 29 日，日海上自卫队的 3 艘补给舰共计实施补给 103 次，其中，“十和田”号 34 次，“浜叶”号 32 次，“常磐”号 37 次。共计向美军舰船供应油料约 18.4 万吨。按补给对象区分分别为：美军补给舰和驱逐舰 98 次，英军补给舰和登陆舰 5 次。此外担任运输任务 1 次，共计为美舰输送日用品、邮件等约 1 吨。

对美军反恐作战提供空运支援 据日本 2002 年 10 月 7 日《朝云》周报报道，根据《反恐怖特别措施法》，日本航空自卫队自 2001 年 11 月 29 日开始向美军提供空运支援，至 2002 年 10 月 10 日共计实施了 100 次。开始，日军承担的是日本国内外的美军基地之间的运输任务，从 2002 年 4 月下旬起，日军只承担日本国内美军基地间的运输，航运次数平均每月约 10 次。担任空运任务的是日本航空自卫队第 1 运输航空队的 C－130H 运输机，从 2002 年 8 月开始，由于第 1 运输航空队支援东帝汶维和部队的空运次数增加，对美军的空运支援还使用了第 2 和第 3 航空运输队的 C－1 运输机。

向东帝汶派遣海上运输部队 据日本《朝云》周刊 2002 年 3 月 14 日报道，日本防卫厅长官于 3 月 12 日下达编组和派遣“东帝汶派遣海上运输部队”的命令，以支援陆上自卫队派出的“第一次东帝汶派遣工兵群”。东帝汶派遣海上运输部队由运输舰“大隅”号（排水量 8900 吨）和护卫舰“峰雪”号（排水量 2950 吨）编成，人员共计 360 人。上述两舰搭载陆上自卫队派遣部队的一部分约 50 人和车辆约 70 辆，于 3 月 15 日从北海道的启阑港启航，3 月 26 日抵达东帝汶。海上运输部队执行任务的时间为 3 月 12 日～4 月 28 日。

选定空中加油机机型并进行训练 据日本 2001 年 12 月 20 日《朝云》周报和《产经新闻》2002 年 11 月 4 日报道，日本防卫厅选定了拟引进的空中加油机机型，并准备借助美军提前进行空中加油训练。

日本政府于 2001 年 12 月 14 日召开的安全保障会议批准了采购航空自卫队选定的美国波音公司生产的 767 型加油机。采购空中加油机是日本《中期防卫力量建设计划》（2001 年～2005 年）确定的一个重要的装备建设项目，计划首批采购 4 架。日本航空自卫队参谋部在民用航空公司的协助下进行了反复论证，并在波音公司的 B－767 与欧洲的空中客车公司 A－310 两个候补机型中选定了 B－767。论证认为，B－767 能够满足航空自卫队对空中加油能力、飞行性能等所有的性能要求，而且价格也比较适当。首架空中加油机预定于 2006 年交货。首批 4 架 B—767 空中加油机的机体价格约为 790 亿日元，30 年的维持费约为 550 亿日元（按 1 美元折合 107 日元换算）。

随着空中加油机机型的选定，日本航空自卫队决定从 2003 年 4 月开始，租借配备在冲绳美军嘉手纳基地一架 KC－135 空中加油机进行空中加油训练。战斗机将使用航空自卫队的 F－15 战斗机。训练空域预定为九州西边的东中国海上空。月租金为每位驾驶员1500万日元。

日本自卫队计划通过训练，培养精通空中加油机性能的8名驾驶员，此外，日本自卫队还计划派遣空中加油机的候补驾驶员赴美国接受训练。通过提前培养空中加油机驾驶员，当2006年3月加油机交货时，日本自卫队便能立即利用空中加油。

后勤部队参加防灾训练　据日本2002年9月5日《朝云》周报报道，在日本的“防灾日”（9月1日），在一都九县实施了政府综合防灾训练。陆海空三自卫队的运输、医疗等部队参加。在此次训练中，日本自卫队共计投入人员约2620人，车辆415辆，飞机120架，舰艇10艘。

此次训练所设的想定情况是，在日本东海和南关东发生大规模地震，日本自卫队配合地方政府进行抗震救灾。

在运输方面，首先，日本自卫队的要人直升机将小泉首相从新首相官邸空运至千叶县柏市的训练现场；继之又将政府对策部的要员从东京空运至静冈县、御前崎的训练现场；其次，自卫队的C—1运输机将去年以来一直在横田基地进行综合防灾训练的日赤医疗班从福冈空运至训练现场。

在医疗方面，特别是在南关东大地震的救灾训练中，首次对政府的广域医疗后送计划进行了检验。海上自卫队的SH-60J巡逻直升机从立川市国立医院东京灾害医疗中心将医务人员和医疗器材空运至柏市的训练现场，并从柏市的训练现场将伤员后送至该医疗中心。

在应对东海地震的兵库县综合防灾训练中，设想的情况是陆路难以通行，只能依靠海上运输，海上自卫队在上述背景下进行了海上输送训练。海上自卫队的运输舰“大隅”号和“下北”号分别在御前崎训练现场和淡路岛训练现场，使用气垫船演练了海上救难和海上输送。

首次举行卫生兵合同训练　据2002年7月25日日本《朝云》周报报道，2002年5月1日中部军区在野外演习场举行了一次卫生兵合同训练。参加训练的卫生部队以第10师后勤保障团卫生队为主，第3、第13师后勤保障团卫生队及第2混成旅卫生排参加了训练，参演人员共计213人。

此次训练的想定情况是：“飞机坠落于孤立的山林地区，卫生部队出动进行救难”。训练目的是：通过一系列行动，演练和检验卫生部队对各种救灾卫生器材的操作和使用要领的掌握情况。

5月3日之前，各卫生队按课目区分分别进行演练，5月4日实施了各卫生队与直升机的协同训练，5日实施了综合训练。以阪神议员院长和中部军区医务官为首的包括军区所属部队各步兵团卫生排排长在内的70名研修人员参观了训练。

改善生活待遇　据日本《朝云》周刊2002年3月14日报道，2002年日本防卫厅将继续改善人员生活待遇，包括增加和调整津贴、维修生活与福利设施、改善生活条件等。

一、增加和调整津贴

1. 新增“船舶检查活动津贴”（暂用名），其标准是：(1) 特种警备人员针对不明船舶执行强制性出动任务时，每日7700日元。(2) 在上述以外的情况下，特种警备人员在针对不明船舶出动和进行船舶检查活动时，实施乘船检查业务和对不明船舶实施警告射击等有关强制其停船的业务，每日各为2000日元（遭遇不明船舶抵抗时，增加5%。）

2. 扩大“夜间特殊业务津贴”的发放范围。海上自卫队系统通信群在保密检查中实施的防泄密监查业务、航空自卫队航空支援集团在中央救难协调所实施的航空事故情报收集业务，每深夜执勤一次发给1100日元（不足一夜发给730日元）。

二、维修生活与福利设施

维修修理厂、警卫所、消防所等的工作环境改善，军人宿舍、公务员宿舍、食堂与厨房、体育馆等与生活有关的设施，维修费预算为904亿日元，比去年增加8.1%。具体分配方案是：(1) 工作环境的改善设施维修费316亿日元，比去年增加59.7%。其中包括修理厂50座，警卫所15个，消防所10个。(2) 宿舍维修费预算为173亿日元。其中包括军人宿舍15座、食堂与厨房5座、浴场4个。(3) 公务员宿舍维修费预算为331亿日元，计维修宿舍598户。(4) 体育馆、福利设施等其他设施维修费预算为84亿日元。

三、改善生活条件

2002年，防卫厅为改善人员生活条件所作的预算为605亿日元。主要项目包括：(1) 军人宿舍用的备品、寝具、供餐器材等的维修。(2) 食器洗涤、打扫卫生等杂物的外包。(3) 舰艇福利备品的维修、补给品的舷侧供应、上甲板除锈和涂漆业务的外包等。

新设“防卫厅职员团体医疗保险”　据2002年9月12日日本《朝云》周刊报道，日本防卫厅共济会作为团体保险为会员新设立了“防卫厅职员团体医疗保险”。新保险自2002年8月1日开始办理加入手续，10月18日正式生效。以往共济会签订的团体保险合同中，与医疗相关的保障仅限于“因伤害发生的住院和门诊”，此次新设的保险则包括了“因疾病发生的住院和门诊”。

团体保险是企业和团体集中收取社员和职员的保险费并与保险公司统一签订合同的一种保险方式，因此较之个人投保保险费要低。防卫厅共济会设有与死亡、医疗有关的“团体生命保险”、“团体伤害保险”、“团伓生命共济”，以及补充退职后生活费的“团体退职金保险”等险种。

日本防卫厅的“团体生命保险”设立于 1952 年保安厅成立时，该险种规定，因灾害而死亡时的最高赔偿额为 7800 万日元（会员本人）。“团体伤害保险”是用于补偿军人及其家属因交通事故以及公务中的伤害事故而于 1975 年设立的，因交通事故而住院治疗时最高可给予日平均 3.15 万日元（无免除责任），门诊治疗最高可给予 1.54 万日元的补偿金（一名职员最多可投保 7 人）。上述险种虽然提供了“死亡”和“伴随着伤害的住院和门诊治疗”等保障，但是对“因疾病而发生的住院和门诊治疗”却不在保障范围以内。“团体医疗保险”正是为填补这一空白而设立的。

日本防卫厅团体保险保险费一览表

区分		保险对象	保险费单位	投保份数	分红
团体生命保险		本人	100 日元	50 份 × 2	有分红
		配偶	100 日元	14 份 × 2	
		子女	100 日元	3 份 × 2	
团体伤害保险	A 型	家族	980 日元	7 份	无分红
	B 型	个人指定	440 日元	7 份	
	附加特约	A.B 型附加	50 日元	1 份	综合赔偿型特约
团体医疗保险	A 型	本人	200 ~ 1130 日元	5 份	有分红
	B 型	家族	720 ~ 2380 日元		
	C 型	夫妇	400 ~ 2060 日元		
	D 型	本人、子女	520 日元		
团体生命共济		本人	1000 日元	2 份	有分红
		配偶	1000 日元	2 份	
团体退职金保险		本人	1000 日元	99 份	付利

日本防卫厅团体保险保险金与保险费一览表

险　种	保险金		月保险费	备　考
	疾病死亡	不测事故		
团体生命保险	5800万日元	7800万日元	1000万日元	50份×2
团体伤害保险	0	822万日元	1370日元	3份
团体医疗保险	0	0	1050日元	3份
团体生命共济	1000万日元	10000日元	2000日元	2份
团体退职金保险	0	0	5000日元	5份
团体待遇终身保险	300万日元	300万日元	13447日元	25岁至终身
团体待遇定期保险	1700万日元	1700万日元		25岁至55岁
合　计	8800万日元	11622万日元	32867日元	

“团体医疗保险”的保障对象为会员本人、配偶、子女或其组合。被保险者因疾病而需住院治疗、门诊治疗以及手术时向其支付保险金。不论投保对象，日均保险金（最高5口人投保时）均为：住院治疗为1.5万日元（免除责任4日），门诊治疗为7000日元；需手术治疗时，根据手术种类保险金分别为15万、30万和60万日元。

“团体医疗保险”的保险费因投保者的年龄（每5岁一个年龄级）和保障对象的组合而变化，最低每人每月200日元，最高每户每月2380日元（5人家庭）。

“团体医疗保险”的管理者为日本生命保险公司，当出现剩余金时，该公司还将向投保者分配红利。如果投该保险一直延续到退职，退职后还可以按有期型（至70岁或80岁）或终身型（至80岁交完保险费），作为“退职后医疗保险”继续利用。其赔偿金与“团体医疗保险”一样，不仅对疾病提供保险，因伤害而发生的住院和门诊治疗及手术也作为保险项目。

（王通信）

印度军队后勤　2001～2002 **年度国防预算**　据英国《简氏防务周刊》报道，印度财长辛哈向议会提交了2001～2002年度政府预算报告，其中国防预算为6200亿卢比（约合135亿美元），占政府预算37522.3亿卢比的16.52%。新年度国防预算不包括军人退休金和国防部行政开支预算，也不完全包括核武器的研制和生产费用。

印度本年度国防预算的增幅小于上年度，其主要原因是去年国防预算比前年猛增28%，结果年终时三军军费均出现大量节余，多达412.6亿卢比。因此，本年度国防预算比去年预算（5858.7亿卢比）只增加5.8%，比去年的修正预算5446.1亿卢比增加13.84%。

在新年度国防预算的分配中，陆军为3489.59亿卢比（约合76亿美元），空军为1517.27亿卢比（约合32.5亿美元），海军为913.88亿卢比（约合19.5亿美元），国防研究与发展组织则为351.8亿卢比（约合7亿美元）。三军装备采购与基建费项目的预算为1996亿卢比（约合43亿美元），占总国防预算的32.2%，特别是空军该项预算占到空军预算的49.2%。与上述项目相反，本年度兵工厂的预算在去年已压缩的基础上进一步减少，预算额仅为8.03亿卢比，比去年减少50亿卢比，这预示着印政府在继续推进兵工厂改革进程中，将进一步鼓励私人投资，为兵工厂注入市场机制。

陆军物资管理控制将实现计算机化 据美国《防务新闻》2002 年 12 月 4 日报道，印度陆军计划用 3 年时间耗资 104 亿美元实现物资控制自动化，全面跟踪陆军武器、弹药、零部件、装备和补给品的情况。目前计算机化物资控制计划的第一阶段已获批准，项目资金为 1 亿美元。该计划旨在帮助陆军军械部队管理控制分布在 200 处约 47 万种物资。2006 年系统投入使用后，陆军的高级指挥员只要移动鼠标就能够跟踪掌握单个部件以及所有装备的情况。

该系统将有助于陆军确定物资短缺情况，并减少多余物资的库存。此外，它还可以使印度陆军在需要时更快地调运装备，预计每天可节省 50 万美元。

系统投入使用后，访问权限受限。只有 6 位核心指挥员能全权访问数据库，他们是陆军司令、军械部长和 4 位三星将军。陆军后勤军官只能察看相关数据。为确保系统的安全，数据库隐藏在 3 层安全网之后，200 个地点之间的数据链只有在提供信息时才使用。

印度陆军通信也已设立了一个光纤保密通信、语音和图像专用网项目，称作 LOGINET，耗资 1 亿 5 千万美元，用于对陆军通信进行保密传输。计算机化物资控制系统就是通过 LOGINET 进行连接的。LOGINET 可望到 2006 年达到全面使用状态。

据印度军械局长吉尔将军称，印度陆军在今后二年还将花费 5500 多万美元购买自动化系统，用于焚烧每年达 1 万吨的过时弹药库存品。这种系统可能从美国公司购买。此外，还将花费 3 千万美元为全国各地的主要军械仓库购买先进的消防设备。

（张 冬）

德国军队后勤 德海军新装备执勤编队补给船 据中国《后勤科技装备》杂志 2002 年第 5 期报道，德军 1997 年在国防军规范中决定，通过建造 2 艘新型执勤编队补给船来加强执勤编队的续航能力，并于 1997 年 10 月 15 日与卢埃森造船公司及弗伦斯堡造船公司签订了造船合同。第一艘补给船已于 2000 年服役，第二艘将于 2003 年前服役。新建造的执勤编队补给船，排水量为 20240 吨，是德国海军目前最大的舰船。此种补给船将为德海军执勤编队提供全球范围的后勤支援。由于这 2 艘补给船的保障能力，使德海军执勤编队出海持续时间由 21 舰日延长为 45 舰日，航程可达 30000 千米，可以独立完成紧急的执勤任务。

在建造执勤编队补给船中，德海军首次使用了许多先进的技术系统，如各种网络系统。该补给船的机库可停留 2 架直升机，飞行甲板可降落大型直升机。

柏林级补给舰上设有 2 个海上补给站，为战舰补给燃料、水、给养、随军物品及弹药，此外，还可以贮备及供应卫生物资、医用气体及其他技术需用气体。湿货（如油料和水）可通过软管连接进行海上补给。

执勤编队补给船设有 1 个卫生站，该站有能进行重症监护的 24 张病床。必要时可用医疗方舱在甲板上建立 1 个海军机动急救中心，编配 53 名医务人员，收治能力可扩大至 45 名伤病员。

该补给船还装备有废弃物处理系统，负责处理执勤编队的废水及垃圾。此外，该船战时可以改装成指挥平台，平时，还可以进行常规运输。

（张 冬）

英国军队后勤 英军增加薪金 据因特网 2002 年 1 月 29 日新闻报道，经英国政府批准，英国武装部队薪饷评审委员会于 2002 年 1 月 29 日宣布了部队年度增薪计划，它从 2002 年 4 月 1 日起生效。部分低军衔人员（如二等兵、一等兵或同等级别其他士兵）：增加 4.2%；上尉：在增加 3.7% 的基础上再增加 0.4% 到 3.3%；不满 17 岁军人：增加 12.5%；新入伍成年军人：增加 4.2%。

该委员会还批准了国防部提出的有关保留空勤人员的建议。该建议包含两套财经刺激计划，均规定再服役期限为 5 年：提前 5 年退役的飞行员、领航员、皇家海军观察员、后勤军官和选留的士官飞行员可获得补助金 3 万英镑；已到退役期限的飞行员、领航员和皇家海军观察员可获得补助金 5 万英镑；已到退役期限的后勤军官和选留的士官飞行员可获得补助金 3 万英镑。

（张 冬）

法国军队后勤 公布 2003～2008 年采购计划

据英国《简氏防务周刊》报道，法国 2003～2008 年武器装备采购计划如下：

战略弹道导弹核潜艇：“凯旋”级潜艇第 3 艘 2004 年开始服役，第 4 艘 2010 年交付；“阵风”战斗机：57 架交付空军，19 架交付海军；“勒克莱尔”主战坦克：2003～2004 年交付最后 15 辆；装甲步兵战斗车：2005 年订购 433 辆，2006 年交付；多功能护卫舰：订购 8 艘，第 1 艘 2003 年订购，2008 年交付；“梭子鱼”级攻击潜艇：2003～2008 年订购 6 艘中的 2

艘，2012年交付第1艘；“虎”式战斗直升机：交付37架HAP护航型；A400M运输机：订购50架，2008年交付头3架；Scalp EG巡航导弹：交付500枚导弹，首付在2003年进行；Scalp巡航导弹海军型：2006年订购250枚，2011年开始交付。

增加2003年度的国防开支 据因特网报道，自1990年以来，法国历届政府都大力削减国防预算，以致法国的军费开支从1989年占国民生产总值的3%下降到2001年的1.7%。后果是法军的战备水平有所下降。为了提高法国军队的作战能力，加强法国海、陆、空三军在国内外快速有效地应付可能出现的危机的能力，希拉克政府决定提高法国防预算。法国2003财年的国防开支（不包括军人薪金）将增加到133亿美元，比2002财年增加11亿美元。

新的国防开支将更多用于法国军事装备的现代化和维护，其涉及到的主要武器装备发展项目包括：为空军采购50架A400M军用运输机、76架“阵风”战斗机、500枚“斯格拉普”空射巡航导弹、850枚“米卡”空空导弹，为海军采购8艘新型多任务护卫舰，为陆军采购117辆“勒克莱尔”主战坦克、37架“虎”式直升机、500辆VBL轻型侦察车以及500辆VBCI步兵战车。该法案明确提出法国将开始建造第二艘航空母舰，并加强采购具有精确制导、机动和纵深打击等能力的武器装备。

（张　冬）

军　事　法　制

中国军事法制　国防军事法律体系13年来发展综述 《解放军报》2002年10月7日报道，据全国人大法工委的同志介绍，中共十三届四中全会以来，中国的国防军事立法明显加快，一个以《国防法》为龙头，与国家法律制度相适应，涵盖国防和军队建设各方面的国防军事法律体系已初具规模。

截止2002年9月底，全国人大及其常委会审议通过了《国防法》、《兵役法》、《现役军官法》、《国防教育法》、《预备役军官法》等13件国防军事法律。此外，在国家制定的《刑法》、《刑事诉讼法》、《立法法》、《婚姻法》等重要法律中，还包含着调整国防和武装力量建设方面的内容。

适应依法治军的需要，军事行政法规、军事法规和军事规章的制定步伐也明显加快。1989年，江泽民同志担任中央军委主席，不久就先后签署发布了军队《立法程序暂行条例》、《军事训练条例》等涉及军事训练、武器装备管理、军队房地产管理等内容的10个军事法规。此后，以军队《立法程序暂行条例》为依据，中央军委每年年初编制下发年度立法计划，并先后制定了“八五”、“九五”、“十五”期间军队立法规划，使军事法规、军事规章的制订工作步入有组织、有计划的轨道。13年来，中央军委制定或者由国务院和中央军委联合制定的军事法规、军事行政法规达160多件，各总部、军兵种和各大军区制定的军事规章达2500多件。

党和国家重视国防军事立法，也极大地带动了地方人大和政府运用法规、规章调整和解决当地国防建设领域中出现的新情况、新问题。据不完全统计，全国31个省、自治区、直辖市先后制定和颁发了拥军优属、国防教育、人民防空、军事设施保护、军人复退安置等方面的地方性法规和规章达数百件。

《中国人民解放军纪律条令》经修改后发布施行 《解放军报》2002年4月3日报道，军委主席江泽民于2002年3月23日发布命令：《中央军委关于修改〈中国人民解放军纪律条令〉的决定》已经2002年3月15日中央军委常务会议通过，现发布施行。修改内容如下：

一、第十五条第一款修改为：“对获得三等功以上奖励的义务兵，可以提前晋衔；对获得二等功以上奖励的士官，可以提前提高衔级工资档次；对获得一等功以上奖励的军官，可以提前晋衔或者提高职务（专业技术）等级工资档次；对于获得一等功以上奖励的文职干部，可以提前晋级别等级或者提高职务（专业技术）等级工资档次。”

第二款修改为：“提前晋衔适用于列兵和上校以下军官（不得超过其职务等级的最高编制军衔）；提前晋级别等级适用于四级以下的文职干部（不得超过其职务等级规定的最高级别）；提前提高衔级工资档

次适用于低于本衔级工资最高档次的各级士官；提前提高职务（专业技术）等级工资档次适用于各级低于最高档次的军官、文职干部。提前晋衔、晋级别等级、提高工资档次，通常分别只晋一衔、晋一级、提高一档”。

二、第二十条修改为：“对义务兵实施奖励的权限按照下列规定执行：

（一）嘉奖由连、营批准；

（二）三等功由团、旅批准；

（三）二等功由旅、师批准；

（四）一等功由集团军批准；

（五）荣誉称号由军区、中央军事委员会批准。

对士官实施奖励的权限按照下列规定执行：（一）初级、中级士官、嘉奖由连、营，三等功由团、旅，二等功由旅、师，一等功由集团军，荣誉称号由军区、中央军事委员会批准；（二）高级士官，嘉奖由营、团，三等功由旅、师，二等功由集团军，一等功由军区，荣誉称号由军区、中央军事委员会批准”。

三、第二十三条修改为：“各总部、各军兵种、军事科学院、国防大学，执行军区的奖励权”。

四、第二十六条修改为：“各级司令部、政治部（处）、后勤（联勤）部（处）、装备部（处）以及其他相当等级的机关对直属单位、所属部门和人员，执行下一级部队（分队）的奖励权”。

五、第三十八条第一款第（六）项修改为：“撤职或者取消士官资格”。

第三款修改为：“降职不适用于副班长，降衔不适用于列兵和各级士官；降衔级工资档次不适用于最低衔级工资档次的各级士官；降职或者降衔（衔级工资档次）通常只降一职或者一衔（一档）”。

六、第四十条修改为：“军官、文职干部、士官，当年受本条令规定的记过以上处分的；擅自离开工作岗位连续时间较长的；任职命令公布后，未经组织批准，无正当理由逾期不到职的，其职务（专业技术）等级工资、军衔（级别）工资、士官军衔等级工资，从翌年一月起，停止定期增资一年。具体实施办法，由总参谋部、总政治部、总后勤部、总装备部规定”。

七、第四十一条第（二）项至第（二十八）项中的“取消志愿兵资格”均修改为：“取消士官资格”。第（二十七）项修改为：“参与经商或者偷税漏税，情节较轻的，给予警告、严重警告处分；情节较重的，给予记过、记大过处分；情节严重的，给予降职（级）、降衔（级）、撤职、取消士官资格处分”。

八、第四十四条修改为：“对义务兵实施处分的权限按照下列规定执行：

（一）警告由连批准；

（二）严重警告由营批准；

（三）记过、记大过、降职、撤职由团、旅批准；

（四）除名、开除军籍由集团军批准。

对士官实施处分的权限按照下列规定执行：

（一）初级、中级士官，警告由连，严重警告由营，记过、记大过、降职、撤职由团、旅，除名、开除军籍由集团军批准；

（二）高级士官，警告由营，严重警告由团、旅，记过、记大过、降职、撤职由旅、师，除名、开除军籍由集团军批准。

实施取消士官资格处分，按照选取士官的审批权限执行。

对士兵实施降衔（衔级工资档次）处分，按照《中国人民解放军现役士兵服役条例》规定的士兵军衔授予、晋升的批准权限执行”。

九、第四十五条第二款修改为：“实施降职（级）、撤职处分，取消军官、文职干部身份，按照《中华人民共和国现役军官法》和中央军事委员会规定的军官、文职干部任免权限执行；实施降衔处分，取消军官军衔，按照《中国人民解放军军官军衔条例》规定的权限执行；实施对文职干部的降级别等级处分，按照总政治部规定的权限执行”。

十、第四十六条修改为：“各总部、各军兵种、军事科学院、国防大学执行军区的处分权。”

十一、第四十九条修改为：“各级司令部、政治部（处）、后勤（联勤）部（处）、装备部（处）以及其他相当等级的机关对直属单位和所属部门的人员，执行下一级部队（分队）的处分权”。

十二、第六十九条第一款第（一）项修改为：“义务兵和初级、中级士官，由团（旅）长、政治委员批准，也可以由单独驻防的营或者独立营营长、政治教导员批准；高级士官，由师（旅）、政治委员批准”。

第三款修改为：“对从地方初中、高中毕业生和部队士兵中招收的院校学员实施行政看管，按照对义务兵和初级、中级士官行政看管的批准权限执行；对从地方大专、本科毕业生招收的尚未定级的院校学员实施行政看管，按照对排职军官行政看管的批准权限执行；对军官、文职干部学员实施行政看管，按照其入学前所任职务（专业技术等级）的行政看管和批准权限执行”。

第五款修改为：“各总部、各军兵种、军事科学院、国防大学的正职首长，执行军区司令员、政治委员的行政看管批准权”。

第八款修改为：“各级司令部、政治部（处）、后勤（联勤）部（处）、装备部（处）以及其他相当等级机关的正职首长，对直属单位和所属部门的人员，执行下一级部队（分队）正职首长的行政看管批准权”。

十三、第九十二条修改为：“对编内职工和企业、事业单位职工的奖惩办法，由总参谋部、总政治部、总后勤部、总装备部另行制定”。

本决定自发布之日起施行。

《中国人民解放军纪律条令》根据本决定作相应的修改，重新发布如下：

第一章　总　则

第一条　为了维护和巩固中国人民解放军的纪律，正确实施奖惩，保证军队的高度集中统一，加强革命化、现代化、正规化建设，巩固和提高战斗力，根据有关法律的规定，结合军队实际，制定本条令。

第二条　本条令是中国人民解放军维护纪律，实施奖惩的基本依据，适用于中国人民解放军现役军人和单位，以及参战、支前的预备役人员。

第三条　中国人民解放军纪律的基本内容：

（一）执行中国共产党的路线、方针、政策；

（二）遵守国家的宪法、法律、法规；

（三）执行军队的条令、条例和规章制度；

（四）执行上级的命令和指示；

（五）执行三大纪律、八项注意（见附录一）。

中国人民解放军的纪律要求每个军人必须做到：

（一）听从指挥，令行禁止；

（二）严守岗位，履行职责；

（三）尊干爱兵，团结友爱；

（四）军容严整，举止端正；

（五）提高警惕，保守秘密；

（六）爱护武器装备和公物；

（七）廉洁奉公，不谋私利；

（八）拥政爱民，保护群众利益；

（九）遵守社会公德，讲究文明礼貌；

（十）缴获归公，不虐待俘虏。

第四条　中国人民解放军的纪律，是建立在政治自觉基础上的严格纪律，是军队战斗力的重要因素，是坚持人民军队的性质、宗旨，团结自己、战胜敌人和完成一切任务的保证。

第五条　维护和巩固纪律，必须以毛泽东军事思想、邓小平新时期军队建设思想为指针，贯彻落实政治合格、军事过硬、作风优良、纪律严明、保障有力的总要求，继承和发扬我军优良传统，坚持官兵一致、上下一致，严格管理、严格要求，说服教育，启发自觉，公正无私、赏罚严明的原则。

第六条　维护和巩固纪律，主要依靠经常性的理想、道德和纪律教育，依靠经常性的严格管理，依靠各级首长的模范作用和群众监督，使官兵养成高度的组织性、纪律性。

第七条　奖励和处分是维护纪律的重要手段。对遵守和维护纪律表现突出的，应当依照本条令给予奖励；对违反和破坏纪律的，应当依照本条令给予处分。

实施奖惩应当以奖励为主，惩戒为辅。

第八条　军人在任何情况下，都必须严格遵守和自觉维护纪律。本人违反纪律被他人制止时，应当立即改正；发现其他军人违反纪律时，应当主动规劝和制止；发现他人有违法行为时，应当挺身而出，采取合法手段坚决制止。

第九条　除根据有关法律和本条令规定实施的奖惩项目以及特殊措施外，非经中央军事委员会批准，任何单位不得另立并实施其他奖惩项目以及特殊措施。

第十条　本条令所规定的对单位和人员的奖励，对军官和文职干部的处分以及对士兵的开除军籍处分，由政治机关承办；对士兵的警告至除名处分，由司令机关承办。

第二章　奖　励

第一节　奖励的目的和原则

第十一条　奖励的目的在于维护纪律，鼓励先进，调动官兵的积极性、创造性，发扬爱国主义、共产主义和革命英雄主义精神，保证作战、训练和其他各项任务的完成。

第十二条　奖励应当坚持下列原则：

（一）严格标准，按绩施奖；

（二）发扬民主，贯彻群众路线；

（三）以精神奖励为主，物质奖励为辅。

第二节　奖励的项目

第十三条　对个人和单位的奖励项目：

（一）嘉奖；

（二）三等功；

（三）二等功；

（四）一等功；

（五）荣誉称号。

前款规定的奖励项目，依次以嘉奖为最低奖励，荣誉称号为最高奖励。

第十四条 对获得三、二、一等功奖励的个人，分别受予三、二、一等功奖章。对获得荣誉称号奖励的个人，由军区级单位批准的，授予二级英雄模范奖章；由中央军事委员会批准的，授予一级英雄模范奖章。

对获得三、二、一等功奖励的单位颁发奖状；对获得荣誉称号奖励的单位授予奖旗。

第十五条 对获得三等功以上奖励的义务兵，可以提前晋衔；对获得二等功以上奖励的士官，可以提前提高衔级工资档次；对获得一等功以上奖励的军官，可以提前晋衔或者提高职务（专业技术）等级工资档次；对获得一等功以上奖励的文职干部，可以提前晋级别等级或者提高职务（专业技术）等级工资档次。

提前晋衔适用于列兵和上校以下军官（不得超过其职务等级的最高编制军衔）；提前晋级别等级适用于四级以下的文职干部（不得超过其职务等级规定的最高级别）；提前提高衔级工资档次适用于低于本衔级工资最高档次的各级士官；提前提高职务（专业技术）等级工资档次适用于各级低于最高档次的军官、文职干部。提前晋衔、晋级别等级、提高工资档次，通常分别只晋一衔、晋一级、提高一档。

第三节 奖励的条件

第十六 个人或者单位遵守纪律，在作战、训练或者其他工作中的某一方面表现突出，取得优良成绩或者被评为优秀士兵的，给予嘉奖。

第十七条 个人遵守纪律，有下列表现之一的，按照下列规定给予记功：

（一）学习马克思列宁主义、毛泽东思想和邓小平理论，贯彻党的路线、方针、政策，联系实际回答和解决重大理论和现实问题，成绩突出，有较大贡献的，可以记三等功；有重要贡献的，可以记二等功；有重大贡献和影响的，可以记一等功；

（二）战斗中英勇顽强，坚决执行命令，模范遵守战场纪律，完成作战任务成绩突出，或者主动掩护、抢救战友，事迹突出，有较大贡献的，可以记三等功；功绩显著，有重要贡献的，可以记二等功；功绩卓著，有重大贡献的，可以记一等功；

（三）战斗中勇于克服困难，积极主动、迅速有效地提供后勤、技术或者其他作战保障，对完成作战任务有较大贡献的，可以记三等功；功绩显著，有重要贡献的，可以记二等功；功绩卓著，有重大贡献的，可以记一等功；

（四）坚决执行上级命令，正确指挥，密切协同，在组织指挥完成作战任务中，表现突出，有较大贡献的，可以记三等功；功绩显著，有重要贡献的，可以记二等功；功绩卓著，有重大贡献的，可以记一等功；

（五）年度军事训练成绩优异，被旅、师、集团军（相当等级的部队）树立为军事训练标兵的，在《中国人民解放军军事训练大纲》规定科目的比赛中，获得集团军（相当等级的部队）或者海军舰队、海军航空兵、军区空军以及其他相当等级的单位综合成绩前三名的，可以记三等功；被军区级单位树立为军事训练标兵或者获得军区级单位综合成绩前三名的，可以记二等功；被树立为全军军事训练标兵或者在全军军事训练比赛中，获得优异成绩，有重大影响的，可以记一等功；

（六）积极参加教育训练改革和技术革新、技术改造，对提高教育训练质量、促进部队建设有较大贡献，其成果被批准在集团军（相当等级的部队）或者海军舰队、海军航空兵、军区空军以及其他相当等级的单位推广应用的，可以记三等功；有重要贡献，被批准在军区级单位推广应用的，可以记二等功；有重大贡献，被批准在全军推广应用的，可以记一等功；

（七）在完成重大科研试验、远航、导弹发射、战役演习等任务中，成绩突出，有较大贡献的，可以记三等功；功绩显著，有重要贡献的，可以记二等功；功绩卓著，有重大贡献的，可以记一等功；

（八）在战备值班、执勤中，及时发现和正确处理重要情况，保证完成任务或者避免重大损失，成绩突出，有较大贡献的，可以记三等功；功绩显著，有重要贡献的，可以记二等功；功绩卓著，有重大贡献的，可以记一等功；

（九）在边防、海岛或者高原等艰苦地区、不畏困难，安心工作，成绩突出的，可以记三等功；功绩显著的，可以记二等功；功绩卓著，有重大影响的，可以记一等功；

（十）在执行急难险重任务中，或者在其他紧要关头，勇敢沉着，不怕牺牲，成绩突出，有较大贡献的，可以记三等功；功绩显著，有重要贡献的，可以记二等功；功绩卓著，有重大贡献的，可以记一等功；

（十一）在完成施工、生产任务中，科学管理，勤俭节约，确保优质、高产、低耗，成绩突出，有较大贡献的，可以记三等功；功绩显著，有重要贡献的，可以记二等功；功绩卓著，有重大贡献和影响的，可以记一等功；

（十二）在开展政治思想工作，加强社会主义精神文明建设，保证部队的集中统一和各项任务的完成方面，成绩突出，有较大贡献的，可以记三等功；功绩显著，有重要贡献的，可以记二等功；功绩卓著，有重大贡献和影响的，可以记一等功；

（十三）在拥政爱民、支援国家经济建设、参加军民共建社会主义精神文明活动中，有较大贡献的，或者长期坚持为人民群众做好事，或者勇于同违法犯罪分子作斗争，奋不顾身保护国家财产和人民群众的生命安全，事迹突出的，可以记三等功；功绩显著，有重要贡献的，可以记二等功；功绩卓著，有重大贡献和影响的，可以记一等功；

（十四）精心使用、保养武器装备和维护军事设施，勇于同私藏、破坏、盗窃武器、弹药、装备和危害军事设施安全的行为作斗争，或者在武器装备的监造、验收中避免重大质量问题，事迹突出，有较大贡献的，可以记三等功；功绩显著，有重要贡献的，可以记二等功；功绩卓著，有重大贡献的，可以记一等功；

（十五）预防和避免事故、案件，使国家、军队和人民群众的利益免受或者减少损失，事迹突出，有较大贡献的，飞行员达到规定的安全飞行时间和技术等级的，或者各种车辆、机械的驾驶员和操作手，多年安全无事故，并被集团军（相当等级的部队）以上单位树立为标兵的，可以记三等功；功绩显著，有重要贡献的，可以记二等功；功绩卓著，有重大贡献和影响的，可以记一等功；

（十六）保守、保护秘密，坚决同泄密行为和敌特的窃密、渗透活动作斗争，事迹突出，有较大贡献的，可以记三等功；功绩显著，有重要贡献的，可以记二等功；功绩卓著，有重大贡献和影响的，可以记一等功；

（十七）在教学、科研中，成绩突出，有较大贡献的，或者获得国家自然科学、发明、科学技术进步三等奖，或者获得军队科学技术进步二等奖，或者多次获得军队科学技术进步三等奖项目的首要完成人，可以记三等功；功绩显著，有重要贡献的，或者获得国家自然科学、发明、科学技术进步二等奖，或者获得军队科学技术进步一等奖以上项目的首要完成人，可以记二等功，功绩卓著有重大贡献和影响的，或者获得国家自然科学、发明、科学技术进步一等奖以上项目的首要完成人，可以记一等功；

（十八）在医务卫生工作中，救死扶伤，热心为官兵服务，成绩突出，有较大贡献的，可以记三等功；功绩显著，有重要贡献的，可以记二等功；功绩卓著，有重大贡献和影响的，可以记一等功；

（十九）坚持文艺工作的正确方向，长期深入基层，深入边防、海岛、高原等艰苦地区，为部队服务，或者创作出优秀作品，为活跃部队文化生活，促进社会主义精神文明建设做出突出贡献的，可以记三等功；功绩显著，有重要贡献的，可以记二等功，功绩卓著，有重大贡献和影响的，可以记一等功；

（二十）在体育比赛中，个人或者集体的主力队员，在全国、全军运动会上取得优异成绩的，可以记三等功；在世界级或者亚洲运动会上取得优异成绩的，可以记二等功，在奥运会等重大世界级运动会上夺得金牌或者打破世界纪录的，可以记一等功；对取得上述成绩作出突出贡献的教练员，可以给予相应的奖励。

（二十一）在学习政治、军事、科学、文化、技术，履行职责、钻研业务，艰苦奋斗、廉洁奉公，遵纪守法、秉公执法，严格要求、科学管理，尊干爱兵、团组互助等方面，或者机关工作人员为首长正确决策提出重要建议等方面，表现突出，有较大贡献的，可以记三等功；功绩显著，有重要贡献的，可以记二等功；功绩卓著，有重大贡献和影响的，可以记一等功；

（二十三）其他方面表现突出，与上列各项记三、二、一等功的事迹、贡献和影响相当的，可以分别记三、二、一等功。

第十八条　单位遵守纪律，有下列表现之一的，按照下列规定给予记功：

（一）完成作战任务，战绩突出，或者完成作战保障任务，成绩突出，有较大贡献的，可以记三等功，战绩或者功绩显著，对作战胜利有重要贡献的，可以记二等功；战绩或者功绩卓著，有重大贡献的，可以记一等功；

（二）战备、训练工作落实，在重大军事行动或者完成军事训练以及各种执勤任务中，成绩突出，有较大贡献的，可以记三等功；功绩显著，有重要贡献的，可以记二等功；功绩卓著，有重大贡献和影响的，可以记一等功；

（三）在完成急难险重和其他特殊任务中，组织严密，作风顽强，不畏艰险，连续奋战，为保护国家、人民和军队的利益，做出突出成绩，有较大贡献的，可以记三等功；功绩显著，有重要贡献的，可以记二等功；功绩卓著，有重大贡献和影响的，可记一

等功

（四）在完成施工、生产任务中，周密组织，科学管理，成绩突出，有较大贡献的，可以记三等功；功绩显著，有重要贡献的，可以记二等功；功绩卓著，有重大贡献和影响的，可以记一等功；

（五）全面落实条令、条例，作风优良，纪律严明，令行禁止，秩序正规，团结紧密，士气高昂，连续多年无案件和等级责任事故，正规化建设成绩突出的，可以记三等功；功绩显著的，可以记二等功；功绩卓著，有重大影响的，可以记一等功；

（六）建设社会主义精神文明，培养有理想、有道德、有文化、有纪律的革命军人，或者在拥政爱民、支援国家经济建设、开展军民共建社会主义精神文明活动中，成绩突出的，可以记三等功；功绩显著的，可以记二等功；功绩卓著，有重大影响的，可以记一等功。

（七）加强基层全面建设，成绩突出，被集团军（相当等级的部队）或者海军舰队、海军航空兵、军区空军以及其他相当等级的单位树立为基层建设标兵连队、标兵单位的，可以记三等功；被军区级单位树立为标兵连队、标兵单位的，可以记二等功；功绩卓著，在全军有重大影响的，可以记一等功；

（八）圆满完成教学、科研任务，并在教学改革和科研中，取得突出成绩，对推动、指导教学工作和部队建设、国防建设有较大贡献的，可以记三等功；功绩显著，有重要贡献的，可以记二等功；功绩卓著，有重大贡献的，可以记一等功；

（九）文化、新闻、出版、体育等单位，坚持正确的政治方向，热心为部队服务，成绩突出，为国家和军队赢得荣誉的，可以记三等功；功绩显著，有重要贡献的，可以记二等功；功绩卓著，有重大贡献和影响的，可以记一等功；

（十）其他方面表现突出，与上列各项记三、二、一等功的事迹、贡献和影响相当的，可以分别记三、二、一等功。

第十九条　个人或者单位遵守纪律，在作战或者其他方面，功绩卓著，有特殊贡献，在军区级单位、全军、全国有重大影响和推动作用，堪称楷模的，可以授予荣誉称号。

第四节　奖励的权限

第二十条　对义务兵实施奖励的权限按照下列规定执行：

（一）嘉奖由连、营批准；

（二）三等功由团、旅批准；

（三）二等功由旅、师批准；

（四）一等功由集团军批准；

（五）荣誉称号由军区、中央军事委员会批准。

对士官实施奖励的权限按照下列规定执行：

（一）初级、中级士官，嘉奖由连、营，三等功由团、旅，二等功由旅、师，一等功由集团军，荣誉称号由军区、中央军事委会员批准；

（二）高级士官，嘉奖由营、团，三等功由旅、师，二等功由集团军，一等功由军区，荣誉称号由军区、中央军事委员会批准。

第二十一条　对军官、文职干部实施奖励的权限按照下列规定执行：

（一）排职和专业技术十四级军官，办事员级和专业技术十四级文职干部，嘉奖由连、营，三等功由团、旅，二等功由旅、师，一等功由集团军，荣誉称号由军区、中央军事委会员批准；

（二）连职和专业技术十三、十二级军官，科员级和专业技术十三、十二级文职干部，嘉奖由营，三等功由团、旅，二等功由旅、师，一等功由集团军，荣誉称号由军区、中央军事委员会批准；

（三）营职和专业技术十一、十级军官，科级和专业技术十一、十级文职干部，嘉奖由团、旅，三等功由旅、师，二等功由集团军，一等功由军区，荣誉称号由军区、中央军事委会员批准；

（四）团职和专业技术九、八、七（中级专业技术职务）级军官，处级和专业技术九、八、七（中级专业技术职务）级文职干部，嘉奖由师，三等功由集团军，二、一等功由军区，荣誉称号由中央军事委会员批准；副团职和专业技术九级军官，副处级和专业技术九级文职干部，旅可以批准给予嘉奖；

（五）师职和专业技术七（高级专业技术职务）、六、五、四级军官，局级和专业技术七（高级专业技术职务）、六、五、四级文职干部，嘉奖由集团军，三、二等功由军区，一等功、荣誉称号由中央军事委员会批准；

（六）军职和专业技术三级以上军官、文职干部，嘉奖由军区，三等功以上奖励由中央军事委员会批准；

（七）军区职以上军官的各项奖励，由中央军事委员会批准。

第二十二条　对单位实施奖励的权限按照下列规定执行：

（一）排以下单位，嘉奖由营，三等功由团、旅，二等功由旅、师，一等功由集团军，荣誉称号由军区、中央军事委会批准；

（二）连级单位，嘉奖由团、旅，三等功由旅、师，二等功由集团军，一等功由军区，荣誉称号由军区、中央军事委员会批准；

（三）营级单位，嘉奖由旅、师，三等功由集团军，二、一等功由军区，荣誉称号由军区、中央军事委员会批准；

（四）团级单位，嘉奖由集团军，三、二等功由军区，一等功、荣誉称号由中央军事委员会批准；

（五）旅级单位，嘉奖、三等功由军区，二等功以上奖励由中央军事委员会批准；

（六）师级单位，嘉奖由军区，三等功以上奖励由中央军事委员会批准；

（七）军级以上单位的各项奖励，由中央军事委员会批准。

对相当于营、团、师（旅）级的机关或者业务部门的奖励，分别按照对连、营、团级单位奖励的权限执行。

第二十三条　各总部、各军兵种、军事科学院、国防大学，执行军区的奖励权。

第二十四条　海军舰队、海军航空兵、军区空军以及其他相当等级的单位，可以批准副营职和专业技术十一级军官，副科级和专业技术十一级文职干部以及连级单位的一等功；副团职和专业技术九级军官，副处级和专业技术九级文职干部以及营级单位的二等功；副师职和专业技术七级（高级专业技术职务）军官，副局级和专业技术七级（高级专业技术职务）文职干部以及团级单位的三等功；副军职和专业技术三级军官、文职干部以及旅级单位嘉奖。

第二十五条　相当于连、营、团、旅、师、集团军级的单位，分别执行连至集团军的奖励权。

第二十六条　各级司令部、政治部（处）、后勤（联勤）部（处）、装备部（处）以及其他相当等级的机关对直属单位、所属部门和人员，执行下一级部队（分队）的奖励权。

第二十七条　对从地方初中、高中毕业生和部队士兵中招收的院校学员实施奖励，按照对士兵奖励的权限执行；对从地方大专、本科毕业生中招收的尚未定级的院校学员实施奖励，按照对排职军官奖励的权限执行；对军官和文职干部学员实施奖励，按照其入学前所任职务（专业技术等级）的奖励权限执行。

第二十八条　对有行政职务又有专业技术等级的军官、文职干部实施奖励，根据其主要事迹的性质，按照行政职务或者专业技术等级的奖励权限执行。

第二十九条　奖励通常应当按照奖励权限实施，因编制或者其他特殊情况，上级可以对下级越级实施。

第五节　奖励的实施

第三十条　奖励必须根据个人和单位执行任务的客观条件、事迹、作用和影响的大小，全面衡量，按照本条令规定的奖励项目、条件和程序，及时、正确地实施。

对个人或者单位的同一事迹只能给予一次奖励。

总政治部可以根据实际情况，规定具体的奖励比例。

第三十一条　实施奖励应当按照下列程序办理：

（一）群众或者领导提名，并在适当范围以会议形式进行群众评议，提出受奖人员和单位以及奖励项目的建议；

（二）党委（支部）召开会议，研究决定受奖对象和奖励项目；超过本级奖励权限的，报上级党委审定；

（三）在党委研究决定三等功以上奖励之前，本级政治机关对奖励事迹进行核实；

（四）根据党委（支部）决定，由批准单位的军政首长实施奖励。

在特殊情况下，首长可以直接决定对部属实施奖励，但事后应当向党委（支部）报告并对此负责。

第三十二条　对离开原单位，被组织派遣参加集训和执行临时任务的人员，时间超过半年，达到奖励条件的，可以由临时所在单位，按照规定的权限实施奖励；时间不足半年达到奖励条件的，由临时所在单位将其事迹向原单位介绍，由原单位统一衡量，视情实施奖励。

设有临时党委（支部），时间超过半年的临时单位，可以按照上级明确的权限，对达到奖励条件的所属人员实施奖励；时间不足半年的，对达到奖励条件的所属人员可以将其事迹向原单位介绍，由原单位统一衡量，视情实施奖励。

第三十三条　奖励决定，以书面或者口头方式下达，在队列前或者会议上宣布，也可以书面传阅或者只向受奖者宣布。书面下达的奖励决定，嘉奖和三、二、一等功采取通令形式；荣誉称号采取命令形式。书面和口头下达的奖励决定，必须填写《奖励登记（报告）表》（式样见附录二、三）。对个人奖励宣布后，应当将《奖励登记（报告）表》、奖励通令或者命令，以及其他有关的奖励材料归入本人档案。

第三十四条　实施奖励的单位，应当及时宣扬受奖者的先进事迹，情况允许时，可以召开庆功授奖大会，以鼓励和教育部队。

第三十五条　获得三等功以上奖励的个人，应当及时向其家庭所在地人民政府或者入伍前所在工作单位寄发受奖通知书，并向其家庭寄发喜报。

第三章　处　分

第一节　处分的目的和原则

第三十六条　处分的目的在于严明纪律，教育违纪者和部队，加强集中统一，巩固和提高部队战斗力。

第三十七条　处分应当坚持下列原则：

（一）依据事实，惩戒恰当；

（二）惩前毖后，治病救人；

（三）纪律面前人人平等。

第二节　处分的项目

第三十八条　对士兵的处分项目：

（一）警告；

（二）严重警告；

（三）记过；

（四）记大过；

（五）降职或者降衔（衔级工资档次）；

（六）撤职或者取消士官资格；

（七）开除军籍。

前款规定的处分项目，依次以警告为最低处分，开除军籍为最高处分。降职不适用于副班长；降衔不适用于列兵和各级士官；降衔级工资档次不适用于最低衔级工资档次的各级士官；降职或者降衔（衔级工资档次）通常只降一职或者一衔（一档）。

第三十九条　对军官、文职干部的处分项目：

（一）警告；

（二）严重警告；

（三）记过；

（四）记大过；

（五）降职（级）或者降衔（级）；

（六）撤职；

（七）开除军籍。

前款规定的处分项目，依次以警告为最低处分，开除军籍为最高处分。第（五）项中，降职（级），即降低非专业技术军官、文职干部的职务等级和专业技术军官、文职干部的专业技术等级；降衔（级），即降低军官军衔和文职干部的级别等级。

降职（级）不适用于排职和专业技术十四级军官，办事员级和专业技术十四级文职干部；降衔（级）不适用于少尉军官和九级文职干部。降职（级）、降衔（级）通常只降一职（级）或者一衔（级）。对被撤职的军官、文职干部，至少降低一职（级）待遇（不适用于排职和专业技术十四级军官、办事员级和专业技术十四级文职干部）。

第四十条　军官、文职干部、士官，当年受本条令规定的记过以上处分的；擅自离开工作岗位连续时间较长的；任职命令公布后，未经组织批准，无正当理由逾期不到职的，其职务（专业技术）等级工资、军衔（级别）工资、士官军衔工资，从翌年一月起，停止定期增资一年。具体实施办法，由总参谋部、总政治部、总后勤部、总装备部规定。

第三节　处分的条件

第四十一条　对违反纪律，有下列行为之一，尚不够刑事处罚的，按照下列规定给予处分：

（一）散布有政治性错误的言论，撰写、编著、出版有政治性问题的文章、著作，参加军队禁止的政治性组织或者政治性活动，情节较轻的，给予警告、严重警告处分；情节较重的，给予记过、记大过处分；情节严重的，给予降职（级）、降衔（级）至撤职、除名处分；

（二）作战消极，临阵畏缩，情节较轻的、给予记过、记大过处分，情节较重的，给予降职（级）、降衔（级）、撤职、取消士官资格处分；

（三）战时故意损伤无辜居民，或者故意侵犯居民利益，情节较轻的，给予记过、记大过处分；情节较重的，给予降职（级）、降衔（级）撤职、取消士官资格处分；

（四）虐待俘虏，情节较轻的，给予警告、严重警告处分；情节较重的，给予记过、记大过处分；情节严重的，给予降职（级）、降衔（级）、撤职、取消士官资格处分；

（五）不执行上级的命令和指示，有令不行，有禁不止，情节较轻的，给予警告、严重警告处分；情节较重的，给予记过、记大过处分；情节严重的，给予降职（级）、降衔（级）、撤职、取消士官资格处分；

（六）消极怠工，无故不参加学习、工作、训练、执勤等，情节较轻的，给予警告、严重警告处分；情节较重的，给予记过、记大过处分；情节严重的，给予降职（级）、降衔（级）至撤职、除名处分；

（七）工作失职，造成损失，情节较轻的，给予警告、严重警告处分；情节较重的，给予记过、记大过处分；情节严重的，给予降职（级）、降衔（级）、撤职、取消士官资格处分；

（八）弄虚作假，欺上瞒下，造成不良影响和损失，情节较轻的给予警告、严重警告处分；情节较重的，给予记过、记大过处分；情节严重的，给予降职（级）、降衔（级）、撤职、取消士官资格处分；

（九）违反规章制度、操作规程，造成责任事故或者其他损失，情节较轻的，给予警告、严重警告处分；情节较重的，给予记过、记大过处分；情节严重的，给予降职（级）、降衔（级）、撤职、取消士官资格处分；

（十）违反国家和军队的保密规定，造成失密或者泄密，情节较轻的，给予警告、严重警告处分；情节较重的，给予记过、记大过处分；情节严重的，给予降职（级）、降衔（级）、撤职、取消士官资格处分；

（十一）擅离部队或者逾假不归，时间较短、情节较轻的，给予警告、严重警告处分；时间较长、情节较重的，给予记过、记大过处分；时间过长、情节严重的，给予降职（级）、降衔（级）至撤职、除名处分；

（十二）打架斗殴或者参加聚众闹事，情节较轻的，给予警告、严重警告处分；情节较重的，给予记过、记大过处分；情节严重的，给予降职（级）、降衔（级）至撤职、除名处分；

（十三）酗酒滋事，妨碍正常秩序，情节较轻的，给予警告、严重警告处分；情节较重的，给予记过、记大过处分；情节严重的，给予降职（级）、降衔（级）、撤职、取消士官资格处分；

（十四）参与赌博，情节较轻的，给予警告，严重警告处分；情节较重的，给予记过、记大过处分；情节严重的，给予降职（级）、降衔（级）至撤职、除名处分；

（十五）调戏、侮辱妇女或者发生不正当性行为，情节较轻的，给予警告，严重警告处分；情节较重的，给予记过、记大过处分；情节严重的，给予降职（级）、降衔（级）至撤职、除名处分；

（十六）观看、传播淫秽物品，情节较轻的，给予警告，严重警告处分；情节较重的，给予记过、记大过处分；情节严重的，给予降职（级）、降衔（级）、撤职、取消士官资格处分；

（十七）盗窃、诈骗公私财物，情节较轻的，给予警告，严重警告处分；情节较重的，给予记过、记大过处分；情节严重的，给予降职（级）、降衔（级）至撤职、除名处分；

（十八）违反武器装备管理规定，遗弃、损坏装备，擅自销售、出借或者私存装备物品，情节较轻的，给予警告，严重警告处分；情节较重的，给予记过、记大过处分；情节严重的，给予降职（级）、降衔（级）、撤职、取消士官资格处分；

（十九）违反《中国人民解放军内务条令》有关军容风纪和军人行为规范的规定，情节较重的，给予警告至记大过处分；情节严重的，给予降职（级）、降衔（级）处分；

（二十）造谣诽谤，诬陷他人，情节较轻的，给予警告、严重警告处分；情节较重的，给予记过，记大过处分；情节严重的，给予降职（级）、降衔（级）、撤职、取消士官资格处分；

（二十一）侮辱、打骂、体罚或者变相体罚部属，情节较轻的，给予警告、严重警告处分；情节较重的，给予记过，记大过处分；情节严重的，给予降职（级）、降衔（级）、撤职、取消士官资格处分；

（二十二）利用职权，打击报复或者刁难给自己提过批评意见或者向上级反映问题、提出控告（申诉）的同志，情节较轻的，给予警告、严重警告处分；情节较重的，给予记过，记大过处分；情节严重的，给予降职（级）、降衔（级）、撤职、取消士官资格处分；

（二十三）在战友、人民群众的生命财产或者国家公共财产遇到危险时，见危不救，情节较轻的，给予严重警告处分；情节较重的，给予记过、记大过处分；情节严重的，给予降职（级）、降衔（级）、撤职、取消士官资格处分；

（二十四）利用职权侵占士兵、部属的经济利益或者公共财物，情节较轻的，给予警告、严重警告处分：情节较重的，给予记过、记大过处分；情节严重的，给予降职（级）、降衔（级）、撤职、取消士官资格处分；

（二十五）贪污、行贿，情节较轻的，给予警告、严重警告处分；情节较重的，给予记过、记大过处分；情节严重的，给予降职（级）、降衔（级）、撤职、取消士官资格处分；

（二十六）挪用、隐瞒、私分公款公物或者在其他方面违反财经纪律，情节较轻的，给予警告、严重警告处分；情节较重的，给予记过、记大过处分；情节严重的，给予降职（级）、降衔（级）、撤职、取消士官资格处分；

（二十七）参与经商或者偷税漏税，情节较轻的，给予警告、严重警告处分；情节较重的，给予记过、记大过处分；情节严重的，给予降职（级）、降衔

（级）、撤职、取消士官资格处分；

（二十八）转业、退伍、调动（分配）工作时，无正当理由不按照规定时间报到（离队）的，给予警告、严重警告处分；不服从组织决定，无理取闹，干扰正常秩序的，给予记过、记大过处分；情节严重的，给予降职（级）、降衔（级）、撤职、取消士官资格处分；

（二十九）其他方面违反纪律，其性质，情节同上列违纪行为相当的，分别给予警告至撤职、除名处分。

第四十二条　对违反纪律，有下列情形之一的，应当开除军籍：

（一）已构成危害国家安全罪的；

（二）故意犯罪，被判处五年以上有期徒刑、无期徒刑、死刑的；

（三）被判处有期徒刑不满五年的人员或者过失犯罪被判处五年以上有期徒刑的人员在服刑期间，或者被劳动教养的人员在劳动教养期间，抗拒改造，情节严重的；

（四）违反纪律，情节严重，影响恶劣，已丧失军人基本条件的。

第四十三条　对触犯刑律，构成犯罪，依法追究刑事责任的人员，不适用本条令第四十二条规定给予开除军籍处分的，应当给予降职（级）、降衔（级）至撤职、除名处分。

第四节　处分的权限

第四十四条　对义务兵实施处分的权限按照下列规定执行：

（一）警告由连批推；

（二）严重警告由营批准；

（三）记过、记大过、降职、撤职由团、旅批准；

（四）除名、开除军籍由集团军批准。

对士官实施处分的权限按照下列规定执行：

（一）初级、中级士官、警告由连，严重警告由营，记过、记大过、降职、撤职由团、旅，除名、开除军籍由集团军批准；

（二）高级士官，警告由营、严重警告由团、旅，记过、记大过、降职、撤职由旅、师，除名、开除军籍由集团军批准。

实施取消士官资格处分，按照选取士官的审批权限执行。

对士兵实施降衔（衔级工资档次）处分，按照《中国人民解放军现役士兵服役条例》规定的士兵军衔授予、晋升的批准权限执行。

第四十五条　对军官、文职干部实施处分的权限按照下列规定执行：

（一）排职和专业技术十四级军官，办事员和专业技术十四级文职干部，警告由营，严重警告、记过和记大过由团、旅，开除军籍由军区批准；

（二）连职和专业技术十三、十二级军官，科员级和专业技术十三、十二级文职干部，警告和严重警告由团、旅，记过和记大过由旅、师，开除军籍由军区批准；

（三）营职和专业技术十一、十级军官，科级和专业技术十一、十级文职干部，警告、严重警告、记过和记大过由旅、师，开除军籍由军区批准；

（四）团和专业技术九、八、七（中级专业技术职务）级军官，处级和专业技术九、八、七（中级专业技术职务）级文职干部，警告、严重警告、记过、记大过由集团军，开除军籍由军区批准；

（五）师职和专业技术七（高级专业技术职务）、六、五、四级军官，局级和专业技术七（高级专业技术职务）、六、五、四级文职干部，警告、严重警告、记过、记大过由集团军，开除军籍由中央军事委员会批准；

（六）军职以上和专业技术三级以上军官、文职干部的各项处分，由中央军事委员会批准。

实施降职（级）、撤职处分，取消军官、文职干部身份，按照《中华人民共和国现役军官法》和中央军事委员会规定的军官、文职干部任免权限执行；实施降衔处分，取消军官军衔，按照《中国人民解放军军官军衔条例》规定的权限执行；实施对文职干部的降级别等级处分，按照总政部规定的权限执行。

对高级专业技术职务的军官、文职干部实施降职（级）、降衔（级）或者撤职处分，应当报总政治部备案。

第四十六条　各总部、各军兵种、军事科学院、国防大学执行军区的处分权。

第四十七条　海军舰队、海军航空兵、军区空军以及其他相当等级的单位，可以批准副团职和专业技术九级以下军官，副处级和专业技术九级以下文职干部的开除军籍处分；正团职、副师职和专业技术八、七、六级军官，正处级、副局级和专业技术八、七、六级文职干部的警告、严重警告、记过、记大过处分。

第四十八条　相当于连、营、团、旅、集团军级的单位，分别执行连至集团军的处分权。

第四十九条　各级司令部、政治部（处）、后勤

（联勤）部（处）、装备部（处）以及其他相当等级的机关对直属单位和所属部门的人员，执行下一级部队（分队）的处分权。

第五十条　对离开原单位，被组织派遣参加集训和执行临时任务的人员，在此期间违反纪律的，由临时所在单位征求其原单位意见后，按照规定的权限实施处分。

第五十一条　对从地方初中、高中毕业生和部队士兵中招收的院校学员实施处分，按照对士兵处分的权限执行；对从地方大专、本科毕业生中招收的尚未定级的院 校学员实施处分，按照对排职军官处分的权限执行；对军官、文职干部学员实施处分，按照其入学前所任职务（专业技术等级）的处分权限执行。

第五十二条　对有行政职务又有专业技术等级的军官、文职干部实施处分，按照其中较高的行政职务或者专业技术等级的处分权限执行。

第五十三条　处分通常应按照处分权限实施，因编制或其他特殊情况，上级可以对下级越级实施。

第五节　处分的实施

第五十四条　处分应当根据违纪者所犯错误的事实、性质、情节以及影响，本人一贯表现和对错误的认识等情况，按照本条令规定的处分项目、条件和程序，慎重实施。

对于一人同时犯有两种以上违纪行为的，应当合并处理，加重给予处分。

对一次处理的一种或者多种违纪行为只给予一次处分。

第五十五条　有下列情形之一的，可以从轻或者减轻处分：

（一）主动交待错误，或者主动退还赃款、赃物的；

（二）主动检举共同违反纪律中他人的错误并经查证属实的；

（三）主动挽回损失和影响，或者积极阻止危害后果发生、发展的。

第五十六条　有下列情形之一的，应当从重或者加重处分：

（一）隐瞒或者拒不承认错误，以及伪造、销毁、藏匿证据的；

（二）在二人以上共同违反纪律中起主要作用的；

（三）包庇共同违反纪律人员中他人的错误或者阻止他人检举、交待错误，提供证据的；

（四）其他干扰、妨碍查处违纪行为的。

第五十七条　实施处分应当按照下列程序办理：

（一）由首长组织或者承办机关负责，对违纪者的违纪事实进行查证，并写出书面材料；

（二）党委（支部）召开会议，研究决定对违纪者的处分；超过本级处分权限的，报上级党委审定；

（三）根据党委（支部）决定，由批准单位的军政首长实施处分。

在紧急情况下，首长可以直接决定对部属实施处分，但事后应当向党委（支部）报告，并对此负责。

第五十八条　对违纪者应当及时处理，一般在发现违纪行为四十五日以内给予处分。情节复杂或者有其他特殊情况，需要延长时限时，应当报上级批准。

第五十九条　处分决定宣布前，应当同受处分者见面，听取本人意见。受处分者如果对处分不服，可以在处分决定宣布后十日内提出申诉。在申诉期间不停止处分的执行。

第六十条　处分决定以书面或者口头下达，在队列前、会议上宣布，也可以书面传阅或者只向受处分者宣布。书面下达的处分决定采取通令形式。书面和口头下达的处分决定，必须填写《处分登记（报告）表》（式样见附录四）。处分宣布后应当将《处分登记（报告）表》、处分通令以及其他有关的处分材料归入本人档案。

对受处分者应当说服教育，热情帮助，做好思想工作，不得歧视、侮辱、严禁打骂、体罚或者变相体罚。

第六十一条　违纪人员受警告、严重警告处分满六个月，受记过、记大过处分满十二个月，受降职（级）或者降衔（级）处分满十八个月，受撤职处分满二十四个月，确已改正错误的，不再因受到处分而影响其晋职（级），晋衔（级）。有特殊贡献的，可以不受上述时限的限制。

第六十二条　对符合除名条件，又符合劳动教养条件的士兵，应当先劳动教养，期满后再予以除名。

第六十三条　军官、文职干部要求提前退出现役，未获组织批准，经教育仍坚持错误要求的，或者因此擅离部队和逾假不归的，给予降职处分或者取消其军官、文职干部（取消军官身份的人员，同时取消其军官军衔）作退出现役处理。

第六十四条　对被除名的士兵，取消其军衔，原有职务自然撤销，不得享受国家对退出现役军人的优待。离队时不予办理退伍手续，由批准机关出具证明并派专人遣送。

人民武装部对被除名的士兵，应当在本县（市、区）范围内予以通报。

第六十五条　对被开除军籍的人员，取消其军衔和服役期间获得的奖励，原有职务、级别自然撤销，不得享受国家对退出现役军人的各种优待。离队时不予办理退伍手续，由批准机关出具证明并派专人遣送。

人民武装部对被开除军籍人员，应当在本县（市、区）范围内予以通报。

第四章　特殊措施

第一节　行政看管

第六十六条　行政看管是维护秩序，制止严重违纪行为和预防事故、案件发生的措施。

第六十七条　对有打架斗殴、聚众闹事、酗酒滋事、持械威胁上级或者他人，违抗命令、严重扰乱正常秩序等行为的人员，或者确有迹象表明可能发生逃离部队、自杀、行凶等问题的人员，可以实行行政看管。

第六十八条　行政看管的时限，一般不超过七日，如需要延长时间，应当报上级批准，但累计不得超过十五日。

第六十九条　实施行政看管的批准权限按照下列规定执行：

（一）义务兵和初级、中级士官，由团（旅）长、政治委员批准，也可以由单独驻防的营或者独立营营长、政治教导员批准；高级士官，由师（旅）长、政治委员批准；

（二）排职和专业技术十四级军官，办事员级和专业技术十四级文职干部，由团（旅）长、政治委员批准；

（三）连职和专业技术十三、十二级军官，科员级和专业技术十三、十二级文职干部，由师（旅）长、政治委员批准；

（四）营、团职和专业技术十一、十、九、八、七（中级专业技术职务）级军官，科、处级和专业技术十一、十、九、八、七（中级专业技术职务）级文职干部，由集团军军长、政治委员批准；

（五）师职和专业技术七（高级专业技术职务）、六、五、四级军官，局级和专业技术七（高级专业技术职务）、六、五、四级文职干部，由军区司令员、政治委员批准；

（六）军职以上和专业技术三级以上军官、文职干部，由中央军事委员会主席批准。

军区司令员、政治委员以下各级首长按照规定的权限批准实施行政看管，应当同时报上级备案。

对从地方初中、高中毕业生和部队士兵中招收的院校学员实施行政看管，按照对义务兵和初级、中级士官行政看管的批准权限执行；对从地方大专、本科毕业生中招收的尚未定级的院校学员实施行政看管，按照对排职军官行政看管的批准权限执行；对军官、文职干部学员实施行政看管，按照其入学前所任职务（专业技术等级）的行政看管批准权限执行。

各总部、各军兵种、军事科学院、国防大学的正职首长，执行军区司令员、政治委员的行政看管批准权。

海军舰队、海军航空兵、军区空军以及其他相当等级单位的正职首长，可以批准对正团、副师职和专业技术八、七、六级军官，正处、副局级和专业技术八、七、六级文职干部实施行政看管。

相当于营、团、旅、师、集团军级单位的正职首长，分别执行营至集团军正职首长的行政看管批准权。

各级司令部、政治部（处）、后勤（联勤）部（处）、装备部（处）以及其他相当等级机关的正职首长，对直属单位和所属部门的人员，执行下一级部队（分队）正职首长的行政看管批准权。

各级副职首长代理正职首长职务时，执行正职首长的行政看管批准权。

解除行政看管的批准权，按照行政看管的批准权限执行。

在特殊情况下，上级正职首长可以越级批准或解除下级实施的行政看管。

第七十条　对士兵实施行政看管，由各级司令机关承办。对军官、文职干部实施行政看管，由各级政治机关承办（行政看管审批表式样见附录五）。

第七十一条　对被行政看管人员，应当进行教育，不得虐待、侮辱、打骂体罚。对其问题应尽快查清，妥善处理，并根据其所犯错误的事实、性质、情节和被行政看管期间的态度，给予适当的处分或者免予处分。

第七十二条　对被行政看管人员，通常应当单独看管。看管场所室内应当备有床、凳、桌以及有关学习材料，具备一般生活、卫生和安全条件。

第七十三条　对被行政看管人员，准许其携带寝具、衣物和洗漱用品，佩带帽徽、肩章和军种（专业技术）符号；生病时，准其就医。

第七十四条　实施行政看管应当有专人负责。对被行政看管人员，应当填写《行政看管登记表》（式样见附录六）。

被行政看管人员必须服从管理，认真检查错误，遵守有关规定。

第二节　其他措施

第七十五条　驻城镇的部队、省军区（卫戍区、警备区）、军分区、县（市、区）人民武装部，以及派驻车站、港口、机场的军事代表机构，在本辖区以及所在地发现其他单位的军人有功绩时，应当主动向其所在单位提出奖励的建议；发现其他单位的军人违反纪律或者扰乱社会秩序时，应当劝阻和制止，制止无效或者情节严重的，可以暂时予以扣留，及时通知当地警备（卫戍）部门或者其所在单位处理。

第七十六条　当违反纪律的军人处于神志不清、精神失常、伤病严重或者醉酒状态时，应当先行照管或者治疗，待其神志清醒、脱离危险后，再行处理。

第七十七条　军人发现临阵脱逃、投敌叛变、行凶杀人的犯罪行为，来不及报告时，应当采取紧急措施予以制止，事后立即报告首长，并对此负责。

第五章　控告和申诉

第七十八条　控告和申诉是军人的民主权利，其目的在于充分发挥群众的监督作用，保护军人的合法权益，维护军队严格的纪律。

第七十九条　军人对违法违纪者有权提出控告；认为给自己的处分不当或者合法权益受到侵害，有权提出申诉。

控告和申诉应当忠于事实。

第八十条　控告和申诉可以按级或者越级提出。越级控告和申诉一般应当以书面形式提出。

第八十一条　被控告者有申辩的权利，但不得阻碍控告者提出控告，更不得以任何借口打击报复。对打击报复者，应当给予处分。

第八十二条　各级首长和机关接到军人的控告和申诉后，必须及时查明情况。对于控告和申诉属实的，应当从速恰当处理；对错告和不合理的申诉，应当说明情况，澄清是非；对于诬告或者无理取闹的，应当予以追究。

对于确属处分错误的，应当及时予以纠正，为其恢复名誉，消除影响，赔礼道歉；造成经济损失的，应当给予相应赔偿。

第八十三条　各级首长和机关对控告和申诉的处理期限（自收到之日起），按照下列规定执行：

（一）旅、团以下不得超过二十日；

（二）集团军、师不得超过三十日；

（三）军区以上不得超过四十五日。

对重大、复杂问题的调查核实如需超出前款规定的期限，经上级批准，可以适当延长，但累计时间一般不得超过六十日。

第八十四条　各级首长和机关对军人的控告和申诉，应当给予保护，不得扣留或者阻止。对申诉人不得因申诉而加重处分。不得将控告材料转交给被控告者，更不得袒护被控告者。

第八十五条　对控告的申诉和处理结果，应当及时通知控告或者申诉者，并由处理单位登记归档（控告、申诉登记表式样见附录七）。

第六章　首长责任和纪律监察

第八十六条　各级首长负有维护纪律的直接责任。

各级首长应当以身作则，严于律己，严格遵守和执行纪律；经常对部属进行纪律教育，增强官兵的法纪观念；有针对性地进行作风纪律整顿，解决本单位在纪律建设方面存在的突出问题。

各级首长应当对下级实施纪律监察，并自觉接受上级的监察以及下级和群众的监督。对发现违纪行为制止不力或者不予制止的，应当给予批评或者给予处分；对带头违反纪律的，应当从重给予处分。

第八十七条　各级首长必须按照本条令规定的条件和程序，正确地实施奖惩，对滥施奖惩或者利用奖惩以权谋私的，应当给予批评或者给予处分。

第八十八条　各级首长应当对下级维护纪律和实施奖惩的情况定期检查及时发现和处理存在的问题。

团以下单位的首长每半年、师（旅）以上单位的首长每年应当对维护纪律、实施奖惩的情况进行检查和总结，并向上级报告。

旅、团首长每年应当向军人代表会议，营、连首长每半年应当向军人大会，报告维护纪律实施奖惩的情况，听取官兵的意见，接受群众的监督。

上级首长对下级实施的错误奖惩，一经发现和查实，应当予以纠正和撤销。纠正与撤销的权限和程序，按照实施奖惩的权限和程序办理。

第八十九条　各级机关应当履行职责，加强对下级机关，部队的纪律监察和监督。

第九十条　旅、团军人代表会议、连队军人委员会，应当履行职责和正确行使民主权利，对首长，机关执行和维护纪律、实施奖惩的情况实行监督，如实反映群众的意见和要求，敢于批评和揭露不良的倾向以及违法乱纪行为。

第七章　附　则

第九十一条　本条令所说的以上，以下、以内、均包含本级、本数。

第九十二条　对编内职工和企业、事业单位职工的奖惩办法，由总参谋部，总政治部、总后勤部、总装备部另行制定。

笋九十三条　奖章、奖状、奖旗、立功受奖证书和喜报，由总政治部制发或者规定式样。

第九十四条　中国人民武装警察部队参照本条令执行。

第九十五条　本条令由总参谋部、总政治部负责解释。

第九十六条　本条令自发布之日起施行。一九九0年六月九日中央军事委员会发布的《中国人民解放军纪律条令》即行废止。

附　录

附录一　三大纪律、八项注意

附录二　个人奖励登记（报告）表

附录三　单位奖励登记（报告）表

附录四　处分登记（报告）表

附录五　行政看管审批表

附录六　行政看管登记表

附录七　控告、申诉登记表

《中国人民解放军内务条令》经修改后发布施行

《解放军报》2002 年 4 月 1 日报道，中央军委主席江泽民于 2002 年 3 月 23 日发布［2002］军字第 11 号令：《中央军委关于修改〈中国人民解放军内务条令〉的决定》已经 2002 年 3 月 15 日中央军委常务会议通过，现发布施行。具体修改内容如下：

一、第十九条修改为："士兵的专业职责，由总部或者军区、军兵种制定。"

二、第二十四条第一句修改为："中国人民解放军的各级首长，对所属部队（分队）的作战、行政管理、思想政治工作、后勤和装备工作等负完全责任。"第（六）项修改为："领导后勤和装备工作。"

三、第二十六条第（七）项修改为："领导后勤和装备工作。"

四、第三十六条中的"装备技术处（部）"均修改为"装备处（部）"；"装备技术工作"、"技术工作"均修改为"装备工作"；"技术保障"均修改为"装备保障"；"技术装备"均修改为"装备"；"技术训练"修改为"装备保障训练"；"技术保养"修改为"装备保养"；"技术修理分队"修改为"装备技术分队"。

五、第六十七条修改为："司令部、政治部（处）、后勤（联勤）部（处）、装备部（处），是部队军事、政治、后勤、装备工作的领导机关，应当在本级首长的领导下，按照各自的职能和分工，密切合作，互相支持，协调一致地进行工作。"

六、第八十五条第（三）项修改为："军人着军服时，应当戴军帽。戴大檐帽、作训帽时，男军人帽檐前与眉同高，女军人帽稍向后倾。戴贝雷帽时帽徽位于左眼上方，帽口下缘距眉一指，帽顶向右下倾斜。戴绒（皮）帽时，护脑下缘距眉，男军人为一指，女军人为三指。水兵帽稍向右倾，帽墙下缘距右眉一指，距左眉两指。大檐帽饰带应当并拢，并保持水平。士兵大檐帽风带不用时应当拉紧并保持水平。大檐帽、水兵帽松紧带不使用时，不得露于帽外。"

第（4）项后增加："长、短袖制式衬衣与夏裤（水兵裤）、裙配套穿着时，通常戴贝雷帽，不系领带，不扣第一个钮扣；礼仪场合戴大檐帽，系领带（海军男士兵戴水兵帽，不系领带）。"

七、第八十七条修改为："军人非因公外出，女军人怀孕期间和给养员外出采购时，应当着便服。"

八、第九十四条第一款修改为："军人着军服进入室内通常脱帽。脱帽后，无衣帽钩时，立姿可以将大檐帽夹于左腋下（帽顶朝外，帽徽朝前）；坐姿置于桌（台）前沿左侧或者膝上（帽顶向上，帽徽朝前），也可以置于桌斗内。宿舍内军帽可以统一放在床铺上。戴贝雷帽脱帽不便放置时，将帽左右向内折叠，置于左肩袢下（帽顶向上，帽徽朝前）。"

九、第九十八条修改为："军人不得到地方的酒吧、网吧、发廊、按摩室、桑拿浴室、录像厅、歌舞厅和电子游艺厅等场所消费娱乐。严禁军人涉足不健康场所。"

十、第一百一十一条修改为："除工作需要并经师（旅）以上首长批准外，军人不得使用移动电话、寻呼机等通信工具。

经批准持有移动电话，寻呼机的军人，在办公场所或者参加会议、训练以及其他集体活动时，应当将移动电话，寻呼机关闭。"

十一、第一百一十四条修改为："军人不得经商，不得从事本职以外的其他职业和有偿中介活动。"

十二、第一百四十九条修改为："连队其他登记统计的内容，由总参谋部，总政治部，总后勤部、总装备部规定。"

十三、第一百六十九条修改为："义务兵在服役期内，应当劝说亲属不要来队。"第（三）项修改为："军人亲属来队的留住时间：服役期内的义务兵，其直系亲属不超过七天；士官和军官，其配偶一般不超过四十五天，其他直系亲属一般不超过十天。士官和军官配偶来队如因特殊情况需延长留住时间，应当经团以上首长批准，但最长不得超过六十天。"

十四、第一百七十条修改为："军官证、文职干部证、士兵证、军人通行证和外出证等证件由制发部门统一印制、发放。军官证、文职干部证、士兵证、军人通行证应当注明有效期。军人使用公民身份证件时，应当严格遵守国家和军队的有关规定。军人不得使用与实际身份不相符的证件。"

十五、第一百七十八条增加一款，作为第一款："严禁将移动电话带入作战室、情报室、机要室、通信枢纽、涉密会场、军用飞机和舰船、重要仓库、导弹发射阵地等场所。在设有有线通信工具的场所工作时，不得使用移动电话办理公务。严禁使用移动电话、寻呼机谈论、传送涉密信息。军队开设的寻呼台不得发送涉密信息。"

十六、第一百八十一条第（二）项修改为；"团以上部队的司令部、政治部（处）、后勤（联勤）部（处）、装备部（处），通常分别建立机关值班制度。师级以下部队司令部值班可以与作战值班合一。"

十七、第一百八十四条第一款第一句修改为；"司令部、政治部（处）、后勤（联勤）部（处）、装备部（处）的机关值班员，由各机关直接首长指定的人员轮流担任。"

第三款修改为："师以上机关业务部门值班的组织和职责，按照有关条例规定执行，无条例规定的，由总部、军区、军兵种首长规定。"

十八、删去第二百五十三条第三款。

十九、第十七章章名修改为"营区及房地产管理"；本条令中的"营产"一律修改为"房地产"。

二十、第二百六十五条第（七）项修改为："按照规定经批准对外开放的门诊部、服务社、招待所、礼堂等场所，应当与军事行政区隔开。"

二十一、第二百七十三条修改为"营房、营具、设备必须落实维护保养制度，实行周期维修、责任管理，防止损坏，丢失、延长使用年限，确保使用安全。土地使用权证、房屋所有权证等房地产档案应当有专人管理。"

二十二、第三百二十三条修改为："各军兵种可以根据本条令制定有关规章。"

二十三、第三百二十五条修改为："本条令由总参谋部、总政治部、总后勤部、总装备部负责解释。"

二十四、附录五第（二）项修改为："肩章　军官、学员、士官着常服、礼服、大衣时，佩带肩章；着制式衬衣、作训服时，佩带软肩章。义务兵一律佩带套式肩章。"第（三）项增加一款，作为第一款；"士官肩章：金属折杠沿肩章纵轴呈直线等距分布，折角朝外，间距为 0.5 厘米，外侧金属折杠折角距肩章下端为 0.5～0.8 厘米，肩章符号置于肩章扣眼与内侧金属折扛间居中位置。"

二十五、附录六第（一）项修改为："夏服着装分为五种：

夏 1 号着装：夏常服、大檐帽；

夏 2 号着装：长袖制式衬衣、夏裤（裙）、大檐帽，系领带；

夏 3 号着装：长袖制式衬衣、夏裤（裙）、贝雷帽，不系领带；

夏 4 号着装：短袖制式衬衣、夏裤（裙）、大檐帽，系领带；

夏 5 号着装：短袖制式衬衣、夏裤（裙）、贝雷帽，不系领带。"

本决定自发布之日起施行。《中国人民解放军内务条令》详见 2002 年 4 月 1 日的《解放军报》。

颁布施行新的军事训练条例　《解放军报》2002 年 9 月 12 日报道，中央军委主席江泽民日前签署命令，将新修改的《中国人民解放军军事训练条例》发布全军部队贯彻施行。

这是中国人民解放军第二代训练条例。新颁发的《训练条例》共 9 章 100 条，对训练指导思想、方针、任务各级党委和首长的职责、军官和士兵的训练义务、训练的组织与实施、考核与评定、训练保障以及奖励与处分作了全面的规范，对我军军事训练赋予了更加鲜明的时代特征和更加丰富的内涵。

新条例与原条例相比，有几个显著的变化：第一，新条例把邓小平理论和江总书记"三个代表"重要思想作为军事训练根本指导思想，按照江主席提出的关于新时期军队建设要始终关注"打得赢"、"不变质"两个历史性的课题和思想，把"打得赢"、"不变质"列入了军事训练的总目标。这对于在军事训练领域里贯彻党的路线、方针、政策，使我军始终成为党领导下的革命军队，具有重大理论和实践意义；第二，新条例把科技兴训、依法治训纳入训练方针，把科技练兵、注重效益纳入训练原则，更加科学、全面、深刻地揭示了高技术条件下军事训练客观规律，反映了新时期军事斗争对军事训练提出的新要求、新标准，必将推动我军战斗力向更高层次发展；第三，新条例首次规范了四总部组织领导军事训练的职责，并且把总部机关的训练作为军事指挥整体系统一个重要组织部分，作了职责的规范，从法规上体现了必须把军事训练作为经常性的中心工作的治军思想，从法规上保证总部机关谋划指导军队建设和组织指挥军事斗争能力的提高；第四，新条例首次在军事法规中明确了军人的训练义务，要求军人必须参加军事训练，完成军事训练任务，具备履行本职岗位必需的军事知识和能力；第五，新条例充分吸取了近几年全军科技练兵的成果，创新了许多新内容。比如，在训练对象、训练任务、训练组织实施等方面对联合作战训练作了原则规定，使联合作战在训练基本法中得以明确。又如，对军事训练六个基本任务的新规范，以及适应训练内容、手段和方法的新发展，增加了对基地训练、模拟训练、网络训练的要求等，丰富和发展了军事训练的内涵。

下发《关于加强和改进政治干部培训工作的意见》　《解放军报》2002 年 1 月 21 日报道，为做好新形势下的军队政治工作，提高政治干部队伍的整体素质，根据《现役军官法》逐级培训的新要求，总参、总政日前下发了《关于加强改进政治干部培训工作的意见》。

《意见》指出，在社会主义市场经济不断推进，军队建设处于跨越式发展，军事斗争准备深入进行的新形势下，进一步加大政治干部培训工作的力度，培养和造就一大批政治坚定、视野开阔 、素质复合、善于创新的新型政治干部，对于履行思想政治建设“两个提供”的历史使命具有十分重要的意义。各类院校在加强和改进政治干部培训工作中，要以邓小平理论和江总书记“三个代表”重要思想为指导，以军事斗争准备为牵引，以提高整体素质为目的，坚持着眼长远、按需培训、突出重点、训用一致的原则，更新观念，深化改革，统筹规划，积极挖潜，不断增强政治干部培训工作的针对性和有效性。

按照《现役军官法》逐级培训的要求，《意见》对政治指挥干部、政治机关干部、政治教研干部的培训和轮训作了明确规定：在军队院校初、中、高三级培训制的基础上，增加非作战部队团级政治指挥干部的培训任务，新增晋升营级、晋升师级、晋升大军区级职务的培训任务，纳入《全军军官院校训练任务规划》；按照各级政治机关干部进出更替的规律，明确了总部、大军区、军和师级以下政治机关干部送校的培训比例，并对学制作了相应调整；明确军队政治工作学专业教员的晋职前培训由军队院校承担，哲学、经济学、法学等通用专业教员的晋职前培训，军队院校不能满足需要时，可依托普通高校实施。

《意见》对各级各类院校进一步改革教学内容、教学方法、考试考核制度和教学管理提出了具体思路。按照抓住根本的、精选管用的、吸纳最新的、关注现实的要求，设置政治理论、政治干部培训的教学方法和手段，大力倡导专题式、案例式、研讨式教学方法，大力加强实践性教学环节，大力推广多媒体技术、网络技术等高科技教学手段，增大教学的信息量，增强教学的时代感、针对性和说服力。根据不同的对象和内容，综合运用闭卷、答辩、演讲、撰写论文、岗位设计、平时作业、评语鉴定等多种考试考核形式。建立和完善激励机制，鼓励学员发奋学习。加强教材建设，尽快形成一个理论观点正确、内容结构科学、时代特征鲜明、具有军队特色、适合不同政治干部培训班次需要的教材体系。

总参、总政要求各级党委、政治机关和院校要采取有力措施，抓好政治干部培训工作落实。要科学拟制和认真落实政治干部调学计划，在确定培训班次、下达调学计划时，要向重点方向和重点部队倾斜，首先保证应急机动作战部队政治干部培训的需要。要认真落实训用一致，不断增强政治干部培训效益。要严格按程序和条件选送政治干部培训对象，切实把综合素质好、有培养前途的干部送到院校培训。要加强对政治干部培训工作特点和规律的研究，抓好，跟踪了解和监督检查，及时发现和解决问题，确保各环节工作落到实处。

颁发《关于军队领导机关工作人员插手干预基层敏感事务的处理规定（试行）》　《解放军报》2002 年 7 月 8 日报道，经中央军委批准，总政治部、军委纪委近日颁发了《关于军队领导机关工作人员插手干预基层敏感事务的处理规定（试行）》。全文如下：

第一条　为加强军队党组织和领导机关的作风建设，严肃党纪军纪，维护基层正常工作秩序，促进基层风气建设，增强部队的凝聚力、战斗力，根据《中国共产党纪律处分条例（试行）》，制定本规定。

第二条　本规定适用于军队团以上单位的领导干部及其机关工作人员（以下简称领导机关工作人员）。

第三条　本规定所称“插手干预”，是指领导机关工作人员利用职务或者工作之便，直接或者间接指使、授意下级在处理基层敏感事务中，违反政治规定，为其亲友或者他人谋取不正当利益的行为。

第四条　本规定所称“基层敏感事务”，是指为基层官兵所关注、与基层建设和官兵切身利益密切相关的工作事项。主要包括：

（一）干部职务任免、专业技术职务评审任命和等级晋升、调动、奖惩、送学、交流、转业、复员；

（二）义务兵选取士官、士官等级晋升，士兵学习技术、入学、入党、调动、奖惩、退役；

（三）征接新兵；

（四）其他直接涉及基层官兵切身利益的工作事项。

第五条　领导机关工作人员插手干预基层敏感事务的，应当给予批评教育。具有下列情形之一的，根据情节，给予党内警告或者严重警告处分；构成犯罪的，依法追究刑事责任；

（一）在干部职务任免、专业技术职务评审任命和等级晋升、调动、奖惩、送学、交流、转业、复员中，违反政策规定的；

（二）将不符合条件的士兵吸收入党、选取为士官及晋升士官等级、安排学习技术、送入军校学习的；

（三）非因工作需要将基层人员调离参战、执行特殊任务或者驻艰苦边远地区部队，或者在其他非正常调动中发生问题的；

（四）影响基层单位对违纪违法问题公正处理的；

（五）将不合格人员征入部队的；

（六）收受请托人钱物的；

（七）对托请人或者托请单位所办请托事项不满意而打击报复的；

（八）其他插手干预基层敏感事务，应当给予处分的。

第六条　领导机关工作人员插手干预基层敏感事务为亲友或者他人所谋取的不正当利益，经查实后，由有关单位或者部门予以取消。

第七条　在处理基层敏感事务中，被请托办理有关事项的基层单位、人员，应当坚持原则，向请托人说明有关政策规定，对不符合政策规定的请托事项，应当予以抵制。对不加抵制，违反政策规定办理请托事项的主要责任人员，应当视情节轻重，参照本规定第五条的规定给予相应处分。

第八条　中国人民武装警察部队领导机关工作人员插手干预基层敏感事务的处理，依照本规定执行。

第九条　本规定由总政治部、军委纪委负责解释。

第十条　本规定自发布之日起施行。

颁发现役军官职务任免条例　《解放军报》2002年1月15日报道，中央军委主席江泽民日前签署命令，批准颁发《中国人民解放军现役军官职务任免条例》。

《中国人民解放军现役军官职务任免条例》是我军历史上正式颁发的第一部军官职务任免条例，适用于排级至大军区级军事、政治、后勤、装备现役军官职务的任免。

《条例》以邓小平理论和江泽民总书记“三个代表”重要思想以及军队建设的一系列重要论述为指针，适应新形势下军队改革、发展的需要，从军队干部队伍实际情况出发，体现党和国家干部人事制度改革的基本精神，总结全军在干部选拔任用工作中的有效做法，吸收近年来新出台的一些政策规定，以程序为主线，贯穿原则，体现方法，具有较强的操作性。《条例》的颁发，将进一步推进军官队伍革命化、年轻化、知识化、专业化建设，为我军打赢未来高技术战争、保持人民军队性质提供坚强有力的组织保证。

《条例》是在1997年颁发的《中国人民解放军团级以上领导干部职务任免暂行条例》的基础上制定的，主要内容包括军官职务任免的程序、军官的考核、后备干部、军官职务的晋升、军官的调整交流和任职回避、军官职务的免除、军官职务任免工作的纪律与监督等，共九章六十九条。

《条例》在明确军官职务任免必须坚持的原则的基础上，适应新的形势和任务，对军官职务任免的各个方面作出了统一和规范。其中最主要的内容是：明确各级军官职务任免研究上报的权限，规定政治机关提名和党委集体讨论的步骤，从程序上保证军官职务任免工作公正、有序的进行；通过规范办事的程序，细化军官考核办法，明确民主推荐和个别谈话听取群众意见的范围，进一步扩大选人用人中的民主，保证尊重群众公论的原则真正得到落实；明确军官考核结果等次的基本标准，规定军官晋升职务的资格和条件，特别是明确军官提前晋升、越职晋升的具体情形，规定军官调任下级职务的条件，进一步建立健全激励机制；规定军官职务任免工作在推荐、考核、提名、任用四个环节上实行责任制，提出对用人失察失误有关责任者进行追究的处理方法，健全监督制约机制，防止和克服军官选拔任用工作中的不正之风。

总政治部要求全军和武警部队各级党委、政治机关要严格用《条例》规范军官职务任免工作，努力提高军官队伍建设的水平。

切实维护军人及其家属合法权益　《解放军报》2002年1月11日报道。全国双拥工作领导小组、最高人民法院、最高人民检察院、公安部、民政部、司法部和总政治部日前联合发出《关于重视解决部队官兵涉法问题，维护军人及其家属合法权益的通知》，要求各地各部队坚决按照有关法律规定妥善处理官兵涉法问题，切实维护部队官兵及其家属的合法权益，为加强国防和军队建设创造良好的法制环境。

通知指出，军队是执行特殊政治任务的武装集团，担负着保卫国家安全、抵御外来侵略，维护祖国统一的神圣使命。妥善处理官兵涉法问题，维护部队官兵及其家属的合法权益，直接关系到社会政治稳定，关系到军队建设和发展，关系到军政军民团结的巩固和加强。各地要依法优先、积极稳妥地处理官兵涉法问题。要对本地区部队官兵涉法问题进行一次全面清理，在法定时限内及时立案和处理，确保部队官兵及其家属的合法权益得到有效保护。要建立和完善维护部队官兵及其家属合法权益的工作机制。各级双拥工作领导小组办事机构要发挥维护部队官兵及其家属合法权益的协调职能，加强对这项工作的督促检查。地方人民法院要依法及时妥善处理涉军案件，案件较多的有关法院在其相关的审判庭可以从实际出发，组成涉军案件合议庭，并逐步建立相应的工作机制。司法行政机关要大力鼓励、指导法律援助机构和法律服务机构，协调和处理官兵及其家属的涉法问题。要定期帮助部队开办法律和法律骨干培训班，采取多种形式进行法律常识教育，提供法律服务，提高官兵法律意识，依法保护官兵及其家属的合法权益。

通知强调，要切实加强对处理部队官兵涉法问题的组织领导。各地、各部队要把维护部队官兵及其家属合法权益作为一项重要工作纳入议事日程，常抓不懈。要广泛开展维护军人及其家属合法权益的宣传教育，增强广大军民的国防观念和法律意识。各级双拥工作领导小组要把维护军人及其家属合法权益作为双拥工作的重要内容，纳入双拥模范城（县）考核标准。民政部门要对现役军人优抚安置政策落实情况定期检查，及时研究解决存在的问题。省军区系统要发挥桥梁纽带作用，协调有关部门妥善解决官兵涉法问题。各部队要加强遵纪守法的宣传教育，增强官兵的法律意识。人民法院、人民检察院、公安机关、司法行政机关对侵害军人合法权益的案件，要积极采取有效措施，依法及时处理。有关部门应建立工作联系制度，加强部门间的协调配合，加大监督检查的力度，对官兵及其家属涉法问题处理不力、推诿拖延、造成严重后果的要追究有关领导和主要的责任人员的责任。

建立优秀专业技术人才岗位津贴制度 《解放军报》2002 年 9 月 10 日报道，经中央军委批准，从 2002 年起我军建立优秀专业技术人才岗位津贴制度。总政治部、总后勤部日前联合发出通知，对优秀专业技术人才岗位津贴遴选数量、范围、条件、程序以及津贴标准、发放办法等作了明确规定。

全军共遴选岗位津贴对象 3000 名，主要在高等教育、科学研究、工程和卫生技术四个系列，从事高、新、尖科技领域和学科专业技术一线的科技干部中遴选。岗位津贴分为三个类别，享受不同的津贴标准。其中一类岗位津贴对象 300 名，每人每月 5000 元；二类岗位津贴对象 700 名，每人每月 3000 元；三类岗位津贴对象 2000 名，每人每月 1000 元。

一、二类岗位津贴对象，主要在国家或军队级科研中心、重点实验室、重点建设学科、博士后流动（工作）站设站学科及军队高新武器科研论证机构和特殊装备技术保障单位遴选。三类岗位津贴对象，主要在参与武器装备的研制试验、使用维护、效能开发和作战、训练保障工作的研究所、院校、作战部队和各级机关直（附）属的装备技术保障单位遴选。

遴选工作每年开展一次，2002 和 2003 年各遴选总数的 1/2。从 2004 年起，采取进出平衡的方式进行滚动遴选。每个入选对象享受津贴期限为一年，期满后进行考核，优秀的可重新参加遴选，连续享受。

遴选工作在党委的统一领导下，由政治机关负责。有关业务部门配合进行。每年由总部下达遴选指标，各单位按照遴选范围和条件遴选上报。一类岗位津贴对象由大军区级单位党委报总政治部审批；二、三类岗位津贴对象由大军区级单位党委审批，并报总政治部备案，入选对象以政治机关通知形式公布，岗位津贴按月随工资发放。

建立优秀专业技术人才岗位津贴制度，是我军贯彻江总书记“三个代表”重要思想，继设立全军专业技术重大贡献奖、作战部队优秀人才奖、院校育才奖等激励制度后，出台的又一激励优秀拔尖人才的新举措。

《中国人民解放军战役装备保障纲要》颁布施行

《解放军报》2002 年 10 月 22 日报道，中央军委主席江泽民日前签署命令，颁布施行《中国人民解放军战役装备保障纲要》。

《纲要》是我军装备管理体制调整后，中央军委制定和颁布的规范我军诸军种战役军团战时装备保障行动的第一部基本法规，是我军战役装备保障的基本依据，是我军新一代作战条令体系的重要组成部分。

《纲要》共设 11 章 378 条，覆盖了战役装备保障各个方面、各个层次和各个环节的活动，反映了高技术局部战争条件下战役装备保障的基本特征和规律，明确了战役装备保障的任务、地位作用、指导思想和基本原则，确定了战役装备保障体系与力量组织、战役装备保障指挥、战役装备保障勤务的基本内容，规范了联合战役、陆军战役、海军战役、空军战役和第二炮兵战役装备保障的基本方法，既适用于陆军、海军、空军及第二炮兵各级战役军团组织实施军种战役的装备保障和训练，也适用于战区、战区方向及集团军联合战役军团组织实施联合战役装备的保障和训练。

《纲要》规定，组织实施战役装备保障，必须以毛泽东军事思想、邓小平新时期军队建设思想和江泽民关于军队建设的一系列重要论述为指导，贯彻新时期军事战略方针，着眼高技术条件下战役特点和规律，围绕战役决心，统一筹划和运用装备保障力量，继承和发扬我军装备保障的优良传统，充分发挥军民结合，诸军种一体的整体保障威力，综合运用多种保障方式和手段，全面而有重点地为各种战役力量的作战行动提供及时、可靠的装备保障。

《纲要》明确了战役装备保障是战役的重要组成部分，对于保持和提高战役军团的作战能力、保证战役胜利具有重要作用。战役装备保障的基本任务是统一组织建制内、上级加强和地方支援的装备保障力量，在战略装备保障力量的支援下，实施装备的调配保障、技术保障和经费保障以及战场装备管理等活动，保障战役任务的顺利完成。

颁布施行《中国人民解放军边防会谈会晤条例》

《解放军报》2002 年 5 月 1 日报道，中央军委主席江泽民日前签署命令，颁布施行《中国人民解放军边防会谈会晤条例》。这是我军第一次颁布边防会谈会晤的专项条例，标志着军队边防会谈会晤工作开始走上规范化、法制化轨道。据总参有关部门负责人介绍，我国陆地与 15 个国家接壤，边界线长达 2.2 万余千米。在漫长的边界线上，拥有数十个边防会谈会晤站，负责处理与相邻国家的边境涉外事务。

为规范全军边防会谈会晤工作，提高边防部队处理边境涉外事务的能力，根据我军立法规划，中央军委决定颁布施行《中国人民解放军边防会谈会晤条例》。这个条例以毛泽东思想、邓小平理论、江泽民同志“三个代表”重要思想和国务院、中央军委关于军队及边防工作的一系列重要指示为指针，以《国防法》和有关边防政策规定为依据，从维护国家领土主权、利益和保持边境稳定出发，总结、研究了我军边防会谈会晤工作的经验、特点和规律，具有立足现实，着眼发展，突出重点、兼顾一般、便于操作等特点。

该《条例》是组织实施边防会谈会晤工作的基本依据，共分 10 章 52 条。条例明确了适用对象，边防会谈会晤的基本任务、地位、实施程序和要求等内容；规定了主管部门、边界代表、边防会谈会晤站的职责及边防会谈会晤的工作制度；明确了会谈会晤的时机、参加人员、联络方式、出入境办法、会谈会晤步骤、会后工作等。针对边防会谈会晤所涉及的各类问题，条例还明确了交涉处理相关问题的审批权限和边防会谈会晤人员的基本条件，选调、任用以及必须遵守的涉外纪律；对边防会谈会晤所需的通信器材、交通工具、经费、营房、外文书籍、音像资料等保障和奖惩问题也分别作出了明确的规定。

下发《关于加强和改进城市民兵工作的意见》

《解放军报》2002 年 8 月 16 日报道，中共中央、国务院、中央军委日前下发了《关于加强和改进城市民兵工作的意见》。《意见》强调，城市民兵建设是国防后备力量建设的重点，是国防现代化建设的重要方面。没有强大的城市民兵，就没有强大的国防后备力量，就没有强大的国防。必须把加强城市民兵建设作为一项长期的战略任务，切实抓紧抓好，努力开创新世纪我国城市民兵建设的新局面。

《意见》从国家改革发展稳定的大局和国防现代化建设战略全局的高度，对新形势下城市民兵建设作出了部署。《意见》共分五个部分：一、充分认识城市民兵的战略地位和作用；二、城市民兵建设的指导思想和原则；三、深化城市民兵工作改革；四、完善城市民兵工作管理体制；五、加强对城市民兵工作的领导。

《意见》指出，城市民兵建设必须以毛泽东军事思想、邓小平新时期军队建设思想、江泽民同志“三个代表”重要思想和关于国防与军队建设的一系列重要论述为指导，以党中央、国务院、中央军委关于国防后备力量建设的方针、原则为依据，遵循党管武装、坚持和完善民兵制度、平战结合、改革创新、依法建设的原则。城市民兵工作改革，要从民兵战时担负的任务着眼，充分考虑各城市所处的战略位置和经济发展等情况，调整民兵组织，强化政治工作，加强军事训练，改善武器装备，改进经费保障办法，努力建设一支政治可靠、组织健全、训练有素、装备良好的、保障有力的城市民兵队伍，确保执行任务时能够靠得住、拉得出、用得上。要根据城市管理体制改革发展情况和军事斗争准备的要求，适应建立现代企业制度和发展企业集团的新形势，完善企业人民武装工作领导体制，改进企业民兵工作管理办法，强化军分区（警备区）和市辖区（市）、街道（乡、镇）人民武装部的职能，建立健全城市民兵工作属地管理机制。

《意见》强调，做好城市民兵工作，加强国防后备力量建设，是各级党委、政府和各级军事机关的共同任务。要进一步处理好经济建设和国防建设的关系，做到统筹兼顾，相互促进，协调发展，在集中精力发展经济的同时，加强国防现代化建设，切实把城市民兵工作摆到战略位置。地方各级党委、政府要把民兵工作作为一项重要的任务，列入议事日程，纳入当地经济和社会发展规划，与政治、经济体制改革同步考虑。要坚持和落实党委议军等制度，认真贯彻落实党中央、国务院、中央军委关于国防后备力量建设的方针、政策和指示，及时研究决定本地区民兵建设的重大问题。要健全市、市辖区（市）党的人民武装委员会，设立街道党的人民武装委员会，主任由街道党（工）委书记兼任；各级人民武装委员会要加强对民兵工作的领导，积极协调有关部门，及时解决民兵建设中的重要问题，保证城市民兵工作顺利开展。兼任军分区（警备区）、市辖区（市）人民武装部党委第一书记的市、市辖区（市）委书记每年要向上级党委军事部进行“党管武装工作述职”并形成制度；各级党委组织部门在考察下一级党政分管民兵工作负责同志的工作实绩时，应当听取当地军事领导指挥机关的意见。党委、政府有关部门和行业管理体制系统要重视、支持民兵工作，积极创造条件，促进本系统、本单位民兵工作的落实；企事业单位党委要有一名领导同志分工负责人民武装工作，组织抓好本单位的民兵工作。要加强对各级干部特别是领导干部的国防教育，增强其国防观念；重视抓好企业的国防教育，增强企业履行国防义务和民兵工作职责的自觉性。要加强民兵工作法制化进程。各级军事机关要把加强民兵建设特别是城市民兵建设作为贯彻落实新时期军事战略方针的重要工作，切实抓紧抓好。

《意见》强调，要充分发挥城市民兵在两个文明建设中的作用，积极组织民兵参加企业改革、重点工程建设、维护社会治安和精神文明创建活动，实现用兵练兵强兵的有机结合，为改革开放和社会主义现代化建设贡献力量。

《军队营房保障社会化管理暂行规定》颁布施行 《解放军报》2002年12月8日报道，总参谋部、总政治部、总后勤部、总装备部日前下发《军队营房保障社会化管理暂行规定》，要求全军各大单位尽快建立与社会主义市场经济发展相适应的新型营房保障体系，将售房区逐步纳入地方社区管理，要在具备条件的公寓区和军事行政区实现物业管理，水电气暖保障要实现市政化，现有营房保障职工要移交地方。

《规定》共8章34条，对营房保障社会化的前期准备、物业保护与管理和营房保障社会化管理范围及项目等，进行了规范。

《规定》要求，营房保障社会化管理由营区使用管理单位后勤机关或售房区的业主委员会负责组织实施；售房区中非军产房屋的建筑面积超过总建筑面积的60%，应当成立业主委员会；社会化保障的组织者，确定承接管理服务的物业管理企业，应当采用招标方式；服务实体承包管理服务项目，经济上必须与军队脱钩，并在规定的时限内完成企业注册登记；服务实体进行企业注册登记，必须先与军队剥离，其职工同时随企业移交地方。

《规定》强调，实行营房保障社会化管理的军队单位，要加强组织领导和监督管理，完善保密措施，教育督促住用人员遵守有关物业管理规定；要建立以营房部门主要负责，人事劳动、财务、审计、军务、保密、宣传、保卫等部门参加的监督组织，依据有关法律、法规和合同约定，对于军产物业招标投标活动和合同的签订与履行等实施全程监督。各大单位后勤（联勤）机关，要组织专门力量，实施质量技术监督，确保物业的正常使用，确保营房保障社会化健康有序的进行。

《装备采购条例》颁布施行 《解放军报》2002年11月2日报道，中央军委主席江泽民日前签署命令，颁布实施《中国人民解放军装备采购条例》（以下简称《条例》）。这是我军装备管理体制调整后，中央军委制定和颁布的规范我军武器装备采购工作的第一部基本法规。

《条例》以邓小平理论和江主席关于装备建设一系列重要的论述为指导，从我军装备管理体制和装备采购管理实际情况出发，按照社会主义市场经济体制和政府采购制度的有关原则和要求，以实现装备现代化为宗旨，以提高部队战斗力为标准，以质量和效益为重点，结合我军装备采购的自身特点，并借鉴外军装备采购管理的经验和做法，明确了我军装备采购工作的基本任务，规定了我军装备采购工作应当遵循的指导思想和基本原则，规范了我军装备采购工作的基本内容、基本程序、基本要求和基本职责。

《条例》的颁发和施行，对于贯彻落实江主席关于装备建设要尽快建立和完善“四个机制”的重要指示精神；对于深化我军装备采购制度改革，科学规范我军装备采购制度改革，科学规范我军装备采购行为，建立与国家政府采购制度相衔接的装备采购工作管理体制和运行机制；对于促进装备采购整体效益的提高，保证采购的装备更好地适应军队建设和现代战争的需要；对于建立和完善我军装备采购法规体系，将发挥十分重要的作用。

颁布《军民通用车辆修理社会化保障规定》 《解放军报》2002年9月6日报道，总装备部向全军颁布实施新制定的《军民通用车辆修理社会化保障规定》，以规范军队部分军民通用车辆修理的社会化保障工作。

近年来，随着军队企业化保障工厂管理体制的调整，军队车辆维修保障人员编制员额和维修能力受到限制，在短时间内难以承担所有车辆的大修任务，而国内地方汽车维修行业已有条件承修部分军民通用车辆，在这种情况下，实行军民通用车辆修理社会化保障可以寓军于民，平战结合，充分利用社会资源为军队车辆装备技术保障服务。

为尽量减少车辆维修经费开支，有利于军队车辆维修保障力量的长远建设与发展，《规定》明确指出，适用于社会化保障的车辆暂限于军队车辆维修机构因力量所限保障不了的军民通用车辆的大修，如部分载重车和乘坐车等。

依照《规定》要求，只有经过国家行业主管部门推荐和军方资质审查，地方汽车维修单位才能成为军车的定点承修单位。车辆修理原则上仍采用“原车原件修理”方法，并按此制定车辆修理的结算价格。承修单位必须建立健全维修质量管理体系，修竣车辆一次总检合格率应不低于95%，返修率、退修率均不得超过5%。

总装备部要求全军部队在贯彻落实《军民通用车辆修理社会化保障规定》的过程中，要积极稳妥，逐步推广，结合部队实际，充分运用社会车辆修理保障力量，逐步建立军地一体的车辆装备保障体系，不断提高车辆修理保障能力和保障效益，确保部队车辆的完好率和战备率。

批转《总后勤部关于实行军队后勤保障社会化若干问题的意见》 《解放军报》2002年10月8日报道，中央军委主席江泽民日前签署中央军委文件，批转《总后勤部关于实行军队后勤保障社会化若干问题的意见》，要求全军各部队要以与时俱进的精神，切实加强领导，注重研究解决存在的问题，确保改革健康发展，确保改革目标如期实现。

军队后勤保障社会化，是江主席和中央军委从国家和军队建设战略全局作出的重大决策，是加强部队质量建设的有效途径，也是减轻国家负担，促进地方经济发展的重要举措。总后勤部根据军委提出的力争“十五”期间实现生活保障社会化改革目标，出台了这个《意见》。《意见》从改革范围、内容和标志、职工分流、经费保障、组织领导5个方面，提出了具体措施和要求。

关于改革单位范围，《意见》进一步界定为驻大中城市的军以上领导机关和非作战部队。《意见》规定，生活保障社会化的内容主要包括饮食保障、商业服务、营房保障等7个方面。《意见》还对实现上述内容，提出了具体要求和指标。

《意见》要求，“十五”期间全军职工总数要比“九五”末减少15%；要把接收安置职工作为选择合作方的重要条件，职工随保障岗位和项目走，彻底与军队脱钩；要采取“重组改制”的办法和按照《劳动法》的有关规定剥离、分流部分职工，鼓励职工自谋职业和自主创业。

《意见》强调，要适应后勤保障社会化的要求，通过深化职工管理制度改革，从5个方面加快实现与国家劳动人事制度改革全面接轨：一是事业单位划分标准接轨，二是用人制度接轨，三是工资分配制度接轨，四是职工保险制度接轨，五是职工职业培训考核制度接轨，为职工走向社会创造良好的政策环境。

《意见》提出，要通过转化现行标准经费中的相关经费、适当补助改革启动经费、分配国家税收补助经费、单位自筹经费等办法，解决改革中的经费保障问题。

《意见》强调，各级领导要以对军队建设负责、对历史负责的使命感和责任感，切实加强组织领导。各大单位要成立后勤保障社会化领导小组，各级联（后）勤司令部门综合协调，司、政、后、装有关部门积极配合，争取地方的支持与帮助；加大宣传教育力度，做好深入细致的思想政治工作，引导广大官兵和职工服从大局，转变观念，正确对待利益关系调整；加快法规制度建设，抓紧制定配套政策，尽快建立和形成与后勤保障社会化相适应的法规体系；加强后勤自身建设，尽快培养一批高素质的后勤保障社会化管理人才；高标准抓好检查落实，加强跟踪问效，做到有计划、有部署、有检查、有总结。

《后勤装备条例》正式颁布 《解放年报》2002年7月26日报道，中央军委主席江泽民日前签署命令，颁布施行《中国人民解放军后勤装备条例》。这标志着我军后勤装备工作开始进入科学化、规范化、法制化的新阶段。

《条例》全面贯彻江主席和中央军委关于军队建设和改革的决策指示，强调以新时期军事战略方针为依据，以提高后勤保障能力为标准，坚持质量第一、注重效益、量力而行、协调发展、平战结合、军民结合的方针，适应军事斗争准备对后勤装备工作的需求，规定其基本任务是：建立系统配套、精干高效的后勤装备体系，合理调配后勤装备，保持后勤装备经常处于良好的技术状态，保障军队执行作战、训练和其他任务的需要。

《条例》根据军队后勤装备体制和后勤装备管理的特殊性，对各级后勤（联勤）机关、后勤系统内部的职责分工以及总参、总政、总装分管有关后勤装备的部门在后勤装备工作中的职责分工都作了具体规定，形成了统一管理、按级分专业负责的管理体系，做到了后勤装备工作既与各级后勤职责任务相统一，又与各专业勤务保障相一致。

《条例》针对后勤装备体制工作的复杂性和统一性，对装备体制与装备建设中长期计划、科研、采购、日常管理以及奖励与处分等各个环节和主要方面进行了全面规范，是后勤装备工作的基本依据，适用于全军所有单位。

《条例》要求各级首长应当加强对后勤装备工作的领导，督促、指导后勤机关和所属部队认真履行职责，管好用好装备。从事后勤装备工作的人员，应当热爱本职，精通业务，恪尽职守，坚决完成任务。

颁布施行《中国人民解放军装备维修工作条例》 《解放军报》2002 年 6 月 26 日报道，中央军委主席江泽民日前签署命令，颁布施行《中国人民解放军装备维修工作条例》。这是我军装备管理体制调整后，中央军委制定和颁布的我军装备维修工作的第一部基本法规，是我军装备维修工作的基本依据。

《条例》共设 13 章 76 条，覆盖了我军装备维修工作各个方面、各个环节的活动。充分体现了新体制下我军装备维修工作的新情况、新特点和新要求。

《条例》明确了我军装备维修工作的地位、作用和任务，规定了我军装备维修工作应当遵循的指导思想和基本原则，规范了我军装备维修工作的基本内容、基本程序、基本要求和基本职责，对保障体制与组织、维修计划与经费、装备维护与修理、器材筹措与供应、保障设施与设备、技术管理与监督、专业人员与培训、科学研究与改革、战时保障组织与实施等各项工作，进行了宏观、总体规范，体现了我军装备维修工作统一领导、分工负责和系统管理的原则。

《条例》强调，装备维修工作必须以提高部队战斗力为标准，按照装备全系统、全寿命管理的要求，坚持以可靠性为中心，贯彻预防为主、科学维修、质量第一、注重效益的方针，遵循统一管理、平战结合、军民结合的原则，加强装备维修保障现代化建设，提高现代技术特别是高技术条件下局部战争装备维修综合保障能力和总体水平。

批转《总后勤部关于深化军队物资、工程、服务采购改革总体方案》 《解放军报》2002 年 1 月 10 日报道，中央军委日前批转了《总后勤部关于深化军队物资、工程、服务采购改革总体方案》。它标志着我军采购制度改革进入了总体设计、全面推进的新阶段，形成了与国家政府采购制度相适应，具有我军特色的采购制度框架。

军委领导对军队采购制度改革工作非常重视，提出了明确的要求。中央军委副主席张万年、迟浩田作出批示，指出这是我军后勤建设的一项重大改革，务必高度重视，加强领导，精心组织，稳步推进。

这次改革的总体思路和目标，就是以“三个代表”重要思想为指导，适应社会主义市场经济发展和打赢高技术条件下局部战争要求，遵循国家政府采购制度基本规则，立足现行体制编制，调整管理职能，理顺工作关系，建立规章制度，强化监督机制，基本实现采购活动规范化，采购队伍专业化，采购管理信息化，初步建立起具有我军特色的采购制度框架体系。改革的主要任务是，改革采购模式，把目前分散在各部门、各单位的采购项目，尽可能地集中起来，由专门的采购机构统一组织采购，逐步实现以集中采购为主的采购模式。改革采购方式，扩大招标采购范围。改革采购程序，实行分段管理的运行机制，对事业、财务、审计部门和采购机制的职能分工进行调整，实现相互制约、相互监督。

深化军队采购制度，是新形势下加强部队全面建设的一件大事，是适应社会主义市场经济发展的迫切要求，是促进党风廉政建设的重要举措。

走出一条投入较少、效益较高的军队现代化建设路子，是江主席给我们提出的明确要求，也是新时期我军后勤改革的重要目的。国内外的经验表明，向采购改革要效益，是大有潜力、大有作为的。大家一定要从军队建设和后勤改革的全局出发，以坚决的态度、得力的措施，严密组织实施，认真抓好改革。总部机关和各大单位，要切实履行职责，抓好配套建设，总部将尽快修订下发相关配套文件，各大单位要抓紧制定实施细则，修订有关规章制度，高标准、高质量地搞好采购制度改革。

（晓　军）

美国军事法制　美国《2001 年爱国者法案》简介 《外国军事学术》2002 年第 3 期江鄰报道，“9·11”事件后，为加大打击恐怖主义的力度，美国国会众参两院于 2001 年 10 月 24 日和 25 日分别通过名为《美国2001年爱国者法案》的反恐怖法，布什总统于10月26日在白宫签署该法案，使之成为打击恐怖主义的正式法律武器。与以前制订的反恐怖法案相比，新法案在以下5个方面有了新变化：

扩大执法部门的权限　法案允许调查人员窃听涉嫌恐怖分子的电话，并跟踪其互联网和电子邮件的使用。联邦调查局还有权对可疑分子的房间实行突然搜查而不必事先通知。法案还将减少《外国情报监视法案》中对国内调查的限制；取消对窃听行动的众多控制。此外，根据新法案，司法部门一旦认为外国人有卷入恐怖主义活动的嫌疑，在对他们提出犯罪指控和驱逐之前，可将他们拘留7天，而不是以前的2天。

加强对北部边境的控制　为防止恐怖分子从加拿大进入美国，法案规定把美加边界的巡逻人员和移民官员的人数增加到目前的3倍，并拨款5000万美元用于改善边检工作。

加强情报部门和犯罪调查机构之间的情报交流　法案允许联邦调查局、国务院、移民和归化局、中央情报局和其他承担反恐怖职能的政府部门之间分享数据信息，包括大陪审团庭审和窃听装置得到的信息。例如，如果国务卿或国会各专门委员会委员希望知道某申请签证或申请入境者是否有犯罪记录，司法部长和联邦调查局长应向其提供保存在国家犯罪信息中心的有关档案资料。

加大对恐怖活动的打击与处罚力度　由于“9·11”事件后在美国又出现了含有炭疽病菌的恐怖邮件，人们普遍对公共交通的安全和生物恐怖活动十分担心。为此，法案对在公共交通设施上实施的犯罪、密谋犯罪、以及生化恐怖活动加大了处罚和打击力度。犯有恐怖活动罪者最高可被判处死刑，而根据现行法律，恐怖活动不足以作为判处死刑的充分证据。此外，法案还将蓄意庇护恐怖分子定为犯罪行为，并处以与从事恐怖活动相同的处罚。特别值得注意的是，新法案将电脑犯罪也视为恐怖行为，电脑黑客最高将面临终身监禁的处罚，对被认定有罪的黑客将进行DNA采样，其样本将存入为谋杀和绑架罪犯建立的联邦DNA数据库。

给予财政部打击洗钱活动的新权力　法案允许财政部向境外国家和银行施压、要求它们提供关于储蓄者的信息。对不服从管束的境外银行，禁止美国银行与其发生业务往来。此外，财政部、司法部和联邦情报机构的官员在调查某恐怖事件、威胁或活动时可以调阅有关的纳税人资金方面的信息。

（白　雁）

俄罗斯军事法制　**颁布《对由于塞米巴拉金斯克试验场核试验遭受放射性影响的公民给予社会保障法》**　该法2001年12月21日由俄联邦国家杜马通过，12月26日获俄联邦委员会批准，2002年1月10日经俄联邦总统普京签署后颁布实施。该法共10条。本法旨在对由于塞米巴拉金斯克试验场核试验遭受放射性影响的公民给予社会保障，规定了1949～1963年期间生活在被俄罗斯联邦政府确认为遭受塞米巴拉金斯克试验场核试验影响的俄罗斯境内和境外居民点的公民及后代，根据受害程度享有的不同社会保障、优惠和补偿措施待遇。

颁布《战时状态法》　该法2001年12月27日由俄联邦国家杜马通过，2002年1月16日获俄联邦委员会批准，1月30日经俄联邦总统普京签署后颁布实施。该法共5章23条。第1章，总则。其中第1条指出，战时状态，是指在俄联邦遭到侵略或直接受到侵略威胁的情况下，依据俄联邦宪法由俄联邦总统宣布的在俄联邦境内或部分地区实行的特殊法律制度。第2章，战时状态制度及其保障；第3章，战时状态期间国家权力机关在保障战时状态制度方面的权力及其行使职能的特点；第4章，在战时状态期间公民和组织的法律地位；第5章，最后有关条款。

批准《俄联邦国家航空飞行安全部门相互协作程序》　该程序是俄联邦国防部长、内务部长、紧急状态部长、通信和信息化部长、国家海关委员会主席、联邦安全局长、联邦税务警察局长、联邦边防局长、国防运动技术组织中央委员会主席2002年2月26日联合命令的附录。俄《俄罗斯报》2002年5月18日刊登该程序全文，共18条。该程序规定了为保障俄联邦国家航空飞行器飞行安全，飞行安全部门相互协作的工作组织。其中第4条规定，制定相互协作程序的目的是为了规范飞行安全部门在解决下列问题时的工作：及时报告飞行事故；组织和进行飞行事故调查；评估飞行安全状况，保证联邦权力执行机构和各种组织能够获得这方面详细和客观的信息；制定组织、实施、管理和保障飞行的法律文件并保证它们的实施；清查、搜集、统计和分析飞行系统的危险因素，制定和实施消除这些因素的预防措施；监督涉及飞行安全的单位中飞行人员的活动；交换航空事故调查和实施预防航空事故措施的经验；在联邦权力执行机构和各种组织对飞行安全状况实施检查时，协调存在的问题并给予相互协助；与研究飞行安全问题和研制航空技术的组织开展相互协作；制定实施培训和提高飞行安全部门人员专业素质方面的措施。

批准《俄联邦领空飞行规则》 该规则是俄国防部长、交通部和航空航天局 2002 年 3 月 31 日联合命令的附录。俄《俄罗斯报》2002 年 8 月 13 日刊登该规则全文。该规则共 52 章，266 条。第一章，总则，指出该规则确定了有人驾驶民用、官方和实验飞行器在俄联邦领空飞行应遵守的一般程序。所有使用飞行器、服务（管理）空中交通、监督俄联邦领空使用规定执行情况的自然人和法人应遵守该规则。第 2 章，飞行种类；第 3 章，飞行最低标准；第 4 章，飞行安全高度；第 5 章，确定、维持和改变飞行高度；第 6 章，飞行一般要求和规则。第 7 章，飞行器在机场工作区域的运动；第 8 章，目视飞行规则；第 9 章，依靠仪器飞行规则；第 10 章，在机场区域的飞行；第 11 章，在待降区域的飞行；第 12 章，在空中干线和地方航线的飞行；第 13 章，穿越空中干线规则；第 14 章，航线飞行；第 15 章，边境地带领空飞行；第 16 章，在特殊地区的飞行；第 17 章，居民点上空飞行特点；第 18 章，从军舰（民船）甲板和气垫平台上的飞行；第 19 章，在航空作业区域的飞行；第 20 章，在紧急状态地区的飞行；第 21 章，搜救飞行；第 22 章，直升机飞行；第 23 章，水上飞机飞行；第 24 章，有人驾驶气球的飞行；第 25 章，超轻飞行器的飞行；第 26 章，牵引飞行；第 27 章，超音速飞行；第 28 章，表演飞行安全要求；第 29 章，编组飞行；第 30 章，空中加油；第 31 章，在结冰条件下的飞行；第 32 章，在暴雨条件下的飞行；第 33 章，在涡流条件下的飞行；第 34 章，在大气电流活跃条件下的飞行；第 35 章，在尘暴条件下的飞行；第 36 章，在山地条件下的飞行；第 37 章，在无导航地区和沙漠上空的飞行；第 38 章，在水面上空的飞行；第 39 章，在极地的飞行；第 40 章，在复杂鸟类情况条件下的飞行；第 41 章，低空和超低空飞行；第 42 章，在同温层的飞行；第 43 章，在出现安全威胁情况下的飞行规定；第 44 章，飞行遭遇意外气象条件；第 45 章，失去导航；第 46 章，在机场外迫降；第 47 章，导致必须改变飞行计划的系统故障；第 48 章，机上或地面无线电通信系统故障；第 49 章，无线电导航设备在飞行控制区、无线电技术设备在降落机场的故障；第 50 章，机组成员（乘客）身体状况意外恶化或者受伤；第 51 章，拦截飞机和违规飞机活动规则；第 52 章，机组与飞行控制部门无线电通信一般规则。

颁布《打击极端主义活动法》 该法 2002 年 6 月 27 日由俄联邦国家杜马通过，7 月 10 日获俄联邦委员会批准，7 月 25 日经俄联邦总统普京签署后颁布实施。俄《俄罗斯报》2002 年 7 月 30 日刊登该法全文。制定该法的目的是为了捍卫俄联邦公民的权利和自由、俄联邦宪法制度的基础、俄联邦的完整和安全。该法规定了打击极端主义活动的法律和组织基础，确定了实施打击极端主义活动的责任。该法共 17 条。第 1 条基本概念。指出，极端主义活动（极端主义）是社会团体和宗教团体，或其他组织、大众媒体、个人有计划、有组织地策划和实施的旨在：暴力改变俄联邦宪法制度的基础和破坏其完整性；破坏俄联邦安全；篡夺政权；建立非法武装；实施恐怖活动；以暴力或号召使用暴力，激化种族、民族和宗教间及社会矛盾；贬低国家尊严；出于意识形态、政治、种族、民族或宗教仇恨或敌意，以及对某个社会群体的仇恨或敌视，进行大规模骚乱和流氓活动；根据公民对宗教的态度，公民的社会、种族、民族、宗教或语言特征，宣扬公民不平等观念；宣传或公开展示纳粹标志或与纳粹标志类似的标志，达到造成混乱的程度；公开号召实施上述活动；资助上述活动或以其他方式帮助实施上述活动。第 2 条，基本原则。包括：承认、尊重和保护公民的权利和自由以及组织的合法权利；合法性；公开性；优先保障俄联邦的安全；优先采取旨在预防极端主义活动的各种措施；国家与社会和宗教团体、其他组织、公民合作打击极端主义活动；坚决惩处极端主义活动。第 3 条，打击极端主义活动的主要方向。包括：采取各种预防措施，包括查清和消除有利于极端主义活动产生的原因和条件；查清、警告和消除社会和宗教团体、其他组织、个人实施的极端活动。第 4 条，打击极端主义活动的主体；第 5 条，预防极端主义活动；第 6 条，预先警告不准实施极端主义活动。规定，在掌握关于正在策划的存在极端主义特征不法活动的足够和初步可靠的情报，并且在缺乏追究刑事责任证据的情况下，俄联邦总检察长或副总检察长，或者各级检察长或副检察长，有权书面预先警告社会或宗教团体或其他组织的领导人，以及其他有关个人，不准实施上述活动，并说明具体的理由。如果上述组织或个人不履行预先警告中提出的要求，将根据规定的程序追究其责任。可根据规定程序对预先警告向法院起诉。第 7 条，警告社会或宗教团体或其他组织不准实施极端主义活动。规定，在查明社会或宗教团体或其他组织活动中存在极端主义特征的事实的情况下，以书面形式提出警告，不准实施上述活动，并说明具体的理由。如果可以采取措施消除违法行为，警告中还可以规定消除上述违法行为的期限，从做出警告之日起，不少于两个月。警告由俄联邦总检察长或各级检察长做出，对社会或宗教团体的警告还可由联邦执法机构或地区执法机构做出。可根据规定程序对警告向法院起诉。如果没有向法院起诉，或者法院判决警告合法，以及在规定的警告期限内相关社会或宗教团体或其他组织没有消除违法行为，或者在做出警告之日起的十二个月之内，发现新的可以证明上述组织活动中存在极端主义特征的事实，该组织将被注销。如果社会或宗教团体不是法人，其活动将被禁止。第 8 条，警告不准通过大众媒体散布极端材料并以此实施极端主义活动；第 9 条，社会和宗教团体、其他组织实施极端主义活动应承担的责任；第 10 条，中止社会或宗教团体的活动；第 11 条，大众媒体散布极端材料和实施极端主义活动应承担的责任；第 12 条，禁止利用公众通信网络实施极端主义活动；第 13 条，打击极端主义材料的传播；第 14 条，国家公职人员实施极端主义活动应承担的责任；第 15 条，俄联邦公民、外国公民和无国籍人实施极端主义活动应承担的责任；第 16 条，禁止在公众活动进行过程中实施极端主义活动；第 17 条，在打击极端主义领域的国际合作。

颁布《选择性民役法》 该法 2002 年 6 月 28 日由俄联邦国家杜马通过，7 月 10 日获俄联邦委员会批准。俄《俄罗斯报》2002 年 7 月 30 日刊登该法全文。该法共 6 章，26 条。制定本法的目的是调整俄联邦公民行使宪法赋予的以选择性民役替代应征服兵役权利的关系。第 1 章，总则。其中第 1 条指出，选择性民役，是公民从事的替代应征服兵役的有利于社会和国家的一种特殊形式的劳动活动。第 2 条指出，公民服兵役有违其信念或宗教信仰，少数民族保持着传统的生活方式，从事传统的经营活动，有权以选择性民役替代应征服兵役；第 2 章，组织派送公民服选择性民役；第 3 章，服选择性民役；第 4 章，服选择性民役的公民的权利、义务和责任；第 5 章，退出选择性民役；第 6 章，最后条款。

批准《安葬牺牲（死亡）的边防军人、应征参加军训和解除军役人员程序条例》 该条例是俄联邦边防局 2002 年 7 月 22 日第 444 号命令的附录。俄《俄罗斯报》2002 年 9 月 17 日刊登该条例全文。该条例共 5 章，33 条。第 1 章，总则；第 2 章，葬礼组织程序；第 3 章，通知家属和履行安葬必要文件的程序；第 4 章，陪送至安葬地程序；第 5 章，举行仪式、制作和设立墓碑程序。

颁布《成立格罗兹尼卫戍军事法院和撤销诺里尔斯克卫戍军事法院法》 该法 2002 年 9 月 20 日由俄联邦国家杜马通过，9 月 25 日获俄联邦委员会批准，10月 8 日经俄联邦总统普京签署后颁布实施。俄《俄罗斯报》2002 年 10 月 11 日刊登该法全文。该法共 2 条。该法规定，格罗兹尼卫戍军事法院的管辖范围扩大到在车臣共和国境内部署、根据联邦法律规定实行军役的部队和机构所在的地区。撤销诺里尔斯克卫戍军事法院，将原属其管辖的司法问题交由克拉斯诺亚尔斯克卫戍军事法院管辖。

（窦晓兵）

俄罗斯《反恐怖斗争联邦法律》草案简介 《外国军事学术》2002 年第 3 期陈学惠报道，1998 年 7 月 3 日，俄罗斯国家杜马安全委员会通过《反恐怖斗争联邦法律》草案，并于 8 月 4 日正式公布生效。俄罗斯的“反恐怖法”旨在规定反恐斗争的法律基础和组织基础，它是与恐怖主义作斗争的专门法律，在整个反恐怖法律系统中起着牵头的作用。

“反恐怖法”由 8 章 29 款构成。第一章“总则”叙述了反恐斗争的法律基础、基本原则、基本概念以及国际合作等问题。第二章“反恐怖斗争的组织基础”，叙述了反恐斗争的目的、实施主体、主体的权限、主体的职能以及对反恐机构的协助等内容。第三章“反恐怖战役的实施”，叙述了反恐战役的指挥和领导、在反恐战役区域实行的法律制度、与恐怖分子的谈判等问题。第四章关于赔偿与社会抚慰，第五章关于对参加反恐人士的法律和社会保护，第六章关于参加恐怖活动所负的责任，第七章关于对实施反恐斗争的监督与检查，第八章结论。

关于概念。该法对恐怖主义、恐怖活动、恐怖行为、恐怖性质犯罪等与反恐相关的 12 个基本概念作了详细的解释。关于“恐怖主义”，该法给出的定义是“恐怖主义是指对自然人或组织使用暴力或威胁，以及毁灭（损坏）或威胁毁灭（损坏）财产和其他物质设施，从而造成致人死亡和大量财产损失或产生其他危及社会的后果的危险，目的是破坏社会安全，恐吓居民，或对权力机关施加影响以做出有利于恐怖分子的决定，或满足他们对非法财产的要求和（或）其他利益；谋害国务或社会活动家，以中止他们的国务活动或其他政治活动或对他们的这种活动进行报复；以挑起战争或使国际关系复杂化为目的，袭击享有国际保护的外国代表或国际组织工作人员，以及享有国际保护的人士的办公场所和运输工具。”关于“恐怖性质犯罪”，该法的解释是，“恐怖性质犯罪是指俄联邦刑法典第 205～208、277 和 360 条规定的犯罪。俄联邦刑法典规定的其他犯罪，如果是出自恐怖目的而实施的，也可列入恐怖性质犯罪。对实施这种犯罪的责任，应根据俄联邦刑法典予以追究。”这一定义体现了“反恐怖法”与刑法的联系与区别，同时，规定出恐怖目的而实施的其他犯罪也属恐怖性质犯罪。这就解决了确定恐怖性质犯罪方法，那就是，如果犯罪行为是以恐吓为手段或旨在通过恐吓来迫使某人进行有利于犯罪人的行动的话，这种行为就是恐怖行为。这种认定是国际公认的。

关于恐怖斗争的原则　该法提出了反恐斗争的8条基本原则，即：合法性；优先使用警告恐怖主义的措施；惩罚实施恐怖活动的不可逆转性；公开与非公开的反恐怖斗争方法相结合；综合利用法律、政治、社会经济、宣传等预防措施；优先保护因恐怖行动而遭到危险的人的权利；对恐怖 分子作最小的让步；在实施反恐战役时对所使用的人力物力实行一长制领导；尽量不声张实施反恐战役的技术方法和战术以及参加反恐战役的人员。这8条原则贯彻了惩治与预防相结合的基本理念。

关于反恐斗争的组织基础　组织问题是“反恐怖法”要解决的主要问题。“反恐怖法”首先要解决反恐斗争由谁领导、由谁实施、由谁协调、相互关系以及职能范围等问题。这些不属于刑法的调整范围，以往行政法规也没有明确的规定。“反恐怖法”规定：俄联邦政府是领导反恐斗争的基本主体；安全局、内务部、对外情报局、警卫局、国防部和边防局是反恐斗争的直接实施主体；其他部门由政府确定在自身职权范围内参与反恐；根据总统或政府的决定可在联邦和地区两级成立反恐委员会，联邦反恐委员会的基本任务之一是协调实施反恐的联邦执行权力机关的活动。

关于反恐战役的实施　这也是该法律的重点。该法规定组建联邦行动司令部来直接指挥反恐战役，主持行动司令部工作的可以是安全局代表，也可以是内务部的代表。在联邦主体和地区内也可以组建行动司令部。所有参与反恐战役的人员从战役发起之日起，便隶属于行动司令部的领导人。该领导人负责确定实施反恐战役的区域，使用参加战役的所有人力物力。在实施反恐战役的区域内要实行一些限制措施和检查措施。在与恐怖分子进行谈判时，不应向恐怖分子交出任何人员、向恐怖分子提供可对人的生命和健康造成威胁的武器和其他器材、物品，以及满足恐怖分子的政治要求等问题作为他们中止恐怖行为的条件加以讨论。与恐怖分子的谈判不能作为免于追究恐怖分子对所从事行为所负责任的理由和条件。

（白　雁）

其他国家军事法制　印度颁布《2001年防止恐怖主义法令》　《外国军事学术》2002年第3期万伟报道，2001年10月25日，印度政府根据同年9月28日联合国安理会通过的1373号反恐决议，结合本国国情，颁布了《2001年防止恐怖主义法令》（以下简称《法令》）。全文分为“总则”、“对恐怖活动的处罚和应对措施”、“恐怖组织”、“特别法庭”、“特别情况下截听通信”和“附则”等6章，共61条。主要内容包括：

对恐怖组织和恐怖活动的定义　《法令》对恐怖组织的定义是：“任何组织直接从事或参加恐怖活动，准备从事、推动或鼓励或以其他方式参与恐怖活动，即为恐怖组织。”并列出23个被宣布为恐怖组织的组织或团体。

《法令》对恐怖活动的定义是：“企图威胁印度的统一、完整、安全或主权，或企图在人民或任何一部分人中制造恐怖而使用炸弹、其他爆炸或易燃物质，武器、或其他致命武器、有毒化学气体或化学物质或任何其他有害性质的物质（无论是生物或其他物质）或以任何其他方式，导致或可能导致人员伤亡，或对任何公众财产造成损失和破坏，或致使对其社区生活至关重要的服务和供给造成停顿，或对用于或意欲用于保卫印度或与印度中央政府、邦政府或者其下属机构等意图有关的财产、设备造成破坏，或扣押任何人或威胁杀死或伤害这些人员以迫使政府或其他任何人不能或不敢采取任何行动而采取的任何行动和行为。”

对从事恐怖活动的组织和人员的处罚　《法令》对于从事恐怖活动者的处罚包括：(1) 若其行为导致人员死亡者，处死刑或终身监禁，并处罚金；(2) 其他情形下，处5年以上有期徒刑至终身监禁，并处罚金；(3) 凡阴谋或企图从事、煽动或提议从事恐怖活动或故意帮助恐怖活动，或准备实施恐怖活动者判处5年以上有期徒刑直至终身监禁，并处罚金；(4) 对在知情的情况下主动收容、窝藏或企图收容窝藏恐怖分子者，处3年以上有期徒刑至终身监禁，并处罚金；(5) 对任何参与恐怖活动的恐怖团伙或组织，或与恐怖活动相关的组织成员最高可判处终身监禁，或者处以最高100万卢比的罚金，或两者并罚；(6) 凡在了解来源的情况下拥有通过恐怖活动或恐怖活动资金得到财产者，处有期徒刑至终身监禁，或者处以最高100万卢比罚金，或两者并罚；(7) 凡对证人或任何可能作证的人使用暴力，或非正当地限制其自由，或对其采取任何其他非法手段者最高判处3年有期徒刑，并处罚金；(8) 凡收到和掌握他认为或确信有助于防止他人实施恐怖活动及对其实行抓捕、起诉和定罪目的的情报，无特殊理由未立刻向警方报告者，处1年徒刑或罚金，或两者并罚。

《法令》规定：凡未经授权拥有《武器条例》中规定的枪支弹药或包括生化物质在内的大规模毁伤武器，最高可判处终身监禁，或罚金100万卢比，或两者并罚。凡试图援助任何恐怖分子并违反《武器法》、《爆炸物法》、《易燃物品法》以及依据上述法律制定的相关法律中的任何条款者，将判处终身监禁并处罚金。

《法令》对拥有、获取恐怖主义收益、财产、资金等制定了具体定义和处罚措施。规定恐怖主义收益为"所有通过恐怖活动产生或获得的、或通过与恐怖活动有联系的资金获得的所有形式的财产和现金。"任何人拥有的恐怖主义收益均应由中央政府或邦政府予以没收或查封；规定"为恐怖组织寻求支持，包括提供现金和其他形式的物资支持"者将被判处最高10年徒刑，或罚金或两者并罚；规定"促请他人提供资金或其他财产，并且试图用于或有理由怀疑将被用于恐怖主义目的；收受资金或其他财产，并且试图用于或有理由怀疑被用于或可用于恐怖活动；提供资金或其他财产，并且或有理由怀疑其将被或可能被用于恐怖主义目的"，最高处以14年徒刑，或罚金或两者并罚；规定没收和查封恐怖主义收益不妨碍按照《法令》对当事人进行的其他处罚。

特别法庭的管辖权限和审判程序　《法令》规定，中央政府或邦政府可在一个或多个地区，就个案或某类或某批案件设立一个或一个以上的特别法庭。特别法庭由最高法院首席法官认可的法官主持。中央政府或邦政府经最高法院首席法官同意，亦可任命辅助法官行使审判权。

1. 关于管辖权限。《法令》规定，无论《刑事诉讼法》如何规定，凡违反《法令》的行为只能在对行为发生地有管辖权的特别法庭或依照相关条款设立的特别法庭审理。在邦政府和中央政府均设立特别法庭时，原由邦政府特别法庭审理的案件应移交中央政府设立的特别法庭审理，即中央政府设立的特别法庭拥有对在该地区任何违法案件的管辖权。当对任何一个特别法庭的管辖权有疑问时，应由中央政府做出最后裁决。《法令》规定，特别法庭依照本法令对任何违法的审理应优先于任何其他法庭对涉及该被告案件的审理，并在其他法庭审理之前结案，而其他法庭此前应停止审理该案件。

然而，如果不可能进行公正或快捷的审判，被告、证人、公诉人和特别法庭的法官或他们其中的任何人的生活或安全受到威胁，最高法院可将由特别法庭审理的案件转交给该邦或任何其他邦的特别法庭审理，高等法院可以将该邦特别法庭任何待审理案件转交给该邦的任何其他特别法庭。

2. 关于审判程序。《法令》规定，特别法庭也可以依照《刑事诉讼法》，审理被告受审期间被控的其他与本案有关的犯罪指控。在依照本法令进行的任何审判过程中，如果发现被告触犯本法令或任何其他法律，特别法庭可按照本法令或其他条例或法律对其进行处罚。

规定特别法庭可以在收到基于违法事实的起诉或警方的事实报告后审理任何违法案件，而无需被告出庭。对于可以判处不超过3年有期徒刑或罚金或两者并罚的违法案件，特别法庭可依照《刑事诉讼法》规定的程序以简易程序进行审理。当特别法庭认为依照前款进行的简易审理不合适时，可依照《刑事诉讼法》中审理此类案件的方式重新审理案件。特别法庭在审理任何违法案件时拥有地方治安法庭拥有的所有权力，并依照《刑事诉讼法》治安法庭的规定程序审理案件。

英国《反恐怖主义、犯罪和保安法》法案简介

《外国军事学术》2002年第3期刘琳报道，"9·11"事件后，英国作为美国最重要和最坚定的盟友，面对恐怖威胁的不断增加，从主要针对北爱，转为主要针对国际恐怖活动进行反恐怖立法，并在对以往反恐怖法案进行修改的基础上，又通过新的《反恐怖主义、犯罪和保护法》法案。这部法案与以往类似法律的主要区别是：

进一步扩大了执法机关的权力　2000年通过的《2000年恐怖主义法案》已经给予英国执法机关相当大的权力。如警察可以未经准许逮捕任何被怀疑为恐怖分子的人；在有上级授权的情况下，可以进入并搜查被怀疑有恐怖分子的任何场所。新法在此基础上进一步扩大了警察和海关部门的权限。如他们可以要求乘客去掉面纱，以防止恐怖分子鱼目混珠，乘机逃脱；可以采取更强硬的方式将恐怖分子嫌疑犯驱逐出英国等。新法还消除了政府各部门交流信息和情报的障碍，使执法部门可自由调阅有关情报，并要求海关部门和财政部门及时向警方提供有关信息。

强调切断恐怖分子的经费来源新法规定，禁止从事恐怖活动的境外组织将英国作为基地从事非法筹款活动。禁止英国公民在境外从事为恐怖分子筹款的活动。在英国境内为支持恐怖组织而进行的洗钱、募集资金、征召成员等活动，均被视为违法行为并将受到法律制裁。政府还将成立专门的反恐怖财政机构，负责监测可疑用户、冻结可疑资产，在被授权时与欧盟伙伴国的警方及其他法律部门合作，更好地打击恐怖活动。

加大打击计算机恐怖活动的力度 新法明确规定，严重干扰或破坏电子系统、对政府或公众造成了恶劣影响的行为是恐怖行为，电脑黑客也被列为恐怖分子的行列。这个法案给予警方打击电脑犯罪的更大的权力，警方可在没有拘捕证的情况下，扣押嫌疑人48小时。

加强对移民的审查与管理 针对英国内至少100万的非法移民，以及以往对移民的审查不严和疏于管理为恐怖分子藏匿所提供的便利，英国在新的反恐怖法中，强化了移民机构的反恐怖职能，完善了对非法移民处理的相关规定。

高度重视打击使用核生化武器恐怖活动 新法为防止恐怖分子获取、生产、使用和传播核生化武器和相关材料，增加了涉及核生化武器的内容，扩大了国防部和原子能部门的相关权限。新法还规定：以恶作剧为目的，但涉及核生化及放射性武器的人，可被判处最多7年的监禁；而在此之前，对恶作剧者的处罚仅限于爆炸装置恶作剧。

法国反恐怖法修正案简介 《外国军事学术》2002年第3期原颖报道，美国遭遇“9·11”恐怖袭击后，法国政府于2001年10月向国会提交了一项新的反恐怖法修正案，这项修正案于11月得到批准并被紧急执行。新的反恐怖法修正案共分9章，包括71项条款，主要涉及市、镇一级行政当局和警察机构应承担的安全责任和应采取的防范措施，对武器等危险物品的管理，公路、铁路和航空公司采取的安全措施，以及如何加强对恐怖主义的打击力度等方面的内容。

市、镇一级行政当局应承担的安全责任，应采取的防范措施 该法案指出，国家有责任保护公民的人身和财产安全，各级行政当局、各种组织机构、团体、企业及个人，都有责任保卫国家安全。各级行政当局作为国家在各个地区的代表，必须认真履行与国家签订的协议，采取各项措施制止任何危及国家安全的行为。同时，还应该与当地警察机关密切配合，并及时通报各种情况。

武器和弹药的管理 该法案调整和修改了1939年4月颁布的有关战争物资、武器和弹药的法令，进一步严格了对危险品的管理。规定：所有武器弹药的生产和销售都必须得到国家的批准，并处于国家的控制下。任何个人要进行武器弹药的生产和销售，都必须到所在省进行登记。任何武器弹药的生产和销售如有丢失和无法保障安全的情况，应立即停止。

警察机构应采取的安全措施 该法案对刑事诉讼法及一些特殊法中的内容做了调整。例如修改了刑事诉讼法中执法人员的任职资格。这一部分修正案的重点是加强了诸如巴黎等重要地区的警卫工作，还加强了对诸如卢森堡花园等文物古迹的保护。

加强道路安全 该法案加强了保障道路安全的措施，特别是加强了对汽车的管理。规定那些不能正常行驶或无法及时排除故障的汽车将被强行拖走，必要时亦可销毁。要求内务部、国防部、主管工业和道路的政府部门联合执行有关汽车管理的法律。

加强对恐怖主义的防范和打击 这是该法案的核心内容，包括11个条款。重点有以下四点：

一是针对高速发展的现代化信息和通信技术，规定这一部分内容的有效期限截至2003年12月31日。届时，政府将要求国会做出评估，以确定其是否继续使用。

二是针对越来越多的恐怖活动将汽车作为爆炸物的载体，规定警务人员有权搜查行驶在或停放于公共场所的任何汽车。但出于对公民的权利的保障，它同时又规定，这种搜查应在该车的驾驶员或停车主在场的情况下进行，或者是非行政部门的第三者在场。但第三者在场的规定不适用于可能存在危险的情况。这种搜查必须备案。

三是规定当案件涉及战争物资及武器弹药的生产、销售和藏匿时，警务人员可在当事人（包括外来居住者）不在场时搜查其住所。

四是吸取美国“9·11”恐怖袭击的教训，特别加强对民航和机场的安检措施。警务人员有权对进入机场的乘客及其携带的行李、飞机运载的货物和邮件，以及未经允许就进入机场及其相关建筑物的飞行器和汽车进行搜查。同时，这项规定还适用于船只和港口。

加拿大反恐怖法案简介 《外国军事学术》2002年第3期晓鹿报道，“9·11”事件发生后不久，加拿大政府即在以往反恐法律文件基础上起草了新的反恐怖法案，并于2002年10月15日在议会获得通过。和以往的反恐怖法律文件相比，这部新的法案更加全面和系统，同时还具有以下几个鲜明的特点：

扩大了“恐怖活动”定义的范围 由于在“9·11”事件之前，加拿大只批准了联合国所有12个反恐怖公约或协议中的10个，而新法案将批准剩余两个公约，即《制止向恐怖分子提供资助的国际公约》和《制止恐怖主义爆炸事件国际公约》，因此，新法案“恐怖活动”的定义范围与前相比有所扩大。加拿大《刑法》对“恐怖活动”的定义是：为了政治、宗教或意识形态的目的而进行的威胁或危害公众安全的活动，或违反联合国有关反恐怖的国际公约或协议的活动。新法案明确规定，凡违反上述两个国际公约的活动，例如，与恐怖分子进行财产交易、利用爆炸物或生化试剂袭击公共场所、政府机构或基础设施等活动，也将被视为恐怖活动。

另外，根据法案规定，“恐怖活动”还包括策划、企图或威胁实施恐怖活动，或为这些活动提供咨询，以及以慈善组织的名义从事恐怖活动。不过，法案也明确指出，合法的示威或罢工活动以及军队在武装冲突中所采取的行动不能算做恐怖活动。这些规定将使加拿大的警方、法院或其他执法机构在保护合法活动的同时，更好地打击恐怖组织和恐怖活动。

对新的恐怖主义罪行进行了界定 为适应反恐怖斗争的形势，除了以往法律中规定的劫持飞机、绑架人质、破坏海上航行安全等恐怖主义罪行外，这部法案还对新的恐怖主义罪行进行了4界定，主要包括：(1) 直接或间接为恐怖活动蓄意提供或募集资金；(2) 参与或帮助恐怖组织的活动；(3) 指导他人从事恐怖活动；(4) 蓄意庇护或窝藏恐怖分子等等。此外，为恐怖组织的利益或受恐怖组织指使而从事的违反加拿大任何法律的罪行，也都将被视为恐怖主义罪行。根据这部法案，加拿大还将签署《欧洲理事会网络犯罪公约》，将滥用计算机系统的某些行为，例如黑客攻击定为恐怖犯罪。

法案对上述罪行的惩处也很严厉。例如，为恐怖活动提供资金或窝藏恐怖分子者最高可被判处10年监禁；为恐怖活动提供便利最高可被判处14年监禁；而指导他人从事恐怖活动最高可被判处终身监禁。而且法案规定恐怖分子服满一半刑期之前不得获准假释。

为执法机构提供了更强有力的调查手段 加拿大反恐怖法案为安全、情报和执法部门提供了新的调查手段，以保证它们更有效地搜集有关恐怖组织或恐怖分子的信息。这些手段包括：(1) 允许在调查恐怖犯罪活动时对恐怖分子进行电子监听，而且授权监听的有效期从现有的60天延长到一年；(2) 允许执法机构在联邦法院法官的授权下对怀疑藏有恐怖分子财产的场所进行搜查并没收财产；(3) 允许通信安全局经国防部长授权后对加拿大境外恐怖组织的通信进行监听，并可对政府部门的计算机网络进行安全检查，以防恐怖分子的袭击；(4) 赋予执法机构“预防性逮捕”的权限，也就是说，为防止某一恐怖事件的发生，执法部门可以逮捕其怀疑可能实施恐怖活动的人，而且在紧急情况下无需逮捕证；(5) 允许对恐怖分子的DNA进行采样并存储在数据库中；(6) 允许加拿大金融交易和报告分析中心对恐怖分子的交易活动进行跟踪，并将相关信息报告给 加拿大安全情报机构，以加大对恐怖分子洗钱等活动的打击力度。

加拿大的军事审判体制简介 《解放军报》2002年3月31日袁春红、田友方报道，在加拿大实行的双重法院制度中，军事审判机关是联邦法院组织体系的有机组成部分。根据该国《军纪法》的规定，军事审判权由加拿大最高法院、上诉军事法庭和军事审判庭分别行使。其中，加拿大最高法院是负责处理全国(包括军队)各类案件的最后上诉法院，并不是单一行使军事审判权的军事审判机关；上诉军事法庭和军事审判庭在军队内部设立，是专门行使军事审判权的军事审判机关。

军事审判庭 是所有军事犯罪案件的第一审级。因犯罪的严重程度和被告人军衔的高低或身份不同，军事审判庭分五类设置，包括：即决审判的主持人、军纪法庭以及常设，高级、特别高级军事法庭。上述五类军事审判庭在设置方式和审判组织方面各具特色，同时在审判权限上既有差异又有交叉。

即决审判的主持人。即由主持人临时召集、酌定审判被告的一类军事审判庭。即决审判的主持人实行独任制，即由主持人1人独任审判。被告的直接指挥官或军衔不低于准将的上级指挥官均具备主持人资格，但两者的审判权限却不尽相同。主要表现为：(1) 直接指挥官管辖预备军官或军衔低于准尉的士兵的军事犯罪案件，上级指挥官则管辖低于中校军衔的军官或军衔高于中士的士兵的军事犯罪案件；(2) 直接指挥官不得判处处罚等级中高于90天拘留以上的处罚，上级指挥官判处的处罚，不得比处罚等级中“剥夺资历”的处罚更为严厉。

军纪法庭。由国防部长或其委任的当局根据具体案件临时召集设立，军纪法庭实行合议制，要求至少有3名军官组成合议庭，且庭长的军衔最低为少校。合议庭评议实行少数服从多数制，若对无罪认定的票数相等，则应当裁定被告无罪；若对其他事项认定的票数相等，则庭长应投第二票或决定性票。军纪法庭管辖所有军职人员的军事犯罪案件，但判决的处罚不得高于处罚等级中“从女王陛下部队中可耻除名”的处罚。

常设军事法庭。是惟一具有常设性质的军事审判庭，由总督会同枢密院组织建立。国防部长或其委任的当局指定1名具有3年以上律师执业资历的军官组成独任庭。该法庭管辖所有军职人员的军事犯罪案件，但判处的处罚其最高等级为“不到2年的监禁”。

高级军事法庭。由国防部长或其委任的当局根据具体案件临时召集设立。其审判组织为合议庭，要求有5名以上军官组成，且庭长的军衔最低为上校。当被告的军衔高于上校时，庭长的军衔则应与其相当。合议庭评议实行少数服从多数制，特殊情形下须全体成员一致同意，如对某一罪犯只能判处死刑时，有罪的认定需要合议庭全体成员一致同意。在审判权限上，该法庭可管辖所有军人的军事犯罪案件，且处罚权不受处罚等级的限制。

特别高级军事法庭。由总督会同枢密院根据具体案件临时召集设立。这类法庭由国防部长或其委任的当局指定1名加拿大高级法院的法官或有10年以上执业资历的律师独任审判，其审判权限与高级军事法庭基本相同，不同的是，该法庭还有权管辖非军职人员的军事犯罪案。

上诉军事法庭。　是所有军事犯罪案件的第二审级，同时也是军内的最高审级，受理和裁决对第一审法庭有罪认定的合法性及判决的合法性的上诉。该上诉法院的法官和首席法官均需由总督会同枢密院指定，其中，必须有4名是来自联邦法院的法官，其他则必须是来自刑事审判高级法院的法官。上诉军事法庭实行合议制，3名法官构成合议庭的法定人数。合议庭实行少数服从多数制，对任何事项的认定票数相等时，由首席法官投第二票或决定性票。

上诉军事法庭为高级记录法庭，在处理上诉案件时，无权改变军事审判庭作出的处罚，仅可就案件事实和适用法律进行审查，并作出准许上诉或不准许上诉的裁定。若准许对有罪认定的合法性的上诉，则得撤销该有罪认定，或指示将该指控的无罪认定记录在案，或指示就该指控依一审程序重新审判。若准许对判决的合法性的上诉，则必须立即将诉讼交由国防部长，由其决定以合适的处罚取代原先的处罚。

最高法院。　加拿大最高法院作为全国各类案件的终审法院，由1名大法官和8名陪审法官组成。在行使军事审判权方面，主要受理下列三类上诉案件：(1) 被告不服上诉军事法庭裁定的上诉案；(2) 被告对国防部长作出的新的处罚的上诉案；(3) 国防部长对上诉军事法庭的处理有异议的上诉案。加拿大最高法院终审审理上诉案，不再对案件事实和适用法律全面审理，主要就上诉军事法庭某一法官有异议的法律问题进行审查，并作出即行生效的终审裁决。

（白　雁）

其他军事建设问题

2002年世界主要国家军队建设综述　2002年，世界安全形势在总体和平的前提下，继续呈现出局部动荡不安的态势。恐怖主义活动不仅没有得到根本遏制，反而有频发的趋势，连续发生了震惊世界的巴厘岛事件和莫斯科人质事件。一些局部热点并没有降温，在中东，巴以之间以暴制暴，流血冲突不断；在东亚，发生了朝、韩海上交火事件；在南亚，印巴之间在克什米尔问题上的争端和冲突时起时落。以美国为首的西方军事大国继续推行强权政治和对外干涉政策，继续加快北约东扩步伐，加紧在一些地区投棋布子。所有这些都给世界和平罩上了一层阴影，也给各国的安全带来巨大冲击。许多国家做出的判断是：未来世界将变得“更加复杂和危险”。另一方面，以信息为核心的全球科技革命呈加速发展之势，强烈地冲击着军事领域，对各国都构成新的机遇和挑战。许多国家都意识到，尽管发展经济仍然是21世纪初世界各国发展的主题，但军事竞争将越来越激烈，竞争的焦点将进一步由数量转向质量，转向高技术和信息领域。

在这样一种大背景下，世界主要国家军队建设总的特点是：努力适应时代特点和未来战争的要求，加速实现军队“转型”；着眼于“能力”建设，提高军队遂行多种任务的能力；调整核力量建设方针，建设“威慑与实战”并重的核力量；在降低或基本保持现有规模的同时，继续加大军费投入；适应新形势和新任务的要求，调整体制编制；加强有针对性的训练和演习等。

调整建军方针 近一年来，世界主要国家根据形势的变化纷纷推出了有关国家安全、军事战略和军队建设方针的新文件。美国就先后公布了《核态势审查报告》、《国土安全报告》、《国防报告》以及《国家安全战略报告》等，俄罗斯发表了总统《国情咨文》，日本推出了2002年版防卫白皮书。从上述文件中可以看出世界主要国家军队建设方针有四个方面的新变化：

1、把打赢反恐战争作为军队建设的牵引 “9·11”事件以及后来发生的几起恐怖袭击事件促使一些国家做出了这样的判断：恐怖主义已经成为一种世界性威胁，防范恐怖袭击、打赢反恐战争是一项长期的任务。美国国防部长拉姆斯菲尔德就提出，美军必须为赢得反恐战争而做好准备。日本新的防卫白皮书在详细介绍了“9·11”事件对国际形势的巨大冲击之后也得出结论说，恐怖活动是国际社会面临的新威胁，日本自卫队的课题是，如何针对大规模恐怖活动等新军事威胁，采取“适当的”对应措施。北约也明确提出，由于恐怖组织发动袭击的可能性大大增加，协同美国“打恐”应当成为北约军队当前的中心任务。为此，在军事上，北约应重新调整原有的欧洲防务计划，建立反恐怖主义和反扩散力量。

2、把加速实现“转型”作为军队建设的主要目标 早在20世纪90年代初，美国就提出要“运用新的战略观念和管理模式改造美军，进行面向信息时代的战略转型”。在美军近期发表的几份报告中，进一步确立了要把“转型”作为21世纪初美军建设的核心指导思想。美国防部长拉姆斯菲尔德就提出，“新防务政策的核心是美军的转型”。美已明确提出，今后10年，美军要以“大投入和重点发展”的思路推进军队转型，以形成对于潜在对手的“不对称优势”。围绕实现转型，美三军都提出了相应的措施：陆军的重点是建设目标部队，这将是一支能打各种样式的战争、具备很强的战略反应能力、部署能力、致命打击能力、生存能力及持续作战能力的“全能部队”。海军的转型重点是调整机构，加强预备役与现役一体化建设，实现理论创新，发展投送力量。空军的转型是进一步实现空天部队的一体化，加强C^4ISR系统的互通性，加速空间部队建设，提高效率与创新等。美国防部已经专门设立了“转型”办公室，确定了2003财年美军转型的指标。美军的转型引起了各国军队的高度关注，也纷纷提出了转型的设想。

3、把“能力”建设作为军队建设的重点 近期外军建设的一个重大动向，是提出“以能力为基础”建设军队的新思路。这一思路是美国率先提出的。其基本指导思想是，改变冷战时期实行的针对苏联等明确的对手的威胁来筹划军队建设的思路，转而针对各种“不确定的对手”的能力来筹划军队建设。在美国2002年9月20日发表的《国家安全战略报告》中，进一步提出了“先发制人”的战略指导思想，这一战略的依据是，由于恐怖主义防不胜防，无法慑止，以往的威慑和惩罚等军事手段已经不能有效阻止恐怖袭击，美国必须主动出击，摧毁它从事恐怖活动的能力，直至彻底消灭。为此，美国就必须拥有各种能力，使对手确信无法得逞而望而却步。美军提出6大能力目标：一是保护美国本土和海外基地的能力；二是远距离投送作战力量并持续作战的能力；三是不间断侦察、跟踪和快速交战能力；四是保护信息系统免受攻击能力；五是利用信息优势，加强协同作战的能力；六是不受阻碍地进入空间、保护美国的太空能力免受攻击的能力。北约提出，为在“打恐”过程中起中心作用，以及其他任务，北约军队应集中建设四个方面的军事能力：安全可靠的通信和信息能力；军队快速机动及长期驻守的能力；进行高度一体化协同及在战斗中取胜的能力；防止核生化袭击的能力。日军则着眼于干预“周边事态”，着力提高部队的快速反应能力和应付突发事件、对付恐怖活动的能力。

4、把改革作为促进军队建设的动力 “9·11”事件后，反恐成为许多国家安全战略的主题。但冷战后就开始的新的一轮军事改革步伐并没有因此放缓，反而呈加快之势，并且赋予了更新的内涵。俄罗斯按照既定的方针，继续推进军事改革进程，分步落实减员除冗、完善机制和加大国防投入的改革步骤。美国则把“9·11”事件当成促进美军改革的一个新的契机。美国防部长拉姆斯菲尔德就提出，“9·11”事件使美军的改革迫在眉睫。这是因为，“未来的威胁和挑战则要难预测得多”，美国还将不可避免地遭到突然袭击。“未来的袭击可能比9·11事件更致命”，美国必须以新的方式处理防务问题，从思维方式到武器装备全面改革美军，改革的基本思路是“以创新谋优势，以优势谋发展”。韩国在对国际形势重新进行评估后，提出必须以创造性思维加快军事改革和部队转型，建立一支“战则能胜的军队”，确定了加快防务改革和部队转型进程的方针。

完善体制编制 冷战后，世界主要国家以精简机构、压缩指挥层次、完善联合指挥体制、实现部队编制的小型化为重点内容，进行了体制编制的改革。“9·11”事件之后，一些军事大国依据新的安全需求，围绕打赢反恐战争的需要而进一步调整体制编制。

1、适应内外安全和反恐的需要，调整领导与指挥体制 “9·11”事件之后，一些国家为适应安全形势的变化，进一步调整了指挥体制。调整幅度较大的是美国。近一年来，美国以突出“本土防卫”和提高快速反应能力为核心，对国家安全和军事指挥体制做了调整。2002年6月，美在国家层次上成立了“国土安全部”，布什总统于2002年11月25日批准了这一机构。这是继1947年美国国防部改组以来美国安全机构规模最大的一次改组。新成立的“国土安全部”由22个现有政府机构合并而成，有职员17万人，主要负责运输和边境安全、紧急情况的预防和处理、预防和应对核生化武器袭击以及情报汇总和分析等。与之相适应，军队指挥体制也进行了重大调整。一是组建了全面负责本土安全的“北方司令部”，总部设在科罗拉多州的彼德森空军基地，辖区包括美国本土、加拿大、墨西哥以及加勒比海部分地区，主要任务是统一指挥国内部队保卫美国本土安全。此外，北方司令部还将取得对原航天司令部管辖的北美防空司令部的指挥权。二是进一步明确划分了各大司令部的任务职责。长期以来，美军各大司令部的任务是以应对未来可能发生的大规模战区战争为主，缺乏灵活性和快速反应能力。调整后的战区司令部除承担原有任务外，还被赋予应急反应和与辖区内有关国家、地区开展军事合作的任务，而功能司令部则专门负责军队改革、训练演习、军事创新等，不再承担具体的作战任务。三是统一了反恐作战指挥控制权，将由美军特种作战司令部负责反恐作战的指挥。而以前，特种作战司令部只负责训练和装备部队。鉴于阿富汗战争暴露出北约在处理危机时的严重缺陷，北约也提出对指挥机构进行调整，调整的原则是提高北约军队的部署能力和快速机动能力，以便更有效地处理危机，更有能力应对广泛的挑战，提高在欧洲以外实施军事干预的能力。调整的内容包括改革北约军事委员会，提高其工作人员在情报、指挥和后勤方面的专业水平，以及减少指挥层次等。韩国在2002年的国防力量建设规划中提出，要采取措施应对非战争的威胁，建立和完善“突发事件管理体制”。

2、继续组建快反部队和特种部队 为适应对付“难以预测”的危机，尤其是应对恐怖威胁的需要，一些国家和地区继续加快组建快反部队、特种部队。继欧盟宣布组建6万人的快速反应部队后，北约也准备组建一支能够在全球各地作战的“联合快反部队”，这一计划在2002年11月21日举行的北约首脑会议上已获得通过。北约拟组建的联合快反部队兵力为25万人，由3个快速反应军团组成。一个是由以英国为首的联合快速反应军团，另两个是由法国、德国、意大利、西班牙、荷兰、土耳其等国组成的军团。北约秘书长罗伯逊称，要把联合快反部队建成一支“必要时在短时间内对世界任何地方采取高强度军事行动的精锐部队”。在近期的几场局部战争，尤其是阿富汗战争中，特种部队都发挥了显著的作用。借鉴这几场局部战争的经验，许多国家都进一步加强了特种部队的建设。目前美军有特种作战部队4.6万人，但只有7000至8000人属于真正的作战部队，如陆军的突击队、三角洲特种部队、海军海豹部队等。美认为，以目前的规模，美特种作战部队显然不够用，必须进一步加强，其中包括心理战部队。美海军计划把4艘导弹核潜艇改装成可携带150枚巡航导弹和66名特种部队队员的攻击潜艇。

3、探索组建适应打信息战要求的新型部队 一些国家继续探索组建新型部队。其中美军提出的建设“网络中心部队”，这是继美军提出建设“数字化部队”和“数字化战场”之后，又一重要动向，引起了世界各国的关注。1997年美海军提出了“网络中心战”的概念，之后美各军种都提出了“网络中心战”设想，制定了相应发展计划。与之相配套的是提出要建立“网络中心部队”。这是一种协同能力、防护能力、突击能力很强的部队，能依托以计算机为核心的信息网络实施作战。尽管这种部队还处于论证和探索阶段，其具体的构成和编组形式还不是十分清晰，但发展的大方向已经确定，并且很可能对世界各国的军队建设产生新的冲击。

加大军费投入 与新军事战略目标相适应的是，继续加大军事资源投入、保持和争夺军事优势是世界主要国家军队建设的一大趋势。

美国的军费开支继续呈大幅增长的趋势 美国2002年国防预算为3430亿美元，实际支出将超过3630亿美元。2003年国防预算为3930亿美元，增长14.5%，加上反恐战争经费预算260亿美元，约合为4190亿美元。此外，日益临近的“倒萨”行动又将花费巨额军费。据美国国会预算局测算，“倒萨”军事行动的军费开支每月需要60~90亿美元，在海湾地区部署兵力每月需要90~130亿美元，这样一来，美军打击伊拉克的军费开支最多可能花费2000亿美元。美国除自身追加国防开支外，还有可能要求盟国负担部分军费开支。根据美国政府的预算计划，今后5年内国防开支总计将增加1200亿美元。据斯德哥尔摩国际和平研究所的分析，美国军费数额将超过军费开支列居美国之后的14个国家军费开支的总和。美军费投入重点将放在促进军队实现“转型”上，军事采购的重点是先进信息系统、新型武器平台和精确打击弹药。

欧盟各国军费也呈增长趋势 科索沃战争，尤其是阿富汗战争结束后，“内保外扩”成为欧盟新的安全战略方针，谋求在欧洲以外“承担更多的军事义务”并做好应付各种威胁的准备。与此同时，欧盟国家也强烈地意识到与美国在军事上的差距，认为欧洲已经是“军事上的侏儒”。为了缩小差距，必须加大军事投入，加大在发展精确制导武器、提高战略运输能力和改进后勤支援方面的投资。法国政府在“9·11”事件一周年之际宣布增加军费开支，今后5年每年的军备和研究预算平均为146亿欧元（约合142亿美元），每年另有24亿欧元的预算用于军事装备的维修保养。这表明法国军费预算在现有的125亿欧元的水平上有显著增加，军费开支占国民总产值的比例也将由目前的1.8%，提高到2%。

俄罗斯稳步增加军费 在国内经济逐步好转的情况下，俄罗斯开始逐步加大对军事的投入。2001年俄军费预算达到2063亿卢布（1美元约合29卢布），比2000年增长了30%左右。2002年的军费预算计划为2629亿卢布，占国内总产值的2.6%，居联邦各项预算的首位，最终议会批准为2841卢布，约合95亿美元，新增加的700亿卢布中的280亿（9.3亿美元）划拨到武器装备发展费中，使武器装备费占军费总额近30%。俄还提出，今后10年将保持军费的持续增长，最终使军费占GDP的比例由目前的2.5%左右占到3.5%。日本、欧盟、印度、东盟等一些国家和地区也在一定程度上增加军费开支。

调整核力量发展方针 核力量的发展仍然是世界军队建设领域一个引人关注的焦点。在过去的一年中，美国公布了《核态势审查报告》，俄罗斯修改了核战略方针，朝鲜公开承认秘密研制核武器震惊了世界，印巴继续研制和发展核导弹。据有关材料统计，目前世界上有12个国家有核武器研制计划，28个国家拥有弹道导弹。其中，美俄等军事大国核力量发展的主要变化是：

1、在削减数量的同时，保持可靠的“威慑与实战”能力 2002年5月，美俄就大幅度削减进攻性核武器问题达成新的协议，规定两国将把各自拥有的核弹头数量从目前的6000枚削减到1700～2200枚之间。根据协议，未来10年美国核弹头的数量将由6000枚减少到1700～2200枚。其中MX“和平卫士”洲际导弹从2002年开始退役，4艘携载“三叉戟”弹道导弹的战略核潜艇将改携巡航导弹，B－1战略轰炸机将只携常规弹药，处于作战部署状态的洲际弹道导弹和潜射导弹弹头的数量将进一步减少。俄罗斯也将削减洲际弹道导弹，计划每年削减10～20枚陆基战略导弹，战略火箭兵的员额也将随之进一步压缩。但值得注意的是，美俄削减下来的核武器有相当一部分并不是销毁，而是储存起来，以备重新部署。

2、扩大战略威慑力量的范围，用新的“三位一体”取代传统的“三位一体” 美俄等国传统的“三位一体”指的是陆基核导弹、战略核潜艇和远程战略轰炸机。美国新公布的《核态势审查报告》提出要用新的“三位一体”取代冷战时期的“三位一体”。新的“三位一体”指的是非核与核打击能力、主动与被动防御系统和反应性很强的基础能力。核与非核能力能使美国提供威胁与实战的多种选择，防御系统能使敌之进攻难以奏效从而迫使其放弃进攻企图；雄厚的国防基础能提高美国对付新威胁的能力。按照这一方针，美国在今后的核力量建设中除了继续保留传统核力量外，还必须提高主、被动防御能力和非核打击能力。俄罗斯虽然仍坚持“三位一体”的方针，但“三位一体”的重心已经开始由陆基核武器向海基核武器转移，重新启动了停滞多年的建造新型核导弹潜艇的计划。2002年，第一艘“北方之神”级战略导弹核潜艇下水，该潜艇属于第四代，按计划将建造12艘，届时海基战略核武器在俄“三位一体”战略核力量中的比例将从目前的40%提高到60%以上。

3、减少实战部署战略核武器，大力研发和部署战术核武器 美俄两国核战略的一个重大变化，是都已把核武器当作实战的工具而不是仅仅是威慑的手段。核武器被用于实战的可能性大大增加。美俄两国一方面提出要削减战略核武器的部署量，另一方面又都提出要进一步研制新型核武器，尤其是新型战术核武器，以便出现“严重威胁”时将其运用于实战。美在《核态势审查报告》中明确提出，美有必要开发当量较低、辐射较弱的新型核武器。美国在以代号“夹板”的计划下，正发展小型低放射型核武器，爆炸当量相当于2000吨，而所产生的热能、中子、X光及伽马射线适合摧毁化学及生物武器。阿富汗战争后，

美国又加快了开发“钻地型”战术核武器的力度，这种核武器从高空投掷，落地后穿透数十米厚的岩层爆炸，所产生的冲击波能摧毁防护力极强的地下工事，杀伤其中的人员，但所产生的放射性物质较小。同美国一样，俄也正研制高穿透力核弹，还着手研制一种小当量的“清洁”核弹，以用于局部冲突及反恐行动。

发展高技术常规武器装备 在近期发生的阿富汗战争中，美军除使用B－52战略轰炸机、各种精确制导炸弹外，还针对阿富汗的地形和反恐作战的特点，使用了新研制的“温压”炸弹、“核共振”传感器、微型无人驾驶飞机等。这给各国武器发展以新的启示。在原有的武器装备发展计划的基础上，无人驾驶飞机、导弹防御系统、远程巡航导弹等武器成为各国关注和发展的重点。此外，一些国家还把注意力集中到能把各种武器整合到一起的“软件”技术的发展上。

1、*重视发展无人机* 阿富战争中，美军使用配备了精确制导武器的RQ－1A“捕食者”无人驾驶侦察机/攻击机进行侦察搜索，引导或实施直接导弹攻击，多次对塔利班和“基地”组织进行了成功的打击，首次证明无人侦察机加上导弹既能有效地打击敌人又能避免己方伤亡，预示了无人机从主要执行侦察、电子战和反雷达攻击任务向执行多种精确打击和空战任务转变的趋势，从而受到各国的高度重视，无人机已列入发达国家武器装备发展的重点项目之一。目前，美、法、英、德、瑞典和以色列等国都在发展无人战斗机。美计划在2003财年投入32亿美元，加快发展具有先进作战能力的无人机。美国空军和海军都在展开无人战斗机的实验工作。空军的项目是波音公司的X－45A无人战斗机，到2005年，将完成2架X－45B飞机的设计、开发和制造。海军的项目是诺罗普·格鲁门公司的“飞马”无人战斗机。俄军也早就研制了无人机。在车臣战争中俄军装备的无人机发挥了有效的作用。在2002年里海军事演习中，俄军动用了“蜜蜂”－1型无人机对恐怖分子基地实施侦察。无人机还引起亚洲各国关注。2002年2月在新加坡举行的亚洲航展上，亚洲许多国家对美国展出的无人驾驶飞机表现出极大的关注。可以预料，各种用途的无人机将会得到发展。

2、*加快研制和部署反导防御系统* 在各种“不确定的威胁”中，弹道导弹的袭击是各国防范的重点。因此，研制和部署反导防御系统成为军事大国武器装备发展的重点。2002年6月，美国宣布正式退出《反导条约》，从摆脱了对美发展弹道导弹防御系统的束缚，为加速实现弹道导弹防御计划铺平了道路。美新的发展计划将原有的“国家导弹防御系统”（NMD）和“战区导弹防御系统”（TMD）合并，将建设一个新的、庞大的“多层次全程”拦截系统。2002年，美曾先后进行过几次拦截试验。在发展反导防御系统过程中，美国进一步加强了与其盟国合作，合作的国家包括日本、德国、意大利、以色列等。美国与德国和意大利正在共同研制用于摧毁短程目标的防空反导系统，与以色列共同研制反战术导弹武器系统。俄罗斯也拟全面组建反导系统。首先是准备在近几年内完全恢复导弹袭击早期预警系统。其中包括完成在白俄罗斯巴拉诺维奇附近最新式的“频率”雷达的建造工作。完成新一代“C－400”防空导弹综合系统的国家试验。正在准备研制“超级凯旋”第五代反导系统，这些都是组建俄罗斯反导系统的重要步骤。印度也在研发部署反导系统。1998年，印巴两国相继进行了核试验之后，为争取主动，保持对巴的军事优势，印决定抢先发展战术导弹防御系统。其中包括反导预警系统、导弹拦截系统和C^3I系统。其中导弹拦截系统将主要由俄制防空导弹和自制防空导弹组成。

3、*发展军用卫星和航天定位系统* 各国进一步加大对航天力量建设的力度。继美、俄、欧之后，日本近年来加大了对军事航天建设的力度。1998年日本开始研究与发展侦察卫星，1999年完成卫星的设计并着手制造，2002年将完成卫星的制造及测试，整个计划经费预算总额至2002年止，约为2500亿日元（约合23亿美元）。今后几年，日本计划发射4颗军用侦察卫星。全球定位系统已成为发达国家军队战场定位的首选。继美国的GPS系统、俄罗斯的“格鲁纳斯”系统之后，欧洲也将建设自己的“加利略”卫星定位系统。2000年为论证阶段，2001～2005年为系统研制和在轨确认阶段。2006～2007年为星座布设阶段。2008年为系统建成并投入运行阶段。届时，伽利略全球定位系统将有能力提供全天候、连续、实时、高精度位置、速度、时间和通信信息。

4、*重视武器系统的“系统集成”* 透过近期局部战争，各国进一步认识到，先进的作战飞机、坦克、导弹等固然重要，但同样重要的是能把这些“硬件”连结在一起，并使之战斗力倍增的“软件”。由过去注重“硬件”，到现在的既重“硬件”，更重“软件”是当前武器装备发展的一个重要趋势，通信技术、目标定位技术、数据传输技术、遥控等技术受到各国的普遍关注。

重视训练演习　近一年来，世界各国以提高反恐能力为重点举行了一系列军事演习。2002 年 3 月 21～27 日，美韩举行了代号为“联合战时增援——秃鹫”的陆、海、空三军联合军事演习。2002 年 5 月，美、泰、新三国联合举行了代号为“金色眼镜蛇—2002”的年度演习，参演人员达三万多人。2002 年 5 月 11～26 日美印两国进行了为期两周的代号为“平衡易洛魁”的特种部队联合军事演习，参演的包括印军伞兵突击队和美国太平洋总部特种部队，演练的科目包括：空降、突击和营救等。2002 年 9 月 23 日～10 月 4 日，日本陆上自卫队同美军在夏威夷共同进行了市区巷战演练。尤其值得一提的是，美军的“千年挑战－2002”演习和俄军的里海军事演习。2002 年 7 月 24 日～8 月 15 日美军举行的代号为“千年挑战—2002”的重大军事演习，参演陆、海、空及海军陆战队兵力达 1.35 万人，耗资 2.5 亿美元。为近年来美军此类演习之最。2002 年 8 月，俄军举行的里海军事演习是苏联解体以来俄在里海地区举行的最大规模的军事演习，参演兵力 1 万人，60 艘军舰，30 多架飞机。纵观上述演习的共同特点是：

1、*反恐作战成为演习的重点*　无论是单边军事演习，还是多国联合军事演习，多以打击恐怖主义为主题。俄军里海军事演习从演练内容和科目上看，主要是演练部队“打击国际恐怖主义、走私军火和毒品活动的能力”。韩军为强化部队反恐怖作战能力，举行了一系列反恐怖演习，2002 年的美韩“阿尔索伊/鹞鹰”演习就有针对性地突出了反恐怖、反渗透等科目的演练。一些国家还有针对性地加强了城市作战的演习和训练。如美海军陆战队进行的城市作战演习，目标是保卫城市的电信、供水、电力、交通和核设施，或从恐怖分子手中夺取这些设施。法军为配合城市作战和训练，着手编写了“城市战争手册”。该手册适用于步兵、装甲兵、工程兵。法军还打算在 2006 年以前建一个城市作战训练基地。

2、*由单纯运用军事力量，向综合运用各种力量并采取联合行动转变*　美军举行的“千年挑战—2002”演习，除陆、海、空和陆战队参演外，联邦政府职能机构如国家安全委员会、国务院、能源部、司法部、财政部、中央情报局等部门也都参加；演习除运用军事手段外，还运用了政治、外交、法律、金融、信息、科技等手段。在俄军里海军事演习过程中，参演兵力除以里海区舰队为主，俄陆、海、空三军部分兵力参加外，还有联邦边防局、联邦内务部、联邦安全局、联邦铁道兵局、联邦交通部等其他强力部门参加。

3、*探索和实验新的作战理论，检验“未来”作战能力*　美军“千年挑战—2002”演习就是为了探索如何贯彻《2020 年联合构想》的主要作战理论和原则，为现行的美军条令、编制、训练、器材、领导、人员素质和设施建设提出改进建议。美国防部认为，演习不仅演练了军队改革的综合概念，而且还尝试了能够让美军在战场上占据优势的先进技术。

资料来源：

①［美］《国防报告》，（英文版）2002 年 8 月 15 日，参见美国防部相关网站；

②［俄］《独立军事评论》2002 年第 14 期；

③军事科学院外军部编：《备战 2020——美军 21 世纪初构想》，北京军事科学出版社，2001 年版；

④军事科学院外军部编：《外军资料》2002 年第 62 期。

（韩生民）

（本栏责任编辑　孟昭印）

国 际 条 约

中华人民共和国与俄罗斯联邦联合声明

2002年12月2日，中国国家主席江泽民和俄罗斯联邦总统普京在北京签署《中华人民共和国与俄罗斯联邦联合声明》。摘要如下：

一、中俄两国元首全面讨论了中俄关系的现状和前景，并声明，深化中华人民共和国与俄罗斯联邦之间的战略协作伙伴关系符合两国和两国人民的长远利益，是唯一正确的历史选择，也是应对世界形势和国际关系发展所带来挑战的需要。

近10年来，两国关系发生了历史性的积极变化。进入21世纪，中俄关系的政治、经济和社会基础越来越坚实，政治互信加深，两国人民的传统友谊得到加强，互利合作取得实质性成果。两国领导人之间的密切接触对双边关系发展发挥着主导作用。

两国元首一致认为，中俄发展睦邻友好合作关系和深化战略协作有着广阔前景和巨大潜力。双方决心继续不懈努力，不断推动两国友好互利合作迈向新水平。

两国元首重申：双方将继续加强两国高层互访和定期会晤机制，提高政治和军事领域的互信水平，经常就重大的双边和国际问题交换意见：加强并巩固两国外交、国防、执法、经济和科技部门的协调与协作；加强两国地区间友好交往与务实合作。

二、2001年7月16日，两国元首签署《中俄睦邻友好合作条约》。一年来的实践充分证明，该条约具有重要的现实意义和历史意义，为两国睦邻友好关系健康稳定发展奠定了坚实的基础。条约是确保双边关系不断发展的纲领性文件，具有强大的生命力。它为深化两国全面战略协作开辟了新前景。

两国元首重申，无论国际风云如何变幻，无论中俄各自国内发生什么样的变化，双方决心恪守条约所确定的方针和原则，不断推进、扩大并以新的内容充实和深化两国战略协作伙伴关系，在双方关切的问题上协调立场和相互支持，充分体现“永做好邻居、好朋友、好伙伴，永不为敌”的伟大战略思想，与全世界所有爱好和平的国家和人民一道，共同迎接新时代的挑战。

双方强调，两国友好关系是不结盟、不对抗、不针对第三国的新型国家关系。两国元首深信，条约所奠定的坚实基础将把本世纪的中俄关系提高到新的更高水平。

两国元首指出，国家独立、主权和领土完整是国际法的基础要素，是国际关系的基本原则，也是每个国家存在的必要条件。坚决谴责和打击破坏上述原则的任何企图和行为是每个国家的合法权利。中俄坚定支持对方在维护国家统一和领土完整方面的政策和行动。

俄方重申，中华人民共和国政府是代表全中国的唯一合法政府，台湾是中国领土不可分割的一部分。俄罗斯始终承认西藏是中国不可分割的组成部分。中方支持俄方打击车臣恐怖分裂分子的努力。

中俄不允许在本国领土上成立损害两国主权、安全和领土完整的组织和团伙，并禁止其活动。

两国元首指出，为解决中俄边界尚未协商一致两个地段的边界线走向问题，找到双方均可接受的方案，当前已具备最为有利的条件。为此，责成两国外交部早日结束边界谈判进程。

彻底解决历史遗留的中俄边界问题，对两国关系的战略前景具有深远意义，将对亚太地区乃至全球产生重要的稳定作用。

三、（略）

四、（略）

五、国际恐怖主义在纽约、莫斯科、巴厘岛和世界其他地区的罪行表明，恐怖主义、分裂主义和极端主义对主权国家的安全及全球和平与稳定构成严重威胁。全球安全面临的不确定因素增加。两国元首认为，解决这些问题不应采取“双重标准”，打击恐怖主义须依靠所有国家的共同努力。为此，中俄决心在双边和多边基础上，有针对性地采取必要的切实步骤，以严厉打击一切形式的恐怖主义。

今年6月，上海合作组织成员国在圣彼得堡签署了《上海合作组织成员国关于地区反恐怖机构的协定》，两国元首高度评价该组织开展反恐合作的潜力，主张该机构尽快开始实际工作。

双方高度评价中俄反恐工作组的工作，并特别强调，该工作组所形成的建设性与信任对话关系完全符合中俄战略协作伙伴关系的水平。

双方重申，车臣和“东突”恐怖分裂分子是国际恐怖主义的组成部分，世界各国应予一致谴责和共同打击。为有效维护各自国家的安全与稳定，促进地区乃至全球的和平与繁荣，双方将加强反恐领域相互支持的力度和在国际上的协调与合作。

六、“9·11”事件以来，国际形势发生着深刻而复杂的变化。国际恐怖主义等非传统挑战对世界和平与安全构成严重威胁。局部冲突此起彼伏，紧张和不稳定的根源依然存在，南北差距进一步拉大。人类的和平与发展面临不容忽视的挑战。

两国元首认为，世界各国的和谐并存和多样性、国际关系的民主化有助于加强全球稳定与安全。双方认为，和平与发展是当今时代的主题，在世界多极化和经济全球化总趋势加强的情况下，各国人民均希望建立公正合理的国际政治经济新秩序，这将保障所有国家的持续发展和平等安全。

中俄主张，联合国是多极世界中保障国际安全与合作的主要机制，其核心作用应得到加强。双方参与合作的主要机制，其核心作用应得到加强。双方赞成进一步提高联合国特别是安理会的效率。

双方认为，在全球化和科技进步时代，各国的相互依存度加深，必须制定一个人类可持续发展的总体战略。国际安全的军事、政治、经济、生态和人文内容是密不可分的，这一认识应成为上述总体战略的基础。

两国元首认为，双方在战略稳定问题上的相互协作对加强国际安全、全球和地区稳定具有重要意义。双方将在双边关系框架内和有关国际论坛开展合作，在军控、裁军和防止大规模杀伤性武器及其运载工具扩散领域制定和采取有效的措施。双方将进一步努力，推动两国关于缔结外空非武器化国际协议的共同倡议。

双方将继续在解决导弹扩散问题方面开展密切协作。双方认为，应进一步探讨和推动进行有关多边谈判的建议，以便制定具有法律约束力的全球导弹防扩散机制协议。联合国等多边组织应在这方面发挥主要作用。中俄愿继续就防扩散出口控制问题进行双边对话。

双方高度重视在保护和促进人权方面开展国际合作。双方认为，在人权问题上不能采取“双重标准”，反对在国际关系中利用人权问题施压。

双方强调，以政治和外交手段，通过对话和谈判解决地区冲突应成为国际关系准则。

双方继续坚持主张，只能通过政治外交手段，在严格遵守联合国安理会决议的基础上，求得伊拉克问题的全面彻底解决。双方表示，愿为此继续在联合国框架内进行合作。

双方讨论了中东局势，对旷日持久的巴以对峙表示严重关注。双方确信，武力手段不可能解决双方分歧，达成政治解决符合所有国家的长远利益。政治解决的目标是，以色列和巴勒斯坦两个国家在安全和得到承认的边界内和平共处。

七、上海合作组织已成为当今维护地区和平、安全与稳定的重要因素，也是未来多极世界结构的支柱之一。在当前复杂的国际形势下，为上海合作组织的发展注入新活力，使其更积极地参与地区和国际事务，促进亚洲地区的和平与繁荣，建立平等对话的合作气氛，符合上海合作组织各成员国的共同利益。

因此，两国元首认为，加强上海合作组织框架内的相互协作具有头等重要意义。

中俄愿同上海合作组织其他成员国一道，致力于加速实现该组织机制化，尽快成立上海合作组织秘书处和地区反恐怖机构；加大打击恐怖主义、分裂主义和极端主义的力度，采取措施制止毒品走私和其他形式的跨国犯罪；深化各方在经济和人文领域的广泛合作；积极开展上海合作组织同其他国际组织和国家的交流与合作，以维护本地区及全世界的和平与发展。

八、两国元首认为，在亚太地区安全领域加强多边协作是巩固全球战略稳定的关键因素之一。为保障亚太地区稳定与安全，两国将致力于建立有效的地区多边合作体制。

两国元首对有关国家以集团为基础在东亚合作建立战区导弹防御系统的前景和可能产生的后果表示忧虑，重申这一合作不应破坏地区和全球安全与稳定。双方呼吁有关各国就以集团为基础在东亚建立战区导弹防御系统问题加强对话。中俄将继续在双边框架内就上述问题保持磋商。

双方讨论了中亚局势，并指出，维护该地区的稳定与安全至关重要。

双方指出，东盟在建立亚太地区新型国家关系方面发挥着建设性作用。认为东盟地区论坛是就地区安全问题开展政治对话的有效机制。双方重申愿在东盟地区论坛框架内进行紧密协作。

俄罗斯重申，积极看待“东盟＋3”进一步发展对话合作机制。中国愿为俄罗斯同这一机制在双方共同关心的领域建立联系给予必要的协助。

双方认为，在亚太经合组织框架内全面发展经贸、投资和技术合作是对亚太地区稳定和发展事业的重大贡献。双方愿就亚太经合组织事务进行经常磋商，协调观点和立场。

双方高度评价亚欧会议为推动亚欧新型平等伙伴关系深入发展所做的贡献。中方支持俄罗斯加入亚欧会议。

两国元首欢迎在亚洲有关地区建立无核区，认为这样的无核区应充分考虑所有国家的利益和关切。

两国元首支持继续并深化近年来朝鲜半岛已开始的缓和进程，特别是朝韩之间的对话与合作，赞成朝日关系正常化，赞成落实平壤最高级会谈的成果。

双方认为，保持朝鲜半岛无核地位和大规模杀伤性武器不扩散制度对东北亚的和平与安全至关重要。双方强调，美朝应一如既往地遵守以前达成的各项协议，包括 1994 年框架协议。并在此基础上，本着为解决相互关切进行建设性平等对话的原则，实现关系正常化。双方将继续同朝韩两国发展睦邻友好与合作关系，以利于该地区的和平与繁荣。

双方完全支持阿富汗过渡政府根据波恩协定、支尔格大会决定和联合国安理会决议为使国家局势正常化所进行的工作。双方对阿富汗局势仍不稳定、塔利班运动残留势力活跃、民族矛盾激化和毒品生产有增无减表示不安。双方强调必须保持联合国在解决阿富汗问题中的主导作用。

两国元首声明，愿继续进行密切和相互信任的政治对话，扩大和深化互利经济合作，增进在国际事务中的相互协作，巩固两国人民之间的友谊。

中俄外长就印巴局势发表联合的声明

2002 年 1 月 7 日，中国外交部长唐家璇在北京与俄罗斯外长伊万诺夫就当前印巴局势发表联合声明。全文如下：

中华人民共和国和俄罗斯联邦对目前印巴之间的紧张局势加剧表示严重关切。

中俄对 2001 年 12 月 13 日新德里发生的恐怖事件深表愤慨，坚决谴责任何形式的恐怖主义。

中俄认为，印巴表现出克制，避免局势进一步加剧，符合印巴两国的根本利益，有利于南亚地区的和平与稳定。

中俄呼吁印巴双方通过外交努力政治解决当前危机。

中俄认为，印巴双方相互都能接受的解决办法也有助于阿富汗冲突后调解进程的顺利进行。

中俄将继续为实现上述目标做出自己的努力。

中哈吉俄塔五国国防部长《联合公报》

2002 年 5 月 15 日，上海合作组织成员国国防部长在莫斯科会晤，就如何落实各国元首达成的共识，国际和地区形势，打击恐怖主义，分裂主义和极端主义，进一步加强上海合作组织成员国在军事领域的合作等问题充分交换了意见，达成了广泛共识。会晤结束后，该组织的 5 国国防部长发表了《联合公报》，全文如下：

2002 年 5 月 15 日在俄罗斯联邦莫斯科市举行了国防部长会晤。哈萨克斯坦共和国国防部长阿尔腾巴耶夫上将、中华人民共和国国防部长迟浩田上将、吉尔吉斯共和国国防部长托波耶夫上将、俄罗斯国防部长伊万诺夫、塔吉克斯坦共和国国防部长海鲁拉耶夫上将等上海合作组织成员国国防部长出席。

国防部长会晤在友好、相互理解和建设性的气氛中进行。

国防部长们（以下简称部长们）回顾了自首次会晤（2001 年 6 月，上海）以来在上海合作组织框架内军事领域的共同行动。一致指出，各方所做的主要工作旨在全面落实《上海合作组织成立宣言》中所阐述的任务，建立和巩固各国国防部在保持稳定、安全和防务等问题中的建设性合作和全面协作。

部长们同意保持上海合作组织成员国国防部长和军队总参谋部代表的定期会晤。部长们认为，为了完成在安全和防务领域区域合作中出现的共同任务，必须在上海合作组织框架内建立长期有效机制和工作机构。部长们决定，成立由各国国防部负责国际军事合作的部门领导或者由国防部长授权的人员组成的高官委员会，以提出具体建议。

部长们认为，此前在落实 1996 年上海协定和 1997 年莫斯科协定框架内形成的军事领域富有成效的合作是一种新型的、符合现代趋势的军事合作典范。这种合作不仅有助于成员国间友好合作的长期稳定发展，而且对保持地区和世界的和平与稳定具有特别重要的意义。

部长们赞同，在平等互利基础上继续巩固在军事领域的合作，以应对各种挑战和威胁，保障各国军队间的切实合作。阿富汗最近局势的发展要求优先发展在保持地区安全与稳定、抵御三种威胁——恐怖主义、分裂主义和极端主义方面的双边和多边合作。部长们坚决谴责恐怖主义的所有行动、手段和做法，并认为这都是犯罪。因此，部长们认为，应当研究就打击上述威胁举行联合演习和就保障安全问题建立新的对话形式等问题。部长们决定，成立上海合作组织成员国国防部联合专家小组，磋商有关举行联合反恐演习的问题。

部长们支持中亚国家关于在该地区建立无核区倡议。拟起草和签署的条约应当符合现有此类协议的原则和参数，不对中亚地区各国的安全造成损害。部长们认为就此问题交换意见是有益的。

部长们坚决拥护上海合作组织各国元首的努力和协调一致的决议——建立多极世界，严格按照联合国宪章、联合国安理会决议和国际法准则来预防和和平解决由民族、宗教、领土、政治及其他矛盾引发的国家间或国家内部冲突。

鉴于此，部长们将继续采取切实行动，发展上海合作组织框架内各国国防部间合作。

（石　慧）

中国与东盟关于非传统安全领域合作联合宣言　2002 年 11 月初第六次中国与东盟（10+1）领导人会议期间，朱镕基总理与东盟国家领导人发表了《中国与东盟关于非传统安全领域合作联合宣言》（简称《联合宣言》），启动了中国与东盟在非传统安全领域的全面合作。这对促进中国与东盟关系的全面和长远发展具有重要意义。《联合宣言》全文如下：

中国与东盟关于非传统安全领域合作联合宣言

（二〇〇二年十一月四日金边）

我们，中华人民共和国、文莱达鲁萨兰国、柬埔寨王国、印度尼西亚共和国、老挝人民民主共和国、马来西亚、缅甸联邦、菲律宾共和国、新加坡共和国、泰王国和越南社会主义共和国的国家元首或政府首脑，齐集柬埔寨金边举行中国与东盟第六次领导人会议：

忆及 1997 年《中华人民共和国与东盟国家领导人会议联合声明》，其中承诺加强在所有领域的对话与合作，以增进了解和扩大互利，巩固和充实睦邻互信伙伴关系；

严重关注贩毒、偷运非法移民包括贩卖妇女儿童、海盗、恐怖主义、武器走私、洗钱、国际经济犯罪和网络犯罪等非传统安全问题，这些问题日益突出，已成为影响国际和地区安全的重要不确定因素，对国际和地区和平与稳定构成新的挑战；

认识到非传统安全问题十分复杂，有着深刻的背景，需要综合运用政治、经济、外交、法律、科技等手段加以应对；

认为非传统安全问题需要加强地区和国际合作，中国与东盟各国互为近邻，在应对非传统安全问题方面存在广泛的共同利益；

满意地注意到中国与东盟在非传统安全领域已经开展的合作和取得的成果，包括 2000 年的《东盟和中国禁毒行动计划》，2001 年中国、老挝、缅甸和泰国四国禁毒合作部长会议及其发表的《北京宣言》，以及中国与东盟国家通过双边渠道开展的各种合作；

欢迎 1997 年东盟打击跨国犯罪部长级会议发表的声明、2001 年东盟领导人发表的反恐联合声明、2002 年东盟反恐特别部长会议联合公报和柬埔寨、印度尼西亚、马来西亚、菲律宾四国的《情报交流与建立联系程序协议》；

确认在遵守《联合国宪章》、《东南亚友好合作条约》体现的和平共处五项原则和其他公认的国际法准则的基础上开展合作，并尊重各国的法律制度；

决心进一步加强和深化双方在非传统安全领域合作，授权主管部长根据以下内容落实本宣言：

一、目标

根据各方的共同需要，制定非传统安全领域的合作措施和方法，提高各方应对非传统安全问题的能力，促进各方的稳定与发展，维护地区和平与安全；

二、合作重点和形式

（一）现阶段合作重点为打击贩毒、偷运非法移民包括贩卖妇女儿童、海盗、恐怖主义、武器走私、洗钱、国际经济犯罪和网络犯罪等；

（二）在深化其他的多边和双边合作基础上，

1、加强信息交流

2、加强人员交流与培训，促进能力建设

3、加强在非传统安全领域的务实合作

4、加强对非传统安全问题的共同研究

5、探讨其它合作领域和方式

三、参与和组织

（一）中国与东盟将尽可能利用现有的机制，包括东盟打击跨国犯罪部长会议和高官会，开展合作，并根据联合宣言的宗旨和原则制定中长期合作规划，指导双方合作；

（二）通过上述机制，在中国和东盟成员国主管部门支持下，就相关领域合作设立专门工作组，实施有关行动计划；

四、其他

为落实本联合宣言，可根据联合宣言的宗旨和原则，制定具体的合作协议。

我们，中华人民共和国与东盟国家领导人，承诺继续关注此事，并呼吁其他地区和国家与我们共同努力，加强在非传统安全领域的合作。

兹于公元二〇〇二年十一月四日在柬埔寨王国金边通过。

（继　先）

上海合作组织成员国外长联合声明　2002年1月7日，上海合作组织成员国外长在北京举行非例行会议，讨论当前地区安全与合作和上海合作组织发展等迫切问题并达成广泛共识。会议通过的联合声明全文如下：

一

1、阿富汗最近事态的发展有力地证明，上海合作组织（以下简称“本组织”）将维护地区安全与稳定、打击恐怖主义、分裂主义和极端主义“三股势力”确定为各成员国的合作重点，是十分正确和具有远见的。

2001年“9·11”事件后，本组织成员国政府首脑迅速发表专门声明，对恐怖袭击事件表示了强烈谴责。本组织是最先对“9·11”事件做出反应的国际组织之一。

2、作为阿富汗的近邻，早在“9·11”事件发生之前，我们就长期受到源自该国的恐怖主义和毒品的直接威胁。曾多次提醒国际社会这些威胁的危害性。正因为如此，本组织成员国积极参与国际反恐联盟，并采取措施进一步加强本组织的反恐工作。

3、本组织成员国完全支持联合国安理会第1373、1377、1383和1386号决议中规定的措施，将同根据1373号决议成立的安理会反恐委员会开展全面合作。

二

1、本组织成员国对阿富汗人民摆脱与国际恐怖主义沆瀣一气的塔利班制度表示欢迎，并支持阿富汗、地区各国及整个国际社会的共同努力，确保阿富汗永远不再成为扩散恐怖主义、分裂主义、极端主义和毒品的策源地。

2、我们希望阿富汗成为和平、中立的国家，尊重和遵守人权和基本自由，同所有邻国保持友好关系，恪守所承担的国际义务。

3、本组织成员国支持2001年12月5日签署的《波恩协议》和阿富汗人民为建立多民族参与的、具有广泛代表性的政权所做的努力。我们将积极支持阿富汗临时政府。

与此同时，我们认为，这只是在阿富汗战后重建的艰难道路上迈出的第一步。我们呼吁国际社会在联合国框架内开展相互协作，防止阿富汗内部出现威胁政治解决进程的新的不断稳定局势。我们呼吁参与这一进程的所有阿富汗人以合作为重，放弃相互争斗。

4、决定阿富汗未来政治安排、选择政权架构和性质是阿富汗人民不可剥夺的权利。国际社会所有成员应尊重阿富汗的主权、领土完整和国家统一，不干涉其内部事务，为阿富汗社会的正常发展创造良好的外部条件。任何将某种管理方式强加给阿富汗，或将其置于某种影响下的企图，都可能给阿富汗及其周边地区带来的新的危机。

5、我们强调，国际安全援助部队必须与阿富汗临时政府密切合作，应按照联合国安理会的授权行事，并得到阿富汗合法政权的同意。

6、本组织成员国支持对阿富汗人民提供广泛的国际人道主义援助，并愿为此做出自己的贡献，包括提供援助和为其他国家及国际组织的援助物资提供运输通道。

7、本组织成员国支持在联合国主导下继续进行广泛的国际努力，以重建阿富汗经济。我们还赞同，本组织成员国将单独或在联合国框架内参与阿富汗经济重建项目。

三

1、塔利班政权在阿富汗的垮台并不意味着国际恐怖主义组织和团伙已自行消亡。我们谴责并坚决打击一切形式的恐怖主义，反对以恐怖主义手段实现政治目标。我们决心继续致力于最大限度地消除包括在我们各国境内存在的恐怖主义威胁，并呼吁国际社会向我们提供相应支持。

2、本组织成员国坚决主张，恐怖主义没有具体的民族和宗教特性，不能将反恐混同于反对某种宗教、信仰自由或某个国家和民族。应确保在全球、地区及一国等各个层次上同恐怖主义威胁作有效斗争，这种斗争应不带偏见，不采取双重标准。本组织所有成员国对恐怖主义威胁一致感到忧虑，对成员国打击恐怖主义的行动表示理解，认为这是国际反恐斗争的重要组织部分。

3、本组织成员国一致认为，联合国和安理会应在国际反恐斗争中发挥主导作用。一切反恐行动应符合《联合国宪章》的宗旨和原则及其他公认的国际法准则，不能任意扩大范围，不能干涉主权国家的内政，总之是要有利于维护地区及世界和平的长远利益。

4、我们认为，当前形势的发展迫切要求国际社会尽快制定各方都能接受的《关于国际恐怖主义的全面公约》和《制止恐怖主义行为的公约》。

5、本组织成员国认为，打击恐怖主义全球体系应依靠地区、次地区和国家机构，决定近期在比什凯克市建立本组织反恐怖机构，并希望在其他地区和次地区组织框架内也能建立此类机构，这有利于国际反恐斗争。

6、我们呼吁国际社会树立以互信、互利、平等、协作为原则的新型安全观，推动解决发展问题和地区冲突问题，从根本上减少不安全因素，铲除恐怖主义根源。

7、本组织成员国对印巴之间紧张局势加剧深表忧虑，希望双方保持克制，不使局势进一步恶化，希望双方恢复政治对话，求得问题的妥善解决，共同努力打击全球恐怖主义威胁。

四

1、本组织是一个开放性机构。我们愿同邻国及非本地区国家和组织密切配合，保障本地区的安全与稳定。本组织愿同阿富汗临时政府以及未来阿富汗权力机构开展建设性对话与合作，并呼吁阿富汗合法领导人与本组织密切协作。

2、阿富汗问题的解决进程为地区实现持久和平与稳定提供了独一无二的历史机遇。本组织决心为实现这一崇高目标做出重要贡献。

3、本组织成员国外长详细探讨了在各优先发展领域的活动，并认为，扩大本组织框架内的信任措施、政治协作、经贸和投资合作以及文化、人文关系，是维护地区安全与稳定的最重要条件之一。

4、鉴此，我们将采取切实努力解决地区安全与发展任务，同时根据各国元首和政府首脑的委托，在2002年6月本组织圣彼得堡峰会前加快本组织及其机构的组织建设工作。相信这将促使本组织成为维护地区安全与发展的重要因素。

上海合作组织成员国外长就“9·11”事件一周年发表的声明　2002年9月1日，上海合作组织成员国外长在北京就“9·11”事件一周年发表声明。全文如下：

值此“9·11”事件一周年之际，我们重申强烈谴责这一恐怖行径，再次对死难者表示哀悼并对遇难者和受害者亲属表示诚挚的同情和慰问。

这一事件促使国际社会在恐怖主义这一所有国家和人民的共同威胁面前同仇敌忾。一年来，在安理会第1373号决议和其他有关决议基础上，世界各国在全面打击恐怖主义方面大大加强和拓展了双边和多边合作。通过上述共同努力，反恐真正成为全球性斗争。这反映出国际恐怖主义威胁的实质，即它没有国界之分，也不能与民族、种族和宗教混为一谈。

国际社会的反恐斗争依然任重而道远，全球范围内的恐怖主义活动持续不断，继续对世界和平与安全构成严重威胁。

国际社会在采取具体反恐行动的同时，也在积极深入地思考恐怖主义产生的根源，从而为根除本世纪这一最危险的威胁开辟了前景。普遍认为，只有树立以互信、互利、平等、协作为原则的新型国际安全观，充分维护联合国和安理会在维护国际和平安全方面的核心和协调作用，才能从根本上将不安全因素降到最低程度，铲除恐怖主义。

打击恐怖主义、分裂主义和极端主义是上海合作组织的主要宗旨之一。一年来，上海合作组织成员国在反恐合作方面取得巨大进展，实际上已批准《打击恐怖主义、分裂主义和极端主义上海公约》，签署《上海合作组织成员国关于地区反恐怖机构的协定》，并加紧筹建地区反恐怖机构。上海合作组织在打击“三股势力”、保障地区安全领域发挥重要作用方面拥有巨大潜力。我们相信，这一潜力将得到充分发挥。

上海合作组织奉行对外开放原则，愿与其他国家和国际组织开展各种形式的对话与合作。我们是全球反恐联盟不可分割的积极环节，将继续与国际社会相互配合，为有效打击恐怖主义、维护地区乃至世界的和平与稳定做出自己实际和有效的努力。

亚太经合组织领导人发表的反恐声明

2002年10月27日，在墨西哥洛斯卡沃斯召开的亚太经合组织第10次领导人非正式会议发表了一份反恐声明，呼吁国际社会团结起来与恐怖主义作斗争。

声明说：“恐怖主义是对亚太经合组织自由、开放和繁荣经济目标的直接挑战。我们将团结起来，实现去年在上海制定的反恐目标和计划。”

在声明中，领导人对最近在印度尼西亚巴厘岛恐怖事件中无辜平民遭到杀戮表示愤慨，同时对受害者及其家属表示深切的同情和哀悼。

领导人重申将执行联合国有关反恐决议，同意全面履行去年在上海做出的承诺，保证采取措施保护地区贸易、金融和信息系统的安全，保证集装箱安全运输，执行世界海关组织有关电子报关的标准，推动私营部门采用更高的供货安全标准，制定船只和港口安全计划，在特定船只上安装自动识别系统，打击海盗。

声明表示，要采取措施保证航空安全，保护机组人员安全。成员之间要预先交流乘机旅客信息，尽快在亚太经合组织成员的国际机场引进高效行李扫描程序和设备，加强飞机驾驶舱门安全，执行国际民航组织有关安全的标准，同时还要保护旅客的安全，执行全球共同标准，收集和传递乘客信息，在边防程序上采月国际民航组织和国际标准化组织制定的标准。

领导人还承诺打击恐怖主义融资活动，全面执行联合国和其他国际性文件，努力于 2003 年 10 月前批准《国际禁止资恐公约》，促进对替代汇款机制和非盈利组织的监管，加强立法和规范能力，保护网络安全，打击网络犯罪，提供必要的资助，进行相关能力建设，使各成员能够执行声明中的各项措施。

亚洲议会和平协会《重庆宣言》要点

2002 年 4 月 16 日至 19 日，来自亚洲 39 个国家的议会领导人和议员，应中华人民共和国全国人民代表大会常务委员会李鹏委员长的邀请，在北京和重庆出席了亚洲议会和平协会第三届年会。19 日，会议通过《亚洲议会和平协会重庆宣言》简称《重庆宣言》。摘要如下：

1～2、(略)

3、和平与发展是时代的主题。我们认为，世界和平是促进各国共同和可持续发展的前提条件，各国的共同和可持续发展则是维护世界和平的重要基础。和平与发展密切关联，相辅相成。

4、(略)

5、我们注意到，世界形势仍面临严峻挑战，天下还很不太平，不确定因素还很多。全球经济增长放缓，南北差距扩大，局部战争和冲突仍时有发生，国际关系民主化远未实现，不公正、不合理的国际经济秩序没有明显改观。

6、我们认识到，亚洲的和平与发展同世界的和平与繁荣息息相关，冷战结束后的十多年，经过各国共同努力，亚洲在克服冷战阴影，实现经济发展，推动社会进步以及提高人民生活水平等方面，都取得了巨大成就。但是，我们也清醒地看到，目前亚洲仍然面临许多困难和挑战。

7～9、(略)

10、我们主张，各国应遵循《联合国宪章》的宗旨和原则、和平共处五项原则以及其他公认的国际关系准则，处理国与国之间的关系，坚持通过协商谈判，和平公正地解决国家间争端，不应诉诸武力或以武力相威胁。

11、我们对近来中东局势不断恶化表示严重关切，支持联合国关于阿以冲突的有关决议，特别是 194、242、338 和 425 号决议；欢迎最近在黎巴嫩召开的阿拉伯首脑会议一致通过的沙特王储提出的“土地换和平”倡议，以解决这个危险的冲突；呼吁以色列立即从 1967 年以来占领的所有阿拉伯领土撤军；呼吁停止一切暴力行为，为和谈创造条件；呼吁国际社会加大对阿以冲突的关注和促和力度，使该问题早日得到公正合理的解决。

12、国际关系民主化是实现世界和平的重要保证。我们主张，国家不分大小、贫富、强弱，都是国际社会平等一员。各国内部事务应由本国人民决定，国际事务应由各国人民平等协商解决。

13、我们认识到，联合国作为最具普遍性和代表性的政府间组织，在国际事务中的主导作用是其他国家集团或组织难以替代的，我们强烈反对单边主义。我们承诺将致力于加强联合国在世界和平与发展方面的重要作用，并敦促各国政府为此做出努力。

14～16、(略)

17、当今世界安全问题引起各国人民的广泛关注。各国在安全上的相互依存不断加深，共同点在增多。我们呼吁，国际社会应根据《联合国宪章》的宗旨和原则，努力树立以互信、互利、平等、协作为核心的新型安全观，以互信求安全，以互利求合作，共同解决国际社会面临的紧迫问题，从根本上减少不安全因素，有效维护全球安全。

18、我们关切地注意到，国际恐怖主义、民族分裂主义、跨国犯罪以及环境、艾滋病、贩毒、难民等问题已严重妨碍了各国经济和社会的发展，对人类生存和可持续发展构成新的威胁。我们呼吁各国政府与联合国一起，制定切实可行的行动计划，在相互尊重、平等互利的基础上积极开展国际合作，采取协调一致的立场和措施，共同应对人类面临的挑战。

19、我们重申，坚决反对一切形式的恐怖主义，并强调不应以任何借口为恐怖行为开脱。我们主张，打击国际恐怖活动应加强国际合作，发挥联合国的主导作用，遵循《联合国宪章》的宗旨与原则及其他公认的国际关系准则。不应将恐怖主义与任何民族和宗教相联系，打击恐怖活动，不应针对特定的民族和宗教。

20～23、(略)

阿富汗与六邻国签署的《喀布尔宣言》

2002 年 12 月 22 日，阿富汗过渡政府在喀布尔与 6 个邻国签署了《喀布尔宣言》。宣言重申，阿富汗与其邻国将在“领土完整、相互信任、友好睦邻、合作和互不干涉内政”基础上发展建设性和相互支持的双边关系。

阿富汗过渡政府外交部长阿卜杜拉与中国、伊朗、巴基斯坦、塔吉克斯坦、土库曼斯坦和乌兹别克斯坦 6 国的外长或政府代表在宣言上签字。各国在宣言中对国际社会为重建阿富汗所进行的努力表示欢迎，并承诺参与阿富汗重建进程。

这项宣言是在为期一天的喀布尔睦邻友好关系国际会议结束时签署的。此次会议是在阿富汗新政府成立一周年之际举行的。

（袁右军）

联合国安理会关于对伊拉克进行武器核查的第二个决议的要点 联合国安理会 2002 年 11 月 8 日一致表决通过了对伊拉克武器核查的第二个决议，即第 1441 号决议。这是联合国通过的关于对伊拉克武器核查的第二个决议。这一决议是美英两国应俄罗斯、法国和中国的要求，在对美英提出的原决议草案进行修改后提交联合国安理会讨论通过的。决议一方面强化了对伊武器核查机制，同时也为阻止美国单方面对伊动武、维护以安理会为核心的集体安全体系以及在联合国框架内政治解决伊拉克问题带来了新的希望。决议要点如下：

——尊重伊拉克、科威特及其邻国的主权和领土完整。

——对联合国秘书长安南、阿盟及其秘书长穆萨在有关问题上做出的努力表示赞赏。

——敦促伊拉克全面履行安理会有关决议，同时警告伊拉克如再不履行决议或不与联合国充分合作，将面临“严重后果”。

——重申安理会去年通过的第 1382 号决议精神，表示要致力于伊拉克问题的全面解决。

——要求伊政府在决议通过 7 日内明确表示接受决议，并在 30 日内完成并提交其大规模杀伤性武器发展报告。“任何虚假报告或隐匿、遗漏报告内容将被视为伊拉克对其销毁武器承诺的新的实质性违反，将可被报告至安理会，以便就有关情况进行评估”。

——联合国武器核查人员应在决议通过 45 日内恢复对伊武器核查，并在核查恢复后的 60 日内向安理会提交有关情况报告。

——伊拉克政府应允许监核会和国际原子能机构人员无阻碍、无条件和无限制地视察他们想要视察的任何地方、设施、建筑、设备、记录和运输工具，无限制和无障碍地单独接触任何人员，并同他们在伊拉克境内外进行面谈。

附：联合国 1999 年 12 月 17 日通过的关于对伊拉克武器核查的第一个决议（第 1284 号决议）要点：

第 1 点至第 7 点不需要伊拉克接受。

1、成立一个新的武器控制机构。联合国监视、核查和视察委员会取代一年前美国和英国飞机发动空袭前夕离开伊拉克的联合国特别委员会。它将接过特别委员会的所有资产、责任和档案。

2、联合国秘书长将在 30 天内任命联合国监视、核查和视察委员会的主席。

3、主席将在被任命的 45 天之内向安理会提交有关监视、核查和视察委员会管理结构的建议，包括一个专员和合格的国际文官团。

4、取消对伊拉克的石油和石油产品出口的限制。

5、联合国制裁委员会起草一份伊拉克从此以后可在通知基础上进口的食品、药品和医疗用品、农产品和教育用品的清单。

6、每年前往麦加的朝圣班机不在制裁范围之内，条件是这些班机不为伊拉克运进或运出货物。

7、联合国将在 100 天之内成立一个专家组，提供有关允许外国石油公司对伊拉克石油部门投资的建议。

以下几点取决于伊拉克是否允许联合国恢复监视它的裁军和核能计划。

8、监视、核查和视察委员会和国际原子能机构将在伊拉克开始工作的 60 天内起草一份工作计划，提交安理会批准。它将包括“主要的剩余裁军任务”，并且明确界定伊拉克必须采取什么行动才能完成这些任务。

9、监视、核查和视察委员会及国际原子能机构报告它们的工作计划可完全付诸实施。在 120 天之后，它们将再次报告伊拉克与它们合作的程度和在主要任务上取得的进展。

10、如果伊拉克在“所有方面”予以合作并且取得了进展，安理会中止贸易禁运，每隔 120 天延长一次。延长中止贸易禁运需要安理会投票表决。合作包括允许监视、核查和视察委员会及国际原子能机构“立即、无条件和无限制地视察它们想视察的任何和所有地区、设施、设备、记录和运输手段”。

11、如果监视、核查和视察委员会及国际原子能机构报告伊拉克已经停止合作，贸易禁运在五天后自动恢复，而无需安理会投票表决。

12、安理会将为伊拉克的进口拟订新的资金安排，取代联合国目前管理的暂存银行账户。这些安排至少将在制裁中止前的120天拟订完毕。

13、安理会将在本决议通过后的12个月内表决，条件是伊拉克满足第10点的条件。

美俄削减进攻性战略力量条约 2002年5月24日美国和俄罗斯签署了《美利坚合众国与俄罗斯联邦削减进攻性战略力量条约》。条约全文如下：

美利坚合众国与俄罗斯联邦（以下简称双方）

为在新的世纪建立崭新的关系，致力于通过合作与友好交往加强两国关系，

认为，鉴于新的全球挑战和威胁，双方需要为它们之间的战略关系奠定全新的基础，

希望按照互保安全、相互合作、相互信任、相互开放和彼此遵守一定规则的原则建立真正的伙伴关系，

以美利坚合众国总统和俄罗斯联邦总统2001年7月22日在热那亚关于战略问题的联合声明和2001年11月13日在华盛顿关于美俄新型关系的联合声明为起点，

了解美国和苏联1991年7月31日签署的《削减和限制进攻性战略武器条约》（以下简称“START”）的规定，

了解1968年7月1日签署的《不扩散核武器条约》第六条的规定，

承诺大幅度削减进攻性战略武器，并相信本条约有助于为积极促进安全与合作和加强全球稳定创造有利条件，

兹商定：

第一条 双方按照美国总统在2001年11月13日和俄罗斯总统分别在2001年11月13日和2001年12月13日做出的声明削减和限制战略核弹头，到2012年12月31日，双方的战略核弹头总数都应当减少到不超过1700～2200枚。双方根据限定的核弹头总数自行决定本国进攻性战略武器的成分与结构。

第二条 双方商定，START依然有效。

第三条 为了贯彻执行本条约，双边执行委员会每年至少举行两次会议。

第四条

1．本条约由双方按照各自的法律程序进行批准。本条约自双方交换批准文书之日起生效。

2．本条约的有效期截至2012年12月31日，如双方同意可延期，在此之前也可由其他协议取代。

3．双方可行使国家主权，经提前三个月书面通知另一方后退出本条约。

第五条 本条约将按照联合国宪章第102条登记入册。

美俄新的战略关系联合宣言 2002年5月24日俄美总统签署了《关于俄罗斯与美国新的战略关系的联合宣言》。该宣言全文如下：

普京总统和布什总统关于俄罗斯联邦与美利坚合众国新的战略关系联合宣言 俄罗斯联邦和美利坚合众国根据卢布尔雅那、热那亚、上海、华盛顿和克劳福德峰会的决定以及已经达成的新的合作精神；

以2001年11月13日俄美新关系的联合声明为起点，走上了21世纪新关系的道路，终于在友好、合作、共同价值、信任、公开性和可预见性的基础上发展相互关系的原则；

重申我们都理解，新的全球挑战和威胁要求建立崭新的关系基础；

决心一起工作，并同其他国家和国际机构一起工作，以便应对这些新的挑战和威胁，从而为没有战争的繁荣而自由的世界、为加强战略安全做出贡献。

现声明如下：

合作的基础

我们正在达到新的战略关系的水平。俄罗斯和美国互相把对方视为敌人或者战略威胁的时代已经结束。我们是伙伴，将为推进稳定、安全、经济一体化，为联合对抗全球威胁和促进地区冲突的解决而合作。

为了达到上述目的，俄罗斯和美国将继续就紧迫的国际和地区问题进行频繁的双边对话，以及在联合国安理会、“八国集团”和欧洲安全与合作组织等国际论坛中对话。凡是有分歧的地方，我们将本着互相尊重的精神来加以解决。

我们将尊重基本的民主价值观、人权、言论自由和媒体自由、克制、法律至上和经济潜力。

我们承认，我们两国人民的安全、繁荣和对未来的希望，是以在安全、推进政治与经济自由和国际合作领域的良好气氛为基础的。

俄美关系的进一步发展和相互理解与信任的加强，也是以两国社会和人民日益扩大的交往为依据的。我们将支持两国实业界之间日益发展的经济协作，支持社会和文化的接触与交流。

政治合作

俄罗斯和美国已经以伙伴和朋友的身份在行动，应对 21 世纪新的挑战；重申我们在 2001 年 10 月 21 日发表的联合声明，我们两国在反对国际恐怖主义的全球斗争中已经是盟友。

俄罗斯和美国将继续合作，支持阿富汗人民把阿富汗变成一个稳定而有生命力的国家，变成一个国内以及同邻国和平相处的国家的努力。我们的双边合作和在联合国范畴内的合作，在“6+2”小组外交斡旋框架内的合作，以及其他多边论坛上的合作表明，这对我们目前在使阿富汗摆脱塔利班和“基地”组织控制方面已经取得的胜利是重要的。

在中亚和南高加索，我们承认我们都希望促进该地区各国的稳定、主权和领土完整。俄罗斯和美国摒弃已被证明无效的、只会加剧该地区冲突的“大国”竞争模式。我们将支持经济和政治发展，尊重人权，同时扩大在人文领域的合作，以及在反恐和反麻醉品领域的协作。

俄罗斯和美国将合作解决阿布哈兹和纳戈尔诺—卡拉巴赫等地区冲突，以及摩尔多瓦德涅斯特河沿岸地区的问题。我们坚决呼吁阿塞拜疆总统和亚美尼亚总统在解决纳戈尔诺—卡拉巴赫问题时表现出灵活性和建设性。俄罗斯和美国作为欧洲安全与合作组织明斯克小组的两主席愿意在这方面提供帮助。

2001 年 11 月 13 日，我们承担了为制订俄罗斯与北约新关系而共同行动的义务。这种新关系反映欧洲大西洋地区新的战略现实。我们强调，俄罗斯和北约成员国在反恐、反对地区不稳定和当代其他威胁方面表现得越来越像盟友。为此，我们欢迎新的俄罗斯—北约理事会在俄罗斯—北约 2002 年 5 月 28 日罗马峰会上启动，这个理事会的成员以本国名义行动，同时考虑到相应的集体的法律和政治义务，将确定共同的立场，通过联合决定并承担同等责任——既承担各自责任也承担集体责任。在这种情况下，它们将自愿遵守包括联合国宪章在内的国际法准则，遵守赫尔辛基最后文件以及欧洲安全与合作组织欧洲安全宪章中规定的条款与原则。在俄罗斯—北约理事会的框架内，俄罗斯和北约成员国将在共同关心的领域以平等伙伴的身份工作。它们打算联合对付共同的风险以及对自身安全的威胁。

作为中东和平进程的联合发起人，俄罗斯和美国将继续联合和并行不悖地做出努力，包括在“四国”框架内的努力，克服中东目前的危机，恢复谈判，并且促进通过谈判来实现调解。在巴尔干半岛，我们将在尊重该地区国家主权和领土完整原则以及联合国安理会决议的基础上促进民主、民族互相忍让、持久和平与长期稳定。俄罗斯和美国将继续就伊拉克问题进行建设性对话，欢迎继续进行双边的专题讨论，以便为联合国安理会通过商品总名录开辟道路。

根据 2001 年 11 月 13 日关于反麻醉品的联合声明，我们要指出，麻醉品走私是对我们两国人民和国际安全的威胁，是对国际恐怖主义进行经济资助的重要来源。我们欢迎在反对这一威胁中加强合作，这不仅能加强安全，还有利于两国公民的健康。

俄罗斯和美国一如既往，愿在反对有组织的跨国犯罪方面加深协作。因此我们欢迎 2002 年 1 月 31 日签订的在刑事案件方面互相提供司法帮助的条约生效。

经济合作

俄罗斯和美国都相信，21 世纪国家的顺利发展需要尊重自由市场的规则与实践。正如 2001 年 11 月 13 日我们所声明的，公开的市场经济、经济选择的自由和公开的民主社会，是保障两国公民安居乐业的最有效的手段。

俄罗斯和美国将利用世界贸易的潜力来扩大两国之间的经济联系，并且加深俄罗斯世界经济体系主要参加者之一的身份，按照法律至上的原则以其享有的一切权利和义务，融入世界经济的过程。为此，双方认为俄罗斯以标准条件加入世界贸易组织具有优先的意义。

我们两国如想在经济和贸易关系方面取得成就，就应当放弃过去的局限性。我们强调，使俄罗斯脱离 1974 年美国贸易法移民条款，即杰克逊—瓦尼克修正案的约束是重要而可取的。我们指出，美国贸易部在进行仔细而慎重考虑的情况下，准备不迟于 2002 年 6 月 14 日做出最终决定：根据美国贸易法标准，是否把俄罗斯视为市场经济国家。双方将采取进一步的实际措施，消除加深经济合作道路上的障碍和壁垒，必要时消除立法领域的障碍和壁垒。

我们已经使我们的经济关系和实业协作有了新的活力，目的是扩大贸易和投资领域的可能性，同时在发生争端时建设性地和公开地解决这些争端。

俄罗斯和美国承认，在发展双边贸易和投资方面存在着巨大潜力，这对两国的经济都是十分有利的。我们欢迎俄美实业界对话提出的建议，愿同两国的私营经济部门一起工作，以便充分发挥我们经济协作的潜力。我们也欢迎在能源开发，特别是石油天然气开发方面，包括里海地区能源开发方面加强合作的可能性。

加强人员接触

我们两国社会的伟大力量在于我们公民的创造力。我们欢迎俄国人同美国人最近10年来在许多领域接触的扩大，包括为解决教育、卫生、科技和保护环境方面的共同问题而做出的联合努力，通过旅游扩大人员交往，扩大兄弟城市之间的联系和人与人之间的其他接触。我们将继续支持为扩大和深化两国人民之间友善关系而做出的努力。预防艾滋病及其他致命性疾病、制止家庭暴力、保护环境和妇女权益，这些都是俄美研究机构，特别是非政府机构可以顺利扩大合作的领域。

防止大规模杀伤性武器扩散：
不扩散国际恐怖主义

俄罗斯和美国将加强联合努力，应对21世纪新的全球挑战，包括反对国际恐怖主义和扩散大规模杀伤性武器及其运载工具这些互相关联的威胁。我们认为，国际恐怖主义对国际稳定造成特别大的危险，2001年9月11日的悲剧再次证明了这一点。使世界上所有国家在坚决反对这一威胁的斗争中进行合作是极其重要的。为此，俄罗斯和美国再次重申，愿意在双边和多边基础上开展这项工作。

俄罗斯和美国都意识到，防止大规模杀伤性武器和导弹的扩散是极其重要的。这样的武器落到恐怖分子或者其支持者手中的威胁是存在的，这说明所有国家同这些武器的扩散作斗争是头等重要的大事。

为此我们将密切合作，包括通过实施联合计划，以保证属于大规模杀伤性武器和导弹的技术、信息、专家知识和材料的安全。我们还将继续实施联合计划，减少威胁，加大合作力度，以削减用于武器的裂变物质。为此，我们将成立专家小组，研究增加削减武器用裂变物质数量的措施，制订建议，联合研究不便于扩散的核反应堆和核燃料循环的先进技术。我们还打算加强在销毁化学武器方面的合作。

俄罗斯和美国也将争取国际上广泛支持积极的不扩散战略，包括通过遵守和巩固不扩散核武器条约以及禁止化学和生物武器公约。俄罗斯和美国呼吁所有国家加强并保障对出口的严格监督，防止非法供货，追究违法者的责任和强化边境监督，以防止和制止大规模杀伤性武器的扩散。

导弹防御，进一步削减进攻性战略潜力，
战略安全的新协商机制

俄罗斯和美国的出发点是俄罗斯联邦总统和美利坚合众国总统2001年7月22日热那亚的战略问题联合声明，以及俄美2001年11月13日华盛顿新关系的联合声明。

俄罗斯和美国正在采取措施，以便在军事领域反映出变化了的两国战略关系的性质。

俄罗斯和美国承认，安全领域目前的形势与“冷战”时期截然不同。为此，俄罗斯和美国同意采取一系列措施，加强在反导弹防御领域的信任和扩大透明度，包括交流反导弹计划的信息和该领域的试验信息；互相视察以监督反导试验和观摩反导体系。它们还将采取措施，启动预警系统信息交流中心的工作。

俄罗斯和美国还商定，研究反导弹防御方面合作的可能方向，包括扩大联合举行反导弹演习的做法，考虑联合研究反导弹技术的可能计划，同时考虑到共同保护机密信息和知识产权的重要性。

俄罗斯和美国将在俄罗斯—北约理事会的框架内研究在欧洲反导弹防御方面加强实际合作的可能性。

俄罗斯和美国声明，有意把自己的进攻性战略潜力减少到足以保障本国安全和履行盟国义务以及反映它们在战略领域关系新性质的最低水平。

俄罗斯联邦和美利坚合众国签订削减进攻性战略潜力条约，是朝这个方向迈出的一大步。

因此，双方认为，苏维埃社会主义共和国联盟同美利坚合众国1991年7月31日签订的削减和限制进攻性战略武器条约依然有效；因此在进一步削减进攻性战略潜力时，除需要协商的其他补充措施，包括公开性措施外，它的条款依然是保障信任、公开性和可预见性的基础。

俄罗斯和美国一致认为，建立在共同安全、信任、公开性、合作和可预见性原则基础之上的战略关系，要求就广泛的国际安全问题进行具体磋商。为此我们决定：成立以外交部长和国防部长为首的有其他高级官员参加的战略安全问题协商小组。这个小组是一个基本机构，双方可以借助它加强相互信任，扩大透明度，交流信息和计划，讨论共同关心的战略问题；以及寻找扩大两国国防部和外交部之间，以及情报部门之间接触的途径，并且使接触定期化。

北约布拉格峰会声明要点 2002年11月21日举行的北大西洋联盟成员国的国家元首和政府首脑会议发表了一份声明。该声明摘要如下：

我们北大西洋联盟成员国的国家元首和政府首脑今天举行会议，讨论扩大并进一步巩固北约，以便应付21世纪的新威胁和重大安全挑战。按照我们在《华盛顿条约》中达成的共识，我们决定改造北约，使之拥有新的成员、具备新的能力并与伙伴国建立崭新的关系。

今天，我们邀请保加利亚、爱沙尼亚、拉脱维亚、立陶宛、罗马尼亚、斯洛伐克和斯洛文尼亚开始就加入北约问题举行会谈。在这个历史性时刻，我们向它们表示祝贺。接纳这些新成员将增强欧洲—大西洋地区所有国家的安全，有助于实现我们的共同目标，即建立一个完整、自由、和平并拥有共同价值观念的欧洲。北约将继续敞开大门欢迎一切有意愿、有能力承担成员国责任和义务的欧洲民主国家。

鉴于2001年9月11日的惨剧和我们随后关于援用《华盛顿条约》第5条的决定，我们按照北约的战略构想批准了一整套措施，目的是更好地应付北约军队、人民和领土所面临的安全挑战——不管这种挑战来自何方。这些措施将使北约具备均衡而有效的能力，从而出色地履行各项使命，全体一致地对付挑战，包括恐怖主义和大规模杀伤性武器及其发射装置构成的威胁。

为了履行各项使命，北约必须能够按照北大西洋理事会的决定派出快速反应部队，确保军事行动不受距离和时间的影响并达到预期目的，包括在有可能遇到核威胁和生化武器威胁的环境中作战。

因此，我们决定建立一支技术先进、行动灵活、部署迅速、协作能力强、后勤供给有保障的“北约反应部队”（NRF），由海、陆、空各兵种组成，可以按照北大西洋理事会的决定迅速奔赴任何地方。NRF将是努力提高北约军事能力的催化剂。我们已指示各国为这支部队研究制订一套思想理念，它将尽快、但不迟于2004年10月具备初步作战能力，不迟于2006年10月具备全面作战能力。

我们批准了国防部长和大臣们关于精简指挥结构的报告……精简后的结构将增强大西洋两岸的联系，减少司令部和空军联合作战指挥中心的数目，促进提高我们的军事能力。战略指挥部将有两个，一个管作战，一个管其他职能。作战指挥部设在欧洲（比利时），下设两个联合部队司令部，这两个司令部可以生成一个陆上多国联合特遣部队（CJTF）司令部和一个能够组建海上CJTF司令部的常设性联合司令部。改造指挥部设在美国，同时在欧洲派驻工作人员，它负责继续改造军事能力。

各成员国坚决表示要提高自己在以下各个领域的能力：生化、辐射和核防御；情报、侦察和目标搜索；空对地侦察；指挥、控制和通信；作战效率，包括使用精确制导武器和压制敌方防空火力；战略性海空运输；空中加油；可部署的战斗支援力量和战斗勤务支援力量。我们将采取必要措施，在经常出现漏洞的领域提高部队的能力。

（我们决定）批准已商定的反恐军事思想。这一思想是为增强北约的反恐能力而采取的诸多措施之一，其他措施还包括情报交流和危机处理机制。我们反对和谴责一切形式的恐怖主义，它对北约人民、军队和领土以及全世界的安全构成严峻的威胁。我们决心坚持不懈地打击这一祸害。要有效地打击恐怖主义，我们必须采取多管齐下的办法。我们开展了一项关于北约导弹防御的可行性研究，目的是探讨保护北约领土、军队和人民免遭导弹威胁的各种方案。这项工作将继续进行。

我们商定从12月15日起（在马其顿）派驻北约军队帮助维持稳定，我们将根据形势的发展来决定其驻扎期限。我们注意到，欧盟表示愿意在条件适当的时候接管前南斯拉夫马其顿共和国的军事行动。

北约成员国响应了联合国安理会关于帮助阿富汗政府在喀布尔及其周围地区恢复安全的号召。他们派出的军人是驻阿富汗国际安全援助部队（ISAF）的骨干。我们表扬英国和土耳其先后担当了ISAF的领导国，并对德国和荷兰愿意共同接任领导国的态度表示赞赏。北约已商定在某些领域支持今后的ISAF领导国，以显示我们一贯的支持立场。

此次首脑会议表示，已然因历史和共同的价值观念而团结在一起的欧洲和北美盟国依然有决心、有能力保卫我们的领土、人民和军队免遭一切威胁和挑战。五十多年来，北约捍卫了欧洲—大西洋地区的和平、民主与安全。我们在布拉格做出的承诺将确保北约在今后继续担负这一重要职责。

北约领导人和普京发表的《罗马宣言》

2002年5月28日结束的北约—俄罗斯罗马首脑会晤发表了《罗马宣言》。该宣言全文如下：

北约—俄罗斯关系：21世纪之初，我们生活在一个新的、彼此密切相关的世界上。在这个世界中，前所未有的新威胁和挑战要求人们做出越来越一致的反应。因此，我们——北大西洋公约组织的成员国和俄罗斯联邦——今天翻开了我们关系中新的一页。我们的目的是为了提高我们在共同关心的领域一起努力的能力以及提高共同对付我们安全面临的共同威胁和危险的能力。作为《关于共同关系、合作和安全的基础法案》的参与者，我们重申了这项文件中确定的目标、原则和义务，尤其是我们在欧洲—大西洋地区在民主和协作安全的原则以及在欧洲—大西洋地区所有国家的安全是不可分的原则基础之上共同建立持久和全面和平的决心。我们相信，北约和俄罗联邦之间一种具有新质量的关系将为实现这项目标做出基本贡献。在这种背景下，我们将根据包括《联合国宪章》在内的国际法、《赫尔辛基最后文件》和欧洲安全与合作组织《欧洲安全宪章》的规定和原则真诚地履行我们的义务。

根据《关于共同关系、合作和安全的基础法案》考虑到我们的外交部长在 2001 年 12 月 7 日发表的声明中所说的，即为了让北约成员国和俄罗斯一起来确定寻求以 20 个国家一起采取共同行动的机会而提出的建议，我们因此设立北约—俄罗斯理事会。在北约—俄罗斯理事会框架的基础之上，北约成员国和俄罗斯将在共同关心的领域以平等伙伴的身份一起工作。北约—俄罗斯理事会将为北约成员国和俄罗斯就欧洲—大西洋地区广泛的安全问题提供磋商、取得共识、合作、共同决策和采取共同行动的机制。

北约—俄罗斯理事会将作为推动北约与俄罗斯关系的一个重要机构和场所。它将在意见一致的原则基础上采取行动。它将在其成员国本着尽早确定正在出现的问题、形成最为理想的共同立场并在合适的时候采取共同行动的精神就各种安全问题不断举行政治对话。北约—俄罗斯理事会的成员国将以各自国家和身份并以与它们各自的共同承诺和义务相一致的方式共同参与决策，同时就实施决策单个或共同承担平等的职责。每个成员国都可以在北约—俄罗斯理事会提出与实施共同决策相关的问题。

北约—俄罗斯理事会将由北约秘书长担任主席。它将每年举行两次外长和国防部长级的会议，并在合适的时候举行国家元首和政府首脑级的会议。北约—俄罗斯理事会大使级的会议至少每月举行一次，在必要时可以举行更多会议，其中包括举行特别会议。特别会议将应任何成员国或北约秘书长的要求而举行。

为了支持并为北约—俄罗斯理事会会议做准备，将在北约政治委员会一级以及在俄罗斯适当级别建立一个预备委员会。预备委员会每月举行两次会议，如有必要可以举行更多会议。北约—俄罗斯理事会还可以就单个问题或各个合作领域设立各种委员会或工作小组，既可以是临时性的，在适当时还可能设立常设机构。这些委员会和工作小组将利用北约现有委员会的设施和资源。

在北约—俄罗斯理事会的主持下，双方的军事代表和参谋长也将举行会议。参谋长会议每年举行不少于两次，军事代表会议每月至少举行一次，在必要时还可以举行更多的会议。在适当的时候还可以举行军事专家会议。

北约—俄罗斯理事会将取代北约－俄罗斯常设共同理事会。它将把注意力集中在《关于共同关系、合作和安全的基础法案》所确定的所有共同关心的领域，其中包括共同协议所规定的其他一些领域。北约—俄罗斯常设共同理事会及其下述机构 2001 年 12 月达成的 2002 年工作计划将继续在北约—俄罗斯理事会的主持和领导下加以实施。北约成员国和俄罗斯将继续确定它们的合作领域，其中包括反恐斗争、解决危机机制、武器不扩散、军备控制和建立信心措施、战区导弹防御系统、海上营救、军事合作、民事性突发事件等。这种合作可以作为对其他领域的合作的补充。我们今天一致同意采取以下合作行动，以此作为我们在这方面采取的最初步骤：

反恐斗争：加强多层面方式的合作，包括对欧洲—大西洋地区所受到的恐怖威胁进行联合评估，把重点放在具体的威胁上，如俄罗斯与北约部队、民用飞机、关键基础设施等受到的威胁；起始步骤将是联合评估在巴尔干地区的北约、俄罗斯及伙伴国维和部队所受到的恐怖威胁。

危机管理：加强合作，包括通过以下途径：定期交流有关维和行动的看法和信息，包括有关巴尔干地区形势的持续合作和磋商；促进各国维和小分队之间的协作能力，包括通过联合或协调的训练倡议；并且进一步发展北约—俄罗斯联合维和行动的普遍概念。

不扩散：扩大和加强防止大规模杀伤性武器（WMD）及其运送手段的扩散，并促进通过下列手段加强现有的不扩散安排：导致对全球核、生物及化学制剂扩散趋势进行联合评估的制度化看法交流；旨在探索加强保护核、生物及化学制剂的国际合作机会的经验交流。

军备控制与信任建立措施：回顾军备控制和信任与安全建立措施（CSBM）对欧洲—大西洋地区稳定的贡献，重申对作为欧洲安全基石的欧洲常规武装力量条约（CFE）的遵守，共同致力于使所有签约国批准关于改写 CFE 条约的协议并使之生效（该协议将允许非 CFE 签约国的加入）；继续就 CFE 及领空开放条约进行磋商；继续北约—俄罗斯核专家磋商。

战区导弹防御：加强就战区导弹防御（TMD）、尤其是 TMD 的概念、术语、系统及系统能力的磋商，分析和评估各 TMD 系统之间协同作战的可能级别，并探索加强切实可行的合作，包括联合训练和演习的机会。

海上搜救：监督北约—俄罗斯潜艇船员营救框架

文件的执行，继续促进北约与俄罗斯在海上搜救领域中的合作、透明度及信任。

军方合作与防务改革：通过强化联合训练和演习以及进行联合示范和试验，促进军方间的合作与协同作战；探索为执行应付21世纪挑战的使命而建立统一的北约—俄罗斯训练中心的可能；增强在防务改革及相关经济层面上（包括军转民方面）的合作。

民事应急：加强未来在民事应急方面的北约—俄罗斯合作机制。起始步骤将包括近期灾难信息的交流以及大规模杀伤性武器（WMD）后果处理的信息的交流。

新的威胁和挑战：在上面列举的领域之外，探索在“北约应对现代社会所受挑战委员会”（CCMMS）活动的框架下对付欧洲—大西洋地区所受到的新的挑战和威胁的可能；在民用和军用空域控制领域的初始合作；以及加强科学合作。

北约—俄罗斯理事会成员国将致力于确定更多的合作领域。

欧盟北约关于欧洲安全防御政策声明

2002年12月16日北约秘书长罗伯逊与欧盟负责外交政策与安全事务的高级代表索拉纳在北约总部举行会谈后，就欧洲的安全防御及北约与欧盟合作原则问题发表了《欧盟—北约关于欧洲安全防御政策声明》。该声明的主要内容如下：

声明对北约与欧盟在危机处理过程中建立的战略伙伴关系和欧盟的共同安全与防务政策表示欢迎，认为双方在欧洲安全和应付未来挑战方面不可分割，同时表示希望北约继续在预防和处理危机方面发挥重要作用。声明认为，欧洲危机处理能力的提高将为北约注入新的活力。

声明强调，北约与欧盟之间的关系将是建立在相互协作、磋商、对话、平等和尊重成员国利益和联合国宪章的原则之上的伙伴关系。两组织虽属不同性质，但应当在处理危机方面相互支持配合，在相互平等、独立决策的基础上，加强有效对话、磋商、合作和增加透明度。

声明指出，《联合国宪章》是北约和欧盟条约的基础，尊重《联合国宪章》是维系稳定的欧洲－大西洋安全环境的基石。双方还同意在提高军事能力上进行认真有效的合作。

欧盟向北约保证，将根据欧盟《尼斯条约》的有关条款和双方最近达成的军事资源共享协议，尽可能使非欧盟成员的北约欧洲成员参与欧洲安全防务政策的制订工作；北约则表示，根据该组织1999年华盛顿首脑会议文件，支持欧盟的欧洲安全防务政策，并根据北大西洋理事会13日的决定，同意让欧盟快速反应部队在北约不参与的危机处理行动中使用北约的军事资源。

（继　先）

北约和俄罗斯建立新型关系文件　2002年5月14日，北约19个成员国外长和俄罗斯外长在冰岛首都雷克雅未克举行了北约—俄罗斯联合常任理事会会议。会议通过了有关建立北约—俄罗斯理事会的文件。

会议结束后发表的新闻公报说，北约和俄罗斯已成功地完成从去年底开始的建立新型关系的基础工作，因此一致同意通过有关文件，并决定将这一文件提交定于5月28日在罗马举行的北约和俄罗斯首脑会议正式签署。根据这份文件，北约和俄罗斯将建立北约—俄罗斯理事会，以取代现有的北约—俄罗斯联合常任理事会。在这一新的机构中，双方将在诸多领域以“平等的伙伴关系”展开合作。

独联体六国集体安全条约组织章程　2002年10月7日，俄罗斯、白俄罗斯、哈萨克斯坦、亚美尼亚、吉尔吉斯斯坦和塔吉克斯坦6国总统在摩尔多瓦首都基希讷乌签署了独联体集体安全条约组织章程以及有关该组织法律地位的协议。

6国总统建议各国议会于2003年5月前批准上述有关文件。6国总统认为，上述文件的签署将有助于增强集体安全条约组织成员国之间的政治和军事合作，加强各成员国在维护主权、领土完整以及国家安全等问题上的联系，使该组织成员国更积极地参与国际社会的反恐斗争。

为加强安全领域的合作，独联体部分国家于1992年签署了独联体集体安全条约。2002年5月，俄罗斯牵头将该条约改组为独联体集体安全条约组织。该组织决定组建共同快速反应部队，加强各成员国间的军事技术合作。目前该组织成员国包括俄罗斯、白俄罗斯、哈萨克斯坦、亚美尼亚、吉尔吉斯斯坦和塔吉克斯坦。

（石　慧）

（本栏责任编辑　赵刚箴）

2002年世界军事大事记

2002年世界军事大事记

1月

1月2日

△首批约150名国际维和部队士兵抵达阿富汗首都喀布尔。1月4日，阿富汗临时政府与国际维和部队在喀布尔签署关于驻阿国际维和部队任务和权力的协议。协议规定，国际维和部队的首要使命是维护阿富汗的和平与稳定，确保喀布尔等城市的社会治安；其次是训练阿富汗军事和安全人员，并给阿富汗以军事技术援助。

△西撒哈拉萨基亚哈姆拉和里奥德罗人民解放阵线（简称西撒人阵）决定释放115名摩洛哥战俘，并表示将与西班牙红十字会和国际红十字会合作进行战俘遣返工作。

1月3日

△美军轰炸机对阿富汗东部边境城镇扎瓦尔进行轰炸，至少造成32名平民死亡，11人受伤。

1月4日

△韩国国防部宣布，从美国购买111枚射程为300千米的AT-ACMS地对地战术导弹。这是韩国首次向美国购买此种导弹。

1月5日

△美国佛罗里达州坦帕市年仅15岁的中学生毕晓普驾驶1架塞斯纳单发动机飞机，撞进了该市的标志性建筑——42层的美洲银行大楼。美国舆论称之为小“9·11”事件。

1月6日

△印度宣布，印空军在印控克什米尔蓬奇地区击落1架巴基斯坦无人驾驶侦察机。巴对此断然否认。

△伊拉克总统萨达姆在庆祝伊建军81周年发表的电视讲话中表示，为捍卫阿拉伯民族权利和尊严，伊拉克武装部队已经做好反侵略的准备，随时准备击败来犯之敌。

△日本媒体报道，日本政府最近确定了建立“有事法制”的基本方针，将强化首相权限，使首相在发生紧急情况时可以不经过有外相、防卫厅长官等参加的安全保障会议和内阁会议而直接下令调动自卫队。

1月7日

△上海合作组织成员国外长非例行会议在北京举行，6国外长签署了《上海合作组织成员国外长联合声明》。

△乍得政府与反对派武装“乍得民主与公正运动”在利比亚首都的黎波里签订和解协定，以结束双方长达4年的武装冲突。根据协定，乍得政府军与反对派武装力量立即停火，双方将致力于国家的和平、安全、稳定和社会经济发展。“乍得民主与公正运动”将参与执政，其武装力量将编入政府军。

△俄罗斯联邦军队封锁了车臣阿尔贡市并进行搜捕，消灭了潜伏在居民楼中的匪徒。

1月8日

△美国布什政府向国会提出“核战略评估报告”，系统地说明了美国新的核战略。（详见《军事要事》栏有关条目）

1月9日

△巴勒斯坦武装和以色列军队在加沙南部发生严重交火，造成双方5人死亡，4人受伤。

1月10日

△韩国政府召开国家安全保障会议。会议决定，2002年韩国的安全政策目标是“继续推进南北方之间的和解与合作，把互不信任和对抗的关系转变为信任和合作的关系，缓和紧张局势，建立南北方和平共存的基础”。

△美国国防部官员宣布，驻阿富汗的7名美国海军陆战队员在巴基斯坦西南部发生的空中加油机坠毁事件中丧生。这是阿富汗战争以来美国军队遭受的最

严重的一次人员损失。

1月15日至16日

△美国和俄罗斯军事代表团在华盛顿举行会谈，讨论削减进攻性战略武器、反恐合作和其他安全问题。这是美国宣布退出美苏《反导条约》以来，美俄两国首次就战略问题举行会谈。

1月17日

△以色列安全内阁做出决定，同意由国防部长埃利泽提出的对巴勒斯坦目标实施“旨在控制、防范新的袭击行动采取有限的军事打击”，以防地区局势进一步恶化。安全内阁同时还批准了安全部门关于加强对约旦河西岸巴控区的封锁，防止激进组织成员潜入以境内执行袭击行动的方案。

1月19日

△俄罗斯武装力量总参谋长克瓦什宁将军说，俄美即将签署的削减进攻性战略武器新条约应考虑到战略进攻和防御力量平衡，而不是只规定核弹头的数目。

1月20日

△哥伦比亚政府和国内最大的游击队组织“哥伦比亚革命武装力量”签署了“和平进程未来时间表协议”，为双方继续进行旨在实现停火和结束敌对状态的和谈铺平了道路。

1月22日

△几名骑摩托车全副武装的恐怖分子袭击印度加尔各答市中心美国领事馆附近的美国信息中心，打死4名警察，打伤17人。28日凌晨，印度警方在东部比哈尔邦赫扎里巴克击毙了参与这一事件的两名枪手。

1月24日

△美国总统布什宣布，美国2003财政年度的国土安全开支增加182亿美元，从原来的195亿美元增加到377亿美元，以防止美国再次遭到恐怖袭击。新增加的经费将主要用于加强警察、消防和医疗部门的反应能力、加强边境安全、打击生物恐怖主义以及政府不同部门之间交换情报等。

1月25日

△美国国防部宣布，美军于当晚成功地进行了首次海基拦截导弹的拦截试验。试验目的主要是为了测试海基拦截导弹的制导系统。这次试验的目标导弹是短程导弹，不在反导条约的限制范围内。

△印度军方在东海岸奥里萨邦沿海的惠勒岛试验场成功试射一枚“烈火”短程弹道导弹。

1月27日

△尼日利亚首都拉各斯伊科嘉军营的军火库发生爆炸，造成2000多人死亡，其中不少人在逃离爆炸现场时淹死在军营附近的两条运河里，另有数千名儿童失踪，数万人无家可归。

△俄罗斯一架载有数名内务部高级将领的米－8直升机在车臣纳德杰列奇内区的舍尔科夫斯卡亚镇附近突然坠毁，机上14人全部遇难，其中包括俄内务部副部长、内务部南联邦区司令鲁琴科中将，内务部队副司令加里多夫少将以及俄北高加索集团军代表奥勒连科上校。

△美国国防部长拉姆斯菲尔德在视察美驻古巴关塔那摩海军基地时说，美国不可能给关押在该基地的“基地”组织成员和塔利班士兵以战俘地位。国务院曾要求把这些被俘人员当作战俘对待，但遭到军方的坚决反对。

1月28日

△美国特种部队与阿富汗政府军采取联合军事行动，打死躲藏在坎大哈一家医院的6名“基地”组织成员。这6名“基地”组织成员2001年底躲藏进这家医院。

△美国驻印度大使布莱克韦尔向新闻界透露，美国将恢复向印度出售武器，这是美印加强防务合作的部分内容。该大使还称，美国陆军、海军和海军陆战队的3个高级代表团也将访问印度，同印度讨论恢复联合军事演习的问题。

1月29日

△俄罗斯国防部副部长莫斯科夫斯基上将说，2001年俄按计划部署了6个“白杨－M”型导弹系统，并使这些系统加入了战斗值勤。俄政府最近通过了“2010年以前的武器发展计划”，将开发和研制新式武器装备作为一项重要任务。从2001年到2005年，国家国防订货拨款的40%将用于新式武器装备的研制与开发工作。根据这一计划，2002年俄国防部还将购买与上一年同等数量的“白杨－M”型导弹系统并加以部署。

1月31日

△美国政府宣布，启用10多亿美元反恐怖资金，以应对可能发生的化学武器、核武器和生物武器的袭击。

△美国国防部长拉姆斯菲尔德在美国国防大学就“美国军事战略调整”与“军队改革”发表了长篇讲话。

△菲律宾和美国军队正式开始在菲南部展开代号为“肩并肩”的联合军事演习。演习长达6个月，共

有660名美军和1200名菲军参加。这次非美联合军事演习首次以实际敌人——阿布沙耶夫组织为打击目标，美方派出160名美军特种部队成员在战斗现场对菲军进行指导，并被允许携带武器和进行自卫还击。

2月

2月2日至3日

△第38届慕尼黑国际安全政策会议在德国慕尼黑召开。来自全球40多外国家的300多名外交和国防事务高级官员就“9·11”恐怖袭击事件后的国际安全形势、反恐斗争、北约发展以及俄罗斯与北约关系等问题进行了深入讨论。美国在反恐等国际问题上自行其是的倾向在会上受到很多与会代表的质疑。

2月4日

△尼日利亚首都拉各斯市郊穆辛地区发生豪萨族穆斯林和约鲁巴族基督教徒之间的大规模冲突，有55人在冲突中死亡。

△美国总统布什向国会提交了总额为2.13万亿美元的2003财政年度联邦预算案，其中军费预算为3790亿美元，比2002财政年度增加480亿美元，增幅近14%，是20年来最大的增幅。

2月5日

△尼泊尔警察与反政府武装游击队在尼泊尔东部卡夫里地区发生长达3个多小时的激烈交火，致使20多人被打死、10多人受伤。这是2001年11月以来双方发生的最大一次交火事件。

2月6日

△俄罗斯武装力量第一副总参谋长巴卢耶夫斯基接受国际文传电讯社采访时说，在未来5至10年内，俄拥有的陆基战略核武器不会过时，因此发展海基战略核武器将作为俄所有军队建设计划中优先考虑的内容。尽管俄计划将战略核弹头削减到1500枚，但仍将保留现有的陆基、海基、空基三位一体的战略核武器构架。

△印美海军指导小组结束在印度南部城市切奈(原马德拉斯)的磋商会议后公布一项声明，称印美两国将恢复自1998年印度核试验后中断的海上联合军事演习。

2月7日

△中国裁军大使胡小笛在日内瓦举行的裁军谈判会议上发言，全面阐述了中国在维护国际军控与裁军体系问题上的立场和建议。他指出，在当今新形势下，维护国际军控与裁军体系的完整和权威对保持世界和平和各国安全至关重要。世界各国应该为维护和推进这一体系采取合作而非对抗的方式，实行统一而非双重甚至多重的标准，保持有关政策和立场的连续性。

△防止弹道导弹扩散国际行为规则会议在巴黎举行。包括中国在内的78个国家的代表出席了会议。各国代表就会议主办国法国提交会议的“关于防止弹道导弹扩散国际行为规则”草案，进行了广泛和坦率的讨论。

△利比里亚反政府武装利比里亚人和解与民主联合（简称“利民联”）逼近到离首都蒙罗维亚35千米的科雷。为了堵住利民联继续南下攻打首都，政府在科雷集结大量兵力与“利民联”展开激战。

2月7日至9日

△来自捷克、波兰、匈牙利、斯洛伐克、奥地利、乌克兰和斯洛文尼亚7个中东欧国家的卫生部长在捷克首都布拉格举行会议，商讨应对生物武器可能造成的伤害问题。与会者在会议结束时发表宣言，决定采取共同行动防范生物武器可能造成的伤害。

2月8日

△印度和俄罗斯国防部官员在新德里签署四项军事合作议定书，内容包括：俄向印度提供多管火箭发射器，为印度火炮配备弹道测量系统，帮助改造俄以前向印度出口的877EKM型常规潜艇，尽早向印度交付T-90坦克，以及共同研制高科技武器等。

2月13日

△驻阿富汗坎大哈机场的美军遭到袭击，美军用机枪向袭击者进行了还击。

2月14日

△美国和英国在美国内华达州试验场290米的地下进行次临界地下核试验，这是两国第一次联合进行此类核试验。美国官员说，此次次临界核试验的目的是在不进行爆炸的情况下，获得重要数据，以保证两国核武器的安全和可靠。在这次临界核试验中，虽然没有核爆炸，但科学家能使用获得的数据，总结核材料的各种技术指标。

2月16日

△美国军方在新墨西哥州举行导弹拦截试验。试验共发射了3枚拦截导弹，其中，一枚是“爱国者”PAC-3型导弹，未能击中作为来袭目标的巡航导弹。另外两枚是“爱国者”PAC-2型导弹，其中一枚击中了目标，摧毁一架作为标靶的无人驾驶飞机。

△伊拉克和伊朗在伊拉克南部城市阿马拉赫附近的边界口岸交换了134具在两伊战争期间阵亡的双方

士兵遗骸，其中，59具是伊拉克士兵遗骸，75具是伊朗士兵遗骸。

2月19日

△土耳其安全机构在该国东部同伊朗交界的凡省抓获了本·拉登领导的“基地”组织的3名成员。经初步确认，他们的国籍分别为约旦、沙特和叙利亚。

△驻扎在刚果（金）的150名津巴布韦士兵返回津首都哈拉雷，标志着津巴布韦开始从刚果（金）撤军。（详见《军事要事》栏有关条目）

2月20日

△哥伦比亚总统帕斯特拉纳宣布，从当日午夜起取消被“哥伦比亚革命武装力量”控制的非军事区。（详见《军事要事》栏有关条目）

2月22日

△挪威外交大臣扬·彼得森在奥斯陆宣布，在挪威 的调停下，斯里兰卡政府已经与反政府的泰米尔猛虎组织达成无限期停火协议。协议将从22日午夜起开始生效。（详见《军事要事》栏有关条目）

△俄罗斯航空航天局局长科普捷夫、航天军司令佩尔米诺夫分别表示，俄不打算放弃使用位于哈萨克斯坦境内的拜科努尔发射场。根据俄、哈航天主管部门1994年达成的协议，俄方每年以1.15亿美元租用该发射场 。

△美国《华盛顿时报》报道，美负责武器控制和国际安全事务的副国务卿博尔顿在接受该报记者采访时表示，鉴于“9·11”事件后新的国际安全形势，美不再遵守不对非核武器国家使用核武器的承诺。但同日美国国务院发言人鲍彻表示，美国不会对一个非核国家使用核武器，除非它与拥有核武器的国家联合对美国或其盟国发动袭击。如果美国及其盟国受到大规模杀伤性武器的袭击，美保留做出任何军事反应的权利。

△美国防部决定向印度出售价值1.46亿美元的军用雷达系统。

2月25日至26日

△索马里两个武装派别在首都摩加迪沙激烈交战。冲突发生的原因是为了争夺麦迪纳一个检查站的控制权。连续两天的交战造成27人死亡，约70人受伤。

2月27日

△古巴首都哈瓦那发生一些古巴人冲击并占领墨西哥大使馆事件。应墨西哥政府的请求，古巴政府3月1日凌晨对被21名古巴人占领的墨西哥驻古使馆采取了袭击行动并取得成功，顺利解决了这一事件。

△一些主张在阿约提亚巴布里清真寺遗址建罗摩庙的印度教徒在古吉拉特邦遭袭，造成57人丧生。此后，古吉拉特邦的穆斯林成了报复的目标，教派冲突骤起，造成的死亡人数超过了800人。3月15日，印度教强硬派领导人与印度政府达成协议，改变了要在阿约提亚有争议的巴布里清真寺遗址或者附近没有争议的地方举行罗摩庙“奠基仪式”的计划，使持续多天的古吉拉特邦教派冲突暂告平息。（详见《军事要事》栏有关条目）

2月28日

△北约驻波黑多国稳定部队突袭波黑塞族共和国同南联盟黑山共和国、塞尔维亚共和国交界的切莱比恰地区，试图抓捕波黑塞族共和国前总统卡拉季奇，结果一无所获。3月1日，驻波黑北约多国稳定部队士兵再次突袭切莱比恰地区抓捕卡拉季奇，仍未成功。

3月

3月1日

△美国和联军约1500人在阿富汗东部城市加德兹附近山区发起代号为“蟒蛇行动”的清剿“基地”组织和塔利班残余部队的战斗。（详见《军事要事》栏有关条目）

△美国防部官员称，美已向格鲁吉亚派遣5名军事顾问，并将于近期再向格鲁吉亚派遣45至200名军事训练人员。2日，格鲁吉亚国防部副部长别茹阿斯维利宣布，根据格鲁吉亚和美国达成的防务合作协议，美国将于近期开始为格鲁吉亚国防部培训4个营和1个连的特种部队。

△印度政府宣布，印度2002年的国防开支将增加14%，达6500亿卢比（约合133亿美元）。

△北约开始在波兰、挪威和波罗的海海域举行代号为“坚强决心”的大规模海陆空军事演习。参加演习的有来自北约15个成员国和11个和平伙伴计划国的约3万名士兵。演习于15日结束。

3月6日至7日

△阿富汗各派军事领导人在喀布尔召开会议，同意建立一支由各个部落派别组成的国家军队。

3月15日

△美国国防部宣布，美军在太平洋上空进行的第6次洲际导弹拦截试验获得成功。

3月25日

△中国研制的“神舟”三号飞船在酒泉卫星发射

中心顺利发射升空，在圆满完成各项科学试验后于 4 月 1 日准确返回地面。（详见《军事要事》栏有关条目）

3 月 29 日

△尼泊尔首都加德满都发生两起爆炸事件，其中一起爆炸发生地点距离王宫只有 3 千米远。爆炸造成至少 24 人受伤，其中包括 3 名军人和一些学生，不少人伤势严重。

3 月 30 日至 31 日

△印度西部古吉拉特邦的艾哈迈达巴德、默赫萨纳和阿嫩德等城市又爆发了新的宗教冲突，至少有 7 人丧生。5 月 5 日和 7 日，艾哈迈达巴德再次发生骚乱，造成至少 26 人死亡、数十人受伤。

4 月

4 月 4 日

△安哥拉政府与争取安哥拉彻底独立全国联盟在首都罗安达正式签署和平协议，宣布结束长达 27 年的内战。（详见《军事要事》栏有关条目）

4 月 6 日

△朝鲜和韩国发表联合公报，宣布全面恢复对话与合作。

4 月 10 日

△俄罗斯联邦安全局官员宣布，俄联邦安全局近日制止了美国中央情报局窃取俄军事机密的企图。俄联邦安全局掌握着美中央情报局对俄罗斯进行间谍活动的证据。

4 月 11 日

△委内瑞拉发生军事政变，10 多名高级军官声明不支持查韦斯政府，并将查韦斯总统扣押。14 日，查韦斯返回总统府，再次宣誓就任委内瑞拉总统。（详见《军事要事》栏有关条目）

4 月 13 日

△马达加斯加支持卸任总统拉齐拉卡的军人与支持反对派总统候选人拉瓦罗马纳纳的军人在南方省会城市菲亚纳兰楚阿发生武装冲突，造成 30 多人死亡，40 多人受伤。

4 月 15 日

△美国负责政治事务的副国务卿马克·格罗斯曼在布鲁塞尔北约总部宣布，美国已开始同欧洲盟国进行新一轮磋商，就北约的前途、北约布拉格首脑会议以及北约与俄罗斯的新型关系等问题交换意见。

△加拿大和美国签署了一项联合研制新型天花疫苗的协议，这种天花疫苗将主要供两国将来参与"反生化恐怖"活动的军人使用。

4 月 17 日

△美国防部长拉姆斯菲尔德在与参谋长联席会议主席迈尔斯联合举行的新闻发布会上宣布成立北方司令部，负责包括美国东西岸海域在内的美国领土的安全。5 月 8 日，布什总统任命空军四星上将拉尔夫·埃伯哈特为北方司令部首任司令。10 月 1 日，北方司令部正式开始运作。

△日本政府正式将"有事"三法案（《武力攻击事态法案》、《自卫队法修改案》和《安全保障会议设置法修改案》）提交国会审议。

4 月 19 日

△美国总统布什签署两份备忘录，分别批准美向亚美尼亚、阿塞拜疆和塔吉克斯坦三国以及尼日利亚提供军事援助。

△美国"阿特兰蒂斯"号航天飞机在圆满完成对国际空间站的"施工"任务后，返回佛罗里达州肯尼迪航天中心。

4 月 21 日

△菲律宾南部发生 3 起炸弹爆炸事件，造成至少 13 人死亡，41 人受伤。

4 月 24 日

△为期一天的上海合作组织成员国边防部门领导人会晤在哈萨克斯坦阿拉木图举行。与会各国代表一致认为，加强成员国共同边界的安全和边防部门间的合作是十分必要的。

4 月 25 日

△南斯拉夫联盟军队前总参谋长奥伊达尼奇从贝尔格莱德抵达海牙，被关进海牙联合国前南战犯国际法庭的拘留所。他是自南联盟议会通过与海牙法庭合作法后，第一位主动与海牙法庭合作的南联盟战犯嫌疑人。

△朝鲜民主主义人民共和国在平壤金日成广场举行阅兵式，纪念已故朝鲜党和国家领导人金日成诞辰 90 周年和朝鲜人民军建军 70 周年。

△俄罗斯联邦安全局宣布，车臣非法武装最重要的头目之一哈塔卜在俄联邦部队 3 月底采取的一次特别行动中被击毙。

4 月 28 日

△印度与俄罗斯共同研制的"布拉莫斯"超音速巡航导弹在印度东部奥里萨邦巴拉索尔武器试验场试射成功。"布拉莫斯"巡航导弹可以携带 200 千克常规弹头，由固体燃料推进，射程为 290 千米。

5月

5月1日

△据美国《华盛顿邮报》报道，美国正在向巴基斯坦和阿富汗边境地区运送更多的兵力，以加强对该地区的塔利班和“基地”组织残余武装的追捕行动。

△越南外交部证实，俄罗斯已和越南完成金兰湾军事基地交接手续，越南将不同任何国家进行将金兰湾用于军事用途的合作。

5月1日至3日

△印度和巴基斯坦军队在克什米尔实际控制线以及边境地区近20个地段使用重型武器交火。

5月4日

△印度陆军和空军开始在印度西部拉贾斯坦邦的塔尔沙漠及邻近地区展开联合军事演习，据印度国防部称，此次演习是检验部队作战能力以及保持部队活力计划的一部分。

5月5日

△尼泊尔政府军出动武装直升机，对加德满都以西300公里附近的尼西部罗尔帕和尤特汗地区进行了空袭，约200名反政府游击队武装分子在空袭中被击毙。

5月8日

△美国国防部长拉姆斯菲尔德宣布，美国国防部已取消一项耗资110亿美元的“十字军”移动火炮研制计划。“十字军”移动火炮是一种重量为40吨的自推式连发火炮，原计划于2008年投入使用，美国陆军已在这一武器研制项目上投入资金20亿美元。

5月9日

△俄罗斯达吉斯坦共和国卡斯皮斯克市发生恐怖主义爆炸事件，造成至少32人死亡，150余人受伤。同日，俄总统普京紧急召开国防部、联邦安全局、内务部等部门领导人会议，要求尽快查清、捉拿和严惩制造爆炸事件的罪犯。

5月11日

△由中国人民解放军海军副参谋长周伯荣率领的中国海军舰艇编队圆满结束对韩国为期3天的友好访问，启航回国。

△塞拉利昂反政府武装革命联合阵线（联阵）前领导人桑科的支持者和现总统卡巴的支持者在首都弗里敦发生武装冲突。

5月12日

△美军特种部队对位于阿富汗南部重镇坎大哈附近的一处塔利班或“基地”组织武装的据点发动了突袭，共击毙5人、俘虏32人，还缴获大量军火。

5月14日

△北约—俄罗斯联合常任理事会会议在冰岛首都雷克雅未克举行，会议通过建立北约—俄罗斯理事会文件。

5月15日

△上海合作组织成员国国防部长在莫斯科举行会晤，就如何落实各国元首达成的共识，国际和地区形势，打击恐怖主义、分裂主义和极端主义，进一步加强上海合作组织成员国在军事领域的合作等问题充分交换了意见，达成了广泛共识。会晤中国防部长们决定：继续保持成员国国防部长和军队总参谋部代表定期会晤机制；成立由成员国国防部有关人员组成的高官委员会，以进一步巩固和发展各方在安全和防务等领域的建设性合作；成立上海合作组织成员国国防部联合专家小组，以磋商有关举行联合反恐怖演习的问题。

5月20日

△东帝汶民主共和国正式成立。

5月21日

△美国国务院发表了《2001年度全球恐怖主义形势报告》，报告将古巴、伊朗、伊拉克、利比亚、朝鲜、苏丹和叙利亚列为所谓“支持恐怖主义的国家”。（详见《军事要事》栏有关条目）

5月22日至23日

△中国人民解放军副总参谋长熊光楷上将与英国国防副参谋长巴格尔空军上将举行了中英两国首次防务磋商。双方就国际安全和地区形势、中英两军关系、国际反恐和维和等问题，坦诚深入地交换了意见，达成了广泛共识。

5月24日

△俄罗斯与美国签署关于削减进攻性战略力量条约和关于新型战略关系的联合宣言等文件，宣布两国正在建立新型战略关系。（详见《军事要事》和《国际条约》栏有关条目）

5月25日

△巴基斯坦成功试射了一枚由本国研制的“高里”-5型地对地中程弹道导弹。

5月26日

△巴基斯坦再次成功地试射了1枚射程为290千米的地对地短程弹道导弹。

5月28日

△巴基斯坦军方又成功地试射了1枚射程为180

千米的地对地短程导弹。

△北约与俄罗斯领导人会议在意大利首都罗马举行，参加会议的 20 国领导人正式签署了《罗马宣言》，标志着北约与俄罗斯“20 国”机制正式启动。(详见《军事要事》栏有关条目)

△正在德国访问的中国人民解放军副总参谋长熊光楷上将在波恩与德国联邦国防军副总监法伊斯特海军中将举行了两国首次防务安全高级磋商。双方就国际和地区安全形势、两军关系等问题进行了认真友好的讨论，取得了积极成果。

△鉴于阿富汗的局势还不十分稳定，联合国安理会一致通过了第 1413 号决议，决定将驻扎在喀布尔的国际维和部队的任期延长半年，从 6 月 20 日开始。同时决定由土耳其接替英国领导这支部队。

△索马里政府军与由穆萨·亚拉豪及穆罕默德·德莱分别领导的两派反政府武装在首都摩加迪沙激烈交战，双方都动用了火炮等重型武器，造成至少 25 人死亡，50 多人受伤。

5 月 29 日

△美军在太平洋中部夸贾林环礁进行了“爱国者”导弹拦截试验。试验中发射了两枚“爱国者”PAC－3 型导弹，其中一枚成功击中目标，另一枚则未能击中。这是 PAC－3 型导弹的第 4 次拦截试验。

5 月 31 日

△日本内阁官房长官福田康夫在会见记者时称，从理论上来说，日本能够拥有核武器，日本“拥有小型原子弹也不是没有道理的”。同日，日本首相小泉纯一郎表示，日本现政府不会改变“无核三原则”。

6月

6 月 1 日

△美国总统布什在西点军校发表讲话时称，美国面临的恐怖主义威胁仍未消除，为了保护美国人民的安全，必要时将对可疑的恐怖分子进行“先发制人”的打击。分析人士指出，这是布什首次提出采取“先发制人”战略进行反恐，表明美国安全战略出现了新的变化。

△印度和巴基斯坦在克什米尔地区实际控制线两侧多个地段相互进行猛烈炮战。

6 月 4 日

△首次“亚洲相互协作与信任措施会议”首脑会议在哈萨克斯坦举行。中国、俄罗斯等 16 个国家的领导人和代表参加了会议。(详见《军事要事》栏有关条目)

6 月 5 日

△美国司法部长阿什克罗夫特宣布实行外国人入境登记制度，该制度将要求更多的外国游客在入境时留手印并且在逗留期间定期登记。来自伊拉克、伊朗、利比亚、苏丹、古巴、朝鲜和叙利亚等国的所有游客都必须登记，来自其他国家的游客则视情况而定。

6 月 6 日

△美国总统布什发表讲话称，将向国会提议成立“国土安全部”。该部有四大职能：保证美国边界和领土安全、应急准备与快速反应、预防生化和核恐怖袭击、保护关键性设施和进行综合情报分析。

6 月 7 日

△上海合作组织国家元首圣彼得堡峰会签署《关于地区反恐怖机构的协定》，决定建立常设地区反恐怖机构，加强在安全领域的合作。(详见《军事要事》栏有关条目)

6 月 11 日

△几内亚比绍总统雅拉在会见驻该国的外国使节、军队高层官员以及各社会团体负责人时透露，几内亚比绍上个月挫败了一起兵变阴谋，迄今已有 6 名涉嫌人员被捕。这起兵变是活动在几内亚比绍和冈比亚境内的一些“地下武装”所为。

△以色列开始修建总长 360 千米的安全隔离墙，以便将以色列本土和约旦河西岸巴勒斯坦自治区隔离开来。

6 月 12 日

△打击和预防恐怖主义高级会议在葡萄牙首都里斯本开幕。此次国际反恐会议由欧洲安全与合作组织轮值主席国葡萄牙发起，50 余名来自欧安组织领导机构、欧安组织议会、联合国、北约、欧盟、欧洲委员会、独联体以及美国和俄罗斯的代表出席了会议。会议主要有 4 项议题：国际和地区组织在反恐斗争中的作用；打击恐怖主义；预防恐怖主义；国际和地区组织间的反恐合作。

6 月 13 日

△美国正式退出《限制反弹道导弹系统条约》。(详见《军事要事》栏有关条目)

△美国军方成功地进行了海基反弹道导弹试验。这次试验的主要目的是“表明‘宙斯盾’拦截系统击中弹道导弹目标的能力”，并为进一步研制海基反导系统搜集数据。

△驻韩国美军的 1 辆履带战车在韩国京畿道杨州

郡的一条公路上轧死 2 名 14 岁的韩国少女。由于肇事者被美国军事法庭宣判无罪，激起韩国的反美浪潮。韩国民众在韩国各地不断举行抗议示威游行，要求修改不平等的《驻韩美军地位协定》。

6 月 14 日

△刚果（布）首都布拉柴维尔西部的穆孔多、姆菲卢和拉巴兹区发生武装冲突，经过激烈战斗，刚果（布）政府军击退了反政府武装，并完全控制局势。

△美国驻巴基斯坦卡拉奇的领事馆附近发生一起严重汽车炸弹爆炸事件，至少有 8 人在爆炸中丧生，40 多人受伤。

6 月 14 日至 15 日

△国际安全与防止恐怖主义会议在奥地利首都维也纳举行。这次会议是由奥地利和北约共同主办的。北约秘书长罗伯逊在会上发言时强调，使用军事和非军事的手段反对恐怖主义是北约议事日程中最优先考虑的事项。

6 月 15 日

△美军在阿拉斯加州格里利堡开始动工修建 6 个反弹道导弹地下发射井，从而迈出了建立国家导弹防御系统的第一步。

6 月 17 日

△美国国防部发言人戴维斯在记者招待会上说，部署在菲律宾南部巴西兰岛的美军当天遭到可能是由阿布沙耶夫恐怖主义组织发动的袭击，美军进行了还击。

6 月 19 日

△俄罗斯国防部长谢·伊万诺夫与武装力量总参谋长阿·克瓦什宁在克里姆林宫向普京总统汇报了俄军事建设计划和武装力量改革的进展情况。伊万诺夫说，在美国正式退出反导条约之后，俄在计划进一步生产和发展自己的进攻性战略武器问题上有了更多的灵活性和选择，俄将使本国的核武器达到足以防止外敌入侵的水平。

6 月 20 日至 21 日

△根据中美元首 2001 年宣布的建立两国中长期反恐交流与合作机制所确定的原则，中美双方跨部门代表团在华盛顿举行了第二次反恐磋商。双方对当前国际及地区反恐形势进行了深入分析，认真探讨了在联合国框架内如何利用区域组织有效地打击恐怖势力的措施，并就下一步国际反恐战略交换了意见。

6 月 21 日

△俄罗斯开始向印度提供最新型和多用途的苏－30MKI 歼击机。这是俄罗斯首次向国外提供其作战性能远远超过本国空军战机的飞机。

△欧盟首脑会议在西班牙塞维利亚召开，会议就在欧盟范围内打击非法移民问题达成协议。

6 月 22 日

△阿联酋和阿曼签订从乌盖达特至达拉段的边界协定，从而结束了两国总长 1000 千米的边界划分工作。

6 月 23 日

△伊拉克与伊朗政府就遣返双方在两伊战争中造成的难民问题达成协议。根据这项协议，两国于 7 月 13 日在两国边境遣返第一批难民，其余的难民将在他们的身份得到确认后，分期分批予以遣返。

△南斯拉夫联盟总统科什图尼察颁布总统令，宣布解除南联盟军队总参谋长帕夫科维奇大将的职务，任命副总参谋长克尔加中将为代理总参谋长。

6 月 25 日

△美国媒体报道，美国国防部计划将美军负责导弹预警和军用通讯网络保护的航天司令部与负责战略打击的战略司令部合并成一个新的司令部。美国政府官员称，这一计划与布什正在形成的“先发制人”战略相吻合。

6 月 26 日

△俄罗斯海军第四代核动力“鲨鱼”级巡洋核潜艇在北德文斯克下水。这种核潜艇装备有最现代的设备，可长年服役。

6 月 29 日

△朝鲜和韩国的海军舰艇在朝鲜半岛西部黄海海域的延坪岛附近发生交火事件。（详见《军事要事》栏有关条目）

6 月 30 日

△土耳其空军部队正式从英国皇家空军部队手中接过阿富汗首都喀布尔机场的指挥权。

7 月

7 月 1 日

△1 架美军侦察机在阿富汗坎大哈附近执行任务时遭到地面袭击。美军随即动用 B－52 轰炸机和 AC130 攻击机轰炸了乌鲁兹甘省的三个村庄，共投下 7 枚炸弹，其中 1 枚炸弹落在了一个约有 200 人参加的婚宴现场，造成 48 人死亡，117 人受伤。

△朝鲜外务省发言人重申，“北方界线”是美国在停战后在没有和朝方达成任何协议的情况下于朝鲜领海水域内擅自划定的一条非法的有名无实的海上分

界线。8日，朝鲜人民军板门店代表部发言人再次重申，朝鲜不承认美国和韩国单方面在朝鲜半岛西部海域划定的“北方界线”，并认为要防止朝韩海上军事冲突，就必须取消非法的“北方界线”。

△国际刑事法院在荷兰海牙正式成立。

7月2日

△韩国军方决定，韩国舰艇今后将对越过“北方界线”的朝鲜警备艇保持安全距离下的“示威性启动”状态，如果对方不退回，将直接进行“警告性射击”，然后“直接攻击目标”。

△黎巴嫩《使者报》援引美国空军反核武器扩散中心的报告称，以色列目前已拥有400枚核导弹，并掌握了潜艇发射导弹的技术。这份报告指出，美国每年对以色列的巨额军事援助为以色列研制核武器提供了巨大帮助。

7月5日

△据英国《泰晤士报》报道，英国政府已经决定成立一支由600人组成的“核警察部队”，负责保护7处核设施和核废料的安全。

7月6日

△阿富汗过渡政府副总统兼公共工程部长哈吉·阿卜杜拉·卡迪尔在离开其位于喀布尔的办公室时遇刺身亡。

7月7日

△英国皇家海军“诺丁汉”号驱逐舰在澳大利亚东南洛德霍韦岛附近海域触礁。8日，澳大利亚出动直升机救援。舰艇253名英国海军官兵全部获救上岸。

7月8日

△北约秘书长罗伯逊率领代表团对乌克兰进行正式访问。9日，乌克兰—北约委员会第二次大使级会议举行，并通过一份过渡性报告，为双方今后新的行动计划确定了一系列合作方向。

7月9日

△美国国务卿鲍威尔在参议院外交委员会作证时说，美国准备与俄罗斯磋商如何处置战术核武器问题，以防止此类武器扩散。

△非洲联盟国家元首和政府首脑大会成立暨第一届会议在南非德班召开。

7月10日

△朝鲜人民军海军司令部发表公报称，两艘韩国舰艇当天上午“侵入朝方领海进行军事挑衅”。朝鲜海军提请韩军方“予以注意”。

7月11日

△一些摩洛哥士兵登上摩洛哥与西班牙两国有争议的佩雷希尔（雷拉）岛，在岛上升起了两面摩洛哥国旗，并建立了军事观察哨。17日凌晨，西班牙武装部队登上佩雷希尔岛，把摩洛哥军人逐出该岛。7月20日，双方达成协议，恢复该岛无驻军状态。（详见《军事要事》栏有关条目）

7月12日

△美国国防部向美国会提交了《中国军事力量年度评估报告》。报告继续鼓吹“中国威胁论”。

△英国外交大臣斯特劳在英国国会下院发表讲话时说，英国政府准备与西班牙分享直布罗陀的主权，但条件是要经过直布罗陀全民公决同意。同日，西班牙外交部发言人对斯特劳的讲话表示欢迎，但直布罗陀地方政府表示，分享主权的方案是对当地人自主权利的“彻底背叛”，直布罗陀人将在全民公决中否决这一方案。

7月14日

△法国总统希拉克在抵达巴黎凯旋门检阅国庆阅兵部队时险遭不测，1个名叫马克西姆·布吕内里的极右翼分子朝他开枪射击，但未击中。法国警方认为这是一个“孤立的行为”，而不是有组织的政治阴谋。

7月16日

△美国、欧盟、俄罗斯和联合国在纽约举行中东问题四方会议，就和平解决中东问题提出具体构想，包括支持建立一个独立、民主和有生存能力的巴勒斯坦国，呼吁国际社会支持并帮助巴勒斯坦进行全面的改革，要求以色列首先撤退至2000年9月冲突爆发前的位置等。

△美国总统布什公布美国历史上第一份国土安全国家战略。（详见《军事要事》栏有关条目）

7月17日

△美国国防部官员扬格称，美国国防部正在研制不通过爆炸仍能摧毁敌方地下生化武器库的新方法。正在考虑的方法之一是使用一种能够穿透地面的弹头，将目标密封在一个坚固或粘稠的泡沫中，而不是把它炸掉；另外一种方法是使用一种武器在地下生化武器储存点撒播可燃物质，将生化物质全部烧掉。此外，美国还正在考虑在洲际弹道导弹上安装常规弹头来摧毁敌方导弹。

△位于韩国东南部庆尚北道的月城核电站2号机组发生重水泄漏事故，有10多名工作人员受到辐射。

7月20日

△经过一个多月的谈判，苏丹政府和以加朗为首的反政府武装苏丹人民解放军在肯尼亚首都内罗毕签

署和平意向协议。(详见《军事要事》栏有关条目)

7月22日

△刚果(金)和卢旺达在南非首都比勒陀利亚达成和平协议，从而为实现两国间的和平和恢复大湖地区的稳定创造了条件。(详见《军事要事》栏有关条目)

7月23日

△阿富汗国家军队第1营结束了全部培训课程，正式进驻总统府开始服役。该营包括350名士兵和36名军官，将成为阿富汗新型国家军队的核心和基础。

7月24日

△代号“千年挑战2002”的美国历史上规模最大的一次联合军事演习开始在美国加利福尼亚州和内华达州等地进行。参加演习的共有1.35万名军人和文职人员，是美国历史上参与范围最广的一次联合军事演习。演习包括野战部队实战演习和计算机模拟作战。计算机模拟作战由设在弗吉尼亚州的联合作战中心通过全国联网来实施。演习目的主要是检验美军在情报共享、协同作战和快速反应等方面的6个新概念，包括：迅速获取敌方情报和明确作战环境、以集中各种力量取得特定作战效果的“基于效果的军事行动”概念，在紧急情况下迅速调动一切可利用的国家力量实现战略和战术目标的“迅速和决定性行动”概念，以及强调平行制定作战计划以使其更协调和及时的“联合互动计划”概念等。演习于8月15日结束，其结果将被用于训练将来的联合部队，并为今后美国军队的改革提供有价值的参考数据。在这次演习的基础上，美军两年后将举行代号为“奥林匹克挑战2004”的军事演习。

7月27日

△乌克兰空军1架苏-27战斗机在乌西部城市利沃夫进行飞行特技表演时，坠入地面观看表演的人群当中，造成至少70人死亡，100多人受伤。

7月30日

△尼日尔迪法省恩古尔蒂和恩吉格米地区发生千余名军人哗变事件。8月3日，尼政府派兵平叛，收复了被叛军占领的重要城市迪法。部分哗变士兵裹胁包括迪法省省长在内的人质逃往撒哈拉沙漠地区。

8月

8月1日

△联合国发布的一份裁军报告说，2001年全球军费开支总额达8400亿美元，占世界各国国内生产总值之和的2.6%。自“9·11”恐怖袭击之后，各国用于反恐的军事开支大幅增加，在相当程度上推动了全球年度军费开支的增长。

8月1日至15日

△俄罗斯在里海举行有史以来规模最大的军事演习，参演部队包括里海分舰队、铁道部队、边防部队、联邦安全局和内卫部队的1万多人、67艘军舰和30多架战斗机，许多最新武器装备在演习中亮相。

8月2日

△日本防卫厅递交给内阁会议审议并通过的《日本防卫白皮书》强调，防卫工作在国家政治中的地位越来越重要，把一个承担国防任务的行政机构升为部级单位是国家实施安全保障和进行危机管理不可缺少的，因此防卫厅希望尽早制定《防卫省设置法案》。(详见《军事要事》栏有关条目)

8月5日

△尼日尔首都尼亚美驻军3个兵营的部分士兵又发生哗变，在政府军的猛烈攻势下，哗变士兵被打散。此后，尼军方下令军队处于高度戒备状态，并加强首都地区的巡逻。

8月6日

△朝军和驻韩美军在板门店举行将军级会谈。朝鲜人民军驻板门店代表部首席代表李赞福上将和驻韩美军副参谋长索利甘少将等参加了这次会谈。双方在会谈中着重讨论了防止再次发生武装冲突和建立彼此互信的方案。

8月7日

△朝鲜核电站轻水反应堆基础工程水泥浇灌作业的开工仪式在新浦市琴湖地区举行，这标志着美国向朝鲜提供的轻水反应堆项目主体工程开工建设。

8月9日

△阿富汗东部城市贾拉拉巴德附近一个非政府组织的办公建筑物发生一起爆炸事件，造成至少20人当场死亡，80多人受伤。

△巴基斯坦塔克希拉地区的一家基督教医院遭武装分子袭击，在这次事件中，有3名护士死于恐怖袭击，另有23人受伤。1名武装分子也在袭击中丧生。

8月12日

△朝鲜和韩国第七次部长级会谈在汉城举行。双方经两轮磋商后未能就未来军事谈判等实质性问题达成共识。

△俄罗斯举行纪念“库尔斯克”号潜艇失事两周年活动。死难官兵的家属、俄罗斯北方舰队及摩尔曼斯克州的有关领导参加了纪念活动。俄罗斯总统顾问

谢尔盖耶夫在这次活动中说，必须认真总结“库尔斯克”号潜艇失事的教训，调整军队的规章制度，以防悲剧重演。

△乌干达总统穆塞韦尼下令从邻国刚果（金）立即撤走全部乌干达军队。

△南斯拉夫联盟总统科什图尼察发表声明说，南联盟不会签署美国提出的给予参与维和行动的美国军人豁免权的双边协议。美国的要求破坏了在国际法律面前，大小国家和大小人物一律平等的准则。南联盟完全支持国际刑事法庭的工作，并认为该法庭必须保持真正的公平、公正等原则。

8 月 15 日

△美国国防部向国会提交了 2002 年度的国防报告。（详见《军事要事》栏有关条目）

8 月 16 日

△俄罗斯国防部长谢·伊万诺夫在视察俄战略火箭部队南乌拉尔 35 师时说，不管俄罗斯与美国以及其他国家的关系如何，俄都将发展自己的战略核力量。俄必须建立和加强核导弹盾牌，以应付各种事态的发展，保证自己的军事安全。

8 月 17 日

△格鲁吉亚国家安全部新闻中心主任拉里阿什维利宣布，格内务部将向潘基西峡谷派遣部队，以维持峡谷治安并防范犯罪活动。格内务部队将根据需要长期驻扎在峡谷地区。

△据美国《华盛顿邮报》报道，布什政府已经批准一项“紧急撤离”计划，以便在万一遭到大规模袭击或者面临大规模杀伤性武器威胁时组织所有联邦工作人员有序地撤离危险地区，避免“9·11”事件发生后的混乱局面。

△刚果（金）东方省布尼亚市的伦杜和赫马两个部族发生武装冲突，造成 110 名平民死亡，70 多人受伤，有 1 万多个家庭被迫离开布尼亚市。

8 月 19 日

△1 架俄罗斯米－26 大型军事运输直升机在车臣坠毁，机上共有 147 人，其中 114 人遇难，包括 21 名军官、3 名女军医和 1 名儿童。

△丹麦、瑞典、芬兰、挪威和冰岛等北欧五国和爱沙尼亚、拉脱维亚和立陶宛等波罗的海三国的政府首脑在拉脱维亚首都里加举行会晤，讨论波罗的海三国加入欧盟和北约等问题。

8 月 20 日

△乌克兰国防部长什基琴科下令解散乌克兰武装部队第 43 火箭军。什基琴科表示，第 43 火箭军的解散标志着乌克兰销毁战略核武器的工作已接近尾声。

△一些反萨达姆·侯赛因分子闯入并占领伊拉克驻德国大使馆。在获得伊政府的同意后，德国警方特别行动队潜入使馆，擒获了 5 名案犯，解救了被劫持的人质。

8 月 28 日

△在远东地区视察的俄罗斯总统普京会见俄太平洋舰队指挥官。普京在会见时说，太平洋舰队不仅在确保俄东部海岸安全方面，而且在确保整个俄罗斯的安全方面，都起着特殊重要的作用。虽然目前太平洋舰队正在进行改革，但对太平洋舰队来说，主要的任务仍然是确保舰队各部队，其中包括确保国家战略力量的战备水平。始终不渝地推行国家综合性海洋政策是俄国策的最为优先的方面之一。

9 月

9 月 1 日

△俄罗斯国防部宣布，从 9 月 1 日起，俄罗斯武装力量正式试行合同兵役制。合同兵役制首先在第 76 空降师试行，将从 2004 年起逐步在全军推开。

△据印尼国家通讯社报道，美国将在印度尼西亚北苏拉威西省比通市建立一个供军舰停泊的港口。比通市市长已同美驻印尼外交官签署了允许美在该市建军港的协议。这一军港将于 2005 年建成。

9 月 15 日

△韩国与朝鲜军方经过两天的多次会谈，就在南北军事分界线非军事区设立共同管理区域等问题达成协议。这一协议将为今后连接韩朝之间的铁路和公路建设提供安全保障。

9 月 19 日

△科特迪瓦部分士兵哗变并与科政府军发生战斗。10 月 17 日，双方在布瓦凯签署停火协议，同意自当日午夜起实现停火。26 日，西非国家经济共同体决定向科派遣监督停火部队。（详见《军事要事》栏有关条目）

9 月 20 日

△美国总统布什正式向国会提交了《美国国家安全战略》报告。（详见《军事要事》栏有关条目）

9 月 24 日

△在数百名印度教徒聚集在古吉拉特邦首府甘地纳加尔市著名的阿克萨达姆神庙内进行晚祈祷时，两名恐怖分子乘坐一辆小轿车混进神庙，用自动步枪向人们肆意开枪扫射，并投掷手榴弹。印度军警随即对

恐怖分子进行围剿。交战中，两名恐怖分子被击毙，1名特种兵被打死。此次袭击事件共造成32人死亡，77人受伤。

9月26日

△美国总统布什正式向国会提交了一份要求授权对伊拉克动武的决议草案。10月10日和11日，美国会众、参两院分别以压倒多数票通过决议，授权总统布什在必要时使用武力，解除伊拉克大规模杀伤性武器对美国国家安全构成的威胁，并迫使伊拉克履行1991年海湾战争以来联合国安理会通过的有关决议。10月16日，布什签署了国会通过的决议。

10月

10月3日至5日

△美国总统布什的特使、负责东亚及太平洋地区事务的助理国务卿詹姆斯·凯利访问朝鲜。访问期间，凯利向朝鲜方面阐明美国政府的对朝政策及其对恢复朝美对话的立场，朝美双方就共同关心的问题交换了意见。

10月4日

△巴基斯坦军方成功试射了1枚“沙欣”I型地对地中程弹道导弹。“沙欣”I型导弹长13米，自重约9吨，使用固体燃料，有效载荷为1000千克，最大射程为750千米。8日，巴基斯坦再次成功地试射1枚该型导弹。

10月4日至5日

△欧盟在希腊克里特岛雷西姆农市举行成员国国防部长非正式会议。会议确认欧盟将推进组建欧洲军团的进程。

10月6日

△俄罗斯总统普京与格鲁吉亚总统谢瓦尔德纳泽达成一项协议，俄方保证不对格境内的潘基西峡谷进行轰炸。

10月7日

△布隆迪临时过渡政府与国内两个反政府武装共同出席“大湖地区布隆迪问题首脑会议”，并签署停火协议。（详见《军事要事》栏有关条目）

10月9日

△欧盟委员会批准了关于欧盟扩大的战略文件和对13个候选国的评估报告，确定爱沙尼亚、拉脱维亚、立陶宛、波兰、捷克、斯洛伐克、匈牙利、斯洛文尼亚、马耳他和塞浦路斯等10个候选国能够于2002年底前结束入盟谈判，并于2004年加入欧盟。

10月12日

△印度尼西亚著名旅游胜地巴厘岛连续发生多起针对外国人的恶性爆炸事件，造成189人死亡，300多人受伤，死伤者多为外国游客，主要来自澳大利亚、日本、美国、法国、瑞典等国。

10月14日

△美国国防部宣布，美军在太平洋上空进行的第7次洲际弹道导弹拦截试验获得成功。

△英国政府宣布暂停北爱地方政府的自治，恢复由中央政府对北爱尔兰的直接管辖。（详见《军事要事》栏有关条目）

△俄罗斯弹药局局长帕克对媒体表示，禁止化学武器组织在海牙举行的第7次会议通过决议，同意俄罗斯将销毁化学武器的期限从2003年1月推迟到2012年4月，届时俄将全部销毁化学武器。

10月15日

△索马里各派领导人开始在肯尼亚西部城市埃尔多雷特举行和谈，包括索马里过渡政府代表在内的300多名各武装派别、政治和民间组织的代表参加了会议。10月27日，索马里各派领导人一致同意停止敌对行动，为和谈的顺利进行创造条件。各派领导人还承诺寻求建立具有广泛代表性的政府，并确保索马里各组织和个人的权利。

10月16日

△美国政府披露，美国总统特使、助理国务卿凯利10月初在平壤访问期间，朝鲜官员承认朝方拥有“秘密核武计划”。（详见《军事要事》栏有关条目）

△印度内阁安全委员会做出决定：部署在印巴边境地区的约70万印度部队已经完成国家赋予他们的既定任务，因此将分阶段撤回并进行重新部署。舆论认为，印度此举有利于缓和已经持续10个月之久的印巴边境紧张局势，为未来印巴之间就解决争端展开谈判创造了有利条件。17日，巴基斯坦外交部发表声明表示，巴方欢迎印度方面做出的从巴印边境分阶段撤离其军队的决定，作为回应，穆沙拉夫总统主持高级官员会议，决定从边境撤军。

10月17日

△菲律宾南部三宝颜市两家商场发生恶性爆炸事件，造成6人死亡、149人受伤。

△伊拉克外交部发言人宣布，伊拉克将于19日正式归还在占领科威特期间夺取的科威特国家档案。

10月18日

△中美两国部分曾亲历过第二次世界大战的退役将军和老兵在位于华盛顿市中心的威尔逊国际学者中

心举行座谈会。中国国务院新闻办公室主任赵启正、中国驻美大使杨洁篪、中国退役将军宋承志、前“飞虎队”将军陈纳德的夫人陈香梅女士以及部分前“飞虎队”成员和前美军杜利特尔飞行中队成员先后在座谈会上发表讲话。大家表示，应当珍惜双方用鲜血铸就的友谊，共同继续推动中美关系健康稳步地向前发展，携手为维护地区和世界和平做出贡献。

10 月 19 日

△菲律宾总统阿罗约召开内部安全监督委员会会议，研究近来菲国内连续发生恐怖爆炸事件后的安全形势，并宣布了全民合作反恐的 10 项对策。

△美国《华盛顿邮报》报道，美国国防部将于 11 月开始对 5000 名伊拉克反对派成员进行作战训练，以配合美国可能对伊拉克发动的军事打击。美国计划培训的总人数为 1 万人左右。

10 月 20 日至 22 日

△朝鲜和韩国在朝鲜首都平壤举行第 8 次部长级会谈，双方在会谈中就履行第七次部长级会谈所达成的有关铁路和公路连接、建设开城工业园区等协议交换了意见。韩国代表团发言人、统一部统一政策室室长李凤朝在会谈结束后说，会谈是在“严肃认真的气氛中”进行的。韩方在会谈中表示反对朝鲜进行任何形式的核武器开发。他说，在核问题上，朝方在会谈中只是倾听了韩方意见，并未表明自己的立场。

10 月 23 日

△俄罗斯发生震惊世界的“莫斯科人质事件”。(详见《军事要事》栏有关条目)

△鉴于国际上接连发生恐怖事件，为确保国内安全，韩国政府举行“国家反恐怖主义对策委员会”会议，决定从多方面加强反恐措施。

10 月 24 日

△韩国国会国防委员会通过一项决议，决定将 2003 年度的国防预算额在原来 17.46 万亿韩元（约合 145.5 亿美元）的基础上增加 5341 亿韩元。韩国国防预算额在 2002 年占国内生产总值的 2.8%。而原定的 2003 年度国防预算额则仅占百分之 2.7%。

△美国警方在马里兰州逮捕了 41 岁的海湾战争老兵约翰·艾伦·穆罕默德和 17 岁的约翰·利·马尔沃。警方称，两名被捕男子所持枪支与连环枪击事件凶手所使用的枪支的弹道特征相吻合，并相信华盛顿周围地区的连环冷枪杀人案已经告破。

10 月 25 日

△为纪念中国人民志愿军赴朝参战 52 周年，朝鲜最高人民会议常任委员会秘书长金润革、劳动党中央国际部副部长金泰钟、人民武装力量部副部长吕春石、外务省副相金永日等有关方面负责人和数百名平壤各界群众代表到位于平壤市牡丹峰西北麓的朝中友谊塔敬献花圈，深切缅怀在抗美援朝战争中牺牲的中国人民志愿军烈士。

△中非现任总统帕塔塞的卫队和利比亚驻军与流亡国外的中非原总参谋长博齐泽的支持者在首都班吉发生武装冲突，至少造成 20 人丧生。

10 月 27 日

△哥伦比亚政府军与反政府游击队发生激战，共造成 29 名游击队员、3 名政府军和 5 名平民丧生。这是自乌里韦 8 月当选总统以来，政府军与反政府游击队间进行的最激烈交火。

△一个名为“波多兰德国家民主前线”的印度反政府组织的武装人员袭击了印度阿萨姆邦靠近印度、不丹边境科克拉贾地区的达德吉里村，打死至少 22 人，多人受伤。警方说，这是该组织成立 15 年来进行的最大一次恐怖袭击。“波多兰德国家民主前线”是一个基地设在不丹境内的印度非法组织，2002 年以来活动频繁。

10 月 28 日

△俄罗斯总统普京在克里姆林宫同俄联邦政府成员举行的例行会议上宣布，由于国际恐怖主义威胁的日益增长，俄将修改动用武装力量的条款，对那些针对俄罗斯使用大规模杀伤性武器的恐怖威胁予以还击。不管“恐怖分子、犯罪组织者及其思想鼓动者和财务支持者”身处何地，俄罗斯都将采取相应的措施。

10 月 29 日

△越南胡志明市西贡国际贸易中心大楼发生强烈爆炸并引发严重火灾，至少造成 60 人丧生，100 多人受伤。

10 月 30 日

△北约通过决定，将 11 月 21 日在布拉格举行的乌克兰—北约委员会联席会议由原定的首脑峰会“降级”为外长级会晤，不再邀请乌克兰总统库奇马参加。

10 月 31 日

△俄罗斯总统普京主持召开了俄联邦安全会议，专门讨论了加强俄同独联体国家在反恐领域合作的问题。普京在会上发表讲话，建议制订独联体国家讨论安全和反恐问题的机制。俄安全会议秘书鲁沙伊洛会后强调，当前反恐战略的重点是先发制人的措施。先发制人能够较为有效地制止恐怖事件的发生。

△韩国外交通商部发表公告说，以统一配置和废除美军驻韩军事基地为内容的韩美联合土地管理计划协定，已经韩国国会批准开始生效。根据协定，美军应在2002年底把汉城梨泰院区所属的阿里郎一带的土地和乌山美空军基地所属弹药库的部分土地交还韩国。为早日收回这些土地，韩国将采取必要措施。

△爱尔兰共和军宣布，它将暂停与负责监督北爱各方实现停火和解除武装事务的国际监督小组的合作，暂停解除其军队武装的行动。（详见《军事要事》栏有关条目）

11月

11月1日

△联合国秘书长安南发表声明说，他和联合国愿意帮助尼日利亚和喀麦隆两国解决巴卡西半岛归属争端，他已邀请这两个非洲国家的领导人近期与他会晤，争取和平解决这一争端。安南曾在10月10日发表声明，呼吁尼日利亚和喀麦隆两国尊重并执行国际法院当天就巴卡西半岛归属问题所做出的裁决。巴卡西半岛位于喀麦隆和尼日利亚两国陆地边界的最南端，面积为665平方千米。

△古巴外长佩雷斯强调，古巴的科学家没有从事生化武器的研究，美国负责西半球事务的助理国务卿赖克日前对古巴提出的有关指责纯属污蔑和造谣，是极不负责任的言论。赖克此前在美国一个基金会发表讲话时称，古巴正在实施“一项有限的研制进攻性生化武器的计划”。

11月2日

△朝鲜外务省发言人发表谈话，驳斥美国要求朝鲜在首先放弃核计划后进行美朝对话的主张，强调朝美应当签订互不侵犯条约。同日，朝鲜劳动党中央机关报《劳动新闻》发表长篇评论强调，朝鲜希望与美国缔结互不侵犯条约，并以此消除两国间的敌对关系和解决核问题。

11月3日

△俄罗斯国防部长伊万诺夫宣布，他已决定暂停从车臣撤出俄联邦军队。从11月3日起，俄罗斯联邦部队将在车臣所有地区进行更大规模、更强硬和更有针对性的反恐行动。他说，越来越多的情报表明，车臣非法武装分子正在策划更多的恐怖活动。

11月4日

△在第6次中国与东盟（10+1）领导人会议期间，朱镕基总理与东盟国家领导人发表了《中国与东盟关于非传统安全领域合作联合宣言》。（详见《国际条约》栏有关条目）

△美国中央情报局在也门利用无人驾驶飞机，成功发射导弹摧毁了一辆载有“基地”组织成员的汽车，车上6人全部被击毙，其中包括1名制造美国军舰“科尔”号爆炸事件的嫌疑犯。这是美国首次在阿富汗以外的国家直接动用武力打击“基地”组织成员。

11月6日

△美国国防部副部长道格拉斯·费思抵达韩国访问，同韩国国防部长官李俊就地区安全和朝鲜核问题举行了会晤。双方表示，将以和平方式解决朝鲜核问题，并将在国防政策上谋求共同对策。李俊强调，不久前韩、美、日在亚太经合组织领导人非正式会议期间已就朝鲜核问题达成协议，韩美军方应在此框架内采取一切可能的办法和平解决这一问题。对此，费思表示同意，并表示美国支持韩国和朝鲜建立信任关系。

11月8日

△联合国安理会一致通过了关于伊拉克武器核查问题的第1441号决议。（详见《国际条约》栏有关条目）

11月14日至15日

△尼泊尔政府军与反政府军在尼西北部和中西部地区发生激烈交火，造成80多名政府军士兵阵亡，并有多人受伤。这是尼新政府10月成立以来首次与反政府武装进行较大规模的战斗。

11月20日

△朝韩海军在朝鲜半岛西部海域发生冲突。（详见《军事要事》栏有关条目）

△尼日利亚北部城市卡杜纳发生严重暴力冲突和骚乱，至少已造成近200人死亡，1000多人受伤，另有11000人逃离家园。暴力冲突的起因是，尼首都阿布贾预定于12月7日举行世界小姐评选比赛。一些伊斯兰教徒认为，当地一家报纸刊登的有关举行世界小姐评选的文章亵渎了伊斯兰教义。他们纷纷走向街头抗议示威，并攻击基督教教堂，殴打基督教徒，抢劫他们的住所。伊斯兰教徒的行为遭到基督教徒报复。

11月21日至22日

△北约首脑会议在捷克首都布拉格举行。北约19个成员国的国家元首或政府首脑、欧盟负责外交和安全事务的高级代表索拉纳、北约秘书长罗伯逊参加了会议。会议决定邀请中东欧10个候选国中的7

个加入北约，它们是：拉脱维亚、爱沙尼亚、立陶宛、斯洛伐克、保加利亚、罗马尼亚和斯洛文尼亚。到2004年7个新成员国完成所有入盟手续正式加入北约后，北约成员国将增至26个。会议还决定大幅提高北约的防务能力，以维护欧洲—大西洋地区安全，应对将来可能出现的新安全威胁。会议决定建立一支由来自海、陆、空等兵种2.1万人组成的北约快速反应部队，调整北约军事指挥机构。会议还决定大幅削减目前北约的军事指挥机构规模，提高军事指挥机构的效率。会议通过的一项声明表示，北约将全力支持贯彻联合国安理会有关对伊拉克进行武器核查的第1441号决议，并敦促伊全面履行所有有关决议，对联合国武器核查人员的工作予以配合。会议期间还举行了北约—俄罗斯理事会和欧洲—大西洋伙伴关系理事会会议。

11月22日

△中国外交部副部长王毅与印度外交部副部长坎瓦·希巴在新德里举行中印边界问题联合工作小组第14轮会谈和副外长级磋商。双方就包括边界问题在内的双边关系和广泛的国际及地区问题坦诚、友好地交换了意见，增进了相互理解。双方商定，中印边界问题专家小组第14次会议将于2003年1月在北京举行。

11月24日

△一伙全副武装的恐怖分子袭击了印控克什米尔查谟地区著名的拉格胡纳希神庙，造成15人死亡、50人受伤。

△德国国防部官员表示，德国政府没有改变其对伊拉克问题的立场，即不参与可能对伊拉克发动的战争。但一旦中东和海湾地区局势出现新的发展，德国可能将其驻科威特的军队人数由目前的52人增至800人左右。目前部署在科威特的6辆专门用于监测大规模杀伤性武器的“狐式”装甲车将继续留在科威特，以应对本地区可能遭受的任何攻击。如果伊拉克对美国在科威特的军事基地发动攻击，德国将考虑使用这些装甲车。

11月25日

△英国首相布莱尔在议会下院讲话时表示，欧盟提出的组建快速反应部队的设想与北约首脑布拉格会议确定的筹建北约快速反应部队的计划并不相互抵触。

11月27日

△联合国对伊拉克武器核查小组正式恢复了中断近4年的对伊武器核查。此次核查人员的构成阵容庞大，由来自40多个国家的近300名武器检查员组成，首次包括了阿拉伯国家的武器专家。

△韩国国防部发布新闻公报称，朝鲜当日通过电话通知韩方，将从28日开始恢复军事分界线非军事区内的排雷工作。

11月28日

△肯尼亚先后发生两起恐怖袭击事件。先是港口城市蒙巴萨以色列人经营的天堂饭店发生自杀性爆炸事件，导致16人死亡，80余人受伤。随后，一架以色列客机在蒙巴萨起飞后不久遭到两枚导弹袭击，所幸未被击中。一个自称为“巴勒斯坦军”的团体声称对袭击事件负责，声言攻击时间刻意选择在“巴勒斯坦被分割55周年纪念日”之际，目的是谴责联合国1947年11月29日通过的“旨在让犹太人欺压阿拉伯人”的一项决议。肯尼亚警方事后拘捕了12名嫌疑犯。

△韩国自主开发研制的“KSR－Ⅲ”液体燃料助推火箭发射成功。火箭为三级科学探测火箭，长14米、直径1米、重6吨。发射场地是忠清南道一个海上发射场。

11月29日

△在埃塞俄比亚关押的最后一批厄立特里亚战俘1130人和平民95人获释。至此，埃厄两国遣返战俘的工作已全部完成。国际红十字会说，在完成遣返战俘工作后，埃厄两国间仍有一些问题需要继续解决。联合国将根据2002年4月双方达成的协议，在2003年划定两国间的边界。

12月

12月1日

△澳大利亚联邦总理霍华德在澳议会讲话时表示，在万不得已的情况下，澳将采取“先发制人”的行动，派军队到邻国去消灭恐怖主义目标。2日，霍华德进一步说，联合国宪章“已经过时”，建议修改联合国宪章等国际法规。（详见《军事要事》栏有关条目）

△阿富汗西部两派对立的地方武装在赫拉特省爆发冲突。冲突双方分别是效忠于赫拉特省塔吉克族省长伊斯兰梅尔·汗的部队和当地普什图族领导人阿马努拉·汗的部队。至少有13名士兵在冲突中丧生，数十名士兵受伤。

12月5日

△吉尔吉斯斯坦总统阿卡耶夫与到访的俄罗斯总

统普京在比什凯克签署了两国安全合作协议。

△菲律宾军方和警方联合成立“外交官安全特别部队”，专门负责保护各国驻菲使馆的安全。据悉，“外交官安全特别部队”由300名军警组成，主要部署在使馆和外交官住所集中的马卡蒂地区。

12月6日至7日

△欧洲安全和合作组织在葡萄牙北部城市波尔图举行第10次部长理事会。会议通过了《预防和打击恐怖主义宪章》，欧安组织各成员国在反恐宪章中承诺：不允许恐怖主义分子进入本国领土和在本国领土活动，也不向在其他国家活动的恐怖主义分子提供支持；任何资助、策划和实施恐怖主义活动的人将被送上法庭。

12月9日

△印度尼西亚政府与印尼亚齐分离主义武装组织自由亚齐运动在日内瓦签署了以结束敌对状态为核心的和平协议，使和平解决亚齐问题获得突破性成果。在协议中，双方承诺互相停止暴力行动及其他敌对行为。印尼政府承诺给亚齐广泛的自治权，但不允许其独立。协议规定“自由亚齐运动”须在7个月内解除武装，并由印尼政府、“自由亚齐运动”和国际代表组成的履约监督团监督。10日，印尼军方宣布执行协议，停止在亚齐的军事行动。

△中国常驻联合国代表王英凡在纽约联合国总部代表中国政府签署了《联合国打击跨国有组织犯罪公约》所附的《打击非法制造和贩运枪支及其零部件和弹药的补充议定书》。王英凡在签署议定书后表示，中国以建设性态度参加了议定书的谈判，为议定书的达成做出了积极贡献。签署该议定书再次表明，中国政府一贯致力于加强国际合作，共同打击非法制造和贩运枪支等小武器活动的坚定立场。同时，也将对加强中国国内枪支等小武器生产、库存、使用和转让的管理。

12月9日至10日

△中国人民解放军副总参谋长熊光楷上将与美国国防部副部长费思在美国五角大楼进行了第5次中美国防部副部长级防务磋商。双方就国际和地区安全形势、中美两国两军关系以及其他共同关心的问题坦诚、深入地交换了意见。双方在讨论中还涉及了2003年两军交往问题，同意就此问题今后继续保持接触和进行协商。

12月10日

△美国白宫公布“应对大规模杀伤性武器国家战略”。布什政府在这份长6页的文件中说，如果美国及其海外驻军或盟友遭到大规模杀伤性武器的袭击，美国将“保留使用包括任何选择在内的绝对武力做出反应的权利”。布什政府高级官员对记者解释说，美国保留动用核力量进行报复的权利是为了对敌对政府和“无赖”国家构成威慑。这项战略是美国总统国家安全事务助理赖斯和国土安全部部长里奇联合制定的。

12月12日

△朝鲜外务省发言人宣布，朝鲜解除1994年朝美核框架协议签订后对核计划的冻结，并立即重新开始电力生产所需核设施的运转和建设。这位发言人指出，美国在11月14日决定停止向朝鲜提供重油，并从12月份开始实施。根据朝美核框架协议，美国一直向朝鲜提供重油。美国向朝鲜提供重油不是援助或经济合作，而是美国应尽的义务，是它对朝鲜冻结在建核电厂所造成电力损失的补偿。由于美国实际上已抛弃了这一义务，朝鲜便立即出现电力生产缺口。在这种情况下，朝鲜政府不得不取消根据朝美框架协议以每年提供50万吨重油作为前提而采取的冻结核设施的决定。

12月15日

△阿富汗过渡政府总统卡尔扎伊签署总统令，宣布在全国范围内收缴武器，以巩固阿富汗的安定局面，推动阿富汗国家军队的重建。

△据伊朗伊斯兰共和国通讯社报道，伊朗外长卡迈勒·哈拉齐已邀请国际原子能机构的专家对位于伊中央省和伊斯法罕省的两处核设施进行核查。针对日前美国指责伊朗在进行秘密发展核武器的计划，哈拉齐强调说，伊朗绝对没有生产核武器的计划，伊朗的核设施完全是为了和平利用原子能。

12月16日

△北约秘书长罗伯逊与欧盟负责共同外交与安全政策的高级代表索拉纳发表《欧盟—北约关于欧洲安全防御政策声明》。

12月17日

△据美国媒体报道，美国总统布什已经下令美军着手在阿拉斯加州格里利堡部署导弹防御系统。（详见《军事要事》栏有关条目）

△日本防卫厅长官石破茂在同美国国防部长拉姆斯菲尔德会谈时表示，日本将从广阔的范围来研究开发和部署战略导弹防卫系统的可能性，不仅考虑开发、部署和利用“宙斯盾”驱逐舰从海上发射拦截导弹的海基拦截系统，还将研究开发和部署从陆地发射的PAC－3型陆基拦截系统。会谈后又对新闻界称，

日本将把日美两国正在联合研究中的“弹道导弹防卫设想”从研究阶段推进到开发和部署阶段。他强调，在战略导弹防卫系统的重要性方面，日本首相小泉纯一郎和他有共同的认识。

12 月 23 日

△韩国和美国在汉城就修改《驻韩美军地位协定》进行讨论，并就韩美联合调查美军犯罪等问题达成了协议。根据协议，在对美国军人罪行进行调查的初期，韩国警方将同美军联合调查。在调查美军嫌疑犯时，美国政府代表必须在 1 小时内出席。在美军嫌疑犯被引渡到美国后，如果韩国司法机关认为有必要重新传唤，美方须给予合作，但韩国司法机关应保护被调查人的肖像权。此外，双方还决定在调查过程中交换有关资料。30 日，韩国政府和驻韩美军正式签署了修改《驻韩美军地位协定》的协议书，协议书从当天起生效。

△朝鲜宣布已着手拆除其被国际原子能机构冻结的核设施上的封条和监视设备以恢复正常电力生产。24 日，美国国务卿鲍威尔就此与日本外相川口顺子进行电话交谈。鲍威尔表示，美方无意使朝鲜核问题升级，如果朝鲜方面希望得到美方的帮助，不能用这种方式。

△乌干达政府同反政府的乌干达全国拯救阵线正式签署了和平协议，以结束这个国家西北部地区的战争。

12 月 25 日

△俄罗斯负责国家化学武器销毁工作的著名化学家帕克说，俄从 2002 年开始进行化学武器的工业化销毁，到 2012 年将完全销毁现有化学武器。帕克说，俄在萨拉托夫州兴建的大规模处理化学武器的工厂已于 2002 年 12 月开始投入运营，并在严格遵守环保安全条件下开始处理化学武器的危险物质。现在这家工厂每天处理 600 至 700 千克的化学武器危险物质。到 2003 年 4 月份前，俄罗斯将销毁 400 吨化学武器。从 2007 年到 2010 年，俄每年将销毁 8000 吨化学武器。据俄武装力量总参谋部提供的材料，俄共储存了 4 万吨化学武器。2002 年销毁的是普通类型的化学武器。

△俄罗斯原子能部长鲁缅采夫和伊朗原子能组织主席阿贾扎德在德黑兰签署一项关于两国和平利用核能的合作议定书。议定书指出，俄伊双方应加快伊朗布什尔核电站的建设速度，强调俄方有义务帮助伊朗完成整座布什尔核电站的建设。双方还同意两国成立一个联合委员会，就在伊朗再建造一座核电站进行可行性研究。

12 月 27 日

△俄联邦车臣共和国政府大楼发生两起自杀性汽车爆炸事件。(详见《军事要事》栏有关条目)

(吴　炯)

(本栏责任编辑　赵刚箴)

特　辑

军控与裁军

国际军控与裁军形势综述　2002年，国际军控与裁军受到大国因素的影响，继续在低谷徘徊。传统军控模式虽被打破，新的军控模式尚未成型，国际军控与裁军进程中的不确定因素增加。防扩散体制屡遭冲击，多边军控缺乏动力。尽管在个别领域有一些进展，但改变不了军控与裁军领域总体黯淡的局面。日内瓦裁谈会作为全球裁军论坛，2002年仍未能就工作计划达成一致而继续陷于瘫痪状态，成为整个国际军控进程的一个缩影。

美国公布核态势审议报告　1月29日，美国国防部官员公布了《核态势审议》报告的要点。3月9日和10日，该报告秘密版的部分内容又在媒体上曝光。报告在对冷战后美国的安全环境进行重新评估的基础上，对核战略作了重大调整。在威胁判断方面，认为未来10到20年，美国面临的主要威胁是潜在的对手和各种各样突发性事件；在战略力量规划的指导思想方面，从原来的“以威胁为基础”转变为“以能力为基础”；在战略力量构成方面，将原来的以陆基洲际弹道导弹、潜射导弹和远程战略轰炸机组成的“旧三位一体”调整为由“核与非核的进攻性打击系统”、“主动与被动两种防御系统”、“灵活反应的基础设施”组成的“新三位一体”，并由改进的指挥控制和情报系统结合在一起。在核力量的规模上，提出了削减核武器的目标和方式，即从2002到2012年，将实战部署的战略核弹头削减至1700～2200枚，削减下来的弹头不作销毁，用作后备反应性力量。在核武器的使用方面，核、生、化武器的进攻，以及常规武器无法对付深埋地下的坚固目标都是触发美国使用核武器的条件。报告还列举了使用核武器现时的、潜在的和预想不到的7种突发事态，朝鲜、伊拉克、伊朗、利比亚、中国、俄罗斯被列为可能卷入突发事态的国家。

美俄达成削减战略进攻力量条约　5月24日，美国总统布什和俄罗斯总统普京在克里姆林宫签署了《美俄关于削减进攻性战略力量条约》，简称《莫斯科条约》。该条约除序言部分外，共有5条。其核心内容是：①各方按照2001年11月13日美俄两国总统所作的削减和限制其战略核弹头的声明，使双方各自弹头的总数到2012年不超过1700～2200枚。②各方在对这类弹头总数现有限制的基础上自行决定各自战略进攻性核力量的组成和结构。③双方同意1991年7月31日签订的《削减进攻性战略武器条约》（START－Ⅰ）继续有效。④为了执行新条约，成立“双边执行委员会”，每年至少举行两次会议。⑤条约应按美俄各自的宪法程序批准，从互换批准书之日起开始生效，有效期至2012年12月31日，根据双方的协议可以延长或在到期前以新的协议替代。⑥缔约国为行使其主权，可提前3个月通知对方退出该条约。

在美国宣布退出《反导条约》的情况下，两国在核裁军领域依然达成了条约，这对于国际安全无疑具有积极意义。但是该条约实际上是以双边的形式掩盖单边的实质，是美国核态势审议报告的翻版，存在严重缺陷，主要表现在：整个裁减时段长达12年，因而削减幅度并不大。没有具体削减步骤，缺乏必要的核查措施。在削减方式上，只是弹头搬家，没有规定销毁，削减下来的核弹头储存起来，作为后备反应力量，因此并非实质性削减，是可逆的。条约允许限制各方可在弹头总数限制的基础上自行决定各自战略进攻性力量的组成和结构，这意味着双方都可以发展被START－Ⅱ禁止的分导式多弹头系统，在严格的裁军意义出现了倒退。

美正式退出反导条约　6月13日，美国退出《反导条约》的决定正式生效。布什在一份声明中称，将尽快部署导弹防御系统，以对付增长的导弹威胁。1972年美苏签订的《反导条约》禁止建立保护全国的导弹防御系统或为之建立基础，被认为是双方乃至全球战略稳定的基石。不过，美正式退约并未引起国际社会激烈反应。俄罗斯于6月14日象征性地宣布，它将不再受START－II约束，俄官员强调在既成事实面前，俄重点是要限制其负面影响。实际上，START－II条约根本没有生效，故不存在摆脱约束的问题，而且美俄双方已经在5月24日达成新的削减进攻性战略力量条约，START－II早已不复存在。

与此相应，布什政府显然加快了导弹防御系统的建设步伐。五角大楼2月1日向国会申请2003财年预算78亿美元（最后批准74亿美元），67亿由导弹防御局掌管，8.17亿用于陆军“爱国者”战区导弹防御系统，剩余3亿用于参联会安排的战区战术导弹防御行动中。这其中还不包括8.14亿的天基红外高轨系统。美国军方也加紧了试验步伐。先后3次进行海基拦截试验，3次进行地基拦截试验。7月18日，机载激光器在堪萨斯空军基地进行了首次飞行试验，预计2004年晚些时候作拦截试验。

12月17日，布什政府宣布，将部署由少量地基和海基拦截弹构成的有限的导弹防御系统，到2004年投入使用，以此作为日后进一步扩大该系统的起点。该系统包括20枚地基拦截弹，其中14枚部署在阿拉斯加的格里利堡，4枚部署在加利弗尼亚的范登堡，用于拦截战略导弹的攻击；20枚海基拦截弹用于拦截近程和中程导弹的攻击；改进的雷达系统用于识别和跟踪来袭导弹，此外，还将部署数目不详的“爱国者”－3系统。

朝核危机再度爆发 10月16日，美国国务院称，朝鲜官员在早些时候向来访的美国助理国务卿凯利承认其存在核计划。美国指证朝鲜为开发核武器正在实施一项浓缩铀计划，其“证据”是2002年7月美国获得了朝鲜为浓缩铀计划采购高强度铝的清单，以及根据人力情报了解到朝鲜从第三国（巴基斯坦）进口离心机组件，并正在建设离心浓缩铀设施。朝鲜对此未作明确的肯定或否定。10月25日，朝鲜外务省发言人称，当时朝鲜官员仅告诉凯利，面对美国威胁，为了维护主权和生存权，朝鲜有权拥有核武器。美国若与朝鲜签署互不侵犯条约、保证尊重朝鲜主权及不损害朝鲜经济发展，朝鲜愿消除美国的安全顾虑。

11月29日，IAEA（国际原子能署）通过决议，要求朝鲜放弃核计划，开放“所有相关设施”，并接受核查。从12月开始，美国停止向朝鲜提供重油。对此，朝鲜宣布两国之间1994年有关核问题的日内瓦框架协议失效。作为回应措施，朝鲜解除了1994年朝美核框架协议对其核计划的冻结，拆除IAEA设置的封记和监视摄像机，驱逐了IAEA驻宁边监督核冻结的视察员，重新启动和建设电力生产所需的核设施。12月22日，朝鲜宣布已经启封被冻结的核设施，并已启动电力生产所需要的核设施。

不过，对于这次核危机，美国一直公开强调通过外交途径加以解决，朝鲜也表示愿意处理美国的关切。但是僵局在于：朝鲜希望与美国展开直接平等公正的对话和协商，签署互不侵犯条约，在此基础上，解决美方的关切，以便以核问题为筹码，换取美国的政治承认、安全保证和经济补偿。而美国则倾向于把朝核问题视为扩散问题，要求朝鲜采取主动，并努力谋求通过多边外交施压解决问题。这一问题的长期僵持，对国际核不扩散体制和东北亚地区的安全都将带来严重后果。

防止导弹扩散机制加强 2002年国际社会加紧了防止导弹及其技术扩散的努力。《导弹及其技术控制制度》（MTCR）33个成员国于9月24～27日在波兰首都华沙召开全会，以便在MTCR的框架内采取措施制止巡航导弹扩散。MTCR作为非正式的出口控制安排，旨在防止500千克载荷、300千米射程以上的弹道导弹和巡航导弹的扩散。但对“射程”和“载荷”没有界定，也未规定计算方法。会上，成员国同意在MTCR“附件”上加入“射程”和“载荷”的定义条款以及计算方法。巡航导弹的复杂性在于其射程和载荷容易改变，因此难于确定其最大的能力。新的计算方法“对于无人航空飞行器系统包括巡航导弹”，其射程以“运用最节省燃料的飞行方式（如巡航导弹的速度和高度）所达到的射程”来确定。

11月25～26日，93个国家在荷兰海牙召开会议，签署了《防止弹道导弹扩散国际行为准则》（ICOC），这是迄今在防止导弹扩散方面最广泛的协议，标志着国际防扩散体制取得重要进展。此前有关国家已经分别于2月7～8日在巴黎、6月17～19日在马德里就“行为准则”问题召开了两次会议。

“行为准则”的目的在于阻止具有运载大规模杀伤性武器能力的弹道导弹的扩散，而不是禁导弹本身。“行为准则”要求各国在开发、试验和部署具有运载大规模杀伤性武器能力的弹道导弹方面保持最大限度的克制，并减少持有量。“行为准则”建立了导弹航天领域透明措施，要求成员国在发射前交换导弹和航天发射器试验和飞行的有关信息，公布包括导弹系统和发射地点在内的弹道导弹政策指南，每年发射弹道导弹的类型和数量。“行为准则”还要求成员国公布航天发射政策指南，邀请国际监督人员参观发射场。根据“行为准则”，各国不得向具有发展大规模杀伤性武器嫌疑的国家提供导弹项目的援助；“行为准则”还呼吁各方对以航天计划为掩护的导弹项目保持警惕。“行为准则”没有提及巡航导弹，也未就“有运载大规模杀伤性武器能力的弹道导弹”作出定义。

该“行为准则”11月25日生效，但它不是条约，没有规定违反准则的后果，不具备法律约束力。中国主张透明措施实行自愿原则，因而未在“行为准则”上签字。

澳大利亚集团制定新的生化物品出口控制措施 6月3～6日，33个澳大利亚集团成员国在法国巴黎召开会议，讨论制定加强化学生物出口控制的新措施。会议决定将控制范围从原来的化学前体、用于武器生产的化学物品、两用生物设施、两用化学生产设施设备技术、植物病原体、动物病原体、生物战剂，扩大到可用于制造生物武器生产设备的生物技术，即可生产设备的设备，以防止其他国家获得列入控制清单的项目。会议还特别针对恐怖分子可能的威胁扩大了控制范围。将控制有毒物品的项目从11个增加到19个，对出口可用于制造生物武器的发酵槽的尺寸作了更严格的限制。会议制定了出口需求评估指南。为了尽可能堵塞出口漏洞，会议确定了以下制度：当一个国家要向一个曾被他国拒绝出口的国家出口相关项目时，出口国应与拒绝国进行协商。此外，还要求成员国规范其生物出口，不管出口项目是否属于控制清单之列。

联合国裁谈会仍无进展 多年来，联合国裁谈会有关各方因安全关切不同，在核裁军、禁止裂变材料生产、防止外空军备竞赛等相关议题的特委会职权问题上一直无法达成一致，造成裁谈会长期无法展开谈判。2002年，联合国裁谈会仍然因外空特委会授权无法达成一致而处于僵局。一期会上，许多国家对美国在军控问题上退出《反导条约》、抵制《全面禁止核试验条约》、拒绝《生物武器公约》议定书的单边主义做法提出了批评。俄罗斯强调，它仍将外空问题置于优先地位，尤其是在美国退出《反导条约》的情况下。美国一方面强调其安全需要，另一方面又声称现有外空条约已经足够，坚决反对就外空问题展开谈判，只同意进行一般性的讨论。中国等则强调应当平衡照顾各方安全关切，坚持就外空问题展开谈判。

为了推动裁谈会尽快展开工作，在二期会议上，中国表现出极大的灵活姿态，将原有的立即就外空问题进行谈判的立场调整为“以谈判防止外空武器化的国际法律文书问题为目标展开讨论”。与此同时，中俄等国在裁谈会上提出了“防止在外空部署武器和对外空使用武力条约的要点设想”，受到欢迎。然而美国以预设前提为由加以拒绝。三期会上，阿尔及利亚、比利时、智利、哥伦比亚、瑞典等五国大使就外空特委会授权问题提出折中方案，仍未获得各方接受。裁谈会的僵局成为多边裁军陷入低谷的一个缩影。

核不扩散体制前景堪忧 2002年，核不扩散体制有喜有忧，但忧大于喜。11月4日，古巴正式加入《不扩散核武器条约》，成为这一条约的第188个缔约国。此前，古巴还于10月23日加入了《拉丁美洲和无核区条约》，也称《特拉特洛尔科条约》。在中亚，经过5年谈判，哈萨克斯坦、吉尔吉斯斯坦、塔吉克斯坦、土库曼斯坦和乌兹别克斯坦于9月27日，就建立中亚无核区问题达成协议。这些进展表明，广大无核国家仍然看重无核区条约对于维护其自身安全和利益的重要价值。

但同时，核不扩散体制也面临深刻危机。除了朝鲜、印巴等地区性扩散热点问题长期得不到解决外，美国在军控问题上的立场也对国际核不扩散体制造成严重冲击。美国倾向于单边的弹性的核裁军模式，这与《不扩散核武器条约》中所要求的核国家承担的核裁军责任差距甚远；新的核态势谋求核武器的实战化，美国会2003财年拨款授权法案还批准进行钻地核武器的研究，核武器的使用范围扩大，美国对无核国的消极安全保证政策名存实亡。在4月8～19日的《不扩散核武器条约》审议会的筹委会上，美国甚至反对讨论建立中东无核区问题。

《全面禁止核试验条约》是防止纵向核扩散的重要方面。截至2002年底，共有166个国家签约，97个国家批约，条约“附件2”所列的44个国家中，已有31个国家批准。然而，美国的政策使该条约生效前景渺茫。2002年，美国在禁止核试验问题上的立场发生实质性倒退。美国以无法保证核武库安全为由，并出于开发钻地核武器的实际需要，不仅明确表示不谋求批准《全面禁止核试验条约》，而且要求减少内华达核试验场的核试验准备期。这种态势对于核不扩散体制的稳定和维持无疑构成严重威胁。

常规武器控制仍然受到关注 出于人道主义的考虑，常规武器的军备控制依然受到国际社会关注。战争遗留爆炸物问题提上日程。政府专家组2002年3月召开会议，讨论了定义、范围、清除责任、援助合作、受害者救助等问题，为下一步谈判法律文书奠定了基础，有可能成为《特定常规武器公约》（CCW）第五议定书。

关于防车辆地雷问题的关注增加，地雷领域出现普遍限制各种地雷的倾向，但关于这一问题的谈判授权问题尚难达成一致。《特定常规武器公约》的普遍性进一步增加，截至 2002 年底，缔约国数量达到 67 个；《渥太华禁止防步兵地雷公约》缔约国达到 144 个。

《地雷议定书》的履约工作进展顺利。多数国家因参加了渥太华公约，停止生产并销毁库存地雷。朝韩双方在军事分界线附近展开了排雷行动，开辟了安全通道。许多国家完成了履约工作。美国增加了排雷援助的资金和对象。

2002 年，各国开始签署《枪支议定书》，召开了识别和追查非法小武器联合国政府专家组会议，开始落实联合国小武器问题行动纲领的国家报告。中国也于 12 月 9 日签署了《枪支议定书》。

（翟玉成）

2002～2003 年部分新上任军界要人简介

美国陆军部长詹姆斯·G·罗奇　1960 年毕业于伊利诺斯理工大学并获得语言、文学与哲学学士学位，1966 年获得美国海军研究生院运筹学硕士学位，1972 年获得哈佛大学商学院工商管理博士学位。1961～1983 年，任美国海军军官。1983 年退出现役时军衔为海军上校。1983～1984 年，任美国参议院武装部队委员会民主党方面的处长。1984～1991 年，任诺思罗普－格鲁曼公司副总裁兼分析中心主任，副总裁兼董事会主席的特别助理，总裁兼首席执行官。1991～1992 年，任该公司负责高级开发与计划的副总裁。1992～1996 年，任该公司首席开发、计划与公共事务官。1996～2001 年，任该公司副总裁兼电子传感器与系统集成部门总裁。2001 年 6 月至 2003 年 8 月，任美国空军部长。2003 年 8 月，任美国陆军部长。

美国中央司令部司令约翰·P·阿比扎伊德上将　1973 年 6 月毕业于美国军事学院（西点军校）并获得学士学位，被任命为少尉军官。1974 年 1 月至 1985 年 6 月，历任第 82 空降师排长，第 75 步兵团 2 营排长、连执行官、连长，哈佛大学中东问题研究中心学员，陆军步兵学校学员，陆军参谋长办公室参谋，武装部队参谋学院学员。1985 年 7 月至 1986 年 7 月，任联合国驻黎巴嫩停战监督机构黎巴嫩观察员组作战官。1986 年 7 月至 1988 年 6 月，任美国陆军南欧特遣部队第 325 步兵团 3 营执行官、空降营战斗队副营长。1988 年 7 月至 2000 年 9 月，先后任美国欧洲陆军暨第 7 集团军司令部总司令的副官，陆军南欧特遣部队空降营战斗队营长，斯坦福大学学员，第 82 空降师第 1 旅旅长，参谋长联席会议主席的执行助理，第 1 装甲师负责作战的副师长，军事学院（西点军校）学员队司令，第 1（机械化）步兵师师长。2000 年 10 月至 2003 年 1 月，历任参谋长联席会议联合参谋部战略计划与政策部部长、联合参谋部主任。2003 年 1 月至 7 月，任驻佛罗里达州麦克迪尔空军基地的美国中央司令部副司令兼联合部队司令部副司令，任内参与组织指挥伊拉克战争。2003 年 7 月，出任美国中央司令部司令。

美国陆军训练与条令司令部司令凯文·P·伯恩斯上将　1950 年 3 月 12 日出生于纽约市，1968 年参加美国陆军，1969 年从候补军官学校毕业后被任命为少尉军官。后来获得帕克大学经济与工商管理学士学位和韦伯斯特大学管理学硕士学位。1969 年 6 月至 1984 年 6 月，历任炮兵营前方观察员和连助理执行官，补给与后勤营排长、补给官，第 18 空降军司令部连炮兵情报官、炮兵连长，陆军野战炮兵学校学员，罗斯—赫尔曼理工大学军事学助教，炮兵营火力支援官、助理作战官、作战官、执行官，第 1 军助理后勤官。1984 年 6 月至 1985 年 6 月，为陆军指挥与参谋学院学员。1985 年 8 月至 1991 年 6 月，历任美国欧洲陆军司令部监察长办公室参谋、处长，第 3 野战炮兵团第 2 营营长，陆军军事学院学员、战略研究分析员。1991 年 6 月至 2001 年 11 月，先后任第 1 骑兵师炮兵司令及师参谋长，第 6 联合特遣部队司令，第 1 骑兵师副师长，陆军参谋部部队项目处处长，第 1 骑兵师师长，陆军第一副参谋长助理，陆军副参谋长。2001 年 11 月至 2002 年 11 月，任陆军参谋部主任。2002 年 11 月，任驻弗吉尼亚州门罗堡的美国陆军训练与条令司令部司令。

美国欧洲陆军司令部司令伯韦尔·B·贝尔（第三）上将 1947年4月9日出生于田纳西州橡树岭，1969年毕业于查塔努加的田纳西大学并获得工商管理学士学位，通过接受后备军官训练团训练后被任命为少尉军官。后来获得南加利福尼亚大学系统管理硕士学位。1969年12月至1994年7月，历任排长、连执行官、连长，陆军装甲兵学校学员，得克萨斯理工大学后备军官训练团军事科学助教、1营作战官，陆军指挥与参谋学院学员，陆军参谋部参谋，第24（机械化）步兵师中队长，国家军事学院学员，联合参谋部战略计划与政策部参谋，中央司令部总司令的执行官，第24（机械化）步兵师2旅旅长，第3（机械化）步兵师参谋长。1994年7月至2001年8月，先后任美国对外关系协会高级陆军委员，第3（机械化）步兵师副师长，美国欧洲陆军暨第7集团军司令部（前指）参谋长，第1（机械化）步兵师副师长，第5军参谋长，美国欧洲陆军暨第7集团军司令部参谋长，陆军装甲兵中心司令。2001年8月至2002年11月，任美国第3军军长兼胡德堡驻军司令。2002年12月，出任美国欧洲陆军暨第7集团军司令部司令兼北约中央集团军群司令。

美国海军部队司令部司令兼大西洋舰队司令威廉·J·法伦海军上将 出生于新泽西州默查维尔，1967年毕业于维兰诺瓦大学并获得学士学位，通过接受海军后备军官训练团训练后参加美国海军，被任命为海军少尉军官。1967年12月，在完成飞行训练之后成为海军航空兵飞行员。后来获得老多米尼大学国际关系硕士学位。曾任驻“艾森豪威尔号”航空母舰的第65舰载攻击机中队中队长，驻弗吉尼亚的第1中型攻击机联队联队长。1995年，任美国第8航空母舰大队司令兼“罗斯福号”航空母舰作战大队司令，率部进入地中海地区，且在为波黑军事行动提供支援的过程中兼任美国第6舰队作战部队司令。还曾任美国大西洋舰队航空兵司令的副官，侦察攻击联队司令部参谋，作战试验部队司令部参谋，舰队航空兵司令部参谋，西南亚联合特遣部队作战处副处长，北约大西洋盟军司令部负责计划与政策的助理参谋长，美国大西洋舰队副司令兼参谋长，大西洋司令部副总司令兼参谋长。1997年11月至2000年10月，任美国第2舰队司令兼北约大西洋打击舰队司令。2000年10月至2003年6月，任美国海军第一副作战部长。2003年6月，出任驻弗吉尼亚州诺福克的美国海军部队司令部司令兼美国大西洋舰队司令。

美国海军陆战队司令迈克尔·W·哈吉陆战队上将 1945年出生于得克萨斯州的弗里德里克斯堡，1968年毕业于美国海军学院并获得工程学士学位。后来获得电机工程硕士学位、国家安全与战略学硕士学位。曾任排长、步兵连长、司令部连连长、警卫连连长，第1陆战空中指挥与控制中队参谋，通信学校助理主任，第3陆战师训练参谋。1978～1981年，任美国海军学院电机工程教官。1982年至2000年7月，历任海军陆战队司令部军官计划科科长，第2陆战师负责人事的助理参谋长，第8陆战团执行官、第1营营长，海军学院人文与社会科学处处长兼陆战队代表，第11陆战远征分队司令（任内兼任美国驻索马里特别使团联络官），海军陆战队副司令的执行助理，海军学院特别发展处处长，国防部副部长的高级军事助理，中央情报局局长的执行助理，美国欧洲司令部作战部副部长，第1陆战师师长，太平洋司令部战略计划与政策部部长。2000年7月至2002年12月，任驻加利福尼亚州彭德尔顿兵营的美国第1陆战远征部队司令。2003年1月，出任美国海军陆战队司令（第33任）。

美国欧洲司令部司令兼北约欧洲盟军司令部最高司令詹姆斯·L·琼斯陆战队上将 1943年12月19日出生于密苏里州堪萨斯市。1966年毕业于乔治敦大学并获得外交学士学位。1967年至1990年8月，历任美国海军陆战队排长、连长，两栖作战学校学员，海军陆战队司令部参谋，驻美国参议院的海军陆战队联络官，国家军事学院学员，第1陆战师营长，海军陆战队司令的高级助理、军事秘书。1990年8月至1992年7月，任第24陆战远征分队司令，任内率部参加在伊拉克北部和土耳其的作战行动。1992年7月至1994年7月，任美国欧洲司令部作战部副部长，任内曾兼任计划部署在波黑和马其顿的联合特遣部队参谋长。1994年7月至2003年1月，历任美国第2陆战师师长，海军作战部远征作战部部长，海军陆战队负责计划、政策与作战的副参谋长，国防部长的军事助理，海军陆战队司令。2003年1月，任驻德国斯图加特的美国欧洲司令部司令兼驻比利时蒙斯的北约欧洲盟军司令部最高司令，成为第一位在担任过美国海军陆战队司令之后又出任联合作战司令部司令的海军陆战队军官。

（肖石忠）

阿富汗临时政府主席兼武装力量统帅哈米德·卡尔扎伊 1958年出生于阿富汗南部坎大哈一个名门望族家庭。其祖父曾任查希尔王朝国家主席顾问，其父也在查希尔王朝任职，并且是普什图族波波扎伊部落的首领。1973 年查希尔王朝被推翻后，随其父流亡到巴基斯坦距阿富汗不远的奎达市定居。在此期间，先后留学美国和印度，能讲一口流利的英语。1987 年苏联从阿富汗撤军后，曾代表波波扎伊部落在拉巴尼政府任外交部副部长。1989 年，因不满拉巴尼政府的重重矛盾和纷繁的战乱，辞职后返回流亡地奎达。1999 年，其父被暗杀，加剧了他对塔利班的仇恨，并开始以部落首领的身份开展反塔利班的活动。2001 年 10 月上旬，美英对塔利班的军事打击开始不久，秘密潜入阿富汗南部地区，游说并争取更多的普什图族人支持反塔利班的斗争。此后，他率领部族武装向坎大哈以北地区的塔利班武装发起进攻，并于 11 月 16 日占据乌鲁兹甘省省会塔林科特。2001 年 12 月 22 日，就任阿富汗临时政府主席兼武装力量统帅。

（任　平）

马来西亚最高元首兼武装力量统帅端古·赛义德·西拉杰丁　1943 年 5 月 16 日生于玻璃市州亚芳。先后在马来西亚和英国接受马来文和英文教育。1964～1965 年在英国皇家军事学院受训。回国后曾服务于国防部，并在沙巴、沙捞越、彭亨州服役，先后任中尉、少校、上校。1960 年 10 月 30 日被册封为玻璃市州摄政王。1967 年 7～10 月任玻璃市州代理统治者。2000 年 4 月 17 日就任玻璃市州统治者。2001 年 12 月 12 日，在第 191 次统治者会议上当选第 12 任最高元首，次日就职。2002 年 4 月 25 日举行登基仪式。

泰国武装部队最高司令素拉育·朱拉暖上将　1943 年 8 月 23 日生。1965 年毕业于泰国帕尊宗告陆军学校，系该校第 12 期学员，获理学学士学位。因学习成绩突出被选送至美国陆军参谋学校学习，并获硕士学位。从 1987 年 10 月起，历任国防部常务次长办公室常务官、陆军司令部常务官、陆军第 1 特战师师长、陆军司令部特种部队指挥部副指挥。1992 年 3 月，被泰国王委任为参议院议员，同年 4 月任陆军司令部特种部队指挥部指挥。1994 年 10 月，任陆军第 2 军区司令。之后，任陆军司令部特别顾问。1998 年 10 月任陆军司令。2002 年 10 月任现职。

（孟　丽）

土耳其武装部队司令兼土耳其总参谋长希尔米·厄兹科克上将　1940 年出生于马尼萨省图尔古特鲁，1959 年毕业于土耳其军事学院，被任命为炮兵军官。1961 年毕业于野战炮兵学校，1972 年毕业于陆军军事学院，1975 年毕业于北约防务学院。曾任第 15 训练旅作战与训练科科长，东南地面部队特种武器科参谋，北约欧洲盟军司令部计划与政策部高级参谋，土耳其陆军总部计划与政策部国防研究处处长，国家安全委员会秘书长行政办公室主任，军事学院学员团团长等职。1984 年至 2000 年，历任总参谋部计划与政策部部长，第 70 步兵旅旅长，第 28 步兵师师长，总参谋部人事部部长，驻北约组织的土耳其军事代表团团长，第 7 军军长，北约东南欧盟军地面部队司令部司令，土耳其副总参谋长，第 1 集团军司令。2000 年 8 月至 2002 年 8 月，任土耳其陆军司令。2002 年 8 月，出任土耳其武装部队司令兼总参谋长。

（肖石忠）

以色列国防部长沙乌勒·莫法兹　1938 年生于伊朗首都德黑兰。1947 年随父母移居巴勒斯坦。1956 年加入以色列国防军。1967 年，随所在伞兵部队参加了第三次中东战争。1973 年，作为以色列精锐伞兵部队指挥官的莫法兹率部参加了第四次中东战争。1976 年，率部参加了千里奔袭乌干达恩德培机场解救人质的行动。1982 年，作为步兵旅长率部参加了进攻黎巴嫩的作战行动。1999 年 7 月，任以军总参谋长，2002 年 7 月期满卸任。由于一直主张对巴勒斯坦采取强硬政策，同年 10 月 31 日，被政见相同的以色列总理沙龙提名担任国防部长，并于 11 月 4 日获得议会批准，取代先前辞职的本·埃利泽，就任以色列国防部长。

（石　慧）

以色列国防军总参谋长摩西·亚龙中将　1950 年出生，1968 年参加以色列国防军。参加过第四次中东战争。1982 年至 1986 年，先后任装甲旅营长、副旅长。1986 年，为驻英格兰金伯利的指挥与参谋学院学员。此后，任以色列精锐部队司令。1989 年至 1990 年，在海法大学学习并获得政治学学士学位。1990 年 2 月任伞兵旅旅长，1992 年 1 月任西岸部队司令，1993 年 8 月任野战部队训练中心司令兼装甲师师长，1995 年任军事情报局局长，1998 年任中央司令部司令。2000 年任以色列国防军副总参谋长，2002 年 7 月任现职。

印度陆军参谋长尼尔马·C·维吉上将　1943 年 1 月出生于查谟，1959 年进入浦那的国防学院学习。1962 年 12 月被任命为多格拉团少尉军官。参加过 1962 年中印战争中的瓦弄战斗。后来，先后毕业于国防参谋学院和驻新德里的国防学院。担任过的参谋职务主要包括：师参谋长，印度陆军总部军事作战处处长、远景规划部负责战略计划的副部长，西部军区参谋长。曾参与计划和执行解救在塞拉利昂被困的印度维和部队的军事行动。担任过的指挥职务主要包括：山地旅旅长，步兵师师长，驻中央邦博帕尔的进击军军长和驻阿萨姆邦提斯浦尔的第4军军长。2000年10月任驻浦那的南部军区司令；2001年10月任印度陆军第一副参谋长，2002年12月31日，就任印度陆军参谋长。

（王殿强）

印度尼西亚国民军总参谋长恩德里亚托诺·苏达尔托上将　1947年4月29日生于中爪哇。1971年毕业于陆军学院，后赴美国和英国的军事学院学习。曾任陆军第17空降旅参谋长，第173军分区司令。1988年任联合国驻中东维和部队指挥官。1990年任伊里安查亚军区参谋长作战助理。1993年任首都军区参谋长作战助理。1995年任陆军参谋长副作战助理。1997年6月任苏哈托总统卫队司令。1998年9月任国民军总参谋长作战助理。1999年12月3月任国民军指挥与参谋学院院长。2000年3月任陆军副参谋长，2000年10月升任陆军参谋长。2002年6月任现职。

印度尼西亚陆军参谋长里雅米扎德·里亚库杜中将　1950年4月21日生于南苏门答腊省巨港。1974年毕业于武装部队学院。历任陆军排长、营长、第17空降兵旅参谋长、第1步兵师参谋长。1997年任第2军区参谋长。1998年任陆军战略后备司令部第2步兵师师长。同年7月任陆军战略后备司令部参谋长。1999年1月任第5军区司令。11月任首都军区司令。2000年8月至2002年6月任陆军战略后备司令部司令。2002年6月任现职。

印度尼西亚海军参谋长伯纳德·肯特·松达上将　1948年7月9日生于北马鲁古省。1971年毕业于海军学院。20世纪70年代末至90年代初曾在印尼驻荷兰大使馆、驻南斯拉夫大使馆工作。1997年任海军指挥参谋学院院长。2000年任海军参谋长策划助理，同年调任海军参谋长作战助理。2001年任国民军总部监察官。2002年4月任现职。

印度尼西亚空军参谋长查比·哈基姆中将　1947年12月17日生于日惹。1970年毕业于空军学院。1997年任空军学院院长。1999年任空军参谋长人事助理。2000年任国民军学院院长。2002年4月任空军参谋长。

（孟　丽）

英国国防参谋长迈克尔·沃克上将　1944年7月7日出生于南罗德西亚（今津巴布韦）的索尔兹伯里，曾在英国桑赫斯特皇家军事学院学习。1966年至1969年，历任盎格鲁皇家步兵团第1营排长，驻塞浦路斯近东地面部队司令的副官。1971年起，先后在盎格鲁皇家步兵团、驻北爱尔兰、塞浦路斯和泰德沃思的部队任作战官、通信官和副官。1975年，任英国国防部参谋，后接受陆军参谋课程教育，回到盎格鲁皇家步兵团任连长。1979年至1994年12月，历任国防部军事作战处参谋，国防参谋长的军事助理，盎格鲁皇家步兵团第1营营长，第20装甲旅旅长，第1军参谋长，东北军区司令兼第2步兵师师长，东部军区司令，英国陆军助理参谋长。1994年12月至1997年2月，任北约欧洲盟军快速反应军团司令，任内于1995年12月至1996年11月率部在波斯尼亚执行任务。1997年2月至2000年3月，任英国地面部队司令部总司令。2000年4月至2003年2月，任陆军参谋长。2003年5月，任国防参谋长。

英国陆军参谋长迈克尔·杰克逊上将　生于1944年，1963年从桑赫斯特皇家军事学院毕业后进入情报部队任职。1964年至1967年曾在职学习苏联问题专业。后在伞兵团任职2年。70年代前期，先后在北爱尔兰和苏格兰的英军部队任职。1976年，进入坎伯利参谋学院学习，毕业之后在柏林步兵旅任职2年。接着又在北爱尔兰任伞兵连长2年。1981年从国防学院毕业之后，赴坎伯利参谋学院任教，任内在马岛战争期间被抽调到国防部工作。1984年3月至1993年，历任伞兵团第1营营长，格林威治联合国防学院高级教官，第39步兵旅旅长，国防部（陆军）人事局局长。1994年3月至1996年7月，出任第3师师长，任内在波斯尼亚指挥和平执行部队的（西南）多国师达6个月。此后，任英国陆军发展与条令局局长。1997年2月至2000年2月，任北约欧洲盟军快速反应军团司令。任内于1999年6月至10月兼任科索沃维和部队司令。2000年3月至2003年2月，任驻威尔顿的英国地面部队司令部总司令，当月出任英国陆军参谋长。

英国第一海务大臣兼海军参谋长艾伦·韦斯特海军上将　1965年参加英国皇家海军，先后毕业于皇家海军参谋学院、高级指挥与参谋学院和皇家国防研究学院。1980年任“阿登特号”护卫舰舰长。1982年率该舰参加马岛战争（该舰在作战过程中被击沉），获得优异服务十字勋章。此后，在英国国防部历任多种职务。1996年2月，任英国海军特遣作战大队司令。1997年10月任英国国防情报局局长。2000年11月，任英国东大西洋舰队总司令兼北约北欧盟军海军司令部司令。2002年9月任现职。

（肖石忠）

法国国防部长米歇尔·阿利奥·玛丽 1946年9月出生于法国巴黎市郊区。从小随父迁居法国西南部比利牛斯—大西洋省海滨城市比亚利兹市。在大学学习期间，先后获得法学学士、人类学硕士、法学和政治学双博士学位。随后，赴海外工作。曾获得加蓬和秘鲁等国的荣誉勋章。从20世纪70年代起，先后在法国社会事务部、教育部、海外省和海外领地部等政府部门任职。1978年首次参加竞选即当选为比利亚兹市议员，并任职到1983年。1981年加入希拉克创立的保卫共和联盟，不久即成为希拉克的坚定追随者和主要助手之一。1986～1988年在希拉克政府中任国务秘书。1988年、1993年和1998年连续三次当选为法国国民议会议员，一直连任至今。1993年至1995年在巴拉迪尔政府中担任青年体育部长。1999年，以绝对优势的得票率当选为保卫共和联盟主席，成为法国历史上第一位女政党主席。2001年，在法国市政选举中，又当选为比利牛斯—大西洋省圣·让·德鲁兹市市长。2002年5月7日，被任命为法国国防部长。在政治上，是欧洲一体化的坚定支持者。

（乐凯华）

哥伦比亚国防部长玛尔塔·卢西亚·拉米雷斯 1955年出生于波哥大。毕业于哥伦比亚哈维利亚纳大学，获法学和社会经济学博士学位。曾先后担任全国金融机构协会执行总裁、外贸部部长、哥伦比亚驻法国大使。自由党独立派人士。是哥第一位女国防部长。

哥伦比亚武装部队总司令豪尔赫·恩里克·莫拉·兰赫尔 1945年3月30日出生于哥伦比亚北桑坦德尔省的库库塔，1962年1月进入陆军军官学校，1964年12月从该校步兵专业毕业，获少尉军衔。在军队历任如下职务：步兵营副营长、陆军人事局考核委员会秘书、陆军军官学校教务处监事、步兵营营长、征兵局征集及计划处长、步兵学校校长、陆军第10旅参谋长、陆军司令部采购局长、乌拉巴警备区副司令、01号作战分队司令、陆军作战局局长、驻美国陆军副武官、第1机动旅旅长、反游击特别作战部队司令、第4旅旅长、联合参谋部作战局局长、高等战争学院院长、陆军第五师师长。1998年8月任陆军司令，2002年8月9日任武装部队总司令。

哥伦比亚陆军司令卡洛斯·阿伯托·奥斯皮纳·奥瓦列 1947年2月25日出生于卡尔达斯省马尼萨莱斯市。曾多次到美国学习，参加过反游击及军事跳伞训练班和高级步兵班，在华盛顿国防大学获得战略硕士学位，在意大利圣雷莫国际人道主义权利国际学院获得文凭，还应邀到美国美洲军校和智利陆军战争学院担任过教官。在军队历任以下职务：特种部队分队长、第33步兵营营长、第13宪兵营营长、特种部队学校校长、第四师司令部作战处长、第二机动旅参谋长、作战兵种及后勤培训学校校长、第二、四机动旅旅长、第四师师长、陆军作战部长、武装部队总监。2002年8月9日被任命为陆军司令。

委内瑞拉国防部长路易斯·普列托退役少将 1936年11月29日出生于加拉加斯，1958年军校毕业，装甲兵专业。曾先后进修于中级和高级装甲兵专业、民事行动专业、陆军参谋指挥专业、国防高等研究院“联合作战计划”专业、华盛顿泛美防务学院的国防课程、美洲国家组织“教学成本评估”课程以及玻利瓦尔大学设计专业研究生课程。长期从事军事教学工作，曾先后在陆军学院、陆军兵种学校、陆军指挥学院、国防高等研究院、“佩德罗·瓜尔”大学、空军指挥学院、国民警卫队指挥学院及海军学院等院校任教或任职。历任陆军战术部队司令、陆军司令部作战处长、陆军情报局分析处长、副局长、委政府中美洲问题顾问、军事法庭总检察长、全国教育协会主席等职。1982年晋升少将，1988年退役。2002年7月被任命为国防部长。

委内瑞拉武装力量总监胡里奥·加西亚·蒙托亚中将 1953年2月7日出生。1973年毕业于陆军学院。后又进修于通信专业、参谋专业、指挥专业和高级国防专业等以及地方大学的组织发展专业。曾先后在陆军学院、陆军指挥学院和武装力量通信和电子学校任教。历任通信连连长、陆军通信兵作战处长、通信营营长、步兵旅参谋长、步兵旅旅长、伞兵旅旅长、陆军作战局长、国防部办公厅体制改革委员会副协调员、陆军学院院长、总统府国家安全和防务委员会执行秘书等职。2002年任陆军司令。2003年1月任现职。

委内瑞拉陆军司令豪尔赫·加西亚·卡内伊罗中将 1952年2月8日出生。1975年7月毕业于陆军学院，获军事科学和艺术学士学位。后进修于安全和防务专业，获硕士学位。长期在部队任职，历任排长、总统府军事办公室运输科长、连长、陆军学院教官、副营长、营长、陆军学院情报教官、驻美国军事移交采购办公室主任、第一战区参谋长、陆军食品局局长、陆军学院院长、旅长、师长、总统府军事办公室主任、加拉加斯卫戍区司令等职。2003 年 1 月任现职。

（戴增刚）

其他信息

解放军一批高级军官晋升上将军衔 新华社 2002 年 6 月 2 日报道，中央军委当日在中南海举行晋升上将军衔仪式。

上午 9 时，晋衔仪式开始，中央军委副主席胡锦涛宣读了中央军委主席江泽民签署的晋升上将军衔的命令。中共中央总书记、国家主席、中央军委主席江泽民向晋升上将军衔的高级军官颁发命令状。晋衔仪式由中央军委副主席张万年主持，中央军委副主席迟浩田，中央军委委员于永波、王克、王瑞林、曹刚川、郭伯雄、徐才厚出席。这次晋升上将军衔的高级军官是：空军司令员乔清晨、军事科学院政治委员温宗仁、沈阳军区司令员钱国梁、沈阳军区政治委员姜福堂、济南军区司令员陈炳德、南京军区司令员梁光烈、广州军区政治委员刘书田。晋衔仪式结束后，江泽民等中央军委领导同志和晋升上将军衔的军官合影留念。

中国军费开支处于较低水平 据新华社报道，中国 2002 年度的国防支出将新增 252 亿元，总额为 1662 亿元。从 2002 年与 2001 年的数字比较看，国防费的增幅虽不小（约为 17%），但若从国际比较、人均数额、历史欠帐等各方面看，中国的国防费仍处于低水平的开支和补偿性的增长中。它决不能成为西方反华势力鼓噪所谓"中国威胁论"和向中国台湾地区扩大军售的借口。

首先，从国防费占 GDP 的水平看，改革开放 20 多年来，中国历年的国防费占当年 GDP 的平均水平约为 1.4%。1986 年开始的"七五"时期占 GDP 的 1.73%，"八五"时期为 1.29%，"九五"时期为 1.19%。2001 年以来，国防开支看似有较大的增长，而实际上占 GDP 的比例还不到 2%。如 2001 年为 1.49%，2002 年则在 2% 以内。这个比例不仅低于世界上大多数国家国防费占 GDP 约 2.6% 的平均水平，更低于发达国家平均占 GDP 3% 的水平。如美国 2001～2002 年度的军费预算为 3189 亿美元，占 GDP 的 3% 以上，而中国的国防费仅为其 5.3%。

其次，从国防费占国家财政支出的比例来看，中国自改革开放 20 多年来，历年对国防费的投入平均不超过 8.6%，即使 2002 年也不到 10%。这与世界各国国防费占国家财政支出平均 16% 的水平相比，堪称一个很低的水平。

第三，从中国国民人均国防费和军队人均国防费的比例来看，2001 年国防费按国民（12.84 亿人）人均计算为 13.27 美元；如按军队（250 万人）人均计算为 6814 美元。而西方发达国家国民人均军费为 300～900 多美元，军队人均则为 6～18 万美元。就连中国周边一些国家（地区）国防费的国民、军队人均比例也远远高于中国。如：俄罗斯国民人均 211.4 美元/军队人均 2.5 万美元，韩国 333 美元/2.3065 万美元，日本 340.2 美元/18.2088 万美元，中国台湾地区 522 美元/3.0053 万美元。

（任　平）

2002 年的世界军费开支 《环球军事》载文披露：2002 年，世界各国军费开支总额超过 1 万亿美元，是冷战结束以来增长最快的一年。2002 年 6 月 27 日美国参议院通过了总额为 3930 亿美元的 2003 年度军费开支法案，这一数额比 2002 年度的军费开支增加约 500 亿美元，增长率为 15%，是 30 多年来增幅最大的一年。

日本通过冷战后近 10 年的努力，军事力量已位居世界前列，但其并不满足，而是进一步加大了军事发展的力度。已付诸实现的中期防卫计划（2001 年度至 2005 年度）投入 25.16 万亿日元发展军事力量。这一投入与上个中期防卫计划相比，增加了 9300 亿日元；与注重发展军事力量的中曾根内阁时代相比，增加了 6.76 万亿日元。

英国的国防预算 2002～2003 财年为 460 亿美元，2003～2004 财年国防预算将增加至 485 亿美元，到 2004～2005 财年将增加至 499 亿美元，而到 2005～2006 财年会增至 515 亿美元。

新加坡 2002 年初宣布将军费提高 6.5%，使国防预算超过 100 亿美元，并从英美法等国家引入先进武器。

加拿大联邦众议院防务委员会批评政府军费开支过低，并要求3年内增加近10%。法国、德国的军费开支分别为270亿美元和223亿美元。2002年度印度国防预算开支由前一年的6200卢比（135亿美元）增至8100卢比（170亿美元）。

2002年，军费开支从军人每年平均军费看，美国以23万美元高居全球榜首，沙特阿拉伯以21万美元排名第二，日本以18万美元排名第三。从增长的比例看，印度最高，军费预算增长了25%。

世界千余座核反应堆一半之多用于军事　据"法国核武器观测站"公布的研究报告说，自1954年诞生第一座核反应堆以来，世界已建造了大约1400座核反应堆。其中，57%用于军事，43%用于民间。在军事用途上，核反应堆主要用于核潜艇和航空母舰等装备。由于核反应堆可以使战舰具有长时间作战能力，因此，受到许多国家海军欢迎。据统计，全世界大约有500艘战舰先后配备过核反应堆，它们包括220艘导弹核潜艇、250艘攻击型核潜艇、10艘航空母舰和14艘巡洋舰等。目前，世界一些主要的核大国，如英国、法国、俄罗斯和美国等，仍有数百艘战舰配备着大约245个核反应堆，包括美国多数航母都配有核反应堆。

（金鑫鑫）

美军士官占士兵总数三分之二强　据美国国防部华盛顿总部新闻作战报告处《军事人员统计》2001年12月报道，截止2001年底，美军士兵为115万余人。其中，陆军士官为279990人，海军士官为227838人，海军陆战队士官为80234人，空军士官为203126人，美军士官总数为791188人，占士兵总数的68.49%，占全体现役军人总数的57.13%。

（任　平）

美国16次想动用核武器　美国国家保密档案馆2002年2月28日，首次解密了41份美国政府的绝密文件，其中透露了一个令人触目惊心的内幕：在39年的冷战中，美国政府先后16次试图动用核武器。

美国首次试图动用核武器是1946年第一次伊朗危机期间。按照二战后中美苏的战时协议，伊朗应由美国和苏联联合占领。但二战结束后，苏军并没有按战前协议撤出伊朗北部地区，反而向伊苏边境调集大量坦克。为此，美国总统杜鲁门召见苏联大使葛罗米科，发出最后通牒说，苏军必须在48小时之内，即1946年3月2日之前撤出伊朗北部地区，否则，美国就会向苏军投原子弹。杜鲁门的要挟得逞了，苏军在48小时之内撤出了北部地区。

8个月后，杜鲁门再度威胁要动用原子弹。这次他的核武器瞄准了南斯拉夫。当时，美国频频派飞机飞越南斯拉夫领空监视希腊内战情况。1946年11月，一架美军战机在南斯拉夫上空被击落。杜鲁门立即派6架装有原子弹的B-29战略轰炸机进抵德国，并编队飞越南斯拉夫上空，公然威胁南斯拉夫：如果再有美军战机被击落的话，美国的原子弹将在南斯拉夫境内爆炸。此后，南斯拉夫再没向美军战机开炮，而美军战机在南斯拉夫领空则出入自如。

美国第三次试图动用核武器是在1948年第一次柏林危机期间。美军甚至制定了对苏联发动核战争的具体计划。由于各种原因，国家安全委员会否决了参联会对苏发动核战争的要求。1949年9月30日，危机结束。同时由于苏联试验成功了原子弹，美国独霸核弹的时代告终。此后直到冷战结束，美国还先后在苏伊士运河战争、第二次柏林危机、第三次柏林危机、古巴导弹危机、越南战争、约旦、以色列危机期间试图发动核战争。

在美国的16次核战争威胁中，有4次是针对中国的。第一次威胁要对中国动用核武器是在朝鲜战争期间。在持续3年的朝鲜战争中，美国一直在考虑使用原子弹。1953年5月，参联会请求发动一场将战场扩大到朝鲜半岛之外的全面进攻计划，手段包括使用核武器。但遭到英国首相丘吉尔和法国总理勒尔内的强烈反对。

美国第二次企图对中国动用核武器是在越南战争的第一阶段。1954年3月，3000法军在奠边府陷入越南人民军重围。3月8日，法国将军厄雷飞赴华盛顿向美国人求助；3月25日，美国陆军作战部门建议在越南动用核武器。4月10日，美国总统艾森豪威尔派国务卿杜勒斯和拉什福德上将飞赴欧洲，向盟友们推销"秃鹫行动方案"。按此方案，美军将对越南人民军发动核攻击，同时动用735架战略轰炸机满载1750枚核弹头对中国和苏联实施全面核打击。但4月23日，法国外长拒绝了美国向法国提供两枚原子弹的"帮助"。5月25日，美国国家安全委员会和拉什福德上将再次提议，如果中国军队支持越南人民军进攻河内，就立即用原子弹轰炸中国，但遭到艾森豪威尔的质疑和反对。

美国第三次企图对中国核攻击是1954年解放军炮轰金门期间。1954年9月和11月，参联会两次建议用原子弹攻击中国。1955年3月15日，艾森豪威尔公然声称："你们能用炮弹，我们就能用原子弹。"这一说法引起了国际社会强烈不满，北约外长一致反对美国对中国实施核攻击。

美国第四次要对中国动用核武器是1958年解放军再次炮轰金门、马祖期间。8月24日，美国参联会要求总统授权美第七舰队司令以运用原子弹的权力。9月7日，苏联明确告诉艾森豪威尔总统，如果美国用原子弹攻击中国，那么苏联将坚定地站在中国一边。9月19日，苏联再次发出类似警告。

核试验使美上万人患癌症 美国参议员哈尔金2002年2月28日公布的一份初步研究报告声称，至少1.5万名无辜的美国人可能死于冷战期间由美苏两国核武器试验而引发的各种癌症。报告说，从1951年到1963年，美国和苏联共进行了数百次核试验，向空中排放了大量放射性核尘埃。因此，从1951年后出生的大约2.2万名美国公民可能因体外接触到这些核尘埃而得了癌症等疾病，这些人中有一半已经死亡。与此同时，还有数千美国人因直接吸入放射性尘埃或吃下核污染的食物而身患绝症，他们中至少有550人死于白血病，2500人死于甲状腺癌。

报告称，美国在本土及太平洋岛屿进行核爆炸所产生的放射性核尘埃大多散落在美国山区和中西部山区。与此同时，苏联核爆炸释放的放射性尘埃的扩散规模远远超出人们的估计，也会飘落到美国的许多地区。据统计，遭受核尘埃之害最明显的地方有艾奥瓦、田纳西、加利福利亚、俄勒冈、华盛顿以及爱达荷等州。

成千美军曾充当生化实验品 《天津日报》2002年5月28日徐冰川报道，到2002年5月26日止，美国国防部陆续解密了13份冷战时期的绝密文件。这13份绝密文件披露的内容是：1964年到1968年间，美国国防部曾在太平洋地区向在不同舰船上服役的数千名美国海军官兵喷洒致命的神经或者化学毒剂，包括沙林和VX等毒剂。以此检验美国海军对生化武器的检测、消除能力，以及生化服的效用和消毒的程序！参加实验的美国海军官兵总人数达到4300人。国防部这次解密的文件仅仅是其中13次实验的结果，而类似的实验居然有113次之多，涉及的舰船数十艘，涉及的美国海军官兵上万人。当时在参加试验的军舰上工作的官兵都被告知，自己将参加一次“特殊工作”，并采取了当时认为“最为行之有效”的保护措施，其中包括防毒面具和防护服装。而那些化学和生物制剂则被飞机从空中播撒到海面和军舰上。布什政府的高级官员表示，对美国军方上个世纪60年代所做的一切感到“震惊”，觉得“甚不人道”，但这些军人们所做的牺牲对于对付今天美国所面临的威胁非常有价值。

“9·11”事件中信息不灵导致美数千架飞机迫降 《北京晨报》2002年8月14日载文指出：美国空中管制当局及军方在“9·11”恐怖袭击中遭遇的最大困难是信息不灵，通信不畅。在美洲航空公司11号航班8时起飞后的25分钟后，纽约空管中心即与这架飞机失去通信联络。直到第一架波音767飞机撞上世贸大楼时，纽约空管中心才接到情报。但这些情报并不确切，只是表明，被劫持飞机的数量还有可能增加。为此，联邦航空局东部空中管制区只得对所有的情报都进行处理，逐一排除飞机被劫持的可能性。这样，直到中午12时15分为止，才确认被劫持的飞机只有4架。而与此同时全美境内已有4546架飞机被迫紧急降落在地面上。

美国的战争发家史 《中国产经新闻》3月28日载文指出：美国的历史，实际上就是一部靠战争发家致富的历史。虽然战争给很多国家带来的是灾难，但给美国带来的多是福音。美国在炮火声中独立之后，单是在19世纪，就从征伐印地安人的战争和对英战争、美墨战争、美西战争中一步步开疆拓土，发展壮大；而20世纪以来，美国则通过连续不断的对外战争，把自己塑造成世界超级霸主。有人指出：“假如没有第一次世界大战，美国也许还是西方列强中的普通一员，美国脱颖而出得益于第一次世界大战。”“一战”结束后的1919年，西方世界一片萧条，唯独美国这个远在大洋彼岸的战胜国，经济不仅丝毫没有受损，反而大幅跃升。美国国内生产总值从1914年的386亿美元增加到1918年的840亿美元。此外，美元还凭借在战争中取得的优势，取代英镑，上升为通行全球的主要贸易结算货币。第二次世界大战更使美国成了独一无二的经济巨无霸。因此，当每一次“上帝保佑美国……”的歌声在战场上响起来的时候，美国的经济又上了一个新台阶。

美国利用潜艇、卫星、窃听站全方位监听中国 据《军事文摘》2002年第9期载文报道，自从美国国家安全机构1952年成立以来，刺探中国情报一直是其首要任务之一。构成美国刺探中国能力的关键，是有50年历史UKUSA条约。此条约把美国、英国、加拿大、澳大利亚和新西兰的间谍活动联系在一起。用来拦截中国通讯的“窃听器”可以简单得像一枝假的玻璃纤维树枝，或复杂如价值5亿美元的间谍卫星。更普遍更有效的是散布于世界各地的，用来窃听通讯范围广泛的UKUSA地面窃听站，被监听的通讯包括国际长途电话和高频率的外交专线。美国情报局在澳大利亚西部杰拉尔顿镇附近、新西兰南岛上的怀霍派河附近、华盛顿州东部美军亚基马练靶场等3个地方设立了拦截点，这使从中国打出的电话或者从外国打到中国的电话很容易被窃听。如果电话通过中国自己发射的卫星传送，美国可以依赖日本北部三泽航空基地进行窃听。美国还利用间谍卫星跟踪微波传输，窃听中国的内陆电话。美国安全局后来发现，利用北极上空的卫星，在美国便可以窃听到中国以及其他国家的手机信号。而诸如美国在为中国订制的飞机上加装窃听设备等大量事实充分表明，美国正在依靠地面窃听站、潜艇、间谍卫星等对中国进行全面监听。

克里姆林宫的窃听与反窃听 《上海译报》2002年10月17日载文报道：据美国中央情报局前驻莫斯科的高级技术官员蒙迪斯回忆，美国的“窃听克里姆林宫计划”最早实施在1989年，当时蒙迪斯将窃听器安装到苏联领导人办公地点下面的下水道里。通过这一窃听器，美国掌握了苏联政府的大量高级情报。该窃听装置在挫败1991年的苏联政变中，起到了至关重要的作用。当时，戈尔巴乔夫被军方软禁在莫斯科郊外的别墅中，美国政府利用窃听器随时掌握着最新的政变情报。时任美国总统的老布什和英国首相梅杰通过电话后，一致认为叶利钦是他们支持的对象，于是立刻给叶利钦打电话，敦促他站出来反对政变。最后苏联解体，叶利钦成了第一任俄罗斯总统。然而，事情从1995年开始发生变化，美国情报人员的身份相继暴露。直到后来阿梅斯和汉森的苏联间谍身份被曝光后，美国中情局才恍然大悟：苏联克格勃同样在中情局内部安插了高级间谍，并了解到美国中情局在克宫地下埋设了窃听器。克格勃并没有声张，而是将计就计，让美国人摸不着头脑。至此，克格勃和中情局在情报与反情报的较量中，打了一个平手。

苏联飞行员在二战中的空中撞击行动 《军事文摘》2002年第10期报道，在卫国战争期间，苏联飞行员共完成了600多次空中撞击行动，其中有三分之二是在1941～1942年间完成的，那是战争最困难时期。当时，德军曾有一项规定，就是禁止与苏联飞机的距离接近100米，以免被撞击。苏联飞行员几乎在所有型号的飞机上使用撞击方法：歼击机、强击机、轰炸机、侦察机。无论是空中集群作战，还是单机作战；无论是白天，还是夜间；无论是晴朗的天空，还是在云层中；无论是在低空，还是在高空；无论是在己方领土上空，还是在敌方领土上空，都进行过空中撞击行动。据统计，在苏联飞行员完成的空中撞击行动中，只有37%的飞行员牺牲。其余的人不仅得以生还，还驾驶着自己的飞机安全着陆。有时，一名飞行员在一次空战中曾进行两次以上的撞击，其中最著名的事件是，歼击机飞行员基利戈瓦托夫为摧毁敌机，在一次空战中曾进行四次撞击。1942年7月25日，在斯大林格勒上空的一场空战中，他消耗完所有弹药。为了不放过敌侦察机，他用自己的飞机对敌机的机翼进行了两次撞击，但敌机仍在飞行。他用螺旋桨再进行撞击，但仍未成功。于是他又进行第四次撞击，终于使敌侦察机乘员组被迫跳伞并被俘。基利戈瓦托夫驾驶自己受损的飞机飞回机场并成功着陆。二战期间，也有其他国家的飞行员进行空中撞击行动，如中国、西班牙、法国、保加利亚、德国、日本等国的飞行员。不过，完成空中撞击壮举最多且最为成功的，当属苏联飞行员。

俄罗斯公布“库尔斯克”号核潜艇沉没原因 俄罗斯总检察院总检察长乌斯季诺夫2002年2月18日宣布，“库尔斯克”号核潜艇沉没的原因是鱼雷装置易燃的过氧化氢泄漏引发爆炸造成的。调查显示，2000年8月12日，在巴伦支海参加军事演习的“库尔斯克”号核潜艇准备发射鱼雷时，易燃的过氧化氢从鱼雷一个微小的裂缝泄漏，导致鱼雷装置发生爆炸。爆炸引起舱内温度升至2000～3000度。第一次爆炸发生2分钟后，潜艇内存放的其他鱼雷发生第二次大爆炸，118名艇员全部遇难。

一桩掩盖了几十年的火箭发射台事故 《军事史林》2002年第4期载文披露：1960年10月24日，苏联发生了一次世界上最惨烈的导弹爆炸事故。在场的苏联导弹部队司令涅杰林元帅当场丧生，发射台上的160名苏联宇航科学家也全部遇难，现场内所有生物荡然无存。这桩掩盖了几十年的重大悲剧的真正原因是由于当时的苏联领导人在导弹竞赛上狂热地赶超美国、不顾客观条件造成的。赫鲁晓夫想利用航天研究的成果来抬高苏联政府的威信和他本人的政治地位。他在给涅杰林元帅下达任务时说：“我赴美国谈判，当我的脚踏上美利坚合众国的土地时，你要给我放一枚导弹，吓唬吓唬美国人。”10月23日，当赫鲁晓夫一行到达美国时，涅杰林元帅旋即按下了一枚“R16”导弹的发射电钮。可是左按右按，导弹就是发射不出去。于是他带领众多高级火箭专家和高级工程师来到导弹发射台上进行检查。根据安全条例的规定，集体检查只能在燃料取出之后才能进行。但这无疑会耽误发射时间。涅杰林不得不违章操作，在注满燃料的火箭旁和同来的专家们对火箭系统进行检修。

直到10月24日，在“R16”导弹升空限期之前30分钟，工作人员还在抢修一具配电器。突然，导弹的第二节引擎不知何故竟被点燃，顿时喷出火焰，接着又波及第一节的燃料缸，遂引起熊熊大火和大爆炸。弹指间，爆炸产生的高温烈焰把周围的一切都吞噬了，在场人员全部葬身火海。事后苏联报道只是说涅杰林元帅因飞机失事遇难。

海湾战争真相披露　《军事文摘》2002年第4期载文报道：人们普遍认为是萨达姆挑起了1991年海湾战争。然而事实是，美国在中东地区实施了有计划的战略误导，蓄意制造动乱局势，为美国“重返中东”制造条件。据美国前司法部长克拉克披露，早在1979年伊朗爆发革命后不久，美国就挑动伊拉克借阿拉伯河争端进攻伊朗，结果引发一场持续8年之久的两伊战争。伊朗受到削弱后，美国又把打击对象转向伊拉克。美国一面怂恿科威特要求伊拉克偿还300亿美元债款，并压低世界石油价格激化伊科矛盾；一面又制造不干预阿拉伯国家冲突的假象，并秘密向伊拉克出售军民两用设备，使之加深错觉。甚至就在战争爆发前的7月24日，美国国务院还指示驻伊大使向伊拉克表明美国无意介入伊科冲突。沙特阿拉伯亲王哈立德战后指出：“这些错误的外交信号毫无疑问地鼓励了萨达姆采取行动。”在战争期间任法国国防部长的舍尔芒直言不讳地说，美国故意鼓励萨达姆入侵科威特，以削除伊拉克对石油市场、以色列安全和海湾地区安全的威胁。美国在战略上误导伊拉克的特点主要是：综合运用政治、经济、外交和军事等各种手段，使对方在战略指导上迷失方向，难以组织有力的反击。

海湾战争使美国在政治和军事上一举重新牢牢控制了盛产石油的海湾地区，并伙同英国几乎垄断了价值上千亿美元的科威特重建工程，以及海湾各国几乎同样数额的巨额军火定单，经济上捞足了好处。与此同时，许多国家却深受其害。战争的结果使苏联、法国和中国在海湾地区战略上丧失了立足点，经济上失去了一个巨大的市场，并使他们数百亿美元的巨额债务成为烂账。阿拉伯国家被分裂成两个对立阵营，美国和以色列渔翁得利。此外，印度、巴基斯坦、越南、泰国、韩国等许多国家过去也都与伊拉克和科威特有广泛的经济往来、众多的工程项目以及劳务输出和石油进口关系，海湾战争也使它们无故受害。

英军在马岛战争中差点战败　曾在马岛战争中担任英军高级指挥官的伍德沃德将军2002年4月透露，在20年前的马岛战争中，英国差点败北，获胜真有点幸运。

1982年4月2日，阿根廷突然派出军队，夺回了英国人占据的马岛。英国在得到美国的支持后对阿开战。这个时候的英军，战备能力很差，许多武器装备无法使用。技术人员不得不加紧维修，才使得包括雷达和“海鹞”战机等一批武器装备恢复作战能力。战争开始后，英军先进的技术使阿根廷军队战斗力的发挥受到很大限制。其中，英军战舰配备的较先进的“海标枪”防空导弹，使得阿根廷空军飞行员不得不注意防范，只能采取超低空飞行，有时甚至是贴着海面飞行，严重影响了作战效果。阿机飞到英军战舰上空后，奋不顾身地投弹，炸弹一枚枚地落在英军战舰上。使英军战舰随时可能会被炸沉。然而，由于阿机投弹高度太低，炸弹引爆装置失灵，多数炸弹都没有发生爆炸。伍德沃德深有感触地说，如果那些炸弹都爆炸的话，英军战舰至少还要承受3倍的损失，更多的官兵将有去无回！在整个战争中，英军先后有5艘战舰被击沉，阵亡1000人左右，损失占整个编队总实力的四分之一。因此，如果那些炸弹全部爆炸，英军最后所剩战舰便寥寥无几了，后面的战争进程很可能会变成另一个样子。而最危险的时候是最后的登陆战。战争进行到5月，英军已感到后勤支援相当困难。在5月下旬的达尔文和古斯格林登陆战中，阿军损失很大。但这个时候，英军已是强弩之末，补给十分困难。6月6日，伍德沃德给登陆部队发出信号：如果战争再持续一周多，他的航母作战群就会弹尽粮绝。然而，就在英军面临后援不济的时候，同样受到后援不济困扰的守岛阿军，由于实力有限等原因，于6月14日放弃了抵抗，战争结束了。伍德沃德说：“如果阿军能够再坚持一周的话，那么，很可能是一个不同的结局。”

日本扩建靖国神社　《羊城晚报》2002年7月17日载文指出：日本发动侵略战争已经结束57年了，但在其靖国神社里看不到对战争责任的反省，有的只是杀气。2002年是靖国神社建立130周年，7月13日至16日它举办了规模巨大的“灵魂祭”。正殿左侧的战争纪念馆“靖国神社游就馆”经重新装修后开馆。改建后的游就馆面积扩大了一倍以上，不仅增加了二战中使用的“零式舰载战机”等武器展品，而且还新建了电影厅反复上映纪录近代战争足迹的电影《凛然之爱》，并以图片形式纪念阵亡军人。展览将20世纪30年代初的侵华战争称为“支那事变”，还刻意对南京大屠杀进行歪曲解释，回避南京大屠杀的历史事实和日本应承担的历史责任。

日本在二战期间计划研制原子弹 日本《朝日新闻》于2002年8月载文报道：1945年美国向日本投掷原子弹时，日本已开始计划研制自己的原子弹。报道说，这一绝密文件是由日本科学家黑田教授保存着的。黑田教授2002年4月在美国去世，之前他一直在阿肯色大学担任教授。尽管日本下令于1945年8月15日投降前夕销毁这类文件，但是一名同事还是秘密保留了这份文件，并把它交给了黑田教授。这名科学家到去世的那一刻都一直保留着这份文件。黑田教授的妻子把这份文件交给了东京附近的日本研究所，黑田教授曾在那里做过研究员。

（宁　青）

阿克萨烈士旅简介 阿克萨烈士旅隶属于巴勒斯坦民族解放运动（法塔赫）。该旅名称源自伊斯兰教在耶路撒冷的著名清真寺名，“烈士”则是该组织成员对自杀性爆炸者的称谓。相对于伊斯兰抵抗运动（哈马斯）和伊斯兰圣战组织（杰哈德）等巴勒斯坦“老牌”激进组织，阿克萨烈士旅是在新一轮巴以冲突中异军突起的一个年轻军事组织。阿克萨烈士旅正式出现于2000年9月新一轮巴以冲突开始之后。

该组织由加沙地带和约旦河西岸的巴地下武装力量组成，其领导人属巴少壮派，成员多是受过良好教育的大学生。阿克萨烈士旅尊崇阿拉法特为巴勒斯坦国家的象征和领导人，只有在阿拉法特和以色列达成协议、以军完全从西岸和加沙地带撤走后，才会放下武器。该组织的领导权并不集中，在加沙和西岸的不同地区有很多分支机构，各分支机构均可根据自己的实力安排有关行动。行动时，有关人员一般分成两个行动小组，一组负责挑选自杀性袭击者，另一组负责选定袭击目标并进行活动策划。袭击的目标多是针对以军的，如果以军士兵打死了巴勒斯坦平民，他们也会以同样的方式进行报复。

在巴以冲突前期，阿克萨烈士旅成员在使用武器和制造炸药方面并不熟练。随着冲突的加剧以及与哈马斯和杰哈德等其他激进组织合作的加强，其成员的军事技术和战术水平有了很大的提高，曾多次以轻武器和自制炸药给以色列方面造成人员伤亡和巨大心理恐慌。尽管美国政府2002年已将该组织列入外国恐怖组织名单，巴领导人阿拉法特也要求阿克萨烈士旅停止针对以平民的袭击活动，但短时间内该旅还不会解散并停止袭击活动。

（任　平）

拉美国家将军泛滥 阿根廷《民族报》2002年2月26日报道：最近几年，为了安定人心和避免军事政变，拉美各国总统将大批军官提拔成将军。过多的将军花费了拉美国家的大量开支，其中许多国家却因为缺乏资金而不得不将学校和医院关闭。以墨西哥为例，目前该国有585名将军，已大大超过只有329名将军的美国。在玻利维亚，虽然它没有出海口，却有6位海军上将。另据委内瑞拉一个退伍军人组织说，总统查韦斯为了保证军队高官站在他一边，最近3年将将军人数增加了一倍，多达250名左右。据秘鲁的一位高官说，前总统藤森的政权在军队中留下了135名将军。每位将军都配给有汽车、司机、私人助理、女秘书，以及每月320公升的免费汽油和其他许多费用支出。但仍有近几十名将军做着文案工作，因为没有足够的军队来供他们指挥。后来，秘鲁政府把将军人数削减至50名左右，但这个数字对于国家需求来说仍是过多。近10年，南美国家的军事费用增长了59%，其中很大一部分被用于支付军人的工资和福利。

（韩长生）

（本栏责任编辑　方　宁）

近 10 年世界部分国家国民生产总值、

国名	数据统计	1992	1993	1994	1995
美国	国民生产总值	60385	63433	67369	72460
	国防费	2826	2973	2787.3	2778.34
	军费所占比例	4.68%	4.7%	4.3%	3.8%
俄罗斯	国民生产总值	12000	11600	11200	11100
	国防费	746	1079	1069.271	820
	军费所占比例	6.2%	9.3%	9.6%	7.4%
日本	国民生产总值	36625	42160	45920	47000
	国防费	343	417.32	446	502.19
	军费所占比例	0.94%	1.0%	1.0%	1.0%
英国	国民生产总值	10525	9475	10233	11040
	国防费	417	351	338.61	334.06
	军费所占比例	3.96%	3.7%	3.4%	3.1%
法国	国民生产总值	13230	12506.7	13293	15380
	国防费	374	428.98	427.24	477.68
	军费所占比例	2.8%	3.4%	3.3%	3.1%
德国	国民生产总值	17919	17261	18349	19080
	国防费	352	366.54	348.48	411.57
	军费所占比例	1.96%	2.1%	2.0%	1.9%
印度	国民生产总值	2722	2579	2702	3300
	国防费	67	71.42	73.21	99.92
	军费所占比例	2.46%	2.8%	2.8%	2.9%
韩国	国民生产总值	2968	3328	3796	4220
	国防费	114	119.94	113.53	141.79
	军费所占比例	3.84%	3.6%	3.6%	3.4%
越南	国民生产总值	160	176	191	312
	国防费	7.2	7.2	8.37	9.1
	军费所占比例	4.5%	4.1%	5.7%	4.3%
澳大利亚	国民生产总值	2907	3962	4157	3470
	国防费	72	74.48	72.75	83.99
	军费所占比例	2.48%	2.6%	2.3%	2.4%

国防费及其所占比例（单位：亿美元）

<table>
<tr><th>1996</th><th>1997</th><th>1998</th><th>1999</th><th>2000</th><th>2001</th></tr>
<tr><td>76000
2658.23
3.5%</td><td>81000
2763.24
3.4%</td><td>85000
2658.90
3.2%</td><td>92000
2921.47
3.2%</td><td>99000
2946.95
3.0%</td><td>102000
3223.65
3.2%</td></tr>
<tr><td>11000
695.37
6.5%</td><td>11000
640
5.8%</td><td>11000
539.12
5.2%</td><td>11100
568
5.1 %</td><td>12000
588.1
4.9%</td><td>15220
636.84
4.3%</td></tr>
<tr><td>46000
436.26
1.0%</td><td>42000
408.91
1.0%</td><td>38000
369.90
1.0%</td><td>43000
403.83
0.9%</td><td>47000
458.44
1.0%</td><td>41000
395.13
1.0%</td></tr>
<tr><td>12000
327.64
3.0%</td><td>13000
357.36
2.8%</td><td>13000
366.13
2.8%</td><td>14000
363.60
2.6%</td><td>14000
338.94
2.4%</td><td>14000
347.14
2.5%</td></tr>
<tr><td>15000
462.17
3.1%</td><td>14000
415.23
3.0%</td><td>14000
398.07
2.8%</td><td>14000
378.10
2.7%</td><td>13000
302.92
2.2%</td><td>13000
329.09
2.6%</td></tr>
<tr><td>22000
384.32
1.7%</td><td>21000
332.17
1.7%</td><td>21000
323.87
1.5%</td><td>19000
311.82
1.6%</td><td>18000
282.29
1.6%</td><td>18000
269.02
1.5%</td></tr>
<tr><td>3710
101.58
2.8%</td><td>3850
128.05
3.0%</td><td>4690
137.80
3.0%</td><td>4400
138.95
3.2%</td><td>4710
144.72
3.1%</td><td>4900
141.67
2.9%</td></tr>
<tr><td>4730
151.68
3.3%</td><td>4430
153.34
3.5%</td><td>4260
129.40
3.1%</td><td>4070
120.98
3.0%</td><td>4570
124.96
2.7%</td><td>4220
111.65
2.7%</td></tr>
<tr><td>236
9.3
4.0%</td><td>243
10.04
4.0%</td><td>270
9.07
3.4%</td><td>300
8.9
3.0%</td><td>310
9.31
3.0%</td><td>330
23.51
7.2%</td></tr>
<tr><td>3920
83.94
2.2%</td><td>3910
86.25
2.3%</td><td>3900
73.84
1.9%</td><td>3990
77.75
1.9%</td><td>3800
69.52
1.8%</td><td>3580
67.52
1.9%</td></tr>
</table>

（该表数据主要引自历年英国伦敦国际战略研究所《军事力量对比》，仅供参考）

近 10 年世界部分国家

国名	人数统计	1992	1993	1994	1995
美国	陆军	67.4	55.99	52.49	49.5
	海军	54.6	48.28	44.18	42.67
	陆战队	19.3	17.4	17.19	17.39
	空军	49.9	43.38	40.87	38.82
	军队总数	191.3	165.05	154.73	148.38
	海空军等所占比例	64.77%	66.08%	66.08%	66.64%
俄罗斯	陆军	140	78	67	46
	海军	32	17	20	19
	空军（含防空军）	65.6	37.5	33	32
	战略火箭军	14.4	11.4	10	10
	军队总数	272 *	163.9 *	152 *	127 *
	海空军等所占比例	41.18%	40.2%	41.45%	48.03%
日本	陆军	15.1176	15	15.12	14.8
	海军	4.3538	4.3	4.37	4.3
	空军	4.5392	4.45	4.46	4.45
	军队总数	24.0106	23.75	23.95	23.55
	海空军所占比例	37.04%	36.84%	36.87%	37.15%
英国	陆军	14.54	12.3	11.6	11.6
	海军	6.21	5.56	5.05	5.05
	空军	8.6	7.57	7.04	7.04
	军队总数	29.35	25.43	23.69	23.69
	海空军所占比例	50.46%	51.63%	51.03%	51.03%
法国	陆军	26.09	24.14	24.14	24.04
	海军	6.49	6.42	6.42	6.42
	空军	9.17	8.98	8.92	8.92
	军队总数	43.17 *	40.1	40.09 *	39.38
	海空军所占比例	36.28%	38.4%	37.51%	38.95%

军队员额主要统计（单位：万人）

1996	1997	1998	1999	2000	2001
49.5 42.67 17.39 38.82 148.38 66.64%	48.28 40.47 17.30 38.26 144.31 66.54%	47.94 38.06 17.13 37.03 140.16 65.80%	48 37.23 17.22 36.59 139.04 65.48%	47.17 37.07 16.98 35.36 136.58 65.46%	48.55 38.54 17.34 36.97 141.4 65.67%
46 19 32 10 127 * 48.03%	42 22 30 40 124 * 50%	42 18 21 17 115.9 * 48.32%	34.8 17.15 18.46 10 100.41 * 45.4%	34.8 17.15 18.46 10 100.41 * 45.4%	32.1 17.14 18.46 14.9 98.81 51.1%
15.2515 4.4135 4.5883 24.2693 * 37.09%	15.2371 4.3668 4.5336 24.2709 * 36.67%	15.1836 4.3842 4.5606 24.264 * 36.86%	15.1836 4.5816 4.7268 24.264 * 37.42%	14.5928 4.3838 4.5223 23.6368 * 37.68%	14.82 4.44 4.56 23.99 37.52%
11.3 4.8 6.5 22.6 50%	11.22 4.49 5.67 21.38 47.52%	11.39 4.45 5.254 21.094 46%	11.35 4.377 5.52 21.24 46.56%	11.395 4.37 5.473 21.245 46.36%	11.48 4.235 5.33 21.045 45.45%
23.66 6.33 8.86 38.85 39.10%	21.99 6.33 8.34 38.04* 38.56%	20.32 6.33 7.81 34.46 41.03%	17.83 6.26 7.642 31.732 43.81%	16.93 4.949 6.05 27.929 39.38%	13.7 4.56 6.4 26.04 42.09%

续表

国名	人数统计	1992	1993	1994	1995
德国	陆军人数	30.9	25.43	23.4	25.28
	海军伤数	3.52	3.01	2.85	2.85
	空军人数	9.58	8.29	7.53	7.71
	军队总数	44	36.73	33.78	35.84
	海空军所占比例	29.77%	30.77%	30.73%	29.46%
印度	陆军人数	110	110	98	98
	海军人数	5.5	5.5	5.5	5.5
	空军人数	11	11	11	11
	军队总数	126.5	126.5	114.5	114.5
	海空军所占比例	13.04%	13.04%	14.41%	14.41%
韩国	陆军人数	52	52	52	52
	海军人数	6	6	6	6
	空军人数	5.3	5.3	5.3	5.3
	军队总数	63.3	63.3	63.3	63.3
	海空军所占比例	17.85%	17.85%	17.85%	17.85%
越南	陆军人数	70	50	50	50
	海军人数	4.2	4.2	4.2	4.2
	空军(含防空军)	11.5	3	3	3
	军队总数	85.7	57.2	57.2	57.2
	海空军所占比例	18.32%	12.59%	12.59%	12.59%
澳大利亚	陆军人数	3.03	2.86	2.37	6.2
	海军人数	1.53	1.48	1.5	1.47
	空军人数	2.23	1.82	1.7425	1.71
	军队总数	6.79	6.16	5.6125	5.78
	海空军所占比例	55.38%	53.57%	57.75%	55.02%

* 该数字含未计算在各军种人数中的总部机关等人数

1996	1997	1998	1999	2000	2001
25.28 2.85 7.71 35.84 29.46%	23.99 2.77 7.69 34.45 33.24%	23.06 2.67 7.62 33.35 30.85%	22.83 2.81 7.64 33.28 31.4%	22.11 2.66 7.33 32.1 31.12%	20.32 2.55 6.73 29.6 31.35%
98 5.5 11 114.5 14.41%	98 5.5 11 114.5 14.41%	98 5.5 14 117.5 16.60%	98 5.3 14 117.3 16.45%	110 5.3 11 126.3 12.91%	110 5.3 14.5 129.8 15.25%
56 6.6 6.4 69 18.84%	56 6.7 6.3 69 18.84%	56 6 5.2 67.2 16.7%	56 6 5.2 67.2 16.7%	56 6 6.3 68.3 18%	56 6.3 6.3 68.6 18.37%
50 4.2 3 57.2 12.59%	42 4.2 3 49.2 14.63%	41.2 4.2 3 48.4 1.88%	41.2 4.2 3 48.4 14.88%	41.2 4.2 3 48.4 14.88%	41.2 4.2 3 48.4 14.88%
2.6 1.47 1.71 5.78 55.02%	2.54 1.43 1.77 5.74 55.75%	2.54 1.43 1.77 5.74 55.75%	2.52 1.42 1.58 5.52 54.35%	2.415 1.25 1.395 5.06 52.27%	2.515 1.257 1.32 5.092 50.61%

（该表数据主要引自历年英国伦敦国际战略研究所《军事力量对比》，仅供参考）

（史君健）

近年世界部分国家军队

国名	总兵力	士兵人数	士兵占全军比例	士官人数	士官占全军比例	士官士兵占全军比例
美国	1385749	363542	26.23%	804409	58.05%	84.28%
俄罗斯	1080000	685800	63.5%	159500	14.77%	78.27%
日本	240000	53300	22.21%	143500	59.79%	82%
英国	205651	124641	60.61%	48378	23.52%	84.13%
法国	356000	120421	33.83%	199200	55.96%	89.78%
德国	338000	178000	52.66%	122000	36.09%	88.76%
印度	1265000	1199545 *				94.83%
韩国	690000	594000 *				86.09%

1. 美国军队有关数据统计引自2002年4月30日美国国防部网站

2. 其他国家分别引自2002或2001有关国家和机构公布的数据。

* 此数字系士兵和士官人数总和。

成分及有关数据统计

将军人数	将军占全军比例	校官人数	尉官人数	校尉官总数	校尉官占全军比例	军官占全军比例
875	0.06%	82316	134607	216923	15.65%	15.72%
1510	0.14%	163600	151600	315200	29.19%	21.73
300	0.13%	14400	28500	42900	17.88%	18%
516	0.25%	15147	16969	32116	15.62%	15.87%
387	0.11%			35992	10.11%	10.22%
190	0.06%	10530	27280	37810	11.19%	11.24%
1451	0.11%	31030	32974	64004	5.06%	5.17%
400	0.06%			95600	13.86%	13.91%

（隗延伟）

中国海军舰艇编队环球航行访问航线示

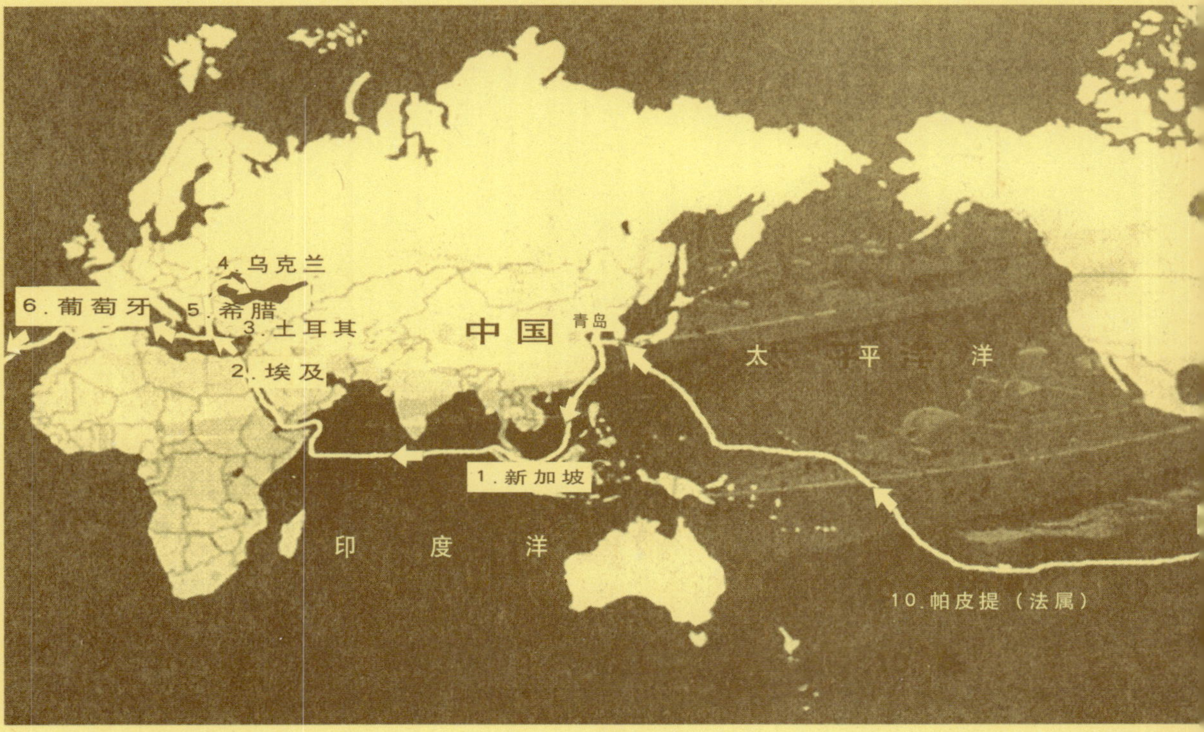

2002年10月前美军5大战区区

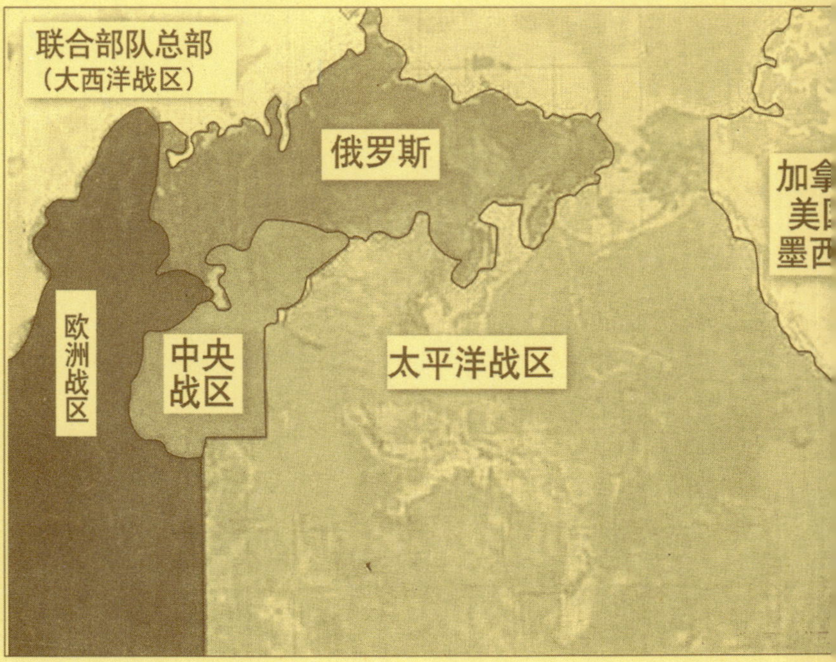

ISBN 7-5065-4532-2